수사실무총서 등대지기 Ⅱ

형 법

수사실무총서

박 태 곤 편저

법 문 북 스

공소시효의 계산법

(형사소송법 제249조)

구 분	2007. 12. 20. 까지	2007. 12. 21. 부터
사 형	15	25
무 기	10	15
장기 10년 이상의 징역 금고	7	10
장기 10년 미만의 징역 금고	5	7
장기 5년 미만의 징역 금고, 장기 10년 이상의 자격정지, 1만원 이상 벌금	3	
장기 5년 미만의 징역 금고, 장기 10년 이상의 자격정지, 벌금		5
장기 5년 이상의 자격정지	2	3
장기 5년 미만의 자격정지, 구류, 과료, 몰수, 1만원 미만 벌금	1	
장기 5년 미만의 자격정지, 구류, 과료, 몰수		1
사람을 살해한 범죄(종범 제외)로 사형 해당 범죄, 13세 미만자 및 신체 또는 정신장애인 상대 강간·추행, 준강간·추행, 강간상해·치상	공소시효의 적용 배제	

◆ 개정법(2007. 12. 21.) 시행 전에 범한 죄에 대하여는 종전의 규정 적용
◆ 사건접수 일자 기준이 아니고 범죄 발생일시 기준

● 2025년 개정판을 펴내며

명심보감의 '治政篇(치정편)' 에

『관직에 있는 자는 반드시 심하게 성내는 것을 경계하라. 일에 옳지 않음이 있거든 마땅히 자상하게 처리하면 반드시 맞아들지 않는 것이 없으려니와 만약 성내기부터 먼저 한다면 오직 자신을 해롭게 할 뿐이니라. 어찌 남을 해롭게 할 수 있으리오.』

우리 수사경찰관이 반드시 지켜야 할 대목이라 생각하여 인용하였습니다.

『형법 수사실무총서』의 개정판의 특징은 다음과 같습니다.

첫째, 2024. 12. 31. 기준으로 판례와 개정된 법을 반영하였다.

둘째, 사문서위조죄의 '거래상 중요한 사실을 증명하는 문서' 에 해당하는지 판단하는 기준, 컴퓨터 프로그램파일이 음화반포에서 규정한 '문서, 도화, 필름 기타 물건' 에 해당하는지 여부(소극), 특수상해죄 및 특수협박죄의 위험한 물건을 '휴대하여' 의 의미, 숙박업소에서 개별 객실을 점유하고 있는 고객에게 퇴거불응죄가 성립할 수 있는 경우에 대한 대법원 판례를 반영하였다.

앞으로도 본 저서가 수사관들의 영원한 등대지기가 되도록 꾸준히 연구하고 새로운 정보와 지식을 반영하여 수사관들의 직무수행에 보답하도록 하겠습니다.

끝으로 본 실무총서 개정판이 출판되도록 도움을 준 경찰 후배이자 사위인 경찰청에 근무하고 있는 유경일 경감에게 앞으로도 계속 도와 달라는 부탁과 함께 고맙다는 말을 표하고자 합니다.

2025년 1월

저자 **박 태 곤**

● 책을 펴내며

정약용의 『목민심서』 '형전육조(刑典六條)'에 "송사 판결의 근본은 오로지 문서에 달려 있으니 그 속에 감추어진 간사한 것을 들추고 숨겨져 있는 사특한 것을 밝혀내야 하는데 그것은 오직 현명한 사람만이 할 수 있는 것이다."라는 내용이 있다.

최첨단 과학 수사기법이 발달한 현대에도, 현명한 수사경찰이 되기 위해 좌우명으로 삼아야 하지 않을까 하는 대목이라 생각하여 인용하였다. 또한 우리 수사경찰관들이 수사서류를 작성하면서 항상 염두에 두어야 할 것이다. 수사서류 작성은 그만큼 중요하다. 수사관 개인이 작성한 서류가 검사의 공소제기 자료가되고 나아가 공판에서의 중요한 자료로도 사용되기 때문이다.
『수사실무총서 등대지기』는 이런 점을 전제로 집필하였음을 밝힌다.

2003년 처음 『수사경찰의 등대지기』라는 이름으로 수사실무전서가 출간된 후많은 독자의 관심과 후원으로 해를 거듭하면서 몇 차례 변화했으나 급변하는 상황 속에서 지나간 내용만으로 수사실무서로의 역할을 다할 수 없게 되었다.
또한, 수없이 생산되고 있는 판례와 특별법의 잦은 제정, 개정 등 많은 내용변화를 간과할 수 없어 부득이 지면을 늘릴 수밖에 없었다.
그래서 수사실무총서 『수사서류 작성과 요령』, 『형법』, 『형사특별법』으로분권하였다.

『형법수사실무총서』의 특징은 다음과 같다.
첫째, 2018년 1월 31일 기준으로 판례와 법을 정리하였다.

둘째, 형법각론 대부분 처벌조항에 대한 구성요건과 그에 대한 판례를 정리하여 별도의 형법 기본서 없이도 주체·행위 등을 쉽게 확인할 수 있도록 하였다.

셋째, 각 조항에 대한 범죄사실과 그에 따른 피의자 신문사항, 관련 판례를 연속 선상에 정리하여 이해에 도움을 주었으며, 또한 초보자를 위해 개인적 법익 등 일부 범죄에 대해서는 피해자 조사사항도 정리하였다.

넷째, 다양한 범죄사실을 예시하면서 집약된 제목을 달아 수사관이 필요로 하는 범죄사실을 쉽게 인용할 수 있도록 하였으며, 죄명별로 관련 적용 법조문과 공소시효도 모두 정리하였다.

다섯째, 판례에 있어서는 각각 소제목을 달고, 사실관계를 정리하여 필요로 하는 판례를 쉽게 찾아보고 인용할 수 있도록 하였으며, 죄명별로 해당 사례를 판례에서 인정하는 경우와 인정하지 않은 경우를 도표로 구분 정리하였다.

여섯째, 형법과 특별법과의 관계를 모두 정리하여 형법이 아닌 특별법을 적용해야 하는지 아닌지를 판단할 수 있도록 하여 법률의율에 착오가 없도록 하였다.

등대는 밤에 뱃길의 위험한 곳을 비추거나 목표로 삼기 위해 등불을 켜놓은 것이다. 이번에 개편되는 "수사실무총서 등대지기" 시리즈는 수사경찰의 업무수행과 관련하여 잘못된 법률 적용을 올바르게 비추어 주고 실체적 진실발견을 최종목표로 하는 우리 수사경찰의 지침서가 될 수 있도록 하였다.

앞으로도 「수사실무총서 등대지기」가 수험생은 물론 일선에서 활약하는 수사관들에게 좋은 참고서가 되고 올바른 지침서가 되도록 노력하겠다. 많은 관심과 격려를 부탁드린다.

끝으로 「수사실무총서 등대지기」가 새롭게 출판되도록 도와주신 법문북스 김현호 사장님을 비롯한 임직원들에게 감사의 말씀을 전한다.

2018년 2월

저자 박 태 곤

Contents

제8장 공무방해에 관한 죄(제136조~제144조)

제9장 도주와 범인은닉의 죄(제145조~151조)

제10장 위증과 증거인멸의 죄 (제152~155조)

제11장 무고의 죄 (제156~157조)

제12장 신앙에 관한 죄 (제158~163조)

제13장 방화와 실화의 죄 (제164~176조)

제14장 일수와 수리에 관한 죄 (제177~184조)

제15장 교통방해의 죄 (제185~191조)

제16장 먹는 물에 관한 죄 (제192~197조)

제17장 아편에 관한 죄 (제198~206조)

제18장 통화에 관한 죄 (제207~213조)

제21장 인장에 관한 죄(제238~240조)

제22장 성풍속에 관한 죄(제241~245조)

제23장 도박과 복표에 관한 죄(제246~249조)

제24장 살인의 죄(제250~256조)

제25장 상해와 폭행의 죄(제257~265조)

제26장 과실치사상의 죄(제266~268조)

제27장 낙태의 죄(제269~270조)

제28장 유기와 학대의 죄(제271~275조)

제29장 체포와 감금의 죄(제276~282조)

제30장 협박의 죄(제283~286조)

제31장 약취, 유인 및 인신 매매 의 죄 (제287~296조의2)

제32장 강간과 추행의 죄(제297~306조)

제33장 명예에 관한 죄(제307~312조)

제34장 신용, 업무와 경매에 관한 죄(제313~315조)

제35장 비밀침해의 죄(제316~318조)

제36장 주거침입의 죄(제319~322조)

제37장 권리행사를 방해하는 죄(제323~328조)

제38장 절도와 강도의 죄 (제329~346조)

제39장 사기와 공갈의 죄 (제347~354조)

제40장 횡령과 배임의 죄(제355~361조)

제41장 장물에 관한 죄(제362~365조)

제42장 손괴의 죄(제366~370조)

부 록

제 5 장 공안을 해하는 죄 (제114조~제118조)

제1절 범죄단체의 조직

> 제114조(범죄단체 등의 조직) 사형, 무기 또는 장기 4년 이상의 징역에 해당하는 범죄를 목적으로 하는 단체 또는 집단을 조직하거나 이에 가입 또는 그 구성원으로 활동한 사람은 그 목적한 죄에 정한 형으로 처벌한다. 다만, 형을 감경할 수 있다.
>
> ※ 폭력행위 등 처벌에 관한 법률 제4조(단체등의 구성·활동)

Ⅰ. 구성요건

1. 행 위

범죄를 목적으로 하는 단체 또는 집단을 조직하거나 이에 가입 또는 그 구성원으로 활동하는 것.

(1) "사형, 무기 또는 장기 4년 이상의 징역"에 해당

개정 전(2013. 4. 4.) 범죄단체조직죄는 법정형의 제한 없이 범죄를 목적으로 단체를 조직하기만 하면 구성요건에 해당하게 되어 그 처벌범위가 너무 넓다는 비판이 제기되어 왔으며, 「국제연합국제조직범죄방지협약」도 법정형이 장기 4년 이상인 범죄를 목적으로 하는 단체를 조직하는 행위 등을 범죄화하도록 규정하여 범위를 제한하고 있다.

이에 따라 개정형법은 법정형이 "사형, 무기 또는 장기 4년 이상의 징역"에 해당하는 범죄를 목적으로 하는 단체의 조직 행위를 처벌하도록 하여 그 범위를 제한하였다.

(2) 범 죄

실질적 의의의 형법이 규정하고 있는 모든 범죄

○ 형법전의 범죄에 국한되지 않고 행정형법 또는 특별형법이 규정하고 있는 범죄를 포함한다.
○ 단체의 조직과 가입 그 자체를 처벌하는 조직범죄(例, 국가보안법상의 반국가단체구성·가입죄)나 경범죄처벌법이 적용되는 경범죄는 제외된다.

제5장 공안을 해하는 죄 11

(3) 단체 또는 집단을 조직

○ 단체란 공동목적을 가진 특정다수인의 계속적인 결합체를 말한다.
○ 집단이란 범죄단체에는 이르지 못하였으나 그 위험성이 큰 범죄집단을 조직한 경우를 말한다.

■ 판례 ■ **폭력행위등처벌에관한법률 제4조 소정의 범죄단체의 의미**

[1] 사실관계

> 甲 등은 '김포토박이파'라는 이름하에 두목, 부두목, 행동대장, 행동대원 등 일정한 조직체계를 갖추어 역할을 분담하고, 그 활동자금의 조달방법, 조직의 근거지, 행동지침, 행동강령을 정하고, 돌발사태에 대비한 암호번호를 정하여 이에 따른 비상소집에 따라 즉시 대기할 수 있도록 함과 아울러 경쟁세력과의 싸움에 대비하여 흉기를 미리 준비하였다.

[2] 판결요지

가. 폭력행위등처벌에관한법률 제4조 소정의 범죄단체의 의미

폭력행위등처벌에관한법률 제4조 소정의 범죄단체는 같은 법 소정의 범죄를 한다는 공동목적하에 특정다수인에 의하여 이루어진 계속적이고도 최소한의 통솔체계를 갖춘 조직적인 결합체를 말하는 것이다.

나. 甲등의 죄책

일정한 조직체계를 갖추어 역할을 분담하고, 그 활동자금으로 원심 판시와 같은 방법으로 조달한 금품 등을 사용하기로 하며, 조직의 근거지, 행동지침, 행동강령을 정하고, 돌발사태에 대비한 암호번호를 정하여 이에 따른 비상소집에 따라 즉시 대기할 수 있도록 함과 아울러 경쟁세력과의 싸움에 대비하여 흉기를 미리 준비하도록 하는 등 경쟁세력을 폭력으로 제압하려고 하였다면, 이는 폭력범죄 등을 목적으로 하는 계속적이고도 조직 내의 통솔체계를 갖춘 결합체로서 범죄단체에 해당한다(대법원 1996.6.25. 선고 96도923 판결).

■ 판례 ■ **사북 지역 출신의 청년들에 의하여 자생적으로 조직된 사북청년회라는 단체가 폭력행위등처벌에관한법률 제4조에서 정한 범죄단체에 해당하는지 여부(소극)**

[1] 폭력행위등처벌에관한법률 제4조가 규정한 '범죄단체'의 의미

폭력행위등처벌에관한법률 제4조 소정의 범죄단체는 같은 법 소정의 범죄를 한다는 공동목적하에 특정 다수인에 의하여 이루어진 계속적이고도 최소한의 통솔체제를 갖춘 조직화된 결합체를 의미한다 할 것이므로, 특정 다수인에 의하여 이루어진 계속적이고 통솔체제를 갖춘 조직화된 결합체라 하더라도 그 구성원이 같은 법 소정의 범죄에 대한 공동목적을 갖고 있지 아니하는 한 그 단체를 같은 법 소정의 범죄단체로 볼 수는 없다.

[2] 범죄단체에 해당하는지 여부

사북 지역 출신의 청년들에 의하여 자생적으로 조직된 사북청년회라는 단체의 일부 회원들이 사북 지역에 내국인 카지노가 들어서면서 폭력 범행을 저지르거나 관여하게 되었다고 하여 사북청년회 자체가 폭력행위등처벌에관한법률상의 폭력 범행을 목적으로 조직화되었고 사북청년회 자체에서 그러한 폭력 범행을 지시하였거나 의도하였다고 보기 어려워 사북청년회가 폭력행위등처벌에관한법률에서 정한 범죄단체에 해당하지 아니한다(대법원 2004.7.8. 선고 2004도2009 판결).

(1) 甲이 乙등과 함께 도박개장을 모의한 경우(대법원 1977.12.27. 선고 77도3463 판결)
(2) 甲등 22인이 소매치기를 공모하고 실행행위를 분담한 경우(대법원 1981.11.24. 선고 81도2608 판결)
(3) 기존 범죄단체의 두목이 바뀌고 활동 영역과 태양이 변화하였으나 그 조직이 완전히 변경됨으로써 기존의 범죄단체와 동일성이 없는 별개의 단체로 인정될 수 있을 정도에 이르렀다고 볼 수 없는 경우(대법원 2000.3.24. 선고 2000도102 판결)
(4) 甲등이 은행에 당좌계정을 개설하여 은행으로부터 어음용지를 교부받아 거액의 어음을 발행한 후 이를 부도시키는 방법 등으로 타인의 재물을 편취하기위하여 전자제품 도매상을 경영하는 것처럼 위장하고 대표자 또는 감사등으로서의 업무를 분담한 경우(대법원 1985.10.8. 선고 85도1515 판결)

■ 판례 ■　**단체 및 집단의 의미와 요건**

[1] 형법 제114조에서 정한 '범죄를 목적으로 하는 단체'의 의미
형법 제114조에서 정한 '범죄를 목적으로 하는 단체'란 특정 다수인이 일정한 범죄를 수행한다는 공동목적 아래 구성한 계속적인 결합체로서 그 단체를 주도하거나 내부의 질서를 유지하는 최소한의 통솔체계를 갖춘 것을 의미한다.

[2] 형법 제114조에서 정한 '범죄를 목적으로 하는 집단'의 의미와 요건
'범죄를 목적으로 하는 집단'이란 특정 다수인이 사형, 무기 또는 장기 4년 이상의 범죄를 수행한다는 공동목적 아래 구성원들이 정해진 역할분담에 따라 행동함으로써 범죄를 반복적으로 실행할 수 있는 조직체계를 갖춘 계속적인 결합체를 의미한다. '범죄단체'에서 요구되는 '최소한의 통솔체계'를 갖출 필요는 없지만, 범죄의 계획과 실행을 용이하게 할 정도의 조직적 구조를 갖추어야 한다.

[3] 피고인 甲은 무등록 중고차 매매상사(외부사무실)를 운영하면서 피해자들을 기망하여 중고차량을 불법으로 판매해 금원을 편취할 목적으로 외부사무실 등에서 범죄집단을 조직·활동하고, 피고인 甲, 乙을 제외한 나머지 피고인들은 범죄집단에 가입·활동하였다는 내용으로 기소된 사안
피고인 甲은 무등록 중고차 매매상사(이하 '외부사무실'이라 한다)를 운영하면서 피해자들을 기망하여 중고차량을 불법으로 판매해 금원을 편취할 목적으로 외부사무실 등에서 범죄집단을 조직·활동하고, 피고인 甲, 乙을 제외한 나머지 피고인들은 범죄집단에 가입·활동하였다는 내용으로 기소된 사안에서, 외부사무실에는 회사 조직과 유사하게 대표, 팀장, 팀원(출동조, 전화상담원)으로 직책이나 역할이 분담되어 있었는데, 상담원은 인터넷 허위 광고를 보고 전화를 건 손님들에게 거짓말로 외부사무실에 방문할 것을 유인하는 역할을, 출동조는 외부사무실을 방문한 손님들에게 허위 중고차량을 보여주면서 소위 '뜯플' 또는 '쌩플'의 수법으로 중고차량 매매계약을 유도하는 역할을, 팀장은 소속 직원을 채용하고, 손님 방문 시 출동조를 배정하며, 출동조로부터 계약 진행 상황을 보고받고, 출동조가 매매계약 유도를 성공하면 손님들과 정식 계약을 체결하는 역할을, 대표인 피고인 甲은 사무실과 집기, 중고자동차 매매계약에 필요한 자료와 할부금융, 광고 등을 준비해 외부사무실을 운영하면서 팀장을 채용한 뒤 팀장으로 하여금 팀을 꾸려 사기범행을 실행하도록 하고, 할부금융사로부터 할부중개수수료를 받으면 이를 팀별로 배분하는 역할을 수행하였으며, 대표 또는 팀장은 팀장, 출동조, 전화상담원에게 고객을 유인하고 대응하는 법이나 기망하는 방법 등에 대해 교육한 점, 대표는 팀장들이 이용할 할부금융사 및 광고 사이트를 정해 팀장들에게 알려주고 팀장들로부터 상사입금비 및 광고비를 받는 한편, 손님들이 중고차량을 할부로 계약한 경우 할부금융사로부터 받는 할부중개수수료 중 절반을 팀장들에게 나누어 주었으며, 팀장들은 대표로부터 지급받은 위 할부중개수수료와 중

고차량 매매에 따른 차익을 출동조 및 상담원에게 각각 나눠주고 나머지를 가져간 점, 피고인 乙을 제외한 나머지 피고인들은 외부사무실 업무와 관련하여 '텔레그램'을 이용한 대화방을 여러 개 개설하여 정보를 공유하거나 각종 보고 등을 하였고, 대표와 팀장들은 월 1~2회 회의를 하면서 단속정보 등을 공유하였으며, 팀장들은 공유된 정보를 소속 출동조 및 상담원에게 전파한 점 등을 종합하면, 외부사무실은 특정 다수인이 사기범행을 수행한다는 공동목적 아래 구성원들이 대표, 팀장, 출동조, 전화상담원 등 정해진 역할분담에 따라 행동함으로써 사기범행을 반복적으로 실행하는 체계를 갖춘 결합체, 즉 형법 제114조의 '범죄를 목적으로 하는 집단'에 해당한다는 이유로, 이와 달리 보아 공소사실을 무죄로 판단한 원심판결에 법리오해의 위법이 있다.(대법원 2020. 8. 20., 선고, 2019도 16263, 판결)

(4) 조직, 가입, 활동

조직은 다수인이 의사연락 하에 집합체를 형성하는 것, 가입은 이미 조직된 단체의 구성원이 되는 것이다. 구법에서 범죄단체 구성과 가입죄가 즉시범으로 공소시효가 완성된 경우에는 처벌할 수 없다는 불합리한 점을 감안하여 범죄단체등활동죄를 신설하였다.

(5) 기 수

범죄목적의 단체를 조직하거나 가입한 때 기수가 되고, 목적한 범죄의 실행여부는 불문한다. 또 활동의 경우에는 그 행위가 진행되고 있는 이상 계속범이다.

2. 주관적 구성요건

고의와 범죄를 범하거나 병역납세의무를 거부할 목적이 있을 것

■ 판례 ■ **피고인들이 불특정 다수의 피해자들에게 전화하여 금융기관 등을 사칭하면서 신용등급을 올려 낮은 이자로 대출을 해주겠다고 속여 신용관리비용 명목의 돈을 송금받아 편취할 목적으로 보이스피싱 사기 조직을 구성하고 이에 가담하여 조직원으로 활동함으로써 범죄단체를 조직하거나 이에 가입·활동한 경우**
위 보이스피싱 조직은 보이스피싱이라는 사기범죄를 목적으로 구성된 다수인의 계속적인 결합체로서 총책을 중심으로 간부급 조직원들과 상담원들, 현금인출책 등으로 구성되어 내부의 위계질서가 유지되고 조직원의 역할 분담이 이루어지는 최소한의 통솔체계를 갖춘 형법상의 범죄단체에 해당하고, 보이스피싱 조직의 업무를 수행한 피고인들에게 범죄단체 가입 및 활동에 대한 고의가 인정되며, 피고인들의 보이스피싱 조직에 의한 사기범죄 행위가 범죄단체 활동에 해당한다고 본 원심판단을 수긍(대법원 2017. 10. 26. 선고, 2017도8600, 판결)

3. 죄 수

범죄단체를 조직한 후 나아가 목적한 범죄를 실행한 경우에는 실행한 범죄만이 성립한다.

II. 범죄사실기재

1) 범죄사실 기재례

[기재례1] 사기 목적 범죄단체 조직

피의자들은 20○○. ○. ○.경 ○○에서 은행에 당좌계정을 개설하여 은행으로부터 어음용지를 교부받아 거액의 어음을 발행한 후 이를 부도시키는 방법 등으로 타인의 재물을 교부받기로 모의한 뒤 위 범죄를 목적으로 "순천실업"이라는 상호로 사무실을 개설하였다.

피의자들은 전자제품 도매상을 경영하는 것처럼 위장하고 이어 피의자 乙이름으로 은행에 당좌계정을 개설하여 그 은행으로부터 다량의 어음용지를 교부받아 이를 확보하는 한편 그 과정에서 피의자 甲이 순천실업의 실질적인 대표자로서 지급의 입출, 어음용지와 도장 등의 보관책임 등을 맡고 피의자 丙, 丁은 대외적인 업무를 맡고 피의자 丁은 감사의 임무를 수행하기로 하는 등 어음사기를 목적으로 범죄단체를 조직하였다.

[기재례2] 도박개장죄 및 폭력범죄 목적 범죄단체 조직

피의자들은 20○○. ○. ○.경 ○○에서 피의자 2는 ○○만 원을 피의자 3에게 주어 위 지하실 방 3칸을 세내고, 피의자 1은 냉장고, 텔레비전, 비디오 등 비품을 제공하여 근거지를 마련하고, 피의자 1, 2는 형님이라 불리며 조직 두목으로, 피의자 3, 피의자 4는 조직 행동대원으로 정하였다.

20○○. 6. 초순경 가입한 피의자 5, 피의자 7, 피의자 6도 조직 행동대원으로 위계를 정한 후 그곳에서 합숙하면서 도박장인 속칭 '하우스'를 개장하였다

피의자 1은 도박을 하다가 금원을 다 잃은 사람에게 고리의 도박자금 속칭 '꽁짓돈'을 빌려주고 피의자 2는 꽁짓돈을 빌려줌과 동시에 '고리낑'이라는 명목으로 도박꾼들로부터 하우스 사용료를 받아 내며 각 행동대원의 생활비 등을 내고, 나머지 피의자들은 피의자 1, 피의자 2의 지시에 따라 동인들의 경호, 하우스의 질서 유지와 경비, 꽁짓돈을 갚지 않는 자에게 위협 등 폭력을 행사하여 꽁짓돈과 이자를 받아 내는 일, 다른 조직의 공격에 대항하여 폭력으로 방어하는 일 등으로 역할을 분담하였다.

또한, 폭력행사에 대비하여 사제폭탄, 도검, 과도, 망치, 쇠파이프, 야구방망이 등 무기를 구입, 보관하며, 틈틈이 운동기구 등으로 체력을 보강하는 등 도박개장죄 및 폭력범죄를 목적으로 한 단체를 조직하였다.

2) 적용법조 : 제114조 … 공소시효 : 각죄에서 정한 형에 따라 다름

- 조직의 이름은 무엇인가
- 왜 그렇게 불리고 있는가
- ○○파는 언제 어디서 모여서 만든 것인가
- ○○파를 결성한(가입한) 목적이나 동기가 있었나
- ○○파가 무엇을 하는 단체로 알고 있는가
- ○○파가 그런 ○○(例, 폭력)을 행사하는 단체인 것을 알면서도 결성(가입)하였다는 것인가
- 당시 참석자는 누구 누구였나
- 현재 조직의 규모는 어느 정도 인가
- 모든 조직원의 이름과 그들의 직업은
- 이들의 조직에서의 각 직책은
- 새로운 조직원이 가입할 때 환영식이나 특별한 의식이 있는가
- 그럼 어떤 형식으로 가입하는가
- 생활을 하면서 선배를 만나면 어떻게 하는가
- 선배와 대화를 할 때 말투는 어떠한 식으로 하는가
- 특별히 그렇게 하는 이유가 있나
- 그외 선·후배간에 지켜야할 예절이나 규칙은
- 거리에 타지역 폭력배들이 들어오면 어떻게 하는가
- 타 폭력조직과 충돌은 자주 있는가
- 그럴 때는 어떻게 대처하는가
- 생활을 하다가 그만두는 조직원도 있는가
- 그만둔 조직원에게 특별히 가하는 벌칙은
- 어떤 식으로 보복을 하는가
- 조직원끼리 합숙을 하거나 단합을 위하여 특별히 하는 운동이 있나
- 주로 언제 어디에 모여서 하는가
- 조직원들끼리 모여 회식이나 식사를 같이 한 경우도 있는가
- 그 시기와 장소는
- 주로 어떤 대화를 하는가

- 그에 대한 비용은 누가 어떻게 부담하는가
- 조직원들 합숙도 하는가
- 주로 어디에서 하고 있는가
- 그에 대한 비용은 얼마정도이며 누가 부담하는가
- 이런 비용은 누가 어떤 식으로 조달하는가
- 조직원들의 수입원은 무엇인가
- 조직원들을 단체로 동원한 일이 있는가
- 당시 동원된 조직원이 누구누구인가
- 무엇 때문에 동원되었나
- 동원에 따른 대가는
- 동원되어 그곳에서 무엇을 하였는가
- 충돌은 없었는가
- 그 외 또 다른 곳에 동원된 사실은 있는가

제2절 공무원자격사칭

제118조(공무원자격의 사칭) 공무원의 자격을 사칭하여 그 직권을 행사한 자는 3년 이하의 징역 또는 700만원 이하의 벌금에 처한다.

※ 경범죄처벌법

제3조(경범죄의 종류) ① 다음 각 호의 어느 하나에 해당하는 사람은 10만원 이하의 벌금, 구류 또는 과료(科料)의 형으로 처벌한다.

　　7. (관명사칭 등) 국내외의 공직(公職), 계급, 훈장, 학위 또는 그 밖에 법령에 따라 정하여진 명칭이나 칭호 등을 거짓으로 꾸며 대거나 자격이 없으면서 법령에 따라 정하여진 제복, 훈장, 기장 또는 기념장(記念章), 그 밖의 표장(標章) 또는 이와 비슷한 것을 사용한 사람

Ⅰ. 구성요건

1. 주 체

제한 없음(공무원이 아닌 민간인이 공무원을 사칭하는 경우뿐만 아니라, 공무원이 다른 공무원의 자격을 사칭하는 경우도 포함)

2. 행 위

공무원의 자격을 사칭하고 그 직권을 행사하는 것

(1) 공무원

국가 또는 지방공무원과 특별법상의 공무원을 말하며, 임시직원도 포함한다.

(2) 자격사칭

공무원이 아닌 자가 상대방에게 공무원인 것처럼 오신케 하는 일체의 행위

　○ 자격사칭의 방법에는 제한이 없으며, 스스로 착각에 빠진 피해자에 대하여 부작위로도 가능하다.

(3) 직권행사

공무원의 자격을 사칭하고 사칭한 직권을 행사할 것

　○ 행사한 직권이 사칭한 그 공무원의 직권에 속하지 않을 경우에는 본죄가 성립하지 않는다.

　○ 단순한 사칭에 그치고 직권행사가 없는 경우에는 경범죄에 해당할 뿐이다(경범죄처벌법 제3조 제1항 제8호)

■ 판례 ■ **위임받은 채권을 추심하는 방편으로 합동수사반원임을 사칭하고 협박한 경우, 공무원자격사칭죄의 성부(소극)**

[1] 사실관계

> 甲은 乙로부터 乙의 A에 대한 채권추심을 부탁받고 A의 집으로 가 합동수사반에서 왔다고 하면서 집밖으로 데리고 나와 대기중인 승용차로 태운 후 협박하여 채권을 추심하였다.

[2] 판결요지

공무원자격사칭죄가 성립하려면 어떤 직권을 행사할 수 있는 권한을 가진 공무원임을 사칭하고 그 직권을 행사한 사실이 있어야 하는바, 피고인들 이 그들이 위임받은 채권을 용이하게 추심하는 방편으로 합동수사반원임을 사칭하고 협박한 사실이 있다고 하여도 위 채권의 추심행위는 개인적인 업무이지 합동수사반의 수사업무의 범위에는 속하지 아니하므로 이를 공무원자격사칭죄로 처벌할 수 없다(대법원 1981.9.8. 선고 81도1955 판결).

■ 판례사례 ■ **[사칭한 공무원의 고유한 권한 행사가 없어 공무원 자격사칭죄가 성립하지 않는 사례]**

> (1) 甲이 전신전화관서의 관계관에게 청와대 민정비서관임을 사칭하여 전화선로 고장을 수리하라고 말한 경우(대법원 1972.12.26. 선고 72도2552 판결)
> (2) 甲이 중앙정보부직원을 사칭하여 사무실에 대통령사진의 액자가 파손된 채 방치되었다는 사실을 보고 받고 나왔으니 자인서를 작성 제출하라고 말한 경우(대법원 1977.12.13. 선고 77도2750 판결)
> (3) 甲이 乙로부터 乙의 A에 대한 채권추심을 부탁받고 A의 집으로 가 합동수사반에서 왔다고 하면서 집밖으로 데리고 나와 대기중인 승용차로 태운 후 협박하여 채권을 추심한 경우(대법원 1981. 9.8. 선고 81도1955 판결)

3. 주관적 구성요건

공무원의 자격이 없이 공무원의 자격을 사칭하고 직원을 행사한다는 점에 대한 고의가 있을 것

4. 죄 수

- 경찰관을 사칭하여 운전자로부터 범칙금을 받은 경우 ⇨ 본죄와 사기죄의 상상적 경합
- 공무원이 다른 공무원의 직권을 사칭하여 금품을 수수한 경우 ⇨ 수뢰죄가 아니라, 본죄와 사기죄의 상상적 경합
- 경찰관을 사칭하여 협박으로 금품을 수수한 경우 ⇨ 본죄와 공갈죄의 상상적 경합
- 타인의 공무원신분증을 제시하여 공무원자격을 사칭하고 그 직권을 행사한 경우 ⇨ 본죄와 공문서부정행사죄의 상상적 경합
- 행사의 목적으로 공무원신분증을 위조한 후 그 위조한 공무원신분증을 행사하여 공무원의 자격을 사칭하고 직권을 행사한 경우 ⇨ 본죄와 위조공문서행사죄의 상상적 경합(공문서위조죄는 위조공문서행사죄에 흡수)

[기재례1] 시의회의원임을 사칭하여 접대받은 경우

1) 범죄사실 기재례

피의자는 20○○. ○. ○. ○○:○○경 서울 ○○구 ○○동 107번지에 있는 ○○동사무소에서 그곳 사무장 김○○ 외 1명의 직원에게 "나는 서울시의회 홍길동 의원이다"라고 사칭하여 자기를 소개한 다음 위 김○○으로부터 그곳 관내의 수해피해 상황을 보고 받고 같은 날 00:00경 위 같은 동에 있는 강남일식집에서 위 김○○으로부터 ○○만원 상당의 점심 접대를 받음으로써 위 시의원의 자격을 사칭하여 그 직권을 행사하였다.

2) 적용법조 : 제118조 … 공소시효 5년

[기재례2] 경찰관을 사칭하여 금품갈취

1) 범죄사실 기재례

가. 공무원자격사칭
피의자는 20○○. ○. ○. ○○에 있는 ○○사무실에서 속칭 "고스톱"이라는 도박을 하고 있던 홍○○외 5명에게 "나는 ○○경찰서 강력팀에서 신고를 받고 나왔다"라고 경찰관의 행세를 하면서 그곳에 있는 화투와 판돈 ○○만 원을 압수한다는 명목으로 빼앗고 ○○경찰서까지 동행을 요구하는 등 경찰관의 자격을 사칭하여 그 직권을 행사하였다.
나. 공갈
전 항의 일시장소에서 위와 같이 피해자들을 공갈하여 이에 겁을 먹은 피해자들로부터 다음 날인 ○. ○○:○○경 ○○에 있는 "거부장다방"에서 사건을 묵인한다는 명목으로 ○○만원을 교부받았다.

2) 적용법조 : 제118조, 제350조 제1항(공갈) … 공소시효 10년

[기재례3] 경찰관을 사칭하여 수사한다며 임의동행

1) 범죄사실 기재례

피의자는 20○○. ○. ○. ○○:○○경 ○○에 있는 고소인 김일수의 집에서 그에게 위조한 경찰관 신분증 1매를 제시하며 순천경찰서 형사인데 자동차를 절취한 혐의가 있어 조사하러 왔다고 경찰관의 행세를 하면서 위 고소인을 같은 동 101에 있는 유정다방까지 임의동행 형식으로 데리고 갔다. 피의자는 경찰관이 아님에도 위와 같이 공무원인 경찰관의 자격을 사칭하여 그 직권을 행사하였다.

2) 적용법조 : 제118조 … 공소시효 5년

✱ 단순히 공무원자격만 사칭하였을 뿐일 경우에는 경범죄처벌법

[기재례4] 공무원증을 위조하여 사격 사칭한 경우

1) 범죄사실 기재례

가. 공문서위조

피의자는 20○○. ○. ○.경 ○○에 있는 피의자의 집에서 컴퓨터 스캐너 장비를 이용하여 신분증 양식 증명사진 란에 피의자의 증명사진을 입력하고 컴퓨터 엑셀, 웹디자인, 포토샵 6.0, 한글 프로그램 등을 이용하여 앞면 중간 부분에 큰 글씨로 '경찰', 그 경찰 글씨 사이에 경찰마크, 성명란에 '홍길동', 하단에 '○○경찰청' 글씨를 각 입력한 후 그와 같은 입력내용을 앱슨 컬러프린터기를 이용하여 사진인화지에 인쇄하여 신분증 크기로 절단한 다음 코팅기를 이용하여 코팅처리하였다.

이로써 피의자는 행사할 목적으로 공문서인 ○○경찰청장 명의의 경찰관 신분증 1장을 위조하였다.

나. 위조공문서행사 및 공갈

피의자는 20○○. ○. ○. 06:00경 ○○에 있는 ○○모텔 2층 호실불상에서, 피의자의 요청으로 성매매행위를 하러 온 피해자 乙(여, 33세)에게 "성매매로 단속한다."라고 하면서 위조된 ○○경찰청장 명의의 경찰관 신분증을 제시하고 두 손목에 수갑을 채운 후 "증거물을 찾아야 하니 집으로 가자."라고 하여 지나가는 택시를 잡아타고 같은 날 07:00경 ○○에 있는 피해자의 집으로 피해자를 끌고 와 아파트를 뒤지며 증거물 압수수색을 하는 척하면서 이에 겁을 먹고 봐달라 고 사정하는 피해자로부터 ○○만 원을 교부받아 이를 갈취하고, 위조한 ○○경찰청장 명의의 경찰관 신분증을 행사하였다.

다. 공무원자격사칭

피의자는 경찰관이 아님에도 위와 같이 공무원인 경찰관의 자격을 사칭하여 그 직권을 행사하였다.

2) 적용법조 : 제225조, 제229조, 제118조(자격사칭) … 공소시효 10년

◐ Ⅲ. 신문사항

- 고소인(피해자) ○○○을 알고 있나요.
- 고소인과 어떠한 관계인가
- 공무원 자격을 사칭한 일이 있는가
- 언제 어디에서 누구에게 사칭하였나
- 뭐라면서 사칭하였나
- 피의자는 공무원인가요(전직 공무원 여부등)
- 무엇 때문에 공무원의 자격을 사칭하게 되었나
- 피해자에게 피의자가 누구라고 말하였나
- 피의자를 공무원으로 믿던가
- 공무원 자격을 사칭하여 무엇을 하였나

제 7 장

공무원의 직무에 관한 죄
(제122~135조)

제1절 직무유기

제122조(직무유기) 공무원이 정당한 이유없이 그 직무수행을 거부하거나 그 직무를 유기한 때에는 1년 이하의 징역이나 금고 또는 3년 이하의 자격정지에 처한다.

※ 특정범죄가중처벌등에관한법률 제15조(특수직무유기)
※ 폭력행위등처벌에관한법률 제9조(사법경찰관리의 직무유기)
※ 국가보안법 제11조(특수직무유기)

 Ⅰ. 구성요건

1. 주 체

공무원

■ 판례 ■ **병가중인 공무원이 본죄의 주체가 될 수 있는지 여부(소극)**

[1] 사실관계

甲등 병가중인 철도공무원들은 그렇지 아니한 철도공무원들과 함께 전국철도노동조합의 일부 조합원들로 구성된 임의단체인 전국기관차협의회가 주도한 파업에 참여하였다.

[2] 판결요지

가. 병가중인 자의 본죄의 주체여부

병가중인 자의 경우 구체적인 작위의무 내지 국가기능의 저해에 대한 구체적인 위험성이 있다고 할 수 없어 직무유기죄의 주체로 될 수는 없다.

나. 병가중인 철도공무원들의 죄책

노동조합의 승인 없이 또는 지시에 반하여 일부 조합원의 집단에 의하여 이루어진 쟁의행위가 그 경위와 목적, 태양 등에 비추어 정당행위에 해당하지 아니하고, 그 쟁의행위에 참가한 일부 조합원이 병가 중이어서 직무유기죄의 주체로 될 수는 없다 하더라도 직무유기죄의 주체가 되는 다른 조합원들과의 공범관계가 인정된다. 따라서 그 쟁의행위에 참가한 조합원들 모두 직무유기죄로 처단되어야 한다(대법원 1997.4.22. 선고 95도748 판결).

☞ (병가중인 철도공무원, 그렇지 않은 철도공무원 모두 직무유기죄)

2. 행 위

정당한 이유없이 직무수행을 거부하거나 직무를 유기하는 것

(1) 직무의 범위

공무원이 공무원법에 따라 수행해야할 본래의 직무 또는 고유한 직무

1) 고유한 직무

소송법상의 고발의무나 통고처분의 건의의무와 같이 공무원 신분으로 인하여 부수적·파생적으로 발생하는 직무는 본죄의 직무가 아니다.

■ 판례 ■ **경찰관인 피고인이 벌금미납자로 지명수배되어 있던 갑을 세 차례에 걸쳐 만나고도 그를 검거하여 검찰청에 신병을 인계하는 등 필요한 조치를 취하지 않은 경우**

[1] 벌금미납자에 대한 노역장유치 집행을 위하여 검사의 지휘를 받아 형집행장을 집행하는 경우, 벌금미납자 검거가 사법경찰관리의 직무범위에 속하는지 여부(적극)

형사소송법 제460조 제1항, 제473조에 의하면 재판의 집행은 검사가 지휘하고, 검사는 신체를 구금하는 자유형의 집행을 위하여 형집행장을 발부하여 수형자를 구인할 수 있으며, 같은 법 제475조, 제81조에 의하면 구속영장과 동일한 효력이 있는 형집행장은 검사의 지휘에 의하여 사법경찰관리가 집행하고, 이러한 형의 집행에 관한 규정은 같은 법 제492조에 의하여 벌금미납자에 대한 노역장유치의 집행에 준용되고 있다. 이러한 규정을 종합하면 사법경찰관리도 검사의 지휘를 받아 벌금미납자에 대한 노역장유치의 집행을 위하여 형집행장의 집행 등을 할 권한이 있으므로, 이 경우 벌금미납자에 대한 검거는 사법경찰관리의 직무범위에 속한다고 보아야 한다.

[2] 경찰관인 피고인의 죄책(= 직무유기)

벌금미납자에 대한 노역장유치 집행을 위하여 검사의 지휘를 받아 형집행장을 집행하는 경우 벌금미납자 검거는 사법경찰관리의 직무범위에 속한다고 보아야 하므로 직무유기죄가 성립한다(대법원 2011.9.8. 선고 2009도13371 판결).

2) 구체적 직무

본죄의 직무는 추상적 권한에 속하는 모든 직무가 아니고, 법령에 근거가 있거나 특별한 지시·명령이 있기 때문에 적시에 수행해야 할 구체적 직무이어야 한다.

■ 판례 ■ **甲은 북제주군 보건소 약사감사 직무를 담당하는 자인 바, 乙이 관계당국의 허가 없이 의약품을 진열하고, 판매하고 있음을 적발하고도 수사관서에 고발하거나 입건수사한 후 소할 검찰청에 송치하지 아니하고 상사인 보건소장에게 보고하여 그 지시에 의하여 시말서를 받고 약국을 폐쇄토록 한 경우**

약사법 제70조에 의하면 약사 감시원은 같은 법 제64조 제1항, 제65조 제2항의 규정에 의한 공무원의 직무를 집행하는 권한이 있을 뿐이고, 사법경찰리의 직무를 할 법적 근거가 없고, 또 일건기록에 의하면, 피고인은 위 무허가 약국개설자를 조사하여 상사인 보건소장에게 보고하여 그 지시에 의하여 시말서를 받고 약국을 폐쇄토록 하였음을 엿볼 수 있으므로 수사관서에 고발하지 아니 하였다하여 그 직무를 유기하였다고 보기 어렵다(대법원 1969.2.4. 선고 67도184 판결).

(2) 직무유기

직무를 의식적으로 방임하거나 포기하는 행위

○ 직무에 대한 의식적 방임·포기·거부가 있어야 하므로 직무집행이 있는 이상 법 정절차를 준수하지 않았거나 내용이 부실하더라도 본죄는 성립하지 아니한다.

■ 판례 ■ **사법경찰관리가 경미한 범죄 혐의사실을 검사에게 인지 보고하지 아니하고 훈방한 경우**

[1] 사실관계

사법경찰관리 甲은 인화물질인 락카신나를 보관하다 적발된 A가 페인트상회를 개업한지 7일정 도 밖에 안되어 이것이 위험물로서 신고해야 된다는 것을 몰랐다고 변명하자 이를 받아들여 이는 경미사범이거나 소방법 위반의 구성요건에 해당하지 않는다고 판단하여 검사에게 보고함 이 없이 훈계방면하고 입건조치하지 아니하였다.

[2] 판결요지

공무원이 직무를 유기한 때라 함은 공무원이 법령 내규 또는 지시 통첩에 의한 추상적인 충근의무 를 게을리한 일체의 경우를 지칭하는 것이 아니라 주관적으로 직무집행의사를 포기하고 객관적으로 정당한 이유없이 직무집행을 하지 아니하는 부작위상태가 있어 국가기능을 저해하는 경우를 말한다 할 것인바, 사법 경찰관리가 직무집행의사로 위법사실을 조사하여 훈방하는 등 어떤 형태로든지 그 직무집행행위를 하였다면 형사피의사건으로 입건수사하지 않았다 하여 곧 직무유기죄가 성립한다고 볼 수는 없다(대법원 1982.6.8. 선고 82도117 판결).

■ 판례 ■ **피고인들을 비롯한 경찰관들이 현행범으로 체포한 도박혐의자들에게 현행범인체포 서 대신에 임의동행동의서를 작성하게 하거나 압수한 일부 도박자금에 관하여 검사의 지휘도 받지 않고 반환하는 등 제대로 조사하지 않은 채 이들을 석방한 경우**

피고인들을 비롯한 경찰관들이 현행범으로 체포한 도박혐의자 17명에 대해 현행범인체포서 대신에 임의동행동의서를 작성하게 하고, 그나마 제대로 조사도 하지 않은 채 석방하였으며, 현행범인 석 방사실을 검사에게 보고도 하지 않았고, 석방일시·사유를 기재한 서면을 작성하여 기록에 편철하 지도 않았으며, 압수한 일부 도박자금에 관하여 압수조서 및 목록도 작성하지 않은 채 검사의 지휘 도 받지 않고 반환하였고, 일부 도박혐의자의 명의도용 사실과 도박 관련 범죄로 수회 처벌받은 전 력을 확인하고서도 아무런 추가조사 없이 석방한 사안에서, 이는 단순히 업무를 소홀히 수행한 것 이 아니라 정당한 사유 없이 의도적으로 수사업무를 방임 내지 포기한 것이라고 봄이 상당하다는 이유로, 피고인들에 대하여 직무유기죄의 성립을 부정한 원심판단에 법리오해 또는 사실오인의 잘 못이 있다고 한 사례.(대법원 2010.6.24. 선고 2008도11226 판결)

■ 판례 ■ **검사로부터 범인을 검거하라는 지시를 받은 경찰관이 범인을 도피케 한 경우, 범 인도피죄 외에 직무유기죄가 따로 성립하는지 여부(소극)**

피고인이 검사로부터 범인을 검거하라는 지시를 받고서도 그 직무상의 의무에 따른 적절한 조치를 취하지 아니하고 오히려 범인에게 전화로 도피하라고 권유하여 그를 도피케 하였다는 범죄사실만으 로는 직무위배의 위법상태가 범인도피행위 속에 포함되어 있는 것으로 보아야 할 것이므로, 이와 같 은 경우에는 작위범인 범인도피죄만이 성립하고 부작위범인 직무유기죄는 따로 성립하지 아니한다(대 법원 1996. 5.10. 선고 96도51 판결).

■ 판례 ■　공무원이 어떠한 형태로든 직무집행의 의사로 자신의 직무를 수행한 경우, 그 직무집행의 내용이 위법한 것으로 평가된다는 점만으로 직무유기죄가 성립하는지 여부(소극)]

[1] 사실관계

> 울산시의 A구청의 구청장인 甲은 행정자치부 및 울산시로부터 　'전공노의 기금모금 행위는 공무원의 불법적인 집단행동이며, 총파업은 국가기능을 문란하게 하고 국가안위를 위태롭게 하는 중대한 사태로서 강행시 관련자들은 전원 중징계조치하라'는 내용의 "전공노 총파업 관련 징계업무 처리지침"을 받고도 당시 징계에 관한 행정자치부의 지침에 다소 과한 측면이 있다고 보고, 소속 직원의 절반이 넘는 파업참가 공무원 전원에 대하여 징계의결 요구를 할 경우 발생할 혼란과 그에 따른 부작용을 우려하여 전국공무원노동조합이 주도한 파업에 참가한 소속 공무원들에 대하여 가담 정도가 중한 일부 대상자에 대하여는 구 인사위원회에 징계의결 요구를 하고 가담 정도가 가벼운 나머지 대상자에 대하여는 훈계처분을 하도록 지시하였다.

[2] 판결요지

피고인의 위와 같은 직무집행행위가 위법하게 평가되는 것은 별론으로 하고 직장의 무단이탈이나 직무의 의식적인 포기에 준하는 것으로 평가할 수는 없을 뿐 아니라, 적어도 피고인으로서는 자신이 취한 일련의 조치가 직책에 따른 정당한 직무수행 방식이라고 믿었던 것으로 볼 수가 있으므로 직무유기죄를 구성하지 않는다(대법원 2007.7.12. 선고 2006도1390 판결).

■ 판례사례 ■　[직무유기죄가 성립하지 아니하는 사례]

(1) 예비군교관이 교육과목을 다른 과목으로 대체한 경우(대법원 1979.3.27. 선고 79도291 판결)
(2) 일직사관이 순찰 및 검사 등을 하지 않고 잠을 잔 경우(대법원 1984.3.27. 선고 83도3260 판결)
(3) 부대물품출납관이 물품불출청구 후 즉시 불출되지 않은 이유를 확인하지 않은 경우(대법원 66도122 판결)
(4) 세관의 검사담당직원이 보세화물장치요강에 따라 위험물을 위험창고에 옮기지 않은 경우(대법원 1970.11.24. 선고 70도2113 판결)
(5) 교도소 보안과 출정계장과 감독 교사가 호송교도관의 감독을 소홀히 하여 재소자 집단도주사고가 발생한 경우(대법원 1991.6.11. 선고 91도96 판결)
(6) 통고처분이나 고발을 할 권한이 없는 세무공무원이 그 권한자에게 범칙사건 조사 결과에 따른 통고처분이나 고발조치를 건의하는 등의 조치를 취하지 않은 경우(대법원 1997.4.11. 선고 96도2753 판결)
(7) 군청 식산과 축산계 수의사인 甲이 乙로부터 도축검사 의뢰를 받았으면 도축검사신청서에 기재된 축종, 성별, 연령, 품종, 생체량 등이 도축하려는 현물인 축우와 동일한가의 여부 및 질병보유 여부 등을 철저히 검사하여 도축할 수 있는 소인가를 확인하여야 할 직무상 의무가 있음에도 乙의 말만 그대로 믿고 사무실내에서 유리창밖으로 대충 확인하는 생체검사를 하고 해체 검사시에 도축우의 머리 등 성별을 확인할 수 있는 부위는 제대로 검사하지 않고 내장 등만 주로 검사하여 도축검사대장 기재내용을 철저히 확인하지 아니한 경우(대법원 1983.12.13. 선고 83도1157 판결)

■ 판례 ■   경찰관이 방치된 오토바이가 있다는 신고를 받거나 순찰중 이를 발견하고 오토바이 상회 운영자에게 연락하여 오토바이를 수거해가도록 하고 그 대가를 받은 경우, 직무유기죄에 해당하는지 여부(적극)

[1] 사실관계

> 경찰관 甲은 방치되어 있는 오토바이를 치워달라는 신고를 받으면 오토바이센타를 운영하는 乙에게 연락하여 동인으로 하여금 오토바이를 가져가 보관하도록 하고도, 소유자를 찾아 반환하도록 처리하거나 상회 운영자에게 반환 여부를 확인한 일이 전혀 없이 영업이익에 대한 사례로 乙로부터 20만 원 정도의 이익을 제공받았다.

[2] 판결요지

경찰관의 이와 같은 행위는 습득물을 단순히 상회 운영자에게 보관시키거나 소유자를 찾아서 반환하도록 협조를 구한 정도를 벗어나 상회 운영자에게 그 습득물에 대한 임의적인 처분까지 용인한 것으로서 습득물 처리 지침에 따른 직무를 의식적으로 방임 내지 포기하고 정당한 사유 없이 직무를 수행하지 아니한 경우에 해당한다(대법원 2002.5.17. 선고 2001도6170 판결). ☞ (甲은 직무유기죄와 수뢰죄의 실체적 경합)

■ 판례사례 ■   [직무유기죄의 성립이 긍정된 사례]

(1) 세관공무원이 밀수품의 양륙을 묵인한 경우(대법원 1952.12.4. 선고 4291형상105 판결)
(2) 경찰관이 투표용지 유출사실에 대해 상사에게 보고하지 않고 수사하지 않은 경우(대법원 4294 형상35 판결)
(3) 자동차에 편승했던 경찰관이 운전사가 일으킨 교통사고를 인지하고도 의법조치하지 않은 경우(대법원 4289형상244 판결)
(4) 차량번호판의 교부담당직원이 운행정지처분을 받은 자동차에 대하여 번호판을 다시 교부한 경우(대법원 1972.6.27. 선고 72도969 판결)
(5) 경찰관이 불법체류자의 신병을 출입국관리사무소에 인계하지 않고 훈방하면서 이들의 인적사항조차 기재해 두지 아니한 경우(대법원 2008.2.14. 선고 2005도4202 판결)
(6) 인감증명서발급사무를 담당하는 공무원이 내용의 기재와 인감의 날인도 없는 인감증명서에 동장의 인장을 날인하여 교부한 경우(대법원 1971.6.22. 선고 71도778 판결)
(7) 학생군사교육단의 당직사관이 술을 마시고 내무반에서 화투놀이를 한 후 애인과 함께 자고 당직근무의 인계·인수 없이 퇴근한 경우(대법원 1990.12.21. 선고 90도2425 판결)
(8) 가축도축업체에 배치되어 가축검사원으로 재직하는 공무원이 퇴근시 소 계류장의 시정·봉인 조치를 취하지 아니하고 그 관리를 도축장 직원에게 방치한 행위(대법원 1990.5.15. 선고 90도191 판결)
(9) 세무공무원이 자기 담당구역 내에 거주하는 자에 대한 다른 양도소득세 과세자료를 다른 공무원이 고의로 은닉하고 있는 사실을 발견하고도 그대로 방치한 경우(대법원 1984.4.10. 선고 83도1653 판결)
(10) 군직원이 농지전용허가를 하여 주어서는 안 됨을 알면서도 허가하여 줌이 타당하다는 취지의 현장출장복명서 및 심사의견서를 작성하여 결재권자에게 제출한 경우(대법원 1993.12.24. 선고 92도3334 판결)
(11) 국방부 합동조사단장으로부터 병무비리사건과 관련하여 뇌물수수 등의 혐의로 수배 중인 자를 체포하도록 구체적인 임무를 부여받아 그 직무를 수행함에 있어 수배자와 여러 차례에 걸쳐 전화통화를

하고, 나아가 수배자를 위하여 서류를 전달해주는 한편 그의 예금통장까지 개설해 주고서도 그와 같은 사실을 보고조차 하지 아니한 경우(대법원 1999.11.26. 선고 99도1904 판결)

■ 판례 ■ **근무기간을 정하여 임용된 공무원의 무단이탈로 인한 직무유기죄 성립 여부를 판단할 때 고려할 사항**

형법 제122조는 직무유기죄에 관하여 "공무원이 정당한 이유 없이 그 직무수행을 거부하거나 그 직무를 유기한 때에는 1년 이하의 징역이나 금고 또는 3년 이하의 자격정지에 처한다."라고 정한다. 직무유기죄는 구체적으로 직무를 수행해야 할 작위의무가 있는데도 이러한 직무를 저버린다고 인식하고 작위의무를 이행하지 않음으로써 성립한다. 이때 직무를 유기한다는 것은 공무원이 법령, 내규 등에 따른 추상적 성실의무를 게을리하는 일체의 경우를 말하는 것이 아니라 직장의 무단이탈, 직무의 의식적인 포기 등과 같이 국가의 기능을 저해하고 국민에게 피해를 야기할 구체적인 가능성이 있는 경우만을 가리킨다. 따라서 공무원이 태만이나 착각 등으로 인하여 직무를 성실히 수행하지 않은 경우 또는 직무를 소홀하게 수행하였기 때문에 성실한 직무수행을 못한 데 지나지 않는 경우에는 직무유기죄가 성립하지 않는다.

무단이탈로 인한 직무유기죄 성립 여부는 결근 사유와 기간, 담당하는 직무의 내용과 적시 수행 필요성, 결근으로 직무수행이 불가능한지, 결근 기간에 국가기능의 저해에 대한 구체적인 위험이 발생하였는지 등을 종합적으로 고려하여 신중하게 판단해야 한다. 특히 근무기간을 정하여 임용된 공무원의 경우에는 근무기간 안에 특정 직무를 마쳐야 하는 특별한 사정이 있는지 등을 고려할 필요가 있다. (대법원 2022. 6. 30., 선고, 2021도8361, 판결)

(3) 기 수

■ 판례 ■ **직무유기죄가 즉시범인지 여부(소극)**

[1] 사실관계

A와 B의 좌회전신호 위반의 교통사고 처리를 담당하는 경찰관 甲은 A가 경찰서 교통과 사고처리반에서 B와 보험처리만 하고 사고처리는 하지 아니하기로 합의하였으니 사고처리를 하지 말아달라는 부탁을 받고 이 사건 교통사고를 입건하여 수사하지 않았고, 그 후 경찰서를 방문한 보험회사 직원인 C로부터 위 교통사고를 정식 입건하여 수사하여 달라는 요청을 받았는데도 이를 거부하고 그대로 있다가 같은 해 보험금을 지급받지 못한 B가 교통사고를 신고하자 부랴부랴 A가 신호를 위반하여 이 사건 교통사고를 야기하였다고 하여 A를 교통사고처리특례법위반죄로 입건하고 뒤늦게 수사에 나섰다.

[2] 판결요지

직무유기죄는 그 직무를 수행하여야 하는 작위의무의 존재와 그에 대한 위반을 전제로 하고 있는바, 그 작위의무를 수행하지 아니함으로써 구성요건에 해당하는 사실이 있었고 그 후에도 계속하여 그 작위의무를 수행하지 아니하는 위법한 부작위상태가 계속되는 한 가벌적 위법상태는 계속 존재하고 있다고 할 것이며 형법 제122조 후단은 이를 전체적으로 보아 1죄로 처벌하는 취지로 해석되므로 이를 즉시범이라고 할 수 없다(대법원 1997.8.29. 선고 97도675 판결). ☞ (甲이 A의 부탁을 받고 수사를 하지 않은 행위와 C의 수사요청에도 불구하고 수사를 거부한 것은 전체적으로 직무유기죄 일죄만 성립)

3. 주관적 구성요건

직무를 유기한다는 인식·인용이 있을 것

■ 판례 ■ **태만, 분망, 착각 등으로 인한 부실한 직무집행의 경우, 직무유기죄의 성부(소극)**

[1] 사실관계

甲은 군청 식산과 축산계 수의사로서 乙로부터 도축검사 의뢰를 받았으면 도축검사신청서에 기재된 축종, 성별, 연령, 품종, 생체량 등이 도축하려는 현물인 축우와 동일한가의 여부 및 질병보유 여부 등을 철저히 검사하여 도축할 수 있는 소인가를 확인하여야 할 직무상 의무가 있음에도 乙의 말만 그대로 믿고 사무실내에서 유리창밖으로 대충 확인하는 생체검사를 하고 해체 검사시에 도축우의 머리등 성별을 확인할 수 있는 부위는 제대로 검사하지 않고 내장 등만 주로 검사하여 도축검사대장 기재내용을 철저히 확인하지 아니하였다.

[2] 판결요지

형법 제122조의 직무유기죄의 성립에는 주관적으로 직무를 버린다는 인식과 객관적으로 직무 또는 직장을 벗어나는 행위가 있어야하는 것으로 직무집행의사로 직무를 수행한 이상 태만, 분망, 착각 등 일신상 또는 객관적 사유로 직무수행을 소홀히 하여 부실한 결과가 초래되었다고 하여도 직무유기죄가 성립된다고 볼 수 없다(대법원 1983.12.13. 선고 83도1157 판결).

■ 판례사례 ■ **[직무유기의 고의가 결여되어 직무유기죄가 성립하지 아니하는 사례]**

(1) 도박직원을 상부에 보고하지도 입건하지도 않은 경우(대법원 1994.2.8. 선고 93도3568 판결)
(2) 야간특파근무공무원이 근무상의 관례에 따라 밤 10시경 귀가한 경우(대법원 1971.2.9. 선고 70도2590 판결)

4. 죄 수

(1) 허위공문서작성죄와의 관계

■ 판례 ■ **공무원이 위법사실을 발견하고도 직무상 의무에 따른 적절한 조치를 취하지 아니하고 위법사실을 적극적으로 은폐할 목적으로 허위공문서를 작성·행사한 경우, 허위공문서작성, 동행사죄 이외에 직무유기죄가 별도로 성립하는지 여부(소극)**

[1] 사실관계

수사경찰관 甲은 A 등 18명의 도박범행사실을 적발하여 그들의 인적 사항을 확인하였음에도 불구하고 A 등으로부터 이를 묵인해 달라는 부탁을 받고는 상사에게 보고하여 도금압수·형사입건 등 범죄수사에 필요한 조치를 취하지 아니하고 도박사실을 발견하지 못한 것처럼 근무일지를 허위로 작성하여 이를 소속파출소장에게 제시하여 허위로 보고하였다.

[2] 판결요지

공무원이 어떠한 위법사실을 발견하고도 직무상 의무에 따른 적절한 조치를 취하지 아니하고 위법사실을 적극적으로 은폐할 목적으로 허위공문서를 작성, 행사한 경우에는 직무위배의 위법상태는 허위공문서작성 당시부터 그 속에 포함되는 것으로 작위범인 허위공문서작성, 동행사죄만이 성립하고 부작위범인 직무유기죄는 따로 성립하지 아니한다(대법원 1999.12.24. 선고 99도2240 판결). ☞ (甲은 허위공문서작성죄 및 동행사죄)

[3] 동지판례 – 예비군 중대장이 직무에 관하여 허위공문서를 작성한 후 원사실을 그대로 상사에게 보고하지 않은 경우

예비군 중대장이 그 소속 예비군대원의 훈련불참사실을 알았다면 이를 소속 대대장에게 보고하는 등의 조치를 취할 직무상의 의무가 있음은 물론이나, 그 소속 예비군대원의 훈련불참사실을 고의로 은폐할 목적으로 당해 예비군대원이 훈련에 참석한 양 허위내용의 학급편성명부를 작성, 행사하였다면, 직무위배의 위법상태는 허위공문서작성 당시부터 그 속에 포함되어 있는 것이고 그 후 소속대대장에게 보고하지 아니하였다 하더라도 당초에 있었던 직무위배의 위법상태가 그대로 계속된 것에 불과하다고 보아야 하고, 별도의 직무유기죄가 성립하여 양죄가 실체적 경합범이 된다고 할 수 없다(대법원1982.12.28. 선고 82도2210 판결).

■ 판례 ■ **군직원이 농지전용허가를 하여 주어서는 안 됨을 알면서도 허가하여 줌이 타당하다는 취지의 현장출장복명서 및 심사의견서를 작성하여 결재권자에게 제출한 경우의 죄수(= 직무유기죄와 허위공문서작성죄의 실체적 경합)**

[1] 사실관계

군직원 甲은 토사채취업자가 토석을 채취하면서 농지를 불법점용하고 있다는 사실을 확인하고도 아무런 조치를 취하지 아니하다가, 토사채취업자가 위 농지에 관한 일시 전용허가신청서를 접수하자 이를 허가해주기 위하여 농지전용허가를 주어서는 안 됨을 알면서도 허가하여줌이 타당하다는 취지의 현장출장복명서 및 심사의견서를 작성하여 이를 마치 진정하게 작성된 것처럼 결재권자에게 제출하였다.

[2] 판결요지

가. 직무유기죄의 성립여부

농지사무를 담당하고 있는 군직원으로서는 그 관내에서 발생한 농지불법전용 사실을 알게 되었으면 군수에게 그 사실을 보고하여 군수로 하여금 원상회복을 명하거나 나아가 고발을 하는 등 적절한 조치를 취할 수 있도록 하여야 할 직무상 의무가 있는 것이므로 농지불법전용 사실을 외면하고 아무런 조치를 취하지 아니한 것은 자신의 직무를 저버린 행위로서 농지의 보전·관리에 관한 국가의 기능을 저해하며 국민에게 피해를 야기시킬 가능성이 있어 직무유기죄에 해당한다.

나. 허위공문서작성, 동행사죄의 성립여부

군직원이 농지전용허가를 하여 주어서는 안 됨을 알면서도 허가하여 줌이 타당하다는 취지의 현장출장복명서 및 심사의견서를 작성하여 결재권자에게 제출한 것이 허위공문서작성, 동행사죄에 해당한다.

다. 직무유기죄와 허위공문서작성, 동행사죄와의 죄수관계

공무원이 어떠한 위법사실을 발견하고도 직무상 의무에 따른 적절한 조치를 취하지 아니하고 위법사실을 적극적으로 은폐할 목적으로 허위공문서를 작성·행사한 경우에는 직무위배의 위법상태는 허위공문서작성 당시부터 그 속에 포함되는 것으로 작위범인 허위공문서작성, 동행사죄만이 성립하고 부작위범인 직무유기죄는 따로 성립하지 아니하나, 위 복명서 및 심사의견서를 허위작성한 것이 농지일시전용허가를 신청하자 이를 허가하여 주기 위하여 한 것이라면 직접적으로 농지불법전용 사실을 은폐하기 위하여 한 것은 아니므로 위 허위공문서작성, 동행사죄와 직무유기죄는 실체적 경합범의 관계에 있다(대법원 1993.12.24. 선고 92도3334 판결). ☞ (甲은 직무유기죄와 허위공문서작성죄 및 동행사죄의 실체적 경합범)

(2) 범인도피죄와의 관계

작위범인 범인도피죄만이 성립하고 부작위범인 직무유기죄는 따로 성립하지 아니한다.

(3) 증거인멸죄와의 관계

■ 판례 ■ **경찰관이 압수물을 범죄 혐의의 입증에 사용하도록 하는 등의 적절한 조치를 취하지 아니하고 피압수자에게 돌려주어 증거인멸죄를 범한 경우, 별도로 부작위범인 직무유기죄가 성립하는지 여부(소극)**

경찰서 방범과장이 부하직원으로부터 음반·비디오물 및 게임물에 관한 법률 위반 혐의로 오락실을 단속하여 증거물로 오락기의 변조 기판을 압수하여 사무실에 보관중임을 보고받아 알고 있었음에도 그 직무상의 의무에 따라 위 압수물을 수사계에 인계하고 검찰에 송치하여 범죄 혐의의 입증에 사용하도록 하는 등의 적절한 조치를 취하지 않고, 오히려 부하직원에게 위와 같이 압수한 변조 기판을 돌려주라고 지시하여 오락실 업주에게 이를 돌려준 경우, 작위범인 증거인멸죄만이 성립하고 부작위범인 직무유기(거부)죄는 따로 성립하지 아니한다(대법원 2006.10.19. 선고 2005도3909 판결).

● II. 범죄사실기재

[기재례1] 세무서 직원의 직무유기

1) 범죄사실 기재례

피의자는 ○○지방국세청 ○○세무서 조사과 소속 공무원으로 그 관할 구역 안 납세자의 탈세 여부 등을 조사하는 업무를 담당하고 있다.

피의자는 200○. ○. ○. ○○에 있는 ○○○가 경영하는 "○○"라는 주점에서 금전출납부 등 관련 장부와 영수증 등의 대조를 통해 그 주점의 탈세 여부를 조사하던 중, 위 주점이 실제 매출액보다 적게 매출한 것처럼 허위 기장하여 부가가치세 등을 포탈한 사실을 발견하였다. 이러한 경우 담당공무원으로서는 세금 포탈 사실을 ○○세무서장에게 보고하고 그에 대한 세금을 추징하는 등 적절한 조치를 취했어야 했다.

그럼에도 불구하고, 피의자는 친구인 위 주점 지배인 甲으로부터 세금 포탈 사실을 묵인하여 달라는 취지의 청탁을 받고 이를 보고하지 아니한 채 묵인하고 아무런 조치를 취하지 않아 정당한 이유 없이 그 직무를 유기하였다.

2) 적용법조 : 제122조 … 공소시효 5년

[기재례2] 수배자를 검거치 않은 경우

1) 범죄사실 기재례

피의자는 ○○경찰서 형사과에서 수사업무에 종사하는 사람이다.

피의자는 20○○. ○. ○.경 ○○에 있는 ○○병원에서 필로폰 투약자가 있다는 신고를 받고 현장에 임하여 필로폰 투약자이며 향정신성의약품관리법위반 혐의로 지명수배 중 甲(별도입건)을 확인하였다. 이러한 경우 그를 검거하여 소변검사를 하는 등 증거확보를 위한 수사하고 지명수배자 발견 사실을 수배관서인 ○○경찰서로 통보하는 등 적절한 조치를 취했어야 했다.

그럼에도 불구하고 투약자가 치료하는 동안 위 사실을 묵인하고 甲이 집에서 치료받을 수 있도록 조치해 달라는 가족들의 청탁을 받고 甲에 대하여 수사 및 수배통보도 하지 않은 채 귀가시키는 등 정당한 이유없이 수사를 포기하여 그 직무를 유기하였다.

2) 적용법조 : 제122조 ··· 공소시효 5년

[기재례3] 경찰관의 습득 오토바이 착복

1) 범죄사실 기재례

피의자는 ○○경찰서 ○○지구대 소속 경찰관으로 관내에서 발생하는 습득물 신고접수처리 등 업무를 담당하고 있다.

피의자는 20○○. ○. ○.경 ○○에서 순찰하던 중 ○○○로부터 방치된 오토바이 1대를 치워 달라는 신고를 받았다. 이러면 경찰관인 피의자로서는 습득물 처리지침에 따라 오토바이를 처리하여야 할 직무가 있다.

그럼에도 불구하고, 오토바이센터를 운영하는 甲에게 연락하여 오토바이를 가져가 보관하도록 함으로써 정당한 이유없이 그 직무를 유기하였다.

2) 적용법조 : 제122조 ··· 공소시효 5년

[기재례4] 불심검문 중 대마초 소지자 묵살

1) 범죄사실 기재례

피의자는 ○○경찰서 형사과 소속 경찰관(경위)으로 수사업무에 종사하는 사람이다.

피의자는 20○○. ○. ○. 20:00경 ○○에서 거동이 수상한 20대 후반의 범죄혐의가 있는 남자를 발견하고 그를 불심검문하던 중 소지품 속에 대마초 ○○g 정도를 확인하였다. 이러한 경우 수사업무에 종사하는 피의자로서 위 물건을 압수조치하고 즉시 그를 체포하여 범죄수사에 필요한 조치를 취했어야 했다.

그럼에도 불구하고 그로부터 선처해 달라는 요청을 받고 이를 묵인한 채 그냥 보내버려서 정당한 이유없이 그 직무를 유기하였다.

2) 적용법조 : 제122조 ··· 공소시효 5년

3) 신문사항

- 피의자는 현재 어떠한 일을 하고 있나요.
- 언제부터 근무하고 있나요.
- 피의자는 ○○○을 알고 있나요.
- 피의자는 ○○○을 불심검문한 사실이 있나요.
- 언제 어디서 그렇게 하였나요.
- 불심검문한 내용은 무엇인가요.
- 가방에서 무엇을 발견하였나요.
- 불심검문 후 어떻게 조치하였나요.
- 마약을 발견하였으면 경찰관으로서 어떠한 조치를 취하여야 하는지 알고 있나
- 왜 대마초를 압수하고 신병을 확보하여 수사에 착수하지 않았나요.
- ○○○을 돌려보내게 된 이유는 무엇인가요.
- 뭐라고 사정하기에 입건하지 않았나요.
- 피의자는 ○○○으로부터 선처명목으로 금품을 받지 않았나요.

[기재례5] 수의사의 도축검사 소홀

1) 범죄사실 기재례

피의자는 ○○가축위생시험소 소속 수의사로서 20○○. ○. ○.부터 같은 해 ○. ○. 까지 가축도축업체인 돈육산업에 배치되어 가축 검사원으로 재직하던 공무원이다.

피의자는 20○○. ○. ○. 경 ○○에 있는 위 돈육산업 도축장의 계류사에서, 전날 도축의뢰되어 입사되어 있는 소(牛) 가운데 서울로 반출될 15마리의 배가 불룩하고 오줌을 계속 싸며 몸의 움직임이 둔하고 놀란 눈빛인 데다가 계류사 바닥에 물이 흥건히 젖어 있어, 그 날 새벽 무렵 소 계류사의 열쇠를 소지한 다른 성명을 알 수 없는 직원이 소 계류사의 문을 열고 들어가 소에게 강제급수를 하였으리라는 것을 알게 되었다.

이러한 경우 가축검사원인 피의자로서는 그 무렵부터 다시 5시간 이상 소들을 계류하여 강제급수한 상태에서 원상태로 회복된 것을 확인한 후 도축도록 하여야 하는 등 적절한 조치를 취했어야 했다. 그럼에도 불구하고 이를 묵인한 채 그냥 생채검사를 마친 것으로 간주 그 시경 도축지시를 하여 강제급수되어 중량이 늘어나 있는 상태에서 그대로 도축케 하고 검사필 직인을 찍어 검사증명서를 발급해 주는 등 정당한 이유없이 검사원으로서의 직무를 유기하였다.

2) 적용법조 : 제122조 ⋯ 공소시효 5년

[기재례6] 수재민의 구호양곡 배급을 거부

1) 범죄사실 기재례

피의자는 ○○시 ○○구 사회과에서 요구호대상자에 대한 구호양곡의 배급 등을 담당하는 공무원(지방행정서기)이다.

피의자는 20○○. ○. ○. 위 구청 사회과장실에서 사회과장 甲으로부터 20○○. ○. ○.에 있는 홍수로 발생한 수재민을 조사하여 구청창고에 보관 중인 수재보급품을 20○○. ○. ○. 까지 모두 배급하라는 명령을 받았다.

그럼에도 불구하고 수재민의 정확한 실태조사나 재고 현황을 파악하는데 상당한 시간이 필요하다는 이유로 위 명령을 어기고 긴급한 실태조사마저 늦추는 등 정당한 이유없이 그 직무수행을 거부하였다.

2) 적용법조 : 제122조 … 공소시효 5년

Ⅲ. 일반적 신문사항

1. 주 체

언제부터 어느 직책에서 근무하고 있는지, 맡은 업무 등

2. 행 위

1) 직무수행거부(직무수행의무 유무, 거부하게 된 원인, 그로 인한 피해 등)
2) 직무를 유기(직장을 무단이탈하거나 직무포기)
  - 왜 무단이탈(직무포기)하였는가
  - 누구의 지시가 있었는가, 그로 인한 피해 등

3. 범 의

  - 주관적으로 직무를 버린다는 인식이 있었는지
  - 객관적으로 그 직무 또는 직장을 벗어나는 행위가 있었는지

제2절 직권남용

제123조(직권남용) 공무원이 직권을 남용하여 사람으로 하여금 의무없는 일을 하게 하거나 사람의 권리행사를 방해한 때에는 5년 이하의 징역, 10년 이하의 자격정지 또는 1천만원 이하의 벌금에 처한다.

※ 경찰관직무집행법 제12조(벌칙) 이 법에 규정된 경찰관의 의무에 위반하거나 직권을 남용하여 다른 사람에게 해를 끼친 자는 1년 이하의 징역이나 금고에 처한다.

※ 국가보안법 제12조(무고, 날조)

※ 대통령 등의 경호에 관한 법률 제18조(직권남용금지등)

※ 청원경찰법 제10조(직권남용 금지 등)

※ 공직선거법 제239조(직권남용에 의한 선거의 자유방해죄) 선거에 관하여 선거관리위원회의 위원·직원, 선거사무에 종사하는 공무원 또는 선거인명부(재외선거인명부등을 포함한다. 이하 이 장에서 같다)작성에 관계있는 자나 경찰공무원(사법경찰관리 및 군사법경찰관리를 포함한다)이 직권을 남용하여 다음 각 호의 어느 하나에 해당하는 행위를 하거나 하게 한 때에는 7년 이하의 징역에 처한다.
1. 선거인명부의 열람을 방해하거나 그 열람에 관한 직무를 유기한 때
2. 정당한 사유없이 후보자를 미행하거나 그 주택·선거사무소 또는 선거연락소에 승낙없이 들어가거나 퇴거요구에 불응한 때

※ 국가정보원법 제13조(직권남용의 금지), 제22조(직권남용죄)

Ⅰ. 구성요건

1. 주 체

강제력을 수반할 수 있는 직무를 행하는 공무원(例, 경찰, 검찰, 집행관, 철도공안원, 교도소장)

2. 행 위

직권을 남용하여 의무 없는 일을 하게 하거나 권리행사를 방해하는 것

■ 판례 ■ **상급 경찰관이 직권을 남용하여 부하 경찰관들의 수사를 중단시키거나 사건을 다른 경찰관서로 이첩하게 한 경우**

[1] 형법 제123조의 직권남용권리행사방해죄에서 '권리'의 의미
형법 제123조의 직권남용권리행사방해죄에서 말하는 '권리'는 법률에 명기된 권리에 한하지 않고 법령상 보호되어야 할 이익이면 족한 것으로서, 공법상의 권리인지 사법상의 권리인지를 묻지 않는다고 봄이 상당하다.

[2] 경찰관의 범죄수사권이 직권남용권리행사방해죄에서의 '권리'에 해당하는지 여부(적극)
경찰관 직무집행법의 관련 규정을 근거로 경찰관은 범죄를 수사할 권한을 가지고 있다고 인정한 다

음, 이러한 범죄수사권은 직권남용권리행사방해죄에서 말하는 '권리'에 해당한다고 인정한 원심판결을 정당하다고 수긍한 사례.

[3] 상급 경찰관이 직권을 남용하여 부하 경찰관들의 수사를 중단시키거나 사건을 다른 경찰관서로 이첩하게 한 경우, '권리행사를 방해함으로 인한 직권남용권리행사방해죄'와 '의무 없는 일을 하게 함으로 인한 직권남용권리행사방해죄'가 별개로 성립하는지 여부(소극)

상급 경찰관이 직권을 남용하여 부하 경찰관들의 수사를 중단시키거나 사건을 다른 경찰관서로 이첩하게 한 경우, 일단 '부하 경찰관들의 수사권 행사를 방해한 것'에 해당함과 아울러 '부하 경찰관들로 하여금 수사를 중단하거나 사건을 다른 경찰관서로 이첩할 의무가 없음에도 불구하고 수사를 중단하게 하거나 사건을 이첩하게 한 것'에도 해당된다고 볼 여지가 있다. 그러나 이는 어디까지나 하나의 사실을 각기 다른 측면에서 해석한 것에 불과한 것으로서, '권리행사를 방해함으로 인한 직권남용권리행사방해죄'와 '의무 없는 일을 하게 함으로 인한 직권남용권리행사방해죄'가 별개로 성립하는 것이라고 할 수는 없다. 따라서 위 두 가지 행위 태양에 모두 해당하는 것으로 기소된 경우, '권리행사를 방해함으로 인한 직권남용권리행사방해죄'만 성립하고 '의무 없는 일을 하게 함으로 인한 직권남용권리행사방해죄'는 따로 성립하지 아니하는 것으로 봄이 상당하다(대법원 2010.1.28. 선고 2008도7312 판결).

■ 판례 ■ **직권남용권리행사방해죄에서 '직권남용' 및 '의무'의 의미**

[1] 직권남용권리행사방해죄에서 말하는 '직권남용'의 의미 및 남용에 해당하는지 판단하는 기준 / 어떠한 직무가 공무원의 일반적 직무권한에 속하는 사항이라고 인정하기 위한 요건

직권남용권리행사방해죄는 공무원이 일반적 직무권한에 속하는 사항에 관하여 직권을 행사하는 모습으로 실질적, 구체적으로 위법·부당한 행위를 한 경우에 성립한다. '직권남용'이란 공무원이 일반적 직무권한에 속하는 사항에 관하여 그 권한을 위법·부당하게 행사하는 것을 뜻한다. 어떠한 직무가 공무원의 일반적 직무권한에 속하는 사항이라고 하기 위해서는 그에 관한 법령상 근거가 필요하다. 법령상 근거는 반드시 명문의 규정만을 요구하는 것이 아니라 명문의 규정이 없더라도 법령과 제도를 종합적, 실질적으로 살펴보아 그것이 해당 공무원의 직무권한에 속한다고 해석되고, 이것이 남용된 경우 상대방으로 하여금 사실상 의무 없는 일을 하게 하거나 권리를 방해하기에 충분한 것이라고 인정되는 경우에는 직권남용죄에서 말하는 일반적 직무권한에 포함된다. 남용에 해당하는가를 판단하는 기준은 구체적인 공무원의 직무행위가 본래 법령에서 그 직권을 부여한 목적에 따라 이루어졌는지, 직무행위가 행해진 상황에서 볼 때 필요성·상당성이 있는 행위인지, 직권행사가 허용되는 법령상의 요건을 충족했는지 등을 종합하여 판단하여야 한다.

[2] 공무원이 한 행위가 직권남용에 해당한다는 이유만으로 상대방이 한 일이 '의무 없는 일'에 해당하는지 여부(소극) 및 '의무 없는 일'에 해당하는지 판단하는 기준 / 직권남용 행위의 상대방이 일반 사인인 경우, 상대방에게 어떠한 행위를 하게 하였다면 '의무 없는 일을 하게 한 때'에 해당할 수 있는지 여부(원칙적 적극)

공무원이 한 행위가 직권남용에 해당한다고 하여 그러한 이유만으로 상대방이 한 일이 '의무 없는 일'에 해당한다고 인정할 수는 없다. '의무 없는 일'에 해당하는지는 직권을 남용하였는지와 별도로 상대방이 그러한 일을 할 법령상 의무가 있는지를 살펴 개별적으로 판단하여야 한다. 직권남용 행위의 상대방이 일반 사인인 경우 특별한 사정이 없는 한 직권에 대응하여 따라야 할 의무가 없으므로 그에게 어떠한 행위를 하게 하였다면 '의무 없는 일을 하게 한 때'에 해당할 수 있다.

[3] 직권남용권리행사방해죄는 공무원에게 직권이 존재하는 것을 전제로 하는 범죄인지 여부(적극) / 공

무원이 퇴임 전에 범행을 공모하였으나 공직에서 퇴임한 경우, 퇴임 후의 범행에 관하여 공범으로서 책임을 지는지 여부(원칙적 소극)

직권남용권리행사방해죄는 공무원에게 직권이 존재하는 것을 전제로 하는 범죄이고, 직권은 국가의 권력 작용에 의해 부여되거나 박탈되는 것이므로, 공무원이 공직에서 퇴임하면 해당 직무에서 벗어나고 그 퇴임이 대외적으로도 공표된다. 공무원인 피고인이 퇴임한 이후에는 위와 같은 직권이 존재하지 않으므로, 퇴임 후에도 실질적 영향력을 행사하는 등으로 퇴임 전 공모한 범행에 관한 기능적 행위지배가 계속되었다고 인정할 만한 특별한 사정이 없는 한, 퇴임 후의 범행에 관하여는 공범으로서 책임을 지지 않는다고 보아야 한다.

[4] 강요죄에서 말하는 '협박'의 의미와 내용 / 행위자가 직업이나 지위에 기초하여 상대방에게 어떠한 이익 등의 제공을 요구한 경우, 그 요구 행위가 강요죄의 수단으로서 해악의 고지에 해당하는지 판단하는 기준 / 공무원인 행위자가 상대방에게 어떠한 이익 등의 제공을 요구하였으나 위와 같은 해악의 고지로 인정될 수 없는 경우, 강요죄가 성립하는지 여부(소극)

강요죄는 폭행 또는 협박으로 사람의 권리행사를 방해하거나 의무 없는 일을 하게 하는 범죄이다. 여기에서 협박은 객관적으로 사람의 의사결정의 자유를 제한하거나 의사실행의 자유를 방해할 정도로 겁을 먹게 할 만한 해악을 고지하는 것을 말한다. 이와 같은 협박이 인정되기 위해서는 발생 가능한 것으로 생각할 수 있는 정도의 구체적인 해악의 고지가 있어야 한다. 행위자가 직업이나 지위에 기초하여 상대방에게 어떠한 이익 등의 제공을 요구하였을 때 그 요구 행위가 강요죄의 수단으로서 해악의 고지에 해당하는지 여부는 행위자의 지위뿐만 아니라 그 언동의 내용과 경위, 요구 당시의 상황, 행위자와 상대방의 성행·경력·상호관계 등에 비추어 볼 때 상대방으로 하여금 그 요구에 불응하면 어떠한 해악에 이를 것이라는 인식을 갖게 하였다고 볼 수 있는지, 행위자와 상대방이 행위자의 지위에서 상대방에게 줄 수 있는 해악을 인식하거나 합리적으로 예상할 수 있었는지 등을 종합하여 판단해야 한다. 공무원인 행위자가 상대방에게 어떠한 이익 등의 제공을 요구한 경우 위와 같은 해악의 고지로 인정될 수 없다면 직권남용이나 뇌물 요구 등이 될 수는 있어도 협박을 요건으로 하는 강요죄가 성립하기는 어렵다.

[5] 대통령비서실장 및 정무수석비서관실 소속 공무원들인 피고인들이, 2014~2016년도의 3년 동안 각 연도별로 전국경제인연합회에 특정 정치성향 시민단체들에 대한 자금지원을 요구하고 그로 인하여 전국경제인연합회 부회장 甲으로 하여금 해당 단체들에 자금지원을 하도록 하였다고 하여 직권남용권리행사방해 및 강요의 공소사실로 기소된 사안

대통령비서실장 및 정무수석비서관실 소속 공무원들인 피고인들이, 2014~2016년도의 3년 동안 각 연도별로 전국경제인연합회(이하 '전경련'이라 한다)에 특정 정치성향 시민단체들에 대한 자금지원을 요구하고 그로 인하여 전경련 부회장 甲으로 하여금 해당 단체들에 자금지원을 하도록 하였다고 하여 직권남용권리행사방해 및 강요의 공소사실로 기소된 사안에서, 피고인들이 위와 같이 자금지원을 요구한 행위는 대통령비서실장과 정무수석비서관실의 일반적 직무권한에 속하는 사항으로서 직권을 남용한 경우에 해당하고, 甲은 위 직권남용 행위로 인하여 전경련의 해당 보수 시민단체에 대한 자금지원 결정이라는 의무 없는 일을 하였다는 등의 이유로 직권남용권리행사방해죄가 성립한다고 본 원심판단을 수긍하고, 한편 대통령비서실 소속 공무원이 그 지위에 기초하여 어떠한 이익 등의 제공을 요구하였다고 해서 곧바로 그 요구를 해악의 고지라고 평가할 수 없는 점, 요구 당시 상대방에게 그 요구에 따르지 않으면 해악에 이를 것이라는 인식을 갖게 하였다고 평가할 만한 언동의 내용과 경위, 요구 당시의 상황, 행위자와 상대방의 성행·경력·상호관계 등에 관한 사정이 나타나 있지 않은 점, 전경련 관계자들이 대통령비서실의 요구를 받고도 그에 따르지 않으면 정책 건의 무산, 전경련 회원사에 대한 인허가 지연 등의 불이익을 받는다고 예상하는 것이 합리적이라고 볼 만한 사정

도 제시되지 않은 점 등 여러 사정을 종합하면 피고인들의 위와 같은 자금지원 요구를 강요죄의 성립 요건인 협박, 즉 해악의 고지에 해당한다고 단정할 수 없다는 이유로, 이와 달리 본 원심판단에 강요죄의 협박에 관한 법리를 오해한 잘못이 있다.(대법원 2020. 2. 13., 선고, 2019도5186, 판결)

■ 판례 ■ **공무원이 직무관련자에게 제3자와 계약을 체결하도록 요구하여 계약 체결을 하게 한 행위가 제3자뇌물수수죄의 구성요건과 직권남용권리행사방해죄의 구성요건에 모두 해당하는 경우**

공무원이 직무관련자에게 제3자와 계약을 체결하도록 요구하여 계약 체결을 하게 한 행위가 제3자 뇌물수수죄의 구성요건과 직권남용권리행사방해죄의 구성요건에 모두 해당하는 경우에는, 제3자뇌물 수수죄와 직권남용권리행사방해죄가 각각 성립하되, 이는 사회 관념상 하나의 행위가 수 개의 죄에 해당하는 경우이므로 두 죄는 형법 제40조의 상상적 경합관계에 있다.(대법원 2017.3.15, 선고, 2016 도19659, 판결)

■ 판례 ■ **인신구속에 관한 직무를 집행하는 사법경찰관이 체포 당시 상황을 고려하여 경험칙에 비추어 현저하게 합리성을 잃지 않은 채 판단하면 체포 요건이 충족되지 아니함을 알 수 있었는데도, 자신의 재량 범위를 벗어난다는 사실을 인식하고 그와 같은 결과를 용인한 채 사람을 체포하여 권리행사를 방해한 경우, 직권남용체포죄와 직권남용권리행사방해죄가 성립하는지 여부(적극)**

현행범인 체포의 요건을 갖추었는지에 관한 검사나 사법경찰관 등의 판단에는 상당한 재량의 여지가 있으나, 체포 당시 상황으로 보아도 요건 충족 여부에 관한 검사나 사법경찰관 등의 판단이 경험 칙에 비추어 현저히 합리성을 잃은 경우 그 체포는 위법하다. 그리고 범죄의 고의는 확정적 고의뿐만 아니라 결과 발생에 대한 인식이 있고 이를 용인하는 의사인 이른바 미필적 고의도 포함하므로, 피고인이 인신구속에 관한 직무를 집행하는 사법경찰관으로서 체포 당시 상황을 고려하여 경험칙에 비추어 현저하게 합리성을 잃지 않은 채 판단하면 체포 요건이 충족되지 아니함을 충분히 알 수 있었는데도, 자신의 재량 범위를 벗어난다는 사실을 인식하고 그와 같은 결과를 용인한 채 사람을 체포하여 권리행사를 방해하였다면, 직권남용체포죄와 직권남용권리행사방해죄가 성립한다.(대법원 2017.3.9, 선고, 2013도16162, 판결)

■ 판례 ■ **직권남용죄의 성립요건**

[1] 사실관계

대검찰청 공안부장인 甲은 자신의 고등학교 후배인 한국조폐공사 사장 乙에게 전화로 "좋지 않은 정보 보고가 올라온다. 서울이 시끄럽다. 빨리 직장폐쇄를 풀고 구조조정을 단행하라." 는 취지의 말을 하였다. 그 후 乙은 직장폐쇄를 철회하고 인력감축을 하지 않으려는 경영방 침을 포기한 후 조폐창을 조기에 통합하기로 결정하였으나, 이러한 결정은 甲의 위 전화행 위로 인한 것은 아니었다.

[2] 판결요지

가. 직권남용죄의 성립 요건

형법 제123조의 직권남용죄에 있어서 직권남용이란 공무원이 그 일반적 직무권한에 속하는 사항에 관하여 직권의 행사에 가탁하여 실질적, 구체적으로 위법·부당한 행위를 하는 경우를 의미하고, 위

죄에 해당하려면 현실적으로 다른 사람이 의무 없는 일을 하였거나 다른 사람의 구체적인 권리행사가 방해되는 결과가 발생하여야 하며, 또한 그 결과의 발생은 직권남용 행위로 인한 것이어야 한다.

나. 노동조합및노동관계조정법위반 여부
노동조합및노동관계조정법 제40조 제2항에는 "단체교섭 또는 쟁의행위에 간여하거나 이를 조종·선동하여서는 아니 된다."라고 규정되어 있고, 같은 법 제89조 제1호에는 위 제40조 제2항의 규정에 '위반한 자'는 처벌한다고만 규정되어 있으므로, 단체교섭 또는 쟁의행위에 간여하였으면 그로 인하여 단체교섭 또는 쟁의행위가 유발, 확대, 과격화, 제압 또는 중단되는 구체적인 결과가 현실적으로 발생하지 아니하였더라도 같은 법 제89조 제1호에 해당한다.

다. 甲의 죄책
대검찰청 공안부장인 피고인이 고등학교 후배인 한국조폐공사 사장에게 위 공사의 쟁의행위 및 구조조정에 관하여 전화통화를 한 것이 직권남용죄와 업무방해죄에 해당하지 않고, 노동조합및노동관계조정법 제40조 제2항에서 정한 '간여'에는 해당한다(대법원 2005.4.15. 선고 2002도3453 판결).
☞ (甲은 노동조합및노동관계조정법 위반)

[3] 동지판례
치안본부장이 국립과학수사연구소 법의학1과장에게 고문치사자의 사인에 관하여 기자간담회에 참고할 메모를 작성하도록 요구한 경우에 있어서 위 과장의 메모작성행위가 국립과학수사연구소의 행정업무에 관한 행정상 보고의무라고 할 수 없고 치안본부장이 위 과장에게 메모를 작성토록 한 행위가 그 일반적 권한에 속하는 사항이라고도 볼 수 없으며 또 위 과장이 그 요청에 따라 작성해 준 메모는 정식 부검소견서가 아니어서 동인이 위 메모를 작성하여 줄 법률상 의무가 있는 것도 아닐 뿐만 아니라, 그와 같은 메모를 작성하여 준 것도 단순한 심리적 의무감 또는 스스로의 의사에 기한 것으로 볼 수 있을 뿐이어서 법률상 의무에 기인한 것이라고 인정할 수도 없으므로, 치안본부장이 동인에게 메모의 작성을 요구하고 이를 동인이 내심의 의사에 반하여 두번이나 고쳐 작성하도록 하였다 하여도 이를 의무 없는 일을 하게 한 것이라고 볼 수 없어 직권남용죄는 성립되지 아니한다(대법원 1991.12.27. 선고 90도2800 판결).

■ 판례 **군내 납품비리 수사와 관련한 수사기밀사항을 보고하게 한 경우**

[1] 직권남용권리행사방해죄에서 '직권남용'의 의미와 판단 기준 및 어떠한 직무를 '공무원의 일반적 권한에 속하는 사항'으로 인정하기 위한 요건
형법 제123조의 직권남용권리행사방해죄에서 '직권의 남용'이란 공무원이 '일반적 권한'에 속하는 사항을 불법하게 행사하는 것, 즉 형식적, 외형적으로는 직무집행으로 보이나 실질은 정당한 권한 외의 행위를 하는 경우를 의미하고, 남용에 해당하는지는 구체적인 공무원의 직무행위가 그 목적 및 그것이 행하여진 상황에서 볼 때의 필요성·상당성 여부, 직권행사가 허용되는 법령상 요건을 충족했는지 등 제반 요소를 고려하여 결정하여야 한다. 그리고 어떠한 직무가 공무원의 일반적 권한에 속하는 사항이라고 하기 위해서는 그에 관한 법령상의 근거가 필요하지만, 명문이 없는 경우라도 법·제도를 종합적, 실질적으로 관찰해서 그것이 해당 공무원의 직무권한에 속한다고 해석되고, 남용된 경우 상대방으로 하여금 사실상 의무 없는 일을 행하게 하거나 권리를 방해하기에 충분한 것이라고 인정되는 경우에는 직권남용죄에서 말하는 '일반적 권한'에 포함된다고 보아야 한다.

[2] 피고인이 국방부 검찰수사관 갑에게 군내 납품비리 수사와 관련한 수사기밀사항을 보고하게 한 경우
피고인은 해군 검찰업무뿐 아니라 소송, 징계업무 등 법무업무 전반에 관하여 해군참모총장을 보좌하는 자로서 해군 소속 인원의 사법처리와 관련된 중요 사항에 관하여 보고를 받을 일반적인 직무권한이 있으나, 여기서 나아가 국방부 검찰단의 향후 수사 방향에 대한 내용 등 수사기밀사항에 대한 보고를 요구하는 행위는 형식적, 외형적으로는 직무집행으로 보이나 실질은 일반적 직무권한 범위를 넘어 직무의 행사에 가탁한 부당한 행위이고, 갑으로서는 외부에 유출될 경우 검찰단의 수사 기능에 현저한 장애를 초래할 수 있는 검찰단 내부 수사 내용을 피고인에게 보고할 법률상의 의무가 없었다.

[3] 직무유기죄에서 '직무를 유기한 때'의 의미 및 특수직무유기죄의 경우에도 동일한 법리가 적용되는지 여부(적극)

직무유기죄에서 '직무를 유기한 때'란 공무원이 법령, 내규 등에 의한 추상적 충근의무를 태만히 하는 일체의 경우를 이르는 것이 아니고 직장의 무단이탈, 직무의 의식적인 포기 등과 같이 그것이 국가의 기능을 저해하며 국민에게 피해를 야기시킬 가능성이 있는 경우를 말하는 것으로서, 이는 특정범죄 가중처벌 등에 관한 법률 제15조에서 정한 특수직무유기죄의 경우에도 마찬가지이다(대법원 2011.7.28. 선고 2011도1739 판결).

■ 관례 ■ **시장이 평정권자나 실무 담당자 등에게 특정 공무원들에 대한 평정순위 변경을 구체적으로 지시하여 평정단위별 서열명부를 새로 작성하도록 한 경우**

[1] 사실관계

시장(市長)인 피고인 甲이 자신의 인사관리업무를 보좌하는 행정과장 피고인 乙과 공동하여, 관련 법령에서 정한 절차에 따라 평정대상 공무원에 대한 평정단위별 서열명부가 작성되고 이에 따라 평정순위가 정해졌는데도 평정권자나 실무 담당자 등에게 특정 공무원들에 대한 평정순위 변경을 구체적으로 지시하여 평정단위별 서열명부를 새로 작성하도록 하였다.

[2] 판결요지

지방공무원법, 지방공무원 임용령, 지방공무원 평정규칙의 입법 목적에 비추어 평정권자나 확인권자가 아닌 지방자치단체의 장이나 그의 인사관리업무를 보좌하는 자에게는 소속 공무원에게 지시하여 관련 법령에서 정해진 절차에 따라 작성된 평정단위별 서열명부를 특정 공무원에 대한 평정순위를 변경하는 내용으로 재작성하게 할 권한이 없으므로, 피고인들의 행위가 공무원이 일반적 직무권한에 속하는 사항에 관하여 직권을 남용하여 평정권자나 실무 담당자 등으로 하여금 의무 없는 일을 하도록 한 것으로서 직권남용권리행사방해죄에 해당한다(대법원 2012.1.27. 선고 2010도11884 판결).

■ 관례 ■ **지방자치단체장이 승진후보자명부 방식에 의한 5급 공무원 승진임용 절차에서 미리 승진후보자명부상 후보자 중에서 승진대상자를 실질적으로 결정한 다음 그 내용을 인사위원회 간사, 서기 등을 통해 인사위원회 위원들에게 '승진대상자 추천'이라는 명목으로 제시하여 인사위원회로 하여금 자신이 특정한 후보자들을 승진대상자로 의결하도록 유도하는 행위가 '직권의 남용' 및 '의무 없는 일을 하게 한 경우'에 해당하는지 여부(소극)**

지방자치단체의 장이 승진후보자명부 방식에 의한 5급 공무원 승진임용 절차에서 인사위원회의 사전심의·의결 결과를 참고하여 승진후보자명부상 후보자들에 대하여 승진임용 여부를 심사하고서 최종적으로 승진대상자를 결정하는 것이 아니라, 미리 승진후보자명부상 후보자들 중에서 승진대상자를 실질적으로 결정한 다음 그 내용을 인사위원회 간사, 서기 등을 통해 인사위원회 위원들에게 '승진대상자 추천'이라는 명목으로 제시하여 인사위원회로 하여금 자신이 특정한 후보자들을 승진대상자로 의결하도록 유도하는 행위는 인사위원회 사전심의 제도의 취지에 부합하지 않다는 점에서 바람직하지 않다고 볼 수 있지만, 그것만으로는 직권남용권리행사방해죄의 구성요건인 '직권의 남용' 및 '의무 없는 일을 하게 한 경우'로 볼 수 없다. (대법원 2020. 12. 10., 선고, 2019도17879, 판결)

(1) 검찰의 고위 간부가 내사 담당 검사로 하여금 내사를 중도에서 그만두고 종결처리토록 한 경우(대법원 2007.6.14. 선고 2004도5561 판결)

(2) 순경이 상사의 명령도 없고 입건되지도 아니하였음에도 범죄수사를 빙자하여 허위의 명령서를 발부받아 의무 없는 서류제출을 하게 한 경우(대법원 4288형상266 판결)

(3) 대통령의 근친관리업무와 관련하여 일정한 권한이 있는 대통령 민정수석비서관이 농수산물도매시장 내의 건물을 수의계약으로 대통령의 근친이 설립한 회사에 임대케 한 경우(대법원 1992. 3.10. 선고 92도116 판결)

(4) 수사에 관하여 일반적 직무권한을 가진 검사가 실제로는 개인적인 목적을 위하여 수용자를 소환하면서도 수사 목적이라는 명분을 내세워 교도관리에게 위 수용자에 대한 소환요구 또는 출석요구를 한 경우(대법원 2006.5.26. 선고 2005도6966 판결)

(5) 甲이 재정경제원장관으로 재직 중에 대기업에 해당되지도 아니하며 회생가능성도 불투명하여 대출이 가능한 요건을 갖추었다고 보기 어려운 A기업에 대하여 개인적 친분을 이유로 그 기업의 주거래은행 은행장 乙에게 대출을 해줄 것을 요구한 경우(대법원 2004.5.27. 선고 2002도6251 판결)

(6) 서울특별시 교육감이 인사담당장학관 등에게 지시하여 승진후보자명부상 승진 또는 자격연수 대상이 될 수 없는 특정 교원들을 적격 후보자인 것처럼 추천하거나 임의로 평정점을 조정하는 방법으로 승진임용하거나 그 대상자가 되도록 한 경우(대법원 2011.2.10. 선고 2010도13766 판결)

3. 기수시기

피해자가 의무 없는 일을 현실적으로 행하거나 권리행사가 현실적으로 방해되었을 때 기수

■ 판례 ■ **직권남용권리행사방해죄에서 '권리행사를 방해한다'의 의미 및 기수시기**

[1] 사실관계

정보통신부장관이던 甲은 개인휴대통신 사업자선정과정과 관련하여 서류심사는 완결된 상태에서 국장으로부터 주식회사 엘지텔레콤과 에버넷의 우열을 가리기 힘들다는 보고를 받은 다음 날 이미 공고된 평균배점방식을 통신위원회 심의나 공고 없이 임의로 전무배점방식으로 변경할 것을 실무자들에게 지시하였다.

[2] 판결요지

가. 직권남용권리행사방해죄에서 '권리행사를 방해한다'의 의미 및 기수시기

형법 제123조가 규정하는 직권남용권리행사방해죄에서 권리행사를 방해한다 함은 법령상 행사할 수 있는 권리의 정당한 행사를 방해하는 것을 말한다고 할 것이므로 이에 해당하려면 구체화된 권리의 현실적인 행사가 방해된 경우라야 할 것이고, 또한 공무원의 직권남용행위가 있었다 할지라도 현실적으로 권리행사의 방해라는 결과가 발생하지 아니하였다면 본죄의 기수를 인정할 수 없다.

나. 甲의 죄책

정보통신부장관이 개인휴대통신 사업자선정과 관련하여 서류심사는 완결된 상태에서 청문심사의 배

점방식을 변경함으로써 직권을 남용하였다 하더라도, 이로 인하여 최종 사업권자로 선정되지 못한 경쟁업체가 가진 구체적인 권리의 현실적 행사가 방해되는 결과가 발생하지는 아니하였으므로 직권남용죄는 성립하지 않는다(대법원 2006.2.9. 선고 2003도4599 판결).

4. 주관적 구성요건

권리를 방해한다는 인식과 직권을 남용한다는 인식이 있을 것

■ 판례 ■ **행형법 제18조 제2항 소정의 "필요한 용무"에 해당하지 아니한다 하여 접견신청을 거부한 경우 형법 제123조 소정의 타인의 권리행사방해죄의 성부(소극)**

[1] 사실관계

교도소에서 접견업무를 담당하던 교도관 甲은 乙의 접견신청에 대하여 행형법 제18조 제2항 소정의 "필요한 용무"가 있는 때에 해당하지 아니한다고 판단하여 그 접견신청을 거부하였다.

[2] 판결요지

형법 제123조의 죄에 관한 주관적 구성요건으로서의 범의에는 권리행사를 방해한다는 인식 이외에 직권을 남용한다는 인식도 포함되는 것이므로 교도소에서 접견업무를 담당하던 교도관이 접견신청에 대하여 행형법 제18조 제2항 소정의 "필요한 용무"가 있는 때에 해당하지 아니한다고 판단하여 그 접견신청을 거부하였다면, 단지 접견신청거부행위의 위법성에 대한 인식이 없었던 것에 불과한 것이 아니라 애초부터 직권남용에 대한 범의 자체가 없어 위 범죄를 구성하지 아니한다(대법원 1993.7.26. 자 92모29 결정).

● II. 범죄사실기재

1) 범죄사실 기재례

[기재례1] 선박에서 남은 밥을 해양 투기하도록 한 행위

피의자는 해양경찰청 소속 경찰관(직급: 경위)으로서 20○○.○.○.경부터 20○○.○.○.경까지 ○○해양경찰서에서 A 호전 선박의 부정장으로 재직하면서 위 선박의 관리 및 그 소속 경찰관의 감독 등 선박 내 인적·물적 관리감독 업무에 관하여 정장을 보좌하는 역할을 수행해 왔던 사람이다.

피의자는 20○○.○.○.경 ○○인근 해역에서 해상 순찰 등을 목적으로 출정 중에 있던 A호정 선박 내에서 그곳 취사장 내 비치된 음식물 잔반통과 잔반 거름채반 등에 음식물 쓰레기가 있는 것을 발견하고 취사 담당 의경 甲을 질책하면서 그에게 당장 위 음식물 쓰레기를 해상 투기하도록 지시하고, 이에 따라 그 무렵 위 甲이 위 취사장에서 함께 근무하는 선배 의경인 乙과 함께 이를 해상에 투기하게 하는 등 공무원이 직권을 남용하여 부하직원인 위 甲으로 하여금 의무 없는 일을 하게 하였다.

[기재례2] 동사무소 공무원의 직권남용

> 피의자는 ○○시 ○○동사무소에 근무하고 있는 지방행정서기로서 공무원이다.
> 피의자는 200○. ○. ○. 위 사무소에서 동장 홍길동으로부터 동사무소 주변일대 도로를 청소하라는 지시를 받고 이를 이행하기 위해 미화원을 찾았으나 찾지 못하자 동사무소 이웃 ○○에 사는 마을 방송을 통해 "급히 전달할 사항이 있으니 동사무소로 빨리 나오시오"라고 하여 ○○○등이 동사무소로 모이자 같은 날 ○○:○○부터 ○○:○○까지 위 ○○○ 등으로 하여금 동사무소 주변도로를 청소하도록 강요하여 청소하게 함으로써 그들로 하여금 의무없는 일을 하게하여 직권을 남용하였다.

　2) **적용법조** : 제123조 … 　공소시효 7년

Ⅲ. 신문사항

1. 주 체

　－ 어떠한 직무를 수행하고 있는지
　－ 피의자들의 직무수행과 피해자들과의 관계

2. 행 위

가. 직권남용

　－ 어떠한 권한을 가지고 있느냐, 직권을 남용한 권한과 본 임무와의 관계(남용여부)
　－ 권한을 남용하게 된 원인

나. 의무없는 일을 행하게 하거나 권리행사를 방해하는 행위

　－ 법률상 의무가 있는지 유무
　－ 의무는 있지만 그 이행시기를 재촉하고나 조건을 붙였는지 여부
　－ 권리행사를 방해(법률상 행할 수 있는 권리의 행사를 방해)
　✽ 본조의 죄는 제124조(불법체포감금), 제125조(독직폭행)를 범할 때는 본죄에 해당하지 않고 각 해당죄가 성립한다.

제3절 불법체포 · 감금

제124조(불법체포, 불법감금) ① 재판, 검찰, 경찰 기타 인신구속에 관한 직무를 행하는 자 또는 이를 보조하는 자가 그 직권을 남용하여 사람을 체포 또는 감금한 때에는 7년 이하의 징역과 10년 이하의 자격정지에 처한다.
② 전항의 미수범은 처벌한다.
※ 폭력행위등처벌에관한법률 제2조(폭행 등)
※ 특정범죄가중처벌등에관한법률 제 4 조의2(체포·감금등의 가중처벌)
※ 공직선거법 제237조(선거의 자유방해죄), 제244조(선거사무관리관계자나 시설 등에 대한 폭행·교란죄)

 I. 구성요건

1. 주 체

- ○ 재판 · 검찰 · 경찰 기타 인신구속에 관한 직무를 행하는 자 또는 이를 보조하는 자(例, 사법경찰리, 법원 · 검찰의 서기 등)
- ○ 사실상 보조하는 사인(私人)은 포함되지 않는다.

2. 행 위

직권을 남용하여 사람을 체포 또는 감금하는 것

(1) 직권을 남용하여

■ 판례 ■　**직권을 남용하여의 의미**

직권남용에 의한 불법감금죄에 있어서의 '직권남용'이란 재판, 검찰, 경찰 기타 인신구속에 관한 직무를 행하거나 이를 보조하는 자가 그의 일반적 권한에 속하는 사항에 관하여 그것을 불법하게 행사하는 것, 즉 형식적, 외형적으로는 직무집행으로 보이나 그 실질은 정당한 권한 이외의 행위를 하는 경우를 의미하고, 감금죄는 사람의 행동의 자유를 그 보호법익으로 하여 사람이 특정한 구역에서 벗어나는 것을 불가능하게 하거나 또는 매우 곤란하게 하는 죄로서 그 본질이 사람의 행동의 자유를 구속하는 데에 있고, 이와 같이 행동의 자유를 구속하는 수단과 방법에는 아무런 제한이 없으며, 사람이 특정한 구역에서 벗어나는 것을 불가능하게 하거나 매우 곤란하게 하는 장애는 물리적 · 유형적 장애뿐만 아니라 심리적 · 무형적 장애에 의하여서도 가능하므로 감금죄의 수단과 방법은 유형적인 것이거나 무형적인 것이거나를 가리지 아니하고, 또한 감금죄가 성립하기 위하여 반드시 사람의 행동의 자유를 전면적으로 박탈할 필요는 없고, 감금된 특정한 구역 범위 안에서 일정한 생활의 자유가 허용되어 있었다고 하더라도 유형적이거나 무형적인 수단과 방법에 의하여 사람이 특정한 구역에서 벗어나는 것을 불가능하게 하거나 매우 곤란하게 한 이상 감금죄의 성립에는 아무런 지장이 없다(서울고법 1998.10.29. 선고 88초39 판결).

(2) 체포 또는 감금

체포란 사람의 신체에 현실적인 구속을 가하여 행동의 자유를 박탈하는 것을 말하고, 감금이란 사람을 일정한 장소 밖으로 나가지 못하게 하는 것을 의미한다.

■ 판례 ■ **허위의 진술조서를 작성하여 구속영장을 발부받은 후 구금한 경우, 감금죄의 성부(적극)**

감금죄는 간접정범의 형태로도 행하여질 수 있는 것이므로, 인신구속에 관한 직무를 행하는 자 또는 이를 보조하는 자가 피해자를 구속하기 위하여 진술조서 등을 허위로 작성한 후 이를 기록에 첨부하여 구속영장을 신청하고, 진술조서 등이 허위로 작성된 정을 모르는 검사와 영장전담판사를 기망하여 구속영장을 발부받은 후 그 영장에 의하여 피해자를 구금하였다면 형법 제124조 제1항의 직권남용감금죄(불법체포·감금죄)가 성립한다(대법원 2006.5.25. 선고 2003도3945 판결).

■ 판례 ■ **인신구속에 관한 직무를 집행하는 사법경찰관이 체포 당시 상황을 고려하여 경험칙에 비추어 현저하게 합리성을 잃지 않은 채 판단하면 체포 요건이 충족되지 아니함을 알 수 있었는데도, 자신의 재량 범위를 벗어난다는 사실을 인식하고 그와 같은 결과를 용인한 채 사람을 체포하여 권리행사를 방해한 경우, 직권남용체포죄와 직권남용권리행사방해죄가 성립하는지 여부(적극)**

현행범인 체포의 요건을 갖추었는지에 관한 검사나 사법경찰관 등의 판단에는 상당한 재량의 여지가 있으나, 체포 당시 상황으로 보아도 요건 충족 여부에 관한 검사나 사법경찰관 등의 판단이 경험칙에 비추어 현저히 합리성을 잃은 경우 그 체포는 위법하다. 그리고 범죄의 고의는 확정적 고의뿐만 아니라 결과 발생에 대한 인식이 있고 이를 용인하는 의사인 이른바 미필적 고의도 포함하므로, 피고인이 인신구속에 관한 직무를 집행하는 사법경찰관으로서 체포 당시 상황을 고려하여 경험칙에 비추어 현저하게 합리성을 잃지 않은 채 판단하면 체포 요건이 충족되지 아니함을 충분히 알 수 있었는데도, 자신의 재량 범위를 벗어난다는 사실을 인식하고 그와 같은 결과를 용인한 채 사람을 체포하여 권리행사를 방해하였다면, 직권남용체포죄와 직권남용권리행사방해죄가 성립한다.(대법원 2017.3.9. 선고, 2013도16162, 판결)

■ 판례사례 ■ **[불법체포·감금죄가 성립하는 사례]**

> (1) 임의동행한 피의자를 조사 후 귀가시키지 않고 경찰서 조사실 또는 보호실에 유치한 경우(대법원 1985.7.29. 선고 85모16 판결)
> (2) 집행관이 강제집행을 함에 있어서 채무자를 집행관실에 감금하고 거부불능케 한 후 몸을 수색하여 소지중인 수표를 빼앗은 경우(대법원 1969.6.24. 선고 68도1218 판결)
> (3) 피해자가 경찰서 안에서 피의자들과 식사도 하고 경찰서 사무실 안팎을 내왕하도록 했더라도 경찰서 밖으로 나가지 못하게 한 경우(대법원 1991.12.30. 선고 91모5 결정)

II. 범죄사실기재

1) 범죄사실 기재례

> 피의자는 ○○검찰청 수사과에 근무하고 있는 수사관으로 ○○업무를 담당하는 공무원이다.
>
> 피의자는 20○○. ○. ○. ○○:○○경 위 검찰청 수사과 사무실에서 그의 학교동창 홍길동으로부터 "김철수에게 ○○만원을 빌려주었는데 갚지 않고 있으니 이를 받아 달라"는 청탁을 받았다.
>
> 그러나 피의자는 이것이 단순한 민사상의 채무불이행이라는 사실을 알면서도 이를 승낙하고 범죄수사를 핑계로 위 김철수를 소환하여 왜 채무를 갚지 않느냐고 따지면서 사기죄의 혐의가 있고 도주염려가 있으나 구속영장을 신청하겠다고 협박하면서 수갑을 채워 그때부터 약 3시간 수사과 대기실에 있게 함으로써 직권을 남용하여 그를 체포 감금하였다.

2) 적용법조 : 제124조 ⋯ 공소시효 7년

III. 신문사항

1. 주 체

- 어떠한 직무를 수행하고 있는지
- 피의자들의 직무수행과 피해자들과의 관계

2. 행 위

- 언제 누구로부터 어떠한 부탁을 받았는가(불법행위 원인제공)
- 어떠한 방법으로 피해자를 출석하도록 하였나
- 체포와 구금한 장소와 시간

제4절 폭행 · 가혹행위(독직폭행)

제125조(폭행, 가혹행위) 재판, 검찰, 경찰 그 밖에 인신구속에 관한 직무를 수행하는 자 또는 이를 보조하는 자가 그 직무를 수행하면서 형사피의자나 그 밖의 사람에 대하여 폭행 또는 가혹행위를 한 경우에는 5년 이하의 징역과 10년 이하의 자격정지에 처한다.

※ 특정범죄가중처벌등에관한법률 제 4 조의2(체포·감금등의 가중처벌)

 I. 구성요건

1. 주 체

재판, 검찰, 경찰 기타 인신구속업무 종사자 또는 그 보조자

■ 판례 ■ **일반교도관이 복역중인 기결수에 대하여 폭행 또는 가혹행위를 한 경우**

[1] 형법 제125조 소정의 특수공무원의 폭행, 가혹행위죄로 처벌할 수 있는지 여부(소극)

형법 제125조 소정의 "기타 인신구속에 관한 직무를 행하는 자"라 함은 사법경찰관리의직무를행할자와그직무범위에관한법률에 규정되어 사법경찰관의 직무를 행하는 자를 말하고, "이를 보조하는 자"라 함은 법원, 검찰의 직원 또는 사법경찰리와 같이 그 직무상 보조자의 지위에 있는 자를 말하고 일반교도관들은 위 법률 제5조 제1호에 따른 교도소장의 제청 및 관할 지방검찰청 검사의 지명에 의하여 사법경찰관리의 직무를 행할 자에 해당하게 되며, 나아가 위 법률 제6조 제1호에 의하여 당해 교도소에서 발생하는 범죄에 대한 심사 또는 그 보조업무를 처리하는 경우가 아닌 한 형법 제125조에 규정된 특수공무원의 어느 범주에 속한다고 할 수 없으므로 일반교도관의 기결수에 대한 폭행 또는 가혹행위는 형법 제125조로 의율할 수 없다.

[2] 형법 제125조 소정의 행위객체 중 "기타 사람"에 기결수가 포함되는지 여부

형법 제125조에 규정된 행위객체인 "형사피의자 또는 기타 사람"에서의 "기타 사람"이라 함은 피고인, 증인, 참고인 등 재판이나 심사에 있어서 조사의 대상이 된 사람을 말한다 할 것이므로, 형이 확정되어 복역중인 기결수는 교도소 내에서 발생한 다른 범죄의 피의자나 참고인이 아닌 이상 이에 포함되지 아니한다(광주고법 1992.11.21. 92초43 형사부결정).

2. 객 체

형사피의자 또는 형사피고인 · 참고인 · 증인 등 수사 · 재판과정에서 조사대상이 된 사람

3. 행 위

직무를 수행하면서 형사피의자 그 밖의 사람에 대하여 폭행 또는 가혹행위를 하는 것

○ '직무를 수행하면서'란 직무를 행하는 기회에 있어서라는 의미로 직무와 무관한 사적인 감정에 의한 경우는 제외된다.

○ '폭행'이란 신체에 대한 직접적 간접적인 유형력의 행사를 의미한다.

○ '가혹행위'란 폭행 이외의 방법으로 정신적·육체적으로 고통을 주는 일체의 행위 (**例,** 장시간 수면방해나 굶기는 것, 나체로 만드는 것, 간음·추행하는 것)를 말한다.

■ 판례 ■   **검사 및 검찰수사관의 범죄혐의자들에 대한 폭행과 가혹행위가 정당행위에 해당한다고 볼 수 있는지 여부(소극)**

[1] 사실관계

서울지방검찰청 강력부 검사 甲은 조사실에서 긴급체포된 A를 01:00경부터 02:00경까지 직접 조사하였으나 A가 범행을 부인하자, 강력부 검찰서기인 乙에게 인계하면서 계속 신문하라고 지시하였다. 乙은 02:00부터 03:00까지 A를 조사하면서 발로 A의 낭심 부위를 차고 허벅지를 수회 밟고, 경찰관 丙은 03:00경 신병을 인계받아 허벅지를 수회 걷어차고, 검찰수사관 丁은 05:00경부터 08:00까지 조사하면서 엉덩이 부위를 차고 수갑을 찬 상태에서 엎드려 뻗쳐를 시키는 등 乙·丙·丁이 번갈아 가며 무수히 A의 전신을 폭행하거나 가혹행위를 하였는 바, 검사 甲이 08:30경 조사실로 내려와 살펴본 결과 A가 건강에 이상이 있는 것으로 판단할 수 있는 거동을 보이고 있음에도 병원에 후송하는 등의 조치 없이 그대로 내버려 두었다가, 12:41경 A의 건강상태가 악화되어 호흡곤란에 이른 것을 보고서야 급히 병원으로 후송하였으나, A가 속발성 쇼크 및 외상성 지주막하 출혈로 사망하였다.

[2] 판결요지

검사 및 검찰수사관의 범죄혐의자들에 대한 폭행과 가혹행위가 직권을 남용한 과도한 물리력의 행사로서 사회통념상 용인될 수 있는 정당행위에 해당한다고 볼 수 없다(대법원 2005.5.26. 선고 2005도945 판결).   ☞ (甲·乙·丙·丁은 특정범죄가중처벌등에관한법률 제4조의2의 가혹행위치사죄의 공동정범)

Ⅱ. 범죄사실기재

1) 범죄사실 기재례

피의자는 ○○○검찰청 수사과에 근무하고 있는 수사관이다.

피의자는 20○○. ○. ○. ○○:○○경 위 검찰청 수사과 사무실에서 변호사법위반 혐의로 연행된 ○○시 ○○동 132 거주 피해자 홍길동이 혐의사실을 부인한다는 이유로 "자백하지 않으면 그만한 고통이 따른다"라고 소리치면서 오른손으로 그의 뺨을 세게 때리는 등 폭행하여 그에게 약 2주간의 치료를 요하는 안면부열상을 입게 하였다.

2) 적용법조 : 제125조 … 공소시효 7년

Ⅲ. 신문사항

1. 주 체
- 어떠한 직무를 수행하고 있는지(임용일, 경력, 구체적인 직위와 직급 등)
- 보조자인 경우 그 직위

2. 객 체
- 피의자의 직무수행과 피해자와의 관계
- 어떻게 피해자를 수사하게 되었나(직무와의 관련성 여부)

3. 행 위
- 왜 식사(수면)를 제공하지 않았나
- 피의자의 행위로 피해자가 어떠한 고통을 받았다고 생각하느냐

제5절 피의사실공표

제126조(피의사실공표) 검찰, 경찰 그 밖에 범죄수사에 관한 직무를 수행하는 자 또는 이를 감독하거나 보조하는 자가 그 직무를 수행하면서 알게 된 피의사실을 공소제기 전에 공표(公表)한 경우에는 3년 이하의 징역 또는 5년 이하의 자격정지에 처한다.

 Ⅰ. 구성요건

1. 주 체

검찰, 경찰 그 밖에 범죄수사에 관한 직무를 행하는 자 또는 이를 감독·보조하는 자

2. 객 체

범죄수사에 관한 직무를 수행하면서 알게 된 피의사실로서 그것이 진실한가 아닌가는 불문

3. 행 위

알게 된 피의사실을 공소제기 전에 공표하는 것
- 공소제기 후에 피의사실을 공표하는 경우에는 본죄가 성립하지 않는다.
- 공표란 불특정 또는 다수인에게 그 내용을 알리는 것으로 공연성은 요하지 않는다.
- 피의사실을 공표함으로써 기수가 되고 공표로 인하여 공표대상자가 피의사실을 알게 되었느냐는 불문한다.

4. 위법성

국가적 법익도 보호법익으로 하므로 피해자의 승낙은 위법성을 조각하지 않으며, 정당행위로서 위법성이 조각되는지 여부에 대해서는 학설이 대립하고 있다.

■ 판례 ■ **수사기관의 피의사실 공표행위가 허용되기 위한 요건 및 그 판단 기준**

[1] 사실관계

> 검찰청 강력부는 A로부터 자신이 도박자금을 갚지 않는다는 이유로 폭력배들로부터 협박을 받고 있으며 조만간 그들에게 수천만 원의 금품을 주어야 하니 처벌하여 달라는 신고를 받고, 그가 금품을 주기로 한 커피숍에서 乙을 현행범인으로 체포하였는 바, 乙의 진술 내용이나 乙를 체포할 당시의 정황(乙의 승용차에서 과도, 서바이블 총, 집게 달린 다용도 칼이 압수)에 비추어 범행에 가담하였다는 혐의가 전혀 없다고는 할 수 없으나, 乙의 진술 외에는 직접 증거가 없고, 대질심문까지 하면서도 피의사실을 강력히 부인하고 있었는데도 검사 甲은 마치 피의자의 범행이 확정된 듯한 표현을 사용하여 검찰청 내부절차를 밟지도 않고 각 언론사의 기자들을 상대로 언론에 의한 보도를 전제로 피의사실을 공표하였다.

[2] 판결요지

가. 수사기관의 피의사실 공표행위가 허용되기 위한 요건 및 그 판단기준

일반 국민들은 사회에서 발생하는 제반 범죄에 관한 알권리를 가지고 있고 수사기관이 피의사실에 관하여 발표를 하는 것은 국민들의 이러한 권리를 충족하기 위한 방법의 일환이라 할 것이나, 한편 헌법 제27조 제4항은 형사피고인에 대한 무죄추정의 원칙을 천명하고 있고, 형법 제126조는 검찰, 경찰 기타 범죄수사에 관한 직무를 행하는 자 또는 이를 감독하거나 보조하는 자가 그 직무를 행함에 당하여 지득한 피의사실을 공판청구 전에 공표하는 행위를 범죄로 규정하고 있으며, 형사소송법 제198조는 검사, 사법경찰관리 기타 직무상 수사에 관계있는 자는 비밀을 엄수하며 피의자 또는 다른 사람의 인권을 존중하여야 한다고 규정하고 있는바, 수사기관의 피의사실 공표행위는 공권력에 의한 수사결과를 바탕으로 한 것으로 국민들에게 그 내용이 진실이라는 강한 신뢰를 부여함은 물론 그로 인하여 피의자나 피해자 나아가 그 주변 인물들에 대하여 치명적인 피해를 가할 수도 있다는 점을 고려할 때, 수사기관의 발표는 원칙적으로 일반 국민들의 정당한 관심의 대상이 되는 사항에 관하여 객관적이고도 충분한 증거나 자료를 바탕으로 한 사실 발표에 한정되어야 하고, 이를 발표함에 있어서도 정당한 목적하에 수사결과를 발표할 수 있는 권한을 가진 자에 의하여 공식의 절차에 따라 행하여져야 하며, 무죄추정의 원칙에 반하여 유죄를 속단하게 할 우려가 있는 표현이나 추측 또는 예단을 불러일으킬 우려가 있는 표현을 피하는 등 그 내용이나 표현 방법에 대하여도 유념하지 아니하면 아니 될 것이므로, 수사기관의 피의사실 공표행위가 위법성을 조각하는지의 여부를 판단함에 있어서는 공표 목적의 공익성과 공표 내용의 공공성, 공표의 필요성, 공표된 피의사실의 객관성 및 정확성, 공표의 절차와 형식, 그 표현 방법, 피의사실의 공표로 인하여 생기는 피침해 이익의 성질, 내용 등을 종합적으로 참작하여야 한다.

나. 甲의 죄책

피해자의 진술 외에는 직접 증거가 없고 피의자가 피의사실을 강력히 부인하고 있어 보강수사가 필요한 상황이며, 피의사실의 내용이 국민들에게 급박히 알릴 현실적 필요성이 있다고 보기 어려움에도 불구하고, 검사가 마치 피의자의 범행이 확정된 듯한 표현을 사용하여 검찰청 내부절차를 밟지도 않고 각 언론사의 기자들을 상대로 언론에 의한 보도를 전제로 피의사실을 공표한 경우, 피의사실 공표행위의 위법성이 조각되지 않는다(대법원 2001.11.30. 선고 2000다68474 판결).

■ 판례 ■　　신문기자가 담당 검사로부터 취재한 피의사실을 그 진위 여부에 관한 별도의 조사 및 확인 없이 보도했으나 위 기사가 검사가 소정의 절차에 의하여 행한 발표 및 배포 자료를 기초로 객관적으로 작성되어 있는 경우, 위법성이 조각여부(적극)

[1] 사실관계

신문사사회부 기자인 甲은 법원 영장계에서 원고에 대한 구속영장 사본을 열람하여 원고에 대한 혐의사실을 지득하고, 수사담당검사를 찾아가 수사 내용에 대한 설명을 듣는 방법으로 원고에 대한 피의사실을 취재한 다음, 이를 기초로 신문사 일간신문 제23면에 '회사기밀 유출 간부 구속'이라는 세로 6단 크기의 제목과 '경쟁사에 자사 유통조직 등 알려'라는 중간 제목 및 '코리아 세븐 30대 차장'이라는 소제목 하에 세로 4단 크기로 기사를 작성·게재하였다.

[2] 판결요지

가. 신문기자가 담당 검사로부터 취재한 피의사실을 그 진위 여부에 관한 별도의 조사 및 확인 없이 보도했으나 위 기사가 검사가 소정의 절차에 의하여 행한 발표 및 배포 자료를 기초로 객관적으로 작성되어 있는 경우, 그 기사 내용이 진실이 아니라고 하여도 위법성이 조각된다.

나. 일간신문사 기자가 타 신문사의 기사 내용과 피의자에 대한 구속영장 사본만을 열람한 것만으로는 위 기자가 기사 내용의 진실성을 담보하기 위하여 필요한 취재를 다한 것이라고 할 수 없고, 더욱이 피의자가 범행혐의를 받고 있을 뿐임에도 불구하고 마치 자신의 직접 취재에 의하여 그 범행이 확인된 것처럼 단정적으로 기사를 게재한 경우, 일간신문에 있어서의 보도의 신속성이란 공익적인 요소를 고려한다고 하더라도, 이러한 기사를 게재한 것이 피의자에 대한 명예훼손행위의 위법성을 조각하게 할 정도에 이른 것이라고 볼 수 없다(대법원 1999.1.26. 선고 97다10215, 10222 판결).

■ 판례 ■　　피의사실 공표죄에서 '피의사실'의 의미 및 피의사실을 공표한 것인지 단순한 의견을 표명한 것인지 판단하는 기준

피의사실 공표죄란 검찰, 경찰 기타 범죄수사에 관한 직무를 행하는 자 또는 이를 감독하거나 보조하는 자가 그 직무를 행함에 있어서 알게 된 피의사실을 공판청구 전에 공표함으로써 성립하는 범죄인데, 여기서 '피의사실'이란 수사기관이 혐의를 두고 있는 범죄사실로서 그 내용이 공소사실에 이를 정도로 구체적으로 특정될 필요는 없지만, 그것이 단순한 의견의 표명에 이르는 정도로는 피의사실을 공표한 것이라고 할 수 없다. 이때 그 발언이 피의사실인가 또는 의견인가를 구별함에 있어서는 언어의 통상적 의미와 용법, 문제 된 발언이 사용된 장소와 문맥, 그 발언이 행하여진 사회적 상황과 배경 등 전체적 정황을 종합적으로 고려하여 판단하여야 한다.(대법원 2013. 11. 28., 선고, 2009다51271, 판결)

II. 범죄사실기재

1) 범죄사실 기재례

피의자는 ○○경찰서 형사과 강력팀에서 경위로 근무하다 그 직을 그만둔 후 일정한 직업이 없는 사람으로서, 위 재직 중 강력팀에서 범죄수사에 관한 직무를 담당하였다.

피의자는 20○○. ○. ○. 소위 ○○공사 독직 사건을 수사하라는 명령을 받고 같은 달 ○. 경 그 수사를 마친 다음 상부에 보고하려 하던 중 위 ○○공사의 이사장인 홍길동이 사회적 저명인사인 데다 사건 자체도 거액의 횡령 사건이기 때문에 사회적 관심과 이목이 쏠려 있어 모든 언론기관도 취재에 열을 올리고 있었다.

20○○. ○. ○.경 ○○신문사 기자 ○○○외 1명이 피의자를 찾아와 위 사건의 내용을 알려 달라고 하자 피의자는 개인적인 공명심에서 사건의 내용을 그들에게 자세히 알려줌으로써 직무를 행하면서 알게 된 피의사실을 공소제기 전에 공표하였다.

2) 적용법조 : 제126조 … 공소시효 5년

III. 신문사항

1. 주 체

– 어떠한 직무를 수행하고 있는지(임용일, 경력, 구체적인 직위와 직급 등)

2. 객 체

– 어떻게 그러한 피의사실을 알게 되었나(직무와 관련이 없으면 ✕)

✱ 공공의 이익을 위한 진실한 사실이라도 위법

3. 행 위

– 언제 어디에서 공표하였나(공소제기 전후 관계 조사)

– 누구에게 공표하였나(불특정 또는 다수인 여부)

– 피의자의 행위로 사회적으로 미치는 영향

제6절 공무상 비밀의 누설

제127조(공무상 비밀의 누설) 공무원 또는 공무원이었던 자가 법령에 의한 직무상 비밀을 누설한 때에
는 2년 이하의 징역이나 금고 또는 5년 이하의 자격정지에 처한다.
※ 공직자의 이해충돌 방지법 제23조(비밀누설 금지)
※ 특정범죄가중처벌 등에 관한 법률 제4조의3(공무상 비밀누설의 가중처벌)
※ 공익신고자 보호법 제10조제5항(공익신고의 처리), 제12조제1항(공익신고자등의 비밀보장 의무)

 I. 구성요건

1. 주 체

공무원 또는 공무원이었던 자

2. 객 체

본죄의 주체가 직무수행 중 알게 된 비밀

ㅇ 자기의 직무에 관한 비밀뿐 아니라 타인의 직무에 관한 비밀도 포함한다.

■ 판례 ■ **수사가 계속 진행 중인 상태에서 해당 사안에 관한 수사책임자의 잠정적인 판단 등 수사팀의 내부 상황을 수사대상자 측에 전달한 경우**

[1] 사실관계

대검찰청 차장검사 甲은 A그룹 부회장이던 乙로부터 "A그룹에 대한 무역금융사기 건 검찰 수사와 관련하여 구속되지 않고 선처를 받을 수 있도록 도와 달라"는 부탁과 乙이 무역금융사기 건으로 곤란을 겪고 있다는 사정을 설명하고 불구속 처리될 수 있도록 힘써 줄 것을 부탁받고, 경비를 요구하여 2억 5,000만 원을 전달받은 후 수사책임자인 지방검찰청 부장검사에게 전화를 걸어 잠정적인 판단 등 수사팀의 내부 상황을 확인한 뒤 그 내용을 A그룹 측에 전달하였다.

[2] 판결요지

가. 공무상비밀누설죄에 있어서 '법령에 의한 직무상 비밀'의 의미와 보호법익

형법 제127조는 공무원 또는 공무원이었던 자가 법령에 의한 직무상 비밀을 누설하는 것을 구성요건으로 하고 있는바, 여기서 법령에 의한 직무상 비밀이란 반드시 법령에 의하여 비밀로 규정되었거나 비밀로 분류 명시된 사항에 한하지 아니하고, 정치, 군사, 외교, 경제, 사회적 필요에 따라 비밀로 된 사항은 물론 정부나 공무소 또는 국민이 객관적, 일반적인 입장에서 외부에 알려지지 않는 것에 상당한 이익이 있는 사항도 포함하나, 실질적으로 그것을 비밀로서 보호할 가치가 있다고 인정할 수 있는 것이어야 하고, 한편, 공무상비밀누설죄는 기밀 그 자체를 보호하는 것이 아니라 공무원의 비밀엄수의무의 침해에 의하여 위험하게 되는 이익, 즉 비밀의 누설에 의하여 위협받는 국가의 기능을 보호하기 위한 것이다.

나. 특정 사건에 대하여 수사를 진행하고 있는 상태에서 수사기관의 자료 확보 내역, 사안의 죄책 여하, 신병처리 의견 등의 정보가 수사기관 내부의 비밀에 해당하는지 여부(적극)

검찰 등 수사기관이 특정 사건에 대하여 수사를 진행하고 있는 상태에서, 수사기관이 현재 어떤 자료를 확보하였고 해당 사안이나 피의자의 죄책, 신병처리에 대하여 수사책임자가 어떤 의견을 가지고 있는지 등의 정보는, 그것이 수사의 대상이 될 가능성이 있는 자 등 수사기관 외부로 누설될 경우 피의자 등이 아직까지 수사기관에서 확보하지 못한 자료를 인멸하거나, 수사기관에서 파악하고 있는 내용에 맞추어 증거를 조작하거나, 허위의 진술을 준비하는 등의 방법으로 수사기관의 범죄수사 기능에 장애를 초래할 위험이 있는 점에 비추어 보면, 해당 사건에 대한 종국적인 결정을 하기 전까지는 외부에 누설되어서는 안 될 수사기관 내부의 비밀에 해당한다.

다. 공무상 비밀누설죄의 성부(적극)

검찰의 고위 간부가 특정 사건에 대한 수사가 계속 진행중인 상태에서 해당 사안에 관한 수사책임자의 잠정적인 판단 등 수사팀의 내부 상황을 확인한 뒤 그 내용을 수사 대상자 측에 전달한 행위가 형법 제127조에 정한 공무상 비밀누설에 해당한다(대법원 2007.6.14. 선고 2004도5561 판결).

■ 판례 ■ **공무상비밀누설죄에 있어서 '직무상 비밀'의 의미 및 보호법익**

[1] 사실관계

> 검찰총장이던 甲은 대통령비서실 법무비서관 乙이 법무비서관실 명의로 작성한 옷값 대납 사건의 내사결과보고서를 옷값 대납으로 내사를 받고 있는 자의 관련자에게 열람케 하였다.

[2] 판결요지

이른바, 옷값 대납 사건의 내사결과보고서의 내용이 비공지의 사실이기는 하나 실질적으로 비밀로서 보호할 가치가 있는 것이라고 인정할 수 없다(대법원 2003.12.26. 선고 2002도7339 판결).

[3] 동지판례

감사원 감사관이 공개한 기업의 비업무용 부동산 보유실태에 관한 감사원 보고서의 내용은 공무상 비밀에 해당되지 않는다(대법원 1996.5.10. 선고 95도780 판결).

■ 판례 ■ **도시계획위원회에서 가결된 도시계획시설 결정이 직무상 비밀에 해당하지 여부(적극)**

[1] 사실관계

> 甲은 서울시 도시계획국 도시계획 1과에 근무하는 토목기사로서 도시계획 시설결정 업무에 종사하는 자이고 乙은 같은 계에 재직 중인 토목기사보로 각 같은 업무에 종사하는 공무원들로서 서울시에서 청사를 Z지역으로 이전할 계획을 극비리에 수립하고 도시계획 1과에서 도면작성 등 기초작업을 마친 후 동 지역을 제1공용청사 부지로 한 도시계획시설 결정안을 도시계획위원회에 상정하여 동 위원회에서 가결하게 되자, 甲은 동 위원회에 참석하여, 乙은 위 결정이 끝난 후 잔무처리 과정에서 시청이 이전될 도시계획시설이 결정된 사실과 동 이전부지 위치를 지득하게 되었음을 기화로 甲은 친구인 A에게 시청이전 결정지를 지적하여 주고, 乙은 B에게 위 시청이전 결정지를 알려주어 부동산 투기에 나아가게 하여 전매차익을 얻게 하였다.

[2] 판결요지

가. 도시계획위원회에서 가결된 도시계획시설 결정이 직무상 비밀에 해당하지 여부

시청 이전을 내용으로 하는 도시계획위원회에서 가결된 도시계획시설 결정은 그것이 법 소정의 절차를 거쳐 일반에게 공고 또는 고시 등에 의하여 공개되기 전에 관계공무원이 이를 미리 특정인에게 누설하는 경우, 부동산 투기를 조장하여 특정인에게 부당한 이익을 줄 염려가 있는 한편, 선량한 시민에게 부당한 피해를 주어 도시계획의 건전한 발전을 저해하는 요소로 작용될 수 있는 사항이라 할 것이므로, 비록 도시계획사업을 규율하는 도시계획법 등에 도시계획 시설결정 사실을 비밀 사항으로 규정한 바 없다 하더라도 판시와 같은 도시계획시설결정 사실은 실질적으로 비밀성을 지녔다 할 것이므로 이를 특정인의 이익을 도모하여 정당한 이유없이 누설함은 형법 제127조 소정의 공무상 비밀누설죄에 해당한다.

나. 甲의 죄책

甲과 乙이 한 행위는 도시계획위원회에서 가결한 공용청사 시설결정지를 고지한 사실을 형법 제27조소정의 공무원이 법령에 의한 직무상 비밀을 누설한 경우에 해당한다(대법원 1982.6.22. 선고 80도2822 판결).

■ 판례 ■ **담당공무원이 수해복구 공사계약을 수의계약 방식으로 체결하기로 하면서, 미리 선정된 공사업체에게 공사 예정가격을 알려준 경우**

[1] 사실관계

의령군의 공무원인 甲 등은 공모하여 2003년 태풍 매미로 인한 수해복구공사와 관련하여 6억 원 미만의 공사에 대하여는 관내 업체가 참여하는 수의계약 방식으로 시행할 것을 기안하여 의령군수의 결재를 받아 각 공사를 시행할 공사업체를 미리 선정한 후, 각 해당 공사업체에게 공사 예정가격을 미리 알려주고 이를 기초로 산출된 가격으로 견적서를 제출하게 하여 공사계약을 체결하게 하였다.

[2] 판결요지

가. 지방자치단체의 장 또는 계약담당공무원이 수의계약에 부칠 사항에 관하여 결정한 '예정가격'이 형법 제27조에 정한 '공무상 비밀'에 해당하는지 여부(적극)

구 지방재정법 제63조에 의하여 준용되는 국가를 당사자로 하는 계약에 관한 법률 제7조는, 국가가 당사자로서 계약을 체결하는 경우 계약의 목적·성질·규모 등을 고려하여 필요하다고 인정될 때에는 대통령령이 정하는 바에 의하여 수의계약에 의할 수 있도록 정하고, 같은 법 시행령 제7조의2 제1항은 "각 중앙관서의 장 또는 계약담당공무원은 경쟁입찰 또는 수의계약 등에 부칠 사항에 대하여 당해 규격서 및 설계서 등에 의하여 예정가격을 결정하고, 이를 밀봉하여 미리 개찰장소 또는 가격협상장소 등에 두어야 하며, 예정가격이 누설되지 아니하도록 하여야 한다"고 규정하고 있으며, 제30조 제항 본문은 "각 중앙관서의 장 또는 계약담당공무원은 수의계약을 체결하고자 할 때에는 2인 이상으로부터 견적서를 받아야 한다"고 규정하고 있다. 위 규정들을 종합하면 지방자치단체의 장 또는 계약담당공무원이 수의계약에 부칠 사항에 관하여 당해 규격서 및 설계서 등에 의하여 결정한 '예정가격'은 형법 제127조의 '공무상 비밀'에 해당한다.

나. 甲 등의 죄책

피고인들이 공사업체에게 미리 알려준 위 '예정가격'은 법령에 의하여 분류된 '공무상 비밀'에 해당하므로 담당공무원이 수해복구 공사계약을 수의계약 방식으로 체결하기로 하면서, 미리 선정된 공사업체에게 공사 예정가격을 알려준 행위가 형법 제127조의 공무상 비밀누설죄에 해당한다(대법원 2008.3.14. 선고 2006도7171 판결).

국가정보원 내부의 감찰과 관련하여 감찰조사 개시시점, 감찰대상자의 소속 및 인적 사항을 일부 누설한 경우

국가정보원 내부의 감찰과 관련하여 감찰조사 개시시점, 감찰대상자의 소속 및 인적 사항을 일부 누설한 사실만으로 국가정보원의 정상적인 정보수집활동 등의 기능에 지장을 초래할 것도 아니고, 달리 국가 또는 국가정보원의 기능에 위협이 있을 것이라고 볼 수도 없어 위 누설사실들은 비밀로서의 가치가 없다(대법원 2003.11.28. 선고 2003도5547 판결).

피의사실, 피의자 및 피해자의 각 인적사항, 피해자의 상해 정도 또는 피의자의 신병처리 지휘내용 등에 관한 사항을 누설한 경우

피고인들이 피고인 甲에게 열람, 등사하게 한 수사기록의 내용은 모두 피의사실, 피의자 및 피해자의 각 인적사항, 피해자의 상해 정도 또는 피의자의 신병처리 지휘내용 등에 관한 내용에 불과하여, 그 내용이 공개되는 경우 수사의 보안 또는 기밀을 침해하여 수사의 목적을 방해할 우려가 있거나 개인의 사생활 등 이해관계를 침해할 우려가 있는 개인정보를 담고 있는 것으로 보기에는 부족하고, 달리 위 수사서류가 법령에 의한 직무상의 비밀을 내용으로 하는 문서들이라는 점을 인정할 증거가 없다(대판2003.6.13. 2001도1343).

공무원 등의 직무상 비밀누설행위와 대향범 관계에 있는 '비밀을 누설받은 행위'에 대하여 공범에 관한 형법총칙 규정을 적용할 수 있는지 여부(소극)

2인 이상의 서로 대향된 행위의 존재를 필요로 하는 대향범에 대하여는 공범에 관한 형법총칙 규정이 적용될 수 없다(대법원 2007. 10. 25. 선고 2007도6712 판결 참조). 공무원인 피고인 2가 직무상 비밀을 누설한 행위와 피고인 1이 그로부터 그 비밀을 누설받은 행위는 대향범 관계에 있다 할 것인데, 형법 제27조는 공무원 또는 공무원이었던 자가 법령에 의한 직무상 비밀을 누설하는 행위만을 처벌하고 있을뿐, 직무상 비밀을 누설받은 상대방을 처벌하는 규정이 없는 점에 비추어 볼 때, 직무상 비밀을 누설받은 자에 대하여는 공범에 관한 형법총칙 규정이 적용될 수 없다(대법원 2009.6.23. 선고 2009도544 판결).

직무상비밀누설죄의 총칙상 공범규정 적용여부

[1] 공무원 등의 직무상 비밀 누설행위와 대향범 관계에 있는 '비밀을 누설받은 행위'에 대하여 공범에 관한 형법총칙 규정을 적용할 수 있는지 여부(소극)

2인 이상 서로 대향된 행위의 존재를 필요로 하는 대향범에 대하여는 공범에 관한 형법총칙 규정이 적용될 수 없는데, 형법 제127조는 공무원 또는 공무원이었던 자가 법령에 의한 직무상 비밀을 누설하는 행위만을 처벌하고 있을 뿐 직무상 비밀을 누설받은 상대방을 처벌하는 규정이 없는 점에 비추어, 직무상 비밀을 누설받은 자에 대하여는 공범에 관한 형법총칙 규정이 적용될 수 없다고 보는 것이 타당하다.

[2] 변호사 사무실 직원인 피고인 甲이 법원공무원인 피고인 乙에게 부탁하여, 수사 중인 사건의 체포영장 발부자 명단을 누설받은 사안

변호사 사무실 직원인 피고인 甲이 법원공무원인 피고인 乙에게 부탁하여, 수사 중인 사건의 체포영장 발부자 53명의 명단을 누설받은 사안에서, 피고인 乙이 직무상 비밀을 누설한 행위와 피고인 甲이 이를 누설받은 행위는 대향범 관계에 있으므로 공범에 관한 형법총칙 규정이 적용될 수 없는데도, 피고인 甲의 행위가 공무상비밀누설교사죄에 해당한다고 본 원심판단에 법리오해의 위법이 있다고 한 사례.(대법원 2011. 4. 28. 선고 2009도3642 판결)

■ 판례 ■ **'법령에 의한 직무상 비밀' 의 의미와 보호법익**

[1] 사실관계

피고인은 서울 금천구청 세무2과 지방직 7급 공무원으로서 체납차량 번호판 영치 및 공매 등의 업무를 처리하는 사람이다. 피고인은 2009. 10. 5. 12:39경 서울 금천구 시흥동 1020에 있는 금천구청 세무2과 사무실에서, 공소외 2로부터 '차를 한 대 조회해 달라' 는 부탁을 받고 차적조회 시스템에 공소외 3의 아이디와 패스워드를 입력하여 접속한 다음 공소외 2가 부탁한 (차량번호 생략) 차량의 차적조회를 하여 충북지방경찰청 소속 차량이라는 사실을 알려 주었다. 이로써 피고인은 공무원으로서 법령에 의한 직무상 비밀을 누설하였다.

[2] 판결요지

누구든지 열람이 가능한 부동산등기 사항과 달리 자동차관리법, 자동차등록규칙이 자동차 소유자의 성명까지 기재된 신청서를 제출하여야 자동차등록원부의 열람이나 등본 또는 초본을 발급받을 수 있게 규정하여 자동차 소유자에 관한 정보가 공개되지 아니한 측면을 고려하더라도, 재산의 소유 주체에 관한 정보에 불과한 자동차 소유자에 관한 정보를 정부나 공무소 또는 국민이 객관적, 일반적인 입장에서 외부에 알려지지 않는 것에 상당한 이익이 있는 사항으로서 실질적으로 비밀로 보호할 가치가 있다거나, 그 누설에 의하여 국가의 기능이 위협받는다고 볼 수 없고, 경찰청 소속 차량으로 잠복수사에 이용되는 경우 소속이 외부에 드러나지 말아야 할 사실상의 필요성이 있다는 사정만으로 달리 볼 것이 아니어서, 피고인이 甲에게 제공한 차량 소유관계에 관한 정보가 형법 제127조에서 정한 '법령에 의한 직무상 비밀' 에 해당한다고 볼 수 없다.(대법원 2012.3.15. 선고, 2010도14734, 판결)

■ 판례 ■ **공무원이 직무상 알게 된 비밀을 그 직무와의 관련성 혹은 필요성에 기하여 해당 직무의 집행과 관련 있는 다른 공무원에게 직무집행의 일환으로 전달한 행위가 비밀의 누설에 해당하는지 여부(원칙적 소극)**

형법 제127조는 공무원 또는 공무원이었던 자가 법령에 의한 직무상 비밀을 누설하는 것을 구성요건으로 하고 있다. 여기서 '법령에 의한 직무상 비밀' 이란 반드시 법령에 의하여 비밀로 규정되었거나 비밀로 분류 명시된 사항에 한하지 않고, 정치·군사·외교·경제·사회적 필요에 따라 비밀로 된 사항은 물론 정부나 공무소 또는 국민이 객관적·일반적인 입장에서 외부에 알려지지 않는 것에 상당한 이익이 있는 사항도 포함하나, 실질적으로 그것을 비밀로서 보호할 가치가 있다고 인정할 수 있는 것이어야 한다.

그리고 '누설' 이란 비밀을 아직 모르는 다른 사람에게 임의로 알려주는 행위를 의미한다. 한편 공무상비밀누설죄는 공무상 비밀 그 자체를 보호하는 것이 아니라 공무원의 비밀엄수의무의 침해에 의하여 위험하게 되는 이익, 즉 비밀누설에 의하여 위협받는 국가의 기능을 보호하기 위한 것이다. 따라서 공무원이 직무상 알게 된 비밀을 그 직무와의 관련성 혹은 필요성에 기하여 해당 직무의 집행과 관련 있는 다른 공무원에게 직무집행의 일환으로 전달한 경우에는, 관련 각 공무원의 지위 및 관계, 직무집행의 목적과 경위, 비밀의 내용과 전달 경위 등 여러 사정에 비추어 비밀을 전달받은 공무원이 이를 그 직무집행과 무관하게 제3자에게 누설할 것으로 예상되는 등 국가기능에 위험이 발생하리라고 볼 만한 특별한 사정이 인정되지 않는 한, 위와 같은 행위가 비밀의 누설에 해당한다고 볼 수 없다. (대법원 2021. 12. 30., 선고, 2021도11924, 판결)

3. 행 위

직무상 비밀을 누설하는 것

(例, 비밀서류를 보여주는 것, 비밀서류를 볼 수 있도록 놓아두는 것)

II. 범죄사실기재

1) 범죄사실 기재례 - [도시계획 사실 누설]

피의자는 국토해양부 도시계획국 ○○○과 행정사무관으로 근무하였다.

피의자는 위 직에 재직 중 도시계획에 관한 Ⅰ급 비밀업무를 취급하고 있을 때인 20○○. ○. ○. 경 위 도시계획국에서 입안한 "도시계획구획정리안"에 관한 내용, 특히 어느 위치에 간선도로가 나게 되는지를 알고 있었다.

피의자는 20○○. ○. ○. ○○:○○경 ○○에 있는 피의자 집에서 부동산업자인 홍길동으로부터 어느 곳에 주요간선도로가 나게 되는가를 물었을 때 그 내용이 Ⅰ급 비밀에 속하는 내용으로서 누설하여서는 아니 됨에도 불구하고 ○○시의 주요도시계획내용을 구체적으로 알려주어 법령에 따른 직무상의 비밀을 누설하였다.

2) 적용법조 : 제127조 … 공소시효 5년

III. 신문사항

1. 주 체

– 어떠한 직무를 수행하고 있는지(임용일, 경력, 구체적인 직위와 직급, 업무 등)

– 언제 무엇 때문에 퇴직하였는가

2. 객 체

– 어떻게 그러한 비밀을 알게 되었나

– 그 비밀을 취급하게 된 지위, 자격

3. 행 위

– 언제 어디에서 누설하였나

– 누구에게 누설하였나

– 어떠한 조건으로 누설(금품수수 관련시 뇌물죄)

– 피의자의 행위로 사회적으로 미치는 영향

제7절 단순수뢰

제129조(수뢰, 사전수뢰) ① 공무원 또는 중재인이 그 직무에 관하여 뇌물을 수수, 요구 또는 약속한 때에는 5년 이하의 징역 또는 10년 이하의 자격정지에 처한다.
※ 특정범죄가중처벌 등에 관한 법률 제2조(뇌물죄의 가중처벌) -3천만원 이상

 I. 구성요건

1. 주 체

공무원 또는 중재인

(1) 공무원

현재 공무원 또는 중재인의 지위에 있는 자

✽ 공무원·중재인의 자격이 상실된 후의 뇌물 수수는 사후수뢰죄(제131조 제3항)가 성립하고 장차공무원이 될 자가 뇌물을 수수한 경우에는 사전수뢰죄(제129조 제2항)가 성립한다.

▪ 판례 ▪ **형법 제129조 소정의 공무원의 의미**

형법 제129조에서의 공무원이라 함은 법령의 근거에 기하여 국가 또는 지방자치단체 및 이에 준하는 공법인의 사무에 종사하는 자로서 그 노무의 내용이 단순한 기계적 육체적인 것에 한정되어 있지 않은 자를 말한다(대법원 2002.11.22. 선고 2000도4593 판결).

▪ 판례 ▪ **공무원과 비공무원이 공모한, 기업 대표 등에 대한 뇌물 수수와 강요 등 사건**

[1] 공무원과 공무원이 아닌 사람(비공무원)에게 뇌물수수죄의 공동정범이 성립하기 위한 요건 / 공무원이 뇌물공여자로 하여금 공무원과 뇌물수수죄의 공동정범 관계에 있는 비공무원에게 뇌물을 공여하게 한 경우, 제3자뇌물수수죄가 성립하는지 여부(소극) / 금품이나 이익 전부에 관하여 뇌물수수죄의 공동정범이 성립한 이후 뇌물이 실제로 공동정범인 공무원 또는 비공무원 중 누구에게 귀속되었는지가 이미 성립한 뇌물수수죄에 영향을 미치는지 여부(소극)

신분관계가 없는 사람이 신분관계로 인하여 성립될 범죄에 가공한 경우에는 신분관계가 있는 사람과 공범이 성립한다(형법 제33조 본문 참조). 이 경우 신분관계가 없는 사람에게 공동가공의 의사와 이에 기초한 기능적 행위지배를 통한 범죄의 실행이라는 주관적·객관적 요건이 충족되면 공동정범으로 처벌한다. 공동가공의 의사는 공동의 의사로 특정한 범죄행위를 하기 위하여 일체가 되어 서로 다른 사람의 행위를 이용하여 자기의 의사를 실행에 옮기는 것을 내용으로 한다. 따라서 공무원이 아닌 사람(이하 '비공무원'이라 한다)이 공무원과 공동가공의 의사와 이를 기초로 한 기능적 행위지배를 통하여 공무원의 직무에 관하여 뇌물을 수수하는 범죄를 실행하였다면 공무원이 직접 뇌물을 받은 것과 동일하게 평가할 수 있으므로 공무원과 비공무원에게 형법 제129조 제1항에서 정한 뇌물수수죄의 공동정범이 성립한다.

형법은 제130조에서 제129조 제1항 뇌물수수죄와는 별도로 공무원이 그 직무에 관하여 뇌물공여자

로 하여금 제3자에게 뇌물을 공여하게 한 경우에는 부정한 청탁을 받고 그와 같은 행위를 한 때에 뇌물수수죄와 법정형이 동일한 제3자뇌물수수죄로 처벌하고 있다. 제3자뇌물수수죄에서 뇌물을 받는 제3자가 뇌물임을 인식할 것을 요건으로 하지 않는다. 그러나 공무원이 뇌물공여자로 하여금 공무원과 뇌물수수죄의 공동정범 관계에 있는 비공무원에게 뇌물을 공여하게 한 경우에는 공동정범의 성질상 공무원 자신에게 뇌물을 공여하게 한 것으로 볼 수 있다. 공무원과 공동정범 관계에 있는 비공무원은 제3자뇌물수수죄에서 말하는 제3자가 될 수 없고, 공무원과 공동정범 관계에 있는 비공무원이 뇌물을 받은 경우에는 공무원과 함께 뇌물수수죄의 공동정범이 성립하고 제3자뇌물수수죄는 성립하지 않는다. 뇌물수수죄의 공범들 사이에 직무와 관련하여 금품이나 이익을 수수하기로 하는 명시적 또는 암묵적 공모관계가 성립하고 공모 내용에 따라 공범 중 1인이 금품이나 이익을 주고받았다면, 특별한 사정이 없는 한 이를 주고받은 때 그 금품이나 이익 전부에 관하여 뇌물수수죄의 공동정범이 성립하고, 금품이나 이익의 규모나 정도 등에 대하여 사전에 서로 의사의 연락이 있거나 금품 등의 구체적 금액을 공범이 알아야 공동정범이 성립하는 것은 아니다. 금품이나 이익 전부에 관하여 뇌물수수죄의 공동정범이 성립한 이후에 뇌물이 실제로 공동정범인 공무원 또는 비공무원 중 누구에게 귀속되었는지는 이미 성립한 뇌물수수죄에 영향을 미치지 않는다. 공무원과 비공무원이 사전에 뇌물을 비공무원에게 귀속시키기로 모의하였거나 뇌물의 성질상 비공무원이 사용하거나 소비할 것이라고 하더라도 이러한 사정은 뇌물수수죄의 공동정범이 성립한 이후 뇌물의 처리에 관한 것에 불과하므로 뇌물수수죄가 성립하는 데 영향이 없다.

[2] 강요죄의 수단인 '협박'의 의미와 내용 및 협박받는 사람에게 공포심 또는 위구심을 일으킬 정도의 해악을 고지하였는지 판단하는 기준 / 직무상 또는 사실상 상대방에게 영향을 줄 수 있는 직업이나 지위에 있는 행위자가 직업이나 지위에 기초하여 상대방에게 어떠한 이익 등의 제공을 요구한 경우, 곧바로 그 요구 행위를 협박이라고 단정할 수 있는지 여부(소극) 및 이때 그 요구 행위가 강요죄의 수단으로서 해악의 고지에 해당하는지 판단하는 기준

강요죄는 폭행 또는 협박으로 사람의 권리행사를 방해하거나 의무 없는 일을 하게 하는 범죄이다. 여기에서 협박은 객관적으로 사람의 의사결정의 자유를 제한하거나 의사실행의 자유를 방해할 정도로 겁을 먹게 할 만한 해악을 고지하는 것을 말한다. 이와 같은 협박이 인정되기 위해서는 발생 가능한 것으로 생각할 수 있는 정도의 구체적인 해악의 고지가 있어야 한다.

해악의 고지는 반드시 명시적인 방법이 아니더라도 말이나 행동을 통해서 상대방에게 어떠한 해악을 끼칠 것이라는 인식을 갖도록 하면 충분하고, 제3자를 통해서 간접적으로 할 수도 있다. 행위자가 그의 직업, 지위 등에 기초한 위세를 이용하여 불법적으로 재물의 교부나 재산상 이익을 요구하고 상대방이 불응하면 부당한 불이익을 입을 위험이 있다는 위구심을 일으키게 하는 경우에도 해악의 고지가 된다. 협박받는 사람이 공포심 또는 위구심을 일으킬 정도의 해악을 고지하였는지는 행위 당사자 쌍방의 직무, 사회적 지위, 강요된 권리·의무에 관련된 상호관계 등 관련 사정을 고려하여 판단해야 한다. 행위자가 직무상 또는 사실상 상대방에게 영향을 줄 수 있는 직업이나 지위에 있고 직업이나 지위에 기초하여 상대방에게 어떠한 요구를 하였더라도 곧바로 그 요구 행위를 위와 같은 해악의 고지라고 단정하여서는 안 된다. 특히 공무원이 자신의 직무와 관련한 상대방에게 공무원 자신 또는 자신이 지정한 제3자를 위하여 재산적 이익 또는 일체의 유·무형의 이익 등을 제공할 것을 요구하고 상대방은 공무원의 지위에 따른 직무에 관하여 어떠한 이익을 기대하며 그에 대한 대가로서 요구에 응하였다면, 다른 사정이 없는 한 공무원의 위 요구 행위를 객관적으로 사람의 의사결정의 자유를 제한하거나 의사실행의 자유를 방해할 정도로 겁을 먹게 할 만한 해악의 고지라고 단정하기는 어렵다.

행위자가 직업이나 지위에 기초하여 상대방에게 어떠한 이익 등의 제공을 요구하였을 때 그 요구 행위가 강요죄의 수단으로서 해악의 고지에 해당하는지 여부는 행위자의 지위뿐만 아니라 그 언동

의 내용과 경위, 요구 당시의 상황, 행위자와 상대방의 성행·경력·상호관계 등에 비추어 볼 때 상대방으로 하여금 그 요구에 불응하면 어떠한 해악에 이를 것이라는 인식을 갖게 하였다고 볼 수 있는지, 행위자와 상대방이 행위자의 지위에서 상대방에게 줄 수 있는 해악을 인식하거나 합리적으로 예상할 수 있었는지 등을 종합하여 판단해야 한다. 공무원인 행위자가 상대방에게 어떠한 이익 등의 제공을 요구한 경우 위와 같은 해악의 고지로 인정될 수 없다면 직권남용이나 뇌물 요구 등이 될 수는 있어도 협박을 요건으로 하는 강요죄가 성립하기는 어렵다. (대법원 2019. 8. 29. 선고 2018도13792 전원합의체 판결)

■ 판례 ■ **지방공사와 지방공단의 직원까지 공무원으로 본다고 규정한 지방공기업법 제83조의 해석**

헌법 제11조 제1항, 제37조 제2항 등에 위반된다고 볼 수 없고, 또한 지방공기업법 제83조의 명문의 규정에 반하여 지방공사와 지방공단의 직원을 특정범죄가중처벌등에관한법률 제4조 제1항 소정의 간부직원, 즉 과장대리급 이상의 직원으로 한정하여 해석할 수도 없다(대법원 2002.7.26. 선고 2001도6721 판결).

■ 판례 ■ **지방의회의원이 형법 제129조 소정의 공무원인지의 여부**

일반적으로 공무원이라 함은 광의로는 국가 또는 공공단체의 공무를 담당하는 일체의 자를 의미하며, 협의로는 국가 또는 공공단체와 공법상 근무관계에 있는 모든 자를 말하는바, 지방자치법 제32조에 의하면 지방의회의원은 명예직으로서 의정활동비와 보조활동비, 회기 중 출석비를 지급받도록 규정하고 있을 뿐 정기적인 급여를 지급받지는 아니하나, 지방공무원법 제2조 제3항에 의하면 특수경력직 공무원 중 정무직 공무원으로 '선거에 의하여 취임하는 자'를 규정하고 있고, 지방자치법 제35조 이하에 의하면 지방의회의원은 여러 가지 공적인 사무를 담당하도록 규정하고 있으며, 공직자윤리법에 의하면 지방의회의원도 공직자로 보아 재산등록 대상자로 규정하고 있는 점 등에 비추어 볼 때, 비록 지방의회의원이 일정한 비용을 지급받을 뿐 정기적인 급여를 지급받지는 아니한다고 하더라도 공무를 담당하고 있는 이상 지방의회의원은 형법상 공무원에 해당한다(대법원1997.3.11. 선고 96도1258 판결).

■ 판례 ■ **공무원이 직무와 관련하여 뇌물수수를 약속하고 퇴직 후 이를 수수하는 경우**

[1] 사실관계

부실채권의 매각, 부실기업의 구조조정 방식 및 컨설팅업체 선정 등의 업무를 행하고 있던 한국산업은행의 총재인 甲이 퇴임이 확정된 후 한국 아더앤더슨 그룹의 총괄부회장으로서 부실기업 구조조정 등과 관련한 자산·부채 실사, 매각전략 수립 및 매각전략 자문 등의 용역을 수주하는 일을 담당하고 있던 乙로부터 사무실 등 제공 제의를 받고 이를 승낙하고 퇴임 후 乙로부터 사무실 등을 제공받았다.

[2] 판결요지

가. 공무원이 직무와 관련하여 뇌물수수를 약속하고 퇴직 후 이를 수수하는 경우(= 뇌물약속죄 및 사후수뢰죄가 성립할 뿐 뇌물수수죄는 불성립)

뇌물수수죄는 공무원 또는 중재인이 그 직무에 관하여 뇌물을 수수한 때에 성립하는 것이어서 그 주체는 현재 공무원 또는 중재인의 직에 있는 자에 한정되므로, 공무원이 직무와 관련하여 뇌물수수를 약속하고 퇴직 후 이를 수수하는 경우에는, 뇌물약속과 뇌물수수가 시간적으로 근접하여 연속되어 있다고 하더라도, 뇌물약속죄 및 사후수뢰죄가 성립할 수 있음은 별론으로 하고, 뇌물수수죄는 성립하지 않는다.

나. 직무관련성 인정 여부(소극)

甲이 乙부터 사무실 등 제공 제의를 받고 이를 승낙한 것은 甲의 퇴임 방침이 확정된 2003. 4. 10. 이후부터 甲이 퇴임한 4. 17. 전까지 사이라고 인정한 다음, 이와 같이 甲이 乙로부터 사무실 등을 제공받기로 약속한 시점이 甲의 퇴임 확정 이후여서 乙로서는 甲의 직무와 관련하여 어떤 혜택을 기대할 가능성이 전혀 없었던 점, 그 무렵 한국산업은행의 업무와 관련하여 공소외인에게 어떠한 현안이 있었다고 인정할 뚜렷한 자료가 없는 점, 乙이 甲에게 사무실 등을 제공하기로 한 것은 甲이 산업은행총재로 재직하는 동안 편의를 보아준 데 대한 대가라기보다는 甲의 인맥, 경륜 등을 자신의 사업에 활용하여 도움을 받고자 하는 의도였던 것으로 보이는 점 등을 종합하여, 甲이 乙로부터 사무실 등을 제공받기로 한 것이 甲의 직무에 관한 것으로 대가관계가 인정된다거나 甲이 이를 인식하였다고 보기는 어렵다고 인정하여 사무실 등 제공과 관련한 뇌물약속의 점을 무죄로 판단한 조치는 정당한 것으로 수긍할 수 있고, 거기에 상고이유로 주장하는 바와 같은 채증법칙 위배 또는 뇌물죄의 직무관련성에 관한 법리오해 등의 위법이 있다고 할 수 없다(대법원 2008.2.1. 선고 2007도5190판결).

■ 판례 ■ **함정에 빠뜨릴 의사로 공무원에게 금품을 공여하여 공무원이 그 금품을 직무와 관련하여 수수한 경우 뇌물수수죄가 성립되는지 여부(적극)**

뇌물공여죄와 뇌물수수죄는 필요적 공범관계에 있다고 할 것이나, 필요적 공범이라는 것은 법률상 범죄의 실행이 다수인의 협력을 필요로 하는 것을 가리키는 것으로서 이러한 범죄의 성립에는 행위의 공동을 필요로 하는 것에 불과하고 반드시 협력자 전부가 책임이 있음을 필요로 하는 것은 아니므로, 오로지 공무원을 함정에 빠뜨릴 의사로 직무와 관련되었다는 형식을 빌려 그 공무원에게 금품을 공여한 경우에도 공무원이 그 금품을 직무와 관련하여 수수한다는 의사를 가지고 받아들이면 뇌물수수죄가 성립한다(대법원 2008.3.13 선고 2007도10804 판결)

■ 판례 ■ **도시 및 주거환경정비법상 정비사업전문관리업자의 임·직원이 뇌물죄 적용에서 공무원으로 의제되는 시기**

도시 및 주거환경정비법 제84조의 문언과 취지를 고려하면, 정비사업전문관리업자의 임·직원이 일정한 자본·기술인력 등의 기준을 갖추어 시·도지사(2006. 12. 28. 법률 제8125호로 개정되기 전에는 건설교통부 장관)에게 등록한 후에는 조합설립추진위원회로부터 정비사업전문관리업자로 선정되기 전이라도 그 직무에 관하여 뇌물을 수수한 때에 형법 제129조 내지 제132조의 적용대상이 되고, 정비사업전문관리업자가 조합설립추진위원회로부터 정비사업에 관한 업무를 대행할 권한을 위임받은 후에야 비로소 그 임·직원이 위 법의 적용대상이 되는 것은 아니다(대법원 2008.9.25. 선고 2008도2590 판결).

■ 판례 ■ **시·도지사에 의하여 '지방교통영향심의위원회 위원'으로 임명 또는 위촉된 자가 수뢰죄의 주체인 '공무원'이 되는 시기(=임명 또는 위촉시)**

구 환경·교통·재해 등에 관한 영향평가법 제19조 제5항, 제8항 및 구 환경·교통·재해 등에 관한 영향평가법 시행령 제19조 제1항, 제2항, 제4항 등 규정에 의하면, 시·도지사에 의하여 '지방교통영향심의위원회의 위원'으로 임명 또는 위촉된 자는 그때부터 형법 제129조에 규정된 수뢰죄의 주체인 공무원에 해당하게 되고, 특정 안건을 심의하기 위한 '지방교통영향심의위원회의 회의' 개최를 앞두고 위원장에 의하여 그 회의의 위원으로 지명된 때에 비로소 위 법조에 정한 '공무원'에 해당하게 되는 것은 아니다(대법원2009.2.12. 선고 2007도2733 판결).

■ 판례 ■　도시 및 주거환경정비법상 정비사업전문관리업자의 임·직원이 뇌물죄 적용에서 공무원으로 의제되는 시기

도시 및 주거환경정비법 제84조의 문언과 취지를 고려하면, 정비사업전문관리업자의 임·직원이 일정한 자본·기술인력 등의 기준을 갖추어 시·도지사(2006. 12. 28. 법률 제8125호로 개정되기 전에는 건설교통부 장관)에게 등록한 후에는 조합설립추진위원회로부터 정비사업전문관리업자로 선정되기 전이라도 그 직무에 관하여 뇌물을 수수한 때에 형법 제129조 내지 제132조의 적용대상이 되고, 정비사업전문관리업자가 조합설립추진위원회로부터 정비사업에 관한 업무를 대행할 권한을 위임받은 후에야 비로소 그 임·직원이 위 법의 적용대상이 되는 것은 아니다(대법원 2008.9.25 선고 2008도2590 판결).

■ 판례 ■　'집행관사무소의 사무원'이 뇌물죄의 주체인 '공무원'에 해당하는지 여부(소극)

집행관사무소의 사무원은 법원 및 검찰청 9급 이상의 직에 근무한 자 또는 이와 동등 이상의 자격이 있다고 인정되는 자 중에서 소속지방법원장의 허가를 받아 대표집행관이 채용하는 자로서(집행관규칙 제21조 제2항), 법원일반직 공무원에 준하여 보수를 지급받는 한편 근무시간, 휴가 등 복무와 제척사유, 경매물건 등의 매수금지 의무 등에서는 집행관에 관한 법령의 규정이 준용된다는 점에서(같은 규칙 제3조 제1항, 제22조 제1항, 제25조) 형법 제129조 내지 제132조 및 구 변호사법(2007. 3. 29. 법률 제8321호로 개정되기 전의 것) 제111조의 경우 공무원으로 취급되는 집행관의 지위와 비슷한 면이 있기는 하지만, '지방법원에 소속되어 법률이 정하는 바에 따라 재판의 집행, 서류의 송달 그 밖에 법령에 따른 사무에 종사'하는 집행관(집행관법 제2조)과 달리 그에게 채용되어 업무를 보조하는 자에 불과할 뿐(같은 규칙 제21조 제1항), 그를 대신하거나 그와 독립하여 집행에 관한 업무를 수행하는 자의 지위에 있지는 않다. 앞서 본 법리와 위 각 법령의 규정, 그리고 피고인에게 불리한 형벌법규의 유추적용은 엄격히 제한되어야 한다는 점 등에 비추어 보면, 집행관사무소의 사무원이 집행관을 보조하여 담당하는 사무의 성질이 국가의 사무에 준하는 측면이 있다는 사정만으로는 형법 제129조 내지 제132조 및 구 변호사법 제111조에서 정한 '공무원'에 해당한다고 보기 어렵다(대법원 2011.3.10. 선고 2010도14394 판결).

■ 판례 ■　재건축조합 조합장이 조합장의 직무와 관련하여 금품을 수수한 경우

[1] 사실관계

재건축조합 조합장인 甲은 재건축상가 일반분양분의 매수를 위한 청탁을 명목으로 제공된다는 사정을 알면서 乙을 통하여 丁으로부터 5,000만 원이 입금되어 있는 통장과 현금카드를 교부받았다.

[2] 판결요지

가. 재건축조합의 전임 조합장 직무대행자가 선임된 상태에서 후임 조합장으로 선임된 자가 실질적으로 조합장 직무를 수행한 경우, 뇌물죄의 적용에서 공무원으로 의제되는 '조합의 임원'으로 보아야 하는지 여부(적극)

법인 등 대표자의 직무대행자가 선임된 상태에서 피대행자의 후임자가 적법하게 소집된 총회의 결의에 따라 새로 선출되었다 해도 그 직무대행자의 권한은 위 총회의 결의에 의하여 당연히 소멸하는 것은 아니므로 사정변경 등을 이유로 가처분결정이 취소되지 않는 한 직무대행자만이 적법하게 위 법인 등을 대표할 수 있고, 총회에서 선임된 후임자는 그 선임결의의 적법 여부에 관계없이 대표권을 가지지 못한다. 그러나 구 도시 및 주거환경정비법(2009. 2. 6. 법률 제9444호로 개정되기 전

의 것) 제84조의 문언과 취지를 고려하면, 전임 조합장의 직무대행자가 선임된 상태에서 적법하게 소집된 총회의 결의에 의하여 후임 조합장으로 선임된 자가 직무대행자로부터 조합 사무를 인계받아 실질적으로 조합장 직무를 수행하였다면, 비록 대표권을 가지지 못한다고 하더라도, 형법 제129조 내지 제132조의 적용에서 공무원으로 의제되는 조합의 임원으로 보아야 한다.

나. 구 도시 및 주거환경정비법 제84조에 의하여 공무원으로 의제되는 조합의 임원이 뇌물을 수수한 경우에도 구 특정범죄 가중처벌 등에 관한 법률 제2조 제1항에 의하여 수뢰액에 따라 가중처벌되는지 여부(적극)

구 도시 및 주거환경정비법(2009. 2. 6. 법률 제9444호로 개정되기 전의 것) 제84조는 "형법 제129조 내지 제132조의 적용에 있어서 조합의 임원과 정비사업전문관리업자의 대표자(법인인 경우에는 임원을 말한다)·직원은 이를 공무원으로 본다."고 규정하고 있고, 구 특정범죄 가중처벌 등에 관한 법률(2010. 3. 31. 법률 제10210호로 개정되기 전의 것) 제2조 제1항은 "형법 제129조·제130조 또는 제132조에 규정된 죄를 범한 자는 그 수수·요구 또는 약속한 뇌물의 가액에 따라 가중처벌한다."고 규정하고 있으므로, 구 도시 및 주거환경정비법 제84조에 의하여 공무원으로 의제되는 조합의 임원이 뇌물을 수수한 경우에도 구 특정범죄 가중처벌 등에 관한 법률 제2조 제1항에 의하여 수뢰액에 따라 가중처벌된다.

다. 甲의 죄책

공무원으로 의제되는 재건축조합 조합장인 피고인 갑이 조합장의 직무와 관련하여 금품을 수수하였다는 내용으로 기소된 사안에서, 갑이 재건축상가 일반분양분의 매수를 위한 청탁 명목으로 제공된다는 사정을 알면서 피고인 을을 통하여 정으로부터 5,000만 원이 입금되어 있는 통장과 현금카드를 교부받았고, 재건축상가 일반분양분의 매각은 조합장의 직무와 밀접한 관련이 있으므로, 갑에게는 뇌물수수죄가 인정된다.

라. 피고인들이 공모하여 공무원으로 의제되는 재건축조합 조합장의 사무인 재건축상가의 일반분양분 매각에 관해 청탁 또는 알선한다는 명목으로 금품을 받았다는 구 변호사법 위반의 공소사실에 대하여, 이를 유죄로 인정한 원심판단을 수긍한 사례

피고인 을, 병이 공모하여 공무원으로 의제되는 재건축조합 조합장의 사무인 재건축상가의 일반분양분 매각에 관해 청탁 또는 알선한다는 명목으로 정으로부터 1억 원을 받았다는 구 변호사법(2008. 3. 28. 법률 제8991호로 개정되기 전의 것) 위반의 공소사실에 대하여, 제반 사정에 비추어 피고인들이 이에 관하여 전체적인 모의를 하지 않았더라도 순차적·암묵적으로 상통하여 공모하였다고 볼 수 있고, 또 이들이 위 1억 원을 받은 사실을 인정할 수 있다는 이유로, 이를 유죄로 인정한 원심판단을 수긍한 사례.(대법원 2010.12.23. 2010도13584 판결)

■ 판례 ■ **인천도시개발공사의 4급 직원으로 근무하던 기간 중에 뇌물을 수수한 경우**

[1] 지방공기업법 제83조, 같은 법 시행령 제80조에 의한 뇌물죄의 적용에서 공무원으로 의제되는 '과장 또는 팀장 이상의 직원' 여부의 판단 기준(=직급)

지방공기업법 제83조는 "공사와 공단의 임원 및 대통령령이 정하는 직원은 형법 제129조 내지 제132조의 적용에 있어서는 이를 공무원으로 본다."고 규정하고 있고, 같은 법 시행령 제80조는 "법 제83조에서 '대통령령이 정하는 직원'이라 함은 공사와 공단의 정관상 과장 또는 팀장 이상의 직원을 말한다."고 규정하고 있는바, 위 시행령에 정한 '과장 또는 팀장 이상의 직원'이란 직급을 기준으로 하여 과장 또는 팀장과 동급이거나 그 이상의 직원을 말하는 것으로서 현실적으로 과장이나 팀장의 직위를 가지고 있는지 여부는 문제삼지 않는다.

[2] 피고인들이 인천도시개발공사의 4급 직원으로 근무하던 기간 중에 뇌물을 수수하였다는 내용으로 기소된 사안

피고인들이 인천도시개발공사(이하 '공사'라 한다)의 4급 직원으로 근무하던 기간 중에 해외관광 및 골프접대 등 명목으로 향응 등 재산상 이익을 제공받음으로써 공무원으로 의제되는 지방공기업 직원의 직무에 관하여 뇌물을 수수하였다는 내용으로 기소된 사안에서, '과장'은 공사 정관의 위임을 받은 인사규정에 따라 4급 직원들로 임용되는 직위로서 엄연히 존재하므로, 피고인들이 공사의 4급 직원으로서 과장의 직위를 가지고 근무하고 있었던 이상 지방공기업법 시행령 제80조에 정한 간부직원에 해당하여 같은 법 제83조에 의하여 형법 제129조 제1항에서 정한 뇌물수수죄의 주체가 될 수 있고, 설령 공사의 직제상 '과'라는 조직이 존재하지 않더라도 뇌물수수죄의 성립에 장애가 될 수 없는데도, 위 뇌물수수의 공소사실을 무죄로 인정한 원심판결에 법리오해의 위법이 있다고 한 사례. (대법원 2011. 1.13. 선고 2009도14660 판결)

■ 판례사례 ■   [뇌물죄의 주체인 공무원에 해당하는 자]

(1) 3급 과장으로 근무하고 있던 농어촌진흥공사의 직원(대법원 1998.4.28. 선고 96도2828 판결)
(2) 지방공기업법에 의한 지방공사와 지방공단의 직원(대법원 2002.7.26. 선고 2001도6721 판결)
(3) 중앙약사심사위원회의 소분과위원으로 위촉된 사람(대법원 2002.11.22. 선고 2000도4593 판결)
(4) 도시계획에 관하여 시장 또는 구청장의 자문에 응하며, 당해 시 또는 구의 도시계획에 관한 사항을 심의하기 위하여 설치된 시·구도시계획위원회의 위원(대법원 1997.6.13. 선고 96도1703 판결)

(2) 중재인

법령에 의해 중재직무를 담당하는 자(例, 노동쟁의조정법에 의한 중재위원, 중재법에 의한 중재인, 파산법에 의한 파산관재인, 상법상 회사발기인 등)
✱ 단순한 사적(私的) 조정자는 본죄의 주체가 아니다.

2. 객 체

뇌물

뇌물이란 직무에 관한 부정한 대가로서 사람의 수요와 욕망을 충족시킬 수 있는 일체의 유형적·무형적 이익을 의미

(1) 직무관련성

공무원의 권한에 속하는 직무행위뿐만 아니라 직무행위에는 속하지 않더라도 직무행위와 밀접한 관계가 있거나, 관례상 또는 사실상 소관하는 직무행위도 포함하며, 그 직무에 관하여 결정권을 가질 필요도 없다.

■ 판례 ■   공무원이 수수한 금품에 직무행위에 대한 대가로서의 성질과 직무 외의 행위에 대한 대가로서의 성질이 불가분적으로 결합되어 있는 경우, 수수한 금품 전부가 직무행위에 대한 대가로서의 성질을 가지는지 여부(적극) / 금품의 수수가 수회에 걸쳐 이루어지고 각 수수 행위별로 직무 관련성 유무를 달리 볼 여지가 있는 경우 및 공무원이 아닌 사람과 공무원이 공모하여 금품을 수수하고 각 수수자가 수수한 금품별로 직무 관련성 유무를 달리 볼 수 있는 경우, 직무 관련성을 판단하는 방법

뇌물죄에서의 수뢰액은 그 많고 적음에 따라 범죄구성요건이 되므로 엄격한 증명의 대상이 된다. 이 때 공무원이 수수한 금품에 직무행위에 대한 대가로서의 성질과 직무 외의 행위에 대한 대가로서의 성질이 불가분적으로 결합되어 있는 경우에는 그 수수한 금품 전부가 불가분적으로 직무행위에 대한 대가로서의 성질을 가진다. 다만 그 금품의 수수가 수회에 걸쳐 이루어졌고 각 수수 행위별로 직무 관련성 유무를 달리 볼 여지가 있는 경우에는 그 행위마다 직무와의 관련성 여부를 가릴 필요가 있다. 그리고 공무원이 아닌 사람과 공무원이 공모하여 금품을 수수한 경우에도 각 수수자가 수수한 금품별로 직무 관련성 유무를 달리 볼 수 있다면, 각 금품마다 직무와의 관련성을 따져 뇌물성을 인정하는 것이 책임주의 원칙에 부합한다.(대법원 2024. 3. 12. 선고 2023도17394 판결)

■ 판례 ■   공무원이 직무와 관련하여 사교적 의례의 형식을 빌어 금품을 수수한 경우

[1] 뇌물죄에 있어서 직무관련성

뇌물죄는 직무집행의 공정과 이에 대한 사회의 신뢰 및 직무행위의 불가매수성을 그 보호법익으로 하고 있고, 직무에 관한 청탁이나 부정한 행위를 필요로 하는 것은 아니기 때문에 수수된 금품의 뇌물성을 인정하는 데 특별한 청탁이 있어야만 하는 것은 아니고, 또한 금품이 직무에 관하여 수수된 것으로 족하고 개개의 직무행위와 대가적 관계에 있을 필요는 없으며, 그 직무행위가 특정된 것일 필요도 없다.

[2] 공무원이 얻는 이익이 직무와 대가관계가 있는 부당한 이익으로서 뇌물에 해당하는지 여부의 판단 기준

공무원이 얻는 어떤 이익이 직무와 대가관계가 있는 부당한 이익으로서 뇌물에 해당하는지 여부는 당해 공무원의 직무의 내용, 직무와 이익제공자와의 관계, 쌍방간에 특수한 사적인 친분관계가 존재하는지의 여부, 이익의 다과, 이익을 수수한 경위와 시기 등의 제반 사정을 참작하여 결정하여야 할 것이고, 뇌물죄가 직무집행의 공정과 이에 대한 사회의 신뢰 및 직무행위의 불가매수성을 그 보호법익으로 하고 있음에 비추어 볼 때, 공무원이 그 이익을 수수하는 것으로 인하여 사회일반으로부터 직무집행의 공정성을 의심받게 되는지 여부도 뇌물죄의 성부를 판단함에 있어서의 판단 기준이 된다.

[3] 공무원의 직무와 관련하여 사교적 의례의 형식을 빌어 금품을 수수한 경우, 뇌물성 여부(적극)

공무원이 그 직무의 대상이 되는 사람으로부터 금품 기타 이익을 받은 때에는 그것이 그 사람이 종전에 공무원으로부터 접대 또는 수수받은 것을 갚는 것으로서 사회상규에 비추어 볼 때에 의례상의 대가에 불과한 것이라고 여겨지거나, 개인적인 친분관계가 있어서 교분상의 필요에 의한 것이라고 명백하게 인정할 수 있는 경우 등 특별한 사정이 없는 한 직무와의 관련성이 없는 것으로 볼 수 없고, 공무원의 직무와 관련하여 금품을 수수하였다면 비록 사교적 의례의 형식을 빌어 금품을 주고받았다 하더라도 그 수수한 금품은 뇌물이 된다(대법원 2000.1.21. 선고 99도4940 판결).

■ 판례사례 ■   [직무관련성이 인정되는 사례]

(1) 국회 정무위원회 수석전문위원인 피고인이 정무위원회 소관 기관 등의 업무에 관한 청탁 또는 부탁을 받고 금품을 수수한 경우(대법원 2010.12.23. 선고 2010도10910 판결)
(2) 시 도시계획국장인 피고인 갑이 건설회사를 운영하는 피고인 을의 부탁을 받고 위 회사로 하여금 자신이 관리·감독하는 공사 중 일부를 하도급받도록 해 준 다음 그 대가로 돈을 받은 경우(대법원 2011.3.24. 선고 2010도17797 판결)
(3) 시의회 의장이 토지구획정리사업에 대한 시의회의 심의와 관련하여 금품을 수수한 경우(대법원1996.11.15. 선고 95도1114 판결)
(4) A건설이 시공하는 택지개발현장에서의 공사관리를 총괄하는 토지개발공사 서울지사 공사부장 甲이 C기업으로부터 건축물 폐재류 처리공사에 관한 A건설의 하도급업체 선정에 있어 자신이 선정되게 해달라는 청탁을 받고 금원을 수수한 경우(대법원 1998.2.27. 선고 96도582 판결)
(5) 농림부 주관 농림기술개발사업의 일환으로 시행되고, 국립대학교 총장명의로 체결된 연구 용역 약정에 기하여 연구활동 중인 국립대학 교수 甲이 장차 개발할 기술을 A연구소에 우선적으로 전수해달라는 청탁을 받고 A연구소 대표로부터 금원을 수수한 경우(대법원 2005.10.14. 선고 2003도1154 판결)

■ 판례사례 ■   [직무관련성이 부정되는 사례]

(1) 법원의 공판참여주사가 형량을 감경케 해달라는 청탁과 함께 금품을 수수한 경우(대법원 1980. 10.14. 선고 80도1373 판결)
(2) 문교부 편수국 공무원이 교과서의 내용검토 및 개편수정작업을 의뢰받고 그에 소요되는 비용을 받은 경우(대법원 1979.5.22. 선고 78도296 판결)
(3) 경찰서장이 보안부대소속 치안본부 연락관으로부터 경찰공무원의 승진을 부탁받고 이에 관하여 금품을 수수한 경우(대법원 1983.10.11. 선고 83도425 판결)
(4) 국립대학교 교수가 부설연구소의 책임연구원의 지위에서 연구소 자체가 수주한 어업피해조사 용역업무와 관련하여 금품을 수수한 경우(대법원 2002.5.31. 선고 2001도670 판결)
(5) 경찰청 정보과에 근무하는 경감 외국인산업연수생에 대한 국내관리업체로 선정되는 데 힘써 달라는 부탁을 받고 금전 및 각종 향응을 받은 경우(대법원 1999.6.11. 선고 99도275 판결)
(6) 구 해양수산부 소속 공무원인 피고인이 해운회사의 전·현직 대표이사에게서 '중국 교통부로부터 선박운항허가를 받을 수 있도록 해달라는 명목''으로 돈을 교부받은 경우(대법원 2011.5.26. 선고 2009도2453 판결)

(2) 부정한 대가

뇌물과 직무행위 사이에 급부와 반대급부라는 대가관계가 있어야 하고, 뇌물은 직무에 관한 부정한 보수이어야 한다.

■ 판례 ■   **사교적 의례로서 받은 선물의 뇌물성**

사회상규에 비추어 볼 때 의례상의 대가에 불과한 것이라고 여겨지거나 개인적인 친분관계가 있어서 교분상의 필요에 의한 것이라고 명백하게 인정될 수 있는 경우 등 특별한 사정이 없는 한 직무와 관련하여 금품을 수수하였다면 사교적 의례의 형식을 빌어 금품을 수수한 경우라도 수수한 금품은 뇌물이 된다(대법원 2001.10.12. 선고 2001도3579 판결).

(3) 이 익

수령자의 경제적 · 법적 · 인격적 지위를 유리하게 하여 주는 일체의 것

- ○ 이익에는 재산적 · 비재산적 이익, 유형 · 무형이익 등 인간의 욕망을 충족시키는 모든 이익(**例**, 향응제공, 이성간의 정교)이 포함된다.
- ○ 이익은 제공당시 현존하거나 확정적일 필요는 없음. 따라서 장차 기대할 수 있는 기대이익이거나 조건부 이익 또한 투기적 사업에 참여할 기회를 얻는 것도 이익에 포함된다.

■ **판례** ■ **수의계약을 체결하는 공무원 甲이 해당 공사업자와 적정한 금액 이상으로 계약금액을 부풀려서 계약하고 부풀린 금액을 자신이 되돌려 받기로 사전에 약정한 다음 그에 따라 수수한 경우**

[1] 공무원이 수의계약을 체결하면서 공사업자로부터 수수한 돈의 뇌물성 유무를 판단하는 기준

그 돈의 성격을 공무원의 직무와 관련하여 수수된 뇌물로 볼 것인지, 아니면 적정한 금액보다 과다하게 부풀린 금액으로 계약을 체결하기로 공사업자 등과 사전 약정하여 이를 횡령(국고손실)한 것으로 볼 것인지 여부는, 돈을 공여하고 수수한 당사자들의 의사, 계약의 내용과 성격, 계약금액과 수수한 금액 사이의 비율, 수수한 돈의 액수, 그 계약이행으로 공사업자 등이 얻을 수 있는 적정한 이익, 공사업자 등이 공무원으로부터 공사대금 등을 지급받은 시기와 돈을 공무원에게 교부한 시간적 간격, 공사업자 등이 공무원에게 교부한 돈이 공무원으로부터 지급받은 바로 그 돈인지 여부, 수수한 장소와 방법 등을 종합적으로 고려하여 객관적으로 평가하여 판단해야 한다.

[2] 甲의 죄책

피고인이 해당 공사업자 등과 적정한 금액 이상으로 계약금액을 부풀려서 계약하고 그만큼 되돌려 받기로 사전에 약정한 다음 그에 따라 수수된 것이므로 이는 성격상 뇌물이 아니고 횡령금에 해당한다(대법원 2007.10.12.선고2005도7112판결).

■ **판례** ■ **공무원이 뇌물로 투기적 사업에 참여할 기회를 제공받은 경우, 뇌물수수죄의 기수시기**

[1] 사실관계

재개발주택조합의 조합장 甲은 그 재직 중 고소하거나 고소당한 사건의 수사를 담당한 경찰관 乙에게 액수 미상의 프리미엄이 예상되는 조합아파트 1세대를 분양해 주었다.

[2] 판결요지

가. 뇌물의 내용인 '이익'의 의미 및 투기적 사업에 참여할 기회를 얻는 것이 '이익'에 해당하는지 여부(적극)

뇌물죄에서 뇌물의 내용인 이익이라 함은 금전, 물품 기타의 재산적 이익뿐만 아니라 사람의 수요욕망을 충족시키기에 족한 일체의 유형, 무형의 이익을 포함한다고 해석되고, 투기적 사업에 참여할 기회를 얻는 것도 이에 해당한다.

나. 공무원이 뇌물로 투기적 사업에 참여할 기회를 제공받은 경우, 뇌물수수죄의 기수시기

뇌물수수죄의 기수 시기는 투기적 사업에 참여하는 행위가 종료된 때로 보아야 하며, 그 행위가 종료된 후 경제사정의 변동 등으로 인하여 당초의 예상과는 달리 그 사업 참여로 아무런 이득을 얻지 못한 경우라도 뇌물수수죄의 성립에는 영향이 없다.

다. 甲과 乙의 죄책

재개발주택조합의 조합장이 그 재직 중 고소하거나 고소당한 사건의 수사를 담당한 경찰관에게 액수 미상의 프리미엄이 예상되는 조합아파트 1세대를 분양해 준 경우, 뇌물공여죄에 해당한다(대법원 2002.11.26. 선고 2002도3539 판결).

▪ 판례사례 ▪   **[부정한 이익에 해당하지 않는 사례]**

> (1) 공무원이 모친회갑 축의금으로 2만원을 받은 경우(대법원 1977.11.8. 선고 77도2311 판결)
> (2) 공무원이 아들들의 결혼식장에서 직무와 관련 있는 사업을 경영하는 사람들이 축의금으로 낸 것을 사후에 전달받았으나, 그들과 개인적으로도 친분관계를 맺어온 사이인 경우(대법원 1982.9.14. 선고 81도2774 판결)

▪ 판례사례 ▪   **[부정한 이익에 해당하는 사례]**

> (1) 공무원이 직무와 관련하여 장래 시가앙등이 예상되는 체비지의 지분을 낙찰원가에 매수한 경우(대법원 1994.11.4. 선고 94도129 판결)
> (2) 정치인인 공무원이 직무행위에 대한 대가로 정치자금, 선거자금, 성금 등의 명목으로 금품을 수수한 경우(대법원 1997.4.17. 선고 96도3377 판결)
> (3) 군에서 일차진급 평정권자가 그 평정업무와 관련하여 진급대상자로 하여금 자신의 은행대출금 채무에 연대보증하게 한 경우(대법원 2001.1.5. 선고 2000도4714 판결)
> (4) 공무원이 금원을 수수함에 있어 그것이 사교적 의례의 형식을 사용하고 있다고 하더라도 직무행위의 대가로서의 의미를 가지는 경우(대법원 1999.7.23. 선고 99도390 판결)
> (5) 재개발주택조합의 조합장으로부터 그의 재직 중 고소사건의 수사를 담당한 경찰관이 액수 미상의 프리미엄이 예상되는 그 조합아파트 1세대를 분양받은 경우(대법원 2002.11.26. 선고 2002도3539 판결)
> (6) 공무원이 직무와 관련하여 투기적 사업에 참여할 기회를 제공받았으나 경제사정의 변동에 의해 그 사업에 참여하여 아무런 이득을 얻지 못한 경우 ⇨ 투기적 사업에 참여하는 행위가 종료된 경우 그 후 이득취득과 무관하게 수뢰죄는 기수에 해당(대법원 2002.5.10. 선고 2000도2251 판결)
> (7) 육군장성인 甲이 乙로부터 매제의 진급을 부탁받고, 처분하려고 하였으나 매수자가 없어 처분하지 못하고 있는 자신의 토지와 개발이 되면 값이 오를 것으로 예상되는 乙의 토지를 교환하였으나 계약당시 甲의 토지가 더 비쌌던 경우 ⇨ 가격상승으로 인한 이익이 현존하지 않을 지라도 뇌물약속죄 성립(대법원 2001.9.18. 선고 2000도5438 판결)

3. 행 위

뇌물을 수수·요구·약속하는 것

✽ 공무원이 청탁을 받았느냐의 여부, 공무원이 직무행위를 했느냐의 여부는 본죄의 성립과 무관

(1) 수 수

뇌물을 현실적으로 취득하는 것으로 직무집행의 전후를 불문하며, 수수시에 상사의 승낙이 있는 경우에도 본죄가 성립한다.

공무원이 직접 뇌물을 받지 아니하고 증뢰자로 하여금 다른 사람에게 뇌물을 공여하도록 한 경우, 뇌물수수죄 성립 여부(한정 적극)

[1] 사실관계

양산시장 甲이 실질적인 경영자로 있는 A주식회사가 어음결제대금 부족으로 부도의 위기에 몰리자 甲은 그 결제대금을 마련할 목적으로 임대아파트의 조기 사용승인의 협력을 기대하는 乙에게 요청하여 직접 A주식회사의 예금계좌에 어음결제자금을 송금하도록 하여 A주식회사는 부도를 면할 수 있었다. 그 후 甲은 乙에 대하여 입주예정일을 3년이나 앞당겨 주었고 불법 증축 및 일부 건축공사가 완성되지 않았음에도 임대아파트의 사용승인을 하여 주었다.

[2] 판결요지

가. 공무원이 직접 뇌물을 받지 아니하고 증뢰자로 하여금 다른 사람에게 뇌물을 공여하도록 한 경우, 형법 제129조 제1항의 뇌물수수죄 성립 여부

공무원이 직접 뇌물을 받지 아니하고 증뢰자로 하여금 다른 사람에게 뇌물을 공여하도록 한 경우, 그 다른 사람이 공무원의 사자 또는 대리인으로서 뇌물을 받은 경우나 그 밖에 예컨대, 평소 공무원이 그 다른 사람의 생활비 등을 부담하고 있었다거나 혹은 그 다른 사람에 대하여 채무를 부담하고 있었다는 등의 사정이 있어서 그 다른 사람이 뇌물을 받음으로써 공무원은 그만큼 지출을 면하게 되는 경우 등 사회통념상 그 다른 사람이 뇌물을 받은 것을 공무원이 직접 받은 것과 같이 평가할 수 있는 관계가 있는 경우에는 형법 제130조의 제3자 뇌물제공죄가 아니라, 형법 제129조 제1항의 뇌물수수죄가 성립한다.

나. 甲의 죄책 – 공무원이 실질적인 경영자로 있는 회사가 청탁 명목의 금원을 회사 명의의 예금계좌로 송금받은 경우

공무원이 실질적인 경영자로 있는 회사가 청탁 명목의 금원을 회사 명의의 예금계좌로 송금받은 경우에 사회통념상 위 공무원이 직접 받은 것과 같이 평가할 수 있어 뇌물수수죄가 성립한다(대법원 2004.3.26. 선고 2003도8077 판결).

공무원이 직접 뇌물을 받지 아니하고 증뢰자로 하여금 다른 사람에게 뇌물을 공여하도록 한 경우, 뇌물수수죄 성립 여부(한정 소극)

형법 제129조 제1항 소정의 뇌물수수죄는 공무원이 그 직무에 관하여 뇌물을 수수한 때에 적용되는 것으로서, 이와 별도로 형법 제130조에서 공무원이 그 직무에 관하여 부정한 청탁을 받고 제3자에게 뇌물을 공여하게 한 때에는 제3자 뇌물수수죄로 처벌하도록 규정하고 있는 점에 비추어 보면, 공무원이 직접 뇌물을 받지 아니하고 증뢰자로 하여금 다른 사람에게 뇌물을 공여하도록 한 경우에는 그 다른 사람이 공무원의 사자 또는 대리인으로서 뇌물을 받은 경우나 그 밖에 예컨대, 평소 공무원이 그 다른 사람의 생활비 등을 부담하고 있었다거나 혹은 그 다른 사람에 대하여 채무를 부담하고 있었다는 등의 사정이 있어서 그 다른 사람이 뇌물을 받음으로써 공무원은 그만큼 지출을 면하게 되는 경우 등 사회통념상 그 다른 사람이 뇌물을 받은 것을 공무원이 직접 받은 것과 같이 평가할 수 있는 관계가 있는 경우에 한하여 형법 제129조 제1항의 뇌물수수죄가 성립한다. 따라서 산악회 지부가 사업자로부터 등반대회 행사용 수건을 교부받은 것을 산악회 지부의 고문으로 있는 군수가 이를 교부받은 것과 동일시하기에는 부족하므로 형법 제129조 제1항의 뇌물수수죄는 성립하지 않는다(대법원 2002.4.9. 선고 2001도7056 판결).

뇌물공여자가 택배를 이용하여 뇌물수수자의 명의로 지인에게 선물발송한 행위에 관하여 단순뇌물죄로 기소된 사건

[1] 뇌물죄에서 뇌물공여자의 특정 방법 및 금품이나 재산상 이익 등이 반드시 공여자와 수뢰자 사이에 직접 수수되어야 하는지 여부(소극)

뇌물죄는 공여자의 출연에 의한 수뢰자의 영득의사의 실현으로서, 공여자의 특정은 직무행위와 관련이 있는 이익의 부담 주체라는 관점에서 파악하여야 할 것이므로, 금품이나 재산상 이익 등이 반드시 공여자와 수뢰자 사이에 직접 수수될 필요는 없다.

[2] 공무원인 피고인 甲은 피고인 乙로부터 "선물을 할 사람이 있으면 새우젓을 보내 주겠다."라는 말을 듣고 이를 승낙한 뒤 새우젓을 보내고자 하는 사람들의 명단을 피고인 乙에게 보내 주고 피고인 乙로 하여금 위 사람들에게 피고인 甲의 이름을 적어 마치 피고인 甲이 선물을 하는 것처럼 새우젓을 택배로 발송하게 하고 그 대금을 지급하지 않는 방법으로 직무에 관하여 뇌물을 교부받고, 피고인 乙은 피고인 甲에게 뇌물을 공여하였다는 내용으로 기소된 사안

피고인 乙은 도내 어촌계장이고, 피고인 甲은 도청 공무원으로 재직하면서 어민들의 어업지도, 보조금 관련 사업과 어로행위 관련 단속 업무 등을 총괄하고 있던 점, 피고인 乙은 이전에도 같은 방식으로 피고인 甲이 재직 중이던 도청 담당과에 새우젓을 보낼 사람들의 명단을 요청하여 직원으로부터 명단을 받아 피고인 甲의 이름으로 새우젓을 발송한 점 등 여러 사정을 종합하면, 피고인 乙은 피고인 甲이 지정한 사람들에게 피고인 甲의 이름을 발송인으로 기재하여 배송업체를 통하여 배송 업무를 대신하여 주었을 뿐이고, 새우젓을 받은 사람들은 새우젓을 보낸 사람을 피고인 乙이 아닌 피고인 甲으로 인식하였으며, 한편 피고인 乙과 피고인 甲 사이에 새우젓 제공에 관한 의사의 합치가 존재하고 위와 같은 제공방법에 관하여 피고인 甲이 양해하였다고 보이므로, 피고인 乙의 새우젓 출연에 의한 피고인 甲의 영득의사가 실현되어 형법 제129조 제1항의 뇌물공여죄 및 뇌물수수죄가 성립하고, 공여자와 수뢰자 사이에 직접 금품이 수수되지 않았다는 사정만으로 이와 달리 볼 수 없다는 이유로, 그럼에도 사회통념상 위 329명이 새우젓을 받은 것을 피고인 甲이 직접 받은 것과 같이 평가할 수 있는 관계라고 인정하기에 부족하다고 보아 피고인들에게 무죄를 선고한 원심판단에 뇌물죄의 성립에 관한 법리오해 등의 위법이 있다.(2020. 9. 24. 선고 2017도12389 판결)

■ 판례사례 ■   **[뇌물의 수수가 인정되는 사례]**

> (1) 공여자를 기망하여 뇌물을 수수한 경우(대법원 1985.2.8. 선고 84도2625 판결)
> (2) 공무원이 수수한 액면 금 150만원의 당좌수표가 그 후 부도가 된 경우(대법원 1983.2.22. 선고 82도2964 판결)

(2) 요 구

뇌물을 취득할 의사로 상대방에게 뇌물의 공여를 청구하는 것으로, 공무원의 일방적 청구로서 요구가 있으면 족하고, 상대방이 이에 응하지 아니한 경우에도 본죄가 성립한다.

(3) 약 속

양 당사자 사이에 뇌물의 수수를 합의하는 것

○ 약속 당시 뇌물이 현존할 필요는 없으며, 가액이나 이행기가 확정될 필요도 없다.

○ 일단 약속이 이루어진 이상 후에 해제하더라도 본죄가 성립한다.

■ 판례 ■ **뇌물약속죄에 있어서 뇌물의 목적물인 이익의 현존 및 그 가액확정의 각 필요성 여부(소극)**

[1] 사실관계

> 공무원 甲은 건축업자 乙이 건축하고자 하는 지역은 1필지당 2동 이상의 주택을 건축하지 못
> 하도록 되어 있음에도 불구하고 1필지당 2동의 주택을 지을 수 있도록 건축허가를 해주기로
> 하고 건축할 주택의 공사비가 매매가격보다 적어서 이를 공사비 상당의 대금으로 분양받을 경
> 우 이익이 있을 것을 예상하고 주택 1동을 공사비 상당의 대금으로 분양받기로 약속하였으나
> 실제로 분양받은 주택이 준공되지도 아니하여 손해를 보았다.

[2] 판결요지

뇌물약속죄에 있어서 뇌물의 목적물인 이익은 약속 당시에 현존할 필요는 없고 약속당시에 예기할
수 있는 것이라도 무방하며, 뇌물의 목적물이 이익인 경우에는 그 가액이 확정되어 있지 않아도 뇌
물약속죄가 성립하는 데는 영향이 없으므로 공무원이 건축업자로부터 그가 건축할 주택을 공사비
상당액으로 분양받기로 약속한 경우에는 매매시가 중 공사비를 초과하는 액수만큼의 이익을 뇌물로
서 약속한 것이 되어 뇌물약속죄가 성립한다(대법원 1981.8.20. 선고 81도698 판결).

4. 주관적 구성요건

고의와 불법영득의사가 있을 것

○ 뇌물을 받은 대가로 공무원이 실제로 직무행위를 할 의사가 있었느냐는 본죄의
성립과는 무관하다.

○ 일단 불법영득의 의사로 뇌물을 수수한 이상 후에 이를 반환하였다고 하더라도
수뢰죄의 성립에는 영향을 미치지 않는다.

■ 판례 ■ **금품을 수수한 장소가 공개된 장소이고, 금품을 수수한 공무원이 이를 부하직원들
을 위하여 소비하였을 경우, 뇌물성 여부(적극)**

[1] 사실관계

> 공무원 甲은 乙로부터 주차관리공단에 납품한 것에 대한 사례와 향후 계속 납품할 수 있게
> 해 달라는 취지로 교부한 1,000,000을 공개된 장소에서 수수하여 직원들의 회식비나 휴가비
> 로 소비하였다.

[2] 판결요지

가. 금품을 수수한 장소가 공개된 장소이고, 금품을 수수한 공무원이 이를 부하직원들을 위하여 소비하였
을 경우 뇌물성 여부(적극)

뇌물죄에 있어서 금품을 수수한 장소가 공개된 장소이고, 금품을 수수한 공무원이 이를 부하직원들
을 위하여 소비하였을 뿐 자신의 사리를 취한 바 없다 하더라도 그 뇌물성이 부인되지 않는다.

나. 수수한 금원이 사교적 의례의 형식에 의한 경우 뇌물성 여부(적극)

공무원의 직무와 관련하여 금원을 수수하였다면 그 수수한 금원은 뇌물이 되는 것이고, 그것이 사교적 의례의 형식을 사용하고 있다 하여도 직무행위의 대가로서의 의미를 가질 때에는 뇌물이 된다(대법원 1996.6.14. 선고 96도865 판결).

■ 판례 ■   **지방자치단체장이 건설업자로부터 거액의 현금이 든 굴비상자를 뇌물로 받은 경우**

두 사람 사이에 거액의 현금을 뇌물로 수수할 정도의 친분관계 내지 직접적 현안이나 구체적 청탁이 존재하지 아니함은 물론, 그 선물의 구체적 내용에 대하여 고지받지 못한 상태에서 피고인의 여동생 가족이 사용하는 아파트로 선물이 전달되도록 하였다가 그 내용물을 확인하는 즉시 관청에 이를 신고하기에 이른 점 등의 사정에 비추어 피고인에게 수뢰의 범의가 있었다고 볼 수 없다(대법원 2006.2. 24. 선고 2005도4737 판결).

■ 판례사례 ■   **[불법영득의사가 인정되는 사례]**

> (1) 공무원이 영득의 의사로 뇌물을 수수하였지만 그 액수가 너무 많아서 나중에 반환할 의사로 보관한 경우(대법원 1992.2.28. 선고 91도3364 판결)
> (2) 성주군수가 부하직원으로부터 승진청탁과 함께 돈을 교부받아 선거비용 등으로 사용 후 그 청탁을 들어줄 수 없는 처지에 이르자 반환한 경우(대법원 2001.10.12. 선고 2001도3579 판결)
> (3) 공무원이 직무와 관련하여 금품을 수수한 장소가 공개된 곳이고, 이를 부하직원들을 위하여 소비하였을 뿐 자신의 사리(私利)를 취한 바 없는 경우 ⇨ 수뢰한 뇌물의 사용용도는 뇌물죄의 성립에 영향을 못 미치므로 수뢰죄 성립(대법원 1996.6.14. 선고 96도865 판결)

■ 판례사례 ■   **[불법영득의사가 부정되는 사례]**

> (1) 영득할 의사 없이 후일 기회를 보아서 반환할 의사로 일단 받아둔 데 불과한 경우(대법원 1989. 7.25. 선고 89도126 판결)
> (2) 공무원이 택시를 타고 떠나려는 순간 뒤쫓아 와서 돈뭉치를 창문으로 던져 놓고 가버려 의족을 한 불구의 몸으로서 도저히 뒤따라가 돌려줄 방법이 없어 부득이 그대로 귀가하였다가 다음날 바로 다른 사람을 시켜 이를 반환한 경우(대법원 1979.7.10. 선고 79도1124 판결)

■ 판례 ■   **공무원이 직무에 관하여 금전을 무이자로 차용한 경우, 뇌물수수죄의 공소시효 기산점(=금전을 차용한 때)**

공소시효는 범죄행위를 종료한 때로부터 진행하는데(형사소송법 제252조 제1항), 공무원이 직무에 관하여 금전을 무이자로 차용한 경우에는 차용 당시에 금융이익 상당의 뇌물을 수수한 것으로 보아야 하므로, 공소시효는 금전을 무이자로 차용한 때로부터 기산한다(대법원 2012.2.23. 선고 2011도7282 판결).

5. 죄수 및 타 죄와의 관계

(1) 죄 수

○ 뇌물을 요구·약속한 뒤 수수한 경우, 포괄하여 한 개의 수뢰죄가 성립한다.

○ 뇌물을 동일인으로부터 같은 이유로 수회 수뢰한 경우, 수뢰죄의 포괄일죄가 된다.

■ 판례 ■ **수뢰죄에 있어서 단일하고 계속된 범의하에 동종의 범행을 반복하여 행하고 그 피해법익도 동일한 경우, 포괄일죄의 성립 여부(적극)**

[1] 사실관계

> 공무원 甲은 품절 의약품을 다른 약품으로 대체하는 것을 용인하거나 납품과정에서 다소의 하자를 선처하는 등의 편의를 보아주고, 또 의약품 입찰과 관련하여 의약품 리스트나 타업체의 투찰가를 알려주는 한편, 입찰과 관련된 필요 정보를 제공하는 등의 편의를 봐 달라는 취지의 청탁과 병원의 약제부장으로부터 설과 추석 및 연말마다 4년간 매번 금 1,000,000원씩의 돈을 받아 왔다.

[2] 판결요지

단일하고도 계속된 범의 아래 동종의 범행을 일정기간 반복하여 행하고 그 피해법익도 동일한 경우에는 각 범행을 통틀어 포괄일죄로 볼 것이고, 수뢰죄에 있어서 단일하고도 계속된 범의 아래 동종의 범행을 일정기간 반복하여 행하고 그 피해법익도 동일한 것이라면 돈을 받은 일자가 상당한 기간에 걸쳐 있고, 돈을 받은 일자 사이에 상당한 기간이 끼어 있다 하더라도 각 범행을 통틀어 포괄일죄로 볼 것이다(대법원 2000.1.21. 선고 99도4940 판결).

(2) 공갈죄와의 관계

○ 공무원이 직무집행의 의사로 직무에 관하여 상대방을 공갈하여 뇌물을 수수한 경우, 수뢰죄와 공갈죄의 상상적 경합이 된다.

○ 공무원이 직무집행의 의사 없이 또는 직무처리에 대한 대가적 관계없이 타인을 공갈하여 재물을 취득한 경우, 공갈죄만 성립한다.

■ 판례 ■ **공무원이 직무와 관계없이 타인을 공갈하여 재물을 교부하게 한 경우, 뇌물공여죄가 성립되는지 여부(소극)**

[1] 사실관계

> 세무공무원인 甲은 A주식회사에 대한 세무조사를 하는 과정에서 A주식회사가 제출한 손금항목의 계산서중 일부의 계산서가 위장거래에 기해 가공계상된 것이라고 판단하고 이를 바로잡아 탈루된 세금을 추징할 경우 추징할 세금이 모두 50억 원에 이를 것이라고 알려주고 이를 묵인하여 손금항목에 대한 세무조사를 하지 않는 조건으로 A주식회사의 대표이사로부터 금품을 수수하였다.

[2] 판결요지

가. 공무원이 직무와 관계없이 타인을 공갈하여 재물을 교부하게 한 경우, 뇌물공여죄가 성립되는지 여부(소극)

공무원이 직무집행의 의사 없이 또는 직무처리와 대가적 관계없이 타인을 공갈하여 재물을 교부하게 한 경우에는 공갈죄만이 성립하고, 이러한 경우 재물의 교부자가 공무원의 해악의 고지로 인하여 외포의 결과 금품을 제공한 것이라면 그는 공갈죄의 피해자가 될 것이고 뇌물공여죄는 성립될 수 없다고 하여야 할 것이다.

나. 甲의 죄책

세무공무원에게 회사에 대한 세무조사라는 직무집행의 의사가 있었고, 과다계상된 손금항목에 대한 조사를 하지 않고 이를 묵인하는 조건으로, 다시 말하면 그 직무처리에 대한 대가관계로서 금품을 제공받았으며, 회사의 대표이사는 공무원의 직무행위를 매수하려는 의사에서 금품을 제공하였고, 그 세무공무원은 세무조사 당시 타회사 명의의 세금계산서가 위장거래에 의하여 계상된 허위의 계산서라고 판단하고 이를 바로잡아 탈루된 세금을 추징할 경우 추징할 세금이 모두 50억 원에 이를 것이라고 알려 주었음이 명백하다면, 문제된 세금계산서가 진정한 거래에 기하여 제출된 것인지, 세무공무원의 묵인행위로 인하여 회사에게 추징된 세금액수가 실제적으로 줄어든 것이 있는지 여부에 관계없이 그 세무공무원 및 대표이사의 행위가 뇌물죄를 구성한다(대법원 1994.12.22. 선고 94도2528 판결).

(3) 장물죄와의 관계

공무원이 장물인 정을 알면서 뇌물로 수수한 경우에는 본죄와 장물죄의 상상적 경합이 된다.

(4) 사기죄와의 관계

공무원이 직무에 관하여 타인을 기망하거나 재물을 교부받은 경우에는 본죄와 사기죄의 상상적 경합이 성립한다.

■ 판례 ■ **1개의 행위가 뇌물죄와 사기죄의 각 구성요건에 해당되는 경우의 죄수(=상상적 경합)**

[1] 사실관계

> 병기과 하사인 甲은 중대 인사계 乙로부터 부족된 총기문제 해결방법을 모색해 달라는 부탁을 받고, 그 총기가 같은 중대에 있으나 행정적 착오인 사실을 감추고 다른 곳에서 같은 총기를 구입하여 해결해 줄 것 같은 태도를 취하여 乙로부터 2차례에 걸쳐 6만원을 교부받아 편취하였다.

[2] 판결요지

원래 1개의 행위가 뇌물죄와 사기죄의 각 구성요건에 해당될 수 있는 바이므로 이런 경우에는 형법 40조에 의하여 상상적 경합으로 처단하여야 할 것이나 이 경우에 있어서 본건에서와 같이 주위적으로 사기죄가 기소되고 뇌물수수는 예비적으로 기소한 경우에는 사기죄만으로 처단하는 것은 하등 위법이라고 할 수 없으며 이 경우에 뇌물을 공여한 자를 뇌물전달죄로 처단하는 것은 하등 뇌물죄의 필요적 공범의 원리에 배치되는 것이라고는 할 수 없으므로 논지는 받아들일 수 없다(대법원 1985.2.8. 선고 84도2625 판결).

(5) 직무유기죄와의 관계

공무원이 뇌물을 수수한 후 직무유기를 한 때에는 수뢰죄와 직무유기죄의 실체적 경합이 성립한다.

(6) 특별법과의 관계

> ※ 특정범죄가중처벌등에관한법률 제 2 조(뇌물죄의 가중처벌), 제 3 조(알선수재)
> ※ 특정경제범죄가중처벌등에관한법률 제5조(수재등의 죄)

■ 판례 ■　　공무원이 자신의 징계 또는 변상책임을 모면하기 위하여 회수하지 못한 선급금을 뇌물공
여자로 하여금 대납하게 한 경우, 그 대납한 현금 자체를 뇌물로 볼 수 있는지의 여부(소극)

공무원인 피고인들이 회수하여야 할 선급금을 회수하지 못한 가운데 뇌물공여자로 하여금 이를 대
납하게 한 경우 자신들에 대하여 향후 예상되는 징계책임을 감면받는 신분상의 이익과 장차 부담하
게 될지도 모를 변상책임을 모면하는 재산상의 이익을 얻었으므로 이러한 이익도 뇌물죄에 있어서
뇌물의 내용인 이익에 해당하고, 따라서 피고인들의 행위는 이러한 이익에 대한 뇌물수수에 해당한
다고 볼 수 있으나 대납한 현금 자체를 뇌물로 보아 특정범죄가중처벌등에관한법률위반(뇌물수수)죄
로 공소가 제기된 이 사건 심리 과정에 검사는 뇌물수수의 객체에 관한 공소사실을 예비적으로라도
현금이 아닌 위와 같은 이익으로 변경할 의사가 없음을 분명히 표시하였고, 이에 따라 현금 자체가
뇌물이 되는지 여부에 대하여만 심리가 이루어졌으므로 법원이 공소사실의 변경절차도 없이 뇌물수
수의 객체를 현금자체가 아닌 이익으로 보아 유죄로 인정하는 것은 피고인들의 방어권 행사에 실질
적인 불이익을 초래할 염려가 있고, 유죄로 인정하지 아니하는 것이 현저히 정의와 형평에 반하는
것이라고 보여지지도 않는다(대법원 2004.4.16. 선고 2003도1975 판결).

Ⅱ. 범죄사실기재

1. 특가법(뇌물)

1) 범죄사실 기재례

피의자는 200○. ○.경부터 200○. ○.경까지 사이에 중앙약사심의위원회 신약분과위원회 독성 평가소분과위원, 진단용의약품소분과위원, 대사성의약품소분과위원 등의 지위에 있는 자다.

피의자는 200○. ○. ○.경부터 200○. ○. ○.까지 ○○에서 피의자 ○○제약회사 사장 乙로부터 청탁을 받고 그 사례금의 명목으로 총 6회에 걸쳐 합계 ○○만원을 그 직무와 관련하여 뇌물을 수수하였다. 그 청탁 내용은 "○○ 제약회사와 그 모회사 등 관계회사의 의약품에 대하여 중앙약사심의위원회 심의 시 잘 봐달라."는 것이었다.

2) 적용법조 : 특정범죄가중처벌등에관한법률 제2조 제1항 제1호 … 공소시효 15년

❋ 수뢰액이 3천만원 이상일 경우 특가법 적용

2. 단순수뢰

[기재례1] 국립대학 교수의 뇌물수수

1) 범죄사실 기재례

피의자는 국립대학인 ○○대학교 교수로서 200○. ○.경 농림수산식품부로부터 소 부루세라병에 의한 양축 농가의 경제적 손실의 최소화를 위한 대책 연구라는 연구 과제를 용역 받아 甲이 대표로 있는 乙 연구소부설 A협동연구기관과 공동으로 연구를 행하였다.

피의자는 200○. ○. ○.경 위 甲에게 연구비 지원을 해 달라는 취지로 금품을 요구한 후, 장차 피의자가 연구·개발할 부루세라 백신 기술을 위 연구소에 우선적으로 전수하여 달라는 청탁의 뜻으로 그로부터 그 날 ○○만 원을, 200○. ○. ○.경 ○○만 원을, 200○. ○. ○.경 ○○만 원을 피의자의 ○○은행 예금계좌로 송금받음으로써, 피의자의 직무에 관하여 뇌물을 수수하였다.

2) 적용법조 : 제129조 제1항 … 공소시효 7년

[기재례2] 세무공무원의 뇌물수수

1) 범죄사실 기재례

피의자는 ○○세무서 재산세과에 근무하는 세무주사로서 양도소득세 부과 등 업무를 담당하는 공무원이다. 피의자는 200○. ○. ○. ○○에 있는 피의자의 집에서 같이 입건 홍길동으로부터 청탁을 받고 그 사례금 명목으로 현금 ○○만원을 교부받았다.

그 청탁 내용은 위 홍길동이 200○. ○. ○. 같은 동 ○○에 있는 그 소유의 대지 100㎡를 丙에게 양도하였는데 그에 관한 양도소득세를 적게 부과하여 달라는 것이었다.

이로써 피의자는 그 직무에 관하여 뇌물을 수수하였다.

2) 적용법조 : 제129조 제1항 … 공소시효 7년

❋ 피의자 홍길동은 뇌물공여(적용법조 : 형법 제133조 제1항)

[기재례3] 군청 경리담당 공무원의 뇌물수수

1) 범죄사실 기재례

가. 피의자 甲

　피의자는 ○○군청 총무과 경리계 지방행정 6급으로 근무하면서 ○○업무 등 특별회계에 속하는 세입세출사무를 관장하여 물품, 용역의 발주, 계약의 체결, 납부 물품의 검수, 대금의 지급 등의 업무를 담당하는 공무원이다.

　피의자는 20○○. ○. ○.경 ○○에서 피의자 乙로부터 청탁을 받고 그 사례금 명목으로 현금 ○○만 원을 교부받아 그 직무에 관하여 뇌물을 수수하였다.

　그 청탁 내용은, 위 乙이 지금까지 자신이 인쇄물의 발주, 납품계약의 체결에 관하여 호의적인 처리를 하여 준 것에 관한 사례 및 앞으로도 계속 호의적인 처리를 부탁한다는 것이었다.

나. 피의자 乙

　피의자는 같은 일시장소에서 위 甲에게 위와 같이 청탁하면서 그 사례금 명목으로 현금 ○○만 원을 교부하여 공무원의 직무에 관하여 뇌물을 공여하였다.

2) 적용법조 : '가항' － 제129조 제1항 … 공소시효 7년
'나항' － 제133조 제1항 … 공소시효 7년

[기재례4] 군수의 인사 관련의 뇌물수수

1) 범죄사실 기재례

가. 피의자 甲

　피의자는 20○○. ○. ○. 재선거에서 민선 ○○군수로 당선되어 ○○군수로 재직하면서 ○○군의 인사, 재정, 건설 등 군정 업무 전반을 통할하던 사람이다.

　피의자는 20○○. ○. ○.경 ○○에 있는 ○○군수 관사에서 피의자 乙의 처 丙으로부터 청탁을 받고 그 사례금 명목으로 현금 ○○만 원을 교부받아 그 직무에 관하여 뇌물을 수수하였다. 그 청탁 내용은 남편이 사무관으로 승진할 수 있도록 도와달라는 것이었다.

나. 피의자 乙

　피의자는 같은 일시장소에서 위 甲에게 위와 같이 청탁하면서 그 사례금 명목으로 현금 ○○만 원을 교부하여 공무원의 직무에 관하여 뇌물을 공여하였다.

2) 적용법조 : 甲은 제129조 제1항 … 공소시효 7년

✳ 乙은 제133조 제1항(뇌물공여) … 공소시효 7년

[기재례5] 주택공무원의 뇌물수수

1) 범죄사실 기재례

피의자는 20○○. 6. 17.부터 20○○. 12. 31.까지는 甲시 주택계장으로, 20○○. 1. 1.부터 20○○. 2. 2.까지는 같은 시 건축계장으로 각 근무하다가, 20○○. 2. 3.부터 현재까지는 乙시 건설도시국 건축지도계장으로 재직하는 공무원이다.

공동피의자가 대표이사로 있는 A주식회사가 20○○. 2.경 완공하여 20○○. 3. 5.경 사용검사를 받은 甲시 ○○동 26의 2 지상 아파트 216세대의 건축에 관한 사업승인, 지도감독 등의 직무를 수행하는 과정에서 위 공동피의자로부터 잘 처리해달라는 청탁을 받고 위 회사에게 편의를 제공해주었다.

피의자는 그 대가로 20○○. 4. 3.경 피의자가 甲시 ○○동 1058의 11 지상에 신축할 지하 1층, 지상 3층의 연면적 약 134㎡의 주상복합건물 1동의 건축공사를 당시의 ㎡당 시가 ○○만원, 합계 ○○만원보다 저렴한 ○○만원에 공동피의자와 도급계약을 체결하여 위 회사로 하여금 시공하게 하고, 위 회사가 미시공한 도배, 장판, 계단, 섀시 등의 공사를 ○○만원을 들여 직접하였다.

이렇게 함으로써 직무와 관련하여 그 차액인 ○○만원(＝○○만원－○○만원－○○만원) 상당의 뇌물을 수수하였다. (대법원 1998. 3. 10. 선고 97도3113 판결)

2) 적용법조 : 제129조 제1항 … 공소시효 7년

[기재례6] 경찰공무원의 뇌물수수

1) 범죄사실 기재례

피의자는 20○○. 1. 6.경부터 20○○. 2. 4.경까지 ○○경찰서 생활안전과 생활질서계 소속 경찰관(경위)으로 근무하였다.

피의자는 20○○. 10. 20. ○○에 있는 ○○커피숍에서 ○○에 있는 ○○건물에서 "두바이"라는 상호로 성매매행위를 동반한 영업형태로 안마시술소를 운영하고 있던 홍길동에게 "이곳에서는 내가 돕지 않으면 영업하기가 힘들 것이다"라고 말하는 등 생활질서계 업무 담당으로 인한 위세를 과시하였다.

그 후 홍길동으로부터 "안마시술소 불법 영업이 단속되지 않도록 잘 돌봐 달라"라는 취지의 부정한 청탁과 함께 그 대가로 현금 ○○만 원을 받는 등 별지 범죄일람표 기재와 같이 종 3회에 걸쳐 합계 ○○만 원을 교부받았다.

이로써 피의자는 그 직무에 관하여 뇌물을 수수하였다.

2) 적용법조 : 제129조 제1항 … 공소시효 7년

＊ 뇌물공여 : 제133조 제1항

[기재례7] 초등교직원의 학부모로부터 뇌물수수

1) 범죄사실 기재례

피의자는 20○○. 2.경 초등학교 교사로 임용된 이래 계속 초등학교 교사로 재직해 온 사람으로서 20○○. 3. 1. ○○에 있는 S초등학교에 발령받아 위 초등학교의 1학년 1반 담임을 맡은 공무원이다.

피의자는 20○○. ○. ○. 12:30경 위 초등학교 1학년 1반 교실에서, 그 전에 피의자로부터 "아이가 학교생활을 잘 하는지 아닌지는 앞으로 학부모가 학교에 얼마나 잘 하느냐에 달려 있다"라는 취지의 말을 들은, 위 반 소속 학생인 신○○의 모 최○○이 신○○을 잘 봐 달라는 청탁과 함께 ○○만원을 교부하는 것을 수령한 것을 비롯하여 그때부터 20○○. ○. ○.까지 10 회에 걸쳐 위 반 소속 초등학생의 학부모 6명으로부터 같은 명목으로 현금 ○○만원과 상품권 ○○만원 상당 및 화장품, 양주 등 시가 합계 ○○만원 상당을 교부받았다.

이로써 피의자는 그 직무에 관하여 뇌물을 수수하였다.

2) 적용법조 : 제129조 제1항 … 공소시효 7년

[기재례8] 세관 공무원 뇌물수수

1) 범죄사실 기재례

피의자는 ○○세관 조사총괄과 소속 공무원으로서 20○○. ○. ○.부터 20○○. 4. 26.까지 관세법 위반 사범에 대한 조사업무를 담당하는 특별사법경찰관리로 지명되었다.

피의자는 20○○. 10. 28. ○○에 있는 일식집 '○○' 및 유흥주점 '○○'에서, 김○○ 및 양○○으로부터 청탁을 받고 그 사례 명목으로 합계 ○○만원 상당의 향응을 받아 그 직무에 관하여 뇌물을 수수하였다. 그 청탁 내용은 피의자가 수사한 양○○에 대한 관세법 위반사건을 선처하여 달라는 것이었다.

2) 적용법조 : 제129조 제1항 … 공소시효 7년

[기재례9] 의제 공무원의 뇌물수수

1) 범죄사실 기재례

피의자는 20○○년 1월경부터 20○○년 7월경까지 ○○공사건설사업소소장(처장급)으로 재직하면서 재직기간에 시공업체들에 대하여 공사시공, 설계변경, 준공검사승인 등 공사 일체를 관리·감독하는 직무를 수행하여 오던 특정범죄가중처벌등에관한법률에 의하여 공무원으로 의제되는 사람이다.

피의자는 20○○년 7월경 ○○시 판교 인근 상호를 알 수 없는 음식점에서 ○○공사 시공업체인 ○○주식회사 현장소장 甲으로부터 청탁을 받고 그 사례 명목으로 현금 ○○만 원을 교부받아 직무에 관하여 뇌물을 수수하였다. 그 청탁 내용은 위 공사와 관련 설계변경, 품질시험 등 원만한 공사감독을 해 달라는 것이었다.

2) 적용법조 : 제129조 제1항 … 공소시효 7년

[기재례10] 부구청장의 뇌물수수와 업자의 뇌물공여

1) 범죄사실 기재례

피의자 甲은 ○○에 있는 ○○시장의 상가운영회 운영회장으로서 상가운영회의 업무를 총괄하였던 사람이고, 피의자 乙은 20○○. ○. ○.부터 20○○. ○. ○.까지 ○○부구청장으로 재직하면서 실질적으로 보조금 지급업무의 최종적인 결정을 하는 등 ○○구청의 행정업무를 총괄하였던 사람이다.

1. 피의자 甲의 뇌물공여

피의자가 운영회장이었던 ○○시장이 20○○. ○. ○.큰 화재가 발생하여 그 상인들이 대체상가로 ○○건물에 입점하였는데 20○○. ○. ○.경부터 피의자 乙에게 ○○시장의 이전 개업에 대한 홍보비, 공사대금 등을 보조금으로 지원하여 달라는 청탁을 하여 오고 있었다.

가. 피의자는 20○○. ○. ○. 11:00경 ○○에 있는 위 운영회 분사무소 건물 내 주차된 피의자 乙의 ○○구청 관용차 (차량번호, 차종)에서 피의자 乙에게 위 상가의 공사대금 조로 보조금을 지원하여 달라는 청탁을 하면서 그 사례금 명목으로 봉투에 든 현금 ○○만원을 교부하여 공무원의 직무에 관하여 뇌물을 공여하였다.

나. 피의자는 20○○. ○. ○. 12:00경 ○○에 있는 ○○한정식당 주차장에 주차된 피의자 乙의 위 승용차에서, 그동안 청탁한 대로 20○○. ○. ○. ○○구청으로부터 공사대금에 대한 보조금 ○○만원이 지원된 것에 대한 사례비 명목으로 피의자 乙에게 검은색 가방에 든 현금 ○○만원을 교부하여 공무원의 직무상 부정한 행위에 관하여 뇌물을 공여하였다.

2. 피의자 乙

피의자가 재직하던 ○○구청 관내 ○○시장에서 20○○. ○. ○. 큰 화재가 발생하여 그 상인들이 대체상가로 ○○건물에 입점하였는데, 피의자는 20○○. ○. ○.경부터 20○○. ○. ○.까지 상가운영회 대표권이 있는 이사인 피의자 甲 등으로부터 위 ○○건물의 공사대금 등을 보조금으로 지원해 달라는 청탁을 받고 있었다.

가. 뇌물수수

피의자는 20○○. ○. ○. 11:00경 ○○에 있는 위 운영회 분사무소 건물 내 주차된 피의자의 위 승용차에서 피의자 甲으로부터 재차 공사대금 등을 보조금으로 지원해 달라는 청탁을 받으면서 봉투에 든 현금 ○○만원을 교부받아 그 직무에 관하여 뇌물을 수수하였다.

나. 부정처사후수뢰

피의자는 20○○. ○. ○.부터 20○○. ○. ○.경 사이에 상가운영회 측 피의자 甲과 丙 등으로부터 위 상가 내 공사대금 등을 보조금으로 지원해 달라는 청탁을 받던 중 관계 공무원 丁, 戊 등에게 ○○구청에 책정된 ○○시장시설개선사업비 중 ○○만원이 남아 있으니 이를 지원해 주라고 지시하여 20○○. ○. ○. 위 ○○만원 중 ○○만 원이 상가운영회에 지급되도록 하는 등 직무상 부정한 행위를 하였다.

그 후 피의자는 20○○. ○. ○. 12:00경 ○○에 있는 ○○한정식식당 주차장에 주차된 피의자의 위 승용차에서 피의자가 20○○. ○. ○.위 상가건물의 승강기 증축대금에 대하여 보조금 ○○만원을 지원해 준 것에 대한 사례금 명목으로 피의자 甲으로부터 검은색 가방에 든 현금 ○○만원을 교부받아 직무상 부정한 행위를 하고 뇌물을 수수하였다.

2) **적용법조 :** 피의자 甲 − 제133조 제1항, 제129조 제1항 ⋯ 공소시효 7년

　　　　　　　　　　피의자 乙 − 제129조 제1항, 제131조 제2항, 제1항 ⋯ 공소시효 7년

[기재례11] 세관공무원의 뇌물수수, 공여

1) 범죄사실 기재례

가. 피의자 乙

　피의자는 20○○. ○. ○.부터 ○○에 있는 ○○세관의 통관지원과장(5급)으로 근무하면서 수출입물품의 통관을 위한 검사와 보세창고 관리 등의 업무에 종사하는 공무원이다.

　피의자는 20○○. ○. ○.경 ○○세관 뒤편에 있는 오륙도 횟집에서 피의자 甲으로부터 청탁을 받고 그 사례금 명목으로 액면금 ○○만원권 자기앞수표 ○○매 합계 ○○만원을 받아 그 직무에 관하여 뇌물을 수수하였다.

　그 청탁 내용은 20○○. ○. ○.경 丙이 중국으로부터 수입한 아동용 티셔츠 ○○점 등의 물품을 통관하면서 편의를 제공해 달라는 것이었다.

나. 피의자 甲

　피의자는 같은 일시, 장소에서 피의자 乙에게 위와 같은 청탁 하면서 그 사례금 명목으로 자기앞수표 ○○만원을 교부하여 공무원의 직무에 관하여 뇌물을 공여한 것이다.

2) 적용법조 : '가항' − 제129조 제1항 ⋯ 공소시효 7년

　　　　　　　　　'나항' − 제133조 제1항 ⋯ 공소시효 7년

Ⅲ. 신문사항

1. 주 체

- 언제부터 ○○에 근무하고 있는가
- 어느 부서에서 어떠한 업무를 담당
- ○○사항을 조사한 일이 있느냐
- 조사사항에 대해 구체적으로 진술
- 당시 사실대로 조사하였나요.

2. 객 체

- ○○○나 가족 등으로부터 돈을 받은 일이 있느냐
- 언제 어디에서 받았나
- 어떻게 그 장소에서 만나기로 하였나
- 누구로부터 얼마를 어떠한 방법으로 받았나
- 뭐라면서 그 돈을 주던가
- 돈을 받고 ○○조사는 어떻게 하였느냐
- 받은 돈은 어떻게 하였는가
- 받았던 돈은 반환하였는지

3. 행 위

수수, 요구, 약속

제8절 사전수뢰

> 제129조(수뢰, 사전수뢰) ② 공무원 또는 중재인이 될 자가 그 담당할 직무에 관하여 청탁을 받고 뇌물을 수수, 요구 또는 약속한 후 공무원 또는 중재인이 된 때에는 3년 이하의 징역 또는 7년 이하의 자격정지에 처한다.

 ## Ⅰ. 구성요건

1. 주 체

공무원 또는 중재인이 될 자

✽ 공무원 또는 중재인이 되는 것은 구성요건요소가 아니라, 객관적 처벌조건에 해당한다(통설).

2. 행 위

청탁을 받고 뇌물을 수수·요구 또는 약속하는 것

■ 판례 ■ **청탁이 부정하거나 명시적일 것을 요하는지 여부(소극)**

[1] 사실관계

甲은 A시청의 건설과에 임용예정된 상태에서 관내 건설업자인 乙로부터 "임용되면 적법한 직무범위 내에서 편의를 보아달라"는 부탁을 받고 500만원을 받았는 바, 그 후 甲이 A시청의 건설과 공무원으로 임용되었다.

[2] 판결요지

형법 제129조 제2항의 사전수뢰는 단순수뢰의 경우와는 달리 청탁을 받을 것을 요건으로 하고 있는 바, 여기에서 청탁이라 함은 공무원에 대하여 일정한 직무행위를 할 것을 의뢰하는 것을 말하는 것으로서 그 직무행위가 부정한 것인가 하는 점은 묻지 않으며 그 청탁이 반드시 명시적이어야 하는 것도 아니라고 할 것이다(대법원1999.7.23. 선고 99도1911 판결).

II. 범죄사실기재 및 신문사항

1) 범죄사실 기재례

피의자는 20○○년도 ○○도에서 실시하는 지방직 공무원 시험에 합격하여 ○○시청의 건설과 임용예정이다.

피의자는 20○○. ○. ○. ○○에서 관내 건설업자인 乙로부터 청탁을 받고 그 사례금 명목으로 현금 ○○만원을 교부받은 후 20○○. ○. ○. 위 시청의 건설과 공무원으로 임용되어 그 담당할 직무에 관하여 청탁을 받고 뇌물을 수수하였다.

그 청탁 내용은 "임용되면 적법한 직무 범위 내에서 편의를 보아 달라"는 것이었다.

2) 적용법조 : 제129조 제2항 … 공소시효 5년

3) 신문사항

- 공무원인가
- 언제 공무원 시험에 응시하여 합격하였는가
- 현재 임용예정인가
- 언제쯤 어느 부서에 임용될 예정인가
- 임용예정부서에서는 어떠한 업무를 맡아할 예정인가
- 홍길동을 알고 있는가
- 홍길동으로부터 금품을 받은 일이 있는가
- 언제 어디에서 받았는가
- 어떤 조건으로 받았는가
- 무엇 때문에 주던가
- 어떤 방법으로 받았는가
- 뭐라면서 주던가
- 무엇 때문에 받았는가
- 받은 돈은 어떻게 하였나
- 홍길동은 어떤 일을 하는 사람인가
- 앞으로 임용되어 맡을 직무와 홍길동의 업무와 관련이 있는가
- 그럼 담당할 직무와 관련 금품을 받았다는 것인가
- 언제 공무원으로 임용되어 근무하였는가

제9절 제삼자뇌물제공

제130조(제삼자뇌물제공) 공무원 또는 중재인이 그 직무에 관하여 부정한 청탁을 받고 제삼자에게 뇌물을 공여하게 하거나 공여를 요구 또는 약속한 때에는 5년 이하의 징역 또는 10년 이하의 자격정지에 처한다.

I. 구성요건

1. 주 체

공무원 또는 중재인

2. 행 위

직무에 관하여 부정한 청탁을 받고 제3자에게 뇌물을 공여하게 하거나 공여를 요구 또는 약속하는 것

(1) 부정한 청탁

위법한 경우뿐만 아니라 부당한 경우도 포함한다.

(2) 제3자

행위자와 공동정범 이외의 자를 의미

- 교사자·방조자는 제3자에 해당하나, 사회통념상 그 다른 사람이 뇌물을 받은 것을 공무원이 직접 받은 것과 같이 평가할 수 있는 관계가 있는 경우에는 제3자에 해당되지 않아 단순수뢰죄가 성립한다.
- 제3자에는 자연인 이외에 법인이나 법인격 없는 단체(例, 향우회, 동창회)도 포함
- 제3자가 뇌물인 정을 알았는가는 불문하며, 제3자가 뇌물을 현실적으로 수수할 것도 요하지 않는다.

■ 판례 ■ **공무원이 실질적인 경영자로 있는 회사가 청탁 명목의 금원을 회사 명의의 예금계좌로 송금받은 경우, 뇌물수수죄의 성립여부(적극)**

[1] 사실관계

> 양산시장 甲이 실질적인 경영자로 있는 A주식회사가 어음결제대금 부족으로 부도의 위기에 몰리자 甲은 그 결제대금을 마련할 목적으로 임대아파트의 조기 사용승인의 협력을 기대하는 乙에게 요청하여 직접 A주식회사의 예금계좌에 어음결제자금을 송금하도록 하여 A주식회사는 부도를 면할 수 있었다. 그 후 甲은 乙에 대하여 입주예정일을 3년이나 앞당겨 주었고 불법 증축 및 일부 건축공사가 완성되지 않았음에도 임대아파트의 사용승인을 하여 주었다.

[2] 판결요지

가. 공무원이 실질적인 경영자로 있는 회사가 청탁 명목의 금원을 회사 명의의 예금계좌로 송금받은 경우에 뇌물수수죄의 성립여부(적극)

공무원이 직접 뇌물을 받지 아니하고 증뢰자로 하여금 다른 사람에게 뇌물을 공여하도록 한 경우, 그 다른 사람이 공무원의 사자 또는 대리인으로서 뇌물을 받은 경우나 그 밖에 예컨대, 평소 공무원이 그 다른 사람의 생활비 등을 부담하고 있었다거나 혹은 그 다른 사람에 대하여 채무를 부담하고 있었다는 등의 사정이 있어서 그 다른 사람이 뇌물을 받음으로써 공무원은 그만큼 지출을 면하게 되는 경우 등 사회통념상 그 다른 사람이 뇌물을 받은 것을 공무원이 직접 받은 것과 같이 평가할 수 있는 관계가 있는 경우에는 형법 제130조의 제3자 뇌물제공죄가 아니라, 형법 제129조 제1항의 뇌물수수죄가 성립한다.

나. 甲의 죄책

공무원이 실질적인 경영자로 있는 회사가 청탁 명목의 금원을 회사 명의의 예금계좌로 송금받은 경우에 사회통념상 위 공무원이 직접 받은 것과 같이 평가할 수 있어 뇌물수수죄가 성립한다(대법원 2004.3.26. 선고 2003도8077 판결). ☞ (甲은 수뢰후 부정처사죄)

[3] 동지판례 – 제3자뇌물제공죄의 제3자의 범위

형법 제130조의 제3자뇌물제공죄를 형법 제129조 제1항의 단순수뢰죄와 비교하여 보면 공무원이 직접 뇌물을 받지 아니하고, 증뢰자로 하여금 제3자에게 뇌물을 공여하도록 하고 그 제3자로 하여금 뇌물을 받도록 한 경우에는 부정한 청탁을 받고 그와 같은 행위를 한 경우에 한하여 단순수뢰죄와 같은 형으로 처벌하고, 공무원이 직접 뇌물을 받지 아니하고, 증뢰자로 하여금 제3자에게 뇌물을 공여하도록 하고 그 제3자로 하여금 뇌물을 받도록 하였다 하더라도 부정한 청탁을 받은 일이 없다면 이를 처벌하지 아니한다는 취지로 해석하여야 할 것이나, 다만 공무원이 직접 뇌물을 받지 아니하고, 증뢰자로 하여금 다른 사람에게 뇌물을 공여하도록 하고 그 다른 사람으로 하여금 뇌물을 받도록 한 경우라 할지라도 그 다른 사람이 공무원의 사자 또는 대리인으로서 뇌물을 받은 경우나 그 밖에 예컨대 평소 공무원이 그 다른 사람의 생활비 등을 부담하고 있었다거나 혹은 그 다른 사람에 대하여 채무를 부담하고 있었다는 등의 사정이 있어서 그 다른 사람이 뇌물을 받음으로써 공무원은 그만큼 지출을 면하게 되는 경우 등 사회통념상 그 다른 사람이 뇌물을 받은 것을 공무원이 직접 받은 것과 같이 평가할 수 있는 관계가 있는 경우에는 형법 제129조 제1항의 단순수뢰죄가 성립한다 (대법원 1998.9.22. 선고 98도1234 판결).

■ 판례 ■ 제3자뇌물공여죄에서 묵시적인 의사표시에 의한 '부정한 청탁'을 인정하기 위한 요건

형법 제130조의 제3자뇌물공여죄에서 '부정한 청탁'을 요건으로 하는 취지는 처벌의 범위가 불명확해지지 않도록 하기 위한 것으로서, 이러한 '부정한 청탁'은 명시적인 의사표시에 의한 것은 물론 묵시적인 의사표시에 의한 것도 가능하다. 묵시적인 의사표시에 의한 부정한 청탁이 있다고 하기 위하여는, 당사자 사이에 청탁의 대상이 되는 직무집행의 내용과 제3자에게 제공되는 금품이 그 직무집행에 대한 대가라는 점에 대하여 공통의 인식이나 양해가 존재하여야 하고, 그러한 인식이나 양해 없이 막연히 선처하여 줄 것이라는 기대에 의하거나 직무집행과는 무관한 다른 동기에 의하여 제3자에게 금품을 공여한 경우에는 묵시적인 의사표시에 의한 부정한 청탁이 있다고 보기 어렵다. 공무원이 먼저 제3자에게 금품을 공여할 것을 요구한 경우에도 마찬가지이다(대법원 2009.1.30. 선고 2008도6950 판결).

■ 판례 ■ **구청장인 피고인이 A회사에 대하여 아파트 사업계획을 승인해 준 후 사업부지 내의 국유재산인 경로당이 문제되자, 그 경로당을 철거하고 대신 A회사로 하여금 5억 원 상당의 경로당 누각을 구(區)에 기부채납하게 한 경우**

[1] 제3자뇌물제공죄에서 묵시적 의사표시에 의한 '부정한 청탁'을 인정하기 위한 요건

'부정한 청탁'이란 의뢰한 직무집행 자체가 위법·부당한 경우뿐 아니라 의뢰한 직무집행 자체는 위법하거나 부당하지 않더라도 당해 직무집행을 어떤 대가관계와 연결시켜 이에 관한 대가의 교부를 내용으로 하는 청탁이면 되고 반드시 명시적 의사표시에 의해서뿐 아니라 묵시적 의사표시에 의해서도 가능하지만, 묵시적 의사표시에 의한 부정한 청탁이 있다고 하기 위하여는 청탁의 대상이 되는 직무집행의 내용과 제3자에게 제공되는 금품이 그 직무집행에 대한 대가라는 점에 대하여 당사자 사이에 공통의 인식이나 양해가 있어야 한다. 따라서 그러한 인식이나 양해 없이 막연히 선처하여 줄 것이라는 기대나 직무집행과는 무관한 다른 동기에 의하여 제3자에게 금품을 공여한 경우에는 묵시적 의사표시에 의한 부정한 청탁이 있다고 볼 수 없고, 이는 공무원이 먼저 제3자에게 금품을 공여할 것을 요구하였다고 하여 달리 볼 것도 아니다. 한편 형법상 수뢰죄의 경우 공무원의 직무와 금품의 수수가 전체적으로 대가관계에 있으면 성립하는 것과는 달리, 제3자뇌물제공죄의 경우 '부정한 청탁'을 범죄성립의 구성요건으로 하고 있고 이는 처벌의 범위가 불명확해지지 않도록 하려는 데 취지가 있으므로, 당사자 사이에 청탁의 부정성을 규정짓는 대가관계에 관한 양해가 없었다면 단지 나중에 제3자에 대한 금품제공이 있었다는 사정만으로 어떠한 직무가 소급하여 부정한 청탁에 의한 것이라고 평가될 수는 없다.

[2] 피고인의 죄책

공무원인 지방자치단체장이 직무에 관하여 부정한 청탁을 받고 지방자치단체에 금품을 제공하게 하였다면 공무원 개인이 금품을 취득한 경우와 동일시할 수는 없고 그 공무원이 단체를 대표하는 지위에 있는 경우에도 마찬가지여서 형법 제130조의 제3자뇌물제공죄가 성립할 수 있으므로, 이와 달리 위 기부채납 재산을 취득한 지방자치단체인 구는 '제3자뇌물제공죄의 제3자'가 될 수 없다고 본 원심판단에 잘못이 있으나, 제반 사정에 비추어 갑 회사의 관계자들이 피고인의 요구를 받고 위 누각을 구에 기부채납한 것이 피고인의 직무와 관련한 부정한 청탁의 대가로 제공된 것이라고 단정할 수 없다(대법원 2011.4.14. 선고 2010도12313 판결).

II. 범죄사실기재

1) 범죄사실 기재례 - [단속 묵인 대가로 제3자 뇌물제공]

피의자는 ○○시 ○○과 사무관으로서 ○○출장소장으로 근무하면서 식품위생법 위반 사범 등을 적발하는 등의 사무를 처리하였던 공무원이다.

피의자는 200○. ○. ○. ○○에 있는 위 출장소에서 청소년 보호법 위반 혐의로 적발된 ○○업소 사장 홍길동으로부터 부정한 청탁을 받고 그 사례금 명목으로 위 출장소 직원들의 친목 단체이며 피의자가 회장으로 있는 "월계수회"에 기부하는 형식으로 ○○만원을 제공하도록 요구하고, 200○. ○. ○. 위 출장소에서 위 홍길동으로 하여금 "월계수회"에 위 돈을 기부하게 하여 제3자에게 뇌물을 공여하게 하였다.

그 부정한 청탁의 내용은 "청소년 보호법 위반 사실을 묵인하여 달라"는 것이었다.

2) 적용법조 : 제130조 … 공소시효 7년

III. 신문사항

1. 주 체

- 어느 부서에서 어떠한 업무를 담당
- ○○사항을 조사한 일이 있느냐
- 조사사항에 대해 구체적으로 진술
- 당시 사실대로 조사하였나

2. 부정한 청탁

- 언제 어디에서 청탁을 받았나
- 누구로부터 어떠한 부탁(청탁)을 받는가
- 부탁받은 내용이 정당하였나
- 어떠한 조건으로 청탁을 받았나
- 왜 이러한 부정한 청탁을 받았느냐

3. 제3자의 뇌물에 대한 인식

- 제3자는 행위자와 공동정범자 이외의 자(교사자나 방조자도 제3자)
- 제3자가 뇌물임을 알거나 수수를 거절하여도 성립

4. 행 위

- 누구에게(제3자) 뇌물을 공여하도록 하였나
- 언제 어디에서 이러한 약속을 하였느냐
- 어떻게 그 장소에서 만나기로 하였나
- 얼마를 어떠한 방법으로 전달하도록 하였느냐
- 돈을 전달하도록 하고 ○○조사는 어떻게 하였느냐
- 제3자가 받은 돈은 어떻게 하였나
- 전달 받았던 돈은 반환하였는지

제10절 수뢰후부정처사

제131조(수뢰후부정처사, 사후수뢰) ① 공무원 또는 중재인이 전2조의 죄를 범하여 부정한 행위를 한 때에는 1년 이상의 유기징역에 처한다.

 Ⅰ. 구성요건

1. 주 체

수뢰죄 또는 제3자 뇌물공여죄를 범한 공무원 또는 중재인

2. 행 위

수뢰후 부정한 행위를 하는 것

- 부정행위란 직무에 위배하는 일체의 행위를 말하는 것으로 직무행위 자체뿐만 아니라 그것과 관련있는 행위를 포함한다.
- 부정한 행위에는 위법·부당한 행위뿐만 아니라 직권남용행위를 포함하며, 작위뿐만 아니라 당연히 해야 할 일을 하지 않는 부작위도 포함한다.
- 부정한 행위로 인하여 현실적으로 공무에 손해를 가져왔음을 요하지 않는다.

■ 판례 ■　　**뇌물죄에 있어서 '직무' 및 수뢰후부정처사죄에 있어서 '부정한 행위'의 의미**

[1] 사실관계

교통계에 근무하는 경찰관 甲은 도박개장개설 및 도박범행을 묵인하는 편의를 봐주는데 대한 사례비 명목으로 1회에 금 30만원씩 5회에 걸쳐 합계150만원을 교부받고 도박개장개설 및 도박범행사실을 잘 알면서 이를 단속하지 아니하였다.

[2] 판결요지

뇌물죄는 직무집행의 공정과 이에 대한 사회의 신뢰에 기하여 직무행위의 불가매수성을 그 직접의 보호법익으로 하고 있으므로 뇌물성은 의무위반 행위나 청탁의 유무 및 금품수수 시기와 직무집행 행위의 전후를 가리지 아니한다 할 것이고, 따라서 뇌물죄에서 말하는 '직무'에는 법령에 정하여진 직무뿐만 아니라 그와 관련 있는 직무, 과거에 담당하였거나 장래에 담당할 직무 외에 사무분장에 따라 현실적으로 담당하지 않는 직무라도 법령상 일반적인 직무권한에 속하는 직무 등 공무원이 그 직위에 따라 공무로 담당할 일체의 직무를 포함한다 할 것이고, 수뢰후부정처사죄에서 말하는 '부정한 행위'라 함은 직무에 위배되는 일체의 행위를 말하는 것으로 직무행위 자체는 물론 그것과 객관적으로 관련 있는 행위까지를 포함한다(대법원 2003.6.13. 선고 2003도1060 판결).

■ 판례 ■ **수뢰후 처분이 위법하지 않은 경우, 수뢰후부정처사죄의 성립여부(소극)**

[1] 사실관계

> 구청의 지방세 담당공무원인 甲은 대우자동차 주식회사가 취득한 부산 해운대구 소재 부동산에 대한 취득세, 등록세와 관련하여 금 90,000,000원의 뇌물을 받고 과세 대상에 관한 규정이 명확하지 않고 그에 관한 확립된 선례도 없었던 점을 기화로 관계 법령에 대한 충분한 연구, 검토 없이 위 회사에 유리한 쪽으로 법령을 해석하여 감액처분하였다.

[2] 판결요지

과세 대상에 관한 규정이 명확하지 않고 그에 관한 확립된 선례도 없었던 경우, 공무원이 주식회사로부터 뇌물을 받은 후 관계 법령에 대한 충분한 연구, 검토 없이 위 회사에 유리한 쪽으로 법령을 해석하여 감액처분하였더라도 위 감액처분이 위법하지 않으면 그 공무원이 수뢰 후 '부정한 행위'를 한 것으로서 수뢰후부정처사죄를 범하였다고 볼 수는 없다(대법원 1995.12.12. 선고 95도2320 판결).

■ 판례사례 ■ **[수뢰후부정처사죄가 성립하는 사례]**

> (1) 예비군 중대장이 그 소속예비군으로부터 금원을 교부받고 그 예비군이 예비군훈련에 불참하였음에도 불구하고 참석한 것처럼 허위내용의 중대학급편성부를 작성하여 행사한 경우(대법원 1983. 7.26. 선고 83도1378 판결)
> (2) 공무원이 건축업자로부터 주택1동을 공사비상당의 대금으로 분양받기로 약속한 후, 1필지당 2동의 주택을 건축하지 못하도록 되어있는 건축예정지의 지역에 대해 1필지당 2동의 주택을 지을 수 있도록 건축허가를 해준 경우(대법원 1981.8.20. 선고 81도698 판결)

■ 판례 ■ **수뢰후부정처사죄를 정한 형법 제131조 제1항의 구성요건 중 '형법 제129조 및 제130조의 죄를 범하여'의 의미 / 단일하고도 계속된 범의 아래 일정 기간 반복하여 일련의 뇌물수수 행위와 부정한 행위가 행하여졌고 뇌물수수 행위와 부정한 행위 사이에 인과관계가 인정되며 피해법익도 동일한 경우, 최후의 부정한 행위 이후에 저질러진 뇌물수수 행위도 최후의 부정한 행위 이전의 뇌물수수 행위 및 부정한 행위와 함께 수뢰후부정처사죄의 포괄일죄로 처벌하여야 하는지 여부(적극)**

수뢰후부정처사죄를 정한 형법 제131조 제1항은 공무원 또는 중재인이 형법 제129조(수뢰, 사전수뢰) 및 제130조(제3자뇌물제공)의 죄를 범하여 부정한 행위를 하는 것을 구성요건으로 하고 있다. 여기에서 '형법 제129조 및 제130조의 죄를 범하여'란 반드시 뇌물수수 등의 행위가 완료된 이후에 부정한 행위가 이루어져야 함을 의미하는 것은 아니고, 결합범 또는 결과적 가중범 등에서의 기본행위와 마찬가지로 뇌물수수 등의 행위를 하는 중에 부정한 행위를 한 경우도 포함하는 것으로 보아야 한다. 따라서 단일하고도 계속된 범의 아래 일정 기간 반복하여 일련의 뇌물수수 행위와 부정한 행위가 행하여졌고 그 뇌물수수 행위와 부정한 행위 사이에 인과관계가 인정되며 피해법익도 동일하다면, 최후의 부정한 행위 이후에 저질러진 뇌물수수 행위도 최후의 부정한 행위 이전의 뇌물수수 행위 및 부정한 행위와 함께 수뢰후부정처사죄의 포괄일죄로 처벌함이 타당하다.(대법원 2021. 2. 4., 선고, 2020도12103, 판결)

3. 타 죄와의 관계

(1) 특정범죄가중처벌등에관한법률과의 관계

특정범죄가중처벌등에관한법률 제2조(뇌물죄의 가중처벌) ① 「형법」 제129조·제130조 또는 제132조에 규정된 죄를 범한 사람은 그 수수(收受)·요구 또는 약속한 뇌물의 가액(價額)(이하 이 조에서 "수뢰액"이라 한다)에 따라 다음 각 호와 같이 가중처벌한다.
  1. 수뢰액이 1억원 이상인 경우에는 무기 또는 10년 이상의 징역에 처한다.
  2. 수뢰액이 5천만원 이상 1억원 미만인 경우에는 7년 이상의 유기징역에 처한다.
  3. 수뢰액이 3천만원 이상 5천만원 미만인 경우에는 5년 이상의 유기징역에 처한다.
② 「형법」 제129조·제130조 또는 제132조에 규정된 죄를 범한 사람은 그 죄에 대하여 정한 형(제1항의 경우를 포함한다)에 수뢰액의 2배 이상 5배 이하의 벌금을 병과(倂科)한다.

■ 판례 ■ **형법 제131조 제1항의 죄(수뢰후부정처사죄)를 범한 자가 특정범죄가중처벌등에관한법률 제2조 제1항이 규정하고 있는 '형법 제129조, 제130조에 규정된 죄를 범한 자'에 해당되는지 여부(적극)**

형법 제131조 제1항(수뢰후부정처사죄)은 공무원 또는 중재인이 형법 제129조, 제130조의 죄를 범한 후에 부정한 행위를 한 때에 가중처벌한다는 규정이므로, 형법 제131조 제1항의 죄를 범한 자는 특정범죄가중처벌등에관한법률 제2조 제1항 소정의 형법 제129조, 제130조에 규정된 죄를 범한 자에 해당된다(대법원 2004.3.26. 선고 2003도8077 판결).

(2) 기타 죄와의 관계

부정한 행위가 공문서위조, 허위공문서작성이나 횡령·배임죄를 구성한 때는 본죄와 상상적 경합

■ 판례 ■ **예비군 중대장이 훈련불참자로부터 금원을 교부받고 참석한 내용의 허위공문서를 작성·비치한 경우, 수뢰후부정처사죄외에 허위공문서작성 및 동행사죄의 성립여부(적극)**

[1] 사실관계

예비군 중대장인 甲은 소속예비군인 乙을 1년간 예비군훈련을 받지 않게 해주는 대가로 乙로부터 180,000원을 교부받고 1년간 동인이 예비군훈련에 불참하였음에도 불구하고 참석한 것처럼 甲 명의의 예비군 중대학급편성부(출석부)에 "참"이라는 도장을 찍어 예비군중대 사무실에 비치하였다.

[2] 판결요지

가. 예비군 중대장이 훈련불참자로부터 금원을 교부받고 참석한 내용의 허위공문서를 작성, 비치한 경우 수뢰후부정처사죄 외에 허위공문서작성, 동행사죄의 성립여부
예비군 중대장이 그 소속예비군으로부터 금원을 교부받고 그 예비군이 예비군훈련에 불참하였음에도 불구하고 참석한 것처럼 허위내용의 중대학급편성명부를 작성, 행사한 경우라면 수뢰후부정처사죄 외에 별도로 허위공문서작성 및 동행사죄가 성립하고 이들 죄와 수뢰후부정처사죄는 각각 상상

적 경합관계에 있다고 할 것이다.

나. 수뢰후부정처사죄와 각각 상상적 경합관계에 있는 허위공문서작성, 동행사죄의 경합가중의 당부(소극)

허위공문서작성죄와 동행사죄가 수뢰후부정처사죄와 각각 상상적 경합관계에 있을 때에는 허위공문서작성죄와 동행사죄 상호간은 실체적 경합범관계에 있다고 할지라도 상상적 경합범관계에 있는 수뢰후부정처사죄와 대비하여 가장 중한 죄에 정한 형으로 처단하면 족한 것이고 따로 경합가중을 할 필요가 없다(대법원 1983.7.26. 선고 83도1378 판결).

■ 판례 ■   **수뢰후부정처사죄와 공도화변조 및 동행사죄와의 관계(= 상상적 경합)**

[1] 사실관계

甲은 구청건설도시국 도시과에서 토지분할, 지목 변경, 합병, 지적 고시에 따른 도시계획도 지적선의 정리, 토지이용계획확인원 발급 업무에 종사하는 자인바, 구청민원실에서 건축사 사무실 직원인 乙으로부터 같은 구 소재 다세대주택의 부지 경계선이 8m 도시계획도로선과 90㎝ 떨어져 평행으로 되어 있어서 위 다세대주택의 건축에 애로가 있으니 위 지번의 토지 경계선과 도시계획도로선을 일치시켜 달라는 부탁을 받고 그로부터 금 300만 원을 교부받은 다음 민원실에서 지우개로 위 지번의 토지 경계선과 90㎝ 떨어져 평행으로 그어져 있는 위 도시계획도로선을 지우고 붉은색 먹으로 위 지번의 경계선과 일치되도록 8m 도시계획도로선을 새로 그어 도시계획도를 비치하였다.

[2] 판결요지

형법 제131조 제1항의 수뢰후부정처사죄에 있어서 공무원이 수뢰후 행한 부정행위가 공도화변조 및 동행사죄와 같이 보호법익을 달리하는 별개 범죄의 구성요건을 충족하는 경우에는 수뢰후부정처사죄 외에 별도로 공도화변조 및 동행사죄가 성립하고 이들 죄와 수뢰후부정처사죄는 각각 상상적 경합 관계에 있다고 할 것인바, 이와 같이 공도화변조죄와 동행사죄가 수뢰후부정처사죄와 각각 상상적 경합범 관계에 있을 때에는 공도화변조죄와 동행사죄 상호간은 실체적 경합범 관계에 있다고 할지라도 상상적 경합범 관계에 있는 수뢰후부정처사죄와 대비하여 가장 중한 죄에 정한 형으로 처단하면 족한 것이고 따로 경합범 가중을 할 필요가 없다(대법원 2001.2.9. 선고 2000도1216 판결).

[기재례1] 경찰관의 수뢰후부정처사

1) 범죄사실 기재례

피의자는 ○○경찰서 형사과 강력1팀장으로서 수사의 직무에 종사하는 경찰공무원이다.

피의자는 20○○. ○. ○. ○○에서 중고기기판매점을 경영하는 홍길동의 장물취득사건에 관하여 ○○법원 판사 신방호가 발부한 압수수색영장에 근거 같은 날 ○○:○○경 홍길동의 가게를 수색하였다.

그 결과 장물인 ○○디지털카메라 2개와 비디오 2개 중 비디오만 압수하고 카메라는 그대로 홍길동에게 두었으며, 그러한 선처에 대한 사례금인 줄 알면서도 위 가게에서 위 홍길동으로부터 현금 ○○만원을 받음으로써 그 직무상 해야 할 압수조치를 하지 않은 것에 관하여 뇌물을 수사하였다.

2) 적용법조 : 제131조 제1항 … 공소시효 10년

[기재례2] 구청 공무원의 공도화변조, 수뢰후부정처사

1) 범죄사실 기재례

가. 공도화위조 및 행사

피의자는 ○○구청건설도시국 도시과에서 토지분할, 지목 변경, 합병, 지적 고시에 따른 도시계획도 지적선의 정리, 토지이용계획확인원 발급 업무에 종사하고 있다.

피의자는 20○○. ○. ○. ○○:○○경 위 구청 민원실에서 건축사 사무실 직원인 공동피의자로부터 같은 구에 있는 다세대주택의 부지 경계선이 8m 도시계획도로선과 90㎝ 떨어져 평행으로 되어있어서 위 다세대주택의 건축에 애로가 있으니 위 지번의 토지 경계선과 도시계획도로선을 일치시켜 달라는 부탁을 받고 그날 19:00경 위 민원실에서 권한 없이 지우개로 위 지번의 토지 경계선과 90㎝ 떨어져 평행으로 그어져 있는 위 도시계획도로선을 지우고 붉은색 먹으로 위 지번의 경계선과 일치되도록 8m 도시계획도로선을 새로 그어 도시계획도를 고쳤다.

이로써 피의자는 행사할 목적으로 공도화인 구청의 도시계획도를 변조하고, 같은 일시경 구청 지적서고에 위와 같이 변조한 도시계획도를 비치함으로써 변조한 공도화를 행사하였다.

나. 수뢰후부정처사

피의자는 20○○. ○. 초순경 위 구청 민원실에서 위 공동피의자로부터 위와 같이 위 대지 등의 분할에 따라 도시계획도를 신속하게 작성하여 달라는 부탁을 받고 그로부터 금 ○○만원을 교부받아 공무원이 그 직무에 관하여 뇌물을 수수하였다.

2) 적용법조 : 제131조 제1항, 제225조, 제229조 … 공소시효 10년

[기재례3] 세무공무원의 수뢰후부정처사

1) 범죄사실 기재례

피의자는 20○○. 8.경부터 20○○. 1.경까지 ○○세무서 조사2과에 근무하면서 부가가치세의 자료처리 업무 등을 담당하였고, 현재 ○○세무서 세무주사보(7급)로 근무하고 있다.

피의자는 20○○. 3.경 ○○에 있는 ○○세무서 부근 상호를 알 수 없는 장어전문식당에서, 당시 세무공무원을 퇴직하고 세무사 사무실 세무장으로 근무하던 甲으로부터 ○○전기(주)가 A회사와 B회사로부터 매입한 가공매입자료를 정상매입자료로 처리하여 달라는 취지의 청탁을 받고 이를 승낙한 후 약 4억 1,000만원 상당의 가공매입자료를 정상매입자료로 처리해 주었다.

그 대가로 20○○. 5.경 ○○세무서 5층 조사2과 서고에서, 같은 세무서에 근무하던 乙을 통하여 甲으로부터 현금 1,000만원이 들어있는 쇼핑백 1개를 교부받아 공무원이 그 직무상 부정한 행위를 한 후 뇌물을 수수하였다.

2) 적용법조 : 제131조 제1항 … 공소시효 10년

● III. 신문사항

1. 주 체
- 어느 부서에서 어떠한 업무를 담당
- ○○사항을 조사한 일이 있느냐
- 조사사항에 대해 구체적으로 진술
- 당시 사실대로 조사하였나

2. 부정한 청탁
- 언제 어디에서 청탁을 받았나
- 누구로부터 어떠한 부탁(청탁)을 받았는가
- 부탁받은 내용이 정당하였나
- 어떠한 조건으로 청탁을 받았나
- 왜 이러한 부정한 청탁을 받았느냐

3. 부정한 행위
- 뇌물을 받고 어떤 행위를 하였나
- 언제 어디에서 어떠한 방법으로 하였나
- 왜 이런 행위를 하였나

제11절 사후수뢰

제131조(수뢰후부정처사, 사후수뢰) ② 공무원 또는 중재인이 그 직무상 부정한 행위를 한 후 뇌물을 수수, 요구 또는 약속하거나 제삼자에게 이를 공여하게 하거나 공여를 요구 또는 약속한 때에도 전항의 형과 같다.
③ 공무원 또는 중재인이었던 자가 그 재직중에 청탁을 받고 직무상 부정한 행위를 한 후 뇌물을 수수, 요구 또는 약속한 때에는 5년 이하의 징역 또는 10년 이하의 자격정지에 처한다.
④ 전3항의 경우에는 10년 이하의 자격정지를 병과할 수 있다.

 I. 구성요건의 태양

1. 제131조 제2항(부정처사후수뢰죄) – 수뢰후부정처사죄와 대칭되는 유형의 범죄

부정한 직무수행을 한 다음 뇌물을 직접 수수하거나 요구·약속하는 행위 또는 제3자에게 뇌물을 공여하도록 하거나 제3자에게 공여하도록 요구·약속하는 행위

○ 공무원의 부정행위는 수뢰행위에 기인한 것이어야 한다. 따라서 수뢰 후 부정행위를 하지 않으면 제129조에 해당한다.

■ 판례 ■ **부정행위 후 전별금의 수수와 사후수뢰죄의 성부(적극)**

[1] 사실관계

공사의 입찰업무를 담당하고 있는 장교 甲은 비밀로 하여야 할 그 공사의 입찰예정가격을 응찰자에게 미리 알려주고, 입찰이 끝나 20여일이 경과한 후 전속시의 전별금 명목으로 금원을 받았다.

[2] 판결요지

공사의 입찰업무를 담당하고 있는 장교가 비밀로 하여야 할 그 공사의 입찰예정가격을 응찰자에게 미리 알려준 소위는 직무에 위배되는 행위로서 형법 제131조 제2항의 부정한 행위에 해당한다 할 것이어서 입찰이 끝난 후 20여일이 경과한 후 전속시의 전별금 명목으로 금원을 받았다 하더라도 이는 직무행위의 부정행위와 관련된 금품의 수수에 해당하므로 사후수뢰죄를 구성한다(대법원 1983.4.26. 선고 82도2095 판결).

■ 판례 ■ **증여가 직무행위와 대가관계가 인정되는 경우, 사교적 예의의 명목을 빌더라도 뇌물에 해당하는지 여부(적극)**

[1] 사실관계

사단법인 한국컴퓨터산업중앙회의 이사이자 지회장인 甲은 컴퓨터게임장 업주인 乙에게 전자유기기구 내에 설치된 프로그램의 점검필 여부를 확인하지도 아니한 채 점검필 여부의 확인대상이 되는 프로그램의 점검번호, 프로그램명, 취급자 성명 등이 구체적으로 기재되지 않은 점검필 유기기구확인표시증 50매를 함부로 교부해주고 그 사례로 금 200,000원을 교부받았다.

[2] 판결요지

가. 확인표시증 기재사항의 기재 여부나 실제 부착 여부에 관계없이 형법 제131조 제2항 소정의 '직무상 부정한 행위'에 해당하는지 여부(적극)

점검필유기기구확인표시증이란 전자유기기구 내에 설치된 프로그램이 구 공중위생법(1999. 1. 21. 법률 제5654호로 개정되기 전의 것) 제12조의2, 같은법시행령 제7조의6, 제27조 제1항 제4호, 같은법시행규칙 제15조의3 소정의 검사를 적법하게 마친 것임을 확인하는 내용의 사단법인 한국컴퓨터산업중앙회 명의의 증표로서 전자유기기구의 외부에 부착되어 거기에 설치된 프로그램의 점검필 여부를 전자유기기구를 직접 개봉하지 않고도 확인할 수 있도록 하는 기능을 하는 것이므로, 그 부착은 반드시 검사기관인 사단법인 한국컴퓨터산업중앙회의 직원이 전자유기기구 내에 설치된 프로그램의 점검필 여부를 확인한 후 직접 하여야 하고, 따라서 같은 법 제41조 제2항, 같은법시행령 제27조 제1항 제4호의 규정에 의하여 검사를 위탁받은 사단법인 한국컴퓨터산업중앙회의 직원이 전자유기기구 내에 설치된 프로그램의 점검필 여부를 확인하지도 아니한 채 점검필유기기구확인표시증을 컴퓨터게임장 업주에게 함부로 교부하여 주었다면 이는 검사기관 직원으로서의 직무에 위배되는 행위로서 같은 법 제41조 제3항, 형법 제131조 제2항 소정의 '직무상 부정한 행위'에 해당한다 할 것이고, 그것이 직무에 위배되는 행위인 이상 그와 같이 교부된 점검필유기기구확인표시증에 점검필 여부의 확인대상이 되는 프로그램의 점검번호, 프로그램명, 취급자 성명 등이 구체적으로 기재되어 있는지 여부나 그것이 컴퓨터게임장 업주에 의하여 점검을 마치지 않은 프로그램이 설치된 전자유기기구에 실제로 부착되었는지 여부 등은 죄의 성립에 아무런 영향을 미치지 못한다.

나. 증여가 직무행위와 대가관계가 인정되는 경우, 사교적 예의의 명목을 빌더라도 뇌물에 해당하는지 여부(적극)

뇌물은 직무에 관한 행위의 대가로서의 불법한 이익을 말하므로 직무와 관련 없이 단순히 사교적인 예의로서 하는 증여는 뇌물이라고 할 수 없으나, 직무행위와의 대가관계가 인정되는 경우에는 비록 사교적 예의의 명목을 빌더라도 뇌물성을 부정할 수 없다(대법원 1999.7.23. 선고 99도390 판결).

2. 제131조 제3항

공무원·중재인이었던 자가 재직 중 청탁을 받고 부정처사 후 뇌물을 수수·요구·약속하는 행위

〈수뢰죄의 구별〉

재직 중 정당한 행위를 한 후 퇴직 후 수뢰한 경우	단순수뢰죄
재직 중 부정한 행위를 한 후 퇴직 후 수뢰한 경우	사후수뢰죄(제131조 제3항)
재직 중 부정한 행위를 한 후 전직 후 수뢰한 경우	부정처사후수뢰죄(제131조 제2항)

II. 범죄사실기재

[기재례1] 중요 장물압수 누락 등 경찰관의 부정 후 사후수뢰

1) 범죄사실 기재례

피의자는 ○○경찰서 형사과 강력범죄수사팀장으로서 관내 형사사건의 수사 등 직무에 종사하는 경찰공무원(경위)이다.

피의자는 20○○. ○. ○. 경 ○○에 있는 장물취득 범인 甲의 주거지에서 위 甲에 대한 장물취득 피의사건에 관하여 ○○지방법원 판사 홍길동이 발부한 압수수색영장에 의하여 그곳을 수색하여 디지털카메라 15개를 발견하고 이를 압수하려 하던 중 위 甲으로부터 그중 일부만 압수하고 나머지는 묵과하여 달라는 부탁을 받고 이를 승낙하여 결국 위 카메라 중 5개만 압수하고 나머지는 압수하지 아니하였다.

피의자는 위 甲으로부터 이에 대한 사례의 취지로 공여되는 것인 줄 알면서 현금 50만원을 받아 직무상 부정한 행위를 한 후 뇌물을 수수하였다.

2) 적용법조 : 제131조 제2항 … 공소시효 10년

[기재례2] 지구대 직원의 부정 후 수뢰

1) 범죄사실 기재례

피의자는 ○○경찰서 ○○지구대 소속 경찰공무원(○○)으로서 20○○. ○. ○.경부터 20○○. ○. ○.경까지 위 경찰서 ○○지구대에서 관내 순찰업무 등을 담당하였다.

피의자는 20○○. 7. 20. 08:00경 위 지구대에서 야간근무를 마치고 퇴근하던 중에 평소 절친한 사이인 A부터 전화로 "○○중공업 주식분할 문제로 여의도에 있는 ○○은행 본점 증권대행부에 가야 하는데, 주식분할을 반대하는 甲과 乙이 깡패 10여 명을 데리고 와 있다고 하니 함께 좀 가 달라"는 취지의 부탁을 받았다.

피의자는 같은 날 10:30경 A, B, C 등과 함께 서울 영등포구 여의도동에 있는 ○○은행 본점에 도착하여 안으로 들어가려고 하였으나 위 甲 등 약 5명이 출입문을 막아서는 바람에 양측이 몸싸움하면서 옥신각신하던 중, A가 乙을 가리키며 피의자에게 "저 사람이 수배자다. 확인해 보라"고 하자, 피의자가 乙에게 자신이 경찰관임을 밝히고 신분증을 제시할 것을 요구하고, 乙로부터 신분증을 제시받아 ○○지구대에 전화하여 乙이 벌금 미납자로 수배된 사실을 확인하는 등의 방법으로 乙 일행의 기세를 제압하는 등 부정한 행위를 하였다.

피의자는 그 무렵 ○○은행 건물 1층 현관 앞에서 위와 같은 부정한 행위에 대한 사례금 명목으로 현금 200만원을 받아 피의자의 직무에 관하여 부정한 행위를 한 후 뇌물을 수수하였다.

2) 적용법조 : 제131조 제2항 …공소시효 10년 (※제131조 제3항…공소시효 7년)

III. 신문사항 (제131조 제3항의 사후수뢰죄)

1. 주 체

- 어느 부서에서 어떠한 업무를 담당(임용일, 경력, 구체적인 직위와 직급, 업무 등)
- 언제 무엇 때문에 퇴직하였는가
- ○○사항을 조사한 일이 있느냐
- 조사사항에 대해 구체적으로 진술
- 당시 사실대로 조사하였나요.

2. 직무상 부정한 행위

- 누구로부터 어떠한 부탁을 받았는가
- 부탁받은 내용이 정당하였나
- 어떠한 조건으로 부탁을 받았나
- 왜 이러한 부정한 부탁을 받았느냐
- 얼마의 돈을 어떠한 방법으로 받았나.
- 받은 돈은 어떻게 하였나
- 받았던 돈은 반환하였는지

제12절 알선수뢰

> 제132조(알선수뢰) 공무원이 그 지위를 이용하여 다른 공무원의 직무에 속한 사항의 알선에 관하여 뇌물을 수수, 요구 또는 약속한 때에는 3년 이하의 징역 또는 7년 이하의 자격정지에 처한다.

 Ⅰ. 구성요건

1. 주 체

공무원

  ㅇ 공무원만이 본죄의 주체가 되고, 중재인이나 사인(例, 단순한 친척 사이, 친구 사이)은 본죄의 주체가 아니다.

  ㅇ 여기에서 공무원은 직무를 처리하는 공무원과 직·간접의 연관 관계를 맺고 법률상·사실상 영향을 미칠 수 있는 공무원이어야 하나, 반드시 상하관계, 협조 관계, 감독 관계가 존재해야 하는 것은 아니다.

■ 판례 ■ **군청 건설과 농지계 공무원이 도지사의 직무에 속한 사항(골재채취 허가)에 관하여 알선수뢰죄의 주체가 되는지 여부(소극)**

[1] 사실관계

> 甲은 군청 건설과 농지계에 근무하던 자로서 도지사의 직무에 속하는 골재채취예정지 고시사무의 알선에 관하여 금품을 수수하였다.

[2] 판결요지

피고인은 이 사건 금원수수 당시 군청 건설과 농지계에 근무하던 자로서 도지사의 직무에 속하는 골재채취예정지 고시사무와 직접 또는 간접의 연관관계가 있다고 볼 수 없을 뿐 아니라, 도지사의 위 직무에 관하여 법률상 또는 사실상 어떠한 영향을 미칠만한 지위에 있는 자라고 볼 수도 없으니, 피고인을 위 도지사의 직무사항에 관하여 알선수뢰죄의 주체로 인정할 수 없다(대법원 1984.1.31. 선고 83도3015 판결).

■ 판례사례 ■ **[알선수재죄가 성립하지 아니하는 사례]**

> (1) 검찰주사 甲이 검사가 수사하고 있는 사건을 잘 처리되도록 주선해 달라는 청탁을 받고 뇌물을 수수한 경우(대법원 1982.6.8. 선고 82도403 판결)
> (2) 도교육위원회 사회체육과 보건계에서 아동급식과 아동 및 교원의 신체검사에 관한 업무를 담당하는 지방보건기사 甲이 도 보건사회국에서 카바레 영업허가업무를 담당하는 시 등의 환경위생과 식품위생계를 감독하고 그 영업허가에 앞서 사전승인하는 업무를 담당하는 지방행정주사보의 직무에 속한 사항의 알선에 관하여 뇌물을 수수한 경우(대법원 1983.8.23. 선고 82도956 판결)

2. 행 위

공무원이 그 지위를 이용하여 다른 공무원의 직무에 속한 사항의 알선에 관하여 뇌물을 수수, 요구 또는 약속하는 것

(1) 지위를 이용하여

다른 공무원이 취급하는 업무처리에 법률상 또는 사실상 영향을 줄 수 있는 공무원이 그 지위를 이용하는 경우를 말한다.

■ 판례 ■ **알선수뢰죄에 있어서 '공무원이 그 지위를 이용한다'함과 '다른 공무원의 직무에 속한 사항의 알선행위'의 의미**

[1] 사실관계

> 국민연금관리공단의 지부장으로 근무하던 甲은 중개인 乙로부터 위 공단이 사옥으로 사용하기 위하여 매입할 건물로 평리빌딩을 소개받자, 중개인과 건물의 매도인측 간부를 위 공단매수업무 담당부서인 총무부장, 회계과장, 관재대리에게 소개하고, 위 공단이 다른 경합건물을 배제하고 위 평리빌딩을 매수하도록 청탁하고, 그 대가로 乙이 매도인 측으로부터 받은 소개료 중에서 사례비조로 금 1억 9천만 원을 교부받고, 그 중에서 금 2천만 원을 丙에게 뇌물로 공여하였다.

[2] 판결요지

가. 알선수뢰죄에 있어서 '공무원이 그 지위를 이용한다' 함과 '다른 공무원의 직무에 속한 사항의 알선행위' 의 의미

알선수뢰죄에 있어서 "공무원이 그 지위를 이용한다" 함은 다른 공무원이 취급하는 사무처리에 영향을 줄 수 있는 관계에 있으면 족하고, 반드시 상하관계, 협동관계, 감독관계 등의 특수한 지위에 있음을 요하지 아니하고, "다른 공무원의 직무에 속한 사항의 알선행위"는 그 공무원의 직무에 속하는 사항에 관한 것이면 되는 것이지 그것이 반드시 부정행위라거나 그 직무에 관하여 결재권한이나 최종결정권한을 갖고 있어야 하는 것이 아니다.

나. 甲의 죄책

국민연금관리공단의 지부장은 자신의 지위를 이용하여 위 평리빌딩을 매수하도록 청탁하여 매매의 성사에 영향력을 행사하고, 그와 같은 알선행위에 대한 대가로 금 1억 9천만 원을 교부받은 행위는 알선수뢰죄를 구성한다(대법원 1992.5.8. 선고 92도532 판결).

■ 판례 ■ **알선수뢰죄에 있어서 '공무원이 그 지위를 이용하여'의 의미**

[1] 사실관계

> 육군본부 인사과에서 근무하다가 모병관으로 병무청에 파견되어 육군의 병력소요나 충원시기 등을 병무청에 알려 주고 병무청의 지원, 징집, 소집자원의 통계 등을 육군본부에 전달하는 등 병무청과 육군본부에서 징집, 모병 등의 규모와 시기를 합리적으로 조정할 수 있도록 하는 업무를 담당하는 자인 甲은 乙로부터 관계공무원에게 부탁하여 군면제를 하여달라는 부탁과 함께 금원을 교부받았다.

[2] 판결요지

가. 알선수뢰죄에 있어서 '공무원이 그 지위를 이용하여'의 의미

알선수뢰죄는 공무원이 그 지위를 이용하여 다른 공무원의 직무에 속한 사항의 알선에 관하여 뇌물을 수수, 요구 또는 약속하는 것을 그 성립 요건으로 하고 있고, 여기서 '공무원이 그 지위를 이용하여'라 함은 친구, 친족관계 등 사적인 관계를 이용하는 경우에는 이에 해당한다고 할 수 없으나, 다른 공무원이 취급하는 사무의 처리에 법률상이거나 사실상으로 영향을 줄 수 있는 관계에 있는 공무원이 그 지위를 이용하는 경우에는 이에 해당하고, 그 사이에 상하관계, 협동관계, 감독권한 등의 특수한 관계가 있음을 요하지 않는다.

나. 甲의 죄책

피고인으로서는 자신의 직무와 직접 또는 간접적으로 관련되는 병역면제 여부, 부대 배치 및 병과 부여, 신체등급 조정 등의 직무를 담당하는 관계 공무원들에게 부탁하는 등의 방법으로 그 직무에 관하여 사실상의 영향력을 행사할 수 있는 지위에 있었다고 인정하기에 충분하므로, 원심이 같은 취지에서 피고인이 그 지위를 이용하여 다른 공무원의 직무에 속한 사항의 알선에 관하여 수뢰하였다고 인정한 조치는 정당하다(대법원 1999.6.25. 선고 99도1900 판결).

(2) 알 선

일정한 사항을 중개하여 당사자 사이에 교섭이 성립하도록 편의를 제공하는 것으로, 청탁의 유무를 불문하므로 정당한 직무를 알선한 경우에도 본죄가 성립한다.

■ 판례 ■ **뇌물을 요구할 당시 알선에 의하여 해결을 도모하여야 할 현안이 존재하여야 하는지 여부**

[1] 사실관계

> 구청 공무원인 甲은 유흥주점의 업주 乙에게 '유흥주점 영업과 관련하여 세금이나 영업허가 등에 관하여 문제가 생기면 다른 담당 공무원에게 부탁하여 도움을 주겠다'면서 그 대가로 1,000만 원을 요구하였다.

[2] 판결요지

가. 형법 제132조의 알선뇌물요구죄의 성립요건으로서 '알선할 사항'의 특정 정도 및 뇌물을 요구할 당시 알선에 의하여 해결을 도모하여야 할 현안이 존재하여야 하는지 여부(소극)

형법 제132조에서 말하는 '다른 공무원의 직무에 속한 사항의 알선에 관하여 뇌물을 요구한다'고 함은, 다른 공무원의 직무에 속한 사항을 알선한다는 명목으로 뇌물을 요구하는 행위로서 반드시 알선의 상대방인 다른 공무원이나 그 직무의 내용이 구체적으로 특정될 필요까지는 없지만, 알선뇌물요구죄가 성립하려면 알선할 사항이 다른 공무원의 직무에 속하는 사항으로서 뇌물요구의 명목이 그 사항의 알선에 관련된 것임이 어느 정도 구체적으로 나타나야 한다. 단지 상대방으로 하여금 뇌물을 요구하는 자에게 잘 보이면 그로부터 어떤 도움을 받을 수 있다거나 손해를 입을 염려가 없다는 정도의 막연한 기대감을 갖게 하는 정도에 불과하고, 뇌물을 요구하는 자 역시 상대방이 그러한 기대감을 가질 것이라고 짐작하면서 뇌물을 요구하였다는 정도의 사정만으로는 알선뇌물요구죄가 성립한다고 볼 수 없다. 한편, 여기서 말하는 알선행위는 장래의 것이라도 무방하므로, 알선뇌물요구죄가 성립하기 위하여는 뇌물을 요구할 당시 반드시 상대방에게 알선에 의하여 해결을 도모하여야 할 현안이 존재하여야 할 필요는 없다.

나. 甲의 죄책

그 내용 자체로 피고인이 알선할 사항이 다른 공무원의 직무에 속하는 사항임이 명백하고 뇌물요구의 명목도 그 사항의 알선에 관련된 것임이 구체적으로 나타났다고 보기에 충분하다고 할 것이다. 결국 이를 가리켜 단지 공소외인으로 하여금 피고인에게 잘 보이면 유흥주점의 영업 등에 도움이 될 것이라는 막연한 기대감을 갖게 하는 정도에 불과하다고 볼 수는 없고 뇌물요구 당시 피고인이 알선할 사항이 구체적으로 특정되었다거나 피고인의 알선에 의하여 해결을 도모하여야 할 현안이 존재하였는지 여부는 알선뇌물요구죄의 성립에 아무런 영향이 없으므로 앞서 본 법리에 비추어, 위와 같은 피고인의 행위는 알선뇌물요구죄에 해당한다고 할 것이다(대법원 2009.7.23. 선고 2009도3924 판결).

■ 판례 ■ **특정경제범죄 가중처벌 등에 관한 법률 제7조에서 규정하는 '알선'의 의미 및 그 판단 기준**

여기에서 말하는 '알선'이란 '일정한 사항에 관하여 어떤 사람과 그 상대방 사이에 서서 중개하거나 편의를 도모하는 행위'를 의미하므로, 어떤 사람이 청탁한 취지를 그대로 상대방에게 전하는 경우뿐만 아니라 그 사람을 대신하여 스스로 상대방에게 청탁을 하는 행위도 이에 해당하고, 그 알선행위가 과거의 것이나 정당한 직무행위를 대상으로 하는 경우에도 이에 포함되며, 위와 같은 알선의 명목으로 금품 등을 수수하였다면 실제로 어떤 알선행위를 하였는지와 관계없이 위 죄는 성립한다. 한편, 금융기관 임·직원의 직무에 속한 사항의 알선과 수수한 금품 사이에 대가관계가 있는지 여부는 당해 알선의 내용, 알선자와 이익 제공자 사이의 친분관계 여부, 이익의 다과, 이익을 수수한 경위와 시기 등의 제반 사정을 종합하여 결정하되, 알선과 수수한 금품 사이에 전체적, 포괄적으로 대가관계가 있으면 족하고, 나아가 알선자가 수수한 금품에 그 알선행위에 대한 대가로서의 성질과 그 외의 행위에 대한 대가로서의 성질이 불가분적으로 결합되어 있는 경우에는 그 전부가 불가분적으로 알선행위에 대한 대가로서의 성질을 가진다고 봄이 상당하나, 이를 전제로 하지 않고 단순히 금융기관의 임·직원의 직무에 속하는 사항과 관련하여 알선의뢰인에게 편의를 제공하고 그 대가로서 금품을 수수하였을 뿐인 경우에는 금융기관의 임·직원의 직무에 속한 사항의 알선에 관하여 금품을 수수한 것이라고 할 수 없다(대법원 2008.1.31. 선고 2007도8117 판결).

(3) 기수시기

알선의 대가로 뇌물을 수수·요구·약속한 때에 기수가 된다.

■ 판례 ■ **서울시 부시장의 비서관이 체비지불하와 관련하여 금품을 받은 경우, 알선수뢰죄에 해당여부(적극)**

[1] 사실관계

서울시공무원으로 11년 이상 근무하여 왔고 5급 별정직의 신분으로 서울시 부시장의 비서관으로 재직하던 甲은 시청 관재과 소속공무원에게 부탁하여 체비지를 불하받도록 하여 주겠다고 약속하고 그 교제비로 금원을 교부받았다.

[2] 판결요지

서울시 공무원으로 11년 이상 근무하여 왔고 5급 별정직의 신분으로 서울시 부시장의 비서관으로 재직하던 자가 시청 관재과 소속공무원에게 부탁하여 체비지를 불하받도록 하여 주겠다고 약속하고 그 교제비로 금원을 교부받았다면, 이는 체비지 불하업무를 취급하는 시청 관재과 소속 공무원과의 사이에 직무상 연관관계를 가지고 사실상 어떤 영향력을 미칠 수 있는 지위를 이용하여 그 공무원의 직무에 속하는 사항의 알선에 관하여 뇌물을 수수한 것이라고 봄이 상당하다(대법원 1989.11.14. 선고 89도 1700 판결).

■ 판례 ■ **공무원이 알선에 관하여 자동차를 뇌물로 받은 경우**

[1] 자동차를 뇌물로 수수하였다고 하기 위해서는 수뢰자가 그 법률상 소유권을 취득하여야 하는지 여부(소극)
자동차를 뇌물로 제공한 경우 자동차등록원부에 뇌물수수자가 그 소유자로 등록되지 않았다고 하더라도 자동차의 사실상 소유자로서 자동차에 대한 실질적인 사용 및 처분권한이 있다면 자동차 자체를 뇌물로 취득한 것으로 보아야 한다.
[2] 뇌물로 제공되었다는 자동차에 대하여 피고인에게 실질적 처분권한이 없는 경우 자동차 자체를 뇌물로 수수한 것으로 볼 수 있는지 여부(소극)
피고인에게 뇌물로 제공되었다는 자동차는 리스차량으로 리스회사 명의로 등록되어 있는 점, 피고인이 처분승낙서, 권리확인서 등 원하는 경우 소유권이전을 할 수 있는 서류를 소지하고 있지도 아니한 점, 리스계약상 리스계약이 기간만료 또는 리스료 연체로 종료되어 리스회사에서 위 승용차의 반환을 구하는 경우 피고인은 이에 응할 수밖에 없다고 보이는 점 등에 비추어 볼 때 피고인에게 위 승용차에 대한 실질적 처분권한이 있다고 할 수 없어 자동차 자체를 뇌물로 수수한 것으로 볼 수 없다(대법원 2006.4.27. 선고 2006도735 판결).

3. 특정범죄가중처벌 등에 관한 법률상의 알선수재죄

제2조(뇌물죄의 가중처벌) ① 「형법」 제129조 · 제130조 또는 제132조에 규정된 죄를 범한 사람은 그 수수(收受) · 요구 또는 약속한 뇌물의 가액(價額)(이하 이 조에서 "수뢰액" 이라 한다)에 따라 다음 각 호와 같이 가중처벌한다.
  1. 수뢰액이 1억원 이상인 경우에는 무기 또는 10년 이상의 징역에 처한다.
  2. 수뢰액이 5천만원 이상 1억원 미만인 경우에는 7년 이상의 유기징역에 처한다.
  3. 수뢰액이 3천만원 이상 5천만원 미만인 경우에는 5년 이상의 유기징역에 처한다.
② 「형법」 제129조 · 제130조 또는 제132조에 규정된 죄를 범한 사람은 그 죄에 대하여 정한 형(제1항의 경우를 포함한다)에 수뢰액의 2배 이상 5배 이하의 벌금을 병과(倂科)한다.

  ○ 그 주체가 공무원에 제한되지 않는다.

  ○ 지위를 이용할 것을 요하지 않는다.

■ 판례 ■ **특정범죄가중처벌등에관한법률 제3조의 알선수재죄에서 '공무원의 직무에 속한 사항의 알선에 관하여 금품이나 이익을 수수'한다는 의미 및 성립요건**

[1] 사실관계

공무원인 甲은 A건설을 운영하는 乙로부터 "내가 운영하는 기업들과 정부 사이에 문제가 발생하는 경우 고위층에 부탁하여 선처해 달라."는 취지의 부탁과 함께 2,000만원을 교부받고, B물산 건설부문 수주영업 본부장인 丙과 C증권 주식회사 대표이사인 丁으로부터 동일한 취지의 부탁과 함께 각각 2,100만원과 500만원을 교부받았다.

[2] 판결요지
특정범죄가중처벌등에관한법률 제3조에서 말하는 공무원의 직무에 속하는 사항의 알선에 관하여 금

품이나 이익을 수수한다 함은 공무원의 직무에 속한 사항을 알선한다는 명목으로 금품 등을 수수하는 행위로서, 반드시 알선의 상대방인 공무원이나 그 직무의 내용이 구체적으로 특정될 필요까지는 없다 할 것이지만, 알선수재죄가 성립하기 위하여는 알선할 사항이 공무원의 직무에 속하는 사항이고, 금품 등 수수의 명목이 그 사항의 알선에 관련된 것임이 어느 정도 구체적으로 나타나야 하고, 단지 금품 등을 공여하는 자가 금품 등을 수수하는 자에게 잘 보이면 그로부터 어떤 도움을 받을 수 있다거나 손해를 입을 염려가 없다는 정도의 막연한 기대감 속에 금품 등을 교부하고, 금품 등을 수수하는 자 역시 공여자가 그러한 기대감을 가지고 금품 등을 교부하는 것이라고 짐작하면서 이를 수수하였다는 정도의 사정만으로는 알선수재죄가 성립한다고 볼 수 없다(대법원 2004.11.12. 선고 2004도5655 판결).

■ 판례 ■ 제3자가 알선행위자의 알선행위에 대한 공동가공의 의사 없이 알선의뢰자로부터 금품을 받아 알선행위자에게 전달한 것만으로 특정범죄가중처벌등에관한법률 제3조 소정의 알선수재죄가 성립하는지 여부(소극)

특정범죄가중처벌등에관한법률 제3조가 정하는 알선수재죄가 성립하려면 알선을 의뢰한 사람과 알선의 상대방이 될 수 있는 공무원 사이를 중개한다는 명목으로 금품 기타 이익을 수수·요구 또는 약속하는 행위가 있어야 하고, 알선을 의뢰한 사람과 알선의 상대방이 될 수 있는 공무원 사이를 중개한다는 명목으로 금품 기타 이익을 수수하는 사람(이하 알선행위자라고 한다) 이외의 제3자가 알선을 의뢰한 사람으로부터 금품을 받아 알선행위자에게 이를 전달하는 행위를 하였다면 그 제3자가 알선행위자의 그와 같은 행위에 대하여 공동가공의 의사를 가지고 그와 같은 전달행위를 하여 이를 특정범죄가중처벌등에관한법률 제3조가 정하는 알선수재죄의 실행행위에 관여한 것으로 평가할 수 있는 경우는 별론으로 하고, 제3자가 그와 같은 공동가공의 의사 없이 위와 같은 금품 기타 이익을 중간에서 전달한 경우에는 그 자체만으로는 특정범죄가중처벌등에관한법률 제3조가 정하는 알선수재죄의 구성요건에 해당한다고 할 수 없다(대법원 1999.5.11. 선고 99도963 판결).

■ 판례 ■ 금품수수 여부가 쟁점인 사건에서 금품수수자로 지목된 자가 수수사실을 부인하고 있고 이를 뒷받침할 객관적 물증이 없는 경우, 금품공여자의 진술만으로 유죄를 인정하기 위한 요건

금품수수 여부가 쟁점이 된 사건에서 금품수수자로 지목된 피고인이 수수사실을 부인하고 이를 뒷받침할 금융자료 등 객관적 물증이 없는 경우 금품을 제공하였다는 사람의 진술만으로 유죄를 인정하기 위해서는 그 사람의 진술이 증거능력이 있어야 함은 물론 합리적인 의심을 배제할 만한 신빙성이 있어야 하고, 신빙성이 있는지 여부를 판단할 때에는 그 진술 내용 자체의 합리성, 객관적 상당성, 전후의 일관성뿐만 아니라 그의 인간됨, 그 진술로 얻게 되는 이해관계 유무, 특히 그에게 어떤 범죄의 혐의가 있고 그 혐의에 대하여 수사가 개시될 가능성이 있거나 수사가 진행 중인 경우에는 이를 이용한 협박이나 회유 등의 의심이 있어 그 진술의 증거능력이 부정되는 정도에까지 이르지 않는 경우에도 그로 인한 궁박한 처지에서 벗어나려는 노력이 진술에 영향을 미칠 수 있는지 여부 등도 아울러 살펴보아야 한다. (대법원 2017. 3. 30., 선고, 2013도10100, 판결)

Ⅱ. 범죄사실기재

1) 범죄사실 기재례

[기재례1] 도로시설공사에 대해 보조금을 더 지원하여 주도록 알선한 경우

> 피의자는 ○○도 ○○국 과장으로 있는 국가○○직 공무원(4급)이다.
>
> 피의자는 20○○. ○. ○. 피의자의 사무실에서 ○○지역 일대의 도로시설공사 추진위원장인 홍길동으로부터 청탁을 받고 이를 승낙한 후 20○○. ○. ○. 11:00경 ○○에 있는 ○○식당에서 위 도로공사 토목담당관으로 있는 최철수에게 위 ○○동 도로시설공사에 대해 보조금을 더 지원하여 주도록 알선하고 다음 날 피의자가 위 알선을 한 데 대한 사례의 뜻으로 준다는 사실을 알면서 현금 ○○만원을 받아 뇌물을 수수하였다.
>
> 그 청탁 내용은 "공사 예상액이 너무 적어 도로공사의 보조금이 공사기준에 미치지 못하니 보조금 지원을 더 받을 수 있게 알선하여 달라"는 것이었다.

[기재례2] 수의계약으로 매입할 수 있도록 알선한 경우(특가법상 알선수재)

> 피의자는 ○○도 ○○국 과장으로 있는 국가○○직 공무원(4급)이다.
>
> 피의자는 20○○. ○.경 ○○동에 있는 실반주점에서 피의자와 평소 친분이 있는 서울시장이나 부시장에게 청탁하여 ○○백화점 붕괴사고 이후 주식회사 ○○건설산업으로부터 재산관리처분 권한을 위임받아 서울시에서 매각 입찰을 추진 중이던 ○○ 에 있는 ○○ 식물원을 甲 주식회사에서 수의계약으로 매입할 수 있도록 해 달라는 취지의 부탁과 함께 乙 주식회사의 사장 丙으로부터 甲 주식회사의 대표이사 丁이 제공하는 ○○만 원을 받아 공무원의 직무에 속한 사항의 알선에 관하여 금품을 수수하였다.

2) 적용법조 : 특정범죄가중처벌등에관한법률 제3조 … 공소시효 7년

III. 신문사항

- 어느 부서에서 어떠한 업무를 담당하는가
- 홍길동을 알고 있는가
- 홍길동은 어떤 일을 하는 사람인가
- 이로부터 청탁을 받은 일이 있는가
- 어떤 내용의 청탁인가
- 언제 어디에서 이런 청탁을 받았는가
- 이런 청탁을 받고 어떻게 하였는가
- 공무원 A와는 어떤 관계인가
- A는 어느 부서에서 어떤 업무를 담당하고 있는가
- 홍길동의 청탁과 A의 업무와는 어떤 관계가 있는가
- 홍길동의 부탁을 받고 A에게 알선을 부탁한 일이 있는가
- 언제 어디에서 A에게 이런 알선을 하였나
- 뭐라고 A에게 말하였나
- A는 피의자의 부탁을 받고 뭐라고 하던가
- 알선의 보수로 홍길동으로부터 어떤 대가를 받았는가
- 언제 어디에서 받았는가
- 받은 뇌물은 어떻게 하였나

제13절 뇌물공여 등

> **제133조(뇌물공여 등)** ① 제129조부터 제132조까지에 기재한 뇌물을 약속, 공여 또는 공여의 의사를 표시한 자는 5년 이하의 징역 또는 2천만원 이하의 벌금에 처한다.
> ② 제1항의 행위에 제공할 목적으로 제3자에게 금품을 교부한 자 또는 그 사정을 알면서 금품을 교부받은 제3자도 제1항의 형에 처한다.

Ⅰ. 구성요건

1. 주 체

제한없음(비공무원과 공무원)

■ 판례 ■ **공무원이 제3자뇌물취득죄의 주체가 될 수 있는지 여부(적극)**

[1] 사실관계

공무원인 甲은 직무와는 무관하게 군의관 등에게 병역면제 등 각종 병무비리를 알선하거나 청탁하는 과정에서 무려 89회에 걸쳐 합계 12억여 원이 넘는 거액의 뇌물을 수수하여 전달하였다.

[2] 판결요지

형법 제133조 제2항은 증뢰자가 뇌물에 공할 목적으로 금품을 제3자에게 교부하거나 또는 그 정을 알면서 교부받는 증뢰물전달행위를 독립한 구성요건으로 하여 이를 같은 조 제1항의 뇌물공여죄와 같은 형으로 처벌하는 규정으로서, 제3자의 증뢰물전달죄는 제3자가 증뢰자로부터 교부받은 금품을 수뢰할 사람에게 전달하였는지의 여부에 관계없이 제3자가 그 정을 알면서 금품을 교부받음으로써 성립하는 것이고, 본죄의 주체는 비공무원을 예정한 것이나 공무원일지라도 직무와 관계되지 않는 범위 내에서는 본죄의 주체에 해당될 수 있다 할 것이므로, 피고인이 자신의 공무원으로서의 직무와는 무관하게 군의관 등의 직무에 관하여 뇌물에 공할 목적의 금품이라는 정을 알고 이를 전달해준다는 명목으로 취득한 경우라면 제3자뇌물취득죄가 성립된다(대법원 2002.6.14. 선고 2002도1283 판결).

2. 행 위

(1) 제133조 제1항(증뢰죄)

뇌물을 약속·공여 또는 공여의 의사표시를 하는 것

1) 약 속

공무원·중재인의 요구를 승낙하는 경우와 자진하여 공여를 약속하는 경우

2) 공 여

뇌물을 취득하게 하는 것

○ 상대방이 뇌물을 수수할 수 있는 상태에 두면 족하고, 현실적으로 취득할 것을 요하지 않는다. 따라서 수뢰죄가 무죄로 된 경우에도 증뢰죄는 성립한다.

■ 판례 ■ **뇌물공여죄의 성립에 반드시 상대방측의 뇌물수수죄가 성립하여야만 하는지 여부(소극)**

뇌물공여죄가 성립하기 위하여는 뇌물을 공여하는 행위와 상대방측에서 금전적으로 가치가 있는 그 물품 등을 받아들이는 행위가 필요할 뿐 반드시 상대방측에서 뇌물수수죄가 성립하여야 함을 뜻하는 것은 아니다(대법원 2006.2.24. 선고 2005도4737 판결).

3) 공여의 의사표시

상대방에게 뇌물을 공여하려는 의사를 표시하는 것

○ 의사표시의 방법은 명시적 · 묵시적을 불문하며, 금액 · 수량을 표시할 필요도 없다. 또한 의사표시의 상대방은 공무원의 가족이라도 무방하다.

4) 직무관련성

증뢰행위는 공무원 · 중재인의 직무행위와 관련성이 있을 것

■ 판례 ■ **뇌물공여자가 택배를 이용하여 뇌물수수자의 명의로 지인에게 선물발송한 행위에 관하여 단순뇌물죄로 기소된 사건**

[1] 뇌물죄에서 뇌물공여자의 특정 방법 및 금품이나 재산상 이익 등이 반드시 공여자와 수뢰자 사이에 직접 수수되어야 하는지 여부(소극)

뇌물죄는 공여자의 출연에 의한 수뢰자의 영득의사의 실현으로서, 공여자의 특정은 직무행위와 관련이 있는 이익의 부담 주체라는 관점에서 파악하여야 할 것이므로, 금품이나 재산상 이익 등이 반드시 공여자와 수뢰자 사이에 직접 수수될 필요는 없다.

[2] 공무원인 피고인 甲은 피고인 乙로부터 "선물을 할 사람이 있으면 새우젓을 보내 주겠다."라는 말을 듣고 이를 승낙한 뒤 새우젓을 보내고자 하는 사람들의 명단을 피고인 乙에게 보내 주고 피고인 乙로 하여금 위 사람들에게 피고인 甲의 이름을 적어 마치 피고인 甲이 선물을 하는 것처럼 새우젓을 택배로 발송하게 하고 그 대금을 지급하지 않는 방법으로 직무에 관하여 뇌물을 교부받고, 피고인 乙은 피고인 甲에게 뇌물을 공여하였다는 내용으로 기소된 사안 피고인 乙은 도내 어촌계장이고, 피고인 甲은 도청 공무원으로 재직하면서 어민들의 어업지도, 보조금 관련 사업과 어로행위 관련 단속 업무 등을 총괄하고 있던 점, 피고인 乙은 이전에도 같은 방식으로 피고인 甲이 재직 중이던 도청 담당과에 새우젓을 보낼 사람들의 명단을 요청하여 직원으로부터 명단을 받아 피고인 甲의 이름으로 새우젓을 발송한 점 등 여러 사정을 종합하면, 피고인 乙은 피고인 甲이 지정한 사람들에게 피고인 甲의 이름을 발송인으로 기재하여 배송업체를 통하여 배송 업무를 대신하여 주었을 뿐이고, 새우젓을 받은 사람들은 새우젓을 보낸 사람을 피고인 乙이 아닌 피고인 甲으로 인식하였으며, 한편 피고인 乙과 피고인 甲 사이에 새우젓 제공에 관한 의사의 합치가 존재하고 위와 같은 제공방법에 관하여 피고인 甲이 양해하였다고 보이므로, 피고인 乙의 새우젓 출연에 의한 피고인 甲의 영득의사가 실현되어 형법 제129조 제1항의 뇌물공여죄 및 뇌물수수죄가 성립하고, 공여자와 수뢰자 사이에 직접 금품이 수수되지 않았다는 사정만으로 이와 달리 볼 수 없다는 이유로, 그럼에도 사회통념상 위 329명이 새우젓을 받은 것을 피고인 甲이 직접 받은 것과 같이 평가할 수 있는 관계라고 인정하기에 부족하다고 보아 피고인들에게 무죄를 선고한 원심판단에 뇌물죄의 성립에 관한 법리오해 등의 위법이 있다.(대법원 2020. 9. 24., 선고, 2017도12389, 판결)

(2) 제133조 제2항(증뢰물전달죄)

뇌물에 공할 목적으로 제3자에게 금품을 교부하거나 그 정을 알면서 교부를 받는 것
  ○ 금품의 교부시에 기수가 되고 제3자(전달자)가 교부받은 금품을 후에 수뢰할 공무
    원에게 전달했는가는 불문한다.
  ○ 증뢰자와 제3자(전달자)가 모두 처벌된다.

3. 죄 수

■ 판례 ■   **증뢰물을 교부받은 제3자가 수뢰자에게 이를 전달한 경우, 증뢰물전달죄 외에 별
도로 뇌물공여죄를 구성하는지 여부(소극)**

[1] 사실관계

서울시공무원으로 11년 이상 근무하여 왔고 5급 별정직의 신분으로 서울시 부시장의 비서관으
로 재직하던 甲은 시청 관재과 소속공무원에게 부탁하여 체비지를 불하받도록 하여 주겠다고
약속하고 그 교제비로 금원을 교부받았다.

[2] 판결요지

형법 제133조 제2항은 증뢰자가 뇌물에 공할 목적으로 금품을 제3자에게 교부하거나 또는 그 정을 알
면서 교부받는 증뢰물 전달행위를 독립한 구성요건으로 하여 이를 같은 조 제1항의 뇌물공여죄와 같은
형으로 처벌하는 규정으로서, 제3자의 증뢰물전달죄는 제3자가 증뢰자로부터 교부받은 금품을 수뢰할
사람에게 전달하였는지 여부에 관계없이 제3자가 그 정을 알면서 금품을 교부받음으로써 성립하는 것
이며, 나아가 제3자가 그 교부받은 금품을 수뢰할 사람에게 전달하였다고 하여 증뢰물전달죄 외에 별도
로 뇌물공여죄가 성립하는 것은 아니다(대법원 1997.9.5. 선고 97도1572 판결). ☞ (甲은 증뢰물전달죄)

◗ II. 범죄사실기재

1) 범죄사실 기재례

[기재례1] 세무서 직원에게 부가가치세환급 관련 묵인 뇌물공여

피의자는 20○○. ○. ○.경부터 20○○. ○. ○.경까지 사이에 건설업 면허가 없으면서도 ○
○에 있는 ○○종합건설 주식회사로부터 면허를 대여받아 ○○에 있는 ○○㎡ 규모의 ○○건
물의 신축공사를 시공한 사람이다.
피의자는 20○○. ○. ○.경 ○○세무서 부가가치세과 소속 세무주사로 관내 신축건물에 대
한 부가가치세환급 등의 업무를 담당하던 홍길동에 의하여 위 면허대여 사실이 발각되었다.
피의자는 20○○. ○. ○.경 ○○에 있는 ○○백화점 내 ○○일식점에서 위 홍길동에게 소규
모 건축업자들 대부분이 면허를 빌려서 공사를 하는 실정이니 면허대여 사실을 묵인하고 부가
가치세를 환급받을 수 있도록 도와달라는 청탁을 하면서 그 사례금 명목으로 현금 ○○만원을
교부하여 공무원의 직무에 관하여 뇌물을 공여하였다.

[기재례2] 교통경찰관에게 선처를 부탁하며 뇌물공여의사표시

> 피의자는 20○○. ○. ○. 14:00경 ○○에 있는 ○○백화점 앞길에서 교통정리를 하는 ○○경찰서 소속 경감 이호기에게 교통신호를 위반하여 승용차를 운행하였다는 사유로 단속을 당하였다.
> 피의자는 위 경찰관으로부터 운전면허증을 제시해 달라는 요구를 받자 그에게 위반 사실을 묵인하여 달라고 청탁하면서 현금 ○○원을 그의 호주머니에 넣어 주려고 하여 경찰관의 직무에 관해 뇌물공여의 의사를 표시하였다.

[기재례3] 뇌물공여의사표시(압수수색 경찰관에게)

> 피의자는 20○○. ○. ○. 11:10경 ○○에 있는 피의자가 운영하는 주식회사○○ 사무실에서 피의자에 대한 여신전문금융업법 위반 혐의로 ○○법원 판사 김현정이 발부한 압수수색영장에 의해 ○○경찰서 수사과 소속 경감 이호기에 의해 그곳 금고 안에 무엇이 들어있는지 확인하고자 금고문을 열어줄 것을 요구받았다.
> 피의자는 위 경찰관으로부터 이러한 요구를 받자 ○○만 원권 돈다발 ○○개를 들어 "이걸 가져가시고 없던 것으로 해 주십시오, 한 번만 봐 주십시오." 라고 말하여 경찰관의 직무에 관하여 뇌물공여의 의사를 표시하였다.

2) **적용법조** : 제133조 제1항(뇌물공여의사표시)… 공소시효 7년

Ⅲ. 신문사항

1. 주 체

- 교통법규를 위반하여 경찰관으로부터 단속을 당한 일이 있는가
- 언제 어디에서 어떠한 법규를 위반하였나
- 누구로부터 단속 당하였느냐
- 위반사실을 인정하느냐
- 단속경찰관이 뭐라면서 단속을 하던가

2. 행 위

- 무엇 때문에 돈을 주려고 하였느냐
- 얼마의 돈을 어떠한 방법으로 주었나요.
- 단속경찰관이 요구하던가
- 경찰관이 피의자가 주려는 돈을 받던가
- 받지 않아서 어떻게 하였나
- 돈을 주면 해결될 것으로 생각하였나

제14절 뇌물의 몰수, 추징

> 제134조(몰수, 추징) 범인 또는 사정을 아는 제3자가 받은 뇌물 또는 뇌물로 제공하려고 한 금품은 몰수한다. 이를 몰수할 수 없을 경우에는 그 가액을 추징한다.

1. 몰수 · 추징의 상대방

뇌물을 현재 보유하고 있는 자

■ 판례 ■ **자기앞수표를 뇌물로 받아 소비한 후 액면금 상당을 반환한 경우, 추징 여부(적극)**

수뢰자가 자기앞수표를 뇌물로 받아 이를 소비한 후 자기앞수표 상당액을 증뢰자에게 반환하였다 하더라도 뇌물 그 자체를 반환한 것은 아니므로 이를 몰수할 수 없고 수뢰자로부터 그 가액을 추징하여야 할 것이다(대법원 1999.1.29. 선고 98도3584 판결).

■ 판례 ■ **뇌물로 받은 돈을 은행에 예금하였다가 후에 같은 액수의 돈을 증뢰자에게 반환한 경우, 그 가액의 추징여부(적극)**

뇌물로 받은 돈을 은행에 예금한 경우 그 예금행위는 뇌물의 처분행위에 해당한다 할 것이므로 그후 수뢰자가 같은 액수의 돈을 증뢰자에게 반환하였다 하더라도 이를 뇌물자체의 반환이라고 볼 수 없으므로 이러한 경우에는 수뢰자로부터 그 가액을 추징하여야 한다(대법원 1985.9.10. 선고 85도1350 판결).

■ 판례 ■ **수뢰한 금원을 다시 타인에게 뇌물로 공여한 경우의 추징방법**

피고인들이 뇌물로 받은 돈을 그 후 다른 사람에게 다시 뇌물로 공여하였다 하더라도 그 수뢰의 주체는 어디까지나 피고인들이고 그 수뢰한 돈을 다른 사람에게 공여한 것은 수뢰한 돈을 소비하는 방법에 지나지 아니하므로 피고인들로부터 그 수뢰액 전부를 각 추징하여야 한다(대법원 1986.11.25. 선고 86도1951 판결).

■ 판례 ■ **뇌물로 교부한 당좌수표가 부도나자 이를 반환받고 액면가액에 상응하는 현금이나 유가증권을 다시 교부한 경우, 이 현금이나 유가증권이 몰수 · 추징의 대상이 되는지 여부(적극)**

증뢰자가 교부한 당좌수표가 부도나자 부도된 당좌수표를 반환받고 그 수표에 대체하여 수표의 액면가액에 상응하는 현금이나 유가증권을 수뢰자에게 다시 교부하고 수뢰자가 이를 수수하였다면, 형법 제134조의 규정취지가 수뢰자로 하여금 불법한 이득을 보유시키지 않으려는 데에 있는 점에 비추어 볼 때, 이 현금이나 유가증권이 몰수, 추징의 대상이 된다(대법원 1992.12.8. 선고 92도1995 판결).

2. 몰수 · 추징의 방법

■ 판례 ■ **공동으로 수수한 뇌물을 분배한 경우의 몰수 추징 방법**

수인이 공동하여 수수한 뇌물을 분배한 경우에는 각자로부터 실제로 분배받은 금품만을 개별적으로 몰수하거나 그 가액을 추징하여야 한다(대법원 1993.10.12. 선고 93도2056 판결).

■ 판례 ■ **특정범죄가중처벌등에관한법률 제13조 소정의 알선수재자가 금품 중의 일부를 그 금품을 받은 취지에 따라 관계 공무원에게 뇌물로 공여하거나 다른 알선행위자에게 청탁의 명목으로 교부한 것이 아니라 독자적인 판단에 따라 경비로 사용한 경우, 그 금액의 추징 여부(적극)**

특정범죄가중처벌등에관한법률 제13조의 규정에 의한 필요적 몰수 또는 추징은, 범인이 취득한 당해 재산을 범인으로부터 박탈하여 범인으로 하여금 부정한 이익을 보유하지 못하게 함에 그 목적이 있는 것이므로, 공무원의 직무에 속한 사항의 알선에 관하여 금품을 받고 그 금품 중의 일부를 실제로 금품을 받은 취지에 따라 청탁과 관련하여 관계 공무원에게 뇌물로 공여하거나 다른 알선행위자에게 청탁의 명목으로 교부한 경우에는 그 부분의 이익은 실질적으로 범인에게 귀속된 것이 아니므로 그 부분을 제외한 나머지 금품만을 몰수하거나 그 가액을 추징하여야 하지만, 공무원의 직무에 속한 사항의 알선에 관하여 금품을 받은 자가 그 금품 중의 일부를 다른 알선행위자에게 청탁의 명목으로 교부하였다 하더라도 당초 금품을 받을 당시부터 그 금품을 그와 같이 사용하기로 예정되어 있었기 때문에 금품을 받은 취지에 따라 그와 같이 사용한 것이 아니라, 범인이 독자적인 판단에 따라 경비로 사용한 것이라면 이는 범인이 받은 돈을 소비하는 방법에 지나지 아니하므로 그 금액 역시 범인으로부터 추징하여야 할 것이다(대법원 1999.5.11. 선고 99도963 판결).

■ 판례 ■ **공무원이 뇌물을 받음에 있어서 그 취득을 위하여 상대방에게 뇌물의 가액에 상당하는 금원의 일부를 비용으로 지출하거나 그 밖에 경제적 이익을 제공한 경우, 몰수·추징의 범위**

공무원이 뇌물을 받음에 있어서 그 취득을 위하여 상대방에게 뇌물의 가액에 상당하는 금원의 일부를 비용의 명목으로 출연하거나 그 밖에 경제적 이익을 제공하였다 하더라도, 이는 뇌물을 받는 데 지출한 부수적 비용에 불과하다고 보아야 할 것이지, 이로 인하여 공무원이 받은 뇌물이 그 뇌물의 가액에서 위와 같은 지출액을 공제한 나머지 가액에 상당한 이익에 한정되는 것이라고 볼 수는 없으므로, 그 공무원으로부터 뇌물죄로 얻은 이익을 몰수·추징함에 있어서는 그 받은 뇌물 자체를 몰수하여야 하고, 그 뇌물의 가액에서 위와 같은 지출을 공제한 나머지 가액에 상당한 이익만을 몰수·추징할 것은 아니다(대법원 1999.10.8. 선고 99도1638 판결).

■ 판례 ■ **필요적 몰수의 대상인 뇌물에 공할 금품의 범위**

형법 제134조는 뇌물에 공할 금품을 필요적으로 몰수하고 이를 몰수하기 불가능한 때에는 그 가액을 추징하도록 규정하고 있는바, 몰수는 특정된 물건에 대한 것이고 추징은 본래 몰수할 수 있었음을 전제로 하는 것임에 비추어 뇌물에 공할 금품이 특정되지 않았던 것은 몰수할 수 없고 그 가액을 추징할 수도 없다(대법원 1996.5.8. 선고 96도221 판결).

■ 판례 ■ **공무원의 직무에 속한 사항의 알선에 관하여 금품을 받음에 있어 타인의 동의하에 그 명의의 예금계좌로 입금받은 경우 이를 추징하여야 하는지 여부(적극)**

특정범죄 가중처벌 등에 관한 법률 제13조의 규정에 의한 필요적 몰수 또는 추징은, 범인이 취득한 당해 재산을 범인으로부터 박탈하여 범인으로 하여금 부정한 이익을 보유하지 못하게 함에 그 목적이 있는 것으로서, 공무원의 직무에 속한 사항의 알선에 관하여 금품을 받음에 있어 타인의 동의하에 그 타인 명의의 예금계좌로 입금받는 방식을 취하였다고 하더라도 이는 범인이 받은 금품을 관리하는 방법의 하나에 지나지 아니하므로, 그 가액 역시 범인으로부터 추징하지 않으면 안 된다고 할 것이다(대법원 2006.10.27. 선고 2006도4659 판결).

3. 가액의 산정

■ 판례 ■ **공무원이 제3자를 초대하여 함께 향응을 접대받은 경우, 뇌물수수액의 산정 방법**

[1] 사실관계

공무원 甲은 그 직무와 관련하여 乙로부터 향응을 제공받았는데, 이때 접대받는 자리에 乙이 잘 알지 못하는 자신의 고등학교 친구 丙을 초대하여 함께 접대를 받았다. 乙은 향응에 소요된 비용으로 총 210만원을 지출하였으나 각자에게 쓰인 비용액이 불분명하였다.

[2] 판결요지

피고인이 증뢰자와 함께 향응을 하고 증뢰자가 이에 소요되는 금원을 지출한 경우 이에 관한 피고인의 수뢰액을 인정함에 있어서는 먼저 피고인의 접대에 요한 비용과 증뢰자가 소비한 비용을 가려내어 전자의 수액을 가지고 피고인의 수뢰액으로 하여야 하고 만일 각자에 요한 비용액이 불명일 때에는 이를 평등하게 분할한 액을 가지고 피고인의 수뢰액으로 인정하여야 할 것이고, 피고인이 향응을 제공받는 자리에 피고인 스스로 제3자를 초대하여 함께 접대를 받은 경우에는, 그 제3자가 피고인과는 별도의 지위에서 접대를 받는 공무원이라는 등의 특별한 사정이 없는 한 그 제3자의 접대에 요한 비용도 피고인의 접대에 요한 비용에 포함시켜 피고인의 수뢰액으로 보아야 한다(대법원 2001.10.12. 선고 99도5294 판결). ☞ (甲으로부터 140만원을 추징)

■ 판례 ■ **변호사법 위반의 범행으로 금품을 취득한 경우**

[1] 추징 가액 산정의 기준시(=재판선고시)

몰수는 범죄에 의한 이득을 박탈하는 데 그 취지가 있고, 추징도 이러한 몰수의 취지를 관철하기 위한 것인 점 등에 비추어 볼 때, 몰수할 수 없는 때에 추징하여야 할 가액은 범인이 그 물건을 보유하고 있다가 몰수의 선고를 받았더라면 잃었을 이득상당액을 의미하므로, 다른 특별한 사정이 없는 한 그 가액산정은 재판선고시의 가격을 기준으로 하여야 한다.

[2] 가액을 추징하는 경우, 그 범행과정에서 지출한 비용을 공제할 수 있는지 여부(소극)

변호사법 위반의 범행으로 금품을 취득한 경우 그 범행과정에서 지출한 비용은 그 금품을 취득하기 위하여 지출한 부수적 비용에 불과하고, 몰수하여야 할 것은 변호사법 위반의 범행으로 취득한 금품 그 자체이므로, 취득한 금품이 이미 처분되어 추징할 금원을 산정할 때 그 금품의 가액에서 위 지출 비용을 공제할 수는 없다(대법원 2008.10.9. 선고 2008도6944 판결).

■ 판례 ■ **금품을 무상차용하여 위법한 재산상 이익을 취득한 경우 추징의 대상(=금융이익 상당액)**

금품의 무상차용을 통하여 위법한 재산상 이익을 취득한 경우 범인이 받은 부정한 이익은 그로 인한 금융이익 상당액이므로 추징의 대상이 되는 것은 무상으로 대여받은 금품 그 자체가 아니라 위 금융이익 상당액이다. 여기에서 추징의 대상이 되는 금융이익 상당액은 객관적으로 산정되어야 할 것인데, 범인이 금융기관으로부터 대출받는 등 통상적인 방법으로 자금을 차용하였을 경우 부담하게 될 대출이율을 기준으로 하거나, 그 대출이율을 알 수 없는 경우에는 금품을 제공받은 범인의 지위에 따라 민법 또는 상법에서 규정하고 있는 법정이율을 기준으로 하여, 변제기나 지연손해금에 관한 약정이 가장되어 무효라고 볼 만한 사정이 없는 한, 금품수수일로부터 약정된 변제기까지 금품을 무이자로 차용으로 얻은 금융이익의 수액을 산정한 뒤 이를 추징하여야 한다(대법원 2008.9.25. 선고 2008도2590 판결).

■ 판례 ■ **공무원이 뇌물을 받는 데에 지출한 필요 경비 또는 뇌물을 받는 주체가 아닌 자가 수고비로 받은 부분이나 뇌물을 받기 위하여 형식적으로 체결된 용역계약에 따른 비용으로 사용된 부분이 뇌물의 가액과 추징액에서 공제할 항목에 해당하는지 여부(소극) / 피고인이 영득의 의사로 뇌물을 받은 것인지 판단하는 기준**

공무원이 뇌물을 받는 데에 필요한 경비를 지출한 경우 그 경비는 뇌물수수의 부수적 비용에 불과하여 뇌물의 가액과 추징액에서 공제할 항목에 해당하지 않는다. 뇌물을 받는 주체가 아닌 자가 수고비로 받은 부분이나 뇌물을 받기 위하여 형식적으로 체결된 용역계약에 따른 비용으로 사용된 부분은 뇌물수수의 부수적 비용에 지나지 않는다. 뇌물을 받는다는 것은 영득의 의사로 금품을 받는 것을 말하므로, 뇌물인지 모르고 받았다가 뇌물임을 알고 즉시 반환하거나 또는 증뢰자가 일방적으로 뇌물을 두고 가므로 나중에 기회를 보아 반환할 의사로 어쩔 수 없이 일시 보관하다가 반환하는 등 영득의 의사가 없었다고 인정되는 경우라면 뇌물을 받았다고 할 수 없다. 그러나 피고인이 먼저 뇌물을 요구하여 증뢰자로부터 돈을 받았다면 피고인에게는 받은 돈 전부에 대한 영득의 의사가 인정된다.(대법원 2017. 3. 22., 선고, 2016도21536, 판결)

제1절 공무집행방해

제136조(공무집행방해) ① 직무를 집행하는 공무원에 대하여 폭행 또는 협박한 자는 5년 이하의 징역 또는 1천만원 이하의 벌금에 처한다.
② 공무원에 대하여 그 직무상의 행위를 강요 또는 조지(阻止)하거나 그 직을 사퇴하게 할 목적으로 폭행 또는 협박한 자도 전항의 형과 같다.
※ 소방기본법 제50조(벌칙)

 I. 구성요건

1. 주 체

제한이 없음(직무집행과 무관한 제3자나 다른 공무원도 본죄의 주체)

2. 객 체

직무를 집행하는 공무원

(1) 공무원

법령의 근거에 기하여 국가 또는 지방자치단체 및 이에 준하는 공법인의 사무에 종사하는 자로서 그 노무의 내용이 단순한 기계적·육체적인 것에 한정되어 있지 않은 자

✱ 본죄는 우리나라의 공무를 보호하기 위한 범죄이므로 외국의 공무원은 본죄의 객체가 아니다.

(2) 직무집행

공무원이 자신의 직무와 권한에 따라 취급할 수 있는 일체의 사무를 행하고 있는 것

1) 직무의 내용

공무원의 권한 사항인 한 그 종류나 성질 등에 제한이 없으며, 직무가 반드시 강제력을 행사하는 사무일 필요도 없다.

2) 시간적 범위

공무원은 현재 구체적인 직무를 집행하고 있거나 직무집행과 밀접불가분의 관계가 있는 행위(例, 집행에 착수하기 전의 준비행위, 직무 시간 중에 정해진 자리에 착석하고 있는 것, 직무집행의 대기행위, 일시적 휴식행위)를 하고 있을 것

- ○ 단순히 직무집행이 예상되는 것(例, 출근하는 공무원)만으로는 직무집행에 해당한다고 할 수 없다.
- ○ 직무집행이 종료한 직후는 공무집행에 해당하나, 직무집행이 종료한 경우에는 제외된다.

■ 판례 ■ **노사분규 동향을 파악하거나 파악하기 위해 현장에서 대기중이던 근로감독관을 폭행한 경우, 공무집행방해죄를 구성하는지 여부(적극)**

[1] 사실관계

부산북부 노동사무소 소속 근로감독관인 乙은 X회사 노동조합이 파업에 들어가자 노동동향 파악 및 노사분규 수습지도를 위해 그 회사에 출장하여 노사분규의 동향을 파악하는 업무를 수행하던 중 그 회사에서 개최된 단체협약체결 촉구를 위한 결의대회에 참가하려는 甲 등 민주노총 산하 금속연맹지역본부 관계자들 약 15명과 이들이 그 결의 대회에 참가하려는 것을 저지하기 위해 신분증의 제시를 요구하는 회사직원들 사이에 경비실에서 몸싸움 등 실랑이가 벌어지자 이를 말리려는 목적으로 그 금속연맹 관계자들에게 회사측의 요구대로 신분을 확인받고 들어가라는 취지의 말을 한 뒤 甲 등이 이에 따르지 않자 경비실 밖으로 나오다가 甲에게 폭행을 당하였다.

[2] 판결요지

가. 직무집행의 의미

'직무를 집행하는' 이라 함은 공무원이 직무수행에 직접 필요한 행위를 현실적으로 행하고 있는 때만을 가리키는 것이 아니라 공무원이 직무수행을 위하여 근무중인 상태에 있는 때를 포괄하고, 직무의 성질에 따라서는 그 직무수행의 과정을 개별적으로 분리하여 부분적으로 각각의 개시와 종료를 논하는 것이 부적절하고 여러 종류의 행위를 포괄하여 일련의 직무수행으로 파악함이 상당한 경우가 있으며, 나아가 현실적으로 구체적인 업무를 처리하고 있지는 않다 하더라도 자기 자리에 앉아 있는 것만으로도 업무의 집행으로 볼 수 있을 때에는 역시 직무집행 중에 있는 것으로 보아야 하고, 직무 자체의 성질이 부단히 대기하고 있을 것을 필요로 하는 것일 때에는 대기 자체를 곧 직무행위로 보아야 할 경우도 있다.

나. 직무행위의 적법성의 요건

공무집행방해죄는 공무원의 적법한 공무집행이 전제가 되고, 그 공무집행이 적법하기 위하여는 그 행위가 당해 공무원의 추상적인 직무권한에 속할 뿐 아니라 구체적으로도 그 권한 내에 있어야 하며, 또한 직무행위로서의 중요한 방식을 갖추어야 한다.

다. 甲의 죄책

노동조합관계자들과 사용자측 사이의 다툼을 수습하려 하였으나 노동조합측이 지시에 따르지 않자 경비실 밖으로 나와 회사의 노사분규 동향을 파악하거나 파악하기 위해 대기 또는 준비 중이던 근로감독관을 폭행한 행위는 공무집행방해죄를 구성한다(대법원 2002.4.12. 선고 2000도3485 판결).

■ 판례 ■ **공무집행방해죄에 있어서 '직무를 집행하는'의 의미**

[1] 사실관계

노원구청 소속 공무원으로서 불법주차단속원인 乙은 소나타승용차가 주차가 금지된 장소에 주차시킨 데 대하여 불법주차 스티커를 당해 차량에 붙였으나 승용차 운전자 甲이 휠체어를 탄 장애인이라는 것을 알고 과태료 부과고지서를 다시 떼어 냈는 바, 그 직후에 甲은 乙을 폭행하였다.

[2] 판결요지

불법주차 차량에 불법주차 스티커를 붙였다가 이를 다시 떼어 낸 직후에 있는 주차단속 공무원을 폭행한 경우, 폭행 당시 주차단속 공무원은 일련의 직무수행을 위하여 근무중인 상태에 있었다고 보아야 하므로 공무집행방해죄가 성립한다(대법원 1999.9.21. 선고 99도383 판결).

3. 직무집행의 적법성

적법한 직무집행만이 본죄의 객체가 된다. 따라서 불법한 공무집행에 대한 저항행위(폭행 · 협박 등)는 정당방위성립이 가능

1) 적법성의 요건

○ 직무집행행위가 당해 공무원의 추상적 · 일반적 직무권한에 속할 것
○ 직무집행행위가 법률에 규정된 당해 공무원의 구체적 직무권한에 속할 것
○ 직무집행행위는 법령이 정하는 절차와 방식(영장, 통지 및 고지 등)에 따른 것일 것

2) 적법성의 판단시점

직무집행의 적법성은 행위시를 표준으로 판단

■ 판례 ■ **공무집행방해죄의 전제인 '공무집행의 적법성'의 요건과 판단 기준**

공무집행방해죄는 공무원의 적법한 공무집행이 전제되어야 하고, 공무집행이 적법하기 위해서는 그 행위가 공무원의 추상적 직무 권한에 속할 뿐만 아니라 구체적으로 그 권한 내에 있어야 하며, 직무행위로서 중요한 방식을 갖추어야 한다. 추상적인 권한에 속하는 공무원의 어떠한 공무집행이 적법한지는 행위 당시의 구체적 상황에 기초를 두고 객관적 · 합리적으로 판단해야 하고, 사후적으로 순수한 객관적 기준에서 판단할 것은 아니다.(대법원 2024. 7. 25. 선고 2023도16951 판결)

■ 판례 ■ **경미한 범죄의 현행범을 강제로 연행하려고 하는 경찰관의 행위가 적법한 공무집행인지의 여부(소극)**

[1] 사실관계

경찰관 乙 등은 회사 앞길에서 자신에 대한 해고의 부당함을 주장하며 농성을 벌이고 있던 회사의 해고 근로자인 甲에게 경찰서까지 동행할 것을 요구하였다가 거절당함에 따라 그를 연행하기 위하여 경찰순찰차량에 강제로 승차시키려고 하자 甲이 이를 제지하는 방법으로서 乙 등에게 폭행을 가하였다.

[2] 판결요지

가. 공무집행방해죄에 있어 공무집행의 의미

형법 제136조가 규정하는 공무집행방해죄는 공무원의 직무집행이 적법한 경우에 한하여 성립하는 것이고, 여기서 적법한 공무집행이라고 함은 그 행위가 공무원의 추상적 권한에 속할 뿐 아니라 구체적 직무집행에 관한 법률상 요건과 방식을 갖춘 경우를 가리키는 것이므로, 이러한 적법성이 결여된 직무행위를 하는 공무원에게 대항하여 폭행을 가하였다고 하더라도 이를 공무집행방해죄로 다스릴 수는 없다.

나. 甲의 죄책

공소외인의 행위가 법정형 5만 원 이하의 벌금, 구류 또는 과료에 해당하는 경미한 범죄에 불과한 경우 비록 그가 현행범인이라고 하더라도 영장 없이 체포할 수 는 없고, 또한 범죄의 사전 진압이나 교통단속의 목적만을 이유로 그에게 임의동행을 강요할 수도 없다 할 것이므로, 경찰관이 그의 의사에 반하여 강제로 연행하려고 한 행위는 적법한 공무집행이라고 볼 수 없고, 따라서 피고인이 위 경찰관의 행위를 제지하기 위하여 경찰관에게 폭행을 가하였다고 하여도 이는 공무집행방해죄를 구성하지 아니한다(대법원 1992.5.22. 선고 92도506 판결).

■ 판례 ■ **적법성이 결여된 직무행위를 하는 교통경찰관에 대항하여 폭행을 가한 경우, 공무집행방해죄의 성립여부(소극)**

[1] 사실관계

경찰관 甲이 교통단속 업무를 수행하고 있던 중 乙의 신호위반을 이유로 乙의 차량을 정지시킨 후 乙에게 신호위반 사실을 고지하고 운전면허증을 제시할 것을 요구하였으나, 乙은 신호위반을 하지 않았다면서 甲에게 범칙금납부통고서를 받지 않겠으니 즉결심판을 받을 수 있게 해달라고 요구하였으나, 甲은 이와 같은 乙의 요구를 무시한 채 乙에게 재차 운전면허증의 제시를 요구하였는 바, 이를 거부하는 乙이 甲을 폭행하였다.

[2] 판결요지

도로교통법 제118조는 경찰서장은 범칙자로 인정되는 사람에 대하여는 그 이유를 명시한 범칙금납부통고서로 범칙금을 납부할 것을 통고할 수 있으나, 범칙금납부통고서를 받기를 거부한 사람에 대하여는 그러하지 아니하다고 규정하고 있고, 같은 법 제120조는 경찰서장은 범칙금납부통고서를 받기를 거부한 사람에 대하여는 지체없이 즉결심판을 청구하여야 한다고 규정하고 있으므로, 교통경찰관으로서는 피고인이 신호위반을 하였다고 하더라도 범칙금납부통고서를 받지 않겠다는 의사를 분명히 밝힌 이상, 피고인에 대하여 지체 없이 즉결심판 출석통지서를 교부 또는 발송하고 즉결심판청구서를 작성하여 관할 법원에 제출하는 등 즉결심판청구의 절차로 나아가야 함에도, 이러한 절차를 밟지 아니한 채 범칙금납부 통고처분을 강행할 목적으로 무리하게 운전면허증을 제시할 것을 계속 요구한 것은 적법한 교통단속 업무라고 할 수 없어 그 교통경찰관에게 폭행을 가한 행위는 공무집행방해죄에 해당하지 않는다(대법원 2004.7.9. 선고 2003도8336 판결).

■ 판례 ■ **경찰공무원이 자동차운전자에게 후렛쉬봉에 의한 3회에 걸친 음주측정 후에도 이를 확인할 수 없어 다시 음주측정기로 검사받을 것을 요구한 행위가 적법한 공무집행에 해당하는지 여부(적극)**

도로교통법 제41조 제2항에 의하여 경찰공무원이 운전자에 대하여 음주 여부나 주취정도를 측정함에 있어서는 그 측정방법이나 측정회수에 있어서 합리적인 필요한 한도에 그쳐야 하겠지만 그 한도 내에서는 어느 정도의 재량이 있다고 하여야 할 것인바, 경찰공무원이 승용차에 가족을 태우고 가던

술을 마시지 않은 운전자에게 음주 여부를 확인하려고 후렛쉬봉에 두 차례 입김을 불게 했으나 잘 알 수 없어 동료경찰관에게 확인해 줄 것을 부탁하였고 그와 같은 방법으로 다시 확인하려 했으나 역시 알 수 없어 보다 정확한 음주측정기로 검사받을 것을 요구했다면 다른 사정이 없는 한 위와 같은 상황에서의 음주 여부의 확인을 위하여 한 위 경찰공무원의 행위는 합리적인 필요한 한도를 넘은 것이라고 할 수 없어 적법한 공무집행에 해당한다(대법원 1992.4.28. 선고 92도220 판결).

■ 판례 ■ **범칙행위를 하였다고 인정되는 운전자가 자신의 인적사항을 밝히지 아니하고 면허증제시를 거부하며 차량을 출발시킨 경우, 교통단속업무에 종사하던 의경이 서서히 진행하는 차량의 문틀을 잡고 정지할 것을 요구한 행위는 적법한 공무집행의 범위 안에 드는지 여부(적극)**

[1] 사실관계

의경 甲이 좌회전 후 횡단보도 앞에 정지한 乙의 차량을 길가로 유도하여 정차시킨 후 신호위반 사실을 알리면서 면허증 제시를 요구하였는데, 乙이 신호위반 사실을 부인하여 다시 신호위반임을 고지한 후 면허증 제시를 요구하자 乙이 동행인에게 "가자"라고 말하며 차를 출발 전진시키자 위 의경은 시속 약 5km로 서서히 진행하는 乙 차량의 운전석쪽 문틀을 한손으로 잡고 차를 세우라고 하였고, 그래도 계속 진행하자 양손으로 문틀을 잡고 따라 뛰면서 서라고 하였으나 차량이 시속 약 20km에 이르기까지 속도를 내자 더이상 따라 뛰지 못하여 순간적으로 차에 매달려 약 10여m 정도 가다가 차에서 떨어지려고 양발을 땅에 대고 서려는 순간 땅바닥에 넘어지면서 손은 계속 차량을 잡은 채로 약 5m 가량 끌려가다가 차는 정차하였고, 이로 인하여 위 의경의 오른쪽 발이 오른쪽 바퀴에 치여 상해를 입었다.

[2] 판결요지

범칙행위를 하였다고 인정되는 운전자가 자신의 인적사항을 밝히지 아니하고 면허증제시를 거부하며 차량을 출발시킨 경우, 교통단속업무에 종사하던 의경이 서서히 진행하는 차량의 문틀을 잡고 정지할 것을 요구한 행위는 적법한 공무집행의 범위 안에 든다(대법원 1994.9.27. 선고 94도886 판결).

■ 판례 ■ **대학생들에 의하여 납치, 감금된 전경들을 구출하기 위하여 경찰이 압수수색영장 없이 대학교 도서관에 진입한 것이 적법한 공무집행에 해당하는지 여부(적극)**

대학생들인 피고인들이 전경 5명을 불법으로 납치, 감금하고 있으면서 경찰의 수회에 걸친 즉시 석방요구에도 불구하고 불가능한 조건을 내세워 이에 불응하고, 경찰이 납치된 전경들을 구출하기 위하여 농성장소인 대학교 도서관 건물에 진입하기 직전 동 대학교 총장에게 이를 통고하고 이에 동 총장이 설득하였음에도 불구하고 이에 응하지 아니한 상황 아래에서는 현행의 불법감금상태를 제거하고 범인을 체포할 긴급한 필요가 있다고 보여지므로, 경찰이 압수수색영장 없이 도서관 건물에 진입한 것은 적법한 공무원의 직무집행이라 할 것이다(대법원 1990.6.22. 선고 90도767 판결).

■ 판례 ■ **의결사항 중에 지방의회의 권한에 속하지 아니하는 사항이 포함된 경우, 적법한 직무행위인지 여부(적극)**

지방의회의 회의가 적법한 소집절차를 밟아 소집되었고 소집의 목적이 불법적이거나 사회질서에 반하는 것이 아닌 이상, 그 회의의 의결사항 중에 지방의회의 권한에 속하지 아니하는 사항이 포함되어 있었다 하더라도 지방의회 의원들이 그 회의에 참석하고 그 회의에서 의사진행을 하는 직무행위는 적법한 것이다(대법원 1998.5.12. 선고 98도662 판결).

■ 판례 ■ **공무집행방해죄에 있어서 '공무집행'의 의미 및 현행범인이 적법절차를 준수하지 아니한 채 실력으로 자신을 연행하려고 한 경찰관에 대하여 폭행을 한 경우, 공무집행방해죄의 성립 여부(소극)**

[1] 사실관계

> 순찰 중이던 경찰관 甲과 乙은 교통사고를 일으킨 丙의 검정색 그랜저 승용차가 도주하였다는 무전연락을 받고 주변을 수색하던 중 철로 옆에 세워져 있던 운전석 범퍼 및 펜더부분이 파손된 검정색 그랜저승용차에서 丙이 내리는 것을 발견하고 체포의 이유 등을 고지하지 아니하고 강제로 순찰차에 태우려고 하자 丙은 이에 반항하면서 몸싸움을 하는 과정에서 甲을 넘어뜨려 상해를 입혔다.

[2] 판결요지

가. 순찰 중이던 경찰관이 교통사고를 낸 차량이 도주하였다는 무전연락을 받고 주변을 수색하다가 범퍼 등의 파손상태로 보아 사고차량으로 인정되는 차량에서 내리는 사람을 발견한 경우, 형사소송법 제211조 제2항 제2호 소정의 '장물이나 범죄에 사용되었다고 인정함에 충분한 흉기 기타의 물건을 소지하고 있는 때'에 해당하므로 준현행범으로서 영장 없이 체포할 수 있다.

나. 사법경찰리가 현행인인의 체포 또는 긴급체포를 하기 위하여는 반드시 범죄사실의 요지, 구속의 이유와 변호인을 선임할 수 있음을 말하고 변명할 기회를 주어야 하는지 여부(적극) 및 그 시기 형사소송법 제72조는 '피고인에 대하여 범죄사실의 요지, 구속의 이유와 변호인을 선임할 수 있음을 말하고 변명할 기회를 준 후가 아니면 구속할 수 없다.'고 규정하는 한편, 이 규정은 같은 법 제213조의2에 의하여 검사 또는 사법경찰관리가 현행범인을 체포하거나 일반인이 체포한 현행범인을 인도받는 경우에 준용되므로, 사법경찰리가 현행범인으로 체포하는 경우에는 반드시 범죄사실의 요지, 구속의 이유와 변호인을 선임할 수 있음을 말하고 변명할 기회를 주어야 할 것임은 명백하며, 이러한 법리는 비단 현행범인을 체포하는 경우뿐만 아니라 긴급체포의 경우에도 마찬가지로 적용되는 것이고, 이와 같은 고지는 체포를 위한 실력행사에 들어가기 이전에 미리 하여야 하는 것이 원칙이나, 달아나는 피의자를 쫓아가 붙들거나 폭력으로 대항하는 피의자를 실력으로 제압하는 경우에는 붙들거나 제압하는 과정에서 하거나, 그것이 여의치 않은 경우에라도 일단 붙들거나 제압한 후에는 지체 없이 행하여야 한다.

다. 경찰관의 행위가 적법한 공무집행을 벗어나 불법하게 체포한 것으로 볼 수밖에 없다면, 그 체포를 면하려고 반항하는 과정에서 경찰관에게 상해를 가한 것은 불법 체포로 인한 신체에 대한 현재의 부당한 침해에서 벗어나기 위한 행위로서 정당방위에 해당하여 위법성이 조각된다(대법원 2000.7.4. 선고 99도4341 판결).

■ 판례 ■ **경찰관이 현행범인을 체포한 후에 범죄사실의 요지 등을 고지한 경우에도 적법한 공무집행에 해당하는지 여부(한정 적극)**

사법경찰관리가 현행범인을 체포하는 경우에는 반드시 범죄사실의 요지, 체포의 이유와 변호인을 선임할 수 있음을 말하고 변명할 기회를 주어야 하고, 이와 같은 고지는 체포를 위한 실력행사에 들어가기 이전에 미리 하여야 하는 것이 원칙이나, 달아나는 피의자를 쫓아가 붙들거나 폭력으로 대항하는 피의자를 실력으로 제압하는 경우에는 붙들거나 제압하는 과정에서 하거나, 그것이 여의치 않은 경우에라도 일단 붙들거나 제압한 후에 지체없이 행하였다면 경찰관의 현행범 체포는 적법한 공무집행이라고 할 수 있다(대법원 2008.10.9. 선고 2008도3640 판결).

■ 판례 ■ **출입국관리공무원이 관리자의 사전 동의 없이 사업장에 진입하여 불법체류자 단속 업무를 개시한 경우**

[1] 사실관계

법무부 의정부출입국관리소 소속 공무원 乙 등이 불법체류자 단속업무를 위하여 공장장인 A의 동의나 승낙 없이 공장에 들어가 그 공장 내에서 일하고 있던 甲(방글라데시인) 등을 상대로 불법체류자 단속업무를 개시하자 甲이 乙을 칼로 찔렀다.

[2] 판결요지

가. 출입국관리공무원이 불법체류자 단속을 위하여 제3자의 주거나 사업장 등을 검사하고자 하는 경우에 주거권자나 관리자의 사전 동의가 필요한지 여부(적극)

영장주의 원칙의 예외로서 출입국관리공무원 등에게 외국인 등을 방문하여 외국인동향조사 권한을 부여하고 있는 출입국관리법 규정의 입법 취지 및 그 규정 내용 등에 비추어 볼 때, 출입국관리공무원 등이 출입국관리법 제81조 제1항에 근거하여 제3자의 주거 또는 일반인의 자유로운 출입이 허용되지 아니한 사업장 등에 들어가 외국인을 상대로 조사하기 위해서는 그 주거권자 또는 관리자의 사전 동의가 있어야 한다.

나. 甲의 죄책(특수공무집행방해죄 불성립, 폭처법상의 특수상해죄 성립)

이 사건 불법체류자 단속업무는 적법한 공무집행행위로 볼 수 없고, 따라서 피고인이 피해자를 칼로 찌른 행위는 특수공무집행방해죄를 구성하지 않는다. 다만 피고인이 위험한 물건인 칼로 피해자의 오른쪽 허벅지를 고의적으로 찔러 상해를 가한 행위는 현재의 부당한 침해를 방어하기 위한 상당한 이유가 있는 행위로 볼 수 없다(대법원 2009.3.12. 선고 2008도7156 판결).

■ 판례 ■ **사법경찰관 등이 체포영장을 소지하고 피의자를 체포하는 경우, 범죄사실의 요지와 구속의 이유 및 변호인 선임권 등을 고지하여야 하는 시기**

[1] 사실관계

사법경찰관 乙·丙 등은 필로폰 투약혐의로 甲에 대한 체포영장을 발부받아 甲을 체포하기 위하여 甲에게 필로폰 투약혐의로 체포영장이 발부되었다는 사실과 범죄사실의 요지 및 변호인 선임권 등을 고지하고, 이어 丙이 소지하고 있던 체포영장을 꺼내어 甲에게 제시하려고 하였으나 甲은 팔을 휘두르며 도망가려고 저항하면서 깨진 유리를 들어 乙의 오른쪽 팔을 찌르고 丙에게도 깨진 유리를 휘두르면서 완강히 대항하며 현장에서 이탈하였다.

[2] 판결요지

원심은 그 채용 증거를 종합하여 그 판시와 같은 사실을 인정한 다음, 乙 등은 피고인에 대한 체포영장을 집행하기 전 피고인에게 필로폰 투약혐의로 체포영장이 발부되었다는 사실과 범죄사실의 요지 및 변호인선임권 등을 고지하였고, 이어 丙이 소지하고 있던 체포영장을 꺼내어 피고인에게 제시하려고 하였으나, 피고인이 팔을 휘두르면서 도망가려고 저항하고, 이어 깨진 유리를 들어 乙의 오른쪽 팔을 찌르고 丙에게도 깨진 유리를 휘두르면서 완강히 대항하여 결국 乙 등이 힘에 부쳐 피고인을 검거하지 못한 채 현장에서 이탈함에 따라 피고인에게 체포영장을 제시하지 못한 것이므로, 피고인에게 체포영장이 실제로 제시되지는 않았다 하더라도 乙 등의 위와 같은 체포행위는 적법한 공무집행으로 보아야 한다고 판단하였는바, 앞서 본 법리와 기록에 비추어 살펴보면 원심의 위와 같은 사실인정과 판단은 정당하다(대법원 2008.2.14 선고 2007도10006 판결).

■ 판례 ■ **검문 중이던 경찰관들이, 자전거를 이용한 날치기 사건 범인과 흡사한 인상착의의 피고인이 자전거를 타고 다가오는 것을 발견하고 정지를 요구하였으나 멈추지 않아, 앞을 가로막고 소속과 성명을 고지한 후 검문에 협조해 달라는 취지로 말하였음에도 불응하고 그대로 전진하자, 따라가서 재차 앞을 막고 검문에 응하라고 요구하였는데, 이에 피고인이 경찰관들의 멱살을 잡아 밀치거나 욕설을 하는 등 항의를 한 경우**

범행의 경중, 범행과의 관련성, 상황의 긴박성, 혐의의 정도, 질문의 필요성 등에 비추어 경찰관들은 목적 달성에 필요한 최소한의 범위 내에서 사회통념상 용인될 수 있는 상당한 방법을 통하여 경찰관직무집행법 제3조 제1항에 규정된 자에 대해 의심되는 사항을 질문하기 위하여 정지시킨 것으로 보아야 하는데도, 이와 달리 경찰관들의 불심검문이 위법하다고 보아 피고인에게 무죄를 선고한 원심판결에 불심검문의 내용과 한계에 관한 법리오해의 위법이 있다고 한 사례(대법원 2012.9.13. 선고 2010도6203 판결).

■ 판례 ■ **피해 신고를 받고 출동한 두 명의 경찰관에게 욕설을 하면서 순차로 폭행을 하여 신고 처리 및 수사 업무에 관한 정당한 직무집행을 방해한 경우**

[1] 사실관계

> 경찰관 乙과 丙은 甲의 피해신고를 접수하고 함께 출동하여 신고 처리 및 수사 업무를 수행하고 있었던 바, 甲이 경찰관 乙에게 욕설을 하고, 때릴 듯이 어깨와 몸을 밀면서 다가와 폭행하고, 이를 제지하는 경찰관 丙에게 욕설을 하며 상의를 벗어 던지고, 배치기를 하여 경찰관의 정당한 업무를 방해하였다.

[2] 판결요지

가. 동일한 공무를 집행하는 여러 공무원의 공무집행을 방해한 경우의 죄수관계(=상상적 경합)

동일한 공무를 집행하는 여럿의 공무원에 대하여 폭행·협박 행위를 한 경우에는 공무를 집행하는 공무원의 수에 따라 여럿의 공무집행방해죄가 성립하고, 위와 같은 폭행·협박 행위가 동일한 장소에서 동일한 기회에 이루어진 것으로서 사회관념상 1개의 행위로 평가되는 경우에는 여럿의 공무집행방해죄는 상상적 경합의 관계에 있다.

나. 甲의 죄책

동일한 장소에서 동일한 기회에 이루어진 폭행 행위는 사회관념상 1개의 행위로 평가하는 것이 상당하므로 위 공무집행방해죄는 형법 제40조에 정한 상상적 경합의 관계에 있다(대법원 2009.6.25. 선고 2009도3505 판결).

■ 판례 ■ **옥외집회 또는 시위 장소가 두 곳 이상의 지방경찰청 관할지에 속하는 경우**

[1] 사실관계

> '태평양전쟁 희생자 유족회' 사무국장인 甲은 부산지방경찰청장에게 시위(행진)의 상세한 일정과 진로가 기재된 전국도보행진 일정표와 함께 '위 유족회가 부산에서 서울까지 도보로 시위한다'는 내용의 옥외집회(시위·행진) 신고를 한 후 부산 등을 거쳐 서울에서 도보행진을 하던 중, 경찰관들에게서 불법집회라는 등의 이유로 제지를 받자 이에 불응하여 승합차를 계속 운전함으로써 일부 경찰관들을 넘어뜨려 상해를 가하였다.

[2] 판결요지

가. 옥외집회 또는 시위가 신고 범위를 벗어나 신고된 것과 동일성이 없거나 '신고한 범위를 뚜렷이 벗어나는 행위'에 해당하여 해산명령 대상이 되는지의 판단 기준

신고 후 개최된 옥외집회나 시위가 신고 범위를 벗어나 신고된 옥외집회 또는 시위와 동일성이 없거나 집회 및 시위에 관한 법률 제16조 제4항 제3호에서 정한 '신고한 목적, 일시, 장소, 방법 등의 범위를 뚜렷이 벗어나는 행위'에 해당하여 해산명령의 대상이 되는지는 집회·시위의 자유가 헌법상 보장된 국민의 기본권이라는 점과, 집회 등의 주최자로서는 사전에 진행방법의 세부적인 사항까지 모두 예상하여 빠짐없이 신고하기 어려울 뿐 아니라 진행과정에서 방법의 변경이 불가피한 경우도 있을 수 있는 점을 염두에 두고, 신고 내용과 실제 상황을 구체적·개별적으로 비교하여 살펴본 다음 이를 전체적·종합적으로 평가하여 판단하여야 한다.

나. 옥외집회 또는 시위 장소가 두 곳 이상의 지방경찰청 관할지에 속하는 경우, 집회 및 시위에 관한 법률 제6조 제1항 단서에 따른 적법한 신고가 있다고 하기 위한 요건

집회 및 시위에 관한 법률(이하 '집시법'이라고 한다) 제6조 제1항 단서는 옥외집회나 시위의 장소가 두 곳 이상의 지방경찰청 관할지에 속하는 경우 신고서를 '주최지 관할 지방경찰청장'에게 제출하도록 하면서 '주최지'에 관한 정의를 규정하지 않고 있는데, 위 규정이 집회나 시위 장소의 관할 지방경찰청장 모두에게 신고서를 제출하도록 하고 있지는 않을 뿐 아니라 두 곳 이상의 관할 지방경찰청장 중 어느 쪽이 '주최지 관할' 지방경찰청장에 해당한다고 규정하지도 않고 있으므로, 헌법상 집회의 자유에 대한 보장과 신고제도의 취지 및 신고사항과 그에 대한 관할 경찰관서장의 보완, 금지의 통고 및 제한 조치 등에 관한 절차규정에 비추어 볼 때, 주최지 중 어느 한 곳의 관할 지방경찰청장에게 두 곳 이상의 지방경찰청 관할지에 속하는 옥외집회나 시위의 신고서를 제출하고 집시법 제6조 제1항 각 호에서 정한 신고사항이 실제 개최한 내용과 실질적인 점에서 부합하는 경우에는 위 규정에 따른 적법한 신고가 있다고 볼 수 있다.

다. 위 행위가 공무집행방해죄를 구성하는지 여부(소극)

제반 사정에 비추어 두 곳 이상의 지방경찰청 관할지에 속하는 위 집회 신고가 주최지 관할 지방경찰청장인 부산지방경찰청장에게 접수되었고, 신고서 및 첨부서류에 의하면 도보행진 당일의 집회를 비롯하여 예정된 각 집회의 구체적 일정 및 장소가 특정된 것으로 볼 수 있으며, 신고 후 개최된 집회의 실제 내용도 신고 내용과 동일성이 없다거나 신고한 목적, 일시, 장소, 방법 등의 범위를 뚜렷이 벗어난 것이라고 보기 어려워, 위 집회를 집시법에서 정한 신고절차를 위반하여 개최된 옥외집회 또는 시위에 해당한다고 단정할 수 없다는 이유로, 경찰관들의 위 제지 행위가 공무집행방해죄의 보호대상이 되는 적법한 공무집행에 해당하는지에 관하여 살피지 아니한 채 이에 저항한 피고인의 행위가 공무집행방해죄를 구성한다고 본 원심판결에 법리오해 및 심리미진의 위법이 있다고 한 사례(대법원 2011. 6. 9. 선고 2009도591 판결)

■ 판례 ■ 법외 단체인 전국공무원노동조합의 지부가 당초 공무원 직장협의회의 운영에 이용되던 군(郡) 청사시설인 사무실을 임의로 사용하자 지방자치단체장이 자진폐쇄 요청 후 행정대집행법에 따라 행정대집행을 하였는데, 지부장 등인 피고인들과 위 지부 소속 군청 공무원들이 위 집행을 행하던 공무원들에게 대항하여 폭행 등 행위를 한 경우

위 행정대집행은 주된 목적이 조합의 위 사무실에 대한 사실상 불법사용을 중지시키기 위하여 사무실 내 조합의 물품을 철거하고 사무실을 폐쇄함으로써 군청사의 기능을 회복하는 데 있으므로, 전체적으로 대집행의 대상이 되는 대체적 작위의무인 철거의무를 대상으로 한 것으로 적법한 공무집행에 해당한다고 볼 수 있고, 그에 대항하여 피고인 등이 폭행 등 행위를 한 것은 단체 또는 다중의

위력으로 공무원들의 적법한 직무집행을 방해한 것에 해당하므로, 피고인들에게 특수공무집행방해죄를 인정한 원심판단의 결론을 정당하다(대법원 2011.4.28. 선고 2007도7514 판결).

■ 판례 ■   **피고인이 경찰관의 불심검문을 받아 운전면허증을 교부한 후 경찰관에게 큰 소리로 욕설을 하였는데, 경찰관이 모욕죄의 현행범으로 체포하겠다고 고지한 후 피고인의 오른쪽 어깨를 붙잡자 반항하면서 경찰관에게 상해를 가한 경우**

피고인은 경찰관의 불심검문에 응하여 이미 운전면허증을 교부한 상태이고, 경찰관뿐 아니라 인근 주민도 욕설을 직접 들었으므로, 피고인이 도망하거나 증거를 인멸할 염려가 있다고 보기는 어렵고, 피고인의 모욕 범행은 불심검문에 항의하는 과정에서 저지른 일시적, 우발적인 행위로서 사안 자체가 경미할 뿐 아니라, 피해자인 경찰관이 범행현장에서 즉시 범인을 체포할 급박한 사정이 있다고 보기도 어려우므로, 경찰관이 피고인을 체포한 행위는 적법한 공무집행이라고 볼 수 없고, 피고인이 체포를 면하려고 반항하는 과정에서 상해를 가한 것은 불법체포로 인한 신체에 대한 현재의 부당한 침해에서 벗어나기 위한 행위로서 정당방위에 해당한다(대법원 2011.5.26. 선고 2011도3682 판결).

■ 판례 ■   **경찰관이 벌금형에 따르는 노역장 유치의 집행을 위하여 형집행장을 소지하지 아니한 채 피고인을 구인할 목적으로 그의 주거지를 방문하여 임의동행의 형식으로 데리고 가다가, 피고인이 동행을 거부하며 다른 곳으로 가려는 것을 제지하면서 체포·구인하려고 하자 피고인이 이를 거부하면서 경찰관을 폭행한 경우**

[1] 사법경찰관리가 벌금형에 따르는 노역장 유치의 집행을 위하여 구인하는 경우, 검사로부터 발부받은 형집행장을 그 상대방에게 제시하여야 하는지 여부(적극)

벌금형에 따르는 노역장 유치는 실질적으로 자유형과 동일하므로, 그 집행에 대하여는 자유형의 집행에 관한 규정이 준용된다(형사소송법 제492조). 따라서 구금되지 아니한 당사자에 대하여 형의 집행기관인 검사는 그 형의 집행을 위하여 이를 소환할 수 있으나, 당사자가 소환에 응하지 아니한 때에는 형집행장을 발부하여 이를 구인할 수 있는데(같은 법 제473조), 이 경우의 형집행장의 집행에 관하여는 형사소송법 제1편 제9장(제68조 이하)에서 정하는 피고인의 구속에 관한 규정이 준용된다(같은 법 제475조). 그리하여 사법경찰관리가 벌금형을 받은 이를 그에 따르는 노역장 유치의 집행을 위하여 구인하려면, 검사로부터 발부받은 형집행장을 그 상대방에게 제시하여야 한다(같은 법 제85조 제1항).

[2] 공무집행방해죄의 성립여부

위와 같이 피고인을 체포·구인하려고 한 것은 노역장 유치의 집행에 관한 법규정에 반하는 것으로서 적법한 공무집행행위라고 할 수 없으며, 또한 그 경우에 형집행장의 제시 없이 구인할 수 있는 '급속을 요하는 경우'(형사소송법 제85조 제3항)에 해당한다고 할 수 없고, 이는 피고인이 벌금 미납자로 지명수배 되었다고 하더라도 달리 볼 것이 아니므로, 공무집행방해죄는 성립하지 않는다(대법원 2010.10. 14. 선고 2010도8591 판결).

■ 판례 ■   **특정 지역에서의 불법집회에 참가하려는 것을 막기 위하여 시간적·장소적으로 근접하지 않은 다른 지역에서 집회예정장소로 이동하는 것을 제지하는 행위가 경찰관직무집행법 제6조 제1항에 따른 공무원의 적법한 직무집행인지 여부(소극)**

구 집회 및 시위에 관한 법률(2007. 5. 11. 법률 제8424호로 개정되기 전의 것)에 의하여 금지되어 그 주최 또는 참가행위가 형사처벌의 대상이 되는 위법한 집회·시위가 장차 특정지역에서 개최될 것이 예상된다고 하더라도, 이와 시간적·장소적으로 근접하지 않은 다른 지역에서 그 집회·시위에 참가하기 위하여 출발 또는 이동하는 행위를 함부로 제지하는 것은 경찰관직무집행법 제6조 제1항의 행정상 즉시강제인 경찰관의 제지의 범위를 명백히 넘어 허용될 수 없다. 따라서 이러한 제지 행위는 공무집행방해죄의 보호대상이 되는 공무원의 적법한 직무집행이 아니다(대법원 2008.11.13. 선고 2007도9794 판결).

■ 판례 ■ **형집행장을 제시하여야 하는지 여부**

[1] 사법경찰관리가 벌금형을 받은 이를 노역장 유치의 집행을 위하여 구인하는 경우, 검사로부터 발부받은 형집행장을 상대방에게 제시하여야 하는지 여부(적극) 및 형집행장의 제시 없이 구인할 수 있는 '급속을 요하는 때'의 의미 / 이때 사법경찰관리가 벌금 미납으로 인한 노역장 유치의 집행의 상대방에게 형집행 사유와 더불어 벌금 미납으로 인한 지명수배 사실을 고지한 경우, 형집행장이 발부되어 있는 사실도 고지한 것이라거나 형집행장이 발부되어 있는 사실까지도 포함하여 고지한 것이라고 볼 수 있는지 여부(원칙적 소극) 및 이와 같은 사법경찰관리의 직무집행이 적법한 직무집행에 해당하는지 여부(소극)

벌금형에 따르는 노역장 유치는 실질적으로 자유형과 동일하므로, 그 집행에 대하여는 자유형의 집행에 관한 규정이 준용된다(형사소송법 제492조). 구금되지 아니한 당사자에 대하여 형의 집행기관인 검사는 그 형의 집행을 위하여 이를 소환할 수 있으나, 당사자가 소환에 응하지 아니한 때에는 형집행장을 발부하여 이를 구인할 수 있는데(형사소송법 제473조), 이 경우의 형집행장의 집행에 관하여는 형사소송법 제1편 제9장에서 정하는 피고인의 구속에 관한 규정이 준용된다(형사소송법 제475조). 그리하여 사법경찰관리가 벌금형을 받은 이를 그에 따르는 노역장 유치의 집행을 위하여 구인하려면 검사로부터 발부받은 형집행장을 상대방에게 제시하여야 하지만(형사소송법 제85조 제1항), 형집행장을 소지하지 아니한 경우에 급속을 요하는 때에는 상대방에 대하여 형집행 사유와 형집행장이 발부되었음을 고하고 집행할 수 있고(형사소송법 제85조 제3항), 여기서 형집행장의 제시 없이 구인할 수 있는 '급속을 요하는 때'란 애초 사법경찰관리가 적법하게 발부된 형집행장을 소지할 여유가 없이 형집행의 상대방을 조우한 경우 등을 가리킨다. 이때 사법경찰관리가 벌금 미납으로 인한 노역장 유치의 집행의 상대방에게 형집행 사유와 더불어 벌금 미납으로 인한 지명수배 사실을 고지하였더라도 특별한 사정이 없는 한 그러한 고지를 형집행장이 발부되어 있는 사실도 고지한 것이라거나 형집행장이 발부되어 있는 사실까지도 포함하여 고지한 것이라고 볼 수 없으므로, 이와 같은 사법경찰관리의 직무집행은 적법한 직무집행에 해당한다고 할 수 없다.

[2] 경찰관 甲이 도로를 순찰하던 중 벌금 미납으로 지명수배된 피고인과 조우하게 되어 벌금 미납 사실을 고지하고 벌금납부를 유도하였으나 피고인이 이를 거부하자 벌금 미납으로 인한 노역장 유치의 집행을 위하여 구인하려 하였는데, 피고인이 이에 저항하여 甲을 폭행함으로써 벌금수배자 검거를 위한 경찰관의 공무집행을 방해한 경우

경찰관 甲이 도로를 순찰하던 중 벌금 미납으로 지명수배된 피고인과 조우하게 되어 벌금 미납 사실을 고지하고 벌금납부를 유도하였으나 피고인이 이를 거부하자 벌금 미납으로 인한 노역장 유치의 집행을 위하여 구인하려 하였는데, 피고인이 이에 저항하여 甲의 가슴을 양손으로 수차례 밀침으로써 벌금수배자 검거를 위한 경찰관의 공무집행을 방해하였다는 내용으로 기소된 사안에서, 피고인에 대하여 확정된 벌금형의 집행을 위하여 형집행장이 이미 발부되어 있었으나, 甲이 피고인을 구인하는 과정에서 형집행장이 발부되어 있는 사실은 고지하지 않았던 사정에 비추어 甲의 위와 같은 직무집행은 위법하다고 보아 공소사실을 무죄로 판단한 원심판결이 정당하다.(대법원 2017.9.26. 선고, 2017도9458, 판결)

■ 판례 ■ **공무집행방해죄에서 '적법한 공무집행'의 의미와 판단 기준 / 공무원이 구체적**
상황에 비추어 그 인적·물적 능력의 범위 내에서 적절한 조치라는 판단에 따라 직무를 수행한
경우, 그 위법 여부(한정 소극)

공무집행방해죄는 공무원의 직무집행이 적법한 경우에 성립한다. 여기서 적법한 공무집행이란 그 행위가 공무원의 추상적 권한에 속할 뿐 아니라 구체적으로도 그 권한 내에 있어야 하고 직무행위로서의 중요한 방식을 갖추어야 한다. 추상적인 권한에 속하는 공무원의 어떠한 공무집행이 적법한지 여부는 행위 당시의 구체적 상황에 기하여 객관적·합리적으로 판단하여야 한다. 한편 공무원이 구체적 상황에 비추어 그 인적·물적 능력의 범위 내에서 적절한 조치라는 판단에 따라 직무를 수행한 경우에는, 그러한 직무수행이 객관적 정당성을 상실하여 현저하게 불합리한 것으로 인정되지 않는 한 이를 위법하다고 할 수 없다.(대법원 2021. 9. 16., 선고, 2015도12632, 판결)

■ 판례사례 ■ **[불법한 직무집행임을 이유로 공무집행방해죄의 성립을 부정한 사례]**

(1) 법정형이 긴급체포사유에 해당하지 않는 범죄의 혐의로 기소중지된 사람을 경찰관이 강제연행하려 하자 폭행·협박한 경우(대법원 1991.5.10. 선고 91도453 판결)
(2) 교통경찰관이 운전면허증제시요구에 응하지 않은 사람을 교통초소로 강제연행하려 하자 이를 제지하기 위하여 폭행·협박한 경우(대법원 1992.2.11. 선고 91도2797 판결) ⇨ 정당방위
(3) 경찰관들이 주민들의 신고를 받고 현장에 도착한 당시 이미 싸움이 끝나 있었음에도 의자에 앉아 있었던 피고인을 강제로 연행하려고 하자 피고인이 이에 저항하면서 경찰관에게 폭행한 경우(대법원 1995.5.9. 선고 94도3016 판결)
(4) 교통경찰관이 음주측정을 위하여 파출소까지 가자고 요구하였으나 피고인이 음주운전한 사실이 없다고 하면서 이를 거절하였던 바, 의경이 현행범으로 체포한다는 사실도 고지하지 않은 채 피고인의 혁대를 잡고 파출소까지 끌고 가려고 하자, 피고인이 이에 대항하면서 의경의 목을 잡고 미는 등의 폭행을 한 경우(대법원 1994.10.25. 선고 94도2283 판결)

4. 행 위

폭행·협박하는 것

(1) 폭 행

공무원에 대한 직접·간접의 유형력 행사(광의의 폭행)

○ 유형력은 공무원의 신체에 직접 가해질 필요는 없고, 공무원의 보조자에 대한 유형력의 행사나 물건에 대한 유형력의 행사도 본죄의 폭행에 해당한다.

○ 폭행·협박은 그 성질상 공무집행을 방해할 수 있을 정도의 적극적 행위여야 한다. 따라서 소극적인 반항이나 단순한 불복종 또는 경미한 정도의 폭행·협박은 본죄에 해당하지 않는다.

▪ 판례 ▪ 공무집행방해죄에 있어서 폭행의 범위

공무집행방해죄에 있어서의 폭행이라 함은 공무원에 대한 직접적인 유형력의 행사뿐 아니라 간접적인 유형력의 행사도 포함하는 것이다(대법원 1998.5.12. 선고 98도662 판결).

▪ 판례 ▪ 공공기관 부근에서 시위를 하면서 과도하게 음향을 발생시키는 행위가 공무집행방해죄의 폭행에 해당하는지 여부(한정적극)]

민주사회에서 공무원의 직무 수행에 대한 시민들의 건전한 비판과 감시는 가능한 한 널리 허용되어야 한다는 점에서 볼 때, 공무원의 직무 수행에 대한 비판이나 시정 등을 요구하는 집화시위 과정에서 일시적으로 상당한 소음이 발생하였다는 사정만으로는 이를 공무집행방해죄에서의 음향으로 인한 폭행이 있었다고 할 수는 없을 것이나, 그와 같은 의사전달수단으로서 합리적 범위를 넘어서 상대방에게 고통을 줄 의도로 음향을 이용하였다면 이를 폭행으로 인정할 수 있을 것인바, 구체적인 상황에서 공무집행방해죄에서의 음향으로 인한 폭행에 해당하는지 여부는 음량의 크기나 음의 높이, 음향의 지속시간, 종류, 음향발생 행위자의 의도, 음향발생원과 직무를 집행 중인 공무원과의 거리, 음향발생 당시의 주변 상황을 종합적으로 고려하여 판단하여야 할 것이다(대법원 2009.10.29. 2007도3584).

▪ 판례 ▪ 교통단속 경찰관의 운전면허증 제시요구에 불응하고 차량을 진행한 경우, 경찰관에 대한 폭행에 해당하는지 여부

차량을 일단 정차한 다음 경찰관의 운전면허증 제시요구에 불응하고 다시 출발하는 과정에서 경찰관이 잡고 있던 운전석 쪽의 열린 유리창 윗부분을 놓지 않은 채 어느 정도 진행하다가 차량속도가 빨라지자 더 이상 따라가지 못하고 손을 놓아버렸다면 이러한 사실만으로는 피고인의 행위가 공무집행방해죄에 있어서의 폭행에 해당한다고 할 수 없다(대법원 1996.4.26. 선고 96도281 판결).

▪ 판례 ▪ 파출소 사무실의 바닥에 인분이 들어있는 물통을 집어던진 것이 폭행에 해당하는지 여부

경찰관이 공무를 집행하고 있는 파출소 사무실의 바닥에 인분이 들어있는 물통을 집어던지고 책상 위에 있던 재떨이에 인분을 퍼담아 사무실 바닥에 던지는 행위는 동 경찰관에 대한 폭행이다(대법원 1981.3.24. 선고 81도326 판결).

(2) 협 박

공무원으로 하여금 공포심을 일으키게 할 의사로 해악을 가할 것을 고지하는 것
○ 공무원이 현실적으로 공포심을 가질 필요는 없다(광의의 협박).

▪ 판례 ▪ 파출소에까지 뒤쫓아 가서 경찰관들에게 폭언한 경우

폭력행위등 전과 12범인 피고인이 그 경영의 술집에서 떠들며 놀다가 주민의 신고를 받고 출동한 경찰로부터 조용히 하라는 주의를 받은 것뿐인데 그 후 새벽 4시의 이른 시각에 파출소에까지 뒤쫓아 가서 "우리 집에 무슨 감정이 있느냐, 이 순사새끼들 죽고 싶으냐"는 등의 폭언을 하였다면, 이는 단순한 불만의 표시나 감정적인 욕설에 그친다고 볼 수 없고, 경찰이 계속하여 단속하는 경우에 생명, 신체에 어떤 위해가 가해지리라는 것을 통보함으로써 공포심을 품게 하려는데 그 목적이 있었다고 할 것이고, 또 이는 객관적으로 보아 상대방으로 하여금 공포심을 느끼게 하기에 족하다고 할 것이다(대법원 1989.12.26. 선고 89도1204 판결).

■ 판례 ■ 경찰관의 임의동행을 요구 받은 피고인이 자기집 안방으로 피하여 문을 잠근 후 면도칼로 앞가슴 등을 그어 피를 보이면서 죽어버리겠다 한 경우, 폭행 또는 협박으로 볼 수 있는지 여부(소극)

경찰관의 임의동행을 요구받은 피고인이 자기집 안방으로 피하여 문을 잠갔다면 이는 임의동행 요구를 거절한 것이므로 피요구자의 승낙을 조건으로 하는 임의동행하려는 직무행위는 끝난 것이고 피고인이 문을 잠근 방안에서 면도칼로 앞가슴 등을 그어 피를 보이면서 자신이 죽어버리겠다고 불온한 언사를 농하였다 하여도 이는 자해자학행위는 될지언정 위 경찰관에 대한 유형력의 행사나 해악의 고지표시가 되는 폭행 또는 협박으로 볼 수 없다(대법원 1976.3.9. 선고 75도3779 판결).

■ 판례 ■ 시청 청사 내 주민생활복지과 사무실에 술에 취한 상태로 찾아가 소란을 피우던 피고인을 소속 공무원 甲과 乙이 제지하며 밖으로 데리고 나가려 하자, 피고인이 甲과 乙의 멱살을 잡고 수회 흔든 다음 휴대전화를 휘둘러 甲의 뺨을 때림으로써 시청 공무원들의 주민생활복지에 대한 통합조사 및 민원업무에 관한 정당한 직무집행을 방해하였다는 공소사실로 기소된 사안

시청 청사 내 주민생활복지과 사무실에 술에 취한 상태로 찾아가 소란을 피우던 피고인을 소속 공무원 甲과 乙이 제지하며 밖으로 데리고 나가려 하자, 피고인이 甲과 乙의 멱살을 잡고 수회 흔든 다음 휴대전화를 휘둘러 甲의 뺨을 때림으로써 시청 공무원들의 주민생활복지에 대한 통합조사 및 민원 업무에 관한 정당한 직무집행을 방해하였다는 공소사실로 기소된 사안에서, 지방공무원법 제51조, 제75조의2, 민원 처리에 관한 법률 제5조 제2항 등에 비추어 시청 주민생활복지과 소속 공무원이 주민생활복지과 사무실에 방문한 피고인에게 민원 내용을 물어보며 민원 상담을 시도한 행위, 피고인의 욕설과 소란으로 정상적인 민원 상담이 이루어지지 않고 다른 민원 업무 처리에 장애가 발생하는 상황이 지속되자 피고인을 사무실 밖으로 데리고 나간 행위는 민원 안내 업무와 관련된 일련의 직무수행으로 포괄하여 파악함이 타당한 점, 행위 당시의 구체적 상황에 기초를 두고 객관적·합리적으로 판단해 보면, 담당 공무원이 피고인을 사무실 밖으로 데리고 나가는 과정에서 피고인의 팔을 잡는 등 다소의 물리력을 행사했더라도, 이는 피고인의 불법행위를 사회적 상당성이 있는 방법으로 저지한 것에 불과하므로 위법하다고 볼 수 없는 점, 소란을 피우는 민원인을 제지하거나 사무실 밖으로 데리고 나가는 행위도 민원 담당 공무원의 직무에 수반되는 행위로 파악함이 타당하고 직무권한의 범위를 벗어난 행위라고 볼 것은 아닌 점 등을 종합하면, 피고인의 행위는 시청 소속 공무원들의 적법한 직무집행을 방해한 행위에 해당하므로 공무집행방해죄를 구성하는데도, 이와 달리 본 원심판결에 법리오해의 잘못이 있다고 한 사례.(대법원 2022. 3. 17., 선고, 2021도13883, 판결)

(3) 기수시기

공무원에 대한 폭행·협박행위가 있으면 즉시 기수가 되고, 공무의 현실적 방해결과는 요하지 않는다(추상적 위험범).

5. 주관적 구성요건

행위자는 상대방이 직무를 수행하는 공무원이라는 점 및 이에 대하여 폭행·협박을 한다는 고의를 가져야 한다. 그러나 직무집행을 방해한다는 인식은 필요치 않다.

사법경찰관리가 벌금형을 받은 이를 노역장유치의 집행을 위하여 구인하는 경우, 검사로부터 발부받은 형집행장을 상대방에게 제시하여야 하는지 여부

[1] 사법경찰관리가 벌금형을 받은 이를 노역장 유치의 집행을 위하여 구인하는 경우, 검사로부터 발부받은 형집행장을 상대방에게 제시하여야 하는지 여부(적극) 및 형집행장의 제시 없이 구인할 수 있는 '급속을 요하는 때'의 의미 / 이때 사법경찰관리가 벌금 미납으로 인한 노역장 유치의 집행의 상대방에게 형집행 사유와 더불어 벌금 미납으로 인한 지명수배 사실을 고지한 경우, 형집행장이 발부되어 있는 사실도 고지한 것이라거나 형집행장이 발부되어 있는 사실까지도 포함하여 고지한 것이라고 볼 수 있는지 여부(원칙적 소극) 및 이와 같은 사법경찰관리의 직무집행이 적법한 직무집행에 해당하는지 여부(소극)

벌금형에 따르는 노역장 유치는 실질적으로 자유형과 동일하므로, 그 집행에 대하여는 자유형의 집행에 관한 규정이 준용된다(형사소송법 제492조). 구금되지 아니한 당사자에 대하여 형의 집행기관인 검사는 그 형의 집행을 위하여 이를 소환할 수 있으나, 당사자가 소환에 응하지 아니한 때에는 형집행장을 발부하여 이를 구인할 수 있는데(형사소송법 제473조), 이 경우의 형집행장의 집행에 관하여는 형사소송법 제1편 제9장에서 정하는 피고인의 구속에 관한 규정이 준용된다(형사소송법 제475조). 그리하여 사법경찰관리가 벌금형을 받은 이를 그에 따르는 노역장 유치의 집행을 위하여 구인하려면 검사로부터 발부받은 형집행장을 상대방에게 제시하여야 하지만(형사소송법 제85조 제1항), 형집행장을 소지하지 아니한 경우에 급속을 요하는 때에는 상대방에 대하여 형집행 사유와 형집행장이 발부되었음을 고하고 집행할 수 있고(형사소송법 제85조 제3항), 여기서 형집행장의 제시 없이 구인할 수 있는 '급속을 요하는 때'란 애초 사법경찰관리가 적법하게 발부된 형집행장을 소지할 여유가 없이 형집행의 상대방을 조우한 경우 등을 가리킨다. 이때 사법경찰관리가 벌금 미납으로 인한 노역장 유치의 집행의 상대방에게 형집행 사유와 더불어 벌금 미납으로 인한 지명수배 사실을 고지하였더라도 특별한 사정이 없는 한 그러한 고지를 형집행장이 발부되어 있는 사실도 고지한 것이라거나 형집행장이 발부되어 있는 사실까지도 포함하여 고지한 것이라고 볼 수 없으므로, 이와 같은 사법경찰관리의 직무집행은 적법한 직무집행에 해당한다고 할 수 없다.

[2] 경찰관 甲이 도로를 순찰하던 중 벌금 미납으로 지명수배된 피고인과 조우하게 되어 벌금 미납 사실을 고지하고 벌금납부를 유도하였으나 피고인이 이를 거부하자 벌금 미납으로 인한 노역장 유치의 집행을 위하여 구인하려 하였는데, 피고인이 이에 저항하여 甲을 폭행함으로써 벌금수배자 검거를 위한 경찰관의 공무집행을 방해하였다는 내용으로 기소된 사안

피고인에 대하여 확정된 벌금형의 집행을 위하여 형집행장이 이미 발부되어 있었으나, 甲이 피고인을 구인하는 과정에서 형집행장이 발부되어 있는 사실은 고지하지 않았던 사정에 비추어 甲의 위와 같은 직무집행은 위법하다고 보아 공소사실을 무죄로 판단한 원심판결이 정당하다.(대법원 2017. 9. 26., 선고, 2017도9458, 판결)

공무집행방해죄에 있어서의 범의의 내용, 정도 및 입증방법

가. 공무집행방해죄에 있어서의 범의의 내용, 정도 및 입증방법

공무집행방해죄에 있어서의 범의는 상대방이 직무를 집행하는 공무원이라는 사실, 그리고 이에 대하여 폭행 또는 협박을 한다는 사실을 인식하는 것을 그 내용으로 하고, 그 인식은 불확정적인 것이라도 소위 미필적 고의가 있다고 보아야 하며, 그 직무집행을 방해할 의사를 필요로 하지 아니하고 이와 같은 범의는 피고인이 이를 자백하고 있지 않고 있는 경우에는 그것을 입증함에 있어서는 사물의 성질상 고의와 상당한 관련성이 있는 간접사실을 증명하는 방법에 의할 수밖에 없는 것이나, 그때에 무엇이 상당한 관련성이 있는 간접사실에 해당할 것인가는 정상적인 경험칙에 바탕을 두고 치밀한

관찰력이나 분석력에 의하여 사실의 연결상태를 합리적으로 판단하는 것 외에 다른 방법은 없다.

나. 공무집행방해죄의 고의 인정여부(적극)

그 사건의 경위, 사고 당시의 정황, 운전자의 연령 및 경력 등에 비추어 특별한 사정이 없는 한 택시의 회전반경 등 자동차의 운전에 대하여 충분한 지식과 경험을 가졌다고 볼 수 있는 운전자에게는, 사고 당시 최소한 택시를 일단 후진하였다가 안전하게 진행하거나 의무경찰로 하여금 안전하게 비켜서도록 한 다음 진행하지 아니하고 그대로 좌회전하는 경우 그로부터 불과 30㎝ 앞에서 서 있던 의무경찰을 충격하리라는 사실을 쉽게 알고도 이러한 결과발생을 용인하는 내심의 의사, 즉 미필적 고의가 있었다고 봄이 경험칙상 당연하다.

다. 택시 운전자의 범행을 특수공무집행방해치상죄로 의율할 수 있는지 여부(소극)

사건의 경위와 정황, 그 의무경찰의 피해가 전치 5일 간의 우슬관절부 경도좌상 정도에 불과한 점 등에 비추어 볼 때, 그와 같은 택시운행으로 인하여 사회통념상 피해자인 의무경찰이나 제3자가 위험성을 느꼈으리라고는 보여지지 아니하므로 그 택시 운전자의 범행을 특수공무집행방해 치상죄로 의율할 수는 없다(대법원 1995.1.24. 선고 94도1949 판결).

6. 죄 수

○ 본죄의 죄수에 대해 통설은 공무의 수에 의하여 결정해야 한다는 입장이나, 판례는 공무원의 수에 따라 결정해야 한다고 판시하고 있다.

○ 공무집행 중인 경찰관에게 폭행의 의사로 폭행하여 상해에 이르게 한 경우, 공무집행방해죄와 폭행치상죄의 상상적 경합이 성립한다.

○ 본죄의 행위태양인 폭행·협박죄는 본죄에 흡수된다(법조경합 중 흡수관계).

○ 폭행·협박의 정도를 넘어서 살인·상해·강도의 행위태양을 취한 경우에는 이들 범죄와 공무집행방해죄의 상상적 경합이 된다.

● II. 범죄사실기재

[기재례1] 압수수색을 집행하려는 경찰관의 공무집행방해

1) 범죄사실 기재례

피의자는 20○○. ○. ○. 11:00경 ○○에 있는 ○○병원 202호실에서 그곳에 입원 중인 甲을 만나던 중 ○○경찰서 형사과 마약수사팀 소속 경감 이병선, 경감 임한균이 위 병실로 들어와 위 甲에게 메스암페타민 투약혐의가 있다고 보아 소변 및 모발에 대한 압수수색영장을 집행하였는데 위 甲이 모발의 채취에 불응하면서 병실 밖으로 도주하려고 하였고, 위 경찰관들은 甲의 도주를 막으면서 모발의 채취를 요구하고 있었다.

피의자는 위 경찰관들이 위 甲의 모발 채취를 하지 못하게 하려고 위 甲을 막고 서 있는 위 이병선의 팔을 잡아당기고, 위 임한균의 팔과 상의를 잡아 뒤로 밀어 넘어뜨리고, 그 틈을 이용하여 도주하는 위 甲을 위 임한균이 뒤따라가자, 피의자는 위 임한균을 쫓아가 그의 몸을 잡고 놓아주지 않음으로써 위 이병선, 임한균의 압수수색영장 집행에 관한 정당한 직무집행을 방해하였다.

2) 적용법조 : 제136조 제1항 ⋯ 공소시효 7년

[기재례2] 교통경찰관 폭행 상해

1) 범죄사실 기재례

피의자는 20○○. ○. ○. 23:00경 서울 ○○구 ○○동 123 앞길에서 교통정리를 하는 ○○경찰서 소속 경감 이지은에게 교통신호를 위반하여 ○○호 택시를 운행하였다는 이유로 단속을 당하였다.

피의자는 위 이지은으로부터 운전면허증을 제시해 달라는 요구를 받자 피의자의 차만 단속한다고 불평하면서 오른손 주먹으로 위 이지은의 얼굴을 1회 때리고 오른발로 옆구리를 2회 걷어차는 등 폭행하여 경찰관의 교통단속에 관한 정당한 직무집행을 방해하였다.

※ 상해가 발생하여 상상적 경합관계인 경우 : … 정당한 직무집행을 방해함과 동시에 위 이지은(29세)에게 약 2주간의 치료를 요하는 안면부좌상 등을 가하였다.

2) 적용법조 : 제136조 제1항 (제257조 제1항) … 공소시효 7년

[기재례3] 피의자를 체포하려고 가택을 수색하는 경찰관 폭행

1) 범죄사실 기재례

피의자는 20○○. ○. ○. ○○:○○경 ○○경찰서 수사과에 근무하는 경감 주정노가 강도 현행범인을 체포할 목적으로 ○○에 있는 피의자의 집에 가서 현관문을 열고 상체를 기울여 그 안쪽을 살펴보는 등 피의자의 수색에 착수하였다.

피의자는 이때 위 주정노 경감에게 갑자기 달려들어 "뭐야 용무가 있으면 영장을 제시하라!"라고 소리치면서 위 주 경감의 멱살을 잡고 박치기를 하는 등 공무를 집행한 경찰관을 폭행하여 현행범인의 체포를 위한 수사업무를 방해하였다.

2) 적용법조 : 제136조 제1항 … 공소시효 7년

[기재례4] 주차단속원 폭행 상해

1) 범죄사실 기재례

피의자는 20○○. ○. ○. ○○:○○경 ○○에 있는 ○○지방법원 앞 도로상에서 운전하는 쏘나타 승용차를 주차가 금지된 장소에 주차한 데 대하여 ○○구청 소속 공무원으로서 불법주차단속원인 甲(여, 26세)이 위 승용차 유리에 불법주차 과태료 스티커를 붙였다.

피의자는 이렇게 단속을 하였다는 이유로 위 甲의 치마를 양손으로 잡아당겨 찢고, 피의자가 하반신 지체장애인으로 타고 있던 휠체어로 甲의 다리를 부딪치게 하여 甲에게 약 10일간의 치료를 요하는 양측하퇴부좌상의 상해를 입힘과 동시에 甲의 정당한 주차단속업무를 방해하였다.

2) 적용법조 : 제136조 제1항, 제257조 제1항 … 공소시효 7년 (10년)

[기재례5] 공무원 노조원의 퇴거불응과 공무집행방해

1) 범죄사실 기재례

피의자 甲은 ○○시청 지방행정직 7급 공무원으로 재직하다가 20○○. ○. ○. 파면된 사람으로서 전국공무원노동조합 ○○시지부 사무국장이고, 피의자 乙은 ○○시청 기능직 10급 공무원으로 재직하다가 같은 날 파면된 사람으로서 위 조합 ○○시지부 교육선전부장이며, 피의자 丙은 ○○시청 공무원으로 재직하다가 같은 날 파면된 사람으로서 위 ○○시지부 조직1부차장이고, 피의자 丁은 20○○. ○. ○.까지 ○○시청 지방행정주사로 근무하다 파면되어 현재 전국공무원노동조합 ○○본부장이다.

가. 피의자 甲

피의자는 20○○. ○. ○. 18:00경부터 ○○에 있는 ○○시청 4층에 설치한 천막에서 공무원노조특별법 철회, 공무원노조탄압 분쇄, 부당징계 철회, 지부사무실 회복 등을 주장하며 농성을 하여 오던 20○○. ○. ○. 14:00경 ○○시청 자치행정과장 A로부터 피의자가 파면되었다는 내용의 인사발령통지서를 받으면서 청사에서 나가달라는 요구를 받고, 20○○. ○. ○. 부터 다음 날까지 사이에 2회에 걸쳐 ○○시청 자치행정과 지방행정주사 홍길동으로부터 ○○시장 B명의의 '시설물 자진철거 및 퇴거요청' 공문을 교부받고, 20○○. ○. ○. 20:00경 위 홍길동으로부터 청사에서 나가달라는 요구를 받았다.

그러나 피의자는 정당한 사유 없이 이에 응하지 아니하고 20○○. ○. ○. 12:15경까지 그곳을 점거한 채 농성을 계속하여 ○○시장 등의 퇴거요구에 불응하였다

나. 피의자 乙, 피의자 丙의 공무집행방해 공동범행

피의자들은 같은 날 10:40경 위 ○○시청 현관 앞에서, 청사 안으로 들어가려다가 ○○시장으로부터 시설보호 및 병력지원 요청을 받고 출동하여 그곳에서 청사 경비근무 중인 ○○경찰서 소속 경찰관들에 의해 제지당하였다.

이때 피의자 乙은 맨 앞줄에 늘어서 있는 경찰관들이 들고 있는 방패를 몸으로 밀어붙이면서 손으로 위 A의 방패를 잡고 뒤로 밀고 주먹을 얼굴을 향해 휘둘러 A의 방패가 얼굴에 부딪히게 하고, 피의자 丙은 위와 같이 소리쳐, 청사 경비근무 중인 위 경찰관들의 정당한 직무집행을 방해하였다.

2) 적용법조 : 피의자 甲 : 제319조 제2항, 제1항(퇴거불응), 피의자 乙, 丙 : 제136조 제1항(공무집행방해)

[기재례6] 신고 출동한 경찰관 폭행

1) 범죄사실 기재례

피의자는 20○○. ○. ○. 09:35경 ○○에 있는 ○○목욕탕 앞 노상에서, 범죄신고를 받고 출동한 ○○경찰서 ○○지구대 소속 경위 홍길동에 의해 같은 날 09:10경 甲에게 상해를 가하였다는 혐의사실로 현행범인으로 체포되었다.

피의자는 연행을 위해 112 순찰 차량에 태우려 하는 위 홍길동의 안면부를 양 주먹으로 수회 때려 동인의 현행범인 체포에 관한 정당한 직무집행을 방해하였다.

2) 적용법조 : 제136조 제1항 … 공소시효 7년

[기재례7] 소방공무원의 인명구조 출동 방해

1) 범죄사실 기재례

누구든지 정당한 사유 없이 화재, 재난·재해, 그 밖의 위급한 상황이 발생함에 따라 출동한 소방대의 화재진압 및 인명구조·구급 등 소방활동을 방해하여서는 아니 된다.

그럼에도 불구하고 피의자는 20○○. ○. ○. 20:00경 ○○에서 ○○에 응급환자가 있다는 119신고를 받고 구조·구급활동을 위하여 출동한 ○○소방서 소속 소방사 홍길동이 인명구조를 위해 ○○건물 안으로 들어가려 하자 입구를 막고 늦게 출동하였다며 주먹으로 홍길동의 얼굴을 3회 때렸다.

이로써 피의자는 위력을 사용하여 출동한 소방대의 구급활동을 방해하였다.

2) 적용법조 : 소방기본법 제50조 제1호, 제16조 제2항 … 공소시효 7년

※ 소방기본법

제50조(벌칙) 다음 각 호의 어느 하나에 해당하는 사람은 5년 이하의 징역 또는 5천만원 이하의 벌금에 처한다.

1. 제16조제2항을 위반하여 다음 각 목의 어느 하나에 해당하는 행위를 한 사람

  가. 위력(威力)을 사용하여 출동한 소방대의 화재진압·인명구조 또는 구급활동을 방해하는 행위

  나. 소방대가 화재진압·인명구조 또는 구급활동을 위하여 현장에 출동하거나 현장에 출입하는 것을 고의로 방해하는 행위

  다. 출동한 소방대원에게 폭행 또는 협박을 행사하여 화재진압·인명구조 또는 구급활동을 방해하는 행위

  라. 출동한 소방대의 소방장비를 파손하거나 그 효용을 해하여 화재진압·인명구조 또는 구급활동을 방해하는 행위

[기재례8] 지구대에서 조사하고 있는 경찰관 폭행 상해

1) 범죄사실 기재례

피의자는 20○○. ○. ○. 22:40경 ○○에 있는 ○○노래방에서 접대부를 고용하여 술을 판다는 112신고에 따라 ○○지구대 경찰관이 현장에 출동하여 노래방 2호실에서 남자 손님 2명과 여자 2명이 양주를 마시며 놀고 있는 불법 영업현장을 적발하여 업주를 위 지구대로 임의 동행하여 조사 중, 술에 취한 피의자가 지구대로 찾아와 조사하고 있는 김○○ 경위에게 "신고한 사람이 누구인지 알 권리가 있다. 알려 달라"며 소란을 피워 귀가할 것을 종용하였다.

그러나 피의자는 이에 응하지 않고 다시 지구대 안으로 들어오려는 것을 경찰관 2명이 제지하다 놓치자 순간적으로 조사실에 들어가 조사 중인 김○○ 경위의 얼굴을 주먹으로 때려 어금니가 부러지는 상해를 입히는 등 정당한 공무집행을 방해하였다.

2) 적용법조 : 제136조 제1항, 제257조 제1항 … 공소시효 7년

[기재례9] 음주운전 현행범 연행 중 경찰관을 폭행

1) 범죄사실 기재례

피의자는 20○○. ○. ○. 00:53경 음주 교통사고 관련 경찰관 지원을 요청하는 112신고를 접수하고 ○○지구대 112순찰 근무자 홍○○ 경위 등 2명이 ○○사건 현장에 도착, 피해자 진술청취 후 음주측정을 위해 피의자에게 ○○지구대로 동행을 요구하였으나 거부하며 약 10분간 소란을 피워, 피의자에게 도교법위반 현행범으로 체포되었다.

피의자는 조사를 위해 112 순찰 차량에 탑승시킨 후 ○○지구대로 연행 중, 피의자가 뒷좌석에서 난동을 부리며 운전하는 홍○○ 경위의 눈을 잡아당기고 얼굴을 폭행하는 등 경찰관의 정당한 공무집행을 방해하였다.

2) 적용법조 : 제136조 제1항 … 공소시효 7년

[기재례10] 지구대 사무실로 연행된 후 난동

1) 범죄사실 기재례

피의자는 20○○. ○. ○. 13:00경 ○○에 있는 ○○빌딩 내 ○○회사의 교육장에 무단으로 들어가 욕설과 행패를 부리며 정상적인 업무를 방해하고 피해자 홍길동을 머리로 1회 가격하여 폭행한 혐의로 ○○지구대로 연행되었다.

피의자는 연행되어 조사하고 있는 경찰관에게 욕설하면서 이를 말리려는 오○○ 경장의 복부와 다리를 발로 3회 차면서 "경찰관 새끼들 다 죽인다"면서 고함을 치고, 이를 제지하려 한 이○○ 경위에게 침을 뱉으며 발로 배를 차 수갑을 채워 제압한 후 의자에 앉혀놓았으나 계속해서 욕설하는 등 30여 분간 경찰관의 정당한 공무집행을 방해하였다.

2) 적용법조 : 제136조 제1항 … 공소시효 7년

[기재례11] 음주단속 경찰관을 차로 치고 도주

1) 범죄사실 기재례

피의자는 20○○. ○. ○. 05:42경 ○○ 앞 도로에서 ○○경찰서 교통과 소속 김○○ 경위 등 경찰관 2명이 음주 운전자 단속 활동 중 피의자에 대하여 음주 여부를 확인하기 위해 차량을 세우자 갑자기 차량의 속도를 올려 도주하여 위 김 경위가 몸으로 차량 앞을 가로막자 그대로 들이받아 보닛에 20m가량을 매달고 주행하여 땅바닥에 떨어뜨려 3주간의 치료를 요하는 상해를 입힌 후 도주하였다.

사건발생 5분 후 현장에서 약 2km 떨어진 ○○에서 대상 차량을 수색하던 위 경찰서 ○○지구대 이○○ 경위가 발견, 피의자를 체포하려 하자 술에 취한 피의자가 손톱으로 이 경위를 할퀴는 등 폭력을 행사하여 경찰관의 정당한 공무집행을 방해하였다.

2) 적용법조 : 제136조 제1항, 제257조 제1항 … 공소시효 7년

[기재례12] 화분을 치안센터 출입문에 집어 던지며 행패

1) 범죄사실 기재례

피의자는 20○○. ○. ○. 02:05경 ○○에 있는 ○○치안센터 앞을 술에 취해 지나던 중, 과거 경찰관들이 자신을 교도소에 보냈다는 이유로 위 치안센터 앞에 놓여 있던 화분을 들어 치안센터출입문에 던져, 치안센터 근무자 김○○ 경위가 "왜 이러십니까"라고 하면서 다가서자 "야. 이 개새끼들아 죽어버리겠다 왜 나를 교도소에 집어넣었냐"라고 고함을 치면서 김경위의 얼굴을 1회 폭행한 후 다시 다른 화분을 치안센터 출입문에 던져 이를 손괴하는 등 경찰관의 정당한 공무집행을 방해하였다.

2) 적용법조 : 제136조 제1항 … 공소시효 7년

[기재례13] 교통스티커 발부에 막무가내로 욕설과 폭행 상해

1) 범죄사실 기재례

피의자는 20○○. ○. ○. 21:25경 ○○앞 노상에서 중앙선 침범 및 난폭운전을 하는 것을 순찰 중 발견한 ○○경찰서 교통과 근무 김○○ 경장에게 적발되었다. 이 정차시킨 후 위반 사실을 알리며 피의자에게 중앙선 침범으로 통고처분을 하겠다고 하였다.

피의자는 위 김○○으로부터 운전면허증을 제시해 달라는 요구를 받자 "개새끼야 너희들도 인간이냐, 빨리 끊어라. 십 새끼야" 등 수십 회에 걸쳐 욕설하며 김 경장의 얼굴에 침을 뱉고 오른 손바닥으로 입술 부위를 때려 2주간의 치료를 요하는 상해를 가하는 등 경찰관의 정당한 공무집행을 방해하였다.

2) 적용법조 : 제136조 제1항, 제257조 제1항 … 공소시효 7년

[기재례14] 시청 민원실 직원 폭행

1) 범죄사실 기재례

피의자는 20○○. ○. ○. 09:35경 ○○시청 1청사 내 주민생활복지과 사무실에 술에 취한 상태로 찾아가 피의자의 휴대전화 볼륨을 높여서 음악을 재생하는 등 소란을 피우던 중, 소속 공무원인 갑으로부터 볼륨을 줄여달라는 요청과 함께 민원 내용에 대한 질문을 받자 갑에게 욕설하면서 계속하여 소란을 피우고, 이에 같은 소속 공무원인 을이 피의자를 제지하며 사무실 밖으로 데리고 나가려고 하자 손으로 위 을의 상의를 잡아 찢고, 계속하여 위 1청사 후문 앞에서 양손으로 갑과 을의 멱살을 잡고 수회 흔든 다음 피의자의 손에 들고 있던 휴대전화를 휘둘러 갑의 뺨을 1회 때렸다.

이로써 피의자는 시청 공무원들의 주민 생활복지에 대한 통합조사 및 민원업무에 관한 정당한 직무집행을 각각 방해하였다.

2) 적용법조 : 제136조 제1항 … 공소시효 7년

Ⅲ. 공무원 조사사항

1. 공무원으로서의 신분
- 공무원이 된 연원일, 임명기관, 직위의 개요
- 소속, 지위, 계급
- 직무의 내용

2. 직무집행 중이었던 사실
- 그 직무의 법령상 근거는
- 직무의 구체적인 내용은
- 직무집행의 일시·장소·방법
- 직무집행에 착수하려 하고 있었는가, 아니면 집행 중이었는가
- 그 직무와 피의자와의 관계

3. 공무원의 신분 및 직무집행 중임을 피의자에게 인식시킨 상황
- 피의자와 면식이 있는가
- 제복을 입고 있었는가, 사복이었는가
- 직무집행에 앞서, 자신이 공무원이라는 것과 직무집행 중임을 고지한 방법
- 기타 피의자가 공무원의 직무집행이라는 것을 인식하고 있었다고 인정될 만한 사정

4. 폭행·협박을 당한 상황
- 폭행·협박을 받기 전의 피의자 또는 직무집행의 상대방과의 응대 상황
- 협박을 받은 구체적 상황 및 그 협박 때문에 외포·곤혹을 느낀 상황
- 폭행을 당한 구체적 상황
- 부상한 경우에는 그 원인·부위·정도

5. 폭행·협박과 직무집행과의 관계
- 폭행·협박에 의하여 직무의 집행이 방해되었는가
- 피의자에 대하여 취한 조치

6. 기 타
- 피의자를 제압·검거한 상황(경고·제지, 사안 통보의 상황)
- 기타 참고할 만한 상황

Ⅳ. 피의자 신문사항

1. 피의자의 일반적 조사사항

가. 범행일시

- 범행일시와 그 일시로 특정하여 진술한 근거
- 그 일시를 택한 이유는

나. 범행장소

- 범행의 장소
- 왜 그 장소를 택했는가

다. 범행의 동기·목적

- 왜 그 공무원에 대하여 폭행·협박을 하게 되었는가
- 언제 그 범행을 결의했는가
- 범행의 계획·준비의 상황
  ○ 범행을 위해 어떠한 계획과 준비를 했는가
  ○ 용구를 사용했다면 그것을 어디서·어떻게 입수했는가
  ○ 범행 당시의 복장·휴대품

라. 범행의 상대방이 공무원인가의 인식

- 그 공무원과 면식이 있는가
- 그 공무원은 제복을 입고 있었는가, 사복이었는가
- 그 공무원 이 공무집행을 함에 있어서 공무원임을 알렸다면 그 방법은

마. 상대방 공무원이 직무집행 중이었음에 대한 인식

- 그 공무원은 언제·어디서 어떠한 직무를 집행하고 있었는가?
- 그 공무원은 직무집행에 착수하려고 했었는가, 아니면 이미 집행하고 있었는가
- 피의자 자신과 공무원이 집행하는 직무와의 관계

바. 범행상황

- 폭행·협박을 하기 전의 공무원과 피의자와의 응대 상황
- 협박의 구체적 상황
  ○ 어떠한 수단으로, 어떠한 해악을

○ 해악을 실현할 의사는 있었는가
○ 그 공무원의 외포 · 곤혹의 상황
- 폭행의 구체적 상황
- 폭행 · 협박으로 인하여 공무원의 직무집행은 어떻게 되었나(방해의 결과 여부)

사. 범행 후의 상황

아. 기 타
- 피의자도 부상하였다면, 그 원인 · 부위 · 정도
- 기타 참고할 만한 사항

2. 피의자에 대한 신문사항

가. 주 체
- 직무 중인 경찰관에게 폭행을 가한 일이 있느냐
- 언제 어디에서 그렇게 하였나
- 무엇 때문에 그랬냐
- 당시의 상황을 자세히 설명해 보라

나. 행 위
- 경찰관의 어디를 어떻게 때렸나
- 어느 정도의 피해를 줬느냐

다. 인식(고의)
- 폭행당한 경찰관은 경찰관의 정복과 정모를 착용하고 있었나(경찰관의 신분증을 제시하던가)
- 그렇다면 경찰관이 직무를 수행 중이라는 것을 알고 있었다는 것인가
- 직무 수행 중인 것을 알면서도 경찰관을 구타하였다는 것인가
- 경찰관은 피의자의 행위로 ○○부위를 다쳐 약 2주간의 상처를 입었다고 하는데 알고 있나
- 피해자와 합의는 하였나

제2절 위계에 의한 공무집행방해

> **제137조(위계에 의한 공무집행방해)** 위계로써 공무원의 직무집행을 방해한 자는 5년 이하의 징역 또는 1천만원 이하의 벌금에 처한다.

I. 구성요건

1. 객체

직무집행 중인 공무원, 장래 직무집행이 예상되는 공무원, 직무집행과 관련이 있는 비공무원인 제3자

■ 판례 ■ **甲이 공사입찰에 있어서 허위서류를 제출하여 입찰참가자격을 얻고 낙찰자로 결정되어 계약을 체결한 경우**

[1] 위계에 의한 공무집행방해죄의 성립 요건

위계에 의한 공무집행방해죄는 행위목적을 이루기 위하여 상대방에게 오인, 착각, 부지를 일으키게 하여 이를 이용함으로써 법령에 의하여 위임된 공무원의 적법한 직무에 관하여 그릇된 행위나 처분을 하게 하는 경우에 성립한다.

[2] 甲의 죄책

지방자치단체의 공사입찰에 있어서 허위서류를 제출하여 입찰참가자격을 얻고 낙찰자로 결정되어 계약을 체결한 행위는 위계에 의한 공무집행방해죄에 해당한다(대법원 2003.10.9. 선고 2000도4993 판결).

■ 판례 ■ **감척어선 입찰자격이 없는 甲이 제3자와 공모하여 제3자의 대리인 자격으로 제3자 명의로 입찰에 참가하고, 낙찰받은 후 자신의 자금으로 낙찰대금을 지급한 경우**

[1] 위계에 의한 공무집행방해죄에 있어서 '공무원의 직무집행'의 의미

위계에 의한 공무집행방해죄는 행위목적을 이루기 위하여 상대방에게 오인, 착각, 부지를 일으키게 하여 이를 이용함으로써 법령에 의하여 위임된 공무원의 적법한 직무에 관하여 그릇된 행위나 처분을 하게 하는 경우에 성립하고, 여기에서 공무원의 직무집행이란 법령의 위임에 따른 공무원의 적법한 직무집행인 이상 공권력의 행사를 내용으로 하는 권력적 작용뿐만 아니라 사경제주체로서의 활동을 비롯한 비권력적 작용도 포함되는 것으로 봄이 상당하다.

[2] 甲의 죄책

감척어선 입찰자격이 없는 자가 제3자와 공모하여 제3자의 대리인 자격으로 제3자 명의로 입찰에 참가하고, 낙찰받은 후 자신의 자금으로 낙찰대금을 지급하여 감척어선에 대한 실질적 소유권을 취득한 경우, 위계에 의한 공무집행방해죄가 성립한다(대법원 2003.12.26. 선고 2001도6349 판결).

2. 행 위

위계로써 공무원의 직무집행을 방해하는 것

(1) 위 계

위계란 상대방에게 오인·착각·부지를 발생케 하여 이를 이용하는 일체의 행위를 말한다.

■ 판례 ■ **위계의 의미**

[1] 사실관계

○○교육대학교 학과장 甲은 국립대학교의 전임교원 공채 지원자인 乙의 요청으로 자신이 부회장 겸 편집위원으로 있던 한국○○학회의 학회지의 편집위원장 A에게 논문접수가 마감되었음에도 乙이 논문을 투고할 수 있도록 부탁하여 乙작성의 역사교육 관련 전공논문을 학회지에 게재되도록 乙로 하여금 역사교육 관련 전공논문실적 150%를 확보하게 하였다. 그 후 甲은 학과회의에서 연구물발표실적 '수' 의 요건을 500% 이상에서 900% 이상으로 올리고, 전공논문발표실적 '수' 의 400%에 '역사교육 관련 논문 150% 이상' 이 포함되도록 하자고 강화된 심사기준을 제안하기도 하였으나, 최종적으로 연구물발표실적 '수' 의 요건은 600% 이상, 전공논문발표실적 '수' 의 요건은 학술진흥재단 등재지 400% 이상으로서 그 중 역사교육 관련 논문이 100% 이상 포함되어야 하는 것으로 수정·의결되었고, 2003. 10. 15. 열린 제2차 전임교원공채관리위원회에서 그와 같이 확정되었다. 乙은 2003. 11. 5. 위 사회과교육과 교원 공채에 지원하면서 위 학회지에 실린 위 역사교육 관련 논문을 연구물발표실적에 포함하고, 이를 다른 논문과 함께 연구내용 심사용으로도 제출한 다음, 이후 진행된 어학시험, 교수능력심사 및 면접심사를 거쳐 2003. 11. 26. 최고 점수를 받아 위 사회과교육과 교수로 선발되었다.

[2] 판결요지

가. 위계에 의한 공무집행방해죄의 성립요건인 '위계' 의 의미

위계에 의한 공무집행방해죄에 있어서 '위계' 라 함은 행위자의 행위목적을 이루기 위하여 상대방에게 오인, 착각, 부지를 일으키게 하여 그 오인, 착각, 부지를 이용하는 것으로서, 상대방이 이에 따라 그릇된 행위나 처분을 하여야만 위 죄가 성립한다. 만약, 그러한 행위가 구체적인 직무집행을 저지하거나 현실적으로 곤란하게 하는 데까지는 이르지 않은 경우에는 위계에 의한 공무집행방해죄로 처벌할 수 없다.

나. 국립대학교의 전임교원 공채심사위원인 학과장 갑이 지원자 을의 부탁을 받고 이미 논문접수가 마감된 학회지에 을의 논문이 게재되도록 돕고, 그 후 연구실적심사의 기준을 강화하자고 제안한 것이 '위계' 에 해당하는지 여부

국립대학교의 전임교원 공채심사위원인 학과장 갑이 지원자 을의 부탁을 받고 이미 논문접수가 마감된 학회지에 을의 논문이 게재되도록 도운 행위는 다소 부적절한 행위라고 볼 수 있지만, 그 후 갑이 연구실적심사의 기준을 강화하자고 제안한 것은 해당 학과의 전임교원 임용 목적에 부합하는 것으로서 공정한 경우에 해당하므로, 설사 갑의 행위가 결과적으로는 을에게 유리한 결과가 되었다 하더라도 형법 제137조에서 말하는 '위계' 에 해당하지 않는다고 한 사례.

다. 甲의 죄책

국립대학교의 전임교원 공채 지원자인 을이 학과장 갑의 도움으로 이미 논문접수가 마감된 학회지에 논문을 추가게재하여 심사요건 이상의 전공논문실적을 확보하였더라도, 이는 을이 자신의 노력에 의한 연구결과물로서 심사기준을 충족한 것이고 이후 다른 전형절차들을 모두 거쳐 최종 선발된 것이라면, 을의 행위가 공채관리위원회 위원들로 하여금 을의 자격에 관하여 오인이나 착각, 부지를 일으키게 하였다거나 그로 인하여 그릇된 행위나 처분을 하게 한 경우에 해당한다고 할 수 없어, 형법 제137조에 정한 '위계'에 해당하지 않는다(대법원 2009.4.23. 선고 2007도1554 판결).

■ 판례 ■   위계공집방해

[1] 신고인이 신고서에 허위사실을 기재하거나 허위의 소명자료를 행정청에 제출한 행위만으로 위계에 의한 공무집행방해죄를 구성하는지 여부(원칙적 소극) / 출원자나 신청인이 제출한 허위의 소명자료 등을 담당 공무원이 충분히 심사하였으나 발견하지 못하여 인허가처분을 하거나 신청을 수리한 경우, 위계에 의한 공무집행방해죄가 성립하는지 여부(적극)

위계에 의한 공무집행방해죄는 상대방의 오인, 착각, 부지를 일으키고 이를 이용하는 위계에 의하여 상대방이 그릇된 행위나 처분을 하게 함으로써 공무원의 구체적이고 현실적인 직무집행을 방해하는 경우에 성립한다. 따라서 행정청에 대한 일방적 통고로 효과가 완성되는 '신고'의 경우에는 신고인이 신고서에 허위사실을 기재하거나 허위의 소명자료를 제출하였더라도, 그것만으로는 담당 공무원의 구체적이고 현실적인 직무집행이 방해받았다고 볼 수 없어 특별한 사정이 없는 한 허위 신고가 위계에 의한 공무집행방해죄를 구성한다고 볼 수 없다. 그러나 행정관청이 출원에 의한 인허가처분 여부를 심사하거나 신청을 받아 일정한 자격요건 등을 갖춘 때에 한하여 그에 대한 수용 여부를 결정하는 등의 업무를 하는 경우에는 위 '신고'의 경우와 달리, 출원자나 신청인이 제출한 허위의 소명자료 등에 대하여 담당 공무원이 나름대로 충분히 심사를 하였으나 이를 발견하지 못하여 인허가처분을 하게 되거나 신청을 수리하게 되었다면, 출원자나 신청인의 위계행위가 원인이 되어 행정관청이 그릇된 행위나 처분에 이르게 된 것이어서 위계에 의한 공무집행방해죄가 성립한다.

[2] 등기신청인이 제출한 허위의 소명자료 등을 등기관이 충분히 심사하였음에도 발견하지 못하여 등기가 마쳐진 경우, 위계에 의한 공무집행방해죄가 성립할 수 있는지 여부(적극) 및 등기관에게 등기신청이 실체법상 권리관계와 일치하는지 심사할 실질적인 심사권한이 없더라도 마찬가지인지 여부(적극)

등기신청은 단순한 '신고'가 아니라 신청에 따른 등기관의 심사 및 처분을 예정하고 있으므로, 등기신청인이 제출한 허위의 소명자료 등에 대하여 등기관이 나름대로 충분히 심사를 하였음에도 이를 발견하지 못하여 등기가 마쳐지게 되었다면 위계에 의한 공무집행방해죄가 성립할 수 있다. 등기관이 등기신청에 대하여 부동산등기법상 등기신청에 필요한 서면이 제출되었는지 및 제출된 서면이 형식적으로 진정한 것인지를 심사할 권한은 갖고 있으나 등기신청이 실체법상의 권리관계와 일치하는지를 심사할 실질적인 심사권한은 없다고 하여 달리 보아야 하는 것은 아니다.(대법원 2016.1.28. 선고, 2015도17297, 판결)

■ 판례 ■   피고인의 변호인 접견교통권 행사가 한계를 일탈한 규율위반행위에 해당하는 것을 넘어 위계공무집행방해죄의 '위계'에 해당하기 위한 요건

피고인의 변호인 접견교통권 행사가 한계를 일탈한 규율위반행위에 해당하더라도 그 행위가 위계공무집행방해죄의 '위계'에 해당하려면 행위자가 상대방에게 오인, 착각, 부지를 일으키게 하여 그 오인, 착각, 부지를 이용함으로써 상대방이 이에 따라 그릇된 행위나 처분을 하여야만 한다. 만약 그러한 행위가 구체적인 직무집행을 저지하거나 현실적으로 곤란하게 하는 데까지는 이르지 않은 경우

에는 위계에 의한 공무집행방해죄로 처벌할 수 없다. (대법원 2022. 6. 30., 선고, 2021도244, 판결)

■ 판례 ■   대한민국 국적을 취득한 것처럼 인적사항을 기재하여 대한민국 여권을 발급받은 다음 이를 출입국심사 담당 공무원에게 제출한 경우, 위계에 의한 공무집행방해죄 및 불실기재 여권행사죄가 성립하는지 여부(적극)

대한민국 국적을 취득하지 않았는데도 대한민국 국적을 취득한 것처럼 인적사항을 기재하여 대한민국 여권을 발급받은 다음 이를 출입국심사 담당공무원에게 제출하였다면 위계로써 출입국심사업무에 관한 정당한 직무를 방해함과 동시에 불실의 사실이 기재된 여권을 행사한 것으로 볼 수 있다. (대법원 2022. 4. 28. 선고, 2020도12239, 판결)

■ 판례 ■   녹음·녹화 등을 할 수 있는 전자장비가 교정시설의 안전 또는 질서를 해칠 우려가 있는 금지물품에 해당하여 반입을 금지할 필요가 있는 경우, 수용자가 아닌 사람이 교도관의 검사·단속을 피하여 위와 같은 금지물품을 교정시설 내로 반입한 행위가 위계에 의한 공무집행방해죄를 구성하는지 여부(소극)

구 형의 집행 및 수용자의 처우에 관한 법률(2019. 4. 23. 법률 제16345호로 개정되기 전의 것, '구 형집행법'이라 한다) 제93조 제3항은 "교도관은 시설의 안전과 질서유지를 위하여 필요하면 교정시설을 출입하는 수용자 외의 사람에 대하여 의류와 휴대품을 검사할 수 있다. 이 경우 출입자가 제92조의 금지물품을 소지하고 있으면 교정시설에 맡기도록 하여야 하며, 이에 응하지 아니하면 출입을 금지할 수 있다."라고 정하고 있다. 같은 법 제92조 제2호는 수용자가 소지해서는 안 될 금지물품으로 "주류·담배·화기·현금·수표, 그 밖에 시설의 안전 또는 질서를 해칠 우려가 있는 물품"을 정하였고, 같은 법 제42조 제6호는 "시설의 안전 또는 질서를 해하는 행위를 하거나 하려고 하는 때"에 해당하면 교도관은 접견 중인 수용자 또는 그 상대방에 대하여 접견을 중지할 수 있다고 정하고 있다.

또한 구 형집행법 제10조에 근거한 교도관직무규칙 제42조 제1항은 "정문에 근무하는 교정직교도관(이하 이 조에서 '정문근무자'라 한다)은 정문 출입자와 반출·반입 물품을 검사·단속하여야 한다."라고 정하고, 같은 조 제2항은 "정문근무자는 제1항의 검사·단속을 할 때 특히 필요하다고 인정하는 경우에는 출입자의 신체와 휴대품을 검사할 수 있다."라고 정하며, 같은 조 제3항은 "정문근무자는 제1항 또는 제2항의 검사 도중 이상하거나 의심스러운 점을 발견한 경우에는 출입 등을 중지함과 동시에 상관에게 이를 보고하여 상관의 지시를 받아 적절한 조치를 취하여야 한다."라고 정하고 있다.

위와 같은 법령의 내용과 입법 취지 등을 종합하면 다음과 같은 결론이 도출된다. 녹음·녹화 등을 할 수 있는 전자장비가 교정시설의 안전 또는 질서를 해칠 우려가 있는 금지물품에 해당하여 반입을 금지할 필요가 있다면 교도관은 교정시설 등의 출입자와 반출·반입 물품을 검사·단속해야 할 일반적인 직무상 권한과 의무가 있다. 수용자가 아닌 사람이 위와 같은 금지물품을 교정시설 내로 반입하였다면 교도관의 검사·단속을 피하여 단순히 금지규정을 위반하는 행위를 한 것일 뿐 이로써 위계에 의한 공무집행방해죄가 성립한다고 할 수는 없다.(대법원 2022. 3. 31., 선고, 2018도15213, 판결)

■ 판례 ■   거짓신고에 의한 경범죄처벌법 위반죄와 위계에 의한 공무집행방해죄의 관계

경범죄처벌법 제3조 제3항 제2호의 거짓신고로 인한 경범죄처벌법 위반죄는 '있지 아니한 범죄나 재해 사실을 공무원에게 거짓으로 신고'하는 경우에 성립하고, 형법 제137조의 위계에 의한 공무집행방해죄는 상대방의 오인, 착각, 부지를 일으키고 이를 이용하는 위계에 의하여 상대방으로 하여금

그릇된 행위나 처분을 하게 함으로써 공무원의 구체적이고 현실적인 직무집행을 방해하는 경우에 성립하는바, 전자는 사회공공의 질서유지를 보호법익으로 하는 반면, 후자는 국가기능으로서의 공무 그 자체를 보호법익으로 하는 등 양 죄는 직접적인 보호법익이나 규율대상 및 구성요건 등을 달리한다. 따라서 경범죄처벌법 제3조 제3항 제2호에서 정한 거짓신고 행위가 원인이 되어 상대방인 공무원이 범죄가 발생한 것으로 오인함으로 인하여 공무원이 그러한 사정을 알았더라면 하지 않았을 대응조치를 취하기에 이르렀다면, 이로써 구체적이고 현실적인 공무집행이 방해되어 위계에 의한 공무집행방해죄가 성립하지만 이와 같이 경범죄처벌법 제3조 제3항 제2호의 거짓신고가 '위계'의 수단·방법·태양의 하나가 된 경우에는 거짓신고로 인한 경범죄처벌법위반죄가 위계에 의한 공무집행방해죄에 흡수되는 법조경합 관계에 있으므로, 위계에 의한 공무집행방해죄만 성립할 뿐 이와 별도로 거짓신고로 인한 경범죄처벌법위반죄가 성립하지는 않는다.

그럼에도 원심이 판시와 같은 이유로, 거짓신고로 인한 위계에 의한 공무집행방해죄와 별도로 경범죄처벌법 위반죄가 성립하고 양자가 상상적 경합관계에 있다고 보아 이 부분 공소사실을 모두 유죄를 선고한 것은 법조경합 관계에 있는 위 양 죄의 죄수에 관한 법리를 오해한 것이다. 그러나 결과적으로 처단형의 범위에는 아무런 차이가 없다는 점, 위 두 죄 중 어느 하나만이 기소되었다면 모두 유죄로 인정될 거짓신고로 인한 경범죄처벌법 위반죄와 위계에 의한 공무집행방해죄가 법조경합 관계에 있다고 보아 1죄인 위계에 의한 공무집행방해죄로 평가할 경우에도, 이에 관한 양형의 조건 중 수단에 해당하는 거짓신고로 인한 경범죄처벌법 위반 행위에 관하여 원심이 별도의 죄가 성립함을 전제로 고려한 사정을 그대로 양형에 반영하게 되어 실질적으로 양형의 조건이나 그에 따른 선고형에 차이가 없을 것으로 보이는 점 등의 사정에 비추어 죄수의 평가에 관한 원심의 판단이 판결에 영향을 미쳤다고 볼 수는 없다. 따라서 이 부분 상고이유 주장은 받아들이지 아니한다.

☞ 허위 화재신고로 소방관 및 경찰관들이 출동한 것에 대해 거짓신고에 의한 경범죄처벌법 위반죄 및 위계에 의한 공무집행방해죄로 기소된 사안에서, 양 죄가 상상적 경합관계에 있다고 보아 모두 유죄를 인정한 원심의 판단에 죄수에 관한 법리오해가 있으나, 판결 결과에 영향을 미친 경우에 해당하지 않는다고 보아 상고를 기각한 사례 (대법원 2022. 10. 27. 2022도10402. 판결)

■ 판례 ■ **시의회 의장선거에서 위계에 의한 공무집행방해죄 성립 여부가 문제된 사안**

피고인들 등은 甲 정당 소속 시(市)의회 의원으로서 시의회 의장선거를 앞두고 개최된 甲 정당 의원 총회에서 乙을 의장으로 선출하기로 합의한 다음, 합의 내용의 이행을 확보하고 이탈표 발생을 방지하기 위하여 공모에 따라 피고인별로 미리 정해 둔 투표용지의 가상의 구획 안에 '乙'의 이름을 각각 기재하는 방법으로 투표하여 乙이 의장으로 당선되게 함으로써, 무기명·비밀투표 권한을 가진 丙 등 공모하지 않은 의원들의 직무집행을, 투·개표 업무에 관한 감표위원 丁 등의 직무집행을, 무기명투표 원칙에 따라 의장선거를 진행하는 사무국장의 직무집행을 각각 방해하였다는 내용으로 기소된 사안에서, 비밀선거 원칙은 선거인의 의사결정이 타인에게 알려지지 않도록 투표 내용의 비밀을 보장함으로써 선거권 행사로 인한 불이익 발생을 방지하기 위한 원칙으로, 투표과정에서 자유로운 의사결정을 보장함으로써 선거의 민주적·절차적 정당성을 확보하는 데 그 취지가 있는 점, 피고인들 등의 행위로 인하여 피고인들을 비롯한 담합한 의원들 내부적으로는 서로 누가 누구에게 투표하였는지를 알 수 있게 되었으나, 공모하지 않은 의원들의 투표 내용까지 공개된다고 보기는 어려운 점, 공모하지 않은 의원들은 본래의 의도대로 투표를 하였을 뿐 피고인들 등의 행위로 인하여 오인, 착각, 부지를 일으켜 그릇된 처분이나 행위를 하였다고 보이지 않는 점, 나아가 지방의회 의원 개인들에게 무기명·비밀투표에 의해 의장선거가 이루어지도록 하여야 할 일반적인 직무상 권한이나 의무가 있다고 볼 만한 근거도 없는 점 등을 종합하면, 공소사실 중 감표위원들과 사무국장에 대한 위계에 의한 공무집행방해죄를 인정한 원심판단은 정당하나, 공모하지 않은 의원들에 대한 위계에 의한 공무집행방해죄를 인정한 원심판단은 받아들이기 어렵다는 이유로, 이와 달리 보아 공소사실 전부를 유죄로 인정한 원심판결에 위계에 의한 공무집행방해죄의 성립에 있어 위계의 실행행위와 공무집행방해의 결과에 관한 법리 등을 오해한 잘못이 있다.(대법원 2024. 3. 12. 선고 2023도7760 판결)

(2) 방 법

위계의 수단은 기망·유혹을 불문하고, 반드시 비밀로 할 것도 불요, 다만 위계는 결과발생의 주된 원인이 되어야 한다.

1) 규율위반행위

■ 판례 ■   **법령에서 명한 금지행위의 위반과 위계에 의한 공무집행방해죄의 성립 여부(소극)**

[1] 사실관계

서울구치소의 수용자인 甲은 교도관인 乙 등과 공모하여 그들로부터 담배를 교부받아 이를 흡연하거나 같은 수용자인 丙 등에게 건네주어 피우게 하거나 乙로부터 휴대폰을 건네받아 외부와 전화통화를 하였다.

[2] 판결요지

가. 법령에서 명한 금지행위의 위반과 위계에 의한 공무집행방해죄의 성립 여부(소극)

법령에서 어떤 행위의 금지를 명하면서 이를 위반하는 행위에 대한 벌칙을 두는 한편, 공무원으로 하여금 그 금지규정의 위반 여부를 감시, 단속하게 하고 있는 경우 그 공무원에게는 금지규정 위반행위의 유무를 감시하여 확인하고 단속할 권한과 의무가 있으므로 단순히 공무원의 감시, 단속을 피하여 금지규정에 위반하는 행위를 한 것에 불과하다면 그에 대하여 벌칙을 적용하는 것은 별론으로 하고 그 행위가 위계에 의한 공무집행방해죄에 해당하는 것이라고는 할 수 없다.

나. 甲의 죄책

법령에서 교도소 수용자에게는 흡연하거나 담배를 소지·수수·교환하거나 허가 없이 전화 등의 방법으로 다른 사람과 연락하는 등의 규율위반행위를 하여서는 아니될 금지의무가 부과되어 있고, 교도관은 수용자의 규율위반행위를 감시, 단속, 적발하여 상관에게 보고하고 징벌에 회부되도록 하여야 할 일반적인 직무상 권한과 의무가 있다고 할 것인바, 구체적이고 현실적으로 감시, 단속업무를 수행하는 교도관에 대하여 위계를 사용하여 그 업무집행을 못하게 한다면 이에 대하여 위계에 의한 공무집행방해죄가 성립한다고 할 것이지만, 수용자가 교도관의 감시, 단속을 피하여 규율위반행위를 하는 것만으로는 단순히 금지규정에 위반되는 행위를 한 것에 지나지 아니할 뿐 이로써 위계에 의한 공무집행방해죄가 성립한다고는 할 수 없고, 수용자가 아닌 자가 교도관의 검사 또는 감시를 피하여 금지물품을 교도소 내로 반입되도록 하였다고 하더라도 교도관에게 교도소 등의 출입자와 반출·입 물품을 단속, 검사하거나 수용자의 거실 또는 신체 등을 검사하여 금지물품 등을 회수하여야 할 권한과 의무가 있는 이상, 그러한 수용자 아닌 자의 행위를 위계에 의한 공무집행방해죄에 해당하는 것으로는 볼 수 없으며, 교도관이 수용자의 규율위반행위를 알면서도 이를 방치하거나 도와주었더라도, 이를 다른 교도관 등에 대한 관계에서 위계에 의한 공무집행방해죄가 성립하는 것으로 볼 수는 없다(대법원 2003.11.13. 선고 2001도7045 판결).

■ 판례 ■　　　수용자 또는 수용자 아닌 자가 교도관의 감시 · 단속을 피하여 규율위반행위를 하는 경우, 위계에 의한 공무집행방해죄의 성립 여부(한정 적극)

[1] 사실관계

> 변호사 甲은 접견을 핑계로 휴대전화와 증권거래용 단말기를 구치소 내로 몰래 반입하고, 교도관에게 적발되지 않기 위해 휴대전화의 핸즈프리를 상의 호주머니 속에 숨긴 다음 수용자인 乙 등과 머리를 맞대고 상담하는 것처럼 보이게 하거나 가방을 세워 두어 통화모습을 가리는 등의 방법으로 乙 등이 구치소 외부와 연락하게 한 후 그 대가를 받았다. 그 후 교도관에 의하여 전화사용사실이 적발되자 甲은 다른 사람 명의의 휴대전화를 개설한 다음 접견사무실에는 자신의 휴대전화를 보관시키고 접견실에 다른 사람 명의로 개설한 휴대전화를 몰래 가지고 들어가는 방법을 사용하기까지 하였다.

[2] 판결요지

가. 수용자 또는 수용자 아닌 자가 교도관의 감시 · 단속을 피하여 규율위반행위를 하는 경우, 위계에 의한 공무집행방해죄의 성립 여부(한정 적극)

행형법 제45조, 제46조 제1항, 구 수용자 규율 및 징벌에 관한 규칙(2004. 6. 29. 법무부령 제555호로 개정되기 전의 것) 제3조, 제7조 제1항, 교도관직무규칙 제47조, 제54조의 각 규정들을 종합해 보면, 수용자에게는 허가 없는 물품을 사용 · 수수하거나 허가 없이 전화 등의 방법으로 다른 사람과 연락하는 등의 규율위반행위를 하여서는 아니 될 금지의무가 부과되어 있고, 교도관은 수용자의 규율위반행위를 감시 · 단속 · 적발하여 상관에게 보고하고 징벌에 회부되도록 하여야 할 일반적인 직무상 권한과 의무가 있다고 할 것이므로, 수용자가 교도관의 감시 · 단속을 피하여 규율위반행위를 하는 것만으로는 단순히 금지규정에 위반되는 행위를 한 것에 지나지 아니할 뿐 위계에 의한 공무집행방해죄가 성립한다고 할 수 없고, 또 수용자가 아닌 자가 교도관의 검사 또는 감시를 피하여 금지물품을 반입하거나 허가 없이 전화 등의 방법으로 다른 사람과 연락하도록 하였더라도 교도관에게 교도소 등의 출입자와 반출 · 입 물품을 단속 · 검사할 권한과 의무가 있는 이상, 수용자 아닌 자의 그러한 행위는 특별한 사정이 없는 한 위계에 의한 공무집행방해죄에 해당하는 것으로는 볼 수 없다 할 것이나, 구체적이고 현실적으로 감시 · 단속업무를 수행하는 교도관에 대하여 그가 충실히 직무를 수행한다고 하더라도 통상적인 업무처리과정하에서는 사실상 적발이 어려운 위계를 적극적으로 사용하여 그 업무집행을 하지 못하게 하였다면 이에 대하여 위계에 의한 공무집행방해죄가 성립한다.

나. 甲의 죄책

변호사가 접견을 핑계로 수용자를 위하여 휴대전화와 증권거래용 단말기를 구치소 내로 몰래 반입하여 이용하게 한 행위는 위계에 의한 공무집행방해죄에 해당한다(대법원 2005.8.25. 선고 2005도1731 판결).

2) 허위진술의 경우

○ 단순히 피의자가 수사기관에 대하여 허위사실을 진술하거나 자신에게 불리한 증거를 은닉하는 데 그친 경우 ⇨ 위계에 의한 공무집행방해죄 불성립

○ 수사기관의 착오를 이용하여 적극적으로 피의사실에 관한 증거를 조작한 경우 ⇨ 위계에 의한 공무집행방해죄가 성립

■ 판례 ■   甲이 음주운전을 하다가 교통사고를 야기한 후 그 형사처벌을 면하기 위하여 乙의 혈액을 자신의 혈액인 것처럼 교통사고 조사 경찰관에게 제출하여 감정하도록 한 경우

[1] 피의자나 참고인이 수사기관에 대하여 조작된 증거를 제출함으로써 수사기관의 수사활동을 방해한 경우, 위계에 의한 공무집행방해죄의 성립 여부(적극)

수사기관이 범죄사건을 수사함에 있어서는 피의자나 참고인의 진술 여하에 불구하고 피의자를 확정하고 그 피의사실을 인정할 만한 객관적인 제반 증거를 수집·조사하여야 할 권리와 의무가 있는 것이고, 한편, 피의자는 진술거부권과 자기에게 유리한 진술을 할 권리와 유리한 증거를 제출할 권리가 있지만 수사기관에 대하여 진실만을 진술하여야 할 의무가 있는 것은 아니며, 또한 수사기관에서의 참고인은 형사소송절차에서 선서를 한 증인이 허위로 공술을 한 경우에 위증죄가 성립하는 것과 달리 반드시 진실만을 말하도록 법률상의 의무가 부과되어 있는 것은 아니므로, 피의자나 참고인이 피의자의 무고함을 입증하는 등의 목적으로 수사기관에 대하여 허위사실을 진술하거나 허위의 증거를 제출하였다 하더라도, 수사기관이 충분한 수사를 하지 아니한 채 이와 같은 허위의 진술과 증거만으로 잘못된 결론을 내렸다면, 이는 수사기관의 불충분한 수사에 의한 것으로서 피의자 등의 위계에 의하여 수사가 방해되었다고 볼 수 없어 위계에 의한 공무집행방해죄가 성립된다고 할 수 없을 것이나, 피의자나 참고인이 피의자의 무고함을 입증하는 등의 목적으로 적극적으로 허위의 증거를 조작하여 제출하였고 그 증거 조작의 결과 수사기관이 그 진위에 관하여 나름대로 충실한 수사를 하더라도 제출된 증거가 허위임을 발견하지 못하여 잘못된 결론을 내리게 될 정도에 이르렀다면, 이는 위계에 의하여 수사기관의 수사행위를 적극적으로 방해한 것으로서 위계에 의한 공무집행방해죄가 성립된다.

[2] 甲의 죄책

음주운전을 하다가 교통사고를 야기한 후 그 형사처벌을 면하기 위하여 타인의 혈액을 자신의 혈액인 것처럼 교통사고 조사 경찰관에게 제출하여 감정하도록 한 행위는, 단순히 피의자가 수사기관에 대하여 허위사실을 진술하거나 자신에게 불리한 증거를 은닉하는 데 그친 것이 아니라 수사기관의 착오를 이용하여 적극적으로 피의사실에 관한 증거를 조작한 것으로서 위계에 의한 공무집행방해죄가 성립한다(대법원 2003.7.25. 선고 2003도1609 판결).

■ 판례 ■   피의자나 참고인이 아닌 자가 자발적이고 계획적으로 피의자를 가장하여 수사기관에서 허위진술을 한 경우, 위계에 의한 공무집행방해죄를 구성하는지 여부(소극)

형사 피의자와 수사기관이 대립적 위치에서 서로 공격방어를 할 수 있는 취지의 형사소송법의 규정과 법률에 의한 선서를 한 증인이 허위로 진술을 한 경우에 한하여 위증죄가 성립된다는 형법의 규정 취지에 비추어 수사기관이 범죄사건을 수사함에 있어서는 피의자나 피의자로 자처하는 자 또는 참고인의 진술여하에 불구하고 피의자를 확정하고 그 피의사실을 인정할 만한 객관적인 제반증거를 수집 조사하여야 할 권리와 의무가 있는 것이라고 할 것이므로 피의자나 참고인이 아닌 자가 자발적이고 계획적으로 피의자를 가장하여 수사기관에 대하여 허위사실을 진술하였다 하여 바로 이를 위계에 의한 공무집행방해죄가 성립된다고 할 수 없다(대법원 1977.2.8. 선고 76도3685 판결).   ☞
이 경우에는 범인은닉죄로 의율함이 타당하다.

■ 판례 ■   세무에 관한 범칙사건의 혐의자나 참고인이 세무공무원에 대하여 허위진술을 한 경우, 위계에 의한 공무집행방해죄의 성립여부(소극)

세무공무원이 세무에 관한 법칙사건의 조사를 필요로 하는 때에는 범칙혐의자나 참고인을 심문 압

수 또는 수색할 수 있다는 조세범처벌절차법의 규정에 비추어보면, 세무공무원이 범칙사건을 조사함에 있어서는 범칙혐의자나 참고인의 진술여하에 불구하고 범칙혐의자를 확정하고 그 범칙사실을 인정할 만한 객관적인 제반증거를 수집 조사하여야 할 권리와 의무가 있다고 할 것이고, 범칙혐의자나 참고인에게 법적으로 진실만을 말하도록 의무가 지워져 있는 것도 아니므로, 범칙혐의자나 참고인이 세무공무원에 대하여 허위진술을 하였다고 하여 이를 위계에 의한 공무집행방해죄가 성립한다고 할 수 없다(대법원 2002.12.27. 선고 2002도4020 판결).

3) 허위신청 · 신고 등의 경우

○ 공무집행기관의 불충분한 심사로 신청이나 신고가 허위인 정을 알지 못한 경우 ⇨ 위계에 의한 공무집행방해죄 불성립

○ 공무집행기관이 법령이 정한 바에 따라 그 요건을 나름대로 충분히 심사하였으나 허위인 정을 발견하지 못한 경우 ⇨ 위계에 의한 공무집행방해죄 성립

■ 판례 ■ **당사자가 허위의 신청사유를 주장하면서 이에 들어맞는 거짓 소명자료를 제출하였고, 이에 대하여 행정청이 인 · 허가요건의 해당 여부에 관하여 충분히 심사하였으나 신청사유 및 소명자료가 거짓임을 발견하지 못하여 인 · 허가처분을 하게 된 경우**

행정청이 당사자의 신청에 따라 인 · 허가처분을 함에 있어서는 그 신청사유가 사실과 들어맞지 아니하는 경우가 있음을 전제로 하여 인 · 허가 여부를 심사 · 결정하는 것이므로, 행정청이 사실을 충분히 확인하지 아니한 채 신청인이 제출한 사실과 다른 신청사유나 소명자료를 믿고 인 · 허가를 하였다면, 이는 행정청의 불충분한 심사로 인한 것으로서 신청인의 위계에 의한 것이었다고 볼 수 없어 위계에 의한 공무집행방해죄가 성립하지 아니한다 할 것이나 당사자가 행정청에 사실과 다른 신청사유를 주장하면서 이에 들어맞는 거짓 소명자료를 첨부하여 제출한 경우 행정청이 관계 법령에 따라 인 · 허가요건에 해당하는지 여부에 관하여 충분히 심사하였으나 신청사유와 소명자료가 거짓임을 발견하지 못하여 인 · 허가처분을 하게 되었다면 이는 행정청의 불충분한 심사로 인한 것이 아니라 신청인의 위계에 의한 것으로서 위계에 의한 공무집행방해죄가 성립된다(대법원 2002.9.10. 선고 2002도2131 판결).

■ 판례 ■ **심사담당 공무원이 출원사유가 허위임을 알면서도 위계로 결재권자의 결재를 받아 낸 경우**

[1] 사실관계

군청에서 어업허가 심사를 담당하고 있는 공무원인 甲이 출원인 乙이 어업허가를 받을 수 없는 자라는 사실을 알면서도 오히려 부하직원으로 하여금 어업허가 처리기안문을 작성하게 한 다음 스스로 중간결재를 하고 농수산국장의 최종결재를 받은 경우

[2] 판결요지

가. 출원자가 허위의 출원사유나 허위의 소명자료를 제출하여 인 · 허가처분을 받은 경우, 위계공무집행방해죄의 성부(소극)

행정관청이 출원에 의한 인 · 허가처분을 함에 있어서는 그 출원사유가 사실과 부합하지 아니하는 경우가 있음을 전제로 하여 인 · 허가할 것인지 여부를 심사결정하는 것이므로, 행정관청이 사실을 충분히 확인하지 아니한 채 출원자가 제출한 허위의 출원사유나 허위의 소명자료를 가볍게 믿고 인

가 또는 허가를 하였다면, 이는 행정관청의 불충분한 심사에 기인한 것으로서 출원자의 위계에 의한 것이었다고 할 수 없어 위계에 의한 공무집행방해죄를 구성하지 않는다.

나. 甲의 행위가 위계공무집행방해죄에 해당하는지 여부(적극)

출원에 대한 심사업무를 담당하는 공무원이 출원인의 출원사유가 허위라는 사실을 알면서도 결재권자로 하여금 오인, 착각, 부지를 일으키게 하고 그 오인, 착각, 부지를 이용하여 인·허가처분에 대한 결재를 받아낸 경우에는 출원자가 허위의 출원사유나 허위의 소명자료를 제출한 경우와는 달리 더 이상 출원에 대한 적정한 심사업무를 기대할 수 없게 되었다고 할 것이어서 그와 같은 행위는 위계로써 결재권자의 직무집행을 방해한 것에 해당하므로 위계에 의한 공무집행방해죄가 성립한다.

[3] 위계공무집행방해죄와 직무유기죄의 관계

피고인이, 출원인이 어업허가를 받을 수 없는 자라는 사실을 알면서도 그 직무상의 의무에 따른 적절한 조치를 취하지 않고 오히려 부하직원으로 하여금 어업허가 처리기안문을 작성하게 한 다음 피고인 스스로 중간결재를 하는 등 위계로써 농수산국장의 최종결재를 받았다면, 직무위배의 위법상태가 위계에 의한 공무집행방해행위 속에 포함되어 있는 것이라고 보아야 할 것이므로, 이와 같은 경우에는 작위범인 위계에 의한 공무집행방해죄만이 성립하고 부작위범인 직무유기죄는 따로 성립하지 아니한다(대법원 1997.2.28. 선고 96도2825 판결).

> ■ 판례 ■ **담당자가 아닌 공무원이 위계에 의한 방법으로 담당공무원으로 하여금 인·허가 처분을 하게 한 경우, 위계에 의한 공무집행방해죄가 성립하는지 여부(적극)**
>
> 담당자가 아닌 공무원이 출원인의 청탁을 들어줄 목적으로 자신의 업무 범위에 속하지도 않는 업무에 관하여 그 일부를 담당공무원을 대신하여 처리하면서 위계를 써서 담당공무원으로 하여금 오인, 착각, 부지를 일으키게 하고 그 오인, 착각, 부지를 이용하여 인·허가 처분을 하게 하였다면, 이는 허가관청의 불충분한 심사가 그의 원인이 된 것이 아니라 담당자가 아닌 공무원의 위계행위가 원인이 된 것이어서 위계에 의한 공무집행방해죄가 성립한다(대법원 2008.3.13. 선고 2007도7724 판결).

> ■ 판례 ■ **초등학교를 졸업하였음에도 초등학교 중퇴 이하의 학력자라는 허위 내용의 인우보증서를 첨부하여 운전면허 구술시험에 응시한 경우, 위계에 의한 공무집행방해죄가 성부(소극)**
>
> 위의 사실만으로는 위계에 의한 공무집행방해죄가 성립하지 않는다(대법원 2007.3.29. 선고 2006도8189 판결).

> ■ 판례 ■ **등기신청인이 제출한 허위의 소명자료 등을 등기관이 충분히 심사하였음에도 발견하지 못하여 등기가 마쳐진 경우, 위계에 의한 공무집행방해죄가 성립할 수 있는지 여부(적극) 및 등기관에게 등기신청이 실체법상 권리관계와 일치하는지 심사할 실질적인 심사권한이 없더라도 마찬가지인지 여부(적극)**
>
> 등기신청은 단순한 '신고'가 아니라 신청에 따른 등기관의 심사 및 처분을 예정하고 있으므로, 등기신청인이 제출한 허위의 소명자료 등에 대하여 등기관이 나름대로 충분히 심사를 하였음에도 이를 발견하지 못하여 등기가 마쳐지게 되었다면 위계에 의한 공무집행방해죄가 성립할 수 있다. 등기관이 등기신청에 대하여 부동산등기법상 등기신청에 필요한 서면이 제출되었는지 및 제출된 서면이 형식적으로 진정한 것인지를 심사할 권한은 갖고 있으나 등기신청이 실체법상의 권리관계와 일치하는지를 심사할 실질적인 심사권한은 없다고 하여 달리 보아야 하는 것은 아니다.(대법원 2016. 1. 28., 선고, 2015도17297, 판결)

■ 판례사례 ■ **[행정청의 불충분한 심사에 기인한 불일치로 본죄가 성립하지 아니하는 사례]**

(1) 허위의 재직증명서를 첨부하여 전화가입청약을 한 경우(대법원 1977.9.13. 선고 77도284 판결)
(2) 출원자가 허위의 출원사유나 허위의 소명자료를 제출하여 인·허가처분을 받은 경우(대법원 1997.2.28. 선고 96도2825 판결)
(3) 민사소송을 제기하면서 피고의 주소를 허위기재하여 법원공무원으로 하여금 소송서류를 허위 주소로 송달케 한 경우(대법원 1996.10.11. 선고 96도312 판결)
(4) 개인택시운송사업면허를 받는 데 필요한 운전경력증명서를 허위로 발급받게 해주고 이를 면허 관청에 소명자료로 제출하게 하여 대전시장으로부터 개인택시운송사업면허를 받게 한 경우(대법원 1988.5.10. 선고 87도2079 판결)

■ 판례사례 ■ **[행정청의 충분한 심사에도 불구하고 불일치한 것으로 본죄가 성립하는 사례]**

(1) 자격시험 응시자격을 증명하는 수료증명서를 허위작성·제출한 경우(대법원 1982.7.27. 선고 82도1301 판결)
(2) 학교입학원서 추천란을 사실과 다르게 조작·허위기재하여 그 추천서 성적이 학교입학전형자 료가 되게 한 경우(대법원 1983.9.27. 선고 83도1864 판결)
(3) 구 병역법상의 지정업체에서 산업기능요원으로 근무할 의사가 없음에도 허위내용으로 편입신 청이나 파견근무신청을 하여 관할관청의 승인을 받은 경우(대법원 2009.3.12. 선고 2008도 1321 판결)
(4) 감척어선의 입찰자격이 없는 甲이 제3자와 공모하여 그의 대리인 자격으로 입찰에 참가 하고 낙찰을 받은 후 자신의 자금으로 낙찰대금을 지급하여 감척어선에 대한 실질적인 소유권을 취 득한 경우(대법원 2003.12.26. 선고 2001도6349 판결)
(5) 공무원이, 출원인이 어업허가를 받을 수 없는 자라는 사실을 알면서도 그 직무상의 의무에 따 른 적절한 조치를 취하지 않고 오히려 부하직원으로 하여금 어업허가 처리기안문을 작성하게 한 다음 피고인 스스로 중간결재를 하는 등 위계로써 농수산국장의 최종결재를 받은 경우(대 법원 1997.2.28. 선고 96도2825 판결)
(6) 피고인이 개인택시운송사업 면허를 받은 지 5년이 지나지 아니하여 원칙적으로 개인택시운송 사업을 양도할 수 없는 사람 등과 공모하여 질병이 있는 노숙자들로 하여금 그들이 개인택시 운송사업을 양도하려고 하는 사람인 것처럼 위장하여 의사의 진료를 받게 한 뒤 이러한 사정 을 모르는 의사로부터 개인택시운송사업의 양도인이 1년 이상의 질병에 걸려 있는 것으로 된 허위 진단서를 발급받고 이를 소명자료로 삼아 행정청에 개인택시운송사업의 양도·양수 인 가신청을 하여 그 진단서를 믿은 행정청으로부터 인가처분을 받은 경우(대법원 2002.9.10. 선고 2002도2131 판결)

■ 판례 ■ **피의자 등이 수사기관에 조작된 허위의 증거를 제출함으로써 수사기관의 수사활동 을 적극적으로 방해한 경우, 위계공무집행방해죄가 성립하는지 여부(적극)**

수사기관이 범죄사건을 수사함에 있어서는 피의자 등의 진술 여하에 불구하고 피의자를 확정하고 그 피의사실을 인정할 만한 객관적인 모든 증거를 수집·조사할 권한과 의무가 있다. 한편 피의자는 진술거부권 및 자기에게 유리한 진술을 할 권리와 유리한 증거를 제출할 권리를 가질 뿐이고, 수사 기관에 대하여 진실만을 진술하여야 할 의무가 있는 것은 아니다. 따라서 피의자 등이 수사기관에 대하여 허위사실을 진술하거나 피의사실 인정에 필요한 증거를 감추고 허위의 증거를 제출하였더라도, 수사기관이 충분한 수사를 하지 않은 채 이와 같은 허위의 진술과 증거만으로 증거의 수집·조사를 마쳤다면, 이는 수사기관의 불충분한 수사에 의한 것으로서 피의자 등의 위계에 의하여 수사가 방해되었다고 볼 수 없어 위계에 의한 공무집행방해죄가 성립된다고 할 수 없다. 그러나 피의자 등이 적극적으로 허위의 증거를 조작하여 제출하고 그 증거 조작의 결과 수사기관이 그 진위에 관하여 나름대로 충실한 수사를 하더라도 제출된 증거가 허위임을 발견하지 못할 정도에 이르렀다면, 이는 위계에 의하여 수사기관의 수사행위를 적극적으로 방해한 것으로서 위계공무집행방해죄가 성립된다.(대법원 2019. 3. 14., 선고, 2018도18646, 판결)

4) 시험의 경우

■ 판례 ■ **응시자가 시험장소 내에서 같은 응시자에게 시험답안 쪽지를 전달 경우의 죄책**

피고인과 '甲'이 공모하고 피고인이 시험장소 내에서 시험감독관의 감시의 틈을 타서 시험답안지의 해답이 적힌 쪽지를 '甲'에게 전달한 이상 '甲'의 행위 여하에 불구하고 공무원의 시험감독에 관한 직무집행을 위계로서 방해한 경우에 해당한다 할 것이다(대법원 1967.5.23. 선고 67도650 판결).

■ 판례 ■ **운전면허시험에 대리응시한 경우, 위계공무집행방해죄의 성부(적극)**

피고인이 마치 그의 형인양 시험감독자를 속이고 원동기장치 자전거운전면허시험에 대리로 응시하였다면 피고인의 소위는 위계에 의한 공무집행방해죄가 성립한다(대법원 1986.9.9. 선고 86도1245 판결).

■ 판례 ■ **입학시험 문제를 사전에 입수하여 미리 알고 응시한 경우, 위계에 의한 공무집행방해죄의 성부(적극)**

입학고사 실시 전에 그 고사문제를 담당공무원 모르게 부정한 방법으로 입수하여 그 문제의 내용을 미리 알고 응시한 경우, 위계에 의한 공무집행방해죄가 성립된다(대법원1966.4.26. 선고 66도30판결).

5) 재판의 경우

■ 판례 ■ **가처분신청 시 당사자가 허위의 주장을 하거나 허위의 증거를 제출한 경우, 위계에 의한 공무집행방해죄가 성립하는지 여부(소극)**

법원은 당사자의 허위 주장 및 증거 제출에도 불구하고 진실을 밝혀야 하는 것이 그 직무이므로, 가처분신청 시 당사자가 허위의 주장을 하거나 허위의 증거를 제출하였다 하더라도 그것만으로 법원의 구체적이고 현실적인 어떤 직무집행이 방해되었다고 볼 수 없으므로 이로써 바로 위계에 의한 공무집행방해죄가 성립한다고 볼 수 없다(대법원 2012.4.26. 선고 2011도17125 판결).

(3) 위계의 상대방

위계의 상대방이 반드시 직무담당 공무원일 필요는 없고, 제3자를 기망하여 공무원을 방해하는 경우도 본죄가 성립

(4) 기수시기

방해의 결과가 현실적으로 발생할 필요는 없고, 공무를 방해할 위험성만 있으면 본

죄는 기수(추상적 위험범).

■ 판례 ■ **위계에 의한 공무집행방해죄에 있어서 위계의 의미 및 구체적인 공무집행을 저지하거나 현실적으로 곤란하게 하는 데까지는 이르지 아니하고 미수에 그친 경우, 위계에 의한 공무집행방해죄로 처벌할 수 있는지 여부(소극)**

위계에 의한 공무집행방해죄에 있어서 위계라 함은 행위자의 행위목적을 이루기 위하여 상대방에게 오인, 착각, 부지를 일으키게 하여 그 오인, 착각, 부지를 이용하는 것을 말하는 것으로 상대방이 이에 따라 그릇된 행위나 처분을 하여야만 이 죄가 성립하는 것이고, 만약 범죄행위가 구체적인 공무집행을 저지하거나 현실적으로 곤란하게 하는 데까지는 이르지 아니하고 미수에 그친 경우에는 위계에 의한 공무집행방해죄로 처벌할 수 없다(대법원 2003.2.11. 선고 2002도4293 판결).

⬤ Ⅱ. 범죄사실기재 및 신문사항

[기재례1] 시험 부정행위

1) 범죄사실 기재례

> 피의자들은 행정안전부에서 실시하는 제○○회 9급 국가공무원 공개경쟁 채용시험에 함께 응시원서를 제출하여 응시하되, 실력이 좋은 피의자 甲이 피의자 乙의 답안을 대신 작성하는 방법으로 답안을 바꾸어 제출하기로 공모하였다.
> 피의자들은 200○. ○. ○. 13:00경부터 같은 날 14:00경까지 사이에 ○○에 있는 ○○고등학교에서 실시하는 위 국가공무원 공개경쟁 채용시험 제1고사장에서 그 시험답안지를 작성하게 되었다. 피의자 甲은 자기가 작성한 답안지에 피의자 乙의 수험번호(1104번)와 이름을 기재하고, 피의자 乙은 자기 답안지에 피의자 甲의 수험번호(1103번)와 이름을 기재하여 제출하였다.
> 이로써 피의자들은 위계로써 위 시험의 공정한 시행을 감독 중인 행정안전부 고시관리과 소속 공무원 홍길동 등 3명의 정당한 직무집행을 방해하였다.

2) 적용법조 : 제137조 … 공소시효 7년

3) 신문사항(대리시험)

- 피의자는 ○○시험에 응시한 일이 있는가
- 어디에서 실시하는 ○○시험에 응시하였나
- 시험이 실시된 일시와 장소
- 피의자는 이번에 시행한 시험의 자격증이 없나(있습니다)
- 자격증이 있으면서 무엇 때문에 그 시험에 응시하였나
- 왜 홍길동을 대리하여 시험을 보게되었느냐
- 어떠한 조건으로 대리시험을 보았느냐
- 어떠한 방법으로 대리시험을 보기로 하였나

- 홍길동과 약속대로 대리시험을 보았느냐
- 왜 이러한 행위를 하였나

[기재례2] 시험문제 대리출제

피의자 갑은 20○○.○.○.경 한국산업인력공단 출제연구관인 A로부터 전기기능장 실기시험 문제 출제를 의뢰받고, 이를 승낙하였다.

피의자 갑은 출제위원으로서 대리출제를 하지 않을 의무를 부담하고 있었음에도, 평소 친분이 있었던 ○○한국전기기술학원 운영자인 피의자 을에게 전기기능장 실기 시험문제 출제를 의뢰하여, 피의자 을이 실제 문제를 내면 그 문제를 마치 피의자 갑 자신이 출제한 것처럼 한국산업인력공단에 제출하기로 마음먹었다.

피의자 갑은 20○○.○.○.경 ○○에서 피의자 을에게 전화를 걸어 전기기능장 실기 시험문제를 출제해 달라고 요청하였고, 20○○.○.○.경 피의자 을로부터 이메일을 통해 받은 피의자 을의 출제 문제를 마치 피의자 갑 자신이 출제한 문제인 것처럼 A에게 이메일로 전송하였는데, 20○○.○.○.경 A로부터 출제 양식에 맞게 문제를 수정해 달라는 내용의 이메일을 받게 되자 위 이메일을 피의자 을에게 그대로 전달한 후, 20○○.○.○.경 피의자 을로부터 이메일을 통해 받은 피의자 을의 수정된 출제 문제를 마치 피의자 갑 자신이 출제한 후 수정한 문제인 것처럼 A에게 재차 이메일로 전송하는 방법으로 시험문제를 대리 출제하였다.

이로써 피의자들은 공모하여 위계로써 한국산업인력공단의 국가기술자격시험 출제업무를 방해하였다.

[기재례3] 개인택시 양도양수

1) 범죄사실 기재례

피의자는 피의자 A와 공모하여 20○○. ○. ○. 서울 ○○구청 교통행정과에서 질병이 있는 노숙자로 하여금 개인택시 운전사인 같은 A를 대신하여 의사의 진료를 받게 하여 발급받은 허위진단서를 첨부하여 위 A가 1년 이상의 치료를 요하는 질병에 걸려 있음을 이유로 그 개인택시운송사업에 대한 양도·양수 인가신청을 하는 등으로 위계로써 담당 공무원의 개인택시운송사업 양도·양수 인가업무를 방해하였다.

2) 적용법조 : 제137조 … 공소시효 7년

3) 신문사항
- 개인택시운송사업을 양수한 일이 있는가
- 언제 누구로부터 양수하였나
- A와는 어떤 관계인가
- 어떻게 A로부터 인수하게 되었나
- 어떤 조건으로 양수하였나
- 양수를 위해 어떤 서류를 준비하였나

- 이런 서류는 언제 누구에게 제출하였나
- 실질적으로 A가 진단서를 발급 받았나
- 언제 어느 병원에서 진단을 받았나
- 왜 노숙자를 대신하여 진단을 받도록 하였나
- 이런 사실에 대한 공모는 언제 어디에서 하였나
- 누가 먼저 하자 하였나
- 운송사업 양도 양수가 이루어 졌는가
- 담당공무원이 이런 사실을 모르고 해 주던가
- 왜 이런 행위를 하였나

[기재례4] 검정고시 대리시험

1) 범죄사실 기재례

피의자 甲은 ○○구청장이고, 피의자 乙은 ○○학원 강사로, 피의자 甲은 A와 피의자 乙이 A를 대신하여 고입 검정고시와 고졸 검정고시를 응시해 주고 그 대가로 시험당 300만원을 받기로 공모하였다.

피의자들은 20○○. ○. ○. ○○에 있는 ○○광역시 교육청 검정고시 응시원서 접수 사무실에서, 응시원서 사진란에 피의자 乙의 사진을 부착한 A의 고등학교 입학자격 검정고시 응시원서를 접수한 후, 20○○. ○. ○. ○○에 있는 ○○중학교에서 시행된 고등학교 입학자격 검정고시 시험장에 피의자 乙이 A를 대신하여 들어가 시험에 응시하여 위 시험의 공정한 시행을 위하여 감독 중인 성명을 알 수 없는 담당 공무원의 직무집행을 위계로써 방해하였다.

2) 적용법조 : 제137조 … 공소시효 7년

[기재례5] 119에 허위신고로 출동한 소방관과 경찰관의 업무방해

1) 범죄사실 기재례

피의자는 20○○.○.○.21:55경 ○○에 있는 피의자의 집에서 119안전센터에 전화하여 '어떤 남자가 노인을 칼로 찔러 죽이고 5층으로 올라갔다' 라고 허위신고를 하여 위 신고를 사실로 믿은 ○○소방서 소속 소방위 갑 등 5명과 구급차 1대, 펌프차 1대, 장비운반자 1대를 출동하게 하고 ○○경찰서 A 파출소 소속 경위 갑 등 3명, 형사과 소속 경위 을 등 4명을 주거지에 출동하여 약 15분간 일대를 수색하게 하였다.

이로써 피의자는 위와 같이 위계로써 치안 질서의 유지, 범죄의 예방 및 수사 등에 관한 위 공무원들의 정당한 직무집행을 방해하였다.

2) 적용법조 : 제137조 … 공소시효 7년

제3절 법정 또는 국회의장모욕

> 제138조(법정 또는 국회회의장 모욕) 법원의 재판 또는 국회의 심의를 방해 또는 위협할 목적으로 법정이나 국회회의장 또는 그 부근에서 모욕 또는 소동한 자는 3년 이하의 징역 또는 700만원 이하의 벌금에 처한다.

I . 구성요건

1. 주 체

제한이 없음(피고인, 증인, 방청인, 검사, 변호인, 국회의원도 본죄의 주체가 됨)

2. 행 위

법정 · 국회회의장 또는 그 부근에서 모욕 · 소동하는 것

(1) 모욕과 소동

○ 모욕이란 경멸의 의사를 표시하는 것으로서, 그 상대방에는 법관 · 국회의원뿐만 아니라 검사 · 증인도 포함된다. 다만 선서나 증언을 거부한 것만으로는 모욕이 되지 않는다.

○ 소동이란 법원의 재판, 국회의 심의를 방해할 정도로 질서를 혼란시키거나 소음을 내는 소란 행위를 말한다.

■ 판례 ■ **정당 당직자인 피고인들 등이 국회 외교통상 상임위원회 회의장 앞 복도에서 출입이 봉쇄된 회의장 출입구를 뚫을 목적으로 회의장 출입문 및 그 안쪽에 쌓여있던 집기를 손상하거나, 국회 심의를 방해할 목적으로 회의장 내에 물을 분사한 사안**

피고인들의 위와 같은 행위는 공용물건손상죄 및 국회회의장소동죄의 구성요건에 해당하고, 국민의 대의기관인 국회에서 서로의 의견을 경청하고 진지한 토론과 양보를 통하여 더욱 바람직한 결론을 도출하는 합법적 절차를 외면한 채 곧바로 폭력적 행동으로 나아가 방법이나 수단에 있어서도 상당성의 요건을 갖추지 못하여 이를 위법성이 조각되는 정당행위나 긴급피난의 요건을 갖춘 행위로 평가하기 어렵다.(대법원 2013. 6. 13., 선고, 2010도13609, 판결)

(2) 시기와 장소

○ 모욕 · 소동은 재판 또는 심의 중에 있을 것을 요하지 않고, 재판 · 심의의 개시 직전과 직후는 물론 휴식 중에도 가능하다.

○ 모욕 · 소동은 법정이나 국회회의장 또는 그 부근에서 행해져야 한다. 여기서 부근이란 재판 · 심의에 영향을 미칠 수 있는 장소를 의미한다.

(3) 기수시기

모욕·소동함으로써 기수가 된다(추상적 위험범).

3. 주관적 구성요건

고의와 법원의 재판 또는 국회의 심의를 방해할 목적이 있을 것

4. 타 죄와의 관계

(1) 법원조직법상의 심리방해죄(제61조)와의 관계

본죄는 형벌이므로 행정벌인 심리방해죄와는 독립된 별개의 제재이다.

(2) 모욕죄와의 관계

본죄가 성립하는 경우에는 법관 또는 의원에 대한 모욕죄는 본죄에 흡수된다.

(3) 공무집행방해죄와의 관계

본죄는 공무집행방해죄에 대하여 법조경합 중 특별관계에 있다.

II. 범죄사실기재 및 신문사항

[기재례1] 법정소란

1) 범죄사실 기재례

피의자는 ○○법원에서 간통 피고사건으로 재판을 받는 피고인 홍길동의 처이다.

피의자는 20○○. ○. ○. 14:00경부터 위 법원 제333호 법정에서 위 법원 형사 제○○단독 김현정 판사의 심리로 위 피고인에 대한 피고사건에 관하여 재판하던 중 위 사건의 피해자 김길동이 증인으로 출석하여 선서한 후 증언하면서 '피고인이 우리 부인과 같이 여관방에서 잠을 자고 나오는 것을 두 눈으로 똑바로 보았기 때문에 간통한 것이 틀림없다'라고 증언하였다.

이때 피의자는 그 증인을 위협하여 재판을 방해할 목적으로 '저놈이 거짓말을 하고 있다. 내 남편은 절대 나쁜 짓을 할 사람이 아니다. 무죄로 석방되면 가만두지 않겠다'라고 소리를 지르는 등 재판 중인 법정에서 소동하였다.

2) 적용법조 : 제138조 … 공소시효 5년

3) 신문사항

- 법정 재판에 참석한 일이 있는가
- 언제 어디에 있는 법원인가
- 어떤 재판에 참석하였는가
- 그 재판과 피의자는 어떤 관계에 있는가
- 그 법정에서 소란을 피운 일이 있는가
- 어떤 소란을 피웠는가
- 무엇 때문에 그런 소란을 피웠는가
- 당시 증언한 홍길동과는 어떤 관계인가
- 증인의 증언이 잘못되었다는 것인가
- 증언이 잘못되었으면 위증등으로 고소하면 되는 것이 아닌가
- 피의자의 행위로 법정이 소란스러웠다고 생각하지 않는가

[기재례2] 국회의장 모욕

1) 범죄사실 기재례

　　피의자는 ○○모임의 대변인으로서 20○○. ○. ○. 제○○차 임시국회 개회 중인 국회 의사당 안 방청석에서 그 회의를 방청하다가 국회의원 홍길동이 발언대에 나와 '시민단체가 너무 난립하고 있다. 이에 대한 정부지원을 중지하여야 한다'는 내용의 발언을 하였다.

　　이때 피의자는 그 발언을 저지하여 국회의 심의를 방해할 목적으로, '저런 의원은 시민단체에 대한 기초상식도 없는 사람이다. 오히려 저런 의원들이 부정부패에 찌든 사람으로 국민의 심판을 받기 전에 스스로 물러나야 한다'라고 고함을 지르는 등 개회 중인 국회의장에서 모욕하였다.

2) 적용법조 : 제138조 … 공소시효 5년

3) 신문사항

- 어떤 일을 하고 있는가
- ○○시민 단체는 어떤 단체인가
- 언제 구성하였으며 조직은 어떻게 되어 있는가
- 피의자는 어떤 직책을 맡고 있는가
- 국회 의사당 안에 방청한 일이 있는가
- 언제 어떤 회의를 방청하였는가
- 당시 발언하던 국회의원을 모욕한 일이 있는가
- 어떤 국회의원이며 어떤 발언을 하였는가
- 피의자와 그 의원의 발언과 어떤 관련이 있었는가
- 피의자의 행위로 국회의장을 모욕하였다 생각하지 않는가
- 왜 이런 모욕을 하였는가

제4절 공무상비밀표시무효

> 제140조(공무상비밀표시무효) ① 공무원이 그 직무에 관하여 실시한 봉인 또는 압류 기타 강제처분의 표시를 손상 또는 은닉하거나 기타 방법으로 그 효용을 해한 자는 5년 이하의 징역 또는 700만원 이하의 벌금에 처한다.
> ② 공무원이 그 직무에 관하여 봉함 기타 비밀장치한 문서 또는 도화를 개봉한 자도 제1항의 형과 같다.
> ③ 공무원이 그 직무에 관하여 봉함 기타 비밀장치한 문서, 도화 또는 전자기록등 특수매체기록을 기술적 수단을 이용하여 그 내용을 알아낸 자도 제1항의 형과 같다.
> 제143조(미수범) 제140조 내지 전조의 미수범은 처벌한다.

 ## Ⅰ. 구성요건

1. 주 체

제한 없음(강제처분을 받은 자가 아닌 제3자도 본죄의 주체)

2. 객 체

공무원이 그 직무에 관하여 실시한 봉인 또는 압류 기타 강제처분의 표시

(1) 봉 인

물건에 대한 임의적인 처분을 금지하기 위하여 개봉금지의 의사를 표시하여 그 물건에 시행한 봉함, 기타 이와 유사한 물적 설비. 반드시 인장을 사용할 필요는 없다.

(2) 압류의 표시

공무원이 그 직무상 보관할 물건을 강제적으로 자기의 점유에 옮긴 것을 명백히 하기 위하여 그 물건에 시행한 표시(例, 입간판, 고시문, 금지표찰 등)를 말한다.

■ 판례 ■ **공무상비밀표시무효죄의 성립요건으로 행위 당시 강제처분의 표시가 현존할 것을 요하는지 여부(적극)**

공무상표시무효죄가 성립하기 위하여는 행위 당시에 강제처분의 표시가 현존할 것을 요한다(대법원 1997.3.11. 선고 96도2801 판결).

■ 판례 ■ **법원의 감수보전결정에 따라 감수보존인으로 선임된 자가 공무상비밀표시무효죄에 있어서의 공무원에 해당하는지 여부(적극)**

공무상비밀표시무효죄에 있어서의 공무원이란 '널리 법령에 의하여 공무에 종사하는 직원'을 의미하는 것이고, 법원의 감수보존처분은 일종의 집행보존처분으로서 압류의 집행과 동일한 효력이 있어

감수보존처분이 있는 때에는 압류의 효력이 생기게되므로 법원의 감수보존결정에 따라 감수보존인으로 선임된 자는 법원의 위임을 받아 공무를 집행하는 직원으로서의 지위를 가진다(대법원 2002.12.27. 선고 2002도4906 판결).

(3) 강제처분

1) 강제처분의 유효성

강제처분은 유효해야 하나, 강제처분결정이 정당한가의 여부는 묻지 않는다.

■ 판례 ■ **건물명도 집행이 완료된 후 채무자가 동건물에 침입한 경우, 공무상 표시 무효죄의 성부(소극)**

집달관이 채무자 겸 소유자의 건물에 대한 점유를 해제하고 이를 채권자에게 인도한 후 채무자의 출입을 봉쇄하기 위하여 출입문을 판자로 막아둔 것을 채무자가 이를 뜯어내고 그 건물에 들어갔다 하더라도 이는 강제집행이 완결된 후의 행위로서 채권자들의 점유를 침범하는 것은 별론으로 하고 공무상표시무효죄에 해당하지는 않는다(대법원 1985.7.23. 선고 85도1092 판결).

■ 판례 ■ **압류가 경합된 경우에 한 채권자에게만 변제하고 압류된 유체동산을 처분한 경우, 공무상 비밀표시 무효죄의 성부(적극)**

채권자 A에 의하여 압류된 피고인 소유 유체동산에 대하여 다시 채권자 B에 의하여 조사절차가 취하여진 경우에는 B에 대한 관계에 있어서도 압류의 효력이 미친다고 할 것이니, 피고인이 A에 대한 채무를 변제하였다하여도 그 압류가 해제되지 아니한 한 압류상태에 있다고 할 것이니 A에 대한 변제사실만 가지고는 압류의 효력이 없다고 할 수 없고, 이를 처분한 피고인에게 공무상 비밀표시 무효에 관한 범의가 없었다고도 할 수 없다(대법원 1981.10.13. 선고 80도1441 판결).

■ 판례 ■ **집행관이 영업방해금지 가처분결정의 취지를 고시한 공시서를 게시하였을 뿐 어떠한 구체적 집행행위를 하지 않은 상태에서 위 가처분에 의하여 부과된 부작위명령을 피고인이 위반한 경우**

집행관이 법원으로부터 피신청인에 대하여 부작위를 명하는 가처분이 발령되었음을 고시하는 데 그치고 나아가 봉인 또는 물건을 자기의 점유로 옮기는 등의 구체적인 집행행위를 하지 아니하였다면, 단순히 피신청인이 위 가처분의 부작위명령을 위반하였다는 것만으로는 공무상 표시의 효용을 해하는 행위에 해당하지 않는다(대법원 2010.9.30. 선고 2010도3364 판결).

■ 판례 ■ **집행관이 부작위를 명하는 가처분이 발령되었음을 고시하는 데 그치고 구체적인 집행행위를 하지 아니한 경우, 피신청인이 가처분의 부작위명령을 위반한 것만으로 공무상 표시의 효용을 해하는 행위에 해당하지 않는다(대법원 2016.5.12, 선고, 2015도20322, 판결).**

2) 강제처분의 적법성

봉인 · 압류 · 기타 강제처분의 표시는 적법해야 한다. 그러나 공무집행절차상의 하자는 본죄의 성립에 영향을 미치지 않는다.

■ 판례 ■   **공무원이 실시한 봉인 등의 표시에 절차상 또는 실체상의 하자가 있으나 객관적·**
일반적으로 그것이 공무원이 그 직무에 관하여 실시한 봉인 등으로 인정할 수 있는 상태에 있
는 경우, 공무상표시무효죄의 객체가 되는지 여부(적극)

[1] 사실관계

> 집행관인 乙은 가압류 집행장소인 농장에 3,000마리가 넘는 비육돈이 사육되고 있었는데 가압
> 류집행을 하면서 정확한 비육돈의 숫자를 세어보지도 않고 가압류집행에 참여한 채권자와 채
> 무자측의 직원의 진술만을 토대로 비육돈을 30kg에서 40kg, 40kg에서 60kg, 60kg에서
> 90kg의 세 단계로 구분하여 각 1,000마리씩을 가압류하고 나머지 약 100마리 정도는 병든 돼
> 지라서 담보가치가 없다고 보아 이를 가압류에서 제외한다는 취지를 기재한 공시서를 축사에
> 붙여놓았다. 가압류 집행 후 농장의 직원인 甲은 가압류된 비육돈을 수회에 걸쳐 농장 밖으로
> 반출하고는 그 대신 중량 30kg 이하의 새로운 자돈을 축사에 입사시키면서 농장 직원들에게
> 전체적으로 3,000마리는 항상 유지하라고 지시하였다.

[2] 판결요지

가. 공무원이 그 직권을 남용하여 위법하게 실시한 봉인 또는 압류 기타 강제처분의 표시임이 명백
하여 법률상 당연무효 또는 부존재라고 볼 수 있는 경우에는 그 봉인 등의 표시는 공무상표시무효
죄의 객체가 되지 아니하여 이를 손상 또는 은닉하거나 기타 방법으로 그 효용을 해한다 하더라도
공무상표시무효죄가 성립하지 아니한다 할 것이지만 공무원이 실시한 봉인 등의 표시에 절차상 또
는 실체상의 하자가 있다고 하더라도 객관적·일반적으로 그것이 공무원이 그 직무에 관하여 실시
한 봉인 등으로 인정할 수 있는 상태에 있다면 적법한 절차에 의하여 취소되지 아니하는 한 공무상
표시무효죄의 객체로 된다.
나. 유체동산의 가압류집행에 있어 그 가압류공시서의 기재에 다소의 흠이 있으나 그 기재 내용을
전체적으로 보면 그 가압류목적물이 특정되었다고 인정할 수 있어 그 가압류가 유효하다(대법원
2001.1.16. 선고 2000도1757 판결).   ☞ (甲은 공무상표시무효죄)

■ 판례 ■   **그 봉인 등의 표시가 법률상 효력이 없다고 믿었다는 사정만으로 공무상표시무효**
죄의 죄책을 면할 수 있는지 여부(소극)

공무원이 그 직무에 관하여 실시한 봉인 등의 표시를 손상 또는 은닉 기타의 방법으로 그 효용을 해
함에 있어서 그 봉인 등의 표시가 법률상 효력이 없다고 믿은 것은 법규의 해석을 잘못하여 행위의
위법성을 인식하지 못한 것이라고 할 것이므로 그와 같이 믿은 데에 정당한 이유가 없는 이상, 그와
같이 믿었다는 사정만으로는 공무상표시무효죄의 죄책을 면할 수 없다고 할 것이다(대법원
2000.4.21. 선고 99도5563 판결).

3. 행 위

손상·은닉 기타의 방법으로 그 효용을 해하는 것

(1) 손 상

물질적 파괴를 말하는 것으로 일시적이든 영구적이든 불문

(2) 은 닉

소재를 불명하게 하여 발견을 곤란하게 하는 것

■ 판례 ■   집행관이 유체동산을 가압류하면서 이를 채무자에게 보관하도록 하였는데 채무자가 가압류된 유체동산을 제3자에게 양도하고 그 점유를 이전한 경우, 공무상표시무효죄가 성립하는지 여부(원칙적 적극) 및 채무자와 양수인이 가압류된 유체동산을 원래 있던 장소에 그대로 두었더라도 마찬가지인지 여부(적극)

집행관이 유체동산을 가압류하면서 이를 채무자에게 보관하도록 한 경우 그 가압류의 효력은 압류된 물건의 처분행위를 금지하는 효력이 있으므로, 채무자가 가압류된 유체동산을 제3자에게 양도하고 그 점유를 이전한 경우, 이는 가압류집행이 금지하는 처분행위로서, 특별한 사정이 없는 한 가압류표시 자체의 효력을 사실상으로 감쇄 또는 멸각시키는 행위에 해당한다. 이는 채무자와 양수인이 가압류된 유체동산을 원래 있던 장소에 그대로 두었더라도 마찬가지이다.(대법원 2018. 7. 11., 선고, 2015도5403, 판결)

(3) 기타의 방법으로 그 효용을 해한

■ 판례 ■   온천수 사용금지 가처분결정이 있기 전부터 온천이용허가권자인 가처분 채무자로부터 이를 양수하고 임대차계약의 형식을 빌어 온천수를 이용하여 온 제3자가 위 금지명령을 위반하여 계속 온천수를 사용한 경우

[1] 가처분의 채무자가 아닌 제3자가 가처분상의 부작위 명령을 위반한 것이 가처분집행 표시의 효용을 해한 행위에 해당하는지 여부(소극)

가처분은 가처분 채무자에 대한 부작위 명령을 집행하는 것이므로 가처분의 채무자가 아닌 제3자가 그 부작위 명령을 위반한 행위는 그 가처분집행 표시의 효용을 해한 것으로 볼 수 없다.

[2] 제3자의 죄책

위 제3자가 위 가처분 사건 당사자 사이의 권리관계 내용을 잘 알고 있었다거나 그가 실질적으로는 가처분 채무자와 같은 당사자 위치에 있었다는 등의 사정이 있다 하여도 위 위반행위가 공무상표시무효죄를 구성하지 않는다(대법원 2007.11.16. 선고 2007도5539 판결).

[3] 동지판례

집행관이 법원으로부터 피신청인에 대하여 부작위를 명하는 가처분이 발령되었음을 고시하는 데 그치고 나아가 봉인 또는 물건을 자기의 점유로 옮기는 등의 구체적인 집행행위를 하지 아니하였다면, 단순히 피신청인이 위 가처분의 부작위명령을 위반하였다는 것만으로는 공무상 표시의 효용을 해하는 행위에 해당하지 않는다(대법원 2008.12.24. 선고 2006도1819 판결).

■ 판례사례 ■   ['기타의 방법으로 그 효용을 해한' 경우에 해당하는 사례]

> (1) 영업금지가처분에 대해 고시내용에 위반되는 판매업무를 계속하는 경우(대법원 1991.3.23. 선고 70도2688 판결)
> (2) 압류물을 채권자나 집달관 몰래 원래의 보관장소로부터 상당한 거리에 있는 다른 장소로 이동시킨 경우(대법원 1986.3.25. 선고 86도69 판결)
> (3) 직접 점유자에 대한 점유이전금지가처분결정이 집행된 후 그 피신청인인 직접점유자가 가처분 목적물의 간접점유자에게 그 점유를 이전한 경우(대법원 1980.12.23. 선고 80도1963 판결)

1) 압류채권자의 승인을 얻은 경우

■ 판례 ■ 채무자가 불가피한 사정으로 채권자의 승낙을 얻어 압류물을 이동시켰으나 집행관의 승인은 얻지 못한 경우

[1] 사실관계

채무자 甲은 당초 그가 경영하는 자동차용품점 내에서 집행관이 압류하고 그 뜻을 기재한 후 자신에게 보관을 맡긴 압류물을 보관하던 중 시장으로부터 위 자동차용품점 부지 일대는 교통체계개선사업으로 인한 도로확장예정지로 선정되어 도로공사를 시행하게 되니 가게를 이전하여 달라는 공문을 받고, 압류채권자인 乙에게 도로공사로 인하여 위 가게를 이전하게 될 것이라는 사정을 말하고, 이에 대하여 乙이 이의를 제기하지 아니하자 집행관의 승인은 얻지 아니하고 압류물을 이동시킨 후 이전한 가게의 전화번호를 알려 주었다.

[2] 판결요지

집행관이 그 점유를 옮기고 압류표시를 한 다음 채무자에게 보관을 명한 유체동산에 관하여 채무자가 이를 다른 장소로 이동시켜야 할 특별한 사정이 있고, 그 이동에 앞서 채권자에게 이동사실 및 이동장소를 고지하여 승낙을 얻은 때에는 비록 집행관의 승인을 얻지 못한 채 압류물을 이동시켰다 하더라도 형법 제140조 제1항 소정의 '기타의 방법으로 그 효용을 해한' 경우에 해당한다고 할 수 없다(대법원 2004.7.9. 선고 2004도3029 판결).

2) 기타방법으로 효용을 해하는 행위를 할 수 있는 자

○ 기타방법으로 효용을 해하는 행위를 할 수 있는 자는 강제처분의 대상이 된 채무자에 한정된다.

■ 판례 ■ 제3자가 건축주를 상대로 건축공사중지가처분집행을 한 후에 건축허가 명의를 피고인이 자기가 대표이사로 있는 "乙"회사로 변경하여 건축공사를 계속한 경우

제3자가 법원으로부터 받은 건축공사중지명령의 가처분집행은 어디까지나 "甲"회사에 대하여 부작위 명령을 집행한데 불과한 것이므로 위 가처분집행이 완료된 뒤 피고인이 본건 시공중인 건축허가 명의를 자기가 대표이사로 있는 "乙"회사로 변경하여 위 가처분집행을 그대로 둔 채 그 건축공사를 계속하였다는 사실자체만으로는 위와 같은 내용의 가처분집행표시의 효용을 해한 것이라고는 할 수 없으므로 형법 140조 1항 소정 공무상표시무효죄가 성립하지 아니한다(대법원 1976.7.27. 선고 74도1896 판결).

■ 판례 ■ 남편을 채무자로 한 출입금지가처분을 무시하고 그 처가 출입이 금지된 밭에 들어간 경우

남편을 채무자로 한 출입금지가처분 명령의 효력은 그 처에게는 미치지 아니하므로 그 처가 이를 무시하고 출입금지된 밭에 들어가 작업을 한 경우에 공무원이 직무에 관하여 실시한 강제처분표시의 효용을 해한 것이라고는 할 수 없다(대법원 1979.2.13. 선고 77도1455 판결).

3) 압류물을 용법 그대로 사용한 경우

○ 압류상태에서 그 용법에 따라 종전대로 사용하는 경우에는 본죄가 성립하지 않는다.

■ 판례 ■   채무자가 압류 그대로의 상태하에서 종전과 같은 방법으로 그 압류물을 사용한 경우

압류집행을 함에 있어 그 압류물을 종전과 같이 사용할 수 있는 상태대로 압류하여 채무자에게 보관시킨 경우에는 채무자는 압류 그대로의 상태하에서 종전과 같은 방법으로 그 압류물을 사용할 수 있다(대법원 1969.6.24. 선고 69도481 판결).

(4) 기수시기

압류 등의 표시의 효용이 사실상 훼손되었을 때 기수(침해범)

4. 주관적 구성요건

개관적 구성요건요소 인식 이외에 강제처분의 유효성·적법성에 대한 인식도 고의의 내용

■ 판례 ■   채권자가 채무자소유의 동산을 가압류한 후 그 본안사건에 관한 합의가 성립되어 그 가압류물건을 인수하기로 하고 담보취소까지 된 경우에 있어서 가압류취소절차를 거침이 없이 가압류목적물건을 가져간 경우

[1] 사실관계

> 甲은 乙을 상대로 손해배상청구 소송을 제기하면서 乙소유의 유체동산에 대한 가압류신청을 하여 담보제공을 하고, 법원으로부터 그 결정을 받은 후 乙소유의 사진기, 확대기등을 가압류 집행 하였는데, 甲과 乙은 그 후 위 손해배상 사건에 관하여 합의가 성립되어 甲은 乙로부터 금 50,000원과 가압류된 물건을 인수하기로 하고, 乙이 위 담보취소동의서, 항고권 포기서등을 甲에게 작성 교부하여 가압류 상태가 자연히 무효가 된 것으로 알고 그 취소절차를 거치지 아니하고, 위 사진기, 확대기 등을 가져갔다.

[2] 판결요지

채권자가 채무자소유의 동산을 가압류한 후 그 본안사건에 관한 합의가 성립되어 그 가압류물건을 인수하기로 하고 담보취소까지 된 경우에 있어서 가압류취소절차를 거침이 없이 가압류목적물건을 가져간 경우 공무상 비밀표시무효의 범의가 있다고는 할 수 없다(대법원 1972.11.14. 선고 72도1248 판결).

■ 판례 ■   민사소송법 기타 공법의 해석을 잘못하여 압류물의 효력이 없어진 것으로 착오한 경우

민사소송법 기타 공법의 해석을 잘못하여 압류물의 효력이 없어진 것으로 착오하였거나 또는 봉인 등을 손상 또는 효력을 해할 권리가 있다고 오신한 경우에는 형벌법규의 부지와 구별되어 범의를 조각한다고 해석할 것이다(대법원 1970.9.22. 선고 70도1206 판결).

II. 범죄사실기재

1) 범죄사실 기재례

[기재례1] 가압류 표시 제거

> 피의자는 20○○. ○. ○. 14:00경 ○○에 있는 피의자의 집에서 ○○지방법원 소속 집행관 홍길동이 피의자 소유의 냉장고 1대 외 시가 합계 ○○만원 상당의 물품 20점에 부착한 압류 표시를 함부로 제거하여 그 효용을 해하였다.
>
> 위 압류표시는 위 집행관 홍길동이 20○○. ○. ○. 채권자 甲의 집행위임을 받아 위 법원 20○○카○○호 유체동산압류결정 정본에 의하여 위 물품을 압류하고 부착하였다.

[기재례2] 가처분공사장에서의 작업

> 피의자는 20○○. ○. ○. 11:00경 ○○공사현장에서 ○○법원 소속 집행관 홍길동이 위 아파트 건설공사에서 지하굴착공사를 중지하고, 이를 속행하여서는 아니된다는 것을 고지하고, 그 뜻을 표시한 고시문 팻말을 위 공사현장에 게시하였는데 공사장에서 30여m 떨어진 위 공사현장에서 축대벽을 설치하기 위하여 지하굴착작업을 하면서 굴착기를 이용하여 암반파쇄작업을 함으로써 위 가처분의 효용을 해하였다.
>
> 위 표시는 위 집행관 홍길동이 20○○. ○. ○. 신청인 甲 등의 집행위임을 받아 위 법원 ○○카합 1234호 사건의 집행력 있는 '공사금지가처분' 결정정본에 의하여 위와 같이 고지하고 표시하였다.

[기재례3] 봉인 제거

> 피의자는 20○○. ○. ○. ○○에 있는 ○○관광개발 주식회사가 운영하는 ○○컨트리클럽 골프장에서 ○○시청 세무과 소속 홍길동 등이 ○○시장의 위임을 받아 위 골프장의 경락 전 운영자이던 ○○관광개발 주식회사 소유의 모노레일, 엘리베이터를 압류, 봉인하고 그 뜻을 기재한 표시를 하였음에도 20○○. ○. ○. 위 봉인을 제거하고 압류시설을 사용함으로써 그 효용을 해하였다.

2) 적용법조 : 제140조 제1항 ⋯ 공소시효 7년

III. 피해자 조사사항

- 피의자 홍길동과 어떠한 관계인가
- 언제 어떤 조건으로 돈을 빌려 주었는가
- 위와 관련 피의자 동산에 가압류를 한일이 있는가
- 언제 어디에 있는 어떤 유체동산을 가압류 하였나
- 어떤 근거로 누가 가압류를 하였나
- 가압류 물건이 없어 졌다는 것은 언제 어떻게 알았는가
- 집단관이 이런 사실을 확인하였는가
- 언제 어떤 방법으로 확인하였으며 그 근거는
- 피의자는 이런 물건을 언제 어떻게 처분하였다 하던가

IV. 피의자 신문사항

- 피의자는 고소인 ○○○을 알고 있나요.
- 고소인에게 돈을 빌려 사용한 일이 있는가
- 위와 관련 공정증서를 작성한 일이 있는가
- 법원으로부터 피의자의 유채동산에 가압류한 일이 있나
- 언제 누가 이러한 가압류를 하였나
- 어떠한 물건에 가압류 하였나.
  이때 고소장에 첨부된 가압류 목록을 보여주며
- 이러한 물건이 맞는가
- 가압류한 물건에 집행관이 어떠한 표시를 하던가
- 이러한 가압류 물건을 어떻게 하였나
- 언제 어디로 처분하였나
- 왜 이러한 행위를 하였나

제5절 부동산강제집행효용침해

제140조의2(부동산강제집행효용침해) 강제집행으로 명도 또는 인도된 부동산에 침입하거나 기타 방법으로 강제집행의 효용을 해한 자는 5년 이하의 징역 또는 700만원 이하의 벌금에 처한다.
제143조(미수범) 제140조 내지 전조의 미수범은 처벌한다.

 ## I. 구성요건

1. 주 체

제한 없음(강제처분을 받은 자가 아닌 제3자도 본죄의 주체가 될 수 있다)

2. 객 체

강제집행으로 명도 또는 인도된 부동산이며, 강제집행은 민사소송법에 의한 강제집행을 의미

✽ 명도(明渡)와 인도(引渡)
　◦ 명도 : 건물에 대한 점유의 이전
　◦ 인도 : 토지에 대한 점유의 이전

■ 판례 ■　　부동산강제집행효용침해죄에 있어 '강제집행으로 명도 또는 인도된 부동산'에 퇴거집행된 부동산이 포함되는지 여부(적극)

[1] 사실관계

甲은 지상주차장을 운영하다가 법원의 강제집행으로 퇴거집행이 된 후 다시 그 지상주차장에 침입하였다.

[2] 판결요지
형법 제140조의2 부동산강제집행효용침해죄의 입법취지와 체제 및 내용과 구조를 살펴보면, 부동산강제집행효용침해죄의 객체인 강제집행으로 명도 또는 인도된 부동산에는 강제집행으로 퇴거집행된 부동산을 포함한다고 해석된다(대법원 2003.5.13. 선고 2001도3212 판결).

3. 행 위

침입하거나 기타 방법으로 강제집행의 효용을 해하는 것

■ 판례 ■　　부동산강제집행효용침해죄의 구성요건 중 '기타 방법' 및 '강제집행의 효용을 해하는 것'의 의미
부동산강제집행효용침해죄는 강제집행으로 명도 또는 인도된 부동산에 침입하거나 기타 방법으로

강제집행의 효용을 해함으로써 성립한다. 여기서 '기타 방법'이란 강제집행의 효용을 해할 수 있는 수단이나 방법에 해당하는 일체의 방해행위를 말하고, '강제집행의 효용을 해하는 것'이란 강제집행으로 명도 또는 인도된 부동산을 권리자가 그 용도에 따라 사용·수익하거나 권리행사를 하는 데 지장을 초래하는 일체의 침해행위를 말한다(대법원 2002. 11. 8. 선고 2002도4801 판결 참조). 원심판결 이유 및 원심이 채택한 증거에 의하면, 소외인은 2011. 9. 29. 전남 완도군 (주소 1 생략) 토지 및 건물(이하 '이 사건 토지 및 건물'이라 한다)을 강제경매절차에서 매수하고 2012. 2. 29. 인도집행을 마친 사실, 이 사건 토지 및 건물에서 어린이집을 운영하던 피고인은 2012. 3. 12.경 이 사건 건물의 정문 쪽 철제 울타리 부분에 가로 1,550cm, 세로 120cm(공소장 및 원심판결의 '가로 120cm, 세로 1,550cm'는 오기로 본다)의 시멘트 벽돌담(이하 '이 사건 벽돌담'이라 한다)을 설치한 사실, 피고인이 이 사건 벽돌담을 설치한 곳은 이 사건 토지와 접하는 피고인 소유의 (주소 2 생략) 대 17㎡, (주소 3 생략) 대 3㎡와 완도군 소유의 (주소 4 생략) 대 41㎡ 지상으로, 위 각 토지는 공중이 통행하는 도로로 이용되고 있는데, 이 사건 벽돌담이 이 사건 건물의 정문을 가로막는 위치와 방향으로 설치됨으로써 이 사건 건물의 이용자들은 이 사건 건물과 그 옆 건물 사이에 생긴 좁은 공간을 통하여 출입할 수밖에 없었던 사실 등을 알 수 있다.

이러한 사실관계를 앞서 본 법리에 비추어 살펴보면, 피고인의 이 사건 벽돌담 설치행위는 강제집행으로 인도된 이 사건 토지 및 건물을 권리자인 소외인이 그 용도에 따라 사용·수익하거나 권리행사를 하는 데 지장을 초래하는 침해행위에 해당한다고 봄이 상당하고, 이 사건 벽돌담이 피고인이 어린이집을 운영하면서 어린이들의 안전을 위해 설치한 기존의 철제 울타리를 따라 설치되었다고 하더라도, 소외인이 위 철제 울타리의 존속을 전제로 제한된 범위에서만 이 사건 토지 및 건물을 사용·수익하는 것은 아니므로, 위와 같은 사정은 피고인의 강제집행효용 침해행위를 인정하는 데 방해가 되지 않는다 할 것이다.(대법원 2014. 1. 23., 선고, 2013도38, 판결)

4. 주거침입죄·손괴죄와의 관계

강제집행의 효용을 해할 의사로 명도된 주택에 침입하거나 주택을 손괴한 경우 주거침입죄 또는 손괴죄는 본죄에 흡수(법조경합 중 보충관계)

II. 범죄사실기재 및 신문사항

1) 범죄사실 기재례

피의자는 20○○. ○. ○. ○○은행에서 2년을 기한으로 1억원을 대출받아 사용하였으나 이를 변제치 못함에 따라 위 은행에서 ○○법원에 경매신청하였다.

피의자는 20○○. ○. ○. ○○○가 이를 낙찰받아 20○○. ○. ○.소유권 이전과 동시 위 ○○○에게 명도되었으나 이사비용 500만원을 요구하여 이를 받지 못했다는 이유로 위 부동산 입구를 ○○방법으로 막아 강제집행의 효용을 해하였다.

2) 적용법조 : 제140조의2 … 공소시효 7년

3) 신문사항

- ○○은행에서 대출을 받은 일이 있는가
- 그 대출금을 변제하였나
- 변제치 못하여 은행으로부터 담보로 제공된 부동산이 경매된 일이 있는가
- 어디에 있는 어떤 부동산인가
- 언제 누구에게 명도(통지의 경우 인도)되었는가
- 명도된 이 부동산에 침입한 일이 있는가
- 언제 어떤 방법으로 침입하였나
- 침입하여 어떻게 하였나
- 왜 이런 행위를 하였나

제6절 공용서류 등의 무효, 공용물의 파괴

> **제141조(공용서류등의 무효, 공용물의 파괴)** ① 공무소에서 사용하는 서류 기타 물건 또는 전자기록등 특수매체기록을 손상 또는 은닉하거나 기타 방법으로 그 효용을 해한 자는 7년 이하의 징역 또는 1천만원 이하의 벌금에 처한다.
> ② 공무소에서 사용하는 건조물, 선박, 기차 또는 항공기를 파괴한 자는 1년 이상 10년 이하의 징역에 처한다.
> **제143조(미수범)** 제140조 내지 전조의 미수범은 처벌한다.

 I. 구성요건

1. 객 체

공무소에서 사용하는 서류 기타 물건 또는 전자기록 등 특수매체기록

(1) 공무소에서 사용하는

1) 공무소

공무원이 직무를 집행하는 관공서 등의 관청(공공조합·영조물 법인·공법인도 포함)

2) 사용하는

공무소에서 공무수행상 비치·보관·점유·이용하는 것을 말하는 것으로, 사용하는 서류·물건 등의 소유관계는 불문

■ 판례 ■ **형사사건을 조사하던 경찰관이 스스로의 판단하에 자신이 보관하던 진술서를 임의로 피고인에게 넘겨준 경우, 그 진술서가 공용서류에 해당하는지 여부(소극)**

[1] 사실관계

> 경찰관 乙은 형사고소사건을 맡아 직접 조사하면서 참고인 乙로부터 진술서를 받아 수사기록에 철하지 아니한 채 보관하던 중, 고소인인 고등학교 교감 甲으로부터 '乙이 자신에게 강제로 납치되어 진술서를 작성한 것처럼 학교에 소문이 나서 난처하게 되었다. 乙도 진술서를 반환받고 싶어하니 그의 진술서를 돌려줄 수 없겠느냐.'라는 부탁을 받고, 乙의 진술서는 중요한 내용도 없을 뿐 아니라 다른 교사들 여러 명이 한 진술 내용과 별 차이도 없으므로 진술서는 없더라도 수사에 지장이 없겠다는 생각이 들어 '그렇다면 진술서를 가지고 가서 乙에게 보여주고 찢어버리라.'고 하면서 이를 甲에게 건네주었고, 이에 甲은 위 진술서를 가져와 乙에게 보여주면서 이를 찢어 버렸다.

[2] 판결요지

형법 제141조 제1항에 규정한 공용서류무효죄는 공문서나 사문서를 묻지 아니하고 공무소에서 사용 중이거나 사용할 목적으로 보관하는 서류 기타 물건을 그 객체로 하므로, 형사사건을 조사하던 경찰

관이 스스로의 판단에 따라 자신이 보관하던 진술서를 임의로 피고인에게 넘겨준 것이라면, 위 진술서의 보관책임자인 경찰관은 장차 이를 공무소에서 사용하지 아니하고 폐기할 의도하에 처분한 것이라고 보아야 할 것이므로, 위 진술서는 더 이상 공무소에서 사용하거나 보관하는 문서가 아닌 것이 되어 공용서류로서의 성질을 상실하였다고 보아야 한다(대법원 1999.2.24. 선고 98도4350 판결).

(2) 서류

o 공무소에서 사실상 보관하고 있는 것이면, 작성명의인의 유무, 공문서·사문서, 위조여부, 무효소인이 찍힌 것 등을 불문한다(사문서가 접수되어 보관중인 경우나 현재 공무소에서 사용하고 있는 위조문서도 본죄의 객체에 해당).

o 정식절차를 밟지 않고 접수된 것이거나 작성권한 없는 기관이 작성한 문서도 본죄의 객체에 해당한다.

o 문서가 완성되어 효력이 발생할 것은 요하지 않는다. 따라서 작성중인 미완성의 문서도 본죄의 객체에 해당한다.

■ 판례 ■　공용전자기록 등 손상죄에서 말하는 '공무소에서 사용하는 서류 기타 전자기록'에 공문서로서의 효력이 생기기 이전의 서류, 정식의 접수 및 결재 절차를 거치지 않은 문서, 결재 상신 과정에서 반려된 문서 등이 포함되는지 여부(적극) 및 미완성의 문서라도 본죄가 성립하는지 여부(적극)

형법 제141조 제1항은 공무소에서 사용하는 서류 기타 물건 또는 전자기록 등 특수매체기록을 손상 또는 은닉하거나 기타 방법으로 그 효용을 해한 자를 처벌하도록 규정하고 있다. '공무소에서 사용하는 서류 기타 전자기록'에는 공문서로서의 효력이 생기기 이전의 서류라거나, 정식의 접수 및 결재 절차를 거치지 않은 문서, 결재 상신 과정에서 반려된 문서 등을 포함하는 것으로, 미완성의 문서라고 하더라도 본죄의 성립에는 영향이 없다.(대법원 2020. 12. 10., 선고, 2015도19296, 판결)

■ 판례사례 ■　[공용서류등무효죄의 객체인 서류 기타 물건에 해당하는 것]

(1) 보존기간이 경과된 문서(대법원 1972.9.26. 선고 72도1132 판결)
(2) 작성권한이 없는 자가 작성한 문서(대법원 4294형상262 판결)
(3) 작성중인 미완성의 피의자 신문조서(대법원 1987.4.14. 선고 86도2799 판결)
(4) 수사기록에 편철되지 않은 진술조서(대법원 1982.10.12. 선고 82도368 판결)
(5) 군청에 보관중인 자기명의의 건축허가 신청서(대법원 1982.12.14. 선고 81도81 판결)
(6) 국고금예수금관계에서 한국은행이 보관하는 장부(대법원 1969.7.29. 선고 69도1012 판결)
(7) 인부에 기재하지 않아 아직 공문서로서의 효력이 없는 피의사건 기록(대법원 1971.3.30. 선고 71도324 판결)

(3) 기타물건

서류 이외의 일체의 물건으로서 자동차와 같은 동력도 포함

✽ 자동차는 공용물파괴죄의 객체가 아니라 공용서류등무효죄의 객체가 된다.

(4) 전자기록 등 특수매체기록

사람의 지각으로 인식할 수 없는 방식에 의하여 만들어진 전자기록, 전기기록, 광학기록 등

2. 행 위

정당한 권한없이 손상·은닉 기타의 방법으로 그 효용을 해하는 것

✱ 공용물파괴죄에 있어서 파괴란 건조물 등의 실질을 해하여 본래의 용법에 따라 사용할 수 없게 하는 것으로 손괴보다 물질적 훼손의 정도가 큰 경우이다. 따라서 파괴의 정도에 이르지 아니하면 공용서류 등 무효죄(제141조 제1항)가 적용된다.

■ 판례 ■ **권한 있는 자의 정당한 처분에 의한 공용서류의 파기에도 공용서류무효죄가 적용되는지 여부(소극)**

[1] 사실관계

> 경찰관이 피해자가 보험혜택을 받을 수 있도록 해주기 위해 실황조사서의 현장약도를 고쳐서 다시 작성한 후 결재받기 위해 상사에게 제출하였다.

[2] 판결요지

가. 공문서 작성권자와 공용서류무효죄

형법 제141조 제1항이 규정한 공용서류무효죄는 정당한 권한 없이 공무소에서 사용하는 서류의 효용을 해함으로써 성립하는 죄이므로 권한 있는 자의 정당한 처분에 의한 공용서류의 파기에는 적용의 여지가 없고, 또 공무원이 작성하는 공문서는 그것이 작성자의 지배를 떠나 작성자로서도 그 변경 삭제가 불가능한 단계에 이르렀다면 모르되 그렇지 않고 상사가 결재하는 단계에 있어서는 작성자는 결재자인 상사와 상의하여 언제든지 그 내용을 변경 또는 일부 삭제할 수 있는 것이며 그 내용을 정당하게 변경하는 경우는 물론 내용을 허위로 변경하였다 하여도 그 행위가 허위공문서작성죄에 해당할지언정 따로 형법 제141조 소정의 공용서류의 효용을 해하는 행위에 해당한다고는 할 수 없다.

나. 甲의 죄책

경찰관의 행위는 허위공문서작성죄에 해당할 뿐 공용서류무효죄에는 해당하지 아니한다(대법원 1995.11.10 선고 95도1395 판결). ☞ (甲은 허위공문서작성죄 및 동행사죄)

3. 주관적 구성요건

■ 판례 ■ **공용서류무효죄에 있어서의 범의**

형법 제141조 제1항이 규정한 공용서류무효죄에 있어서의 범의란 피고인에게 공무소에서 사용하는 서류라는 사실과 이를 손상 또는 은닉하거나 기타 방법으로 그 효용을 해한다는 사실의 인식이 있음으로써 족하고 경찰이 작성한 진술서가 미완성의 문서라 해서 공무소에서 사용하는 서류가 아니라고 할 수 없으며 피고인과 경찰관 사이의 공모관계의 유무나 피고인의 강제력행사의 유무가 서류의 효용을 해한다는 인식에 지장을 주는 사유가 되지도 아니한다(대법원 1987.4.14. 선고 86도2799 판결).

■ 판례 ■   **공사대금의 지급거절을 이유로 설치 시설을 손괴한 경우**

甲 주식회사가 피고인에게 공립유치원의 놀이시설 제작 및 설치공사를 하도급주었는데, 피고인이 유치원 행정실장 등에게 공사대금의 직접 지급을 요구하였으나 거절당하자 놀이시설의 일부인 보호대를 칼로 뜯어내고 일부 놀이시설은 철거하는 방법으로 공무소에서 사용하는 물건을 손상하였다는 내용으로 기소된 사안에서, 피고인에게 공사대금 직불청구권이 있고 놀이시설의 정당한 유치권자로서 공사대금 채권을 확보할 필요가 있었다고 하더라도, 위와 같은 피고인의 행위가 수단과 방법의 상당성이 인정된다거나 공사대금 확보를 위한 유치권을 행사하는 데에 긴급하고 불가피한 수단이었다고 볼 수 없는데도, 공용물건손상의 공소사실에 대하여 무죄를 선고한 원심판결에 정당행위에 관한 법리오해의 잘못이 있다.(대법원 2017. 5. 30. 선고, 2017도2758, 판결)

Ⅱ. 범죄사실기재 및 신문사항

1. 공용서류 등의 무효

[기재례1] 공용물건손상

1) 범죄사실 기재례

피의자는 20○○. ○. ○. 10:30경 ○○앞길에서 ○○호 ○○승용차를 운전하고 가다가 신호위반으로 그곳에 근무하던 교통순경 홍길동에게 적발되어 ○○경찰서 ○○지구대에 연행되었다.
피의자는 교통법규를 위반하지 않았다고 주장하면서 위 순경과 시비를 하다가 화가 나서 위 지구대의 책상 위에 놓인 시가 6만원상당의 서류함과 꽃병 1개를 집어 던져 깨뜨리는 등 공무소에서 사용하는 물건을 손상하여 그 효용을 해하였다.

2) 적용법조 : 제141조 제1항 … 공소시효 7년

[기재례2] 교통범칙금적발보고서를 찢어버린 경우(공용서류손상)

1) 범죄사실 기재례

피의자는 20○○. ○. ○. ○○:○○경 ○○에서 삼일운수 소속 ○○호 택시를 운전하고 가다 신호를 위반하여 그곳 근무자였던 교통경찰관 경감 허윤구에게 적발되었다.
이때 위 경찰관이 범칙금적발보고서를 작성하여 서명란에 서명날인하도록 건네주자 함정단속이라는 이유로 공용서류인 위 범칙금적발보고서를 찢어버려 그 효용을 해하였다.

2) 적용법조 : 제141조 제1항 … 공소시효 7년

3) 신문사항

– 피의자는 차량을 운전하다 법규위반으로 단속당한 일이 있느냐

– 언제 어디에서 단속을 당하였나

– 누구에게 단속 당하였나

– 어떠한 교통법규를 위반하였나

– 경찰관으로부터 범칙금적발보고서 발부를 받은 일이 있었나

– 그곳에 서명날인을 하였느냐

– 왜 적발보고서를 찢어버렸느냐

– 그 적발보고서가 공무원이 작성한 공용서류인지 알고 있느냐

– 피의자의 행위에 대해 어떻게 생각하느냐

[기재례3] 112순찰차를 손상한 경우(공용물건 손상)

1) 범죄사실 기재례

피의자는 20○○. ○. ○. ○○:○○경 ○○에서 술에 만취되어 그곳을 지나가는 대학생 김
효순(여, 21세)에게 추태를 부리다 순찰 중이던 ○○경찰서 ○○지구대 경감 박준필에게 적발
되어 위 지구대로 연행하려고 하자 이에 저항하면서 그곳에 정차되어 있던 112순찰차인 ○○
호의 앞 유리 시가 ○○원 상당을 주먹으로 때려 깨뜨림으로써 공무소에서 사용하는 물건을
손괴하여 그 효용을 해하였다.

2) 적용법조 : 제141조 제1항 … 공소시효 7년

[기재례4] 공집방해 및 지구대 물건 손상

가. 공무집행방해

피의자는 20○○. ○. ○. 01:20경 ○○에 있는 ○○경찰서 ○○지구대 사무실에서 신고를
받고 출동한 위 ○○지구대 소속 경장 이○○(35세) 등에 의하여 폭력행위등처벌에관한법률위
반죄 등으로 현행범인 체포되어 위 지구대 사무실에서 연행되었다.

피의자는 위 이○○로부터 피의자의 인적사항 및 사건 경위 등에 대하여 신문을 받자
위 이○○에게 큰소리로 욕설을 하면서 양손으로 위 이○○의 얼굴을 1회 때리고 이어 욕
설과 함께 위 지구대 소속 경위 이○○(○○세)의 복부를 2회 걷어차고 심한 욕설과 고성
을 지르면서 바닥에 드러눕는 등으로 30분가량 행패를 부려 동인들의 범죄진압 및 수사업
무 등에 관한 적법한 직무집행을 방해하였다.

나. 공용물건손상

피의자는 계속하여 소란을 피우던 중 위 지구대 사무실에 설치되어 있던 시가 ○○만원 상
당의 공용물건인 정수기 1대를 발로 걷어차 이를 부수어 공무소에서 사용하는 물건의 효용을
해하였다.

2) **적용법조** : 제136조 제1항, 제141조 제1항 … 공소시효 7년

2. 공용물파괴

1) 범죄사실 기재례 – [지구대 출입문을 파괴한 경우]

피의자는 20○○. ○. ○. ○○:○○경 ○○에서 술에 만취되어 그곳을 지나가는 대학생 김효순(여, 21세)에게 추태를 부리다가 순찰 중이던 ○○경찰서 ○○지구대 경위 박준필에게 적발되어 위 파출소로 연행되었다.

피의자는 위 지구대로 연행된 다음 위 범행에 대하여 추궁당하자 "내가 무엇을 잘못하였는데 나를 붙잡아 조사하느냐"면서 지구대 출입문을 발로 차 유리를 깨뜨리고 문기둥을 넘어뜨려서 공무소에서 사용하는 건조물을 파괴하였다.

2) **적용법조** : 제141조 제2항 … 공소시효 10년

3) 신문사항

- 경찰 지구대에서 조사를 받은 일이 있는가
- 언제 어디에 있는 지구대인가
- 무엇 때문에 조사를 받았는가
- 어떻게 지구대까지 가게되었는가
- 피해자 김효순에게 추태 부린 것을 기억하는가
- 이와 관련 누구로부터 어떤 조사를 받았는가
- 지구대에 연행되어 조사받은 과정에서 지구대 시설을 파괴한 일이 있는가
- 어떤 시설을 어떤 방법으로 파괴하였는가
- 무엇 때문에 파괴하였나
- 피의자의 행위로 지구대 문기둥이 넘어 지는등 파괴되었는데 이를 인정하는가

제7절 공무상 보관물의 무효

제142조(공무상 보관물의 무효) 공무소로부터 보관명령을 받거나 공무소의 명령으로 타인이 관리하는 자기의 물건을 손상 또는 은닉하거나 기타 방법으로 그 효용을 해한 자는 5년 이하의 징역 또는 700만원 이하의 벌금에 처한다.
제143조(미수범) 제140조 내지 전조의 미수범은 처벌한다.

I. 구성요건

1. 주 체

공무소로부터 보관명령을 받거나 공무소의 명령으로 타인이 관리하는 물건의 소유자 (진정신분범)

2. 객 체

공무소로부터 보관명령을 받거나 공무소의 명령으로 타인이 관리하는 자기의 물건 (例, 경찰에 의하여 압수된 물건, 압류한 집행관이 채무자에게 보관을 명한 경우)

▪판례▪ **채무자가 채권가압류결정의 정본을 송달받고서도 제3채무자에게 가압류된 돈을 지급한 경우**

[1] 채권가압류 명령의 송달이 공무상 보관명령에 해당하는지 여부(소극)
제3채무자는 채무자에 대한 채무의 지급을 하여서는 아니된다는 내용 등의 가압류결정 정본의 송달을 받은 것이 형법 제142조 소정의 공무소로부터 보관명령을 받은 경우에 해당한다고 할 수 없다(대법원 1983.7.12. 선고 83도1405 판결 참고).

[2] 채무자가 채권가압류결정의 정본을 송달받고서도 제3채무자에게 가압류된 돈을 지급한 것이 형법 142조 1항의 범죄를 구성하는가 여부(소극)
채무자가 채권가압류결정의 정본을 송달받고서 제3채무자에게 가압류된 돈을 지급하였어도 채권가압류결정의 송달을 받은 것이 형법 제142조 소정의 공무상 보관명령이 있는 경우도 아니고 형법 제140조 제1항 소정의 강제처분의 표시가 있었다고 볼 수 없으니 공무상 보관물의 무효죄 또는 공무상비밀표시무효죄가 성립하지 않는다(대법원 1975.5.13. 선고 73도2555 판결).

▪판례▪ **지입차량의 소유관계**

실질적으로 피고인이 소유 운행하는 지입자동차라 할지라도 자동차등록부상 특정회사명의로 소유등록되어 있는 이상 이를 위 회사 소유의 자동차라 할 것이고 피고인의 소유라고는 할 수 없다(대법원 1970.8.31. 선고, 70도1328 판결).

3. 행 위

손상·은닉 기타의 방법으로 그 효용을 해하는 것

● II. 범죄사실기재

1) 범죄사실 기재례 – [보관명령 받은 땔감소비]

피의자는 20○○. ○. ○. ○○:○○경 ○○군청 특별사법경찰관 산림보호주사 한길환으로부터 그의 집 뒷산에 있는 산림에 대해 즉시 보관명령을 받았음에도 불구하고 그 무렵부터 20○○. ○. ○.까지 사이에 위 보관명령을 받은 산림 중 ○○㎡ 가량을 땔감으로 소비해버림으로써 공무상보관물의 효용을 해하였다.

2) 적용법조 : 제142조 ··· 공소시효 7년

● III. 신문사항

1. 행위의 객체

- ○○(공무소)로부터 보관명령을 받은 일이 있느냐
- 언제 어디에서 보관명령을 받았나
- 누구로부터 어떠한 물건의 보관명령을 받았느냐
- 왜 이러한 보관명령을 받았느냐
- 보관명령을 받은 물건을 어떻게 하였나

2. 행 위

- 언제 손상하였나
- 어떠한 방법으로 손상하였나
- 왜 이를 손상(은닉)하였느냐

제8절 특수공무방해

제144조(특수공무방해) ① 단체 또는 다중의 위력을 보이거나 위험한 물건을 휴대하여 제136조, 제138
조와 제140조 내지 전조의 죄를 범한 때에는 각조에 정한 형의 2분의 1까지 가중한다.
② 제1항의 죄를 범하여 공무원을 상해에 이르게 한 때에는 3년 이상의 유기징역에 처한다. 사망에 이
르게 한 때에는 무기 또는 5년 이상의 징역에 처한다.

Ⅰ. 구성요건

1. 특수공무집행방해죄(제144조 제1항)

단체 또는 다중의 위력을 보이거나 위험한 물건을 휴대하여 공무집행방해죄·직무강
요죄(제136조), 법정·국회의장모욕죄(제138조), 공무상비밀표시무효죄(제140조), 공용
서류 등 무효죄·공용물파괴죄(제141조), 공무상보관물무효죄(제142조) 및 그 미수의
죄(제143조)를 범한 때에 성립한다.

(1) 단체 또는 다중의 위력을 보이거나

■ 판례 ■   형법 제144조의 "다중의 위력을 보이거나"의 뜻

본조 소정의 "다중"이라 함은 단체를 이루지 못한 다수인의 중합을 지칭하는 것이므로 불과 3인의
경우에는 그것이 어떤 집단의 힘을 발판 또는 배경으로 한다는 것이 인정되지 않는한 "다중의 위
력"을 보인 것이라고는 할 수 없다(대법원 1971.12.21. 선고 71도1930 판결).

(2) 위험한 물건을 휴대하여

■ 판례 ■   형법 제144조 특수공무방해죄에 있어서 "위험한 물건을 휴대하여"의 의미

형법 제144조 특수공무방해죄에 있어서의 "위험한 물건"이라 함은 흉기는 아니라고 하더라도 널리
사람의 생명. 신체에 해를 가하는데 사용할 수 있는 일체의 물건을 포함한다고 풀이할 것이므로 본래
살상용. 파괴용으로 만들어진 것뿐만 아니라 다른 목적으로 만들어진 칼. 가위. 유리병. 각종 공구. 자
동차 등은 물론, 화학약품 또는 사주된 동물 등도 그것이 사람의 생명. 신체에 해를 가하는데 사용되
었다면 본조의 "위험한 물건"이라 할 것이며, 한편, 이러한 물건을 "휴대하여"라는 말은 소지뿐만
아니라 널리 이용한다는 뜻도 포함하고 있다(대법원 1984.10.23. 선고 84도2001, 84감도319 판결).

2. 특수공무집행방해치사상죄(제144조 제2항) − 부진정 결과적가중범

특수공무집행방해치상죄는 부진정 결과적가중범이므로 상해의 결과에 대하여 과실이
있는 경우뿐만 아니라 고의 있는 경우에도 성립하고, 고의가 있는 경우에는 상해죄와
상상적 경합이 된다.

■ 판례 ■ **공무집행을 방해하는 집단행위 과정에서 살상의 고의행위에 가담하지 아니한 집단원도 특수공무방해치사상죄 의 죄책을 지는지 여부**

[1] 부진정결과적가중범인 특수공무방해치사상죄에 있어서 공무집행을 방해하는 집단행위 과정에서 살상의 고의행위에 가담하지 아니한 집단원도 결과가 예견가능한 경우 특수공무방해치사상의 죄책을 지는지 여부(적극)

특수공무방해치사상과 같은 이른바 부진정결과적가중범은 예견가능한 결과를 예견하지 못한 경우뿐만 아니라 그 결과를 예견하거나 고의가 있는 경우까지도 포함하는 것이므로, 공무집행을 방해하는 집단행위의 과정에서 일부 집단원이 고의행위로 살상을 가한 경우에도 다른 집단원에게 그 사상의 결과가 예견가능한 것이었다면 다른 집단원도 그 결과에 대하여 특수공무방해치사상의 책임을 면할 수 없다.

[2] 공무집행을 방해하는 집단행위 과정에서 일부 집단원이 고의로 방화행위를 하여 사상의 결과를 초래한 경우 방화행위 자체에 공모가담한 바 없는 공범이 특수공무방해치사상죄 외에 방화치사상의 죄책을 지는지 여부(소극)

부진정결과적가중범인 특수공무방해치사상죄에 있어서 공무집행을 방해하는 집단행위의 과정에서 일부 집단원이 고의로 방화행위를 하여 사상의 결과를 초래한 경우에 다른 집단원이 그 방화행위로 인한 사상의 결과를 예견할 수 있는 상황이었다면 특수공무방해치사상의 죄책을 면할 수 없으나 그 방화행위 자체에 공모가담한 바 없는 이상 방화치사상죄로 의율할 수는 없다(대법원 1990.6.26. 선고 90도765 판결).

■ 판례 ■ **감금당한 전투경찰대원들을 구출하기 위하여 대학교 도서관에 진입한 경찰관들에 대하여 피고인들과 농성학생들이 화염병을 던져 경찰관들을 사상에 이르게 한 경우, 특수공무방해치사상죄의 성부(적극)**

100여명의 학생들에 의하여 감금당한 전투경찰대원들을 구출하기 위하여 경찰관들이 대학교 도서관으로 진입하려 하자 피고인들이 이를 저지하기 위하여 화염병을 사용하려고 하였는바, 화염병을 도서관 실내 등에 던지게 되면 화염병의 불길이 인화성물질에 번져 도서관이 소훼될 수 있고, 나아가 도서관으로 진입한 경찰관들이 위와 같은 화염병에 의한 불길로 말미암아 사상할 위험이 있다는 것을 충분히 예견할 수 있었음에도 불구하고, 피고인들이 농성학생들과 함께 도서관의 입구 등에 장애물을 설치하고 화염병을 만들어 나누어 가지고 있다가 경찰관들이 도서관으로 진입하면 화염병을 경찰관들이나 도서관의 입구 등에 설치된 장애물 및 도서관의 실내 등에 던져 경찰관들의 진입을 저지함으로써 경찰관들의 구출임무를 방해하기로 순차 공모하고, 이에 따라 피고인들도 그 실행행위를 분담한 후 농성학생들 중 일부가 도서관 복도 중앙에 널려있는 화염병 상자주위에 석유를 뿌리고, 불을 붙인 화염병을 상자쪽으로 던짐으로써 화재가 발생하고, 도서관으로 진입하던 경찰관들 중 일부가 화염병의 유리조각이나 의자 등에 의하여 상해를 입고, 도서관 복도에서 발생한 화재로 말미암아 일부 경찰관들이 사상에 이르렀다면, 피고인들의 위 행위는 특수공무방해치사상죄를 구성한다(대법원 1990.6.22. 선고 90도764 판결).

■ 판례 ■ **의무경찰이 직진하여 오는 택시의 운전자에게 좌회전을 지시하고 불과 30㎝ 앞에서 이유를 설명하고 있다가, 택시 운전자가 신경질적으로 갑자기 좌회전하는 바람에 택시 우측 범퍼로 무릎을 들이받친 경우, 특수공무집행방해 치상죄로 의율할 수 있는지 여부**

사건의 경위와 정황, 그 의무경찰의 피해가 전치 5일 간의 우슬관절부 경도좌상 정도에 불과한 점 등에 비추어 볼 때, 그와 같은 택시운행으로 인하여 사회통념상 피해자인 의무경찰이나 제3자가 위험성을 느꼈으리라고는 보여지지 아니하므로 그 택시 운전자의 범행을 특수공무집행방해 치상죄로 의율할 수는 없다(대법원 1995.1.24. 선고 94도1949 판결).

■ 판례 ■   **고의로 중한 결과를 발생케 한 경우, 그 중한 결과가 별도의 구성요건에 해당하는 경우의 죄수**

[1] 특수공무집행방해치상죄가 중한 결과에 대한 고의가 있는 경우까지도 포함하는 부진정결과적가중범인지 여부(적극)

특수공무집행방해치상죄는 원래 결과적가중범이기는 하지만, 이는 중한 결과에 대하여 예견가능성이 있었음에 불구하고 예견하지 못한 경우에 벌하는 진정결과적가중범이 아니라 그 결과에 대한 예견가능성이 있었음에도 불구하고 예견하지 못한 경우뿐만 아니라 고의가 있는 경우까지도 포함하는 부진정결과적가중범이다.

[2] 기본범죄를 통하여 고의로 중한 결과를 발생케 한 부진정결과적가중범의 경우, 그 중한 결과가 별도의 구성요건에 해당한다면 결과적가중범과 중한 결과에 대한 고의범의 상상적 경합관계에 있다고 보아야 하는지 여부(적극)

고의로 중한 결과를 발생케 한 경우에 무겁게 벌하는 구성요건이 따로 마련되어 있는 경우에는 당연히 무겁게 벌하는 구성요건에서 정하는 형으로 처벌하여야 할 것이고, 결과적가중범의 형이 더 무거운 경우에는 결과적가중범에 정한 형으로 처벌할 수 있도록 하여야 할 것이므로, 기본범죄를 통하여 고의로 중한 결과를 발생케 한 부진정결과적가중범의 경우에 그 중한 결과가 별도의 구성요건에 해당한다면 이는 결과적가중범과 중한 결과에 대한 고의범의 상상적 경합관계에 있다고 보아야 할 것이다(대법원 1995.1.20. 선고 94도2842 판결).

■ 판례 ■   **집회 및 시위에 참가한 노동조합원 중 일부가 시위진압 경찰관들과의 몸싸움 과정에서 경찰관들에게 상해를 입게 한 경우**

[1] 공동정범에 있어서 공모관계의 성립 요건 및 결과적가중범인 특수공무집행방해치상죄의 주관적 성립 요건

어느 범죄에 2인 이상이 공동가공하는 경우 공모는 법률상 어떠한 정형을 요구하는 것이 아니고 2인 이상이 공모하여 범죄에 공동가공하여 범죄를 실현하려는 의사의 결합만 있으면 되는 것으로서, 비록 암묵적으로라도 수인 사이에 의사가 상통하여 의사의 결합이 이루어지면 공모관계가 성립하고, 이러한 공모가 이루어진 이상 실행행위에 직접 관여하지 아니한 자라도 다른 공모자의 행위에 대하여 공동정범으로서 형사책임을 지며, 또 결과적가중범의 공동정범은 기본행위를 공동으로 할 의사가 있으면 성립하고 결과를 공동으로 할 의사는 필요 없는바, 특수공무집행방해치상죄는 단체 또는 다중의 위력을 보이거나 위험한 물건을 휴대하고 직무를 집행하는 공무원에 대하여 폭행·협박을 하여 공무원을 사상에 이르게 한 경우에 성립하는 결과적가중범으로서 행위자가 그 결과를 의도할 필요는 없고 그 결과의 발생을 예견할 수 있으면 족하다.

[2] 그 집회 및 시위에 적극적으로 참가한 장의 죄책

위의 사안에서 금속연맹 지역 본부장의 직책을 가지고 그 집회 및 시위에 적극적으로 참가한 피고인에게는 특수공무집행방해치상의 공모공동정범으로서의 죄책이 인정된다(대법원 2002.4.12. 선고 2000도3485 판결).

1. 특수공무집행방해죄

[기재례1] 특수공무집행방해, 방실침입, 지방공무원법 위반

1) 범죄사실 기재례

피의자들은 20○○. 11. 25. 10:00경 ○○에서 같은 군 부군수인 丙 등과 함께 "○○○" 경위로, ○○군의회에서 군수불신임결의안을 채택하려는 군의회 의원들의 직무집행을 군청 직원들을 동원하여 실력으로 저지하기로 공모하였다.

피의자들은 피의자 甲이 구내방송을 통하여 청사 내에 있는 직원 150여 명을 집합시켜 그들로 하여금 의원들이 본회의장에 들어가려는 것을 계단에서부터 가로막아 입장하지 못하게 하고, 의원들이 소회의실에 들어가 의사를 진행하려 하자 다시 직원 50여 명으로 하여금 그곳에 난입, 회의장을 점거하게 하여 의사진행을 못하게 하였다.

이로써 피의자들은 공무원이 공무 외의 일로 집단행위를 함과 동시에 다중의 위력으로 ○○군의회 의원들의 정당한 공무집행을 방해하고 그들이 점유하는 방실인 ○○군의회 소회의실에 침입하였다.

2) **적용법조** : 제144조 제1항, 제136조 제1항, 제319조 제1항, 지방공무원법 제82조, 제58조 제1항 … 공소시효 7년

[기재례2] 다중의 위력을 과시하여 무허가건물 철거작업 집행 방해

1) 범죄사실 기재례

피의자는 20○○. 12. 22. 13:00경 피의자가 거주하는 ○○건물을 포함하여 마을의 무허가건물들을 철거하기 위해 나온 ○○시청 ○○과 직원 홍길동과 인부 10여 명에 대해 위 마을주민 장철수, 김만수와 함께 그 철거를 제지하고자 트랙터 1대에 석유를 붓고 해머를 빼앗는 등 작업을 방해하였다.

피의자는 위 홍길동이 이를 말리자 그의 목덜미를 잡아 인부들에게서 20m가량 떨어진 곳에 끌고 간 다음 그곳 주민 30여 명과 합세하여 그를 협박하고 다중의 위력을 과시하여 약 1시간 위 홍길동의 무허가건물 철거작업의 집행을 방해하였다.

2) **적용법조** : 제144조 제1항, 제136조 제1항 … 공소시효 7년

[기재례3] 집회를 개최하여 다중의 위력으로 공사 업무 방해

1) 범죄사실 기재례

피의자 甲은 한국조폐공사의 노동조합 부위원장, 피의자 乙은 노조 조직부장이다. 피의자 甲은 전국민주노동조합총연맹의 행동지침을 받아 대정부 투쟁을 벌이기로 조합원들과 공모하였다.

가. 피의자는 200○. 7. 15. 13:00경부터 같은 날 18:00경까지 및 200○. ○. ○. 13:00경부터 같은 날 16:00경까지 조합원들에게 파업하게 하고, ○○에 있는 대전역 앞, ○○에 있는 대구백화점 앞에서 각 개최된 ○○노총 주최의 '○○노총 공공금융부문 일방적 구조조정 등 반대 결의대회' 집회에 참여하게 하였다.

나. 쟁의행위는 근로조건의 유지, 개선을 위해서만 할 수 있을 뿐이고 공사가 구조조정의 일환으로 시행하려는 ○○조폐창의 ○○조폐창으로의 통폐합 방침은 공사의 경영에 관한 문제로서 쟁의행위의 대상이 되지 아니함에도 불구하고, 피의자들은 창통폐합 방침을 철회시키기 위한 목적으로 파업을 벌이기로 조합원들과 공모하여, 200○. 11. 25. 08:00경부터 200○. 1. 6. 20:30경까지 18회에 걸쳐 조합원들로 하여금 파업을 하게 하고, 공사 본사 앞 등에서 창통폐합에 반대하는 집회를 개최하였다

이로써 피의자들은 공모하여 다중의 위력으로 공사의 업무를 방해하였다.

2) 적용법조 : 제144조 제1항, 제136조 제1항 … 공소시효 7년

[기재례4] 미신고 집회시위와 경찰관에게 돌은 던진 경우

1) 범죄사실 기재례

가. 집회 및 시위에 관한 법률 위반

피의자들은 옥외에서 집회 및 시위를 할 때는 집회 720시간 전부터 48시간 전에 일정한 요건을 갖춘 신고서를 관할경찰서장에게 신고를 하야야 한다.

피의자들은 신고없이 200○. ○. ○. 10:00경 ○○에서 같은 노조원 약 2,000명의 노조원이 참가한 가운데 ○○시위를 하고, 그날 14:50경 위 대회에 참가하였던 약 500명의 노조원과 함께 위 대학교 교문을 나서 ○○에 이르는 약 1,000m의 구간을 ○○방법으로 시위행진을 하였다.

피의자들은 그날 15:00경 위 불법시위를 저지하는 경찰관과 대치하게 되자 ○○경찰서장으로부터 20여 회에 걸친 해산명령을 받고도 이에 불응하였다.

나. 공무집행방해

피의자들은 그날 17:00경 위 ○○에서 ○○앞 노상에 이르는 약 1,000m 구간에서 위 경찰저지선을 돌파하기 위하여 다른 학생들과 더불어 주먹 크기의 돌 2개를 집어 ○○경찰대를 향해 던짐으로써 다중의 위력으로 위 경찰대의 공무집행을 방해하였다.

2) 적용법조 : 제144조 제1항, 제136조 제1항 … 공소시효 7년

2. 특수공무집행방해치사상죄

1) 범죄사실 기재례

[기재례1] 불법시위과정에서 경찰관에게 상해

피의자는 ○○노총 ○○시지부 조직부장으로 조합원 관리 및 조직화, 유관단체와 연대업무, 집회시위 시 참가자 동원을 담당하는 사람이다.

피의자는 20○○. ○. ○. 16:10경 컨테이너로 경찰저지선을 형성한 ○○에서, ○○불법 집회와 관련 경찰의 봉쇄에 대해 시위진압 경찰관들의 진입을 저지할 목적으로 도로에 쌓아놓은 토석 더미 앞에서 집회 주최 측에서 미리 준비해 둔 위험한 물건인 쇠파이프, 죽봉, 목봉 등을 소지한 채 ○○경찰청 ○○중대 소속 의경 홍길동 등 시위진압 경찰관에게, 성인 주먹 크기의 돌을 무수히 투척하고, 약 2m 길이 쇠파이프를 휘둘렀다.

이로써 위 중대 소속 수경 홍길동에게 4주간의 치료를 요하는 구개부열상, 치아파절 등 경찰공무원 12명에게 별지 "범죄일람표" 내용과 같이 위험한 물건 휴대 및 다중의 위력으로 직무집행 중인 경찰공무원을 폭행하여 각 상해에 이르게 한 것이다.

[기재례2] 교통단속 중 경찰관을 차에 매단 채 상해를 입힌 경우

피의자는 20○○. ○. ○. 21:00경 ○○앞길을 자신의 차량 ○○호 ○○승용차를 운전하던 중 ○○경찰서 교통과 경감 최장구로부터 음주운전 여부 측정을 위해 정차할 것을 요구받았다.

피의자는 위 최장구로부터 음주측정결과 음주운전에 해당하여 운전면허증을 제시해 달라는 요구를 받자 '난 술을 먹지 않았는데 무엇 때문에 면허증을 달라고 하느냐'며 이에 불응하면서 출발하려고 하는 것을 위 최장구가 운전석 문을 잡자 그대로 출발하여 피의자의 차에 매단 채 약 50m를 진행함으로써 위 최장구에게 ○○상으로 약 3주간의 치료를 요하는 상해에 이르게 하였다.

✽ 위와 같은 경우 공무집행방해죄와 폭력행위등처벌에관한법률위반(제3조 제2항)죄의 경합범으로 의율하는 경우가 있는데 상해의 점은 본죄에 흡수되어 별죄를 구성하지 않기 때문에 잘못된 것임.

[기재례3] 신고 출동 경찰관을 칼로 찔러 상해

피의자는 20○○. ○. ○. 21:00경 ○○에서 ○○신고를 받고 출동한 ○○경찰서 ○○지구대 소속 경감 박창권이 피의자의 뒤에서 피의자의 양손을 잡고 제지하자 '놔라, 개새끼야, 씹할 놈아 죽인다'라고 말하면서 벗어나려고 몸부림을 쳤고, 들고 있던 위험한 물건인 식칼(칼날 길이 21cm)로 박창권의 오른쪽 허벅지를 1회 찔렀다.

이로써 피의자는 범죄의 수사 및 질서유지에 관한 위 박창권의 정당한 직무집행을 방해하고, 경찰관인 박창권에게 약 2주간의 치료를 요하는 자상을 가하였다.

[기재례4] 단속 중인 경찰관을 오토바이로 치어 사망케 한 경우

피의자는 20○○. ○. ○. 15:20경 원동기장치자전거 운전면허를 받지 아니하고 (차량번호) 오토바이를 운전하여 ○○에 있는 ○○ 앞길을 ○○쪽에서 ○○쪽으로 시속 90km 진행하였다.

이때 ○○경찰서 ○○지구대 소속 경위 홍길동이 이를 발견하고 단속하려고 하자 위 홍 경위의 피의자에 대한 단속을 저지하고 단념하게 할 목적으로 위 홍 경위에게 위협을 가하기 위하여 위험한 물건인 위 오토바이의 속도를 줄이지 아니한 채 그대로 위 홍 경위를 향하여 돌진하였다.

이로써 피의자는 위 오토바이 앞부분으로 위 홍 경위의 복부를 들이받아 홍 경위로 하여금 다발성장기파열로 인한 저혈량쇼크로 현장에서 사망하게 하였다.

2) **적용법조** : 제144조 제2항, 제1항, 제136조 제1항 ⋯ 공소시효 10년

Ⅲ. 신문사항

– 피의자가 거주하고 있는 건물은 허가된 것인가
– 왜 허가가 나지 않았나
– 무허가 건물이기 때문에 철거하겠다는 통지를 받은 일이 있나
– 왜 사전에 자진철거를 하지 않았나
– ○○청 직원들이 철거하려는 것을 방해한 일이 있느냐
– 누구와 같이 방해하였나
– 어떠한 방법으로 하였나
– 철거하려는 사람이 공무원으로 공무수행중이라는 것을 알고 있었나
– 알면서도 왜 공무수행을 방해하였나
– 철거반원의 일행인 인부들을 폭행한 일이 있느냐
– 이 인부들은 철거 공무원의 일행으로 공무원의 지시에 따라 공무를 수행중이라는 것을 알고 있었나
– 이들을 어떠한 방법으로 폭행(협박)하였나
– 누구와 같이 이러한 행위를 하였나
– 그러면 여러 사람의 위력을 과시하여 폭행한 것을 인정하나
– 피의자의 행위로 어떠한 결과가 발생하였는지 알고 있나

제1절 도 주

> 제145조(도주, 집합명령위반) ① 법률에 따라 체포되거나 구금된 자가 도주한 경우에는 1년 이하의 징역에 처한다.
> 제149조(미수범) 전4조의 미수범은 처벌한다.

 I. 구성요건

1. 주 체

법률에 따라 체포 · 구금된 자

○ 법률에 근거하여 적법하게 신체의 자유를 박탈당한 자(체포 · 구금의 적법성은 형식적 적법성을 의미하고, 실질적 적법성까지 요하는 것은 아니다.)

○ 체포는 영장에 의한 체포뿐만 아니라 현행범체포 · 긴급체포를 포함함

도주죄의 주체에 해당하는 자	도주죄의 주체에 해당하지 아니하는 자
(1) 감정유치된 자	(1) 구인된 증인(다수설)
(2) 소년원에 수용된 자(다수설)	(2) 가석방 · 보석 중에 있는 자
(3) 구인된 피의자 · 피고인(다수설)	(3) 치료감호처분으로 수용된 자
(4) 미결구금자(구속된 피의자 · 피고인)	(4) 전염병예방법에 의하여 격리수용된 자
(5) 유죄의 확정판결을 받고 자유형을 집행중인수형자	(5) 형집행정지 · 구속집행정지 중에 있는 자
(6) 벌금미납 환형처분으로 노역장에 유치된 자	(6) 사인에 의해 현행범으로 체포된 자(다수설)
(7) 영장에 의하지 않고 긴급체포된 자, 현행범으로 체포되어 수사기관에 인도된 자	(7) 경찰관직무집행법에 의하여 보호 중에 있는 자
	(8) 아동복지법에 의하여 아동복지시설에 수용중인 자

■ 판례 ■ **법원이 선고기일에 피고인에 대하여 실형을 선고하면서 구속영장을 발부하는 경우, 검사가 법정에 재정하여 법원으로부터 구속영장을 전달받아 집행을 지휘하고, 그에 따라 피고인 대기실로 인치된 피고인이 도주죄의 주체인 '법률에 의하여 체포 또는 구금된 자'에 해당하는지 여부(원칙적 적극)**

법원이 선고기일에 피고인에 대하여 실형을 선고하면서 구속영장을 발부하는 경우 검사가 법정에 재정하여 법원으로부터 구속영장을 전달받아 집행을 지휘하고, 그에 따라 피고인이 피고인 대기실로 인치되었다면 다른 특별한 사정이 없는 한 피고인은 형법 제145조 제1항의 '법률에 의하여 체포 또

는 구금된 자'에 해당한다. 그 이유는 다음과 같다.

(가) 형사소송법은 재판의 집행 일반에 관하여 재판의 성질상 법원 또는 법관이 지휘할 경우를 제외하면 재판을 한 법원에 대응한 검찰청 검사가 지휘한다고 정하면서(제460조 제1항), 구속영장(제81조 제1항 본문, 제209조), 체포영장(제81조 제1항 본문, 제200조의6), 압수·수색·검증영장(제115조 제1항 본문, 제219조)의 집행 등에 관하여도 검사의 지휘에 의하여 집행한다고 규정하고 있다. 따라서 검사가 법정에서 법원으로부터 구속영장을 전달받아 교도관 등으로 하여금 피고인을 인치하도록 하였다면 집행절차가 적법하게 개시되었다고 볼 수 있다.

(나) 구속영장의 집행을 통하여 최종적으로 피고인에 대한 신병을 인계받아 구금을 담당하는 교도관이 법정에서 곧바로 피고인에 대한 신병을 확보하였다면 구속의 목적이 적법하게 달성된 것으로 볼 수 있다.

(다) 구속영장 발부, 구속영장 집행, 구금 등 모든 과정이 공개된 법정 및 법관의 면전에서 이루어졌다면 특별한 사정이 없는 한, 피고인의 방어권이나 절차적 권리 및 신체의 자유가 침해될 만한 위법이 있다고 평가하기 어렵다.(대법원 2023. 12. 28. 선고 2020도12586 판결)

■ 판례 ■ **사법경찰관에 의하여 불법체포된 자가 도주죄의 주체가 될 수 있는지 여부(소극)**

[1] 사실관계

> 甲은 새벽 06:00경 자신의 집 앞에서 잠복중인 경찰관 乙 등으로부터 수표절도혐의로 임의동행을 요구받았다. 임의동행 당시 甲은 피의사실을 부인하였으나 명시적으로 임의동행의 거부의사를 표명한 적이 없었고, 경찰관 乙 등은 甲을 동행할 당시에 물리력을 행사한 바는 없으나 甲에게 동행 요구에 응하지 않아도 된다는 점을 고지하지도 않았다. 임의동행 후 6시간 상당이 경과하여 경찰관 乙은 甲에 대해 긴급체포의 절차를 밟았다.

[2] 판결요지

사법경찰관이 피고인을 동행할 당시에 물리력을 행사한 바가 없고, 피고인이 명시적으로 거부의사를 표명한 적이 없다고 하더라도 사법경찰관이 피고인을 수사관서까지 동행한 것은 위에서 본 적법요건이 갖추어지지 아니한 채 사법경찰관의 동행 요구를 거절할 수 없는 심리적 압박 아래 행하여진 사실상의 강제연행, 즉 불법 체포에 해당한다고 보아야 할 것이고, 사법경찰관이 그로부터 6시간 상당이 경과한 이후에 비로소 피고인에 대하여 긴급체포의 절차를 밟았다고 하더라도 이는 동행의 형식 아래 행해진 불법 체포에 기하여 사후적으로 취해진 것에 불과하므로, 그와 같은 긴급체포 또한 위법하다고 아니할 수 없다. 따라서 피고인은 불법체포된 자로서 형법 제145조 제1항 소정의 '법률에 의하여 체포 또는 구금된 자'가 아니어서 도주죄의 주체가 될 수 없다(대법원 2006.7.6. 선고 2005도6810 판결).

2. 행 위

도주하는 것

- 도주란 신체의 자유를 박탈당한 상태로부터 이탈하는 것을 말하는 것으로 일시적 이탈도 도주에 해당하며, 작위뿐만 아니라 부작위에 의한 도주도 가능하다.
- 체포자가 간수자의 실력적 지배로부터 완전히 벗어났을 때 기수가 된다. 따라서 죄수가 교도소의 외벽을 넘지 못했거나, 외벽을 넘었을 지라도 추적을 받고 있는 경우에는 기수가 된다고 할 수 없다.

II. 범죄사실기재

1) 범죄사실 기재례

[기재례1] 구속영장 발부 피의자가 검찰 조사 중 도주한 경우

피의자는 20○○. ○. ○. 살인 피의자로서 ○○법원 판사 홍길동이 발부한 구속영장에 의해 ○○경찰서 유치장에 구금되어 있던 사람이다.

피의자는 20○○. ○. ○. 위 피의사건의 신문을 받기 위하여 위 경찰서 수사과에 근무하는 경감 박승일외 2명의 경찰관 계호하에 ○○검찰청 제301호 검사실에 연행되어 위 검찰청 검사 홍길동으로부터 신문을 받은 후인 같은 날 ○○:○○경 위 검찰청 3층 복도를 돌아 나오는 도중 위 계호경찰관들이 주의를 소홀히 한 틈을 이용하여 갑자기 복도를 뛰쳐나가 위 검찰청 남쪽 후문을 통하여 청사 밖으로 도주하였다.

[기재례2] 긴급체포 피의자가 도주한 경우

피의자는 20○○. ○. ○. 05:00경 ○○에서, 출장마사지사 등 부녀자들을 유인, 감금하여 소지품을 절취하였거나 또는 그 부녀자들을 연쇄 살해한 혐의가 있다는 첩보를 입수하고 잠복 중인 ○○경찰청 형사과 경찰관들에 의해 피의자가 20○○. ○. ○. 유인, 살해한 출장마사지사 피해자 甲의 아가타 손목시계 1점 소지하고 있는 것이 현장에서 확인되어 긴급체포 이유 등을 고지받고 절도 혐의 등으로 긴급체포되었다.

피의자는 그 시경 ○○경찰청 형사과 사무실로 인치된 후, 절도, 감금혐의 등에 관하여 신문을 받으면서 자백과 부인을 반복하다가 간질증세가 있는 양 연극을 펼쳐 경찰관이 수갑을 풀어 주자 20○○. ○. ○. 00:05경 형사과 2층 복도에서 담당 경찰관을 뒤따라 다른 사무실로 이동하던 중 감시가 소홀한 틈을 타 몰래 1층 계단으로 내려와 정문을 통해 뛰쳐나가 같은 날 11:40경 ○○ 앞길에서 재차 도주 혐의로 현행범 체포될 때까지 잠적함으로써 법률에 따라 체포된 자가 도주하였다.

2) 적용법조 : 제145조 제1항 … 공소시효 5년

Ⅲ. 신문사항

1. 주 체

- 언제 무엇 때문에 구금되었나(수감일, 구속영장발부여부, 수형번호, 죄명 등)
- 어느 교도소에 수감중이였나
- 공판을 받기 위해 법원으로 간 일이 있느냐
- 언제 어떠한 공판을 받기 위함인가
- 누구와 같이 어떠한 방법으로 갔나

2. 행 위

- 공판장으로 가던 중 도주한 일이 있느냐
- 언제 어떻게 도주하였나
- 그때 간수자는 무엇을 하고 있었나
- 도주 후 어떻게 하였나
- 누구에게 도움을 청하였나
- 언제 어디에서 어떻게 다시 검거되었나
- 왜 이렇게 도주하려는 생각을 하였나

제2절 집합명령위반

제145조(도주, 집합명령위반) ① 법률에 따라 체포되거나 구금된 자가 도주한 경우에는 1년 이하의 징역에 처한다.
② 제1항의 구금된 자가 천재지변이나 사변 그 밖에 법령에 따라 잠시 석방된 상황에서 정당한 이유없이 집합명령에 위반한 경우에도 제1항의 형에 처한다.
제149조(미수범) 전4조의 미수범은 처벌한다.
※ 형의 집행 및 수용자의 처우에 관한 법률 제20조(수용자의 이송)

1. 주 체

법률에 따라 구금되었으나 천재, 사변 또는 이에 준하는 상태에서 법령에 의하여 잠시 해금된 자

■ 판례사례 ■   [본죄의 주체가 아닌 자]

(1) 체포된 자
(2) 귀휴허가를 받고 출소한 자
(3) 천재·지변의 상태에서 불법출소한 자

2. 행 위

집합명령(다수자에 대하여 일정한 장소로 집결하라는 구체적인 명령)에 위반하는 것

✱ 천재·지변 기타 사변으로 인하여 교도소등의 안에서 피난의 방법이 없다고 인정되어 일시 석방된 자는 집합명령이 없는 경우에도 석방후 24시간내에 교도소등 또는 가까운 국가경찰관서에 출석하여야 하며, 이에 위반한 자는 도주죄로 처벌받는다(행형법 제16조).

제3절 특수도주

제146조(특수도주) 수용설비 또는 기구를 손괴하거나 사람에게 폭행 또는 협박을 가하거나 2인 이상이
  합동하여 전조 제1항의 죄를 범한 자는 7년 이하의 징역에 처한다.
제149조(미수범) 전4조의 미수범은 처벌한다.

 Ⅰ. 구성요건

1. 주 체

법률에 의하여 체포·구금된 자

2. 행 위

수용설비 또는 기구를 손괴하거나 사람에게 폭행 또는 협박을 가하거나 2인 이상이
합동하여 도주하는 것

(1) 수용설비 또는 기구를 손괴

1) 수용설비

사람의 신체의 자유를 계속적으로 구속하기 위한 설비(例, 교도소, 구치소, 유치장, 자
물통, 비상벨, 감시초소)

2) 기 구

포승·수갑 또는 방성구 등의 계구와 같이 신체를 직접 구속하는 기구

3) 손 괴

손괴란 설비·기구의 물리적 손괴만을 말하며, 손괴는 도주의 수단으로 행하여질 것
  ○ 자물쇠를 열거나 수갑을 풀고 달아나는 것 ⇨ 단순도주죄
  ○ 수갑을 찬 채로 도주하고 나서, 나중에 수갑을 풀기 위하여 손괴한 경우 ⇨ 단순
    도주죄 및 손괴죄

4) 착수시기

도주할 의사로 수용설비·기구를 손괴하기 시작한 때에 실행의 착수가 인정된다.

(2) 사람에게 폭행 또는 협박

1) 사 람

폭행·협박의 대상인 사람에는 간수자 이외에 도주방지에 협력하는 지위에 있는 제3자도 포함

2) 폭행·협박

폭행이 간수자 등의 신체에 직접 가해짐을 요하지 않으며 (광의의 폭행·협박), 그 시기는 도주의 착수 전후를 불문

(3) 2인 이상이 합동

2인 이상의 법률에 따라 구금된 자가 상호 의사연락 하에 시간적·장소적으로 협동하는 것

○ 2인 이상의 자는 모두 법률에 따라 구금된 자이어야 하고 합동한 각자가 모두 도주에 착수하여야 한다.

II. 범죄사실기재

1) 범죄사실 기재례 – [교도소 수용설비를 손괴하고 탈출]

피의자 甲은 20○○. ○. ○. ○○법원에서 강도죄로 징역 3년을 선고받아 항소하여 위 법원 항소부에 계류 중이고, 피의자 乙은 20○○. ○. ○. 강간죄로 기소되어 같은 법원 합의부의 심리로 공판계류하고 있어 이들 모두 ○○교도소 미결수 방에 구금된 자들로 위 교도소에서 도망하기로 공모합동하였다.

피의자들은 20○○. ○. ○. ○○:○○경 위 방 바른편에 있는 화장실 철책을 뜯어내어 수용설비를 손괴하고 밖으로 나와 교도소 모포를 이어 미리 만들어 두었던 줄을 타고 마당으로 내려온 후 별지 표시의 교도소 담을 넘어 도주하였다.

2) 적용법조 : 제146조 ··· 공소시효 7년

III. 신문사항

1. 주 체

– 언제 무엇 때문에 구금되었나(수감일, 구속영장발부여부, 수형번호, 죄명 등)

- 어느 교도소에 수감 중이었나
- 도주하기 위해 공범○○○와 언제 어떻게 모의를 하였나
- 공범○○○도 도주할 생각을 하고 있던가요
- 구체적으로 어떻게 도주계획을 모의하였나(역할분담 등)

2. 행 위

- 언제 어디로 도주하였나
- 그 시간 간수자는 무엇을 하고 있었나
- 그 시간을 택한 이유
- 구체적으로 어떠한 방법으로 도주하였나
- 도주 후 어떻게 하였나
- 누구에게 도움을 청하였나(간수자 또는 외부인의 도움 등)
- 언제 어디에서 어떻게 다시 검거되었나
- 왜 이렇게 도주하려는 생각을 하였나

제4절 도주원조

제147조(도주원조) 법률에 의하여 구금된 자를 탈취하거나 도주하게 한 자는 10년 이하의 징역에 처한다.
제149조(미수범) 전4조의 미수범은 처벌한다.
제150조(예비, 음모) 제147조와 제148조의 죄를 범할 목적으로 예비 또는 음모한 자는 3년 이하의 징역에 처한다.

I . 구성요건

1. 주 체

법률에 의하여 구금된 자를 제외한 모든 사람(법률에 의하여 구금된 자는 본죄의 주체가 아님)

- 법률에 의하여 구금된 자가 타인을 교사하여 자신을 도주케 한 경우에는 도주원조교사가 아니라 도주죄가 성립한다.

2. 객 체

법률에 의하여 구금된 자(체포되어 연행중인 자는 본죄의 객체가 아님)

- 체포되어 연행중인 범인을 도주케 한 경우 ⇨ 범인도피죄
- 체포되어 연행중인 자가 스스로 도주한 경우 ⇨ 단순도주죄

3. 행 위

탈취하거나 도주하게 하는 것

(1) 탈취하는 것

피구금자를 간수자의 실력적 지배로부터 이탈시켜 자기 또는 제3자의 실력적 지배로 옮기는 것

(2) 도주하게 하는 것

도주의 의사가 없는 자에게 그 의사를 생기게 하거나 이미 도주의사가 있는 자에게 그 실행을 용이하게 도와주는 것(例, 도주방법의 교시, 감방의 개문, 기구의 해제)

(3) 기수시기

탈취의 경우에는 탈취의 결과가 나타난 때, 도주하게 하는 때에는 피구금자가 간수자의 실력적 지배에서 이탈하였을 때 기수가 되고, 피구금자의 동의 여부는 불문한다.

■ 판례 ■   **도주죄의 기수시기 및 도주행위가 기수에 이른 후에 도주죄의 범인의 도피를 도와주는 행위가 도주원조죄에 해당하는지 여부(소극)**

[1] 사실관계

> 甲은 동생인 乙이 수감되어 있던 서산시 소재 용병원에서 간수자를 폭행하고 병원에서 탈주에 성공하자 보다 멀리 서울로 도피할 수 있도록 乙소유의 승용차를 인도하여 주었다.

[2] 판결요지

도주죄는 즉시범으로서 범인이 간수자의 실력적 지배를 이탈한 상태에 이르렀을 때에 기수가 되어 도주행위가 종료하는 것이고, 도주원조죄는 도주죄에 있어서의 범인의 도주행위를 야기시키거나 이를 용이하게 하는 등 그와 공범관계에 있는 행위를 독립한 구성요건으로 하는 범죄이므로, 도주죄의 범인이 도주행위를 하여 기수에 이른 이후에 범인의 도피를 도와 주는 행위는 범인도피죄에 해당할 수 있을 뿐 도주원조죄에는 해당하지 아니한다(대법원 1991.10.11. 선고 91도1656 판결).

II. 범죄사실기재 및 신문사항

1) 범죄사실 기재례 - [체포연행 중인 피의자 탈취]

피의자는 ○○파 행동대장으로서 20○○. ○. ○. 23:00경 ○○에서 ○○경찰서 소속 경감 신수훈에게 같은 조직의 행동대원인 홍길동이 절도 등의 피의사실로 체포되는 것을 목격하고 위 홍길동이 ○○경찰서에 연행되는 도중에 그를 탈취하기로 마음먹었다.

피의자는 ○○에 잠복해 있다 같은 날 23:20경 위 홍길동을 연행하여 가는 신수훈 경감의 얼굴을 주먹으로 때려 쓰러뜨리고 그 틈을 이용하여 위 홍길동을 데리고 도주하여 구금된 자를 탈취하였다.

2) 적용법조 : 제147조 … 공소시효 10년

3) 신문사항

- ○○파 조직원인가
- 위 조직에서 어떤 역할을 하고 있는가
- 위 조직은 언제 결성되었으며 목적이 무엇인가
- 홍길동을 알고 있는가
- 홍길동은 위 조직에 언제 가입하였으며 역할이 무엇인가
- 위 홍길동이 경찰에 검거된 것을 알고 있는가
- 언제 어디에서 무엇 때문에 검거되었는가
- 누구에게 검거된 것인지 알고 있는가
- 위 홍길동을 탈취한 일이 있는가
- 언제 어디에서 탈취하였나
- 어떤 방법으로 탈취하였는가
- 탈취하여 홍길동을 어떻게 하였는가
- 홍길동을 탈취하기 위해 누구와 사전 어떤 모의를 하였는가

제5절 간수자의 도주원조

> 제148조(간수자의 도주원조) 법률에 의하여 구금된 자를 간수 또는 호송하는 자가 이를 도주하게 한 때에는 1년 이상 10년 이하의 징역에 처한다.
> 제149조(미수범) 전4조의 미수범은 처벌한다.
> 제150조(예비, 음모) 제147조와 제148조의 죄를 범할 목적으로 예비 또는 음모한 자는 3년 이하의 징역에 처한다.

Ⅰ. 구성요건

1. 주 체 : 간수 또는 호송하는 자(신분범)

- 간수 또는 호송하는 자는 현실적으로 그 임무에 종사하면 족하고 반드시 공무원일 필요는 없다.
- 간수 또는 호송하는 자라는 신분은 도주하게 하는 행위를 할 때 있으면 족하므로 그러한 신분을 가지는 동안 도주하게 한때에는 그러한 신분이 해제된 후에 도주의 결과가 발생하였어도 본죄가 성립한다.

2. 객 체

법률에 따라 구금된 자

- 사인(私人)이 체포한 현행범을 경찰관에게 인도하지 않고 방면해 줄면 본죄는 성립하지 않는다.

3. 행 위

피구금자를 도주하게 하는 것

Ⅱ. 범죄사실기재 및 신문사항

1) 범죄사실 기재례 - [교도관의 미결수 도주 원조]

피의자는 ○○교도소의 교도로 근무하는 자로 위 교도소 수용자들에 대한 호송업무를 담당하고 있다. 피의자는 20○○. ○. ○. 경 위 교도소에서 절도죄의 미결수로 복역 중인 홍길동의 동생인 홍길녀로부터 위 홍길동을 그곳에서 도주하도록 협력하여 달라는 부탁을 받아 이를 승낙하였다.

피의자는 20○○. ○. ○. 10.14:00경 ○○지방검찰청에서 신문을 마치고 호송하는 도중 일부러 ○○에 이르러 그 호송차량이 신호를 기다리고 있던 호송차 앞문을 열어줘 위 홍길동이 도주하게 하였다.

2) 적용법조 : 제148조 … 공소시효 10년

3) 신문사항

- 어디 교도소에 근무하고 있는가
- 교도관으로 언제 임용되었으며 현 직급, 직책은 무엇인가
- 홍길동을 호송한 일이 있는가
- 언제 어디에서 어디까지 호송하였는가
- 무엇 때문에 호송하였는가
- 어떤 방법으로 호송하였는가
- 당시 호송인원과 교도관은 각 몇 명이였는가
- 호송도중 위 홍길동을 도주하게 한 일이 있는가
- 어떻게 홍길동이 도주하였나
- 홍길동은 수갑등으로 포승하지 않았나
- 그 당시 피의자는 어느 위치에 있었으며 홍길동은 어디에 위치하고 있었는가
- 홍길동이 도주하도록 어떻게 도와주었는가

제6절 범인은닉

제151조(범인은닉과 친족간의 특례) ① 벌금이상의 형에 해당하는 죄를 범한 자를 은닉 또는 도피하게
한 자는 3년 이하의 징역 또는 500만원 이하의 벌금에 처한다.
② 친족, 호주 또는 동거의 가족이 본인을 위하여 전항의 죄를 범한 때에는 처벌하지 아니한다.

 ## Ⅰ. 구성요건

1. 주 체

본죄의 주체에는 제한이 없으나, 범인 자신의 은닉 또는 도피행위는 본죄를 구성하지 않음

- 공동정범 중의 한 사람이 다른 공동정범을 도피하게 한 경우 ⇨ 범인이 아닌 자면 본죄의 주체가 될 수 있으므로 본죄를 구성
- 범인이 제3자를 교사하여 자기를 은닉·도피하게 한 경우 ⇨ 다수설은 범인은닉죄의 교사범이 성립하지 않는다고 하나, 판례는 성립을 긍정

■ 판례 ■ **범인이 자신을 위하여 타인으로 하여금 허위의 자백을 하게 하여 범인도피죄를 범하게 하는 경우, 범인도피교사죄의 성립 여부(적극)**

[1] 사실관계

승용차 운전자 甲은 야간에 횡단보도에서 사람을 치었으나 이를 구조하지 아니하고 달아난 자로 자신의 동생 乙로 하여금 乙이 범행을 하였다고 허위의 자백을 하게하였다.

[2] 판결요지

범인이 자신을 위하여 타인으로 하여금 허위의 자백을 하게 하여 범인도피죄를 범하게 하는 행위는 방어권의 남용으로 범인도피교사죄에 해당한다(대법원 2000.3.24. 선고 2000도20 판결).

2. 객 체

벌금 이상의 형에 해당하는 죄를 범한 자

(1) 벌금 이상의 형에 해당하는 죄

법정형에 벌금 이상의 형을 포함하고 있는 범죄(형법 각칙 상의 모든 범죄)

(2) 죄를 범한 자

- 정범뿐만 아니라 교사범과 종범을 포함하며, 기수범·미수범 이외에 예비·음모

를 범한 자도 포함한다.

- 유죄판결이 확정된 자뿐만 아니라 공소가 제기된 자(피고인), 아직 기소되지 않고 단지 수사의 대상으로 되어있는 자(피의자)도 죄를 범한 자에 해당한다.
- 본범은 구성요건에 해당하고 위법·유책할 뿐만 아니라 처벌조건·소추조건을 구비하여야 한다.
- 본범은 반드시 진범일 필요는 없다.

본죄의 객체에 해당하는 경우(본죄성립)	본죄의 객체에 해당하지 않는 경우
(1) 교통사고처리특례법상 자동차종합보험에 가입한 자(대법원 2000도4078 판결) (2) 불기소 처분을 받은 자 (3) 친고죄에서 고소가 없는 경우	(1) 무죄·면소 판결이 확정된 자, (2) 공소시효의 완성, 형의 폐지, 사면에 의하여 소추 또는 처벌의 가능성이 없는 자 (3) 친고죄에서 고소권이 소멸한 경우

■ 판례 ■ **범인은닉죄에 있어서 '죄를 범한 자'의 의미**

범인은닉죄는 형사사법에 관한 국권의 행사를 방해하는 자를 처벌하고자 하는 것이므로 형법 제151조 제1항 소정의 '죄를 범한 자'라 함은 범죄의 혐의를 받아 수사 대상이 되어 있는 자를 포함한다. 따라서 구속수사의 대상이 된 소송외인이 그 후 무혐의로 석방되었다 하더라도 위 죄의 성립에 영향이 없다(대법원 1982.1.26. 선고 81도1931 판결).

■ 판례 ■ **아직 수사대상이 되어 있지 않은 경우도 본죄의 객체가 될 수 있는지 여부**

형법 제151조 제1항의 이른바, 죄를 범한 자라 함은 범죄의 혐의를 받아 수사대상이 되어 있는 자를 포함하며, 나아가 벌금 이상의 형에 해당하는 죄를 범한 자라는 것을 인식하면서도 도피하게 한 경우에는 그 자가 당시에는 아직 수사대상이 되어 있지 않았다고 하더라도 범인도피죄가 성립한다고 할 것이고, 한편, 증거인멸죄에 관한 형법 제155조 제1항의 이른바 타인의 형사사건이란 인멸행위시에 아직 수사절차가 개시되기 전이라도 장차 형사사건이 될 수 있는 것까지 포함한다(대법원 2003.12.12. 선고 2003도4533 판결).

3. 행 위

은닉 또는 도피하게 하는 것

(1) 은닉과 도피

1) 은 닉

수사기관의 발견·체포 또는 형의 집행을 면하거나 곤란하게 하기 위하여 장소를 제공하여 범인을 숨겨주는 일체의 행위

2) 도 피

은닉 이외의 방법으로 수사기관의 발견·체포나 형의 집행을 곤란하게 하는 일체의 행위

(2) 은닉과 도피의 정도

범인을 도주하게 하는 행위 또는 도주하는 것을 직접적으로 용이하게 하는 행위에 한정된다.

■ 판례 ■　**도피의 의의 및 그 판단방법**

[1] 범인도피죄의 의의
범인도피죄는 범인은닉 이외의 방법으로 범인에 대한 수사, 재판 및 형의 집행 등 형사사법의 작용을 곤란 또는 불가능하게 하는 행위를 말하는 것으로서, 그 방법에는 어떠한 제한이 없고, 위험범으로서 현실적으로 형사사법의 작용을 방해하는 결과가 초래될 것이 요구되지 아니한다.

[2] 범인도피죄에서 어떤 행위가 도피하게 하는 행위에 해당하는지 여부의 판단방법
범인도피죄는 직접 범인을 도피시키는 행위 또는 도피를 직접적으로 용이하게 하는 행위에 한정되는 것인바, 어떤 행위가 직접 범인을 도피시키는 행위 또는 도피를 직접적으로 용이하게 하는 행위에 해당하는가를 판단하기 위하여는, 범인도피죄의 구성요건적 행위가 정형화되어 있지 아니한 점을 고려한다면, 피고인이 범인의 처지나 의도에 대하여 인식하고 있었는지, 그에게 범인을 은닉 내지 도피시키려는 의사가 있었는지를 함께 고려하여 살펴보아야 할 것이고, 단순히 피고인이 한 행위의 밖으로 드러난 태양만 살펴보는 것만으로는 부족하다(대법원 2004.3.26. 선고 2003도8226 판결).

■ 판례 ■　**도로교통법위반으로 체포된 범인이 타인의 성명을 모용한다는 정을 알면서 신원보증인으로서 신원보증서에 자신의 인적 사항을 허위로 기재하여 제출한 경우, 범인도피죄의 성립여부(소극)**

[1] 사실관계

> 甲은 음주운전으로 체포된 乙이 丙의 인적사항을 모용하면서 타인행세를 하고 있다는 사실을 알면서도 평소 외우고 있던 丙의 주민등록번호 및 허위의 주소 등을 신원보증서에 기재하고 乙의 신원을 보증하여 乙이 석방되도록 하였다.

[2] 판결요지

가. 범인도피죄에서 '도피하게 하는 행위'의 의미
형법 제151조 소정의 범인도피죄에서 '도피하게 하는 행위'는 은닉 이외의 방법으로 범인에 대한 수사, 재판 및 형의 집행 등 형사사법의 작용을 곤란 또는 불가능하게 하는 일체의 행위를 말하는 것으로서 그 수단과 방법에는 어떠한 제한이 없고, 또한 위 죄는 위험범으로서 현실적으로 형사사법의 작용을 방해하는 결과가 초래될 것이 요구되지 아니하지만, 같은 조에 함께 규정되어 있는 은닉 행위에 비견될 정도로 수사기관의 발견·체포를 곤란하게 하는 행위 즉 직접 범인을 도피시키는 행위 또는 도피를 직접적으로 용이하게 하는 행위에 한정된다고 해석함이 상당하고, 그 자체로는 도피시키는 것을 직접적인 목적으로 하였다고 보기 어려운 어떤 행위의 결과 간접적으로 범인이 안심하고 도피할 수 있게 한 경우까지 포함되는 것은 아니다.

나. 수사기관에서의 참고인의 허위진술과 범인도피죄의 성립 여부(한정 적극)
원래 수사기관은 범죄사건을 수사함에 있어서 피의자나 참고인의 진술 여하에 불구하고 피의자를 확정하고 그 피의사실을 인정할 만한 객관적인 제반 증거를 수집·조사하여야 할 권리와 의무가 있는 것이므로, 참고인이 수사기관에서 범인에 관하여 조사를 받으면서 그가 알고 있는 사실을 묵비하거나 허위로 진술하였다고 하더라도, 그것이 적극적으로 수사기관을 기만하여 착오에 빠지게 함으로써 범인의 발견 또는 체포를 곤란 내지 불가능하게 할 정도의 것이 아니라면 범인도피죄를 구성하지 않는다.

다. 甲의 죄책

수사절차에서 작성되는 신원보증서는 체포된 피의자 석방의 필수적인 요건이거나 어떠한 법적 효력이 있는 것은 아니고, 다만 피의사건이 비교적 경미한 경우 피의자와 일정한 관계에 있는 신원보증인이 수사기관에 대하여 피의자의 신분, 직업, 주거 등을 보증하고 향후 수사기관이나 법원의 출석요구에 사실상 협조하겠다는 의사를 표시하는 것으로서 피의자나 신원보증인에게 심리적인 부담을 줌으로써 수사기관이나 재판정에의 출석 또는 형 집행 등 형사사법절차상의 편의를 도모하는 것에 불과하여 보증인에게 법적으로 진실한 서류를 작성·제출할 의무가 부과된 것은 아니므로, 신원보증서를 작성하여 수사기관에 제출하는 보증인이 피의자의 인적 사항을 허위로 기재하였다고 하더라도, 그로써 적극적으로 수사기관을 기만한 결과 피의자를 석방하게 하였다는 등 특별한 사정이 없는 한, 그 행위만으로 범인도피죄가 성립되지 않는다(대법원 2003.2.14. 선고 2002도5374 판결).

■ 판례 ■ **공범의 존재를 숨긴 경우**

[1] 사실관계

오락실은 乙이 주로 운영하였으나 甲도 등록명의만을 빌려준 것이 아니라 乙과 공동으로 이를 운영하였는 바, 甲은 사행행위 등 규제 및 처벌특례법 위반죄의 피의자로서 조사를 받으면서 수사기관에 '이 사건 오락실의 실제 업주로서 이를 단독으로 운영하였다'고 허위진술하여 공범인 乙의 존재를 숨겼다.

[2] 판결요지

가. 범인도피죄에서 '도피하게 하는 행위'의 의미

형법 제151조의 범인도피죄에서 '도피하게 하는 행위'는 은닉 이외의 방법으로 범인에 대한 수사, 재판 및 형의 집행 등 형사사법의 작용을 곤란 또는 불가능하게 하는 일체의 행위를 말하는 것으로서 그 수단과 방법에는 어떠한 제한이 없다. 또한, 위 죄는 위험범으로서 현실적으로 형사사법의 작용을 방해하는 결과를 초래할 것이 요구되지 아니하지만, 같은 조에 함께 규정되어 있는 은닉행위에 비견될 정도로 수사기관의 발견·체포를 곤란하게 하는 행위, 즉 직접 범인을 도피시키는 행위 또는 도피를 직접적으로 용이하게 하는 행위에 한정된다. 그 자체로는 도피시키는 것을 직접적인 목적으로 하였다고 보기 어려운 어떤 행위의 결과 간접적으로 범인이 안심하고 도피할 수 있게 한 경우까지 포함하는 것은 아니다.

나. 피의자가 수사기관에서 공범에 관하여 허위진술한 경우 범인도피죄의 성립 여부(원칙적 소극)

수사기관은 범죄사건을 수사함에 있어서 피의자나 참고인의 진술 여하에 불구하고 피의자를 확정하고 그 피의사실을 인정할 만한 객관적인 제반 증거를 수집·조사하여야 할 권리와 의무가 있다. 따라서 참고인이 수사기관에서 범인에 관하여 조사를 받으면서 그가 알고 있는 사실을 묵비하거나 허위로 진술하였다고 하더라도, 그것이 적극적으로 수사기관을 기만하여 착오에 빠지게 함으로써 범인의 발견 또는 체포를 곤란 내지 불가능하게 할 정도가 아닌 한 범인도피죄를 구성하지 않는다. 이러한 법리는 피의자가 수사기관에서 공범에 관하여 묵비하거나 허위로 진술한 경우에도 그대로 적용된다.

다. 甲의 죄책

甲이 수사기관에서 '이 사건 오락실의 실제 업주로서 이를 단독으로 운영하였다'는 취지로 허위진술하여 공범인 乙의 존재를 숨겼다 하더라도, 그러한 허위진술이 적극적으로 수사기관을 기만하여 착오에 빠지게 함으로써 범인의 발견 또는 체포를 곤란 내지 불가능하게 한 경우에 해당한다고 볼 수 없어 범인도피죄는 성립하지 않는다(대법원 2008.12.24. 선고 2007도11137 판결).

수사기관에서 조사받는 피의자가 사실은 게임장 · 오락실 · 피씨방의 실제 업주가 아니라 종업원임에도 불구하고 자신이 실제 업주라고 허위로 진술한 경우

[1] 사실관계

乙 · 丙 · 丁은 동업으로 게임장을 운영하기로 하면서 丁를 통하여 甲을 이른바 바지사장으로 고용하기로 하고, 丁명의로 게임장의 사업자등록을 마치고 甲에게 월급 250만 원씩을 지급하기로 하고 게임장을 운영하던 중 甲이 게임산업진흥에 관한 법률 위반 및 도박개장 등의 혐의로 수사기관에서 조사받게 되자, 甲은 검찰에 조사받으러 가기 전에 乙과 丁에게 자신이 벌금형을 받게 되면 벌금을 대신 내달라고 요구하여 응낙의 답변을 듣고 검찰 수사에 임하여 자신이 게임장 실제 업주라고 하면서 게임장 운영 경위, 자금 출처, 게임기 구입 경위, 건물의 임대차계약 체결 경위에 관하여 허위로 진술하였다.

[2] 판결요지

수사기관은 범죄사건을 수사함에 있어서 피의자나 참고인의 진술 여하에 불구하고, 피의자를 확정하고 그 피의사실을 인정할 만한 객관적인 제반 증거를 수집 · 조사하여야 할 권리와 의무가 있으므로, 참고인이 수사기관에서 범인에 관하여 조사를 받으면서 그가 알고 있는 사실을 묵비하거나 허위로 진술하였다고 하더라도, 그것이 적극적으로 수사기관을 기만하여 착오에 빠지게 함으로써 범인의 발견 또는 체포를 곤란 내지 불가능하게 할 정도가 아닌 한 범인도피죄를 구성하지 않는 것이고, 이러한 법리는 피의자가 수사기관에서 공범에 관하여 묵비하거나 허위로 진술한 경우에도 그대로 적용된다. 따라서 게임산업진흥에 관한 법률 위반, 도박개장 등의 혐의로 수사기관에서 조사받는 피의자가 사실은 게임장 · 오락실 · 피씨방 등의 실제 업주가 아니라 그 종업원임에도 불구하고 자신이 실제 업주라고 허위로 진술하였다고 하더라도 그 자체만으로 범인도피죄를 구성하는 것은 아니다. 다만, 그 피의자가 실제 업주로부터 금전적 이익 등을 제공받기로 하고 단속이 되면 실제 업주를 숨기고 자신이 대신하여 처벌받기로 하는 역할(이른바 바지사장)을 맡기로 하는 등 수사기관을 착오에 빠뜨리기로 하고, 단순히 실제 업주라고 진술하는 것에서 나아가 게임장 등의 운영 경위, 자금 출처, 게임기 등의 구입 경위, 점포의 임대차계약 체결 경위 등에 관해서까지 적극적으로 허위로 진술하거나 허위 자료를 제시하여 그 결과 수사기관이 실제 업주를 발견 또는 체포하는 것이 곤란 내지 불가능하게 될 정도에까지 이른 것으로 평가되는 경우 등에는 범인도피죄를 구성할 수 있다. 원심판결 이유에 의하면, 원심은, 그 채용 증거에 의하여 판시와 같은 사실을 인정한 다음, 乙 · 丙 · 丁은 동업으로 이 사건 게임장을 운영하기로 하면서 공소외 丁를 통하여 甲을 이른바 바지사장으로 고용하기로 하고, 丁 명의로 게임장의 사업자등록을 마치고 그에게 월급 250만 원씩을 지급하기로 한 점, 甲은 검찰에 조사받으러 가기 전에 乙 · 丁에게 자신이 벌금형을 받게 되면 벌금을 대신 내달라고 요구하여 응낙의 답변을 듣고 검찰 수사에 임하여 자신이 게임장 실제 업주라고 하면서 게임장 운영 경위, 자금 출처, 게임기 구입 경위, 건물의 임대차계약 체결 경위에 관하여 허위로 진술한 점 등에 비추어 보면, 甲의 수사기관에서의 진술은 그 내용이 실제 업주인 피고인을 도피시키기 위하여 자신을 실제 업주로 내세우는 허위 진술로서 적극적으로 수사기관을 기만하여 착오에 빠지게 함으로써 범인의 발견 또는 체포를 곤란 내지 불가능하게 할 정도에 이르렀다고 봄이 상당하여 범인도피죄가 성립하고 이를 교사한 乙 · 丁에게는 범인도피교사죄가 성립한다(대법원 2010.1.28. 선고 2009도10709 판결).

■ 판례 ■ 범인도피죄에서 '도피하게 하는 행위'의 의미 / 공범을 도피하게 하는 경우에 범인도 피죄가 성립할 수 있는지 여부(적극) 및 범인 스스로 도피하는 행위도 처벌되는지 여부(소극) / 공범 중 1인이 그 범행에 관한 수사절차에서 참고인 또는 피의자로 조사받으면서 자기의 범행을 구성하는 사실관계에 관하여 허위로 진술하고 허위 자료를 제출하는 경우, 범인도피죄로 처벌할 수 있는지 여부(소극) 및 이때 공범이 이러한 행위를 교사한 경우, 범인도피교사죄가 성립하는지 여부(소극)

범인도피죄에서 '도피하게 하는 행위'란 은닉 이외의 방법으로 범인에 대한 수사, 재판, 형의 집행 등 형사사법의 작용을 곤란하게 하거나 불가능하게 하는 일체의 행위를 말한다.

범인도피죄는 타인을 도피하게 하는 경우에 성립할 수 있는데, 여기에서 타인에는 공범도 포함되나 범인 스스로 도피하는 행위는 처벌되지 않는다. 또한 공범 중 1인이 그 범행에 관한 수사절차에서 참고인 또는 피의자로 조사받으면서 자기의 범행을 구성하는 사실관계에 관하여 허위로 진술하고 허위 자료를 제출하는 것은 자신의 범행에 대한 방어권 행사의 범위를 벗어난 것으로 볼 수 없다. 이러한 행위가 다른 공범을 도피하게 하는 결과가 된다고 하더라도 범인도피죄로 처벌할 수 없다. 이때 공범이 이러한 행위를 교사하였더라도 범죄가 될 수 없는 행위를 교사한 것에 불과하여 범인 도피교사죄가 성립하지 않는다.(대법원 2018. 8. 1., 선고, 2015도20396, 판결)

■ 판례사례 ■ **[범인은닉 · 도피죄가 성립하지 아니하는 사례]**

(1) 수사과정에서 공범의 이름을 단순히 묵비한 경우(대법원 1984.4.10. 선고 83도3288 판결)
(2) 도망 다니면서 '이렇게 와주니 고맙다, 몸조심하고 주의하여 다녀라'등의 단순히 안부를 묻거 나 통상적인 인사말을 범인에게 한 경우(대법원 1992.6.12. 선고 92도736 판결)
(3) 범인이 타인의 성명을 모용한다는 정을 알고 있는 신원보증인이 피의자의 인적 사항을 허위로 기재하 여 신원보증서를 작성한 후 수사기관에 제출한 경우(대법원 2003.2.14. 선고 2002도5374 판결)
(4) 참고인이 실제의 범인이 누군지도 정확하게 모르는 상태에서 수사기관에서 실제의 범인이 아 닌 어떤 사람을 범인이 아닐지도 모른다고 생각하면서도 그를 범인이라고 지목하는 허위의 진 술을 한 경우(대법원 1997.9.9. 선고 97도1596 판결)
(5) 사기범행을 하고 미국으로 도망간 범인이 편취하여 마련한 자금 중 일부를 여러 차례에 걸쳐 가명 으로 예금하고 입금과 출금을 되풀이 하면서 그 인출한 돈 중 일부를 범인의 자녀들의 생활비 등 으로 사용한 경우 ⇨ 사회적 상당성 있어 무죄(대법원 1995.3.3. 선고 93도3080 판결)
(6) 수사기관에 출두한 참고인이, 범인으로 체포된 자가 자기가 목격한 사람과 다르다고 허위진술 하여 진범인이 석방된 경우(이 때에도 적극적인 허위의 사실을 진술하여 수사기관을 기만 · 착 오에 빠지게 함으로써 범인의 발견 · 체포에 지장을 초래하는 경우에는 본죄 성립)(대법원 1987.2.10. 선고 85도897 판결)

■ 판례 ■ **범인이 아닌 자가 수사기관에 범인임을 자처하고 허위사실을 진술하여 진범의 체 포와 발견에 지장을 초래한 경우, 범인도피죄의 성립 여부(적극)**

[1] 사실관계

甲은 乙녀의 승용차에 동승하여 가던 중 乙녀가 교통사고를 내자 乙녀의 형사처벌을 면하게 할 목적으로 경찰관에게 甲자신이 위 승용차를 운전하다가 교통사고를 발생하게 하였다는 허 위의 사실을 진술하였다.

[2] 판결요지

가. 형법 제151조 소정의 범인도피죄의 의의, 같은 조 소정의 '벌금 이상의 형에 해당하는 죄를 범한 자'의 의미와 그에 대한 인식 여부의 판단 기준 및 범인이 아닌 자가 수사기관에 범인임을 자처하고 허위사실을 진술하여 진범의 체포와 발견에 지장을 초래한 경우, 범인도피죄의 성립 여부(적극)

형법 제151조에서 규정하는 범인도피죄는 범인은닉 이외의 방법으로 범인에 대한 수사, 재판 및 형의 집행 등 형사사법의 작용을 곤란 또는 불가능하게 하는 행위를 말하는 것으로서, 그 방법에는 어떠한 제한이 없고, 또한 위 죄는 위험범으로서 현실적으로 형사사법의 작용을 방해하는 결과가 초래될 것이 요구되지 아니할 뿐만 아니라, 같은 조 소정의 '벌금 이상의 형에 해당하는 죄를 범한 자'라 함은 범죄의 혐의를 받아 수사 대상이 되어 있는 자도 포함하고, 벌금 이상의 형에 해당하는 자에 대한 인식은 실제로 벌금 이상의 형에 해당하는 범죄를 범한 자라는 것을 인식함으로써 족하고 그 법정형이 벌금 이상이라는 것까지 알 필요는 없으며, 범인이 아닌 자가 수사기관에 범인임을 자처하고 허위사실을 진술하여 진범의 체포와 발견에 지장을 초래하게 한 행위는 위 죄에 해당한다.

나. 甲의 죄책

범인에 대하여 적용 가능한 죄가 도로교통법위반죄로부터 교통사고처리특례법위반죄를 거쳐 상해죄에 이르기까지 다양하고, 그 죄들은 모두 벌금 이상의 형을 정하고 있으며 범인에게 적용될 수 있는 죄가 교통사고처리특례법위반죄에 한정된다고 하더라도 자동차종합보험 가입사실만으로 범인의 행위가 형사소추 또는 처벌을 받을 가능성이 없는 경우에 해당한다고 단정할 수 없을 뿐 아니라, 피고인이 수사기관에 적극적으로 범인임을 자처하고 허위사실을 진술함으로써 실제 범인을 도피하게 한 행위는 범인도피죄를 구성한다(대법원 2000.11.24. 선고 2000도4078 판결).

■ 판례사례 ■ [범인은닉·도피죄가 성립하는 사례]

(1) 도피자금·은신처 등을 제공하는 행위(대법원 1983.3.8. 선고 82도3248 판결)
(2) 진범인에 대신하여 자기가 범인이라고 허위신고하는 행위(대법원 1996.6.14. 선고 96도1016 판결)
(3) 범인 대신 다른 사람을 범인으로 가장하여 수사 받도록 하는 행위(대법원 1967.5.23. 선고 67도366 판결)
(4) 자신의 친구가 기소중지자임을 알고도 친구의 부탁으로 자신의 처 명의로 오피스텔의 임대차 계약을 체결해 준 경우(대법원 2004.3.26. 선고 2003도8226 판결)
(5) 공범이 더 있다는 사실을 숨긴 채 허위보고를 하고 조사를 받고 있는 범인에게 다른 공범이 더 있음을 실토하지 못하도록 하는 등의 행위(대법원 1995.12.26. 선고 93도904 판결)

(3) 은닉과 도피의 방법

작위뿐만 아니라 부작위에 의해서도 가능

■ 판례 ■ 검사로부터 범인을 검거하라는 지시를 받은 경찰관이 범인을 도피케 한 경우, 범인도피죄 외에 직무유기죄가 따로 성립하는지 여부(소극)

피고인이 검사로부터 범인을 검거하라는 지시를 받고서도 그 직무상의 의무에 따른 적절한 조치를 취하지 아니하고 오히려 범인에게 전화로 도피하라고 권유하여 그를 도피케 하였다는 범죄사실만으로는 직무위배의 위법상태가 범인도피행위 속에 포함되어 있는 것으로 보아야 할 것이므로, 이와 같은 경우에는 작위범인 범인도피죄만이 성립하고 부작위범인 직무유기죄는 따로 성립하지 아니한다(대법원 1996. 5.10. 선고 96도51 판결).

4. 주관적 구성요건

(1) 고 의

벌금 이상의 형에 해당하는 죄를 범한 자를 은닉·도피하게 한다는 것에 대한 인식·인용(미필적 고의로도 족함)

(2) 인식의 정도

○ 실제로 벌금 이상의 형에 해당하는 범죄를 범한 자라는 것을 인식함으로써 족하고 그 법정형이 벌금 이상이라는 것까지 알 필요는 없다(대법원 2000.11.24. 선고 2000도4078 판결).

○ 본범의 성명 등 인적 사항, 본범이 범한 죄의 구체적 내용까지 알 필요는 없으며, 범인 은닉의 목적이나 동기도 불문한다.

5. 공 범

■ 판례 ■   **공범자의 범인도피행위 도중에 공범자의 범행을 방조한 종범의 경우**

[1] 사실관계

갑이 수사기관 및 법원에 출석하여 을 등의 사기 범행을 자신이 저질렀다는 취지로 허위자백하였는데, 그 후 갑의 사기 피고사건 변호인으로 선임된 피고인이 갑과 공모하여 진범 을 등을 은폐하는 허위자백을 유지하게 하였다.

[2] 판결요지

가. 공범자의 범인도피행위 도중에 기왕의 범인도피상태를 이용하여 스스로 범인도피행위를 계속한 경우 범인도피죄의 공동정범이 성립하는지 여부(적극) 및 이때 공범자의 범행을 방조한 종범의 경우에도 동일한 법리가 적용되는지 여부(적극)

범인도피죄는 범인을 도피하게 함으로써 기수에 이르지만, 범인도피행위가 계속되는 동안에는 범죄행위도 계속되고 행위가 끝날 때 비로소 범죄행위가 종료된다. 따라서 공범자의 범인도피행위 도중에 그 범행을 인식하면서 그와 공동의 범의를 가지고 기왕의 범인도피상태를 이용하여 스스로 범인도피행위를 계속한 경우에는 범인도피죄의 공동정범이 성립하고, 이는 공범자의 범행을 방조한 종범의 경우도 마찬가지이다.

나. 범인도피방조죄의 성립여부

갑이 수사기관 및 법원에 출석하여 을 등의 사기 범행을 자신이 저질렀다는 취지로 허위자백하였는데, 그 후 갑의 사기 피고사건 변호인으로 선임된 피고인이 갑과 공모하여 진범 을 등을 은폐하는 허위자백을 유지하게 함으로써 범인을 도피하게 하였다는 내용으로 기소된 사안에서, 피고인이 변호인으로서 단순히 갑의 이익을 위한 적절한 변론과 그에 필요한 활동을 하는 데 그치지 아니하고, 갑과 을 사이에 부정한 거래가 진행 중이며 갑 피고사건의 수임과 변론이 거래의 향배와 불가결한 관련이 있을 것임을 분명히 인식하고도 을에게서 갑 피고사건을 수임하고, 그들의 합의가 성사되도록 도왔으며, 스스로 합의금의 일부를 예치하는 방안까지 용인하고 합의서를 작성하는 등으로 갑과 을의 거래관계에 깊숙이 관여한 행위를 정당한 변론권의 범위 내에 속한다고 평가할 수 없고, 나아가 변호인의 비밀유지의무는 변호인이 업무상 알게 된 비밀을 다른 곳에 누설하지 않을 소극적 의무를 말하는 것일 뿐 진범을 은폐하는 허위자백을 적극적으로 유지하게 한 행위가 변호인의 비밀유지의무에 의하여 정당화될 수 없다고 하면서, 한편으로 피고인의 행위는 정범인 갑에게 결의를 강화하게 한 방조행위로 평가될 수 있다는 이유로 범인도피방조죄를 인정한 원심판단을 정당하다고 한 사례(대법원2012.8.30. 선고2012도6027 판결).

▪ 판례 ▪   공범자의 범인도피행위 도중에 기왕의 범인도피상태를 이용하여 스스로 범인도피행위를 계속한 자에 대하여 범인도피죄의 공동정범이 성립하는지 여부

범인도피죄는 범인을 도피하게 함으로써 기수에 이르지만 범인도피행위가 계속되는 동안에는 범죄행위도 계속되고 행위가 끝날 때 비로소 범죄행위가 종료되고, 공범자의 범인도피행위의 도중에 그 범행을 인식하면서 그와 공동의 범의를 가지고 기왕의 범인도피상태를 이용하여 스스로 범인도피행위를 계속한 자에 대하여는 범인도피죄의 공동정범이 성립한다(대법원 1995.9.5. 선고 95도577 판결).

▪ 판례 ▪   무면허 운전으로 사고를 낸 사람이 동생을 경찰서에 대신 출두시켜 피의자로 조사받도록 한 경우

[1] 사실관계

무면허 상태로 프라이드 승용차를 운전하고 가다가 화물차를 들이받는 사고를 일으켜 경찰에서 조사를 받게 된 甲이 무면허로 운전한 사실 등이 발각되지 않기 위해, 동생인 乙에게 "내가 무면허상태에서 술을 마시고 차를 운전하다가 교통사고를 내었는데 운전면허가 있는 네가 대신 교통사고를 내었다고 조사를 받아 달라"고 부탁하여, 乙 을 피의자로서 조사를 받도록 한 경우

[2] 판결요지

가. 범인이 자신을 위하여 형법 제151조 제2항에 의하여 처벌을 받지 아니하는 친족 등으로 하여금 허위의 자백을 하게 하여 범인도피죄를 범하게 하는 경우, 범인도피교사죄의 성립 여부(적극) 범인이 자신을 위하여 타인으로 하여금 허위의 자백을 하게 하여 범인도피죄를 범하게 하는 행위는 방어권의 남용으로 범인도피교사죄에 해당하는바, 이 경우 그 타인이 형법 제151조 제2항에 의하여 처벌을 받지 아니하는 친족, 호주 또는 동거 가족에 해당한다 하여 달리 볼 것은 아니다.

나. 甲의 죄책

무면허 운전으로 사고를 낸 사람이 동생을 경찰서에 대신 출두시켜 피의자로 조사받도록 한 행위는 범인도피교사죄를 구성한다(대법원 2006.12.7. 선고 2005도3707).

6. 죄 수

○ 동일한 범인을 은닉한 후 도피하게 한 경우 ⇨ 포괄일죄
○ 수인의 범인을 1개의 행위로 숨겨준 경우 ⇨ 수죄의 상상적 경합

7. 친족간의 특례

(1) 성 격

책임조각사유(다수설)

(2) 특례의 적용요건

1) 적용대상

친족 또는 동거가족으로, 그 범위는 원칙적으로 민법의 규정에 의한다.

■ 판례 ■ **사실혼관계에 있는 자가 형법 제151조 제2항 및 제155조 제4항 소정의 '친족'에 해당하는지 여부(소극)**

[1] 사실관계

> 甲은 자신과 동거하면서 사실혼관계에 있는 乙이 교통사고를 내자, 사건 당일 그 사고차량을 치워 수리하는 한편, 乙을 외국으로 도피하도록 하였다.

[2] 판결요지

형법 제151조 제2항 및 제155조 제4항은 친족, 호주 또는 동거의 가족이 본인을 위하여 범인도피죄, 증거인멸죄 등을 범한 때에는 처벌하지 아니한다고 규정하고 있는바, 사실혼관계에 있는 자는 민법 소정의 친족이라 할 수 없어 위 조항에서 말하는 친족에 해당하지 않는다(대법원 2003.12.12. 선고 2003도4533 판결). ☞ (甲은 범인도피죄와 증거인멸죄의 경합범)

2) 적용범위

친족간의 특례규정은 본범의 형사책임상의 이익을 위한 것에 한정되어 적용된다.

● II. 범죄사실기재 및 신문사항

[기재례1] 친구를 집에 숨겨 준 경우

1) 범죄사실 기재례

> 피의자는 ○○세무서 법인세과에 근무 중인 홍길동의 친구이다. 홍길동은 그 직무에 관해 뇌물을 수수하여 벌금 이상의 형에 해당하는 죄를 범한 사실로 도피 중이었고, 피의자도 그 사실을 알고 있었다.
> 피의자는 20○○. ○. ○. 10:00경부터 20○○. ○. ○. 20:00경까지 ○○에 있는 피의자의 집에서 위와 같은 죄를 범하고 도피 중인 홍길동을 기거하게 하는 방법으로 숨겨주어 범인을 은닉하였다.

2) **적용법조 :** 제151조 제1항 ··· 공소시효 5년

3) **신문사항**

- 홍길동과 어떤 관계인가
- 홍길동이 도피 중인 것을 알고 있는가
- 무엇 때문에 도피중이라고 하던가

– 이런 사실은 언제 어떻게 알았는가

– 위 홍길동을 피의자 집에 숨겨 준 일이 있는가

– 언제 어떤 방법으로 숨겨 주었는가

– 그럼 도피 중이라는 것을 알고 숨겨 주었다는 것인가?

[기재례2] 사고 운전자가 자신이라고 허위신고 한 경우

1) 범죄사실 기재례

피의자는 홍길동 소유인 ○○가 1234호 승용차를 운전하는 사람이다.

위 홍길동은 20○○. ○. ○. 23:00경 ○○에 있는 ○○앞길에서 위 승용차를 운전하다가 교통사고를 일으키고도 피해자를 구호 조치하지 아니한 채 그대로 도주하였다.

피의자는 홍길동이 위와 같이 벌금 이상의 형에 해당하는 죄를 범한 사실을 알고 있으면서도, 20○○. ○. ○. 14:00경 같은 동에 있는 ○○경찰서 교통과 사무실에서 위 사건을 수사 중인 위 경찰서 교통과 경감 박계연에게 피의자가 교통사고를 일으킨 것처럼 허위로 신고하여 범인을 도피하게 하였다.

2) 적용법조 : 제151조 제1항 … 공소시효 5년

3) 신문사항

– 홍길동을 알고 있는가

– 언제부터 홍길동의 운전기사에 종사하고 있는가

– 차량번호는 몇 번인가

– 이 차량을 운전 중 교통사고를 야기한 일이 있는가

– 언제 어디에서 어떤 사고를 냈는가

– 사고 후 어떤 조치를 하였나

– 그 당시 그 차량에 피의자 외 다른 사람이 타고 있었는가

                            –중 략–

– 홍길동이 운전하였는데 왜 피의자가 운전하였다고 허위신고를 하였나

– 언제 어디에 허위신고를 하였는가

– 누구에게 이런 허위신고를 하였나

– 홍길동이 그러하도록 하던가

– 사고 당시 피의자는 어디에서 무엇을 하고 있었는가

[기재례3] 무면허 운전자가 단속 경찰관을 치고 도망하고, 범행을 교사한 경우

1) 범죄사실 기재례

가. 피의자 조○○

1) 도로교통법 위반(무면허 운전)

피의자는 자동차운전면허를 받지 아니하고, 20○○. ○. ○. 23:10경 ○○에 있는 ○○ 아파트 앞 도로에서부터 같은 동 ○○마을 앞 도로를 지나 ○○초등학교를 경유하여 위 아파트 앞 도로까지 300m가량 (차량번호) 에스엠5 승용차를 운전하였다.

2) 특수공무집행방해치상

피의자는 같은 시간 위 ○○마을 앞 도로에서, ○○경찰서 교통과 소속 경찰관 경감 심○○ (33세) 등이 음주운전 단속 중인 것을 발견하고는 황급히 도주하기 위하여 일시 정차하였다가, 단속을 위해 위 승용차 쪽으로 뛰어온 심○○를 보고도 그대로 급출발하여 위험한 물건인 위 승용차 전면부로 심○○의 무릎 부분 등을 들이받았다.

이로써 심○○를 그곳 땅바닥에 떨어지게 하여 경찰관의 교통단속에 관한 정당한 직무집행을 방해하고, 그로 인하여 심○○로 하여금 약 2주간의 치료를 요하는 무릎 관절 및 인대 탈구상 등에 이르게 하였다.

3) 범인도피교사

피의자는 같은 날 23:35경 위 ○○아파트 502동 옆 주차장에서 위 승용차 소유자인 피의자 홍길동에게 "무면허 운전을 하다가 음주단속을 피해 도망 왔다. 경찰서에 나 대신 출석하여 운전한 것이라고 말해 달라. 그 은혜는 잊지 않고 보답하겠다"고 부탁하였다.

그러면서 위 홍길동으로 하여금 수사기관에서 전항과 같은 범행의 운전자인 양 행세할 것을 결의하게 하고, 위 홍길동의 아래 '나항'과 같이 ○○경찰서 교통조사계에서 위 범행의 범인인 것처럼 허위 진술하게 함으로써 범인도피를 교사하였다.

나. 피의자 홍길동

피의자는 20○○. ○. ○. 00:18경 사실은 피의자 조○○가 무면허 운전을 하다가 경찰의 단속을 피해 도주한 것을 알고 있었다.

그럼에도 위와 같은 조○○의 부탁에 따라 ○○경찰서 교통조사계에 자진 출석하여 위 교통조사계 소속 경감 김형근에게 피의자가 무면허 운전을 하다가 음주단속 하는 경찰관을 향하여 그대로 진행하여 경찰관을 상해에 이르게 한 것이라는 취지로 허위 진술을 하여 범인인 위 조○○를 도피하게 하였다.

2) 적용법조

가 : **도로교통법 제152조 제1호, 제43조(무면허운전), 형법 제144조, 제136조 (특수공무집행방해), 형법 제151조, 제31조(범인도피교사)** … 공소시효 10년

나 : **형법 제151조** … 공소시효 5년

제1절 위 증

제152조(위증, 모해위증) ① 법률에 의하여 선서한 증인이 허위의 진술을 한 때에는 5년 이하의 징역 또는 1천만원 이하의 벌금에 처한다.
제153조(자백, 자수) 전조의 죄를 범한 자가 그 공술한 사건의 재판 또는 징계처분이 확정되기 전에 자백 또는 자수한 때에는 그 형을 감경 또는 면제한다.
※ 국회에서의 증언 · 감정 등에 관한 법률 제14조(위증 등의 죄)

I. 구성요건

1. 주 체

법률에 의하여 선서한 증인(진정신분범)

(1) 법률에 의한 선서

○ 선서를 하게 할 권한이 있는 기관에 대한 것일 것

❋ 참고인의 검사 또는 사법경찰관에 대한 선서는 무효이다.

○ 선서의 취지를 이해할 수 있는 선서능력자의 선서일 것

❋ 선서무능력자(例, 16세 미만의 자, 선서의 취지를 이해하지 못하는 자)의 선서는 무효이므로 본죄의 주체가 되지 못한다.

○ 선서의 시기는 증언전후를 불문

■ 판례 ■   소송절차가 분리된 공범인 공동피고인이 증언거부권을 고지받았음에도 자기의 범죄사실에 대하여 증언거부권을 행사하지 아니한 채 허위로 진술한 경우, 위증죄가 성립하는지 여부(적극)

소송절차가 분리된 공범인 공동피고인에 대하여 증인적격을 인정하고 그 자신의 범죄사실에 대하여 신문한다 하더라도 피고인으로서의 진술거부권 내지 자기부죄거부특권을 침해한다고 할 수 없다. 따라서 증인신문절차에서 형사소송법 제160조에 따라 증언거부권이 고지되었음에도 불구하고 위와 같이 증인적격이 인정되는 피고인이 자기의 범죄사실에 대하여 증언거부권을 행사하지 아니한 채 허위로 진술하였다면 위증죄가 성립된다고 할 것이다.(대법원 2024. 2. 29. 선고 2023도7528 판결)

■ 판례 ■ **심문절차로 진행되는 가처분 신청사건에서 증인으로 출석하여 선서를 하고 진술함에 있어서 허위의 공술을 한 경우, 위증죄의 성립 여부(소극)**

가처분사건이 변론절차에 의하여 진행될 때에는 제3자를 증인으로 선서하게 하고 증언을 하게 할수 있으나 심문절차에 의할 경우에는 법률상 명문의 규정도 없고 또 민사소송법의 증인신문에 관한 규정이 준용되지도 아니하므로 선서를 하게 하고 증언을 시킬 수 없다고 할 것인바, 제3자가 심문절차로 진행되는 가처분 신청사건에서 증인으로 출석하여 선서를 하고 진술함에 있어서 허위의 공술을 하였다고 하더라도 그 선서는 법률상 근거가 없어 무효라고 할 것이므로 위증죄는 성립하지 않는다(대법원 2003.7.25. 선고 2003도180 판결).

■ 판례 ■ **심문절차로 진행되는 소송비용확정신청사건에서 증인으로 선서를 하고 허위의 공술을 한 경우, 위증죄가 성립하는지 여부**

제3자가 심문절차로 진행되는 소송비용확정신청사건에서 증인으로 출석하여 선서를 하고 진술함에 있어서 허위의 공술을 하였다고 하더라도 그 선서는 법률상 근거가 없어 무효라고 할 것이므로 위증죄는 성립하지 않는다(대법원 1995.4.11. 선고 95도186 판결).

■ 판례 ■ **증언거부사유가 있음에도 증언거부권을 고지받지 못한 경우**

[1] 사실관계

> 피고인이 A와 쌍방 상해사건으로 공소제기되어 공동피고인으로 함께 재판을 받으면서 자신은 폭행한 사실이 없다고 주장하며 다투던 중 A에 대한 상해사건이 변론분리되면서 피해자인 증인으로 채택되어 검사로부터 신문을 받게 되었고 그 과정에서 피고인 자신의 A에 대한 폭행여부에 관하여 신문을 받게 됨에 따라 증언거부사유가 발생하게 되었는데도, 재판장으로부터 증언거부권을 고지받지 못한 상태에서 자신의 종전 주장을 그대로 되풀이함에 따라 결국 거짓 진술에 이르게 되었다.

[2] 판결요지

가. 위증죄의 구성요건인 '법률에 의하여 선서한 증인'의 의미

위증죄와 형사소송법의 취지, 정신과 기능을 고려하여 볼 때, 형법 제152조 제1항에서 정한 '법률에 의하여 선서한 증인'이라 함은 '법률에 근거하여 법률이 정한 절차에 따라 유효한 선서를 한 증인'이라는 의미이고, 그 증인신문은 법률이 정한 절차 조항을 준수하여 적법하게 이루어진 경우여야 한다고 볼 것이다.

나. 증인신문절차에서 법률에 규정된 증인 보호 규정이 지켜진 것으로 인정되지 않은 경우, 허위진술을 한 증인을 위증죄로 처벌할 수 있는지 여부(원칙적 소극)

위증죄의 의의 및 보호법익, 형사소송법에 규정된 증인신문절차의 내용, 증언거부권의 취지 등을 종합적으로 살펴보면, 증인신문절차에서 법률에 규정된 증인 보호를 위한 규정이 지켜진 것으로 인정되지 않은 경우에는 증인이 허위의 진술을 하였다고 하더라도 위증죄의 구성요건인 "법률에 의하여 선서한 증인"에 해당하지 아니한다고 보아 이를 위증죄로 처벌할 수 없는 것이 원칙이다. 다만, 법률에 규정된 증인 보호 절차라 하더라도 개별 보호절차 규정들의 내용과 취지가 같지 아니하고, 당해 신문 과정에서 지키지 못한 절차 규정과 그 경위 및 위반의 정도 등 제반 사정이 개별 사건마다 각기 상이하므로, 이러한 사정을 전체적·종합적으로 고려하여 볼 때, 당해 사건에서 증인 보호에 사실상 장애가 초래되었다고 볼 수 없는 경우에까지 예외 없이 위증죄의 성립을 부정할 것은 아니라고 할 것이다.

다. 증언거부사유가 있음에도 증언거부권을 고지받지 못함으로 인하여 그 증언거부권을 행사하는 데 사실상 장애가 초래되었다고 볼 수 있는 경우 위증죄 성립 여부(소극)

증언거부권 제도는 증인에게 증언의무의 이행을 거절할 수 있는 권리를 부여한 것이고, 형사소송법상 증언거부권의 고지 제도는 증인에게 그러한 권리의 존재를 확인시켜 침묵할 것인지 아니면 진술할 것인지에 관하여 심사숙고할 기회를 충분히 부여함으로써 침묵할 수 있는 권리를 보장하기 위한 것임을 감안할 때, 재판장이 신문 전에 증인에게 증언거부권을 고지하지 않은 경우에도 당해 사건에서 증언 당시 증인이 처한 구체적인 상황, 증언거부사유의 내용, 증인이 증언거부사유 또는 증언거부권의 존재를 이미 알고 있었는지 여부, 증언거부권을 고지 받았더라도 허위진술을 하였을 것이라고 볼 만한 정황이 있는지 등을 전체적종합적으로 고려하여 증인이 침묵하지 아니하고 진술한 것이 자신의 진정한 의사에 의한 것인지 여부를 기준으로 위증죄의 성립 여부를 판단하여야 한다. 그러므로 헌법 제12조 제2항에 정한 불이익 진술의 강요금지 원칙을 구체화한 자기부죄거부특권에 관한 것이거나 기타 증언거부사유가 있음에도 증인이 증언거부권을 고지받지 못함으로 인하여 그 증언거부권을 행사하는 데 사실상 장애가 초래되었다고 볼 수 있는 경우에는 위증죄의 성립을 부정하여야 할 것이다(대법원 2010.1.21. 선고 2008도942 전원합의체판결).

■ 판례 ■ **증언거부권을 고지받지 못한 경우**

[1] 사실관계

남편에 대한 도로교통법위반(음주운전) 사건에서 남편의 증인으로 법정에 출석한 전처가 증언거부권을 고지받지 않은 채 술에 만취한 남편을 집으로 돌려보내기 위해 자신이 남편을 차에 태워 운전하였다는 취지로 남편의 변명에 부합하는 내용의 허위사실을 진술하였다.

[2] 판결요지

재판장이 신문 전에 증인에게 증언거부권을 고지하지 않은 경우에도 당해 사건에서 증언 당시 증인이 처한 구체적인 상황, 증언거부사유의 내용, 증인이 증언거부사유 또는 증언거부권의 존재를 이미 알고 있었는지 여부, 증언거부권을 고지 받았더라도 허위 진술을 하였을 것이라고 볼 만한 정황이 있는지 등을 전체적종합적으로 고려하여 증인이 침묵하지 아니하고 진술한 것이 자신의 진정한 의사에 의한 것인지 여부를 기준으로 위증죄의 성립 여부를 판단하여야 한다. 위의 사안에서 증인으로 출석하여 증언한 경위와 그 증언 내용, 증언거부권을 고지받았다 하더라도 그와 같이 증언을 하였을 것이라고 보이는 정황 등을 종합적으로 고려하여 선서 전에 재판장으로부터 증언거부권을 고지받지 아니하였다 하더라도 이로 인하여 증언거부권이 사실상 침해당한 것으로 평가할 수는 없으므로 위증죄가 성립하다(대법원 2010.2.25 선고 2007도6273 판결).

(2) 증 인 – 법원 · 법관에 대하여 과거의 경험사실을 진술하는 제3자

- 형사소송의 피고인이나 민사소송의 당사자는 제3자성을 결하여 본죄의 주체가 될 수 없다.
- 공범자 아닌 공동피고인은 증인적격이 인정되나 공범자인 공동피고인은 증인적격이 인정되지 않는다.

■ 판례 ■ **자기의 형사피고사건에 관하여 타인을 교사하여 위증하게 한 경우**

[1] 사실관계

사기미수사건 피고인 甲은 자기의 동생사건에 관하여 증인으로 소환된 乙을 교사하여 기억에 반하는 사실을 진술하게 하였다.

[2] 판결요지

피고인이 자기의 형사사건에 관하여 허위의 진술을 하는 행위는 피고인의 형사소송에 있어서의 방어권을 인정하는 취지에서 처벌의 대상이 되지 않으나, 법률에 의하여 선서한 증인이 타인의 형사사건에 관하여 위증을 하면 형법 제152조 제1항의 위증죄가 성립되므로 자기의 형사사건에 관하여 타인을 교사하여 위증죄를 범하게 하는 것은 이러한 방어권을 남용하는 것이라고 할 것이어서 교사범의 죄책을 부담케 함이 상당하다(대법원 2004.1.27. 선고 2003도5114 판결). ☞ (甲은 위증죄의 교사범)

■ 판례 ■ **공범인 공동피고인의 증인적격**

[1] 사실관계

게임장의 종업원 甲이 그 운영자와 함께 게임산업진흥에 관한 법률 위반죄의 공범으로 기소되어 공동피고인으로 재판을 받던 중, 운영자에 대한 공소사실에 관한 증인으로 출석하여 선서한 다음 기억에 반하는 허위의 진술을 하였다.

[2] 판결요지

가. 공범인 공동피고인이 다른 공동피고인에 대한 공소사실에 관하여 증인적격이 있는지 여부(원칙적 소극)

공범인 공동피고인은 당해 소송절차에서는 피고인의 지위에 있으므로 다른 공동피고인에 대한 공소사실에 관하여 증인이 될 수 없으나, 소송절차가 분리되어 피고인의 지위에서 벗어나게 되면 다른 공동피고인에 대한 공소사실에 관하여 증인이 될 수 있다.

나. 甲의 죄책

운영자와 甲의 변론이 분리되지 아니한 상태에서 운영자에 대한 공소사실에 관하여 증인으로 채택되어 선서하고 증언한 사실을 알 수 있는바, 甲과 운영자의 변론이 분리되지 아니한 이상 甲은 공범인 운영자에 대한 공소사실에 관하여 증인이 될 수 없고, 따라서 甲이 운영자에 대한 공소사실에 관하여 증인으로 출석하여 선서한 다음 증언함에 있어 기억에 반하는 허위의 진술을 하였다고 하더라도 위증죄는 성립하지 아니한다(대법원 2008.6.26. 선고 2008도3300 판결).

■ 판례 ■ **유죄판결이 확정된 피고인이 공범의 형사사건에서 사실대로 자신의 범행을 시인하는 증언을 할 것이라는 기대가능성이 있는지 여부**

[1] 사실관계

甲은 2004. 4. 7. 부산고등법원에서 강도상해죄로 징역 4년을 선고받고 2004. 4. 16. 그 판결이 확정된 사람으로서, 사실은 2002. 9. 27. 새벽 부산 동래구 온천 3동에 있는 황제룸주점 앞길에서 술에 취해 귀가하는 A과 어깨를 부딪치며 시비를 걸어 동인의 멱살을 잡고 주먹으로 얼굴을 때리는 등으로 A의 지갑을 강취하였음에도 불구하고, 2005. 1. 14. 16:00경 부산지방법원 제301호 법정에서, 위 강도상해 사건과 관련하여 甲과 공범으로 기소된 乙에 대한 강도상해 피고사건에 증인으로 출석한 후 선서하고 증언함에 있어 "피해자 A와 어깨를 부딪친 후 멱살을 잡고 시비한 사실이 있는가요"라는 검사의 질문에 "그런 사실은 없습니다"라고 대답하였다.

[2] 판결요지

피고인에게 적법행위를 기대할 가능성이 있는지 여부를 판단하기 위하여는 행위 당시의 구체적인 상황하에 행위자 대신에 사회적 평균인을 두고 이 평균인의 관점에서 그 기대가능성 유무를 판단하여야 한다. 또한, 자기에게 형사상 불리한 진술을 강요당하지 아니할 권리가 결코 적극적으로 허위의 진술을 할 권리를 보장하는 취지는 아니며, 이미 유죄의 확정판결을 받은 경우에는 일사부재리의 원칙에 의해 다시 처벌되지 아니하므로 증언을 거부할 수 없는바, 이는 사실대로의 진술 즉 자신의 범행을 시인하는 진술을 기대할 수 있기 때문이다. 이러한 점 등에 비추어 보면, 이미 유죄의 확정판결을 받은 피고인은 공범의 형사사건에서 그 범행에 대한 증언을 거부할 수 없을 뿐만 아니라 나아가 사실대로 증언하여야 하고, 설사 피고인이 자신의 형사사건에서 시종일관 그 범행을 부인하였다 하더라도 이러한 사정은 위증죄에 관한 양형참작사유로 볼 수 있음은 별론으로 하고 이를 이유로 피고인에게 사실대로 진술할 것을 기대할 가능성이 없다고 볼 수는 없다. 따라서 피고인에게 사실대로 진술할 기대가능성이 있으므로 위증죄가 성립한다(대법원 2008.10.23. 선고 2005도10101 판결).

▪ 판례 ▪ **증언거부권자가 증언거부권을 행사하지 않고 선서 후 위증한 경우, 본죄의 성립여부(적극)**

[1] 사실관계

甲은 乙에 대한 사기, 공정증서원본불실기재, 동행사죄를 범하였다는 이유로 수원지방법원에 구속기소되어 위 사건이 계류중이었는데, 서울지방법원 북부지원에서 乙에 대한 배임사건의 증인으로 소환을 받아 선서한 다음 증언함에 있어 기억에 반하는 허위진술을 하였다.

[2] 판결요지

증인으로 선서한 이상 진실대로 진술한다고 하면 자신의 범죄를 시인하는 진술을 하는 것이 되고 증언을 거부하는 것은 자기의 범죄를 암시하는 것이 되어 증인에게 사실대로의 진술을 기대할 수 없다고 하더라도 형사소송법상 이러한 처지의 증인에게는 증언을 거부할 수 있는 권리를 인정하여 위증죄로부터의 탈출구를 마련하고 있는 만큼 적법행위의 기대 가능성이 없다고 할 수 없으므로 선서한 증인이 증언거부권을 포기하고 허위의 진술을 하였다면 위증죄의 처벌을 면할 수 없다(대법원 1987.7.7. 선고, 86도1724 전원합의체 판결).

2. 행 위

허위의 진술을 하는 것

(1) 허 위

증인의 주관을 기준으로 진술내용이 증인의 기억에 반하는 것(주관설)

■ 판례 ■ **위증죄에 있어서 증언이 기억에 반하는 허위진술인지 여부의 판단방법**

증인의 증언이 기억에 반하는 허위진술인지 여부는 그 증언의 단편적인 구절에 구애될 것이 아니라 당해 신문절차에 있어서의 증언 전체를 일체로 파악하여 판단하여야 할 것이고, 증언의 의미가 그 자체로 불분명하거나 다의적으로 이해될 수 있는 경우에는 언어의 통상적인 의미와 용법, 문제된 증언이 나오게 된 전후 문맥, 신문의 취지, 증언이 행하여진 경위 등을 종합하여 당해 증언의 의미를 명확히 한 다음 허위성을 판단하여야 한다(대법원 2001.12.27. 선고 2001도5252 판결).

■ 판례 ■ **위증죄에 있어서 허위의 공술의 의미**

[1] 사실관계

> 甲은 민사법정에서 증언을 함에 있어서 甲이 이 사건 임야를 관리하기 전에 乙이 소유자로서 이를 관리한 여부는 甲으로서는 모르는 일이었음에도 불구하고 피고측 변호사의 신문에 대하여 "증인이 관리하기 전에도 乙은 위 임야에 대하여 사실상 소유자로서 관리하여 온 것이 틀림없다"는 취지로 답변을 하였다.

[2] 판결요지

위증죄에 있어서의 허위의 공술이란 증인이 자기의 기억에 반하는 사실을 진술하는 것을 말하는 것으로서 그 내용이 객관적 사실과 부합한다고 하여도 위증죄의 성립에 장애가 되지 않는다(대법원 1989. 1.17. 선고 88도580 판결).

■ 판례 ■ **사소한 부분에 관하여 기억과 불일치하는 경우 허위진술인지 여부의 판단방법**

증인의 증언이 기억에 반하는 허위진술인지 여부는 그 증언의 단편적인 구절에 구애될 것이 아니라 당해 신문절차에 있어서의 증언 전체를 일체로 파악하여 판단하여야 할 것이고, 증언의 전체적 취지가 객관적 사실과 일치되고 그것이 기억에 반하는 공술이 아니라면 사소한 부분에 관하여 기억과 불일치하더라도 그것이 신문취지의 몰이해 또는 착오에 인한 것이라면 위증이 될 수 없다(대법원 1996.3.12. 선고 95도2864 판결).

■ 판례사례 ■ **[허위의 진술로 위증죄가 성립하는 사례]**

> (1) 모르는 사실을 잘 안다고 진술한 경우(대법원 1986.9.9. 선고 86도57 판결)
> (2) 전문한 사실을 목격하였다고 진술한 경우(대법원 1985.10.8. 선고 85도783 판결 ; 대법원 1984. 3.27. 선고 84도48 판결)
> (3) 증언당시 확실한 기억이 나지 아니함에도 불구하고 만연히 농지위원으로서 날인한 사실이 없다고 확실한 기억이 있는 것처럼 진술한 경우(대법원 1968.2.6. 선고 67도1455 판결 ; 대법원 1971. 7.6. 선고 71도815 판결)

(2) 진 술

증인이 체험한 사실을 기억하는 대로 표명하는 것

○ 진술의 대상은 사실에 한정되고, 가치판단이나 의견은 제외된다.

○ 진술의 상대방은 법원·법관이다. 그러나 직접 신문하는 주체가 누구인가는 불문한다.

○ 진술의 방법에는 제한이 없으므로 구두 · 거동 · 표정, 작위 · 부작위를 불문한다.

■ 판례 ■   **증인의 진술이 법률적 평가이거나 단순한 의견인 경우**

증인의 진술이 경험한 사실에 대한 법률적 평가이거나 단순한 의견에 지나지 아니하는 경우에는 위증죄에서 말하는 허위의 공술이라고 할 수 없다(대법원 1996.2.9. 선고 95도1797 판결).

■ 판례 ■   **증언이 당해 사건의 요증사항인 여부 및 재판결과에 영향을 미친 여부와 위증죄의 성부**

위증죄는 선서한 증인이 고의로 자신의 기억에 반하는 증언을 함으로써 성립하고, 그 진술이 당해사건의 요증사항인 여부 및 재판의 결과에 영향을 미친 여부는 위증죄의 성립에 아무 관계가 없다(대법원 1981.8.25. 선고 80도2783 판결).

■ 판례 ■   **증인이 직접 지득하지 아니한 사실을 법률적 표현을 빌어 진술한 경우, 위증죄의 성부(적극)**

위증죄는 증인이 사실에 관하여 기억에 반하는 사실을 진술함으로써 성립하고, 다만 경험한 사실에 대한 법률적 평가이거나 단순한 의견에 지나지 않는다면 허위의 공술이라고 할 수는 없으나 자기가 지득하지 아니한 어떤 사실관계를 단순히 법률적 표현을 써서 진술한 것이라면 이는 객관적 사실을 토대로 한 증인 나름의 법률적 견해를 진술한 것과는 다르므로 위증죄의 성립을 부인할 수 없다(대법원 1986. 6.10. 선고 84도2039 판결).

■ 판례 ■   **주관적 평가나 법률적 효력에 관한 견해를 부연한 부분에 다소의 오류가 있는 경우, 위증죄의 성부(소극)**

경험한 사실에 기초한 주관적 평가나 법률적 효력에 관한 견해를 부연한 부분에 다소의 오류가 있다 하여도 위증죄가 성립되는 것이 아니다(대법원 1988.9.27. 선고 88도236 판결).

(3) 기 수

신문절차가 종료하여 그 진술을 철회할 수 없는 단계에 이르렀을 때 기수가 되나, 증인이 진술 후 선서한 경우에는 선서를 종료한 때 기수가 된다.

■ 판례 ■   **위증죄의 기수시기**

증인의 증언은 그 전부를 일체로 관찰 판단하는 것이므로 선서한 증인이 일단 기억에 반한 허위의 진술을 하였더라도 그 신문이 끝나기 전에 그 진술을 취소 시정한 경우에는 위증이 되지 아니한다고 봄이 상당하며 따라서 위증죄의 기수시기는 신문 진술이 종료한 때로 해석할 것이다(대법원 1974.6.25. 선고 74도1231 판결).   ☞ 진술후에 선서를 명하는 경우는 선서종료한 때 기수가 될 것이다.

■ 판례 ■   **허위의 진술을 신문종료 전에 철회 시정한 경우, 위증죄의 성부(소극)**

증인의 증언은 그 전부를 일체로 관찰 판단하는 것이므로 선서한 증인이 일단 기억에 반하는 허위의 진술을 하였더라도 그 신문이 끝나기 전에 그 진술을 철회 시정한 경우 위증이 되지 아니한다(대법원 1993.12.7. 선고 93도2510 판결).

■ 판례 ■　　　**증언의 전취지에 비추어 앞서의 허위공술을 취소한 것으로 인정되는 경우, 위증죄의 성부(소극)**

증언의 전체취지에 비추어 원고대리인 신문시에 한 증언을 피고대리인과 재판장 신문시에 취소시정한 것으로 보여진다면 앞의 증언부분만을 따로 떼어 위증이라고 보는 것은 위법하다(대법원 1984.3.27. 선고 83도2853 판결).

■ 판례 ■　　　**기억에 반한 허위의 진술을 하였다가 검사의 반대신문에 의하여 이를 번복 시정한 경우, 위증죄의 성부(소극)**

법정에서 선서후 증인으로서 진술함에 있어서 피고인의 교사에 의하여 기억에 반한 허위의 진술을 하였다가 검사의 반대신문에 의하여 이를 번복 시정한 경우에는 위증죄가 성립되지 아니하므로 교사자인 피고인에게 위증교사죄가 되지 아니한다(대법원 1974.6.25. 선고 74도1231 판결).

3. 주관적 구성요건

허위의 진술을 한다는데 대한 인식 · 인용

○ 허위의 사실을 진실이라고 믿고 증언한 때에는 구성요건적 착오로 고의가 조각되지만, 진실을 증언할 의무가 없다고 오신한 때에는 법률의 착오에 해당한다.

■ 판례 ■　　　**신문취지의 오해 내지 착각에 따른 진술과 위증죄의 성부(소극)**

증언당시 판사의 신문취지를 오해 내지 착각하고 진술한 것이라면 위증의 고의가 있었다고 보기 어렵다(대법원 1986.7.8. 선고 86도1050 판결).

■ 판례 ■　　　**실제 계약체결일과 불과 2일 차이 나게 한 증언과 허위의 공술**

타인의 일에 대하여 정확한 날짜를 기억한다는 것은 경험측상 어려우므로 피고인이 실제 계약체결일과 불과 2일이 차이나게 증언한 것을 가지고 기억에 반한 허위의 공술을 하였다고 볼 수 없다(대법원 1983.11.22. 선고 83도2492 판결).

■ 판례 ■　　　**20년전의 내용을 잘못 기억하고 증언한 경우, 허위의 진술은 아니라고 본 사례**

부동산을 매수한지 20여년이 경과한 뒤이어서 그 매도당시의 입회인을 매수당시 입회한 것으로 잘못 기억하고 증언하였다면 이는 기억에 반하는 허위의 진술이라고 보기는 어렵다(대법원 1985.3.26. 선고 84도1098 판결).

4. 죄 수

■ 판례 ■　　　**선서한 증인이 같은 기일에 여러 가지 사실에 관하여 기억에 반하는 허위의 진술을 한 경우, 위증죄의 죄수(=포괄일죄) 및 그 기판력이 미치는 범위**

하나의 사건에 관하여 한 번 선서한 증인이 같은 기일에 여러 가지 사실에 관하여 기억에 반하는 허위의 진술을 한 경우 이는 하나의 범죄의사에 의하여 계속하여 허위의 진술을 한 것으로서 포괄하여 1개의 위증죄를 구성하는 것이고 각 진술마다 수 개의 위증죄를 구성하는 것이 아니므로, 당해 위증 사건의 허위진술 일자와 같은 날짜에 한 다른 허위진술로 인한 위증 사건에 관한 판결이 확정되었다면, 비록 종전 사건 공소사실에서 허위의 진술이라고 한 부분과 당해 사건 공소사실에서 허위의 진술이라고 한 부분이 다르다 하여도 종전 사건의 확정판결의 기판력은 당해 사건에도 미치게 되어 당해 위증죄 부분은 면소되어야 한다(대법원 1998.4.14. 선고 97도3340 판결).

■ 판례 ■ 같은 심급에서 변론기일을 달리하여 수차 증인으로 나가 최초 한 선서의 효력을 유지시킨 상태에서 수 개의 허위진술을 하는 경우 위증죄의 죄수

행정소송사건의 같은 심급에서 변론기일을 달리하여 수차 증인으로 나가 수 개의 허위진술을 하더라도 최초 한 선서의 효력을 유지시킨 후 증언한 이상 1개의 위증죄를 구성함에 그친다(대법원 2007.3.15. 선고 2006도9463 판결).

5. 자백 · 자수의 특례

> 제153조(자백, 자수) 전조의 죄를 범한 자가 그 공술한 사건의 재판 또는 징계처분이 확정되기 전에 자백 또는 자수한 때에는 그 형을 감경 또는 면제한다.

(1) 의 의

1) 자 백

허위의 진술을 한 사실을 법원이나 수사기관에 대해 알리는 것을 말하는 것

2) 자 수

범인이 자발적으로 자기의 범죄사실을 수사기관에 신고하여 그 소추를 구하는 의사표시

❋ 자백은 스스로 고백한 경우뿐만 아니라 신문에 응하여 고백한 경우에도 자백이 된다는 점에서 자수와 구별된다.

■ 판례 ■ 위증죄에 있어서의 자백의 절차

형법 제153조 소정의 자백은 그 절차에 관하여 아무런 법령상의 제한이 없으므로 그가 공술한 사건을 다루는 기관에 대한 자발적인 고백은 물론 위증사건의 피고인 또는 피의자로서 법원이나 수사기관에서의 심문에 의한 고백 또한 위 자백의 개념에 포함된다(대법원 1973.11.27. 선고 73도1639 판결).

(2) 자수 · 자백의 방법

○ 본조는 정범뿐만 아니라 공범에게도 인정된다.
○ 위증죄가 기수가 된 후 당해사건의 재판 · 징계처분이 확정되기 전에만 가능하다.
  따라서 재판 · 징계처분이 확정전이면 재판 · 징계처분기관에 의하여 이미 공술이 허위라는 사실이 간파된 후라도 자수 · 자백이 가능하다.
○ 자백은 법원이나 수사기관에 대해, 자수는 수사기관에 대해 하여야 한다.

(3) 효 과

형을 필요적으로 감면. 다만 형의 감면은 자백 · 자수한 자에게만 적용된다.

[기재례1] 교통사고 관련 위증교사와 위증

1) 범죄사실 기재례

가. 피의자 甲

피의자는 ○○지방법원 형사 제○○단독 판사 丙이 심리중인 피고인 A에 대한 교통사고처리특례법위반 피고사건에 관하여 사고차량인 ○○18마 1111호 승용차량의 차주이며 피의자의 여동생인 丁과 동거하고 있는 위 A를 위하여 사고 당시 위 차량에 동승하고 있던 피의자 乙을 위 사건의 증인으로 출석게 하여 허위의 증언을 시킬 것을 결의하였다.

피의자는 20○○. ○. ○. 10:00경 ○○에 있는 ○○다방에서 사실은 위 사고 이후 위 A 및 같은 동승자인 위 乙으로부터 사고 경위를 들어 위 A의 운전 잘못으로 피해자 C를 충격하여 사고를 낸 사실을 잘 알고 있다.

그럼에도 위 乙에게 "20○○. ○. ○. 11:00경 A가 운전하는 ○○18마 1111호에 동승하여 ○○방면에서 ○○방면으로 진행하다가 ○○앞 노상에 이르렀을 때 A가 마침 우측 버스정류장에 정차한 버스 앞에서 길을 건너려고 갑자기 뛰어나오는 피해자 C를 발견하고 핸들을 좌측으로 꺾어 중앙선을 침범하면서 동인을 피한 후 버스 앞쪽에 정차하였는데, A와 함께 트럭에서 내렸을 때 바로 위 트럭 뒤에서 승용차를 운전하고 따라오던 사람이 그 승용차를 위 차량 앞쪽에 정차하고 차에서 내려오면서 오늘 재수없다고 말하여 그 승용차가 사람을 친 것으로 알았다. 그런데 교통순경은 위 A를 경찰서로 연행하려 하므로 그 경찰관에게 사고차량은 뒤따라오던 승용차라고 말하였으나 A편이라면서 들어주지 아니하고 있는 사이에 그 승용차는 도망가 버렸다"는 내용의 허위의 사실을 증언하여 줄 것을 부탁하였다.

위와 같이 교사하여 乙로 하여금 허위증언할 것을 결의하게 하고, 20○○. ○. ○. 10:00경 ○○지방법원 제○○호 법정에서 위와 같은 내용으로 허위의 증언을 하게 하였다.

나. 피의자 乙

피의자는 20○○. ○. ○. 14:00경 ○○지방법원 제○○호 법정에서 위 丙 판사가 심리중인 위 A에 대한 교통사고처리특례법위반 피고사건의 증인으로 출석하여 선서하였다.

피의자는 20○○. ○. ○. 11:00경 위 A가 운전하는 ○○18마 1111호에 동승하여 동승자로서 위 교통사고를 목격하여 잘 알고 있다. 그럼에도 위 甲의 교사에 따라 "위 사고당시 피해자 C가 버스 앞에서 뛰어나오는 순간 핸들을 좌측으로 꺾고 중앙선을 침범하여 이를 피하고 버스 앞쪽에 정차하여 A와 함께 내렸는데 바로 뒤따라오던 승용차 운전사가 위 차량 앞쪽에 정차하고 차에서 내려오면서 오늘 재수없다고 말하여 그 승용차가 사람을 친 것을 알았다. 그런데 교통순경은 위 A를 경찰서에 연행하려 하므로 그 경찰관에게 사고차량은 뒤따라오던 승용차라고 말하였으나 A편이라고 하면서 들어주지 아니하고 있는 사이에 그 승용차 운전사는 도망가 버렸다"고 그 기억에 반하는 허위의 공술을 하여 위증하였다.

2) 적용법조 : 피의자 甲은 제31조 제1항(교사), 제152조 제1항 … 공소시효 7년
피의자 乙은 제152조 제1항 … 공소시효 7년

[기재례2] 돈 거래 사실을 목격하고도 그 사실을 부인한 경우

1) 범죄사실 기재례

피의자는 20○○. ○. ○. ○○:○○경 ○○에 있는 ○○지방법원 제301호 법정에서 위 법원 20○○고합324호 甲에 대한 사기 피고사건의 증인으로 출석하여 선서하였다.

피의자는 위 사건을 심리 중인 홍길동 검사의 신문에 대해 "당시 甲과 乙이 같이 있었던 것은 사실이나 돈거래를 한 사실이 없었다"라고 증언하였다. 그러나 사실은 20○○. ○. ○. 경 甲이 피의자의 집에서 乙에게 500만원을 빌리는 것을 직접 목격하였다.

이로써 피의자는 자신의 기억에 반하는 허위의 진술을 하여 위증하였다.

2) 적용법조 : 제152조 제1항 … 공소시효 7년

[기재례3] 뺑소니교통사고 관련 위증

1) 범죄사실 기재례

피의자는 20○○. ○. ○. 14:30경 ○○지방법원 제○○호 법정에서 위 법원 20○○고정○○○○호 甲에 대한 특정범죄가중처벌등에관한법률위반(도주차량) 등 사건의 증인으로 출석하여 선서한 다음 증언하였다.

피의자는 사실은 甲이 피의자의 차량을 충격한 후 차량 문이 열린 채 후진하여 황급히 도주하였을 뿐만 아니라, 도주 시 자신의 주소를 피의자에게 말해준 사실이 없었다.

그럼에도 불구하고 위 사건을 심리 중인 위 법원 재판장에게 "피의자 甲은 바쁘다고 말하면서 차 문이 아니라 유리 창문이 열린 채로 후진하여 사고장소를 떠났을 뿐이고, 떠나면서도 ○○빌라 ○○호라고 피의자의 주거지를 말하였습니다"라고 기억에 반하는 허위의 진술을 하여 위증하였다.

2) 적용법조 : 제152조 제1항 … 공소시효 7년

[기재례4] 납품거부 사유를 허위로 진술한 경우

1) 범죄사실 기재례

피의자는 20○○. ○. ○. ○○:○○경 ○○지방법원 제204호 법정에서 고소인(원고) 홍○○가 위 회사 대표이사 강○○(피고)을 상대로 부품 납품대금 등 8,000여만원 청구소송 사건과 관련 사건20○○가 합9009호 증인으로 출석하여 선서하였다.

피의자는 위 사건을 심리 중인 위 법원 제○단독 판사 홍길동에게 "날짜는 정확한 기억을 못 하지만 납품받은 것을 거부한 이유는 샘플과 맞지 않는 부분이 있었기 때문이다"라고 증언하였다. 그러나 사실은 고소인으로부터 납품을 거부한 이유는 피의자측 회사에서 무인방제기를 생산 판매함에 따라 고소인이 납품하기로 한 유인방제기는 시기적으로 적절하지 않아 판매부진이 주원인 이였으며 또한 고소인으로부터 부품납품을 받을 때 사전 샘플을 납품 받아 아무 이상이 없었기 때문에 다음 부품을 계속 받았던 것이다.

이로써 피의자는 자신의 기억에 반하는 허위의 진술을 하여 위증하였다.

2) 적용법조 : 제152조 제1항 … 공소시효 7년

[기재례5] 마약구입자금을 송금하고도 허위로 진술한 경우

1) 범죄사실 기재례

피의자는 20○○. ○. ○. 15:30경 ○○에 있는 ○○지방법원 308호 법정에서 위 법원 20○○고단2972호 등 홍길동에 대한 마약류관리에관한법률위반(향정, 위증교사 사건의 증인으로 출석하여 선서하였다.

피의자는 위 사건을 심리 중인 위 법원 제11단독 김현정 판사에게 '두 번 돈을 보낸 것은 맞는데 甲과 乙이 제 일을 도와준 부분도 있고 해서 인간적인 마음에서 돈을 보낸 것이며, 필로폰 대금으로 돈을 준 것이 아니라 일한 대가로 준 것입니다' 라고 증언하였다.

사실은 20○○. ○. ○.경 및 20○○. 10. 28.경 등 2차례에 걸쳐 위 홍길동에게 메스암페타민 구매대금 명목으로 각 60만원을 송금한 후 필로폰을 매수하였음을 알고 있었다.

이로써 피의자는 자신의 기억에 반하는 허위의 진술을 하여 위증하였다.

2) 적용법조 : 제152조 제1항 ⋯ 공소시효 7년

Ⅲ. 고소인 조사사항

- 피의자와 어떤 관계인가
- 언제 어디에서 위증하였다는 것인가
- 어떤 내용으로 위증하였나
- 위증내용 중 어떤 부분이 잘못 되었는가
- 피의자가 위증하였다는 증거가 있는가
- 피의자가 무엇 때문에 이렇게 위증하였다고 생각하는가

Ⅳ. 피의자 신문사항

- 피의자는 홍길동과 김철수를 알고 있나
- 甲이 乙을 상대로 한 손해배상청구 소송에서 증언한 사실이 있나
- 증인으로 선서하였나
- 언제 어디에서 선서하였나
- 누구의 질문에 대하여 답변
- 증언의 내용은 무엇인가요
- ○○○가 홍길동으로부터 구타당하는 것을 봤나
- 그 당시 그 장소에 있었나
- 직접 보지도 못하고 본 것처럼 증언한 이유는 무엇인가
- ○○○가 허위증언을 부탁한 것은 언제 어디서인가
- 허위 증언의 대가로 ○○○으로부터 무엇을 받기로 하였나
- 재판의 결과는 어떻게 되었나
- 허위증언을 한 후 이제 와서 진술을 번복한 이유는 무엇인가

제2절 모해위증

제152조(위증, 모해위증) ① 법률에 의하여 선서한 증인이 허위의 진술을 한 때에는 5년 이하의 징역 또는 1천만원 이하의 벌금에 처한다.
② 형사사건 또는 징계사건에 관하여 피고인, 피의자 또는 징계혐의자를 모해할 목적으로 전항의 죄를 범한 때에는 10년 이하의 징역에 처한다.
제153조(자백, 자수) 전조의 죄를 범한 자가 그 공술한 사건의 재판 또는 징계처분이 확정되기 전에 자백 또는 자수한 때에는 그 형을 감경 또는 면제한다.

Ⅰ. 구성요건

모해할 목적으로 인하여 위증죄에 비해 불법이 가중된 가중적 구성요건

1. 모해의 목적

피고인·피의자 또는 징계혐의자에게 불이익을 줄 일체의 목적을 말하는 것으로, 목적의 달성여부는 본죄의 성립과 무관

▪ 판례 ▪ **모해위증죄에 있어서 '모해의 목적'의 의미**

형법 제152조 제2항의 모해위증죄에 있어서 모해할 목적이란 피고인·피의자 또는 징계혐의자를 불리하게 할 목적을 의미하는 것으로서, 모해위증죄에 있어서 허위 진술의 대상이 되는 사실에는 공소범죄사실을 직접, 간접적으로 뒷받침하는 사실은 물론 이와 밀접한 관련이 있는 것으로서 만일 그것이 사실로 받아들여진다면 피고인이 불리한 상황에 처하게 되는 사실도 포함된다 할 것이다. 그리고 이러한 모해할 목적은 허위의 진술을 함으로써 피고인에게 불리하게 될 것이라는 인식이 있으면 충분하고 그 결과의 발생을 희망할 필요까지는 없다 할 것이다(대법원 2007.12.27. 선고 2006도3575 판결).

2. 공범관계

▪ 판례 ▪ **모해할 목적을 가진 자가 모해할 목적이 없는 자를 교사하여 위증하도록 한 경우, 모해위증교사죄의 성립여부(적극)**

[1] 사실관계

> 甲은 丙을 모해할 목적으로 丙의 재판에서 증인으로 나설 乙에게 위증하도록 교사하여 乙이 기억에 반하는 증언을 하도록 하였다.

[2] 판결요지

가. 위증죄와 모해위증죄가 형법 제33조 단서 소정의 '신분관계로 인하여 형의 경중이 있는 경우'에 해

당하는지 여부

형법 제152조 제1항과 제2항은 위증을 한 범인이 형사사건의 피고인 등을 '모해할 목적'을 가지고 있었는가 아니면 그러한 목적이 없었는가 하는 범인의 특수한 상태의 차이에 따라 범인에게 과할 형의 경중을 구별하고 있으므로, 이는 바로 형법 제33조 단서 소정의 "신분관계로 인하여 형의 경중이 있는 경우"에 해당한다고 봄이 상당하다.

나. 甲의 죄책

피고인이 丙을 모해할 목적으로 乙에게 위증을 교사한 이상, 가사 정범인 乙에게 모해의 목적이 없었다고 하더라도, 형법 제33조 단서의 규정에 의하여 피고인을 모해위증교사죄로 처단할 수 있다(대법원 1994.12.23. 선고 93도1002 판결). ☞ (甲은 모해위증교사죄, 乙은 단순위증죄)

3. 특별법

타인에게 형사처분을 받게 할 목적으로 국가보안법에 규정된 죄에 대하여 위증한 때에는 국가보안법 제12조에 의하여 처벌된다.

> ※ **국가보안법 제12조(무고, 날조)** ① 타인으로 하여금 형사처분을 받게 할 목적으로 이 법의 죄에 대하여 무고 또는 위증을 하거나 증거를 날조·인멸·은닉한 자는 그 각조에 정한 형에 처한다.
> ② 범죄수사 또는 정보의 직무에 종사하는 공무원이나 이를 보조하는 자 또는 이를 지휘하는 자가 직권을 남용하여 제1항의 행위를 한 때에도 제1항의 형과 같다. 다만, 그 법정형의 최저가 2년 미만일 때에는 이를 2년으로 한다.

● II. 범죄사실기재 및 신문사항

1) 범죄사실 기재례 – [모해목적 허위사실 위증]

> 피의자는 20○○. ○. ○. ○○:○○경 ○○지방법원 제301호 법정에서 위 법원 20○○고합 324 丙의 사기사건의 형사재판에서 증인으로 출석하여 선서하였다.
> 피의자는 검사의 신문에 대해 "당시 丙은 乙과 돈 문제로 서로 다툰 일은 있어도 돈을 갚는 것은 없었다"라고 증언하였다. 그러나 실은 20○○. ○. ○.경 丙이 피의자의 집에서 乙에게 500만원을 갚는 것을 직접 목격하였다.
> 이로써 피의자는 위 丙을 모해할 목적으로 자신의 기억에 반하는 허위의 진술을 하여 위증하였다.

2) 적용법조 : 제152조 제2항 … 공소시효 10년

3) 신문사항

– 피의자는 홍길동과 김철수를 알고 있나

– 丙에 대한 사기사건에서 증언한 사실이 있나

– 증인으로 선서하였나

- 언제 어디에서 선서하였나
- 누구의 질문에 대하여 답변하였는가
- 증언의 내용은 무엇인가요
- ○○○가 홍길동으로부터 돈 갚는 것을 봤나
- 그 당시 그 장소에 있었나
- 갚는 것을 보고도 갚지 않았다고 증언한 이유는 무엇인가
- ○○○가 허위증언을 부탁하던가
- 허위 증언의 대가로 ○○○으로부터 무엇을 받기로 하였나
- 재판의 결과는 어떻게 되었나
- 허위증언을 한 후 이제 와서 진술을 번복한 이유는 무엇인가
- 그러면 丙을 모해하기 위해 허위증언을 하였다는 것인가

제3절 허위의 감정, 통역, 번역

제154조(허위의 감정, 통역, 번역) 법률에 의하여 선서한 감정인, 통역인 또는 번역인이 허위의 감정, 통역 또는 번역을 한 때에는 전2조의 예에 의한다.

 I. 구성요건

1. 주 체

법률에 의하여 선서한 감정인, 통역인 또는 번역인

✱ 수사기관으로부터 감정위촉을 받은 감정 수탁자·감정증인, 감정서의 설명인은 본죄의 주체가 아니다.

2. 행 위

허위의 감정, 통역 또는 번역을 하는 것

○ 허위란 자기의 판단에 반하는 것 또는 자기가 외국어로 옮기고자 하는 어의에 반하는 것을 의미한다(주관설).

○ 감정서 등을 제출한 때에는 그것을 제출한 때에 기수가 된다.

▪ 판례 ▪ **감정인이 감정사항의 일부를 타인에게 의뢰하여 그 감정 결과를 감정인 명의로 법원에 제출한 경우, 허위감정죄의 성립여부(적극)**

[1] 사실관계

甲은 건축설계사로 감정인 선서를 한 다음 경주시 용강동 소재 건물에 대해 감정명령을 받고 그 감정을 함에 있어 감정사항의 일부를 설비전문업체인 A 설비사무소에 용역을 의뢰하여 그 직원인 乙의 감정내용이 허위임을 알면서도 4차례에 걸쳐 허위의 감정보고서를 제출하였다.

[2] 판결요지

가. 허위감정죄에 있어서 감정내용의 허위성에 대한 인식을 요하는지 여부(적극)

허위감정죄는 고의범이므로, 비록 감정내용이 객관적 사실에 반한다고 하더라도 감정인의 주관적 판단에 반하지 않는 이상 허위의 인식이 없어 허위감정죄로 처벌할 수 없다.

나. 감정인이 감정사항의 일부를 타인에게 의뢰하여 그 감정 결과를 감정인 명의로 법원에 제출한 경우, 허위감정죄의 성립여부(적극)

감정인이 감정사항의 일부를 타인에게 의뢰하여 그 감정 결과를 감정인 명의로 법원에 제출한 경우, 그 타인은 감정인의 업무보조자에 불과하고 감정의견은 감정인 자신의 의견과 판단을 나타내는 것이므로 감정인으로서는 그 감정 결과의 적정성을 당연히 확인하였다고 볼 것인데 제반 사정에 비추

어 보면 감정인에게 허위성의 인식이 있었다는 이유로 허위감정죄의 성립을 인정

다. 허위감정죄의 죄수와 기수시기

하나의 소송사건에서 동일한 선서 하에 이루어진 법원의 감정명령에 따라 감정인이 동일한 감정명령사항에 대하여 수차례에 걸쳐 허위의 감정보고서를 제출하는 경우에는 각 감정보고서 제출행위시마다 각기 허위감정죄가 성립한다 할 것이나, 이는 단일한 범의 하에 계속하여 허위의 감정을 한 것으로서 포괄하여 1개의 허위감정죄를 구성한다(대법원 2000.11.28. 선고 2000도1089 판결).

● II. 범죄사실기재 및 신문사항

[기재례1] 지문이 일치함에도 일치하지 않는다고 허위감정한 경우

1) 범죄사실 기재례

> 피의자는 20○○. ○. ○. ○○지방법원 제222호 법정에서 심리한 홍길동에 대한 절도 피고사건에 있어서, 위 법원 제1단독 판사 김현정 앞에서 감정인으로서 선서하였다.
> 피의자는 위 홍길동을 풀려나게 할 목적으로 범행현장의 유리창에서 채취한 지문과 위 피고인 홍길동의 지문이 일치함에도 불구하고 다르다고 감정하여 허위감정을 하였다.

2) 적용법조 : 제154조 … 공소시효 7년

3) 신문사항

- 피의자는 홍길동을 알고 있나
- 위 홍길동의 절도 사건과 관련 법원에서 감정한 일이 있는가
- 감정인으로 선서하였나
- 언제 어디에서 선서하였나
- 감정의 내용은 무엇인가요
- 사실대로 감정하였는가
- 같은 지문을 왜 다르다고 한 이유는 무엇인가
- 허위 감정의 대가로 ○○○으로부터 무엇을 받기로 하였나
- 재판의 결과는 어떻게 되었나

[기재례2] 오배수관을 설치가 불필요함에도 설치하여야 한다고 허위감정

1) 범죄사실 기재례

피의자는 건축설계사로 20○○. ○. ○. ○○에 있는 ○○지방법원에서 ○○지법 20○○가합6922 부당이득금 사건 관련 감정인으로 선서를 하였다.

피의자는 위 법원 판사 김현정으로부터 ○○에 있는 장미타워맨션 103동에 대한 "건축설계서와 현재의 시공상태를 점검하고 건축설계서와 미시공부분을 확인하며, 건축설계서와 달리 시공된 부분의 유무를 확인하고, 위와 같은 부분이 있다면 그 부분을 재시공할 경우의 공사비용 또는 차액을 산출 감정하여 그 결과를 서면으로 보고하라"라는 감정명령을 받았다.

피의자는 위 감정을 함에 있어 위 사건의 원고 윤○○ 외 89명에게 이익이 되게 할 의도로, 20○○. ○. ○. 위 법원에 제2차 감정보고서를 제출하면서 "제1차 감정보고서에 기재된 유비알(UBR)천정 철거공사비를 살리기 위하여 통기관에 오배수관이 연결되어 있지 않으므로 유비알천정을 철거한 후 오배수관을 통기관에 연결하여야 한다"고 설시하였다.

사실은 통기관은 설계도면상 주방 쪽에서 세대별 지하층부터 2, 3층 중간지점까지 사이에 설치하게 되어있고, 욕실 쪽에서는 설치하게 되어있지 않았다.

이로써 피의자는 자신의 판단에 반하여 허위의 감정을 하였다.

2) 적용법조 : 제154조 … 공소시효 7년

제4절 증거인멸 등

제155조(증거인멸 등과 친족간의 특례) ① 타인의 형사사건 또는 징계사건에 관한 증거를 인멸, 은닉, 위조 또는 변조하거나 위조 또는 변조한 증거를 사용한 자는 5년 이하의 징역 또는 700만원 이하의 벌금에 처한다.
② 타인의 형사사건 또는 징계사건에 관한 증인을 은닉 또는 도피하게 한 자도 제1항의 형과 같다.
③ 피고인, 피의자 또는 징계혐의자를 모해할 목적으로 전2항의 죄를 범한 자는 10년 이하의 징역에 처한다.
④ 친족, 호주 또는 동거의 가족이 본인을 위하여 본조의 죄를 범한 때에는 처벌하지 아니한다.

I. 구성요건

1. 증거인멸(제155조 제1항)

(1) 주 체
주체에는 제한이 없음

(2) 객 체
타인의 형사사건 또는 징계사건에 관한 증거

1) 증거는 타인 사건의 증거일 것
자기의 사건에 대해서는 본죄가 성립하지 않는다.

■ 판례 ■ **경찰관이 압수물을 범죄 혐의의 입증에 사용하도록 하는 등의 적절한 조치를 취하지 아니하고 피압수자에게 돌려주어 증거인멸죄를 범한 경우, 별도로 부작위범인 직무유기죄가 성립하는지 여부(소극)**

경찰서 방범과장이 부하직원으로부터 음반·비디오물 및 게임물에 관한 법률 위반 혐의로 오락실을 단속하여 증거물로 오락기의 변조 기판을 압수하여 사무실에 보관중임을 보고받아 알고 있었음에도 그 직무상의 의무에 따라 위 압수물을 수사계에 인계하고 검찰에 송치하여 범죄 혐의의 입증에 사용하도록 하는 등의 적절한 조치를 취하지 않고, 오히려 부하직원에게 위와 같이 압수한 변조 기판을 돌려주라고 지시하여 오락실 업주에게 이를 돌려준 경우, 작위범인 증거인멸죄만이 성립하고 부작위범인 직무유기(거부)죄는 따로 성립하지 아니한다(대법원 2006.10.19. 선고 2005도3909 판결).

■ 판례 ■ **자기의 형사사건에 관한 증거를 인멸하기 위하여 타인을 교사하여 죄를 범하게 한 경우, 증거인멸교사죄의 성립 여부(적극)**

자기의 형사사건에 관한 증거를 인멸하기 위하여 타인을 교사하여 죄를 범하게 한 자에 대하여는 증거인멸교사죄가 성립한다(대법원 2000.3.24. 선고 99도5275 판결).

피고인 자신을 위한 증거인멸행위가 동시에 피고인의 공범자 아닌 자의 증거를 인멸한 결과가 되는 경우

[1] 사실관계

> 甲, 乙, 丙 등은 검찰로부터 선박의 침몰사건과 관련하여 선박의 안전운항과 관련된 항만청의 직무수행 내용 등에 관한 서류의 제출을 요구받자, 이미 항만청 해무과 소속 공무원들이 위 선박의 정원초과 운항사실 등을 적발하여 선장등으로부터 정원초과운항확인서 4장을 작성받아 보관중이면서도 이에 따른 아무런 조치를 취하지 아니한 채 방치한 사실과 관련하여 자신들을 비롯한 항만청 관계자들이 형사처벌 및 징계를 받을 것을 두려워하고 있던 중, 순차로 A에게 위 정원초과운항확인서 4장을 소각할 것을 지시하여 A로 하여금 이를 소각케 함과 동시에 위 선박의 정원초과운항과 관련하여 구속기소된 제1심 공동피고인 丁에 대한 선박안전법위반사건의 증거를 인멸하였다.

[2] 판결요지

증거인멸죄는 타인의 형사사건 또는 징계사건에 관한 증거를 인멸하는 경우에 성립하는 것으로서, 피고인 자신이 직접 형사처분이나 징계처분을 받게 될 것을 두려워한 나머지 자기의 이익을 위하여 그 증거가 될 자료를 인멸하였다면, 그 행위가 동시에 다른 공범자의 형사사건이나 징계사건에 관한 증거를 인멸한 결과가 된다고 하더라도 이를 증거인멸죄로 다스릴 수 없고, 이러한 법리는 그 행위가 피고인의 공범자가 아닌 자의 형사사건이나 징계사건에 관한 증거를 인멸한 결과가 된다고 하더라도 마찬가지이다(대법원 1995.9.29. 선고 94도2608 판결).

2) 인멸되는 증거는 형사사건 또는 징계사건에 대한 것일 것

○ 민사사건, 행정사건, 선거사건 및 비송사건에 대한 증거는 본죄의 객체가 아니다.
○ 형사사건은 소송이 제기된 사건뿐만 아니라 피의사건도 포함되며, 형사사건이면 수사개시·징계절차개시 이전의 사건도 포함된다.

■ 판례 ■ **증거은닉죄의 구성요건인 "타인의 형사사건 또는 징계사건"에 장차 형사 또는 징계사건이 될 수 있는 것까지를 포함하는지 여부(적극)**

[1] 사실관계

> 군부대내에서 실화사건이 발생하자 불을 낸 상관 甲은 부하 乙에게 명령하여 실화사건에 대한 수사나 징계절차가 개시되기 전에 사건의 증거가 될 석유난로를 숲 속에 버리도록 하였다.

[2] 판결요지

증거은닉죄에 있어서 "타인의 형사사건 또는 징계사건"이란 은닉행위시에 아직 수사 또는 징계절차가 개시되기 전이라도 장차 형사 또는 징계사건이 될 수 있는 것까지를 포함한다(대법원 1982.4.27. 선고 82도274 판결). ☞ (甲은 증거은닉 교사죄, 乙은 증거은닉죄)

■ 판례 ■ **형법 제155조 제1항의 증거위조죄에서 '증거'의 의미**

타인의 형사사건 또는 징계사건에 관한 증거를 위조한 경우에 성립하는 형법 제155조 제1항의 증거위조죄에서 '증거'라 함은 타인의 형사사건 또는 징계사건에 관하여 수사기관이나 법원 또는 징계기관이 국가의 형벌권 또는 징계권의 유무를 확인하는 데 관계있다고 인정되는 일체의 자료를 의미하고, 타인에게 유리한 것이건 불리한 것이건 가리지 아니하며 또 증거가치의 유무 및 정도를 불문하는 것이고, 여기서의 '위조'란 문서에 관한 죄에 있어서의 위조 개념과는 달리 새로운 증거의 창조를 의미하는 것이므로 존재하지 아니한 증거를 이전부터 존재하고 있는 것처럼 작출하는 행위도 증거위조에 해당하며, 증거가 문서의 형식을 갖는 경우 증거위조죄에 있어서의 증거에 해당하는지 여부가 그 작성권한의 유무나 내용의 진실성에 좌우되는 것은 아니다(대법원 2007.6.28. 선고 2002도3600 판결)

3) 증거는 증인이외의 모든 인적 · 물적 증거를 의미(증인은 증인은닉 · 도피죄의 객체)

○ 이미 증거조사가 끝난 경우에는 증거자료도 본죄의 객체가 될 수 있다.
○ 피고인 · 피의자에게 유리한 것인가 또는 불리한 것인가는 불문하고 본죄의 객체가 되며, 증거가치의 유무도 불문한다.

(3) 행 위

증거를 인멸 · 은닉 · 위조 · 변조하거나, 위조 · 변조한 증거를 사용하는 것

1) 인 멸

증거를 물리적으로 멸실시키거나 그 가치를 멸실 · 감소시키는 일체의 행위

2) 은 닉

증거의 발견을 곤란하게 하는 것

3) 위 조

새로운 증거를 창조하는 것으로 증거 자체를 위조함을 말함

■ 판례 ■ **참고인이 수사기관에서 허위진술을 한 경우**

[1] 사실관계

甲은 강간피의사건 피해자 A의 부탁을 받고 참고인으로 경찰에 출석하여 "피의자가 A를 강간하는 장면을 목격하였다"고 허위진술을 하였다.

[2] 판결요지

형법 제155조 제1항에서 타인의 형사사건에 관한 증거를 위조한다 함은 증거 자체를 위조함을 말하는 것이고, 참고인이 수사기관에서 허위의 진술을 하는 것은 이에 포함되지 아니한다(대법원 1995.4.7. 선고 94도3412 판결).

■ 판례 ■ **위증죄로 처벌되지 아니하는 선서무능력자로서 사고 현장을 목격한 일이 없는 사람에게 부탁하여 타인의 형사사건을 재판하는 법정에서 현장을 목격한 것처럼 허위의 진술을 하게 한 경우, 증거위조죄에 해당하는지 여부(소극)**

형법 제155조 제1항에서 타인의 형사사건에 관하여 증거를 위조한다 함은 증거 자체를 위조함을 말

하는 것으로서, 선서무능력자로서 범죄 현장을 목격하지도 못한 사람으로 하여금 형사법정에서 범죄 현장을 목격한 양 허위의 증언을 하도록 하는 것은 위 조항이 규정하는 증거위조죄를 구성하지 아니한다(대법원 1998.2.10. 선고 97도2961 판결).

■ 판례 ■ **타인의 형사사건과 관련하여 수사기관이나 법원에 제출하거나 현출되게 할 의도로 법률행위 당시에는 존재하지 아니하였던 처분문서를 사후에 그 작성일을 소급하여 작성하는 경우, 증거위조죄를 구성하는지 여부(적극) 및 내용의 진실성 여부가 증거위조죄의 성립에 영향을 미치는지 여부(소극)**

가사 그 작성자에게 해당 문서의 작성권한이 있고, 또 그와 같은 법률행위가 당시에 존재하였다거나 그 법률행위의 내용이 위 문서에 기재된 것과 큰 차이가 없다 하여도 증거위조죄의 구성요건을 충족시키는 것이라고 보아야 하고, 비록 그 내용이 진실하다 하여도 국가의 형사사법기능에 대한 위험이 있다는 점은 부인할 수 없다(대법원 2007.6.28. 선고 2002도3600 판결)

■ 판례 ■ **증거와 위조의 의미**

[1] 증거위조죄에서 말하는 '증거'의 의미 / 형 또는 징계의 경중에 관계있는 정상을 인정하는 데 도움이 될 자료가 증거위조죄의 증거에 포함되는지 여부(적극)

형법 제155조 제1항의 증거위조죄에서 말하는 '증거'란 타인의 형사사건 또는 징계사건에 관하여 수사기관이나 법원 또는 징계기관이 국가의 형벌권 또는 징계권의 유무를 확인하는 데 관계있다고 인정되는 일체의 자료를 뜻한다. 따라서 범죄 또는 징계사유의 성립 여부에 관한 것뿐만 아니라 형 또는 징계의 경중에 관계있는 정상을 인정하는 데 도움이 될 자료까지도 본조가 규정한 증거에 포함된다.

[2] 증거위조죄에서 말하는 '위조'의 의미 / 사실의 증명을 위해 작성된 문서가 그 사실에 관한 내용이나 작성명의 등에 아무런 허위가 없는 경우, '증거위조'에 해당하는지 여부(소극) 및 사실증명에 관한 문서가 형사사건 또는 징계사건에서 허위의 주장에 관한 증거로 제출되어 그 주장을 뒷받침하게 되더라도 마찬가지인지 여부(적극)

형법 제155조 제1항은 타인의 형사사건 또는 징계사건에 관한 증거를 인멸, 은닉, 위조 또는 변조하거나 위조 또는 변조한 증거를 사용한 자를 처벌하고 있고, 여기서의 '위조'란 문서에 관한 죄의 위조 개념과는 달리 새로운 증거의 창조를 의미한다. 그러나 사실의 증명을 위해 작성된 문서가 그 사실에 관한 내용이나 작성명의 등에 아무런 허위가 없다면 '증거위조'에 해당한다고 볼 수 없다. 설령 사실증명에 관한 문서가 형사사건 또는 징계사건에서 허위의 주장에 관한 증거로 제출되어 그 주장을 뒷받침하게 되더라도 마찬가지이다.(대법원 2021. 1. 28., 선고, 2020도2642, 판결)

4) 변 조
기존의 증거에 변경을 가하여 허위의 증거를 변작하는 것

5) 위조 · 변조한 증거를 사용
위조 · 변조된 증거를 진정한 증거로 법원 · 수사기관 · 징계기관에 제공하는 것

(4) 주관적 구성요건
증거인멸의 결과가 발생할 가능성을 용인하는 내심의 의사가 있을 것

대구지하철화재 사고 현장을 수습하기 위한 청소 작업을 지시한 대구지하철공사 사장에게 증거인멸의 고의를 인정할 수 있는지 여부(소극)

대구지하철화재 사고 현장을 수습하기 위한 청소 작업이 한참 진행되고 있는 시간 중에 실종자 유족들로부터 이의제기가 있었음에도 대구지하철공사 사장이 즉각 청소 작업을 중단하도록 지시하지 아니하였고 수사기관과 협의하거나 확인하지 아니하였다고 하여 위 사장에게 그러한 청소 작업으로 인하여 증거인멸의 결과가 발생할 가능성을 용인하는 내심의 의사까지 있었다고 단정하기는 어렵다 (대법원 2004.5.14. 선고 2004도74 판결).

(5) 친족간의 특례

친족 또는 동거가족이 본인을 위하여 본죄를 범한 때에는 기대가능성이 없으므로 책임이 조각된다.

2. 증인은닉 · 도피(제155조 제2항)

(1) 객 체

타인의 형사사건 또는 징계사건에 관한 증인

1) 타인의 형사사건 또는 징계사건

■ 판례 ■ **피고인 자신을 위해 증인을 도피하게 한 행위가 동시에 다른 공범자의 형사사건이나 징계사건에 관한 증인을 도피하게 한 결과로 되는 경우, 증인도피죄의 성립 여부(소극)**

[1] 사실관계

'홍성식구파'의 두목 甲은 자신의 휘하에 들어올 것을 거부한 A를 제거하기 위하여 조직원 乙, 丙, 丁으로 하여금 칼로 A의 양쪽 다리 아킬레스건을 절단하는 범행을 한 후 조직원 丙과 丁을 경찰에 자수시켜 위 상해가 '홍성식구파'의 계획된 범행이 아니라 마치 자수한 조직원의 우발적인 범행인 것처럼 허위진술하게 함으로써 사건을 축소 · 은폐하려 하였으나, 범행현장을 목격한 B가 경찰에 출석하여 사실대로 진술할 경우 자칫 범행의 전모는 물론 나아가 범죄단체 구성 사실까지 밝혀질 것을 우려한 나머지 B로 하여금 경찰에 출석하지 못하도록 겁을 주기로 마음먹고, 2차례에 걸쳐 B에게 당분간 홍성에 나타나지 말라는 식으로 이야기하여 동인으로 하여금 경찰서에 출석하여 진술하지 못하고 다른 곳으로 도피하도록 하였다.

[2] 판결요지

형법 제155조 제2항 소정의 증인도피죄는 타인의 형사사건 또는 징계사건에 관한 증인을 은닉 · 도피하게 한 경우에 성립하는 것으로서, 피고인 자신이 직접 형사처분이나 징계처분을 받게 될 것을 두려워한 나머지 자기의 이익을 위하여 증인이 될 사람을 도피하게 하였다면, 그 행위가 동시에 다른 공범자의 형사사건이나 징계사건에 관한 증인을 도피하게 한 결과가 된다고 하더라도 이를 증인도피죄로 처벌할 수 없다(대법원 2003.3.14. 선고 2002도6134 판결).

2) 증 인

형사소송법상의 증인뿐만 아니라 수사기관에서 조사하는 참고인을 포함

(2) 행 위

증인을 은닉 또는 도피하게 하는 것

○ 은닉이란 증인의 출석을 방해 또는 곤란하게 하는 일체의 행위를 말하고, 도피란 증인의 도피를 야기·방조하는 일체의 행위를 말한다.

○ 은닉 또는 도피는 증거의 현출을 방해하여 증거로서의 기능을 멸실 또는 감소시키는 등의 적극적 행위를 의미한다.

3. 모해증거인멸(제155조 제3항)

피고인, 피의자 또는 징계혐의자를 모해할 목적으로 증거인멸죄, 증인은닉·도피죄를 범함으로써 성립하는 범죄

II. 범죄사실기재 및 신문사항

1. 증거인멸

[기재례1] 뇌물사건 증거를 인멸한 경우

1) 범죄사실 기재례

피의자는 ○○구청 위생과 주사로 근무하고 있는 사람으로서, 직장 동료인 홍길동이 ○○경찰서 경제팀에서 뇌물수수 사건 피의자로 조사를 받는 사실을 알고 그에게 불리한 증거를 없애기로 마음먹었다.

피의자는 20○○. ○. ○. ○○:○○경 위 구청 위생과 사무실에서 위 홍길동의 부탁을 받아 보관 중이던 그의 금전출납에 관한 메모 수첩 2권을 태워버려 타인의 형사사건에 관한 증거를 인멸하였다.

2) 적용법조 : 제155조 제1항 ··· 공소시효 7년

3) 신문사항

- 홍길동을 알고 있는가
- 위 홍길동이 경찰의 조사를 받고 있는 것을 알고 있는가
- 어떤 혐의로 조사를 받는지 알고 있는가
- 홍길동의 부탁으로 사건관련 사류를 없애버린 일이 있는가
- 어떤 서류를 없애 버렸는가
- 어떤 방법으로 없애 버렸는가
- 언제 누구로부터 이런 부탁을 받았는가

- 없앤 서류가 홍길동의 형사사건관련 증거서류라는 것을 알고 있는가
- 알면서도 없애 버린 이유가 무엇인가
- 홍길동으로부터 어떤 대가를 받기로 하였나

[기재례2] 업무상과실치사상 사건에 관한 증거를 인멸·은닉한 경우

1) 범죄사실 기재례

피의자는 ○○광역시 지하철공사의 사장으로 ○○업무를 하고 있다.

피의자는 200○. 2. 18. 09:53경 ○○지하철 중앙로역 지하 3층 승강장에 정차한 1079호 전동차 1호 객차에서 김○○이 휘발유가 들어있는 플라스틱 통에 가스라이터로 불을 붙여 바닥에 던짐으로써 화재가 발생하였고, 불길이 맞은편에 정차한 1080호 전동차로 번지면서 전동차와 중앙로역이 유독가스와 화염에 싸여 191명이 사망하고, 146명이 상해를 입는 사고가 발생하자, ○○시장 조○○과 사이에서, ○○시는 피해자 등의 보상 문제를 해결하고 지하철공사는 사고 현장을 복구하기로 역할을 분담하기로 하였다.

그 후, 조○○이 그다음 날부터 지하철 구간운행을 재개하고 사고 전동차를 중앙로역에서 다른 곳으로 옮기자는 의견을 밝히자 사고 전동차를 옮기면 곧바로 중앙로역의 잔존물을 치우기로 마음먹고, 사고 전동차에 타고 있던 승객들이 화재로 대피하거나 질식하여 사망하는 과정에서 중앙로역 지하 3층의 승강장 등에 남겨진 유류품이 피해자의 신원을 확인할 수 있는 중요한 증거자료임을 알고 있었을 뿐만 아니라, 사고 현장에 남겨진 유류품이 화재로 인하여 쓰레기 등과 섞여 임시 설치된 전등만으로는 유류품 수거 작업이 충분히 이루어질 수 없는 상황이어서 현장에 수거되지 않은 유류품이 남아 있다는 사정을 알고 있었으며, 사고 현장의 잔존물을 제거하기 위해서는 현장 수사를 담당하고 있는 경찰과 사전협의 등을 하여야 한다는 것을 알고 있었다.

그럼에도 불구하고, 경찰과 협의를 거치지 아니하고 피의자 甲에게 사고 현장의 잔존물을 수거하여 치우도록 지시하고, 이에 따라 피의자가 20:00경 시설사업소장 신○○에게 직원들과 함께 사고 현장의 잔존물을 청소하도록 지시함으로써 피의자 甲과 공모하였다.

피의자는 200○. 2. 19. 09:00경 신○○이 중앙로역 2번 출구에 도착한 시설사업소 직원 20명을 인솔하여 지하 3층으로 들어가 현장 잔존물 청소 작업을 시행하려고 하였으나, 경비 중이던 의경들로부터 제지당하여 들어가지 못하던 중, 10:30경 피의자가 중앙로역 2번 출구에서 출입통제 업무를 담당하던 성명을 알 수 없는 경찰관으로부터 안전점검을 위한 사고 현장 출입 승낙을 받고, 안전점검 요원 5명과 함께 신○○ 등 직원 20명 등을 데리고 지하 1층으로 내려가 대기하다가 11:40경 그곳에서 출입통제를 하던 의경으로부터 다시 안전점검을 위한 출입 승낙을 받고 지하 3층으로 내려가 신○○을 통하여 직원들로 하여금 청소 작업 준비를 하도록 하고, 13:30경 의경들이 적극적으로 출입통제를 하지 아니하는 사이 중앙로역 2번 출구를 통하여 군병력 200명이 지하 3층으로 내려오자, 그때부터 200○. 2. 19. 17:00경까지 사이에 신○○이 직원 20명과 군인들로 하여금 사고 현장인 지하 3층 승강장 등에 쌓여있던 피해자들의 시체 일부, 유류품, 쓰레기 등이 섞여 있는 잔존물들을 마대에 넣은 후 승강장에 쌓아 두었다가 200○. 2. 21. 00:30경부터 04:00경 사이에 ○○에 있는 ○○시 지하철공사 안심기지창으로 옮겨 방치하게 하였다. 이로써 김○○에 대한 현존전차방화치사상 사건, 전동차 기관사들에 대한 업무상과실치사상 사건 등 타인의 형사사건에 관한 증거를 인멸·은닉하였다.

2) 적용법조 : 제155조 제1항 … 공소시효 7년

[기재례3] 사기사건에 관한 증거를 위조한 경우

1) 범죄사실 기재례

피의자는 ○○지방법원에서 공판심리가 계속되고 있는 친구 홍길동에 대한 사기 피고사건에 대하여 그의 내연녀인 김정자의 부탁을 받고 위 홍길동에게 유리한 판결을 받게 하기 로 마음먹었다.

피의자는 20○○. ○. ○. ○○:○○경 ○○에 있는 피의자 집에서 그 피고사건에 관하여 위 법원에 제출한 증거서류로서 그로부터 합의금으로 500만원을 수령한 취지의 허위영수증 1통을 작성하여 바로 같은 날 위 법원에 제출함으로써 타인의 형사사건에 관한 증거를 위조하였다.

2) 적용법조 : 제155조 제1항 … 공소시효 7년

2. 증인은닉·도피

1) 범죄사실 기재례

피의자는 중개업자인 홍길동이 20○○. ○. ○. 최철수를 공갈한 사건으로 ○○경찰서에서 조사받고 있음을 알고 위 최철수의 동생 최만수가 그 사건에 관하여 내용을 잘 알고 있어 그도 곧 참고인으로 조사를 받아야 할 것이라는 사실을 알고 있었다.

그럼에도 불구하고 피의자는 20○○. ○. ○.경부터 20○○. ○. ○.까지의 사이에 그로 하여금 그 사실을 모르는 ○○에 있는 이민수의 집으로 보내 그곳에 머무르게 함으로써 위 최철수의 형사사건에 관한 증인을 도피하게 하였다.

2) 적용법조 : 제155조 제2항 … 공소시효 7년

3) 신문사항

- 홍길동과 최철수, 최만수를 알고 있는가
- 위 홍길동이 경찰의 조사를 받고 있는 것을 알고 있는가
- 어떤 혐의로 조사를 받는지 알고 있는가
- 최만수가 위 사건 내용을 잘 알고 있는 것을 알고 있는가
- 최만수가 어떤 내용을 알고 있다고 생각하는가
- 그럼 최만수가 경찰에서 중요 참고인으로 조사 받을 것이라는 것을 알고 있겠네
- 이민수를 알고 있는가
- 최만수를 이민수집에 보내 머무르게 한 일이 있는가
- 언제 무엇 때문에 보냈는가
- 그럼 최만수를 도피시킨 것인가
- 이민수도 이런 내용을 알고 있는가
- 누구 부탁으로 이런 행위를 하였나

제**11**장 무고의 죄
(제156~157조)

제156조(무고) 타인으로 하여금 형사처분 또는 징계처분을 받게 할 목적으로 공무소 또는 공무원에 대하여 허위의 사실을 신고한 자는 10년 이하의 징역 또는 1천500만원 이하의 벌금에 처한다.
제157조(자백·자수) 제153조는 전조에 준용한다.
제153조(자백, 자수) 전조의 죄를 범한 자가 그 공술한 사건의 재판 또는 징계처분이 확정되기 전에 자백 또는 자수한 때에는 그 형을 감경 또는 면제한다.
※ 국가보안법 제12조(무고, 날조)
※ 특정범죄가중처벌등에관한법률 제14조(무고죄)

 Ⅰ. 구성요건

1. 주 체

제한이 없고, 공무원도 본죄의 주체가 됨(例, 타인으로 하여금 형사처분 또는 징계처분을 받게 할 목적으로 허위사실을 근거로 직무상 고발하는 경우)

■ 판례 ■ **타인 명의의 고소장을 대리하여 작성하고 제출하는 형식으로 고소가 이루어진 경우, 무고죄의 주체**

비록 외관상으로는 타인 명의의 고소장을 대리하여 작성하고 제출하는 형식으로 고소가 이루어진 경우라 하더라도 그 명의자는 고소의 의사가 없이 이름만 빌려준 것에 불과하고 명의자를 대리한 자가 실제 고소의 의사를 가지고 고소행위를 주도한 경우라면 그 명의자를 대리한 자를 신고자로 보아 무고죄의 주체로 인정하여야 할 것이다(대법원 2007.3.30. 선고 2006도6017 판결).

■ 판례 ■ **자기 자신을 무고하기로 제3자와 공모하고 무고행위에 가담한 경우, 무고죄의 공동정범으로 처벌할 수 있는지 여부(소극)**

형법 제156조에서 정한 무고죄는 타인으로 하여금 형사처분 또는 징계처분을 받게 할 목적으로 허위의 사실을 신고하는 것을 구성요건으로 하는 범죄이다. 자기 자신으로 하여금 형사처분 또는 징계처분을 받게 할 목적으로 허위의 사실을 신고하는 행위, 즉 자기 자신을 무고하는 행위는 무고죄의 구성요건에 해당하지 않아 무고죄가 성립하지 않는다. 따라서 자기 자신을 무고하기로 제3자와 공모하고 이에 따라 무고행위에 가담하였더라도 이는 자기 자신에게는 무고죄의 구성요건에 해당하지 않아 범죄가 성립할 수 없는 행위를 실현하고자 한 것에 지나지 않아 무고죄의 공동정범으로 처벌할 수 없다.(대법원 2017.4.26. 선고, 2013도12592, 판결)

2. 허위신고의 상대방

형사처분 또는 징계처분에 대하여 직권행사를 할 수 있는 해당관서 또는 그 소속공무원

- 형사처분의 경우 검사·사법경찰관 및 그 보조자
- 징계처분의 경우 징계권이 있는 소속장, 징계처분을 촉구할 수 있는 기관이나 상급자

■ 판례 ■   무고죄에 있어서 신고될 공무소 또는 공무원의 범위

무고죄에 있어서 공무소 또는 공무원에 대한 신고는 반드시 징계처분 또는 형사처분을 심사 결행할 직권있는 소속상관에게 직접 할 것을 필요로 하는 것이 아니고 지휘 명령계통이나 수사관할 이첩을 통하여 그런 권한 있는 상관에게 도달함으로서 성립한다(대법원 1973.1.16. 선고 72도1136 판결).

■ 판례사례 ■   [무고죄가 성립하는 사례]

> (1) 형사처분을 받게 할 목적으로 허위사실을 진정의 형식으로 대통령에게 신고한 경우(대법원 1977. 6.28. 선고 77도1445 판결)
> (2) 관내경찰서장을 지휘·감독할 수 있는 도지사에게 처벌을 요구하는 진정서를 제출한 경우(대법원 1982.11.23. 선고 81도2380 판결)

3. 행 위

허위사실을 신고하는 것

(1) 허위사실

객관적 진실에 반하는 사실

1) 허위라고 믿고 신고하였으나, 그것이 객관적으로 진실한 사실에 부합할 경우

■ 판례 ■   허위로 강도범행을 목격하였다고 신고하였으나, 그것이 진실한 사실에 부합할 경우

[1] 사실관계

> 甲은 건달생활을 하던 乙을 평소에 대단히 못마땅하게 생각하고 있던 터에 동네에서 강도사건이 발생하자 이 기회에 乙을 혼내주어야겠다는 생각으로 경찰서에 찾아가 자기가 乙의 강도범행을 목격했다고 거짓 진술하였다. 하지만 수사결과 정말로 乙이 강도사건의 범인이었음이 밝혀졌다.

[2] 판결요지

가. 무고죄에 있어서의 허위사실의 신고의 의미 및 신고한 사실의 허위 여부의 인정기준

무고죄는 타인으로 하여금 형사처분 등을 받게 할 목적으로 신고한 사실이 객관적 진실에 반하는 허위사실인 경우에 성립되는 범죄로서, 신고자가 그 신고내용을 허위라고 믿었다 하더라도 그것이 객관적으로 진실한 사실에 부합할 때에는 허위사실의 신고에 해당하지 않아 무고죄는 성립하지 않

는 것이며, 한편 위 신고한 사실의 허위 여부는 그 범죄의 구성요건과 관련하여 신고사실의 핵심 또는 중요내용이 허위인가에 따라 판단하여 무고죄의 성립 여부를 가려야 한다.

나. 甲의 죄책

객관적으로 진실한 사실에 부합하는 것이어서 피고인이 허위사실을 신고한 것이라고는 할 수 없으므로 무고죄에 해당하지 아니한다(대법원 1991.10.11. 선고 91도1950 판결).

2) 무고사실 중 일부는 객관적 진실에 부합하나 일부가 허위인 경우

■ 판례 ■ **일부 허위사실을 포함한 신고**

피고인이 경찰관들의 원심 공동피고인에 대한 적법한 현행범인체포를 방해한 사실이 있음에도 그런 사실이 없다는 피고인의 고소 부분은 그것 자체로 국가의 심판작용을 그르치거나 부당하게 처벌을 받지 아니할 개인의 법적 안정성을 침해할 우려가 있을 정도로 고소사실 전체의 성질을 변경시키는 것에 해당하여 무고죄가 성립한다고 할 것이다(대법원 2009.1.30. 선고 2008도8573 판결).

■ 판례 ■ **일부 사실이 진실이고 다른 사실이 허위이면 그 허위사실 부분이 독립하여 무고죄를 구성하는지 여부(적극)**

1통의 고발장에 의하여 수개의 혐의사실을 들어 고발한 경우, 그 중 일부 사실이 진실이라 하더라도 다른 사실이 허위이면 그 허위사실 부분은 독립하여 무고죄를 구성한다(대법원 2007.3.29. 선고 2006도8638 판결).

■ 판례 ■ **도박자금으로 대여한 금전의 용도에 대하여 허위로 신고한 경우**

[1] 사실관계

> 甲은 도박현장에서 乙에게 도박자금으로 120만 원을 빌려주었다가 이를 돌려받지 못하게 되자, 위 금원을 도박자금으로 빌려주었다는 사실을 감추고 단순한 대여금인 것처럼 하여 乙이 120만 원을 빌려 간 후 변제하지 아니하고 있으니 처벌하여 달라는 취지로 고소하였고, 경찰서에서 고소보충 진술을 하면서 금전의 대여경위에 대하여 乙이 사고가 나서 급해서 그러니 120만 원을 빌려주면 다음날 아침에 카드로 현금서비스를 받아 갚아 주겠다고 하여 금전을 빌려준 것이라고 허위로 진술하였다.

[2] 판결요지

가. 일부 허위사실을 포함한 신고가 무고죄에 해당하는지 여부(한정적극)

무고죄는 타인으로 하여금 형사처분 또는 징계처분을 받게 할 목적으로 공무소 또는 공무원에 대하여 허위의 사실을 신고하는 때에 성립하는 것으로, 여기에서 허위사실의 신고라 함은 신고사실이 객관적 사실에 반한다는 것을 확정적이거나 미필적으로 인식하고 신고하는 것을 말하는 것이므로, 신고사실의 일부에 허위의 사실이 포함되어 있다고 하더라도 그 허위부분이 범죄의 성부에 영향을 미치는 중요한 부분이 아니고, 단지 신고한 사실을 과장한 것에 불과한 경우에는 무고죄에 해당하지 아니하지만, 그 일부 허위인 사실이 국가의 심판작용을 그르치거나 부당하게 처벌을 받지 아니할 개인의 법적 안정성을 침해할 우려가 있을 정도로 고소사실 전체의 성질을 변경시키는 때에는 무고죄가 성립될 수 있다.

나. 甲의 죄책

도박자금으로 대여한 금전의 용도에 대하여 허위로 신고한 것은 무고죄의 허위신고에 해당한다(대법원 2004.1.16. 선고 2003도7178 판결).

■ 판례 ■ **상대방의 범행에 공범으로 가담한 사람이 이를 숨긴 채 상대방을 고소한 경우, 무고죄의 성립 여부(소극)**

피고인 자신이 상대방의 범행에 공범으로 가담하였음에도 자신의 가담사실을 숨기고 상대방만을 고소한 경우, 피고인의 고소내용이 상대방의 범행 부분에 관한 한 진실에 부합하므로 이를 허위의 사실로 볼 수 없고, 상대방의 범행에 피고인이 공범으로 가담한 사실을 숨겼다고 하여도 그것이 상대방에 대한 관계에서 독립하여 형사처분 등의 대상이 되지 아니할뿐더러 전체적으로 보아 상대방의 범죄사실의 성립 여부에 직접 영향을 줄 정도에 이르지 아니하는 내용에 관계되는 것이므로 무고죄가 성립하지 않는다(대법원 2008.8.21. 선고 2008도3754 판결).

(2) 허위사실여부의 판단사례

1) 사실 또는 정황을 다소 과장한 경우

■ 판례 ■ **옆에서 보고만 있었는데 상해를 입혔다고 고소한 경우**

[1] 사실관계

乙 등이 甲과 제3자와의 싸움을 말리려고 하다가 甲이 말을 듣지 아니하여 만류를 포기하고 옆에서 보고만 있었으나, 甲이 "乙 등이 자신의 양팔을 잡아 가세하고 제3자가 자신의 안면부를 때려 상해를 입혔다"는 취지의 고소를 하였다.

[2] 판결요지

가. 신고내용에 진실에 반하는 내용이 포함되었다 하더라도 단지 정황을 과장하는 데 불과하다면 무고죄가 성립하지 않는지 여부(소극)

무고죄에 있어서의 "허위의 사실"과 관련하여 비록 그 신고내용에 일부 객관적 진실에 반하는 내용이 포함되었다 하더라도 그것이 단지 신고사실의 정황을 과장하는 데 불과하다면 무고죄가 성립하지 아니한다.

나. 甲의 죄책

"피고소인들이 피고인의 양팔을 잡아 가세하고 제3자가 피고인의 안면부를 때려 상해를 입혔다"는 취지의 고소내용은 그 제3자에 대한 관계에서는 신고사실의 정황을 다소 과장한 것에 불과하다고 볼 수도 있겠으나, 피고소인들에 대한 관계에서는 고소내용 전체가 객관적인 진실에 반하는 허위의 사실을 신고한 것으로서 그것이 단지 신고사실의 정황을 과장하는 데 불과하다고 볼 수는 없어 무고죄를 구성한다(대법원 1995.2.24. 선고 94도3068 판결).

2) 신고사실은 객관적 진실과 일치하나 법적 평가·죄명을 잘못 적은 경우

■ 판례 ■ **객관적인 사실관계대로 신고하였으나 주관적인 법률평가가 잘못된 경우, 무고죄의 성부(소극)**

무고죄에서 말하는 허위라 함은 객관적인 사실에 반하는 것을 말하고 그 고의는 이 허위에 대한 인식이 있음을 요하는 것이므로 객관적인 사실관계를 자신이 인식한대로 신고하는 이상 객관적인 사실을 토대로 한 나름대로의 주관적, 법적 구성이나 평가에 잘못이 있다 하더라도 이는 허위의 사실을 신고한 것에 해당한다고 볼 수 없어 무고죄가 성립하지 아니한다(대법원 1985.9.24. 선고 84도1737 판결).

■ 판례사례 ■ **[주관적인 법률평가가 잘못된 경우로 무고죄가 성립하지 아니하는 사례]**

> (1) 횡령을 절도라고 기재하여 신고한 경우(대법원 1985.9.24. 선고 84도1737 판결)
> (2) 폭행을 상해라고 기재하여 신고한 경우(대법원 1973.12.26. 선고 73도2771 판결)
> (3) 서로 멱살을 잡고 밀고 당기는 과정에서 스스로 넘어져 입게 된 상처를 상대방의 폭행으로 인한 것이라고 고소한 경우(대법원 1986.7.22. 선고 86도582 판결)
> (4) 다투는 과정에서 밀고 당기면서 평소상태가 좋지 않던 요추부에 염증이 생긴 것인데 이를 구타를 당하여 상해를 입은 것이라고 고소한 경우(대법원 1996.5.31. 선고 96도771 판결)

3) 범죄의 성립을 조각하는 사유를 알고 있었음에도 불구하고 이를 숨기고 신고한 경우

■ 판례 ■ **위법성조각사유가 있음을 알면서도 처벌되어야 한다고 주장한 경우**

위법성조각사유가 있음을 알면서도 "피고소인이 허위사실을 공표하였다."고 고소함으로써 결국 적극적으로 위법성조각사유가 적용되지 않는 공직선거및선거부정방지법 제250조의 허위사실공표죄로 처벌되어야 한다고 주장한 것과 같으므로 무고죄가 성립한다(대법원 1998.3.24. 선고 97도2956 판결).

■ 판례 ■ **채무변제사실을 알면서도 타인으로부터 금원을 받고 임의로 결손처분한 것이라고 고소한 경우, 무고죄의 성립여부(적극)**

종중의 사고수습대책회의가 종묘관리인의 채무를 면제하여 주는 결의를 할 적법한 권한은 없다 하더라도 피고소인은 위 회의의 결의에 따라 종묘관리인의 채무를 면제하여 준 것인데 피고인이 이를 알고 있었음에도 불구하고 진실이라는 확신 없이 위 피고소인이 공소외인으로부터 금원을 받고 임의로 결손처분하였다고 고소하였다면 금전수수의 대가로 채무면제를 하여 주었다는 점에 대하여 수사기관으로 하여금 수사권을 발동하도록 함에 충분하므로 피고인의 위와 같은 소위는 무고죄를 구성한다(대법원 1986.12.9. 선고 85도2482 판결).

■ 판례 ■ **신고 내용에 일부 허위사실이 포함된 경우, 무고죄가 성립하는지 판단하는 기준**

[1] 판결요지

피고인이 甲 주식회사에서 리스한 승용차를 乙에게 담보로 제공하고 돈을 차용하면서 약정 기간 내에 갚지 못할 경우 이를 처분하더라도 아무런 이의를 제기하지 않기로 하였는데, 변제기 이후 乙 등이 차량을 처분하자 피고인의 허락 없이 마음대로 처분하였다는 취지로 고소한 사안에서, 위 고소 내용은 허위사실 기재로서 그 자체로 독립하여 무고죄가 성립하는데도, 이와 달리 보아 무죄를 인정한 원심판결에 법리오해의 위법이 있다고 한 사례

[2] 죄 책

무고죄는 타인으로 하여금 형사처분 또는 징계처분을 받게 할 목적으로 공무소 또는 공무원에 대하여 허위의 사실을 신고하는 때에 성립하는 것으로, 여기에서 허위사실의 신고라 함은 신고사실이 객관적 사실에 반한다는 것을 확정적이거나 미필적으로 인식하고 신고하는 것을 말하는 것이므로, 신

고사실의 일부에 허위의 사실이 포함되어 있다고 하더라도 그 허위 부분이 범죄의 성부에 영향을 미치는 중요한 부분이 아니고, 단지 신고한 사실을 과장한 것에 불과한 경우에는 무고죄에 해당하지 아니하지만(대법원 1996. 5. 31. 선고 96도771 판결, 대법원 2003. 1. 24. 선고 2002도5939 판결 등 참조), 그 일부 허위인 사실이 국가의 심판작용을 그르치거나 부당하게 처벌을 받지 아니할 개인의 법적 안정성을 침해할 우려가 있을 정도로 고소사실 전체의 성질을 변경시키는 때에는 무고죄가 성립될 수 있다(대법원 2004. 1. 16. 선고 2003도7178 판결, 대법원 2009. 1. 30. 선고 2008도8573 판결, 대법원 2010. 4. 29. 선고 2010도2745 판결 등 참조). 공소사실 기재와 같이 피고인이 공소외 1로부터 700만 원을 차용하면서 변제기까지 차용금을 갚지 못하면 담보로 제공한 차량을 처분하더라도 아무런 이의를 제기하지 않겠다고 하였다면, 공소외 4와 공소외 10이 피고인의 허락 없이 마음대로 차량을 처분하였다는 취지의 고소 내용은 허위사실의 기재로서 그 자체로 독립하여 무고죄가 성립한다고 할 것이고, 공소외 4와 공소외 10이 피고인으로부터 공소외 2 주식회사의 리스 차량을 담보로 받는 행위에 대하여 장물취득죄 등 다른 범죄가 성립한다고 하더라도 달리 볼 것은 아니다.(대법원 2012.5.24. 선고, 2011도11500, 판결)

■ 판례 ■ **차용금의 '용도'를 묵비하거나 사실과 달리 신고한 것이 무고죄의 '허위사실 신고'에 해당하는지 여부**

[1] 돈을 갚지 않은 차용인을 사기죄로 고소하면서 변제의사와 능력의 유무에 관하여 기망하였다는 내용으로 고소한 경우, 고소인이 차용금의 '용도'를 묵비하거나 사실과 달리 신고한 것이 무고죄의 '허위사실 신고'에 해당하는지 여부(소극)

금원을 대여한 고소인이 차용금을 갚지 않은 차용인을 사기죄로 고소하는 데 있어서, 피고소인이 차용금의 용도를 사실대로 이야기하였더라면 금원을 대여하지 않았을 것인데 차용금의 용도를 속이는 바람에 대여하였다고 주장하는 사안이라면, 차용금의 실제 용도는 사기죄의 성립 여부에 영향을 미치는 것으로서 고소사실의 중요한 부분이 되고 따라서 실제 용도에 관하여 고소인이 허위로 신고할 경우에는 그것만으로도 무고죄에서 허위의 사실을 신고한 경우에 해당한다고 할 수 있다. 그러나 단순히 차용인이 변제의사와 능력의 유무에 관하여 기망하였다는 내용으로 고소한 경우에는, 차용금의 용도와 무관하게 다른 자료만으로도 충분히 차용인의 변제의사나 능력의 유무에 관한 기망사실을 인정할 수 있는 경우도 있을 것이므로, 차용금의 실제 용도에 관하여 사실과 달리 신고하였다는 것만으로는 범죄사실의 성립 여부에 영향을 줄 정도의 중요한 부분을 허위로 신고하였다고 할 수 없다. 이와 같은 법리는 고소인이 차용사기로 고소할 때 묵비하거나 사실과 달리 신고한 차용금의 실제 용도가 도박자금이었더라도 달리 볼 것은 아니다.

[2] 피고인이 돈을 갚지 않는 甲을 차용금 사기로 고소하면서 대여금의 용도에 관하여 '도박자금'으로 빌려준 사실을 감추고 '내비게이션 구입에 필요한 자금'이라고 허위 기재하고, 대여의 일시·장소도 사실과 달리 기재하여 甲을 무고하였다는 내용으로 기소된 사안

피고인이 돈을 갚지 않는 甲을 차용금 사기로 고소하면서 대여금의 용도에 관하여 '도박자금'으로 빌려준 사실을 감추고 '내비게이션 구입에 필요한 자금'이라고 허위 기재하고, 대여의 일시·장소도 사실과 달리 기재하여 甲을 무고하였다는 내용으로 기소된 사안에서, 피고인의 고소 내용은 甲이 변제의사와 능력도 없이 차용금 명목으로 돈을 편취하였으니 사기죄로 처벌하여 달라는 것이고, 甲이 차용금의 용도를 속이는 바람에 대여하게 되었다는 취지로 주장한 사실은 없으며, 수사기관으로서는 차용금의 용도와 무관하게 다른 자료들을 토대로 甲이 변제의사나 능력 없이 돈을 차용하였는지를 조사할 수 있는 것이므로, 비록 피고인이 도박자금으로 대여한 사실을 숨긴 채 고소장에

대여금의 용도에 관하여 허위로 기재하고 대여 일시·장소 등 변제의사나 능력의 유무와 관련성이 크지 아니한 사항에 관하여 사실과 달리 기재한 사정만으로는 사기죄 성립 여부에 영향을 줄 정도의 중요한 부분을 허위 신고하였다고 보기 어려운데도, 피고인에게 유죄를 인정한 원심판단에 무고죄에 관한 법리오해의 위법이 있다고 한 사례.(대법원 2011.9.8. 선고 2011도3489 판결)

■ 판례 ■ **국민권익위원회에서 운영하는 국민신문고에 민원을 제기한 경우 무고 여부**

피고인이 사립대학교 교수인 피해자들로 하여금 징계처분을 받게 할 목적으로 국민권익위원회에서 운영하는 범정부 국민포털인 국민신문고에 민원을 제기한 사안에서, 피해자들은 사립학교 교원이므로 피고인의 행위가 무고죄에 해당하지 않음에도, 이와 달리 보아 유죄를 인정한 원심판결에 무고죄의 '징계처분'에 관한 법리를 오해한 잘못이 있다고 한 사례.(대법원 2014.07.24. 선고 2014도6377 판결)

■ 판례 ■ **서울지방변호사회에 위 변호사회 회장을 수취인으로 하는 허위 내용의 진정서를 제출한 경우**

[1] 무고죄의 구성요건 중 '징계처분' 및 '공무소 또는 공무원'의 의미
형법 제156조는 타인으로 하여금 형사처분 또는 징계처분을 받게 할 목적으로 공무소 또는 공무원에 대하여 허위의 사실을 신고한 자를 처벌하도록 정하고 있다. 여기서 '징계처분'이란 공법상의 특별권력관계에 기인하여 질서유지를 위하여 과하여지는 제재를 의미하고, 또한 '공무소 또는 공무원'이란 징계처분에 있어서는 징계권자 또는 징계권의 발동을 촉구하는 직권을 가진 자와 그 감독기관 또는 그 소속 구성원을 말한다.

[2] 변호사에 대한 징계처분이 형법 제156조에서 정하는 '징계처분'에 포함되는지 여부(적극) 및 그 징계 개시의 신청권이 있는 지방변호사회의 장이 같은 조에서 정한 '공무소 또는 공무원'에 포함되는지 여부(적극)
구 변호사법(2008. 3. 28. 법률 제8991호로 개정되기 전의 것, 이하 '구 변호사법'이라 한다) 제92조, 제95조, 제96조, 제100조 등 관련 규정에 의하면 변호사에 대한 징계가 대한변호사협회 변호사징계위원회를 거쳐 최종적으로 법무부의 변호사징계위원회에서 결정되고 이에 불복하는 경우에는 행정소송을 할 수 있는 점, 구 변호사법 제93조, 제94조, 제101조의2 등은 판사 2명과 검사 2명이 위원으로 참여하여 대한변호사협회 변호사징계위원회나 법무부의 변호사징계위원회를 구성하고, 서류의 송달, 기일의 지정이나 변경 및 증인·감정인의 선서와 급여에 관한 사항에 대하여 '형사소송법'과 '형사소송비용 등에 관한 법률'의 규정을 준용하도록 정하고 있는 점, 위와 같은 절차를 마련한 것은 변호사의 공익적 지위에 기인하여 공법상의 특별권력관계에 준하여 징계에 관하여도 공법상의 통제를 하려는 의도로 보여지는 점 등을 고려하여 보면, 변호사에 대한 징계처분은 형법 제156조에서 정하는 '징계처분'에 포함된다고 봄이 상당하고, 구 변호사법 제97조의2 등 관련 규정에 의하여 그 징계 개시의 신청권이 있는 지방변호사회의 장은 형법 제156조에서 정한 '공무소 또는 공무원'에 포함된다.

[3] 피고인이 변호사인 피해자로 하여금 징계처분을 받게 할 목적으로 서울지방변호사회에 위 변호사회 회장을 수취인으로 하는 허위 내용의 진정서를 제출한 사안에서, 무고죄를 인정한 원심판단을 수긍한 사례.(대법원 2010.11.25. 선고 2010도10202 판결)

■ 판례 ■ **상대방의 범행에 공범으로 가담한 사람이 이를 숨긴 채 상대방을 고소한 경우, 무고죄가 성립하는지 여부(소극)**

피고인이 甲, 乙과 공모하여 은행으로부터 대출금을 편취한 것과는 별도로 甲이 피고인을 기망하여

위 대출금을 편취하였으니 처벌해 달라는 취지로 고소하여 甲에 대해 사기죄로 공소제기까지 된 사안에서, 위 고소는 甲에 대한 관계에서 독립하여 형사처분 등의 대상이 되는 허위사실의 고소로 볼 여지가 있음에도 피고인이 공범이었다는 이유로 무고죄가 성립하지 않는다고 판단한 원심판결에 법리오해의 위법이 있다.

원심은, 피고인의 이 사건 고소는 피고인 자신이 원심공동피고인 1, 3의 그 판시와 같은 사기 범행에 공범으로 가담하였음에도 자신의 가담사실을 숨기고 원심공동피고인 1만을 고소한 경우로서 피고인의 고소내용이 원심공동피고인 1의 사기범행 부분에 관한 한 진실에 부합하므로 이를 허위의 사실로 볼 수 없고, 원심공동피고인 1의 사기범행에 피고인이 공범으로 가담한 사실을 숨겼다고 하여도 그것이 원심공동피고인 1에 대한 관계에서 독립하여 형사처분 등의 대상이 되지 아니할뿐더러 전체적으로 보아 원심공동피고인 1에 대한 사기의 범죄사실의 성립 여부에 직접 영향을 줄 정도에 이르지 아니하는 내용에 관계되는 것이므로 무고죄가 성립하지 아니하며, 달리 이 부분 고소로 인해 원심공동피고인 1에게 별도의 형사처벌 위험성이 있다는 점을 인정할 증거가 없다는 이유로 이 사건 공소사실 중 무고의 점에 대하여 유죄를 인정한 제1심판결을 파기하고 무죄를 선고하였다. 그런데 기록에 의하면, 피고인은 자신이 원심공동피고인 1, 3과 공모하여 피해자 농협으로부터 전세자금 대출금 1,500만 원을 편취한 것과는 별도로 피고소인 원심공동피고인 1이 전세자금 대출을 받은 후 피고인에게 사정에 의해 전세를 들어올 수 없게 되었다고 하면서 임대보증금 1,500만 원을 돌려달라고 기망하여 그 정을 모르는 피고인으로부터 임대보증금을 돌려받게 되자 이를 농협에 변제하지 않고 임의로 사용하는 방법으로 편취하였으니 처벌하여 달라는 취지로 고소를 한 사실, 실제로 피고인의 이 사건 고소로 인하여 피고소인 원심공동피고인 1에 대하여 피고인을 피해자로 하여 사기죄로 공소제기까지 되기도 하였던 사실을 알 수 있는바, 이를 앞서 본 법리에 비추어 살펴보면 피고인의 이 사건 고소는 피고소인 원심공동피고인 1에 대한 관계에서 독립하여 형사처분 등의 대상이 되는 허위사실의 고소로 볼 여지도 없지 않다.(대법원 2010.2.25, 선고 2009도1302 판결)

■ 판례 ■ **피고인이 사립대학교 교수인 피해자들로 하여금 징계처분을 받게 할 목적으로 국민권익위원회에서 운영하는 범정부 국민포털인 국민신문고에 민원을 제기한 사안에서, 피해자들은 사립학교 교원이므로 피고인의 행위가 무고죄에 해당하지 않는다.**(대법원 2014.7.24, 선고, 2014도6377, 판결)

■ 판례 ■ **피고인이 수사기관에 '甲이 민사사건 재판과정에서 위조된 확인서를 제출하였으니 처벌하여 달라'는 내용으로 허위 사실이 기재된 고소장을 제출하면서 '甲이 위조된 합의서도 제출하였다'는 취지로 기재하였으나, 고소보충 진술 시 확인서가 위조되었다는 점에 관하여만 진술한 사안**

피고인이 제출한 고소장에 '합의서도 도장을 찍은 바가 없으므로 위조 및 행사 여부를 가려주시기 바랍니다'라고 기재한 내용이 허위의 사실이라면 이 부분에 대해서도 '허위 사실을 신고한 것'으로 보아야 함에도, 이 부분 기재 내용이 '허위의 사실'인지 여부 등에 대해 심리하지 아니한 채 이 부분에 대하여 무죄를 선고한 원심판결에 무고죄의 '신고'에 관한 법리오해 등의 위법이 있다(대법원 2014.3.13, 선고, 2012도2468, 판결).

4) 무고행위 당시 형사처분의 대상이 될 수 있었으나 이후 형사범죄가 되지 않는 것으로 판례가 변경된 경우

■ 판례 ■ **무고죄의 보호법익 / 허위로 신고한 사실 자체가 신고 당시 형사범죄를 구성하지 않는 경우, 무고죄가 성립하는지 여부(소극) 및 허위로 신고한 사실이 무고행위 당시 형사처분의 대상이 될 수 있었으나 이후 형사범죄가 되지 않는 것으로 판례가 변경된 경우, 이미 성립한 무고죄에 영향을 미치는지 여부(원칙적 소극)**

타인으로 하여금 형사처분 또는 징계처분을 받게 할 목적으로 공무소 또는 공무원에 대하여 허위의 사실을 신고하는 때에 무고죄가 성립한다(형법 제156조). 무고죄는 부수적으로 개인이 부당하게 처벌받거나 징계를 받지 않을 이익도 보호하나, 국가의 형사사법권 또는 징계권의 적정한 행사를 주된 보호법익으로 한다. 타인에게 형사처분을 받게 할 목적으로 '허위의 사실'을 신고한 행위가 무고죄를 구성하기 위해서는 신고된 사실 자체가 형사처분의 대상이 될 수 있어야 하므로, 가령 허위의 사실을 신고하였더라도 신고 당시 그 사실 자체가 형사범죄를 구성하지 않으면 무고죄는 성립하지 않는다. 그러나 허위로 신고한 사실이 무고행위 당시 형사처분의 대상이 될 수 있었던 경우에는 국가의 형사사법권의 적정한 행사를 그르치게 할 위험과 부당하게 처벌받지 않을 개인의 법적 안정성이 침해될 위험이 이미 발생하였으므로 무고죄는 기수에 이르고, 이후 그러한 사실이 형사범죄가 되지 않는 것으로 판례가 변경되었더라도 특별한 사정이 없는 한 이미 성립한 무고죄에는 영향을 미치지 않는다.(대법원 2017.5.30. 선고, 2015도15398, 판결)

(3) 허위사실의 정도

허위사실은 형사처분 또는 징계처분의 원인사실이 될 수 있는 것이어야 한다.

■ 판례 ■ **신고한 허위사실 자체가 형사범죄를 구성하지 않는 경우, 무고죄의 성립여부(소극)**

타인에게 형사처분을 받게 할 목적으로 '허위의 사실'을 신고한 행위가 무고죄를 구성하기 위해서는 신고된 사실 자체가 형사처분의 원인이 될 수 있는 것이어야 하고, 만약 그 사실 자체가 형사범죄로 구성되지 아니한다면 허위의 사실을 신고하였다 하더라도 무고죄는 성립하지 아니한다(대법원 2008. 1.24. 선고 2007도9057 판결).

■ 판례 ■ **가압류신청을 한 사실을 사기죄의 피의사실로 하여 고소한 경우, 무고죄가 성립할 여지가 있는지 여부(소극)**

무고죄가 성립하려면 신고된 사실 자체가 형사처분의 원인이 될 수 있어야 하고, 한편, 본안소송을 제기하지 아니한 채 가압류를 한 것만으로는 사기죄의 실행에 착수하였다고 할 수 없으므로 "이미 채무를 변제받았음에도 공정증서를 보관하고 있음을 기화로 주택을 가압류하였다"는 취지의 허위의 고소장을 제출하였다 하더라도 무고죄가 성립하지 않는다(대법원 2003.6.13. 선고 2003도1672 판결).

■ 판례 ■ **신고된 범죄사실이 이미 공소시효가 완성되어 무고죄가 성립하지 않는 경우인지 여부를 판단하기 위한 기준시점(=신고시)**

범행일시를 특정하지 않은 고소장을 제출한 후, 고소보충진술시에 범죄사실의 공소시효가 아직 완성되지 않은 것으로 진술한 피고인이 그 이후 검찰이나 제1심 법정에서 다시 범죄의 공소시효가 완성된 것으로 정정 진술한 사안에서, 이미 고소보충진술시에 무고죄가 성립하였다(대법원 2008.3.27. 선고 2007도11153 판결).

■ 판례 ■　객관적으로 공소시효가 완성된 사실에 대하여 공소시효가 완성되지 않은 것처럼 고소한 경우, 무고죄의 성립 여부(적극)

객관적으로 고소사실에 대한 공소시효가 완성되었더라도 고소를 제기하면서 마치 공소시효가 완성되지 아니한 것처럼 고소한 경우에는 국가기관의 직무를 그르칠 염려가 있으므로 무고죄를 구성한다(대법원 1995.12.5. 선고 95도1908 판결).

(4) 허위사실의 입증

■ 판례 ■　신고사실의 진실성을 인정할 수 없다는 소극적인 증명만으로 곧 그 신고사실이 객관적인 진실에 반하는 허위사실이라고 단정하여 무고죄의 성립을 인정할 수 있는지 여부(소극)

무고죄는 타인으로 하여금 형사처분이나 징계처분을 받게 할 목적으로 신고한 사실이 객관적 진실에 반하는 허위사실인 경우에 성립되는 범죄이므로 신고한 사실이 객관적 사실에 반하는 허위사실이라는 요건은 적극적인 증명이 있어야 하며, 신고사실의 진실성을 인정할 수 없다는 소극적 증명만으로 곧 그 신고사실이 객관적 진실에 반하는 허위사실이라고 단정하여 무고죄의 성립을 인정할 수는 없다(대법원 2004.1.27. 선고 2003도5114 판결).

■ 판례 ■　성폭행 고소에 관하여 무고죄가 성립하는지가 문제된 사건

[1] 무고죄의 성립요건 / 신고사실의 진실성을 인정할 수 없다는 소극적 증명만으로 그 신고사실을 허위로 단정하여 무고죄를 인정할 수 있는지 여부(소극) / 신고내용에 일부 객관적 진실에 반하는 내용이 포함되어 있으나 단지 신고사실의 정황을 과장하는 데 불과한 경우, 무고죄가 성립하는지 여부(소극)

무고죄는 타인으로 하여금 형사처분이나 징계처분을 받게 할 목적으로 신고한 사실이 객관적인 진실에 반하는 허위사실인 경우에 성립하는 범죄이므로, 신고한 사실이 객관적 진실에 반하는 허위사실이라는 요건은 적극적 증명이 있어야 하고, 신고사실의 진실성을 인정할 수 없다는 소극적 증명만으로 곧 그 신고사실이 객관적 진실에 반하는 허위의 사실이라 단정하여 무고죄의 성립을 인정할 수는 없으며, 신고내용에 일부 객관적 진실에 반하는 내용이 포함되어 있더라도 그것이 범죄의 성부에 영향을 미치는 중요한 부분이 아니고 단지 신고사실의 정황을 과장하는 데 불과하다면 무고죄는 성립하지 않는다.

[2] 성폭행이나 성희롱 사건의 피해자가 하는 진술의 증명력을 판단할 때 고려하여야 할 사항 / 피해자임을 주장하는 자가 성폭행 등의 피해를 입었다고 신고한 사실에 대하여 증거불충분 등을 이유로 불기소처분되거나 무죄판결이 선고된 경우, 반대로 이러한 신고내용이 객관적 사실에 반하여 무고죄가 성립하는지 여부를 판단할 때에도 같은 법리가 고려되어야 하는지 여부(적극)

성폭행이나 성희롱 사건의 피해자가 피해사실을 알리고 문제를 삼는 과정에서 오히려 피해자가 부정적인 여론이나 불이익한 처우 및 신분 노출의 피해 등을 입기도 하여 온 점 등에 비추어 보면, 성폭행 피해자의 대처 양상은 피해자의 성정이나 가해자와의 관계 및 구체적인 상황에 따라 다르게 나타날 수밖에 없다. 따라서 개별적, 구체적인 사건에서 성폭행 등의 피해자가 처하여 있는 특별한 사정을 충분히 고려하지 않은 채 피해자 진술의 증명력을 가볍게 배척하는 것은 정의와 형평의 이념에 입각하여 논리와 경험의 법칙에 따른 증거판단이라고 볼 수 없다. 위와 같은 법리는, 피해자임

을 주장하는 자가 성폭행 등의 피해를 입었다고 신고한 사실에 대하여 증거불충분 등을 이유로 불기소처분되거나 무죄판결이 선고된 경우 반대로 이러한 신고내용이 객관적 사실에 반하여 무고죄가 성립하는지 여부를 판단할 때에도 마찬가지로 고려되어야 한다. 따라서 성폭행 등의 피해를 입었다는 신고사실에 관하여 불기소처분 내지 무죄판결이 내려졌다고 하여, 그 자체를 무고를 하였다는 적극적인 근거로 삼아 신고내용을 허위라고 단정하여서는 아니 됨은 물론, 개별적, 구체적인 사건에서 피해자임을 주장하는 자가 처하였던 특별한 사정을 충분히 고려하지 아니한 채 진정한 피해자라면 마땅히 이렇게 하였을 것이라는 기준을 내세워 성폭행 등의 피해를 입었다는 점 및 신고에 이르게 된 경위 등에 관한 변소를 쉽게 배척하여서는 아니 된다.(대법원 2019. 7. 11., 선고, 2018도2614, 판결)

(5) 신 고

자진하여 사실을 고지하는 것

1) 자발적인 신고일 것

■ 판례 ■   **고발의무가 있는 자를 도구로 이용하여 수사기관에 고발을 하게 하고 이어 수사기관에 대하여 특정인을 지목하는 진술을 한 경우, 허위사실의 신고에 해당하는지 여부(적극)**

[1] 사실관계

수표발행인 甲이 은행에 지급제시된 수표가 위조되었다는 내용의 허위의 신고를 하자, 그 정을 모르는 은행 직원이 수사기관에 고발을 함에 따라 수사가 개시되었고, 이에 甲은 경찰에 출석하여 위조자로 특정인 乙을 지목하는 허위의 진술을 하였다.

[2] 판결요지

가. 고발사건의 참고인이 수사기관의 추문에 대하여 허위진술을 하는 것이 무고죄를 구성하는지 여부(소극) 및 참고인의 진술이 수사기관 등의 추문에 의한 것인지 여부의 판단 방법

무고죄에 있어서의 신고는 자발적인 것이어야 하고 수사기관 등의 추문에 대하여 허위의 진술을 하는 것은 무고죄를 구성하지 않는 것이지만, 참고인의 진술이 수사기관 등의 추문에 의한 것인지 여부는 수사가 개시된 경위, 수사의 혐의사실과 참고인의 진술의 관련성 등을 종합하여 판단하여야 한다.

나. 甲의 죄책

이는 피고인이 위조 수표에 대한 부정수표단속법 제7조의 고발의무가 있는 은행원을 도구로 이용하여 수사기관에 고발을 하게하고 이어 수사기관에 대하여 특정인을 위조자로 지목함으로써 자발적으로 수사기관에 대하여 허위의 사실을 신고한 것으로 평가하여야 한다(대법원 2005.12.22. 선고 2005도3203 판결).

■ 판례 ■   **도박자금으로 사용하는 것을 알고 있었던 사실을 밝히지 않았다는 등의 사유만으로는 피고인이 허위의 사실을 신고하였다고 할 수 있는지 여부(소극)**

[1] 사실관계

甲은 乙에게 차용금 명목이 아니라 그 금원을 이용하여 도박에 참가하여 도박에서 이긴 경우 수익금을 반으로 나누는 조건으로 지원해 준 도박자금이었음에도 불구하고, 乙로 하여금 형사처분을 받게 할 목적으로, 乙이 변제할 의사 없이 고소인으로부터 차용금 명목으로 금원을 교부받아 이를 편취하였다고 허위의 사실을 신고하였다.

[2] 판결요지 – 차용금의 용도를 묵비한 것만으로는 무고죄가 성립하는지 여부(소극)

금원을 대여한 고소인이 차용금을 갚지 않는 차용인을 사기죄로 고소함에 있어서, 피고소인이 차용금의 용도를 사실대로 이야기하였더라면 금원을 대여하지 않았을 것인데 차용금의 용도를 속이는 바람에 대여하였다고 주장하는 사안이라면 그 차용금의 실제용도는 사기죄의 성부에 영향을 미치는 것으로서 고소사실의 중요한 부분이 되고 따라서 그 실제용도에 관하여 고소인이 허위로 신고를 할 경우에는 그것만으로도 무고죄에 있어서의 허위의 사실을 신고한 경우에 해당한다 할 것이나, 단순히 차용인이 변제의사와 능력의 유무에 관하여 기망하였다는 내용으로 고소한 경우에는 차용금의 용도와 무관하게 다른 자료만으로도 충분히 차용인의 변제의사나 능력의 유무에 관한 기망사실을 인정할 수 있는 경우도 있을 것이므로 그 차용금의 실제 용도에 관하여 사실과 달리 신고하였다 하더라도 그것만으로는 범죄사실의 성부에 영향을 줄 정도의 중요한 부분을 허위로 신고하였다고 할 수 없는 것이다(대법원 2004.12.9. 선고 2004도2212 판결).

2) 신고의 방법

신고의 방법에는 제한이 없으며, 서면·구두, 자기명의·타인명의는 물론 익명으로 하는 경우도 포함한다. 다만 부작위에 의한 무고는 인정되지 않는다.

■ 판례 ■　**무고죄에 있어서 피무고자의 특정**

공무원 또는 공무소에 대한 허위 사실의 신고를 무고죄로 처벌하기 위하여는 그 신고에 피무고자의 성명이 표시되어 있지 않더라도 그 신고 내용에 의하여 객관적으로 피무고자를 특정할 수 있으면 족하다. 따라서 진정서에 피진정인이 '목포교도소 징벌위원회'로 되어 있지만 그 진정 내용은 징벌위원회 회의록이 허위로 작성되었다는 취지이므로 그 회의록의 작성권한을 가지는 징벌위원회 위원장을 그 피진정인으로 특정할 수 있다(대법원 2006.6.9. 선고 2006도417 판결).

(6) 기 수

허위사실의 신고가 당해 공무소·공무원에게 도달한 때 기수

- 구두신고의 경우에는 진술과 동시에, 문서로 우송한 경우에는 도달시에 기수가 된다.
- 신고를 받은 공무원이 수사에 착수하였거나 공소를 제기했을 필요는 없으며, 현실적인 접수나 열람할 필요도 없다.

■ 판례 ■　**허위내용의 고소장을 경찰관에게 제출하였다가 반환 받은 경우, 무고죄의 성부(적극)**

[1] 사실관계

> 甲은 乙이 대신 작성하여 준 "피고소인(A)은 액면금 5,000,000원권 1매의 유가증권을 고소인의 허락없이 가져가서 임의 교환하여 횡령착복한 자임"이라는 허위내용의 고소장에 자신의 도장을 스스로 날인하여 소지하고 있다가 A가 경찰서에 연행되자 야간당직반장인 경찰관에게 그 고소장을 제출하였다. 그 후 경찰관이 그 고소장의 내용에 따라 A에게 약속어음을 절취한 사실이 있었는지의 여부를 물었으나 그런 사실이 없다고 대답하여 甲에게 고소를 그대로 유지할 것인지를 확인하므로 고소장을 반환받아 그 내용중 "횡령착복 한 자임"이라는 부분만을 삭제하여 다시 그 경찰관에게 제출하였다가 경찰관이 그 내용만으로는 범죄혐의가 없는 것이라 하므로 고소장을 다시 반환받았다.

[2] 판결요지

피고인이 최초에 작성한 허위내용의 고소장을 경찰관에게 제출하였을 때 이미 허위사실의 신고가 수사기관에 도달되어 무고죄의 기수에 이른 것이라 할 것이므로 그 후에 그 고소장을 되돌려 받았다 하더라도 이는 무고죄의 성립에 아무런 영향이 없다(대법원 1985.2.8. 선고 84도2215 판결).

4. 주관적 구성요건

(1) 고 의

공무소 또는 공무원에게 허위의 사실을 신고한다는 것에 대한 인식과 인용이 있을 것

■ 판례 ■　**무고죄의 성립요건 및 '형사처분을 받게 할 목적'의 인정 범위 / 무고죄의 고의를 판단하는 기준**

무고죄는 타인으로 하여금 형사처분이나 징계처분을 받게 할 목적으로 신고한 사실이 객관적 진실에 반하는 허위사실인 경우에 성립한다. 무고죄의 범의는 반드시 확정적 고의일 필요가 없고 미필적 고의로도 충분하므로, 신고자가 허위라고 확신한 사실을 신고한 경우뿐만 아니라 진실하다는 확신 없는 사실을 신고하는 경우에도 그 범의를 인정할 수 있다. 또한 무고죄에서 형사처분을 받게 할 목적은 허위신고를 하면서 다른 사람이 그로 인하여 형사처분을 받게 될 것이라는 인식이 있으면 충분하고 그 결과의 발생을 희망할 필요까지는 없으므로, 신고자가 허위 내용임을 알면서도 신고한 이상 그 목적이 필요한 조사를 해 달라는 데에 있다는 등의 이유로 무고의 범의가 없다고 할 수 없다. 또한 신고자가 알고 있는 객관적인 사실관계에 의하더라도 신고사실이 허위라거나 또는 허위일 가능성이 있다는 인식을 하지 못하였다면 무고의 고의를 부정할 수 있으나, 이는 알고 있는 객관적 사실관계에 의하여 신고사실이 허위라거나 허위일 가능성이 있다는 인식을 하면서도 그 인식을 무시한 채 무조건 자신의 주장이 옳다고 생각하는 경우까지 포함하는 것은 아니다. (대법원 2022. 6. 30., 선고, 2022도3413, 판결)

■ 판례 ■　**무고죄에 있어서 '허위사실의 신고'의 의미**

무고죄에 있어서 허위사실의 신고라 함은 신고사실이 객관적 사실에 반한다는 것을 확정적이거나 미필적으로 인식하고 신고하는 것을 말하는 것이므로 객관적 사실과 일치하지 않는 것이라도 신고

자가 진실이라고 확신하고 신고하였을 때에는 무고죄가 성립하지 않는다고 할 것이나, 여기에서 진실이라고 확신한다 함은 신고자가 알고 있는 객관적인 사실관계에 의하더라도 신고사실이 허위라거나 또는 허위일 가능성이 있다는 인식을 하지 못하는 경우를 말하는 것이지, 신고자가 알고 있는 객관적 사실관계에 의하여 신고사실이 허위라거나 허위일 가능성이 있다는 인식을 하면서도 이를 무시한 채 무조건 자신의 주장이 옳다고 생각하는 경우까지 포함되는 것은 아니다(대법원 2000.7.4. 선고 2000도1908, 2000감도62 판결).

■ 판례 ■ **고소당한 범죄가 유죄로 인정되는 경우에, 고소를 당한 사람이 고소인에 대하여 '고소당한 죄의 혐의가 없는 것으로 인정된다면 고소인이 자신을 무고한 것에 해당하므로 고소인을 처벌해 달라'는 내용의 고소장을 제출하였다면 고소인에 대한 무고의 범의를 인정할 수 있는지 여부(적극)**

설사 그것이 자신의 결백을 주장하기 위한 것이라고 하더라도 방어권의 행사를 벗어난 것으로서 고소인을 무고한다는 범의를 인정할 수 있다(대법원 2007.3.15. 선고 2006도9453 판결).

■ 판례사례 ■ [진실하다는 확신없는 사실을 신고함으로써 무고죄가 성립하는 사례]

(1) 고소를 한 목적이 상대방의 처벌에 있지 않고 시비를 가려달라고 한 경우(대법원 1995.12.12. 선고 94도3271 판결)
(2) 자신의 채무를 갚지 않자 사실확인 없이 추측에 의하여 막연히 사기죄로 고소한 경우(대법원 2000.7.4. 선고 2000도1908, 2000감도62 판결)
(3) 신고자가 알고 있는 객관적 사실관계에 의하여 신고사실이 허위라거나 허위일 가능성이 있다는 인식을 하면서도 이를 무시한 채 무조건 자신의 주장이 옳고 생각하는 경우(대법원 2000.7.4. 선고 2000도1908 판결)

(2) 목 적

타인으로 하여금 형사처분·징계처분을 받게 할 목적이 있을 것

1) 타 인

신고자 이외의 자로서 특정된 생존자(자연인 이외에 법인을 포함)

○ 타인은 실재인임을 요하므로 사자나 허무인에 대한 무고는 본죄를 구성하지 않는다.
○ 형법은 피무고자를 타인으로 한정하고 있으므로 자기무고는 무고죄의 구성요건해당성이 없다.
○ 자기무고를 교사한 경우 자기무고가 구성요건해당성이 없으므로 교사범도 성립하지 않는다.
○ 피무고자의 동의를 얻어 무고하는 경우(승낙무고)에도 본죄를 구성한다.

■ 판례 ■ **피무고자의 승낙이 있는 경우, 무고죄의 성립 여부(적극)**

[1] 사실관계

甲은 乙과 그로부터 피해를 당한 사람들과의 합의를 주선하기 위하여 자신들도 피해자인 것처럼 행세하기 위하여 乙의 승낙을 받고 乙로부터 차용금 피해를 당한 것처럼 허위사실을 기재한 고소장을 제출하였다. 그러나 甲은 바로 乙에게 합의서를 작성하여 교부해 주는 한편 수사기관의 고소인 출석요구에 응하지 않았고, 결국 甲의 고소사건은 고소장 각하로 종결되었다.

[2] 판결요지

가. 피무고자의 승낙이 있는 경우 무고죄의 성립 여부(적극)

무고죄는 국가의 형사사법권 또는 징계권의 적정한 행사를 주된 보호법익으로 하고 다만, 개인의 부당하게 처벌 또는 징계받지 아니할 이익을 부수적으로 보호하는 죄이므로, 설사 무고에 있어서 피무고자의 승낙이 있었다고 하더라도 무고죄의 성립에는 영향을 미치지 못한다.

나. 무고죄에 있어서 '형사처분 또는 징계처분을 받게 할 목적'의 의미

할 것이고, 무고죄에 있어서 형사처분 또는 징계처분을 받게 할 목적은 허위신고를 함에 있어서 다른 사람이 그로 인하여 형사 또는 징계처분을 받게 될 것이라는 인식이 있으면 족한 것이고 그 결과발생을 희망하는 것까지를 요하는 것은 아니므로, 고소인이 고소장을 수사기관에 제출한 이상 그러한 인식은 있었다고 보아야 한다(대법원 2005.9.30. 선고 2005도2712 판결).

2) 형사처분 · 징계처분

형사처분에는 형벌 이외에 보안처분(例, 사회보호법상의 감호처분, 소년법상의 보호처분)을 포함된다. 징계처분은 공법상의 특별권력관계에 기한 징계처분만을 의미한다.

■ 판례 ■ **변호사에 대한 징계처분이 형법 제156조에서 정하는 '징계처분'에 포함되는지 여부(적극)**

[1] 구 변호사법 제92조 등 관련 규정에 의하면 변호사에 대한 징계가 대한변호사협회 변호사징계위원회를 거쳐 최종적으로 법무부의 변호사징계위원회에서 결정되고 이에 불복하는 경우에는 행정소송을 할 수 있는 점, 구 변호사법 제93조 등은 판사 2명과 검사 2명이 위원으로 참여하여 대한변호사협회와 법무부의 변호사징계위원회를 구성하고, 서류의 송달, 기일의 지정이나 변경 및 증인 · 감정인의 선서와 급여에 관한 사항에 대하여 '형사소송법'과 '형사소송비용 등에 관한 법률'의 규정을 준용하도록 정하고 있는 점, 위와 같은 절차를 마련한 것은 변호사의 공익적 지위에 기인하여 공법상의 특별권력관계에 준하여 징계에 관하여도 공법상의 통제를 하려는 의도로 보여지는 점 등을 고려하여 보면, 변호사에 대한 징계처분은 형법 제156조에서 정하는 '징계처분'에 포함된다고 봄이 상당하고, 구 변호사법 제97조의2 등 관련 규정에 의하여 그 징계 개시의 신청권이 있는 지방변호사회의 장은 형법 제156조에서 정한 '공무소 또는 공무원'에 포함된다.

[2] 피고인이 변호사인 피해자로 하여금 징계처분을 받게 할 목적으로 서울지방변호사회에 위 변호사회 회장을 수취인으로 하는 허위 내용의 진정서를 제출한 경우, 무고죄가 성립한다(대법원 2010.11.25. 선고 2010도10202 판결).

5. 자수범 특례

무고의 죄를 범한 자가 재판 또는 징계처분이 확정되기 전 자수 · 자백한 때에는 형을 감경 또는 면제한다.

■ 판례 ■   **무고죄를 범한 자의 재판확정 전 자백을 필요적 감경 또는 면제사유로 정한 형법 제157조, 제153조에서 '자백'의 범위**

형법 제157조, 제153조는 무고죄를 범한 자가 그 신고한 사건의 재판 또는 징계처분이 확정되기 전에 자백 또는 자수한 때에는 형을 감경 또는 면제한다고 하여 이러한 재판확정 전의 자백을 필요적 감경 또는 면제사유로 정하고 있다. 위와 같은 자백의 절차에 관해서는 아무런 법령상의 제한이 없으므로 그가 신고한 사건을 다루는 기관에 대한 고백이나 그 사건을 다루는 재판부에 증인으로 다시 출석하여 전에 그가 한 신고가 허위의 사실이었음을 고백하는 것은 물론 무고 사건의 피고인 또는 피의자로서 법원이나 수사기관에서의 신문에 의한 고백 또한 자백의 개념에 포함된다(대법원 1973. 11. 27. 선고 73도1639 판결, 대법원 2012. 6. 14. 선고 2012도2783 판결 참조).
형법 제153조에서 정한 '재판이 확정되기 전'에는 피고인의 고소 사건 수사결과 피고인의 무고 혐의가 밝혀져 피고인에 대한 공소가 제기되고 피고소인에 대해서는 불기소결정이 내려져 재판절차가 개시되지 않은 경우도 포함된다.(대법원 2021. 1. 14. 선고 2020도13077 판결)

■ 판례 ■   **무고죄의 경우 재판확정 전의 자백을 필요적 감경 또는 면제사유로 정한 형법 제157조, 제153조에서 자백의 범위 / 형법 제153조에서 정한 '재판이 확정되기 전'에 피고인의 고소 사건 수사 결과 피고인의 무고 혐의가 밝혀져 피고인에 대한 공소가 제기되고 피고소인에 대해서는 불기소결정이 내려져 재판절차가 개시되지 않은 경우가 포함되는지 여부(적극)**

형법 제157조, 제153조는 무고죄를 범한 자가 그 신고한 사건의 재판 또는 징계처분이 확정되기 전에 자백 또는 자수한 때에는 그 형을 감경 또는 면제한다고 하여 이러한 재판확정 전의 자백을 필요적 감경 또는 면제사유로 정하고 있다. 위와 같은 자백의 절차에 관해서는 아무런 법령상의 제한이 없으므로 그가 신고한 사건을 다루는 기관에 대한 고백이나 그 사건을 다루는 재판부에 증인으로 다시 출석하여 전에 그가 한 신고가 허위의 사실이었음을 고백하는 것은 물론 무고 사건의 피고인 또는 피의자로서 법원이나 수사기관에서의 신문에 의한 고백 또한 자백의 개념에 포함된다.
형법 제153조에서 정한 '재판이 확정되기 전'에는 피고인의 고소사건 수사 결과 피고인의 무고 혐의가 밝혀져 피고인에 대한 공소가 제기되고 피고소인에 대해서는 불기소결정이 내려져 재판절차가 개시되지 않은 경우도 포함된다.(대법원 2018. 8. 1. 선고, 2018도7293, 판결)

● II. 범죄사실기재

1) 범죄사실 기재례

[기재례1] 경찰관이 뇌물을 받았다고 무고

피의자는 유흥주점을 운영하다가 20○○. ○. ○. ○○경찰서에 근무하는 경감 김완호에게 청소년보호법위반으로 적발되어 처벌을 받게 되자 김완호에 대해 앙심을 품게 되었다. 그러던 중 피의자는 20○○. ○. ○. 10:00경 ○○에 있는 피의자의 집에서 김완호로 하여금 형사처분 또는 징계처분을 받게 할 목적으로 ○○경찰청장 앞으로 김완호에 대한 진정서 1통을 작성하였다. 그 진정서는 "김완호는 20○○. ○. ○.경 ○○에 있는 ○○살롱에서 건설회사 사장 홍길동으로부터 회사 횡령사건을 수사하는 과정에서 잘 처리해달라는 부탁을 받고 양주 등 100만원 상당의 향응을 받아 그 직무에 관하여 뇌물을 수수하였다."라는 내용이나, 사실은 피의자는 김완호가 직무와 관련하여 수뢰하였다는 소문만 듣고 그 진위를 알지 못하였다.

그럼에도 불구하고, 피의자는 20○○. ○. ○. 11:00경 피의자의 집 앞에 있는 우체통에 위 진정서를 넣어 그다음 날 ○○경찰청에 도달하게 함으로써 김완호를 무고하였다.

[기재례2] 연대보증을 하고 보증한 사실이 없다며 무고

피의자는 20○○. ○. ○.경 ○○에 있는 피의자의 집에서 홍수자로 하여금 형사처분을 받게 할 목적으로 워드프로세서를 이용하여 홍수자에 대한 허위내용의 고소장을 작성하였다. 그 고소장은 "피고소인 홍수자는 20○○. ○. ○. ○○농협에서 고소인의 승낙을 받지 아니하고 연대보증인란에 고소인의 이름을 함부로 기재한 후 도장을 찍어 고소인 명의의 연대보증서 1매를 위조하여 행사하고 4,000,000원을 대출받았다."라는 내용이나, 사실은 홍수자가 농협에서 4,000,000원을 대출받는데 연대보증인이 되어 달라는 그에 부탁을 받고 이를 승낙하여 연대보증인으로 서명날인까지 하여 주었던 것인데 위 홍수자가 대출원금을 상환하지 아니하여 보증채무를 부담하게 될 상황에 이르자 그 보증채무를 면하려고 하였다.

그럼에도 불구하고 피의자는 20○○. ○. ○. ○○에 있는 ○○경찰서 민원실에서 성명을 알 수 없는 경찰관에게 위 고소장을 제출하여 홍수자를 무고하였다.

[기재례3] 임차인 명의를 변경하고도 임대차보증금을 편취하였다고 무고

피의자는 20○○. ○. ○. ○○에 있는 피의자의 집에서 甲으로 하여금 형사처분을 받게 할 목적으로 볼펜을 이용하여 甲에 대한 허위내용의 고소장을 작성하였다. 그 고소장은 '甲과 乙이 통정하여 20○○. ○. ○. 고소인 모르게 임차인을 乙로 하는 임대차계약서를 다시 작성하여 고소인의 임대차 보증금 1,000만 원과 권리금 800만 원 합계 1,800만 원을 편취하였다.'는 내용이나, 사실은 피의자가 甲으로부터 ○○에 있던 ○○다방을 임차하여 그와 내연의 관계에 있던 乙로 하여금 위 다방을 운영하도록 하던 중 20○○. ○. ○. 임대차계약의 임차인을 피의자 명의에서 위 乙명의로 변경하도록 승낙한 사실이 있었던 것이다.

그럼에도 불구하고 피의자는 20○○. ○. ○. ○○에 있는 ○○경찰서 민원실에서 성명을 알 수 없는 경찰관에게 위 고소장을 제출하여 甲을 무고하였다.

2) 적용법조 : 제156조 … 공소시효 10년

III. 고소인 조사사항

- 피고소인과 어떤 관계인가
- 언제 어디에 무고내용의 고소장을 제출하였다는 것인가
- 어떤 내용으로 무고를 하였다는 것인가
- 피의자의 무고로 고소인은 어떤 불이익을 받았는가
- 피의자의 무고 중 어떤 부분이 잘못되었나
- 피의자가 무고하였다는 근거가 있는가

IV. 피의자 신문사항

- 피의자는 ○○경찰서장 앞으로 고발장을 제출한 사실이 있는가
- 어떤 내용의 고발장인가
  이때 피의자가 제출하였던 고발장을 보여주며
- 이 고발장이 맞나
- 이 고발장의 내용이 모두 사실인가
- 건축한 경과를 알고 있는가
- 피고발인 甲은 무엇을 하는 사람인가
- 甲으로부터 피해를 본 것이 있는가
- 甲의 건축물로 인하여 손해를 보지 않았는데 고발한 이유가 무엇인가
- 불법건축물이 아니라는 사실을 알면서도 고발한 목적은 무엇인가

제12장 신앙에 관한 죄 (제158~163조)

제1절 장례식 등의 방해

제158조(장례식 등의 방해) 장례식, 제사, 예배 또는 설교를 방해한 자는 3년 이하의 징역 또는 500만 원 이하의 벌금에 처한다.

 Ⅰ. 구성요건

1. 객 체

장례식 · 제사 · 예배 또는 설교

1) 장례식

사자의 장례의식으로 종교적 의식일 필요는 없고 시체의 존재도 요하지 않는다. 그러나 교회에서의 결혼식은 본죄의 객체가 아니다.

2) 제 사

사자에 대한 제사의식을 말한다.

3) 예 배

종교단체에서 행해지는 규례에 따른 종요의식을 말한다. 장소는 불문하나 다수인이 참여할 것을 요하므로 혼자만의 예배는 본죄의 객체가 아니다.

■ 판례 ■ **형법 제158조 예배방해죄에서 보호하는 '예배'의 의미**

곽OO은 대한예수교장로회 소속 교회의 담임목사로 있다가 교회 재판국으로부터 목사면직의 판결을 받자 일부 신도들과 함께 대한예수교장로회 교단을 탈퇴한다는 결의를 하고 2000. 12. 1. 교회를 떠난 후 이 사건이 일어난 2003. 4. 20.까지는 교회 건물에서 예배를 한 적이 없는 점, 교회에서는 2003. 4. 20. 11:00에 부활절 예배가 예정되어 있었는데, 그러한 사정을 잘 아는 곽OO이 그를 따르는 신도들과 함께 아무런 통보나 예고도 없이 갑자기 10:10경에 부활절 예배를 준비 중이던 교회 예배당으로 들어와서는 찬송가를 부르는 등의 행위를 하기 시작한 점, 곽OO 및 그를 따르는 신도들은 피고인들을 포함한 교회의 교인들로부터 부활절 예배가 곧 시작되므로 예배당을 비워달라는 요구를 받았음에도 불구하고 이를 계속해서 거부하였고, 이에 결국 피고인들을 포함한 교회 교인들이 그 판시와 같은 행위에 이르게 된 사실 등을 종합해 보면, 곽OO 및 그를 따르는 신도들의 위와 같은 행위는 교회 교인들의 예배를 방해하기 위한 행위라고 볼 수밖에 없어 예배방해죄에서 보호하는 '예배'에 해당된다고 보기는 어렵다(대법원 2008.2.28. 선고 2006도4773 판결).

4) 설 교

종교상의 교의를 해설·설명하는 것을 말한다. 순수한 종교상의 설교만을 의미하고 종교행정이나 정치·학술에 관한 연설이나 강연은 설교가 아니다.

■ 판례 ■ **위임목사가 아닌 자가 당회의 결의에 반하여 행한 설교와 예배인도가 본죄의 객체에 해당하는지 여부(적극)**

정식절차를 밟은 위임목사가 아닌 자가 당회의 결의에 반하여 설교와 예배인도를 한 경우라 할지라도 그가 그 교파의 목사로서 그 교의를 신봉하는 신도 약 350여명 앞에서 그 교지에 따라 설교와 예배인도를 한 것이라면 다른 특별한 사정이 없는 한 그 설교와 예배인도는 형법상 보호를 받을 가치가 있고 이러한 설교와 예배인도의 평온한 수행에 지장을 주는 행위를 하면 본조의 설교 또는 예배방해죄가 성립한다(대법원 1971.9.28. 선고 71도1465 판결).

2. 행 위

제전의 정상적인 진행을 방해하는 것

(1) 방해의 방법

제한이 없음(例, 폭행, 협박, 소음, 목사의 감금 등)

* 문서를 반포하여 일정한 종교를 공격함으로써 그 설교를 곤란하게 하는 행위는 본죄를 구성하지 않는다.

(2) 방해시기

제전이 집행되는 중이거나 제전의 집행과 시간적으로 밀접불가분의 관계가 있는 준비단계에서 방해행위가 있을 것

■ 판례 ■ **甲이 乙의 집에서 시비중에 마침 제사상에 사용할 음식을 마련하여 임시로 작은상에 올려놓은 것을 발로 찬 경우**

[1] 제전방해죄의 성립요건
형법 제158조에 규정된 제전방해죄는 제전의 평온을 그 보호법익으로 하는 것이므로 제전이 집행중이거나 제전의 집행과 시간적으로 밀접 불가분의 관계에 있는 준비단계에서 이를 방해하는 경우에만 성립한다 할 것이다.

[2] 甲의 죄책
피고인이 피해자의 집에 가서 시비 중에 마침 제사상에 사용할 음식을 마련하여 임시로 작은 상 위에 올려놓은 것을 발로 찼다는 정도의 행위는 제전방해죄에 해당되지 않는다고 할 것이다(대법원 1982. 2.23. 선고 81도2691 판결).

교회의 교인이었던 사람이 교인들의 총유인 교회 현판, 나무십자가 등을 떼어 내고 예배당 건물에 들어가 출입문 자물쇠를 교체하여 7개월 동안 교인들의 출입을 막은 경우 예배방해죄의 성부(소극)

장기간 예배당 건물의 출입을 통제한 위 행위는 교인들의 예배 내지 그와 밀접불가분의 관계에 있는 준비단계를 계속하여 방해한 것으로 볼 수 없어 예배방해죄가 성립하지 않는다(대법원 2008.2.1. 선고 2007도5296 판결)

고 노무현 전 대통령의 국민장 영결식 방해사건

[1] 국장·국민장에 관한 법률에 의하여 '국민장'으로 정하여진 전직 대통령에 대한 장례식에서, 국민의 추모 감정 및 공공의 평온이라는 그 보호법익을 저해하는 행위를 한 경우

국장·국민장에 관한 법률에서 정한 요건 및 절차에 의하여 '국민장'으로 정하여진 전직 대통령에 대한 장례식은 유족 및 고인을 지지했던 사람들만이 아니라 국민이 주체가 된 장례식으로서, 그 보호법익은 장례식이 갈등의 표출없이 평온하고 엄숙한 상태에서 치러지기를 소망하는 국민 전체의 고인에 대한 추모의 감정 내지 공공의 평온이라 할 것이므로, 이를 저해하는 행위를 한 경우 비록 장의위원이라 하더라도 장례식방해죄의 주체가 될 수 있다.

[2] 피고인이 국민장으로 정하여진 전직 대통령에 대한 영결식 도중에 돌연 영결식장 앞으로 돌진하며, 헌화하려는 현직 대통령에게 "사죄하라"고 크게 소리를 질러서 소란을 일으킨 사안

피고인이 국민장으로 정하여진 전직 대통령에 대한 장례식 중 가장 중요한 의식인 영결식이 주한외교단과 조문사절 및 3부 요인과 장의위원들의 참석하에 엄숙히 진행되던 가운데 돌연 영결식장 앞으로 돌진하며, 헌화하려는 현직 대통령에게 "사죄하라"고 크게 소리를 지르고 제지를 당하는 과정에서도 계속하여 같은 시도를 하여 소란을 일으킨 사안에서, 이는 장례식의 평온한 수행을 곤란하게 하는 행위로서 장례식 '방해' 행위에 해당한다.

[3] 피고인이 국회의원이자 장의위원의 한 사람이라고 하더라도 국민장으로 정하여진 전직 대통령에 대한 장례식에서 항의표시로 큰소리를 질러 의식을 방해한 행위를 사회상규에 위배되지 않는 정당행위로 볼 수 없다고 한 사례

피고인이 국회의원이자 장의위원의 한 사람이라고 하더라도 국민장으로 정하여진 전직 대통령에 대한 장례식에서 고인의 죽음에 대한 항의표시로 큰소리를 질러 의식을 방해한 행위를, 사회상규에 위배되지 않는 정당행위로 볼 수 없다고 한 사례.(서울중앙지법 2010. 6. 10., 선고, 2010고단143, 판결)

(3) 기 수

방해행위가 있으면 기수가 되고 현실적인 방해의 결과는 요하지 않음(추상적 위험범)

3. 주관적 구성요건

객체와 행위에 대한 인식과 의사가 있을 것

Ⅱ. 범죄사실기재 및 신문사항

[기재례1] 고함을 쳐 설교를 방해한 경우

1) 범죄사실 기재례

피의자는 20○○. ○. ○. ○○:○○경 ○○에 있는 ○○교회에서 그 교회목사 허윤구가 200여명의 교인 앞에서 설교하고 있을 때 갑자기 문을 열고 들어가 "그따위 설교 집어치워. 계속하면 교회를 때려 부수겠다. 여러분 모두 나가십시오." 라고 고함을 지르는 등 소란을 피워 위 목사 허윤구의 설교를 방해하였다.

2) 적용법조 : 제158조 … 공소시효 5년

3) 신문例

- ○○교회 목사 ○○○가 설교하는 것을 방해한 일이 있나
- 언제 어디에서 이를 방해하였나
- 어떠한 방법으로 방해
- 그 당시 목사 ○○○는 무엇을 하고 있었나
- 신도들은 어느 정도 있었으며 무엇을 하고 있던가
- 피의자가 설교를 방해하였을 때 목사와 신도들이 피의자에게 뭐라고 하던가
- 피의자의 이러한 행위로 목사가 하고 있던 설교는 어떻게 되었나
- 왜 이러한 행위를 하였나

[기재례2] 대통령 영결식 방해사건

1) 범죄사실 기재례

피의자는 20○○. ○. ○. ○○:○○경 ○○에 있는 경복궁 앞뜰에서 개최된 고 ○○ 전 대통령의 국민장 영결식장에서, 식장에 설치된 헌화대를 기준으로 오른쪽 약 20m 떨어져 있는 지점의 가장 앞 좌석에 앉아 있던 중 갑 대통령 부부가 헌화하러 나가는 순간 좌석에서 갑자기 일어나 동그랗게 말은 행사 안내장을 앞으로 치켜든 채 빠르게 헌화대 방향으로 걸어가면서 "사죄하라. 어디서 분향을 해" 라고 크게 소리를 질렀다.

이후 피의자는 영결식장 앞으로 뛰어나온 경호원들에 의하여 입이 막힌 채로 영결식장 오른쪽 가장자리로 끌려가면서 계속 소리를 지르려고 시도하는 등 헌화 절차의 원만한 진행을 저해함으로써 영결식의 평온한 수행에 지장을 주어 국민장 장의위원회가 주관하는 고 ○○ 전 대통령의 장례식을 방해하였다.

2) 적용법조 : 형법 제158조 … 공소시효 5년

제2절 시체 등의 오욕

제159조(시체 등의 오욕) 시체, 유골 또는 유발(遺髮)을 오욕한 자는 2년 이하의 징역 또는 500만원 이하의 벌금에 처한다.

 Ⅰ. 구성요건

1. 객 체

시체, 유골, 유발

(1) 시 체

사람모양의 통일체로 결합되어 있는 사람의 시체

시 체(○)	시 체 (×)
(1) 인체의 형태를 갖춘 죽은 태아(사태) (2) 시체의 일부(팔, 다리, 장기) (3) 금니나 금속뼈	시체에서 뽑아낸 혈액

(2) 유 골

화장 기타의 방법에 의하여 백골이 된 시체의 일부분

ㅇ화장한 재는 본죄의 객체인 유골이나, 화장터에 남은 재는 본죄의 객체가 아니다.

(3) 유 발

사자를 기념하기 위하여 보존한 모발

2. 행 위

오욕하는 것으로 오욕이란 폭행 기타 유형력의 행사에 의하여 모욕적인 의사를 표현하는 것(例, 시체에 오물을 투기하는 것, 시체에 침을 뱉거나 방뇨하는 행위, 시체를 절단하는 행위, 시간하는 행위)

✽ 고인을 욕되게 하는 말 등 언어에 의한 무형적 모욕은 사자명예훼손죄의 성립은 별론으로 하고 본죄를 구성하지는 않는다.

II. 범죄사실기재 및 신문사항

[기재례1] 시체에 인분을 투기하여 오욕

1) 범죄사실 기재례

피의자는 이웃에 사는 홍길동과 경계침범으로 인해 잦은 마찰을 빚어 사이가 좋지 않은 사이였다.

피의자는 위 홍길동이 지병인 암으로 사망하자 위 홍길동의 아들 홍만철이 피의자에게 당신 때문에 우리 아버지가 암에 걸려 결국 사망하게 되었다고 말했다는 이유로 20○○. ○. ○. 장례를 치르기 위해 ○○에 안장된 위 홍길동의 시체에 인분을 투기하여 시체를 오욕하였다.

2) 적용법조 : 제159조 ··· 공소시효 5년

3) 신문사항

- 홍길동과 그 아들 홍만철을 알고 있는가
- 홍길동이 사망한 것을 알고 있는가
- 무엇 때문에 사망하였는가
- 사망한 홍길동의 시체에 오물을 투기한 일이 있는가
- 언제 어디에 있는 시체에 오물을 투기하였나
- 어떤 오물인가
- 어떤 방법으로 하였는가

[기재례2] 살인 후 시체 오욕

1) 범죄사실 기재례

피의자는 20○○. ○. ○. ○○에서 피해자 ○○○을 살해한 후에도 욕정을 이기지 못하고 사망한 동 시체의 입을 벌리고 자신의 성기를 집어넣어 왕복하고, 동 시체의 음부에 성기를 집어넣고 왕복하여 사정한 후 다시 그곳 방 안에 있던 위 피해자 소유의 화장품 튜브를 동녀의 음부에 집어넣고 쑤시면서 자위를 하는 등의 방법으로 망인인 위 ○○○의 시체를 오욕하였다.

2) 적용법조 : 제250조, 제159조

3) 신문사항

- 피해자 홍길녀를 알고 있는가
- 살해부분 생략

- 살해 후 피해자의 시체를 오욕한 일이 있는가
- 어떤 방법으로 오욕하였나
- 무엇 때문에 이런 행위를 하였나
- 이런 행위를 한 후 시체는 어떻게 하였나

[기재례3] 강간살인 및 시체 오욕, 시체유기

1) 범죄사실 기재례

가. 강간살인

피의자는 20○○. ○. ○. 22:40경 심야에 귀가하는 여학생을 강간하기로 마음먹고 승용차(차량번호)를 서행하며 대상자를 물색하다 ○○에 있는 ○○시장 입구 골목길에서 그곳을 지나가던 피해자 ○○○(여, 17세)을 발견하고 피해자에게 위 승용차로 다가가 "○○여고 학생이냐, 윤리 선생님 ○○○가 교통사고를 당했다. 도와주어야 하니 같이 가자"라고 거짓말을 하였다.

그 말에 속은 위 피해자를 위 승용차 조수석에 태워 좌측 손으로 피해자의 입을 막고 우측 손으로 목덜미를 잡아 누르며 "소리 지르지 마라, 반항하면 죽여버리겠다"라고 말하여 차량 통행이 뜸한 ○○에 있는 비상활주로까지 끌고 갔다.

피의자는 그곳에서 "살려 달라"고 하는 피해자에게 "옷을 전부 벗어라, 강간만 하고 살려 주겠다"라고 말하여 그 반항을 억압해 피해자로 하여금 옷을 모두 벗고 조수석 의자에 눕게 한 후 1회 간음하여 강간하였다.

피의자는 위 범행이 발각되어 처벌받을 것이 두려운 나머지 피해자를 살해하기로 마음먹고, 피의자의 지시로 양손을 뒤로하고 위 승용차 조수석에 엎드려 있는 피해자의 등 위에 올라가 양 무릎으로 피해자의 양손을 눌러 꼼짝 못 하게 하고 "살려주는 거죠"라고 애원하는 피해자에게 "그래, 그래, 가만히 있어"라며 왼손으로 피해자의 머리를 피해자가 축 늘어질 때까지 3~4분간 계속 세게 눌러 피해자로 하여금 그 자리에서 질식으로 사망하게 하여 피해자를 살해하였다.

나. 시체오욕과 시체유기

피의자는 20○○. ○. ○. 00:40경 ○○암 근처에 주차한 위 승용차 안에서 위와 같이 살해한 피해자의 시체를 태운 채 ○○야산까지 운행한 후 피해자를 어깨에 메고 야산으로 약 20m 정도 걸어가 그곳에 위 시체를 던져 버리고 집으로 귀가한 다음, 같은 날 09:00경 위 장소에 다시 와 위 시체를 그 근처에 있던 구덩이 속으로 던져 넣은 후 칼을 그 시체의 음부에 집어넣고 항문 부분까지 그어 시체를 오욕하고, 그 구덩이 위에 흙을 파헤쳐 덮어 시체를 유기하였다.

2) 적용법조 : 제301조의 2, 제297조(강간살인), 제159조(시체오욕), 제161조 제1항(시체유기) … 공소시효 없음(강간살인 : 2013.6.19.부터. 성폭법 제18조제4항제1호)

제3절 분묘의 발굴

> 제160조(분묘의 발굴) 분묘를 발굴한 자는 5년 이하의 징역에 처한다.
> 제162조(미수범) 전2조의 미수범은 처벌한다.

 Ⅰ. 구성요건

1. 객 체

본죄의 객체는 분묘이다. 분묘란 사람의 시체나 유골, 유발 등을 매장하여 사자에 대해 제사를 올리거나 기념하는 장소를 말한다.

- 소유자·관리자가 현존할 필요도 없으며 사자가 누구인지 불명하다고 하더라도 현재 제사나 숭경의 대상이 되어있으면 본죄의 객체가 된다.
- 분묘는 반드시 적법하게 매장된 것일 필요는 없다. 따라서 암매장된 분묘도 본죄의 객체가 된다.
- 고분의 경우 제사나 숭경의 대상이 되는 것은 본죄의 객체가 되나, 제사·예배의 대상이 되지 않는 고분은 분묘가 아니다.

■ 판례 ■ **분묘발굴죄의 객체인 분묘의 의미**

분묘발굴죄의 객체인 분묘는 사람의 사체, 유골, 유발 등을 매장하여 제사나 예배 또는 기념의 대상으로 하는 장소를 말하는 것이고, 사체나 유골이 토괴화하였을 때에도 분묘인 것이며, 그 사자가 누구인지 불명하다고 할지라도 현재 제사 숭경하고 종교적 예의의 대상으로 되어 있고 이를 수호봉사하는 자가 있으면 여기에 해당한다고 할 것이다(대법원 1990.2.13. 선고 89도2061 판결).

■ 판례 ■ **암장된 분묘를 당국의 허가없이 자구행위로 발굴하여 개장한 경우**

[1] 묘의 봉분이 없어지고 평토화 가까이 되어 있고 묘비 등 표식이 없어 그 묘 있음을 확인할 수 없는 분묘라 하여 분묘발굴죄의 객체인 분묘에 해당되지 않는지 여부(소극)

묘의 봉분이 없어지고 평토화 가까이 되어 있고 묘비 등 표식이 없어 그 묘 있음을 확인할 수 없는 분묘라 하더라도 현재 이를 제사 숭경하고 종교적 의례의 대상으로 하는 자가 있는 경우에는 그가 바로 무연고분으로서 제사와 신앙의 대상이 되는 분묘라 할 수 없다거나 분묘발굴죄의 객체인 분묘에 해당되지 않는다고는 할 수 없다.

[2] 암장된 분묘가 분묘발굴죄의 객체가 되는지 여부

암장된 분묘라 하더라도 당국의 허가없이 자구행위로 이를 발굴하여 개장할 수는 없는 것이다(대법원 1976.10.29. 선고 76도2828 판결).

2. 행 위

발굴하는 것

발굴이란 복토의 전부 또는 일부를 제거하거나 묘석 등을 파괴·해체하여 분묘를 훼손하는 것을 말한다.

(1) 기수시기

관이나 시체가 현출될 필요는 없고 복토를 제거한 상태에 이르렀을 때 기수가 된다.

■ 판례 ■　**관이나 유골 또는 사체가 외부에 표출될 것을 요하는 지 여부(소극)**

분묘발굴죄에 있어서의 분묘의 발굴행위에는 유골시체가 외부로부터 인지할 수 있는 상태까지 현출함이 필요치 않다(대법원 1962.3.29. 선고 4294형상539 판결).

(2) 관리자의 동의

1) 관리자의 동의가 있는 경우

■ 판례 ■　**관리자의 동의를 얻은 경우 위법성이 조각되는지 여부(적극)**

[1] 사실관계

사실상 분묘를 관리, 수호하고 망인의 봉제사를 행하여 오던 甲이 실질상 손이 끊겨 수호 관리하기 힘든 조상들의 묘를 화장 방식으로 바꾸기로 한 종중의 결의에 따라 망인의 사망 당시 호주의 사후양자로 그를 호주상속하여 망인의 가를 계승한 양손자의 승낙하에 종교적 예를 갖추어 그 분묘를 발굴하였다. 그러나 甲은 그 발굴 전에 망인의 출가한 양손녀들의 승낙을 얻지 아니하였다.

[2] 판결요지

가. 분묘발굴 행위의 위법성이 조각되는 경우

분묘발굴죄는 그 분묘에 대하여 아무런 권한 없는 자나 또는 권한이 있는 자라도 사체에 대한 종교적 양속에 반하여 함부로 이를 발굴하는 경우만을 처벌대상으로 삼는 취지라고 보아야 할 것이므로 법률상 그 분묘를 수호, 봉사하며 관리하고 처분할 권한이 있는 자 또는 그로부터 정당하게 승낙을 얻은 자가 사체에 대한 종교적, 관습적 양속에 따른 존숭의 예를 갖추어 이를 발굴하는 경우에는 그 행위의 위법성은 조각된다고 할 것이고, 한편 분묘에 대한 봉사, 수호 및 관리, 처분권은 종중이나 그 후손들 모두에게 속하여 있는 것이 아니라 오로지 그 분묘에 관한 호주상속인에게 전속하는 것으로서 이와 같은 법리는 사후양자로서 그 가를 계승한 경우에도 다르지 아니하다.

나. 甲의 죄책

사실상 분묘를 관리, 수호하고 망인의 봉제사를 행하여 오던 피고인이 실질상 손이 끊겨 수호 관리하기 힘든 조상들의 묘를 화장 방식으로 바꾸기로 한 종중의 결의에 따라 망인의 사망 당시 호주의 사후양자로 그를 호주상속하여 망인의 가를 계승한 양손자의 승낙하에 종교적 예를 갖추어 그 분묘를 발굴하였다면, 비록 그 발굴 전에 망인의 출가한 양손녀들의 승낙을 얻지 아니하였다 하더라도 이를 위법한 행위라고 단정할 수 없다(대법원 1995.2.10. 선고 94도1190 판결).

호주상속인이 분묘를 발굴하여 납골당에 안치한 행위가 위법성이 조각되는지 여부 (적극)

분묘발굴죄는 그 분묘에 대하여 아무런 권한 없는 자나 또는 권한이 있는 자라도 사체에 대한 종교적 양속에 반하여 함부로 이를 발굴하는 경우만을 처벌대상으로 삼는 취지라고 보아야 할 것이므로, 법률상 그 분묘를 수호, 봉사하며 관리하고 처분할 권한이 있는 자 또는 그로부터 정당하게 승낙을 얻은 자가 사체에 대한 종교적, 관습적 양속에 따른 존숭의 예를 갖추어 이를 발굴하는 경우에는 그 행위의 위법성은 조각된다고 할 것이고, 한편 분묘에 대한 봉사, 수호 및 관리, 처분권은 종중이나 그 후손들 모두에게 속하여 있는 것이 아니라 오로지 그 분묘에 관한 호주상속인에게 전속한다. 이 사건 분묘에 관한 구 민법상의 호주상속인인 피고인이 이 사건 분묘를 발굴하여 납골당에 안치한 행위는 종교적, 관습적 양속에 반하지 아니하여 위법성이 조각된다(대법원 2007. 12. 13. 선고 2007도8131 판결).

2) 관리자의 동의가 없는 경우

■ 판례 ■ **乙이 자신의 생모의 묘를 관리하는 이부동복 형인 甲의 의사에 반하여 그 묘를 발굴한 경우, 분묘발굴죄의 성립여부(적극)**

분묘발굴의 피해법익은 종교감정의 공서양속을 해치는데 있으므로 생모의 묘를 설묘관리하는 "甲"의 의사에 반하여 그 묘를 발굴한 "乙"은 설령 그 묘가 자기의 생모("甲"과는 이부동복간)의 묘라도 죄가 성립한다(대법원 1971.10.25. 선고 71도1727 판결).

(3) 개장신고

■ 판례 ■ **토지구획정리사업시행자의 개장명령에 의한 분묘개장에 있어서도 이장및묘지등에 관한법률 제5조 제2항 소정의 개장신고가 필요한지 여부(적극)**

토지구획정리사업시행자로부터 분묘의 개장명령을 받았다 하더라도 그 분묘를 보존 수호하는 권한 있는 자의 제지를 무릅쓰고 한 분묘발굴행위가 정당한 것으로 될 수는 없고 또 그와 같은 개장명령이 있었다 하여 매장및묘지등에관한법률에 정한 절차에 따른 개장신고를 하지 않아도 된다고 볼 수도 없다(대법원 1978.5.9. 선고 77도3588 판결).

◗ II. 범죄사실기재 및 신문사항

1) 범죄사실 기재례 - [굴착기 이용 분묘발굴]

피의자는 오래전부터 ○○○에 사는 홍길동이 자기 소유의 임야에 분묘를 설치했다고 하여 그와 분쟁하고 있었다.

피의자는 20○○. ○. ○. ○○:○○경 ○○번지에 있는 위 홍길동의 망부 홍○○의 분묘 분봉을 굴착기를 이용 약 1m 정도를 파헤쳐 분묘를 발굴하였다.

2) 적용법조 : 제160조 ⋯ 공소시효 7년

3) 신문사항

- 고소인 ○○○와 어떠한 관계인가
- 고소인 망부의 묘를 발굴한 일이 있느냐
- 언제 어디에 있는 분묘를 발굴하였나
- 어떠한 방법으로(범행에 사용한 기구등)
- 고소인의 망부의 분묘라는 것을 알고 발굴하였나
- 발굴 후 안치되어 있던 유골은 어떻게 하였나
- 언제 어디로 운반하였나
- 왜 그 장소를 택하였나
- 무엇 때문에 이러한 행위를 하였나

제4절 시체 등의 유기

제161조(시체 등의 유기 등) ① 시체, 유골, 유발 또는 관 속에 넣어 둔 물건을 손괴(損壞), 유기, 은닉 또는 영득(領得)한 자는 7년 이하의 징역에 처한다.
② 분묘를 발굴하여 제1항의 죄를 지은 자는 10년 이하의 징역에 처한다.
제162조(미수범) 전2조의 미수범은 처벌한다.

Ⅰ. 구성요건

1. 주 체

제한 없음(시체 등에 처분권 가진 자도 본죄의 주체)

2. 객 체

시체, 유골, 유발, 관내에 장치한 물건(例, 기념 또는 유언에 따라서 시체와 함께 관내에 둔 부장품)

3. 행 위

손괴, 유기, 은닉 또는 영득

■ 판례 ■ **사체를 현장에 방치하는 것이 유기에 해당하는지 여부(소극)**

형법 제161조의 사체은닉이라 함은 사체의 발견을 불가능 또는 심히 곤란하게 하는 것을 구성요건으로 하고 있으나 살인, 강도살인등의 목적으로 사람을 살해한 자가 그 살해의 목적을 수행함에 있어 사후 사체의 발견이 불가능 또는 심히 곤란하게 하려는 의사로 인적이 드문 장소로 피해자를 유인하거나 실신한 피해자를 끌고가서 그곳에서 살해하고 사체를 그대로 둔채 도주한 경우에는 비록 결과적으로 사체의 발견이 현저하게 곤란을 받게 되는 사정이 있다 하더라도 별도로 사체은닉죄가 성립되지 아니한다(대법원 1986.6.24. 선고 86도891 판결).

■ 판례사례 ■ [시체유기죄가 성립하는 사례]

(1) 사람을 살해한 다음 그 범죄의 흔적을 은폐하기 위하여 그 시체를 매몰한 경우(대법원 1968.7.2. 68도679)
(2) 사람을 살해한 다음 그 범죄의 흔적을 은폐하기 위하여 그 시체를 다른 장소로 옮겨 유기한 경우(대법원 1984.11.27. 선고 84도2263 판결)

4. 살인죄와의 관계

사람을 살해한 다음 그 범죄의 흔적을 은폐하기 위하여 그 시체를 다른 장소로 옮겨 유기하였을 때에는 살인죄와 시체유기죄의 경합범이 성립하고 시체유기를 불가벌적 사후행위라 할 수 없다(대법원 1984.11.27. 선고 84도2263 판결).

Ⅱ. 범죄사실기재 및 신문사항

[기재례1] 사산아를 유기한 경우

1) 범죄사실 기재례

피의자는 200○. ○. ○. ○○:○○경 ○○에 있는 피의자의 집에서 유부남인 홍길동과 정교하여 임신한 8개월의 사산아(남)를 분만하였다.

피의자는 주변의 풍문이 두려워 그 시체를 처치하는데 고민하다 같은 날 ○○:○○경 그 사산아를 비닐 자루에 넣고 다시 모포에 싼 다음 남몰래 이를 ○○○앞 강변 제방까지 운반하여 그곳 강물 속에 던져 시체를 유기하였다.

2) 적용법조 : 제161조 제1항(시체유기) … 공소시효 7년

3) 신문사항

- 홍길동을 알고 있는가
- 홍길동의 아이를 임신한 일이 있는가
- 언제 분만하였는가
- 분만한 아이는 어떻게 하였나
- 왜 사산아를 분만하게 되었나
- 언제 어디에 유기하였나
- 그곳을 택한 이유는
- 어떤 방법으로 그곳까지 운반하였나
- 누구랑 이런 행위를 하였나
- 홍길동도 피의자의 이런 행위를 알고 있는가

[기재례2] 살해 후 시체은닉

1) 범죄사실 기재례

가. 살인

피의자는 20○○. ○. ○.경 ○○에 있는 ○○피시방에서 인터넷으로 속칭 '조건만남' 쪽지를 보내고 있는 피해자 홍길녀(여, 25세)를 발견하고 그녀에게 위조한 경찰관 신분증을 제시하며 성매매로 단속한다며 피해자를 ○○에 있는 오피스텔 203호로 데려왔다.

피의자는 그녀와 대화를 나누며 시간을 보내다 같은 날 18:00경 피해자를 그곳 화장실로 들어가게 한 뒤 뒤따라 들어가 그곳 수건함 위에 놓아둔 해머 망치(크기)로 피해자의 머리 부위를 1회 때려 기절시키고 거버칼로 피해자의 목을 잘라 즉시 그 자리에서 사망에 이르게 하여 피해자를 살해하였다.

나. 시체유기

피의자는 같은 날 19:00경 위와 같이 피해자를 살해한 후, 위 거버칼과 쇠톱, 가위 등을 이용하여 피해자의 시체를 5부분으로 절단하여 손괴한 직후 쌀자루 포대에 넣어 피해자의 시체를 ○○에 있는 한방병원신축공사장 뒤편 주택가 담까지 옮긴 다음 삽으로 구덩이를 파서 묻어 피해자의 시체를 은닉하였다.

2) 적용법조 : 제250조 제1항(살인죄) 제161조 제1항(시체은닉) … 공소시효 25년 (제250조 제1항), 5년

[기재례3] 분묘발굴하여 유골을 파손한 경우

1) 범죄사실 기재례 – [묘비를 넘어뜨리고 분묘발굴]

피의자는 오래전부터 ○○○에 사는 홍길동이 자기 소유의 임야에 분묘를 설치했다고 하여 그와 분쟁하고 있었다.

피의자는 20○○. ○. ○. ○○:○○경 ○○에 있는 자기 임야 내에서 철제 지렛대를 사용하여 그곳에 건립된 위 홍길동의 망부 홍○○의 문묘(文廟) 주위의 묘비를 넘어뜨린 다음 분묘를 발굴하여 안치된 그 고인의 유골을 꺼내어 ○○○까지 운반함으로써 분묘를 발굴 유골을 파손하였다.

2) 적용법조 : 제161조 제2항(분묘발굴시체손괴) … 공소시효 10년

3) 신문사항

- 고소인 ○○○와 어떠한 관계인가
- 고소인 망부의 묘를 발굴한 일이 있느냐
- 언제 어디에 있는 분묘를 발굴하였나
- 어떠한 방법으로(범행에 사용한 기구등)
- 고소인의 망부의 분묘라는 것을 알고 발굴하였나

- 발굴 후 안치되어 있던 유골은 어떻게 하였나
- 언제 어디로 운반하였나
- 왜 그 장소를 택하였나
- 무엇 때문에 이러한 행위를 하였나

제5절 변사체 검시 방해

제163조(변사체 검시 방해) 변사자의 시체 또는 변사(變死)로 의심되는 시체를 은닉하거나 변경하거나 그 밖의 방법으로 검시(檢視)를 방해한 자는 700만원 이하의 벌금에 처한다.

I. 구성요건

1. 객 체

변사자의 시체 또는 변사의 의심이 있는 시체

▪ 판례 ▪ **범죄로 인하여 사망한 것이 명백한 자의 시체가 형법 제163조소정의 변시체검시 방해죄의 객체가 될 수 있는지 여부(소극)**

변사자라 함은 부자연한 사망으로서 그 사인이 분명하지 않은 자를 의미하고 그 사인이 명백한 경우는 변사자라 할 수 없으므로, 범죄로 인하여 사망한 것이 명백한 자의 시체는 같은 법조 소정의 변시체검시방해죄의 객체가 될 수 없다(대법원 2003.6.27. 선고 2003도1331 판결).

▪ 판례사례 ▪ **[변사체검시방해죄의 객체가 아닌 것]**

(1) 질병으로 치료받다 사망한 경우
(2) 범죄에 의해 사망한 것이 명백한 자
(3) 수사기관의 검시가 끝난 시체

2. 행 위

은닉 또는 변경하거나 기타 방법으로 검시를 방해하는 것

II. 범죄사실기재 및 신문사항

1) 범죄사실 기재례 – [검시 없이 공동묘지에 매장]

피의자는 20○○. ○. ○. ○○:○○경 피의자와 동거 중이던 홍길동(29세)이 ○○에 있는 피의자 집 침실에서 수면제를 먹고 죽어있는 것을 발견하였다.
이러한 경우 이를 신고하여 소정의 검시를 받아 함에도 불구하고 위 시체를 같은 날 ○○:○○경 ○○에 있는 공동묘지에 몰래 매장하여 변사자의 검시를 방해하였다.

2) **적용법조** : 제163조 … 공소시효 5년

3) 신문사항

– 홍길동(변사자)을 알고 있는가

– 홍길동이 언제 사망하였나

– 무엇 때문에 사망하였는가

– 시체를 어떻게 하였는가

– 언제 어디에 매장하였나

– 어떤 방법으로 매장하였나

– 누구랑 이런 행위를 하였나

– 사망사실을 수사기관에 신고하였나

– 왜 신고하지 않고 이렇게 매장하였는가

제1절 현주건조물 등 방화

> **제164조(현주건조물 등 방화)** ① 불을 놓아 사람이 주거로 사용하거나 사람이 현존하는 건조물, 기차, 전차, 자동차, 선박, 항공기 또는 지하채굴시설을 불태운 자는 무기 또는 3년 이상의 징역에 처한다.
>
> **제174조(미수범)** 제164조제1항, 제165조, 제166조제1항, 제172조제1항, 제172조의2제1항, 제173조제1항과 제2항의 미수범은 처벌한다.
>
> **제175조(예비, 음모)** 제164조제1항, 제165조, 제166조제1항, 제172조제1항, 제172조의2제1항, 제173조제1항과 제2항의 죄를 범할 목적으로 예비 또는 음모한 자는 5년 이하의 징역에 처한다. 단 그 목적한 죄의 실행에 이르기 전에 자수한 때에는 형을 감경 또는 면제한다.

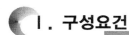 **Ⅰ. 구성요건**

1. 객 체

사람이 주거로 사용하거나 사람이 현존하는 건조물·기차·전차·자동차·선박·항공기 또는 지하채굴시설

(1) 사람이 주거로 사용

범인 이외의 자가 주거로 사용할 것

- ○ 주거의 사용은 일시적 사용이든 계속적 사용이든 불문
- ○ 주거용인 이상 방화시에 사람이 현존할 필요는 없음
- ○ 주거로 사용하는 것이 적법할 것을 요하지 않음
- ○ 건물의 일부분이 주거로 사용되면 건물 전체가 주거용으로 인정

■ 판례사례 ■ **[주거에 해당하는 것]**

(1) 별장, 숙직실	(2) 토굴·주거용 차량
(3) 주거에 인접한 창고	(4) 건물의 일부를 숙직실로 사용하고 있는 학교건물
(5)사람이 거주하는 가옥의 일부로 되어 있는 우사(대법원1967.8.29. 선고 67도925 판결)	

(2) 사람이 현존하는

방화시에 건조물 등의 내부에 행위자 이외의 사람이 존재한다는 것

- ○ 건조물의 일부에 사람이 있으면 건조물 전체가 현주건조물
- ○ 사람이 현존하는 때에는 주거에 사용될 것을 요하지 않음
  - ✽ 주거에 사용하는 건조물은 방화시 사람의 현존을 요하지 않으나, 주거에 사용하지 않는 건조물은 방화시 사람이 현존해야 현주건조물이 된다.
- ○ 사람의 현존여부는 방화시를 기준으로 판단
  - ✽ 거주자를 모두 살해하고 방화한 경우 ⇨ 살해행위에 착수할 때 사람이 현존한 것이므로 살인죄와는 별도로 현주건조물방화죄가 성립하고 시체손괴죄와 실체적 경합

■ 판례 ■ **방화죄의 객체인 '건조물'의 개념**

형법상 방화죄의 객체인 건조물은 토지에 정착되고 벽 또는 기둥과 지붕 또는 천장으로 구성되어 사람이 내부에 기거하거나 출입할 수 있는 공작물을 말하고, 반드시 사람의 주거용이어야 하는 것은 아니라도 사람이 사실상 기거·취침에 사용할 수 있는 정도는 되어야 한다.(대법원 2013.12.12. 선고, 2013도3950, 판결)

2. 행 위

불을 놓아 목적물을 불태우는 것

(1) 실행의 착수시기

목적물 또는 매개물에 발화 또는 점화한 때

■ 판례 ■ **매개물을 통한 현존건조물방화죄의 실행의 착수시기 및 그 판단방법**

매개물을 통한 점화에 의하여 건조물을 소훼함을 내용으로 하는 형태의 방화죄의 경우에, 범인이 그 매개물에 불을 켜서 붙였거나 또는 범인의 행위로 인하여 매개물에 불이 붙게 됨으로써 연소작용이 계속될 수 있는 상태에 이르렀다면, 그것이 곧바로 진화되는 등의 사정으로 인하여 목적물인 건조물 자체에는 불이 옮겨 붙지 못하였다고 하더라도, 방화죄의 실행의 착수가 있었다고 보아야 할 것이고, 구체적인 사건에 있어서 이러한 실행의 착수가 있었는지 여부는 범행 당시 피고인의 의사 내지 인식, 범행의 방법과 태양, 범행 현장 및 주변의 상황, 매개물의 종류와 성질 등의 제반 사정을 종합적으로 고려하여 판단하여야 한다(대법원 2002.3.26. 선고 2001도6641 판결).

■ 판례사례 ■ **[방화죄의 실행의 착수가 인정되는 사례]**

> (1) A가 B의 주거에 방화할 목적으로 인접한 B의 창고에 불을 놓았지만 호우가 쏟아져 창고가 반소되는 데 그친 경우
> (2) A가 B의 주거건물을 연소시킬 목적으로 이에 인접한 C소유의 빈집에 불을 질렀으나 B의 주거건물은 연소되지 않은 경우
> (3) 피해자의 몸에 휘발유가 살포된 사정을 알면서도 주택에 방화할 목적으로 라이터를 켜 불꽃을 일으킴으로써 피해자의 몸에 불이 붙은 경우(대법원 2002.3.26. 선고 2001도6641 판결)
> (4) 피고인이 장롱 안에 있는 옷가지에 불을 놓아 건물을 소훼하려 하였으나 불길이 치솟는 것을 보고 겁이 나서 물을 부어 불을 끈 경우(대법원 1997.6.13. 선고 97도957 판결) ⇨ 장애미수

[방화죄의 실행의 착수가 인정되지 아니하는 사례]

현존하는 선박에 침입하여 미리 준비하였던 휘발유 한 통을 동선박 갑판에 살포 하고 소지중이던 라이터에 불을 켰으나 발각되어 실패한 경우(대법원1960.7.22. 선고 4293형상213 판결)

(2) 기수시기

불이 방화의 매개물을 떠나서 목적물에 옮겨붙어 독립하여 연소를 계속할 수 있는 상태에 이르렀을 때

■ 판례 ■   **홧김에 자기집 헛간 지붕위에 불을 놓아 헛간지붕·몸채지붕·사랑채 지붕의 일부를 태운 경우**

[1] 사실관계

甲은 부모에게 용돈을 요구하였다가 거절당하자 홧김에 자기집 헛간 지붕위에 올라가 거기다 라이타불로 불을 놓고, 이어서 몸채, 사랑채 지붕위에 차례로 올라가 거기에다 각각 불을 놓아 헛간지붕 60㎡ 가량, 몸채지붕 1㎡ 가량, 사랑채 지붕 1㎡ 가량을 태웠다.

[2] 판결요지

방화죄는 화력이 매개물을 떠나 스스로 연소할 수 있는 상태에 이르렀을 때에 기수가 되고 반드시 목적물의 중요부분이 소실하여 그 본래의 효용을 상실한 때라야만 기수가 되는 것은 아니다. 따라서 甲의 행위는 방화죄의 기수에 해당한다(대법원 1970.3.24. 선고, 70도330 판결).

■ 판례 ■   **피해자의 사체 위에 옷가지 등을 올려놓고 불을 붙인 천조각을 던져서 그 불길이 방안을 태우면서 천정에까지 옮겨 붙었으나 불이 완전연소에 이르지 못하고 도중에 진화된 경우**

피고인이 판시 제2의 범행에 있어 피해자의 사체 위에 옷가지 등을 올려놓고 불을 붙인 천조각을 던져 그 불길이 방안을 태우면서 천정에까지 옮겨 붙었다면, 설령 그 불이 완전연소에 이르지 못하고 도중에 진화되었다고 하더라도, 일단 천정에 옮겨 붙은 이상 그 때에 이미 현주건조물방화죄는 기수에 이르렀다고 할 것이다(대법원 2007.3.16. 선고 2006도9164 판결).

3. 주관적 구성요건

불을 놓아 주거에 사용하거나 사람이 현존하는 건조물 등을 불태운다는 점에 대한 고의가 있을 것

■ 판례 ■   **홧김에 서적 등을 마당에 내어 놓고 불태운 경우, 고의의 인정여부(소극)**

피고인이 동거하던 공소외인과 가정불화가 악화되어 헤어지기로 작정하고 홧김에 죽은 동생의 유품으로 보관하던 서적 등을 뒷마당에 내어 놓고 불태워 버리려 했던 점이 인정될 뿐 피고인이 위 공소외인 소유의 가옥을 불태워 버리겠다고 결의하여 불을 놓았다고 볼 수 없다면 피고인의 위 소위를 가리켜 방화의 범의가 있었다고 할 수 없다(대법원 1984.7.24. 선고 84도1245 판결).

[기재례1] 보험금 수령을 위하여 현주건조물방화

1) 범죄사실 기재례

피의자는 자기가 거주하고 있는 가옥이 ○○화재보험회사와 1억원의 화재보험계약이 체결되어 있음을 기화로 이를 방화하여 소실시켜 그 보험금을 수령하기로 마음먹었다.

피의자는 20○○. ○. ○. ○○:○○경 ○○에 있는 목조 기와지붕 2층 주택 1채(면적 약 80㎡)의 안방 벽장 안에 화장지를 구겨 쌓아 시너를 뿌리고 성냥으로 불을 붙여 그 불이 그 벽장 안으로부터 천장을 태우면서 곧 온 건물에 번지게 하였다.

이로써 피의자는 처 최말순외 2명이 주거에 사용하고 있는 피의자 소유인 시가 ○○만원 상당의 가옥 1동을 모두 태워 이를 불태웠다.

2) **적용법조** : 제164조 제1항 … 공소시효 15년

[기재례2] 현주건조물방화, 살인

1) 범죄사실 기재례

가. 살인

피의자는 평소 처인 피해자 丙(여, 30세)이 독단적인 성격으로 피의자를 무시하고 집안의 금전관리를 도맡아 하면서 가정일 마음대로 처리하고 피의자의 부모·형제와 심한 불화를 빚어온 데다가 甲과 불륜관계를 맺어온 것을 눈치채고 그에 따라 위 피해자가 출산한 피해자 乙(여, 1세)이 피의자의 친자가 아닐지도 모른다고 의심하게 됨으로써 처에 대한 감정이 극도로 악화되어 있었다.

피의자는 20○○. ○. ○. ○○:○○경부터 다음날인 ○. ○. ○○:○○경 사이에 피의자가 위 乙, 丙과 함께 거주하여 오던 ○○에 있는 ○○아파트 302호에서 피의자의 누나인 ○○○를 피의자가 개원할 예정이던 외과병원의 직원으로 채용하는 문제와 관련하여 丙과 다투다가 누적된 감정이 폭발하여, 아파트 베란다에 설치된 커튼줄을 잘라서 丙을 목조라 살해하고, 이어 피해자 乙도 종류 미상의 줄로 목을 졸라 살해하였다.

나. 현주건조물방화

피의자는 위와 같이 살해한 후, 수사에 혼선을 주게 할 목적으로 피해자들의 시체를 욕조에 넣고 더운물을 그 욕조 안에 채워 넣고, 한편 안방 장롱 안의 옷에 불을 붙여 안방 천장 등으로 타들어 가게 함으로써 주거로 사용하는 위 아파트를 불태웠다.

2) **적용법조** : 제250조, 제164조 제1항 … 공소시효 25년

[기재례3] 강간을 당한 가정부의 현주건조물방화

1) 범죄사실 기재례

피의자는 ○○에 있는 피해자 甲의 집에서 파출부로 일하고 있다.

피의자는 위 甲에게 20○○. ○. ○. 강간을 당한 것에 원한을 품고, 20○○. ○. ○. 02:00 경 甲의 집에서 거실 바닥에 휴지 등을 쌓아놓고 부엌에 있던 석유 2ℓ 가량을 뿌린 다음 성냥으로 불을 붙여 그 불길이 판자벽을 거쳐 벽돌조 기와지붕 2층 가옥 연면적 ○○㎡ 건물 전체에 번지게 하였다.

이로써 피의자는 김갑석과 가족 등 4명이 주거로 사용하고 있는 甲 소유인 시가 ○○만원 상당의 가옥 1동을 모두 태워 이를 불태웠다.

2) 적용법조 : 제164조 제1항 … 공소시효 15년

[기재례4] 현주건조물방화미수

1) 범죄사실 기재례

피의자는 20○○. ○. ○. ○○:○○경 ○○에 있는 홍길동의 집 동쪽 앞길에 이르러 술이 몹시 취하여 잠깐 쉬고 있을 때 호기심으로 위 홍길동이 주거에 사용하고 있는 목조 기와지붕 단층주택 1채(면적 90㎡)에 불이 번지리라는 것을 예상하면서도 그 집 동쪽 창밖에 쳐놓은 갈대발 밑에 주변에 있던 휴지 등을 모아 라이터를 이용 불을 붙였다.

이로써 그 발이 타오르자 마침 그곳을 지나가던 신방호가 이를 발견하고 곧 진화하여 그 발의 2분의 1가량만 태웠을 뿐 그 집의 소훼에 이르지 못하고 미수에 그쳤다.

2) 적용법조 : 제164조 제1항, 제174조 … 공소시효 15년

[기재례5] 현주건조물방화미수

1) 범죄사실 기재례

피의자는 20○○.○.○. 03:00경 ○○에서 ○○와 같은 이유로 화가 나, 비닐봉지 안에 넣어 온 두루마리 휴지에 라이터 등으로 불을 붙이고 불이 붙은 휴지 등을 위 점포 안으로 집어 던져 위 점포에 불을 붙이려고 하였으나, 불길이 번지지 않고 스티로폼 재질의 생선 박스 일부만 태운 채 꺼지는 바람에 그 뜻을 이루지 못하고 미수에 그쳤다.

이로써 피의자는 사람이 주거로 사용하는 건조물을 소훼하려 하였으나 그 뜻을 이루지 못하고 미수에 그쳤다.

2) 적용법조 : 제164조 제1항, 제174조 … 공소시효 15년

Ⅲ. 신문사항

1. 공통적 신문사항

가. 범행의 대상물

- 사람의 주거에 사용한 것인가
- 사람이 현존하는 것인가
- 기타의 물체인가
- 범인 소유의 것인가
- 압류·물권의 부담·임대·보험에 가입한 것은 아닌가

나. 범행의 동기

- 왜 방화를 하였는가
  - ○ 범죄의 수단, 재산상 이익을 노려
  - ○ 원한, 치정, 협박 수단으로, 화재에 대한 쾌감 기타 장난으로
  - ○ 정신이상
- 언제 방화할 것을 결의하였는가

다. 준비행위

- 어떤 방법을 택하여 준비하였는가
- 매개물은 무엇인가(그 입수경로·시기·방법, 구입매개물의 대가·수량·용기·형태 등)
- 범행당시의 복장·휴대품

라. 범행지까지의 경로

- 언제·어디서 어떤 방법으로 출발하였는가
- 어떤 길로 왔으며 도중에 이상한 것을 보거나 만난 사람은 없었는가
- 언제 현장에 도착하였는가

마. 범행일시

- 피의자가 말하는 일시는 확실한가, 또 그 근거는 무엇인가
- 그 일시를 택하게 된 특별한 조건·사정이 있었는가
- 처음 화재를 발견한 자의 발견 시각과의 시간적 상황은 합리적으로 긍정되는가

바. 범행장소

- 왜 그 장소를 택하게 되었는가
- 공공의 위험성이 있는 장소인가
- 평소에 화기가 있는 장소인가

사. 범행의 상황

- 어떤 곳의, 무엇에, 어떤 방법으로 불을 점화하였는가
- 발화점과 합치되는가
- 매개물과 발화점은 합리적으로 긍정되는가
- 날씨 · 풍향 · 풍속 등의 인식과 그것의 이용 여부
- 발화점과 인화물 등의 소재상황
- 기타 불연물의 상태
- 범행 후의 방화재료 처분방법

아. 출화 시 전후의 피의자의 행동

- 생활 · 생계의 상황과 주위의 사정
- 가재도구의 반출상황, 소화활동 상황
- 피난상태
- 사전에 피난준비를 한 것은 아닌가
- 보험계약의 시기 · 금액과 보험금 청구의 상황

자. 소훼(燒毁)상태

- 발화점과 소훼상황은 합치되는가
- 무엇을 어느 정도 소훼하였는가(독립연소의 정도에 달하였는가의 여부에 주의)
- 손해액
- 인근에의 연소 여부

차. 피의자의 신분관계

- 방화대상물의 소유자 · 점유자 기타의 권리자와의 관계
- 혈족 기타 친족관계의 유무
- 사교상 교제의 유무와 그 정도
- 경제상 거래관계의 유무
- 친지 · 고용관계의 유무

카. 공범관계

- 모의의 유무와 일시 · 장소 · 내용과 범위, 방법
- 분담한 임무 및 실행내용
- 교사자 · 방조자의 유무

타. 정신상태

- 심신상실 · 심신미약의 상태에 있었는가
- 농아자인가
- 주취의 여부(평소의 주량 · 당일의 음주량 · 음주한 장소 · 주벽의 유무 · 주취의 정도)

2. 현주건조물방화에 대한 신문사항

- ○○○건물은 누구소유인가
- 건물용도가 무엇이며 언제 건축(기타 건물의 면적 등 건축물에 대한 현황조사)
- 위 건물에는 누가 거주하고 있는가(범인 이외 거주자 확인 – 가족포함)
- 위 건물을 방화한 일이 있느냐
- 언제 방화하였느냐
- 방화하기 위해 어떠한 준비를 하였나
- 어떠한 방법으로 방화하였나(최초 발화지점 등)
- 무엇 때문에 방화하였느냐
- 방화후 어떠한 조치를 하였느냐

[보험에 가입한 경우]

- 보험에 가입하였느냐
- 언제 어느 보험에 가입(가입일자, 가입금액 등)
- 무엇 때문에 보험 가입하였는지
- 월 납입 보험료는 어느 정도였나(월수입에 비해 보험금을 납입한 금액이 어느 정도였는지등 비교 조사)

제2절 현주건조물 등 방화치사상

제164조(현주건조물 등 방화) ① 불을 놓아 사람이 주거로 사용하거나 사람이 현존하는 건조물, 기차, 전차, 자동차, 선박, 항공기 또는 지하채굴시설을 불태운 자는 무기 또는 3년 이상의 징역에 처한다.
② 제1항의 죄를 지어 사람을 상해에 이르게 한 경우에는 무기 또는 5년 이상의 징역에 처한다. 사망에 이르게 한 경우에는 사형, 무기 또는 7년 이상의 징역에 처한다.

Ⅰ. 구성요건

1. 기본범죄

현주건조물등방화죄(기수 · 미수는 불문)

2. 중한 결과

범인과 공범 이외의 사람을 상해 또는 사망에 이르게 하는 것

3. 주관적 구성요건

현주건조물에 대한 고의와 사상의 결과에 대한 고의 또는 과실이 있을 것(부진정 결과적가중범)

4. 죄수 및 타 죄와의 관계

■ 판례 ■ 　방화행위를 하던 집단 중 1인이 피해자에게 화염병을 던져 화상을 입힌 경우, 공모에 참여한 집단원 모두가 현존건조물방화치상의 죄책을 지는지 여부(적극)

[1] 사실관계

甲을 비롯한 30여 명의 노조원들은 화염병 등 소지 공격조와 쇠파이프 소지 방어조로 나누어 회사건물을 집단방화하기로 공모하고 공격조가 위 건물로 침입하여 화염병 수십 개를 던져 건물 내부를 소훼케 하는 도중에 공격조의 일인인 甲이 건조물 내의 A를 향하여 불이 붙은 화염병을 던져 화상을 입혔다.

[2] 판결요지

위와 같이 공격조 일인이 방화대상 건물 내에 있는 피해자를 향하여 불붙은 화염병을 던진 행위는, 비록 그것이 피해자의 진화행위를 저지하기 위한 것이었다고 하더라도, 공격조에게 부여된 임무 수행을 위하여 이루어진 일련의 방화행위 중의 일부라고 보아야 할 것이고, 따라서 피해자의 화상은

이 사건 방화행위로 인하여 입은 것이라 할 것이므로 피고인을 비롯하여 당초 공모에 참여한 집단원 모두는 위 상해 결과에 대하여 현존건조물방화치상의 죄책을 면할 수 없다(대법원 1996.4.12. 선고 96도215 판결).

■ 판례 ■ **살인이나 상해의 고의로 현주건조물을 소훼하여 사람을 사상에 이르게 하고, 건조물에서 탈출하려는 사람을 막아 소사케 한 경우**

[1] 사실관계

> 甲은 은봉암의 주지인 A 때문에 자신의 가족이 거주하여 오던 암자에서 쫓겨난데 대하여 원한을 품고 A를 살해하기로 결의하고, 안면에 마스크를 하고 A의 집에 침입하였으나 A는 없고 동인의 처 B와 딸 C(19세), D(11세), E(8세) 등만이 잠을 자고 있었다. 이때 C가 깨어나 자신을 알아보기 때문에 마당에 있던 절구방망이를 가져와 피해자 B와 C의 머리를 각 2회씩 강타하여 실신시킨 후 이불로 뒤집어 씌우고 석유를 뿌리고 성냥불을 켜 대어 집을 전소케 하고 불이 붙은 집에서 빠져 나오려는 D와 E가 탈출하지 못하도록 방문 앞에 버티어 서서 지킨 결과 실신하였던 B와 탈출하지 못한 D와 E를 현장에서 소사케 하고, 탈출한 피해자 C는 화상을 입고 입원가료 중 며칠 후 사망하였다.

[2] 판결요지

가. 살인이나 상해의 고의로 현주건조물을 소훼하여 사람을 사상에 이르게 한 경우, 형법 제164조 후단 소정의 현주건조물 방화치사상죄의 성립여부(적극)

형법 제164조 후단이 규정하는 현주건조물 방화치사상죄는 그 전단에 규정하는 죄에 대한 일종의 가중처벌규정으로서 불을 놓아 사람의 주거에 사용하거나 사람이 현존하는 건조물을 소훼함으로 인하여 사람을 사상에 이르게 한 때에 성립되며 동 조항이 사형, 무기 또는 7년 이상의 징역의 무거운 법정형을 정하고 있는 취의에 비추어 보면 과실이 있는 경우뿐만 아니라 고의가 있는 경우도 포함된다고 볼 것이므로, 현주건조물내에 있는 사람을 강타하여 실신케 한 후 동건조물에 방화하여 소사케 한 피고인을 현주건조물에의 방화죄와 살인죄의 상상적 경합으로 의율할 것은 아니다.

나. 현주건조물에 방화하여 동 건조물에서 탈출하려는 사람을 막아 소사케 한 경우, 현주건물방화죄와 살인죄와의 관계(실체적 경합)

형법 제164조 전단의 현주건조물에의 방화죄는 공중의 생명, 신체, 재산 등에 대한 위험을 예방하기 위하여 공공의 안전을 그 제1차적인 보호법익으로 하고 제2차적으로는 개인의 재산권을 보호하는 것이라고 할 것이나, 여기서 공공에 대한 위험은 구체적으로 그 결과가 발생됨을 요하지 아니하는 것이고 이미 현주건조물에의 점화가 독립연소의 정도에 이르면 동 죄는 기수에 이르러 완료되는 것인 한편, 살인죄는 일신전속적인 개인적 법익을 보호하는 범죄이므로, 이 사건에서와 같이 불을 놓은 집에서 빠져 나오려는 피해자들을 막아 소사케 한 행위는 1개의 행위가 수개의 죄명에 해당하는 경우라고 볼 수 없고, 위 방화행위와 살인행위는 법률상 별개의 범의에 의하여 별개의 법익을 해하는 별개의 행위라고 할 것이니, 현주건조물방화죄와 살인죄는 실체적 경합관계에 있다(대법원 1983.1.18. 선고 82도2341 판결). ☞ (甲은 B와 C에 대해서는 현주건조물방화치사죄, D와 E에 대해서는 현주건조물방화죄와 살인죄의 실체적 경합범)

■ 판례 ■ **현주건조물에 방화하여 존속을 살해한 경우 죄수관계**

[1] 사실관계

> 甲은 자신의 집 안방에서 잠을 자고 있는 자신의 아버지 A와 동생 B를 살해하기 위하여 그 곳에 있던 두루마리 화장지를 말아 장롱 뒷면에 나 있는 구멍을 통하여 장롱 안으로 집어넣은 다음, ㎡소 소지하고 다니던 1회용 라이터로 화장지에 불을 붙여 장롱으로 불이 번지자 그 곳을 빠져 나옴으로써 A와 B를 살해하였다.

[2] 판결요지

형법 제164조 후단이 규정하는 현주건조물방화치사상죄는 그 전단이 규정하는 죄에 대한 일종의 가중처벌 규정으로서 과실이 있는 경우뿐만 아니라, 고의가 있는 경우에도 포함된다고 볼 것이므로 사람을 살해할 목적으로 현주건조물에 방화하여 사망에 이르게 한 경우에는 현주건조물방화치사죄로 의율하여야 하고 이와 더불어 살인죄와의 상상적 경합범으로 의율할 것은 아니며, 다만 존속살인죄와 현주건조물방화치사죄는 상상적 경합범 관계에 있으므로, 법정형이 중한 존속살인죄로 의율함이 타당하다(대법원 1996.4.26. 선고 96도485 판결).

■ 판례 ■ **재물을 강취한 후 피해자를 살해할 목적으로 현주건조물에 방화하여 사망에 이르게 한 경우, 강도살인죄와 현주건조물방화치사죄의 관계(= 상상적 경합)**

[1] 사실관계

> 甲은 乙의 집에 침입하여 乙을 결박하고 재물을 강취한 후 乙이 신고하는 것이 두려워 살해하려고 乙의 집에 방화한 결과 乙이 사망하였다.

[2] 판결요지

피고인들이 피해자들의 재물을 강취한 후 그들을 살해할 목적으로 현주건조물에 방화하여 사망에 이르게 한 경우, 피고인들의 행위는 강도살인죄와 현주건조물방화치사죄에 모두 해당하고 그 두 죄는 상상적 경합범관계에 있다(대법원 1998.12.8. 선고 98도3416 판결). ☞ (甲은 강도살인죄와 현주건조물방화치사죄의 상상적 경합)

II. 범죄사실기재

1) 범죄사실 기재례 – [가정불화로 방화하려다 미수]

피의자는 노환을 앓고 있는 노모의 부양문제로 처와 부부싸움을 자주 하는 등 가정불화와 최근 직장 승진대상에서 누락되는 등의 문제로 심한 정신적 갈등을 겪어오던 중이었다.

피의자는 20○○. ○. ○. ○○:○○경 ○○에 있는 피의자의 집에서 위와 같은 사유로 처인 甲과 심한 부부싸움을 하다가 격분하여 "집을 불태워 버리고 같이 죽어버리겠다."라며 그곳 창고 뒤에 있던 18ℓ 들이 플라스틱 휘발유 통을 들고나와 처와 자녀 2명이 있는 피의자의 집 주위에 휘발유를 뿌리고, 일회용 라이터를 켜 불을 놓아 사람이 현존하는 건조물을 불태우려 고 하였으나, 불길이 번지지 않는 바람에 그 뜻을 이루지 못한 채 미수에 그쳤다.

그러나 이로 인하여 피의자를 만류하던 앞집 거주 피해자(남, 51세)가 약 4주간의 치료를 요 하는 경부 및 체부 3도 화상을 입게 하였다.

2) 적용법조 : 제164조 제2항, 제1항 ⋯ 공소시효 15년(후단은 25년)

III. 신문사항

- ○○○건물은 누구 소유인가
- 건물용도가 무엇이며 언제 건축(기타 건물의 면적 등 건축물에 대한 현황조사)
- 위 건물에는 누가 거주하고 있는가(범인 이외 거주자 확인–가족포함)
- 위 건물을 방화한 일이 있느냐
- 언제 방화하였느냐
- 방화하기 위해 어떠한 준비를 하였나
- 어떠한 방법으로 방화하였나(최초 발화지점 등)
- 무엇 때문에 방화하였느냐
- 방화후 어떠한 조치를 하였느냐
- 이런 행위로 인하여 피해자 홍길동에게 화상을 입힌 것을 알고 있는가
- 화상을 입을 것이라는 것을 알고 있었는가
- 화상입은 피해자에게 어떤 조치를 취하였는가
- 어느 정도의 화상을 입었는지 알고 있는가

제3절 공용건조물 및 일반건조물 · 일반물건 방화

Ⅰ. 구성요건

제165조(공용건조물 등 방화) 불을 놓아 공용(公用)으로 사용하거나 공익을 위해 사용하는 건조물, 기차, 전차, 자동차, 선박, 항공기 또는 지하채굴시설을 불태운 자는 무기 또는 3년 이상의 징역에 처한다.

제166조(일반건조물 등 방화) ① 불을 놓아 제164조와 제165조에 기재한 외의 건조물, 기차, 전차, 자동차, 선박, 항공기 또는 지하채굴시설을 불태운 자는 2년 이상의 유기징역에 처한다.
② 자기 소유인 제1항의 물건을 불태워 공공의 위험을 발생하게 한 자는 7년 이하의 징역 또는 1천만원 이하의 벌금에 처한다.

제167조(일반물건 방화) ① 불을 놓아 제164조부터 제166조까지에 기재한 외의 물건을 불태워 공공의 위험을 발생하게 한 자는 1년 이상 10년 이하의 징역에 처한다
② 제1항의 물건이 자기 소유인 경우에는 3년 이하의 징역 또는 700만원 이하의 벌금에 처한다.

제174조(미수범) 제164조제1항, 제165조, 제166조제1항, 제172조제1항, 제172조의2제1항, 제173조제1항과 제2항의 미수범은 처벌한다.

제175조(예비, 음모) 제164조제1항, 제165조, 제166조제1항, 제172조제1항, 제172조의2제1항, 제173조제1항과 제2항의 죄를 범할 목적으로 예비 또는 음모한 자는 5년 이하의 징역에 처한다. 단 그 목적한 죄의 실행에 이르기 전에 자수한 때에는 형을 감경 또는 면제한다.

■ 판례 ■ **무주물에 방화한 경우**

[1] 사실관계

甲은 노상에서 전봇대 주변에 놓인 재활용품과 쓰레기 등을 발견하고 소지하고 있던 라이터를 이용하여 불을 붙인 다음 불상의 가연물을 집어넣어 화염을 키움으로써 공공의 위험을 발생케 하였다.

[2] 판결요지

가. 형법 제167조 제2항(일반물건방화죄)이 무주물에 대한 방화에도 적용되는지 여부(적극)

형법 제167조 제2항은 방화의 객체인 물건이 자기의 소유에 속한 때에는 같은 조 제1항보다 감경하여 처벌하는 것으로 규정하고 있는바, 방화죄는 공공의 안전을 제1차적인 보호법익으로 하지만 제2차적으로는 개인의 재산권을 보호하는 것이라고 볼 수 있는 점, 현재 소유자가 없는 물건인 무주물에 방화하는 경우에 타인의 재산권을 침해하지 않는 점은 자기의 소유에 속한 물건을 방화하는 경우와 마찬가지인 점, 무주의 동산을 소유의 의사로 점유하는 경우에 소유권을 취득하는 것에 비추어(민법 제252조) 무주물에 방화하는 행위는 그 무주물을 소유의 의사로 점유하는 것이라고 볼 여지가 있는 점 등을 종합하여 보면, 불을 놓아 무주물을 소훼하여 공공의 위험을 발생하게 한 경우에는 '무주물'을 '자기 소유의 물건'에 준하는 것으로 보아 형법 제167조 제2항을 적용하여 처벌하여야 한다.

나. 일반물건방화죄의 성립여부

위 '재활용품과 쓰레기 등'은 무주물로서 형법 제167조 제2항에 정한 자기 소유의 물건에 준하는 것으로 보아야 한다고 전제한 다음, 그 판시와 같은 기상 조건, 주변 상황과 화염의 높이 등에 비추어 보면 피고인이 불을 붙인 다음 불상의 가연물을 집어넣어 그 화염을 키움으로써 전선을 비롯한

주변의 가연물에 손상을 입히거나 바람에 의하여 다른 곳으로 불이 옮아붙을 수 있는 공공의 위험을 발생하게 하였다고 판단하여 형법 제167조 제2항에 정한 일반물건방화죄의 성립을 인정한 것은 정당하고 거기에 일반물건방화죄의 성립에 관한 법리오해 등의 위법이 없다(대법원 2009. 10.15 선고 2009도7421 판결).

■ 판례 ■ **일반건조물방화죄의 객체인 '건조물'의 개념**

형법상 방화죄의 객체인 건조물은 토지에 정착되고 벽 또는 기둥과 지붕 또는 천장으로 구성되어 사람이 내부에 기거하거나 출입할 수 있는 공작물을 말하고, 반드시 사람의 주거용이어야 하는 것은 아니라도 사람이 사실상 기거·취침에 사용할 수 있는 정도는 되어야 한다. (대법원 2013. 12. 12., 선고, 2013도3950, 판결)

II. 범죄사실 기재

[기재례1] 일반자동차방화

1) 범죄사실 기재례

피의자들은 ○○ 노총 전국운수산업노조 산하 화물차량 지입차주들로 구성된 법외 노조인 화물운송 특수고용자 노동자연대(이하 '화물연대'라고 함)가 20○○. ○. ○.경 정부를 상대로 표준요금제 및 주선료 상한제 도입 등의 요구사항을 제출하였으나 정부가 이를 수용하지 않는다는 이유로 20○○. ○. ○. 04:00부터 총파업에 돌입하기로 하자, 파업 시 운행하는 차량에 대해 해악을 가하겠다는 취지의 '경고문'을 작성하여 배포되도록 하는 한편, 파업 초기에 화물을 적재한 상태로 주차 중인 화물차량을 물색하여 방화함으로써 화물차량을 운행하고자 하는 운전기사들에 공포심을 유발하는 방법으로 운행을 저지하여 파업의 효과를 극대화하기로 마음먹었다.

피의자들은 20○○. ○. ○. 17:00경 ○○에 있는 화물연대 ○○지부 사무실에서 간부들과 긴급회의를 하고 시너를 미리 준비하여 20○○. ○. ○. 01:35경 ○○에 있는 주식회사 ○○사무실에서 만나 파업에 참여하지 않고 화물을 적재한 차량을 방화하기로 공모하였다.

피의자들은 20○○. ○. ○. 01:50경 각 시너 통을 실은 자동차 2대에 나누어 타고 위 ○○ 사무실 앞 주차장에 도착하여, 피의자 이○○는 망을 보고, 피의자 엄○○은 시너 통 운반을 도와주면서 망을 보고, 피의자 주○○은 트레일러에 컨테이너가 적재된 피해자 ◆◆물류(주) 소유의 (차량번호) 화물차 차체 및 차체와 트레일러 사이에 시너를 뿌린 다음 미리 준비한 라이터로 끼고 있던 장갑에 불을 붙여 위 화물차에 던지는 방법으로 불을 붙였다.

이로써 시가 ○○만원 상당의 위 자동차 전부를 불태웠다.

2) 적용법조 : 제166조 제1항 … 공소시효 10년

[기재례2] 일반건조물방화미수

1) 범죄사실 기재례

피의자는 피의자 소유였던 ○○에 건축된 약 30㎡ 크기의 콘크리트조의 단층 창고가 20○○. ○. ○. ○○군의 하천 정비사업 부지에 포함되어 수용되어 소유권이 ○○군으로 이전되고, 피의자는 위와 같은 토지 수용과 관련해 불만을 품고 위 창고를 방화하기로 마음먹었다.

피의자는 20○○. ○. ○. 03:00경 ○○에 있는 건조물인 위 창고 내부에서, 그곳에 있는 신문지 및 폐지 등을 바닥에 놓고 소지하고 있던 일회용 라이터로 불을 붙여 그 불이 창고에 번지게 하여 건물을 소훼하려 하였으나, 신문지 및 폐지 등에 붙은 불을 보고 겁이 나 주변에 있던 소화기로 스스로 불을 껐다.

이로써 피의자는 건조물에 불을 놓아 소훼하려고 하였으나 겁을 먹고 꺼버려 미수에 그쳤다.

2) 적용법조 : 제174조, 제166조 제1항 … 공소시효 10년

[기재례3] 일반물건방화

1) 범죄사실 기재례

피의자는 20○○. ○. ○. 20:30경 ○○앞 부두에서 라이터로 휴지에 불을 붙인 다음, 그곳에 쌓여있던 플라스틱 컨테이너에 씌워진 차광막 안으로 불이 붙은 휴지를 집어넣어, 피해자 갑 소유의 시가 ○○만원 상당인 컨테이너 약 ○○개, 피해자를 소유의 시가 ○○만원 상당인 컨테이너 약 ○○개, 인근에 주차된 피해자 병 소유의 (차량번호) 승용차 ○○ 부분에 불이 옮겨붙게 하는 방법으로 위 컨테이너, 승용차 등을 소훼하여, 공공의 위험을 발생하게 하였다.

2) 적용법조 : 제167조 제1항 … 공소시효 10년

제4절 연 소

제168조(연소) ① 제166조제2항 또는 전조 제2항의 죄를 범하여 제164조, 제165조 또는 제166조제1항에 기재한 물건에 연소한 때에는 1년 이상 10년 이하의 징역에 처한다.
② 전조제2항의 죄를 범하여 전조 제1항에 기재한 물건에 연소(燃燒)한 때에는 5년 이하의 징역에 처한다.

○ 자기 소유건조물 또는 자기 소유 일반물건에 대한 방화가 예상을 넘어 확대되어 현주 · 공용 또는 타인소유건조물 · 물건에 옮겨붙으면 성립하는 범죄로서, 자기 소유 건조물 · 자기소유일반물건방화죄의 결과적 가중범이다.

제5절 진화방해

> 제169조(진화방해) 화재에 있어서 진화용의 시설 또는 물건을 은닉 또는 손괴하거나 기타 방법으로 진화를 방해한 자는 10년 이하의 징역에 처한다.

 I. 구성요건

1. 객 체

진화용의 시설 또는 물건(본래의 제작목적이 소방용인 것을 말하는 것으로 소유자가 누구인가는 불문)

✱ 일반통신시설·상수도 시설 등 일시적으로 소방용에 제공된 시설·물건은 본죄의 객체가 아니다.

2. 행 위

진화용 시설물을 은닉·손괴하거나·기타의 방법으로 진화를 방해하는 것

✱ 단순히 진화에 협력할 의무만을 부담하는 일반인은 협력의무에 응하지 않는 부작위가 있더라도 진화방해죄는 성립하지 않는다. 다만 경범죄처벌법상의 공무원 원조불응죄가 된다(동법 제1조 제36호).

> 경범죄처벌법 제1조
> 36.(공무원 원조불응) 눈·비·바람·해일·지진등으로 인한 재해 또는 화재·교통사고·범죄 그 밖의 급작스러운 사고가 발생한 때에 그곳에 있으면서도 정당한 이유없이 관계공무원 또는 이를 돕는 사람의 현장출입에 관한 지시에 따르지 아니하거나 공무원이 도움을 청하여도 이에 응하지 아니한 사람

3. 기수시기

방해행위만 있으면 기수(현실적으로 진화방해의 결과발생 불요)

4. 주관적 구성요건

화재시라는 행위상황에 대한 인식과 진화를 방해한다는 인식·인용

II. 범죄사실기재 및 신문사항

1) 범죄사실 기재례 - [소화용 호스를 승용차를 이용 방해]

피의자는 20○○. ○. ○. ○○:○○경 피의자가 사는 ○○ 근처에서 화재가 발생한 것을 알고 이를 구경나겠다 화재가 발생한 집이 평소 피의자와 원한 관계에 있는 홍길동의 집이라는 사실을 알고 진화를 방해하기 위해 ○○소방서 소방대원들이 위 소화 작업에 사용 중인 목면재 호스 위에 승용차를 주차해 그 호스의 송수압력을 저하함으로써 진화를 방해하였다.

2) 적용법조 : 제169조 … 공소시효 10년

3) 신문사항

- 홍길동의 집에 화재가 발생한 것을 알고 있는가
- 언제 어디에 있는 집에서 화재가 발생하였는가
- 어떻게 화재가 발생한 것을 알고 있는가
- 그럼 화재가 발생하는 것을 보고 구경 갔다는 것인가
- 소방차가 소방하는 것도 보았는가
- 소방차가 소화작업을 위해 소방호스를 깔아 놓은 것을 보았는가
- 그 위에 피의자의 승용차를 주차시킨 일이 있는가
- 어떤 방법으로 주차를 시켰는가
- 언제 무엇 때문에 그랬는가
- 피의자의 행위로 호수로 진화용 물이 공급되지 않는 다는 것을 알고 있었는가
- 피의자의 행위로 진화가 늦어졌다는 것을 알고 있는가
- 홍길동과 평소 원한 관계라도 있었는가

제6절 실 화

제170조(실화) ① 과실로 제164조 또는 제165조에 기재한 물건 또는 타인 소유인 제166조에 기재한 물건을 불태운 자는 1천500만원 이하의 벌금에 처한다.
② 과실로 자기 소유인 제166조의 물건 또는 제167조에 기재한 물건을 불태워 공공의 위험을 발생하게 한 자도 제1항의 형에 처한다.
제171조(업무상실화, 중실화) 업무상과실 또는 중대한 과실로 인하여 제170조의 죄를 범한 자는 3년 이하의 금고 또는 2천만원 이하의 벌금에 처한다.

Ⅰ. 구성요건

1. 단순실화죄(제170조)

(1) 제170조 제1항의 실화죄

과실로 현주건조물, 공용건조물, 타인소유 일반건조물을 불태움으로써 성립하는 범죄(추상적 위험범)

(2) 제170조 제2항의 실화죄

과실로 일반물건, 자기 소유 일반건조물을 불태움으로써 성립하는 범죄(구체적 위험범)

2. 업무상 실화 · 중실화죄(제171조)

(1) 업무상 실화죄

업무상 필요한 주의를 태만히 함으로써 화재를 일으킨 경우

■ 판례 ■   **공동의 과실이 경합되어 화재가 발생한 경우**

[1] 업무상 실화죄에 있어서의 의무의 범위
업무상 실화죄에 있어서의 업무에는 그 직무상 화재의 원인이 된 화기를 직접 취급하는 것에 그치지 않고 화재의 발견 방지 등의 의무가 지워진 경우를 포함한다.

[2] 공동의 과실과 실화죄
공동의 과실이 경합되어 화재가 발생한 경우에 적어도 각 과실이 화재의 발생에 대하여 하나의 조건이 된 이상은 그 공동적 원인을 제공한 각자에 대하여 실화죄의 죄책을 물어야 한다(대법원 1983.5.10. 선고 82도2279 판결).

자동차 운전업무에 종사하는 자의 화재를 미리 방지하여야 할 업무상 주의의무(소극)

자동차 운전업무에 종사하는 자는 자동차 충돌로 인한 사고발생을 미리 방지하여야 할 의무가 있다고 하는 것은 몰라도, 일반적으로 그 자동차 운전중 충돌로 인한 기름탱크의 파열로 발생할지 모를 화재를 미리 방지하여야 할 업무상의 주의의무는 없다고 할 것이다(대법원 1972.2.22. 선고 71도2231 판결).

(2) 중실화죄

행위자가 조그만 주의한다면 발화를 방지할 수 있었을 경우

■ 판례사례 ■ **[중과실이 인정되는 사례]**

(1) 피고인이 성냥불로 담배를 붙인 다음 그 성냥불이 꺼진 것을 확인하지 아니한 채 휴지가 들어 있는 플라스틱 휴지통에 던진 경우(대법원1993.7.27. 선고 93도135판결)
(2) 새마을보일러에 연탄을 갈아넣은 후 보일러로부터 5내지 10cm쯤의 거리에 가연물질을 그대로 두고 신문지를 구겨서 보일러의 공기조절구를 살짝 막아놓은 채 그 자리를 떠나 버렸기 때문에 화재가 발생한 경우(대법원1988.8.23. 선고 88도855 판결)

■ 판례사례 ■ **[중과실이 인정되지 아니하는 사례]**

(1) 호텔오락실의 경영자가 그 오락실 천정에 형광등을 설치하는 공사를 하면서 그 호텔의 전기보안담당자에게 아무런 통고를 하지 아니한 채 무자격전기기술자로 하여금 전기공사를 하게 하였는바 화재가 발생한 경우(대법원1989.10.13. 선고 89도204 판결)
(2) 자신이 경영하는 수예점의 일을 마치고 귀가하면서 약6평 넓이의 점포안 구석에 있는 연탄아궁이에 연탄불을 피워놓았고, 또 그 연탄아궁이로부터 80㎝쯤 떨어진 곳에 스폰지요 20여개, 이불솜 30여개, 베개싸기, 베개등 가연성물질을 비닐로 포장하여 쌓아 두었는데, 위 스폰지요, 솜 등이 연탄아궁이 쪽으로 넘어져 화재가 발생한 경우(대법원1989.1.17. 선고 88도643 판결)

◗ II. 범죄사실기재

1. 실 화

1) 범죄사실 기재례 - [담배꽁초로 인한 실화]

피의자는 ○○에 있는 ○○(주)의 공원(工員)으로 그곳에 있는 회사의 공원기숙사 2층 제203호실에서 같은 공원인 홍길동과 함께 살고 있다.
피의자는 200○. ○. ○. ○○:○○경 그의 방에서 담배를 피우다가 그 담배꽁초의 불을 완전히 끄지 않은 상태에서 재떨이에 버린 후 이를 다시 그 방에 있던 쓰레기통에 버리고 나갔다. 피의자의 위와 같은 과실로 인하여 같은 날 ○○:○○경 그 담배꽁초에 남아 있던 불씨가 발화되어 그 건물에 번졌다.
결국, 피의자는 홍길동 등 20명의 공원이 주거로 사용하는 위 회사 소유인 시가 ○○만원 상당의 기숙사 1동을 모두 불태웠다.

2) 적용법조 : 제170조 제1항 … 공소시효 5년

2. 업무상실화

1) 범죄사실 기재례 - [비닐하우스 난로 과열]

피의자는 ○○에 있는 ○○농장 내 피해자 홍길동 소유 비닐하우스(약 120㎡)를 관리하는 사람이다.

피의자는 20○○. ○. ○. ○○:○○경 비닐하우스 안에 난로를 피워놓았는데 당시 위 비닐하우스 안에는 볏짚 등이 깔려있으므로 이럴 때 위 비닐하우스를 관리하는 업무에 종사하고 있는 피의자로서는 위 난로가 과열하여 주위에 있는 볏짚에 불이 옮겨붙을 것을 예상하여 볏짚을 치운 후에 난로를 피워야 할 업무상 주의의무가 있다.

그럼에도 불구하고 피의자는 이를 게을리한 채 만연히 위 난로를 피운 과실로 위 난로가 과열하여 난로 옆에 있던 볏짚에 불이 옮아 붙었다.

이로써 피의자는 위 피해자 소유 시가 ○○만원 상당의 비닐하우스 1동을 전소하게 하였다.

2) 적용법조 : 제171조 … 공소시효 5년

3. 중실화

1) 범죄사실 기재례 - [보일러 옆에 후발유통 방치로 인한 실화]

피의자는 20○○. 12. 24. 21:00경 ○○에 있는 ○○마을회관에서 친구들과 같이 크리스마스 이브를 보내기 위해 위 회관 새마을보일러에 연탄을 갈아 넣은 후 보일러로부터 5 내지 10cm쯤의 거리에 가연물질인 휘발유가 든 18ℓ 통을 그대로 두고 신문지를 구겨서 보일러의 공기조절구를 살짝 막아놓은 채 그 자리를 떠났다.

이러한 과실로 인하여 같은 날 ○○:○○경 그 보일러의 과열로 인근에 있던 휴발유통에 불이 붙어 그 건물에 번져서 회관을 모두 모두 불태웠다.

2) 적용법조 : 제171조 … 공소시효 5년

⬤ III. 신문사항(공통)

- 어떻게 화재가 발생하였느냐
- 당시의 상황
- 화재의 원인은 무엇인가
- 어떤 점을 주의하지 않았나
- 이웃집에는 피해가 없었나
- 불에 탄 가옥의 면적은(가옥의 현황)
- 피해액은 어느 정도
- 화재보험에 가입하였느냐
- 방화의 의심이 가능 점

제7절 폭발성물건파열

제172조(폭발성물건파열) ① 보일러, 고압가스 기타 폭발성있는 물건을 파열시켜 사람의 생명, 신체 또는 재산에 대하여 위험을 발생시킨 자는 1년 이상의 유기징역에 처한다.
② 제1항의 죄를 범하여 사람을 상해에 이르게 한 때에는 무기 또는 3년 이상의 징역에 처한다. 사망에 이르게 한 때에는 무기 또는 5년 이상의 징역에 처한다.
제174조(미수범) 제164조제1항, 제165조, 제166조제1항, 제172조제1항, 제172조의2제1항, 제173조제1항과 제2항의 미수범은 처벌한다.
제175조(예비, 음모) 제164조제1항, 제165조, 제166조제1항, 제172조제1항, 제172조의2제1항, 제173조제1항과 제2항의 죄를 범할 목적으로 예비 또는 음모한 자는 5년 이하의 징역에 처한다. 단 그 목적한 죄의 실행에 이르기 전에 자수한 때에는 형을 감경 또는 면제한다.
※ 도시가스사업법 제48조(벌칙)
※ 고압가스 안전관리법 제38조(벌칙)
※ 액화석유가스의 안전관리 및 사업법 제65조(벌칙)

 ## I. 구성요건

1. 객 체

보일러, 고압가스 기타 폭발성 있는 물건

✱ 총포는 그 자체로 파열되지 않기 때문에 폭발성물건에 해당하지 않는다.

2. 행 위

파열시켜 사람의 생명, 신체 또는 재산에 대하여 위험을 발생시키는 것

3. 기수시기

사람의 생명·신체 또는 재산에 대한 구체적 위험이 발생한 때

✱ 폭발성 있는 물건을 파열시켜 사람을 사상에 이르게 한 때에는 폭발성물건파열치사상죄가 성립한다.

■ 판례 ■   **폭발물의 의미와 판단기준**

형법 제119조 제1항에서 규정한 폭발물사용죄는 법정형이 사형, 무기 또는 7년 이상의 징역으로 범죄의 행위 태양에 해당하는 생명, 신체 또는 재산을 해하는 경우에 성립하는 살인죄, 상해죄, 재물손괴죄 등의 범죄를 비롯한 유사한 다른 범죄에 비하여 매우 무겁게 설정되어 있을 뿐 아니라, 형법은 제172조에서 폭발성물건파열죄를 별도로 규정하고 있는데 그 법정형은 1년 이상의 유기징역으로 되어 있다. 이와 같은 여러 사정을 종합해 보면, 폭발물사용죄에서 말하는 폭발물이란 폭발작용의 위력이나 파편의 비산 등으로 사람의 생명, 신체, 재산 및 공공의 안전이나 평온에 직접적이고 구체적인 위험을 초래할 수 있는 정도의 강한 파괴력을 가지는 물건을 의미한다. 따라서 어떠한 물건이 형

법 제119조에 규정된 폭발물에 해당하는지는 폭발작용 자체의 위력이 공안을 문란하게 할 수 있는 정도로 고도의 폭발성능을 가지고 있는지에 따라 엄격하게 판단하여야 한다(대법원 2012.4.26. 선고, 2011도17254 판결).

II. 범죄사실기재 및 신문사항

1. 폭발성물건파열

1) 범죄사실 기재례 – [이사하면서 가정용 가스 밸브 관리소홀]

> 피의자는 20○○. ○. ○.부터 ○○에 있는 다가구주택의 1층 103호에 입주하여 거주하다가 20○○. ○. ○.경 이사를 하였다.
>
> 피의자는 이사하면서 외부에 설치된 가스용기로부터 분배되어 실내까지 연결된 가스 호스의 끝부분에 자신의 비용으로 설치하여 사용하던 중간밸브를 떼어가면서 평소 집주인인 홍길동과 아이들 문제로 자주 싸움을 하여 사이가 좋지 않아 적절한 조처하지 아니하면 사람의 생명, 신체 또는 재산에 대하여 위험을 발생시킬 수 있다는 것을 알면서도 안전장치를 설치하지 않고 방치하였다.
>
> 이로써 가스를 개별적으로 차단하는 메인밸브가 개방되어 액화석유가스가 위 103호 실내로 유입된 후 피해자 甲이 화장실 전등을 켜는 순간 점화되어 폭발하게 하여 폭발성 있는 물건인 액화석유가스를 파열시켜 사람의 생명, 신체 또는 재산에 대하여 위험을 발생시켰다.

2) 적용법조 : 제172조 제1항 … 공소시효 10년

3) 신문사항

- 폭발성 있는 물건을 사용한 일이 있는가
- 어떤 폭발성 물건인가
- 언제부터 언제까지 어떤 방법으로 사용하였는가
- 이사 가면서 중간밸브를 떼어 갔는가
- 이를 떼어가면서 어떤 안전조치를 하였는가
- 안전조치를 취하지 않으면 위험을 발생시킬 수 있다는 것을 알고 있는가
- 왜 안전조치를 취하지 않았는가
- 안전조치를 하지 않아 가스가 누출될 수 있다는 것을 알고 있는가
- 누출된 가스가 폭발하리라는 것을 예상하였는가
- 가스가 폭발하면 사람의 생명, 신체 또는 재산에 대하여 위험을 발생할 수 있다는 것을 알고 있는가
- 피의자의 안전조치 위반으로 어떤 결과가 발생하였는가

– 이런 상황을 예상하지 못하였는가

– 피의자의 행위로 사람이 다쳤는데 알고 있는가

– 누가 어떤 피해를 입었는지 알고 있는가

2. 폭발성물건파열치사상죄

1) 범죄사실 기재례

— 중 략 —

위와 같은 행위로 인하여 피해자 甲으로 하여금 전신 3° 화상으로 즉시 사망에 이르게 하였으며, 피해자 유진영 등 5인으로 하여금 상해를 입게 하였다.

2) 적용법조 : 제172조 제2항 … 공소시효 15년

제8절 가스·전기등 방류

제172조의2(가스·전기등 방류) ① 가스, 전기, 증기 또는 방사선이나 방사성 물질을 방출, 유출 또는 살포시켜 사람의 생명, 신체 또는 재산에 대하여 위험을 발생시킨 자는 1년 이상 10년 이하의 징역에 처한다.
② 제1항의 죄를 범하여 사람을 상해에 이르게 한 때에는 무기 또는 3년 이상의 징역에 처한다. 사망에 이르게 한 때에는 무기 또는 5년 이상의 징역에 처한다.
제174조(미수범) 제164조제1항, 제165조, 제166조제1항, 제172조제1항, 제172조의2제1항, 제173조제1항과 제2항의 미수범은 처벌한다.
제175조(예비, 음모) 제164조제1항, 제165조, 제166조제1항, 제172조제1항, 제172조의2제1항, 제173조제1항과 제2항의 죄를 범할 목적으로 예비 또는 음모한 자는 5년 이하의 징역에 처한다. 단 그 목적한 죄의 실행에 이르기 전에 자수한 때에는 형을 감경 또는 면제한다.

Ⅰ. 구성요건

1. 객 체

가스, 전기, 증기 또는 방사선이나 방사성 물질

2. 행 위

방출, 유출 또는 살포시켜 사람의 생명, 신체 또는 재산에 대하여 위험을 발생시키는 것

✱ 가스, 전기, 증기 또는 방사선이나 방사성 물질을 방출, 유출 또는 살포시켜 사람을 상해·사망에 이르게 한때에는 가스·전기 등 방류치사상죄가 성립한다.

Ⅱ. 범죄사실기재 및 신문사항

1) 범죄사실 기재례 - [엘피지 통에 불을 붙여 살포]

피의자는 ○○회원으로서 ○○회는 국가를 위해 충성을 다하였는데 정부에서 사후대책을 전혀 마련해 주지 않는다면서 평소 정부에 불만을 느끼고 있었다.

피의자는 20○○. ○. ○. ○○에서 정부를 비판하는 시위를 개최하던 중 이를 제지하는 전경대원에게 대항하여 ○○리터 크기의 엘피지 통 2개의 가스를 유출 그곳에 불을 붙여 전경대원들에게 살포시킴으로써 사람의 생명에 대하여 위험을 발생시켰다.

2) 적용법조 : 제172조의2 제1항 … 공소시효 10년(※ 제172조의2 제2항의 공소시효 15년)

3) 신문사항

- ○○회 회원인가
- ○○회는 어떤 모임인가
- 조직 구성과 피의자의 ○○회에서의 직책과 역할은
- ○○에서 시위를 한 일이 있는가
- 누구 주최한 시위였는가
- 주최 목적이 무엇인가
- 참석인원은 모두 몇 명정도 였는가
- 이를 제지한 경찰관에게 엘피지를 유출한 일이 있는가
- 이 엘피지통은 누가 어디에서 얼마정도 구입하였나
- 누가 이를 경찰관에게 유출 분사하도록 하였나
- 엘피지통에 불을 붙여 경찰관에게 분사한 일이 있는가
- 왜 불을 붙여 분사하였나
- 경찰관의 생명에 위험을 발생시킬 수 있다는 생각을 하지 않았나
- 피의자의 행위로 어떤 결과가 발생하였나
- 피의자 이외 또 누가 이런 행위를 하였나

제9절 가스 · 전기등 공급방해

제173조(가스·전기등 공급방해) ① 가스, 전기 또는 증기의 공작물을 손괴 또는 제거하거나 기타 방법으로 가스, 전기 또는 증기의 공급이나 사용을 방해하여 공공의 위험을 발생하게 한 자는 1년 이상 10년 이하의 징역에 처한다
② 공공용의 가스, 전기 또는 증기의 공작물을 손괴 또는 제거하거나 기타 방법으로 가스, 전기 또는 증기의 공급이나 사용을 방해한 자도 전항의 형과 같다.
③ 제1항 또는 제2항의 죄를 범하여 사람을 상해에 이르게 한 때에는 2년 이상의 유기징역에 처한다. 사망에 이르게 한 때에는 무기 또는 3년 이상의 징역에 처한다.
제174조(미수범) 제164조제1항, 제165조, 제166조제1항, 제172조제1항, 제172조의2제1항, 제173조제1항과 제2항의 미수범은 처벌한다.
제175조(예비, 음모) 제164조제1항, 제165조, 제166조제1항, 제172조제1항, 제172조의2제1항, 제173조제1항과 제2항의 죄를 범할 목적으로 예비 또는 음모한 자는 5년 이하의 징역에 처한다. 단 그 목적한 죄의 실행에 이르기 전에 자수한 때에는 형을 감경 또는 면제한다.

Ⅰ. 구성요건

1. 제1항의 죄(가스 · 전기등 공급방해)

(1) 객 체

가스, 전기 또는 증기의 공작물

(2) 행 위

손괴 또는 제거하거나 기타 방법으로 가스, 전기 또는 증기의 공급이나 사용을 방해하여 공공의 위험을 발생하게 하는 것

2. 제2항의 죄(공공용 가스 · 전기등 공급방해)

(1) 객 체

공공용의 가스, 전기 또는 증기의 공작물

(2) 행 위

손괴 또는 제거하거나 기타 방법으로 가스, 전기 또는 증기의 공급이나 사용을 방해하는 것

✱ 공공의 위험발생을 요건으로 하지 않는 추상적 위험범

3. 제3항의 죄(가스·전기 등 공급방해죄치사상죄)

가스·전기등 공급을 방해하여 사람을 상해·사망에 이르게 하는 것

● II. 범죄사실기재 및 신문사항

1) 범죄사실 기재례 - [도시가스 공급장치 파손]

> 피의자는 평소 사용한 가스요금이 너무 많이 나온다는 이유로 가스공급업체인 ○○도시가스 회사에 불만을 품고 가스 시설물을 손괴하여 공급을 방해하기로 마음먹었다.
> 피의자는 200○. ○. ○. ○○에 있는 ○○도시의 가스 공급장치인 ○○시설을 (○○방법) 손괴하는 방법으로 가스공급을 방해하여 공공의 위험을 발생하게 하였다.

2) 적용법조 : 제173조 제1항 … 공소시효 10년

✱ 제173조 제1항, 제2항, 제3항 전단(10년), 제173조 제3항 후단(15년)

3) 신문사항

- 가스 공급시설을 손괴한 일이 있는가
- 언제 어디에 있는 시설인가
- 어떤 시설을 손괴하였는가
- 그곳까지 어떤 방법으로 가게되었는가
- 어떤 방법으로 손괴하였나
- 손괴하는 데 사용한 기구는 언제 어디에서 구하였는가
- 손괴하는 그 기구는 어떻게 가져갔는가
- 사용후 그 기구는 어떻게 하였는가
- 왜 손괴하였는가
- 피의자의 행위로 어떤 결과가 발생하였는가
- 피의자의 행위가 가스 공급이나 사용을 방해한다는 것을 알고 있는가
- 이런 행위로 공공의 위험을 발생한다고 생각하는가

제10절 과실폭발성물건파열 등

> 제173조의2(과실폭발성물건파열 등) ① 과실로 제172조제1항, 제172조의2제1항, 제173조제1항과 제2항의 죄를 범한 자는 5년 이하의 금고 또는 1천500만원 이하의 벌금에 처한다.
> ② 업무상과실 또는 중대한 과실로 제1항의 죄를 범한 자는 7년 이하의 금고 또는 2천만원 이하의 벌금에 처한다.

Ⅰ. 구성요건

과실·업무상과실·중과실로 보일러, 고압가스 기타 폭발성 있는 물건을 파열시키거나, 가스, 전기, 증기 또는 방사선이나 방사성 물질을 방출, 유출 또는 살포시켜 사람의 생명, 신체 또는 재산에 대하여 위험을 발생시키거나, 가스, 전기 또는 증기의 공작물을 손괴 또는 제거하거나 기타 방법으로 가스, 전기 또는 증기의 공급이나 사용을 방해하여 공공의 위험을 발생시키거나, 공공용의 가스, 전기 또는 증기의 공작물을 손괴 또는 제거하거나 기타 방법으로 가스, 전기 또는 증기의 공급이나 사용을 방해함으로써 성립

■ 판례 ■ **임차인이 자신의 비용으로 설치·사용하던 가스설비의 휴즈콕크를 아무런 조치 없이 제거하고 이사를 간 후 가스공급을 개별적으로 차단할 수 있는 주밸브가 열려져 가스가 유입되어 폭발사고가 발생한 경우**

구 액화석유가스의안전및사업관리법상의 관련 규정 취지와 그 주밸브가 누군가에 의하여 개폐될 가능성을 배제할 수 없다는 점 등에 비추어 그 휴즈콕크를 제거하면서 그 제거부분에 아무런 조치를 하지 않고 방치하면 주밸브가 열리는 경우 유입되는 가스를 막을 아무런 안전장치가 없어 가스 유출로 인한 대형사고의 가능성이 있다는 것은 평균인의 관점에서 객관적으로 볼 때 충분히 예견할 수 있으므로 임차인의 과실과 가스폭발사고 사이에 상당인과관계가 인정된다(대법원 2001.6.1. 선고 99도5086 판결).

■ 판례 ■ **오피스텔의 소유자이자 임대인인 피고인 甲은 임차인 乙이 방실 내에 설치된 가스레인지를 사용하지 않는다는 이유로 문 앞에 내놓자 이를 갖고 가 창고에 넣어두었을 뿐 가스레인지 철거로 노출된 가스배관에 정상적인 마감조치를 취하지 아니하였고, 오피스텔에 액화석유가스를 공급하는 丙 주식회사의 안전점검 직원인 피고인 丁은 가스레인지 등에 대한 안전점검을 실시하지 아니함으로써 방실 내부에 유입된 폭발성 있는 물건인 액화석유가스를 파열시켜 乙에게 상해를 입게 함과 동시에 주변의 차량 및 건물을 파손하였다고 하여 과실폭발성물건파열 및 과실치상, 액화석유가스의 안전관리 및 사업법 위반으로 기소된 사안**

오피스텔 및 내부 시설(가스레인지 등)의 소유자인 피고인 甲은 액화석유가스 사용자로서 법령이 정한 시설기준과 기술기준에 맞도록 액화석유가스의 사용시설과 가스용품을 갖추고 사고방지와 안전확보 등을 위하여 사용시설의 정상작동이 가능하도록 필요설비 및 장치를 설치하고 적절한 조치를

할 의무가 있고, 그와 함께 오피스텔의 임대인으로서 오피스텔 및 내부에 구비된 시설을 사용목적에 따라 안전하게 사용할 수 있는 상태로 임차인에게 인도할 의무가 있음에도, 오피스텔을 임차인 乙에게 인도할 당시 가스레인지와 가스호스가 제대로 연결되어 있는지 등을 충분히 확인하지 않은 채 가스레인지와 분리된 가스호스의 마감처리를 제대로 하지 않은 과실이 있고, 乙이 오피스텔을 임차·점유한 이후에는 방실 내부에 있는 가스레인지와 가스호스 등 가스사용시설에 대한 관리책임을 부담하게 된다고 하더라도, 가스레인지와 가스호스의 분리 및 분리된 가스호스의 마감처리 불이행이 가스누출의 직접적 원인 중 하나여서 피고인 甲에게 위와 같은 과실이 인정되지 않는다거나 피고인 甲의 과실과 폭발사고 사이에 상당인과관계가 부정된다고 볼 수 없으며, 한편 丙 회사의 사용인인 피고인 丁은 丙 회사의 업무에 관하여 액화석유가스의 안전관리 및 사업법 제30조 제1항을 위반하여 안전점검을 하지 않은 것이라는 이유로, 피고인 甲, 丁에 대한 공소사실을 모두 유죄로 판단한 사례.(춘천지법 영월지원 2018. 2. 1., 선고, 2017고합17, 판결)

◖ II. 범죄사실기재 및 신문사항

1) 범죄사실 기재례 - [가정용 가스 밸브 관리소홀로 상해]

피의자는 20○○. ○. ○.부터 ○○에 있는 다가구주택의 1층 103호에 입주하여 거주하다가 20○○. ○. ○.경 이사를 하였다.

피의자는 이사하면서 외부에 설치된 가스용기로부터 분배되어 실내까지 연결된 가스 호스의 끝부분에 자신의 비용으로 설치하여 사용하던 중간밸브를 떼어가면서 평소 집주인인 홍길동과 아이들 문제로 자주 싸움을 하여 사이가 좋지 않아 적절한 조처하지 아니하면 사람의 생명, 신체 또는 재산에 대하여 위험을 발생시킬 수 있다는 것을 알면서도 안전장치를 설치하지 않고 방치하였다.

이로써 가스를 개별적으로 차단하는 메인밸브가 개방되어 액화석유가스가 위 103호 실내로 유입된 후 피해자 甲이 화장실 전등을 켜는 순간 점화되어 폭발하게 하여 폭발성 있는 물건인 액화석유가스를 파열시켜 사람의 생명, 신체 또는 재산에 대하여 위험을 발생시키고, 이로 인하여 피해자 甲으로 하여금 전신 3° 화상으로 즉시 사망에 이르게 하였으며, 피해자 丙으로 하여금 상해를 입게 하였다.

2) 적용법조 : 제173조의2 제1항, 제267조(치사), 제266조(치상) … 공소시효 7년

3) 신문사항

- 폭발성 있는 물건을 사용한 일이 있는가
- 어떤 폭발성 물건인가
- 언제부터 언제까지 어떤 방법으로 사용하였는가
- 이사 가면서 중간밸브를 떼어 갔는가
- 이를 떼어가면서 어떤 안전조치를 하였는가

- 안전조치를 취하지 않으면 위험을 발생시킬 수 있다는 것을 알고 있는가
- 왜 안전조치를 취하지 않았는가
- 안전조치를 하지 않아 가스가 누출될 수 있다는 것을 알고 있는가
- 누출된 가스가 폭발하리라는 것을 예상하였는가
- 가스가 폭발하면 사람의 생명, 신체 또는 재산에 대하여 위험을 발생할 수 있다
  는 것을 알고 있는가
- 피의자의 안전조치 위반으로 어떤 결과가 발생하였는가
- 이런 상황을 예상하지 못하였는가
- 피의자의 행위로 사람이 다쳤는데 알고 있는가
- 누가 어떤 피해를 입었는지 알고 있는가

제11절 예비, 음모

제175조(예비, 음모) 제164조제1항 제165조, 제166조제1항, 제172조제1항, 제172조의2제1항, 제173조 제1항과 제2항의 죄를 범할 목적으로 예비 또는 음모한 자는 5년 이하의 징역에 처한다. 단 그 목적한 죄의 실행에 이르기 전에 자수한 때에는 형을 감경 또는 면제한다.

 ## Ⅰ. 구성요건

1. 예 비

특정한 범죄를 실현할 목적으로 행하여지는 준비행위로서 아직 실행의 착수에 이르지 아니한 행위(例, 점화하기 위하여 방화재료를 쌓아 올리는 행위, 점화하기 위하여 목적물에 기름을 붓는 행위)

2. 음 모

2인 이상이 일정한 범죄를 실현하려는 합의를 이루는 것

Ⅱ. 범죄사실기재

1) 범죄사실 기재례 - [종이를 이용 방화]

피의자는 200○. ○. ○.부터 ○○에 있는 ○○소년원 2층 22호실에 수용된 사람으로서 위 소년원에 방화하여 그 혼란을 틈타 도주하려고 하였다.
피의자는 200○. ○. ○. ○○:○○경 만화책을 찢어 그 방 천장 환기통에 집어넣고 점화하면 현재 사람의 주거로 사용하고 있는 위 소년원 건물을 쉽게 번져 탈 수 있도록 장치함으로써 방화의 예비를 하였다.

2) 적용법조 : 제175조, 제164조 제1항 … 공소시효 7년

Ⅲ. 신문사항

- ○○○건물은 누구 소유인가

- 건물용도가 무엇이며 언제 건축(기타 건물의 면적 등 건축물에 대한 현황조사)
- 위 건물에는 누가 거주하고 있는가(범인 이외 거주자 확인 – 가족포함)
- 위 건물을 방화하려고 한 일이 있는가
- 방화하기 위해 어떤 준비를 하였는가
- 방화하기 위해 어떠한 준비를 하였나
- 언제 어떤 행위를 하였는가

제1절 현주건조물 등에의 일수

제177조(현주건조물등에의 일수) ① 물을 넘겨 사람이 주거에 사용하거나 사람이 현존하는 건조물, 기차, 전차, 자동차, 선박, 항공기 또는 광갱을 침해한 자는 무기 또는 3년 이상의 징역에 처한다.
② 제1항의 죄를 범하여 사람을 상해에 이르게 한 때에는 무기 또는 5년 이상의 징역에 처한다. 사망에 이르게 한 때에는 무기 또는 7년 이상의 징역에 처한다.
제182조(미수범) 제177조 내지 제179조제1항의 미수범은 처벌한다.
제183조(예비, 음모) 제177조 내지 제179조제1항의 죄를 범할 목적으로 예비 또는 음모한 자는 3년 이하의 징역에 처한다.

 Ⅰ. 구성요건

1. 객 체

사람이 주거에 사용하거나 사람이 현존하는 건조물, 기차, 전차, 자동차, 선박, 항공기 또는 광갱

2. 행 위

물을 넘겨(일수) 목적물을 침해하는 것

✽ 현주건조물등에 물을 넘겨 사람을 상해 또는 사망에 이르게 한 경우에는 현주건조물일수치사상죄가 성립(제177조 제2항)

3. 주관적 구성요건

물을 넘겨 침해한다는 것과 목적물이 사람의 주거에 사용하거나 사람이 현존한다는 인식·인용

II. 범죄사실기재 및 신문사항

1) 범죄사실 기재례 - [홍수가 나자 굴착기로 둑을 무너뜨린 경우]

피의자는 20○○. ○. ○. ○○에 있는 ○○마을 "물넘천"에 홍수가 났을 때, 피의자 소유의 축사가 침수되는 것을 막기 위해 같은 날 ○○:○○경 굴착기로 피의자의 축사에서 약 100m 떨어져 있는 물넘천 하류의 제방에 가 위 굴착기로 둑을 무너뜨려 물줄기를 다른 방향으로 돌림으로써 물넘천이 넘쳐 그 하류에 있는 홍길동 등 30명이 사는 가옥 10채를 침해하였다.

2) 적용법조 : 제177조 제1항 … 공소시효 15년

3) 신문사항

- 고소인(피해자) 홍길동과 어떠한 관계인가
- 물을 넘겨 고소인의 주택을 침해하게 한 일이 있는가
- 언제 어디에서 물을 넘겼나
- 어떠한 방법으로 침해를 주었나
- 어떠한 도구를 사용하였는가
- 피의자의 행위로 피해자에게 어떠한 피해를 주었나
- 이러한 피해를 예상하였나
- 왜 이러한 행위를 하였나
- 홍길동 이외 다른 사람들에게는 피해를 주지 않았나

제2절 공용건조물 등에의 일수

> 제178조(공용건조물 등에의 일수) 물을 넘겨 공용 또는 공익에 공하는 건조물, 기차, 전차, 자동차, 선
> 박, 항공기 또는 광갱을 침해한 자는 무기 또는 2년 이상의 징역에 처한다.
> 제182조(미수범) 제177조 내지 제179조제1항의 미수범은 처벌한다.
> 제183조(예비, 음모) 제177조 내지 제179조제1항의 죄를 범할 목적으로 예비 또는 음모한 자는 3년 이
> 하의 징역에 처한다.

Ⅰ. 구성요건

본죄의 객체는 공용 또는 공익에 공하는 건조물 등으로, 공용건조물 등 방화죄(제
182조)에 상응하는 범죄

Ⅱ. 범죄사실기재 및 신문사항

1) 범죄사실 기재례 - [굴착기를 이용 제방 붕괴]

> 피의자는 20○○. ○. ○. ○○에 있는 ○○마을 "가곡천"에 홍수가 났을 때, 피의자 소유의
> 축사가 침수되는 것을 막기 위해 같은 날 ○○:○○경 굴착기로 피의자의 축사에서 약 50m 떨어
> 져 있는 가곡천 하류의 제방 일부를 굴착기로 둑을 무너뜨려 물줄기를 다른 방향으로 돌림으로써
> 가곡천이 넘쳐 그 하류 둑 공원에 있는 공익에 사용하는 건조물인 공중화장실을 침해하였다.

2) 적용법조 : 제178조 … 공소시효 15년

3) 신문사항
- '가곡천'을 넘치게 한 일이 있는가
- 언제 어디에 있는 하천인가
- 무엇 때문에 넘치게 하였는가
- 어떤 방법으로 제방 뚝을 무너뜨렸는가
- 어느 정도 무너뜨렸는가
- 왜 제방 뚝을 무너뜨렸는가
- 그 제방 하류에 어떤 시설이 있는지 알고 있는가
- 피의자의 행위로 어떤 피해를 주었는가
- 공익에 사용하는 시설이 있는 것을 알고 있는가
- 피의자의 이런 행위로 공용건조물등이 침해할 수 있다는 것을 예상하였는가

제3절 일반건조물 등에의 일수

제179조(일반건조물등에의 일수) ① 물을 넘겨 전2조에 기재한 이외의 건조물, 기차, 전차, 자동차, 선박, 항공기 또는 광갱 기타 타인의 재산을 침해한 자는 1년 이상 10년 이하의 징역에 처한다.
② 자기의 소유에 속하는 전항의 물건을 침해하여 공공의 위험을 발생하게 한 때에는 3년 이하의 징역 또는 700만원 이하의 벌금에 처한다.
③ 제176조의 규정은 본조의 경우에 준용한다.
제182조(미수범) 제177조 내지 제179조제1항의 미수범은 처벌한다.
제183조(예비, 음모) 제177조 내지 제179조제1항의 죄를 범할 목적으로 예비 또는 음모한 자는 3년 이하의 징역에 처한다.

타인소유 일반건조물 일수죄는 추상적 위험범으로서 미수·예비음모를 처벌하지만 자기 소유 일반건조물 일수죄는 구체적 위험범으로서, 미수·예비음모를 처벌하지 않음

제4절 방수방해

제180조(방수방해) 수재에 있어서 방수용의 시설 또는 물건을 손괴 또는 은닉하거나 기타 방법으로 방수를 방해한 자는 10년 이하의 징역에 처한다.

I. 구성요건

1. 행위 상황– '수재에 있어서'

　수재에 있어서란 수재로 인하여 침해의 결과가 발생한 때뿐만 아니라 장차 수재 발생의 위험이 있는 상태를 포함하며, 수재 발생의 원인은 인재든 천재든 불문한다.

2. 객 체

　방수용의 시설 또는 물건(소유자가 누구인가는 불문)

3. 행 위

　손괴 또는 은닉하거나 기타 방법으로 방수활동을 방해하는 것

✱ 방수에 대한 협력 의무를 위반한 경우에는 방수방해죄는 성립하지 아니한다. 다만 경범죄처벌법 제1조 제36호에 해당한다.

II. 범죄사실기재 및 신문사항

1) 범죄사실 기재례 – [자재운반 방해로 방수방해]

　피의자는 20○○. ○. ○. 경 집중호우로 인해 ○○시 ○○면 ○○천의 제방 일부가 무너지려 하여 위 ○○면의 소방대 및 예비군이 긴급출동하여 방수활동으로 제방을 보수하기 위하여 목재와 모래주머니 등을 운반하고 있었을 때 그 기회를 이용하여 피의자와 평소 원한이 있던 홍길동에 대한 분풀이로 위 자재 등의 운반을 방해하기 위해 그가 자재운반을 위해 지나다니는 같은 면 송곡리 앞길에 위 예비군 등이 운반하여 놓은 것처럼 꾸며 지름 약 30㎝, 길이 2m가량의 육송 원목 10개를 쌓아놓아 위 자재운반을 할 때 곤란하게 함으로써 방수를 방해하였다.

2) 적용법조 : 제180조 … 공소시효 10년

3) 신문사항

– ○○천 제방일부가 무너지려는 것을 알고 있는가

- 무엇 때문에 무너지려 하였는가
- 언제 어디에 있는 제방인가
- 이런 제방을 보수하기 위해 예비군 등이 동원된 것을 알고 있는가
- 이들이 동원되어 어떤 조치를 하였는가
- 방수를 위한 자재운반을 방해한 일이 있는가
- 어떤 방법으로 자재운반을 방해하였는가
- 왜 이런 행위를 하였는가
- 피의자의 이런 행위로 어떤 피해를 주었는지 알고 있는가

제5절 과실일수

제181조(과실일수) 과실로 인하여 제177조 또는 제178조에 기재한 물건을 침해한 자 또는 제179조에 기재한 물건을 침해하여 공공의 위험을 발생하게 한 자는 1천만원 이하의 벌금에 처한다.

Ⅰ. 구성요건

과실로 현주건조물등 일수죄 또는 공용건조물등 일수죄에 기재된 물건을 침해하거나, 일반건조물 등 일수죄에 기재된 물건을 침해하여 공공의 위험을 발생케 한 경우에 성립

Ⅱ. 범죄사실기재 및 신문사항

1) 범죄사실 기재례 - [배수문 조작 잘못으로 일수]

피의자는 ○○에 있는 운남저수지의 도수로 및 방수로의 관리와 수량조절 업무에 종사하였다.

피의자는 20○○. ○. ○. ○○:○○경 호우로 물이 갑자기 불어나자 이러한 경우 수량조절을 위해 배수문의 개폐수량에 따라 수량을 조절하는 등의 주의의무가 있는데 저수지의 수량을 조절하기 위하여 열어 두었던 제3, 4수문을 닫으려고 기계를 조작하다가 개방 스위치를 폐쇄 스위치로 잘못 알고 조작하였다.

피의자는 이러한 과실로 인해 물이 방수로의 제방을 넘쳐 하류에 범람 같은 면 송곡리의 낮은 지대에 있는 홍길동외 10명이 사는 주택 10동을 침해하였다.

2) 적용법조 : 제181조 … 공소시효 5년

3) 신문사항

- 운남 저수지 관리업무를 맡아 보고 있는가
- 어디에 있는 저수지인가
- 언제부터 어떤 업무를 맡아 보고 있는가
- 그 저수지의 규모는 어느 정도 인가
- 평소 수량 조절은 누가 어떠한 방법으로 하고 있는가
- 최근 이런 수량조절을 한 일이 있는가
- 언제 무엇 때문에 하였는가
- 어떤 방법으로 수량 조절을 하였는가
- 개방 스위치와 폐쇄 스위치 조작의 구별이 명확한가
- 어떻게 이를 잘못 조작할 수 있다는 것인가
- 개방스위치와 폐쇄 스위치의 위치가 어디에 있는가

- 서로 떨어져 있으면 구별이 쉬운 것이 아닌가
- 어떻게 잘못 조작할 수 있다는 것인가
- 조그만 주의를 하면 조작이 간편한 것이 아닌가
- 피의자의 행위로 어떠한 결과가 발생하였는지 알고 있는가

제6절 수리방해

제184조(수리방해) 둑을 무너뜨리거나 수문을 파괴하거나 그 밖의 방법으로 수리(水利)를 방해한 자는 5년 이하의 징역 또는 700만원 이하의 벌금에 처한다.

 Ⅰ. 구성요건

1. 객 체

둑 또는 수문

2. 행 위

둑을 무너뜨리거나 수문을 파괴하거나 기타 방법으로 수리를 방해하는 것

ㅇ 둑이란 물의 일출(溢出)을 막기 위한 건조물을 말하고, 이를 무너뜨리는 것을 말한다.

수리를 방해하는 것은 수로를 폐쇄하거나 변경하거나 이를 방해하는 일체의 행위를 말한다.

▪ 판례 ▪ **농촌주택에서 배출되는 생활하수의 배수관(소형 PVC관)을 토사로 막아 하수가 내려가지 못하게 한 경우**

[1] 형법 제184조 수리방해죄에 있어 '수리(水利)'와 '수리를 방해'의 의미 및 수리방해죄의 성립 요건

형법 제184조는 '제방을 결궤(決潰, 무너뜨림)하거나 수문을 파괴하거나 기타 방법으로 수리를 방해'하는 것을 구성요건으로 하여 수리방해죄를 규정하고 있는바 여기서 수리라 함은, 관개용·목축용·발전이나 수차 등의 동력용·상수도의 원천용 등 널리 물이라는 천연자원을 사람의 생활에 유익하게 사용하는 것을 가리키고(다만, 형법 제185조의 교통방해죄 또는 형법 제195조의 수도불통죄의 경우 등 다른 규정에 의하여 보호되는 형태의 물의 이용은 제외될 것이다), 수리를 방해한다 함은 제방을 무너뜨리거나 수문을 파괴하는 등 위 조문에 예시된 것을 포함하여 저수시설, 유수로나 송·인수시설 또는 이들에 부설된 여러 수리용 장치를 손괴·변경하거나 효용을 해침으로써 수리에 지장을 일으키는 행위를 가리키며, 나아가 수리방해죄는 타인의 수리권을 보호법익으로 하므로 수리방해죄가 성립하기 위하여는 법령, 계약 또는 관습 등에 의하여 타인의 권리에 속한다고 인정될 수 있는 물의 이용을 방해하는 것이어야 한다.

[2] 원천 내지 자원으로서의 물의 이용이 아니라, 하수나 폐수 등 이용이 끝난 물을 배수로를 통하여 내려보내는 것은 형법 제184조 소정의 수리에 해당한다고 할 수 없고, 그러한 배수 또는 하수처리를 방해하는 행위는, 특히 그 배수가 수리용의 인수와 밀접하게 연결되어 있어서 그 배수의 방해가 직접 인수에까지 지장을 초래한다는 등의 특수한 경우가 아닌 한, 수리방해죄의 대상이 될 수 없다.

[3] 수리방해죄의 성립여부(소극)

농촌주택에서 배출되는 생활하수의 배수관(소형 PVC관)을 토사로 막아 하수가 내려가지 못하게 한 경우, 수리방해죄에 해당하지 아니한다(대법원 2001.6.26. 선고 2001도404 판결).

■ 판례 ■ **몽리민들이 20년 이상 평온·공연하게 유지의 물을 사용하여 농지를 경작하던 중 유지의 매수인이 유지의 제방 약3미터 가량을 파서 그 유지에 담겨져 있는 물을 전부 흘러 내려보낸 경우**

몽리민들이 계속하여 20년 이상 평온 공연하게 본건 유지의 물을 사용하여 소유농지를 경작하여 왔다면 그 유지의 물을 사용할 권리가 있다고 할 것이므로 그 권리를 침해하는 행위는 수리방해죄를 구성한다할 것이다(대법원 1968.2.20. 선고 67도1677 판결).

3. 주관적 구성요건

수리권을 방해하게 될 것이라는 사실에 대한 인식과 인용

4. 수리방해죄의 적용 범위

○ 교통상 이용되는 수로 ⇨ 일반교통방해죄(제185조)의 객체
○ 수도에 의한 음용수의 이용 ⇨ 수도불통죄(제195조)의 객체

● II. 범죄사실기재 및 신문사항

1) 범죄사실 기재례 – [삽으로 둑을 무너뜨림]

피의자는 ○○에 있는 유지 ○○㎡를 20○○. 3. 8. 경 홍길동으로부터 매수하여 그 소유권을 취득하게 되자, 이를 논으로 경작할 목적이었다.
피의자는 20○○. 4. 25.10:00경 위 유지의 제방 3m가량을 삽으로 파 무너뜨려 그 유지에 담겨 있는 물을 전부 흘러내려 보내어서 그 유지의 밑에 있는 경작자들에게 위 유지의 저수를 이용할 수 없게 하였다.

2) 적용법조 : 제184조 … 공소시효 7년

3) 신문사항

– 둑을 무너지게 한 일이 있는가
– 언제 어디에 있는 둑인가
– 어떤 방법으로 무너지게 하였는가
– 어느 정도 무너지게 하였나

- 무엇 때문에 무너지게 하였는가
- 피의자의 논 하류에 다른 사람들의 논도 있는가
- 누구의 논이 어느 정도 있는가
- 피의자의 행위로 제방이 무너지면 어떤 피해가 발생하는가
- 이런 결과를 예측하고 제방을 무너지게 하였나
- 현재 피의자의 행위로 어떤 결과가 발생하였는가

제1절 일반교통방해

제185조(일반교통방해) 육로, 수로 또는 교량을 손괴 또는 불통하게 하거나 기타 방법으로 교통을 방해한 자는 10년 이하의 징역 또는 1천500만원 이하의 벌금에 처한다.

제190조(미수범) 제185조 내지 제187조의 미수범은 처벌한다.

※ 도로법 제113조(벌칙) - 도로손괴

 I. 구성요건

1. 객 체

육로, 수로, 교량

○ 육로란 반드시 도로법의 적용을 받는 도로에 국한할 필요는 없고 사실상 사람이나 차가 지나다니는 육상의 길이면 족하고, 소유 관계도 불문

○ 수로란 선박이 항해에 사용하는 하천, 운하, 호소(湖沼), 항구 등

○ 교량이란 하천 등에 가설된 다리

■ 판례 ■ **甲이 소유한 토지를 포함한 구도로 옆으로 신도로가 개설되자 구도로에 담장을 설치한 경우**

[1] 형법 제185조 일반교통방해죄 소정의 '육로'의 의미

형법 제185조의 일반교통방해죄는 일반공중의 교통의 안전을 보호법익으로 하는 범죄로서 여기서의 '육로'라 함은 사실상 일반공중의 왕래에 공용되는 육상의 통로를 널리 일컫는 것으로서 그 부지의 소유관계나 통행권리관계 또는 통행인의 많고 적음 등을 가리지 않는다.

[2] 신도로가 개설된 경우 구도로가 185조 소정의 '육로'에 해당하는지 여부(적극)

피고인 소유의 토지를 포함한 구도로 옆으로 신도로가 개설된 경우라도 구도로는 여전히 형법 제185조 소정의 '육로'에 해당한다(대법원 1999.7.27. 선고 99도1651 판결).

■ 판례 ■ **일가족만이 도로로 사용하고 있는 경우 육로에 해당하는지 여부**

[1] 사실관계

> 甲은 ○○ 소재 폭 3m 가량의 시멘트 포장도로에서 평소 감정이 좋지 않은 김○○ 일가가 그 도로로 통행하는 것을 막기 위하여 그 도로 위에 하우스 파이프 10여개를 1m 가량 높이로 설치하고 경운기를 도로 가운데에 놓아 김○○ 등의 교통을 방해하였다.

[2] 판결요지

이 사건 도로의 일부가 피고인의 아들인 이○○ 소유의 ○○리 1036 전 684㎡를 관통하고 있는데, 이 사건 도로는 2002년경 둔내면에 의해 폭 3m의 시멘트 포장이 되었고, 그와 같이 포장되기 이전에는 마을사람들이 자유롭게 이용해 오던 비포장의 소로였던 사실, 이 사건 도로 위쪽에는 김○○, 김○○, 정○○의 논과 밭이 있는데, 지적도상 이 사건 도로를 우회하는 도로가 있으나 김○○ 등은 이 사건 도로를 통하여 자신들의 논과 밭에 드나들고 있고, 마을주민들도 이 사건 도로를 통하여 그 위쪽에 있는 산에 드나들었던 사실을 인정할 수 있는바, 위 인정 사실에 의하면, 비록 이 사건 도로를 주로 김○○ 일가만이 사용하고 있다고 하더라도 사실상 일반공중의 왕래에 공용되는 이상 통행인의 다과에 관계없이 이는 일반교통방해죄에서 정하고 있는 육로라 할 것이다. 따라서 피고인의 주장은 받아들일 수 없다(춘천지방법원 원주지원 2007.9.6. 2007고정381).

■ 판례 ■ 형법 제185조의 일반교통방해죄에서 말하는 '육로'의 의미 및 공로에 출입할 수 있는 다른 도로가 있는 상태에서 토지 소유자로부터 일시적인 사용승낙을 받아 통행하거나 토지 소유자가 개인적으로 사용하면서 부수적으로 타인의 통행을 묵인한 장소에 불과한 도로가 육로에 해당하는지 여부(소극)

형법 제185조의 일반교통방해죄는 일반 공중의 교통안전을 보호하는 범죄로서 육로 등을 손괴하거나 장애물로 막는 등의 방법으로 교통을 방해하여 통행을 불가능하게 하거나 현저하게 곤란하게 하는 일체의 행위를 처벌하는 것을 목적으로 한다. 여기에서 '육로'란 일반 공중의 왕래에 제공된 장소, 즉 특정인에 한하지 않고 불특정 다수인 또는 차마가 자유롭게 통행할 수 있는 공공성을 지닌 장소를 말한다. 통행로를 이용하는 사람이 적은 경우에도 위 규정에서 말하는 육로에 해당할 수 있으나, 공로에 출입할 수 있는 다른 도로가 있는 상태에서 토지 소유자로부터 일시적인 사용승낙을 받아 통행하거나 토지 소유자가 개인적으로 사용하면서 부수적으로 타인의 통행을 묵인한 장소에 불과한 도로는 위 규정에서 말하는 육로에 해당하지 않는다.(대법원 2017.4.7. 선고, 2016도12563, 판결)

■ 판례사례 ■ [본죄의 객체인 도로에 해당하지 않아 교통방해죄가 성립하지 아니하는 사례]

(1) 자신의 토지의 한쪽 부분이 일시 공터로 있을 때 인근주민들이 이 토지의 동서쪽에 있는 도로에 이르는 지름길로 일시 이용하자 통행을 방해한 경우(대법원 1984.11.13. 선고 84도2192 판결)
(2) 농작물을 경작하던 농토를 통하여 부근일대의 큰 도로로 통행하려는 주민들이 늘어나자, 소유자가 이를 막고 농작물을 재배하려고 철조망 등을 설치한 경우(대법원 1988.5.10. 선고 88도262 판결)
(3) 목장 소유자가 목장운영을 위해 목장용지 내에 임도를 개설하고 차량 출입을 통제하면서 인근 주민들의 일부 통행을 부수적으로 묵인한 경우 ⇨ 위 임도는 공공성을 지닌 장소가 아니다(대법원 2007.10.11. 선고 2005도7573 판결)

■ 판례사례 ■ [본죄의 객체인 도로에 해당하여 교통방해죄 성립하는 사례]

(1) 주민들이 농기계 등으로 그 주변의 농경지나 임야에 통행하기 위해 이용하는 자신 소유의 도로에 깊이 1m 정도의 구덩이를 판 경우(대법원 2007.3.15. 선고 2006도9418 판결)
(2) 주민들에 의하여 공로로 통하는 유일한 통행로로 오랫동안 이용되어 온 폭 2m의 골목길을 자신의 소유라는 이유로 폭 50 내지 75cm 가량만 남겨두고 담장을 설치한 경우(대법원 1994.11.4. 선고 94도2112 판결)

(3) 9 내지 10명의 노조원들이 적법절차없이 철제옷장으로 광업소 출입구를 봉쇄하고 바리케이트를 설치하여 통근버스의 운행을 방해한 경우 ⇨ 일반교통방해죄와 업무방해죄 성립(대법원 1990. 7.10. 선고 90도755 판결)

(4) 서울 중구 소공동의 왕복 4차로의 도로 중 편도 3개 차로 쪽에 차량 2, 3대와 간이테이블 수십개를 이용하여 길가쪽 2개 차로를 차지하는 포장마차를 설치하고 영업행위를 한 경우(대법원 2007. 12.14. 선고 2006도4662 판결)

(5) 농가의 영농을 위한 경운기나 리어카 등의 통행을 위한 농로로 개설되어 일반 공중의 왕래에 공용되는 도로에 말뚝을 박고 그 말뚝에 철조망 까지 쳐서 경운기 이외에 다른 차량의 통행을 불가능하게 한 경우(대법원 1995.9.15. 선고 95도1475 판결)

(6) 당초에 한국수자원공사에서 댐을 건설하기 위하여 모래적치장으로 사용한 곳으로 그 공사가 진행됨에 따라 모래가 점점 줄어들자 등산객과 농사를 짓는 사람들은 물론 버섯농장을 하는 A, 여관과 식당을 운영하는 B와 여관 및 식당의 손님들이 그 토지를 통행로로 이용해 왔는데, 총 80m 정도의 통행로 중 약 20m의 토지를 사들인 자가 그 도로의 중간에 바위를 놓아두거나 이를 파헤침으로써 차량의 통행을 못하게 한 경우 ⇨ 일반교통방해죄와 업무방해죄 성립(대법원 2002.4.26. 선고 001도6903 판결)

2. 행 위

손괴 또는 불통하게 하거나 기타 방법으로 교통을 방해하는 것

○ 여기서 교통방해라 함은 통행을 불가능하게 하거나 현저히 곤란하게 하는 것을 말한다.

■ 판례 ■　　**형법 185조의 일반교통방해죄의 보호법익**

형법 185조의 일반교통방해죄는 일반 공중의 교통안전을 그 보호법익으로 하는 범죄로서 육로 등을 손괴 또는 불통하게 하거나 기타의 방법으로 교통을 방해하여 통행을 불가능하게 하거나 현저하게 곤란하게 하는 일체의 행위를 처벌하는 것을 그 목적으로 하는 것이다(대법원 2003.10.10. 2003도4485 판결).

■ 판례 ■　　**집회 또는 시위가 형법상 교통방해죄를 구성하기위한 요건**

[1] 사실관계

전국민주노동조합총연맹 준비위원회가 주관한 도로행진시위가 사전에 구 집회 및 시위에 관한 법률에 따라 옥외집회신고를 마쳤어도, 신고의 범위와 위 법률 제12조에 따른 제한을 현저히 일탈하여 주요도로 전차선을 점거하여 행진 등을 함으로써 교통소통에 현저한 장해를 일으켰다.

[2] 판결요지

가. 집회 또는 시위가 형법상 교통방해죄를 구성하는 경우

구 집회 및 시위에 관한 법률(2007. 5. 11. 법률 제8424호로 전문 개정되기 전의 것) 제6조 제1항 및 입법 취지에 비추어, 적법한 신고를 마치고 도로에서 집회나 시위를 하는 경우 도로의 교통이 어느 정도 제한될 수밖에 없으므로, 그 집회 또는 시위가 신고된 범위 내에서 행해졌거나 신고된 내용과 다소 다르게 행해졌어도 신고된 범위를 현저히 일탈하지 않는 경우에는, 그로 인하여 도로의 교통이 방해를 받았다고 하더라도 특별한 사정이 없는 한 형법 제185조의 일반교통방해죄가 성립한다고 볼

수 없다. 그러나 그 집회 또는 시위가 당초 신고된 범위를 현저히 일탈하거나 구 집회 및 시위에 관한 법률(2007. 5. 11. 법률 제8424호로 전문 개정되기 전의 것) 제12조에 의한 조건을 중대하게 위반하여 도로 교통을 방해함으로써 통행을 불가능하게 하거나 현저하게 곤란하게 하는 경우에는 일반교통방해죄가 성립한다.

나. 일반교통방해죄의 성립여부

전국민주노동조합총연맹 준비위원회가 주관한 도로행진시위가 사전에 구 집회 및 시위에 관한 법률에 따라 옥외집회신고를 마쳤어도, 신고의 범위와 위 법률 제12조에 따른 제한을 현저히 일탈하여 주요도로 전차선을 점거하여 행진 등을 함으로써 교통소통에 현저한 장해를 일으켰다면, 일반교통방해죄를 구성한다(대법원 2008.11.13. 선고 2006도755 판결).

■ 판례 ■ **가옥 앞 도로가 폐기물 운반 차량의 통행로로 이용되어 가옥 일부에 균열 등이 발생하자 피고인이 위 도로에 트랙터를 세워두거나 철책 펜스를 설치한 경우**

[1] 사실관계

甲의 가옥 앞에 소재한 폭 약 3.6m인 도로로 10여 년 간 乙회사의 폐기물 운반 차량이 통행하는 동안 진동으로 인하여 가옥 일부에 균열이 생기고 위 차량들이 대문과 담장을 충격하여 손괴하는 사고가 발생하자, 乙회사는 甲과 사이에 위 손괴된 부분을 수리해 주고 이와 별도로 甲에게 4,000만 원을 지급하기로 합의하였으나 2,000만 원만을 지급한 채 나머지 합의사항을 이행하지 아니하자, 甲은 도로 중 약 1.4m를 침범한 상태로 자신 소유의 트랙터를 세워두거나 철책 펜스를 설치하여 위 차량들이 이 사건 도로를 통행할 수 없도록 하거나 위 차량들의 앞을 가로막고 앉아서 통행하지 못하도록 하였다.

[2] 판결요지

피고인이 이 사건 도로에 트랙터를 세워두거나 철책 펜스를 설치하여 노폭을 현저하게 제한함으로써 종전에는 통행이 가능하던 차량의 통행을 불가능하게 한 행위는 일반교통방해죄를 구성한다고 봄이 상당하고, 같은 취지의 원심의 판단은 정당한 것으로 수긍할 수 있으나, 나아가 피고인이 이 사건 도로를 가로막고 앉아서 위 차량의 통행을 일시적으로 방해한 행위가 교통을 방해하여 통행을 불가능하게 하거나 현저하게 곤란하게 하는 행위라고 보기는 어려우므로, 원심이 피고인의 이러한 행위까지 일반교통방해죄에 해당한다고 판단하고 만 것은 일반교통방해죄의 구성요건에 관한 법리를 오해하여 판결에 영향을 미친 것이다(대법원 2009.1.30. 선고 2008도10560 판결).

■ 판례 ■ **무리하게 예인선을 운항하여 예인되던 선박에 적재된 물건이 해상에 추락한 경우**

[1] 사실관계

예인선 정기용선자의 현장소장 甲은 예인선 선장 乙로부터 출항을 연기할 것을 건의받았음에도 이를 받아들이지 아니하고 일정을 들어 사고의 위험성이 높은 시점에 출항을 강행할 것을 지시하였고, 예인선 선장 乙은 甲의 지시에 따라 무리하게 예인선을 운항한 결과 예인되던 선박에 적재된 물건이 해상에 추락하여 선박교통을 방해하였다.

[2] 판결요지

현장소장 甲에게는 사고의 위험이 높은 이 사건 해상에서 재킷 및 해상크레인 운반작업을 함에 있어 재킷의 선적작업이 지연되어 그대로 출항할 경우에는 정조시점을 맞출 수가 없는데도 출항을 연기시키거나 대책을 강구한 사실이 없었고, 나아가 예인선 선장 乙로부터 출항을 연기할 것을 건의 받았음에도 이를 받아들이지 아니하고 일정을 들어 출항을 강행하도록 지시한 업무상 과실이 인정되며, 예인선 선장 乙에게는 현장소장 甲의 지시에 따라 사고의 위험이 높은 시점에 출항하였고, 특히 물양장 앞 해상에 진도대교 방향으로 강조류가 흐르고 있었으므로 상황의 심각성을 인식하고 신중하게 예인선을 운항하여 물양장에 접근하여야 했음에도 무리하게 예인선을 운항한 업무상 과실이 인정된다. 따라서 甲과 乙을 업무상과실일반교통방해죄의 공동정범으로 처벌한 것은 채증법칙에 위배되지 않는다 (대법원 2009.6.11. 선고 2008도11784 판결).

■ 판례 ■ **음식점으로 통하는 도로의 소유자가 진입로를 막은 경우**

[1] 사실관계

피고인은 2007. 4. 29.부터 같은 달 30.까지 광주시 중대동 (이하 지번 생략) 소재 임야 내 공소외 1의 음식점으로 통하는 진입도로에서, 위 임야의 소유권을 취득하였음에도 위 진입도로에 대한 소유권을 행사하지 못한다는 이유로, 포크레인 등의 장비를 동원하여 위 진입도로 노면의 일부를 손괴하고 쇠사슬을 위 진입도로에 걸어 둠으로써 불특정 다수인이 통행하는 위 진입도로의 교통을 방해하였다.

[2] 판결요지

원심 및 제1심은 그 채용 증거에 의하여, 공소외 1은 "위 진입도로에 관한 형질변경허가를 받고도 아무런 조치를 취하지 아니하다가 기존의 도로를 사용할 수 없게 되어 대체도로를 만들고자 하였다"고 진술하고 있는 점, 공소외 1이 2007. 3. 말경 콘크리트 포장공사를 하기 전까지 이 사건 토지에는 돌이 쌓여 있고 낙엽이 많이 쌓여 있는 등 평소에 사람이 통행하기에 부적합한 상태였던 것으로 보이는 점, 공소외 1이 운영하는 음식점으로 연결되는 도로로는 이 사건 토지와 기존의 포장된 아스팔트 도로가 있었는데, 위 음식점에 가기 위해서 포장되어 있지 않던 이 사건 토지보다는 포장된 위 아스팔트 도로가 주로 이용된 것으로 보이는 점, 공소외 1은 1997년에 산지전용허가를 받은 이후 이 사건 토지에 도로를 개설하려고 몇 차례 개설을 위한 일부 공사를 하였으나 완료하지 못하다가 기존의 도로를 사용할 수 없게 되자 비로소 콘크리트 포장공사를 하였고, 이에 이 사건 토지의 소유자인 피고인이 공소사실 기재와 같이 도로 이용을 저지하게 된 점, 공소외 1이 피고인을 상대로 제기한 이 사건 토지에 대한 통행권확인청구가 기각되어 피고인의 승소로 확정됨으로써 공소외 1이 더 이상 피고인에게 이 사건 토지에 대한 통행권을 주장할 수 없게 된 점 등을 인정하였다. 위와 같은 사정을 앞서 본 법리에 비추어 보면, 이 사건 토지는 일반교통방해죄에서 정한 불특정 다수인을 위한 공공성을 가진 도로라고 보기 어렵다 할 것이다 (대법원 2010.2.25. 선고 2009도13376 판결).

■ 판례사례 ■ **[교통방해에 해당하지 아니하여 교통방해죄가 성립하지 아니하는 사례]**

(1) 편도 1차선 도로의 노상주차장에 주차된 차량들 옆에 트럭을 주차하여 다른 차량들의 통행에 불편을 준 행위(대법원 2003.10.10. 선고 2003도4485 판결)
(2) 약 600명의 노동조합원들이 차도만 설치되어 있을 뿐 보도는 따로 마련되어 있지 아니한 도로 우측의 편도 2차선의 대부분을 차지하면서 대오를 이루어 행진하는 방법으로 시위를 함으로써 나머지 편도 2차선으로 상, 하행차량이 통행하느라 차량의 소통이 방해된 경우(대법원 1992.8.18. 선고 91도2771 판결)

(3) 공항 여객터미널 버스정류장 앞 도로 중 공항리무진 버스 외의 다른 차의 주차가 금지된 구역에서 밴 차량을 40분간 불법주차하고 호객행위를 한 경우(대법원 2009.7.9. 선고 2009도4266 판결).

3. 기 수

교통이 방해될 위험이 있으면 기수가 되고, 교통이 현실적으로 방해될 필요는 없다.

4. 주관적 구성요건

교통을 방해한다는 인식과 인용이 있을 것

■ 판례 ■ **세월호 1주기 범국민행동' 추모제 관련 집회**

[1] 집회 및 시위에 관한 법률에 따른 신고 없이 이루어진 집회에 참석한 참가자들이 차로 위를 행진하는 등으로 도로 교통을 방해함으로써 통행을 불가능하게 하거나 현저하게 곤란하게 하는 경우, 일반교통방해죄가 성립하는지 여부(적극) 및 이때 참가자에게 일반교통방해죄가 성립하기 위한 요건

집회 및 시위에 관한 법률에 따른 신고 없이 이루어진 집회에 참석한 참가자들이 차로 위를 행진하는 등으로 도로 교통을 방해함으로써 통행을 불가능하게 하거나 현저하게 곤란하게 하는 경우에 일반교통방해죄가 성립한다. 그러나 이 경우에도 참가자 모두에게 당연히 일반교통방해죄가 성립하는 것은 아니고, 실제로 참가자가 집회·시위에 가담하여 교통방해를 유발하는 직접적인 행위를 하였거나, 참가자의 참가 경위나 관여 정도 등에 비추어 참가자에게 공모공동정범의 죄책을 물을 수 있는 경우라야 일반교통방해죄가 성립한다.

[2] 일반교통방해죄의 기수 시기와 종료 시기 / 교통방해를 유발한 집회에 참가하였으나 참가 당시 이미 다른 참가자들에 의해 교통의 흐름이 차단된 상태였던 경우, 참가자에게 일반교통방해죄가 성립하기 위한 요건

일반교통방해죄는 이른바 추상적 위험범으로서 교통이 불가능하거나 또는 현저히 곤란한 상태가 발생하면 바로 기수가 되고 교통방해의 결과가 현실적으로 발생하여야 하는 것은 아니다. 또한 일반교통방해죄에서 교통방해 행위는 계속범의 성질을 가지는 것이어서 교통방해의 상태가 계속되는 한 위법상태는 계속 존재한다. 따라서 교통방해를 유발한 집회에 참가한 경우 참가 당시 이미 다른 참가자들에 의해 교통의 흐름이 차단된 상태였더라도 교통방해를 유발한 다른 참가자들과 암묵적·순차적으로 공모하여 교통방해의 위법상태를 지속시켰다고 평가할 수 있다면 일반교통방해죄가 성립한다.

[3] 피고인이 집회 및 시위에 관한 법률에 따른 신고 없이 서울광장에서 개최된 '세월호 1주기 범국민행동' 추모제에 참석한 뒤 다른 집회 참가자들과 함께 질서유지선을 넘어 방송차량을 따라 도로 전 차로를 점거하면서 행진하고, 행진을 제지하는 경찰과 대치하면서 도로에서 머물다가 귀가한 사안

피고인이 집회 및 시위에 관한 법률에 따른 신고 없이 서울광장에서 개최된 '세월호 1주기 범국민행동' 추모제(이하 '甲 집회'라 한다)에 참석한 뒤 다른 집회 참가자들과 함께 질서유지선을 넘어 방송차량을 따라 도로 전 차로를 점거하면서 행진하고, 행진을 제지하는 경찰과 대치하면서 도로에서 머물다가 귀가한 사안에서, 피고인은 다른 집회 참가자들과 함께 경찰이 공공질서 유지 등을 위하여 설정한 질서유지선을 넘어 도로 전 차로를 점거한 채 행진하였으므로 집회 참가자들 사이에 서로의 행위를 인식하며 암묵적·순차적으로 의사의 결합이 이루어졌다고 볼 수 있어, 피고인은 甲 집회의 위법성을 인식한 상태에서 이를 수용하여 도로 점거 등 교통을 방해하는 직접적 행위를 하였다고 보이는 점, 甲 집회 참가자들이 도로를 점거함으로써 차량의 통행이 전면적으로 제한되는 상

태가 계속되었으므로 도로 점거행위는 직접적인 교통방해 행위에 해당하거나 교통방해의 위법상태를 지속시켰다고 평가할 수 있는 점, 甲 집회·시위의 내용과 진행 상황, 집회 참가자들이 질서유지선을 넘어 도로를 점거한 채 행진하는 등 구체적인 행위 모습, 도로 점거의 지속시간, 피고인이 다른 집회 참가자들과 함께 도로 점거를 계속한 점 등에 비추어 위 범행에 대한 본질적 기여를 통한 기능적 행위지배가 있다고 볼 수 있는 점을 종합하면, 피고인은 일반교통방해죄의 공모공동정범으로서 책임이 있다는 이유로, 이와 달리 보아 공소사실을 무죄로 판단한 원심판결에 일반교통방해죄의 공모공동정범에 관한 법리오해 등의 잘못이 있다.(대법원 2018. 5. 11., 선고, 2017도9146, 판결)

Ⅱ. 범죄사실기재

1) 범죄사실 기재례

[기재례1] 사과 상자 20개를 가져다가 길의 한복판에 쌓아놓은 경우

> 피의자는 20○○. ○. ○. ○○:○○경 ○○에 있는 피의자 경영 ○○포장마차 앞길에서 통행 중인 자동차들이 먼지를 내며 지나다닌다는 이유로 사과 상자 20개를 가져다가 그 길의 한복판에 쌓아놓음으로써 일반 차들이 통행하는 육로의 교통을 방해하였다.

[기재례2] 도로에 차체 길이 4m의 대형트럭 1대를 비스듬히 주차한 경우

> 피의자는 20○○. ○. ○. ○○:○○경 ○○에 있는 ○○빌딩 앞 폭 3m의 도로에 차체 길이 4m의 대형트럭 1대를 비스듬히 주차하고 열쇠를 걸어놓아 둠으로써 육로를 막아 교통을 방해하였다.

[기재례3] 일가족이 사용하고 있는 도로를 경운기 등으로 막은 경우

> 피의자는 20○○. ○. ○. 11:40경 ○○에 있는 폭 3m가량의 시멘트 포장도로에서 평소 감정이 좋지 않은 김○○ 일가가 그 도로로 통행하는 것을 막기 위하여 그 도로 위에 하우스 파이프 10여 개를 1m가량 높이로 설치하고 경운기를 도로 가운데에 놓아두어 육로의 교통을 방해하였다.

[기재례4] 버스전용차로에 승용차를 비스듬히 세워둔 경우 (대구지법2007고정1406판결)

> 피의자는 20○○. ○. ○. ○○:○○경 ○○에 있는 ○○앞 도로에서, 피의자가 운전하던 ○○고○○○○호 승용차를 그곳 버스전용차로에 비스듬히 세워 둔 채 약 40분간 그대로 방치하여, 버스 등이 통행을 하지 못하도록 함으로써, 육로의 교통을 방해하였다.

[기재례5] 개를 이용 교통방해

> 피의자는 20○○. ○. ○. ○○:○○경부터 20○○.○.○. 경까지 ○○에 있는 노래방 앞길(길폭 ○○cm)에 셰퍼드 1마리, 시베리안 허스키 1마리, 골든래트리버 1마리 등 개 3마리를 쇠줄(길이 ○○cm)로 묶어놓아 통행을 곤란하게 하는 방법으로 교통을 방해하였다.

[기재례6] 도로를 막아 일반교통방해

피의자는 20○○. 7. 중순경 육로인 ○○에 위치한 길이 약 500m, 폭 약 2m 콘크리트 도로
상에 폭 약 80cm만 남기고 철재를 사용하여 높이 약 1m 80cm, 길이 약 5∼6m의 펜스를 설
치하는 방법으로 위 육로를 피해자 갑을 비롯한 주민들의 경운기 등 농기계나 차량의 통행을
할 수 없도록 막아 교통을 방해하였다.

2) **적용법조** : 제185조 ⋯ 공소시효 10년

[기재례7] 도로를 막아 건축업무 방해와 동시 일반교통방해

피의자는 ○○시 토지의 소유자로서, 피해자 갑이 같은 리 100번지를 매입한 후 20○○. 3.
경부터 원룸 신축공사를 시작하여 이 사건 공사부지 인근의 피의자 소유 토지들에 대한 사용
권이 침해당하자 위 공사를 방해하기로 마음먹었다.

피의자는 20○○. ○.○.경 ○○와 ○○토지 사이에 있는 도로에서, 이 사건 공사부지 진입
로인 위 도로 가운데 부분을 가로지르는 높이 2m의 철제 펜스를 설치하여 위 공사에 이용되
는 공사차량 등이 통행하지 못하도록 하였다.

이로써 피의자는 ○○와 ○○토지 사이에 있는 육로의 교통을 방해함과 동시에 위력으로 피
해자의 원룸 신축공사 업무를 방해하였다.

2) **적용법조** : 제185조(일반교통방해), 제314조 제1항, 제313조(업무방해) ⋯ 공소시효 10년

III. 신문사항

- 교통을 방해한 일이 있느냐
- 언제부터 언제까지 어디에서
- 어떠한 교통을 방해하였나
- 그 도로(수로, 교량)는 누구소유인가
- 누가 어떠한 방법으로 주로 사용하는가
- 어떠한 방법으로 방해하였는가
- 피의자의 행위로 어떠한 결과가 발생하였나
- 왜 이러한 행위를 하였느냐

제2절 기차, 선박 등의 교통방해

제186조(기차, 선박 등의 교통방해) 궤도, 등대 또는 표지를 손괴하거나 기타 방법으로 기차, 전차, 자동차, 선박 또는 항공기의 교통을 방해한 자는 1년 이상의 유기징역에 처한다.
제190조(미수범) 제185조 내지 제187조의 미수범은 처벌한다.
제191조(예비, 음모) 제186조 또는 제187조의 죄를 범할 목적으로 예비 또는 음모한 자는 3년 이하의 징역에 처한다.

 Ⅰ. 구성요건

1. 객 체

궤도, 등대 또는 표지(소유관계 불문)

2. 행 위

궤도, 등대 또는 표지를 손괴하거나 기타 방법으로 교통을 방해하는 것(例, 궤도상에 장애물을 놓아두는 행위, 등대의 등화를 꺼버리는 행위, 교통신호를 가리는 행위, 교통표지판을 옮기는 행위)

3. 기수시기

교통을 불가능하게 하거나 현저히 곤란하게 하는 상태가 발생하면 기수

Ⅱ. 범죄사실기재 및 신문사항

1) 범죄사실 기재례 - [열차 선로에 콘크리트 덩어리 방치]

피의자는 철도청 ○○역에 근무하다 피의자의 과실로 ○○역에서 해고되자 해고된 데에 앙심을 품고 교통을 방해하기로 마음먹었다.
피의자는 200○. ○. ○. ○○:○○경 ○○시 ○○역 동서쪽 약 2,000m의 상행선 궤도 부근에 있던 무게 약 10kg의 콘크리트 덩어리 3개를 놓아둠으로써 ○○역으로 향해가던 KTX 열차의 교통을 방해하였다.

2) 적용법조 : 제186조 … 공소시효 10년

3) 신문사항

- 철도청에 근무하다 퇴직한 일이 있는가
- 언제부터 언제까지 근무하였으며 무엇 때문에 퇴직하였는가
- 열차의 교통을 방해한 일이 있는가
- 언제 어디에서 방해하였나
- 어떤 방법으로 방해하였나
- 그 물건(방해하는데 사용하는 물건)은 언제 어디에서 구하였는가
- 어떻게 이런 생각을 하였나
- 피의자의 행위로 어떤 결과가 발생하였는가

제3절 기차 등의 전복 등

> 제187조(기차 등의 전복 등) 사람의 현존하는 기차, 전차, 자동차, 선박 또는 항공기를 전복, 매몰, 추락 또는 파괴한 자는 무기 또는 3년 이상의 징역에 처한다.
> 제190조(미수범) 제185조 내지 제187조의 미수범은 처벌한다.
> 제191조(예비, 음모) 제186조 또는 제187조의 죄를 범할 목적으로 예비 또는 음모한 자는 3년 이하의 징역에 처한다.

 I. 구성요건

1. 객 체

사람이 현존하는 기차, 전차, 자동차, 선박 또는 항공기

(1) 사람이 현존하는

행위자 이외의 사람이 현존할 것

○ 사람의 현존 여부는 실행의 착수 시기를 기준으로 한다. 따라서 실행행위를 개시할 때 사람이 있으면 결과 발생 시 사람이 현존하지 아니할 때도 본죄가 성립한다.

■ 판례 ■ **사람이 현존하는 선박을 매몰시켰으나 그 결과발생시 사람이 현존하지 않았거나 범인이 선박에 있는 사람을 안전하게 대피시킨 경우, 선박매몰죄의 기수로 볼 것인지 여부(적극)**

[1] 사실관계

선주인 甲은 선박을 침몰시켜 보험금을 타기 위하여 선원들이 승선하고 있는 선박의 밑바닥에 구멍을 내어 배가 침몰하기 시작한 후에 선원들을 안전하게 다른 선박으로 대피시켰다. 그 후 甲은 보험회사에 보험금을 청구하여 보험금을 수령하였다.

[2] 판결요지

선박매몰죄의 고의가 성립하기 위하여는 행위시에 사람이 현존하는 것이라는 점에 대한 인식과 함께 이를 매몰한다는 결과발생에 대한 인식이 필요하며, 현존하는 사람을 사상에 이르게 한다는 등 공공의 위험에 대한 인식까지는 필요하지 않고, 사람의 현존하는 선박에 대해 매몰행위의 실행을 개시하고 그로 인하여 선박을 매몰시켰다면 매몰의 결과발생시 사람이 현존하지 않았거나 범인이 선박에 있는 사람을 안전하게 대피시켰다고 하더라도 선박매몰죄의 기수로 보아야 할 것이지 이를 미수로 볼 것은 아니다(대법원 2000.6.23. 선고 99도4688 판결).

(2) 기차, 전차, 자동차, 선박 또는 항공기

기차, 전차, 자동차, 선박 또는 항공기 등은 반드시 현재 진행중일 것을 요하지 않는다. 따라서 차고에 들어가 있거나 정차 또는 정박 중인 것도 본죄의 객체에 포함된다.

2. 행 위

전복, 매몰, 추락 또는 파괴하는 것

(1) 전 복

교통기관을 탈선시켜 넘어지게 하는 것으로서, 단순히 탈선시킨 것만으로는 전복이라고 할 수 없다.

(2) 매 몰

선박을 침몰시키는 것
○ 매몰은 좌초와 구별되는 것으로 침몰의 의사로 좌초케 한 경우에는 본죄의 미수에 해당한다.
○ 좌초로 인하여 선박이 파괴된 경우에는 파괴에 해당한다.

(3) 추 락

높은 곳에서 아래로 떨어지게 하는 것으로, 파괴되었을 것을 요하지 않는다.

(4) 파 괴

○ "파괴"의 뜻은 기차, 선박 등의 교통기관으로서의 용법의 전부 또는 일부를 불가능하게 할 정도의 파손을 의미한다(대법원 1970.10.23. 선고 70도1611 판결).
○ 대형 유조선의 유류탱크 일부에 구멍이 생기고 선수마스트, 위성통신 안테나, 항해등 등이 파손된 정도에 불과한 것은 형법 제187조에 정한 선박의 '파괴'에 해당하지 않는다(대법원 2009.4.23. 선고 2008도11921 판결).

3. 주관적 구성요건

사람이 현존하는 기차, 전차, 자동차, 선박 또는 항공기를 전복, 매몰, 추락 또는 파괴한다는 인식과 의사가 있을 것

◗ II. 범죄사실기재 및 신문사항

[기재례1] 선박 바닥에 구멍을 내어 매몰

1) 범죄사실 기재례

피의자는 피의자 소유 ○○선박(규모)을 침몰시켜 보험금을 타기로 마음먹었다.
피의자는 20○○. ○. ○. ○○앞바다를 선원 9명을 승선하고 고기를 잡기 위해 항해 중 미

리 준비해 놓은 ○○공구를 사용하여 선박의 밑바닥에 구멍을 내어 배가 침몰하게 하여 사람이 현존하는 선박을 매몰하게 하였다.

2) **적용법조** : 제187조 … 공소시효 15년

[기재례2] 자동차를 고의로 전복

1) 범죄사실 기재례

피의자는 ○○너1234호 승합자동차의 소유자로 이 차량을 전복시켜 보험금을 타기로 마음먹었다. 피의자는 20○○. ○. ○. 11:00경 위 차량에 마음 주민 4명을 태우고 ○○까지 운행 중 ○○앞 도로에 이르려 이 도로는 길폭이 좁고 지반에 약하여 우천 후 운행 시는 도로 붕괴로 차량이 전복된다는 것을 알고 있음에도 위 도로의 급좌회전 지점에 이르러 서행하지 않고 핸들의 과대조작으로 차량을 좌측으로 넘어지게 하면서 사람이 현존하는 자동차를 전복하게 하였다.

✱ 보험금을 수령하기 위해 차량을 전복시키고 보험금을 신청하여 수령하였으면 사기죄로도 처벌

2) **적용법조** : 제187조 … 공소시효 15년

3) 신문사항

－ 차량을 전복시킨 일이 있는가
－ 어떤 차량인가(차량번호, 소유자, 차종 등)
－ 언제 어디에서 전복하게 하였는가
－ 어떻게 전복되었는가
－ 사람이 타고 있었는가
－ 누가 타고 있었으면 다치지 않았는가
－ 어떻게 하다 전복하였는가
－ 지반이 약하고 도로폭이 좁은데 왜 그곳을 운행하였는가
－ 전복될 거라는 것을 모르고 운행하였나
－ 우천시 운행하면 지반이 약하기 때문에 전복되리라는 것을 알고 있었는가
－ 전복될 것을 알면서도 운행하였다는 것인가
－ 왜 전복될 것을 알면서 운행하였나
－ 차량 보험에 가입하였나
－ 보험금을 수령하였는가
－ 보험금을 타기 위해 고의로 차량을 전복시킨 것인가

제4절 교통방해치사상

> 제188조(교통방해치사상) 제185조 내지 제187조의 죄를 범하여 사람을 상해에 이르게 한 때에는 무기 또는 3년 이상의 징역에 처한다. 사망에 이르게 한 때에는 무기 또는 5년 이상의 징역에 처한다.

일반교통방해죄, 기차 · 선박 등 교통방해죄 또는 기차 등 전복죄를 범하여 사람을 상해 또는 사망에 이르게 한때에 성립

1. 사 람

교통기관에 현존하는 사람뿐만 아니라 보행자 또는 부근에 있는 기타의 다른 사람들을 상해 또는 사망하게 한 경우에도 본죄성립

2. 죄 수

- ○ 교통방해치상죄는 부진정결과적 가중범이므로, 상해의 고의로 교통방해를 하여 상해를 입히면 교통방해치상죄와 상해죄의 상상적 경합이 된다.
- ○ 교통방해치사죄는 진정결과적 가중범이므로, 살인의 고의로 교통방해를 하여 살해한 경우에는 교통방해죄와 살인죄의 상상적 경합이 성립한다.

■ 판례 ■　　**교통방해치사상죄의 성립 요건**

[1] 교통방해치사상죄의 성립 요건 및 교통방해 행위와 사상의 결과 사이에 상당인과관계를 인정할 수 있는 경우

형법 제188조에 규정된 교통방해에 의한 치사상죄는 결과적 가중범이므로, 위 죄가 성립하려면 교통방해 행위와 사상(死傷)의 결과 사이에 상당인과관계가 있어야 하고 행위 시에 결과의 발생을 예견할 수 있어야 한다. 그리고 교통방해 행위가 피해자의 사상이라는 결과를 발생하게 한 유일하거나 직접적인 원인이 된 경우만이 아니라, 그 행위와 결과 사이에 피해자나 제3자의 과실 등 다른 사실이 개재된 때에도 그와 같은 사실이 통상 예견될 수 있는 것이라면 상당인과관계를 인정할 수 있다.

[2] 고속도로 2차로를 따라 자동차를 운전하다가 1차로를 진행하던 甲의 차량 앞에 급하게 끼어든 후 곧바로 정차하여, 甲의 차량 및 이를 뒤따르던 차량 두 대는 급정차하였으나, 그 뒤를 따라오던 乙의 차량이 앞의 차량들을 연쇄적으로 추돌케 하여 乙을 사망에 이르게 하고 나머지 차량운전자 등 피해자들에게 상해를 입힌 경우

편도 2차로의 고속도로 1차로 한가운데 정차한 피고인은 현장의 교통상황이나 일반인의 운전 습관 · 행태 등에 비추어 고속도로를 주행하는 다른 차량운전자들이 제한속도 준수나 안전거리 확보 등의 주의의무를 완전하게 다하지 않을 수도 있다는 점을 알았거나 충분히 알 수 있었으므로, 피고인의 정차 행위와 사상의 결과 발생 사이에 상당인과관계가 있고, 사상의 결과 발생에 대한 예견가능성도 인정된다(대법원 2014.7.24, 선고, 2014도6206, 판결).

제5절 과실, 업무상과실, 중과실

제189조(과실, 업무상과실, 중과실) ① 과실로 인하여 제185조 내지 제187조의 죄를 범한 자는 1천만원 이하의 벌금에 처한다
② 업무상과실 또는 중대한 과실로 인하여 제185조 내지 제187조의 죄를 범한 자는 3년 이하의 금고 또는 2천만원 이하의 벌금에 처한다.

 Ⅰ. 구성요건

1. 과실교통방해죄(제1항)

과실로 일반교통방해죄, 기차·선박 등 교통방해죄 또는 기차등 전복죄를 범한 경우 성립

■ 판례 ■　**선박충돌사고시 일방의 과실이 있는 경우, 상대방의 과실여부**

선박충돌사고에 있어서 한쪽에 과실이 있다고 하여 반드시 다른 쪽에는 과실이 없다고 단정할 수 없다(대법원 1972.2.22. 선고 71도2386 판결).

2. 업무상과실·중과실교통방해죄(제2항)

여기서의 업무는 주로 직접 또는 간접으로 기차·전차 등 교통에 종사하는 자의 업무를 의미

■ 판례 ■　**성수대교 붕괴사고에서 교량 건설회사의 트러스 제작 책임자, 교량공사 현장감독, 발주 관청의 공사감독 공무원 등에게 업무상과실치사상, 업무상과실일반교통방해, 업무상과실 자동차추락죄 등의 성립여부(적극)**

[1] 사실관계

성수대교를 건설하는데 있어 건설회사의 트러스 제작 책임자 甲의 트러스 설계오류에 따른 부실공사 및 공사감독공무원 乙의 감독소홀과 교량의 유지·관리책임자 丙의 유지관리소홀로 교량의 트러스와 상판이 강으로 떨어지면서 자동차 6대가 함께 떨어져 승객들이 사상하였다.

[2] 판결요지

가. 구 형법 제189조 제2항에서 말하는 '업무상과실'의 주체에 해당한다고 본 사례
구 형법(1995.12.29. 법률 제5057호로 개정되기 전의 것) 제189조 제2항, 제185조에서 업무상과실일반교통방해의 한 행위태양으로 규정한 '손괴'라고 함은 물리적으로 파괴하여 그 효용을 상실하게 하는 것을 말하므로, 이 사건 성수대교의 건설 당시의 부실제작 및 부실시공행위 등에 의하여 트러스가 붕괴되는 것도 위 '손괴'의 개념에 포함된다.

나. 구 형법 제189조 제2항에서 말하는 '업무상과실'의 주체
구 형법(1995.12.29. 법률 제5057호로 개정되기 전의 것) 제189조 제2항에서 말하는 '업무상과실'의 주체는 기차, 전차, 자동차, 선박, 항공기나 기타 일반의 '교통왕래에 관여하는 사무'에 직접·

간접으로 종사하는 자이어야 할 것인바, 성수대교는 차량 등의 통행을 주된 목적으로 하여 건설된 교량이므로, 그 건설 당시 제작, 시공을 담당한 자도 '교통왕래에 관여하는 사무'에 간접적으로 관련이 있는 자에 해당한다.

다. 업무상과실로 인하여 교량을 손괴하여 자동차의 교통을 방해하고 그 결과 자동차를 추락시킨 경우, 업무상과실일반교통방해죄와 업무상과실자동차추락죄의 죄수관계

업무상과실로 인하여 교량을 손괴하여 자동차의 교통을 방해하고 그 결과 자동차를 추락시킨 경우에는 구 형법(1995.12.29. 법률 제5057호로 개정되기 전의 것) 제189조 제2항, 제185조 소정의 업무상과실일반교통방해죄와 같은 법 제189조 제2항, 제187조 소정의 업무상과실자동차추락죄가 성립하고, 위 각 죄는 형법 제40조 소정의 상상적 경합관계에 있다.

라. 교량붕괴에 있어서의 과실에 의한 공동정범 성립 여부(적극)

성수대교와 같은 교량이 그 수명을 유지하기 위하여는 건설업자의 완벽한 시공, 감독공무원들의 철저한 제작시공상의 감독 및 유지·관리를 담당하고 있는 공무원들의 철저한 유지·관리라는 조건이 합치되어야 하는 것이므로, 위 각 단계에서의 과실 그것만으로 붕괴원인이 되지 못한다고 하더라도, 그것이 합쳐지면 교량이 붕괴될 수 있다는 점은 쉽게 예상할 수 있고, 따라서 위 각 단계에 관여한 자는 전혀 과실이 없다거나 과실이 있다고 하여도 교량붕괴의 원인이 되지 않았다는 등의 특별한 사정이 있는 경우를 제외하고는 붕괴에 대한 공동책임을 면할 수 없다(대법원 1997.11. 28 선고 97도1740 판결). ☞ (甲·乙·丙은 업무상과실일반교통방해죄, 업무상과실자동차추락죄, 업무상과실치사상죄의 공동정범)

■ 판례 ■ **기온의 급상승으로 인한 철로장출이 직접적인 원인이 되어 열차가 일부 탈선한 경우에 기관사에게 업무상과실을 인정할 수 있는지 여부(소극)**

[1] 사실관계

甲은 열차의 기관사로서 열차를 운전하여 김천과 직지사 간의 철로를 시속 약 100킬로미터로 운행하던 중 직지사역으로부터 무선으로 두 차례에 걸쳐 태평터널 전방 200미터 지점을 통과할 때 좌우진동이 심하다고 하니 주의운전을 바란다는 통보를 받고 그곳을 지날 때까지의 타력에 의하여 시속 약 85킬로미터로 감속을 하였으나 상용제동을 걸지는 않았고 사고지점 약 50미터에 이르러 사고지점에 철로가 장출되어 굽어 있는 것을 발견하고서야 비상제동을 걸었으나 미치지 못하여 열차가 일부 탈선하였다.

[2] 판결요지

기관사가 열차 운행중 사고지점 부근이 좌우 진동이 심하다는 다른 열차로부터의 연락이 있으니 주의운전을 바란다는 무전만 받고 시속 약 85Km로 운행하던 중 사고지점 약 50m 앞에서 궤도가 장출되어 있는 것을 발견하고 비상제동을 걸었으나 미치지 못하여 열차가 일부 탈선한 경우, 열차는 미리 지정된 속도로 진행하고 특별한 사정이 없는 한 마음대로 속력을 가감할 수 없는데, 육안으로 궤도장출을 발견하려면 상당히 가까이 가야만 가능하며 그 지점에 이르기 전에 시속 약 20 내지 30Km로 감속하여야만 열차를 정지시킬수 있었던 점 및 위 사고는 기온의 급상승으로 인한 철로장출이 그 직접적인 원인이 된 점 등에 비추어 보면 이와 같은 상황에서 기관사에게 위 사고를 예상하고 충분히 감속하여 즉시 정차해야 할 주의의무가 있다고 할 수 없다(대법원 1991.12.10. 선고 91도2044 판결).

승객이 탄 헬리콥터의 조종사가 엔진 고장시에 긴급시의 항법으로서 정해진 절차에 따라 운행하지 못한 과실로 위 항공기를 해상에 추락시킨 경우

[1] 사실관계

> 헬리콥터에 승객 3명을 태우고 운항하던 조종사 甲은 엔진고장이 발생하자 헬리콥터를 긴급시의 항법으로서 정해진 절차에 따라 운항하지 못하여 안전하게 비상착륙시키지 못하고 해상에 추락시켜 승객들을 사상케 하였다.

[2] 판결요지

형법 제187조에서 말하는 항공기의 '추락'이라 함은 공중에 떠 있는 항공기를 정상시 또는 긴급시의 정해진 항법에 따라 지표 또는 수면에 착륙 또는 착수시키지 못하고, 그 이외의 상태로 지표 또는 수면에 낙하시키는 것을 말하는 것인바, 헬리콥터에 승객 3명을 태우고 운항하던 조종사가 엔진 고장이 발생한 경우에 위 항공기를 긴급시의 항법으로서 정해진 절차에 따라 운항하지 못한 과실로 말미암아 사람이 현존하는 위 항공기를 안전하게 비상착수시키지 못하고 해상에 추락시켰다면 업무상 과실항공기추락죄에 해당한다(대법원 1990.9.11. 선고 90도1486 판결). ☞ (甲은 업무상 과실항공기추락죄와 업무상과실치사상죄)

II. 범죄사실기재 및 신문사항

[기재례1] 자동차를 과실로 전복

1) 범죄사실 기재례

> 피의자는 20○○. 5. 3. 10:00경 업무로서 (차량번호, 차종)를 운전하여 ○○시 ○○구 ○○가 ○○앞길을 ○○쪽에서 ○○방면으로 시속 약 50m/h로 운전하였다.
> 그곳은 교통정리가 하여지는 곳이므로 신호를 지켜 진행해야 할 업무상 주의의무가 있었다. 그럼에도 이를 게을리한 채 신호를 위반하여 그대로 직행한 과실로 위 도로의 우측에서 좌측으로 통과하던 피해자 홍길동 승용차를 뒤늦게 발견하고 이를 피하고자 핸들 급조작으로 차량을 좌측으로 넘어지게 하였다.
> 결국, 피의자는 위와 같은 업무상의 과실로 사람이 현존하는 자동차를 전복하게 하였다.

2) 적용법조 : 제189조 … 공소시효 5년

3) 신문사항

- 자동차를 소유하고 있는가
- 언제 구입하였으며 차량번호는
- 면허는 취득하였는가

- 교통사고를 낸 일이 있는가
- 언제 어디에서 냈는가
- 어떤 교통사고를 냈는가
- 이런 사고로 인하여 차량이 전복된 일이 있는가
- 어떻게 차량이 전복되었는가
- 사람이 타고 있었는가
- 차량이 전복되리라고 생각하지 못하였는가

[기재례2] 헬리콥터 추락

1) 범죄사실 기재례

> 피의자는 ○○소속 헬리콥터 조종에 종사하는 사람이다.
>
> 피의자는 20○○. ○. ○. 위 헬리콥터에 본인을 포함 승무원 3명과 승객 16명을 태우고 울릉도에 있는 울릉헬리포트를 이륙하여 185.2㎞ 거리의 경북 영덕군 강구면에 있는 강구헬리포트를 향하여 운항하다가 울릉헬리포트에서 약 63㎞ 떨어진 해상에서 제1번 엔진오일의 압력경고등이 작동하고 그 엔진오일압력이 "0"으로 떨어짐을 발견하고 항공기의 계속 비행은 불가능하다고 판단하고 울릉도로 회항하게 되었다.
>
> 당시 출력을 제대로 낼 수 없는 제1번 엔진도 가동하여 전속력을 내게 함으로써 고장 나지 않은 제2번 엔진까지 무리가 가서 재출력을 내지 못하게 하였을 뿐만 아니라 고도유지가 오히려 어려워지고 제1번 엔진에 화재위험까지 불러일으켜 안전운항이 곤란하였으며, 사고 항공기에 실려 있던 배낭 등 승객들의 화물과 고장 난 무전기 등을 해상에 투하하여 엔진의 부담을 덜고 항공기의 침하속도를 늦추는 등의 조처하지 않고, 또한 적절한 비상착수 시점을 포착하여 최대한 속도를 줄이고 기체의 균형을 유지하는 등의 방법으로 충격을 줄여서 안전하게 비상착수를 하여야 한다.
>
> 그럼에도 이를 게을리하고 결국 위 항공기를 긴급 시의 항법으로써 정해진 절차에 따라 운항하지 못한 과실로 말미암아 사람의 현존하는 위 항공기를 안전하게 비상 착수시키지 못하고 해상에 추락시켰다.

2) 적용법조 : 제189조 … 공소시효 5년

3) 신문사항

- 헬리콥터 조종사인가
- 언제부터 어떤 헬리콥터를 조종하였나
- 헬리콥터의 제원은
- 이를 운항하다 고장으로 추락한 일이 있는가
- 언제 어디에서 어디를 운항하다 그랬나

- 몇 명이 타고 있었는가
- 무엇 때문에 추락하였나
- 어떤 고장이 있었나
- 그러한 경우 어떠한 조치를 취해야 했었나
- 왜 추락하였나
- 추락방지를 위해 어떠한 조치를 하였나
- 추락 방지를 충분한 조치를 취하였다고 생각하는가
- 추락으로 인해 어떤 피해가 있었는가
- 평소 정비는 누가 어떻게 하고 있는가
- 당일 운항 전에도 정비를 하였나

제 **16** 장 먹는 물에 관한 죄
(제192~197조)

제1절 먹는 물의 사용방해

제192조(먹는 물의 사용방해) ① 일상생활에서 먹는 물로 사용되는 물에 오물을 넣어 먹는 물로 쓰지
못하게 한 자는 1년 이하의 징역 또는 500만원 이하의 벌금에 처한다.
※ 경범죄처벌법 제3조 제1항 제10호(마시는 물 사용방해)

Ⅰ. 구성요건

1. 객 체

일상생활에서 먹는 물

○ 불특정 · 다수인이 계속 · 반복하여 일상생활에서 먹는 물로 사용하는 물로서 자연수 ·
인공수, 유수 · 저수를 불문한다. 다만 청량음료수는 제외된다.

■ 판례사례 ■ [본죄의 객체에 해당하지 아니하는 것]

(1) 일시적으로 사용하는 물(例, 계곡에 흐르는 물)
(2) 음용에 사용하지 아니하는 물(例, 공업용수에 전용되는 물)
(3) 특정인 또는 소수인이 음용하기 위하여 사용하는 물(例, 특정인이 컵에 담아 둔 물, 일가족이 음용
하기 위하여 담아둔 물)

2. 행 위

오물을 넣어 먹는 물로 쓰지 못하게 하는 것

(1) 오 물

독물 이외에 이를 혼입하면 정수로서의 이용에 지장을 줄 수 있는 일체의 물질(例,
대소변, 쓰레기)

(2) 넣는 것

먹는 물에 오물을 섞는 것(例, 우물 바닥의 흙을 들추어 물을 흐리게 하는 것, 우물에 비
누를 풀어 세수하는 것 등)

(3) 물로 쓰지 못하게

먹는 물로 사용할 수 없을 정도에 이르게 하는 행위로서, 물리적 · 감정적 · 심리적 원인을 불문

  ○ 식용색소를 풀어 우물물을 불쾌한 색으로 만든 경우

  ○ 정수에 소변을 보는 행위

  ✱ 오물을 혼입하였으나 음용할 수 없는 정도에 이르지 아니한 경우에는 경범죄처벌법에 해당할 뿐이다(동법 제1조 제14호).

3. 주관적 구성요건

물로 사용되는 물에 오물을 넣어 먹는 물로 쓰지 못하게 하는 것에 대한 인식과 의사

II. 범죄사실기재 및 신문사항

1) 범죄사실 기재례 - [마을 우물에 세제 혼용]

피의자는 20○○. ○. ○. ○○:○○경 ○○에 있는 마을주민 20여 명이 일상생활에서 먹는 물로 사용하는 마을 공동우물에 평소 주민들로부터 따돌림을 받는데 화풀이로 세제로 사용하는 퐁퐁 300g 정도를 혼입하여 먹는 물로 사용하지 못하게 하였다.

2) 적용법조 : 제192조 제1항 ⋯ 공소시효 5년

3) 신문사항

- 마을 주민들이 사용하는 우물에 오물을 투입한 일이 있는가

- 언제 어떠한 우물이였나

- 누가 사용하는가

- 마을 주민 몇 명이 사용하는가

- 그 우물의 규모는

- 어떠한 오물을 투입하였나

- 어떠한 방법으로 투입

- 무엇 때문에 투입하였나

- 이러한 행위를 하여 그 우물을 다른 사람들이 사용할 수 있었느냐

제2절 먹는 물에 유해물혼용

제192조((먹는 물의 사용방해) ① 일상생활에서 먹는 물로 사용되는 물에 오물을 넣어 먹는 물로 쓰지 못하게 한 자는 1년 이하의 징역 또는 500만원 이하의 벌금에 처한다.
② 제1항의 먹는 물에 독물(毒物)이나 그 밖에 건강을 해하는 물질을 넣은 사람은 10년 이하의 징역에 처한다.
제196조(미수범) 제192조제2항, 제193조제2항과 전조의 미수범은 처벌한다.
제197조(예비, 음모) 제192조제2항, 제193조제2항 또는 제195조의 죄를 범할 목적으로 예비 또는 음모한 자는 2년 이하의 징역에 처한다.

 I. 구성요건

1. 객 체

일상생활에서 먹는 물로 사용되는 물

2. 행 위

먹는 물에 독물 기타 건강을 해할 물건을 혼입하는 것

○ 독물이란 소량을 인체에 넣으면 건강에 장애를 가져올 수 있는 물체(例, 청산가리, 유산니코친 등)

○ 그밖에 건강을 해할 물질이란 먹는 물에 의하여 사람의 건강에 장애를 줄 만한 유해물(例, 전염병균)

3. 먹는 물의 사용방해죄와의 관계

본죄는 먹는 물의 사용방해죄에 대하여 특별법관계에 있다. 따라서 본죄가 성립하는 경우에는 먹는 물의 사용방해죄는 성립하지 않는다.

II. 범죄사실기재 및 신문사항

1) 범죄사실 기재례 – [마을 우물에 청산가리 혼입]

피의자는 20○○. ○. ○. ○○:○○경 ○○에 있는 마을주민 20여 명이 일상생활에 먹는 물로 사용하는 마을 공동우물에 평소 주민들로부터 따돌림을 받는데 화풀이로 독물인 청산가리약 3g 정도를 투입 혼입하여 먹는 물로 사용하지 못하게 하였다.

2) **적용법조** : 제192조 제2항 … 공소시효 10년

3) **신문사항**

- 마을 주민들이 사용하는 우물에 독물을 투입한 일이 있는가
- 언제 어떠한 우물이였나
- 누가 사용하는가
- 마을 주민 몇 명이 사용하는가
- 그 우물의 규모는
- 어떠한 오물을 투입하였나
- 어떠한 방법으로 투입
- 무엇 때문에 투입하였나

제3절 수돗물의 사용방해

제193조(수돗물의 사용방해) ① 수도(水道)를 통해 공중이 먹는 물로 사용하는 물 또는 그 수원(水原)
  에 오물을 넣어 먹는 물로 쓰지 못하게 한 자는 1년 이상 10년 이하의 징역에 처한다.
② 제1항의 먹는 물 또는 수원에 독물 그 밖에 건강을 해하는 물질을 넣은 자는 2년 이상의 유기징역
  에 처한다.
제196조(미수범) 제192조제2항, 제193조제2항과 전조의 미수범은 처벌한다.
제197조(예비, 음모) 제192조제2항, 제193조제2항 또는 제195조의 죄를 범할 목적으로 예비 또는 음모
  한 자는 2년 이하의 징역에 처한다.

 Ⅰ. 구성요건

1. 객 체

수도(水道)를 통해 공중이 먹는 물로 사용하는 물 또는 그 수원(水原)

(1) 수 도

먹는 물을 공급하기 위한 인공적 설비

○ 공설수도인가 사설수도인가를 불문하며, 반드시 적법한 수도일 필요도 없다.

(2) 공중이 먹는 물로 사용하는 물

불특정 또는 다수인이 먹는 물로 사용하는 물로서 공급중인 물만이 본죄의 객체

✽ 자기 또는 가족만이 이용하는 전용수도나 공급이 끝나 개인집의 물통에 담겨진 상태의 것은
   본죄의 객체가 아니다.

(3) 수 원

수도로 공급하기 이전단계에 있는 물의 총체(例, 저수지, 정수지, 저수지나 정수지에 이
르는 수로 등의 물)

2. 행 위

오물을 넣어 먹는 물로 쓰지 못하게 하는 것

✽ 독물 기타 건강을 해할 물건을 혼입한 경우에는 수돗물의 유해물혼입죄(제193조 제2항)가 성립한다.

3. 기수시기

오물을 넣으면 기수가 되고 사람의 건강에 장애를 주었는가는 불문한다.

1) 범죄사실 기재례 – [마을 우물에 인분 혼입]

피의자는 20○○. ○. ○. ○○:○○경 ○○에 있는 마을주민 50여명이 수도를 통하여 공중이 먹는 물에 사용하는 물에 평소 주민들로부터 따돌림을 받는데 화풀이로 오물인 인분 300ℓ 정도를 투입하여 먹는 물로 사용하지 못하게 하였다.

2) 적용법조 : 제193조 제1항 … 공소시효 10년

3) 신문사항

– 마을 주민들이 사용하는 수도수원지에 오물을 투입한 일이 있는가

– 언제 어떠한 수도 수원지인가

– 누가 사용하는가

– 마을 주민 몇 명이 사용하는가

– 그 수도의 수원지 규모는

– 어떠한 오물을 투입하였나

– 어떠한 방법으로 투입

– 무엇 때문에 투입하였나

제4절 먹는 물 혼독치사상

제194조(먹는 물 혼독치사상) 제192조제2항 또는 제193조제2항의 죄를 지어 사람을 상해에 이르게 한 경우에는 무기 또는 3년 이상의 징역에 처한다. 사망에 이르게 한 경우에는 무기 또는 5년 이상의 징역에 처한다.

Ⅰ. 구성요건

먹는 물 유해물혼입죄 또는 수돗물 유해물혼입죄를 범하여 사망 또는 상해의 결과가 발생한 때에 성립

Ⅱ. 범죄사실기재 및 신문사항

1) 범죄사실 기재례 – [마을 우물에 청산가리 혼입으로 상해]

피의자는 20○○. ○. ○. ○○:○○경 ○○에 있는 마을주민 20여 명이 일상생활에서 사용하는 마을 공동우물에 평소 주민들로부터 따돌림을 받는데 화풀이로 독물인 청산가리 3g 정도를 투입 혼입하여 이를 먹는 피해자 홍길동이 ○○증 등으로 약 3주간의 치료를 요하는 상해를 입게 하였다.

2) 적용법조 : 제194조 … 공소시효 15년

3) 신문사항

– 마을 주민들이 사용하는 우물에 독물을 투입한 일이 있는가

– 언제 어떠한 우물이었나

– 누가 사용하는가

– 마을 주민 몇 명이 사용하는가

– 그 우물의 규모는

– 어떠한 오물을 투입하였나

– 어떠한 방법으로 투입하였나

– 무엇 때문에 투입하였나

– 이를 마음 주민들이 음용할 수 있다는 것을 알고 있는가

– 피해자 홍길동이 음용한 것을 알고 있는가

– 음용한 홍길동이 어떤 피해를 보았는지 알고 있는가

제5절 수도불통

> 제195조(수도불통) 공중이 먹는 물을 공급하는 수도 그 밖의 시설을 손괴하거나 그 밖의 방법으로 불통 (不通)하게 한 자는 1년 이상 10년 이하의 징역에 처한다.
> 제197조(예비, 음모) 제192조제2항, 제193조제2항 또는 제195조의 죄를 범할 목적으로 예비 또는 음모 한 자는 2년 이하의 징역에 처한다.
> ※ 수도법 제20조(수도시설의 보호), 제83조 제4호(벌칙)

Ⅰ. 구성요건

1. 객 체

공중이 먹는 물을 공급하는 수도 그 밖의 시설

(1) 수 도

먹는 물을 공급하기 위한 인공적 설비를 말하는 것으로 반드시 적법한 수도일 필요 는 없음

■ 판례 ■ **부정수도가 수도불통죄의 객체가 될 수 있는지 여부(적극)**

비록 적법한 절차를 밟지 아니한 수도라 할지라도 그것이 현실로 공중생활에 필요한 음용수를 공급 하고 있는 시설로 되어있는 이상 당해시설을 불법하게 손괴하여서 수도를 불통케 하였을 때에는 수 도불통으로 봄이 타당하다(대법원 1957.2.1. 56도317 판결).

(2) 그 밖의 시설

불특정 또는 다수인에게 먹는 물을 공급하기 위한 시설로서 수도 이외의 것(例, 공중 이 사용하는 양수용 펌프, 공중의 우물 등)

■ 판례 ■ **수도불통죄의 대상이 되는 '수도 기타 시설'의 의미**

수도불통죄의 대상이 되는 '수도 기타 시설'이란 공중의 음용수 공급을 주된 목적으로 설치된 것 에 한정되는 것은 아니고, 설령 다른 목적으로 설치된 것이더라도 불특정 또는 다수인에게 현실적으 로 음용수를 공급하고 있는 것이면 충분하며 소유관계에 따라 달리 볼 것도 아니다.(대법원 2022. 6. 9. 선고 2022도2817 판결)

2. 행 위

손괴 그 밖의 방법으로 불통하게 하는 것

(1) 손 괴

물리적으로 훼손하여 그 효용을 해하는 행위로, 이 경우 손괴죄는 본죄에 흡수된다.

(2) 그 밖의 방법

손괴 이외의 방법으로 먹는 물의 공급을 불가능하게 하는 행위

✽ 먹는 물의 공급을 불가능하게 할 정도에 이르지 않을 때에는 경범죄처벌법 또는 수도법이 적용될 뿐이다.

▪ 판례 ▪ **사설수도를 설치한 시장 번영회가 수도요금을 체납한 회원에 대하여 사전 경고까지 하고 한 단수행위**

시장내의 수도는 시장내에 점포나 주거를 가진 사람들의 식수에 공용하기 위하여 위 시장상인들로 구성된 번영회에서 구청장의 허가를 얻어 시설한 사설상수도로써 수도사용료는 시장내 전체사용량에 대하여 번영회로 일괄부과되어 번영회는 소정율에 따라 수용자로부터 징수하여 일괄납부하며 그 관리책임자로 피고인 3명이 지정되어 있으며 피고인들이 막았다는 수도관은 피해자들에게 식수를 공급하는 것으로 피해자들은 각 3개월분의 수도사용료를 내지 아니하였기 때문에 본건 단수를 하기 전에 번영회 총회를 개최하여 단수조치하기로 결의를 하고 사전 경고까지 하였다면 본건 단수행위에는 위법성이 있다고 볼 수 없다 할 것이다
(대법원 1977.11.22. 선고 77도103 판결).

⬤ II. 범죄사실기재 및 신문사항

1) 범죄사실 기재례

[기재례1] 마을 양수펌프시설 손괴

피의자는 자기 집으로 공급되는 수도 파이프가 고장 났는데도 이를 빨리 수리해 주지 않는다는 이유로 불만을 느끼고 있었다.

피의자는 20○○. ○. ○. ○○에 위치한 박실마을 주민 100여 가구 공중의 먹는 물을 공급하는 양수펌프시설을 미리 준비한 쇠파이프(크기)를 이용 손괴하여 불통하게 하였다.

[기재례2] 마을 양수펌프시설 손괴

피의자는 ○○에 있는 ○○빌라 ○○호에 거주하는 주민이다.

피의자는 20○○. ○. ○. 위 ○○빌라 입주민들에게 공용배관의 누수로 인한 피해를 주장하였으나, 입주민들이 원하는 대로 지자체에서 진행하는 배관 공사로 진행할 경우 자신이 입은 피해를 명확히 규명하지 못하게 될 것을 우려하여 그곳 입주민들과 공용배관 공사 방법에 대해 협의에 이르지 못하고 있던 중, 20○○. ○. ○.경 임의로 위 빌라 외부에 있는 공용계량기함의 밸브를 잠근 후 자물쇠와 쇠사슬을 이용하여 열지 못하게 하였다.

이로써 피의자는 공중의 음용수를 공급하는 수도 시설을 손괴 기타 방법으로 불통하게 하였다.

2) 적용법조 : 제195조 … 공소시효 10년

3) 신문사항

- 수도시설을 손괴한 일이 있는가
- 언제 어디에서 인가
- 어떤 수도시설을 손괴하였나
- 그 수도는 누가 이용하는 가
- 어떤 방법으로 손괴하였나
- 손괴하는데 사용한 기구는 언제 어디에서 준비하였는가
- 손괴 후 그 기구는 어떻게 하였는가
- 무엇 때문에 손괴하였는가
- 피의자의 행위로 어떠한 결과가 발생하였나

제1절 아편 등의 제조 등

제198조(아편 등의 제조 등) 아편, 몰핀 또는 그 화합물을 제조, 수입 또는 판매하거나 판매할 목적으로 소지한 자는 10년 이하의 징역에 처한다.
제202조(미수범) 전4조의 미수범은 처벌한다.
제203조(상습범) 상습으로 전5조의 죄를 범한 때에는 각조에 정한 형의 2분의 1까지 가중한다.
제206조(몰수, 추징) 본장의 죄에 제공한 아편, 몰핀이나 그 화합물 또는 아편흡식기구는 몰수한다. 그를 몰수하기 불능한 때에는 그 가액을 추징한다.
※ 마약류관리에관한법률 제2조(정의)
※ 특정범죄가중처벌 등에 관한 법률 제11조(마약사범 등의 가중처벌)

✽ 본장의 죄와 특별법과의 관계
아편에 관한 죄에 대하여는 특별법인 마약류관리에관한법률이 적용된다. 또한 특정범죄가중처벌 등에관한법률은 마약류관리에관한법률 중 마약과 관련된 죄를 범한 자에 대하여 다시 가중하는 규정을 두고 있다. 따라서 본장의 죄는 특별법으로 처벌하고 있다.

Ⅰ. 구성요건

1. 객 체

아편, 몰핀 또는 그 화합물

2. 행 위

제조, 수입 또는 판매하거나 판매할 목적으로 소지하는 것

(1) 수 입

수입이란 국외로부터 국내에 반입하는 것으로 그 기수시기에 대해서는 학설이 대립

○ 육로의 경우 : 국경선을 넘을 때 기수

○ 해로의 경우 : 그 물체가 육지에 양륙 되었을 때 기수

○ 항공기에 의한 경우 : 그 물체가 항공기에서 지상으로 운반된 때 기수

(2) 판 매

계속·반복의 의사로 유상양도하는 것

○ 1회의 매각이라도 계속·반복의 의사가 있으면 본죄가 성립하고, 수익의 여부는 불문한다.

(3) 소 지

목적물을 사실상 지배하에 두는 것(점유보다 넓은 개념)

○ 악지를 요하지 않고 어떠한 형태로든지 자기의 지배하에 두면 족하고(例, 저장, 은닉, 진열), 소지의 원인은 불문한다(例, 타인을 위한 소지, 불법으로 탈취하여 소지).

○ 판매목적으로 소지하여야 하고, 판매할 목적 없이 소지한 경우에는 본죄가 아니라 아편 등 소지죄(제205조)가 성립한다.

Ⅱ. 범죄사실기재

1) 범죄사실 기재례

등대지기Ⅲ 형사특별법 범죄사실 참고

2) 적용법조 : 제198조 ··· 공소시효 10년

Ⅲ. 신문사항

등대지기Ⅲ형사특별법 신문사항 참고

제2절 아편흡식기의 제조 등

제199조(아편흡식기의 제조 등) 아편을 흡식하는 기구를 제조, 수입 또는 판매하거나 판매할 목적으로
 소지한 자는 5년 이하의 징역에 처한다.
제202조(미수범) 전4조의 미수범은 처벌한다.
제203조(상습범) 상습으로 전5조의 죄를 범한 때에는 각조에 정한 형의 2분의 1까지 가중한다.

 I. 구성요건

1. 객 체

아편을 습식 하는 기구(특별히 아편흡식에 사용하기 위하여 제작된 기구)

＊ 아편흡식에 사용되더라도 아편흡식을 목적으로 만든 것이 아닐 때는 본죄는 성립하지 않는다.
 따라서 일반주사기는 비록 아편흡식에 사용되더라도 아편흡식기가 아니다.

2. 행 위

제조, 수입 또는 판매하거나 판매할 목적으로 소지하는 것

＊ 제조, 수입, 판매 등이 차례로 이루어지면 포괄일죄가 된다.

II. 범죄사실

등대지기Ⅲ 형사특별법 범죄사실 참고

III. 신문사항

등대지기Ⅲ 형사특별법 신문사항 참고

제3절 세관 공무원의 아편 등의 수입

제200조(세관 공무원의 아편 등의 수입) 세관의 공무원이 아편, 몰핀이나 그 화합물을 또는 아편흡식기구를 수입하거나 그 수입을 허용한 때에는 1년 이상의 유기징역에 처한다.
제202조(미수범) 전4조의 미수범은 처벌한다.
제203조(상습범) 상습으로 전5조의 죄를 범한 때에는 각조에 정한 형의 2분의 1까지 가중한다.

I. 구성요건

1. 주 체

세관의 공무원 중 수입사무에 종사하는 공무원

✽ 세관에 근무하면서 수입사무을 보지 않는 공무원은 본죄의 주체가 아니다.

2. 행 위

아편, 몰핀이나 그 화합물을 또는 아편흡식기구를 수입하거나 그 수입을 허용하는 것

✽ 수입허용의 기수시기는 수입이 기수에 이른 때이다.

3. 공범규정(제33조)의 적용 여부

(1) 수입죄

총론의 공범과 신분에 관한 규정이 적용된다. 따라서 신분있는 자가 신분없는 자와 같이 수입한 때에는 신분자에게는 본죄, 비신분자에게는 제198조와 제199조가 적용된다(제33조 단서).

(2) 수입허용죄

총론의 공범과 신분에 관한 규정이 적용 되지 않는다. 따라서 세관공무원의 허용을 받아 수입한 자는 수입죄로 처벌받으며 본죄의 공범이 아니다.

II. 범죄사실

등대지기Ⅲ 형사특별법 범죄사실 참고

제4절 아편흡식 등, 동장소제공

> 제201조(아편흡식 등, 동장소제공) ① 아편을 흡식하거나 몰핀을 주사한 자는 5년 이하의 징역에 처한다.
> ② 아편흡식 또는 몰핀 주사의 장소를 제공하여 이익을 취한 자도 전항의 형과 같다.
> 제202조(미수범) 전4조의 미수범은 처벌한다.
> 제203조(상습범) 상습으로 전5조의 죄를 범한 때에는 각조에 정한 형의 2분의 1까지 가중한다.

I. 구성요건

1. 아편흡식 등 (제201조 제1항)

(1) 행 위

아편을 흡식하거나 몰핀을 주사하는 것

○ 흡식·주사의 목적은 불문한다. 따라서 약용으로 흡식·주사한 경우에도 의사의
적법한 처방에 의한 것이 아니면 본죄가 성립한다.

(2) 아편 등 소지죄와의 관계

○ 흡식 또는 주사를 위하여 일시 소지한 경우에는 소지죄는 아편흡식죄에 흡수된다.
○ 아편·몰핀 또는 아편흡식기구를 소지하고 있던 자가 후에 흡식한 때에는 소지죄
와 아편흡식죄의 경합범이 된다.

2. 아편흡식 등 장소제공 (제201조 제2항)

아편흡식 또는 몰핀 주사의 장소를 제공하여 이익을 취득하는 것

○ 이익, 즉 장소제공의 대가를 취득하여야 본죄가 성립한다. 다만 그 대가는 재산상
이익에 제한되지 않는다.

제5절 아편 등의 소지

제205조(아편 등의 소지) 아편, 몰핀이나 그 화합물 또는 아편흡식기구를 소지한 자는 1년 이하의 징역 또는 500만원 이하의 벌금에 처한다.

본죄는 판매할 목적이 없는 소지의 경우에 한하여 성립한다. 판매할 목적으로 소지한 경우에는 제198조의 판매목적아편소지죄가 성립한다.

제1절 국내통화위조 · 변조

> 제207조(통화의 위조 등) ① 행사할 목적으로 통용하는 대한민국의 화폐, 지폐 또는 은행권을 위조 또는 변조한 자는 무기 또는 2년 이상의 징역에 처한다.
> 제212조(미수범) 제207조, 제208조와 전조의 미수범은 처벌한다.
> 제213조(예비, 음모) 제207조제1항 내지 제3항의 죄를 범할 목적으로 예비 또는 음모한 자는 5년 이하의 징역에 처한다. 단, 그 목적한 죄의 실행에 이르기 전에 자수한 때에는 그 형을 감경 또는 면제한다.

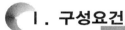

Ⅰ. 구성요건

1. 객 체

통용하는 대한민국의 통화

(1) 통용하는

법률에 의하여 강제통용력이 인정되는 것

✽ 유통이란 국내에서 사실상 사용된다는 뜻으로, 법률상 강제통용력이 부여되는 통용과 구별된다.

(2) 통 화

국가 기타 발행권자에 의하여 금액이 표시된 수단으로 발행되고 법률상 강제통용력이 부여된 교환의 매개물(例, 화폐, 지폐, 은행권)

■ 판례사례 ■　[통화에 해당하지 아니하는 것]

> (1) 고화 · 폐화
> (2) 통용기간이 경과하여 교환기간 중에 있는 구화
> (3) 기념주화(통화로 보는 견해도 있으나, 기념주화는 판매목적을 위해 제작되고 강제통용력이 없다고 해석되므로 통화로 볼 수 없다)

2. 행 위

위조 또는 변조하는 것

(1) 위 조

통화발행의 권한이 없는 자가 일반인이 진화로 오신할 정도로 진정통화의 외관을 가진 물건을 만드는 것

- 진화가 존재하지 않는 경우(例, 통화발행이 예정되어 있는 경우)에도 위조가 가능
- 위조로 진화와 동일성이 상실되고 일반인이 진화로 오인할 정도가 될 것

✱ 위조의 정도에 이르지 않은 물건의 제작은 목적에 따라 통화유사물제조죄(제211조)나 통화위조미수죄가 성립할 수 있다.

■ 판례 ■ **한국은행발행 일만원권 지폐의 앞·뒷면을 전자복사기로 복사하여 비슷한 크기로 자른 경우**

통화위조죄와 위조통화행사죄의 객체인 위조통화는 그 통화과정에서 일반인이 진정한 통화로 오인할 정도의 외관을 갖추어야 할 것이므로, 한국은행발행 일만원권 지폐의 앞·뒷면을 전자복사기로 복사하여 비슷한 크기로 자른 정도의 것은 객관적으로 진정한 통화로 오인할 정도에 이르지 못하여 통화위조죄 및 위조통화행사죄의 객체가 될 수 없다(대법원 1986.3.25. 선고 86도255 판결).

■ 판례사례 ■ **[진화로의 오인가능성을 부정한 사례]**

(1) 1만원권 지폐의 앞·뒷면을 전자 복사기로 복사하여 비슷한 크기로 자른 경우(대법원 1986.3.25. 선고 86도255판결)
(2) 만원짜리 지폐 한 장을 앞뒷면으로 분리하여 한 면만 가진 2장의 1만원권으로 만든 경우(대법원1979.7.10. 선고79도840판결)
(3) 10원짜리 주화의 표면에 하얀 약칠을 하여 100원짜리 주화와 유사한 색채를 갖도록 변경한 경우(대법원1979.8.28. 선고79도639판결)

(2) 변 조

진정한 통화를 가공하여 그 금액이나 가치를 변경하는 것

- 변조는 같은 종류의 화폐 사이에서만 가능. 따라서 다른 화폐 사이에는 위조가 성립
- 변조로 동일성을 잃지 않는 범위에서 일반인이 진화로 오인할 정도일 것

■ 판례 ■ **일본국의 자동판매기 등에 투입하여 일본국의 500¥짜리 주화처럼 사용하기 위하여 한국은행발행 500원짜리 주화의 표면 일부를 깎아내어 손상을 가한 경우**

피고인들이 한국은행발행 500원짜리 주화의 표면 일부를 깎아내어 손상을 가하였지만 그 크기와 모양 및 대부분의 문양이 그대로 남아 있어, 이로써 기존의 500원짜리 주화의 명목가치나 실질가치가 변경되었다거나, 객관적으로 보아 일반인으로 하여금 일본국의 500¥짜리 주화로 오신케 할 정도의 새로운 화폐를 만들어 낸 것이라고 볼 수 없고, 일본국의 자동판매기 등이 위와 같이 가공된 주화를 일본국의 500¥짜리 주화로 오인한다는 사정만을 들어 그 명목가치가 일본국의 500¥으로 변경되었다거나 일반인으로 하여금 일본국의 500¥짜리 주화로 오신케 할 정도에 이르렀다고 볼 수도 없다(대법원 2002.1. 11. 선고 2000도3950 판결).

3. 주관적 구성요건

통용하는 대한민국의 통화를 위조·변조한다는 고의와 행사의 목적이 있을 것

- ㅇ 아이들의 장난감으로 사용하기 위하여 또는 기념용·교육용으로 제작한 경우에는 행사의 목적이 없어 본죄는 성립하지 아니한다.
- ㅇ 행사할 목적이란 위조·변조한 통화를 진정한 통화로서 유통해놓겠다는 목적으로, 자기뿐만 아니라 타인으로 하여금 행사하게 할 목적이라도 무방하다.
- ㅇ 자신의 신용력을 증명하기 위하여 타인에게 보일 목적으로 통화를 위조한 경우에는 행사할 목적이 있다고 할 수 없다(대법원 2012.3.29. 선고 2011도7704 판결).

● II. 범죄사실기재

1) 범죄사실 기재례

[기재례1] 한국은행 10,000원권을 위조하고 행사

가. 통화위조

피의자는 통용하는 한국은행권 10,000원권 10매를 1조의 재료로 하여, 각 오른쪽 끝의 첫 번째 장은 폭 약 10분의 1로 오려내고, 두 번째 장은 폭 약 10분의 2, 세 번째 장은 폭 약 10분의 3, 이런 식으로 차례로 그 폭을 차츰 배로 하여 오려낸 다음, 그 첫번째장 왼쪽 부분에는 그 오른쪽 끝에 좁은 백지를, 두번째장 왼쪽 부분에는 그 오른쪽 끝에서 오려낸 첫번째장 오른쪽 끝을, 세번째장에는 그 오른쪽 끝에서 오려낸 두 번째 장의 오른쪽 끝을, 이러한 차례로 똑같은 방법으로 이어 맞추어 뒷면에서 풀칠하여 붙이고, 마지막의 열번째 장의 오른쪽 부분에는 그 왼쪽에 좁은 백지를 이어 맞추어 뒷면에서 이어 붙여, 결국 10매로써 1매의 은행권을 늘리는 방법으로 통용되는 한국은행권을 위조할 것을 마음먹었다.

피의자는 20○○. ○. ○.경 행사할 목적으로 ○○에 있는 피의자 집 안방에서 미리 준비한 내국통용의 금액 10,000원의 한국은행권과 백지, 판자, 가위, 풀, 면도날 등을 사용하여 위와 같은 방법으로 내국통용의 한국은행이 발행하는 10,000원짜리 은행권 5매를 각 위조하였다.

나. 위조통화행사

피의자는 20○○. ○. ○.○○:○○경 ○○에 있는 ○○슈퍼마켓에서 ○○담배 1갑을 사면서, 위와 같이 위조한 한국은행권 중 1매를 그 정을 모르는 위 가게의 종업원 홍길동에게 그 담배 1갑의 대금으로 제시하여 이를 행사하였다.

[기재례2] 한국은행 5만원권을 위조하고 행사

가. 통화위조

　피의자는 20○○. 3.경 ○○에 있는 피의자의 주거지에서, 한국은행에서 발행하여 통용하는 대한민국의 5만 원권 지폐 1장(지폐번호 ○○)의 앞뒷면을 엡손칼라복합사무기를 이용하여 컬러로 복사한 후, 진폐 전면의 우측 신사임당 그림 부분(지폐 우측 2/3 부분)을 제도용 칼로 정교하게 떼어 내고, 떼어 낸 부분에 위 복사한 위폐의 해당 부분을 스프레이 풀을 이용하여 붙이는 방법으로 5만 원권 지폐 1장을 위조하였다.

　이로써 피의자는 행사할 목적으로 통용하는 대한민국의 지폐를 위조하였다.

나. 위조통화행사

　피의자는 20○○. ○. ○.경 ○○에서 위 가게 직원인 갑에게 ○○구매대금을 지불하면서　위 항과 같이 위조한 5만 원권 지폐 1장을 마치 진정하게 작성된 것처럼 건네주어 이를 행사하였다.

　이로써 피의자는 위조한 통화를 행사하였다.

　2) 적용법조 : 제207조 제1항, 제207조 제4항, 특정범죄가중처벌등에관한법률 제 10조 … 공소시효 15년, 25년

◖ Ⅲ. 신문사항

- 한국화폐를 위조한 일이 있는가
- 언제 어디에서 위조하였는가
- 어떤 화폐를 위조하였는가
- 위조를 하기 위해 어떤 준비를 하였는가
- 복사기와 스캐너 등은 언제 준비하였는가
- 이들 물건은 어디에서 구하였는가
- 어떤 방법으로 위조하였는가
- 누구와 같이 이런 행위를 하였는가
- 어느 정도 위조하였나
- 원본 화폐와 위조화폐는 어떻게 하였는가
- 언제 어디에서 위조화폐를 사용하였나
- 뭐라면서 위조화폐로 물건을 구입하였나
- 알아차리지 못하던가
- 얼마 정도 사용하였으며 남은 위조 화폐는 어떻게 하였나

제2절 내국유통 외국통화위조 · 변조

제207조(통화의 위조등) ② 행사할 목적으로 내국에서 유통하는 외국의 화폐, 지폐 또는 은행권을 위조 또는 변조한 자는 1년 이상의 유기징역에 처한다.
제212조(미수범) 제207조, 제208조와 전조의 미수범은 처벌한다.
제213조(예비, 음모) 제207조제1항 내지 제3항의 죄를 범할 목적으로 예비 또는 음모한 자는 5년 이하의 징역에 처한다. 단, 그 목적한 죄의 실행에 이르기 전에 자수한 때에는 그 형을 감경 또는 면제한다.

 ## Ⅰ. 구성요건

1. 객 체

내국에서 유통되는 외국의 통화

(1) 내국에서

북한을 포함한 대한민국영역 내

(2) 유 통

강제통용력이 없이 국내에서 사실상 거래 대가의 지급수단으로 되고 있는 상태
○ 일부지역에서 유통(例, 국내에 거주하는 미군 또는 그 군속 사이에서만 유통되는 미군군표)되는 경우에도 본죄의 객체에 해당한다.

(3) 외국의 통화

외국은 국제법상 승인된 국가일 필요는 없으며, 외국통화가 반드시 그 본국에서 강제통용력을 가질 필요도 없음

■ 판례 ■ **스위스 화폐로서 현재는 통용되지 않고 다만 스위스 은행에서 신권과의 교환이 가능한 진폐(眞幣)가 내국에서 '유통하는' 외국의 화폐에 해당하는지 여부(소극)**

[1] 사실관계

> 甲은 위조된 이라크 화폐와 스위스 화폐를 비밀리에 수입하여 위조화폐라는 정을 알고 있는 乙에게 양도하였다. 그런데 이라크 화폐는 이라크 본국에서 통용되는 것이었지만, 스위스화폐는 1998년까지 통용되었으나 현재는 통용되지 않고 다만 스위스은행에서 신권과의 교환이 가능하고 국내에서도 이태원 등 일부지역에서 지급수단으로 사용할 여지가 있는 것이었다.

[2] 판결요지

가. 형법 제207조 제2항 소정의 내국에서 '유통하는'의 의미
   형법 제207조 제2항 소정의 내국에서 '유통하는'이란, 같은 조 제1항 , 제3항 소정의 '통용하는'

과 달리, 강제통용력이 없이 사실상 거래 대가의 지급수단이 되고 있는 상태를 가리킨다.

나. 스위스 화폐로서 1998년까지 통용되었으나 현재는 통용되지 않고 다만 스위스 은행에서 신권과의 교환이 가능한 진폐(眞幣)는 형법 제207조 제2항 소정의 내국에서 '유통하는' 외국의 화폐에 해당하지 아니한다(대법원 2003.1.10. 선고 2002도3340 판결).   ☞ (이라크 화폐에 대해서는 위조통화취특죄와 동행사죄, 스위스 화폐에 대해서는 무죄)

2. 행 위

위조 또는 변조

3. 주관적 구성요건

고의와 행사할 목적이 있을 것

■ 판례 ■   **자신의 신용력을 증명하기 위하여 타인에게 보일 목적으로 통화를 위조한 경우**

자신의 신용력을 증명하기 위하여 타인에게 보일 목적으로 통화를 위조한 경우에는 행사할 목적이 있다고 할 수 없다(대법원 2012.3.29. 선고 2011도7704 판결).

◗ II. 범죄사실기재 및 신문사항

1) 범죄사실 기재례 - [미군이 달러 위조]

> 피의자는 20○○. 1. 19. 11:00경 ○○에 있는 미합중국 공군 ○○기지 내 피의자의 주거인 군인 숙소 611동 210호에서 그곳에 설치된 피의자 소유의 스캐너(ASTRA 200S)를 이용하여 20$권 미화 지폐 양면의 형상을 펜티엄급 컴퓨터에 입력한 다음, 위 컴퓨터를 조작하여 컬러 프린터기(HP DESKJET 720C SERIES)로 복사지에 위 지폐의 양면을 복사하였다.
> 이로써 피의자는 행사할 목적으로 외국의 지폐인 20$권 미화 3장을 각 위조하였다.
> 지폐인 20$권 미화 4장을 각 위조한 것이다.

2) 적용법조 : 제207조 제2항   ☞ 공소시효 10년

3) 신문사항

- 화폐를 위조한 일이 있는가
- 언제 어디에서 위조하였는가
- 어떤 화폐를 위조하였는가
- 위조를 하기 위해 어떤 준비를 하였는가
- 복사기와 스캐너 등은 언제 준비하였는가

- 이들 물건은 어디에서 구하였는가
- 어떤 방법으로 위조하였는가
- 누구와 같이 이런 행위를 하였는가
- 어느 정도 위조하였나
- 원본 화폐와 위조화폐는 어떻게 하였는가
- 언제 어디에서 위조화폐를 사용하였나
- 뭐라면서 위조화폐로 물건을 구입하였나
- 알아차리지 못하던가
- 얼마 정도 사용하였으며 남은 위조 화폐는 어떻게 하였나

제3절 외국통용 · 외국통화위조 · 변조

> 제207조(통화의 위조 등) ③ 행사할 목적으로 외국에서 통용하는 외국의 화폐, 지폐 또는 은행권을 위
> 조 또는 변조한 자는 10년 이하의 징역에 처한다.
> 제212조(미수범) 제207조, 제208조와 전조의 미수범은 처벌한다.
> 제213조(예비, 음모) 제207조제1항 내지 제3항의 죄를 범할 목적으로 예비 또는 음모한 자는 5년 이하의
> 징역에 처한다. 단, 그 목적한 죄의 실행에 이르기 전에 자수한 때에는 그 형을 감경 또는 면제한다.

1. 객 체

외국에서 통용하는 외국의 화폐, 지폐 또는 은행권

○외국에서 통용한다 함은 외국에서 법률상 강제통용력이 인정되고 있다는 것을 말한다.

■ 판례 ■ **미국에서 발행된 적이 없이 단지 관광용 기념상품으로 제조·판매되고 있는 미합중국 10만 달러 지폐가 위조지폐라는 정을 알면서 교부받아 취득한 경우**

[1] 사실관계

> 甲은 행사할 목적으로 미국에서 발행된 적이 없이 단지 관광용 기념상품으로 제조·판매되고 있는 미합중국 100만 달러 지폐와, 과거에 발행되어 은행사이에서 유통되다가 현재는 발행되지 않고 있으나 화폐수집가나 재벌들이 이를 보유하여 오고 있는 미합중국 10만 달러 지폐가 위조지폐라는 정을 알면서 乙로부터 교부받아 취득하였다.

[2] 판결요지

가. 일반인의 관점에서 통용할 것이라고 오인할 가능성이 있는 외국의 지폐가 형법 제207조 제3항에서 규정한 '외국에서 통용하는 외국의 지폐'에 해당하는지 여부(소극)

형법 제207조 제3항은 "행사할 목적으로 외국에서 통용하는 외국의 화폐, 지폐 또는 은행권을 위조 또는 변조한 자는 10년 이하의 징역에 처한다."고 규정하고 있는바, 여기에서 외국에서 통용한다고 함은 그 외국에서 강제통용력을 가지는 것을 의미하는 것이므로 외국에서 통용하지 아니하는 즉, 강제통용력을 가지지 아니하는 지폐는 그것이 비록 일반인의 관점에서 통용할 것이라고 오인할 가능성이 있다고 하더라도 위 형법 제207조 제3항에서 정한 외국에서 통용하는 외국의 지폐에 해당한다고 할 수 없고, 만일 그와 달리 위 형법 제207조 제3항의 외국에서 통용하는 지폐에 일반인의 관점에서 통용할 것이라고 오인할 가능성이 있는 지폐까지 포함시키면 이는 위 처벌조항을 문언상의 가능한 의미의 범위를 넘어서까지 유추해석 내지 확장해석하여 적용하는 것이 되어 죄형법정주의의 원칙에 어긋나는 것으로 허용되지 않는다.

나. 미합중국 100만 달러 지폐와 10만 달러 지폐가 외국에서 통용하는 지폐에 포함되는지 여부(소극)

미국에서 발행된 적이 없이 단지 여러 종류의 관광용 기념상품으로 제조, 판매되고 있는 미합중국 100만 달러 지폐와 과거에 발행되어 은행 사이에서 유통되다가 현재는 발행되지 않고 있으나 화폐수집가나 재벌들이 이를 보유하여 오고 있는 미합중국 10만 달러 지폐가 막연히 일반인의 관점에서 미합중국에서 강제통용력을 가졌다고 오인할 수 있다는 이유로 형법 제207조 제3항의 외국에서 통용하는 지폐에 포함된다고 판단한 원심판결을 파기한 사례(대법원 2004.5.14. 선고 2003도3487 판결).

2. 행 위

위조 또는 변조하는 것

제4절 위조 · 변조통화행사 등

> 제207조(통화의 위조 등) ④ 위조 또는 변조한 전3항 기재의 통화를 행사하거나 행사할 목적으로 수입
> 또는 수출한 자는 그 위조 또는 변조의 각죄에 정한 형에 처한다.
> 제212조(미수범) 제207조, 제208조와 전조의 미수범은 처벌한다.

1. 객 체

위조 또는 변조한 내국통화, 국내유통 및 외국통용의 외국통화

■ 판례 ■ **객관적으로 진정한 통화로 오인될 염려가 없어도 위조통화행사죄의 객체가 될 수 있는지 여부(소극)**

위조통화행사죄의 객체인 위조통화는 객관적으로 보아 일반인으로 하여금 진정통화로 오신케 할 정도에 이른 것이면 족하고 그 위조의 정도가 반드시 진물에 흡사하여야 한다거나 누구든지 쉽게 그 진부를 식별하기가 불가능한 정도의 것일 필요는 없으나, 이 사건 위조지폐인 한국은행 10,000원권과 같이 전자복사기로 복사하여 그 크기와 모양 및 앞뒤로 복사되어 있는 점은 진정한 통화와 유사하나 그 복사된 정도가 조잡하여 정밀하지 못하고 진정한 통화의 색채를 갖추지 못하고 흑백으로만 되어 있어 객관적으로 이를 진정한 것으로 오인할 염려가 전혀 없는 정도의 것인 경우에는 위조통화행사죄의 객체가 될 수 없다(대법원 1985.4.23. 선고 85도570 판결).

2. 행 위

행사 · 수입 또는 수출하는 것

(1) 행 사

○ 위조 · 변조된 통화를 진정한 통화처럼 본래의 용법에 따라 거래 · 유통될 수 있게 하는 것으로 행사의 목적 내지 동기 여하, 유상 · 무상, 적법 · 위법을 불문한다.

○ 거래상대방에게 위화를 지불했으나 상대방이 곧 위화임을 알아차리고 받지 않았다면 본죄의 미수범이 성립한다.

■ 판례 ■ **위조통화임을 알고 있는 자에게 그 위조통화를 교부한 경우, 위조통화행사죄의 성립 여부(적극)**

위조통화임을 알고 있는 자에게 그 위조통화를 교부한 경우에 피교부자가 이를 유통시키리라는 것을 예상 내지 인식하면서 교부하였다면, 그 교부행위 자체가 통화에 대한 공공의 신용 또는 거래의 안전을 해할 위험이 있으므로 위조통화행사죄가 성립한다(대법원 2003.1.10. 선고 2002도3340 판결).

(2) 수 입

국외에서 국내로 반입하는 것을 말하는 것으로 위조통화의 양륙시에 기수

(3) 수 출

국내에서 국외로 반출하는 것을 말하는 것으로, 위조통화의 이륙시에 기수

〈행사에 해당하는지의 여부〉

행사에 해당하는 경우	행사에 해당하지 아니하는 경우
(1) 위화를 진화로 교환·저금한 경우 (2) 위화로 물품대금을 지급한 경우 (3) 위화를 양로원에 기부하는 경우 (4) 위화를 도박자금으로 사용하는 경우 (5) 위화를 화폐수집상에게 진화로 판매하는 경우 (6) 위조 통화를 공중전화기·자동판매기에 투입하는 행위 (7) 위화임을 알고 있는 자가 이를 유통시키리라는 것을 알고 교부한 경우	(1) 상대방에게 위화임을 알린 후 값싸게 위화를 판매하는 경우 (2) 위조통화를 단순히 진열장에 비치해 놓은 경우 (3) 자기의 신용을 과시하기 위하여 위조통화가 가득 든 가방을 보여 주는 경우

3. 주관적 구성요건

행사죄의 경우에는 고의가 있음으로 족하고, 수입·수출죄는 고의 이외에 행사할 목적이 있어야 한다.

4. 타 죄와의 관계

○ 통화를 위조·변조하고 행사한 경우 ⇨ 통화 위조·변조죄와 위조·변조통화행사죄의 실체적 경합

○ 위조·변조한 통화를 행사하여 재물을 교부받은 경우 ⇨ 사기죄와 위조·변조통화행사죄와의 죄수관계에 대해서는 상상적 경합설(다수설)과 실체적 경합설(판례)이 대립

▪ 판례 ▪ **위조통화를 행사한 경우 사기죄가 성립되는지 여부**

[1] 사실관계

> 미대생 甲은 만원권 1장을 위조하여 레스토랑에 들어가서 돈까스를 시켜 먹은 후 대금을 지불하는 과정에서 주인이 고개를 갸우뚱하자 "조카 녀석이 물감으로 장난을 해서 그렇습니다"라고 말하고 음식점을 나왔다.

[2] 판결요지

통화위조죄에 관한 규정은 공공의 거래상의 신용 및 안전을 보호하는 공공적인 법익을 보호함을 목적으로 하고 있고, 사기죄는 개인의 재산법익에 대한 죄이어서 양죄는 그 보호법익을 달리하고 있으므로 위조통화를 행사하여 재물을 불법영득한 때에는 위조통화행사죄와 사기죄의 양죄가 성립된다(대법원 1979.7.10. 선고 79도840 판결).

제5절 위조통화의 취득

제208조(위조통화의 취득) 행사할 목적으로 위조 또는 변조한 제207조 기재의 통화를 취득한 자는 5년
  이하의 징역 또는 1천500만원 이하의 벌금에 처한다.
제212조(미수범) 제207조, 제208조와 전조의 미수범은 처벌한다.

I. 구성요건

1. 객 체

위조 또는 변조한 내국통화, 국내유통 및 외국통용의 외국통화

2. 행 위

취득하는 것

○ 자기의 점유로 옮기는 일체의 행위로서 취득의 방법에는 제한이 없으며, 유상·
  무상을 불문한다.
○ 적법한 취득 이외에 위법한 취득도 포함. 다만 위조·변조한 통화를 행사할 목적
  으로 횡령한 경우에는 점유의 이전이 없으므로 위조·변조통화 취득죄는 성립되
  지 않는다.
○ 위조·변조행위의 공범자 사이에서 위조·변조한 통화를 수수하는 행위는 취득에 해
  당하지 않는다.

3. 주관적 구성요건

위조·변조라는 통화라는 점에 대한 고의와 행사할 목적이 있을 것

II. 범죄사실기재 및 신문사항

1) 범죄사실 기재례 - [위조지폐라는 것을 알면서 사용]

  피의자는 20○○. ○. ○. ○○:○○경 ○○에 있는 상호를 알 수 없는 커피숍에서 행사할 목적으
로, 미합중국 100만 달러 지폐 6장과 10만 달러 지폐 6장 등 합계 660만 달러(한화 약 ○○원 상
당)가 위조지폐라는 정을 알면서도 甲으로부터 교부받아 이를 취득한 것이다.

2) 적용법조 : 제208조, 제207조 제3항 ⋯ 공소시효 7년

3) 신문사항

- 홍길동과 어떤 관계인가
- 홍길동으로부터 미국 화폐를 구입한 일이 있는가
- 언제 어디에서 구입하였나
- 어떤 화폐를 어느 정도 구입하였나
- 1달러당 얼마씩 계산하여 구입하였나
- 그 당시 거래가격은 얼마였는가
- 왜 그렇게 저렴한 가격으로 구입하였나
- 그럼 그 화폐가 위조화폐라는 것을 알고 구입하였나
- 무엇 때문에 위조화폐를 구입하였나
- 이렇게 구입한 위조화폐는 어떻게 하였나

제6절 위조통화 취득 후의 지정행사

제210조(위조통화 취득 후의 지정행사) 제207조에 기재한 통화를 취득한 후 그 사정을 알고 행사한 자는 2년 이하의 징역 또는 500만원 이하의 벌금에 처한다.

Ⅰ. 구성요건

위조·변조된 통화라는 사실을 모르고 취득한 후 그 사실을 알고 행사함으로써 성립
○ 위조·변조된 통화라는 사실을 알고 취득한 후 행사한 경우 ⇨ 위조통화취득죄 (제208조)와 위조통화행사죄(제207조 제4항)
○ 취득시에 행사의 목적이 없었으나(例, 재미삼아 간직하려고 취득한 경우) 취득 후에 비로소 행사의 목적이 생겨 이를 행사한 경우 ⇨ 위조·변조통화 행사죄
○ 위법하게 위조·변조된 통화를 취득한 경우(例, 甲이 乙로부터 1만원권 50매를 훔쳤는데 나중에 그것이 위조지폐라는 사실을 알고도 이를 모르는 丙에게 교부한 경우 ⇨ 위조통화취득후의 지정행사죄) ⇨ 위조·변조된 통화라는 사실을 모르고 취득한 이상 그것이 적법한가 또는 위법한가는 문제가 되지 않으므로 본죄가 성립

Ⅱ. 범죄사실기재 및 신문사항

1) 범죄사실 기재례 - [습득 소지한 위조지폐를 알면서 사용]

피의자는 20○○. ○. ○. 경 ○○에 있는 홍길동의 집에서 그가 전부터 내국에서 유통하는 외국 지폐인 미합중국 발행의 100달러 표시 군표 1장을 습득 소지하고 있다가 그것이 위조화폐인 것을 알면서도 그 사정을 모르는 김길동에게 제시하여 한국은행권 ○○만원과 교환함으로써 이를 행사하였다.

2) 적용법조 : 제210조 … 공소시효 5년

3) 신문사항
- 홍길동과 어떤 관계인가
- 홍길동으로부터 미국 화폐를 구입한 일이 있는가
- 언제 어디에서 구입하였나

- 어떤 화폐를 어느 정도 구입하였나
- 1달러당 얼마씩 계산하여 구입하였나
- 그 당시 거레가격은 얼마였는가
- 왜 그렇게 저렴한 가격으로 구입하였나
- 그 화폐가 위조화폐라는 것을 알고 구입하였니
- 그럼 그 화폐가 위조화폐라는 것을 언제 어떻게 알게되었나
- 알게 된 후 그 화폐를 어떻게 하였나
- 위조화폐라는 것을 알면서도 사용하였다는 것인가
- 언제 어디에서 사용하였나
- 뭐라면서 물건을 구입하였나
- 상대가 위조화폐라는 것을 알지 못하던가

제7절 통화유사물의 제조 등

> 제211조(통화유사물의 제조 등) ① 판매할 목적으로 내국 또는 외국에서 통용하거나 유통하는 화폐, 지폐 또는 은행권에 유사한 물건을 제조, 수입 또는 수출한 자는 3년 이하의 징역 또는 700만원 이하의 벌금에 처한다
> ② 전항의 물건을 판매한 자도 전항의 형과 같다.

Ⅰ. 구성요건

1. 객 체

본죄의 개체는 통화유사물로서, 통화와 유사한 외관을 갖추었으나 일반인이 진화로 오인할 정도에 이르지 못한 모조품(위조의 정도에 이르지 않은 것)을 의미

2. 행 위

제조, 수입, 수출, 판매하는 것

3. 주관적 구성요건

고의와 판매의 목적이 있을 것

Ⅱ. 범죄사실기재 및 신문사항

1) 범죄사실 기재례 - [미술교사가 유사통화 제작]

피의자는 20○○. ○. ○. ○○에 있는 피의자의 집에서 판매할 목적으로 흑백프린트로 미리 복사한 10,000원권 한국은행권을 그림물감을 이용하여 색칠하는 방법으로 내국통용 한국은행권에 유사한 10,000원짜리 5매를 위조하였다.

2) 적용법조 : 제211조 … 공소시효 5년

3) 신문사항
- 학교 교사인가
- 어느 학교 교사인가
- 통화유사물을 제조한 일이 있는가

- 언제 어디에서 제조하였나
- 어떤 통화유사물을 제조하였나
- 어떤 장비와 시설을 갖추고 있는가
- 어떤 방법으로 제조하였나
- 무엇 때문에 제조하였나(판매의 목적이 있어야 함)
- 위조한 유사물은 어떻게 하였나

제8절 예비, 음모

> **제213조(예비, 음모)** 제207조제1항 내지 제3항의 죄를 범할 목적으로 예비 또는 음모한 자는 5년 이하의 징역에 처한다. 단 그 목적한 죄의 실행에 이르기 전에 자수한 때에는 그 형을 감경 또는 면제한다.

Ⅰ. 구성요건

- ○ 국내통화위조 · 변조죄, 국내유통 외국통화위조 · 변조죄 또는 외국통용 외국통화위조 · 변조죄를 범할 목적으로 예비 · 음모함으로써 성립
- ○ 통화위조 · 변조죄를 범할 목적 이외에 행사의 목적도 필요

■ 판례 ■ **행사할 목적으로 미리 준비한 물건들과 옵세트인쇄기를 사용하여 한국은행권 100원권을 사진찍어 그 필름 원판 7매와 이를 확대하여 현상한 인화지 7매를 만들었으나 경찰에 체포된 경우**

피고인이 행사할 목적으로 미리 준비한 물건들과 옵세트인쇄기를 사용하여 한국은행권 100원권을 사진찍어 그 필름 원판 7매와 이를 확대하여 현상한 인화지 7매를 만들었음에 그쳤다면 아직 통화위조의 착수에는 이르지 아니하였고 그 준비단계에 불과하다(대법원 1966.12.6. 선고 66도1317 판결). ☞ (통화위조예비죄)

Ⅱ. 범죄사실기재 및 신문사항

1) 범죄사실 기재례 - [오프셋인쇄기 이용 통화위조 예비]

> 피의자는 20○○. 1. 19. 11:00경 ○○에 있는 ○○호에서 행사할 목적으로 오프셋인쇄기를 사용하여 한국은행권 10,000원권을 사진 찍어 그 필름 원판 7매와 이를 확대하여 현상한 인화지 7매를 만들어 통화위조를 예비하였다.

2) 적용법조 : 제213조 … 공소시효 7년

3) 신문사항
- 화폐를 위조한 일이 있는가
- 언제 어디에서 위조하였는가
- 어떤 화폐를 위조하였는가
- 위조를 하기 위해 어떤 준비를 하였는가
- 복사기와 스캐너 등은 언제 준비하였는가

- 이들 물건은 어디에서 구하였는가
- 어떤 방법으로 위조하였는가
- 누구와 같이 이런 행위를 하였는가
- 어느 정도 위조하였나
- 왜 위조화폐를 완성하지 못하였는가

제1절 유가증권의 위조 등

제214조(유가증권의 위조 등) ① 행사할 목적으로 대한민국 또는 외국의 공채증서 기타 유가증권을 위
조 또는 변조한 자는 10년 이하의 징역에 처한다.
제223조(미수범) 제214조 내지 제219조와 전조의 미수범은 처벌한다.
제224조(예비·음모) 제214조, 제215조와 제218조 제1항의 죄를 범할 목적으로 예비 또는 음모한 자는 2
년 이하의 징역에 처한다.
※ 부정수표단속법 제5조(위조, 변조자의 형사책임)
※ 전자어음의 발행 및 유통에 관한 법률 제22조(벌칙) 제4항 전자어음은 「형법」 제214조부터 제217
조까지 규정된 죄의 유가증권으로 보아 그 유가증권에 관한 죄에 대한 각 조문의 형으로 처벌한다.

Ⅰ. 구성요건

대한민국 또는 외국의 공채증서 기타 유가증권

(1) 공채증서
국가 또는 지방자치 단체가 발행하는 국공채 또는 지방채의 증권(例, 재정증권(국채증
권), 지하철공채(지방채증권))

(2) 유가증권
사법상의 재산권을 표창하는 증권으로서, 증권상에 표시된 재산상의 권리의 행사와
처분에 반드시 그 증권의 점유를 필요로 하는 것
- 유통성이 없는 경우도 유가증권에 해당한다.
- 유가증권의 형식이 민·형사법상 유효할 것을 요하지 않는다. 따라서 법률상 무
  효인 것이더라도 일반이 유효한 유가증권으로 오인할 정도의 외관을 가지고 있으
  면 본죄의 객체가 된다.
- 발행인이 실재할 필요는 없고, 유가증권의 발행인은 사인·국가·공공단체를 불
  문하며, 사인인 경우에는 자연인·법인을 불문한다.

■ 판례 ■　　**남편 몰래 남편의 목도장을 새겨 문방구 약속어음용지로 남편명의로 약속어음 3 장을 작성·교부한 경우**

[1] 사실관계

> 乙은 수차 甲에게 돈을 대여하여 주면서 대여금채권 총액이 늘어나게 되자 "너만 보고 돈을 빌려 줄 수 없으니 남편도 채무내용을 알게 하고 확실히 하기 위하여 대여금에 대한 변제담보 조로 남편명의로 약속어음을 발행하여 달라"고 요구하였고, 이에 甲은 남편 몰래 남편의 목도 장을 새겨 문방구 약속어음용지로 남편명의로 약속어음 3장을 작성하여 그 정을 모르는 乙에 게 대여금에 대한 변제담보조로 이를 교부하였다.

[2] 판결요지

형법 제214조의 유가증권이란 증권상에 표시된 재산상의 권리의 행사와 처분에 그 증권의 점유를 필요로 하는 것을 총칭하는 것으로서 재산권이 증권에 화체된다는 것과 그 권리의 행사와 처분에 증권의 점유를 필요로 한다는 두 가지 요소를 갖추면 족하지 반드시 유통성을 가질 필요는 없고, 또한 위 유가증권은 일반인이 진정한 것으로 오신할 정도의 형식과 외관을 갖추고 있으면 되므로 증권이 비록 문방구 약속어음 용지를 이용하여 작성되었다고 하더라도 그 전체적인 형식·내용에 비추어 일반인이 진정한 것으로 오신할 정도의 약속어음 요건을 갖추고 있으면 당연히 형법상 유가증권에 해당한다(대법원 2001.8.24. 선고 2001도2832 판결).　☞ (甲은 유가증권위조 및 동행사죄)

■ 판례 ■　　**리프트탑승권이 유가증권인지의 여부(적극)**

[1] 사실관계

> 리조트 전산팀에 근무하던 甲은 매표소에서 판매할 목적으로 권한 없이 리프트 탑승권발매기 를 조작하여 리프트 탑승권 100장을 부정발급하여 취득하였다. 이러한 정을 잘 아는 乙은 甲 으로부터 이를 매수하였다.

[2] 판결요지

가. 리프트탑승권이 유가증권인지의 여부

회원용 리프트탑승권은 그 소지인이 스키장에서 거기에 기재된 일시에 리프트를 탑승할 수 있는 권리가 화체된 증권으로서 그 권리의 행사와 처분에 증권의 점유를 필요로 하는 유가증권이다.

나. 위조유가증권이 형법상 재물로서 절도죄의 객체가 되는지 여부

유가증권도 그것이 정상적으로 발행된 것은 물론 비록 작성권한 없는 자에 의하여 위조된 것이라고 하더라도 절차에 따라 몰수되기까지는 그 소지자의 점유를 보호하여야 한다는 점에서 형법상 재물로서 절도죄의 객체가 된다.

다. 위조탑승권의 장물성 여부

발매할 권한 없이 발매기를 임의 조작함으로써 유가증권인 리프트탑승권을 위조하는 행위와 발매기로부터 위조되어 나오는 리프트탑승권을 절취하는 행위가 결합된 것이므로 이러한 정을 알면서 이를 매수하였다면 유가증권인 리프트탑승권에 대한 장물취득죄를 구성한다(대법원 1998.11.24. 선고 98도2967 판결).　☞ (甲은 유가증권위조 및 동행사죄와 절도죄의 실체적 경합범, 乙은 장물취득죄)

■ 판례 ■　　**甲은 다 쓴 2,000원권 공중전화카드의 자기기록 부분에 전자정보(2,000원)를 기록하여 사용가능한 공중전화카드로 만든 경우**

[1] 공중전화카드가 유가증권인지 여부(적극)

유가증권이라 함은, 증권상에 표시된 재산상의 권리의 행사와 처분에 그 증권의 점유를 필요로 하는 것을 총칭하는 것인바, 공중전화카드는 그 표면에 전체 통화가능 금액과 발행인이 문자로 기재되어 있고, 자기기록 부분에는 당해 카드의 진정성에 관한 정보와 잔여 통화가능 금액에 관한 정보가 전자적 방법으로 기록되어 있어, 사용자가 카드식 공중전화기의 카드 투입구에 공중전화카드를 투입하면 공중전화기에 내장된 장치에 의하여 그 자기정보가 해독되어 당해 카드가 발행인에 의하여 진정하게 발행된 것임이 확인된 경우 잔여 통화가능 금액이 공중전화기에 표시됨과 아울러 그 금액에 상당하는 통화를 할 수 있도록 공중전화기를 작동하게 하는 것이어서, 공중전화카드는 문자로 기재된 부분과 자기기록 부분이 일체로써 공중전화 서비스를 제공받을 수 있는 재산상의 권리를 화체하고 있고, 이를 카드식 공중전화기의 카드 투입구에 투입함으로써 그 권리를 행사하는 것으로 볼 수 있으므로, 공중전화카드는 유가증권에 해당한다.

[2] 甲의 죄책

폐공중전화카드의 자기기록 부분에 전자정보를 기록하여 사용가능한 공중전화카드를 만든 행위는 유가증권위조죄에 해당한다(대법원 1998.2.27. 선고 97도2483 판결).

■ 판례사례 ■　　**[유가증권인 것]**

---

(1) 할부구매전표(대법원 1995.3.14. 선고 95도20 판결)
(2) 공중전화카드(대법원 1998.2.27. 선고 97도2483 판결)
(3) 문방구약속어음(대법원 2001.8.24. 선고 2001도2832 판결)
(4) 회원용 리프트탑승권(대법원 1998.11.24. 선고 98도2967 판결)
(5) 외환은행소비조합신용카드(대법원 1984.11.27. 선고 84도1862 판결)
(6) 허무인 명의로 작성된 유가증권(대법원 1979.9.25. 선고 79도1980 판결)
(7) 대표이사의 날인이 없어 상법상 무효인 주권(대법원 1974.12.24. 선고 74도294 판결)

■ 판례사례 ■　　**[유가증권이 아닌 것]**

---

(1) 신용카드 : 신용카드업자가 발행한 신용카드는 이를 소지함으로써 신용구매가 가능하고 금융의 편의를 받을 수 있다는 점에서 경제적 가치가 있다 하더라도 그 자체에 경제적 가치가 화체되어 있거나 특정의 재산권을 표창하는 유가증권으로 볼 수 없다(대법원 1999.7.9. 선고 99도857 판결).
(2) 정기예탁금증서 : 정기예탁금증서는 예탁금반환채권의 유통이나 행사를 목적으로 작성된 것이 아니고 채무자가 그 증서 소지인에게 변제하여 책임을 면할 목적으로 발행된 이른바 면책증권에 불과하여 위 증서의 점유가 예탁금반환채권을 행사함에 있어 그 조건이 된다고 볼 수 없는 것이라면 위 증권상에 표시된 권리가 그 증권에 화체되었다고 볼 수 없을 것이므로 위 증서는 형법 제216조, 제217조에서 규정된 유가증권에 해당하지 아니한다(대법원 1984.11.27. 선고 84도2147 판결).
(3) 후불식통신카드(KT카드) : 한국통신에서 발행하는 후불식 통신카드(KT전화카드)는 전화카드의 자기띠 부분과 카드의 나머지 부분이 불가분적으로 결합되어 전체로서 하나의 문서를 구성한다. 즉 사문서에 해당한다(대법원 2002.6.25. 선고2002도461 판결).

---

(4) 위조된 유가증권의 원본을 복사한 사본 : 유가증권은 위조된 유가증권의 원본을 말하는 것이 므로 전자복사기 등을 사용하여 기계적으로 복사한 사본은 유가증권이 아니다(대법원 1998.2.13. 선고 97도2922 판결).

(5) 증거증권(例, 매매계약서, 차용증서, 영수증, 물품구입증)(대법원1972.12.26.선고72도1688 판결)

(6) 증명증권(例, 신용증서)

(7) 면책증권(例, 공중접객업소가 발행하는 신발표, 수·소화물 상환권)

(8) 금액권(例, 우표, 수입인지, 지폐, 물품구입권, 무기명정기예금증서)

(9) 선하증권의 팩스(모사전송)사본(대법원2007.2.8.선고2006도8480 판결)

2. 행 위

위조 또는 변조하는 것

✽ 위조·변조는 기본적 증권행위에 대한 것이어야 한다. 따라서 배서·인수 등 부수적 증권행위의 기재사항을 위조·변조하는 기재의 위조·변조죄(제214조 제2항)의 위조·변조와 구별하여야 한다.

(1) 위 조

작성 권한 없는 자가 타인 명의를 사칭해서 그 본인명의의 유가증권을 발행하는 것

■ 판례 ■ **미완성 약속어음에 부당보충한 경우 위조죄의 성립여부(적극)**

[1] 사실관계

> 甲은 乙과의 합의하에 5백만원 범위내에서 금액을 기입하기로 하고 乙의 서명과 날인이 되어 있는 백지약속어음을 교부받았으나 금액란에 3천만원을 기재하였다.

[2] 판결요지

약속어음의 액면금액란에 자의로 합의된 금액의 한도를 엄청나게 넘는 금액을 기입하는 것은 백지보충권의 범위를 초월하여 서명날인 있는 약속어음 용지를 이용한 새로운 약속어음의 발행에 해당하는 것으로서 그 소위가 유가증권위조죄를 구성한다(대법원 1972.6.13. 선고 72도897 판결).

■ 판례 ■ **보충권의 한도자체가 처음부터 일정한 금액 등으로 특정되어 있지 아니하고 그 행사방법에 대하여도 특별한 정함이 없어서 다툼이 있는 경우 결과적으로 그 범위를 일탈한 보충권의 행사로 된 경우 유가증권위조죄 성립여부(소극)**

백지어음에 대하여 취득자가 발행자와의 합의에 의하여 정하여진 보충권의 한도를 넘어 보충을 한 경우에는 발행인의 서명날인 있는 기존의 약속 어음용지를 이용하여 새로운 약속어음을 발행하는 것에 해당하므로 위와 같은 보충권의 남용행위는 유가증권위조죄를 구성하는 것이나, 그 보충권의 한도자체가 처음부터 일정한 금액 등으로 특정되어 있지 아니하고 그 행사방법에 대하여도 특별한 정함이 없어서 다툼이 있는 경우에는 결과적으로 보충권의 행사가 그 범위를 일탈하게 되었다 하더라도 그 점만 가지고 바로 백지보충권의 남용 또는 그에 대한 범의가 있다고 단정할 수는 없다 할 것이고 그 보충권일탈의 정도, 보충권행사의 원인 및 경위 등에 관한 심리를 통하여 정중히 이를 인정하여야 한다(대법원 1989.12.12. 선고 89도1264 판결).

■ 판례 ■ **위조된 백지어음이란 정을 알면서 이를 구입하여 백지인 액면란에 금액을 기입하는 행위가 유가증권 위조죄를 구성하는지 여부(적극)**

타인이 위조한 액면과 지급기일이 백지로 된 약속어음을 구입하여 행사의 목적으로 백지인 액면란에 금액을 기입하여 그 위조어음을 완성하는 행위는 백지어음 형태의 위조행위와는 별개의 유가증권 위조죄를 구성한다(대법원 1982.6.22. 선고 82도677 판결).

■ 판례 ■ **유가증권의 내용 중 이미 변조된 부분을 다시 권한 없이 변경한 경우, 유가증권변조죄가 성립하는지 여부(소극)**

유가증권변조죄에서 '변조'는 진정하게 성립된 유가증권의 내용에 권한 없는 자가 유가증권의 동일성을 해하지 않는 한도에서 변경을 가하는 것을 의미하고, 이와 같이 권한 없는 자에 의해 변조된 부분은 진정하게 성립된 부분이라 할 수 없다. 따라서 유가증권의 내용 중 권한 없는 자에 의하여 이미 변조된 부분을 다시 권한 없이 변경하였다고 하더라도 유가증권변조죄는 성립하지 않는다(대법원 2012. 9.27. 선고 2010도15206 판결).

■ 판례 ■ **찢어서 폐지로 된 타인발행 명의의 약속어음 파지면을 이용 조합하여 어음의 외형을 갖춘 경우에 유가증권위조죄의 성부(적극)**

찢어서 폐지로 된 타인발행 명의의 약속어음 파지면을 이용 조합하여 어음의 외형을 갖춘 경우에는 새로운 약속어음을 작성한 것으로서 그 행사의 목적이 있는 이상 유가증권 위조죄가 성립한다(대법원 1976. 1.27. 선고, 74도3442 판결).

■ 판례 ■ **가명으로 가계수표를 발행한 것이 위조에 해당하는지 여부(소극)**

[1] 사실관계

> 甲은 판매업을 하면서 약 2년간 계약서 영수증 등에 A라는 가명을 사용하여 거래관계를 계속해 오다가 자신의 본명이 아닌 가명 A로 가계수표에 배서하였다.

[2] 판결요지

수표에 기재되어야 할 수표행위자의 명칭은 반드시 수표행위자의 본명에 한하는 것은 아니고 상호, 별명 그 밖의 거래상 본인을 가리키는 것으로 인식되는 칭호라면 어느 것이나 다 가능하다고 볼 것이므로, 비록 그 칭호가 본명이 아니라 하더라도 통상 그 명칭을 자기를 표시하는 것으로 거래상 사용하여 그것이 그 행위자를 지칭하는 것으로 인식되어 온 경우에는 그것을 수표상으로도 자기를 표시하는 칭호로 사용할 수 있다(대법원 1996.5.10. 선고 96도527 판결).

■ 판례 ■ **甲이 남편의 사망 후 그 명의를 거래상 자기를 표시하는 명칭으로 사용하여 온 경우**

[1] 사실관계

> 甲녀는 자신의 남편이 사망한 후 그 명의를 거래상 자기를 표시하는 명칭으로 사용하여 오다가 그 망부 명의로 어음을 발행하였다.

[2] 판결요지

어음에 기재되어야 할 어음행위자의 명칭은 반드시 어음행위자의 본명에 한하는 것은 아니고 상호, 별명 그 밖의 거래상 본인을 가리키는 것으로 인식되는 칭호라면 어느 것이나 다 가능하다고 볼 것이므로 비록 그 칭호가 타인의 명칭이라도 통상 그 명칭은 자기를 표시하는 것으로 거래상 사용하여 그것이 그 행위자를 지칭하는 것으로 인식되어 온 경우에는 그것을 어음상으로도 자기를 표시하는 칭호로 사용할 수 있다 할 것이므로 피고인이 그 망부의 사망 후 그의 명의를 거래상 자기를 표시하는 명칭으로 사용하여 온 경우에는 피고인에 의한 망부 명의의 어음발행은 피고인 자신의 어음행위라고 볼 것이고 이를 가리켜 타인의 명의를 모용하여 어음을 위조한 것이라고 할 수 없다(대법원 1982.9.28. 선고 82도296 판결).

(2) 변 조

진정하게 성립된 타인 명의 유가증권에 권한 없는 자가 유가증권의 동일성을 해하지 않는 한도에서 내용상의 변경을 가하는 것

■ 판례 ■　**甲이 백지 약속어음의 액면란 등을 부당 보충하여 위조한 후 乙이 甲과 공모하여 금액란을 임의로 변경한 경우, 乙의 행위가 유가증권위조나 변조에 해당하는지 여부(소극)**

이미 타인에 의하여 위조된 약속어음의 기재사항을 권한 없이 변경하였다고 하더라도 유가증권변조죄는 성립하지 아니한다. 그리고 위조된 약속어음의 액면금액을 권한 없이 변경하는 것이 당초의 위조와는 별개의 새로운 유가증권위조로 된다고 할 수도 없다. 그러므로 권한 없이 보충됨으로써 위조되었다고 평가되는 약속어음에 있어서 그 위조행위자(甲)와 공모하여 그 금액란을 임의로 변경한 乙의 행위를 같은 취지에서 무죄로 본 원심의 판단은 정당하다(대법원 2008.12.24. 선고 2008도9494 판결).

■ 판례 ■　**타인에게 속한 자기명의의 유가증권에 변경을 가한 경우 변조죄의 성립여부(소극)**

[1] 사실관계

甲은 A주식회사 대표이사의 자격으로 자신의 명의로 발행한 주권을 乙로부터 교부받아 보관하고 있음을 기화로, 乙의 승낙없이 주주명의를 乙로부터 丙으로 변경하고, 丙으로부터 배서양도받은 것처럼 기재변경한 후 이를 회사에 비치하였다.

[2] 판결요지

타인에게 속한 자기명의의 유가증권에 무단히 변경을 가하였다 하더라도 그것이 문서손괴죄나 허위유가증권작성죄에 해당되는 경우가 있음은 별론으로 하고 유가증권변조죄를 구성하는 것은 아니다(대법원 1978.11.14. 선고 78도1904 판결). ☞ (문서손괴죄 또는 허위유가증권작성죄가 성립)

■ 판례 ■　**대표이사가 대표권을 남용하여 주권기재사항을 변경한 경우 변조죄의 성립여부(소극)**

[1] 사실관계

A회사의 주권작성에 관한 일반적인 권한을 가지고 있는 대표이사 甲은 자기와 제3자의 이익을 도모할 목적으로 대표권을 남용하여 그들 명의의 주권의 기재사항에 변경을 가하였다.

[2] 판결요지

회사의 대표이사로서 주권작성에 관한 일반적인 권한을 가지고 있는 자가 대표권을 남용하여 자기 또는 제3자의 이익을 도모할 목적으로 그들 명의의 주권의 기재사항에 변경을 가한 행위는 유가증권변조죄를 구성하지 아니 한다(대법원 1980.4.22. 선고 79도3034 판결). ☞ (문서손괴죄 또는 허위유가증권작성죄가 성립)

■ 판례 ■ **대리인이 권한범위내에서 약속어음의 금액을 변경한 경우, 유가증권변조에 해당하는지 여부(소극)**

[1] 사실관계

> 약속어음의 발행인으로부터 어음금액이 백지인 약속어음의 할인을 위임받은 甲이 위임 범위 내에서 어음금액을 기재한 후 어음할인을 받으려고 하다가 그 목적을 이루지 못하자 유통되지 아니한 당해 약속어음을 원상태대로 발행인에게 반환하기 위하여 어음금액의 기재를 삭제하였다.

[2] 판결요지

유가증권변조죄에 있어서 변조라 함은 진정으로 성립된 유가증권의 내용에 권한 없는 자가 그 유가증권의 동일성을 해하지 않는 한도에서 변경을 가하는 것을 말하는바, 약속어음의 발행인으로부터 어음금액이 백지인 약속어음의 할인을 위임받은 자가 위임 범위 내에서 어음금액을 기재한 후 어음할인을 받으려고 하다가 그 목적을 이루지 못하자 유통되지 아니한 당해 약속어음을 원상태대로 발행인에게 반환하기 위하여 어음금액의 기재를 삭제하는 것은 그 권한 범위 내에 속한다고 할 것이므로, 이를 유가증권변조라고 볼 수 없다(대법원 2006.1.13. 선고 2005도6267 판결).

■ 판례 ■ **타인의 신용카드를 자신의 카드인양 제시하여 상점 점원으로 하여금 금액란을 정정·기재케 한 경우, 유가증권 변조죄의 성부(적극)**

[1] 사실관계

> 甲은 친구인 乙이 가입한 은행소비조합이 발급한 신용카드를 차용함을 기화로, 자신이 마치 乙 본인인 것으로 가장 상점점원을 기망하여 그 점원으로 하여금 동 신용카드 1매상의 금액란을 정정기재하게 하였다.

[2] 판결요지

유가증권변조죄에 있어서 변조라 함은 진정으로 성립된 유가증권의 내용에 권한없는 자가 그 유가증권의 동일성을 해하지 않는 한도에서 변경을 가하는 것을 말하고, 설사, 진실에 합치하도록 변경한 것이라 하더라도 권한없이 변경한 경우에는 변조로 되는 것이고 정을 모르는 제3자를 통하여 간접정범의 형태로도 범할 수 있는 것인 바, 신용카드를 제시받은 상 점점원이 그 카드의 금액란을 정정기재 하였다하더라도 그것이 카드소지인이 위 점원에게 자신이 위 금액을 정정기재 할 수 있는 권리가 있는 양 기망하여 이루어졌다면 이는 간접정범에 의한 유가증권변조로 봄이 상당하다(대법원 1984.11.27. 선고 84도1862 판결).

(3) 위조변조의 정도

유가증권의 위조·변조행위는 사법상 유효요건을 모두 갖출 정도로 정교할 필요는 없으나, 외관상 일반인이 유효한 증권으로 오인할 정도일 것

■ 판례 ■ **발행인의 날인 없는 가계수표위조행위와 부정수표단속법 제5조 소정의 수표위조죄의 성부(소극)**

피고인이 위조한 것이라는 가계수표가 발행인의 날인이 없는 것이라면 이는 일반인이 진정한 것으로 오신할 정도의 형식과 외관을 갖춘 수표라 할 수 없어 부정수표단속법 제5조 소정의 수표위조의

책임을 물을 수 없다(대법원 1985.9.10. 선고 85도1501 판결).

3. 주관적 구성요건

유가증권을 위조·변조한다는 고의와 행사할 목적이 있을 것

4. 죄수 및 타 죄와의 관계

(1) 죄 수

위조된 유가증권의 매수를 기준으로 결정
- 하나의 유가증권에 수개의 위조·변조를 한 경우 ⇨ 포괄일죄
- 동일장소에서 동시에 수개의 유가증권을 위조한 경우 ⇨ 수죄의 상상적 경합

(2) 타 죄와의 관계

- 인장을 위조하여 유가증권을 위조한 경우 ⇨ 인장위조·행사죄는 유가증권 위조죄에 흡수
- 절취 또는 횡령한 유가증권용지를 이용하여 이를 위조·변조한 경우 ⇨ 절도죄·횡령죄와 유가증권위조죄의 실체적 경합범
- 유가증권을 위조하여 행사한 경우 ⇨ 위조죄와 행사죄의 실체적 경합범

5. 특별법에 의한 처벌

> **부정수표단속법 제5조**(위조, 변조자의 형사책임) 수표를 위조 또는 변조한 자는 1년 이상의 유기징역과 수표금액의 10배이하의 벌금에 처한다.

유가증권일지라도 금융기관(은행)의 유통증권인 수표의 경우에는 특별법인 부정수표단속법을 적용하여 처벌한다. 이 경우 죄명은 「부정수표단속법 위반」으로 기재

✱ 부정수표단속법은 수표를 위조 또는 변조하는 경우에만 규정하고 있고 그 행사에 대한 처벌규정을 두고 있지 않으므로 행사의 경우에는 형법 제217조 위조등유가증권행사죄를 적용

[기재례1] 타인 명의의 약속어음 위조

1) 범죄사실 기재례

가. 유가증권위조

　피의자는 20○○. ○. ○.10:00경 ○○에 있는 ○○전자 ○○대리점에서 ○○은행 ○○지점의 약속어음 용지에 검은색 볼펜으로 액면 란에 "오백만원정", 발행일란에 "20○○. ○. ○.", 지급기일란에 "20○○. ○. ○.", 발행인란에 "홍길동"이라고 각각 기재하고, 그 이름 옆에 보관하고 있던 홍길동의 도장을 찍었다.

　이로써 피의자는 행사할 목적으로 유가증권인 김동일 명의로 된 약속어음 1장을 위조하였다.

나. 위조유가증권행사

　피의자는 20○○. ○. ○. 13:00경 ○○에 있는 ○○에서 그 위조사실을 모르는 甲에게 위와 같이 위조한 약속어음을 마치 진정하게 발행된 것처럼 물품대금변제 명목으로 교부하여 이를 행사하였다.

2) 적용법조 : 제214조 제1항(위조), 제217조(행사)⋯ 공소시효 10년

[기재례2] 수정액을 사용하여 약속어음의 금액 변조

1) 범죄사실 기재례

가. 유가증권변조

　피의자는 20○○. 10. 3.경 ○○에서 甲으로부터 일명 '딱지어음'인 어음번호(○○), 금액 ○○만 원, 지급기일 20○○. 1. 15. 발행일 20○○. 9. 23. 발행인 주식회사 홍콩 대표이사 홍길동, 지급지 서울특별시, 지급장소 주식회사 ○○은행 ○○지점으로 되어있는 약속어음 1장을 교부받아, 수정액을 사용하여 금액란의 금액 ○○만 원을 ○○만 원으로 고쳤다.

　이로써 피의자는 행사할 목적으로 권한 없이 유가증권인 위 주식회사 홍콩 대표이사 홍길동 명의의 약속어음 1장을 변조하였다.

나. 변조유가증권행사

　피의자는 20○○. ○. ○.경 ○○에 있는 서울고속버스터미널 2층 ○○커피숍에서 그 변조사실을 모르는 乙에게 위와 같이 변조한 약속어음을 마치 진정하게 발행된 것처럼 ○○명목으로 교부하여 이를 행사하였다.

2) 적용법조 : 제214조 제1항(변조), 제217조(행사) ⋯ 공소시효 10년

- 피의자는 어떠한 일을 하고 있느냐
- 약속어음을 위조한 일이 있느냐
- 언제 어디에서 위조
- 어떠한 방법으로 위조(위조도구 등)

이때 고소(고발)장에 첨부된 위조어음을 보여주며

- 피의자가 위조한 어음이 맞나
- 무엇 때문에 위조하였나(행사할 목적 여부조사)
- 위조하기 위한 ○○○(도구)은 언제 어디서 어떻게 구하였나(준비하였나)
- 위조 후 어떻게 하였나(행사 여부)
- ○○○에게는 뭐라면서 교부(제시)하였나
- ○○○가 피의자의 말을 믿던가
- ○○○는 그 어음을 어떻게 하던가(어디에 사용한다고 하던가)
- ○○○도 위조된 어음인줄 알고 있었나

제2절 기재의 위조 · 변조

제214조(유가증권의 위조 등) ② 행사할 목적으로 유가증권의 권리의무에 관한 기재를 위조 또는 변조한 자도 전항의 형과 같다.

제223조(미수범) 제214조 내지 제219조와 전조의 미수범은 처벌한다.

제224조(예비 · 음모) 제214조, 제215조와 제218조 제1항의 죄를 범할 목적으로 예비 또는 음모한 자는 2년 이하의 징역에 처한다.

 Ⅰ. 구성요건

1. 객 체

유가증권의 권리 · 의무에 관한 기재, 즉 배서 · 인수 · 보증과 같은 부수적 증권행위의 기재사항

2. 행 위

유가증권을 위조 · 변조하는 것

(1) 위 조

기본적 증권행위가 이미 진정하게 성립한 후에 권한 없는 자가 타인 명의를 모용해서 배서 · 보증 등의 부수적 증권행위를 하는 것

○ 자기가 발행한 수표에 대하여 배서를 위조한 경우

○ 진정하게 작성된 어음에 타인명의를 모용하여 배서한 경우

타인 명의의 부수적 증권행위가 이미 진정하게 성립된 이후에 권한 없는 자가 부수적 증권행위에 속하는 사항의 내용을 변경하는 것

○ 타인의 배서부분에 배서일자를 변경하는 경우

■ 판례 ■ **명의대여자의 승낙없이 제1의 명의임차인으로부터 영업권을 매수한 제2의 명의임차인이 명의대여자의 명의로 어음을 배서한 경우, 유가증권위조죄의 성부(적극)**

[1] 사실관계

B지점은 본사인 A주식회사 명의를 사용하여 영업을 하는 개인사업체로서 동 지점경영자에게 본사 대표자인 丙명의사용이 허용되어 있어 제3자와 사이에 한 영업행위에 대하여 丙명의를 사용하여 오던 지점장 乙로부터 위 지점의 영업권을 사실상 매수한 甲은 A주식회사로부터 지점장 임명을 받음이 없이 임의로 지점장 행세를 하며 본사 대표자인 丙명의로 어음에 배서하였다.

[2] 판결요지

타점포체인의 명의를 사용하여 영업하고 그 체인대표자의 명의를 사용할 수 있는 내용의 명의임대차 계약이 체결된 경우에 있어서 명의대여자의 승낙(점포체인의 대표자로부터 체인의 지점장으로 임명받는 형식)없이 제1의 명의임차인으로부터 지점의 영업권을 사실상 매수한 제2의 명의임차인이 명의대여자의 승낙없이 본래의 명의대여자의 명의로 어음을 배서하고 이를 행사하였다면 제2의 명의임차인은 유가증권위조의 책임을 면할 수 없고 위 체인 대표자가 명의대여자로서 책임을 지는 여부는 유가증권위조죄의 성립에 지장이 없다(대법원 1984.2.28. 선고 83도3284 판결).

■ 판례 ■ **어음상 권리의무를 가진 자의 동의 없이 어음 기재 내용에 변경을 가한 행위가 유가증권변조에 해당하는지 여부(적극)**

[1] 사실관계

甲은 주식회사 미륭상사에게 물품대금의 지급담보조로 자신이 발행한 약속어음 8매를 교부하였다가 그 대금을 지급하거나 새로운 어음으로 교체하는 방법으로 위 어음들을 회수한 후 어음에 남아있는 미륭상사 명의 배서의 담보적 효력을 이용하기 위하여 이미 경과된 지급기일을 임의로 그 후의 날짜로 변경한 후 乙에게 이를 교부하였다.

[2] 판결요지

형법 제214조 제2항에 규정된 '유가증권의 권리의무에 관한 기재를 변조한다' 는 것은 진정하게 성립된 타인 명의의 부수적 증권행위에 관한 유가증권의 가재내용에 작성권한이 없는 자가 변경을 가하는 것을 말하고(대법원 88도753판결 참조), 어음발행인이라 하더라도 어음상에 권리의무를 가진 자가 있는 경우에는 이러한 자의 동의를 받지 아니하고 어음의 가재내용에 변경을 가하였다면 이는 유가증권의 권리의무에 관한 기재를 변조한 것에 해당한다(대법원 2003.1.10. 선고 2001도6553 판결).

II. 범죄사실기재 및 신문사항

1) 범죄사실 기재례 - [자기 명의 약속어음에 타인명의로 배서하고 행사]

가. 유가증권위조

피의자는 20○○. ○. ○.10:00경 ○○에 있는 피의자의 집에서 피의자가 발행한 지급기일 20○○. ○. ○.지급지 ○○은행 ○○지점으로 되어있는 액면 금 ○○원의 약속어음 뒷면 제 1 배서란에 검은색 볼펜으로 "20○○. ○. ○. 광주광역시 광산구 산월동 ○○아파트 103동 1004호 홍길동" 이라고 기재한 후 그 이름 옆에 미리 새겨 가지고 있던 홍길동의 도장을 찍었다.

이로써 피의자는 행사할 목적으로 유가증권인 약속어음의 권리의무에 관한 기재인 홍길동 명의로 된 배서를 위조하였다.

나. 위조유가증권행사

피의자는 20○○. ○. ○. 11:00경 ○○에 있는 乙의 집에서 그 위조사실을 모르는 乙에게 어음 할인요청을 하면서 위와 같이 배서를 위조한 약속어음 1장을 마치 진정하게 작성된 것처럼 교부하여 이를 행사하였다.

2) **적용법조 :** 제214조 제2항, 제217조 … 공소시효 10년

3) **신문사항**

– 약속어음을 위조한 일이 있느냐

– 언제 어디에서 위조

– 어떤 사항을 위조하였는가(권리의무에 관한 기재사항)

– 어떠한 방법으로 위조(위조도구 등)

– 무엇 때문에 위조하였나(행사할 목적 여부조사)

– 위조하기 위한 ○○○(도구)는 언제 어디서 어떻게 구하였나(준비하였나)

– 위조 후 어떻게 하였나(행사 여부)

– ○○○에게는 뭐라면서 교부(제시)하였나

– 그가 피의자의 말을 믿던가

– 그는 그 어음을 어떻게 하던가(어디에 사용한다고 하던가)

– ○○○도 위조된 어음인줄 알고 있었나

제3절 자격모용에 의한 유가증권의 작성

제215조(자격모용에 의한 유가증권의 작성) 행사할 목적으로 타인의 자격을 모용하여 유가증권을 작성
하거나 유가증권의 권리 또는 의무에 관한 사항을 기재한 자는 10년 이하의 징역에 처한다.
제223조(미수범) 제214조 내지 제219조와 전조의 미수범은 처벌한다.
제224조(예비·음모) 제214조, 제215조와 제218조 제1항의 죄를 범할 목적으로 예비 또는 음모한 자는 2
년 이하의 징역에 처한다.

I. 구성요건

타인의 자격을 모용하여 유가증권의 작성 또는 유가증권의 권리·의무에 관한 사항
을 기재함으로써 성립

1. 타인의 자격을 모용하여

대리인 또는 대표권이 없는 자가 타인(본인)의 대리인 또는 대표자로서의 자격을 사
칭하여 유가증권을 작성하는 것
  ○ 처음부터 대리권·대표권 없는 자가 그 자격을 모용하여 유가증권을 작성한 경우
    (타인자격, 자기이름)에는 자격모용에 의한 유가증권 작성죄가 성립한다.
  ○ 대리권·대표권 있는 자가 권한을 남용하여 본인 또는 회사명의로 유가증권을 발
    행한 때에는 본죄가 성립하지 않는다.
  ○ 대리권·대표권이 있었으나 이를 상실한 후 본인 또는 회사명의로 유가증권을 발
    행한 때에는 자격모용에 의한 유가증권작성죄가 성립한다.
  ○ 대리권이나 대표권이 있더라도 권한범위를 명백히 일탈 혹은 초과하여 본인 또는
    회사명의의 유가증권을 발행한 때에는 자격모용에 의한 유가증권작성죄가 성립한다.

2. 유가증권의 작성 또는 유가증권의 권리·의무에 관한 사항을 기재

(1) 유가증권의 작성

유가증권의 발행과 같은 기본적 증권행위를 하는 것

(2) 유가증권의 권리·의무에 관한 사항을 기재

일정한 대리·대표권을 가지고 있는 자가 배서·보증과 같은 부수적 증권에 관하여
위조를 하는 것

■ 판례 ■ **직무집행이 정지된 대표이사가 유가증권을 작성한 경우, 자격모용에 의한 유가증권의 작성죄에 해당하는지 여부(적극)**

[1] 사실관계

> 대표이사 직무집행정지 가처분결정이 송달되어 모든 직무집행이 정지되어 직무집행의 권한이 없게 된 대표이사 甲은 회사업무의 중단을 막기 위한 긴급한 인계인수행위로, 대표이사명의의 유가증권을 작성하여 행사하였다.

[2] 판결요지

대표이사 직무집행정지가처분결정은 대표이사의 직무집행만을 정지시킬 뿐 대표이사의 자격까지 박탈하는 것은 아니나 가처분결정이 송달되어 일절의 직무집행이 정지됨으로써 직무집행의 권한이 없게 된 대표이사가 그 권한밖의 일인 대표이사 명의의 유가증권을 작성 행사하는 행위가 회사업무의 중단을 막기 위한 긴급한 인수인계 행위라 하더라도 합법적인 권한행사라 할 수 없으므로 이는 자격모용유가증권작성 및 동 행사죄에 해당한다(대법원 1987.8.18. 선고 87도145 판결).

■ 판례 ■ **퇴직한 대표이사가 계속 약속어음을 발행한 경우, 자격모용에 의한 유가증권의 작성죄에 해당하는지 여부(적극)**

[1] 사실관계

> 甲은 A주식회사의 대표이사로 재직하여오던 중 대표이사가 乙로 변경되었음에도 불구하고 이전부터 사용해오던 자신 명의의 명판을 사용하여 여전히 자신을 A회사의 대표이사로 표시하여 약속어음을 발행·행사하였다.

[2] 판결요지

주식회사 대표이사로 재직하던 피고인이 대표이사가 타인으로 변경되었음에도 불구하고 이전부터 사용하여 오던 피고인 명의로 된 위 회사 대표이사의 명판을 이용하여 여전히 피고인을 위 회사의 대표이사로 표시하여 약속어음을 발행, 행사하였다면, 설사 약속어음을 작성, 행사함에 있어 후임 대표이사의 승낙을 얻었다거나 위 회사의 실질적인 대표이사로서의 권한을 행사하는 피고인이 은행과의 당좌계약을 변경하는데에 시일이 걸려 잠정적으로 전임 대표이사인 그의 명판을 사용한 것이라 하더라도 이는 합법적인 대표이사로서의 권한 행사라 할 수 없어 자격모용유가증권작성 및 동행사죄에 해당한다(대법원 1991.2.26. 선고 90도577 판결).

🌙 II. 범죄사실기재 및 신문사항

1) 범죄사실 기재례-[시 일반회계 출납담당 공무원의 자격을 모용 당좌수표를 작성 행사]

가. 자격모용유가증권작성

　피의자는 ○○시청에서 지방 재무서기로 근무하다 20○○. 12. 1. 해임되었다.

　피의자는 20○○. ○. ○. 위 시청 일반회계 출납담당 공무원이 아니면서 "피의자 명의 20○○. ○. ○. ○○시 농업협동조합, 지급금 ○○만원"의 당좌수표 1매를 작성하였다.

　이로써 피의자는 행사할 목적으로 ○○시 출납담당 공무원의 자격을 모용하여 유가증권 1매를 작성하였다.

나. 자격모용작성유가증권행사

　피의자는 그 무렵 ○○에 거주하고 있는 홍길동의 집에서 정을 모르는 그에게 위 어음이 마치 진정하게 성립된 것처럼 속이고 교부하여 이를 행사하였다.

2) 적용법조 : 제215조, 제217조 … 공소시효 10년

3) 신문사항

- 현재 직업은 무엇인가
- ○○시청 공무원으로 근무한 일이 있는가
- 언제부터 언제까지 근무하였으며 맡은 업무는 무엇이였는가
- 왜 공무원직을 그만두었는가
- 퇴직후 ○○시청 출납담당공무원 자격을 모용하여 수표를 발행한 일이 있는가
- 언제 어디에서 발행하였는가
- 어떤 수표를 발행하였나
- 어떤 내용으로 발행하였는가
- ○○시청 출납공무원의 자격을 모용한 이유가 무엇인가
- 발행한 당좌수표는 어떻게 하였는가
- 뭐라면서 홍길동에게 교부하였는가
- 홍길동도 믿던가

제4절 허위유가증권의 작성 등

제216조(허위유가증권의 작성 등) 행사할 목적으로 허위의 유가증권을 작성하거나 유가증권에 허위사항을 기재한 자는 7년 이하의 징역 또는 3천만원 이하의 벌금에 처한다.
제223조(미수범) 제214조 내지 제219조와 전조의 미수범은 처벌한다.

Ⅰ. 구성요건

행사할 목적으로 작성권한 있는 자가 허위의 유가증권을 작성하거나 허위사항을 기재함으로써 성립

1. 허위의 유가증권 작성

작성권한 있는 자가 유가증권을 작성함에 있어서 타인의 작성명의를 모용함이 없이 유가증권의 내용만을 허위로 기재하는 것
  ○ 작성권한이 없는 자가 허위의 유가증권을 작성한 경우에는 유가증권위조·변조죄 또는 자격모용에 의한 유가증권 작성죄가 성립한다.
  ○ 허위란 객관적 진실에 반하는 것을 말하고 명의가 아닌 내용이 허위이어야 한다.

2. 허위사항 기재

기재권한 있는 자가 기존의 유가증권의 부수적 증권행위에 허위사항을 기재하는 것
  ○ 권리관계에 아무런 영향을 미치지 않는 사항을 허위기재한 경우, 본죄는 성립하지 아니한다.

■ 판례 ■ **자기앞수표의 발행인이 수표의뢰인으로부터 수표자금을 입금받지 아니한 채 자기앞수표를 발행한 경우, 허위유가증권작성죄의 성립 여부(소극)**
형법 제216조 전단의 허위유가증권작성죄는 작성권한 있는 자가 자기 명의로 기본적 증권행위를 함에 있어서 유가증권의 효력에 영향을 미칠 기재사항에 관하여 진실에 반하는 내용을 기재하는 경우에 성립하는바, 자기앞수표의 발행인이 수표의뢰인으로부터 수표자금을 입금받지 아니한 채 자기앞수표를 발행하더라도 그 수표의 효력에는 아무런 영향이 없으므로 허위유가증권작성죄가 성립하지 아니한다(대법원 2005.10.27. 선고 2005도4528 판결).

■ 판례 ■ **어음배서인의 주소를 허위기재 한 것이 허위유가증권작성죄에 해당하는지 여부(소극)**

[1] 사실관계

> 甲이 乙에게 약속어음을 배서·양도함에 있어 후일 이 어음이 부도가 나면 소구를 당할지도 모른다는 생각에 이를 모면하기 위하여 배서인란에 甲이라고 쓰고 그 옆에 자신의 인장을 찍은 다음 그 이름 아래에 자신의 주소가 아닌 허위의 주소를 기재하였다.

[2] 판결요지

배서인의 주소기재는 배서의 요건이 아니므로 약속어음 배서인의 주소를 허위로 기재하였다고 하더라도 그것이 배서인의 인적 동일성을 해하여 배서인이 누구인지를 알 수 없는 경우가 아닌 한 약속어음상의 권리관계에 아무런 영향을 미치지 않는다 할 것이고, 따라서 약속어음상의 권리에 아무런 영향을 미치지 않는 사항은 그것을 허위로 기재하더라도 형법 제216조 소정의 허위유가증권작성죄에 해당되지 않는다(대법원 1986.6.24. 선고 84도547 판결).

■ 판례 ■ **은행에 신고하지 않은 인장으로 약속어음을 작성한 경우, 허위유가증권작성죄의 성립 여부(소극)**

[1] 사실관계

> 은행을 통하여 지급이 이루어지는 약속어음의 발행인인 甲은 그 발행을 위하여 은행에 신고된 것이 아닌 자신의 다른 인장을 날인하여 액속어음을 작성한 후 乙에게 교부하였다.

[2] 판결요지

은행을 통하여 지급이 이루어지는 약속어음의 발행인이 그 발행을 위하여 은행에 신고된 것이 아닌 발행인의 다른 인장을 날인하였다 하더라도 그것이 발행인의 인장인 이상 그 어음의 효력에는 아무런 영향이 없으므로 허위유가증권작성죄가 성립하지 아니한다(대법원 2000.5.30. 선고 2000도883 판결).

■ 판례사례 ■ **[권리관계에 아무런 영향을 미치지 않음을 이유로 본죄성립을 부정한 사례]**

> (1) 원인관계 없이 약속어음을 발행한 경우(대법원 1977.5.24. 선고 76도4132 판결)
> (2) 어음배서인의 주소를 허위로 기재한 경우(대법원 1986.6.24. 선고 84도547 판결)
> (3) 주권발행 전에 주식을 양도받은 자에게 주식을 발행한 경우(대법원 1982.6.22. 선고 81도1935 판결)
> (4) 당좌거래은행에 잔고가 없음을 알면서 수표를 발행하였으나 지금은행과의 거래가 계속되고 있는 경우(대법원 1960.11.30. 선고 4293형상78 판결)
> (5) 자기앞수표의 발행인이 수표의뢰인으로부터 수표자금을 입금받지 아니한 채 자기앞수표를 발행한 경우(대법원 2005.10.27. 선고 2005도4528 판결)
> (6) 은행을 통하여 지급이 이루어지는 약속어음의 발행인이 그 발행을 위하여 은행에 신고된 것이 아닌 자신의 다른 인장을 날인하여 액속어음을 작성한 경우(대법원 2000.5.30. 선고 2000도883 판결)

관행에 따라 허위의 선하증권을 발행한 경우, 허위유가증권작성죄의 성립여부(적극)

[1] 사실관계

> 甲은 乙의 부탁으로 선하증권 기재의 화물을 인수하거나 확인하지도 아니하고 또한 선적할 선편조차 예약하거나 확보하지도 않은 상태에서 수출면장만을 확인한 채 실제로 선적한 일이 없는 화물을 선적하였다는 내용의 선하증권을 발행하여, 乙이 그 선하증권을 은행에 제출할 것을 알면서 乙에게 교부하였고, 乙은 이를 은행에 제출하였다.

[2] 판결요지

가. 허위유가증권작성죄의 성립여부

선하증권 기재의 화물을 인수하거나 확인하지도 아니하고 또한 선적할 선편조차 예약하거나 확보하지도 않은 상태에서 수출면장만을 확인한 채 실제로 선적한 일이 없는 화물을 선적하였다는 내용의 선하증권을 발행, 교부하였다면 피고인들은 위 선하증권을 작성하면서 진실에 반하는 허위의 기재를 하였음이 명백할 뿐만 아니라 위 선하증권이 허위라는 사실을 인식하였다고 볼 것이고, 피고인들이 진실에 반하는 선하증권을 작성하면서 곧 위 물품이 선적될 것이라고 예상하였다고 하여 위 각 선하증권의 허위성의 인식이 없었다고 할 수 없으며, 화물이 선적되기도 전에 이른바 선하증권을 발행하는 것이 해운업계의 관례라고 하더라도 이를 가리켜 정상적인 행위라거나 그 목적과 수단의 관계에서 보아 사회적 상당성이 있다고 할 수는 없으므로 피고인들이 위 행위가 죄가 되지 아니한다고 그릇 인식하였다고 하더라도 거기에 정당한 이유가 있는 경우라고 할 수 없으므로 허위유가증권작성죄의 죄책을 면할 수 없다.

나. 허위작성유가증권행사죄의 공동정범 여부

허위작성된 유가증권을 피교부자가 그것을 유통하게 한다는 사실을 인식하고 교부한 때에는 허위작성유가증권행사죄에 해당하고, 행사할 의사가 분명한 자에게 교부하여 그가 이를 행사한 때에는 허위작성유가증권행사죄의 공동정범이 성립된다(대법원 1995.9.29. 선고 95도803 판결).

■ 판례사례 ■　[허위유가증권작성죄가 성립하는 사례]

(1) 실재하지 않는 회사명의의 약속어음을 발행한 경우(대법원 1970.12.29. 선고 70도2398 판결)
(2) 발행인이 주권의 발행일자를 실제보다 소급기재하여 발행하는 경우(대법원 1974.1.15. 선고 73도2041 판결)
(3) 지급은행과 당좌거래사실이 없거나 거래정지를 당했음에도 불구하고 수표를 발행한 경우(대법원 1956.6.26. 선고 4289형상128 판결)
(4) 약속어음의 작성을 위임받은 자가 위탁자인 발행인 명의 아래 진실에 반하는 자기의 인장을 날인하여 어음을 발행한 경우(대법원 1975.6.10. 선고 75도2594 판결)
(5) 선하증권 기재의 화물을 인수하거나 확인하지도 아니하고 또한 선적할 선편조차 예약하거나 확보하지도 않은 상태에서 수출면장만을 확인한 채 실제로 선적한 사실이 없는 화물을 선적하였다는 내용의 선하증권을 발행한 경우(대법원 1995.9.29. 선고 95도803 판결)

3. 주관적 구성요건

허위의 유가증권을 작성하거나 유가증권에 허위의 사항을 기재한다는 것에 대한 인식과 인용 이외에 행사할 목적이 있을 것

Ⅱ. 범죄사실기재 및 신문사항

1) 범죄사실 기재례 - [허위유가증권작성, 행사, 사기]]

가. 허위유가증권작성
피의자는 200○. ○. ○. ○○○에 있는 피의자의 집에서 행사할 목적으로 피의자 발행 명의의 액면 ○○만원, ○○은행○○지점 앞의 약속어음 1통의 수취인란에 그 지점의 이름을 함부로 써넣고 그 밑에 미리 마련하여 둔 그 지점 지점장의 도장을 찍어서 그 지점이 인수하는 내용의 허위사실을 기재하였다.
나. 허위작성유가증권행사
피의자는 200○. ○. ○. ○○에 있는 홍길동의 집에서 그에게 할인하고자 하는 위 어음이 마치 진정하게 성립된 것처럼 속이고 할인을 의뢰하면서 이를 교부하여 행사하였다.
다. 사기
피의자는 즉시 그곳에서 위 어음이 진정하게 성립한 것처럼 잘못 믿은 그로부터 위 어음을 할인한 ○○만원을 교부받았다.

2) 적용법조 : 제216조, 제217조, 제347조 제1항(사기) … 공소시효 7년(제216조), 10년(제217조, 제347조 제1항)

3) 신문사항

- 약속어음을 허위로 작성한 일이 있는가
- 어떤 약속어음인가
- 언제 어디에서 작성하였는가
- 그 약속어음 용지는 언제 어디에서 구하였는가
- 어떤 내용으로 작성하였는가
- 그곳에 날인된 ○○은행장의 도장은 어디에서 구하였는가
  이때 압수된 위조 약속어음을 보여주며
- 피의자가 허위 작성한 약속어음이 맞는가
- 이렇게 작성된 약속어음은 어떻게 하였는가
- 언제 누구에게 사용하였나
- 홍길동의 허위작성된 것을 모르던가

제5절 위조유가증권 등의 행사 등

제217조(위조유가증권 등의 행사 등) 위조, 변조, 작성 또는 허위기재한 전3조 기재의 유가증권을 행사하거나 행사할 목적으로 수입 또는 수출한 자는 10년 이하의 징역에 처한다.

제223조(미수범) 제214조 내지 제219조와 전조의 미수범은 처벌한다.

Ⅰ. 구성요건

1. 객 체

위조 · 변조 · 작성 또는 허위기재된 유가증권

○ 위조 · 변조 · 작성 · 허위기재한 유가증권의 원본만이 본죄의 객체가 될 수 있다.

■ 판례 ■ **위조약속어음을 전자복사기로 복사한 사본이 위조 유가증권행사죄의 객체인지 여부(소극)**

[1] 사실관계

甲은 그가 위조한 乙명의의 약속어음 1매를 복사하여 자신이 乙를 상대로 제기한 약속어음금청구사건에서 그 청구를 대여금청구로 변경하면서 그 소변경신청서에 이를 첨부하여 제출하였다.

[2] 판결요지

위조유가증권행사죄에 있어서의 유가증권이라 함은 위조된 유가증권의 원본을 말하는 것이지 전자복사기 등을 사용하여 기계적으로 복사한 사본은 이에 해당하지 않는다(대법원 1998.2.13. 선고 97도2922 판결). ☞ (甲은 유가증권위조죄와 사기미수죄)

■ 판례 ■ **선하증권의 팩스(모사전송기) 사본이 유가증권행사죄의 객체인지 여부(소극)**

허위작성유가증권행사죄 또는 위조유가증권행사죄에 있어서의 유가증권이라 함은 허위작성 또는 위조된 유가증권의 원본을 말하는 것이지 전자복사기 등을 사용하여 기계적으로 복사한 사본은 이에 해당하지 않는바, 이 사건 품의서에 첨부되어 제출된 선하증권 12장의 팩스(모사전송기) 사본은 허위작성유가증권행사죄에 있어서의 유가증권에 해당하지 않는다(대법원 2007.2.8. 선고 2006도8480 판결).

2. 행 위

위조 · 변조된 유가증권을 행사 · 수입 · 수출하는 것

(1) 행 사

위조 · 변조 · 작성 · 허위기재한 유가증권을 진정한 유가증권 또는 내용이 진실한 유가증권으로 사용하는 것

○ 유가증권을 반드시 유통에 놓을 필요가 없으므로 신용을 얻기 위한 제시만으로도 행사에 해당한다.
  - 유가증권을 할인하기 위하여 제시하는 행위
  - 신용을 얻기 위하여 타인이나 친족에게 보여주는 행위
  - 증거자료로서 진정한 어음이라고 법원에 제출하는 행위
○ 상대방이 위조된 정을 알고 있는 경우에도 행사에 해당한다.
○ 상대방이 진정한 유가증권으로 인식할 수 있는 상태에 둠으로써 기수가 된다.

■ 판례 ■ **위조유가증권임을 알고 있는 자에게 교부한 소위와 동 행사죄의 성부(적극)**

[1] 사실관계

甲은 약속어음 한 장을 위조하여 乙에게 양도하였는데 乙은 이미 위 어음이 위조된 것이라는 사실을 알고 있었고, 乙도 위 약속어음을 다시 유통시킬 생각으로 위 어음을 양수한 것이었으며 甲도 乙이 위와 같은 생각으로 위 어음을 매수한다는 것을 알고 양도하였다.

[2] 판결요지

위조유가증권임을 알고 있는 자에게 교부하였더라도 피교부자가 이를 소통시킬 것임을 인식하고 교부하였다면 그 교부행위 그 자체가 유가증권의 유통질서를 해할 우려가 있어 위조유가증권행사죄가 성립한다(대법원 1983.6.14. 선고 81도2492 판결).

■ 판례 ■ **유가증권위조죄의 공범 사이에서의 위조유가증권 교부행위**

[1] 유가증권위조죄의 공범 사이에서의 위조유가증권 교부행위가 위조유가증권행사죄에 해당하는지 여부(소극)

위조유가증권행사죄의 처벌목적은 유가증권의 유통질서를 보호하는 데 있는 만큼 단순히 문서의 신용성을 보호하고자 하는 위조공·사문서행사죄의 경우와는 달리 교부자가 진정 또는 진실한 유가증권인 것처럼 위조유가증권을 행사하였을 때뿐만 아니라 위조유가증권임을 알고 있는 자에게 교부하였더라도 피교부자가 이를 유통시킬 것임을 인식하고 교부하였다면, 그 교부행위 그 자체가 유가증권의 유통질서를 해할 우려가 있어 처벌의 이유와 필요성이 충분히 있으므로 위조유가증권행사죄가 성립한다고 보아야 할 것이지만, 위조유가증권의 교부자와 피교부자가 서로 유가증권위조를 공모하였거나 위조유가증권을 타에 행사하여 그 이익을 나누어 가질 것을 공모한 공범의 관계에 있다면, 그들 사이의 위조유가증권 교부행위는 그들 이외의 자에게 행사함으로써 범죄를 실현하기 위한 전단계의 행위에 불과한 것으로서 위조유가증권은 아직 범인들의 수중에 있다고 볼 것이지 행사되었다고 볼 수는 없다.

[2] 피고인과 甲은 甲이 피고인으로부터 1,500만 원을 차용하는 것처럼 가장하기로 공모한 다음, 피고인이 위조된 100만 원권 자기앞수표 14장 외에 10만 원권 수표 10장이 들어 있는 봉투를 乙을 통해 공범 甲과 그 위조사실을 모르는 丙이 함께 있는 자리에서 甲에게 교부하자, 甲은 그 자리에서 자신의 연인 丙을 보증인으로 하는 차용증을 작성하여 乙에게 주었는데, 이때 甲은 봉투에서 10만 원권 수표 10장을 꺼내어 丙에게 보여 주었으나 위조된 100만 원권 자기앞수표는 봉투에서 꺼내거나 丙에게 보여 주지도 않은 경우

  을이나 갑이 위조된 자기앞수표를 병에게 제시하는 등으로 이를 인식하게 하였다고 할 수 없어 이들이 위 봉투를 병의 면전에서 주고받은 행위를 위조된 자기앞수표를 행사한 경우에 해당한다고 볼 수 없고, 따라서 을이나 갑에게 위 수표를 교부한 것이 이를 행사한 경우에 해당한다고 볼 수도 없

다(대법원 2010.12.9. 선고 2010도12553 판결).

■ 판례 ■ **부탁을 받고 허위의 선하증권을 작성 교부하여 행사케 한 경우, 허위유가증권행사죄의 공동정범 성립여부(적극)**

[1] 사실관계

> 甲은 허위의 선하증권을 작성해 달라는 乙의 부탁을 받고 이를 승낙한 후 허위내용으로 작성한 선하증권을 행사할 의사가 분명한 乙에게 교부하고, 乙은 그 허위작성된 선하증권을 행사하여 그 선하증권상의 물품대금을 지급받았다.

[2] 판결요지

가. 허위유가증권작성죄의 공동정범

유가증권의 허위작성행위 자체에는 직접관여한 바 없다 하더라도 타인에게 그 작성을 부탁하여 의사연락이 되고 그 타인으로 하여금 범행을 하게 하였다면 공모공동정범에 의한 허위작성죄가 성립한다.

나. 허위작성유가증권행사죄의 공동정범

허위의 선하증권을 발행하여 타인에게 교부하여 줌으로써 그 타인으로 하여금 이를 행사하여 그 선하증권상의 물품대금을 지급받게 한 소위는 허위 유가증권행사죄와 사기죄의 공동정범을 인정하기에 충분하다(대법원 1985.8.20. 선고 83도2575 판결). ☞ (甲과 乙은 허위유가증권작성죄 및 동 행사죄, 사기죄의 공동정범)

(2) 수입과 수출

- ○ 수입이란 외국에서 국내로 반입하는 것
- ○ 수출이란 국내에서 국외로 반출하는 것

3. 주관적 구성요건

행사의 경우에는 고의가 있으면 족함에 반하여, 수입 또는 수출의 경우에는 고의 이외에 행사의 목적이 있을 것

4. 타 죄와의 관계

(1) 사기죄와의 관계

위조·변조·작성·허위기재한 유가증권을 행사하여 사기를 한 경우에는 위조등 유가증권행사죄와 사기죄의 상상적 경합

(2) 부정수표단속법과의 관계

부정수표단속법 제5조는 수표를 위조한 경우에만 처벌규정을 두고 있고, 동행사죄에 관한 처벌규정을 두고 있지 않으므로 위조·변조수표를 행사한 경우에는 부정수표단속법이 아니라 형법 제217조의 위조등 유가증권행사죄를 적용하여야 한다.

1) **범죄사실 기재례 – [약속어음의 금액을 변조하고 행사]**

가. 약속어음변조

　피의자는 20○○. ○. ○. ○○:○○경 ○○에 있는 피의자 경영의 ○○건설사무실에서 같은 날 甲으로부터 받은 위 甲 발행의 20○○. 12. 31.자 액면 10,000,000만원 약속어음 1장의 액면란을 세척제로 지우고 금액란에 "18,800,000" 원이라고 미리 새겨놓은 고무인을 찍고 그 옆에 일부인을 이용하여 "18,800,000" 원이라고 찍었다.

　이로써 피의자는 행사할 목적으로 유가증권인 甲명의로 된 약속어음 1장을 변조하였다.

나. 변조약속어음행사

　피의자는 20○○. ○. ○. ○○:○○경 ○○에서 그 변조사실을 모르는 정철주에게 위와 같이 변조된 약속어음을 마치 진정하게 발행된 것처럼 물품대금으로 교부하여 이를 행사하였다.

2) **적용법조 :** 제214조 제1항, 제217조 … 공소시효 10년

제6절 인지·우표의 위조·변조 및 인지·우표유사물의 제조 등

 Ⅰ. 인지·우표의 위조

> 제218조(인지·우표의 위조 등) ① 행사할 목적으로 대한민국 또는 외국의 인지, 우표 기타 우편요금을
> 표시하는 증표를 위조 또는 변조한 자는 10년 이하의 징역에 처한다.
> 제223조(미수범) 제214조 내지 제219조와 전조의 미수범은 처벌한다.
> 제224조(예비·음모) 제214조, 제215조와 제218조 제1항의 죄를 범할 목적으로 예비 또는 음모한 자는
> 2년 이하의 징역에 처한다.

1. 객 체

대한민국 또는 외국의 인지, 우표 기타 우편요금을 표시하는 증표

- 인지 : '민사소송등 인지법'에 의하여 수수료 또는 인지세의 납부방법으로 정부 기
  타 발행권자가 일정금액을 표시하여 발행한 증표
- 우표 : '우편법'에 의하여 우편요금의 납부방법으로 정부가 일정금액을 표시하여
  발행한 증표. 일반우표 이외에 기념우표도 포함
- 우편요금을 표시하는 증표 : 우표가 아니면서 우표에 대신하는 기능을 하는 증표
  (例, 요금별납)

2. 행 위

위조 또는 변조하는 것

 Ⅱ. 위조·변조우표 또는 인지의 행사

> 제218조(인지·우표의 위조 등) ② 위조 또는 변조된 대한민국 또는 외국의 인지, 우표 기타 우편요금을
> 표시하는 증표를 행사하거나 행사할 목적으로 수입 또는 수출한 자도 제1항의 형과 같다.
> 제223조(미수범) 제214조 내지 제219조와 전조의 미수범은 처벌한다.
> 제224조(예비·음모) 제214조, 제215조와 제218조 제1항의 죄를 범할 목적으로 예비 또는 음모한 자는
> 2년 이하의 징역에 처한다.

행사는 반드시 우표나 인지의 본래용도에 따라 사용하는 것에 국한되지 않고, 우표
수집의 대상으로 거래하는 경우도 포함한다.

■ 판례 ■ **위조우표인 정을 아는 자에게 교부한 경우, 위조우표행사 해당여부(적극)**

[1] 사실관계

우표상인인 甲은 위조우표를 매수하여 위조우표인 정을 아는 우표상인 乙에게 전매하였다.

[2] 판결요지

가. 형법 제218조 및 제219조의 "행사"의 의미와 위조우표를 수집의 대상으로 매매하는 경우를 포함하는지 여부(적극)

위조우표취득죄 및 위조우표행사죄에 관한 형법 제219조 및 제218조 제2항 소정의 "행사"라 함은 위조된 대한민국 또는 외국의 우표를 진정한 우표로서 사용하는 것으로 반드시 우편요금의 납부용으로 사용하는 것에 한정되지 않고 우표수집의 대상으로서 매매하는 경우도 이에 해당된다.

나. 위조우표를 그 정을 아는 자에게 교부한 경우와 "행사할 목적"

위조된 우표를 그 정을 알고 있는 자에게 교부하더라도 그 자가 이를 진정하게 발행된 우표로서 사용할 것이라는 정을 인식하면서 교부한다면 위조우표행사죄의 "행사할 목적"에 해당된다(대법원 1989.4.11. 선고 88도1105 판결).

Ⅲ. 위조인지 · 우표 등의 취득

> 제219조(위조인지·우표 등의 취득) 행사할 목적으로 위조 또는 변조한 대한민국 또는 외국의 인지, 우표 기타 우편요금을 표시하는 증표를 취득한 자는 3년 이하의 징역 또는 1천만원 이하의 벌금에 처한다.
> 제223조(미수범) 제214조 내지 제219조와 전조의 미수범은 처벌한다.

위조 또는 변조한 인지 또는 우표라는 정을 알면서 취득하였을 것을 요한다.

Ⅳ. 소인말소

> 제221조(소인말소) 행사할 목적으로 대한민국 또는 외국의 인지, 우표 기타 우편요금을 표시하는 증표의 소인 기타 사용의 표지를 말소한 자는 1년 이하의 징역 또는 300만원 이하의 벌금에 처한다.

소인을 말소한다 함은 인지 · 우표에 진정하게 찍혀있는 소인의 흔적을 소멸시키는 것을 말하고, 기타 사용의 표지를 말소한다 함은 그 우표 또는 인지를 다시 사용할 수 있게 하는 일체의 행위를 말한다.

V. 인지·우표유사물의 제조 등

제222조(인지·우표유사물의 제조 등) ① 판매할 목적으로 대한민국 또는 외국의 공채증서, 인지, 우표 기타 우편요금을 표시하는 증표와 유사한 물건을 제조, 수입 또는 수출한 자는 2년 이하의 징역 또는 500만원 이하의 벌금에 처한다.
② 전항의 물건을 판매한 자도 전항의 형과 같다.
제223조(미수범) 제214조 내지 제219조와 전조의 미수범은 처벌한다.

공채증서, 인지, 우표 기타 우편요금을 표시하는 증표와 유사한 물건이란 진정한 공채증서, 인지, 우표라고 오신할 정도의 외관을 구비하지 않은 모조품을 의미한다.

제1절 공문서위조 등

제1항 공문서 등의 위조 · 변조

> 제225조(공문서 등의 위조·변조) 행사할 목적으로 공무원 또는 공무소의 문서 또는 도화를 위조 또는 변조한 자는 10년 이하의 징역에 처한다.
> 제235조(미수범) 제225조 내지 제234조의 미수범은 처벌한다.
> ※ 전자문서 및 전자거래 기본법 제43조(벌칙)
> ※ 관세법 제268조의2(전자문서 위조·변조죄 등)

 Ⅰ. 구성요건

1. 주 체

제한 없음(공무원과 비공무원)

o 공무원이 권한 밖의 공문서를 작성한 경우 공문서위조죄가 성립

o 공문서 작성을 보조하는 공무원 또는 보충기재의 권한만 위임받은 공무원이 임의로 작성권자 명의의 허위내용의 공문서를 작성한 경우 공문서위조죄가 성립

o 보조공무원이 허위공문서를 기안하여 그 정을 모르는 작성권자의 결재를 받아 공문서를 완성한 경우 허위공문서작성죄의 간접정범이 성립

▪ 판례 ▪ **공문서 작성을 보조하는 공무원이 임의로 허위내용의 공문서를 작성한 경우의 죄책(공문서위조죄)**

[1] 사실관계

> 담양군 호북면 호적계장이던 甲은 호북면장 명의의 인감증명서 1통을 작성하였는 바, 甲은 위 인감증명서를 면장의 결재도 받지 아니하고 면장 모르게 동면 호적계에 보관중인 면장 고무인과 직인을 인감증명서 용지에 압날하여 완성하였다.

[2] 판결요지

허위공문서작성죄의 주체는 그 문서를 작성할 권한이 있는 명의인인 공무원에 한하고, 그 공무원의

문서작성을 보조하는 직무에 종사하는 공무원은 위 죄의 주체가 되지 못하므로 보조 공무원이 허위 공문서를 기안하여 그 정을 모르는 작성권자의 결제를 받아 공문서를 완성한 때에는 허위공문서작 성죄의 간접정범이 되고, 이러한 결제를 거치지 않고 임의로 허위내용의 공문서를 완성한 때에는 공 문서위조죄가 성립한다(대법원 1981.7.28. 선고 81도898 판결).

■ 판례 ■ **업무보조자가 허위의 주민등록표등본을 작성한 경우 죄책(=공문서위조죄)**

[1] 사실관계

주민등록표 등본 작성업무를 취급할 지위에 있지 아니하나 그 사무를 담당하는 자가 바쁠 때 동인의 승낙 또는 인식하에 사실상 협조하여 동장명의의 주민등록표등본을 작성하여 온 자가 동인 모르게 주민등록표 원본기재 사실과 일치하지 아니한 주민등록표등본을 작성하였다.

[2] 판결요지

주민등록표 등본 작성업무를 취급할 지위에 있지 아니하나 그 사무를 담당하는 자가 바쁠 때 동인 의 승낙 또는 인식하에 사실상 협조하여 동장명의의 주민등록표등본을 작성하여 온 자가 동인 모르 게 주민등록표 원본기재 사실과 일치하지 아니한 주민등록표등본을 작성한 경우에는 공문서위조죄 가 성립한다(대법원 1979.12.11. 선고 78도704 판결).

■ 판례 ■ **업무보조자인 공무원이 공문서 용지에 허위내용을 기재하고 작성권자의 직인을 날인 한 경우, 업무보조자인 공무원 및 중간결재자인 공무원의 죄책(=공문서위조죄의 공범)**

[1] 사실관계

동사무소의 사무장으로서 동장(洞長)의 업무처리를 보좌하는 공무원인 甲은 동장에게 이륜자동 차 사용신고필증의 교부를 신청한 A등이 이륜자동차의 실제 소유자가 아니라는 사실을 잘 알 면서도 동장을 보조하여 사용신고필증의 교부를 담당하던 공무원 乙에게 동장의 직인을 날인 하여 허위내용의 사용신고필증을 교부하도록 지시하였다. 그런데 당시 甲과 乙은 직할시장이 관할 동사무소에 이륜자동차 사용신고필증의 교부에 관한 새로운 업무처리지침을 내림으로써 그 이후부터는 보증인 2인의 보증서에 의하여서는 사용신고필증을 교부할 수 없게 되었다는 것을 잘 알면서도 이륜자동차 사용신고필증을 교부하였다.

[2] 판결요지

공문서 작성권자로부터 일정한 요건이 구비되었는지 여부를 심사하여 그 요건이 구비되었음이 확인 될 경우에 한하여 작성권자의 직인을 사용하여 작성권자 명의의 공문서를 작성하라는 포괄적인 권 한을 수여받은 업무보조자인 공무원이, 그 위임의 취지에 반하여 공문서 용지에 허위내용을 기재하 고 그 위에 보관하고 있던 작성권자의 직인을 날인하였다면, 그 업무보조자인 공무원에게 공문서위 조죄가 성립할 것이고, 그에게 위와 같은 행위를 하도록 지시한 중간결재자인 공무원도 공문서위조 죄의 공범으로서의 책임을 면할 수 없다(대법원 1996.4.23. 선고 96도424 판결).

2. 객 체

공무원 또는 공무소의 문서 또는 도화

(1) 공문서

가. 공무원 또는 공무소가 직무상 작성한 문서

o 공법관계에서 작성된 것인가 사법관계에서 작성된 것인가는 불문하며, 공무소나 공무원이 소유·보관할 것도 요하지 않는다.

o 사회일반으로 하여금 공무원 또는 공무소의 권한 내에서 작성된 것이라고 오신할 만한 형식·외관을 구비하면 충분하고, 공무원·공무소의 직인이 없더라도 공문서에 해당한다.

o 공무원 또는 공무소의 실재여부는 불문. 따라서 작성명의인이 허무인 또는 사자이더라도 공문서에 해당한다.

나. 행정 효율과 협업 촉진에 관한 규정 (대통령령)

> **제3조(정의)** 이 영에서 사용하는 용어의 뜻은 다음과 같다.
> 1. "공문서"란 행정기관에서 공무상 작성하거나 시행하는 문서(도면·사진·디스크·테이프·필름·슬라이드·전자문서 등의 특수매체기록을 포함한다. 이하 같다)와 행정기관이 접수한 모든 문서를 말한다.
>
> **제4조(공문서의 종류)** 공문서(이하 "문서"라 한다)의 종류는 다음 각 호의 구분에 따른다.
> 1. 법규문서: 헌법·법률·대통령령·총리령·부령·조례·규칙(이하 "법령"이라 한다) 등에 관한 문서
> 2. 지시문서: 훈령·지시·예규·일일명령 등 행정기관이 그 하급기관이나 소속 공무원에 대하여 일정한 사항을 지시하는 문서
> 3. 공고문서: 고시·공고 등 행정기관이 일정한 사항을 일반에게 알리는 문서
> 4. 비치문서: 행정기관이 일정한 사항을 기록하여 행정기관 내부에 비치하면서 업무에 활용하는 대장, 카드 등의 문서
> 5. 민원문서: 민원인이 행정기관에 허가, 인가, 그 밖의 처분 등 특정한 행위를 요구하는 문서와 그에 대한 처리문서
> 6. 일반문서: 제1호부터 제5호까지의 문서에 속하지 아니하는 모든 문서

〈공문서인지의 여부〉

공문서에 해당하는 것	공문서에 해당하지 않는 것
(1) 국립대학교(서울대학교)학생증이나 졸업장	(1) 공무원 개인 명의의 매매계약서, 공무원의 퇴직서
(2) 교육부장관 명의의 학위등록증	(2) 지방세의 수납업무를 관장하는 시중은행의 직원이나 은행이 작성 교부한 세금수납영수증
(3) 사법연수원장 명의의 변호사등록증	(3) 외국의 공무소 또는 공무원이 작성한 문서(例, 국제운전면허증)
(4) 등기부등본, 가옥대장, 전출증명서	(4) 외국의 공무원 또는 공무소 명의로 된 문서
(5) 금융감독원장 명의의 문서	(5) 이혼의사확인서 등본에 첨부된 이혼신고서(대법원 2009.1.30. 선고2006도7777)
(6) 우체국 명의로 발행된 우편저금통장	
(7) 철도청 역직원 발행의 화물통지서	
(8) 피의자신문조서	
(9) 주민등록증, 여권, 납세필증	

■ 판례 ■ **지방세의 수납업무를 일부 관장하는 시중은행의 세금수납영수증은 공문서에 해당하는지 여부(소극)**

[1] 사실관계

甲은 행사할 목적으로 국고수납대리점인 은행에 주민세를 납부하고 받은 납세자보관용 영수증 상의 금액을 변경하고, 이를 관계서류에 첨부하였다.

[2] 판결요지

가. 공문서 작성의 행위주체

형법 제225조의 공문서변조나 위조죄의 객체인 공문서는 공무원 또는 공무소가 그 직무에 관하여 작성하는 문서이고, 그 행위주체가 공무원과 공무소가 아닌 경우에는 형법 또는 기타 특별법에 의하여 공무원 등으로 의제되는 경우(예컨대 정부투자기관관리기본법 제18조, 지방공기업법 제83조, 한국은행법 제112조의2, 특정범죄가중처벌등에관한법률 제4조)를 제외하고는 계약 등에 의하여 공무와 관련되는 업무를 일부 대행하는 경우가 있다 하더라도 공무원 또는 공무소가 될 수는 없고, 특히 형벌법규의 구성요건을 법률의 규정도 없이 유추 확대해석하는 것은 죄형법정주의원칙에 반한다.

나. 지방세의 수납업무를 일부 관장하는 시중은행의 직원이나 은행이 형법 제225조 소정의 공무원 또는 공무소가 되는 것은 아니고 세금수납영수증도 공문서에 해당하지 않는다(대법원 1996.3.26. 선고 95도3073 판결).

■ 판례 ■ **교원실태조사카아드의 교사 명의 부분이 공문서에 해당하는지 여부(소극)**

[1] 사실관계

학교장 甲은 공립학교 교사가 작성하는 교원의 인적사항과 전출희망사항 등을 기재하는 부분과 학교장이 작성하는 학교장의견란 등으로 구성되어 있는 교원실태조사카드의 교사명의 부분을 교사의 의사에 반하여 작성하였다.

[2] 판결요지

공립학교 교사가 작성하는 교원의 인적사항과 전출희망사항 등을 기재하는 부분과 학교장이 작성하는 학교장의견란 등으로 구성되어 있는 교원실태조사카아드는 학교장의 작성명의 부분은 공문서라고 할 수 있으나, 작성자가 교사명의로 된 부분은 개인적으로 전출을 희망하는 의사표시를 한 것에 지나지 아니하여 이것을 가리켜 공무원이 직무상 작성한 공문서라고 할 수는 없을 것이므로 위 카드의 교사 명의 부분을 명의자의 의사에 반하여 작성하였다고 하여도 공문서를 위조한 것이라고 할 수 없다(대법원 1991.9.24. 선고 91도1733 판결).

■ 판례 ■ **사서증서가 공문서인지 여부(소극)**

[1] 사실관계

甲은 공증인이 인증한 사서증서인증서 중 사서증서의 기재 내용을 권한없이 일부 변경하였다.

[2] 판결요지

가. 사서증서 인증서 중 사서증서의 기재 내용을 일부 변조한 경우의 죄책

공증인이 공증인법 제57조 제1항의 규정에 의하여 사서증서에 대하여 하는 인증은 당해 사서증서에 나타난 서명 또는 날인이 작성명의인에 의하여 정당하게 성립하였음을 인증하는 것일 뿐 그 사서증서의 기재 내용을 인증하는 것은 아닌바, 사서증서 인증서 중 인증기재 부분은 공문서에 해당한다고 하겠으나, 위와 같은 내용의 인증이 있었다고 하여 사서증서의 기재 내용이 공문서인 인증기재 부분의 내용을 구성하는 것은 아니라고 할 것이므로, 사서증서의 기재 내용을 일부 변조한 행위는 공문서변조죄가 아니라 사문서변조죄에 해당한다.

나. 비용 부담에 관한 기재 내용의 일부를 변조한 인증합의서를 증거로 첨부하여 공사대금청구의 소를 제기한 경우, 소송사기의 실행에 착수하였다고 한 사례

피고인이 피해자와 사이에 온천의 시공에 필요한 비용을 포함한 일체의 비용을 자신이 부담하기로 약정하였음에도 피해자를 상대로 공사대금청구의 소를 제기하면서 시공 외의 비용은 모두 피해자가 부담한다는 내용으로 변조한 인증합의서를 소장에 첨부하여 제출한 경우, 소송사기의 실행에 착수하였다고 하겠다(대법원 2005.3.24. 선고 2003도2144 판결).

■ 판례 ■ **인터넷을 통하여 출력한 등기사항전부증명서 하단의 열람일시 부분을 수정 테이프로 지우고 복사한 행위가 공문서변조에 해당하는지**

피고인이 인터넷을 통하여 열람·출력한 등기사항전부증명서 하단의 열람 일시 부분을 수정 테이프로 지우고 복사해 두었다가 이를 타인에게 교부하여 공문서변조 및 변조공문서행사로 기소된 사안에서, 등기사항전부증명서의 열람 일시는 등기부상 권리관계의 기준 일시를 나타내는 역할을 하는 것으로서 권리관계나 사실관계의 증명에서 중요한 부분에 해당하고, 열람 일시의 기재가 있어 그 일시를 기준으로 한 부동산의 권리관계를 증명하는 등기사항전부증명서와 열람 일시의 기재가 없어 부동산의 권리관계를 증명하는 기준 시점이 표시되지 않은 등기사항전부증명서 사이에는 증명하는 사실이나 증명력에 분명한 차이가 있는 점, 법률가나 관련 분야의 전문가가 아닌 평균인 수준의 사리분별력을 갖는 일반인의 관점에서 볼 때 그 등기사항전부증명서가 조금만 주의를 기울여 살펴보기만 해도 그 열람 일시가 삭제된 것임을 쉽게 알아볼 수 있을 정도로 공문서로서의 형식과 외관을 갖추지 못했다고 보기 어려운 점을 종합하면, 피고인이 등기사항전부증명서의 열람 일시를 삭제하여 복사한 행위는 등기사항전부증명서가 나타내는 권리·사실관계와 다른 새로운 증명력을 가진 문서를 만든 것에 해당하고 그로 인하여 공공적 신용을 해할 위험성도 발생하였다는 이유로, 이와 달리 본 원심판결에 공문서변조에 관한 법리오해의 잘못이 있다.(대법원 2021. 2. 25., 선고, 2018도19043, 판결)

(2) 공도화

공무원 또는 공무소가 직무상 작성한 도화(例, 공무소가 발행한 지적도, 표준지도, 담배갑)

3. 행 위

위조 또는 변조

(1) 위 조

작성권한 없는 자가 타인명의를 모용(사칭, 도용)하여 문서를 작성하는 행위

■ 판례 ■ **쓰레기봉투 위조의 실행의 착수시기**

[1] 사실관계

甲은 부천시장 명의의 '종량제 쓰레기봉투'를 위조하여 진정한 것으로 판매하기 위하여 쓰레기봉투에 인쇄할 부천시장 명의의 문안이 새겨진 필름을 제조한 후 쓰레기봉투를 위조하기 전에 체포되었다.

[2] 판결요지

피고인이 행사할 목적으로 위조하여 진정한 것으로 판매하려고 하였던 것은 부천시장 명의의 공문서인 쓰레기봉투이지, 쓰레기봉투를 위조하는 과정에 필요한 것으로서 쓰레기봉투에 인쇄할 부천시장 명의의 문안이 새겨진 필름이라고 볼 수 없는 점, 쓰레기봉투 비닐에 부천시장 명의의 문안을 인쇄하기 위하여는 위 필름만으로는 불가능하고 위 필름에 근거한 동판을 제작하여야 비로소 가능한 점 등에 비추어 보면, 피고인이 위 동판 제작 이전 단계에 불과한 위 필름을 제조하는 행위에 그쳤다면 이는 아직 부천시장 명의의 공문서인 쓰레기봉투를 위조하는 범행의 실행의 착수에 이르지 아니한 것으로 그 준비단계에 불과한 것으로 보아야 하며, 또한 쓰레기봉투에 인쇄할 부천시장 명의의 문안이 위 필름에 그대로 복사되어 있다고 하더라도, 위 필름은 오로지 쓰레기봉투 비닐에 부천시장 명의의 문안을 인쇄하기 위한 작업에 필요한 동판 제작을 위한 공정에 투입할 용도에서 일시적으로 제작되는 물건일 뿐이어서, 피고인에게 위 필름을 진정한 공문서로 행사할 범의가 있었다고 볼 수 없다(대법원 2007.2.23. 선고 2005도7430 판결).

■ 판례 ■ **국립경찰병원장 명의의 진단서에 직인과 계인을 날인하고 환자의 성명과 병명 및 향후치료소견을 기재한 경우**

[1] 사실관계

甲은 절취한 국립경찰병원장 명의의 진단서에 직인과 계인을 날인하고 환자의 성명과 병명 및 향후치료의 소견을 기재하였다. 그러나 진단서 발행번호나 의사의 서명날인은 없었다.

[2] 판결요지

일반인으로 하여금 공무원 또는 공무소의 권한내에서 작성된 문서라고 믿을 수 있는 형식과 외관을 구비한 문서를 작성하면 공문서위조죄가 성립되므로, 피고인이 국립경찰병원장 명의의 진단서에 직인과 계인을 날인하고 환자의 성명과 병명 및 향후치료소견을 기재하였다면 비록 진단서 발행번호나 의사의 서명날인이 없더라도 이는 공문서로서 형식과 외관을 구비하였으므로 공문서위조죄가 성립한다(대법원 1987.9.22. 선고 87도1443 판결).

■ 판례 ■ **공무원 아닌 자가 관공서에 허위내용의 증명원을 제출하여 그 정을 모르는 공무원으로부터 그 증명원 내용과 같은 증명서를 발급받은 경우, 공문서위조죄의 간접정범이 성립하는지 여부(소극)**

[1] 사실관계

A종합건설 주식회사의 대표이사 甲은 도로확장공사 입찰에서 적격심사 1순위자로 선정되었으나, 공사실적이 부족하여 최종낙찰에 탈락될 위기에 처하자, 공사실적을 허위기재한 다음 그 정을 모르는 구청의 담당자에게 제출하여 동인으로부터 위의사실을 증명한다는 취지로 구청장의 직인을 날인받은 후 그 정을 모르는 담당직원에게 위의 공사실적증명서를 제출하였다.

[2] 판결요지

어느 문서의 작성권한을 갖는 공무원이 그 문서의 기재 사항을 인식하고 그 문서를 작성할 의사로써 이에 서명날인 하였다면, 설령 그 서명날인이 타인의 기망으로 착오에 빠진 결과 그 문서의 기재사항이 진실에 반함을 알지 못한 데 기인한다고 하여도, 그 문서의 성립은 진정하며 여기에 하등 작성명의를 모용한 사실이 있다고 할 수는 없으므로, 공무원 아닌 자가 관공서에 허위 내용의 증명원을 제출하여 그 내용이 허위인 정을 모르는 담당공무원으로부터 그 증명원 내용과 같은 증명서를 발급받은 경우 공문서위조죄의 간접정범으로 의율할 수는 없다(대법원 2001.3.9. 선고 2000도938 판결).

■ 판례 ■   **타인의 주민등록증사본의 사진란에 자신의 사진을 붙여 복사하여 행사한 행위가 공문서위조죄 및 동행사죄에 해당하는지 여부(적극)**

[1] 사실관계

甲은 휴대폰을 발급받게 되면 휴대폰 사용료를 납부하지 않더라도 최소한 2개월간은 통화정지 되지 아니하고 사용할 수 있다는 점을 알고, 통화료를 지급하지 아니할 생각으로 乙의 주민등 록증을 전자복사하여 사진란에 자신의 사진을 덧붙여 재복사한 뒤 이를 제출하고 乙명의의 가 입신청서와 단말기 할부판매 약정서를 작성하여 주식회사 신세기통신에 제출하여 휴대폰을 부 정발급받은 다음 그 휴대폰을 사용하고도 통화료를 내지 않았다.

[2] 판결요지

가. 전사복사기 등을 사용하여 복사한 문서의 사본을 다시 복사한 문서의 재사본이 문서위조죄 및 동 행사죄 의 객체인 문서에 해당하는지 여부(적극) 및 진정한 문서의 사본을 전자복사기를 이용하여 복사하면서 일부 조 작을 가하여 그 사본 내용과 전혀 다르게 만드는 행위가 문서위조행위에 해당하는지 여부(적극)

형법 제237조의2에 따라 전자복사기, 모사전송기 기타 이와 유사한 기기를 사용하여 복사한 문서의 사본도 문서원본과 동일한 의미를 가지는 문서로서 이를 다시 복사한 문서의 재사본도 문서위조죄 및 동 행사죄의 객체인 문서에 해당한다 할 것이고, 진정한 문서의 사본을 전자복사기를 이용하여 복사하면서 일부 조작을 가하여 그 사본 내용과 전혀 다르게 만드는 행위는 공공의 신용을 해할 우 려가 있는 별개의 문서사본을 창출하는 행위로서 문서위조행위에 해당한다.

나. 甲의 죄책

타인의 주민등록증사본의 사진란에 피고인의 사진을 붙여 복사하여 행사한 행위는 공문서위조죄 및 동행사죄에 해당한다(대법원 2000.9.5. 선고 2000도2855 판결).   ☞ (甲은 사문서위조죄 및 동행사 죄, 공문서위조죄 및 동행사죄, 사기죄의 경합범)

[3] 동지판례

피고인이 행사할 목적으로 타인의 주민등록증에 붙어있는 사진을 떼어내고 그 자리에 피고인의 사진을 붙였다면 이는 기존 공문서의 본질적 또는 중요 부분에 변경을 가하여 새로운 증명력을 가지는 별개의 공문서를 작성한 경우에 해당하므로 공문서위조죄를 구성한다(대법원 1991.9.10. 선고 91도1610 판결).

■ 판례사례 ■   **[공문서 위조에 해당하는 사례]**

(1) 행사할 목적으로 타인의 주민등록증에 붙어있는 사진을 떼어내고 그 자리에 자신의 사진을 붙 인 경우(대법원1991.9.10. 선고 91도1610 판결).

(2) 행사할 목적으로 타인의 주민등록증사본의 사진란에 자신의 사진을 붙여 복사하여 이를 행사 한 경우(대법원 2000.9.5. 선고 2000도2855 판결)

(2) 변 조

권한 없는 자가 이미 진정하게 성립된 타인명의의 문서의 내용에 동일성을 해하지 않은 범위 내에서 변경을 가하는 것

■ 판례 ■   **허위로 작성된 공문서도 공문서변조죄의 객체가 되는지 여부(소극)**

[1] 사실관계

> 甲은 공무원 A가 허위로 작성한 폐품반납증의 내용을 권한없이 변경하였다.

[2] 판결요지

공문서변조라 함은 권한없이 이미 진정하게 성립된 공무원 또는 공무소명의의 문서내용에 대하여 그 동일성을 해하지 아니할 정도로 변경을 가하는 것을 말한다 할 것이므로 이미 허위로 작성된 공문서는 형법 제225조 소정의 공문서변조죄의 객체가 되지 아니한다(대법원 1986.11.11. 선고 86도1984 판결).

■ 판례 ■   **권한 없는 자가 임의로 인감증명서의 사용용도란의 기재를 고쳐 쓴 경우, 공문서 변조죄 및 변조공문서행사죄의 성립 여부(소극)**

[1] 사실관계

> 甲은 乙의 승낙없이 A동장이 乙에게 발행한 인감증명서 2통의 사용용도란에 기재된 토지사용승인 용(70㎡)의 '70'을 지운 후 '135'로 기재하여 각 인감증명서를 B구청 공무원에게 일괄 제출하였다.

[2] 판결요지

인감증명법 제12조 제1항, 동법시행령(2002.12.31. 대통령령 제17867호로 개정되기 전의 것) 제13조 등 인감증명의 신청과 인감증명서의 발급에 관한 법령의 규정에 의하면, 인감의 증명을 신청함에 있어서 그 용도가 부동산매도용일 경우에는 부동산매수자란에 매수자의 성명(법인인 경우에는 법인명), 주소 및 주민등록번호를 기재하여 신청하여야 하지만 그 이외의 경우에는 신청 당시 사용용도란을 기재하여야 하는 것은 아니고, 필요한 경우에 신청인이 직접 기재하여 사용하도록 되어 있으며, 사용용도에 따른 인감증명서의 유효기간에 관한 종전의 규정도 삭제되어 유효기간의 차이도 없으므로 인감증명서의 사용용도란의 기재는 증명청인 동장이 작성한 증명문구에 의하여 증명되는 부분과는 아무런 관계가 없다고 할 것이므로, 권한 없는 자가 임의로 인감증명서의 사용용도란의 기재를 고쳐 썼다고 하더라도 공무원 또는 공무소의 문서 내용에 대하여 변경을 가하여 새로운 증명력을 작출한 경우라고 볼 수 없으므로 공문서변조죄나 이를 전제로 하는 변조공문서행사죄가 성립되지는 않는다(대법원 2004.8.20. 선고 2004도2767 판결).

■ 판례 ■   **주민등록증 비닐커버 위에 주민등록번호를 덧기재하고 투명 테이프를 붙이는 방법 으로 주민등록번호를 고친 행위가 공문서변조에 해당하는지 여부(소극)**

[1] 사실관계

> 甲은 자신의 주민등록증 비닐커버 위에 검은색 볼펜을 사용하여 주민등록번호 전부를 덧기재하고 투명 테이프를 붙이는 방법으로 주민등록번호 중 출생연도를 나타내는 "71"을 "70"으로 고쳤다.

[2] 판결요지

변조행위가 공문서 자체에 변경을 가한 것이 아니며 그 변조방법이 조잡하여 공문서에 대한 공공의 위험을 초래할 정도에 이르지 못하였다(대법원 1997.3.28. 선고 97도30 판결).

■ 판례 ■ **공문서의 일부분만을 복사한 것이 변조에 해당하는지 여부(소극)**

[1] 사실관계

검찰총장이던 甲은 옷값대납사건의 내사결과보고서의 표지와 건의 부분을 제외한 나머지 부분을 축소복사한 후 소지하고 있다가 내사결과보고서 사본을 A에게 교부하였다.

[2] 판결요지

가. 공문서변조죄의 의의

공문서변조죄는 권한 없는 자가 공무소 또는 공무원이 이미 작성한 문서내용에 대하여 동일성을 해하지 않을 정도로 변경을 가하여 새로운 증명력을 작출케 함으로써 공공적 신용을 해할 위험성이 있을 때 성립한다.

나. 甲의 죄책

복사된 내사결과보고서가 외견상 다른 문서의 일부분을 복사한 것일 가능성이 충분히 예상되고, 원본인 내사결과보고서의 표지와 '7. 건의' 부분의 내용이 복사된 내사결과보고서의 내용과 상충하여 원본 전체의 내용을 오인하게 할 가능성이 있는 경우에 해당한다고 보기 어려우므로 피고인이 이 사건 내사결과보고서를 복사하면서 표지를 제외하고 '건의' 부분을 가린 채 복사하였다고 하여도 이를 기존 공문서에 새로운 증명력을 작출하는 행위로 볼 수 없다(대법원 2003.12.26. 선고 2002도7339 판결).

■ 판례 ■ **인낙조서에 첨부되어 있는 도면 및 그 사본에 임의로 점선을 그은 행위가 공도화변조에 해당하는지 여부(소극)**

[1] 공도화변조죄에 있어서 변조의 의미

공도화변조죄에 있어서의 변조라 함은 공무소 또는 공무원의 도화 내용에 동일성을 해하지 않을 정도로 변경을 가하여 새로운 증명력을 작출케 함으로써 공도화에 대한 공공적 신용을 해할 위험성이 있는 행위를 말한다.

[2] 공도화변조에 해당하는지 여부

인낙조서에 첨부되어 있는 도면 및 그 사본에 임의로 점선을 그은 행위가 공도화변조에 해당한다고 볼 수 없다(대법원 2000.11.10. 선고 2000도3033 판결).

■ 판례 ■ **공문서 기안담당자가 적법한 절차를 거침이 없이 임의로 결재된 원문서에 누락사실을 추가기재한 경우, 문서변조죄 해당여부(적극)**

[1] 사실관계

최종 결재권자를 보조하는 기안담당자가 토지가격 감정의뢰서에 첨부된 재산명세서상에 일부 기재가 누락된 토지가 있었으나 그 감정의뢰에 따른 감정을 하는 과정에서 그 누락사실이 발견되어 감정평가사가 그 토지까지 감정하여 작성한 감정평가서를 송부하여 오자, 사후에 이를 일치시킨다는 생각에서 임의로 위 재산명세서상에 그 누락된 토지들을 추가 기재하였다.

[2] 판결요지

최종 결재권자를 보조하는 기안담당자가 토지가격 감정의뢰서에 첨부된 재산명세서상에 일부 기재가 누락된 토지가 있었으나 그 감정의뢰에 따른 감정을 하는 과정에서 그 누락사실이 발견되어 감정평가사가 그 토지까지 감정하여 작성한 감정평가서를 송부하여 오자, 사후에 이를 일치시킨다는 생각에서 위 재산명세서상에 그 누락된 토지들을 추가 기재하였더라도 그 과정에서 적법한 절차를 거침이 없이 임의로 결재된 원문서에 없는 사항을 추가 기재한 이상 그러한 행위에 대하여는 공문서변조의 범의를 인정하기에 충분하고, 감정의뢰서에 누락된 토지에 대한 감정까지 하여 작성한 감정평가서에 대하여 위 감정의뢰서 작성명의자인 최종 결재권자의 결재가 있었다고 하여 이로써 위 감정의뢰서 추가기재 행위에 대하여 작성명의자의 승낙이 있었다고 볼 수 없다(대법원 1995.3.24. 선고 94도1112 판결).

■ 판례 ■ **공문서에 첨부된 도면에 표시가 잘못된 부분이 있다하여 임의로 정정도면과 바꿔치기 한 경우, 공문서변조 및 동행사에 해당하는지 여부(적극)**

[1] 사실관계

> 시에서 도시계획사무를 담당하는 공무원인 甲은 시장이 도지사에게 송부한 시장 명의의 토지구획정리사업환지계획(예정지지정)인가신청서에 첨부된 도면의 도로위치가 잘못 표시된 것이라 하여 그 도면을 임의로 다른 도면으로 바꿔치기 하였다.

[2] 판결요지

가. 공문서에 첨부된 간인이 없는 도면도 공문서의 일부인지 여부(적극)

공문서에 첨부한 도면에 간인이 날인되지 아니하였다는 이유만으로 그 도면을 공문서의 일부가 아니라고 볼 수 없다.

나. 甲의 죄책

시장명의로 작성하여 도지사에게 송부한 환지계획인가신청서에 첨부된 당초의 도면에 잘못 표시된 부분이 있다고 하여도 시에서 도시계획 업무를 담당한 공무원이 적법한 절차를 거침이 없이 임의로 위 도면을 정정도면과 바꿔치기 한 행위에 대하여는 공문서변조, 동행사의 범의를 인정하기 넉넉하며, 도면에 간인이 없다든가 시장의 승인이 예상된다 하여 그 범의를 부정할 수는 없다(대법원 1985.6.25. 선고 85도540 판결).

■ 판례사례 ■ **[당초의 잘못된 기재를 정정하려는 의도였다고 할지라도 정당행위라고 볼 수 없어 공문서변조죄가 성립하는 사례]**

> (1) 당초 잘못된 기재를 정정하려는 의도로 공증인가합동법률사무소 작성의 사서인증서의 기재사항을 정정한 경우(대법원 1977.8.23. 선고 74도2715 판결)
> (2) 공증인 보조자가 당초에 잘못된 기재를 정정하려는 의도로 합동법률사무소 작성의 사서증서인증서의 내용을 변경한 경우(대법원 1992.10.13. 선고 92도1064 판결)
> (3) 건축허가서에 첨부된 설계도면을 떼어내고 건축사협회의 도면등록 일부인을 건축허가 신청당시 일자로 소급 변조하여 새로 작성한 설계도면을 그 자리에 가철한 행위(대법원 1982.12.14. 선고 81도81 판결).

4. 주관적 구성요건

고의와 행사할 목적이 있을 것

공문서변조죄에 있어서 행사할 목적의 의의

공문서변조죄에 있어서 행사할 목적이란 변조된 공문서를 진정한 문서인 것처럼 사용할 목적 즉 행사의 상대방이 누구이든지간에 그 상대방에게 문서의 진정에 대한 착오를 일으킬 목적이면 충분한 것이지 반드시 변조 전의 그 문서의 본래의 용도에 사용할 목적에 한정되는 것은 아니다(대법원 1995. 3.24. 선고 94도1112 판결).

II. 범죄사실 작성시 유의사항

1. 객 체

가. 행위의 객체가 '문서'라는 점 및 그것이 공문서 또는 사문서라는 점과 나아가 사문서면 그것이 권리의무 또는 사실증명에 관한 것이라는 점을 구체적으로 나타내지 않으면 안 된다. 다만, 문서의 명칭만을 나타내는 것만으로 그 내용을 용이하게 알 수 있는 경우에는 그러하지 아니하다.

나. 사진이나 복사기 등을 사용하여 기계적인 방법에 따라 원본을 복사한 문서의 위조, 동 행사 행위에 관하여 형법 제237조의2에 의하여 문서죄의 객체로 하고 있음에 유의

2. 행사의 목적

행위자에게 '행사의 목적'이 있는 것을 명시할 필요가 있다. 이 경우 '행사의 목적으로'라고 하는 조문의 문언(文言)을 그대로 쓰는 경우가 많으나, 그 문서의 종류, 성질 또는 현재 그것이 행사된 사실 등 제반 사정으로 보아 '행사'의 내용이 분명하지 아니한 경우에는 구체적으로 이를 적시

3. 위조·변조

가. 어떤 사람의 작성 명의를 모용(冒用)한 것인가를 명백히 밝혀야 한다. 예컨대 공문서에 관하여는 공무소의 명칭 또는 공무원의 관직명을 명시하여야 한다.

나. 행위자가 작성 권한을 가지고 있지 않다는 점을 명시 할 것. 실무상 '권한 없이', '함부로', '마음대로', '임의로' 등의 말을 써서 표현하는 것이 통례이다.

다. 기존의 문서를 이용하여 위조한 경우에는 특히 변조가 아니라는 점을 명확히 하기 위하여 어떤 부분을 어떻게 가공하였는가를 구체적으로 적시하여야 한다.

라. 수개 문서의 위조가 경합범의 관계에 있는 때에는 '각 위조하고', '순차 위조하고'라는 말로써 이를 명백히 밝히는 것이 통례이다.

4. 행 사

가. '행사하고'라고만 쓰는 것은 충분하지 못하고, 그 앞에 '제출하여', '제시하여', '교부하여', '비치하게 하여'등의 적절한 말을 덧붙여 행사의 태양을 나타내어야 한다.

나. 행사는 그 문서를 진정한 문서로써 사용하는 것이므로 '정을 모르는 甲에게 진정하게 작성된 것처럼 제출하여 이를 행사하고'등과 같이 적시하여 그 취지를 명백히 밝혀야 한다.

다. 수개의 위조문서 또는 변조문서를 동시에 행사하는 경우에는 '한꺼번에 제출하여 행사하고'라는 식으로 적시

5. 공정증서원본 부실기재

허위의 신고를 한 것을 적시하면서 그 내용을 구체적으로 나타내야 한다.

● III. 범죄사실기재

[기재례1] 절취한 국가기술 자격증을 위조하여 예금인출행위

1) 범죄사실 기재례

가. 야간주거침입절도
  피의자는 20○○. ○. ○. 05:00경 ○○에 있는 5층 건물 중 2층에 있던 피해자 ○○주식회사 사무실에 창문을 열고 안으로 침입하여 그곳 책상 서랍 안에 있는 위 피해자 소유의 ○○은행 예금통장 2개, ○○예금통장 2개, 인장 4개, 위 회사직원인 피해자 홍길동(25세) 소유의 건축기사 2급 국가기술 자격증 1매를 가지고 나와 이를 절취하였다.
나. 공문서위조 및 위조공문서행사
  피의자는 같은 날 10:00경 ○○에서 행사할 목적으로 위 항과 같이 절취한 홍길동의 국가기술 자격증에 부착된 사진을 떼어 낸 후 피의자의 사진을 붙여 공문서인 한국산업인력공단 이사장 명의의 홍길동에 대한 국가기술 자격증 1매를 위조하고, 같은 날 14:30경 같은 동에 있는 ○○은행 ○○지점에서 예금통장의 재발급 신청을 하면서 그 정을 모르는 위 은행 성명을 알 수 없는 직원에게 위조한 위 국가기술 자격증 1매가 진정하게 작성된 것인 양 교부하여 이를 행사하였다.

2) 적용법조 : 제330조(야간주거침입절도), 제225조, 제229조… 공소시효 10년

[기재례2] 공무원증을 위조하여 사격사칭에 이용한 경우

1) 범죄사실 기재례

가. 공문서위조
  피의자는 20○○. ○. ○.경 ○○에 있는 피의자의 집에서 컴퓨터 스캐너 장비를 이용하여 신분증 양식 증명사진란에 피의자의 증명사진을 입력하고 컴퓨터 엑셀, 웹디자인, 포토샵 6.0, 한

글 프로그램 등을 이용하여 앞면 중간 부분에 큰 글씨로 '경찰', 그 경찰 글씨 사이에 경찰마크, 성명란에 '홍길동', 하단에 '○○경찰청' 글씨를 각 입력한 후 그와 같은 입력내용을 앱손 컬러프린터기를 이용하여 사진인화지에 인쇄하여 신분증 크기로 절단한 다음 코팅기를 이용하여 코팅 처리하였다.

　이로써 피의자는 행사할 목적으로 공문서인 ○○경찰청장 명의의 경찰관 신분증 1장을 위조하였다.

나. 위조공문서행사 및 공갈

　피의자는 20○○. ○. ○. 06:00경 ○○에 있는 ○○모텔 2층 호실 불상에서, 피의자의 요청으로 성매매행위를 하러 온 피해자 乙(여, 33세)에게 "성매매로 단속한다."라고 하면서 위조된 ○○경찰청장 명의의 경찰관 신분증을 제시하고 두 손목에 수갑을 채운 후 "증거물을 찾아야 하니 집으로 가자."라고 하여 지나가는 택시를 잡아타고 같은 날 07:00경 ○○에 있는 피해자의 집으로 피해자를 끌고 와 아파트를 뒤지며 증거물 압수수색을 하는 척하면서 이에 겁을 먹고 봐달라 고 사정하는 피해자로부터 ○○만 원을 교부받아 이를 갈취하고, 위조한 ○○경찰청장 명의의 경찰관 신분증을 행사하였다.

다. 공무원자격사칭

　피의자는 경찰관이 아님에도 위와 같이 공무원인 경찰관의 자격을 사칭하여 그 직권을 행사하였다.

　2) 적용법조 : 제225조, 제229조, 제118조(사격사칭) … 공소시효 10년

[기재례3] 주민등록증을 위조·행사

　1) 범죄사실 기재례

가. 공문서위조

　피의자는 20○○. ○. ○. 12:00경 ○○에 있는 피의자의 집에서 그 무렵 길에서 주운 甲의 주민등록증에 붙어있는 그의 사진을 면도칼로 떼어 내고 그 자리에 피의자의 사진을 붙였다.

　이로써 피의자는 행사할 목적으로 공문서인 ○○구청장 명의의 甲에 대한 주민등록증 1장을 위조하였다.

나. 위조공문서행사

　피의자는 20○○. ○. ○. 12:00경 ○○에서 ○○경찰서 소속 경감 이호기로부터 불심검문을 받자 그 위조사실을 모르는 이호기에게 위와 같이 위조한 주민등록증을 마치 진정하게 발급된 것처럼 제시하여 이를 행사하였다.

　2) 적용법조 : 제225조, 제229조 … 공소시효 10년

[기재례4] 공사실적 증명서를 위조·행사

　1) 범죄사실 기재례

가. 공문서위조

　피의자들은 20○○. ○. ○. 제1시 종합건설본부에서 발주하는 연구단지진입도로 확장공사에 위 각 회사가 공동으로 입찰하여 적격심사 1순위자로 선정되었으나, 위 건설본부에서 요구하는

공사실적이 부족하여 최종낙찰에 탈락할 위기에 처하자, 관공서 등에서 발급하는 공사실적 증명서를 위조하여 위 건설본부에 제출하기로 공모하였다.

피의자들은 20○○. ○. ○. 제2시 구청에서, 행사할 목적으로 乙 주식회사가 위 구에서 발주한 공원내지하주차장 공사의 기본 및 실시 설계 용역만을 수주하였음에도 불구하고 마치 보수공사 전체를 수주한 것처럼 실적증명서의 사업명을 '공원내지하주차장 보수공사'라고 허위기재한 다음, 그 정을 모르는 위 구청의 담당 직원에게 제출하여 동인으로부터 위의 사실을 증명한다는 취지로 위 구청장의 직인을 날인받아 위 구청장 명의의 공사실적증명서 1장을 위조하였다.

나. 위조공문서행사

피의자들은 20○○. ○. 초순경 제1시 종합건설본부에서, 그 정을 모르는 담당 직원에게 위와 같이 위조한 공사실적증명서 1장을 제출하여 이를 행사한 것이다.

2) **적용법조** : 제225조, 제229조 … 공소시효 10년

[기재례5] 토지가격확인원을 변조 · 행사하여 대출금 편취

1) 범죄사실 기재례

가. 공문서변조

피의자는 20○○. ○. ○. ○○에 있는 피의자의 집에서, 행사할 목적으로 권한 없이 검은색 볼펜을 사용하여 ○○시장으로부터 발급받은 甲 소유의 ○○에 있는 임야 12,000㎡에 대한 토지가격확인원의 ㎡당 토지가격란의 '963원'을 '9,631원'으로 고쳐 ○○시장 명의의 공문서인 토지가격확인원 1매를 변조하였다.

나. 변조공문서행사 및 사기

피의자는 20○○. ○. ○.경 ○○에 있는 ○○새마을 금고에서 위 금고 이사장인 乙에게 위와 같이 변조된 토지가격확인원을 마치 진정하게 성립된 것처럼 대출용 재산증빙서류로 제출하여 이를 행사하였다.

피의자는 이에 속은 위 새마을금고가 즉석에서 위 임야에 대하여 채권최고액 ○○만원의 근저당권을 설정하게 하고 현금 ○○만원을 대출받아 재산상 이익을 취득하였다.

2) **적용법조** : 제225조, 제229조, 제347조 제1항(사기) … 공소시효 10년

[기재례6] 부정한 청탁을 받고 수뢰 후 도시계획도를 변조 · 행사케 한 경우

1) 범죄사실 기재례

가. 공도화변조 및 수뢰후부정처사

피의자는 ○○구청 건설도시국 도시과에서 토지분할, 지목 변경, 합병, 지적 고시에 따른 도시계획도 지적선의 정리, 토지이용계획확인원 발급 업무에 종사하는 사람이다.

피의자는 20○○. ○. 초순 11:00경 위 구청 민원실에서 건축사 사무실 직원인 공동피의자로부터 같은 구에 있는 다세대주택의 부지 경계선이 8m 도시계획도로선과 90㎝ 떨어져 평행으로 되어있어서 위 다세대주택의 건축에 애로가 있으니 위 지번의 토지 경계선과 도시계획도로

선을 일치시켜 달라는 부탁을 받고 그로부터 현금 ○○만 원을 교부받아 공무원이 그 직무에 관하여 뇌물을 수수하였다.

피의자는 20○○. ○. ○. 19:00경 위 민원실에서 행사할 목적으로 권한 없이 지우개로 위 지번의 토지 경계선과 90㎝ 떨어져 평행으로 그어져 있는 위 도시계획도로선을 지우고 붉은색 먹으로 위 지번의 경계선과 일치되도록 8m 도시계획도로선을 새로 그어 도시계획도를 고쳐 구청의 공도화인 도시계획도를 변조함과 아울러 부정한 행위를 하였다.

나. 변조공도화행사

피의자는 같은 일시경 구청 지적서고에서 위와 같이 변조한 도시계획도를 비치함으로써 변조한 공도화를 행사하였다.

  2) **적용법조** : 제225조, 제229조, 제131조 제1항(수뢰후부정처사)… 공소시효 10년

[기재례7] 보이스피싱 사용할 목적 금융위원회 위원장 명의 공문서위조

 1) **범죄사실 기재례**

피의자는 20○○.○.○.경 ○○에 있는 상호불상 PC방에서, 보이스피싱 조직의 성명불상 지시 책인 갑으로부터 위챗으로 전송받은 '금융위원회', '제목 : 금융범죄 금융 계좌 추적 민원 〈2023형제○○호〉', '금융위원회는 귀하의 금융에 계좌추적을 통해 대포통장 및 불법자금에 대해 계좌추적을 할 것이며 계좌추적 후 불법계좌 및 불법 자금 확인 시 금융법 27조 3항에 따라 동결처리 및 국고 환수 조치가 될 것이고 계좌추적을 통해 귀하의 계좌에 투명성을 입증 시켜 드릴 겁니다.' 라는 등의 내용이 기재돼 있고 '금융위원회위원장'의 직인이 날인된 금융위원회위원장 명의의 문서 파일을 열고 프린터를 이용하여 A4용지에 1장을 출력한 것을 비롯하여 그 무렵부터 20○○.○.○.경까지 별지 범죄일람표 기재와 같이 ○○회에 걸쳐 금융위원회위원장 명의의 문서 7장을 출력하였다.

이로써 피의자는 성명불상 보이스피싱 조직원 등과 공모하여, 행사할 목적으로 공문 서인 금융위원회 위원장 명의의 금융범죄금융계좌추적민원 문서 ○○장을 각 위조하였다.

  2) **적용법조** : 제225조 … 공소시효 10년

Ⅳ. 피해자 조사사항

– 피고소인과 어떤 관계인가

– 어떤 피해를 보았는가

– 어떤 문서를 위조하였다는 것인가

– 이렇게 위조한 문서를 어디에 사용하였는지

- 위조 사실을 언제 어떻게 알게 되었는지
- 이로 인하여 어떤 피해를 보았는가
- 무엇 때문에 위조하였다 생각하는가

V. 피의자 신문사항

1. 일반적인 사항
- ○○○를 위조한 일이 있는가
- 언제 어디에서(범행일시 및 장소)
- 어떠한 서류(문서)를 위조하였는가
- 어떠한 방법으로 위조하였는가(사용된 용지, 필기구, 위조도구, 인장의 도용여부 등)
- 작성 명의인이 누구인가(공문서여부)
- 문서의 내용은
- 작성 명의인의 승낙유무(묵시적, 명시적)
- 왜 ○○문서를 위조하였는가(행사할 목적 등)
- 위와 같이 위조한 문서는 어떻게 하였는가(행사여부)
- 행사일시 및 장소
- 행사방법 등

2. 문서위변조

가. 행사의 목적
- 거짓문서는 왜 작성하려고 했나.
- 어디에 사용하려고 하였나.

나. 범행준비
- 범행을 위하여 어떠한 준비를 하였나.
- 사용한 용지와 인장은 어디서 어떻게 구하였나.

다. 범행상황
- 언제, 어디에서 누가 작성하였나.
- 문서를 거짓으로 만들 때 그곳에 누가 있었으며, 어떤 도움을 받았나.
- 문서(도화)의 위조한 개소를 구체적으로

- 기존문서는 언제, 어디서, 어떤 방법으로 입수하였나.
- 위조 변조의 구체적 방법
- 거짓문서(위조, 변조) 작성에 사용한 재료는 무엇인가.
- 재료의 입수경위 및 그 일시와 장소는
- 거짓 작성된 문서(위조, 변조)는 누구에게 행사하였으며 어떤 관계가 있는 사람인가.
- 거짓문서의 행사 일시와 장소, 그리고 행사의 방법(제시, 교부, 송부, 열람등)
- 거짓문서를 진정한 문서로 행사시 어떤 방법으로 속였던가
- 작성권한을 악용 거짓문서(위조, 변조)를 작성한 것은 아닌가.

라. 문서(도화)의 내용
- 작성명의인(공무소, 공무원, 사법관계인)은 누구인가.
- 명의인으로부터 동문서를 작성하겠다고 승낙을 받은 일이 있나.
- 권리의무에 관한 문서인가요. 사실증명에 관한 문서인가.
- 명의인은 실존하고 있는가.(공무소, 공무원, 사법관계인 등)

마. 인장(서명)의 이용
- 언제, 어디서, 누가, 어떻게 부정사용, 행사하였나.
- 인영의 보관자는 어떤 관계가 있나.
- 언제, 어디서, 누가 위조하고 또는 누구에게 위조시켰던가.
- 위조한 것은 알고 있나.

바. 작성명의인과의 관계
- 작성인 ○○○과는 어떠한 관계인가.

사. 공범 관계
- 만들거나, 행사하는데 어떤 누구의 도움을 받은 사실이 있으며, 그들과 분담한 내용과 같이 실행되었으며 대가는 주었는가.

제2항 자격모용에 의한 공문서 등의 작성

제226조(자격모용에 의한 공문서 등의 작성) 행사할 목적으로 공무원 또는 공무소의 자격을 모용하여 문서 또는 도화를 작성한 자는 10년 이하의 징역에 처한다.
제235조(미수범) 제225조 내지 제234조의 미수범은 처벌한다.

I. 구성요건

1. 객 체

권리·의무 또는 사실증명에 관한 문서·도화

2. 행 위

타인의 자격을 모용하여 문서·도화를 작성하는 것

(1) 타인의 자격을 모용하여

공무원이 아닌 자 또는 공무원이더라도 작성권한이 없는 자가 자신의 명의로 작성하되, 공무원 또는 공무소의 자격을 사칭하는 것

✽ 공무원의 자격과 명의를 모두 모용하는 경우에는 공문서위조죄가 성립한다.

(2) 작 성

본인의 의사에 반하여 문서를 현실적으로 작출하는 것

■ 판례 ■ **정당한 대표권이나 대리권이 없는 자가 마치 대표권이나 대리권이 있는 것처럼 가장하여 타인의 자격을 모용하여 문서를 작성하는 경우**

[1] 사실관계

甲은 부동산매매계약서와 영수증을 작성하면서 매도인란 또는 영수인란에 "A부처 이사관 甲"이라는 이름을 기재하고 그 옆에 자신의 도장을 찍은 다음 그 상단에 'A 부처장관'이라는 고무인을 찍었다.

[2] 판결요지

정당한 대표권이나 대리권이 없는 자가 마치 대표권이나 대리권이 있는 것처럼 가장하여 타인의 자격을 모용하여 문서를 작성하는 경우 자격모용에 의한 문서작성죄가 성립한다(대법원 1993.7.27. 선고 93도1435 판결). ☞ (甲은 자격모용에 의한 공문서작성죄)

■ 판례 ■ **전보 후 전보전의 공문서에 결재한 경우, 자격모용에 의한 공문서작성죄를 구성하는지 여부(적극)**

피고인이 제2구청장으로 전보된 후에 제1구청장의 권한에 속하는 이 사건 건축허가에 관한 기안용지의 결재란에 서명을 하였다면 이는 자격모용공문서작성죄를 구성한다(대법원 1993.4.27. 선고 92도2688 판결).

1) 범죄사실 기재례 – [국방부 소유 부동산을 퇴직 후 자격모용하여 처분]

가. 자격모용공문서작성

피의자는 국방부에서 부동산 관리업무를 맡고 있다 20○○. ○. ○. 퇴직한 자로 국방부 소유 ○○에 있는 부동산의 매도처분에 대한 승낙이나 매매계약서 작성에 대한 위임을 받은 사실이 없었다.

피의자는 20○○. ○. ○. ○○에서 이런 사실을 모르고 찾아온 피해자 홍길동에게 내가 국방부에 근무하고 있으며 부동산 관리업무를 맡고 있다고 속여 위 부동산에 대한 부동산매매계약서와 영수증을 작성하면서 매도인란 또는 영수인 란에 "국방부 합참자료실장 이사관 피의자"라는 이름을 기재하고 그 옆에 위 피의자의 도장을 찍은 다음 그 상단에 '국방부장관'이라는 고무인을 찍었다.

이로써 피의자는 행사할 목적으로 위 국방부장관의 대리인 자격을 모용하여 부동산매매계약서와 영수증을 작성하였다.

나. 자격모용작성공문서행사

피의자는 같은 일시, 장소에서 위와 같이 작성한 부동산매매계약서를 마치 진정하게 성립한 것처럼 그 사실을 모르는 홍길동에게 교부하여 행사하였다.

2) 적용법조 : 제226조, 제229조(행사) … 공소사실 7년

3) 신문사항

– 현재 어떤 일을 하고 있는가

– 국방부에서 근무한 일이 있는가

– 언제부터 언제까지 근무하였으며 재작당시 어떤 업무를 맡아 보았는가

– 왜 퇴직하였나

– 국방부 소유 ○○땅에 대해 알고 있는가

– 이 땅을 매도한 일이 있는가

– 언제 누구에게 매도하였다

– 어떤 조건으로 어떻게 매도하였나

– 피의자가 국방부로부터 매매에 대한 위임을 받았는가

　　이때 압수된 매매계약서와 영수증을 보여주며

– 당시 작성된 내용이 맞는가

– 이곳에 날인된 도장은 어디에서 구했는가

– 이렇게 작성된 서류는 어떻게 하였는가

제3항 허위공문서작성 등

> 제227조(허위공문서작성 등) 공무원이 행사할 목적으로 그 직무에 관하여 문서 또는 도화를 허위로 작성하거나 변개한 때에는 7년 이하의 징역 또는 2천만원 이하의 벌금에 처한다.
> 제235조(미수범) 제225조 내지 제234조의 미수범은 처벌한다.

Ⅰ. 구성요건

1. 주 체

직무에 관하여 문서 또는 도화를 작성할 권한이 있는 공무원(진정신분범)

○ 공무원이라도 문서의 작성권한이 없는 자는 본죄의 주체가 될 수 없다.

○ 작성권한 있는 공무원이란 자신의 명의로 문서를 작성할 권한이 있는 공무원을 의미한다. 다만 명의인이 아니어도 전결권이 위임되어 있는 경우 본죄의 주체가 될 수 있다.

○ 직무상 권한 범위 내에서 자기명의로 문서를 작성하였지만 그 권한을 남용한 경우에도 본죄가 성립한다.

■ 판례 ■ **허위공문서작성죄의 주체**

[1] 사실관계

甲은 관세청 인천지방심리분실 수사과 행정서기보로서 1972.2.초순경 인천세관 출입 기자이던 乙로부터 경기 자 1-379호 윌리스 지프차에 대한 통관필증을 발급해 달라는 부탁을 받고 위 차량의 매수자인 丁이 위 차량을 매입한 경위를 밝히기 위하여 그를 관세법위반 피의자로 입건하여 피의자신문조서를 받음에 있어 乙이 丁의 주민등록표와 인감을 지참하여 丁이 불출석인 채로 조서를 작성해 달라는 부탁을 받고 甲은 이를 응낙한 후 행사할 목적으로 1972.2.21. 14:00경 피고인이 근무하는 위 심리분실 수사과 사무실에서 위 공소외인이 실제로는 출석하지 않았음에도 불구하고 출석하여 신문에 따라 답하는 것처럼 피의자신문조서 1통을 임의로 기재한 후 위 乙은 丁인 것처럼 진술인란에 서명날인하고 甲은 작성자란에 서명날인 함으로써 직무에 관한 공문서인 피의자신문조서 1통을 허위로 작성하고 위 허위로 작성된 피의자신문조서를 위 지프차의 관세과세조치 서류에 첨부하여 사무실에 비치하였다.

[2] 판결요지

허위공문서작성죄의 주체는 그 문서를 작성할 직무권한이 있는 명의인인 공무원이라 할 것인 바 관세청 심리분실 행정서기보는 사법경찰관 직무취급을 하는 권한이 없고 사법경찰리의 직무를 취급하는 자에 불과하므로 간접정범이 인정될 수 있는 특별사정이 없으면 허위공문서 작성의 주체가 될 수 없다(대법원 1974.1.29. 선고 73도1854 판결). ☞ (甲은 공문서위조죄)

■ 판례 ■ **농림부 주관 농림기술개발사업의 일환으로 시행되고, 국립대학교 총장 명의로 체결된 연구 용역 약정에 기하여 소속 대학 교수가 행하는 연구 활동이 교육공무원인 위 교수의 직무 집행 행위에 해당하는지 여부(적극)**

[1] 사실관계

甲은 국립대학인 전북대학교 교수로서 1994. 12.경 농림부로부터 소 부루세라병에 의한 양축 농가의 경제적 손실의 최소화를 위한 대책 연구라는 연구 과제를 용역 받아 연구를 수행하던 중, 1997. 10. 30.경 '소의 Brucellosis 예방접종 시험 결과 보고서', 1998. 2. 11.경 '우리나라 소에 있어서의 Brucellosis에 의한 양축 농가의 경제적 손실의 최소화를 위한 대책 연구', 1998. 5.경 '한우에 대한 부루세라병 예방접종 시험 결과 보고서'에 각 허위 내용을 기재하는 방법으로 전북대학교 총장 명의의 공문서를 허위로 작성하고, 이를 제출하였다.

[2] 판결요지

피고인의 이 사건 연구 활동이, 국립대학인 전북대학교 소속 교수로서 교육공무원 신분인 피고인이 전북대학교의 이 사건 연구사업 수행을 위하여 행한 피고인의 직무 집행 행위에 해당하는 이상, 그 직무 집행중 권한 범위 내에서 작성한 공소사실 기재 각 연구보고서는 모두 공문서에 해당하는 것이다(대법원 2005.10.14. 선고 2003도1154 판결).

■ 판례 ■ **면사무소 호적계장이 면장의 결재 없이 허위내용의 호적정정 기재를 한 경우, 허위공문서작성죄의 성부(소극)**

[1] 사실관계

면사무소의 호적계장인 甲은 호적정정사유 없음을 알면서도 행사할 목적으로 乙의 호적부에 출생년도와 주민등록번호를 임의로 정정하고, 그 호적부가 진정하게 성립된 것처럼 그곳에 비치하였다.

[2] 판결요지

형법 제227조가 규정한 허위공문서작성죄는 그 문서를 작성할 권한이 있는 공무원이 허위내용의 공문서를 작성한 경우에 성립하는 것이고 그 공무원을 보조하는 직무에 종사하는 공무원이 작성권한을 가진 공무원의 결재도 받지 아니하고 임의로 허위내용의 공문서를 작성권한자 명의로 작성한 때에는 공문서위조죄가 성립한다고 할 것인바, 면사무소 호적계장이 면장의 결재 없이 호적의 출생년란, 주민등록번호란에 허위내용의 호적정정 기재를 한 경우에는 공문서위조 및 동행사죄를 구성하는 것은 별론으로 하고 형법 제227조가 규정한 허위공문서작성죄에 해당할 수는 없다(대법원 1990.10.12. 선고 90도1790 판결). ☞ (甲은 공문서위조 및 동행사죄)

■ 판례 ■ **공무원의 문서작성을 보조하는 직무에 종사하는 공무원이 허위공문서를 기안하여 임의로 작성권자의 직인 등을 부정 사용함으로써 공문서를 완성한 경우, 공문서위조죄가 성립하는지 여부(적극) 및 공문서의 작성권한 없는 사람이 허위공문서를 기안하여 공문서를 완성한 경우에도 마찬가지인지 여부(적극) / 공문서의 작성권한 없는 공무원 등이 작성권자의 결재를 받지 않고 직인 등을 보관하는 담당자를 기망하여 작성권자의 직인을 날인하도록 하여 공문서를 완성한 경우, 공문서위조죄가 성립하는지 여부(적극)**

허위공문서작성죄의 주체는 문서를 작성할 권한이 있는 명의인인 공무원에 한하고 그 공무원의 문서작성을 보조하는 직무에 종사하는 공무원은 허위공문서작성죄의 주체가 될 수 없다. 따라서 보조직무에 종사하는 공무원이 허위공문서를 기안하여 허위임을 모르는 작성권자의 결재를 받아 공문서를 완성한 때에는 허위공문서작성죄의 간접정범이 될 것이지만, 이러한 결재를 거치지 않고 임의로 작성권자의 직인 등을 부정 사용함으로써 공문서를 완성한 때에는 공문서위조죄가 성립한다. 이는 공문서의 작성권한 없는 사람이 허위공문서를 기안하여 작성권자의 결재를 받지 않고 공문서를 완성한 경우에도 마찬가지이다.

나아가 작성권자의 직인 등을 보관하는 담당자는 일반적으로 작성권자의 결재가 있는 때에 한하여 보관 중인 직인 등을 날인할 수 있을 뿐이다. 이러한 경우 다른 공무원 등이 작성권자의 결재를 받지 않고 직인 등을 보관하는 담당자를 기망하여 작성권자의 직인을 날인하도록 하여 공문서를 완성한 때에도 공문서위조죄가 성립한다.(대법원 2017. 5. 17., 선고, 2016도13912, 판결)

■ 판례 ■ **특정한 사항에 관하여 공문서를 보충기재 할 권한만 위임되어 있는 자가 동 공문서를 허위로 작성한 경우, 공문서위조죄가 성립하는지 여부(적극)**

[1] 사실관계

甲 등은 특별지도축장인 무안산업사에 파견되었던 무안군청 소속의 검사원으로서 무안군수명의로 된 백지의 지방우육 서울반출증을 보관하면서 적법한 도축신청과 서울특별시 축산기업 납세조합에서 발행한 지방우육 서울반입 실수요자확인증의 제출이 있는 경우에 한하여 위와 같이 보관중인 무안군수명의의 백지반출증에 실수요자증명서의 발행번호와 반출증의 발행일자, 유효기간 등을 보충기재하여 이를 반입실수요자에게 교부할 권한만을 위임받고도, 적법한 도축신청과 서울특별시 축산기업 납세조합발행의 지방우육 서울반입 실수요자 확인증의 제출이 없었던 경우임에도 무안군수명의의 백지반출증을 보관하고 있음을 이용하여 허위의 반출증을 만들어 반출자에게 교부하였다.

[2] 판결요지

군청소속의 도축장 검사원에게 군수명의로 된 백지의 지방우육 서울반출증을 보관하면서 적법한 도축신청과 서울축산기업 납세조합에서 발행한 지방우육 서울반입 실수요자확인증의 제출이 있는 경우에 한하여 위 백지반출증에 실수요자증명서의 발행번호와 반출증의 발행일자, 유효기간 등을 보충기재하여 반입실수요자에 교부할 권한만이 위임되어 있었던 경우라면 동 검사원에게 위 반출증의 작성권한이 위임되어 있다고 볼 수 없으므로 동 검사원이 적법한 도축신청과 실수요자확인증의 제출이 없음에도 허위의 반출증을 작성교부하였다면 공문서위조죄가 성립한다(대법원 1984.9.11. 선고 84도368 판결).

2. 객 체

공문서 또는 공도화

■ 판례 ■ **허위의 영수필통지서에 소인을 압날한 것이 허위공문서작성에 해당하는지 여부(적극)**

[1] 사실관계

세무공무원 甲은 허위의 '영수필통지서'에 원형의 고무인으로 3단으로 나뉘어 상단에는 "소인", 하단에는 "甲"이라고 새겨져 있고 가운데는 일자란이 있어 그때그때 일자를 바꾸어 가면서 사용할 수 있도록 만들어져 있는 소인을 압날하여 세무과 보관의 영수증 철에 편철하여 두었다.

[2] 판결요지

형법상 문서에 관한 죄에 있어서 문서라 함은 문자 또는 이에 대신할 수 있는 가독적 부호로 계속적으로 물체 상에 기재된 의사 또는 관념의 표시인 원본 또는 이와 사회적 기능, 신용성 등을 동시할 수 있는 기계적 방법에 의한 복사본으로서 그 내용이 법률상, 사회 생활상 주요 사항에 관한 증거로 될 수 있는 것을 말하는 것으로, 사람의 동일성을 표시하기 위하여 사용되는 일정한 상형인 인장이나, 사람의 인격상의 동일성 이외의 사항에 대해서 그 동일성을 증명하기 위한 부호인 기호와는 구분되며, 이른바 생략문서도 그것이 사람 등의 동일성을 나타내는 데에 그치지 않고 그 이외의 사항도 증명, 표시하는 한 인장이나 기호가 아니라 문서로서 취급하여야 한다(대법원 1995.9.5. 선고 95도1269 판결). ☞ (甲은 허위공문서작성죄 및 동행사죄)

■ 판례 ■ **허위공문서작성죄의 객체가 되는 '문서'**

허위공문서작성죄의 객체가 되는 문서는 문서상 작성명의인이 명시된 경우뿐 아니라 작성명의인이 명시되어 있지 않더라도 문서의 형식, 내용 등 문서 자체에 의하여 누가 작성하였는지를 추지할 수 있을 정도의 것이면 된다.(대법원 2019. 3. 14., 선고, 2018도18646, 판결)

3. 행 위

허위로 작성하거나 변개하는 것

(1) 허위작성

작성권한 있는 공무원이 작성권한의 범위 내에서 허위의 내용을 기재한 문서를 작성하는 것

1) 허 위

객관적 진실에 반하는 것을 말하는 것으로 허위의 내용은 사실에 관한 것이든 판단·의견에 관한 것이든 불문한다.

■ 판례 ■ **사서증서 인증을 촉탁받은 공증인이 사서증서 인증서를 작성**

[1] 사서증서 인증을 촉탁받은 공증인이 사서증서 인증서를 작성함에 있어, 당사자가 공증인의 면전에서 사서증서에 서명 또는 날인을 하거나 당사자 본인이나 그 대리인으로 하여금 사서증서의 서명 또는 날인이 본인의 것임을 확인하게 한 바가 없음에도 불구하고, 당사자가 공증인의 면전에서 사서증서에 서명 또는 날인을 하거나 본인이나 그 대리인이 사서증서의 서명 또는 날인이 본인의 것임을 확인한 것처럼 인증서에 기재하였다면, 허위공문서작성죄의 죄책을 면할 수 없다.

[2] 공증담당 변호사가 법무사의 직원으로부터 인증촉탁서류를 제출받았을 뿐 법무사가 공증사무실에 출석하여 사서증서의 날인이 당사자 본인의 것임을 확인한 바 없음에도 마치 그러한 확인을 한 것처럼 인증서에 기재한 경우, 인증촉탁 대리인이 법무사일 경우 그 직원이 공증사무실에 촉탁서류를 제출할 뿐 법무사 본인이 사서증서의 날인 또는 서명이 당사자 본인의 것임을 확인하지 아니하는 것이 업계의 관행이라고 할지라도 그와 같은 업계의 관행이 정당하다고 볼 수 없어

허위공문서작성죄가 성립한다(대법원 2007.1.25. 선고 2006도3844 판결).

■ 판례 ■　**사법경찰관이 재수사 결과서에 허위 내용을 기재한 것이 허위공문서작성죄에 해당하는지 여부(적극)**

사법경찰관인 피고인이 검사로부터 '교통사고 피해자들로부터 사고 경위에 대해 구체적인 진술을 청취하여 운전자 甲의 도주 여부에 대해 재수사할 것'을 요청받고, 재수사 결과서의 '재수사 결과' 란에 피해자들로부터 진술을 청취하지 않았음에도 진술을 듣고 그 진술내용을 적은 것처럼 기재함으로써 허위공문서를 작성하였다는 내용으로 기소된 사안에서, 재수사 결과서의 작성 경위나 구성 형태에 비추어 재수사 결과란의 기재는 피고인이 재수사 요청 취지에 따라 피해자들로부터 구체적인 진술을 듣고 진술내용을 적었음을 의미하는데 피고인은 피해자들로부터 진술을 청취하지 않았고, 특히 피고인은 피해자들이 진술한 바 없는 내용으로 자신의 독자적인 의견이나 추측에 불과한 것을 마치 피해자들로부터 직접 들은 진술인 것처럼 기재하였으므로, 피해자들 진술로 기재된 내용 중 일부가 결과적으로 사실과 부합하는지, 재수사 요청을 받은 사법경찰관이 검사에 의하여 지목된 참고인이나 피의자 등에 대한 재조사 여부와 재조사 방식 등에 대해 재량을 가지는지 등과 무관하게 피고인의 행위는 허위공문서작성죄를 구성하며, 피고인이 피해자들의 진술에 신빙성이 부족하다는 이유에서 자신의 판단에 따라 기재하는 내용이 객관적인 사실에 부합할 것이라고 생각하였다 하여 범의를 부정할 수 없다는 이유로, 이와 달리 보아 공소사실을 무죄로 판단한 원심판결에 심리미진 및 허위공문서작성죄에 관한 법리오해 등의 위법이 있다.(대법원 2023. 3. 30. 선고 2022도6886 판결)

■ 판례 ■　**객관적으로 내용이 일치하나 설계서를 확인않고서 한 (설계서에 의한) 준공검사조서 작성이 허위공문서작성죄에 해당하는지 여부(적극)**

[1] 사실관계

공무원인 甲은 정산설계서를 확인하고 준공검사를 하지 아니하였으면서도 마치 정산설계서를 확인하고 그 설계서에 의하여 준공검사를 한 것처럼 준공검사용지에 "정산설계서에 의하여 준공검사"를 하였다는 내용을 기입하였다. 그러나 위 준공검사조서의 내용은 그 후에 작성된 정산설계서와 내용적으로 일치하였다.

[2] 판결요지

준공검사조서를 작성함에 있어서 정산설계서를 확인하고 준공검사를 한 것이 아님에도 마치 한 것처럼 준공검사용지에 "정산설계서에 의하여 준공검사"를 하였다는 내용을 기입하였다면 허위공문서작성의 범의가 있었음이 명백하여 그것만으로 곧 허위공문서작성죄가 성립하고 위 준공검사조서의 내용이 객관적으로 정산설계서 초안이나 그후에 작성된 정산설계서 원본의 내용과 일치한다거나 공사현장의 준공상태에 부합한다 하더라도 그 성립에 아무런 영향을 미치지 못한다(대법원 1983.12.27. 선고 82도3063 판결).

■ 판례 ■　**객관적 사실과는 부합하나 가옥대장의 기재와는 다른 가옥증명서의 작성이 허위공문서작성죄에 해당하는지 여부(적극)**

[1] 사실관계

공무원인 甲은 가옥대장의 기재가 객관적 사실과 다르게 기재된 것을 발견하고 가옥대장과는 다른 내용이지만 객관적 사실과 부합하는 가옥증명서를 발행하였다.

[2] 판결요지

공무원이 작성한 가옥증명서의 기재내용이 객관적인 사실에 부합되는 것으로 그 내용이 허위가 아닐지라도, 가옥증명서 자체가 시청에 비치한 가옥대장과 대조하여 상위가 없다는 증명서이고 보면, 가옥대장기재와 다른내용을 기재하여 가옥증명서를 발행한 이상 허위공문서작성죄가 성립한다(대법원 1973. 10.23. 선고 73도395 판결).

■ 판례 ■ **업무처리에 대한 내부지침위반을 위반하여 정부지원의향서를 작성한 경우, 허위공문서작성죄의 성립여부(소극)**

[1] 사실관계

甲 등은 2004. 9. 2. 동북아시대위원회가 사기업에 불과한 행담도개발 (주)의 건설재원조달을 지원할 이유나 근거 등이 없음에도 실무자나 전문 위원회 등의 검토를 거치지 아니한 채 위 회사의 자본조달을 지원하기 위하여 허위 내용의 정부지원의향서(LOS)를 작성하여, 이를 교부하였다.

[2] 판결요지

허위공문서작성죄란 공문서에 진실에 반하는 기재를 하는 때에 성립하는 범죄이므로 공문서가 단지 공문서 작성기관의 의견이나 판단을 기재하고 있는 것에 불과하고, 그 전제가 되는 사실관계에 대한 내용에 거짓이 없다면 그것이 업무처리에 대한 내부지침을 위반한 것이라 하더라도 허위공문서작성죄는 성립하지 않는다고 할 것이다(대법원 2005.9.29. 선고 2005도3321 판결).

■ 판례 ■ **고의로 법령을 잘못 적용하였으나, 사실관계에는 거짓이 없는 경우, 허위공문서작성죄의 성립여부(소극)**

[1] 사실관계

건축허가업무 담당공무원 甲은 A가 낸 건축허가신청서를 접수·처리함에 있어서 허가신청건물의 일부 주요구조부가 건축법상의 내화구조로 설계된 것이 아님을 알고 있었음에도 신청을 허가한다는 취지의 건축허가통보서를 작성하여 계장·과장의 결재를 받은 다음 건축허가서란에 '허가○○'이라고 기재한 후 허가명의자인 군수 乙의 결재를 받은 후 그 건축허가서를 A에게 교부하였다.

[2] 판결요지

가. 허위공문서작성죄란 공문서에 진실에 반하는 기재를 하는 때에 성립하는 범죄이므로, 고의로 법령을 잘못 적용하여 공문서를 작성하였다고 하더라도 그 법령적용의 전제가 된 사실관계에 대한 내용에 거짓이 없다면 허위공문서작성죄가 성립될 수 없다.

나. 건축 담당 공무원이 건축허가신청서를 접수·처리함에 있어 건축법상의 요건을 갖추지 못하고 설계된 사실을 알면서도 기안서인 건축허가통보서를 작성하여 건축허가서의 작성명의인인 군수의 결재를 받아 건축허가서를 작성한 경우, 건축허가서는 그 작성명의인인 군수가 건축허가신청에 대하여 이를 관계 법령에 따라 허가한다는 내용에 불과하고 위 건축허가신청서와 그 첨부서류에 기재된 내용(건축물의 건축계획)이 건축법의 규정에 적합하다는 사실을 확인하거나 증명하는 것은 아니라 할 것이므로 군수가 위 건축허가통보서에 결재하여 위 건축허가신청을 허가하였다면 위 건축허가서에 표현된 허가의 의사표시 내용 자체에 어떠한 허위가 있다고 볼 수는 없다 할 것이어서, 이러한 건축허가에 그 요건을 구비하지 못한 잘못이 있고 이에 담당 공무원의 위법행위가 개입되었다 하더라도 그 위법행위에 대한 책임을 추궁하는 것은 별론으로 하고 위 건축허가서를

작성한 행위를 허위공문서작성죄로 처벌할 수는 없다(대법원 2000.6.27. 선고 2000도1858 판결).

■ 판례 ■ **폐기물처리사업계획이 관계 법령의 규정에 적합하지 아니함을 알면서 적합하다는 내용으로 통보서를 작성한 경우, 그 통보서가 허위의 공문서에 해당하는지 여부(적극)**

[1] 사실관계

군수 甲은 K유한회사가 제출한 폐기물처리사업계획상의 폐기물매립예정지가 법규상 폐기물매립장 설치가 불가능하고 그 사업계획이 적합하지 아니함을 잘 알면서도, 민원해결 및 폐기물관리법상의 시설·장비·기술능력 등의 기준을 갖추는 것만을 조건으로 하여 적합하다는 취지로 이 사건 통보서를 작성하였고, 이에 K유한회사의 총무 乙은 A시청의 폐기물이전매립공사 입찰업체 심사를 위한 입찰서류를 제출하면서 마치 그 통보서가 진정한 문서인 것처럼 사본 1부를 위 입찰서류에 첨부하여 재출하였다. 하지만 甲은 乙이 입찰서류를 제출하기 이전에 A시청에 위 통보서가 무효임을 통보하였다.

[2] 판결요지

폐기물관리법 제26조 제2항에 의한 폐기물처리사업계획 적합 통보서는 단순히 폐기물처리사업을 관계 법령에 따라 허가한다는 내용이 아니라, 폐기물처리업을 하려는 자가 폐기물관리법 제26조 제1항에 따라 제출한 폐기물처리사업계획이 폐기물관리법 및 관계 법령의 규정에 적합하다는 사실을 확인하거나 증명하는 것이라 할 것이므로, 그 폐기물처리사업계획이 관계 법령의 규정에 적합하지 아니함을 알면서 적합하다는 내용으로 통보서를 작성한 것이라면 그 통보서는 허위의 공문서라고 보지 아니할 수 없다(대법원 2003.2.11. 선고 2002도4293 판결). ☞ (甲은 허위공문서작성죄와 동행사죄)

■ 판례 ■ **인감증명서를 발부하는 공무원이 대리인에 의한 신청임에도 본인이 직접 신청하는 것으로 기재한 경우, 허위공문서작성죄의 성부(적극)**

[1] 사실관계

甲은 면사무소 호병계 소속 직원으로 근무하면서 면장 명의의 재증명발급 등의 업무를 담당하던 중 동료 직원인 乙의 부탁을 받고 그 용도를 '대출보증용'으로 하여 丙 본인이 나오지 아니하였음에도 불구하고 마치 그 본인이 직접 출두하여 신청한 것처럼 인감증명서 상단의 본인·대리인 여부란 중 본인란에 ○표를 하여 면장 명의의 丙에 대한 인감증명서를 발급하고 인감증명 발급대장에 같은 사실을 기재하였다.

[2] 판결요지

공문서허위작성죄에 있어서 허위라 함은 표시된 내용과 진실이 부합하지 아니하여 그 문서에 대한 공공의 신용을 위태롭게 하는 경우를 말하고 인감증명서는 각종의 법률행위에 있어서 본인인 여부 및 본인의 진정한 의사인 여부를 확인케 하는데 일반적으로 사용되는 만큼 그 인감증명서가 본인 또는 대리인 중 누구의 신청에 의하여 발행된 문서이냐 하는 점 역시 그 증명력을 담보함에 필요한 사항이라 할 것이므로 인감증명서를 발행함에 있어 인감증명서의 인적사항과 인감 및 그 용도를 일치하게 기재하였어도 대리인에 의한 것을 본인의 신청에 의한 것으로 기재하였다면 그 사항에 관하여는 허위기재한 것으로 보아야 할 것이다(대법원 1985.6.25. 선고 85도758 판결).

[3] 동지판례 – 본인으로부터 대리인을 통하여 인감증명을 발급받겠다는 의사를 확인받은 경우

대리인의 신청에 의한 인감증명을 본인 신청에 의한 것으로 기재 발급한 경우 인감증명서의 인적사항과 인감 및 그 용도를 일치하게 기재하였거나 본인으로부터 대리인을 통하여 인감증명을 발급받겠다는 의사를 확인 받았다 하더라도 허위공문서작성죄가 성립한다고 한다(대법원 1992.10.13. 선고 92도2060 판결).

2) 작성방법

작위와 부작위(例, 사법경찰관이 피의자신문조서를 작성함에 있어서 피의자의 자백사실을 고의로 누락한 경우나 출납부에 고의로 수입사실을 기재하지 않은 경우)를 불문

■ 판례 ■ **소유권이전등기와 근저당권설정등기 신청서가 동시에 접수된 경우, 등기공무원이 소유권이전등기만 기입한 채 발급한 등기부등본이 허위공문서인지 여부(적극) – 부작위에 의한 작성**

[1] 사실관계

등기공무원인 甲은 A가 소유권이전등기와 저당권설정등기를 동시에 신청하면서 그와 함께 등본의 교부신청을 하였는데, 甲은 의도적으로 소유권이전등기만 기입하고 근저당권설정등기는 기입하지 아니한 등기부등본을 발급하였다.

[2] 판결요지

허위공문서라 함은 문서를 작성할 권한이 있는 공무원이 그 내용이 허위라는 사실을 인식하면서 진실에 반하는 기재를 하여 작성한 공문서인바, 부동산등기법 제53조 제항, 제54조및 1994. 1. 1.부터 시행된 등기예규 제13조의 규정에 의하면, 소유권이전등기와 근저당권설정등기의 신청이 동시에 이루어지고 그와 함께 등본의 교부신청이 있는 경우에는, 등기공무원은 소유권이전등기와 근저당권설정등기 모두에 관하여 등기부에의 기입을 마치고 그에 따른 등기부등본을 교부하여야 함에도 불구하고, 등기공무원이 소유권이전등기만 기입하고 근저당권설정등기는 기입하지 아니한 채 등기부등본을 발급하였다면 비록 그 등기부등본의 기재가 등기부의 기재와 일치한다 하더라도, 그 등기부등본은 이미 접수된 신청서에 따라 기입하여야 할 사항 중 일부를 고의로 누락한 채 작성되어 내용이 진실하지 아니한 것으로서 허위공문서에 해당한다(대법원 1996.10.15. 선고 96도1669 판결).

3) 신고에 의한 공문서작성의 경우

○ 공무원이 실질적 심사권을 가진 경우 ⇨ 신고내용이 허위임을 알면서도 그대로 기재한 행위는 허위공문서작성죄를 구성

○ 공무원에게 형식적 심사권만 있는 경우(例, 등기부, 가족관계등록부의 기재 등) ⇨ 신고내용이 허위임을 알면서 문서를 작성하는 것은 공문서에 대한 공공의 신용을 침해한 것이므로 허위공문서작성죄를 구성

(2) 변 개

작성권한 있는 공무원이 기존의 진정하게 성립된 공문서를 허위로 고치는 것

■ 판례사례 ■ [허위의 기재로 허위공문서작성죄에 해당하는 사례]

(1) 준공검사관이 매몰 부분 공사의 미완성을 알면서도 공사감독관의 감독조서를 근거로 준공검사

조서를 작성한 경우 ⇨ 허위공문서작성죄(대법원 1995.6.13. 선고 95도491 판결)

(2) 공무원이 실제로 원본과 대조함이 없이 문서작성자에게 전화로 원본과 상이없다는 사실을 확인하고 "원본대조필"이라고 기재한 경우 ⇨ 허위공문서작성죄(대법원 1981.9.22. 선고 80도3180 판결)

(3) 군직원이 농지전용허가를 주어서는 안 됨을 알면서도 허가하여줌이 타당하다는 취지의 현장출장복명서 및 심사의견서를 작성한 경우 ⇨ 허위공문서작성죄(대법원 1993.12.24. 선고 92도3334 판결)

(4) 지방공무원인 甲이 A로부터 부탁을 받고 A가 세대주이고 A의 처B는 동거가족에 불과하였음에도 불구하고 마치 B가 세대주인 것처럼 된 세대별주민등록표 1장을 작성하여 동사무소의 주민등록표보관함에 비치한 경우 ⇨ 허위공문서작성죄 및 동행사죄(대법원 1990.10.16. 선고 90도1199 판결)

(5) 인감증명서 담당공무원인 호병계장이 대리인이 인감증명 발급을 신청하자 본인으로부터 대리인을 통하여 인감증명을 발급받겠다는 의사를 확인받고, 본인이 직접 출두한 바 없는데도 그가 직접 신청·발급받은 것처럼 인감증명서와 인감증명발급대장에 기재한 경우(대법원 1992.10.13. 선고 92도2060 판결)

■ 판례사례 ■ [허위의 기재에 해당하지 아니하여 허위공문서작성죄에 성립하지 아니하는 사례]

甲이 행사할 목적으로 당사자로부터 뇌물을 받고 고의로 적용하여서는 안될 조항을 적용하여 과세표준을 결정하고 그 과세표준에 기하여 세액을 산출하였는데, 그 세액계산서에 허위내용의 기재가 없는 경우(대법원 1996.5.14. 선고 96도554 판결)

(3) 기 수

○ 공문서에 허위의 내용을 기재하고 명의인의 표시행위를 함으로써 기수가 된다.

○ 작성명의인은 반드시 명시될 필요는 없으나, 문서의 형식과 내용에 비추어 누구인가를 알 수 있는 정도일 것을 요한다.

4. 주관적 구성요건

고의와 행사의 목적이 있을 것

○ 허위임을 안 이상 상사·상급관청의 양해·지시가 있었다고 해서 고의가 조각되는 것은 아니나, 단순한 오기나 사소한 오차, 선례나 업무상 관행에 의한 허위기재의 경우 고의가 조각될 수 있다.

■ 판례 ■ 교통사고 가해자의 사고 후의 행동이 기재된 가해자 및 피해자의 관련자 진술서만 첨부하고 교통사고 실황조사서의 사고원인기재란 중 사고도주 표시란에는 아무런 표시를 하지 않은 것이 허위공문서작성에 해당하는지 여부(소극)

[1] 사실관계

교통사고 가해자가 사고발생 후 즉시 피해자를 구호조치하지 않고 사고현장으로부터 약 600m 정도 도주한 후 다시 사고현장으로 되돌아 와 경찰관 甲에게 자신이 사고야기자라고 진술하였으나, 가해자의 사고 후 행동이 도주행위에 해당하는지 여부가 명확하지 않자 경찰관 甲은 교통사고 가해자의 사고 후의 행동이 기재된 가해자 및 피해자의 관련자 진술서만 첨부하고 교통사고 실황조사서의 사고원인기재란 중 사고도주 표시란에는 아무런 표시를 하지 않았다.

[2] 판결요지

교통사고 가해자가 사고발생 후 즉시 피해자를 구호조치하지 않고 사고현장으로부터 약 600m 정도 도주한 후 다시 사고현장으로 되돌아 와 경찰관에게 자신이 사고야기자라고 말한 사안에서, 교통사고 가해자의 사고 후의 행동이 기재된 가해자 및 피해자의 관련자 진술서만 첨부하고 교통사고 실황조사서의 사고원인기재란 중 사고도주 표시란에는 아무런 표시를 하지 않은 것이 허위공문서작성에 해당하지 않는다(대법원 1997.3.11. 선고 96도2329 판결).

■ 판례사례 ■   [허위공문서작성의 범의가 없어 허위공문서작성죄가 성립하지 아니하는 사례]

(1) 출장 복령서에 "11:00 출발"을 "11:00 현지도착"이라 기재한 경우 ⇨ 단순한 오기로 무죄(대법원 1978.4.11. 선고 77도3781 판결)

(2) 대수선허가 면적보다 1층은 1.12평, 2층은 0.25평이 더 증축된 것을 알면서도 허가된 면적대로 준공되었다는 준공검사보고서를 작성한 경우 ⇨ 단순한 오차로 무죄(대법원 1985.5.28. 선고 85도327 판결)

(3) 피고인들이 물품(미역)검사를 하면서 전체량의 일부만을 추출하여 실물검사를 하였음에도 이를 초과하여 외관검사를 행한 수량 중의 일정량을 실물 검사한 것처럼 보고서를 작성하였으나 그것이 업무상 관행에 따른 것인 경우(대법원 1982.7.27. 선고 82도1026 판결)

(4) 공무원이 여러 차례의 출장반복의 번거로움을 회피하고 민원사무를 신속히 처리한다는 방침에 따라 사전에 출장조사한 다음 출장조사내용이 변동없다는 확신하에 출장복명서를 작성하고 다만 그 출장일자를 작성일자로 기재한 경우 ⇨ 무죄(대법원 2001.1.5. 선고 99도4101 판결)

5. 간접정범의 성립여부

○ 작성권한 있는 공무원이 허위내용임을 모르는 비공무원으로 하여금 허위공문서를 작성하게 한 경우 ⇨ 허위공문서작성죄의 간접정범

○ 공문서작성을 보좌하는 공무원이 작성권한이 있는 다른 공무원을 이용하여 허위공문서를 작성케 한 경우 ⇨ 허위공문서작성죄의 간접정범

○ 사인(私人)이 작성권한 있는 공무원으로 하여금 허위의 내용을 진실로 믿게 하여 허위공문서를 작성케 한 경우 ⇨ 허위공문서작성죄의 간접정범은 불성립. 다만 공정증서원본불실기재죄가 성립가능

■ 판례 ■   단속 경찰관이 고유번호가 가짜인 음주운전자 적발보고서를 작성하여 담당 경찰관으로 하여금 음주측정처리부에 기재토록 한 경우, 허위공문서작성의 성립여부(적극)

[1] 사실관계

경찰서 보안과장인 甲은 A의 음주운전사실을 눈감아주기 위하여 A에 대한 음주운전자 적발보고서를 찢어버리고 가짜 음주운전자 적발보고서에 B에 대한 음주운전사실을 기재하도록 한 후, 주취운전자 음주측정처리부의 작성권자로서 위와 같은 사정을 모르는 경찰관 乙로 하여금 위 가짜 음주운전자 적발보고서를 근거로 주취운전자 음주측정처리부를 작성·비치하게 하였다.

[2] 판결요지

경찰서 보안과장인 피고인이 甲의 음주운전을 눈감아주기 위하여 그에 대한 음주운전자 적발보고서를 찢어버리고, 부하로 하여금 일련번호가 동일한 가짜 음주운전 적발보고서에 乙에 대한 음주운전 사실을 기재케 하여 그 정을 모르는 담당 경찰관으로 하여금 주취운전자 음주측정처리부에 乙에 대한 음주운전 사실을 기재하도록 한 이상, 乙이 음주운전으로 인하여 처벌을 받았는지 여부와는 관계없이 허위공문서작성 및 동 행사죄의 간접정범으로서의 죄책을 면할 수 없다(대법원 1996.10.11. 선고 95도1706 판결). ☞ (甲은 공용서류무효죄, 허위공문서작성죄 및 동행사죄의 간접정범)

■ 판례사례 ■ **[허위공문서작성죄의 간접정범의 성립을 인정한 사례]**

(1) 보조공무원이 허위공문서를 기안하여 그 정을 모르는 작성권자의 결재를 받아 공문서를 완성한 경우(대법원 1981.7.28. 선고 81도898 판결)

(2) 예비군 동대 방위병 A가 B로부터 부탁을 받고 예비군훈련을 받은 사실이 없음에도 B의 훈련사실을 허위보고한 뒤 동대장 명의의 예비군훈련확인서를 발급하여 B에게 교부한 경우(대법원 1992. 1.17. 선고 91도2837 판결)

(3) 개인택시면허업무 등을 담당하던 군청 계장이 군수를 보좌하여 '88개인택시 면허신청대상자 경력평정공고'를 초안함에 있어 특정인의 우선순위를 높게 조작하여 개인택시면허를 무난히 받게 하는데 사용할 목적으로 위 공고 중 개인택시면허발급예정우선순위표에 그의 예정순위를 허위 기재한 다음 그 정을 모르는 군수의 결재를 받은 경우(대법원 1990.10.16. 선고 90도1170 판결)

6. 공 범

공무원 아닌 자도 본죄의 교사범이나 방조범이 될 수 있다.

■ 판례 ■ **공무원 아닌 자가 공문서작성을 보좌하는 공무원과 공모하여 허위의 문서초안을 상사에게 제출하여 결재케 함으로써 허위 공문서를 작성케 한 경우, 간접정범의 공범으로서의 죄책을 지는지 여부(적극)**

[1] 사실관계

甲은 예비군훈련을 받은 사실이 없음에도 불구하고 소속 예비군 동대 방위병인 乙에게 예비군훈련을 받았다는 확인서를 발급해 달라고 부탁하였다. 乙은 작성권자인 예비군 동대장 丙에게 甲의 훈련사실을 허위보고한 뒤 丙명의의 예비군훈련확인서를 발급하여 甲에게 교부하였다.

[2] 판결요지

공문서의 작성권한이 있는 공무원의 직무를 보좌하는 자가 그 직위를 이용하여 행사할 목적으로 허위의 내용이 기재된 문서 초안을 그 정을 모르는 상사에게 제출하여 결재하도록 하는 등의 방법으로 작성권한이 있는 공무원으로 하여금 허위의 공문서를 작성하게 한 경우에는 간접정범이 성립되고 이와 공모한 자 역시 그 간접정범의 공범으로서의 죄책을 면할 수 없는 것이고, 여기서 말하는 공범은 반드시 공무원의 신분이 있는 자로 한정되는 것은 아니라고 할 것이다(대법원 1992.1.17. 선고 91도2837 판결). ☞ (甲은 허위공문서작성죄의 간접정범의 공범, 乙은 허위공문서작성죄의 간접정범)

7. 타 죄와의 관계

(1) 허위진단서작성죄와의 관계

공무원인 의사가 직무와 관련하여 허위진단서를 작성하면 허위공문서작성죄만 성립하고 허위진단서작성죄는 이에 흡수된다.

▪ 판례 ▪ **공무원인 의사가 공무소의 명의로 허위진단서를 작성한 경우의 죄책(=허위공문서작성죄)**

[1] 사실관계

국립병원의 내과과장 겸 진료부장이면서 또한 보건복지부소속의 의무서기관인 甲은 乙의 부탁을 받고 허위의 진단서를 작성하고 그에 대한 사례로 금품을 수수하였다.

[2] 판결요지

형법이 제225조 내지 제230조에서 공문서에 관한 범죄를 규정하고, 이어 제231조 내지 제236조에서 사문서에 관한 범죄를 규정하고 있는 점 등에 비추어 볼 때 형법 제233조 소정의 허위진단서작성죄의 대상은 공무원이 아닌 의사가 사문서로서 진단서를 작성한 경우에 한정되고, 공무원인 의사가 공무소의 명의로 허위진단서를 작성한 경우에는 허위공문서작성죄만이 성립하고 허위진단서작성죄는 별도로 성립하지 않는다(대법원 2004.4.9. 선고 2003도7762 판결).

(2) 직무유기죄와의 관계

공무원이 위법사실을 적극적으로 은폐할 목적으로 허위공문서를 작성한 경우에는, 작위범인 허위공문서작성죄만 성립. 다만 허위공문서의 작성행위가 위법사실을 은폐하기 위한 것이 아니라 새로운 위법상태를 창출하기 위한 것인 경우에는 허위공문서작성죄와 직무유기죄의 실체적 경합이 된다.

▪ 판례 ▪ **예비군 중대장이 직무에 관하여 허위공문서를 작성한 후 원 사실을 그대로 상사에게 보고하지 않은 것이 별도로 직무유기죄를 구성하는지 여부(소극)**

[1] 사실관계

예비군 중대장은 그 소속 예비군대원의 훈련불참사실을 알면서도 이를 소속 대대장에게 보고하는 등의 조치를 취하지 아니하고, 그 소속 예비군대원의 훈련불참사실을 은폐할 목적으로 당해 예비군대원이 훈련에 참석한 양 허위내용의 학급편성명부를 작성, 행사하였다.

[2] 판결요지

예비군 중대장이 그 소속 예비군대원의 훈련불참사실을 알았다면 이를 소속 대대장에게 보고하는 등의 조치를 취할 직무상의 의무가 있음은 물론이나, 그 소속 예비군대원의 훈련불참사실을 고의로 은폐할 목적으로 당해 예비군대원이 훈련에 참석한 양 허위내용의 학급편성명부를 작성, 행사하였다면, 직무위배의 위법상태는 허위공문서작성 당시부터 그 속에 포함되어 있는 것이고 그 후 소속대대장에게 보고하지 아니하였다 하더라도 당초에 있었던 직무위배의 위법상태가 그대로 계속된 것에 불과하다고 보아야 하고, 별도의 직무유기죄가 성립하여 양죄가 실체적 경합범이 된다고 할 수 없다(대법원 1982.12.28. 선고 82도2210 판결).

■ 판례 ■ 　**공무원이 위법사실을 발견하고도 직무상 의무에 따른 적절한 조치를 취하지 아니하고 위법사실을 적극적으로 은폐할 목적으로 허위공문서를 작성 · 행사한 경우, 허위공문서작성, 동행사죄 이외에 직무유기죄가 별도로 성립하는지 여부(소극)**

[1] 사실관계

수사경찰관 甲은 A 등 18명의 도박범행사실을 적발하여 그들의 인적 사항을 확인하였음에도 불구하고 A 등으로부터 이를 묵인해 달라는 부탁을 받고 상사에게 보고하여 도금압수 · 형사입건 등 범죄수사에 필요한 조치를 취하지 아니하고 도박사실을 발견하지 못한 것처럼 근무일지를 허위로 작성하여 이를 소속파출소장에게 제시하여 허위로 보고하였다.

[2] 판결요지

공무원이 어떠한 위법사실을 발견하고도 직무상 의무에 따른 적절한 조치를 취하지 아니하고 위법사실을 적극적으로 은폐할 목적으로 허위공문서를 작성, 행사한 경우에는 직무위배의 위법상태는 허위공문서작성 당시부터 그 속에 포함되는 것으로 작위범인 허위공문서작성, 동행사죄만이 성립하고 부작위범인 직무유기죄는 따로 성립하지 아니한다(대법원 1999.12.24. 선고 99도2240 판결).

■ 판례 ■ 　**직무유기죄와 허위공문서작성 · 동행사죄와의 죄수관계**

[1] 사실관계

군청 농어촌개발계에 근무하는 甲은 A가 농지를 불법전용하는 사실을 확인하고도 아무런 조치를 취하지 아니하다가, A가 위 농지에 대한 일시전용허가 신청서를 접수하자 농지의 일시전용허가를 하여주기 위하여 불법농지전용사실은 일체 기재하지 아니한 채 복명자의견란 및 심사의견서에 이를 허가하여줌이 타당하다는 취지를 기재하고 진정하게 작성된 것처럼 과장 및 군수에게 제출하였다.

[2] 판결요지

가. 농지사무를 담당하고 있는 군직원이 농지불법전용 사실에 대하여 아무런 조치를 취하지 아니한 것이 직무유기죄에 해당하는지 여부

농지사무를 담당하고 있는 군직원으로서는 그 관내에서 발생한 농지불법전용 사실을 알게 되었으면 군수에게 그 사실을 보고하여 군수로 하여금 원상회복을 명하거나 나아가 고발을 하는 등 적절한 조치를 취할 수 있도록 하여야 할 직무상 의무가 있는 것이므로 농지불법전용 사실을 외면하고 아무런 조치를 취하지 아니한 것은 자신의 직무를 저버린 행위로서 농지의 보전 · 관리에 관한 국가의 기능을 저해하며 국민에게 피해를 야기시킬 가능성이 있어 직무유기죄에 해당한다.

나. 군직원이 농지전용허가를 하여 주어서는 안 됨을 알면서도 허가하여 줌이 타당하다는 취지의 현장출장복

명서 및 심사의견서를 작성하여 결재권자에게 제출한 것이 허위공문서작성, 동행사죄에 해당하는지 여부

군직원이 농지전용허가를 하여 주어서는 안 됨을 알면서도 허가하여 줌이 타당하다는 취지의 현장출장복명서 및 심사의견서를 작성하여 결재권자에게 제출한 것이 허위공문서작성, 동행사죄에 해당한다.

다. 직무유기죄와 허위공문서작성, 동행사죄와의 죄수관계

공무원이 어떠한 위법사실을 발견하고도 직무상 의무에 따른 적절한 조치를 취하지 아니하고 위법사실을 적극적으로 은폐할 목적으로 허위공문서를 작성·행사한 경우에는 직무위배의 위법상태는 허위공문서작성 당시부터 그 속에 포함되는 것으로 작위범인 허위공문서작성, 동행사죄만이 성립하고 부작위범인 직무유기죄는 따로 성립하지 아니하나, 위 복명서 및 심사의견서를 허위작성한 것이 농지일시전용허가를 신청하자 이를 허가하여 주기 위하여 한 것이라면 직접적으로 농지불법전용 사실을 은폐하기 위하여 한 것은 아니므로 위 허위공문서작성, 동행사죄와 직무유기죄는 실체적 경합범의 관계에 있다(대법원 1993.12.24. 선고 92도3334 판결).

☞ (甲은 허위공문서작성죄 및 동행사죄, 직무유기죄의 실체적 경합)

⬤ II. 범죄사실기재

[기재례1] 폐기물처리사업계획 적합 통보서 허위기재 후 입찰서류에 첨부제출

1) 범죄사실 기재례

가. 허위공문서작성

피의자 甲은 영농조합법인인 A 유한회사의 총무였던 피의자 乙과 공모하여, 위 A 유한회사에서 제출한 폐기물처리사업 계획상의 폐기물매립예정지가 보존임야 및 농지 등으로서 농지법 등 관계 법규에 따라 군수의 권한 이외의 사안이며 ○○호 상수원 상류 지역이어서 쓰레기매립장 설치가 불가능하여 위 사업계획이 부적정하다는 통보가 있어 이를 잘 알고 있다.

피의자들은 20○○. ○. ○.경 사실은 위와 같이 부적정 통보가 이루어진 후 A 유한회사에서 ○○군청에 새로이 폐기물처리사업계획서를 제출하지 않았고, 군청 내부에서 새로이 실무담당자들의 검토를 거치지 않았으며, ○○군에서 위 유한회사에 폐기물처리사업계획 적합(조건부) 통보를 한 일이 없다.

피의자들은 그럼에도 불구하고 행사할 목적으로 마치 내부 담당자들의 검토를 거친 후 문서가 작성되어 상대방에게 적법하게 통보되는 양 허위로 작성한 폐기물처리사업계획 적합(조건부) 통보서 1매를 작성하여 ○○군수 명의의 허위공문서 1매를 작성하였다.

나. 허위작성공문서행사 및 위계에의한공무집행방해

피의자들은 20○○. ○. ○. 피의자 乙이 ○○시청 재무과 담당 공무원에게 폐기물 이전매립공사 입찰서류를 제출하면서 마치 이 사건 통보서가 진정한 문서인 것처럼 사본 1부를 위 입찰서류에 첨부하여 제출함으로써 이를 행사하였을 뿐만 아니라, 이처럼 허위로 작성된 이 사건 통보서 사본을 첨부 제출함으로써 ○○시의 폐기물 이전매립공사 입찰업체심사업무를 위계로써 방해하였다.

2) 적용법조 : 제225조, 제229조, 137조(위계공무집행방해) … 공소시효 10년 (제225조), 10년(제229조), 7년(137조)

[기재례2] 허위공문서작성 · 동행사 · 증거인멸 · 허위검안서작성 · 동행사

1) 범죄사실 기재례

피의자 甲, 피의자 乙은 20○○. ○. ○. ○○:○○경 위 피의자 甲의 집 지하실에서 피해자 A 가 사망한 것을 발견하고 그 시경 변사현장을 정리하고, 피의자 3, 피의자 4는 같은 날 ○○:○○ 경 위 지하실에서 피해자를 검시하면서 빙초산을 마시고 자살한 것으로 처리하기로 결의하였다. 사실은 피해자의 우측 흉부, 양측 손등, 안면부 및 양측 하지 등에 무수한 좌상 및 찰과상이 있으 며 위 지하실에는 빙초산이 없고 피해자가 빙초산을 마신 사실이 전혀 없으며 위 지하실에서 발 견된 플라스틱 우유병에 든 액체는 그 액성이 중성으로 무색, 무취였음에도 불구하고 변사체로 발견된 피해자의 사인을 은폐하기 위하여 피해자가 빙초산을 마시고 상처 하나 없이 깨끗한 상태 로 음독자살한 것으로 처리하기로 공모하였다.

가. 허위공문서작성 및 행사

1) 피의자들은 20○○. ○. ○. ○○:○○경 위 지하실에서 피해자의 시체를 검안한 피의자 3 은 시체검안서의 사망의 종류란에 '자살', 선행 서명란에 '약물 음독', 사고 종류란에 '자 살, 빙초산을 먹고 죽은 것으로 추정됨'이라고 기재하고 위와 같이 피해자의 우측 흉부, 양측 손등, 팔목, 양측 하지 및 안면부에 다발성 좌상 및 찰과상이 있음에도 불구하고 피해자의 신 체에 외상이 전혀 없는 것처럼 위 시체검안서 기타 신체 상황란에 아무런 기재를 하지 아니하 여 피의자3 명의의 허위시체검안서 1통을 작성하였다

2) 피의자 4는 같은 날 "1. 발생일시 및 장소 20○○. ○. ○. ○○:○○ - 다음날 ○○:○ ○ 어간, ○○에 있는 피의자 甲 집 지하 방실 내, 2. 변사자 인적사항 성명 :A, 주민등록번호 :690830 - 생략, 6. 현장 수사 : 플라스틱 우유병 1개를 발견하였으며 내용물이 빙초산 종류 로 추정되고 1/5 정도 남아 있는 상태임, 7. 조치 : 변사체에 외상이 전혀 없고 타살 혐의점 발견할 수 없으며 유서 등으로 볼 때 자살한 것으로 판단되어 시체를 유족에게 인도코자 합니 다. 20○○. ○. ○. 형사과 강력1팀 근무 경위 피의자 4"라는 내용의 허위공문서인 피의자4 명의의 변사사건 발생보고서 1부를 작성하고, 같은 날 그 정을 모르는 강력1팀장 홍길동에게 결재를 올려 이를 행사하였다.

3) 피의자 乙은 20○○. ○. ○. ○○에 있는 관할동사무소에서 위 동사무소 직원인 丙에게 위 허 위작성검안서를 첨부한 매장, 화장신고서 및 화장장사용신청서를 제출하여 이를 행사하였다.

나. 증거인멸

피의자 乙은 20○○. ○. ○. 22:00경 ○○에 있는 피의자 甲의 집에서 피의자 3과 피해자 의 시체를 화장하여 피의자 甲의 형사사건에 관한 증거를 인멸하기로 공모하였다. 피의자 3은 장의사 乙에게 피해자의 화장을 의뢰하고, 피의자 2는 같은 날 위 乙로부터 발급받은 화장신 고증 및 화장장 사용허가증을 위 丙에게 교부하고 그로 하여금 ○○시설관리공단 장묘사업소 담당 직원에게 제출하게 한 다음, 피해자에 대한 상해 및 변사사건과 관련하여 사망원인이 자 살인지, 타살인지 여부를 규명할 수 있는 피해자의 시체를 화장하게 하여 피의자 甲의 형사사 건에 관한 증거를 인멸하였다.

2) **적용법조** : 제227조, 제229조, 제155조 제1항 … 공소시효 7년

[기재례3] 국립대학교수가 보고서를 허위작성하고 제출

1) 범죄사실 기재례

피의자는 국립대학인 ○○대학교 교수로서 20○○. ○.경 농림수산식품부로부터 소 부루세라병에 의한 양축 농가의 경제적 손실의 최소화를 위한 대책 연구라는 연구 과제를 용역 받아 연구를 수행하였다.

피의자는 20○○. ○. ○.경 '소의 Brucellosis 예방접종 시험 결과 보고서', 20○○. ○. ○.경 '우리나라 소에서 Brucellosis에 의한 양축 농가의 경제적 손실의 최소화를 위한 대책 연구', 20○○. ○. ○.경 '한우에 대한 부루세라병 예방접종 시험 결과 보고서'에 각 허위 내용을 기재하는 방법으로 ○○대학교 총장 명의의 공문서를 허위로 작성하고, 이를 제출하여 각각 행사하였다.

2) 적용법조 : 제227조, 제229조 ··· 공소시효 7년

[기재례4] 식품접객업소점검보고서를 허위로 작성 제출

1) 범죄사실 기재례

가. 허위공문서작성

피의자는 ○○시청 사회과 위생계에 근무하면서 식품접객업소 단속 등의 업무를 담당하였던 공무원이다. 피의자는 20○○. ○. ○. 식품접객업소 일제점검을 하던 중에 청소년에게 술을 파는 홍길동 경영의 "과부주점"을 적발하였음에도 불구하고 이를 묵인해 달라는 위 홍길동의 부탁을 받았다.

피의자는 20○○. ○. ○. ○○:○○경 ○○에 있는 ○○시청 사회과 사무실에서 식품접객업소 점검보고서를 작성하면서 인쇄된 "식품접객업소점검보고서" 용지에 검은색 볼펜을 사용하여 "20○○. ○. ○. ○○:○○경 ○○에 있는 홍길동 경영의 과부주점을 점검한 결과 위법사항을 발견하지 못하였음"이라고 기재하고 단속 공무원 란에 행정서기보 ○○○라고 쓴 후 그의 도장을 찍었다.

이로써 피의자는 행사할 목적으로 공문서인 ○○시청 사회과 위생계 공무원인 ○○○명의의 식품접개업소점검보고서 1통을 허위로 작성하였다.

나. 허위작성공문서행사

피의자는 그 시경 같은 장소에서 그 정을 모르는 위 ○○시청 사회과장 정직회에게 위 허위 작성한 공문서인 식품접객업소점검보고서를 마치 진정하게 작성된 것인 양 제출하여 이를 행사하였다.

2) 적용법조 : 제227조, 제229조 ··· 공소시효 7년

Ⅲ. 신문사항(공통)

- 공무원인가
- 언제부터 어느 부서에서 근무하고 있는가
- 직급과 맡고 있는 업무는 무엇인가
- ○○서류를 작성한 일이 있는가
- 언제 어디에서 작성하였는가
- 사실대로 작성하였는가
- 어떤 내용이 잘못되었다는 것인가
- 바른 것은 무엇이며 잘못된 부분은 무엇인가
- 왜 이렇게 허위로 작성하였는가
- 위와 같이 작성한 문서는 어떻게 하였는가(행사여부)
- 행사일시 및 장소
- 행사방법 등

제4항 공전자기록위작 · 변작

> 제227조의2(공전자기록위작·변작) 사무처리를 그르치게 할 목적으로 공무원 또는 공무소의 전자기록등 특수매체기록을 위작 또는 변작한 자는 10년 이하의 징역에 처한다.
> 제235조(미수범) 제225조 내지 제234조의 미수범은 처벌한다.

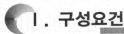

Ⅰ. 구성요건

1. 객 체

공무원 또는 공무소의 전자기록 등 특수매체기록

(1) 특수매체 기록

공무원 또는 공무소의 직무상 만들어지도록 되어있거나 이미 만들어진 전자기록 등 특수매체 기록(例, 주민등록 · 등기부등본의 파일, 자동차 파일, 토지대장 파일)

(2) 전자기록

전기적 기록과 자기적 기록

■ **판례** ■   공전자기록위작 · 변작죄에서 '사무처리를 그르치게 할 목적'의 의미

[1] '사무처리를 그르치게 할 목적'의 의미
형법 제227조의2는 "사무처리를 그르치게 할 목적으로 공무원 또는 공무소의 전자기록 등 특수매체기록을 위작 또는 변작한 자는 10년 이하의 징역에 처한다."고 규정하고 있는데, 여기에서 전자기록은 그 자체로는 물적 실체를 가진 것이 아니어서 별도의 표시 · 출력장치를 통하지 아니하고는 보거나 읽을 수 없고, 그 생성 과정에 여러 사람의 의사나 행위가 개재됨은 물론 추가 입력한 정보가 프로그램에 의하여 자동으로 기존의 정보와 결합하여 새로운 전자기록을 작출하는 경우도 적지 않으며, 그 이용 과정을 보아도 그 자체로서 객관적 · 고정적 의미를 가지면서 독립적으로 쓰이는 것이 아니라 개인 또는 법인이 전자적 방식에 의한 정보의 생성 · 처리 · 저장 · 출력을 목적으로 구축하여 설치 · 운영하는 시스템에서 쓰임으로써 예정된 증명적 기능을 수행하는 것이므로, "사무처리를 그르치게 할 목적"이란 위작 또는 변작된 전자기록이 사용됨으로써 위와 같은 시스템을 설치 · 운영하는 주체의 사무처리를 잘못되게 하는 것을 말한다.

[2] 공군 복지전산시스템에 횡령사실을 조작하기 위해 허위 입력한 경우
공군 복지근무지원단 예하 지구대의 부대매점 및 창고관리 부사관이 창고 관리병으로 하여금 위 지원단의 업무관리시스템인 복지전산시스템에 자신이 그 전에 이미 횡령한 바 있는 면세주류를 마치 정상적으로 판매한 것처럼 허위로 입력하게 한 사안에서, 공전자기록위작 · 변작죄의 '사무처리를 그르치게 할 목적'이 있었다(대법원 2010.7.8. 선고, 2010도3545, 판결).

■ 판례 ■　　'위작' 및 '허위의 정보'의 의미

[1] 공전자기록등위작죄에서 '위작' 및 '허위의 정보'의 의미

　'위작'이란 전자기록에 관한 시스템을 설치·운영하는 주체와의 관계에서 전자기록의 생성에 관여할 권한이 없는 사람이 전자기록을 작출하거나 전자기록의 생성에 필요한 단위 정보의 입력을 하는 경우는 물론이고, 시스템의 설치·운영 주체로부터 각자의 직무 범위에서 개개의 단위 정보의 입력 권한을 부여받은 사람이 그 권한을 남용하여 허위의 정보를 입력함으로써 시스템 설치·운영 주체의 의사에 반하는 전자기록을 생성하는 경우도 포함한다. 이 때 '허위의 정보'라 함은 진실에 반하는 내용을 의미하는 것으로서, 관계 법령에 의하여 요구되는 자격을 갖추지 못하였음에도 불구하고 고의로 이를 갖춘 것처럼 단위 정보를 입력하였다고 하더라도 그 전제 또는 관련된 사실관계에 대한 내용에 거짓이 없다면 허위의 정보를 입력하였다고 볼 수 없다.

[2] 자동차등록 담당공무원인 피고인이 여객자동차 운수사업법상 차량충당연한 규정에 위배되어 영업용으로 변경 및 이전등록을 할 수 없는 차량인 것을 알면서 자동차등록정보 처리시스템의 자동차등록원부 용도란에 '영업용'이라고 입력하였으나, 변경 및 이전등록에 관한 구체적 등록내용인 최초등록일 등은 사실대로 입력한 경우

자동차등록원부상 '영업용으로의 용도변경 및 이전'에 관한 등록정보가 확인·공시하는 내용에 자동차가 영업용으로 용도변경되어 이전되었다는 사실 외에 변경 및 이전등록에 필요한 법령상 자격의 구비 사실까지 포함한다고 볼 법적인 근거가 없고, 최초등록일 등 등록과 관련된 사실관계에 대한 내용에 거짓이 있다고 볼 수 없는 이상, 위 행위가 공전자기록등위작죄의 '위작'에 해당한다고 할 수 없다.(대법원 2011.5.13, 선고, 2011도1415, 판결)

■ 판례 ■　　공전자기록등위작죄에서 말하는 전자기록의 '위작'에, 전자적 방식에 의한 정보의 생성·처리·저장·출력을 목적으로 구축하여 설치·운영하는 시스템의 설치·운영 주체와의 관계에서 전자기록의 생성에 관여할 권한이 없는 사람이 전자기록을 작출하거나 전자기록의 생성에 필요한 단위정보의 입력을 하는 경우 외에 시스템의 설치·운영 주체로부터 각자의 직무 범위에서 개개의 단위정보의 입력 권한을 부여받은 사람이 그 권한을 남용하여 허위의 정보를 입력함으로써 시스템 설치·운영 주체의 의사에 반하는 전자기록을 생성하는 경우도 포함되는지 여부(적극) / 위 법리는 사전자기록등위작죄에서 행위의 태양으로 규정한 '위작'에 대해서도 마찬가지로 적용되는지 여부(적극)

형법 제227조의2의 공전자기록등위작죄는 사무처리를 그르치게 할 목적으로 공무원 또는 공무소의 전자기록 등 특수매체기록을 위작 또는 변작한 경우에 성립한다. 대법원은, 형법 제227조의2에서 위작의 객체로 규정한 전자기록은 그 자체로는 물적 실체를 가진 것이 아니어서 별도의 표시·출력장치를 통하지 아니하고는 보거나 읽을 수 없고, 그 생성 과정에 여러 사람의 의사나 행위가 개재됨은 물론 추가 입력한 정보가 프로그램에 의하여 자동으로 기존의 정보와 결합하여 새로운 전자기록을 작출하는 경우도 적지 않으며, 그 이용 과정을 보아도 그 자체로서 객관적·고정적 의미를 가지면서 독립적으로 쓰이는 것이 아니라 개인 또는 법인이 전자적 방식에 의한 정보의 생성·처리·저장·출력을 목적으로 구축하여 설치·운영하는 시스템에서 쓰임으로써 예정된 증명적 기능을 수행하는 것이므로, 위와 같은 시스템을 설치·운영하는 주체와의 관계에서 전자기록의 생성에 관여할 권한이 없는 사람이 전자기록을 작출하거나 전자기록의 생성에 필요한 단위정보의 입력을 하는 경우는 물론 시스템의 설치·운영 주체로부터 각자의 직무 범위에서 개개의 단위정보의 입력 권한을 부여받

은 사람이 그 권한을 남용하여 허위의 정보를 입력함으로써 시스템 설치·운영 주체의 의사에 반하는 전자기록을 생성하는 경우도 형법 제227조의2에서 말하는 전자기록의 '위작'에 포함된다고 판시하였다. 위 법리는 형법 제232조의2의 사전자기록등위작죄에서 행위의 태양으로 규정한 '위작'에 대해서도 마찬가지로 적용된다.(대법원 2020. 8. 27., 선고, 2019도11294, 전원합의체 판결)

■ **판례** ■ 한국환경공단이 환경부장관의 위탁을 받아 건설폐기물 인계·인수에 관한 내용 등의 전산처리를 위한 전자정보처리프로그램인 올바로시스템을 구축·운영하고 있는 경우, 그 업무를 수행하는 한국환경공단 임직원을 공전자기록의 작성권한자인 공무원으로 보거나 한국환경공단을 공무소로 볼 수 있는지 여부(소극) / 한국환경공단법 등이 한국환경공단 임직원을 형법 제129조 내지 제132조의 적용에 있어 공무원으로 본다고 규정한다고 하여 그들 또는 그들이 직무를 행하는 한국환경공단을 형법 제227조의2에 정한 공무원 또는 공무소에 해당한다고 보는 것은 죄형법정주의 원칙에 반하는지 여부(적극)

건설폐기물의 재활용촉진에 관한 법률(이하 '건설폐기물법'이라고 한다) 제18조 제1항 본문은 "건설폐기물을 배출, 수집·운반 또는 처리를 하는 자는 건설폐기물을 배출, 수집·운반 또는 처리를 할 때마다 건설폐기물의 인계·인수에 관한 내용을 제19조 제1항에 따른 전자정보처리프로그램에 입력하여야 한다."라고 규정하고 있고, 같은 법 제19조 제1항은 "환경부장관은 건설폐기물의 인계·인수에 관한 정보를 처리할 수 있는 전자정보처리프로그램을 구축·운영하여야 한다."라고 규정하고 있다. 한편 폐기물관리법 제62조 제2항, 폐기물관리법 시행령 제37조의2는 폐기물의 인계·인수 내용들을 관리할 수 있는 전산처리기구의 설치·운영 업무 및 전자정보처리프로그램의 구축·운영 업무를 한국환경공단에 위탁한다고 규정하고 있다. 그리고 환경부고시인 '폐기물 전자정보처리 프로그램 운영 및 사용 등에 관한 고시'는 폐기물관리법 제45조 제1항에 정한 전산처리기구는 한국환경공단법에 의하여 설립된 한국환경공단을 말하고(제4조), 올바로시스템이란 폐기물관리법 제18조 제3항, 건설폐기물법 제18조 제1항 등에 따라 폐기물 인계·인수 내용 등의 전산처리를 위하여 전산처리기구에 구축·운영하는 전자정보처리프로그램을 말한다(제2조 제1호)라고 규정하여, 전산처리기구의 장으로 하여금 올바로시스템 유지보수 등의 업무를 처리하도록 하고 있다(제5조 제3호).
그런데 한국환경공단은 한국환경공단법에 의해 설립된 법인으로서, 그 임직원은 공무원이 아니고 단지 같은 법 제11조, 건설폐기물법 제61조, 폐기물관리법 제62조의2 등에 의하여 형법 제129조부터 제132조까지의 규정을 적용할 때 공무원으로 의제될 뿐이며, 한국환경공단 임직원을 공전자기록 등 위작죄에서 공전자기록 작성권한자인 공무원으로 의제하거나 한국환경공단이 작성하는 전자기록을 공전자기록으로 의제하는 취지의 명문규정은 없다.
이러한 관련 법령을 법리에 비추어 살펴보면, 한국환경공단이 환경부장관의 위탁을 받아 건설폐기물 인계·인수에 관한 내용 등의 전산처리를 위한 전자정보처리프로그램인 올바로시스템을 구축·운영하고 있더라도, 그 업무를 수행하는 한국환경공단 임직원을 공전자기록의 작성권한자인 공무원으로 보거나 한국환경공단을 공무소로 볼 수는 없다. 그리고 한국환경공단법 등이 한국환경공단 임직원을 형법 제129조 내지 제132조의 적용에 있어 공무원으로 본다고 규정한다고 하여 그들 또는 그들이 직무를 행하는 한국환경공단을 형법 제227조의2에 정한 공무원 또는 공무소에 해당한다고 보는 것은 형벌법규를 피고인에게 불리하게 확장해석하거나 유추해석하는 것이어서 죄형법정주의 원칙에 반한다. 이는 한국환경공단 또는 그 임직원이 환경부장관으로부터 위탁받은 업무와 관련하여 직무상 작성한 문서를 공문서로 볼 수 없는 것과 마찬가지이다. (대법원 2020. 3. 12., 선고, 2016도19170, 판결)

2. 행 위

위작 · 변작하는 것

■ 판례 ■ **경찰관이 고소사건을 처리하지 아니하였음에도 경찰범죄정보시스템에 그 사건을 검찰에 송치한 것으로 허위사실을 입력한 행위가 위작에 해당하는지 여부(적극)**

[1] 공전자기록등 위작죄에 있어서의 "전자기록 위작"의 의미

형법 제227조의2에서 위작의 객체로 규정한 전자기록은, 그 자체로는 물적 실체를 가진 것이 아니어서 별도의 표시 · 출력장치를 통하지 아니하고는 보거나 읽을 수 없고, 그 생성 과정에 여러 사람의 의사나 행위가 개재됨은 물론 추가 입력한 정보가 프로그램에 의하여 자동으로 기존의 정보와 결합하여 새로운 전자기록을 작출하는 경우도 적지 않으며, 그 이용과정을 보아도 그 자체로서 객관적 · 고정적 의미를 가지면서 독립적으로 쓰이는 것이 아니라 개인 또는 법인이 전자적 방식에 의한 정보의 생성 · 처리 · 저장 · 출력을 목적으로 구축하여 설치 · 운영하는 시스템에서 쓰임으로써 예정된 증명적 기능을 수행하는 것이므로, 위와 같은 시스템을 설치 · 운영하는 주체와의 관계에서 전자기록의 생성에 관여할 권한이 없는 사람이 전자기록을 작출하거나 전자기록의 생성에 필요한 단위 정보의 입력을 하는 경우는 물론 시스템의 설치 · 운영 주체로부터 각자의 직무범위에서 개개의 단위정보의 입력 권한을 부여받은 사람이 그 권한을 남용하여 허위의 정보를 입력함으로써 시스템 설치 · 운영 주체의 의사에 반하는 전자기록을 생성하는 경우도 형법 제227조의2에서 말하는 전자기록의 '위작'에 포함된다고 보아야 할 것이다.

[2] 공전자기록위작죄의 성립하는지 여부(적극)

경찰관이 고소사건을 처리하지 아니하였음에도 경찰범죄정보시스템에 그 사건을 검찰에 송치한 것으로 허위사실을 입력한 행위는 공전자기록위작죄에 해당한다(대법원 2005.6.9. 선고 2004도6132 판결).

■ 판례 ■ **자동차등록 담당공무원인이 여객자동차 운수사업법상 차량충당연한 규정에 위배되어 영업용으로 변경 및 이전등록을 할 수 없는 차량인 것을 알면서 자동차등록정보 처리시스템의 자동차등록원부 용도란에 '영업용' 이라고 입력하였으나, 변경 및 이전등록에 관한 구체적 등록내용인 최초등록일 등은 사실대로 입력한 경우**

자동차등록원부상 '영업용으로의 용도변경 및 이전'에 관한 등록정보가 확인·공시하는 내용에 자동차가 영업용으로 용도변경되어 이전되었다는 사실 외에 변경 및 이전등록에 필요한 법령상 자격의 구비 사실까지 포함한다고 볼 법적인 근거가 없고, '허위의 정보' 라 함은 진실에 반하는 내용을 의미하는 것으로서, 관계 법령에 의하여 요구되는 자격을 갖추지 못하였음에도 불구하고 고의로 이를 갖춘 것처럼 단위 정보를 입력하였다고 하더라도 그 전제 또는 관련된 사실관계에 대한 내용에 거짓이 없다면 허위의 정보를 입력하였다고 볼 수 없다.따라서 최초등록일 등 등록과 관련된 사실관계에 대한 내용에 거짓이 있다고 볼 수 없는 이상, 위 행위가 공전자기록등위작죄의 '위작'에 해당한다고 할 수 없다(대법원 2011. 5. 13. 선고 2011도1415 판결).

3. 주관적 구성요건

고의와 사무를 그르치게 할 목적(하자있는 일처리를 하게 할 목적)이 있을 것

1. 수사경찰관이 범죄정보시스템에 처리내용 허위 입력

1) 범죄사실 기재례

피의자는 ○○경찰서 경제팀 소속 경찰관 공무원(경위)이다.

피의자는 20○○. 7. 31.경 위 경찰서 경제팀 사무실에서 사실은 甲에 대한 고소사건을 처리하지 아니하였다.

그럼에도 불구하고, 경제팀 소속 일용직으로서 그 정을 모르는 김미자를 통하여 형사사법정보시스템(KICS)에 같은 사건을 같은 날 검찰에 송치한 것으로 허위사실을 입력한 것을 비롯하여 그때부터 20○○. ○. ○.경까지 총 10회에 걸쳐 같은 방법으로 형사사법정보시스템에 허위사실을 입력하였다.

이로써 피의자는 사무처리를 그르칠 목적으로 공무소의 전자기록인 형사사법정보기록을 위작하였다.

2) 적용법조 : 제227조의2… 공소시효 10년

3) 신문사항

- 경찰공무원인가
- 언제 임용되었으며 현재의 직급, 직책은 무엇인가
- 주로 어떤 업무를 취급하고 있는가
- 취급중인 사건에 대한 처리 내용은 어떠한 방법으로 정리하는가
- 형사사법정보시스템은 어떠한 시스템인가
- 모든 수사기관에 대한 접수 처리사항을 기록 정리하는 것인가
- 이런 내용의 전산입력은 누가 하는가
- 김미자를 알고 있는가
- 위 김미자로 하여금 피의자가 처리한 사건을 전산입력하도록 한 일이 있는가
- 언제부터 언제까지 어떤 사건처리 내용을 입력하도록 하였나
- 이런 사건에 대해서는 모두 처리하였나
- 그럼 처리한 수사서류는 모두 검찰로 송치하였는가
- 검찰로 송치하지 않고 전산입력만 하였다는 것인가
- 위 김미자도 이런 내용을 알고 있는가

2. 시장 명의를 도용 용도변경을 승인하는 내용의 전자결재 서류를 작성한 경우

1) 범죄사실 기재례

가. 공전자기록등위작

피의자는 지방공무원으로서 200○. ○. ○.부터 ○. ○까지 ○○시에서 21세기 기획단에서 ○○공원개발사업 현안사업추진팀장, 200○. ○. ○.부터 200○. ○. ○.까지 ○○시 도시관리사업소장, 200○. ○. ○.부터 200○. ○. ○.까지 도로관리과장으로 근무하였다.

피의자는 위 21세기 기획단에서 ○○공원개발사업 현안사업추진팀장으로 공원개발업무를 담당하면서 피의자의 담당업무가 위와 같이 차례로 변경되었고, 200○. ○. ○.경 ○○시장으로부터 공원개발업무를 소관부서인 '녹지과'로 이관토록 지시를 받았으므로 ○○시 사무인계인수규칙, 세부분장사무에관한규정에 의하여 200○. ○. ○.경까지는 공원개발업무를 소관부서인 '녹지과'로 인계하여 주어야 하고 그 시점부터는 공원개발업의 추진과 관련하여 업무를 담당하거나 ○○시장 명의의 공전자기록 등을 작성할 아무런 권한이 없었다.

피의자는 그럼에도 불구하고, ○○시와 공동으로 위 공원개발사업을 시행하는 주식회사 ○○개발의 실질적 대표인 홍길동으로부터 공공시설을 축소하여 상업시설로 용도를 변경하고 그 면적을 확대하여 달라는 부탁을 하였다.

피의자는 200○. ○. ○. ○○시에 있는 ○○시청 도로관리과 사무실에서 ○○시의 사무처리를 그르치게 할 목적으로 자신의 컴퓨터를 이용하여 수신자 '○○도지사(도시계획과장)' 제목 '산업단지 개발사업 실시계획 변경승인신청' 그 아래에 ○○고시 제○○로 실시계획 승인을 득하여 사업시행 중인 ○○근린공원 부지조성사업에 대하여 산업입지 및 개발에 관한 법률 제17조 및 같은 법 시행령 제21조의 규정에 따라 붙임과 같이 실시계획 변경승인 신청하오니 승인하여 주시기 바랍니다. 붙임 : 실시계획 변경승인 신청서 1부, 실시계획 변경승인 사유서 1부. 끝.' 이라는 내용으로 전자문서 1부를 작성한 다음, 피의자가 전결 처리하는 방법으로 전자문서 하단 부분에 ○○시장 명의의 관인을 날인한 다음 도로관리과로 문서편철 등록게 하였다.

이로써 피의자는 사무처리를 그르칠 목적으로 공무소의 전자기록인 ○○시장 명의의 공전자기록 1부를 위작하였다.

나. 위작공전자기록등행사

그 시경 ○○도지사에게 위와 같이 위작한 ○○시장 명의의 전자문서인 '산업단지 개발사업 실시계획 변경 승인신청서'를 발송하여 위작한 ○○시장 명의의 공전자기록 1부를 행사하였다.

2) 적용법조 : 제227조의2, 제229조 … 공소시효 10년

3. 자동차등록 정보시스템에 처리내용 허위 입력

1) 범죄사실 기재례

피의자 甲은 ○○시청 소속 공무원으로 20○○. 10. 1.부터 20○○. 12. 31.까지 위 시청 건설재난관리과 교통행정계에서 차량등록업무를 담당하였던 지방기능직 8급 공무원이었던 사람이고, 피의자 乙은 ○○에서 '○○중고자동차매매상사'를 운영하였던 사람으로 현재 중고자동차매매업에 종사하고 있다.

피의자들은 승객의 교통안전을 확보하고 교통사고 발생을 방지하기 위하여 여객자동차 운수사업법상 고속버스 영업용 등록이 말소된 차량 중에 최초등록일로부터 3년 이상 경과된 차량은 자가용으로만 등록할 수 있고 영업용 전세버스로는 등록할 수 없다는 것을 잘 알고 있었다.

피의자 甲은 20○○. 6.경 피의자 乙로부터 차량등록번호(○○) 버스 2대의 이전등록신청서를 받으면서 영업용 전세버스로 등록해 달라는 부탁을 받고 20○○. 6. 11. ○○시청 건설재난관리과 사무실에서 자동차 이전등록 업무를 처리하면서 마치 A주식회사가 B주식회사로부터 위 버스를 영업용으로 양수하여 이전등록을 한 것처럼 공전자기록인 자동차등록정보 처리시스템 중 위 버스에 관한 자동차등록원부에 A주식회사의 영업용 전세버스로 이전등록 처리하였다.

그러나 사실은 A주식회사가 영업용 버스를 증차한다는 내용의 사업계획 변경신청을 한 사실이 없었다.

그리하여 피의자 甲은 피의자 乙과 공모하여, 사무처리를 그르치게 할 목적으로 공전자기록인 자동차등록파일을 위작하고, 그 무렵 이를 같은 장소에 보관·비치하여 이를 행사하였다.

2) **적용법조** : 제227조의2, 제229조 ··· 공소시효 10년

제5항 공정증서원본 등의 부실기재

제228조(공정증서원본 등의 부실기재) ① 공무원에 대하여 허위신고를 하여 공정증서원본 또는 이와 동일한 전자기록등 특수매체기록에 부실의 사실을 기재 또는 기록하게 한 자는 5년 이하의 징역 또는 1천만원 이하의 벌금에 처한다.
② 공무원에 대하여 허위신고를 하여 면허증, 허가증, 등록증 또는 여권에 부실의 사실을 기재하게 한 자는 3년 이하의 징역 또는 700만원 이하의 벌금에 처한다.
제235조(미수범) 제225조 내지 제234조의 미수범은 처벌한다.

 I. 구성요건

1. 주 체

제한이 없으며, 직무와 무관한 공무원도 본죄의 주체

2. 객 체

공정증서원본 또는 이와 동일한 전자기록 등 특수매체기록 · 면허증 · 허가증 · 등록증 · 여권

(1) 공정증서

공무원이 직무상 작성하는 권리 · 의무에 관한 사실을 증명하는 효력을 갖는 일체의 증서로서 원본임을 요한다.

공정증서원본에 해당하는 것	공정증서원본에 해당하지 않는 것
(1) 호적부	(1) 사업자등록증(대법원 2003도6934 판결)
(2) 화해조서	(2) 법원의 판결원본 · 지급명령원본
(3) 부동산 등기부	(3) 공정증서의 등본 · 초본 · 사본 · 정본(대법원 2001도 6513 판결)
(4) 자동차등록부, 선박등기부, 상업등기부, 호 적부	(4) 수사기관이 작성하는 진술조서, 감정인의 감정서, 소송상의 각종조서
(5) 간이절차에 의한 민사분쟁사건처리특례법에 의하여 합동법률사무소 명의로 작성된 공정증서	(5) 주민등록부, 주민등록증, 인감대장, 토지대장, 가옥대장, 임야대장, 선거인 명부

■ 판례 ■ **공증사무취급이 인가된 합동법률사무소 명의로 작성된 공증에 관한 문서가 공정증서원본에 해당하는지 여부(적극)**

[1] 사실관계

합동법률사무소의 사무원인 甲은 동사무소 소속 변호사의 참여하에 A의 유언에 대한 공정증서를 작성하기 위하여 그 초안을 작성하였다. 그 후 甲은 허위의 유언내용의 초안을 작성하여

기히 작성된 초안과 대체한 후 이를 진정한 공정증서 초안인 것처럼 가장하여 그 정을 모르는 변호사에게 제출하여 서명날인케 하였다.

[2] 판결요지

가. 공증사무취급이 인가된 합동법률사무소 명의로 작성된 공증에 관한 문서의 형법상 성질

공증사무 취급이 인가된 합동법률사무소 명의로 작성된 공증에 관한 문서는 형법상 공정증서 기타 공문서에 해당한다.

나. 甲의 죄책

간이절차에 의한 민사분쟁사건처리특례법에 의하여 합동법률사무소 명의로 작성된 공증에 관한 문서는 형법상의 공문서에 해당되고 동 합동법률사무소의 구성원인 변호사에게 허위신고를 하여서 동 합동법률사무소 명의의 공정증서에 부실의 사실을 기재하게 한 행위는 형법 제228조 1항에 해당된 다(대법원 1977.8.23. 선고 74도2715 전원합의체 판결).

■ 판례 ■　**부실의 사실이 기재된 공정증서의 정본을 그 정을 모르는 법원 직원에게 교부한 행위가 불실기재공정증서원본행사죄에 해당하는지 여부(소극)**

형법 제229조, 제228조 제1항의 규정과 형벌법규는 문언에 따라 엄격하게 해석하여야 하고 피고인 에게 불리한 방향으로 지나치게 확장해석하거나 유추해석하여서는 아니되는 원칙에 비추어 볼 때, 위 각 조항에서 규정한 '공정증서원본'에는 공정증서의 정본이 포함된다고 볼 수 없으므로 부실의 사실이 기재된 공정증서의 정본을 그 정을 모르는 법원 직원에게 교부한 행위는 형법 제229조의 불 실기재공정증서원본행사죄에 해당하지 아니한다(대법원 2002.3.26. 선고 2001도6503 판결).

(2) 전자기록 등 특수매체기록

공정증서원본에 상당하는 권리·의무에 관한 일정한 사실을 공적으로 증명하는 효력을 가진 전자기록 등(例, 전산자료화한 부동산등기화일, 자동차등록화일, 특허원부 또는 가족관계등록화일 등)

(3) 면허증

특정한 기능을 가진 자에게 그 기능에 따른 행위를 할 수 있는 권능을 부여하기 위하여 공무소·공무원이 작성·교부하는 증명서

면허증에 해당하는 것		면허증에 해당하지 않는 것	
(1) 의사면허증	(2) 운전면허증	(1) 시험합격증서	(2) 교사자격증
(3) 수렵면허증	(4) 침구사자격증	(3) 외국인등록증명서	(4) 자동차검사증

(4) 허가증

공무소가 특정인에게 일정한 영업·업무를 허가하였다는 사실을 증명하는 공문서(例, 유흥주점 영업허가증 등)

(5) 등록증

일정한 자격을 취득한 자에게 그 활동에 상응한 권능을 부여하기 위하여 공무소·공무원이 작성하는 증서(例, 변호사·공인회계사·세무사·변리사 등의 등록증 등)

■ 판례 ■　**사업자등록증이 형법 제228조 제2항에 정한 '등록증'에 해당하는지 여부**

[1] 사실관계

甲은 乙과 동업을 하면서 관할세무서장에게 허위신고를 하여 그 정을 모르는 관할세무서장으로부터 허위 내용의 사업자등록증을 교부받았다. 그 후 乙이 甲과의 동업계약을 해지하고 동업관계에서 탈퇴하자 甲은 임의로 공장의 운영권을 丙에게 넘겨주었다.

[2] 판결요지

가. 형법 제228조 제2항에 정한 '등록증'의 의미

형법 제228조는 공무원이 아닌 자가 그 정을 모르는 공무원을 이용하여 공문서에 허위의 사실을 기재하게 하는 이른바 간접적 무형위조를 처벌하면서 모든 공문서를 객체로 하지 않고 '공정증서원본 또는 이와 동일한 전자기록 등 특수매체기록'(제1항), '면허증, 허가증, 등록증 또는 여권'(제2항)으로 그 객체를 제한하고 있는바, 그 취지는 공문서 중 일반사회생활에 있어서 특별한 신빙성을 요하는 공문서에 대한 공공의 신용을 보장하고자 하는 것이므로 위 형법 제228조 제2항의 '등록증'은 공무원이 작성한 모든 등록증을 말하는 것이 아니라, 일정한 자격이나 요건을 갖춘 자에게 그 자격이나 요건에 상응한 활동을 할 수 있는 권능 등을 인정하기 위하여 공무원이 작성한 증서를 말한다.

나. 甲의 죄책

사업자등록증은 단순한 사업사실의 등록을 증명하는 증서에 불과하고 그에 의하여 사업을 할 수 있는 자격이나 요건을 갖추었음을 인정하는 것은 아니라고 할 것이어서 형법 제228조 제1항에 정한 '등록증'에 해당하지 않는다(대법원 2005.7.15. 선고 2003도6934 판결).

(6) 여 권

공무소가 여행자에게 발행하는 허가증(例, 가석방자에 대한 여행허가증, 외국여행자에 대한 여권)

3. 행 위

공무원에 대하여 허위신고를 하여 진실에 반하는 사실을 기재 또는 기록하게 하는 것

(1) 허위신고

일정한 사실에 관하여 객관적 진실에 반하여 신고

1) 태양

내용이 허위인 경우뿐만 아니라 신고인의 자격을 사칭하는 경우(例, 등기명의인이 아

닌 자가 명의인의 자격을 모용하여 소유권이전등기를 신청한 경우)도 허위신고에 해당한다.

✱ 허위신고에 의하지 않고 법원의 촉탁에 의하여 부실의 등기가 이루어지면 본죄는 성립하지 않는다.

2) 신고의 상대방

허위신고의 대상인 공무원은 신고사실을 기재 · 기록할 수 있는 권한을 가져야 하고 신고사실이 허위임을 몰라야 한다.

✱ 공무원이 허위신고임을 알고도 그대로 기재한 경우에는 공무원은 허위공문서작성죄, 신고인은 공범(공동정범, 교사범, 종범)이 된다.

3) 신고의 적법성

신고 또는 기재사항이 반드시 불법일 필요는 없다.

▪ 판례 ▪ **'허위신고'의 의미**

[1] 공전자기록등불실기재죄에서 '허위의 신고'의 의미
형법 제228조 제1항이 규정하는 공전자기록등불실기재죄는 공무원에게 허위의 신고를 하여 공전자기록에 불실의 사실을 기록하게 함으로써 성립하고, '허위의 신고'란 진실에 반하는 사실을 신고하는 것을 말한다.

[2] 중고자동차매매업자인 피고인이 여객자동차 운수사업법상 차량충당연한 규정에 위배되어 여객자동차 운수사업에 충당될 수 없는 차량인 것을 알면서 영업용으로 변경 및 이전등록신청을 하였으나, 구체적 등록내용인 최초등록일 등은 사실대로 기재한 사안에서, 피고인이 공전자기록등불실기재죄 및 그 행사죄의 '허위신고'를 하였다고 할 수 없는데도, 이와 달리 본 원심판단에 법리오해의 위법이 있다고 한 사례
중고자동차매매업자인 피고인이 여객자동차 운수사업법상 차량충당연한 규정에 위배되어 여객자동차운수사업에 충당될 수 없는 차량인 것을 알면서 영업용으로 변경 및 이전등록신청을 하였으나, 구체적 등록내용인 최초등록일 등은 사실대로 기재한 사안에서, 자동차등록원부상 '영업용으로의 용도변경 및 이전'에 관한 등록정보가 확인 · 공시하는 내용에 자동차가 영업용으로 용도변경되어 이전되었다는 사실 외에 변경 및 이전등록에 필요한 법령상 자격의 구비 사실까지 포함한다고 볼 법령상의 근거가 없고, 최초등록일 등 등록과 관련된 사실관계에 대한 내용에 거짓이 있다고 볼 수 없는 이상, 피고인이 허위의 신고를 하였다고 할 수 없는데도, 이와 달리 피고인에게 공전자기록등불실기재죄 및 그 행사죄를 인정한 원심판단에 법리오해의 위법이 있다고 한 사례(대법원 2011.5.13. 선고 2011도1415 판결).

(2) 부실기재 또는 기록

▪ 판례 ▪ **공정증서원본불실기재죄 또는 공전자기록등불실기재죄에서 '부실(不實)의 사실'의 의미**

형법 제228조 제1항이 규정하는 공정증서원본불실기재죄나 공전자기록등불실기재죄는 특별한 신빙성이 인정되는 권리의무에 관한 공문서에 대한 공공의 신용을 보장함을 보호법익으로 하는 범죄로서 공무원에 대하여 진실에 반하는 허위신고를 하여 공정증서원본 또는 이와 동일한 전자기록 등 특수매체기록에 그 증명하는 사항에 관하여 실체관계에 부합하지 아니하는 '부실(不實)의 사실'을 기재 또는 기록하게 함으로써 성립하므로, 여기서 '부실의 사실'이란 권리의무관계에 중요한 의미를 갖는 사항이 객관적인 진실에 반하는 것을 말한다(대법원 2013.1.24. 선고 2012도12363 판결).

1) 소정의 절차결여

■ 판례 ■ **당회의 결의가 그 소집 및 결의절차가 부적법한 경우**

[1] 사실관계

A교회는 교인들간의 갈등이 심화되어 그 일부 교인들이 소속교단을 탈퇴하고 새로운 교단에 가입하여 별개의 교회로 분열되자, A교회의 당회는 목사 甲과 그를 지지하는 교인들과 장로들만에 의하여 소집된 후 교회재산인 부동산을 총회유지재단에 증여하기로 하는 내용의 결의를 하고, 등기공무원에게 위 결의에 따른 취지의 등기신청을 하여 위 부동산에 관하여 증여를 원인으로 하는 소유권이전등기를 마쳤다.

[2] 판결요지

일반적으로 하나의 교회가 두 개의 교회로 분열된 경우 교회의 장정 기타 일반적으로 승인된 규정에서 교회가 분열될 경우를 대비하여 미리 재산의 귀속에 관하여 정하여진 바가 없으면 교회의 법률적 성질이 권리능력 없는 사단인 까닭으로 종전 교회의 재산은 분열 당시 교인들의 총유에 속하고, 교인들은 각 교회활동의 목적 범위 내에서 총유권의 대상인 교회재산을 사용·수익할 수 있다. 따라서 위 당회의 결의가 그 소집 및 결의절차가 부적법하므로 공정증서원본불실기재죄 및 동행사죄가 성립한다(대법원 2005.10.28. 선고 2005도3772 판결).

■ 판례 ■ **공정증서원본의 기재사항에 취소사유에 해당하는 하자가 있는 경우**

공정증서원본에 기재된 사항이 외관상 존재하는 사실이라 하더라도, 이에 무효나 부존재에 해당되는 흠이 있다면 그 기재는 불실기재에 해당된다. 그러나 그것이 객관적으로 존재하는 사실이고 이에 취소사유에 해당되는 하자가 있을 뿐인 경우에는 그 취소 전에 그 사실의 내용이 공정증서원본에 기재된 이상, 그 기재가 공정증서원본불실기재죄를 구성하지 않는다. 따라서 주주총회의 소집절차 등에 관한 하자가 주주총회결의의 취소사유에 불과하여 그 취소 전에 주주총회의 결의에 따른 감사변경등기를 한 것은 공정증서원본불실기재죄를 구성하지 않는다(대법원 2009.2.12. 선고 2008도10248 판결).

■ 판례 ■ **발행인과 수취인이 통모하여 진정한 어음채무 부담이나 어음채권 취득 의사 없이 단지 발행인의 채권자에게서 채권 추심이나 강제집행을 받는 것을 회피하기 위하여 형식적으로만 약속어음의 발행을 가장한 후 공증인에게 마치 진정한 어음발행행위가 있는 것처럼 허위로 신고하여 어음공정증서원본을 작성·비치하게 한 경우, 공정증서원본불실기재 및 동행사죄가 성립하는지 여부(적극)**

형법 제228조 제1항의 공정증서원본불실기재죄는 공무원에 대하여 진실에 반하는 허위신고를 하여 공정증서원본 또는 이와 동일한 전자기록 등 특수매체기록에 실체관계에 부합하지 않는 불실의 사실을 기재 또는 기록하게 함으로써 성립한다. 그런데 발행인과 수취인이 통모하여 진정한 어음채무 부담이나 어음채권 취득에 관한 의사 없이 단지 발행인의 채권자에게서 채권 추심이나 강제집행을 받는 것을 회피하기 위하여 형식적으로만 약속어음의 발행을 가장한 경우 이러한 어음발행행위는 통정허위표시로서 무효이므로, 이와 같이 발행인과 수취인 사이에 통정허위표시로서 무효인 어음발행행위를 공증인에게는 마치 진정한 어음발행행위가 있는 것처럼 허위로 신고함으로써 공증인으로 하여금 어음발행행위에 대하여 집행력 있는 어음공정증서원본을 작성케 하고 이를 비치하게 하였다면, 이러한 행위는 공정증서원본불실기재 및 불실기재공정증서원본행사죄에 해당한다고 보아야 한다(대법원 2012.4.26. 선고 2009도5786 판결).

■ 판례 ■ **대주주가 적법한 소집절차나 임시주주총회의 개최 없이 나머지 주주들의 의결권을 위임받아 자신이 임시의장이 되어 임시주주총회 의사록을 작성하여 법인등기를 마친 경우(소극)**

[1] 주식회사의 임시주주총회가 법령 및 정관상 요구되는 이사회의 결의 및 소집절차 없이 이루어졌다 하더라도, 주주명부상의 주주 전원이 참석하여 총회를 개최하는 데 동의하고 아무런 이의 없이 만장일치로 결의가 이루어졌다면 그 결의는 유효하다.

[2] 주주총회 의장의 선임에 관한 법령 및 정관의 규정을 준수하지 않고 대주주가 임시의장이 되어 임시주주총회 의사록을 작성한 경우에는, 해당 주주총회 결의가 유효함을 전제로 의장의 지위에 관한 자격모용사문서작성죄 및 동행사죄는 성립하지 않는다.

[3] 대주주가 적법한 소집절차나 임시주주총회의 개최 없이 나머지 주주들의 의결권을 위임받아 자신이 임시의장이 되어 임시주주총회 의사록을 작성하여 법인등기를 마친 경우에는, 공정증서원본불실기재죄가 성립하지 않는다(대법원 2008.6.26. 선고 2008도1044 판결).

■ 판례 ■ **1인주주회사에 있어서 1인주주가 이사를 상법 소정의 형식적 절차를 거치지 않고 해임하였다는 내용을 법인등기부에 기재케 한 경우, 공정증서원본불실기재죄의 성부(소극)**

1인주주회사에 있어서는 그 1인주주의 의사가 바로 주주총회 및 이사회의 결의로서 1인주주는 타인을 이사 등으로 선임하였다 하더라도 언제든지 해임할 수 있으므로, 1인주주인 피고인이 특정인과의 합의가 없이 주주총회의 소집 등 상법 소정의 형식적인 절차도 거치지 않고 특정인을 이사의 지위에서 해임하였다는 내용을 법인등기부에 기재하게 하였다고 하더라도 공정증서원본에 부실의 사항을 기재케 한 것이라고 할 수는 없다(대법원 1996.6.11. 선고 95도2817 판결).

■ 판례 ■ **1인회사에서 1인주주가 임원의 의사에 기하지 아니하고 사임서를 작성하거나 이에 기한 등기부의 기재를 한 경우, 사문서위조죄 및 공정증서원본불실기재죄의 성부(적극)**

[1] 사실관계

> 덕은산업주식회사의 이사이던 망 乙이 이사직에서 사임한 바 없고, 생전에 1인 주주인 甲에게 사임의 의사를 밝힌 바도 없었는데 甲이 乙의 사망 후에 사망으로 인한 퇴임절차대신 사임서를 작성하여 등기부에 기재케 하였다.

[2] 판결요지

이른바 1인회사에 있어서 1인주주의 의사는 바로 주주총회나 이사회의 의사와 같은 것이어서 가사 주주총회나 이사회의 결의나 그에 의한 임원변경등기가 불법하게 되었다 하더라도 그것이 1인주주의 의사에 합치되는 이상 이를 가리켜 의사록을 위조하거나 부실의 등기를 한 것이라고는 볼 수 없다 하겠으나 한편 임원의 사임서나 이에 따른 이사사임등기는 위와 같은 주주총회나 이사회의 결의 또는 1인주주의 의사와는 무관하고 오로지 당해 임원의 의사에 따라야 하는 것이므로 당해 임원의 의사에 기하지 아니한 사임서의 작성이나 이에 기한 등기부의 기재를 하였다면 이는 사문서위조 및 공정증서원본불실기재의 죄책을 면할 수 없다(대법원 1992.9.14. 선고 92도1564 판결).

공동대표이사로 법인등기하기로 그 절차를 위임받아 단독대표이사로 법인등기한 행위

[1] 사실관계

甲은 A주식회사의 대표이사로 있던 자인바, 乙과, 丙, 丁과 함께 甲과 乙을 위 회사의 공동대표이사로 법인등기를 하기로 합의하고 이들로부터 위 위임취지에 부합하는 "임시주주총회의사록"을 작성하여 등기하기로 되었던바, 행사할 목적으로 자신을 위 회사의 단독 대표이사로 하기로 의결하였다는 취지의 의사록을 작성한 다음 이들의 각 성명란에 자신이 부근 인장포에서 조각한 도장을 압날하여 임시주주총회의사록을 위조하고, 위조한 의사록을 산청등기소에 제출함으로써 법인등기하였다.

[2] 판결요지

공동대표이사로 법인등기를 하기로 하여 이사회의사록 작성 등 그 등기절차를 위임받았음에도 단독대표이사 선임의 이사회의사록을 작성하여 단독대표이사로 법인등기한 행위는 사문서위조, 동행사, 공정증서원본불실기재, 동행사의 죄에 해당한다(대법원 1994.7.29. 선고 93도1091 판결).

2) 부동산관련

등기에 절차상 하자가 있거나 그 원인이 실제와 다르다 하더라도 실체적 권리관계에 부합하게 하기 위하거나 부합하는 유효한 등기인 경우, 공정증서원본불실기재 및 동행사죄가 성립되지 않는다(대법원 2001.11.9. 선고 2001도3959 판결).

■ 판례 ■ **부동산에 관한 종중 명의의 등기에 있어서 허위의 종중 대표자 기재가 공정증서원본불실기재죄의 대상이 되는 부실의 기재에 해당하는지 여부(적극)**

[1] 사실관계

A종중의 종원인 甲은 종중의 적법한 대표자가 아닌데도 종중 소유의 토지들이 소유권보존등기가 되어 있지 아니한 점을 기화로 자신이 A종중 대표자인 것처럼 허위의 종중 규약과 회의록을 작성한 후 이를 근거로 자신을 위 종중의 대표자로 소유권보존등기를 경료하여 토지등기부를 그 곳에 비치하게 하였다.

[2] 판결요지

부동산등기법이 1991.12.14. 법률 제4422호로 개정되면서 등기권리자가 법인 아닌 사단 또는 재단인 경우에는 그 대표자나 관리인의 성명과 주소를 첨기하도록 되었는바, 위와 같은 법의 개정취지는 법인의 경우에는 법인등기부가 있으므로 부동산등기부에 회사명칭만 기재하더라도 대표권자가 누구인지를 용이하게 파악할 수 있으나, 비법인사단·재단의 경우에는 그렇지 못하여 아무 권한 없는 자가 정관이나 사원총회 결의록 등을 위조하여 자신이 진정한 대표자인 것처럼 등기신청을 할 위험이 매우 크므로 이들 단체명의의 등기에는 대표자 등의 성명, 주소, 주민등록번호를 등기사항으로 정하여 그 단체에 속하는 부동산의 처분권한이 누구에게 있는지를 등기부를 통하여 쉽게 확인할 수 있도록 공시하기 위한 것으로 보이고, 비록 종중 소유의 부동산은 종중 총회의 결의를 얻어야 유효하게 처분할 수 있다 하더라도 거래 상대방으로서는 부동산등기부상에 표시된 종중 대표자를 신뢰하고 거래하는 것이 일반적이라는 점 등에 비추어 보면, 종중 대표자의 기재는 당해 부동산의 처분권한과 관련된 중요한 부분의 기재로서 이에 대한 공공의 신용을 보호할 필요가 있으므로 이를 허위로 등재한 경우에는 공정증서원본불실기재죄의 대상이 되는 부실의 기재에 해당한다(대법원 2006.1.13. 선고 2005도4790 판결). ☞ (공정증서원본불실기재죄 및 불실기재공정증서원본행사죄)

■ 판례 ■　　토지거래 허가구역 안의 토지에 관하여 실제로는 매매계약을 체결하고서도 처음부터 토지거래허가를 잠탈하려는 목적으로 등기원인을 '증여'로 하여 소유권이전등기를 경료한 경우, 매도인과 매수인 사이에 실제의 원인과 달리 '증여'를 원인으로 한 소유권이전등기를 경료할 의사의 합치가 있었던 경우

형법 제228조 제1항이 규정하는 공정증서원본불실기재죄는 특별한 신빙성이 인정되는 공문서에 대한 공공의 신용을 보장함을 보호법익으로 하는 범죄로서 공무원에 대하여 진실에 반하는 허위신고를 하여 공정증서원본 또는 이와 동일한 전자기록 등 특수매체기록에 실체관계에 부합하지 아니하는 불실의 사실을 기재 또는 등록하게 함으로써 성립하는 것이다. 따라서 피고인이 토지거래 허가구역 안에 있는 이 사건 토지에 관하여 실제로는 매매계약을 체결하고서도 처음부터 토지거래허가를 잠탈하려는 목적으로 등기원인을 실제와 달리 '증여'로 소유권이전등기를 경료하였다는 것인 바, 위 토지거래계약은 확정적 무효이고, 이에 터 잡은 소유권이전등기는 실체관계에 부합하지 아니하며, 그와 같은 소유권이전등기는 토지등기부에 대한 공공의 신용을 해칠 위험성이 큰 점을 감안하면, 비록 실제의 원인과 달리 '증여'를 원인으로 한 소유권이전등기를 경료시킬 의사의 합치가 있더라도, 위 등기를 한 것은 허위신고를 하여 공정증서원본에 불실의 사실을 기재하게 한 때에 해당한다고 할 것이다(대법원 2007.11.30 선고 2005도9922 판결).

■ 판례 ■　　매매계약에 따른 잔금을 모두 지급하기 전에 소유권이전등기신청을 위임받은 법무사를 기망하여 소유권이전등기를 경료한 경우, 공정증서원본불실기재죄의 성부(소극)

[1] 사실관계

매수인 甲과 매도인 乙은 매매계약을 체결하였고, 그 매매계약에 따라 甲은 그 계약금과 대부분의 중도금을 지급하고 乙은 법무사에게 소유권이전등기에 필요한 서류 일체를 맡기고 나중에 잔금지급이 되면 그 등기신청을 하도록 위임하였는데, 甲은 잔금이 모두 지급되었다고 법무사를 기망하여 이에 속은 법무사가 소유권이전등기를 신청하여 소유권이전등기를 경료하였다.

[2] 판결요지

피고인과 매도인과의 사이에 매매계약이 이루어졌고 그 계약금과 대부분의 중도금이 지급되었으며 매도인이 법무사에게 소유권이전등기에 필요한 서류 일체를 맡기고 나중에 잔금지급이 되면 그 등기신청을 하도록 위임하였는데, 피고인이 법무사를 기망하였고 그가 피고인에게 기망당하여 잔금이 모두 지급된 것으로 잘못 알고 등기신청을 하여 그 소유권이전등기를 경료한 것이라면 위 법무사의 등기신청 행위에 하자가 있다고 할 수는 있으나(위 신청이 무효라고는 할 수 없다), 위 소유권이전등기의 원인이 되는 법률관계인 매매 내지는 물권적 합의가 객관적으로 존재하지 아니하는 것이라고는 할 수 없으니, 피고인이 위 법무사를 통하여 등기공무원에게 허위의 사실을 신고하여 등기부에 부실의 사실을 기재하게 한 것이라고는 할 수 없다(대법원 1996.6.11. 선고 96도233 판결).

■ 판례 ■　　**공동상속인 중의 1인이 다른 상속인들과의 합의 없이 법정상속분에 따른 공동상속 등기를 경료한 경우, 공정증서원본불실기재죄의 성립 여부(소극)**

[1] 사실관계

> 甲은 아버지인 망 A가 1993. 10. 26. 부동산을 자신의 계모인 피해자 乙에게 공정증서에 의한 유언으로 유증한 것을 알고도 자신의 법정상속분을 확보할 목적으로 A로부터 자신 및 乙, 丙, 丁앞으로 각 법정상속분에 따른 소유권이전등기를 경료하였다.

[2] 판결요지

공동상속인 중의 1인이 다른 공동상속인들과의 합의 없이 법정상속분에 따른 공동상속등기를 마쳤다고 하더라도 그것이 실체적 권리관계에 부합되는 것이라면 이를 부실의 등기라고는 할 수 없다(대법원 1995.11.7. 선고 95도898 판결).

■ 판례사례 ■　　**[실체적 권리관계에 부합하는 등기로 공정증서원본부실기재죄가 성립하지 아니하는 사례]**

(1) 실제의 등기원인은 명의신탁임에도 매매를 등기원인으로 기재하여 소유권이전등기를 경료한 경우(대법원 1967.7.11. 선고 65도592 판결)

(2) 건물매도인 甲이 건물의 실제 매수인 乙과 합의하에 편의상 A에게 소유권 이전등기를 경료한 경우(대법원 1991.9.24. 선고 91도1164 판결)

(3) 공동상속인 중의 1인이 다른 상속인들과의 합의 없이 법정상속분에 따른 공동상속등기를 경료한 경우(대법원 1995.11.7. 선고 95도898 판결)

(4) 자신의 부친이 적법하게 취득한 토지인 것으로 알고 실체관계에 부합하게 하기 위하여 소유권보존등기를 경료한 경우(대법원 1996.4.26. 선고 95도2468 판결)

(5) 채권자 甲과 채무자 乙이 합의하에 근저당권 설정등기를 함에 있어서 편의상 진정한 채무자가 아닌 A를 등기부상 채무자로 등재케 한 경우(대법원 1985.10.8. 선고 84도2461 판결)

(6) 부동산투기에 의한 양도소득세 부과를 걱정하여 자기 소유토지 300평을 실제로 매매한 사실이 없음에도 등기원인을 매매로 하여 친구 乙 앞으로 편의상 소유권이전등기를 마친 경우(대법원 1972.3.28. 선고 71도2417 판결)

(7) 어떤 부동산에 대하여 피상속인에게 실체상의 권리가 없음에도 불구하고 재산상속인 앞으로 상속을 원인으로 한 소유권이전등기를 경료한 경우(피상속인에게 신탁된 부동산을 상속인이 소유권이전등기를 경료한 경우)(대법원 1987.4.14. 선고 85도2661 판결)

(8) 점유하고 있는 토지에 대하여 매매를 원인으로 하는 소유권이전등기소송을 제기하여서 의제자백에 의한 승소판결을 받아 경료된 피고인 명의의 소유권이전등기가 비록 절차상의 하자가 있다 하더라도 점유에 의한 소유권취득시효가 완성된 경우(대법원 1987.3.10. 선고 86도864 판결)

■ 판례 ■　　**범죄에 이용할 목적으로 유한회사 설립등기를 한 것으로 인한 공전자기록 등 불실 기재죄와 그 행사죄가 문제되는 사건**

[1] 유한회사의 사원이 상법 등 법령에 정한 회사설립의 요건과 절차에 따라 회사설립등기를 함으로써 회사가 성립하였다고 볼 수 있는 경우, 회사설립등기와 그 기재 내용이 공정증서원본 불실기재죄나 공전자기록 등 불실기재죄에서 말하는 '불실의 사실'에 해당하는지 여부(원칙적 소극) / 이때 유한회사의 사

원 등 회사설립에 관여하는 사람이 회사를 설립할 당시 회사를 실제로 운영할 의사 없이 회사를 이용한 범죄 의도나 목적이 있었다거나, 회사로서의 인적·물적 조직 등 영업의 실질을 갖추지 않았다는 이유만으로 불실의 사실을 법인등기부에 기록하게 한 것으로 볼 수 있는지 여부(소극)

유한회사의 사원이 상법 등 법령에 정한 회사설립의 요건과 절차에 따라 회사설립등기를 함으로써 회사가 성립하였다고 볼 수 있는 경우 회사설립등기와 그 기재 내용은 특별한 사정이 없는 한 공정증서원본 불실기재죄나 공전자기록 등 불실기재죄에서 말하는 불실의 사실에 해당하지 않는다. 유한회사의 사원 등 회사설립에 관여하는 사람이 회사를 설립할 당시 회사를 실제로 운영할 의사 없이 회사를 이용한 범죄 의도나 목적이 있었다거나, 회사로서의 인적·물적 조직 등 영업의 실질을 갖추지 않았다는 이유만으로는 불실의 사실을 법인등기부에 기록하게 한 것으로 볼 수 없다.

[2] 피고인이 甲 유한회사를 설립한 후 회사 명의로 통장을 개설하여 이른바 대포통장을 유통시킬 목적이었을 뿐 회사를 설립한 사실이 없는데도 허위의 회사설립등기 신청서를 법원 등기관에게 제출하여 등기관으로 하여금 상업등기 전산정보처리시스템의 법인등기부에 위 신청서의 기재 내용을 입력하고 이를 비치하게 하였다고 하여 공전자기록 등 불실기재와 불실기재 공전자기록 등 행사의 공소사실로 기소된 사안

피고인이 甲 회사를 정관에 정한 목적대로 운영할 의사는 없었더라도 설립된 회사 명의로 금융기관 계좌를 개설하기 위해 상법상 회사를 설립할 의사는 있었으며, 회사설립에 필요한 정관을 작성하고, 출자 전액의 납입과 이사 등 임원의 취임승낙을 증명하는 정보 등을 첨부정보로 제출한 점, 이와 같은 요건을 갖추고 절차를 밟은 행위가 단지 설립된 회사의 법인격을 범죄 등에 이용하기 위한 방편으로 이행된 측면이 있더라도, 상법상 회사설립절차를 이루는 회사 정관의 작성 자체가 없었다거나 출자의 납입 사실 자체가 부존재한다거나 납입의 효력이 없다고 볼 수 없는 점, 회사설립등기에 임원으로 등재된 사람에게 임원 등재 의사가 인정되는 이상 실제로 직무를 행사할 의사까지는 없었다고 해서 그 사람이 회사의 임원이 아니라거나 회사에 임원이 부존재한다고 볼 수도 없는 점을 종합하면, 피고인이 실제 유한회사를 설립하려는 의사를 가지고 상법이 정하는 유한회사 설립에 필요한 정관 작성, 출자 이행, 임원 선임 등의 절차를 이행함으로써 甲 회사는 상법상 유한회사로 성립하였고, 회사설립행위에 일부 하자가 있었다거나 피고인이 회사설립 당시 정관에 기재된 목적 수행에 필요한 영업의 실질을 갖추거나 영업에 필요한 인적·물적 조직을 갖추지 않았다는 등의 사정만으로는 회사의 성립 자체를 부정하고 회사가 부존재한다고 볼 수 없으므로, 甲 회사 설립등기는 공전자기록 등 불실기재죄에서 말하는 불실의 사실에 해당하지 않는다. (대법원 2020. 3. 26., 선고, 2019도7729, 판결)

3) 가장납입관련

■ 판례 ■   주식납입금을 회사 설립등기 후 바로 인출하였으나 그 인출금을 주식납입금 상당 자산의 양수대금으로 사용한 경우, 납입가장죄의 성립 여부(소극)

[1] 사실관계

甲은 자동차정비업 등을 목적으로 설립하고자 하는 주식회사의 설립자본금 명목의 주금을 일시 차용하여 가장납입한 후 납입일 다음날 주금을 인출하여 차용금을 변제하는 방법으로 실제 자본금이 없는 명목상 회사를 설립하기로 한 후, 甲이 같은 날 국민은행으로부터 금 4억 원을 차용하여 위 회사의 주금으로 입금하고 즉석에서 주금납입증명서를 발급받아, 법무사로 하여금 같은 날 법원 등기과에서 위 주금납입증명서를 이용하여 위 회사의 설립등기를 경료하게 한 다음, 납입한 금 4억 원을 인출하여 그 인출금을 주식납입금 상당 자산의 양수대금으로 사용하였다.

가. 상법 제628조 제1항의 납입가장죄는 회사의 자본의 충실을 기하려는 법의 취지를 해치는 행위를 단속하려는 것이므로, 주식회사의 설립을 위하여 은행에 납입하였던 주식인수가액을 그 설립등기가 이루어진 후 바로 인출하였다 하더라도 그 인출금을 주식납입금 상당에 해당하는 자산을 양수하는 대금으로 사용한 경우에는 납입가장죄가 성립하지 아니한다.

나. 주식납입금을 회사 설립등기 후 바로 인출하였으나 이미 회사가 대표이사인 피고인으로부터 주식 납입금 상당에 해당하는 자산을 양도받기로 되어 있어 그 양수자금으로 사용한 것으로 볼 수 있는 경우, 납입가장죄는 성립할 수 없다(대법원 2001.8.21. 선고 2000도5418 판결).

■ 판례 ■ **타인으로부터 금원을 차용하여 주금을 납입하고 설립등기나 증자등기 후 바로 인출하여 차용금 변제에 사용하는 경우, 상법상 납입가장죄, 공정증서원본불실기재 및 동행사죄의 성부(적극)**

[1] 사실관계

사채업자인 甲은 주식회사 레이디의 대표이사이던 乙(공소외 2) 및 丁과 공모하여, 2001. 6. 27. 서울 중구 명동2가 33-2 소재 우리은행 명동지점에서 위 은행 유가증권 청약증거금계좌에 丙으로부터 차용한 250억 원을 포함하여 레이디의 유상증자금 300억 7,000만 원을 일괄 납입하여 예치하고, 위 은행으로부터 주식납입금보관증명서를 발급받은 다음, 위 회사 우선주 유상증자등기를 마친 후, 다음날 우선주 증자대금으로 납입한 300억 7,000만 원을 전액 인출해 가는 방법으로 위 회사의 증자대금의 납입을 가장하고, 丙과 공모하여, 같은 날 위와 같이 위 회사에 대한 주금을 가장하여 납입하였음에도, 인천 서부등기소에서 법무사 김동흘로 하여금 그 정을 모르는 등기공무원에게 주금납입금보관증명서 등 유상증자등기에 필요한 관계 서류를 제출하게 함으로써, 같은 날 위 등기공무원으로 하여금 위 회사의 발행주식 총수 및 자본의 총액에 대한 허위사실의 등기를 경료하게 하여 공정증서원본인 상업등기부에 부실의 사실을 기재하게 하고, 같은 일시·장소에서 위 등기공무원으로 하여금 위와 같이 부실의 사실이 기재된 상업등기부를 비치하게 하였다.

[2] 판결요지

상법 제628조 제1항 소정의 납입가장죄는 회사의 자본충실을 기하려는 법의 취지를 유린하는 행위를 단속하려는 데 그 목적이 있는 것이므로, 당초부터 진실한 주금납입으로 회사의 자금을 확보할 의사 없이 형식상 또는 일시적으로 주금을 납입하고 이 돈을 은행에 예치하여 납입의 외형을 갖추고 주금납입증명서를 교부받아 설립등기나 증자등기의 절차를 마친 다음 바로 그 납입한 돈을 인출한 경우에는, 이를 회사를 위하여 사용하였다는 특별한 사정이 없는 한 실질적으로 회사의 자본이 늘어난 것이 아니어서 납입가장죄 및 공정증서원본불실기재죄와 불실기재공정증서원본행사죄가 성립하고, 다만 납입한 돈을 곧바로 인출하였다고 하더라도 그 인출한 돈을 회사를 위하여 사용한 것이라면 자본충실을 해친다고 할 수 없으므로 주금납입의 의사 없이 납입한 것으로 볼 수는 없고, 한편 주식회사의 설립업무 또는 증자업무를 담당한 자와 주식인수인이 사전 공모하여 주금납입취급은행 이외의 제3자로부터 납입금에 해당하는 금액을 차입하여 주금을 납입하고 납입취급은행으로부터 납입금보관증명서를 교부받아 회사의 설립등기절차 또는 증자등기절차를 마친 직후 이를 인출하여 위 차용금채무의 변제에 사용하는 경우, 위와 같은 행위는 실질적으로 회사의 자본을 증가시키는 것이 아니고 등기를 위하여 납입을 가장하는 편법에 불과하여 주금의 납입 및 인출의 전과정에서 회사의 자본금에는 실제 아무런 변동이 없다고 보아야 할 것이므로, 그들에게 회사의 돈을 임의로 유용한다는 불법영득의 의사가 있다고 보기 어렵다 할 것이고, 이러한 관점에서 상법상 납입가장죄의 성립을 인정하는 이상 회사 자본이 실질적으로 증가됨을 전제로 한 업무상횡령죄가 성립한다고 할 수는 없다(대법원 2004.6.17. 선고 2003도7645 전원합의체 판결).

■ 판례 ■　**피고인이 甲 유한회사를 설립한 후 회사 명의로 통장을 개설하여 이른바 대포통장을 유통시킬 목적이었을 뿐 회사를 설립한 사실이 없는데도 허위의 회사설립등기 신청서를 법원 등기관에게 제출하여 등기관으로 하여금 상업등기 전산정보처리시스템의 법인등기부에 위 신청서의 기재 내용을 입력하고 이를 비치하게 하였다고 하여 공전자기록 등 불실기재와 불실기재 공전자기록 등 행사의 공소사실로 기소된 사안**

피고인이 甲 회사를 정관에 정한 목적대로 운영할 의사는 없었더라도 설립된 회사 명의로 금융기관 계좌를 개설하기 위해 상법상 회사를 설립할 의사는 있었으며, 회사설립에 필요한 정관을 작성하고, 출자 전액의 납입과 이사 등 임원의 취임승낙을 증명하는 정보 등을 첨부정보로 제출한 점, 이와 같은 요건을 갖추고 절차를 밟은 행위가 단지 설립된 회사의 법인격을 범죄 등에 이용하기 위한 방편으로 이행된 측면이 있더라도, 상법상 회사설립절차를 이루는 회사 정관의 작성 자체가 없었다거나 출자의 납입 사실 자체가 부존재한다거나 납입의 효력이 없다고 볼 수 없는 점, 회사설립등기에 임원으로 등재된 사람에게 임원 등재 의사가 인정되는 이상 실제로 직무를 행사할 의사까지는 없었다고 해서 그 사람이 회사의 임원이 아니라거나 회사에 임원이 부존재한다고 볼 수도 없는 점을 종합하면, 피고인이 실제 유한회사를 설립하려는 의사를 가지고 상법이 정하는 유한회사 설립에 필요한 정관 작성, 출자 이행, 임원 선임 등의 절차를 이행함으로써 甲 회사는 상법상 유한회사로 성립하였고, 회사설립행위에 일부 하자가 있었다거나 피고인이 회사설립 당시 정관에 기재된 목적 수행에 필요한 영업의 실질을 갖추거나 영업에 필요한 인적·물적 조직을 갖추지 않았다는 등의 사정만으로는 회사의 성립 자체를 부정하고 회사가 부존재한다고 볼 수 없으므로, 甲 회사 설립등기는 공전자기록 등 불실기재죄에서 말하는 불실의 사실에 해당하지 않는다. (대법원 2020. 3. 26., 선고, 2019도7729, 판결)

4) 이혼 및 혼인관련

■ 판례 ■　**부부관계를 설정할 의사 없이 중국 내 조선족 여자들의 국내 취업을 위한 입국을 목적으로 형식상 혼인신고를 한 경우, 공정증서원본불실기재죄의 성부(적극)**

[1] 사실관계

甲은 중국 국적의 조선족 처녀 乙을 국내에 취업하게 하기하여 위장결혼을 하기로 약속하고 중국에서 혼인신고를 하고 결혼증과 혼인공증을 받은 후 귀국하여 본적지 호적담당공무원에게 乙녀와의 혼인신고서를 제출하고 이를 비치하게 하였다.

[2] 판결요지

피고인들이 중국 국적의 조선족 여자들과 참다운 부부관계를 설정할 의사 없이 단지 그들의 국내 취업을 위한 입국을 가능하게 할 목적으로 형식상 혼인하기로 한 것이라면, 피고인들과 조선족 여자들 사이에는 혼인의 계출에 관하여는 의사의 합치가 있었으나 참다운 부부관계의 설정을 바라는 효과의사는 없었다고 인정되므로 피고인들의 혼인은 우리나라의 법에 의하여 혼인으로서의 실질적 성립요건을 갖추지 못하여 그 효력이 없고, 따라서 피고인들이 중국에서 중국의 방식에 따라 혼인식을 거행하였다고 하더라도 우리나라의 법에 비추어 그 효력이 없는 혼인의 신고를 한 이상 피고인들의 행위는 공정증서원본불실기재 및 동행사 죄의 죄책을 면할 수 없다(대법원 1996.11.22. 선고 96도2049 판결).

■ 판례 ■ **상대방을 기망하여 협의상 이혼의 확인을 받아 이를 신고한 경우, 공정증서원본불실기재죄의 해당 여부(소극)**

[1] 사실관계

甲은 그의 처 乙을 기망하여 법원으로부터 협의이혼의사를 확인받아, 이혼신고를 하여 호적에 그 협의이혼사실을 기재하게 하였다.

[2] 판결요지

협의상 이혼의 의사표시가 기망에 의하여 이루어진 것일지라도 그것이 취소되기까지는 유효하게 존재하는 것이므로, 협의상 이혼의사의 합치에 따라 이혼신고를 하여 호적에 그 협의상 이혼사실이 기재되었다면, 이는 공정증서원본불실기재죄에 정한 부실의 사실에 해당하지 않는다(대법원 1997.1.24. 선고 95도448 판결).

■ 판례 ■ **해외로 이주할 목적으로 이혼신고를 한 경우, 공정증서원본불실기재죄의 해당 여부(소극)**

[1] 사실관계

甲과 乙은 해외로 이주할 목적으로 일시적으로 이혼하기로 하고 이혼신고를 하여 호적에 그 협의이혼사실을 기재하게 하였다.

[2] 판결요지

피고인들이 해외로 이주할 목적으로 이혼신고를 하였다 하더라도 일시적이나마 이혼할 의사가 있었다고 보여지므로 혼인 및 이혼의 효력발생여부에 있어서 형식주의를 취하는 이상 피고인 등의 이건 이혼신고는 유효하다 할 것이다. 따라서 공정증서원본불실기재죄를 구성하지 아니한다(대법원 1976.9.14. 선고 76도107 판결).

■ 판례 ■ **대한민국 국적을 취득한 것처럼 인적 사항을 기재하여 대한민국 여권을 발급받은 다음 이를 출입국심사 담당공무원에게 제출한 경우**

[1] 불실기재 여권행사죄에서 '허위신고' 및 '불실(不實)의 사실'의 의미 / 여권 등 공정증서원본에 기재된 사항이 불실기재에 해당하는지 판단하는 기준

형법 제229조, 제228조 제2항에 정한 불실기재 여권행사죄에서 '허위신고'는 진실에 반하는 사실을 신고하는 것이고, '불실(不實)의 사실'은 '권리의무관계에 중요한 의미를 갖는 사항이 객관적인 진실에 반하는 것'을 말한다. 여권 등 공정증서원본에 기재된 사항이 존재하지 않거나 외관상 존재하더라도 무효사유에 해당하는 흠이 있다면 불실기재에 해당한다. 그러나 기재된 사항이나 원인된 법률행위가 객관적으로 존재하고 취소사유에 해당하는 흠이 있을 뿐이라면 취소되기 전에 공정증서원본에 기재된 사항은 불실기재에 해당하지 않는다.

[2] 외국인 여자가 대한민국에 입국하여 취업 등을 하기 위한 방편으로 대한민국 국민인 남자와 혼인신고를 하였으나 당사자 사이에 혼인의 합의가 없는 경우, 구 국적법 제3조 제1호에 따라 대한민국 국적을 취득하는지 여부(소극) / 이때 대한민국 국적을 취득한 것처럼 인적 사항을 기재하여 대한민국 여권을 발급받은 다음 이를 출입국심사 담당공무원에게 제출한 경우, 위계에 의한 공무집행방해죄 및 불실기재 여권

행사죄가 성립하는지 여부(적극)

구 국적법(1997. 12. 13. 법률 제5431호로 전부 개정되기 전의 것, 이하 '구 국적법'이라 한다) 제3조 제1호는 대한민국 국적의 법정 취득 사유로 '대한민국 국민의 처가 된 자'를 정하고 있다. 여기서 '대한민국 국민의 처가 된 자'에 해당하려면 대한민국 국민인 남자와 혼인한 배우자로서 당사자 사이에 혼인의 합의, 즉 사회관념상 부부라고 인정되는 정신적·육체적 결합을 생기게 할 의사의 합치가 있어야 한다. 그런데 외국인 여자가 대한민국에 입국하여 취업 등을 하기 위한 방편으로 대한민국 국민인 남자와 혼인신고를 하였더라도 위와 같은 혼인의 합의가 없다면 구 국적법 제3조 제1호에서 정한 '대한민국 국민의 처가 된 자'에 해당하지 않으므로 대한민국 국적을 취득할 수 없다.

구 국적법 제3조 제1호에 따라 대한민국 국적을 취득하지 않았는데도 대한민국 국적을 취득한 것처럼 인적 사항을 기재하여 대한민국 여권을 발급받은 다음 이를 출입국심사 담당공무원에게 제출하였다면 위계로써 출입국심사업무에 관한 정당한 직무를 방해함과 동시에 불실의 사실이 기재된 여권을 행사한 것으로 볼 수 있다. (대법원 2022. 4. 28., 선고, 2020도12239, 판결)

5) 당사자의 사후 동의 또는 추인이 있는 경우

■ 판례 ■ **이해관계인의 사후 승인이나 추인이 위법성을 조각하는지의 여부(소극)**

[1] 사실관계

甲은 부동산의 실제 양도인과 양수인의 각 상속인이 수인인데도 실제 양도인의 공동상속인중의 1인으로부터 실제 양수인의 공동상속인 중의 1인이 부동산 전부를 양수한 것처럼 기재하여 부동산소유권이전등기등에관한특별조치법상 소정의 보증서 및 확인서를 발급받아 이해관계인의 의사에 반하여 소유권이전등기를 경료하였으나, 그 후 그 토지에 관한 이해관계인들 모두가 위와 같은 등기를 추인하였다.

[2] 판결요지

가. 소유권이전등기가 절차상 하자가 있거나 등기원인이 실제와 다르다 하더라도 그 등기가 실체적 권리관계에 부합하는 유효한 등기인 경우, 공정증서원본불실기재 및 동행사죄의 성부(소극)

소유권이전등기가 절차상 하자가 있거나 등기원인이 실제와 다르다 하더라도 그 등기가 실체적 권리관계에 부합하게 하기 위한 것이거나 실체적 권리관계에 부합하는 유효한 등기인 경우에는 공정증서원본불실기재 및 동행사죄가 성립되지 않는다고 할 것이나, 이는 소유권이전등기 경료 당시를 기준으로 그 등기가 실체권리관계에 부합하여 유효한 경우에 한정되는 것이다.

나. 공정증서원본불실기재 및 동행사죄의 성부(적극)

소유권이전등기 경료 당시에는 실체권리관계에 부합하지 아니한 등기인 경우에는 사후에 이해관계인들의 동의 또는 추인 등의 사정으로 실체권리관계에 부합하게 된다 하더라도 공정증서원본불실기재 및 동행사죄의 성립에는 아무런 영향이 없다(대법원 1998.4.14. 선고 98도16 판결).

■ 판례 ■ **발행인과 수취인이 통모하여 진정한 어음채무 부담이나 어음채권 취득 의사 없이 단지 발행인의 채권자에게서 채권 추심이나 강제집행을 받는 것을 회피하기 위하여 형식적으로만 약속어음의 발행을 가장한 후 공증인에게 마치 진정한 어음발행행위가 있는 것처럼 허위로 신고하여 어음공정증서원본을 작성·비치하게 한 경우, 공정증서원본불실기재 및 동행사죄가 성립하는지 여부(적극)**

형법 제228조 제1항의 공정증서원본불실기재죄는 공무원에 대하여 진실에 반하는 허위신고를 하여 공정증서원본 또는 이와 동일한 전자기록 등 특수매체기록에 실체관계에 부합하지 않는 불실의 사실을 기재 또는 기록하게 함으로써 성립한다. 그런데 발행인과 수취인이 통모하여 진정한 어음채무 부담이나 어음채권 취득에 관한 의사 없이 단지 발행인의 채권자에게서 채권 추심이나 강제집행을 받는 것을 회피하기 위하여 형식적으로만 약속어음의 발행을 가장한 경우 이러한 어음발행행위는 통정허위표시로서 무효이므로, 이와 같이 발행인과 수취인 사이에 통정허위표시로서 무효인 어음발행행위를 공증인에게는 마치 진정한 어음발행행위가 있는 것처럼 허위로 신고함으로써 공증인으로 하여금 어음발행행위에 대하여 집행력 있는 어음공정증서원본을 작성케 하고 이를 비치하게 하였다면, 이러한 행위는 공정증서원본불실기재 및 불실기재공정증서원본행사죄에 해당한다고 보아야 한다(대법원 2012.4.26. 선고 2009도5786 판결).

(3) 실행의 착수시기와 기수시기

1) 착수시기
공무원에게 허위신고를 한 때

2) 기수시기
공정증서원본 등에 부실한 기재가 된 때

4. 타 죄와의 관계

○ 등기부에 부실사실을 기재한 후 그 등기부를 등기소에 비치하게 한 경우 ⇨ 공정증서불실기재 및 동행사죄의 실체적 경합
○ 법원을 기망하여 승소판결을 받고 그 확정판결에 기해 소유권이전등기를 경료한 경우 ⇨ 공정증서불실기재 및 동행사죄와 사기죄의 실체적 경합

● II. 범죄사실기재 및 신문사항

[기재례1] 혼인신고서를 위조하여 혼인신고

가. 사문서위조
　피의자는 200○. ○. ○. 피의자의 등록기준지인 ○○구청 민원봉사실에서 행사할 목적으로 홍길녀와 혼인한 것처럼 혼인신고서의 각란을 마음대로 기재한 다음 미리 홍길녀라고 새겨놓은 도장을 찍어 위 홍길녀 명의의 혼인신고 1통을 위조하였다.
나. 위조사문서행사
　피의자는 즉시 그곳에서 앞서 발급받아 소지하고 있던 그녀의 가족관계등록부를 붙여서 그 정을 모르는 위 ○○구청 민원실 직원 ○○○에게 위 허위 혼인신고서를 제출하여 행사하였다.
다. 공전자기록등불실기재 및 행사
　피의자는 즉시 위 민원실 공무원으로 하여금 공전자기록인 가족관계등록전산기록에 부실의 사실을 기재하게 하고, 즉석에서 가족관계등록전산기록을 저장하게 하여 이를 행사하였다.

2) **적용법조** : 제228조 제1항, 제229조, 제231조… 공소시효 7년

[기재례2] 무국적자를 가족관계등록부에 허위등재

1) 범죄사실 기재례

피의자 甲과 그의 동생인 乙은 중국 국적의 동포로서 평해 ○씨가 아닐 뿐 아니라 무적자인 내국인도 아니다. 피의자 甲과 위 乙은 대한민국 국적을 취득하기 위해 평해 ○씨 상일동 종친회 총무인 망(亡) 황길동과 피의자 丙에게 ○○만 원을 지급하기로 약속하였고, 황길동은 피의자 甲과 위 乙이 평해 ○씨로서 무적자인 내국인이라는 내용의 관련서류 등을 준비하고, 피의자 丙은 취적허가소송을 통하여 법원의 결정을 받아 피의자 甲, 위 乙을 가족관계등록부에 등재하기로 하였다.

피의자 甲, 피의자 丙은 20○○. ○. ○. 경 ○○에 있는 변호사 A 법률사무소에서 A 변호사에게 평해 ○씨 대동족보 사실확인서, 무적증명서 등을 제출하였고, 위 변호사는 20○○. ○. ○.경 ○○지방법원에 위 서류들을 첨부한 취적허가신청서를 접수하여 20○○. ○. ○.경 피의자 甲과 위 乙은 위 법원으로부터 취적허가 결정을 받았다.

피의자 甲, 피의자 丙은 20○○. ○. ○.경 ○○에 있는 ○○읍사무소에서 호적담당 공무원에게 위 취적허가 결정의 내용이 사실인 것처럼 제출하였고, 가족관계등록 담당 공무원은 피의자 甲을 세대주, 위 乙을 동생, 위 甲, 乙이 ○○에서 출생하였다는 허위의 사실을 가족관계등록부에 각각 등재하였다.

이로써 피의자 甲, 피의자 丙은 乙, 망 황길동과 공모하여 공무원에 대하여 허위신고를 하여 공정증서원본인 가족관계등록부에 부실의 사실을 기재하게 하고, 그 무렵 그곳에 이를 비치하게 하여 행사하였다.

2) **적용법조** : 제228조 제1항, 제229조… 공소시효 7년

[기재례3] 재건축조합 임원 허위등록

1) 범죄사실 기재례

피의자들은 ○○재건축 관련 기존 임원들과 잦은 마찰로 불화가 있어 상대 임원들을 불신임하고 있는 자들이다.

피의자들은 공모하여 20○○. ○. ○. ○○에 있는 ○○지방법원 등기과에서, 사실은 '○○아파트 재건축조합' 임시총회에서 조합의 임원 5명을 해임하고, 피의자들을 임원으로 선임한다는 내용의 결의를 한 사실이 없었다.

그럼에도 불구하고 등기과 직원에게 재건축조합 임시총회에서 조합장 홍길동 등 임원 5명을 해임하고, 조합장에 피의자 甲, 이사에 피의자 乙, 피의자 丙, 감사에 丁을 선임하여 취임하게 하는 내용의 변경등기신청서를 제출하였다.

이로써 그 정을 모르는 등기관이 재건축조합의 변경등기를 마치게 하여 공무원에게 허위신고를 하여 공정증서원본인 법인등기부에 부실의 사실을 기재하게 하고, 그 무렵 이를 그곳에 비치하게 하여 행사하였다.

2) **적용법조** : 제228조 제1항, 제229조… 공소시효 7년

3) **신문사항**

  – 재건축조합 조합원인가

  – 어떤 재건축 관련 조합원인가

  – 조합구성은 어떻게 이루어졌는가

  – 현재 그 조합의 임원 구성은 어떻게 되어 있는가

  – 피의자는 이 조합에서 어떤 역할을 맡고 있는가

  – 기존 임원을 해임한다는 임시총회를 개최한 일이 있는가

  – 그럼 임원교체에 대한 내용으로 등기소에 변경등기신청을 한 일이 있는가

  – 언제 어디에 누가하였는가

  – 어떤 내용으로 하였는가

  – 당시 제출한 서류는 무엇이었는가

  – 그 서류는 언제 어디에서 누가 작성하였는가

  – 어떤 내용으로 작성하였는가

  – 이러한 서류 내용이 모두 사실인가

  – 왜 이런 내용의 허위 서류를 작성 하였는가

  – 등기소에 제출한 후 어떻게 되었는가

  – 등기소 담당공무원은 허위 내용을 모르고 있던가

  – 피의자들의 행위로 인하여 법인등기부에 부실기재가 되었는가

[기재례4] 미이전 상속 재산 허위상속

1) **범죄사실 기재례**

피의자는 시조부인 홍길동이 그 소유인 ○○에 있는 ○○번지 토지를 동생인 홍길병에게 증여하고, 홍길병은 이를 甲에게 매도하였으나 아직 그 소유권이전등기가 경료되지 아니한 상태에서 홍길동이 사망하였다.

피의자는 200○. ○. ○.경 위 홍길동의 공동상속인 중 위 증여 및 매도 사실을 모르는 乙, 丙, 丁을 기망하여 그들의 각 상속지분을 피의자에게 증여한다는 증여계약서 및 그에 기한 토지소유권이전등기신청서를 작성하게 하였다.

피의자는 그 시경 위 등기소 등기관에게 제출함으로써 이 사건 토지의 등기부에 위 상속권자들의 지분 10분의 6을 피의자 앞으로 소유권이전등기가 경료되게 하여 공정증서원본에 부실의 사실을 기재하고, 그 등기부를 위 등기소에 비치하게 하여 이를 행사하였다.

2) **적용법조** : 제228조 제1항, 제229조… 공소시효 7년

[기재례5] 조선족과 위장 결혼 후 가족관계등록부에 허위등재

1) 범죄사실 기재례

가. 피의자는 사실은 중국인인 甲과 혼인 실체를 구성할 의사가 없음에도 불구하고 甲과 위장 혼인하는 대가로 성불상 ○○으로부터 ○○만을 받기로 하는 등 甲과 위장 결혼을 하여 금원을 받기로 마음먹었다.

그리하여 甲은 20○○. ○. ○. 중국 길림성 안도현 공증처에서 미재혼성명서를 작성하여 공증을 받아 미재혼증서 등 혼인신고에 필요한 서류를 성불상○○을 통하여 피의자에게 교부하였다.

그리고 피의자는 20○○. ○. ○.경 ○○군 ○○읍사무소 민원실 호적계에서 甲과 결혼하였다는 취지의 혼인신고서를 작성하고, 위 혼인신고서 및 성불상 乙로부터 위와 같이 넘겨받은 혼인신고에 필요한 서류를 그 정을 모르는 가족관계등록 담당 공무원에게 제출하여 위 가족관계등록 담당 공무원으로 하여 그 가족관계등록전산기록에 있는 피의자의 가족관계등록부에 피의자가 甲과 혼인하였다는 내용을 입력하게 하였다.

결국, 피의자는 甲과 공모하여 공무원에게 허위신고를 하여 공전자기록인 가족관계등록전산기록에 부실의 사실을 기재하게 하고, 즉석에서 가족관계등록전산기록을 저장하게 하여 이를 행사하였다.

나. 피의자는 '가항' 기재 위장 혼인을 위하여 중국에 머물던 중 중국인인 조선족 丙을 만나 좋은 감정을 가지게 되어 丙과 대한민국에서 함께 살기로 마음먹고, 사실은 丁과 丙이 서로 혼인 실체를 구성할 의사가 없음에도 불구하고 위장 결혼을 하게 하여 이를 빙자하여 丙을 대한민국으로 입국시키고, 위 위장 혼인의 대가로 丁에게 ○○만원을 주기로 하였다.

그리하여 丙은 ○○ 중국 길림성 안도현 공증처에서 미재혼성명서를 작성하여 공증을 받아 미재혼공증서 등 혼인신고에 필요한 서류를 피의자에게 교부하였고, 피의자는 20○○. ○. ○.경 丁에게 위와 같이 넘겨받은 혼인신고에 필요한 서류 및 피의자가 증인란에 피의자와 戊를 증인으로 각 서명·날인한 혼인신고서 등을 교부하였다.

그리고 丁은 같은 날 ○○에 있는 ○○구청 호적계에 피의자로부터 받은 위 혼인신고서에 丙과 丙이 혼인하였다는 취지를 기재하여 혼인신고서를 작성하고 위 혼인신고서 및 혼인신고에 필요한 서류 등을 그 정을 모르는 가족관계등록 담당 공무원에게 제출하여 위 가족관계등록 담당 공무원이 가족관계등록전산기록에 있는 丙의 가족관계등록부에 丙이 丙과 혼인하였다는 내용을 입력하게 하였다.

결국, 피의자는 丁, 丙과 공모하여 공무원에게 허위신고를 하여 공전자기록인 가족관계등록전산기록에 부실의 사실을 기재하게 하고, 즉석에서 가족관계등록전산기록을 저장하게 하여 이를 행사하였다.

[기재례6] 명의신탁 부동산 허위 문서작성 후 토지등기부에 허위등재

1) 범죄사실 기재례

피의자는 甲에게 명의신탁하여 둔 서울 ○○구 ○○동 18 대지 222㎡ 및 그 지상 건물 1동에 관하여 20○○. ○. ○. 설정한 채권최고액 ○○만 원, 채무자 甲, 근저당권자 乙, 丙으로 하는 공동 근저당권설정등기에 대하여 공동근저당권자 중 1명인 丙의 근저당권을 말소하는 기회에 乙의 근저당권까지 임의로 말소하기로 마음먹었다.

가. 사문서위조

피의자는 20○○. ○. ○.경 ○○에 있는 ○○에서 위 丙의 날인을 받은 위임장 용지와 근저당권설정계약서, 근저당권해지증서 등 근저당권설정등기 말소에 필요한 서류를 ○○재건축조합의 상무 홍길동에게 교부하면서 위 乙로부터 근저당권설정등기를 말소하도록 위임받았으니 도장을 새겨서 위 근저당권설정등기를 말소하라고 하였다.

그 사실을 모르는 홍길동은 20○○. ○. ○. 09:00경 같은 장소에서 위 근저당권등기의 말소등기절차를 법무사 戊에게 위임하였다.

戊는 그 위임에 따라 같은 날 10:00경 ○○에 있는 그의 사무실에서 위 위임장 용지의 부동산의 표시란에 "서울 ○○구 ○○동 18 대지 222㎡ 위 지상 연와조 세멘와즙 평가건 주택 88㎡ 지하실 33㎡", 등기원인과 그 연월일란에 "20○○년 1월 11일 해지", 등기의 목적란에 "근저당권 말소", 말소할 등기란에 "서기 20○○년 7월 10일 접수 제○○호로 등기한 근저당권", 근저당권자란에 "乙, 전남 순천시 동외동 116번지"라고 기재하였다. 또한 해지증서용지의 부동산의 표시란에 위와 같은 내용과 20○○. ○. ○. 접수 제○○호로 취득한 등기를 해지한다는 내용을 기재하고, 근저당권자란에 위 乙의 이름을 기재한 다음, 위 위임장 및 위 해지증서의 乙의 이름 옆에 임의로 새긴 乙의 도장을 각각 찍었다.

이로써 피의자는 행사할 목적으로 권한 없이 권리의무에 관한 사문서인 乙 명의로 된 위임장 1장, 해지증서 1장을 각각 위조하였다.

나. 위조사문서행사

피의자는 20○○. ○. ○. ○○지방법원 ○○등기소에서 접수번호 제○○호로 위 근저당권말소등기를 신청하면서 위 戊로 하여금 그 위조 사실을 모르는 성명을 알 수 없는 등기관에게 위와 같이 위조한 위임장과 해지증서가 마치 진정하게 성립된 것처럼 함께 제출하게 하여 각각 행사하였다.

다. 공정증서원본불실기재, 불실기재공정증서원본행사

피의자는 같은 일시, 장소에서 위와 같이 근저당권말소등기를 신청하여 위 등기관이 근저당권설정계약해지로 인한 위 근저당권말소등기를 경료하게 하여 공무원에 대하여 허위신고를 하여 공정증서원본인 토지등기부 및 건물등기부에 부실의 사실을 각각 기재하게 하고, 즉시 그 곳에 이를 비치하게 하여 각각 행사하였다.

2) 적용법조 : 제231조, 제234조, 제228조 제1항, 제229조… 공소시효 7년

[기재례7] 위임장 및 매도증서를 위조하여 소유권이전등기

1) 범죄사실 기재례

가. 사문서위조 및 행사

피의자의 부친 홍길동 소유의 부동산을 임의로 처분하는데 행사할 목적으로, 20○○. ○. ○. 경 ○○에 있는 법무사 김홍춘사무소에서 위 홍길동을 대리하여 그 소유의 부동산을 처분할 권한이 있는 것처럼 가장하여 그 정을 모르는 위 김홍춘이 등기신청에 관한 행위를 위임한다는 취지가 인쇄된 위임장과 매도증서 용지의 "부동산표시란에 ○○에 있는 전 3,000㎡, 등기목적 소유권 이전, 매도인 ○○시 ○○동 23번지 홍길동, 매수인 ○○시 ○○동 23번지 甲"이라고 검은색 볼펜으로 기재한 후 피의자가 미리 절취하여 가지고 있던 위 홍길동의 인장을 그 이름 옆에 함부로 각 날인하여 권리의무에 관한 사문서인 위 홍길동 명의의 위임장 및 매도증서 각 1통을 위조하였다.

피의자는 20○○. ○. ○. ○○:○○경 ○○에 있는 ○○등기소에서 그 정을 모르는 위 홍길동이 위와 같이 위조한 위임장, 매도증서를 성명불상 등기관에게 제출하게 하여 이를 행사하였다.

나. 공정증서불실기재 및 행사

피의자는 전항의 일시장소에서 위와 같이 허위사실을 신고하여 그 정을 모르는 성명을 알 수 없는 등기관이 등기부원본에 위 부동산에 대하여 甲 앞으로 매매를 원인으로 한 소유권이전등기를 경료하게 함으로써 공정증서원본에 부실의 사실을 기재하게 하고, 이를 즉시 그곳에 비치하게 하여 행사하였다.

2) 적용법조 : 제228조 제1항, 제229조, 제231(사문서위조)… 공소시효 7년

[기재례8] 종중 재산수용 보상금 관련

1) 범죄사실 기재례

피의자는 ○○씨 ○○파 종중의 종원이다. 피의자는 위 종중 소유의 ○○에 있는 토지들이 도로건설 공사와 관련하여 국토해양부로부터 수용되어 토지 보상금이 지급된다는 사실을 알게 되자 사실은 피의자는 위 종중의 적법한 대표자가 아니고 대표자 선출을 위한 아무런 절차도 거치지 아니하였으므로 위 토지들을 매도할 수 있는 권한이 전혀 없다.

그럼에도 불구하고, 위 토지들이 소유권보존등기가 되어있지 아니하거나 대표자가 표시되지 아니한 채 종중 명의로만 소유권등기가 되어있는 점을 이용하여 자신이 위 종중 대표자인 것처럼 허위의 종중 규약과 회의록을 작성하였다.

피의자는 20○○. ○. ○.경 ○○에 있는 ○○지방법원에서, 그곳 담당 공무원 성명을 알 수 없는 자가 위 토지 중 ○○에 있는 토지들에 대하여 각 소유자를 '○○씨 ○○파 종중 대표자 피의자'로 소유권보존등기를 경료하게 하였다.

이로써 공무원에 대하여 허위신고를 하여 공정증서원본인 토지등기부에 부실의 사실을 각각 기재하게 하고, 즉시 그곳에 비치하게 하여 이를 각 행사하였다.

2) 적용법조 : 제228조 제1항, 제229조… 공소시효 7년

[기재례9] 부동산 허위매입 등기신청

1) 범죄사실 기재례

가. 피의자는 ○○에 있는 대지 ○○㎡를 그 소유자 甲으로부터 매수한 사실이 없다. 그럼에도 피의자는 20○○. ○. ○.경 ○○에 있는 ○○등기소에서 그 사실을 모르는 법무사 乙이 위 대지 ○○㎡에 대한 소유권이전등기 신청서류를 작성하여 ○○등기소에 제출하게 하였다.

피의자는 그 사실을 모르는 위 등기소 담당 직원이 위 대지에 대하여 피의자 명의의 소유권이전등기를 경료하게 함으로써 공무원에 대하여 허위신고를 하여 공정증서원본인 부동산등기부에 부실의 사실을 기재하게 하였다.

나. 피의자는 그 무렵 위 ○○등기소에 위와 같이 부실의 사실이 기재된 등기부를 비치하게 하여 이를 행사하였다.

2) 적용법조 : 제228조 제1항, 제229조··· 공소시효 7년

[기재례10] 주금납입 가장 및 상업등기 허위등재

1) 범죄사실 기재례

가. 상법 위반

피의자는 20○○. ○. ○. ○○에 있는 ○○은행 ○○지점에서 위 은행 유가증권 청약증거금 계좌에 위 甲으로부터 차용한 250억 원을 포함하여 레이디의 유상증자금 30억 1,000만 원을 일괄 납입하여 예치하고, 위 은행으로부터 주식납입금보관증명서를 발급받은 다음, 위 회사 우선주 유상증자등기를 마친 후, 다음날 우선주 증자대금으로 납입한 30억 1,000만 원을 전액 인출해 가는 방법으로 위 회사의 증자대금의 납입을 가장하였다.

나. 공정증서원부불실기재 및 행사

피의자는 피의자 甲과 공모하여, 같은 날 위와 같이 위 회사에 대한 주금을 가장하여 납입하였음에도, ○○등기소에서 법무사 홍길동이 그 정을 모르는 등기관 丙에게 주금납입금보관증명서 등 유상증자등기에 필요한 관계서류를 제출하게 하였다.

이로써, 같은 날 위 등기관이 위 회사의 발행주식 총수 및 자본의 총액에 대한 허위사실의 등기를 경료하게 하여 공정증서원본인 상업등기부에 부실의 사실을 기재하게 하였다

피의자는 같은 일시·장소에서 위 등기관이 위와 같이 부실의 사실이 기재된 상업등기부를 비치하게 하여 행사하였다.

2) 적용법조 : 형법 제228조 제1항, 제229조, 상법 제628조 제1항··· 공소시효 7년

3) 신문사항

– 회사를 설립한 일이 있는가

– 회사 주식이 어느 정도인가

- 유상증자한 일이 있는가
- 언제 얼마를 유상증자하였나
- 어떤 방법으로 하였나
- 그 자금은 어떻게 충당하였나
- 이런 자금은 언제 어느 은행에 예치하였나
- 이렇게 예치된 자금은 누가 어떻게 관리하였나
- 은행에서 주식납입금보관증명서를 발급받았는가
- 유상증자등기는 누가 언제 하였나
- 유상증자등기에 어떤 서류를 제출하였나
- 어디에 이런 서류를 제출하였는가
- 등기소에 제출한 후 어떻게 되었는가
- 등기소 담당공무원은 허위 내용을 모르고 있던가
- 피의자들의 행위로 인하여 법인등기부에 부실기재가 되었는가
- 이렇게 등제한 후 증자대금의 납입한 돈은 어떻게 하였나
- 그럼 납입을 가장하였다는 것인가
- 왜 이런 행위를 하였는가
- 누구와 공모하였나

[기재례11] 부동산 소유권 허위이전

1) 범죄사실 기재례

피의자는 20○○. ○. ○. ○○에 있는 홍길동 소유의 부동산을 3억 5,000만 원에 매수하면서, 계약금 3,500만 원은 계약 당일, 중도금은 위 부동산에 설정된 부담을 피의자가 인수하는 것으로 하고, 잔금 1억 3,260만 원은 20○○. ○. ○. 지급하기로 약정한 후 위 부동산의 부담인수와 잔금지급을 이행하지 않았다.

그럼에도 불구하고, 20○○. ○. ○.13:00경 ○○법무사 사무소 사무장을 통하여 위 부동산의 소유권이전등기를 경료하게 함으로써 공무원에 대하여 허위신고를 하여 공정증서 원본인 부동산등기부에 부실의 사실을 기재하게 하고, 즉석에서 이를 비치하게 하여 행사하였다.

2) 적용법조 : 제228조 제1항, 제229조… 공소시효 7년

제6항 위조 등 공문서의 행사

> 제229조(위조 등 공문서의 행사) 제225조 내지 제228조의 죄에 의하여 만들어진 문서, 도화, 전자기록
> 등 특수매체기록, 공정증서원본, 면허증, 허가증, 등록증 또는 여권을 행사한 자는 그 각 죄에 정한
> 형에 처한다.
> 제235조(미수범) 제225조 내지 제234조의 미수범은 처벌한다.

Ⅰ. 구성요건

1. 주 체

제한이 없음. 공무원인가 사인인가를 불문

2. 객 체

위조·변조 공문서, 허위작성한 공문서, 부실기재 한 공정증서 원본
- 위조·변조된 공문서는 위법·유책한 행위로 만들어진 것일 필요는 없다.

3. 행 위

행사하는 것
- 행사란 위조 또는 변조된 공문서 등을 진정한 문서 또는 내용이 진실한 문서인
  것처럼 사용하는 것을 말한다.

(1) 행사의 방법

문서의 내용을 상대방이 인식할 수 있는 상태에 두는 것이면 그 방법 여하는 불문한
다(例, 제시, 제출, 교부, 송부, 우송, 비치, 열람 등, 위조문서를 모사전송(Fax)).

■ 판례 ■ **위조신분증을 소지만 하고 다닌 경우, 행사에 해당여부(소극)**

[1] 사실관계

甲은 가짜군인으로 행사할 목적으로 육군특무상사의 복장을 하고 또한 위조한 신분증을 휴대
하고 각처를 배회하였다.

[2] 판결요지

위조문서인 신분증을 항상 휴대하고 다닌 것만으로는 위조문서행사의 착수가 있었다고 볼 수 없다
(대법원1956.11.2. 선고 4289형상240 판결).

■ 판례 ■ **법원이 이혼의사확인서등본 뒤에 이혼신고서를 첨부하고 간인하여 교부하였는데 당사자가 이를 떼어내고 다른 내용의 이혼신고서를 붙여 호적관서에 제출한 경우, 공문서변조 및 변조공문서행사죄가 성립하는지 여부(소극)**

구 호적법 제79조 제1항 및 구 호적법 시행규칙(2007. 11. 28. 대법원규칙 제2119호로 폐지) 등을 종합하여 볼 때, 가정법원의 서기관 등이 이혼의사확인서등본을 작성한 뒤 이를 이혼의사확인신청 당사자 쌍방에게 교부하면서 이혼신고서를 확인서등본 뒤에 첨부하여 그 직인을 간인하였다고 하더라도, 그러한 사정만으로 이혼신고서가 공문서인 이혼의사확인서등본의 일부가 되었다고 볼 수 없다. 따라서 당사자가 이혼의사확인서등본과 간인으로 연결된 이혼신고서를 떼어내고 원래 이혼신고서의 내용과는 다른 이혼신고서를 작성하여 이혼의사확인서등본과 함께 호적관서에 제출하였다고 하더라도, 공문서인 이혼의사확인서등본을 변조하였다거나 변조된 이혼의사확인서등본을 행사하였다고 할 수 없다(대법원 2009.1.30. 선고 2006도7777 판결).

(2) 행사의 상대방

상대방은 문서가 위조 또는 변조된 사실을 모를 것

○ 위조 또는 변조된 사실을 아는 공범자에 대한 제시나 교부는 행사가 되지 아니한다.

○ 위조된 문서의 작성 명의인이라도 행사의 상대방이 될 수 있다(대법원 2005.1.28. 선고 2004도4663 판결).

○ 간접정범을 통한 위조문서행사범행에 있어 도구로 이용된 자라고 하더라고 문서가 위조된 것임을 알지 못하는 자에게 행사한 경우에는 위조문서행사죄가 성립한다(대법원 2012.2.23.선고 2011도14441 판결).

(3) 원본의 사용

행사는 위조·변조된 문서 자체, 즉 원본을 사용해야 한다. 다만 사진복사·전자복사한 복사본은 문서로 간주되므로(제237조의2) 이를 사용할 경우에는 행사에 해당한다.

(4) 기 수

문서나 기록을 상대방이 인식할 수 있는 상태에 둠으로써 기수가 되고, 상대방이 문서 등의 내용을 현실로 인식하였거나 신용이 침해되었을 것은 요하지 않는다.

4. 주관적 구성요건

위조·변조 공문서, 허위작성한 공문서, 부실기재한 공정증서 등에 대한 인식과 이를 행사한다는 점에 대한 고의가 있을 것(행사의 목적은 불요)

5. 죄 수

○ 행사의 목적으로 공문서를 위조한 범인이 문서위조 후 위조공문서를 행사한 경우 ⇨ 공문서 위조죄와 위조공문서행사죄의 실체적 경합범

○ 위조공문서행사에 의하여 타인의 재물 또는 재산적 이익을 취득한 경우 ⇨ 위조공문서행사죄와 사기죄의 상상적 경합

II. 범죄사실기재

[기재례1] 인증합의서를 변조하고 법원에 제출

1) 범죄사실 기재례

피의자는 20○○. ○. ○.경 甲이 소유하고 있는 ○○에 있는 임야 ○○㎡에서 온천수가 나올 것으로 알고, 甲과 위 임야에 온천개발을 하는 데 필요한 공사비는 피의자가 전액 부담하고 온천수가 나오면 위 임야의 절반을 피의자가 가지기로 하는 계약을 체결하였다.

피의자는 같은 날 ○○에 있는 ○○공증인 합동사무소에서 합의 내용 제1조에 '甲은 시공에 필요한 비용의 전액을 부담한다. 온천수 시공 전에 필요한 환경영향평가 등 준비비용 일체와 온천구 허가 취득비용 및 예상치 못했던 일체의 비용을 전액 부담한다.'('甲'은 피의자이다)라고 기재한 온천수 개발합의서를 작성하여 인증서를 각 교부받은 후, 위 임야에 대하여 임○○에게 도급하여 온천수 개발공사를 완료하였으나 온천수가 나오지 않았고, 임○○에게 공사비도 지급하지 못하게 되자, 위 인증합의서를 변조하여 甲을 상대로 공사대금청구소송을 제기하여 공사비 및 기타 투자비용을 사취하기로 마음먹었다.

가. 공문서위조

피의자는 위 인증서를 교부받은 20○○. ○. ○. 경 ○○에서, 위 인증합의서의 '온천구 허가 취득비용 및 예상치 못했던 일체의 비용을 전액 부담한다.' 부분 중 '예상치 못했던 일체의 비용을' 부분을 위 인증합의서의 다른 부분에서 '시공', '와', '필요한', '일체의', '비용은', '甲이'라는 글자를 복사하여 오려 붙이고 '온천구 허가 취득비용' 부분의 '온천구' 다음에 '시공'이라고 적어 넣고, '허가' 다음에 '권'이라고 적어 '온천구 시공 허가권 취득비용 및 시공 외 필요한 일체의 비용은 甲이 전액 부담한다.'라는 내용으로 고쳤다.

이로써 피의자는 행사할 목적으로, 권한 없이 공문서인 위 인증합의서를 변조하였다.

나. 위조공문서행사

피의자는 20○○. ○. ○.경 ○○지방법원 민사과에 甲을 피고로 하는 공사대금청구 소송을 제기하면서 소장에 위와 같이 변조한 인증서를 첨부하여 제출함으로써 이를 행사하였다.

다. 사기미수

피의자는 같은 일시, 장소에서 '피고가 토지소유자의 임대차계약서를 받아 주지 않아 공사를 중단하게 되었으니 이미 소요된 공사비와 시공 외 필요한 비용인 투자자들에 대한 교제비, 도로사용료, 온천탐사비 등 합계 5,000만 원을 지급하라.'라는 취지의 소장을 작성하여 위와 같이 '시공에 필요한 일체의 비용은 甲이 부담한다.'라는 취지로 변조한 인증합의서와 함께 제출함으로써 甲으로부터 5,000만 원의 재산상 이익을 취득하려고 하였으나 20○○. ○. ○. 소 취하 간주함으로써 미수에 그쳤다.

2) 적용법조 : 제225조, 제229조, 제352조(사기미수), 제347조 제1항 … 공소시효 10년

[기재례2] 시장 명의의 지방세 세목별 과세증명서 위조하고 행사

1) 범죄사실 기재례

가. 공문서위조

피의자는 20○○. ○. ○. ○○에 있는 피의자의 집에서, 컴퓨터를 이용하여 백지 위에 '지방세 세목별 과세증명서, 납세자 홍길동 551115 – 200000, 과세물건 조례동 333 – 1, 211 – 3, 03/3 정기분 재산세 ○○원 등 계 ○○원, 20○○. 3. 5. 신청인 홍길동'이라는 취지의 내용으로 인쇄한 다음, 그 위에 임의로 조각하여 소지하고 있던 '위와 같이 증명합니다. 20○○. ○. ○. ○○시장'이라는 고무명판과 ○○시장의 직인을 날인하였다.

이로써 피의자는 행사할 목적으로 권한 없이 사실증명에 관한 공문서인 ○○시장 명의의 지방세 세목별 과세증명서 1부를 위조하였다.

나. 위조공문서행사

피의자는 같은 날 ○○에 있는 농협은행 ○○지점에서, 그 정을 모르는 위 지점 최민수에게 위와 같이 위조된 지방세세목별 과세증명서를 마치 진정하게 성립된 것처럼 대출용 재산증빙서류로 제출하여 이를 행사하였다.

2) 적용법조 : 제225조, 제229조 … 공소시효 10년

[기재례3] 부동산등기부등본을 위조 행사하여 금원 편취

1) 범죄사실 기재례

가. 공문서위조

피의자는 20○○. ○. ○. ○○에 있는 피의자의 집에서, 백지와 복사기를 이용하여 ○○법원 등기과에서 발급받은 등기부등본 갑구(소유권) 란의 "3. 소유권이전청구권 가등기, 접수 20○○년 2월 10일, 제8765호, 원인 20○○년 2월 10일 매매계약, 권리자 홍길동, 450101 – 1111111, ○○시 동외동 111 – 6"으로 된 기재사항을 가리고 복사한 뒤 그 사본을 위 등기부등본 중간에 삽입하였다.

이로써 피의자는 행사할 목적으로 권한 없이 권리의무에 관한 공문서인 위 법원 등기과 등기관 ○○○ 명의의 부동산등기부등본 1통을 위조하였다.

나. 위조공문서행사

피의자는 20○○. ○. ○. 경 ○○사무실에서 그 정을 모르는 ○○○에게 위와 같이 위조된 등기부등본을 마치 진정하게 성립한 것처럼 대출용 담보서류로 제출하여 이를 행사하였다.

다. 사 기

피의자는 20○○. ○. ○. 위와 같이 이에 속은 위 회사로부터 ○○만 원을 교부받아 재산상 이익을 취득하였다.

2) 적용법조 : 제225조, 제229조, 제347조 제1항(사기) … 공소시효 10년

제7항 공문서 등의 부정행사

제230조(공문서 등의 부정행사) 공무원 또는 공무소의 문서 또는 도화를 부정행사한 자는 2년 이하의 징역이나 금고 또는 500만원 이하의 벌금에 처한다.

제235조(미수범) 제225조 내지 제234조의 미수범은 처벌한다.

※ 주민등록법 제37조(벌칙)

 Ⅰ. 구성요건

1. 주 체

제한이 없으며, 공무원뿐만 아니라 사인도 주체

2. 객 체

이미 진정하게 성립한 공문서(진정문서)로서 사용권한자와 사용 목적이 특정된 공문서

- 이미 위조된 공문서는 본죄의 객체가 아니라 위조공문서행사죄의 객체이다.
- 사용권한자가 특정되어 있지 않고 사용 용도도 다양한 공문서면 공문서부정행사죄가 성립하지 않는다.

■ 판례 ■ **타인명의의 주민등록증을 발급받아 행사한 경우, 공문서부정행사죄의 성부(적극)**

[1] 사실관계

甲은 A명의로 주민등록증을 발급받고자 그 정을 모르는 주민등록 담당공무원에게 자기가 A인 양 허위신고를 하여 위 공무원으로부터 자신의 사진이 부착되고 자신의 지문이 찍힌 A명의의 주민등록증을 발급받아 이를 검문경찰관에게 제시하였다.

[2] 판결요지

가. 부정사용의 의의

공문서부정행사죄는 그 사용권한자와 용도가 특정되어 작성된 공문서 또는 공도화를 사용권한 없는 자가 그 사용권한 있는 것처럼 가장하여 부정한 목적으로 행사한 때 또는 형식상 그 사용권한이 있는 자라도 그 정당한 용법에 반하여 부정하게 행사한 때에 성립한다.

나. **甲**의 죄책

피고인이 A인 양 허위신고하여 피고인의 사진과 지문이 찍힌 A명의의 주민등록증을 발급받은 이상 주민등록증의 발행목적상 피고인에게 위 주민등록증에 부착된 사진의 인물이 A의 신원 상황을 가진 사람이라는 허위사실을 증명하는 용도로 이를 사용할 수 있는 권한이 없다는 사실을 인식하고 있었다고도 할 것이므로 이를 검문경찰관에게 제시하여 이러한 허위사실을 증명하는 용도로 사용한 것은 공문서 부정행사죄를 구성한다(대법원 1982.9.28. 선고 82도1297 판결).

[사용권한자와 용도가 특정되지 않은 공문서 또는 공도화를 사용한 것으로 공문서부정행사죄가 성립하지 아니하는 사례]

(1) 신원증명서를 피증명인의 의사에 의하지 아니하고 타인이 사용한 경우(대법원 1993.5.11. 선고 93도127 판결)
(2) 타인의 주민등록표등본을 그와 아무런 관련 없는 사람이 마치 자신의 것인 것처럼 행사한 경우(대법원 1999.5.14. 선고 99도206 판결)
(3) 타인의 주민등록표등본을 그와 아무런 관련이 없는 사람이 마치 자신의 것인 것처럼 행사한 경우(대법원 1999.5.14. 선고 99도206 판결)
(4) 타인의 인감증명서나 등기필증을 그와 아무런 관련이 없는 사람이 마치 자신의 것인 것처럼 행사한 경우(대법원 1981.12.8. 선고 81도1130 판결)
(5) 자신의 신청에 의하여 발급된 화해조서 갱정결정신청에 대한 기각 결정문을 화해조서 정본인 것처럼 등기서류로 제출한 경우(대법원 1984.2.28. 선고 82도2851 판결)

3. 행 위

부정행사, 즉 이미 진정하게 성립한 진실한 내용의 공문서를 사용할 권한이 없는 자가 사용할 권한이 있는 것처럼 가장하여 사용하는 것

■ 판례 ■ **어떤 선박이 사고를 낸 것처럼 허위로 사고신고를 하면서 그 선박의 선박국적증서와 선박검사증서를 함께 제출한 경우**

[1] 사실관계

부산 영도구 돌핀부두 파손사고 및 전남 해남군 상마도 부근 김양식장 파손사고는 A주식회사의 대표이사인 甲이 A주식회사의 명의로 매수한 후 사용중이던 현대미포9001호에 의하여 발생한 것임에도, 甲이 A주식회사 부사장 乙를 통하여 한국해운조합에 공제금청구를 위한 사고신고를 하면서, 마치 위 각 사고가 위 회사에 소속된 다른 선박인 현대9001호에 의하여 발생한 것처럼 위장하기 위하여 검정용 자료로서 현대9001호의 선박국적증서와 선박검사증서를 제출하였다.

[2] 판결요지

선박국적증서는 한국선박으로서 등록하는 때에 선박번호, 국제해사기구에서 부여한 선박식별번호, 호출부호, 선박의 종류, 명칭, 선적항 등을 수록하여 발급하는 문서이고, 선박검사증서는 선박정기검사 등에 합격한 선박에 대하여 항해구역·최대승선인원 및 만재흘수선의 위치 등을 수록하여 발급하는 문서이다. 위 각 문서는 당해 선박이 한국선박임을 증명하고, 법률상 항행할 수 있는 자격이 있음을 증명하기 위하여 선박소유자에게 교부되어 사용되는 것이다. 따라서 어떤 선박이 사고를 낸 것처럼 허위로 사고신고를 하면서 그 선박의 선박국적증서와 선박검사증서를 함께 제출하였다고 하더라도, 선박국적증서와 선박검사증서는 위 선박의 국적과 항행할 수 있는 자격을 증명하기 위한 용도로 사용된 것일 뿐 그 본래의 용도를 벗어나 행사된 것으로 보기는 어려우므로, 이와 같은 행위는 공문서부정행사죄에 해당하지 않는다(2009.2.26. 선고 2008도10851 판결). ☞ (甲은 사기·업무방해죄)

■ 판례 ■ 제3자로부터 신분확인을 위하여 신분증명서의 제시를 요구받고 다른 사람의 운전면허증을 제시한 경우, 공문서부정행사죄에 해당하는지 여부(적극)

[1] 사실관계

폭력행위등처벌에관한법률위반죄의 피의자인 甲은 그 신분을 확인하려는 경찰공무원에게 자신의 인적사항을 속이기 위하여 다른 사람의 운전면허증을 제시하였다.

[2] 판결요지

운전면허증은 운전면허를 받은 사람이 운전면허시험에 합격하여 자동차의 운전이 허락된 사람임을 증명하는 공문서로서, 운전면허증에 표시된 사람이 운전면허시험에 합격한 사람이라는 '자격증명'과 이를 지니고 있으면서 내보이는 사람이 바로 그 사람이라는 '동일인증명'의 기능을 동시에 가지고 있다. 운전면허증의 앞면에는 운전면허를 받은 사람의 성명·주민등록번호·주소가 기재되고 사진이 첨부되며 뒷면에는 기재사항의 변경내용이 기재될 뿐만 아니라, 정기적으로 반드시 갱신교부되도록 하고 있어, 운전면허증은 운전면허를 받은 사람의 동일성 및 신분을 증명하기에 충분하고 그 기재내용의 진실성도 담보되어 있다. 그럼에도 불구하고 운전면허증을 제시한 행위에 있어 동일인증명의 측면은 도외시하고, 그 사용목적이 자격증명으로만 한정되어 있다고 해석하는 것은 합리성이 없다. 인감증명법상 인감신고인 본인 확인, 공직선거및선거부정방지법상 선거인 본인 확인, 부동산등기법상 등기의무자 본인 확인 등 여러 법령에 의한 신분 확인절차에서도 운전면허증은 신분증명서의 하나로 인정되고 있다. 또한 주민등록법 자체도 주민등록증이 원칙적인 신분증명서이지만, 주민등록증을 제시하지 아니한 사람에 대하여 신원을 증명하는 증표나 기타 방법에 의하여 신분을 확인하도록 규정하는 등으로 다른 문서의 신분증명서로서의 기능을 예상하고 있다. 한편 우리 사회에서 운전면허증을 발급받을 수 있는 연령의 사람들 중 절반 이상이 운전면허증을 가지고 있고, 특히 경제활동에 종사하는 사람들의 경우에는 그 비율이 훨씬 더 이를 앞지르고 있으며, 금융기관과의 거래에 있어서도 운전면허증에 의한 실명확인이 인정되고 있는 등 현실적으로 운전면허증은 주민등록증과 대등한 신분증명서로 널리 사용되고 있다. 따라서 제3자로부터 신분확인을 위하여 신분증명서의 제시를 요구받고 다른 사람의 운전면허증을 제시한 행위는 그 사용목적에 따른 행사로서 공문서부정행사죄에 해당한다고 보는 것이 옳다(대법원 2001. 4.19. 선고 2000도1985 전원합의체 판결).

■ 판례 ■ 자동차를 임차하면서 타인의 운전면허증을 자신의 것인 양 자동차 대여업체 직원에게 제시한 경우, 공문서부정행사죄에 해당하는지 여부(적극)

[1] 사실관계

자동차를 임차하려는 甲이 자동차 대여업체의 담당직원들로부터 임차할 자동차의 운전에 필요한 운전면허가 있고 또 운전면허증을 소지하고 있는지를 확인하기 위한 운전면허증의 제시 요구를 받자 타인의 운전면허증을 소지하고 있음을 기화로 자신이 타인의 자동차운전면허를 받은 사람들인 것처럼 행세하면서 자동차 대여업체의 직원들에게 이를 제시하였다.

[2] 판결요지

자동차운전면허증은 운전면허시험에 합격하여 자동차의 운전이 허락된 자임을 증명하는 공문서로서 운전중에 휴대하도록 되어 있고, 자동차대여약관상 대여회사는 운전면허증 미소지자에게는 자동차 대여를 거절할 수 있도록 되어 있으므로, 자동차를 임차하려는 피고인들이 자동차 대여업체의 담당직원들로부터 임차할 자동차의 운전에 필요한 운전면허가 있고 또 운전면허증을 소지하고 있는지를 확인하기 위한 운전면허증의 제시 요구를 받자 타인의 운전면허증을 소지하고 있음을 기화로 자신이 타인의 자동차운전면허를 받은 사람들인 것처럼 행세하면서 자동차 대여업체의 직원들에게 이를 제시한 것이라면, 피고인들의 위와 같은 행위는 단순히 신분확인을 위한 것이라고는 할 수 없고, 이는 운전면허증을 사용권한이 없는 자가 사용권한이 있는 것처럼 가장하여 부정한 목적으로 사용한 것이기는 하나 운전면허증의 본래의 용도에 따른 사용행위라고 할 것이므로 공문서부정행사죄에 해당한다(대법원 1998.8.21. 선고 98도1701 판결).

■ 판례 ■ **사용권한자와 용도가 특정되어 있는 공문서 본래의 용도에 따른 사용이 아닌 경우, 공문서부정행사죄의 성립 여부(소극)**

[1] 사실관계

甲은 이동전화기 대리점 직원에게 기왕에 습득한 乙녀의 주민등록증을 내보이고 乙녀가 자신의 어머니인데 어머니의 허락을 받았다고 속여 乙녀의 이름으로 이동전화가입신청을 하여 이동전화기를 교부받았다.

[2] 판결요지

가. 사용권한자와 용도가 특정되어 있는 공문서 본래의 용도에 따른 사용이 아닌 경우, 공문서부정행사죄의 성립 여부(소극)

사용권한자와 용도가 특정되어 있는 공문서를 사용권한 없는 자가 사용한 경우에도 그 공문서 본래의 용도에 따른 사용이 아닌 경우에는 형법 제230조의 공문서부정행사죄가 성립되지 아니한다.

나. 甲의 죄책

피고인이 기왕에 습득한 타인의 주민등록증을 피고인 가족의 것이라고 제시하면서 그 주민등록증상의 명의 또는 가명으로 이동전화 가입신청을 한 경우, 타인의 주민등록증을 본래의 사용용도인 신분확인용으로 사용한 것이라고 볼 수 없어 공문서부정행사죄는 성립하지 않는다(대법원 2003.2.26. 선고 2002도4935 판결).

■ 판례 ■ **장애인사용자동차표지를 사용할 권한이 없는 사람이 장애인표지를 부착하고 장애인전용주차구역에 주차한 경우, 공문서부정행사죄가 성립하는지 여부(소극)**

[1] 형법 제230조 공문서부정행사죄를 적용함에 있어 범행의 주체, 객체 및 태양을 되도록 엄격하게 해석하여 처벌범위를 합리적인 범위 내로 제한하여야 하는지 여부(적극) / 사용권한자와 용도가 특정되어 있는 공문서를 사용권한 없는 자가 사용한 경우에도 그 공문서 본래의 용도에 따른 사용이 아닌 경우, 공문서부정행사죄가 성립하는지 여부(소극)

형법 제230조의 공문서부정행사죄는 공문서의 사용에 대한 공공의 신용을 보호법익으로 하는 범죄로서 추상적 위험범이다. 형법 제230조는 본죄의 구성요건으로 단지 '공무원 또는 공무소의 문서 또는 도화를 부정행사한 자'라고만 규정하고 있어, 자칫 처벌범위가 지나치게 확대될 염려가 있으므로 본죄에 관한 범행의 주체, 객체 및 태양을 되도록 엄격하게 해석하여 처벌범위를 합리적인 범위 내로 제한하여야 한다. 사용권한자와 용도가 특정되어 있는 공문서를 사용권한 없는 자가 사용한 경우에도 그 공문서 본래의 용도에 따른 사용이 아닌 경우에는 공문서부정행사죄가 성립되지 아니한다.

[2] 장애인사용자동차표지를 사용할 권한이 없는 사람이 장애인전용주차구역에 주차하는 등 장애인사용자동차에 대한 지원을 받을 것으로 합리적으로 기대되는 상황이 아닌 경우, 단순히 이를 자동차에 비치하였더라도 공문서부정행사죄가 성립하는지 여부(소극)

장애인복지법은 '국가와 지방자치단체는 장애인의 자립을 지원하고, 보호가 필요한 장애인을 보호하여 장애인의 복지를 향상시킬 책임을 지고(제9조 제1항), 국가와 지방자치단체, 그 밖의 공공단체는 장애인이 이동수단인 자동차 등을 편리하게 사용할 수 있도록 하고 경제적 부담을 줄여주기 위하여 조세감면 등 필요한 지원정책을 강구하여야 하며(제39조 제1항), 시장·군수·구청장은 장애인이 이용하는 자동차 등을 지원하는 데에 편리하도록 장애인이 사용하는 자동차 등임을 알아볼 수 있는 표지(이하 '장애인사용자동차표지'라 한다)를 발급하여야 한다(같은 조 제2항).'고 규정한다. 장애인복지법 시행규칙은 장애인사용자동차표지의 발급대상으로 '장애인복지법 제32조에 따라 등록한 장애인 또는 그 장애인과 주민등록표상의 주소를 같이 하면서 함께 거주하는 장애인의 배우자, 직계존·비속, 직계비속의 배우자, 형제·자매, 형제·자매의 배우자 및 자녀의 명의로 등록하여 장애인이 사용하는 자동차'를 규정한다[제26조 제2호 (가)목, (나)목].

장애인·노인·임산부 등의 편의증진 보장에 관한 법률(이하 '장애인등편의법'이라 한다)은 '국가보훈처장과 특별자치시장·특별자치도지사, 시장·군수·구청장은 보행에 장애가 있는 사람이 신청하는 경우 장애인전용주차구역에 주차할 수 있음을 표시하는 장애인전용주차구역 주차표지를 발급하여야 한다.'고 규정한다(제17조 제2항). 장애인·노인·임산부 등의 편의증진 보장에 관한 법률 시행령은 장애인전용주차구역 주차표지의 발급대상으로 '장애인복지법 제32조에 따라 등록한 장애인으로서 보건복지부장관이 정하는 보행상 장애가 있는 사람의 명의로 등록하여 사용하는 자동차 한 대'로 규정한다[제7조의3 제1항 제1호 (가)목].

이러한 장애인복지법과 장애인등편의법의 규정과 관련 법리에 따르면, 장애인사용자동차표지는 장애인이 이용하는 자동차에 대한 조세감면 등 필요한 지원의 편의를 위하여 장애인이 사용하는 자동차를 대상으로 발급되는 것이고, 장애인전용주차구역 주차표지가 있는 장애인사용자동차표지는 보행상 장애가 있는 사람이 이용하는 자동차에 대한 지원의 편의를 위하여 발급되는 것이다. 따라서 장애인사용자동차표지를 사용할 권한이 없는 사람이 장애인전용주차구역에 주차하는 등 장애인사용자동차에 대한 지원을 받을 것으로 합리적으로 기대되는 상황이 아니라면 단순히 이를 자동차에 비치하였더라도 장애인사용자동차표지를 본래의 용도에 따라 사용했다고 볼 수 없어 공문서부정행사죄가 성립하지 않는다.(대법원 2022.9.29. 선고 2021도14514 판결)

II. 범죄사실기재 및 신문사항

[기재례1] 무면허·음주 운전과 타인 운전면허증의 부정행사

1) 범죄사실 기재례

가. 도로교통법 위반(무면허음주운전)
  피의자는 200○. ○. ○. 20:30경 ○○에 있는 ○○사거리부터 같은 날 20:40경 ○○에 있는 ○○앞 도로에 이르기까지 약 3.5km 구간에서 자동차운전면허 없이 혈중알코올농도 0.16%의 술에 취한 상태로 ○○구1355호 카니발 승합차를 운전하였다.
나. 공문서부정행사
  피의자는 마침 그곳에서 ○○경찰서 소속 음주단속 경찰관인 경감 윤재규로부터 음주측정에 응할 것과 함께 운전면허증 제시를 요구받자 200○. ○. ○.경 ○○에서 습득하여 소지하게 된 홍길동의 운전면허증을 마치 자신의 것처럼 제시하여 공문서를 부정 행사하였다.

2) **적용법조** : 형법 제230조, 제360조 제1항, 도로교통법 제152조 제1호, 제43조 제1항(무면허), 제148조의2 제1호(2009.10.2.부터), 제44조 제1항(음주)⋯ 공소시효 5년

[기재례2] 타인 운전면허증의 사용

1) 범죄사실 기재례

피의자는 20○○. ○. ○. 20:00경 ○○에 있는 ○○아파트 앞길에서 피의자 소유인 (차량번호) 승용차를 운전하던 중 신호위반으로 적발되어 ○○경찰서 소속 경감 안병영으로부터 운전면허증의 제시를 요구받았다. 그러자, 피의자는 소지 중이던 공문서인 ○○경찰청장 명의로 된 피의자의 형 홍길동에 대한 1종 보통 운전면허증을 마치 피의자에 대한 운전면허증인 것처럼 제시하여 공문서를 부정 행사하였다.

2) 적용법조 : 제230조… 공소시효 5년

[기재례3] 렌터카를 빌리면서 타인의 운전면허증 제시

1) 범죄사실 기재례

피의자는 20○○. ○. ○. ○○에 있는 ○○렌터카에서 승용차를 임대하려고 하자 위 렌터카 회사 담당 직원 甲으로부터 임차할 자동차의 운전에 필요한 운전면허가 있고 또 운전면허증을 소지하고 있는지를 확인하기 위한 운전면허증의 제시 요구를 받았다.

그러자, 피의자는 운전면허를 취득하지 못하고 마치 자신의 형 홍길동의 운전면허증을 소지하고 있음을 기화로 자신이 타인의 자동차운전면허를 받은 사람들인 것처럼 행세하면서 위 자동차 대여업체의 직원들에게 이를 제시하여 공문서인 자동차운전면허증을 부정 행사하였다.

2) 적용법조 : 제230조… 공소시효 5년

3) 신문사항

- 대여 차량을 빌린 일이 있는가
- 언제 어디에서 어떤 차량을 빌렸는가
- 어떤 조건으로 빌렸는가
- 빌릴 당시 어떤 서류를 제출하였는가
- 운전면허를 취득하였는가
- 당시 누구의 운전면허증을 제시하였는가
- 어떻게 형인 홍길동의 운전면허증을 제시하였는가
- 누구 면허증이라면서 제시하였는가
- 렌터카 직원이 의심하지 않던가
- 피의자의 형도 이러한 내용을 알고 있는가(면허증 대여자도 도로교통법으로 처벌)

제2절 사문서위조 등

제1항 사문서 등의 위조 · 변조

> 제231조(사문서 등의 위조·변조) 행사할 목적으로 권리 · 의무 또는 사실증명에 관한 타인의 문서 또는 도화를 위조 또는 변조한 자는 5년 이하의 징역 또는 1천만원 이하의 벌금에 처한다.
>
> 제235조(미수범) 제225조 내지 제234조의 미수범은 처벌한다.

I. 구성요건

1. 객체

권리의무 또는 사실증명에 관한 타인의 문서 또는 도화

(1) 문서

문자 또는 이에 대신하는 부호에 의하여 사람의 의사 또는 관념이 화체되어 표시된 어느 정도 계속성 있는 물체로서, 그 내용이 법률관계 또는 사회생활상 중요한 사실을 증명할 수 있는 것

- 관념이 문자 또는 부호에 의하여 지속적으로 표시될 것(계속적 기능)
- 법적으로 중요한 사실을 증명할 만한 것일 것(증명적 기능)
- 작성명의인이 표시될 것(보장적 기능)

1) 사자 · 허무인 명의의 사문서

■ 판례 ■ **허무인 · 사망자 명의의 사문서를 위조한 경우, 사문서위조죄의 성립 여부(적극)**

[1] 사실관계

甲은 중국 중의사 및 침구사 시험에 응시할 사람을 모집한 후 그들을 중국에 데려가 응시원서의 제출을 대행하면서 응시생의 임상경력증명서가 필요하게 되자, 임상경력증명서 양식에 응시생의 이름과 생년월일 및 학습기간 등을 기재한 다음 의원직인란에 실재하지도 않는 강남한의원이라고 생각나는 대로 임의로 기재하고 그 옆에 임의로 새긴 강남한의원의 직인을 날인하여 강남한의원 명의의 임상경력증명서를 작성하여 이를 제출하였다.

[2] 판결요지

문서위조죄는 문서의 진정에 대한 공공의 신용을 그 보호법익으로 하는 것이므로 행사할 목적으로 작성된 문서가 일반인으로 하여금 당해 명의인의 권한 내에서 작성된 문서라고 믿게 할 수 있는 정도의 형식과 외관을 갖추고 있으면 문서위조죄가 성립하는 것이고, 위와 같은 요건을 구비한 이

상 그 명의인이 실재하지 않는 허무인이거나 또는 문서의 작성일자 전에 이미 사망하였다고 하더라도 그러한 문서 역시 공공의 신용을 해할 위험성이 있으므로 문서위조죄가 성립한다고 봄이 상당하며, 이는 공문서뿐만 아니라 사문서의 경우에도 마찬가지라고 보아야 할 것이다. 피고인이 중국 현지에서 교부받은 임상경력증명서의 양식에 응시생의 이름과 생년월일 및 학습기간 등을 기재한 다음 의원 상급자(원장) 및 한의원 이름을 생각나는 대로 임의로 기재하고 당해 한의원 명의의 직인을 임의로 새겨 날인함으로써 원심 판시 각 임상경력증명서를 위조하여 행사한 이 사건에 있어서, 위 각 임상경력증명서의 명의인인 한의원이 실재하지 않는다고 하더라도, 위 각 임상경력증명서들은 일반인으로 하여금 당해 명의인의 권한 내에서 작성된 문서라고 믿게 할 수 있는 정도의 형식과 외관을 갖추고 있다고 보기에 충분하므로 피고인에게는 사문서위조 및 동행사죄가 성립한다(대법원 2005.2.24. 선고 2002도18 전원합의체 판결).

■ 판례 ■ **甲이 부동산등기법 제49조 제3항, 제2항에 의해 법무사가 주민등록증 등에 의하여 등기의무자가 본인인지를 확인하고 작성하는 확인서면의 등기의무자란에 등기의무자 乙 대신 甲이 우무인을 날인하는 방법으로 확인서면을 작성한 다음 법무사를 통해 이를 교부받은 경우**

확인서면은 부동산등기법 제49조 제3항, 제2항에 의해 법무사가 주민등록증 등에 의하여 등기의무자가 본인인지 여부를 확인하고 작성하는 서류이므로 이 사건 확인서면은 법무사 공소외 2 명의의 문서일 뿐이고, 확인서면 작성 과정에서 등기의무자가 본인 확인을 위해 필요한 우무인을 찍게 된다고 하더라도 그 등기의무자를 위 확인서면의 작성명의인으로 볼 수는 없으며, 법무사가 피고인들로부터 속아 등기의무자를 공소외 1로 하는 확인서면을 작성하였다고 하더라도 작성명의인이 문서를 작성한 이상 이를 피고인들이 위조한 것으로 볼 수도 없다(대법원 2010.11.25. 선고 2010도11509 판결).

■ 판례 ■ **피고인이 다방 업주로부터 선불금을 받고 그 반환을 약속하는 내용의 현금보관증을 작성하면서 가명과 허위의 출생연도를 기재한 후 이를 교부한 경우**

[1] 본명 대신 '가명'이나 '위명'을 사용하여 사문서를 작성한 경우, 사문서위조죄가 성립하는지 여부
실제의 본명 대신 가명이나 위명을 사용하여 사문서를 작성한 경우에 그 문서의 작성명의인과 실제 작성자 사이에 인격의 동일성이 그대로 유지되는 때에는 위조가 되지 않으나, 명의인과 작성자의 인격이 상이할 때에는 위조죄가 성립할 수 있다

[2] 피고인의 죄책
피고인의 이러한 행위는 명의인과 작성자의 인격의 동일성을 오인케 하는 것으로 사문서 위조, 동행사죄에 해당한다고 보아야 한다(대법원 2010.11.11. 선고 2010도1835 판결).

■ 판례 ■ **해산등기를 마쳐 그 법인격이 소멸한 법인 명의의 사문서를 위조한 행 경우, 사문서위조죄에 해당되는지 여부(적극)**

[1] 사실관계

甲은 삼성종합건설이 1993. 7.경 삼성건설 주식회사로 명칭이 변경되었다가 1996. 1. 27. 기존에 존재하던 삼성물산 주식회사에 흡수합병 되면서 해산 등기를 마친 것을 기화로 삼성종합건설 주식회사 명의의 각 아파트공급계약서, 입금표를 위조하여 행사하였다.

[2] 판결요지
문서위조죄는 문서의 진정에 대한 공공의 신용을 그 보호법익으로 하는 것이므로 행사할 목적으로

작성된 문서가 일반으로 하여금 당해 명의인의 권한 내에서 작성된 문서라고 믿게 할 수 있는 정도의 형식과 외관을 갖추고 있으면 문서위조죄가 성립하는 것이고, 위와 같은 요건을 구비한 이상 그명의인이 실재하지 않는 허무인이거나 또는 문서의 작성일자 전에 이미 사망하였다고 하더라도 그러한 문서 역시 공공의 신용을 해할 위험성이 있으므로 공문서와 사문서를 가리지 아니하고 문서위조죄가 성립한다고 봄이 상당하며 이러한 법리는 법률적·사회적으로 자연인과 같이 활동하는 법인 또는 단체에도 그대로 적용된다고 할 것이다. 따라서 해산등기를 마쳐 그 법인격이 소멸한 법인 명의의사문서를 위조한 경우에는 사문서위조죄가 성립한다(대법원 2005.3.25. 선고 2003도4943 판결).

2) 전자복사문서

■ 판례 ■   **복사문서가 문서위조 및 동행사죄의 객체인 문서에 해당하는지 여부(적극)**

[1] 사실관계

> 甲등은 행사할 목적으로 乙이 골프장시설공사 도급권을 丙에게 위임하는 내용의 사실증명에 관한 乙 명의의 위임장 1매를 위조한 다음 이를 전자복사하여 그 사본을 진정하게 성립된 것처럼 丁에게 제시하였다.

[2] 판결요지

사진기나 복사기 등을 사용하여 기계적인 방법에 의하여 원본을 복사한 문서, 이른바 복사문서는 사본이더라도 필기의 방법 등에 의한 단순한 사본과는 달리 복사자의 의식이 개재할 여지가 없고, 그 내용에서부터 규모, 형태에 이르기까지 원본을 실제 그대로 재현하여 보여주므로 관계자로 하여금 그와 동일한 원본이 존재하는 것으로 믿게 할 뿐만 아니라 그 내용에 있어서도 원본 그 자체를 대하는 것과 같은 감각적 인식을 가지게 하고, 나아가 오늘날 일상거래에서 복사문서가 원본에 대신하는 증명수단으로서의 기능이 증대되고 있는 실정에 비추어 볼 때 이에 대한 사회적 신용을 보호할 필요가 있으므로 복사한 문서의 사본은 문서위조 및 동행사죄의 객체인 문서에 해당한다(대법원 1989.9.12. 선고 87도506 전원합의체판결).

■ 판례 ■   **위조된 문서원본을 단순히 전자복사기로 복사하여 그 사본을 만드는 행위가 문서위조행위에 해당하는지 여부(적극)**

[1] 사실관계

> 甲은 매도증서를 위조하였으나 이를 행사하지 아니하고 소지하고 있던 중, 위 매도증서에 관한 사문서위조죄의 공소시효가 완성된 후에 이를 전자복사기로 그대로 복사함으로써 사문서인 매도증서 사본 1매를 위조하고, 마치 자신의 점유가 자주점유인 것처럼 법원을 기망하여 취득시효완성으로 인한소유권이전등기절차의 이행을 명하는 승소판결을 받을 목적으로 그 사본을 법원에 제출하였다.

[2] 판결요지

전자복사기로 복사한 문서의 사본도 문서위조죄 및 동 행사죄의 객체인 문서에 해당하고, 위조된 문서원본을 단순히 전자복사기로 복사하여 그 사본을 만드는 행위도 공공의 신용을 해할 우려가 있는 별개의 문서사본을 창출하는 행위로서 문서위조행위에 해당한다(대법원 1996.5.14. 선고 96도785 판결). ☞ (甲은 사문서위조죄 및 동행사죄, 사기미수죄)

■ 판례 ■ **타인의 주민등록증사본의 사진란에 자신의 사진을 붙여 복사하여 행사한 행위가 공문서위조죄 및 동행사죄에 해당하는지 여부(적극)**

[1] 사실관계

甲은 휴대폰을 발급받게 되면 휴대폰 사용료를 납부하지 않더라도 최소한 2개월간은 통화정지되지 아니하고 사용할 수 있다는 점을 알고, 통화료를 지급하지 아니할 생각으로 乙의 주민등록증을 전자복사하여 사진란에 자신의 사진을 덧붙여 재복사한 뒤 이를 제출하고 乙명의의 가입신청서와 단말기 할부판매 약정서를 작성하여 주식회사 신세기통신에 제출하여 휴대폰을 부정발급받은 다음 그 휴대폰을 사용하고도 통화료를 내지 않았다.

[2] 판결요지

가. 전사복사기 등을 사용하여 복사한 문서의 사본을 다시 복사한 문서의 재사본이 문서위조죄 및 동 행사죄의 객체인 문서에 해당하는지 여부(적극) 및 진정한 문서의 사본을 전자복사기를 이용하여 복사하면서 일부 조작을 가하여 그 사본 내용과 전혀 다르게 만드는 행위가 문서위조행위에 해당하는지 여부(적극)

형법 제237조의2에 따라 전자복사기, 모사전송기 기타 이와 유사한 기기를 사용하여 복사한 문서의 사본도 문서원본과 동일한 의미를 가지는 문서로서 이를 다시 복사한 문서의 재사본도 문서위조죄 및 동 행사죄의 객체인 문서에 해당한다 할 것이고, 진정한 문서의 사본을 전자복사기를 이용하여 복사하면서 일부 조작을 가하여 그 사본 내용과 전혀 다르게 만드는 행위는 공공의 신용을 해할 우려가 있는 별개의 문서사본을 창출하는 행위로서 문서위조행위에 해당한다.

나. 타인의 주민등록증사본의 사진란에 피고인의 사진을 붙여 복사하여 행사한 행위는 공문서위조죄 및 동행사죄에 해당한다(甲은 사문서위조죄 및 동행사죄, 공문서위조죄 및 동행사죄, 사기죄의 경합범)(대법원 2000.9.5. 선고 2000도2855 판결).

3) 사실증명에 관한 문서

■ 판례 ■ **'권리·의무에 관한 문서'와 '사실증명에 관한 문서'의 의미**

사문서위조 및 동행사죄의 객체인 사문서는 권리·의무 또는 사실증명에 관한 타인의 문서 또는 도화를 가리키고, '권리·의무에 관한 문서'는 권리 또는 의무의 발생·변경·소멸에 관한 사항이 기재된 것을 말하며, '사실증명에 관한 문서'는 권리·의무에 관한 문서 이외의 문서로서 거래상 중요한 사실을 증명하는 문서를 의미한다. '거래상 중요한 사실을 증명하는 문서'는 법률관계의 발생·존속·변경·소멸의 전후 과정을 증명하는 것이 주된 취지인 문서뿐만 아니라 법률관계에 간접적으로만 연관된 의사표시 또는 권리·의무의 변동에 사실상으로만 영향을 줄 수 있는 의사표시를 내용으로 하는 문서도 포함될 수 있지만, 문서의 주된 취지가 단순히 개인적·집단적 의견의 표현에 불과한 것이어서는 아니 되고, 적어도 실체법 또는 절차법에서 정한 구체적인 권리·의무와의 관련성이 인정되는 경우이어야 한다. '거래상 중요한 사실을 증명하는 문서'에 해당하는지 여부는 문서 제목만을 고려할 것이 아니라 문서 내용과 더불어 문서 작성자의 의도, 문서가 작성된 객관적인 상황, 문서에 적시된 사항과 그 행사가 예정된 상대방과의 관계 등을 종합적으로 고려하여 판단하여야 한다.(대법원 2024. 1. 4. 선고 2023도1178 판결)

사실증명에 관한 사문서에는 법률상 또는 사회생활상의 사실의 증명에 관한 문서가 포함되는지 여부(적극)

[1] 사실관계

> 甲은 A와 B의 채권계약을 함에 있어서 입회인으로 서명하기로 하고 현장에 있었던 자로, A와 B가 작성하는 계약서에 입회인으로 자신이 아닌 乙의 상호와 명의를 함부로 기재하였다. 단 날인은 하지 않았다.

[2] 판결요지

가. 사실증명에 관한 사문서에는 법률상 또는 사회생활상의 사실의 증명에 관한 문서가 포함되는지 여부(적극) 및 채권계약서의 입회인으로 타인의 명의를 함부로 써서 작성한 문서가 사문서인지 여부(적극)

사실증명에 관한 사문서에는 법률상 또는 사회생활상의 사실의 증명에 관한 문서가 포함된다고 할 것이므로 채권계약서의 입회인으로 타인의 명의를 함부로 써서 작성한 문서는 사문서에 해당한다.

나. 작성명의자의 인장이 찍히지 아니한 경우, 사문서위조에 있어서의 사문서에 해당하는지 여부(한정 적극)

사문서의 작성명의자의 인장이 찍히지 아니하였더라도 그 사람의 상호와 성명이 기재되어 그 명의자의 문서로 믿을 만한 형식과 외관을 갖춘 경우에는 사문서위조죄에 있어서의 사문서에 해당한다고 볼 수 있다(대법원 2000.2.11. 선고 99도4819 판결).

■ 판례 ■ **컴퓨터 모니터에 나타나는 이미지가 형법상 '문서'에 해당하는지 여부(소극)**

컴퓨터 모니터 화면에 나타나는 이미지는 이미지 파일을 보기 위한 프로그램을 실행할 경우에 그때마다 전자적 반응을 일으켜 화면에 나타나는 것에 지나지 아니하여 형법상 문서에 관한 죄에 있어서의 '문서'에 해당하지 않는다(대법원 2011.11.10. 선고 2011도10468 판결).

■ 판례사례 ■ **[본죄의 객체인 문서에 해당하지 않는 것]**

> (1) 관념·의사의 표시가 없는 문서 : 혈흔·지문이 묻은 종이, 번호표, 명찰, 물품예치표, 제조상품의 일련번호, 자동차의 주행미터기, 전기 또는 수도의 사용미터기, 예술가의 서명 또는 낙관 : 예술가가 한 서명이나 낙관
> (2) 시각적으로 이해할 수 없는 것 : 음반, 녹음테이프, 마이크로필름, 비디오테이프
> (3) 확정적·구체적 의사표시가 없는 문서 : 단순히 백지에 피해자 회사의 법인명판과 인감도장을 찍은 경우
> (4) 원본이 아닌 것 : 복본, 등본, 사본, 초본 ⇨ 전기복사기, 모사전송기로 사진복사된 복사문서의 문서성을 인정
> (5) 계속성이 없는 것 : 모래나 눈 위에 쓴 글, 흑판에 백묵으로 쓴 글, 판자 위에 물로 쓴 글
> (6) 증면적 기능이 부정되는 문서 : 초안이나 초고, 예술작품(시·소설), 일기장, 연애편지, 단순메모, 비망록
> (7) 불특정한 명의의 문서 : 명의인이 정의의 수호자 홍길동으로 표시된 협박장

■ 판례사례 ■ **[본죄의 객체인 문서에 해당하는 것]**

(1) 전신 부호, 속기용 부호, 맹인점자, 논리학의 상징물
(2) 접수일부인, 전세계약서의 확정일자, 금융기관의 지급전표나 입금전표, 백지위임장, 구청 세무
    계장 명의 소인
(3) 유효기간이 이미 지난 국제운전면허증
(4) 전기복사기, 모사전송로 사진복사된 복사문서, 사진복사된 복사문서를 다시 복사한 문서의 재사본
(5) 매매계약서, 은행예금 인출청구서, 유언장, 고소장
(6) 신분증, 이력서, 영수증, 현금보관증, 추천서
(7) 가계약서, 가영수증, 매매계약서, 신분증명서, 이력서, 추천서, 안내장
(8) 허무인이나 사자명의의 문서

4) 사문서

사인명의로 작성된 권리 · 의무와 사실증명에 관한 문서

■ 판례 ■　　아무런 부담도 지워지지 않은 채 재산을 명의신탁한 신탁자가 수탁자로부터 개별
적인 승낙을 받지 않고 수탁자 명의로 신탁재산의 처분에 필요한 서류를 작성한 경우

[1] 아무런 부담도 지워지지 않은 채 재산을 명의신탁한 신탁자가 수탁자로부터 개별적인 승낙을 받지 않고
수탁자 명의로 신탁재산의 처분에 필요한 서류를 작성한 경우, 사문서위조 · 동행사죄가 성립하는지 여부(원
칙적 소극) 및 신탁재산의 처분 기타 권한행사에 관하여 신탁자의 수탁자 명의사용이 허용되지 않는 경우
신탁자에게 아무런 부담이 지워지지 않은 채 재산이 수탁자에게 명의신탁된 경우에는 특별한 사정이
없는 한 재산의 처분 기타 권한행사에 관해서 수탁자가 자신의 명의사용을 포괄적으로 신탁자에게
허용하였다고 보아야 하므로, 신탁자가 수탁자 명의로 신탁재산의 처분에 필요한 서류를 작성할 때에
수탁자로부터 개별적인 승낙을 받지 않았더라도 사문서위조 · 동행사죄가 성립하지 않는다. 이에 비하
여 수탁자가 명의신탁 받은 사실을 부인하여 신탁자와 수탁자 사이에 신탁재산의 소유권에 관하여
다툼이 있는 경우 또는 수탁자가 명의신탁 받은 사실 자체를 부인하지 않더라도 신탁자의 신탁재산
처분권한을 다투는 경우에는 신탁재산에 관한 처분 기타 권한행사에 관해서 신탁자에게 부여하였던
수탁자 명의사용에 대한 포괄적 허용을 철회한 것으로 볼 수 있어 명의사용이 허용되지 않는다.

[2] 주식을 명의신탁한 피고인이 명의수탁자를 변경하기 위해 제3자에게 주식을 양도한 후 수탁자 명의의
증권거래세 과세표준신고서를 작성하여 관할세무서에 제출함으로써 과세표준신고서를 위조하고 이를 행사
하였다는 공소사실로 기소된 사안
신탁자에게 아무런 부담이 지워지지 않은 채 재산이 수탁자에게 명의신탁된 경우 특별한 사정이 없
는 한 수탁자는 신탁자에게 자신의 명의사용을 포괄적으로 허용했다고 보는 것이 타당하므로, 사법
행위와 공법행위를 구별하여 신탁재산의 처분 등과 관련한 사법상 행위에 대하여만 명의사용을 승
낙하였다고 제한할 수는 없고, 특히 명의신탁된 주식의 처분 후 수탁자 명의의 과세표준신고를 하는
것은 법령에 따른 절차로서 신고를 하지 않는다면 오히려 수탁자에게 불이익할 수 있다는 점까지
고려한다면, 명의수탁자가 명의신탁주식의 처분을 허용하였음에도 처분 후 과세표준 등의 신고행위
를 위한 명의사용에 대하여는 승낙을 유보하였다고 볼 특별한 사정이 존재하지 않는 한 허용된 범
위에 속한다고 보아야 하므로, 수탁자 명의로 과세표준신고를 하는 행위는 공법행위라는 등의 이유
로 사문서위조죄 및 위조사문서행사죄가 성립한다고 본 원심판단에 법리오해의 위법이 있다. (대법
원 2022. 3. 31., 선고, 2021도17197, 판결)

▪ 판례 ▪ 외국에서 발행되어 유효기간이 경과한 국제운전면허증에 첨부된 사진을 바꾸어 붙인 경우, 문서위조죄 성립 여부(적극)

[1] 사실관계

> 甲은 행사할 목적으로 乙이 홍콩에서 발급받은 것으로 유효기간이 이미 지난 국제운전면허증에 乙의 사진을 떼어내고 자신의 사진을 붙이고 발행일자는 고치지 아니하였다(이 국제운전면허증 뒷면에는 유효기간이 발행일로부터 1년이라고 기재되어 있음).

[2] 판결요지

문서위조죄는 문서의 진정에 대한 공공의 신용을 그 보호법익으로 하는 것이므로, 피고인이 위조하였다는 국제운전면허증이 그 유효기간을 경과하여 본래의 용법에 따라 사용할 수는 없게 되었다고 하더라도, 이를 행사하는 경우 그 상대방이 유효기간을 쉽게 알 수 없도록 되어 있거나 위 문서 자체가 진정하게 작성된 것으로서 피고인이 명의자로부터 국제운전면허를 받은 것으로 오신하기에 충분한 정도의 형식과 외관을 갖추고 있다면 피고인의 행위는 문서위조죄에 해당한다(대법원 1998.4.10. 선고 98도164, 98감도12 판결).

▪ 판례 ▪ 사서증서 인증서 중 사서증서의 기재 내용을 일부 변조한 경우의 죄책(=사문서위조)

[1] 사실관계

> 甲은 지하수 개발업에 종사하는 자인바, 乙이 소유하고 있는 임야에서 온천수가 나올 것으로 알고, 乙과 위 임야에 온천개발을 하는 데 필요한 공사비는 자신이 전액 부담하고 온천수가 나오면 위 임야의 절반을 자신이 가지기로 하는 계약을 체결하고, 같은 날 공증인합동사무소에서 합의내용 제1조에 '甲은 시공에 필요한 비용의 전액을 부담한다. 온천구 시공 전에 필요한 환경영향평가 등 준비비용 일체와 온천구 허가 취득비용 및 예상치 못했던 일체의 비용을 전액 부담한다.'라고 기재한 온천수개발합의서를 작성하여 인증서를 각 교부받은 후, 위 임야에 대하여 丙에게 도급을 주어 온천수개발공사를 완료하였으나 온천수가 나오지 않았고, 丙에게 공사비도 지급하지 못하게 되자, 위 인증합의서를 변조하여 乙을 상대로 공사대금청구소송을 제기하여 공사비 및 기타 투자비용을 사취하기로 마음먹고, 위 인증합의서의 '온천구 시공 허가권 취득 비용 및 시공 외 필요한 일체의 비용은 乙이 전액 부담한다.'라는 내용으로 고쳐 법원에 乙을 피고로 하는 공사대금청구 소송을 제기하면서 소장에 위와 같이 변조한 인증서를 첨부하여 제출하였으나 소취하 간주되었다.

[2] 판결요지

공증인이 공증인법 제57조 제1항의 규정에 의하여 사서증서에 대하여 하는 인증은 당해 사서증서에 나타난 서명 또는 날인이 작성명의인에 의하여 정당하게 성립하였음을 인증하는 것일 뿐 그 사서증서의 기재 내용을 인증하는 것은 아닌바, 사서증서 인증서 중 인증기재 부분은 공문서에 해당한다고 하겠으나, 위와 같은 내용의 인증이 있었다고 하여 사서증서의 기재 내용이 공문서인 인증기재 부분의 내용을 구성하는 것은 아니라고 할 것이므로, 사서증서의 기재 내용을 일부 변조한 행위는 공문서변조죄가 아니라 사문서변조죄에 해당한다(대법원 2005.03.24 선고 2003도2144 판결). ☞ (甲은 사문서변조 및 동행사죄, 사기미수)

■ 판례 ■ **수사기관이 피의자의 신원을 특정하고 지문대조조회를 하기 위하여 직무상 작성하는 십지지문 지문대조표가 사문서인지 여부(소극)**

십지지문 지문대조표는 수사기관이 피의자의 신원을 특정하고 지문대조조회를 하기 위하여 직무상 작성하는 서류로서 비록 자서란에 피의자로 하여금 스스로 성명 등의 인적사항을 기재하도록 하고 있다 하더라도 이를 사문서로 볼 수는 없다(대법원 2000.8.22. 선고 2000도2393 판결).

(2) 도 화

문자이외의 상형적 부호에 의하여 사람의 관념이나 의사가 물체에 화체되어 표현된 것으로, 계속적·증명적·보장적 기능을 가진 것

■ 판례 ■ **'담뱃갑'이 문서 등 위조죄의 대상인 '도화'에 해당하는지 여부(적극)**

담뱃갑의 표면에 그 담배의 제조회사와 담배의 종류를 구별·확인할 수 있는 특유의 도안이 표시되어 있는 경우에는 일반적으로 그 담뱃갑의 도안을 기초로 특정 제조회사가 제조한 특정한 종류의 담배인지 여부를 판단하게 된다는 점에 비추어서도 그 담뱃갑은 적어도 그 담뱃갑 안에 들어 있는 담배가 특정 제조회사가 제조한 특정한 종류의 담배라는 사실을 증명하는 기능을 하고 있으므로, 그러한 담뱃갑은 문서 등 위조의 대상인 도화에 해당한다(대법원 2010.7.29. 선고 2010도2705 판결).

2. 행 위

위조 또는 변조하는 것

(1) 위 조

작성권한 없는 자가 타인명의를 모용(사칭, 도용)하여 문서를 작성하는 행위. 즉 작성자와 명의인이 불일치하는 것

1) 타인명의의 문서를 작성할 정당한 권한이 없는 자의 행위일 것

■ 판례 ■ **법무사가 위임인이 문서명의자로부터 문서작성권한을 위임받지 않았음을 알면서도 확인절차를 거치지 아니하고 권리의무에 중대한 영향을 미칠 수 있는 문서를 작성한 경우**

가. 문서명의인의 추정적 승낙이 예상되는 경우 사문서변조죄의 성립 여부(소극) 및 명의자의 승낙에 대한 막연한 기대나 예측만으로 추정적 승낙을 인정할 수 있는지 여부(소극)

사문서의 위·변조죄는 작성권한 없는 자가 타인 명의를 모용하여 문서를 작성하는 것을 말하는 것이므로 사문서를 작성·수정함에 있어 그 명의자의 명시적이거나 묵시적인 승낙이 있었다면 사문서의 위·변조죄에 해당하지 않고, 한편 행위 당시 명의자의 현실적인 승낙은 없었지만 행위 당시의 모든 객관적 사정을 종합하여 명의자가 행위 당시 그 사실을 알았다면 당연히 승낙했을 것이라고 추정되는 경우 역시 사문서의 위·변조죄가 성립하지 않는다고 할 것이나, 명의자의 명시적인 승낙이나 동의가 없다는 것을 알고 있으면서도 명의자 이외의 자의 의뢰로 문서를 작성하는 경우 명의자가 문서작성 사실을 알았다면 승낙하였을 것이라고 기대하거나 예측한 것만으로는 그 승낙이 추정된다고 단정할 수 없다.

특히, 법무사법 제25조에 의하면 법무사가 사건의 위임을 받은 경우에는 주민등록증·인감증명서 등 법

령에 의하여 작성된 증명서의 제출이나 제시 기타 이에 준하는 확실한 방법으로 위임인이 본인 또는 그 대리인임을 확인하여야 하는바, 법무사가 타인의 권리의무에 중대한 영향을 미칠 수 있는 문서를 작성함에 있어 이 규정에 위반하여 문서명의자 본인의 동의나 승낙이 있었는지에 대한 아무런 확인절차를 거치지 아니하고 오히려 명의자 본인의 동의나 승낙이 없음을 알면서도 권한 없이 문서를 작성한 경우에는 사문서위조 및 동행사죄의 고의를 인정할 수 있다.

따라서 법무사인 甲은 위 각 문서작성 당시 C가 문서명의자인 A로부터 문서작성권한을 위임받지 않았음을 알면서도 법무사법 제25조에 따른 문서명의자의 동의나 승낙 여부의 확인조치를 취하지 아니하고 만연히 권한 없이 A 명의의 위 각 문서를 작성, 행사한 점이 인정된다. 또한 위에서 본 모든 객관적 사정을 종합하여 볼 때, 명의자인 A가 甲의 위 각 문서작성 사실을 알았다면 당연히 이를 승낙했을 것이라고 추정된다고 볼 수 없고, 사정이 이러하다면 통상 청구이의의 소를 제기하여 강제경매절차를 중지하는 것이 부동산 소유자에게 이익이 되고, 이 사건에서와 같이 부동산 소유자가 경매절차중지로 인하여 오히려 손해를 입었다고 주장하는 경우는 이례에 속하여 그러한 점을 甲이 알고 있었다고 보기 어렵다는 사정은 강제경매절차를 중지시키는 것이 부동산 소유자에게 일반적으로 이익이 되므로 명의자가 甲의 위 각 문서작성 행위를 승낙할 것이라는 막연한 기대나 예측이 어긋난 것에 불과하여 이것만으로는 사문서위조 및 동행사죄의 고의가 부정된다고 할 수 없다(대법원 2008.4.10. 선고 2007도9987 판결).

■ 판례 ■ **신탁자가 수탁자의 개별적 승낙 없이 수탁자 명의로 신탁재산의 처분에 필요한 서류를 작성한 경우**

[1] 사실관계

> 甲은 乙과의 임야취득을 위한 계약명의신탁 약정을 맺은 후 이 명의신탁 약정에 따라 이 약정을 알지 못하는 A와 임야에 관하여 매매계약을 체결한 후 乙명의로 소유권이전등기를 마쳤다. 그 후 甲이 위 임야를 B에게 매도함에 있어 乙에게 협조를 요청하는 바, 乙은 甲에게 자신에 대한 차용금 채무를 변제하지 않는 한 甲이 위 임야를 B에게 매도하는 데에 필요한 서류 작성에 협조하지 않겠다"는 취지의 말을 하였으나, 甲은 이러한 사정을 숨긴 채 위 임야를 B에게 매도하면서 부동산매매계약서 및 영수증을 작성함에 있어서 乙의 허락이나 대리권 위임을 받지 아니하고 乙의 명의 또는 대리인 자격을 사용하였다.

[2] 판결요지

가. 신탁자가 수탁자의 개별적 승낙 없이 수탁자 명의로 신탁재산의 처분에 필요한 서류를 작성하는 행위가 사문서위조·동행사죄를 구성하는 경우

신탁자에게 아무런 부담이 없이 재산이 수탁자에게 명의신탁된 경우에는 그 재산의 처분 기타 권한행사에 있어서는 수탁자가 자신의 명의사용을 포괄적으로 신탁자에게 허용하였다고 봄이 상당하므로, 신탁자가 수탁자 명의로 신탁재산의 처분에 필요한 서류를 작성함에 있어 수탁자로부터 개별적인 승낙을 받지 아니하였다 하더라도 사문서위조·동행사죄가 성립하지 아니하지만, 수탁자가 명의신탁 받은 사실을 부인하면서 신탁재산이 수탁자 자신의 소유라고 주장하는 등으로 두 사람 사이에 신탁재산의 소유권에 관하여 다툼이 있는 경우에는 더 이상 신탁자가 그 재산의 처분 등과 관련하여 수탁자의 명의를 사용하는 것이 허용된다고 볼 수 없으며, 이는 수탁자가 명의신탁 받은 사실 자체를 부인하는 것은 아니더라도 신탁자의 신탁재산 처분권한을 다투는 등 신탁재산에 관한 처분이나 기타 권한행사에 있어서 신탁자에게 부여하였던 수탁자 명의사용에 대한 포괄적 허용을 철회한 것으로 볼 만한 사정이 있는 경우에도 마찬가지이다.

나. 수탁자가 신탁자에게 자신에 대한 차용금 채무를 변제하지 않는 한 신탁재산을 타인에게 매도하는 데 필요한 서류 작성에 협조하지 않겠다는 취지의 말을 한 경우, 신탁자에게 부여하였던 수탁자 명의사용에 대한 포괄적 허용을 철회한 것으로 볼 수 있는지 여부(적극)

수탁자가 피고인에게 "피고인이 수탁자에 대한 차용금을 변제하지 않는 한 피고인이 이 사건 임야를 타인에게 매도하는 데에 필요한 서류 작성에 협조하지 않겠다"는 취지의 말을 함으로써, 그 때에 수탁자는 종전에 피고인과의 이 사건 임야에 관한 명의신탁 약정 당시 이 사건 임야에 관한 처분이나 기타 권한행사에 있어서 피고인에게 부여하였던 수탁자 명의사용에 대한 포괄적 허용을 철회한 것이고, 따라서 그 때 이후로는 피고인으로서는 이 사건 임야에 관한 처분이나 기타 권한행사를 함에 있어서 명의수탁자 명의로 또는 그의 대리인으로서 사문서를 작성하기 위하여는 개별적으로 그 명의사용을 허락받거나 대리권을 위임받아야 할 것인데, 피고인이 부동산매매계약서 및 영수증을 작성할 때에 수탁자로부터 그와 같은 명의사용 허락이나 대리권 위임을 받은 사실은 없다고 판단하였다.

다. 명의신탁자가 매도인 명의를 수탁자로 하여 제3자에게 신탁재산을 매도하는 계약을 체결하면서 수탁자가 위 신탁재산의 매도를 반대하며 매도에 따른 절차이행에 협조하기를 거절하고 있는 사정을 숨긴 경우, 매수인인 제3자에 대한 기망행위가 되는지 여부(적극)

임야의 소유명의자인 수탁자가 피고인에게 종전의 명의신탁약정에 기한 포괄적 명의사용 허락을 이미 철회하였고 그 후 피고인에게 수탁자 자신의 명의사용을 허락한 바가 없는 상황에서, 이 사건 임야의 소유명의자인 수탁자가 피고인에게 이 사건 임야의 매도를 반대하고 그 매도에 따른 절차이행에 협조하지 아니하겠다는 의사를 명시적으로 밝히고 있는 이상, 피고인이 피해자에게 이 사건 임야의 소유권을 이전해주는 것은 불가능하거나 현실적으로 매우 어려운 일이라고 할 것이고, 일반거래의 경험칙상 피해자가 이 사건 임야의 소유명의자인 수탁자가 이 사건 임야의 매도를 반대하고 그 매도에 따른 절차이행에 협조하지 아니하겠다고 하고 있는 사정을 미리 알았더라면 이 사건 임야를 매수하지 아니하였을 것이라는 관계가 인정된다. 그렇다면 피고인으로서는 신의성실의 원칙상 피해자와 이 사건 매매계약을 체결하기 이전에 수탁자의 위와 같은 의사에 관하여 피해자에게 미리 고지하여야 할 법률상 의무가 있다고 할 것인데, 피고인이 이를 숨긴 채 수탁자 명의로 이 사건 임야에 관한 매매계약을 체결한 것은 피해자를 기망한 것이라고 봄이 상당하다(대판 2007. 11.30, 2007도4812).

■ 판례 ■ 포괄적 위임을 받은 대리인이 본인의 명의로 문서를 작성하면서 허위의 내용을 기재한 경우, 사문서위조죄의 성부(소극)

[1] 사실관계

매수인 A로부터 매도인과의 토지매매계약체결에 관하여 포괄적 권한을 위임받은 甲이 그 차액을 편취할 목적으로 실제 매수가격 보다 높은 가격을 매매대금으로 기재하여 A의 명의의 매매계약서를 작성하였다.

[2] 판결요지

매수인으로부터 매도인과의 토지매매계약체결에 관하여 포괄적 권한을 위임받은 자는 위임자 명의로 토지매매계약서를 작성할 적법한 권한이 있다 할 것이므로 매수인으로부터 그 권한을 위임받은 피고인이 실제 매수가격 보다 높은 가격을 매매대금으로 기재하여 매수인 명의의 매매계약서를 작성하였다 하여도 그것은 작성권한 있는 자가 허위내용의 문서를 작성한 것일 뿐 사문서위조죄가 성립될 수는 없다(대법원 1984.7.10. 선고 84도1146 판결).

대표이사가 권한을 남용하여 허위로 주식회사 명의의 문서를 작성한 경우

[1] 사실관계

甲은 A주식회사의 대표이사로서, 전처인 乙이 A주식회사에 대하여 32억 원의 대여금채권을 가지고 있는 것처럼 허위로 꾸며 乙로 하여금 위 허위의 대여금채권에 기하여 A주식회사 앞으로 공탁된 공탁금 231,169,555원에 대한 출급청구권에 대하여 채권압류 및 추심명령을 받게 함으로써, A주식회사에 대한 채권자인 丙의 위 공탁금 출급청구권에 대한 채권압류 및 추심명령에 기하여 위 공탁금을 출급하는 것을 막고 나아가 각자의 채권액에 비례하여 안분배당을 받게 하기 위하여, 2005. 1. 3. 작성일자를 '1995. 12. 18.' 로, 채무자를 'A주식회사 대표이사 丁' 으로 표시하여 마치 A주식회사가 乙에 대하여 32억 원의 채무를 부담하고 있는 것처럼 기재한 차용증을 작성한 다음, 이를 공증담당 변호사에게 교부하여 허위의 금전채권에 대한 공정증서원본을 작성·비치하게였다.

[2] 판결요지

가. 대표이사가 권한을 남용하여 허위로 주식회사 명의의 문서를 작성한 경우, 자격모용사문서작성죄 또는 사문서위조죄가 성립하는지 여부(소극)

피고인이 주식회사의 적법한 대표이사로서 그 권한이 제한되어 있는 특별한 경우가 아닌 이상 직접 주식회사 명의 문서를 작성하는 행위가 자격모용사문서작성에 해당될 수는 없는 것이 원칙이고, 이는 문서의 내용이 진실에 반하는 허위인지, 대표권을 남용하여 자기 또는 제3자의 이익을 도모할 목적으로 문서를 작성한 것인지에 따라 달라지는 것도 아니기 때문에, 비록 피고인이 작성일자를 '1995. 12. 18.' 로, 채무자를 ' 주식회사 대표이사 공소외 3' 으로 표시하는 등 일부 허위 내용의 이 사건 차용증을 작성하여 행사하였다 하더라도, 자격모용사문서작성죄나 자격모용작성사문서행사죄를 구성하지 아니한다.

나. 공증인에게 허위의 금전채권에 대하여 공정증서원본을 작성·비치하게 한 경우, 공정증서원본불실기재죄 및 불실기재공정증서원본행사죄의 죄책을 인정할 수 있는지 여부(적극)

실제로는 채권·채무관계가 존재하지 아니함에도 공증인에게 허위신고를 하여 가장된 금전채권에 대하여 집행력이 있는 공정증서원본을 작성하고 이를 비치하게 한 것이라면 공정증서원본불실기재죄 및 불실기재공정증서원본행사죄의 죄책을 면할 수 없다고 할 것이다(대법원 2008. 12. 24. 선고 2008도7836 판결).

세금계산서의 작성권한자(=공급자) 및 세금계산서상의 공급자가 임의로 공급받는 자 란에 다른 사람을 기재한 경우 그 사람에 대한 관계에서 사문서위조죄가 성립되는지 여부(소극)

이 사건 세금계산서는, 원심이 적절히 설시한 바와 같이, 부가가치세 과세사업자가 재화나 용역을 공급하는 때에 이를 공급받은 자에게 작성·교부하여야 하는 계산서이므로(부가가치세법 제16조 제1항), 그 작성권자는 어디까지나 재화나 용역을 공급하는 공급자라고 보아야 할 것이고, 공급받는 자의 상호, 성명, 주소는 필요적 기재사항이 아닌 임의적 기재사항에 불과하여(부가가치세법 시행령 제53조 제1항) 공급받는 자의 상호, 성명, 주소가 기재되어 있지 않은 세금계산서라도 그 효력에는 영향이 없으며, 공급자가 세금계산서를 작성함에 있어 공급받은 자의 동의나 협조가 요구되지도 않는 점 등에 비추어 세금계산서상의 공급받는 자는 그 문서 내용의 일부에 불과할 뿐 세금계산서의 작성명의인은 아니라 할 것이니, 공급받는 자 란에 임의로 다른 사람을 기재하였다 하여 그 사람에 대한 관계에서 사문서위조죄가 성립된다고 할 수 없다. 따라서 원심이 같은 이유로, 세금계산서의 공급받는 자 란에 권한 없이 공소외 주식회사이라고 기재함으로써 위 공소외 주식회사 명의의 세금계산서 1장을 위조하여 행사하였다는 이 사건 공소사실에 대해 무죄를 선고한 것은 정당하므로, 거기에 사문서위조에 관한 법리오해가 있다는 상고논지는 받아들일 수 없다(대법원 2007.3.15. 선고 2007도169 판결).

■ 판례 ■ **채권의 신탁자 A가 사망한 후 이를 상속한 甲이 수탁자 乙이 동 채권은 자신이 A로부터 증여받은 것이지 명의신탁받은 것이 아니라고 주장하자 乙의 동의를 받지 아니하고 채권의 발행은행인 우리은행 성당동 지점에 찾아가 乙 명의의 채권이전등록청구서를 작성·제출한 경우**

[1] 수탁자가 명의신탁받은 사실을 부인하면서 신탁재산이 자신의 소유라고 주장하는 경우, 신탁자가 그 재산의 처분 등과 관련하여 수탁자의 명의를 사용하는 것이 허용되는지 여부(소극)

신탁자에게 아무런 부담이 지워지지 않은 채 재산이 수탁자에게 명의신탁된 경우에는 특단의 사정이 없는 한 그 재산의 처분 기타 권한행사에 있어서는 수탁자가 자신의 명의사용을 포괄적으로 신탁자에게 허용하였다고 봄이 상당하므로, 신탁자가 수탁자 명의로 신탁재산의 처분에 필요한 서류를 작성함에 있어 수탁자로부터 개별적인 승낙을 받지 아니하였다 하더라도 사문서위조·동행사죄가 성립하지 아니하지만, 수탁자가 명의신탁 받은 사실을 부인하면서 신탁재산이 수탁자 자신의 소유라고 주장하는 등으로 신탁자와 사이에 신탁재산의 소유권에 관하여 다툼이 있는 경우에는 더 이상 신탁자가 그 재산의 처분 등과 관련하여 수탁자의 명의를 사용하는 것이 허용된다고 볼 수 없다.

[2] 사문서위조죄의 성립여부

수탁자가 신탁받은 채권을 자신이 신탁자로부터 증여받았을 뿐 명의신탁받은 것이 아니라고 주장하는 상황에서, 신탁자의 상속인이 수탁자의 동의를 받지 아니하고 그 명의의 채권이전등록청구서를 작성·행사한 행위가 사문서위조 및 위조사문서행사죄에 해당한다(대법원 2007.3.29. 선고 2006도9425 판결).

■ 판례 ■ **사임의사를 표시하였던 이사를 포함한 이사 3인 명의로 이사회 의사록을 작성하고 이를 비치하거나 교부한 경우**

[1] 사실관계

> 甲은 ○○음료의 이사인 A, 감사인 B 뿐만 아니라 사임의 의사를 표시하였던 이사 C 등 3인 명의로 이사회 의사록을 작성하고 이를 ○○음료에 비치하거나 ○○종합건설 주식회사 대표이사 乙게 교부하였다.

[2] 판결요지

법인의 이사가 사임하는 행위는 상대방 있는 단독행위여서 그 의사표시가 상대방에게 도달함과 동시에 그 효력을 발생하는 것이고, 통상 이사가 사임하면 그 즉시 이사로서의 지위를 상실하므로 자신의 이름을 회사의 이사인 것처럼 사용하도록 허락한 사람이 사임의 의사표시를 하는 경우 그 의사표시에는 명의사용에 대한 기존의 승낙이나 동의를 더 이상 유지하지 않는다는 의사도 포함된 것이고 상대방도 이러한 의사를 인식하였다고 보는 것이 일반적이므로, 그 이후에는 더 이상 그 명의를 사용할 수 없다. 그러나 사임으로 인하여 필요한 이사의 수에 결원이 생기는 등의 사유가 있는 경우에는 명의사용을 곧바로 금지한 것이고 상대방인 1인 회사의 대표이사도 그 금지의 의사를 인식하였다고 단정할 수는 없다. 그러므로 이사가 사임한 경우에 더 이상의 명의사용을 금지한 것인지 여부 및 상대방이 이를 인식하였는지 여부는 당초 이사로 선임된 동기, 사임으로 인한 이사 정원의 미달 여부, 사임의 동기, 이사와 회사 및 1인 주주와의 관계, 사임 이후의 명의사용에 대하여 이의를 제기하였는지 여부 등의 사정을 종합하여 살펴보아야 한다. 따라서 본 사안의 경우에는 사문서위조 및 위조사문서행사죄에 해당하지 아니한다(대법원 2009.5.14. 선고 2008도11040 판결).

■ 판례 ■ **피고인이 甲 은행 발행의 피고인 명의 예금통장 기장내용 중 2006. 4. 25.자 입금자 명의를 가리고 복사하여 그 통장사본을 법원에 증거로 제출한 경우**

[1] 문서명의인의 승낙이 있거나 승낙이 추정되는 경우 사문서 위·변조죄 성립 여부(소극) 및 명의인의 승낙에 대한 막연한 기대나 예측만으로 승낙이 추정된다고 단정할 수 있는지 여부(소극)

사문서의 위·변조죄는 작성권한 없는 자가 타인 명의를 모용하여 문서를 작성하는 것을 말하므로 사문서를 작성·수정할 때 명의자의 명시적이거나 묵시적인 승낙이 있었다면 사문서의 위·변조죄에 해당하지 않고, 한편 행위 당시 명의자의 현실적인 승낙은 없었지만 행위 당시의 모든 객관적 사정을 종합하여 명의자가 행위 당시 그 사실을 알았다면 당연히 승낙했을 것이라고 추정되는 경우 역시 사문서의 위·변조죄가 성립하지 않는다고 할 것이나, 명의자의 명시적인 승낙이나 동의가 없다는 것을 알고 있으면서도 명의자가 문서작성 사실을 알았다면 승낙하였을 것이라고 기대하거나 예측한 것만으로는 그 승낙이 추정된다고 단정할 수 없다.

[2] 피고인의 죄책

관련 민사소송에서 피고인이 언제부터 乙 회사에서 급여를 받았는지가 중요한 사항이었는데 2006. 4. 25.자 입금자 명의를 가리고 복사하여 이를 증거로 제출함으로써 2006. 5. 25.부터 乙 회사에서 급여를 수령하였다는 새로운 증명력이 작출되었으므로 공공적 신용을 해할 위험성이 있었다고 볼 수 있고, 제반 사정을 종합할 때 통장 명의자인 甲 은행장이 행위 당시 그러한 사실을 알았다면 이를 당연히 승낙했을 것으로 추정된다고 볼 수 없으며, 피고인이 쟁점이 되는 부분을 가리고 복사함으로써 문서내용에 변경을 가하고 증거자료로 제출한 이상 사문서변조 및 동행사의 고의가 인정된다(대법원 2011.9. 29. 선고 2010도14587 판결).

■ 판례 ■ **피고인이 자신의 부(父) 甲에게서 甲 소유 부동산 매매에 관한 권한 일체를 위임받아 이를 매도하였는데, 그 후 甲이 갑자기 사망하자 소유권 이전에 사용할 목적으로 甲이 자신에게 인감증명서 발급을 위임한다는 취지의 인감증명 위임장을 작성하여 주민센터 담당직원에게 제출한 경우**

[1] 사망한 사람 명의의 사문서를 위조한 경우 문서명의인이 생존하고 있다는 점이 문서의 중요한 내용을 이루거나 그 점을 전제로 문서가 작성되었다면, 사망한 명의자의 승낙이 추정된다는 이유로 사문서위조죄의 성립을 부정할 수 있는지 여부(소극)

문서위조죄는 문서의 진정에 대한 공공의 신용을 보호법익으로 하는 것이므로 행사할 목적으로 작성된 사문서가 일반인으로 하여금 당해 명의인의 권한 내에서 작성된 문서라고 믿게 할 수 있는 정도의 형식과 외관을 갖추고 있으면 사문서위조죄가 성립하고, 위와 같은 요건을 구비한 이상 명의인이 문서의 작성일자 전에 이미 사망하였더라도 그러한 문서 역시 공공의 신용을 해할 위험성이 있으므로 사문서위조죄가 성립한다. 위와 같이 사망한 사람 명의의 사문서에 대하여도 문서에 대한 공공의 신용을 보호할 필요가 있다는 점을 고려하면, 문서명의인이 이미 사망하였는데도 문서명의인이 생존하고 있다는 점이 문서의 중요한 내용을 이루거나 그 점을 전제로 문서가 작성되었다면 이미 문서에 관한 공공의 신용을 해할 위험이 발생하였다 할 것이므로, 그러한 내용의 문서에 관하여 사망한 명의자의 승낙이 추정된다는 이유로 사문서위조죄의 성립을 부정할 수는 없다.

[2] 피고인의 죄책

피고인이 자신의 부(父) 甲에게서 甲 소유 부동산의 매매에 관한 권한 일체를 위임받아 이를 매도하였는데, 그 후 甲이 갑자기 사망하자 부동산 소유권 이전에 사용할 목적으로 甲이 자신에게 인감증명서 발급을 위임한다는 취지의 인감증명 위임장을 작성한 후 주민센터 담당직원에게 이를 제출한 사안에서, 甲의 사망으로 포괄적인 명의사용의 근거가 되는 위임관계 내지 포괄적인 대리관계는 종료된 것으로 보아야 하므로 특별한 사정이 없는 한 피고인은 더 이상 위임받은 사무처리와 관련하여 甲의 명의를 사용하는 것이 허용된다고 볼 수 없고, 피고인이 사망한 甲의 명의를 모용한 인감증명 위임장을 작성하여 인감증명서를 발급받아야 할 급박한 사정이 있었다고 볼 만한 사정도 없으며, 인감증명 위임장은 본래 생존한 사람이 타인에게 인감증명서 발급을 위임한다는 취지의 문서라는 점을 고려하면, 이미 사망한 甲이 '병안 중'이라는 사유로 피고인에게 인감증명서 발급을 위임한다는 취지의 인감증명 위임장이 작성됨으로써 문서에 관한 공공의 신용을 해할 위험성이 발생하였다 할 것이고, 피고인이 명의자 甲이 승낙하였을 것이라고 기대하거나 예측한 것만으로는 사망한 甲의 승낙이 추정된다고 단정할 수 없는데도, 이와 달리 피고인에게 무죄를 인정한 원심판결에 사망한 사람 명의의 사문서위조죄에서 승낙 내지 추정적 승낙에 관한 법리오해의 위법이 있다고 한 사례(대판 2011.9.29. 2011도6223).

■ 판례 ■ **문서명의인의 묵시적 승낙아래 작성한 경우, 사문서위조 및 동행사죄의 성부(소극)**

[1] 사실관계

A회사의 이사인 乙과 丙은 이사직을 사임하고자 각 사임서를 대표이사에게 제출하였으나 대표이사가 이사사임등기를 하지 않자 업무담당이사인 甲에게 이사사임등기를 강력히 요구하였다. 이에 甲은 동인들의 인장을 새겨 이사사임서를 작성하였다.

[2] 판결요지

소외 A회사의 이사인 乙과 丙이 그 이사직을 사임코자 각 사임서를 대표이사에게 제출하였으나 대표이사가 이사사임등기를 하지 않자 업무담당이사인 피고인에게 이사사임등기를 강력히 요구하자 피고인이 동인들의 인장을 새겨 이사사임서를 작성한 행위는 동인들의 묵시적 승낙하에 한 것이라 볼 수 있으므로 이의 위조 및 동행사죄가 성립되지 않는다(대법원 1983.4.12. 선고 83도328 판결).

■ 판례 ■ **명의자의 승낙(위임)이 있는 경우 사문서위조의 성부(소극)**

[1] 사실관계

> 건축주가 A주식회사 명의로 되어 있으나 실질적으로는 甲·乙·丙 등이 독자적인 계산아래(甲은 A회사의 전무이사, 乙은 상무이사, 丙은 현장소장의 이름을 사용하여)그 공사를 시공하고 위 아파트 분양업무는 공사현장에 분양사무소를 두고, 甲·乙·丙 등이 위 아파트부지의 소유자로서 A회사의 대표이사로 되어 있는 B와 협의하여 처리하여 오던 중 甲·乙·丙 등은 위 아파트 307호, 403호, 106호가 이미 분양되고 교환되어 더이상 이를 A건설회사 명의로 처분할 수 없음에도 불구하고 전세들기를 원하는 자들에게 동 회사가 처분할 수 있는 것처럼 거짓말을 하여 전세금을 교부받고 A건설회사 명의로 전세계약을 작성하였다.

[2] 판결요지

문서의 위조라고 하는 것은 작성권한없는 자가 타인명의를 모용하여 문서를 작성하는 것을 말하는 것이므로 전세계약서를 작성함에 있어 그 명의자의 명시적이거나 묵시적인 승낙(위임)이 있는 것이라면 이는 사문서위조에 해당한다 할 수 없다. 따라서 이 사건 피해자들에게 작성해준 판시 전세계약서는 A회사 대표이사인 B의 위임(승낙)에 의하여 회사명의의 직인을 찍어 작성한 것이지 피고인들이 이를 함부로 위조한 것이라고 볼 수 없다(대법원 1988.1.12. 선고 87도2256 판결).

■ 판례 ■ **작성명의자의 날인이 정당하게 성립된 사문서에 권한 없는 자가 내용을 기재하거나, 권한을 초과하여 내용을 기재한 경우, 사문서위조죄의 성부(적극)**

[1] 사실관계

> A는 B에 대한 채무를 변제하지 않을 경우 그 다음날 이후에는 나이트클럽의 명의를 B 앞으로 변경하기로 약정하고 소정사항이 기재되어 있지 아니한 백지의 양도양수서 용지에 그의 도장을 날인하여 교부하였는데, 甲은 B로부터 이 서류의 보관을 부탁받고 보관하던 중 서류에 A는 위 나이트클럽을 B에게 양도한다는 내용을 기재하였다.

[2] 판결요지

작성명의자의 날인이 정당하게 성립된 사문서라고 하더라도 내용을 기재할 정당한 권한이 없는 자가 내용을 기재하거나 또는 권한을 위임받은 자가 권한을 초과하여 내용을 기재함으로써 날인자의 의사에 반하는 사문서를 작성한 경우에는 사문서위조죄가 성립한다(대법원 1992.12.22. 선고 92도2047 판결).

■ 판례 ■ **일정금액의 차용권한을 위임받으면서 명의인으로부터 작성해 받은 대출신청서 및 영수증의 백지로 된 금액란에 위임받은 금액보다 많은 금액을 기재한 경우, 사문서위조죄에 해당하는지 여부(적극)**

[1] 사실관계

> 甲은 A로부터 금 75,000,000원의 차용 위탁을 받고 백지의 대출신청서 및 영수증에 A의 날인을 받은 연후에 차용금액을 금 150,000,000원으로 기입하여 A 명의의 대출신청서 및 영수증을 작성하였다.

[2] 판결요지

위탁된 권한을 초월하여 위탁자 명의의 문서를 작성하거나 위탁자의 서명날인이 정당하게 성립한 때라 하더라도 그 서명날인자의 의사에 반하는 문서를 작성한 경우에는 사문서위조죄가 성립한다 할 것이므로 피고인이 공소외(A)로부터 금 75,000,000원의 차용 위탁을 받고 백지의 대출신청서 및 영수증에 동인의 날인을 받은 연후에 차용금액을 금 150,000,000원으로 기입하여 공소외(A) 명의의 대출신청서 및 영수증을 작성하였다면 문서위조죄가 성립한다(대법원 1982.10.12. 선고 82도2023 판결).

■ 판례사례 ■ **[위탁된 권한을 초원한 것으로 사문서위조죄가 성립하는 사례]**

> (1) 공동대표이사로 법인등기를 하기로 하여 이사회의사록 작성 등 그 등기절차를 위임받은 甲이 단독대표이사 선임의 이사회의사록을 작성하여 단독대표이사로 법인등기한 경우(대법원 1994.7.29. 선고 93도1091 판결) ⇨ 사문서위조 및 동행사죄, 공정증서원본불실기재 및 동행사죄
> (2) 甲은 A프라자의 실제주인인 乙의 포괄적 승낙을 얻어 모든 업무를 처리하여 온 자로 상가건물이 분양되지 않았고 분양대금이 납부된 바 없는데도 미리 보관하고 있던 乙의 인감도장을 찍어 위 상가 1층 97호를 丙에게 분양한다는 乙명의의 분양계약서를 작성한 경우(대법원 1997.3.28. 선고 96도3191 판결)
> (3) 다른 곳의 토지에 분묘를 소유하고 있는 A에게 甲이 신청한 골재채취장과는 멀리 떨어져 있어 토석채취를 한다고 하여도 피해가 없으니 동의해 달라고 말하여 백지의 동의서 양식에 인감도장을 날인하게 한 다음, 행사할 목적으로 그 동의서에 A의 의사에 반하여 분묘 소재지를 위 골재채취장 주변의 토지로 기재한 경우(대법원 1992.3.31. 선고 91도2815 판결)

2) 타인 명의를 사칭하여 작성할 것(자격모용)

■ 판례 ■ **사실혼 관계에 있던 자의 일방적인 혼인신고서 작성 경우, 사문서 위조죄의 성부(적극)**

[1] 사실관계

> 甲은 동거하던 乙녀가 전화를 하면 자신이 집에 있으면서도 없다고 하는 등 자신을 만나주지 아니하자, 乙과 상의를 하거나 승낙을 얻음이 없이 혼인신고를 하겠다고 일방적으로 통지만 한 후 이미 乙이 도장을 찍어놓은 혼인신고서 용지를 이용하여 혼인신고를 하여 혼인사실을 호적부에 등재·비치케 하였다.

[2] 판결요지

혼인신고 당시에는 피해자가 피고인과의 동거관계를 청산하고 피고인을 만나주지 아니하는 등으로 피하여 왔다면 당초에는 피해자와 사실혼 관계에 있었고 또 피해자에게 혼인의 의사가 있었다 하더라도 위 혼인신고 당시에는 그 혼인의사가 철회되었다고 보아야 할 것이므로 피고인이 일방적으로 혼인신고서를 작성하여 혼인신고를 한 소위는 설사 혼인신고서 용지에 피해자 도장이 미리 찍혀 있었다 하더라도 사문서 위조 기타 관계법조의 범죄에 해당한다 할 것이다(대법원 1987.4.11. 선고 87도399 판결). ☞ (甲은 사문서위조죄 및 동행사죄, 공정증서원본불실기재죄와 동행사죄)

■ 판례 ■ **세금계산서의 작성권한자(=공급자) 및 세금계산서상의 공급자가 임의로 공급받는 자 란에 다른 사람을 기재한 경우 그 사람에 대한 관계에서 사문서위조죄가 성립되는지 여부(소극)**

문서위조라 함은 작성권한 없는 자가 타인 명의를 모용하여 문서를 작성하는 것을 말하는 것이다. 이 사건 세금계산서는, 원심이 적절히 설시한 바와 같이, 부가가치세 과세사업자가 재화나 용역을

공급하는 때에 이를 공급받은 자에게 작성·교부하여야 하는 계산서이므로(부가가치세법 제16조 제1항), 그 작성권자는 어디까지나 재화나 용역을 공급하는 공급자라고 보아야 할 것이고, 공급받는 자의 상호, 성명, 주소는 필요적 기재사항이 아닌 임의적 기재사항에 불과하여(부가가치세법 시행령 제53조 제1항) 공급받는 자의 상호, 성명, 주소가 기재되어 있지 않은 세금계산서라도 그 효력에는 영향이 없으며, 공급자가 세금계산서를 작성함에 있어 공급받은 자의 동의나 협조가 요구되지도 않는 점 등에 비추어 세금계산서상의 공급받는 자는 그 문서 내용의 일부에 불과할 뿐 세금계산서의 작성명의인은 아니라 할 것이니, 공급받는 자 란에 임의로 다른 사람을 기재하였다 하여 그 사람에 대한 관계에서 사문서위조죄가 성립된다고 할 수 없다(대법원 2007.3.15. 선고 2007도169 판결).

■ 판례사례 ■ **[타인명의 모용이 없어 위조죄가 성립하지 아니하는 사례]**

> (1) 재산목록 작성전의 후견인이 피후견인 명의의 문서를 작성한 경우(대법원 1997.11.28. 선고 97도1368 판결)
> (2) 작성일자만을 공란으로 둔 채 완성된 대출금산청서와 차용금증서에 타인이 작성일자를 임의로 기재한 경우(대법원 1983.4.26. 선고 83도520 판결)
> (3) 甲이 A의 승낙이나 위임이 없이 그 명의를 모용하여 토지사용에 관한 책임각서 등을 작성하면서 A의 서명이나 날인은 하지 않고 다만 자신의 이름으로 보증인란에 서명·날인한 경우(대법원 1997.12.26. 선고 95도2221 판결)

■ 판례 ■ **단독신청이 가능한 민원서류의 발급신청을 함에 있어 신청인란에 타인의 이름을 함께 기재하여 제출한 경우, 사문서위조죄의 성부(소극)**

[1] 사실관계

> 매수인 甲은 매도인 또는 매수인이 단독으로 신청할 수 있는 농지개혁법 제19조 제2항에 의한 소재지 관서의 농지매매증명을 발급받음에 있어 위 증명원을 신청하는데 신청용지의 신청인난 중에 매수인란에는 자신의 이름을 기재하고 자신의 도장을 날인하였으나 매도인란에는 乙의 이름만 기재하였지 날인은 하지 아니하고 소재지 관서에 제출하였다.

[2] 판결요지

정부의 민원사무간소화규칙에 따라 매도인 또는 매수인이 단독으로 신청할 수 있는 농지개혁법 제19조 제2항의 농지매매증명을 발급받음에 있어 신청용지의 신청인난중에 매수인란에는 피고인의 이름을 기재하고 날인하였으나 매도인란에는 공소외인의 이름만 기재하고 날인을 하지 않았다면 위 문서는 그 형식이나 외관상 피고인 단독명의로 신청된 문서로 인정될뿐 피고인과 공소외인이 공동으로 신청한 문서로는 볼 수 없으므로 위 사실만으로는 위 공소외인 명의의 농지매매사실증명확인원을 위조하였다고 볼 수 없다(대법원 1986.9.23. 선고 86도1300 판결).

3) 일반인이 진정문서로 오인할 수 있을 정도의 외관과 형식을 갖출 것

■ 판례 ■ **고무명판만 찍었을 뿐 서명날인이 없는 경우, 사문서위조죄의 성부(적극)**

[1] 사실관계

> 甲은 동원산업사 대표 乙 명의의 문서를 위조하면서 "부산 해운대구 반송2동 289번지 동원산업사 대표 乙"이라고 새겨진 고무명판을 찍었을 뿐 서명 날인은 하지 않았다.

[2] 판결요지

사문서위조죄는 그 명의자가 작성한 진정한 사문서로 볼 수 있는 정도의 형식과 외관을 갖추어 일반인이 진정한 명의자의 사문서로 오신하기 충분하면 되는 것이고 비록 본건과 같이 "부산 해운대구 반송2동 289번지 동원산업사 대표 이강수"라고 새겨진 고무명판을 찍었을 뿐 서명날인이 없는 문서라고 하더라도 외관상 그 명의자가 작성한 사문서로 볼 수 있는 정도의 형식과 외관을 갖춘 이상 사문서위조죄는 성립한다(대법원 1987.1.20. 선고 86도1867 판결).

■ 판례 ■ **명의를 모용하면서 작성명의자의 서명이나 날인은 하지 않고 피고인이 자신의 이름으로 보증인란에 서명·날인한 경우**

[1] 사실관계

> 甲은 행사할 목적으로, 토지 소유자인 乙로부터 자신이 토지에 대한 사용권을 얻었거나 위 토지 사용에 관한 책임각서와 토지주시행포기각서의 작성권한을 위임받은 사실이 전혀 없음에도 불구하고, 乙의 명의를 모용하여 토지사용에 관한 사용각서를 작성하면서 乙명의의 책임각서 기재란 다음에 자신이 보증인으로서 성명과 주소, 주민등록번호 등을 기재하고 甲의 성명 옆에 甲의 도장을 날인하였으나, 乙의 서명이나 날인을 하지 않았다.

[2] 판결요지

가. 사문서위조죄에 있어서 문서작성의 정도 및 그 판단 기준

사문서위조죄는 그 명의자가 진정으로 작성한 문서로 볼 수 있을 정도의 형식과 외관을 갖추어 일반인이 명의자의 진정한 사문서로 오신하기에 충분한 정도이면 성립하는 것이고, 반드시 그 작성명의자의 서명이나 날인이 있어야 하는 것은 아니나, 일반인이 명의자의 진정한 사문서로 오신하기에 충분한 정도인지 여부는 그 문서의 형식과 외관은 물론 그 문서의 작성경위, 종류, 내용 및 일반거래에 있어서 그 문서가 가지는 기능 등 여러 가지 사정을 종합적으로 고려하여 판단하여야 한다.

나. 甲의 죄책

작성명의자의 승낙이나 위임이 없이 그 명의를 모용하여 토지사용에 관한 책임각서 등을 작성하면서 작성명의자의 서명이나 날인은 하지 않고 다만 피고인이 자신의 이름으로 보증인란에 서명·날인한 경우, 사문서위조죄가 성립되기 어렵다(대법원 1997.12.26. 선고 95도2221 판결).

4) 간접정범 형태의 위조

○ 명의인에게 문서내용을 오신시켜 그 내용을 모르고 작성하게 한 경우 ⇨ 문서위조죄
○ 문서의 내용을 진실한 것으로 오신시켜 그 내용을 알고 작성하게 한 경우(例, 甲이 문맹자 乙에게 100만원을 차용해주면서 차용액을 1,000만으로 기재한 차용증서에 날인케 한 경우) ⇨ 사기죄

■ 판례 ■ **명의인을 기망하여 문서를 작성케 하는 경우에는 서명 · 날인이 정당히 성립된 경우에도 사문서위조죄가 성립하는지 여부(적극)**

[1] 사실관계

> 甲은 '종중 부동산의 등기 및 매도권한을 甲에게 일임하여 매도금 3분의 1을 문중에 반납하고 나머지는 甲에게 소송대행비용으로 준다'는 내용의 정기 문중총회 회의록을 임의로 작성하고, 종중원들을 찾아다니며 위 회의록의 내용에 관하여 제대로 알려 주지 아니한 채 단지 그 부동산에 관하여 문중명의로 소유권이전등기를 하는 데 필요하다는 정도로만 얘기하면서 서명 · 날인을 받았다.

[2] 판결요지

명의인을 기망하여 문서를 작성케 하는 경우는 서명, 날인이 정당히 성립된 경우에도 기망자는 명의인을 이용하여 서명 날인자의 의사에 반하는 문서를 작성케 하는 것이므로 사문서위조죄가 성립한다(대법원 2000.6.13. 선고 2000도778 판결).

■ 판례사례 ■ **[명의인에게 문서내용을 오신시켜 그 내용을 모르고 작성하게 한 경우 문서위조죄 성립]**

> (1) 토지의 일부만을 매수한 자가 토지 전부에 대한 이전등기를 받을 생각으로 매도인을 기망하여 토지 전부에 대한 이전등기 문서에 날인을 받은 경우 ⇨ 사문서위조죄(대법원 1970.9.29. 선고 70도1759 판결)
> (2) 甲이 A명의의 신탁증서 1통을 작성한 후 마치 다른 내용의 문서인 것처럼 A에게 제시하여 날인을 받음으로써 A명의의 신탁증서 1통을 위조하고 이를 법원에 증거로 제출한 경우 ⇨ 사문서위조 및 동행사죄(대법원 1983.6.28. 선고 83도1036 판결)

5) 무형위조

무형위조란 권한이 있는 자가 진실에 반하는 내용의 문서를 작성하는 것으로, 공문서의 경우에는 이를 처벌하나, 사문서의 경우에는 원칙적으로 유형위조만 처벌, 무형위조는 허위진단서작성죄만 예외적으로 처벌된다.

■ 판례 ■ **사문서 무형위조의 사문서위조죄에의 해당여부(소극)**

[1] 사실관계

> 甲은 A로부터 민사소송의 처리상 필요한 일체의 권한을 위임받은 자로 A 등이 교인이라고 주장하는 시천교회가 원고가 되어 재단법인 시천교유지재단, 재단법인 천도교유지재단 등을 피고로 하여 제기한 민사소송에서 원고인 위 시천교회의 대표자(A)가 적법한 대표권이 있는 자인지 여부가 문제되자 그 대표자의 자격을 증명하기 위하여 A의 양해하에 B가 보관하고 있던 위 A의 도장을 전해받아 각 회의에 참석하지도 않은 A가 참석한 양 기재하고 임시중앙대회에서는 사회까지 한 것으로 시천교 중앙종무회의록과 시천교임시 중앙대회 의사록에 기재한 후 그 말미에 위 A의 이름을 적고 그 옆에 그의 도장을 찍었다.

[2] 판결요지

피고인들이 작성한 회의록에다 참석한 바 없는 소외인이 참석하여 사회까지 한 것으로 기재한 부분은 사문서의 무형위조에 해당할 뿐이어서 사문서의 유형위조만을 처벌하는 현행 형법하에서는 죄가 되지 아니한다(대법원 1984.4.24. 선고 83도2645 판결).

■ 판례 ■ **이사회의 출석 및 의결에 관한 권한을 위임하고 불참한 이사들이 이사회에 참석하여 의결권을 행사한 것처럼 이사회회의록을 작성한 경우, 사문서위조죄의 성부(소극)**

[1] 사실관계

甲은 이사회를 개최함에 있어 기타 이사들의 참석 및 의결권 행사에 관한 권한을 위임받은 자로서, 그 이사들이 실제로 이사회에 참석하지도 않았는데 마치 참석하여 의결권을 행사한 것처럼 이사회 회의록에 기재하였다.

[2] 판결요지

이사회를 개최함에 있어 공소외 이사들이 그 참석 및 의결권의 행사에 관한 권한을 피고인에게 위임하였다면 그 이사들이 실제로 이사회에 참석하지도 않았는데 마치 참석하여 의결권을 행사한 것처럼 피고인이 이사회 회의록에 기재하였다 하더라도 이는 이른바 사문서의 무형위조에 해당할 따름이어서 처벌대상이 되지 아니한다(대법원 1985.10.22. 선고 85도1732 판결).

(2) 변 조

권한 없는 자가 이미 진정하게 성립된 타인명의의 문서의 내용에 동일성을 해하지 않은 범위 내에서 변경을 가하는 것

1) 권한없는 자의 변경일 것

■ 판례 ■ **문서의 작성권한 있는 자가 명의인의 승낙없이 동 문서내용을 변경하는 경우, 사문서 변조죄의 성부(소극)**

[1] 사실관계

甲은 매매계약의 매도인인 A의 위임을 받아 A소유의 임야와 A의 아들 B소유의 임야를 매도함에 있어서(B의 승낙을 받았음) A를 대리하여 乙과 매매계약을 체결하였으며 그 후 위 매매계약의 이행문제로 분쟁이 생기자 乙이 甲에게 위 매매계약서를 매도인 A의 이름위에 B의 대리인이라는 표시를 하여 달라고 요구하자 甲이 매매계약서중에 'B 代'라는 문구를 삽입하였다.

[2] 판결요지

A의 위임을 받아 그 소유부동산을 매도함에 있어서 A를 대리하여 매수인과 매매계약을 체결한 자가 위 매매계약의 이행문제로 분쟁이 생기자 매수인의 요구에 따라 매매계약서상 매도인 A 명의 위에 A가 甲의 대리인이라는 표시로 "B대"라는 문구를 삽입 기재하였다 하더라도 이는 부동산의 처분권한을 위임받아 매매계약서 작성권한있는 자가 한 변경행위에 불과하여 비록 그 명의인의 승낙을 받지 아니하였다고 하여 사문서변조죄가 성립되는 것은 아니다(대법원 1986.8.19. 선고 86도544 판결).

2) 이미 진정하게 성립된 타인명의의 문서일 것

■ 판례 ■ **타인(타기관)에 접수되어 있는 자기명의의 문서를 무효화시킨 경우, 문서변조의 성부(소극)**

[1] 사실관계

> 학교장 甲은 합법적인 절차에 따라 결재하여 서울특별시교육회에 이미 제출, 접수시킨 추천서를 피추천인 A의 양해없이 임의로 무효화시켜 A가 일본방문에 필요한 서류인 위 추천서를 그 용도에 사용할 수 없게 하였다.

[2] 판결요지

비록 자기명의의 문서라 할지라도 이미 타인(타기관)에 접수되어 있는 문서에 대하여 함부로 이를 무효화시켜 그 용도에 사용하지 못하게 하였다면 일응 형법상의 문서손괴죄를 구성한다 할 것이므로 그러한 내용의 범죄될 사실을 허위로 기재하여 수사기관에 고소한 이상 무고죄의 죄책을 면할 수 없다(대법원 1987.4.14. 선고 87도177 판결). ☞ (甲은 문서손괴죄와 무고죄)

■ 판례 ■   **2인 이상이 작성명의자가 된 문서에 그 명의자의 한 사람이 타명의 자와 합의없이 가필한 경우, 사문서 변조죄의 성립여부**

[1] 사실관계

> 丁이 매도인이고 甲과 乙이 공동매수인이 된 부동산 매매계약서 2통을 작성하여 그중 1통을 甲이 소지함을 기화로 그 소지중인 계약서의 좌단난외에 '전기 부동산에 대한 제3자에 대여한 전세계약은 매수인등이 승계하고 전세금반환의무를 부하기로 함'이라고 권한없이 기필하고 그 밑에 甲의 인장을 날인하여 부동산매매계약서 1매를 변조하고 대구북부경찰서에 위 乙을 사기죄로 고소하면서 고소장에 이를 첨부 제출하였다.

[2] 판결요지

문서에 2인 이상의 작성명의인이 있는 때에 그 명의자의 한사람이 타명의자와 합의없이 행사할 목적으로 그 문서의 내용을 변경하였을 때는 사문서변조죄가 성립된다(대법원 1977.7.12. 선고 77도1736 판결).

3) 기존문서와의 동일성을 해하지 않을 정도로 문서의 내용에 대한 변경일 것

■ 판례 ■   **이사회 회의록의 작성권한자인 이사장이 임의로 이를 삭제한 경우**

[1] 이사가 이사회 회의록에 서명 대신 서명거부사유를 기재하고 그에 대한 서명을 하였는데 이사회 회의록의 작성권한자인 이사장이 임의로 이를 삭제한 경우, 사문서변조에 해당하는지 여부(원칙적 적극)
이사회 회의록에 관한 이사의 서명권한에는 서명거부사유를 기재하고 그에 대해 서명할 권한이 포함된다. 이사가 이사회 회의록에 서명함에 있어 이사장이나 다른 이사들의 동의를 받을 필요가 없는 이상 서명거부사유를 기재하고 그에 대한 서명을 함에 있어서도 이사장 등의 동의가 필요 없다고 보아야 한다. 따라서 이사가 이사회 회의록에 서명 대신 서명거부사유를 기재하고 그에 대한 서명을 하면, 특별한 사정이 없는 한 그 내용은 이사회 회의록의 일부가 되고, 이사회 회의록의 작성권한자인 이사장이라 하더라도 임의로 이를 삭제한 경우에는 이사회 회의록 내용에 변경을 가하여 새로운 증명력을 가져오게 되므로 사문서변조에 해당한다.

[2] 甲 학교법인 이사장인 피고인이 甲 법인의 이사회 회의록 중 '이사장의 이사회 내용 사전 유출로 인한 책임을 물어 회의록 서명을 거부합니다. 乙'이라고 기재된 부분 및 그 옆에 있던 이사 乙의 서명 부분을 지워 회의록을 변조하고, 이를 행사하였다는 내용으로 기소된 사안

피고인이 이사회를 개최한 후 회의록을 작성하여 회의에 참석한 이사들과 감사로부터 회의록 각 페이지 하단의 간서명과 마지막 페이지에 기재된 기명 옆에 서명을 받은 사실, 乙이 '피고인이 사전에 회의의 내용을 공개하였다'는 이유로 서명을 거부하자 乙에게 회의록에 거부사유를 기재하도록 하였고, 乙은 회의록 첫 페이지의 간서명란 바로 밑에 문구를 기재한 사실, 피고인은 그 후 임의로 문구를 삭제한 후 다음 날 회의록을 甲 법인 홈페이지에 게시한 사실을 알 수 있는데, 이러한 사실관계를 법리에 비추어 보면, 乙이 회의록에 대한 서명권한 범위 내에서 회의록에 서명거부사유를 기재하고 그에 대한 서명을 한 이상 문구는 회의록의 일부가 되었으며, 이는 서명거부의 의미로 서명을 하지 않은 것과 내용면에서 동일하다고 할 수 없으므로, 피고인이 임의로 문구를 삭제함으로써 회의록의 새로운 증명력을 작출하였다는 이유로, 이와 달리 보아 공소사실을 무죄로 판단한 원심판결에 사문서변조죄 및 변조사문서행사죄의 법리를 오해하는 등의 잘못이 있다.(대법원 2018. 9. 13., 선고, 2016도20954, 판결)

3. 주관적 구성요건

고의와 행사의 목적이 있을 것

▪ 판례 ▪ **법무사가 위임인이 문서명의자로부터 문서작성권한을 위임받지 않았음을 알면서도 법무사법 제25조에 따른 확인절차를 거치지 아니하고 권리의무에 중대한 영향을 미칠 수 있는 문서를 작성한 경우, 사문서위조 및 동행사죄의 고의를 인정할 수 있는지 여부(적극)**

[1] 명의자의 명시적인 승낙이나 동의가 없다는 것을 알고 있으면서도 명의자 이외의 자의 의뢰로 문서를 작성하는 경우 명의자가 문서작성 사실을 알았다면 승낙하였을 것이라고 기대하거나 예측한 것만으로는 그 승낙이 추정된다고 단정할 수 없다.

[2] 특히, 법무사법 제25조에 의하면 법무사가 사건의 위임을 받은 경우에는 주민등록증·인감증명서 등 법령에 의하여 작성된 증명서의 제출이나 제시 기타 이에 준하는 확실한 방법으로 위임인이 본인 또는 그 대리인임을 확인하여야 하는바, 법무사가 타인의 권리의무에 중대한 영향을 미칠 수 있는 문서를 작성함에 있어 이 규정에 위반하여 문서명의자 본인의 동의나 승낙이 있었는지에 대한 아무런 확인절차를 거치지 아니하고 오히려 명의자 본인의 동의나 승낙이 없음을 알면서도 권한 없이 문서를 작성한 경우에는 사문서위조 및 동행사죄의 고의를 인정할 수 있다(대법원 2008.4.10. 선고 2007도9987 판결).

4. 위법성

▪ 판례 ▪ **사문서위조죄나 공정증서원본불실기재죄가 성립한 후 피해자의 동의 또는 추인이 있는 경우, 이미 성립한 범죄에 영향이 있는지 여부(소극)**

사문서위조나 공정증서원본불실기재가 성립한 후, 사후에 피해자의 동의 또는 추인 등의 사정으로 문서에 기재된 대로 효과의 승인을 받거나, 등기가 실체적 권리관계에 부합하게 되었다 하더라도, 이미 성립한 범죄에는 아무런 영향이 없다(대법원 1999.5.14. 선고 99도202 판결).

5. 죄 수

보호법익을 기준으로 하면서 행위와 범죄의사를 함께 고려하여 판단하자는 견해(다수설)와 문서에 표시된 명의인의 수를 기준으로 판단하는 견해(판례)가 대립

■ 판례 ■   **2인 이상의 연명으로 된 문서를 위조한 경우의 죄수관계**

[1] 사실관계

> 甲은 행사할 목적으로 주채무자 A와 연대보증인 B의 명의로 허위의 차용증서를 1통 작성하였다.

[2] 판결요지

문서에 2인 이상의 작성명의인이 있을 때에는 각 명의자 마다 1개의 문서가 성립되므로 2인 이상의 연명으로 된 문서를 위조한 때에는 작성명의인의 수대로 수개의 문서위조죄가 성립하고 또 그 연명문서를 위조하는 행위는 자연적 관찰이나 사회통념상 하나의 행위라 할 것이어서 위 수개의 문서위조죄는 형법 제40조가 규정하는 상상적 경합범에 해당한다(대법원 1987.7.21. 선고 87도564 판결).
☞ (A명의 부분에 대한 사문서위조죄와 B명의 부분에 대한 사문서위조죄의 상상적 경합)

6. 타 죄와의 관계

■ 판례 ■   **예금통장을 강취하고 예금을 인출한 경우, 죄책 및 그 죄수관계(= 실체적 경합관계)**

[1] 사실관계

> 甲은 A의 예금통장을 강취하여 A명의의 예금청구서를 작성한 다음 이를 은행직원에게 제출하여 예금인출금 명목으로 100만을 교부받았다.

[2] 판결요지

피고인이 예금통장을 강취하고 예금자 명의의 예금청구서를 위조한 다음 이를 은행원에게 제출행사하여 예금인출금 명목의 금원을 교부받았다면 강도, 사문서위조, 동행사, 사기의 각 범죄가 성립하고 이들은 실체적 경합관계에 있다 할 것이다(대법원 1991.9.10. 선고 91도1722 판결).

■ 판례 ■   **신용카드를 절취한 후 물품을 구입하면서 매출표에 서명하여 이를 교부하는 행위가 별도로 사문서위조 및 동행사죄를 구성하는지 여부(소극)**

신용카드업법 제25조 제1항은 신용카드를 위조·변조하거나 도난·분실 또는 위조·변조된 신용카드를 사용한 자는 7년 이하의 징역 또는 5천만 원 이하의 벌금에 처한다고 규정하고 있는바, 위 부정사용죄의 구성요건적 행위인 신용카드의 사용이라 함은 신용카드의 소지인이 신용카드의 본래 용도인 대금결제를 위하여 가맹점에 신용카드를 제시하고 매출표에 서명하여 이를 교부하는 일련의 행위를 가리키고 단순히 신용카드를 제시하는 행위만을 가리키는 것은 아니라고 할 것이므로, 위 매출표의 서명 및 교부가 별도로 사문서위조 및 동행사의 죄의 구성요건을 충족한다고 하여도 이 사문서위조 및 동행사의 죄는 위 신용카드부정사용죄에 흡수되어 신용카드부정사용죄의 1죄만이 성립하고 별도로 사문서위조 및 동행사의 죄는 성립하지 않는다(대법원 1992.6.9. 선고 92도77 판결). ☞ (甲이 신용카드를 절취한 행위에 대해서는 절도죄, 가맹점주를 속이고 물건을 구입하는 행위는 신용카드부정사용죄, 사기죄)

II. 범죄사실 기재시 유의사항

문서죄에 대한 범죄사실을 적시함에 있어서는 권리의무 및 사실증명에 해당하는 사항을 구분하여야 한다.

권리의무	위임장, 매매계약, 임대차계약, 신탁증서, 인감증명발급신청서, 예금청구서 등
사실증명	추천장, 인사장, 안내장, 이력서, 단체신분증 등

III. 범죄사실기재

[기재례1] 국제운전면허증 위조

1) 범죄사실 기재례

피의자는 20○○. ○. ○. ○○:○○경 피의자의 아파트 응접실에서 홍콩 교통국장이 甲에게 발행한 국제운전면허증에 붙어있던 甲의 사진을 떼어내고 그 자리에 피의자의 사진을 붙였다.
이로써 피의자는 행사할 목적으로 사실증명에 관한 사문서인 홍콩 교통국장 명의의 국제운전면허증 1장을 위조하였다.

2) 적용법조 : 제231조 … 공소시효 7년

[기재례2] 채권양도양수계약서를 위조하고 행사

1) 범죄사실 기재례

피의자는 ○○회사 이사회에서 채권양도 결의를 한 사실이 없었음에도 불구하고 위 회사가 지금 받아야 할 권정호에 대한 6,201,000원의 채권 등 총 6건 합계 33,255,000원의 채권을 한○○에게 양도한 것 처럼 하여 돈을 융통 사용하기로 마음먹었다.
가. 사문서위조
피의자는 20○○. ○. ○. ○○에 있는 크리스털모텔에서 백지에 검은색 볼펜을 사용하여 채권양도양수계약서상의 양도인란에 "주식회사 ○○레미콘 대표이사 정○○, 전남 ○○군 ○○면 ○○리 383" 양수인, 광주 ○구 ○○동 214-3 한○○" 금액란, "삼천삼백이십만오천원" 날자, "20○○. ○. ○." 로 각 기재한 후 소지하고 있던 위 회사 대표이사 직인을 날인하였다.
이로써 피의자는 행사할 목적으로 권리 의무에 관한 사문서인 위 회사 명의의 채권양도양수계약서 1통을 위조하였다.
나. 위조사문서행사 및 업무상배임
피의자는 같은 일시 장소에서 임무에 위배하여 위와 같이 위조된 채권양도양수계약서에 따라 위 채권을 한○○에게 양도함으로써 이를 행사하고, 동인으로 하여금 같은 금액 상당의 재산상 이익을 취득하게 하고, 위 회사에 같은 금액 상당의 재산상 손해를 가하였다.

2) **적용법조** : 제231조, 제234조, 제356조(업무상배임) … 공소시효 7년(제231조, 제234조), 10년(제356조)

[기재례3] 대표이사 직인을 불법 사용 대출

1) 범죄사실 기재례

피의자는 ○○에 있는 전기공사업을 목적으로 설립된 (주)한진전기의 이사직에 있었던 사람으로서, 전기공사 입찰 시에 사용하게 되어있는 위 회사 인감증명서와 인감도장을 위 목적에 사용한다면서 고소인 황○○로부터 교부받아 소지하고 있으면서 이를 사용하여 대출을 받아 사용하기로 마음먹었다.

가. 사문서위조

피의자는 20○○. ○. ○. ○○에 있는 전기공사공제조합 ○○지점에서, 위 회사 대표이사 황○○로부터 대출받을 수 있는 권한을 위임받은 것처럼 대출서류를 작성하면서 차용금신청서에 함부로, "주소 : ○○시 남평읍 대교리 ○○번지, 상호 : 주)한진전기 대표자 황○○, 신청금액 : 사천육백만원, 상환기간 : 20○○년 9월 14일, 연대보증인 : 광주광역시 남구 ○○동 ○○번지 황○○, 20○○. 9. 14." 라고 기재한 다음 위 황○○ 이름 옆에 (주)한진전기 대표이사 회사 인감도장과 황○○의 개인 인감도장을 각각 날인하였다.

이로써 피의자는 행사할 목적으로 권리의무에 관한 그의 명의의 차용금신청서 1통을 위조하였다.

나. 위조사문서행사

같은 날 ○○에 있는 전기공사공제조합 ○○지점에 위 차용금신청서가 마치 진정한 명의의 차용금신청서인 양 제출하여 이를 행사하였다.

2) **적용법조** : 제231조, 제234조 … 공소시효 7년

[기재례4] 허위채권서류 작성 대여금 청구소송

1) 범죄사실 기재례

가. 사문서위조 및 사기미수

피의자는 20○○. ○. ○. ○○에 있는 ○○지방법원 민원실에서, 사실은 피해자 홍길녀에게 돈을 빌려준 사실이 없음에도 불구하고, 피해자를 상대로 20○○가단6742호로 대여금청구의 소를 제기하면서, 청구취지 란에 "피고는 원고에게 ○○만원 및 이에 대한 소장 송달 다음 날부터 갚는 날까지 연 25% 비율로 계산한 돈을 지급하라." 청구 원인란에 "피고에게 20○○경부터 20○○년경까지 사이에 수회에 걸쳐 현금을 빌려주었다."라는 허위내용이 기재된 소장 및 위조된 피해자 명의의 ○○만 원권 차용증 1장을 각 증거자료로 첨부하여 제출하였다.

피의자는 위와 같이 위 법원 민사 3단독 판사를 기망하여 이에 속은 위 판사로부터 원고 승소확정 판결을 받아 피해자로부터 ○○만 원을 받으려 하였으나, 피해자가 응소하는 바람에 그 뜻을 이루지 못하고 미수에 그쳤다.

나. 위조사문서행사

피의자는 위 일시·장소에서 위와 같이 위조된 권리의무에 관한 사문서인 피해자 명의의 ○○만 원권 차용증 1장을 증거자료로 첨부하여 그 정을 모르는 위 법원 민원실 직원에게 마치 진정하게 성립한 것처럼 제출하여 이를 각 행사하였다.

2) **적용법조** : 제231조, 제234조, 제347조 제1항, 제352조… 공소시효 10년

[기재례5] 전세계약서를 위조하여 담보로 제공하고 금원편취

1) 범죄사실 기재례

가. 사문서위조

피의자는 20○○. ○. ○. ○○에 있는 ○○사무실에서 검은색 필기구를 사용하여 인쇄된 전세계약서 용지의 부동산표시란에 "○○시 서면 압곡리 00의 1번지 대 638㎡, 시멘트 벽돌조 슬래브지붕 2층, 주택 1층 77㎡, 2층 65㎡, 전세금 및 지급방법 : 전세금 오천만원, 계약금 일천만원, 잔금 사천만원, 전세기간 20○○. ○. ○.~20○○. ○. ○. 작성일자 20○○. ○. ○. 전세권설정자 홍길녀, 전세권자 양탄자"라고 각 기재한 후 그 전에 절취하여 소지하고 있던 위 홍길녀의 인감도장을 동녀의 이름 옆에 날인하였다.

이로써 피의자는 행사할 목적으로 권한 없이 권리의무에 관한 사문서인 동녀 명의의 전세계약서 1통을 위조하였다.

나. 위조사문서행사 및 사기

피의자는 그 시경 같은 장소에서 그 정을 모르는 위 사채사무소 직원인 甲에게 위와 같이 위조된 전세계약서를 마치 진정하게 성립된 것처럼 교부하여 이를 행사하고, 이에 속은 위 甲으로부터 위 전세계약서를 담보로 2,000만원을 차용금 명목으로 교부받았다.

2) 적용법조 : 제231조, 제234조, 제347조 제1항(사기) … 공소시효 7년(제231조, 제234조), 10년(제347조 제1항)

[기재례6] 확인서면을 위조하고 행사하여 금원편취

1) 범죄사실 기재례

가. 사문서위조

피의자는 20○○. ○. ○. ○○에 있는 甲법무사 사무실에서 보험해약과 관련 시어머니인 乙부터 인감도장을 교부받아 소지하고 있음을 기화로 위 乙 소유인 ○○ 남구 월산동 ○○번지 주택을 담보로 피해자 丙으로부터 돈을 빌리는데 사용할 목적으로, 부동산등기법에 의한 확인서면을 작성함에 있어 "채권자겸 근저당권자 丙, 채무자 조○○, 근저당설정자 乙 300102-2000000, ○○시 왕곡면 신가리 ○○, 작성일 20○○년 ○월 ○일"라고 기재한 다음 위 乙 이름 옆에 미리 가지고 있던 乙의 인감도장을 날인하였다.

이로써 피의자는 행사할 목적으로 사실증명에 관한 그의 명의의 확인서면 1매를 위조하였다.

나. 위조사문서행사 및 사기

피의자는 같은 날 같은 장소에서 위 피해자에게 "○○"라고 거짓말하면서 위 확인서면이 마치 진정한 내용의 문서인 양 위 법률사무소에 제출하여 행사하고, 즉석에서 차용금 명목으로 현금 ○○만원을 교부받았다.

2) 적용법조 : 제231조, 제234조, 제347조 제1항(사기) … 공소시효 7년(제231조, 제234조), 10년(제347조 제1항)

[기재례7] 인감증명서 위임장을 위조하여 제출

1) 범죄사실 기재례

가. 사문서위조

피의자는 200○. ○. ○. ○○동사무소에서 피의자가 甲으로부터 그의 인감증명서를 발급받을 수 있는 권한을 위임받은 것처럼 인감증명서 용지의 뒷면 위임자란에 함부로 "○○구 ○○동 112의 3 甲"이라고 기재하고 그 밑에 甲이라고 새겨진 도장을 찍어 그 명의의 위임장 1통을 위조하고, 그 위조한 위임장 앞면의 인감증명서발급신청서 신청인란에 "○○구 ○○동 112의 3 甲"이라고 기입하고 그 밑에도 甲이라고 새겨진 도장을 찍었다.

이로써 피의자는 행사할 목적으로 권리의무에 관한 甲 명의의 인감증명서 3통을 신청하는 내용의 발급신청서 1통을 위조하였다.

나. 위조사문서행사

피의자는 즉석에서 그 정을 모르는 위 동사무소 담당 직원인 김대리에게 마치 진정하게 성립한 인감증명발급신청서처럼 제출하여 이를 행사하였다.

2) 적용법조 : 제231조, 제234조 … 공소시효 7년

[기재례8] 타인 명의 신용카드 발급받아 사용한 경우

1) 범죄사실 기재례

피의자는 신용불량으로 인해 자신 명의로 신용카드를 발급받을 수 없음에 따라 본인의 형 홍길동 명의로 카드를 발급받아 사용하기로 마음먹었다.

가. 사문서위조 및 위조사문서행사

피의자는 200○. ○. ○. ○○에서 현대카드를 발급받기 위해 현대카드회원 가입신청서를 작성하면서 "○○"라고 기재한 다음 신청인 성명란에 홍길동이라고 날인하였다.

이로써 피의자는 행사할 목적으로 권리의무에 관한 그의 명의의 현대카드회원 가입신청서 1매를 위조하였다. 같은 날 즉석에서 위 카드사 직원에게 위 신청서가 마치 진정한 명의의 신청서인 양 제출 이를 행사하여 200○. ○. ○. 현대카드 (카드번호)를 교부받았다.

나. 사기

피의자는 200○. ○. ○. ○○에 있는 "마루전주점"에서 ○○원 상당의 의류를 구입한 것을 비롯하여 200○. ○. ○.까지 총 ○○회에 걸쳐 별지 범죄일람표(1) 내용과 같이 ○○만원 상당의 재산상 이익을 취득하였다.

다. 절도

피의자는 200○. ○. ○. ○○에 있는 대한은행 현금자동인출기에서 현금 ○○만원을 인출한 것을 비롯하여 200○. ○. ○. 까지 총 ○○회에 걸쳐 별지 범죄일람표(2) 내용과 같이 ○○만원을 절취하였다.

2) 적용법조 : 제231조, 제234조, 제347조 제1항(사기), 제329조(절도) … 공소시효 7년(제231조, 제234조), 10년(제347조 제1항), 7년(제329조)

[기재례9] 타인명의로 음주운전 적발보고서에 서명날인 한 경우

1) 범죄사실 기재례

가. 사문서위조

피의자는 20○○. ○. ○. 03:35경 음주운전을 하다가 ○○경찰서 ○○지구대에서 위 지구대 소속 경감 이명수로부터 단속되어 혈중알코올농도 측정을 요구받게 되자 친구인 홍길동인 것처럼 행세할 것을 마음먹었다.

피의자는 위 경찰관의 물음에 '주소 ○○, 주민등록번호 ○○, 성명 홍길동' 이라고 답하여 그 정을 모르는 위 경찰관이 주취운전자적발보고서에 위 홍길동의 인적사항을 기재하게 한 후 위 경찰관으로부터 서명날인을 요구받자 위 주취운전자적발보고서의 음주 운전자 확인란에 검은색 볼펜으로 '홍길동' 이라고 기재하고 그 옆에 피의자의 무인을 찍었다.

이로써 피의자는 행사할 목적으로 권한 없이 사실증명에 관한 위 홍길동 명의의 사문서를 위조하였다.

나. 위조사문서행사

피의자는 그 자리에서 위조한 위 주취운전자적발보고서를 그 정을 모르는 위 이명수에게 교부하여 이를 행사하였다. (광주지법 1999. 3. 26. 선고 98노2397 판결)

2) 적용법조 : 제231조, 제234조… 공소시효 7년

[기재례10] 주식 허위양도서류 작성 행사

1) 범죄사실 기재례

가. 사문서위조

피의자들은 20○○. ○. ○. ○○그룹이 부도난 이후 피의자 甲은 ○○그룹 구조조정 업무를 총괄하였고, 피의자 乙은 ○○그룹정상화추진위원회 기획팀 상무로 재직하면서 위 피의자 甲의 지시를 받아 구조조정과 관련된 국내업무를 총괄하였던 자들이다.

피의자들은 20○○. ○. ○.경 ○○에 있는 ○○그룹 정상화추진사무실에서, 피의자 甲의 친형인 丙이 소유하고 있던 ○○콘크리트 주식회사 주식 500주의 처분과 관련, 위 丙으로부터 위임 또는 승낙을 받은 사실이 없음에도 위 정상화추진사무실 직원 이용주로 하여금 컴퓨터를 이용하여 "주식매매계약서" 라는 제목으로 "丙이 소유하고 있는 ○○콘크리트 주식회사 보통주식 500주를 ○○시멘트 주식회사에 매도한다. 1주당 가격은 10,000원으로 하고, 주식매매대금은 ○○원으로 한다. 매도인 丙" 이라고 작성하게 한 후 위 丙의 이름 옆에 소지하고 있던 동인의 인장을 찍었다.

이로써 피의자들은 공모하여 행사할 목적으로 권한 없이 권리·의무에 관한 사문서인 위 丙명의의 주식매매계약서 1통을 위조하였다.

나. 위조사문서행사

피의자는 그 시경 그 정을 모르는 ○○콘크리트 주식회사 인사총무팀 담당 직원 A에게 위와 같이 위조한 주식매매계약서를 마치 진정하게 성립한 것처럼 제출하여 이를 행사하였다.

2) 적용법조 : 제231조, 제234조… 공소시효 7년

[기재례11] 공사실적 서류변조 및 위계공집방해

1) 범죄사실 기재례

피의자들은 20○○. ○. ○.경 ○○시에서 발주한 ○○종합운동장 주경기장입찰에서 입찰참가자격을 국내외 단일공사 종합운동장 또는 축구전용경기장 관람석 22,500석 이상의 준공실적이 있는 업체로 제한하자, ○○산업 주식회사가 20○○. 4. 13.-20○○. 9. 6. 시공한 옥외경기장 관중석 약 3,000석 규모의 ○○공사에 관하여 ○○건설 주식회사 리야드지점장 명의로 작성된 공사개요서 중 일부를 변조하여 이를 동인 명의로 작성된 '공사부진 원인 및 대책'이라는 문건에 편입하여 이를 근거로 해외건설협회로부터 관람석 25,000석 규모의 종합운동장 시설공사 실적증명을 받아내기로 결의하였다.

가. 사문서변조

피의자들은 20○○. ○. ○.경 피의자 乙은 피의자 甲의 지시에 의하여 그 무렵 공고된 ○○공설운동장 입찰에 참여할 것처럼 실적증명을 미리 받아두어 ○○종합경기장 입찰참가에 대비하기로 하고, 칼과 풀을 이용하여 위 스포츠클럽 공사개요서를 수개 사본하여 공사개요서의 공사내용 부분 중 1) Sports Stadium Stand 면적 부분을 ○○㎡에서 ○○㎡로 해당 글자를 오려 붙인 다음 이를 사본하여 위 '공사부진 원인 및 대책' 문건 중 비어 있는 37-4페이지 부분에 편철하고 37-4페이지라고 페이지를 기입하였다.

이로써 피의자들은 공모하여 행사할 목적으로 위 조작된 공사개요서가 마치 위 문서내용 일부인 양 사실증명에 관한 ○○건설 주식회사 리야드지점장 이사 홍길동 명의의 사문서 1통을 변조하였다.

나. 변조사문서행사

피의자들은 20○○. ○. ○. 해외건설협회 사무실에서 피의자 乙은 피의자 甲의 지시를 받아 ○○공설운동장 신축공사 입찰 관련 실적증명발급요청서를 제출하면서 위와 같이 변조한 '공사부진 원인 및 대책' 문서를 위 스포츠클럽 신축공사 실적증명에 대한 근거 서류로 그 정을 모르는 위 협회 업무진흥실 차장인 김홍길에게 제출하여 이를 행사하였다.

다. 위계에의한공무집행방해

피의자들은 20○○. ○. ○. ○○시청 회계과 사무실에서 피의자 丙이 ○○종합경기장 입찰에 등록하면서 해외건설협회로부터 위 알나즈마 스포츠클럽 경기장이 연면적 103,500㎡, 좌석수 25,000석 규모의 종합운동장이라는 취지로 허위내용이 기재된 위 협회 회장 김○○ 명의의 허위의 실적증명서를 발급받아 이를 첨부한 입찰참가신청서를 제출하여 그 정을 모르는 ○○시 입찰담당 공무원에게 제출한 후 20○○. ○. ○. 위 경기장 신축공사의 입찰에 참여하여 20○○. ○. ○. 낙찰자로 결정되고 공사계약을 체결하여 위계로써 ○○시 경리관 임○○의 시설공사 발주에 대한 정당한 직무집행을 방해하였다.

2) **적용법조** : 제137조(위계에의한공무집행방해), 제231조(사문서 변조), 제234조…
   공소시효 7년

[기재례12] 인감증명발급 허위 위임받아 보험해약, 차량구입, 전화가입

1) 범죄사실 기재례

가. 20○○. ○. ○. 서울 ○○동사무소에서, 피해자 홍길동의 인감증명서를 발급받는 과정에서 피해자의 인감도장 등 피해자의 물품을 보관하고 있음을 기화로 피해자로부터 인감증명서 발급에 대한 권한을 위임받은 사실이 없음에도 행사할 목적으로 함부로 마치 위임받은 것처럼 인감증명서신청서의 위임인 란에 (피해자의 이름, 주민등록번호, 주소) 등을 기재하고 피해자의 인감도장을 날인하는 방법으로 피해자 명의의 권리의무에 관한 사문서인 인감증명서발급위임장 1장을 위조하고, 그 자리에서 그 정을 모르는 위 동사무소 소속 성명불상 직원에게 제출하여 이를 행사하였다.

나. 20○○. ○. ○.경 서울 ○○에 있는 삼성생명빌딩 1층에서 피해자가 자신의 명의로 가입한 ○○생명보험(주)의 여성시대건강보험, 슈퍼홈닥터보험 2종, 퍼펙트보험 등 총 4건의 보험에 대하여 피해자로부터 위 보험해약신청 및 해약환급금 수령에 대한 권한을 위임받은 사실이 없음에도 마치 위 권한을 위임받은 것처럼 행사할 목적으로 함부로 위임하는 분 성명란에 "홍길동"이라고 기재한 후 소지하고 있던 피해자의 인장을 날인하여 사실증명에 관한 사문서인 피해자 명의의 보험해약신청 및 해약환급금 수령에 관한 위임장 1매를 위조하고, 그 자리에서 그 정을 모르는 ○○생명보험(주) 담당 직원인 乙에게 제출하여 이를 행사하였다.

다. 20○○. ○. ○.경 피해자로부터 동인 소유의 (자동차등록번호) 그랜저 승용차의 매도를 허락받은 사실이 없음에도 이를 타에 매도하기로 마음먹고 ○○에 있는 피의자의 집에서 행사할 목적으로 함부로 인쇄된 양식에 위 차량번호, 피해자의 성명, 주민등록번호, 주소 등을 기재하여 피해자 명의의 권리의무에 관한 사문서인 자동차매매계약서 1매를 위조하고, 그 자리에서 그 정을 모르는 (주)○○ 담당자에게 교부하여 이를 행사하였다.

라. 20○○. ○. ○. 서울 ○○동에 있는 SK텔레콤 ○○지점 사무소에서, 피해자로부터 통화명세서 열람에 대하여 권한을 위임받은 사실이 없음에도 마치 위 권한을 위임받은 것처럼 행사할 목적으로 함부로 피해자가 피의자에게 피해자 명의의 이동전화에 대한 통화내용열람을 위임하는 내용의 사실증명에 관한 피해자 명의의 사문서인 통화내용열람신청서 위임장 1매를 위조하고, 그 자리에서 그 정을 모르는 위 SK텔레콤 ○○지점 담당 직원 정○○에게 제시하여 이를 행사하였다.

2) 적용법조 : 제231조, 제234조… 공소시효 7년

[기재례13] 상가분양 합의서 변조

1) 범죄사실 기재례

피의자는 20○○. ○. ○.경 ○○에 있는 ○○주식회사를 대리한 피의자와 위 ○○월드 3층 입주상인들로 구성된 상우회 측 대표인 甲, 乙, 丙 등이 분양잔금 납부기한 연장문제 등을 논의하면서 피의자가 컴퓨터로 작성한 분양잔금 중 미납잔금 30%는 3회에 걸쳐 분납한다는 등 6개 항목의 합의사항 및 위 6개 항목에 대해 '상우회 대표단과 ○○주식회사 간의 협의결과 아래와 같이 합의하였으므로, 첨부명단의 서명자 일동은 아래의 합의사항에 대하여 동의함을 확인합니다'라는 내용의 '합의서(잔금납부연기요청)' 초안에 대하여 위 상우회 회장 甲 등이 입주상인들의 명단을 첨부하여 입주상인들을 상대로 동의 여부를 확인한 결과, 丁 등 입주상인 30명이 동의 또는 반대의 의사를 표시한 문서가 작성되었고, 피의자는 위 甲으로부터 위 문서사본을 받아 이를 소지하게 되었다.

가. 사문서변조

피의자는 20○○. ○. ○. 경 위 ○○월드 6층에 있는 피의자의 사무실에서, 소지하고 있던 위 문서사본의 첫 장인 위 '합의서(잔금납부연기요청)' 초안을 떼어 내고 그 자리에 컴퓨터에 저장되어 있던 위 초안의 합의사항 제1항 중 3회 분납부분을 '미납잔금 30%는 6회(20○○년 7월 30일, 8월 30일, 9월 30일, 10월 30일, 11월 30일, 12월 30일에 각 5%씩 납부)에 걸쳐 분할 납부한다'라고 고쳐서 출력한 '합의서(잔금납부연기요청)'를 첨부하였다.

이로써 피의자는 행사할 목적으로 권한 없이 위와 같이 변조한 문서를 회사공문철에 편철하여 보관함으로써 권리의무에 관한 사문서인 위 丁 등 별지 범죄일람표 기재와 같이 30명 명의의 위 문서사본 1통을 변조하였다.

나. 변조사문서행사

피의자는 20○○. ○. ○. 경 ○○에 있는 ○○지방법원에서, 위와 같이 변조한 문서 1통을 마치 진정한 것처럼 그 정을 모르는 위 법원 담당 직원에게 제시·교부하여 이를 행사하였다.

2) 적용법조 : 제231조(사문서 변조), 제234조… 공소시효 7년

[기재례14] 절취한 예금통장과 국가기술자격증을 위조하여 예금인출행위

1) 범죄사실 기재례

가. 야간주거침입절도

피의자는 20○○. ○. ○. 05:00경 ○○에 있는 5층 건물 중 2층에 있는 피해자 ○○주식회사 사무실에 창문을 열고 안으로 침입하여 그곳 책상 서랍 안에 있는 위 피해자 소유의 ○○은행 예금통장 2개, ○○예금통장 2개, 인장 4개, 위 회사직원인 피해자 홍길동(25세) 소유의 건축기사 2급 국가기술 자격증 1매를 가지고 나와 이를 절취하였다.

나. 공문서위조 및 행사

피의자는 같은 날 10:00경 같은 동에 있는 ○○ 식당에서 행사할 목적으로 위 항과 같이 절취한 홍길동의 국가기술 자격증에 부착된 사진을 떼어 낸 후 피의자의 사진을 붙여 공문서인 한국산업인력공단 이사장 명의의 홍길동에 대한 국가기술 자격증 1매를 위조하였다.

피의자는 같은 날 14:30경 같은 동에 있는 ○○은행 ○○지점에서 예금통장의 재발급 신청을 하면서 그 정을 모르는 위 은행 직원인 甲에게 위조한 위 국가기술 자격증 1매가 진정하게 작성된 것인 양 교부하여 이를 행사하였다.

다. 사문서위조 및 행사

피의자는 같은 날 15:30경 ○○에 있는 ○○은행 ○○지점에서 행사할 목적으로 그곳에 비치된 예금청구서 1매에 금액 이천오백칠십육만 원, 계좌번호 (생략), 비밀번호 (생략), 일자 20○○. ○. ○. 예금주 ○○건설이라고 기재한 다음 그 옆에 귀히 절취한 ○○주식회사 대표이사의 인장을 임의로 날인하여 권리의무에 관한 사문서인 ○○건설 주식회사 명의의 예금청구서 1매를 위조하였다.

피의자는 그 시경 같은 장소에서 그 정을 모르는 위 은행 직원인 김○○에게 위 항과 같이 위조된 예금청구서가 진정하게 작성된 것인 양 교부하여 이를 행사하였다.

라. 사기미수

피의자는 즉시 그곳에서 이에 속은 위 김○○으로부터 ○○만을 받으려고 하였으나 미리 신고를 받고 출동한 경찰관에게 발각되는 바람에 그 목적을 이루지 못하고 미수에 그쳤다.

2) 적용법조 : 제330조(야간주거침입절도), 제225조(공문서위조), 제229조(위조공문서행사), 제231조, 제234조, 제352조, 제347조(사기미수)… 공소시효 10년

Ⅳ. 피해자 조사사항

– 피고소인과 어떤 관계인가
– 어떤 피해를 보았는가
– 어떤 문서를 위조하였다는 것인가
– 이렇게 위조한 문서를 어디에 사용하였는지
– 위조 사실을 언제 어떻게 알게 되었는지
– 이로 인하여 어떤 피해를 보았는가
– 무엇 때문에 위조하였다 생각하는가

Ⅴ. 피의자 신문사항

1. 일반적인 신문사항

– ○○○를 위조한 일이 있는가
– 언제 어디에서(범행일시 및 장소)
– 어떠한 서류(문서)를 위조하였는가
– 어떠한 방법으로 위조하였는가(사용된 용지, 필기구, 위조도구, 인장의 도용여부 등)
– 작성 명의인이 누구인가(실존인물, 허무인, 사망자 등)
– 문서의 내용은
– 작성명의인의 승낙유무(묵시적, 명시적)
– 왜 ○○문서를 위조하였는가(행사할 목적 등)
– 위와 같이 위조한 문서는 어떻게 하였는가(행사여부)
– 행사일시 및 장소
– 행사방법 등

2. 문서 위·변조 피의자 신문사항

가. 행사의 목적

– 거짓문서는 왜 작성하려고 했나.
– 어디에 사용하려고 하였나.

나. 범행준비

– 범행을 위하여 어떠한 준비를 하였나.
– 사용한 용지와 인장은 어디서 어떻게 구하였나.

다. 범행상황

- 언제, 어디에서 누가 작성하였나.
- 문서를 거짓으로 만들 때 그곳에 누가 있었으며, 어떤 도움을 받았나.
- 문서(도화)의 위조한 개소를 구체적으로
- 기존문서는 언제, 어디서, 어떤 방법으로 입수하였나.
- 위조 변조의 구체적 방법
- 거짓문서(위조, 변조) 작성에 사용한 재료는 무엇인가.
- 재료의 입수경위 및 그 일시와 장소는
- 거짓 작성된 문서(위조, 변조)는 누구에게 행사하였으며 어떤 관계가 있는 사람인가
- 거짓문서의 행사 일시와 장소, 그리고 행사의 방법(제시, 교부, 송부, 열람등)
- 거짓문서를 진정한 문서로 행사시 어떤 방법으로 속였던가
- 작성권한을 악용 거짓문서(위조, 변조)를 작성한 것은 아닌가.

라. 문서(도화)의 내용

- 작성명의인(공무소, 공무원, 사법관계인)은 누구인가
- 명의인으로부터 동문서를 작성하겠다고 승낙을 받은 일이 있나
- 권리의무에 관한 문서인가요. 사실증명에 관한 문서인가
- 명의인은 실존하고 있는가(공무소, 공무원, 사법관계인 등)

마. 인장(서명)의 이용

- 언제, 어디서, 누가, 어떻게 부정사용, 행사하였나.
- 인영의 보관자와는 어떤 관계가 있나.
- 언제, 어디서, 누가 위조하고 또는 누구에게 위조시켰던가.
- 위조한 것은 알고 있나.

바. 작성명의인과의 관계

- 작성인 ○○○과는 어떠한 관계인가.

사. 공범관계

- 만들거나, 행사하는데 어떤 누구의 도움을 받은 사실이 있으며, 그들과 분담한 내용과 같이 실행되었으며 대가는 주었는가.

제2항 자격모용에 의한 사문서의 작성

> 제232조(자격모용에 의한 사문서의 작성) 행사할 목적으로 타인의 자격을 모용하여 권리·의무 또는 사
> 실증명에 관한 문서 또는 도화를 작성한 자는 5년 이하의 징역 또는 1천만원 이하의 벌금에 처한다.
> 제235조(미수범) 제225조 내지 제234조의 미수범은 처벌한다.

 ## Ⅰ. 구성요건

1. 객 체

권리·의무 또는 사실증명에 관한 문서·도화

2. 행 위

타인의 자격을 모용하여 문서·도화를 작성하는 것

(1) 자격모용

대리권·대표권 없는 자가 타인의 대리·대표자격을 사칭하여 문서·도화를 작성하는 것

- 대리권 없는 자가 자기명의로 타인자격을 사칭하여 타인명의의 문서를 작성하는
  경우 ⇨ 본죄가 성립
- 대리권 있는 자가 그 권한 밖의 사항에 관하여 대리권자의 명의로 문서를 작성하
  거나, 대리권 소멸 후의 문서를 작성하는 경우 ⇨ 본죄가 성립
- 대리권 있는 자가 그 대리권을 남용하여 문서를 작성한 경우 ⇨ 사문서의 무형위
  조에 해당하여 본죄 불성립

〈사문서위조죄와의 구별〉

사 례	죄 책
자격만을 모용한 경우(타인자격·자기명의) 例. 대리권없는 甲이 乙대리인 甲이라고 문서를 작성한 경우	자격모용에 의한 사문서 작성죄
자격과 명의까지 모용한 경우(타인자격 타인명의) 例. 대리권 없는 甲이 乙의 대리인으로 乙명의의 문서를 작성한 경우	사문서위조죄

(2) 작 성

본인의 의사에 반하여 문서를 현실적으로 작출하는 것

■ 판례 ■ **재건축조합의 조합장이 아닌 사람이 재건축조합 조합장의 직함을 사용하여 재건축사업에 관한 계약서를 작성한 경우, 자격모용에 의한 사문서작성죄의 성부(적극)**

[1] 사실관계

재건축조합 조합장이 아닌 甲 등은 거래상대방인 乙·丙 등과 사이에서 가락시영아파트 재건축사업의 시행계약에 관하여 충분히 논의하고 의견교환을 한 다음 각 시행계약서를 함께 작성하면서 계약서 말미의 '가락시영아파트 재건축조합 조합장'이라는 기재 밑에 甲의 이름을 기재하고 甲의 이름 앞의 '조합장'이라는 기재를 수정하거나 삭제하지 않고 계약서에 서명날인 또는 기명날인한 후 공증을 받았다.

[2] 판결요지

재건축조합의 조합장이 아닌 사람이 재건축조합 조합장의 직함을 사용하여 재건축사업에 관한 계약서를 작성하였다면, 계약의 상대방이 자격모용사실을 알고 있었다거나 그 계약서에 조합장의 직인이 아닌 다른 인장을 날인하였더라도 자격모용에 의한 사문서작성죄의 범의와 행사의 목적이 인정된다(대법원 2007.7.27. 선고 2006도2330 판결).

■ 판례 ■ **양식계의 계장이나 그 직무를 대행하는 자가 아닌 자가 양식계의 계장 명의의 내수면사용동의신청서를 자신의 이름으로 작성하고 행사한 경우**

양식계의 계장이나 그 직무를 대행하는 자가 아닌 자가 양식계의 계장 명의의 내수면사용동의신청서 하단의 계장란에 자신의 이름을 쓰게 하고 그 옆에 자신의 도장을 날인하여 사실증명에 관한 문서인 위 내수면사용동의신청서 1매를 작성하고 이를 행사하였다면 이는 자격모용에 의한 사문서작성, 동행사죄에 해당한다(대법원 1991.10.8. 선고 91도1703 판결).

■ 판례 ■ **부동산중개사무소를 대표하거나 대리할 권한이 없는 사람이 부동산매매계약서의 공인중개사란에 '○○부동산 대표 △△△(피고인의 이름)'라고 기재한 경우**

'○○부동산'이라는 표기는 단순히 상호를 가리키는 것이 아니라 독립한 사회적 지위를 가지고 활동하는 존재로 취급될 수 있으므로 자격모용사문서작성죄의 '명의인'에 해당한다(대법원 2008.2.14. 선고 2007도9606 판결).

■ 판례 ■ **회사의 대표이사직에 있었던 자가 재직시에 발행한 약속어음의 발행명의인과 일치시키기 위하여 당시의 대표이사의 승낙을 받아 그 회사명의 위 약속어음에 대한 지급각서를 작성한 경우, 타인의 자격을 모용하여 문서를 작성하였다고 볼 수 있는지 여부(소극)**

[1] 사실관계

甲은 A회사의 대표이사직에 있었던 자로 재직 중 발행한 약속어음에 대한 지급각서를 작성함에 있어서 위 약속어음과 발행명의인을 일치시키기 위하여 당시 대표이사의 승낙을 얻어 A회사 명의의 약속어음 지급각서를 작성하였다.

[2] 판결요지

회사의 대표이사직에 있었던 자가 재직시에 발행한 약속어음의 발행명의인과 일치시키기 위하여 위 약속어음에 대한 회사명의의 지급각서를 작성함에 있어서 당시의 대표이사의 승낙을 받아 작성하였다면 이는 진정한 문서로서 타인의 자격을 모용하여 문서를 작성하였다고 볼 수 없다(대법원 1975.11.25. 선고, 75도2067 판결).

■ 판례 ■ **주주총회 의장의 선임에 관한 법령 및 정관의 규정을 준수하지 않고 대주주가 임시의장이 되어 임시주주총회 의사록을 작성한 경우**

[1] 사실관계

A주식회사의 대주주인 甲은 다른 주주 전원의 의결권을 위임받은 후 법령 및 정관상 요구되는 소집절차나 임시주주총회의 개최 없이 자신이 임시의장이 되어 기존 이사 및 감사를 해임하고 새로운 이사 및 감사를 선임한 내용의 결의가 있었던 것으로 임시주주총회 의사록을 작성하여 법인등기를 마쳤다.

[2] 판결요지

가. 이사회 결의 및 소집절차가 없었더라도 주주 전원이 임시주주총회에 참석하여 이의 없이 만장일치로 결의한 경우의 효력(유효)

주식회사의 임시주주총회가 법령 및 정관상 요구되는 이사회의 결의 및 소집절차 없이 이루어졌다 하더라도, 주주명부상의 주주 전원이 참석하여 총회를 개최하는 데 동의하고 아무런 이의 없이 만장일치로 결의가 이루어졌다면 그 결의는 유효하다.

나. 주주총회 의장의 선임에 관한 법령 및 정관의 규정을 준수하지 않고 대주주가 임시의장이 되어 임시주주총회 의사록을 작성한 경우, 자격모용사문서작성죄 및 동행사죄의 성립여부

위 주주총회 결의가 유효하다고 보는 이상, 위 회사 주식의 과반수를 소유한 대주주로서 그 유효한 결의가 있었던 주주총회에 유일하게 참석한 것으로 기재되어 있는 피고인에게 그 주주총회의 의사진행 권한을 가진 의장의 자격이 없다고 할 수 없고, 따라서 피고인이 위 주주총회 의사록을 작성함에 있어 의장의 자격을 모용하였다고 할 수는 없으므로 자격모용사문서작성 및 동 행사죄는 성립하지 않는다.

다. 대주주가 적법한 소집절차나 임시주주총회의 개최 없이 나머지 주주들의 의결권을 위임받아 자신이 임시의 장이 되어 임시주주총회 의사록을 작성하여 법인등기를 마친 경우, 공정증서원본불실기재죄의 성립여부

피고인이 주식회사 원명의 주주 전원의 위임을 받아 기존 이사 및 감사를 해임하고 새로운 이사 및 감사를 선임한 내용의 결의가 있었던 것으로 임시주주총회 의사록을 작성한 이상, 비록 피고인이 적법한 주주총회 소집절차를 거치지 않았을 뿐 아니라 실제로 주주총회를 개최하지도 않았지만 주주 전원의 의사에 따라 그 내용의 유효한 결의가 있었던 것으로 볼 것이고, 따라서 그 결의에 따른 공소사실 기재 각 등기는 실체관계에 부합하는 것으로 이를 불실의 사항을 기재한 등기라고 할 수 없으므로 공정증서원본불실기재는 성립하지 않는다(대법원 2008.6.26. 선고 2008도1044 판결).

■ 판례 ■ **최종 양수인의 직전 양도인이 최초 양도인으로부터 대리권한을 수여받지 않고 최초 양도인의 대리인으로서 최종 양수인에게 부동산 매매계약서를 작성·교부한 경우**

자격모용에 의한 사문서작성죄를 구성하는지 여부는 그 문서를 작성하면서 타인의 자격을 모용하였는지 아닌지의 형식에 의하여 결정하여야 하고, 그 문서의 내용이 진실한지 아닌지는 이에 아무런 영향을 미칠 수 없는 바, 부동산의 양도계약이 중간생략등기의 합의에 의하여 순차 이루어져 최초 양도인으로부터 최종 양수인에게 소유권이전등기청구권이 전전 양도된다고 하여 최초 양도인이 그 후의 양수인에게 최초 양도인을 대리하여 그를 매도인으로 하는 부동산 매매계약서를 작성할 권한까지 수여한 것으로는 볼 수 없으므로, 최종 양수인의 직전 양도인이 최초 양도인으로부터 대리권한을 수여

받지 않고 최초 양도인의 대리인으로서 최종 양수인에게 부동산 매매계약서를 작성.교부하였다면 자격모용에 의한 사문서작성 및 동행사죄가 성립한다(대법원 2008.5.29. 선고 2008도1506 판결).

■ 판례 ■ **위임계약을 해지한다는 취지의 내용증명우편을 수령하고도 제3자와 계약을 체결하면서 자신을 대리인으로 기재한 계약서를 작성한 경우**

[1] 사실관계

공동주택건설사업을 추진하는 제6관구 사령부 장교복지회로부터 공사대행업자 선정권한을 위임받은 변호사인 甲이 위 단체로부터 위임계약을 해지한다는 취지의 내용증명우편을 수령하고도 효영닷컴건설 주식회사와 위 단체 명의로 공동주택단지 개발사업 공동추진계약을 체결하면서 자신을 위 단체의 대리인으로 기재한 계약서를 작성하였다.

[2] 판결요지

제6관구 사령부 장교복지회는 피고인에게 공동주택건설의 시행 및 시공을 위한 업자를 선정하는 권한을 위임하여 선정된 업체와 위 장교복지회 명의로 계약을 체결할 수 있는 대리권을 수여하였다가 그 후 위 대리권은 제6관구 사령부 장교복지회가 발송한 위 대리권의 위임을 해지한다는 취지의 내용증명우편이 피고인에게 송달됨으로써 적법하게 철회되었고, 따라서 피고인이 효영닷컴건설 주식회사와 계약을 체결할 당시에는 피고인에게 그러한 대리권이 존재하지 아니하므로 자격모용사문서작성 및 동행사죄가 성립한다(대법원 2005.4.15. 선고 2004도6404 판결).

■ 판례 ■ **후임 이사가 유효하게 선임되었으나 선임의 효력을 둘러싼 다툼이 있는 경우**

[1] 사실관계

사단법인의 이사장 선거에서 당선된 후 이사장으로 취임한 甲이 선거결과를 둘러싼 다툼이 있는 과정에서 임대차계약서, 지정복장사계약서를 작성하고, 그 각 계약서를 각 행사하였으며, '전임 이사장과 이사들이 임기만료로 퇴임하였고 甲 등이 이사장과 이사로 새로 취임하였으므로 그 퇴임 및 취임의 등기를 구한다'는 등기신청서를 제출하여 그 정을 모르는 등기공무원으로 하여금 공정증서원본인 위 조합 등기부에 위 내용과 같은 불실의 사실을 기재하게 하고, 그 등기부를 비치케 하였다.

[2] 판결요지

가. 후임 이사가 유효하게 선임되었으나 선임의 효력을 둘러싼 다툼이 있는 경우, 임기가 만료된 구 이사만이 직무수행권한을 가지는지 여부(소극)

후임 이사가 유효히 선임되었는데도 그 선임의 효력을 둘러싼 다툼이 있다고 하여 그 다툼이 해결되기 전까지는 후임 이사에게는 직무수행권한이 없고 임기가 만료된 구 이사만이 직무수행권한을 가진다고 할 수는 없다.

나. 자격모용사문서작성죄의 성립여부

피고인은 이미 위 법인의 이사장으로서의 권한을 가지고 있었으므로 선거의 효력에 대한 민사소송의 판결 확정 전까지는 전임 이사장에게 이사장의 직무수행권한이 있고 피고인에게는 그와 같은 권한이 없다고 볼 수 없어 자격모용사문서작성 · 자격모용작성사문서행사 · 공정증성원본불실기재 · 불실기재공정증서원본행사죄는 성립하지 아니한다(대법원 2006.4.27. 선고 2005도8875 판결).

II. 범죄사실기재 및 신문사항

[기재례1] 회사 대표이사 자격을 모용하여 행사

1) 범죄사실 기재례

피의자 甲은 20○○. ○. ○.경부터 ○○에 있는 택시운송사업체인 ○○주식회사의 노조 위원장으로 근무하다가 20○○. ○. ○.경 회사가 부도나고 전 대표이사인 홍길동이 해외로 도주하여 회사의 경영에 공백 상태가 발생하자 회사의 채권자로부터 회사 주식 전체를 양수하였다고 주장하면서 20○○. 4. 29.경부터 현재까지 회사의 전무이사로 재직하고 있고, 피의자 乙은 20○○. ○. ○.경부터 20○○. ○. ○.경까지 위 회사의 경리차장 등으로 근무하다가 20○○. ○. ○.경 위 甲의 요청에 따라 위 회사의 대표이사로 취임하여 현재까지 甲과 함께 회사자금의 관리 등 회사경영 업무를 총괄해 온 자들이다.

가. 자격모용사문서작성

피의자는 20○○. ○. ○.경 ○○에 있는 법무사 ○○사무소에서 백지에 "○○회사의 20○○. ○. ○.자 임시주주총회에서 대표이사인 이사 丙, 丁 등은 해임 결의되고 B, C, 가 각 이사로, D가 감사로 각 선출되어 그 날 취임하였고, 이사회에서 C가 대표이사로 선임되어 그 날 취임하였으므로 그 등기를 바란다"라는 취지의 내용을 기재하고 신청인란에 '○○회사 대표이사 C'라고 기재하였다.

이로써 피의자는 행사할 목적으로 권한 없이 ○○ 회사 대표이사의 자격을 모용하여 권리의무에 관한 사문서인 주식회사 변경등기신청서 1통을 작성하였다.

나. 자격모용작성사문서행사

피의자는 20○○. ○. ○.경 ○○에 있는 ○○지방법원 상업등기소에서 법무사 조○○을 통하여 등기소 등기관에게 위와 같이 자격을 모용하여 작성한 주식회사 변경등기신청서를 마치 진정하게 작성된 것처럼 제출하여 행사하였다.

다. 공정증서원본불실기재

피의자는 그 무렵 그 변경등기신청서의 기재 내용이 허위인 정을 모르는 등기소 공무원이 공정증서원본인 법인등기부에 그 변경등기신청서의 내용대로 부실의 사실을 기재하게 하였다.

라. 불실기재공정증서원본행사

피의자는 그 무렵 등기소 공무원으로 하여금 부실의 사실이 기재된 법인등기부를 등기소 내에 비치하게 하여 행사하였다.

2) 적용법조 : 제232조, 제234조, 제228조(공정증서원본불실기재), 제229조(부실행사) … 공소시효 7년

3) 신문사항

- ○○회사원인가
- 언제부터 언제까지 위 회사에서 근무하였는가

- 어떤 업무를 맡고 있는가

- 회사 변경등기를 한 일이 있는가

- 누구명의로 하였는가

- 그 당시 회사 대표이사는 누구였는가

- 누가 회사 변경등기를 신청하였는가

- 어떤 서류를 제출하였는가

- 당시 제출된 서류가 모두 정상적인 절차에 따라 작성된 서류였는가

- 누구를 대표이사로 하였는가

- 그 대표이사도 이러한 내용을 알고 있는가

- 그럼 甲 대표이사의 자격을 모용하였다는 것인가

- 왜 甲 대표이사의 자격을 모용하였는가

[기재례2] 대리인 자격을 모용하여 채권양도증서 1장을 작성, 변호사에 제시

1) 범죄사실 기재례

가. 자격모용사문서작성

　피의자는 20○○. ○. ○.경 ○○에 있는 공증인가 ○○합동법률사무소에서, ○○채권을 타인에게 양도하는 데 사용하기 위해, 피해자 乙로부터 대리권을 받은 사실이 없음에도 불구하고, 그곳 직원으로 하여금 컴퓨터를 이용하여 위 "○○채권" 200만원을 甲에게 양도하는 내용의 "채권양도증서"를 작성하게 한 다음 양도인란에 피해자의 인적 사항을 기재하게 하고 피의자가 직접 "乙"이라는 서명을 한 다음 그 옆에 미리 소지하고 있던 피해자의 인감도장을 날인하였다.

이로써 피의자는 행사할 목적으로 권한 없이 위 乙의 대리인 자격을 모용하여 동인 명의의 권리의무에 관한 사문서인 채권양도증서 1통을 작성하였다.

나. 자격모용작성사문서행사

　피의자는 위와 같은 일시, 장소에서 그 정을 모르는 변호사 丙에게 위와 같이 작성된 채권양도증서 1통을 마치 진정하게 작성된 것처럼 제시하여 이를 행사하였다.

2) 적용법조 : 제232조, 제234조 … 공소시효 7년

제3항 사전자기록위작·변작

제232조의2(사전자기록위작·변작) 사무처리를 그르치게 할 목적으로 권리·의무 또는 사실증명에 관한 타인의 전자기록등 특수매체기록을 위작 또는 변작한 자는 5년 이하의 징역 또는 1천만원 이하의 벌금에 처한다.
제235조(미수범) 제225조 내지 제234조의 미수범은 처벌한다.

 I. 구성요건

1. 객 체

권리·의무 또는 사실증명에 관한 타인의 전자기록 등 특수매체기록

(1) 타 인

타인은 작성명의인 이외에 소유자·소지인을 포함

(2) 전자기록 등 특수매체기록

일정한 저장매체에 전자방식이나 자기방식에 의하여 저장된 기록

전자기록 등 특수매체기록에 해당하는 것	전자기록 등 특수매체기록이 아닌 것
(1) 컴퓨터디스켓 (2) 반도체기억집적회로 (3) 자기테이프·광디스크·CD-Rom (4) RAM에 올려진 전자기록(대법원 2000도4993 판결)	(1) 음반(LP) (2) 마이크로필름기록 (3) 모니터에 화상으로 존재하거나 통신 또는 처리중인 데이터

2. 행 위

위작, 변작하는 것

(1) 위 작

권한 없이 또는 권한의 범위를 일탈하여 처음부터 허위의 전자기록을 만들어 저장·기억시키는 것

(2) 변 작

권한 없이 또는 허위내용으로 기존의 기록을 변경하는 것

3. 주관적 구성요건

고의와 사무를 그르치게 할 목적이 있을 것

인터넷 포털사이트에 개설한 카페의 설치 · 운영 주체로부터 글쓰기 권한을 부여받은 甲이 위 카페에 접속하여 자신의 아이디로 허위내용의 글을 작성 · 게시한 경우

[1] 사전자기록위작 · 변작죄에서 '사무처리를 그르치게 할 목적'의 의미

"사무처리를 그르치게 할 목적"이란 위작 또는 변작된 전자기록이 사용됨으로써 위와 같은 시스템을 설치 · 운영하는 주체의 사무처리를 잘못되게 하는 것을 말한다.

[2] 甲의 죄책

당시 피고인이 비록 위 카페에 허위내용의 전자기록을 작성하여 게시하였다고 하여 그러한 점만으로 피고인에게 위 카페나 위 사이트의 설치 · 운영 주체의 사무처리를 그르치게 할 목적이 있었다고 단정하기도 어렵다고 할 것이고, 그렇다면 피고인에게 위 카페 또는 위 사이트의 설치 · 운영 주체의 사무처리를 그르치게 할 목적이 있었음을 인정하기 어려운 이상 피고인에게 사전자기록위작죄 및 위작사전자기록행사죄의 죄책을 물을 수 없다(대법원 2008.4.24. 선고 2008도294 판결).

■ 판례 ■   **원본파일의 변경까지 초래하지는 아니하였으나 램에 올려진 전자기록에 허구의 내용을 권한 없이 수정입력한 경우**

[1] 사실관계

A주식회사의 임직원인 甲은 광주시에서 발주한 종합운동장 주경기장 입찰에서 입찰자격을 종합운동장 또는 축구전용경기장 관람석 22,500석 이상의 준공실적이 있는 업체로 제한하자, A주식회사가 과거에 시공한 3000석 규모의 스포츠클럽 건립공사에 관하여 A건설 리야드지점장 명의로 작성된 공사개요서 중 일부를 변조하여 이를 동인 명의로 작성된 "공사부진 원인 및 대책"이라는 문건에 편입하여 이를 근거로 해외건설협회 업무진흥실 차장인 乙로부터 관람석 25,000석 규모의 종합운동장 시설공사 실적증명을 받아 내었다. 그 후 甲은 그러한 정을 모르는 광주시 입찰담당공무원에게 위 서류를 제출한 후 입찰에 참가하여 낙찰자로 결정되고 공사계약을 체결하였다. 그러나 "공사부진 원인 및 대책"이라는 문건은 실적증명을 신청하는 A주식회사에 합병된 A건설 주식회사의 내부문서로서 도저히 객관적인 증빙자료라고 볼 수 없었지만 乙은 甲으로부터 500만원을 교부받고 실적증명서를 발급하여 주었는데, 乙은 그 과정에서 램에 올려진 전자기록에 허구의 내용을 발견하고 권한 없이 수정입력하여 관련 전산자료를 변경하였으나, 원본파일의 변경까지 초래하지는 아니하였다.

[2] 판결요지

가. 위계에 의한 공무집행방해죄의 성립여부(적극)

위계에 의한 공무집행방해죄는 행위목적을 이루기 위하여 상대방에게 오인, 착각, 부지를 일으키게 하여 이를 이용함으로써 법령에 의하여 위임된 공무원의 적법한 직무에 관하여 그릇된 행위나 처분을 하게 하는 경우에 성립한다. 지방자치단체의 공사입찰에 있어서 허위서류를 제출하여 입찰참가자격을 얻고 낙찰자로 결정되어 계약을 체결한 행위는 위계에 의한 공무집행방해죄가 성립한다.

나. 램(RAM, Random Access Memory)에 올려진 전자기록이 권리의무 또는 사실증명에 관한 타인의 전자기록 등 특수매체기록에 해당하는지 여부(적극)

형법 제232조의2의 사전자기록위작 · 변작죄에서 말하는 권리의무 또는 사실증명에 관한 타인의 전자기록 등 특수매체기록이라 함은 일정한 저장매체에 전자방식이나 자기방식에 의하여 저장된 기록을 의미한다고 할 것인데, 비록 컴퓨터의 기억장치 중 하나인 램(RAM, Random Access Memory)이 임시기억장치 또는 임시저장매체이기는 하지만, 형법이 전자기록위 · 변작죄를 문서위 · 변조죄와 따로 처벌하고자 한 입법취지, 저장매체에 따라 생기는 그 매체와 저장된 전자기록 사이의 결합강도와 각 매체별 전자기록의 지속성의 상대적 차이, 전자기록의 계속성과 증명적 기능과의 관계, 본죄의 보호법익과 그 침해행위의 태양 및 가벌성 등에 비추어 볼 때, 위 램에 올려진 전자기록 역시 사전자기록위작·변작죄에서 말하는 전자기록 등 특수매체기록에 해당한다.

다. 원본파일의 변경까지 초래하지는 아니하였으나 램에 올려진 전자기록에 허구의 내용을 권한 없이 수정입력한 경우 기수여부(적극)

램에 올려진 전자기록은 원본파일과 불가분적인 것으로 원본파일의 개념적 연장선상에 있는 것이므로, 비록 원본파일의 변경까지 초래하지는 아니하였더라도 이러한 전자기록에 허구의 내용을 권한 없이 수정입력한 것은 그 자체로 그러한 사전자기록을 변작한 행위의 구성요건에 해당된다고 보아야 할 것이며 그러한 수정입력의 시점에서 사전자기록변작죄의 기수에 이르렀다고 할 것 이다(대법원 2003.10.9. 선고 2000도4993 판결).   ☞ (甲은 사문서변조죄와 동행사죄, 배임증재죄, 위계에 의한 공무집행방해죄, 乙은 배임수재죄, 사전자기록변작죄)

■ 판례 ■   **법인이 컴퓨터 등 정보처리장치를 이용하여 전자적 방식에 의한 정보의 생성·처리·저장·출력을 목적으로 전산망 시스템을 구축하여 설치·운영하는 경우**

[1] 전자기록에 관한 시스템에 '허위'의 정보를 입력한다는 것의 의미

전자기록에 관한 시스템에 '허위'의 정보를 입력한다는 것은 입력된 내용과 진실이 부합하지 아니하여 그 전자기록에 대한 공공의 신용을 위태롭게 하는 경우를 말한다.

[2] 사전자기록등위작죄에서 말하는 '사무처리를 그르치게 할 목적'의 의미

형법 제232조의2에서 말하는 '사무처리를 그르치게 할 목적'이란 위작 또는 변작된 전자기록이 사용됨으로써 전자적 방식에 의한 정보의 생성·처리·저장·출력을 목적으로 구축·설치한 시스템을 운영하는 주체인 개인 또는 법인의 사무처리를 잘못되게 하는 것을 말한다.

[3] 법인이 컴퓨터 등 정보처리장치를 이용하여 전자적 방식에 의한 정보의 생성·처리·저장·출력을 목적으로 전산망 시스템을 구축하여 설치·운영하는 경우, 위 시스템에 제공되어 정보의 생성·처리·저장·출력이 이루어지는 전자기록 등 특수매체기록이 법인의 임직원과의 관계에서 '타인'의 전자기록 등 특수매체기록에 해당하는지 여부(적극)

법인이 컴퓨터 등 정보처리장치를 이용하여 전자적 방식에 의한 정보의 생성·처리·저장·출력을 목적으로 전산망 시스템을 구축하여 설치·운영하는 경우 위 시스템을 설치·운영하는 주체는 법인이고, 법인의 임직원은 법인으로부터 정보의 생성·처리·저장·출력의 권한을 위임받아 그 업무를 실행하는 사람에 불과하다. 따라서 법인이 설치·운영하는 전산망 시스템에 제공되어 정보의 생성·처리·저장·출력이 이루어지는 전자기록 등 특수매체기록은 그 법인의 임직원과의 관계에서 '타인'의 전자기록 등 특수매체기록에 해당한다. (대법원 2020. 8. 27., 선고, 2019도11294, 전원합의체 판결)

II. 범죄사실기재 및 신문사항

1) 범죄사실 기재례

[기재례1] 입찰서류를 수정하여 입력

피의자는 ○○에서 ○○자치단체의 공사입찰에 있어서 허위서류를 제출하여 입찰참가자격을

얻고 낙찰자로 결정되어 계약을 체결하기로 마음먹었다.

　피의자는 20○○. ○. ○. ○○에서 사무처리를 그르치게 할 목적으로 권리·의무 또는 사실 증명에 관한 타인의 전자기록등 특수매체기록인 램(RAM, Random Access Memory)을 이용하여 ○○방법으로 허구의 내용을 권한 없이 수정입력하여 이를 변작하였다.

　ㅇ**적용법조** : 제232조의 2… 공소시효 7년

[기재례2] 입찰서류를 수정하여 입력

　피의자는 20○○. 4. 10.경 ○○에서 중고휴대전화 개통과 관련된 일을 하면서 갑 명의의 신분증을 보관하고 있는 것을 기화로 ○○텔레콤의 유심칩 개통 전산망에 접속한 후 상품코드번호를 클릭한 다음 상품등록 입력란에 갑의 성명, 주민등록번호, 전화번호를 각각 입력하는 방법으로 유심칩 개통을 신청하여 사무처리를 그르치게 할 목적으로 권리의무에 관한 타인의 전자기록인 갑의 유심칩 개통신청파일 1개를 위작하였다.

　피의자는 같은 날 그 위작 사실을 모르는 ○○텔레콤 본사의 성명불상의 직원에게 마치 진정하게 성립한 것처럼 인터넷을 통하여 전송하여 행사한 것을 비롯하여 그때부터 20○○. ○. ○.경까지 별지 범죄일람표 기재와 같이 위와 같은 방법으로 총○○개의 유심칩 개통 신청파일을 위작한 후 행사하고 다른 사람의 주민등록번호를 부정하게 사용하였다.

　ㅇ**적용법조** : 형법 제232조의2, 제234조, 주민등록법 제37조 제10호… 공소시효 7년

2) 신문사항

－ 건설업에 종사하는가

－ ○○에서 실시한 공사입찰에 응찰한 일이 있는가

－ 언제 어디에서 실시한 공사였는가

－ 어떤 공사였는가

－ 입찰 조건과 이를 위해 필요한 서류가 무엇이었는가

－ 이러한 서류를 제출하였는가

－ 어떤 방법으로 제출하였나

－ 필요하였는가

－ 램에 올려진 내용을 수정하였는가

－ 누가 언제 어디에서 수정하였나

－ 어떤 방법으로 수정하였나

－ 수정한 내용이 무엇인가

－ 무엇 때문에 이를 수정하였는가

－ 입찰결과는 어떠하였나

제4항 허위진단서 등의 작성

> 제233조(허위진단서 등의 작성) 의사, 한의사, 치과의사 또는 조산사가 진단서, 검안서 또는 생사에 관한 증명서를 허위로 작성한 때에는 3년 이하의 징역이나 금고, 7년 이하의 자격정지 또는 3천만원 이하의 벌금에 처한다.
> 제235조(미수범) 제225조 내지 제234조의 미수범은 처벌한다.

 Ⅰ. 구성요건

1. 주 체

의사 · 한의사 · 치과의사 · 조산사

✱ 의사의 경우 공무원이 아닌 의사만이 본죄의 주체가 되고 공무원인 의사의 경우 허위공문서작성죄만 성립한다.

2. 객 체

진단서, 검안서, 생사에 관한 증명서

(1) 진단서

의사 등이 사람의 건강상태를 증명하기 위하여 진찰결과인 사실 또는 진찰결과에 대한 판단을 표시한 문서. 명칭은 불문(例, 소견서)

■ 판례 ■ **의사가 진찰결과 알게 된 건강상태를 증명하기 위하여 작성한 소견서가 허위진단서작성죄의 객체인 진단서에 해당하는지 여부(적극)**

[1] 사실관계

甲은 정형외과 전문의사로서 A병원 제1정형외과 과장으로 재직하는 자인 바, 교차로에서 한성운수주식회사 소속의 시내버스와 삼양운수주식회사 소속의 10톤 트럭이 충돌한 사고로 부상을 입은 환자들을 진료한 다음 그들에 대한 임상소견, 환자의 상태, 상처의 정도, 병명, 투약상환 등을 토대로 치료기일을 명백히 특정하여 진단서를 작성하여 이를 버스공제조합 등에 교부하였음에도 불구하고 위 병원 원무과장 乙로부터 한성운수주식회사 측에서 환자들에 대한 진단기일이 병명 등에 비추어 너무 길게 작성되어 있어 회사와 운전사가 불리한 행정처분을 받을 우려가 있다는 항의가 있으니 진단기일을 재조정해 주었으면 좋겠다는 취지의 요청을 받았을 뿐 아니라, 위 병원에서 개최한 간부회의 결과 진단기일로 인하여 고객의 원망을 듣지 않는 것이 좋겠으며 계속 고객들로부터 원망을 듣는다면 가뜩이나 병원이 적자운영을 면치 못하고 있는데 더욱 병원운영이 어렵게 될 것이니 위 진단서의 진단기일을 재검토하여 원망을 듣지 않는 것이 좋겠다는 결정이 있었다는 통보를 받기에 이르자 위 진단서의 병명이나 상처의 부위, 정도 또는 치료기간 등의 건강상태를 허위로 작성하였다.

[2] 판결요지

가. 의사가 진찰결과 알게 된 건강상태를 증명하기 위하여 작성한 소견서가 허위진단서작성죄의 객체인 진단서에 해당하는지 여부(적극)

형법 제233조의 허위진단서작성죄에 있어서 진단서라 함은 의사가 진찰의 결과에 관한 판단을 표시하여 사람의 건강상태를 증명하기 위하여 작성하는 문서를 말하는 것이므로, 비록 그 문서의 명칭이 소견서로 되어 있더라도 그 내용이 의사가 진찰한 결과 알게 된 병명이나 상처의 부위, 정도 또는 치료기간 등의 건강상태를 증명하기 위하여 작성된 것이라면 위 진단서에 해당되는 것이다.

나. 허위진단서작성죄의 성립요건

허위진단서작성죄에 있어서 허위의 기재는 사실에 관한 것이건 판단에 관한 것이건 불문하는 것이나, 본죄는 원래 허위의 증명을 금지하려는 것이므로 그 내용이 허위라는 의사의 주관적 인식이 필요함은 물론, 실질상 진실에 반하는 기재일 것이 필요하다(대법원 1990.3.27. 선고 89도2083 판결).

■ 판례 ■ **'입퇴원 확인서'가 허위진단서작성죄에서 규율하는 진단서인지 여부**

'입퇴원 확인서'는 문언의 제목, 내용 등에 비추어 의사의 전문적 지식에 의한 진찰이 없더라도 확인가능한 환자들의 입원 여부 및 입원기간의 증명이 주된 목적인 서류로서 환자의 건강상태를 증명하기 위한 서류라고 볼 수 없어 진단서로 보기 어렵다(대법원 2013.12.12. 선고, 2012도3173, 판결).

(2) 검안서

사람의 시체를 검시한 의사가 사인·사기 등 검안 결과를 기재한 문서

■ 판례 ■ **사체검안의가 빙초산의 성상이나 이를 마시고 사망하는 경우의 소견에 대하여 알지 못함에도 불구하고 변사자가 '약물음독', '빙초산을 먹고 자살하였다.'는 취지로 사체검안서를 작성한 경우, 검안서작성에 있어 허위성에 대한 인식여부(적극)**

[1] 사실관계

형사과에 근무하는 경찰관 丙과 丁은 1999. 5. 29. 15:00경 甲의 집 지하실에서 A가 사망한 것을 발견하고 변사 현장을 정리하고, 甲, 乙은 같은 날 21:00경 위 지하실에서 A를 검시하면서 사실은 A의 우측 흉부, 양측 손등, 안면부 및 양측 하지 등에 무수한 좌상 및 찰과상이 있으며 위 지하실에는 빙초산이 없고 A가 빙초산을 마신 사실이 전혀 없으며 위 지하실에서 발견된 플라스틱 우유병에 든 액체는 그 액성이 중성으로 무색, 무취였음에도 불구하고 변사체로 발견된 A의 사인을 은폐하기 위하여 A가 빙초산을 마시고 상처 하나 없이 깨끗한 상태로 음독 자살한 것으로 처리하기로 공모하여, A가 '약물음독', '빙초산을 먹고 자살하였다.'는 취지로 사체검안서를 작성하였다.

[2] 판결요지

사체검안의가 빙초산의 성상이나 이를 마시고 사망하는 경우의 소견에 대하여 알지 못함에도 불구하고 변사자가 '약물음독', '빙초산을 먹고 자살하였다.'는 취지로 사체검안서를 작성한 경우, 검안서작성에 있어 허위성에 대한 인식이 있다고 하겠다(대법원 2001.6.29. 선고 2001도1319 판결).

(3) 생사에 관한 증명서

출생증명서·사망진단서 등과 같이 사람의 출생 또는 사망의 사실 및 사망원인을 증명하는 문서

3. 행 위

진단서 등 사문서를 허위로 작성하는 것

- 허위란 객관적 진실에 반하는 것을 의미. 따라서 허위라고 인식하였으나 객관적 진실과 일치하는 경우에는 본죄가 성립하지 않는다.
- 허위는 사실에 관한 것이건 판단에 관한 것이건 불문한다.

■ 판례사례 ■   [허위진단서작성죄에 해당하는 사례]

(1) 간암이라는 의학상 확실한 증거 없이 추측만으로 사인을 간암이라 하여 진단서를 작성한 경우 (대법원 1970.3.10. 선고 70도53 판결)
(2) 의사가 소견서에 진찰한 결과 알게 된 병명이나 상처의 부위, 정도 또는 치료기간 등의 건강 상태를 허위로 작성한 경우(대법원 1990.3.27. 선고 89도2083 판결)

4. 주관적 구성요건

자신의 신분에 대한 인식과 진단서 등의 내용이 허위라는 것에 대한 인식이 있을 것

- 진찰사실이 없음에도 불구하고 진단서를 작성한 경우에는 허위진단서작성죄가 성립한다.
- 진찰을 소홀히 하거나 오진으로 인하여 허위사실을 기재하거나 환자의 허위언동에 속아서 허위진단서를 작성한 경우에는 허위진단서작성죄는 성립하지 않는다.

■ 판례 ■   **의사 등이 사망진단서를 작성할 당시 기재한 사망 원인이나 사망의 종류가 허위인지 또는 의사 등이 그러한 점을 인식하고 있었는지 판단하는 방법**

의사 등이 사망진단서를 작성할 당시 기재한 사망 원인이나 사망의 종류가 허위인지 또는 의사 등이 그러한 점을 인식하고 있었는지는 임상의학 분야에서 실천되고 있는 의료 수준 및 사망진단서 작성현황에 비추어 사망진단서 작성 당시까지 작성자가 진찰한 환자의 구체적인 증상 및 상태 변화, 시술, 수술 등 진료 경과 등을 종합하여 판단하여야 한다. 특히 부검을 통하지 않고 사망의 의학적 원인을 정확하게 파악하는 데에는 한계가 있으므로, 부검 결과로써 확인된 최종적 사인이 이보다 앞선 시점에 작성된 사망진단서에 기재된 사망 원인과 일치하지 않는다는 사정만으로 사망진단서의 기재가 객관적으로 진실에 반한다거나, 작성자가 그러한 사정을 인식하고 있었다고 함부로 단정하여서는 안 된다.(대법원 2024. 4. 4. 선고 2021도15080 판결)

■ 판례 ■   **의사가 주관적으로 진찰을 소홀히 한다던가 착오를 일으켜 오진한 결과로 객관적으로 진실에 반한 진단서를 작성한 경우, 허위진단서작성죄의 성부(소극)**

허위진단서작성죄는 의사가 사실에 관한 인식이나 판단의 결과를 표현함에 있어서 자기의 인식 판단이 진단서에 기재된 내용과 불일치하는 것임을 인식하고서도 일부러 내용이 진실 아닌 기재를 하는 것을 말하는 것이므로 의사가 주관적으로 진찰을 소홀히 한다던가 착오를 일으켜 오진한 결과로 객관적으로 진실에 반한 진단서를 작성하였다면 허위진단서작성에 대한 인식이 있다고 할 수 없으니 동 죄가 성립되지 아니한다(대법원 1976.2.10. 선고, 75도1888 판결).

허위진단서작성죄의 성립요건 / 의사가 진단서에 환자에 대한 진단 결과 또는 향후 치료 의견 등을 함께 제시하고 그와 결합하여 수형생활 또는 수감생활의 가능 여부에 대하여 판단한 경우, 그 전체가 환자의 건강상태를 나타내고 있는 의료적 판단에 해당하는지 여부(적극) 및 이때 그러한 판단에 결합된 진단 결과 내지 향후 치료 의견이 허위가 아님에도 수형생활 또는 는 수감생활의 가능 여부에 관한 판단을 허위라고 할 수 있기 위한 요건

형법 제233조는 의사가 진단서를 허위로 작성한 경우에 처벌하도록 규정하고 있다. 여기서 진단서는 의사가 진찰의 결과에 관한 판단을 표시하여 사람의 건강상태를 증명하기 위하여 작성하는 문서를 말한다. 허위진단서작성죄는 원래 허위의 증명을 금지하려는 것이므로, 진단서의 내용이 실질상 진실에 반하는 기재여야 할 뿐 아니라 그 내용이 허위라는 의사의 주관적 인식이 필요하며, 그러한 인식은 미필적 인식으로도 충분하나, 이에 대하여는 검사가 증명책임을 진다.

그리고 허위진단서 작성에 해당하는 허위의 기재는 사실에 관한 것이건 판단에 관한 것이건 불문하므로, 현재의 진단명과 증상에 관한 기재뿐만 아니라 현재까지의 진찰 결과로서 발생 가능한 합병증과 향후 치료에 대한 소견을 기재한 경우에도 그로써 환자의 건강상태를 나타내고 있는 이상 허위진단서 작성의 대상이 될 수 있다.

진단서에는 의료법 시행규칙 제9조 제1항, 제2항에서 정한 사항을 반드시 기재하여야 하나 그 밖의 사항은 반드시 기재하여야 하는 것이 아니다. 그리고 형사소송법 제471조 제1항 제1호에서 정하고 있는 형집행정지의 요건인 '형의 집행으로 인하여 현저히 건강을 해할 염려가 있는 때'에 해당하는지에 대한 판단은 검사가 직권으로 하는 것이고, 그러한 판단 과정에 의사가 진단서 등으로 어떠한 의견을 제시하였더라도 검사는 그 의견에 구애받지 아니하며, 검사의 책임하에 규범적으로 형집행정지 여부의 판단이 이루어진다. 그렇지만 이 경우에 의사가 환자의 수형(受刑)생활 또는 수감(收監)생활의 가능 여부에 관하여 기재한 의견이 환자의 건강상태에 기초한 향후 치료 소견의 일부로서 의료적 판단을 기재한 것으로 볼 수 있다면, 이는 환자의 건강상태를 나타내고 있다는 점에서 허위진단서 작성의 대상이 될 수 있다. 따라서 의사가 진단서에 단순히 환자의 수형생활 또는 수감생활의 가능 여부에 대한 의견만 기재한 것이 아니라, 그 판단의 근거로 환자에 대한 진단 결과 또는 향후 치료 의견 등을 함께 제시하였고 그와 결합하여 수형생활 또는 수감생활의 가능 여부에 대하여 판단한 것이라면 그 전체가 환자의 건강상태를 나타내고 있는 의료적 판단에 해당한다. 그리고 그러한 판단에 결합된 진단 결과 또는 향후 치료 의견이 허위라면 수형생활 또는 수감생활의 가능 여부에 대한 판단 부분도 허위라고 할 수 있다. 그러나 그러한 판단에 결합된 진단 결과 내지 향후 치료 의견이 허위가 아니라면, 수형생활 또는 수감생활의 가능 여부에 관한 판단을 허위라고 할 수 있기 위해서는 먼저 환자가 처한 구체적이고 객관적인 수형생활 또는 수감생활의 실체를 확정하고 위 판단에 결합된 진단 결과 내지 향후 치료 의견에 의한 환자의 현재 및 장래 건강상태를 거기에 비추어 보아 환자의 실제 수형생활 또는 수감생활 가능 여부가 위 판단과 다르다는 것이 증명되어야 하고 또한 그에 대한 의사의 인식이 인정될 수 있어야 한다.(대법원 2017. 11. 9. 선고, 2014도15129, 판결)

II. 범죄사실기재

1) 범죄사실 기재례

[기재례1] 교통사고 위장 보험금 수령 방조

피의자는 피의자 甲이 교통사고 시 보상을 받을 수 있는 각종 보험에 가입한 후 고의로 교통사고를 내어 보험회사로부터 보험금을 받기로 공모하였다.

피의자들은 20○○. ○. ○. 15:00경 ○○에 있는 ○○ 앞 도로에서 乙이 운전하는 (차량번호) 제네시스 승용차를 타고 가다가 丙이 운전하는 ○○5고9169호 베스타 승합차와 경미하게 스치는 정도의 사고를 야기하여 외상 등 상해를 입은 사실이 없음에도 20○○. ○. ○.경부터 20○○. 7. 23.까지 피의자가 운영하는 위 의원에서 150일간 입원치료를 받은 것으로 위장한 다음 보험금을 청구하여 이에 속은 피해자 ○○해상화재보험 주식회사로부터 20○○. ○. ○. 합의금 명목으로 ○○만원을 교부받아 재산상의 이익을 취득하였다.

그러나 위 甲이 외상이 전혀 없었으며, 진찰과 각종 검사결과 동인에게 염좌상이 있다고 볼 만한 징후는 발견하지 못하였고, 경·요추부염좌상 등은 1주 내지 3주 이내에는 완치될 뿐 아니라 통원치료에 의해서도 완치가 가능함에도 불구하고, 위와 같이 입원 기간이 길어짐에 따라 보험회사로부터 받을 수 있는 보상금이 증가하는 것을 노리고 장기간 입원치료를 요구하자, 실제로 위 甲이 주사와 투약 등 처방에 따른 치료를 받지 않았고, 외출과 외박을 일삼도록 방치하였다.

그럼에도 20○○. ○. ○.부터 20○○. 7. 23.까지 위 의원에 입원하여 치료를 받은 것으로 처리하고 150일간 입원하여 치료받은 것처럼 추가진단서와 진료기록부를 작성하여 위 보험회사에 제출함으로써 위 甲의 위 사기 범행을 방조하였다.

이로써 피의자는 별지 범죄일람표 기재와 같이 6회에 걸쳐 같은 방법으로 위 甲 등의 사기 범행을 방조하여 합계 ○○만원을 교부받게 하였다.

[기재례2] 허위사망진단서를 작성하여 교부

가. 허위진단서작성

피의자는 20○○. ○. ○. ○○:○○경 홍길동이 피의자가 운영하는 ○○에 있는 ○○병원에서 사망했음에도 불구하고 같은 날 그의 사망 후, 그의 사실혼 관계에 있는 최말자로부터 "혼인신고를 위해 입적할 사정이 있으니 그의 사망일을 같은 날 20:00경으로 사망진단서를 작성해 달라"는 부탁을 받았다.

피의자는 이를 승낙하여 그 날 위 병원에서 사망신고서 및 환자 인가신청서에 각각 첨부하여 ○○구청에 제출해야 할 위 홍길동의 사망에 대한 피의자 작성의 사망진단서 1통에 그가 같은 날 20:00경에 사망했다는 내용의 허위기재를 함으로써 허위의 사망진단서 1통을 작성하였다.

나. 허위작성진단서행사

피의자는 그 시경 그곳에서 위 허위사망진단서를 마치 진정으로 작성된 것처럼 가장하고 위 최말자에게 교부하여 이를 행사하였다.

[기재례3] 허위진단서 발급 교부

피의자는 20○○. ○. ○. 11:00경 홍길동으로부터 상해진단서 발급을 의뢰받고 동인을 진찰한 다음 그 가슴이나 머리 부위 등에 타박상을 인정할만한 외상이 없었다.

피의자는 그럼에도 불구하고 입원과 18일간의 치료를 요하는 뇌진탕(후두부 타박상), 양측전흉부, 우측계늑부 타박상을 입은 것처럼 허위의 상해진단서를 작성하고 이를 위 홍길동에게 교부하여 행사하였다.

[기재례4] 교통사고 환자의 진단기간을 줄여서 진단서 발행

피의자는 20○○. ○. ○. 10:00경 ○○에 있는 ○○병원에서 20○○. ○. ○. 08:50경 ○○에 있는 ○○고등학교 앞 교차로에서 A 운수주식회사 소속의 시내버스와 B 운수주식회사 소속의 10톤 트럭이 충돌한 사고로 부상을 입은 甲을 진료한 다음 그들에 대한 임상소견, 환자의 상태, 상처의 정도, 병명, 투약상환 등을 토대로 치료기일을 명백히 특정하여 진단서를 작성하여 이를 버스공제조합 ○○지부 등에 교부하였다.

그럼에도 불구하고 20○○. ○. ○.15:00 같은 곳에서 위 병원 원무과장 홍길동으로부터 A 운수주식회사 측에서 환자들에 대한 진단기일이 병명 등에 비추어 너무 길게 작성되어 있어 회사와 운전사가 불리한 행정처분을 받을 우려가 있다는 항의가 있으니 진단기일을 재조정해 주었으면 좋겠다는 취지의 요청을 받고 사고 운전자와 회사를 도와주는 한편 위 운수회사와 병원 간의 고객 관계를 계속 유지해 병원운영에 도움을 주기로 결의하였다.

가. 허위진단서작성

피의자는 20○○. ○. ○. 11:00경 위 병원 ○○에서 20○○. ○. ○. 진료 후 20○○. ○. ○. 뇌진탕, 경부염좌, 좌측견부 타박상으로 약 2주일간의 치료가 필요하다고 진단서를 발급한 바 있는 환자 甲에 대하여 진단서를 작성하면서 위 병원에 비치된 진단서 용지에 "진단서 번호 1222 환자의 성명 甲, 병명 뇌진탕, 경부염좌, 치료기일 수상일로부터 3-4일, 작성일 20○○. ○. ○." 이라고 기재한 다음 발행인란에 의사 피의자라고 새긴 고무 명판을 찍고 그 이름 우측에 인장을 찍었다.

이로써 피의자는 甲에 대한 진단기일이 허위인 진단서 1매를 작성하였다.

나. 허위작성진단서행사

피의자는 그 시경 위 병원 원무과 사무실에서 그 정을 모르는 위 A 운수주식회사 영업부장 김길동에게 위 진단서가 진정한 것처럼 교부하여 이를 행사하였다.

2) 적용법조 : 제233조, 제234조… 공소시효 5년

Ⅲ. 신문사항

- 의사인가(면허 번호, 취득일 등)
- 의료업 등록은 하였는가
- 언제부터 어디에서 진료를 하고 있는가
- 규모는 어느 정도 인가
- 홍길동을 진료한 일이 있는가
- 언제 어떤 진료를 하였는가
- 어느 정도의 상처(피해)를 입었던가
- 얼마 정도 치료를 받아야 할 정도이던가
- 위 홍길동에게 진단서를 발급해 준 일이 있는가
- 어느 정도의 치료를 요하는 진단서를 발급해 주었는가
- 실질적으로는 어느 정도 치료를 하면 완치될 수 있었는가
- 왜 이렇게 치료기간을 길게(또는 짧게)하여 진단서를 발급하였는가
- 홍길동의 부탁하던가

제5항 위조사문서 등의 행사

제234조(위조사문서 등의 행사) 제231조 내지 제233조의 죄에 의하여 만들어진 문서, 도화 또는 전자기록등 특수매체기록을 행사한 자는 그 각 죄에 정한 형에 처한다.
제235조(미수범) 제225조 내지 제234조의 미수범은 처벌한다.
※ 상법 제627조(부실문서행사죄)

 Ⅰ. 구성요건

1. 주 체

제한이 없음. 반드시 위조·변조한 자가 행사함을 요하지 않음

2. 객 체

위조·변조 또는 자격모용에 의하여 작성된 사문서·사도화, 허위진단서 및 검안서 또는 생사에 관한 증명서, 위작·변작된 전자기록 등 특수매체기록

3. 행 위

행사하는 것

(1) 행사의 개념

위조 또는 변조된 사문서 등을 진정한 문서 또는 내용이 진실한 문서인 것처럼 사용하는 것이므로 위조문서를 진정한 문서가 아니라 위조문서로 사용하는 것(例, 위조문서를 위조죄의 증거물로 수사기관에 제출하는 것)은 행사에 해당하지 않음

(2) 행사의 방법

문서의 내용을 상대방이 인식할 수 있는 상태에 두는 것이면 그 방법 여하는 불문(例, 제시, 제출, 교부, 송부, 우송, 비치, 열람 등, 위조문서를 모사전송(Fax))

■ 판례 ■　**위조문서를 스캔하여 화면상에 보게 한 경우**

[1] 위조문서행사죄에서 말하는 '행사'의 방법

위조문서행사죄에 있어서 행사라 함은 위조된 문서를 진정한 문서인 것처럼 그 문서의 효용방법에 따라 이를 사용하는 것을 말하고, 위조된 문서를 제시 또는 교부하거나 비치하여 열람할 수 있게 두거나 우편물로 발송하여 도달하게 하는 등 위조된 문서를 진정한 문서인 것처럼 사용하는 한 그 행사의 방법에 제한이 없다. 또한, 위조된 문서 그 자체를 직접 상대방에게 제시하거나 이를 기계적인 방법으로 복사하여 그 복사본을 제시하는 경우는 물론, 이를 모사전송의 방법으로 제시하거나 컴퓨터에 연결된 스캐너(scanner)로 읽어 들여 이미지화한 다음 이를 전송하여 컴퓨터 화면상에서 보게

하는 경우도 행사에 해당하여 위조문서행사죄가 성립한다.

[2] 휴대전화 신규 가입신청서를 위조한 후 이를 스캔한 이미지 파일을 제3자에게 이메일로 전송한 것이 위조사문서의 '행사'에 해당하는지 여부(적극)

휴대전화 신규 가입신청서를 위조한 후 이를 스캔한 이미지 파일을 제3자에게 이메일로 전송한 사안에서, 이미지 파일 자체는 문서에 관한 죄의 '문서'에 해당하지 않으나, 이를 전송하여 컴퓨터 화면상으로 보게 한 행위는 이미 위조한 가입신청서를 행사한 것에 해당하므로 위조사문서행사죄가 성립한다(대법원 2008.10.23. 선고 2008도5200 판결).

(3) 행사의 상대방

제한이 없으나, 상대방은 문서가 위조 또는 변조된 사실을 모를 것

■ 판례 ■ **작성 명의인이 위조사문서행사죄의 상대방에 포함되는지 여부(적극)**

[1] 사실관계

甲은 乙의 점포에 임대료·관리비·홍보비 등을 2개월 이상 연체한 경우 강제퇴점 한다는 등의 내용이 기재된 乙명의의 입점자각서를 위조한 후 명도최고서에 그 사본을 첨부하여 위조의 정을 모르는 乙에게 우송하였다. 乙은 입점자각서가 위조된 것을 甲으로부터 받은 명도최고서에 첨부된 사본을 보고 알았다.

[2] 판결요지

가. 작성 명의인이 위조사문서행사죄의 상대방에 포함되는지 여부

위조문서행사죄에 있어서의 행사는 위조된 문서를 진정한 것으로 사용함으로써 문서에 대한 공공의 신용을 해칠 우려가 있는 행위를 말하므로, 행사의 상대방에는 아무런 제한이 없고 위조된 문서의 작성 명의인이라고 하여 행사의 상대방이 될 수 없는 것은 아니다.

나. 위조된 문서를 우송한 경우, 위조사문서행사죄의 기수시기

위조사문서의 행사는 상대방으로 하여금 위조된 문서를 인식할 수 있는 상태에 둠으로써 기수가 되고 상대방이 실제로 그 내용을 인식하여야 하는 것은 아니므로, 위조된 문서를 우송한 경우에는 그 문서가 상대방에게 도달한 때에 기수가 되고 상대방이 실제로 그 문서를 보아야 하는 것은 아니다(대법원 2005.1.28. 선고 2004도4663 판결).

■ 판례 ■ **위조문서를 공범자에게 제시한 경우, 위조문서행사죄의 성부(소극)**

[1] 사실관계

甲은 乙로부터 가공인물 또는 철거대상지역에 실제로 거주하지 아니하는 사람 등을 철거대상 무허가건물의 소유자인 것처럼 꾸며 철거보조금지급신청에 필요한 철거확인원, 인감증명서, 주민등록표 등을 위조하여 주면 1건당 100만원을 주겠다는 부탁을 받고 이를 위조하여 乙에게 교부하였다.

[2] 판결요지

위조, 변조, 허위작성된 문서의 행사죄는 이와 같은 문서를 진정한 것 또는 그 내용이 진실한 것으로 각 사용하는 것을 말하는 것이므로, 그 문서가 위조, 변조, 허위작성되었다는 정을 아는 공범자등에게 제시, 교부하는 경우등에 있어서는 행사죄가 성립할 여지가 없다(대법원 1986.2.25. 선고 85도2798 판결).

제20장 문서에 관한 죄 **523**

(4) 원본사용

행사는 위조·변조된 문서 자체, 즉 원본의 사용을 요함. 다만 사진복사·전자복사한 복사본은 문서로 간주되므로(제237조의2) 이를 사용할 경우에는 행사에 해당

- 위조한 사문서 자체를 제시한 것이 아니라 위조한 사문서의 사본을 제시한 것만으로는 형법 제234조가 규정하는 위조사문서의 행사죄에 해당한다고 볼 수 없다(대법원 1981.12.22. 선고 81도2715 판결).

■ 판례 ■ **위조문서를 모사전송의 방법으로 타인에게 제시하는 행위가 위조문서행사죄를 구성하는지 여부(적극)**

[1] 사실관계

甲은 A회사 명의의 공장임대차계약서를 위조한 다음 은행 외환업무담당자인 乙에게 복사본을 제출하고, 국립수산물검사소 인천지소에 위 위조계약서를 모사전송(facsimile)의 방법으로 보냈다.

[2] 판결요지

사진기나 복사기 등을 사용하여 기계적인 방법으로 원본을 복사한 복사문서는 사본이라고 하더라도 문서위조죄 및 위조문서행사죄의 객체인 문서에 해당하는 것인바, 위조한 문서를 모사전송(facsimile)의 방법으로 타인에게 제시하는 행위도 위조문서행사죄를 구성한다(대법원 1994.3.22. 선고 94도4 판결).

■ 판례 ■ **위조문서를 교부받은 자가 복사·인증하여 법원에 제출한 경우, 위조문서행사죄의 성립여부(적극)**

[1] 사실관계

A 등의 공유로 소유권이전등기가 되어있는 토지를 甲 등은 공유자들 몰래 처분하기 위하여 매매계약서 1통을 위조하여 변호사에게 교부하였고 변호사는 복사본을 작성하여 원본과 대조한 문서임을 인증한 다음 소장에 첨부하여 법원에 제출하였다.

[2] 판결요지

위조문서행사죄에 있어서의 행사는 위조된 문서를 진정한 문서인 것처럼 타인에게 제시함으로써 성립하는 것이므로 위조된 매매계약서를 피고인으로부터 교부받은 변호사가 복사본을 작성하여 원본과 동일한 문서임을 인증한 다음 소장에 첨부하여 법원에 제출함으로써 위조문서행사죄는 성립된다(대법원 1988.1.19. 선고 87도1217 판결).

(5) 기 수

문서나 기록을 상대방이 인식할 수 있는 상태에 둠으로써 기수가 되며, 상대방이 문서 등의 내용을 현실로 인식하였거나 그에 대한 신용이 침해되었을 것을 요하지 않는다.

4. 죄 수

○ 행사의 목적으로 사문서를 위조한 범인이 문서위조 후 위조사문서를 행사한 경우 ⇨ 사문서 위조죄와 위조사문서행사죄의 실체적 경합범

○ 위조사문서행사에 의하여 타인의 재물 또는 재산적 이익을 취득한 경우 ⇨ 위조사문서행사죄와 사기죄의 상상적 경합

Ⅱ. 범죄사실기재

1) 범죄사실 기재례 – [위조문서 스캔하여 이미지를 전송하여 행사한 경우]

피의자는 위와 같은 일시, 장소에서 위와 같이 위조한 휴대전화 가입신청서를 사본, 이미지화한 다음, 이메일로 그 위조사실을 모르는 丙에게 마치 진정하게 성립된 것처럼 그 신청서를 전송하여 위조한 사문서를 행사하였다.

2) 적용법조 : 제231조, 제234조 … 공소시효 7년

제6항 사문서의 부정행사

> 제236조(사문서의 부정행사) 권리 · 의무 또는 사실증명에 관한 타인의 문서 또는 도화를 부정행사한 자는 1년 이하의 징역이나 금고 또는 300만원 이하의 벌금에 처한다.

 I. 구성요건

1. 객 체

권리 · 의무 또는 사실증명에 관한 타인의 진정한 문서 또는 도화

✱ 객체가 진정한 사문서라는 점에서 부진정한 사문서를 객체로 하는 위조사문서 행사죄와 구별된다.

2. 행 위

부정행사하는 것

○ 부정행사란 진정하게 성립한 타인의 사문서를 사용할 권한 없는 자가 문서명의자로 가장하여 사용하는 것을 말한다.

○ 사용권한 있는 자가 본래의 사용목적과 다른 용도로 사용하는 경우(例, 타인의 학생증을 도서관 출입용으로 사용한 경우)도 부정행사에 해당한다.

▪ 판례 ▪ **실질적인 채권채무관계 없이 당사자 간의 합의로 작성한 '차용증 및 이행각서'를 이용하여 대여금청구소송을 제기하면서 이를 법원에 제출한 경우, 사문서부정행사죄의 성부(소극)**

실질적인 채권채무관계 없이 당사자 간의 합의로 작성한 '차용증 및 이행각서'는 그 작성명의인들이 자유의사로 작성한 문서로 그 사용권한자가 특정되어 있다고 할 수 없고 또 그 용도도 다양하므로, 설령 피고인이 그 작성명의인들의 의사에 의하지 아니하고 위 '차용증 및 이행각서'상의 채권이 실제로 존재하는 것처럼 그 지급을 구하는 민사소송을 제기하면서 소지하고 있던 위 '차용증 및 이행각서'를 법원에 제출하였다고 하더라도 그것이 사문서부정행사죄에 해당하지 않는다(대법원 2007.3.30. 선고 2007도629 판결).

▪ 판례 ▪ **절취한 후불식 전화카드를 사용하여 공중전화를 건 경우, 사문서부정행사죄의 성부(적극)**

[1] 사실관계

甲은 절취한 乙의 케이티(KT) 카드를 자신의 전화카드인 것처럼 공중전화기에 넣고 모두 1,706회에 걸쳐 사용하였다.

[2] 판결요지

사용자에 관한 각종 정보가 전자기록되어 있는 자기띠가 카드번호와 카드발행자 등이 문자로 인쇄된 플라스틱 카드에 부착되어 있는 전화카드의 경우 그 자기띠 부분은 카드의 나머지 부분과 불가분적으로 결합되어 전체가 하나의 문서를 구성하므로, 전화카드를 공중전화기에 넣어 사용하는 경우 비록 전화기가 전화카드로부터 판독할 수 있는 부분은 자기띠 부분에 수록된 전자기록에 한정된다고 할지라도, 전화카드 전체가 하나의 문서로서 사용된 것으로 보아야 하고 그 자기띠 부분만 사용된 것으로 볼 수는 없으므로 절취한 전화카드를 공중전화기에 넣어 사용한 것은 권리의무에 관한 타인의 사문서를 부정행사한 경우에 해당한다(대법원 2002.6.25. 선고 2002도461 판결).

■ 판례 ■ **실효된 동업약정서를 증거로 제출하는 것이 부정행사가 되는지 여부(소극)**

[1] 사실관계

甲은 乙과 공유수면매립사업을 공동으로 하기로 하여 건설부장관으로부터 공유수면 매립면허를 받고 동업약정서를 작성하고 공사를 진행하였으나, 그 후 甲은 乙과 이미 매립공사가 끝난 제1공구, 제2공구에서는 자신이 이득을 갖기로 하고, 앞으로 매립되는 제3공구, 제4공구에 관한 권리를 乙에게 양도하기로 합의가 되어 지방항만관리청에 공유수면매립 권리의무양도 양수허가신청서를 제출하여 허가를 받고 乙 단독으로 제3공구, 제4공구에 대한 매립공사를 시행하여 준공인가를 받고 매립지에 관하여 소유권보존등기를 필하였으나, 甲은 동업약정서를 소지하고 있음을 기회로 변호사에게 동업약정서가 유효한 것처럼 제시하여 위 동업약정서를 첨부하여 위 각 부동산처분금지 가처분신청을 하도록 하였다.

[2] 판결요지

형법 제236조 소정의 사문서부정행사죄에 있어서 부정행사란 사용할 권한없는 자가 문서명의자로 가장 행세하여 이를 사용하거나 또는 사용할 권한이 있더라도 그 문서를 본래의 작성목적 이외의 다른 사실을 직접 증명하는 용도에 이를 사용하는 것을 말하므로 실효된 문서를 증거로 제출하는 행위는 부정행사에 해당하지 아니한다(대법원 1978.2.14. 선고 77도2645 판결).

■ 판례사례 ■ [사문서부정행사죄가 성립하지 아니하는 사례]

(1) 현금보관증이 자기 수중에 있다는 사실 자체를 증명하기 위하여 증거로서 법원에 제출하는 행위(대법원 1985.5.28. 선고 84도2990 판결)
(2) 진정하게 성립된 타인의 인감증명을 압수·보관하고 있다가 법정에서 위 타인의 인감증명이라고 주장하여 증거로 제시한 행위(대법원 1969.3.18. 선고 68도1082 판결).

II. 범죄사실기재

1) 범죄사실 기재례 - [절취한 케이티(KT) 카드를 부정행사]

피의자는 20○○. ○. ○.경 절취한 피해자 甲의 케이티(KT) 카드를 자신의 전화카드인 것처럼 공중전화기에 넣고 사용하였다.

이로써 피의자는 권리의무에 관한 사문서인 전화카드를 부정행사한 것을 비롯하여 그 무렵부터 20○○. ○. ○.경까지 사이에 같은 방법으로 모두 ○○회에 걸쳐 이를 부정행사 하였다.

2) 적용법조 : 제236조… 공소시효 5년

III. 신문사항

- 홍길동을 알고 있는가
- 위 홍길동으로부터 ○○문서를 받아 가지고 있는가
- 언제 무엇 때문에 받았는가
- 홍길동이 피의자에게 어떤 용도로 보관시켰는가
- 이를 다른 곳에 사용한 일이 있는가
- 언제 어디에 사용하였는가
- 사용 당시 홍길동에게 그 사실을 말하였는가
- 승낙없이 사용하였다는 것인가
- 왜 다른 용도로 부정사용하였는가

제21장 인장에 관한 죄
(제238~240조)

제1절 공인 등의 위조, 부정사용, 행사

> 제238조(공인등의 위조, 부정사용) ① 행사할 목적으로 공무원 또는 공무소의 인장, 서명, 기명 또는 기호를 위조 또는 부정사용한 자는 5년 이하의 징역에 처한다.
> ② 위조 또는 부정사용한 공무원 또는 공무소의 인장, 서명, 기명 또는 기호를 행사한 자도 전항의 형과 같다.
> 제240조(미수범) 본장의 미수범은 처벌한다.

I. 구성요건

1. 객 체

공무원 또는 공무소의 인장, 서명, 기명 또는 기호

(1) 공무원의 인장

공무원이 공무상 사용하는 인장

○ 개인의 사인이라고 하더라도 공무원이 공무상 사용하면 공인에 해당한다.

(2) 공무원의 서명

공무원이 자신을 표시하는 문자

(3) 공무소의 인장

공무소가 그 사무와 관련하여 문서에 사용하는 인장

(4) 공기호

공무원 또는 공무소가 대상물의 동일성을 증명하기 위한 목적으로 사용하는 문자 또는 부호(例, 부호로 표시된 도로교통표지판, 수도계량기·택시주행미터기에 부착된 납봉, 차량등록 번호판 등)

■ 판례 ■ **형법상 인장에 관한 죄에서 인장과 기호의 의미 및 형법 제238조의 공기호에 해당하기 위한 요건**

형법상 인장에 관한 죄에서 인장은 사람의 동일성을 표시하기 위하여 사용하는 일정한 상형을 의미하고, 기호는 물건에 압날하여 사람의 인격상 동일성 이외의 일정한 사항을 증명하는 부호를 의미한다. 그리고 형법 제238조의 공기호는 해당 부호를 공무원 또는 공무소가 사용하는 것만으로는 부족하고, 그 부호를 통하여 증명을 하는 사항이 구체적으로 특정되어 있고 해당 사항은 그 부호에 의하여 증명이 이루어질 것이 요구된다.(대법원 2024. 1. 4. 선고 2023도11313 판결)

2. 행 위

위조 또는 부정사용, 행사하는 것

(1) 위 조

권한 없이 타인의 인장·서명·기명·기호를 작성하거나 기재하여 일반인으로 하여금 명의인의 진정한 것으로 오신케 하는 것

(2) 부정사용

타인의 진정한 인장·서명 등을 권한 없이 또는 권한 있는 자가 권한을 초월하여 문서 또는 기타의 물건 위에 부당하게 현출하는 행위

■ 판례 ■ **택시미터기의 검정납봉을 임의로 재봉인 부착한 행위가 공기호부정사용에 해당하는지 여부(적극)**

[1] 사실관계

甲은 충북1바1208호 택시 운전수인 乙로부터 위 택시에 부착되어 있는 택시미터기의 빈차 표시판과 택시지붕 위의 보안등에 대한 신호장치의 수리를 위탁받아 자신이 경영하는 충북계량기공사에서 위 택시미터기의 두부검정납봉의 봉인철사를 절단한 다음, 그 뒷면 철판을 열고 각 장치에 전등이 켜지도록 수리한 다음 절단한 봉인으로서 이 사건 택시미터기를 재봉인하였다.

[2] 판결요지

택시미터기의 수리는 계량법시행규칙에 의하여 검정의무가 면제되는 간이수리에 해당하나, 택시미터기에 적법하게 부착된 검정납봉의 봉인철사를 일단 절단한 후에는 소관 검정기관만이 이를 다시 부착할 수 있는 것이므로 피고인이 임의로 한 검정납봉 재봉인부착행위는 형법 제238조 제2항 소정의 공무소기호 부정사용에 해당한다(대법원 1982.6.8. 선고 82도138 판결).

(3) 행사(제2항)

위조한 인장·서명 등을 진정한 것으로서 타인에 대하여 사용하는 것으로, 타인이 열람할 수 있는 상태에 두는 것이 필요

■ 판례 ■ **절취한 자동차번호판을 다른 차량에 부착하고 운행한 것이 부정사용공기호행사죄에 해당하는지 여부(적극)**

[1] 사실관계

> 甲은 자동차렌트카 영업소에서 빌린 뉴그랜저 승용차의 앞·뒤번호판을 떼어낸 다음 이미 절취하여 가지고 있던 스텔라 승용차의 앞·뒤번호판을 위 뉴그랜저승용차에 부착하고 운행하였다.

[2] 판결요지

가. 공기호부정사용과 부정사용공기호행사의 의미

형법 제238조 제1항에서 규정하고 있는 공기호인 자동차등록번호판의 부정사용이라 함은 진정하게 만들어진 자동차등록번호판을 권한 없는 자가 사용하든가, 권한 있는 자라도 권한을 남용하여 부당하게 사용하는 행위를 말하는 것이고, 같은 조 제2항에서 규정하고 있는 그 행사죄는 부정사용한 공기호인 자동차등록번호판을 마치 진정한 것처럼 그 용법에 따라 사용하는 행위를 말하는 것으로 그 행위개념을 달리하고 있다.

나. 甲의 죄책

부정사용한 공기호인 자동차등록번호판의 용법에 따른 사용행위인 행사라 함은 이를 자동차에 부착하여 운행함으로써 일반인으로 하여금 자동차의 동일성에 관한 오인을 불러일으킬 수 있는 상태 즉 그것이 부착된 자동차를 운행함을 의미한다고 할 것이고, 그 운행과는 별도로 부정사용한 자동차등록번호판을 타인에게 제시하는 등 행위가 있어야 그 행사죄가 성립한다고 볼 수 없다(대법원 1997.7.8. 선고 96도3319 판결).   ☞ (甲은 절도죄, 공기호부정사용죄, 부정사용공기호행사죄)

■ 판례 ■ **부정사용된 공기호행사죄에 있어서의 '행사'의 의미**

[1] 사실관계

> 甲은 乙과 공모하여 행사할 목적으로 소지한 남원군청 비치 임산물 생산 확인용 철제극인 2개를 인부들에게 나누어주어 남원군 보절면 진기리 산 86 소재 임야에서 허가량을 초과하여 벌채한 소나무 및 낙엽송 약 1,714주의 말구에 각 타기게 하고, 동 극인이 타기된 동 임목을 그곳에 적치한 후 반출케 하였다.

[2] 판결요지

형법 제238조 제2항의 부정사용된 공기호의 행사죄는 부정사용된 공기호를 이를 진정한 것으로 임의로 공범자 이외의 자에게 보이는 등 사용하는 행위를 말하므로 이는 타인에 대한 외부적 행위이다. 따라서 허가량을 초과하여 벌채한 나무에 임산물 생산확인용 철제극인이 타기되었다고 하여도 동 나무를 산판에 적치하거나 반출하였다 하여 곧 공기호 행사죄가 되지 아니한다(대법원 1981.12.22. 선고 80도1472 판결).

3. 자동차관리법과의 관계

■ 판례 ■ **자동차관리법 제71조, 제78조가 형법 제238조 제1항소정의 공기호부정사용죄의 특별법 관계인지 여부(소극)**

형법 제238조 제1항은 인장에 관한 죄의 한 태양으로서 인장·서명·기명·기호 등의 진정에 대한 공공의 신용. 즉 거래상의 신용과 안정을 그 보호법익으로 하고 있는 반면, 자동차관리법의 입법취지는 자동차를 효율적으로 관리하고 자동차의 성능과 안정을 확보함으로써 공공의 복리를 증진함을 그 목적으로 하고 있어(특히 같은 법 제78조, 제71조는 이러한 자동차의 효율적인 관리를 저해하는 행위를 규제하기 위한 것으로 보인다) 그 보호법익을 달리 하고 있을 뿐 아니라 그 주관적 구성요건으로서 형법상의 위 공기호부정사용죄는 고의와 더불어 '행사할 목적'이 있음을 요하는 반면위 자동차관리법은 '행사할 목적'을 그 주관적 구성요건으로 하지 아니하고 있는 점에 비추어 보면, 자동차관리법 제78조, 제71조가 형법 제238조 제1항소정의 공기호부정사용죄의 특별법 관계에있다고는 보여지지 아니한다(대법원 1997.6.27. 선고 97도1085 판결).

■ 판례 ■　　**절취한 자동차의 번호판을 떼어낸 후 절취한 번호판을 달고 운행한 경우**

피고인들이 절취한 쏘나타 승용차의 번호판을 떼어낸 후 미리 절취하여 소지하고 있던 포텐샤 승용차의 번호판을 임의로 부착하여 운행한 경우, 피고인들의 승용차절취행위는 특정범죄 가중처벌 등에관한 법률 제5조의4 제1항(합동절도에 대한 가중처벌조항)에, 자동차등록번호판을 떼어낸 행위는 자동차관리법 제81조 제1호, 제10조 제2항에, 포텐샤 승용차의 번호판을 쏘나타 승용차에 부착함으로써 부정사용한 행위는 형법 제238조 제1항의 공기호부정행사죄에, 위와 같이 번호판을 부정사용한자동차를 운행한 행위는 형법 제238조 제2항의 부정사용공기호행사죄에 해당하고, 이들 범죄는 실체적 경합범 관계에 있다(대법원 2007.9.6. 선고 2007도4739 판결).

● II. 범죄사실기재 및 신문사항

1. 공인 · 공기호 위조

[기재례1] 시장인 위조

1) 범죄사실 기재례

> 피의자는 2000. O. O. 경 OO에 있는 홍길동이 운영하는 OO인장포에서 그 정을 모르는 위 홍길동에게 허가증에 찍을 "OO시장인"과 그 시장의 성명인 "정홍철"이라는 각 인장의 조각을 맡겨서 다음날 그곳에서 그로 하여금 위 각 인장의 조각을 하게 하였다.
> 이로써 피의자는 행사할 목적으로 공인을 위조하였다.

2) **적용법조** : 제238조 제1항(공인위조) … 공소시효 7년

3) **신문사항**

- 피의자는 OO시장의 직인을 위조한 일이 있나
- 언제 어디에서 조각하였나
- 어떠한 직인을 조각하였나
- 누가 이러한 직인을 조각
- OO인장포 홍길동에게 뭐라면서 조각해 달라고 하였나
- 어떠한 조건으로 조각의뢰(가격 등)
- 홍길동이 피의자 말을 믿던가

- ○○인장포에서 언제 누가 찾았나
- 무엇 때문에 이러한 직인을 위조하였나
- 건축허가증을 위조하기 위해 위조한 직인을 사용하였는가
- ○○인장포 홍길동과 사전 공모한 것이 아닌가

[기재례2] 물품세 납세필이라는 고무인 위조

1) 범죄사실 기재례

피의자는 20○○. ○. ○. 경 그 정을 모르는 ○○에 있는 ○○인장업자 홍길동에게 "물품세 납세필"이라는 고무인을 의뢰하여 그 회사에서 제조, 판매하는 ○○물품의 수량을 실제보다 더 적게 관할세무서에 신고하고 그 출고 수량에 따라 부과되는 물품세 일부를 면하기 위해 위 고무인을 그 회사의 라벨 약 5,000매에 마음대로 날인하였다.

이로써 피의자는 행사할 목적으로 공무소의 기호를 위조하였다.

2) 적용법조 : 제238조 제1항(공기호위조) … 공소시효 7년

2. 공기호부정사용, 부정사용된 공기호의 행사죄

[기재례1] 자동차등록번호판을 바꿔 단 경우

1) 범죄사실 기재례

피의자는 20○○. ○. ○. ○○에 있는 자동차정비공장에서 수리하고 있는 쏘나타Ⅱ 승용차에서 떼어놓은 ○○25가 1472호 앞·뒤 자동차등록번호판 2장을 피의자가 폐차장에서 사놓은 에쿠스 승용차에 마치 ○○시장으로부터 위 차량에 대하여 교부한 정당한 것처럼 가장하여 붙였다.

이로써 피의자는 행사할 목적으로 그때쯤부터 20○○. ○. ○.까지 ○○일대를 운행하여 공기호를 부정하게 사용하였다.

2) 적용법조 : 제238조 제1항, 제2항(공기호위조, 행사) … 공소시효 7년

[기재례2] 렌터카에 절취한 번호판을 부착하고 운행

1) 범죄사실 기재례

피의자는 20○○. ○. ○. ○○:○○경 ○○에 있는 ○○주차장에서, 피의자가 ○○렌터카 ○○영업소로부터 빌린 ○○○허6450호 ○○승용차의 앞·뒤 번호판을 떼어 낸 다음 이미 절취하여 가지고 있던 ○○○누9342호 ○○승용차의 앞·뒤 번호판을 위 ○○승용차에 부착하고 그 날 ○○:○○경 ○○에 있는 ○○호텔 주차장에 이르기까지 위 ○○승용차를 운전하여 운행함으로써 부정사용한 공기호를 행사하였다.

2) **적용법조** : 제238조 제1항·제2항(공기호부정사용, 동행사), 제329조(절도), 자
동차관리법 제78조 제2호, 제71조 (자동차번호판 부정사용)… 공소시효 7년

3) **신문사항**

− 대여 차량을 빌린 일이 있는가

− 언제 어디에서 빌렸는가

− 어떤 차량을 무엇 때문에 빌렸는가

− 위 차량의 번호판을 떼어낸 일이 있는가

− 무엇 때문에 떼어 냈는가

− 떼어낸 번호판은 어떻게 하였나

− 언제 어디에서 어떤 차량에 부착하였나

− 그 차량은 누구 차량인가

− 언제 어디에서 훔쳤는가

− 이렇게 차량번호판을 부착하고 그 차량을 운행하였는가

− 언제 어디에서 어디까지 운행하였는가

[기재례3] 매매상사에서 절취한 번호판을 부착하고 운행

1) **범죄사실 기재례**

가. 공기호부정사용
  피의자는 20○○. ○. ○. 10:00경 ○○에 있는 ○○자동차 매매상사에서 행사할 목적으로
권한 없이, 자동차 매매상사에 세워져 있는 ○○승용차에 부착된 앞, 뒤 번호판(차량번호)을
펜치와 플라이어를 이용하여 나사를 풀어 절취한 위 번호판을 ○○고○○○○호 쏘나타 승용
차 앞, 뒤에 수시로 탈, 부착하여 이를 부정사용하였다.
나. 부정사용공기호행사
  피의자는 그 시경부터 20○○. ○. ○. 까지 수사로 전국 일대를 위 ○○승용차를 운행하여
이를 행사하였다.

2) **적용법조** : 제238조 제1항·제2항(공기호부정사용, 동행사), 제329조(절도), 자
동차관리법 제78조 제2호, 제71조 (자동차번호판 부정사용)… 공소시효 7년

제2절 사인 등의 위조, 부정사용

> 제239조(사인 등의 위조, 부정사용) ① 행사할 목적으로 타인의 인장, 서명, 기명 또는 기호를 위조 또는 부정사용한 자는 3년 이하의 징역에 처한다.
> ② 위조 또는 부정사용한 타인의 인장, 서명, 기명 또는 기호를 행사한 때에도 전항의 형과 같다.
> 제240조(미수범) 본장의 미수범은 처벌한다.

Ⅰ. 구성요건

1. 객 체

타인의 인장 · 서명 · 기명 · 기호

(1) 타 인

공무원 · 공무소 이외의 사인(私人)으로서 행위자를 제외한 자연인 · 법인 · 법인격 없는 단체 등

〈명의인의 실재를 요하는지 문제〉

통 설	명의인의 실재는 요하지 않는다고 보는 견해. 따라서 사자 또는 허무인의 명의로 인장 등을 위조한 경우에도 인정위조죄가 성립
판 례	명의인이 실재할 것을 요한다는 견해. 따라서 사자 또는 허무인의 명의로 인장 등을 위조한 경우에는 인정위조죄 불성립 ※ 최근 문서에 관하여 공문서든 사문서든 불문하고 명의인의 실재를 요하지 않는다고 판시하였는 바(대법원 2005.1.28. 선고 2004도4663 판결), 그동안 판례는 문서와 인장에 대해 죄질을 같이하는 것으로 보아 같은 법리를 적용하므로 인장에 대해서도 타인의 실재를 요하지 않을 것으로 견해를 변경할 것으로 보인다.

■ 판례 ■ **사망자 명의의 인장을 위조 · 행사한 경우 사인위조 동행사죄 성부(소극)**

이미 사망한 사람 명의의 문서를 위조하거나 이를 행사하더라도 사문서위조나 동행사죄는 성립하지 않는다는 문서위조죄의 법리에 비추어 이와 죄질을 같이하는 인장위조죄의 경우에도 사망자 명의의 인장을 위조, 행사하는 소위는 사인위조 및 동행사죄가 성립하지 않는다고 해석함이 상당하다(대법원 1984.2.28. 선고 82도2064 판결).

(2) 인장 · 서명 · 기명 · 기호

- 인장 : 자신의 동일성을 나타내기 위하여 사용하는 일정한 상형(象形)으로 인영과 인과를 포함

- 서명 : 특정인이 문자로서 표시한 자기의 성명 기타 호칭으로 적어도 법률상·거래상 중요사항에 관련된 것일 것
- 기명 : 특정인의 인격이나 주체를 표시한 문자로서 자서 이외의 것
- 기호 : 주체의 동일성 증명 이외의 사항증명을 목적으로 하는 것(例, 검사필·납세필 등의 인장)

■ 판례 ■ **피의자가 피의자신문조서 말미의 서명날인란에 타인의 서명을 한 경우, 사서명위조 및 동행사죄의 성부(적극)**

[1] 사실관계

> 甲은 경찰에서 피의자로서 조사받으면서 자신의 형인 乙의 인적 사항을 밝히면서 자신이 乙인 것처럼 행세를 하고, 자신에 대한 피의자신문조서의 말미에 乙의 서명을 하여 수사기록에 편철하게 하였다.

[2] 판결요지

피고인이 경찰에서 피의자로서 조사받으면서 자신의 형인 공소외인의 인적 사항을 밝히면서 자신이 공소외인인 것처럼 행세를 하고, 자신에 대한 피의자신문조서의 말미에 위 공소외인의 서명을 하여 수사기록에 편철하게 한 이 사건 범행에 대하여 사서명위조 및 동행사죄에 해당한다고 판단하였는바, 관계 법리에 비추어 살펴보면 원심의 위와 같은 판단은 정당하고, 거기에 상고이유에서 주장하는 바와 같은 법리오해 등의 위법이 있다고 할 수 없다(대법원 2005. 7. 14. 선고 2005도3357 판결).

■ 판례 ■ **경찰서에서 조사를 받으면서 제3자로 행세하여 피의자신문조서의 진술자란에 제3자의 서명을 기재한 경우**

[1] 사실관계

> 甲이 음주 및 무면허운전으로 경찰서에서 조사 받으며 조카인 乙로 행세하며 조사를 받은 다음, 경찰공무원으로부터 피의자신문조서에 간인 및 서명무인할 것을 요구받고 그 피의자신문조서의 '진술자'란에 ' 乙'이라고 기재를 하였으나, 무인 및 간인을 하기 전에 그 경찰공무원이 십지지문 조회를 통하여 甲이 乙이 아니라는 사실을 알아내어 이를 추궁하자, 甲은 자신이 乙이 아님을 자백하였다.

[2] 판결요지

가. **사서명위조죄의 성립요건 및 수사서류에 대한 사서명위조·행사죄의 성립시기**

어떤 문서에 권한 없는 자가 타인의 서명을 기재하는 경우에는 그 문서가 완성되기 전이라도 일반인으로서는 그 문서에 기재된 타인의 서명을 그 명의인의 진정한 서명으로 오신할 수도 있으므로, 일단 서명이 완성된 이상 문서가 완성되지 아니한 경우에도 서명의 위조죄는 성립할 수 있는 것이다.

나. **甲의 죄책**

수사기관이 수사대상자의 진술을 기재한 후 진술자로 하여금 그의 면전에서 조서의 말미에 서명 등을 하도록 한 후 그 자리에서 바로 회수하는 수사서류의 경우에는, 그 진술자가 그 문서에 서명을 하는 순간 바로 수사기관이 열람할 수 있는 상태에 놓이게 되는 것이므로, 그 진술자가 마치 타인인 양

행세하며 타인의 서명을 기재한 경우 그 서명을 수사기관이 열람하기 전에 즉시 파기하였다는 등의 특별한 사정이 없는 이상 그 서명 기재와 동시에 위조사서명행사죄가 성립하는 것이며, 그와 같이 위조사서명행사죄가 성립된 직후에 수사기관이 위 서명이 위조된 것임을 알게 되었다고 하더라도 이미 성립한 위조사서명행사죄를 부정할 수 없다 할 것이다(대법원 2005.12.23. 선고 2005도4478 판결).

■ 판례 ■   **사인위조죄가 형법 제6조 소정의 대한민국과 대한민국국민에 대한 국외범에 해당하는지 여부(소극)**

[1] 사실관계

중국 국적의 甲이 중국에서 대한민국 국적 주식회사의 인장을 위조하였다.

[2] 판결요지

형법 제239조 제1항의 사인위조죄는 형법 제6조의 대한민국 또는 대한민국국민에 대하여 범한 죄에 해당하지 아니하므로 중국 국적자가 중국에서 대한민국 국적 주식회사의 인장을 위조한 경우에는 외국인의 국외범으로서 그에 대하여 재판권이 없다(대법원 2002.11.26. 선고 2002도4929 판결).

2. 행 위

위조, 부정행사 및 위조·부정사용한 타인의 인장 등을 행사하는 것

(1) 위 조

권한 없이 타인의 인장·서명·기명·기호를 작성하거나 기재하여 일반인으로 하여금 명의인의 진정한 것으로 오신케 하는 것

■ 판례 ■   **노동조합지부장직을 상실한 자가 동지부 직인 등을 인계하지 아니하므로 이를 새로이 조각한 경우, 사인위조죄의 성부(소극)**

[1] 사실관계

전국 광산노동조합 동원탄좌지부에서 실시한 지부장 선거 결과 전 지부장이던 A가 당선되었으나 동 선거에서 대립관계에 있던 甲이 무자격 대의원이 참여하였다는 이유로 동 선거무효의 이의신청을 전국 광산노동조합에 제기한 바 선거무효의 결정을 함과 동시에 잠정조치로서 동 광노조직부장 乙을 위 지부장 직무대리로 임명하였으나 A가 지부인과 지부장인을 乙에게 인계할 것을 거부하여 甲은 위 동원탄좌지부에서 지부장 직접 선거를 해 달라는 건의서를 광산노조에 제출하기 위하여 광산노조 위원장과 상의하고 乙의 승인을 얻어 지부인과 지부장인을 조각하여 개인신고를 함과 동시에 같은 문서에 날인케 하여 광산노조에 제출하였다.

[2] 판결요지

선거무효로 노동조합 지부장직을 상실한 자가 동 조합지부인과 지부장인을 동 지부장 직무대리에게 인계하지 아니하므로, 이에 대한 대응책으로 동 지부의 문서에 사용할 목적으로 동 지부장 직무대리의 승인하에 동 지부인과 지부장인을 조각한 행위는 부정한 방법으로 정당한 인장인 양 가장하기 위하여 직인등을 위조한 것이라고 할 수 없다(대법원 1981.5.6. 선고 81도721 판결).

(2) 부정사용

타인의 진정한 인장·서명 등을 권한 없이 또는 권한있는 자가 권한을 초월하여 문서 또는 기타의 물건 위에 부당하게 현출하는 행위

(3) 위조·부정사용한 타인의 인장 등의 행사

위조된 인장을 진정한 것처럼 용법에 따라 사용하는 행위(例, 위조된 인영을 타인에게 열람할 수 있는 상태에 두든지, 인과의 경우에는 날인하여 일반인이 열람할 수 있는 상태에 두는 것). 다만 상대방이 실제로 인식하였거나 열람하였을 필요는 없음

■ 판례 ■ **위조된 인과자체를 타인에게 교부한 것만으로 위조인장 행사죄를 구성하는지 여부(소극)**

[1] 사실관계

> 甲은 위조된 "학교법인 A학원 이사장인"이라는 직인 1개와 "계, A학원"이라는 계인1개를 그 위조된 정을 알면서 乙에게 교부하였다.

[2] 판결요지

형법 제239조 제2항의 위조인장행사죄에 있어서 행사라 함은 위조된 인장을 진정한 것처럼 용법에 따라 사용하는 행위를 말한다 할 것이므로 위조된 인영을 타인에게 열람할 수 있는 상태에 두든지, 인과의 경우에는 날인하여 일반인이 열람할 수 있는 상태에 두면 그것으로 행사가 되는 것이고, 위조된 인과 그 자체를 타인에게 교부한 것만으로는 위조인장행사죄를 구성한다고 할 수 없다(대법원 1984.2.28. 선고 84도90 판결).

3. 주관적 구성요건

고의 이외에 행사할 목적이 있을 것

■ 판례 ■ **명의인의 승낙을 얻어 명의인의 문서를 작성하는 데 사용할 의도로 인장을 조각하였으나 승낙을 얻지 못하여 사용하지 않고 명의인에게 돌려 준 경우, 인장위조죄의 성부(소극)**

[1] 사실관계

> 甲은 교통사고의 피해자인 乙이 병원에 입원하고 있어 경찰에 함께 출두할 수 없었으므로 그가 승낙을 하면 사용하려고 乙의 인장을 조각하였다가, 乙에게 전화한 결과 승낙을 받지 못하여 사용하지 않고, 그 날 오후에 병원에서 출장조사가 끝난 후 乙의 언니에게 주었다.

[2] 판결요지

형법 제239조 제1항 소정의 인장위조죄는 그 명의인의 의사에 반하여 위법하게 행사할 목적이 인정되어야 하며, 타인의 인장을 조각할 당시에는 미처 그 명의인의 승낙을 얻지 아니하였다고 하더라도 인장을 조각하여 그 명의인의 승낙을 얻어 그 명의인의 문서를 작성하는 데 사용할 의도로 인장을 조각하였으나 그 명의인의 승낙을 얻지 못하여 이를 사용하지 아니하고 명의인에게 돌려주었다면, 특별한 사정이 없는 한 행사의 목적이 있었다고 인정할 수 없다(대법원 1992.10.27. 선고 92도1578 판결).

■ 판례 ■ **사서명 등 위조죄의 성립 요건 및 일반인이 특정인의 진정한 서명 등으로 오신하기에 충분한 정도인지 판단하는 방법**

사서명 등 위조죄가 성립하기 위하여는 그 서명 등이 일반인으로 하여금 특정인의 진정한 서명 등으로 오신하게 할 정도에 이르러야 할 것이고, 일반인이 특정인의 진정한 서명 등으로 오신하기에 충분한 정도인지 여부는 그 서명 등의 형식과 외관, 작성경위 등을 고려하여야 할 뿐만 아니라 그 서명 등이 기재된 문서에 있어서의 서명 등 기재의 필요성, 그 문서의 작성경위, 종류, 내용 및 일반거래에 있어서 그 문서가 가지는 기능 등도 함께 고려하여 판단하여야 할 것이다(대법원 2011.3.10. 선고 2011도503 판결).

II. 범죄사실기재 및 신문사항

[기재례1] 타인명의로 조사를 받고 조서말미에 서명한 경우

1) 범죄사실 기재례

가. 사서명위조
　피의자는 200○. ○. ○. ○○에 있는 ○○경찰서 수사과 지능팀 사무실에서, ○○사건과 관련 참고인으로 조사를 받게 되자 사기 사건으로 수배 중인 사실이 밝혀질 것을 두려워하여 홍길동인 것처럼 행세하고 조사를 받았다. 조사를 마친 후 행사할 목적으로 권한 없이 진술조서의 말미에 '홍길동'이라고 기재한 후 무인하여 사서명을 위조하였다.
나. 위조사서명행사
　피의자는 이를 위 경찰서 소속 김현정 경감에게 제출하여 위조사서명을 행사하였다.

2) 적용법조 : 제239조 제1항, 제2항(사서명위조, 행사)… 공소시효 5년

3) 신문사항
－ 경찰에서 참고인조사를 받은 일이 있는가
－ 언제 어디에서 조사를 받았는가
－ 어떻게 그곳 경찰서에 출석하여 조사를 받게 되었는가
－ 어떤 내용의 조사를 받았는가
－ 조사 경찰관이 누구였는가
－ 누구 명의로 조사를 받았는가
－ 왜 홍길동 명의로 조사를 받았는가
－ 홍길동과는 어떤 관계인가
－ 조사 받고 조서 말미에 누구이름으로 서명하였는가
－ 이렇게 받은 조서는 어떻게 하였는가

[기재례2] 타인명의로 피의자 조사를 받은 경우

1) 범죄사실 기재례

피의자는 20○○. ○. ○. 21:00경 ○○에서 음주 및 무면허 운전으로 적발되어 같은 날 22:00경 ○○경찰서 교통조사계 사무실에서 조사받음에 있어 조카인 甲으로 행세하며 조사를 받은 다음, 행사할 목적으로 권한 없이 피의자신문조서에 위 甲의 이름을 기재하여 사서명을 위조하였다.

피의자는 그 정을 모르는 조사 경찰관 경감 김희곤에게 위와 같이 사서명이 위조된 피의자 신문조서를 마치 진정하게 성립한 것처럼 교부하여 이를 행사하였다.

2) 적용법조 : 제239조 제1항, 제2항(사서명위조, 행사)… 공소시효 5년

[기재례3] 타인 인장을 위조하고 신청서에 날인한 경우

1) 범죄사실 기재례

가. 사인위조

피의자는 20○○. ○. ○.경 ○○에 있는 ○○인장포에서 행사할 목적으로 그 정을 모르는 甲으로 하여금 '홍길동' 이름의 인장을 새기도록 하여 홍길동 명의의 인장을 위조하였다.

나. 위조사인행사

피의자는 20○○. ○. ○.경 ○○에 있는 ○○군청 민원실에서 지적업무 담당 공무원 정직혜로 하여금 검정 볼펜으로 토지지목변경신청서 용지의 해당란 및 신청인란에 '홍길동' 이라고 기재케 한 다음 위 홍길동의 성명 다음에 위와 같이 위조한 동인의 인장을 마치 진정하게 성립한 것처럼 날인한 후 위 정직혜에게 위 토지지목변경신청서를 제출하여 이를 행사하였다.

2) 적용법조 : 제239조 제1항, 제2항(사인위조, 행사)… 공소시효 5년

3) 신문사항

- 홍길동을 알고 있는가
- 홍길동 명의의 인장을 위조한 일이 있는가
- 언제 어디에서 하였는가
- 인장포 주인에게 누구 도장이라고 말하였나
- 그럼 인장포 주인이 피의자를 홍길동으로 알고 인장을 만들어 주던가
- 이렇게 위조한 인장을 언제 어디에 사용하였는가
- 그 신청서 어디에 홍길동의 인장을 날인하였나
- 무엇 때문에 그 신청서를 발급 의뢰하였나

제22장 성풍속에 관한 죄
(제241~245조)

제1절 음행매개

제242조(음행매개) 영리의 목적으로 사람을 매개하여 간음하게 한 자는 3년 이하의 징역 또는 1천500 만원 이하의 벌금에 처한다.
※ 아동복지법 제17조(금지행위), 제71조(벌칙)
※ 아동·청소년의 성보호에 관한 법률 제15조(알선영업행위 등)
※ 성매매알선 등 행위의 처벌에 관한 법률 제19조(벌칙)

Ⅰ. 구성요건

1. 주 체
매개되어 간음행위를 한 사람을 제외한 모든 자

2. 객 체
개정 전(2013.6.18.)에는 미성년 또는 음행의 상습 없는 부녀'로 한정하였으나 개정법 에서는 사람으로 규정하고 있기 때문에 남녀, 음행의 상습여부에 상관없이 사람이면 된다.

3. 행 위
사람을 매개하여 간음케 하는 것

(1) 매 개
간음에 이르게 알선하는 일체의 행위
○ 간음의사가 있었는가를 불문하나, 간음자의 자의적인 행동을 전제로 하므로 폭 행·협박은 매개행위에 해당하지 않는다.

(2) 간 음
배우자가 아닌 이성과의 성교행위
○ 단순히 추행하게 하는 것 또는 동성애만으로는 본죄가 성립하지 아니한다.

○ 간음은 매춘행위일 필요는 없으므로 간음행위자가 재산적 대가를 취하지 않는다고 하더라도 매개자에게 영리의 목적이 있는 이상 본죄가 성립한다.

(3) 기 수

간음함으로써 기수가 된다. 따라서 간음을 매개하였으나 간음에 이르지 못한 경우에는 본죄는 성립하지 않는다(미수범처벌규정은 없음).

4. 죄 수

1회 간음이 있을 때마다 1죄 성립

5. 주관적 구성요건

고의 이외에 영리목적이 있어야 한다. 따라서 무상의 음행매개행위는 본죄를 구성하지 아니한다.

II. 범죄사실

1) 범죄사실 기재례

각 특별법에 따라 처벌하면 될 것임(등대지기Ⅲ 범죄사실 참조)

2) 적용법조 : 제242조 … 공소시효 5년

제2절 음화반포 등

> 제243조(음화반포 등) 음란한 문서, 도화, 필름 기타 물건을 반포, 판매 또는 임대하거나 공연히 전시 또는 상영한 자는 1년 이하의 징역 또는 500만원 이하의 벌금에 처한다.

 Ⅰ. 구성요건

1. 객 체

음란한 문서, 도화, 필름 기타 물건, 즉 음란물

(1) 음 란

그 내용이 사람의 성욕을 자극·흥분시키거나 만족케 하는 물건으로서 일반인의 성적 수치심을 해하고 선량한 성적 도의관념에 반하는 것

1) 음란의 판단기준

■ 판례 ■ **컴퓨터 프로그램파일이 형법 제243조(음화반포등)에서 규정한 '문서, 도화, 필름 기타 물건'에 해당하는지 여부(소극)**

형법 제243조(음화반포등)는 음란한 문서, 도화, 필름 기타 물건을 반포, 판매 또는 임대하거나 공연히 전시 또는 상영한 자에 대한 처벌 규정으로서 컴퓨터 프로그램파일은 위 규정에서 규정하고 있는 문서, 도화, 필름 기타 물건에 해당한다고 할 수 없다. 이는 형법 제243조의 행위에 공할 목적으로 음란한 물건을 제조, 소지, 수입 또는 수출한 자를 처벌하는 규정인 형법 제244조(음화제조등)의 '음란한 물건'의 해석에도 그대로 적용된다.(대법원 2023. 12. 14. 선고 2020도1669 판결)

■ 판례 ■ **미술교사가 자신의 인터넷 홈페이지에 게시한 자신의 미술작품. 사진 및 동영상의 일부에 대하여 음란성이 인정되는지 여부(적극)**

[1] 사실관계

> 중학교미술교사인 甲은 만삭인 아내와 자신이 전라의 상태로 나란히 찍은 사진인 '우리부부'와 여성의 성기를 정밀묘사한 '그대는 행복한가' 및 발기된 채 정액을 분출하는 남성의 성기 그림인 '남근주의'를 자신의 인터넷 홈페이지에 게시하였다.

[2] 판결요지

가. "음란"의 판단기준

구 전기통신기본법 제48조의2(2001.1.16. 법률 제6360호 부칙 제5조 제1항에 의하여 삭제, 현행 정보통신망이용촉진및정보보호등에관한법률 제65조 제1항 제2호 참조)에서 규정하고 있는 '음란'이라 함은, 일반 보통인의 성욕을 자극하여 성적 흥분을 유발하고 정상적인 성적 수치심을 해하여 성적 도의 관념에 반하는 것을 말하고, 표현물의 음란 여부를 판단함에 있어서는 당해 표현물의 성에

관한 노골적이고 상세한 묘사·서술의 정도와 그 수법, 묘사·서술이 그 표현물 전체에서 차지하는 비중, 거기에 표현된 사상 등과 묘사·서술의 관련성, 표현물의 구성이나 전개 또는 예술성·사상성 등에 의한 성적 자극의 완화 정도, 이들의 관점으로부터 당해 표현물을 전체로서 보았을 때 주로 그 표현물을 보는 사람들의 호색적 흥미를 돋우느냐의 여부 등 여러 점을 고려하여야 하며, 표현물 제작자의 주관적 의도가 아니라 그 사회의 평균인의 입장에서 그 시대의 건전한 사회 통념에 따라 객관적이고 규범적으로 평가하여야 한다.

나. 과학서·예술작품과 음란성

예술성과 음란성은 차원을 달리하는 관념이므로 어느 예술작품에 예술성이 있다고 하여 그 작품의 음란성이 당연히 부정되는 것은 아니라 할 것이고, 다만 그 작품의 예술적 가치, 주제와 성적 표현의 관련성 정도 등에 따라서는 그 음란성이 완화되어 결국은 형법이 처벌대상으로 삼을 수 없게 되는 경우가 있을 수 있을 뿐이므로 피고인의 작품들에 예술성이 있다고 해 그 이유만으로 이 작품들의 음란성이 당연히 부정된다고는 볼 수 없다(대법원 2005.7. 22. 선고 2003도2911 판결). ☞(甲은 정보통신망이용촉진및정보보호등에관한법률 위반죄(음란물 전시죄))

■ 판례 ■ **사진첩에 남자 모델이 전혀 등장하지 아니하고 남녀간의 정교 장면에 관한 사진이나 여자의 국부가 완전히 노출된 사진이 수록되어 있지 않은 경우, 음란한 도화에 해당하는지 여부(적극)**

사진첩에 남자 모델이 전혀 등장하지 아니하고 남녀간의 정교 장면에 관한 사진이나 여자의 국부가 완전히 노출된 사진이 수록되어 있지 않다 하더라도, 이들 사진들은 모델의 의상 상태, 자세, 촬영 배경, 촬영 기법이나 예술성 등에 의하여 성적 자극을 완화시키는 요소는 발견할 수 없고, 오히려 사진 전체로 보아 선정적 측면을 강조하여 주로 독자의 호색적 흥미를 돋구는 것으로서 일반 보통인의 성욕을 자극하여 성적 흥분을 유발하고 정상적인 성적 수치심을 해하는 것으로서 성적 도의관념에 반하는 것이므로, 그 사진첩은 음란한 도화에 해당한다(대법원 1997.8.22. 선고 97도937 판결).

■ 판례 ■ **'음란' 개념의 종국적인 판단 주체**

'음란' 이라는 개념은 사회와 시대적 변화에 따라 변동하는 상대적이고도 유동적인 것이고, 그 시대에 있어서 사회의 풍속, 윤리, 종교 등과도 밀접한 관계를 가지는 추상적인 것이므로, 구체적인 판단에 있어서는 사회통념상 일반 보통인의 정서를 그 판단의 기준으로 삼을 수밖에 없다고 할지라도, 이는 일정한 가치판단에 기초하여 정립할 수 있는 규범적인 개념이므로, '음란' 이라는 개념을 정립하는 것은 물론 구체적인 표현물의 음란성 여부도 종국적으로는 법원이 이를 판단하여야 한다(대법원 2008.3.13. 선고 2006도3558 판결).

■ 판례 ■ **'음란' 의 의미 및 어떠한 물건의 음란 여부를 판단하는 기준**

이 사건 물건은 사람의 피부에 가까운 느낌을 주는 실리콘을 소재로 하여 여성의 음부, 항문, 엉덩이 부위를 재현하였다고는 하나, 여성 성기의 일부 특징만을 정교하지 아니한 형상으로 간략하게 표현한 것에 불과하고 그 색상 또한 사람의 실제 피부색과는 차이가 있는 점 등을 알 수 있다. 사정이 이와 같다면, 이 사건 물건은 전체적으로 관찰·평가하여 볼 때 그 모습이 상당히 저속한 느낌을 주는 것은 사실이지만 이를 넘어서서 형사법상 규제의 대상으로 삼을 만큼 사람의 존엄성과 가치를 심각하게 훼손·왜곡하였다고 평가할 수 있을 정도로 노골적인 방법에 의하여 사람의 특정 성적 부위를 적나라하게 표현 또는 묘사한 것이라고 단정할 수 없다.

따라서 이 사건 물건이 사회통념상 일반 보통인의 성욕을 자극하여 성적 흥분을 유발하고 정상적인 성적 수치심을 해하여 성적 도의관념에 반하는 물건에 해당한다고 보기 어렵다.(대법원 2014. 6. 12., 선고, 2013도6345, 판결)

■ 판례 ■ **실리콘을 소재로 하여 여성의 특정 신체부위를 개괄적인 형상과 단일한 재질, 색상을 이용하여 재현한 남성용 자위기구를 전시한 사안**

이 사건 물품은 남성용 자위기구로서의 기능과 목적을 위하여 사람의 피부와 유사한 질감, 촉감, 색상을 가진 실리콘을 소재로 하여 여성의 특정 신체부위를 개괄적인 형상과 단일한 재질, 색상을 이용하여 재현한 것일 뿐, 단순히 저속하다거나 문란한 느낌을 준다는 정도를 넘어서서 존중·보호되어야 할 인격을 갖춘 존재인 사람의 존엄성과 가치를 심각하게 훼손·왜곡하였다고 평가할 수 있을 정도로 노골적인 방법에 의하여 성적 부위를 적나라하게 표현 또는 묘사한 것으로 보이지 않는다는 이유로 음란한 물건에 해당하지 않는다고 보아, 피고인에 대해 무죄를 선고한 제1심판결을 그대로 유지하였다. 원심판결 이유를 관련 법리 및 기록에 비추어 살펴보면, 원심의 그와 같은 판단은 정당하고, 거기에 상고이유 주장과 같이 형법 제243조에서 정한 음란한 물건에 관한 법리를 오해하여 판결에 영향을 미친 위법이 없다.(대법원 2014. 5. 29., 선고, 2014도3312, 판결)

2) 음 화

■ 판례 ■ **공연윤리위원회의 심의를 마친 영화의 장면으로써 제작한 포스타 등의 광고물도 음화에 해당할 수 있는지 여부(적극)**

공연윤리위원회의 심의를 마친 영화작품이라 하더라도 이것을 영화관에서 상영하는 것이 아니고 관람객을 유치하기 위하여 영화장면의 일부를 포스타나 스틸사진 등으로 제작하였고, 제작된 포스타 등 도화가 그 영화의 예술적 측면이 아닌 선정적 측면을 특히 강조하여 그 표현이 과도하게 성감을 자극시키고 일반인의 정상적인 성적 정서를 해치는 것이어서 건전한 성풍속이나 성도덕 관념에 반하는 것이라면 그 포스타 등 광고물은 음화에 해당한다(대법원 1990.10.16. 선고 90도1485 판결). ☞ (甲은 음화제조 및 음화반포죄)

■ 판례 ■ **명화집에 있는 나체사진을 복사하여 성냥갑 속에 넣어 판매한 경우, 음화판매죄의 성부(적극)**

비록 명화집에 실려있는 그림이라 할지라도 이것을 예술 문학 등 공공의 이익을 위해서가 아닌 성냥갑 속에 넣어 판매할 목적으로 그 카드사진을 복사 제조하거나 시중에 판매하였다면 명화를 모독하여 음화화시켰다 할 것이고 그림의 음란성 유무는 객관적으로 판단해야 할 것이다(대법원 1970.10.30. 선고 70도1879 판결).

3) 음란한 물건

■ 판례 ■ **남성용 자위기구인 모조여성성기가 음란한 물건에 해당하는지 여부(적극)**

[1] 사실관계

甲은 그가 경영하는 '핑키'라는 성인용품점에서 남성용 자위기구인 일명 '체이시'라는 물건을 밖에서 보이는 쇼윈도가 아니라 내부진열대위에 전시하였다.

[2] 판결요지

가. 음란한 물건의 개념

음란한 물건이라 함은 성욕을 자극하거나 흥분 또는 만족케 하는 물건들로서 일반인의 정상적인 성적 수치심을 해치고 선량한 성적 도의관념에 반하는 것을 의미한다.

나. 판단방법

어떤 물건이 음란한 물건에 해당하는지 여부는 행위자의 주관적 의도나 반포, 전시 등이 행하여진 상황에 관계없이 그 물건 자체에 관하여 객관적으로 판단하여야 한다.

다. 甲의 죄책

남성용 자위기구인 모조여성성기가 음란한 물건에 해당한다(대법원 2003.5.16. 선고 2003도988 판결). ☞ (甲은 음란물전시죄)

■ 판례 ■ **여성용 자위기구나 돌출콘돔이 음란한 물건에 해당하는지 여부(소극)**

음란한 물건이라 함은 성욕을 자극하거나 흥분 또는 만족케 하는 물품으로서 일반인의 정상적인 성적 수치심을 해치고 선량한 성적 도의관념에 반하는 것을 가리킨다고 할 것인바, 여성용 자위기구나 돌출콘돔의 경우 그 자체로 남성의 성기를 연상케 하는 면이 있다 하여도 그 정도만으로 그 기구 자체가 성욕을 자극, 흥분 또는 만족시키게 하는 물건으로 볼 수 없을 뿐만 아니라 일반인의 정상적인 성적 수치심을 해치고 선량한 성적 도의관념에 반한다고도 볼 수 없으므로 음란한 물건에 해당한다고 볼 수 없다(대법원 2000.10.13. 선고 2000도3346 판결).

■ 판례 ■ **'음란'의 의미 및 '음란한 물건'으로 평가되기 위한 표현의 정도**

① 이 사건 물건은 남성용 자위기구로서 그 일부는 성인 여성의 엉덩이 윗부분을 본 떠 실제 크기에 가깝게 만들어졌고 그 재료로는 사람의 피부에 가까운 느낌을 주는 색깔의 실리콘을 사용함으로써 여성의 신체 부분을 실제와 비슷하게 재현하고 있기는 하나, 부분별 크기와 그 비율 및 채색 등에 비추어 그 전체적인 모습은 실제 사람 형상이라기보다는 조잡한 인형에 가까워 보이는 점, ② 이 사건 물건 가운데 여성의 성기를 형상화한 부분에 별도로 선홍색으로 채색한 것이 있으나, 그 모양과 색상 등 전체적인 형상에 비추어 여성의 외음부와 지나치게 흡사하도록 노골적인 모양으로 만들어졌다고 할 수 없고, 오히려 여성의 성기를 사실 그대로 표현하였다고 하기에는 크게 부족해 보이는 점 등을 종합하여 보면, 이 사건 물건이 사회통념상 일반 보통인의 성욕을 자극하여 성적 흥분을 유발하고 정상적인 성적 수치심을 해하여 성적 도의관념에 반하는 것이라고 보기 어렵고, 이 사건 물건을 전체적으로 관찰하여 볼 때 그 모습이 상당히 저속한 느낌을 주는 것은 사실이지만 이를 넘어 사람의 존엄성과 가치를 심각하게 훼손·왜곡하였다고 평가할 수 있을 정도로 노골적으로 사람의 특정 성적 부위를 적나라하게 표현 또는 묘사한 것으로 보기는 어렵다.(대법원 2014.7.24. 선고, 2013도9228, 판결)

2. 행 위

반포, 판매 또는 임대하거나 공연히 전시 또는 상영하는 것

- ○ 공연전시란 불특정 또는 다수인이 관람할 수 있는 상태에 두는 것으로 현실적으로 관람 했음을 요하지 않고, 관람 가능한 상태로 족하며 유상·무상을 불문한다.
- ○ 공연상영이란 불특정 또는 다수인에게 필름 등 영상자료를 화면에 비추어 보는 것

으로 영사기·VTR 등 상영수단은 불문한다.

○ 반포는 현실적으로 교부된 때 기수가 되고, 판매·임대의 경우도 계약만으로는 부족하고 현실적으로 인도된 때 기수가 된다.

3. 주관적 구성요건

문서, 도화, 필름 기타 물건을 반포, 판매 또는 임대하거나 공연히 전시 또는 상영한다는 점에 대한 인식과 문서의 음란성에 대한 인식이 있을 것

Ⅱ. 범죄사실기재 및 신문사항

[기재례1] 판매목적 음화 소지

1) 범죄사실 기재례

피의자는 20○○. ○. ○. 11:00경 ○○에 있는 피의자 경영의 서적판매점 '○○'에서 별지 기재 내용과 같은 사진이 수록된 음란한 문서인 '○○' 10권을 판매할 목적으로 소지하였다.

2) 적용법조 : 제243조(음화전시)… 공소시효 5년

[기재례2] 차량에서 음란 사진 판매

1) 범죄사실 기재례

피의자는 20○○. ○. ○. ○○:○○경 ○○○ 도로변 피의자 소유 ○○○봉고차에서 남녀의 성교장면을 노골적으로 촬영한 "제비와 꽃뱀의 하루"라는 제목을 붙인 수첩형의 음란한 사진 20매를 ○○만 원에 판매하였다.

2) 적용법조 : 제243조(음화전시)… 공소시효 5년

3) 신문사항

– 음화를 판매한 일이 있는가
– 언제부터 언제까지 어디에서 판매하였는가
– 어떤 음화를 어떤 조건으로 판매하였는가
– 누구를 상대로 판매하였는가
– 지금까지 어느 정도 판매하였는가
  이때 판매 현장에서 압수한 증거물을 보여주며
– 판매목적으로 전시하였던 음화가 맞는가

- 이런 음화는 언제 어디에서 구입하였나(구입처 추적)
- 피의자는 이런 음화를 어떻게 생각하는가

[기재례3] 성인용품점에서 음란물건 전시

1) 범죄사실 기재례

피의자는 20○○. ○. ○.부터 20○○. ○. ○.경까지 ○○에서 '○○성인용품점'을 운영하면서 그가 경영하는 위 성인용품점 매장에 '사람의 피부에 가까운 느낌을 주는 실리콘을 재질로 사용하여 여성의 음부, 항문, 음모, 허벅지 부위를 실제와 거의 동일한 모습으로 재현하는 한편, 음부 부위는 붉은 색으로, 음모 부위는 검은 색으로 채색하는 등 그 형상 및 색상 등에 있어서 여성의 외음부를 그대로 옮겨놓은 남성용 자위기구'인 일명 '체이시'라는 음란한 물건을 공연히 전시하였다.

2) 적용법조 : 제243조(음란물건전시)… 공소시효 5년

3) 신문사항
- 성인용품점을 하고 있는가
- 언제부터 어디에서 하고 있는가
- 어떤 물건을 취급하고 있는가
- 남성용 자위기구인 체이시를 판매하기 위해 전시한 일이 있는가
- 매장 어디에 전시하였는가
- 매장을 찾는 사람 누구나 이를 볼 수 있는가
- 그럼 공연히 전시하였다는 것인가
- 이 물건은 어떻게 생긴 것인가
- 누구를 상대로 판매하는가
- 어떤 용도와 방법으로 사용하는가
- 여성의 외음부와 똑 같다고 생각하지 않는가
- 그럼 음란물이 아닌가
- 이 물건은 언제 어디에서 누구로부터 구입하였는가
- 어느 정도 구입하였으며 얼마나 판매하였나
- 누구를 상대로 판매하였는가
- 지금까지 어느 정도 판매하였는가
  이때 판매 현장에서 압수한 증거물을 보여주며
- 판매목적으로 전시하였던 물건이 맞는가
- 피의자는 이런 음란물건을 어떻게 생각하는가

제3절 음화제조 등

> 제244조(음화제조 등) 제243조의 행위에 공할 목적으로 음란한 물건을 제조, 소지, 수입 또는 수출한 자는 1년 이하의 징역 또는 500만원 이하의 벌금에 처한다.

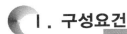

I. 구성요건

1. 객 체

음란한 물건

- 본죄의 음란한 물건이란 제243조의 물건보다 넓은 개념으로서 문서·도화까지 포함한 개념이다.

2. 행 위

제조, 소지, 수입 또는 수출하는 것

3. 주관적 구성요건

고의와 음화판매등죄를 범할 목적이 있을 것

■ 판례 ■ **형법 제243조 및 제244조 소정의 '음란'의 의미 및 그 판단 기준**

형법 제243조 및 제244조에서 말하는 '음란'이라 함은 정상적인 성적 수치심과 선량한 성적 도의관념을 현저히 침해하기에 적합한 것을 가리킨다 할 것이고, 이를 판단함에 있어서는 그 시대의 건전한 사회통념에 따라 객관적으로 판단하되 그 사회의 평균인의 입장에서 문서 전체를 대상으로 하여 규범적으로 평가하여야 할 것이며, 문학성 내지 예술성과 음란성은 차원을 달리하는 관념이므로 어느 문학작품이나 예술작품에 문학성 내지 예술성이 있다고 하여 그 작품의 음란성이 당연히 부정되는 것은 아니라 할 것이고, 다만 그 작품의 문학적·예술적 가치, 주제와 성적 표현의 관련성 정도 등에 따라서는 그 음란성이 완화되어 결국은 형법이 처벌대상으로 삼을 수 없게 되는 경우가 있을 수 있을 뿐이다. (대법원 2000. 10. 27., 선고, 98도679, 판결)

Ⅱ. 범죄사실기재 및 신문사항

1) 범죄사실 기재례 - [판매할 목적으로 남성용 자위기구 제조]

피의자는 ○○에서 ○○부부 용품제조라는 성인용품을 제조하는 사람으로서 판매할 목적으로, 20○○. ○. ○.부터 20○○. ○. ○.경까지 그가 경영하는 위 공장에서 '사람의 피부에 가까운 느낌을 주는 실리콘을 재질로 사용하여 여성의 음부, 항문, 음모, 허벅지 부위를 실제와 거의 동일한 모습으로 재현하는 한편, 음부 부위는 붉은색으로, 음모 부위는 검은색으로 채색하는 등 그 형상 및 색상 등에 있어서 여성의 외음부를 그대로 옮겨놓은 남성용 자위기구'인 일명 '체이시'라는 음란한 물건을 제조하였다.

2) 적용법조 : 제244조… 공소시효 5년

3) 신문사항

- 음화를 제조한 일이 있는가
- 언제부터 어디에서 만들었는가
- 어떤 음화를 만들었는가
- 무엇 때문에 만들었는가(제243조의 행위에 공할 목적이 있어야 한다)
- 어떤 방법으로 만들었는가
- 지금까지 어느 정도 만들었는가
- 이렇게 만든 음화는 누구에게 어떤 방법으로 제공하였는가
- 어떻게 홍길동에게 제공하게 되었는가

제4절 공연음란

제245조(공연음란) 공연히 음란한 행위를 한 자는 1년 이하의 징역, 500만원 이하의 벌금, 구류 또는 과료에 처한다.

 ## Ⅰ. 구성요건

1. 행위 상황

공연성이 있을 것

○ 공연성이란 불특정 또는 다수인이 인식할 수 있는 상태를 의미하나, 불특정 또는 다수인이 음란행위가 행해지는 장소에 있을 필요는 없다.

○ 거리에서 행한 음란행위도 숨어서 한 경우, 내부간에 결합된 수인간의 음란행위는 공연성이 없어 본죄를 구성하지 아니한다.

2. 행 위

음란한 행위를 하는 것

○ 음란한 행위란 성욕을 자극·흥분시키는 행위로서 사회의 건전한 성도덕에 반하고 공중에게 심한 성적 불쾌감을 주는 행위를 의미한다.

○ 음란행위는 성행위일 것을 요하나 반드시 성교행위를 말하는 것은 아니다.

음란행위에 해당하는 것	음란행위에 해당하지 아니하는 것
(1) 남녀간의 성행위 (2) 동성간 성행위 (3) 남성이나 여성 단독의 자위적 성행위	(1) 음담, 키스나 유방을 노출하는 것 (2) 목욕을 하는 것 (3) 소변을 보는 것 (4) 단순히 나체를 보이는 것

■ 판례 ■ **형법 제245조 공연음란죄에서의 '음란한 행위'의 의미**

[1] 사실관계

요구르트 제품의 홍보를 위하여 전라의 여성 누드모델들이 일반 관람객과 기자 등 수십명이 있는 자리에서, 알몸에 밀가루를 바르고 무대에 나와 분무기로 요구르트를 몸에 뿌려 밀가루를 벗겨내는 방법으로 알몸을 완전히 드러낸 채 음부 및 유방 등이 노출된 상태에서 무대를 돌며 관람객들을 향하여 요구르트를 던졌다.

[2] 판결요지

가. 형법 제245조 공연음란죄에서의 '음란한 행위'의 의미
형법 제245조 소정의 '음란한 행위'라 함은 일반 보통인의 성욕을 자극하여 성적 흥분을 유발하

고 정상적인 성적 수치심을 해하여 성적 도의관념에 반하는 행위를 가리키는 것이고, 그 행위가 반드시 성행위를 묘사하거나 성적인 의도를 표출할 것을 요하는 것은 아니다.

나. 공연음란죄의 성립여부(적극)

요구르트 제품의 홍보를 위하여 전라의 여성 누드모델들이 일반 관람객과 기자 등 수십명이 있는 자리에서, 알몸에 밀가루를 바르고 무대에 나와 분무기로 요구르트를 몸에 뿌려 밀가루를 벗겨내는 방법으로 알몸을 완전히 드러낸 채 음부 및 유방 등이 노출된 상태에서 무대를 돌며 관람객들을 향하여 요구르트를 던진 행위가 공연음란죄에 해당한다(대법원 2006.1.13. 선고 2005도1264 판결).

■ 판례 ■ **신체의 노출행위가 단순히 다른 사람에게 부끄러운 느낌이나 불쾌감을 주는 정도에 불과하다고 인정되는 경우, 형법 제245조 소정의 음란행위에 해당하는지 여부(소극)**

[1] 사실관계

甲은 A가 경영하는 상점내에서, 자신의 동서인 乙이 위 상점 앞에 주차한 차량으로 인하여 A와 말다툼하였을 때, A가 자신에게 "술을 먹었으면 입으로 먹었지 똥구멍으로 먹었나"라며 말하였다는 이유로, 다시 위 상점으로 찾아가 가게를 보고 있던 A의 딸인 B(여, 23세)에게 소리지르면서, 그녀 앞에서 바지와 팬티를 무릎까지 내린 후 엉덩이를 들이밀며 "내 항문에 술을 부어라"라고 말하자, B는 울음을 떠트리며 고개를 돌려 성기를 보지는 못하였다.

[2] 판결요지

가. 음란행위의 개념

형법 제245조 소정의 '음란한 행위'라 함은 일반 보통인의 성욕을 자극하여 성적 흥분을 유발하고 정상적인 성적 수치심을 해하여 성적 도의관념에 반하는 것을 가리킨다.

나. 목적의 필요여부

위 죄는 주관적으로 성욕의 흥분, 만족 등의 성적인 목적이 있어야 성립하는 것은 아니고 그 행위의 음란성에 대한 의미의 인식이 있으면 족하다.

다. 甲의 죄책

경범죄처벌법 제1조 제41호가 '여러 사람의 눈에 뜨이는 곳에서 함부로 알몸을 지나치게 내놓거나 속까지 들여다보이는 옷을 입거나 또는 가려야 할 곳을 내어 놓아 다른 사람에게 부끄러운 느낌이나 불쾌감을 준 사람'을 처벌하도록 규정하고 있는 점 등에 비추어 볼 때, 신체의 노출행위가 있었다고 하더라도 그 일시와 장소, 노출 부위, 노출 방법·정도, 노출 동기·경위 등 구체적 사정에 비추어, 그것이 일반 보통인의 성욕을 자극하여 성적 흥분을 유발하고 정상적인 성적 수치심을 해하는 것이 아니라 단순히 다른 사람에게 부끄러운 느낌이나 불쾌감을 주는 정도에 불과하다고 인정되는 경우 그와 같은 행위는 경범죄처벌법 제1조 제41호에 해당할지언정, 형법 제245조의 음란행위에 해당한다고 할 수 없다(대법원 2004.3.12. 선고 2003도6514 판결).

■ 판례 ■ **연극공연행위의 음란성 유무가 행위자의 주관적 의사에 따라 좌우되는지 여부(소극)**

[1] 사실관계

'미란다'라는 연극공연에서 甲은 옷을 모두 벗은 채 팬티만 걸친 상태로 침대 위에 누워 있고, 여주인공인 乙은 뒤로 돌아선 자세로 입고 있던 가운을 벗고 관객들에게 온몸이 노출되는 완전나체 상태로 침대위의 甲에게 다가가서 끌어안고 서로 격렬하게 뒹구는 등 그녀가 甲을 유혹하여 성교를 갈구하는 장면을 연기하고, 마지막 부분에 이르러 甲이 乙이 입고 있던 옷을 모두 벗기고 관객들에게 정면으로 그녀의 전신 및 음부까지 노출된 완전나체의 상태로 만든 다음, 그녀의 양손을 끈으로 묶어 창틀에 매달아 놓고 자신은 그 나신을 유심히 내려다보면서 자위행위를 하는 장면을 연기하였다.

[2] 판결요지(연극공연행위의 음란성 판단 기준)

형법 제245조의 공연음란죄에 규정한 음란한 행위라 함은 일반 보통인의 성욕을 자극하여 성적 흥분을 유발하고 정상적인 성적 수치심을 해하여 성적 도의관념에 반하는 것을 가리키는바, 연극공연행위의 음란성의 판단에 있어서는 당해 공연행위의 성에 관한 노골적이고 상세한 묘사·서술의 정도와 그 수법, 묘사·서술이 행위 전체에서 차지하는 비중, 공연행위에 표현된 사상 등과 묘사·서술과의 관련성, 연극작품의 구성이나 전개 또는 예술성·사상성 등에 의한 성적 자극의 완화의 정도, 이들의 관점으로부터 당해 공연행위를 전체로서 보았을 때 주로 관람객들의 호색적 흥미를 돋구는 것으로 인정되느냐 여부 등의 여러 점을 검토하는 것이 필요하고, 이들의 사정을 종합하여 그 시대의 건전한 사회통념에 비추어 그것이 공연히 성욕을 흥분 또는 자극시키고 또한 보통인의 정상적인 성적 수치심을 해하고, 선량한 성적 도의관념에 반하는 것이라고 할 수 있는가 여부에 따라 결정되어야 한다.(대법원 1996. 6. 11., 선고, 96도980, 판결)

■ 판례 ■ **성기·엉덩이 등 신체의 주요한 부위를 노출한 행위가 경범죄 처벌법 제3조 제1항 제33호에 해당하는지 또는 형법 제245조의 '음란한 행위'에 해당하는지 판단하는 기준**

경범죄 처벌법 제3조 제1항 제33호가 '공개된 장소에서 공공연하게 성기·엉덩이 등 신체의 주요한 부위를 노출하여 다른 사람에게 부끄러운 느낌이나 불쾌감을 준 사람'을 처벌하도록 규정하고 있는 점 등에 비추어 볼 때, 성기·엉덩이 등 신체의 주요한 부위를 노출한 행위가 있었을 경우 그 일시와 장소, 노출 부위, 노출 방법·정도, 노출 동기·경위 등 구체적 사정에 비추어, 그것이 단순히 다른 사람에게 부끄러운 느낌이나 불쾌감을 주는 정도에 불과하다면 경범죄 처벌법 제3조 제1항 제33호에 해당할 뿐이지만, 그와 같은 정도가 아니라 일반 보통인의 성욕을 자극하여 성적 흥분을 유발하고 정상적인 성적 수치심을 해하는 것이라면 형법 제245조의 '음란한 행위'에 해당한다고 할 수 있다. (대법원 2020. 1. 16., 선고, 2019도14056, 판결)

3. 주관적 구성요건

공연히 음란한 행위를 한다는 고의가 있어야 한다. 따라서 공연성에 대한 인식이 없는 경우에는 음란행위에 대한 고의가 있어도 본죄는 성립하지 아니한다.

■ 판례 ■ **고속도로에서 경찰관에 대항하여 공중 앞에서 알몸이 되어 성기를 노출한 경우, 음란한 행위라는 인식이 있는지 여부(적극)**

[1] 사실관계

甲은 중부고속도로로 승용차를 운전하여 가던 중 앞서가던 A녀 운전의 승용차가 진로를 비켜주지 않는다는 이유로 그 차를 추월하여 정차하게 한 다음, 승용차를 손괴하고 그 안에 타고 있던 B를 때려 상해를 가하는 등의 행패를 부리다가 신고를 받고 출동한 경찰관이 이를 제지하려고 하자, 시위조로 주위에 운전자 등 사람이 많이 있는 가운데 옷을 모두 벗어 알몸의 상태로 바닥에 드러눕거나 돌아다녔다.

[2] 판결요지

가. 공연음란죄의 음란한 행위의 의미 및 그 주관적 요건

형법 제245조 소정의 '음란한 행위'라 함은 일반 보통인의 성욕을 자극하여 성적 흥분을 유발하고 정상적인 성적 수치심을 해하여 성적 도의관념에 반하는 것을 가리킨다고 할 것이고, 위 죄는 주관적으로 성욕의 흥분 또는 만족 등의 성적인 목적이 있어야 성립하는 것은 아니지만 그 행위의 음란성에 대한 의미의 인식이 있으면 족하다.

나. 甲의 죄책

고속도로에서 승용차를 손괴하거나 타인에게 상해를 가하는 등의 행패를 부리던 자가 이를 제지하려는 경찰관에 대항하여 공중 앞에서 알몸이 되어 성기를 노출한 경우, 음란한 행위에 해당하고 그 인식도 있었다고 보아야 할 것이다(대법원 2000.12.22. 선고 2000도4372 판결).

4. 죄 수

음란행위의 수를 기준으로 판단한다. 다만 1회의 출연 중에 수회의 음란행위를 한 경우에는 포괄일죄가 된다.

● Ⅱ. 범죄사실기재 및 신문사항

[기재례1] 음악 홀에서 스트립 댄스

1) 범죄사실 기재례

피의자는 20○○. ○. ○. ○○:○○경 ○○에 있는 홍길동이 경영하는 ○○음악 홀에서 ○○등 손님 30여 명의 손님 앞에서 허리 부분에는 빨간색 스카프 1장을 감고 왼쪽 가슴에 유방을 가리는 망사헝겊 1장만을 걸쳤을 뿐 벌거벗은 몸을 흔들며 재즈곡에 맞추어 소위 "스트립 댄스"를 추던 중 그 가슴에 붙어있던 헝겊마저 떼어버린 다음 이어서 허리에 감은 스카프를 벗어 던짐으로써 완전히 나체가 되어 음부를 내놓은 채 계속하여 약 5분간 그 춤을 추어 공연히 음란한 행위를 하였다.

2) 적용법조 : 제245조… 공소시효 5년

3) 신문사항

- ○○음악홀 직원인가
- 언제부터 이 음악홀에서 일을 하였는가
- 주로 어떤 일을 하고 있는가

- 위 음악홀에서 스트립 댄스를 춘 일이 있는가
- 언제부터 추었는가
- 어떤 방법으로 추는가
- 처음 시작할 때의 의상과 끝날 때의 의상은
- 누구를 상대로 이러한 춤을 추는가
- 그럼 끝 부분에서는 완전 나체가 된다는 것인가
- 몇 분정도 이런 상태로 춤을 추는가
- 이런 행위가 음란행위라 생각하지 않는가
- 무엇 때문에 이런 춤을 추는가
- 이런 춤은 누구의 지시에 따라 한 것인가
- 피의자의 이런 음란행위를 어떻게 생각하는가
- 이런 행위를 하고 피의자는 음악홀로부터 어떤 조건을 제시 받았는가

[기재례2] 고속도로에서 알몸으로 돌아다닌 경우

1) 범죄사실 기재례

피의자는 20○○. ○. ○. 중부고속도로로 승용차를 운전하여 가던 중 앞서가던 A녀 운전의 승용차가 진로를 비켜주지 않는다는 이유로 그 차를 추월하여 정차하게 한 다음, 승용차를 손괴하고 그 안에 타고 있던 B를 때려 상해를 가하는 등의 행패를 부리다가 신고를 받고 출동한 ○○지구대 소속 경감 이영민이 이를 제지하려고 하자, 시위조로 주위에 운전자 등 사람이 많이 있는 가운데 옷을 모두 벗어 알몸의 상태로 돌아다녀 약 10분간 공연히 음란한 행위를 하였다.

2) 적용법조 : 제245조… 공소시효 5년

[기재례3] 요구르트 나체 광고사건

1) 범죄사실 기재례

피의자는 20○○. ○. ○. ○○에 있는 전시장에서 일반 관람객과 기자 등 수십 명이 있는 자리에서, 회사에서 생산한 요구르트 제품의 홍보를 위하여 알몸에 밀가루를 바르고 무대에 나와 들고 있던 분무기로 요구르트를 몸에 뿌려 밀가루를 벗겨내는 방법으로 알몸을 완전히 드러낸 채 음부와 유방 등이 노출된 상태에서 무대를 돌며 관람객들을 향하여 요구르트를 던져 약 20분간 공연히 음란한 행위를 하였다.

2) 적용법조 : 제245조… 공소시효 5년

3) 신문사항

- ○○회사 직원인가
- 위 회사 제품 홍보활동을 한 일이 있는가
- 언제 어디에서 홍보를 하였는가
- 어떤 홍보를 하였나
- 이런 분장은 누구의 지시에 따라 한 것인가
- 홍보과정에서 왜 알몸을 들어냈는가
- 이런 음란행위를 어느 정도 하였는가
- 그 당시 그곳에 참여한 사람은 누구이며 몇 명 정도였는가
- 누가 그 관람객들에게 연락하였나
- 피의자의 이런 음란행위를 어떻게 생각하는가
- 회사의 지시라고 하지만 꼭 이런 행위를 했어야 하였는가
- 이런 행위를 하고 피의자는 회사로부터 어떤 조건을 제시 받았는가

[기재례4] 골목길에서 성기 자위행위

1) 범죄사실 기재례

피의자는 20○○. ○. ○. 16:00경 ○○에 있는 ○○식당 옆 골목길에서 홍길녀(여, 13세) 혼자 걸어오는 것을 발견하고 바지 지퍼 사이로 성기를 꺼내 손으로 흔들며 자위행위를 하여 공연히 음란한 행위를 하였다.

2) 적용법조 : 제245조… 공소시효 5년

3) 신문사항
- ○○에 있는 골목길을 간 일이 있는가
- 그곳은 무엇 때문에 갔는가
- 그곳에서 자위행위를 한 일이 있는가
- 그때가 언제쯤인가
- 어떻게 자위행위를 하였나
- 그곳에 누가 있었는가
- 왜 그곳에서 자위행위를 하였는가
- 왜 이런 행위를 하였나

[기재례5] 여자아이 앞에서 소변을 보는 등 음란행위

1) 범죄사실 기재례

피의자는 20○○. ○. ○. 16:00경 ○○에 있는 '○○식당' 앞 노상에서 10,000원권 1장을 바닥에 떨어뜨린 후 가족들 3명과 함께 지나가던 어린 여자아이 甲(5세)에게 "돈을 주워라"라고 한 다음 위 가족들이 보는 앞에서 성기를 꺼내 소변을 배설하여 공연히 음란한 행위를 하였다.

2) 적용법조 : 제245조… 공소시효 5년

[기재례6] 고속버스 내에서 성기노출행위

1) 범죄사실 기재례

피의자는 20○○. ○. ○. 16:00경 (고속버스 번호) ○○고속버스(서울에서 ○○방면) 뒷좌석에 앉아 피의자의 바로 앞 좌석에 여성 승객들을 포함한 20여 명이 탑승하고 있었음에도 약 10분간 피의자의 성기를 바지 지퍼 밖을 꺼내어 만지는 등 공연히 음란행위를 하였다.

2) 적용법조 : 제245조… 공소시효 5년

[기재례7] 편의점 안에서 성기노출행위

1) 범죄사실 기재례

피의자는 20○○. ○. ○. 18:00경 ○○에 있는 ○○편의점 내에서 콘돔을 사면서 아르바이트 중인 피해자가 보는 곳에서 자신의 성기를 들어내 잡고 흔들어 그녀로 하여금 성적 수치심을 유발하게 하였다.
이로써 피고인은 불특정 다수인의 출입이 자유로운 영업점에서 공연히 음란 행위를하였다

2) 적용법조 : 제245조… 공소시효 5년

제23장 도박과 복표에 관한 죄
(제246~249조)

제1절 도 박

> 제246조(도박, 상습도박) ① 도박을 한 사람은 1천만원 이하의 벌금에 처한다. 다만 일시 오락정도에 불과한 경우에는 예외로 한다.

 I. 구성요건

1. 주 체

제한이 없음. 다만 도박의 성질상 2인 이상의 참여를 요하므로 필요적 공범

2. 행 위

도박하는 것

(1) 재물이나 재산상 이익

○ 개정전(2013.4.4.)에는 객체에 "재산상 이익"도 포함되는 것으로 해석상 인정하였으나 그 객체를 "재물"로 한정하여 규정하고 있었다. 그러나 개정법에서는 "재물" 뿐만 아니라 "재산상 이익"도 포함됨을 명확하게 하기 위하여 구성요건 중 "재물로써" 부분을 삭제하였다.

○ 도박현장에 재물이 있을 필요는 없으며, 승자에게 일정한 재물이나 재산상 이익을 주기로 약속하는 외상도박이나 빚 도박도 가능하다.

(2) 도 박

재물이나 재산상 이익을 걸고 우연에 의하여 득실을 결정하는 것

○ 사기도박(편면적 도박)은 우연성이 없으므로 도박죄는 성립하지 않고, 기망행위를 한 사람만 사기죄로 처벌된다.

■ 판례 ■ **피고인 등이 사기도박에 필요한 준비를 갖추고 그 실행에 착수한 후에 사기도박을 숨기기 위하여 얼마간 정상적인 도박을 한 경우**

[1] 이른바 '사기도박'의 경우 사기죄 외에 도박죄가 별도로 성립하는지 여부(소극)

도박이란 2인 이상의 자가 상호간에 재물을 도(賭)하여 우연한 승패에 의하여 그 재물의 득실을 결정하는 것이므로, 이른바 사기도박과 같이 도박당사자의 일방이 사기의 수단으로써 승패의 수를 지배하는 경우에는 도박에서의 우연성이 결여되어 사기죄만 성립하고 도박죄는 성립하지 아니한다.

[2] 사기도박에서 실행의 착수시기(=사기도박을 위한 기망행위를 개시한 때)

사기죄는 편취의 의사로 기망행위를 개시한 때에 실행에 착수한 것으로 보아야 하므로, 사기도박에서도 사기적인 방법으로 도금을 편취하려고 하는 자가 상대방에게 도박에 참가할 것을 권유하는 등 기망행위를 개시한 때에 실행의 착수가 있는 것으로 보아야 한다.

[3] 사기죄 외에 도박죄가 성립하는지 여부

피고인 등이 사기도박에 필요한 준비를 갖추고 그러한 의도로 피해자들에게 도박에 참가하도록 권유한 때 또는 늦어도 그 정을 알지 못하는 피해자들이 도박에 참가한 때에는 이미 사기죄의 실행에 착수하였다고 할 것이므로, 피고인 등이 그 후에 사기도박을 숨기기 위하여 얼마간 정상적인 도박을 하였더라도 이는 사기죄의 실행행위에 포함되는 것이어서 피고인에 대하여는 피해자들에 대한 사기죄만이 성립하고 도박죄는 따로 성립하지 아니한다(대법원 2011.1.13. 선고 2010도9330 판결).

▪ 판례 ▪ **甲 등이 각자 핸디캡을 정하고 홀마다 또는 9홀마다 별도의 돈을 걸고 총 26 내지 32회에 걸쳐 내기 골프를 한 경우**

개인의 골프 핸디캡은 이를 객관적으로 계량화하여 산정하기가 매우 어렵고 실제 당사자들이 생각하는 자신의 핸디캡은 개인의 주관적인 평가에 상당히 영향을 받는 것인 점, 내기 골프에서의 핸디캡의 조정이나 내기 바둑의 치수 조정 등과 같이 도박의 조건을 설정하는 당사자 사이의 조치는 당사자들의 객관적인 기량차이뿐만 아니라 서로 승산이 높게 도박을 하려는 자연스런 시도가 반영된 일종의 흥정의 결과이기도 하므로 이를 함부로 기망행위로 보기 어려워 사기도박을 하였다고 보기 어려워 도박죄가 성립한다(대법원 2008.10.23. 선고 2006도736 판결).

(3) 기 수

도박행위에 착수한 때(例, 화투나 카드를 배부 한 때)에 기수가 된다.

3. 위법성

(1) 일시 오락에 해당하는 경우

일시오락정도에 불과한 때에는 위법성이 조각된다(제246조 제1항 단서).

▪ 판례 ▪ **술내기 고스톱을 친 경우, 일시 오락에 해당하는지 여부**

[1] 사실관계

甲은 건물에 세들어 살면서 공무원시험준비를 하고 있는 자로서 평소에 한 건물에서 세들어 사는 관계로 얼굴을 알고 지내는 乙, 丙, 丁 등과 함께 서로의 친교를 두텁게 하기 위해 낮 3시경부터 7시경까지 1점당 100원을 걸고 술내기 고스톱을 친 후 화투놀이에 참가한 사람이 모두 부근 포장마차에서 판돈과 추렴한 돈 10,000원 상당의 술을 마셨다.

[2] 판결요지

가. 도박죄에 있어서 일시오락의 정도인지 여부의 판단자료

도박죄에 있어서의 위법성의 한계는 도박의 시간과 장소, 도박자의 사회적 지위 및 재산정도, 재물의 근소성, 그 밖에 도박에 이르게 된 경위 등 모든 사정을 참조하여 구체적으로 판단하여야 할 것이다.

나. 甲 등의 죄책

위 사실관계 아래에서라면 피고인의 도박행위는 위법성의 한계인 일시 오락의 정도에 그친다고 판단되는 바 도박죄에 해당하지 않는다(대법원 1985.11.12. 선고 85도2096 판결).

■ 판례 ■ **甲이 그가 운영하는 여관 카운터에서 같은 동네에 거주하는 친구들과 함께 저녁을 시켜 먹은 후 그 저녁값을 마련하기 위하여 속칭 '훌라'라는 도박을 하다가 적발된 경우**

[1] 풍속영업자가 풍속영업소에서 일시 오락 정도에 불과한 도박을 하게 한 경우, 풍속영업의규제에관한법률 제3조 제3호 위반죄로 처벌할 수 있는지 여부(소극)

풍속영업자가 풍속영업소에서 도박을 하게 한 때에는 그것이 일시 오락 정도에 불과하여 형법상 도박죄로 처벌할 수 없는 경우에도 풍속영업자의 준수사항 위반을 처벌하는 풍속영업의규제에관한법률 제10조 제1항, 제3조 제3호의 구성요건 해당성이 있다고 할 것이나, 어떤 행위가 법규정의 문언상 일단 범죄 구성요건에 해당된다고 보이는 경우에도, 그것이 정상적인 생활형태의 하나로서 역사적으로 생성된 사회생활 질서의 범위 안에 있는 것이라고 생각되는 경우에는 사회상규에 위배되지 아니하는 행위로서 그 위법성이 조각되어 처벌할 수 없다.

[2] 甲의 죄책

풍속영업자가 자신이 운영하는 여관에서 친구들과 일시 오락 정도에 불과한 도박을 한 경우, 형법상 도박죄는 성립하지 아니하고 풍속영업의규제에관한법률 위반죄의 구성요건에는 해당하나 사회상규에 위배되지 않는 행위로서 위법성이 조각된다(대법원 2004.4.9. 선고 2003도6351 판결).

(2) 사회상규에 반하지 않는 경우

도박죄에 해당한다고 하더라도 그것이 정상적인 생활형태의 하나로서 역사적으로 생성된 사회생활 질서의 범위 안에 있는 것이라고 생각되는 경우에는 사회상규에 위배되지 아니하는 행위로서 위법성이 조각된다.

■ 판례사례 ■ **[일시적 오락 또는 사회상규에 반하지 않는 행위로 위법성이 조각되는 사례]**

(1) 약3000원 상당의 음식내기 화투놀이를 한 경우(대법원 1984.4.10. 선고 84도194 판결)
(2) 생선회 3인분과 소주 2병 등 음식값을 마련하기 위한 도박을 한 경우(대법원 1983.5.10. 선고 83도68 판결)
(3) 패자가 승자에게 200원씩을 주기로 하고 점심 및 술내기로 육백을 친 경우(대법원 1983.3.22. 선고 82도2151 판결)
(4) 각자 1,000원 내지 7,000원을 판돈으로 내놓고 한 점에 100원짜리 속칭 "고스톱"을 한 경우(대법원 1990.2.9. 선고 89도1992 판결)

(3) 외국에서의 도박

■ 판례 ■ **도박죄를 처벌하지 않는 외국 카지노에서의 도박행위의 위법성 여부(적극)**

형법 제3조는 "본법은 대한민국 영역 외에서 죄를 범한 내국인에게 적용한다."고 하여 형법의 적용 범위에 관한 속인주의를 규정하고 있고, 또한 국가 정책적 견지에서 도박죄의 보호법익보다 좀더 높은 국가이익을 위하여 예외적으로 내국인의 출입을 허용하는 폐광지역개발지원에관한특별법 등에 따라 카지노에 출입하는 것은 법령에 의한 행위로 위법성이 조각된다고 할 것이나, 도박죄를 처벌하지 않는 외국 카지노에서의 도박이라는 사정만으로 그 위법성이 조각된다고 할 수 없다(대법원 2004.4.23. 선고 2002도2518 판결).

4. 사기도박

■ 판례 ■ **사기도박과 도박죄 성립여부 및 실행의 착수시기**

[1] 이른바 '사기도박'의 경우 사기죄 외에 도박죄가 별도로 성립하는지 여부(소극)

도박이란 2인 이상의 자가 상호간에 재물을 도(賭)하여 우연한 승패에 의하여 그 재물의 득실을 결정하는 것이므로, 이른바 사기도박과 같이 도박당사자의 일방이 사기의 수단으로써 승패의 수를 지배하는 경우에는 도박에서의 우연성이 결여되어 사기죄만 성립하고 도박죄는 성립하지 아니한다.

[2] 사기도박에서 실행의 착수시기(=사기도박을 위한 기망행위를 개시한 때)

사기죄는 편취의 의사로 기망행위를 개시한 때에 실행에 착수한 것으로 보아야 하므로, 사기도박에서도 사기적인 방법으로 도금을 편취하려고 하는 자가 상대방에게 도박에 참가할 것을 권유하는 등 기망행위를 개시한 때에 실행의 착수가 있는 것으로 보아야 한다.

[3] 피고인 등이 사기도박에 필요한 준비를 갖추고 그 실행에 착수한 후에 사기도박을 숨기기 위하여 얼마간 정상적인 도박을 하였더라도 이는 사기죄의 실행행위에 포함되는 것이어서, 피고인에 대하여는 피해자들에 대한 사기죄만이 성립하고 도박죄는 따로 성립하지 아니한다고 한 사례

피고인 등이 사기도박에 필요한 준비를 갖추고 그러한 의도로 피해자들에게 도박에 참가하도록 권유한 때 또는 늦어도 그 정을 알지 못하는 피해자들이 도박에 참가한 때에는 이미 사기죄의 실행에 착수하였다고 할 것이므로, 피고인 등이 그 후에 사기도박을 숨기기 위하여 얼마간 정상적인 도박을 하였더라도 이는 사기죄의 실행행위에 포함되는 것이어서 피고인에 대하여는 피해자들에 대한 사기죄만이 성립하고 도박죄는 따로 성립하지 아니한다.

[4] 피고인 등이 피해자들을 유인하여 사기도박으로 도금을 편취한 행위는 사회관념상 1개의 행위로 평가함이 상당하므로, 피해자들에 대한 각 사기죄는 상상적 경합의 관계에 있다고 한 사례

피고인 등이 피해자들을 유인하여 사기도박으로 도금을 편취한 행위는 사회관념상 1개의 행위로 평가하는 것이 타당하므로, 피해자들에 대한 각 사기죄는 상상적 경합의 관계에 있다고 보아야 함에도, 위 각 죄가 실체적 경합의 관계에 있는 것으로 보고 경합범 가중을 한 원심판결에 사기죄의 죄수에 관한 법리오해의 위법이 있다(대법원 2011.1.13. 선고, 2010도9330 판결).

● II. 범죄사실기재

1. 단순 도박

1) 범죄사실 기재례

[기재례1] 화투

> 피의자들은 20○○. ○. ○.14:00경부터 그다음 날 00:00경까지 ○○에 있는 ○○여관 203호실에서 화투 49장을 사용하여 3점을 먼저 내는 사람이 이기고, 진 사람은 이긴 사람에게 3점에 30,000원, 1점 추가 시마다 10,000원씩을 가산하여 지급하는 방법으로 약 ○○회 걸쳐

판돈 ○○만원 정도의 속칭 '고스톱'이라는 도박을 함께 하였다.

[기재례2] 장비를 이용한 사기도박

피의자 3은 20○○.○.○.경 ○○에서 피의자 1을 만나 사기도박을 할 수 있도록 도와 달라고 부탁하고, 피의자 1이 사기도박에 필요한 장비 등을 가지고 있는 피의자2에게 사기도박을 할 수 있도록 장비를 설치하여 달라고 부탁한 뒤, 다음날 오전 피의자3에게 전문가가 오기로 했다고 알려 주어 서로 공모하였다.

그리하여 피의자 1, 2는 20○○.○.○. 16:00경 도박 장소인 ○○모텔 906호실에서, 천장의 화재감지기에 몰래카메라를 설치하고, 위 모텔 맞은편에 있는 △모텔 707호실에 모니터를 설치한 뒤, 피의자 1이 피의자 3, 4에게 연락하여 도박 전에 미리 △모텔 707호실로 오도록 하였다.

이에 피의자 3, 4는 같은 날 20:00경 △모텔에 각각 찾아와, 피의자 3은 피의자 2로부터 수신기를 건네받아 팬티 속에 넣어 테이프로 붙이고, 리시버를 건네받아 귀에 꽂고, 피의자 4는 리시버를 건네받아 귀에 꽂고, 표시된 화투 2목을 가지고 도박 장소인 ○○모텔 906호실로 각각 갔다.

그리하여 피의자 3, 4는 피해자 1, 3, 2와 함께 20○○.○.○. 22:00경부터 다음날 02:10경까지 위 ○○모텔 906호실에서 속칭 '섯다' 도박을 함에 있어, 21:20경부터 22:00경까지 약 40분 동안은 정상적인 도박을 하다가 피의자 4가 22:00경부터 가지고 온 표시가 된 화투를 바꾸어 도박을 시작하면서, 위 △모텔 707호실에 있는 피의자 2는 몰래카메라를 통해 수신된 모니터 화면을 통해 피해자들의 화투패를 보고 피의자 3, 4에게 착용하고 있는 무선 이어폰을 통해 알려주는 방법으로 피해자들이 도박의 승패를 지배함으로써, 이에 속은 피해자들로 하여금 돈을 잃게 하여, 피해자 2로부터 ○○만원, 피해자 3으로부터 ○○만원, 피해자 1로부터 ○○만원을 각각 교부받았다.

[기재례3] 훌라

피의자들은 20○○. ○. ○. 17:00경부터 같은 날 20:00경까지 사이에 ○○에 있는 위 홍길동 경영의 ○○내에서, 한판에 5천원씩을 걸고 50점이 먼저 나는 사람이 5만원을 갖기로 하고 카드 52매를 이용하여 속칭 훌라 도박을 수회 하였다.

[기재례4] 카드

피의자들은 20○○. ○. ○. ○○:○○경부터 다음 날인 ○○:○○경까지 ○○○에 있는 ○○모텔 309호실에서 카드 52매를 사용하여 각 1,000원을 걸고 카드 5매를 분배한 후 카드 1매를 추가할 때마다 판돈의 반을 거는 방식(속칭 "베팅")으로 일명 「쎄븐 카드」라는 도박을 하였다.

[기재례5] 세븐오디

피의자는 20○○. ○. ○. 19:00경부터 23:00경까지 사이에 ○○에 있는 '○○' 의류판매업점 안방에서 A, B, C, D 등과 함께 카드 52장을 사용하여 각 3장을 받아 그중 1장을 바닥에 펴놓고 숫자와 무늬를 비교하여 순위를 정한 뒤 순서대로 카드 1장을 받을 때마다 1회에 10,000원씩을 걸어 최종적으로 각자가 받은 카드를 펼쳐 숫자 및 무늬를 비교하여 정해진 방법에 따라 높은 숫자나 무늬를 가진 사람이 승하게 되는 방법으로 약 40회에 걸쳐 속칭 세븐오디라는 도박을 하였다.

[기재례6] 하이로

피의자들은 20○○. ○. ○. 17:00경부터 같은 날 20:00경까지 ○○에 있는 피의자 A가 경영의 ○○에서 각자 돈을 걸고 카드 52매를 사용하여 약 30회에 걸쳐 속칭 '세븐 하이'라는 도박을 하였다.

[기재례7] 도리짓고땡

피의자는 20○○. ○. ○. 19:00경부터 23:00경까지 사이에 ○○에 있는 '○○' 의류판매점 안방에서 A, B, C, D 등과 함께 화투 20장을 사용하여 기본금 10,000원에 추가로 5,000원씩의 돈을 일정 방법에 따라 걸어 끝수가 높은 사람이 이기는 방법으로 약 20회에 걸쳐 속칭 도리짓고땡이라는 도박을 하였다.

[기재례8] 바둑이

피의자들은 함께, 20○○. ○. ○. 19:00경부터 23:00경까지 ○○에 있는 ○○내에서 카드 52매를 사용하여 각자 카드 4장씩을 분배한 후 1인당 5,000원씩을 걸고 속칭 "바둑이"라는 도박을 하였다.

[기재례9] 세븐 포커

피의자들은 20○○. ○. ○. 19:00경부터 23:00경까지 ○○에서 카드 52매를 사용하여 처음 각자에게 카드 4장을 나누어 주면 필요 없는 1장을 바닥에 내려놓고 3장을 가지고 기본 5,000원을 걸고 시작하여 카드 7장이 될 때까지 1장을 받을 때마다 판돈의 절반을 걸어(일명 하프 배팅) 숫자가 가장 높은 사람이 판돈을 모두 갖는 방법으로 약 30회에 걸쳐 1회 판돈 500,000원 정도의 속칭 '세븐 포카'라는 도박을 하였다.

[기재례10] 골프도박

피의자 甲, 피의자 乙, 피의자 丙, 피의자 丁은, 미리 골프장에서 각자 핸디캡을 정하고, 전·후반 18홀 동안 1타당 일정 금액을 승금으로 거는 속칭 스트로크 방식과 전·후반 최소타로 홀인하는 사람에게 상금을 주는 속칭 계 방식의 내기골프를 하기로 결의하였다.

피의자들은 20○○. 12. 16.경부터 20○○. ○. ○.경까지 사이에 제주도에 있는 ○○골프장 등에서, 피의자 甲은 93타, 乙은 91타, 丙은 85타, 丁은 85타로 각 핸디캡을 정하고, 전반 9홀 게임 중 1타당 50만원, 동점이면 배판으로 1타당 100만원, 후반 9홀 게임 중 1타당 100만원, 동점이면 배판으로 1타당 200만원을 승금으로 승자에게 주고, 전반 9홀 게임 최소타 우승자에게 상금으로 500만원, 후반 9홀 게임 최소타 우승자에게 상금으로 1,000만 원을 주기로 정한 후 위와 같이 속칭 스트로크 방식 및 계 방식에 의한 내기 골프를 하였다.

이로써 피의자 丁이 1억 1,000만원을 패한 것을 비롯하여 별지 범죄일람표 기재와 같이 20○○. 5. 21.경까지 사이에 같은 방법으로 피의자 丙은 총 26회에 걸쳐 합계 6억여원 상당의, 나머지 피의자들은 총 32회에 걸쳐 합계 8억여 원 상당의 골프도박을 하였다.

[기재례11] 사이버 도박

피의자는 20○○. ○. ○. 19:00경부터 23:00경까지 ○○에서 불상자가 개설 운영 중인 도박 사이트(사이트 주소)에 회원가입 후 접속하여 위 도박 사이트에서 사용되는 코인충전을 위하여 피의자의 ○○은행 계좌를 이용하여 별지 범죄일람표 기재와 같이 총 ○○회에 걸쳐 합계 ○○ 만원을 인터넷뱅킹을 이용하여 위 도박 사이트에서 지정한 甲 명의의 ○○은행 계좌로 송금하였다. 피의자는 이후 4, 5명의 접속자가 모여 포커게임을 하여 이기는 자의 코인이 증가하여 그가 나중에 환전할 수 있게 하는 등의 방법으로 도박행위를 하였다.

2) **적용법조** : 제246조 제1항 ⋯ 공소시효 5년

2. 식품접객업자는 영업소 내에서의 도박

1) **범죄사실 기재례 – [음식점에서 도박행위]**

가. 피의자 甲, 피의자 乙, 피의자 丙
피의자들은 20○○. ○. ○. 20:00경부터 같은 날 23:30경까지 ○○에 있는 피의자 丁이 운영하는 ○○식당 내에서 화투 50매를 사용하여 1회에 5,000원씩 돈을 걸고 모두 ○○회에 걸쳐 속칭 '고스톱'이라는 도박을 하였다.
나. 피의자 丁
피의자는 전항의 ○○식당을 운영하는 식품접객영업자로서 식품접객업자는 영업소 내에서 도박 기타 사행 행위나 풍기문란행위를 방지하여야 함에도 불구하고 전항의 피의자들에게 화투와 모포를 제공하여 도박행위를 조장함으로써 식품접객영업자의 준수사항을 위반하고, 위와 같은 도박행위를 방조하였다.

2) **적용법조** : 甲, 乙, 丙 – 제246조 제1항, 丁 – 식품위생법 제97조 제6호, 제44조 제1항, 형법 제246조 제1항, 제32조(방조) ⋯ 공소시효 5년

◐ Ⅲ. 신문사항

1. 일반적 조사사항

가. 범행의 동기

– 왜 도박을 하게 되었는가
– 언제 결의하였는가

나. 범행의 일시

– 도박의 일시 및 피의자의 인식은 확실한가

다. 장소와 도박도구

- 도박장소
  - ○ 어디에 있는 누구의 집인가
  - ○ 누가 장소를 빌었는가
  - ○ 개장과 개평 이외의 계약·약속이 있었는가
- 도박도구

라. 도박의 종류

- 노름이라 함은 도박의 관계자 자신이 일정한 동작을 하여 그 동작의 결과로 승부를 결정하는 것(화투·마작·투전 등)
- 내기라 함은 당사자 이외의 것에 대하여 승부를 결정하는 것(야구·씨름·닭싸움 등의 결과에 의한 내기)

마. 도전·도물의 수수방법

- 도박의 구체적 방법(사기도박 여부 확인)
- 1회의 판돈액수
- 도박의 횟수
- 도박의 시간(몇 시에서 몇 시까지 또는 몇 시간가량)
- 승패의 결과

바. 참고 입증상황

- 도박도구, 판돈 대용물 등
- 범행 당시 각자의 자리, 장내의 상황, 도박 중에 일어난 일
- 상대자(필요적 공범)의 승패, 득실의 상황
- 도박 도전의 소지금
- 개평 뗀 상황(한 판의 개평 액수, 차지하는 자 등)
- 개장행위의 유무
- 도박죄의 전과 기타 상습성의 유무(상습자 여부)

사. 공범자의 유무

- 파수·안내역·신발간수·협력 기타의 방조자 등
- 도박꾼인 때에는 그 계보·무대, 도박장에서의 임무, 개평 수입, 기타 조직관계

아. 사취(詐取)도박

- 구체적 방법
- 도박도구에 조작한 장치, 암호표시의 유무
- 도박도구의 입수방법
- 도박금액과 이득액
- 상습성 또는 숙련도의 정도
- 공범자(바람잡이 · 망보기꾼 등)

2. 신문例

- 다른 사람들과 돈을 걸고 도박을 한 일이 있는가
- 언제 어디에서
- 누구와 어떠한 도박을
- 고스톱이라는 도박은 어떻게 하는 것인가
- 1회의 판돈은 얼마나 되었나
- 어떻게 이러한 도박을 하게 되었나
- 상 피의자 ○○○는 어떻게 참여
- 처음 얼마를 가지고 도박을 시작하였나
- 돈을 얼마나 잃거나 땄나
- 월 수입은 어느 정도인가(오락성 유무를 판단하기 위한 자료)
- 상 피의자들과 전에도 같이 도박을 한 일이 있나

Ⅳ. 도박판에서 쓰이는 용어 및 도박의 종류

1. 도박판에서 쓰이는 용어

- 타짜 : 화투속임수 기술자
- 꽁지 : 사채업자
- 마귀 : 카드 속임수 기술자
- 하우스 : 도박장
- 뽀찌 : 개평
- 놋돈 : 도리짓고땡시 처음 놓은 돈

- **문방** : 문지기
- **장부** : 꽁지꾼의 금전출납부
- **앞전** : 실제로 도박하는 사람
- **뒷전** : 구경하는 사람
- **앞마이** : 일정액의 돈을 놓고 하는 것
- **탄** : 패가 순서대로 나오도록 미리 준비해 둔 화투
- **공장목** : 공장에서 만들 때 화투 뒷면에 패를 구분할 수 있는 표시를 하여 제작된 사기 도박용 화투(일명 책)
- **캉튀기기** : 서로 가진 패를 비밀리에 알려주기
- **오가리** : 화투를 약간 구부려 놓고 패를 구분하는 기술
- **십가리** : 화투장 뒷면에 손톱으로 표시하여 패를 구분하는 기술
- **꽁알기리** : 화투 가운데의 곳곳에서 한 장씩 뽑아 위에 올려놓는 방식의 기리
- **아도** : 도리짓고땡에서 선의 판돈 만큼을 혼자 건다는 뜻
- **도쪼** : 화투를 한 두장 더 가진 뒤, 숨겨놓고 필요시 꺼내 쓰는 기술

2. 화투를 사용한 도박의 종류

가. 고스톱

화투 48매, 서비스 화투 2, 3매를 사용 3~6명이 도박하며 3점 이상이면 고 또는 스톱하는 방식으로 진행되며, 광 3점, 고도리 5점, 홍·청단 3점, 구사 3점 등이 있으며 10자리 5매 1점, 피 10매에 1점이 나며 "광박, 피박, 멍따블, 쓰리고, 흔들고" 등의 규칙이 있음

나. 삼 봉

화투 48장을 사용 2~5명이 도박하며 바닥에 8장을 깔고 각자 8매의 화투를 가지고 패가 좋지 않으면 죽고, 좋은 사람 2명이 승패를 겨루며 용코(일, 삼, 팔, 똥광) 600약, 칠띠 700약, 식하(육, 칠, 장) 200약, 삼봉(같은패 3장) 300약, 투비(비 2장)·투초(초 2장) 200약, 청단, 홍단, 비조리 300약이 있고 서로 점수를 상계하여 승패를 다투는 게임

다. 섯 다

화투 20매를 사용하며 최고 10명까지 도박, 끗수를 합하여 높은 사람이 이기며, 같은 패 2장이면 땡, 38광땡이 최고이며 땡이 없는 경우 족보(1·2, 1·4, 1·9, 1·10, 4·10, 4·6)에 의하며 9·4인 경우 장땡 밑으로 다시 하며 상가집, 도박 참여자에 따라 정하는 순에 따라 승패를 겨룸

라. 알로(쪼이)

화투 20장으로 섯다와 같은 방법으로 진행하나 알로는 1번의 기회를 더 주어 패가 안 좋은 사람은 1장을 더 받아 볼 수 있으며 큰 도박꾼들이 겨루는 방법으로 단지 끝 수가 높은 것으로 승부를 겨룸

마. 도리짓고땡

화투 20장으로 4명이 5장씩 받아 3장으로 10, 20으로 짓고 나머지 2장으로 끗수를 가려 승패를 정하며 족보는 없으며 땡이 나온 경우 오야는 2배의 금원을 지급하며 패를 짓지 못하면 오야가 승하며 실제 도박판에서는 하우스장(도박개장자)이 놋돈 이상 걸리는 돈을 책임지고 변제해 줌

바. 아도사끼

화투 48장을 사용하여 수십명이 도박, 참가자를 O, X로 두패로 나눈뒤, 돈을 걸게 하고 액수가 맞지 않으면 오야(딜러)가 보충해주며 장, 똥, 비는 0으로 계산하고 나머지는 각자 숫자대로 계산하여 화투 3장, 5장을 가지고 끗수가 높은 사람이 이기며 두 줄로 수십명이 한꺼번에 앉아 패를 돌린 뒤 돈을 걸고 부족한 부분은 오야가 아도(전부 채움)하여 승패를 겨룸

3. 카드 도박

가. 카드의 종류

카드는 4가지 무늬(스페이드, 클로버, 하트, 다이아몬드)와 13개의 숫자(1~10, J, Q, K)가 있다.

나. 카드도박의 종류

1) 세븐 오디

- 카드 52장을 사용하여 3~6명이 도박을 하며 처음 3~4장을 돌린 후(4장일 경우 1장을 버림) 돈을 걸고 카드 한 장씩 추가로 받을 때마다 돈을 거는 방법으로 진행한다.
- 패가 좋은 경우 상대의 돈에 더 많은 돈을 걸 수 있으며(레이스), 횟수에 제한이 없고, 레이스 도중 상대방보다 불리할 경우 죽을 수 있고(다이) 겨루어 볼만하면 상대 돈만큼 따라(콜) 간다.
- 같은 수가 2장이면 원페어, 2장씩 두수면 투페어, 같은 수가 3장이면 트리플(봉), 숫자 5장(例, 1, 2, 3, 4, 5)면 스트레이트(줄), 같은 무늬가 5장이면 후레쉬, 같은

수 3장·같은수 2장이면 풀하우스(타이틀), 같은 수 4장이면 포커, 같은 무늬 5 장이 숫자대로 이어지면(例, 크로버 2, 3, 4, 5, 6순) 스트레이트후레쉬(스티플), 같은 무늬에 숫자가 10, J, Q, K, A순이면 로얄스트레이트후레쉬(로티플)로 최고 끗자가 된다.

2) 훌 라

- 카드 52장으로 3~6명 도박하며 처음에 카드 7장씩 돌린 후, 순서대로 카드 한 장씩을 받고 한 장을 버리는 방식으로 진행된다.
- 7자는 바로 바닥에 내려놓을 수 있고(등록) 같은 무늬가 이어지는 숫자로 3장이 있으면 등록, 남이 버린 카드가 손에 든 카드와 숫자 무늬가 이어지면 바로 받아 등록할 수 있으며(땡큐), 등록 후 바닥에 깔린 무늬 숫자와 이어서 다른 수를 내릴 수 있다.
- 이렇게 하여 손에서 모든 카드를 내린 사람이 이기는 것으로 나머지 사람들의 숫자의 합이 낮은 순으로 순위를 정한다.
- 한판에 일정한 금액(例, 4명이 할 경우 2등 1,000원, 3등 3,000, 4등 5,000원)을 걸고 등록을 못하면 꼴찌 금액의 배를 내야하며 한번에 모든 카드를 내릴 경우 훌이라 하여 걸었던 판돈의 2배를 내야하며, 7자가 4장 들어오거나 카드 7장의 합이 15 이하일 경우 정한 액수를 모두 내야 함(보통 훌의 2배 금액).

3) 바둑이

- 외국에서 전해지지 않고 국내에서 생겨난 것으로 추정되며 카드 52장을 사용하여 3~6명이 도박하며 카드 4장씩을 돌리고 돈을 걸며 상대방 돈에 더 많은 돈을 거는 레이스는 제한이 없으며, 3번의 기회가 주어져 카드를 임의로 바꿀 수 있으며 그때마다 돈을 거는 방식으로 진행된다.
- 카드 4장을 가지고 무늬, 숫자가 모두 틀리면 '맞았다'라는 표현을 쓰며 처음부터 카드가 맞으면 3번의 기회가 있어도 카드를 바꾸지 않고 계속하여 돈만 걸 수 있다.
- 서로 무늬, 숫자가 모두 틀린 카드를 들었으면 4장 중 제일 높은 숫자가 낮은 사람을 이기며 그것도 같으면 그 다음 숫자를 겨루는 식으로 승패를 겨루며, 서로 카드를 맞추지 못하면 무늬, 숫자가 다른 3장을 가지고 낮은 사람이 이긴다.
- 기본금액은 제한이 없으며 레이스할 때 판돈의 전부만큼 걸 수 있는 풀베팅과 판돈의 절반을 거는 하프베팅이 있다.

제2절 상습도박

> 제246조(도박, 상습도박) ② 상습으로 제1항의 죄를 범한 사람은 3년 이하의 징역 또는 2천만원 이하의 벌금에 처한다.

 Ⅰ. 구성요건

1. 상습성

(1) 상습성의 판단

■ 판례 ■ **상습도박죄에 있어서 상습성의 판단**

상습도박죄에 있어서의 상습성이라 함은 반복하여 도박행위를 하는 습벽으로서 행위자의 속성을 말하는데, 이러한 습벽의 유무를 판단함에 있어서는 도박의 전과나 도박횟수 등이 중요한 판단자료가 되나 도박전과가 없다 하더라도 도박의 성질과 방법, 도금의 규모, 도박에 가담하게 된 태양 등의 제반 사정을 참작하여 도박의 습벽이 인정되는 경우에는 상습성을 인정하여도 무방하다(대법원 1995.7.11. 선고 95도955 판결).

(2) 도박전과와 상습성

■ 판례 ■ **도박전과가 없는 경우 상습성 인정 여부(적극)**

[1] 사실관계

甲은 평소 알고 지내던 乙을 만나 각자 사람을 끌여들여 거액의 판돈을 놓고 포커판을 벌이기로 미리 모의하고, 호텔방 등에서 일주일 동안 2회에 걸쳐 판돈 수천만원여가 오가는 포커를 하였다.

[2] 판결요지

상습도박죄에 있어서의 상습성이라 함은 반복하여 도박행위를 하는 습벽으로서 행위자의 속성을 말하는데, 이러한 습벽의 유무를 판단함에 있어서는 도박의 전과나 도박횟수 등이 중요한 판단자료가 되나 도박전과가 없다 하더라도 도박의 성질과 방법, 도금의 규모, 도박에 가담하게 된 태양 등의 제반 사정을 참작하여 도박의 습벽이 인정되는 경우에는 상습성을 인정하여도 무방하다(대법원 1995.7.11. 선고 95도955 판결). ☞ (甲은 상습도박죄)

■ 판례사례 ■ [도박전과는 없으나 도박의 상습성이 인정되는 사례]

(1) 단시일내에 전후 6회에 걸쳐 판돈 3,000,000원여가 오간 도박의 경우(대법원 1985.6.11. 선고 85도748 판결)
(2) 피고인에게 아무 전과가 없다 하더라도 2개월 10일 동안 9회에 걸쳐 도박을 한 경우(대법원 1983.10.25. 선고 83도2448 판결)

(3) 도박성과 상습성의 비교

■ 판례 ■   도박의 전과 없는 피고인이 연말과 연초에 친지들과 어울려 "도리짓고땡" 도박을 2회 한 경우, 상습성 유무(소극)

[1] 사실관계

도박의 전과가 전혀 없고 이 사건 외에 도박을 한 전력이 전혀 나타나 있지 않은 甲이 연말과 연초에 단 두 차례에 한하여 평소 잘 아는 사이의 사람들과 어울려서 "도리짓고땡"이라는 도박을 하였다.

[2] 판결요지

가. 상습도박죄에 있어서의 상습성의 개념과 그 판단자료

상습도박죄에 있어서 도박성과 상습성의 개념은 구별하여 해석하여야 하며, 여기에서 상습성이라 함은 반복하여 도박행위를 하는 습벽으로서 행위자의 속성을 말하는 것이므로 이러한 습벽의 유무를 판단함에 있어서 도박의 전과나 전력유무 또는 도박 횟수 등이 중요한 판단자료가 된다.

나. 甲의 죄책

도박의 전과가 전혀 없고 이 사건 외에 도박을 한 전력이 전혀 나타나 있지 않은 피고인이 연말과 연초에 단 두차례에 한하여 평소 잘 아는 사이의 사람들과 어울려서 "도리짓고땡" 이라는 도박을 한 경우 피고인에게 도벽의 습벽 즉 상습성을 인정하기는 어렵다(대법원 1990.12.11. 선고 90도2250 판결). ☞ (甲은 단순도박죄)

■ 판례 ■   1주일간에 수십회의 도박을 하였으나 그 이후에는 도박을 하지 않은 경우, 상습성 인정여부(소극)

[1] 사실관계

甲은 1982.3.15 19:00경부터 21:00경까지 사이, 동월 17. 17:30경부 터 18:30까지 사이, 동월 21. 17:00경부터 22:00까지 사이에 1회에 20,000원 내지 100,000원씩의 판돈을 걸고 "도리짓고땡"이라는 도박을 수십회 하였으나 이후에는 스스로 위 도박행위는 물론 다른 어떤 도박행위에도 가담하지 않았다.

[2] 판결요지

피고인이 1982.3.15 19:00경부터 21:00경까지 사이, 동월 17. 17:30경부 터 18:30까지 사이, 동월 21. 17:00경부터 22:00까지 사이에 1회에 20,000원 내지 100,000원씩의 판돈을 걸고 "도리짓고땡"이라는 도박을 수십회 하였다 하여도 피고인에게는 도박의 전과도 없으며, 또한 피고인과 더불어 위 도박행위를 한 공범들은 1982.10. 하순경까지 위와 같은 도박행위를 계속하였는데 피고인은 위 1982.3.21 이후에는 스스로 위 도박행위는 물론 다른 어떤 도박행위에도 가담하지 않았다면 위와 같은 도박의 회수, 방법 및 판돈의 금액만으로 피고인의 위 도박행위가 바로 도박습벽의 발현이라고 보기는 어렵다(대법원 1985.9.24. 선고 85도1272 판결).

2. 누범과의 관계

상습도박죄로 가중처벌되는 경우에도 누범사유가 인정되면 누범가중처벌

3. 죄 수

상습도박죄는 구성요건이 처음부터 수 개의 행위를 예상하고 있는 집합범이므로 상습자가 수회에 걸쳐 도박을 한 경우에는 전체적으로 포괄일죄가 성립

■ 판례 ■ **도박의 습벽있는 자가 도박을 하고 또 도박방조를 한 경우의 죄수관계(=포괄적 1죄)**

[1] 사실관계

도박의 상습이 있는 甲은 스스로 도박을 하고 도박의 습성이 없는 乙과 丙에게 도박자금을 제공하여 도박케 하였다.

[2] 판결요지

상습도박의 죄나 상습도박방조의 죄에 있어서의 상습성은 행위의 속성이 아니라 행위자의 속성으로서 도박을 반복해서 거듭하는 습벽을 말하는 것인 바, 도박의 습벽이 있는 자가 타인의 도박을 방조하면 상습도박방조의 죄에 해당하는 것이며, 도박의 습벽이 있는 자가 도박을 하고 또 도박방조를 하였을 경우 상습도박방조의 죄는 무거운 상습도박의 죄에 포괄시켜 1죄로서 처단하여야 한다(대법원 1984.4.24. 선고 84도195 판결).

4. 공 범

상습성은 행위자의 속성으로 상습범은 상습성으로 인하여 형이 가중되는 부진정신분범이다. 따라서 상습자가 비상습자와 같이 도박한 때에는 형법 제33조 단서에 의하여 상습자에게는 본죄가, 비상습자에게는 단순도박죄가 성립

Ⅱ. 범죄사실 기재기재시 유의사항

피고인이 상습범이라는 판단을 적시함으로써 족하고 상습성 판단의 기초가 되는 사실까지 쓰지 않아도 좋으나, '피의자는 ○○지방법원에서 도박죄로 20○○. 1. 21. 벌금 50만 원을, 20○○. 3. 10. 벌금 100만 원을 각 선고받은 사람인바, 상습으로…'라고 쓰는 例 도 있다.

III. 범죄사실기재 및 신문사항

1) 범죄사실 기재례 – [상습적으로 도박을 하고 방조]

가. 피의자는 20○○. ○. ○. ○○:○○경부터 다음날 ○○:○○경까지 사이에 ○○○에서 홍길동 등 4명과 함께 화투 50매를 사용하여 1회에 5,000원씩 돈을 걸고 모두 ○○회에 걸쳐 속칭 '고스톱' 이라는 도박을 하였다.

나. 피의자는 20○○. ○. ○. ○○:○○경부터 같은 날 ○○:○○까지 사이에 ○○○에서 김길동, 박길동, 최길동으로 하여금 판돈을 걸고 속칭 '도리짓고땡' 이라는 도박을 하도록 화투와 방석을 제공하고 승자로부터 매회 2,000원에서 최고 5,000원까지 뜯어서 술과 음료수, 담배 등을 구입 제공하여 도박을 방조하였다.

이로써 피의자는 상습으로 도박을 하였다.

2) 적용법조 : 제246조 제2항 … 공소시효 5년

3) 신문사항

– 다른 사람들과 돈을 걸고 도박을 한 일이 있는가

– 언제 어디에서

– 누구와 어떠한 도박을

– 고스톱이라는 도박은 어떻게 하는 것인가

– 1회의 판돈은 얼마나 되었나

– 어떻게 이러한 도박을 하게 되었나

– 상 피의자 ○○○는 어떻게 참여

– 처음 얼마를 가지고 도박을 시작하였나

– 돈을 얼마나 잃거나 땄나

– 월 수입은 어느 정도인가(오락성 유무를 판단하기 위한 자료)

– 상 피의자들과 전에도 같이 도박을 한 일이 있나

– 지금까지 몇 차례 도박으로 처벌 받았는가

제3절 도박장소 등 개설

> **제247조(도박장소 등 개설)** 영리의 목적으로 도박을 하는 장소나 공간을 개설한 사람은 5년 이하의 징역 또는 3천만원 이하의 벌금에 처한다.

 Ⅰ. 구성요건

1. 행 위

영리를 목적으로 도박하는 장소나 공간을 개설하는 것

(1) 도박장소나 공간 개설

○ 개정 전(2013.4.4.)에는 "도박장을 개장"한 경우를 처벌하도록 규정하여 도박할 수 있는 사이버 공간을 제공한 경우 처벌되지 않는 것으로 비추어질 수 있었으며, 인터넷상에 도박 사이트를 개설하여 전자화폐나 온라인으로 결제하도록 하는 경우 판례상 도박개장죄로 처벌하였다.

(2) 기 수

영리목적으로 도박을 하는 장소나 공간을 개설하면 기수가 되고, 현실적으로 도박이 행하여 졌음을 요하지 않는다.

■ 판례 ■   **인터넷 도박의 도박개장죄 기수시기**

[1] 영리의 목적으로 인터넷 도박게임 사이트를 개설하여 운영하는 경우, 도박개장죄의 기수 시기

형법 제247조의 도박개장죄는 영리의 목적으로 도박을 개장하면 기수에 이르고, 현실로 도박이 행하여졌음은 묻지 않는다. 따라서 영리의 목적으로 속칭 포커나 바둑이, 고스톱 등의 인터넷 도박게임 사이트를 개설하여 운영하는 경우, 현실적으로 게임이용자들로부터 돈을 받고 게임머니를 제공하고 게임이용자들이 위 도박게임 사이트에 접속하여 도박을 하여, 위 게임으로 획득한 게임머니를 현금으로 환전해 주는 방법 등으로 게임이용자들과 게임회사 사이에 있어서 재물이 오고갈 수 있는 상태에 있으면, 게임이용자가 위 도박게임 사이트에 접속하여 실제 게임을 하였는지 여부와 관계없이 도박개장죄는 '기수'에 이른다.

[2] 피고인이 가맹점을 모집하여 인터넷 도박게임이 가능하도록 시설 등을 설치하고 도박게임 프로그램을 가동하던 중 문제가 발생하여 더 이상의 영업으로 나아가지 못한 경우

피고인이 단순히 가맹점만을 모집한 상태에서 도박게임 프로그램을 시험가동한 정도에 그친 것이 아니라, 가맹점을 모집하여 인터넷 도박게임이 가능하도록 시설 등을 설치하고 도박게임 프로그램을 가동하던 중 문제가 발생하여 더 이상의 영업으로 나아가지 못한 것으로 볼 여지가 있다면 이로써 도박개장죄는 이미 '기수'에 이르렀다고 볼 수 있고, 나아가 피고인이 모집한 피씨방의 업주들이 그곳을 찾은 이용자들에게 피고인이 개설한 도박게임 사이트에 접속하여 도박을 하게 한 사실이 없다고 하여 도박개장죄의 성립이 부정된다고 할 수 없다(대법원 2009.12.10. 선고, 2008도5282 판결).

2. 주관적 구성요건

고의와 영리의 목적이 있을 것

 ○ 영리의 목적이란 도박장을 연 대가로 얻는 것(例, 입장료, 수수료)을 말하는 것으로 도박을 통해서 얻는 것은 포함되지 않는다.

■ 판례 ■ **유료낚시터를 운영하는 사람이 입장료 명목으로 요금을 받은 후 낚인 물고기에 부착된 시상번호에 따라 경품을 지급한 경우**

[1] 사실관계

유료낚시터를 운영하는 사람이 물고기의 등지느러미에 번호표를 달아 대형 수조에 넣고 손님들로부터 시간당 3만원 내지 5만원의 요금을 받고 낚시를 하게 한 후, 손님들이 낚은 물고기에 부착된 번호가 시간별로 우연적으로 변동되는 프로그램상의 시상번호와 일치하는 경우 손님들에게 5천원 내지 3백만원 상당의 문화상품권이나 주유상품권을 지급하는 방식으로 영업을 하였다.

[2] 판결요지

입장료의 액수, 경품의 종류 및 가액, 경품이 제공되는 방법 등의 여러 사정에 비추어 볼 때, 손님들이 내는 입장료는 이 사건 낚시터에 입장하기 위한 대가로서의 성격과 경품을 타기 위해 미리 거는 금품으로서의 성격을 아울러 지니고 있다고 볼 수 있고, 피고인이 손님들에게 경품을 제공하기로 한 것은 '재물을 거는 행위'로 볼 수 있으므로, 피고인은 영리의 목적으로 도박장소인 이 사건 낚시터를 개설하였다고 보아야 한다(대법원 2009. 2. 26. 선고 2008도10582 판결).

■ 판례 ■ **인터넷 사이트 운영자가 회원들로 하여금 온라인에서 현금화할 수 있는 게임코인을 걸고 속칭 고스톱, 포커 등을 하도록 하고, 수수료 명목으로 일정액을 이익으로 취한 경우**

[1] 사실관계

인터넷 사이트 운영자인 甲은 회원들로 하여금 온라인에서 현금화할 수 있는 게임코인을 걸고 속칭 고스톱, 포커 등을 하도록 하고 매회 해당 판돈의 5%를 수수료 명목으로, 회원들이 도박을 하여 얻은 게임코인을 인터넷 포인트 환전사이트에서 환전할 때마다 환전금액의 10%를 환전수수료 명목으로, 그리고 회원들간의 게임머니 송금시 송금액의 10%를 송금수수료 명목으로 각 공제하였다.

[2] 판결요지

피고인이 이 사건 인터넷 사이트의 회원들에게 그 판시와 같은 방법으로 도박을 하게 하고(이 사건 공소사실의 '속칭 고스톱, 포카 등'에는 '훌라'도 포함된 것으로 보인다), 이에 참여한 회원들로부터 매회 해당 판돈의 5%를 수수료 명목으로, 회원들이 도박을 하여 얻은 게임코인을 인터넷 포인트 환전사이트에서 환전할 때마다 환전금액의 10%를 환전수수료 명목으로, 그리고 회원들간의 게임머니 송금시 송금액의 10%를 송금수수료 명목으로 각 공제하여 합계 354,685,947원 상당의 이익을 취득한 사실(이 사건 공소사실의 이득액 중에는 송금수수료 명목의 공제금도 포함되어 있는 것으로 보인다)을 알 수 있는바, 위 법리에 비추어 보면, 위 이익금은 모두 이 사건 도박개장의 직·간접적인 대가에 해당한다고 할 것이다(대법원 2008. 9. 11. 선고 2008도1667 판결).

도박개장죄의 종범의 성립요건

[1] 사실관계

> 甲은 회원들에게 단순한 오락용 게임을 제공하려는 의도로 '물게임'이라는 인터넷 게임사이트를 개설하여 회원으로 가입한 사람들이 온라인을 통하여 위 사이트에서 제공하는 물맞고, 물로우바둑이, 물포커 등의 게임물을 이용하여 고스톱, 바둑이, 포커 등의 게임을 하였는 바, 乙이 위 게임을 이용하는 사람들 중 위 사이트의 온라인게임에서 통용되는 사이버머니를 구입하고자 하는 사람을 유인하여 돈을 받고 위 게임사이트에 접속하여 일부러 패하는 방법으로 사이버머니를 판매하였다.

[2] 판결요지

정범인 甲이 도박개장죄의 실행행위인 도박개장사실 즉, 위 게임사이트를 개설한 자가 위 게임을 그 회원들에게 단순 오락용 게임으로 제공하는 것을 넘어서 회원간에 사이버머니를 현금화하는 것을 허용한다거나 사실상 현금처럼 사용하게 하는 등의 방법으로 위 게임을 도박의 수단으로 제공하고 그에 따른 이익을 취득하였다는 사실을 인정할 증거가 없으므로 乙에게 종범인 도박개장방조죄도 성립하지 않는다(대법원 2007.11.29. 선고 2007도8050 판결).

■ 판례 ■   **참가비를 받고 인터넷고스톱대회를 개최하였으나 손해를 본 경우, 도박개장죄의 성립여부(적극)**

[1] 사실관계

> 주식회사의 인터넷 대표이사인 甲은 그 회사가 운영하는 인터넷게임 사이트를 유료로 전환하는 과정에서 사이트를 홍보하기 위해 1인당 참가비로 3만원씩을 받고 인터넷고스톱대회를 개최하였다. 그러나 상금지급액이 과다하여 오히려 손해를 보았다.

[2] 판결요지

가. 도박개장죄의 성립 요건

도박개장죄는 영리의 목적으로 스스로 주재자가 되어 그 지배하에 도박장소를 개설함으로써 성립하는 것으로서 도박죄와는 별개의 독립된 범죄이고, '도박'이라 함은 참여한 당사자가 재물을 걸고 우연한 승부에 의하여 재물의 득실을 다투는 것을 의미하며, '영리의 목적'이란 도박개장의 대가로 불법한 재산상의 이익을 얻으려는 의사를 의미하는 것으로, 반드시 도박개장의 직접적 대가가 아니라 도박개장을 통하여 간접적으로 얻게 될 이익을 위한 경우에도 영리의 목적이 인정되고, 또한 현실적으로 그 이익을 얻었을 것을 요하지는 않는다.

나. 甲의 죄책

인터넷 고스톱게임 사이트를 유료화하는 과정에서 사이트를 홍보하기 위하여 고스톱대회를 개최하면서 참가자들로부터 참가비를 받고 입상자들에게 상금을 지급한 행위는 도박개장죄에 해당한다(대법원 2002.4.12. 선고 2001도5802 판결).

3. 타 죄와의 관계

○ 도박장소를 개설한 자가 함께 도박을 한 경우 ⇨ 도박장소개설와 도박죄의 경합범

○ 도박장소 등 개설죄는 스스로 도박의 주재자가 되어 그 지배하에 도박장소 등을

개설하는 것을 말하며, 주재자가 되지 않고 단순히 도박장소만을 제공한 경우
⇨ 도박죄의 종범

II. 범죄사실기재

1) 범죄사실 기재례

[기재례1] 도박장소개설

피의자는 20○○. ○. ○. ○○:○○경부터 ○○:○○경까지의 사이에 ○○에서 영리의 목적으로 도박 장소를 개설하려고 마음먹고 카드를 준비하여 홍길동 등 5명을 위 장소로 불러들여 돈을 걸고 그 카드를 사용하여 도박하게 하였다. 피의자는 그곳에서 장소료를 징수하거나 판돈을 빌려주는 고리대금을 함으로써 ○○만원 상당의 이익을 취득하여 도박 장소를 개설하였다.

[기재례2] 중국을 통한 피시방 도박공간개설

피의자 甲, 피의자 乙, 피의자 丙은 중국에서 성인 피시방을 운영하는 자로, '포커, 바둑이' 등의 도박게임을 할 수 있는 '○○클럽의 인터넷 도박 사이트들은 '본사' (도박프로그램을 설치해 주고, 사이버머니를 충전 및 환전해 주고, 딜러 수수료를 분배하는 등 전국의 피시방 가맹점 및 소본사를 관리), '소본사' (전국의 피씨방들을 가맹점으로 끌어들여 '본사'에 연결해 준 후 가맹점, 총판을 관리, 가맹점은 소본사를 통해 본사에 돈을 송금하고, 본사는 소본사를 통해 가맹점에 사이버 머니 배정), '총판' ('딜러'로 하여금 피시방 가맹점들을 물색해 오게 한 다음, 이를 '소본사' 또는 '본사'에 연결해 준 후 가맹점을 관리), '딜러' (전국의 피시방 업주들을 총판에 연결), '가맹점' (실제 피시방을 운영하는 업주로서, 도박이용자들로 하여금 피시방 컴퓨터를 통해 '본사'의 게임 서버에 접속한 다음, 사이버머니를 이용하여 도박프로그램으로 불상의 다른 도박이용자들과 함께 도박하도록 해주는 대가로 '본사'로 부터 딜러 수 수료 중 일부를 취득) 등에 의한 계층적 형태로 운영되고 있다.

피의자들은 20○○. 6. 초순경부터 20○○. ○. ○.경까지 사이에 영리를 목적으로 피의자 甲은 서울 ○○일원에서 위 본사의 딜러로 활동하면서 '순천 ○○점' 등 2개의 가맹점을 모집하여 본사에 등록시킨 후 건당 500만원씩의 수익을 본사로부터 분배받고, 피의자 乙, 피의자 丙은 위 丁을 통하여 위 본사의 가맹점으로 등록한 후 ○○에 있는 '○○ 피시방'에서 컴퓨터 50대를 차려두고 한국인 체류자나 조선족 손님들로 하여금 본사로부터 미리 배정받아 둔 사이버머니와 계정을 이용하여 위 도박 사이트에 접속하여 다른 접속자들과 도박을 하게 하였다.

이때 손님들에게 남은 사이버머니를 환전해 주고, 위 본사를 운영하는 A는 위 도박 사이트 서버를 관리하며 가맹점이나 딜러, 총판 등으로부터 현금을 받고 1:1의 비율로 사이버머니를 배정해 준 다음 도박 참가자들로부터 딜러비를 징수하여 그 수익을 소본사, 총판, 딜러, 가맹점들에게 분배해 주는 방법으로 도박공간을 개설하였다.

[기재례3] 도박장소개설

피의자들은 20○○. ○. ○. 01:30경부터 20○○. ○. ○.11:30경까지 ○○에 있는 연립주택 반지하 방에서 피의자 乙은 속칭 '고리낑'이라는 판돈 관리 명목으로 1인당 1시간에 30,000원씩을 받고, 나머지 피의자들은 도박장의 질서유지 및 경비를 보는 등 역할분담을 하였다.

피의자 丙은 A, B, C, D 등을 그곳으로 불러들여 카드 등을 제공하여 속칭 '노-바둑이'라는 카드놀이로 판돈 ○○만원 상당의 도박을 하게 하였다.

이로써 피의자들은 공모하여 영리의 목적으로 고리낑으로 합계 ○○만원 상당의 이득을 취하는 등 도박장소를 개설하였다.

[기재례4] PC방 도박공간개설

피의자는 ○○에 있는 ○○피시방이라는 상호의 불법성인 인터넷 도박 게임장을 운영하는 자인바, 인터넷 도박 사이트를 운영하는 甲과 영리를 목적으로 위 甲에게 현금 ○○만원을 주고 사이버머니 ○○만원을 지원받아 컴퓨터 등 게임기기를 설치한 다음 아싸 본사 사이트를 연결해 주는 도박을 할 때 딜러비 명목으로 매회당 도박에 제공된 사이버머니의 약 7~8%에 해당하는 사이버머니를 본사에서 챙기게 하고, 피의자는 위 甲으로부터 받은 사이버머니를 손님들에게 판매하여 도박하게 한 후 도박을 마치고 남은 사이버머니를 환전하여 줄 때 5~10의 수수료를 공제한 금액을 지급하는 방식으로 하여 영업이윤이 생기면 그 이윤의 전부를 피의자의 게임장에서 가지는 조건으로 도박장을 개장하기로 공모하였다.

피의자는 20○○. ○. ○. 경부터 20○○. ○. ○.경까지 약 ○○㎡ 규모의 위 피시방에서 피의자 홍길동 등 불특정 다수의 손님으로부터 현금을 받고 1원당 1점씩의 사이버머니를 부여한 다음 그곳에 설치된 컴퓨터를 이용하여 인터넷 도박 사이트에 접속하게 한 뒤 개설된 게임방에 참가한 불특정 손님들과 함께 구매한 사이버머니를 이용하여 포카·바둑이 등의 게임을 하도록 하고, 게임이 종료된 후에는 남은 사이버머니를 위 게임장 내에서 5~10%의 수수료를 공제한 금액으로 환전해 주었다.

이로써 피의자는 위와 같이 1일 평균 ○○만 원 상당의 수익을 올리는 방법으로 도박공간을 개설하였다.

[기재례5] 낚시터에서 도박장소개설

피의자는 20○○. ○. ○. 19:30경부터 22:30경까지 사이에 ○○에 있는 ○○유료 낚시터에서 영리의 목적으로 도박장을 개장하기로 마음먹고 홍길동 약 50명으로부터 낚시대회 회비 명목으로 1인당 5만 원 총 ○○만 원을 거둔 후, 1등 5백만 원, 2등 1백만 원, 3등 5십만 원의 상금을 걸고 낚시대회를 개최하여 회비에서 위 상금을 공제한 ○○만 원 상당의 이익을 취득하여 도박장소를 개설하였다.

2) 적용법조 : 제247조… 공소시효 7년

[기재례6] 도박사이트 관련 국민체육진흥법위반(도박개장등) 및 도박공간개설

[피의자들의 역할]

　피의자 A는 불법 스포츠 도박 사이트 운영을 계획하고 도박 사이트 운영에 필요한 업무를 지시하는 등 도박 사이트 운영을 총괄한 사람이고, 피의자 B는 도박 사이트 운영에 필요한 직원을 섭외하거나 소위 대포폰·대포계좌를 구해오는 역할을 한 사람이며, 피의자 C는 범죄수익을 인출하여 피의자 A에게 전달하고, 범행사무실을 마련하거나 사이트 홍보사무실을 운영한 사람이고, 나머지 피의자들은 범행사무실에서 스포츠 경기 배당률 및 경기결과 입력, 도금 충전 및 환전, 회원 및 사이트 관리 등의 업무를 한 사람들이다.

[범죄사실]

　서울올림픽기념국민체육진흥공단과 수탁사업자가 아닌 자는 체육진흥투표권 또는 이와 유사한 것을 발행하여 결과를 적중시킨 자에게 재물이나 재산상의 이익을 제공하는 행위를 하여서는 아니 되고, 누구든지 영리를 목적으로 도박하는 공간을 개설하여서는 아니 된다.

1. 피의자들의 국민체육진흥법 위반(도박장 개장 등) 및 도박공간개설

　피의자들은 20○○.○.○.경부터 20○○.○.○.경까지 ○○에서 사무실을 마련하여 컴퓨터 등을 설치하고, '○○'라는 불법 스포츠 도박 사이트를 개설한 후, 위 사이트에 가입한 불특정 다수의 회원으로부터 불상의 계좌로 도박자금을 입금받아 이를 사이버머니로 충전해 주고, 회원들이 위 사이트에 게시된 스포츠 경기의 '승무패', '득점차' 등 결과에 대해 사이버머니를 베팅하도록 한 다음, 경기결과에 따라 베팅이 적중한 회원에게는 정해진 배당률에 의해 사이버머니를 지급하고 적중하지 못한 회원에게는 베팅액을 환수하는 방법으로 위 기간 도박공간을 개설하였다.

　이로써 피의자들은 공모하여, 체육진흥투표권 또는 이와 유사한 것을 발행하여 결과를 적중시킨 자에게 재물이나 재산상의 이익을 제공하는 행위를 함과 동시에 영리를 목적으로 도박하는 공간을 개설하였다.

2. 범죄수익 은닉의 규제 및 처벌 등에 관한 법률 위반

　누구든지 중대범죄에 해당하는 범죄행위에 의하여 생긴 재산 또는 그 범죄행위의 보수로 얻은 재산과 같은 범죄수익의 취득 또는 처분에 관한 사실을 가장하거나 은닉하여서는 아니 된다.

　피의자들은 20○○.○.○.경부터 '20○○.○.○.' 도박 사이트를 운영하면서, 도금을 계좌로 입금받은 후 이를 거래의 실질이 없는 차명계좌로 이체하여 범죄수익의 취득·처분에 관한 사실을 가장·은닉할 것을 마음먹고, 별지 범죄일람표 기재와 같이 20○○.○.○.경부터 20○○.○.○.까지 총 ○○회에 걸쳐 합계 ○○원을 차명계좌로 이체함으로써 범죄수익의 취득·처분에 관한 사실을 가장·은닉하였다.

　2) 적용법조 : 국민체육진흥법 제47조 제2호, 제26조 제1항, 형법 제247조, 범죄수익 은닉의 규제 및 처벌 등에 관한 법률 제3조 제1항 제1호… 공소시효 7년

III. 신문사항

- 어떤 일을 하고 있는가
- 홍길동 일행을 알고 있는가
- 이들로 하여금 도박을 하도록 주선한 일이 있는가
- 언제 어디에서 도박을 하도록 하였나
- 어떤 도박을 하도록 하였나
- 이들이 어떻게 그곳에서 도박을 하였나
- 피의자가 연락하였다는 것인가
- 언제 누구에게 어떤 방법으로 연락하였나
- 이들에게 도박을 하도록 피의자는 어떤 역할을 하였나
- 이들로부터 어떤 대가를 받았나
- 어떤 명목으로 이런 수수료를 받았는가
- 총 얼마를 받았는가
- 이런 돈은 누가 어떻게 하였나

제4절 복표의 발매 등

> 제248조(복표의 발매 등) ① 법령에 의하지 아니한 복표를 발매한 사람은 5년 이하의 징역 또는 3천만 원 이하의 벌금에 처한다.
> ② 제1항의 복표발매를 중개한 사람은 3년 이하의 징역 또는 2천만원 이하의 벌금에 처한다.
> ③ 제1항의 복표를 취득한 사람은 1천만원 이하의 벌금에 처한다.

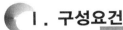 **Ⅰ. 구성요건**

1. 객 체

법령에 의하지 아니하는 복표

- 복표란 발매자가 미리 특정한 표찰을 발매하여 다수인으로부터 금품을 모은 다음 추첨 등의 방법으로 당첨자에게 이익을 제공하고 다른 참가자에게는 손실을 주는 것을 말한다.

2. 행 위

발매, 발매중개와 취득하는 것

- 발매중개의 경우 직접적인가 간접적인가를 불문하고, 보수의 유무도 불문한다.
- 취득의 경우 유상인가 무상인가를 불문한다.

■ 판례 ■ **이른바 '광고복권'이 형법 제248조 소정의 복표에 해당하는지 여부(적극)**

[1] 사실관계

한국광고복권 주식회사의 감사 겸 사실상 운영자인 甲은 법령에 의하지 아니한 복표를 발매하여서는 아니됨에도 공모하여, 위 회사 사무실에서 복표명을 '광고복권'으로 하고 당첨방법은 복권 유효기간인 4주 내에 회차에 상관없이 주택복권의 매회 1등 당첨번호와 일치하면 5,000만 원을, 2등 당첨번호와 일치하면 500만 원을, 3등 당첨번호와 일치하면 40만 원을, 행운상 당첨번호와 일치하면 100만 원을 주는 것으로 정하여 복표를 발행한 다음, 복표 1장당 200원 내지 300원씩을 받고 지사를 통하여 슈퍼마켓, 주유소, 식당, 편의점 등에 위 복표를 판매하였다.

[2] 판결요지

가. 복표의 개념요소 및 판단 기준

형법은 각칙 제23장에서 '도박과 복표에 관한 죄'라는 제목 아래 도박죄와 함께 복표발매죄 등을 규정하고 있는바, 복표도 우연에 의하여 승패가 결정된다는 의미에서 도박에 유사한 측면이 있으므로, 건전한 국민의 근로관념과 사회의 미풍양속을 보호하려는 데에 그 발매 등의 행위를 제한하고 처벌할 이유가 있는 것이고, 여기에다가 사행행위등규제및처벌특례법 제2조 제1항 제1호 (가)목의 규정 취지를 종합하여 보면, 형법 제248조가 규정하는 복표의 개념요소는 ① 특정한 표찰일 것, ② 그 표찰을 발매하여 다수인으로부터 금품을 모을 것, ③ 추첨 등의 우연한 방법에 의하여 그 다수인 중 일부 당첨자에게 재산상의 이익을 주고 다른 참가자에게 손실을 줄 것의 세 가지로 파악할 수 있으며, 이 점에서 경제상의 거래에 부수하는 특수한 이익의 급여 내지 가격할인에 불과한 경품권이나 사은권 등과는 그 성질이 다른 것이지만, 어떠한 표찰이 형법 제248조 소정의 복표에 해당하는지 여부는 그 표찰 자체가 갖는 성질에 의하여 결정되어야 하고, 그 기본적인 성질이 위와 같은 개념요소를 갖추고 있다면, 거기에 광고 등 다른 기능이 일부 가미되어 있는 관계로 당첨되지 않은 참가자의 손실을 그 광고주 등 다른 사업주들이 대신 부담한다고 하더라도, 특별한 사정이 없는 한 복표로서의 성질을 상실하지는 않는다.

나. '광고복권'이 형법 제248조 소정의 복표에 해당하는지의 여부(적극)

이른바 '광고복권'은 통상의 경우 이를 홍보 및 판촉의 수단으로 사용하는 사업자들이 당첨되지 않은 참가자들의 손실을 대신 부담하여 주는 것일 뿐, 그 자체로는 추첨 등의 우연한 방법에 의하여 일부 당첨자에게 재산상의 이익을 주고 다른 참가자에게 손실을 주는 복표로서의 성질을 갖추고 있다고 보아 형법 제248조 소정의 복표에 해당한다(대법원 2003.12.26. 선고 2003도5433 판결).

II. 범죄사실기재

1) 범죄사실 기재례 - [무허가 복표발매]

피의자는 20○○. ○.경부터 20○○. ○.경까지 사이에 ○○에 있는 피의자 경영 ○○회사 사무실에서 복표명을 '광고복권'으로 하고 당첨방법은 복권 유효기간인 4주 이내에 회차에 상관없이 주택복권의 매회 1등 당첨번호와 일치하면 5,000만 원을, 2등 당첨번호와 일치하면 500만 원을, 3등 당첨번호와 일치하면 40만 원을, 행운상 당첨번호와 일치하면 100만 원을 주는 것으로 정하여 복표를 발행하였다.

피의자는 이렇게 복표를 발행한 후 복표 1장당 200원 내지 300원씩을 받고 지사를 통하여 슈퍼마켓, 주유소, 식당, 편의점 등에 위 복표 ○○장 시가 ○○만원 상당을 판매하였다.

이로써 피의자는 법령에 따르지 아니한 복표를 발매하였다.

2) 적용법조 : 제248조 제1항 … 공소시효 7년

3) 신문사항

- 복권회사를 운영하고 있는가
- 회사에서 직책과 맡은 업무는 무엇인가
- 이 회사는 어떤 회사이며 그 규모는
- 임직원의 구성은 어떻게 이루어 졌는가
- 복표를 발행한 일이 있는가

- 언제 어떠한 복표를 발행하였는가
- 누구를 상대로 판매한 것인가
- 얼마를 발행하였으며 어떤 방법으로 판매를 하였는가
- 누구를 상대로 판매하였나
- 추첨은 언제 어떠한 방법으로 하였는가
- 당첨금 지급은 어떤 방법으로 하였나
- 언제부터 언제까지 어느 정도 판매하였으며 당첨금은 얼마를 지급하였는가
- 이런 복표는 법령에 따라 발행한 것인가

제 **24** 장   **살인의 죄**
(제250~256조)

제1절 살 인

제250조(살인, 존속살해) ① 사람을 살해한 자는 사형, 무기 또는 5년 이상의 징역에 처한다.
제254조(미수범) 제250조, 제252조 및 제253조의 미수범은 처벌한다.
제255조(예비, 음모) 제250조와 제253조의 죄를 범할 목적으로 예비 또는 음모한 자는 10년 이하의 징
역에 처한다.

 I. 구성요건

1. 객 체

(1) 자연인

○ 태아는 낙태죄의 객체가 될 뿐 살인죄의 객체가 될 수 없고, 사자 또한 시체오욕·
손괴죄의 객체가 될 수 있을 뿐 살인죄의 객체가 되지 않는다.

■ 판례 ■   **산부인과 의사인 피고인이 약물에 의한 유도분만의 방법으로 낙태시술을 하였으나 태**
아가 살아서 미숙아 상태로 출생하자 그 미숙아에게 염화칼륨을 주입하여 사망하게 한 경우
염화칼륨 주입행위를 낙태를 완성하기 위한 행위에 불과한 것으로 볼 수 없고, 살아서 출생한 미숙
아가 정상적으로 생존할 확률이 적다고 하더라도 그 상태에 대한 확인이나 최소한의 의료행위도 없
이 적극적으로 염화칼륨을 주입하여 미숙아를 사망에 이르게 하였다면 피고인에게는 미숙아를 살해
하려는 범의가 인정된다(대법원 2005.4.15. 선고 2003도2780 판결).

(2) 사람의 시기

출생한 때 사람이 된다. 그러나 언제 출생한 것으로 보느냐에 대해서는 학설이 대립
○ 진통설(분만개시설, 통설) : 규칙적인 진통을 동반하면서 태아가 태반으로부터 분
리되기 시작한 때
○ 수술에 의한 인공분만, 이른바 제왕절개수술에 의한 분만인 경우에는 수술에 착
수하여 자궁을 절개한 때 사람이 된다(통설).

분만 중인 태아를 조산원이 질식사에 이르게 한 경우, 업무상 과실치사죄의 성부(적극)

[1] 사실관계

> 조산원 甲은 임산부 A의 해산을 조력함에 있어 골반이 태아에 비해 협소할 뿐 아니라 분만진통의 통증이 극심하고 또 양수가 파수되고 대변이 나오는 등 난산으로 정상 분만이 어려운 상태임에도 불구하고 정상 분만할 수 있으리라고 경신하여 전문의사의 지시나 진찰을 받게 하지 아니하고 수십회에 걸쳐 산모의 배를 훑어 내리고 자궁수축제를 10여회 주사하여 분만중인 태아를 질식사에 이르게 하였다.

[2] 판결요지

사람의 생명과 신체의 안전을 보호법익으로 하고 있는 형법상의 해석으로서는 사람의 시기는 규칙적인 진통을 동반하면서 태아가 태반으로부터 이탈하기 시작한 때, 다시 말하여 분만이 개시된 때(소위 진통설 또는 분만개시설)라고 봄이 타당하며, 이는 형법 제251조(영아살해)에서 분만 중인 태아도 살인죄의 객체가 된다고 규정하고 있는 점을 미루어보아도 그 근거를 찾을 수 있는 바이니, 조산원이 분만중인 태아를 질식사에 이르게 한 경우에는 업무상 과실치사죄가 성립한다(대법원 1982.10.12. 선고 81도2621 판결).

■ 판례 ■   **제왕절개수술의 경우 사람의 시기**

[1] 사실관계

> 조산사가 분만예정일을 넘겨서도 진통은 없었으나 자연분만을 하기 위하여 병원에 온 임신성 당뇨증상 및 이미 두 번의 제왕절개 출산 경험이 있는 37세의 임산부를 14일간 방치하였는바, 태아가 자궁 내에서 저산소성손상으로 인한 심폐정지로 사망하였다.

[2] 판결요지

가. 태아에 대한 업무상과실치사죄의 성립여부(소극)

제왕절개 수술의 경우 '의학적으로 제왕절개 수술이 가능하였고 규범적으로 수술이 필요하였던 시기'는 판단하는 사람 및 상황에 따라 다를 수 있어, 분만개시 시점 즉, 사람의 시기도 불명확하게 되므로 이 시점을 분만의 시기로 볼 수는 없으므로 태아에 대한 업무상과실치사죄는 성립하지 않는다.

나. 임부에 대한 업무상과실치상죄의 성립여부(소극)

우리 형법은 태아를 임산부 신체의 일부로 보거나, 낙태행위가 임산부의 태아양육, 출산 기능의 침해라는 측면에서 낙태죄와는 별개로 임산부에 대한 상해죄를 구성하는 것으로 보지는 않는다고 해석되므로 태아를 사망에 이르게 하는 행위가 임산부 신체의 일부를 훼손하는 것이라거나 태아의 사망으로 인하여 그 태아를 양육, 출산하는 임산부의 생리적 기능이 침해되어 임산부에 대한 상해가 된다고 볼 수는 없다. 따라서 임산부에 대한 업무상과실치상죄도 성립하지 않는다(대법원 2007.6.29. 선고 2005도3832 판결).

(3) 사람의 종기

사람의 종기는 사망한 때이다.

2. 행 위

살해하는 것

(1) 살해의 수단과 방법

ㅇ 살해의 수단과 방법에는 제한이 없다. 무형적·유형적 방법이든, 작위·부작위, 직접적·간접적 방법을 불문한다.

ㅇ 저주·기도 등으로 살해행위를 하려는 미신범은 실행행위성과 인과관계를 인정할 수 없으므로 살인죄가 성립하지 않는다.

■ 판례 ■ **살해의 의사로 위험한 저수지로 유인한 조카(10세)가 물에 빠지자 구호하지 아니한 채 방치한 경우, 부작위에 의한 살인행위에 해당하는지 여부(적극)**

[1] 부작위에 의한 작위범의 요건

형법이 금지하고 있는 법익침해의 결과발생을 방지할 법적인 작위의무를 지고 있는 자가 그 의무를 이행함으로써 결과발생을 쉽게 방지할 수 있었음에도 불구하고 그 결과의 발생을 용인하고 이를 방관한 채 그 의무를 이행하지 아니한 경우에, 그 불작위가 작위에 의한 법익침해와 동등한 형법적 가치가 있는 것이어서 그 범죄의 실행행위로 평가될 만한 것이라면, 작위에 의한 실행행위와 동일하게 부작위범으로 처벌할 수 있다고 할 것이다.

[2] 부작위에 의한 살인죄의 성립여부(적극)

피고인이 조카인 피해자(10세)를 살해할 것을 마음먹고 저수지로 데리고 가서 미끄러지기 쉬운 제방 쪽으로 유인하여 함께 걷다가 피해자가 물에 빠지자 그를 구호하지 아니하여 피해자를 익사하게 한 것이라면 피해자가 스스로 미끄러져서 물에 빠진 것이고, 그 당시는 피고인이 살인죄의 예비 단계에 있었을 뿐 아직 실행의 착수에는 이르지 아니하였다고 하더라도, 피해자의 숙부로서 익사의 위험에 대처할 보호능력이 없는 나이 어린 피해자를 익사의 위험이 있는 저수지로 데리고 갔던 피고인으로서는 피해자가 물에 빠져 익사할 위험을 방지하고 피해자가 물에 빠지는 경우 그를 구호하여 주어야 할 법적인 작위의무가 있다고 보아야 할 것이고, 피해자가 물에 빠진 후에 피고인이 살해의 범의를 가지고 그를 구호하지 아니한 채 그가 익사하는 것을 용인하고 방관한 행위(부작위)는 피고인이 그를 직접 물에 빠뜨려 익사시키는 행위와 다름없다고 형법상 평가될 만한 살인의 실행행위라고 보는 것이 상당하다(대법원 1992.2.11. 선고 91도2951 판결).

(2) 실행의 착수 및 기수시기

1) 착수시기

행위자가 살의를 가지고 타인의 생명을 위태롭게 하는 행위를 직접 개시한 때에 실행의 착수가 인정된다.

■ 판례 ■　**살인죄의 실행 착수시기**

[1] 사실관계

> 甲은 피해자를 살해할 것을 마음먹고 낫을 들고 피해자에게 다가서려고 하였으나 제3자가 이를 저지하여 그 틈을 타서 피해자가 도망함으로써 살인의 목적을 이루지 못하였다.

[2] 판결요지

피고인이 낫을 들고 피해자에게 접근함으로써 살인의 실행행위에 착수하였다고 할 것이므로 이는 살인미수에 해당한다(대법원 1986.2.25. 선고 85도2773 판결).

■ 판례 ■　**피해자를 살해하라면서 상피고인에게 치사량의 농약이 든 병을 주고, 또 피해자 소유의 승용차의 브레이크호스를 잘라 제동기능을 상실시켜 피해자가 차를 운전하다가 인도에 부딪치게 한 각 행위가 각 살인미수죄를 구성하는지 여부(적극)**

피고인이 원심 상피고인에게 피해자를 살해하라고 하면서 준 원비−디 병에 성인 남자를 죽게 하기에 족한 용량의 농약이 들어 있었고, 또 피고인이 피해자 소유 승용차의 브레이크호스를 잘라 브레이크액을 유출시켜 주된 제동기능을 완전히 상실시킴으로써 그 때문에 피해자가 그 자동차를 몰고 가다가 반대차선의 자동차와의 충돌을 피하기 위하여 브레이크 페달을 밟았으나 전혀 제동이 되지 아니하여 사이드브레이크를 잡아당김과 동시에 인도에 부딪치게 함으로써 겨우 위기를 모면하였다면 피고인의 위 행위는 어느 것이나 사망의 결과발생에 대한 위험성을 배제할 수 없다 할 것이므로 각 살인미수죄를 구성한다(대법원 1990.7.24. 선고 90도1149 판결).

2) 기수시기

살해행위로 사망의 결과가 발생함으로써 기수가 된다(침해범).

3. 주관적 구성요건

살인의 고의 즉, 자기의 행위로 인하여 피해자가 사망할 수도 있다는 사실을 인식·예견할 것

■ 판례 ■　**건장한 체격의 군인인 甲이 왜소한 체격의 피해자를 폭행하고 특히 급소인 목을 설골이 부러질 정도로 세게 졸라 사망케 한 경우, 살인의 범의인정여부(적극)**

[1] 살인죄에 있어서 범의의 인정 기준 및 피고인이 범행 당시 살인의 범의는 없었고 상해 또는 폭행의 범의만이 있었을 뿐이라고 다투는 경우, 살인의 범의에 대한 판단 기준

살인죄에 있어서의 범의는 반드시 살해의 목적이나 계획적인 살해의 의도가 있어야 인정되는 것은 아니고, 자기의 행위로 인하여 타인의 사망의 결과를 발생시킬 만한 가능 또는 위험이 있음을 인식하거나 예견하면 족한 것이고 그 인식이나 예견은 확정적인 것은 물론 불확정적인 것이라도 소위 미필적 고의로 인정되는 것인바, 피고인이 범행 당시 살인의 범의는 없었고 단지 상해 또는 폭행의 범의만 있었을 뿐이라고 다투는 경우에 피고인에게 범행 당시 살인의 범의가 있었는지 여부는 피고인이 범행에 이르게 된 경위, 범행의 동기, 준비된 흉기의 유무·종류·용법, 공격의 부위와 반복성, 사망의 결과발생가능성 정도 등 범행 전후의 객관적인 사정을 종합하여 판단할 수밖에 없다.

[2] 甲의 죄책

건장한 체격의 군인이 왜소한 체격의 피해자를 폭행하고 특히 급소인 목을 설골이 부러질 정도로 세게 졸라 사망케 한 행위에 살인의 범의가 있다고 하겠다(대법원 2001.3.9. 선고 2000도5590 판결).

■ 판례 ■ **보호자의 강청에 따라 치료를 요하는 환자에 대하여 치료중단 및 퇴원을 허용하는 조치를 취함으로써 환자를 사망에 이르게 한 담당 전문의와 주치의에게 살인방조죄가 성립하는지 여부(적극)**

[1] 사실관계

전문의 甲과 주치의 乙은 술에 취한 채 화장실을 가다가 중심을 잃어 기둥에 머리를 부딪치고 시멘트 바닥에 넘어지면서 경막 외 출혈상을 입고 뇌수술에 따른 뇌 부종으로 자가호흡을 할 수 없는 상태로 호흡보조장치를 부착한 채 계속 치료를 받고 있던 피해자 A의 처 丙이 차라리 사망하는 것이 낫겠다고 생각한 나머지 피해자를 퇴원시키는 방법으로 살해할 것을 결의하고 乙에게 도저히 더 이상의 치료비를 추가 부담할 능력이 없다는 이유로 계속 퇴원을 요구하자 퇴원을 지시하였는 바, 퇴원 후 A는 호흡정지로 사망 하였다.

[2] 판결요지

가. 살인죄에 있어서 범의의 인정 기준

살인죄에 있어서의 고의는 반드시 살해의 목적이나 계획적인 살해의 의도가 있어야 하는 것은 아니고 자기의 행위로 인하여 타인의 사망의 결과를 발생시킬 만한 가능 또는 위험이 있음을 인식하거나 예견하면 족한 것이고 그 인식 또는 예견은 확정적인 것은 물론 불확정적인 것이더라도 소위 미필적 고의로서 살인의 범의가 인정된다.

나. 甲과 乙의 죄책

보호자가 의학적 권고에도 불구하고 치료를 요하는 환자의 퇴원을 강청하여 담당 전문의와 주치의가 치료중단 및 퇴원을 허용하는 조치를 취함으로써 환자를 사망에 이르게 한 행위에 대하여 보호자, 담당 전문의 및 주치의가 부작위에 의한 살인죄의 공동정범으로 기소된 사안에서, 담당 전문의와 주치의에게 환자의 사망이라는 결과 발생에 대한 정범의 고의는 인정되나 환자의 사망이라는 결과나 그에 이르는 사태의 핵심적 경과를 계획적으로 조종하거나 저지 · 촉진하는 등으로 지배하고 있었다고 보기는 어려워 공동정범의 객관적 요건인 이른바 기능적 행위지배가 흠결되어 있다는 이유로 작위에 의한 살인방조죄만 성립한다(대법원 2004.6.24. 선고 2002도995 판결).

■ 판례사례 ■ **[살인의 고의가 인정되는 사례]**

(1) 브래지어로 강간피해자의 목을 조른 경우(대법원 1984.4.10. 선고 84도331 판결)
(2) 9세의 여자아이의 목을 졸라 실신시킨 후 떠나버린 경우(대법원 1994.12.22. 선고 94도2511 판결)
(3) 무술 교관 출신인이 무술의 방법으로 피해자의 울대를 가격한 경우(대법원 2000.8.18. 선고 2000도2231 판결)
(4) 버스를 운전하여 도로를 차단하고 있던 전경을 향하여 시속 50km로 돌진 한 경우(대법원 1988. 6.14. 선고 88도692 판결)
(5) 쇠파이프와 각목으로 피해자들의 머리와 몸을 마구 때리고 낫으로 팔과 다리를 난자한 경우(대법원 1994.3.22. 선고 93도3612 판결)
(6) 피해자와 언쟁 직후 과도를 숨기고 범행 현장에서 피해자를 기다리고 있다가 복부를 찌른 경

우(대법원 1986.5.27. 선고 86도420 판결)

(7) 건장한 체격의 군인이 왜소한 체격의 피해자를 폭행하고 특히 급소인 목을 설골이 부서질 정도로 세게 졸라 사망케 한 경우(대법원 2001.3.9. 선고 2000도5590 판결)

(8) 미성년자를 유인하여 포박·감금한 후 그 감금상태가 계속된 어느 시점에 살의가 생겨 위험발생을 방지하지 않고 피감금자를 그대로 방치한 경우(대법원 1982.11.23. 선고 82도2024 판결)

(9) 욕설에 크게 격분하여 흉기인 과도를 들고 달려가서 막바로 목(경부)을 흉기로 치명상을 입도록 힘껏 내리찔러 그 자리에서 바로 사망케 한 경우(대법원 1987.7.21. 선고 87도1091 판결)

(10) 과도를 들고 약 2킬로미터나 떨어진 곳까지 가서 그곳에 있던 피해자의 좌측 옆구리를 1회 찌름으로서 피해자로 하여금 병원으로 가던 중 사망에 이르게 한 경우(대법원 1986.7.8. 선고 86도1046 판결)

(11) 길이 70cm남짓의 아카시아 말목을 양손에 잡고 머리 등을 수회 구타하고 말목이 부러지자 주먹만한 돌을 들어 머리를 때려 우측두정부 함몰골절 등의 상해로 그 자리에서 사망케 한 경우(대법원 1986.12.9. 선고 86도2044 판결)

(12) 겁주려고 총알이 장전되어 있는 엽총의 방아쇠를 안전장치를 하지 않은 상태에서 잡고 있다가 총알이 발사되어 사망한 경우 ⇨ 접촉행위로 생겨난 단순한 오발사고가 아니라 살인의 고의가 있어 살인죄 성립(대법원 1997.2.25. 선고 96도3364 판결)

4. 위법성

(1) 일반적 위법성조각사유

○ 정당방위·정당행위는 살인죄의 위법성 조각사유에 해당한다.

○ 생명은 비교의 대상이 될 수 없고 스스로 처분 불가능한 것이므로 긴급피난, 피해자의 승낙에 의해서는 위법성이 조각되지 않는다.

(2) 안락사

직접적 안락사는 어떠한 상황에서도 허용되지 않으며, 간접적 안락사와 소극적 안락사의 경우만 일정한 요건 하에 허용되어 위법성이 조각된다.

〈안락사의 허용요건〉

① 환자가 불치의 병으로 사기에 임박하였을 것
② 환자의 육체적 고통이 차마 볼 수 없을 정도로 극심할 것
③ 환자의 고통을 완화하기 위한 목적으로 행할 것
  ✱ 환자의 정신적 고통을 완화시키기 위한 안락사는 허용되지 않는다.
④ 본인의 진지한 촉탁 또는 승낙이 있을 것
⑤ 원칙적으로 의사에 의하여 시행되고 그 방법이 윤리적으로 타당하다고 인정될 수 있을 것

■ 판례 ■ **연명치료 중단의 허용 기준**

[1] 의료계약에 따른 진료의무의 내용

환자가 의사 또는 의료기관(이하 '의료인'이라 한다)에게 진료를 의뢰하고 의료인이 그 요청에 응

하여 치료행위를 개시하는 경우에 의료인과 환자 사이에는 의료계약이 성립된다. 의료계약에 따라 의료인은 질병의 치료 등을 위하여 모든 의료지식과 의료기술을 동원하여 환자를 진찰하고 치료할 의무를 부담하며 이에 대하여 환자 측은 보수를 지급할 의무를 부담한다. 질병의 진행과 환자 상태의 변화에 대응하여 이루어지는 가변적인 의료의 성질로 인하여, 계약 당시에는 진료의 내용 및 범위가 개괄적이고 추상적이지만, 이후 질병의 확인, 환자의 상태와 자연적 변화, 진료행위에 의한 생체반응 등에 따라 제공되는 진료의 내용이 구체화되므로, 의료인은 환자의 건강상태 등과 당시의 의료수준 그리고 자기의 지식경험에 따라 적절하다고 판단되는 진료방법을 선택할 수 있는 상당한 범위의 재량을 가진다. 그렇지만 환자의 수술과 같이 신체를 침해하는 진료행위를 하는 경우에는 질병의 증상, 치료방법의 내용 및 필요성, 발생이 예상되는 위험 등에 관하여 당시의 의료수준에 비추어 상당하다고 생각되는 사항을 설명하여, 당해 환자가 그 필요성이나 위험성을 충분히 비교해 보고 그 진료행위를 받을 것인지의 여부를 선택하도록 함으로써 그 진료행위에 대한 동의를 받아야 한다. 환자의 동의는 헌법 제10조에서 규정한 개인의 인격권과 행복추구권에 의하여 보호되는 자기결정권을 보장하기 위한 것으로서, 환자가 생명과 신체의 기능을 어떻게 유지할 것인지에 대하여 스스로 결정하고 진료행위를 선택하게 되므로, 의료계약에 의하여 제공되는 진료의 내용은 의료인의 설명과 환자의 동의에 의하여 구체화된다.

[2] 연명치료 중단의 허용 기준

가. 의학적으로 환자가 의식의 회복가능성이 없고 생명과 관련된 중요한 생체기능의 상실을 회복할 수 없으며 환자의 신체상태에 비추어 짧은 시간 내에 사망에 이를 수 있음이 명백한 경우(이하 '회복불가능한 사망의 단계'라 한다)에 이루어지는 진료행위(이하 '연명치료'라 한다)는, 원인이 되는 질병의 호전을 목적으로 하는 것이 아니라 질병의 호전을 사실상 포기한 상태에서 오로지 현 상태를 유지하기 위하여 이루어지는 치료에 불과하므로, 그에 이르지 아니한 경우와는 다른 기준으로 진료중단 허용 가능성을 판단하여야 한다. 이미 의식의 회복가능성을 상실하여 더 이상 인격체로서의 활동을 기대할 수 없고 자연적으로는 이미 죽음의 과정이 시작되었다고 볼 수 있는 회복불가능한 사망의 단계에 이른 후에는, 의학적으로 무의미한 신체 침해 행위에 해당하는 연명치료를 환자에게 강요하는 것이 오히려 인간의 존엄과 가치를 해하게 되므로, 이와 같은 예외적인 상황에서 죽음을 맞이하려는 환자의 의사결정을 존중하여 환자의 인간으로서의 존엄과 가치 및 행복추구권을 보호하는 것이 사회상규에 부합되고 헌법정신에도 어긋나지 아니한다. 그러므로 회복불가능한 사망의 단계에 이른 후에 환자가 인간으로서의 존엄과 가치 및 행복추구권에 기초하여 자기결정권을 행사하는 것으로 인정되는 경우에는 특별한 사정이 없는 한 연명치료의 중단이 허용될 수 있다. 한편, 환자가 회복불가능한 사망의 단계에 이르렀는지 여부는 주치의의 소견뿐 아니라 사실조회, 진료기록 감정 등에 나타난 다른 전문의사의 의학적 소견을 종합하여 신중하게 판단하여야 한다.

나. 환자가 회복불가능한 사망의 단계에 이르렀을 경우에 대비하여 미리 의료인에게 자신의 연명치료 거부 내지 중단에 관한 의사를 밝힌 경우(이하 '사전의료지시'라 한다)에는, 비록 진료 중단 시점에서 자기결정권을 행사한 것은 아니지만 사전의료지시를 한 후 환자의 의사가 바뀌었다고 볼 만한 특별한 사정이 없는 한 사전의료지시에 의하여 자기결정권을 행사한 것으로 인정할 수 있다. 다만, 이러한 사전의료지시는 진정한 자기결정권 행사로 볼 수 있을 정도의 요건을 갖추어야 하므로 의사결정능력이 있는 환자가 의료인으로부터 직접 충분한 의학적 정보를 제공받은 후 그 의학적 정보를 바탕으로 자신의 고유한 가치관에 따라 진지하게 구체적인 진료행위에 관한 의사를 결정하여야 하며, 이와 같은 의사결정 과정이 환자 자신이 직접 의료인을 상대방으로 하여 작성한 서면이나 의료인이 환자를 진료하는 과정에서 위와 같은 의사결정 내용을 기재한 진료기록 등에 의하여 진료 중단 시점에서 명확하게 입증될 수 있어야 비로소 사전의료지시로서의 효력을 인정할 수 있다.

다. 한편, 환자의 사전의료지시가 없는 상태에서 회복불가능한 사망의 단계에 진입한 경우에는 환자에게 의식의 회복가능성이 없으므로 더 이상 환자 자신이 자기결정권을 행사하여 진료행위의 내용 변경이나 중단을 요구하는 의사를 표시할 것을 기대할 수 없다. 그러나 환자의 평소 가치관이나 신념 등에 비추어 연명치료를 중단하는 것이 객관적으로 환자의 최선의 이익에 부합한다고 인정되어 환자에게 자기결정권을 행사할 수 있는 기회가 주어지더라도 연명치료의 중단을 선택하였을 것이라고 볼 수 있는 경우에는, 그 연명치료 중단에 관한 환자의 의사를 추정할 수 있다고 인정하는 것이 합리적이고 사회상규에 부합된다. 이러한 환자의 의사 추정은 객관적으로 이루어져야 한다. 따라서 환자의 의사를 확인할 수 있는 객관적인 자료가 있는 경우에는 반드시 이를 참고하여야 하고, 환자가 평소 일상생활을 통하여 가족, 친구 등에 대하여 한 의사표현, 타인에 대한 치료를 보고 환자가 보인 반응, 환자의 종교, 평소의 생활 태도 등을 환자의 나이, 치료의 부작용, 환자가 고통을 겪을 가능성, 회복불가능한 사망의 단계에 이르기까지의 치료 과정, 질병의 정도, 현재의 환자 상태 등 객관적인 사정과 종합하여, 환자가 현재의 신체상태에서 의학적으로 충분한 정보를 제공받는 경우 연명치료 중단을 선택하였을 것이라고 인정되는 경우라야 그 의사를 추정할 수 있다.

라. 환자 측이 직접 법원에 소를 제기한 경우가 아니라면, 환자가 회복불가능한 사망의 단계에 이르렀는지 여부에 관하여는 전문의사 등으로 구성된 위원회 등의 판단을 거치는 것이 바람직하다.

[3] 연명치료 중단의 요건으로서 환자가 회복불가능한 사망의 단계에 진입하였고 연명치료 중단을 구하는 환자의 의사를 추정할 수 있는지 여부(적극)

담당 주치의, 진료기록 감정의, 신체 감정의 등의 견해에 따르면 환자는 현재 지속적 식물인간상태로서 자발호흡이 없어 인공호흡기에 의하여 생명이 유지되는 상태로서 회복불가능한 사망의 단계에 진입하였고, 환자의 일상생활에서의 대화 및 현 상태 등에 비추어 볼 때 환자가 현재의 상황에 관한 정보를 충분히 제공받았을 경우 현재 시행되고 있는 연명치료를 중단하고자 하는 의사를 추정할 수 있다(대법원 2009.5.21. 선고 2009다17417 전원합의체 판결).

5. 죄 수

피해자의 수에 따라 죄수 결정

■ 판례 ■ **단일한 살인의 범의하에 동일인에 대하여 수회의 예비 및 공격행위로서 살인한 경우와 죄수(= 포괄적으로 한 개의 살인죄)**

[1] 사실관계

甲은 자신의 형 乙을 살해할 목적으로 8. 29 및 9. 30 두 차례에 걸쳐 공격하였지만 실패하였으나 드디어 10. 2 乙을 살해하는데 성공하였다.

[2] 판결요지

살해의 목적으로 동일인에게 일시 장소를 달리하고 수차에 걸쳐 단순한 예비행위를 하거나 또는 공격을 가하였으나 미수에 그치다가 드디어 그 목적을 달성한 경우에 그 예비행위 내지 공격행위가 동일한 의사발동에서 나왔고 그 사이에 범의의 갱신이 없는한 각 행위가 같은 일시 장소에서 행하여 졌거나 또는 다른 장소에서 행하여 졌거나를 막론하고 또 그 방법이 동일하거나 여부를 가릴 것 없이 그 살해의 목적을 달성할 때까지의 행위는 모두 실행행위의 일부로서 이를 포괄적으로 보고 단순한 한 개의 살인미수죄로 처단할 것이지 살인예비 내지 미수죄와 동 기수죄의 경합죄로 처단할 수 없는 것이다(대법원 1965.9.28. 선고 65도695 판결).

6. 시체유기죄와의 관계

■ 판례 ■　**사람을 살해한 다음 그 범죄를 은폐하기 위해 시체를 유기한 경우의 죄수(= 실체 적 경합)**

[1] 사실관계

甲은 미리 준비한 쇠망치로 피해자의 후두부 등을 여러차례 내려쳐 살해하고 그녀 소유의 현금 및 가재도구 등을 강취한 다음 범죄의 흔적을 은폐하기 위하여 그 시체를 그의 방과 연결된 마루의 연탄아궁이 덮개를 열고 마루 밑으로 떨어뜨리고 다시 마루 밑 안쪽 깊숙이 밀어 넣은 다음 그 덮개를 닫아 시체를 유기하였다.

[2] 판결요지

사람을 살해한 다음 그 범죄의 흔적을 은폐하기 위하여 그 시체를 다른 장소로 옮겨 유기하였을 때에는 살인죄와 사체유기죄의 경합범이 성립하고 사체유기를 불가벌적 사후행위라 할 수 없다(대법원 1984. 11. 27. 선고 84도2263 판결).　☞ (甲은 강도살인죄와 시체유기죄의 경합범)

◖ II. 범죄사실 작성시 유의사항

1. 동 기

　살인의 동기는 정상을 명백히 밝히기 위해 이를 구체적으로 기재하는 것이 통례이다. 그러나 범행의 동기 또한 증거에 의하여 인정되는 것이 아니면 안 되므로 함부로 추상적 사실을 기재하거나 필요 이상으로 지나치게 장황한 기술은 피하는 것이 좋다.

2. 고 의

　가. 살인의 사실을 적시함에서는 상해치사와의 구별을 명백히 밝히기 위하여 사망의 결과에 관하여 예견이 있었던 점을 명확히 표시해야 한다.

　나. 처음부터 명확한 결의하고 범행한 경우에는 '살해할 것을 결의하여, 또는 기도하여'라고 쓰는 예가 많으며 이 경우에 고의의 존재는 스스로 명백하므로 거듭 행위 시에 사망의 결과를 예견하였다는 점을 기재할 필요가 없겠으나, 그렇지 아니한 경우에는 예컨대 '살의를 가지고, 사망에 이를 것을 알면서, 사망할지도 모른다는 것을 인식하면서도 감히'와 같이 적시할 필요가 있다.

3. 수단 · 방법

　살인의 수단, 방법은 정상을 명백히 밝히기 위하여서도 어느 정도 구체적으로 적시하여야 한다.

4. 사망의 결과

사망의 결과도 범죄구성사실의 일부인 만큼 사망의 일시, 장소도 구체적으로 적시하여야 한다. 다만, 즉사한 경우는 단지 '즉사케 하였다', '그 자리에서 사망하게 하였다' 등으로 기재하면 일시, 장소까지 아울러 나타낸 것으로 된다.

5. 인과관계(사인)

가. 피의자의 행위와 사망의 결과와의 사이에 차례로 생긴 과정(즉, 피해자의 신체에 제1차적으로 생긴 변화, 그 발전적 변화, 사망의 직접적 원인 된 증상 등)을 어느 정도 구체적으로 적시하지 않으면 안 된다.

나. 예컨대 '…흉부를 찌름으로써 사망하게 하였다'라고 쓰는 것은 충분하지 못하고 그에 의하여 생긴 창상정도, 그 창상에 의하여 다량의 출혈이 생긴 것, 그 출혈로 인하여 사망에 이른 것 등 그 정도를 적시할 필요가 있다. 이 경우 그 사이에 원인 결과의 관계가 있는 것을 '그 결과', '의하여', '…에 의한' 등의 말로 표시하면 좋다.

다. 미수의 경우에는 사망의 결과가 발생되지 아니하였음을 나타내기 위하여 '…을 입힘에 그치고 살해의 뜻을 이루지 못한 것이다', '살해함에 이르지 못한 것이다' 등으로 기재한다.

III. 범죄사실기재

[기재례1] 독살(毒殺)의 경우

1) 범죄사실 기재례

피의자는 20○○. ○. ○. ○○:○○경 ○○에 있는 피의자의 집에서 위 양주 속에 피의자가 그 이전에 구입하여 가지고 있던 농약 호리돌 유제(독물인 제칠, 파라니트로첼, 쵸호스트훼이트 약 43.19% 함유)○○CC를 떨어뜨려 혼입한 다음 같은 날 ○○:○○경 그 정을 모르는 피의자의 처 甲으로 하여금 ○○에 가서 피해자 乙에게 이를 전달하게 하였다.

이로써 이를 받은 위 乙이 같은 날 ○○:○○ ○○에서 그 술의 일부(맥주컵 약 반 정도)를 마심으로써 그곳에서 즉시 호리돌 복용에 의한 내인적 질식으로 사망하게 하여 그를 살해하였다.

2) 적용법조 : 제250조 제1항… 공소시효 없음

[기재례2] 교살(絞殺)의 경우

1) 범죄사실 기재례

피의자는……휴대한 길이 약 1m의 노끈 1개를 위 甲의 목 앞부분에 걸고 뒤에서 묶어 두 손으로 힘껏 잡아당겨 조름으로써 그 자리에서 질식으로 사망하게 그를 살해하였다.

2) 적용법조 : 제250조 제1항… 공소시효 없음

[기재례3] 보통살인의 경우

1) 범죄사실 기재례

피의자는 가정주부로서 남편인 피해자 甲(43세)이 평소 주색에 빠져 가정을 돌보지 아니하고 피의자와 자식들을 수시로 폭행하며 학대하는데 심한 불만을 품고 있었다. 피해자는 20○○. ○. ○. 22:00경 ○○에 있는 피의자의 집에서 피의자가 용돈을 많이 주지 않는다는 이유로 피의자의 얼굴과 가슴 등을 여러 차례 구타하고 집을 나갔다.

피의자는 폭행을 당한 아픔을 견디면서 홀로 자신과 자식들의 장래를 고민하다가 이대로 피해자와의 결혼생활을 계속하다가는 자신과 자식들은 굶어 죽고 가정이 파멸될 것이라는 생각이 들자 이제는 자식들의 장래를 위해서도 피해자를 살해할 수밖에 없다고 마음먹었다.

피의자는 20○○. ○. ○. 01:00경 피해자가 술에 취한 채 귀가하여 바로 잠자리에 들자, 같은 날 02:00경 깊이 잠든 것을 확인하고 그의 목에 노끈을 걸고 뒤에서 묶은 후 두 손으로 이를 힘껏 잡아당겨 졸라 그로 하여금 그 자리에서 경부압박에 의한 질식으로 사망하게 하여 피해자를 살해하였다.

2) 적용법조 : 제250조 제1항 … 공소시효 없음

[기재례4] 교통경찰관을 차에 매달고 질주하여 사망하게 한 경우

1) 범죄사실 기재례

피의자는 20○○. 12. 7. 21:40경 ○○에서 술을 마신 채 무면허로 산타페 승용차(차량번호)를 운전하다가 음주운전 단속 중인 경찰관 A에 의하여 음주운전으로 적발된 후 그로부터 음주측정을 위하여 하차할 것을 요구받게 되었다.

피의자는 상습적인 무면허, 음주운전 및 벌금 미납으로 인하여 구속되리라 판단하고 이를 면하기 위하여 도망하기로 마음먹었다. A가 피의자에게 하차할 것을 요구하면서 유리창이 내려진 운전석 문짝 창틀 아랫부분과 손잡이를 두 손으로 잡고 문을 열려고 하는 순간 차량을 출발시켰다가 계속하여 피해자가 자동차 문짝 창틀을 붙잡고 있는 상태에서 정지하라고 요구하였음에도 이를 무시한 채 곧바로 급가속조치를 취하였다.

이로써 미처 차량 문짝에서 손을 떼지 못한 A가 두 손으로 차량 문짝 아래 창틀과 뒤쪽 창틀을 붙잡고 매달려 있음에도 계속하여 더욱 급가속조치를 취하여 약 1.5km에 걸쳐 시속 약 120km가 넘는 속도로 진행하면서 차 문을 잡고 있던 A를 차에서 떨어뜨리기 위하여 1차로와 3차로를 가로지르면서 '지그재그' 식으로 운전하면서 다른 차들을 들이받고, 이어 도로 중앙에 설치된 철제 중앙분리대를 피의자 차량의 왼쪽 옆부분으로 그대로 들이받아 A가 자동차와 중앙분리대 사이에 끼인 상태에서 짓이겨지게 함으로써 그 충격으로 A를 사망하게 하여 그를 살해하였다.

2) **적용법조** : 제250조 제1항⋯ 공소시효 없음

[기재례5] 부부싸움으로 인한 살인

1) 범죄사실 기재례

피의자는 평소에 남편인 피해자 乙과 사이가 좋지 않아 자주 부부싸움을 하여 왔다.

피의자는 20○○. ○. ○. ○○:○○경 주거지에서 경영하던 갈빗집 내실에서 피해자와 또다시 부부싸움을 하다가 피해자로부터 모욕적인 말을 듣고 나가려고 하는데 피해자가 뒤에서 잡자 순간 이에 격분하여 피해자를 칼로 찔러 살해하기로 마음먹고, 출입구 쪽 도마 위에 있던 칼(크기)을 손에 들고 피해자의 왼쪽 가슴을 1회 깊이 찔러 피해자로 하여금 그 자리에서 심장자창으로 사망하게 하였다.

2) **적용법조** : 제250조 제1항 ⋯ 공소시효 없음

[기재례6] 살인, 시체유기

1) 범죄사실 기재례

피의자 甲은 ○○에 있는 ○○신용협동조합의 상무이사로서 피해자 A(57세)의 손아래 동서, 피의자 乙은 피의자 甲과 같은 친목계원, 피의자3은 피의자 甲의 친동생이다.

피의자 甲은 피해자 A와 그의 처인 피해자 B(50세)에게 20○○. 11. 1. ○○신협에서 ○○만 원을 대출받게 해 주는 등 그동안 여러 차례 ○○신협의 대출을 알선하여 주었으나, 피해자 부부는 사채업을 하여 변제할 돈이 있다고 생각되는데도 대출금의 원금은커녕 이자조차도 변제하지 않지만, 피의자 甲은 그 대출이 친·인척 대출로 ○○신협 내에서 책임을 추궁당하여 직장을 계속 다니기조차 어려워 그동안 집을 줄이면서까지 ○○만 원 상당을 대위변제하는 처지에 이른 데다가, 피의자 甲의 처인 丁이 바람을 피우는 문제로 피해자 부부와 평소 의논을 하면 이들이 오히려 丁의 편을 드는 등 심한 갈등 관계가 지속하여 오는 상황이었고, 피해자 부부가 그와 같이 대출금도 변제하지 않으면서 20○○. 5.경 ○○에 있는 자매식당을 인수하면서 피의자 甲에게 또다시 그 인수대금 등으로 ○○만 원의 추가대출을 부탁하는 등 뻔뻔하게 나오자 이들을 죽여버리기로 마음먹었다.

피의자 甲과 피해자 부부간의 그와 같은 사정을 잘 알고 있는 친동생인 피의자 3과 같은 친목계원으로 평소 친하게 지내는 피의자 乙을 끌어들인 다음, 피의자들은 범행에 이용할 전자충격기, 망치 등을 준비함과 동시에 인적이 드문 장소에서 피해자 부부를 살해, 유기한 후 되돌아올 차량으로 피의자 3이 다니는 회사 차량인 ○○80다1234호 봉고 화물차를 미리 준비하여 피해자 부부를 살해한 후 시체를 유기하여 교통사고로 가장하기로 결의하고, 공모하였다.

2) **적용법조** : 제250조 제1항, 제161조 제1항(시체유기)⋯ 공소시효 없음

[기재례7] 살인, 시체유기

가. 살인

피의자들은 20○○. 5. 26. 22:45경 ○○에 있는 평화주공아파트 앞길로 ○○에 있는 피해자 A의 처남이자 피의자 甲의 처남인 戊의 집으로 피해자 부부가 요구하는 ○○만 원의 추가대출에 대한 보증문제를 빙자하여 같이 가 보자며 피해자 부부를 함께 나오도록 하고, 이들의 식당인수를 축하한다는 뜻에서 맥주와 콜라를 샀다고 하면서 피해자 A가 운전하는 ○○2라1569호 쏘나타 승용차의 뒷좌석에 맥주와 콜라 한 상자씩을 실어 피해자 부부를 안심시켰다. 피의자 甲은 그 승용차의 조수석 뒷좌석에, 피의자 乙은 그 승용차의 운전석 뒷좌석에 각 승차하여 가던 중, 위와 같은 대출금 문제를 꺼내 시비를 걸면서 같은 날 23:00경 같은 동에 있는 전주−운암 간 우회도로 건설현장 교각 아래로 피해자 부부를 유인하여 피해자 A로 하여금 그 교각 밑에 승용차를 정차케 하였다.

피의자 乙은 그 승용차 안에서 피해자들과 주위의 동정을 살피면서 망을 보고, 피의자3은 그 부근에서 주위의 동정을 살피며 망을 보고, 피의자 甲은 미리 준비한 전자충격기를 이용하여 피해자들의 목덜미에 들이대어 먼저 충격을 가하고, 준비하여 간 길이 24cm가량의 망치와 그 승용차 안에 실었던 콜라병으로 피해자 A의 머리와 얼굴을 닥치는 대로 5회가량 힘껏 내리치고, 그 승용차의 조수석에 앉아 이를 목격하고 비명을 지르는 피해자 B의 머리를 그 망치와 콜라병으로 5회가량 힘껏 내리쳐 피해자들이 현장에서 두부손상 등으로 각각 사망하게 하여 피해자들을 각각 살해하였다.

나. 시체유기

피의자들은 "가항" 현장에서 피의자 甲은 그 승용차의 운전석에 사망한 채 앉아 있는 피해자 A를 조수석 쪽으로 밀어붙인 다음 운전석에 올라타 그 승용차를 운전하면서 피의자3에게 뒤따라오라고 지시하고, 피의자 2는 그 승용차의 뒷좌석에 탄 채 주위의 동정을 살피면서 같은 날 23:30경 그곳에서 9.3km가량 떨어진 ○○에 있는 경각산 8부 능선 공터로 피해자 부부의 시체를 싣고 갔다.

피의자 甲은 그 승용차에서 내려 피해자 A의 시체를 다시 운전석 쪽으로 앉힌 후, 봉고 화물차를 운전하고 뒤따라 온 피의자3에게 그곳 언덕 아래로 그 승용차를 밀어 버리도록 지시하고, 피의자 2는 계속하여 주위의 동정을 살피며 망을 보고, 피의자 3은 피의자 甲의 지시에 따라 봉고 화물차를 운전하여 승용차를 뒤에서 밀어 약 40m 언덕 아래 수풀 속으로 승용차와 함께 그 안에 있는 사망한 피해자 부부를 추락시키는 방법으로 시체를 유기하였다.

2) 적용법조 : 제250조 제1항, 제161조 제1항(시체유기)… 공소시효 없음

[기재례8] 주거 침입하여 부부살해

1) 범죄사실 기재례

가. 폭력행위 등 처벌에 관한 법률 위반(흉기등주거침입)

피의자는 200○. ○. ○. 11:00경 ○○부근에 ○○교회가 있는 피해자 홍길동(72세)의 단독주택에 이르러 뒤편 담장을 넘어 정원으로 침입하여 집안의 동태를 살피면서 코팅 목장갑으로 갈아끼고 잭나이프를 든 채 현관문을 열고 들어가 주거에 침입하였다.

나. 살인

피의자는 이렇게 침입한 후 안방 문을 열어젖혀 피의자를 보고 깜짝 놀라 자리에서 일어나려는 피해자 홍길동에게 앉으라고 하였으나 말을 듣지 않자 잭나이프로 피해자 홍길동의 목을 찔러 쓰러뜨린 후 재빨리 바꿔 든 해머로 머리를 수회 내리쳤다.

피해자 홍길동의 옆에 있던 홍길동의 처인 피해자 김삼순(여, 67세)이 장롱 속에 있는 돈을 꺼내주려 하자 "내가 돈 때문에 그런 것 같으냐." 라고 하면서 위 해머로 피해자 김삼순의 머리를 수회 내리쳐 쓰러뜨리고 그때까지 살아 움직이는 피해자 홍길동의 머리를 해머로 재차 내리쳐 피해자들을 각 두부손상으로 그 자리에서 사망에 이르게 함으로써 피해자들을 각각 살해하였다.

2) 적용법조 : 폭력행위등처벌에관한법률 제3조 제1항(흉기등주거침입), 형법 제250조 제1항… 공소시효 없음

[기재례9] 살인, 현주건조물방화

1) 범죄사실 기재례

피의자는 평소 처인 피해자 丙(여, 30세)이 집안의 금전관리를 도맡아 하면서 가정일 마음대로 처리하고 피의자의 부모·형제와 심한 불화를 빚어 온데다가 甲과 불륜관계를 맺어온 것을 눈치채고 그에 따라 위 피해자가 출산한 乙(여, 1세)이 피의자의 친자가 아닐지도 모른다고 의심하게 됨으로써 처에 대한 감정이 악화되어 있었다.

가. 살 인

피의자는 200○. 6. 11. 23:30경부터 다음날 06:30경 사이에 피의자가 피해자 乙, 丙과 함께 거주하여 오던 ○○에 있는 ○○아파트에서 피의자의 누나인 ○○○를 피의자가 개원할 예정이던 외과병원의 직원으로 채용하는 문제와 관련하여 丙과 다투다가 누적된 감정이 폭발하여, 아파트 베란다에 설치된 커튼줄을 잘라서 丙을 목조라 살해하였다

나. 현주건조물방화

피의자는 이렇게 살해한 후, 수사에 혼선을 주게 할 목적으로 피해자의 시체를 욕조에 넣고 더운물을 그 욕조 안에 채워 넣고, 한편 안방 장롱 안의 옷에 불을 붙여 안방 천장 등으로 타들어 가게 함으로써 주거로 사용하는 아파트를 태워 없앴다.

2) 적용법조 : 제250조 제1항, 제164조 제1항(현주건조물방화) … 공소시효 없음

[기재례10] 보험금 편취 살인교사

1) 범죄사실 기재례

피의자는 처 피해자 박○○(40세, 여)를 피보험자로 한 보험금을 받기 위해 교통사고를 가장하여 피해자를 살해하기로 마음먹고, 20○○. ○. ○.부터 같은 해 ○. ○.까지 약 3개월 사이에 피해자로 하여금 ○○화재 훼밀리케어설계(사망보험금 ○○만원) 등 6개의 보험에 사망보험금 합계 ○○만원 상당을 가입하도록 하였다.

피의자는 20○○. ○. ○.경 甲에게 전화하여 ○○에 있는 '○○다방' 으로 불러 차를 한 잔씩 마신 다음 같은 날 12:00경 ○○에 있는 '○○가든' 식당으로 자리를 옮겨 위 식당 방안에서, 위 甲과 함께 점심을 먹으면서 위 甲에게 "친구 부인이 바람을 피우는 못된 년인데 잡아야 한다. 그 여자 앞으로 보험을 들어놓았다." 라고 말하고, 위 甲이 "어떻게 하려고 그러느냐. 다 걸린다." 라고 하자, "보험사 직원하고도 짰으니 걱정하지 말라." 고 말하고, 위 甲 가 자리에서 일어나려고 하자 甲을 붙들면서 "직접 사람을 죽이라는 것은 아니고 내가 언덕배기에 차를 세워 놓을 테니 그 차만 툭 쳐서 언덕 아래로 떨어뜨리고 가기만 하면 된다. ○○에서 ○○으로 오는 고개가 있지 않으냐. 뺑소니로 해야 보험을 많이 탄다. 뺑소니로 하려면 가해 차량의 범퍼라도 하나 바닥에 떨어져 있어야 하니, 범퍼를 어디서 주워다 가라도 놓고 가서 뺑소니처럼 해야 한다. 그러면 ○○만원을 주겠다. ○○아빠도 어려운데 살아야 하지 않느냐." 고 말하였다.

피의자는 위 甲에게 위와 같이 피해자를 살해할 것을 교사하였으나, 위 甲이 이를 승낙하지 아니하여 그 뜻을 이루지 못하고 미수에 그쳤다.

2) 적용법조 : 제250조 제1항, 제31조 제1항, … 공소시효 없음

[기재례11] 영아살인

1) 범죄사실 기재례

피의자는 20○○. ○. ○. ○○:○○경 ○○에 있는 피의자의 집에서 진통의 기미가 있어 바로 여자아이를 분만하였다.

이렇게 분만한 영아는 피의자와 같이 근무하고 있는 유부남 홍길동과 정교하여 임신한 것이었기 때문에 이 분만 사실이 알려지면 위 홍길동과 같이 파면당할지도 모르며, 더구나 홍길동의 아내가 알면 처벌받을 것을 두려워한 나머지 그 영아를 살해하기로 마음먹었다.

이로써 피의자는 즉시 그곳에서 그 영아의 목을 눌러 그 영아가 급성질식사에 이르게 하여 살해하였다.

2) 적용법조 : 제250조 제1항 … 공소시효 없음

Ⅳ. 신문사항

1. 일반적 조사사항

가. 살해 동기·목적

1) 우발적
- 범행의 직접 원인·간접원인
- 제3자가 관련된 원인(원한·치정·세력다툼·보험금 사취·상속 재산 횡령·생활고 등)

2) 계획적
- 왜 살해하게 되었는가
- 언제 어떤 계획을 하였는가
- 언제 결의하였는가

나. 예비행위

1) 범행을 위하여 어떤 준비를 하였는가
2) 흉기·독극물 기타 범죄 공여물의 입수경로
- 대차(대여인), 자기소유, 무단사용(잠시차용) 등
- 매매(금액·수량)
- 은닉 장소·방법

3) 범행당시의 복장·휴대품 기타 몸차림, 흉기의 휴대방법

다. 범행지까지의 경로

- 언제·어디서 출발하였는가
- 어떠한 길을 통과했는가, 도중 특이한 일이나 만난 사람은 없었는가
- 언제 현장에 도착했는가

라. 범행일시

- 피의자의 범행일시 인식은 정확한가, 그 근거는 참고인의 진술과 합치되는가
- 해부 소견과 합치하는가

마. 범행장소

1) 살해한 장소

- 이웃집과의 관계 · 가옥의 구조 · 실내의 구조(출입구 · 시정, 가구 · 집기의 배치 상황 등)
- 가족의 상태 · 출입관계 · 명암상황
- 도로상 · 산야 · 전답 · 사찰 등의 경내 · 산중의 오두막 · 선차내 · 해변 · 공원 등
- 사람 · 차량의 교통량, 행락객 등의 상황
- 날씨 · 명암상황 등
- 인가 · 노점 등의 방향 · 거리관계
- 기타 특수한 상황 등의 유무

2) 왜 그 장소를 택하였는가

3) 현장은 참고인의 진술과 합치되는가

4) 범행장소의 지형 · 정경 · 지리적 상황 또는 목표물 등

바. 범행상황
- 범행직전 피해자와의 응대 상황(위치 · 언어 · 태도 등)
- 흉기 기타 범죄공여물(도검류 · 총기 · 독극물 · 끈 · 곤봉 · 기타)
- 흉기를 어떻게 사용하였는가(사용부위 · 방법 · 회수 · 정도)
- 피의자의 진술은 현장의 상황 · 참고인의 진술 · 해부소견과 합치되는가

사. 범의(犯意) 확정
- 살의는 확정적인가, 미필적인가
- 범행은 정당방위 · 긴급피난에 의한 것은 아닌가
- 사망결과에 대한 인식의 정도
- 흉기사용과 사용부위, 그 정도에 대한 인식은 확실한가
- 기타 범의를 추정할 수 있는 사항
- 자살미수, 유언의 존부, 죽여버리겠다는 호언, 흉기의 종류, 상해의 부위 · 정도 등

아. 신분관계(피해자와의 관계)
- 혈족 기타 친족관계의 유무
- 사교상 교제의 유무와 그 정도
- 경제상 거래관계의 유무
- 친지 · 고용관계의 유무
- 조직폭력배 · 의형제 결연 등 조직관계의 유무 및 그 상세한 내용
- 면식이 없을 때에는 인상 · 복장 · 특징 · 소지품 · 언어 · 태도 등

자. 범행후의 상황

　- 현장을 위장하거나 변경한 점은 없는가
　- 흉기 기타 범죄 공여물을 언제 어디서 처분했는가
　- 언제 · 어디서 · 어디를 거쳐 도주하였는가
　- 교통기관 이용의 여부 및 방법
　- 도주 중 특이한 일이나 만난 사람은 없는가

차. 공범관계

　- 모의의 유무와 일시 · 장소
　- 모의의 내용과 범위 · 방법
　- 분담한 임무와 실행내용
　- 교사자 · 방조자의 유무

카. 가해자의 정신상태

　- 심신상실 · 심신미약의 상태에 있었는가
　- 농아자인가
　- 주취의 여부(평소의 주량, 당일의 음주량, 음주한 장소, 주벽, 취기의 정도 등)

2. 신문 例

　- 피의자는 홍길동을 알고 있는가
　- 홍길동을 사망하게 한 사실이 있는가
　- 언제 어디에서
　- 살해할 당시 누구와 함께 있었는가
　- 살해한 이유는
　- 언제부터 살해할 것을 결심하였나
　- 무엇을 이용 살해하였나(방법, 살해도구 등)
　- 흉기는 언제 어디에서 구입
　- 그 흉기는 어떠한 방법으로 사용하였나
　- 살해 후 어떻게 하였는가
　- 홍길동의 사망사실을 어떻게 알았나

제2절 존속살해

> 제250조(살인, 존속살해) ② 자기 또는 배우자의 직계존속을 살해한 자는 사형, 무기 또는 7년 이상의 징역에 처한다.
> 제254조(미수범) 제250조, 제252조 및 제253조의 미수범은 처벌한다.
> 제255조(예비, 음모) 제250조와 제253조의 죄를 범할 목적으로 예비 또는 음모한 자는 10년 이하의 징역에 처한다.

 ## Ⅰ. 구성요건

1. 주 체

직계비속 또는 그 비속의 배우자

2. 객 체

자기 또는 배우자의 직계존속

(1) 직계존속

○ 직계존속은 법률상의 개념으로 민법의 규정에 따라 정해지나 반드시 가족관계등록부의 기재가 기준이 되는 것은 아니다.

○ 민법상의 직계존속은 혈족에 한하고 인척은 제외된다.

〈직계존속 여부가 문제 되는 경우〉

혼인외의 출생자	생 부	○ 인지한 경우에는 직계존속에 해당 ○ 인지하기 전에는 직계존속에 해당하지 않음
	생 모	인지나 출생신고가 없어도 자의 출생으로 당연히 직계존속에 해당
입양자	양부모	직계존속에 해당
	실부모	직계존속에 해당

■ 판례 ■ **개구멍받이를 친생자로 출생신고하여 양육한 사실상의 모가 존속인지의 여부(소극)**

[1] 사실관계

乙녀는 문전에 버려진 영아 甲을 주어다 기르고 친생자인 것처럼 출생신고를 하였으나, 甲과 乙녀사이에는 입양의 요건은 갖추어지지 않았다. 甲은 성인이 된 이후에 자신을 기른 乙녀를 살해하였다.

[2] 판결요지

피살자(여)가 그의 문전에 버려진 영아인 피고인을 주어다 기르고 그 부와의 친생자인것 처럼 출생신고를 하였으나 입양요건을 갖추지 아니하였다면 피고인과의 사이에 모자관계가 성립될 리 없으므로, 피고인이 동녀를 살해하였다고 하여도 존속살인죄로 처벌할 수 없다(대법원 1981.10.13. 선고 81도2466 판결).

■ 판례 ■ **사실과 달리 호적상에 부로 등재되어 있는 자가 존속에 해당하는지 여부(소극)**

[1] 사실관계

피고인은 호적부상 아버지A와 어머니B사이에 태어난 친생자로 등재되어 있으나 사실은 6.25 사변당시 A가 집을 떠나 객지로 다니면서 행상을 하는 사이에 B가 식모살이를 하면서 성명불상인과 정교관계를 맺어 출생한 甲이 A를 살해하였다.

[2] 판결요지

친자관계라는 사실은 호적상의 기재여하에 의하여 좌우되는 것은 아니며 호적상 친권자라고 등재되어 있다 하더라도 사실에 있어서 그렇지 않은 경우에는 법률상 친자관계가 생길 수 없다 할 것인바, 피고인은 호적부상 피해자와 모 사이에 태어난 친생자로 등재되어 있으나 피해자가 집을 떠난 사이 모가 타인과 정교관계를 맺어 피고인을 출산하였다면 피고인과 피해자 사이에는 친자관계가 없으므로 존속살해죄는 성립될 수 없다(대법원 1983.6.28. 선고 83도996 판결). ☞ (甲은 보통살인죄)

■ 판례 ■ **양자가 친생부모를 살해한 경우, 존속살해죄의 성부(적극)**

양자가 양가 친족과 법정 혈족관계를 맺더라도 친생부모와의 자연혈족관계는 소멸하지 않는다(대법원 1967.1.31. 선고 66도1483 판결).

■ 판례 ■ **피고인이 입양의 의사로 친생자 출생신고를 하고 자신을 계속 양육하여 온 사람을 살해한 경우**

피해자는 그의 남편인 공소외인과 공동으로 피고인 겸 피치료감호청구인을 입양할 의사로 1978. 3. 16. 피고인을 친생자로 출생신고를 하고 피고인을 양육하여 오다가 위 공소외인이 1984년경 사망한 후에도 계속하여 피고인을 양육하여 온 사실을 알 수 있는바, 그렇다면 위 법률규정과 법리에 비추어 피고인을 친생자로 한 출생신고는 피해자와 피고인 사이에서도 입양신고로서 효력이 있으므로 피고인은 피해자의 양자라고 할 것이고, 피고인이 피해자를 살해한 경우 존속살해죄가 성립한다(대법원 2007.11.29. 선고 2007도8333 판결).

(2) 배우자

○ 민법상 적법한 혼인절차를 거친 법률상의 배우자만을 의미하므로 사실혼관계에 있는 자는 배우자가 아니다.

○ 배우자는 현재의 배우자만을 의미하므로 과거에 배우자이었던 자 또는 배우자가 될 자는 여기에 포함되지 않는다.

○ 배우자의 신분관계는 실행행위의 착수시기에 존재하면 족하므로 동일기회에 배우자를 먼저 살해하고 계속하여 그의 존속을 살해한 경우(**例**, 甲이 자기 처를 살해한 후, 자기의 장인과 장모를 계속하여 살해한 경우)에는 본죄가 성립한다.

3. 주관적 구성요건

자기 또는 배우자의 직계존속을 살해한다는 인식과 의사가 있을 것

■ 판례 ■ **타인을 직계존속을 오인하고 살해한 경우 존속살해죄의 성립여부(소극)**

[1] 사실관계

> 甲은 乙을 살해하려고 하였으나 범행 당일 깜깜한 밤중이었고 사람이 많아 혼잡한 상황에서 공범의 독촉을 받자 자신의 장모 丙을 乙로 오인하고 살해하였다.

[2] 판결요지

직계존속임을 인식치 못하고 살인을 한 경우는 형법 제15조 소정의 특히 중한 죄가 되는 사실을 인식하지 못한 행위에 해당한다(대법원1960.10.31. 선고 4293형상494 판결).   ☞ (존속살해죄가 성립하나 보통살인죄로 처벌)

4. 공 범

본죄는 살인죄에 대하여 신분관계로 인하여 형이 가중되는 경우이므로 신분없는 자에 대하여는 형법 제33조 단서가 적용된다.

- 甲과 乙이 공동으로 甲의 父를 살해한 경우 ⇨ 甲의 존속살인죄와 乙의 보통살인죄의 공동정범 성립
- 甲이 乙을 교사 또는 방조하여 乙의 父를 살해하게 한 경우 ⇨ 甲은 보통살인죄의 교사 또는 방조범, 乙은 존속살인죄의 정범이 성립
- 甲이 乙을 교사 또는 방조하여 甲의 父를 살해하게 한 경우 ⇨ 甲은 존속살인죄의 교사 또는 방조범, 乙은 보통살인죄가 성립

● Ⅱ. 범죄사실기재 및 신문사항

1) 범죄사실 기재례 - [상속관련 부친 살해]

> 피의자는 2남 1녀의 장남으로 미혼인 상태에서 아버지인 피해자 홍길동(81세)과 같이 살고 있었다.
> 피의자는 20○○. ○. ○. 21:00경 ○○에 있는 피의자의 집에서 동생을 배제하고 피해자 소유로 되어 있는 위 집을 물려받을 의도로 피해자와 저녁식사를 하면서 집을 물려 달라고 하였으나 답변을 하지 않자 위 집을 독차지할 욕심으로 피해자를 살해하기로 마음먹었다.
> 피의자는 식당에 있던 부엌칼(크기)을 들고 안방으로 들어가 텔레비전을 보고 있던 피해자 뒤로 접근하여 칼로 피해자의 등을 2회 찌르고 옆으로 쓰러진 피해자의 가슴부분을 3회 찔려 그 자리에서 폐장과다출혈에 의한 허혈성쇼크로 사망케하였다.
> 이로써 피의자는 직계존속인 위 피해자를 살해하였다.

2) **적용법조** : 제250조 제2항… 공소시효 없음

3) **신문사항**

- 홍길동과 어떤 관계인가
- 가족관계는 어떻게 되는가
- 아버지를 살해한 일이 있는가
- 언제 어디에서 살해하였는가
- 왜 살해하게 되었는가
- 언제 어떤 계획을 하였는가
- 언제 결의하였는가
- 범행을 위하여 어떤 준비를 하였는가
- 범행직전 피해자와의 응대 상황(위치 · 언어 · 태도 등)
- 흉기를 어떻게 사용하였는가(사용부위 · 방법 · 회수 · 정도)
- 흉기사용과 사용부위, 그 정도에 대한 인식은 확실한가
- 당시 사용한 칼은 어떻게 하였는가

제3절 촉탁, 승낙에 의한 살인 등

제252조(촉탁, 승낙에 의한 살인 등) ① 사람의 촉탁이나 승낙을 받아 그를 살해한 자는 1년 이상 10년 이하의 징역에 처한다.
제254조(미수범) 제250조, 제252조 및 제253조의 미수범은 처벌한다.

 I. 구성요건

1. 객 체

자신에게 살해를 촉탁이나 승낙을 한 자

(1) 촉탁 · 승낙을 한 자

행위자 이외의 자연인이면 일반인이건 행위자나 그 배우자의 직계존속이건 불문한다.

(2) 촉탁 · 승낙자의 능력

촉탁 · 승낙자는 죽음의 의미를 이해할 능력이 있고, 살해에 대한 촉탁 · 승낙의 효과를 판단할 능력이 있는 자이어야 한다. 따라서 유아나 심신상실자와 같이 그 의미를 이해할 수 없는 자를 살해한 때에는 보통살인죄가 성립한다.

2. 행 위

촉탁이나 승낙을 받아 살해하는 것

(1) 촉탁이나 승낙

촉탁이란 이미 죽음을 결의한 자로부터 살해의 부탁을 받는 것을 의미하고, 승낙이란 이미 살해의 의사를 가진 자가 피해자로부터 살해에 대한 동의를 받는 것을 의미한다.

(2) 촉탁 · 승낙의 방법

○ 촉탁 · 승낙은 피해자 자신이 한 것이어야 하며, 명시적 촉탁만 인정된다. 다만 승낙의 경우에는 묵시적으로도 가능하다.
○ 촉탁 · 승낙은 살해행위 이전에 있을 것을 요하며, 촉탁 · 승낙은 언제든지 취소할 수 있다.
○ 촉탁 · 승낙은 피해자의 자유의사에 의한 진지한 것이어야 한다.
○ 촉탁 · 승낙의 상대방은 특정될 것을 요하지 않으나, 특정되어 있는 경우에는 제3자에 대해서는 본죄가 성립하지 않는다.

(3) 착수 및 기수시기

행위자가 살해행위를 개시한 때 실행의 착수가 인정되고, 피해자를 살해한 때 기수가 된다.

3. 주관적 구성요건

촉탁이나 승낙에 의하여 사람을 살해한다는 인식과 의사가 있을 것

- ○ 촉탁·승낙이 없었는데 있다고 오인한 경우 ⇨ 촉탁·승낙살인의 고의로 보통살인의 결과가 발생한 경우로 제15조 제1항이 적용되어 촉탁·승낙에 의한 살인죄의 고의·기수범이 성립
- ○ 촉탁·승낙이 있었는데 없었다고 오인한 경우 ⇨ 보통살인의 고의로 촉탁·승낙에 의한 살인의 결과가 발생한 경우로 보통살인죄의 기수범이 성립

II. 범죄사실기재 및 신문사항

1) 범죄사실 기재례 - [자살하려는 자의 촉탁을 받아 살해한 경우]

피의자는 자폐증으로 투병 중인 홍길동과 같이 ○○에서 거주하고 있다.

피의자는 20○○. ○. ○. ○○:○○경 귀가하여 보니 위 홍길동이 면도칼로 목을 베어 자살하려다 그 뜻을 이루지 못하고 있는 것을 목격하고 병원으로 후송하려고 하자 위 홍길동이 "의사를 불러도 소용없으니까 제발 나를 죽여 달라"라고 사정하므로 괴로워하는 것을 애처롭다고 생각하고 그곳에 있던 넥타이로 위 홍길동의 목을 감고 졸라매어서 즉시 그곳에서 그로 하여금 숨 막히게 하여 위 홍길동의 촉탁을 받아 그를 살해하였다.

2) 적용법조 : 제252조 제1항(촉탁살인) … 공소시효 10년

3) 신문사항

- 홍길동과 어떤 관계인가
- 홍길동이 자살하려고 하는 것을 목격한 일이 있는가
- 언제 어디에서 목격하였나
- 홍길동이 어떻게 자살하려고 하던가
- 이를 보고 피의자는 어떻게 하였나
- 홍길동이 무엇 때문에 자살한다고 하던가
- 왜 병원으로 호송하지 않았나
- 홍길동이 뭐라면서 죽여 달라하던가
- 어떤 방법으로 홍길동을 죽였는가
- 홍길동이 진정으로 죽여달라고 하던가
- 그런다고 홍길동을 죽였다는 것인가
- 죽이지 않으면 안 될 사유라도 있었는가

제4절 자살 교사 · 방조

제252조(촉탁, 승낙에 의한 살인 등) ① 사람의 촉탁이나 승낙을 받아 그를 살해한 자는 1년 이상 10년
이하의 징역에 처한다.
② 사람을 교사하거나 방조하여 자살하게 한 자도 제1항의 형에 처한다.
제254조(미수범) 제250조, 제252조 및 제253조의 미수범은 처벌한다.

 ## Ⅰ. 구성요건

1. 주 체

자살자를 제외한 자연인

2. 객 체

타인인 사람

○ 본죄의 객체는 자살의 의미를 이해할 능력이 있고, 자살을 판단할 능력이 있는
자에 국한된다. 따라서 자살의 의미를 이해할 수 있는 능력이 없는 자(例, 유아, 정
신병자)를 교사 또는 방조한 때에는 본죄가 아니라 살인죄의 간접정범이 성립한다.

○ 존속을 교사 또는 방조하여 자살하게 한 경우에도 본죄가 성립한다.

■ 판례 ■ **7세, 3세 남짓된 어린자식들에게 함께 죽자고 권유하여 익사하게 한 경우의 죄책
(= 보통살인죄)**

피고인이 7세, 3세 남짓된 어린 자식들에 대하여 함께 죽자고 권유하여 물속에 따라 들어오게 하여
결국 익사하게 하였다면 비록 피해자들을 물 속에 직접 밀어서 빠뜨리지는 않았다고 하더라도 자살
의 의미를 이해할 능력이 없고 피고인의 말이라면 무엇이든 복종하는 어린 자식들을 권유하여 익사
하게 한 이상 살인죄의 범의는 있었음이 분명하다(대법원 1987.1.20. 선고 86도2395 판결).

3. 행 위

타인의 자살을 교사하거나 방조하는 것

(1) 자살교사

자살할 의사가 없는 사람에게 자살을 결심하게 하는 것으로 교사의 수단 · 방법에는
제한이 없다.

✽ 위계나 위력에 의한 교사로서 자살을 결의하게 한 경우에는 위계 · 위력에 의한 살인죄가 성립한다.

■ 판례 ■ **자살 이외의 방법을 선택하는 것이 극히 곤란한 상황에 처하여 자살한 경우**

[1] 사실관계

미장원을 경영하던 甲은 종업원인 乙녀가 자기의 남편과 불륜관계에 빠지자 은혜를 원수로 갚는 자는 죽어도 마땅하다고 생각하며 乙의 몸에 석유를 뿌리고 1회용 가스라이터를 주면서 "죽을 자신이 있으면 죽어라."고 말하였다. 乙은 甲의 추궁에 압박을 받은 나머지 이를 모면하고자 건네받은 라이터로 자신의 몸에 불을 붙여 즉석에서 전신화염화상으로 사망하였다.

[2] 판결요지

피해자가 자살 이외의 방법을 선택하는 것이 극히 곤란한 상황에 처하여 자살에 이를 정도의 것이었다고 합리적 의심을 배제할 정도로 단정하기는 부족하고, 이 경우에 자살교사죄가 성립한다(부산고법1996.10.30. 선고 96노502판결).

(2) 자살방조

이미 자살을 결심하고 있는 자에게 유형적·무형적 방법으로 그 자살행위를 돕는 일체의 행위(例, 총이나 독약 등 자살도구를 제공하는 경우, 고통없이 자살할 수 있는 기술적 조언이나 정신적 격려, 인터넷 자살 사이트 운영)

■ 판례 ■ **판매대금 편취의 목적으로 인터넷 자살사이트에 청산염 등 자살용 유독물 판매광고의 글을 게시한 행위가 자살방조에 해당하는지 여부(소극)**

[1] 사실관계

甲은 실제로는 청산염을 소지한 바도 없이 단지 금원 편취의 의도로 인터넷 자살사이트에 청산염 등 자살용 유독물의 일반적 효능소개를 곁들인 판매 광고용 글을 올리고, 이에 관심을 보인 乙 등과의 사이에 위 청산염 구입을 위한 상담용 이메일을 주고받고 통화까지 하였다. 그런데 어느 날 乙은 甲이 실제로 청산염을 소지한지 않은 사실을 알아채고는 다른 경로를 통해 청산염을 입수한 다음 자살을 계획하고 있는 丙 등을 그의 소재지로 불러 모아 동반 자살하였다.

[2] 판결요지

가. 자살방조죄의 성립요건 및 방조의 방법

형법 제252조 제2항의 자살방조죄는 자살하려는 사람의 자살행위를 도와주어 용이하게 실행하도록 함으로써 성립되는 것으로서, 그 방법에는 자살도구인 총, 칼 등을 빌려주거나 독약을 만들어 주거나 조언 또는 격려를 한다거나 기타 적극적, 소극적, 물질적, 정신적 방법이 모두 포함된다 할 것이나, 이러한 자살방조죄가 성립하기 위해서는 그 방조 상대방의 구체적인 자살의 실행을 원조하여 이를 용이하게 하는 행위의 존재 및 그 점에 대한 행위자의 인식이 요구된다.

나. 甲의 죄책

피고인이 인터넷사이트 내 자살 관련 카페 게시판에 청산염 등 자살용 유독물의 판매광고를 한 행위가 단지 금원 편취 목적의 사기행각의 일환으로 이루어졌고, 변사자들이 다른 경로로 입수한 청산염을 이용하여 자살한 사정 등에 비추어, 피고인의 행위는 자살방조에 해당하지 않는다(대법원 2005.6.10. 선고 2005도1373 판결).

(3) 자살교사 · 방조의 방법

작위뿐만 아니라 처가 자살하려는 것을 보고도 방치하여 처가 사망한 경우와 같이, 자살교사 · 방조죄는 부작위에 의하여도 가능하다.

(4) 착수 및 기수시기

실행의 착수시기는 자살관여자가 자살을 교사 · 방조한 때이고 피해자의 자살이 완료되어 사망의 결과가 발생한 때 기수가 된다.

✽ 교사 또는 방조에 의해 자살을 시도하였으나 실패한 경우뿐만 아니라, 자살을 교사 또는 방조하였으나 피교사 · 방조자가 자살을 거절하거나 자살행위에 나아가지 않은 때에도 본죄의 미수에 해당한다.

4. 주관적 구성요건

타인에게 자살을 교사 · 방조하여 타인으로 하여금 자살을 결의케 하거나, 자살을 용이하게 한다는 인식과 의사가 있을 것

5. 합의동사

합의에 의해 공동자살을 기도하였으나 그 중 1인이 살아남은 경우에 생존자를 본죄에 의하여 처벌할 수 있느냐가 문제된다.

- 자신은 죽을 의사 없이 함께 자살할 것처럼 속여 상대방만 자살하게 한 경우 ⇨ 위계에 의한 살인죄
- 함께 죽을 의사로 서로 합의하에 자살하였으나 자기만 살아남은 경우 ⇨ 자살방조죄
- 함께 죽을 의사로 상대방을 설득하여 자살하였으나 자기만 살아남은 경우 ⇨ 자살교사죄
- 단순히 두 사람이 함께 자살을 한 사실이 있을 뿐인 경우 ⇨ 불가벌

II. 범죄사실기재 및 신문사항

[기재례1] 자살방조 미수

1) 범죄사실 기재례

피의자는 20○○. ○. ○. ○○:○○경 ○○에 있는 ○○모텔 301호실에서 유부녀인 피해자 홍길녀와 간통한 사실에 대하여 죄의식을 느낀 나머지 그녀에게 동반 자살할 것을 제의하여 그녀에게 이를 결심하게 하고 미리 구입해 가지고 있던 ○○수면제 ○○개를 각 ○○개씩 나누어 그녀에게 먹게 하였으나 그녀로 하여금 전신경련증을 일으키게 하는데 그쳐 그 뜻을 이루지 못하고 미수에 그쳤다.

2) 적용법조 : 제252조 제2항(자살방조), 제254조(미수) … 공소시효 10년

3) 신문사항

- 홍길녀를 알고 있는가
- 언제부터 알고 지냈는가
- 위 홍길녀와 어떤 관계인가
- 홍길녀와 동반자살하려고 한 일이 있는가
- 언제 어디에서 그랬는가
- 어떤 방법으로 동반자살하려고 하였나
- 그 수면제는 누가 구입하였나
- 언제 어디에서 얼마를 구입하였나
- 누가 자살하자고 제의를 하였나
- 홍길녀도 피의자의 행위에 동의하던가
- 누가 수면제를 먼저 먹었는가

[기재례2] 분신자살을 도와 자살방조

1) 범죄사실 기재례

피의자는 망 홍길동이 ○○사유로 분신자살을 하겠다는 생각하고 있음을 알고 그 실행을 용이하게 도와주기로 마음먹었다.

피의자는 20○○. ○. ○.경 ○○에서 리포트 용지에 검은색 사인펜으로 유서 2장을 작성하여 줌으로써 유서내용에 의하여 위 망인에게 그의 분신자살이 조국과 민족을 위한 행위로 미화될 것이며 사후의 장례의식을 포함한 모든 문제도 ○○운동연합에서 책임진다는 것을 암시하는 방법으로 분신자살의 실행을 용이하게 도와주어 망인의 자살을 방조하였다.

2) 적용법조 : 제252조 제2항(자살방조) … 공소시효 10년

[기재례3] 유독물 판매로 자살방조

1) 범죄사실 기재례

가. 화학물질관리법 위반

피의자는 환경부장관에게 유독물판매업 등록을 하지 아니하고, 20○○. ○. ○.경 ○○에 있는 철물점에서, 인터넷상의 '화공약품'이란 사이트에서 알게 된 甲으로부터 사이안화칼륨(속칭 청산가리) 1kg을 ○○만원에 구입한 뒤 불특정 다수인을 상대로 4g당 ○○만원에 판매하기로 마음먹었다.

피의자는 20○○. ○. ○.18:00경 ○○에 있는 ○○역 앞 육교계단에서, 성명을 알 수 없는 자(남, 30대 중반)에게 사이안화칼륨 4g을 ○○만원을 받고 판매한 것을 비롯하여 그때부터 20○○. 12. 27. 18:00경까지 사이에 별지 범죄일람표 기재와 같이 3회에 걸쳐 총 12g의 시안화칼륨 ○○만원 상당을 판매하였다.

나. 자살방조

피의자는 20○○. 12. 27. 18:00경 ○○에 있는 ○○커피점에서, 자살을 결의하고 피의자의 전자메일로 연락해 온 피해자 홍길동을 만나 그가 자살할 생각으로 위 시안화칼륨을 사려고 한다는 정을 알면서도 그에게 시안화칼륨 4g을 ○○만원을 받고 판매하면서 그 음용 방법 등을 알려 주었다.

위 홍길동은 이렇게 구입한 시안화칼륨을 20○○. 1. 21.경 먹고 ○○에 있는 ○○병원에서 치료를 받던 중 20○○. ○. ○.경 사이안화칼륨중독으로 사망하게 하여 피해자의 자살을 방조하였다.

2) 적용법조 : 제252조 제2항, 제1항 화학물질관리법 제58조 제4호, 제28조 제2항 ··· 공소시효 10년

[기재례4] 심장병 아들에게 권유하여 자살시킨 경우

1) 범죄사실 기재례

피의자는 선천성 심장병으로 고생하고 있는 자기의 아들 홍길동(20세)이 최근 병세가 더 악화되어 가족들의 간호 없이 생활하기 곤란하여 아들과 같이 죽으리라고 마음먹었다.

피의자는 20○○. ○. ○. 16:00경 피의자의 집에서 아들에게 함께 자살하자고 권유하여 그로 하여금 그 뜻을 받아들이게 한 후 그 자리에서 미리 준비한 청산가리 한 봉지를 몰래 타서 마시게 하여 청산가리 중독으로 죽음에 이르게 하여 그의 자살을 교사하였다.

2) 적용법조 : 제252조 제2항(자살교사) ··· 공소시효 10년

3) 신문사항

- 홍길동과 어떤 관계인가
- 홍길동이 장애인인가
- 홍길동으로 하여금 자살하게 교사한 일이 있는가

- 언제 어디에서 그랬는가

- 뭐라면서 자살하도록 하였나

- 어떤 방법으로 자살하게 하였나

- 청산가리는 언제 어디에서 구하였는가

- 아들에게만 청산가리를 먹게하였나

- 아들도 청산가리를 탄 물이라는 것을 알고 먹었나

- 피의자도 청상가루 물을 먹었는가

- 왜 피의자는 먹지 않았는가

- 처음부터 아들만 먹여 죽게 하려고 한 것이 아닌가

[기재례5] 번개탄 이용 동발자살

1) 범죄사실 기재례

피의자는 20○○. 4. 중순경 우울증 등으로 인해 신변을 비관하여 SNS '트위터' 앱을 통해 동반 자살할 사람을 찾던 중 피해자 갑(50세)과 함께 번개탄을 피워 자살하기로 하였다.

피의자는 20○○. ○. ○. 저녁경 KTX ○○역에서 피해자를 만나 ○○에 있는 피해자의 주거지 부근 마트에서 자살할 때 필요한 번개탄, 석쇠, 투명테이프를 구입한 후 피해자의 주거지에 들어갔다.

피의자는 위 피해자의 주거지에서, 피해자와 술을 마신 후 번개탄 연기가 새어나가지 않도록 함께 투명테이프를 이용하여 창문 틈을 밀봉하고, 피해자가 가지고 있던 수면제 불상량을 건네받아 이를 복용하여 잠이 들고, 곧이어 피해자는 석쇠 위에 번개탄을 올려놓고 불을 붙이고 수면제 불상량을 복용하여 잠이 들어 결국 피해자는 위 무렵부터 같은 날 22:00경 사이에 일산화탄소 중독으로 인하여 사망하고, 피의자는 위 주거지에 찾아온 피해자의 누나에 의해 발견되고 119 응급 후송되어 살아났다.

이로써 피의자는 피해자의 자살을 방조하였다.

2) 적용법조 : 제252조 제2항 … 공소시효 10년

제5절 위계 등에 의한 촉탁살인 등

제253조(위계 등에 의한 촉탁살인 등) 전조의 경우에 위계 또는 위력으로써 촉탁 또는 승낙하게 하거나
  자살을 결의하게 한 때에는 제250조의 예에 의한다.
제254조(미수범) , 제255조(예비, 음모)

 Ⅰ. 구성요건

1. 행 위

위계·위력으로 사람의 촉탁 또는 승낙을 받아 사람을 살해하거나 혹은 자살하게 하는 것

(1) 위계·위력

위계란 목적·수단을 상대방에게 알리지 않고 그의 부지나 착오를 이용하여 살해의
목적을 달성하는 것을 말하고, 위력이란 사람의 의사를 제압할 수 있는 유형·무형의
힘을 사용하는 것으로, 물리적인 폭행이나 협박과 함께 사회적·권력적 지위 등을 이
용하는 것도 포함한다.

(2) 위계·위력의 정도

위계와 위력은 상대방의 의사결정의 자유를 억압할 만한 것이어야 한다.
  ○ 위계와 위력이 상대방의 의사결정의 자유를 억압할 정도에 미치지 못하는 경우
      ⇨ 촉탁·승낙살인죄, 자살교사죄(제252조)
  ○ 저항할 수 없는 위력을 행사하여 자살하게 한 경우 ⇨ 위계·위력에 의한 살인죄
      의 간접정범

■ 판례 ■   **위력자살결의죄에 있어서 위력의 정도**

위력자살결의죄는 자살의 의사가 없는 사람으로 하여금 위력을 이용하여 자살하도록 결의하게 함으로
써 성립되는 것이고 그 법정형이 살인죄에 준하도록 규정되어 있음에 비추어 살인에 버금갈 정도의 죄
책을 질 경우이어야 하므로 자신의 처와 정을 통한 피해자를 수일간에 걸쳐 폭행·협박하고 심하게 책
임추궁을 하여 피해자가 죄책감에 괴로워하던 끝에 자살을 결의하게 되었다 하더라도 그러한 사정만으
로는 위력자살결의죄가 성립되지 아니한다(서울고법 1989.2.24. 선고 88노3543 판결).

(3) 촉탁·승낙이 없는 경우

촉탁 또는 승낙을 받지 아니하고 사람을 살해한 경우, 즉 위계에 의해 바로 살인
(例, 독약이 든 커피를 커피라고만 속여 살인)하면 보통살인죄가 성립한다.

(4) 착수와 기수시기

상대방에게 위계와 위력을 행사한 때에 실행의 착수가 인정되고, 피해자가 사망한
때 기수가 된다.

II. 범죄사실기재 및 신문사항

1) 범죄사실 기재례 – [남편의 내연녀를 자살하도록 한 경우]

피의자는 자신의 남편 홍길동이 피해자 김춘자(21세)와 내연의 관계를 유지하고 있어 피해자로 하여금 남편과 헤어지도록 말로써는 설득할 수 없다고 생각하고, 그녀의 몸에 석유를 뿌려 불을 지를 것같이 겁을 주면, 그녀가 겁을 먹고 자신의 잘못을 뉘우치고 더는 남편과의 관계를 유지하지 않을 것이라고 믿고 있었다.

피의자는 200○. ○. ○. 15:00경 ○○에 있는 위 피해자 집에 찾아가 피의자가 미리 준비해간 석유 2ℓ 를 피해자의 몸에 뿌린 다음에 라이터를 건네주면서 불을 붙이라고 하는 등 위력으로써 자살을 결의하도록 하였다.

2) 적용법조 : 제253조(위력자살결의)… 공소시효 25년

3) 신문사항

- 김춘자를 알고 있는가
- 김춘자와 피의자의 남편과는 어떠한 관계인가
- 위 김춘자를 찾아가 남편과 헤어지도록 한 일이 있는가
- 언제 어디로 찾아갔는가
- 어떻게 알고 그곳을 찾아 갔는가
- 찾아 갔을 때 김춘자는 무엇을 하고 있던가
- 찾아가서 뭐라고 했는가
- 피의자를 말을 들어 주던가
- 갈 때 준비해간 물건이 있었는가
- 그 석유는 언제 어디에서 구입하였나
- 무엇 때문에 이를 가져 갔는가
- 가져가서 어떻게 하였나
- 어떤 생각으로 이를 김춘자의 몸에 뿌렸나
- 그때 김춘자가 반항하지 않던가
- 뿌린 후 어떻게 하였는가
- 라이터도 미리 준비하였는가
- 불을 붙이라고 하니까 뭐라고 하던가
- 몸에 석유를 뿌리고 불을 붙이면 그 결과가 어떠하리라는 것을 알고 그런 행위를 하였는가

제6절 예비·음모

> 제255조(예비·음모) 제250조와 제253조의 죄를 범할 목적으로 예비 또는 음모한 자는 10년 이하의 징역에 처한다.

 ## Ⅰ. 구성요건

○ 예비·음모 자체에 대한 고의와 기본범죄인 살인죄, 존속살해죄, 위계·위력에 의한 살인죄를 범할 목적이 있어야 하며, 목적에 대한 인식은 단순한 미필적 인식으로는 부족하고 적어도 살해할 대상자가 구체적으로 특정되어야 본죄가 성립한다.

○ 살인을 예비·음모한 자가 실행에 착수하기 이전에 이를 중지한 경우에 다수설은 중지미수규정을 준용하여야 한다고 하나, 판례는 준용할 수 없다고 한다.

■ 판례 ■ **살해 대상자가 확정되지 않은 상태에서 흉기를 준비한 경우**

살해의 용도에 공하기 위한 흉기를 준비하였다 하더라도 그 흉기로서 살해할 대상자가 확정되지 아니한 한 살인예비죄로 다스릴 수 없다(대법원1959.9.1. 선고 4292형상387판결).

■ 판례 ■ **살해하기 위하여 사람을 고용하고 대가의 지급을 약속한 경우**

[1] 사실관계

> 甲은 乙을 살해하기 위하여 丙, 丁 등을 고용하면서 그들에게 대가의 지급을 약속하였다.

[2] 판결요지

가. 살인예비죄의 성립 요건

형법 제255조, 제250조의 살인예비죄가 성립하기 위하여는 형법 제255조에서 명문으로 요구하는 살인죄를 범할 목적 외에도 살인의 준비에 관한 고의가 있어야 하며, 나아가 실행의 착수까지에는 이르지 아니하는 살인죄의 실현을 위한 준비행위가 있어야 한다. 여기서의 준비행위는 물적인 것에 한정되지 아니하며 특별한 정형이 있는 것도 아니지만, 단순히 범행의 의사 또는 계획만으로는 그것이 있다고 할 수 없고 객관적으로 보아서 살인죄의 실현에 실질적으로 기여할 수 있는 외적 행위를 필요로 한다.

나. 甲에게 살인예비죄가 성립하는지 여부(적극)

甲이 乙을 살해하기 위하여 丙, 丁 등을 고용하면서 그들에게 대가의 지급을 약속한 경우, 甲에게는 살인죄를 범할 목적 및 살인의 준비에 관한 고의뿐만 아니라 살인죄의 실현을 위한 준비행위를 하였음을 인정할 수 있어 살인예비죄가 성립한다(대법원 2009.10.29. 선고 2009도7150 판결).

■ 판례 ■ **예비음모 행위를 처벌하는 경우, 중지범의 인정 여부(소극)**

[1] 사실관계

> 甲은 乙을 살해하기로 결심하고 흉기를 구입했다가 곧 후회하여 범행을 포기하고 그 흉기를 강물에 내버렸다.

[2] 판결요지

중지범은 범죄의 실행에 착수한 후 자의로 그 행위를 중지한 때를 말하는 것이고, 실행의 착수가 있기 전인 예비음모의 행위를 처벌하는 경우에 있어서는 중지범의 관념은 이를 인정할 수 없다(대법원 1999.4.9. 선고 99도424 판결). ☞ (甲은 살인예비죄)

II. 범죄사실기재

[기재례1] 살인예비

1) 범죄사실 기재례

피의자는 이웃에 사는 피해자 甲이 평소 피의자의 부친 홍길동(76세)에 대해 반말을 하는 등 불순한 행동을 하여 원한을 품고 위 피해자를 살해하기로 하고 살해할 목적으로 20○○. ○. ○. ○○에서 엽총(총기번호, 총종) 1점과 실탄 10발을 구하여 휴대하면서 살인을 예비하였다.

2) 적용법조 : 제255조… 공소시효 10년

3) 신문사항

– 甲을 알고 있는가

– 甲과 어떤 관계인가

– 甲을 살해하려고 한 일이 있는가

– 어제부터 그런 생각을 하게 되었는가

– 왜 그런 생각을 하였는가

– 살인을 위해 어떤 준비를 하였나

– 그 총과 실탄은 언제 어디에서 구입하였는가

– 이렇게 구입한 총 등은 어떻게 누가 보관하였나

– 왜 실행에 옮기지 않았는가

– 엽총 소지허가는 받았는가

[기재례2] 친구와 존속살인 음모

1) 범죄사실 기재례

피의자 甲은 피해자 홍길동의 2남 1녀의 장남, 피의자 乙은 甲의 친구 간이다.

피의자들은 20○○. ○. ○. 21:00경 피의자의 甲의 집에서 위 피해자가 피의자 甲에 대해 재산을 전혀 물려주지 않고 있어 피의자 乙과 모의하여 부친을 살해할 목적으로 ○○방법으로 살인을 음모하였다.

2) 적용법조 : 제255조… 공소시효 10년

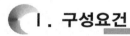

제**25**장 상해와 폭행의 죄
(제257~265조)

제1절 상해, 존속상해

> **제257조(상해, 존속상해)** ① 사람의 신체를 상해한 자는 7년 이하의 징역, 10년 이하의 자격정지 또는 1천만원 이하의 벌금에 처한다.
> ② 자기 또는 배우자의 직계존속에 대하여 제1항의 죄를 범한 때에는 10년 이하의 징역 또는 1천500만원 이하의 벌금에 처한다.
> ※ 폭력행위 등 처벌에 관한 법률 제2조(폭행 등)
> ※ 노인복지법 제39조의9(금지행위), 제55조의2(벌칙) -65세 이상
> ※ 아동복지법 제17조(금지행위), 제71조(벌칙) -18세 미만

Ⅰ. 구성요건

1. 객 체

타인의 신체

- 자상행위 즉, 자기의 신체에 대한 상해행위는 본죄의 구성요건 해당성이 없으므로 원칙적으로 범죄가 되지 아니하고, 예외적으로 특별법(병역법 제86조, 군형법 제41조 제1항)에 의하여 처벌된다.

- 태아는 본죄의 객체에 해당하지 않는다. 따라서 임신 중인 태아에게 약물로 상해를 가해 기형아를 출산케 한 경우에는 출생한 사람에 대한 상해죄는 성립하지 않는다.

■ 판례 ■ **피해자를 협박하여 그로 하여금 자상케 한 경우, 상해죄의 성부(적극)**

피고인이 피해자를 협박하여 그로 하여금 자상케 한 경우에 피고인에게 상해의 결과에 대한 인식이 있고 또 그 협박의 정도가 피해자의 의사결정의 자유를 상실케 함에 족한 것인 이상 피고인에 대하여 상해죄를 구성한다(대법원 1970.9.22. 선고 70도1638 판결).

2. 행 위

상해하는 것

(1) 상해의 개념

상해의 개념에 대해서는 견해가 대립하고 있으나, 생리적 기능의 훼손하는 행위가 상해라는 생리적 기능훼손설이 판례의 태도이다. 여기서 생리적 기능의 훼손이란 건강침해로서 육체적·정신적 병적 상태의 야기와 증가를 의미한다.

▪ 판례 ▪ **상해죄에 있어서 상해의 의미**

상해죄에서의 상해는 피해자의 신체의 완전성을 훼손하거나 생리적 기능에 장애를 초래하는 것을 의미한다(대법원 2000.2.25. 선고 99도4305 판결).

▪ 판례 ▪ **정신과적 증상인 외상 후 스트레스 장애가 상해에 해당하는지 여부(적극)**

[1] 성폭력범죄의처벌및피해자보호등에관한법률 제9조 제1항 소정의 상해의 의미

성폭력범죄의처벌및피해자보호등에관한법률 제9조 제1항의 상해는 피해자의 신체의 완전성을 훼손하거나 생리적 기능에 장애를 초래하는 것으로, 반드시 외부적인 상처가 있어야만 하는 것이 아니고, 여기서의 생리적 기능에는 육체적 기능뿐만 아니라 정신적 기능도 포함된다.

[2] 정신과적 증상인 외상 후 스트레스 장애가 성폭력범죄의처벌및피해자보호등에관한법률 제9조 제1항 소정의 상해에 해당하는지 여부(적극)

피고인들의 강간행위로 인하여 피해자가 불안, 불면, 악몽, 자책감, 우울감정, 대인관계 회피, 일상생활에 대한 무관심, 흥미상실 등의 증상을 보였고, 이와 같은 증세는 의학적으로는 통상적인 상황에서는 겪을 수 없는 극심한 위협적 사건에서 심리적인 충격을 경험한 후 일으키는 특수한 정신과적 증상인 외상 후 스트레스 장애에 해당하고, 피해자는 그와 같은 증세로 인하여 2일간 치료약을 복용하였고, 6개월간의 치료를 요하는 사실을 인정하고, 피해자이 겪은 위와 같은 증상은 강간을 당한 모든 피해자가 필연적으로 겪는 증상이라고 할 수도 없으므로 결국 피해자은 피고인들의 강간행위로 말미암아 위 법률 제9조 제1항이 정하는 상해를 입은 것이다(대법원 1999.1.26. 선고 98도3732 판결).

▪ 판례 ▪ **협박과 폭행으로 실신한 경우, 상해에 해당되는지 여부(적극)**

[1] 사실관계

甲은 약 3시간 동안 乙에게 계속하여 회칼로 죽여버리겠다거나 소주병을 깨어 찌를 듯한 태도를 보이면서 협박하다가 손바닥으로 乙의 얼굴과 목덜미를 수회 때리자, 乙은 극도의 공포감을 이기지 못하고 기절하였다가 甲이 불러온 119 구급차 안에서야 겨우 정신을 차리고 인근 병원에까지 이송되었다.

[2] 판결요지

오랜 시간 동안의 협박과 폭행을 이기지 못하고 실신하여 범인들이 불러온 구급차 안에서야 정신을 차리게 되었다면, 외부적으로 어떤 상처가 발생하지 않았다고 하더라도 생리적 기능에 훼손을 입어 신체에 대한 상해가 있었다고 봄이 상당하다(대법원 1996.12.10. 선고 96도2529 판결).

■ 판례사례 ■　[상해에 해당하는 사례]

> (1) 미성년자에 대한 추행행위로 인하여 외음부 부위에 염증이 발생한 경우 ⇨ 미성년자강제추행
>　　치상죄(대법원 1996.11.22. 선고 96도1395 판결)
> (2) 강간을 당한 뒤 피해자가 정신과적 증상인 외상 후 스트레스 장애를 보인 경우 ⇨ 강간치상죄
>　　(대법원 1999.1.26. 선고 98도3732 판결)
> (3) 강간행위에 수반된 폭행·협박으로 코피가 이불에 손바닥만큼의 넓이로 묻고 콧등이 부은 경
>　　우 ⇨ 강간치상죄(대법원 1991.10.22. 선고 91도1832 판결)
> (4) 돈을 강취하는 과정에서 주먹으로 피해자의 머리를 1회 때리고 발을 걸어 넘어뜨린 후 발로
>　　가슴을 1회 걷어차, 약 2주일간의 치료를 요한다는 내용의 상해진단서를 발급받은 경우 ⇨ 강
>　　도상해죄(대법원 2002.1.11. 선고 2001도5925 판결)
> (5) 40대의 건장한 체격을 가진 군인이 40kg의 체구를 가진 만 14세의 여중생 乙을 소형승용차에
>　　태우고 강간하려고 하는 과정에서 격렬한 몸싸움으로 우측 슬관절 부위 찰과상 및 타박상, 우측
>　　주관절 부위 찰과상"을 입은 경우 ⇨ 강간치상죄(대법원 2005.5.26. 선고 2005도1039 판결)

■ 판례 ■　**좌측팔 부분에 약 1주간의 치료를 요하는 동전크기의 멍이 든 것이 상해죄의 상해
에 해당되는지 여부(소극)**

[1] 사실관계

> 사법경찰관 甲이 乙을 연행하는 과정에서 실랑이를 하다가 乙의 좌측 팔 부위에 약 1주간의
> 치료를 요하는 동전크기의 멍이 들었다.

[2] 판결요지

피고인이 피해자와 연행문제로 시비하는 과정에서 치료도 필요 없는 가벼운 상처를 입었으나, 그 정
도의 상처는 일상생활에서 얼마든지 생길 수 있는 극히 경미한 상처이므로 굳이 따로 치료할 필요
도 없는 것이어서 그로 인하여 인체의 완전성을 해하거나 건강상태를 불량하게 변경하였다고 보기
어려우므로, 피해자가 약 1주간의 치료를 요하는 좌측팔 부분의 동전크기의 멍이 든 것이 상해죄에
서 말하는 상해에 해당되지 않는다(대법원 1996.12.23. 선고 96도2673 판결).

[3] 동지판례

피해자가 입은 상처가 극히 경미하고 굳이 치료할 필요가 없고 치료를 받지 않더라도 일상생활을
하는데 아무런 지장이 없으며 시일이 경과함에 따라 자연적으로 치유될 수 있는 것이라면, 이로 인
하여 신체의 건강 상태가 불량하게 변경되었다거나 생활기능에 장애가 초래된 것으로 보기 어려워
상해에 해당한다고 할 수 없다(대법원2003.7.11. 선고 2003도2313 판결).

■ 판례사례 ■　[상해에 해당하지 아니하는 사례]

> (1) 강간의 과정에서 왼쪽 손바닥에 약 2Cm 가량 긁힌 경우 ⇨ 강간죄(대법원 1987.10.26. 선고
>　　87도1880 판결)
> (2) 성행위시 보통 1주 정도 지나면 자연 치유되는 입으로 빨아서 생긴 반상출혈상의 경우 ⇨ 강
>　　간죄(대법원 1986.7.8. 선고 85도2042 판결)
> (3) 부녀를 강제로 눕히고 옷을 벗긴 후 1회용 면도기로 음모를 위에서 아래로 가로 약4cm, 세로
>　　약 3cm 정도 깎은 경우 ⇨ 강제추행죄(대법원 2000.3.23 선고 99도3099 판결)

(4) 강간행위에 수반하여 생긴 상해가 극히 경미한 것으로서 굳이 치료할 필요가 없어서 자연적으로 치유되어 일상생활을 하는데 아무런 지장이 없는 경우 ⇨ 강간죄(대법원 2003.9.26. 선고 2003도4606 판결)

(2) 상해의 수단 · 방법

상해의 방법에는 제한이 없으며, 반드시 폭행에 의해서만 이루어지는 것은 아니다.
- 신체에 대한 유형적인 가해행위(例, 성병감염, 처녀막 파열, 멍이 든 경우)
- 무형의 상해행위(例, 약물이나 음식물을 통한 질병감염이나 설사, 구토야기 등)
- 부작위에 의한 상해(例, 父가 질병에 걸린 어린 자녀를 치료하지 않고 방치한 경우)

3. 주관적 구성요건

상해의 고의 즉, 사람의 생리적 기능을 훼손한다는 인식과 의사가 있을 것
- 폭행의 고의로 상해가 발생한 경우 ⇨ 폭행치상죄
- 상해의 고의로 구타하였으나 단순 폭행에 그친 경우 ⇨ 상해 미수죄

■ 판례 ■ **상해죄의 성립요건으로 상해의 원인인 폭행에 대한 인식 외에 상해를 가할 의사의 존재까지 필요한지 여부(소극)**

상해죄의 성립에는 상해의 원인인 폭행에 대한 인식이 있으면 충분하고 상해를 가할 의사의 존재까지는 필요하지 않다(대법원 2000.7.4. 선고 99도4341 판결).

4. 위법성

(1) 피해자의 승낙

피해자의 승낙이 있으면 원칙적으로 위법성이 조각된다. 그러나 상해행위 그 자체가 사회상규 또는 공서양속에 반할 때(例, 병역기피를 목적으로 한 상해, 상업적 장기적출, 채무면제의 대가로 한 상해)에는 위법성이 조각되지 아니한다.

(2) 싸움의 경우

■ 판례 ■ **상호시비가 벌어져 싸움한 경우 정당방위의 성립인정여부(소극)**

[1] 사실관계

甲은 乙과의 사이에 금전문제로 상호 시비가 벌어져 싸우다가 주먹다짐을 하게 되었는바, 乙에게 상해를 입혔다.

[2] 판결요지

피고인과 피해자 사이에 상호시비가 벌어져 싸움을 하는 경우에는 그 투쟁행위는 상대방에 대하여 방어행위인 동시에 공격행위를 구성하며, 상대방의 행위를 부당한 침해라고 하고 피고인의 행위만을 방어행위라고는 할 수 없다(대법원 1984.5.22. 선고 83도3020 판결).

[3] 동지판례 – 피해자가 칼을 들고 피고인을 찌르자 그 칼을 뺏어 그 칼로 반격한 경우

피해자가 칼을 들고 피고인을 찌르자 그 칼을 뺏어 그 칼로 반격을 가한 결과 피해자에게 상해를 입게 하였다 하더라도 그와 같은 사실만으로는 피고인에 대한 현재의 부당한 침해를 방위하기 위한 행위로서 상당한 이유가 있는 경우에 해당한다고 할 수 없다(대법원 1984.1.24. 선고 83도1873 판결).

(3) 정당행위

1) 의사의 치료행위

정당행위로서 위법성을 조각한다(통설, 판례).

2) 교사의 학생에 대한 체벌

교사의 학생에 대한 체벌이 상해에 이른 때에는 위법성을 조각하지 않는다.

■ 판례 ■ **학생주임을 맡고 있는 교사가 훈계목적으로 몽둥이와 당구큐대로 학생의 둔부를 때려 3주간의 치료를 요하는 상해를 입힌 경우, 정당행위에 해당하는지 여부(소극)**

교사가 학생을 엎드러지게 한 후 몽둥이와 당구큐대로 그의 둔부를 때려 3주간의 치료를 요하는 우둔부심부혈종좌이부좌상을 입혔다면 비록 학생주임을 맡고 있는 교사로서 제자를 훈계하기 위한 것이었다 하더라도 이는 징계의 범위를 넘는 것으로서 형법 제20조의 정당행위에는 해당하지 아니한다(대법원 1991.5.14. 선고 91도513 판결).

3) 상관의 부하 훈계행위

■ 판례 ■ **부하를 훈계하기 위한 폭행행위와 사회상규 위반여부(적극)**

부하를 훈계하기 위한 것이라 하여도 폭행행위가 훈계권의 범위를 넘었다고 보여지고 그로 인하여 상해를 입은 이상 그 행위를 사회상규에 위배되지 아니한 행위로서 위법성이 조각된다고 할 수 없다(대법원 1984.6.26. 선고 84도603 판결).

4) 소극적 방어행위

■ 판례 ■ **목이 졸린 상태에서 벗어나기 위한 소극적 저항행위의 정당행위 여부(적극)**

[1] 사실관계

乙이 甲의 사무실로 찾아와 甲이 작성하여준 지불각서에 따른 돈을 달라고 하였으나 甲이 이에 응하지 아니하고 사무실 밖으로 나가려고 하자 양손으로 甲의 넥타이를 잡고 늘어져, 후경부피하출혈상을 입을 정도로 목이 졸리게 된 甲이 乙을 떼어 놓기 위하여 왼손으로 자신의 목 부근 넥타이를 잡은 상태에서 오른손으로 乙의 손을 잡아 비틀면서 서로 밀고 당기다가 乙에게 상해를 입혔다.

[2] 판결요지

피해자가 양손으로 피고인의 넥타이를 잡고 늘어져 후경부피하출혈상을 입을 정도로 목이 졸리게 된 피고인이 피해자를 떼어놓기 위하여 왼손으로 자신의 목 부근 넥타이를 잡은 상태에서 오른손으로 피해자의 손을 잡아 비틀면서 서로 밀고 당기고 하였다면, 피고인의 그와 같은 행위는 목이 졸린 상태에서 벗어나기 위한 소극적인 저항행위에 불과하여 형법 제20조 소정의 정당행위에 해당하여 죄가 되지 아니한다(대법원 1996.5.28. 선고 96도979 판결).

■ 판례사례 ■ [소극적 저항행위로 위법성이 조각되는 사례]

(1) 분쟁이 있던 옆집 사람이 야간에 술에 만취된 채 시비를 하며 거실로 들어오려 하므로 이를 제지하며 밀어내는 과정에서 2주 상해를 입힌 경우(대법원 1995.2.28. 선고 94도2746 판결)

(2) 피해자가 술에 취하여 피고인에게 아무런 이유없이 시비를 걸면서 얼굴을 때리다가 피고인이 이를 뿌리치고 현장에서 도망가는 바람에 그가 땅에 넘어져 상처를 입은 경우(대법원 1990.5.22. 선고 90도748 판결)

(3) 피고인이 피해자로부터 며칠 간에 걸쳐 집요한 괴롭힘을 당해 온 데다가 피해자가 피고인이 교수로 재직하고 있는 대학교의 강의실 출입구에서 피고인의 진로를 막아서면서 피고인을 물리적으로 저지하려 하자 극도로 흥분된 상태에서 그 행패에서 벗어나기 위하여 피해자의 팔을 뿌리쳐서 피해자가 상해를 입게 된 경우(대법원 1995.8.22. 선고 95도936 판결).

(4) 택시운전사가 승객의 요구로 택시를 출발시키려 할 때 피해자가 부부싸움끝에 도망나온 위 승객을 택시로부터 강제로 끌어내리려고 운전사에게 폭언과 함께 택시안으로 몸을 들이밀면서 양손으로 운전사의 멱살을 세게 잡아 상의단추가 떨어질 정도로 심하게 흔들어 대었고, 이에 운전사가 위 피해자의 손을 뿌리치면서 택시를 출발시킴으로서 피해자가 상해를 입은 경우(대법원 1989.11.14. 선고 89도1426 판결)

5) 권리행사

■ 판례 ■ 피해자로부터 구타당하여 부상하자 피해자를 파출소에 끌고 감을 빙자하여 그의 손목을 잡아 틀어 상해를 가한 경우, 정당행위의 성립여부(소극)

[1] 사실관계

택시운전사인 甲은 乙 등(가정주부들)을 태우고 목적지에 도착하였는데 乙 등이 그 곳 시장골목으로 들어가자고 하자 이를 거절하였고 乙 등이 이에 항의하여 서로 언쟁하는 과정에서, 乙 등에게 입에 담지 못할 욕설을 퍼부었고, 이것이 발단이 되어 乙 등으로부터 핸드백과 하이힐 등으로 얻어 맞게 되자 그 때문에 입은 상처를 고발하기 위해 파출소로 끌고 감을 빙자하여 피해자의 손목을 잡아 틀어 상해를 가하였다.

[2] 판결요지

택시 운전사인 피고인이 고객인 가정주부들에게 입에 담지 못할 욕설을 퍼부은 데서 발단이 되어 가정주부인 피해자 등으로부터 핸드백과 하이힐 등으로 얻어 맞게 되자 그 때문에 입은 상처를 고발하기 위해 파출소로 끌고 감을 빙자하여 피해자의 손목을 잡아 틀어 상해를 가했다면 피고인의 행위가 사회통념상 용인될 만한 상당성이 있는 정당행위라고 볼 수는 없다(대법원 1991.12.27. 선고 91도1169 판결). ☞ (甲은 상해죄)

[사회상규에 반하는 행위로서 정당행위에 해당하지 않는 사례(상해죄)]

(1) 피고인이 피해자에게 채무변제를 추궁하자 피해자가 자신은 잘못한 것이 없다고 하며 대들어 이에 화가 난 피고인이 피해자를 폭행하여 우안면부찰과상 등을 입힌 경우(대법원 2000.2.25. 선고 99도4305 판결)
(2) 피해어민들이 그들의 피해보상 주장을 관철하기 위하여 집단적인 시위를 하고, 선박의 입·출항 업무를 방해하며 이를 진압하려는 경찰관들을 대나무 사앗대 등을 들고 구타하여 상해를 입히는 등의 행위를 한 경우(대법원 1991.5.10. 선고 91도346 판결)
(3) 고추값 폭락으로 인한 생존대책을 강구하여 달라는 농민들의 요구를 관철한다는 명목으로 경운기를 동원, 철도 건널목을 점거하여 열차의 운행을 막고, 철길에서 물러날 것을 요구하는 경찰관들에게 돌을 던져 상해를 입히는 등의 시위행위를 한 경우(대법원 1989.12.26. 선고 89도1512 판결)

5. 죄 수

신체의 완전성은 일신전속적 법익이므로 피해자의 수에 따라 죄수를 결정

■ 판례 ■   **동일한 일시, 장소에서 동일한 목적으로 피해자를 달리하여 상해한 경우의 죄수(= 실체적 경합)**

[1] 사실관계

甲은 자신의 절친한 친구를 쫓아오는 乙의 얼굴을 수도파이프로 때리고 이발용 면도칼을 휘둘러 상해를 입혔고 또 丙의 얼굴을 이발용 면도칼로 그어 상해를 입혔다.

[2] 판결요지

상해를 입힌 행위가 동일한 일시, 장소에서 동일한 목적으로 저질러진 것이라 하더라도 피해자를 달리하고 있으면 피해자별로 각각 별개의 상해죄를 구성한다고 보아야 할 것이고 1개의 행위가 수개의 죄에 해당하는 경우라고 볼 수 없다(대법원 1983.4.26. 선고 83도524 판결). ☞ (甲은 乙과 丙에 대한 상해죄의 경합범)

6. 죄 수

(1) 공무집행방해죄와의 관계

공무집행중의 공무원에게 상해를 가하면 공무집행방해죄와 상해죄의 상상적 경합

(2) 협박죄와의 관계

■ 판례 ■   **협박이 상해사실과 같은 시간 같은 장소에서 동일한 피해자에게 가해진 경우에 경합범으로 볼 것인지 여부**

피고인의 협박사실행위가 피고인에게 인정된 상해사실과 같은 시간 같은 장소에서 동일한 피해자에게 가해진 경우에는 특별한 사정이 없는 한 상해의 단일범의 하에서 이루어진 하나의 폭언에 불과하여 위 상해죄에 포함되는 행위라고 봄이 상당하다(대법원 1976.12.14. 선고 76도3375 판결).

II. 범죄사실 작성시 유의사항

1. 고 의

상해의 고의가 있을 때는 폭행을 수단으로 하는 경우도 폭행치상과의 구별을 나타내기 위하여서도 명백히 적시하여야 한다.

2. 수단 · 방법

폭행, 상해의 수단 · 방법은 사용한 흉기, 공격을 가한 부위, 방법, 횟수 등에 의하여 어느 정도 구체적으로 적시하여야 한다.

3. 상해 부위 및 정도

가. 상해의 부위 및 정도를 명백히 밝히지 않으면 안 된다. 특히 의사의 진단서에 기재된 문구를 사용하여 적시한다. 다만, 진단서에 경미한 상해를 포함하여 여러 개의 상해가 기재되어 있는 때에는 반드시 그 전부를 쓸 필요는 없고 그중에서 주요한 것을 내세워 '…등'으로 적시하면 된다.

나. 상해의 정도를 나타내기 위하여서는 치료일수를 나타내는 것이 보통이지만, 진단서의 치료일수의 기재는 의사의 예상에 불과한 것이므로 실제의 치료에 든 치료일수가 이와 다르냐는 것이 다른 증거에 의하여 명백히 나타난 때에는 실제의 소요일수를 적시하여야 할 것이다.

III. 의율상 유의사항

폭력행위등처벌에관한법률 개정으로 상습범과 흉기소지 등의 행위에 대해서는 폐지(2016. 1. 6.)되고 2인 이상이 공동으로 상해를 가한 경우 제2조 제2항 제3호로 의율하여야 한다.

Ⅳ. 범죄사실기재

[기재례1] 상해

1) 범죄사실 기재례

피의자는 20○○. ○. ○. ○○:○○경 ○○에서 피해자 홍길녀(여, 26세)와 아동도서의 외상대금 납부영수증 문제로 시비하던 중 위 피해자가 "○○○"라고 하였다는 이유로 들고 있던 손지갑으로 피해자의 얼굴을 때리고, 머리채를 잡아 흔들며 손톱으로 얼굴을 할퀴어 피해자에게 약 2주간의 치료를 요하는 안면부찰과상 등을 가하였다.

2) 적용법조 : 제257조 제1항… 공소시효 7년

[기재례2] 소방대원에 대한 구급활동 방해와 상해

누구든지 정당한 사유 없이 화재, 재난·재해, 그 밖의 위급한 상황이 발생하여 출동 한 소방대원에게 폭행 또는 협박을 행사하여 화재진압·인명구조 또는 구급활동을 방해하여서는 아니 된다.

피의자는 20○○.○.○.○○:○○경 ○○에 있는 '○○주유소' 사무실에서, '손 부상 환자가 있다'라는 119 신고를 받고 출동한 ○○소방서 ○○119안전센터 소속 소방공무원인 피해자 갑이 피의자의 부상 상태를 확인하기 위해 피의자에게 '체온을 재보겠다.'라고 말하자 갑자기 발로 피해자의 오른쪽 가슴 부위를 찼다.

이로써 피의자는 출동한 소방대원을 폭행하여 정당한 구급활동을 방해함과 동시에 피해자에게 약 2주간의 치료가 필요한 ○○상을 가하였다.

2) 적용법조 : 소방기본법 제50조 제1호 다목, 제16조 제2항, 형법 제257조 제1항 … 공소시효 7년

[기재례3] 특수상해

1) 범죄사실 기재례

피의자는 20○○. ○. ○. 홍길동과 혼인신고를 마친 사람이다.

20○○. ○. ○. ○○:○○경 ○○에 있는 피의자의 집에서 시어머니인 정혜자와 말다툼을 하다가 시아버지인 피해자 홍사덕(65세)이 시어머니의 편을 들어 나무란다는 이유로 안방에 있던 방망이(길이 약 60㎝)를 들고 피해자의 어깨 부분을 때려 약 2주간의 치료를 요하는 좌완부좌상 등의 상해를 입게 하였다.

이로써 피의자는 배우자의 직계존속을 상해하였다.

2) 적용법조 : 제258조의2 제1항, 제257조 제2항, 제1항…공소시효 10년

Ⅴ. 피해자 조사사항

- 피고소인과 어떤 관계인가
- 어떤 피해를 보았는가
- 언제 어디에서 맞았는가
- 무엇으로 맞았는가
- 무엇 때문에 때리던가
- 어느 정도의 피해를 보았나
- 병원 치료를 받았는가
- 치료결과는
- 평소 나쁜 감정이라도 있었는가
- 처벌을 원하는가」

Ⅵ. 피의자 신문사항

1. 피의자의 일반적 조사사항

가. 범행의 동기
- 우발적인가(범행의 직접원인·간접원인, 제3자가 관련된 원인)
- 계획적인가(왜 상해·폭행을 가하게 되었는가, 언제 어떠한 계획을 하였는가)

나. 준비행위
- 범행을 위하여 어떠한 준비를 하였는가
- 흉기 기타 범죄 공여물의 입수경로

다. 범행지까지의 경로
- 언제·어디서 출발하였는가
- 어느 길을 택하였는가, 도중에 특이한 일이나 만난 사람은 없었는가
- 언제 현장에 도착하였는가

라. 범행일시

마. 범행장소

- 가해한 곳은
- 왜 그 장소를 택하였는가
- 현장은 참고인의 진술 내용과 합치하는가
- 범행장소의 번지를 모를 경우에는 지리적 상황 또는 목표물 등

바. 범행의 상황

- 범행 직전 피해자와의 응대 상황(위치 · 언어 · 태도 등)
- 흉기 기타 범죄 공여물의 사용상황
- 폭행의 구체적인 태양(신체에 대한 직접적인 폭행, 착의 기타물의 폭행)
- 피해자의 저항 여부
- 피의자의 진술은 현장의 상황, 참고인의 진술 또는 진단서 등과 합치되는가

사. 범의의 확정

- 폭행의 범의는 인정되는가
- 범행은 정당방위 · 긴급피난에 의한 것은 아닌가
- 폭행의 부위 · 정도에 대한 인식은 있는가
- 폭행과 부상과의 인과관계 및 부상의 결과에 대한 인정은 하는가

아. 신분관계(피해자와의 관계)

- 혈족 기타 친족관계의 유무
- 사교상 교제의 유무와 그 정도
- 경제상 거래관계의 유무
- 친지 · 고용관계의 유무
- 폭력단 관계, 두목 · 부하 · 의형제 등 조직관계
- 면식이 없는 경우에는 인상 · 복장 · 특징 · 휴대품 · 언어 · 태도 등

자. 범행후의 상황

- 언제 어디서 흉기 기타 범죄 공여물을 처분하였는가
- 언제 어디를 거쳐 도주하였는가
- 교통수단의 이용 여부 및 방법
- 도주중 특이한 일이나 만난 사람은 없었는가

차. 화해교섭

- 피해자에 대한 의료비 기타 손해배상 등의 유무
- 화해교섭의 경과ㆍ내용 등

카. 가해자의 정신상태

- 심신상실ㆍ심신미약의 상태에 있었는가
- 농아자인가
- 주취의 여부(평소의 주량, 당일의 음주량, 음주 장소, 주벽의 유무, 주취 정도)

2. 상해와 폭행 피의자 신문사항

- 피의자는 남을 때려 상처를 입힌 사실이 있나요.
- 언제 어디에서 때렸나요.
- 피의자 혼자서 때렸나요.
- 왜 때렸나요.
- 어떠한 방법으로(흉기 소지여부 등)
- 그 당시 옆에서 본 사람이 있나요.
- 피해자는 어디에 어느 정도 상처를 입혔나요.
  이때 기록 제 ○○쪽에 편철된 ○○병원 의사 ○○○작성의 피해자에 대한 상해
  진단서를 보여준 후,
- 여기 진단서에는 약 3주간의 치료를 요하는 ○○○ 등이라고 되어 있는데 어떤가요.
- 피의자의 주량은 어느 정도 되나요.
- 그 당시 어느 정도 술을 마셨나요.
- 피해자와 합의는 하였나요.
- 피의자에게 유리한 증거나 진술이 있나요.

제2절 중상해, 존속중상해

제258조(중상해, 존속중상해) ① 사람의 신체를 상해하여 생명에 대한 위험을 발생하게 한 자는 1년 이상 10년 이하의 징역에 처한다.
② 신체의 상해로 인하여 불구 또는 불치나 난치의 질병에 이르게 한 자도 전항의 형과 같다.
③ 자기 또는 배우자의 직계존속에 대하여 전2항의 죄를 범한 때에는 2년 이상 15년 이하의 징역에 처한다.

I. 구성요건

1. 행 위

사람의 신체를 상해하여 생명에 대한 위험을 발생하게 하거나, 불구 또는 불치나 난치의 질병에 이르게 하는 것

(1) 중상해의 결과

생명에 대한 위험이나 불구 또는 불치나 난치의 질병이라는 중상해의 결과가 발생하였을 것

1) 생명에 대한 위험

생명에 대한 구체적인 위험을 의미하는 것으로 보통 치명상을 의미한다.

2) 불 구

신체의 중요부분이 상실되거나 그 고유기능을 상실한 경우를 의미한다. 인공적으로 대체 가능한 경우에도 불구에 해당하며, 중요부분인지 여부는 객관적으로 판단하여야 하고, 피해자의 개인적 사정은 고려대상이 아니다. 따라서 피아니스트의 손가락 절단은 불구에 해당하지 않는다.

■ 판례사례 ■　[불구에 해당하는 사례]

(1) 청력을 상실케 한 경우
(2) 성기를 절단하여 성교능력을 상실케 한 경우
(3) 눈을 때려 실명케 한 경우(대법원 1960.4.6. 선고 4292형상395 판결)
(4) 혀를 깨물어 발음을 곤란하게 한 경우(부산지법 1965.1.12. 64고6813 판결)
(5) 면도칼로 콧등을 길이 1.5cm가량 긋게 한 경우(대법원1970.9.22. 선고 70도1638 판결)

3) 불치 또는 난치의 질병

의학적 견지에서 치료가능성이 없거나 희박한 경우를 의미한다(例, AIDS 감염, 기억상실증, 정신병 유발).

■ 판례 ■   1~2개월간 입원할 정도로 다리가 부러진 상해 또는 3주간의 치료를 요하는 우측 흉부자상이 중상해에 해당하는지 여부(소극)

[1] 사실관계

甲이 乙에게 "A의 다리를 부러뜨려 1~2개월간 입원케 하라."고 교사하였고, 乙로부터 순차 지시를 받은 丙, 丁은 칼로 A의 우측가슴을 찔러 약 3주간의 치료를 요하는 우측흉부자상 등을 가하였다.

[2] 판결요지

가. 중상해죄의 성립요건

형법 제258조 제1항, 제2항에서 정하는 중상해는 사람의 신체를 상해하여 생명에 대한 위험을 발생하게 하거나, 신체의 상해로 인하여 불구 또는 불치나 난치의 질병에 이르게 한 경우에 성립한다.

나. 甲의 죄책

1~2개월간 입원할 정도로 다리가 부러진 상해 또는 3주간의 치료를 요하는 우측흉부자상이 중상해에 해당하지 않는다(대법원 2005.12.9. 선고 2005도7527 판결).   ☞ (甲은 상해교사)

2. 적용범위

본죄는 결과적가중범이므로 기본행위인 상해에 대한 고의가 존재하여야 한다. 따라서 폭행으로 중상해 결과를 초래한 경우에는 본죄가 아니라 폭행치상죄가 성립한다.

Ⅱ. 범죄사실 기재 및 신문사항

[기재례1] 불치병인 AIDS에 감염되게 한 경우

1) 범죄사실 기재례

피의자는 AIDS 감염자로서 20○○. ○. ○. 경 ○○에서 강간을 당하여 그때 감염되었다가 생각하고 모든 남성을 AIDS 감염자로 만들어 버리겠다는 마음으로 AIDS 감염 사실을 숨겼다.
피의자는 20○○. ○. ○. 21:00경 ○○에서 평소 알고 지내던 피해자 홍길동에게 '당신을 사랑한다. 난 당신의 여자가 되고 싶다' 라고 말하여 성관계를 가지라고 요구하여 같은 날 23:00경 ○○에 있는 홍콩모텔 244호실에서 성관계를 해 그로 인하여 위 피해자에게 불치병인 AIDS에 감염되게 하였다.

2) 적용법조 : 제258조 제2항, 제1항 … 공소시효 10년

3) 신문사항

– 홍길동을 알고 있는가
– 홍길동과 성관계를 가진 일이 있는가

- 언제 어디에서 하였는가
- 어떻게 성관계를 갖게 되었는가
- 피의자는 AIDS에 감염된 사실이 있는가
- 언제 어떻게 감염되었는가
- 감염사실을 언제 어떻게 알았는가
- 감염된 것을 알고 홍길동과 성관계를 가졌다는 것인가
- 피임기구를 사용하였는가
- 이런 도구를 사용하지 않고 성관계를 가지면 AIDS에 감염될 수 있다는 것을 예상치 못하였는가
- 예상하면서도 이런 행위를 한 이유라도 있는가
- 피의자와 성관계를 가진 후 홍길동이 감염된 사실을 알고 있는가

[기재례2] 뇌타박상으로 혼수상태에 빠지게 한 경우

1) 범죄사실 기재례

피의자는 20○○. ○. ○. ○○:○○경 ○○에 있는 건축주 홍길동의 건축공사장에서 위 건축의 하청업자인 피해자 김○○에게 노임을 제대로 주지 않는다는 이유로 시비하다 피해자가 이를 피하자 현장에 있던 길이 2미터가량의 각목으로 걸어가는 피해자의 뒤에서 머리를 한번 세게 내리쳐서 피해자에게 뇌타박상으로 혼수상태에 빠지게 하여 그의 생명에 대한 위험을 발생하게 하였다.

2) 적용법조 : 제258조 제1항… 공소시효 10년

제3절 특수상해

제258조의2(특수상해) ① 단체 또는 다중의 위력을 보이거나 위험한 물건을 휴대하여 제257조제1항 또는 제2항의 죄를 범한 때에는 1년 이상 10년 이하의 징역에 처한다.
② 단체 또는 다중의 위력을 보이거나 위험한 물건을 휴대하여 제258조의 죄를 범한 때에는 2년 이상 20년 이하의 징역에 처한다.
③ 제1항의 미수범은 처벌한다.

 Ⅰ. 구성요건

특수폭행 구성요건 참조

■ 판례 ■ **특수상해죄 및 특수협박죄의 구성요건 중 위험한 물건을 '휴대하여'의 의미 / 이때 범행 현장에서 위험한 물건을 사용하려는 의도가 있었는지 판단하는 기준 및 위험한 물건을 실제로 범행에 사용하였을 것까지 요구되는지 여부(소극) / 위험한 물건을 휴대하였다고 하기 위하여, 그 물건을 현실적으로 손에 쥐고 있는 등 피고인과 그 물건이 반드시 물리적으로 부착되어 있어야 하는지 여부(소극)**

형법 제258조의2 제1항, 제257조 제1항, 제284조, 제283조 제1항은 위험한 물건을 휴대하여 사람의 신체를 상해한 자를 특수상해죄로, 사람을 협박한 자를 특수협박죄로 각 처벌하도록 규정하고 있다. 여기서 위험한 물건을 '휴대하여'는 범행 현장에서 사용하려는 의도 아래 위험한 물건을 소지하거나 몸에 지니는 경우를 의미한다. 범행 현장에서 위험한 물건을 사용하려는 의도가 있었는지는 피고인의 범행 동기, 위험한 물건의 휴대 경위 및 사용 방법, 피고인과 피해자와의 인적 관계, 범행 전후의 정황 등 모든 사정을 합리적으로 고려하여 판단하여야 한다. 피고인이 범행 현장에서 범행에 사용하려는 의도 아래 위험한 물건을 소지하거나 몸에 지닌 이상 피고인이 이를 실제로 범행에 사용하였을 것까지 요구되지는 않는다. 또한 위험한 물건을 휴대하였다고 하기 위하여는, 피고인이 범행 현장에 있는 위험한 물건을 사실상 지배하면서 언제든지 그 물건을 곧바로 범행에 사용할 수 있는 상태에 두면 충분하고, 피고인이 그 물건을 현실적으로 손에 쥐고 있는 등 피고인과 그 물건이 반드시 물리적으로 부착되어 있어야 하는 것은 아니다.(대법원 2024. 6. 13. 선고 2023도18812 판결)

Ⅱ. 범죄사실기재

[기재례1] 흉기 등을 소지한 상해

1) **적용법조** : 제258조의2 제1항, 제257조 제1항 ☞ 공소시효 10년

2) **범죄사실 기재례**

피의자는 20○○. ○. ○. ○○ : ○○경 ○○에 있는 ○○주점에서 술을 마시던 중 옆좌석에서 술을 먹고 있던 피해자 홍길동이 일행들과 큰소리로 노래를 부른다는 이유로 위험한 물건인 빈 맥주병(크기)을 집어 들어 위 피해자의 머리부위를 3회 내리치고, 깨진 병 조각으로 목과 가슴 부위를 수회 찔러 위 피해자에게 약 3주간의 치료를 요하는 뇌좌상, 안면부자상 등의 상해를 가하였다.

[기재례2] 흉기소지 존속상해

  1) **적용법조** : 제258조의2 제1항, 제257조 제2항, 제1항 ☞ 공소시효 10년

  2) **범죄사실 기재례**

피의자는 20○○. 4. 4. 21:00경 ○○에 있는 피의자의 집에서 시어머니인 정혜자와 말다툼을 하다가 시아버지인 피해자 홍사덕(65세)이 시어머니의 편을 들어 나무란다는 이유로 안방에 있던 위험한 물건인 방망이(길이 약 60㎝)를 들고 피해자의 어깨 부분을 때려 약 2주간의 치료를 요하는 좌완부좌상 등의 상해를 가하였다.

Ⅲ. 신문사항

  1) **범죄일시와 장소**
    - 피의자는 언제 어디에서 싸웠나

  2) **범행동기**
    - 싸움을 한(상해를 가한)동기는 무엇인가

  3) **흉기 등 사용관계**
    - 피의자가 사용한 흉기는
    - 흉기는 어디에서 구했나

  4) **범행상황**
    - 상해를 입힌(싸움) 경위는
    - 흉기를 가지고 피해자에게 상해(폭행)을 가한 부위는
    - 싸운 후 흉기는 어떻게 하였나

  5) **범의**
    - 피해자를 상해(폭행)함으로서 상해를 입는다고 생각하였나
    - 피해자를 상해(폭행)함으로서 사망할지 모른다고 생각해 본 일이 있나

6) 공범관계

- 같이 싸운(폭행) 사람이 있나요. 그 사람은 어디에 사는 누구인가
- 사전에 피해자를 상해(폭행)할 것을 상의하였나
- 상해를 가할 때(싸울 때)의 각자 한 행동은

7) 피해회복

- 피의자가 가한 상처로 인해 피해자가 어디에 어느 정도의 상처를 입었나
- 피해자에 대해 치료를 하여주거나 치료비를 준 사실이 있나
- 피해 배상을 하여주거나 합의한 사실이 있나

8) 단체조직의 여부

- 피의자 등이 조직한 단체 및 집단의 명칭은
- 단체 및 집단의 조직일시 및 장소는
- 단체 및 집단의 지휘자 등 간부와 구성원을 말하고 피의자의 직책은
- 동 단체 및 집단의 행동강령은
- 동 단체 및 집단의 운영자금조달 방법과 구성원에 대한 생활비 지원방법

제4절 상해치사

> **제259조(상해치사)** ① 사람의 신체를 상해하여 사망에 이르게 한 자는 3년 이상의 유기징역에 처한다.
> ② 자기 또는 배우자의 직계존속에 대하여 전항의 죄를 범한 때에는 무기 또는 5년 이상의 징역에 처한다.

 I. 구성요건

1. 객관적 구성요건

결과적 가중범으로서 고의의 기본범죄인 상해와 과실로 인한 사망의 중한 결과가 발생하여야 하고, 상해와 사망사이에는 인과관계와 객관적 귀속(직접성)이 인정되어야 하며 중한 결과에 대한 예견가능성이 있어야 한다.

■ 판례 ■ **상해행위를 피하려고 하다가 차량에 치어 사망한 경우, 상해행위와 피해자의 사망 사이에 상당인과관계가 있는지 여부(적극)**

[1] 사실관계

> 甲은 교제를 거부하는 乙녀의 머리카락을 잡아 흔들고 얼굴을 주먹으로 수회 때리고 발로 배를 수회 차 상처를 입히자 견디지 못한 乙녀는 이를 모면하기 위해 도로를 건너 도주하다가 지나가던 차량에 치어 사망하였다.

[2] 판결요지

피해자가 위와 같이 계속되는 피고인의 폭행을 피하려고 다시 도로를 건너 도주하다가 차량에 치여 사망한 사실을 인정한 다음, 위와 같은 사정에 비추어 보면 피고인의 위 상해행위와 피해자의 사망 사이에 상당인과관계가 있다고 본 원심의 판단은 모두 정당한 것으로 수긍이 되고, 거기에 사실을 오인한 위법이나 상해치사죄의 법리를 오해한 위법이 있다고 할 수 없다(대법원 1996.5.10. 선고 96도529 판결).

■ 판례사례 ■ **[상해와 사망사이에 상당인과관계가 인정된 사례]**

> (1) 임산부를 폭행하여 지상에 넘어지게 하여 낙태하게 하고 이 낙태로 심근경색을 일으켜 사망하게 한 경우(대법원 1972.3.28. 선고 72도296 판결)
> (2) 과거에 동거하던 피해자에게 다시 동거할 것을 요구하며 주먹으로 얼굴과 가슴을 수없이 때리고 머리채를 휘어잡아 방벽에 여러 차례 부딪쳐 두개골결손, 뇌경막하출혈 등으로 2일후 사망케 한 경우(대법원 1984.12.11. 선고 84도2183 판결)

■ 판례 ■ **구타행위로 피해자가 정신을 잃고 빈사상태에 빠지자 사망한 것으로 오인하고, 피해자를 베란다 아래의 바닥으로 떨어뜨려 사망케 한 경우, 단일의 상해치사죄에 해당하는지 여부(적극)**

[1] 사실관계

> 甲은 乙녀에게 결혼을 강요하다가 乙이 말을 듣지 않자 뺨을 수차례 때리고 밀어붙여, 바닥에

넘어진 乙의 우측 가슴부위를 수회 때리고 밟아서 흉골 골절 및 늑골 골절상과 이로 인한 심 낭대출혈등의 상해를 가하였다. 乙녀가 정신을 잃고 빈사상태에 빠지자 사망한 것으로 오인한 甲은 乙이 자살한 것으로 가장하기 위하여 乙을 베란다 밑 약 13m아래의 바닥으로 떨어뜨려 현장에서 뇌손상 및 뇌출혈 등으로 사망에 이르게 하였다.

[2] 판결요지
피고인이 피해자에게 우측 흉골골절 및 늑골골절상과 이로 인한 우측 심장벽좌상과 심낭내출혈 등의 상해를 가함으로써, 피해자가 바닥에 쓰러진 채 정신을 잃고 빈사상태에 빠지자, 피해자가 사망한 것으로 오인하고, 피고인의 행위를 은폐하고 피해자가 자살한 것처럼 가장하기 위하여 피해자를 베란다로 옮긴 후 베란다 밑 약 13m 아래의 바닥으로 떨어뜨려 피해자로 하여금 현장에서 좌측 측두부 분쇄함몰골절에 의한 뇌손상 및 뇌출혈 등으로 사망에 이르게 하였다면, 피고인의 행위는 포괄하여 단일의 상해치사죄에 해당한다(대법원 1994.11.4. 선고 94도2361 판결).

2. 상해치사죄의 공동정범

대법원은 결과적 가중범의 공동정범은 기본범죄를 공동으로 할 의사만 있으면 족하고, 결과를 공동으로 할 의사는 필요 없다고 하여 상해치사죄의 공동정범의 성립을 긍정하고 있다.

■ 판례 ■ **수인이 상해의 범의로 범행 중 한 사람이 중한 상해를 가하여 피해자가 사망에 이르게 된 경우, 나머지 사람들도 상해치사의 죄책을 지는지 여부(한정 적극)**

[1] 사실관계
甲은 상근예비역으로 근무하는 친구인 乙로부터 乙의 여동생을 강간한 A를 혼내주러 가자는 연락을 받고 乙과 함께 A를 만나 甲은 주먹으로 피해자를 때리고 乙은 소지하고 있던 부엌칼로 위협하였으며, 그 후 甲이 주변에 있던 각목으로 머리 부분을 4회 때리고 乙이 위 부엌칼을 목에 들이대면서 주먹과 발로 무수히 때려 이를 견디지 못한 A가 도망가자, 甲은 뒤를 따라 추격하던 중 乙이 떨어뜨린 부엌칼을 소지하게 된 다음 격분한 나머지 乙에 의하여 붙잡힌 A의 좌측 흉부를 1회 찔러 좌측흉부 자창상 등을 가하고, 이로 인하여 실혈로 사망케 하였다.

[2] 판결요지
결과적 가중범인 상해치사죄의 공동정범은 폭행 기타의 신체침해 행위를 공동으로 할 의사가 있으면 성립되고 결과를 공동으로 할 의사는 필요 없으며, 여러 사람이 상해의 범의로 범행 중 한 사람이 중한 상해를 가하여 피해자가 사망에 이르게 된 경우 나머지 사람들은 사망의 결과를 예견할 수 없는 때가 아닌 한 상해치사의 죄책을 면할 수 없다(대법원 2000.5.12. 선고 2000도745 판결). ☞ (甲과 乙은 상해치사죄의 공동정범)

■ 판례 ■ **상해 및 폭행의 기회에 공범중 1인이 살인행위를 한 경우의 다른 공범의 죄책**

[1] 사실관계
甲은 乙, 丙 등과 공동하여 丁을 상해 내지 폭행하기로 하였다. 그런데 상해의 기회에 공범 중 1인인 丙이 고의로 丁을 살해하였는바, 甲은 乙의 살인행위에는 관여한 바가 없었다.

[2] 판결요지

피고인이 공범들과 공동하여 피해자의 신체를 상해하거나 폭행을 가하는 기회에 공범 중 1인이 고의로 피해자를 살해한 경우, 피고인이 살인행위를 공모하거나 공범의 살인행위에 관여하지 아니하였기 때문에 살인죄의 죄책은 지지 아니한다고 하더라도 상해나 폭행행위에 관하여는 서로 인식이 있었고 예견이 가능한 공범의 가해행위로 사망의 결과가 초래된 이상, 상해치사죄의 죄책은 면할 수 없다(대법원 1991.5.14. 선고 91도580 판결). ☞ (甲은 상해치사죄)

[3] 동지판례 - 패싸움중 한사람이 칼로 찔러 상대방을 죽게한 경우

결과적가중범인 상해치사죄의 공동정범은 폭행 기타의 신체침해행위를 공동으로 할 의사가 있으면 성립되고 결과를 공동으로 할 의사는 필요없다 할 것이므로 패싸움중 한사람이 칼로 찔러 상대방을 죽게한 경우에 다른 공범자가 그 결과 인식이 없다 하여 상해치사죄의 책임이 없다고 할 수 없다(대법원 1978.1.17. 선고 77도2193 판결).

● II. 범죄사실기재

[기재례1] 사망한 것으로 오인하여 베란다 아래로 떨어뜨린 경우

1) 범죄사실 기재례

피의자는 20○○. ○. ○. 01:50경 피해자 홍길녀와 함께 ○○에 있는 ○○호텔 325호실에 투숙하여 사소한 말다툼 끝에 한 다음 손으로 피해자의 뺨을 수회 때리고 머리를 벽 쪽으로 밀어붙이며 붙잡고 방바닥을 뒹구는 등 하다가 피해자의 어깨를 잡아 밀치고 손으로 우측 가슴 부위를 수회 때리고 멱살을 잡아 피해자의 머리를 벽에 수회 부딪치게 하고 바닥에 넘어진 피해자의 우측 가슴 부위를 수회 때리고 밟아서 피해자에게 우측 흉골골절 및 우측 제2, 3, 4, 5, 6번 늑골골절상과 이로 인한 우측심장벽좌상과 심낭내출혈 등의 상해를 가하였다.

이때 피해자가 바닥에 쓰러진 채 정신을 잃고 빈사 상태에 빠지자, 피해자가 사망한 것으로 오인하고 피의자의 위와 같은 행위를 은폐하고 피해자가 자살한 것처럼 가장하기 위하여, 같은 날 03:10경 피해자를 베란다로 옮긴 후 베란다 밑 약 13m 아래의 바닥으로 떨어뜨렸다.

피의자는 그로 인하여 피해자를 좌측 측두부 분쇄함몰골절에 의한 뇌손상 및 뇌출혈 등으로 사망에 이르게 하였다.

2) 적용법조 : 제259조 제1항… 공소시효 10년

[기재례2] 상해행위로 인한 출혈로 사망한 경우

1) 범죄사실 기재례

피의자는 20○○. 12. 1.16:00경 ○○에서 피해자 홍길동에게 "우리 사원을 빼앗아 가느냐" 는 등의 이유로 시비 되어 언쟁 중 그의 두부를 수회 구타하고, 주위에 있던 3홉 크기의 깨진 맥주병으로 왼쪽 가슴을 찔러 약 3주간의 치료를 요하는 ○○○상해를 가하고 그다음 날 ○○○병원에서 위 상해로 인하여 ○○출혈로써 그를 사망에 이르게 하였다.

2) **적용법조** : 제259조 제1항⋯ 공소시효 10년

[기재례3] 상해를 가하여 사망에 이르게 한 경우

1) 범죄사실 기재례

피의자는 20○○. ○. ○. 22:00경 ○○에서, 피해자 홍길녀가 지속적인 폭행으로 인한 고통을 더 이상 견딜 수 없어 집에 보내달라면서 밖으로 나가려 하자, 주먹으로 피해자의 얼굴과 머리, 옆구리, 복부 등 전신을 수십 회 때리고, 머리채를 잡아 다락방 계단에 수회 부딪치게 하여 정신을 잃고 방바닥에 쓰러지게 한 다음, 라이터로 피해자의 음모와 겨드랑이털을 태우고 망치로 피해자의 허벅지와 음부를 때리고 집에 있던 의료용 가위로 피해자의 허벅지를 찌르는 등 머리와 얼굴이 찢어지게 하였다.

피의자는 그로 인하여 20○○. ○. ○.10:00경 ○○에 있는 ○○병원에서 치료를 받던 피해자를 췌장파열 등으로 사망에 이르게 하였다.

2) **적용법조** : 제259조 제1항⋯ 공소시효 10년

[기재례4] 상해를 가하여 뇌 압박으로 사망케 한 경우

1) 범죄사실 기재례

피의자는 20○○. ○. ○. ○○에서 피해자 홍길녀와 애인 관계로 위 피해자가 헤어지자고 하였다는 이유로 두 손으로 위 피해자의 가슴을 밀어 도로 위에 넘어뜨리고 다시 그의 머리 부분을 구둣발로 수회 밟고 이어서 목덜미를 붙잡아 그의 머리 부분을 길바닥에 수회 내려쳐서 그에게 두강내출혈 등의 상해를 가함으로써 그로 하여금 다음날 08:00경 ○○에 있는 ○○병원에서 위 출혈에 의한 뇌압박으로 사망하게 이르게 하였다.

2) **적용법조** : 제259조 제1항⋯ 공소시효 10년

[기재례5] 상해를 가하여 뇌압박으로 사망케 한 경우

1) 범죄사실 기재례

피의자는 20○○. ○. ○. 22:00경 ○○에 있는 ○○카페에서 친구인 피해자 甲(30세)과 함께 술을 마시던 중 술에 취한 피해자로부터 "배신자, 사기꾼" 등의 욕설을 듣자 그곳 탁자 위에 놓인 과도(길이 15cm가량)를 오른손에 들고 피해자의 복부를 1회 힘껏 찔러 복부자창을 가하였다.

피의자는 그로 인하여 20○○. ○. ○. 17:00경 ○○에 있는 ○○병원에서 치료를 받던 피해자를 범발성복막염 등으로 사망에 이르게 하였다.

2) **적용법조** : 제259조 제1항⋯ 공소시효 10년

[기재례6] 존속상해치사

1) 범죄사실 기재례

> 피의자는 평소 부친인 피해자 홍길동(70세)이 가족들을 돌보지 아니하고 술만 마시면 가족들을 폭행하는 등 가정불화를 유발한다고 생각하였다.
> 피의자는 20○○. ○. ○.20:00경 ○○에서 피해자가 뚜렷한 이유없이 욕설을 하면서 다가와 부엌칼(칼날 길이 21㎝)을 휘둘러 피의자에게 안면부 열창을 가하자 이에 격분하여 피해자의 가슴을 손으로 밀쳐 넘어뜨린 후 피해자의 얼굴 부위를 주먹으로 수차례 때리고 머리와 배 부위를 발로 각 1회 세게 걷어차 피해자로 하여금 그날 21:25경 그 자리에서 외상성뇌저부지주막하출혈상으로 사망에 이르게 하였다.

2) 적용법조 : 제259조 제2항… 공소시효 15년

Ⅲ. 신문사항

- 홍길동을 알고 있는가
- 위 홍길동을 때려 상처를 입힌 사실이 있는가
- 언제 어디에서 때렸는가
- 피의자 혼자서 때렸는가
- 왜 때렸는가
- 어떠한 방법으로(흉기 소지여부등)
- 그 당시 옆에서 본 사람이 있었나
- 어느 부위에 어느 정도 상처를 입혔는가
- 피의자의 행위로 피해자가 사망할 수도 있다는 생각을 하지 않았는가
- 피해자가 그 뒤 병원에서 치료를 받다 사망한 것을 알고 있는가
- 피해자의 사망이 피의자의 행위로 인한 것이라 생각하는가

제5절 폭행, 존속폭행

제260조(폭행, 존속폭행) ① 사람의 신체에 대하여 폭행을 가한 자는 2년 이하의 징역, 500만원 이하의 벌금, 구류 또는 과료에 처한다.
② 자기 또는 배우자의 직계존속에 대하여 제1항의 죄를 범한 때에는 5년 이하의 징역 또는 700만원 이하의 벌금에 처한다.
③ 제1항 및 제2항의 죄는 피해자의 명시한 의사에 반하여 공소를 제기할 수 없다.
※ 폭력행위 등 처벌에 관한 법률 제2조(폭행 등)
※ 채권의 공정한 추심에 관한 법률 제9조(폭행·협박 등의 금지)
※ 주민투표법 제28조(벌칙) 제2호
※ 근로기준법 제107조, 제7조
※ 노인복지법 제39조의9(금지행위), 제55조의3(벌칙) -65세 이상
※ 아동복지법 제17조(금지행위), 제71조(벌칙) -18세 미만
※ 응급의료에관한법률 제60조제1항, 제12조(응급의료 등의 방해 금지)
※ 의료법 제87조제1항, 제12조제3항(의료기술 등에 대한 보호)

 I. 구성요건

1. 객 체

사람의 신체로, 여기서 사람이란 자연인인 타인을 의미한다.

* ✱ 행위객체가 외국원수나 외국사절인 경우는 외국원수 및 외국사절에 대한 폭행죄(제107조 제1항, 제108조 제1항), 사용자의 근로자에 대한 폭행은 근로기준법(제7조)이 적용된다.

2. 행 위

폭행을 가하는 것

(1) 폭 행

사람의 신체에 대한 직접적인 유형력의 행사를 의미하므로 물건에 대한 유형력의 행사는 본죄의 폭행에 해당하지 않는다.

○ 유형력의 행사는 사람의 신체에 대한 것이어야 하나, 유형력의 행사가 반드시 사람의 신체에 접촉함을 요하지 않는다. 따라서 사람을 향해 돌을 던졌으나 빗나간 경우에도 폭행에 해당한다.

○ 폭행의 수단과 방법에는 제한이 없으며, 직접적 · 간접적 방법, 작위 · 부작위를 불문한다.

시정된 방문을 발로 찬 행위의 폭행죄에 해당여부(소극)

[1] 사실관계

> 甲은 乙이 자신을 만나주지 않는다는 이유로 시정된 탁구장문과 주방문을 부수고 주방으로 들어가 방문을 열어주지 않으면 모두 죽여 버린다고 폭언하면서 시정된 방문을 수회 발로 찼다.

[2] 판결요지

공소외인이 피고인을 만나주지 않는다는 이유로 시정된 탁구장문과 주방문을 부수고 주방으로 들어가 방문을 열어주지 않으면 모두 죽여버린다고 폭언하면서 시정된 방문을 수회 발로 찬 피고인의 행위는 재물손괴죄 또는 숙소안의 자에게 해악을 고지하여 외포케 하는 단순 협박죄에 해당함은 별론으로 하고, 단순히 방문을 발로 몇 번 찼다고 하여 그것이 피해자들의 신체에 대한 유형력의 행사로는 볼 수 없어 폭행죄에 해당한다 할 수 없다(대법원 1984.2.14. 선고 83도3186,83감도535 판결).
☞ (손괴죄나 협박죄는 성립가능)

■ 판례 ■   **거리상 멀리 떨어져 있는 사람에게 전화기를 이용하여 전화하면서 고성을 내거나 그 전화 대화를 녹음 후 듣게 하는 경우, 폭행죄에 있어서의 신체에 대한 유형력의 행사를 한 것으로 볼 수 있는지 여부(한정 적극)**

[1] 사실관계

> 甲은 1996. 4 경 乙의 집으로 전화를 걸어 乙에게 "트로트 가요앨범 진행을 가로챘다, 일본노래를 표절했다, 사회에 매장시키겠다."라고 수회에 걸쳐 폭언을 하고 그 무렵부터 1997.12.경까지 위와 같은 방법으로 일주일에 4내지 5일정도, 하루에 수십 회 반복하여 乙에게 "강도같은년, 표절가수다."라는 등의 폭언을 하면서 욕설을 하였고, 1998.3.경 乙의 바뀐 전화번호를 알아낸 후 乙의 집으로 전화하여 乙에게 "전화번호를 다시 바꾸면 가만 두지 않겠다."라는 등으로 폭언을 하고, 1999. 9. 1. 00:40경 乙의 집 자동응답전화기에 "乙이 살인청부 교사범 맞아, 남의 작품을 빼앗아 간 여자, 도둑년하고 살면서, 미친년 정신 똑바로 차려."라고 하고 1999. 2.경에도 다시 욕설과 폭언을 하는 등 수회에 걸쳐 욕설과 폭언 등을 녹음하였다.

[2] 판결요지

가. 폭행죄에 있어서 유형력의 행사에 신체의 청각기관을 자극하는 음향도 포함되는지 여부(한정적극)
형법 제260조에 규정된 폭행죄는 사람의 신체에 대한 유형력의 행사를 가리키며, 그 유형력의 행사는 신체적 고통을 주는 물리력의 작용을 의미하므로 신체의 청각기관을 직접적으로 자극하는 음향도 경우에 따라서는 유형력에 포함될 수 있다.

나. 甲의 죄책
피해자의 신체에 공간적으로 근접하여 고성으로 폭언이나 욕설을 하거나 동시에 손발이나 물건을 휘두르거나 던지는 행위는 직접 피해자의 신체에 접촉하지 아니하였다 하더라도 피해자에 대한 불법한 유형력의 행사로서 폭행에 해당될 수 있는 것이지만, 거리상 멀리 떨어져 있는 사람에게 전화기를 이용하여 전화하면서 고성을 내거나 그 전화 대화를 녹음 후 듣게 하는 경우에는 특수한 방법으로 수화자의 청각기관을 자극하여 그 수화자로 하여금 고통스럽게 느끼게 할 정도의 음향을 이용하였다는 등의 특별한 사정이 없는 한 신체에 대한 유형력의 행사를 한 것으로 보기 어렵다(대법원 2003.1.10. 선고 2000도5716 판결). ☞ (甲은 협박죄)

■ 판례사례 ■ [폭행에 해당하는 사례]

(1) 안수기도를 하면서 가슴과 배를 반복하여 누르거나 때린 경우(대법원 1994.8.23. 선고 94도 1484 판결)
(2) 피해자에게 근접하여 욕설을 하면서 때릴 듯이 손발이나 물건을 휘두르거나 던지는 행위(대법원 1990.2.13. 선고 89도1406 판결)
(3) 외관상 건강하지만 심장질환이 있는 특수체질자를 밀어 엉덩방아를 찧고 넘어져 심장마비로 사망한 경우 ⇨ 폭행죄는 성립하나 폭행치사죄는 불성립(대법원 1985.4.3. 선고 85도303 판결)
(4) 피해자의 신체에 공간적으로 근접하여 고성으로 폭언이나 욕설을 하거나 동시에 손발이나 물건을 휘두르거나 던지는 행위 ⇨ 위 판례의 이유에서 판례가 설시한 사항으로서 폭행죄 성립 가능(대법원 2003.1.10. 선고 2000도5716 판결)

■ 판례사례 ■ [폭행에 해당하지 아니하는 사례]

(1) 욕설을 하고 피해자 집의 대문을 발로 찬 경우(대법원 1991.1.29. 선고 90도2153 판결)
(2) 시비를 만류하면서 팔을 2, 3회 끈 사실이 있을 때(대법원 1986.10.14. 선고 86도1796 판결)
(3) 비닐봉지에 넣어둔 인분을 타인가의 앞마당에 던진 경우(대법원 1977.2.8. 선고 75도2673 판결)
(4) 먼저 덤벼들고 뺨을 꼬집고 주먹으로 쥐어박는 자를 부둥켜안은 경우(대법원 1977.2.8. 선고 76도3758 판결)
(5) 단순히 눈을 부릅뜨고 "이 십팔놈아, 가면 될 것 아니냐"라고 욕설을 한 경우(대법원 2001.3.9. 선고 2001도277 판결)

(2) 기수시기

유형력의 행사만 있으면 곧바로 기수(형식범)

3. 주관적 구성요건

폭행의 고의, 즉 타인의 신체에 대하여 유형력을 행사한다는 사실에 대한 인식과 의사가 있을 것
- ○ 상해의 고의로 폭행의 결과가 발생한 경우 ⇨ 상해미수죄
- ○ 폭행의 고의로 상해의 결과를 발생시킨 경우 ⇨ 폭행치상죄(제262조)

4. 위법성

- ○ 폭행이 정당방위·긴급피난으로 인한 경우에는 위법성이 조각되며, 피해자의 승낙에 의한 경우에도 사회상규에 반하지 않는 한 위법성이 조각된다.
- ○ 부모·교사의 징계권행사로서의 폭행도 상해에 이르지 않는 한 허용되며(다수설), 상대방의 폭행에 대하여 소극적인 방어수단으로서의 폭행(상대방이 멱살을 잡아 이를 뿌리치는 행위)은 사회상규상 위법성이 조각된다.

(1) 강제연행을 모면하기 위하여 팔꿈치로 뿌리치면서 가슴을 잡고 벽에 밀어부친 경우(대법원 1972. 11.28. 선고 81도2958 판결)

(2) 乙과 丙이 주차문제로 시비가 붙어 싸우던 중 丙이 乙을 폭행을 하자 乙의 어머니인 甲이 이를 말리기 위하여 丙의 멱살을 잡은 경우(대법원 1996.2.23. 선고 95도1642 판결)

(3) 乙이 갑자기 달려나와 甲의 멱살을 잡고 파출소로 가지면서 계속하여 甲을 끌어당기므로 甲은 그와 같은 乙의 행위를 제지하기 위하여 그의 양팔부분의 옷자락을 잡고 밀친 경우(대법원 1990.1.23. 선고 89도1328 판결)

5. 소추조건

(1) 반의사불벌죄

본죄는 피해자의 명시한 의사에 반하여 공소를 제기할 수 없다(제260조 제3항).

(2) 폭력행위등처벌에관한법률상의 특례

2인 이상이 공동으로 폭행을 한 경우나 누범의 경우에는 반의사불벌죄가 아니다.(폭력행위등처벌에관한법률 제2조 제2항)

6. 협박죄와의 관계

○ 폭행이 협박 내용과 같은 경우(例, 폭행할 것을 고지하고 폭행을 한 경우) ⇨ 협박은 법조경합에 의하여 폭행죄에 흡수

○ 협박내용이 폭행과 다른 경우(例, 살해 할 것을 고지하고 폭행한 경우) ⇨ 폭행죄와 협박죄의 경합범

7. 업무방해죄와의 관계

■ 판례 ■　　동일한 피해자에 대한 폭행행위가 업무방해죄의 수단이 된 경우, 폭행행위가 이른바 '불가벌적 수반행위'에 해당하여 업무방해죄에 대하여 흡수관계에 있는지 여부(소극)

업무방해죄와 폭행죄는 구성요건과 보호법익을 달리하고 있고, 업무방해죄의 성립에 일반적·전형적으로 사람에 대한 폭행행위를 수반하는 것은 아니며, 폭행행위가 업무방해죄에 비하여 별도로 고려되지 않을 만큼 경미한 것이라고 할 수도 없으므로, 설령 피해자에 대한 폭행행위가 동일한 피해자에 대한 업무방해죄의 수단이 되었다고 하더라도 그러한 폭행행위가 이른바 '불가벌적 수반행위'에 해당하여 업무방해죄에 대하여 흡수관계에 있다고 볼 수는 없다(대법원 2012.10.11. 선고 2012도1895 판결).

II. 의율상 유의사항

폭력행위등처벌에관한법률 개정으로 상습범과 흉기소지 등의 행위에 대해서는 폐지(2016. 1. 6.)되고 2인 이상이 공동으로 폭행한 경우 제2조 제2항 제1호로 의율하여야 한다.

III. 범죄사실기재 및 신문사항

1. 단순폭행

1) 범죄사실 기재례

[기재례1] 오른쪽 어깨를 때려 폭행

피의자는 20○○. ○. ○. 16:00경 ○○에서 공사업체에 공사비를 지연하였다는 이유로 관리소장인 피해자 홍길동에게 "추석인데 업체에 공사비를 빨리 지불하라."며 손으로 피해자의 오른쪽 어깨를 때려 그에게 폭행을 가하였다.

[기재례2] 피해자의 얼굴을 때려 폭행

피의자는 20○○. ○. ○. 07:00경 ○○에서 옷을 가지러 찾아온 피해자 홍길녀에 대하여 피해자가 피의자의 누나 집에서 돈을 훔친 것도 사실이고 목포에 내려갔을 당시 피의자의 아버지와 돈을 받고 성관계를 했다는 말을 듣게 되자, 격분한 나머지 주먹으로 피해자의 얼굴을 6회, 옆구리를 4회 때려 폭행하였다.

[기재례3] 반복적으로 전화로 욕설

피의자는 20○○. ○. ○. 21:00경 피해자 홍길녀의 집으로 전화를 하여 피해자에게 "트로트 가요앨범 진행을 가로챘다, 일본노래를 표절했다, 사회에 매장하겠다. 강도 같은 년, 표절가수다." 라는 등의 폭언을 하면서 욕설을 하여 그 피해자를 폭행하였다.

2) 적용법조 : 제260조 제1항 … 공소시효 5년

2. 존속폭행

1) 범죄사실 기재례

피의자는 피해자 홍길동의 장남인 사람으로서 20○○. ○. ○. 20:00경 피의자의 집 안방에서 피해자가 피의자에게 술만 먹지 말고 일도 좀 하라 했다는 이유로 주먹으로 피해자의 가슴을 3회 때리고 발로 옆구리를 1회 찼다.
이로써 피의자는 직계존속에게 폭행을 가하였다.

2) 적용법조 : 제260조 제2항 … 공소시효 7년

3) 신문사항

- 피해자 홍길동과 어떤 관계인가
- 피의자는 아버지를 때린 사실이 있나요
- 언제 어디에서 때렸나요
- 피의자 혼자서 때렸나요
- 왜 때렸나요
- 어떠한 방법으로(흉기 소지여부등)
- 그 당시 옆에서 본 사람이 있나요
- 피해자는 어디를 어느 정도 다쳤는가

제6절 특수폭행

제261조(특수폭행) 단체 또는 다중의 위력을 보이거나 위험한 물건을 휴대하여 제260조 제1항 또는 제2항의 죄를 범한 때에는 5년 이하의 징역 또는 1천만원 이하의 벌금에 처한다.

 **Ⅰ. 구성요건**

1. 행위방법

단체 또는 다중의 위력을 보이거나 위험한 물건을 휴대하여 폭행하는 것

(1) 단체 또는 다중의 위력을 보여

1) 단 체

공동의 목적을 가진 다수인의 계속적·조직적 결합체

〈단체의 요건〉

① 공동의 목적이 있을 것, 다만 목적이 불법일 필요는 없음
② 어느 정도의 시간적 계속성과 조직성을 갖출 것
③ 위력을 보일 만큼 다수일 것을 요하나 단체의 구성원이 반드시 같은 장소에 집결해 있을 필요는 없고 소집 또는 연락에 의해 집결할 가능성만 있으면 충분

2) 다 중

단체를 이루지 못한 다수인의 집합

○ 공동의 목적이 있을 필요는 없으며, 계속성·조직성은 필요하지 않다.

3) 위력을 보여

사람의 의사를 제압할 만한 세력을 상대방에게 인식시키는 것

○ 폭행의 현장에 단체 또는 다중이 현존할 것은 요하지 않으나 단체·다중은 실제로 존재하여야 한다. 존재하지 않는 단체·다중을 가장하여 위력을 보임으로써 폭행한 경우, 형법상 특수폭행죄에는 해당하지 아니하나, 폭력행위등처벌에관한법률 제3조 제1항에 해당한다.

(2) 위험한 물건의 휴대

1) 위험한 물건

제조의 목적을 불문하고 그 물건의 객관적 성질 및 사용방법에 따라서는 사람의 생명·신체에 해를 줄 수 있는 물건

- 본래 성질상 살상을 위해 제조된 물건(例, 무기) 이외에 본래의 용도로는 위험한 물건이 아니지만 사람을 살상하는 데 사용할 수 있는 물건도 포함한다.
- 휴대할 수 있는 동산에 한하며, 부동산은 위험한 물건에 포함되지 않는다.

■ 판례 ■ **위험한 물건의 판단기준**

[1] 사실관계

> 피고인이 이혼 분쟁 과정에서 자신의 아들을 승낙 없이 자동차에 태우고 떠나려고 하는 피해자들 일행을 상대로 급하게 추격 또는 제지하는 과정에서 소형승용차(라노스)로 중형승용차(쏘나타)를 충격하여 차량을 손괴하고 피해자들에게 상해를 입혔으나, 충격할 당시 두 차량 모두 정차하여 있다가 막 출발하는 상태로서 차량 속도가 빠르지 않았으며 상대방 차량의 손괴 정도나 피해자들이 입은 상해의 정도가 비교적 경미하였다.

[2] 판결요지

가. 폭력행위 등 처벌에 관한 법률 제3조 제1항에 정한 '위험한 물건'의 판단 기준
어떤 물건이 폭력행위 등 처벌에 관한 법률 제3조 제1항에 정한 '위험한 물건'에 해당하는지 여부는 구체적인 사안에서 사회통념에 비추어 그 물건을 사용하면 상대방이나 제3자가 생명 또는 신체에 위험을 느낄 수 있는지 여부에 따라 판단하여야 한다. 이러한 판단 기준은 자동차를 사용하여 사람의 생명 또는 신체에 위해를 가하거나 다른 사람의 재물을 손괴한 경우에도 마찬가지로 적용된다.

나. 자동차가 위험한 물건에 해당하는지 여부
피고인의 자동차 운행으로 인하여 사회통념상 상대방이나 제3자가 생명 또는 신체에 위험을 느꼈다고 보기 어려워 위 자동차는 폭력행위 등 처벌에 관한 법률 제3조 제1항에 정한 '위험한 물건'에 해당하지 않는다(대법원 2009.3.26. 선고 2007도3520 판결).

■ 판례 ■ **실탄이 장전되지 아니한 공기총이 '위험한 물건'에 해당하는지 여부**

폭력행위등처벌에관한법률 제3조 제1항에서 말하는 '흉기 기타 위험한 물건'이라 함은 사람을 살상할 수 있는 특성을 갖춘 총이나 칼과 같은 것은 물론, 그 밖의 물건이라도 사회통념상 이를 이용하면 상대방이나 제3자가 살상의 위험을 느낄 수 있는 것을 포함한다. 따라서 피고인이 공기총에 실탄을 장전하지 아니하였다고 하더라도 범행 현장에서 공기총과 함께 실탄을 소지하고 있었고 피고인으로서는 언제든지 실탄을 장전하여 발사할 수도 있으므로 공기총이 '위험한 물건'에 해당한다(대법원 2002.11.26. 선고 2002도4586 판결).

■ 판례 ■ **피고인이 당구장에서 피해자가 시끄럽게 떠든다는 이유로, 주먹으로 피해자의 얼굴 부위를 1회 때리고 그곳 당구대 위에 놓여있던 당구공으로 피해자의 머리 부위를 수회 때**

려, 피해자에게 치료일수 불상의 입술 부위가 터지고 머리부위가 부어오르는 상해를 가한 경우

피고인이 피해자의 얼굴을 주먹으로 가격하여 생긴 상처가 주된 상처로 보이고, 당구공으로는 피해자의 머리를 툭툭 건드린 정도에 불과한 것으로 보이고, 위와 같은 사정 아래에서는 피고인이 당구공으로 피해자의 머리를 때린 행위로 인하여 사회통념상 피해자나 제3자에게 생명 또는 신체에 위험을 느끼게 하였으리라고 보여지지 아니하므로 위 당구공은 폭력행위 등 처벌에 관한 법률 제3조 제1항의 '위험한 물건'에는 해당하지 아니한다(대법원 2008.1.17. 선고 2007도9624 판결).

■ 판례사례 ■ [특수폭행죄에 있어서 위험한 물건에 해당하는 것]

(1) 곡괭이자루로 피해자를 내리친 경우(대판1990.1.25. 89도2245)
(2) 땅바닥에 때려 깨뜨린 2홉들이 소주병 조각(대판1986.6.24. 86도947)
(3) 깨진 맥주병, 항아리조각, 부러뜨린 걸레자루 등(대판1990.6.12. 90도859)
(4) 빈 양주병으로 머리를 내리쳐 타박상을 가한 경우(대판1997.2.25. 96도3411)
(5) 직경 10㎝가량의 돌로 피해자의 머리를 때린 경우(대판1995.11.24. 95도2282)
(6) 쪽가위로 피해자의 등을 2회 찔러 천공상을 입힌 경우(대판1984.1.17. 83도2900)
(7) 피해자에게 농약을 먹이려 하고 당구큐대로 폭행한 경우(대판2002.9.6. 2002도2812)
(8) 자동차를 이용하여 다른 사람의 자동차 2대를 손괴한 경우(대판2003.1.24. 2002도5783)
(9) 피고인이 그 소지중의 안전 면도칼날로 피해자의 등을 그어서 상해를 입힌 경우(대판1971.4.30. 71도430)
(10) 삽날 길이 21㎝ 가량의 야전삽으로 피해자의 이마 부분을 1회 내리친 경우(대판2001.11.30. 2001도5268)
(11) 피고인이 피해자를 땅바닥에 넘어뜨리고 세멘벽돌을 집어 들고 머리부분을 1회 때린 경우(대판1990.1.23. 89도2273)
(12) 견인료납부를 요구하는 교통관리직원을 승용차 앞범퍼 부분으로 들이받아 폭행한 경우의 승용차(대판1997.5.30. 97도597)
(13) 피고인이 옷소매속에 숨겨 휴대하고 있었던 길이 30센치미터의 공구(드라이버)로 찌른 경우(대판1984.2.14. 83도3165, 83감도526)
(14) 폭력조직의 행동대원인이 후배조직원들의 기강이 해이해졌다는 이유로 1m 가량의 야구방망이로 엉덩이를 수회 때려 상해를 가한 경우(대판2005.6.1. 2005도547)
(15) 피고인 등이 쇠파이프와 각목으로 피해자들의 온몸과 엉덩이 부분을 때리고, 전기톱을 손에 쥐고 다른 조직원들의 소재를 밝히지 않으면 손을 잘라 버리겠다고 협박하고, 마이크를 들고 피해자들의 머리를 수회씩 때린 경우(대판1998.2.27. 97도3421)

2) 휴 대

■ 판례 ■ 승용차가 '위험한 물건'에 해당하는지 여부(적극)

[1] 사실관계

甲은 견인료 납부를 요구하면서 승용차의 앞을 가로막고 있는 교통관리직원인 乙의 다리부분을 위 승용차 앞 범퍼 부분으로 들이받고 약 1m 정도 진행하여 乙을 땅바닥에 넘어뜨렸다.

[2] 판결요지

폭력행위등처벌에관한법률 제3조 제1항의 '위험한 물건'이란 흉기는 아니라도 널리 사람의 생명, 신

체에 해를 가하는데 충분한 일체의 물건을 포함한다고 풀이할 것이므로, 본래 살상용으로 만들어진 것뿐만 아니라 다른 목적으로 만들어진 것도 그것이 사람의 생명·신체에 해를 가하는데 사용되었다면 본조의 '위험한 물건'에 해당하며, 한 편 이러한 물건을 '휴대하여'라는 말은 소지뿐만 아니라 널리 이용한다는 뜻도 포함하고 있다 할 것이다(대법원 1997.5.30. 선고 97도597 판결).

■ 판례 ■ **공범의 경우 휴대의 판단기준**

[1] 사실관계

甲은 乙로부터 A를 잡아오던지 반쯤 죽여 버리라는 지시를 받고 야간에 丙·丁·戊 등과 함께 자신의 승용차를 타고 A의 사무실로 가다가 중간에 낫 3자루와 도끼 2자루를 구입하여 차 뒷자리에 실은 다음 3층 건물의 지하실에 있는 A의 사무실 부근에 이르렀을 때, 丁·戊는 차 뒷자리에 위 흉기를 은폐한 채로 차 안에서 망을 보고 甲과 丙은 A를 가해하기 위하여 사무실 안에 들어갔다.

[2] 판결요지

폭력행위등처벌에관한법률 제3조 제1항, 제2조 제1항, 형법 제319조 제1항 소정의 특수주거침입죄는 흉기 기타 위험한 물건을 휴대하여 타인의 주거나 건조물 등에 침입함으로써 성립하는 범죄이므로, 수인이 흉기를 휴대하여 타인의 건조물에 침입하기로 공모한 후 그중 일부는 밖에서 망을 보고 나머지 일부만이 건조물 안으로 들어갔을 경우에 있어서 특수주거침입죄의 구성요건이 충족되었다고 볼 수 있는지의 여부는 직접 건조물에 들어간 범인을 기준으로 하여 그 범인이 흉기를 휴대하였다고 볼 수 있느냐의 여부에 따라 결정되어야 할 것이다. 따라서 위 건물 안으로 들어간 甲과 丙을 기준으로 할 경우에 그들이 위 건조물에 들어갈 때 30 내지 50여미터 떨어진 거리에 세워진 차 안에 있던 흉기를 휴대하고 있었다고는 볼 수 없을 것이다(대법원 1994.10.11. 선고 94도1991 판결).

■ 판례 ■ **위험한 물건을 자기가 기거하는 장소에 보관한 것만으로 위험한 물건의 "휴대"에 해당하는지 여부(소극)**

폭력행위등처벌에관한법률 제7조에서 말하는 위험한 물건의 "휴대"라 함은 범죄현장에서 사용할 의도 아래 위험한 물건을 몸 또는 몸 가까이에 소지하는 것을 말하는 것이고, 자기가 기거하는 장소에 보관하였다는 것만으로는 위 법조에서 말하는 위험한 물건의 휴대라고 할 수 없다(대법원 1992.5.12. 선고 92도381 판결).

■ 판례사례 ■ **[위험한 물건의 휴대에 해당하는 사례]**

(1) 자동차를 이용하여 다른 사람의 자동차 2대를 손괴한 경우 ⇨ 특수손괴죄(대법원 2003.1.24. 선고 2002도5783 판결)

(2) 주유소에서 유류대금을 내지 않고 도망하려하자 이를 잡는 주유소직원을 차에 매단 채 약 30m 진행한 경우 ⇨ 특수폭행죄 성립(대법원 1998.5.29. 선고 98도1086 판결)

(3) 체포하려는 경찰관을 뿌리치고 도주하려다 경찰관이 본넷트 위에 뛰어올라 앞 유리창을 몸으로 막는데도 그대로 출발하여 500m 진행하다 급회전하여 상해 입힌 경우 ⇨ 특수공무집행방해치상죄(대법원 1984.10.23. 선고 84도2001 판결)

(4) 피고인이 고속도로상에서 승용차로 피해자가 타고가는 승용차 뒤를 바짝 따라붙어 운전을 방해하고, 피해자 차량앞에서 급제동을 하여 피해자로 하여금 충돌을 피하기 위하여 급제동하거나 급차

로변경을 하게 하고, 피고인 차량을 피해자 차량 옆으로 바짝 밀어붙여 피해자로 하여금 중앙분리
대와 충돌할 위험에 처하게 하고, 피해자가 고속도로를 빠져나가려 하자 진로를 가로막아 빠져나
가지 못하게 한 경우 ⇨ 특수폭행죄(대법원 2001.2.23. 선고 2001도271 판결)

■ 판례 ■ **흉기의 우연한 소지가 '휴대'에 해당하는지 여부(소극)**

폭력행위등처벌에관한법률의 목적과 그 제3조 제1항의 규정취지에 비추어 보면 같은 법 제3조 제1항 소
정의 "흉기 기타 위험한 물건을 휴대하여 그 죄를 범한 자"란 범행현장에서 그 범행에 사용하려는 의도
아래 흉기를 소지하거나 몸에 지니는 경우를 가리키는 것이지 그 범행과는 전혀 무관하게 우연히 이를
소지하게 된 경우까지를 포함하는 것은 아니다(대법원 1990.4.24. 선고 90도401 판결).

■ 판례사례 ■ **[위험한 물건의 휴대에 해당하지 아니하는 사례]**

(1) 버섯을 채취하기 위해 칼을 가지고 산으로 가던 중 타인의 주거에 침입한 경우 ⇨ 범행과는
   전혀 무관하게 우연히 소지하게 된 경우이므로(대법원1990.4.24. 선고 90도401 판결)
(2) 甲이 자기가 기거하는 방안에 위험한 물건인 곡괭이자루 1개, 몽둥이 1개, 조각도 3개를 보관하고 乙을
   협박하여 여관부지 8000여평을 양도할 것을 요구한 경우(대법원 1992.5.12. 선고 92도381 판결)

2. 행 위

폭행하는 것

3. 주관적 구성요건

폭행에 대한 고의 이외에 단체 또는 다중의 위력을 보이거나 흉기를 휴대한다는 사
실에 대한 인식이 있을 것

II. 범죄사실기재 및 신문사항

특수상해죄 참고

제7절 폭행치사상

> **제262조(폭행치사상)** 제260조와 제261조의 죄를 지어 사람을 사망이나 상해에 이르게 한 경우에는 제
> 257조부터 제259조까지의 예에 따른다.

Ⅰ. 구성요건

1. 폭행죄 또는 특수폭행죄를 범하여 사람을 사상에 이르게 함으로써 성립(결과적 가중범)
   ○ 폭행 또는 특수폭행의 고의가 있을 때에 한하여 본죄가 성립하고 상해 또는 살인
   의 고의가 있는 경우에는 상해죄 또는 살인죄가 성립한다.
   ○ 결과적 가중범이므로 폭행과 사상의 결과 사이에 인과관계가 있어야 하고, 사상
   의 결과는 예견할 수 있는 것이어야 한다.

■ 판례 ■　**피고인의 삿대질을 피하려고 뒷걸음치던 피해자가 장애물에 걸려 넘어져 두개골절
로 사망한 경우, 사망의 결과에 대한 예견가능성 유무(소극)**

[1] 사실관계

동료인 甲과 乙은 공장에서 말다툼을 하던 중 甲이 乙의 얼굴에 대고 삿대질을 하자 이를 피
하기 위해 乙이 뒷걸음질로 물러서다가 한 시간 전에 마신 술로 취해 있던 관계로 바닥에 가
까이에서 수평으로 회전중이던 스빙기계 철받침대에 발이 걸려 뒤로 넘어지면서 머리부분이
시멘트 바닥에 부딪쳐 두개골골절로 사망하였다.

[2] 판결요지

폭행치사죄는 결과적 가중범으로서 폭행과 사망의 결과 사이에 인과관계가 있는 외에 사망의 결과에
대한 예견가능성 즉 과실이 있어야 하고 이러한 예견가능성의 유무는 폭행의 정도와 피해자의 대응상
태 등 구체적 상황을 살펴서 엄격하게 가려야 하는 것인바, 피고인이 피해자에게 상당한 힘을 가하여
넘어뜨린 것이 아니라 단지 공장에서 동료 사이에 말다툼을 하던 중 피고인이 삿대질하는 것을 피하
고자 피해자 자신이 두어걸음 뒷걸음치다가 회전 중이던 십자형 스빙기계 철받침대에 걸려 넘어진 정
도라면, 당시 바닥에 위와 같은 장애물이 있어서 뒷걸음치면 장애물에 걸려 넘어질 수 있다는 것까지
는 예견할 수 있었다고 하더라도 그 정도로 넘어지면서 머리를 바닥에 부딪쳐 두개골절로 사망한다는
것은 이례적인 일이어서 통상적으로 일반인이 예견하기 어려운 결과라고 하지 않을 수 없으므로 피고
인에게 폭행치사죄의 책임을 물을 수 없다(대법원 1990.9.25. 선고 90도1596 판결). ☞ (甲은 폭행죄)

■ 판례 ■　**심장질환이 있는 자에 대하여 폭행을 가함으로써 그 충격으로 사망케 한 경우, 위
폭행과 그 사망간의 인과관계 유무(적극)**

피해자를 2회에 걸쳐 두 손으로 힘껏 밀어 땅바닥에 넘어뜨리는 폭행을 가함으로써 그 충격으로 인한 쇼크
성 심장마비로 사망케 하였다면 비록 위 피해자에게 그 당시 심관성동맥경화 및 심근섬유화 증세등의 심장

질환의 지병이 있었고 음주로 만취된 상태였으며 그것이 피해자가 사망함에 있어 영향을 주었다고 해서 피고인의 폭행과 피해자의 사망간에 상당인과 관계가 없다고 할 수 없다(대법원 1986.9.9. 선고 85도2433 판결).

■ 판례 ■ **피고인들로부터 폭행당하지 않으려고 창문 밖으로 숨으려다가 실족하여 사망한 경우, 폭행과 사망 사이의 인과관계 여부(적극)**

[1] 사실관계

甲·乙이 공동하여 丙을 폭행하여 丙은 당구장 3층에 있는 화장실에 숨어 있었으나 甲·乙이 丙을 다시 폭행하기 위하여 甲은 화장실 문을 지키고 乙은 당구 큐대로 문을 내리쳐 부수자 겁에 질린 丙이 화장실 창문 밖으로 숨으려다가 실족하여 사망하였다.

[2] 판결요지

피고인들이 공동하여 피해자를 폭행하여 당구장 3층에 있는 화장실에 숨어 있던 피해자를 다시 폭행하려고 피고인 甲은 화장실을 지키고, 피고인 을은 당구치는 기구로 문을 내려쳐 부수자 위협을 느낀 피해자가 화장실 창문 밖으로 숨으려다가 실족하여 떨어짐으로써 사망한 경우에는 피고인들의 위 폭행행위와 피해자의 사망 사이에는 인과관계가 있다고 할 것이므로 폭행치사죄의 공동정범이 성립된다(대법원 1990.10.16. 선고 90도1786 판결).

[3] 동지판례 – 안수기도중 목사와 안수기도 참여자의 안수기도의 방법으로 행하여진 폭행을 피하여 창문으로 뛰어내리다가 사망한 경우

안수기도에 참여하여 목사가 안수기도의 방법으로 폭행을 함에 있어서 시종일관 폭행행위를 보조하였을 뿐 아니라 더 나아가 스스로 피해자를 폭행하기도 한 점에 비추어 목사의 폭행행위를 인식하고서도 이를 안수기도의 한 방법으로 알고 묵인함으로써 폭행행위에 관하여 묵시적으로 의사가 상통하였고 나아가 그 행위에 공동가공함으로써 공동정범의 책임을 면할 수 없다(대법원 1994.8.23. 선고 94도1484 판결).

■ 판례 ■ **어린애를 업은 사람을 밀어 넘어뜨려 그 결과 어린애가 사망한 경우, 폭행치사죄의 성립여부(적극)**

폭행죄에 있어서 사람의 신체에 대한 유형력의 행사는 반드시 신체에 대한 직접적인 접촉을 요건으로 하는 것이 아니므로 乙을 넘어뜨린 행위는 그 어린애에 대해서도 역시 폭행이 된다 할 것이고 그 결과 어린이가 사망하였다면 폭행치사죄가 성립한다(대법원 1972.11.28. 선고 72도2201 판결).

■ 판례 ■ **남편이 처가 있던 방으로 들어가기 위하여 방문을 부엌칼과 망치로 여러 차례 내리쳐 손괴한 후 방문을 열고 망치를 든 채 들어올 무렵 처가 겁에 질려 창문 밖 베란다에 설치된 추락방지용 펜스를 잡고 매달려 있다가 추락하여 사망한 경우, 폭행치사죄의 성부(소극)**

위 남편의 손괴행위는 방문을 통해 공간적으로 격리된 처를 만나기 위한 수단적 행위에 불과할 뿐 '피해자인 처의 신체'에 대하여 유형력을 행사한 것으로는 볼 수 없다(대구지법 2007.2.7. 선고 2006고합911 판결).

2. '제257조부터 제259조의 예에 의한다'의 의미

■ 판례 ■　　형법 제262조의 규정 중 '제257조 내지 제259조의 예에 의한다'의 의미 / 특수폭행치상의 경우, 형법 제258조의2의 신설에도 불구하고 종전과 같이 형법 제257조 제1항의 예에 의하여 처벌하는 것으로 해석하여야 하는지 여부(적극)

특수폭행치상죄의 해당규정인 형법 제262조, 제261조는 형법 제정 당시부터 존재하였는데, 형법 제258조의2 특수상해죄의 신설 이전에는 형법 제262조의 "전 2조의 죄를 범하여 사람을 사상에 이르게 한 때에는 제257조 내지 제259조의 예에 의한다."라는 규정 중 '제257조 내지 제259조의 예에 의한다'의 의미는 형법 제260조(폭행, 존속폭행) 또는 제261조(특수폭행)의 죄를 범하여 상해, 중상해, 사망의 결과가 발생한 경우, 그 결과에 따라 상해의 경우에는 형법 제257조, 중상해의 경우에는 형법 제258조, 사망의 경우에는 형법 제259조의 예에 준하여 처벌하는 것으로 해석·적용되어 왔고, 따라서 특수폭행치상죄의 경우 법정형은 형법 제257조 제1항에 의하여 '7년 이하의 징역, 10년 이하의 자격정지 또는 1천만 원 이하의 벌금'이었다. 그런데 2016. 1. 6. 형법 개정으로 특수상해죄가 형법 제258조의2로 신설됨에 따라 문언상으로 형법 제262조의 '제257조 내지 제259조의 예에 의한다'는 규정에 형법 제258조의2가 포함되어 특수폭행치상의 경우 특수상해인 형법 제258조의2 제1항의 예에 의하여 처벌하여야 하는 것으로 해석될 여지가 생기게 되었다. 이러한 해석을 따를 경우 특수폭행치상죄의 법정형이 형법 제258조의2 제1항이 정한 '1년 이상 10년 이하의 징역'이 되어 종래와 같이 형법 제257조 제1항의 예에 의하는 것보다 상향되는 결과가 발생하게 된다. 그러나 형벌규정 해석에 관한 법리와 폭력행위 등 처벌에 관한 법률의 개정 경과 및 형법 제258조의2의 신설 경위와 내용, 그 목적, 형법 제262조의 연혁, 문언과 체계 등을 고려할 때, 특수폭행치상의 경우 형법 제258조의2의 신설에도 불구하고 종전과 같이 형법 제257조 제1항의 예에 의하여 처벌하는 것으로 해석함이 타당하다.(대법원 2018. 7. 24., 선고, 2018도3443, 판결)

◗ II. 범죄사실기재

[기재례1] 폭행치상

1) 범죄사실 기재례

피의자는 20○○. ○. ○. 01:20경부터 01:35경까지 사이에 ○○에 있는 ○○식당에서 친구인 피해자 甲과 함께 술을 마시면서 말다툼을 하다 피해자가 '너 하고는 말하기 싫다'라고 면박을 주었다는 이유로 불쾌한 감정을 갖게 된 후 피해자와 함께 식당에서 나와 부근을 걸어가면서 위 일련의 상황에 관하여 말다툼하다가 왼쪽 주먹으로 술에 만취된 피해자의 오른쪽 머리부위를 때리고 그 상의를 잡아당겨 땅바닥에 넘어지도록 하는 등 폭행을 가하였다.

피의자는 그로 인하여 피해자에게 땅바닥에 머리를 충돌하면서 뇌좌상 등으로 약 2주간의 치료를 요하는 상해를 입게 하였다.

2) 적용법조 : 제262조, 제260조 제1항… 공소시효 7년

[기재례2] 폭행치사

1) 범죄사실 기재례

피의자는 20○○. ○. ○.14:00경 ○○에 있는 피해자 甲(34세)의 집에서 나이 어린 피해자가 연장자인 피의자에게 반말한다는 이유로 오른쪽 주먹으로 피해자의 얼굴을 1회 때려 그곳 시멘트 벽돌담에 머리를 부딪치게 하는 등 폭행을 가하였다.

피의자는 그로 인하여 피해자에게 지병인 고혈압으로 인한 뇌출혈을 일으키게 함으로써 20○○. ○. ○. 18:00경 ○○에 있는 ○○병원에서 치료를 받던 피해자를 뇌지주막하출혈로 사망에 이르게 하였다.

2) 적용법조 : 제262조, 제260조 제1항… 공소시효 10년

Ⅲ. 신문사항

- 피의자는 남을 때린 사실이 있나요
- 언제 어디에서 때렸나요
- 피의자 혼자서 때렸나요
- 왜 때렸나요.
- 어떠한 방법으로(흉기 소지여부등)
- 그 당시 옆에서 본 사람이 있나요
- 피해자는 어디를 어느 정도 다쳤는가
- 피의자의 행위로 피해자가 상처를 입을(죽을) 수도 있다 생각하지 않았는가
- 피해자와 합의는 하였나요

제8절 동시범

제263조(동시범) 독립행위가 경합하여 상해의 결과를 발생하게 한 경우에 있어서 원인된 행위가 판명되지 아니한 때에는 공동정범의 예에 의한다.

1. 의 의

2인 이상이 의사연락 없이 개별적으로 동시에 죄를 범한 동시범의 경우에는 그 원인된 행위가 판명되지 않은 경우에 원칙적으로 각자를 미수범으로 처벌하나(제19조), 형법은 상해죄의 경우에 그 예외를 인정하여 각자를 공동정범으로 처벌하는 특례를 규정한 것이다.

2. 적용요건

- 2인 이상이 상호 의사연락 없이 동시 또는 이시에 동일객체에 대하여 상해를 입힐 것
  * 상호 연락이 있는 경우에는 공동정범이 성립한다.
- 상해행위나 폭행행위에 의하여 상해의 결과가 발생하였을 것
- 상해행위의 원인이 된 가해행위의 행위자가 판명되지 않을 것
  * 가해행위를 한 것 자체가 불분명한 사람에 대해서는 동시범 규정을 적용하지 않는다.

■ 판례 ■ **가해행위를 한 것 자체가 불분명한 자에 대한 상해죄의 동시범으로 의율가부(부정)**

[1] 사실관계

甲과 乙이 서로 싸우는 것을 丙이 말리자 누군가가 그곳에 있던 깨진 유리병 조각을 들고 丙의 코를 내리찍어 47일간의 치료를 받아야 할 비골 개방성 골절상을 입혔으나 甲과 乙이 그 가해행위를 했는지는 판명되지 않았다.

[2] 판결요지

상해죄에 있어서의 동시범은 두사람 이상이 가해행위를 하여 상해의 결과를 가져올 경우에 그 상해가 어느 사람의 가해행위로 인한 것인지가 분명치 않다면 가해자 모두를 공동정범으로 본다는 것이므로 가해행위를 한 것 자체가 분명치 않은 사람에 대하여는 동시범으로 다스릴 수 없다(대법원 1984.5.15. 선고 84도488 판결).

3. 적용범위

(1) 적용되는 경우

폭행치상죄, 폭행치사죄(대법원 1985.12.10. 선고 85도1892 판결), 상해치사죄(대법원1985.5.14. 선고 84도2118 판결)에 대해서 적용

■ 판례 ■ **상해치사죄에도 형법 제263조(동시범의 특례)가 적용되는지 여부(적극)**

[1] 사실관계

> 甲과 乙은 뱃놀이를 하면서 함께 술을 마시다가 술을 더 마시기 위해서 甲이 앞장서서 술집으로 가던 중 행인 丙과 시비가 붙어 싸움을 하게 되어 丙의 멱살을 잡아 흔들다 뒤로 밀어 시멘트 바닥에 넘어져 나무기둥에 머리를 부딪치게 하였다. 뒤따라오던 乙은 이를 보고 삽으로 丙의 얼굴 우측부위를 1회 때렸다. 결국 丙은 사망하였으나 누구의 행위에 의해 사망한 것인지는 판명되지 아니하였다.

[2] 판결요지

공동정범은 행위자 상호간에 범죄행위를 공동으로 한다는 공동가공의 의사를 가지고 범죄를 공동실행하는 경우에 성립하는 것으로서, 여기에서의 공동가공의 의사는 공동행위자 상호간에 있어야 하며 행위자 일방의 가공의사만으로는 공동정범관계가 성립할 수 없다. 또한 동시범의 특례를 규정한 형법 제263조는 상해치사죄에도 적용된다(대법원 1985.5.14. 선고 84도2118 판결). ☞ (甲과 乙은 상해치사죄의 공동정범)

■ 판례 ■ **시간적 차이가 있는 독립된 상해행위나 폭행행위가 경합하여 사망의 결과가 일어나고 그 사망의 원인된 행위가 판명되지 않는 경우, 공동정범의 예에 의하여 처벌할 것인지 여부(적극)**

[1] 사실관계

> 丙은 甲으로부터 폭행을 당하여 부상을 입고 길가의 의자에 누워있었던 바, 그로부터 2시간 후 이러한 사정을 모르는 乙이 밀어 땅바닥에 떨어져 사망하였으나 누구의 행위에 의해 사망한 것인지는 판명되지 아니하였다.

[2] 판결요지

시간적 차이가 있는 독립된 상해행위나 폭행행위가 경합하여 사망의 결과가 일어나고 그 사망의 원인된 행위가 판명되지 않은 경우에는 공동정범의 예에 의하여 처벌할 것이므로(대법원 1985.5.14. 선고 84도2118 판결 참조), 2시간 남짓한 시간적 간격을 두고 피고인이 두번째의 가해행위인 이 사건 범행을 한 후, 피해자가 사망하였고 그 사망의 원인을 알 수 없다고 보아 피고인을 폭행치사죄의 동시범으로 처벌한 원심판단은 옳고 거기에 동시범의 법리나 상당인과 관계에 관한 법리를 오해한 위법도 없다(대법원 2000.7.28. 선고 2000도2466 판결). ☞ (甲과 乙은 폭행치사죄의 공동정범)

■ 판례 ■ **공범들의 행위중 결과발생의 원인된 행위가 불명한 경우, 동시범 규정의 적용여부 (소극)**

[1] 사실관계

> 甲과 乙은 몸에서 잡귀를 물리치면 병을 고칠 수 있다면서 A의 승낙을 받고 뺨 등을 때리고 팔과 다리를 붙잡고 배와 가슴을 손과 무릎으로 힘껏 누르고 밟았다. 도중에 甲과 乙의 연락을 받고 도착한 丙과 丁도 같이 참여하여 위 행위에 가세하였다. 이로 인해 A는 우측간 저면 파열, 복강내출혈로 사망하였다.

[2] 판결요지

가. 공동정범의 성립과 사전모의의 요부

공동정범은 2인 이상이 공동하여 죄를 범하는 것으로 공동가공의 의사를 그 주관적 요건으로 하며 이 공동가공의 의사는 상호적임을 요하나 이는 상호 공동가공의 인식이 있으면 족하고 사전에 어떤 모의 과정이 있어야 하는 것은 아니다.

나. 공범들의 행위중 결과발생의 원인된 행위가 불명한 경우, 동시범 규정의 적용여부

2인 이상이 상호의사의 연락없이 동시에 범죄구성요건에 해당하는 행위를 하였을 때에는 원칙적으로 각인에 대하여 그 죄를 논하여야 하나 그 결과 발생의 원인이 된 행위가 분명하지 아니한 때에는 각 행위자를 미수범으로 처벌하고(독립행위의 경합), 이 독립행위가 경합하여 특히 상해의 결과를 발생하게 하고 그 결과발생의 원인이 된 행위가 밝혀지지 아니한 경우에는 공동정범의 예에 따라 처단(동시범)하는 것이므로 공범관계에 있어 공동가공의 의사가 있었다면 이에는 도시 동시범등의 문제는 제기될 여지가 없다.(대법원 1985.12.10. 선고 85도1892 판결)

(2) 적용되지 않는 경우

강간치상죄나 강도치상죄(대법원 1984.4.24. 선고 84도372 판결)의 규정에는 본 규정을 적용하지 않음

■ 판례 ■ **강간치상죄와 동시범 규정 적용 가부(소극)**

[1] 사실관계

甲이 丙녀를 강간하고 가버린 뒤 우연히 지나던 乙이 다시 丙녀를 강간하였고 丙녀는 강간으로 인해 상해를 입었으나 누구의 강간에 의한 것인지 판명되지는 않았다.

[2] 판결요지

형법 제263조의 동시범은 상해와 폭행죄에 관한 특별규정으로서 동 규정은 그 보호법익을 달리하는 강간치상죄에는 적용할 수 없다(대법원 1984.4.24. 선고 84도372 판결). ☞ (甲과 乙은 각각 강간죄의 단독정범)

4. 효 과

비록 의사의 연락이 없었을 지라도 공동정범의 경우처럼 취급하여 발생한 결과에 대하여 기수로 처벌된다.

제9절 상습범

> 제264조(상습범) 상습으로 제257조, 제258조, 제258조의2, 제260조 또는 제261조의 죄를 범한 때에는 그 죄에 정한 형의 2분의 1까지 가중한다.

상습으로 상해 · 존속상해 · 특수상해 · 중상해 · 존속중상해죄 · 폭행 · 존속폭행 · 특수폭행죄를 범함으로써 성립

1. 상습성

상습성이란 같은 행위를 반복하는 행위자의 습벽을 말하는 것으로, 단 한번의 행위라도 행위자의 습벽에 의한 것이라고 판단되면 상습성이 인정된다.

■ 판례 ■ **폭력행위등처벌에관한법률 제2조 제1항 소정의 '상습'의 의미**

폭력행위등처벌에 관한 법률 제2조 제1항에서 말하는 '상습'이라 함은 동 법조항에 게기한 형법각조에 해당하는 각개 범죄행위의 상습성만을 의미하는 것이 아니고, 위 각개 범죄행위를 포괄한 폭력행위를 하는 습벽도 포함한다(대법원 1981.4.14. 선고 81도69 판결).

2. 죄 수

상습으로 행해진 다수의 상해 · 폭행 행위는 집합범으로 상습상해 · 폭행죄의 포괄일죄가 성립한다.

■ 판례 ■ **직계존속에 대한 폭행과 상해를 상습으로 범한 경우의 죄책(=상습존속상해죄의 포괄일죄)**

[1] 사실관계

甲은 폭력습벽에 의하여 자신의 직계존속인 乙에게 2001. 11. 23.부터 2002. 3. 22.까지 사이에 2회에 걸쳐 폭행하고, 4회에 걸쳐 상해를 가하였다.

[2] 판결요지

직계존속인 피해자를 폭행하고, 상해를 가한 것이 존속에 대한 동일한 폭력습벽의 발현에 의한 것으로 인정되는 경우, 그 중 법정형이 더 중한 상습존속상해죄에 나머지 행위들을 포괄시켜 하나의 죄만이 성립한다(대법원 2003.2.28. 선고 2002도7335 판결).

■ 판례 ■ **상해죄 및 폭행죄의 상습범에 관한 형법 제264조에서 말하는 '상습'의 의미 및 위 규정에 열거되지 아니한 다른 유형의 범죄까지 고려하여 상습성의 유무를 결정할 수 있는지 여부(소극)**

상해죄 및 폭행죄의 상습범에 관한 형법 제264조는 "상습으로 제257조, 제258조, 제258조의2, 제260조 또는 제261조의 죄를 범한 때에는 그 죄에 정한 형의 2분의 1까지 가중한다."라고 규정하고

있다. 형법 제264조에서 말하는 '상습'이란 위 규정에 열거된 상해 내지 폭행행위의 습벽을 말하는 것이므로, 위 규정에 열거되지 아니한 다른 유형의 범죄까지 고려하여 상습성의 유무를 결정하여서는 아니 된다. (대법원 2018. 4. 24., 선고, 2017도21663, 판결)

■ 판례 ■ **폭행죄의 '상습성'의 의미 및 상습성 유무를 판단하는 방법**

[1] 폭행죄의 '상습성'의 의미 및 상습성 유무를 판단하는 방법 / 단순폭행, 존속폭행의 범행이 동일한 폭행 습벽의 발현에 의한 것으로 인정되는 경우, 그 죄수(=상습존속폭행죄의 포괄일죄) / 상습존속폭행죄로 처벌되는 경우, 피해자의 명시한 의사에 반하여 공소를 제기할 수 있는지 여부(적극)
폭행죄의 상습성은 폭행 범행을 반복하여 저지르는 습벽을 말하는 것으로서, 동종 전과의 유무와 그 사건 범행의 횟수, 기간, 동기 및 수단과 방법 등을 종합적으로 고려하여 상습성 유무를 결정하여야 하고, 단순폭행, 존속폭행의 범행이 동일한 폭행 습벽의 발현에 의한 것으로 인정되는 경우, 그중 법정형이 더 중한 상습존속폭행죄에 나머지 행위를 포괄하여 하나의 죄만이 성립한다고 봄이 타당하다. 그리고 상습존속폭행죄로 처벌되는 경우에는 형법 제260조 제3항이 적용되지 않으므로, 피해자의 명시한 의사에 반하여도 공소를 제기할 수 있다.

[2] 피고인이 상습으로 甲을 폭행하고, 어머니 乙을 존속폭행하였다는 내용으로 기소된 사안
피고인에게 폭행 범행을 반복하여 저지르는 습벽이 있고 이러한 습벽에 의하여 단순폭행, 존속폭행 범행을 저지른 사실이 인정된다면 단순폭행, 존속폭행의 각 죄별로 상습성을 판단할 것이 아니라 포괄하여 그중 법정형이 가장 중한 상습존속폭행죄만 성립할 여지가 있는데, 이와 달리 상습폭행과 존속폭행의 2개 행위로 파악하여, 피고인에게 단순폭행의 습벽이 인정된다는 이유로 상습폭행 부분을 유죄로 인정하면서도 존속폭행의 습벽까지는 인정할 증거가 없다는 이유에서 상습존속폭행은 성립할 수 없고 존속폭행만 성립할 수 있다고 전제한 다음, 乙이 제1심판결 선고 전에 처벌을 원하지 않는다는 의사를 밝혔다는 이유로 존속폭행 부분에 대하여 주문에서 공소기각을 선고한 원심판결에 형법 제264조, 폭행죄의 상습성, 죄수 등에 관한 법리오해의 잘못이 있다. (대법원 2018. 4. 24., 선고, 2017도10956, 판결)

3. 특별법과의 관계

상습적으로 상해죄 또는 폭행죄를 범한 때에는 폭력행위 등 처벌에 관한 법률 제2조 제1항을 적용하였으나 이 조항 삭제(2016. 1. 6.)로 형법 제264조를 적용하여야 한다.

제26장 과실치사상의 죄

(제266~268조)

제1절 과실치상 · 치사

제266조(과실치상) ① 과실로 인하여 사람의 신체를 상해에 이르게 한 자는 500만원 이하의 벌금, 구류 또는 과료에 처한다.
② 제1항의 죄는 피해자의 명시한 의사에 반하여 공소를 제기할 수 없다.
제267조(과실치사) 과실로 인하여 사람을 사망에 이르게 한 자는 2년 이하의 금고 또는 700만원 이하 의 벌금에 처한다.

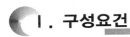

Ⅰ. 구성요건

1. 구성요건적 결과의 발생과 인과관계

과실범은 결과범이므로 상해 또는 사망이라는 결과가 발생해야 하고, 과실행위와 결과발생 사이에 인과관계가 있어야 한다.

- 과실에 의한 결과발생이 없거나 또는 인과관계가 없는 경우 과실범의 미수로서 형법은 과실범의 미수를 처벌하지 않으므로 불가벌이다.
- 판례는 과실이 결과발생에 직접적 원인이 된 때에만 인과관계를 인정한다.

▪ 판례 ▪ **완전한 제동장치를 아니하고 단지 양쪽 뒷바퀴에 받침돌만 고여 경사진 포장도로 상에 세워둔 삼륜차의 한쪽 뒷바퀴를 구두발로 찬 행위와 그 삼륜차의 후진으로 인한 사고 발생간에 인과관계를 인정여부(소극)**

[1] 사실관계

교통경찰관 甲은 삼륜차 운전자 乙이 경사 15도 폭 7.55미터 된 아스팔트 포장도로에 "사이드 부렉기"를 당기지 아니하고 "기아"도 삼단기아만을 받아 둔 채로 배추 3톤을 만재한 삼륜치를 도로에 상향으로 하여 정차시키고 양쪽 뒷바퀴에 전화통 정도 크기의 돌을 바침돌로 고여둔 차를 단속과정에서 시비를 하다가 위 차의 좌측 뒷바퀴를 구두발로 한번 찬바, 자동차가 후진하여 乙과 丙에게 상해를 입게하였다.

[2] 판결요지

완전한 제동장치를 아니하고 화물(3톤)을 적재한 채 단지 양쪽 뒷바퀴에 받침돌만 괴어 경사진 포장

도로상에 세워 둔 삼륜차의 한쪽 뒷바퀴를 구두발로 찬 행위와 그 삼륜차의 후진으로 인한 사고발생간에는 특별한 사정이 없는 한 인과관계를 인정할 수 없다(대법원 1970.9.22. 선고 70도1526 판결).

2. 과실이 있을 것

과실이란 정상의 주의를 태만함으로 인하여 죄의 성립요소인 사실을 인식하지 못한 행위를 말한다.

3. 과실범의 공범

과실범에 대한 교사범이나 방조범은 성립할 수 없으나, 판례는 고의범과 과실범의 공동정범은 물론 과실범간의 공동정범도 인정하고 있다.

4. 소추조건

과실치상죄는 반의사불벌죄로 피해자의 명시한 의사에 반하여 공소를 제기할 수 없다. 그러나 과실치사죄는 반의사불벌죄가 아니다.

▪ 판례 ▪ **타인의 팔을 잡아당겨 도로를 횡단하게 만든 자는 그 횡단중에 타인이 당한 교통사고에 대하여 과실치사상죄의 죄책을 지는지 여부(적극)**

[1] 사실관계

> 甲은 강릉칼국수 음식점 앞 편도2차선 도로를 함께 술을 마신 乙과 같이 무단횡단하기 위해 도로 중앙선에 서 있다가, 지나가는 차량 유무를 확인하지 아니한 채, 술에 취하여 양손을 주머니에 넣고 고개를 숙이고 서 있던 乙의 팔을 갑자기 잡아끌고 도로를 횡단하다가 때마침 그곳을 지나가던 丙운전의 승용차에 충격되는 교통사고가 발생하여 乙이 사망하였다.

[2] 판결요지

중앙선에 서서 도로횡단을 중단한 피해자의 팔을 갑자기 잡아끌고 피해자로 하여금 도로를 횡단하게 만든 피고인으로서는 위와 같이 무단횡단을 하는 도중에 지나가는 차량에 충격당하여 피해자가 사망하는 교통사고가 발생할 가능성이 있으므로, 이러한 경우에는 피고인이 피해자의 안전을 위하여 차량의 통행 여부 및 횡단 가능 여부를 확인하여야 할 주의의무가 있다 할 것이므로, 피고인으로서는 위와 같은 주의의무를 다하지 않은 이상 교통사고와 그로 인한 피해자의 사망에 대하여 과실책임을 면할 수 없다(대법원 2002.8.23. 선고 2002도2800 판결).

▪ 판례 ▪ **골프 등 개인 운동경기 참가자의 주의의무**

[1] 사실관계

> 甲은 골프장에서 골프경기를 하던 중 甲의 등 뒤 8m 정도 떨어져 있던 경기보조원 乙을 골프공으로 맞혀 상해를 입혔다.

[2] 판결요지

가. 과실치상죄에서 골프 등 개인 운동경기 참가자의 주의의무

골프와 같은 개인 운동경기에 참가하는 자는 자신의 행동으로 인해 다른 사람이 다칠 수도 있으므로, 경기 규칙을 준수하고 주위를 살펴 상해의 결과가 발생하는 것을 미연에 방지해야 할 주의의무가 있다. 이러한 주의의무는 경기보조원에 대하여도 마찬가지로 부담한다.

나. 甲의 죄책

운동경기에 참가하는 자가 경기규칙을 준수하는 중에 또는 그 경기의 성격상 당연히 예상되는 정도의 경미한 규칙위반 속에 제3자에게 상해의 결과를 발생시킨 것으로서, 사회적 상당성의 범위를 벗어나지 아니하는 행위라면 과실치상죄가 성립하지 않는다. 그러나 골프경기를 하던 중 골프공을 쳐서 아무도 예상하지 못한 자신의 등 뒤편으로 보내어 등 뒤에 있던 경기보조원(캐디)에게 상해를 입힌 경우에는 주의의무를 현저히 위반하여 사회적 상당성의 범위를 벗어난 행위로서 과실치상죄가 성립한다(대법원 2008.10.23. 선고 2008도6940 판결).

■ 판례사례 ■ **[과실이 인정되어 과실치사상죄가 성립하는 사례]**

(1) 임차인 甲이 가스설비의 휴즈콕크를 아무런 조치없이 제거하고 이사간 후 주밸브가 열려져 가스가 유입되어 폭발사고가 발생한 경우 ⇨ 甲은 과실폭발성물건파열죄와 과실치사죄(대법원 2001. 6.1. 선고 99도5086 판결)

(2) 甲이 술에 만취되어 의식이 없는 乙을 자취집에 데리고 가서 누인 후 약 70㎝ 내지 80㎝ 떨어진 곳에 촛불을 켜 놓고 나왔는데 乙이 몸부림치다가 촛불이 넘어져 화재가 발생하여 乙이 사망한 경우 ⇨ 甲은 과실치사죄와 실화죄의 상상적 경합(대법원 1994.8.26. 선고 94도1291 판결)

■ 판례 ■ **학생이 교실 유리창을 닦다가 추락사한 경우, 담임교사의 과실책임 인정여부(소극)**

[1] 사실관계

여자중학교에서 교사로 재직하고 있는 甲은 학교방침에 따라 학생들이 조를 짜서 교실을 청소하여 왔고 유리창을 청소할 때는 교실안쪽에서 닦을 수 있는 유리창만을 닦도록 지시하였는데도 유독 乙만이 수업시간이 끝나자마자 베란다로 넘어 갔다가 밑으로 떨어져 사망하였다.

[2] 판결요지

학교의 방침에 따라 학생들에게 청소를 시켜왔고 학생들에게 청소방법과 주의사항들을 지도하였다면 관할교육구청장이 유리창을 학생들에게 닦이지 않도록 훈시를 하였다 하여 그것만으로 곧 담임교사인 피고인에게 청소에 따른 사고에 관하여 내세우는 바와 같은 주의의무가 지워진다고 할 수 없고 기록을 보면 베란다에 있는 청소도구도 교실안쪽에서 꺼낼 수 있도록 준비되어 있음을 알 수 있으므로 담임교사에게 그 사고에 대한 어떤 형사상의 과실책임을 물을 수 없다(대법원 1989.3.28. 선고 89도108 판결).

[과실이 인정되지 않아 과실치사상죄가 성립하지 아니하는 사례]

(1) 교사가 징계목적으로 학생의 손바닥을 때리려고 회초리를 드는 순간 이를 구경하려고 고개를 돌려 일어나는 다른 학생의 눈을 찔러 실명시킨 경우(대법원 1985.7.9. 선고 84도822 판결)

(2) 甲은 乙에게 가옥을 임대하였는데 부엌으로 통하는 문과 벽사이에 0.4m 정도의 틈이 있어 그 문틈으로 연탄가스가 스며들어 乙이 중독사한 경우(대법원 1985.3.12. 선고 84도2034 판결)

Ⅱ. 범죄사실기재 및 신문사항

[기재례1] 야구공을 던져 행인에게 상해를 입힌 경우

1) 범죄사실 기재례

피의자는 20○○. ○. ○. ○○:○○경 ○○앞길에서 같은 종업원 홍길동 등과 같이 야구공 던지기 놀이를 하면서, 당연히 길에서 야구공 던지기를 할 때는 공이 통행인에게 맞을 위험이 많으므로 위험의 발생을 미리 막아야 할 주의의무가 있었다.

그럼에도 불구하고 피의자는 이를 게을리하여 함부로 야구공을 던진 과실로 마침 그곳을 지나가던 피해자 정춘길의 머리에 맞아 그로 하여금 약 2주일간의 치료를 요하는 두부좌상 등의 상해를 입게 하였다.

2) 적용법조 : 제266조 제1항… 공소시효 5년

3) 신문사항

- 피의자는 피해자 홍길동과 어떠한 관계인가
- 도로상에서 야구를 한 일이 있는가
- 언제 어디에서 누구와 하였나
- 어떠한 방법으로 하였나
- 야구를 하다 피해자에게 상처를 입힌 일이 있느냐
- 어떻게 상처를 입혔나
- 어디를 어느 정도 다치게 하였나
- 그곳에서 야구를 하면 통행중인 사람이 다칠 수 있다는 것을 예상하지 못하였나
- 그러면서도 왜 그곳에서 야구를 하였나
- 피해자와 합의를 하였나

[기재례2] 유방을 유아에게 빨린 채 잠을 자 유아가 질식사한 경우

1) 범죄사실 기재례

피의자는 20○○. ○. ○. ○○:○○경 ○○에 있는 피의자 집 안방에서 생후 2개월의 남아를 바른편에 눕히고 젖을 먹이면서 잠을 자게 되었을 때, 이 경우 잘못하여 유방으로 유아의 코와 입을 눌러 질식시킬 위험성이 있으므로 산모로서는 일단 유방을 유아로부터 떼어놓은 다음에 그 안전성 여부를 확인하고 잠을 청하여야 할 주의의무가 있었다.

그럼에도 불구하고 피의자는 이를 게을리하여 유방을 유아에게 빨린 채 잠을 잔 과실로 그날 ○○:○○경 그곳에서 피의자의 유방에 위 영아의 코와 입이 압박되어 숨을 쉬지 못하도록 하여 그 영아로 하여금 질식사에 이르게 하였다.

2) 적용법조 : 제267조··· 공소시효 5년

3) 신문사항

- 유아를 숨지게 한 일이 있는가
- 생후 몇 개월된 유아인가
- 어제 어디에서 그랬는가
- 어떻게 하다 사망하게 하였나
- 유방을 물린 채 잠이 들었는가
- 유방을 물리고 잠을 잘 경우 유방에 깔릴 수도 있다는 것을 예상하지 못하였나

제2절 업무상과실 · 중과실 치사상

제268조(업무상과실·중과실 치사상) 업무상과실 또는 중대한 과실로 사람을 사망이나 상해에 이르게 한 자는 5년 이하의 금고 또는 2천만원 이하의 벌금에 처한다.

 Ⅰ. 구성요건

1. 업무상 과실치사상

(1) 주 체

일정한 업무에 종사하는 자

(2) 업 무

사람이 사회생활상의 지위에 기하여 계속해서 행하는 사무

○ 본죄의 업무이기 위해서는 객관적으로 상당한 횟수로 반복되거나 반복할 의사로 행하여져야 하나, 반복계속의 의사가 있는 한 단 1회의 행위라도 업무가 된다.

○ 업무는 성질상 사람의 생명 · 신체에 대하여 위험을 초래할 수 있는 업무로 제한 되며, 이러한 업무인 한 본무 · 부수적 업무인가를 불문하고, 또 공무 · 사무여부도 불문하며, 영리를 위한 것이건 일시적 오락을 위한 것이건 상관없다.

○ 사회생활상 용인된 업무인 이상, 적법한 업무인가 또는 부적법한 업무인가도 불문한 다. 따라서 무면허운전자의 운전행위, 무면허의사의 치료행위도 업무에 해당한다.

■ 판례 ■　**원발주자에 의해 임명되지 않은 공사현장감독의 업무상 과실책임(적극)**

[1] 사실관계

헌수교 가설공사의 시공에 하자가 있어 乙이 상해를 입은 바, 제주관광개발공사의 공무담당직 원으로서 이건 헌수교 가설공사전반에 관하여 그 설계 도면대로 시공되는지 여부를 감독할 책 임이 있는 甲은 원래의 발주자인 관광공사의 직원이 아니고 관광공사에 의해 현장감독에 임명 된 것도 아니었으며 건설업법상 요구되는 현장 건설기술자의 자격도 없었다.

[2] 판결요지

피고인이 사업당시 공사현장감독인인 이상 그 공사의 원래의 발주자의 직원이 아니고 또 동 발주자 에 의하여 현장감독에 임명된 것도 아니며, 건설업법상 요구되는 현장건설기술자의 자격도 없다는 등의 사유는 업무상과실책임을 물음에 아무런 영향도 미칠 수 없다(대법원 1983.6.14. 선고 82도 2713 판결).

[3] 동지판례 – 운전면허 없이 자동차를 운전한 자의 업무상 과실의 죄책

업무상 과실치사상죄에 있어서의 업무라고 함은 사람의 사회생활면에 있어서의 하나의 지위로서 계속적으로 종사하는 사무를 말하고 반복계속의 의사 또는 사실이 있는한 그 사무에 대한 격별한 경험이나 법규상의 면허를 필요로 하지 아니한다고 할 것인바 피고인이 면허있는 자동차 운전수가 아니라 할지라도 피고인의 본건 자동차 운전사무는 업무상 과실치사죄에 있어서의 업무에 해당한다 할 것이다(대법원 1961.3.22. 선고 4294형상5 판결).

■ 판례 ■   **자전거 배달원의 업무상과실 책임(적극)**

[1] 사실관계

> 甲은 장난감 가게 점원으로서 장난감을 배달하기 위해 자전거를 타고 소매상을 돌아다니는 일을 하고 있던 중 전방주시의무를 태만히 하여 횡단보도를 건너던 어린이 乙을 치어 乙이 상해를 입었다.

[2] 판결요지

피고인이 완구상 점원으로서 완구배달을 하기 위하여 자전거를 타고 소매상을 돌아다니는 일을 하고 있었다고 한다면 그 자전거를 운전하는 업무에 종사하고 있다고 보아야 한다(대법원 1972.5.9. 선고 72도701 판결).

■ 판례 ■   **음식 배달을 위하여 식당의 여닫이 출입문을 밀다가 출입문 밖에 서있던 피해자의 발뒷꿈치를 충격하여 상해를 입힌 경우**

[1] 사실관계

> 식당(분식점)의 운영자인 甲이 식당 밖에서 당겨 열도록 표시되어 있는 출입문을 열고 음식 배달차 밖으로 나가던 중 이웃 가게 손님으로 마침 위 식당 출입문 앞쪽 길가에 서 있던 피해자의 오른발 뒤꿈치 부위를 위 출입문 모서리 부분으로 충격하여 상해를 입혔다.

[2] 판결요지

가. 업무상과실치상죄의 가중처벌 근거

업무상과실치상죄를 형법 제266조의 단순 과실치상죄에 비하여 가중처벌하는 것은 사람의 생명 · 신체에 대한 위험을 초래할 우려가 있거나 이를 방지할 의무가 있는 업무에 종사하는 자에 대해서는 일반인에 비해 그러한 결과발생에 대한 고도의 주의의무가 부과되거나 그 예견가능성이 크다는 점 등의 사정을 고려한 때문이라 할 것이므로 비록 업무에 속하는 행위라 할지라도 그에 수반되는 타인의 생명 · 신체에 대한 위험성의 내용 및 정도가 일반인의 일상생활에 있어 그것과 비교하여 무거운 주의의무를 부과하거나 고도의 예견가능성을 기대할 정도에 미치지 못하는 경우에는 본죄에 의하여 무겁게 처벌할 수는 없다.

나. 업무상과실치상죄의 성립여부(소극)

비록 위 식당의 운영과 관련한 업무상 행위로는 볼 수 있다 하더라도, 달리 위 사고가 위 출입문 자체의 설치 혹은 관리상의 하자에 기인하거나 영업자로서 위 사고발생과 관련한 별도의 주의의무를 부과할 만한 사정이 존재하지 않는 이상, 피고인이 그 업무상 하여야 할 구체적이고도 직접적인 주의의무를 위반한 때에 해당한다고 보기 어렵고, 오히려 위와 같이 출입문을 여닫는 행위는 음식을 배달하기 위한 경우 이외에도 일상생활에서 얼마든지 자연적으로 행하여질 수 있는 일이라는 점에서 단순히 일상생활상의 주의의무를 위반한 경우에 불과하다(대판2009.10.29. 2009도575).

건물 소유자와 임차인의 지위

[1] 업무상과실치상죄에서 말하는 '업무'의 의미 및 건물 소유자의 지위를 업무상과실치상죄의 '업무'로 볼 수 있는지 여부(소극)

업무상과실치상죄에 있어서의 '업무'란 사람의 사회생활면에서 하나의 지위로서 계속적으로 종사하는 사무를 말하고, 여기에는 수행하는 직무 자체가 위험성을 갖기 때문에 안전배려를 의무의 내용으로 하는 경우는 물론 사람의 생명·신체의 위험을 방지하는 것을 의무내용으로 하는 업무도 포함되는데, 안전배려 내지 안전관리 사무에 계속적으로 종사하여 위와 같은 지위로서의 계속성을 가지지 아니한 채 단지 건물의 소유자로서 건물을 비정기적으로 수리하거나 건물의 일부분을 임대하였다는 사정만으로는 업무상과실치상죄에 있어서의 '업무'로 보기 어렵다.

[2] 4층 건물의 2층 내부 벽면에 설치된 분전반을 통해 3층과 4층으로 가설된 전선이 합선으로 단락되어 화재가 나 상해가 발생한 경우, 4층 건물의 소유자로서 위 건물 2층을 임대하였다는 사정만으로 업무상과실치상죄에 있어서의 '업무'에 관한 증명이 있다고 본 원심판결을 심리미진 등을 이유로 파기한 사례

[3] 건물의 안전에 이상이 있음을 알고 있었다는 이유만으로 임차인에게 '업무상과실치상죄'에 정한 '업무상 주의의무' 위반이 있다고 본 원심판결을 심리미진 등을 이유로 파기한 사례

발화지점으로 지적된 분전반이 건물의 2층 내부 벽면에 매립·설치되어 있고, 건물 3층과 4층에 이르는 전선은 벽체 내부의 통로를 따라 분전반 후면을 거쳐 배선되어 있는 건물의 화재와 관련하여, 분전반이나 전선이 임차인의 지배관리영역에 속하는 것인지 여부, 임차인에게 위 분전반이나 그 내부 전선의 이상으로 인한 화재를 예방하여야 할 주의의무가 있다고 볼 특별한 사정이 있는지 여부, 나아가 그 주의의무가 '업무상'의 주의에 속하는지 여부 등을 심리하지 않은 채, 분전반이나 건물의 3층과 4층에 이르는 전선이 화재원인이고 10여 년간 건물 2층을 임차해 오면서 당해 건물의 안전에 이상이 있음을 알고 있었다는 이유만으로, 임차인에게 '업무상 주의의무' 위반이 있다고 본 원심판결을 심리미진 등을 이유로 파기한 사례(대법원 2009.5.28. 선고 2009도1040 판결).

도급인의 지위

[1] 사실관계

甲은 공사현장의 소장으로 안전보건관리책임자로 지정되어 안전보건 및 관리업무를 총괄적으로 지휘·감독하며 A 주식회사 소속 직원 15명이 업무를 분장하여 구체적으로 작업현장을 관리·감독해온 자로서 A 주식회사가 작성한 비계 해체에 관한 매우 구체적인 작업절차서를 승인결재를 하였던 바, 동 작업의 하수급회사인 B주식회사가 A주식회사 안전요원의 감독을 받으면서 위 작업절차서에 따라 안전망을 모두 제거한 후 비계해체 작업을 진행하다가 사고가 발생하였다.

[2] 판결요지

가. 도급인의 수급인의 업무와 관련하여 사고방지에 필요한 안전조치를 취할 주의의무가 있는지 여부(원칙적 소극, 예외적 적극)

원칙적으로 도급인에게는 수급인의 업무와 관련하여 사고방지에 필요한 안전조치를 취할 주의의무가 없으나, 법령에 의하여 도급인에게 수급인의 업무에 관하여 구체적인 관리·감독의무 등이 부여되어 있거나 도급인이 공사의 시공이나 개별 작업에 관하여 구체적으로 지시·감독하였다는 등의 특별한 사정이 있는 경우에는 도급인에게도 수급인의 업무와 관련하여 사고방지에 필요한 안전조치를 취할 주의의무가 있다.

나. 업무상과실의 인정여부(적극)

甲은 이 사건 공사현장의 소장으로 법 제13조의 안전보건관리책임자로 지정되어 안전보건 및 관리업무를 총괄적으로 지휘·감독하였고, A주식회사 소속 직원 15명이 업무를 분장하여 구체적으로 작업현장을 관리·감독해온 사실, A주식회사의 건축시공담당 공소외 1이 이 사건 비계 해체에 관한 매우 구체적인 작업절차서를 작성하여, 안전대리 공소외 2, 공사과장 공소외 3, 부소장 공소외 4의 검토를 거쳐, 현장소장 甲이 승인결재를 하였던 사실, 위 계획서에는 작업자 특별안전교육 실시, 출입금지 구역 설정, 층별로 추락방지망 해체 등의 세부작업절차가 마련되어 있고, 1차 해체(6층 이상)시에는 층별로 추락방지망을 해체하고, 2차 해체(1층 ~ 5층)시에는 1층까지 안전망을 모두 해체한다는 구체적인 작업내용이 포함되어 있는 사실, 피고인 3 주식회사는 A주식회사 안전요원의 감독을 받으면서 위 작업절차서에 따라 안전망을 모두 제거한 후 비계해체 작업을 진행하다가 이 사건 사고가 발생한 사실, 사고 발생 당시에도 A주식회사 안전요원 1명이 작업현장에서 근로자들의 작업을 감독하고 있었던 사실, A주식회사의 대리 공소외 2 등은 2006. 11. 20. 07:20경부터 2시간 동안 피해자를 포함한 근로자들을 상대로 비계설치·해체 작업에 대한 특별안전교육을 실시하기도 하였던 사실 등을 알 수 있는바, 이와 같은 제반 사정에 비추어 보면, 이 사건 공사현장의 소장인 甲은 이 사건 비계해체 작업과 관련하여 하수급인 B주식회사의 근로자들에 대해 구체적으로 작업을 지시·감독하였다고 할 것이므로 위 작업과 관련하여 사고방지에 필요한 안전조치를 취할 주의의무가 있다고 할 것이다(대법원 2009.5.28. 선고 2008도7030 판결).

■ 판례 ■ **골프 경기보조원인 피고인이 경기 도중 안전사고에 대비하여 참가자들에게 안전수칙에 따라 경기를 하도록 주의를 주고, 경기자들이 친 공이 서로 가까운 곳에 떨어져 다음 샷이 준비되고 있는 상황에서 안전한 경기운영을 위한 아무런 조치를 취하지 않은 것을 업무상 주의의무 위반으로 볼 수 있는지 여부(적극)**

골프와 같은 개인 운동경기에서, 경기에 참가하는 자는 자신의 행동으로 인해 다른 사람이 다칠 수도 있으므로 경기규칙을 준수하고 주위를 살펴 상해의 결과가 발생하는 것을 미연에 방지해야 할 주의의무가 있고(대법원 2008. 10. 23. 선고 2008도6940 판결 등 참조), 경기보조원은 그 업무의 내용상 기본적으로는 골프채의 운반·이동·취급 및 경기에 관한 조언 등으로 골프경기 참가자를 돕는 역할을 수행하면서 아울러 경기 진행 도중 위와 같이 경기 참가자의 행동으로 다른 사람에게 상해의 결과가 발생할 위험성을 고려해 예상할 수 있는 사고의 위험을 미연에 방지하기 위한 조치를 취함으로써 경기 참가자들의 안전을 배려하고 그 생명·신체의 위험을 방지할 업무상 주의의무를 부담한다.
⇒ 위와 같은 법리에 따라, 경기보조원인 피고인이 전기자동차에 태운 피해자를 다음 샷이 예정된 경기자의 앞쪽에서 하차하도록 정차시켰을 뿐만 아니라, 피해자나 다른 경기자에게 예상할 수 있는 사고의 위험성에 관한 주의를 촉구하는 등 안전한 경기운영을 위한 아무런 조치도 취하지 않았다고 보아 경기보조원으로서의 주의의무를 다 하지 않은 업무상과실을 인정한 원심의 유죄판단을 수긍한 사례 (대법원 2022. 12. 1. 선고 2022도11950)

(3) 업무상과실

업무상 요구되는 주의의무를 위반하는 것

(가) 의료사고

1) 의사의 주의의무 내용

(1) 의사는 항생제를 주사할 때마다 부작용을 예상하여 사전·사후의 적절한 조치를 취할 주의의

무가 있다(대법원 1976.12.28. 선고 74도816 판결).

(2) 부작용이 우려되는 마취제를 정맥주사할 때는 의사는 스스로 놓든가, 부득이 간호사에게 주사하게 할 경우에도 상세한 지시를 하고 그 장소에 입회하여 주사가 잘못없이 끝나도록 조치해야할 주의의무가 있다(대법원 1990.5.22. 선고 90도579 판결).

(3) 수술전에는 환자를 정밀검사하여 수술의 감내여부를 확인해야 할 주의의무가 있다(대법원 1986. 10.14. 선고 85도1789 판결).

(4) 마취담당의사가 할로타인을 사용한 전신마취에 의하여 난소종양절제수술을 함에 있어서는 혈청의 생화학반응에 의한 간기능검사로 환자의 간상태를 정확히 파악하여야 할 주의의무가 있다(대법원 1990.12.11. 선고 90도694 판결).

(5) 마취회복업무를 담당한 의사에게는 환자의 의식이 완전히 회복될 때까지 주위에서 관찰하거나 환자를 떠날 때는 적어도 담당 간호사를 특정하여 상태를 계속 주시하도록 할 의무가 있다(대법원 1994.4.26. 선고 92도3282 판결).

(6) 의사가 골절상을 치료 수술함에 있어서 적어도 70일이 지나지 않으면 접합판의 제거수술을 할 수 없음에도 불구하고 이를 조기제거한 것은 과실이 없다고 할 수 없다(대법원 1969.10.14. 선고 69도991 판결).

(7) 피해자를 감시하도록 업무를 인계받지 않은 간호사가 자기 환자의 회복처치에 전념하고 있었다면 회복실 내의 모든 환자에 대하여 적극적·계속적으로 주시·점검을 할 의무가 있다고 할 수 없다(대법원 1994.4.26. 선고 92도3283 판결).

(8) 제왕절개분만을 함에 있어서 산모에게 수혈을 할 필요가 있을 것이라고 예상할 수 있었다는 사정이 보이지 않는 한, 산후과다출혈에 대비하여 제왕절개수술을 시행하기 전에 미리 혈액을 준비할 업무상 주의의무가 있다고 보기 어렵다(대법원 1997.4.8. 선고 96도3082 판결).

■ 판례 ■ **의료사고에 있어서 의사의 과실을 인정하기 위한 요건 및 그 판단 기준**

[1] 사실관계

신경외과 의사인 甲은 乙의 제5번 요추 척추후궁절제수술을 하던 중 수술용 메스가 부러지면서 부러진 수술용 메스조각이 乙의 체내에 남게 되었는데 甲은 부러진 메스조각을 찾아 제거하기 위한 최선의 노력을 다하였으나 찾지 못하였고 이러한 경우 수술과정에서 무리하게 제거하려고 하면 메스가 이동하여 신경이나 혈관계통에 부가적인 손상을 줄 수 있기 때문에 부러진 메스조각을 계속 찾는데 따른 위험성을 고려한 의학적 판단에 따라 일단 수술부위를 봉합한 뒤 메스조각의 위치와 이동추이를 보아 재수술을 통한 제거방법을 택하기로 하고 부러진 메스조각을 그대로 둔 채 수술부위를 봉합하였다. 그 결과 乙은 일수 미상의 외상 후 신경불안증 및 요통 등의 상해를 입게 되었다.

[2] 판결요지

가. 의료사고에 있어서 의사의 과실을 인정하기 위한 요건 및 그 판단 기준

의료사고에 있어서 의사의 과실을 인정하기 위해서는 의사가 결과발생을 예견할 수 있었음에도 불구하고 그 결과발생을 예견하지 못하였고 그 결과발생을 회피할 수 있었음에도 불구하고 그 결과발생을 회피하지 못한 과실이 검토되어야 하고, 그 과실의 유무를 판단함에는 같은 업무와 직무에 종사하는 일반적 보통인의 주의정도를 표준으로 하여야 하며, 이에는 사고 당시의 일반적인 의학의 수준과 의료환경 및 조건, 의료행위의 특수성 등이 고려되어야 한다.

나. 甲의 죄책

요추 척추후궁절제 수술도중에 수술용 메스가 부러지자 담당의사가 부러진 메스조각(3×5mm)을 찾아 제거하기 위한 최선의 노력을 다하였으나 찾지 못하여 부러진 메스조각을 그대로 둔 채 수술부위를 봉합한 경우, 같은 수술과정에서 메스 끝이 부러지는 일이 흔히 있고, 부러진 메스가 쉽게 발견되지 않을 경우 수술과정에서 무리하게 제거하려고 하면 부가적인 손상을 줄 우려가 있어 일단 봉합한 후에 재수술을 통하여 제거하거나 그대로 두는 경우가 있는 점에 비추어 담당의사의 과실을 인정할 수 없다(대법원 1999.12.10. 선고 99도3711 판결).

■ 판례 ■　**산후조리원에서 신생아 집단관리를 책임지는 사람의 업무상 주의의무**

[1] 사실관계

산후조리원의 신생아 집단관리를 맡은 책임자 甲은 산후조리원에 입소한 신생아가 출생 후 10일 이상이 경과하도록 계속하여 수유량 및 체중이 지나치게 감소하고 잦은 설사 등의 이상증세를 보이자 산모에게 신생아의 이상증세를 즉시 알리고 적절한 조치를 구하여 산모의 지시를 따랐으나, 의사나 한의사 등의 진찰을 받도록 하지 않아 신생아가 탈수 내지 괴사성 장염으로 사망하였다.

[2] 판결요지

가. 산후조리원에서 신생아 집단관리를 책임지는 사람의 업무상 주의의무

산후조리원의 주된 업무는 입소한 산모들에게 적절한 음식과 운동방법 등을 제공하여 몸을 회복할 수 있도록 하고, 산모가 대동한 신생아를 대신 관리하여 줌으로써 산모가 산후조리에 집중할 수 있도록 도와주는 것이고, 산모와 신생아의 집단관리는 산후조리서비스 제공에 필연적으로 부수되는 업무로서 그 자체가 치료행위는 아니다. 하지만, 면역력이 취약하여 다른 사람과 접촉이 바람직하지 아니한 신생아를 집단으로 수용하여 관리함으로써 질병의 감염으로 인한 생명·신체에 대한 위해가 능성이 높아지는 특성상 보건분야 업무로서의 성격을 갖고 있으므로, 일반인에 의해 제공되는 산후 조리 업무와는 달리 신생아의 집단관리 업무를 책임지는 사람으로서는 신생아의 건강관리나 이상증상에 관하여 일반인보다 높은 수준의 지식을 갖추어 신생아를 위생적으로 관리하고 건강상태를 면밀히 살펴 이상증세가 보이면 의사나 한의사 등 전문가에게 진료를 받도록 하는 등 적절한 조치를 취하여야 할 업무상 주의의무가 있다.

나. 甲의 죄책

위 집단관리 책임자가 산모에게 신생아의 이상증세를 즉시 알리고 적절한 조치를 구하여 산모의 지시를 따른 것만으로는 업무상 주의의무를 다하였다고 볼 수 없다며 신생아 사망에 대한 업무상 과실치사의 죄책을 인정한 사례(2007.11.16. 선고 2005도1796 판결)

■ 판례사례 ■　**[주의의무위반이 긍정되는 사례 ⇨ 업무상과실치사상죄 성립]**

(1) 의사가 연탄가스 중독환자를 치료하고 환자가 퇴원하면서 자신의 병명을 묻는데도 알려주지 않아 사고난 안방에서 취침하다가 다시 연탄가스에 중독된 경우(대법원 1991.2.12. 선고 90도2547 판결)

(2) 산부인과 의사 甲이 산모의 태반 조기박리에 대한 대응조치로서 응급 제왕절개수술을 시행하였는데 수혈용 혈액을 미리 준비하지 않아 산모가 출혈과다로 사망한 경우(대법원 2000.1.14. 선고 99도3621 판결)

(1) 즉시환자를 종합병원에 넘기지 않았으나 일반외과전문의인 피고인이 피해자의 증상을 통상의 혈행장애로 판단하고 그에 상응한 치료를 한 것에 잘못이 없는 경우(대법원 1989.11.14. 선고 89도1568 판결)

(2) 대학병원 구강악안면외과 과장인 의사가 사랑니 1개를 뺀 후 환부가 붓고 열이 심하여 병원에 입원한 환자가 패혈증으로 사망하기까지 외래담당의사 및 담당수련의의 진료에 대해 적극적으로 농배양 등을 지시·감독하지 아니한 경우(대법원 1996.11.8. 선고 95도2710 판결)

(3) 제왕절개수술을 하는 도중 산모가 갑자기 출혈을 하였지만 산부인과 의사가 수혈용 혈액을 미리 준비하지 않아 산모가 출혈과다로 사망한 경우 ⇨ 산후과다출혈에 대비하여 제왕절개수술을 시행하기 전에 미리 혈액을 준비할 업무상 주의의무가 있다고 보기 어려워 무죄(대법원 1997.4.8. 선고 96도3082 판결)

(4) 마취의사 乙이 수술후 환자 丙의 자발호흡만 확인하고는 의식이 회복되었는지 분명하지도 않은 상태에서 특정 간호사에게 확실한 인계조치나 구체적인 지시도 하지 않은 채 자리를 떠난 뒤에, 회복실에 혼자 남아 자기 환자를 간호하고 있던 간호사 甲은 인계받지 않은 환자 丙의 호흡이 중단된 사실을 미처 발견치 못하고 방치함으로써 사망케 한 경우(대법원 1994.4.26. 선고 92도3283 판결)

2) 의료행위와 신뢰의 원칙

신뢰의 원칙이 적용되기 위해서는 신뢰관계를 기초 지울 수 있는 분업 관계가 확립되어 있어야 한다. 따라서 분업적 공동작업이라 하더라도 지휘·복종관계에 있는 경우에는 신뢰의 원칙은 적용되지 않는다.

■ 판례 ■   **간호사가 다른 환자에게 수혈할 혈액을 당해 환자에게 잘못 수혈하여 환자가 사망한 경우, 간호사에게 환자에 대한 수혈을 맡긴 의사의 과실 유무(적극)**

[1] 사실관계

병원 내과의 인턴인 甲은 수혈시 간호사인 乙이 단독으로 수혈을 하도록 내버려 둠으로써, 乙이 혈액봉지의 라벨을 확인하지 아니하여 간호처치대 위에 놓여있던 丙에게 수혈할 혈액봉지를 丁에 대한 혈액봉지로 오인하고서, 혈액형이 B형인 丁에 대하여 A형 농축적혈구 약 60㎖를 수혈하여, 丁으로 하여금 급성 용혈성 수혈부작용 등으로 사망에 이르게 하였다.

[2] 판결요지

가. 간호사가 다른 환자에게 수혈할 혈액을 당해 환자에게 잘못 수혈하여 환자가 사망한 경우, 간호사에게 환자에 대한 수혈을 맡긴 의사의 과실 유무(적극)

수혈은 종종 그 과정에서 부작용을 수반하는 의료행위이므로, 수혈을 담당하는 의사는 혈액형의 일치 여부는 물론 수혈의 완성 여부를 확인하고, 수혈 도중에도 세심하게 환자의 반응을 주시하여 부작용이 있을 경우 필요한 조치를 취할 준비를 갖추는 등의 주의의무가 있다. 그리고 의사는 전문적 지식과 기능을 가지고 환자의 전적인 신뢰하에서 환자의 생명과 건강을 보호하는 것을 업으로 하는 자로서, 그 의료행위를 시술하는 기회에 환자에게 위해가 미치는 것을 방지하기 위하여 최선의 조치를 취할 의무를 지고 있고, 간호사로 하여금 의료행위에 관여하게 하는 경우에도 그 의료행위는 의사의 책임하에 이루어지는 것이고 간호사는 그 보조자에 불과하므로, 의사는 당해 의료행위가 환자에게 위해가 미칠 위험이 있는 이상 간호사가 과오를 범하지 않도록 충분히 지도·감독을 하여 사고의 발생을 미연에 방지하여야 할 주의의무가 있고, 이를 소홀히 한 채 만연히 간호사를 신뢰하여 간호사에게 당해 의료행위를 일임함으로써 간호사의 과오로 환자에게 위해가 발생하였다면 의사는 그에 대한 과실책임을 면할 수 없다.

나. 두 번째 혈액봉지로부터는 의사 대신 간호사가 교체해 주기로 하는 병원의 관행이 있었다는 이유로 간호사에게 수혈을 맡긴 의사가 책임을 면할 수 있는지 여부(소극)

피고인이 근무하는 병원에서는 인턴의 수가 부족하여 수혈의 경우 두 번째 이후의 혈액봉지는 인턴 대신 간호사가 교체하는 관행이 있었다고 하더라도, 위와 같이 혈액봉지가 바뀔 위험이 있는 상황에서 피고인이 그에 대한 아무런 조치도 취함이 없이 간호사에게 혈액봉지의 교체를 일임한 것이 관행에 따른 것이라는 이유만으로 정당화될 수는 없다(대법원 1998.2.27. 선고 97도2812 판결).

■ 판례 ■ **간호사가 의사의 처방에 의한 정맥주사(Side Injection 방식)를 의사의 입회 없이 간호실습생(간호학과 대학생)에게 실시하도록 하여 발생한 의료사고에 대한 의사의 과실여부(소극)**

[1] 사실관계

주치의 甲은 뇌수술을 받은 환자(여, 70세)에게 항생제, 소염진통제 등을 정맥에 투여할 것을 당직간호사에게 지시하였는데, 위 병원의 책임간호사인 乙(경력 7년)은 신경외과 간호실습을 하고 있던 丙(간호학과 3학년)을 병실에 대동하고 가서 그에게 주사기를 주면서 환자의 정맥에 주사하라고 지시하고 자신은 그 병실의 다른 환자에게 주사를 하는 사이에 丙이 뇌실외배액관을 수액을 공급하기 위한 대퇴부 정맥에 연결된 튜브로 착각하여 그 곳에 주사액을 주입하는 것을 뒤늦게 발견하고 즉시 이를 제지한 다음 직접 나머지 주사액을 대퇴부 정맥에 연결된 튜브에 주입하였지만 환자는 뇌압상승에 의한 호흡중추마비로 같은 날 사망하였다.

[2] 판결요지

가. 의사가 간호사의 진료보조행위에 일일이 입회하여 지도·감독하여야 하는지 여부(소극) 및 입회가 필요한 경우의 판단 기준

간호사가 '진료의 보조'를 함에 있어서는 모든 행위 하나하나마다 항상 의사가 현장에 입회하여 일일이 지도·감독하여야 한다고 할 수는 없고, 경우에 따라서는 의사가 진료의 보조행위 현장에 입회할 필요 없이 일반적인 지도·감독을 하는 것으로 족한 경우도 있을 수 있다 할 것인데, 여기에 해당하는 보조행위인지 여부는 보조행위의 유형에 따라 일률적으로 결정할 수는 없고 구체적인 경우에 있어서 그 행위의 객관적인 특성상 위험이 따르거나 부작용 혹은 후유증이 있을 수 있는지, 당시의 환자 상태가 어떠한지, 간호사의 자질과 숙련도는 어느 정도인지 등의 여러 사정을 참작하여 개별적으로 결정하여야 한다.

나. 甲의 죄책

피고인으로서는 자신의 지시를 받은 간호사가 자신의 기대와는 달리 간호실습생에게 단독으로 주사하게 하리라는 사정을 예견할 수도 없었다는 점 등 제반사정을 종합하여 보면, 피고인으로 하여금 그 스스로 직접 주사를 하거나 또는 직접 주사하지 않더라도 현장에 입회하여 간호사의 주사행위를 직접 감독할 업무상 주의의무가 있다고 보기 어렵다(대법원 2003.8.19. 선고 2001도3667 판결).

[3] 동지판례 – 내과의사와 신경과의사가 협의진료하였으나 지주막하출혈을 발견하지 못한 경우

내과의사가 신경과 전문의에 대한 협의진료 결과 피해자의 증세와 관련하여 신경과 영역에서 이상이 없다는 회신을 받았고, 그 회신 전후의 진료 경과에 비추어 그 회신 내용에 의문을 품을 만한 사정이 있다고 보이지 않자 그 회신을 신뢰하여 뇌혈관계통 질환의 가능성을 염두에 두지 않고 내과 영역의 진료 행위를 계속하다가 피해자의 증세가 호전되기에 이르자 퇴원하도록 조치한 경우, 피해자의 지주막하출혈을 발견하지 못한 데 대하여 내과의사의 업무상과실은 인정되지 아니한다(대법원 2003.1.10. 선고 2001도3292 판결).

■ 판례 ■ **환자의 주치의 겸 정형외과 전공의가 같은 과 수련의의 처방에 대한 감독의무를 소홀히 한 나머지, 환자가 수련의의 잘못된 처방으로 인하여 상해를 입게 된 경우, 업무상과실 치상죄의 성부(적극)**

피고인이 피해자의 주치의 겸 이 사건 병원 정형외과의 전공의로서, 같은 과의 수련의인 공소외 1이 피고인의 담당 환자인 피해자에 대하여 한 처방이 적절한 것인지의 여부를 확인하고 감독하여야 할 업무상 주의의무가 있음에도 불구하고(이는 공소외 1이 성형외과 영역과 관련한 처방에 대하여 이 사건 병원 성형외과 전공의인 공소외 2의 지시를 받았다고 하여 달리 볼 것이 아니다), 위 의무를 소홀히 한 나머지, 피해자가 공소외 1의 잘못된 처방으로 인하여 이 사건 상해를 입게 되었다는 이유로, 피고인에 대한 판시 업무상과실치상죄의 범죄사실을 유죄로 인정한 것은 정당하다(대법원 2007.2.22. 선고 2005도9229 판결).

(나) 교통사고

1) 운전자의 주의의무 내용

(1) 오토바이가 갑자기 중앙선을 넘어 올 것을 예상하여 어떤 조치를 취할 것을 기대할 수는 없다 (대법원 1990.4.24. 선고 89도2547 판결).

(2) 자동차운전자는 상대방 운전자가 중앙선을 침범하여 자신의 차선에 진입할 것까지 예견하여 대비할 주의의무는 없다(대법원 1976.1.13. 선고 74도2314 판결).

(3) 자동차전용도로에서 진행차량 사이를 뚫고 횡단하는 보행자들이 있을 것까지 예상하여 전방주시를 할 주의의무는 없다(대법원 1990.1.23. 선고 89도1395 판결).

(4) 고속도로에서 교통법규를 위반한 차량이 중앙선을 침범하여 자기가 운전하는 차량 전방에 진입할 것까지를 예견하여 운전할 주의의무는 없다(대법원 1982.4.13. 선고 81도2720 판결).

(5) 육교를 눈앞에 두고 서 있는 성인이 육교를 이용하여 횡단할 것을 신뢰하면 족하고 불의에 뛰어들 것까지 예상하여 이를 방지해야 할 주의의무는 없다(대법원 1985.9.10. 선고 84도1572 판결).

(6) 서울 잠수교 노상은 자전거의 출입이 금지된 곳이므로 자동차의 운전수로서는 거기에 자전거를 탄 피해자가 갑자기 차도상에 나타나리라고는 예견할 수 없다(대법원 1980.8.12. 선고 80도1446 판결).

(7) 다른 차량이 신호를 위반하고 직진하는 차량의 앞을 가로질러 좌회전할 경우까지를 예상하여 그에 따른 사고발생을 미연에 방지할 특별한 조치까지 강구할 업무상의 주의의무는 없다(대법원1985.1.22. 선고 84도1493 판결).

(8) 교차로에 먼저 진입한 운전자에게는 다른 차량이 자신의 진행속도보다 빠른 속도로 교차로에 진입하여 자신의 차량과 충격할지 모른다는 것까지 예상하고 대비하여야 할 주의의무는 없다 (대법원 1992.8.18. 선고 92도934 판결).

(9) 횡단보도에서 갑자기 무단횡단하던 오토바이 운전자를 치어 사망케 한 경우 운전자에게는 오토바이가 신호를 무시하고 무단횡단 할 것까지 예상하여 예방조치를 취하여야 할 주의의무는 없다(대법원 1994.4.26. 선고 94도548 판결).

(10) 정지신호를 보내오고 있는 경찰관을 발견한 운전자로서는 마땅히 차량을 정차시켜야 하고, 만일 계속 진행하더라도 속도를 줄이고 경찰관의 동태를 잘 살펴 안전하게 진행하여야 할 업무상 주의의무가 있다(대법원 1994.10.14. 선고 94도2165 판결).

(11) 중앙선이 표시되지 않은 비포장도로라고 하더라도 도로를 정상적으로 진행하고 있는 자동차의 운전자로서는 마주 오는 차가 도로의 중앙이나 좌측부분으로 진행하여 올 것까지 예상하여 조치를 취할 주의의무는 없다(대법원 1992.7.28. 선고 92도1137 판결).

(12) 차량의 운전자로서는 횡단보도의 신호가 적색인 상태에서 반대차선상에 정지하여 있는 차량의 뒤로 보행자가 건너오지 않을 것이라고 신뢰하는 것이 당연하고 그렇지 아니할 사태까지 예상하여 그에 대한 주의의무를 다하여야 한다고는 할 수 없다(대법원 1993.2.23. 선고 92도2077 판결).

■ 판례 ■ **좌회전 금지구역에서 좌회전한 행위와 사고발생 사이에 상당인과관계가 있는지 여부(소극)**

피고인이 좌회전 금지구역에서 좌회전한 것은 잘못이나 이러한 경우에도 피고인으로서는 50여 미터 후방에서 따라오던 후행차량이 중앙선을 넘어 피고인 운전차량의 좌측으로 돌진하는 등 극히 비정상적인 방법으로 진행할 것까지를 예상하여 사고발생 방지조치를 취하여야 할 업무상 주의의무가 있다고 할 수는 없고, 따라서 좌회전 금지구역에서 좌회전한 행위와 사고발생 사이에 상당인과관계가 인정되지 아니한다(대법원 1996.5.28. 선고 95도1200 판결).

■ 판례사례 ■ **[업무상과실치사상죄가 성립되지 아니하는 사례]**

(1) 운전사가 시동열쇠를 꽂아두고 하차한 사이에 조수가 자동차를 운전하다가 사고를 낸 경우(대법원 1971.9.28. 선고 71도1082 판결)

(2) 중앙선 있는 도로에서 교행하는 차가 불과 5, 6미터 앞에서 중앙선을 침범하여 그 차와 충돌한 경우(대법원 1983.2.8. 선고 82도2617 판결)

(3) 버스가 출발하려는 순간 4살짜리 피해자가 공을 주우러 버스 뒷바퀴 밑으로 들어가서 차에 치인 경우(대법원 1984.7.10. 선고 84도687 판결)

(4) 피고인이 적색신호에서 신호 대기하다가 반대차선에 정지하고 있던 차량의 뒤에서 보행자가 건너오는 것을 미처 발견하지 못하고 차를 출발시켜 상해를 입힌 경우(대법원 1993.2.23. 선고 92도2077 판결)

(5) 피고인이 좌회전 금지구역에서 좌회전하다가 50여미터 뒤에서 뒤따라오던 후행차량의 운전자가 중앙선을 넘어 피고인의 차 좌측으로 돌진하여 피고인의 차와 충격하여 사망한 경우(대법원1996.5.28. 선고 95도1200 판결)

(6) 피고인이 신호등이 있는 교차로에서 진행신호에 따라 과속으로 직진하다가 신호를 무시하고 교차로를 가로질러가는 피해자를 충격하여 그가 사망한 경우(대법원 1993.1.15. 선고 92도2579 판결 ; 대법원 1998.9.22. 선고 98도1854 판결)

(7) 내리막길에서 버스의 브레이크가 작동되지 아니하여 대형사고를 피하기 위하여 인도 턱에 버스를 부딪쳐 정차시키려고 하였으나 버스가 인도 턱을 넘어 돌진하여 보행자를 사망케 한 경우(대법원 1996.7.9. 선고 96도1198 판결)

(8) 교통정리가 행하여지지 않는 교차로에서 트럭이 교차로에 진입하여 상당 부분을 통과하였는데 노폭이 다소 넓은 오른쪽 도로에서 택시가 과속으로 달려와 충돌한 경우의 트럭운전수의 경우 (대법원1991.2.12. 선고 90도2420 판결)

(9) 택시를 운전하여 육교를 지나 15미터의 편도 4차선의 일차선상의 교통이 복잡하고 대향교차 차량이 많은 곳을 시속 40m로 교차하여 진행하다 술에 취해 뛰어든 乙을 앞 범퍼로 접촉하여 전도케 한 경우(대법원 1983.5.10. 선고 83도606 판결)

2) 신뢰의 원칙의 적용한계

■ 판례 ■ **반대방향에서 오는 차량이 이미 중앙선을 침범하여 비정상적인 운행을 하고 있음을 목격한 자동차운전자의 주의의무**

[1] 사실관계

甲은 자신의 승용차를 운전하던 중 커브길에서 반대방향에서 중앙선을 침범하여 비정상적인 운행을 하며 달려오던 乙의 오토바이를 전방 약100m 거리에서 발견하였으나 속도를 줄여 도로우측으로 피하는 등 특별한 조치를 취함이 없이 계속 운행하여 결국 乙의 오토바이가 甲의 차량 좌측전면과 충돌하여 乙이 중상을 입었다.

[2] 판결요지

침범금지의 황색중앙선이 설치된 도로에서 자기차선을 따라 운행하는 자동차운전수는 반대방향에서 오는 차량도 그쪽 차선에 따라 운행하리라고 신뢰하는 것이 보통이고 중앙선을 침범하여 이쪽 차선에 돌입할 경우까지 예견하여 운전할 주의의무는 없으나, 다만 반대방향에서 오는 차량이 이미 중앙선을 침범하여 비정상적인 운행을 하고 있음을 목격한 경우에는 자기의 진행전방에 돌입할 가능성을 예견하여 그 차량의 동태를 주의깊게 살피면서 속도를 줄여 피행하는 등 적절한 조치를 취함으로써 사고발생을 미연에 방지할 업무상 주의의무가 있다(대법원 1986.2.25. 선고 85도2651 판결).

■ 판례 ■ **앞서가는 자전거를 추월하는 자동차운전자와 신뢰원칙의 적용한계**

[1] 사실관계

甲은 트럭을 운전하고 있었는데, 乙의 자전거 후방 약 9m 쯤 접근하였을 때 乙이 사전에 아무런 신호도 보내지 아니하고 갑자기 위 도로를 횡단키 위해 좌회전하여 피고인 운전트럭의 진로 전방으로 진행하여 오자 핸들을 좌측으로 틀면서 급제동하였으나, 주행탄력으로 그대로 앞으로 밀려나가면서 위 자전거를 충격, 쓰러뜨리고 乙을 치어 사망케 하였다.

[2] 판결요지

신뢰의 원칙은 상대방 교통관여자가 도로교통의 제반법규를 지켜 도로교통에 임하리라고 신뢰할 수 없는 특별한 사정이 있는 경우에는 그 적용이 배제된다고 할 것인바 본건의 사고지점이 노폭 약 10미터의 편도 1차선 직선도로이며 진행방향 좌측으로 부락으로 들어가는 소로가 정(J)자형으로 이어져 있는 곳이고 당시 피해자는 자전거 짐받이에 생선상자를 적재하고 앞서서 진행하고 있었다면 피해자를 추월하고자 하는 자동차운전사는 자전거와 간격을 넓힌 것만으로는 부족하고 경적을 울려서 자전거를 탄 피해자의 주의를 환기시키거나 속도를 줄이고 그의 동태를 주시하면서 추월하였어야 할 주의

의무가 있다고 할 것이고 그 같은 경우 피해자가 도로를 좌회전하거나 횡단하고자 할 때에는 도로교통법의 규정에 따른 조치를 취하리라고 신뢰하여도 좋다고 하여 위 사고발생에 대하여 운전사에게 아무런 잘못이 없다고 함은 신뢰의 원칙을 오해한 위법이 있다(대법원 1984.4.10. 선고 84도79 판결).

■ 판례사례 ■ [신뢰의 적용되지 않아 운전자에게 업무상과실이 인정되는 사례]

(1) 고속도로를 횡단하려는 피해자를 그 차의 제동거리 밖에서 발견하였다면 피해자의 행동을 예견하여야 할 주의의무가 있다(대법원 1981.3.24. 선고 80도3305 판결).
(2) 어린아이가 같은 방향으로 걸어가고 있음을 목격한 경우에 자동차 운전자는 그 아이가 진행하는 버스 앞으로 느닷없이 튀어나올 수 있음을 예견하고 이에 대비할 주의의무가 있다(대법원 1970. 8.18. 선고 70도1336 판결).

(다) 안전사고

■ 판례 ■ 건설회사가 건설공사 중 타워크레인의 설치작업을 전문업자에게 도급주어 타워크레인 설치작업을 하던 중 발생한 사고에 대하여 건설회사의 현장대리인에게 업무상과실치사상의 죄책을 물을 수 있는지 여부(소극)

[1] 사실관계

A건설회사는 건설공사 중 타워크레인 설치작업을 해당 전문업체인 B주식회사에 도급을 주어 B주식회사가 타워크레인의 설치, 운전, 해체에 필요한 모든 인원을 자기의 책임하에 고용하기로 하고 설치작업을 하던 중 사고로 행인에게 상해를 입혔다.

[2] 판결요지
건설회사가 건설공사 중 타워크레인의 설치작업을 전문업자에게 도급주어 타워크레인 설치작업을 하던 중 발생한 사고에 대하여 건설회사의 현장대리인에게 업무상과실치사상의 죄책을 물을 수 없다(대법원 2005.9.9. 선고 2005도3108 판결).

■ 판례사례 ■ [업무상과실이 부정되어 업무상과실치사상죄가 성립하지 않는 사례]

(1) 甲이 화약취급면허가 없는 乙에게 화약고 열쇠를 맡겼는데 乙이 경찰의 검열소식을 듣고 장부보다 초과하는 폭약을 아궁이 속에 감추었다가 폭약이 폭발하여 丙이 사망한 경우(대법원 1981.9. 8. 선고 81도53 판결)
(2) 주택수리공사에 관하여 전문적인 지식이 없는 도급인 甲이 주택수리공사 전문업자에게 주택수리를 의뢰하면서 공사에 관한 관리 감독 업무 또는 공사의 시공에 있어서 분야별 공사업자나 인부들에 대한 구체적인 작업지시 및 감독 업무를 주택수리업자에게 일임하였는데, 건물외벽과 천장이 무너지면서 그 곳에서 붙임공사를 하던 피해자를 덮쳐 상해를 입게 한 경우(대법원 2002.4. 12. 선고 2000도3295 판결)

(4) 인과관계

사상의 결과는 업무상과실로 인하여 발생하여야 하므로 사상의 결과에 대한 '인과관계와 예견가능성이 필요하다.

■ 판례 ■ **알코올중독자를 방치와 수용시설관리자의 업무상과실**

[1] 사실관계

甲은 알코올중독자를 수용하는 복지원에서 수용시설을 운영 또는 관리하는 자로 어느 날 알코올중독자인 乙을 수용하게 되었다. 乙은 알코올중독증세가 심해 수용 직후부터 이미 심한 금단증상을 보이고 있었는데도 甲은 乙의 금단증세에 대한 별도의 치료 없이 독방에 가두었는바 며칠 후 乙이 자살하였다.

[2] 판결요지

알코올중독자의 수용시설을 운영 또는 관리하던 피고인들로서는 알코올중독자의 금단증상에 대비하여 의사 등을 배치하고 금단증상을 보이는 알코올중독자를 즉시 병원으로 호송하여 치료를 받게 하는 등의 조치를 다할 주의의무가 있었음에도 피수용자가 금단증상을 보일 때 위와 같은 주의의무를 다하지 아니하고 동인을 독방에 가둔 다음 그대로 방치한 과실이 있고, 피고인들은 알코올중독증세가 심해 금단증상이 잦았던 피수용자가 위와 같은 경우에 자살하는 등 위험한 행동을 할 수도 있었음을 충분히 예견할 수 있었다 할 것이므로, 피고인들의 과실과 피수용자의 사망 간에는 인과관계가 인정된다고 봄이 상당하므로 업무상과실치사죄가 인정된다(대법원 2005.3.24. 선고 2004도8137 판결).

■ 판례 ■ **피해자가 피고인이 운전하던 오토바이에 충격되어 도로에 전도된 후 다른 차량에 치어 사망한 경우, 피고인의 과실과 피해자의 사망 사이의 인과관계 유무(적극)**

[1] 사실관계

甲은 야간에 오토바이를 운전하고 시속 약 50킬로미터의 속도로 진행하던 중 도로를 무단횡단하던 乙을 충격하여 도로상에 전도케 하였는데, 乙은 약 40초 내지 60초 후에 지나가던 타이탄트럭에 치어 사망하였다. 사고가 난 곳은 차량의 왕래가 빈번한 편도 2차선 도로 중 경보등이 설치되어 있는 횡단보도 부근이고 곡선도로여서 야간에는 맞은편에서 오는 차량들의 전조등 불빛에 의하여 시야의 장애를 받는 곳이었다.

[2] 판결요지

피고인이 전방좌우의 주시를 게을리한 과실로 피해자를 충격하였고 나아가 이 사건 사고지점 부근 도로의 상황에 비추어 야간에 피해자를 충격하여 위 도로에 넘어지게 한 후 40초 내지 60초 동안 그대로 있게 한다면 후속차량의 운전사들이 조금만 전방주시를 태만히 하여도 피해자를 역과할 수 있음이 당연히 예상되었던 경우라면 피고인의 과실행위는 피해자의 사망에 대한 직접적 원인을 이루는 것이어서 양자간에는 상당인과관계가 있다(대법원 1990.5.22. 선고 90도580 판결).

■ 판례 ■ **택시 운전자인 피고인이 심야에 밀집된 주택 사이의 좁은 골목길이자 직각으로 구부러져 가파른 비탈길의 내리막에 누워 있던 피해자의 몸통 부위를 택시 바퀴로 역과하여 그 자리에서 사망에 이르게 하고 도주한 경우**

위 사고 당시 시각과 사고 당시 도로상황 등에 비추어 자동차 운전업무에 종사하는 피고인으로서는 평소보다 더욱 속도를 줄이고 전방 좌우를 면밀히 주시하여 안전하게 운전함으로써 사고를 미연에 방지할 주의의무가 있었는데도, 이를 게을리한 채 그다지 속도를 줄이지 아니한 상태로 만연히 진행하던 중 전방 도로에 누워 있던 피해자를 발견하지 못하여 위 사고를 일으켰으므로, 사고 당시 피고인에게는 이러한 업무상 주의의무를 위반한 잘못이 있어 업무상과실치사죄가 성립한다(대법원

2011.5.26. 선고 2010도17506 판결).

■ 판례사례 ■ [인과관계가 인정되어 업무상과실치사상죄가 성립하는 사례]

(1) 선행 차량이 피해자를 충격한 결과 쓰러지는 피해자를 그 차를 뒤따라 진행하던 피고인의 차가 다시 역과하여 피해자가 사망한 경우(대법원 2001.12.11. 선고 2001도5005 판결)
(2) 운전자가 시동열쇠를 빼지 않고 11세 남짓한 어린이 乙을 조수석에 남겨둔 채 차에서 내려온 사이 乙이 시동을 걸고 가속페달을 밟아 乙이 상처를 입은 경우(대법원 1986.7.8. 선고 86도1048 판결)
(3) 피고인이 자동차를 운전하다가 도로를 횡단하던 피해자를 충격하여 반대차선의 1차 선상에 넘어지게 하여 피해자가 반대차선을 운행하던 자동차에 역과되어 사망한 경우(대법원 1988.11.8. 선고 88도928 판결)
(4) 자동차의 운전자가 그 운전상의 주의의무를 게을리하여 열차건널목을 그대로 건너는 바람에 자동차가 열차와 충돌하여 20여 미터 쯤 열차진행 방향으로 끌려가면서 튕겨나갔는 바, 이때 자전거에서 내려 자동차 왼쪽에서 열차가 지나가기를 기다리고 있던 자전거 운전자가 위 충돌 사고로 깜짝 놀라 넘어져 상처를 입은 경우(대법원 1989.9.12. 선고 89도866 판결)

■ 판례사례 ■ [인과관계가 부정되어 업무상과실치사상죄가 성립하지 않는 사례]

(1) 甲은 앞차와의 안전거리를 준수하지 않고 바짝붙여 정차하였는데 뒤차가 들이받는 바람에 그 충격으로 앞차를 충격하여 앞차 운전자에게 상해를 입힌 경우(대법원 1983.8.23. 선고 82도3222 판결)
(2) 甲이 제한속도를 초과하여 신호등에 의하여 교통정리가 행하여지고 있는 "ㅏ"자형 삼거리의 교차로를 녹색등화에 따라 직진하고 있었는데, 신호를 무시하고 교차로를 가로질러 진행하는 차량을 충격하여 상해를 입힌 경우(대법원 1993.1.15. 선고 92도2579 판결)

2. 중과실

중과실이란 주의의무 위반의 정도가 현저한 경우를 말한다. 즉 조금만 주의하였더라면 결과를 회피할 수 있었음에도 불구하고 이를 게을리 한 경우를 의미한다.

■ 판례 ■ 함께 술을 마시던 피해자가 갑자기 총을 들어 자신의 머리에 대고 쏘는 소위 "러시안 룰렛" 게임을 하다가 사망한 경우, 이를 제지하지 못한 동석자의 중과실유무(소극)

[1] 사실관계

경찰관 甲과 乙은 동료경찰관인 丙 및 丁과 함께 술을 많이 마셔 취하여 있던 중 갑자기 丙이 총을 꺼내 丁과 같이 총을 번갈아 자기의 머리에 대고 쏘는 소위 "러시안 룰렛" 게임을 하다가 丁이 자신이 쏜 총에 맞아 사망하였다.

[2] 판결요지

경찰관인 피고인들은 위 丙과 丁이 "러시안 룰렛"게임을 함에 있어 丙과 어떠한 의사의 연락이 있었다거나 어떠한 원인행위를 공동으로 한 바가 없고, 다만 위 게임을 제지하지 못하였을 뿐인데 보통사람의 상식으로서는 함께 수차에 걸쳐서 흥겹게 술을 마시고 놀았던 일행이 갑자기 자살행위와 다름없는 위 게임을 하리라고는 쉽게 예상할 수 없는 것이고(신뢰의 원칙), 게다가 이 사건 사고는 피고인들이 "장난치지 말라"며 말로 위 丙을 만류하던 중에 순식간에 일어난 사고여서 음주만취하여 주의능력이 상당히 저하된 상태에 있던 피고인들로서는 미처 물리력으로 이를 제지할 여유도 없었던 것이므로, 경찰관이라는 신분상의 조건을 고려하더라도 위와 같은 상황에서 피고인들이 이 사건 "러시안 룰렛"게임을 즉시 물리력으로 제지하지 못하였다 한들 그것만으로는 위 丙의 과실과 더불어 중과실치사죄의 형사상 책임을 지울 만한 위법한 주의의무위반이 있었다고 평가할 수 없다(대법원 1992.3.10. 선고 91도3172 판결).

■ 판례사례 ■ [중과실이 인정되는 사례]

> (1) 피고인이 성냥불로 담배를 붙인 다음 그 성냥불이 꺼진 것을 확인하지 아니한 채 휴지가 들어 있는 플라스틱 휴지통에 던진 경우(대법원 1993.7.27. 선고 93도135 판결)
> (2) 피고인이 84세 여자 노인과 11세의 여자 아이를 상대로 안수기도를 함에 있어서 그들을 바닥에 반드시 눕혀 놓고 기도를 한 후 "마귀야 물러가라", "왜 안 나가느냐"는 등 큰 소리를 치면서 한 손 또는 두 손으로 그들의 배와 가슴 부분을 세게 때리고 누르는 등의 행위를 여자 노인에게는 약 20분간, 여자아이에게는 약 30분간 반복하여 그들을 사망케 한 경우(대법원 1997.4.22. 선고 97도538 판결)

3. 업무상과실범의 공동정범

통설은 범죄공동설의 입장에서 과실범의 공동정범 성립을 인정하지 않고 동시범이 된다고 하나, 판례는 행위공동설의 입장에서 과실범의 공동정범 성립을 인정한다.

■ 판례 ■ **교량붕괴에 있어서의 과실에 의한 공동정범 성립 여부(적극)**

[1] 사실관계

> 교량을 건설하는데 건설업자 甲은 부실공사를 하고, 공사감독공무원 乙은 공사감독을 소홀히 한 채로 공사가 완성 되었다. 이후 교량의 유지·관리를 담당하는 공무원 丙이 유지·관리를 소홀히 한 바람에 결국 다리가 붕괴되어 지나가던 차량과 사람이 교량 아래로 떨어져 사망하는 사고가 발생하였다.

[2] 판결요지

가. 교량붕괴에 있어서의 과실에 의한 공동정범 성립 여부(적극)
성수대교와 같은 교량이 그 수명을 유지하기 위하여는 건설업자의 완벽한 시공, 감독공무원들의 철저한 제작시공상의 감독 및 유지·관리를 담당하고 있는 공무원들의 철저한 유지·관리라는 조건이 합치되어야 하는 것이므로, 위 각 단계에서의 과실 그것만으로 붕괴원인이 되지 못한다고 하더라도, 그것이 합쳐지면 교량이 붕괴될 수 있다는 점은 쉽게 예상할 수 있고, 따라서 위 각 단계에 관여한 자는 전혀 과실이 없다거나 과실이 있다고 하여도 교량붕괴의 원인이 되지 않았다는 등의 특별한 사정이 있는 경우를 제외하고는 붕괴에 대한 공동책임을 면할 수 없다. 이 사건의 경우, 피고인들에게는 트러스 제작상, 시공 및 감독의 과실이 인정되고, 감독공무원들의 감독상의 과실이 합쳐져서 이 사건 사고의 한 원인이 되었으며, 한편 피고인들은 이 사건 성수대교를 안전하게 건축되도록 한다는 공동의 목표와 의사연락이 있었다고 보아야 할 것이므로, 피고인들 사이에는 이 사건 업무상과실치사상등죄에 대하여 형법 제30조 소정의 공동정범의 관계가 성립된다고 보아야 할 것이다.

나. 업무상과실치사상죄의 공소시효 기산점
공소시효의 기산점에 관하여 규정한 형사소송법 제252조 제1항에 정한 '범죄행위'에는 당해 범죄행위의 결과까지도 포함하는 취지로 해석함이 상당하므로, 교량붕괴사고에 있어 업무상과실치사상죄, 업무상과실일반교통방해죄 및 업무상과실자동차추락죄의 공소시효도 교량붕괴사고로 인하여 피해자들이 사상에 이른 결과가 발생함으로써 그 범죄행위가 종료한 때로부터 진행한다고 보아야 한다(대법원 1997.11.28. 선고 97도1740 판결).

[3] 동지판례 – 삼풍백화점 붕괴사건

삼풍백화점이 건축계획의 수립, 건축설계, 건축공사 공정, 건물완공 후의 유지관리 등에 있어서의 과실이 복합적으로 작용되어 붕괴된 경우, 각 단계별 관련자들은 업무상과실치사상죄의 공동정범의 관계가 성립한다(대법원 1996.8.23. 선고 96도1231 판결).

II. 범죄사실기재

1) 범죄사실 기재례

[기재례1] 배수관 이동작업 중 치상

피의자는 20○○. ○. ○. ○○:○○ ○○에 있는 경춘국도 공사장에서 굴착기(차량번호)를 조종하여 배수관 이동작업을 하던 중 위 굴착기의 바퀴가 수렁에 빠지게 되어 이를 빼내고자 하였다. 이러한 경우 굴착기 조종업무에 종사하는 피의자로서는 굴착기 분대의 회전반경 내에 다른 작업 인부가 있는지를 확인한 후 작업을 하여 사고발생을 미리 막아야 할 업무상의 주의의무가 있었다. 그럼에도 불구하고 피의자는 이를 게을리한 채 바퀴를 수렁에서 빼내기 위하여 붕대의 끝인 속칭 바가지 부분을 땅에 지지시키고 굴착기의 몸체를 회전시켰다.

이와 같은 피의자의 과실로 바가지 부분이 굴착기의 중량을 견디지 못하고 미끄러지면서 마침 그곳에서 배수관 이동작업 중이던 피해자 甲의 몸통을 위 바가지 부분으로 충격하게 하였다.

이로써 피의자는 그 자리에서 좌골반장골 및 비구골절상 등으로 피해자에게 약 8주간의 치료를 요하는 상해를 입게 하였다.

[기재례2] 성형수술 과실(의료사고)

피의자는 ○○○에서 "강○○성형외과"를 개설하여 의료업에 종사하고 있는 의사이다.

피의자는 20○○. ○. ○. ○○:○○경 수술을 받고자 피의자를 찾아온 ○○시 북구 두암동 ○○번지에 사는 유○○(여, 28세)를 진찰한 결과 비의료인의 수술 부작용으로 코가 좌측으로 휘어지고 파라핀의 이물질이 코뼈 안에 녹아내려 이를 제거할 경우와 수술 후 후유증 등을 충분히 설명하고 파라핀 제거 수술과 동반 시행한 쌍꺼풀 및 눈밑주름살 수술을 완벽하게 하여야 할 업무상의 주의의무가 있었다.

그럼에도 불구하고 피의자는 이를 게을리한 채, 위 유○○에게 "걱정하지 마라. 코를 원상대로 해주고 엉덩이의 지방살을 떼어서 코부분에 대어 주름을 제거하고 눈 수술까지 같이해주겠다"라고 간단한 수술과정에 대해 설명만 하고 위 부위를 수술한 과실로 피해자에게 수술 후 얼굴이 부어오르는 등 부작용으로 재수술을 하게 하였다.

[기재례3] 건축공사현장 안전사고

피의자 甲은 ○○에 있는 6층 상가건물신축 건설공사 안전관리 책임자이고, 피의자 乙, 피의자 丙은 각 배관공이다.

피의자 乙, 피의자 丙은 20○○. ○. ○. 13:30경 위 건설현장에서 길이 5m 무게 80kg의 철제 파이프를 건물 4층까지 운반하는 작업을 하고 있었다. 그런데 그곳은 신축 중인 건물로서 건물 외벽에 설치된 임시계단에는 난간도 설치되어 있지 않았고, 철제 파이프는 하중이 무겁고 표면이 미끄러워 임시계단을 이용하여 맨손으로 운반하면 운반 중 미끄러져 놓치는 경우 낙하로 인한 사고의 위험이 있으므로, 피의자들에게는 평소와 같이 작업현장 아래쪽에 있는 인원을 통제한 다음 건자재 운반용 크레인을 이용함으로써 낙하물로 인한 사고를 미리 방지하여야 할 업무상 주의의무가 있었다.

그럼에도 불구하고 피의자들은 이를 게을리한 채 크레인 기사가 마침 자리를 비워 크레인을 이용할 수 없게 되자, 피의자 乙, 피의자 丙은 안전수칙을 무시하고 점심식사 때 마신 술이 미처 깨지도 않아 위험을 수반한 작업을 할 수 없는 상태였음에도 작업용 장갑도 끼지 않은 맨손으로 위 파이프를 양쪽에서 들고 임시계단을 이용하여 운반하였고, 피의자 甲은 위와 같은 작업상황을 보고도 작업을 중단시키지 아니하고 신속히 작업을 완료하도록 독려하였다.

이와 같은 피의자들의 과실로 임시계단 4층과 5층 사이에 이르러 파이프를 잡고 있던 피의자 乙이 왼손을 기둥에 부딪치며 파이프를 놓치면서 아래로 떨어뜨려 그 파이프가 마침 작업현장 아래 1층에서 미장일을 하던 피해자 丁의 전신을 덮쳤다.

이로써 피의자들은 공동하여 그 자리에서 두개골골절 등으로 피해자를 사망에 이르게 하였다.

[기재례4] 급성 용혈성 수혈 부작용(의료사고)

피의자는 ○○에 있는 ○○대학교 병원 내과 인턴으로서 간경화, 식도정맥류 출혈 등으로 치료받던 피해자 甲(남, 57세)의 주치의인 피의자 乙을 보좌하여 피해자의 치료를 맡은 사람이다. 피의자는 의사로서 수혈할 때에는 직접 혈액 봉지를 확인하여야 할 뿐만 아니라 수혈 도중에 부작용이 발생하는 등 만일의 사태에 대비하여야 하고, 간호사에 대하여는 의사의 참여 없이는 수혈하지 아니하도록 지도·교육하여야 하며, 자신의 참여하에 간호사가 수혈하게 하더라도 그 환자에게 수혈할 혈액 봉지가 맞는지 여부를 확인하여야 할 업무상의 주의의무가 있다.

그럼에도 불구하고 피의자는 이를 게을리한 채 20○○. ○. ○. ○○:○○경부터 같은 병원 302병동 11호실에서 피해자에게 신선 냉동혈장 3봉지(320㎖) 및 농축적혈구 1봉지(200㎖)를 수혈하면서, 간호사인 乙로 하여금 단독으로 수혈을 하도록 내버려둔 과실로, 같은 날 ○○:○○경 혈액 봉지의 라벨을 확인하지 아니하여 간호처치대 위에 놓여있던 丁에게 수혈할 혈액 봉지를 피해자에 대한 혈액 봉지로 오인하고서, 혈액형이 B형인 피해자에 대하여 A형 농축적혈구 약 60㎖를 수혈하도록 하였다.

이로써 피의자는 피해자로 하여금 20○○. ○. ○. ○○:○○경 급성 용혈성 수혈부작용 등으로 사망에 이르게 하였다.

[기재례5] 유아 보모의 안전사고

피의자는 20○○. ○. ○. 12:00경 피의자의 집에서 유아를 봐주는 보모로서 생후 3개월 20일 된 피해자가 스스로 목을 가누지 못하고 호흡이나 신체 등의 장애 발생 시 스스로 탈피하거나 그 장애를 표시하여 타인에게 도움을 구할 수 있는 능력이 없으며, 푹신한 요 위에 엎어서 재우면 호흡 장애로 인하여 질식하는 등 사고가 발생할 우려가 있으므로 이를 미연에 방지하여야 할 업무상의 주의의무가 있다.

그럼에도 불구하고 피의자는 이를 게을리하여, 푹신한 요 위에 피해자를 엎어서 재운 과실로 피해자가 질식사하게 하였다.

[기재례6] 수영장 안전사고

피의자는 ○○에서 ○○수영장을 운영하는 사람으로서 안전요원의 지시에 따르지 아니하면 미끄럼틀을 이용할 수 없도록 쇠사슬을 설치하거나, 낙하지점 부근에 다른 사람들이 접근하여 오지 않도록 안전시설을 설치하고, 수영장 내에 안전요원을 충분히 배치하여 미끄럼틀 낙하지점에 다른 사람이 접근하지 못하게 하여 충돌을 방지하게 할 업무상의 주의의무가 있다.

그럼에도 불구하고 피의자는 이를 게을리 한 과실로 20○○. ○. ○. 14:00경 위 수영장에서 수영하던 피해자 홍길동(12세)이 미끄럼틀 낙하지점에서 수영하다 때마침 미끄럼틀을 타고 낙하하던 乙이 피해자 머리 위로 떨어졌다.

이로써 피의자는 그 충돌로 인하여 피해자에게 약 8주간의 치료를 요하는 ○○상에 이르게 하였다.

[기재례7] 애드벌룬 설치 과실

피의자는 20○○. ○. ○. ○○에 있는 건물 옥상에 판매점 광고를 위해 고정수소 2,850기압을 주입한 애드벌룬을 50m 높이를 공중에 띄움에 있어서 당시에 강풍이 불고 있었고 그곳 부근에 22,900V에 고압전선이 설치되어 있었으므로 그 안전여부를 확인하면서 주민들에게 위험을 알려주어 주의를 환기하는 한편 위 애드벌룬이 고압선에 감겼을 때도 안전하게 이를 제거할 수단을 취할 업무상의 주의의무가 있었다.

그럼에도 불구하고 피의자는 이를 게을리 한 과실로, 때마침 불어온 강풍으로 인하여 위 애드벌룬이 터지면서 애드벌룬 부품인 ○○이 그곳을 지나가던 피해자 홍길동 머리 위로 떨어지게 하였다.

이로써 피의자는 피해자에게 약 2주간의 치료를 요하는 ○○상에 이르게 하였다.

[기재례8] 공사장 안전사고

피의자는 20○○. ○. ○. ○○에서 인부들이 현장에서 작업지시를 하여 감독하게 되었으면 현장소장으로서 패널을 운반하기에 앞서 감독을 철저히 하여 사고를 미연에 방지하여야 할 업무상의 주의의무가 있다.

그럼에도 불구하고 피의자는 이를 게을리하여 피의자 甲, 乙이 2층에서 1층으로 패널을 운반하다가 과실로 이를 1층으로 떨어뜨려 피해자 홍길동이 이에 맞아 뇌좌상 우측안검부 심부 열상등으로 전치 6주일간 치료를 요하는 상해를 입게 하였다.

[기재례9] 안수기도 중 사망한 경우(중과실치사)

피의자는 20○○. ○. ○. 15:00경 ○○에 있는 ○○기도원에서 피해자 홍길녀(84세 여자)와 김만순(11세, 여자)을 상대로 안수기도를 함에 있어서 고령의 여자 노인이나 나이 어린 연약한 여자아이들은 약간의 물리력을 가하더라도 골절이나 타박상을 당하기 쉽고, 더욱이 배나 가슴 등에 그와 같은 상처가 생기면 치명적 결과가 올 수 있다는 것은 피의자 정도의 연령이나 경험 지식을 가진 사람으로서는 약간의 주의만 하더라도 쉽게 예견할 수 있었다.

그럼에도 불구하고 피의자는 그들을 바닥에 반드시 눕혀 놓고 기도를 한 후 "마귀야 물러가라", "왜 안 나가느냐"는 등 큰소리를 치면서 한 손 또는 두 손으로 그들의 배와 가슴 부분을 세게 때리고 누르는 등의 행위를 한 과실로 여자 노인에게는 약 20분간, 여자아이에게는 약 30분간 반복하여 그들을 사망에 이르게 하였다.

[기재례10] 체육 교사의 학생 관리소홀

피의자는 20○○. 5. 11. 10:00경 ○○에 있는 ○○중학교 운동장에서 피해자 홍길동(12세)이 속한 1학년 1반의 체육수업을 담당함에 있어, 위 피해자는 선천성 폐쇄 비대성 심장 근육증 환자로서 운동장 뛰기 등 심장에 부담을 주는 운동을 피해야 할 '요양호학생'으로 등록되어 있었으므로, 체육 교사인 피의자로서는 수업 시작 전에 질병이 있거나 아픈 학생들이 있는지 살피면서 '요양호학생'으로 등록된 사람이 있는지 등을 확인하여 이들에게 무리한 운동을 하지 않도록 하는 등 적절한 조처하여야 할 업무상 주의의무가 있었다.

그럼도 불구하고 피의자는 이를 게을리한 채 위 피해자를 포함하여 수업에 참여한 학생들에게 운동장을 뛰도록 지시한 과실로 위 질병이 있는 그로 하여금 치료일수 불상의 허혈성 뇌손상 및 사지부전마비 등의 상해를 입게 하였다.

[기재례11] 도로건설공사장 안전관리 소홀

피의자 甲은 ○○주식회사가 시공하는 ○○시 관내 국도 대체 우회도로(○○-○○구간) 건설공사의 현장소장으로서 공사현장 지휘 및 안전관리 등의 업무를 총괄하는 자, 피의자 乙은 건설공사의 안전관리책임자이다.

피의자들은 20○○. ○. ○. 20:30경 우회도로 건설공사 구간 중 ○○부근 도로와 교량 간의 연결공사 현장에서, 그곳은 신설도로 공사 구간이므로 공사 차량을 제외한 일반 차량의 출입을 통제하고 진입로 입구에 진입 금지 표시를 하는 등 일반 차량의 공사 구간 출입으로 인한 사고를 미연에 방지할 업무상 주의의무가 있었다.

그럼에도 불구하고 피의자들은 이를 게을리한 채 피해자 丙(37세, 여) 운전의 ○○나1234호 승용차를 아무런 통제조치 없이 공사 구간에 출입하도록 방치하였다.

이와 같은 피의자들의 과실로, 피해자로 하여금 공사 구간에 출입하여 운행하다가 도로보다 약 50㎝ 높은 교량부위를 들이받게 하였다.

이로써 피의자들은 공동하여 그 자리에서 기도손상의증으로 피해자를 사망에 이르게 함과 동시에 승용차에 동승한 피해자 丁(65세, 여)로 하여금 약 3주의 치료를 요하는 요추부 염좌 등의 상해를 입게 하였다.

[기재례12] 도로 굴착 관련 안전사고

> 피의자는 20○○. ○. ○. ○○공사 구간인 ○○에서 도시가스 배관, 철도횡단흉관 압입 공사를 하기 위하여 자전거 전용도로에 너비 약 3m, 깊이 약 1m, 길이 약 5m의 웅덩이를 파두게 되었다. 그곳은 사람의 왕래가 잦고 야간 통행인이 추락할 위험성이 많으므로 경고문과 안전망 등을 설치하여 사고를 미연에 방지하여야 할 업무상의 주의의무가 있었다.
> 그럼에도 불구하고 피의자는 이를 게을리하여 피해자 홍길동이 그곳을 지나가게 한 과실로 피해자가 위 웅덩이에 빠지면서 ○○등으로 전치 2주간 치료를 요하는 상해를 입게 하였다.

2) **적용법조** : 제268조… 공소시효 7년

III. 신문사항

- 피의자는 어디에서 어떠한 의료업을 하고 있는가
- 의사자격증은 언제 취득하였으며 언제부터 의료행위를 하고 있는가
- 고소인○○○을 치료(진료)한 사실이 있는가
- 언제 어떠한 진료를 하였나.
- 처음 피의자 병원(의원)을 찾아 왔을 때 고소인의 상태는 어떠하던가
- 고소인에게 어떠한 조치를 취하였나.
- 피의자를 도와준 의사나 간호사는 누구인가
- 이들 의사와 간호사는 어떠한 것을 도와 주었나
- 당시 사용한 의료기구는 무엇인가
- 진료후 어떠한 약을 조제해 주었나
- 고소인에게 치료 후 주의사항 등을 고지하였나
- 구체적으로 누구에게 어떠한 사항을 고지하였나
- 고소인의 현재 상태를 알고 있는가
- 왜 이러한 부작용이 발생하였다고 생각하는가
- 피의자가 최초 치료를 잘못하였거나 진료후 환자가 지켜야 할 사항을 고지하지 않았기 때문이 아닌가요.

제1절 자기낙태

> 제269조(낙태) ① 부녀가 약물 기타 방법으로 낙태한 때에는 1년 이하의 징역 또는 200만원 이하의 벌금에 처한다.

 Ⅰ. 구성요건

1. 주 체

임신한 부녀

○ 임부만이 본죄의 주체가 될 수 있으므로 임부가 아닌 자는 간접정범으로도 본죄의 주체가 될 수 없고, 부동의 낙태죄의 정범이 될 뿐이다.

2. 객 체

모체 내에 살아 있는 태아

○ 태아란 수태 후 분만이 개시되기 전까지를 말하는 것으로 임신기간 · 태아의 발육정도 · 수태의 원인은 불문한다.

○ 태아의 시기는 수정란이 자궁에 착상한 때부터 분만이 개시되기 전까지이고, 태아의 종기는 진통시이다.

○ 살아있는 태아만이 본죄의 객체가 된다. 따라서 사태는 본죄의 객체가 아니다.

3. 행 위

낙태하는 것

(1) 낙 태

자연적인 분만기에 앞서서 인위적인 방법으로 살아 있는 태아를 모체 밖으로 배출시키거나 모체내에서 살해하는 행위

○ 낙태의 수단과 방법에는 제한이 없으며, 임부는 타인을 이용하여 간접정범으로 본죄를 실현할 수 있다.

○ 임부 스스로 하건 타인에게 의뢰하여 하건 불문한다. 타인에게 의뢰한 경우에도 임부는 (업무상)동의낙태죄가 아니라 자기낙태죄의 정범이 된다.

○ 부녀가 자살을 기도하여 낙태한 경우에도 본죄가 성립한다.

(2) 기수시기

태아가 자연적 분만기 이전에 태아가 모체 밖으로 배출된 때 기수

○ 일단 자연적인 분만기 전에 태아를 모체 밖으로 배출시키면 태아의 사망여부에 관계없이 본죄가 성립한다.

○ 배출된 생존 태아를 다시 살해한 경우에는 낙태죄와 (영아)살인죄의 경합범이 성립한다.

■ 판례 ■ **낙태시술을 하였으나 태아가 살아서 미숙아 상태로 출생하자 그 미숙아에게 염화칼륨을 주입하여 사망하게 한 경우, 살해의 범의 인정여부(적극)**

가. 낙태시술 결과 태아의 사망 여부가 낙태죄의 성립에 영향이 있는지 여부(소극)

낙태죄는 태아를 자연분만기에 앞서서 인위적으로 모체 밖으로 배출하거나 모체 안에서 살해함으로써 성립하고, 그 결과 태아가 사망하였는지 여부는 낙태죄의 성립에 영향이 없다.

나. 乙의 죄책

산부인과 의사인 피고인이 약물에 의한 유도분만의 방법으로 낙태시술을 하였으나 태아가 살아서 미숙아 상태로 출생하자 그 미숙아에게 염화칼륨을 주입하여 사망하게 한 사안에서, 염화칼륨 주입행위를 낙태를 완성하기 위한 행위에 불과한 것으로 볼 수 없고, 살아서 출생한 미숙아가 정상적으로 생존할 확률이 적다고 하더라도 그 상태에 대한 확인이나 최소한의 의료행위도 없이 적극적으로 염화칼륨을 주입하여 미숙아를 사망에 이르게 하였다면 피고인에게는 미숙아를 살해하려는 범의가 인정된다(대법원 2005.4.15. 선고 2003도2780 판결). ☞ (甲 : 자기낙태죄, 乙 : 업무상촉탁낙태죄와 살인죄의 경합범)

■ 판례 ■ **피고인이 결혼을 전제로 교제하던 여성 甲의 임신 사실을 알고 수회에 걸쳐 낙태를 권유하였다가 거부당하였는데, 그 후 甲이 피고인에게 알리지 아니한 채 낙태시술을 받은 경우**

甲에게 출산 여부는 알아서 하되 더 이상 결혼을 진행하지 않겠다고 통보하고, 이후에도 아이에 대한 친권을 행사할 의사가 없다고 하면서 낙태할 병원을 물색해 주기도 하였는데, 그 후 甲이 피고인에게 알리지 아니한 채 자신이 알아본 병원에서 낙태시술을 받은 사안에서, 피고인은 甲에게 직접 낙태를 권유할 당시뿐만 아니라 출산 여부는 알아서 하라고 통보한 이후에도 계속 낙태를 교사하였고, 甲은 이로 인하여 낙태를 결의·실행하게 되었다고 보는 것이 타당하며, 甲이 당초 아이를 낳을 것처럼 말한 사실이 있다는 사정만으로 피고인의 낙태교사행위와 甲의 낙태결의 사이에 인과관계가 단절되는 것은 아니다(대법원 2013.9.12. 선고, 2012도2744, 판결).

4. 주관적 구성요건

낙태에 대한 인식과 의사가 있을 것(과실에 의한 낙태는 처벌하지 않는다.)

5. 위법성

■ 판례 ■   **모자보건법 제14조 제1항 제5호에서 정한 '임신의 지속이 보건의학적 이유로 모체의 건강을 심히 해하고 있거나 해할 우려가 있는 경우'의 의미**

인공임신중절수술이 허용되는 경우의 하나인 모자보건법 제14조 제1항 제5호 소정의 '임신의 지속이 보건의학적 이유로 모체의 건강을 심히 해하고 있거나 해할 우려가 있는 경우'라 함은 임신의 지속이 모체의 생명과 건강에 심각한 위험을 초래하게 되어 모체의 생명과 건강만이라도 구하기 위하여 인공임신중절수술이 부득이하다고 인정되는 경우를 말한다(대법원 2005.4.15. 선고 2003도2780 판결).

6. 공범관계

- 임부가 타인에게 의뢰하여 그 타인이 낙태수술을 해준 경우 ⇨ 임부에게는 자기낙태죄, 타인에게는 동의낙태죄 또는 업무상동의낙태죄가 성립

- 임부가 산부인과 의사에게 낙태수술을 의뢰하여 낙태를 한 경우 ⇨ 의사는 업무상동의낙태죄, 임부는 자기낙태죄의 정범

- 타인이 임부를 교사·방조하여 임부로 하여금 낙태케 한 경우 ⇨ 임부에게는 자기낙태죄, 타인에게는 자기낙태죄의 교사범·종범이 성립

- 타인이 임부와 의사를 교사하여 낙태케 한 경우 ⇨ 임부에게는 자기낙태죄, 의사에게는 업무상 동의낙태죄, 타인에게는 동의낙태죄의 교사범이 성립

II. 범죄사실기재 및 신문사항

1) 범죄사실 기재례 - [유부남과 정교 후 낙태]

피의자는 미혼인자로서 유부남인 홍길동과 정교하여 임신하게 되자 미혼의 몸으로 출산하게
될 것을 고민하다 낙태할 것을 마음먹었다.

피의자는 20○○. ○. ○. ○○:○○경 ○○에 있는 피의자의 집에서 자기의 자궁 속에 ○○
○을 집어넣어 그 날 ○○:○○경 그곳에서 임신 3개월의 태아를 몸 밖으로 배출시켜 낙태하
였다.

2) 적용법조 : 제269조 제1항 … 공소시효 5년

3) 신문사항

- 아이를 임신한 일이 있는가
- 언제 임신하였는가
- 아이의 아빠가 누구인가
- 이를 낙태한 일이 있는가
- 언제 어디에서 낙태하였는가
- 몇 개월된 태아였는가
- 어떤 방법으로 낙태하였는가
- 무엇 때문에 낙태하였나
- 남편도 이를 알고 있는가
- 낙태한 태아는 어떻게 하였나

제2절 동의낙태

제269조(낙태) ① 부녀가 약물 기타 방법으로 낙태한 때에는 1년 이하의 징역 또는 200만원 이하의 벌금에 처한다.
② 부녀의 촉탁 또는 승낙을 받아 낙태하게 한 자도 제1항의 형과 같다.

1. 주 체

업무상 동의낙태죄(제270조 제1항)에 열거되어 있는 업무자 이외의 자

2. 행 위

임부의 촉탁 또는 승낙을 받아 낙태하게 하는 것

○ 임부의 촉탁이나 승낙은 자유로운 의사에 의한 것이어야 한다. 따라서 강요·기망·착오에 의한 촉탁·승낙케 하여 낙태한 경우에는 부동의 낙태죄가 성립한다.

○ 본죄의 주체가 스스로 낙태행위를 해야 한다. 따라서 임부에게 낙태를 교사·방조한 경우에는 자기낙태죄의 공범이 될 뿐이다.

3. 공범관계

○ 임부의 촉탁·승낙을 받아 낙태를 시도하다가 임부의 생명에 위험을 초래하고 의사의 긴급피난을 이용하여 낙태하게 한 경우 ⇨ 동의낙태죄의 간접정범

○ 임부를 교사하여 낙태의 승낙을 받아 실행한 경우 ⇨ 동의낙태죄

제3절 업무상 낙태

> 제270조(의사등의 낙태, 부동의낙태) ① 의사, 한의사, 조산사, 약제사 또는 약종상이 부녀의 촉탁 또는 승낙을 받아 낙태하게 한 때에는 2년 이하의 징역에 처한다.

 I . 구성요건

1. 주 체

의사, 한의사, 조산사, 약제사 또는 약종상

○ 본죄의 주체는 제270조 제1항에 열거된 자에 한하며, 모두 면허있는 자에 한한다.

○ 의사는 반드시 산부인과 의사일 필요는 없지만 치과의사 · 수의사는 제외된다.

2. 위법성

■ 판례 ■ **의사가 부녀의 촉탁 또는 승낙을 받아 낙태행위를 한 것이 사회상규에 위배되지 않는 것인지 여부(소극)**

인간의 생명은 잉태된 때부터 시작되는 것이고 회임된 태아는 새로운 존재와 인격의 근원으로서 존엄과 가치를 지니므로 그 자신이 이를 인식하고 있던지 또 스스로를 방어할 수 있는지에 관계없이 침해되지 않도록 보호되어야 한다 함이 헌법 아래에서 국민일반이 지니는 건전한 도의적 감정과 합치되는 바이므로 비록 모자보건법이 특별한 의학적, 우생학적 또는 윤리적 적응이 인정되는 경우에 임산부와 배우자의 동의 아래 인공임신중절수술을 허용하고 있다 하더라도 이로써 의사가 부녀의 촉탁 또는 승낙을 받으면 일체의 낙태행위가 정상적인 행위이고 형법 제270조 제1항 소정의 업무상촉탁낙태죄에 의한 처벌을 무가치하게 되었다고 할 수는 없으며 임산부의 촉탁이 있으면 의사로서 낙태를 거절하는 것이 보통의 경우 도저히 기대할 수 없게 되었다고 할 수도 없다(대법원 1985.6.11. 선고 84도1958 판결).

■ 판례 ■ **모체의 건강을 해칠 우려가 현저하고 기형아 내지 불구아를 출산할 가능성마저 있어 부득이 취한 낙태수술행위와 위법성의 유무(소극)**

임신의 지속이 모체의 건강을 해칠 우려가 현저할 뿐더러 기형아 내지 불구아를 출산할 가능성마저도 없지 않다는 판단하에 부득이 취하게 된 산부인과 의사의 낙태 수술행위는 정당행위 내지 긴급피난에 해당되어 위법성이 없는 경우에 해당된다(대법원 1976.7.13. 선고 75도1205 판결).

Ⅱ. 범죄사실기재

1) 범죄사실 기재례

[기재례1] 산부인과 의사의 낙태

피의자는 ○○에서 "아이잘낳아" 산부인과 의원을 경영하고 있는 의사이다.

피의자는 20○○. ○. ○. 위 의원에 찾아온 홍길녀(20세)로부터 낙태수술을 의뢰받고 이를 승낙한 후 즉시 그곳 수술실에서 그녀에게 자궁확장기인 "뿌지" 등을 사용하여 낙태수술을 하여 그녀로 하여금 임신4개월의 태아를 모체 밖으로 배출시켜 낙태를 하게 하였다.

[기재례2] 산부인과 의사의 낙태

피의자는 ○○에서 ○○산부인과를 경영하고 있는 산부인과 의사이다.

피의자는 20○○. ○. ○.경 위 의원에서 임산부인 홍길녀가 배가 아프고 출혈이 있다고 호소하자 소량의 질출혈이 있음을 확인한 후 태반조기 박리현상이 있는 것으로 진단하고 위 산모는 그밖에 달리 건강에 아무런 이상이 없었고 위 상태로는 산모의 생명에 직접적인 위험이 없음을 알았다.

그럼에도 피의자는 위 산모로부터 경제적 사정이 있어서 낙태하여야 한다는 촉탁이 있자 즉시 낙태에 착수하여 일차 시술을 한 후 다음날 16:00경 질확장기계 및 약물을 사용하여 낙태시술을 마치고 체중 2,200그램, 신장 43㎝의 태아를 모체 밖으로 배출시켜 낙태하게 하였다.

[기재례3] 조산사의 낙태

피의자는 ○○에 있는 '○○조산원' 원장으로서 조산사이다.

피의자는 20○○. ○. ○. 위 조산원에서 甲(20세,여)로부터 임신일수가 30주 5일인 태아를 낙태시켜 달라는 부탁을 받고 20○○. ○. ○. 위 조산원에서 甲의 자궁에 자궁수축제인 '프로스토그람딘'을 투여하고 다음날 甲에게 유도분만제인 '신토산'을 투여하여 태아를 모체의 몸 밖으로 배출하는 방법으로 낙태를 하게 하였다.

2) 적용법조 : 제270조 제1항 … 공소시효 5년

Ⅲ. 신문사항

- 어느 병원의 의사인가
- 언제 의사자격을 취득하였으며 병원은 언제 개원하였는가
- 병원의 규모는 어느 정도인가
- 홍길녀가 피의자 병원을 찾은 일이 있는가
- 언제 무엇 때문에 찾아 왔던가

- 진찰결과는 어떠하였는가
- 태아를 낙태한 일이 있는가
- 언제 낙태하였는가
- 왜 낙태 시술을 하였는가
- 산부 및 가족의 동의를 받았는가
- 어떤 방법으로 하였는가
- 몇 개월된 태아였는가
- 낙태한 태아는 어떻게 하였는가
- 낙태를 해야 할만한 이유라도 있었는가

제4절 부동의 낙태

제270조(의사등의 낙태, 부동의낙태) ② 부녀의 촉탁 또는 승낙없이 낙태하게 한 자는 3년 이하의 징역에 처한다.

본죄는 임부의 승낙없이 임의로 낙태행위를 하는 경우에 성립하는 범죄로서 본죄의 주체에는 제한이 없다.

- ○ 의사 등이 부녀의 승낙없이 낙태행위를 하면 업무상 낙태죄가 아니라 본죄가 성립한다.
- ○ 임부에게 낙태를 강요하여 낙태케 한 경우 본죄와 강요죄의 상상적 경합이 된다.
- ○ 임부임을 알면서 살해한 경우에는 부동의 낙태죄와 살인죄의 상상적 경합이 된다.

제5절 낙태치사상

제269조(낙태) ③ 제2항의 죄를 범하여 부녀를 상해에 이르게 한 때에는 3년 이하의 징역에 처한다. 사망에 이르게 한 때에는 7년 이하의 징역에 처한다.

제270조(의사등의 낙태, 부동의낙태) ③ 제1항 또는 제2항의 죄를 범하여 부녀를 상해에 이르게 한 때에는 5년 이하의 징역에 처한다 사망에 이르게 한 때에는 10년 이하의 징역에 처한다.

Ⅰ. 구성요건

1. 기본범죄 및 중한 결과

(1) 기본범죄

기본범죄는 동의낙태, 부동의낙태, 업무상 동의낙태죄이다.

(2) 중한 결과

낙태행위에 당연히 수반되는 신체적·정신적 손상이나 쇠약은 중한 결과인 상해에 해당하지 않고, 낙태죄의 불가벌적 수반행위가 된다. 다만 그 범위를 넘은 상해 부분은 중한 결과로서 낙태죄와 상해죄의 상상적 경합 또는 낙태치상죄가 된다.

▪ 판례 ▪ **피고인의 강타로 인하여 임신 7개월의 피해자가 지상에 넘어져서 4일후에 낙태하고 위 낙태로 유발된 심근경색증으로 죽음에 이르게 된 경우**

피고인의 강타로 인하여 임신 7개월의 피해자가 지상에 넘어져서 4일후에 낙태하고 위 낙태로 유발된 심근경색증으로 죽음에 이르게 된 경우 피고인의 구타행위와 피해자의 사망간에는 인과관계가 있다(대법원 1972.3.28. 선고 72도296 판결).
※ 낙태치상죄가 아니라 상해치사죄가 성립한다.

2. 낙태 자체의 기수 요부

낙태죄의 미수범처벌규정이 없으므로 본죄가 성립하기 위해서는 낙태가 기수에 이르러야 한다(다수설). 따라서 낙태수술을 하다가 임부의 신체를 치상케 하였으나 낙태 자체는 기수에 이르지 못한 경우에는 낙태치상죄는 성립하지 아니고, (업무상)과실치상죄가 성립한다.

[기재례1] 낙태치상

1) 범죄사실 기재례

피의자는 ○○에서 ○○ 산부인과 의원을 경영하고 있는 의사이다.

피의자는 20○○. ○. ○. 위 의원에 찾아온 홍길녀(20세)로부터 낙태수술을 의뢰받고 이를 승낙한 후 즉시 그곳 수술실에서 그녀에게 자궁확장기인 "뿌지" 등을 사용하여 낙태수술을 하여 그녀로 하여금 임신 4개월의 태아를 모체 밖으로 배출시켜 낙태를 하게하였다.

이로써 피의자는 피해자에게 자궁확장기를 자궁에 삽입하는 과정에서 사용 미숙으로 자궁벽에 상처를 가해 약 3주간의 치료를 요하는 ○○상을 입게 하였다.

2) 적용법조 : 제270조 제3항, 제1항… 공소시효 7년

[기재례2] 낙태치사

1) 범죄사실 기재례

피의자는 ○○에서 ○○산부인과를 경영하고 있는 산부인과 의사이다.

피의자는 20○○. ○. ○.경 위 의원에서 임산부인 홍길녀가 배가 아프고 출혈이 있다고 호소하자 소량의 질출혈이 있음을 확인한 후 태반조기 박리현상이 있는 것으로 진단하고 위 산모는 그밖에 달리 건강에 아무런 이상이 없었고 위 상태로는 산모의 생명에 직접적인 위험이 없음을 알았다. 그럼에도 피의자는 위 산모로부터 경제적 사정이 있어서 낙태하여야 한다는 촉탁이 있자 즉시 낙태에 착수하여 일차 시술을 한 후 다음날 16:00경 질확장기계 및 약물을 사용하여 낙태 시술을 마치고 체중 2,200g, 신장 43cm의 태아를 모체 밖으로 배출시켜 낙태하게 하였다.

이러한 과정에서 피의자는 ○○부분을 잘못 시술하여 과다출혈로 인한 ○○사유로 피해자를 사망에 이르게 하였다.

2) 적용법조 : 제270조 제3항, 제1항… 공소시효 10년

III. 신문사항

- 어느 병원의 의사인가
- 언제 의사자격을 취득하였으며 병원은 언제 개원하였는가
- 병원의 규모는 어느 정도인가
- 홍길녀가 피의자 병원을 래원한 일이 있는가
- 언제 무엇 때문에 래원하였는가
- 진찰결과는 어떠 하였는가
- 태아를 낙태한 일이 있는가
- 언제 낙태하였는가
- 왜 낙태 시술을 하였는가
- 산부 및 가족의 동의를 받았는가
- 어떤 방법으로 하였는가
- 몇 개월된 태아였는가
- 낙태한 태아는 어떻게 하였는가
- 낙태를 해야 할 만한 이유라도 있었는가
- 낙태과정에서 산모가 사망한 일이 있는가
- 왜 사망하였는가
- 낙태과정에서 시술을 잘못하였기 때문이 아닌가
- 사망을 예견화지 못하였는가

제28장 유기와 학대의 죄
(제271~275조)

제1절 유기, 존속유기

제271조(유기, 존속유기) ① 나이가 많거나 어림, 질병 그 밖의 사정으로 도움이 필요한 사람을 법률상
또는 계약상 보호할 의무가 있는 자가 유기한 경우에는 3년 이하의 징역 또는 500만원 이하의 벌금
에 처한다.
② 자기 또는 배우자의 직계존속에 대하여 제1항의 죄를 지은 경우에는 10년 이하의 징역 또는 1천500
만원 이하의 벌금에 처한다.
③ 제1항의 죄를 지어 사람의 생명에 위험을 발생하게 한 경우에는 7년 이하의 징역에 처한다.
④ 제2항의 죄를 지어 사람의 생명에 위험을 발생하게 한 경우에는 2년 이상의 유기징역에 처한다.
※ 정신건강증진 및 정신질환자 복지서비스 지원에 관한 법률 제39조(보호의무자)

 Ⅰ. 구성요건

1. 주 체
요부조자를 보호해야 할 법률상 또는 계약상 의무를 갖고 있는 보호의무자(진정신분범)

(1) 법률상 보호의무자
요부조자를 그의 생명·신체에 대한 위험으로부터 보호해야 할 의무가 법령에 규정
되어 있는 경우로 공법이든 사법이든 불문한다.

1) 공법상 보호의무
경찰관직무집행법에 의한 경찰관의 보호조치의무, 도로교통법에 의한 사고운전자의
구호의무 등

■ 판례 ■ 택시 운전기사인 피고인 甲이 술에 취한 승객 乙을 태우고 왕복 6차선의 자동차
전용도로를 진행하다가 乙이 횡설수설하며 욕설을 한다는 이유로 야간에 자동차전용도로에 하
차시키고 방치하였는데, 그 후 乙이 약 28분간 방향감을 잃고 헤매다가 피고인 丙이 운전하던
후행 차량에 들이받혀 즉시 사망하게 된 사안
택시 운전기사인 피고인 甲이 술에 취한 승객 乙을 태우고 왕복 6차선의 자동차전용도로를 진행하

다가 乙이 횡설수설하며 욕설을 한다는 이유로 야간에 자동차전용도로에 하차시키고 방치하였는데, 그 후 乙이 약 28분간 방향감을 잃고 헤매다가 피고인 丙이 운전하던 후행 차량에 들이받혀 즉시 사망하게 된 사안에서, 피고인 甲에게는 乙을 목적지까지 안전하게 태워 줄 계약상 주의의무가 있고, 자동차전용도로에서 심야시간대에 승객을 하차시킬 경우 진행하는 다른 자동차에 의해 사고를 당하거나 여타 다른 위해요소에 노출될 위험성이 있다는 사실과 특히 술에 취한 승객의 경우 사고와 행동이 정상적이지 못하여 보호자의 부조가 필요한 상황임을 충분히 예견할 수 있었다는 이유로 피고인 甲에게 유기치사죄를 인정하고, 반면 후행 차량 운전자 피고인 丙은 제한속도를 상당한 정도 초과하여 과속한 사실은 인정되나, 乙이 당시 상·하의 모두 어두운 계통의 옷을 입고 있어 원거리에서 미리 발견하기가 어려웠던 점 등 제반 사정을 종합하면 피고인 丙에게 자동차전용도로 운전자로서의 업무상 과실이 있다고 보기 어렵고, 설령 과실이 있더라도 피고인 丙의 과실이 사고의 직접적 원인이 되었다고 할 수 없어 상당인과관계가 없다는 이유로 피고인 丙에 대한 교통사고처리 특례법 위반(치사) 공소사실을 무죄로 판단한 사례.(광주지법 2017. 8. 18., 선고, 2017고합146, 판결)

2) 사법상 보호의무

민법상의 부양의무, 친권자의 자녀에 대한 보호의무

＊ 경범죄처벌법 제1조 7호의 요부조자 신고의무와 같이 법적 의무이지만 누구에게나 과하여져 있는 일반의무는 본죄의 보호의무가 될 수 없다.

■ 판례 ■　**경찰관이 구호조치를 취하지 아니한 경우, 유기죄의 고의인정여부(적극)**

[1] 사실관계

술에 만취되어 있는 乙이 향토예비군 4명에게 떼메어 운반되어 지서 나무의자 위에 눕혀 놓았을 때 숨이 가쁘게 쿨쿨 내뿜고 자신의 수족과 의사도 자제할 수 없는 상태에 있음에도 불구하고, 경찰관 甲은 술이 깰 때 까지 乙을 지서에 보호할 정도라고 생각하고 근 3시간 동안이나 아무런 구호조치를 취하지 아니하여 乙이 나무의자 위에서 신음타가 뇌 지루막 출혈로 사망하였다.

[2] 판결요지

국민의 생명과 신체의 안전을 보호하기 위한 응급의 조치를 강구하여야 할 직무를 가진 경찰관인 피고인으로서는 술에 만취된 피해자가 향토예비군 4명에게 떼메어 운반되어 지서 나무의자 위에 눕혀 놓았을 때 숨이 가쁘게 쿨쿨 내뿜고 자신의 수족과 의사도 자제할 수 없는 상태에 있음에도 불구하고 근 3시간 동안이나 아무런 구호조치를 취하지 아니한 것은 유기죄에 대한 범의를 인정할 수 있다(대법원 1972.6.27. 선고 72도863 판결).

■ 판례 ■　**'법률상 보호의무'에 부부간의 부양의무가 포함되는지 여부(적극)**

유기죄를 범하여 사람을 사망에 이르게 하는 유기치사죄가 성립하기 위해서는 먼저 유기죄가 성립하여야 하므로, 행위자가 유기죄에 관한 형법 제271조 제1항이 정하고 있는 것처럼 "노유, 질병 기타 사정으로 인하여 부조를 요하는 자를 보호할 법률상 또는 계약상 의무 있는 자"에 해당하여야 한다. 여기에서 말하는 법률상 보호의무에는 민법 제826조 제1항에 근거한 부부간의 부양의무도 포함된다.(대법원 2018. 5. 11., 선고, 2018도4018, 판결)

(2) 계약상 보호의무자

요부조자를 그의 생명·신체에 대한 위험으로부터 보호해야 할 의무가 보호의무자와 요부조자간의 계약 또는 보호의무자와 제3자간에 체결된 계약에 의하여 발생하는 경우로, 유상·무상을 불문(例, 유아에 대한 육아계약, 노인·장애인에 대한 보호계약, 간호·간병계약)

(3) 사무관리·관습 또는 조리

사무관리·관습 또는 조리에 의하여도 보호의무가 발생하는가에 대하여, 다수설은 이를 긍정하나 판례는 이를 부정하고 있다.

■ 판례 ■ **일정기간을 동행한 사실만으로 유기죄의 주체가 될 수 있는지 여부(소극)**

[1] 사실관계

甲은 우연히 乙과 동행하던 중 술에 취하여 도로위에서 실족하여 2m 아래 개울로 미끄러졌다. 약 5시간정도 잠을 자다가 술과 잠에서 깨어난 甲과 乙은 도로위로 올라가려 하였으나 밤이어서 올라가는 길을 찾지 못하여 헤매던 중, 乙은 후두부 타박상을 입어서 정상적으로 움직이기가 어렵게 되었고 甲은 길을 발견하여 혼자 도로위로 나왔다. 당시는 영하 15도의 추운 날씨이고 40m 떨어진 곳에 인가가 있었음에도 불구하고 甲은 구조 요청 등의 조치 없이 乙을 방치하고 혼자서 집으로 돌아오는 바람에 乙은 심장마비로 사망하고 말았다.

[2] 판결요지

현행 형법은 유기죄에 있어서 구법과는 달리 보호법익의 범위를 넓힌 반면에 보호책임없는 자의 유기죄는 없애고 법률상 또는 계약상의 의무있는 자만을 유기죄의 주체로 규정하고 있어 명문상 사회상규상의 보호책임을 관념할 수 없다고 하겠으니 유기죄의 죄책을 인정하려면 보호책임이 있게 된 경위 사정관계등을 설시하여 구성요건이 요구하는 법률상 또는 계약상보호의무를 밝혀야 하고 설혹 동행자가 구조를 요하게 되었다 하여도 일정거리를 동행한 사실만으로서는 피고인에게 법률상 계약상의 보호의무가 있다고 할 수 없으니 유기죄의 주체가 될 수 없다(대법원 1977.1.11. 선고 76도3419 판결).

■ 판례 ■ **실신한 강간치상죄의 피해자를 현장에 그대로 방치한 경우, 유기죄의 성부(소극)**

강간치상의 범행을 저지른 자가 그 범행으로 인하여 실신상태에 있는 피해자를 구호하지 아니하고 방치하였다고 하더라도 그 행위는 포괄적으로 단일의 강간치상죄만을 구성한다(대법원 1980.6.24. 선고 80도726 판결).

2. 객 체

나이가 많거나 어림, 질병 그 밖의 사정으로 도움이 필요한 사람 즉, 요부조자

○ 요부조자란 신체적·정신적 결함으로 말미암아 타인의 조력이 없으면 스스로 자기의 생명·신체에 대한 위험을 극복할 수 없는 자를 말한다. 따라서 경제적으로 궁핍하나, 스스로 일상생활에 필요한 신체적 거동이 가능한 경제적 요부조자(극빈자)자는 본죄의 객체에 해당하지 않는다.

○ 부조를 요하게 된 원인이 요부조자의 고의나 과실에 의한 경우에도 본죄의 객체에 해당한다.

3. 행 위

유기하는 것

(1) 유 기

장소적 이전을 수반하지 않더라도 행위자가 요부조자를 종래의 상태에 두고 그대로 떠나거나, 생존에 필요한 보호를 다하지 아니하는 부작위의 형태를 포함하는 넓은 의미이다.

(2) 기수시기

유기행위가 있으면 기수가 되고(추상적 위험범), 생명·신체에 대한 구체적 위험이 발생할 필요는 없으며, 피해자에 대한 제3자의 구조가능성의 여부도 불문한다.

■ 판례 ■   **양육의사를 예상하고 유기한 경우, 유기죄성립여부(적극)**

[1] 사실관계

甲은 저녁 9시경 아이가 없어서 고민 중인 乙이 아이를 키워줄 것이라고 예상하고 乙의 집툇마루에 자신의 4개월 된 아이를 두고 왔다.

[2] 판결요지

법 제271조 제1항 소정의 유기죄는 동조 3항의 규정에 비추어 유기로 인하여 생명·신체에 구체적인 위험의 발생을 요건으로 하지 않고 추상적인 위험만 있으면 성립된다고 할 것이므로 설사 피고인이 타인의 집 마루에 아이를 갖다 둔 행위가 그 타인의 양육 의사를 간접적으로 확인한 후 그의 보호를 예상하고 한 것이라 할지라도 9월달 저녁 9시경 당시 사람이 아무도 없는 집 툇마루에 생후 4개월된 아이를 방치하였다면 그 즉시 그 아이를 보호없는 상태에 빠지게 함으로써 생명·신체에 추상적인 위험을 발생케 한 경우에 해당한다 할 것이다(대법원 1974.8.27. 선고 74도600 판결).

4. 주관적 구성요건

○ 살인·상해의 고의로 유기한 경우에는 본죄가 아니라 살인죄·상해죄만 성립한다.

■ 판례 ■   **유기죄의 주관적 요건**

[1] 사실관계

甲이 성류파크호텔 7층 1713호실에서 애인 乙에게 성관계를 요구하자, 乙이 그 순간을 모면하기 위하여 7층 창문으로 뛰어내려 치명상을 입었는바, 甲은 그 사실을 모른 채 호텔에서 나와 귀가하였다.

[2] 판결요지

위 피해자가 위 1713호실에서 뛰어내린 여부를 피고인이 전혀 알지 못하였다면 피고인의 범의를 인정 할 수 없어 중유기죄는 성립하지 아니한다(대법원 1988.8.9. 선고 86도225 판결).

■ 판례 ■ **치사량의 필로폰을 복용한 내연녀를 방치한 경우**

[1] 사실관계

甲과 乙녀는 4년여 동안 동거하면서 내연관계를 맺어오던 중 甲이 모텔에서 함께 투숙해 있던 乙에게 내연관계를 청산하고 헤어지자고 하였으나 乙이 이를 거부하며 자신의 손목을 칼로 그어 자살을 기도하는 등 극도로 예민한 상태로 괴로움을 호소하면서 당시 甲이 소지하고 있던 필로폰 약 1.6g을 모두 먹어 버리겠다며 전부 달라고 하였는데, 필로폰을 상습적으로 취급해 필로폰 약 1.6g 정도면 이를 한꺼번에 투약할 경우 사람이 사망에 이를 수 있다는 사실을 익히 알고 있었음에도 乙이 甲의 바지 주머니에서 위 필로폰 1.6g을 가져가도록 방치함으로써 피해자가 이를 물에 타서 전부 복용한 후 약물 과다 복용으로 밤새 잠을 못 이룬 채 자신의 가슴을 두드리며 고통을 호소하고, 같은 날 09:30경에는 방바닥에 앉은 상태에서도 목을 가누지 못할 정도의 상황에 이르렀는바, 아무런 조치를 취하지 아니한 채 만연히 乙을 그대로 방치하여 급성약물중독으로 사망에 이르게 하였다.

[2] 판결요지

가. 사실혼의 경우에도 유기죄의 성립에 필요한 '법률상 보호의무'의 존재가 인정되는지 여부(적극)

형법 제271조 제1항에서 말하는 법률상 보호의무 가운데는 민법 제826조 제1항에 근거한 부부간의 부양의무도 포함되며, 나아가 법률상 부부는 아니지만 사실혼 관계에 있는 경우에도 위 민법 규정의 취지 및 유기죄의 보호법익에 비추어 위와 같은 법률상 보호의무의 존재를 긍정하여야 하지만, 사실혼에 해당하여 법률혼에 준하는 보호를 받기 위하여는 단순한 동거 또는 간헐적인 정교관계를 맺고 있다는 사정만으로는 부족하고, 그 당사자 사이에 주관적으로 혼인의 의사가 있고 객관적으로도 사회관념상 가족질서적인 면에서 부부공동생활을 인정할 만한 혼인생활의 실체가 존재하여야 한다.

나. 유기치사죄의 성립여부(소극)

동거 또는 내연관계를 맺은 사정만으로는 사실혼관계를 인정할 수 없고, 내연녀가 치사량의 필로폰을 복용하여 부조를 요하는 상태에 있었음을 인식하였다는 점을 인정할 증거가 부족하므로 유기치사죄는 성립하지 않는다(대법원 2008.2.14. 선고 2007도3952 판결).

Ⅱ. 범죄사실기재 및 신문사항

[기재례1] 불륜관계 아이 출산 유기

피의자는 20○○. 5. 경부터 ○○에 있는 ○○단란주점의 접대부인 홍길순과 불륜관계를 맺어오다 20○○. 4. 4.경 둘 사이에 남자아이가 태어났다.
피의자는 이를 양육하는 것에 치욕을 느껴 위 같은 날, 홍길순이 잠든 사이 영아를 수건으로 싸 쓰레기 봉지에 넣은 뒤, ○○에 있는 공중화장실 뒤쪽에 있는 쓰레기통에 유기함으로써 영아의 생명에 대한 위험을 발생케 하였다.

2) **적용법조** : 제271조 제3항, 제1항(중유기) … 공소시효 7년

3) **신문사항**

– 홍길순을 알고 있는가

- 홍길순과의 사이에 아이를 임신한 일이 있는가
- 언제 어디에서 출산하였는가
- 출산한 아이는 어떻게 하였는가
- 언제 어디에서 버렸는가
- 어떤 방법으로 버렸는가
- 이런 사실을 홍길순도 알고 있는가
- 왜 버렸는가

[기재례2] 호텔에서 투신한 것을 알면서 유기한 경우

1) 범죄사실 기재례

피의자는 20○○. ○. ○. 20:00경 자신의 애인인 피해자 홍길녀와 ○○에 있는 ○○파크호텔 7층 1713호실에 투숙하여 성관계를 요구하자 피해자가 그 순간을 모면하기 위하여 7층 창문으로 뛰어내린 것을 알았다.
이러한 경우 피의자는 즉시 적절한 구호조치를 하여 피해자를 보호해야 할 법률상 의무가 있다.
그럼에도 불구하고 피의자는 그 사실을 숨기고 그대로 방치하여 유기함으로써 그녀의 생명에 대한 위험을 발생케 하였다.

2) 적용법조 : 제271조 제3항, 제1항(중유기) … 공소시효 7년

3) 신문사항

- 홍길녀와 어떤 관계인가
- 홍길녀와 호텔에 투숙한 일이 있는가
- 언제 어디에 있는 호텔인가
- 어떻게 그곳 호텔에 투숙하게 되었나
- 투숙하여 성관계를 요구하였는가
- 이에 응하던가
- 응하지 않고 어떻게 하던가
- 창문으로 뛰어 내릴 때 피의자는 무엇을 하고 있었는가
- 이를 사전 제지할 수 없었나
- 그럼 뛰어 내린 후 어떠한 조치를 취하였나
- 방치하면 죽을 수도 있다는 것을 예상하지 못하였나
- 피해자에 대해 피의자에게 보호의무가 있다 생각하지 않는가
- 같이 투숙하였으며 피의자의 행위로 이런 결과가 발생하였기 때문에 보호의무가 있는 것이 아닌가

[기재례3] 베이비박스에 유기

피의자는 20○○. ○. ○. 23:00경 ○○에 있는 ○○교회 앞에서 피의자의 자녀인 피해자 갑(남, 20○○년생을 경제 사정 및 가정 형편상 양육하기 어렵다는 이유로, 그곳에 있는 속칭 '베이비박스' 안에 쪽지와 함께 피해자를 놓아둔 채 그 장소에 유기함으로써 영아의 생명에 대한 위험을 발생케 하였다.

2) **적용법조** : 제271조 제3항, 제1항(중유기) … 공소시효 7년

[기재례4] 존속을 유기한 경우

1) 범죄사실 기재례

피의자는 20○○. ○. ○. 홍길동과 결혼하여 위 홍길동의 모친 피해자 김말자(78세)와 같이 거주하다 위 피해자가 치매와 중풍으로 쓰러져 20○○. ○. 초순경부터 반신불수가 되어 치료비도 많고 그 뒷바라지가 곤란하게 되자 위 홍길동과 피해자를 유기하기로 공모하였다.
피의자들은 20○○. ○. ○. ○○:○○경 그녀에게는 치료받으러 병원에 간다고 속이고 홍길동의 차에 태워 그 날 ○○:○○경 ○○에 있는 ○○사 골목에 데리고 가서 그녀를 그곳에 내려둔 채 음식의 제공 등 기타 그녀의 생존에 필요한 보호조치를 하지 않음으로써 존속을 유기하였다.

2) **적용법조** : 제271조 제2항, 제1항(존속유기)… 공소시효 10년

3) 신문사항(존속유기)

- 피의자는 홍길동(피해자)과 어떠한 관계인가
- 홍○○와는 언제 결혼하였나
- 언제부터 홍길동과 같이 생활하였나
- 언제 어떻게 홍길동이 반신불수가 되었느냐
- 그 동안 병원치료는 받았나
- 부조를 요하는 상태였는가
- 피해자를 보호할 법률상 의무가 있다는 것은 알고 있느냐
- 언제 어디에 유기하였나
- 그곳까지는 어떠한 방법으로 이동(운반)하였나
- 왜 그곳(유기장소)을 선택하였나
- 어떠한 방법으로 유기하였나(유기장소에 어떻게 두었나)
- 피의자가 보호하기 어려울 정도였나
- 유기함으로써 생명에 위험이 있을 것이라는 것을 예상하였나
- 유기 후 어떻게 되었나

제2절 학대, 존속학대

> 제273조(학대, 존속학대) ① 자기의 보호 또는 감독을 받는 사람을 학대한 자는 2년 이하의 징역 또는 500만원 이하의 벌금에 처한다.
> ② 자기 또는 배우자의 직계존속에 대하여 전항의 죄를 범한 때에는 5년 이하의 징역 또는 700만원 이하의 벌금에 처한다.
> ※ 아동복지법 제3조(정의), 제17조(금지행위) / 노인복지법 제39조의9(금지행위)

Ⅰ. 구성요건

1. 주 체

타인을 보호 또는 감독하는 자

○ 보호·감독의 근거에 대하여 법문에 아무런 제한이 없으므로 법률·계약에 제한되지 않고 사무관리·관습·조리도 포함된다(통설).

2. 객 체

자기의 보호 또는 감독을 받는 자

○ 연령의 제한이나 신체상의 조건은 불문하나, 18세 미만의 아동인 경우에는 아동복지법이 적용된다.

3. 행 위

학대하는 것

○ 학대란 육체적·정신적으로 고통을 가하는 가혹한 대우를 의미한다(例, 구박, 어두운 곳에 감금하는 행위, 필요한 휴식·수면을 취하지 못하게 하는 행위, 부패하거나 불량한 음식을 제공하게 하는 행위).

■ 판례 ■ **성 관계를 가진 행위가 학대에 해당하는지 여부(소극)**

[1] 사실관계

甲은 자신이 보호하는 乙녀(당시 12세)에게 포르노테이프를 보여주다가 성관계를 가졌는데, 이로 인하여 乙녀는 처녀막 파열상을 입고, 그 후에도 甲과 乙의 비정상적인 관계는 단순 일과성에 그친 것이 아니라 장장 8년간에 걸쳐 지속되었다.

[2] 판결요지

가. 형법 제273조 제1항에서 말하는 '학대'의 의미

형법 제273조 제1항에서 말하는 '학대'라 함은 육체적으로 고통을 주거나 정신적으로 차별대우를

하는 행위를 가리키고, 이러한 학대행위는 형법의 규정체제상 학대와 유기의 죄가 같은 장에 위치하고 있는 점 등에 비추어 단순히 상대방의 인격에 대한 반인륜적 침해만으로는 부족하고 적어도 유기에 준할 정도에 이르러야 한다.

나. 甲의 죄책

피고인이 피해자와 성 관계를 가진 행위를 가리켜 위와 같은 의미의 학대행위에 해당한다고 보기는 어렵다 하겠다(대법원 2000.4.25. 선고 2000도223 판결). ☞ (甲은 미성년자의제강간죄)

■ 판례 ■ **아동복지법 제17조 제3호에서 규정한 '아동의 신체에 손상을 주거나 신체의 건강 및 발달을 해치는 신체적 학대행위'에 아동의 신체건강과 그 정상적인 발달을 저해한 결과를 초래할 위험 또는 가능성이 발생한 경우가 포함되는지 여부(적극) 및 위 죄의 범의는 반드시 아동학대의 목적이나 의도가 있어야 인정되는지 여부(소극)**

아동복지법 제3조 제7호는 '아동학대'란 '보호자를 포함한 성인이 아동의 건강 또는 복지를 해치거나 정상적 발달을 저해할 수 있는 신체적·정신적·성적 폭력이나 가혹행위를 하는 것과 아동의 보호자가 아동을 유기하거나 방임하는 것'이라고 규정하고, 같은 법 제17조 제3호에서 '아동의 신체에 손상을 주거나 신체의 건강 및 발달을 해치는 신체적 학대행위'를 금지행위로서 규정하고 있다. 한편 형법상 학대죄는 단순히 상대방의 인격에 대한 반인륜적 침해만으로는 부족하고 적어도 유기에 준할 정도에 이르러야 한다고 해석되고 있으나, 형법상 학대죄는 생명, 신체를 보호법익으로 하여 보호 또는 감독을 받는 자를 보호대상으로 하는 데 반하여, 아동복지법은 아동의 건강과 복지를 보호법익으로 하고(아동복지법 제1조), 18세 미만인 사람만을 보호대상으로 하며(아동복지법 제3조 제1호), 아동의 경우 완전하고 조화로운 인격발달을 위하여 사회적으로 보호받을 필요성에서 성인에 비하여 보호가치가 크므로, 아동복지법상 학대의 개념은 형법상 학대의 개념보다 넓게 해석하는 것이 타당하다. 위와 같은 아동복지법의 입법 목적, 일반적인 아동의 지적 수준과 신체발달 정도, 신체적 학대행위가 있었던 경우 그로 인하여 신체의 건강 및 발달이 저해되었는지를 정확히 확인하는 것은 현실적으로 쉽지 않은 점 등에 비추어 보면, 아동복지법 제17조 제3호에서 규정한 '아동의 신체에 손상을 주거나 신체의 건강 및 발달을 해치는 신체적 학대행위'에는 현실적으로 아동의 신체건강과 그 정상적인 발달을 저해한 경우뿐만 아니라 그러한 결과를 초래할 위험 또는 가능성이 발생한 경우도 포함되고, 위 죄의 범의는 반드시 아동학대의 목적이나 의도가 있어야 인정되는 것이 아니고, 아동의 신체건강 및 발달의 저해라는 결과를 발생시킬 가능성 또는 위험이 있는 행위 자체를 인식하거나 예견하고 이를 용인하면 족하다. (울산지법 2017. 8. 4., 선고, 2017노542, 판결)

4. 위법성

■ 판례 ■ **수회에 걸친 일련의 학대행위의 일부에 대하여 위법성이 조각된다는 이유로 무죄를 선고할 수 있는지 여부(적극)**

학대죄는 자기의 보호 또는 감독을 받는 사람에게 육체적으로 고통을 주거나 정신적으로 차별대우를 하는 행위가 있음과 동시에 범죄가 완성되는 상태범 또는 즉시범이라 할 것이고 비록 수십회에 걸쳐서 계속되는 일련의 폭행행위가 있었다 하더라도 그중 친권자로서의 징계권의 범위에 속하여 위 위법성이 조각되는 부분이 있다면 그 부분을 따로 떼어 무죄의 판결을 할 수 있다(대법원 1986.7.8. 선고 84도2922 판결).

II. 범죄사실기재 및 신문사항

[기재례1] 학대

1) 범죄사실 기재례

피의자는 홍길동의 후처로 들어가 포장마차를 하면서 어렵게 생활하고 있었다.

피의자는 20○○. ○. ○. 경부터 20○○. ○. ○.경까지 ○○에 있는 피의자의 집에서 피의자가 보호하고 있는 홍동자(5세)에게 집 안 청소를 시키고 매일 포장마차를 청소하게 하는 등 심한 노동을 시켜 이에 잘 응하지 아니하면 때리기까지 하는 등 피해자를 학대하였다.

2) **적용법조 :** 제273조 제1항 … 공소시효 5년

[기재례2] 존속학대

1) 범죄사실 기재례

피의자는 홍길동(34세)과 20○○. ○. ○. 결혼하여 시부모와 같이 살고 있었다.

피의자는 20○○. ○. 초순경부터 20○○. ○. ○.까지 피의자가 보호하고 있는 그의 시아버지인 홍 말수(83세)가 중풍으로 병석에 누워 있으므로 간병과 치료에 힘쓸 의무가 있다.

그럼에도 불구하고 피의자는 아무런 조치도 취하지 않을 뿐 아니라 남편인 홍길동과 싸움이 있을 때마다 시아버지의 식사를 고의로 차리지 않은 등 시아버지를 학대하였다.

2) **적용법조 :** 제273조 제2항… 공소시효 7년

3) 신문사항

- 피의자는 홍길동(피해자)와 어떠한 관계인가
- 홍○○와는 언제 결혼하였나
- 언제부터 홍길동과 같이 생활하였나
- 언제 어떻게 홍길동이 중풍으로 쓰러졌나
- 그동안 병원치료는 받았나
- 피해자 혼자 기거할 수 있는 상태였느냐
- 식사는 누가 마련해 주었나
- 피의자가 보호할 의무가 있는 것이 아닌가
- 언제부터 식사를 차려주지 않았나
- 피의자의 이러한 행위가 피해자를 학대한 것이라고 생각하는가
- 왜 이러한 학대를 하였느냐
- 피의자의 학대로 피해자는 어떠한 상태가 되었나

제3절 아동혹사

> **제274조(아동혹사)** 자기의 보호 또는 감독을 받는 16세 미만의 자를 그 생명 또는 신체에 위험한 업무에 사용할 영업자 또는 그 종업자에게 인도한 자는 5년 이하의 징역에 처한다. 그 인도를 받은 자도 같다.

Ⅰ. 구성요건

1. 주 체

16세 미만의 자를 보호·감독하는 자와 그 상대방인 생명·신체에 위험한 업무에 사용할 영업자 또는 그 종업자(진정신분범)

2. 객 체

자기의 보호·감독을 받는 16세 미만의 자로, 성별·혼인여부·발육정도는 불문

3. 행 위

생명 또는 신체에 위험한 업무에 사용할 영업자 또는 그 종업자에게 인도하거나 이를 인수하는 것

○ 인도·인수의 계약만으로는 부족하고, 현실적인 인도·인수가 있어야 한다. 그러나 인도·인수계약의 유효·무효와 취소 여부는 불문한다.

○ 본죄의 업무는 생명·신체에 위험한 업무일 것을 요한다. 그러나 인도 후에 현실적으로 위험한 업무에 종사했을 것까지는 요하지 않는다.

Ⅱ. 범죄사실기재 및 신문사항

1) 범죄사실 기재례

> 피의자는 자신의 식당에서 종업원으로 일하고 있는 홍길동(14세)이 평소에 일을 게을리하는 것에 대해 불만을 느끼고 있었다.
>
> 피의자는 200ㅇ. ㅇ. ㅇ. ㅇㅇ:ㅇㅇ경 위 피의자 식당에서, ㅇㅇ에서 "강철" 철공소를 경영하는 乙로부터 철공소에 일할 종업원을 모집한다는 말을 듣고 위 홍길동이 나이는 어리지만 힘이 세고 건강해서 철공소에서도 일할 수 있다 얘기하고, 위 乙이 홍길동을 데리고 갈 뜻을 비치자 이를 승낙하여 다음 날 ㅇㅇ:ㅇㅇ경 乙로 하여금 홍길동을 데려가게 하였다.
>
> 이로써 피의자는 자신의 감독을 받는 16세 미만의 아동인 위 홍길동을 위험하고 힘든 철공소에서 일하도록 위 乙에게 인도하였다.

2) **적용법조 :** 제274조… 공소시효 7년

3) **신문사항**

- 홍길동과 어떤 관계인가
- 언제부터 피의자 식당에서 일을 하였는가
- 그럼 피의자의 보호나 감독을 받고 있는가
- 홍길동을 다른 사람에게 넘겨 준일이 있는가
- 언제 누구에게 넘겨주었는가
- 그 곳은 어떤 일을 하는 곳인가
- 생명 또는 신체에 위험한 업무를 하는 곳이라는 것을 알고 넘겨주었다는 것인가
- 어떤 조건으로 넘겨주었나
- 왜 넘겨주었는가

제4절 유기 등 치사상

제275조(유기 등 치사상) ① 제271조 또는 제273조의 죄를 범하여 사람을 상해에 이르게 한 때에는 7년 이하의 징역에 처한다. 사망에 이르게 한 때에는 3년 이상의 유기징역에 처한다.
② 자기 또는 배우자의 직계존속에 대하여 제271조 또는 제273조의 죄를 범하여 상해에 이르게 한 때에는 3년 이상의 유기징역에 처한다. 사망에 이르게 한 때에는 무기 또는 5년 이상의 징역에 처한다.

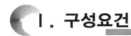 **Ⅰ. 구성요건**

▪ 판례 ▪ **피고인이 자신이 운영하는 주점에 손님으로 와서 수일 동안 식사는 한 끼도 하지 않은 채 계속하여 술을 마시고 만취한 피해자를 주점 내에 그대로 방치하여 저체온증 등으로 사망에 이르게 한 경우**

피고인은 피해자에게 생명 또는 신체에 대한 위해가 발생하지 아니하도록 필요한 조치를 강구하여야 할 계약상의 부조의무를 부담한다고 판단하여 유기치사죄를 인정한다(대법원 2011.11.24. 선고 2011도12302 판결).

▪ 판례 ▪ **종교적 문제로 수혈을 거부해 자식이 사망한 경우, 유기치사죄의 성부(적극)**

생모가 사망의 위험이 예견되는 그 딸에 대하여는 수혈이 최선의 치료방법이라는 의사의 권유를 자신의 종교적 신념이나 후유증 발생의 염려만을 이유로 완강하게 거부하고 방해하였다면 이는 결과적으로 요부조자를 위험한 장소에 두고 떠난 경우나 다름이 없다고 할 것이고 그때 사리를 변식할 지능이 없다고 보아야 마땅한 11세 남짓의 환자본인 역시 수혈을 거부하였다고 하더라도 생모의 수혈거부 행위가 위법한 점에 영향을 미치는 것이 아니다(대법원 1980.9.24. 선고 79도1387 판결).

▪ 판례 ▪ **독살혐의를 받지 않으려고 이웃사람들이 의사를 부르러 가겠다는 것을 만류하고 옆집에서 리어카를 빌려와 집 근처의 여러 병원을 배회하다가 지나가던 사람의 강요에 의하여 병원에 옮긴 경우**

[1] 사실관계

약종상 甲은 자기 집에서 함께 술을 마시던 乙이 냉수를 청하여 마시고 변소에 간지 10여분이 지난 뒤 신음하면서 입에 거품을 물고 안색이 변한 채 의식불명에 빠지자, 독살혐의를 받지 않으려고 이웃사람들이 의사를 부르러 가겠다는 것을 만류하고 옆집에서 리어카를 빌려와 乙을 실어 집 근처의 여러 병원을 배회하다가 지나가던 사람의 강요에 의하여 병원에 乙을 옮겼다. 그러나 乙은 이미 사망하였고 부검결과 사인은 청산가리 중독으로 밝혀졌다.

[2] 판결요지

치사량의 청산가리를 음독했을 경우 미처 인체에 흡수되기 전에 지체없이 병원에서 위 세척을 하는 등 응급 치료를 받으면 혹 소생할 가능성은 있을지 모르나 이미 이것이 혈관에 흡수되어 피고인이 피해자를 변소에서 발견했을 때의 피해자의 증상처럼 환자의 안색이 변하고 의식을 잃었을 때는 우리의 의학기술과 의료시설로서는 그 치료가 불가능하여 결국 사망하게 되는 것이고 또 일반적으로 병원에서 음독환자에게 위세척 호흡촉진제 강심제주사 등으로 응급가료를 하나 이것이 청산가리 음독인 경우에는 아무런 도움도 되지 못하는 것이므로 피고인의 유기행위와 피해자의 사망간에는 상당인과 관계가 없다 할 것이다(대법원 1967.10.31. 선고 67도1151 판결).

■ 판례 ■ **유기치사죄의 성립 요건 / 유기죄에 관한 형법 제271조 제1항에서 말하는 '법률상 보호의무'에 부부간의 부양의무가 포함되는지 여부(적극)**

유기죄를 범하여 사람을 사망에 이르게 하는 유기치사죄가 성립하기 위해서는 먼저 유기죄가 성립하여야 하므로, 행위자가 유기죄에 관한 형법 제271조 제1항이 정하고 있는 것처럼 "노유, 질병 기타 사정으로 인하여 부조를 요하는 자를 보호할 법률상 또는 계약상 의무 있는 자"에 해당하여야 한다. 여기에서 말하는 법률상 보호의무에는 민법 제826조 제1항에 근거한 부부간의 부양의무도 포함된다.(대법원 2018. 5. 11., 선고, 2018도4018, 판결)

Ⅱ. 범죄사실기재 및 신문사항

1) 범죄사실 기재례

[기재례1] 종교적 이유로 수혈거부로 실혈사

피의자는 전격성간염에 걸려 장내 출혈의 증세까지 생긴 딸 홍길녀(11세)를 20○○. ○. ○. 경부터 ○○에 있는 ○○병원에 데리고 다니면서 치료를 받게 하였다.
피의자는 20○○. ○. ○. 위 병원 의사 甲이 당시의 의료기술상 최선의 치료방법이라고 하면서 권유하는 수혈을 자신이 믿는 종교인 여호와의 증인의 교리에 어긋난다는 이유로 시종일관 완강히 거부하였다.
이로써 피의자는 그 딸로 하여금 의학상의 적정한 치료를 받지 못하도록 하여 20○○. ○. ○. 까지 홍길녀를 유기하고 그로 인해 홍길녀로 하여금 장내출혈 때문에 실혈사하게 하였다.

2) 적용법조 : 제275조 제1항, 제271조 제1항… 공소시효 10년

3) 신문사항
- 홍길녀와 어떤 관계인가
- 홍길녀를 병원에서 치료를 받게 한 일이 있는가
- 언제부터 어떤 병원에서 치료를 받았는가
- 어디가 아파 치료를 받았는가
- 병원 의사로부터 딸에게 수혈을 하도록 권유받은 일이 있는가
- 언제 누구로부터 수혈을 권유받았는가
- 수혈을 하지 않으면 어떻게 된다고 하던가
- 딸로 하여금 수혈을 받도록 하였는가

- 왜 수혈을 못하도록 하였는가
- 수혈을 받지 못할 경우 딸은 어떻게 된다고 하던가
- 그런데도 수혈을 못하도록 하였다는 것인가
- 수혈이 피의자가 믿고 있는 종교의 교리에 어긋난다는 것인가
- 그럼 결국 죽을 수밖에 없다는 것인가
- 수혈을 받지 못하면 죽는다는 것을 알고 있는가
- 수혈을 받지 못한 딸은 어떻게 되었는가
- 언제 사망하였는가

[기재례2] 같이 출퇴근한 술 취한 종업원을 고속도로 갓길에 내버려 둔 경우

피의자는 20○○. ○. ○.경 ○○에 거주하는 피해자 홍길녀(여, 38세)를 종업원으로 고용해서 그때부터 피의자가 운전하는 차량에 피해자를 태워 출퇴근시켰다.

피의자는 20○○. ○. ○. 04:00경 주점 업무를 끝내고 종업원으로 일하는 피해자, 甲, 乙을 ○○차량(차량번호)에 태운 후 ○○방면에서 ○○방면으로 운행하게 되었는데, 피해자는 피의자 운영 주점에서 유흥종사자로 일하였고, 피의자는 매일같이 피해자가 거주하는 ○○에서 위 주점까지 위 차량을 이용하여 피해자를 출퇴근시켜주고 있었으며, 특히 피해자는 당일 혈중알코올농도 0.27%의 만취한 부조를 요하는 상태였다.

이런 경우 피의자는 피해자를 집까지 안전하게 퇴근시켜 줄 근로계약상 의무가 있다. 그럼에도 불구하고, 같은 날 05:00경 ○○에 있는 ○○고속도로 ○○방면 ○○킬로미터 지점에 이르러, 위 차 안에서 피해자와 말다툼을 하던 끝에 피해자가 차량에서 내리겠다고 우기자, 겨울철 새벽 시간대여서 가시거리가 제대로 확보되지 아니한 고속도로의 갓길에 피해자를 내리게 한 채 그대로 출발하고 甲, 乙이 차량을 세우라고 하였음에도 계속 위 차량을 운행하여 피해자를 방치하였다.

이로써 피의자는 같은 일시경 같은 장소에서 불상의 차량에 의하여 피해자의 우측 복부가 역과되어 피해자로 하여금 복부(간) 손상으로 사망에 이르도록 하였다.

[기재례3] 택시 운전자의 유기치상

피의자는 (차량등록번호 1 생략) ○○택시의 운전업무에 종사하는 사람이다.

피의자는 20○○.○.○. 23:30경 ○○앞 도로에서 술에 취한 피해자 갑(남, 22세)을 승객으로 승차시켜 목적지인 ○○를 가기 위하여 자동차전용도로인 ○○대로를 진행하게 되었다.

당시 술에 취한 피해자를 손님으로 태운 피의자에게는 피해자를 목적지까지 안전하게 태워 줄 계약상 주의의무가 있고, 그곳은 자동차전용도로로 자동차만이 통행하는 곳으로 사람의 통행이 불가능하며 도로구조상 걸어서는 쉽게 그 밖으로 나갈 수 없음을 인식하고 있었을 뿐만 아니라, 당시는 심야시간대이어서 시야가 매우 불량한 관계로 교통사고가 발생할 가능성을 예견할 수 있었으며, 위와 같은 장소와 상황에 승객을 하차시킬 경우 진행하는 다른 자동차에 의하여 사고를 당하거나 여타 다른 위해요소에 노출될 위험성이 있다는 사실과 특히 술에 취한 승객의 경우 사고와 행동이 정상적이지 못하여 보호자의 부조가 필요한 상황임을 충분히 예견할 수 있었다.

그럼에도 불구하고 피고인은 같은 날 22:37경 피해자가 술에 취해 횡설수설하면서 욕설을 한다는 이유로 광주 북구 코오롱 하늘채아파트 공사현장 부근 빛고을대로에 하차시키고, 하차한 피해자에 대하여 아무런 조치를 취하지 아니한 채 방치함으로써, 같은 날 23:05경 피해자가 약 28분간 방향 감을 잃고 입구를 찾아 헤매다가 피고인 2 운전의 (차량등록번호 2 생략) 인피니티 승용차에 들이 받혀 즉시 그곳에서 피해자로 하여금 허리 절단에 의한 과다출혈의증으로 사망에 이르게 하였다.

[기재례4] 조울증 자녀 유기치사

피의자들은 조울증 등의 정신질환을 앓고 있는 피해자 홍길동(20세)의 부모로서, 20○○. ○. ○.20:00경 피해자가 어머니인 피의자 갑을 때리자, ○○에 있는 '○○교회'로 피해자를 데리고 가 피해자에 대한 기도를 하면서 위 교회에서 피해자와 같이 지내기 시작하였다.

피의자들은 20○○. ○. ○. 06:00경 위 교회에 있는 방에서, 잠을 자던 피해자가 잠에서 깨어 아버지인 피의자 을을 때리자 피해자의 기운을 뺀다는 명목으로 단식을 시키기로 하고 피해자의 손과 발을 압박붕대로 묶었다가 상처가 나자 다시 천 기저귀로 묶는 방법으로 그 무렵부터 20○○. ○. ○. 11:00경까지 약 ○○일 동안 2회 정도 목욕을 시킬 때를 제외하고 계속 묶어 놓아 피해자는 이를 참지 못하고 스스로 자신의 몸을 때렸고, 피해자에게 음식도 주지 않아 결국 피해자는 그로 인하여 몸을 가누지 못할 정도의 상황에 이르렀다.

이러한 경우 피의자들에게는 피해자의 상태를 지체 없이 확인하고 음식물 제공 등 필요한 최소한의 조치를 하고 더 나아가 의료기관에 후송하여 치료를 받게 하여야 할 부조의무가 있었다.

그럼에도 불구하고 피의자들은 아무런 조치를 취하지 아니하고 만연히 피해자를 그대로 방치한 채 예배당에서 기도만 하여, 이로 인하여 피해자로 하여금 20○○. ○. ○. 12:30경 위 교회에 있는 방에서 사망에 이르게 하였다.

이로써 피의자들은 공모하여 부조를 요하는 피해자를 유기하고 사망에 이르게 하였다.

[기재례5] 비닐봉지에 넣어 유기

피의자는 20○○. 5.17:00경 ○○에 있는 주유소 화장실 내에서 용변을 보던 중 피해자 성명불상(남, 0세)을 출산하였으나 혼자서는 아이를 양육할 상황이 되지 않고 피해자가 남자친구인 갑의 아이가 아닐 경우 갑이 피의자에 대한 경제적 지원을 끊을 것을 예상하여 피의자의 출산 사실이 갑에게 알려질 것을 두려워하였다.

이에 피의자는 위 주유소 직원 숙소 안에 있던 생활용 쓰레기가 담긴 주황색 비닐봉지를 가지고 온 다음 피해자를 변기 안에서 꺼내어 위 봉투 안에 집어넣은 다음 위 주유소 컨테이너 뒤 공터에 두고 갔다.

당시 그 지역 평균 기온은 ○○ ℃, 최저 기온은 영하 ○○℃에 불과하였으므로 피의자는 출산 직후의 피해자를 알몸인 상태로 실외에 장시간 방치할 경우 피해자의 생명에 위험이 발생할 수 있음을 예상하였음에도 불구하고 그 무렵부터 20○○.○.○. ○○:○○경 피해자를 발견할 때까지 그대로 방치하였다.

이로써 피의자는 피해자를 양육할 수 없음을 예상하고 피해자를 유기하여 피해자가 20○○. ○.○. ○○:○○경 저체온증 등으로 사망에 이르게 하였다.

2) **적용법조 :** 제275조 제1항, 제271조 제1항 … 공소시효 10년

제1절 체포, 감금, 존속체포, 존속감금

제276조(체포, 감금, 존속체포, 존속감금) ① 사람을 체포 또는 감금한 자는 5년 이하의 징역 또는 700만원 이하의 벌금에 처한다.
② 자기 또는 배우자의 직계존속에 대하여 제1항의 죄를 범한 때에는 10년 이하의 징역 또는 1천500만원 이하의 벌금에 처한다.
제279조(상습범) 상습으로 제276조 또는 제277조의 죄를 범한 때에는 전조의 예에 의한다.
제280조(미수범) 전4조의 미수범은 처벌한다.
※ 직업안정법 제46조(벌칙)
※ 폭력행위등처벌에관한법률 제2조(폭행 등)
※ 국가정보원법 제13조(직권남용의 금지), 제22조(직권남용죄)
※ 공직선거법 제237조(선거의 자유방해죄), 제244조(선거사무관리관계자나 시설 등에 대한 폭행·교란죄)
※ 주민투표법 제28조(벌칙) 제2호

Ⅰ. 구성요건

1. 객 체

사람으로, 자연인인 타인

ㅇ 자연적·잠재적 의미에서 행동의 의사를 가질 수 있는 자는 모두 본죄의 객체가 될 수 있다. 따라서 정신병자, 명정자, 수면자, 불구자는 본죄의 객체가 될 수 있으나 유아는 본죄의 객체가 되지 않는다.

■ 판례 ■   **정신병자에 대한 감금죄의 성립 여부(적극)**

[1] 사실관계

> 甲은 4일 가량 물조차 제대로 마시지 못하고 잠도 자지 아니하여 거의 탈진 상태에 이른 정신병자 乙의 손과 발을 17시간 이상 묶어 두고 좁은 차량 속에서 움직이지 못하게 감금하여, 乙은 묶인 부위의 혈액 순환에 장애가 발생하여 혈전이 형성되고 그 혈전이 폐동맥을 막아 사망에 이르게 되었다.

[2] 판결요지

4일 가량 물조차 제대로 마시지 못하고 잠도 자지 아니하여 거의 탈진 상태에 이른 피해자의 손과 발을 17시간 이상 묶어 두고 좁은 차량 속에서 움직이지 못하게 감금한 행위와 묶인 부위의 혈액 순환에 장애가 발생하여 혈전이 형성되고 그 혈전이 폐동맥을 막아 사망에 이르게 된 결과 사이에는 상당인과관계가 있으며, 정신병자도 감금죄의 객체가 될 수 있다(대법원 2002.10.11. 선고 2002도 4315 판결). ☞ (甲은 감금치사죄)

2. 행 위

사람을 체포·감금하는 것

(1) 체 포

신체에 직접적·현실적 구속을 가하여 자유를 박탈하는 행위

○ 무형적·유형적 방법, 작위·부작위 등 수단과 방법에는 제한이 없다.

○ 부분적인 자유는 있을 지라도 전체적으로 보아 활동의 자유가 없다고 인정되면 체포가 된다.

○ 본죄는 계속범이므로 순간적인 신체구속은 폭행죄에 해당한다.

○ 사람을 협박하여 어떤 장소로 나오게 하는 경우에는 신체에 대한 현실적인 구속 이 없으므로 강요죄가 성립한다.

■ 판례 ■ 체포죄에서 말하는 '체포'의 의미 / 체포죄가 계속범인지 여부(적극) 및 체포 죄의 기수 시기와 실행의 착수 시기

형법 제276조 제1항의 체포죄에서 말하는 '체포'는 사람의 신체에 대하여 직접적이고 현실적인 구 속을 가하여 신체활동의 자유를 박탈하는 행위를 의미하는 것으로서 수단과 방법을 불문한다. 체포죄 는 계속범으로서 체포의 행위에 확실히 사람의 신체의 자유를 구속한다고 인정할 수 있을 정도의 시 간적 계속이 있어야 하나, 체포의 고의로써 타인의 신체적 활동의 자유를 현실적으로 침해하는 행위를 개시한 때 체포죄의 실행에 착수하였다고 볼 것이다. (대법원 2018. 2. 28., 선고, 2017도21249, 판결)

(2) 감 금

사람을 일정한 장소 밖으로 나가지 못하게 하여 신체 활동의 자유를 장소적으로 제 한하는 것

1) 감금의 수단과 방법

감금의 수단과 방법에는 제한이 없다. 따라서 물리적·유형적 장애를 사용하는 경우 뿐만 아니라 공포심이나 기망과 같은 심리적·무형적 장애에 의하는 경우에도 본죄가 성립하며, 부작위나 간접정범에 의한 감금도 가능하다.

■ 판례 ■ 감금행위의 방법

[1] 사실관계

甲은 乙로부터 돈을 갈취하려고 자신의 사무실에서 乙에게 폭행·협박을 가하여 물품대금 70,000,000원을 횡령하였다는 자인서를 쓰게 하면서 자신의 마음에 맞게 쓰지 않는다는 이유

로 주먹으로 얼굴을 5, 6회 구타하고, 발로 전신을 수회 찬뒤 위 자인서를 쓰게 하는 등 가혹한 행위를 하고 문에 특별한 시정장치를 하지도 않고 외출을 하고 돌아 왔는 바, 공포에 떨고 있던 乙이 사무실을 떠나지 않고 남아있었다.

[2] 판결요지

형법 제276조 제1항에 규정된 감금죄에 있어서의 감금행위는 사람으로 하여금 일정한 장소 밖으로 나가지 못하도록 신체의 자유를 제한하는 행위를 가리키며 그 방법은 반드시 물리적인 장애를 사용하는 경우뿐만 아니라 무형적인 수단으로서 공포심에 의하여 나갈 수 없게 한 경우도 포함한다(대법원 1985. 6.25. 선고 84도2083 판결).

[3] 동지판례

피해자가 만약 도피하는 경우에는 생명 신체에 심한 해를 당할지도 모른다는 공포감에서 도피하기를 단념하고 있는 상태하에서 그를 호텔로 데리고 가서 함께 유숙한 후 그와 함께 항공기로 국외에 나간 행위는 감금죄를 구성한다(대법원 1991.8.27. 선고 91도1604 판결).

■ 판례 ■ **강제로 자동차에 태워지고 피해자의 하차요청을 묵살한 채 하차할 수 없는 상태로 운행을 강행한 경우**

[1] 사실관계

甲은 乙이 운전하여 진행중인 자동차에 동승하여 가던 중 술에 취해 길에 서있는 丙녀를 보고 간음할 의사로 집에 데려다주겠다고 속이고 차에 태우고 丙이 내려달라고 함에도 불구하고 甲과 乙은 이를 묵살한 채 하차할 수 없는 상태로 질주하였다.

[2] 판결요지

가. 감금죄의 성립여부(적극)

감금죄는 사람이 일정한 구역에서 나가는 것이 가능하다 하더라도 아파트의 창문을 통하여 뛰어내리거나 질주하는 차에서 뛰어내리는 경우와 같이 탈출하는 것이 생명 또는 신체에 대한 위험이 뒤따르는 경우에도 성립한다.

나. 감금행위가 강간미수죄의 수단인 경우에 독립하여 별개의 감금죄가 성립하는지 여부(적극) 및 위 강간미수죄에 대한 고소의 취소가 감금죄에도 영향을 미치는지 여부(소극)

강간죄의 성립에는 언제나 필요한 수단으로 감금행위를 수반하는 것은 아니므로 감금행위가 강간죄의 목적을 달하려고 일정한 장소에 인치하기 위한 수단이 되었다 하여 그 감금행위가 강간죄에 흡수되어 범죄를 구성하지 않는다고 할 수 없고, 위 감금행위가 독립한 별개의 죄가 되는 이상 피해자가 강간죄의 고소를 취소하였다 하더라도 이는 위 감금죄에 대하여는 아무런 영향을 미치지 아니한다.

다. 강간목적으로 피해자를 강제승차 시켜 주행한 경우 위 피해자를 강제승차 시킨 운행자 이외의 동승자를 감금죄의 공범으로 볼 수 있는지 여부(적극)

피해자가 피고인에 의하여 강제로 자동차에 태워지고 피해자의 하차요청을 묵살한 채 하차할 수 없는 상태로 운행이 강행되었다면 그 운행자가 피고인 아닌 피고인의 친구이었다 하더라도 그 감금행위에는 피고인이 그 운행자와 암묵적으로 의사연락하여 범행에 공동가공한 것으로 못 볼 바 아니다(대법원 1984.8.21. 선고 84도1550 판결).

■ 판례 ■ **정신의료기관의 장이 자의(自意)로 입원 등을 한 환자로부터 퇴원 요구가 있는데도 구**

정신보건법에 정해진 절차를 밟지 않은 채 방치한 경우, 위법한 감금행위에 해당하는지 여부(적극)

구 정신보건법(2015. 1. 28. 법률 제13110호로 개정되기 전의 것, 이하 같다) 제23조 제2항은 '정신의료기관의 장은 자의(自意)로 입원 등을 한 환자로부터 퇴원 신청이 있는 경우에는 지체 없이 퇴원을 시켜야 한다'고 정하고 있다(2016. 5. 29. 법률 제14224호로 전부 개정된 정신건강증진 및 정신질환자 복지서비스 지원에 관한 법률 제41조 제2항은 '정신의료기관 등의 장은 자의입원 등을 한 사람이 퇴원 등을 신청한 경우에는 지체 없이 퇴원 등을 시켜야 한다'고 정하고 있다). 환자로부터 퇴원 요구가 있는데도 구 정신보건법에 정해진 절차를 밟지 않은 채 방치한 경우에는 위법한 감금행위가 있다.(대법원 2017. 8. 18., 선고, 2017도7134, 판결)

2) 감금의 정도

감금시 사람의 행동의 자유박탈은 반드시 전면적이어야 하는 것은 아니다. 따라서 감금된 특정구역 내에서 일정한 생활의 자유가 허용되어 있더라도 감금죄는 성립한다.

■ 판례 ■ **경찰서 안에서 식사도 하고 사무실 안팎을 내왕해도 경찰서 밖으로 나가지 못하도록 신체의 자유를 제한하는 유형·무형의 억압이 있었던 경우, 감금행위에 해당하는지 여부(적극)**

[1] 사실관계

경찰관 甲은 임의동행 형식으로 연행되어 경찰서까지 인치된 乙이 사건을 철저히 조사해 달라고 하자 경찰서 안에서 직장 동료인 피의자들과 같이 식사도 하고 사무실 안팎을 내왕할 수는 있지만 경찰서 밖으로는 나가지 못하도록 하였다.

[2] 판결요지

감금죄에 있어서의 감금행위는 사람으로 하여금 일정한 장소 밖으로 나가지 못하도록 하여 신체의 자유를 제한하는 행위를 가리키는 것이고, 그 방법은 반드시 물리적, 유형적 장애를 사용하는 경우뿐만 아니라 심리적, 무형적 장애에 의하는 경우도 포함되는 것인바, 설사 피해자가 경찰서 안에서 직장동료인 피의자들과 같이 식사도 하고 사무실 안팎을 내왕하였다 하여도 피해자를 경찰서 밖으로 나가지 못하도록 그 신체의 자유를 제한하는 유형, 무형의 억압이 있었다면 이는 감금행위에 해당한다(대법원 1991.12.30. 자 91모5 결정).

[3] 동지판례

감금죄가 성립하기 위하여 반드시 사람의 행동의 자유를 전면적으로 박탈할 필요는 없고, 감금된 특정한 구역 범위 안에서 일정한 생활의 자유가 허용되어 있었다고 하더라도 유형적이거나 무형적인 수단과 방법에 의하여 사람이 특정한 구역에서 벗어나는 것을 불가능하게 하거나 매우 곤란하게 한 이상 감금죄의 성립에는 아무런 지장이 없다(대법원 1998.5.26. 선고 98도1036 판결).

■ 판례사례 ■ **[감금된 특정구역 내부에서 일정한 생활의 자유를 허용한 경우, 감금죄가 성립하는 사례]**

(1) 피해자가 여관에 8일 정도 갇혀 있는 동안 처와 만나고 동료와 함께 술을 마시는 등 특정지역 안에서 일정한 자유가 허용되어 볼일로 시내에 나갔다오기도 한 경우(대법원 1984.5.15. 선고 84도655 판결)
(2) 피해자가 감금기간 중 자신을 감금하고 있는 폭력단체의 구성원들과 술집에서 술을 마시고 아는 사람들이나 검찰청에 전화를 걸기도 하고 새벽에 한증막에 갔다가 잠을 자고 돌아오기도 한 경우(대법원 2000.3.24. 선고 2000도102 판결)

(3) 기수시기

신체적 활동의 자유가 침해된 사실이 일정기간 계속된 때 기수(계속범)

- ○ 자유침해에 대한 피해자의 인식은 요하지 않으므로 피감금자가 감금사실을 모르더라도 감금죄는 성립한다.
- ○ 자유박탈이 계속되는 동안은 본죄는 종료되지 않으므로 체포·감금행위가 종료되기까지는 공범의 성립이 가능하고, 피해자의 정당방위도 가능하며, 공소시효가 진행하지 않는다.

■ 판례 ■ **착수 시기와 기수 시기**

[1] 체포죄의 실행의 착수 시기
체포죄는 사람의 신체에 대하여 직접적이고 현실적인 구속을 가하여 신체활동의 자유를 박탈하는 죄로서, 그 실행의 착수 시기는 체포의 고의로 타인의 신체적 활동의 자유를 현실적으로 침해하는 행위를 개시한 때이다.

[2] 체포죄의 기수 시기 및 체포죄의 미수범이 성립하는 경우
체포죄는 계속범으로서 체포의 행위에 확실히 사람의 신체의 자유를 구속한다고 인정할 수 있을 정도의 시간적 계속이 있어야 기수에 이르고, 신체의 자유에 대한 구속이 그와 같은 정도에 이르지 못하고 일시적인 것으로 그친 경우에는 체포죄의 미수범이 성립할 뿐이다.

[3] 체포치상죄에서 '상해'의 의미 / 피해자가 입은 상처가 체포치상죄의 상해에 해당하지 아니하는 경우
체포치상죄의 상해는 피해자 신체의 건강상태가 불량하게 변경되고 생활기능에 장애가 초래되는 것을 말한다. 피해자가 입은 상처가 극히 경미하여 굳이 치료할 필요가 없고 치료를 받지 않더라도 일상생활을 하는 데 아무런 지장이 없으며 시일이 경과함에 따라 자연적으로 치유될 수 있는 정도라면, 그로 인하여 피해자의 신체의 건강상태가 불량하게 변경되었다거나 생활기능에 장애가 초래된 것으로 보기 어려워 체포치상죄의 상해에 해당한다고 할 수 없다.(대법원 2020. 3. 27., 선고, 2016도18713, 판결)

3. 위법성

(1) 피해자의 승낙

피해자의 동의에 의한 체포·감금은 구성요건 해당성을 조각한다(이설 있음).

(2) 정당행위

영장에 의한 체포·구속, 긴급체포, 민간인의 현행범인 체포, 경찰관의 보호유치, 친권자의 징계권 행사로서의 자녀에 대한 감금 등은 법령에 의한 정당행위로 위법성이 조각된다.

■ 판례 ■ **수용시설에 수용중인 부랑인들에 대한 감금행위가 형법 제20조의 정당행위에 해**

당되어 위법성이 조각된다고 한 사례(세칭 형제복지원사건)

형제복지원의 시설장 및 총무직에 있는 피고인들이 수용중인 피해자들의 야간도주를 방지하기 위하여 그 취침시간 중 출입문을 시정조치하여 감금한 것은 그 행위에 이른 과정과 목적, 수단 및 행위자의 의사 등 제반사정에 비추어 사회적 상당성이 인정되는 행위이므로 형법 제20조의 정당행위에 해당되어 위법성이 조각된다(대법원 1988.11.8. 선고 88도1580 판결).

■ 판례 ■　　**모가 승낙한 정신병자에 대한 감금행위가 위법성이 조각되는지 여부(적극)**

정신병자의 어머니의 의뢰 및 승낙하에 그 감호를 위하여 그 보호실 문을 야간에 한해서 3일간 시정하여 출입을 못하게 한 감금행위는 그 병자의 신체의 안정과 보호를 위하여 사회통념상 부득이 한 조처로서 수긍될 수 있는 것이면, 위법성이 없다(대법원 1980.2.12. 선고 79도1349 판결).

4. 죄 수

- ○ 강도·강간의 수단으로 감금을 한 경우 ⇨ 감금죄는 강간죄나 강도죄와 상상적 경합범
- ○ 감금 중에 강도·강간·살인·상해를 한 경우 ⇨ 감금죄와 각죄의 실체적 경합
- ○ 성년자를 약취·유인하여 감금한 경우 ⇨ 미성년자 약취·유인죄와 감금죄의 실체적 경합. 이 경우에는 특가법 제5조의2 제2항 제3호가 적용

■ 판례 ■　　**감금행위가 강간미수죄의 수단인 경우에 감금죄의 성부 및 죄수**

[1] 사실관계

> 甲은 화물차동차에 조개를 싣고 운행도중에 乙녀(17세)가 태워달라고 부탁하자 乙을 운전석 옆에 태우고 가다가 강간할 마음이 생겼다. 甲은 목적지로 데려다 주지 아니하고 乙의 하차 요구를 거절한 채 계속 운행하면서 강제로 추행을 하고, 강간을 하려다 뜻을 이루지 못하자 강간할 의사를 버리지 않고 계속하여 乙을 강제로 그 차에 태워 50km 정도 계속 운행하여 모 여관 방실에서 강간하려 하였다. 그러나 乙녀가 화장실에 들어가 문을 잠그고 소리를 질러 그 목적을 이루지 못하고 미수에 그쳤다.

[2] 판결요지

가. 감금행위가 강간미수죄의 수단인 경우에 감금죄의 성부 및 죄수

강간죄의 성립에 언제나 직접적으로 또 필요한 수단으로서 감금행위를 수반하는 것은 아니므로 감금행위가 강간미수죄의 수단이 되었다 하여 감금행위는 강간미수죄에 흡수되어 범죄를 구성하지 않는다고 할 수는 없는 것이고, 그때에는 감금죄와 강간미수죄는 일개의 행위에 의하여 실현된 경우로서 형법 제40조의 상상적 경합관계에 있다.

나. 강간의 목적으로 피해자를 차에 태워 주행, 외포케한 행위가 감금죄와 강간죄의 실행의 착수에 해당하는지 여부(적극)

피고인이 피해자가 자동차에서 내릴 수 없는 상태에 있음을 이용하여 강간하려고 결의하고, 주행중인 자동차에서 탈출불가능하게 하여 외포케 하고 50킬로미터를 운행하여 여관 앞까지 강제연행한 후 강간하려다 미수에 그친 경우 위 협박은 감금죄의 실행의 착수임과 동시에 강간미수죄의 실행의 착수라고 할 것이다.

다. 상상적 경합관계에 있는 1죄에 관하여 고소취가 있는 경우 타죄에 대한 처벌

형법 제40조의 소위 상상적 경합은 1개의 행위가 수개의 죄에 해당하는 경우에는 과형상 1죄로서 처벌한다는 것이고, 또 가장 중한 죄에 정한 형으로 처벌한다는 것은 경한 죄는 중한 죄에 정한 형

으로 처단된다는 것이지, 경한 죄는 그 처벌을 면한다는 것은 아니므로, 이 사건에서 중한 강간미수죄가 친고죄로서 고소가 취소되었다 하더라도 경한 감금죄(폭력행위등처벌에 관한 법률 위반)에 대하여는 아무런 영향을 미치지 않는다(대법원 1983.4.26. 선고 83도323 판결).

■ 판례 ■ **미성년자를 유인한 자가 미성년자를 감금한 경우, 미성년자유인죄 외에 별도로 감금죄가 성립하는지 여부(적극)**

[1] 사실관계

> 甲은 10세 소녀를 부모에게 말하지 말고 동아아파트 앞으로 나오도록 유인한 다음 '집에 돌아가면 소년원에 보낸다'라고 위협하여 자신의 셋방에 감금하거나 화물차에 태우고 다니면서 6개월 동안 감금하고 간음하였다.

[2] 판결요지

미성년자를 유인한 자가 계속하여 미성년자를 불법하게 감금하였을 때에는 미성년자유인죄 이외에 감금죄가 별도로 성립한다(대법원 1998.5.26. 선고 98도1036 판결). ☞ (甲은 미성년자유인죄, 감금죄, 미성년자의제강간죄의 실체적 경합범)

■ 판례 ■ **감금행위가 강간죄나 강도죄의 수단이 된 경우, 감금죄가 별죄를 구성하는지 여부(적극)**

가. 감금행위가 강간죄나 강도죄의 수단이 된 경우, 감금죄가 별죄를 구성하는지 여부(적극)
감금행위가 강간죄나 강도죄의 수단이 된 경우에도 감금죄는 강간죄나 강도죄에 흡수되지 아니하고 별죄를 구성한다.

나. 강취한 신용카드를 가지고 자신이 그 신용카드의 정당한 소지인인양 가맹점 점주를 속여 물품 등을 제공받은 경우, 신용카드부정사용죄와 별도로 사기죄가 성립하는지 여부(적극)
강취한 신용카드를 가지고 자신이 그 신용카드의 정당한 소지인인양 가맹점의 점주를 속이고 그에 속은 점주로부터 주류 등을 제공받아 이를 취득한 것이라면 신용카드부정사용죄와 별도로 사기죄가 성립한다(대법원 1997.1.21. 선고 96도2715 판결). ☞ (甲은 감금죄와 강도죄의 상상적 경합, 신용카드부정사용죄, 사기죄의 경합범)

■ 판례 ■ **감금행위가 강도상해 범행의 수단에 그치지 아니하고 강도상해의 범행이 끝난 뒤에도 계속된 경우, 감금죄와 강도상해죄의 죄수**

[1] 사실관계

> 甲 등은 고양시 덕양구 행신동 722 소재 단란주점 앞길에서 그 주점 종업원인 乙을 승용차에 태우고 가다가 주먹으로 乙을 때려 반항을 억압한 다음 그로부터 현금 35만 원 등이 들어 있는 가방을 빼앗아 강취하여 乙에게 약 2주간의 치료를 요하는 안면부타박상 등의 상해를 가하였다.

[2] 판결요지

감금행위가 단순히 강도상해 범행의 수단이 되는 데 그치지 아니하고 강도상해의 범행이 끝난 뒤에도 계속된 경우에는 1개의 행위가 감금죄와 강도상해죄에 해당하는 경우라고 볼 수 없고, 이 경우 감금죄와 강도상해죄는 형법 제37조의 경합범 관계에 있다(대법원 2003.1.10. 선고 2002도4380 판결).

II. 범죄사실기재 및 신문사항

[기재례1] 차량 이용 감금

1) 범죄사실 기재례

피의자는 20○○. ○. ○. 23:00경 ○○ 앞길에서 피의자가 소유하는 ○○○거1234호 승용차를 운전하고 가다가 마침 그곳에서 택시를 기다리던 피해자 甲(여, 24세)에게 목적지를 물어 ○○동까지 간다고 하자 그곳까지 태워다 주겠다고 유인하여 그 차에 태워 주행하였다.

피의자는 같은 날 23:20경 ○○에 있는 ○○대학교 앞길에 이르러 피해자로부터 내려달라는 요구를 받았음에도 욕정을 일으켜 이를 무시한 채 같은 날 23:40경 ○○앞길까지 약 10㎞를 그대로 질주하여 피해자로 하여금 차에서 내리지 못하도록 함으로써 약 30분간 피해자를 감금하였다.

2) 적용법조 : 제276조 제1항… 공소시효 7년

[기재례2] 여관에 감금

1) 범죄사실 기재례

피의자는 20○○. ○. ○.경 피해자 홍길동이 피의자 등을 사기 혐의로 ○○경찰서에 고소함으로써 수사를 받게 되자, 20○○. ○. ○. 22:00경 위 경찰서에서 만나 ○○에 있는 ○○호텔 2006호실까지 동행하여 고소 경위를 따지다가 내일 아침 서울에서 사람이 오게 되어있으니 만나서 변상문제를 해결해야 한다고 하면서 위 방실출입문을 지키고 나가지 못하게 하여 다음 날 05:00경까지 7시간 동안 그곳에 감금하였다.

2) 적용법조 : 제276조 제1항… 공소시효 7년

[기재례3] 유인한 후 감금

1) 범죄사실 기재례

피의자는 20○○. ○. ○.경 피해자 홍길동(당시 만 10세)의 집에서 피해자로 하여금 부모에게 말하지 말고 ○○동에 있는 ○○아파트 앞으로 나오도록 유인한 다음 피의자가 운전하는 화물차(차량번호)에 태우고 다니면서 피해자에게 "네가 집에 돌아가면 경찰이 붙잡아 소년원에 보낸다."라고 위협하여 피해자를 집에 가지 못하도록 하는 등 그 무렵부터 20○○. ○. ○. 08:00경까지 ○○에 있는 피의자의 셋방 등지에서 피해자를 감금하였다.

2) 적용법조 : 제276조 제1항… 공소시효 7년

[기재례4] 존속체포

1) 범죄사실 기재례

피의자는 20○○. ○. ○. 15:00경 피의자의 주거지에서 피의자의 부친 홍길동(71세)이 만취된 채 집에 들어오자 "늙은이가 대낮부터 술주정한다"라고 하며 그의 두 손과 두발을 나일론 끈으로 묶어 꼼짝 못 하게 하여 그때부터 21:00경까지 약 6시간 동안 그를 체포하였다.

2) 적용법조 : 제276조 제2항 … 공소시효 10년

3) 신문사항

- 피해자 홍길동과 어떠한 관계인가(범인과 피해자와의 관계, 특히 존속여부)
- 피해자를 체포(감금)한 일이 있는가
- 언제 어디에서 체포하였느냐
- 언제까지(체포·감금이 계속된 시간 조사)
- 체포·감금에서 폭행이나 협박이 있었는지
- 피해자가 저항이나 탈출기도를 했는지
- 무엇 때문에 이러한 행위를 하였나
- 피의자의 행위로 피해자는 어떠한 피해를 보았나

제2절 중체포, 중감금, 존속중체포, 존속중감금

> 제277조(중체포, 중감금, 존속중체포, 존속중감금) ① 사람을 체포 또는 감금하여 가혹한 행위를 가한 자는 7년 이하의 징역에 처한다.
> ② 자기 또는 배우자의 직계존속에 대하여 전항의 죄를 범한 때에는 2년 이상의 유기징역에 처한다.
> 제279조(상습범) 상습으로 제276조 또는 제277조의 죄를 범한 때에는 전조의 예에 의한다.
> 제280조(미수범) 전4조의 미수범은 처벌한다.

Ⅰ. 구성요건

사람이나 자기 또는 배우자의 직계존속을 체포 또는 감금하여 가혹한 행위를 가함으로서 성립

1. 가혹행위

사람에게 육체적·정신적 고통을 주는 일체의 행위

- 가혹행위의 수단과 방법에 제한이 없다(例, 폭행, 협박, 옷을 벗기는 행위, 음란한 행위를 시키는 행위, 잠을 재우지 않는 행위).
- 가혹행위는 체포·감금 이후에 행해져야 한다. 따라서 체포·감금의 수단으로서의 폭행·협박은 가혹행위에 포함되지 않는다.

2. 주관적 구성요건

처음부터 체포·감금하여 가혹행위를 하려는 범의를 가진 경우뿐만 아니라 체포·감금한 후에 가혹한 행위를 할 의사가 생긴 경우에도 본죄가 성립한다.

■ 판례 ■ **감금된 특정구역안에서 일정한 생활의 자유가 주어진 경우, 감금죄의 성부(적극)**

[1] 사실관계

건설공사 현장소장인 乙이 공사의 일부씩을 2중, 3중으로 하도급하자 채권자 甲등은 그 해결을 위하여 乙을 찾았으나 乙이 행방을 감추고 있던 중, 우연히 乙을 만나게 된 甲은 다른 채권자에 연락하여 사기죄로 고소한다고 파출소에 데리고 갔다가 곧바로 여관에 데려갔다. 여관에서 지내는 동안 乙의 처 등이 그 여관에 왕래하였고 또 술을 먹으러 스탠드바에 가기도 하고, 여관에서 3~4일 지난 뒤에는 채무관계의 해결을 위하여 시내에 있는 건설회사 사무실에 거의 매일 乙 및 채권자들이 가서 수 시간씩 있기도 했으나 채무관계로 분통이 터진 甲등은 乙을 구타하기도 하였다.

감금에 있어서의 사람의 행동의 자유의 박탈은 반드시 전면적이어야 할 필요가 없으므로 감금된 특정구역 내부에서 일정한 생활의 자유가 허용되어 있었다고 하더라도 감금죄의 성립에는 아무 소장이 없다고 할 것이므로 피해자가 그의 처와 만났으며 피고인등과 같이 술을 마신 일이 있고 피고인이 피해자에게 폭행을 가한 것은 감금을 위한 것이라기보다는 채무를 해결해 주지 않는 것에 대한 분노에서 행하여진 것으로 보인다든가 또는 피해자나 그의 가족이 이와 같은 사실에 대하여 고소, 고발을 하지 않았다는 사정 등이 설사 있었다고 하더라도 그와 같은 사정 등만으로써는 피해자가 그의 행동의 자유에 아무런 제약도 받지 아니하고 그의 자유로운 의사에 의하여 8일간을 위 코스모스여관 등에서 피고인과 같이 지내게 된 것이라고 인정할 수가 없다고 할 것이다(대법원 1984.5.15. 선고 84도655 판결).

Ⅱ. 범죄사실기재 및 신문사항

1) 범죄사실 기재례 - [사채업자가 채무자를 가혹행위]

피의자는 20○○. ○. ○. ○○:○○경 ○○거주 피해자 홍길동이 피의자로부터 4개월 전에 빌려 간 돈 ○○만원을 그동안 여러 차례에 걸쳐 갚기를 요구했음에도 이를 갚지 못한다는 이유로 피해자를 밖으로 불러내어 ○○에 있는 피의자의 집 창고로 끌고 가 붙잡아 두고 밖으로 나가지 못하게 하여 그때부터 다음날 ○○:○○경까지 피해자를 그곳에 감금하면서 변제방법에 대해 구체적인 대안을 제시하라고 하여도 확실한 대답이 없다면서 바늘로 피해자의 손등과 어깨 부분을 찌르면서 폭행하여 가혹한 행위를 가하였다.

2) 적용법조 : 제277조 제1항 … 공소시효 7년 → 대부업법으로 처벌

3) 신문사항

- 피해자 홍길동과 어떠한 관계인가(범인과 피해자와의 관계, 특히 존속여부)
- 피해자를 체포(감금)한 일이 있는가
- 언제 어디에서 체포하였느냐
- 언제까지(체포ㆍ감금이 계속된 시간 조사)
- 체포ㆍ감금에서 폭행이나 협박이 있었는지
- 피해자가 저항이나 탈출기도를 했는지
- 무엇 때문에 이러한 행위를 하였나
- 피의자의 행위로 피해자는 어떠한 피해를 보았나

제3절 특수체포, 특수감금

제278조(특수체포, 특수감금) 단체 또는 다중의 위력을 보이거나 위험한 물건을 휴대하여 전2조의 죄를 범한 때에는 그 죄에 정한 형의 2분의 1까지 가중한다.

제280조(미수범) 전4조의 미수범은 처벌한다.

※ 폭력행위등처벌에관한법률 제3조(집단적 폭행 등)

Ⅰ. 구성요건

단체 또는 다중의 위력을 보이거나 위험한 물건을 휴대하여 체포·감금죄, 존속체포·감금죄, 존속중체포·감금죄를 범함으로써 성립하는 범죄이다.

Ⅱ. 범죄사실기재 및 신문사항

등대지기Ⅲ 형사특별법(폭력행위등처벌에관한법률) 참고

제4절 체포 · 감금 등의 치사상

제281조(체포·감금 등의 치사상) ① 제276조 내지 제280조의 죄를 범하여 사람을 상해에 이르게 한 때에는 1년 이상의 유기징역에 처한다. 사망에 이르게 한 때에는 3년 이상의 유기징역에 처한다.
② 자기 또는 배우자의 직계존속에 대하여 제276조 내지 제280조의 죄를 범하여 상해에 이르게 한 때에는 2년 이상의 유기징역에 처한다. 사망에 이르게 한 때에는 무기 또는 5년 이상의 징역에 처한다.
※ 특정범죄가중처벌등에관한법률 제4조의2(체포·감금등의 가중처벌)

 I. 구성요건

체포 · 감금죄, 존속체포 · 감금죄, 존속중체포 · 감금죄, 특수체포 · 감금, 상습체포 · 감금죄 또는 그 미수범을 범하여 사람을 사상에 이르게 함으로써 성립

○ 사상의 결과가 반드시 체포 · 감금 또는 가혹행위의 직접적 결과가 아니더라도 체포 · 감금의 시에 발생한 경우에는 본죄가 성립한다.

○ 체포 · 감금행위가 아니라 구타 등 가혹행위에 의하여 사상의 결과가 발생한 경우에도 본죄만 성립한다.

○ 체포 · 감금의 죄가 미수에 그친 경우에도 본죄가 성립한다.

■ 판례 ■ **감금상태를 벗어날 목적으로 차량을 빠져 나오려다가 길바닥에 떨어져 상해를 입고 그 결과 사망한 경우, 감금치사죄에 해당하는지 여부(적극)**

[1] 사실관계

甲은 그의 승용차로 乙를 가로막아 乙로 하여금 할 수 없이 차량에 승차하게 한 후 乙이 내려 달라고 요청하였음에도 불구하고 당초 목적지라고 알려준 장소가 아닌 다른 장소를 향하여 시속 약 60km 내지 70km의 속도로 진행하여서 乙이 위 차량에서 내리지 못하도록 하자, 乙이 감금상태를 벗어나기 위하여 위 차량의 뒷좌석 창문을 통하여 밖으로 빠져 나오려다가 길바닥에 떨어져 상해를 입고 사망하였다.

[2] 판결요지

승용차로 피해자를 가로막아 승차하게 한 후 피해자의 하차 요구를 무시한 채 당초 목적지가 아닌 다른 장소를 향하여 시속 약 60km 내지 70km의 속도로 진행하여 피해자를 차량에서 내리지 못하게 한 행위는 감금죄에 해당하고, 피해자가 그와 같은 감금상태를 벗어날 목적으로 차량을 빠져 나오려다가 길바닥에 떨어져 상해를 입고 그 결과 사망에 이르렀다면 감금행위와 피해자의 사망 사이에는 상당인과관계가 있다고 할 것이므로 감금치사죄에 해당한다(대법원 2000.2.11. 선고 99도5286 판결).

[감금과 사상사이에 인과관계가 인정되어 감금치사상죄가 성립하는 사례]

(1) 이전에 승용차에 강제로 태운 뒤 대전에서 서울까지 운전하여 간 사실이 있었던 부녀를 다시 강제로 승용차에 태운 뒤 운전하여 가자 겁에 질린 부녀가 차에서 뛰어 내리다가 상해를 입은 경우 ⇨ 감금 및 감금치상죄(대법원 2000.5.26. 선고 2000도440 판결)

(2) 동거녀가 술집에 나가지 못하도록 아파트 안방 문에 못질을 하여 감금하고, 때리고 옷을 벗기는 등 가혹행위를 하자 동거녀가 이를 피하기 위해 동거남이 나간 사이 안방 창문을 통해 알몸으로 뛰어내리다가 사망한 경우 ⇨ 중감금치사죄(대법원 1991.10.25. 선고 91도2085 판결)

II. 범죄사실기재

1) 범죄사실 기재례

[기재례1] 감금치상

피의자는 20○○. 5. 7.경부터 20○○. ○. ○.경까지 ○○에 있는 피의자의 집에서 20○○. ○. ○. 홍길동과 함께 있다가 피의자에게 발각된 일로 ○○에 있는 "○○모텔"에 피신해 있던 피해자 甲을 찾아내 강제로 1일 동안 정신병원에 입원시켰다가 위 집으로 끌고 와 도망가지 못하도록 방문, 거실문, 대문 등에 자물쇠를 별도로 설치하여 채우고 약 10일 동안 음식물을 제대로 주지 않고 피해자를 감금하면서 "홍길동과의 간통 사실을 인정하는 자술서를 써라." 라고 강요하였다.

그러나 피해자는 간통 사실이 없다면서 완강히 거부하자 피해자의 옷을 강제로 발가벗겨 나체로 만든 상태에서 쇠로 만든 벽난로 부지깽이, 허리띠, 옷걸이, 각목 등을 이용하여 피해자의 전신을 구타하고, 항거 불능의 상태에 있는 피해자의 음부에 장식용 돌과 헤어 브러시, 파마 루프 등을 집어넣다 뺐다 하고 머리카락을 가위로 자르고, 면도칼로 음모를 밀고 담뱃불로 손등을 지지는 등 구타하여 피해자를 수회에 걸쳐 실신시키고, 물을 뿌려 깨어나게 하고 잠을 자지 못하게 가혹행위를 하였다.

이로써 피의자는 피해자로 하여금 약 2주간 이상의 치료를 요하는 전신다발성좌상, 좌측수부화상 등의 상해를 가하였다.

2) 적용법조 : 제281조 제1항, 제277조 제1항… 공소시효 10년

[기재례2] 감금치사

1) 범죄사실 기재례

피의자는 20○○. ○. ○.경 ○○에서 동거 중인 피해자 홍길녀(당시 19세)가 술집에 다시 나가 일을 하겠다고 한다는 이유로 위 아파트 안방에 피해자를 데리고 들어가 거실로 통하는 안방 문에 못질하여 밖으로 나갈 수 없게 감금하였다.

그 뒤 피해자가 술집에 나가기 위하여 준비해 놓은 화장품과 화장품 휴대용가방 등을 창문 밖으로 던져 버리고, 피해자를 때리고 옷을 벗긴 다음 가위로 모발을 자르는 등 가혹한 행위를 하였다.

이로써 피의자는 피해자가 이를 피하고자 창문을 통하여 알몸으로 아파트 아래 잔디밭에 뛰어내리다가 다발성실질장기파열상 등을 입고 사망하게 하였다.

2) 적용법조 : 제281조 제1항, 제277조 제1항… 공소시효 10년

◖ Ⅲ. 신문사항

- 피해자 홍길동과 어떠한 관계인가(범인과 피해자와의 관계, 특히 존속여부)
- 피해자를 체포(감금)한 일이 있는가
- 언제 어디에서 체포하였느냐
- 언제까지(체포 · 감금이 계속된 시간 조사)
- 체포 · 감금에서 폭행이나 협박이 있었는지
- 피해자가 저항이나 탈출기도를 했는지
- 피해자가 창문으로 뛰어 내리는 것을 보았는지
- 왜 이를 말리지 않았는가
- 뛰어 내릴 수 있다는 것을 예견하지 못하였나
- 뛰어 내리는 것을 보고 어떻게 하였는가
- 왜 피해자가 이렇게 창문으로 뛰어 내렸다고 생각하는가
- 무엇 때문에 이러한 행위를 하였나

제30장 협박의 죄
(제283~286조)

제1절 협박, 존속협박

제283조(협박, 존속협박) ① 사람을 협박한 자는 3년 이하의 징역, 500만원 이하의 벌금, 구류 또는 과료에 처한다.
② 자기 또는 배우자의 직계존속에 대하여 제1항의 죄를 범한 때에는 5년 이하의 징역 또는 700만원 이하의 벌금에 처한다.
③ 제1항 및 제2항의 죄는 피해자의 명시한 의사에 반하여 공소를 제기할 수 없다.
제285조(상습범) 상습으로 제283조제1항, 제2항 또는 전조의 죄를 범한 때에는 그 죄에 정한 형의 2분의 1까지 가중한다.
제286조(미수범) 전3조의 미수범은 처벌한다.
※ 폭력행위 등 처벌에 관한 법률 제2조(폭행등)
※ 채권의 공정한 추심에 관한 법률 제9조(폭행·협박 등의 금지)
※ 주민투표법 제28조(벌칙) 제2호
※ 응급의료에 관한 법률 제60조제1항(벌칙), 제12조(응급의료 등의 방해 금지)
※ 의료법 제87조의2 제1항(벌칙), 제12조제3항(의료기술 등에 대한 보호)

Ⅰ. 구성요건

1. 객 체

사람

○ 사람이란 자연인인 타인을 의미하므로 법인은 본죄의 객체가 아니다.

○ 사람은 해악고지에 의하여 공포심을 가질만한 정신적 능력이 있는 자에 국한된다. 따라서 영아, 명정자(술에 취해 몸을 제대로 가누지 못하는 사람), 정신병자, 수면 중인 자는 협박죄의 객체가 되지 않는다.

✱ 외국원수 또는 외교사절에 대한 협박은 외국원수에 대한 협박죄(제107조 제1항) 또는 외교사절에 대한 협박죄(제108조 제1항)가 성립한다.

2. 행 위

협박하는 것

(1) 협 박

해악을 가할 것을 고지하여 상대방으로 하여금 공포심을 일으키게 하는 것(협의의 협박)

○ 객관적으로 행위자가 해악을 실현할 의사가 있다는 인상을 주었고, 상대방도 그러한 해악이 발생할 가능성이 있다고 인식하면 족하다. 해악의 현실적 발생가능성이나 행위자의 현실적 실현의사는 필요 없다.

○ 협박죄가 성립하기 위하여는 적어도 발생가능한 것으로 생각될 수 있는 구체적인 해악의 고지가 있어야 한다. 따라서 단순한 폭언이나 욕설은 본죄의 협박이 되지 않는다.

○ 고지되는 해악의 내용은 불법적일 필요가 없으므로 고소권의 행사와 같이 정당한 권리행사의 고지도 목적과 수단의 관계에서 협박이 될 수 있다.

○ 해악의 고지방법에는 제한이 없으며 작위뿐만 아니라 부작위로도 가능하다. 문서의 경우에는 허무인 명의나 익명도 가능하다.

○ 단순히 자연발생적인 길흉화복이나 천재지변의 도래를 알리는 것은 경고에 지나지 않아 협박이라고 할 수 없다.

■ 판례 ■ **협박의 의미**

협박은 사람의 의사결정의 자유를 제한하거나 의사실행의 자유를 방해할 정도로 겁을 먹게 할 만한 해악을 고지하는 것을 말하고, 해악의 고지는 반드시 명시의 방법에 의할 것을 요하지 아니하며 언어나 거동에 의하여 상대방으로 하여금 어떠한 해악에 이르게 할 것이라는 인식을 갖게 하는 것이면 족한 것이고, 또한 직접적이 아니더라도 피공갈자 이외의 제3자를 통해서 간접적으로 할 수도 있으며, 행위자가 그의 직업, 지위 등에 기하여 불법한 위세를 이용하여 재물의 교부나 재산상 이익을 요구하고 상대방으로 하여금 그 요구에 응하지 아니한 때에는 부당한 불이익을 초래할 위험이 있다는 위구심을 야기하게 하는 경우에도 해악의 고지가 된다(대법원 2003.5.13. 선고 2003도709 판결).

■ 판례 ■ **단순한 폭언 · 욕설과 협박**

[1] 협박죄에 있어서 '협박'의 의미 및 협박행위 내지 협박의사의 유무에 대한 판단 방법

행위자의 언동이 단순한 감정적인 욕설 내지 일시적 분노의 표시에 불과하여 주위사정에 비추어 가해의 의사가 없음이 객관적으로 명백한 때에는 협박행위 내지 협박의 의사를 인정할 수 없으나 위와 같은 의미의 협박행위 내지 협박의사가 있었는지의 여부는 행위의 외형뿐만 아니라 그러한 행위에 이르게 된 경위, 피해자와의 관계 등 주위상황을 종합적으로 고려하여 판단해야 할 것이다.

[2] 피고인이 자신의 동거남과 성관계를 가진 바 있던 피해자에게 "사람을 사서 쥐도 새도 모르게 파묻어버리겠다. 너까지 것 쉽게 죽일 수 있다."라고 말한 경우, 협박죄의 성부(소극)

이는 언성을 높이면서 말다툼으로 흥분한 나머지 단순히 감정적인 욕설 내지 일시적 분노의 표시를 한 것에 불과하고 해악을 고지한다는 인식을 갖고 한 것이라고 보기 어렵다(대법원 2006.8.25. 선고 2006도546 판결).

■ 판례 ■ **협박죄의 성립에 필요한 해악 고지의 정도**

협박죄에 있어서 협박이라 함은 일반적으로 보아 사람으로 하여금 공포심을 일으킬 수 있을 정도의 해악을 고지하는 것을 의미하므로, 그러한 해악의 고지는 구체적이어서 해악의 발생이 일응 가능한 것으로 생각될 수 있을 정도일 것을 필요로 한다(대법원 1995.9.29. 선고 94도2187 판결).

■ 판례사례 ■　[협박죄가 성립하는 사례]

(1) 폭력배와 잘 알고 있다는 지위를 이용하여 불법한 위세를 보인 경우(대법원 2003.5.13. 선고 2003도709 판결)
(2) 한마디 말도 없이 가위로 상대방의 목을 찌를 듯한 태도를 취한 경우 ⇨ 거동에 의한 협박(대법원 1975.10.7. 선고 74도2727 판결)
(3) 친권자가 스스로의 감정을 이기지 못하고 야구방망이로 때릴 듯이 하면서 아들에게 "죽여 버린다."고 말한 경우(대법원 2002.2.8. 선고 2001도6468 판결)

■ 판례사례 ■　[협박죄가 성립하지 아니하는 사례]

(1) 욕설을 하고 말다툼을 하는 과정에서 '입을 찢어버릴라'라고 말을 한 경우 ⇨ 단순한 감정적인 욕설에 불과(대법원 1986.7.22. 선고 86도1140 판결)
(2) 甲이 乙의 처와 통화하기 위하여 야간에 전화하였는데 乙이 받자 "한 번 만나자. 나한테 자신 있나."라고 말 한 경우(대법원 1985.7.5. 선고 85도638 판결)
(3) 수박밭 주인 甲이 수박밭에 들어가 두리번거리는 乙에게 '앞으로 수박이 없어지면 너 책임으로 하겠다'고 한 경우 ⇨ 정당한 훈계의 범위를 벗어나는 것이 아니어서 사회상규에 위배되지 않음(대법원 1995.9.29. 선고 94도2187 판결)
(4) 승려 甲이 자기 처 乙과 공모하여 丙, 丁에게 "조상천도제를 하지 않으면 좋지 않은 일이 생긴다."고 하여 돈을 받은 경우 ⇨ 행위자에 의하여 직접, 간접적으로 좌우될 수 없는 것이고 가해자가 현실적으로 특정되어 있지도 않음(대법원 2002.2.8. 선고 2000도3245 판결)
(5) 경찰서에 연행된 피고인이 경찰관으로부터 반공법위반 혐의사실을 추궁당하고 뺨까지 얻어맞게 되자 술김에 흥분하여 항의조로 "내가 너희들의 목을 자른다, 내 동생을 시켜서라도 자른다"라고 말한 경우 ⇨ 해악을 고지할 의사의 결여(대법원 1972.8.29. 선고 72도1565 판결)
(6) 甲녀가 자신의 남편 乙이 같은 집에 세 들어 사는 丙녀(20세)와 불륜관계에 빠지자 丙녀로부터 사과를 받으려고 하였으나 丙녀가 나타나지 않자 丙녀의 아버지와 언니에게 "丙녀를 빨리 찾아내어 해결하여야 할 것이 아닌가, 그렇지 않으면 丙녀를 간통죄로 고소하겠다. 딸이 가정파괴범이다, 시집을 보내려고 하느냐 안 보내려고 하느냐"라고 말한 경우 ⇨ 사회통념상 용인할 수 있을 정도의 것(대법원 1998.3.10. 선고 98도70 판결)

(2) 기수시기

해악을 고지함으로써 상대방이 그 의미를 인식한 때 기수가 되고, 협박에 의하여 상대방이 현실로 공포심을 가질 필요는 없음(위험범)

■ 판례 ■　**정보보안과 소속 경찰관 甲이 자신의 지위를 내세우면서 타인의 민사분쟁에 개입하여 빨리 채무를 변제하지 않으면 상부에 보고하여 문제를 삼겠다고 말한 경우**

[1] 협박죄의 기수에 이르기 위하여 상대방이 현실적으로 공포심을 일으킬 것을 요하는지 여부(소극)
협박죄가 성립하려면 고지된 해악의 내용이 행위자와 상대방의 성향, 고지 당시의 주변 상황, 행위자와 상대방 사이의 친숙의 정도 및 지위 등의 상호관계, 제3자에 의한 해악을 고지한 경우에는 그

에 포함되거나 암시된 제3자와 행위자 사이의 관계 등 행위 전후의 여러 사정을 종합하여 볼 때에 일반적으로 사람으로 하여금 공포심을 일으키게 하기에 충분한 것이어야 하지만, 상대방이 그에 의하여 현실적으로 공포심을 일으킬 것까지 요구하는 것은 아니며, 그와 같은 정도의 해악을 고지함으로써 상대방이 그 의미를 인식한 이상, 상대방이 현실적으로 공포심을 일으켰는지 여부와 관계없이 그로써 구성요건은 충족되어 협박죄의 기수에 이르는 것으로 해석하여야 한다.

결국, 협박죄는 사람의 의사결정의 자유를 보호법익으로 하는 위험범이라 봄이 상당하고, 협박죄의 미수범 처벌조항은 해악의 고지가 현실적으로 상대방에게 도달하지 아니한 경우나, 도달은 하였으나 상대방이 이를 지각하지 못하였거나 고지된 해악의 의미를 인식하지 못한 경우 등에 적용될 뿐이다.

[2] 甲의 죄책
객관적으로 상대방이 공포심을 일으키기에 충분한 정도의 해악의 고지에 해당하므로 현실적으로 피해자가 공포심을 일으키지 않았다 하더라도 협박죄의 기수에 이르렀다고 본 사례(대법원 2007.9.28. 선고 2007도606 전원합의체 판결).

3. 주관적 구성요건

해악을 가할 것을 고지함으로써 상대방으로 하여금 공포심을 갖게 한다는 인식과 의사가 있을 것. 다만 고지한 해악을 실제로 발생케 하겠다는 의사는 필요하지 않다.

▪ 판례 ▪   **협박죄에 있어서의 고의의 내용과 그 유무에 대한 판단기준**

[1] 사실관계

甲은 누나인 乙의 집에서 갑자기 온 몸에 연소성이 높은 고무놀을 바르고 라이타 불을 켜는 동작을 하면서 이를 말리려는 乙 등에게 가위, 송곳을 휘두르면서 "방에 불을 지르겠다." "가족 전부를 죽여 버리겠다."고 소리쳤고 乙이 甲의 행위를 약 1시간가량 말렸으나 듣지 아니하여 무섭고 두려워서 신고를 하였다.

[2] 판결요지

가. 협박죄에 있어서의 고의의 내용과 그 유무에 대한 판단기준
협박죄에 있어서의 협박이라 함은 일반적으로 보아 사람으로 하여금 공포심을 일으킬 수 있는 정도의 해악을 고지하는 것을 의미하므로 그 주관적 구성요건으로서의 고의는 행위자가 그러한 정도의 해악을 고지한다는 것을 인식, 인용하는 것을 그 내용으로 하고 고지한 해악을 실제로 실현할 의도나 욕구는 필요로 하지 아니하고, 다만 행위자의 언동이 단순한 감정적인 욕설 내지 일시적 분노의 표시에 불과하여 주위사정에 비추어 가해의 의사가 없음이 객관적으로 명백한 때에는 협박행위 내지 협박의 의사를 인정할 수 없으나 위와 같은 의미의 협박행위 내지 협박의사가 있었는지의 여부는 행위의 외형뿐만 아니라 그러한 행위에 이르게 된 경위, 피해자와의 관계 등 주위상황을 종합적으로 고려하여 판단해야 할 것이다.

나. 협박의 고의가 있는지 여부
피고인의 행위는 피해자 등에게 공포심을 일으키기에 충분할 정도의 해악을 고지한 것이고, 나아가 피고인에게 실제로 피해자 등의 신체에 위해를 가할 의사나 불을 놓을 의사가 없었다고 할지라도 위와 같은 해악을 고지한다는 점에 대한 인식, 인용은 있었다고 봄이 상당하고, 피해자가 그 이상의 행동에 이르지 못하도록 막은 바 있다 해도 피고인의 행위가 단순한 감정적 언동에 불과하거나 가해의 의사가 없음이 객관적으로 명백한 경우에 해당한다고는 볼 수 없다(대법원 1991.5.10. 선고 90도2102 판결). ☞ (甲은 협박죄)

■ 판례 ■ **피고인이 공중전화를 이용하여 경찰서에 여러 차례 전화를 걸어 전화를 받은 각 경찰관에게 경찰서 관할구역 내에 있는 甲 정당의 당사를 폭파하겠다는 말을 한 경우**

피고인이 혼자 술을 마시던 중 甲 정당이 국회에서 예산안을 강행처리하였다는 것에 화가 나서 공중전화를 이용하여 경찰서에 여러 차례 전화를 걸어 전화를 받은 각 경찰관에게 경찰서 관할구역 내에 있는 甲 정당의 당사를 폭파하겠다는 말을 한 사안에서, 피고인은 甲 정당에 관한 해악을 고지한 것이므로 각 경찰관 개인에 관한 해악을 고지하였다고 할 수 없고, 다른 특별한 사정이 없는 한 일반적으로 甲 정당에 대한 해악의 고지가 각 경찰관 개인에게 공포심을 일으킬 만큼 서로 밀접한 관계에 있다고 보기 어려운데도, 이와 달리 피고인의 행위가 각 경찰관에 대한 협박죄를 구성한다고 본 원심판결은 협박죄에 관한 법리오해의 위법이 있다(대법원 2012.8.17. 선고 2011도10451 판결).

■ 판례 ■ **채권추심 회사의 지사장이 회사로부터 자신의 횡령행위에 대한 민·형사상 책임을 추궁당할 지경에 이르자 이를 모면하기 위하여 회사 본사에 '회사의 내부비리 등을 금융감독원 등 관계 기관에 고발하겠다'는 취지의 서면을 보내는 한편, 위 회사 경영지원본부장이자 상무이사에게 전화를 걸어 자신의 횡령행위를 문제삼지 말라고 요구하면서 위 서면의 내용과 같은 취지로 발언한 경우**

[1] '제3자'의 법익을 침해하겠다는 내용의 해악 고지가 피해자 본인에 대한 협박죄를 구성하는지 여부의 판단 기준 및 위 제3자에 '법인'이 포함되는지 여부(적극)

협박죄에서 협박이란 일반적으로 보아 사람으로 하여금 공포심을 일으킬 정도의 해악을 고지하는 것을 의미하며, 그 고지되는 해악의 내용, 즉 침해하겠다는 법익의 종류나 법익의 향유 주체 등에는 아무런 제한이 없다. 따라서 피해자 본인이나 그 친족뿐만 아니라 그 밖의 '제3자'에 대한 법익 침해를 내용으로 하는 해악을 고지하는 것이라고 하더라도 피해자 본인과 제3자가 밀접한 관계에 있어 그 해악의 내용이 피해자 본인에게 공포심을 일으킬 만한 정도의 것이라면 협박죄가 성립할 수 있다. 이 때 '제3자'에는 자연인뿐만 아니라 법인도 포함된다 할 것인데, 피해자 본인에게 법인에 대한 법익을 침해하겠다는 내용의 해악을 고지한 것이 피해자 본인에 대하여 공포심을 일으킬 만한 정도가 되는지 여부는 고지된 해악의 구체적 내용 및 그 표현방법, 피해자와 법인의 관계, 법인 내에서의 피해자의 지위와 역할, 해악의 고지에 이르게 된 경위, 당시 법인의 활동 및 경제적 상황 등 여러 사정을 종합하여 판단하여야 한다.

[2] '법인'이 협박죄의 객체가 될 수 있는지 여부(소극)

협박죄는 사람의 의사결정의 자유를 보호법익으로 하는 범죄로서 형법규정의 체계상 개인적 법익, 특히 사람의 자유에 대한 죄 중 하나로 구성되어 있는바, 위와 같은 협박죄의 보호법익, 형법규정상 체계, 협박의 행위 개념 등에 비추어 볼 때, 협박죄는 자연인만을 그 대상으로 예정하고 있을 뿐 법인은 협박죄의 객체가 될 수 없다.

[3] 채권추심 회사의 지사장의 죄책

피고인이 피해자에게 해악을 고지하게 된 경위 및 동기, 피고인이 고지한 해악의 구체적인 내용 및 표현방법 등을 종합하면, 피고인에게 협박의 고의가 있었음을 충분히 인정할 수 있으며, 비록 피고인이 횡령죄로 기소된 부분에 관하여 원심에서 보관자의 지위에 있지 않다는 이유로 무죄를 선고받아 이 부분 판결이 확정되기는 하였지만, 회사에 대하여 정당한 절차와 방법을 통해 자신의 무고함을 주장하는데 그치지 않고 피해자를 상대로 그와 무관한 회사의 내부 비리 등을 고발하겠다는 내용의 해악을 고지한 것은 관습이나 윤리관념 등 사회통념에 비추어 용인할 수 있는 정도의 것이라고는 볼 수 없다(대법원 2010.7.15. 선고 2010도1017 판결).

■ 판례 ■ **피고인이 혼자 술을 마시던 중 갑 정당이 국회에서 예산안을 강행처리하였다는 것에 화가 나서 공중전화를 이용하여 경찰서에 여러 차례 전화를 걸어 전화를 받은 각 경찰관에게 경찰서 관할구역 내에 있는 갑 정당의 당사를 폭파하겠다는 말을 한 경우**

피고인은 갑 정당에 관한 해악을 고지한 것이므로 각 경찰관 개인에 관한 해악을 고지하였다고 할 수 없고, 다른 특별한 사정이 없는 한 일반적으로 갑 정당에 대한 해악의 고지가 각 경찰관 개인에게 공포심을 일으킬 만큼 서로 밀접한 관계에 있다고 보기 어려운데도, 이와 달리 피고인의 행위가 각 경찰관에 대한 협박죄를 구성한다고 본 원심판결에 협박죄에 관한 법리오해의 위법이 있다고 한 사례(대법원 2012.8.17. 선고 2011도10451 판결).

4. 위법성

(1) 권리행사와 협박

- ○ 해악의 고지가 합법적인 권리행사로서 사회상규에 위반하지 않을 경우(例, 돈을 갚지 않으면 사기죄로 고소하겠다고 한 경우) ⇨ 협박죄는 불성립
- ○ 외견상 권리의 행사로 보이는 경우에도 실질적으로 권리의 남용인 때(例, 채무 변제를 촉구하기 위해서 생명·신체에 대한 위해를 고지 한 경우) ⇨ 협박죄가 성립

■ 판례 ■ **신문기자가 증여세 포탈에 대한 취재를 요구하였다가 거절당하자 자신이 취재한 내용대로 보도하겠다고 말한 경우**

[1] 사실관계

신문기자인 甲은 乙에게 2회에 걸쳐 증여세 포탈에 대한 취재를 요구하였다가 거절당하자 자신이 취재한 내용대로 보도하겠다고 말하며 인터뷰 협조요청서와 서면질의 내용을 그 자리에 두고 나와 관할 세무서에 제보하였고, 관할 세무서가 甲의 제보에 따라 탈세 여부를 조사한 후 증여세를 추징하였다.

[2] 판결요지

가. 신문기자가 기사 작성 자료를 수집하기 위해 취재에 응해 줄 것을 요청하고 취재 한 내용을 관계법령에 저촉되지 않는 범위 내에서 보도하는 것이 '정당행위'에 해당하는지 여 부(원칙적 적극)

신문은 헌법상 보장되는 언론자유의 하나로서 정보원에 대하여 자유로이 접근할 권리와 취재한 정보를 자유로이 공표할 자유를 가지므로(신문 등의 진흥에 관한 법률 제3조 제2항 참조), 종사자인 신문기자가 기사 작성을 위한 자료를 수집하기 위해 취재활동을 하면서 취재원에게 취재에 응해줄 것을 요청하고 취재한 내용을 관계 법령에 저촉되지 않는 범위 내에서 보도하는 것은 신문기자의 일상적 업무 범위에 속하는 것으로서, 특별한 사정이 없는 한 사회통념상 용인되는 행위라고 보아야 한다.

나. 甲의 죄책

피고인이 취재와 보도를 빙자하여 고소인에게 부당한 요구를 하기 위한 취지는 아니었던 점, 당시 피고인이 고소인에게 취재를 요구하였다가 거절당하자 인터뷰 협조요청서와 서면질의 내용을 그 자

리에 두고 나왔을 뿐 폭언을 하거나 보도하지 않는 데 대한 대가를 요구하지 않은 점, 관할 세무서가 피고인의 제보에 따라 탈세 여부를 조사한 후 증여세를 추징하였다고 피고인에게 통지한 점, 고소인에게 불리한 사실을 보도하는 경우 기자로서 보도에 앞서 정확한 사실 확인과 보도 여부 등을 결정하기 위해 취재 요청이 필요했으리라고 보이는 점 등 제반 사정에 비추어, 위 행위가 설령 협박죄에서 말하는 해악의 고지에 해당하더라도 특별한 사정이 없는 한 기사 작성을 위한 자료를 수집하고 보도하기 위한 것으로서 신문기자의 일상적 업무 범위에 속하여 사회상규에 반하지 아니하는 행위라고 보는 것이 타당한데도, 이와 달리 본 원심판단에 정당행위에 관한 법리오해의 위법이 있다고 한 사례(대법원 2011. 7. 14. 선고 2011도639 판결).

■ 판례 ■ **권리행사의 일환으로 해악을 고지한 경우 협박죄의 성부에 관한 판단기준**

권리행사의 일환으로 상대방에게 일정한 해악을 고지한 경우에도, 그러한 해악의 고지가 사회의 관습이나 윤리관념 등에 비추어 사회통념상 용인할 수 있는 정도이거나 정당한 목적을 위한 상당한 수단에 해당하는 등 사회상규에 반하지 아니하는 때에는 협박죄가 성립하지 아니한다(대법원 1998. 3. 10. 선고 98도70 판결, 대법원 2011. 7. 14. 선고 2011도639 판결 등 참조). 따라서 민사적 법률관계 하에서 이해관계가 상충되는 당사자 사이에 권리의 실현·행사 과정에서 이루어진 상대방에 대한 불이익이나 해악의 고지가 일반적으로 보아 공포심을 일으킬 수 있는 정도로서 협박죄의 '협박'에 해당하는지 여부와 그것이 사회상규에 비추어 용인할 수 있는 정도를 넘어선 것인지 여부를 판단할 때에는, 행위자와 상대방의 관계 및 사회경제적 위상의 차이, 고지된 불이익이나 해악의 내용이 당시 상황에 비추어 이해관계가 대립되는 당사자의 권리 실현·행사의 내용으로 통상적으로 예견·수용할 수 있는 범위를 현저히 벗어난 정도에 이르렀는지, 해악의 고지 방법과 그로써 추구하는 목적 사이에 합리적 관련성이 존재하는지 등 여러 사정을 세심히 살펴보아야 한다. (대법원 2022. 12. 15. 선고 2022도9187 판결)

(2) 형사고소의 의사표시와 협박

고소의 의사여부를 기준으로 하여 고소할 의사가 있는 경우에는 위법성이 조각되나, 고소의사가 없으면 협박죄가 성립된다(통설).

■ 판례 ■ **매수인이 매도인의 대리인에게 매매건물을 명도하거나 명도소송비용을 내놓지 않으면 고소하여 구속시키겠다고 말한 것이 협박으로 볼 수 있는지 여부(소극)**

[1] 사실관계

乙은 丙을 대리하여 丙 소유의 삼광여관을 甲에게 대금 5,500만원에 매도하고 甲으로부터 계약금과 잔대금중 일부를 수령한 후 이중 2,000만원을 자신의 丙에 대한 채권의 변제에 충당하여 자기 예금구좌에 입금하였는데, 그 후 丙이 많은 부채로 도피해 버리고 채권자들이 채무변제를 요구하면서 위 여관을 점거하여 甲에게 여관을 명도하기가 어렵게 되자 甲은 乙에게 "삼광여관을 당장 명도해 주던가 명도소송비용을 내놓라 그렇지 않으면 내가 당신에게 속은 것이니 고소하여 당장 구속시키겠다"고 말하였다.

[2] 판결요지

피고인이 매도인의 대리인인 위 피해자에게 위 여관의 명도 또는 명도소송비용을 요구한 것은 매수인으로서 정당한 권리행사라 할 것이며 위와 같이 다소 위협적인 말을 하였다고 하여도 이는 사회통념상 용인될 정도의 것으로서 협박으로 볼 수 없다(대법원 1984.6.26. 선고 84도648 판결).

[3] 동지판례

협박죄에 있어서의 협박이라 함은 사람으로 하여금 공포심을 일으킬 수 있을 정도의 해악을 고지하는 것을 의미하고, 협박죄가 성립하기 위하여는 적어도 발생 가능한 것으로 생각될 수 있는 정도의 구체적인 해악의 고지가 있어야 한다. 또한 해악의 고지가 있다 하더라도 그것이 사회의 관습이나 윤리관념 등에 비추어 볼 때에 사회통념상 용인할 수 있을 정도의 것이라면 협박죄는 성립하지 아니한다. 따라서 甲녀가 자기 남편과 불륜관계에 빠진 乙녀의 집에 찾아가 乙녀의 가족에게 간통죄로 고소하겠다고 한 것은 사회통념상 용인될 정도의 것으로서 협박으로 볼 수 없다(대법원 1998.3.10. 선고 98도70 판결).

5. 소추조건

본죄는 피해자의 명시한 의사에 반하여 공소를 제기할 수 없다(반의사불벌죄). 다만 폭력행위등처벌에관한법률 제2조 제4항은 2인 이상이 공동하여 협박죄를 범하거나, 동법 위반으로 2회 이상 징역형을 받은 자로서 다시 협박죄를 범하여 누범으로 처벌할 경우에는 반의사불벌죄가 아닌 것으로 규정하고 있다.

● II. 범죄사실 작성시 유의사항

1. 수단 · 방법

가. 협박장을 보내어 협박하는 경우

그 내용을 어느 정도 구체적으로 적시함과 동시에 그 내용이 상대방에게 고지된 사실 및 일시를 명백히 한다(例, '20○○. 2. 10. 甲앞으로 우송하고 그 다음 날 도달하게 하여 그 내용을 알리고', '甲의 우편함에 넣어서 다음 날 10:00경 그로 하여금 이를 읽어보게 하여'와 같이 쓴다).

나. 협박행위의 내용은

말이나 태도를 나타내어 구체적으로 적시한다. 추상적으로 '…의 신체에 위해를 가하겠다는 취지의 협박을 하였다'고 쓰는 것만으로는 충분치 못하다. 피의자의 신분, 성격, 경력 등이 상대방을 겁주기에 족한 하나의 요소로 되어 있는 경우에는 이 점도 적시할 필요가 있다.

다. 해악의 고지는

생명, 신체, 자유 ,명예, 재산 등 여러 가지에 대하여 있을 수 있으므로 그 고지가 어느 것에 대한 것인가를 알아 볼 수 있도록 기재하지 않으면 안 된다.

2. 결 과

협박에 의하여 상대방이 실제로 공포심을 일으킨 경우에도 굳이 「……를 겁주어」라고 기재할 필요는 없을 것이다. 다만 협박을 하였으나 상대방이 실제로 공포심을 일으키지 아니한 경우, 즉 미수의 경우에는 그 취지를 적절히 나타내어야 할 것이다.

Ⅲ. 범죄사실기재

[기재례1] 불륜관계 미끼 협박 및 나체사진 반포

1) 범죄사실 기재례

가. 협박

피의자는 20○○. 6. 25.경 ○○에서, 내연관계에 있던 피해자 김○○(여, 35세)가 헤어지자고 한다는 이유로 '헤어지자고 하면 남편에게 폭로하겠다. 전화를 안 받으면 집 앞에 찾아가겠다'라는 취지로 말하고, 카카오톡으로 '이제 막장으로 가겠다, 주변 사람들에게 실체를 알리겠다, 날 버렸으니 너 인생도 나처럼 되어봐라'라는 취지로 말하면서 소지하고 있던 피해자의 나체사진과 피해자의 지인들의 연락처 캡처 사진을 피해자에게 보내어 다시 만나주지 않으면 피해자의 나체사진을 피해자의 지인들에게 유포하겠다는 취지로 협박하였다.

나. 성폭력범죄의 처벌 등에 관한 특례법 위반(카메라 등을 이용한 촬영)

피의자는 20○○. 6. 25. 14:00경 위 장소에서, 피해자와 성관계를 하면서 촬영하여 보관하고 있던 동영상 중 피해자의 전라 장면을 캡처하여 '이 사람의 실체를 아는 분이 없는 것 같아 이렇게 보냅니다. 한 가정을 파탄 내고 지금은 제 살길만 찾네요'라는 내용의 문자메시지를 작성하여 피해자의 가족과 지인 등 30명의 휴대전화로 전송하였다.

이로써, 피의자는 카메라나 그 밖에 이와 유사한 기능을 갖춘 기계장치를 이용하여 성적 욕망 또는 수치심을 유발할 수 있는 피해자의 신체를 촬영한 촬영물을 피해자의 의사에 반하여 반포하였다.

2) 적용법조 : 형법 제283조 제1항(협박), 성폭력범죄의 처벌 등에 관한 특례법 제14조제2항, 제1항 … 공소시효 10년

[기재례2] 불리한 증언을 이유로 협박

1) 범죄사실 기재례

피의자는 20○○. ○. ○. ○○:○○경 ○○○에서 피해자 홍길동이 피의자의 민사소송과 관련 불리한 증언을 하였다는 이유로 "네가 나에게 불리한 증언을 할 수 있느냐, 앞으로 밤길 다니기 어려울 것이다."라고 말하는 등 위 홍길동에게 어떠한 해악을 가할 듯한 태도를 보여 피해자를 협박하였다.

2) 적용법조 : 제283조 제1항… 공소시효 5년

[기재례3] 전화 협박

1) 범죄사실 기재례

피의자는 20○○. ○. ○. 21:00경 ○○에 있는 피해자 홍길동이 경영하는 식당에 전화로 피의자의 처가 경영하는 ○○미용실의 집기류 일체를 가압류한데 대한 감정으로 "내일 당장 가압류를 풀어주지 않으면 전 가족을 죽이겠다"라고 말하는 등 피해자를 협박하고, 20○○. ○. ○. 23:00 위 식당에 전화를 걸어 같은 이유로 "왜 아직 가압류를 풀어주지 않느냐, 빨리 풀어주지 않으면 오늘 밤에 당장 가서 죽여버린다"라고 말하는 등으로 피해자를 협박하였다.

2) 적용법조 : 제283조 제1항… 공소시효 5년

Ⅳ. 피해자 조사사항

- 피고소인과 어떤 관계인가
- 어떤 피해를 보았는가
- 언제 어디서 협박하던가
- 어떻게 협박하던가
- 흉기를 소지하지 않았던가
- 무엇 때문에 협박하였을까
- 당시 이를 목격한 사람이 있는가
- 다른 피해는 없는가
- 처벌을 원하는가

Ⅴ. 피의자 신문사항

1. 피의자의 일반적 조사사항

가. 범행의 동기

- 왜 협박하게 되었으며, 언제 협박할 결의를 하였는가
- 피해자를 노리게 된 까닭은
- 권리행사를 빙자한 것이 아닌가, 또는 피해자의 부정·약점을 이용여부

나. 준비행위

- 범행을 위하여 어떠한 준비를 하였는가
- 사용한 용구(문서)는 어디서 어떻게 입수하였는가
- 범행당시의 복장 · 휴대품, 기타 몸차림

다. 범행일시

- 범행일시에 대한 피의자의 인식은 확실한가, 그 근거는(피해자 또는 참고인과의 진술과 합치하는가)
- 왜 그 일시를 택하였는가

라. 범행장소

- 왜 그 장소를 택하였는가
- 범행장소의 번지를 모를 때에는 지리적 상황 또는 목표물 등
- 조명의 유무 등 현장의 명암 상황

마. 범행의 상황

1) 해악고지의 수단

- 문서(우송 · 투입 · 직접수교 · 인편에 전달), 언어(직접통고 · 간접통고), 태도(흉기사용 · 위협행위)
- 해악을 가한 대상은 피해자 본인인가, 가족 · 친족 기타 관계 있는 제3자에 대해서인가
- 피의자 자신이 했는가, 사람을 통해서 했는가(그 자의 사회적 지위 · 직업 · 경력 · 세력 · 조직의 유무)
- 해악 실현의 의사가 있었는가

2) 해악의 유형

- 생명(죽인다), 신체(불구로 만든다), 자유(집에 돌려보내지 않는다), 명예(비행 등을 폭로한다) 또는 재산(불을 지른다)에 대해서 직접적으로 해를 가한다는 내용인가
- 가정의 평화를 깨뜨리고 신용을 훼손한다는 내용인가
- 협박에 사용한 용구의 종류, 사용 상황
- 협박에 소요된 시간

3) 외포 · 곤혹의 정도

- 반항했는가
- 의사경정(의사실행)의 자유를 제한(방해)할 정도였는가
- 외포 · 곤혹과 해악고지 사이에 인과관계가 있는가

4) 범행중지 사유
 – 자기의 의사, 제3자의 중재, 피해자의 사죄, 목적 완수 등

바. 도주의 경로와 사후의 상황
 – 범행을 은폐하기 위하여 피해자에게 어떠한 내용의 말을 했는가
 – 언제 · 어디서 · 어디를 거쳐 도주하였는가
 – 교통기관 이용의 여부
 – 도주 중에 특이한 일이나 만난 사람은 없었는가
 – 사용한 용구의 처분 상황

사. 신분관계 및 공범관계

아. 정신상태
 – 심신상실 · 심신미약의 상태에 있었는가
 – 농아자인가
 – 주취의 여부(평소의 주량, 당일의 음주량, 음주한 장소, 주벽, 주취의 정도 등)

2. 피의자 신문例
 – 피해자 홍길동과 어떠한 관계인가요
 – 피해자를 협박한 일이 있는가
 – 언제 어디에서 하였나
 – 어떠한 방법으로 하였나
 – 무엇 때문에
 – 피의자가 피해자를 협박할 때 피해자가 어떻게 하던가
 – 평소 피해자에 원한 관계라도 있었느냐

제2절 특수협박

제284조(특수협박) 단체 또는 다중의 위력을 보이거나 위험한 물건을 휴대하여 전조제1항, 제2항의 죄를 범한 때에는 7년 이하의 징역 또는 1천만원 이하의 벌금에 처한다.
제285조(상습범) 상습으로 제283조제1항, 제2항 또는 전조의 죄를 범한 때에는 그 죄에 정한 형의 2분의 1까지 가중한다.
제286조(미수범) 전3조의 미수범은 처벌한다.
※ 폭력행위등처벌에관한법률 제3조(집단적 폭행등)

Ⅰ. 구성요건

단체 또는 다중의 위력을 보이거나 위험한 물건을 휴대하여 협박죄와 존속협박죄를 범함으로써 성립

▪ 판례 ▪ **甲이 장전되지 않은 공기총(구경 4.5㎜로 독일제인 다이아나 54)을 꺼내어 乙을 협박하였는바, 승용차 트렁크에 공기총 실탄 474개를 위 공기총과 함께 보관하고 있었던 경우**
피고인이 공기총에 실탄을 장전하지 아니하였다고 하더라도 범행 현장에서 공기총과 함께 실탄을 소지하고 있었고 피고인으로서는 언제든지 실탄을 장전하여 발사할 수도 있으므로 공기총이 '위험한 물건'에 해당한다(대법원 2002.11.26. 선고 2002도4586 판결). ☞ (甲은 특수협박죄)

▪ 판례 ▪ **슈퍼마켓 사무실에서 식칼을 들고 피해자를 협박한 행위와 식칼을 들고 매장을 돌아다니며 손님을 내쫓아 그의 영업을 방해한 행위의 죄수 관계(= 업무방해죄와 특수협박죄의 실체적 경합범)**
피고인이 슈퍼마켓사무실에서 식칼을 들고 피해자를 협박한 행위와 식칼을 들고 매장을 돌아다니며 손님을 내쫓아 그의 영업을 방해한 행위는 별개의 행위이다(대법원 1991.1.29. 선고 90도2445 판결).

▪ 판례 ▪ **특수협박죄가 반의사불벌죄인지의 여부(소극)**
형법 제283조 제3항은 피해자의 명시한 의사에 반하여 공소를 제기할 수 없는 대상범죄로서 같은 조 제1항 및 제2항에 규정된 형법상 단순협박죄와 존속협박죄만을 규정하고 있을 뿐이므로, 형법 제284조에서 규정하는 단체 또는 다중의 위력을 보이거나 위험한 물건을 휴대한 특수협박죄의 경우에는 형법 제283조 제3항이 적용될 수 없으며, 피고인의 이 사건 협박행위에 적용되는 폭력행위 등 처벌에 관한 법률 제3조 제1항에 있어서도 단체나 다중의 위력으로써 또는 단체나 집단을 가장하여 위력을 보임으로써 위 법률 제2조 제1항에 열거된 죄를 범한 자 또는 흉기 기타 위험한 물건을 휴대하여 그 죄를 범한 자를 가중처벌 하도록 규정하고 있을 뿐 형법 제283조 제3항의 적용에 관하여 아무런 규정을 두고 있지 아니하므로 형법 제283조 제3항이 적용될 여지는 없다고 해석된다(대법원 2008.7.24. 선고 2008도4658 판결).

Ⅱ. 범죄사실

1) 범죄사실 기재례

[기재례1] 흉기로 협박

> 피의자는 20○○. ○. ○. 19:00경 ○○에 있는 피해자 甲(여, 61세)이 운영하는 '○○식당'에서 아무런 이유 없이 흉기인 커터칼(칼날 길이 14㎝)을 들고 피해자에게 "이 씨부랄년, 우리 엄마, 아버지를 네년이 죽였지, 네년 보지에 애를 넣어 가지고 있지, 이 칼로 네년을 난도질하여 죽여버리겠다"라고 욕설을 하며 해악을 가할 듯한 태도를 보여 피해자를 협박하였다.

[기재례2] 불리한 증언을 이유로 협박

> 피의자는 20○○. ○. ○. ○○:○○경 ○○○에서 피해자 홍길동이 피의자의 민사소송과 관련 불리한 증언을 하였다는 이유로 흉기인 시멘트벽돌(5X7X10㎝)을 들고 "네가 나에게 불리한 증언을 할 수 있느냐, 앞으로 밤길 다니기 어려울 것이다."라고 말하는 등 위 홍길동에게 어떠한 해악을 가할 듯한 태도를 보여 피해자를 협박하였다.

[기재례3] 이웃 주민과 사소한 말다툼 중 칼로 협박

> 피의자는 20○○. 3. 5. 18:30경 ○○에 있는 피의자 및 피해자 갑(남, 63세)의 가족이 거주하는 다가구 주택 내에서 피해자의 모친에게 욕설한 것을 이유로 피해자와 말다툼을 하던 중 피해자의 112 신고를 받고 출동한 경찰관에 의해 자신의 방으로 귀가하였다.
>
> 피의자는 같은 날 20:00경 위 장소 내 피해자의 딸이 거주하고 있는 방문 앞에서, 위와 같이 시비한 것에 화가 나 "다 죽여버리겠다"라고 말하며 위험한 물건인 칼(칼날 길이 약 20cm)을 들고 방 안으로 들어가려 하다가 위 주택 담벼락 위에서 이를 발견한 피해자로부터 "왜 그러냐, 술 깨고 이야기하자"라는 말을 듣자, 피해자가 서 있는 담벼락 쪽으로 다가서며 담벼락 밑에서 위 칼을 피해자에게 겨누고 "니부터 찔러 죽여야겠다. 들어온나"라고 말하여 피해자를 협박하였다.

2) 적용법조 : 제284조, 제283조 제1항… 공소시효 7년

본장의 체계도				
약취유인 (제288조)	① 미성년자(약취, 유인)		☞	③ 피약취자 (피유인자) 국외이송
	② 추행, 간음, 결혼, 영리(약취, 유인)			
	③ 노동력착취, 성매매와 성적착취, 장기적출(약취, 유인)			
	④ 국외이송(약취, 유인)			
인신매매 (제289조)	① 인신매매		☞	③ 피매매자 국외이송
	② 추행, 간음, 결혼, 영리(인신매매)			
	③ 노동력착취, 성매매와 성적착취, 장기적출(인신매매)			
	④ 국외이송(인신매매)			

제1절 미성년자의 약취, 유인

제287조(미성년자의 약취, 유인) 미성년자를 약취 또는 유인한 사람은 10년 이하의 징역에 처한다.

제294조(미수범) 제287조부터 제289조까지, 제290조제1항, 제291조제1항과 제292조제1항의 미수범은 처벌한다.

제296조(예비,음모) 제287조부터 제289조까지, 제290조제1항, 제291조제1항과 제292조제1항의 죄를 범할 목적으로 예비 또는 음모한 사람은 3년 이하의 징역에 처한다.

제296조의2(세계주의) 제287조부터 제292조까지 및 제294조는 대한민국 영역 밖에서 죄를 범한 외국인에게도 적용한다.

※ 특정범죄 가중처벌 등에 관한 법률

제5조의2(약취·유인죄의 가중처벌) ① 13세 미만의 미성년자에 대하여 「형법」 제287조의 죄를 범한 사람은 그 약취(略取) 또는 유인(誘引)의 목적에 따라 다음 각 호와 같이 가중처벌한다.

　1. 약취 또는 유인한 미성년자의 부모나 그 밖에 그 미성년자의 안전을 염려하는 사람의 우려를 이용하여 재물이나 재산상의 이익을 취득할 목적인 경우에는 무기 또는 5년 이상의 징역에 처한다.

　2. 약취 또는 유인한 미성년자를 살해할 목적인 경우에는 사형, 무기 또는 7년 이상의 징역에 처한다.

② 13세 미만의 미성년자에 대하여 「형법」 제287조의 죄를 범한 사람이 다음 각 호의 어느 하나에 해당하는 행위를 한 경우에는 다음 각 호와 같이 가중처벌한다.

　1. 약취 또는 유인한 미성년자의 부모나 그 밖에 그 미성년자의 안전을 염려하는 사람의 우려를 이용하여 재물이나 재산상의 이익을 취득하거나 이를 요구한 경우에는 무기 또는 10년 이상의 징역에 처한다.

　2. 약취 또는 유인한 미성년자를 살해한 경우에는 사형 또는 무기징역에 처한다.

　3. 약취 또는 유인한 미성년자를 폭행·상해·감금 또는 유기(遺棄)하거나 그 미성년자에게 가혹한 행위를 한 경우에는 무기 또는 5년 이상의 징역에 처한다.

　4. 제3호의 죄를 범하여 미성년자를 사망에 이르게 한 경우에는 사형, 무기 또는 7년 이상의 징역에 처한다.

－ 이하 생략 －

Ⅰ. 구성요건

1. 주 체

미성년자 본인을 제외한 모든 자연인(미성년자를 보호·감독하는 친권자나 감독자, 미성년자가 다른 미성년자를 약취·유인하는 경우 본죄의 주체가 될 수 있다.)

개정법에서는 인류에 대한 공통적인 범죄인 약취, 유인과 인신매매죄의 규정이 대한민국 영역 밖에서 죄를 범한 외국인에게도 적용될 수 있도록 세계주의 규정을 도입하였다.

> ※ 세계주의(제296조의2) 의미
> ○ 범죄지 → 대한민국 영역 밖 (국외범)
> ○ 주 체 → 외국인
> ○ 피해자(객체) → (내국인 → 보호주의, 외국인 → 세계주의)

■ 판례 ■ **친권자가 외조부가 맡아서 양육해 오던 미성년인 자((子)를 자의 의사에 반하여 사실상 자신의 지배하에 옮긴 경우**

[1] 사실관계

> A의 아버지인 甲은 A의 어머니이자 자신의 처인 C가 교통사고로 사망하자 A의 외조부인 B에게 A의 양육을 맡겨 왔으나, 교통사고 배상금 등을 둘러싸고 B 등과 사이에 분쟁이 발생하자 자신이 직접 A를 양육하기로 마음먹고, 乙과 공모하여 학교에서 귀가하는 A를 본인의 의사에 반하여 강제로 차에 태우고 할아버지에게 간다는 등의 거짓말로 속인 후 고아원에 데려가 A의 수용문제를 상담하고, 개사육장에서 잠을 재운 후 다른 아동복지상담소에 데리고 다녔다.

[2] 판결요지

가. 미성년자를 보호감독하는 사람이 당해 미성년자에 대한 약취·유인죄의 주체 여부(한정적극)

미성년자를 보호감독하는 자라 하더라도 다른 보호감독자의 감호권을 침해하거나 자신의 감호권을 남용하여 미성년자 본인의 이익을 침해하는 경우에는 미성년자 약취·유인죄의 주체가 될 수 있다.

나. 외조부가 맡아서 양육해 오던 미성년인 자(子)를 자의 의사에 반하여 사실상 자신의 지배하에 옮긴 친권자에 대하여 미성년자 약취·유인죄를 인정할 수 있는지 여부(적극)

피해자의 아버지인 피고인 2가 피해자의 어머니이자 피고인의 처인 공소외 1이 교통사고로 사망하자 피해자의 외조부인 공소외 2에게 피해자의 양육을 맡겨 왔으나, 교통사고 배상금 등을 둘러싸고 공소외 2 등과 사이에 분쟁이 발생하자 자신이 직접 피해자를 양육하기로 마음먹고, 피고인 1과 공모하여 학교에서 귀가하는 피해자를 본인의 의사에 반하여 강제로 차에 태우고 할아버지에게 간다는 등의 거짓말로 속인 후 고아원에 데려가 피해자의 수용문제를 상담하고, 개사육장에서 잠을 재운 후 다른 아동복지상담소에 데리고 가는 등으로 사실상 지배함으로써 미성년자인 피해자를 약취하였다고 인정하였는바, 이러한 원심의 사실인정 및 법리판단은 앞서 본 법리 및 기록에 비추어 정당하여 수긍할 수 있고, 거기에 채증법칙을 위반하거나 미성년자 약취·유인죄에 관한 법리를 오해한 위법이 없다(대법원 2008.1.31. 선고 2007도8011 판결).

2. 객 체

민법상 미성년자인 만 19세(2013.7.1. 민법 개정) 미만의 자

- o 미성년자인한 성별·의사능력·활동능력·보호감독을 받고 있는가의 여부를 불문한다.
- o 민법상 혼인한 미성년의 경우에는 성년으로 의제되므로(민법 제826조의2) 본죄의 객체가 될 수 있는가에 대해서 견해가 대립되고 있다. 다수설은 민법에 의하여 성년의제 된 미성년자도 본죄의 객체가 된다고 한다.
- ✱ 성년에 대한 약취·유인은 일반적으로 처벌되지 아니한다. 다만 약취·유인의 수단이 다른 범죄를 구성하거나, 일정한 목적으로 행하여진 경우 제288조, 제289조의 범죄를 구성하게 된다.

3. 행 위

약취·유인, 즉 인취하는 것

(1) 약취·유인

1) 약 취

폭행 또는 협박으로 자기 또는 제3자의 실력적 지배 하에 옮기는 것

- o 미성년자를 실력적 지배하에 둘 수 있는 정도면 충분하고 반항을 억압할 정도일 필요는 없다(例, 수면제나 마취제로 상대방을 최면상태에 빠지게 하여 다른 곳으로 데려가는 행위, 유아를 보호자 몰래 데려가는 행위).

■ 판례 ■ **술에 만취한 피고인이 초등학교 5학년 여학생의 소매를 잡아끌면서 "우리 집에 같이 자러 가자"고 한 경우**

[1] 사실관계

甲은 06:00경 부산 범일동 소재 인력시장에 일을 구하러 나갔는데, 일감이 없어 평소 알고 지내던 인부들과 함께 막걸리와 소주 등을 마셔 상당히 취한 상태에서 집으로 가기 위하여 버스를 탄 후 대연교회 앞에서 하차한 후 08:12경 대연교회 횡단보도 앞에서 대연초등학교 5학년생인 乙이 같이 등교할 친구 丙을 기다리고 있었는데, 甲이 갑자기 다가가 乙의 오른쪽 점퍼 소매를 잡으며 '가자'고 하자 乙이 그 팔을 뿌리치고 옆으로 비켜서니 甲이 A의 뒤편 바닥에 앉아 A에게 '학교가기 싫으냐. 집에 가기 싫으냐. 우리 집에 같이 자러가자'고 말하자, 이에 A가 불안한 마음으로 甲을 피하여 비켜 서 있다가 08:23경 친구 丙을 만나 휴대폰을 빌려 경찰에 신고하여 체포되었다.

[2] 판결요지

가. 형법 제288조의 약취행위에서 폭행·협박의 정도 및 그 판단 기준

형법 제288조에 규정된 약취행위는 피해자를 그 의사에 반하여 자유로운 생활관계 또는 보호관계로부터 범인이나 제3자의 사실상 지배하에 옮기는 행위를 말하는 것으로서, 폭행 또는 협박을 수단으

로 사용하는 경우에 그 폭행 또는 협박의 정도는 상대방을 실력적 지배하에 둘 수 있을 정도이면 족하고 반드시 상대방의 반항을 억압할 정도의 것임을 요하지는 아니하고 (대법원 1991. 8. 13. 선고 91도1184 판결 참조), 뿐만 아니라 약취에는 폭행 또는 협박 이외의 사실상의 힘에 의한 경우도 포함되며, 어떤 행위가 위와 같은 약취행위에 해당하는지 여부는 행위의 목적과 의도, 행위 당시의 정황, 행위의 태양과 종류, 피해자의 의사 등을 종합하여 판단하여야 한다.

나. 甲의 행위가 약취행위의 수단인 '폭행'에 해당하는지 여부(적극)

피고인이 위와 같이 위험에 대한 대처능력이 미약한 초등학교 5학년 여학생인 피해자의 소매를 잡아끌면서 '우리 집에 같이 자러가자'라고 한 행위는 그 행위의 목적과 의도, 행위 당시의 정황, 행위의 태양과 종류, 피해자의 의사 등을 종합하여 볼 때, 피고인이 피해자를 그 의사에 반하여 자유로운 생활관계 또는 보호관계로부터 피고인의 사실상 지배하에 옮기기 위한 약취행위의 수단으로서 폭행에 충분히 해당한다고 할 것이고, 또한 약취의 의사도 인정된다고 할 것이므로, 피고인에게 약취행위에 해당하는 실행행위가 있다고 보아야 할 것이고, 당시 피고인이 술에 많이 취한 상태였다고 하더라도 버스에서 내려 집으로 가는 중이었다는 점 등의 사정에 비추어 심신상실의 상태에까지 이르렀다고는 보기 어려운 이상 이를 이유로 약취행위의 실행행위를 부정할 수는 없다(대법원 2009.7.9. 선고 2009도3816 판결).

■ **판례** ■ **'약취'의 의미 및 약취에 해당하는지 판단하는 기준**

[1] 미성년자약취죄의 구성요건요소로서 '약취'의 의미 및 약취에 해당하는지 판단하는 기준

형법 제287조의 미성년자약취죄의 구성요건요소로서 약취란 폭행, 협박 또는 불법적인 사실상의 힘을 수단으로 사용하여 피해자를 그 의사에 반하여 자유로운 생활관계 또는 보호관계로부터 이탈시켜 자기 또는 제3자의 사실상 지배하에 옮기는 행위를 의미하고, 구체적 사건에서 어떤 행위가 약취에 해당하는지 여부는 행위의 목적과 의도, 행위 당시의 정황, 행위의 태양과 종류, 수단과 방법, 피해자의 상태 등 관련 사정을 종합하여 판단하여야 한다.

[2] 부모가 이혼하였거나 별거하는 상황에서 미성년의 자녀를 부모의 일방이 평온하게 보호·양육하고 있는데, 상대방 부모가 폭행, 협박 또는 불법적인 사실상의 힘을 행사하여 그 보호·양육 상태를 깨뜨리고 자녀를 자기 또는 제3자의 사실상 지배하에 옮긴 행위가 미성년자에 대한 약취죄를 구성하는지 여부(적극)

미성년자를 보호·감독하는 사람이라고 하더라도 다른 보호감독자의 보호·양육권을 침해하거나 자신의 보호·양육권을 남용하여 미성년자 본인의 이익을 침해하는 때에는 미성년자에 대한 약취죄의 주체가 될 수 있으므로, 부모가 이혼하였거나 별거하는 상황에서 미성년의 자녀를 부모의 일방이 평온하게 보호·양육하고 있는데, 상대방 부모가 폭행, 협박 또는 불법적인 사실상의 힘을 행사하여 그 보호·양육 상태를 깨뜨리고 자녀를 자기 또는 제3자의 사실상 지배하에 옮긴 경우 그와 같은 행위는 특별한 사정이 없는 한 미성년자에 대한 약취죄를 구성한다.

[3] 피고인과 甲은 각각 한국과 프랑스에서 따로 살며 이혼소송 중인 부부로서 자녀인 피해아동 乙(만 5세)은 프랑스에서 甲과 함께 생활하였는데, 피고인이 乙을 면접교섭하기 위하여 그를 보호·양육하던 甲으로부터 乙을 인계받아 국내로 데려온 후 면접교섭 기간이 종료하였음에도 乙을 데려다주지 아니한 채 甲과 연락을 두절한 후 법원의 유아인도명령 등에도 불응한 사안

피고인은 乙을 향후 계속하여 보호·양육함으로써 기존의 자유로운 생활 및 보호관계로부터 이탈시켜 자신의 사실상 지배하에 두기 위한 목적으로 乙의 반환을 거부한 것으로 보이는 점, 乙은 당시 만 5세에 불과한 유아였고 乙이 돌아가야 하는 곳은 외국인 프랑스였으므로, 피고인이 작위의무를 이행하여 乙을 데려다주지 않으면 乙 스스로는 자유로운 생활 및 보호관계로부터의 이탈이라는 위협에 대처할 수 있는 능력이 없는 상태였던 점, 피고인은 장기간 프랑스 법원의 양육자 지정 결정뿐 아니라 국내 법원의 양육자 지정 및 유아인도 심판, 그 이행명령, 면접교섭 사전처분 등 각종 결정을 지속적으로 위반한 점 등의 여러 사정을 종합하면, 피고인의 행위는 불법적인 사실상의 힘을 수단으로 乙을 그 의사와 복리에 반하여 자유로운 생활 및 보호관계로부터 이탈시켜 자기의 사실상 지배하에 옮긴 적극적 행위와 형법적으로 같은 정도의 행위로 평가할 수 있으므로 형법 제287조 미성년자약취죄의 약취행위에 해당한다.(대법원 2021. 9. 9., 선고, 2019도16421, 판결)

2) 유 인

기망 또는 유혹을 수단으로 자기 또는 제3자의 실력적 지배하에 옮기는 것

- 의사능력이 있는 자만이 유인의 객체가 될 수 있으므로 의사능력이 없는 자(例, 유아)는 유인의 객체는 될 수 없고, 약취의 객체가 될 수 있을 뿐이다.

■ 판례 ■   **미성년자유인죄에 있어서 유혹의 의미**

[1] 사실관계

甲은 4촌 매형의 청소대행업체에서 일하면서 숙식을 해결하는 미성년의 저능아 乙을 제주도로 데리고 간 후 이 사실을 매형에게 숨겼다.

[2] 판결요지

미성년자유인죄라 함은 기망 또는 유혹을 수단으로 하여 미성년자를 꾀어 현재의 보호상태로부터 이탈케 하여 자기 또는 제3자의 사실적 지배하로 옮기는 행위를 말하고, 여기서의 유혹이라 함은 기망의 정도에는 이르지 아니하나 감언이설로써 상대방을 현혹시켜 판단의 적정을 그르치게 하는 것이므로 반드시 그 유혹의 내용이 허위일 것을 요하지는 않는다(대법원 1996.2.27. 선고 95도2980 판결).   ☞   (甲은 미성년자유인죄)

(2) 약취 · 유인의 상대방

폭행 · 협박 또는 유인은 미성년자뿐만 아니라 그 보호자나 감독자에게 행하여지는 경우도 포함한다.

(3) 실력적 지배의 설정

- 약취 · 유인이 있다고 하기 위해서는 폭행 · 협박 · 기망 · 유혹에 의해서 피인취자를 자기 또는 제3자의 실력적 지배상태에 두어야 한다. 따라서 미성년자를 본래의 생활환경 · 보호상태에서 이탈시킨 경우라도 실력적 지배를 설정하지 못하면 본죄는 성립하지 않는다(例, 미성년자를 유혹해서 가출하게 한 경우).

1) 장소적 이전이 필요한지 여부

보호자를 폭행 · 협박 · 기망 등으로 떠나게 하고 피인취자를 자신의 실력적 지배 하에 둘 수도 있기 때문에 장소적 제한이나 장소적 격리가 요건이 아니다.

■ 판례 ■ 　　미성년자 혼자 머무는 주거에 침입하여 강도 범행을 하는 과정에서 일시적으로 부모와의 보호관계가 사실상 침해·배제된 경우

[1] 사실관계

甲은 14:30경 아파트 현관문을 열고 집안으로 들어서는 미성년자 乙을 발견하고 乙에게 달려들어 옆구리에 칼을 들이대고 뒤따라 집안으로 침입한 후 집안을 뒤져 물품을 강취하고, 현금이 발견되지 않자 乙를 인질로 삼아 그의 부모로부터 현금을 취득하기로 마음먹고 乙를 결박시킨 다음 두 시간 남짓 부모의 귀가를 기다리다가 19:00경 乙의 모 丙이 아파트 안으로 들어오자, 거실에서 앉아 포박된 위 乙의 옆구리에 부엌칼을 들이대면서 "아들을 살리려면 이리 와서 앉아"라고 위협하여 이에 놀란 丙이 황급히 밖으로 도망치자, 수회 전화를 걸어 "아들을 살리려면 돈 300만 원을 지금 마련해서 올라와라, 경찰에는 절대 알리지 마라, 만약 신고하면 아들을 죽이겠다"고 하는 등 수차례 협박하여 19:58경 丙으로부터 아파트 현관 입구에서 금품 50만 원을 전달받았으나 문밖에서 대기중이던 경찰관에게 체포되었다.

[2] 판결요지

가. 형법상 미성년자약취죄의 약취행위에서 장소적 이전이 갖는 의미

형법 제287조에 규정된 약취행위는 폭행 또는 협박을 수단으로 하여 미성년자를 그 의사에 반하여 자유로운 생활관계 또는 보호관계로부터 이탈시켜 범인이나 제3자의 사실상 지배하에 옮기는 행위를 말하는 것이다. 물론, 여기에는 미성년자를 장소적으로 이전시키는 경우뿐만 아니라 장소적 이전 없이 기존의 자유로운 생활관계 또는 부모와의 보호관계로부터 이탈시켜 범인이나 제3자의 사실상 지배하에 두는 경우도 포함된다고 보아야 한다. 다만, 미성년자와 보호자의 일상생활의 장소적 중심인 주거에서 장소적 이전을 전제로 하지 아니한 채 폭행 또는 협박이 이루어진 경우에는, 그로 인하여 미성년자와 부모의 보호관계가 제한 혹은 박탈되는 모든 경우에 형법 제287조의 미성년자약취죄가 성립하는 것으로 볼 수는 없고, 무엇보다 미성년자를 기존의 생활관계 및 보호관계로부터 이탈시킬 의도가 없는 경우에는 실행의 착수조차 인정하기 어려우며, 범행의 목적과 수단, 시간적 간격 등을 고려할 때 사회통념상 실제로 기존의 생활관계 및 보호관계로부터 이탈시킨 것으로 인정되어야만 기수가 성립한다.

나. 미성년자와 그 부모의 주거에 침입하여 장소적 이전 없이 미성년자에게 폭행·협박을 가한 것이 형법 제287조의 미성년자약취죄를 구성하는지 여부의 판단 기준

미성년자가 혼자 머무는 주거에 침입하여 그를 감금한 뒤 폭행 또는 협박에 의하여 부모의 출입을 봉쇄하거나, 미성년자와 부모가 거주하는 주거에 침입하여 부모만을 강제로 퇴거시키고 독자적인 생활관계를 형성하기에 이르렀다면 비록 장소적 이전이 없었다 할지라도 형법 제287조의 미성년자약취죄에 해당함이 명백하지만, 강도 범행을 하는 과정에서 혼자 주거에 머무르고 있는 미성년자를 체포·감금하거나 혹은 미성년자와 그의 부모를 함께 체포·감금, 또는 폭행·협박을 가하는 경우, 나아가 주거지에 침입하여 미성년자의 신체에 위해를 가할 것처럼 협박하여 부모로부터 금품을 강취하는 경우와 같이, 일시적으로 부모와의 보호관계가 사실상 침해·배제되었다 할지라도, 그 의도가 미성년자를 기존의 생활관계 및 보호관계로부터 이탈시키는 데 있었던 것이 아니라 단지 금품 강취를 위하여 반항을 제압하는 데 있었다거나 금품 강취를 위하여 고지한 해악의 대상이 그곳에 거주하는 미성년자였던 것에 불과하다면, 특별한 사정이 없는 한 미성년자를 약취한다는 범의를 인정하기 곤란할 뿐 아니라, 보통의 경우 시간적 간격이 짧아 그 주거지를 중심으로 영위되었던 기존의 생활관계로부터 완전히 이탈되었다고 평가하기도 곤란하다.

다. 미성년자약취죄의 성립여부(소극)

피고인의 의사는 위 주거지에서 친권자인 피해자의 모를 퇴거시키거나 보호관계를 단념시켜 기존의 생활관계를 배제하고 독자적인 생활관계를 형성하고자 하는 데에 있었던 것이라기보다는, 피해자의 신체에 위해를 가할 것처럼 협박하여 피해자의 모로부터 금품을 강취하는 데에 있었다고 봄이 상당하고, 현장을 목격한 피해자의 모가 즉시 위 주거지로부터 이탈한 것은 오히려 피고인의 범행계획에 비추어 볼 때 그의 의도에 반하는 결과로서 초래된 것임을 알 수 있다. 그리고 그 뒤에 전화를 통해 협박이 이어지기는 하였으나, 그로부터 피해자 모의 신고를 받고 즉시 출동한 경찰관에 의하여 제압될 때까지의 시간적 간격이 불과 한 시간 남짓에 불과한 점에 비추어 볼 때, 피해자가 위 아파트를 그 장소적 근거로 삼고 있는 기존의 생활관계로부터 완전히 이탈되었다거나 새로운 생활관계가 형성되었다고 평가하기도 어렵다 할 것이다. 따라서 특별한 사정이 없는 한, 피고인의 원심 판시 제4항의 범행을 형법 제336조(인질강도)로 의율하는 것은 별론으로 하고, 특가법 제5조의2 제2항 제1호, 형법 제287조에 의율할 수는 없다 할 것이다(대법원 2008.1.17. 선고 2007도8485 판결).

2) 부작위에 의한 인취

부작위에 의한 기망수단으로써 인취할 수 있다(例, 스스로 가출하여 자신의 지배하에 들어오게 된 미성년자를 보호자에게 알리지 않는 경우)

■ 판례 ■ **미성년자유인죄의 성립요건**

형법 제287조의 미성년자유인죄란 기망 또는 유혹을 수단으로 하여 미성년자를 꾀어 그 하자 있는 의사에 따라 미성년자를 자유로운 생활관계 또는 보호관계로부터 이탈하게 하여 자기 또는 제3자의 사실적 지배하에 옮기는 행위를 말하고, 여기서 사실적 지배라고 함은 미성년자에 대한 물리적·실력적인 지배관계를 의미한다고 할 것이며, 특정범죄가중처벌등에관한법률 제5조의2 제2항 제3호 후단은 위 미성년자유인죄를 범한 자에 대한 가중처벌을 규정한 것이므로, 위의 어느 죄든 그것이 성립하기 위하여는 피고인이 미성년자를 자기 또는 제3자의 물리적·실력적인 지배하로 옮길 범의를 가지고 미성년자를 기망 또는 유혹하여 미성년자를 위와 같은 지배하에 두었음이 증거에 의하여 입증되어야 한다(대법원 1998.5.15. 선고 98도690 판결).

(4) 기수시기

착수시기는 약취·유인의 수단인 폭행·협박·기망·유혹을 개시한 때이고, 미성년자를 실력적 지배 하에 두고 어느 정도 시간적 계속성이 인정될 때 기수가 되며(계속범), 피해자의 자유가 회복된 때 종료한다.

4. 주관적 구성요건

미성년자의 약취·유인에 대한 인식과 의사가 있어야 하며, 목적범이 아니므로 약취·유인의 동기나 목적은 불문한다.

- 미성년자를 추행·간음·영리·결혼·국외이송 등의 목적으로 약취·유인 한 경우에는 추행·간음·영리·결혼·국외이송 등 약취·유인죄가 성립한다.

5. 위법성

미성년자의 승낙이 있더라도 친권자의 승낙이 없는 한 미성년자 약취·유인죄가 성립한다(대법원 2003.2.11. 선고 2002도7115 판결). 다만 미성년자와 보호자의 승낙이 있으면 이는 양해로서 구성요건에 해당하지 않게 된다.

■ 판례 ■ **피고인이 미성년자의 동의하에 그 부의 감호권을 침해하여 미성년자를 피고인의 사실상 지배하로 옮긴 경우, 미성년자약취죄가 성립하는지 여부(적극)**

형법 제287조에 규정된 미성년자약취죄의 입법 취지는 심신의 발육이 불충분하고 지려와 경험이 풍부하지 못한 미성년자를 특별히 보호하기 위하여 그를 약취하는 행위를 처벌하려는 데 그 입법의 취지가 있으며, 미성년자의 자유 외에 보호감독자의 감호권도 그 보호법익으로 하고 있다는 점을 고려하면, 피고인과 공범들이 미성년자를 보호·감독하고 있던 그 아버지의 감호권을 침해하여 그녀를 자신들의 사실상 지배하로 옮긴 이상 미성년자약취죄가 성립한다 할 것이고, 약취행위에 미성년자의 동의가 있었다 하더라도 본죄의 성립에는 변함이 없다(대법원 2003.2.11. 선고 2002도7115 판결).

■ 판례 ■ **하자있는 피해자의 승낙과 미성년자 유인죄의 성부(적극)**

교회 목사가 자신의 독자적인 종말론 교리에 감화되어 15세의 미성년자가 스스로 가출하여 전도회에 입관시켜줄 것을 호소하자, 그 지배하에 두고 주의 일(껌팔이)을 시킨 사안에서, 피해자가 스스로 가출하였다고는 하나 그것이 피고인의 독자적인 교리설교에 의하여 하자 있는 의사로써 이루어진 것이고, 동 피해자를 보호감독권자의 보호관계로부터 이탈시켜 피고인의 지배하에 옮긴 이상 미성년자 유인죄가 성립한다(대법원 1982.4.27. 선고 82도186 판결).

■ 판례 ■ **미성년자의 아버지의 부탁으로 그 아이들을 보호하고 있는 자가 아이들 어머니의 인도요구를 거부하는 경우에 미성년자약취죄를 구성하는가 여부(소극)**

미성년자의 아버지의 부탁으로 그 아이들을 보호하고 있는 자는 위 아이를 인도하라는 어머니의 요구를 거부하였다 하여 미성년자약취죄의 죄책을 진다고 볼 수 없다(대법원 1974.5.28. 선고 74도840 판결).

6. 죄 수

- ○ 약취·유인한 자가 피해자를 계속해서 감금한 경우 ⇨ 약취·유인죄와 감금죄의 실체적 경합
- ○ 인취행위가 인질강도죄 또는 인질강요죄의 수단으로 행하여진 경우 ⇨ 인질강도죄 또는 인질강요죄만 성립

[기재례1] 미성년자유인 및 가혹행위

1) 범죄사실 기재례

피의자는 '○○○' 잡지사의 기획실장으로 근무하면서 사진모델로 응모하여 알게 된 甲녀(여, 16세)가 가족들의 반대에도 불구하고 모델이나 영화배우로 활동하기를 원한다는 사실을 알고 있었다.

가. 미성년자유인

피의자는 20○○. 4. 13. 14:30경 甲녀를 모델이나 영화배우로 활동하게 할 의사나 능력을 갖추고 있지 아니한다.

그럼에도 피의자는 甲녀에게 "내가 알고 있는 영화사 사람에게 너의 사진을 보여주니 좋은 반응을 보였다. 그쪽에서 너의 사진을 원하니 만나서 사진을 찍어야겠다. ○○여관으로 나와라."라고 속여 그 날 15:00경 ○○에 있는 ○○여관방에서 甲녀를 만나 그에게 "우선 사진을 찍고 그 사진을 영화사로 보내자. 영화배우가 될 수 있도록 도와주겠다."라고 속여 甲녀의 나체사진을 찍은 후 귀가시켰다가, 다음날 오후에 전화로 甲녀에게 "그 사진을 영화사 사람에게 보여주었더니 올해 5월에 영화 한 편을 만드는데 조연급으로 출연시켜도 되겠다고 오케이를 하였다. 그러니 내일 오후 4시에 ○○여관방에서 만나자."라고 甲녀를 속여 그때부터 같은 달. 24.02:00경까지 ○○시에 있는 피의자의 자취방 등지로 甲녀를 데리고 다녀 미성년자를 유인하였다.

나. 미성년자간음

피의자는 20○○. ○. ○. 02:00경 피의자의 차량에 甲녀를 태우고 20○○. ○. ○. 04:00경 ○○에 있는 피의자의 형인 丁소유 빈집의 방으로 데리고 가 甲녀를 유인하였다.

피의자는 그곳에서 甲녀에게 "모델이 되려면 이 정도는 참아야 한다."고 말하면서 甲녀의 옷을 벗기려다가 甲녀가 두 손으로 가슴을 가린 채 옷을 붙잡고 발을 구르고 소리를 지르면서 반항하자 주먹으로 얼굴을 때릴 듯한 태도를 보이며 "야, 네가 더 힘이 세냐, 내가 더 힘이 세냐. 나를 그렇게 못 믿느냐."라고 말하면서 甲녀를 넘어뜨린 다음 甲녀의 몸을 짓누른 채 옷을 모두 벗기고, 왼팔로 甲녀의 목을 감고, 발로 甲녀의 양다리를 벌리고 오른손의 손가락을 甲녀의 질에 집어넣고, 그 손가락으로 甲녀의 음부를 할퀴고 1회 간음하였다.

이로써 피의자는 위계 및 위력을 행사하여 미성년자인 甲녀를 간음하고, 유인한 미성년자에게 가혹한 행위를 가하였다.

2) 적용법조 : 형법 제287조, 특정범죄가중처벌등에관한법률 제5조의2 제2항 제3호… 공소시효 15년

[기재례2] 미성년자유인미수

1) 범죄사실 기재례

피의자는 심야에 귀가하는 여학생을 강간하기로 마음먹고 승용차(차량번호)를 서행하며 대상자를 물색하였다.

2000. O. O. 22:05경 OO에 있는 OO여자고등학교 옆 골목길에서 피해자 미성년자인 홍성칠(여, 17세)을 발견하고 그 여학생에게 "OO여고가 어디냐"고 말을 걸어 피해자를 위 승용차에 태워 유인하려고 하였으나 피해자가 학교를 가리키며 그대로 지나가는 바람에 그 뜻을 이루지 못하고 미수에 그쳤다.

2) 적용법조 : 제294조, 제287조… 공소시효 10년

[기재례3] 미성년자유인미수

1) 범죄사실 기재례

피의자는 OO에 있는 피해자 갑(여, 17세)의 모친이 운영하는 카페에서 아르바이트를 하다가 피해자를 만나 2000. O. O.경부터 서로 사귀던 중, 2000. O. O. 20:00경 위카페에서 피해자가 어머니와 다툰 사실을 알고는 미성년자인 피해자에게 가출하도록 유인한 다음, 그때부터 2000. O. O.경까지 피해자로 하여금 OO에 있는 지인의 집에서 머물도록 하였다.

이로써 피의자는 미성년자인 피해자를 유인하였다.

2) 적용법조 : 제287조… 공소시효 10년

Ⅲ. 신문사항[미성년자약취(유인)]

- 피해자 ○○○와 어떠한 관계인가(미성년자와 친권자 또는 감독자와의 관계, 미성년자와 범인과의 관계, 미성년자의 친권자·감독자와 범인과의 관계 등 조사)
- 언제 어디에서 유인하였나
- 왜 그를 대상으로 하였나
- 약취·유인의 동기 또는 목적
- 어떠한 방법으로
- 이러한 행위로 어떠한 이익을 취득했는지

제2절 추행 등 목적 약취, 유인 등

제288조(추행 등 목적 약취, 유인 등) ① 추행, 간음, 결혼 또는 영리의 목적으로 사람을 약취 또는 유인한 사람은 1년 이상 10년 이하의 징역에 처한다.
② 노동력 착취, 성매매와 성적 착취, 장기적출을 목적으로 사람을 약취 또는 유인한 사람은 2년 이상 15년 이하의 징역에 처한다.
③ 국외에 이송할 목적으로 사람을 약취 또는 유인하거나 약취 또는 유인된 사람을 국외에 이송한 사람도 제2항과 동일한 형으로 처벌한다.
제294조(미수범) 제287조부터 제289조까지, 제290조제1항, 제291조제1항과 제292조제1항의 미수범은 처벌한다.
제296조(예비, 음모) 제287조부터 제289조까지, 제290조제1항, 제291조제1항과 제292조제1항의 죄를 범할 목적으로 예비 또는 음모한 사람은 3년 이하의 징역에 처한다.
제296조의2(세계주의) 제287조부터 제292조까지 및 제294조는 대한민국 영역 밖에서 죄를 범한 외국인에게도 적용한다.
※ 장기등 이식에 관한 법률 제11조(장기등의 적출·이식의 금지 등), 제44조(벌칙)

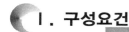

Ⅰ. 구성요건

1. 추행, 간음, 결혼 또는 영리의 목적 (제1항)

(1) 객 체

성년자 · 미성년자 · 남자 · 여자를 모두 포함

○ 추행 · 간음 · 영리 또는 결혼의 목적으로 미성년자를 약취하거나 유인한 때에는 형이 무거운 본죄가 적용된다. 결혼목적 약취의 경우 구법에서는 감경적 구성요건이었으나 삭제되었고 추행과 간음 목적은 구법에서 친고죄였으나 역시 삭제되었다.

(2) 행 위

약취 · 유인하는 것

■ 판례 ■　**형법 제288조 소정의 약취행위에 있어서의 폭행 또는 협박의 정도**

형법 제288조에 규정된 약취행위는 피해자를 그 의사에 반하여 자유로운 생활관계 또는 보호관계로부터 범인이나 제3자의 사실상 지배하에 옮기는 행위를 말하는 것으로서, 폭행 또는 협박을 수단으로 사용하는 경우에 그 폭행 또는 협박의 정도는 상대방을 실력적 지배하에 둘 수 있을 정도이면 족하고 반드시 상대방의 반항을 억압할 정도의 것임을 요하지는 아니한다(대법원 1991.8.13. 선고 91도1184 판결).

(3) 기수시기

행위자가 추행 · 간음 · 영리 또는 결혼의 목적으로 사람을 약취 · 유인하면 기수가 되고, 그 목적달성여부는 불문한다. 다만 실력적 지배에는 어느 정도 시간적 계속성이 있을 것을 요한다.

- 본죄의 목적이 실현되지 않아도 기수가 인정되므로 본죄의 미수범은 약취·유인 행위의 미수를 의미한다.

(4) 주관적 구성요건

고의와 추행·간음·영리 또는 결혼의 목적이 있을 것

- 추행의 목적이란
  피해자를 추행의 주체 또는 객체로 삼으려는 목적을 말한다.
- 간음의 목적이란
  결혼이 아닌 성교의 목적을 말하고 결혼할 목적이 있는 경우 결혼목적 약취·유 인죄가 성립한다. 다만 반드시 약취자·인취자가 추행·간음의 당사자가 되어야 하는 것은 아니다.
- 영리목적이란
  재산적 이익을 취득할 목적을 말하는 것으로서 계속적·일시적, 적법·불법을 불 문한다.
- 결혼할 목적이란
  - 법률혼이건 사실혼이건 진실로 혼인관계를 맺을 목적을 의미한다. 따라서 단순 히 내연관계나 첩관계를 맺을 목적, 결혼지참금만 착복하려는 목적으로 약취·유 인한 경우는 본죄가 성립하지 않는다.
  - 행위자가 피해자와 결혼할 목적이나 피해자와 제3자를 결혼시킬 목적으로 약 취·유인해야 한다. 따라서 행위자가 피해자가 아닌 제3자와 결혼할 목적으로 약 취·유인한 경우에는 결혼목적 약취·유인죄가 성립하지 않는다.

(5) 타 죄와의 관계

(가) 인질강도죄와의 관계

석방의 대가로 재물을 취득할 목적으로 약취·유인한 경우에는 인질강도죄의 실행의 착수가 있었는가에 따라 인질강도죄 또는 영리목적 약취·유인죄가 성립한다.

- 인질강도죄의 실행의 착수, 즉 재물의 요구가 있으면 인질강도죄가 성립한다.
- 재물의 요구가 없으면 영리목적 약취·유인죄가 성립한다(통설).
- 미성년자를 약취·유인 후 재물을 요구한 경우에는 특정범죄가중처벌등에관한법 률 제5조의2 제2항 제1호가 적용된다.

(나) 미성년자 약취유인죄와의 관계

결혼할 목적으로 미성년자를 인취할 경우에는 미성년자약취 · 유인죄가 아니라, 본죄만 성립한다.

2. 노동력 착취, 성매매와 성적 착취, 장기적출을 목적 (제2항)

(1) 객 체

성년자 · 미성년자 · 남자 · 여자를 모두 포함

(2) 행 위

약취 · 유인하는 것

(3) 기수시기

행위자가 노동력 착취, 성매매와 성적착취, 장기 적출의 목적으로 사람을 약취 · 유인하면 기수가 되고, 그 목적달성여부는 불문한다. 다만 실력적 지배에는 어느 정도 시간적 계속성이 있을 것을 요한다.

- 본죄의 목적이 실현되지 않아도 기수가 인정되므로 본죄의 미수범은 약취 · 유인 행위의 미수를 의미한다.

(4) 주관적 구성요건

고의와 노동력 착취, 성매매와 성적착취, 장기 적출의 목적이 있을 것

- 구법에서 추업에 사용할 목적 매매죄는 성매매와 성적착취에 해당한다고 볼 수 있다.
- 장기적출의 목적으로 약취 · 유인함으로써 성립하고 실질적으로 장기적출 행위가 이루어지면 '장기등 이식에 관한 법률'과 경합범으로 처벌한다.

3. 국외에 이송할 목적 (제3항)

(1) 객 체

미혼 · 기혼, 성년 · 미성년 및 남녀를 불문

(2) 주관적 구성요건

고의와 국외에 이송할 목적이 있을 것. 그러나 국외이송의 동기는 불문

(3) 죄 수

국외이송의 목적이 있는 이상 객체가 미성년자이거나 영리의 목적이 있는 경우에도 본죄만 성립

(4) 행 위

○ 대한민국 영역을 벗어나면 기수가 되고, 반드시 타국의 영역 내로 들어갈 필요는 없다.
○ 국외 이송 목적으로 약취유인한 자가 피인취자를 국외에 이송한 경우 양 죄가 모두 성립한다(다수설).

II. 범죄사실기재 및 신문사항

[기재례1] 영리목적 미성년자유인

1) 범죄사실 기재례

피의자는 ○○(주) 회장 홍길동의 아들 甲(9세)을 유인하여 홍길동에게 그 아들과 서로 바꾸는 조건으로 돈을 받으려고 마음먹었다.

피의자는 200○. ○. ○. ○○:○○경 ○○에 있는 ○○초등학교 부근에서 위 甲을 기다리고 있다 집에 돌아가려는 위 甲을 불러 "아저씨는 아빠 회사에서 근무하는 사람인데, 지금 아빠가 빨리 너를 데려오라고 하니까 아저씨와 같이 가자"라고 거짓말하였다.

피의자는 피해자가 아직 어려 사리판단을 잘 하지 못하는 것을 이용하여 그곳에서 피해자를 피의자 소유 ○○거 1111 승용차에 태워 ○○에 있는 피의자의 집으로 데려갔다.

이로써 피의자는 200○. ○. ○.경까지 그 집에 머물게 하여 영리를 목적으로 피해자를 유인하였다.

2) 적용법조 : 제288조 제1항 … 공소시효 10년

3) 신문사항

- 홍길동과 그의 아들을 알고 있는가
- 홍길동의 아들을 찾아간 일이 있는가
- 언제 어디로 찾아갔는가
- 무엇 때문에 찾아갔으며 찾아가서 뭐라고 하였나
- 아들이 피의자의 말을 믿던가
- 어떤 방법으로 아들을 데려 갔는가
- 어디까지 갔으며 데려가서 어떻게 하였나
- 어떤 목적으로 데려간 것인가
- 왜 홍길동의 아들을 범행 대상으로 삼았는가
- 홍길동에게 돈을 요구하지는 않았는가

[기재례2] 국외이송 목적 회장 아들 유인

1) 범죄사실 기재례

피의자는 ○○에서 인력소개업을 하는 사람으로서 ○○(주) 회장 홍길동의 아들 甲(9세)을 유인 이를 국외로 이송하여 미국에 있는 A에게 매매할 목적이었다.

피의자는 20○○. ○. ○. ○○:○○경 ○○에 있는 ○○초등학교 부근에서 위 甲을 기다리고 있다 집에 가려는 위 甲을 불러 "아저씨는 아빠 회사에서 근무하는 사람인데, 지금 아빠가 빨리 너를 데려오라고 하니까 아저씨와 같이 가자" 라고 거짓말을 하였다.

피의자는 위 甲이 아직 어려 사리판단을 못 하는 것을 이용 그곳에서 피의자 소유 ○○고 1111 승용차에 태워 ○○에 있는 피의자의 집으로 데리고 가 20○○. ○. ○.경까지 그 집에 머물게 함으로써 국외이송을 목적으로 그를 유인하였다.

2) 적용법조 : 제289조 제3항 … 공소시효 10년

[기재례3] 농촌 총각의 결혼목적 다방종업원 약취

1) 범죄사실 기재례

피의자는 농촌에 살고 있어 결혼하려는 여자가 없자 결혼 상대를 물색하여 약취하기로 마음먹고, ○○에 있는 ○○다방의 종업원으로 취직한 피해자 홍길녀(24세, 여)를 그 대상으로 삼았다.

피의자는 20○○. ○. ○. 20:00경 위 피해자가 차를 배달하기 위해 ○○으로 가는 것을 보고 피의자의 차량(차량번호)을 피해자 옆에 세우고 '나와 결혼해 달라. 그동안 지켜보았는데 너무 사랑스럽다. 난 당신과 꼭 결혼하고 싶다. 내 말을 들어 주지 않으면 이 자동차에 억지로 태워 같이 강물로 들어가 버리겠다' 라고 협박하였다.

이로써 피의자는 피해자를 위 승용차에 강제로 태워 20○○. ○. ○.경까지 피의자의 집에 머무르도록 하여 그녀를 결혼할 목적으로 약취하였다.

2) 적용법조 : 제288조 제1항 … 공소시효 10년

제3절 인신매매

제289조(인신매매) ① 사람을 매매한 사람은 7년 이하의 징역에 처한다.
② 추행, 간음, 결혼 또는 영리의 목적으로 사람을 매매한 사람은 1년 이상 10년 이하의 징역에 처한다.
③ 노동력 착취, 성매매와 성적 착취, 장기적출을 목적으로 사람을 매매한 사람은 2년 이상 15년 이하의 징역에 처한다.
④ 국외에 이송할 목적으로 사람을 매매하거나 매매된 사람을 국외로 이송한 사람도 제3항과 동일한 형으로 처벌한다.
제294조(미수범) … 제289조까지, … 미수범은 처벌한다.
제296조(예비, 음모) … 제289조까지, …의 죄를 범할 목적으로 예비 또는 음모한 사람은 3년 이하의 징역에 처한다.
제296조의2(세계주의) 제287조부터 제292조까지 … 대한민국 영역 밖에서 죄를 범한 외국인에게도 적용한다.

 ## Ⅰ. 구성요건

1. 주 체

제한이 없다. 따라서 보호자나 친권자도 본죄의 주체가 될 수 있다.

2. 객 체

성년자 · 미성년자 · 남자 · 여자를 모두 포함

○ 구법에서는 부녀나 국외이송목적으로 매매한 경우에만 처벌하였다.

■ 판례 ■ **부녀매매죄의 주체 및 객체와 그 성립요건**

[1] 사실관계

> 甲 등은 디스코클럽에서 乙녀(18세)를 "스키장에 놀러가자."고 유인하여 강간한 뒤 윤락가 포주 丙에게 80만원을 받고 팔아넘겼고 포주 丙은 다시 乙녀를 80만원을 받고 포주 丁에게 팔아넘겼다. 포주 丁은 乙녀에게 13개월에 걸쳐 매일 5회에서 10회씩 윤락행위를 하게 하였다.

[2] 판결요지

부녀매매죄는 부녀자의 신체의 자유를 그 일차적인 보호법익으로 하는 죄로서 그 행위의 객체는 부녀이고, 여자인 이상 그 나이나 성년, 미성년, 기혼 여부 등을 불문한다고 보아야 하고, 행위의 주체에는 제한이 없으니 반드시 친권자등의 보호자만이 본 죄의 주체가 될 수 있다는 것도 근거 없는 해석이라 할 것이며, 요컨대 본죄의 성립 여부는 그 주체 및 객체에 중점을 두고 볼 것이 아니라 매매의 일방이 어떤 경위로 취득한 부녀자에 대한 실력적 지배를 대가를 받고 그 상대방에게 넘긴다고 하는 행위에 중점을 두고 판단하여야 하므로 매도인이 매매 당시 부녀자를 실력으로 지배하고 있었는가 여부 즉 계속된 협박이나 명시적 혹은 묵시적인 폭행의 위협 등의 험악한 분위기로 인하여 보통의 부녀자라면 법질서에 보호를 호소하기를 단념할 정도의 상태에서 그 신체에 대한 인계인수가 이루어졌는가의 여부에 달려 있다고 하여야 할 것이다(대법원 1992.1.21. 선고 91도1402 전원합의체 판결).

3. 행 위

매매하는 것.

(1) 매 매

신병을 유상으로 상대방의 실력적 지배하에 두는 것으로, 교환도 이에 포함된다.

(2) 기수시기

매매계약을 체결한 때에 실행의 착수가 인정되고, 실력적 지배가 실제로 상대방 측에 이전되었을 때 기수

- 계약을 체결했으나 아직 인도하지 않은 경우나 계약체결 후 돈을 받았으나 아직 인도하지 않은 경우에는 미수에 불과하다.
- 추행 등 목적범의 경우 그 목적에 사용했는지 여부, 대금의 지급 여부와는 관계 없이 성립한다(다수설).

(3) 미수범과 예비 음모 및 세계주의

미수범 뿐 아니라 예비, 음모행위도 처벌한다.

대한민국 영역 밖에서 죄를 범한 외국인에게도 적용될 수 있도록 세계주의 규정을 도입하였다.

4. 주관적 구성요건

제1항의 경우에는 사람을 매매함으로써 성립하기 때문에 목적이 필요 없다.

그러나 제2항과 제3항의 경우에는 추행, 간음, 결혼 또는 영리, 노동력 착취, 성매매와 성적 착취, 장기적출, 국외이송의 목적이 있어야 한다.

II. 범죄사실기재 및 신문사항

1) 범죄사실 기재례 - [직업소개소에서 성적 착취목적 부녀매매]

2) 적용법조 : 제289조 제3항 … 공소시효 10년

3) 매도자 신문사항

－ 직업소개소를 하고 있는가

－ 언제부터 어디에서 하고 있는가

－ 영업등록은 하였는가

－ 영업규모는 어느 정도 인가

－ 김길동에게 종업원을 소개해 준 일이 있는가

－ 언제 누구를 소개시켜 주었는가

－ 어떤 조건으로 소개해 주었는가

－ 김길동은 어떤 영업을 하고 있는지 알고 있는가

－ 김길동은 종업원들에게 어떤 일을 시킨 다고 말을 하던가

－ 피의자가 소개시켜준 종업원들이 어떤 일을 할 것이라는 것을 알고 있는가

－ 그럼 성매매와 성적 착취에 사용할 목적이라는 것을 알고 소개시켜 주었다는 것인가

4) 매수자 신문사항

－ 홍길동으로부터 종업원을 소개 받은 일이 있는가

－ 언제 누구를 소개 받았는가

－ 어떤 조건으로 소개 받았는가

－ 어떤 일을 시키기 위해 이들을 종업원으로 고용하였는가

－ 이들을 성매매와 성적 착취에 사용하려고 고용한 것인가

－ 어떤 방법으로 성매매와 성적 착취에 사용하려고 하였는가

－ 이들을 언제 누구를 상대로 성매매와 성적 착취에 사용하였는가

제4절 약취, 유인, 매매, 이송 등 상해·치상(살인·치사)

제290조(약취, 유인, 매매, 이송 등 상해·치상) ① 제287조부터 제289조까지의 죄를 범하여 약취, 유인, 매매 또는 이송된 사람을 상해한 때에는 3년 이상 25년 이하의 징역에 처한다.
② 제287조부터 제289조까지의 죄를 범하여 약취, 유인, 매매 또는 이송된 사람을 상해에 이르게 한 때에는 2년 이상 20년 이하의 징역에 처한다.
제291조(약취, 유인, 매매, 이송 등 살인·치사) ① 제287조부터 제289조까지의 죄를 범하여 약취, 유인, 매매 또는 이송된 사람을 살해한 때에는 사형, 무기 또는 7년 이상의 징역에 처한다.
② 제287조부터 제289조까지의 죄를 범하여 약취, 유인, 매매 또는 이송된 사람을 사망에 이르게 한 때에는 무기 또는 5년 이상의 징역에 처한다.
제294조(미수범) … 제290조제1항, 제291조제1항 …의 미수범은 처벌한다.
제296조(예비, 음모) … 제290조제1항, 제291조제1항 …의 죄를 범할 목적으로 예비 또는 음모한 사람은 3년 이하의 징역에 처한다.
제296조의2(세계주의) 제287조부터 제292조까지 … 대한민국 영역 밖에서 죄를 범한 외국인에게도 적용한다.

Ⅰ. 구성요건

1. 주 체

제287조부터 제289조까지의 죄를 범한 사람

2. 행 위

사람을 상해·살해하거나 상해·사망에 이르게 하는 것

상해·치상의 결과는 약취, 유인 등의 과정에서 발생한 것임을 요하지 않으며, 약취, 유인 등의 기회에 발생한 것이면 충분하다.

(가) 피약취자 등 치사상

약취자 등이 과실로 피해자를 상해나 치사에 이르게 한때 성립(결과적가중범)

(나) 피약취자 등 상해·살인

약취자 등이 상해나 살인의 고의를 가진 경우 성립하며 미수와 예비·음모를 처벌한다.

3. 기수시기

약취, 유인된 사람을 상해하거나 상해에 이르게 할 때 또는 이들을 살해하거나 사망에 이르게 한때

1) 범죄사실 기재례 - [피유인자상해]

피의자는 20○○. ○. ○. ○○:○○경 서울역 광장을 배회하다가 의자에 혼자 앉아 있는 홍길자(여, 21세)를 보고 그녀를 꾀어서 간음하기로 마음먹었다.

피의자는 위 피해자에게 마치 피의자가 방송국 프로듀서인 것처럼 꾸민 다음 "나는 ○○방송국 ○○프로그램을 위해 순진한 얼굴을 가진 여자를 찾으러 나온 P.D인데 아가씨를 보니까 내가 찾는 전형적인 여자인 것 같다. TV에 출연해 볼 생각이 있느냐"고 하면서 그녀를 유혹하고 다음 날 ○○:○○경 ○○에서 만나기로 하였다.

피의자는 다음날 ○○:○○경 ○○에서 만나 서울역 부근의 "나그네모텔" 203호실로 데리고 들어가 그녀를 가늠함으로써 간음의 목적으로 그녀를 유인하였다.

이때 피해자가 속았다는 것을 알고 탈출하려고 하자 탈출하면 신고할 것을 염려하여 도망가지 못하게 하려고 주먹으로 얼굴을 수회 때려 약 2주일간의 치료를 요하는 전두부열상을 입게 하였다.

2) 적용법조 : 제290조 제1항, 제288조 제1항 … 공소시효 10년

3) 신문사항

- 홍길자를 알고 있는가
  - 중략-
- 그럼 간음목적으로 피해자를 유인하였다는 것인가
- 유인한 후 어떻게 하였는가
- 폭행이나 협박한 사실이 있는가
- 무엇 때문에 때렸는가
- 어떤 방법으로 때렸나
- 어떠한 상처를 입혔는가

제5절 약취, 유인, 매매, 이송된 사람의 수수 · 은닉

제292조(약취, 유인, 매매, 이송된 사람의 수수·은닉 등) ① 제287조부터 제289조까지의 죄로 약취, 유인, 매매 또는 이송된 사람을 수수(授受) 또는 은닉한 사람은 7년 이하의 징역에 처한다.
② 제287조부터 제289조까지의 죄를 범할 목적으로 사람을 모집, 운송, 전달한 사람도 제1항과 동일한 형으로 처벌한다.
제294조(미수범) ... 제292조제1항의 미수범은 처벌한다.
제296조(예비, 음모) ... 제292조제1항의 죄를 범할 목적으로 예비 또는 음모한 사람은 3년 이하의 징역에 처한다.
제296조의2(세계주의) ... 제292조까지 ... 대한민국 영역 밖에서 죄를 범한 외국인에게도 적용한다.

Ⅰ. 구성요건

1. 수수와 은닉 (제1항)

수수란 피인취자를 자기의 실력적 지배하에 두는 것을 말하며, 유상무상을 불문한다. 은닉이란 피인취자의 발견을 곤란하게 하는 일체의 행위를 의미한다.

미수와 예비 · 음모를 처벌한다.

2. 모집, 운송, 전달 (제2항)

제287조부터 제289조까지의 죄를 범할 목적으로 하는 목적범이다.

종래 방조범 형태로 인정되던 약취, 유인, 인신매매 등을 위하여 사람을 모집, 운송, 전달하는 행위를 독자적인 구성요건으로 처벌하도록 규정하였다.

Ⅱ. 범죄사실기재 및 신문사항

1) 범죄사실 기재례 - [국외이송목적으로 유인된 자 수수]

피의자는 200○. ○. ○. ○○:○○경 ○○에서 乙이 ○○에서 국외이송목적으로 유인한 홍길동(10세)을 그 정을 알고 있으면서도 이를 수수하였다.

2) 적용법조 : 제292조 제1항··· 공소시효 7년

제 **32** 장 강간과 추행의 죄
(제297~306조)

제1절 성폭력 관련법

1. 형 법

구 분	행 위 유 형	적용법조
강 간	• 폭행 또는 협박으로 사람을 강간한 자	제297조
유사강간	• 폭행 또는 협박으로 사람에 대하여 구강, 항문 등 신체(성기 제외)의 내부에 성기를 넣거나 성기, 항문에 손가락 등 신체(성기 제외)의 일부 또는 도구를 넣는 행위를 한 사람	제297조의 2
강제추행	• 폭행 또는 협박으로 사람에 대하여 추행을 한 자	제298조
준강간 준강제추행	• 사람의 심신상실 또는 항거불능의 상태를 이용하여 간음 또는 추행을 한 자	제299조
강간등 상해 · 치상	• 제297조, 제297조의2 및 제298조부터 제300조까지의 죄를 범한 자가 사람을 상해하거나 상해에 이르게 한 때	제301조
강간등 살인 · 치사	• 제297조, 제297조의2 및 제298조부터 제300조까지의 죄를 범한 자가 사람을 살해한 때, 사망에 이르게 한 때	제301조의 2
미성년자등에 대한 간음	• 미성년자 또는 심신미약자에 대하여 위계 또는 위력으로써 간음 또는 추행을 한 자	제302조
업무상위력에 의한 간음	• 업무, 고용 기타 관계로 인하여 자기의 보호 또는 감독을 받는 부녀에 대하여 위계 또는 위력으로써 간음한 자 • 법률에 의하여 구금된 부녀를 감호하는 자가 그 부녀를 간음한 때	제303조
미성년자 의제강간, 추행	• 13세미만의 부녀를 간음하거나 13세미만의 사람에게 추행을 한 자 • 13세 이상 16세 미만의 사람에 대하여 간음 또는 추행을 한 19세 이상의 자는 제297조, 제297조의2, 제298조, 제301조 또는 제301조의2의 예에 의한다.	제305조

2. 성폭력범죄의 처벌 등에 관한 특례법

구 분	행위유형	비 고
특수강도 강간 등	• 형법 주거침입, 야간주거침입절도, 특수절도 또는 제342조(미수범. 다만, 제330조 및 제331조의 미수범에 한한다)의 죄를 범한 사람이 같은 법 제297조(강간), 제297조의2(유사강간), 제298조(강제추행) 및 제299조(준강간, 준강제추행)의 죄를 범한 때 • 형법 제334조(특수강도) 또는 제342조(미수범. 다만, 제334조의 미수범에 한한다)의 죄를 범한 사람이 위와 같은 죄를 범한 때	제3조
특수강간 등	• 흉기 기타 위험한 물건을 휴대하거나 2인 이상이 합동하여 강간의 죄를 범한 자 • 제1항의 방법으로 형법 강제추행의 죄를 범한 자 • 제1항의 방법으로 형법 준강간, 준강제추행의 죄를 범한 자	제4조

친족관계에 의한 강간 등	• 친족관계인 사람이 폭행 또는 협박으로 강간 • 친족관계인 사람이 폭행 또는 협박으로 강간추행 • 친족관계에 있는 사람이 사람에 대하여 형법 제299조(준강간, 준강제추행)의 죄를 범한 때	제5조
장애인에 대한 간음등	• 신체장애 또는 정신상의 장애로 항거불능인 상태에 있음을 이용하여 사람을 간음하거나 사람에 대하여 추행한 자 • 위계 또는 위력(威力)으로써 신체적인 또는 정신적인 장애가 있는 사람	제6조
13세미만의 미성년자에 대한 강간, 강제추행 등	• 13세 미만의 사람에 대하여 형법 제297조(강간)의 죄를 범한 자 • 13세 미만의 사람에 대하여 폭행 또는 협박으로 다음 각 호의 어느 하나에 해당하는 행위를 한 자 　– 구강·항문 등 신체(성기를 제외)의 내부에 성기를 삽입하는 행위 　– 성기에 손가락 등 신체(성기를 제외)의 일부나 도구를 삽입하는 행위 • 13세 미만의 사람에 대하여 형법 제298조(강제추행)의 죄를 범한 자 • 13세 미만의 사람에 대하여 형법 제299조의 죄를 범한 자 • 위계 또는 위력으로써 13세 미만의 사람을 간음하거나 13세 미만의 사람에 대하여 추행을 한 자	제7조
강간 등 상해·치상	• 제3조제1항, 제4조, 제6조, 제7조 또는 제15조(제3조제1항, 제4조, 제6조 또는 제7조의 미수범으로 한정)의 죄를 범한 사람이 다른 사람을 상해하거나 상해에 이르게 한 때 • 제5조 또는 제15조(제5조의 미수범으로 한정)의 죄를 범한 사람이 다른 사람을 상해하거나 상해에 이르게 한 때	제8조
강간 등 살인·치사	• 제3조부터 제7조까지, 제15조(제3조부터 제7조까지의 미수범으로 한정한다)의 죄 또는 「형법」 제297조, 제297조의2(유사강간) 및 제298조부터 제300조(미수범)까지의 죄를 범한 사람이 다른 사람을 살해한 때 • 제4조, 제5조 또는 제15조(제4조 또는 제5조의 미수범으로 한정)의 죄를 범한 사람이 다른 사람을 사망에 이르게 한 때	제9조
업무상 위력등에 의한 추행	• 업무·고용 기타 관계로 인하여 자기의 보호 또는 감독을 받는 사람에 대하여 위계 또는 위력으로써 추행한 자 • 법률에 의하여 구금된 사람을 감호하는 자가 그 사람을 추행한 때	제10조
공중밀집 장소에서의 추행	• 대중교통수단, 공연·집회장소 기타 공중이 밀집하는 장소에서 사람을 추행한 자	제11조
성적 목적을 위한 공공장소 침입행위	• 자기의 성적 욕망을 만족시킬 목적으로 「공중화장실 등에 관한 법률」 제2조제1호부터 제5호까지에 따른 공중화장실 등 및 「공중위생관리법」 제2조제1항제3호에 따른 목욕장업의 목욕장 등 대통령령으로 정하는 공공장소에 침입하거나 같은 장소에서 퇴거의 요구를 받고 응하지 아니하는 사람	제12조
통신매체 이용음란	• 자기 또는 다른 사람의 성적 욕망을 유발하거나 만족시킬 목적으로 전화·우편·컴퓨터 기타 통신매체를 통하여 성적 수치심이나 혐오감을 일으키는 말이나 음향, 글이나 도화, 영상 또는 물건을 상대방에게 도달하게 한 자	제13조
카메라 등 이용촬영	• 카메라 기타 이와 유사한 기능을 갖춘 기계장치를 이용하여 성적 욕망 또는 수치심을 유발할 수 있는 타인의 신체를 그 의사에 반하여 촬영하거나 그 촬영물을 반포·판매·임대 또는 공연히 전시·상영한 자 • 촬영 당시에는 촬영대상자의 의사에 반하지 아니하는 경우에도 사후에 그 의사에 반하여 촬영물을 반포·판매·임대·제공 또는 공공연하게 전시·상영한 자 • 영리목적으로 제1항의 촬영물을 「정보통신망 이용촉진 및 정보보호 등에 관한 법률」 제2조제1항제1호의 정보통신망(이하 "정보통신망"이라 한다)을 이용하여 유포한 자	제14조 (양벌규정)

구 분		행위유형	적용법조
허위영상물 등의 반포등		• 반포등을 할 목적으로 사람의 얼굴·신체 또는 음성을 대상으로 한 촬영물·영상 물 또는 음성물(이하 이 조에서 "영상물등"이라 한다)을 영상물등의 대상자의 의사 에 반하여 성적 욕망 또는 수치심을 유발할 수 있는 형태로 편집·합성 또는 가 공(이하 이 조에서 "편집등"이라 한다)한 자 • 편집물등 또는 복제물을 반포등을 한 자 또는 편집등을 할 당시에는 영상물등의 대상자의 의사에 반하지 아니한 경우에도 사후에 그 편집물등 또는 복제물을 영 상물등의 대상자의 의사에 반하여 반포등을 한 자 • 영리를 목적으로 영상물등의 대상자의 의사에 반하여 정보통신망을 이용하여 위항의 죄를 범한 자	제14조의2
촬영물 등을 이용한 협박·강요		• 성적 욕망 또는 수치심을 유발할 수 있는 촬영물 또는 복제물(복제물의 복제물 을 포함한다)을 이용하여 사람을 협박한 자 • 협박으로 사람의 권리행사를 방해하거나 의무 없는 일을 하게 한 자	제14조의3

3. 아동·청소년의 성보호에 관한 법률

구 분		행위유형	적용법조
청 소 년 성 매 매	행위자	• 아동·청소년의 성을 사는 행위를 한 자	제13조
	업주등 관련자	• 영업으로 청소년의 성을 사는 행위의 장소를 제공하거나 알선한 자, 자금, 토지, 건물 등을 제공한 자	제15조 제1항
		• 폭행·협박·선불금 등 채무·업무·고용관계 등을 이용하여 청소년에게 매 매춘을 강요한 자	제14조
		• 아동·청소년에게 매매춘을 하도록 유인·권유, 장소제공·알선한 자 등	제15조 제2항
	대상 청소년	• 아동·청소년 성매매의 대상이 된 청소년 ※ 형사처벌 면제, 소년법에 따른 보호처분	제21조
청소년에 대한 강간·강제추행		• 폭행 또는 협박으로 아동·청소년을 강간한 사람 • 아동·청소년에 대하여 폭행이나 협박으로 유사강간 한 자 • 아동·청소년에 대하여 「형법」 제298조의 죄를 범한 자 • 아동·청소년에 대하여 「형법」 제299조의 죄를 범한 자 • 위계 또는 위력으로써 아동·청소년을 간음하거나 아동·청소년을 추행한 자	제7조
장애인인 아동·청소년 에 대한 간음 등		• 19세 이상의 사람이 13세 이상의 장애 아동·청소년을 간음하거나 13세 이상 의 장애 아동·청소년으로 하여금 다른 사람을 간음하게 하는 경우 • 19세 이상의 사람이 13세 이상의 장애 아동·청소년을 추행한 경우 또는 13 세 이상의 장애 아동·청소년으로 하여금 다른 사람을 추행	제8조
13세 이상 16세 미만 간음 등		• 19세 이상의 사람이 13세 이상 16세 미만인 아동·청소년의 궁박(窮迫)한 상 태를 이용하여 해당 아동·청소년을 간음하거나 해당 아동·청소년으로 하 여금 다른 사람을 간음하게 하는 경우 • 19세 이상의 사람이 13세 이상 16세 미만인 아동·청소년의 궁박한 상태를 이용하여 해당 아동·청소년을 추행한 경우 또는 해당 아동·청소년으로 하 여금 다른 사람을 추행하게 하는 경우	제8조의2
강간등 상해/치상		• 제7조 죄를 범한 사람이 다른 사람을 상해하거나 상해에 이르게 한 때	제9조
강간등 살인/치사		• 제7조의 죄를 범한 사람이 다른 사람을 살해한 때 • 제7조의 죄를 범한 사람이 다른 사람을 사망에 이르게 한 때	제10조

청소년 이용 음란물	• 아동 · 청소년이용 음란물을 제작 · 수입 · 수출한 자 • 영리 목적의 청소년 이용 음란물 판매 · 대여 · 배포 · 상영자 등	제11조
아동 · 청소년 성착취물을 이용한 협박 · 강요	• 아동 · 청소년성착취물을 이용하여 그 아동 · 청소년을 협박한 자 • 제1항에 따른 협박으로 그 아동 · 청소년의 권리행사를 방해하거나 의무 없는 일을 하게 한 자	제11조의2
청소년 매매	• 매매춘 및 음란물 제작의 대상이 될 것을 알면서 청소년을 국내외에 매매 또는 이송한 자	제12조
아동 · 청소년 에 대한 성착취 목적 대화 등	• 19세 이상의 사람이 성적 착취를 목적으로 정보통신망을 통하여 아동 · 청소년에게 다음 각 호의 어느 하나에 해당하는 행위를 한 경우 –성적 욕망이나 수치심 또는 혐오감을 유발할 수 있는 대화를 지속적 또는 반복적으로 하거나 그러한 대화에 참여시키는 행위 –제2조제4호 각 목에 해당하는 행위를 하도록 유인 · 권유하는 행위 • 19세 이상의 사람이 정보통신망을 통하여 16세 미만인 아동 · 청소년에게 제1항 각 호의 어느 하나에 해당하는 행위를 한 경우	제15조의2
피해자 등에 대한 강요행위	• 폭행이나 협박으로 아동 · 청소년대상 성범죄의 피해자 또는 「아동복지법」 제3조제3호에 따른 보호자를 상대로 합의를 강요한 자	제16조

4. 기 타

구 분	행위유형	적용법조
청소년보호법	• 영리를 목적으로 청소년으로 하여금 신체적인 접촉 또는 은밀한 부분의 노출 등 성적접대 행위를 하게 하거나 이러한 행위를 알선 · 매개하는 행위 • 영리를 목적으로 청소년으로 하여금 손님과 함께 술을 마시거나 노래 또는 춤 등으로 손님의 유흥을 돋우는 접객행위를 하게 하거나 이러한 행위를 알선 · 매개하는 행위 • 영리나 흥행을 목적으로 청소년에게 음란한 행위를 하게 하는 행위	제30조
정보통신망이용 촉진및정보보호 등에관한법률	• 정보통신망을 통하여 음란한 부호 · 문언 · 음향 · 화상 또는 영상을 배포 · 판매 · 임대하거나 공연히 전시한 자 ※ 성폭법(통신매체이용음란) 제12조와 구별필요	제74조 제1항 제2호
노인복지법	• 노인에게 성적 수치심을 주는 성폭행 · 성희롱 등의 행위	제39조의9
장애인복지법	• 장애인에게 성적 수치심을 주는 성희롱 · 성폭력 등의 행위	제59조의9

제2절 강 간

> 제297조(강간) 폭행 또는 협박으로 사람을 강간한 자는 3년 이상의 유기징역에 처한다.
>
> 제300조(미수범) 제297조, 제297조의2, 제298조 및 제299조의 미수범은 처벌한다.
>
> 제305조의2(상습범) 상습으로 제297조, 제297조의2, 제298부터 제300조까지, 제302조, 제303조 또는 제305조의 죄를 범한 자는 그 죄에 정한 형의 2분의 1까지 가중한다.
>
> 제305조의3(예비, 음모) 제297조, 제297조의2, 제299조(준강간죄에 한정한다), 제301조(강간 등 상해죄에 한정한다) 및 제305조의 죄를 범할 목적으로 예비 또는 음모한 사람은 3년 이하의 징역에 처한다.
>
> 제306조(고소) 삭제〈2013.6.19.〉
>
> ※ 성폭력범죄의 처벌 등에 관한 특례법 제3조(특수강도강간 등), 제4조(특수강간 등), 제5조(친족관계에 의한 강간 등), 제6조(장애인에 대한 간간·강제추행 등), 제7조(13세 미만의 미성년자에 대한 강간, 강제추행 등)

Ⅰ. 구성요건

1. 주 체

본죄는 신분범도 자수범도 아니므로 주체에는 제한이 없다. 또한 남녀의 제한도 없으며 법률상의 남편도 주체가 될 수 있다.(개정 전에는 부녀를 강간한 자로 규정)

2. 객 체

남녀 구분 없이 사람이다. 다만 19세미만의 청소년이나 13세 미만의 경우에는 특별법에서 별도로 가중처벌하고 있다.

그동안 성전환 수술에 의하여 여성이 된 자는 강간죄의 객체가 될 수 없다(대법원 1996.6.11. 선고 96도791 판결)고 하였으나 이제는 이러한 경우에도 다툼 없이 강간죄의 객체가 된다.

▪ 판례 ▪ **형법 제297조에서 규정한 강간죄의 객체인 '부녀'에 혼인관계가 정상적으로 유지되고 있는 법률상의 처도 포함되는지 여부(적극)**

[1] 사실관계

> 2001년 결혼한 甲은 아내 乙과의 사이에 자녀 둘을 두고 한집에 살아 왔지만 2~3년 전부터 불화를 겪고 있는 자이다. 甲은 乙이 밤늦게 귀가하는 것에 불만을 품고 있던 중 지난 2011년 11월 11일 밤 10시 30분께 집으로 돌아온 乙을 주먹과 발로 마구 때린 뒤 부엌에서 칼을 들고 나와 찌를 듯이 위협한 다음 강제로 성관계를 맺었다.

[2] 판결요지

형법 제297조는 부녀를 강간한 자를 처벌한다고 규정하고 있는데, 형법이 강간죄의 객체로 규정하고 있는 부녀란 성년이든 미성년이든, 기혼이든 미혼이든 불문하며 곧 여자를 가리키는 것이다. 이와 같이 형법은 법률상 처를 강간죄의 객체에서 제외하는 명문의 규정을 두고 있지 않으므로, 문언 해석상으로도 법률상 처가 강간죄의 객체에 포함된다고 새기는 것에 아무런 제한이 없다. 한편, 1953. 9. 18. 법률 제293호로 제정된 형법은 강간죄를 규정한 제297조를 담고 있는 제2편 제32장의 제목을 '정조에 관한 죄'라고 정하고 있었는데, 1995. 12. 29. 법률 제5057호로 형법이 개정되면서 그 제목이 '강간과 추행의 죄'로 바뀌게 되었다. 이러한 형법의 개정은 강간죄의 보호법익이 현재 또는 장래의 배우자인 남성을 전제로 한 관념으로 인식될 수 있는 '여성의 정조' 또는 '성적 순결'이 아니라, 자유롭고 독립된 개인으로서 여성이 가지는 성적 자기결정권이라는 사회 일반의 보편적 인식과 법감정을 반영한 것으로 볼 수 있다. 민법 제826조 제1항은 부부의 동거의무를 규정하고 있고, 여기에는 배우자와 성생활을 함께 할 의무가 포함된다. 그러나 부부 사이에 민법상의 동거의무가 인정된다고 하더라도 거기에 폭행, 협박에 의하여 강요된 성관계를 감내할 의무가 내포되어 있다고 할 수 없다.

결론적으로, 헌법이 보장하는 혼인과 가족생활의 내용, 가정에서의 성폭력에 대한 인식의 변화, 형법의 체계와 그 개정 경과, 강간죄의 보호법익과 부부의 동거의무의 내용 등에 비추어 보면, 형법 제297조가 정한 강간죄의 객체인 '부녀'에는 법률상 처가 포함되고, 혼인관계가 파탄된 경우뿐만 아니라 실질적인 혼인관계가 유지되고 있는 경우에도 남편이 반항을 불가능하게 하거나 현저히 곤란하게 할 정도의 폭행이나 협박을 가하여 아내를 간음한 경우에는 강간죄가 성립한다고 보아야 한다. 이와 달리, 실질적인 부부관계가 유지되고 있을 때에는 설령 남편이 강제로 아내를 간음하였다고 하더라도 강간죄가 성립하지 아니한다고 판시한 대법원 1970. 3. 10. 선고 70도29 판결은 이 판결과 배치되는 범위에서 이를 변경하기로 한다(대법원 2013.5.16 선고, 2012도1488전원합의체 판결). 처가 다른 여자와 동거하고 있는 남편을 상대로 간통죄고소와 이혼소송을 제기하였으나 그 후 부부간에 다시 새 출발을 하기로 약정하고 간통죄고소를 취하하였다면 그들 사이에 실질적인 부부관계가 없다고 단정할 수 없으므로 설사 남편이 강제로 처를 간음하였다 하여도 강간죄는 성립되지 아니한다(대법원 1970.3.10. 선고 70도29 판결).

3. 행 위

폭행 또는 협박으로 강간하는 것

(1) 폭행 또는 협박

1) 폭행 · 협박의 주체 및 시기

○ 폭행 · 협박은 행위자 스스로 가한 것이어야 한다. 따라서 제3자가 행한 폭행 · 협박을 이용하여 간음한 경우에는 강간죄가 아니라 준강간죄가 성립한다.

○ 폭행 · 협박은 간음의 종료 이전에 행해져야 한다.

2) 폭행 · 협박의 정도

피해자의 항거를 불가능하게 하거나 반항을 현저히 곤란하게 할 정도로 충분하고(통설 · 판례), 절대적 폭력 이외에 강제적 폭력도 포함한다.

■ 판례 ■ **혼인 외 성관계 사실을 폭로하겠다는 내용으로 협박**

[1] 사실관계

유부녀인 丙녀는 옛 애인으로 행사하는 甲과 얼굴을 정확히 보지 못한 상태에서 1회 성관계를 가진 후 여전히 옛 애인으로 행세하는 甲으로부터 마치 사진 찍은 자의 성관계 요구에 불응하면 사진이 피해자의 집으로 보내지고 옛 애인과 성관계를 가진 사실이 남편과 가족들에게 알려질 듯한 태도로 '甲을 만나기 위하여 애를 업고 모텔로 들어가는 丙녀의 모습과 甲과 만났던 모텔 방호수를 사진으로 찍은 사람이 피해자와의 성관계를 요구한다'는 말을 듣고 '사진 찍은 자'로도 행세하는 甲으로부터 간음 및 추행을 당하였으나, 甲으로부터 별다른 폭행이나 협박을 받은 적이 없었다.

[2] 판결요지

가. 강간죄의 성립요건으로서 폭행·협박의 정도 및 그 판단 기준

강간죄가 성립하려면 가해자의 폭행·협박은 피해자의 항거를 불가능하게 하거나 현저히 곤란하게 할 정도의 것이어야 하고, 그 폭행·협박이 피해자의 항거를 불가능하게 하거나 현저히 곤란하게 할 정도의 것이었는지 여부는 그 폭행·협박의 내용과 정도는 물론, 유형력을 행사하게 된 경위, 피해자와의 관계, 성교 당시와 그 후의 정황 등 모든 사정을 종합하여 판단하여야 한다.

나. 협박과 간음 또는 추행 사이에 시간적 간격이 있는 경우, 협박의 요건

가해자가 폭행을 수반함이 없이 오직 협박만을 수단으로 피해자를 간음 또는 추행한 경우에도 그 협박의 정도가 피해자의 항거를 불가능하게 하거나 현저히 곤란하게 할 정도의 것(강간죄)이거나 또는 피해자의 항거를 곤란하게 할 정도의 것(강제추행죄)이면 강간죄 또는 강제추행죄가 성립하고, 협박과 간음 또는 추행 사이에 시간적 간격이 있더라도 협박에 의하여 간음 또는 추행이 이루어진 것으로 인정될 수 있다면 달리 볼 것은 아니다.

다. 甲의 죄책

유부녀인 피해자에 대하여 혼인 외 성관계 사실을 폭로하겠다는 등의 내용으로 협박하여 피해자를 간음 또는 추행한 사안에서 위와 같은 협박이 피해자를 단순히 외포시킨 정도를 넘어 적어도 피해자의 항거를 현저히 곤란하게 할 정도의 것이었다고 보기에 충분하다는 이유로, 강간죄 및 강제추행죄가 성립한다(대법원 2007.1.25. 선고 2006도5979 판결).

■ 판례 ■ **강간죄가 성립하기 위한 폭행·협박이 있었는지 여부의 판단 기준**

[1] 사실관계

노래방 도우미 乙녀는 甲이 운영하는 노래방에 와서 甲과 그 일행들의 유흥을 돋우는 일을 하다가 甲의 일행이 먼저 귀가한 후 1시간 더 연장하자는 甲의 요청에 따라 甲과 단둘이 노래방에 있게 되었다. 甲은 乙녀가 울면서 하지 말라고 하고 "사람 살려"라고 소리를 지르는 등의 반항을 하였음에도, 乙녀를 소파에 밀어 붙이고 양쪽 어깨를 눌러 일어나지 못하게 하는 등으로 반항을 억압한 후 간음하였고, 이로 인하여 乙녀는 외음부찰과상을 입었다. 그러나 성행위 당시 乙녀가 몸을 일으켜 그 장소를 탈출하려고 하거나 소리를 질러 구조를 요청하는 등 적극적으로 반항을 한 흔적은 없었다.

[2] 판결요지

강간죄가 성립하기 위한 가해자의 폭행·협박이 있었는지 여부는 그 폭행·협박의 내용과 정도는 물론 유형력을 행사하게 된 경위, 피해자와의 관계, 성교 당시와 그 후의 정황 등 모든 사정을 종합하여 피해자가 성교 당시 처하였던 구체적인 상황을 기준으로 판단하여야 하며, 사후적으로 보아 피해자가 성교 이전에 범행 현장을 벗어날 수 있었다거나 피해자가 사력을 다하여 반항하지 않았다는 사정만으로 가해자의 폭행·협박이 피해자의 항거를 현저히 곤란하게 할 정도에 이르지 않았다고 섣불리 단정하여서는 안 된다(대법원 2005.7.28. 선고 2005도3071 판결). ☞ (甲은 강간치상죄)

■ 판례 ■　**수면제를 투약하여 피해자를 간음하거나 추행한 사건**

강간치상죄나 강제추행치상죄에 있어서의 상해는 피해자의 신체의 완전성을 훼손하거나 생리적 기능에 장애를 초래하는 것, 즉 피해자의 건강상태가 불량하게 변경되고 생활기능에 장애가 초래되는 것을 말하는 것으로, 여기서의 생리적 기능에는 육체적 기능뿐만 아니라 정신적 기능도 포함된다. 따라서 수면제와 같은 약물을 투약하여 피해자를 일시적으로 수면 또는 의식불명 상태에 이르게 한 경우에도 약물로 인하여 피해자의 건강상태가 불량하게 변경되고 생활기능에 장애가 초래되었다면 자연적으로 의식을 회복하거나 외부적으로 드러난 상처가 없더라도 이는 강간치상죄나 강제추행치상죄에서 말하는 상해에 해당한다. 그리고 피해자에게 이러한 상해가 발생하였는지는 객관적, 일률적으로 판단할 것이 아니라 피해자의 연령, 성별, 체격 등 신체·정신상의 구체적인 상태, 약물의 종류와 용량, 투약방법, 음주 여부 등 약물의 작용에 미칠 수 있는 여러 요소를 기초로 하여 약물 투약으로 인하여 피해자에게 발생한 의식장애나 기억장애 등 신체, 정신상의 변화와 내용 및 정도를 종합적으로 고려하여 판단하여야 한다.(대법원 2017.6.29. 선고, 2017도3196, 판결)

■ 판례 ■　**인터넷 채팅방을 통해 알게 된 소녀를 비디오방에서 간음한 경우**

가. 강간죄에 있어서의 폭행·협박의 정도 및 그 판단 기준
강간죄가 성립하려면 가해자의 폭행·협박은 피해자의 항거를 불가능하게 하거나 현저히 곤란하게 할 정도의 것이어야 하고, 그 폭행·협박이 피해자의 항거를 불가능하게 하거나 현저히 곤란하게 할 정도의 것이었는지 여부는 그 폭행·협박의 내용과 정도는 물론 유형력을 행사하게 된 경위, 피해자와의 관계, 성교 당시와 그 후의 정황 등 모든 사정을 종합하여 판단하여야 한다.

나. 甲의 죄책
피해자가 반항을 못하거나 반항을 현저하게 곤란하게 할 정도의 유형력의 행사가 있었다고 볼 수 없어 강간죄는 성립하지 않는다(대법원 2004.6.25. 선고 2004도2611 판결).

■ 판례사례 ■　[피해자가 반항을 못하거나 반항을 현저하게 곤란하게 할 정도의 유형력의 행사가 있었다는 이유로 강간죄의 성립을 긍정한 사례]

> (1) 새벽에 건물 내실에서 피고인의 몸에 새겨진 문신을 보고 겁을 먹은 연령이 어린 피해자에게 자신이 전과자라고 말하면서 캔맥주를 집어던지고 피해자의 뺨을 한번 때리며 성행위를 요구한 경우(대법원 1999.4.9. 선고 99도519 판결)
> (2) 여고생을 여관방으로 유인하여 방문을 걸어 잠근 후 성교할 것을 요구하였으나 거부하자 '옆방에 친구들이 많이 있다. 한 명하고 할 것이냐? 여러 명하고 할 것이냐?'라고 말하면서 성행위를 요구하여 간음한 경우(대법원 2000.8.18. 선고 2000도1914 판결)

■ 판례사례 ■　[피해자가 반항을 못하거나 반항을 현저하게 곤란하게 할 정도의 유형력의 행사가 있었다고 볼 수 없다는 이유로 강간죄의 성립을 부정한 사례]

> (1) 피해자의 손목을 비틀며 강제로 여관에 들어갔지만 피해자가 여관주인이 방을 안내하는데 창

피해서 구조요청하지 않은 경우(대법원 1990.9.28. 선고 90도1562 판결)
(2) 사촌여동생을 강간할 목적으로 담을 넘어 침입한 후 안방에 들어가 누워 자고 있던 여동생의 가슴과 엉덩이를 만지면서 강간하려 하였으나 '야'하고 고함을 치자 도망간 경우 ⇨ 주거침입죄 성립(대법원 1990.5.25. 선고 90도607 판결)
(3) 甲은 술에 취해 안방에서 자고 있는 乙녀를 발견하고 안방으로 들어가자, 어렴풋이 잠에 깬 乙녀는 애인으로 착각하고 甲이 애무하며 여관으로 가자고 하자 그냥 빨리 하라고 말하였고, 이에 甲은 乙녀를 간음하여 상해를 입게 한 경우(대법원 2000.2.25. 선고 98도4355 판결)
(4) 피해자와 전화로 사귀어 오면서 음담패설을 주고받을 정도까지 되었고 당초 간음을 시도한 방에서 피해자가 "여기는 죽은 시어머니를 위한 제청방이니 이런 곳에서 이런 짓을 하면 벌 받는다"고 말하여 안방으로 장소를 옮기게 되어 간음한 경우(대법원 1991.5.28. 선고 91도546 판결)

(2) 강간행위

사람의 의사에 반하여 간음하는 것

○ 폭행·협박과 간음 사이에는 인과관계가 있어야 한다. 따라서 폭행·협박 후에 간음에 대한 동의가 있는 경우, 폭행·협박과 간음 사이에는 인과관계에 없으므로 강간미수가 성립할 뿐이다.

(3) 실행의 착수와 기수

1) 착수시기

폭행·협박을 개시한 때에 강간죄의 실행의 착수가 인정된다.

■ 판례 ■ **강간을 목적으로 피해자의 집에 침입하여 안방에서 자고있는 피해자의 가슴과 엉덩이를 만진 경우, 강간죄의 실행의 착수 인정여부(소극)**

[1] 사실관계

甲남은 乙녀를 강간할 목적으로 乙녀의 집에 침입하여 안방에서 누워 자고 있는 乙녀의 가슴과 엉덩이를 만지면서 간음을 기도하였으나 乙녀가 잠에서 깨는 바람에 그 뜻을 이루지 못하였다.

[2] 판결요지

강간죄의 실행의 착수가 있었다고 하려면 강간의 수단으로서 폭행이나 협박을 한 사실이 있어야 할 터인데 피고인이 강간할 목적으로 피해자의 집에 침입하였다 하더라도 안방에 들어가 누워 자고 있는 피해자의 가슴과 엉덩이를 만지면서 간음을 기도하였다는 사실만으로는 강간의 수단으로 피해자에게 폭행이나 협박을 개시하였다고 하기는 어렵다(대법원 1990.5.25. 선고 90도607 판결). ☞ (甲은 주거침입죄)

■ 판례 ■ **강간하기로 결심하고 새벽 4시에 피해자 혼자 있는 방문 앞에 가서 방문을 열어 주지 않으면 부수고 들어갈 듯한 기세로 방문을 두드린 경우, 강간죄의 실행의 착수 인정여부(적극)**

[1] 사실관계

甲남은 평소 짝사랑하던 乙녀를 강간하기로 결심하고 새벽 4시에 乙 혼자 있는 방문 앞에 가서 방문을 열어 주지 않으면 부수고 들어갈 듯한 기세로 방문을 두드리자, 乙이 위험을 느끼고 창문에 걸터앉아 "가까이 오면 뛰어 내리겠다"고 하는데도 베란다를 통하여 창문으로 침입하려고 하였다. 이를 본 乙녀는 창문으로 뛰어내려 결국 중상을 입었다.

[2] 판결요지

피고인이 간음할 목적으로 새벽 4시에 여자 혼자 있는 방문 앞에 가서 피해자가 방문을 열어 주지 않으면 부수고 들어갈 듯한 기세로 방문을 두드리고 피해자가 위험을 느끼고 창문에 걸터 앉아 가까이 오면 뛰어 내리겠다고 하는데도 베란다를 통하여 창문으로 침입하려고 하였다면 강간의 수단으로서의 폭행에 착수하였다고 할 수 있으므로 강간의 착수가 있었다고 할 것이다(대법원 1991.4.9. 선고 91도288 판결). ☞ (甲은 강간치상죄와 주거침입죄)

■ 판례사례 ■ [강간의 실행의 착수가 인정되어 강간미수가 성립하는 사례]

(1) 피해자의 팔을 잡아 일어나지 못하게 하고 유방과 엉덩이를 만지면서 피해자의 팬티를 벗기려 하자 피해자가 뿌리치고 동생 방으로 건너간 경우(대법원 2000.6.9. 선고 2000도1253 판결)
(2) 甲이 강간을 결의하고 乙녀를 주행 중인 자동차에서 탈출불가능하게 하여 외포케 하고 50킬로미터를 운행하여 여관 방실에서 강간하려 하였으나 피해자가 화장실에 들어가 문을 잠그고 소리질러 그 목적을 이루지 못한 경우 ⇨ 감금죄와 강간미수죄의 상상적 경합범(대법원 1983.4.26. 선고 83도323 판결)

2) 기수시기

남자의 성기가 여자의 성기 속에 들어가기 시작하는 순간에 기수가 되고, 성기의 완전 삽입이나 사정은 요하지 않는다.

4. 주관적 구성요건

폭행 또는 협박으로 사람을 강간한다는 인식·인용이 있을 것

○ 간음에 상대방의 동의가 있은 것으로 오인하고 간음한 경우에는 구성요건적 착오로 고의가 조각된다.

5. 죄수 및 타 죄와의 관계

(1) 죄 수

동일한 폭행·협박을 이용하여 수회 간음 한 경우에는 강간죄의 단순일죄가 된다.

■ 판례 ■ 폭행 또는 협박으로 부녀를 강간한 경우 강간죄 외에 폭행죄나 협박죄 또는 폭력행위등처벌에관한법률위반죄를 구성하는지 여부(소극) 및 이들 각 죄의 관계(= 법조경합)

폭행 또는 협박으로 부녀를 강간한 경우에는 강간죄만 성립하고, 그것과 별도로 강간의 수단으로 사용된 폭행·협박이 형법상의 폭행죄나 협박죄 또는 폭력행위등처벌에관한법률위반의 죄를 구성한다

고는 볼 수 없으며, 강간죄와 이들 각 죄는 이른바 법조경합의 관계일 뿐이다(대법원 2002.5.16. 선고 2002도51 전원합의체 판결).

■ 판례 ■　**1회 강간하고 나서 약 1시간후 장소를 옮겨 같은 피해자를 다시 1회 강간한 행위의 죄수(= 실체적 경합)**

피해자를 1회 강간하여 상처를 입게한 후 약 1시간후에 장소를 옮겨 같은 피해자를 다시 1회 강간한 행위는 그 범행시간과 장소를 달리하고 있을 뿐만 아니라 각 별개의 범의에서 이루어진 행위로서 형법 제37조 전단의 실체적 경합범에 해당한다(대법원 1987.5.12. 선고 87도694 판결). ☞ (甲은 강간치상죄와 강간죄의 실체적 경합범)

(2) 타 죄와의 관계

○ 강간하기 위하여 감금한 경우 ⇨ 강간죄와 감금죄의 상상적 경합(대법원 1983.4. 26. 선고 83도323 판결).

○ 13세 미만의 여자를 강간한 경우 ⇨ 강간죄가 성립하지만, 성폭력범죄의 처벌 등에 관한 특례법 제7조 제1항의 규정이 적용

○ 타인의 주거에 침입하여 강간한 경우 ⇨ 강간죄와 주거침입죄의 실체적 경합범

■ 판례 ■　**주거침입죄와 강간죄와의 죄수**

야간에 흉기를 들고 사람의 주거에 침입하여 강간을 한 경우에는 폭력행위등처벌에관한법률위반(주거침입)죄와 강간죄가 성립하고 이 경우 두 죄는 실체적 경합관계에 있다(대법원 1988.12.13. 선고 88도1807, 88감도130 판결).

6. 소추조건

강간죄는 고소가 있어야 공소를 제기할 수 있는 친고죄였으나 법 개정(2013. 6. 19. 시행)으로 친고죄가 폐지되어 고소 없이도 처벌할 수 있다. 따라서 별도의 소추요권을 요하지 않는다.

그러나 법 개정 전(2013.6.18.)에 발생한 강간죄에 대해서는 친고죄로 규정하고 있기 때문에 반드시 고소가 있어야 처벌할 수 있다.

◖ II. 범죄사실 작성시 유의사항

1. 객 체

가. 남녀의 구분이 없어졌기 때문에 남녀에 대한 표시가 반드시 필요한 것은 아니다. 그러나 형량과 죄질의 참고자료로 사용하기 위해서는 여자가 남자를 강간한 경우와

그 반대의 경우에 있어서는 다를 것이다. 그러기 때문에 남녀표시를 하여야 한다.

나. 피해자의 연령은 이를 기재함이 실무례인데 형법 제302조, 제305조의 경우는 구성요건의 한 요소를 이루고 있으므로 반드시 기재하여야 한다.

2. 고 의

가. 피해자가 13세 이상 또는 그 미만의 자인가에 대한 인식은 피해자의 연령을 기재함으로써 피의자가 이를 당연히 알고 있었다고 보이는 경우에는 특히 이를 적시할 필요가 없지만, 그렇지 아니한 경우에는 특히 이 인식에 관한 점도 적시하지 않으면 안 된다.

나. 행위가 간음의 목적으로 된 것임을 적시하여야 한다. 이 점은 협박의 내용이나 폭행의 태양등 제반 사정으로부터 판명되는 경우도 많지만, 보통은 「……강간하기로 마음먹고」 등의 표현으로써 나타낸다. 특히 미수의 경우에는 단순한 폭행죄, 협박죄, 강제추행죄 또는 강도죄와의 구별을 나타내기 위하여 필요하다.

3. 폭행·협박

폭행, 협박이 반항을 불가능하게 하거나 현저히 곤란하게 할 정도에 이르는 강력한 유형력의 행사를 의미하므로 그 취지를 기재하여야 한다.

4. 간음행위

강간이 기수인 경우 그 구체적 사실을 지나치게 저속한 표현으로 나타내는 것은 좋은 일은 아니다. 기수, 미수가 특히 문제가 되는 경우 외에는 「간음하여」라는 정도의 다소 추상적인 표현을 사용하는 것이 좋다. 강간죄의 경우에도 간통죄와 마찬가지로 개개의 성행위마다 1개의 죄가 성립되는 것이므로 죄수에 알맞은 사실을 명기하여야 한다.

Ⅲ. 범죄사실 작성

1) 범죄사실 기재례

[기재례1] 다방종업원을 승용차 안에서 강간

피의자는 20○○. ○. ○. ○○:○○경 ○○도로상에 주차한 승용차 조수석에서 함께 타고 간 다방종업원인 피해자 甲(여, 21세)에게 성관계를 요구하며 옷을 벗으라고 하였으나 거절하자 심한 욕설을 하며 조수석으로 넘어가 의자를 뒤로 젖혀 피해자를 눕히고 피의자의 무릎으로 피해자의 허벅지를 내리눌러 반항을 억압한 다음 상. 하의를 벗기고 간음하여 강간하였다.

[기재례2] 인터넷 채팅으로 만나 강간

피의자는 20○○. 1. 6.경 인터넷채팅사이트인 '버디버디'를 통하여 피해자 홍길녀(여, 24세)를 알게 되었다.

가. 피의자는 20○○. ○. ○. 03:00경 ○○에 있는 ○○비디오방에서 위 피해자와 함께 영화를 보다가 순간적으로 욕정을 일으켜 '야, 우리 하자.'고 말하면서 그곳 소파에 누워 있던 피해자의 몸 위에 올라타 움직이지 못하게 하고 양손으로 바지와 팬티를 벗기는 등 피해자의 반항을 억압한 후 1회 간음하여 강간하였다.

나. 피의자는 같은 날 13:00경 ○○에 있는 피의자가 근무하는 A 회사 숙직실에서 그곳에 누워 있던 피해자를 보고 순간적으로 욕정을 일으켜 '하자'고 말하면서 피해자의 몸 위에 올라타 움직이지 못하게 하고 양손으로 팬티를 벗기는 등 피해자의 반항을 억압한 후 1회 간음하여 강간하였다.

[기재례3] 노래방 도우미 강간

피의자는 20○○. ○. ○. 23:00경 ○○에 있는 ○○노래방에 일행 3명과 같이 찾아가 도우미인 피해자 홍길녀(34세)를 불러 놀다가 피의자의 일행들은 먼저 귀가한 후 1시간 더 연장하자는 피의자의 요청에 따라 피해자와 단둘이 노래방에 있게 되었다.

이때 피의자가 피해자를 껴안으려고 하자 울면서 하지 말라 하고 '사람 살려'라고 소리를 지르는 등 반항하였음에도, 피의자가 피해자를 소파에 밀어붙이고 양쪽 어깨를 눌러 일어나지 못하게 하는 등으로 피해자의 반항을 억압하고 하의를 모두 벗긴 다음 피의자의 성기를 피해자의 음부에 삽입하여 그녀를 강간하였다.

[기재례4] 빈 창고에서 강간

피의자는 20○○. ○. ○. ○○:○○경 ○○에서 피해자 甲(여, 23세)이 혼자 걸어가고 있는 것을 보고 갑자기 욕정을 일으켜 그녀를 강간하기로 마음먹고 ○○앞 도로상에서 그녀를 뒤에서 덮쳐 인근 빈 창고로 끌고 들어갔다.

피의자는 그곳 바닥에 넘어뜨리고 일어나려고 하는 피해자의 머리를 왼손으로 누르며 "떠들면 죽인다."고 말하여 반항을 억압한 뒤 강제로 간음하여 그녀를 강간하였다.

[기재례5] 승용차 안에서 강간

피의자는 20○○. ○. ○. ○○:○○경 ○○시 ○○동 ○○번지에 있는 앞 골목길 피의자 소유 승용차 ○○거1818호를 주차해 두고 차 안에서 피해자 홍길녀(여, 22세)가 혼자 지나가는 것을 발견하고 순간적으로 욕정을 일으켜 그녀를 강간하기로 마음먹고, 그녀 뒤에서 갑자기 그녀를 끌어안고 목을 조르며 피의자 승용차 안으로 끌고 들어갔다.

피의자는 소리 지르면 죽여버리겠다고 말하고 주먹으로 피해자의 얼굴을 2, 3회 때리는 등 폭행하여 항거 불능케 한 후 하의를 모두 벗기고 피해자를 1회 간음하여 강간하였다.

[기재례6] 성인 방송을 보면서 강간

피의자는 20○○. ○. ○. 14:00경 ○○ 피의자의 집에서, 친구 갑을 피해자 A(29세,여)를 집으로 들어오게 한 뒤 집에 아무도 없는 점을 이용하여 피해자를 강간하기로 마음먹고, 텔레비전에 성인방송 프로그램을 켜놓고 "싫다"면서 발버둥을 치며 반항하는 피해자의 몸 위로 올라타 피해자가 움직이지 못하게 하여 피해자의 반항을 억압한 다음, 계속하여 "소리쳐도 소용없다"고 말하면서 피해자의 바지와 팬티를 벗긴 후 1회 간음하여 피해자를 강간하였다.

2) **적용법조** : 제297조 … 공소시효 10년

Ⅳ. 피해자 조사사항

- 피의자와 어떠한 관계인가
- 처음 언제 어떻게 알게 되었나
- 누구와 같이 피의자를 만났나
- 어떻게 피의자의 승용차를 타게 되었나
- 처음 어디까지 데려다 준다면서 차를 타라고 하던가
- 차를 타고 어디까지 갔는가
- 목적지까지 갈 때 별다른 이상을 보이지 않던가
- 그곳에 도착하였을 때 주변에 누가 없던가
- 어떻게 옷을 벗기던가
- 뭐라면서 옷을 벗기던가
- 그때 피해자는 어떻게 하였나
- 그로 인하여 상처입은 곳이 있는가
- 그곳에서 어떻게 탈출하였나
- 피해자가 도망할 때 피의자는 어떻게 하던가
- 피해 당한 후 어떠한 조치를 하였나(샤워, 병원 치료등)
- 피의자의 처벌을 원하는가

Ⅴ. 피의자 신문사항

1. 피의자의 일반적 조사사항

가. 범행의 동기

- 우발적인가(범행의 직접원인·간접원인, 제3자가 관련된 원인)

– 계획적인가

나. 준비행위

– 범행을 위하여 어떠한 준비를 하였는가
– 흉기 기타 범죄 공여물의 입수 경로
– 범행당시의 복장·휴대품 기타 몸차림, 흉기의 휴대 방법 등

다. 범행지까지의 경로

– 언제 어디서 출발하였는가
– 어느 길을 거쳤는가, 도중 특이한 일이나 만난 사람은 없었는가
– 언제 현장에 도착하였는가

라. 범행일시

– 범행일시에 대한 피의자의 인식은 확실한가, 그 근거는(참고인의 진술과 합치되는가)

마. 범행장소

1) 어디서 범행했는가

– 이웃집과의 관계, 가옥의 구조, 방의 배치·구조(출입구 시정, 기구·집기 등의 배치 상황 등)나 가족들의 상태, 사람의 출입, 명암상황
– 도로상·산야·전답, 사찰 경내, 산막·선차내·해변·공원 등
– 사람·차량의 교통량, 행락객 등의 상황
– 공중밀집장소인가(공중밀집장소에서의 추행은 성폭력 범죄의 처벌 및 피해자보호 등에 관한 법률의 적용을 받는다)
– 날씨·명암 등의 상황, 인가·노점 등과의 방향·거리관계 등

2) 왜 그 장소를 택했는가

3) 현장에 관하여 피해자의 진술과 합치하는가

4) 지번을 모를 때에는 지리적 상황, 목표물 등

바. 범행의 상황

– 범행 직전에 피해자와 응대한 상황(위치·언어·태도)
– 흉기 등의 사용 여부(도검·총기, 끈·곤봉류, 약물(흥분제))
– 흉기 등 사용의 구체적 태양
  ○ 흉기로 위협하고 끈 등으로 수족을 결박하고 입을 봉했는 등
  ○ 수면제 기타 약물을 먹였는지 여부
  ○ 술 기타로 취하게 하였는가 등

- 외포·곤혹의 정도
  - 반항하였는가
  - 외포상태에 있었는가
  - 의사결정(의사실행)의 자유를 잃은 정도였는가
  - 심신상실(기절)하였는가
- 현장의 지형·지물을 이용하였는가
- 피해자와 피의자의 자태, 성교·추행의 구체적 태양
- 성교·추행의 소요시간
- 음경 삽입의 여부, 사정의 여부
- 강간(추행) 당시의 피해자의 태도와 그 상황

사. 사상(死傷)결과의 발생
- 사상 결과에 대한 인식·예견의 유무
- 상해의 부위·정도
- 사상 결과의 진단서·검안서 등과는 합치하는가

아. 범의의 확정
- 폭행·협박은 강간(추행)의 수단으로서 행했는가
- 강간(추행)행위에 대한 인식은 명확했는가

자. 피해자의 연령에 대한 인식
- 피해자가 13세 이상임을 인식했는가, 인식한 근거는

차. 신분관계(피해자와의 관계)
- 혈족 기타 친족관계의 유무
- 사교상 교제의 유무와 그 정도
- 경제상 거래관계의 유무
- 친지·고용관계의 유무
- 면식이 없으면 인상·복장·특징·소지품·언어·태도 등

카. 범행 후의 상황
- 흉기 등을 언제 어디서 처분하였는가
- 언제 어디서 어느 길을 통하여 도주하였는가
- 교통기관의 이용 여부
- 도주하는 도중 특이한 일이나 만난 사람은 없었는가

타. 화해교섭

- 피해자에 대한 치료비 기타 손해액에 대한 변상의 여부
- 화해교섭의 경과 · 내용 등

파. 공범관계

- 모의의 유무와 일시 · 장소
- 모의의 내용과 범위 · 방법
- 분담한 임무와 그 실행내용(윤간 형태는 아니었는가)
- 교사자 · 방조자의 유무

2. 피의자 신문例

- 피의자는 홍길순을 알고 있나
- 피의자는 피해자와 강제로 성교하려 한 일이 있나
- 그 여자는 언제부터 알고 있었나
- 언제, 어디서 강제로 성교했나
- 어떤 방법으로 했나
- 피의자 혼자서 하였는가
- 피해자에게 상처를 입혔나
- 이것이 당시 피해자를 위협하는데 사용했던 칼인가
  이때 압수된 중 제1호 칼을 보여준 바
- 피해자는 어떤 반응을 보였나
- 칼은 언제 어디에서 구하였나
- 당시 사용한 칼은 범행 후 어떻게 하였나
- 어디에 있다가 붙잡혔나
- 왜 이런 짓을 했나
- 합의는 했나

제3절 유사강간

제297조의2(유사강간) 폭행 또는 협박으로 사람에 대하여 구강, 항문 등 신체(성기는 제외한다)의 내부에 성기를 넣거나 성기, 항문에 손가락 등 신체(성기는 제외한다)의 일부 또는 도구를 넣는 행위를 한 사람은 2년 이상의 유기징역에 처한다.
제300조(미수범) 제297조, 제297조의2, 제298조 및 제299조의 미수범은 처벌한다.
제305조의2(상습범) 상습으로 제297조, 제297조의2, 제298부터 제300조까지, 제302조, 제303조 또는 제305조의 죄를 범한 자는 그 죄에 정한 형의 2분의 1까지 가중한다.
제305조의3(예비, 음모) 제297조, 제297조의2, 제299조(준강간죄에 한정한다), 제301조(강간 등 상해죄에 한정한다) 및 제305조의 죄를 범할 목적으로 예비 또는 음모한 사람은 3년 이하의 징역에 처한다.

 I. 구성요건

1. 주 체

주체에는 제한이 없고, 여자도 본죄의 단독정범·공동정범이 될 수 있다.

2. 객 체

자연인으로 성별, 기혼 여부, 연령의 다소를 불문하고 본죄의 객체가 된다.

3. 행 위

폭행 또는 협박으로 구강, 항문 등 신체(성기는 제외한다)의 내부에 성기를 넣거나 성기, 항문에 손가락 등 신체(성기는 제외한다)의 일부 또는 도구를 넣는 행위를 하는 것

성기를 이용 성기에 삽입한 경우는 강간죄가 성립하지만, 성기를 이용 성기이외의 신체에 삽입한 행위를 하거나 성기 이외 신체(손가락 등)나 도구를 이용하여 성기에 삽입한 경우 본죄가 성립한다. 미수범 및 상습범도 처벌한다.

■ 판례 ■　　**유사강간죄의 실행의 착수시기**

[1] 주거침입강제추행죄 및 주거침입강간죄 등이 주거침입죄를 범한 후에 사람을 강간하는 등의 행위를 하여야 하는 일종의 신분범인지 여부(적극) 및 그 실행의 착수시기(=주거침입 행위 후 강간죄 등의 실행행위에 나아간 때)
주거침입강제추행죄 및 주거침입강간죄 등은 사람의 주거 등을 침입한 자가 피해자를 간음, 강제추행 등 성폭력을 행사한 경우에 성립하는 것으로서, 주거침입죄를 범한 후에 사람을 강간하는 등의 행위를 하여야 하는 일종의 신분범이고, 선후가 바뀌어 강간죄 등을 범한 자가 그 피해자의 주거에 침입한 경우에는 이에 해당하지 않고 강간죄 등과 주거침입죄 등의 실체적 경합범이 된다. 그 실행의 착수시기는 주거침입 행위 후 강간죄 등의 실행행위에 나아간 때이다.

[2] 유사강간죄의 실행의 착수시기
강간죄는 사람을 강간하기 위하여 피해자의 항거를 불능하게 하거나 현저히 곤란하게 할 정도의 폭

행 또는 협박을 개시한 때에 그 실행의 착수가 있다고 보아야 할 것이지, 실제 간음행위가 시작되어야만 그 실행의 착수가 있다고 볼 것은 아니다. 유사강간죄의 경우도 이와 같다.(대법원 2021. 8. 12., 선고, 2020도17796, 판결)

4. 주관적 구성요건

폭행 또는 협박으로 사람에 대하여 유사강간을 한다는 것에 대한 인식·인용이 있을 것.

5. 특별법

피해자가 청소년인 경우에는 아동·청소년의 성보호에 관한 법률로 처벌한다.

◖ II. 범죄사실기재 및 신문사항

1) 범죄사실 기재례

[기재례1] 택시기사의 승객 준유사강간

> 피의자는 20○○.○.○. 22:00경 ○○에 있는 ○○백화점 부근에서 피의자가 운행하는 (차량번호)호 택시에 피해자 갑(여,21세) 을 승차시켰으나 피해자가 술에 만취하여 정신을 차리지 못하자 피해자를 ○○에 있는 ○○모텔 202호실로 데리고 가 침대 위에 눕힌 다음 옷을 벗기고 피해자의 몸에 묻은 오물을 닦아 주었다.
> 피의자는 같은 날 23:30경 위 모텔 202호실로 다시 찾아가 피해자가 잠이 들어 있는 것을 발견하고 입으로 피해자의 목과 가슴을 빨고 손가락을 피해자의 성기 안에 집어넣었다.
> 이로써 피의자는 피해자가 항거불능의 상태에 있음을 이용하여 피해자의 신체에 피의자의 손가락을 삽입하였다.

[기재례2] 동료직원 준유사강간

> 피의자는 20○○. ○. ○. 21:30경 같은 회사에 다니는 직장동료인 피해자 甲(여, 26세)과 저녁을 같이 먹은 후 술에 취한다면서 인근 여관에 잠깐만 쉬고 가자고 하여 ○○에 있는 여관 ○○호실에 같이 들어가게 되었다.
> 피의자는 같은 날 22:00경 피해자를 침대에 눕힌 후 ○○방법으로 피해자의 반항을 억압하고 피해자의 옷 속으로 손을 넣어 피해자의 가슴과 음부를 만지고, 손가락을 피해자의 음부에 넣었으며, 피의자의 성기를 피해자로 하여금 빨게 하고, 피해자를 자신의 위로 올라오게 한 후 피해자의 허리를 양손으로 잡고 자신의 성기를 피해자의 음부에 대고 비비면서 위 아래로 왕복하였다.
> 이로써 피의자는 피해자의 구강에 성기를 넣고, 피해자의 성기에 손가락을 넣는 유사강간 행위를 하였다.

[기재례3] 항문에 성기삽입 유사강간

   피의자는 20○○. ○. ○. 07:00경 ○○에 있는 ○○호텔 222호실에서 그 전 클럽에서 만난 피해자 갑(여, 23세)과 함께 들어가 술에 취하여 잠을 자고 있던 피해자를 보고 순간 욕정을 느껴 피해자의 옷을 벗긴 다음 피해자의 항문 부위에 피의자의 성기를 삽입하였다.
   이로써 피의자는 위와 같이 피해자의 항거불능 상태를 이용하여 피해자의 항문에 성기를 삽입하여 간음하였다.

2) 적용법조 : 제299조, 제297조의2 ⋯ 공소시효 10년

3) 신문사항

- 홍길녀를 알고 있는가
- 위 홍길녀와 같이 술을 먹은 일이 있는가
- 언제 어디에서 먹었는가
- 술을 어느 정도 먹었는가
- 술을 먹은 후 홍길녀를 어떻게 하였나
- 어디에 있는 여관으로 어떻게 같이 가게 되었는가
- 여관에 도착하였을 때 홍길녀의 상태는 어떠하였는가
- 그때 홍길녀를 강간하였는가
- 어떻게 강간하였는가
- 옷을 벗길 때 홍길녀는 전혀 의식하지 못하던가
- 반항도 없었는가
- 어떤 방법으로 유사강간를 하였는가
- 왜 성교를 하지 않았는가
- 처음부터 유사강간만 하려고 하였는가
- 성교를 하지 못하는 이유라도 있는가
- 강간 후 어떻게 하였는가

제4절 강제추행

제298조(강제추행) 폭행 또는 협박으로 사람에 대하여 추행을 한 자는 10년 이하의 징역 또는 1천500만
  원 이하의 벌금에 처한다.
제300조(미수범) 제297조, 제297조의2, 제298조 및 제299조의 미수범은 처벌한다.
제305조의2(상습범) 상습으로 제297조, 제297조의2, 제298부터 제300조까지, 제302조, 제303조 또는 제305
  조의 죄를 범한 자는 그 죄에 정한 형의 2분의 1까지 가중한다.
제306조(고소) 삭제〈2013.6.19.〉

 I . 구성요건

1. 주 체

주체에는 제한이 없고, 여자도 본죄의 단독정범·공동정범이 될 수 있다.

2. 객 체

자연인

○ 자연인으로 성별, 기혼 여부, 연령의 다소를 불문하고 본죄의 객체가 되나, 강제
  추행의 객체가 13세 미만의 사람인 경우에는 제305조와 성폭력범죄의 처벌 등에
  관한 특례법 제7조가 적용된다.

3. 행 위

폭행 또는 협박으로 추행을 하는 것

(1) 폭행 또는 협박

1) 폭행·협박의 정도

다수설은 강간죄와 동일하게 본죄의 폭행·협박은 상대방의 반항을 불가능하게 하거
나 현저히 곤란하게 할 정도에 이를 것을 요한다고 하나, 판례는 상대방의 의사에 반
하는 유형력의 행사가 있으면 충분하고 그 힘의 대소강약은 중요하지 않다고 한다.

■ 판례 ■   **차량 안에서 운전연수를 받던 甲의 운전이 미숙하다는 이유로 甲의 오른쪽 허벅지
를 1회 밀쳐 강제로 추행한 경우**
피고인이 차량 안에서 운전 연수를 받던 甲의 운전이 미숙하다는 이유로 甲의 오른쪽 허벅지를 1회
밀쳐 강제로 추행하였다는 내용으로 기소된 사안에서, 운전 연수를 받으며 처음 알게 된 피고인과

甲의 관계, 甲이 피고인에게서 운전 연수를 받던 과정에서 있었던 일들도 추행행위 해당 여부와 피고인의 추행의 고의 유무를 판단할 때 고려의 대상이 되는데, 甲은 수사기관 및 법정에서 피고인이 주먹으로 甲의 오른쪽 허벅지를 1회 소리가 날 정도로 세게 때렸다고 하면서, 그 이유에 관하여 운전 연수 중 甲이 피고인의 지시대로 운전을 하지 못했을 때 피고인이 화가 나서 때린 것이라고 진술한 점, 피고인이 그 무렵 운전 연수를 받던 甲이나 제3자에 대해 보인 동일한 행위태양을 고려하면, 피고인이 주먹으로 甲의 허벅지 부위를 밀친 행위에 대해 피고인의 폭행 가능성 내지 폭행의 고의를 배제한 채 곧바로 추행의 고의를 추단하기는 어려운 점, 甲이 제1심법정에서 '피고인이 甲의 허벅지를 때린 것이 때린 느낌이었는지 甲의 신체에 손을 대고 싶었던 느낌이었는지'를 묻는 판사의 질문에 '그것까지는 제가 알지 못한다.'고 한 답변에 비추어, 위 범행이 추행행위에 해당한다는 것 및 당시 피고인에게 추행의 고의가 있었음이 합리적인 의심을 할 여지가 없을 정도로 확신을 갖게 할 만큼 증명되었다고 단정하기 어려운 점을 종합하면, 공소사실을 유죄로 인정한 원심판단에 강제추행죄에서의 추행행위 해당 여부와 추행의 범의 및 유죄의 인정에 필요한 증명의 정도에 관한 법리오해 등의 잘못이 있다.(대법원 2024. 8. 1. 선고 2024도3061 판결)

■ 판례 ■ **기습추행의 경우 폭행의 정도**

[1] 강제추행죄에 포함되는 이른바 '기습추행'의 경우, 추행행위와 동시에 저질러지는 폭행행위의 정도 / '추행'의 의미 및 이에 해당하는지 판단하는 기준

강제추행죄는 상대방에 대하여 폭행 또는 협박을 가하여 항거를 곤란하게 한 뒤에 추행행위를 하는 경우뿐만 아니라 폭행행위 자체가 추행행위라고 인정되는 이른바 기습추행의 경우도 포함된다. 특히 기습추행의 경우 추행행위와 동시에 저질러지는 폭행행위는 반드시 상대방의 의사를 억압할 정도의 것임을 요하지 않고 상대방의 의사에 반하는 유형력의 행사가 있기만 하면 그 힘의 대소강약을 불문한다는 것이 일관된 판례의 입장이다. 이에 따라 대법원은, 피해자의 옷 위로 엉덩이나 가슴을 쓰다듬는 행위, 피해자의 의사에 반하여 그 어깨를 주무르는 행위, 교사가 여중생의 얼굴에 자신의 얼굴을 들이밀면서 비비는 행위나 여중생의 귀를 쓸어 만지는 행위 등에 대하여 피해자의 의사에 반하는 유형력의 행사가 이루어져 기습추행에 해당한다고 판단한 바 있다. 나아가 추행은 객관적으로 일반인에게 성적 수치심이나 혐오감을 일으키게 하고 선량한 성적 도덕관념에 반하는 행위로서 피해자의 성적 자유를 침해하는 것으로, 이에 해당하는지 여부는 피해자의 의사, 성별, 연령, 행위자와 피해자의 이전부터의 관계, 그 행위에 이르게 된 경위, 구체적 행위태양, 주위의 객관적 상황과 그 시대의 성적 도덕관념 등을 종합적으로 고려하여 신중히 결정되어야 한다.

[2] 미용업체인 甲 주식회사를 운영하는 피고인이 甲 회사의 가맹점에서 근무하는 乙(여, 27세)을 비롯한 직원들과 노래방에서 회식을 하던 중 乙을 자신의 옆자리에 앉힌 후 갑자기 乙의 볼에 입을 맞추고, 이에 乙이 '하지 마세요'라고 하였음에도 계속하여 오른손으로 乙의 오른쪽 허벅지를 쓰다듬어 강제로 추행한 경우

공소사실 중 피고인이 乙의 허벅지를 쓰다듬은 행위로 인한 강제추행 부분에 대하여는, 乙은 본인의 의사에 반하여 피고인이 자신의 허벅지를 쓰다듬었다는 취지로 일관되게 진술하였고, 당시 현장에 있었던 증인들의 진술 역시 피고인이 乙의 허벅지를 쓰다듬는 장면을 목격하였다는 취지로서 乙의 진술에 부합하는 점, 여성인 乙이 성적 수치심이나 혐오감을 느낄 수 있는 부위인 허벅지를 쓰다듬은 행위는 乙의 의사에 반하여 이루어진 것인 한 乙의 성적 자유를 침해하는 유형력의 행사에 해당할 뿐 아니라 일반인에게도 성적 수치심이나 혐오감을 일으키게 하는 추행행위라고 보아야 하는 점, 원심은 무죄의 근거로서 피고인이 乙의 허벅지를 쓰다듬던 당시 乙이 즉시 피고인에게 항의하거나 반발하는 등의 거부의사를 밝히는 대신 그 자리에 가만히 있었다는 점을 중시한 것으로 보이나, 성범죄 피해자의

대처 양상은 피해자의 성정이나 가해자와의 관계 및 구체적인 상황에 따라 다르게 나타날 수밖에 없다는 점에서 위 사정만으로는 강제추행죄의 성립이 부정된다고 보기 어려운 점 등을 종합할 때 기습추행으로 인한 강제추행죄의 성립을 부정적으로 볼 수 없을 뿐 아니라, 피고인이 저지른 행위가 자신의 의사에 반하였다는 乙 진술의 신빙성에 대하여 합리적인 의심을 가질 만한 사정도 없다는 이유로, 이와 달리 보아 이 부분에 대하여도 범죄의 증명이 없다고 본 원심의 판단에 기습추행 내지 강제추행죄의 성립에 관한 법리를 오해한 잘못이 있다.(대법원 2020.. 3. 26.선고, 2019도15994, 판결)

■ 판례 ■ **강제추행죄의 '폭행 또는 협박'에 상대방의 항거를 곤란하게 할 정도일 것이 요구되는지 여부(소극)**

1. 강제추행죄의 범죄구성요건과 보호법익, 종래의 판례 법리의 문제점, 성폭력범죄에 대한 사회적 인식, 판례 법리와 재판 실무의 변화에 따라 해석기준을 명확히 할 필요성 등에 비추어 강제추행죄의 '폭행 또는 협박'의 의미는 다시 정의될 필요가 있다. 강제추행죄의 '폭행 또는 협박'은 상대방의 항거를 곤란하게 할 정도로 강력할 것이 요구되지 아니하고, 상대방의 신체에 대하여 불법한 유형력을 행사(폭행)하거나 일반적으로 보아 상대방으로 하여금 공포심을 일으킬 수 있는 정도의 해악을 고지(협박)하는 것이라고 보아야 한다.

2. 어떠한 행위가 강제추행죄의 '폭행 또는 협박'에 해당하는지 여부는 행위의 목적과 의도, 구체적인 행위태양과 내용, 행위의 경위와 행위 당시의 정황, 행위자와 상대방과의 관계, 그 행위가 상대방에게 주는 고통의 유무와 정도 등을 종합하여 판단하여야 한다.

3. 이와 달리 강제추행죄의 폭행 또는 협박이 상대방의 항거를 곤란하게 할 정도일 것을 요한다고 본 대법원 2012. 7. 26. 선고 2011도8805 판결을 비롯하여 같은 취지의 종전 대법원판결은 이 판결의 견해에 배치되는 범위 내에서 모두 변경하기로 한다.

⇒ 종전 대법원은 강제추행죄의 '폭행 또는 협박'의 의미에 관하여 이를 두 가지 유형으로 나누어, 폭행행위 자체가 곧바로 추행에 해당하는 경우(이른바 기습추행형)에는 상대방의 의사를 억압할 정도의 것임을 요하지 않고 상대방의 의사에 반하는 유형력의 행사가 있는 이상 그 힘의 대소강약을 불문한다고 판시하는 한편, 폭행 또는 협박이 추행보다 시간적으로 앞서 그 수단으로 행해진 경우(이른바 폭행·협박 선행형)에는 상대방의 항거를 곤란하게 하는 정도의 폭행 또는 협박이 요구된다고 판시하여 왔음(대법원 2011도8805 판결 등, 이하 폭행·협박 선행형 관련 판례 법리를 '종래의 판례 법리') 대법원은 본 전합판결에서 강제추행죄의 '폭행 또는 협박'의 의미를 다시 정의하였음. 즉, 강제추행죄의 '폭행 또는 협박'은 상대방의 항거를 곤란하게 할 정도로 강력할 것이 요구되지 아니하고, 상대방의 신체에 대하여 불법한 유형력을 행사(폭행)하거나 일반적으로 보아 상대방으로 하여금 공포심을 일으킬 수 있는 정도의 해악을 고지(협박)하는 것이라고 다시 정의함 (대법원 2023. 9. 21. 선고 전원합의체 2018도13877 판결)

2) 폭행·협박의 시기

반드시 추행 이전에 행해질 것을 요하지 않으며 추행과 동시에 행해지거나 폭행 자체가 추행에 해당할 수도 있다.

■ 판례 ■ **피해자와 춤을 추면서 순간적으로 피해자의 유방을 만진 행위가 강제추행에 해당되는지 여부(적극)**

가. 강제추행죄에 있어서 폭행의 형태와 정도
강제추행죄는 상대방에 대하여 폭행 또는 협박을 가하여 항거를 곤란하게 한 뒤에 추행행위를 하는 경우뿐만 아니라 폭행행위 자체가 추행행위라고 인정되는 경우도 포함되는 것이며, 이 경우에 있어서의 폭행은 반드시 상대방의 의사를 억압할 정도의 것임을 요하지 않고 상대방의 의사에 반하는 유형력의 행사가 있는 이상 그 힘의 대소강약을 불문한다.

나. 강제추행죄에 있어서 추행의 의미 및 판단 기준

추행이라 함은 객관적으로 일반인에게 성적 수치심이나 혐오감을 일으키게 하고 선량한 성적 도덕관념에 반하는 행위로서 피해자의 성적 자유를 침해하는 것이라고 할 것인데, 이에 해당하는지 여부는 피해자의 의사, 성별, 연령, 행위자와 피해자의 이전부터의 관계, 그 행위에 이르게 된 경위, 구체적 행위태양, 주위의 객관적 상황과 그 시대의 성적 도덕관념 등을 종합적으로 고려하여 신중히 결정되어야 한다.

다. 甲의 죄책

피해자와 춤을 추면서 피해자의 유방을 만진 행위가 순간적인 행위에 불과하더라도 피해자의 의사에 반하여 행하여진 유형력의 행사에 해당하고 피해자의 성적 자유를 침해할 뿐만 아니라 일반인의 입장에서도 추행행위라고 평가될 수 있는 것으로서, 폭행행위 자체가 추행행위라고 인정되어 강제추행에 해당된다(대법원 2002.4.26. 선고 2001도2417 판결).

■ 판례 ■ 　추행의 고의로 폭행행위를 하여 실행행위에 착수하였으나 추행의 결과에 이르지 못한 경우

[1] 강제추행죄에서 '추행'의 의미와 판단 기준 / 추행의 고의로 폭행행위를 하여 실행행위에 착수하였으나 추행의 결과에 이르지 못한 경우, 강제추행미수죄가 성립하는지 여부(적극) 및 이러한 법리는 폭행행위 자체가 추행행위라고 인정되는 '기습추행'의 경우에도 마찬가지로 적용되는지 여부(적극)

강제추행죄는 상대방에 대하여 폭행 또는 협박을 가하여 항거를 곤란하게 한 뒤에 추행을 하는 경우뿐만 아니라 폭행행위 자체가 추행행위라고 인정되는 경우도 포함되며, 이 경우의 폭행은 반드시 상대방의 의사를 억압할 정도의 것일 필요는 없다. 추행은 객관적으로 일반인에게 성적 수치심이나 혐오감을 일으키게 하고 선량한 성적 도덕관념에 반하는 행위로서 피해자의 성적 자유를 침해하는 것을 말하며, 이에 해당하는지는 피해자의 의사, 성별, 연령, 행위자와 피해자의 이전부터의 관계, 행위에 이르게 된 경위, 구체적 행위태양, 주위의 객관적 상황과 그 시대의 성적 도덕관념 등을 종합적으로 고려하여 신중히 결정되어야 한다.

그리고 추행의 고의로 상대방의 의사에 반하는 유형력의 행사, 즉 폭행행위를 하여 실행행위에 착수하였으나 추행의 결과에 이르지 못한 때에는 강제추행미수죄가 성립하며, 이러한 법리는 폭행행위 자체가 추행행위라고 인정되는 이른바 '기습추행'의 경우에도 마찬가지로 적용된다.

[2] 피고인이 밤에 술을 마시고 배회하던 중 버스에서 내려 혼자 걸어가는 피해자 갑을 발견하고 마스크를 착용한 채 뒤따라가다가 인적이 없고 외진 곳에서 가까이 접근하여 껴안으려 하였으나, 갑이 뒤돌아보면서 소리치자 그 상태로 몇 초 동안 쳐다보다가 다시 오던 길로 되돌아갔다고 하여 아동·청소년의 성보호에 관한 법률 위반으로 기소된 사안

피고인과 갑의 관계, 갑의 연령과 의사, 행위에 이르게 된 경위와 당시 상황, 행위 후 갑의 반응 및 행위가 갑에게 미친 영향 등을 고려하여 보면, 피고인은 갑을 추행하기 위해 뒤따라간 것으로 추행의 고의를 인정할 수 있고, 피고인이 가까이 접근하여 갑자기 뒤에서 껴안는 행위는 일반인에게 성적 수치심이나 혐오감을 일으키게 하고 선량한 성적 도덕관념에 반하는 행위로서 갑의 성적 자유를 침해하는 행위여서 그 자체로 이른바 '기습추행' 행위로 볼 수 있으므로, 피고인의 팔이 갑의 몸에 닿지 않았더라도 양팔을 높이 들어 갑자기 뒤에서 껴안으려는 행위는 갑의 의사에 반하는 유형력의 행사로서 폭행행위에 해당하며, 그때 '기습추행'에 관한 실행의 착수가 있는데, 마침 갑이 뒤돌아보면서

소리치는 바람에 몸을 껴안는 추행의 결과에 이르지 못하고 미수에 그쳤으므로, 피고인의 행위는 아동·청소년에 대한 강제추행미수죄에 해당한다고 한 사례(대법원 2015.09.10. 선고 2015도6980 판결)

(2) 추 행

객관적으로 일반인에게 성적 수치감이나 혐오감을 느끼게 하는 일체의 행위로, 행위자의 주관적 동기나 목적은 불문

- 추행은 객관적으로 성적인 수치감·도덕감정을 현저히 해할 수 있을 정도의 중요한 행위이어야 한다. 따라서 여자의 손이나 무릎을 만지는 경우는 물론, 옷을 입고 있는 여자의 옷 위로 가슴을 만지는 것만으로는 추행에 해당한다고 할 수 없다.
- 공연성은 요하지 않으므로 공연히 강제추행을 한 경우에는 강제추행죄와 공연음란죄의 상상적 경합이 된다.

■ 판례 ■ 성욕을 자극·흥분·만족시키려는 주관적 동기나 목적'이 있어야 하는지 여부

[1] '추행'의 의미와 판단 기준 및 강제추행죄의 주관적 구성요건으로 '성욕을 자극·흥분·만족시키려는 주관적 동기나 목적'이 있어야 하는지 여부(소극)
'추행'이란 객관적으로 일반인에게 성적 수치심이나 혐오감을 일으키게 하고 선량한 성적 도덕관념에 반하는 행위로서 피해자의 성적 자유를 침해하는 것이고, 이에 해당하는지는 피해자의 의사, 성별, 연령, 행위자와 피해자의 이전부터의 관계, 행위에 이르게 된 경위, 구체적 행위태양, 주위의 객관적 상황과 그 시대의 성적 도덕관념 등을 종합적으로 고려하여 신중히 결정되어야 한다. 그리고 강제추행죄의 성립에 필요한 주관적 구성요건으로 성욕을 자극·흥분·만족시키려는 주관적 동기나 목적이 있어야 하는 것은 아니다.
[2] 피고인이, 알고 지내던 여성인 피해자 갑이 자신의 머리채를 잡아 폭행을 가하자 보복의 의미에서 갑의 입술, 귀 등을 입으로 깨무는 등의 행위를 한 사안
객관적으로 여성인 피해자의 입술, 귀, 유두, 가슴을 입으로 깨무는 행위는 일반적이고 평균적인 사람으로 하여금 성적 수치심이나 혐오감을 일으키게 하고 선량한 성적 도덕관념에 반하는 행위로서, 갑의 성적 자유를 침해하였다고 보는 것이 타당하다는 이유로, 피고인의 행위가 강제추행죄의 '추행'에 해당한다고 한 사례(대법원 2013.09.26. 선고 2013도5856 판결).

4. 주관적 구성요건

폭행 또는 협박으로 사람을 추행한다는 것에 대한 인식·인용이 있을 것, 그러나 성욕을 자극·만족시키겠다는 주관적 경향 내지 의도는 필요치 않다(다수설).

5. 특별법

흉기 기타 위험한 물건을 휴대하거나 2인 이상이 합동하여 강제추행죄를 범한 경우에는 성폭력범죄의 처벌 등에 관한 특례법 제4조 제2항의 특수강제추행죄가 성립한다. 이는 비친고죄이다.

II. 범죄사실기재

1) 범죄사실 기재례

[기재례1] 음모를 면도칼로 깎은 경우

피의자는 20○○. ○. ○. 16:00경 ○○에 있는 ○○원룸에서 그곳에 데려온 피해자 乙녀(29세)가 밥을 먹지 않는다는 이유로 피해자를 강제로 눕혀 옷을 벗긴 뒤 일회용 면도기로 피해자의 음모를 반 정도 깎아 강제추행하고 이로 인하여 피해자로 하여금 치료일수 불상의 음모 절단상을 입게 하였다.

[기재례2] 끌어안고 유방과 음부를 만진 경우

피의자는 20○○. ○. ○. 19:00경 ○○에 있는 ○○초등학교 화장실에서 피해자 甲(여, 22세)에게 욕정을 품고 양손으로 그녀의 목을 조르면서 "떠들면 죽여 버리겠다." 라고 말하여 반항하지 못하게 한 후 오른손을 그녀의 옷 속에 집어넣어 유방과 음부를 만져 그녀를 강제로 추행하였다.

[기재례3] 춤을 추면서 유방을 만진 경우

피의자는 20○○. ○. ○.경 ○○에 있는 자신의 처가 운영하는 ○○식당의 지하실에서 종업원들인 乙녀, 丙녀 등과 노래를 부르며 놀던 중 丙녀가 노래를 부르는 동안 피해자 乙녀(29세)를 뒤에서 껴안고 블루스를 추면서 乙녀의 유방을 만져 그녀를 강제로 추행하였다.

2) 적용법조 : 제298조… 공소시효 10년

III. 신문사항

- ○○에서 술을 먹은 일이 있는가
- 누구랑 같이 먹었는가
- 그곳 종업원 홍길녀를 알고 있는가
- 술을 먹으면서 홍길녀를 추행한 일이 있는가
- 언제 어디에서 인가
- 어떤 방법으로 추행하였나
- 뭐라면서 음부와 유방을 만졌는가
- 홍길녀가 반항하지 않던가
- 그곳에는 누가 있었는가
- 피의자가 홍길녀를 추행할 때 다른 사람들도 보았는가
- 왜 이런 행위를 하였는가

제5절 준강간, 준강제추행

제299조(준강간, 준강제추행) 사람의 심신상실 또는 항거불능의 상태를 이용하여 간음 또는 추행을 한 자는 제297조, 제297조의2 및 제298조의 예에 의한다.

제300조(미수범) 제297조, 제297조의2, 제298조 및 제299조의 미수범은 처벌한다.

제305조의2(상습범) 상습으로 제297조, 제297조의2, 제298부터 제300조까지, 제302조, 제303조 또는 제305조의 죄를 범한 자는 그 죄에 정한 형의 2분의 1까지 가중한다.

제305조의3(예비, 음모) 제297조, 제297조의2, 제299조(준강간죄에 한정한다), 제301조(강간 등 상해죄에 한정한다) 및 제305조의 죄를 범할 목적으로 예비 또는 음모한 사람은 3년 이하의 징역에 처한다.

I. 구성요건

1. 객 체

심신상실 또는 항거불능상태에 있는 사람

(1) 사 람

준강제추행죄는 물론 준강간죄의 객체도 남녀를 불문한다.

(2) 심신상실의 상태

정신기능의 장애로 인하여 정상적인 판단능력이 없는 상태

○ 생물학적인 사물변별능력·의사결정능력이 없는 자 뿐만 아니라 일시적으로 깊은 의사장애(수면, 탈진, 무의식, 주취 등)에 빠진 사람도 해당한다고 본다(다수설·판례).

○ 제10조의 심신미약은 본조의 심신상실에 포함되지 않는다.

■ 판례 ■ **피해자가 술에 취해 안방에서 자고 있는 경우, 심신상실상태에 있었다고 볼 수 있는지 여부(소극)**

피고인이 술에 취하여 안방에서 잠을 자고 있던 피해자를 발견하고 갑자기 욕정을 일으켜 피해자의 옆에 누워 피해자의 몸을 더듬다가 피해자의 바지를 벗기려는 순간 피해자가 어렴풋이 잠에서 깨어났으나 피해자는 잠결에 자신의 바지를 벗기려는 피고인을 자신의 애인으로 착각하여 반항하지 않고 응함에 따라 피해자를 1회 간음한 사실을 인정한 다음, 이와 같이 피해자가 잠결에 피고인을 자신의 애인으로 잘못 알았다고 하더라도 피해자의 위와 같은 의식상태를 심신상실의 상태에 이르렀다고 보기 어렵다(대법원 2000.2.25. 선고 98도4355 판결).

(3) 항거불능의 상태

심신상실 이외의 사유로 인하여 심리적 또는 육체적으로 반항이 불가능한 경우를 말하는데, 그 원인은 불문한다(例, 의사가 자신을 신뢰한 여자환자의 치료를 가장하여 간음·추행한 경우, 이미 포박되어 있거나 수 회 강간으로 반항할 기력조차 없는 부녀를 간음한 경우).

교회 목사인 피고인의 간음, 추행행위 등에 대해 피해자들이 심리적 항거불능 상태에 있었는지 여부

교회 목사인 피고인이 여성 교인들을 상대로 상습으로 간음, 추행행위 등을 하였다고 기소된 사안에서 원심은 피고인의 설교 내용, 피해자들의 성장 과정과 생활 형태 등 그 판시와 같은 사정을 종합하여 피해자들이 당시 심리적 항거불능 상태에 있었다.(대법원 2021. 8. 26. 선고 2021도7497 판결)

2. 행 위

심신상실 또는 항거불능의 상태를 이용하여 간음 또는 추행을 하는 것

(1) 이 용

이미 조성된 심신상실 또는 항거불능의 상태를 간음이나 추행의 기회로 삼는 것

○ 항거불능상태는 이미 조성되어 있어야 하므로 행위자가 스스로 상대방의 심신상실 또는 항거불능의 상태를 야기한 후 간음·추행을 행한 경우에는 본죄가 아니라 직접 강간죄·강제추행죄에 해당한다.

(2) 간음 또는 추행

강간죄와 강제추행죄의 그것과 동일

(3) 실행의 착수시기

간음의 수단이라고 볼 수 있는 행동을 시작한 때에 실행의 착수가 인정된다.

잠을 자고 있는 피해자의 옷을 벗기고 자신의 바지를 내린 상태에서 피해자의 음부 등을 만진 경우, 준강간죄의 실행에 착수인정 여부(적극)

[1] 사실관계

甲은 乙녀가 잠을 자는 사이에 乙녀의 바지와 팬티를 발목까지 벗기고 웃옷을 가슴 위까지 올린 다음, 자신의 바지를 아래로 내린 상태에서 乙녀의 가슴, 엉덩이, 음부 등을 만지고 성기를 乙녀의 음부에 삽입하려고 하였으나 乙녀가 몸을 뒤척이고 비트는 등 잠에서 깨어 거부하는 듯한 기색을 보이자 더 이상 간음행위에 나아가는 것을 포기하였다.

[2] 판결요지

피고인의 행위를 전체적으로 관찰할 때, 피고인은 잠을 자고 있는 피해자의 옷을 벗기고 자신의 바지를 내린 상태에서 피해자의 음부 등을 만지는 행위를 한 시점에서 피해자의 항거불능의 상태를 이용하여 간음을 할 의도를 가지고 간음의 수단이라고 할 수 있는 행동을 시작한 것으로서 준강간죄의 실행에 착수하였다고 보아야 할 것이고, 그 후 피고인이 위와 같은 행위를 하는 바람에 피해자가 잠에서 깨어나 피고인이 성기를 삽입하려고 할 때에는 객관적으로 항거불능의 상태에 있지 아니하였다고 하더라도 준강간미수죄의 성립에 지장이 없다(대법원 2000.1.14. 선고 99도5187 판결). ☞ (甲은 준강간미수죄)

피고인이 피해자가 심신상실 또는 항거불능의 상태에 있다고 인식하고 그러한 상

태를 이용하여 간음할 의사로 피해자를 간음하였으나 피해자가 실제로는 심신상실 또는 항거불능의 상태에 있지 않은 경우, 준강간죄의 불능미수가 성립하는지 여부(적극)

피고인이 피해자가 심신상실 또는 항거불능의 상태에 있다고 인식하고 그러한 상태를 이용하여 간음할 의사로 피해자를 간음하였으나 피해자가 실제로는 심신상실 또는 항거불능의 상태에 있지 않은 경우에는, 실행의 수단 또는 대상의 착오로 인하여 준강간죄에서 규정하고 있는 구성요건적 결과의 발생이 처음부터 불가능하였고 실제로 그러한 결과가 발생하였다고 할 수 없다. 피고인이 준강간의 실행에 착수하였으나 범죄가 기수에 이르지 못하였으므로 준강간죄의 미수범이 성립한다. 피고인이 행위 당시에 인식한 사정을 놓고 일반인이 객관적으로 판단하여 보았을 때 준강간의 결과가 발생할 위험성이 있었으므로 준강간죄의 불능미수가 성립한다.

구체적인 이유는 다음과 같다.

① 형법 제27조에서 규정하고 있는 불능미수는 행위자에게 범죄의사가 있고 실행의 착수라고 볼 수 있는 행위가 있지만 실행의 수단이나 대상의 착오로 처음부터 구성요건이 충족될 가능성이 없는 경우이다. 다만 결과적으로 구성요건의 충족은 불가능하지만, 그 행위의 위험성이 있으면 불능미수로 처벌한다. 불능미수는 행위자가 실제로 존재하지 않는 사실을 존재한다고 오인하였다는 측면에서 존재하는 사실을 인식하지 못한 사실의 착오와 다르다.

② 형법은 제25조 제1항에서 "범죄의 실행에 착수하여 행위를 종료하지 못하였거나 결과가 발생하지 아니한 때에는 미수범으로 처벌한다."라고 하여 장애미수를 규정하고, 제26조에서 "범인이 자의로 실행에 착수한 행위를 중지하거나 그 행위로 인한 결과의 발생을 방지한 때에는 형을 감경 또는 면제한다."라고 하여 중지미수를 규정하고 있다. 장애미수 또는 중지미수는 범죄의 실행에 착수할 당시 실행행위를 놓고 판단하였을 때 행위자가 의도한 범죄의 기수가 성립할 가능성이 있었으므로 처음부터 기수가 될 가능성이 객관적으로 배제되는 불능미수와 구별된다.

③ 형법 제27조에서 정한 '실행의 수단 또는 대상의 착오'는 행위자가 시도한 행위방법 또는 행위객체로는 결과의 발생이 처음부터 불가능하다는 것을 의미한다. 그리고 '결과 발생의 불가능'은 실행의 수단 또는 대상의 원시적 불가능성으로 인하여 범죄가 기수에 이를 수 없는 것을 의미한다고 보아야 한다. 한편 불능범과 구별되는 불능미수의 성립요건인 '위험성'은 피고인이 행위 당시에 인식한 사정을 놓고 일반인이 객관적으로 판단하여 결과 발생의 가능성이 있는지 여부를 따져야 한다.

④ 형법 제299조에서 정한 준강간죄는 사람의 심신상실 또는 항거불능의 상태를 이용하여 간음함으로써 성립하는 범죄로서, 정신적·신체적 사정으로 인하여 성적인 자기방어를 할 수 없는 사람의 성적 자기결정권을 보호법익으로 한다. 심신상실 또는 항거불능의 상태는 피해자인 사람에게 존재하여야 하므로 준강간죄에서 행위의 대상은 '심신상실 또는 항거불능의 상태에 있는 사람'이다. 그리고 구성요건에 해당하는 행위는 그러한 '심신상실 또는 항거불능의 상태를 이용하여 간음'하는 것이다. 심신상실 또는 항거불능의 상태에 있는 사람에 대하여 그 사람의 그러한 상태를 이용하여 간음행위를 하면 구성요건이 충족되어 준강간죄가 기수에 이른다.

피고인이 피해자가 심신상실 또는 항거불능의 상태에 있다고 인식하고 그러한 상태를 이용하여 간음할 의사를 가지고 간음하였으나, 실행의 착수 당시부터 피해자가 실제로는 심신상실 또는 항거불능의 상태에 있지 않았다면, 실행의 수단 또는 대상의 착오로 준강간죄의 기수에 이를 가능성이 처음부터 없다고 볼 수 있다. 이 경우 피고인이 행위 당시에 인식한 사정을 놓고 일반인이 객관적으로 판단하여 보았을 때 정신적·신체적 사정으로 인하여 성적인 자기방어를 할 수 없는 사람의 성적 자기결정권을 침해하여 준강간의 결과가 발생할 위험성이 있었다면 불능미수가 성립한다. (대법원 2019. 3. 28. 선고 2018도16002 전원합의체 판결)

II. 범죄사실기재 및 신문사항

[기재례1] 준강간미수

1) 범죄사실 기재례

피의자는 20○○. ○. ○. 23:30경 같은 집에서 자취하는 피해자 홍미라(23세)가 방문을 열어 놓고 잠을 자는 사이에 피해자 방에 들어가 피해자의 바지와 팬티를 발목까지 벗기고 웃옷을 가슴 위까지 올린 다음, 피의자의 바지를 아래로 내린 상태에서 피해자의 가슴, 엉덩이, 음부 등을 만지고 피의자가 성기를 피해자의 음부에 삽입하려고 하였다.

이때 피해자가 몸을 뒤척이고 비트는 등 잠에서 깨어 거부하는 듯한 기색을 보이자 더 이상 간음행위에 나아가는 것을 포기하고 미수에 그쳤다.

2) 적용법조 : 제300조, 제299조, 제297조… 공소시효 10년

[기재례2] 만취자 간음

1) 범죄사실 기재례

피의자는 20○○. ○. ○. ○○:○○경 ○○에 있는 ○○모텔 404호실에서 같은 날 ○○:○○경에 위 여관 부근의 포장마차에서 처음 만난 피해자 홍길녀(여, 22세)와 함께 소주를 마시던 중 위 피해자가 술에 취해 쓰러져 의식을 차리지 못하자 위 여관으로 피해자를 업고가 침대에 눕힌 다음 만취되어 항거불능 상태를 이용하여 옷을 벗기고 피의자의 성기를 피해자의 음부에 삽입함으로써 간음하였다.

2) 적용법조 : 제299조, 제297조… 공소시효 10년

3) 신문사항

- 홍길녀를 알고 있는가
- 위 홍길녀와 같이 술을 먹은 일이 있는가
- 언제 어디에서 어느 정도 먹었는가
- 술을 먹은 후 홍길녀를 어떻게 하였나
- 어디에 있는 여관으로 어떻게 같이 가게 되었는가
- 여관에 도착하였을 때 홍길녀의 상태는 어떠하였는가
- 어떻게 강간하였는가
- 옷을 벗길 때 홍길녀는 전혀 의식하지 못하던가
- 강간 후 어떻게 하였는가
- 피해자와 합의하였는가

제6절 강간등 상해 · 치상, 강간등 살인 · 치사

제301조(강간등 상해·치상) 제297조, 제297조의2 및 제298조부터 제300조까지의 죄를 범한 자가 사람을 상해하거나 상해에 이르게 한 때에는 무기 또는 5년 이상의 징역에 처한다.

제301조의2(강간등 살인·치사) 제297조, 제297조의2 및 제298조부터 제300조까지를 범한 자가 사람을 살해한 때에는 사형 또는 무기징역에 처한다. 사망에 이르게 한 때에는 무기 또는 10년 이상의 징역에 처한다.

제305조의3(예비, 음모) 제297조, 제297조의2, 제299조(준강간죄에 한정한다), 제301조(강간 등 상해죄에 한정한다) 및 제305조의 죄를 범할 목적으로 예비 또는 음모한 사람은 3년 이하의 징역에 처한다.

※ 성폭력범죄의 처벌 등에 관한 특례법

제21조(공소시효에 관한 특례) ④ 다음 각 호의 죄를 범한 경우에는 제1항과 제2항에도 불구하고 「형사소송법」 제249조부터 제253조까지 및 「군사법원법」 제291조부터 제295조까지에 규정된 공소시효를 적용하지 아니한다.
1. 「형법」 제301조의2(강간등 살인 · 치사)의 죄(강간등 살인에 한정한다)

I. 구성요건

1. 주 체

강간죄 · 강제추행죄, 유사강간, 준강간죄 · 준강제추행죄, 13세 미만자 의제강간죄 · 의제강제추행죄를 범한 자로서, 그 기수 · 미수를 불문하고 본죄의 주체가 된다.

2. 행 위

상해하거나 상해에 이르게 하거나, 살해하거나 사망에 이르게 하는 것

(1) 상해 또는 치상, 살인 또는 치사

상해 · 살해란 상해나 사망에 대한 고의가 있는 경우를 말하고, 사망 · 상해에 이르게 하는 것이란 고의 없이 사망 · 상해의 결과를 발생하게 한 경우를 의미한다.

■ 판례 ■　　**강간치상죄에 있어서 상해의 판단 기준**

강간행위에 수반하여 생긴 상해가 극히 경미한 것으로서 굳이 치료할 필요가 없어서 자연적으로 치유되며 일상생활을 하는 데 아무런 지장이 없는 경우에는 강간치상죄의 상해에 해당되지 아니한다고 할 수 있을 터이나, 그러한 논거는 피해자의 반항을 억압할 만한 폭행 또는 협박이 없어도 일상생활 중 발생할 수 있는 것이거나 합의에 따른 성교행위에서도 통상 발생할 수 있는 상해와 같은 정도임을 전제로 하는 것이므로 그러한 정도를 넘는 상해가 그 폭행 또는 협박에 의하여 생긴 경우라면 상해에 해당된다고 할 것이며, 피해자의 건강상태가 나쁘게 변경되고 생활기능에 장애가 초래된 것인지는 객관적, 일률적으로 판단될 것이 아니라 피해자의 연령, 성별, 체격 등 신체, 정신상의 구체적 상태를 기준으로 판단되어야 한다(대법원 2005.5.26. 선고 2005도1039 판결).

[상해에 해당하여 강간치상죄가 성립하는 사례]

(1) 재생된 처녀막이 파열된 경우(대법원 1995.7.25. 선고 94도1351 판결)
(2) 전치 10일의 회음부찰과상을 입힌 경우(대법원 1983.7.12. 선고 83도1258 판결)
(3) 전치 2일의 질내에 담적색 피하일혈반이 생긴 경우(대법원 1990.4.13. 선고 90도154 판결)
(4) 피해자의 얼굴을 가격하여 코피가 나고 콧등이 부어오른 경우(대법원 1991.10.22. 선고 91도1832 판결)
(5) 강간이 미수에 그치고 그 과정에서 피해자에게 전치 10일의 히스테리증을 일으킨 경우(대법원 69도2213 판결)
(6) 전치 10일의 젖가슴 좌상과 압통과 종창치료를 위한 주사와 3일간 투약한 경우(대법원 2000.2. 11. 선고 99도4794 판결)
(7) 폭행행위로 인해서가 아니라 삽입하려는 과정에서 약 2주간의 외음부좌상을 입힌 경우(대법원 1999.4.9. 선고 99도519 판결)
(8) 강간으로 인하여 피해자에게 보행불능, 수면장애, 식욕감퇴, 히스테리 등의 기능장애가 야기된 경우(대법원 1969.3.11. 선고 69도161 판결)
(9) 피해자가 소형승용차 안에서 강간범행을 모면하려고 저항하는 과정에서 피고인과의 물리적 충돌로 인하여 '우측 슬관절 부위 찰과상' 등을 입은 경우(대법원 2005.5.26. 선고 2005도1039 판결)

■ 판례 ■ **경부 및 전흉부 피하출혈, 통증으로 약 7일 간의 가료를 요하는 상처가 강간치상죄의 상해에 해당하는지 여부(소극)**

[1] 사실관계

甲은 나이트클럽에서 피해자 乙녀와 동석하여 술을 마신 후 집까지 데려다주겠다고 하여 자신의 승용차에 태워가던 중 욕정을 일으켜 강간하기로 마음먹고 乙녀에게 '연애한번 하자'고 하였으나 그녀가 거절하자 한손으로 목을 죄고, 다른 한 손으로 하의를 벗기려 하였으나 乙여인이 甲의 팔을 물면서 저항하였다. 마침 지나가던 택시운전사에게 구원을 요청하여 구출됨에 따라 미수에 그치고, 이로 인해 乙녀에게 전치 약 7일간의 경부, 전흉부 타박상 등의 상처를 입혔다.

[2] 판결요지

피해자를 강간하려다가 미수에 그치고 그 과정에서 피해자에게 경부 및 전흉부 피하출혈, 통증으로 약 7일 간의 가료를 요하는 상처가 발생하였으나 그 상처가 굳이 치료를 받지 않더라도 일상생활을 하는 데 아무런 지장이 없고 시일이 경과함에 따라 자연적으로 치유될 수 있는 정도라면 그로 인하여 신체의 완전성이 손상되고 생활기능에 장애가 왔다거나 건강상태가 불량하게 변경되었다고 보기는 어려워 강간치상죄의 상해에 해당하지 않는다(대법원 1994.11.4. 선고 94도1311 판결).

[상해에 해당하지 아니하여 강간치상죄가 성립하지 않는 사례]

(1) 강간 피해자가 입은 좌전경부흡입상(대법원 1991.11.8. 선고 91도2188 판결)
(2) 강간 도중에 피해자의 어깨와 목을 입으로 빨아서 생긴 반상출혈상(대법원 1986.7.8. 선고 85도2042 판결)
(3) 성경험 있는 여자에 대한 3, 4일간의 가료를 요하는 정도의 외음부 충혈(대법원 1989.1.31. 선고 88도831 판결)
(4) 면도칼로 음모의 모근 부분을 남기고 모간 부분만을 일부 잘라 낸 경우(대법원 2000.3.23. 선고 99도3099 판결)

수면제를 투약하여 피해자를 간음하거나 추행한 사건

강간치상죄나 강제추행치상죄에 있어서의 상해는 피해자의 신체의 완전성을 훼손하거나 생리적 기능에 장애를 초래하는 것, 즉 피해자의 건강상태가 불량하게 변경되고 생활기능에 장애가 초래되는 것을 말하는 것으로, 여기서의 생리적 기능에는 육체적 기능뿐만 아니라 정신적 기능도 포함된다. 따라서 수면제와 같은 약물을 투약하여 피해자를 일시적으로 수면 또는 의식불명 상태에 이르게 한 경우에도 약물로 인하여 피해자의 건강상태가 불량하게 변경되고 생활기능에 장애가 초래되었다면 자연적으로 의식을 회복하거나 외부적으로 드러난 상처가 없더라도 이는 강간치상죄나 강제추행치상죄에서 말하는 상해에 해당한다. 그리고 피해자에게 이러한 상해가 발생하였는지는 객관적, 일률적으로 판단할 것이 아니라 피해자의 연령, 성별, 체격 등 신체·정신상의 구체적인 상태, 약물의 종류와 용량, 투약방법, 음주 여부 등 약물의 작용에 미칠 수 있는 여러 요소를 기초로 하여 약물 투약으로 인하여 피해자에게 발생한 의식장애나 기억장애 등 신체, 정신상의 변화와 내용 및 정도를 종합적으로 고려하여 판단하여야 한다.(대법원 2017. 6. 29. 선고, 2017도3196, 판결)

■ 판례 ■   **강간치상죄에서 '상해'의 의미 및 판단 기준 / 수면제 등 약물을 투약하여 피해자를 일시적으로 수면 또는 의식불명 상태에 이르게 한 경우, '상해'에 해당하는지 여부(한정 적극) 및 이때 피해자에게 상해가 발생하였는지 판단하는 방법**

수면제 등 약물을 투약하여 피해자를 일시적으로 수면 또는 의식불명 상태에 이르게 한 경우에 약물로 인하여 피해자의 건강상태가 나쁘게 변경되고 생활기능에 장애가 초래되었다면 이는 상해에 해당한다. 피해자가 자연적으로 의식을 회복하거나 후유증이나 외부적으로 드러난 상처가 없더라도 마찬가지이다. 이때 피해자에게 상해가 발생하였는지는 피해자의 연령, 성별, 체격 등 신체·정신상의 구체적인 상태, 약물의 종류·용량·효과 등 약물의 작용에 영향을 미칠 수 있는 여러 요소에 기초하여 약물 투약으로 피해자에게 발생한 의식장애나 기억장애 등 신체·정신상 변화의 내용이나 정도를 종합적으로 고려하여 판단하여야 한다.(대법원 2017. 7. 11., 선고, 2015도3939, 판결)

(2) 기본범죄의 실현 정도

강간·강제추행 등이 기수에 이른 때는 물론 미수에 그친 때도 성립한다.

■ 판례 ■   **강간치상죄에 있어서 상해의 결과는 간음행위 자체나 강간에 수반하는 행위에서 발생한 경우도 포함하는지 여부(적극)**

[1] 사실관계

> 甲은 새벽 2시경 A공원에서 그 곳 여자화장실에 들어간 乙녀를 발견하고 순간적으로 욕정을 일으켜 그녀를 강간하기로 마음먹고 乙녀가 있던 여자화장실 내 용변칸을 노크하자, 乙녀는 하의를 내리고 좌변기에 앉아 있던 중 노크소리가 나자 남편인 줄 알고 "아빠야?"라고 하면서 밖이 보일 정도로 문을 열었다. 이 순간 용변칸에 들어와 앞을 가로막는 甲에 乙이 놀라자 甲은 "조용히 해, 가만히 있어."라고 말하며 한손으로 乙녀의 입을 막고, 다른 손으로는 몸통 부분을 붙잡아 반항을 억압한 후 간음하려 하였으나, 그 곳 남자화장실에 있던 乙녀의 남편에 의해 체포되었다. 이 과정에서 甲은 乙녀에게 약 2주간의 치료를 요하는 좌족관절부좌상을 입게 하였다.

[2] 판결요지

가. 주거침입죄 및 감금죄의 성립여부(적극)

피고인이 피해자가 사용중인 공중화장실의 용변칸에 노크하여 남편으로 오인한 피해자가 용변칸 문을 열자 강간할 의도로 용변칸에 들어간 것이라면 피해자가 명시적 또는 묵시적으로 이를 승낙하였다고 볼 수 없어 주거침입죄에 해당한다. 또한 甲이 乙사용의 용변칸에 들어가 강간할 의도로 문을 잠근 행위는 감금죄를 구성한다.

나. 강간치상죄에 있어서 상해의 결과는 간음행위 자체나 강간에 수반하는 행위에서 발생한 경우도 포함하는지 여부(적극)

강간이 미수에 그친 경우라도 그로 인하여 피해자가 상해를 입었으면, 강간치상죄가 성립하는 것이고, 강간치상죄에 있어 상해의 결과는 강간의 수단으로 사용한 폭행으로부터 발생한 경우뿐만 아니라 간음행위 그 자체로부터 발생한 경우나 강간에 수반하는 행위에서 발생한 경우도 포함된다(대법원 2003.5.30. 선고 2003도1256 판결). ☞ (甲은 형법상 주거침입죄, 감금죄, 강간치상죄)

> ※ 주거침입한 자가 강간하여 상해를 입힌 경우에는 성폭력범죄의처벌및피해자보호등에관한법률 제9조 제1항 소정의 (특수)강간치상죄만 성립한다.

(3) 인과관계

강간 등의 행위와 상해·사망의 결과사이에 인과관계가 있고, 예견가능성이 있을 것을 요한다.

- 상해·사망은 반드시 강간의 수단으로 행사된 폭행으로 말미암아 발생된 것임을 요하지 않고, 널리 강간의 기회에 범인의 행위로 인하여 발생한 것이면 족하다.
- 강간행위 등에 수반되지 않는 상해·사망의 결과는 본죄에 해당하지 않는다.

■ 판례 ■ **상해의 결과를 예견할 수 없어 강간치상죄로 처단할 수 없다고 판단한 사례**

[1] 사실관계

甲은 술에 굉장히 취하여 몸을 제대로 가누지 못하는 乙녀를 여관으로 강제로 데리고 들어간 후 甲이 화장실에 가 있던 중 정신을 차려 출입문을 열고 동 여관 1층 복도까지 도망간 동녀를 끌고 다시 돌아와 술에 취하여 제대로 반항을 하지 못하는 동녀를 1회 간음한 후에 발가벗은 자신의 몸으로 동녀의 몸을 누르고 손으로 동녀의 상체를 껴안아 동녀의 반항을 억압하고 동녀를 간음하려 하자, 동녀가 이를 모면하기 위하여 甲을 밀어내면서 피고인에게 마실물을 떠달라고 말하여 甲이 화장실에 물을 뜨러간 사이에 동녀가 그 방 출입문을 안에서 잠그고 구내전화를 통하여 사람 살려달라고 구조를 요청하였는바, 그때 甲이 출입문을 세게 밀어대며 출입문을 부수고 들어올 기세를 보이자 乙이 그 방에 들어오면 강간당할 것을 두려워 급히 그 방 창문을 넘어 난간을 따라 도망하여 동 여관 벽에 걸려있는 텔레비젼 안테나선을 타고 1층으로 내려가던중 그 줄을 놓쳐 땅바닥으로 떨어져 완치불가능의 경추 제7번 이하의 완전사지마비 상태등의 상해를 입게 하였다.

[2] 판결요지

피고인과 피해자가 여관에 투숙하여 별다른 저항이나 마찰없이 성행위를 한 후, 피고인이 잠시 방밖으로 나간 사이에 피해자가 방문을 안에서 잠그고 구내전화를 통하여 여관종업원에게 구조요청까지

한 후라면, 일반경험칙상 이러한 상황아래에서 피해자가 피고인의 방문 흔드는 소리에 겁을 먹고 강간을 모면하기 위하여 3층에서 창문을 넘어 탈출하다가 상해를 입을 것이라고 예견할 수는 없다고 볼 것이므로 이를 강간치상죄로 처단할 수 없다(대법원 1985.10.8. 선고 85도1537 판결).

■ 판례 ■ **甲과 乙 사이에 술값 문제로 시비가 되어 상호 욕설을 하다가 甲이 양손으로 乙의 가슴 부분을 여러 차례 밀어 넘어뜨리고, 어깨를 1회 미는 등의 폭행을 하여 비골 골절 등의 상해를 가한 다음 乙의 상의 위쪽으로 손을 넣어 乙의 가슴을 만지고 스타킹 위로 허벅지를 만져 추행한 경우**

피고인의 위 폭행을 강제추행의 수단으로서의 폭행으로 볼 수 없어 위 상해와 강제추행 사이에 인과관계가 없어 강제추행치상죄는 성립하지 않는다(대법원 2009.7.23. 선고 2009도1934 판결).

■ 판례 ■ **강간하려는 행위를 피하려다 사상에 이르게 된 경우, 상당인과관계를 인정할 수 있는지 여부(적극)**

[1] 사실관계

甲은 乙녀를 자신이 경영하는 속셈학원의 강사로 고용하고 학습교재를 설명한다는 구실로 몰래 미리 예약해 놓은 호텔객실 앞까지 乙녀를 유인하여 강제로 객실 안으로 끌고 들어간 후, 객실에서 나가려는 乙을 가로막아 못나가게 하고 반항을 억압한 후 강간하려 하였다. 乙이 완강히 반항하던 중 객실의 예약된 대실시간이 끝나가자 시간을 연장하기 위하여 甲이 호텔 프런트에 전화를 하는 사이에 乙은 객실을 빠져나가려 하였으나 甲에게 잡힐 것 같은 생각이 들자 다급한 나머지 위 객실 창문을 열고 뛰어내리다가 28m 아래 지상으로 추락하여 두개골골절상 등을 입고 사망하였다.

[2] 판결요지

가. 강간하려는 행위와 이를 피하려다 사상에 이르게 된 사실 사이에 상당인과관계를 인정할 수 있는지 여부(적극)

폭행이나 협박을 가하여 간음을 하려는 행위와 이에 극도의 흥분을 느끼고 공포심에 사로잡혀 이를 피하려다 사상에 이르게 된 사실과는 이른바 상당인과관계가 있어 강간치사상죄로 다스릴 수 있다.

나. 甲의 죄책

피고인의 강간미수행위와 피해자의 사망과의 사이에 상당인과관계가 있어 피고인을 강간치사죄로 다스릴 수 있다(대법원 1995.5.12. 선고 95도425 판결).

(4) 기수시기

강간·강제추행의 기수·미수를 불문하고 상해·사망의 결과가 발생하면 기수

(5) 미수의 성립

형법은 결과적 가중범인 강간치사상죄의 미수범처벌규정을 두고 있지 않으며, 강간상해·살인죄는 고의범이므로 미수가 가능하나 형법상 미수범 처벌규정이 없다.

✻ 성폭력범죄의 처벌 등에 관한 특례법은 특수강간죄의 결과적 가중범인 특수강간치상죄(제8조)와 특수강간치사죄(제9조)에 대하여 특별히 미수범처벌규정을 두고 있다(제14조).

3. 죄 수

o 강간시에 살인의 고의가 존재하는 경우에는 강간살인죄가 성립하나, 강간 후에
살인의 고의가 생겨 피해자를 살인한 경우에는 강간죄와 살인죄의 경합범이 된다.

o 강간치상죄를 범한 자가 실신한 피해자를 구호하지 않고 방치한 경우에는 포괄하
여 강간치상죄만 성립한다.

4. 공동정범

■ 판례 ■ **범죄실행에 직접 가담하지 않은 강간공모자와 강간치상죄의 공동정범의 죄책**

공동정범의 경우에 공모자 전원이 일정한 일시, 장소에 집합하여 모의하지 아니하고 공범자중 수인을 통
하여 범의의 연락이 있고 그 범의내용에 대하여 포괄적 또는 개별적인 의사연락이나 그 인식이 있었다면
그들 전원이 공모관계에 있다 할 것이고, 이와 같이 공모한 후 공범자중의 1인이 설사 범죄실행에 직접
가담하지 아니하였다 하더라도 다른 공모자가 분담실행한 공모자가 실행한 행위에 대하여 공동정범의 책
임이 있다 할 것이며, 공범자중 수인이 강간의 기회에 상해의 결과를 야기하였다면 다른 공범자가 그 결
과의 인식이 없었더라도 강간치상죄의 책임이 없다고 할 수 없다(대법원 1984.2.14. 선고 83도3120 판결).

5. 소추조건

본 죄는 친고죄가 아니므로 피해자가 고소를 취소해도 처벌에는 영향을 주지 않는다.

Ⅱ. 범죄사실 작성시 유의사항

치사상의 결과는 강간행위(간음행위, 간음의 수단인 폭행, 협박) 또는 강간에 수반
하는 행위에 의하여 생김을 요하므로 그 취지의 적시를 정확히 하지 않으면 안 된다.

Ⅲ. 범죄사실기재

1. 강간치상 · 상해

[기재례1] 강간상해

1) 범죄사실 기재례

피의자 乙은 200○. ○. ○. ○○:○○경 ○○에 있는 '사이버리아' 피시방 앞에서 피의
자 甲이 인터넷 채팅을 통하여 알게 된 피해자 A 및 그 친구들인 피해자 B를 피의자 甲의 승
용차에 태우고 함께 ○○에 있는 주남저수지 부근을 드라이브하던 중, 피해자 일행이 잠시 차
에서 내린 사이에 피의자 甲의 제의로 피의자 甲은 피해자 B를, 피의자 乙은 피해자 A를 각각
강간하기로 하였다.

피의자들은 01:00경 ○○ 에 있는 야산 입구에 이르러 피의자 甲은 피해자 B의 얼굴을 손으로 1회 때리고 산 쪽으로 20m가량 끌고 가 다시 손으로 얼굴을 때리며 겁을 주어 반항을 억압한 다음 1회 간음하여 강간하고, 피의자 乙은 피해자 A를 산 쪽으로 50m가량 끌고 가 겁을 주어 반항을 억압한 다음 1회 간음하여 강간하고, 피의자 甲은 피의자 乙이 피해자 A를 데리고 자기 쪽으로 오자 그녀를 인계받아 뺨을 때리면서 겁을 주어 반항을 억압한 다음 1회 간음하여 강간하였다.

이로써 피의자들은 공모하여 피해자 A에게 약 2주간의 치료를 요하는 다발성 좌상 등을 입게 하였다.

2) **적용법조** : 제301조, 제297조… 공소시효 15년

[기재례2] 강간하여 둔부좌상

1) 범죄사실 기재례

피의자는 20○○. ○. ○. ○○:○○경 ○○에 있는 ○○공원 입구 인적이 드문 곳에서 그곳을 혼자 지나가는 피해자 홍길녀(여, 21세)를 발견하고 순간적으로 욕정을 일으켜 그녀를 강간하기로 마음먹었다.

피의자는 피해자를 공원 숲속으로 끌고 들어가 목을 조르며 바닥에 눕히고 그녀의 옷을 벗기려 하였으나 그녀가 소리를 지르며 반항하자 주먹으로 그녀의 얼굴을 2회 때리면서 시키는 대로 하지 않으면 죽여버리겠다고 말하여 반항을 억압한 후 그녀의 하의를 모두 벗긴 채 1회 간음하여 그녀를 강간하고, 이로 인하여 그녀에게 약 2주간의 치료를 요하는 둔부좌상 등을 입게 하였다.

2) **적용법조** : 제301조, 제297조… 공소시효 15년

[기재례3] 만취자를 간음하여 처녀막파열

1) 범죄사실 기재례

피의자는 20○○. ○. ○. ○○:○○경 ○○에 있는 ○○장모텔 404호실에서 같은 날 ○○:○○경에 위 여관 부근의 포장마차에서 처음 만난 피해자 홍길녀(여, 22세)와 함께 소주를 마시던 중 위 피해자가 술에 취해 쓰러져 의식을 차리지 못하자 위 여관으로 피해자를 업고가 침대에 눕힌 다음 만취되어 항거불능 상태를 이용하여 옷을 벗기고 피의자의 성기를 피해자의 음부에 삽입함으로써 간음하고 그로 인해 피해자로 하여금 치료일수 미상의 처녀막파열상등의 상해를 가하였다.

2) **적용법조** : 제301조, 제297조… 공소시효 15년

[기재례4] 공원 여자 화장실에서 강간미수

1) 범죄사실 기재례

피의자는 20○○. ○. ○. 01:55경 ○○에 있는 ○○공원에서 그곳 여자 화장실에 들어간 피해자 김마담(여, 44세)을 발견하고 순간적으로 욕정을 일으켜 그녀를 강간하기로 마음먹었다.

피의자는 피해자가 있던 여자 화장실 내 용변 칸으로 침입하여 피해자에게 "조용히 해, 가만히 있어." 라고 말하며 한손으로 피해자의 입을 막고, 다른 손으로는 그녀의 몸통 부분을 붙잡아 그녀의 반항을 억압한 후 그녀를 간음하려 하였으나, 그곳 남자 화장실에 있던 피해자의 남편 홍길동이 달려오자 뜻을 이루지 못하고 미수에 그친 채, 피해자에게 약 2주간의 치료를 요하는 좌족관절부좌상 등을 입게 하였다.

2) 적용법조 : 제301조, 제300조, 제297조⋯ 공소시효 15년

[기재례5] 골목길에 납치 강간

1) 범죄사실 기재례

피의자는 20○○. 12. 22. 05:00경 ○○에 있는 노상에서, 혼자 걸어가는 여대생인 피해자 ○○○(여, 20세)을 발견하고 욕정을 일으켜 300m 정도를 뒤따라가 골목길에 이르러 뒤에서 왼팔로 피해자의 목을 감아 부근 빌라의 지하주차장 구석으로 끌고 갔다.

피의자는 그곳에서 다음 바닥에 넘어뜨리고 목을 조르면서 "가만히 있지 않으면 죽여버리겠다" 라고 말하면서 피해자의 몸 위에 올라타 움직이지 못하게 하여 항거 불능케 한 후 피해자의 바지와 속옷을 벗기고 동녀의 음부에 손가락을 넣어 수회 쑤신 다음 성기를 꺼내기 위하여 바지를 내리자 피해자가 그 틈을 타 도망하는 바람에 그 뜻을 이루지 못하고 미수에 그쳤으나 그 과정에서 피해자로 하여금 2주간의 치료를 요하는 음부외상을 입게 하였다.

2) 적용법조 : 제301조, 제300조, 제297조⋯ 공소시효 15년

[기재례6] 강간하여 처녀막파열

1) 범죄사실 기재례

피의자는 20○○. ○. ○. 14:00경 ○○에서 피해자 A(25세)를 강간하기로 마음먹고 가지고 있던 수건을 그녀의 입에 뭉쳐 밀어 넣고 반듯이 눕힌 뒤 "말을 듣지 않으면 죽인다." 고 말하여 항거불능 하게 한 뒤, 그 자리에서 간음하여 그녀를 강간하고 이로 말미암아 약 1주간의 치료를 요하는 처녀막 파열상을 입게 하였다.

2) 적용법조 : 제301조, 제297조⋯ 공소시효 15년

[기재례7] 강제추행치상

1) 범죄사실 기재례

피의자는 20○○. ○. ○.18:00경 ○○에 있는 ○○산책로에서 혼자 산책하고 있는 피해자 홍길녀(여, 21세)에게 욕정을 품고 주먹으로 그녀의 얼굴을 3회 때리면서 "떠들면 죽여버리겠다."라고 말하여 반항하지 못하게 한 후 그녀의 입술에 입을 맞추고, 음부에 손가락을 집어넣는 등 그녀를 강제로 추행하고, 이로 인하여 그녀에게 약 1주간의 치료를 요하는 회음부열창 등을 입게 하였다.

2) 적용법조 : 제301조, 제298조… 공소시효 15년

2. 강간치사 · 살인

1) 범죄사실 기재례 - [강간살인, 시체오욕, 시체유기]

가. 강간살인

피의자는 20○○. ○. ○. 22:40경 ○○시장 입구 골목길에서 그곳을 지나가던 피해자 ○○○(여, 21세)을 발견하고 피해자에게 피의자가 운전한 승용차(차량번호)로 다가가 "○○여고 학생이냐, 윤리 선생님 ○○○가 교통사고를 당했다, 도와주어야 하니 같이 가자"라고 말하여 그 말에 속은 위 피해자를 위 승용차 조수석에 태워 차량의 통행이 뜸한 ○○비상활주로까지 운행해 갔다.

피의자는 그곳에서 좌측 손으로 피해자의 입을 막고 우측 손으로 목덜미를 잡아 누르며 "소리 지르지 마라, 반항하면 죽여버리겠다"라고 말하여 "살려 달라"고 하는 피해자에게 "옷을 전부 벗어라, 강간만 하고 살려 주겠다"라고 말하여 그 반항을 억압해 피해자로 하여금 옷을 모두 벗고 조수석 의자에 눕게 한 후 1회 간음하여 강간하였다.

피의자는 위 범행이 발각되어 처벌을 받을 것이 두려운 나머지 피해자를 살해하기로 마음먹고, 피의자의 지시로 양손을 뒤로하고 위 승용차 조수석에 엎드려 있는 피해자의 등 위에 올라가 양 무릎으로 피해자의 양손을 눌러 꼼짝 못 하게 하고 "살려주는 거죠"라고 애원하는 피해자의 머리를 피해자가 축 늘어질 때까지 3~4분간 계속 세게 눌러 피해자로 하여금 그 자리에서 질식으로 사망하게 하여 피해자를 살해하였다.

나. 시체오욕, 시체유기

2) 적용법조 : 제301조의 2, 제297조(강간살인), 제159조(시체오욕), 제161조 제1항(시체유기) … 공소시효 없음(강간살인 : 2013.6.19.부터. 성폭법 제18조제4항제1호)

Ⅳ. 신문사항

– ○○에서 술을 먹은 일이 있는가

– 누구랑 같이 먹었는가

– 그곳 종업원 홍길녀를 알고 있는가

– 술을 먹으면서 홍길녀를 추행한 일이 있는가

– 언제 어디에서 인가

– 어떻게 홍길녀를 추행하였나

– 어떤 방법으로 추행하였나

– 뭐라면서 음부와 유방을 만졌는가

– 홍길녀가 반항하지 않던가

– 그곳에는 누가 있었는가

– 피의자가 홍길녀를 추행할 때 다른 사람들도 보았는가

– 홍길녀를 추행하는 과정에서 피해자에게 상처를 입힌 일이 있는가

– 어느 부위를 어느 정도 다치게 하였는가

– 어떻게 하는 과정에서 이런 상처를 입혔는가

– 상처 부위에 대한 치료를 받게 하였는가

– 피해자는 피의자의 행위로 ○○부위를 다쳐 약 ○○주간의 치료를 요하는 진단서
  를 제출하였는데 이를 인정하는가

제7절 미성년자 등에 대한 간음

제302조(미성년자등에 대한 간음) 미성년자 또는 심신미약자에 대하여 위계 또는 위력으로써 간음 또는 추행을 한 자는 5년 이하의 징역에 처한다.

제305조의2(상습범) 상습으로 제297조, 제297조의2, 제298부터 제300조까지, 제302조, 제303조 또는 제305조의 죄를 범한 자는 그 죄에 정한 형의 2분의 1까지 가중한다.

제306조(고소) 삭제〈2013.6.19.〉 제297조 내지 제300조와 제302조 내지 제305조의 죄는 고소가 있어야 공소를 제기할 수 있다.

Ⅰ. 구성요건

1. 객 체

미성년자와 심신미약자

(1) 미성년자

만 13세 이상 만 19세 미만의 자로서, 결혼 여부는 불문한다.

○ 13세 미만자는 미성년자의제강간·강제추행죄(제305조)가 적용된다.

○ 그러나 특별법에 따라 13세미만의 경우에는 성폭력범죄 처벌 등에 관한 특례법, 13세 이상 19세 미만의 경우에는 아동·청소년의 성보호에 관한 법률을 각각 적용한다.

(2) 심신미약자

정신기능의 장애로 정상적인 판단능력이 부족한 자를 말하며, 그 연령은 불문하므로 성인도 포함한다. 그러나 성폭력범죄 처벌 등에 관한 특례법에서 장애인 성폭력 규정을 두고 있어 특별법이 우선 적용한다.

■ 판례 ■ 형법 제32장에 규정된 '강간과 추행의 죄'의 보호법익인 '성적 자유', '성적 자기결정권'의 의미 / 미성년자 등 추행죄에서 말하는 '미성년자', '심신미약자'의 의미 / 위 죄에서 말하는 '추행'의 의미 및 추행에 해당하는지 판단하는 기준 / 위 죄에서 말하는 '위력'의 의미 및 위력으로써 추행한 것인지 판단하는 기준

형법 제302조는 "미성년자 또는 심신미약자에 대하여 위계 또는 위력으로써 간음 또는 추행을 한 자는 5년 이하의 징역에 처한다."라고 규정하고 있다. 형법은 제2편 제32장에서 '강간과 추행의 죄'를 규정하고 있는데, 이 장에 규정된 죄는 모두 개인의 성적 자유 또는 성적 자기결정권을 침해하는 것을 내용으로 한다. 여기에서 '성적 자유'는 적극적으로 성행위를 할 수 있는 자유가 아니라 소극적으로 원치 않는 성행위를 하지 않을 자유를 말하고, '성적 자기결정권'은 성행위를 할 것인가 여부, 성행위를 할 때 상대방을 누구로 할 것인가 여부, 성행위의 방법 등을 스스로 결정할 수 있는 권리를 의미한다. 형법 제32장의 죄의 기본적 구성요건은 강간죄(제297조)나 강제추행죄(제

298조)인데, 이 죄는 미성년자나 심신미약자와 같이 판단능력이나 대처능력이 일반인에 비하여 낮은 사람은 낮은 정도의 유·무형력의 행사에 의해서도 저항을 제대로 하지 못하고 피해를 입을 가능성이 있기 때문에 범죄의 성립요건을 보다 완화된 형태로 규정한 것이다.

이 죄에서 '미성년자'는 형법 제305조 및 성폭력범죄의 처벌 등에 관한 특례법 제7조 제5항의 관계를 살펴볼 때 '13세 이상 19세 미만의 사람'을 가리키는 것으로 보아야 하고, '심신미약자'란 정신기능의 장애로 인하여 사물을 변별하거나 의사를 결정할 능력이 미약한 사람을 말한다. 그리고 '추행'이란 객관적으로 피해자와 같은 처지에 있는 일반적·평균적인 사람으로 하여금 성적 수치심이나 혐오감을 일으키게 하고 선량한 성적 도덕관념에 반하는 행위로서 구체적인 피해자를 대상으로 하여 피해자의 성적 자유를 침해하는 것을 의미하는데, 이에 해당하는지 여부는 피해자의 의사, 성별, 연령, 행위자와 피해자의 관계, 행위에 이르게 된 경위, 피해자에 대하여 이루어진 구체적 행위태양, 주위의 객관적 상황과 그 시대의 성적 도덕관념 등을 종합적으로 고려하여 판단하여야 한다. 다음으로 '위력'이란 피해자의 성적 자유의사를 제압하기에 충분한 세력으로서 유형적이든 무형적이든 묻지 않으며, 폭행·협박뿐 아니라 행위자의 사회적·경제적·정치적인 지위나 권세를 이용하는 것도 가능하다. 위력으로써 추행한 것인지 여부는 피해자에 대하여 이루어진 구체적인 행위의 경위 및 태양, 행사한 세력의 내용과 정도, 이용한 행위자의 지위나 권세의 종류, 피해자의 연령, 행위자와 피해자의 이전부터의 관계, 피해자에게 주는 위압감 및 성적 자유의사에 대한 침해의 정도, 범행 당시의 정황 등 여러 사정을 종합적으로 고려하여 판단하여야 한다.(대법원 2019. 6. 13., 선고, 2019도3341, 판결)

2. 행 위

위계·위력에 의한 간음·추행하는 것

(1) 위 계

기망수단에 의하여 상대방을 착오에 빠지게 하는 것으로, 유혹을 포함한다.

■ 판례 ■ **피해자에게 남자를 소개시켜 준다고 거짓말을 하여 여관으로 유인하여 간음한 경우, 위계에 해당하는지 여부(소극)**

[1] 사실관계

甲은 乙과 공모하여 모 여관 객실에서 정신지체로 심신미약상태인 丙녀에게 남자를 소개시켜 준다며 丙녀를 여관까지 유인하여, 甲이 먼저 丙녀와 1회 성교하고, 계속하여 乙이 동녀와 1회 성교하였다.

[2] 판결요지

가. 형법 제302조소정의 위계에 의한 심신미약자간음죄에 있어서 '위계'의 의미

형법 제302조소정의 위계에 의한 심신미약자간음죄에 있어서 위계라 함은 행위자가 간음의 목적으로 상대방에게 오인, 착각, 부지를 일으키고는 상대방의 그러한 심적 상태를 이용하여 간음의 목적을 달성하는 것을 말하는 것이고, 여기에서 오인, 착각, 부지란 간음행위 자체에 대한 오인, 착각, 부지를 말하는 것이지, 간음행위와 불가분적 관련성이 인정되지 않는 다른 조건에 관한 오인, 착각, 부지를 가리키는 것은 아니다.

나. 형법 제302조소정의 위계에 해당하는지 여부(소극)

피고인이 피해자를 여관으로 유인하기 위하여 남자를 소개시켜 주겠다고 거짓말을 하고 피해자가 이에 속아 여관으로 오게 되었고 거기에서 성관계를 하게 되었다 할지라도, 그녀가 여관으로 온 행위와 성교행위 사이에는 불가분의 관련성이 인정되지 아니하는 만큼 이로 인하여 피해자가 간음행위 자체에 대한 착오에 빠졌다거나 이를 알지 못하였다고 할 수는 없다 할 것이어서, 피고인의 위 행위는 형법 제302조소정의 위계에 의한 심신미약자간음죄에 있어서 위계에 해당하지 아니한다(대법원 2002.7.12. 선고 2002도2029 판결).

■ 판례 ■   청소년에게 성교의 대가로 돈을 주겠다고 거짓말한 행위가 청소년의성보호에관한법률 제10조 제4항 소정의 위계에 해당하는지 여부(소극)

[1] 사실관계

甲은 여고생인 乙녀를 컴퓨터채팅을 통해 알고 성교의 대가로 50만원을 주겠다고 하면서 성관계를 제안하자, 乙녀는 이를 승낙한 뒤 甲과 만나 성교행위를 하였다. 그런데 甲은 돈을 줄 능력도 의사도 없었다.

[2] 판결요지

가. 청소년의성보호에관한법률 제10조와 형법 제297조, 제298조, 제299조 및 제302조의 관계

제10조는 형법 제297조, 제298조, 제299조 및 제302조의 죄에 대하여 피해자가 청소년인 경우에 이를 가중처벌하는 규정일 뿐이지 그 구성요건을 형법과 달리하는 규정은 아니다.

나. 형법 제302조의 위계에 의한 미성년자간음죄에 있어서 위계의 의미

형법 제302조의 위계에 의한 미성년자간음죄에 있어서 위계라 함은 행위자가 간음의 목적으로 상대방에게 오인, 착각, 부지를 일으키고는 상대방의 그러한 심적 상태를 이용하여 간음의 목적을 달성하는 것을 말하는 것이고, 여기에서 오인, 착각, 부지란 간음행위 자체에 대한 오인, 착각, 부지를 말하는 것이지, 간음행위와 불가분적 관련성이 인정되지 않는 다른 조건에 관한 오인, 착각, 부지를 가리키는 것은 아니다.

다. 甲의 죄책

피고인이 청소년에게 성교의 대가로 돈을 주겠다고 거짓말하고 청소년이 이에 속아 피고인과 성교행위를 하였다고 하더라도, 사리판단력이 있는 청소년에 관하여는 그러한 금품의 제공과 성교행위 사이에 불가분의 관련성이 인정되지 아니하는 만큼 이로 인하여 청소년이 간음행위 자체에 대한 착오에 빠졌다거나 이를 알지 못하였다고 할 수 없다는 이유로 피고인의 행위가 청소년의성보호에관한법률 제10조 제4항 소정의 위계에 해당하지 아니한다(대법원 2001.12.24. 선고 2001도5074 판결).

(2) 위 력

사람의 의사를 제압할 수 있는 유형·무형의 힘(例, 폭행·협박 및 지위·권세의 이용)을 사용하는 것.

위력은 강간죄·강제추행죄의 폭행·협박에 이르지 않을 정도여야 한다. 따라서 피해자가 미성년자라도 강간죄에서 요구하는 정도의 폭행·협박으로 간음한 경우에는 강간죄가 성립한다.

II. 범죄사실기재 및 신문사항

1) 범죄사실 기재례

[기재례1] 지적장애인 유인하여 간음

피의자는 20○○. ○. ○. 01:00경 ○○에 있는 ○○카페 부근 어느 여관 객실에서, 지적장애로 심신미약 상태인 피해자 홍미라(22세)에게 남자를 소개해 준다며 피해자를 위 장소까지 유인한 후 1회 성교하여 위계로써 그녀를 간음하였다.

[기재례2] 위력으로 미성년자 간음

피의자는 20○○. ○. ○. 경 미성년자인 피해자 갑(여, 15세)의 계모인 을을 알게 되고, 을로부터 위 피해자를 무속인으로 만들어 달라는 부탁을 받고 피해자를 산과 바다로 데리고 다니면서 수련을 시키던 중, 피해자가 위 을로부터 계속된 구타 및 가혹행위를 당하고 있다는 사실을 알고 있었다.

피의자는 20○○.○.○. 16:00경 ○○에 있는 ○○계곡에서, 피해자가 산 기도를 하는 것을 지켜보다 갑자기 욕정을 일으켜 주변에 사람이 없는 것을 확인한 다음, 피해자에게 "할아버지 말을 안 들으면 엄마(을)한테 당한다" 라고 말을 하여 피해자의 반항을 억압한 다음 위력으로써 미성년자인 피해자를 1회 간음하였다.

2) 적용법조 : 제302조 … 공소시효 7년

3) 신문사항

– 홍미라를 알고 있는가
– 홍미라를 여관에 데리고 간 일이 있는가
– 언제 어디에 있는 여관인가
– 처음 어떻게 만나 그 곳에 투숙하게 되었는가
– 무엇 때문에 여관에 데리고 갔는가
– 여관에 데리고 가 간음한 일이 있는가
– 어떤 방법으로 간음하였는가
– 홍미라의 정신상태가 어떠하던가
– 반항하지 않던가

제8절 업무상위력 등에 의한 간음

제303조(업무상위력 등에 의한 간음) ① 업무, 고용 기타 관계로 인하여 자기의 보호 또는 감독을 받는 사람에 대하여 위계 또는 위력으로써 간음한 자는 7년 이하의 징역 또는 3천만원 이하의 벌금에 처한다.
② 법률에 의하여 구금된 사람을 감호하는 자가 그 사람을 간음한 때에는 10년 이하의 징역에 처한다.
제305조의2(상습범) 상습으로 제297조, 제297조의2, 제298부터 제300조까지, 제302조, 제303조 또는 제305조의 죄를 범한 자는 그 죄에 정한 형의 2분의 1까지 가중한다.
제306조(고소) 삭제〈2013.6.19.〉 제297조 내지 제300조와 제302조 내지 제305조의 죄는 고소가 있어야 공소를 제기할 수 있다.

※ 성폭력범죄의 처벌 등에 관한 특례법
제10조(업무상 위력 등에 의한 추행) ① 업무, 고용이나 그 밖의 관계로 인하여 자기의 보호, 감독을 받는 사람에 대하여 위계 또는 위력으로 추행한 사람은 3년 이하의 징역 또는 1,500만원 이하의 벌금에 처한다.
② 법률에 따라 구금된 사람을 감호하는 사람이 그 사람을 추행한 때에는 5년 이하의 징역 또는 2천만원 이하의 벌금에 처한다.

 ## Ⅰ. 구성요건

1. 피보호(감독)자간음죄 (제1항)

(1) 주 체

업무·고용 기타 관계로 보호·감독하는 지위에 있는 자(진정신분범)

(2) 객 체

업무·고용 기타 관계로 자기의 보호·감독을 받는 13세 이상의 사람으로, 사실상 자기의 보호·감독하에 있으면 족하고 그 원인은 불문한다.

■ 판례 ■ **형법 303조 1항 규정 중 기타 관계로 자기의 보호 또는 감독을 받는 부녀 중에는 사실상의 보호 또는 감독을 받는 상황에 있는 부녀도 포함되는지 여부(적극)**

[1] 사실관계

> 미장원 주인 乙녀의 남편 甲은 자신을 '주인아저씨'라고 부르며 직접·간접의 지시를 따르고 있는 미장원 종업원 丙녀에게 저녁을 사주고 고의로 시간을 지연시켜서 야간통행금지에 임박한 시간에 여관에 투숙한 후, 말을 듣지 않으면 해고하겠다고 하여 위력으로 간음하였다.

[2] 판결요지

형법 303조 1항 규정중 기타 관계로 자기의 보호 또는 감독을 받는 부녀라 함은 사실상의 보호 또는 감독을 받는 상황에 있는 부녀인 경우도 이에 포함되는 것으로 보는 것이 우리의 일반사회통념이나 실정 그리고 동 법조를 신설하여 동 법조 규정상황하에 있는 부녀의 애정의 자유가 부당하게 침해되는 것을 보호하려는 법의 정신에 비추어 타당하다(대법원 1976.2.10. 선고 74도1519 판결). ☞ (甲은 업무상 위력에 의한 간음죄)

(3) 행 위

위계 또는 위력으로써 간음하는 것

❋ 형법상 업무상위력 등에 의한 간음죄는 규정되어 있으나 업무상위력 등에 의한 추행죄는 규정이 없다는 점에 주의하여야 한다. 다만 성폭력범죄의 처벌 등에 관한 특례법에서는 업무상위력 등에 의한 추행죄 처벌규정이 있다.

(4) 타 죄와의 관계

- 13세 미만의 피감호 사람을 위계·위력으로써 간음한 경우 ⇨ 미성년자 의제강간죄만 성립(법조경합중 특별관계)
- 13세 이상의 미성년자 또는 심신미약자인 피감호 사람을 위계·위력으로써 간음한 경우 ⇨ 미성년자·심신미약자 강간죄가 성립

2. 피감호자간음죄 (제2항)

(1) 주 체

법률에 의하여 구금된 사람을 감호하는 자(진정신분범)

- 본죄는 자수범으로 감호자가 스스로 간음함으로써만 성립하고, 간접정범의 형태로는 범할 수 없다.

(2) 객 체

법률에 의하여 구금된 사람(例, 구속된 형사피고인·피의자, 형집행 중에 있는 사람, 노역장에 유치된 사람, 경찰서 유치장에 있는 사람). 여기서 법률이란 형사소송법을 의미한다.

(3) 행 위

간음하는 것

- 간음만으로 본죄가 성립하며, 폭행·협박이나 위계·위력 등의 수단을 필요로 하지 않는다. 폭행·협박에 의하여 피구금자를 간음한 경우에는 강간죄가 성립한다.
- 피구금자 추행의 경우에는 형법이 아닌 성폭력범죄의 처벌 등에 관한 특례법 제10조에 규정되어 있다.

(4) 위법성

피구금자의 동의를 얻어서 간음한 경우에도 본죄가 성립한다.

(5) 타 죄와의 관계

○ 13세 미만의 피구금자를 간음한 경우 ⇨ 미성년자의제강간죄만 성립(법조경합 중 특별관계)

○ 13세 이상 미성년자 또는 심신미약자인 피구금자를 간음한 경우 ⇨ 미성년자ㆍ심신미약자 간음죄가 성립(법조경합 중 특별관계)

3. 소추조건

법 개정(2013.6.19.시행)으로 친고죄가 아니므로 별도의 고소 없이도 공소제기가 가능하다.

⬤ II. 범죄사실기재 및 신문사항

1. 피보호자 간음

1) 범죄사실 기재례 - [미장원 주인 남편이 종업원 간음]

피의자는 ○○미장원 주인 乙녀의 남편이다.

피의자는 20○○. ○. ○. 위 미장원 종업원인 피해자 甲녀(23세)가 피의자에게 '주인아저씨'라고 부르며 직접ㆍ간접의 지시를 따르고 있는 것을 이용하여 위 피해자에게 저녁을 사주겠다고 하여 같이 저녁을 먹었다.

피의자는 같은 날 23:00경 ○○에 있는 여관 앞에서 '지금부터 내 말을 듣지 않으면 해고하겠다. 그러니 지금 이 여관에 들어가 같이 하룻밤을 지내자고 말하여 위 여관 309호실에 투숙한 후, 말을 듣지 않으면 해고하겠다고 하여 위력으로 간음하였다.

2) 적용법조 : 제303조 제1항… 공소시효 7년

3) 피해자 조사사항

- 홍길동(피의자)과 어떤 관계인가
- 언제 위 미장원에 종사하게 되었나
- 어떤 조건으로 고용되었나
- 종업원은 모두 몇 명인가
- 피의자가 뭐라면서 언제 저녁을 먹자고 하던가

- 그 당시 어떤 생각으로 피의자를 따라갔는가
- 언제 성관계를 요구하던가
- 뭐라면서 요구하던가
- 몇 시쯤 어디에 있는 여관에 들어 갔는가
- 그 당시 피의자를 따라가지 않으면 안되었는가
- 여관에 투숙하여 의자가 어떤 행동을 하던가
- 뭐라면서 성관계 요구를 하던가
- 거절하지 않았는가
- 피의자가 해고할 수 있다고 생각하였나
- 피의자의 처벌을 원하는가

4) 피의자 신문사항

- 甲녀를 알고 있는가
- 평소 甲녀는 피의자를 뭐라고 부른가
- 언제부터 피의자의 부인 미장원 종업원으로 종사하였는가
- 피의자는 부인이 운영하는 미장원운영에 대해 어느 정도의 영향력이 있는가
- 甲녀에게 저녁을 사주겠다고 한 일이 있는가
- 언제이며 같이 저녁을 먹었는가
- 어디에서 먹었으며 식사후 어떻게 하였나
- 뭐라면서 여관에 가자고 하였나
- 순순히 응하던가
- 몇시쯤 어디에 있는 어느 여관에 투숙하였나
- 무엇 때문에 여관에 가게되었나
- 여관에 들어가 무엇을 하였나
- 성관계를 요구하니까 이에 순순히 응하던가
- 그래서 뭐라고 말하여 성관계를 하였나
- 실질적으로 甲녀를 해고할 수 있는가
- 甲녀는 피의자가 부인에게 말하여 해고할 수 있다고 믿고 있는가
- 그럼 해고하겠다고 위력을 행사하여 성관계를 가졌다는 것인가

2. 피감독자 간음

1) 범죄사실 기재례 - [요양보호사의 조울증 환자 간음]

피의자는 ○○에 있는 ○○병원 정신과병동에서 입원치료 중인 정신과 환자들을 보호, 감독하는 업무를 담당하는 요양보호사이고, 피해자 갑여, 25세)는 위 병원에서 조현병(정신분열증)으로 정신과 입원치료 중인 환자이다.

피의자는 20○○. ○. ○.06:00경 위 병원 ○○호 병실에서, 피해자가 다른 환자의 사물함을 열어보고 있는 것을 발견하고 피해자에게 "너 그러면 RT(끈으로 환자를 침대에 묶어 환자가 움직이지 못하도록 하는 것)한다, RT하면 화장실도 못가고 기저귀를 차야 된다"라고 말하여 이에 겁을 먹은 피해자로 하여금 바지를 벗게 한 다음 피의자의 바지와 팬티를 내리고 피해자의 침대 위로 올라가 피의자의 성기를 피해자의 음부에 삽입하여 간음하였다.

이로써 피의자는 업무관계로 인하여 피의자의 보호를 받는 피해자에 대하여 위력으로써 간음하였다.

2) 적용법조 : 제303조 제2항… 공소시효 7년

3. 피감호자 간음

1) 범죄사실 기재례 - [교도관이 상담 중 가석방 빙자 간음]

피의자는 ○○교도소에서 ○○업무를 맡은 교도직 공무원(교위)이다.

피의자는 20○○. ○. ○. 15:00경 위 교도소 상담실에서 사기죄로 수감 중인 기결수 홍길녀(35세)를 간음할 것을 마음먹고 '다음 광복절 때 특사로 석방될 수 있도록 해주겠다. 그러니 내 말을 듣고 내가 시키는 대로 하여라'라고 하자 그녀가 그 뜻을 받아들이는 태도를 보이자 그곳에 있는 소파에서 피의자가 감호하는 그녀를 간음하였다.

2) 적용법조 : 제303조 제2항… 공소시효 7년

3) 신문사항

- 공무원인가
- 언제 임용되었으며 현 직책과 직급은
- 현재 맡은 구체적인 업무는 무엇인가
- 홍길녀를 상담한 일이 있는가
- 언제 어디에서 어떤 상담을 하였는가
- 무엇 때문에 이런 상담을 하였는가
- 상담하면서 홍길녀를 간음한 일이 있는가
- 뭐라면서 간음하였는가
- 피해자가 피의자의 말을 믿고 응하던가
- 피해자에게 그런 약속을 지킬 수 있는 능력과 조건이 되는가

제9절 미성년자의제강간, 추행

제305조(미성년자에 대한 간음, 추행) ① 13세 미만의 사람에 대하여 간음 또는 추행을 한 자는 제297조, 제297조의2, 제298조, 제301조 또는 제301조의2의 예에 의한다.
② 13세 이상 16세 미만의 사람에 대하여 간음 또는 추행을 한 19세 이상의 자는 제297조, 제297조의2, 제298조, 제301조 또는 제301조의2의 예에 의한다. 〈신설 2020. 5. 19.〉
제305조의2(상습범) 상습으로 제297조, 제297조의2, 제298부터 제300조까지, 제302조, 제303조 또는 제305조의 죄를 범한 자는 그 죄에 정한 형의 2분의 1까지 가중한다.
제305조의3(예비, 음모) 제297조, 제297조의2, 제299조(준강간죄에 한정한다), 제301조(강간 등 상해죄에 한정한다) 및 제305조의 죄를 범할 목적으로 예비 또는 음모한 사람은 3년 이하의 징역에 처한다.
제306조(고소) 삭제〈2013.6.19.〉

Ⅰ. 구성요건

1. 객 체

16세 미만의 사람으로 남녀 구분이 없다. 그러나 특별법에 따라 13세미만의 경우에는 성폭력범죄 처벌 등에 관한 특례법을 적용한다.

2. 행 위

간음·추행하는 것
- 폭행이나 협박과 같은 강제적인 방법을 사용하여 간음할 것을 요하지 않는다.
- 처음부터 폭행·협박에 의하여 13세 미만자를 강제추행하면, 본죄가 아니라 강간죄 또는 강제추행죄가 성립하고, 성폭력범죄의 처벌 등에 관한 특례법 제7조에 의하여 가중처벌된다.

✱ 13세 미만자를 강제추행하다가 상해를 입힌 경우 미성년자의제강제추행치상죄가 아니라 미성년자강제추행치상죄로 의율하여야 한다.

3. 주관적 구성요건

- 행위의 객체가 16세 미만 사람임을 인식하여야 한다.
- 13세 미만의 사람에 대한 간음 또는 추행의 가해자는 나이에 제한이 없으나 13세 이상 16세 미만의 경우 가해자가 19세 이상이어야 한다.

■ 판례 ■　초등학교 4학년 담임교사(남자)가 교실에서 자신이 담당하는 반의 남학생의 성기를 만진 행위가 '추행'에 해당하는지 여부(적극)

[1] 형법 제305조의 미성년자의제강제추행죄의 성립요건
형법 제305조의 미성년자의제강제추행죄는 '13세 미만의 아동이 외부로부터의 부적절한 성적 자극이나 물리력의 행사가 없는 상태에서 심리적 장애 없이 성적 정체성 및 가치관을 형성할 권익'을 보호법익으로 하는 것으로서, 그 성립에 필요한 주관적 구성요건요소는 고의만으로 충분하고, 그 외에 성욕을 자극·흥분·만족시키려는 주관적 동기나 목적까지 있어야 하는 것은 아니다.

[2] 미성년자의제강제추행죄에서 말하는 '추행'에 해당하는지 여부(적극)
초등학교 4학년 담임교사(남자)가 교실에서 자신이 담당하는 반의 남학생의 성기를 만진 행위가 미성년자의제강제추행죄에서 말하는 '추행'에 해당한다(대법원 2006.1.13. 선고 2005도6791 판결).

■ 판례 ■　형법 제32장에 규정된 '강간과 추행의 죄'의 보호법익인 '성적 자유', '성적 자기결정권'의 의미 / 미성년자 등 추행죄에서 말하는 '미성년자', '심신미약자'의 의미 / 위 죄에서 말하는 '추행'의 의미 및 추행에 해당하는지 판단하는 기준 / 위 죄에서 말하는 '위력'의 의미 및 위력으로써 추행한 것인지 판단하는 기준

형법 제302조는 "미성년자 또는 심신미약자에 대하여 위계 또는 위력으로써 간음 또는 추행을 한 자는 5년 이하의 징역에 처한다."라고 규정하고 있다. 형법은 제2편 제32장에서 '강간과 추행의 죄'를 규정하고 있는데, 이 장에 규정된 죄는 모두 개인의 성적 자유 또는 성적 자기결정권을 침해하는 것을 내용으로 한다. 여기에서 '성적 자유'는 적극적으로 성행위를 할 수 있는 자유가 아니라 소극적으로 원치 않는 성행위를 하지 않을 자유를 말하고, '성적 자기결정권'은 성행위를 할 것인가 여부, 성행위를 할 때 상대방을 누구로 할 것인가 여부, 성행위의 방법 등을 스스로 결정할 수 있는 권리를 의미한다. 형법 제32장의 죄의 기본적 구성요건은 강간죄(제297조)나 강제추행죄(제298조)인데, 이 죄는 미성년자나 심신미약자와 같이 판단능력이나 대처능력이 일반인에 비하여 낮은 사람은 낮은 정도의 유·무형력의 행사에 의해서도 저항을 제대로 하지 못하고 피해를 입을 가능성이 있기 때문에 범죄의 성립요건을 보다 완화된 형태로 규정한 것이다. 이 죄에서 '미성년자'는 형법 제305조 및 성폭력범죄의 처벌 등에 관한 특례법 제7조 제5항의 관계를 살펴볼 때 '13세 이상 19세 미만의 사람'을 가리키는 것으로 보아야 하고, '심신미약자'란 정신기능의 장애로 인하여 사물을 변별하거나 의사를 결정할 능력이 미약한 사람을 말한다. 그리고 '추행'이란 객관적으로 피해자와 같은 처지에 있는 일반적·평균적인 사람으로 하여금 성적 수치심이나 혐오감을 일으키게 하고 선량한 성적 도덕관념에 반하는 행위로서 구체적인 피해자를 대상으로 하여 피해자의 성적 자유를 침해하는 것을 의미하는데, 이에 해당하는지 여부는 피해자의 의사, 성별, 연령, 행위자와 피해자의 관계, 행위에 이르게 된 경위, 피해자에 대하여 이루어진 구체적 행위태양, 주위의 객관적 상황과 그 시대의 성적 도덕관념 등을 종합적으로 고려하여 판단하여야 한다. 다음으로 '위력'이란 피해자의 성적 자유의사를 제압하기에 충분한 세력으로서 유형적이든 무형적이든 묻지 않으며, 폭행·협박뿐 아니라 행위자의 사회적·경제적·정치적인 지위나 권세를 이용하는 것도 가능하다. 위력으로써 추행한 것인지 여부는 피해자에 대하여 이루어진 구체적인 행위의 경위 및 태양, 행사한 세력의 내용과 정도, 이용한 행위자의 지위나 권세의 종류, 피해자의 연령, 행위자와 피해자의 이전부터의 관계, 피해자에게 주는 위압감 및 성적 자유의사에 대한 침해의 정도, 범행 당시의 정황 등 여러 사정을 종합적으로 고려하여 판단하여야 한다. (대법원 2019. 6. 13. 선고, 2019도3341, 판결)

4. 피해자의 동의

■ 판례 ■ **미성년자의제 강간추행죄의 성립에 있어서 위계 또는 위력이나 폭행 또는 협박 등의 행사요부 및 피해자의 동의가 있으면 위 죄가 불성립하는지 여부(소극)**

형법 제305조에 규정된 13세미만 부녀에 대한 의제강간, 추행죄는 그 성립에 있어 위계 또는 위력이나 폭행 또는 협박의 방법에 의함을 요하지 아니하며 피해자의 동의가 있었다고 하여도 성립하는 것이다(대법원 1982.10.12. 선고 82도2183 판결).

■ 판례 ■ **성추행 피해 아동이 한 진술의 신빙성 유무를 판단하는 방법**

아동의 나이가 얼마나 어린지, 그 진술이 사건 발생시로부터 얼마나 지난 후에 이루어진 것인지, 사건 발생 후 그러한 진술이 이루어지기까지의 과정에서 최초로 아동의 피해 사실을 청취한 보호자나 수사관들이 편파적인 예단을 가지고 아동에게 사실이 아닌 정보를 주거나 반복적인 신문 등을 통하여 특정한 답변을 유도하는 등으로 아동 기억에 변형을 가져 올 여지는 없었는지, 그 진술 당시 질문자에 의하여 오도될 수 있는 암시적인 질문이 반복된 것은 아닌지, 같이 신문을 받은 또래 아동의 진술에 영향을 받은 것은 아닌지, 면담자로부터 영향을 받지 않은 아동 자신의 진술이 이루어진 것인지, 법정에서는 피해사실에 대하여 어떠한 진술을 하고 있는지 등을 살펴보아야 하며, 또한 검찰에서의 진술내용에 있어서도 일관성이 있고 명확한지, 세부내용의 묘사가 풍부한지, 사건·사물·가해자에 대한 특징적인 부분에 관한 묘사가 있는지, 정형화된 사건 이상의 정보를 포함하고 있는지 등도 종합적으로 검토하여야 한다(대법원 2008.7.10. 선고 2006도2520 판결).

5. 미수범

본죄의 미수범처벌규정은 없으나 본죄를 강간, 강제추행의 예에 따라 처벌하므로 미수처벌이 가능하다.

■ 판례 ■ **미성년자의제강간·강제추행죄를 규정한 형법 제305조에 의하여 미수범도 처벌할 수 있는지 여부(적극)**

미성년자의제강간·강제추행죄를 규정한 형법 제305조가 "13세 미만의 부녀를 간음하거나 13세 미만의 사람에게 추행을 한 자는 제297조, 제298조, 제301조 또는 제301조의2의 예에 의한다"로 되어 있어 강간죄와 강제추행죄의 미수범의 처벌에 관한 형법 제300조를 명시적으로 인용하고 있지 아니하나, 형법 제305조의 입법 취지는 성적으로 미성숙한 13세 미만의 미성년자를 특별히 보호하기 위한 것으로 보이는바 이러한 입법 취지에 비추어 보면 동조에서 규정한 형법 제297조와 제298조의 '예에 의한다'는 의미는 미성년자의제강간·강제추행죄의 처벌에 있어 그 법정형뿐만 아니라 미수범에 관하여도 강간죄와 강제추행죄의 예에 따른다는 취지로 해석되고, 이러한 해석이 형벌법규의 명확성의 원칙에 반하는 것이거나 죄형법정주의에 의하여 금지되는 확장해석이나 유추해석에 해당하는 것으로 볼 수 없다(대법원 2007.3.15. 선고 2006도9453 판결).

6. 죄 수

미성년자 의제강간죄 또는 미성년자 의제강제추행죄는 행위시마다 1개의 범죄 성립한다.

II. 범죄사실 기재시 유의사항

■ 판례 ■ **미성년자 의제강간, 강제추행죄의 공소제기에 있어서 범행일시의 기재방법**

미성년자 의제강간죄 또는 미성년자 의제강제 추행죄는 행위시마다 1개의 범죄가 성립하므로 이 사건 공소사실 중 '피고인이 1980.12. 일자 불상경부터 1981. 9.5 전일경 까지 사이에 피해자를 협박하여 약 20여회 강간 또는 강제추행하였다'는 부분은 그 범행일시가 명시되지 아니하여 동 공소 사실 부분에 대한 공소는 기각을 면할 수 없다(대법원 1982.12.14. 선고 82도2442 판결).

III. 범죄사실기재 및 신문사항

[기재례1] 초등학생의 팬티 속에 손을 넣어 음부를 만진 경우

1) 범죄사실 기재례

> 피의자는 ○○에 있는 ○○초등학교 5학년 1반의 담임교사로 재직하였던 사람이다.
> 피의자는 200○. ○. ○. ○○:○○경 위 학교 사무실에서 같은 반 학생인 홍길순(12세)이 다른 학생들은 체육 시간으로 모두 나가고 몸이 아파 혼자 있는 피해자에게 접근하여 그녀를 끌어안고 팬티 속에 손을 넣어 음부를 만져서 추행하였다.

2) 적용법조 : 제305조, 제298조(미성년자의제강제추행) … 공소시효 없음

3) 신문사항

- ○○학교 교사인가
- 언제 교직에 임용되었으며 위 학교는 언제부터 재직하고 있는가
- 홍길순을 알고 있는가
- 홍길순을 추행한 일이 있는가
- 언제 어디에서인가
- 그곳에 다른 학생들은 없었나
- 어떻게 추행하였는가
- 어떤 방법으로 추행하였나
- 뭐라면서 그랬는가
- 피해자가 반항하지 않던가
- 어린 학생에게 어떻게 이런 행위를 할 수 있는가

[기재례2] 7세 여아를 간음한 경우

1) 범죄사실 기재례

피의자는 20○○. ○. 경부터 그 형인 甲의 ○○주거지에 살면서 조카인 乙(여, 8세)이 하교 후 그 친구인 피해자 김 소녀(여, 7세)와 함께 노는 것을 알고 위 피해자를 간음하기로 마음먹었다.

피의자는 20○○. ○. 초순 13:00경, 위 甲의 주거지 내 乙이 놀이방으로 사용하고 피의자가 침식하는 작은 방에서, 피해자의 옷을 모두 벗기고 가슴과 성기를 손과 발로 만지고 성기 안에 발가락을 집어넣는 등 추행하다가 피의자의 성기를 피해자의 성기에 삽입하여 13세 미만의 부녀인 피해자를 간음하였다.

2) 적용법조 : 제305조, 제297조(미성년자의제강간) … 공소시효 없음

[기재례3] 3세 여아의 음부를 문지른 경우

1) 범죄사실 기재례

피의자는 20○○. 8. 8.경 ○○에 있는 피의자의 집 거실에서 피의자의 조카인 피해자 甲(여, 3세)을 바닥에 눕히고 손에 로션을 바른 후 피해자의 음부를 문지르는 등 13세 미만 미성년자인 피해자를 추행하였다.

2) 적용법조 : 제305조, 제298조(미성년자의제강제추행)… 공소시효 없음

3) 신문사항

– 甲을 알고 있는가(어떠한 관계인가)

– 甲을 추행한 일이 있는가

– 언제 어디에서인가

– 그곳에 다른 사람들은 없었나

– 어떻게 추행하였는가

– 어떤 방법으로 추행하였나

– 뭐라면서 그랬는가

– 피해자가 반항하지 않던가

– 어린 조카에게 어떻게 이런 행위를 할 수 있는가

제33장 명예에 관한 죄
(제307~312조)

제1절 명예훼손

> 제307조(명예훼손) ① 공연히 사실을 적시하여 사람의 명예를 훼손한 자는 2년 이하의 징역이나 금고 또는 500만원 이하의 벌금에 처한다.
> ② 공연히 허위의 사실을 적시하여 사람의 명예를 훼손한 자는 5년 이하의 징역, 10년 이하의 자격정지 또는 1천만원 이하의 벌금에 처한다.
> 제312조(고소와 피해자의 의사) ② 제307조와 제309조의 죄는 피해자의 명시한 의사에 반하여 공소를 제기할 수 없다.
> ※ 정보통신망 이용촉진 및 정보보호 등에 관한 법률 제70조(벌칙)
> ※ 공직선거법 제250조(허위사실공표죄), 제251조(후보자비방죄)

I. 구성요건

1. 주 체

자연인인 사람에 국한(법인은 본죄의 주체가 될 수 없음)

2. 객 체

명예

(1) 명예의 주체

자연인과 법인

○ 모든 자연인이 본죄의 주체가 되므로 정신병자, 유아, 범죄자도 그 주체가 된다.

○ 사자가 명예의 주체가 될 수 있는 가에 대해서는 견해의 대립이 있으나, 통설과 판례는 사자도 명예의 주체가 된다고 한다(대법원 1980.10.25. 선고 83도1520 판결).

○ 법인격 없는 단체도 법적으로 인정된 사회적 기능을 수행하고 통일된 의사를 행사할 수 있는 한 명예의 주체가 된다. 그러나 범죄단체나 취미활동 목적의 사교클럽, 조기축구회, 가족, 동리 등은 명예의 주체가 아니다.

(2) 집합명칭에 의한 명예훼손

(가) 원 칙

법인격 없는 단체에 이르지 못한 집단(例, 서울시민들, 경기도민들, 법대교수들, 형사들)은 명예의 주체가 될 수 없다.

(나) 예 외

집단명칭을 사용한 경우라도 다음과 같은 경우에는 명예훼손죄가 성립한다.

- 일반인과 구별될 수 있도록 집합명칭이 특정된 경우(例, A법과대학의 교수, A경찰서의 경찰관). 다만 이 경우에도 예외를 인정하는 평균판단의 경우에는 본죄가 성립하지 않는다.
- 구성원의 일부를 지적하였지만 그것이 누구인가 명백하지 않아서 구성원 모두가 혐의를 받는 경우(例, 모당 소속 국회의원 2명이 간첩이다, 장관 중에 1인이 뇌물을 받았다.)

■ 판례 ■ **피해자를 집합적 명사로 표현한 경우, 명예훼손죄가 성립하는지 여부(한정 적극)**

[1] 사실관계

K여상의 직원 甲은 학교 이사 乙의 지시로 "3·19 동지회 소속 교사들이 학생들을 선동하여 무단하교를 하게 하였다"는 허위사실이 기재된 보도자료를 만들어 서울특별시 교육청 내 공보실에서 기자들에게 배포하였다. 보도자료에는 3·19동지회 소속 교사 丙의 이름을 직접적으로 적시하고 있지는 않으나, K여상의 교사는 모두 66명으로서 그중 약 37명이 3·19동지회 소속 교사들이고, 위 학교의 학생이나 학부모, 교육청 관계자들은 3·19동지회 소속 교사들이 누구인지 알고 있었다.

[2] 판결요지

명예훼손죄는 어떤 특정한 사람 또는 인격을 보유하는 단체에 대하여 그 명예를 훼손함으로써 성립하는 것이므로 그 피해자는 특정한 것임을 요하고, 다만 서울시민 또는 경기도민이라 함과 같은 막연한 표시에 의해서는 명예훼손죄를 구성하지 아니한다 할 것이지만, 집합적 명사를 쓴 경우에도 그것에 의하여 그 범위에 속하는 특정인을 가리키는 것이 명백하면, 이를 각자의 명예를 훼손하는 행위라고 볼 수 있다(대법원 2000.10.10. 선고 99도5407 판결). ☞ (甲은 명예훼손죄)

■ 판례사례 ■ **[집합명칭을 썼으나 주위사정과 종합판단하여 그것이 어느 특정인을 지목하는 것인가를 알아차릴 수 있어 명예훼손죄가 성립하는 사례]**

(1) 마을의 80세대 중 50세대가 신씨 종중원인 마을에서 방송으로 "어떤 분자가 종중재산을 횡령 착복하였다."는 말을 한 경우(대법원 1982.11.9. 선고 82도1256 판결)

(2) 선거운동을 하면서 특정 후보를 언급하지는 않았지만 특정 정당이 수십억 원대의 정치자금을 나누어 쓴 제보가 있었다고 언급하고 경쟁후보가 그 정당소속이었음을 언급한 경우 ⇨ 허위사실 공표에 해당하여 공직선거법 위반죄(대법원 2003.2.20. 선고 2001도6138 판결)

(3) 명예의 내용

명예는 긍정적 · 적극적 가치여야 한다. 따라서 부정적 · 소극적 가치(例, 악명)는 명예가 될 수 없다.

3. 행 위

공연히 사실을 적시하여 명예를 훼손하는 것

(1) 공연성

불특정인 또는 다수인이 인식할 수 있는 상태

○ 불특정인이면 다수인 · 소수인을 불문하고, 다수인이면 특정 · 불특정을 불문한다.

▪ 판례 ▪ **명예훼손죄의 구성요건인 '공연성'의 의미와 판단 기준 / 명예훼손죄의 공연성에 관하여 판례상 확립된 법리인 이른바 '전파가능성 이론'의 유지 여부(적극)**

[다수의견] 명예훼손죄의 관련 규정들은 명예에 대한 침해가 '공연히' 또는 '공공연하게' 이루어질 것을 요구하는데, '공연히' 또는 '공공연하게'는 사전적으로 '세상에서 다 알 만큼 떳떳하게', '숨김이나 거리낌이 없이 그대로 드러나게'라는 뜻이다. 공연성을 행위 태양으로 요구하는 것은 사회에 유포되어 사회적으로 유해한 명예훼손 행위만을 처벌함으로써 개인의 표현의 자유가 지나치게 제한되지 않도록 하기 위함이다. 대법원 판례는 명예훼손죄의 구성요건으로서 공연성에 관하여 '불특정 또는 다수인이 인식할 수 있는 상태'를 의미한다고 밝혀 왔고, 이는 학계의 일반적인 견해이기도 하다.

대법원은 명예훼손죄의 공연성에 관하여 개별적으로 소수의 사람에게 사실을 적시하였더라도 그 상대방이 불특정 또는 다수인에게 적시된 사실을 전파할 가능성이 있는 때에는 공연성이 인정된다고 일관되게 판시하여, 이른바 전파가능성 이론은 공연성에 관한 확립된 법리로 정착되었다. 이러한 법리는 정보통신망 이용촉진 및 정보보호 등에 관한 법률(이하 '정보통신망법'이라 한다)상 정보통신망을 이용한 명예훼손이나 공직선거법상 후보자비방죄 등의 공연성 판단에도 동일하게 적용되어, 적시한 사실이 허위인지 여부나 특별법상 명예훼손 행위인지 여부에 관계없이 명예훼손 범죄의 공연성에 관한 대법원 판례의 기본적 법리로 적용되어 왔다. 공연성에 관한 전파가능성 법리는 대법원이 오랜 시간에 걸쳐 발전시켜 온 것으로서 현재에도 여전히 법리적으로나 현실적인 측면에 비추어 타당하므로 유지되어야 한다. 대법원 판례와 재판 실무는 전파가능성 법리를 제한 없이 적용할 경우 공연성 요건이 무의미하게 되고 처벌이 확대되게 되어 표현의 자유가 위축될 우려가 있다는 점을 고려하여, 전파가능성의 구체적 · 객관적인 적용 기준을 세우고, 피고인의 범의를 엄격히 보거나 적시의 상대방과 피고인 또는 피해자의 관계에 따라 전파가능성을 부정하는 등 판단 기준을 사례별로 유형화하면서 전파가능성에 대한 인식이 필요함을 전제로 전파가능성 법리를 적용함으로써 공연성을 엄격하게 인정하여 왔다. 구체적으로 살펴보면 다음과 같다.

(가) 공연성은 명예훼손죄의 구성요건으로서, 특정 소수에 대한 사실적시의 경우 공연성이 부정되는 유력한 사정이 될 수 있으므로, 전파될 가능성에 관하여는 검사의 엄격한 증명이 필요하다. 나아가 대법원은 '특정의 개인이나 소수인에게 개인적 또는 사적으로 정보를 전달하는 것과 같은 행위는 공연하다고 할 수 없고, 다만 특정의 개인 또는 소수인이라고 하더라도 불특정 또는 다수인에게 전파

또는 유포될 개연성이 있는 경우라면 공연하다고 할 수 있다'고 판시하여 전파될 가능성에 대한 증명의 정도로 단순히 '가능성'이 아닌 '개연성'을 요구하였다.

(나) 공연성의 존부는 발언자와 상대방 또는 피해자 사이의 관계나 지위, 대화를 하게 된 경위와 상황, 사실적시의 내용, 적시의 방법과 장소 등 행위 당시의 객관적 제반 사정에 관하여 심리한 다음, 그로부터 상대방이 불특정 또는 다수인에게 전파할 가능성이 있는지 여부를 검토하여 종합적으로 판단하여야 한다. 발언 이후 실제 전파되었는지 여부는 전파가능성 유무를 판단하는 고려요소가 될 수 있으나, 발언 후 실제 전파 여부라는 우연한 사정은 공연성 인정 여부를 판단함에 있어 소극적 사정으로만 고려되어야 한다. 따라서 전파가능성 법리에 따르더라도 위와 같은 객관적 기준에 따라 전파가능성을 판단할 수 있고, 행위자도 발언 당시 공연성 여부를 충분히 예견할 수 있으며, 상대방의 전파의사만으로 전파가능성을 판단하거나 실제 전파되었다는 결과를 가지고 책임을 묻는 것이 아니다.

(다) 추상적 위험범으로서 명예훼손죄는 개인의 명예에 대한 사회적 평가를 진위에 관계없이 보호함을 목적으로 하고, 적시된 사실이 특정인의 사회적 평가를 침해할 가능성이 있을 정도로 구체성을 띠어야 하나, 위와 같이 침해할 위험이 발생한 것으로 족하고 침해의 결과를 요구하지 않으므로, 다수의 사람에게 사실을 적시한 경우뿐만 아니라 소수의 사람에게 발언하였다고 하더라도 그로 인해 불특정 또는 다수인이 인식할 수 있는 상태를 초래한 경우에도 공연히 발언한 것으로 해석할 수 있다.

(라) 전파가능성 법리는 정보통신망 등 다양한 유형의 명예훼손 처벌규정에서의 공연성 개념에 부합한다고 볼 수 있다. 인터넷, 스마트폰과 같은 모바일 기술 등의 발달과 보편화로 SNS, 이메일, 포털사이트 등 정보통신망을 통해 대부분의 의사표현이나 의사전달이 이루어지고 있고, 그에 따라 정보통신망을 이용한 명예훼손도 급격히 증가해 가고 있다. 이러한 정보통신망과 정보유통과정은 비대면성, 접근성, 익명성 및 연결성 등을 본질적 속성으로 하고 있어서, 정보의 무한 저장, 재생산 및 전달이 용이하여 정보통신망을 이용한 명예훼손은 '행위 상대방' 범위와 경계가 불분명해지고, 명예훼손 내용을 소수에게만 보냈음에도 행위 자체로 불특정 또는 다수인이 인식할 수 있는 상태를 형성하는 경우가 다수 발생하게 된다. 특히 정보통신망에 의한 명예훼손의 경우 행위자가 적시한 정보에 대한 통제가능성을 쉽게 상실하게 되고, 빠른 전파성으로 인하여 피해자의 명예훼손의 침해 정도와 범위가 광범위하게 되어 표현에 대한 반론과 토론을 통한 자정작용이 사실상 무의미한 경우도 적지 아니하다.

따라서 정보통신망을 이용한 명예훼손 행위에 대하여, 상대방이 직접 인식하여야 한다거나, 특정된 소수의 상대방으로는 공연성을 충족하지 못한다는 법리를 내세운다면 해결 기준으로 기능하기 어렵게 된다. 오히려 특정 소수에게 전달한 경우에도 그로부터 불특정 또는 다수인에 대한 전파가능성 여부를 가려 개인의 사회적 평가가 침해될 일반적 위험성이 발생하였는지를 검토하는 것이 실질적인 공연성 판단에 부합되고, 공연성의 범위를 제한하는 구체적인 기준이 될 수 있다. 이러한 공연성의 의미는 형법과 정보통신망법 등의 특별법에서 동일하게 적용되어야 한다.

(마) 독일 형법 제193조와 같은 입법례나 유엔인권위원회의 권고 및 표현의 자유와의 조화를 고려하면, 진실한 사실의 적시의 경우에는 형법 제310조의 '공공의 이익'도 보다 더 넓게 인정되어야 한다. 특히 공공의 이익관련성 개념이 시대에 따라 변화하고 공공의 관심사 역시 상황에 따라 쉴 새 없이 바뀌고 있다는 점을 고려하면, 공적인 인물, 제도 및 정책 등에 관한 것만을 공공의 이익관련성으로 한정할 것은 아니다. 따라서 사실적시의 내용이 사회 일반의 일부 이익에만 관련된 사항이라도 다른 일반인과의 공동생활에 관계된 사항이라면 공익성을 지닌다고 할 것이고, 이에 나아가 개인에 관한 사항이더라도 그것이 공공의 이익과 관련되어 있고 사회적인 관심을 획득한 경우라면 직접적으로 국가·사회 일반의 이익이나 특정한 사회집단에 관한 것이 아니라는 이유만으로 형법 제310조의 적용을 배제할 것은 아니다. 사인이라도 그가 관계하는 사회적 활동의 성질과 사회에 미칠 영향을 헤아려 공공의 이익에 관련되는지 판단하여야 한다.

피고인이 甲의 집 뒷길에서 피고인의 남편 乙 및 甲의 친척인 丙이 듣는 가운데 甲에게 '저것이 징역 살다온 전과자다' 등으로 큰 소리로 말함으로써 공연히 사실을 적시하여 甲의 명예를 훼손하였다는 내용으로 기소된 사안에서, 피고인과 甲은 이웃 주민으로 여러 가지 문제로 갈등관계에 있었고, 당일에도 피고인은 甲과 말다툼을 하는 과정에서 위와 같은 발언을 하게 된 점, 乙과 甲의 처인 丁은 피고인과 甲이 큰 소리로 다투는 소리를 듣고 각자의 집에서 나오게 되었는데, 甲과 丁은 '피고인이 전과자라고 크게 소리쳤고, 이를 丙 외에도 마을 사람들이 들었다'는 취지로 일관되게 진술한 점, 피고인은 신고를 받고 출동한 경찰관 앞에서도 '甲은 아주 질이 나쁜 전과자'라고 큰 소리로 수회 소리치기도 한 점, 甲이 사는 곳은 甲, 丙과 같은 성씨를 가진 집성촌으로 甲에게 전과가 있음에도 丙은 '피고인으로부터 甲이 전과자라는 사실을 처음 들었다'고 진술하여 甲과 가까운 사이가 아니었던 것으로 보이는 점을 종합하면, 甲과 丙의 친분 정도나 적시된 사실이 甲의 공개하기 꺼려지는 개인사에 관한 것으로 주변에 회자될 가능성이 큰 내용이라는 점을 고려할 때 丙이 甲과 친척관계에 있다는 이유만으로 전파가능성이 부정된다고 볼 수 없고(甲과 丙 사이의 촌수나 구체적 친밀관계가 밝혀진 바도 없다), 오히려 피고인은 甲과의 싸움 과정에서 단지 甲을 모욕 내지 비방하기 위하여 공개된 장소에서 큰 소리로 말하여 다른 마을 사람들이 들을 수 있을 정도였던 것으로 불특정 또는 다수인이 인식할 수 있는 상태였다고 봄이 타당하므로 피고인의 위 발언은 공연성이 인정된다는 이유로, 같은 취지에서 공소사실을 유죄로 인정한 원심판단이 정당하다.(대법원 2020. 11. 19., 선고, 2020도5813, 전원합의체 판결)

■ 판례 ■ **개인 블로그의 비공개 대화방에서 상대방으로부터 비밀을 지키겠다는 말을 듣고 일대일로 대화한 경우**

위 일대일 비밀대화란 피고인이 ○○의 인터넷 블로그의 비공개 대화방에서 ○○과 사이에 일대일로 대화하면서 그로부터 비밀을 지키겠다는 말을 듣고 한 대화를 일컫는 것으로 보이는데, 위 대화가 인터넷을 통하여 일대일로 이루어졌다는 사정만으로 그 대화 상대방이 대화내용을 불특정 또는 다수인에게 전파할 가능성이 없다고 할 수는 없는 것이고, 또 ○○이 비밀을 지키겠다고 말하였다고 하여 그가 당연히 대화내용을 불특정 또는 다수인에게 전파할 가능성이 없다고 할 수도 없는 것이므로, 원심이 판시한 위와 같은 사정만으로 위 대화가 공연성이 없다고 할 수는 없다(대법원 2008.2.14. 선고 2007도8155 판결).

■ 판례사례 ■ **[전파가능성이 있어 공연성이 인정되는 사례]**

(1) 교수가 학생들 앞에서 피해자의 이성관계를 암시하는 발언을 한 경우(대법원 1991.5.14. 선고 91도420 판결)

(2) 피고인들이 이 회사의 주주 200여명에 한정하여 인쇄물을 우송한 경우(대법원 1984.2.28. 선고 83도3292 판결)

(3) 진정서와 고소장을 특정 다수(19명, 193명)의 사람들에게 개별적으로 우송한 경우(대법원 1991. 6.25. 선고 91도347 판결)

(4) 행정서사 사무실에서 피해자와 같은 교회를 다니는 세 사람에게 "피해자가 처자식이 있는 남자와 살고 있다는 데 아느냐"고 한 경우(대법원 1985.4.23. 선고 85도431 판결)

(5) 甲은 지방의회 의원선거를 앞두고 특별한 친분관계도 없는 乙의 집에 찾아가 乙에게 시의회의원이면서 다시 그 후보자가 되고자 하는 丙이 A와 바람을 피워 아들까지 두었다는 말을 하고, 다음날 丁의 집을 찾아가 丁에게도 같은 말을 한 경우(대법원 1996.7.12. 선고 96도1007 판결)

■ 판례 ■ **기자를 통하여 사실을 적시함에 있어 기자가 취재를 한 상태에서 아직 기사화하여 보도하지 않은 경우, 공연성 여부(소극)**

통상 기자가 아닌 보통사람에게 사실을 적시할 경우에는 그 자체로서 적시된 사실이 외부에 공표되는 것이므로 그 때부터 곧 전파가능성을 따져 공연성 여부를 판단하여야 할 것이지만, 그와는 달리 기자를 통해 사실을 적시하는 경우에는 기사화되어 보도되어야만 적시된 사실이 외부에 공표된다고 보아야 할 것이므로 기자가 취재를 한 상태에서 아직 기사화하여 보도하지 아니한 경우에는 전파가능성이 없다고 할 것이어서 공연성이 없다고 봄이 상당하다(대법원 2000.5.16. 선고 99도5622 판결).

■ 판례사례 ■ **[전파가능성이 없어 공연성이 부정되는 사례]**

(1) 친척에게 불륜관계를 적시한 경우(대법원 1981.10.27. 선고 81도1023 판결)
(2) 과부인 계주가 도망갈거라고 한 경우(대법원 1983.2.8. 선고 82도2486 판결)
(3) 피해자와 동업관계에 있는 자에게 피해자의 험담을 한 경우(대법원 1984.2.28. 선고 83도391 판결)
(4) 기자가 취재를 한 상태에서 아직 기사화하여 보도하지 아니한 경우(대법원 2000.5.16. 선고 99도5622 판결)
(5) 피해자의 비리를 지적하는 말을 피해자의 남편, 전처의 아들 앞에서만 한 경우(대법원 1989.7. 11. 선고 89도886 판결)
(6) 甲이 乙에게 乙만 들을 수 있도록 귀엣말로 A가 B와 부적절한 성적 관계를 맺었다는 취지의 이야기를 한 경우(대법원 2005.12.9. 선고 2004도2880 판결)
(7) 이혼소송계속중인 처가 남편의 친구에게 서신을 보내면서 남편의 명예를 훼손하는 문구가 기재된 서신을 동봉한 경우(대법원 2000.2.11. 선고 99도4579 판결)
(8) 요식업협회 조합장이 조합 이사에게 다른 이사를 불신임하게 된 사유를 설명하는 과정에서 여자관계에 관한 소문을 말한 경우(대법원 1990.4.27. 선고 89도1467 판결)
(9) 중학교 교사에 대해 "전과범으로서 교사직을 팔아가며 이웃을 해치고 고발을 일삼는 악덕 교사"라는 취지의 진정서를 그가 근무하는 학교법인 이사장 앞으로 제출한 경우(대법원 1983.10.25. 선고 83도2190 판결)
(10) 피고인이 평소 을이 자신의 일에 간섭하는 것에 기분이 나쁘다는 이유로 갑으로부터 취득한 을의 범죄경력기록을 같은 아파트에 거주하는 병에게 보여주면서 "전과자이고 나쁜 년"이라고 말 한 경우(대법원 2010.11.11. 선고 2010도8265 판결)
(11) A교파를 떠난 목사인 甲은 자신의 말을 몰래 녹음하여 이를 명예훼손죄의 증거자료로 삼을 목적으로 자신의 집으로 찾아와 거짓말을 하면서 발언을 유도한 乙, 丙 등 A교파 신자 6명에게 A교파의 지도자인 丁의 여자 문제 등 사생활에 관한 구체적 사실을 이야기한 경우(대법원 1996.4. 12. 선고 94도3309 판결)
(12) 중학생인 피고인의 아들 등이 같은 학교 학생인 피해자를 폭행하여 피고인이 피해자의 병문안을 가서 피고인과 동행한 다른 가해학생의 아버지, 피해자의 어머니, 피해자의 어머니의 이웃이 있는 자리에서 위 폭행사건에 관하여 대화를 나누던 중 "학교에 알아보니 피해자에게 원래 정신병이 있었다고 하더라."라고 허위사실을 말한 경우(대법원 2011.9.8. 선고 2010도7497 판결)

■ 판례 ■　　마트의 운영자인 피고인이 마트에 물품을 납품하는 업체 직원인 甲을 불러 '다른 업체에서는 마트에 입점하기 위하여 입점비를 준다고 하던데, 입점비를 얼마나 줬냐? 점장 乙이 여러 군데 업체에서 입점비를 돈으로 받아 해먹었고, 지금 뒷조사 중이다.' 라고 말하여 공연히 허위 사실을 적시하여 乙의 명예를 훼손하였다는 내용으로 기소된 사안

피고인은 마트 영업을 시작하면서 乙을 점장으로 고용하여 관리를 맡겼는데, 재고조사 후 일부 품목과 금액의 손실이 발견되자 그때부터 乙을 의심하여 마트 관계자들을 상대로 乙의 비리 여부를 확인하고 다니던 중 乙이 납품업자들로부터 현금으로 입점비를 받았다는 이야기를 듣고 甲을 불러 乙에게 입점비를 얼마 주었느냐고 질문하였던 점 등 제반 사정을 종합하면, 피고인은 乙이 납품업체들로부터 입점비를 받아 개인적으로 착복하였다는 소문을 듣고 甲을 불러 소문의 진위를 확인하면서 甲도 입점비를 乙에게 주었는지 질문하는 과정에서 위와 같은 말을 한 것으로 보이므로, 乙의 사회적 평가를 저하시킬 의도를 가지거나 그러한 결과가 발생할 것을 인식한 상태에서 위와 같은 말을 한 것이 아니어서 피고인에게 명예훼손의 고의를 인정하기 어렵고, 한편 피고인이 아무도 없는 사무실로 甲을 불러 단둘이 이야기를 하였고, 甲에게 그와 같은 사실을 乙에게 말하지 말고 혼자만 알고 있으라고 당부하였으며, 甲이 그 후 乙에게는 이야기하였으나 乙 외의 다른 사람들에게 이야기한 정황은 없는 점 등을 고려하면 피고인에게 전파가능성에 대한 인식과 그 위험을 용인하는 내심의 의사가 있었다고 보기도 어려운데도, 이와 달리 보아 유죄를 인정한 원심판단에 명예훼손죄에서의 고의와 공연성 또는 전파가능성에 관한 법리오해의 잘못이 있다.(대법원 2018. 6. 15., 선고, 2018도4200, 판결)

■ 판례 ■　　징계업무 담당 직원인 피고인이 피해자에 대한 징계절차 회부 사실이 기재된 문서를 근무현장 방재실 등의 게시판에 게시함으로써 공연히 피해자의 명예를 훼손하였다는 내용으로 기소된 사안

징계혐의 사실은 징계절차를 거친 다음 확정되는 것이므로 징계절차에 회부되었을 뿐인 단계에서 그 사실을 공개함으로써 피해자의 명예를 훼손하는 경우, 이를 사회적으로 상당한 행위라고 보기는 어려운 점, 피해자에 대한 징계의결이 있기 전에 징계절차에 회부되었다는 사실이 공개되는 경우 피해자가 입게 되는 피해의 정도는 가볍지 않은 점 등을 종합하면, 피해자에 대한 징계절차 회부 사실을 공지하는 것이 회사 내부의 원활하고 능률적인 운영의 도모라는 공공의 이익에 관한 것으로 볼 수 없다는 이유로, 이와 달리 본 원심판단에 명예훼손죄에서의 '공공의 이익'에 관한 법리오해의 잘못이 있다.(대법원 2021. 8. 26., 선고, 2021도6416, 판결)

(2) 사실의 적시

(가) 사 실

현실적으로 발생하고 증명할 수 있는 과거 또는 현재의 사실

○ 사실은 피해자에게 직접적으로 관련된 사항이어야 한다.

○ 적시된 사실이 진실 또는 허위인지의 여부는 본죄성립에 영향이 없다. 다만 허위사실인 경우에는 형이 가중될 뿐이다(제307조 제2항의 가중적 명예훼손죄).

■ 판례 ■ 과거 또는 현재의 사실을 기초로 하거나 이에 대한 주장을 포함하여 장래의 일을 적시하는 경우, 명예훼손죄의 성립 여부(적극) 및 그 판단기준

[1] 사실관계

甲은 경북도청 2층 감사관사무실에서 사실은 자신이 경찰관 丙에 대해 제기한 직무유기 등의 진정사건이 혐의가 인정되지 않아 내사종결 처리되었고, 구속영장이 청구된 적이 없음에도 불구하고 경산시청 공무원 6명이 듣고 있는 가운데, "사건을 조사한 丙이 내일부로 대구지방검찰청에서 구속영장이 떨어진다"고 말하였다.

[2] 판결요지

가. 과거 또는 현재의 사실을 기초로 하거나 이에 대한 주장을 포함하여 장래의 일을 적시하는 경우, 명예훼손죄의 성립 여부(적극) 및 그 판단기준

명예훼손죄가 성립하기 위하여는 사실의 적시가 있어야 하는데, 여기에서 적시의 대상이 되는 사실이란 현실적으로 발생하고 증명할 수 있는 과거 또는 현재의 사실을 말하며, 장래의 일을 적시하더라도 그것이 과거 또는 현재의 사실을 기초로 하거나 이에 대한 주장을 포함하는 경우에는 명예훼손죄가 성립한다고 할 것이고, 장래의 일을 적시하는 것이 과거 또는 현재의 사실을 기초로 하거나 이에 대한 주장을 포함하는지 여부는 그 적시된 표현 자체는 물론 전체적인 취지나 내용, 적시에 이르게 된 경위 및 전후 상황, 기타 제반 사정을 종합적으로 참작하여 판단하여야 한다.

나. 甲의 죄책

피고인이 경찰관을 상대로 진정한 사건이 혐의인정되지 않아 내사종결 처리되었음에도 불구하고 공연히 "사건을 조사한 경찰관이 내일부로 검찰청에서 구속영장이 떨어진다."고 말한 것은 현재의 사실을 기초로 하거나 이에 대한 주장을 포함하여 장래의 일을 적시한 것으로 볼 수 있어 명예훼손죄에 있어서의 사실의 적시에 해당한다(대법원 2003.5.13. 선고 2002도7420 판결).

■ 판례 ■ 공지의 사실을 적시한 경우 명예훼손죄 성립여부(적극)

명예훼손죄가 성립하기 위하여는 반드시 숨겨진 사실을 적발하는 행위만에 한하지 아니하고 이미 사회의 일부에 잘 알려진 사실이라고 하더라도 이를 적시하여 사람의 사회적 평가를 저하시킬 만한 행위를 한 때에는 명예훼손죄를 구성한다(대법원 1994.4.12. 선고 93도3535 판결).

■ 판례 ■ 허위의 판단기준

[1] 형법 제307조 제2항 소정의 '허위사실 적시에 의한 명예훼손죄'의 성립 요건

형법 제307조 제2항이 정하는 허위사실 적시에 의한 명예훼손죄가 성립하기 위하여는 범인이 공연히 사실의 적시를 하여야 하고, 그 적시한 사실이 사람의 사회적 평가를 저하시키는 것으로서 허위이어야 하며, 범인이 그와 같은 사실이 허위라고 인식하였어야 한다.

[2] 형법 제307조 제2항 소정의 '허위의 사실' 해당 여부의 판단 기준

형법 제307조 제2항을 적용하기 위하여 적시된 사실이 허위의 사실인지 여부를 판단함에 있어서는 적시된 사실의 내용 전체의 취지를 살펴볼 때 중요한 부분이 객관적 사실과 합치되는 경우에는 세부(細部)에 있어서 진실과 약간 차이가 나거나 다소 과장된 표현이 있다 하더라도 이를 허위의 사실이라고 볼 수는 없다(대법원 2000.2.25. 선고 99도4757 판결).

■ 판례 ■ 목사 甲이 예배중 특정인을 가리켜 "이단 중에 이단이다"라고 설교한 경우

[1] 형법 제307조 제2항에 정한 '허위의 사실' 해당 여부의 판단 기준

형법 제307조 제2항을 적용하기 위하여 적시된 사실이 허위의 사실인지 여부를 판단하는 경우, 적시된 사실의 내용 전체의 취지를 살펴볼 때 중요한 부분이 객관적 사실과 합치되면 세부에 있어서 진실과 약간 차이가 나거나 다소 과장된 표현이 있다 하더라도 이를 허위의 사실이라고 볼 수 없다.

[2] 甲의 죄책

어느 교리가 정통 교리이고 어느 교리가 여기에 배치되는 교리인지 여부는 교단을 구성하는 대다수의 목회자나 신도들이 평가하는 관념에 따라 달라지는 것이라며 피고인이 사실을 적시한 것으로 보기 어렵다(대법원 2008.10.9. 선고 2007도1220 판결).

(나) 사실의 적시

사람의 사회적 평가를 저하시키는데 족한 사실을 지적하는 것

- ○ 적시의 수단과 방법에는 제한이 없다. 다만 방송·출판물에 의한 경우에는 행위자에게 비방의 목적이 있으면 출판물에 의한 명예훼손죄(제309조)가 적용된다(법조경합 중 특별관계).
- ○ 사실의 적시는 특정인의 명예가 침해될 수 있을 정도로 구체적이어야 한다. 추상적 사실·가치판단의 표시는 모욕죄에 해당한다.

■ 판례 ■ 공적사안에 관한 언론보도의 명예훼손죄 성립 여부 판단 기준 및 정부 또는 국가기관의 정책결정이나 업무수행과 관련된 언론보도로 인하여 그에 관여한 공직자 개인에 대한 명예훼손죄가 성립하는지 여부

[1] 명예훼손죄에서 '사실의 적시'의 의미와 판단 기준

명예훼손죄에서 '사실의 적시'란 가치판단이나 평가를 내용으로 하는 '의견표현'에 대치되는 개념으로서 시간과 공간적으로 구체적인 과거 또는 현재의 사실관계에 관한 보고 내지 진술을 의미하며, 표현내용이 증거에 의해 증명이 가능한 것을 말하고, 판단할 보고 내지 진술이 사실인가 또는 의견인가를 구별할 때에는 언어의 통상적 의미와 용법, 증명가능성, 문제된 말이 사용된 문맥, 표현이 행하여진 사회적 상황 등 전체적 정황을 고려하여 판단하여야 한다.

[2] 방송국 프로듀서 등 피고인들이 특정 프로그램 방송보도를 통하여 '미국산 쇠고기 수입을 위한 제2차 한미 전문가 기술협의'(이른바 '한미 쇠고기 수입 협상')의 협상단 대표와 주무부처 장관이 미국산 쇠고기 실태를 제대로 파악하지 못하였다는 취지의 허위사실을 적시하여 이들의 명예를 훼손하였다는 내용으로 기소된 사안에서, 명예훼손죄의 사실적시에 관한 법리 및 대법원 2011. 9. 2. 선고 2009다52649 전원합의체 판결에서 정부 협상단의 미국산 쇠고기 실태 파악 관련 방송보도에 관하여, 정부가 미국 도축시스템의 실태 중 아무 것도 본 적이 없다는 구체적 사실을 적시한 것이 아니라, 미국산 쇠고기 수입위생조건 협상에 필요한 만큼 미국 도축시스템의 실태를 제대로 알지 못하였다는 주관적 평가를 내린 것이라고 판시한 점 등에 비추어, 이 부분 보도내용을 비판 내지 의견 제시로 보아 명예훼손죄에서 말하는 '사실의 적시'에 해당하지 않는다고 본 원심판단을 수긍한 사례.

[3] 공적사안에 관한 언론보도의 명예훼손죄 성립 여부 판단 기준 및 정부 또는 국가기관의 정책결정이나 업무수행과 관련된 언론보도로 인하여 그에 관여한 공직자 개인에 대한 명예훼손죄 성립 여부(한정 소극)

언론보도로 인한 명예훼손이 문제되는 경우에는 그 보도로 인한 피해자가 공적인 존재인지 사적인 존재인지, 그 보도가 공적인 관심사안에 관한 것인지 순수한 사적인 영역에 속하는 사안에 관한 것

인지, 그 보도가 객관적으로 국민이 알아야 할 공공성, 사회성을 갖춘 사안에 관한 것으로 여론형성이나 공개토론에 기여하는 것인지 아닌지 등을 따져보아 공적 존재에 대한 공적 관심사안과 사적인 영역에 속하는 사안 간 심사기준에 차이를 두어야 하는데, 당해 표현이 사적인 영역에 속하는 사안에 관한 것인 경우에는 언론의 자유보다 명예의 보호라는 인격권이 우선할 수 있으나, 공공적·사회적인 의미를 가진 사안에 관한 것인 경우에는 그 평가를 달리하여야 하고 언론의 자유에 대한 제한이 완화되어야 한다. 특히 정부 또는 국가기관의 정책결정이나 업무수행과 관련된 사항은 항상 국민의 감시와 비판의 대상이 되어야 하고, 이러한 감시와 비판은 이를 주요 임무로 하는 언론보도의 자유가 충분히 보장될 때 비로소 정상적으로 수행될 수 있으며, 정부 또는 국가기관은 형법상 명예훼손죄의 피해자가 될 수 없으므로, 정부 또는 국가기관의 정책결정 또는 업무수행과 관련된 사항을 주된 내용으로 하는 언론보도로 인하여 그 정책결정이나 업무수행에 관여한 공직자에 대한 사회적 평가가 다소 저하될 수 있더라도, 그 보도의 내용이 공직자 개인에 대한 악의적이거나 심히 경솔한 공격으로서 현저히 상당성을 잃은 것으로 평가되지 않는 한, 그 보도로 인하여 곧바로 공직자 개인에 대한 명예훼손이 된다고 할 수 없다.

[4] 방송국 프로듀서 등 피고인들이 특정 프로그램 방송보도를 통하여 이른바 '한미 쇠고기 수입 협상'의 협상단 대표와 주무부처 장관이 협상을 졸속으로 체결하였다는 취지로 표현하는 등 자질 및 공직수행 자세를 비하한 경우

방송국 프로듀서 등 피고인들이 특정 프로그램 방송보도를 통하여 '미국산 쇠고기 수입을 위한 제2차 한미 전문가 기술협의'(이른바 '한미 쇠고기 수입 협상')의 협상단 대표와 주무부처 장관이 협상을 졸속으로 체결하여 국민을 인간광우병(vCJD) 위험에 빠뜨리게 하였다는 취지로 표현하는 등 그 자질 및 공직수행 자세를 비하하여 이들의 명예를 훼손하였다는 내용으로 기소된 사안에서, 보도내용 중 일부가 객관적 사실과 다른 허위사실 적시에 해당한다고 하면서도, 위 방송보도가 국민의 먹을거리와 이에 대한 정부 정책에 관한 여론형성이나 공개토론에 이바지할 수 있는 공공성 및 사회성을 지닌 사안을 대상으로 하고 있는 점, 허위사실의 적시로 인정되는 방송보도 내용은 미국산 쇠고기의 광우병 위험성에 관한 것으로 공직자인 피해자들의 명예와 직접적인 연관을 갖는 것이 아닐 뿐만 아니라 피해자들에 대한 악의적이거나 현저히 상당성을 잃은 공격으로 볼 수 없는 점 등의 사정에 비추어, 피고인들에게 명예훼손의 고의를 인정하기 어렵고 달리 이를 인정할 증거가 없다고 본 원심판단을 수긍한 사례.

[5] 방송국 프로듀서 등 피고인들이 특정 프로그램 방송보도를 통하여 미국산 쇠고기는 광우병 위험성이 매우 높은 위험한 식품이고 우리나라 사람들이 유전적으로 광우병에 몹시 취약하다는 취지의 허위사실을 유포하여 미국산 쇠고기 수입·판매업자들의 업무를 방해하였다는 내용으로 기소된 사안에서, 방송보도의 전체적인 취지와 내용이 미국산 쇠고기의 식품 안전성 문제 및 쇠고기 수입 협상의 문제점을 지적하고 협상체결과 관련한 정부 태도를 비판한 것이라는 전제에서, 피고인들에게 업무방해의 고의가 있었다고 볼 수 없고 달리 이를 인정할 증거가 없다고 본 원심판단을 수긍한 사례(대법원 2011. 9.2. 선고 2010도17237 판결)

■ 판례 ■　甲이 제5회 전국동시지방선거에서 군수로 당선된 A 후보의 운전기사였던 乙이 공직선거법 위반죄로 구속되었다는 소문을 듣게 된 것을 기화로, 사실은 乙이 A의 보좌관이 아니고, 검찰에서도 乙에 대한 수사상황이나 피의사실을 공표한 사실이 전혀 없음에도 'ㅇㅇ 군수 보좌관 乙 멸치 500포 살포혐의 구속, 이 군수 집중 조사 중'이라는 허위 내용의 문자를 마치 관할 지방검찰청 지청에서 발신하는 것처럼 기자들에게 발송한 경우

[1] 명예훼손죄 성립에 필요한 '사실의 적시' 정도

명예훼손죄가 성립하기 위하여는 사실의 적시가 있어야 하고, 적시된 사실은 이로써 특정인의 사회적 가치 내지 평가가 침해될 가능성이 있을 정도로 구체성을 띠어야 한다. 그리고 특정인의 사회적 가치나 평가를 저하시키기에 충분한 구체적인 사실의 적시가 있다고 하기 위해서는, 반드시 그러한 구체적인 사실이 직접적으로 명시되어 있을 것을 요구하는 것은 아니지만, 적어도 적시된 내용 중의 특정 문구에 의하여 그러한 사실이 곧바로 유추될 수 있을 정도는 되어야 한다.

[2] 甲의 죄책

공소사실 기재 문자메시지는 '관할 지청에서 을을 구속하고 갑 군수를 조사하고 있다'는 취지의 내용으로 보일 뿐이고, 피고인이 지청장실 전화번호 끝자리를 생략한 허위 발신번호를 게재한 사정까지 함께 고려하더라도 문자메시지 내용에서 '지청장 또는 지청 구성원이 그와 같은 내용을 알린다'는 사실이 곧바로 유추될 수 있다고 보이지 않으므로, 위 문자메시지에 의하여 지청장 또는 지청 구성원의 사회적 가치나 평가를 저하시키기에 충분한 구체적인 사실의 적시가 있다고 볼 수 없는데도, 이와 달리 본 원심판단에 명예훼손죄에서 사실의 적시에 관한 법리 등을 오해한 위법이 있다(대법원 2011.8.18. 선고 2011도6904 판결).

■ 판례 ■ **온라인게임 채팅창에 피해자를 지칭하며 '뻐꺼, 대머리'라고 표현한 것이 명예훼손에 해당하는지 여부(소극)]**

그런데 이 사건 표현 중 문제가 되는 '뻐꺼(피고인이 평소 직장동료들과 사이에 머리가 벗겨진 사람, 즉 대머리를 지칭하는 의미로 사용해 온 은어일 뿐이고 일반적으로 통용되는 표현도 아닌 것으로 보인다)'나 '대머리'라는 표현은, 그 표현을 하게 된 경위와 의도, 피고인과 피해자는 직접 대면하거나 사진이나 영상을 통해서라도 상대방의 모습을 본 적이 없이 단지 인터넷이라는 사이버 공간의 게임상대방으로서 닉네임으로만 접촉하였을 뿐인 점 등 여러 사정에 비추어 볼 때, 피고인이 피해자에 대한 경멸적 감정을 표현하여 모욕을 주기 위하여 사용한 것일 수는 있을지언정 객관적으로 그 표현 자체가 상대방의 사회적 가치나 평가를 저하시키는 것이라거나 그에 충분한 구체적 사실을 드러낸 것으로 보기는 어렵다 할 것이다(대법원 2011.10.27. 선고 2011도9033 판결).

■ 판례 ■ **범죄를 고발하였다는 사실이 주위에 알려진 경우**

[1] 사실관계

甲은 제3자에게 乙이 丙을 선거법 위반으로 고발하였다는 말만 하고 그 고발의 동기나 경위에 관하여는 언급하지 않았다.

[2] 판결요지

가. 범죄를 고발하였다는 사실이 주위에 알려진 경우, 고발인의 사회적 가치나 평가가 침해될 가능성이 있는지 여부(한정 적극)

누구든지 범죄가 있다고 생각하는 때에는 고발할 수 있는 것이므로 어떤 사람이 범죄를 고발하였다는 사실이 주위에 알려졌다고 하여 그 고발사실 자체만으로 고발인의 사회적 가치나 평가가 침해될 가능성이 있다고 볼 수는 없다. 다만, 그 고발의 동기나 경위가 불순하다거나 온당하지 못하다는 등의 사정이 함께 알려진 경우에는 고발인의 명예가 침해될 가능성이 있다.

나. 명예훼손죄의 성립여부(소극)

甲이 제3자에게 乙이 丙을 선거법 위반으로 고발하였다는 말만 하고 그 고발의 동기나 경위에 관하여는 언급하지 않았다면, 그 자체만으로는 乙의 사회적 가치나 평가를 침해하기에 충분한 구체적인 사실이 적시되었다고 보기 어렵다(대법원 2009. 9. 24. 선고 2009도6687 판결).

■ 판례 ■ 우리나라 유명 소주회사가 일본의 주류회사에 지분이 50% 넘어가 일본 기업이 되었다고 말한 경우

피고인의 판시 발언 중 사실을 적시한 부분인 '(주)진로가 일본 아사히 맥주에 지분이 50% 넘어가 일본 기업이 됐다'는 부분은 가치중립적인 표현으로서, 우리나라와 일본의 특수한 역사적 배경과 소주라는 상품의 특수성 때문에 '참이슬' 소주를 생산하는 공소사실 기재 피해자 회사의 대주주 내지 지배주주가 일본 회사라고 적시하는 경우 일부 소비자들이 '참이슬' 소주의 구매에 소극적이 될 여지가 있다 하더라도 이를 사회통념상 공소사실 기재 피해자 회사의 사회적 가치 내지 평가가 침해될 가능성이 있는 명예훼손적 표현이라고 볼 수 없다(대법원 2008.11.27. 선고 2008도6728 판결).

■ 판례 ■ 명예훼손 사실을 발설하였는지에 관한 질문에 대답하는 과정에서 명예훼손사실을 발설한 경우, 명예훼손죄의 성립 여부(소극)

명예훼손사실을 발설한 것이 사실이냐는 질문에 대답하는 과정에서 타인의 명예를 훼손하는 사실을 발설하게 된 것이라면, 그 발설내용과 동기에 비추어 명예훼손의 범의를 인정할 수 없고, 질문에 대한 단순한 확인대답이 명예훼손에서 말하는 사실적시라고도 할 수 없다(대법원 2008.10.23. 선고 2008도6515 판결).

■ 판례 ■ 명예훼손죄의 사실의 적시와 간접적, 우회적 표현

명예훼손죄에 있어서의 사실의 적시는 사실을 직접적으로 표현한 경우에 한정될 것은 아니고, 간접적이고 우회적인 표현에 의하더라도 그 표현의 전취지에 비추어 그와 같은 사실의 존재를 암시하고, 또 이로써 특정인의 사회적 가치 내지 평가가 침해될 가능성이 있을 정도의 구체성이 있으면 족한 것이다. 따라서 교수가 학생들 앞에서 피해자의 이성관계를 암시하는 발언을 한 것은 명예훼손죄를 구성한다(대법원 1991.5.14. 선고 91도420 판결).

■ 판례 ■ 간접적이고 우회적인 표현

[1] 사실관계

> 甲은 인터넷 포탈사이트의 피해자에 대한 기사란에 그녀가 재벌과 사이에 아이를 낳거나 아이를 낳아준 대가로 수십억 원을 받은 사실이 없음에도 불구하고, 그러한 사실이 있는 것처럼 댓글이 붙어 있던 상황에서, 추가로 "지고지순이 뜻이 뭔지나 아니? 모 재벌님하고의 관계는 끝났나?"라는 내용의 댓글을 게시하였다.

[2] 판결요지

위와 같은 댓글이 이루어진 장소, 시기와 상황, 그 표현의 전 취지 등을 위 법리에 비추어 보면, 피고인의 위와 같은 행위는 간접적이고 우회적인 표현을 통하여 위와 같은 허위 사실의 존재를 구체적으로 암시하는 방법으로 사실을 적시한 경우에 해당한다고 하지 않을 수 없으므로, 정보통신망이용촉진및정보보호등에관한법률위반(명예훼손)에 해당한다(대법원2008.7.10. 선고 2008도2422 판결).

■ 판례 ■ 가치중립적 표현을 한 경우

사실은 피해자가 동성애자가 아님에도 불구하고 피고인은 인터넷사이트 싸이월드에 7회에 걸쳐 피해자가 동성애자라는 내용의 글을 게재한 사실을 인정한 다음, 현재 우리사회에서 자신이 스스로 동성애자라고 공개적으로 밝히는 경우 사회적으로 상당한 주목을 받는 점, 피고인이 피해자를 괴롭히기 위하여 이 사건 글을 게재한 점 등 그 판시의 사정에 비추어 볼 때, 피고인이 위와 같은 글을 게시한 행위는 피해자의 명예를 훼손한 행위에 해당한다고 하여 피고인을 유죄로 인정한 제1심판결을 유지하였는바, 위의 법리 및 기록에 비추어 이러한 원심의 판단은 옳고, 거기에 상고이유의 주장과 같이 채증법칙 위배, 심리미진 또는 명예훼손죄에 관한 법리오해 등의 위법이 있다고 볼 수 없다(대법원 2007.10.25. 선고 2007도5077 판결).

■ 판례 ■ 　　형법 제307조 제1항의 명예훼손죄는 적시된 사실이 진실한 사실인 경우이든 허위의 사실인 경우이든 모두 성립할 수 있는지 여부(적극) 및 적시된 사실이 허위의 사실이나 행위자에게 허위성에 대한 인식이 없는 경우, 제307조 제1항의 명예훼손죄가 성립하는지 여부(적극)

형법 제307조 제1항, 제2항, 제310조의 체계와 문언 및 내용에 의하면, 제307조 제1항의 '사실'은 제2항의 '허위의 사실'과 반대되는 '진실한 사실'을 말하는 것이 아니라 가치판단이나 평가를 내용으로 하는 '의견'에 대치되는 개념이다. 따라서 제307조 제1항의 명예훼손죄는 적시된 사실이 진실한 사실인 경우이든 허위의 사실인 경우이든 모두 성립될 수 있고, 특히 적시된 사실이 허위의 사실이라고 하더라도 행위자에게 허위성에 대한 인식이 없는 경우에는 제307조 제2항의 명예훼손죄가 아니라 제307조 제1항의 명예훼손죄가 성립될 수 있다. 제307조 제1항의 법정형이 2년 이하의 징역 등으로 되어 있는 반면 제307조 제2항의 법정형은 5년 이하의 징역 등으로 되어 있는 것은 적시된 사실이 객관적으로 허위일 뿐 아니라 행위자가 그 사실의 허위성에 대한 주관적 인식을 하면서 명예훼손행위를 하였다는 점에서 가벌성이 높다고 본 것이다.(대법원 2017.4.26. 선고, 2016도18024, 판결)

(3) 기수시기

불특정 또는 다수인이 인식할 수 있는 상태에 이르면 기수가 되고(추상적 위험범), 명예가 현실로 침해되거나 현실로 상대방이 인지 할 것을 요하지 않는다.

■ 판례 ■ 　　정보통신망을 이용한 명예훼손의 경우 범죄행위의 종료시기

서적·신문 등 기존의 매체에 명예훼손적 내용의 글을 게시하는 경우에 그 게시행위로써 명예훼손의 범행은 종료하는 것이며 그 서적이나 신문을 회수하지 않는 동안 범행이 계속된다고 보지는 않는다는 점을 고려해 보면, 정보통신망을 이용한 명예훼손의 경우에, 게시행위 후에도 독자의 접근가능성이 기존의 매체에 비하여 좀 더 높다고 볼 여지가 있다 하더라도 그러한 정도의 차이만으로 정보통신망을 이용한 명예훼손의 경우에 범죄의 종료시기가 달라진다고 볼 수는 없다(대법원 2007.10.25. 선고 2006도346 판결).

■ 판례 ■ 　　작업장의 책임자인 피고인이 甲으로부터 작업장에서 발생한 성추행 사건에 대해 보고받은 사실이 있음에도, 직원 5명이 있는 회의 자리에서 상급자로부터 경과보고를 요구받으면서 과태료 처분에 관한 책임을 추궁받자 이에 대답하는 과정에서 '甲은 성추행 사건에 대해 애초에 보고한 사실이 없다. 그런데도 이를 수사기관 등에 신고하지 않았다고 과태료 처분을 받는 것은 억울하다.'는 취지로 발언함으로써 허위사실을 적시한 경우

위와 같이 회의 자리에서 상급자로부터 책임을 추궁당하며 질문을 받게 되자 이에 대답하는 과정에서 타인의 명예를 훼손하는 듯한 사실을 발설하게 된 것이라면 그 발설 내용과 경위·동기 및 상황

등에 비추어 명예훼손의 고의를 인정하기 어렵고, 또한 질문에 대하여 단순한 확인 취지의 답변을 소극적으로 한 것에 불과하다면 이를 명예훼손에서 말하는 사실의 적시라고 단정할 수도 없다는 이유로, 이와 달리 보아 피고인에게 유죄를 인정한 원심판결에 명예훼손죄의 고의와 사실의 적시에 관한 법리오해의 잘못이 있다. (대법원 2022. 4. 14., 선고, 2021도17744, 판결)

4. 주관적 구성요건

타인의 명예를 훼손하는데 적합한 사실을 적시한다는 인식과 인용이 있을 것
  ○ 명예를 훼손할 목적은 필요하지 않다.

■ 판례 ■　　**전파가능성을 이유로 명예훼손죄의 공연성을 인정하는 경우, 주관적 요소로서 고의의 내용 및 고의 유무의 판단 방법**

[1] 사실관계

甲은 A주식회사와 사이에 발생한 분쟁을 해결하려고 A주식회사 대표이사 B를 사기혐의로 고소하였으나 검찰에서 혐의없음 처분이 내려지자, 당해 분쟁을 야당 국회의원들을 통하여 해결하고자 서울시 정무부시장 乙에게 허위 사실들을 적시하면서 그 분쟁 경위와 검찰의 사건처리 과정 등을 설명하고 국회차원에서 A주식회사의 비리를 조사해 줄 것을 부탁하며 관련 자료를 넘겨주었고, 이에 乙은 그 무렵 국회의원 丙에게 그 자료를 넘겨주자 丙은 그와 같은 자료를 바탕으로 국회에서 A주식회사에 관하여 발표하였다.

[2] 판결요지

가. 명예훼손죄의 주관적 요소로서 고의의 내용 및 고의 유무의 판단 방법
전파가능성을 이유로 명예훼손죄의 공연성을 인정하는 경우에는 적어도 범죄구성요건의 주관적 요소로서 미필적 고의가 필요하므로 전파가능성에 대한 인식이 있음은 물론 나아가 그 위험을 용인하는 내심의 의사가 있어야 하고, 그 행위자가 전파가능성을 용인하고 있었는지의 여부는 외부에 나타난 행위의 형태와 행위의 상황 등 구체적인 사정을 기초로 하여 일반인이라면 그 전파가능성을 어떻게 평가할 것인가를 고려하면서 행위자의 입장에서 그 심리상태를 추인하여야 한다.

나. 甲의 죄책
피고인으로서는 乙이 피고인으로부터 전해들은 허위 사실들을 야당 국회의원 등을 통하여 공론화함으로써 불특정 또는 다수인에게 전파될 가능성이 있었음을 인식하면서 이를 용인하고 있었음이 인정되므로 명예훼손죄를 구성한다(대법원 2004.4.9. 선고 2004도340 판결).

5. 위법성

(1) 일반적 위법성 조각사유

  ○ 명예는 처분할 수 있는 개인적 법익에 해당하므로 본인의 승낙이 있으면 위법성이 조각된다.
  ○ 형사재판에서의 검사의 기소요지의 진술, 증인의 증언, 피고인·변호인의 변호권 행사(법령에 의한 행위), 신문·라디오 등 보도기관의 보도, 학술논평, 예술평론

(업무로 인한 행위)은 정당행위로 위법성이 조각된다.

■ 판례 ■　　**조합장이 대의원총회에서 회의진행의 질서유지를 위하여 한 발언**

조합의 긴급이사회에서 불신임을 받아 조합장직을 사임한 피해자가 그 후 개최된 대의원총회에서 피고인 등의 음모로 조합장직을 박탈당한 것이라고 대의원들을 선동하여 회의 진행이 어렵게 되자 새조합장이 되어 사회를 보던 피고인이 그 회의진행의 질서유지를 위한 필요조처로서 이사회의 불신임결의 과정에 대한 진상보고를 하면서 피해자는 긴급 이사회에서 불신임을 받고 쫓겨나간 사람이라고 발언한 것이라면, 피고인에게 명예훼손의 범의가 있다고 볼 수 없을 뿐만 아니라 그러한 발언은 업무로 인한 행위이고 사회상규에 위배되지 아니한 행위라고 한 원심의 판단은 수긍된다(대법원 1990.4.27. 선고 89도1467 판결).

(2) 제310조에 의한 위법성조각사유

> 제310조(위법성의 조각) 제307조제1항의 행위가 진실한 사실로서 오로지 공공의 이익에 관한 때에는 처벌하지 아니한다.

(가) 적용요건

객관적 정당화상황으로서의 사실의 진실성과 공익성이 있어야 하고, 주관적 정당화요소로서 공공의 이익을 위한 의사가 있을 것

1) 진실한 사실을 적시하였을 것

○ 허위의 사실을 적시한 경우에는 본조의 적용이 없다. 다만 행위자는 진실하다고 믿고 적시했으나 실제로는 허위인 경우 고의가 조각되어 과실범이 문제되나 과실 명예훼손죄는 불가벌이므로 무죄가 된다. 한편 판례는 이 경우 위법성이 조각된다고 한다.

■ 판례 ■　　**형법 제310조 소정의 '진실한 사실'의 의미**

형법은 명예에 관한 죄에 대하여 제307조 및 제309조에서 적시한 사실이 진실인지 허위인지에 따라 법정형을 달리 규정하고 제310조에서 진실한 사실로서 오로지 공공의 이익에 관한 때에는 처벌하지 아니하다고 규정하고 있는바, 여기서 '진실한 사실'이란 그 내용 전체의 취지를 살펴볼 때 중요한 부분이 객관적 사실과 합치되는 사실이라는 의미로서 세부(세부)에 있어 진실과 약간 차이가 나거나 다소 과장된 표현이 있더라도 무방하다(대법원 1998.10.9. 선고 97도158 판결).

■ 판례 ■　　**일부 허위사실이 포함된 기사를 작성한 신문기자에게 비방의 목적이나 허위라는 인식이 없는 경우, 명예훼손의 위법성조각 여부(적극)**

내용 중에 일부 허위사실이 포함된 신문기사를 보도한 사안에서, 기사 작성의 목적이 공공의 이익에 관한 것이고 그 기사 내용을 작성자가 진실하다고 믿었으며 그와 같이 믿은 데에 객관적인 상당한 이유가 있어 명예훼손의 위법성을 부인한 원심판결을 수긍할 수 있다(대법원 1996.8.23. 선고 94도

3191 판결).

[3] 동지판례
노동조합 조합장이 전임 조합장의 업무처리 내용 중 근거자료가 불명확한 부분에 대하여 대자보를 작성 부착한 행위는 공공의 이익을 위한 것이고 적시된 내용을 진실이라고 믿고 그렇게 믿은 데에 상당한 이유가 있어 위법성이 조각된다(대법원 1993.6.22. 선고 92도3160 판결).

2) 공공의 이익에 관한 것일 것

■ 판례 ■   **형법 제310조의 위법성조각사유에 해당하기 위한 요건인 '진실한 사실', '공공의 이익'의 의미**

공연히 사실을 적시하여 사람의 명예를 훼손한 행위가 처벌되지 않기 위하여는 적시된 사실이 객관적으로 볼 때 공공의 이익에 관한 것으로서 행위자도 공공의 이익을 위하여 그 사실을 적시한 것이어야 될 뿐만 아니라, 그 적시된 사실이 진실한 것이거나 적어도 행위자가 그 사실을 진실한 것으로 믿었고, 또 그렇게 믿을 만한 상당한 이유가 있어야 하는 것인바, 여기에서 '진실한 사실'이란 그 내용 전체의 취지를 살펴볼 때 중요한 부분이 객관적 사실과 합치되는 사실이라는 의미로서 세부(細部)에 있어 진실과 약간 차이가 나거나 다소 과장된 표현이 있더라도 무방한 것이며, 나아가 '공공의 이익'에는 널리 국가 · 사회 기타 일반 다수인의 이익에 관한 것뿐만 아니라 특정한 사회집단이나 그 구성원 전체의 관심과 이익에 관한 것도 포함되는 것으로서, 적시된 사실이 공공의 이익에 관한 것인지 여부는 당해 적시 사실의 내용과 성질, 당해 사실의 공표가 이루어진 상대방의 범위, 그 표현의 방법 등 그 표현 자체에 관한 제반 사정을 감안함과 동시에 그 표현에 의하여 훼손되거나 훼손될 수 있는 명예의 침해 정도 등을 비교 · 고려하여 결정하여야 하고, 행위자의 주요한 동기 내지 목적이 공공의 이익을 위한 것이라면 부수적으로 다른 사익적 목적이나 동기가 내포되어 있더라도 형법 제310조의 적용을 배제할 수 없다(대법원 2000.2.25. 선고 98도2188 판결).

3) 공공의 이익을 위한 의사가 있을 것

○ 공공의 이익을 위한다는 목적이 유일한 동기가 될 필요는 없고 주된 목적이면 족하다.

■ 판례 ■   **명예훼손죄에 관한 위법성조각사유의 해석에 대한 사건**

[1] 형법 제310조에서 정한 위법성조각사유의 요건 중 '진실한 사실' 및 '오로지 공공의 이익에 관한 때'의 의미 / 적시된 사실이 '공공의 이익'에 관한 것인지 판단하는 기준 / 행위자의 주요한 동기나 목적인 공공의 이익에 부수적으로 다른 사익적 목적이나 동기가 내포되어 있는 경우, 형법 제310조의 적용 여부(적극)

형법 제310조는 "형법 제307조 제1항의 행위가 진실한 사실로서 오로지 공공의 이익에 관한 때에는 처벌하지 아니한다."라고 정한다. 여기서 '진실한 사실'이란 내용 전체의 취지를 살펴볼 때 중요한 부분이 객관적 사실과 합치되는 사실이라는 의미로 세부에서 진실과 약간 차이가 나거나 다소 과장된 표현이 있더라도 무방하다. 또한 '오로지 공공의 이익에 관한 때'란 적시된 사실이 객관적으로 볼 때 공공의 이익에 관한 것으로서 행위자도 주관적으로 공공의 이익을 위하여 그 사실을 적시한 것이어야 하는 것인데, 공공의 이익에 관한 것에는 널리 국가 · 사회 기타 일반 다수인의 이익에 관한 것뿐만 아니라 특정한 사회집단이나 그 구성원 전체의 관심과 이익에 관한 것도 포함한다. 적시된 사실이 공공의 이익에 관한 것인지는 사실의 내용과 성질, 사실의 공표가 이루어진 상대방의 범위, 표현의 방법 등 표현 자체에 관한 여러 사정을 감안함과 동시에 표현에 의하여 훼손되거나 훼손될 수 있는 명예의 침해 정도 등을 비교·고려하여 결정해야 하며, 행위자의 주요한 동기나 목적이 공공의 이익을 위한 것이라면 부수적으로 다른 사익적 목적이나 동기가 내포되어 있더라도 형법 제310조의 적용을 배제할 수 없다.

[2] 사실적시의 내용이 사회 일반의 일부 이익에만 관련된 사항 또는 개인에 관한 사항이라도 공익성이 인정되는 경우 및 사인(私人)의 경우 공공의 이익에 관련되는지 판단하는 기준

사실적시의 내용이 사회 일반의 일부 이익에만 관련된 사항이라도 다른 일반인과 공동생활에 관계된 사항이라면 공익성을 지니고, 나아가 개인에 관한 사항이더라도 공공의 이익과 관련되어 있고 사회적인 관심을 획득하거나 획득할 수 있는 경우라면 직접적으로 국가·사회 일반의 이익이나 특정한 사회집단에 관한 것이 아니라는 이유만으로 형법 제310조의 적용을 배제할 것은 아니다. 사인이라도 그가 관계하는 사회적 활동의 성질과 사회에 미칠 영향을 헤아려 공공의 이익에 관련되는지 판단해야 한다.

[3] 甲 대학교 총학생회장인 피고인이 총학생회 주관의 농활 사전답사 과정에서 乙을 비롯한 학생회 임원진의 음주 및 음주운전 사실이 있었음을 계기로 음주운전 및 이를 묵인하는 관행을 공론화하여 '총학생회장으로서 음주운전을 끝까지 막지 못하여 사과드립니다.'라는 제목의 글을 써 페이스북 등에 게시함으로써 음주운전자로 특정된 乙의 명예를 훼손하였다는 내용으로 기소된 사안

게시글의 전체적인 취지·내용에 비추어 중요한 부분은 '乙이 술을 마신 상태에서 음주운전을 하였고 피고인도 이를 끝까지 제지하지 않았으며, 피고인 역시 음주운전 차량에 동승하였다.'는 점으로서 객관적 사실과 합치되므로, 비록 乙이 마신 술의 종류·양과 같은 세부적 부분이 객관적 사실과 정확히 일치하지 않더라도 게시글의 중요한 부분은 '진실한 사실'에 해당하는 점, 피고인은 사회적으로 음주운전에 엄격해진 분위기와 달리 농활 과정의 관성적인 음주운전 문화가 해당 개인은 물론 농활에 참여한 학내 구성원 등의 안전을 위협하고 이로 인해 총학생회의 자치활동에마저 부정적인 사회적 인식을 초래할 수 있다는 문제의식 아래 게시글을 올린 것으로 보이므로, 게시글은 주된 의도·목적의 측면에서 공익성이 충분히 인정되는 점, 게시글을 올린 시점이 乙의 음주운전 행위일로부터 약 4개월이 경과되었고, 乙의 甲 대학교 단과대학 학생회장 출마 시점으로부터 약 2주일 전이라는 점에서 그 의도·목적상 乙의 출마와 관련성이 있다고 볼 여지도 있으나, 게시글의 중요 부분은 객관적인 사실로서 乙의 준법의식·도덕성·윤리성과 직결되는 부분이어서 단과대학 학생회장으로서의 적격 여부와 상당한 관련성이 있을 뿐만 아니라 단과대학 구성원 전체의 관심과 이익에 관한 사항에 해당하는 점 등을 종합하면, 피고인의 행위는 형법 제310조에 따라 위법성이 조각된다고 봄이 타당하다는 이유로, 이와 달리 보아 공소사실을 유죄로 인정한 원심판결에 형법 제310조의 위법성조각사유에 관한 법리오해 및 심리미진의 잘못이 있다.(대법원 2023. 2. 2., 선고, 2022도13425, 판결)

■ 판례사례 ■ [공공의 이익을 위한 것이 아니어서 명예훼손죄가 성립하는 사례]

(1) 회사의 대표이사에게 압력을 가하여 단체협상에서 양보를 얻어내기 위하여 현수막과 피켓을 들고 거리행진하며 확성기로 반복해서 불특정 다수의 행인을 상대로 대표이사의 명예를 훼손한 경우(대법원 2004.10.15. 선고 2004도3912 판결)

(2) A회사의 노동조합 조합장 甲이 노사협상에서 유리한 위치를 차지하기 위하여 회사의 대주주이지만 경영에는 직접 관여하지 아니하고 있는 乙을 비방하는 집회를 개최하면서 乙이 노동조합을 탄압하고 국회의원임을 이용하여 법도 지키지 아니한다는 등의 연설을 하고, 그러한 내용이 기재된 유인물을 시민에게 나누어 준 경우(대법원 2001.6.12. 선고 2001도1012 판결)

■ 판례사례 ■   [공공의 이익을 위한 사실의 적시로 위법성이 조각되는 사례]

(1) 기독교 교단의 목사들이 다른 목사가 비인격적이고 비윤리적인 행동에도 불구하고 목사안수가 되었다는 내용의 유인물을 작성하여 교단내 목회자들에게 보낸 경우(대법원 1999.6.8. 선고 99도1543 판결)

(2) 아파트 동대표인 피고인이 자신에 대한 부정비리 의혹을 해명하기 위하여 그 의혹제기자가 명예훼손죄로 입건된 사실 등을 기재한 문서를 아파트 입주민들에게 배포한 경우(대법원 2005.7.15. 선고 2004도1388 판결)

(3) 전교조지부장이 보궐선거 합동연설회에서 시의원들이 교무실에 들어와서 무례한 행동을 했다는 보고를 받고 이를 언론사에 송부하였으나 다소 사실과 다른 기재가 있는 경우(대법원 2001.10.9. 선고 2001도3594 판결)

(4) 아파트 재건축조합 대의원 甲은 사업추진을 방해하는 乙의 방해행위로 조합인가에도 위험이 있고 조합원들도 동요할 우려가 있다고 판단하여 乙의 방해행위를 기록한 유인물을 조합원들에게 배포한 경우(대법원 1996.10.25. 선고 95도1473 판결)

(5) 신학대학의 교수인 甲이 교회나 기독교 단체, 텔레비전 방송국, 잡지사 등의 요청에 의한 강연, 대담이나 기고에서 구원파의 교리 전반에 대한 비판과 자신의 신앙적 역정에 대한 회고를 하며 구원파의 지도자인 乙이 독일에서 강연을 하다가 망신을 당하였다는 등의 언급을 한 경우(대법원 1996.4.12. 선고 94도3309 판결)

(6) 한나라당 대전시 선거대책자문위원회 의장인 甲이 대통령 후보인 노무현을 당선되지 못하게 할 목적으로 연설을 하면서 "노후보 장인이 인민위원장 빨치산 출신인데 애국지사 11명을 죽이고 형무소에서 공산당 만세를 부르다 죽었다 … 공산당 김정일이가 총애하는 노무현이 운운"의 발언을 하여 위 노무현 및 그 배우자를 비방한 경우(대법원 2004.10.27. 선고 2004도3919 판결)

(7) 개인택시운송사업조합 이사장 선거운동 과정에서 후보자 甲이 가로 25cm, 세로35cm 낱장의 인쇄물에 전 조합이사장이 대의원총회에서 불신임당하고 업무상 비리로 구속된 사실, 경쟁후보자인 乙이 조합을 상대로 소송을 제기한 사실, 乙이 전 이사장과 같은 친목회에 소속하여 있는 등 친밀한 관계를 유지하고 있었던 사실 등을 적시하여 배포한 경우(대법원 1998.10.9. 선고 97도158 판결)

(8) 초등학교 여성 기간제교사가 같은 학교 교장의 차 접대 요구의 부당성을 주장하는 글을 해당 군청의 홈페이지에 게재한 경우(대전지법 홍성지원 2007.2.7. 선고 2004고단230 판결)

(나) 적용범위

제307조 제1항에만 적용되고 동조 제2항(허위사실의 적시에 의한 명예훼손)이나 사자명예훼손죄(제308조), 출판물에 의한 명예훼손죄(제309조 제2항)에는 적용되지 않는다.

6. 소추조건

본죄는 반의사불벌죄이므로 피해자의 명시한 의사에 반하여 공소를 제기할 수 없다(제312조 제2항).

7. 죄수 및 타 죄와의 관계

(1) 죄 수

○ 1개의 문서로써 또는 1회의 발언기회에 2인 이상의 명예를 훼손한 경우 ⇨ 수 개의 명예훼손죄의 상상적 경합

○ 수개의 신문에 같은 광고 문헌을 게재해 동일인의 명예를 훼손한 경우 ⇨ 포괄하여 1개의 명예훼손죄가 성립

(2) 타 죄와의 관계

○ 명예훼손행위 중 모욕적인 언사를 한 경우 ⇨ 명예훼손죄만 성립(법조경합 중 특별관계).

○ 허위사실을 적시하여 명예와 신용을 동시에 훼손한 경우 ⇨ 허위사실명예훼손죄와 신용훼손죄의 상상적 경합. 다만 진실한 사실을 적시하여 명예와 신용을 동시에 훼손한 경우에는 명예훼손죄만 성립

■ 판례 ■ **형법 제307조의 명예훼손죄와 공직선거및선거부정방지법 제251조의 후보자비방죄의 관계(= 상상적 경합)**

형법 제307조의 명예훼손죄와 공직선거및선거부정방지법 제251조의 후보자비방죄가 상상적경합의 관계에 있다(대법원 1998.3.24. 선고 97도2956 판결).

◉ II. 범죄사실기재

[기재례1] 공연히 사실적시 명예훼손

1) 범죄사실 기재례

피의자는 20○○. ○. ○. ○○:○○경 ○○에 있는 ○○아파트 관리사무소 내 동대표회의실에서 118동 대표인 甲 등 동대표 18명 및 관리소장, 아파트 주민 등 모두 28명이 참석하여 ○○아파트 제1지구 동대표회의가 진행되는 가운데 피해자 乙을 가리키며 "乙은 벌금 80만 원을 부과받은 전력이 있는 전과자이다."라고 소리치는 등 공연히 사실을 적시하여 피해자의 명예를 훼손하였다.

2) 적용법조 : 제307조 제1항… 공소시효 5년

[기재례2] 허위사실적시 명예훼손

1) 범죄사실 기재례

피의자는 20○○. ○. ○. 14:00경 ○○에 있는 ○○빌딩 지하다방에서 사실은 피해자 甲이 피의자의 자동차를 절취해 간 사실이 없음에도 불구하고, 손님 20여 명이 듣고 있는 가운데(또는 듣고 있는 자리에서) 피해자에게 "자동차를 훔쳐간 도둑놈아, 빨리 차를 내놓아라!"라고 소리침으로써 공연히 허위 사실을 적시하여 피해자의 명예를 훼손하였다.

2) 적용법조 : 제307조 제2항… 공소시효 7년

III. 피해자 조사사항

- 피의자 홍길동과 어떤 관계인가
- 어떤 피해를 보았는가
- 언제 어디에서 명예를 훼손하였나
- 그곳은 무엇 때문에 가게 되었는가
- 어떻게 훼손하던가
- 그 곳에는 누가 있었으며 피해자와 어떤 관계의 사람들인가
- 무엇 때문에 명예훼손을 하던가
- 피의자의 말이 사실인가
- 피의자의 처벌을 원하는가

IV. 피의자 신문사항

1. 피의자의 일반적 조사사항

가. 범행의 동기 · 목적
- 왜 범행하게 되었는가(공익, 원한, 재물갈취, 단지 괴롭히려는 의도)
- 계획적인가 우발적인가

나. 피해자의 특정
- 피해자에 대한 인식은
- 피해자와의 관계

다. 준비행위
- 범행을 위하여 어떠한 준비를 하였는가
- 사용한 문서 · 기구 등은 어디에서 어떻게 입수했는가

라. 범행의 일시
- 범행 일시에 대한 피의자의 인식은 확실한가, 그 근거
- 왜 그 일시를 택하였는가

마. 범행의 장소
- 범행장소는 어디인가, 왜 그 장소를 택하였는가
- 지번을 모를 때는 지리적 상황 · 목표물 등

바. 범행의 상황

- 방법
  - 신문 · 잡지 게재, 팜플렛 · 전단 살포, 벽보의 게시, 엽서의 우송 등
  - 언어인가(좌담회, 가두연설, 라디오 방송, 기타 방법)
  - 도화, 만화인가
- 문서는 몇 부 정도 인쇄하였는가, 어디서 인쇄하였는가, 어떻게 게재(살포 · 게시 · 우송)하였는가, 현장에는 어느 정도의 청취자가 있었는가(불특정 또는 다수인이 지득한 상태, 공연성의 확인)
- 원고는 누가 · 언제 · 어디서 작성한 것인가
- 내용은 어떤 것인가
- 단순한 가치판단을 하거나 추상적인 내용이 아니라 사실로서 문제가 되는 것인가
- 내용은 이미 공지된 사실이 아닌가
- 어디서 그 사실을 입수하였는가
- 그 사실을 진실이라고 생각했는가, 허위임을 알고 있었는가
- 내용이 피해자의 명예를 손상시킬 염려가 있음을 인식했었는가
- 적시된 사실은 특정인 또는 수인의 명예에 관계됨이 명백한 것인가
- 피해자가 사망하였다는 사실을 알고 있었는가(사자명예훼손관련)

사. 위법성의 조각(사실의 증명)
- 적시된 사실이 공공의 이익에 관계되는 것인가
- 그 목적은 공익을 도모한 것인가
- 적시사실은 진실인가, 그 근거는

2. 피의자 신문例
- 피의자는 고소인 홍길녀와 어떠한 관계인가
- 고소인이 간통하였다고 말한 일이 있느냐
- 구체적으로 뭐라고 말하였나
- 언제 어디에서 그러한 말을 하였나
- 그러한 말을 할 때 누가 있었나(공연성 여부 조사)
- 고소인이 간통한 것을 본 일이 있느냐
- 피의자가 말한 내용이 사실인가
- 보지도 않았으면서 무엇 때문에 그러한 말을 하였나
- 피의자가 한 말은 어떻게 알게 되었나

제2절 사자의 명예훼손

제308조(사자의 명예훼손) 공연히 허위의 사실을 적시하여 사자의 명예를 훼손한 자는 2년 이하의 징역
이나 금고 또는 500만원 이하의 벌금에 처한다.
제312조(고소와 피해자의 의사) ① 제308조와 제311조의 죄는 고소가 있어야 공소를 제기할 수 있다.

 Ⅰ. 구성요건

1. 객 체

사자의 명예
○ 해산된 법인이나 법인격 없는 단체는 본죄의 사자에 해당하지 않는다.
○ 명예훼손행위를 할 때에 이미 사자일 것을 요하므로 명예훼손행위 후에 피해자가
사망한 경우에는 제307조 명예훼손죄가 성립한다.

2. 행 위

공연히 허위의 사실을 적시하여 사자의 명예를 훼손하는 것
○ 죽은 자에 관하여 진실한 사실을 적시하는 경우에는 본죄를 구성하지 아니한다.

■ 판례 ■ **"빛 때문에 도망다니며 죽은 척하는 나쁜 놈"이라고 발언한 경우, 사자에 대한 명**
예훼손죄의 성부(적극)
사자 명예훼손죄는 사자에 대한 사회적, 역사적 평가를 보호법익으로 하는 것이므로 그 구성요건으로
서의 사실의 적시는 허위의 사실일 것을 요하는 바 피고인이 사망자의 사망사실을 알면서 위 망인은
사망한 것이 아니고 빛 때문에 도망다니며 죽은 척 하는 나쁜 놈이라고 함은 공연히 허위의 사실을
적시한 행위로서 사자의 명예를 훼손하였다고 볼 것이다(대법원 1983.10.25. 선고 83도1520 판결).

3. 주관적 구성요건

(1) 고 의

공연히 허위의 사실을 적시하여 사자의 명예를 훼손한다는 점에 대한 인식과 의사가 있
어야 한다. 허위라는 점에 대해서는 확정적 인식을 요하고 미필적 인식으로는 부족하다.

(2) 착 오

(가) 허위사실에 대한 착오

허위의 사실을 진실한 사실로 오신하고 사자명예훼손행위를 한 경우 ⇨ 본죄 불성립

(나) 사자에 대한 착오

- 생존한 사람을 사망한 것으로 오인하고 허위사실을 적시한 경우 ▷ 사자명예훼손죄
- 생존한 사람을 사망한 것으로 오인하고 진실한 사실을 적시한 경우 ▷ 무죄
- 사망한 사람을 생존한 사람으로 오인하고 진실한 사실을 적시한 경우 ▷ 무죄
- 사망한 사람을 생존한 사람으로 오인하고 허위의 사실을 적시한 경우 ▷ 사자명예훼손죄

■ 판례 ■ **역사드라마가 그 소재가 된 역사적 인물의 명예를 훼손할 수 있는 허위사실을 적시하였는지 여부에 대한 판단 기준**

역사적 인물을 모델로 한 드라마(즉, 역사드라마)가 그 소재가 된 역사적 인물의 명예를 훼손할 수 있는 허위사실을 적시하였는지 여부를 판단할 때에는 적시된 사실의 내용, 진실이라고 믿게 된 근거나 자료의 신빙성, 예술적 표현의 자유로 얻어지는 가치와 인격권의 보호에 의해 달성되는 가치의 이익형량은 물론 역사드라마의 특성에 따르는 여러 사정과 드라마의 주된 제작목적, 드라마에 등장하는 역사적 인물과 사건이 이야기의 중심인지 배경인지 여부, 실존인물에 의한 역사적 사실과 가상인물에 의한 허구적 이야기가 드라마 내에서 차지하는 비중, 드라마상에서 실존인물과 가상인물이 결합된 구조와 방식, 묘사된 사실이 이야기 전개상 상당한 정도 허구로 승화되어 시청자의 입장에서 그것이 실제로 일어난 역사적 사실로 오해되지 않을 정도에 이른 것으로 볼 수 있는지 여부 등을 종합적으로 고려하여야만 한다(대법원 2010.4.29, 선고 2007도8411 판결).

■ 판례 ■ **형법 제307조 제2항의 '허위사실 적시에 의한 명예훼손죄'에서 적시된 사실이 허위인지, 행위자가 그 허위성을 인식하였는지 판단하는 기준과 위 죄가 미필적 고의에 의하여 성립하는지 여부(적극) 및 형법 제308조의 '사자명예훼손죄' 판단에서도 같은 법리가 적용되는지 여부(적극)**

형법 제307조 제2항의 허위사실 적시에 의한 명예훼손죄에서 적시된 사실이 허위인지 여부를 판단함에 있어서는 적시된 사실의 내용 전체의 취지를 살펴볼 때 세부적인 내용에서 진실과 약간 차이가 나거나 다소 과장된 표현이 있는 정도에 불과하다면 이를 허위라고 볼 수 없으나, 중요한 부분이 객관적 사실과 합치하지 않는다면 이를 허위라고 보아야 한다. 나아가 행위자가 그 사항이 허위라는 것을 인식하였는지 여부는 성질상 외부에서 이를 알거나 증명하기 어려우므로, 공표된 사실의 내용과 구체성, 소명자료의 존재 및 내용, 피고인이 밝히는 사실의 출처 및 인지 경위 등을 토대로 피고인의 학력, 경력, 사회적 지위, 공표 경위, 시점 및 그로 말미암아 예상되는 파급효과 등의 여러 객관적 사정을 종합하여 판단할 수밖에 없으며, 범죄의 고의는 확정적 고의뿐만 아니라 결과 발생에 대한 인식이 있고 그를 용인하는 의사인 이른바 미필적 고의도 포함하므로 허위사실 적시에 의한 명예훼손죄 역시 미필적 고의에 의하여도 성립하고, 위와 같은 법리는 형법 제308조의 사자명예훼손죄의 판단에서도 마찬가지로 적용된다.(대법원 2014. 3. 13., 선고, 2013도12430, 판결)

4. 소추조건

본죄는 친고죄이며, 고소권자는 사자의 친족 또는 자손이다(형사소송법 제227조).

II. 범죄사실기재

1) 범죄사실 기재례

[기재례1] 사자가 백정 짓을 하였다며 명예훼손

> 피의자는 같은 마을에 사는 홍길동과 사이가 좋지 않게 지내던 중 위 홍길동이 20○○. ○. ○. 위암으로 사망한 것을 알고 있었다.
>
> 피의자는 20○○. ○. ○. 10:00경 ○○에서 개최하는 마음 회의에 모인 마을 주민 김순동 등 10여 명에게 '홍길동이란 놈은 양반인 척하지만 실은 죽은 제 아비가 백정 짓을 하였으며 방앗간을 털다 잡혀가 일본 순사에게 매를 죽도록 맞고 석방된 일이 있다. 그래서 그게 화가 되어 암에 걸려 이번에 죽은 것이다' 라고 말함으로써 공연히 허위의 사실을 적시하여 사자인 홍길동의 명예를 훼손하였다.

[기재례2] 허위사실을 인터넷 뉴스 댓글에 적시

> 피의자는 20○○. ○. ○. ○○:○○경 ○○에서 피의자의 휴대전화를 이용하여 인터넷 아이디 "○○" 로 접속하여 "○○실종 경비행기 기체발견, 탑승자 전원 사망" 이라는 ○○ 뉴스 기사란에 댓글로 "여자들은 교관 하면 안 된다. 사고 대처능력도 떨어지고, 교관 책임 100% 다" 라고 적시하였다.
>
> 그러나 사실은 당시 경비행기 추락 및 사고원인에 대하여 밝혀진 바가 없었고, 피의자는 당시 그 사고의 추락 및 원인에 대하여 전혀 알지 못하는 상태였음에도 위와 같은 내용의 댓글을 적시하였다. 이로써 피의자는 공연히 허위의 사실을 적시하여 사자의 명예를 훼손하였다.

2) 적용법조 : 제308조 … 공소시효 5년

III. 신문사항

- 홍길동을 알고 있는가
- 홍길동의 명예를 훼손한 일이 있는가
- 뭐라고 말하였는가
- 언제 어디에서 그런 말을 하였는가
- 그 당시 그곳에는 누가 있었는가
- 왜 그곳에서 그런 말을 하게 되었는가
- 피의자의 말이 사실인가
- 홍길동은 언제 사망하였는가
- 그럼 피의자는 홍길동에 대해 거짓말을 하였다는 것인가
- 왜 그런 말을 하여 홍길동의 명예를 훼손하였는가

제3절 출판물 등에 의한 명예훼손

제309조(출판물 등에 의한 명예훼손) ① 사람을 비방할 목적으로 신문, 잡지 또는 라디오 기타 출판물에 의하여 제307조제1항의 죄를 범한 자는 3년 이하의 징역이나 금고 또는 700만원 이하의 벌금에 처한다.
② 제1항의 방법으로 제307조제2항의 죄를 범한 자는 7년 이하의 징역, 10년 이하의 자격정지 또는 1천 500만원 이하의 벌금에 처한다.
제312조(고소와 피해자의 의사) ② 제307조와 제309조의 죄는 피해자의 명시한 의사에 반하여 공소를 제기할 수 없다.

 Ⅰ. 구성요건

1. 객 체

신문, 잡지 또는 라디오 기타 출판물

(1) 신문, 잡지 또는 라디오

출판물의 예시이므로, 대중적 전파가 가능한 TV, 비디오, 영화 등의 영상매체도 출판물의 개념에 해당한다.

(2) 기타 출판물

등록·출판된 제본 인쇄물과 제작물은 아니라고 할지라도 적어도 그와 같은 정도의 효용과 기능을 가지고 사실상 출판물로 유통·통용될 수 있는 외관을 가진 인쇄물을 말한다. 따라서 단순한 복사물, 프린트물, 손으로 쓴 것은 출판물이라고 할 수 없다.

■ 판례 ■ **형법 제309조 제1항 소정의 '기타 출판물'에 해당하기 위한 요건**

형법이 출판물 등에 의한 명예훼손죄를 일반 명예훼손죄보다 중벌하는 이유는 사실적시의 방법으로서의 출판물 등의 이용이 그 성질상 다수인이 견문할 수 있는 높은 전파성과 신뢰성 및 장기간의 보존가능성 등 피해자에 대한 법익침해의 정도가 더욱 크다는 데 있는 점에 비추어 보면, 형법 제309조 제1항 소정의 '기타 출판물'에 해당한다고 하기 위하여는 그것이 등록·출판된 제본인쇄물이나 제작물은 아니라고 할지라도 적어도 그와 같은 정도의 효용과 기능을 가지고 사실상 출판물로 유통·통용될 수 있는 외관을 가진 인쇄물로 볼 수 있어야 한다(대법원 2000.2.11. 선고 99도3048 판결).

■ 판례사례 ■ **[출판물에 해당하지 아니하는 사례]**

(1) 장수가 2장에 불과하며 제본방법도 조잡한 것으로 보이는 최고서 사본(대법원 1997.8.26. 선

고 97도133 판결)

(2) 컴퓨터 워드프로세서로 작성되어 프린트된 A4 용지 7쪽 분량의 인쇄물(대법원 2000.2.11. 선고 99도3048 판결)

(3) 피고인이 배포한 이 사건 인쇄물은 가로 25㎝ 세로 35㎝ 정도되는 일정한 제호(題號)가 표시되었다고 볼 수 없는 낱장의 종이에 단지 단편적으로 피고인의 주장을 광고하는 문안이 인쇄되어 있는 것(대법원 1998.10.9. 선고 97도158 판결)

(4) 가로 약 25m, 세로 약 30m 되는 모조지 위에 싸인펜으로 특정인의 인적사항, 인상, 말씨 등을 기재하고 위 사람은 정신분열증 환자로서 무단가출하였으니 연락해 달라는 취지의 내용을 기재한 광고문(대법원 1986.3.25. 선고 85도1143 판결)

2. 행 위

사실 또는 허위사실을 적시하는 것

(1) 공연성의 요부

출판물에 의한 명예훼손은 이미 고도의 공연성을 띠므로 공연성을 요구하고 있지 않다.

(2) 적 시

본죄가 성립하기 위해서는 사실 또는 허위사실을 적시하여야 한다. 따라서 허위사실을 신문에 투고했으나 게재되지 않은 경우에는 본죄를 구성하지 아니한다.

(3) 간접정범에 의한 출판물에 의한 명예훼손죄의 성립

■ 판례 ■ 제보자가 기사의 취재·작성과 직접적인 연관이 없는 자에게 허위의 사실을 알렸으나 그 사실이 신문에 보도된 경우, 제보자에게 출판물에 의한 명예훼손죄의 책임을 물을 수 있는지 여부(한정 소극)

출판물에 의한 명예훼손죄는 간접정범에 의하여 범하여질 수도 있으므로 타인을 비방할 목적으로 허위의 기사 재료를 그 정을 모르는 기자에게 제공하여 신문 등에 보도되게 한 경우에도 성립할 수 있으나 제보자가 기사의 취재·작성과 직접적인 연관이 없는 자에게 허위의 사실을 알렸을 뿐인 경우에는, 제보자가 피제보자에게 그 알리는 사실이 기사화 되도록 특별히 부탁하였다거나 피제보자가 이를 기사화 할 것이 고도로 예상되는 등의 특별한 사정이 없는 한, 피제보자가 언론에 공개하거나 기자들에게 취재됨으로써 그 사실이 신문에 게재되어 일반 공중에게 배포되더라도 제보자에게 출판·배포된 기사에 관하여 출판물에 의한 명예훼손죄의 책임을 물을 수는 없다(대법원 2002.6.28. 선고 2000도3045 판결).

■ 판례 ■ 제보자가 기사의 취재 또는 작성과 직접적인 연관이 있는 자(例, 기자 등)에게 허위사실을 알려 보도된 경우, 제보자에게 출판물에 의한 명예훼손죄의 책임을 물을 수 있는지 여부(적극)

[1] 사실관계

중견 화가 甲은 무명시절 자신을 키워준 화랑대표 乙과 작품전시 및 판매에 관한 전속계약을 체결한 것 때문에 다른 화랑에서의 개인전이 무산되자 乙을 비방할 목적으로 조선일보 문화부에 찾아가 기자 丙에게 "乙이 甲의 작품을 부당하게 편취하였다."는 내용의 허위사실을 설명하여 丙으로 하여금 조선일보에 위와 같은 내용의 허위기사를 게재하도록 하였다. 그러나 위 기사내용은 이미 다른 일간 신문에도 소개되어 세인의 관심의 대상이 된 것이었다.

[2] 판결요지

가. 신문기자에게 기사재료를 제공한 자에게 출판물에 의한 명예훼손죄의 책임이 인정되는지 여부(적극)

타인을 비방할 목적으로 허위사실인 기사의 재료를 신문기자에게 제공한 경우에 기사를 신문지상에 게재하느냐의 여부는 신문 편집인의 권한에 속한다고 할 것이나 이를 편집인이 신문지상에 게재한 이상 기사의 게재는 기사재료를 제공한 자의 행위에 기인한 것이므로 기사재료의 제공행위는 형법 제309조 제2항 소정의 출판물에 의한 명예훼손죄의 죄책을 면할 수 없다.

나. 이미 사회의 일부에 잘 알려진 사실을 적시하여 사회적 평가를 저하시킬 행위를 한 때에도 명예훼손죄를 구성하는지 여부(적극)

명예훼손죄가 성립하기 위하여는 반드시 숨겨진 사실을 적발하는 행위만에 한하지 아니하고 이미 사회의 일부에 잘 알려진 사실이라고 하더라도 이를 적시하여 사람의 사회적 평가를 저하시킬 만한 행위를 한 때에는 명예훼손죄를 구성한다(대법원 1994.4.12. 선고 93도3535 판결).

■ 판례 ■ **제보자가 기사의 취재·작성과 직접적인 연관이 없는 자에게 허위의 사실을 알렸으나 그 사실이 신문에 보도된 경우, 제보자에게 출판물에 의한 명예훼손죄의 책임을 물을 수 있는지 여부(한정 소극)**

[1] 사실관계

의사 甲은 의료기기회사인 메디슨사와의 사이에 발생한 분쟁을 정치적으로 해결하고자 야당 국회의원 乙에게 "메디슨사는 기술력이 외국에 비해 떨어지는 기업이나 정부의 보호정책과 권력자의 비호 등에 의해 급성장했다. 메디슨사의 급성장에는 정부고위층의 1백억원 특혜금융지원이 있었다. 피고인이 메디슨사를 사기로 고소했으나 대통령 주치의가 담당검사에게 압력을 넣어 무혐의 처리되도록 하였다."는 허위사실을 제보하고, 이를 믿은 국회의원 乙은 국회에서 위 제보내용을 공개하여 여러 일간 신문에 그 내용대로 기사가 게재되어 다수의 독자들에게 배포되었다.

[2] 판결요지

출판물에 의한 명예훼손죄는 간접정범에 의하여 범하여질 수도 있으므로 타인을 비방할 목적으로 허위의 기사 재료를 그 정을 모르는 기자에게 제공하여 신문 등에 보도되게 한 경우에도 성립할 수 있으나 제보자가 기사의 취재·작성과 직접적인 연관이 없는 자에게 허위의 사실을 알렸을 뿐인 경우에는, 제보자가 피제보자에게 그 알리는 사실이 기사화 되도록 특별히 부탁하였다거나 피제보자가 이를 기사화 할 것이 고도로 예상되는 등의 특별한 사정이 없는 한, 피제보자가 언론에 공개하거나 기자들에게 취재됨으로써 그 사실이 신문에 게재되어 일반 공중에게 배포되더라도 제보자에게 출판·배포된 기사에 관하여 출판물에 의한 명예훼손죄의 책임을 물을 수는 없다(대법원 2002.6.28. 선고 2000도3045 판결).

(4) 기수시기

불특정 또는 다수인이 인식할 수 있는 상태에 이른 때 기수되고 현실적 인식여부 및 비방목적 달성여부는 불문

3. 주관적 구성요건

고의와 비방의 목적(사람의 인격적 평가를 저하시키려는 의도)이 있을 것

    ○ 비방의 목적이 없이 사실 또는 허위의 사실을 출판물에 게재하는 경우는 제307조 의 명예훼손죄에 해당한다.

■ 판례 ■ **일일감사상황보고서의 일부를 변조하여 제시하면서 자신의 상사인 감사원 국장이 고위층의 압력을 받고 감사기간 중 자신이 감사를 진행중인 사항에 대한 감사활동을 중단시켰 다고 기자회견을 한 경우**

[1] 출판물에의한명예훼손죄의 주관적 요건과 그 입증 방법

형법 제309조 제2항소정의 출판물에 의한 명예훼손죄는 타인을 비방할 목적으로 신문, 잡지 또는 라디오 기타 출판물에 의하여 허위의 사실을 적시하여 타인의 명예를 훼손할 경우에 성립되는 범죄 로서, 피고인이 범의를 부인하고 있는 경우에는 사물의 성질상 고의와 상당한 관련성이 있는 간접 사실을 증명하는 방법에 의하여 입증할 수밖에 없고, 무엇이 상당한 관련성이 있는 간접사실에 해당 할 것인가는 정상적인 경험칙에 바탕을 두고 치밀한 관찰력이나 분석력에 의하여 사실의 연결상태 를 합리적으로 판단하는 방법에 의하여야 한다.

[2] 출판물에의한명예훼손죄에 있어서 적시사실의 허위성에 대한 인식과 비방의 목적이 있었다고 인정한 사례

감사원에 근무하는 감사주사가, 감사사항에 대한 감사가 종료된 후 감사반원들의 토론을 거쳐 감사지적 사항으로 선정하지 않기로 하여 감사가 종결된 것임에도, 일일감사상황보고서의 일부를 변조하여 제시하 면서 자신의 상사인 감사원 국장이 고위층의 압력을 받고 감사기간 중 자신이 감사를 진행중인 사항에 대한 감사활동을 중단시켰다고 기자회견을 한 경우, 그 적시사실의 허위성에 대한 인식은 물론 상사에 대한 비방의 목적도 있었다고 보여진다(대법원 2002.8.23. 선고 2000도329 판결).

■ 판례 ■ **구 정보통신망 이용촉진 및 정보보호 등에 관한 법률 제61조 제1항에 정한 '사람 을 비방할 목적'이 있는지 여부의 판단 방법 및 공공의 이익에 관한 것일 경우와의 관계**

[1] 사실관계

甲은 인터넷 포털사이트의 지식검색 질문·답변 게시판에 성형시술 결과가 만족스럽지 못하다 는 주관적인 평가를 주된 내용으로 하는 한 줄의 댓글을 게시하였다.

[2] 판결요지

구 정보통신망 이용촉진 및 정보보호 등에 관한 법률(2007. 12. 21. 법률 제8778호로 개정되기 전의 것) 제61조 제1항에 정한 '사람을 비방할 목적'이란 가해의 의사 내지 목적을 요하는 것으로서, 사람을 비방할 목적이 있는지 여부는 당해 적시 사실의 내용과 성질, 당해 사실의 공표가 이루어진 상대방의 범위, 그 표현의 방법 등 그 표현 자체에 관한 제반 사정을 감안함과 동시에 그 표현에 의

하여 훼손되거나 훼손될 수 있는 명예의 침해 정도 등을 비교, 고려하여 결정하여야 하는데, 공공의 이익을 위한 것과는 행위자의 주관적 의도의 방향에 있어 서로 상반되는 관계에 있으므로, 적시한 사실이 공공의 이익에 관한 것인 경우에는 특별한 사정이 없는 한 비방할 목적은 부인된다고 봄이 상당하고, 공공의 이익에 관한 것에는 널리 국가·사회 기타 일반 다수인의 이익에 관한 것뿐만 아니라 특정한 사회집단이나 그 구성원 전체의 관심과 이익에 관한 것도 포함하는 것이고, 행위자의 주요한 동기 내지 목적이 공공의 이익을 위한 것이라면 부수적으로 다른 사익적 목적이나 동기가 내포되어 있더라도 비방할 목적이 있다고 보기는 어렵다. 따라서 인터넷 포털사이트의 지식검색 질문·답변 게시판에 성형시술 결과가 만족스럽지 못하다는 주관적인 평가를 주된 내용으로 하는 한 줄의 댓글을 게시한 사안에서, 그 표현물은 전체적으로 보아 성형시술을 받을 것을 고려하고 있는 다수의 인터넷 사용자들의 의사결정에 도움이 되는 정보 및 의견의 제공이라는 공공의 이익에 관한 것이어서 비방할 목적이 있었다고 보기 어렵다(대법원 2009.5.28. 선고 2008도8812 판결).

■ 판례 ■ **축산업협동조합중앙회장이 농림부장관이 공식 채택한 수입쇠고기 유통·판매 권장 정책 및 농축협 통합정책의 정당성 여부를 문제삼는 내용의 광고를 게재한 경우**

[1] 사실관계

축산업협동조합중앙회장인 甲은 농림부장관이 공식 채택한 수입쇠고기 유통 및 판매의 권장정책 및 농축협 통합정책의 정당성 여부를 문제삼는 내용의 광고를 게재하였다.

[2] 판결요지

가. 형법 제310조에서 말하는 '공공의 이익'의 의미 및 공적 관심사안에 관하여 진실하거나 진실이라고 봄이 상당한 사실을 공표한 경우에 '공공의 이익'에 관한 것이라는 증명이 있는 것으로 볼 수 있는지 여부(한정 적극)

형법 제310조에서 말하는 공공의 이익에는 널리 국가, 사회 기타 일반 다수인의 이익에 관한 것뿐만 아니라 특정 사회집단이나 그 구성원 전체의 관심과 이익에 관한 것도 포함되고, 행위자의 주요한 동기 내지 목적이 공공의 이익을 위한 것이라면 부수적으로 다른 개인적인 목적 또는 동기가 내포되어 있거나 그 표현에 있어서 다소 모욕적인 표현이 들어 있다 하더라도 형법 제310조의 적용을 배제할 수 없다. 나아가 공인이나 공적 기관의 공적 활동 혹은 정책에 대하여는 국민의 알 권리와 다양한 사상, 의견의 교환을 보장하는 언론의 자유의 측면에서 그에 대한 감시와 비판기능이 보장되어야 하므로 명예를 훼손당한 자가 공인인지, 그 표현이 객관적으로 국민이 알아야 할 공공성, 사회성을 갖춘 공적 관심사안에 관한 것으로 사회의 여론형성 내지 공개토론에 기여하는 것인지, 피해자가 그와 같은 명예훼손적 표현의 위험을 자초한 것인지 여부 등의 사정도 적극 고려되어야 한다. 따라서 이러한 공적 관심사안에 관하여 진실하거나 진실이라고 봄에 상당한 사실을 공표한 경우에는 그것이 악의적이거나 현저히 상당성을 잃은 공격에 해당하지 않는 한 원칙적으로 공공의 이익에 관한 것이라는 증명이 있는 것으로 보아야 한다.

나. 甲의 죄책

본 사안의 경우, 농림부장관 개인에 대한 비방의 목적이 있다고 보기 어렵다(대법원 2007.1.26. 선고 2004도1632 판결).

■ 판례 ■ **명예훼손죄에서 '사실의 적시'의 의미 및 판단할 진술이 사실인가 또는 의견인가 판단하는 기준 / 다른 사람의 말이나 글을 비평하면서 사용한 표현이 겉으로 보기에 증거에**

의해 입증 가능한 구체적인 사실관계를 서술하는 형태를 취하고 있으나, 명예훼손죄에서 말하는 사실의 적시에 해당하지 않는 경우

명예훼손죄에서의 사실의 적시란 가치판단이나 평가를 내용으로 하는 의견표현에 대치되는 개념으로서 시간과 공간적으로 구체적인 과거 또는 현재의 사실관계에 관한 보고 내지 진술을 의미하며, 그 표현내용이 증거에 의한 입증이 가능한 것을 말하고, 판단할 진술이 사실인가 또는 의견인가를 구별할 때에는 언어의 통상적 의미와 용법, 입증가능성, 문제된 말이 사용된 문맥, 그 표현이 행하여진 사회적 상황 등 전체적 정황을 고려하여 판단하여야 한다.다른 사람의 말이나 글을 비평하면서 사용한 표현이 겉으로 보기에 증거에 의해 입증 가능한 구체적인 사실관계를 서술하는 형태를 취하고 있더라도, 글의 집필의도, 논리적 흐름, 서술체계 및 전개방식, 해당 글과 비평의 대상이 된 말 또는 글의 전체적인 내용 등을 종합하여 볼 때, 평균적인 독자의 관점에서 문제 된 부분이 실제로는 비평자의 주관적 의견에 해당하고, 다만 비평자가 자신의 의견을 강조하기 위한 수단으로 그와 같은 표현을 사용한 것이라고 이해된다면 명예훼손죄에서 말하는 사실의 적시에 해당한다고 볼 수 없다.(대법원 2017. 5. 11., 선고, 2016도19255, 판결)

4. 제310조의 적용 여부

(1) 원칙

출판물 등에 의한 명예훼손행위에 대하여는 제310조가 적용되지 않는다.

(2) 제309조 제1항

출판물 등에 의한 명예훼손행위일지라도 적시하는 사실이 진실하고 공공의 이익을 위한 경우에는 비방의 목적이 인정되지 않으므로 제307조 제1항의 명예훼손죄가 적용되어 제310조가 적용되는 효과가 발생한다.

■ 판례 ■   **형법 제309조 제1항과 제310조와의 관계**

형법 제309조 제1항 소정의 '사람을 비방할 목적'이란 가해의 의사 내지 목적을 요하는 것으로서 공공의 이익을 위한 것과는 행위자의 주관적 의도의 방향에 있어 서로 상반되는 관계에 있다고 할 것이므로, 형법 제310조의 공공의 이익에 관한 때에는 처벌하지 아니한다는 규정은 사람을 비방할 목적이 있어야 하는 형법 제309조 제1항 소정의 행위에 대하여는 적용되지 아니하고 그 목적을 필요로 하지 않는 형법 제307조 제1항의 행위에 한하여 적용되는 것이고, 반면에 적시한 사실이 공공의 이익에 관한 것인 경우에는 특별한 사정이 없는 한 비방 목적은 부인된다고 봄이 상당하므로 이와 같은 경우에는 형법 제307조 제1항 소정의 명예훼손죄의 성립 여부가 문제될 수 있고 이에 대하여는 다시 형법 제310조에 의한 위법성 조각 여부가 문제로 될 수 있다(대법원 2003.12.26. 선고 2003도6036 판결).

※ 출판물에 의한 경우일지라도 비방목적이 없으면 제309조가 아니라 제307조의 명예훼손죄에 해당하므로, 출판물로서 진실한 사실을 공공의 이익을 위하여 적시한 경우에는 제310조의 위법성조각사유규정이 적용될 수 있다는 판례이다.

■ 판례사례 ■ **[출판물로서 진실한 사실을 공공의 이익을 위하여 적시한 경우로 명예훼손죄의 위법성이 조각되는 사례]**

(1) 청소대행업체인 A산업이 화천군과 체결한 청소대행계약기간이 만료될 무렵 재계약이 체결되면 A산업의 근로자들이 대량 실직할 우려가 있고 화천군 내 생활폐기물 수집·운반업무가 마비될 것이 예상되자, 한국노총 강원지역본부 사무처장 甲이 강원도민일보 기자인 乙에게 정책건의서를 팩스로 보내주면서 2002.2.27.자 강원도민일보에 "A산업측은 임금착취, 부당해고 및 부당노동행위를 자행했을 뿐만 아니라 조건 없이 승계채용한다는 계약조건을 어기는 등 근로조건을 개악하고 있어 재계약이 성사되면 근로조건이 더욱 악화될 것은 자명한 사실"이라는 내용의 인터뷰 기사를 게재케 하였는데, 그 기사내용은 사실인 경우(대법원 2003.12.26. 선고 2003도6036 판결)

(2) 사단법인「한국 여성의 전화」대구지부의 대표인 甲이「대구 여성의 전화」인터넷 홈페이지 게시판에 '교수에 의한 제자 성추행 사건—성명서'라는 제목으로 "2000년 7월 교수가 같은 학과 여학생을 성추행한 사건이 발생하였다. 교수는 같은 학과 여학생 A에게 지속적으로 전화와 이메일 등으로 성추행을 일삼았으며 여름방학 중 연구실로 불러 강제로 자신의 성기를 만지게 하려는 등의 행동을 하고 놀라 비명을 지르며 나오는 A를 위협하였다. 또한 교수는 이 사실을 전면 부인하다가 A양이 자신을 유혹하여 합의로 이뤄진 애정행각이었다는 허위사실을 유포하고 있다."라는 취지의 글을 게시하였고, 소식지에도 위와 같은 내용을 포함한 글을 게재하여 1,500권 정도를 배포한 경우(대법원 2005.4.29. 선고 2003도2137 판결)

(3) 제309조 제2항

허위사실을 적시한 것이므로 공공의 이익여부 및 비방의 목적유무와 관계없이 제310조가 적용되지 않는다.

5. 소추조건

본죄는 반의사불벌죄로 피해자의 명시한 의사에 반하여 공소를 제기할 수 없다.

■ 판례 ■ **반의사불벌죄에 있어서 피해자가 처벌을 희망하지 아니하는 의사표시나 처벌을 희망하는 의사표시의 철회를 하였다고 인정하기 위한 요건**

반의사불벌죄에 있어서 피해자가 처벌을 희망하지 아니하는 의사표시나 처벌을 희망하는 의사표시의 철회를 하였다고 인정하기 위해서는 피해자의 진실한 의사가 명백하고 믿을 수 있는 방법으로 표현되어야 한다(대법원 2001.6.15. 선고 2001도1809 판결).

6. 업무방해죄와의 관계

■ 판례 ■ **한국소비자보호원의 발표 내용을 과장, 왜곡하고 발표에 들어 있지 아니한 내용을 삽입하는 등의 광고를 한 것이 출판물에 의한 명예훼손죄 및 업무방해죄에 해당하는지 여부(적극)**

[1] 사실관계

甲은 자사 제품의 장점을 선전하기 위하여 소비자보호원의 발표내용을 임의로 과장·왜곡하고 발표에 들어 있지 아니한 내용을 삽입하는 등의 광고를 일간신문에 18회에 걸쳐서 게재하였다.

[2] 판결요지

한국소비자보호원을 비방할 목적으로 18회에 걸쳐서 출판물에 의하여 공연히 허위의 사실을 적시·유포함으로써 한국소비자보호원의 명예를 훼손하고 업무를 방해하였다는 각 죄는 1개의 행위가 2개의 죄에 해당하는 형법 제40조소정의 상상적경합의 관계에 있다(대법원 1993.4.13. 선고 92도3035 판결).

Ⅱ. 범죄사실기재

1. 사실적시 출판물에 의한 명예훼손

1) 범죄사실 기재례 - [시민단체 홈페이지에 대학교수의 제자 성추행 게재]

피의자는 사단법인 한국 여성의 전화 ○○지부의 공동대표인자로서 피의자가 ○○여성의 전화 인터넷 홈페이지의 여성인권란에 "대학명 ○○, 피해자 홍길동에 의한 제자 성추행사건-성명서"라는 제목하에 "20○○년 7월 위 홍길동이 같은 학과 여학생을 성추행한 사건이 발생하였다. 가해자는 같은 학과 여학생 A에게 지속적으로 전화와 이메일 등으로 성희롱을 일삼았으며, 여름방학 중 과외를 해주겠다고 자신의 연구실로 불러 강제로 껴안고 자신의 성기를 만지게 하려 하고 키스를 하려고 할 때 거부하는 피해자에게 완력으로 강제로 얼굴과 목 등에 키스하였다. 가해자는 자신의 잘못을 시인하기는커녕 이 사실을 전면 부인하다가 일부의 사실만을 인정하며 피해자 A양이 자신을 유혹하여 합의가 이뤄진 애정행각이었다는 허위사실을 유포하고 있다."라는 취지의 글을 게재하였다.

이로써 피의자는 공연히 사실을 적시하여 위 홍길동의 명예를 훼손하였다.

2) 적용법조 : 제309조 제1항… 공소시효 5년

2. 허위사실적시 출판물에 의한 명예훼손

1) 범죄사실 기재례

[기재례1] 감사와 관련 상급자 명예훼손

피의자는 감사원에 근무하던 중 피해자인 감사원 제○○국장 홍길동이 피의자의 감사 사항인 ○○시장이 ○○그룹 계열의 주식회사○○산업이 신청한 이 사건 콘도사업을 승인한 사건에 관한 감사를 뚜렷한 이유 없이 중단시키거나 외부 고위층의 압력을 받아 피의자에게 감사를 중단하도록 지시한 사실이 없었다.

피의자는 20○○. ○. ○. 14:00경 ○○에 있는 민주사회를 위한 변호사 모임 사무실에서 그곳에 모인 성명불상의 기자들에게 피의자가 작성한 '양심선언'이라는 제목의 유인물을 배포하였다. 그 내용은 "──."고 발표한 뒤 기자들과 기자회견을 하면서도 "피해자가 외부의 압력을 받아 피의자의 감사를 이유 없이 중단시켰다." 라는 취지로 기자회견을 하였다.

　이로써 피의자는 피해자를 비방할 목적으로 마치 감사원 ○○국장과 감사원 상부가 외부의 압력을 받아 정당한 이유 없이 피의자의 감사를 중단하도록 한 것처럼 말하였다.

　이에 따라 20○○. ○. ○.자 한겨레신문, 조선일보, 동아일보, 중앙일보, 경향신문, 한국일보, 문화일보, 한국경제신문 등에 그와 같은 취지의 보도가 나게 함으로써 공연히 허위의 사실을 적시하여 출판물에 의하여 피해자의 명예를 훼손하였다.

[기재례2] 일간신문을 이용 허위사실 적시

　피의자는 무명작가 시절인 20○○. ○. ○.경 ○○에 있는 ○○화랑 대표인 피해자 홍길순과 20○○. ○. ○.까지 수년간 피해자가 피의자에게 매월 ○○만원의 생활비를 지급하는 등으로 작품활동을 후원하기로 하고 피의자의 작품전시 및 판매 일체를 ○○화랑을 통해서만 하도록 한다는 내용을 골자로 하는 전속계약을 체결한 후, 피해자의 적극적인 후원으로 4차례의 개인 전시회를 개최하는 등 중견작가로서 성장하게 되자 20○○. ○. ○.경 열린 ○○아트엑스포전시회에 피의자의 작품을 출품한 이후부터 위와 같은 전속계약에 불만을 품고 계약해지를 주장해 오던 중 20○○. ○. ○.경부터 같은 해 8.6.까지 ○○에 있는○○화랑에서 개인전을 개최하려다 피해자의 위 전속 계약상 권리 주장으로 개인전이 무산되자 피해자에 대해 감정이 좋지 않았다.

　피의자는 20○○. ○. ○. 14:00경 ○○에 있는 ○○일보 문화부에 찾아가, 사실은 ○○아트엑스포에서 피의자의 작품이 약 ○○만원에 판매되어 그 후 함께 정산하였고, 피해자가 피의자의 작품을 교부받은 바도 없음에도 불구하고 위 신문사 문화부 기자인 A에게 "20○○. ○. ○.경 ○○아트엑스포에서 ○○만원의 작품판매대금이 생겼으나 ○○만원을 받았을 뿐이고, 피해자가 피의자의 작품을 부당하게 편취하였다" 는 내용의 허위사실을 설명하고, 민사소송소장사본, 전속계약서사본 등의 보도자료를 교부하였다.

　이로써 피의자는 피해자를 비방할 목적으로 A로 하여금 20○○. ○. ○.자 조선일보 11면에 위와 같은 허위의 기사를 게재하게 하여 그 무렵 전국의 위 신문 독자들에게 보급되게 하여 공연히 허위의 사실을 적시하여 피해자의 명예를 훼손하였다.

[기재례3] 지역신문에 허위사실 게재

　피의자는 20○○. ○. ○.경 ○○에 있는 ○○신문사 사무실에서, 사실은 당시 서울 ○○구청 소속 동장으로 봉직하던 피해자 甲이 우발적으로 부하직원을 폭행한 사실이 있을 뿐 상습적으로 폭력을 행사한 사실이 없었다.

　그럼에도 불구하고 피의자는 "상습 폭력 공무원 낙인동장 피해자동장 말썽" 이라는 제목 아래 "동장(47세)이 잠잠했던 폭력을 다시 행사하여 잠잠했던 공무원사회에 또다시 말썽이 일고 있다. 당사자 동장은 '조직사회에서는 다반사로 일어나는 일' 이라고 가볍게 해명했다." 라는 내용의 기사를 작성한 다음 20○○. ○. ○.자 '제○○호' 신문에 김기자를 기사작성자로 표기하여 게재한 후 그 무렵 위 신문 1,000부 가량을 ○○구 일원의 독자들에게 배포하였다.

　이로써 피의자는 비방할 목적으로 공연히 허위의 사실을 적시하여 피해자의 명예를 훼손하였다.

[기재례4] 월간지에 허위사실적시

> 피의자 홍길동은 ○○에 있는 월간지 "진실과비판"의 발행인 겸 편집인이고, 피의자 최길수는 위 월간지의 취재기자이다.
>
> 피의자들은 20○○. ○. ○.자 월간지 "진실과 비판" 제302호의 118면에 평소 감정이 좋지 않은 ○○대학의 교수 최명길을 비방할 목적으로 "어용교수의 하루"라는 제목 아래 "최명길 교수는 ……"라는 허위의 기사를 게재한 월간지 약 20,000부를 그 무렵 그 시내 및 주변 지역 독자들에게 보급하였다.
>
> 이로써 피의자들은 공모하여 공연히 허위의 사실을 적시하여 피해자의 명예를 훼손하였다.

2) **적용법조** : 제309조 제2항… 공소시효 7년

Ⅲ. 신문사항

– 신문사를 운영하고 있는가
– 어디에서 어떤 신문사를 하고 있으면 맡은 직책은 무엇인가
– 홍길동에 대한 기사를 게재한 일이 있는가
– 언제 어떤 내용으로 게재하였나
– 그 기사 내용이 모두 사실인가
– 무엇 때문에 그런 내용의 기사를 게재하였나
– 이런 내용은 언제 발행된 신문에 게재하였는가
– 어떤 기자 명의로 게재하였나
– 이런 내용에 대해 당사자들에게 확인을 해보았는가
– 허위사실을 게재함으로써 피해자의 명예가 훼손된다고 생각하지 않는가

제4절 모 욕

제311조(모욕) 공연히 사람을 모욕한 자는 1년 이하의 징역이나 금고 또는 200만원 이하의 벌금에 처한다.
제312조(고소와 피해자의 의사) ① 제308조와 제311조의 죄는 고소가 있어야 공소를 제기할 수 있다.

 I. 구성요건

1. 객 체

자연인(유아, 정신병자 포함), 법인, 법인격 없는 단체

2. 행 위

공연히 사람을 모욕하는 것

(1) 공연성

불특정 또는 다수인이 인식할 수 있는 상태를 말하는 것(명예훼손죄 참조)

■ 판례 ■ **전파가능성을 이유로 모욕죄의 공연성이 인정될 수 있는 경우, 주관적 구성요건요소로서 요구되는 고의의 내용 및 고의 유무를 판단하는 방법**

[1] 개별적으로 소수의 사람에게 발언하였더라도 상대방이 불특정 또는 다수인에게 해당 내용을 전파할 가능성이 객관적으로 인정되는 경우, 모욕죄의 구성요건인 '공연성'을 인정할 수 있는지 여부(적극) 및 이때 전파가능성에 관하여는 검사의 엄격한 증명이 필수적인지 여부(적극) / 구체적인 사안에서 공연성이 인정되는지 판단하는 기준

모욕죄의 구성요건인 '공연성'에 관하여도 명예훼손죄의 '공연성'에 관한 법리가 동일하게 적용되므로, 개별적으로 소수의 사람에게 발언하였더라도 그 상대방이 불특정 또는 다수인에게 해당 내용을 전파할 가능성이 객관적으로 인정되는 경우에는 공연성을 인정할 수 있지만, 특정한 소수에게만 발언하였다는 점은 공연성이 부정되는 유력한 사정이 될 수 있으므로, 그와 같은 사정하에서의 전파가능성에 관하여는 검사의 엄격한 증명이 필수적이다.

구체적인 사안에서 공연성이 인정되는지 여부는 발언을 하게 된 경위와 당시 상황, 발언의 내용 · 방법, 행위자의 의도, 행위자 · 상대방의 태도, 행위자 · 상대방 · 피해자의 관계와 지위 등 행위 당시의 구체적인 사정을 심리한 후 상대방이 불특정 또는 다수인에게 전파할 가능성이 있는지 등을 종합하여 객관적으로 판단하여야 한다.

[2] 전파가능성을 이유로 모욕죄의 공연성이 인정될 수 있는 경우, 주관적 구성요건요소로서 요구되는 고의의 내용 및 고의 유무를 판단하는 방법 / 발언 후 실제로 전파되었는지는 전파가능성 유무를 판단할 때 소극적 사정으로 고려될 수 있는지 여부(적극) / 발언 내용이 전체적으로 피해자의 입장에서 불쾌함을 느낄 정도의 부정적 · 비판적 의견이나 불편한 감정을 거칠게 나타낸 정도의 표현에 그치는 것으로서, 그와 같은 조악한 표현 자체를 피해자에게 그대로 옮겨 전파하리라는 사정을 쉽게 예상하기 어려운 경우, 전파

가능성을 인정할 때 유의할 점

전파가능성을 이유로 모욕죄의 공연성이 인정될 수 있는 경우에도 범죄구성요건의 주관적 요소로서 미필적 고의는 필수적이므로, 행위자가 당시에 전파가능성에 대한 인식을 전제로 그 위험을 용인하는 내심의 의사가 존재한다는 사실 및 그에 대한 증명이 있어야 한다. 행위자가 전파가능성을 용인하였는지 여부는 외부에 나타난 행위의 형태·상황 등 구체적 사정을 기초로 하여 일반인이라면 전파가능성을 어떻게 평가할 것인가를 고려하면서 행위자의 입장에서 심리상태를 추인하여야 하므로, 행위자의 고의를 인정함에 있어 신중할 필요가 있다. 한편 발언 후 실제로 전파되었는지 여부는 전파가능성 유무를 판단함에 있어 소극적 사정으로 고려될 수 있다. 특히 발언의 내용 역시 피해자의 외부적 명예나 인격적 가치에 대한 사회적 평가를 저하시키거나 인격을 허물어뜨릴 정도로 모멸감을 주는 혐오스러운 표현이라기보다는 전체적으로 피해자의 입장에서 불쾌함을 느낄 정도의 부정적·비판적 의견이나 불편한 감정을 거칠게 나타낸 정도의 표현에 그치는 것으로서, 발언에 담긴 취지가 아니라 그와 같은 조악한 표현 자체를 피해자에게 그대로 옮겨 전파하리라는 사정을 쉽게 예상하기 어려운 경우에는 전파가능성을 인정함에 더욱 신중을 기할 필요가 있다.(대법원 2024. 1. 4. 선고 2022도14571 판결)

■ 판례 ■ **여관방에서 피해자 및 그 가족앞에서 행한 발설과 공연성**

피고인이 각 피해자에게 "사이비 기자 운운" 또는 "너 이 쌍년 왔구나"라고 말한 장소가 여관방안이고 그곳에는 피고인과 그의 처, 피해자들과 그들의 딸, 사위, 매형 밖에 없었고 피고인이 피고인의 딸과 피해자들의 아들간의 파탄된 혼인관계를 수습하기 위하여 만나 얘기하던 중 감정이 격화되어 위와 같은 발설을 한 사실이 인정된다면, 위 발언은 불특정 또는 다수인이 인식할 수 있는 상태, 또는 불특정다수인에게 전파될 가능성이 있는 상태에서 이루어진 것이라 보기 어려우므로 이는 공연성이 없다 할 것이다(대법원 1984.4.10. 선고 83도49 판결).

(2) 모 욕

사실을 적시하지 아니하고 사람에 대하여 경멸의 의사 내지 감정을 표현하는 일체의 행위

■ 판례 ■ **시각적 수단을 사용한 표현행위에 의한 모욕죄 성립 여부**

[1] 모욕죄의 보호법익(=외부적 명예) 및 '모욕'의 의미 / 상대방의 인격적 가치에 대한 사회적 평가를 저하시킬 만한 것이 아닌 표현이 다소 무례한 방법으로 표시된 경우, 모욕죄의 구성요건에 해당하는지 여부(소극)

형법 제311조의 모욕죄는 사람의 가치에 대한 사회적 평가를 의미하는 외부적 명예를 보호법익으로 하는 범죄로서, 모욕죄에서 말하는 모욕이란 사실을 적시하지 아니하고 사람의 사회적 평가를 저하시킬 만한 추상적 판단이나 경멸적 감정을 표현하는 것을 의미한다. 따라서 어떠한 표현이 상대방의 인격적 가치에 대한 사회적 평가를 저하시킬 만한 것이 아니라면 설령 그 표현이 다소 무례한 방법으로 표시되었다 하더라도 이를 두고 모욕죄의 구성요건에 해당한다고 볼 수 없다.

[2] 언어적 수단이 아닌 비언어적·시각적 수단만을 사용한 표현이라도 사람의 사회적 평가를 저하시킬 만한 추상적 판단이나 경멸적 감정을 전달하는 것인 경우, 모욕죄가 성립하는지 여부(적극)

모욕의 수단과 방법에는 제한이 없으므로 언어적 수단이 아닌 비언어적·시각적 수단만을 사용하여 표현을 하더라도 그것이 사람의 사회적 평가를 저하시킬 만한 추상적 판단이나 경멸적 감정을 전달하는 것이라면 모욕죄가 성립한다. 최근 영상 편집·합성 기술이 발전함에 따라 합성 사진 등을 이용한 모욕 범행의 가능성이 높아지고 있고, 시각적 수단만을 사용한 모욕이라 하더라도 그 행위로 인하

여 피해자가 입는 피해나 범행의 가벌성 정도는 언어적 수단을 사용한 경우와 비교하여 차이가 없다.

[3] 피고인이 자신의 유튜브 채널에 甲의 방송 영상을 게시하면서 甲의 얼굴에 '개' 얼굴을 합성하는 방법으로 甲을 모욕하였다는 내용으로 기소된 사안

원심판단 중 피고인이 甲을 '개'로 지칭하지는 않은 점 및 효과음, 자막을 사용하지 않았다는 사정을 무죄의 근거로 든 것은 적절하지 않으나, 영상의 전체적인 내용을 살펴볼 때, 피고인이 甲의 얼굴을 가리는 용도로 동물 그림을 사용하면서 甲에 대한 부정적인 감정을 다소 해학적으로 표현하려 한 것에 불과하다고 볼 여지도 상당하므로, 해당 영상이 甲을 불쾌하게 할 수 있는 표현이기는 하지만 객관적으로 甲의 인격적 가치에 대한 사회적 평가를 저하시킬 만한 모욕적 표현을 한 경우에 해당한다고 단정하기 어렵다는 취지에서 공소사실을 무죄로 판단한 것은 수긍할 수 있다.(대법원 2023. 2. 2., 선고, 2022도4719, 판결)

■ 판례 ■ **임대아파트의 분양전환과 관련하여 임차인인 甲이 아파트 관리사무소의 방송시설을 이용하여 임차인대표회의의 전임회장 乙을 비판하며 "전 회장의 개인적인 의사에 의하여 주택공사의 일방적인 견해에 놀아나고 있기 때문에"라고 말한 경우**

[1] 모욕죄에서 말하는 '모욕'의 의미

모욕죄에서 말하는 '모욕'이란 사실을 적시하지 아니하고 사람의 사회적 평가를 저하시킬 만한 추상적 판단이나 경멸적 감정을 표현하는 것이다.

[2] "전 회장의 개인적인 의사에 의하여 주택공사의 일방적인 견해에 놀아나고 있기 때문에"라고 한 표현이 모욕죄의 '모욕'에 해당하는지 여부(소극)

전임회장이 주택공사와 유착되어 주민들의 이익을 외면한 채 부당한 개인적 이익을 취하고 있는 것처럼 오인받을 수 있는 내용이라고 판단한 것은 원심판시의 전후 사정을 고려하더라도 그 문언의 객관적 의미를 넘어서는 것으로서 받아들이기 어렵다. 다만, 그 부분 홍보문안에서 전임회장이 주민들의 의견을 반영·관철하지 못한 데 대한 부당성을 지적하고 있으나, 이는 새로운 임차인대표회의를 구성하게 된 일반적 배경과 그 당위성을 강조하기 위하여 사회적으로 용납할 수 있는 비판을 가한 것으로서, 직접적으로 전임회장을 겨냥하여 그의 사회적 평가를 저하시킬 만한 추상적 판단이나 그에 대한 경멸적 감정을 표현한 것으로 보기 어렵다(대법원 2008.12.11. 선고 2008도8917 판결).

■ 판례 ■ **임대아파트의 분양전환과 관련하여 임차인인 甲이 아파트 관리사무소의 방송시설을 이용하여 임차인대표회의의 전임회장 乙을 비판하며 "전 회장의 개인적인 의사에 의하여 주택공사의 일방적인 견해에 놀아나고 있기 때문에"라고 말한 경우**

전임회장이 주택공사와 유착되어 주민들의 이익을 외면한 채 부당한 개인적 이익을 취하고 있는 것처럼 오인받을 수 있는 내용이라고 판단한 것은 원심판시의 전후 사정을 고려하더라도 그 문언의 객관적 의미를 넘어서는 것으로서 받아들이기 어렵다. 다만, 그 부분 홍보문안에서 전임회장이 주민들의 의견을 반영·관철하지 못한 데 대한 부당성을 지적하고 있으나, 이는 새로운 임차인대표회의를 구성하게 된 일반적 배경과 그 당위성을 강조하기 위하여 사회적으로 용납할 수 있는 비판을 가한 것으로서, 직접적으로 전임회장을 겨냥하여 그의 사회적 평가를 저하시킬 만한 추상적 판단이나 그에 대한 경멸적 감정을 표현한 것으로 보기 어렵다(대법원 2008.12.11. 선고 2008도8917 판결).

■ 판례 ■ **다소 무례한 방법으로 표시된 경우, 모욕죄 구성요건에 해당하는지 여부**

[1] 상대방의 인격적 가치에 대한 사회적 평가를 저하시킬 만한 것이 아닌 표현이 다소 무례한 방법으로

표시된 경우, 모욕죄 구성요건에 해당하는지 여부(소극)

형법 제311조의 모욕죄는 사람의 가치에 대한 사회적 평가를 의미하는 외부적 명예를 보호법익으로 하는 범죄로서, 모욕죄에서 말하는 모욕이란 사실을 적시하지 아니하고 사람의 사회적 평가를 저하시킬 만한 추상적 판단이나 경멸적 감정을 표현하는 것을 의미한다. 따라서 어떠한 표현이 상대방의 인격적 가치에 대한 사회적 평가를 저하시킬 만한 것이 아니라면 표현이 다소 무례한 방법으로 표시되었다 하더라도 모욕죄의 구성요건에 해당한다고 볼 수 없다.

[2] 상대방을 불쾌하게 할 수 있는 무례하고 저속한 표현이기는 하지만 객관적으로 갑의 인격적 가치에 대한 사회적 평가를 저하시킬 만한 모욕적 언사에 해당하지 않는다고 한 사례

아파트 입주자대표회의 감사인 피고인이 관리소장 갑의 외부특별감사에 관한 업무처리에 항의하기 위해 관리소장실을 방문한 자리에서 갑과 언쟁을 하다가 "야, 이따위로 일할래.", "나이 처먹은 게 무슨 자랑이냐." 라고 말한 사안에서, 피고인과 갑의 관계, 피고인이 발언을 하게 된 경위와 발언의 횟수, 발언의 의미와 전체적인 맥락, 발언을 한 장소와 발언 전후의 정황 등에 비추어 볼 때, 피고인의 발언은 상대방을 불쾌하게 할 수 있는 무례하고 저속한 표현이기는 하지만 객관적으로 갑의 인격적 가치에 대한 사회적 평가를 저하시킬 만한 모욕적 언사에 해당하지 않는다(대법원 2015.09.10. 선고 2015도2229 판결).

■ 판례 ■ 피고인이 개인 인터넷 블로그에 甲을 사진작가로 소개하는 과정에서 甲과 말다툼을 하게 되었는데, 甲의 반응에 화가 나 위 블로그에 甲에게서 받은 쪽지의 내용인 '전화질이 뭔가 말을 조심해야지' 라는 제목으로 글을 게시하고, 그 후 글 제목을 '내가 제일 싫어하는 사람들' 로 바꾸고 내용을 일부 수정하여 재차 게시함으로써 甲을 모욕하였다는 내용으로 기소된 사안

피고인은 甲과의 말다툼 과정에서 화가 나 사건 경위와 내용을 알리면서 자신의 입장을 해명하기 위하여 글을 올린 것이었고, 그 후 글 제목을 수정하면서 글 내용이 피해자를 특정하지 않도록 지칭 대상을 일부 변경하였으며, 그 표현은 다분히 개인적 감정이나 평가·의견을 나타낸 것으로 보이는 점, 게시물들의 전체적 취지는 피고인과 甲이 다투게 된 경위를 설명하고 그에 대해 甲이 취한 행위를 적시한 것인데, 그와 관련하여 피고인이 甲과 주고받은 쪽지 등을 그대로 공개함으로써 읽는 사람들로 하여금 甲의 행위에 대해 객관적 판단을 할 수 있도록 한 점 등을 종합할 때, 피고인이 일부 모욕적 표현으로 볼 수 있는 글을 게시판에 기재하였더라도 甲과 온라인상에서 말다툼을 하는 과정에서 감정이나 평가, 甲이 취한 행동 등에 대한 의견을 밝히고, 그 타당함을 강조하는 과정에서 일부 부적절한 표현을 사용한 것에 불과하여 사회상규에 위배되지 않는다는 이유로 무죄를 선고한 사례.(대전지법 2015.2.12. 선고, 2014노2096 판결)

■ 판례 ■ 집단표시에 의한 모욕이 집단 구성원 개개인에 대한 모욕죄를 구성하는 경우 및 판단 기준

모욕죄는 특정한 사람 또는 인격을 보유하는 단체에 대하여 사회적 평가를 저하시킬 만한 경멸적 감정을 표현함으로써 성립하므로 그 피해자는 특정되어야 한다. 그리고 이른바 집단표시에 의한 모욕은, 모욕의 내용이 집단에 속한 특정인에 대한 것이라고는 해석되기 힘들고, 집단표시에 의한 비난이 개별구성원에 이르러서는 비난의 정도가 희석되어 구성원 개개인의 사회적 평가에 영향을 미칠 정도에 이르지 아니한 경우에는 구성원 개개인에 대한 모욕이 성립되지 않는다고 봄이 원칙이고, 비난의 정도가 희석되지 않아 구성원 개개인의 사회적 평가를 저하시킬 만한 것으로 평가될 경우에는 예외적으로 구성원 개개인에 대한 모욕이 성립할 수 있다. 한편 구성원 개개인에 대한 것으로 여겨질 정도로 구성원 수가 적거나 당시의 주위 정황 등으로 보아 집단 내 개별구성원을 지칭

하는 것으로 여겨질 수 있는 때에는 집단 내 개별구성원이 피해자로서 특정된다고 보아야 할 것인데, 구체적인 기준으로는 집단의 크기, 집단의 성격과 집단 내에서의 피해자의 지위 등을 들 수 있다.(대법원 2014.03.27. 선고 2011도15631 판결)

■ 판례 ■　　甲 주식회사 해고자 신분으로 노동조합 사무장직을 맡아 노조활동을 하는 피고인이 노사 관계자 140여 명이 있는 가운데 큰 소리로 피고인보다 15세 연장자로서 甲 회사 부사장인 乙을 향해 "야 ○○아, ○○이 여기 있네, 니 이름이 ○○이잖아, ○○아 나오니까 좋지?" 등으로 여러 차례 乙의 이름을 불러 乙을 모욕한 경우

　甲 회사는 노사분규로 노조와 사용자가 극심한 대립을 겪고 있고, 그러한 과정에서 사용자 측의 부당노동행위가 사실로 확인되는 등 노사간 갈등이 격화된 점, 乙은 사용자 측 교섭위원들과 노사교섭을 하였다가 노조 간부 丙이 乙에게 욕설을 하여 교섭이 결렬되었고, 그 후 노사 양측이 교섭을 이어나갔으나 피고인과 丙이 乙에게 다시 욕설을 하여 노사교섭이 파행된 점, 乙 등을 비롯한 관리자 40여 명이 시설관리권 행사 명목으로 노조가 설치한 미승인 게시물을 철거하기 위하여 모이자, 이를 제지하기 위해 노조 조합원 100여 명이 모여 서로 대치하였는데, 피고인은 사용자 측의 게시물 철거행위가 노조활동을 방해하고 노동운동에 대해 간섭하는 것으로 여겨 화가 나 위와 같이 말하였던 점 및 피고인과 乙의 관계, 피고인이 이러한 발언을 하게 된 경위, 발언의 의미와 전체적인 맥락, 발언을 한 장소와 발언 전후의 정황을 종합하면, 피고인의 위 발언은 상대방을 불쾌하게 할 수 있는 무례하고 예의에 벗어난 표현이기는 하지만 객관적으로 乙의 인격적 가치에 대한 사회적 평가를 저하시킬 만한 모욕적 언사에 해당한다고 보기 어렵다는 이유로, 이와 달리 본 원심판단에 형법상 모욕의 의미에 관한 법리를 오해한 잘못이 있다.(대법원 2018. 11. 29. 선고, 2017도2661, 판결)

■ 판례사례 ■　[모욕에 해당하는 사례]

> (1) "빨갱이 계집 년, 만신, 첩년"라고 한 경우(대법원 1981.11.24. 선고 81도2280 판결)
> (2) "부모가 그런 식이니 자식도 그런 것이다"라고 한 경우(대법원 2007.2.22. 선고 2006도8915 판결)
> (3) 사람이 있는 자리에서 상대방에게 "애꾸눈, 병신"이라고 말한 경우(대법원 1994.10.25. 선고 94도1770 판결)
> (4) 동네사람 4명과 구청직원 2명이 있는 앞에서 "저 망할 년 저기 오네"라고 한 경우(대법원 1990. 9.25. 선고 90도873 판결)
> (5) 아무것도 아닌 똥고다리 같은 놈이 잘 운영되어 가는 어촌계를 파괴하려 하려 한다고 한 경우(대법원 1989.3.14. 선고 88도1397 판결)

(3) 기수시기

피해자의 외적명예를 저하시킬만한 추상적 판단을 표시한 때 기수(추상적 위험범)

3. 주관적 구성요건

공연히 사람을 모욕한다는 것에 대한 인식·인용이 있을 것

4. 위법성

○ 본죄에는 제310조가 적용되지 않는다.

▪ 판례 ▪ 피고인이 방송국 홈페이지의 시청자 의견란에 작성·게시한 글 중 일부의 표현이 모욕적 언사인 경우

[1] 사실관계

甲은 MBC 방송 프로그램에서 교사인 乙녀를 대상으로 방영한 프로그램을 시청한 후, 프로그램이 乙녀의 입장에 선 편파적인 방송이라는 이유로 MBC홈페이지에 접속하여 시청자 의견란에 "선생님 대단하십니다", "학교 선생님이 불법주차에 그렇게 소중한 자식을 놓고 내리시다니…이렇게 소중한 자식을 범법행위의 변명의 방패로 쓰시다니 정말 대단하십니다. 한가지 더 견인을 우려해 아이를 두고 내리신 건 아닌지…"라는 글을 작성 게시하였다.

[2] 판결요지

"그렇게 소중한 자식을 범법행위의 변명의 방패로 쓰시다니 정말 대단하십니다."는 등의 표현은 그 게시글 전체를 두고 보더라도, 그 출연자인 피해자에 대한 사회적 평가를 훼손할 만한 모욕적 언사이나 피고인이 작성 게시한 글 중 일부의 표현은 이미 방송된 프로그램에 나타난 기본적인 사실을 전제로 한 뒤, 그 사실관계나 이를 둘러싼 문제에 관한 자신의 판단과 나아가 이러한 경우에 피해자가 취한 태도와 주장한 내용이 합당한가 하는 점에 대하여 자신의 의견을 개진하고, 피해자에게 자신의 의견에 대한 반박이나 반론을 구하면서, 자신의 판단과 의견의 타당함을 강조하는 과정에서 부분적으로 그와 같은 표현을 사용한 것으로서 사회상규에 위배되지 않는다고 봄이 상당하다(대법원 2003.11.28. 선고 2003도3972 판결).

[3] 동지판례

골프클럽 경기보조원들의 구직편의를 위해 제작된 인터넷 사이트 내 회원 게시판에 특정 골프클럽의 운영상 불합리성을 비난하는 글을 게시하면서 위 클럽담당자에 대하여 한심하고 불쌍한 인간이라는 등 경멸적 표현을 한 경우, 게시의 동기와 경위, 모욕적 표현의 정도와 비중 등에 비추어 사회상규에 위배되지 않는다(대법원 2008.7.10. 선고 2008도1433 판결).

▪ 판례 ▪ 인터넷 신문사 소속 기자 甲이 작성한 기사가 인터넷 포털 사이트의 '핫이슈' 난에 게재되자, 피고인이 "이런걸 기레기라고 하죠?"라는 댓글을 게시함으로써 공연히 甲을 모욕하였다는 내용으로 기소된 사안

자동차 정보 관련 인터넷 신문사 소속 기자 甲이 작성한 기사가 인터넷 포털 사이트의 자동차 뉴스 '핫이슈' 난에 게재되자, 피고인이 "이런걸 기레기라고 하죠?"라는 댓글을 게시함으로써 공연히 甲을 모욕하였다는 내용으로 기소된 사안에서, '기레기'는 기자인 甲의 사회적 평가를 저하시킬 만한 추상적 판단이나 경멸적 감정을 표현한, 모욕적 표현에 해당하나, 피고인은 기사를 본 독자들이 자신의 의견을 자유롭게 펼칠 수 있도록 마련된 '네티즌 댓글' 난에 위 댓글을 게시한 점, 위 기사는 특정 제조사 자동차 부품의 안전성에 대한 논란이 많은 가운데 이를 옹호하는 제목으로 게시되었는데, 위 기사가 게재되기 직전 다른 언론사에서 이와 관련한 부정적인 내용을 방송하였고, 위 기사를 읽은 상당수의 독자들은 위와 같은 방송 내용 등을 근거로 위 기사의 제목과 내용, 이를 작성한 甲의 행위나 태도를 비판하는 의견이 담긴 댓글을 게시하였으므로 이러한 의견은 어느 정도 객관적으로 타당성 있는 사정에 기초한 것으로 볼 수 있는 점, 위 댓글의 내용, 작성 시기와 위치, 위 댓글 전후로 게시된 다른 댓글의 내용과 흐름 등에 비추어 볼 때, 위 댓글은 그 전후에 게시된 다른 댓글들과 같은 견지에서 방송 내용 등을 근거로 위 기사의 제목과 내용, 이를 작성한 甲의 행

위나 태도를 비판하는 의견을 강조하거나 압축하여 표현한 것이라고 평가할 수 있고, '기레기'는 기사 및 기자의 행태를 비판하는 글에서 비교적 폭넓게 사용되는 단어이며, 위 기사에 대한 다른 댓글들의 논조 및 내용과 비교할 때 댓글의 표현이 지나치게 악의적이라고 하기도 어려운 점을 종합하면, 위 댓글을 작성한 행위는 사회상규에 위배되지 않는 행위로서 형법 제20조에 의하여 위법성이 조각된다.(대법원 2021. 3. 25., 선고, 2017도17643, 판결)

5. 소추조건

본죄는 친고죄로 고소가 있어야 공소를 제기할 수 있다(제312조 제1항).

6. 죄 수

○ 단순모욕행위와 사실적시 명예훼손행위가 하나의 행위에 포함되어 있는 경우 ⇨ 명예훼손죄만이 성립
○ 한 문서에 의해 여러 사람을 모욕한 경우 ⇨ 상상적 경합
○ 사람에게 폭행을 가하여 경멸의 의사를 표시한 경우 ⇨ 폭행죄와 모욕죄의 상상적 경합

◖ Ⅱ. 범죄사실기재 및 신문사항

[기재례1] 동네 사람들 앞에서 미친년이라고 욕한 경우

1) 범죄사실 기재례

피의자는 20○○. ○. ○. ○○:○○경 ○○에서 피해자 홍길녀가 평소 자기를 욕하고 다닌다는 이유로 정말자등 동네사람 10여명이 있는 자리에서 "미친년이 뭐가 잘났다고 나를 욕하고 다니느냐, 그렇게 욕하고 다니는 너는 미친개나 다름없다"라고 큰 소리로 말하여 공연히 피해자를 모욕하였다.

2) 적용법조 : 제311조 … 공소시효 5년

3) 신문사항

− 피의자는 고소인 ○○○을 알고 있는가
− 고소인에게 모욕적인 말을 한 일이 있는가
− 피의자는 고소인에게 "○○○은 미친놈이라서"라고 말한 사실이 있는가.
− 언제 어디서 그런 말을 하였나
− 그러한 말을 하였을 때 주변에 누가 있었나
− 왜 그런 말을 하였나
− 고소인과 합의하였나

[기재례2] MBC 홈페이지에 모욕적 내용 게재

1) 범죄사실 기재례

피의자는 20○○. ○. ○. ○○:○○경 ○○에 있는 리버풀 호프집에서, 같은 날 MBC 방송 '우리시대' 라는 프로그램에서 피해자(교사)를 대상으로 하여 방영한 '엄마의 외로운 싸움'을 시청한 직후 위 프로그램이 위 피해자의 입장에서 편파적으로 방송하였다는 이유로 그 곳에 설치된 컴퓨터를 이용하여 MBC 홈페이지(http://www.imbc.com)에 접속하여 위 '우리시대' 프로그램 시청자 의견란에 불특정 다수인이 볼 수 있도록 "오선생님 대단하십니다", "학교 선생님이 불법주차에 그렇게 소중한 자식을 두고 내리시다니. 그렇게 소중한 자식을 범법행위의 변명의 방패로 쓰시다니 정말 대단하십니다. 한 가지 더 견인을 우려해 아이를 두고 내리신 건 아닌지...."라는 글을 작성·게시하였다.

이로써 피의자는 공연히 피해자를 모욕하였다.

2) 적용법조 : 제311조 … 공소시효 5년

[기재례3] 신체적인 특징을 지칭하면서 경멸적인 언행

1) 범죄사실 기재례

피의자는 20○○. ○. ○.부터 20○○. ○. ○.까지 사이에 ○○에 있는 ○○전문병원 행정실장으로 근무하던 사람이다.

피의자는 20○○. ○. ○. 10:30경 위 병원 1층 로비에서, 위 병원 간호과장 ○○○, 사무장 ○○○, 간호사 ○○○이 있는 장소에서 위 병원 간병인인 피해자 홍길동에게 "뚱뚱해서 돼지 같은 것이 자기 몸도 이기지 못한 것이 무슨 남을 돌보는가, 자기도 환자이면서 지도 치료 받지 않으면 죽는다." 라고 말하여 공연히 피해자를 모욕하였다.

2) 적용법조 : 제311조 … 공소시효 5년

[기재례4] 신고 출동 경찰관에게 모욕

1) 범죄사실 기재례

피의자는 20○○. ○. ○. ○○:○○경 ○○에 있는 ○○ 피시방 지하주차장 입구에서 피의자 소유의 쏘나타 승용차가 불법 주차되었다는 112신고를 받고 출동한 ○○경찰서 ○○지구대 소속 경감 방철호가 차를 빼달라고 하였다는 이유로 피해자에게 "노래방 하는 건물 주인한테 술을 얻어먹고 돈을 받았겠구나, 그러니까 차를 빼달라고 하지" 라고 말하여 홍길동 등 동네 주민 4~5명이 있는 가운데 공연히 피해자를 모욕하였다.

2) 적용법조 : 제311조 … 공소시효 5년

[기재례5] 인터넷 댓글난에 모욕적인 글 게재(정보통신망법)

1) 범죄사실 기재례

피의자는 20○○. ○. ○. 21:20경 아이디 ○○으로 로그인하여 인터넷 신문 ○○닷컴에 '○○'라는 제목의 기사를 읽고 댓글난에 "통일, 통일하지 마라! 통일에 책임지지도 못할 빨갱이들이 민족이니 통일이니 입에 붙이고 다닌다. 홍길동의 경우 사고 체계가 왜곡되어 있으니 정상적인 결혼 생활이 가능할 수 없다…"는 글을 게재하였다.

이로써 피의자는 공연히 피해자 홍길동을 모욕하였다.

2) 적용법조 : 제311조 … 공소시효 5년

3) 신문사항

- 인터넷 신문 ○○닷컴에 댓글을 올린 일이 있는가
- 피의자의 아이디는 무엇인가
- 언제 어떤 기사에 댓글을 올렸는가
- 어떤 내용의 기사였는가
- 누구에 대한 기사였는가
- 어떤 내용으로 댓글을 게재하였는가
- 왜 이런 댓글을 게재하게 되었나
- ○○닷컴은 누가 이용하는가
- 피의자가 이렇게 게재한 댓글은 접속만 하면 누구나 볼 수 있다는 것인가
- 피의자의 이런 행위로 피해자의 명예(모욕)가 훼손되었다 생각하지 않는가
- 왜 이런 행위를 하였나
- 피의자의 행위에 대해 어떻게 생각하는가

제1절 신용훼손

> 제313조(신용훼손) 허위의 사실을 유포하거나 기타 위계로써 사람의 신용을 훼손한 자는 5년 이하의 징
> 역 또는 1천500만원 이하의 벌금에 처한다.

 I . 구성요건

1. 객 체

사람의 신용

- ○ 신용의 주체로서 사람은 자연인은 물론 법인과 법인격 없는 단체를 포함한다.
- ○ 신용이란 사람의 지급능력과 지급의사에 대한 사회적 평가(개인의 경제활동에 직
  접 관련된 명예)를 말한다.

■ 판례 ■   **물건값에 대한 평가가 신용훼손에 해당하는지 여부(소극)**

신용훼손죄는 허위의 사실을 유포하거나 기타 위계로써 사람의 지불능력 또는 지불의사에 대한 타
인의 신뢰에 위해를 가하는 것이므로, 어느 사람의 점포의 물건 값이 유달리 비싸다고 말하였을 때
그 물건값에 대한 평가는 그 사람의 지불의사에 대한 사회적 신뢰를 훼손하는 것이라고 볼 수 없다
(대법원 1969.1.21. 선고 68도1660 판결).

2. 행 위

허위사실을 유포하거나 기타 위계로써 신용을 훼손하는 것

(1) 허위사실 유포

객관적 진실에 반하는 사실을 불특정인 또는 다수인에게 퍼뜨리는 행위

- ○ 전부허위든 일부허위든, 스스로 조작한 것이든 타인으로부터 들은 것이든 불문
  한다.
- ○ 1인에게 고지하더라도 불특정 또는 다수인에게 전파될 가능성이 있으면 유포가
  된다.

단순한 의견이나 가치판단의 표시가 신용훼손죄 소정의 허위사실의 유포에 해당하는지 여부(소극)

[1] 사실관계

> 甲은 계원 수명이 모인 자리에서 '계주인 乙녀는 집도 없고 남편도 없는 과부이며, 계주로서 계불입금을 모아서 도망가더라도 어느 한사람 책임지고 도와줄 사람 없는 알몸이다'라고 말하였다.

[2] 판결요지

형법상 신용훼손죄는 허위사실의 유포 기타 위계로써 사람의 신용을 훼손 할 것을 요하고, 여기서 허위사실의 유포라 함은 객관적으로 진실과 부합하지 않는 과거 또는 현재의 사실을 유포하는 것으로서(미래의 사실도 증거에 의한 입증이 가능할 때에는 여기의 사실에 포함된다고 할 것이다.) 피고인의 단순한 의견이나 가치판단을 표시하는 것은 이에 해당하지 않는다고 할 것이므로, 乙은 8년전부터 남편없이 3자녀를 데리고 생계를 꾸려왔을 뿐 아니라 피고인에 대한 다액의 채무를 담보하기 위해 동녀의 아파트와 가재도구까지를 피고인에게 제공한 사실이 인정되니 乙이 집도 남편도 없는 과부라고 말한 것이 허위사실이 될 수 없고 또 乙이 계주로서 계불입금을 모아서 도망가더라도 책임지고 도와줄 사람이 없다는 취지의 피고인의 말은 피고인의 乙에 대한 개인적 의견이나 평가를 진술한 것에 불과하여 허위사실의 유포라고 볼 수 없다(대법원 1983.2.8. 선고 82도2486 판결).

(2) 기타 위계

상대방의 착오 또는 부지를 이용하거나 기망·유혹의 방법으로 상대방을 착오에 빠뜨리는 일체의 행위

(3) 신용훼손

사람의 지불능력이나 지불의사에 대한 사회적 신뢰를 떨어뜨리는 것

■ 판례 ■ **퀵서비스 운영자인 甲이 배달업무를 하면서 손님의 불만이 예상되는 경우에는 평소 경쟁관계에 있는 乙운영의 퀵서비스 명의로 된 영수증을 작성·교부함으로써 손님들로 하여금 불친절하고 배달을 지연시킨 사업체가 乙운영의 퀵서비스인 것 처럼 인식시킨 경우**

퀵서비스의 주된 계약내용이 신속하고 친절한 배달이라 하더라도, 그와 같은 사정만으로 위 행위가 피해자의 경제적 신용, 즉 지급능력이나 지급의사에 대한 사회적 신뢰를 저해하는 행위에 해당한다고 보기는 어렵다(대법원 2011.5.13. 선고 2009도5549 판결).

(4) 기수 시기

신용이 현실적으로 훼손될 필요는 없고, 신용이 훼손될 위험발생으로 기수(추상적 위험범)

3. 주관적 구성요건

허위사실유포 또는 위계로서 특정인의 신용을 훼손한다는 점에 대한 인식과 의사가 있을 것

○ 허위사실을 진실한 사실로 오인하고 타인의 신용을 훼손한 경우에는 구성요건적 착오로 고의가 조각되고, 과실범의 처벌규정이 없으므로 불가벌이다.

4. 죄 수

○ 공연히 허위사실을 유포하여 신용과 명예를 훼손한 경우 ⇨ 신용훼손죄와 명예훼손죄의 상상적 경합(다수설)
○ 공연히 진실한 사실을 유포하여 신용과 명예를 훼손한 경우 ⇨ 명예훼손죄만 성립
○ 위계를 사용하여 명예와 신용을 훼손한 경우 ⇨ 신용훼손죄만 성립
○ 1개의 행위로 타인의 신용을 훼손함과 동시에 업무를 방해한 경우 ⇨ 신용훼손죄와 업무방해죄의 상상적 경합

● II. 범죄사실기재

1) 범죄사실 기재례

[기재례1] 허위사실유포 신용훼손

피의자는 20○○. ○. ○.경 판매점 맞은편인 ○○에서 ○○순정품을 판매하는 홍길동이 10% 저렴한 가격으로 부품을 판매하여 손님을 끌자 그것을 시기하여 상점 등에서 만나는 사람들에게 "홍길동이 10% 저렴하게 판매한 것은 부도를 막기 위한 마지막 발악이다. 홍길동은 개인적으로도 여러 곳에 빚투성이고 지금까지 장사도 잘 안돼서, 행사한다고 해도 일어서기 힘들 것이다"라고 하여, 홍길동이 많은 부채를 지고 있으며, 그의 판매점이 경제적으로 위기에 빠진 것처럼 허위의 사실을 유포하여 그의 신용을 훼손하였다.

[기재례2] 위계에 의한 신용훼손

피의자는 ○○에서 지역신문인 '○○타임스'를 편집·발행하고 있는 사람이다.
피의자는 20○○. ○. ○. 위 신문사 사무실에서 평소 광고 게재를 부탁하기 위해 ○○에 있는 ○○주식회사를 찾아갔으나 거절당한 일이 있어 위 회사의 신용을 떨어뜨리기 위해 같은 달 10일 위 신문 제○○호 제8면에 위 회사의 경영관리 부실을 들어 "○○회사 전무이사 등 중견간부 4명이 부정을 일으켜 횡령 사실이 판명되어 회사가 부도 위기에 처해 있으며 그 횡령액이 수억원에 이르러 곧 문을 닫게 될 지경이다"라는 내용의 허위사실을 게재한 위 신문 약 ○○매를 인쇄 발행하여 그 달 13일경 ○○에 사는 홍길동 등 ○○명에 발송하였다.
이로써 피의자는 위계로써 위 회사의 신용을 훼손하였다.

2) 적용법조 : 제313조 … 공소시효 7년

Ⅲ. 피해자 조사사항

- 피고소인과 어떤 관계인가
- 어떤 피해를 보았는가
- 언제 어디에서 신용을 훼손하였나
- 어떤 내용으로 신용훼손을 하였나
- 누구를 상대로 이런 말을 하였다는 것인가
- 무엇 때문에 그랬을까
- 그런 내용이 사실인가(사실일 경우에는 명예훼손)
- 피의자의 처벌을 원하는가

Ⅳ. 피의자 신문사항

- 피의자는 고소인 홍○○와 어떠한 관계인가
- 피의자는 현재 어디에서 어떠한 일을 하고 있나
- 고소인의 영업과 어떠한 관계가 있나
- 고소인의 신용을 훼손하는 말을 한 일이 있느냐
- 언제 어디에서 누구에게 하였느냐
- 구체적으로 뭐라고 하였느냐
- 왜 그러한 말을 하였느냐
- 실질적으로 고소인이 부도난다고 하던가
- 허위사실의 출처와 내용
- 위계를 사용했다면 위계의 방법과 내용·결과
- 피의자의 행위로 고소인은 어느 정도의 피해를 보았다고 생각하느냐

제2절 업무방해

> 제314조(업무방해) ① 제313조의 방법 또는 위력으로써 사람의 업무를 방해한 자는 5년 이하의 징역 또는 1천500만원 이하의 벌금에 처한다.

 Ⅰ. 구성요건

1. 객 체
사람의 업무

(1) 사 람
자연인 이외에 법인·법인격 없는 단체도 포함

(2) 업 무

(가) 의 의

■ 판례 ■ **업무방해죄의 보호대상이 되는 '업무'의 의미**

업무방해죄의 보호대상이 되는 '업무'라 함은 직업 또는 사회생활상의 지위에 기하여 계속적으로 종사하는 사무나 사업을 말하는 것으로, 이러한 주된 업무와 밀접불가분의 관계에 있는 부수적인 업무도 이에 포함된다.(대법원 2023. 9. 27. 선고 2023도9332 판결)

■ 판례 ■ **업무방해죄에 있어서 '업무' 및 '업무방해'의 의미**

업무방해죄에 있어서의 업무란 직업 또는 사회생활상의 지위에 기하여 계속적으로 종사하는 사무나 사업의 일체를 의미하고, 그 업무가 주된 것이든 부수적인 것이든 가리지 아니하며, 일회적인 사무라 하더라도 그 자체가 어느 정도 계속하여 행해지는 것이거나 혹은 그것이 직업 또는 사회생활상의 지위에서 계속적으로 행하여 온 본래의 업무수행과 밀접불가분의 관계에서 이루어진 경우에도 이에 해당한다 할 것이다(대법원 2005.4.15. 선고 2004도8701 판결).

(나) 내 용

1) 형법상 보호가치 있는 업무

■ 판례 ■ **회사 운영권의 양도·양수 합의의 존부 및 효력에 관한 다툼이 있는 상황에서 양수인이 비정상적으로 위 회사의 임원변경등기를 마친 경우**

[1] 업무방해죄의 보호대상이 되는 '업무'의 의미

형법상 업무방해죄의 보호대상이 되는 '업무'는 직업 또는 계속적으로 종사하는 사무나 사업으로서 일정 기간 사실상 평온하게 이루어져 사회적 활동의 기반이 되는 것을 말하며, 그 업무의 기초가 된 계약 또는 행정행위 등이 반드시 적법하여야 하는 것은 아니지만 타인의 위법한 행위에 의한 침해로부터 보호할 가치가 있는 것이어야 한다. 따라서 어떠한 업무의 양도·양수 여부를 둘러싸고 분쟁이 발생한 경우에 양수인의 업무에 대한 양도인의 업무방해죄가 인정되려면, 당해 업무에 관한 양도·양수합의의 존재가 인정되어야 함은 물론이고, 더 나아가 그 합의에 따라 당해 업무가 실제로 양수인에게 양도된 후 사실상 평온하게 이루어져 양수인의 사회적 활동의 기반이 됨으로써 타인, 특히 양도인의 위법한 행위에 의한 침해로부터 보호할 가치가 있는 업무라고 볼 수 있을 정도에 이르러야 한다.

[2] 회사 운영권의 양도·양수 합의의 존부 및 효력에 관한 다툼이 있는 상황에서 양수인이 비정상적으로 위 회사의 임원변경등기를 마친 것만으로는 회사 대표이사로서 정상적인 업무에 종사하기 시작하였다거나 그 업무가 양도인에 대한 관계에서 보호할 가치가 있는 정도에 이르렀다고 보기 어려워, 양도인의 침해행위가 양수인의 '업무'에 대한 업무방해죄를 구성하는 것으로 볼 수 없다 (대판2007.8.23. 2006도3687).

■ 판례 ■ **무자격자가 개설한 의료기관에 고용된 의료인의 진료업무가 업무방해죄의 보호대상이 되는 업무인지 여부가 문제된 사건**

[1] 의료인이나 의료법인이 아닌 자가 의료기관을 개설하여 운영하는 행위가 업무방해죄의 보호대상이 되는 업무에 해당하는지 여부(소극) / 무자격자에 의해 개설된 의료기관에 고용된 의료인의 진료 업무가 업무방해죄의 보호대상이 되는 업무인지 판단하는 기준

의료인이나 의료법인이 아닌 자가 의료기관을 개설하여 운영하는 행위는 업무방해죄의 보호대상이 되는 업무에 해당하지 않는다. 그러나 무자격자에 의해 개설된 의료기관에 고용된 의료인이 환자를 진료한다고 하여 그 진료행위 또한 당연히 반사회성을 띠는 행위라고 볼 수는 없다. 이때 의료인의 진료 업무가 업무방해죄의 보호대상이 되는 업무인지는 의료기관의 개설·운영 형태, 해당 의료기관에서 이루어지는 진료의 내용과 방식, 피고인의 행위로 인하여 방해되는 업무의 내용 등 사정을 종합적으로 고려하여 판단해야 한다.

[2] 의료인인 甲의 명의로 의료인이 아닌 乙이 개설하여 운영하는 丙 병원에서, 피고인이 11회에 걸쳐 큰소리를 지르거나 환자 진료 예약이 있는 甲을 붙잡고 있는 등의 방법으로 위력으로써 甲의 진료 업무를 방해하였다는 내용으로 기소된 사안

피고인의 행위와 당시의 주변 상황 등을 종합하면, 공소사실 전부 또는 그중 일부는 피고인이 甲의 환자에 대한 진료행위를 방해한 것으로 볼 여지가 있으므로, 피고인이 丙 병원의 일반적인 운영 외에 甲의 진료행위를 방해한 것인지에 대해 더 세밀하게 심리하여 업무방해죄 성립 여부를 판단하였어야 함에도, 원심이 丙 병원의 운영에 관한 업무는 업무방해죄의 보호대상이 되는 업무에 해당하지 않는다고 전제한 다음, 甲의 진료행위도 丙 병원의 운영에 관한 업무에 포함되어 별개의 보호가치 있는 업무로 볼 수 없다고 단정하여 공소사실을 무죄로 판단한 것에 업무방해죄의 업무에 관한 법리오해의 잘못이 있다.(대법원 2023. 3. 16., 선고, 2021도16482, 판결)

■ 판례 ■ **법원의 직무집행정지 가처분결정에 의하여 그 직무집행이 정지된 자가 법원의 결정에 반하여 직무를 수행함으로써 업무를 계속 행하는 경우**

가. 업무방해죄의 보호대상이 되는 '업무'의 의미

형법상 업무방해죄의 보호대상이 되는 '업무'는 그 업무의 기초가 된 계약 또는 행정행위 등이 반드시 적법하여야 하는 것은 아니며, 다만 어떤 사무나 활동 자체가 위법의 정도가 중하여 사회생활상 도저히 용인될 수 없는 정도로 반사회성을 띠는 경우에는 업무방해죄의 보호대상이 되는 '업무'에 해당한다고 볼 수 없다.

나. 업무방해죄의 성립여부

법원의 직무집행정지 가처분결정에 의하여 그 직무집행이 정지된 자가 법원의 결정에 반하여 직무

를 수행함으로써 업무를 계속 행하는 경우 그 업무는 국법질서와 재판의 존엄성을 무시하는 것으로서 사실상 평온하게 이루어지는 사회적 활동의 기반이 되는 것이라 할 수 없고, 비록 그 업무가 반사회성을 띠는 경우라고까지는 할 수 없다고 하더라도 법적 보호라는 측면에서는 그와 동등한 평가를 받을 수밖에 없으므로, 그 업무자체는 법의 보호를 받을 가치를 상실하였다고 하지 않을 수 없어 업무방해죄에서 말하는 업무에 해당하지 않는다(대법원 2002.8.23. 선고 2001도5592 판결).

■ 판례 ■ **공인중개사 아닌 사람이 영위하는 중개업이 업무방해죄의 보호대상이 되는지 여부**
(소극)

공인중개사 아닌 피해자가 자본을 투입하고 공인중개사인 피고인은 자격증을 제공하는 한편 이 사건 중개사무소에 직접 출근하여 부동산계약에 관한 최종서류를 검토하는 방법으로 동업하기로 약정한 후 피고인 명의로 중개사무소의 개설등록을 마쳤으나, 그 후 피해자는 위 약정과는 달리 피고인에게 부동산 서류를 최종확인하지 말고 피고인의 인감도장을 자신에게 맡길 것을 요청함에 따라 분쟁이 발생하여 피고인이 이 사건 중개사무소의 폐업신고를 하게 된 경우, 중개사무소의 운영에 관한 피고인과 피해자 사이의 동업관계는 피해자의 귀책사유로 종료되었다고 볼 수 있고, 공인중개사인 피고인이 동업관계의 종료로 이 사건 부동산중개업을 그만두기로 한 이상 공인중개사가 아닌 피해자의 중개업은 부동산중개업법에 의하여 금지된 행위로서 형사처벌의 대상이 되는 범죄행위에 해당하는 것으로 사회통념상 도저히 용인될 수 없는 정도로 반사회성을 띠는 경우에 해당하여 업무방해죄의 보호대상이 되는 업무라고 볼 수 없다(대법원 2007.1.12. 선고 2006도6599 판결).

■ 판례 ■ **의료인이나 의료법인이 아닌 자가 의료기관을 개설하여 운영하는 행위가 업무방해죄의 보호대상이 되는 '업무'에 해당하는지 여부(소극)**

의료인이나 의료법인이 아닌 자가 의료기관을 개설하여 운영하는 행위는 그 위법의 정도가 중하여 사회생활상 도저히 용인될 수 없는 정도로 반사회성을 띠고 있으므로 업무방해죄의 보호대상이 되는 '업무'에 해당하지 않는다(대법원 2001.11.30. 선고 2001도2015 판결).

■ 판례사례 ■ **[형법상 보호가치 있는 업무라고 할 수 없어 업무방해죄가 성립이 부정되는 사례]**

(1) 공인중개사인 甲이 자신의 명의로 등록되어 있으나 실제로는 공인중개사가 아닌 乙이 주도적으로 운영하는 형식으로 동업하여 중개사무소를 운영하다가 위 동업관계가 乙의 귀책사유로 종료되고 甲이 동업관계의 종료로 부동산중개업을 그만두기로 한 경우(대법원 2007.1.12. 선고 2006도6599 판결)

(2) 백화점 입주상인들이 영업을 하지 않고 매장 내에서 점거 농성만을 하면서 매장 내의 기존의 전기시설에 임의로 전선을 연결하여 각종 전열기구를 사용함으로써 화재위험이 높아 백화점 경영 회사의 대표이사가 부득이 단전조치를 취한 경우(대법원 1995.6.30. 선고 94도3136 판결)

(3) 甲은 乙의 父로부터 위임을 받아 수십년간 乙명의의 밭을 경작해오고 있는 바, 乙이 적법한 절차에 의하여 점유이전을 받지 못한 상태에서 밭을 자경하겠다는 내용의 내용증명우편을 甲에게 발송한 후 丙으로 하여금 밭갈이를 하게하자 甲이 이를 방해한 경우(대법원 1977.10.11. 선고 77도2502 판결)

(4) 의사인 乙은 의사가 아닌 丙의 병원 개설에 개입하여 A의원을 개원하고 함께 병원을 운영하여 왔는 바, 인근에서 같은 병원을 운영하고 있는 의사 甲이 위계 등의 방법으로 乙과 丙의 병원업무를 방해한 경우 ⇨ 甲 : 무죄, 乙·丙 : 의료법위반죄의 공동정범(대법원 2001.11.30. 선고 2001도2015 판결)

■ 판례 ■ **임대인의 승낙없이 전차한 전차인이 그 건물내에서 한 영업도 업무방해죄의 업무에 해당되는지 여부(적극)**

[1] 사실관계

> 甲으로부터 지하실을 임대하여 사용해오던 乙로 부터 甲의 승낙없이 동 지하실을 전차한 丙이 음식점업을 계속해오던 중 임대인 甲이 그 지하층의 열쇠를 새로 만들어 잠그고 그곳에 설치되어 있는 丙 소유의 의자, 탁자 등을 들어내었다.

[2] 판결요지

가. 업무방해죄의 보호대상이 되는 업무의 의미

업무방해죄의 보호대상이 되는 업무는 직업 또는 계속적으로 종사하는 사무나 사업을 말하는 것으로서 타인의 위법한 행위에 의한 침해로부터 보호할 가치가 있는 것이면 되고, 그 업무의 기초가 된 계약 또는 행정행위 등이 반드시 적법하여야 하는 것은 아니다(대법원 1995.6.30. 선고 94도3136 판결).

나. 甲의 죄책

건물의 전차인이 임대인의 승낙없이 전차하였다고 하더라도 전차인이 불법침탈등의 방법에 의하여 위 건물의 점유를 개시한 것이 아니고 그동안 평온하게 음식점등 영업을 하면서 점유를 계속하여 온 이상 위 전차인의 업무를 업무방해죄에 의하여 보호받지 못하는 권리라고 단정할 수 없다(대법원 1986.12.23. 선고 86도1372 판결). ☞ (甲은 업무방해죄)

■ 판례사례 ■ **[타인의 위법한 행위에 의한 침해로부터 보호할 가치가 있는 업무로 업무방해죄가 성립하는 사례]**

> (1) 농지개혁법상 무효인 농지 임대차계약에 기하여 농지를 점유, 경작하는 행위를 방해한 경우 (대법원 1980.11.25. 선고 79도1956 판결)
> (2) 乙이 유림대표 선출에 관한 규정에 위배하여 유림총회를 개최하자 甲 등이 마이크를 빼앗고 乙을 비방하면서 걸려 있는 현수막을 제거하고 회의장에 들어가려는 대의원들을 회의에 참석하지 못하게 하여 총회가 무기한 연기된 경우(대법원 1991.2.12. 선고 90도2501 판결)

2) 계속적 사무

계속적 사무일 것. 따라서 일회적인 사무는 본죄의 업무에 해당하지 않는다. 다만 1회만 행하여졌더라도 계속 수행할 의사였거나, 1회적인 사무라도 본래 업무와 밀접한 관련 있으면 업무성이 인정된다.

■ 판례 ■ **회사의 공장이전과 관련한 제반 업무가 업무방해죄에 의한 보호의 대상이 되는 업무에 해당하는지 여부(적극)**

가. 업무방해죄에 있어서 '업무' 및 '업무방해'의 의미

업무방해죄에 있어서의 업무란 직업 또는 사회생활상의 지위에 기하여 계속적으로 종사하는 사무나 사업의 일체를 의미하고, 그 업무가 주된 것이든 부수적인 것이든 가리지 아니하며, 일회적인 사무라 하더라도 그 자체가 어느 정도 계속하여 행해지는 것이거나 혹은 그것이 직업 또는 사회생활상의 지위에서 계속적으로 행하여 온 본래의 업무수행과 밀접불가분의 관계에서 이루어진 경우에도 이에 해당한다 할 것이며, 한편 업무방해죄의 업무방해는 널리 그 경영을 저해하는 경우에도 성립하는데, 업무로서 행해져 온 회사의 경영행위에는 그 목적 사업의 직접적인 수행뿐만 아니라 그 확장, 축소, 전환, 폐지 등의 행위도 정당한 경영권 행사의 일환으로서 이에 포함된다.

나. 甲의 죄책

회사가 사업장의 이전을 계획하고 그 이전을 전후하여 사업을 중단 없이 영위할 목적으로 이전에 따른 사업의 지속적인 수행방안, 새 사업장의 신축 및 가동개시와 구 사업장의 폐쇄 및 가동중단 등에 관한 일련의 경영상 계획의 일환으로서 시간적·절차적으로 일정기간의 소요가 예상되는 사업장 이전을 추진, 실시하는 행위는 그 자체로서 일정기간 계속성을 지닌 업무의 성격을 지니고 있을 뿐만 아니라 회사의 본래 업무인 목적 사업의 경영과 밀접불가분의 관계에서 그에 수반하여 이루어지는 것으로 볼 수 있으므로 이 점에서도 업무방해죄에 의한 보호의 대상이 되는 업무에 해당한다(대법원 2005.4.15. 선고 2004도8701 판결). ☞ (甲은 업무방해죄)

■ 판례 ■ **종중 정기총회를 주재하는 종중 회장의 의사진행업무가 업무방해죄에 의하여 보호되는 업무에 해당되는지 여부(적극)**

종중 정기총회를 주재하는 종중 회장의 의사진행업무 자체는 1회성을 갖는 것이라고 하더라도 그것이 종중 회장으로서의 사회적인 지위에서 계속적으로 행하여 온 종중 업무수행의 일환으로 행하여진 것이라면, 그와 같은 의사진행업무도 형법 제314조 소정의 업무방해죄에 의하여 보호되는 업무에 해당되고, 또 종중 회장의 위와 같은 업무는 종중원들에 대한 관계에서는 타인의 업무에 해당한다(대법원 1995.10.12. 선고 95도1589 판결).

■ 판례 ■ **지구당창당대회를 방해한 경우, 업무방해죄의 성립여부(적극)**

업무방해죄의 보호대상이 되는 업무라 함은 사람이 그 사회생활상의 지위에 기하여 계속적으로 종사하는 사무나 사업을 의미하고 이러한 주된 업무와 밀접불가분한 관계에 있는 부수적인 업무도 이에 포함되는 것이므로 통일민주당 지구당 창당대회는 지구당의 창당업무에 필수불가결한 부수적인 업무로서 1회적인 행사에 불과한 것이 아니므로 업무방해죄의 보호대상에 해당한다(대법원 1994.4.12. 선고 94도128 판결).

■ 판례 ■ **조업이 끝난 후 공장 정문의 개폐 등 관리사무가 업무방해죄에서 보호의 대상이 되는 업무에 해당하는지 여부(적극)**

주간에 있어서의 공장 조업이 끝났다고 하더라도 공장을 가동하여 섬유제품을 생산, 가공, 판매하는 회사 본래의 주된 영업활동을 원활하게 수행하기 위하여 위 회사는 공장건물 및 기자재 관리나 당직근무자 등을 통한 공장출입자에 대한 통제를 야간에도 계속해야 함은 물론 전체 회사 직원들의 출퇴근이 제대로 이루어질 수 있도록 공장 정문의 정상적인 개폐 등에도 만전을 기하여야 하는 것이며, 이러한 업무는 위 회사의 주된 업무와 밀접불가분의 관계에 있으면서 계속적으로 수행되어지는 회사의 부수적 업무라 할 것이므로 이는 업무방해죄에서 보호의 대상으로 삼고 있는 업무에 해당된다(대법원 1992.2. 11. 선고 91도1834 판결).

■ 판례 ■ **경비원이 상사의 명에 의하여 수행하는 그 직장의 업무를 방해한 경우, 업무방해죄의 성립여부(적극)**

경비원은 상사의 명령에 의하여 주로 경비업무등 노무를 제공하는 직분을 가지고 있는 것이므로 상사의 명에 의하여 그 직장의 업무를 수행한다면 설사 그 업무가 본조의 계속적인 직무권한에 속하지 아니한 일시적인 것이라 할지라도 본죄의 업무에 해당한다(대법원 1971.5.24. 선고 71도399 판결).

■ 판례 ■ **부작위에 의한 업무방해**

[1] 부작위에 의한 업무방해죄가 성립하기 위한 요건
업무방해죄와 같이 작위를 내용으로 하는 범죄를 부작위에 의하여 범하는 부진정 부작위범이 성립하기 위해서는 부작위를 실행행위로서의 작위와 동일시할 수 있어야 한다.

[2] 피고인이 甲과 토지 지상에 창고를 신축하는 데 필요한 형틀공사 계약을 체결한 후 그 공사를 완료하였는데, 甲이 공사대금을 주지 않는다는 이유로 위 토지에 쌓아 둔 건축자재를 치우지 않고 공사현장을 막는 방법으로 위력으로써 甲의 창고 신축 공사 업무를 방해하였다는 내용으로 기소된 사안
피고인이 일부러 건축자재를 甲의 토지 위에 쌓아 두어 공사현장을 막은 것이 아니라 당초 자신의 공사를 위해 쌓아 두었던 건축자재를 공사 완료 후 치우지 않은 것에 불과하므로, 비록 공사대금을 받을 목적으로 건축자재를 치우지 않았더라도, 피고인이 자신의 공사를 위하여 쌓아 두었던 건축자재를 공사 완료 후에 단순히 치우지 않은 행위가 위력으로써 甲의 추가 공사 업무를 방해하는 업무방해죄의 실행행위로서 甲의 업무에 대하여 하는 적극적인 방해행위와 동등한 형법적 가치를 가진다고 볼 수 없는데도, 이와 달리 보아 공소사실을 유죄로 인정한 원심판결에 부작위에 의한 업무방해죄의 성립에 관한 법리오해의 잘못이 있다.(대법원 2017. 12. 22., 선고, 2017도13211, 판결)

■ 판례사례 ■ **[사무의 계속성이 인정되지 아니하여 업무방해죄의 성립이 부정되는 사례]**

(1) 건물 임대인이 구청장의 조경공사 촉구지시에 따라 임대 건물 앞에서 1회적인 조경공사를 하는 데 불과한 경우에는 "업무"에 해당되지 않는다(대법원 1993.2.9. 선고 92도2929 판결).
(2) 비닐가공공장을 경영하는 자가 공장을 이전하는 업무는 성질상 새로운 비닐가공업무를 준비하기 위한 일시적인 사무는 될지언정 이를 비닐가공업무에 부수한 계속성을 지닌 업무라고는 말할 수 없어 위 이전업무를 방해한 행위는 업무방해죄에 해당하지 아니한다(대법원 1985.4.9. 선고 84도300 판결).
(3) 주주로서 주주총회에서 의결권 등을 행사하는 것은 주식의 보유자로서 그 자격에서 권리를 행사하는 것에 불과할 뿐 그것이 '직업 기타 사회생활상의 지위에 기하여 계속적으로 종사하는 사무 또는 사업'에 해당한다고 할 수 없다. 따라서 주식회사의 대표이사가 주주총회에서 위력으로 개인주주들의 발언권과 의결권을 방해한 경우 업무방해죄에 해당하지 아니한다(대법원 2004.10.28. 선고 2004도1256 판결).

3) 타인의 업무

업무방해죄의 행위의 객체는 타인의 업무이고, 여기서 타인이란 자연인과 법인, 법인격 없는 법인을 의미한다.

■ 판례 ■ **대학교가 업무방해죄에 있어서 업무의 주체가 될 수 있는지 여부(소극)**

가. 대학교가 업무방해죄에 있어서 업무의 주체가 될 수 있는지 여부(소극)
업무방해죄에 있어서의 행위의 객체는 타인의 업무이고, 여기서 타인이라 함은 범인 이외의 자연인

과 법인 및 법인격 없는 단체를 가리키므로, 법적 성질이 영조물에 불과한 대학교 자체는 업무방해죄에 있어서의 업무의 주체가 될 수 없다.

나. 甲의 죄책

대학 편입학업무의 주체는 대학교가 아닌 총장이고, 성적평가업무의 주체는 대학교가 아닌 담당교수라고 본 사례(대법원 1999.1.15. 선고 98도663 판결). ☞ (甲은 총장의 편입학업무방해죄, 다만 성적평가업무방해죄는 불성립)

2. 행 위

허위사실 유포 기타 위계·위력으로써 업무를 방해하는 것

(1) 허위사실 유포와 위계

객관적 사실과 다른 내용을 불특정 다수인에게 전파하는 것

1) 허위사실 유포

■ 판례 ■ **업무방해죄에 있어 허위사실 유포의 의미**

허위사실을 유포하는 방법에 의하여 타인의 업무를 방해함으로써 성립하는 업무방해죄에 있어, 허위사실을 유포한다고 함은 실제의 객관적 사실과 서로 다른 사항을 내용으로 하는 사실을 불특정 다수인에게 전파시키는 것을 말하고, 특히 이러한 경우 그 행위자에게 행위 당시 자신이 유포한 사실이 허위라는 점을 적극적으로 인식하였을 것을 요한다(대법원 1994.1.28. 선고 93도1278 판결).

■ 판례 ■ **업무방해죄에서 '허위사실의 유포'의 의미 / 유포한 대상이 사실인지 의견인지 판단하는 방법 및 의견표현과 사실 적시가 혼재되어 있는 경우 전체적으로 보아 허위사실을 유포하여 업무를 방해한 것인지 등을 판단해야 하는지 여부(적극) / 내용 전체의 취지에 비추어 중요한 부분이 객관적 사실과 합치되고 단지 세부적으로 약간의 차이가 있거나 다소 과장된 표현이 있는 정도에 지나지 않는 경우, 업무방해에 해당하는지 여부(소극)**

업무방해죄에서 '허위사실의 유포'란 객관적으로 진실과 부합하지 않는 사실을 유포하는 것으로서 단순한 의견이나 가치판단을 표시하는 것은 이에 해당하지 않는다. 유포한 대상이 사실과 의견 가운데 어느 것에 속하는지 판단할 때는 언어의 통상적 의미와 용법, 증명가능성, 문제 된 말이 사용된 문맥, 당시의 사회적 상황 등 전체적 정황을 고려해서 판단해야 한다. 의견표현과 사실 적시가 혼재되어 있는 경우에는 이를 전체적으로 보아 허위사실을 유포하여 업무를 방해한 것인지 등을 판단해야지, 의견표현과 사실 적시 부분을 분리하여 별개로 범죄의 성립 여부를 판단해서는 안 된다. 반드시 기본적 사실이 거짓이어야 하는 것은 아니고 비록 기본적 사실은 진실이더라도 이에 거짓이 덧붙여져 타인의 업무를 방해할 위험이 있는 경우도 업무방해에 해당한다. 그러나 그 내용 전체의 취지를 살펴볼 때 중요한 부분이 객관적 사실과 합치되고 단지 세부적으로 약간의 차이가 있거나 다소 과장된 표현이 있는 정도에 지나지 않아 타인의 업무를 방해할 위험이 없는 경우는 이에 해당하지 않는다.(대법원 2021. 9. 30., 선고, 2021도6634, 판결)

2) 위 계

■ 판례 ■ **신규직원 채용권한을 가지고 있는 지방공사 사장이 시험업무 담당자들에게 지시하**

여 상호 공모 내지 양해하에 시험성적조작 등의 부정한 행위를 한 경우, 위계에 의한 업무방해죄의 성립여부(소극)

[1] 구 지방공기업법 소정 공사의 신규직원 채용업무의 주체(공사)

업무방해죄에 있어서의 행위의 객체는 타인의 업무이고, 여기서 타인이라 함은 범인 이외의 자연인과 법인 및 법인격 없는 단체를 가리키는바, 구 지방공기업법(2002. 3. 25. 법률 제6665호로 개정되기 전의 것) 등의 규정에 의해 공사의 신규직원의 채용권한이 사장에게 귀속되어 있다고 하더라도, 사장이 그 규정에 따라 신규직원의 채용권한을 행사하는 것은 법인인 공사의 기관으로서의 지위에서 공사의 업무를 집행하는 것에 불과하므로, 신규직원 채용업무는 공사의 업무에 해당한다.

[2] 채용업무의 방해에 있어서의 위계의 의미

형법 제314조 제1항 소정의 위계에 의한 업무방해죄에 있어서의 '위계'라 함은 행위자의 행위목적을 달성하기 위하여 상대방에게 오인·착각 또는 부지를 일으키게 하여 이를 이용하는 것을 말하는바, 공사의 신규직원 채용권한을 갖고 있는 사장 및 입사시험업무 담당자들이 공모 내지 양해 하에 부정한 행위를 하였다면 법인인 공사에게 그 신규직원 채용업무와 관련하여 오인·착각 또는 부지를 일으키게 하였다고 볼 수는 없어, 그 부정행위가 곧 위계에 의한 업무방해죄에 있어서의 '위계'에 해당한다고 할 수 없다(대법원 2007.12.27. 선고 2005도6404 판결).

■ 판례 ■ 인터넷 자유게시판 등에 실제의 객관적인 사실을 게시하는 행위가 형법 제314조 제1항에 정한 위계에 의한 업무방해죄에 있어서의 '위계'에 해당하는지 여부(소극)

형법 제314조 제1항 소정의 위계에 의한 업무방해죄에 있어서의 '위계'라 함은 행위자의 행위목적을 달성하기 위하여 상대방에게 오인·착각 또는 부지를 일으키게 하여 이를 이용하는 것을 말하므로, 인터넷 자유게시판 등에 실제의 객관적인 사실을 게시하는 행위는, 설령 그로 인하여 피해자의 업무가 방해된다고 하더라도, 위 법조항 소정의 '위계'에 해당하지 않는다(대법원 2007.6.29. 선고 2006도3839 판결).

■ 판례 ■ 노동운동을 할 목적으로 자신의 신분을 숨긴 채 타인 명의로 허위의 학력, 경력을 기재한 이력서와 생활기록부 등을 제출하여 채용시험에 합격한 경우 업무방해죄의 성립여부(적극)

[1] 사실관계

甲은 노동운동을 하기 위하여 노동현장에 취업하고자 하나, 자신이 서울대학교 정치학과에 입학한 학력과 국가보안법위반죄의 처벌전력 때문에 쉽사리 입사할 수 없음을 알고, 타인의 명의로 허위의 학력과 경력을 기재한 이력서와 고등학교 생활기록부 등의 서류를 작성 제출하고 중학교 2, 3학년 수준의 객관식 문제와 '노사분규를 어떻게 생각하는가?'라는 주관식 문제 시험에 합격하여 입사하였다.

[2] 판결요지

회사가 공원모집을 함에 있어 학력, 경력을 기재한 이력서와 주민등록등본, 생활기록부및각서 등 서류를 교부받고, 응모자를 상대로 문제를 출제하여 시험을 보게 한 것은 단순히 응모자의 노동력을 평가하기 위한 것만이 아니라 노사간의 신뢰 형성및기업질서 유지를 위한 응모자의 지능과 경험, 교육 정도, 정직성 및 직장에 대한 적응도 등을 감안하여 위 회사의 근로자로서 고용할 만한 적격자인지 여부를 결정하기 위한 자료를 얻기 위함인 것으로 인정되는데 피고인이 노동운동을 하기 위하여 노동현장에 취업하고자 하나, 자신이 대학교에 입학한 학력과 국가보안법위반죄의 처벌 전력 때문에 쉽사리 입사할 수 없음을 알고, 타인 명의로 허위의 학력과 경력을 기재한 이력서를 작성하고, 동인의 고등학교 생활기록부 등 서류를 작성 제출하여 시험에 합격하였다면, 피고인은 위계에 의하여 위 회사의 근로자로서의 적격자를 채용하는 업무를 방해한 것이다(대법원 1992.6.9. 선고 91도2221 판결).

■ 판례사례 ■ [위계에 의한 업무방해죄가 성립하는 사례]

(1) 대학교 총장이 입학사정위원들에게 허위로 작성된 사정부에 따라 입학사정을 하게 한 경우(대법원 92도2555 판결)
(2) 피해자가 대표이사인 회사의 소방사업부장이 소속 직원들에게 허위의 사실을 유포하는 등의 방법을 사용하여 직원들로부터 사표를 제출받은 경우(대법원 2002.3.29. 선고 2000도3231 판결)
(3) 피고인이 서류배달업 회사가 고객으로부터 배달을 의뢰받은 서류의 포장 안에 특정 종교를 비방하는 내용의 전단을 위 회사 몰래 집어넣어 함께 배달되게 한 경우 ⇨ 서류배달업무 방해 (대법원 1999.5.14. 선고 98도3767 판결)
(4) 교수인 甲이 출제교수들로부터 대학원신입생전형시험문제를 제출받아 학생들에게 그 시험문제를 알려주자 그들이 답안쪽지를 작성한 다음 이를 답안지에 그대로 베껴써서 그 정을 모르는 시험감독관에게 제출한 경우(대법원 1991.11.12. 선고 91도2211 판결)
(5) 단순히 통계처리와 분석, 또는 외국자료의 번역과 타자만을 타인에게 의뢰한 것이 아니라 전체 논문의 초안작성을 의뢰하고, 그에 따라 작성된 논문의 내용에 약간의 수정만을 가하여 석사학위논문으로 제출한 경우(대법원 1996.7.30. 선고 94도2708 판결)

■ 판례 ■ **출제위원이 선정한 문제를 시험실시자에게 제출하기 전에 외부에 유출한 행위만으로 업무방해죄가 성립하는지 여부(소극)**

[1] 사실관계

고등학교 교사인 甲은 중간고사를 다른 교사와 함께 나누어 출제하기로 하였는데, 자신이 출제할 의도로 가지고 있던 문제 3~4개를 포함 다른 교사가 출제할 것으로 예상되는 문제 약 30개를 학원에 넘겨주어 학생에게 교습하게 하였다.

[2] 판결요지

가. 순수한 예상문제를 선정하여 수험생이나 그 교습자에게 주는 행위가 시험실시업무를 방해하는 행위인지 여부(소극)
객관적으로 보아 당해 출제교사가 출제할 것이라고 예측되는 순수한 예상문제를 선정하여 수험생이나 그 교습자에게 주는 행위를 가지고 시험실시업무를 방해하는 행위라고 할 수는 없다.

나. 출제위원이 선정한 문제를 시험실시자에게 제출하기 전에 외부에 유출한 행위만으로 업무방해죄가 성립하는지 여부(소극)
시험의 출제위원이 문제를 선정하여 시험실시자에게 제출하기 전에 이를 유출하였다고 하더라도 이러한 행위 자체는 위계를 사용하여 시험실시자의 업무를 방해하는 행위가 아니라 그 준비단계에 불과한 것이고, 그 후 그와 같이 유출된 문제가 시험실시자에게 제출되지도 아니하였다면 그러한 문제유출로 인하여 시험실시 업무가 방해될 추상적인 위험조차도 있다고 할 수 없으므로 업무방해죄가 성립한다고 할 수 없다(대법원 1999.12.10. 선고 99도3487 판결).

> 어장의 대표자였던 피고인이 어장측에 대한 허위의 채권을 주장하면서 후임대표자에게 그 인장을 인도하기를 거절함으로써 후임대표자가 만기도래한 어장소유의 수산업협동조합 예탁금을 인출하지 못하였고 어장소유 선박의 검사를 받지 못한 결과를 초래한 경우(대법원 1984.7.10. 선고 84도638 판결)

3) 허위신청과 위계

- 업무담당자가 사실을 충분히 확인하지 아니한 채 신청인이 제출한 허위의 신청사유나 허위의 소명자료를 믿고 이를 수용한 경우 ⇨ 업무담당자의 불충분한 심사에 기인한 것으로 위계에 의한 업무방해죄는 불성립(대법원 2008.6.26. 선고 2008도2537 판결)
- 업무담당자가 관계규정이 정한 바에 따라 그 요건의 존부에 관하여 나름대로 충분한 심사를 하였으나 허위임을 발견하지 못하여 그 신청을 수리하게 된 경우 ⇨ 신청인의 위계행위에 의하여 업무방해의 위험성이 발생된 것이어서 위계에 의한 업무방해죄가 성립

■ 판례 ■ **주한외국영사관에 비자발급을 신청함에 있어 신청인이 제출한 허위의 자료 등에 대하여 업무담당자가 충분히 심사하였으나 신청사유 및 소명자료가 허위임을 발견하지 못하여 그 신청을 수리하게 된 경우, 위계에 의한 업무방해죄가 성립하는지 여부(적극)**

[1] 사실관계

> 甲은 미국방문비자를 주한미국대사관 영사부에 신청함에 있어서 허위의 사실을 기재하여 신청서를 제출한 것에 그치지 않고, 그 소명을 위하여 허위로 작성한 서류를 제출하고 乙로 하여금 비자 면접 때 그에 맞추어 허위의 답변을 하도록 연습을 시켜 그와 같이 면접을 하게 하였다.

[2] 판결요지

주한외국영사관의 비자발급업무와 같이 상대방으로부터 신청을 받아 일정한 자격요건 등을 갖춘 경우에 한하여 그에 대한 수용 여부를 결정하는 업무에 있어서는 신청서에 기재된 사유가 사실과 부합하지 않을 수 있음을 전제로 하여 그 자격요건 등을 심사·판단하는 것이므로, 그 업무담당자가 사실을 충분히 확인하지 아니한 채 신청인이 제출한 허위의 신청사유나 허위의 소명자료를 가볍게 믿고 이를 수용하였다면 이는 업무담당자의 불충분한 심사에 기인한 것으로서 신청인의 위계가 업무방해의 위험성을 발생시켰다고 할 수 없어 위계에 의한 업무방해죄를 구성하지 않는다고 할 것이지만, 신청인이 업무담당자에게 허위의 주장을 하면서 이에 부합하는 허위의 소명자료를 첨부하여 제출한 경우 그 수리 여부를 결정하는 업무담당자가 관계 규정이 정한 바에 따라 그 요건의 존부에 관하여 나름대로 충분히 심사를 하였으나 신청사유 및 소명자료가 허위임을 발견하지 못하여 그 신청을 수리하게 될 정도에 이르렀다면 이는 업무담당자의 불충분한 심사가 아니라 신청인의 위계행위에 의하여 업무방해의 위험성이 발생된 것이어서 이에 대하여 위계에 의한 업무방해죄가 성립된다(대법원 2004.3.26. 선고 2003도7927 판결).

■ 판례 ■   개인택시 운송사업 양도·양수를 위하여 허위의 출원사유를 주장하면서 의사로부터 허위 진단서를 발급받아 이를 소명자료로 제출하여 행정관청으로부터 양도·양수 인가처분을 받은 경우, 위계에 의한 공무집행방해죄의 성립여부(적극)

[1] 사실관계

개인택시운전사 甲은 개인택시운송사업면허를 받은 지 5년이 경과되지 않아 이를 양도할 수 없자 1년 이상의 치료를 요하는 질병이 있는 것으로 가장하려고 질병이 있는 노숙자 乙를 양도인인 것처럼 위장하여 의사의 진료를 받고 이 진단서를 행정관청에 제출하여 양도인가처분을 받았다.

[2] 판결요지

그 정을 모르는 의사로부터 환자가 개인택시 운송사업의 양도인으로 된 허위의 진단서를 발급받아 행정관청에 개인택시 운송사업의 양도·양수 인가신청을 하면서 이를 소명자료로 제출하여 진단서의 기재 내용을 신뢰한 행정관청으로부터 인가처분을 받은 경우, 위계에 의한 공무집행방해죄가 성립한다(대법원 2002.9.4. 선고 2002도2064 판결).

[3] 비교판례 – 개인택시 운송사업면허신청서에 허위의 소명자료를 첨부한 경우

개인택시 운송사업면허 신청은 출원에 의한 행정관청의 일반적인 인·허가처분과 마찬가지로 행정관청이 면허요건에 해당하는 여부를 심리하여 면허 여부를 결정하는 것이고 그 신청서에 첨부된 소명자료가 진실한 것인지를 가리지않고 면허를 결정하는 것이 아니므로 그 면허신청서에 허위의 소명자료를 첨부한 소위는 위계에 의한 공무집행방해죄에 해당하지 않는다(대법원 1988.9.27. 선고 87도2174 판결).

■ 판례 ■   금융실명거래및비밀보장에관한긴급재정경제명령상의 실명전환에 관한 금융기관의 업무 내용 및 합의차명에 의한 실명전환행위의 업무방해죄 성부(소극)

[1] 사실관계

甲은 乙의 부탁을 받고 甲이 관리하고 있는 제3자 명의의 비실명예금을 실명전환해서 乙이 장기 저리로 사용하기로 하여, 정을 모르는 금융기관으로 하여금 甲명의로 실명전환을 하게하고 국세청에 이를 통보하게 하였다.

[2] 판결요지

금융실명거래및비밀보장에관한긴급재정경제명령의 목적과 관계 규정의 취지를 종합하여 보면, 기존 비실명자산의 거래자가 위 긴급명령의 시행에 따라 이를 실명전환하는 경우 금융기관으로서는 실명전환사무를 처리함에 있어서 거래통장과 거래인감 등을 소지하여 거래자라고 자칭하는 자의 명의가 실명인지 여부를 확인하여야 하고 또 그것으로써 금융기관으로서의 할 일을 다하는 것이라 할 것이고, 그가 과연 금융자산의 실질적인 권리자인지 여부를 조사·확인할 것까지는 없다고 할 것이므로, 실명전환사무를 처리하는 금융기관의 업무는 실명전환을 청구하는 자가 권리자의 외관을 가지고 있는지 여부를 확인하고 그의 명의가 위 긴급명령에서 정하고 있는 주민등록표상의 명의 등 실명인지 여부를 확인하는 것일 뿐이지, 나아가 그가 과연 금융자산의 실질적인 권리자인지 여부를 조사·확인하는 것까지 그 업무라고 할 수는 없다. 따라서 기존의 비실명예금을 합의차명에 의하여 명의대여자의 실명으로 전환한 행위는 위 긴급명령에 따른 금융기관의 실명전환에 관한 업무를 방해한 것이라 할 수 없다(대법원 1997.4.17. 선고 96도3377 전원합의체 판결).   ☞ (甲은 무죄)

[3] 비교판례 – 실명계좌의 원장을 조작한 경우

투자금융사 직원 甲이 전산기록상의 가명계좌원장을 삭제하고 CD 17매가 원래부터 乙의 실명계좌에 보관되어 있었던 것처럼 실명계좌의 원장을 조작한 경우, 이는 금융실명거래및비밀보장에관한긴급재정경제명령을 위반한 행위로 업무방해죄를 구성한다(대법원 1995.11.14. 선고 95도1729 판결).

(2) 위 력

사람의 의사를 제압할 만한 유형·무형의 세력을 이용하여 업무를 방해하는 것

■ 판례 ■ **특성화고등학교인 甲 고등학교의 교장인 피고인이 신입생 입학 사정회의 과정에서 면접위원인 피해자들에게 "참 선생님들이 말을 안 듣네. 중학교는 이 정도면 교장 선생님한테 권한을 줘서 끝내는데. 왜 그러는 거죠?" 등 특정 학생을 합격시키라는 취지의 발언을 하여 특정 학생의 면접 점수를 상향시켜 신입생으로 선발되도록 함으로써 위력으로 피해자들의 신입생 면접 업무를 방해하였다는 내용으로 기소된 사안**

사정회의는 초·중등교육법령 및 관할 교육감이 공고한 '고등학교 입학전형 기본계획'에 근거하여 신입생 전형관리를 위하여 구성된 학교입학전형위원회(이하 '전형위원회'라고 한다)로서, 전형위원장인 피고인뿐만 아니라 피해자들을 비롯한 위원들은 모두 최초 총점에 따른 순위에 구애받지 않고 사정회의를 통해 다양한 의견을 반영하여 최종 합격자를 결정하고 그에 따라 면접 점수가 조정될 수 있음을 양해하였던 것으로 보이고, 피해자들이 특정 학생의 면접 점수를 조정하기로 한 것은 피고인이 발언을 통해 어떠한 분위기를 조성한 영향이라기보다는 전형위원회 위원들이 사정회의에서 논의한 결과에 따른 것이라고 볼 여지가 있는 점, 피고인의 발언은 전형위원회 위원들 사이에 최종 합격자 결정을 위한 다양한 의견이 개진되면서 합격자를 결정하지 못하고 있던 상황에서 나온 것으로 보이는 점, 피고인의 발언이 입학전형에 관한 부정한 청탁에 기인하거나 그 밖의 부정한 목적 또는 의도에 따른 것이라고 볼 만한 사정이 없는 점 등에 비추어 피고인이 업무방해의 고의로 발언을 하였다고 보기도 어려운 점 등 제반 사정을 종합하면, 피고인은 학교 교장이자 전형위원회 위원장으로서 사정회의에 참석하여 자신의 의견을 밝힌 후 계속하여 논의가 길어지자 발언을 한 것인바, 그 발언에 다소 과도한 표현이 사용되었더라도 그것만으로 그 행위의 내용이나 수단이 사회통념상 허용할 수 없는 것이었다거나 피해자들의 자유의사를 제압하기에 충분한 위력을 행사하였다고 단정하기 어렵고, 그로 인하여 피해자들의 신입생 면접 업무가 방해될 위험이 발생하였다고 보기도 어렵다는 이유로, 이와 달리 보아 공소사실을 유죄로 인정한 원심판결에 업무방해죄의 성립에 관한 법리오해 및 심리미진의 잘못이 있다.(대법원 2023. 3. 30., 선고, 2019도7446, 판결)

■ 판례 ■ **대부업체 직원이 대출금을 회수하기 위하여 채무자의 휴대전화로 수백 회에 이르는 전화공세를 한 것이 업무방해죄를 구성하는지 여부(적극)**

가. 업무방해죄에 있어서 '위력'의 의미
업무방해죄에 있어서의 '위력'이란 사람의 자유의사를 제압·혼란케 할 만한 일체의 세력을 말하고, 유형적이든 무형적이든 묻지 아니하며, 폭행·협박은 물론 사회적, 경제적, 정치적 지위와 권세에 의한 압박 등을 포함한다고 할 것이고, 위력에 의해 현실적으로 피해자의 자유의사가 제압되는 것을 요하는 것은 아니다.

나. 甲의 죄책
대부업체 직원이 대출금을 회수하기 위하여 소액의 지연이자를 문제삼아 법적 조치를 거론하면서 소규모 간판업자인 채무자의 휴대전화로 수백 회에 이르는 전화공세를 한 것이 사회통념상 허용한

도를 벗어난 채권추심행위로서 채무자의 간판업 업무가 방해되는 결과를 초래할 위험이 있었다고 보아 업무방해죄를 구성한다(대법원 2005.5.27. 선고 2004도8447 판결).

■ 판례 ■ **쟁의행위로서 파업이 업무방해죄의 '위력'에 해당하는지 여부**

가. 쟁의행위로서 파업이 업무방해죄의 '위력'에 해당하는지 여부(한정 적극)

(가) 업무방해죄는 위계 또는 위력으로써 사람의 업무를 방해한 경우에 성립하며(형법 제314조 제1항), '위력'이란 사람의 자유의사를 제압·혼란케 할 만한 일체의 세력을 말한다. 쟁의행위로서 파업(노동조합 및 노동관계조정법 제2조 제6호)도, 단순히 근로계약에 따른 노무의 제공을 거부하는 부작위에 그치지 아니하고 이를 넘어서 사용자에게 압력을 가하여 근로자의 주장을 관철하고자 집단적으로 노무제공을 중단하는 실력행사이므로, 업무방해죄에서 말하는 위력에 해당하는 요소를 포함하고 있다.

(나) 근로자는 원칙적으로 헌법상 보장된 기본권으로서 근로조건 향상을 위한 자주적인 단결권·단체교섭권 및 단체행동권을 가지므로(헌법 제33조 제1항), 쟁의행위로서 파업이 언제나 업무방해죄에 해당하는 것으로 볼 것은 아니고, 전후 사정과 경위 등에 비추어 사용자가 예측할 수 없는 시기에 전격적으로 이루어져 사용자의 사업운영에 심대한 혼란 내지 막대한 손해를 초래하는 등으로 사용자의 사업계속에 관한 자유의사가 제압·혼란될 수 있다고 평가할 수 있는 경우에 비로소 집단적 노무제공의 거부가 위력에 해당하여 업무방해죄가 성립한다고 보는 것이 타당하다.

(다) 이와 달리, 근로자들이 집단적으로 근로의 제공을 거부하여 사용자의 정상적인 업무운영을 저해하고 손해를 발생하게 한 행위가 당연히 위력에 해당하는 것을 전제로 노동관계 법령에 따른 정당한 쟁의행위로서 위법성이 조각되는 경우가 아닌 한 업무방해죄를 구성한다는 취지로 판시한 대법원 1991. 4. 23. 선고 90도2771 판결, 대법원 1991. 11. 8. 선고 91도326 판결, 대법원 2004. 5. 27. 선고 2004도689 판결, 대법원 2006. 5. 12. 선고 2002도3450 판결, 대법원 2006. 5. 25. 선고 2002도5577 판결 등은 이 판결의 견해에 배치되는 범위 내에서 변경한다.

나. 업무방해죄의 성립여부

피고인을 비롯한 전국철도노동조합 집행부가 중앙노동위원회 위원장의 직권중재회부결정에도 불구하고 파업에 돌입할 것을 지시하여, 조합원들이 전국 사업장에 출근하지 아니한 채 업무를 거부하여 철도 운행이 중단되도록 함으로써 한국철도공사에 영업수익 손실과 대체인력 보상금 등 막대한 손해를 입힌 사안에서, 중앙노동위원회 위원장의 중재회부보류결정의 경위 및 내용, 노동조합의 총파업 결의 이후에도 노사 간에 단체교섭이 계속 진행되다가 최종적으로 결렬된 직후 위 직권중재회부결정이 내려진 점을 감안할 때, 한국철도공사로서는 노동조합이 필수공익사업장으로 파업이 허용되지 않는 사업장에서 구 노동조합 및 노동관계조정법(2006. 12. 30. 법률 제8158호로 개정되기 전의 것)상 직권중재회부 시 쟁의행위 금지규정 등을 위반하면서까지 파업을 강행하리라고는 예측할 수 없었다 할 것이고, 나아가 파업의 결과 수백 회에 이르는 열차 운행이 중단되어 한국철도공사의 사업운영에 예기치 않은 중대한 손해를 끼친 사정들에 비추어, 위 파업은 사용자의 자유의사를 제압·혼란케 할 만한 세력으로서 형법 제314조 제1항에서 정한 '위력'에 해당한다고 보기에 충분하다는 이유로, 같은 취지에서 피고인에 대한 업무방해의 공소사실을 유죄로 인정한 원심판결을 수긍한 사례. (대법원 2011.3.17. 선고 2007도482 전원합의체 판결)

■ 판례 ■ **학원에 관하여 휴원연장신고를 함으로써 피해자가 건물에 학원설립등록을 하지 못하도록 한 경우**

가. 업무방해죄에서 말하는 '위력'의 의미 및 위력에 해당하는지 여부의 판단 기준

업무방해죄의 '위력'이란 사람의 자유의사를 제압·혼란케 할 만한 일체의 세력으로, 유형적이든 무형적이든 묻지 아니하므로, 폭력·협박은 물론 사회적·경제적·정치적 지위와 권세에 의한 압박 등도 이에 포함되고, 현실적으로 피해자의 자유의사가 제압될 것을 요하는 것은 아니지만, 범인의 위세, 사람 수, 주위의 상황 등에 비추어 피해자의 자유의사를 제압하기 족한 세력을 의미하는 것으로서, 위력에 해당하는지는 범행의 일시·장소, 범행의 동기, 목적, 인원수, 세력의 태양, 업무의 종류, 피해자의 지위 등 제반 사정을 고려하여 객관적으로 판단하여야 한다.

나. 업무방해죄의 성립여부

피고인의 휴원연장신고와 을이 학원설립등록을 하지 못한 점 사이에 인과관계가 있다고 단정하기 어렵고, 피고인의 행위가 을의 자유의사를 제압·혼란케 할 정도의 위력에 해당한다고 보기 어렵다는 이유로, 피고인의 행위가 위력에 의한 업무방해죄를 구성한다고 본 원심판결에 법리를 오해한 위법이 있다고 한 사례

■ 판례사례 ■ **[위력에 의한 업무방해죄가 성립하는 사례]**

(1) 대표이사선임을 반대하는 자들이 임시주주총회에서 선임된 대표이사의 업무집행을 위한 회사 사무실 진입을 저지한 경우(대법원 1997.3.11. 선고 96도2801 판결)

(2) 피고인이 자신의 명의로 등록되어 있는 피해자 운영의 학원에 대하여 피해자의 승낙을 받지 아니하고 폐원신고를 한 경우(대법원 2005.3.25. 선고 2003도5004 판결)

(3) 임대인이 임차인의 물건을 임의로 철거·폐기할 수 있다는 임대차계약 조항에 따라 임대인이 임차인 점포의 간판을 철거하고 출입문을 봉쇄한 경우(대법원 2005.3.10. 선고 2004도341 판결)

(4) 피해자가 시장번영회를 상대로 잦은 진정을 하고 협조를 하지 않는다는 이유로 시장번영회 총회결의에 의하여 피해자 소유점포에 대하여 정당한 권한없이 단전조치를 한 경우(대법원 1983.11. 8. 선고 83도1798 판결)

(5) 한국소비자보호원을 비방할 목적으로 발표내용을 과장, 왜곡하고 발표에 들어 있지 아니한 내용을 삽입하는 등의 광고를 한 경우 ⇨ 출판물에 의한 명예훼손죄와 업무방해죄의 상상적 경합범(대법원 1993.4.13. 선고 92도3035 판결)

■ 판례사례 ■ **[위력에 의한 업무방해죄가 성립하지 아니하는 사례]**

(1) 백화점 입주상인들이 영업은 하지 않고 점거농성만을 하는 등 화재위험이 높아 단전조치를 한 경우(대법원 1995.6.30. 선고 94도3136 판결)

(2) 공사계약을 적법하게 해제한 도급인이 수급인이 스스로 공사를 중단한 상태에서 공사현장에 남아 있는 수급인 소유의 공사자재 등을 다른 곳에 옮긴 경우(대법원 1999.1.29. 선고 98도3240 판결)

(3) 계약갱신 및 체납관리비 상당액을 독려차 나온 사원에게 "너희들이 무엇인데 상인협의회에서 하는 일을 방해하며 협의회에서 돌리는 유인물을 압수하느냐 당장 해임시키겠다"고 한 경우(대법원 1983.10.11. 선고 82도2584 판결)

(4) 대하양식장에 관한 권리를 양도하고 그 대금일부를 받은 자가 잔대금의 지급관계를 둘러싸고 분규가 계속되자 양수인의 대하 포획행위를 중지시키기 위해 수문을 잠그고 손잡이를 창고에 보관시킨 경우(대법원 1994.4.12. 선고 93도2690 판결)

피고인이 甲과 토지 지상에 창고를 신축하는 데 필요한 형틀공사 계약을 체결한 후 그 공사를 완료하였는데, 甲이 공사대금을 주지 않는다는 이유로 위 토지에 쌓아 둔 건축자재를 치우지 않고 공사현장을 막는 방법으로 위력으로써 甲의 창고 신축 공사 업무를 방해하였다는 내용으로 기소된 사안

피고인이 일부러 건축자재를 甲의 토지 위에 쌓아 두어 공사현장을 막은 것이 아니라 당초 자신의 공사를 위해 쌓아 두었던 건축자재를 공사 완료 후 치우지 않은 것에 불과하므로, 비록 공사대금을 받을 목적으로 건축자재를 치우지 않았더라도, 피고인이 자신의 공사를 위하여 쌓아 두었던 건축자재를 공사 완료 후에 단순히 치우지 않은 행위가 위력으로써 甲의 추가 공사 업무를 방해하는 업무방해죄의 실행행위로서 甲의 업무에 대하여 하는 적극적인 방해행위와 동등한 형법적 가치를 가진다고 볼 수 없는데도, 이와 달리 보아 공소사실을 유죄로 인정한 원심판결에 부작위에 의한 업무방해죄의 성립에 관한 법리오해의 잘못이 있다.(대법원 2017. 12. 22., 선고, 2017도13211, 판결)

(3) 업무방해

업무의 집행 자체를 방해하는 것은 물론이고 널리 업무의 경영을 저해하는 것을 포함

(4) 기수시기

업무가 방해될 우려가 있는 상태가 발생하면 기수(추상적 위험범)

■ 판례 ■   업무방해죄의 성립에 있어 업무방해의 결과 발생 요부(소극)

업무방해죄의 성립에 있어서 업무방해의 결과가 실제로 발생함을 요하는 것은 아니고 업무방해의 결과를 초래할 위험이 발생하면 족하다(대법원 2004.3.26. 선고 2003도7927 판결).

3. 위법성과 책임

(1) 위법성

1) 자구행위

■ 판례 ■   상인협의회가 임관리비 상당액을 징수·예치한 것이 임관리비를 징수할 시장주식회사 업무에 대한 방해인지 여부(소극)

가. 상인협의회가 임관리비 상당액을 징수, 예치한 것이 임관리비를 징수할 시장주식회사 업무에 대한 방해인지 여부

동대문종합시장주식회사측의 임차보증금과 임료의 일방적 인상과 증평수문제등 불합리한 문제에 대하여 피해상인들이 이에 대항키 위해 자발적으로 결성한 단체인 동대문종합상가상인협의회의 임원들이 가입상인들로부터 임관리비 상당액을 징수하여 은행에 예치한 것이 위 상인협의회구성원들의 총의에 따른 사무를 집행한 것에 불과한 이상, 피고인들의 의도는 계약조건의 절충에 있다고 보여지고 이로써 위 회사의 임관리비를 징수할 업무를 방해할 범의가 있었다거나 업무를 방해할만한 위력을 행사한 것으로 보기 어렵다.

나. 업무수행자에게 한 약간의 욕설이 업무방해죄의 위력 행사에 해당하는지 여부

계약갱신 및 체납임·관리비 상당액을 독려차 나온 사원에게 "너희들이 무엇인데 상인협의회에서 하는 일을 방해하며 협의회에서 돌리는 유인물을 압수하느냐 당장 해임시키겠다"고 한 정도의 욕설을 한 행위만으로는 업무방해죄의 위력을 행사한 것으로 보기 어렵다.

다. 정당하지 않은 업무수행과 업무방해죄

정당한 업무수행이라고 할 수 없는 행위에 대하여 피고인들이 위력으로 방해하였다 하더라도 이는 오히려 피고인들의 업무에 대한 부당한 침탈 또는 방해행위의 배제를 위한 것이어서 업무방해죄가 성립하지 않는다(대법원 1983.10.11. 선고 82도2584 판결).

다. 동지판례 – 점유에 대한 부당한 침탈의 배제행위와 업무방해의 성부(소극)

피고인이 점유 경작하고 있는 논에 공소외인이 그 논의 소유권을 취득하였다는 이유로 적법한 절차에 의한 인도를 받지 아니한 채 묘판을 설치하려고 하자 피고인이 그 묘판을 허물어뜨린 행위는 피고인의 점유에 대한 부당한 침탈 또는 방해행위의 배제를 위한 행위이므로 이를 업무방해라고 할수 없다(대법원 1980.9.9. 선고 79도249 판결).

2) 노동쟁의와 업무방해

■ 판례 ■ **노동조합원의 찬·반투표 절차를 거치지 아니한 쟁의행위의 정당성 유무(소극)**

근로자의 쟁의행위가 형법상 정당행위가 되기 위하여는 첫째 그 주체가 단체교섭의 주체로 될 수 있는 자이어야 하고, 둘째 그 목적이 근로조건의 향상을 위한 노사간의 자치적 교섭을 조성하는 데에 있어야 하며, 셋째 사용자가 근로자의 근로조건 개선에 관한 구체적인 요구에 대하여 단체교섭을 거부하였을 때 개시하되 특별한 사정이 없는 한 조합원의 찬성결정 등 법령이 규정한 절차를 거쳐야 하고, 넷째 그 수단과 방법이 사용자의 재산권과 조화를 이루어야 함은 물론 폭력의 행사에 해당되지 아니하여야 한다는 여러 조건을 모두 구비하여야 하는바, 특히 그 절차에 관하여 쟁의행위를 함에 있어 조합원의 직접·비밀·무기명투표에 의한 찬성결정이라는 절차를 거쳐야 한다는 노동조합및노동관계조정법 제41조제1항의 규정은 노동조합의 자주적이고 민주적인 운영을 도모함과 아울러 쟁의행위에 참가한 근로자들이 사후에 그 쟁의행위의 정당성 유무와 관련하여 어떠한 불이익을 당하지 않도록 그 개시에 관한 조합의사의 결정에 보다 신중을 기하기 위하여 마련된 규정이므로 위의 절차를 위반한 쟁의행위는 그 절차를 따를 수 없는 객관적인 사정이 인정되지 아니하는 한 정당성이 상실된다. 따라서 견해를 달리하여 노동조합및노동관계조정법 제41조 제1항을 위반하여 조합원의 직접·비밀·무기명 투표에 의한 과반수의 찬성결정을 거치지 아니하고 쟁의행위에 나아간 경우에도 조합원의 민주적 의사결정이 실질적으로 확보된 경우에는 위와 같은 투표절차를 거치지 아니하였다는 사정만으로 쟁의행위가 정당성을 상실한다고 볼 수 없다는 취지의 대법원 2000.5.26. 선고 99도4836 판결은 이와 어긋나는 부분에 한하여 변경하기로 한다(대법원 2001.10.25. 선고 99도4837 전원합의체 판결). ☞ (甲은 업무방해죄)

■ 판례 ■ **신고한 옥외집회에서 고성능 확성기 등을 사용하여 소음을 발생시킨 경우, 업무방해죄의 성부(적극)**

[1] 집회나 시위에서 소음을 발생시키는 행위가 정당행위에 해당하지 않는 경우

집회나 시위는 다수인이 공동목적으로 회합하고 공공장소를 행진하거나 위력 또는 기세를 보여 불특정 다수인의 의견에 영향을 주거나 제압을 가하는 행위로서 그 회합에 참가한 다수인이나 참가하지 아니한 불특정 다수인에게 의견을 전달하기 위하여 어느 정도의 소음이 발생할 수밖에 없는 것은 부득이한

것이므로 집회나 시위에 참가하지 아니한 일반 국민도 이를 수인할 의무가 있다고 할 수 있으며, 합리적인 범위에서는 확성기 등 소리를 증폭하는 장치를 사용할 수 있고 확성기 등을 사용한 행위 자체를 위법하다고 할 수는 없으나, 그 집회나 시위의 장소, 태양, 내용과 소음 발생의 수단, 방법 및 그 결과 등에 비추어, 집회나 시위의 목적 달성의 범위를 넘어 사회통념상 용인될 수 없는 정도로 타인에게 심각한 피해를 주는 소음을 발생시킨 경우에는 위법한 위력의 행사로서 정당행위라고는 할 수 없다.

[2] 신고한 옥외집회에서 고성능 확성기 등을 사용하여 소음을 발생시킨 행위가 인근 상인 및 사무실 종사자들에 대한 업무방해죄를 구성한다고 한 사례

신고한 옥외집회에서 고성능 확성기 등을 사용하여 발생된 소음이 82.9dB 내지 100.1dB에 이르고, 사무실 내에서의 전화통화, 대화 등이 어려웠으며, 밖에서는 부근을 통행하기조차 곤란하였고, 인근 상인들도 소음으로 인한 고통을 호소하는 정도에 이르렀다면 이는 위력으로 인근 상인 및 사무실 종사자들의 업무를 방해한 업무방해죄를 구성한다(대법원 2004.10.15. 선고 2004도4467 판결).

■ 판례 ■ **노동조합의 지부가 파업하는 경우 쟁의행위의 결의를 할 조합원의 범위**

지역별·산업별·업종별 노동조합의 경우에는 총파업이 아닌 이상 쟁의행위를 예정하고 있는 당해 지부나 분회의 조합원의 과반수의 찬성이 있으면 쟁의행위는 절차적으로 적법하다고 보아야 할 것이고, 쟁의행위와 무관한 지부나 분회의 조합원을 포함하여 전체 조합원의 과반수 이상의 찬성을 요하는 것은 아니다(대법원 2004.9.16. 선고 2004도4641 판결).

■ 판례 ■ **쟁의행위에서 추구되는 목적이 여러 가지이고 그 중 일부가 정당하지 못한 경우, 쟁의행위 전체의 정당성의 판단 기준**

쟁의행위에서 추구되는 목적이 여러 가지이고 그 중 일부가 정당하지 못한 경우에는 주된 목적 내지 진정한 목적의 당부에 의하여 그 쟁의목적의 당부를 판단하여야 할 것이고, 부당한 요구사항을 뺐더라면 쟁의행위를 하지 않았을 것이라고 인정되는 경우에는 그 쟁의행위 전체가 정당성을 갖지 못한다고 보아야 한다(대법원 2003.12.11. 선고 2001도3429 판결).

■ 판례 ■ **노동조합이 노동위원회에 노동쟁의 조정신청을 한 경우, 반드시 노동위원회의 조정결정 후에 쟁의행위를 하여야 절차상 정당한지 여부(소극)**

노동조합이 노동위원회에 노동쟁의 조정신청을 하여 조정절차가 마쳐지거나 조정이 종료되지 아니한 채 조정기간이 끝나면 노동조합은 쟁의행위를 할 수 있는 것으로 노동위원회가 반드시 조정결정을 한 뒤에 쟁의행위를 하여야지 그 절차가 정당한 것은 아니다. 따라서 노동조합이 노동위원회에 노동쟁의 조정신청을 하였으나 조정이 종료되지 아니한 채 조정기간이 끝나자 쟁의행위를 한 경우, 정당한 쟁의행위로 업무방해죄를 구성하지 아니한다(대법원 2001.6.26. 선고 2000도2871 판결).

■ 판례 ■ **쟁의행위로서 파업이 업무방해죄의 '위력'에 해당하는지 여부(한정 적극)**

업무방해죄에서 '위력'이란 사람의 자유의사를 제압·혼란케 할 만한 일체의 세력을 말한다. 쟁의행위로서 파업(노동조합 및 노동관계조정법 제2조 제6호)도, 단순히 근로계약에 따른 노무의 제공을 거부하는 부작위에 그치지 아니하고 이를 넘어서 사용자에게 압력을 가하여 근로자의 주장을 관철하고자 집단적으로 노무제공을 중단하는 실력행사이므로, 업무방해죄에서 말하는 위력에 해당하는 요소를 포함하고 있다. 근로자는 원칙적으로 헌법상 보장된 기본권으로서 근로조건 향상을 위한 자주적인 단결권·단체교섭권 및 단체행동권을 가지므로(헌법 제33조 제1항), 쟁의행위로서 파업이 언

제나 업무방해죄에 해당하는 것으로 볼 것은 아니고, 전후 사정과 경위 등에 비추어 사용자가 예측할 수 없는 시기에 전격적으로 이루어져 사용자의 사업운영에 심대한 혼란 내지 막대한 손해를 초래하는 등으로 사용자의 사업계속에 관한 자유의사가 제압·혼란될 수 있다고 평가할 수 있는 경우에 비로소 집단적 노무제공의 거부가 위력에 해당하여 업무방해죄가 성립한다고 보는 것이 타당하다. 이와 달리, 근로자들이 집단적으로 근로의 제공을 거부하여 사용자의 정상적인 업무운영을 저해하고 손해를 발생하게 한 행위가 당연히 위력에 해당하는 것을 전제로 노동관계 법령에 따른 정당한 쟁의행위로서 위법성이 조각되는 경우가 아닌 한 업무방해죄를 구성한다는 취지로 판시한 대법원 1991. 4. 23. 선고 90도2771 판결, 대법원 1991. 11. 8. 선고 91도326 판결, 대법원 2004. 5. 27. 선고 2004도689 판결, 대법원 2006. 5. 12. 선고 2002도3450 판결, 대법원 2006. 5. 25. 선고 2002도5577 판결 등은 이 판결의 견해에 배치되는 범위 내에서 변경한다(대법원 2011. 3. 17. 선고 2007도482 전원합의체 판결).

■ 관례 ■ **쟁의행위가 업무방해죄에 해당한다는 정을 알면서 제3자가 쟁의행위의 실행을 용이하게 한 경우, 업무방해방조죄가 성립할 수 있는지 여부(적극) / 위법한 쟁의행위에 대한 조력행위가 업무방해방조에 해당하는지 판단할 때 유의하여야 할 사항**

쟁의행위가 업무방해죄에 해당하는 경우 제3자가 그러한 정을 알면서 쟁의행위의 실행을 용이하게 한 경우에는 업무방해방조죄가 성립할 수 있다. 다만 헌법 제33조 제1항이 규정하고 있는 노동3권을 실질적으로 보장하기 위해서는 근로자나 노동조합이 노동3권을 행사할 때 제3자의 조력을 폭넓게 받을 수 있도록 할 필요가 있고, 나아가 근로자나 노동조합에 조력하는 제3자도 헌법 제21조에 따른 표현의 자유나 헌법 제10조에 내재된 일반적 행동의 자유를 가지고 있으므로, 위법한 쟁의행위에 대한 조력행위가 업무방해방조에 해당하는지 판단할 때는 헌법이 보장하는 위와 같은 기본권이 위축되지 않도록 업무방해방조죄의 성립 범위를 신중하게 판단하여야 한다.(대법원 2021. 9. 16., 선고, 2015도12632, 판결)

■ 판례사례 ■ **[위력에 의한 업무방해죄가 성립하는 쟁의행위]**

(1) 근로자들이 작업시간에 집단적으로 작업에 임하지 아니한 경우(대법원 1991.11.8. 선고 91도326 판결)

(2) 근로자들을 선동하여 근로자들이 통상적으로 해 오던 연장근로를 정당한 절차에 위배하여 집단적으로 거부하도록 함으로써 회사 업무의 정상 운영을 방해한 경우(대법원1996.2.27. 선고 95도2970 판결)

(3) 노조위원장이 오전 9시 이전에 출근하여 업무준비를 한 후 오전9시부터 근무하도록 되어 있는 직원들에게 오전 9시 정각에 출근하도록 한 경우(대법원1996.5.10. 선고 96도419 판결)

(4) 전보된 노조원의 원직 복귀를 요구하는 과정에서 노조원이 폭행을 당하자 노조원 80여명과 병원 복도를 점거하고 노래와 구호를 외치면서 병원 직원들의 업무수행을 방해하고 출입을 통제한 경우(대법원1992.4.10. 선고 91도3044 판결)

(5) 정당한 쟁의행위의 목적이 아닌 다른 목적으로 다수의 근로자들이 상호 의사연락 하에 집단적으로 일시에 조퇴하거나 결근하는 등 노무제공을 거부함으로써 업무의 정상적 운영을 저해한 경우(대법원2000.5.12. 선고 98도3299 판결)

(6) 회사측에서 노조측의 단체협약 초안문을 빼내어간 행위를 항의하기 위하여 노조간부 등 50여명이 회사 임원실 앞 복도를 점거하여 고함을 치고 북과 꽹과리를 치면서 직원들의 업무를 방

해한 경우(대법원1991.7.12. 선고 91도897 판결)

(7) 피고인이 노동조합원 70여명과 공모하여 회사 공장의 정문을 실력으로 점거하고 미리 준비한 자물쇠를 채워 봉쇄한 채 회사측 또는 회사의 대리점경영자들이 동원한 수송용 차량의 출입을 부분적으로 또는 전면적으로 통제하거나 막음으로써, 회사나 대리점경영자들의 제품수송 업무를 방해한 경우(대법원1991.7.9. 선고 91도1051 판결)

■ 판례사례 ■ **[위력에 의한 업무방해죄가 성립하지 아니하는 쟁의행위]**

(1) 쟁의행위에 대한 찬반투표 실시를 위하여 근무시간 중에 노동조합 임시총회를 개최하고 3시간에 걸친 투표 후 1시간의 여흥시간을 가진 경우(대법원1994.2.22. 선고 93도613 판결)

(2) 구호를 외치거나 노동가 등 노래를 합창하고 또는 피켓을 들고 침묵시위를 하며 행진하는 행위가 병원의 업무개시 전이거나 점심시간을 이용하여 이루어진 경우(대법원1992.12.8. 선고 92도1645 판결)

(3) 전체 근로자 50명 중 29명이 노동조합에 가입하였고, 생산직 근로자는 28－29명인 회사의 노동조합 위원장이 다른 2명과 함께 조합원 1명을 대동하고 노동관계집회에 참석하기 위하여 3시간 정도 조기 퇴근한 경우(대법원 1991.4.23. 선고 90도2961 판결)

■ 판례 ■ **공무를 방해하는 행위를 업무방해죄로 의율할 수 있는지 여부**

가. 공무원이 직무상 수행하는 공무를 방해하는 행위를 업무방해죄로 의율할 수 있는지 여부(소극)

형법상 업무방해죄의 보호법익은 업무를 통한 사람의 사회적·경제적 활동을 보호하려는 데 있으므로, 그 보호대상이 되는 '업무'란 직업 또는 계속적으로 종사하는 사무나 사업을 말하고, 여기서 '사무' 또는 '사업'은 단순히 경제적 활동만을 의미하는 것이 아니라 널리 사람이 그 사회생활상의 지위에서 계속적으로 행하는 일체의 사회적 활동을 의미한다. 한편, 형법상 업무방해죄와 별도로 규정한 공무집행방해죄에서 '직무의 집행'이란 널리 공무원이 직무상 취급할 수 있는 사무를 행하는 것을 의미하는데, 이 죄의 보호법익이 공무원에 의하여 구체적으로 행하여지는 국가 또는 공공기관의 기능을 보호하고자 하는 데 있는 점을 감안할 때, 공무원의 직무집행이 적법한 경우에 한하여 공무집행방해죄가 성립하고, 여기에서 적법한 공무집행이란 그 행위가 공무원의 추상적 권한에 속할 뿐 아니라 구체적 직무집행에 관한 법률상 요건과 방식을 갖춘 경우를 가리키는 것으로 보아야 한다. 이와 같이 업무방해죄와 공무집행방해죄는 그 보호법익과 보호대상이 상이할 뿐만 아니라 업무방해죄의 행위유형에 비하여 공무집행방해죄의 행위유형은 보다 제한되어 있다. 즉 공무집행방해죄는 폭행, 협박에 이른 경우를 구성요건으로 삼고 있을 뿐 이에 이르지 아니하는 위력 등에 의한 경우는 그 구성요건의 대상으로 삼고 있지 않다. 또한, 형법은 공무집행방해죄 외에도 여러 가지 유형의 공무방해행위를 처벌하는 규정을 개별적·구체적으로 마련하여 두고 있으므로, 이러한 처벌조항 이외에 공무의 집행을 업무방해죄에 의하여 보호받도록 하여야 할 현실적 필요가 적다는 측면도 있다. 그러므로 형법이 업무방해죄와는 별도로 공무집행방해죄를 규정하고 있는 것은 사적 업무와 공무를 구별하여 공무에 관해서는 공무원에 대한 폭행, 협박 또는 위계의 방법으로 그 집행을 방해하는 경우에 한하여 처벌하겠다는 취지라고 보아야 한다. 따라서 공무원이 직무상 수행하는 공무를 방해하는 행위에 대해서는 업무방해죄로 의율할 수는 없다고 해석함이 상당하다.

나. 甲의 죄책

경찰관들의 수사 관련 업무를 방해한 것이라는 이유로 업무방해의 성립을 인정한 원심판결에, 업무방해죄의 성립범위에 관한 법리를 오해한 위법이 있다(대법원 2009.11.19. 선고 2009도4166 판결).

(1) 한국과학기술원 지부 노조원들의 쟁의행위의 주된 목적이 과학기술원의 시설부문 민영화계획 저지에 있었다고 보아 쟁의행위의 주된 목적의 정당성을 인정할 수 없다(대법원 2003.12.26. 선고 2001도3380 판결).

(2) 한국조폐공사 노동조합이 임금 등 근로조건 개선을 내세워 쟁의행위에 돌입하였으나 그 주된 목적은 정부의 공기업 구조조정 및 그 일환으로 추진되는 조폐창 통폐합을 반대하기 위한 대정부 투쟁에 있다고 보아 쟁의행위의 정당성을 인정할 수 없다(대법원 2002.2.26. 선고 99도5380 판결).

(3) 정리해고나 사업조직의 통폐합 등 기업의 구조조정의 실시 여부는 경영주체에 의한 고도의 경영상 결단에 속하는 사항으로서 이는 원칙적으로 단체교섭의 대상이 될 수 없고, 그것이 긴박한 경영상의 필요나 합리적인 이유 없이 불순한 의도로 추진되는 등의 특별한 사정이 없는한, 노동조합이 실질적으로 그 실시 자체를 반대하기 위하여 쟁의행위에 나아간다면, 비록 그실시로 인하여 근로자들의 지위나 근로조건의 변경이 필연적으로 수반된다 하더라도 그 쟁의행위는 목적의 정당성을 인정할 수 없다(대법원 2003.12.11. 선고2001도3429 판결).

■ 판례 ■   피고인들이 '한도우미 프로그램'을 이용하여 포커게임을 하여 포커머니를 이전하는 등의 행위가 형법 제314조 제1항의 '위계'에 의하여 엔에이치엔 회사의 업무를 방해한행위인지 여부(적극)

피고인들이 외관상으로는 엔에이치엔이 제공하는 한게임 웹사이트에서 정상적인 포커게임을 하고있는 것처럼 가장하면서 통상적인 업무처리과정하에서 적발해 내기 어려운 ○○○○ 프로그램을 이용하여 약관에서 양도를 금지하고 있는 포커머니를 약속된 상대방에게 이전하여 줌으로써 엔에이치엔의 정상적인 게임사이트 운영 업무가 방해되었다는 취지로 판단한 다음, 이 부분 공소사실을 유죄로 인정한 조치는 정당하고, 상고이유로 주장하는 바와 같은 업무방해죄의 성립 등에 관한 법리를오해한 위법이 없다(대법원 2009.10.15 선고 2007도9334 판결).

■ 판례 ■   수협의 신규직원 채용업무와 관련하여, 조합장인 피고인과 필기시험 채점에 관여한 담당직원들 전원의 공모 내지 양해 하에 이루어진 시험점수조작행위로 인하여 그 정을 모르는 면접위원들이 수행한 수협의 면접업무가 방해되었는지 여부(적극)]

[1] 위계에 의한 업무방해죄의 성립요건

위계에 의한 업무방해죄에 있어서 위계란 행위자가 행위목적을 달성하기 위하여 상대방에게 오안착각 또는 부지를 일으키게 하여 이를 이용하는 것을 말하고, 업무방해죄의 성립에는 업무방해의 결과가 실제로 발생함을 요하지 않고 업무방해의 결과를 초래할 위험이 발생하면 족하며, 업무수행 자체가 아니라 업무의 적정성 내지 공정성이 방해된 경우에도 업무방해죄가 성립한다.

[2] 시험점수조작행위가 면접위원들의 수행한 수협의 면접업무를 방해했는지 여부

조작되지 않은 필기시험 점수에 의할 경우 면접시험에 응시할 자격이 없는 자들을 점수조작행위에의하여 면접시험에 응시할 수 있게 하였다면, 그 점수조작행위는 면접위원으로 하여금 면접시험 응시자의 정당한 자격 유무에 관하여 오인·착각 또는 부지를 일으키게 하는 위계에 해당하고, 면접위원이 그 점수조작행위에 관하여 공모 또는 양해하였다는 등의 특별한 사정이 없는 한 그 위계에 의하여 면접위원이 수행하는 면접업무의 적정성 또는 공정성이 저해되었다고 보아야 한다(대법원2010.3.25. 선고 2009도8506 판결).

대학교 시간강사 임용과 관련하여 허위의 학력이 기재된 이력서만을 제출한 경우, 위계에 의한 업무방해죄를 구성하는지 여부(소극)(신정아사건)

임용심사업무 담당자로서는 피고인에게 학력 관련 서류의 제출을 요구하여 이력서와 대조 심사하였더라면 문제를 충분히 인지할 수 있었음에도 불구하고, 업무담당자의 불충분한 심사로 인하여 허위 학력이 기재된 이력서를 믿은 것이므로 피고인의 위계행위에 의하여 업무방해의 위험성이 발생하였다고 할 수 없다. 그럼에도 불구하고, 이 부분 공소사실에 대하여 피고인에게 유죄를 선고한 원심판결에는 위계에 의한 업무방해죄에 관한 법리를 오해하여 판결에 영향을 미친 위법이 있다(대법원 2009.1.30. 선고 2008도6950 판결).

피고인이 피해자들이 경작 중이던 농작물을 트랙터를 이용하여 갈아엎은 다음 그 곳에 이랑을 만들고 새로운 농작물을 심어 피해자의 자유로운 논밭 경작 행위를 불가능하게 하거나 현저히 곤란하게 한 경우

업무방해죄의 '위력'이란 사람의 자유의사를 제압·혼란케 할 만한 일체의 세력으로, 유형적이든 무형적이든 묻지 아니하므로, 폭력·협박은 물론 사회적·경제적·정치적 지위와 권세에 의한 압박 등도 이에 포함되고, 현실적으로 피해자의 자유의사가 제압될 것을 요하는 것은 아니지만, 범인의 위세, 사람 수, 주위의 상황 등에 비추어 피해자의 자유의사를 제압하기 족한 세력을 의미하는 것으로서, 위력에 해당하는지는 범행의 일시·장소, 범행의 동기, 목적, 인원수, 세력의 태양, 업무의 종류, 피해자의 지위 등 제반 사정을 고려하여 객관적으로 판단하여야 한다. 또한, 업무방해죄의 위력은 반드시 업무에 종사 중인 사람에게 직접 가해지는 세력만을 의미하는 것은 아니고, 사람의 자유의사를 제압하기에 족한 일정한 물적 상태를 만들어 사람으로 하여금 자유로운 행동을 불가능하게 하거나 현저히 곤란하게 하는 행위도 이에 포함될 수 있다. 따라서 피고인의 행위는 위력에 의한 업무방해죄에 해당한다(대법원2009.9.10. 선고 2009도5732 판결).

성매매업소의 운영업무가 업무방해죄의 보호대상이 되는 업무에 해당하는지 여부

구성매매알선등행위의처벌에관한법률은 제2조 제1항 제2호에서 성매매알선등행위에 해당하는 행위로 '성매매를 알선·권유·유인 또는 강요하는 행위', '성매매의 장소를 제공하는 행위' 등을 규정하고, 그 제4조 제2호 및 제4호에서는 성매매알선행위와 성을파는 행위를 하게할 목적으로 타인을 고용·모집하는 행위를 금지하고, 이에 위반하여 성매매알선등행위를 한자 및 그 미수범을 형사처벌하도록 규정하고 있으므로(법 제19조 제1항 제1호, 제19조 제2항 1호, 제23조 등 참조), 성매매알선등행위는 법에 의하여 원천적으로 금지된 행위로서 형사처벌의 대상이 되는 중대한 범죄행위일뿐 아니라 정의관념상 용인될 수 없는 정도로 반사회성을 띠는 경우에 해당하므로 이는 업무방해죄의 보호대상이 되는 업무라고 볼 수 없다(대법원 2011.10.13. 선고 2011도7081 판결).

과적단속 업무를 담당하는 피해자의 적재량 재측정을 거부하면서, 재측정의 목적으로 피고인의 차량에 올라탄 피해자를 그대로 둔 채 차량을 진행한 경우

도로관리청 또는 그로부터 권한을 위임받아 과적차량 단속을 위한 적재량 측정의 업무를 수행하는 자라고 하더라도, 적재량 측정을 강제할 수 있는 법령상의 근거가 없는 한, 측정에 불응하는 자를 고발하는 것은 별론으로 하고, 측정을 강제하기 위한 조치를 취할 권한은 없으므로, 이를 위한 조치가 정당한 업무집행이라고 볼 수는 없다(대법원 2010.6.10. 선고 2010도935 판결).

정당한 권한 행사가 업무방해죄의 '위력'에 해당하는지 여부(원칙적 소극)

업무방해죄의 수단인 위력은 사람의 자유의사를 제압·혼란하게 할 만한 일체의 억압적 방법을 말하고, 이는 제3자를 통하여 간접적으로 행사하는 것도 포함될 수 있다. 그러나 어떤 행위의 결과 상대방의 업무에 지장이 초래되었다 하더라도 행위자가 가지는 정당한 권한을 행사한 것으로 볼 수 있는 경우에는, 행위의 내용이나 수단 등이 사회통념상 허용될 수 없는 등 특별한 사정이 없는 한 업무방해죄를 구성하는 위력을 행사한 것이라고 할 수 없다. 따라서 제3자로 하여금 상대방에게 어떤 조치를 취하게 하는 등으로 상대방의 업무에 곤란을 야기하거나 그러한 위험이 초래되게 하였다 하더라도, 행위자가 제3자의 의사결정에 관여할 수 있는 권한을 가지고 있거나 그에 대하여 업무상 지시를 할 수 있는 지위에 있는 경우에는 특별한 사정이 없는 한 업무방해죄를 구성하지 아니한다(대법원 2013.2.28. 선고 2011도16718 판결)

■ 판례 ■ **대리점 직원이 본사 내부 전산망을 차단한 경우**

甲 주식회사 임원인 피고인이 자동차 판매수수료율과 관련하여 대리점 사업자들과 甲 회사 사이에 의견대립이 고조되자, 대리점 사업자 乙이 일정액의 사용료를 지급하고 판매정보 교환 등에 이용해 오던 甲 회사의 내부전산망 전체 및 고객관리시스템 중 자유게시판에 대한 접속권한을 차단한 사안에서, 피고인이 위력으로 乙의 업무를 방해하였다고 본 원심판단을 정당하다고 한 사례(대법원 2012.5.24. 선고 2009도4141 판결)

3) 기타 정당행위

■ 판례 ■ **1인 시위 등이 명예훼손 및 업무방해에 해당한다고 본 예**

[1] 사실관계

> 甲은 자신의 모친이 乙이 운영하는 A병원에서 주사를 맞다 죽자 적법한 구제절차가 있음에도 불구하고 이러한 절차를 밟지 아니한 채 乙이 운영하는 병원 곳곳을 돌아다니며 모친이 위 병원에서 주사를 맞다 죽었으니 살인병원이라는 내용으로 소리를 지르고, 여러 날에 걸쳐 상복(喪服)을 입은 채 병원 앞 인도 위에서 위내용이 적힌 베니어판을 자신의 목에 앞뒤로 걸고 1인 시위를 벌였다.

[2] 판결요지

가. 1인 시위 등이 명예훼손 및 업무방해에 해당한다고 본 예

피고인은 피해자를 업무상과실치사 등의 혐의로 고소하여 형사처벌을 요구하거나 민사상 손해배상청구의 소를 제기하는 등의 적법한 구제절차가 있음에도 불구하고 이러한 절차를 밟지 아니한 채 피해자가 운영하는 병원 곳곳을 돌아다니며 소리를 지르고, 여러 날에 걸쳐 상복(喪服)을 입은 채 위 병원 앞 인도 위에서 베니어판을 피고인의 목에 앞뒤로 걸고 1인 시위를 벌이는 행위를 한 것은 집회·시위의 자유 및 표현의 자유의 한계를 넘어 선 것으로 그 수단이나 방법이 상당하다고 할 수 없고 또한 다른 구제수단이나 방법이 없어 불가피하게 한 행위라고 볼 수 없으므로 이를 사회상규에 위배되지 아니하는 행위로서 정당행위에 해당하지는 아니한다.

나. 甲의 죄책

피고인이 자신의 모친이 위 병원에서 주사를 맞다 죽었으니 살인병원이라는 내용으로 소리를 지름으로써 피해자의 병원 경영 업무를 방해함과 동시에 피해자의 명예를 훼손하였고 그러한 내용의 베니어판을 목에 걸고 시위를 벌임으로써 피해자의 명예를 훼손하였다(대법원 2004.11.25. 선고 2004도6408 판결).

■ 판례 ■ **노동조합의 조합원들이 쟁의행위로 사용자인 서울특별시건축사회의 사무실 일부를 점거한 경우, 업무방해죄의 성부(소극)**

점거한 곳의 범위와 평소의 사용형태, 사용자측에서 이를 사용하지 못하게 됨으로써 입은 피해의 내용과 정도 등에 비추어 이는 폭력의 행사에 해당하지 않는 사업장시설의 부분적·병존적인 점거로서 사용자의 재산권과 조화를 이루고 있고, 사용자의 업무가 실제로 방해되었거나 업무방해의 결과를 초래할 위험성이 발생하였다고 보기 어려우므로, 위 점거행위는 노동관계 법령에 따른 정당한 행위로서 위법성이 조각되어 업무방해죄의 책임을 물을 수 없다(대법원 2007.12.28. 선고 2007도5204 판결).

(2) 기대가능성

■ 판례 ■ **입학시험 응시자가 우연한 기회에 출제될 시험문제를 알게 되어 그에 대한 해답을 암기한 후 그 암기에 따라 입학시험답안을 작성 제출한 경우, 업무방해죄의 성립여부(소극)**

입학시험에 응시한 수험생으로서 자기 자신이 부정한 방법으로 탐지한 것이 아니고 우연한 기회에 미리 출제될 시험문제를 알게 되어 그에 대한 답을 암기하였을 경우 그 암기한 답에 해당된 문제가 출제되었다 하여도 위와 같은 경위로서 암기한 답을 그 입학시험 답안지에 기재하여서는 아니된다는 것을 그 일반수험생에게 기대한다는 것은 보통의 경우 도저히 불가능하다 할 것이다(대법원 1966.3.22. 선고 65도1164 판결).

4. 죄 수

○ 업무방해행위가 공갈의 수단으로 사용된 경우 ⇨ 업무방해죄와 공갈죄의 실체적 경합
○ 업무방해행위가 동시에 배임죄가 되는 경우 ⇨ 업무방해죄와 배임죄의 상상적 경합
○ 위력에 의한 업무방해행위가 동시에 강요죄에 해당하는 경우 ⇨ 업무방해죄와 강요죄의 상상적 경합

[기재례1] 음식점 영업 방해

1) 범죄사실 기재례

> 피의자는 2000. 0. 0. 00:00경부터 같은 날 00:00경까지 사이에 00에 있는 피해자 홍길순 경영의 00호프집에서 그곳 여자 종업원인 정다혜를 피의자의 옆자리에 동석시켜달라고 요구하였으나 들어주지 않는다는 이유로 테이블에 앉아서 큰 소리로 떠들며 재떨이를 마룻바닥에 던지는 등 소란을 피워 그 호프집에 들어오려던 손님들이 들어오지 못하게 함으로써 위력으로 위 홍길순의 일반음식점영업 업무를 방해하였다.

2) 적용법조 : 제314조 제1항 … 공소시효 7년

[기재례2] 학원 운영업무 방해

1) 범죄사실 기재례

> 피의자는 00에 있는 00빌딩의 2층에서 음악학원을 운영하고, 피해자 홍길녀는 같은 건물 1층에서 미술학원을 운영하되, 이 사건 건물의 전대가 금지되어 있었기 때문에 피해자가 운영하는 미술학원의 등록명의도 피의자로 하기로 약정한 후, 각자 학원을 운영하여 오던 중, 2000. 0. 0.경 피해자의 승낙을 받지 아니하고 00교육청에 피해자 운영의 미술학원에 대해 폐원신고를 하여 위계로써 피해자의 학원운영업무를 방해하였다.

2) 적용법조 : 제314조 제1항, 313조 … 공소시효 7년

[기재례3] 재건축조합장 업무방해

1) 범죄사실 기재례

> 피의자는 00에 있는 00아파트의 재건축조합장이던 피의자가 2000. 0. 0.자로 사표를 제출하자 위 조합에서는 임원 중 연장자가 직무대행을 하게 되어있는 정관의 규정에 따라 甲을 조합장직무대행으로 선출하여 2000. 0. 0.부터 甲이 조합장의 업무를 수행했다.
> 피의자는 2000. 0. 0. 00:00경 00에 있는 00아파트 재건축조합 사무실에서, 피해자가 2000. 0. 0.자로 대의원회의를 소집하여 새로운 조합장을 선출하려는 것을 방해하려고, 이삿짐센터 인부 및 현대건설 직원 등 수십여 명을 동원하여 위 사무실의 복사기 1대 등 물품 28개와 조합 관련서류 28점 등을 다른 사무실로 옮기면서 甲에게 "네가 직무대리냐 개새끼 죽여버린다."라며 멱살을 잡아 흔들어 위력으로 甲의 조합장직무대행 업무를 방해하였다.

2) 적용법조 : 제314조 제1항 … 공소시효 7년

[기재례4] 단전으로 세탁소 업무방해

1) 범죄사실 기재례

피의자는 20○○. ○. ○. ○○에 있는 사단법인 ○○종합시장번영회 사무실에서 피해자 홍길동이 연체된 관리비를 시장 번영회에 직접 납부하지 아니하고 법원에 공탁하였다는 이유로 전기공급 단자함의 전원을 차단함으로써 위력으로써 약 7일 동안 피해자의 세탁소 업무를 방해하였다.

2) 적용법조 : 제314조 제1항 ⋯ 공소시효 7년

[기재례5] 주택신축 및 지하수 개발 업무방해

1) 범죄사실 기재례

피의자는 20○○. ○. ○. 19:00경 피의자 소유의 ○○ 삼거리 노상에서, 피해자 甲(45세)이 乙로부터 도급받은 위 삼거리 ○○에 있는 주택 신축공사를 진행하면서 피의자 소유 도로를 허락 없이 사용한다는 이유로 A로 하여금 (차량번호) 굴착기를 운전하여 위 노상에 지름 1m 이상의 돌을 여러 개 쌓아 두고 위 굴착기를 세워두게 하여 위력으로써 피해자 甲의 주택신축업무 및 위 乙의 의뢰를 받고 지하수 개발공사를 진행 중인 피해자 丙의 지하수 개발 업무를 각각 방해하였다.

2) 적용법조 : 제314조 제1항 ⋯ 공소시효 7년

[기재례6] 허위신고로 지하철역 업무방해

1) 범죄사실 기재례

피의자는 20○○. 2. 중순경 주점에서 우연히 만나 알게 된 피해자 홍길녀(여)가 피의자를 만나주지 않자 이에 대해 앙심을 품고 있었다.

피의자는 20○○. 3. 16. 13:45경 ○○에서, 사실은 위 피해자로부터 '지하철을 폭파하겠다'라는 내용의 문자메시지를 받은 사실이 없음에도, 피의자의 휴대전화로 ○○에 있는 ○○지하철역에 전화하여 ○○역 지하철역 근무 6급 역무주임 홍길동에게 "내 휴대폰으로 문자메시지가 왔는데 123-456-7890번을 가진 사람이 지하철을 폭파하겠다는 내용이다. 나는 겁이 나 신고를 못 하겠고 ○○지하철역에 이야기해 주는 것이니 알아서 해라"고 말하여 허위의 신고를 하였다.

이로써 피의자는 ○○광역시 지하철공사 사령실로 하여금 승객의 안전 도모와 폭발물설치 확인을 위하여 ○○지하철 1호선 전 구간 전동차 운행을 1시간가량 중단하게 하여 위계로써 ○○지하철 공사의 전동차 운행업무를 방해하였다.

2) 적용법조 : 제314조 제1항, 제313조 ⋯ 공소시효 7년

[기재례7] 업무방해, 방실수색

1) 범죄사실 기재례

가. 업무방해

피의자는 20○○. ○. ○. ○○:○○경 ○○에 있는 ○○회사 사무실에서, 주주총회의 의장인 홍길동으로부터 피의자 甲과 함께 위 회사 주주의 위임장을 받지 않고 참석한 성명을 알 수 없는 3명을 상대로 '주주총회와 관계없는 사람들은 나가달라.'는 요구를 받자 이를 거절하면서 丙에게 '씹할 새끼 맞아봐야 알겠냐, 아버지도 때리는 판에 너야 못 때리겠느냐, 여기서 나가지 않으면 맞아 죽을 줄 알아'라고 말하고, 위 성명을 알 수 없는 자들은 '말조심해'라고 고함을 쳐, 홍길동으로 하여금 주주총회의 개최, 진행을 포기하게 하여 위 회사의 정당한 주주총회 개최업무를 위력으로 방해하였다.

나. 방실수색

피의자는 그 무렵 위와 같은 장소에서, 위 丙이 주주총회 개최를 포기하고 밖으로 나가자 피의자 甲이 임시주주총회 의장으로 선임하여 회의를 진행하면서 위 회사의 경리직원인 최시라 등에게 '회사 현금출납부 등 경리 장부를 가지고 오라.'고 말하고, 위 경리직원들이 이를 거절하자 피의자 甲은 丙의 책상과 위 회사 상무인 丁의 책상을 뒤지고, 피의자 乙은 이러한 사정을 ○○○에게 보고하기 위하여 전화하려는 최시라에게 전화를 하지 못하게 하여 丙이 점유하는 방실을 수색하였다.

2) 적용법조 : 제314조 제1항, 제321조(주거수색죄) … 공소시효 7년

[기재례8] 주민들의 송전탑 설치방해

1) 범죄사실 기재례

피의자들은 피의자들이 거주하는 ○○에서 송전탑 설치공사가 진행되자, 위 송전탑이 가동되면 전자파가 발생하여 주민들에게 피해를 초래할 것이라는 이유로, 20○○. ○. ○. 피의자 甲, 피의자 乙을 각 공동대표로, 피의자 丙, 피의자 丁을 각 총무로 하여 '송전탑이설및철거를위한양정동비상대책위원회(이하 위원회라고 약칭함)'를 구성한 후, 위 위원회를 중심으로 송전탑 설치반대를 주장하면서 위 공사현장 진입로에 천막을 설치하는 등의 방법으로 위 송전탑 설치공사를 방해하기로 하였다.

피의자들은 20○○. ○. ○.부터 20○○. ○. ○.경까지 사이에 ○○에 있는 피해자 A주식회사에서 시공하는 위 송전탑 설치공사 현장에서, 위 위원회에서 한 회의를 통해 진입로 입구에 천막을 설치하기로 하고, 주민 성명을 알 수 없는 자들과 함께 송전탑 2개(13-1호 및 13-2호)의 각 설치공사 현장 진입로 입구에 천막 1동씩을 설치하여 공사 차량과 장비 등의 진입을 막는 등으로 위력으로써 피해자 회사의 송전탑 설치공사 업무를 방해하였다.

2) 적용법조 : 제314조 제1항, 제30조 … 공소시효 7년

[기재례9] 대필한 원고를 제출하여 글짓기대회에서 수상하도록 한 경우

1) 범죄사실 기재례

피의자 甲은 ○○협회 회장, 피의자 乙은 ○○시에 있는 ○○고등학교 3학년 2반 담임교사이었던 자, 피의자 丙은 위 학교 3학년 부장교사이었던 사람으로서, 위 학교 3학년 학생들을 대학교 수시전형에 합격시키기 위하여 각종 단체와 기관에서 주최하는 글짓기대회에서 위 학생들 명의로 대필한 원고를 제출하여 수상을 받게 하기로 마음먹었다.

피의자들은 위 학교 3학년 학생 丁의 모친인 홍길녀와 공모하여, 20○○. ○. ○.경 위 학교 교무실에서 피의자 丙과 위 홍길녀는 전화로 위 丁 명의로 원고를 대필하여 대학교 수시전형에 유리한 글짓기대회 상장을 받고 그 대가를 지급하기로 하고, 그 시경 피의자 丙은 피의자 乙에게 위와 같은 사실을 알리고, 20○○. ○. ○. 피의자 乙은 피의자 甲에게 전화하여 위 丁 명의로 원고 대필을 의뢰하고, 피의자 甲은 위 丁 명의로 원고를 작성한 후 제○○회 전국웅변문예창작대회를 주최한 피해자 사단법인에 마치 위 丁 이 원고를 작성한 것처럼 우편으로 제출하여 20○○. ○. ○. 피해자로 하여금 위 丁에게 문예창작부문 특상인 통일부장관상을 수여케 하였다.

이로써 피의자들은 공모하여 위계로써 피해자의 글짓기대회 심사업무를 방해하였다.

2) 적용법조 : 제314조 제1항, 제30조 … 공소시효 7년

[기재례10] 노점상 방해

1) 범죄사실 기재례

피의자는 20○○. ○. ○.경 ○○에 있는 ○○시장에서 피해자 甲이 위 토지를 무단점거하고 인도하지 않는다는 이유로 명도업체 직원 홍길동 등 3명을 동원하여 홍길동 등은 "여기는 ○○ 땅인데 장사를 못 한다"고 하면서 피해자의 과일가게 천막 파이프를 잡아당겨 천막을 치지 못하게 하고, 고함을 쳐 영업하지 못하게 하여 위력으로써 피해자의 과일가게 운영업무를 방해하였다.

2) 적용법조 : 제314조 제1항 … 공소시효 7년

[기재례11] 옆 가게 통로에 물건을 쌓아 업무방해

1) 범죄사실 기재례

피의자는 20○○.○.○.경부터 20○○.○.○.경까지 피해자 갑(여, 66세)이 운영하는 ○○번길44 ○○횟집 뒤쪽 출입구 앞을 피해자가 이전부터 같이 사용하던 해수를 주지 않는다는 이유로 평소 사용하지 않는 물건인 폐건축자재 등을 쌓아 손님들의 통행을 곤란하게 하였다.

이로써 피의자는 위력으로 피해자의 식당 영업업무를 방해하였다.

2) 적용법조 : 제314조 제1항 … 공소시효 7년

[기재례12] 관리비 미납을 이유로 단전, 단수

1) 범죄사실 기재례

> 피의자 甲은 ○○에 있는 ○○오피스텔을 관리하는 주식회사 ○○산업의 대표이사이고, 피의자 乙은 위 ○○산업의 직원으로 오피스텔 관리소장으로 근무하는 사람이다.
>
> 피의자들은 공모하여 피해자 丙이 위 오피스텔 333호를 사용하면서 20○○. ○. 월분부터 20○○. ○.월분까지 관리비 ○○원을 납부하지 않는다는 이유로, 20○○. ○. ○. 15:00경 위 오피스텔 333호로 공급되는 전기를 끊고, 20○○. ○. ○. 10:30경부터 단수를 시켜 위력으로써 위 피해자의 건설 무역업무를 방해하였다.

2) 적용법조 : 제314조 제1항 … 공소시효 7년

Ⅲ. 피해자 조사사항 (식당의 경우)

- 피의자와 어떤 관계인가
- 언제 어디에서 피해를 보았나
- 어떤 피해를 보았는가
- 어떤 방법으로 업무방해를 하던가
- 식당 영업시간은 언제까지인가
- 그 당시 손님들이 있었는가
- 피의자의 처벌을 원하는가

Ⅳ. 피의자 신문사항

- 고소인(피해자)○○○와 어떠한 관계인가
- 고소인이 운영하는 다방을 간 일이 있는가
- 무엇 때문에 그곳을 갔느냐
- 그곳에서 고소인의 영업을 방해 한 일이 있나
- 어떠한 방법으로
- 언제부터 언제까지 몇 시간 동안 업무를 방해하였나
- 당시 고소인의 가게에 어느 정도의 손님이 있었나
- 왜 그러한 행위를 하였나
- 피의자의 행위로 고소인은 어느 정도의 피해를 보았다고 생각하느냐

제3절 컴퓨터 업무방해

> 제314조(업무방해) ② 컴퓨터등 정보처리장치 또는 전자기록등 특수매체기록을 손괴하거나 정보처리장
> 치에 허위의 정보 또는 부정한 명령을 입력하거나 기타 방법으로 정보처리에 장애를 발생하게 하여
> 사람의 업무를 방해한 자도 제1항의 형과 같다.
> ※ 정보통신망이용촉진및정보보호등에관한법률 제48조(정보통신망 침해행위 등의 금지)

 I. 구성요건

1. 객 체

컴퓨터등 정보처리장치 또는 전자기록 등 특수매체기록

(1) 컴퓨터등 정보처리장치

자료를 입력하고 이것을 프로그램에 결합시킴으로써 작업결과를 얻는 기술적 과정을
수행하는 도구, 즉 컴퓨터시스템

  ◦ 공무에 사용되는 경우를 포함하며, 자기소유·타인소유를 불문한다.

(2) 전자기록 등 특수매체기록

광기술이나 레이저기술을 이용한 기록으로 광학기록을 포함

  ◦ 녹음용 테잎, 녹화용 필름, 마이크로필름 등은 정보처리장치에 사용되는 기록이
    아니므로 본죄의 객체가 아니다.

  ◦ 기록은 어느 정도 영속성이 있어야 하므로 통신중인 데이터, 중앙처리장치에 의하
    여 처리중인 데이터는 본죄의 객체에 해당하지 아니한다.

2. 행 위

컴퓨터 등 정보처리장치, 전자기록, 특수매체기록을 손괴하거나 허위의 정보 또는
부정한 명령을 입력하거나 기타 방법으로 정보처리에 장애를 발생하게 하는 것

  ◦ 오퍼레이터를 협박하여 부정한 명령을 입력하게 하는 행위는 컴퓨터등 업무방해
    죄에 해당하지 않는다.

  ◦ 업무가 방해될 위험이 있으면 기수가 되고, 업무가 현실적으로 방해될 필요는 없
    다(추상적 위험범).

〈컴퓨터업무방해 사례〉

(1) 대량동시접속으로 인하여 서버가 다운되는 경우
(2) 컴퓨터 바이러스를 감염시켜 업무를 마비시키는 경우
(3) 컴퓨터에 입력된 입시성적을 조작하여 특정인을 합격시키는 경우
(4) 전산실의 서버컴퓨터 일부를 손괴하여 수리에 1주일 이상 걸리게 하는 경우
(5) 수십만통의 스팸메일을 집중적으로 보내 컴퓨터통신시스템을 마비시키는 경우
(6) 컴퓨터에 물리적 훼손을 가하거나 자기디스크 등에 입력된 기록을 소거하는 경우
(7) 전산실의 온도내지 습도를 급격히 상승시키는 등의 방법으로 컴퓨터의 작동환경을 파괴하는 경우
(8) 컴퓨터전원의 절단이나 통신회선의 절단 등의 방법으로 컴퓨터나 인터넷의 작동을 정지시키는 경우
(9) 해킹의 방법으로 타 회사의 전산망에 침입하여 입력되어 있던 고객명단과 거래명세를 삭제하는 경우

■ 판례 ■ **포털사이트 운영회사의 통계집계시스템 서버에 허위의 클릭정보를 전송하여 그 정보가 검색순위 결정 과정에 반영된 경우, '컴퓨터 등 장애 업무방해죄'가 성립하는지 여부(적극)]**

형법 제314조 제2항의 '컴퓨터 등 장애 업무방해죄'가 성립하기 위해서는 가해행위 결과 정보처리장치가 그 사용목적에 부합하는 기능을 하지 못하거나 사용목적과 다른 기능을 하는 등 정보처리에 장애가 현실적으로 발생하였을 것을 요하나, 정보처리에 장애를 발생하게 하여 업무방해의 결과를 초래할 위험이 발생한 이상, 나아가 업무방해의 결과가 실제로 발생하지 않더라도 위 죄가 성립한다. 따라서 포털사이트 운영회사의 통계집계시스템 서버에 허위의 클릭정보를 전송하여 검색순위 결정 과정에서 위와 같이 전송된 허위의 클릭정보가 실제로 통계에 반영됨으로써 정보처리에 장애가 현실적으로 발생하였다면, 그로 인하여 실제로 검색순위의 변동을 초래하지는 않았다 하더라도 '컴퓨터 등 장애 업무방해죄'가 성립한다(대법원 2009.4.9. 선고 2008도11978 판결).

■ 판례 ■ **불특정 다수의 인터넷 이용자들에게 '업링크솔루션'이라는 프로그램을 배포하여한 팝업광고 행위**

[1] 사실관계

甲 회사는 국내 최대의 인터넷 포털사이트인 '네이버'를 운영하면서 배너광고를 게재하거나 우선순위 검색결과 도출서비스를 제공하는 방법 등으로 광고영업을 해 오고 있었는데, 乙 등이 불특정 다수의 인터넷 이용자들에게 '업링크솔루션'이라는 프로그램을 배포하여 이 프로그램이 설치된 컴퓨터로 위 네이버에 접속할 경우 네이버 화면에 甲 회사의 광고 대신 乙의 광고가 대체 혹은 삽입된 형태로 나타나게 하였다.

[2] 판결요지

가. 인터넷 웹페이지상의 '팝업광고' 행위가 구 부정경쟁방지 및 영업비밀보호에 관한 법률 제2조 제1호 (나)목에 정한 '부정경쟁행위'에 해당하기 위한 요건
구 부정경쟁방지 및 영업비밀보호에 관한 법률(2007. 12. 21. 법률 제8767호로 개정되기 전의 것) 제2

조 제1호 (나)목이 규정하고 있는 부정경쟁행위는 등록 여부와 관계없이 사실상 국내에 널리 인식된 타인의 성명 · 상호 · 표장 기타 타인의 영업임을 표시하는 표지와 동일하거나 이와 유사한 것을 사용하여 타인의 영업상의 시설 또는 활동과 혼동을 하게 하는 일체의 행위를 의미한다. 따라서 여기서 영업표지를 사용하는 방법 및 형태 등에는 특별한 제한이 없으므로, 인터넷 웹페이지상의 팝업광고 행위가 팝업창 자체의 출처표시 유무, 웹페이지 내에서의 팝업창의 형태 및 구성, 웹페이지의 운영목적과 내용, 팝업창의 출현 과정과 방식 등에 비추어 웹페이지상에 표시된 국내에 널리 인식된 타인의 영업표지를 그 팝업광고의 출처표시로 사용한 것으로 인식되고 이로써 팝업광고의 영업 활동이 타인의 광고영업 활동인 것처럼 혼동하게 하는 경우에는 위 법조에서 정한 부정경쟁행위에 해당한다.

나. 피고인들이 불특정 다수의 인터넷 이용자들에게 '업링크솔루션' 이라는 프로그램을 배포하여 한 팝업광고 행위가 구 부정경쟁방지 및 영업비밀보호에 관한 법률이 정한 부정경쟁행위에 해당하는지 여부

갑 회사는 국내 최대의 인터넷 포털사이트인 '네이버' 를 운영하면서 배너광고를 게재하거나 우선순위 검색결과 도출서비스를 제공하는 방법 등으로 광고영업을 해 오고 있었는데, 피고인들이 불특정 다수의 인터넷 이용자들에게 '업링크솔루션' 이라는 프로그램을 배포하여 이 프로그램이 설치된 컴퓨터로 위 네이버에 접속할 경우 네이버 화면에 갑 회사의 광고 대신 피고인들의 광고가 대체 혹은 삽입된 형태로 나타나게 한 사안에서, 피고인들의 위 광고가 그 둘레에 별도의 테두리가 없는 이른바 레이어 팝업(Layer Pop-up)의 형태로 나타나고, 피고인들의 광고 자체에는 그 출처가 전혀 표시되지 아니하였으며, 피고인들의 광고가 이용자의 동의에 의해 위 프로그램이 설치된 컴퓨터 화면에만 나타날지라도 반드시 그 설치자한테만 노출되지는 않을 것으로 보일 뿐만 아니라, 피고인들의 광고가 네이버 화면에 흡착되고 일체화된 형태로 나타난 이상 위 프로그램의 설치 당사자도 피고인들의 광고를 갑 회사가 제공한 광고와 구분하여 인식하기가 쉽지 않아 보이는 점 등에 비추어, 위 광고행위는 구 부정경쟁방지 및 영업비밀보호에 관한 법률(2007. 12. 21. 법률 제8767호로 개정되기 전의 것) 제2조 제1호 (나)목이 규정한 부정경쟁행위에 해당함에도, 이와 달리 본 원심판단에 법리오해의 위법이 있다.

다. 형법 제314조 제2항의 컴퓨터 등 장애 업무방해죄가 성립하기 위하여 정보처리의 장애가 현실적으로 발생할 것을 요하는지 여부(적극)

형법 제314조 제2항의 컴퓨터 등 장애 업무방해죄에서 '기타 방법' 이란 컴퓨터의 정보처리에 장애를 초래하는 가해수단으로서 컴퓨터의 작동에 직접 · 간접으로 영향을 미치는 일체의 행위를 말하나, 위 죄가 성립하기 위해서는 위와 같은 가해행위의 결과 정보처리장치가 그 사용목적에 부합하는 기능을 하지 못하거나 사용목적과 다른 기능을 하는 등 정보처리의 장애가 현실적으로 발생하였을 것을 요한다.

라. 컴퓨터 등 장애 업무방해죄의 성립여부

피고인들이 불특정 다수의 인터넷 이용자들에게 배포한 '업링크솔루션' 이라는 프로그램은, 갑 회사의 네이버 포털사이트 서버가 이용자의 컴퓨터에 정보를 전송하는 데에는 아무런 영향을 주지 않고, 다만 이용자의 동의에 따라 위 프로그램이 설치된 컴퓨터 화면에서만 네이버 화면이 전송받은 원래 모습과는 달리 피고인들의 광고가 대체 혹은 삽입된 형태로 나타나도록 하는 것에 불과하므로, 이것만으로는 정보처리장치의 작동에 직접 · 간접으로 영향을 주어 그 사용목적에 부합하는 기능을 하지 못하게 하거나 사용목적과 다른 기능을 하게 하였다고 볼 수 없어 컴퓨터 등 장애 업무방해죄로 의율할 수 없다(대법원 2010.9.30. 선고 2009도12238 판결).

■ 판례 ■ 불특정 다수인의 업무처리에 사용되는 컴퓨터 등을 대상으로 범한 '컴퓨터 등 장애 업무방해죄' 에 대한 공소사실의 특정 정도

형법 제314조 제2항에서 정한 '컴퓨터 등 장애 업무방해죄' 는 피해자의 업무를 보호객체로 삼고

있는데, 불특정 다수인이 업무처리를 위하여 사용하는 컴퓨터 등 정보처리장치 등을 대상으로 위 조항에서 정한 범죄가 저질러진 경우에는 최소한 컴퓨터 등 정보처리장치 등을 이용한 업무 주체가 구체적으로 누구인지, 나아가 그 업무가 위 조항의 보호객체인 업무에 해당하는지를 심리·판단할 수 있을 정도로 특정되어야만 하고, 이에 이르지 못한 경우에는 공소사실로서 적법하게 특정되었다고 보기 어렵다(대법원 2011.5.13. 선고 2008도10116 판결).

■ 판례 ■ **메인컴퓨터의 비밀번호를 후임자에게 알려주지 않은 시스템관리자의 행위가 컴퓨터등장애업무방해죄에 해당하는지 여부(소극)**

메인 컴퓨터의 비밀번호는 시스템관리자가 시스템에 접근하기 위하여 사용하는 보안 수단에 불과하므로, 단순히 메인 컴퓨터의 비밀번호를 알려주지 아니한 것만으로는 정보처리장치의 작동에 직접 영향을 주어 그 사용목적에 부합하는 기능을 하지 못하게 하거나 사용목적과 다른 기능을 하게 하였다고 볼 수 없어 형법 제314조 제2항에 의한 컴퓨터등장애업무방해죄로 의율할 수 없다 할 것이다(대법원 2004.7.9. 선고 2002도631 판결).

■ 판례 ■ **권한 없는 자가 정보처리장치에 입력되어 있는 관리자의 아이디와 비밀번호를 무단으로 변경하는 행위가 컴퓨터 등 장애 업무방해죄를 구성하는지 여부(적극)**

[1] 사실관계

전보발령을 받아서 더 이상 웹서버를 관리 운영할 권한이 없는 甲이 웹서버에 접속하여 홈페이지 관리자의 아이디와 비밀번호를 무단으로 변경하였다.

[2] 판결요지

가. 권한 없는 자가 정보처리장치에 입력되어 있는 관리자의 아이디와 비밀번호를 무단으로 변경하는 행위가 컴퓨터 등 장애 업무방해죄를 구성하는지 여부(적극)

정보처리장치를 관리 운영할 권한이 없는 자가 그 정보처리장치에 입력되어 있던 관리자의 아이디와 비밀번호를 무단으로 변경하는 행위는 정보처리장치에 부정한 명령을 입력하여 정당한 아이디와 비밀번호로 정보처리장치에 접속할 수 없게 만드는 행위로서 정보처리에 장애를 현실적으로 발생시킬 뿐 아니라 이로 인하여 업무방해의 위험을 초래할 수 있으므로, 컴퓨터 등 장애 업무방해죄를 구성한다.

나. 甲의 죄책

피고인이 웹서버를 관리 운영할 정당한 권한이 있는 동안 입력하여 두었던 홈페이지 관리자의 아이디와 비밀번호를 단지 후임자 등에게 알려 주지 아니한 행위와는 달리, 정보처리장치에 부정한 명령을 입력하여 정보처리에 현실적 장애를 발생시킴으로써 피해 대학에 업무방해의 위험을 초래하는 행위에 해당하여 컴퓨터 등 장애 업무방해죄를 구성한다(대법원 2006.3.10. 선고 2005도382 판결).

■ 판례 ■ **甲 주식회사 대표이사인 피고인이, 악성프로그램이 설치된 피해 컴퓨터 사용자들이 실제로 인터넷 포털사이트에 해당 검색어로 검색하거나 검색 결과에서 해당 스폰서링크를 클릭하지 않았음에도 그와 같이 검색하고 클릭한 것처럼 인터넷 포털사이트의 관련 시스템 서버에 허위의 신호를 발송하는 방법으로 정보처리에 장애를 발생하게 하였다고 하여 컴퓨터등장애업무방해로 기소된 사안**

피고인의 행위는 객관적으로 진실에 반하는 내용의 정보인 '허위의 정보'를 입력한 것에 해당하고, 그 결과 네이버의 관련 시스템 서버에서 실제적으로 검색어가 입력되거나 특정 스폰서링크가 클릭된 것으로 인식하여 그에 따른 정보처리가 이루어졌으므로 이는 네이버의 관련 시스템 등 정보처리장치가 그 사용목적에 부합하는 기능을 하지 못하거나 사용목적과 다른 기능을 함으로써 정보처리의 장애가 현실적으로 발생하였고, 이로 인하여 네이버의 검색어 제공서비스 등의 업무나 네이버의 스폰서링크 광고주들의 광고 업무가 방해되었다는 이유로 유죄를 인정한 원심판단을 수긍한 사례.(대법원 2013. 3. 28., 선고, 2010도14607, 판결)

■ 판례 ■ **형법 제314조 제2항의 '컴퓨터 등 장애 업무방해죄'에서 말하는 '허위의 정보 또는 부정한 명령의 입력', '기타 방법'의 의미 / 위 죄가 성립하기 위하여 정보처리에 장애가 현실적으로 발생하여야 하는지 여부(적극)**

형법 제314조 제2항은 '컴퓨터 등 정보처리장치 또는 전자기록 등 특수매체기록을 손괴하거나 정보처리장치에 허위의 정보 또는 부정한 명령을 입력하거나 기타 방법으로 정보처리에 장애를 발생하게 하여 사람의 업무를 방해한 자'를 처벌하도록 정하고 있다. 여기에서 '허위의 정보 또는 부정한 명령의 입력'이란 객관적으로 진실에 반하는 내용의 정보를 입력하거나 정보처리장치를 운영하는 본래의 목적과 상이한 명령을 입력하는 것이고, '기타 방법'이란 컴퓨터의 정보처리에 장애를 초래하는 가해수단으로 컴퓨터의 작동에 직접·간접으로 영향을 미치는 일체의 행위를 말한다. 한편 위 죄가 성립하기 위해서는 위와 같은 가해행위 결과 정보처리장치가 그 사용목적에 부합하는 기능을 하지 못하거나 사용목적과 다른 기능을 하는 등 정보처리에 장애가 현실적으로 발생하여야 한다. (대법원 2022. 5. 12., 선고, 2021도1533, 판결)

3. 죄수 및 타 죄와의 관계

- 1개의 정보처리장치에 수회 허위정보를 입력한 경우 ⇨ 본죄의 단순일죄
- 컴퓨터를 물리적으로 손괴하여 그 효용을 해함으로써 업무를 방해한 경우 ⇨ 손괴죄는 본죄에 흡수되어 본죄만 성립
- 허위의 정보 또는 부정한 명령을 입력하여 재산상 이익까지 취한 경우 ⇨ 본죄가 아니라 컴퓨터사용사기죄가 성립
- 허위의 정보 또는 부정한 명령을 입력하여 정보를 알아낸 경우 ⇨ 컴퓨터비밀침해죄가 성립
- 1개의 행위가 업무방해죄와 컴퓨터업무방해죄를 구성하는 경우 ⇨ 컴퓨터업무방해죄만 성립(법조경합 중 특별관계)
- 본죄의 업무방해가 동시에 배임행위가 되는 경우 ⇨ 본죄와 배임죄의 상상적 경합

II. 범죄사실기재 및 신문사항

[기재례1] 대학 홈페이지 비밀번호 등 변경

1) 범죄사실 기재례

피의자는 20○○. ○. ○.경부터 ○○대학의 정보지원센터에서 컴퓨터시스템의 각종 서버를 관리하는 책임자로 근무하다가 20○○. ○. ○.경 위 대학의 교학처로 전보 발령을 받았다.

피의자는 20○○. ○. ○. 18:30경 위 대학 정보지원센터 사무실에서 홈페이지 관리자에 관한 정보를 변경할 정당한 권한이 없음에도 그곳에 있는 컴퓨터를 이용하여 웹서버의 홈페이지 관리자 계정에 접속하여 그 관리자 아이디와 패스워드(비밀번호) 변경에 관한 부정한 명령을 입력하여 위 대학의 홈페이지 관리 등 정보처리에 장애를 발생하게 하였다.

이로써 피의자는 위 대학의 홈페이지 관리와 이에 부대한 대학입시, 학사행정안내 등의 업무를 방해하였다.

2) 적용법조 : 제314조 제2항… 공소시효 7년

3) 신문사항

- ○○대학에 근무하고 있는가
- 언제부터 근무하였으며 맡은 직책은
- 위 대학 정보지원센터 근무할 때는 어떤 일을 하였나
- 언제 다른 부서로 발령받았는가
- 왜 다른 부서로 발령을 받았는가
- 위 대학 홈페이지 관리자정보를 변경한 일이 있는가
- 언제 어디에 있는 관리자 정보인가
- 어떤 내용을 어떻게 변경하였나
- 무엇 때문에 이렇게 변경하였나
- 누구에 지시에 따라 변경하였나
- 이렇게 변경하면 다음 업무인수자가 이용할 수 없게되는 것이 아닌가
- 정보처리에 장애를 발생한다 생각하지 않는가
- 정보지원센터에서 다른 부서로 발령 받은 것에 대한 항의로 그런 것인가
- 피의자의 행위로 대학에 어떤 피해를 주었는지 알고 있는가

[기재례2] 약사회 홈페이지 해킹 및 업무방해

1) 범죄사실 기재례

피의자는 ○○○병원 재활과에 근무하고 있는 전공의로서, 의약분업 파동으로 약사들의 동향을 파악하기 위하여 약사회 사이트를 해킹하기로 마음먹었다.

가. 정보통신망 이용촉진 및 정보보호 등에 관한 법률 위반

피의자는 2000. ○. ○. ○○:○○경 ○○○에 있는 피의자 주거지에서 하나로통신으로 전산망(인터넷)에 연결된 개인용 컴퓨터를 이용 대한약사회 홈페이지(http://www.kpanet. or.kr/)에 접속하여 관리자 연락용으로 게시된 전자우편 주소 kpifmagi@kpanet.or.kr을 보고 ID의 비밀번호를 알아내기 위하여 이미 인터넷 해커 사이트에서 다운받아 놓았던 웹크랙(비밀번호를 자동으로 찾아주는 해킹 프로그램)을 실행시켜 부정한 방법으로 "○○○"라는 비밀번호를 알아냈다.

나. 컴퓨터등손괴업무방해

피의자는 같은 날 ○○:○○경 부당하게 취득한 ID와 비밀번호로 회원들만이 접속할 수 있는 대한약사통신 서버에 부정접속, 게시판에 글을 등록한 회원 ID tg1010등 80개의 ID를 알아내어 파일로 저장하는 등 같은 달 ○. ○○:○○경까지 총 8회에 걸쳐 위와 같은 방법으로 대한약사통신(주) 회원들의 접속을 방해하고, 전자상거래를 못하도록 하여 피해사로 하여금 평균매출 차액 ○○만원 상당의 손해를 입히는 등 정상적인 업무를 방해하였다.

2) 적용법조 : (가)정보통신망법 제72조 제1항, 제48조제1항, (나)형법 제314조 제2항… 공소시효 7년

3) 신문사항

– 피의자는 대한약사회 통신 홈페이지를 알고 있는가

– 이 홈페이지는 누가 사용하는가

– 이 약사회 홈페이지에 접속한 사실이 있는가

– 언제 어디서 접속하였나

– 접속하여 어떤 일을 하였나

– 이용자의 아이디(ID), 패스워드를 어떻게 알아냈는가

– 이렇게 알아낸 아이디(ID), 패스워드를 어떻게 이용하였나

– 이와 관련 대한약사회 홈페이지의 업무를 방해한다고 생각하지 않았나

– 이러한 해킹 프로그램은 언제 어디서 구입하였나

– 무엇 때문에 대한 약사회 홈페이지의 계정을 알아내려 하였나

– 누구의 지시로 일한 행위를 하였나

– 타인의 계정을 부정한 방법으로 알아낼 권한이 있는가

– 이에 대해 어떻게 생각하는가

제4절 경매, 입찰의 방해

제315조(경매, 입찰의 방해) 위계 또는 위력 기타 방법으로 경매 또는 입찰의 공정을 해한 자는 2년 이하의 징역 또는 700만원 이하의 벌금에 처한다.
※ 공간정보의 구축 및 관리 등에 관한 법률 제107조(벌칙)
※ 건설산업기본법 제95조(벌칙)

 Ⅰ. 구성요건

1. 객 체

경매와 입찰

○ 국가 · 공공단체가 행하는 경매 · 입찰뿐만 아니라 사인이 행하는 경매 · 입찰도 포함된다. 특히 방해의 대상인 경매와 입찰은 현실적으로 존재하여야 한다.

■ 판례 ■ **학교법인의 이사장과 직원이 특정업자와 공모하여 예정가격을 미리 알려 준 경우**

[1] 사실관계

지명경쟁입찰의 시행자인 학교법인의 이사장 甲과 직원인 乙은 업자 丙과 공모하여 예정가격을 미리 알려 줌으로써 丙이 공사를 낙찰받을 수 있도록 하였다.

[2] 판결요지

가. 입찰방해죄에서 '입찰의 공정을 해하는 행위'의 의미
입찰방해죄는 위계 또는 위력 기타의 방법으로 입찰의 공정을 해하는 경우에 성립하는 위태범으로써 결과의 불공정이 현실적으로 나타나는 것을 필요로 하지 않고, 여기서 '입찰의 공정을 해하는 행위'란 공정한 자유경쟁을 방해할 염려가 있는 상태를 발생시키는 것, 즉 공정한 자유경쟁을 통한 적정한 가격형성에 부당한 영향을 주는 상태를 발생시키는 것으로, 그 행위에는 가격결정뿐 아니라 '적법하고 공정한 경쟁방법'을 해하는 행위도 포함된다.

나. 입찰을 실시할 법적 의무에 기하여 시행한 입찰만이 입찰방해죄의 객체가 되는지 여부(소극)
입찰시행자가 입찰을 실시할 법적의무에 기하여 시행한 입찰이라야만 입찰방해죄의 객체가 되는 것은 아니다.

다. 甲과 乙의 죄책
지명경쟁입찰의 시행자인 법인의 대표자가 특정인과 공모하여 그 특정인이 낙찰자로 선정될 수 있도록 예정가격을 알려 주고 그 특정인은 나머지 입찰참가인들과 담합하여 입찰에 응하였다면 입찰의 실시 없이 서류상으로만 입찰의 근거를 조작한 경우와는 달리 현실로 실시된 입찰의 공정을 해하는 것으로 평가되어 입찰방해죄가 성립한다(대법원 2007.5.31. 선고 2006도8070 판결).

입찰방해죄의 대상인 재입찰 절차가 처음부터 존재하지 않는 경우, 입찰방해죄의 성립여부(소극)

[1] 사실관계

> 일명 "송악파"라는 조직폭력범죄단체를 구성한 甲은 乙로부터 고철을 매수하려 하니 입찰을 도와달라는 부탁을 받고, 송악파 조직원인 丙 등에게 지시하여 입찰 장소에서 다른 입찰참가자들에게 甲이 보내서 왔다며 양보를 종용함으로써 응찰을 포기하도록 하였으나 그 후 입찰이 사실상 이루어지지 않았다.

[2] 판결요지

입찰방해죄가 성립하려면 최소한 적법하고 유효한 입찰절차의 존재가 전제되어야 하는데, 결국 재입찰이 실시되지 않았다면 처음부터 무슨 재입찰절차가 존재하였다 할 수 없어 결국 입찰방해죄는 성립할 수 없다(대법원 2005.9.9. 선고 2005도3857 판결).   ☞ (甲은 폭력행위등처벌에관한법률상의 범죄단체구성죄)

■ 판례 ■ **입찰방해 행위에 가격결정 외에 적법하고 공정한 경쟁방법을 해하는 행위도 포함되는지 여부(적극)**

입찰자들 상호간에 특정업체가 낙찰받기로 하는 담합이 이루어진 상태에서 그 특정업체를 포함한 다른 입찰자들은 당초의 합의에 따라 입찰에 참가하였으나 일부 입찰자는 자신이 낙찰받기 위하여 당초의 합의에 따르지 아니한 채 오히려 낙찰받기로 한 특정업체보다 저가로 입찰하였다면, 이러한 일부 입찰자의 행위는 위와 같은 담합을 이용하여 낙찰을 받은 것이라는 점에서 적법하고 공정한 경쟁방법을 해한 것이 되고, 따라서 이러한 일부 입찰자의 행위 역시 입찰방해죄에 해당한다(대법원 2010.10. 14. 선고 2010도4940 판결).

■ 판례 ■ **입찰절차가 아닌 일반 계약체결의 과정에서 공정한 경쟁을 해하는 행위를 한 경우, 입찰방해죄의 성립 여부(소극)**

[1] 형법 제315조의 입찰방해죄에 있어서 입찰방해 행위가 있다고 하기 위해서는 그 방해의 대상이 되는 입찰절차가 존재하여야 할 것이므로, 공정한 자유경쟁을 통한 적정한 가격형성을 목적으로 하는 입찰절차가 아니라 공적·사적 경제주체의 임의의 선택에 따른 계약체결의 과정에 공정한 경쟁을 해하는 행위가 개재되었다 하여 입찰방해죄로 처벌할 수는 없다 할 것이다.

[2] 한국토지공사 지사가 폐기물최종처리시설 부지를 분양하면서 일정 요건을 갖춘 분양신청자를 대상으로 추첨을 통해 1인의 분양대상자를 선정하는 방식으로 분양절차를 진행한 경우, 이 사건 분양절차는 공정한 자유경쟁을 통한 적정한 가격형성을 목적으로 하는 입찰절차에 해당한다고 볼 수 없다(대판2008.12.24. 2007도9287).

2. 행 위

위계 또는 위력 기타 방법으로 경매 또는 입찰의 공정을 해하는 것

(1) 위계 또는 위력

■ 판례 ■ **입찰방해죄가 결과범인지 여부(소극) 및 위력의 정도**

입찰방해죄는 위계 또는 위력 기타의 방법으로 입찰의 공정을 해하는 경우에 성립하는 것으로서, 입찰의

공정을 해할 행위를 하면 족하고 현실적으로 입찰의 공정을 해한 결과가 발생할 필요가 없으며, 위력의 사용은 폭행·협박의 정도에 이르러야만 되는 것도 아니다(대법원 1993.2.23. 선고 92도3395 판결).

■ 판례사례 ■   [위력에 의한 입찰방해죄가 성립하는 사례]

> (1) 피고인들이 입찰장소의 주변을 에워싸고 사람들의 출입을 막아 입찰에 참가하려는 사람들을 입찰에 참석하지 못하도록 한 경우(대법원 1993.2.23. 선고 92도3395 판결)
> (2) 피고인들이 공모하여 경매신청에 나서려는 성명불상의 2, 3인의 사람들을 경매법정 밖으로 밀어내어 공소외인이 단독으로 경매절차에 참여토록 한 경우(대법원 1990.10.30. 선고 90도2022 판결)
> (3) 오렌지 수입에 관한 입찰절차에서 제주감귤농업협동 조합장이 동 조합과 제주교역의 상호 협의에 의하여 이루어진 기존의 낙찰자 선정결정을 무시하고 다른 업체로 낙찰자를 변경하도록 하고, 자신의 지시대로 시행하지 않으면 제주교역에게 수입대행포기각서를 쓰라고 강요한 경우(대법원 2000.7.6. 선고 99도4079 판결)

(2) 공정을 해하는 것

공정한 자유경쟁을 통한 적정한 가격형성에 부당한 영향을 주는 상태를 발생시키는 것

(가) 범 위

공정성을 해하는 행위에는 경매·입찰의 가격결정 뿐만 아니라 공정한 경쟁방법을 해하는 행위도 포함 됨(例 가격이 적정하였어도 그 과정이나 절차가 공정하지 못한 경우)

(나) 기수시기

경매·입찰의 공정의 현실적 침해결과는 요하지 않고, 그러한 행위가 있으면 기수

■ 판례 ■   단독입찰하면서 경쟁입찰인 것 같이 가장한 행위가 입찰방해죄에 해당하는지 여부

[1] 사실관계

> 甲은 乙, 丙과 공모하여, A대학 학생과 사무실에서 위 대학 졸업앨범제작 입찰에 甲으로 하여금 낙찰을 받게 할 목적으로, 丁과 戊 등을 가장 경쟁자로 내세워 입찰에 필요한 서류 등을 제출한 후, 위 학생과 사무실에서, 甲은 자기명의로 응찰하고, 乙은 丁명의로, 丙은 戊명의로 각 응찰하여 甲이 낙찰받게 하였다.

[2] 판결요지

입찰방해죄는 위태범으로서 결과의 불공정이 현실적으로 나타나는 것을 요하는 것이 아니며 그 행위에는 가격을 결정하는데 있어서 뿐 아니라 적법하게 공정한 경쟁방법을 해하는 행위도 포함되므로 그 행위가 설사 유찰방지를 위한 수단에 불과하여 입찰가격에 있어 입찰실시자의 이익을 해하거나 입찰자에게 부당한 이익을 얻게 하는 것이 아니었다 하더라도 실질적으로 단독입찰하면서 경쟁입찰인것 같이 가장하였다면 그 입찰가격으로서 낙찰하게 한 점에서 경쟁입찰의 방법을 해한 것이 되어 입찰의 공정을 해한 것이 된다(대법원 1988.3.8. 선고 87도2646 판결). ☞ (甲, 乙, 丙은 입찰방해죄)

법원경매업무를 담당하는 집행관의 구체적인 직무집행을 저지하거나 현실적으로 곤란하게 하는 데까지는 이르지 않고 입찰의 공정을 해하는 정도의 행위가 위계에 의한 공무집행방해죄를 구성하는지 여부(소극)

범죄행위가 법원경매업무를 담당하는 집행관의 구체적인 직무집행을 저지하거나 현실적으로 곤란하게 하는 데까지는 이르지 않고 입찰의 공정을 해하는 정도의 행위라면 형법 제315조의 경매ㆍ입찰방해죄에만 해당될 뿐, 형법 제137조의 위계에 의한 공무집행방해죄에는 해당되지 않는다(대법원 2000.3.24. 선고 2000도102 판결).

(3) 담합행위

(가) 의 의

경매나 입찰에 참가하는 자들끼리 특정한 자로 하여금 낙찰 또는 경락을 받게 하거나 일정한 가격에 낙찰 또는 경락이 되도록 하기 위하여 다른 참가자들을 일정한 가격 이상 또는 이하로 입찰 내지 호가(呼價)하지 않도록 사전에 협정하는 것

일부 입찰참가자들이 담합하여 투찰행위를 한 경우

[1] 담합행위가 입찰방해죄로 되기 위하여는 반드시 입찰참가자 전원 사이에 담합이 이루어져야 하는지 여부(소극)

입찰방해죄는 위계 또는 위력 기타의 방법으로 입찰의 공정을 해하는 경우에 성립하는 위태범으로서 결과의 불공정이 현실적으로 나타나는 것을 필요로 하지 않고, 여기서 '입찰의 공정을 해하는 행위' 란 공정한 자유경쟁을 방해할 염려가 있는 상태를 발생시키는 것, 즉 공정한 자유경쟁을 통한 적정한 가격형성에 부당한 영향을 주는 상태를 발생시키는 것으로, 그 행위에는 가격결정뿐 아니라 '적법하고 공정한 경쟁방법' 을 해하는 행위도 포함된다. 그리고 입찰참가자들 사이의 담합행위가 입찰방해죄로 되기 위하여는 반드시 입찰참가자 전원 사이에 담합이 이루어져야 하는 것은 아니고, 입찰참가자들 중 일부 사이에만 담합이 이루어진 경우라고 하더라도 그것이 입찰의 공정을 해하는 것으로 평가되는 이상 입찰방해죄는 성립한다.

[2] 일부 입찰참가자들이 가격을 합의하고, 낙찰이 되면 특정 업체가 모든 공사를 하기로 합의하는 등 담합하여 투찰행위를 한 경우, 입찰방해죄의 성립 여부(적극)

이는 '적법하고 공정한 경쟁방법' 을 해하는 행위로서 입찰의 공정을 해하는 경우에 해당하며, 결과적으로 위 투찰에 참여한 업체의 수가 많아서 실제로 가격형성에 부당한 영향을 주지 않았다고 하더라도 입찰방해죄가 성립한다(대법원 2009.5.14. 선고 2008도11361 판결).

입찰자 일부와 담합이 있었으나 타입찰자와는 담합이 이루어지지 않는 경우

[1] 금품수수 없는 담합행위와 입찰방해죄의 성부(적극)

가장경쟁자를 조작하거나 입찰의 경쟁에 참가하는 자가 서로 통모하여 그 중의 특정한 자를 낙찰자로 하기 위하여 기타의 자는 일정한 가격이하 또는 이상으로 입찰하지 않을 것을 협정하는 소위 담합행위는 입찰가격에 있어서 실시자의 이익을 해하는 것이 아니라도 실질적인 단독입찰을 경쟁입찰인 것처럼 가장하여 그 입찰가격으로 낙찰되게 한 경우에는 담합자간에 금품의 수수에 관계없이 일응 입찰의 공정을 해할 위험성이 있다 하겠다.

[2] 입찰자 일부와 담합이 있었으나 타입찰자와는 담합이 이루어지지 않는 경우 입찰방해죄의 성부(소극)

담합이 있고 그에 따른 담합금이 수수되었다 하더라도 입찰시행자의 이익을 해함이 없이 자유로운 경쟁을 한 것과 동일한 결과로 되는 경우에는 입찰의 공정을 해할 위험성이 없다고 할 것인바, 이 사건 입찰에 참가한 (甲), (乙), (丙), (丁), (戊)의 5개 회사 중에서 (甲)회사의 전무인 피고인이 담합한 것은 (乙)회사가 들러리로 세운 (丙)회사 뿐이며 (乙), (戊)회사와는 담합이 이루어지지 아니하여 그들의 투찰가격은 모두 입찰예정가격을 넘고 있으며, 피고인 역시 (乙)회사 등으로부터 확답을 못얻어 불안한 나머지 당초 예정한 것보다 훨씬 높은 가격으로 응찰하였고, (丙)회사 등이 (乙)회사의 들러리로 입찰에 참가하게 된 사정을 몰랐다면 비록 피고인이 담합을 제의하였으나 실질적인 입찰참가자인 (乙), (戊)회사 등이 이를 받아들이지 않은 이상 그들을 형식적으로 입찰에 참가하게 하여 피고인의 실질적인 단독입찰을 경쟁입찰로 가장한 것이라고 볼 수 없고 결국은 자유경쟁을 한 것과 동일한 결과로 되어 위 (丙)회사가 부정한 이익을 받았다 하더라도 그것만으로는 입찰방해죄가 성립한다고 볼 수 없다(대법원 1983.1.18. 선고 81도824 판결).

■ 판례사례 ■ **[입찰방해죄가 성립하지 아니하는 사례]**

(1) 일부 입찰자가 단순히 정보를 교환하여 응찰가격을 조정하는 행위(대법원 1997.3.28. 선고 95도1199 판결)

(2) 주문자의 예정가격내에서 무모한 경쟁을 방지하고자 담합한 경우(대법원 1971.4.20. 선고 70도2241 판결)

(3) 부동산 경매에 있어 각 일부를 점유하는 자들이 합의하여 1인을 대표로 가격을 예정함이 없이 단독으로 입찰케하는 신탁입찰(대법원 1957.10.21. 선고 4290형상368 판결)

(나) 기수시기

담합이 이루어진 때 기수가 되고, 경매신청·응찰·담합금의 수수여부는 불문

■ 판례 ■ **현실적으로 입찰의 공정을 해한 결과가 발생함을 요하는지 여부(소극)**

위 담합행위를 한 경우에는 담합자 상호간에 금품의 수수와 상관없이 입찰의 공정을 해할 위험성이 있다 할 것이고, 담합자 상호간에 담합의 대가에 관한 다툼이 있었고, 실제의 낙찰단가가 낙찰예정단가보다 낮아 입찰시행자에게 유리하게 결정되었다고 하여 그러한 위험성이 없었다거나 입찰방해죄가 미수에 그친 것이라고 할 수는 없다(대법원 1994.5.24. 선고 94도600 판결).

■ 판례 ■ **담합을 시도하는 행위가 있었을 뿐 실제로 담합이 이루어지지 못한 경우**

이로써 공정한 자유경쟁을 방해할 염려가 있는 상태 즉, 공정한 자유경쟁을 통한 적정한 가격형성에 부당한 영향을 주는 상태를 발생시켜 그 입찰의 공정을 해하였다고 볼 수 없어, 이는 입찰방해미수행위에 불과하고 입찰방해죄의 기수에 이르렀다고 할 수는 없다(대법원 2003.9.26. 선고 2002도3924 판결).

II. 경매방해죄의 범죄사실의 특정의 정도

■ 판례 ■　　경매를 방해한 자 중 피고인들 이외의 자들이나 경매신청에 나서려는 사람들이 구체적으로 누구라고 밝히지 아니한 경우

피고인들이 공모하여 경매신청에 나서려는 성명불상의 2, 3인의 사람들을 경매법정 밖으로 밀어내어 공소외인이 단독으로 경매절차에 참여토록 하였으면 경매방해죄가 성립되는 것이고 원심법원이 경매를 방해한 자 중 피고인들 이외의 자들이나 경매신청에 나서려는 사람들이 구체적으로 누구라고 밝히지 아니하였고, 위 성명불상의 사람들이 실제로 경매에 응찰하려고 착수하였는지 등을 심리하여 밝히지 아니하였다고 하여 범죄사실이 특정되지 아니하였다거나 경매방해의 법리를 오해한 위법이 있다고 할 수 없다(대법원 1990.10.30. 선고 90도2022 판결).

III. 범죄사실기재 및 신문사항

[기재례1] 경매방해

1) 범죄사실 기재례

피의자들은 20○○. ○. ○. ○○지방법원 제○○ 법정에서 실시한 채무자 A주식회사 소유의 ○○건물에 대해 채권자 홍길동이 신청한 제1차 매각기일에 있어서 경락희망자 丁과의 사이에 피의자등은 경락 신청을 포기하고 그에게 경락시킨다는 협정을 하고 그 대가로 그곳에서 그로부터 각기 현금 ○○만원을 받음으로써 담합하여 공정한 경매를 방해하였다.

2) 적용법조 : 제315조… 공소시효 5년

3) 신문사항

- 경매업을 하고 있는가
- 언제부터 어디에서 하고 있는가
- 영업규모는 어느 정도인가
- ○○법원 실시한 경매를 알고 있는가
- 피의자도 이 경매에 응찰하였는가
- 언제 어떤 경매에 응찰하였는가
- 응찰자는 어느 정도였는가
- A도 응찰하였는가
- A와 이 입찰과 관련 사전 담합한 일이 있는가
- 언제 어디에서 어떤 조건으로 담합하였는가

- 경매결과는 어떻게 되었는가
- A에 대해 언제 어떠한 대가를 지불하였는가
- 피의자들의 행위로 경매의 공정성을 해하였다 생각하지 않는가

[기재례2] 입찰내정 최저한도 가격 등을 알려주어 낙찰자로 결정된 경우

1) 범죄사실 기재례

피의자는 ○○○교육청 경리과장으로 ○○직 공무원이다.

피의자는 2000. ○. ○. 그곳 교육청에서 실시한 ○○에 있는 팔마중학교 증축공사의 입찰에 있어서 그 교육청의 지명입찰자인 건축도급업자 홍길동에게 그곳 교육청 사무실에서 전화로 그 입찰내정 최저한도 가격 등을 알려주어 그로 하여금 서로 짠 내용대로 예정과 같이 입찰하게 하여 다른 10명의 같은 업자보다 우선하여 낙찰자로 결정하게 함으로써 위계를 사용하여 공정한 입찰을 방해하였다.

2) 적용법조 : 제315조… 공소시효 5년

[기재례3] 전기공사 수주 입찰방해(담합)

1) 범죄사실 기재례

피의자들은 한국전기공사협회 ○○지부 소속 회원 중 30개 회원을 대상회원으로 하여 협력회를 구성하고 피의자 甲은 회장, 피의자 乙은 총무로 취임하였다.

피의자들은 ○○시내에 한국전력공사에서 발주하는 전기공사 중 공사금액 건당 ○○만원 이하의 공사는 위 지부 회원들만이 수주할 수 있고 종전과 같이 자유경쟁에 기하여 입찰할 경우 상호경쟁으로 인하여 예정가에 훨씬 못 미치는 88% 정도의 가격으로 수주를 하게 되는 결과를 방지하고 이를 개개 회사의 이익으로 돌리기로 하였다.

피의자들은 각 회원사가 피의자들의 추첨에 기하여 순번제로 단독응찰하고 나머지 회원사 중에 지목된 일부 회원사는 이에 들러리를 서는 방식으로 사실상 단독으로 입찰하는 한편 낙찰한 회사는 도급액의 10%를 협력회 기금으로 납부하여 이를 연말에 결산하여 수주액의 역순으로 차등 분배하는 방법으로 떡값을 주기로 하여 각 회원사의 동의를 얻어낸 다음 위와 같은 방법으로 각 회원사가 순번에 기하여 사실상 단독낙찰하게 하였다.

이로써 피의자들은 공모하여 범죄일람표 기재와 같이 50회에 걸쳐 위계로써 입찰의 공정을 해하였다.

2) 적용법조 : 제315조… 공소시효 5년

[기재례4] 문화재 보수 입찰방해(담합)

1) 범죄사실 기재례

피의자는 20○○. ○. ○.경 ○○에서 실시하는 ○○문화제 보수공사와 관련 문화재 보수·정비공사와 관련한 입찰에서 사전에 A건설 주식회사와 그 공사를 자신이 관리하는 B건설에서 낙찰받기로 약속하고 B건설의 직원인 홍길동으로 하여금 A건설의 입찰대리인으로 참가시켜 낙찰 가능성이 없는 높은 금액으로 응찰하게 하여 B건설이 낙찰받는 방법으로 입찰의 공정을 해하였다.

2) 적용법조 : 제315조… 공소시효 5년

3) 신문사항

– 어떤 사업을 하고 있는가
– 언제부터 어디에서 문화재보수업을 하고 있는가
– 영업규모는 어느 정도인가
– ○○에서 실시한 문화재보수 공사에 응찰한 일이 있는가
– 언제 어떤 입찰에 응찰하였는가
– 응찰회사는 어느 정도였는가
– A회사도 응찰하였는가
– A회사와 이 입찰과 관련 사전 담합한 일이 있는가
– 언제 어디에서 어떤 조건으로 담합하였는가
– 입찰결과는 어떻게 되었는가
– A회사에 대해 언제 어떠한 대가를 지불하였는가
– 피의자들의 행위로 입찰의 공정성을 해하였다 생각하지 않는가

제1절 비밀침해

제316조(비밀침해) ① 봉함 기타 비밀장치한 사람의 편지, 문서 또는 도화를 개봉한 자는 3년 이하의 징역이나 금고 또는 500만원 이하의 벌금에 처한다.
② 봉함 기타 비밀장치한 사람의 편지, 문서, 도화 또는 전자기록등 특수매체기록을 기술적 수단을 이용하여 그 내용을 알아낸 자도 제1항의 형과 같다.
제318조(고소) 본장의 죄는 고소가 있어야 공소를 제기할 수 있다.
※ 우편법 제48조(우편물 등 개봉 훼손의 죄)
※ 정보통신망 이용촉진 및 정보보호 등에 관한 법률 제49조(비밀 등의 보호), 제71조(벌칙)

Ⅰ. 구성요건

1. 객 체

봉함 기타 비밀장치한 타인의 편지 · 문서 · 도화 · 전자기록 등 특수매체기록

(1) 봉함 기타 비밀장치

○ 봉함 · 비밀장치하지 않은 편지(例, 우편엽서, 무봉서장)는 본죄의 객체가 아니다.
○ 컴퓨터나 기록에 접근금지라고 기재한 것만으로는 기타 비밀장치에 해당하지 아니한다.
○ 편지 등을 비밀장치된 용기 속에 넣어 둔 경우에도 비밀장치에 해당한다.

(2) 편지 · 문서 · 도화

(가) 편 지

특정인으로부터 특정인에게 의사를 전달하는 문서로서 반드시 우편물에 제한되지 않으며, 발송전후도 불문한다. 다만 수신인의 열람 이후에는 본죄의 객체가 아니다.

(나) 문 서

편지 이외의 것으로서 문자 또는 발음부호에 의하여 의사가 표현된 물건으로서 공문서 · 사문서를 불문한다. 다만 의사표시를 내용으로 하지 않는 것(例, 현금을 넣어 봉한

봉투)은 본죄의 객체가 아니다.

(다) 도 화

그림에 의하여 사람의 의사가 표시된 것을 말하는 것(例, 사진, 도표, 설계도)으로 의사표시 없는 도화는 본죄의 객체가 아니다.

(라) 전자기록 등 특수매체기록

일정한 데이터에 관한 전자적 기록이나 광학적 기록을 의미한다.

■판례■   '전자기록 등 특수매체기록'의 의미

[1] 사실관계

피고인이 피해자가 사용하는 노트북 컴퓨터에 해킹프로그램을 몰래 설치한 후 이를 작동시켜 피해자의 네이트온, 카카오톡, 구글 계정의 각 아이디 및 비밀번호(이하 '이 사건 아이디 등'이라고 한다)를 알아냄으로써 비밀장치를 한 피해자의 전자기록 등 특수매체기록을 기술적 수단을 이용하여 그 내용을 알아내었다는 것이다.

[2] 판결요지

가. 전자기록등내용탐지죄 등의 범죄에 행위 객체로 규정된 '전자기록 등 특수매체기록'의 의미 / 그 자체로서 객관적·고정적 의미를 가지면서 독립적으로 쓰이는 것이 아니라 개인 또는 법인이 전자적 방식에 의한 정보의 생성·처리·저장·출력을 목적으로 구축하여 설치·운영하는 시스템에서 쓰임으로써 예정된 증명적 기능을 수행하는 것이 '전자기록'에 포함되는지 여부(적극)

전자기록 등 특수매체기록이란 일정한 저장매체에 전자방식이나 자기방식 또는 광기술 등 이에 준하는 방식에 의하여 저장된 기록을 의미한다. 특히 전자기록은, 그 자체로는 물적 실체를 가진 것이 아니어서 별도의 표시·출력장치를 통하지 아니하고는 보거나 읽을 수 없고, 그 생성 과정에 여러 사람의 의사나 행위가 개재됨은 물론 추가 입력한 정보가 프로그램에 의하여 자동으로 기존의 정보와 결합하여 새로운 전자기록을 작출하는 경우도 적지 않으며, 그 이용 과정을 보아도 그 자체로서 객관적·고정적 의미를 가지면서 독립적으로 쓰이는 것이 아니라 개인 또는 법인이 전자적 방식에 의한 정보의 생성·처리·저장·출력을 목적으로 구축하여 설치·운영하는 시스템에서 쓰임으로써 예정된 증명적 기능을 수행한다(형법 제227조의2에 규정된 공전자기록등위작죄에 관한 대법원 2005. 6. 9. 선고 2004도6132 판결, 형법 제232조의2에 규정된 사전자기록등위작죄에 관한 대법원 2020. 8. 27. 선고 2019도11294 전원합의체 판결 등 참조). 따라서 그 자체로서 객관적·고정적 의미를 가지면서 독립적으로 쓰이는 것이 아니라 개인 또는 법인이 전자적 방식에 의한 정보의 생성·처리·저장·출력을 목적으로 구축하여 설치·운영하는 시스템에서 쓰임으로써 예정된 증명적 기능을 수행하는 것은 전자기록에 포함된다(형법 제232조의2에 규정된 사전자기록등위작죄에서의 전자기록에 관한 대법원 2008. 6. 12. 선고 2008도938 판결 참조).

나. 인터넷 계정의 아이디 및 비밀번호가 전자기록등내용탐지죄의 행위 객체인 '전자기록 등 특수매체기록'에 해당하는지 여부(적극)

이처럼 개정 형법이 전자기록 등 특수매체기록을 위 각 범죄의 행위 객체로 신설·추가한 입법 취지, 전자기록등내용탐지죄의 보호법익과 그 침해행위의 태양 및 가벌성 등에 비추어 볼 때, 이 사건 아이디 등은 전자방식에 의하여 피해자의 노트북 컴퓨터에 저장된 기록으로서 형법 제316조 제2항의 '전자기록 등 특수매체기록'에 해당한다.

다. 봉함 기타 비밀장치가 되어 있지 아니한 전자기록 등 특수매체기록을 기술적 수단을 동원하여 그 내용을 알아낸 경우, 전자기록등내용탐지죄가 성립하는지 여부(소극)

형법 제316조 제2항 소정의 전자기록등내용탐지죄는 봉함 기타 비밀장치한 전자기록 등 특수매체기록을 기술적 수단을 이용하여 그 내용을 알아낸 자를 처벌하는 규정인바, 전자기록 등 특수매체기록에 해당하더라도 봉함 기타 비밀장치가 되어 있지 아니한 것은 이를 기술적 수단을 동원해서 알아냈더라도 전자기록등내용탐지죄가 성립하지 않는다.(대법원 2022. 3. 31. 선고 2021도8900 판결)

■ 판례 ■　　**2단 서랍의 아랫칸에 잠금장치가 되어 있는 경우**

[1] 사실관계

회사원 乙이 업무상 보안을 유지해야할 문서들을 서랍이 2단으로 되어 있어 그 중 아랫칸의 윗부분이 막혀 있지 않아 윗칸을 밖으로 빼내면 아랫칸의 내용물을 쉽게 볼 수 있는 구조로 되어 있는 책상서랍 아랫칸에 보관하고 잠금장치를 하였는데, 다른 부서에 근무하는 직원 甲이 乙 몰래 서랍의 잠금장치를 풀고 문서철을 꺼내 보려다가 乙에게 발각되었다.

[2] 판결요지

가. 형법 제316조 제1항 비밀침해죄에서 '비밀장치가 되어 있는 문서'의 의미

형법 제316조 제1항의 비밀침해죄는 봉함 기타 비밀장치한 사람의 편지, 문서 또는 도화를 개봉하는 행위를 처벌하는 죄이고, 이때 '봉함 기타 비밀장치가 되어 있는 문서'란 '기타 비밀장치'라는 일반 조항을 사용하여 널리 비밀을 보호하고자 하는 위 규정의 취지에 비추어 볼 때, 반드시 문서 자체에 비밀장치가 되어 있는 것만을 의미하는 것은 아니고, 봉함 이외의 방법으로 외부 포장을 만들어서 그 안의 내용을 알 수 없게 만드는 일체의 장치를 가리키는 것으로, 잠금장치 있는 용기나 서랍 등도 포함한다고 할 것이다.

나. 2단 서랍의 아랫칸에 잠금장치가 되어 있는 경우 형법 제316조 제1항의 '비밀장치'에 해당하는지 여부(적극)

서랍이 2단으로 되어 있어 그 중 아랫칸의 윗부분이 막혀 있지 않아 윗칸을 밖으로 빼내면 아랫칸의 내용물을 쉽게 볼 수 있는 구조로 되어 있는 서랍이라고 하더라도, 피해자가 아랫칸에 잠금장치를 하였고 통상적으로 서랍의 윗칸을 빼어 잠금장치 된 아랫칸 내용물을 볼 수 있는 구조라거나 그와 같은 방법으로 볼 수 있다는 것을 예상할 수 없어 객관적으로 그 내용물을 쉽게 볼 수 없도록 외부에 의사를 표시하였다면, 형법 제316조 제1항의 규정 취지에 비추어 아랫칸은 윗칸에 잠금장치가 되어 있는지 여부에 관계없이 그 자체로서 형법 제316조 제1항에 규정하고 있는 비밀장치에 해당한다고 할 것이다. 따라서 본 사안의 경우에는 비밀침해죄의 기수에 해당한다(대법원 2008.11.27. 선고 2008도9071 판결).

2. 행 위

개봉(제1항)하거나 기술적 수단을 이용 그 내용을 알아내는 것(제2항)

○ 편지 등을 개봉하여 그 내용을 알 수 있는 상태에 둔 때에 기수가 되며, 그 내용을 인식할 것은 요하지 않는다(추상적 위험범).

3. 주관적 구성요건

봉함 기타 비밀장치한 사람의 편지, 문서 또는 도화를 개봉 또는 기술적 수단을 이용하여 그 내용을 알아낸다는 인식·인용이 있을 것

4. 위법성

(1) 피해자의 승낙

피해자의 승낙이나 추정적 승낙(例, 배우자 일방이 장기 출타 중인 경우)이 있으면 구성요건해당성을 배제하는 양해가 된다(통설).

> ■ 판례 ■ **피해자가 자신을 알아볼 수 없도록 해 달라는 조건하에 사생활에 관한 방송을 승낙하였는데 모자이크 처리나 음성변조 등 방송기술상의 적절한 조치를 취하지 않음으로써 신분이 노출된 경우**
>
> [1] 본인의 승낙 범위를 초과하여 승낙 당시의 예상과는 다른 목적이나 방법으로 그의 사생활에 관한 사항을 공개한 경우, 위법성 여부(적극)
> 본인의 승낙을 받고 승낙의 범위 내에서 그의 사생활에 관한 사항을 공개할 경우 이는 위법한 것이라 할 수 없다 할 것이나, 본인의 승낙을 받은 경우에도 승낙의 범위를 초과하여 승낙 당시의 예상과는 다른 목적이나 방법으로 이러한 사항을 공개할 경우 이는 위법한 것이라 아니할 수 없다.
>
> [2] 사생활 침해로 인한 손해배상책임을 인정여부(적극)
> 피해자가 자신을 알아볼 수 없도록 해 달라는 조건하에 사생활에 관한 방송을 승낙하였는데 방영 당시 피해자의 모습이 그림자 처리되기는 하였으나 그림자에 옆모습 윤곽이 그대로 나타나고 음성이 변조되지 않는 등 방송기술상 적절한 조치를 취하지 않음으로써 피해자의 신분이 주변 사람들에게 노출된 사안에서, 피해자의 승낙 범위를 초과하여 승낙 당시의 예상과는 다른 방법으로 부당하게 피해자의 사생활의 비밀을 공개하였다고 하여 불법행위에 의한 손해배상책임을 인정한 사례(대법원 1998.9.4. 선고 96다11327 판결).

(2) 정당행위

- 법령에 의한 개봉의 경우(例, 통신비밀보호법 제3·5조, 행형법 제18조 제3항, 형사소송법 제107·120조, 우편법 제28조) 정당행위로서 위법성이 조각된다.
- 친권자가 자녀에게 온 편지를 개봉한 경우 정당행위로서 위법성이 조각된다. 그러나 성년자인 자녀에 대해서, 그리고 부부사이에는 편지를 개봉해 볼 권한이 없다.

> ■ 판례 ■ **회사의 대표이사 甲이 업무상배임 혐의가 강하게 의심되는 직원이 사용하는 업무용 컴퓨터 하드디스크의 비밀장치를 풀고 그 안에 저장된 정보를 검색하여 내용을 알아낸 행위**
>
> [1] 형법 제316조 제2항에 정한 '비밀장치한 전자기록 등 특수매체기록'의 의미
> 형법 제316조 제2항에 규정된 '비밀장치한 전자기록 등 특수매체기록'이란, 권한 없는 사람이 기록에 접근하는 것을 방지하거나 곤란하게 하기 위한 장치가 마련되어 있는 특수매체기록을 말하는 것으로, 컴퓨터나 기록 자체가 시정되어 있는 경우는 물론, 비밀번호, 지문인식과 같은 특수한 작동체계를 설정하여 둔 경우도 이에 포함된다.
> [2] 비밀번호를 설정하여 둔 컴퓨터의 하드디스크가 형법 제316조 제2항에 정한 '비밀장치한 전자기록'에

해당하는지 여부(적극)

비밀번호를 설정하여 둔 컴퓨터의 하드디스크가 형법 제316조 제2항에 정한 '비밀장치한 전자기록'에 해당한다.

[3] 甲의 행위가 정당행위에 해당하는지 여부(적극)

회사의 대표이사가 직원이 사무실에서 사용하는 업무용 컴퓨터 하드디스크의 비밀장치를 풀고 그 안에 저장된 정보를 검색하여 내용을 알아낸 사안에서, 당해 직원의 업무상배임 혐의가 구체적이고 합리적으로 의심되는 상황이어서 이를 긴급히 확인할 필요가 있었던 점, 검색의 범위를 당해 배임 혐의에 관한 것으로 한정한 점, 대표이사가 부하직원에 대한 감독자로서 가지는 권한의 내용 및 범위 등에 비추어, 위 대표이사의 행위가 정당행위에 해당하여 위법성이 조각된다(서울동부지법 2007.7.5. 선고 2007노318 판결).

5. 소추조건

- 본죄는 고소가 있어야 공소를 제기할 수 있는 친고죄이다.
- 본죄의 고소권자는 피해자로, 편지의 경우 발송 내지 도달 전후를 불문하고 발송인뿐만 아니라 수신인도 언제나 고소권자가 된다.

6. 죄 수

- 타인에게 온 봉함된 편지를 몰래 개봉해서 읽어본 경우 ⇨ 편지의 봉투만을 찢어서 읽어보고 제자리에 둔 경우에는 비밀침해죄만 성립, 읽어본 후에 편지 자체를 찢어버리거나 은닉한 때에는 비밀침해죄와 손괴죄의 실체적 경합
- 편지 등을 절취·횡령하여 개봉하여 읽은 경우 ⇨ 절도죄·횡령죄와 비밀침해죄의 실체적 경합

II. 범죄사실기재 및 신문사항

[기재례1] 우편물을 호기심에 개봉

1) 범죄사실 기재례

피의자는 20○○. ○. ○.경 ○○에 있는 ○○자동차공업사에서 정비공으로 일하고 있는 홍길동 앞으로 장나라에게서 온 봉함된 편지 1통을 받아, 이를 위 홍길동에게 전해주려다가 호기심이 생겨 위 편지의 윗부분을 바늘을 이용 뜯어봄으로써 봉함한 타인의 편지를 개봉하였다.

2) 적용법조 : 제316조 제1항… 공소시효 5년

3) 신문사항

– 고소인 ○○○와 어떠한 관계인가

– 고소인에게 온 편지를 받아 본 일이 있느냐

– 언제 누구로부터 온 편지였는가

– 어떠한 편지였느냐

– 받은 편지는 어떻게 하였느냐

– 언제 어디에서 개봉하였나

– 어떠한 방법으로 개봉

– 무엇 때문에 개봉(개봉목적과 그 동기)

– 편지 등을 개봉하여 읽었는가

– 그 후 어떻게 처분했는가

– 피의자에게 개봉권한이 있다고 생각하느냐

[기재례2] 특수매체기록 비밀침해

1) 범죄사실 기재례

피의자는 20○○. ○. ○. 21:00경 ○○에 있는 ○○회사 사무실에서 회사직원인 피해자 홍길동이 회사의 이익을 빼돌린다는 소문을 확인한다는 명목으로, 피해자가 사용하던 컴퓨터의 하드디스크를 뜯어내 이를 다른 컴퓨터에 연결하여 그 안에 저장된 파일 중 '○○'이라는 단어로 파일검색을 하여 피해자의 메신저 대화 내용, 이메일 등을 출력하여 비밀장치한 전자기록 등 특수매체기록을 기술적 수단을 이용하여 알아냈다.

2) 적용법조 : 제316조 제2항… 공소시효 5년
3) 신문사항

–○○회사 대표이사인가

–고소인 홍길동을 일고 있는가

–홍길동은 언제 피의자의 회사에 입사하였으며 어떤 업무를 하고 있는가

–홍길동이 사용한 컴퓨터 하드디스크를 확인한 일이 있는가

–어떤 내용을 확인하였나

–어떤 방법으로 확인하였나

–언제 어디에서 이런 행위를 하였나

–무엇 때문에 이런 행위를 하였나

–사전 홍길동에게 이런 사실을 말하였나

[기재례3] 파일검색

1) 범죄사실 기재례

피의자는 같은 회사의 영업과장으로 근무하고 있는 피해자 甲이 자신을 만나주지 않자 피해자가 사용하고 있는 컴퓨터에 저장된 영업비밀 등의 자료를 알아내어 이를 경쟁업체에 넘기기로 마음먹었다.

피의자는 20○○. ○. ○. 15:00경 ○○에 있는 피의자 사무실에서 비밀번호가 설정된 등 비밀장치한 전자기록인 피해자가 사용하던 컴퓨터의 본체를 손으로 뜯어내고 그 안에 들어있는 하드디스크를 떼어 낸 뒤, 다른 컴퓨터에 연결하여 하드디스크에 저장된 파일 중 '○○'이란 단어로 파일검색을 하여 피해자의 메신저 대화 내용과 이메일 등을 출력하여 비밀 장치한 전자기록 등 특수매체기록을 기술적 수단을 이용하여 그 내용을 알아냈다.

2) 적용법조 : 제316조 제2항, 제1항… 공소시효 5년

[기재례4] 파일검색으로 자료 출력

1) 범죄사실 기재례

피의자는 컴퓨터 관련 솔루션 개발업체인 ○○주식회사의 대표이사이다.

피의자는 같은 회사 직원인 A, B와 공모하여, 20○○. ○. ○. 11:00경 ○○에 있는 피의자의 사무실에서 위 회사의 경리부장으로 근무하던 피해자 ○○○가 회사의 이익을 빼돌린다는 소문을 확인할 목적으로 피의자의 지시에 의하여 위 A는 비밀번호가 설정되어 있는 비밀장치한 전자기록인 피해자가 사용하던 컴퓨터의 본체를 손으로 뜯어내고 그 안에 들어 있는 하드디스크를 떼어낸 뒤, 위 B와 함께 다른 컴퓨터에 연결하여 하드디스크에 저장되어 있는 파일 중 ○○이란 단어로 파일검색을 하여 피해자의 메신저 대화 내용과 이메일 등을 출력하여 비밀장치한 전자기록 등 특수매체기록을 기술적 수단을 이용하여 그 내용을 알아냈다.

2) 적용법조 : 제316조 제2항… 공소시효 5년

제2절 업무상비밀누설

> **제317조(업무상비밀누설)** ① 의사, 한의사, 치과의사, 약제사, 약종상, 조산사, 변호사, 변리사, 공인회계사, 공증인, 대서업자나 그 직무상 보조자 또는 차등의 직에 있던 자가 그 업무처리중 지득한 타인의 비밀을 누설한 때에는 3년 이하의 징역이나 금고, 10년 이하의 자격정지 또는 700만원 이하의 벌금에 처한다.
> ② 종교의 직에 있는 자 또는 있던 자가 그 직무상 지득한 사람의 비밀을 누설한 때에도 전항의 형과 같다.
> **제318조(고소)** 본장의 죄는 고소가 있어야 공소를 제기할 수 있다.

Ⅰ. 구성요건

1. 주 체

의사·한의사·치과의사·약제사·약종상·조산사·변호사·공인회계사·공증인·대서업자 또는 보조자, 종교의 직에 있는 자와 그러한 직에 있었던 자(진정신분범)

- 본죄의 주체로 열거되지 아니한 자는 본죄의 직접정범은 물론 간접정범도 될 수 없다.
- 공무원 또는 공무원이었던 자가 법령에 의한 직무상 비밀을 누설한 때에는 공무상 비밀누설죄로 처벌된다.

〈업무상비밀누설죄와 증언거부〉

업무상비밀누설 (형법 제317조)	의사, 한의사, 치과의사, 약제사, 약종상, 조산사, 변호사, 변리사, 공인회계사, 공증인, 대서업자, 종교직
업무상비밀과 증언거부 (형소법 제149조)	변호사, 변리사, 공인회계사, 공증인, 세무사, 대서업자, 의사, 한의사, 치과의사, 약사, 약종상, 조산사, 간호사, 종교직

2. 객 체

업무처리 중 또는 직무상 지득한 타인의 비밀

(1) 비 밀

제한된 범위 내의 사람들에게만 알려져 있는 사실로서 타인에게 전파되지 않음으로써 비밀주체에게 이익이 되는 사실

- 개인의 비밀인 이상 사적 생활에 관한 것이건 공적 생활에 관한 것이건 불문한다. 다만 사실이 아닌 허위사실이나 가치판단은 명예훼손죄나 모욕죄가 성립됨은 별론으로 하더라도 비밀누설죄의 대상은 아니다.

(2) 업무처리 중 또는 직무상 지득

비밀은 업무처리 중 또는 직무상 지득한 것이어야 한다. 따라서 업무상 알게 된 것이 아니라면 본죄의 객체에 해당하지 않는다.

3. 행 위

누설하는 것

(1) 누 설

비밀을 모르는 제3자에게 비밀을 고지하는 것으로 공연성은 요하지 않는다.

○ 누설은 부작위(例, 비밀이 기재된 서류를 방치하여 제3자가 열람하도록 한 경우)로도 가능하다.

■ 판례 ■ **병원에서 분실된 진료기록의 일부를 당사자가 증거로 제출한 경우**

병원에서 분실된 진료기록의 일부를 당사자가 증거로 제출하는 것이 형법 제317조 제1항소정의 업무상비밀누설죄에 해당된다고 볼 수 없다(대법원 1992.5.22. 선고 91다39320 판결).

(2) 기수시기

누설행위에 의해 상대방에게 도달한 때에 기수가 되고 상대방이 현실적으로 인식하였음을 요하지 않는다(추상적 위험범).

4. 주관적 구성요건

자기의 신분에 대한 인식과 업무처리상 알게 된 비밀을 누설한다는 것에 대한 인식과 인용이 있을 것

5. 죄 수

공연히 타인의 비밀을 누설하여 명예를 훼손한 경우에는 본죄와 명예훼손죄의 상상적 경합이 성립

Ⅱ. 범죄사실기재 및 신문사항

[기재례1] 의사가 환자의 비밀누설

1) 범죄사실 기재례

피의자는 20○○. ○. ○. ○○:○○경 ○○에 있는 ○○한의원에서 위 의원을 찾아와 진찰을 받고 약을 지어간 피해자 홍길동이 성병에 걸렸다는 사실을 알고 다음 날 ○○:○○경 위 피의자의 집에서 친구인 성실회에게 "공무원이라는 홍길동이 어제 진찰을 받았는데 성병에 걸려 있더라"라고 말하여 의사로서 그 업무 중에 알게 된 타인의 비밀을 누설하였다.

2) 적용법조 : 제317조 제1항… 공소시효 5년

[기재례2] 목사가 신자의 비밀누설

1) 범죄사실 기재례

피의자는 20○○. ○. ○. ○○에 있는 ○○교회에서 그 신자인 홍길동으로부터 참회를 듣고 그가 부인과의 사이가 좋지 않아 같은 회사에 근무하고 있는 여직원과 수회에 걸쳐 간통한 사실을 알고 같은 해 ○. ○. 경 위 교회 상담실에서 위 홍길동의 처 김신자에게 위 사실을 말함으로써 직무상 알게 된 타인의 비밀을 누설하였다.

2) 적용법조 : 제317조 제2항… 공소시효 5년

3) 신문사항
- 목사인가
- 어느 교회 목사인가
- 언제부터 위 교회에서 일하고 있으며 주로 어떤 역할을 하고 있는가
- 홍길동도 피의자 교회 신도인가
- 위 홍길동의 상담을 들어 준 일이 있는가
- 언제 어디에서 어떤 상담을 하였는가
- 무엇 때문에 홍길동이 피의자와 이런 상담을 하였다 생각하는가
- 홍길동과의 상담내용을 다른 사람에게 누설한 일이 있는가
- 언제 어디에서 누구에게 누설하였는가
- 어떤 사실을 누설하였는가
- 왜 그에게 누설 하였는가

제1절 주거침입

제319조(주거침입, 퇴거불응) ① 사람의 주거, 관리하는 건조물, 선박이나 항공기 또는 점유하는 방실에 침입한 자는 3년 이하의 징역 또는 500만원 이하의 벌금에 처한다.
제322조(미수범) 본장의 미수범은 처벌한다.
※ 폭력행위등처벌에관한법률 제2조(폭행등)

Ⅰ. 구성요건

1. 객 체

사람의 주거, 관리하는 건조물이나 선박, 항공기 또는 점유하는 방실

(1) 주 거

사람이 기와 침식에 사용하는 장소, 즉 일상생활을 영위하는 장소

■ 판례 ■ **대문을 몰래 열고 들어와 담장과 피해자가 거주하던 방 사이의 좁은 통로에서 창문을 통하여 방안을 엿본 경우**

[1] 주거침입죄의 성립요건 및 주거침입죄에 있어서 '주거'의 의미
주거침입죄는 사실상의 주거 평온을 보호법익으로 하는 것으로 거주자가 누리는 사실상의 주거 평온을 해할 수 있는 정도에 이르렀다면 범죄구성요건을 충족하는 것이라고 보아야 하고, 주거침입죄에 있어서 주거란 단순히 가옥 자체만을 말하는 것이 아니라 그 위 요지를 포함한다.

[2] 주거침입죄의 기수 여부
이미 수일 전에 2차례에 걸쳐 피해자를 강간하였던 피고인이 대문을 몰래 열고 들어와 담장과 피해자가 거주하던 방 사이의 좁은 통로에서 창문을 통하여 방안을 엿본 경우, 주거침입죄에 해당한다 (대법원 2001.4.24. 선고 2001도1092 판결).

■ 판례 ■ **다가구용 단독주택이나 공동주택 내부의 엘리베이터, 공용계단, 복도 등 공용부분이 주거침입죄의 객체인 '사람의 주거'에 해당하는지 여부(적극) / 거주자가 아닌 외부인이 공동주택의 공용부분에 출입한 것이 공동주택 거주자들에 대한 주거침입에 해당하는지 판단하는 기준**

다가구용 단독주택이나 다세대주택·연립주택·아파트와 같은 공동주택 내부의 엘리베이터, 공용계

단, 복도 등 공용부분도 그 거주자들의 사실상 주거의 평온을 보호할 필요성이 있으므로 주거침입죄의 객체인 '사람의 주거'에 해당한다. 거주자가 아닌 외부인이 공동주택의 공용부분에 출입한 것이 공동주택 거주자들에 대한 주거침입에 해당하는지를 판단할 때에도 공용부분이 일반 공중에 출입이 허용된 공간이 아니고 주거로 사용되는 각 가구 또는 세대의 전유부분에 필수적으로 부속하는 부분으로서 거주자들 또는 관리자에 의하여 외부인의 출입에 대한 통제·관리가 예정되어 있어 거주자들의 사실상 주거의 평온을 보호할 필요성이 있는 부분인지, 공동주택의 거주자들이나 관리자가 평소 외부인이 그곳에 출입하는 것을 통제·관리하였는지 등의 사정과 외부인의 출입 목적 및 경위, 출입의 태양과 출입한 시간 등을 종합적으로 고려하여 '주거의 사실상 평온상태가 침해되었는지'의 관점에서 객관적·외형적으로 판단하여야 한다.(대법원 2024. 6. 27. 선고 2023도16019 판결)

■ 판례 ■ **다가구용 단독주택인 빌라의 잠기지 않은 대문을 열고 들어가 공용 계단으로 빌라 3층까지 올라갔다가 1층으로 내려온 경우**

[1] 다가구용 단독주택이나 공동주택 내부에 있는 공용 계단과 복도가 주거침입죄의 객체인 '사람의 주거'에 해당하는지 여부(적극)

주거침입죄에서 주거란 단순히 가옥 자체만을 말하는 것이 아니라 그 정원 등 위요지를 포함한다. 따라서 다가구용 단독주택이나 다세대주택·연립주택·아파트 등 공동주택 안에서 공용으로 사용하는 계단과 복도는, 주거로 사용하는 각 가구 또는 세대의 전용 부분에 필수적으로 부속하는 부분으로서 그 거주자들에 의하여 일상생활에서 감시·관리가 예정되어 있고 사실상의 주거의 평온을 보호할 필요성이 있는 부분이므로, 특별한 사정이 없는 한 주거침입죄의 객체인 '사람의 주거'에 해당한다.

[2] 주거침입에 해당하는지 여부

피고인이 다가구용 단독주택인 위 빌라의 대문을 열고 계단으로 들어간 이상 피해자의 주거에 들어간 것이고, 이와 같이 위 빌라의 대문 안으로 들어간 행위가 거주자의 의사에 반한 것이라면 주거에 침입한 것이라고 보아야 할 것이다(폭력행위등처벌에관한법률상 공동주거침입죄 성립)(대법원 2009.8.20. 선고 2009도3452 판결).

(2) 관리하는 건조물

타인의 침입을 방지하기 위하여 인적·물적 설비를 갖춘 주거용 건물이 아닌 건조물 (例, 학교, 관공서 청사, 창고)

■ 판례 ■ **지면에서 물이 스며드는 것을 막기 위하여 시멘트로 지면과 접촉부분을 막아놓은 정도의 내부가 약 1.5평 정도의 알루미늄 담배점포에 침입한 경우**

[1] 건조물의 의미

건조물은 주위벽 또는 기둥과 지붕 또는 천정으로 구성된 구조물로서 사람이 기거하거나 출입할 수 있는 장소를 말하며 반드시 영구적인 구조물일 것을 요하지 않는다.

[2] 위 담배점포가 건조물에 해당하는지 여부(적극)

내부가 약 1.5평(정면길이 230m, 옆면길이 110센티미터) 정도되는 알미늄 샷시로 된 구조물로 당초 지면에 접촉만 시켜놓았다가 지면에서 물이 스며드는 것을 막기 위하여 시멘트로 지면과 접촉부분을 막아놓은 정도의 담배점포도 건조물에 해당한다(대법원 1989.2.28. 선고 88도2430, 88감도194 판결).

■ 판례 ■ **피고인들이 건물신축 공사현장에 무단으로 들어간 뒤 타워크레인에 올라가 이를**

점거한 경우, 주거침입죄의 성립여부(소극)

[1] 사실관계

> 파업참가 근로자인 甲 등은 경비원의 통제를 피하여 담을 넘는 등의 방법으로 컨테이너 박스 등으로 가설된 현장사무실과 경비실이 설치되어 있는 공사현장의 타워크레인에 올라가 이를 점거하고 농성에 돌입함으로 인하여 건축공사 현장에서 크레인과 연관된 시공작업이 모두 정지될 수밖에 없었다. 공사현장은 시공회사가 외곽에 담장을 설치하고 경비를 두어 외부에서 공사현장으로의 출입을 통제하고 있었다.

[2] 판결요지

가. 주거침입죄에 있어서 침입행위의 객체인 건조물의 의미와 그 범위

주거침입죄에 있어서 침입행위의 객체인 건조물은 주위벽 또는 기둥과 지붕 또는 천정으로 구성된 구조물로서 사람이 기거하거나 출입할 수 있는 장소를 말하고, 또한 단순히 건조물 그 자체만을 말하는 것이 아니고 위 요지를 포함한다고 할 것이나 위요지가 되기 위하여는 건조물에 인접한 그 주변 토지로서 관리자가 외부와의 경계에 문과 담 등을 설치하여 그 토지가 건조물의 이용을 위하여 제공되었다는 것이 명확히 드러나야 한다.

나. 甲의 죄책

타워크레인은 건설기계의 일종으로서 작업을 위하여 토지에 고정되었을 뿐이고 운전실은 기계를 운전하기 위한 작업공간 그 자체이지 건조물침입죄의 객체인 건조물에 해당하지 아니하고, 피고인들이 위 공사현장에 컨테이너 박스 등으로 가설된 현장사무실 또는 경비실 자체에 들어가지 아니하였다면, 피고인들이 위 공사현장의 구내에 들어간 행위를 위 공사현장 구내에 있는 건조물인 위 각 현장사무실 또는 경비실에 침입한 행위로 보거나, 위 공사현장 구내에 있는 건축 중인 건물에 침입한 행위로 볼 수 없다(대법원 2005.10.7. 선고 2005도5351 판결).   ☞ (甲등은 업무방해죄)

■ 판례 ■   **차량 통행이 빈번한 도로에 바로 접하여 있고 들어가는 입구 등에 그 출입을 통제하는 문이나 담 기타 인적·물적 설비가 전혀 없는 주거용 건물, 축사 4동 및 비닐하우스 2동으로 이루어진 시설로 차를 몰고 진입한 경우**

[1] 사실관계

> 甲과 乙 등은 차량 통행이 빈번한 도로에 바로 접하여 있고, 통로 입구 오른쪽의 전주 아래편에 '관계자 외 출입금지'라는 팻말이 있을 뿐 들어가는 입구 등에 그 출입을 통제하는 문이나 담 기타 인적·물적 설비가 전혀 없는 A의 주거용 건물, 축사 4동 및 비닐하우스 2동으로 이루어진 시설로 차를 몰고 진입하여 축사 앞 공터까지 들어갔다.

[2] 판결요지

가. 주거침입죄에서 침입행위의 객체인 '건조물'에 포함되는 '위요지'의 의미

주거침입죄에서 침입행위의 객체인 '건조물'은 주거침입죄가 사실상 주거의 평온을 보호법익으로 하는 점에 비추어 엄격한 의미에서의 건조물 그 자체뿐만이 아니라 그에 부속하는 위요지를 포함한다고 할 것이나, 여기서 위요지라고 함은 건조물에 인접한 그 주변의 토지로서 외부와의 경계에 담 등이 설치되어 그 토지가 건조물의 이용에 제공되고 또 외부인이 함부로 출입할 수 없다는 점이 객관적으로 명확하게 드러나야 한다. 따라서 건조물의 이용에 기여하는 인접의 부속 토지라고 하더라도 인적 또는 물적 설비 등에 의한 구획 내지 통제가 없어 통상의 보행으로 그 경계를 쉽사리 넘을 수 있는 정도라고 한다면 일반적으로 외부인의 출입이 제한된다는 사정이 객관적으로 명확하게 드러났다고 보기 어려우므로, 이는 다른 특별한 사정이 없는 한 주거침입죄의 객체에 속하지 아니한다고 봄이 상당하다.

나. 폭력행위등처벌에관한법률상 공동주거침입에 해당하는지 여부

과천시 갈현동 마을 입구에서 과천·인덕원 방향으로 난 차량 통행이 빈번한 도로에 바로 접하여서 자리하고 있고, 위 주거건물은 위 도로에 면하여 그로부터 직접 출입할 수 있는 사실, 위 도로에서 이 사건 시설로 들어가는 입구 등에 그 출입을 통제하는 문이나 담 기타 인적·물적 설비가 전혀 없고 시멘트 포장이 된 노폭 5m 정도의 통로를 통하여 누구나 통상의 보행으로 자유롭게 드나들 수 있고, 이는 이 사건 축사 앞 공터에 이르기까지 다를 바 없는 사실, 이 사건 시설은 그 입구를 제외하면 야트막한 언덕의 숲으로 둘러싸인 형상이기는 하나 그 주위로 담이나 철망 등이 설치되어 있지 아니하고 위 도로로부터 그 언덕을 끼고 축사건물 뒤쪽으로 오르는 오솔길이 있고 이를 통하여 축사건물 맞은편의 비닐하우스 앞으로 들어올 수 있는 사실, 피고인들이 차를 타고 들어간 통로 입구 오른쪽의 전주 아래편에 '관계자 외 출입금지'라는 팻말이 있지만, 그 바로 뒤에 '○○ 축산'이라는 커다란 간판이 붙어 있는 비닐하우스가 있어서 이 팻말로써는 위 비닐하우스 외에도 이 사건 시설이나 통로 등 전체에 대하여 외부인의 출입이 제한된다는 점이 일반인의 입장에서 쉽사리 알 수 있다고 보기 어려운 사실을 인정할 수 있다(대법원 2010.4.29. 선고 2009도14643 판결).

■ 판례 ■ **선박건조자재운반용으로 도크에 고정되어 있는 골리앗크레인이 건조물에 해당하는지 여부(적극)**

선박건조자재운반용으로 도크에 고정되어 82m 높이에 설치되어 있으며 약 10평 정도되는 방실 등이 있고 평소 그 운전을 위해 1, 2명의 직원이 근무하며 인가자 이외의 출입이 금지되는 "골리앗크레인"에 출입통제를 위해 출입문이 잠긴 채 간수인이 없었다 하여도 피고인 등 70명 정도의 근로자가 함께 위 "골리앗크레인"에 들어가서 농성을 하였다면, 피고인 등이 다중의 위력을 보여 간수하는 건조물에 침입한 것이다(대법원 1991.6.11. 선고 91도753 판결).

(3) 선박, 항공기

그 크기는 불문하나 적어도 주거에 사용될 수 있는 정도임을 요함

(4) 점유하는 방실

건조물 내에서 사실상·지배 관리하고 있는 일정한 구획(例, 호텔이나 여관에 투숙한 방, 교회회관 내의 교수연구실, 빌딩 내 사무실이나 점포, 하숙방)

2. 행 위

침입하는 것

(1) 침 입

주거자 또는 관리인의 의사에 반하여 들어가는 것

(가) 침입의 의의

○ 침입은 반드시 신체의 침입이어야 한다. 따라서 밖에서 돌을 던지는 것, 들여다보는 것, 전화를 거는 것은 침입에 해당하지 않는다.

○ 침입은 외부로부터의 침입이어야 한다. 따라서 처음부터 주거 내에 있는 자에 대해서는 침입이라고 할 수 없다.

■ 판례 ■ **주거침입죄 행위인 '침입'의 의미 및 침입에 해당하는지 판단하는 기준**

주거침입죄는 사실상 주거의 평온을 보호법익으로 한다. 주거침입죄의 구성요건적 행위인 침입은 주거침입죄의 보호법익과의 관계에서 해석하여야 하므로, 침입이란 주거의 사실상 평온상태를 해치는 행위태양으로 주거에 들어가는 것을 의미하고, 침입에 해당하는지는 출입 당시 객관적·외형적으로 드러난 행위태양을 기준으로 판단함이 원칙이다. 이때 거주자의 의사도 고려되지만 주거 등의 형태와 용도·성질, 외부인에 대한 출입의 통제·관리 방식과 상태 등 출입 당시 상황에 따라 그 정도는 달리 평가될 수 있다. 사생활 보호의 필요성이 큰 사적 주거, 외부인의 출입이 엄격히 통제되는 건조물에 거주자나 관리자의 승낙 없이 몰래 들어간 경우 또는 출입 당시 거주자나 관리자가 출입의 금지나 제한을 하였음에도 이를 무시하고 출입한 경우에는 사실상의 평온상태가 침해된 경우로서 침입행위가 될 수 있다.(대법원 2024. 2. 8. 선고 2023도16595 판결)

(나) 주거권자의 의사

침입은 주거자의 의사에 반하여 들어가는 것이므로 주거자의 동의는 양해로서 구성요건해당성이 조각

1) 동의의 표시방법

명시적·묵시적을 불문한다.

■ 판례 ■ **야간에 영업소가 들어있는 건물의 복도, 계단 등에 출입하는 행위와 주거침입죄의 성부(소극)**

[1] 사실관계

甲은 친구를 찾고 있다가 건물에 불이 켜져 있는 것을 발견하고 열려있는 1층 출입문을 통하여 계단으로 2층 복도와 3층 옥상을 둘러보았으나 2층 독서실만이 불이 켜 있고 다방과 당구장은 이미 영업을 마치고 불이 꺼져있어 찾지 못하고 1층 출입문으로 내려왔다.

[2] 판결요지

다방, 당구장, 독서실 등의 영업소가 들어서 있는 건물중 공용으로 사용되는 계단과 복도는 주야간을 막론하고 관리자의 명시적 승낙이 없어도 누구나 자유롭게 통행할 수 있는 곳이라 할 것이므로 관리자가 1층 출입문을 특별히 시정하지 않는 한 범죄의 목적으로 위 건물에 들어가는 경우 이외에는 그 출입에 관하여 관리자나 소유자의 묵시적 승낙이 있다고 봄이 상당하여 그 출입행위는 주거침입죄를 구성하지 않는다(대법원 1985.2.8. 선고 84도2917 판결).

구체적으로 출입을 제지당하지 않았다고 하더라도 관리자의 의사에 반하여 건조물인 대학교에 들어간 경우, 건조물침입죄가 성립하는지 여부(적극)

대학교가 교내에서의 집회를 허용하지 아니하고 집회와 관련된 외부인의 출입을 금지하였는 데도 집회를 위하여 그 대학교에 들어간 것이라면 비록 대학교에 들어갈 때 구체적으로 제지를 받지 아니하였다고 하더라도 대학교 관리자의 의사에 반하여 건조물에 들어간 것으로서 건조물침입죄가 성립한다(대법원 2003.9.23. 선고 2001도4328 판결).

2) 동의의 요건

동의는 자유로운 의사로서 진지하게 이루어져야 하므로 기망의 수단에 의하여 주거자의 허락을 받고 들어간 경우 본죄가 성립한다.

■ 판례 ■ **다른 사람과 공동으로 주거에 거주하거나 건조물을 관리하던 사람에게 주거침입죄가 성립할 수 있는 예외적인 경우**

형법은 제319조 제1항에서 '사람의 주거, 관리하는 건조물, 선박이나 항공기 또는 점유하는 방실에 침입한 자'를 주거침입죄로 처벌한다고 규정하였는바, 주거침입죄는 주거에 거주하는 거주자, 건조물이나 선박, 항공기의 관리자, 방실의 점유자 이외의 사람이 위 주거, 건조물, 선박이나 항공기, 방실(이하 '주거 등'이라 한다)에 침입한 경우에 성립한다. 따라서 주거침입죄의 객체는 행위자 이외의 사람, 즉 '타인'이 거주하는 주거 등이라고 할 것이므로 행위자 자신이 단독으로 또는 다른 사람과 공동으로 거주하거나 관리 또는 점유하는 주거 등에 임의로 출입하더라도 주거침입죄를 구성하지 않는다. 다만 다른 사람과 공동으로 주거에 거주하거나 건조물을 관리하던 사람이 공동생활관계에서 이탈하거나 주거 등에 대한 사실상의 지배·관리를 상실한 경우 등 특별한 사정이 있는 경우에 주거침입죄가 성립할 수 있을 뿐이다.(대법원 2023. 6. 29., 선고, 2023도3351, 판결)

■ 판례 ■ **피고인이 교제하다 헤어진 피해자의 주거가 속해 있는 아파트 동의 출입구에 설치된 공동출입문에 피해자나 다른 입주자의 승낙 없이 비밀번호를 입력하는 방법으로 아파트의 공용 부분에 출입하여 주거침입죄로 기소된 사안**

다가구용 단독주택이나 다세대주택·연립주택·아파트와 같은 공동주택 내부의 엘리베이터, 공용 계단, 복도 등 공용 부분도 그 거주자들의 사실상 주거의 평온을 보호할 필요성이 있어 주거침입죄의 객체인 '사람의 주거'에 해당한다. 거주자가 아닌 외부인이 공동주택의 공용 부분에 출입한 것이 공동주택 거주자들에 대한 주거침입에 해당하는지 여부를 판단함에 있어서도 그 공용 부분이 일반 공중에 출입이 허용된 공간이 아니고 주거로 사용되는 각 가구 또는 세대의 전용 부분에 필수적으로 부속하는 부분으로서 거주자들 또는 관리자에 의하여 외부인의 출입에 대한 통제·관리가 예정되어 있어 거주자들의 사실상 주거의 평온을 보호할 필요성이 있는 부분인지, 공동주택의 거주자들이나 관리자가 평소 외부인이 그곳에 출입하는 것을 통제·관리하였는지 등의 사정과 외부인의 출입 목적 및 경위, 출입의 태양과 출입한 시간 등을 종합적으로 고려하여 '주거의 사실상의 평온상태를 침해하였는지'의 관점에서 객관적·외형적으로 판단하여야 한다. 따라서 아파트 등 공동주택의 공동현관에 출입하는 경우에도, 그것이 주거로 사용하는 각 세대의 전용 부분에 필수적으로 부속하는 부분으로 거주자와 관리자에게만 부여된 비밀번호를 출입문에 입력하여야만 출입할 수 있거나, 외부인의 출입을 통제·관리하기 위한 취지의 표시나 경비원이 존재하는 등 외형적으로 외부인의 무단출입을 통제·관리하고 있는 사정이 존재하고, 외부인이 이를 인식하고서도 그 출입에 관한 거주자나 관리자의 승낙이 없음은 물론, 거주자와의 관계 기타 출입의 필요 등에 비추어 보더라도 정당한 이유 없이 비밀번호를 임의로 입력하거나 조작하는 등의 방법으로 거주자나 관리자 모르게 공동현관에 출입한 경우와 같이, 그 출입 목적 및 경위, 출입의 태양과 출입한 시간 등을 종합적으로 고려할 때 공동주택 거주자의 사실상 주거의 평온상태를 해치는 행위태양으로 볼 수 있는 경우라면 공동주택 거주자들에 대한 주거침입에 해당할 것이다. (대법원 2022. 1. 27., 선고, 2021도15507, 판결)

■ 판례 ■ **관리사무소의 지하주차장 세차차량 출입금지를 무시하고 계속 출입한 경우 건물물 침입죄 성립여부**

[1] 건조물침입죄의 보호법익과 성립요건 / 건조물의 거주자나 관리자와의 관계 등으로 평소 건조물에 출입이 허용된 사람이 거주자나 관리자의 명시적 또는 추정적 의사에 반하여 건조물에 들어간 경우, 건조물 침입죄가 성립하는지 여부(적극)

건조물침입죄는 건조물의 사실상 평온을 보호법익으로 하고 있으므로 건조물 관리자의 의사에 반하여 건조물에 침입함으로써 성립한다. 건조물의 거주자나 관리자와의 관계 등으로 평소 건조물에 출입이 허용된 사람이라 하더라도 건조물에 들어간 행위가 거주자나 관리자의 명시적 또는 추정적 의사에 반함에도 불구하고 감행된 것이라면 건조물침입죄가 성립한다.

[2] 공동주택의 입주자대표회의가 입주자 등이 아닌 재(외부인)의 단지 안 주차장에 대한 출입을 금지하는 결정을 하고 그 사실을 외부인에게 통보하였음에도 외부인이 입주자대표회의의 결정에 반하여 그 주차장에 들어간 경우, 출입 당시 관리자로부터 구체적인 제지를 받지 않았더라도 건조물침입죄가 성립하는지 여부(적극) / 이때 외부인이 일부 입주자 등의 승낙을 받고 단지 안의 주차장에 들어간 경우, 건조물침입죄가 성립하는지 여부(한정 적극) 및 판단 기준

구 주택법(2015. 8. 11. 법률 제13474호로 개정되기 전의 것, 이하 같다) 제43조 제1항, 제2항, 제3항, 제8항 제2호, 제44조 제1항, 제2항, 구 주택법 시행령(2016. 8. 11. 대통령령 제27444호로 전부 개정되기 전의 것, 이하 같다) 제50조 제1항, 제3항, 제51조 제1항, 제52조 제1항, 제57조 제1항, 제2항, 제3항, 구 주택법 제44조 제1항 및 구 주택법 시행령 제57조 제1항에 따라 마련된 '서울특별시 공동주택 관리규약 준칙'(서울특별시 행정구역에 소재하는 공동주택에 적용, 2010. 9. 6. 개정된 이후의 것) 제7조 제1항, 제10조 제2호, 제13조 제1항, 제76조 제1항, 공동주택관리법(2015. 8. 11. 법률 제13474호로 제정되어 2016. 8. 12. 시행된 것, 이하 같다) 제5조 제1항, 제11조, 제14조 제1항, 제3항, 제9항, 제10항, 제18조 제1항, 제2항, 공동주택관리법 시행령(2016. 8. 11. 대통령령 제27445호로 제정되어 2016. 8. 12. 시행된 것) 제3조, 제14조 제1항, 제2항, 제19조 제1항, 제20조 제1항, 제2항, 제3항의 내용 등에 비추어 보면, 입주자대표회의는 구 주택법 또는 공동주택관리법에 따라 구성되는 공동주택의 자치의결기구로서 공동주택의 입주자 및 사용자(이하 '입주자 등'이라 한다)를 대표하여 공동주택의 관리에 관한 주요사항을 결정할 수 있고, 개별 입주자 등은 원활한 공동생활을 유지하기 위하여 공동주택에서의 본질적인 권리가 침해되지 않는 한 입주자대표회의가 결정한 공동주택의 관리에 관한 사항을 따를 의무가 있다. 공동주택의 관리에 관한 사항에는 '단지 안의 주차장 유지 및 운영에 관한 사항'도 포함된다. 따라서 입주자대표회의가 입주자 등이 아닌 재(이하 '외부인'이라 한다)의 단지 안 주차장에 대한 출입을 금지하는 결정을 하고 그 사실을 외부인에게 통보하였음에도 외부인이 입주자대표회의의 결정에 반하여 그 주차장에 들어갔다면, 출입 당시 관리자로부터 구체적인 제지를 받지 않았다고 하더라도 그 주차장의 관리권자인 입주자대표회의의 의사에 반하여 들어간 것이므로 건조물침입죄가 성립한다. 설령 외부인이 일부 입주자 등의 승낙을 받고 단

지 안의 주차장에 들어갔다고 하더라도 개별 입주자 등은 그 주차장에 대한 본질적인 권리가 침해되지 않는 한 입주자대표회의의 단지 안의 주차장 관리에 관한 결정에 따를 의무가 있으므로 건조물침입죄의 성립에 영향이 없다. 외부인의 단지 안 주차장 출입을 금지하는 입주자대표회의의 결정이 개별 입주자 등의 본질적인 권리를 침해하는지 여부는 주차장의 유지 및 운영에 관한 입주자대표회의에서 제정·개정한 제 규정의 내용, 주차장의 본래 사용용도와 목적, 입주자 등 사이의 관계, 입주자 등과 외부인 사이의 관계, 외부인의 출입 목적과 출입 방법 등을 종합적으로 고려하여 판단하여야 한다.(대법원 2021. 1. 14., 선고, 2017도21323, 판결)

3) 범죄 목적으로 타인의 주거에 들어간 경우

- 개인의 사적 주거에 범죄의 목적으로 들어간 경우 ⇨ 동의권자가 사정을 알았더라면 동의를 기대할 수 없는 경우에는 주거침입죄가 성립
- 범죄 목적이 있지만 그 정을 아는 동의권자의 진지한 동의가 있는 경우(例, 증뢰의 목적으로 공무원의 집을 방문한 경우) ⇨ 주거침입죄 불성립

■ 판례 ■ **거주자의 의사와 주거침입죄의 성립**

주거침입죄는 사실상의 주거의 평온을 보호법익으로 하는 것이므로 그 거주자 또는 관리자가 건조물 등에 거주 또는 관리할 권한을 가지고 있는가 여부는 범죄의 성립을 좌우하는 것이 아니고, 그 거주자나 관리자와의 관계 등으로 평소 그 건조물에 출입이 허용된 사람이라 하더라도 주거에 들어간 행위가 거주자나 관리자의 명시적 또는 추정적 의사에 반함에도 불구하고 감행된 것이라면 주거침입죄는 성립하며, 출입문을 통한 정상적인 출입이 아닌 경우 특별한 사정이 없는 한 그 침입 방법 자체에 의하여 위와 같은 의사에 반하는 것으로 보아야 한다(대법원 2007.8.23. 선고 2007도2595 판결).

■ 판례 ■ **사용중인 공중화장실의 용변칸에 노크하여 남편으로 오인한 피해자가 용변칸 문을 열자 강간할 의도로 용변칸에 들어간 경우**

피고인이 피해자가 사용중인 공중화장실의 용변칸에 노크하여 남편으로 오인한 피해자가 용변칸 문을 열자 강간할 의도로 용변칸에 들어간 것이라면 피해자가 명시적 또는 묵시적으로 이를 승낙하였다고 볼 수 없어 주거침입죄에 해당한다(대법원 2003.5.30. 선고 2003도1256 판결).

■ 판례 ■ **평소 무상출입하던 주거에 범죄의 목적으로 들어간 경우와 주거침입죄의 성부(적극)**

피고인이 피해자와 이웃 사이이어서 평소 그 주거에 무상출입하던 관계에 있었다 하더라도 범죄의 목적으로 피해자의 승낙없이 그 주거에 들어간 경우에는 주거침입죄가 성립된다(대법원 1983.7.12. 선고 83도1394 판결).

■ 판례 ■ **출입이 허용된 자의 관리자의 의사에 반하는 침입**

피고인이 피해자인 금남여객자동차주식회사에서 버스차장으로 근무하는 관계로 그 회사의 차고나 사무실에 출입할 수 있다 하더라도 절취의 목적으로 들어간 것이라면 이는 주거권자의 의사에 반한 것으로서 주거침입죄가 성립된다(대법원 1979.10.30. 선고 79도1882 판결).

■ 판례 ■ **대리 응시자들의 시험장 입장을 교사한자의 주거침입 교사의 죄책**

대리응시자들의 시험장의 입장은 시험관리자의 승낙 또는 그 추정된 의사에 반한 불법침입이라 아니할 수

없고 이와 같은 침입을 교사한 이상 주거침입교사죄가 성립된다(대법원 1967.12.19. 선고 67도1281 판결).

■ 판례 ■ **친족의 집에 잠시 들어가 있다가 그 친족을 찾아온 타인의 돈을 절취한 경우 별도로 주거침입죄의 성부(소극)**

피고인이 인근동리에 사는 고모의 아들인 피해자의 집에 잠시 들어가 있는 동안에 동 피해자에게 돈을 갚기 위하여 찾아온 동 피해자의 이질의 돈을 절취하였다면 피고인이 당초부터 불법목적을 가지고 위 피해자의 집에 들어갔거나 그의 의사에 반하여 그의 집에 들어간 것이 아니어서 주거침입죄 부분의 공소사실은 범죄의 증명이 없는 때에 해당한다(대법원 1984.2.14. 선고 83도2897 판결).

4) 공중이 자유로이 출입할 수 있도록 개방된 장소

공중이 자유로이 출입할 수 있도록 개방된 장소(例, 백화점, 관공서, 공공도서관 등)에 범죄목적으로 들어간 경우에 주거침입죄가 성립하는지에 대하여 통설은 이를 부정하나, 판례는 긍정한다.

■ 판례 ■ **촉석루 내 의기사에 보관 중이던 공용물건인 논개영정을 적법한 권한 없이 강제로 철거할 목적으로 위 의기사에 들어간 경우, 건조물침입죄의 성부(적극)**

일반인의 출입이 허용된 건조물이라고 하더라도 관리자의 명시적 또는 추정적 의사에 반하여 그 곳에 들어간 것이라면 건조물침입죄가 성립하는 것이므로, 일반인의 출입이 허용된 건조물에 그 시설을 손괴하는 등 범죄의 목적으로 들어간 경우에는 건조물침입죄가 성립된다. 따라서 피고인들이 촉석루 내 의기사에 보관 중이던 공용물건인 논개영정을 적법한 권한 없이 강제로 철거할 목적으로 위 의기사에 들어간 행위는 건조물침입죄를 구성한다(대법원 2007.3.15. 선고 2006도7079 판결).

■ 판례 ■ **일반적으로 개방된 장소에서 관리자의 출입제지에도 불구하고 다중이 고함이나 소란을 피우면서 건조물에 출입한 경우, 건조물침입죄의 성부(적극)**

건조물침입죄는 사실상의 주거의 평온을 그 보호법익으로 하는 것이므로 건조물 관리자의 의사에 반하여 건조물에 침입함으로써 성립하는 것이고, 일반적으로 개방되어 있는 장소라 하더라도 관리자가 필요에 따라 그 출입을 제한할 수 있는 것이므로 관리자의 출입제지에도 불구하고 다중이 고함이나 소란을 피우면서 건조물에 출입하는 것은 사실상의 주거의 평온을 해하는 것으로서 건조물침입죄를 구성한다(대법원 1996.5.10. 선고 96도419 판결).

■ 판례 ■ **대학교의 강의실이 일반인에게 개방되어 자유롭게 출입할 수 있는 건조물인지 여부(소극)**

일반적으로 대학교의 강의실은 그 대학 당국에 의하여 관리되면서 그 관리업무나 강의와 관련되는 사람에 한하여 출입이 허용되는 건조물이지 널리 일반인에게 개방되어 누구나 자유롭게 출입할 수 있는 곳은 아니다(대법원 1992.9.25. 선고 92도1520 판결).

■ 판례 ■ **일반적으로 출입이 허가된 건물에 비정상적인 방법으로 들어간 경우, 건조물침입의 성부(적극)**

일반적으로 출입이 허가된 건물이라 하여도 피고인이 출입이 금지된 시간에 그 건물담벽에 있던 드럼통을 딛고 담벽을 넘어 들어간 후 그곳 마당에 있던 아이스박스통과 삽을 같은 건물 화장실 유리

창문 아래에 놓고 올라가 위 창문을 연 후 이를 통해 들어간 것이라면 그 침입방법 자체가 일반적인 허가에 해당되지 않는 것이 분명하게 나타난 것이므로 건조물침입죄가 성립되는 것이다(대법원 1990.3.13. 선고 90도173 판결).

■ 판례 ■ **관리자에 의해 출입이 통제되는 건조물에 관리자의 승낙을 받아 건조물에 통상적인 출입방법으로 들어갔으나 이러한 승낙의 의사표시에 기망이나 착오 등의 하자가 있는 경우, 건조물침입죄가 성립하는지 여부(소극) / 이때 관리자가 행위자의 실제 출입 목적을 알았더라면 출입을 승낙하지 않았을 사정이 있더라도 마찬가지인지 여부(적극)**

관리자에 의해 출입이 통제되는 건조물에 관리자의 승낙을 받아 건조물에 통상적인 출입방법으로 들어갔다면, 이러한 승낙의 의사표시에 기망이나 착오 등의 하자가 있더라도 특별한 사정이 없는 한 형법 제319조 제1항에서 정한 건조물침입죄가 성립하지 않는다. 이러한 경우 관리자의 현실적인 승낙이 있었으므로 가정적·추정적 의사는 고려할 필요가 없다. 단순히 승낙의 동기에 착오가 있다고 해서 승낙의 유효성에 영향을 미치지 않으므로, 관리자가 행위자의 실제 출입 목적을 알았더라면 출입을 승낙하지 않았을 사정이 있더라도 건조물침입죄가 성립한다고 볼 수 없다. 나아가 관리자의 현실적인 승낙을 받아 통상적인 출입방법에 따라 건조물에 들어간 경우에는 출입 당시 객관적·외형적으로 드러난 행위태양에 비추어 사실상의 평온상태를 해치는 모습으로 건조물에 들어간 것이라고 평가할 수도 없다. (대법원 2022. 3. 31., 선고, 2018도15213, 판결)

■ 판례 ■ **행위자가 거주자의 승낙을 받아 주거에 들어갔으나 범죄 등을 목적으로 한 출입이거나 거주자가 행위자의 실제 출입 목적을 알았더라면 출입을 승낙하지 않았을 것이라는 사정이 인정되는 경우, 행위자의 출입행위가 주거침입죄에서 규정하는 침입행위에 해당하기 위한 요건**

[1] 주거침입죄의 구성요건적 행위인 '침입'의 의미 및 침입에 해당하는지 판단하는 기준 / 행위자가 거주자의 승낙을 받아 주거에 들어갔으나 범죄 등을 목적으로 한 출입이거나 거주자가 행위자의 실제 출입 목적을 알았더라면 출입을 승낙하지 않았을 것이라는 사정이 인정되는 경우, 행위자의 출입행위가 주거침입죄에서 규정하는 침입행위에 해당하기 위한 요건 / 일반인의 출입이 허용된 음식점에 영업주의 승낙을 받아 통상적인 출입방법으로 들어간 경우, 주거침입죄에서 규정하는 침입행위에 해당하는지 여부(소극) 및 이때 행위자가 범죄 등을 목적으로 음식점에 출입하였거나 영업주가 행위자의 실제 출입 목적을 알았더라면 출입을 승낙하지 않았을 것이라는 사정이 인정되더라도 마찬가지인지 여부(적극)

[다수의견] (가) 주거침입죄는 사실상 주거의 평온을 보호법익으로 한다. 주거침입죄의 구성요건적 행위인 침입은 주거침입죄의 보호법익과의 관계에서 해석하여야 하므로, 침입이란 주거의 사실상 평온상태를 해치는 행위태양으로 주거에 들어가는 것을 의미하고, 침입에 해당하는지는 출입 당시 객관적·외형적으로 드러난 행위태양을 기준으로 판단함이 원칙이다. 사실상의 평온상태를 해치는 행위태양으로 주거에 들어가는 것이라면 대체로 거주자의 의사에 반하겠지만, 단순히 주거에 들어가는 행위 자체가 거주자의 의사에 반한다는 주관적 사정만으로는 바로 침입에 해당한다고 볼 수 없다. 거주자의 의사에 반하는지는 사실상의 평온상태를 해치는 행위태양인지를 평가할 때 고려할 요소 중 하나이지만 주된 평가 요소가 될 수는 없다. 따라서 침입행위에 해당하는지는 거주자의 의사에 반하는지가 아니라 사실상의 평온상태를 해치는 행위태양인지에 따라 판단되어야 한다.

(나) 행위자가 거주자의 승낙을 받아 주거에 들어갔으나 범죄나 불법행위 등(이하 '범죄 등'이라 한다)을 목적으로 한 출입이거나 거주자가 행위자의 실제 출입 목적을 알았더라면 출입을 승낙하지 않았을 것이라는 사정이 인정되는 경우 행위자의 출입행위가 주거침입죄에서 규정하는 침입행위에

해당하려면, 출입하려는 주거 등의 형태와 용도·성질, 외부인에 대한 출입의 통제·관리 방식과 상태, 행위자의 출입 경위와 방법 등을 종합적으로 고려하여 행위자의 출입 당시 객관적·외형적으로 드러난 행위태양에 비추어 주거의 사실상 평온상태가 침해되었다고 평가되어야 한다. 이때 거주자의 의사도 고려되지만 주거 등의 형태와 용도·성질, 외부인에 대한 출입의 통제·관리 방식과 상태 등 출입 당시 상황에 따라 그 정도는 달리 평가될 수 있다.

일반인의 출입이 허용된 음식점에 영업주의 승낙을 받아 통상적인 출입방법으로 들어갔다면 특별한 사정이 없는 한 주거침입죄에서 규정하는 침입행위에 해당하지 않는다. 설령 행위자가 범죄 등을 목적으로 음식점에 출입하였거나 영업주가 행위자의 실제 출입 목적을 알았더라면 출입을 승낙하지 않았을 것이라는 사정이 인정되더라도 그러한 사정만으로는 출입 당시 객관적·외형적으로 드러난 행위태양에 비추어 사실상의 평온상태를 해치는 방법으로 음식점에 들어갔다고 평가할 수 없으므로 침입행위에 해당하지 않는다.

[2] 피고인들이 공모하여, 甲, 乙이 운영하는 각 음식점에서 인터넷 언론사 기자 丙을 만나 식사를 대접하면서 丙이 부적절한 요구를 하는 장면 등을 확보할 목적으로 녹음·녹화장치를 설치하거나 장치의 작동 여부 확인 및 이를 제거하기 위하여 각 음식점의 방실에 들어감으로써 甲, 乙의 주거에 침입한 경우

피고인들은 丙을 만나 식사하기에 앞서 丙과의 대화 내용과 장면을 녹음·녹화하기 위한 장치를 설치하기 위해 각 음식점 영업주로부터 승낙을 받아 각 음식점의 방실에 미리 들어간 다음 녹음·녹화장치를 설치하고 그 작동 여부를 확인하거나 丙과의 식사를 마친 후 이를 제거하였는데, 피고인들이 각 음식점 영업주로부터 승낙을 받아 통상적인 출입방법에 따라 각 음식점의 방실에 들어간 이상 사실상의 평온상태를 해치는 행위태양으로 음식점의 방실에 들어갔다고 볼 수 없어 주거침입죄에서 규정하는 침입행위에 해당하지 아니하고, 설령 다른 손님인 丙과의 대화 내용과 장면을 녹음·녹화하기 위한 장치를 설치하거나 장치의 작동 여부 확인 및 이를 제거할 목적으로 각 음식점의 방실에 들어간 것이어서 음식점 영업주가 이러한 사정을 알았더라면 피고인들의 출입을 승낙하지 않았을 것이라는 사정이 인정되더라도, 그러한 사정만으로는 사실상의 평온상태를 해치는 행위태양으로 각 음식점의 방실에 출입하였다고 평가할 수 없어 피고인들에게 주거침입죄가 성립하지 않는다. (대법원 2022. 3. 24., 선고, 2017도18272, 전원합의체 판결)

5) 공동주거의 경우

수인이 거주하는 경우 각자가 모두 동의권자이므로 전원의 동의 내지 추정적 승낙이 필요하다.

■ 판례 ■ **외부인이 공동거주자의 일부가 부재중에 주거 내에 현재하는 거주자의 현실적인 승낙을 받아 통상적인 출입방법에 따라 공동주거에 들어갔으나 부재중인 다른 거주자의 추정적 의사에 반하는 경우, 주거침입죄가 성립하는지**

[다수의견] 외부인이 공동거주자의 일부가 부재중에 주거 내에 현재하는 거주자의 현실적인 승낙을 받아 통상적인 출입방법에 따라 공동주거에 들어간 경우라면 그것이 부재중인 다른 거주자의 추정적 의사에 반하는 경우에도 주거침입죄가 성립하지 않는다고 보아야 한다. 구체적인 이유는 다음과 같다.
(가) 주거침입죄의 보호법익은 사적 생활관계에 있어서 사실상 누리고 있는 주거의 평온, 즉 '사실상 주거의 평온'으로서, 주거를 점유할 법적 권한이 없더라도 사실상의 권한이 있는 거주자가 주거에서 누리는 사실적 지배·관리관계가 평온하게 유지되는 상태를 말한다. 외부인이 무단으로 주거에 출입하게 되면 이러한 사실상 주거의 평온이 깨어지는 것이다. 이러한 보호법익은 주거를 점유하는

사실상태를 바탕으로 발생하는 것으로서 사실적 성질을 가진다. 한편 공동주거의 경우에는 여러 사람이 하나의 생활공간에서 거주하는 성질에 비추어 공동거주자 각자는 다른 거주자와의 관계로 인하여 주거에서 누리는 사실상 주거의 평온이라는 법익이 일정 부분 제약될 수밖에 없고, 공동거주자는 공동주거관계를 형성하면서 이러한 사정을 서로 용인하였다고 보아야 한다.

부재중인 일부 공동거주자에 대하여 주거침입죄가 성립하는지를 판단할 때에도 이러한 주거침입죄의 보호법익의 내용과 성질, 공동주거관계의 특성을 고려하여야 한다. 공동거주자 개개인은 각자 사실상 주거의 평온을 누릴 수 있으므로 어느 거주자가 부재중이라고 하더라도 사실상의 평온상태를 해치는 행위태양으로 들어가거나 그 거주자가 독자적으로 사용하는 공간에 들어간 경우에는 그 거주자의 사실상 주거의 평온을 침해하는 결과를 가져올 수 있다. 그러나 공동거주자 중 주거 내에 현재하는 거주자의 현실적인 승낙을 받아 통상적인 출입방법에 따라 들어갔다면, 설령 그것이 부재중인 다른 거주자의 의사에 반하는 것으로 추정된다고 하더라도 주거침입죄의 보호법익인 사실상 주거의 평온을 깨트렸다고 볼 수는 없다. 만일 외부인의 출입에 대하여 공동거주자 중 주거 내에 현재하는 거주자의 승낙을 받아 통상적인 출입방법에 따라 들어갔음에도 불구하고 그것이 부재중인 다른 거주자의 의사에 반하는 것으로 추정된다는 사정만으로 주거침입죄의 성립을 인정하게 되면, 주거침입죄를 의사의 자유를 침해하는 범죄의 일종으로 보는 것이 되어 주거침입죄가 보호하고자 하는 법익의 범위를 넘어서게 되고, '평온의 침해' 내용이 주관화·관념화되며, 출입 당시 현실적으로 존재하지 않는, 부재중인 거주자의 추정적 의사에 따라 주거침입죄의 성립 여부가 좌우되어 범죄 성립 여부가 명확하지 않고 가벌성의 범위가 지나치게 넓어지게 되어 부당한 결과를 가져오게 된다.

(나) 주거침입죄의 구성요건적 행위인 침입은 주거침입죄의 보호법익과의 관계에서 해석하여야 한다. 따라서 침입이란 '거주자가 주거에서 누리는 사실상의 평온상태를 해치는 행위태양으로 주거에 들어가는 것'을 의미하고, 침입에 해당하는지 여부는 출입 당시 객관적·외형적으로 드러난 행위태양을 기준으로 판단함이 원칙이다. 사실상의 평온상태를 해치는 행위태양으로 주거에 들어가는 것이라면 대체로 거주자의 의사에 반하는 것이겠지만, 단순히 주거에 들어가는 행위 자체가 거주자의 의사에 반한다는 거주자의 주관적 사정만으로 바로 침입에 해당한다고 볼 수는 없다. 외부인이 공동거주자 중 주거 내에 현재하는 거주자로부터 현실적인 승낙을 받아 통상적인 출입방법에 따라 주거에 들어간 경우라면, 특별한 사정이 없는 한 사실상의 평온상태를 해치는 행위태양으로 주거에 들어간 것이라고 볼 수 없으므로 주거침입죄에서 규정하고 있는 침입행위에 해당하지 않는다.

⇒ 피고인이 甲의 부재중에 甲의 처(妻) 乙과 혼외 성관계를 가질 목적으로 乙이 열어 준 현관 출입문을 통하여 甲과 乙이 공동으로 거주하는 아파트에 들어간 사안에서, 피고인이 乙로부터 현실적인 승낙을 받아 통상적인 출입방법에 따라 주거에 들어갔으므로 주거의 사실상 평온상태를 해치는 행위태양으로 주거에 들어간 것이 아니어서 주거에 침입한 것으로 볼 수 없고, 피고인의 주거 출입이 부재중인 甲의 의사에 반하는 것으로 추정되더라도 주거침입죄의 성립 여부에 영향을 미치지 않는다고 한 사례(대법원 2021. 9. 9., 선고, 2020도12630, 전원합의체 판결)

(다) 부작위에 의한 침입

침입은 부작위에 의해서도 가능하다. 따라서 주거에 대한 보증인이 제3자의 침입을 방치한 경우, 착오로 타인의 집에 들어간 자가 자기 집이 아닌 것을 안 후에도 그대로 머무르는 경우, 허가받고 들어간 자가 영업시간이 끝난 후에 숨어있는 경우에는 주거침입죄가 성립한다.

✽ 부작위에 의한 침입은 주거자의 퇴거요구를 받을 것을 요건으로 하지 않는다는 점에서 주거자의 퇴거요구를 성립요건으로 하는 퇴거불응죄와 구별된다.

(2) 실행의 착수 및 기수시기

(가) 착수시기

■ 판례 ■ **침입 대상인 아파트에 사람이 있는지를 확인하기 위해 그 집의 초인종을 누른 경우**

[1] 사실관계

아파트의 초인종을 누르다가 사람이 없으면 만능키 등을 이용하여 문을 열고 안으로 들어가 물건을 훔치기로 모의한 甲과 乙은 함께 다니다가 A의 집 초인종을 누르면서 "자장면 시키지 않았느냐"라고 말하였으나 집 안에 있던 A가 "시킨 적 없다"고 대답하자 계단을 이용하여 아래층으로 이동하였다.

[2] 판결요지

가. 주거침입죄의 실행의 착수시기

주거침입죄의 실행의 착수는 주거자, 관리자, 점유자 등의 의사에 반하여 주거나 관리하는 건조물 등에 들어가는 행위 즉, 구성요건의 일부를 실현하는 행위까지 요구하는 것은 아니고, 범죄구성요건의 실현에 이르는 현실적 위험성을 포함하는 행위를 개시하는 것으로 족하다(대법원 2003.10.24. 선고 2003도4417 판결).

나. 주거침입죄의 실행의 착수를 인정할 수 있는지 여부(소극)

침입 대상인 아파트에 사람이 있는지를 확인하기 위해 그 집의 초인종을 누른 행위만으로는 침입의 현실적 위험성을 포함하는 행위를 시작하였다거나, 주거의 사실상의 평온을 침해할 객관적인 위험성을 포함하는 행위를 한 것으로 볼 수 없다 할 것이다(대법원 2008.4.10 선고 2008도1464 판결).

■ 판례 ■ **야간에 다세대주택에 침입하여 물건을 절취하기 위하여 가스배관을 타고 오르다가 순찰 중이던 경찰관에게 발각되어 그냥 뛰어내린 경우**

[1] 주거침입죄의 실행의 착수시기

주거침입죄의 실행의 착수는 주거자, 관리자, 점유자 등의 의사에 반하여 주거나 관리하는 건조물 등에 들어가는 행위 즉 구성요건의 일부를 실현하는 행위까지 요구하는 것은 아니지만, 주거침입의 범의로 예컨대, 주거로 들어가는 문의 시정장치를 부수거나 문을 여는 등 침입을 위한 구체적 행위를 시작함으로써 범죄구성요건의 실현에 이르는 현실적 위험성을 포함하는 행위를 개시할 것을 요한다.

[2] 주거침입의 실행의 착수 인정여부(소극)

다세대주택 2층의 불이 꺼져있는 것을 보고 물건을 절취하기 위하여 가스배관을 타고 올라가다가, 발은 1층 방범창을 딛고 두 손은 1층과 2층 사이에 있는 가스배관을 잡고 있던 상태에서 순찰 중이던 경찰관에게 발각되자 그대로 뛰어내린 경우, 이러한 피고인의 행위만으로는 주거의 사실상의 평온을 침해할 현실적 위험성이 있는 행위를 개시한 때에 해당한다고 보기 어렵다(대법원 2008.3.27. 선고 2008도917 판결).

(나) 기수시기

주거침입의 기수시기에 대하여는 일부침입설(다수설), 전부침입설(판례)의 대립

야간에 타인의 집 창문을 열고 얼굴을 들이민 경우, 주거침입죄의 기수여부(적극)

[1] 사실관계

甲은 이층방에서 자고 있는 A를 강간하기 위해 담벽에 발을 딛고 창문으로 침입하려고 하였다. 甲이 창문으로 머리를 들이 밀었을 때 마침 잠에서 깨어난 A가 이를 발견하고 '불이야' 하고 소리를 질렀다. 이에 놀란 甲은 그대로 도주하였다.

[2] 판결요지

가. 주거침입죄의 실행의 착수와 미수범

예컨대 주거로 들어가는 문의 시정장치를 부수거나 문을 여는 등 침입을 위한 구체적 행위를 시작하였다면 주거침입죄의 실행의 착수는 있었다고 보아야 하고, 신체의 극히 일부분이 주거 안으로 들어갔지만 사실상 주거의 평온을 해하는 정도에 이르지 아니하였다면 주거침입죄의 미수에 그친다.

나. 甲의 죄책

야간에 타인의 집의 창문을 열고 집 안으로 얼굴을 들이미는 등의 행위를 하였다면 피고인이 자신의 신체의 일부가 집 안으로 들어간다는 인식하에 하였더라도 주거침입죄의 범의는 인정되고, 또한 비록 신체의 일부만이 집 안으로 들어갔다고 하더라도 사실상 주거의 평온을 해하였다면 주거침입죄는 기수에 이르렀다(대법원 1995.9.15. 선고 94도2561 판결).

3. 주관적 구성요건

주거자의 의사에 반하여 들어간다는 인식이 있을 것

○ 주거자의 의사에 반함에도 불구하고, 행위자는 주거자가 양해한 것으로 오신하고 들어간 경우 ⇨ 구성요건적 착오로 주거침입죄의 고의가 부정됨

○ 주거자의 양해가 있었음에도 불구하고, 행위자는 이를 인식하지 못하고 침입한 경우 ⇨ 불능미수와 불능범이 문제됨

주거침입죄의 성립과 그 범의

주거침입죄는 사실상의 주거의 평온을 보호법익으로 하는 것이므로, 반드시 행위자의 신체의 전부가 범행의 목적인 타인의 주거 안으로 들어가야만 성립하는 것이 아니라 신체의 일부만 타인의 주거 안으로 들어갔다고 하더라도 거주자가 누리는 사실상의 주거의 평온을 해할 수 있는 정도에 이르렀다면 범죄 구성요건을 충족하는 것이라고 보아야 하고, 따라서 주거침입죄의 범의는 반드시 신체의 전부가 타인의 주거 안으로 들어간다는 인식이 있어야만 하는 것은 아니다(대법원 1995.9.15. 선고 94도2561 판결).

4. 위법성

(1) 현행범체포

사인이 현행범체포 또는 은닉장물의 발견을 위해 임의로 타인의 주거에 들어간 행위는 그 한계를 벗어난 행위로서 위법성이 조각되지 않는다(대법원 1965.12.21. 선고 65도899 판결).

(2) 사회상규

▪ 판례 ▪ **술에 취하여 시비 중에 상대방의 주거에 따라가 때린 이유를 따진 행위**

피고인과 "갑" "을"의 세 사람이 함께 술을 마시고 그들이 사는 동리의 "갑" 집 앞길에 이르렀을 때 "갑"이 사소한 일로 피고인에게 폭행을 가함으로써 상호 시비중 "갑"이 그의 집으로 들어가기에 피고인도 술에 취하여 동인에게 얻어 맞아 가면서 동인의 집까지 따라 들어가서 때리는 이유를 따지었던 경우에 피고인이 "갑"의 집에따라 들어간 소위를 적법성 있는 주거침입이라고 논단하기 어렵다고 할 것이다(대법원 1967.9.26. 선고 67도1089 판결).

▪ 판례 ▪ **욕설을 따지기 위하여 야간에 발설자의 집에 몰려들어간 경우와 위법성**

피고인이 소외인의 동리부녀자에 대한 욕설을 따지기 위하여 동리부녀자 10여명과 작당하여 야간(밤 9시경)에 소외인의 집에 몰려 들어갔다면, 이는 주거자의 의사에 반한다는 인식 아래 한 것으로 위법하다(대법원 1983.10.11. 선고 83도2230 판결).

▪ 판례 ▪ **연립주택 아래층에 사는 피해자가 위층 피고인의 집으로 통하는 상수도관의 밸브를 임의로 잠근 후 이를 피고인에게 알리지 않아 하루 동안 수돗물이 나오지 않은 고통을 겪었던 피고인이 상수도관의 밸브를 확인하고 이를 열기 위하여 부득이 피해자의 집에 들어간 경우**

연립주택 위층에 있는 집으로 통하는 상수도관 밸브가 아래층 집에 설치되어 있는 경우 그 상수도관 밸브의 이상 유무의 확인이나 고장의 수리를 위한 위층 거주자의 아래층 집 출입은 그로 인하여 주거의 평온을 심하게 침해하는 것이 아닌 경우에는 특별한 사정이 없는 한 허용되어야 한다고 봄이 상당하다고 할 것인바, 아래층에 사는 피해자가 위층 피고인의 집으로 통하는 상수도관의 밸브를 임의로 잠근 후 이를 피고인에게 알리지 않아 하루 동안 수돗물이 나오지 않은 고통을 겪었던 피고인이 상수도관의 밸브를 확인하고 이를 열기 위하여 부득이 피해자의 집에 들어간 것이므로 이는 피해자의 주거생활의 평온이 다소 침해되는 것을 정당화할 만한 이유가 될 수 있다고 보여지고, 오전 9시경 피해자의 집을 방문하여 문은 열어 주었으나 출입을 거부하는 피해자를 밀치는 것 외에 다른 행동을 하지 않았고 이로 인하여 피해자에게 별다른 피해가 발생하지 않은 점, 피해자 역시 피고인이 자신의 집에 들어오는 것을 적극적으로 제지하지 않았고 당일 출동한 경찰관들에게 피고인을 처벌해 달라는 요청을 하지 않은 점 등 여러 사정에 비추어 보면, 피고인의 위와 같은 행위가 그 수단과 방법에 있어서 상당성이 인정된다고 보여질 뿐만 아니라 긴급하고 불가피한 수단이었다고 할 것이므로, 피고인이 피해자의 주거에 침입한 행위는 형법 제20조의 '사회상규에 위배되지 않는 행위'에 해당한다고 할 것이다(대법원 2004.2.13. 선고 2003도7393 판결).

(3) 노동쟁의

▪ 판례 ▪ **사용자의 직장폐쇄가 정당한 쟁의행위로 인정되지 아니하는 경우, 근로자가 평소 출입이 허용되는 사업장 안에 들어간 경우, 주거침입죄에 해당하는지 여부(소극)**

사용자의 직장폐쇄는 사용자와 근로자의 교섭태도와 교섭과정, 근로자의 쟁의행위의 목적과 방법 및 그로 인하여 사용자가 받는 타격의 정도 등 구체적인 사정에 비추어 근로자의 쟁의행위에 대한 방어수단으로서 상당성이 있어야만 사용자의 정당한 쟁의행위로 인정될 수 있으며, 사용자의 직장폐쇄가 정당한 쟁의행위로 인정되지 아니하는 때에는 다른 특별한 사정이 없는 한 근로자가 평소 출입이 허용되는 사업장 안에 들어가는 행위가 주거침입죄를 구성하지 아니한다(대법원 2002.9.24. 선고 2002도2243 판결).

■ 판례 ■ **노동조합원의 자격으로서 경비원의 제지를 뿌리치고 회사 내 노조사무실에 들어가는 것이 건조물침입죄를 구성하는지 여부(소극)**

해고된 근로자라도 상당한 기간 내에 그 해고의 효력을 다투는 자에 대하여는 근로자 또는 조합원 으로서의 지위를 인정하여야 할 것이다. 따라서 이러한 해고근로자가 조합원의 자격으로서 회사 내 노조사무실에 들어가는 것은 정당한 행위로서 회사측에서도 이를 제지할 수 없는 것이므로 노조사 무실 출입목적으로 경비원의 제지를 뿌리치고 회사 내로 들어가는 것은 건조물침입죄로 벌할 수 없 다(대법원 1991.11.8. 선고 91도326 판결).

■ 판례 ■ **사용자가 제3자와 공동으로 관리·사용하는 공간을 사용자에 대한 쟁의행위를 이 유로 관리자의 의사에 반하여 침입·점거한 경우**

2인 이상이 하나의 공간에서 공동생활을 하고 있는 경우에는 각자 주거의 평온을 누릴 권리가 있 으므로, 사용자가 제3자와 공동으로 관리·사용하는 공간을 사용자에 대한 쟁의행위를 이유로 관 리자의 의사에 반하여 침입·점거한 경우 비록 그 공간의 점거가 사용자에 대한 관계에서 정당한 쟁의 행위로 평가될 여지가 있다 하여도 이를 공동으로 관리·사용하는 제3자의 명시적 또는 추정 적인 승낙이 없는 이상 위 제3자에 대하여서 까지 이를 정당행위라고하여 주거침입의 위법성이 조 각된다고 볼수는 없다 할 것이다(대법원 2010.3.11. 선고 2009도5008 판결).

■ 판례 ■ **노조원들에 의한 회사 점거중 해고근로자가 노조 임시사무실에 들어간 경우**

해고근로자로서 노동조합법 제12조의2에서 개입을 금지하는 제3자에 해당하지 아니하는 자는 "상당 한 기간 내에 그 해고가 부당노동행위이거나 무효라고 주장하여 노동위원회나 법원에 부당노동행위의 구제신청이나 해고무효확인의 소를 제기하여 그 효력을 다투는 자"에 국한되므로 해고근로자가 법률 적 쟁송 이외의 방법으로 개별적 또는 집단적 협의과정을 통하여 해고의 효력을 다투고 있다 하여 위 법조에서 말하는 제3자가 아니라고 할 수 없다. 따라서 노조원들에 의한 회사 점거중 해고근로자가 노조 임시사무실에 들어간 행위가 건조물침입죄를 구성한다(대법원 1994.2.8. 선고 93도120 판결).

■ 판례 ■ **해고를 당한 후 해고처분무효확인소송을 제기한 근로자가 노동조합의 대의원이 아 니면서도 회사의 의사에 반하여 회사 내의 조합대의원 회의에 함부로 들어가고 회사경비원들의 출입통제업무를 방해한 경우**

해고를 당한 후 해고처분무효확인소송을 제기하여 그 효력을 다툼으로써 노동조합의 조합원인 근로 자의 지위를 그대로 갖고 있다 하더라도 회사가 조합의 대의원이 아닌 피고인에게 회사 내의 조합 대의원회의에 참석하는 것을 허락하지 아니하였는데도 그 의사에 반하여 함부로 거기에 들어가고 회사경비원들의 출입통제업무를 방해한 것은 건조물침입죄와 업무방해죄에 해당한다(대법원 1991.9.10. 선고 91도1666 판결).

■ 판례 ■ **해고된 근로자가 시위근로자와 함께 관리직 사원을 힘으로 밀어 붙이고 회사건물 을 무단점거한 경우**

해고되어 회사의 근로자도 아닌 피고인이 시위근로자 570명과 함께 회사건물 본관 앞까지 이동한 다음 무단점거를 저지하려는 관리직사원등 400여명을 힘으로 밀어붙이고 동 건물을 점거하였는데 이러한 집단행위가 적법한 쟁의행위도 아니었으며, 또한 쟁의행위에 당연히 수반되는 범위에 든다고 할 수 없는 관리직 사원 600여명의 업무영역에 관하여 방해를 한 경우에 있어서 원심이 위 피고인의 행위를 건조물침입죄 및 업무방해죄로 각 의율처단한 것은 옳다(대법원 1990.6.12. 선고 90도672 판결).

(4) 권리실행

■ 판례 ■　**타인이 인도받아 점유하고 있는 자신 소유의 비닐하우스의 열쇠를 손괴하고 그 안에 들어간 경우, 재물손괴죄 및 주거침입죄의 성부(적극)**

주거침입죄는 사실상의 주거의 평온을 보호법익으로 하는 것이므로 그 거주자 또는 간수자가 건조물 등에 거주 또는 간수할 권리를 가지고 있는가의 여부는 범죄의 성립을 좌우하는 것이 아니며, 점유할 권리 없는 자의 점유라고 하더라도 그 주거의 평온은 보호되어야 할 것이므로, 권리자가 그 권리실행으로서 자력구제의 수단으로 건조물에 침입한 경우에도 주거침입죄가 성립한다 할 것이므로, 설령 이 사건 비닐하우스의 소유권이 피고인에게 있다 하더라도, 피해자가 공소외인으로부터 이 사건 비닐하우스를 인도받아 점유하고 있는 이상 피고인이 함부로 이 사건 비닐하우스의 열쇠를 손괴하고 그 안에 들어간 행위는 재물손괴죄 및 주거침입죄에 해당한다(대법원 2007.3.15. 선고 2006도7044 판결).

■ 판례 ■　**간통 현장을 촬영하기 위하여 상간자의 주거에 침입한 경우**

간통 현장을 직접 목격하고 그 사진을 촬영하기 위하여 상간자의 주거에 침입한 행위는 정당행위에 해당하지 않는다(대법원2003.9.26. 선고 2003도3000 판결).

■ 판례 ■　**타인점유하의 가구에 대한 소유자의 침입과 주거침입의 성부(적극)**

건물의 소유자라고 주장하는 피고인과 그것을 점유관리하고 있는 피해자 사이에 건물의 소유권에 대한 분쟁이 계속되고 있는 상황이라면 피고인이 그 건물에 침입하는 것에 대한 피해자의 추정적 승낙이 있었다거나 피고인의 이 사건 범행이 사회상규에 위배되지 않는다고 볼 수 없다고 한 원심의 조치는 수긍이 간다(대법원 1989.9.12. 선고 89도889 판결).

■ 판례 ■　**점유할 권리없는 자가 점유중인 건조물에의 침입과 주거침입죄의 성부(적극)**

점유할 권리없는 자의 점유라고 하더라도 그 주거의 평온은 보호되어야 할 것이므로, 권리자가 그 권리를 실행함에 있어 법에 정하여진 절차에 의하지 아니하고 그 건조물 등에 침입한 경우에는 주거침입죄가 성립한다(대법원 1987.11.10. 선고 87도1760 판결).

■ 판례 ■　**무효인 경락허가결정에 의하여 인도된 건물에 무단히 들어간 경우, 주거침입죄의 성부(적극)**

주거침입죄는 사실상의 주거의 평온을 보호법익으로 하는 것이므로 그 거주자 또는 간호자가 건조물등에 거주 또는 간수할 권리를 가지고 있는가의 여부는 범죄의 성립을 좌우하는 것이 아니며, 점유할 권리없는 자의 점유라고 하더라도 그 주거의 평온은 보호되어야 할 것이므로, 권리자가 그 권리실행으로서 자력구제의 수단으로 건조물에 침입한 경우에도 주거침입죄가 성립한다. 따라서 피고인 소유의 부동산에 대한 임의 경매신청에 의하여, 그 근저당권이 설정되지 아니한 건물에 대한 경락허가 결정이 무효라고 하더라도 이에 기한 인도명령에 의한 집행으로서 일단 이 건물의 점유가 이전된 이상 함부로 다시 건물에 들어간 소위는 주거침입죄에 해당한다고 할 것이다(대법원 1985.3.26. 선고 85도122 판결).

5. 죄 수

○ 주거침입의 수단으로 폭행·손괴한 경우 ⇨ 주거침입죄와 손괴죄의 상상적 경합. 다만 야간에 건조물의 일부를 손괴하고 주거에 침입하여 절취하면 특수절도죄(제331조제1항)가 성립

○ 범죄를 범할 목적으로 주거에 침입하여 의도했던 범죄를 범한 경우 ⇨ 주거침입죄와 의도한 범죄의 실체적 경합범이 성립. 다만 야간주거침입절도죄와 특수절도죄는 주거침입이 구성요건요소로 되어있으므로 별도로 주거침입을 논할 필요가 없음

○ 특정범죄가중처벌에관한법률 제5조의4 제1항의 상습절도의 경우 ⇨ 주간에 이루어진 경우에도 별도로 주거침입죄는 성립하지 않음

■ 판례 ■ **다른 사람의 주택에 무단 침입한 범죄사실로 이미 유죄판결을 받은 사람이 판결 확정 후에도 퇴거하지 않은 채 계속하여 당해 주택에 거주한 경우**
피고인이 이 사건 주택에 무단 침입한 범죄사실로 이미 유죄판결을 받고 그 판결이 확정되었음에도 퇴거하지 아니한 채 계속해서 이 사건 주택에 거주함으로써 위 판결이 확정된 이후로도 피고인의 주거침입행위 및 그로 인한 위법상태가 계속되고 있다고 보아야 하므로 판결확정 이후의 행위는 별도의 주거침입죄를 구성한다(대법원 2008.5.8. 선고 2007도11322 판결).

◐ II. 범죄사실 작성시 유의사항

1. 객 체

객체가 사람의 주거, 관리하는 건조물, 선박, 항공기 또는 점유하는 방실 중 어느 것에 해당하는가를 명확히 알 수 있도록 적시하여야 한다.

2. 위법성

침입장소에 들어가는 것이 위법하다는 점을 명백히 나타내야 한다. 이는 통상 침입의 목적 또는 침입의 시간, 장소, 방법(例, 잠입, 문을 비틀어 열고 등) 등을 기재함으로써 나타낸다.

3. 행위의 태양

침입의 장소 또는 방법은 범정으로서도 나타내어 두는 것이 적당한 경우가 있다. 침입 또는 퇴거불응의 죄는 일종의 계속범이므로 침입행위의 진전 또는 퇴거불응의 시간적 계속을 나타낸다.

III. 범죄사실기재 및 신문사항

[기재례1] 간통목적 주거침입

1) 범죄사실 기재례

> 피의자는 홍길녀와 내연의 관계인 사람이다.
> 피의자는 20○○. ○. ○. 위 홍길녀가 남편인 홍길동과 같이 사는 ○○에 간통의 목적으로 들어가 타인의 주거에 침입하였다.

2) 적용법조 : 제319조 제1항… 공소시효 5년

[기재례2] 사찰 불전함 부수고 현금 털이

> 가. 건조물침입
> 　피의자는 20○○.○.○. 11:20경 ○○에 있는 승려인 피해자 갑이 관리 하는 ○○사 대웅전 앞에 이르러 현금을 절취할 목적으로 시정되지 않은 출입문을 통해 대웅전 안으로 들어가 피해자의 건조물에 침입하였다.
> 나. 절도
> 　피의자는 위와 같이 대웅전에 침입하여 그곳에 있던 목재로 만들어진 불전함 2개를 뒤집어 엎고 불전함의 바닥 부분을 무릎 등으로 눌러 파손한 뒤 그 안에 들어있던 현금 ○○만 원을 가져가 피해자의 재물을 절취하였다.

2) 적용법조 : 제319조 제1항, 제329조… 공소시효 7년

[기재례3] 주거침입, 절도

1) 범죄사실 기재례

> 가. 주거침입
> 　피의자는 20○○. ○. ○. 11:00경 ○○에 있는 피해자 홍길동의 주거지 앞에 이르러 열린 문을 통하여 피해자의 자취방 안으로 침입하였다.
> 나. 절도
> 　피의자는 위와 같이 침입하여 그곳 방바닥에 놓여있던 피해자 소유 시가 ○○만원 상당의 노트북(○○사 제품 중고) 1개를 가져가 이를 절취하였다.

2) 적용법조 : 제319조 제1항, 제329조… 공소시효 5년(319조 제1항), 7년(제329조)

[기재례4] 주거침입, 폭행

1) 범죄사실 기재례

피의자는 20○○. 7. 10. 10:00경 ○○에 있는 피해자 갑(여, 40세)의 주거지에 이르러 벨을 누르고, 벨 소리를 들은 피해자가 문을 열자 손으로 피해자의 멱살을 잡고 밀쳐 피해자의 주거지 안방까지 들어간 다음, 오른 손바닥으로 피해자의 얼굴 부위를 여러 차례 때렸다.

이로써 피고인은 피해자의 주거에 침입하고, 피해자를 폭행하였다.

2) 적용법조 : 제319조 제1항, 제260조 제1항… 공소시효 5년

[기재례5] 절도목적 주거침입

1) 범죄사실 기재례

피의자는 20○○. ○. ○. ○○:○○경 ○○○에 사는 피해자 홍길동의 집에 물건을 훔치기 위하여 시정되어 있지 않은 대문을 열고 그 집 거실까지 들어가 그의 주거에 침입하였다.

2) 적용법조 : 제319조 제1항… 공소시효 5년

Ⅳ. 피해자 조사사항

- 피고소인과 어떤 관계인가
- 어떤 피해를 보았는가
- 언제 어디를 침입하였다는 것인가
- 그곳은 어떤 용도로 사용한 곳인가
- 어떤 방법으로 침입하였나
- 흉기를 소지하지는 않았던가
- 무엇 때문에 침입하였다 하던가
- 침입후 어떻게 하던가
- 퇴거하도록 요구하였는가
- 퇴거요구를 받고 바로 퇴거하던가
- 피의자의 처벌을 원하는가

V. 피의자 신문사항

1. 피의자의 일반적 조사사항

가. 범행의 동기

- 왜 침입하였는가
- 왜 그곳을 택하였는가
- 언제 결의하였는가

나. 준비행위

- 범행을 위하여 어떠한 준비를 하였는가
- 사용한 용구는 어디서 어떻게 입수하였는가
- 범행당시의 복장·휴대품 기타 몸차림은

다. 범행지까지의 경로

- 언제 어디서 출발하였는가
- 어느 길로 왔는가, 도중에 특이한 일이나 만난 사람은 없었는가
- 언제 현장에 도착하였는가

라. 침입 일시

- 피의자는 범행 일시를 확실히 인식하고 있는가, 그 근거

마. 범행의 장소

- 가옥(울타리 내부, 기타 건조물)인가
- 시정·착수자의 유무, 인근 가옥과의 관계, 사람·차량의 교통량, 일기·명암 등의 상황과 그 인식의 정도

바. 범행의 상황

- 침입방법과 침입개소(시정파괴, 월담, 제지에도 불구하고 침입)
- 침입에 사용한 용구와 그 사용방법(현장의 흔적과 부합되는가)
- 침입 후의 행동
- 퇴거의 요구를 받았는가, 그 인식의 여부

– 퇴거하지 않은 상황과 그 이유

사. 침입할 권리

　　– 침입할 권리의 유무

　　– 지배권자의 허락유무, 허락 예상의 유무

아. 공범관계

2. 피의자신문 례

　　– 피해자 ○○○와 어떠한 관계인가

　　– 피해자 주거에 침입한 일이 있는가

　　– 언제 어떠한 주거를 침입하였나

　　– 왜 침입했는가(범행동기)

　　– 어떠한 방법으로 어디로 침입했는가

　　– 침입하였을 때 주거에 누가 있던가

　　– 침입 후 어떤 행동을 했는가

　　– 퇴거요구를 받은 일이 있는가

제2절 퇴거불응

제319조(주거침입, 퇴거불응) ① 사람의 주거, 관리하는 건조물, 선박이나 항공기 또는 점유하는 방실에 침입한 자는 3년 이하의 징역 또는 500만원 이하의 벌금에 처한다.
② 전항의 장소에서 퇴거요구를 받고 응하지 아니한 자도 전항의 형과 같다.
제322조(미수범) 본장의 미수범은 처벌한다.

 ## Ⅰ. 구성요건

1. 주 체

사람의 주거 등에 적법하게 또는 과실로 들어간 자

○ 처음부터 주거자의 의사에 반하여(위법하게) 들어간 자는 주거침입죄의 주체일 뿐이고 본죄의 주체는 아니다.

2. 행 위

퇴거요구를 받고 퇴거하지 아니하는 것

(1) 퇴거요구

○ 퇴거요구는 1회로도 족하고, 퇴거요구는 명시적·묵시적으로도 가능하다.

○ 퇴거요구는 공법·사법상의 권리에 의하여 제한되는 경우도 있다. 예컨대 음식점에서 식사 중인 손님은 식사를 마칠 때 까지 퇴거요구에 응할 필요가 없다.

(2) 퇴거불응

퇴거할 수 있음에도 불구하고 퇴거하지 아니하는 것

○ 퇴거할 수 없는 상태에 있는 자의 경우에는 본죄가 성립하지 않는다.

■ 판례 ■ **숙박업소에서 개별 객실을 점유하고 있는 고객에게 퇴거불응죄가 성립할 수 있는지**
퇴거불응죄는 주거나 건조물·방실 등의 사실상 주거의 평온을 보호법익으로 하는 것으로, 거주자나 관리자·점유자로부터 주거나 건조물·방실 등에서 퇴거요구를 받고도 응하지 아니하면 성립하는데, 이때 주거 등에 관하여 거주·관리·점유할 법률상 정당한 권한을 가지고 있어야만 거주자나 관리자·점유자가 될 수 있는 것은 아니다. 이는 숙박업자가 고객에게 객실을 제공하여 일시적으로 이를 사용할 수 있도록 하고 고객으로부터 사용에 따른 대가를 지급받는 숙박계약이 종료됨에 따라 고객이 숙박업소의 관리자 등으로부터 퇴거요구를 받은 경우에도 원칙적으로 같다. 다만 숙박계약에서 숙박업자는 통상적인 임대차계약과는 달리 다수의 고객에게 반복적으로 객실을 제공하여 영업을 영위하고, 객실이라는 공간 외에도 객실 안의 시설이나 서비스를 함께 제공하여 객실 제공 이후에도 필요한 경우 객실에 출입하기도 하며, 사전에 고객과 사이에 대실기간을 단기간으로 정하여 대실기간 경과 후에는 고객의 퇴실 및 새로운 고객을 위한 객실 정비를 예정한다. 이와 같은 숙박계약의 특수성을 고려하면, 고객이 개별 객실을 점유하고 있더라도 숙박업소 및 객실의 구조 및 성격, 고객이 개별 객실을 점유하게 된 경위 및 점유 기간, 퇴실시간의 경과 여부, 숙박업자의 관리 정도, 고객에 대한 퇴거요구의 사유 등에 비추어 오히려 고객의 개별 객실에 대한 점유가 숙박업자의 전체 숙박업소에 대한 사실상 주거의 평온을 침해하는 것으로 평가할 수 있는 특별한 사정이 있는 경우에는 숙박업자가 고객에게 적법하게 퇴거요구를 하였음에도 고객이 응하지 않을 때 퇴거불응죄가 성립할 수 있다.(대법원 2023. 12. 14. 선고 2023도9350 판결)

(3) 기수시기

퇴거요구를 받고 즉시 응하지 않음으로써 기수

■ 판례 ■ **교회 건물의 현관에 들어간 후 퇴거요구에 불응한 행위가 퇴거불응죄에 해당하는지 여부(적극)**

[1] 사실관계

> A교회에서는 甲이 예배의 목적이 아니라 예배를 방해하기 위해 교회에 출입하는 것을 알고 甲에 대한 교회출입금지의결을 하였다. 이에 따라 교회의 관리인인 乙이 교회현관에 들어와 있는 甲에게 퇴거요구를 하였으나 甲은 이에 응하지 아니하였다.

[2] 판결요지

가. 교회의 예배를 방해할 목적으로 교회에 출입하는 자에 대하여 교회의당회가 출입금지의결을 하고 퇴거를 요구하였는데도 이에 불응한 행위가 퇴거불응죄에 해당하는지 여부(적극)

피고인이 예배의 목적이 아니라 교회의 예배를 방해하여 교회의 평온을 해할 목적으로 교회에 출입하는 것이 판명되어 위 교회 건물의 관리주체라고 할 수 있는 교회당회에서 피고인에 대한 교회출입금지의결을 하고, 이에 따라 위 교회의 관리인이 피고인에게 퇴거를 요구한 경우 피고인의 교회출입을 막으려는 위 교회의 의사는 명백히 나타난 것이기 때문에 이에 기하여 퇴거요구를 한 것은 정당하고 이에 불응하여 퇴거를 하지 아니한 행위는 퇴거불응죄에 해당한다.

나. 교회 건물의 현관에 들어간 후 퇴거요구에 불응한 행위가 위 "가" 죄에 해당하는지 여부(적극)

사회통념상 현관도 건물의 일부임이 분명한 것이므로 피고인이 교회 건물의 현관에 들어간 이상 그곳에서 교회 관리인의 퇴거요구를 받고 이에 응하지 않았다면 퇴거불응죄가 성립한다.

다. 일반적으로 개방되어 있는 장소에 대하여 관리자가 출입을 금지 내지 제한할 수 있는지 여부(적극)와 교회의 경우

교회는 교인들의 총유에 속하는 것으로서 교인들 모두가 사용수익권을 갖고 있고, 출입이 묵시적으로 승낙되어 있는 장소인바, 이같이 일반적으로 개방되어 있는 장소라도 필요한 때는 관리자가 그 출입을 금지 내지 제한할 수 있다(대법원 1992.4.28. 선고 91도2309 판결).

■ 판례 ■ **위법한 직장폐쇄 조치에 기한 퇴거요구에 불응한 것이 퇴거불응죄가 성립되는지 여부(소극)**

사용자의 직장폐쇄는 노사간의 교섭태도, 경과, 근로자측 쟁의행위의 태양, 그로 인하여 사용자측이 받는 타격의 정도 등에 관한 구체적 사정에 비추어 형평의 견지에서 근로자측의 쟁의행위에 대한 대항·방위 수단으로서 상당성이 인정되는 경우에 한하여 정당한 쟁의행위로 평가받을 수 있는 것

이고, 사용자의 직장폐쇄가 정당한 쟁의행위로 인정되지 아니하는 때에는 적법한 쟁의행위로서 사업장을 점거 중인 근로자들이 직장폐쇄를 단행한 사용자로부터 퇴거 요구를 받고 이에 불응한 채 직장점거를 계속하더라도 퇴거불응죄가 성립하지 아니한다(대법원 2007.12.28. 선고 2007도5204).

■ 판례 ■ **적법하게 직장점거를 개시한 근로자들이 적법히 직장폐쇄를 단행한 사용자로부터 퇴거요구를 받고도 불응한 채 직장점거를 계속한 행위가 퇴거불응죄를 구성하는지 여부(적극)**

근로자들의 직장점거가 개시 당시 적법한 것이었다 하더라도 사용자가 이에 대응하여 적법하게 직장폐쇄를 하게 되면, 사용자의 사업장에 대한 물권적 지배권이 전면적으로 회복되는 결과 사용자는 점거중인 근로자들에 대하여 정당하게 사업장으로부터의 퇴거를 요구할 수 있고 퇴거를 요구받은 이후의 직장점거는 위법하게 되므로, 적법히 직장폐쇄를 단행한 사용자로부터 퇴거요구를 받고도 불응한 채 직장점거를 계속한 행위는 퇴거불응죄를 구성한다(대법원 1991.8.13. 선고 91도1324 판결).

■ 판례 ■ **퇴거불응죄에서 '건조물' 에 '위요지' 가 포함되는지 여부(적극) 및 '위요지' 의 범위**

퇴거불응죄에 있어서 '건조물' 이라 함은 단순히 건조물 그 자체만을 말하는 것이 아니고 위요지를 포함하고, '위요지' 가 되기 위하여는 건조물에 인접한 그 주변 토지로서 관리자가 외부와의 경계에 문과 담 등을 설치하여 그 토지가 건조물의 이용을 위하여 제공되었다는 것이 명확히 드러나야 할 것인데, 화단의 설치, 수목의 식재 등으로 담장의 설치를 대체하는 경우에도 건조물에 인접한 그 주변 토지가 건물, 화단, 수목 등으로 둘러싸여 건조물의 이용에 제공되었다는 것이 명확히 드러난다면 위요지가 될 수 있다. (대법원 2010. 3. 11., 선고, 2009도12609, 판결)

◗ II. 범죄사실기재

1) 범죄사실 기재례

[기재례1] 채권자가 채무자의 퇴거요구에 불응

피의자는 20○○. ○. ○. ○○:○○경 ○○○에 사는 피해자 홍길동에게 2년 전 200만원을 빌려주고 약속일에 이를 받지 못함에 따라 이를 받기 위해 찾아가 빌려준 돈을 달라고 하자 1주일 안에 갚겠다면서 피해자로부터 나가달라는 요구를 받았다.
그러나 피의자는 이에 응하지 아니하고 같은 날 13:00경까지 당장 돈을 주지 않으면 나갈 수 없다면서 약 10시간 동안 그 퇴거요구에 불응하였다.

[기재례2] 짝사랑하는 여성 집에 갔다가 퇴거불응

피의자는 20○○. ○. ○. 15:30경 ○○에 있는 피해자 전지현(여, 24세)의 자취방에 들어가 전지현에게 평소 짝사랑해왔다고 고백하면서 앞으로 피의자 자신의 애인이 되어 줄 것을 끈질기게 권유하다가 그녀가 이를 거절하며 빨리 나가줄 것을 여러 차례 요구하였다.
그러나 피의자는 약 30분 동안 그 방안에 머물러 정당한 이유 없이 그녀의 퇴거요구에 불응하였다.

[기재례3] 퇴거요구를 받고도 현관에서 버틴 경우

피의자는 20○○. ○. ○. ○○:○○경 피해자 甲의 집에 가서 그 집 현관 안에 들어가 그와 ○○에 관하여 말을 나누다가 피해자로부터 즉시 그곳에서 나가라는 요구를 받았다.

그러나 피의자는 이에 응하지 아니한 채, 그 집 가족의 연락 때문에 경찰관이 올 때까지 약 40분간 위 현관에 버티고 앉아 있음으로써 퇴거요구에 불응하였다.

[기재례4] 전 세입자 소재확인 퇴거불응

피의자는 20○○. ○. ○. 15:00경 ○○에 있는 피해자 김순경의 집 마당에서 피해자에게 그 집에 사글세로 살다 약 3개월 전에 이사 간 박순경의 소재를 밝히라고 요구하다가 피해자로부터 나가달라는 요구를 받았다.

그러나 피의자는 이에 응하지 아니하고 같은 날 16:30경 피해자의 신고에 의하여 출동한 경찰관이 도착할 때까지 그 집 현관에 버티고 앉아 있어 정당한 이유 없이 피해자의 퇴거요구에 불응하였다.

[기재례5] 공무원 노조원이 시청사 내에서 퇴거에 불응한 경우

피의자 甲은 ○○시청 지방행정직 7급 공무원으로 재직하다가 20○○. ○. ○. 파면된 사람으로서 전국 공무원노동조합 ○○시지부 사무국장이다.

피의자는 20○○. ○. ○. 18:00경부터 ○○에 있는 ○○시청 4층에 설치된 천막에서 공무원노조특별법 철회, 공무원노조탄압 분쇄, 부당징계 철회, 지부사무실 회복 등을 주장하며 농성을 하여 오던 중 20○○. ○. ○. 14:00경 ○○시청 자치행정과장 A로부터 피의자가 파면되었다는 내용의 인사발령통지서를 받으면서 청사에서 나가달라는 요구를 받았다.

그러나 피의자는 정당한 사유 없이 이에 응하지 아니하고 20○○. ○. ○. 12:15경까지 그곳을 점거한 채 농성을 계속하여 ○○시장 등의 퇴거요구에 불응하였다.

2) **적용법조** : 제319조 제2항… 공소시효 5년

⬤ Ⅲ. 신문사항

- 피해자 ○○○와 어떠한 관계인가
- 피해자 주거에 침입한 일이 있는가
- 언제 어떠한 주거를 침입하였나
- 왜 침입했는가(범행동기)
- 어떠한 방법으로 어디로 침입했는가
- 침입후 어떤 행동을 했는가
- 퇴거의 요구를 받았는가(그것을 인식하고 있었는지 조사)
- 퇴거요구를 받고 왜 퇴거하지 않나
- 주거에 침입한 것이 정당한가(침입할 권리가 있었는가 조사)

제3절 특수주거침입

제320조(특수주거침입) 단체 또는 다중의 위력을 보이거나 위험한 물건을 휴대하여 전조의 죄를 범한 때에는 5년 이하의 징역에 처한다.
제322조(미수범) 본장의 미수범은 처벌한다.
※ 폭력행위등처벌에관한법률 제3조(집단적 폭행 등)

Ⅰ. 구성요건

단체 또는 다중의 위력을 보이거나 위험한 물건을 휴대하여 주거침입죄나 퇴거불응죄를 범함으로써 성립

ㅇ 단체 또는 다중의 경우에는 전원이 주거에 침입할 것을 요하지 않으며, 그 가운데 1인만 침입하면 본죄가 성립한다.

■ 판례 ■ **흉기휴대 여부의 판단기준**

[1] 사실관계

A교회에서는 甲이 예배의 목적이 아니라 예배를 방해하기 위해 교회에 출입하는 것을 알고 甲에 대한 교회출입금지의결을 하였다. 이에 따라 교회의 관리인인 乙이 교회현관에 들어와 있는 甲에게 퇴거요구를 하였으나 甲은 이에 응하지 아니하였다.

[2] 판결요지

폭력행위등처벌에관한법률 제3조 제1항, 제2조 제1항, 형법 제319조 제1항 소정의 특수주거침입죄는 흉기 기타 위험한 물건을 휴대하여 타인의 주거나 건조물 등에 침입함으로써 성립하는 범죄이므로, 수인이 흉기를 휴대하여 타인의 건조물에 침입하기로 공모한 후 그중 일부는 밖에서 망을 보고 나머지 일부만이 건조물 안으로 들어갔을 경우에 있어서 특수주거침입죄의 구성요건이 충족되었다고 볼 수 있는지의 여부는 직접 건조물에 들어간 범인을 기준으로 하여 그 범인이 흉기를 휴대하였다고 볼 수 있느냐의 여부에 따라 결정되어야 한다(대법원 1994.10.11. 선고 94도1991 판결). ☞ (甲은 단순주거침입죄의 공동정범, 乙은 단순주거침입죄의 교사범 성립)

■ 판례 ■ **군수가 직원들을 시켜 군의원들의 본회의장에 입장하지 못하게 하고, 회의장에 난입, 점거하게 하여 의사진행을 못 하게 한 경우**

군수 甲은 乙, 丙 등이 군의회에서 군수불신임결의안을 채택하려는 것을 알고 청사 내에 있는 직원들을 집합시켜 의원들을 본회의장에 입장하지 못하게 하고, 소회의실에서 의사를 진행시키자 직원들로 하여금 회의장에 난입, 점거하게 하여 의사진행을 못 하게 한 경우, 甲은 특수주거침입죄와 특수공무집행방해죄의 공동정범의 죄책을 진다(대법원 1998.5.12. 선고 98도662 판결).

Ⅱ. 범죄사실기재

1) 범죄사실 기재례

피의자들은 ○○ 노조원들로서 20○○. ○. ○.부터 ○○공장을 전면적으로 점거하자 ○○회사는 20○○. ○. ○. 관할관청에 직장폐쇄신고를 하고 이를 공고하는 한편 노조에 대한 직장폐쇄 사실 통보를 통해 공장 안에 있는 모든 사람에게 퇴거를 요구하였으나 노조는 전면적인 점거 농성을 계속하였고, 이에 ○○회사는 20○○. ○. ○. 재차 노조에 공장 점거 농성을 해제하고 공장에서 퇴거할 것을 통보하였다.

그럼에도 불구하고 피의자들은 20○○. ○. ○.경부터 20○○. ○. ○.까지 공장 안에서 컨테이너 등으로 출입문을 봉쇄하고 쇠파이프, 화염병, 화염방사기, 볼트 발사용 새총 등으로 무장한 채 전면적인 공장점거 농성을 계속함으로써 다중의 위력으로써 피해자 ○○회사의 퇴거요구에 응하지 아니하였다.

2) 적용법조 : 제320조, 제319조 제2항 … 공소시효 7년

제4절 주거 · 신체 수색

> 제321조(주거·신체 수색) 사람의 신체, 주거, 관리하는 건조물, 자동차, 선박이나 항공기 또는 점유하는 방실을 수색한 자는 3년 이하의 징역에 처한다.
> 제322조(미수범) 본장의 미수범은 처벌한다.

 ## I. 구성요건

1. 객 체

사람의 신체, 주거, 관리하는 건조물, 자동차, 선박이나 항공기 또는 점유하는 방실

2. 행 위

수색하는 것. 수색이란 사람 · 물건 기타의 목적한 대상을 발견하기 위하여 사람의 신체나 일정한 장소를 조사하는 행위

■ 판례 ■ **주주총회에 참석한 의결권 대리인이 회사 사무실을 뒤져 원하는 장부를 찾아낸 경우, 방실수색죄의 성립여부(적극)**

회사의 정기주주총회에 적법하게 참석한 주주라고 할지라도 주주총회장에서의 질문, 의사진행 발언, 의결권의 행사 등의 주주총회에서의 통상적인 권리행사 범위를 넘어서서 회사의 구체적인 회계장부나 서류철 등을 열람하기 위하여는 별도로 상법 제466조 등에 정해진 바에 따라 회사에 대하여 그 열람을 청구하여야 하고, 만일 회사에서 정당한 이유 없이 이를 거부하는 경우에는 법원에 그 이행을 청구하여 그 결과에 따라 회계장부 등을 열람할 수 있을 뿐 주주총회 장소라고 하여 회사측의 의사에 반하여 회사의 회계장부를 강제로 찾아 열람할 수는 없다고 할 것이며, 설사 회사측이 회사운영을 부실하게 하여 소수주주들에게 손해를 입게 하였다고 하더라도 위와 같은 사정만으로 주주총회에 참석한 주주가 강제로 사무실을 뒤져 회계장부를 찾아내는 것이 사회통념상 용인되는 정당행위로 되는 것은 아니다(대법원 2001.9.7. 선고 2001도2917 판결).

[기재례1] 사채업자가 채무자를 찾기 위해 집안 수색

1) 범죄사실 기재례

피의자는 20○○. ○. ○. ○○:○○경 ○○에 사는 위 홍길동의 집에 20○○. 1. 말경 자신에게 ○○만원을 빌려 간 홍길동에게 수차례에 걸쳐 변제를 독촉하였으나 이를 피하며 만나주지 않는다며 빌려준 돈을 받기 위해 찾아갔다.

피의자는 피해자의 아들 홍민수(8세)가 혼자 있으면서 아버지가 없다고 하는데도 방 안에 숨어 나오지 않는다며 그 집 안으로 들어가 약 10분간 그 집안의 방과 다락 등의 문을 열고 뒤지며 그의 주거를 수색하였다.

2) 적용법조 : 제321조 … 공소시효 5년

3) 신문사항

- 어떤 일을 하고 있는가
- 홍길동을 알고 있는가
- 홍길동에게 돈을 빌려 준 일이 있는가
- 언제 어디에서 얼마를 빌려 주었는가
- 이 돈을 약속일에 받았는가
- 이 돈을 받기 위해 홍길동의 집을 찾아간 일이 있는가
- 언제 어디에 있는 홍길동의 집을 찾아 갔는가
- 홍길동을 만났는가
- 찾아가서 어떻게 하였는가
- 홍길동의 집 어디를 수색하였는가
- 무엇 때문에 홍길동의 집을 수색하였는가
- 당시 홍길동의 집에는 누가 있었는가

[기재례2] 주주총회에 참석한 의결권 대리인이 회사 사무실을 수색

1) 범죄사실 기재례

가. 업무방해

피의자는 20○○. ○. ○. ○○:○○경 ○○에 있는 ○○회사 사무실에서, 주주총회의 의장인 홍길동으로부터 피의자 甲과 함께 위 회사 주주의 위임장을 받지 않고 참석한 성명을 알 수 없는 3명을 상대로 '주주총회와 관계없는 사람들은 나가달라.'는 요구를 받자 이를 거절하면서 丙에게 '씹할 새끼 맞아봐야 알겠냐, 아버지도 때리는 판에 너야 못 때리겠느냐, 여기서 나가지 않으면 맞아 죽을 줄 알아'라고 말하고, 위 성명을 알 수 없는 자들은 '말조심 하슈'라고 고함을 쳤다.

이로써 피의자들은 공모하여 위 홍길동으로 하여금 주주총회의 개최, 진행을 포기하게 하여 위 회사의 정당한 주주총회 개최업무를 위력으로 방해하였다.

나. 방실수색

피의자는 그 무렵 위와 같은 장소에서, 위 丙이 주주총회 개최를 포기하고 밖으로 나가자 피의자 甲이 임시주주총회 의장으로 선임하여 회의를 진행하면서 위 회사의 경리직원인 최시라 등에게 '회사 현금출납부 등 경리 장부를 가지고 오라.'고 말하고, 위 경리직원들이 이를 거절하자 피의자 甲은 丙의 책상과 위 회사 상무인 丁의 책상을 뒤지고, 피의자 乙은 이러한 사정을 ○○○에게 보고하기 위하여 전화하려는 최시라에게 전화를 못 하게 하였다. 이로써 피의자들은 공모하여 위 丙이 점유하는 방실을 수색하였다.

2) 적용법조 : 제321조, 제314조(업무방해)… 공소시효 5년, 7년(제314조)

[기재례3] 서점 주인이 절도피해를 의심하며 손님 신체수색

1) 범죄사실 기재례

피의자는 20○○. ○. ○. ○○:○○경 피의자가 운영하는 '○○ 서점' 내에서, 피해자 갑(남, 13세)이 문구류인 펜을 훔친 것으로 오인하여 피해자를 다른 사람들이 보이지 않는 서점 구석의 책상이 있는 곳으로 데리고 갔다.

피의자는 피해자와 둘만 있는 자리에서 피해자를 책상 앞에 세워두고 자신은 의자에 앉아 피해자에게 "내가 널 왜 불렀게?"라고 하여 피해자가 "몰라요."라고 하자, 피의자는 "내가 CCTV 보고 있었는데, 네가 펜 훔치는 거 봤다. 저 펜 훔쳤잖아."라고 말하면서 겁에 질려 있는 피해자의 패딩 점퍼 주머니와 조끼 주머니에 손을 넣어 뒤져 그 안에 펜이 들어있는지 확인하였다. 이로써 피의자는 피해자의 신체를 수색하였다.

2) 적용법조 : 제321조 … 공소시효 5년

제1절 권리행사방해

> **제323조(권리행사방해)** 타인의 점유 또는 권리의 목적이 된 자기의 물건 또는 전자기록등 특수매체기록
> 을 취거, 은닉 또는 손괴하여 타인의 권리행사를 방해한 자는 5년 이하의 징역 또는 700만원 이하의
> 벌금에 처한다.
> **제324조의5(미수범)** 제324조 내지 제324조의4의 미수범은 처벌한다.
> **제328조(친족간의 범행과 고소)** ① 직계혈족, 배우자, 동거친족, 동거가족 또는 그 배우자간의 제323조
> 의 죄는 그 형을 면제한다.
> ② 제1항이외의 친족간에 제323조의 죄를 범한 때에는 고소가 있어야 공소를 제기할 수 있다.
> ③ 전 2항의 신분관계가 없는 공범에 대하여는 전 이항을 적용하지 아니한다.

Ⅰ. 구성요건

1. 주 체

자기의 물건을 타인의 물권 또는 채권의 목적물로 제공한 소유자

2. 객 체

타인의 점유 또는 권리의 목적이 된 자기의 물건 또는 전자기록 등 특수매체기록

(1) 자기의 물건 또는 전자기록 등 특수매체기록

- 본죄의 객체는 자기의 소유임을 요한다. 따라서 자기와 타인의 공유물은 타인의
  물건이므로 본죄의 객체가 아니다.
- 자기소유 물건이라도 공무소로부터 보관명령을 받거나 공무소의 명령으로 타인이
  관리하는 물건인 경우에는 본죄가 아니라, 공무상 보관물무효죄의 객체가 된다.

■ 판례 ■ **자기의 소유가 아닌 물건이 권리행사방해죄의 객체가 될 수 있는지 여부(소극)**

형법 제323조의 권리행사방해죄는 타인의 점유 또는 권리의 목적이 된 자기의 물건을 취거, 은닉 또는
손괴하여 타인의 권리행사를 방해함으로써 성립하는 것이므로, 그 취거, 은닉 또는 손괴한 물건이 자기
의 물건이 아니라면 권리행사방해죄가 성립할 여지가 없다(대법원 2005.11.10. 선고 2005도6604 판결).

회사에 지입하여 회사소유로 등록된 버스를 회사의 대표이사가 지입차주로부터 위임을 받고 지입버스를 점유하고 있는 자로부터 취거해온 경우, 권리행사방해죄의 성립여부(적극)

주식회사의 대표이사가 대표이사의 지위에 기하여 그 직무집행행위로서 타인이 점유하는 위 회사의 물건을 취거한 경우에는, 위 행위는 위 회사의 대표기관으로서의 행위라고 평가되므로, 위 회사의 물건도 권리행사방해죄에 있어서의 '자기의 물건'이라고 보아야 할 것이다(대법원 1992.1.21. 선고 91도1170 판결).

공동대표이사 중 1인이 회사 보유 차량을 자신의 개인적인 채무담보 명목으로 피해자에게 넘겨 준 경우, 위 피해자의 점유는 권리행사방해죄의 점유에 해당하는지 여부(적극)

[1] 사실관계

甲은 렌트카회사의 공동대표이사로서 자신과 공동대표로 있는 乙이 회사가 구입하여 보유 중이나 아직 위 회사 명의로 신규등록 절차를 마치지 않은 미등록 차량을 자신의 개인적인 채무담보 명목으로 피해자 丙에게 양도하자 위 차량을 임의로 가져왔다.

[2] 판결요지

위 피해자의 점유가 권리행사방해죄의 보호대상인 점유에 해당한다고 해도 위 차량이 위 회사나 피고인 명의로 등록되어 있지 않은 상태라면 자기의 소유물을 객체로 하는 권리행사방해죄는 성립하지 않는다(대법원 2006.3.23. 선고 2005도4455 판결).

배우자에게 명의신탁한 부동산이 권리행사방해죄에서 말하는 '자기의 물건'에 해당하는지 여부(소극)

[1] 사실관계

甲은 자기소유의 빌딩을 처에게 명의신탁을 한 후 그 빌딩 1층 103호를 乙에게 임대하면서 실내장식 공사를 하여 주기로 약정하고 공사를 진행하던 중 乙의 동생인 丙과 실내장식공사 대금문제로 다툰 일로 화가나 빌딩 관리인 丁에게 위 103호의 문에 자물쇠를 채우라고 지시하였고, 丁은 자물쇠를 채워 乙로 하여금 위 점포에 출입을 못하게 하였다.

[2] 판결요지

가. 배우자에게 명의신탁한 부동산이 권리행사방해죄에서 말하는 '자기의 물건'에 해당하는지 여부(소극)

부동산 실권리자명의 등기에 관한 법률 제8조는 배우자 명의로 부동산에 관한 물권을 등기한 경우에 조세포탈, 강제집행의 면탈 또는 법령상 제한의 회피를 목적으로 하지 아니한 때에는 제4조 내지 제7조 및 제12조 제1항, 제2항의 규정을 적용하지 아니한다고 규정하고 있는바, 만일 명의신탁자가 그러한 목적으로 명의신탁을 함으로써 명의신탁이 무효로 되는 경우에는 말할 것도 없고, 그러한 목적이 없어서 유효한 명의신탁이 되는 경우에도 제3자인 부동산의 임차인에 대한 관계에서는 명의신탁자는 소유자가 될 수 없으므로, 어느 모로 보나 신탁한 부동산이 권리행사방해죄에서 말하는 '자기의 물건'이라 할 수 없다.

나. 甲의 죄책

피고인이 이른바 중간생략등기형 명의신탁 또는 계약명의신탁의 방식으로 자신의 처에게 등기명의를 신탁하여 놓은 점포에 자물쇠를 채워 점포의 임차인을 출입하지 못하게 한 경우, 그 점포는 권리행사방해죄의 객체인 자기의 물건에 해당하지 않는다(대법원 2005.9.9. 선고 2005도626 판결).☞ (甲은 업무방해죄)

■ 판례 ■ **명의신탁 받은 부동산이 명의수탁자의 '자기의 물건'인지 여부**

[1] 명의신탁 받은 부동산이 명의수탁자의 '자기의 물건'인지 여부(원칙적 소극)
형법 제323조의 권리행사방해죄에서 말하는 '자기의 물건'이라 함은 범인이 소유하는 물건을 의미하고, 여기서 소유권의 귀속은 민법 기타 법령에 의하여 정하여진다 할 것인바, 부동산실권리자명의등기에 관한 법률 제4조 제1항, 제2항 및 제8조에 의하면 종중 및 배우자에 대한 특례가 인정되는 경우나 부동산에 관한 물권을 취득하기 위한 계약에서 명의수탁자가 그 일방당사자가 되고 그 타방 당사자가 명의신탁약정이 있다는 사실을 알지 못하는 경우 이외에는 명의수탁자는 명의신탁 받은 부동산의 소유자가 될 수 없고, 이는 제3자에 대한 관계에 있어서도 마찬가지이므로, 명의수탁자로서는 명의신탁 받은 부동산이 '자기의 물건'이라고 할 수 없다.
[2] 진흥영농조합법인이 乙로부터 과수원을 매수할 당시 피고인에게 그 매수인 명의를 신탁하였고 乙도 그 사실을 알고 있었다면 피고인 명의의 소유권이전등기는 모두 무효이므로, 과수원 및 그 지상에 식재된 감귤나무를 피고인의 소유로 볼 수 없으므로 피고인이 그 과수원 지상에 식재된 감귤나무들을 모두 굴취한 경우에는 권리행사방해죄를 구성하지 아니한다(대법원 2007.1.11. 선고 2006도4215 판결).

■ 판례사례 ■ **[자기소유가 아니므로 권리행사방해죄가 성립하지 아니하는 사례]**

(1) A회사에 지입하여 A회사명의로 중기등록원부에 소유권등록이 되어 있는 굴삭기를 지입차주가 취거한 경우(대법원 1985.9.10. 선고 85도899 판결)
(2) A회사명의로 소유권등기가 경료되고 타인이 점유중인 선박을 A회사의 과점주주이자 부사장인 甲이 취거한 경우(대법원 1984.6.26. 선고 83도2413 판결)
(3) 택시회사에 택시를 지입하여 운행하면서 일일입금 및 공과금을 납부하지 아니하여 회사로부터 택시의 반환을 요구받던 중 택시를 회사 차고지에 입고하여 위 회사가 그 택시를 점유하게 되었음에도 지입차주가 그 다음 날 회사 차고지에 주차되어 있던 택시를 회사의 승낙 없이 가지고 나간 경우(대법원 2003.5.30. 선고 2000도5767 판결)
(4) 甲이 乙에게 교부한 약속어음이 부도가 나서 乙로부터 변제독촉을 받자 자동차등록원부에 "비엠더블유파이낸셜서비스코리아"명의로 등록되어 있는 자신이 타고 다니던 차량 및 열쇠와 자동차등록증 사본을 교부하여 변제할 때까지 담보로 제공한 후, 乙의 승낙 없이 미리 소지하고 있던 보조키를 이용하여 운전을 하여 간 경우(대법원 2005.11.10. 선고 2005도6604 판결)

■ 판례 ■ **자기의 소유가 아닌 물건이 권리행사방해죄의 객체가 될 수 있는지 여부(소극) / 권리행사방해죄의 공범으로 기소된 물건의 소유자에게 고의가 없는 등으로 범죄가 성립하지 않는 경우, 물건의 소유자가 아닌 사람이 권리행사방해죄의 공동정범이 될 수 있는지 여부(소극)**
형법 제323조의 권리행사방해죄는 타인의 점유 또는 권리의 목적이 된 자기의 물건을 취거, 은닉 또는 손괴하여 타인의 권리행사를 방해함으로써 성립하므로 그 취거, 은닉 또는 손괴한 물건이 자기의 물건이 아니라면 권리행사방해죄가 성립할 수 없다. 물건의 소유자가 아닌 사람은 형법 제33조 본문에 따라 소유자의 권리행사방해 범행에 가담한 경우에 한하여 그의 공범이 될 수 있을 뿐이다. 그러나 권리행사방해죄의 공범으로 기소된 물건의 소유자에게 고의가 없는 등으로 범죄가 성립하지 않는다면 공동정범이 성립할 여지가 없다.(대법원 2017. 5. 30. 선고, 2017도4578, 판결)

(2) 타인의 점유 또는 권리의 목적

타인의 점유 또는 권리의 목적이 된 물건만이 본죄의 객체

(가) 타 인

자기 이외의 자로서 자연인·법인·법인격 없는 단체를 포함한다. 공동점유는 타인의 점유로 취급된다.

(나) 점 유

○ 점유란 자기소유물에 대하여 타인이 사실상 지배하고 있는 것을 의미한다. 따라서 간접점유는 타인의 점유에 해당하지 않는다.

○ 본죄의 점유는 적법한 권원에 기초한 점유만을 의미한다. 다만 적법한 권원에 의하여 점유한 이상 후에 소유자에게 반환할 사정이 생겼다 하더라도 반환할 때까지는 본죄의 점유로 보호된다.

■ 판례 ■ **무효인 경매절차에 의하여 부동산을 낙찰받아 점유하게 된 자의 점유가 형법 제323조 소정의 '타인의 점유'에 해당하는지 여부(적극)**

[1] 사실관계

채권자 丁에 의하여 저당권이 설정된 채무자 甲소유의 부동산에 대하여 경매절차가 진행되어 乙이 낙찰을 받고 등기를 경료하여 그 일부를 점유하게 되었는 바, 동 경매절차는 법률위반으로 무효였고 이에 甲이 乙의 점유하에 있는 점포의 자물쇠를 절단기로 절단하고 그 곳에 시설된 바닥 장판, 전기시설 등을 전부 뜯어내어 丙으로 하여금 철학관을 운영하도록 하였다.

[2] 판결요지

형법 제323조의 권리행사방해죄에 있어서의 타인의 점유라 함은 권원으로 인한 점유 즉 정당한 원인에 기하여 그 물건을 점유하는 권리있는 점유를 의미하는 것으로서 본권을 갖지 아니한 절도범인의 점유는 여기에 해당하지 아니하나, 반드시 본권에 의한 점유만에 한하지 아니하고 동시이행항변권 등에 기한 점유와 같은 적법한 점유도 여기에 해당한다고 할 것이고, 한편, 쌍무계약이 무효로 되어 각 당사자가 서로 취득한 것을 반환하여야 할 경우, 어느 일방의 당사자에게만 먼저 그 반환의무의 이행이 강제된다면 공평과 신의칙에 위배되는 결과가 되므로 각 당사자의 반환의무는 동시이행 관계에 있다고 보아 민법 제536조를 준용함이 옳다고 해석되고, 이러한 법리는 경매절차가 무효로 된 경우에도 마찬가지라고 할 것이므로, 무효인 경매절차에서 경매목적물을 경락받아 이를 점유하고 있는 낙찰자의 점유는 적법한 점유로서 그 점유자는 권리행사방해죄에 있어서의 타인의 물건을 점유하고 있는 자라고 할 것이다(대법원 2003.11.28. 선고 2003도4257 판결).

■ 판례 ■ **권원에 기하여 점유를 개시한 것은 아니나 동시이행항변권 등으로 대항할 수 있는 점유형법 제323조 소정의 '타인의 점유'에 해당하는지 여부(적극)**

권리행사방해죄에서의 보호대상인 타인의 점유는 반드시 점유할 권원에 기한 점유만을 의미하는 것은 아니고, 일단 적법한 권원에 기하여 점유를 개시하였으나 사후에 점유 권원을 상실한 경우의 점

유, 점유 권원의 존부가 외관상 명백하지 아니하여 법정절차를 통하여 권원의 존부가 밝혀질 때까지의 점유, 권원에 기하여 점유를 개시한 것은 아니나 동시이행항변권 등으로 대항할 수 있는 점유 등과 같이 법정절차를 통한 분쟁 해결시까지 잠정적으로 보호할 가치 있는 점유는 모두 포함된다고 볼 것이고, 다만 절도범인의 점유와 같이 점유할 권리 없는 자의 점유임이 외관상 명백한 경우는 포함되지 아니한다(대법원 2006.3.23. 선고 2005도4455 판결).

■ 판례사례 ■ **[타인의 점유에 해당하여 권리행사방해죄가 성립하는 사례]**

(1) 주식회사의 실질적인 대표이사가 지입차주들이 지입료 납부를 거부하거나 지체하였다는 등의 이유로 지입차주들이 점유하고 있는 지입차량을 무단으로 취거한 경우(대법원 2003.6.27. 선고 2002도6088 판결)
(2) 甲은 乙에게 자기 소유의 건물을 임대하였는데 계약이 만료된 이후에도 乙은 퇴거하지 아니하고 그 건물에 거주하고 있자, 그 건물을 명도받기 이전에 乙이 거주하고 있는 방의 천장 및 마루바닥판자 4매를 뜯어낸 경우(대법원 1977.9.13. 선고 77도1672 판결)

(다) 권리의 목적

○ 타인의 소유권 이외의 물권 또는 채권의 목적이 된 물건으로서 타인의 점유를 수반하지 않는 경우를 말한다.
○ 타인의 권리라고 하더라도 계약의 이행에 착수하기 전의 순수한 채권관계(例, 매매계약을 체결한 물건, 특정되지 않은 종류채권의 목적물)는 여기서의 권리에 포함되지 않는다.

■ 판례 ■ **인도청구권이 제323조 권리에 해당하는지 여부(적극)**

[1] 사실관계

甲과 乙은 '乙이 이사건 임야의 입목을 벌채하는 등의 공사를 완료하면 甲은 乙에게 그 벌채한 원목을 인도한다'는 내용의 계약을 체결하였고, 乙은 위 계약상 의무를 모두 이행하였으나 甲은 위 벌채한 원목을 제3자에게 매도하였다.

[2] 판결요지

가. 권리행사방해죄의 구성요건 중 타인의 '권리'에 점유를 수반하지 아니하는 채권도 포함되는지 여부(적극)
권리행사방해죄의 구성요건 중 타인의 '권리'란 반드시 제한물권만을 의미하는 것이 아니라 물건에 대하여 점유를 수반하지 아니하는 채권도 이에 포함된다. 위 예비적 공소사실대로 피해자가 이 사건 원목에 대한 인도청구권을 가지고 있었다면 이 사건 원목은 피해자의 권리의 목적이 된 물건이라고 볼 여지가 있다.

나. 절도죄의 성립여부
피고인과 을 간에 '乙이 임야의 입목을 벌채하는 등의 공사를 완료하면 피고인은 乙에게 그 벌채한 원목을 인도한다'는 계약이 성립되고 乙이 위 계약상 의무를 모두 이행하였더라도 그것만으로 위 원목의 소유권이 바로 乙에게 귀속되는 것이 아니라 별도로 그 소유자인 피고인이 乙에게 위 원목에 관한 소유권이전의 의사표시를 하고 이를 인도함으로써 비로소 그 소유권이전의 효력이 생기는 것이므로, 아직 피고인이 乙에게 위 원목에 관한 소유권이전의 의사표시를 하고 이를 인도하지 아니한 채 이를 타인에게 매도한 행위는 자기 소유 물건의 처분행위에 불과하여 절도죄를 구성하지 아니한다(대법원 1991.4.26. 선고 90도1958 판결). ☞ (甲은 권리행사방해죄)

(1) 정지조건 있는 대물변제의 예약이 되어있는 물건을 손괴한 경우(대법원 1968.6.18. 선고 68도 616 판결)
(2) 가압류된 건물의 소유자가 채권자의 승낙없이 건물을 파괴 철거한 경우(대법원 1960.9.14. 선고 4292형상537 판결)
(3) 공장근저당권이 설정된 선반기계 등을 이중담보로 제공하기 위하여 다른 장소로 옮긴 경우(대법원 1994.9.27. 선고 94도1439)
(4) 운수회사 직원인 피고인이 회사 대표 갑 등과 공모하여 지입차주인 피해자들이 점유하는 각 차량 또는 번호판을 지입료 등 연체를 이유로 무단 취거한 경우(대법원 2010.10.14. 선고 2008도6578 판결)

■ 판례 ■ **압류금지채권의 목적물이 채무자의 예금계좌에 입금된 경우, 그 예금채권도 압류금지채권에 해당하는지 여부(소극) / 압류금지채권의 목적물을 수령하는 데 사용하던 기존 예금계좌가 채권자에 의해 압류된 채무자가 압류되지 않은 다른 예금계좌를 통하여 그 목적물을 수령하는 경우, 강제집행면탈죄가 성립하는지 여부(소극)**

압류금지채권의 목적물이 채무자의 예금계좌에 입금된 경우에는 그 예금채권에 대하여 더 이상 압류금지의 효력이 미치지 아니하므로 그 예금은 압류금지채권에 해당하지 않지만, 압류금지채권의 목적물이 채무자의 예금계좌에 입금되기 전까지는 여전히 강제집행 또는 보전처분의 대상이 될 수 없으므로, 압류금지채권의 목적물을 수령하는 데 사용하던 기존 예금계좌가 채권자에 의해 압류된 채무자가 압류되지 않은 다른 예금계좌를 통하여 그 목적물을 수령하더라도 강제집행'이 임박한 채권자의 권리를 침해할 위험이 있는 행위라고 볼 수 없어 강제집행면탈죄가 성립하지 않는다.(대법원 2017.8.18. 선고, 2017도6229, 판결)

3. 행 위

취거, 은닉, 손괴하여 권리행사를 방해하는 것

(1) 취거 · 은닉 · 손괴

본죄의 행위는 취거, 은닉, 손괴로 제한된다. 따라서 취거 · 은닉 또는 손괴의 어느 것에도 해당되지 않는 경우에는 본죄가 성립하지 않는다.

○ 취거란 점유자의 의사에 반하여 그 점유물에 대한 점유자의 사실상의 지배를 제거하고 자기 또는 제3자의 지배하에 옮기는 것을 말한다(例, 차량대여 회사가 대여차량을 실력으로 회수해 간 경우, 공장근저당권이 설정된 선반기계 등을 이중담보로 제공하기 위하여 다른 장소로 옮긴 경우)
○ 은닉이란 물건의 소재를 발견하기 곤란하게 하거나 불가능하게 하는 것을 말한다.
○ 손괴란 물건에 유형력을 행사하여 그 효용가치를 해하는 것을 말한다.

담보목적물로 제공한 자신의 물건을 채무자가 점유자를 기망하여 교부받은 경우

[1] 사실관계

채권자 乙은 채무자인 甲으로부터 차용금채무의 담보로 제공받은 甲소유의 물건을 丙에게 보관시키던 중 甲이 丙을 기망하여 丙으로부터 그 물건을 교부받아 갔다.

[2] 판결요지

형법 제323조 소정의 권리행사방해죄에 있어서의 취거라 함은 타인의 점유 또는 권리의 목적이 된 자기의 물건을 그 점유자의 의사에 반하여 그 점유자의 점유로부터 자기 또는 제3자의 점유로 옮기는 것을 말하므로 점유자의 의사나 그의 하자있는 의사에 기하여 점유가 이전된 경우에는 여기에서 말하는 취거로 볼 수는 없다(대법원 1988.2.23. 선고 87도1952 판결).   ☞ (점유이탈물은 물론, 甲이 물건의 소유자이므로 사기죄도 성립하지 않는다)

■ 판례 ■ **피고인들이 공모하여 렌트카 회사인 甲 주식회사를 설립한 다음 乙 주식회사 등의 명의로 저당권등록이 되어 있는 다수의 차량들을 사들여 甲 회사 소유의 영업용 차량으로 등록한 후 자동차대여사업자등록 취소처분을 받아 차량등록을 직권말소시켜 저당권 등이 소멸되게 함으로써 乙 회사 등의 저당권의 목적인 차량들을 은닉하는 방법으로 권리행사를 방해한 경우**

피고인들은 처음부터 자동차대여사업자에 대한 등록취소 및 자동차등록 직권말소절차의 허점을 이용하여 권리행사를 방해할 목적으로 범행을 모의한 다음 렌트카 사업자등록만 하였을 뿐 실제로는 영업을 하지 아니함에도 차량 구입자들 또는 지입차주들로 하여금 차량을 관리·처분하도록 함으로써 차량들의 소재를 파악할 수 없게 하였고, 나아가 자동차대여사업자등록이 취소되어 차량들에 대한 저당권등록마저 직권말소되도록 하였으므로, 이러한 행위는 그 자체로 저당권자인 乙 회사 등으로 하여금 자동차등록원부에 기초하여 저당권의 목적이 된 자동차의 소재를 파악하는 것을 현저하게 곤란하게 하거나 불가능하게 하는 행위에 해당함에도, 이와 달리 피고인들이 차량들을 은닉하였다고 단정할 수 없다는 이유로 무죄로 판단한 원심판결에 권리행사방해죄에 관한 법리오해의 잘못이 있다.(대법원 2017.5.17, 선고, 2017도2230, 판결)

(2) 권리행사 방해

취거·은닉 또는 손괴행위를 하여 권리행사를 방해할 우려가 있는 상태에 이르면 기수가 되고, 권리행사의 현실적 방해는 요하지 않음(추상적 위험범)

4. 주관적 구성요건

고의가 있으면 족하고, 영득죄가 아니므로 불법영득의사는 불필요

II. 범죄사실기재 및 신문사항

[기재례1] 담보조건으로 교부한 차량을 가져와 버린 경우

1) 범죄사실 기재례

피의자는 20○○. ○. ○. ○○에 있는 ○○회사 사무실에서 피해자 홍길동으로부터 ○○만원의 돈을 빌리고 그 담보 조로 위 회사소유의 승용차(차량번호) 1대를 보관시켰다.

피의자는 20○○. ○. ○. 10:00경 ○○에 있는 ○○대리점 앞길에서 그곳에 주차된 위 승용차를 운전하여 가 피해자의 권리 목적이 된 위 승용차를 취거하여 피해자의 권리행사를 방해하였다.

2) 적용법조 : 제323조… 공소시효 7년

[기재례2] 점포 임대인이 점포의 문에 자물쇠를 채운 경우

1) 범죄사실 기재례

피의자 甲은 ○○에 있는 ○○건물(명칭)의 실소유자, 피의자 乙은 위 건물의 관리인으로서, 피의자 甲이 20○○. ○. ○.경 피해자 김○○에게 위 빌딩 1층 103호를 임대보증금 ○○만원에 임대하면서 위 103호의 실내장식공사를 ○○만원에 하여 주기로 약정하고 그 공사를 진행하였다.

피의자들은 20○○. ○. ○.경 위 건물1층 103호에서 피의자 甲은 위 피해자와 위 실내장식공사 대금문제로 다툰 일로 화가 나 피의자 乙에게 위 103호의 문에 자물쇠를 채우라고 지시하고, 피의자 乙은 위 103호에 자물쇠를 채웠다.

이로써 피의자들은 공모하여 피해자로 하여금 위 점포에 출입을 못 하게 하여 타인의 점유 목적이 된 자기 물건에 대한 권리행사를 방해하였다.

2) 적용법조 : 제323조… 공소시효 7년

3) 신문사항(피의자 甲)

- 고소인 홍길동을 알고 있는가
- 고소인에게 피의자 소유 건물을 임대한 일이 있는가
- 언제 어디에 있는 건물인가
- 어떤 조건으로 임대하였는가
- 이렇게 임대해준 점포에 대해 출입문을 잠가버린 일이 있는가
- 언제 누구에게 지시하여 이렇게 하였는가
- 어떤 방법으로 시정하였는가
- 왜 시정해 버렸는가

- 임대를 하였으면 그 점유권이 누구에게 있다 생각하는가
- 그럼 홍길동의 권리행사를 방해하였다 생각하지 않는가

[기재례3] 임대한 덤프트럭을 소유자가 무단 취거

1) 범죄사실 기재례

피의자는 20○○. ○. ○.경 피해자 홍길동에게 피의자 소유의 서울06머0000호 덤프트럭을 월 임대료 ○○만원, 임대차기간을 1년으로 각 약정하고 그 무렵 위 트럭을 인도한 사실이 있다.

피의자는 20○○. ○. ○. ○○:○○경 위 홍길동이 위 트럭의 임대료를 연체한다는 이유로 아무런 승낙도 받음이 없이 ○○에서 홍길동이 점유하는 위 트럭을 취거하여 ○○에 있는 피의자의 차고지로 옮겨갔다.

이로써 피의자는 홍길동의 위 트럭운행에 대한 권리행사를 방해하였다.

2) 적용법조 : 제323조… 공소시효 7년

3) 신문사항

- 어떤 일을 하고 있는가
- 홍길동을 알고 있는가
- 홍길동에게 피의자 회사 덤프트럭을 임대해 준일이 있는가
- 언제 어디에서 어떤 조건으로 임대하였는가
- 그럼 그 덤프트럭에 대한 점유권은 홍길동에게 있는가
- 이렇게 임대해준 덤프트럭을 다시 가져온 일이 있는가
- 언제 어디에 있는 것을 가져왔는가
- 무엇 때문에 가져왔는가
- 가져올 때 홍길동에게 사실을 말하였는가
- 가져와 어떻게 하였는가
- 임대해준 트럭을 승낙없이 가져와버리면 홍길동의 권리행사를 방해한다 생각하지 않는가

제2절 강 요

제324조(강요) ① 폭행 또는 협박으로 사람의 권리행사를 방해하거나 의무없는 일을 하게 한 자는 5년 이하의 징역 또는 3천만원 이하의 벌금에 처한다.
제324조의5(미수범) 제324조 내지 제324조의4의 미수범은 처벌한다.

 I. 구성요건

1. 객 체

행위자 이외의 자연인인

○ 자연인은 의사결정 및 활동의 자유를 가진 자에 제한된다.

○ 폭행·협박을 당한 자와 권리행사를 방해당한 자가 동일인일 필요는 없다. 이때 폭행·협박을 당한 자에 대해서는 폭행죄·협박죄가 성립한다.

2. 행 위

폭행·협박으로 권리행사를 방해하거나 의무 없는 일을 하게 하는 것

(1) 폭행, 협박

폭행·협박은 의사결정과 행동의 자유를 제한할 정도면 족하고, 상대방의 반항을 곤란하게 할 정도일 필요는 없다.

■ 판례 ■ **골프시설의 운영자 甲이 골프회원에게 불리하게 변경된 내용의 회칙에 대하여 동의한다는 내용의 등록신청서를 제출하지 아니하면 회원으로 대우하지 아니하겠다고 통지한 경우**

[1] 강요죄에 있어서 협박의 의미
강요죄란 폭행 또는 협박으로 사람의 권리행사를 방해하거나 의무 없는 일을 하게 하는 것을 말하고, 여기에서의 협박은 객관적으로 사람의 의사결정의 자유를 제한하거나 의사실행의 자유를 방해할 정도로 겁을 먹게 할 만한 해악을 고지하는 것을 말한다.

[2] 甲의 죄책
골프시설의 운영자가 골프회원에게 불리하게 변경된 내용의 회칙에 대하여 동의한다는 내용의 등록신청서를 제출하지 아니하면 회원으로 대우하지 아니하겠다고 통지한 것은 강요죄에 해당한다(대법원 2003.9.26. 선고 2003도763 판결).

■ 판례 ■ **소비자불매운동 과정에서 이루어진 어떠한 행위가 강요죄의 수단인 '협박'에 해당하는지 판단하는 기준**

[1] 강요죄나 공갈죄의 수단인 '협박'의 의미

강요죄나 공갈죄의 수단인 협박은 사람의 의사결정의 자유를 제한하거나 의사실행의 자유를 방해할 정도로 겁을 먹게 할 만한 해악을 고지하는 것을 말하는데, 해악의 고지는 반드시 명시적인 방법이 아니더라도 말이나 행동을 통해서 상대방으로 하여금 어떠한 해악에 이르게 할 것이라는 인식을 갖게 하는 것이면 족하고, 피공갈자 이외의 제3자를 통해서 간접적으로 할 수도 있으며, 행위자가 그의 직업, 지위 등에 기하여 불법한 위세를 이용하여 재물의 교부나 재산상 이익을 요구하고 상대방으로 하여금 그 요구에 응하지 않을 때에는 부당한 불이익을 당할 위험이 있다는 위구심을 일으키게 하는 경우에도 해악의 고지가 된다.

[2] 소비자불매운동 과정에서 이루어진 어떠한 행위가 강요죄나 공갈죄의 수단인 '협박'에 해당하는지 판단하는 기준

소비자가 구매력을 무기로 상품이나 용역에 대한 자신들의 선호를 시장에 실질적으로 반영하기 위한 집단적 시도인 소비자불매운동은 본래 '공정한 가격으로 양질의 상품 또는 용역을 적절한 유통구조를 통해 적절한 시기에 안전하게 구입하거나 사용할 소비자의 제반 권익을 증진할 목적'에서 행해지는 소비자보호운동의 일환으로서 헌법 제124조를 통하여 제도로서 보장되나, 그와는 다른 측면에서 일반 시민들이 특정한 사회, 경제적 또는 정치적 대의나 가치를 주장·옹호하거나 이를 진작시키기 위한 수단으로 소비자불매운동을 선택하는 경우도 있을 수 있다. 다만 대상 기업에 특정한 요구를 하면서 이에 응하지 않을 경우 불매운동의 실행 등 대상 기업에 불이익이 되는 조치를 취하겠다고 고지하거나 공표하는 것과 같이 소비자불매운동의 일환으로 이루어지는 것으로 볼 수 있는 표현이나 행동이 정치적 표현의 자유나 일반적 행동의 자유 등의 관점에서도 전체 법질서상 용인될 수 없을 정도로 사회적 상당성을 갖추지 못한 때에는 그 행위 자체가 강요죄나 공갈죄에서 말하는 협박의 개념에 포섭될 수 있으므로, 소비자불매운동 과정에서 이루어진 어떠한 행위가 강요죄나 공갈죄의 수단인 협박에 해당하는지 여부는 해당 소비자불매운동의 목적, 불매운동에 이르게 된 경위, 대상 기업의 선정이유 및 불매운동의 목적과의 연관성, 대상 기업의 사회·경제적 지위와 거기에 비교되는 불매운동의 규모 및 영향력, 대상 기업에 고지한 요구사항과 불이익 조치의 구체적 내용, 그 불이익 조치의 심각성과 실현가능성, 고지나 공표 등의 구체적인 행위 태양, 그에 대한 상대방 내지 대상 기업의 반응이나 태도 등 제반 사정을 종합적·실질적으로 고려하여 판단하여야 한다.

[3] 피고인이, 甲 주식회사가 특정 신문들에 광고를 편중했다는 이유로 기자회견을 열어 甲 회사에 대하여 불매운동을 하겠다고 하면서 특정 신문들에 대한 광고를 중단할 것과 다른 신문들에 대해서도 동등하게 광고를 집행할 것을 요구하고 甲 회사 인터넷 홈페이지에 그와 같은 내용의 팝업창을 띄우게 한 사안불매운동의 목적, 그 조직과정 및 규모, 대상 기업으로 甲 회사 하나만을 선정한 경위, 기자회견을 통해 공표한 불매운동의 방법 및 대상 제품, 甲 회사 직원에게 고지한 요구사항의 구체적인 내용, 위 공표나 고지행위 당시의 상황, 그에 대한 甲 회사 경영진의 반응, 위 요구사항에 응하지 않을 경우 甲 회사에 예상되는 피해의 심각성 등 제반 사정을 고려할 때, 피고인의 행위는 甲 회사의 의사결정권자로 하여금 그 요구를 수용하지 아니할 경우 불매운동이 지속되어 영업에 타격을 입게 될 것이라는 겁을 먹게 하여 의사결정 및 의사실행의 자유를 침해한 것으로 강요죄나 공갈죄의 수단으로서의 협박에 해당한다고 본 원심판단을 수긍한 사례.(대법원 2013.4.11. 선고, 2010도13774 판결)

■ 판례 ■　　**강요죄의 수단으로서 '협박'의 의미와 내용**

[1] 강요죄의 수단으로서 '협박'의 의미와 내용 및 협박이 정당한 권리의 실현 수단으로 사용된 경우 강요죄가 성립하는지 여부(한정 적극)와 판단 기준

강요죄는 폭행 또는 협박으로 사람의 권리행사를 방해하거나 의무 없는 일을 하게 하는 범죄이다(형법 제324조). 강요죄의 수단으로서 협박은 사람의 의사결정의 자유를 제한하거나 의사실행의 자유를

방해할 정도로 겁을 먹게 할 만한 해악을 고지하는 것을 말하고, 해악의 고지는 반드시 명시적인 방법이 아니더라도 말이나 행동을 통해서 상대방으로 하여금 어떠한 해악에 이르게 할 것이라는 인식을 갖게 하는 것이면 족하다. 이러한 해악의 고지가 비록 정당한 권리의 실현 수단으로 사용된 경우라고 하여도 권리실현의 수단 방법이 사회통념상 허용되는 정도나 범위를 넘는다면 강요죄가 성립하고, 여기서 어떠한 행위가 구체적으로 사회통념상 허용되는 정도나 범위를 넘는 것인지는 그 행위의 주관적인 측면과 객관적인 측면, 즉 추구된 목적과 선택된 수단을 전체적으로 종합하여 판단하여야 한다.

[2] 민주노총 전국건설노조 건설기계지부 소속 노조원인 피고인들이, 현장소장인 피해자 甲이 노조원이 아닌 피해자 乙의 건설장비를 투입하여 수해상습지 개선사업 공사를 진행하자 '민주노총이 어떤 곳인지 아느냐, 현장에서 장비를 빼라'는 취지로 말하거나 공사 발주처에 부실공사가 진행되고 있다는 취지의 진정을 제기하는 방법으로 공사현장에서 사용하던 장비를 철수하게 하고 '현장에서 사용하는 모든 건설장비는 노조와 합의하여 결정한다'는 협약서를 작성하게 함으로써 피해자들에게 의무 없는 일을 하게 하였다고 하여 폭력행위 등 처벌에 관한 법률 위반(공동강요)으로 기소된 사안

피고인들은 공사현장에서 장비를 뺄 것을 요구하면서 그렇지 않을 경우 발주처에 민원을 넣어 공사를 못하게 하겠다고 말하고, 실제로 요구가 받아들여지지 않자 발주처에 부실시공 여부를 철저하게 조사하여 처벌하여 달라는 취지의 진정을 제기한 다음 이를 이용하여 피해자들로 하여금 장비를 철수하게 하고, 공사현장의 모든 건설장비를 피고인들 쪽에서 배차하는 장비만을 사용하도록 하는 취지의 협약서를 작성하도록 하였는데, 이와 같은 피고인들의 행위는 피해자들의 정당한 영업활동을 방해함으로써 피해자들로 하여금 장비를 철수시키고 자신들이 속한 노조 지회의 장비만을 사용하도록 하기 위하여 발주처에 대한 진정이라는 수단을 동원한 것으로 그 의도나 목적이 정당하다고 보기 어렵고, 나아가 피해자들의 정당한 영업활동의 자유를 침해하는 것이며, 피고인들이 피해자들에게 위와 같은 내용의 언사를 사용하고 부실공사가 아님에도 공사 발주처에 부실공사를 조사해 달라는 진정을 하였다면 이는 사회통념상 허용되는 정도나 범위를 넘는 것으로서 강요죄의 수단인 협박에 해당함에도, 이와 달리 보아 공소사실을 무죄로 판단한 원심판결에 심리미진 또는 강요죄의 수단인 협박에 관한 법리오해의 잘못이 있다.(대법원 2017. 10. 26., 선고, 2015도16696, 판결)

■ 판례 ■ **강요죄에서 말하는 '협박'의 의미와 내용 / 행위자가 직업이나 지위에 기초하여 상대방에게 어떠한 이익 등의 제공을 요구한 경우, 그 요구 행위가 강요죄의 수단으로서 해악의 고지에 해당하는지 판단하는 기준 / 공무원인 행위자가 상대방에게 어떠한 이익 등의 제공을 요구하였으나 위와 같은 해악의 고지로 인정될 수 없는 경우, 강요죄가 성립하는지 여부(소극)**

강요죄는 폭행 또는 협박으로 사람의 권리행사를 방해하거나 의무 없는 일을 하게 하는 범죄이다. 여기에서 협박은 객관적으로 사람의 의사결정의 자유를 제한하거나 의사실행의 자유를 방해할 정도로 겁을 먹게 할 만한 해악을 고지하는 것을 말한다. 이와 같은 협박이 인정되기 위해서는 발생 가능한 것으로 생각할 수 있는 정도의 구체적인 해악의 고지가 있어야 한다. 행위자가 직업이나 지위에 기초하여 상대방에게 어떠한 이익 등의 제공을 요구하였을 때 그 요구 행위가 강요죄의 수단으로서 해악의 고지에 해당하는지 여부는 행위자의 지위뿐만 아니라 그 언동의 내용과 경위, 요구 당시의 상황, 행위자와 상대방의 성행·경력·상호관계 등에 비추어 볼 때 상대방으로 하여금 그 요구에 불응하면 어떠한 해악에 이를 것이라는 인식을 갖게 하였다고 볼 수 있는지, 행위자와 상대방이 행위자의 지위에서 상대방에게 줄 수 있는 해악을 인식하거나 합리적으로 예상할 수 있었는지 등을 종합하여 판단해야 한다. 공무원인 행위자가 상대방에게 어떠한 이익 등의 제공을 요구한 경우 위와 같은 해악의 고지로 인정될 수 없다면 직권남용이나 뇌물 요구 등이 될 수는 있어도 협박을 요건으로 하는 강요죄가 성립하기는 어렵다.(대법원 2020. 2. 13., 선고, 2019도5186, 판결)

피고인이 피해자 주택 대문 바로 앞에 차량을 주차하여 피해자가 차량을 주차장에 출입할 수 없도록 한 것이 강요죄의 폭행에 해당하는지 문제된 사건

[1] 강요죄에서 '폭행'의 의미 및 사람에 대한 간접적인 유형력의 행사를 강요죄의 폭행으로 평가하기 위하여 고려해야 할 사항

강요죄는 폭행 또는 협박으로 사람의 권리행사를 방해하거나 의무 없는 일을 하게 하는 범죄이다(형법 제324조 제1항). 여기에서 폭행은 사람에 대한 직접적인 유형력의 행사뿐만 아니라 간접적인 유형력의 행사도 포함하며, 반드시 사람의 신체에 대한 것에 한정되지 않는다. 사람에 대한 간접적인 유형력의 행사를 강요죄의 폭행으로 평가하기 위해서는 피고인이 유형력을 행사한 의도와 방법, 피고인의 행위와 피해자의 근접성, 유형력이 행사된 객체와 피해자의 관계 등을 종합적으로 고려해야 한다.

[2] 피고인이 甲과 공모하여 甲 소유의 차량을 乙 소유 주택 대문 바로 앞부분에 주차하는 방법으로 乙이 차량을 주택 내부의 주차장에 출입시키지 못하게 함으로써 乙의 차량 운행에 관한 권리행사를 방해하였다는 내용으로 기소된 사안

피고인은 乙로 하여금 주차장을 이용하지 못하게 할 의도로 甲 차량을 乙 주택 대문 앞에 주차하였으나, 주차 당시 피고인과 乙 사이에 물리적 접촉이 있거나 피고인이 乙에게 어떠한 유형력을 행사했다고 볼만한 사정이 없는 점, 피고인의 행위로 乙에게 주택 외부에 있던 乙 차량을 주택 내부의 주차장에 출입시키지 못하는 불편이 발생하였으나, 乙은 차량을 용법에 따라 정상적으로 사용할 수 있었던 점을 종합하면, 피고인이 乙을 폭행하여 차량 운행에 관한 권리행사를 방해하였다고 평가하기 어렵다는 이유로, 이와 달리 본 원심판단에 강요죄에서 폭행과 권리행사방해에 관한 법리오해의 잘못이 있다. (대법원 2021. 11. 25., 선고, 2018도1346, 판결)

(2) 권리행사방해 또는 의무 없는 일의 강요

(가) 권리행사방해

- ○ 권리행사뿐만 아니라 널리 법률상 허용된 행위를 하지 못하게 하는 행위도 포함한다.
- ○ 권리는 반드시 법적 근거는 있을 것은 요하지 않고, 재산적 권리·비재산적 권리를 불문한다.

권리행사방해죄에 있어서 권리의 범위

본죄에서 권리라 함은 재산적 권리뿐 아니라 비재산적 권리로 볼 수 있는 개인의 계약체결에 대한 자유권도 포함되고 그 계약체결이 법률상 위법 기타 제한이 있다 하더라도 폭력에 의한 강요죄의 성립에는 영향이 없다(대법원 1962.1.25. 선고 4293형상233 판결).

(나) 의무 없는 일의 강요

이행해야 할 의무가 없는 자에게 일정한 작위 또는 부작위를 강요하는 것을 말하는 것으로, 강요되는 행위는 법률행위뿐만 아니라 사실행위도 포함한다.

■ 판례 ■   **법률상 의무없는 진술서를 작성케 한 경우, 죄책**

피고인이 피해자를 협박하여 동인으로 하여금 법률상 의무없는 진술서를 작성케한 행위는 사람의 자유권행사를 방해한 것이므로 형법 324조의 폭력에 의한 권리행사방해죄를 구성한다(대법원 1974.5.14. 선고 73도2578 판결).

■ 판례 ■   **군인인 상관이 부하의 근무태도를 교정하기 위해 직무수행 일지를 작성하게 한 행위**

[1] 강요죄 구성요건 중 '의무 없는 일'의 의미 및 법률상 의무 있는 일을 하게 한 경우 강요죄가 성립하는지 여부(소극)

강요죄는 폭행 또는 협박으로 사람의 권리행사를 방해하거나 의무 없는 일을 하게 하는 것을 말하고, 여기에서 '의무 없는 일'이란 법령, 계약 등에 기하여 발생하는 법률상 의무 없는 일을 말하므로, 법률상 의무 있는 일을 하게 한 경우에는 강요죄가 성립할 여지가 없다.

[2] 군인인 상관이 직무수행을 태만히 하거나 지시사항을 불이행하고 허위보고 등을 한 부하에게 근무태도를 교정하고 직무수행을 감독하기 위하여 직무수행 내역을 일지 형식으로 기재하여 보고하도록 명령한 경우, 형법상 강요죄가 성립하는지 여부(소극)

군인사법 제47조의2의 위임에 따른 군인복무규율 제7조 제1항, 제8조, 제22조 제1항, 제2항, 제23조 제1항의 내용 및 취지 등에 비추어 보면, 상관이 직무수행을 태만히 하거나 지시사항을 불이행하고 허위보고 등을 한 부하에게 근무태도를 교정하고 직무수행을 감독하기 위하여 직무수행의 내역을 일지 형식으로 기재하여 보고하도록 명령하는 행위는 직무권한 범위 내에서 내린 정당한 명령이므로 부하는 명령을 실행할 법률상 의무가 있고, 명령을 실행하지 아니하는 경우 군인사법 제57조 제2항에서 정한 징계처분이 내려진다거나 그에 갈음하여 얼차려의 제재가 부과된다고 하여 그와 같은 명령이 형법 제324조의 강요죄를 구성한다고 볼 수 없다.(대법원 2012.11.29. 선고, 2010도1233 판결)

(3) 기수시기

권리행사가 현실적으로 방해되거나 의무 없는 일을 현실적으로 했을 때 기수

■ 판례 ■   **피해자를 협박하여 여권을 강제 회수한 경우, 형법 제324조 소정의 폭력에 의한 권리행사방해죄의 성부(적극)**

[1] 사실관계

대통령 친인척 비리관리 및 생계보호 등의 직무에 종사하던 경찰관 甲은 대통령의 매제인 乙의 동향을 관찰하다가, 丙이 乙을 끌어들여 자신이 대통령의 친인척인 것처럼 행세하여 각종 이권사업에 개입한 점을 알아내고 이를 약점으로 삼아 丙에게 상부에서 丙의 국외도피를 염려하니 여권을 달라고 요구하였으나, 丙이 거부하자 그 비행 사실을 들먹이면서 계속 거부하면 치안본부 특수수사대로 넘기겠다고 위협하여 겁을 먹은 丙으로 하여금 여권을 교부받았다.

[2] 판결요지

형법 제324조 소정의 폭력에 의한 권리행사방해죄는 폭행 또는 협박에 의하여 권리행사가 현실적으로 방해되어야 할 것인바, 피해자의 해외도피를 방지하기 위하여 피해자를 협박하고 이에 피해자가 겁을 먹고 있는 상태를 이용하여 동인 소유의 여권을 교부하게 하여 피해자가 그의 여권을 강제 회수당하였다면 피해자가 해외여행을 할 권리는 사실상 침해되었다고 볼 것이므로 권리행사방해죄의

기수로 보아야 한다(대법원 1993.7.27. 선고 93도901 판결).

3. 주관적 구성요건

폭행·협박의 고의와 권리행사를 방해하거나 의무 없는 일을 하게 한다는 고의가 있을 것

4. 권리행사와 강요죄

행위자가 달성하고자 하는 목적과 수단의 관계에 비추어 결정된다. 즉 정당한 목적을 위하여 사회상규상 용인될만한 수단이라고 평가된다면, 강요행위의 위법성이 조각된다.

(1) 목적과 수단의 비례관계

정당한 목적을 달성하기 위한 폭행·협박(例, 음주운전이나 자살을 막기 위한 폭행·협박)은 목적과 수단의 비례관계가 인정되어 강요죄가 되지 않는다.

(2) 수단의 비난가능성

목적이 정당하더라도 수단이 상당성을 초과한 경우(例, 상해, 방화, 인신매매 등에 의한 권리행사)에는 강요죄가 성립한다.

(3) 목적의 비난가능성

목적이 처음부터 불법한 경우(例, 범죄를 강요하기 위하여 폭행·협박)에는 강요죄가 성립한다.

5. 죄 수

- ○ 타인에게 범죄를 강요한 경우 ▷ 강요한 범죄의 교사범 또는 간접정범과 강요죄의 상상적 경합
- ○ 체포·감금죄, 약취·유인의 죄, 강간죄, 강제추행죄, 위력에 의한 업무방해죄 등이 성립하는 경우 ▷ 강요죄는 각 죄에 흡수
- ○ 공갈죄나 강도죄가 성립한 경우 ▷ 강요죄는 각 죄에 흡수

■ 판례 ■　　**폭력에 의한 권리행사방해를 하고 이를 근거로 계속하여 갈취행위를 한 경우의 죄수**

피고인이 투자금의 회수를 위해 피해자를 강요하여 물품대금을 횡령하였다는 자인서를 받아낸 뒤 이를 근거로 돈을 갈취한 경우, 피고인의 주된 범의가 피해자로부터 돈을 갈취하는 데에 있었던 것이라면 피고인은 단일한 공갈의 범의하에 갈취의 방법으로 일단 자인서를 작성케 한 후 이를 근거로 계속하여 갈취행위를 한 것으로 보아야 할 것이므로 위 행위는 포함하여 공갈죄 일죄만을 구성한다고 보아야 한다(대법원 1985.6.25. 선고 84도2083 판결).

[기재례1] 간통 사실의 자술서를 강요한 경우

1) 범죄사실 기재례

피의자는 20○○. ○. ○. 경 ○○에서 피해자 홍길녀를 감금한 상태에서 드라이용 빗을 피해자의 음부에 끼웠다 뺐다 하여 피해자의 음부에서 피가 흐르는데도 위 빗을 음부에 그대로 끼워놓고 완전히 일어서거나 앉지도 못하는 엉거주춤한 자세에서 "김삼돌에게 강간을 당하였다. 김삼돌과 간통을 하였다."라는 등의 허위 내용의 자술서 등을 강제로 작성하도록 하여 피해자로 하여금 의무 없는 일을 하게 하였다.

[기재례2] 예비군 훈련장에서 강요

피의자는 20○○. 8. 9. 10:00경 ○○에 있는 ○○훈련장 내 생활관에서 제○○보병사단 본부 중대 소속 일병인 피해자 갑에게 "생활관에서 큰걸음(제식동작)을 해라. 하지 않으면 선임들을 쭉 세워놓고 뺨따귀를 쳐버린다."라고 말하면서 마치 위해를 가할 것처럼 행세하여 이에 겁을 먹은 피해자로 하여금 생활관 내에서 큰 걸음으로 10여 초간 제자리걸음을 하게 하였다.
피의자는 이를 비롯하여 별지 범죄일람표 기재와 같이 20○○. 8. 9.경부터 20○○. 8.10.경까지 ○○회에 걸쳐 피해자들에게 의무 없는 일을 하도록 강요하였다.

[기재례3] 양수한 집을 비워주지 않는다면 강요한 경우

피의자는 20○○. ○. ○.경 ○○에 있는 주택을 홍길동으로부터 양수하였는데, 그곳에 20○○. ○. ○. 전주인인 위 홍길동과 1년의 전세계약을 맺고 거주하고 있던 최○○에 대하여 아파트를 명도해 줄 것을 요구하였으나, 그가 아직 기한이 차지 않아 명도할 수 없다고 불응하였다.
피의자는 20○○. ○. ○. ○○:○○경 위 주택에 찾아가 최○○에게 "당장 나가지 않으면 좋지 않을 것이다"라고 하며 위 최○○의 집에 있던 소파와 전화 등 살림을 손괴하고 그의 얼굴 및 복부를 주먹으로 두 차례 때림으로써, 폭행과 협박으로 의무 없는 일을 강요하였다.

[기재례4] 별도의 합의금 강요한 경우

피의자는 20○○. ○. ○. 경 ○○에서 위와 같은 폭행으로 인하여 겁을 먹은 피해자에게 피해자가 피의자들에게 피해를 준 사실을 인정하며 피해금액 및 별도의 합의금을 지급한다는 내용의 합의서에 서명, 날인하게 하였다.
이로써 피의자는 폭행으로 피해자에게 의무 없는 일을 하게 하였다.

[기재례5] 카카오톡 이용 알몸 동영상 강요

피의자는 20○○. ○. ○.○○:○○경부터 다음날 20:11경까지 ○○에 있는 피의자의 집에서 카카오톡 "친구만들기" 카페를 통하여 알게 된 피해자 갑(여, 16세)과 카카오톡으로 채팅을 하던 중, 피해자에게 가슴과 알몸이 찍힌 동영상을 전송할 것을 요구하였으나 피해자가 이를 거부하였다.

이때 피의자가 피해자에게 "학교에 찾아가겠다. 나 찾아가면 절대 만나지 말고 나 피해, 너 학교 찾아간다. 후배들 데리고, 꼭 찾아간다, 너 내일부터 학교 다니지 마라, 집에 꼭 숨어 있어라, 인제 말도 안하지 봐 너 조심해라 잡히면 죽는다, 칼요 빼때지 질러 줄테니" 라는 메시지를 전송하는 등 피해자를 협박하여 피해자로 하여금 가슴 사진과 음부가 노출된 알몸 동영상을 촬영, 피고인에게 전송케 함으로써 법률상 의무 없는 일을 하게 하였다.

2) 적용법조 : 제324조 제1항··· 공소시효 7년

3) 신문사항
- 홍길동의 집을 양수한 일이 있는가
- 언제 어디에 있는 집인가
- 어떤 조건으로 양수하였는가
- 양수 당시 그곳에는 누가 살고 있었는가
- 그럼 그곳에 살고 있는 최○○에 대해서는 어떻게 하기로 하였나요
- 위 최○○을 찾아가 집을 비워 달라고 한 일이 있는가
- 언제 누구랑 같이 찾아 갔는가
- 찾아가서 어떻게 하였는가
- 홍길동으로부터 그 집을 양수할 때는 1년 뒤에 최○○이 집을 비워주기로 하였다
면서
- 그럼 위 최○○에게 의무없는 일을 강요한 것인가
- 무엇 때문에 이런 행위를 하였는가

제3절 특수강요

제324조(강요) ① 폭행 또는 협박으로 사람의 권리행사를 방해하거나 의무없는 일을 하게 한 자는 5년 이하의 징역 또는 3천만원 이하의 벌금에 처한다.
② 단체 또는 다중의 위력을 보이거나 위험한 물건을 휴대하여 제1항의 죄를 범한 자는 10년 이하의 징역 또는 5천만원 이하의 벌금에 처한다.
제324조의5(미수범) 제324조 내지 제324조의4의 미수범은 처벌한다.
※ 폭력행위등처벌에관한법률 제3조(집단적 폭행 등)

Ⅰ. 구성요건

단체 또는 다중의 위력을 보이거나 위험한 물건을 휴대하여 권리행사를 방해하거나 의무없는 일을 하게 함으로써 성립하는 범죄이다.

Ⅱ. 범죄사실기재

1) 범죄사실 기재례

피의자들은 ○○에 있는 ○○재건축조합의 반대한 사람들로 20○○. ○. ○. 14:30경 ○○에 있는 초등학교 강당에서 위 재건축조합 임시총회를 개최하여 ○○건설을 재건축사업 시공사로 선정함에 대하여 조합원들의 의결을 받고자 하던 중 이에 대하여 조합원 피해자 甲이 이의를 제기하며 의사진행 발언을 요청하였다.

이에 피의자들은 회의 진행에 방해된다며 임시총회 경호를 담당하고 있던 경호업체 소속 직원 10여 명으로 하여금 피해자를 강제로 위 임시총회장에서 끌어내게 하여 다중의 위력으로써 피해자의 조합원으로서의 시공사 선정에 관한 발언권과 의결권 행사를 방해하였다.

2) 적용법조 : 제324조 제2항, 제1항… 공소시효 7년

제4절 인질강요

> **제324조의2(인질강요)** 사람을 체포·감금·약취 또는 유인하여 이를 인질로 삼아 제3자에 대하여 권리행사를 방해하거나 의무없는 일을 하게 한 자는 3년 이상의 유기징역에 처한다.
> **제324조의5(미수범)** 제324조 내지 제324조의4의 미수범은 처벌한다.
> **제324조의6(형의 감경)** 제324조의2 또는 제324조의3의 죄를 범한 자 및 그 죄의 미수범이 인질을 안전한 장소로 풀어준 때에는 그 형을 감경할 수 있다.

1. 객 체

자연인인 타인

- 인질은 자연인으로 피강요자와 신분 관계가 있을 것을 요하지 않는다. 다만 미성년자를 인질로 삼으면 특정범죄가중처벌법 제5조의2 제2항이 적용된다.
- 피강요자는 의사결정·의사 활동의 자유를 가진 자에 제한된다.

2. 행 위

체포·감금·약취 또는 유인하여 이를 인질로 삼아 제3자에 대하여 강요하는 것

(1) 수 단

체포·감금·약취 또는 유인을 수단으로 강요할 것

- 반드시 처음부터 강요의 목적으로 체포·감금·약취·유인하였음을 요하지 않는다.

(2) 인질로 삼아

체포·감금·약취 또는 유인된 자의 생명, 신체 등의 안전에 관한 제3자의 우려를 이용하여 석방이나 생명, 신체에 대한 안전을 보장하는 대가로 제3자를 강요할 목적 하에 체포·감금·약취 또는 유인된 자의 자유를 구속하는 것

(3) 강 요

강요의 상대방은 제3자이므로 인질에 대한 강요는 본죄가 아니라 강요죄에 해당

- 제3자는 자연인·법인·국가기관을 불문한다.

(4) 실행의 착수와 기수시기

- 강요행위를 개시한 때 실행의 착수가 인정
- 강요행위로 인하여 권리행사가 현실적으로 방해되거나 현실로 의무 없는 일을 행한 때 기수

3. 죄 수

- 본죄의 죄수는 피강요자의 수를 기준으로 하고 인질의 수는 문제되지 않는다.
- 본죄가 성립할 때에는 체포·감금죄, 약취·유인죄, 강요죄 등은 별도로 성립하지 않는다.

제5절 인질상해 · 치상, 살해 · 치사

제324조의3(인질상해·치상) 제324조의2의 죄를 범한 자가 인질을 상해하거나 상해에 이르게 한 때에는 무기 또는 5년 이상의 징역에 처한다.

제324조의4(인질살해·치사) 제324조의2의 죄를 범한 자가 인질을 살해한 때에는 사형 또는 무기징역에 처한다. 사망에 이르게 한 때에는 무기 또는 10년 이상의 징역에 처한다.

제324조의5(미수범) 제324조 내지 제324조의4의 미수범은 처벌한다.

제324조의6(형의 감경) 제324조의2 또는 제324조의3의 죄를 범한 자 및 그 죄의 미수범이 인질을 안전한 장소로 풀어준 때에는 그 형을 감경할 수 있다.

1. 인질상해 · 살해

- ○ 인질상해죄는 인질강요죄와 상해죄의 결합범이고, 인질살해죄는 인질강요죄와 살인죄의 결합범이다.
- ○ 인질상해 · 살해죄는 고의범이므로 강요행위의 미수 · 기수를 불문하고 상해 · 살해행위가 미수에 그친 경우에 성립한다.

2. 인질치사상

- ○ 인질치사상죄는 인질강요죄의 결과적 가중범이다.

제6절 점유강취, 준점유강취

제325조(점유강취, 준점유강취) ① 폭행 또는 협박으로 타인의 점유에 속하는 자기의 물건을 강취(强取)한 자는 7년 이하의 징역 또는 10년 이하의 자격정지에 처한다.
② 타인의 점유에 속하는 자기의 물건을 취거(取去)하는 과정에서 그 물건의 탈환에 항거하거나 체포를 면탈하거나 범죄의 흔적을 인멸할 목적으로 폭행 또는 협박한 때에도 제1항의 형에 처한다.
③ 제1항과 제2항의 미수범은 처벌한다.

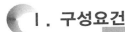 **I. 구성요건**

1. 점유강취(제1항)

(1) 객 체

타인이 점유하는 자기의 물건

○ 공무소의 명에 의하여 타인이 간수하는 자기의 물건을 폭행·협박으로 강취한 경우에도 공무소보관물무효죄(제142조)가 아니라 본죄가 성립한다.

(2) 행 위

폭행·협박으로 강취하는 것(강도죄와 동일)

○ 본죄의 폭행·협박은 강도죄에서와 같이 상대방의 반항을 억압할 정도여야 한다.

(3) 주관적 구성요건

고의가 있어야 하나 불법영득의사는 불요

2. 준점유강취(제2항)

(1) 주 체

취거에 착수하여 실행중이거나 실행직후에 있는 자, 취거의 기수·미수는 불문

(2) 객 체

타인이 점유하는 자기의 물건

(3) 행 위

폭행·협박하는 것(준강도죄와 동일)

(4) 기 수

폭행·협박을 하면 기수가 되고, 폭행·협박의 기수·미수에 따라 본죄의 기수·미수를 결정

(5) 주관적 구성요건

고의와 탈환을 항거하거나 체포를 면탈하거나 범죄의 흔적을 인멸할 목적이 있을 것

● II. 범죄사실기재 및 신문사항

[기재례1] 점유강취

1) 범죄사실 기재례

피의자는 20○○. ○. ○.경 ○○에서 술을 먹고 술값 40만원을 갚지 못하여 이를 갚을 때까지 위 주점 사장인 피해자 홍길동에게 피의자 소유 노트북을 보관해 놓은 사실이 있어 위 홍길동이 이를 담보로 점유하고 있었다.

피의자는 20○○. ○. ○. 15:00경 위 홍길동의 가게를 찾아갔으나 마침 홍길동 혼자 있는 것을 보고 "내 물건을 찾으러 왔다. 돈을 줄 테니 내 물건을 달라. 먼저 물건을 내놓지 않으면 가만히 있지 않겠다" 하자 돈을 먼저 달라며 피해자가 거절하는 것을 갑자기 주먹으로 위 피해자의 안면을 수회 때리는 등 폭행을 하여 피해자를 그곳에 쓰러뜨려서 반항을 억압한 후 즉시 그곳 안방 책상 위에 있던 노트북을 강취하였다.

2) 적용법조 : 제325조 제1항… 공소시효 7년

3) 신문사항

- ○○에서 술을 먹은 일이 있는가
- 당시 술값이 얼마였으며 그 술값을 계산하였는가
- 술값을 대신하여 어떤 물건은 언제 보관시켰는가
- 어떤 조건으로 보관시켰는가
- 이 물건을 찾은 일이 있는가
- 언제 어디에서 찾았는가
- 누구로부터 찾았는가
- 어떻게 찾았는가
- 왜 피해자를 폭행하였는가
- 어떤 방법으로 폭행하였나
- 그로 인하여 피해자는 어느 정도 다쳤는지 알고 있는가

‒ 돈을 갚지 않았으면서 어떻게 그 물건을 빼앗았는가

[기재례2] 준점유강취

1) 범죄사실 기재례

피의자는 20○○. ○. ○.경 자기 소유 승용차(차량번호)를 담보로 홍길동에게 ○○만원을 빌린 사실이 있어 위 홍길동이 위 승용차를 맡아가지고 있었다.

피의자는 20○○. ○. ○.15:00경 위 홍길동의 사무실로 찾아가 "돈을 가져 왔으니 자동차 열쇠를 달라"고 말하므로 이를 믿고 즉석에서 보관 중이던 승용차 열쇠를 건네주자 시동을 걸어본다며 간 후 차를 운전하고 그대로 도주하므로 이를 쫓아가서 잡은 다음 자동차 열쇠를 다시 빼앗으려고 하자 피의자는 뺏기지 않으려고 주먹으로 피해자의 안면을 수회 때리는 등 폭행하여 그 탈환에 항거하였다.

2) 적용법조 : 제325조 제2항… 공소시효 7년

3) 신문사항

‒ 홍길동을 알고 있는가
‒ 위 홍길동에게 돈을 빌려 사용한 일이 있는가
‒ 언제 어디에서 어떤 조건으로 빌렸는가
‒ 담보로 제공한 승용차는 누구 소유인가
‒ 어떤 조건으로 보관시켰는가
‒ 이 차량을 찾은 일이 있는가
‒ 언제 어디에서 찾았는가
‒ 누구로부터 찾았는가
‒ 어떻게 찾았는가
‒ 빌린 돈을 모두 변제하고 찾았는가
‒ 뭐라면서 자동차 열쇠를 달라 하였는가
‒ 피의자 말을 믿고 열쇠를 주던가
‒ 어떤 방법으로 폭행하였나
‒ 그로 인하여 피해자는 어느 정도 다쳤는지 알고 있는가
‒ 돈을 갚지 않았으면서 어떻게 그 차량을 가져가려고 하였나

제7절 중권리행사방해

제326조(중권리행사방해) 제324조 또는 제325조의 죄를 범하여 사람의 생명에 대한 위험을 발생하게 한 자는 10년 이하의 징역에 처한다.

중권리행사방해죄는 강요죄, 점유강취죄 · 준점유강취죄를 범하여 사람의 생명에 대한 위험을 발생하게 하는 범죄로서, 구체적 위험범이며 결과적 가중범이다.

제8절 강제집행면탈

제327조(강제집행면탈) 강제집행을 면할 목적으로 재산을 은닉, 손괴, 허위양도 또는 허위의 채무를 부담하여 채권자를 해한 자는 3년 이하의 징역 또는 1천만원 이하의 벌금에 처한다.

I. 구성요건

1. 주 체

채무자에 국한되지 않고, 제3자(例, 채무자의 법정대리인, 법인의 기관, 기타 제3자)도 주체

2. 객 체

재산

- ○ 재산은 동산·부동산을 뿐만 아니라 재산적 가치가 있어 민사소송법에 의한 강제집행 또는 보전처분이 가능한 특허 내지 실용신안 등을 받을 수 있는 권리도 포함된다.
- ○ 본죄의 객체인 재산은 민사소송법상 강제집행의 대상이 될 수 있는 것이어야 하고 채무자의 재산에 국한된다. 따라서 압류금지물은 본죄의 객체가 아니다.

■ 판례 ■ 　명의신탁자 甲과 명의수탁자 乙이 이른바 계약명의신탁 약정을 맺고 乙이 당사자가 되어 명의신탁 약정이 있다는 사실을 알지 못하는 소유자 丙과 부동산에 관한 매매계약을 체결한 후 그 매매계약에 따라 당해 부동산의 소유권이전등기를 甲 명의로 마친 경우

[1] 형법상 강제집행면탈죄의 객체

형법 제327조는 "강제집행을 면할 목적으로 재산을 은닉, 손괴, 허위양도 또는 허위의 채무를 부담하여 채권자를 해한 자"를 처벌함으로써 강제집행이 임박한 채권자의 권리를 보호하기 위한 것이므로, 강제집행면탈죄의 객체는 채무자의 재산 중에서 채권자가 민사집행법상 강제집행 또는 보전처분의 대상으로 삼을 수 있는 것이어야 한다.

[2] 위 부동산이 채무자인 명의신탁자인 甲의 재산으로서 강제집행면탈죄의 객체가 되는지 여부(소극)

명의신탁자와 명의수탁자 사이의 명의신탁 약정의 무효에도 불구하고 부동산 실권리자명의 등기에 관한 법률 제4조 제2항 단서에 의하여 그 명의수탁자는 당해 부동산의 완전한 소유권을 취득한다. 이와 달리 소유자가 계약명의신탁 약정이 있다는 사실을 안 경우에는 수탁자 명의의 소유권이전등기는 무효이고 당해 부동산의 소유권은 매도인이 그대로 보유하게 된다. 어느 경우든지 명의신탁자는 그 매매계약에 의해서는 당해 부동산의 소유권을 취득하지 못하게 되어, 결국 그 부동산은 명의신탁자에 대한 강제집행이나 보전처분의 대상이 될 수 없다(대법원 2009.5.14. 선고 2007도2168 판결).

■ 판례 ■ **채무자가 가압류채권자의 지위에서 가압류집행해제를 신청함으로써 그 지위를 상실하는 행위가 강제집행면탈행위에 해당하는지 여부(소극)**

채무자가 가압류채권자의 지위에 있으면서 가압류집행해제를 신청함으로써 그 지위를 상실하는 행위는 형법 제327조에서 정한 '은닉, 손괴, 허위양도 또는 허위채무부담' 등 강제집행면탈행위의 어느 유형에도 포함되지 않는 것이므로, 이러한 행위를 처벌대상으로 삼을 수 없다(대법원 2008.9.11. 선고 2006도8721 판결).

■ 판례 ■ **회사 대표가 계열회사들 소유 자금 중 일부를 임의로 빼돌려 자기 소유 자금과 구분없이 거주지 안방에 보관한 경우**

회사 대표가 계열회사들 소유 자금 중 일부를 임의로 빼돌려 자기 소유 자금과 구분없이 거주지 안방에 보관한 행위는 계열회사들에 대한 횡령행위의 일부를 구성하는 것일 뿐이고 나아가 이를 일률적으로 회사 대표 개인의 채권자들에 대한 강제집행면탈행위로서의 은닉행위로 평가할 수는 없다(대법원 2007.6.1. 선고 2006도1813 판결).

■ 판례 ■ **토지 소유자가 그 지상 건물 소유자에 대하여 건물철거 및 토지인도청구권을 갖는 경우, 허위채무로 위 건물에 근저당권설정등기를 경료한 건물 소유자의 행위가 강제집행면탈죄를 구성하는지 여부(소극) 및 임차인인 건물 소유자의 건물매수청구권 행사로 임대인인 토지 소유자가 건물에 대한 소유권이전등기 및 명도청구권을 갖게 된 경우도 마찬가지인지 여부(적극)**

채권자의 채권이 금전채권이 아니라 토지 소유자로서 그 지상 건물의 소유자에 대하여 가지는 건물철거 및 토지인도청구권인 경우라면, 채무자인 건물 소유자가 제3자에게 허위의 금전채무를 부담하면서 이를 피담보채무로 하여 건물에 관하여 근저당권설정등기를 경료하였다는 것만으로는 직접적으로 토지 소유자의 건물철거 및 토지인도청구권에 기한 강제집행을 불능케 하는 사유에 해당한다고 할 수 없으므로 건물 소유자에게 강제집행면탈죄가 성립한다고 할 수 없고, 이는 건물 소유자가 토지 임차인으로서 임대인인 토지 소유자에 대하여 민법 제643조의 건물매수청구권을 행사함으로써 건물 소유자와 토지 소유자 사이에 건물에 관한 매매관계가 성립하여 토지 소유자가 건물 소유자에 대하여 건물에 관한 소유권이전등기 및 명도청구권을 가지게 된 후에 건물 소유자가 제3자에게 허위의 금전채무를 부담하면서 이를 피담보채무로 하여 건물에 관하여 근저당권설정등기를 경료한 경우에도 마찬가지이다(대법원 2008.6.12. 선고 2008도2279 판결).

■ 판례 ■ **채무자가 자신의 부동산에 甲명의로 허위의 금전채권에 기한 담보가등기를 설정하고 이를 乙에게 양도하여 乙명의의 본등기를 경료하게 한 경우**

[1] '채권의 존재'가 강제집행면탈죄의 성립요건인지 여부(적극)

형법 제327조의 강제집행면탈죄는 채권자의 권리보호를 그 주된 보호법익으로 하고 있는 것이므로 강제집행의 기본이 되는 채권자의 권리, 즉 채권의 존재는 강제집행면탈죄의 성립요건이라 할 것이고, 따라서 그 채권의 존재가 인정되지 않을 때에는 강제집행면탈죄가 성립하지 않는다.

[2] 乙명의로 이루어진 가등기 양도 및 본등기 경료행위가 불가벌적 사후행위가 되는지 여부(소극)

피고인은 허위의 금전채권에 기하여 이를 담보하는 양 설정한 이 사건 소유권이전등기청구권 보전을 위한 가등기를 원심 공동피고인 2에게 양도해 주고, 피고인 2로 하여금 본등기를 경료하게 함으로써 이 사건 건물이 허위로 양도되게 하였음을 알 수 있는바, 위와 같은 담보가등기 설정행위를 강제집행면탈 행위로 본다고 하더라도, 그 가등기를 양도하여 본등기를 경료하게 함으로써 소유권을 상실케 하는 행위는 면탈의 방법과 법익침해의 정도가 훨씬 중하다는 점을 고려할 때 이를 불가벌적 사후행위로 볼 수는 없다고 할 것이다(대법원 2008.5.8. 선고 2008도198 판결).

■ 판례 ■ **피해자 甲은 乙의 채권자로서 乙이 丙 소유 부동산 경매사건에서 지급받을 배당금 채권의 일부에 가압류를 해 두었는데, 乙 사망 후 피고인과 丙, 乙의 상속인 등이 공모하여 丙의 乙에 대한 채무가 완제된 것처럼 허위의 채무완제확인서를 작성하여 법원에 제출하는 등의 방법으로 매각허가결정된 丙 소유 부동산의 경매를 취소한 경우**

을의 상속인들이 병 소유 부동산의 경매절차에서 배당받을 배당금지급채권은 강제집행면탈죄의 객체인 '재산'에 해당하고, 피고인 등이 병의 을에 대한 채권이 완제된 것처럼 가장하여 을의 상속인 등을 상대로 청구이의의 소를 제기하고 그 판결에 기하여 강제집행정지 및 경매취소에 이르게 한 행위는 소유관계를 불명하게 하는 방법에 의한 '재산의 은닉'에 해당하므로 강제집행면탈죄가 인정된다(대법원 2011.7.28. 선고 2011도6115 판결).

■ 판례 ■ **상계의 효력 발생이후 강제집행면탈죄 성립여부**

[1] 상계로 인하여 소멸하게 되는 채권의 경우 상계의 효력 발생 이후 강제집행면탈죄가 성립하는지 여부(소극)

상계의 의사표시가 있는 경우에는 각 채무는 상계할 수 있는 때에 소급하여 대등액에 관하여 소멸한 것으로 보게 된다. 따라서 상계로 인하여 소멸한 것으로 보게 되는 채권에 관하여는 상계의 효력이 발생하는 시점 이후에는 채권의 존재가 인정되지 않으므로 강제집행면탈죄가 성립하지 않는다.

[2] 피고인이 妻 甲 명의로 임차하여 운영하는 주유소의 주유대금 신용카드 결제를, 별도로 운영하는 다른 주유소의 신용카드 결제 단말기로 처리함으로써 甲 명의 주유소의 매출채권을 다른 주유소의 매출채권으로 바꾸는 수법으로 은닉하여 甲에 대하여 연체차임 등 채권이 있어 甲 명의 주유소의 매출채권을 가압류한 乙 주식회사의 강제집행을 면탈하였다는 내용으로 기소된 사안에서, 甲이 임대차보증금 반환채권으로 이를 상계한다는 의사표시를 하였으므로 피고인의 행위 당시 乙 회사 채권의 존재가 인정되지 아니하여 강제집행면탈죄가 성립하지 않는다(대법원 2012.8.30. 선고, 2011도2252, 판결).

■ 판례 ■ **채무자인 피고인이 채권자 甲의 가압류집행을 면탈할 목적으로 제3채무자 乙에 대한 채권을 丙에게 허위양도하였다고 하여 강제집행면탈로 기소된 사안**

채무자인 피고인이 채권자 甲의 가압류집행을 면탈할 목적으로 제3채무자 乙에 대한 채권을 丙에게 허위양도하였다고 하여 강제집행면탈로 기소된 사안에서, 가압류결정 정본이 제3채무자에게 송달된 날짜와 피고인이 채권을 양도한 날짜가 동일하므로 가압류결정 정본이 乙에게 송달되기 전에 채권을 허위로 양도하였다면 강제집행면탈죄가 성립하는데도, 가압류결정 정본 송달과 채권양도 행위의 선후에 대해 심리·판단하지 아니한 채 무죄를 선고한 원심판결에 법리오해 등의 위법이 있다(대법원 2012.6.28. 선고, 2012도3999 판결).

■ 판례 ■ **국세징수법에 의한 체납처분 면탈 목적으로 재산은닉**

[1] 국세징수법에 의한 체납처분을 면탈할 목적으로 재산을 은닉하는 등의 행위가 강제집행면탈죄의 규율 대상인지 여부(소극)

강제집행면탈죄가 적용되는 강제집행은 민사집행법의 적용대상인 강제집행 또는 가압류·가처분 등의 집행을 가리키는 것이므로, 국세징수법에 의한 체납처분을 면탈할 목적으로 재산을 은닉하는 등의 행위는 위 죄의 규율대상에 포함되지 않는다.

[2] '보조금의 예산 및 관리에 관한 법률' 제33조에서 '반환하여야 할 보조금에 대하여는 국세징수의 예에 따라 이를 징수할 수 있다'고 규정한 것이 민사집행법에 의한 강제집행과 국세체납처분에 의한 강제징수 중에서 선택할 수 있도록 허용한 규정인지 여부(소극)

'보조금의 예산 및 관리에 관한 법률'(이하 '보조금관리법'이라 한다) 제30조 제1항, 제31조 제1항에 의한 보조금 교부결정취소 및 보조금 반환명령은 행정처분이고 그 처분이 있어야 반환의무가 발생하므로, 반환받을 보조금에 대한 징수권은 공법상 권리로서 사법상 채권과는 성질을 달리한다. 따라서 보조금관리법 제33조에서 '반환하여야 할 보조금에 대하여는 국세징수의 예에 따라 이를 징수할 수 있다'고 규정한 것은 보조금의 반환에 대하여는 국세체납처분의 예에 따라 강제징수할 수 있도록 한 것뿐이고, 이를 민사집행법에 의한 강제집행과 국세체납처분에 의한 강제징수 중에서 선택할 수 있도록 허용한 규정이라고 볼 것은 아니다(대법원 2012.4.26, 선고 2010도5693 판결).

■ 판례 ■ **명의신탁 부동산의 실질적 소유자인 피고인이 강제집행을 면탈할 목적으로 부동산을 허위양도하여 채권자들을 해하였다고 하며 강제집행면탈죄로 기소된 사안**

위 부동산 중 대지는 피고인이 매입하여 甲 명의로 명의신탁해 두었다가 임의경매절차를 통하여 乙에게 매각되자 다시 丙 주식회사의 명의로 매수하여 丙 회사 명의로 소유권이전등기를 마친 것인데, 이는 신탁자인 피고인과 명의수탁자인 丙 회사의 계약명의신탁 약정에 의한 것이므로 소유자 乙이 그러한 약정이 있다는 사실을 알았는지에 관계없이 명의신탁자인 피고인은 대지의 소유권을 취득할 수 없고, 이후로도 위 대지에 관하여 피고인 이름으로 소유권이전등기를 마친 적이 없다면 피고인에 대한 강제집행이나 보전처분의 대상이 될 수 없어 피고인에 대한 강제집행면탈죄의 객체가 될 수 없다(대법원 2011.12.8, 선고 2010도4129 판결).

■ 판례 ■ **충분한 재산이 있는 경우의 강제집행면제 여부**

[1] 채권이 존재하는 경우에도 채무자에게 채권자의 집행을 확보하기에 충분한 다른 재산이 있었다면, 채권자를 해하였거나 해할 우려가 있다고 단정할 수 있는지 여부(소극)

강제집행면탈죄는 채권자의 정당한 권리행사 보호 외에 강제집행의 기능보호도 법익으로 하는 것이나, 현행 형법상 강제집행면탈죄가 개인적 법익에 관한 재산범의 일종으로 규정되어 있는 점과 채권자를 해하는 것을 구성요건으로 규정하고 있는 점 등에 비추어 보면 주된 법익은 채권자의 권리보호에 있다고 해석하는 것이 타당하므로, 강제집행의 기본이 되는 채권자의 권리, 즉 채권의 존재는 강제집행면탈죄의 성립요건으로서 채권의 존재가 인정되지 않을 때에는 강제집행면탈죄는 성립하지 않는다. 그리고 채권이 존재하는 경우에도 채무자의 재산은닉 등 행위 시를 기준으로 채무자에게 채권자의 집행을 확보하기에 충분한 다른 재산이 있었다면 채권자를 해하였거나 해할 우려가 있다고 쉽사리 단정할 것이 아니다.

[2] 피고인이 자신을 상대로 사실혼관계해소 청구소송을 제기한 甲에 대한 채무를 면탈하려고 피고인 명의 아파트를 담보로 대출을 받아 그 중 대부분을 타인 명의 계좌로 입금하여 은닉하였다고 하여 강제집행면탈죄로 기소된 사안

피고인의 재산은닉 행위 당시 甲의 재산분할청구권은 존재하였다고 보기 어렵고, 가사사건 제1심판결에 근거하여 위자료 4,000만 원의 채권이 존재한다는 사실이 증명되었다고 볼 여지가 있었을 뿐이므로, 피고인에게 위자료채권액을 훨씬 상회하는 다른 재산이 있었던 이상 강제집행면탈죄는 성립

하지 않는다고 보아야 하는데도, 이와 달리 피고인에게 유죄를 인정한 원심판단에 강제집행면탈죄의 성립요건인 채권의 존재 및 강제집행면탈 행위에 관한 법리오해의 위법이 있다(대법원 2011.9.8, 선고 2011도5165 판결).

■ 판례 ■ **강제집행면탈죄의 '강제집행'에 의사의 진술에 갈음하는 판결의 강제집행이 포함되는지 여부(적극) 및 강제집행면탈죄의 성립요건인 채권자의 권리와 행위의 객체인 재산은 국가의 강제집행권이 발동될 수 있으면 충분한지 여부(적극)**

강제집행면탈죄는 국가의 강제집행권이 발동될 단계에 있는 채권자의 권리를 보호하기 위한 범죄로서, 여기서의 강제집행에는 광의의 강제집행인 의사의 진술에 갈음하는 판결의 강제집행도 포함되고, 강제집행면탈죄의 성립요건으로서의 채권자의 권리와 행위의 객체인 재산은 국가의 강제집행권이 발동될 수 있으면 충분하다.(대법원 2015.9.15, 선고, 2015도9883 판결)

■ 판례 ■ **강제집행면탈죄에 있어서 '재산'의 범위**

[1] 사실관계

A주식회사 대표 甲은 채권자 乙이 A주식회사의 재산에 대하여 강제집행을 실시할 기세를 보이자 강제집행을 면탈할 목적으로 자신의 명의로 등록된 특허권과 실용신안권을 B주식회사에 양도한 것처럼 허위로 서류를 꾸며놓고 A주식회사 소유인 일부 사무용품을 B주식회사 사무실에 옮겨놓았다.

[2] 판결요지

강제집행면탈죄에 있어서 재산에는 동산·부동산뿐만 아니라 재산적 가치가 있어 민사소송법에 의한 강제집행 또는 보전처분이 가능한 특허 내지 실용신안 등을 받을 수 있는 권리도 포함된다. 따라서 피고인을 강제집행면탈죄로 처단한 것은 옳다(대법원 2001.11.27. 선고 2001도4759 판결).

■ 판례 ■ **압류금지채권의 목적물이 채무자의 예금계좌에 입금된 경우, 그 예금채권도 압류금지채권에 해당하는지 여부(소극) / 압류금지채권의 목적물을 수령하는 데 사용하던 기존 예금계좌가 채권자에 의해 압류된 채무자가 압류되지 않은 다른 예금계좌를 통하여 그 목적물을 수령하는 경우, 강제집행면탈죄가 성립하는지 여부(소극)**

압류금지채권의 목적물이 채무자의 예금계좌에 입금된 경우에는 그 예금채권에 대하여 더 이상 압류금지의 효력이 미치지 아니하므로 그 예금은 압류금지채권에 해당하지 않지만, 압류금지채권의 목적물이 채무자의 예금계좌에 입금되기 전까지는 여전히 강제집행 또는 보전처분의 대상이 될 수 없으므로, 압류금지채권의 목적물을 수령하는 데 사용하던 기존 예금계좌가 채권자에 의해 압류된 채무자가 압류되지 않은 다른 예금계좌를 통하여 그 목적물을 수령하더라도 강제집행이 임박한 채권자의 권리를 침해할 위험이 있는 행위라고 볼 수 없어 강제집행면탈죄가 성립하지 않는다.(대법원 2017. 8. 18., 선고, 2017도6229, 판결)

3. 강제집행을 받을 상태

강제집행을 받을 위험이 있는 객관적 상태가 존재할 것

(1) 의 의

민사소송에 의한 강제집행·가압류·가처분 등의 집행을 받을 구체적인 염려가 있는 상태

  ○ 강제집행을 당할 구체적 위험이 있는 상태란 채권자가 이행청구의 소 또는 그 보존을 위한 가압류·가처분 신청을 제기한 경우뿐만 아니라 소송을 제기할 기세를 보인 경우도 포함된다.

■ 판례 ■ **약 18억 원 정도의 채무초과 상태에 있는 피고인 발행의 약속어음이 부도가 난 경우, 강제집행을 당할 구체적인 위험이 있는 상태에 있는지 여부(적극)**

[1] 사실관계

> 甲은 부도 당시 A부동산 외에 다른 재산이 없었는데 피고인의 총 채무액은 A부동산의 가액을 훨씬 초과하는 약 금 1,800,000,000원 정도에 이르고, 부도가 난 약속어음 외에도 피고인이 물품대금의 지급을 위하여 발행한 약속어음들이 다수 있는 상태에서, 甲이 A부동산을 허위양도하였다.

[2] 판결요지

가. 강제집행면탈죄의 성립요건으로서 '강제집행을 당할 구체적인 위험이 있는 상태'의 의미
형법 제327조의 강제집행면탈죄는 강제집행을 당할 구체적인 위험이 있는 상태에서 재산을 은닉, 손괴, 허위양도 또는 허위의 채무를 부담하여 채권자를 해할 때 성립된다 할 것이고, 여기서 집행을 당할 구체적인 위험이 있는 상태란 채권자가 이행청구의 소 또는 그 보전을 위한 가압류, 가처분신청을 제기하거나 제기할 태세를 보인 경우를 말한다.

나. 甲의 죄책
약 18억 원 정도의 채무초과 상태에 있는 피고인 발행의 약속어음이 부도가 난 경우, 강제집행을 당할 구체적인 위험이 있는 상태에 있다고 할 것이므로 달리 특별한 사정이 없는 한 피고인의 위와 같은 행위는 강제집행면탈죄를 구성한다고 보아야 할 것이다(대법원 1999.2.9. 선고 96도3141 판결).

■ 판례 ■ **보증한 채권확보를 위하여 가압류하고 채무자에게 변재하라고 독촉한 경우, 강제집행을 당할 구체적인 위험이 있는 상태에 있는지 여부(적극)**

은행이 보증인 乙이 보증한 채권을 확보하기 위하여 이미 乙의 봉급채권을 가압류하고 있었으며, 내부적으로 담보 부동산들에 대하여 저당권을 실행하고 잔존 채권이 발생하면 계속적인 재산추적을 통하여 강제적으로 채권회수를 할 의사를 결정하고, 은행직원이 구두로 채무자 甲에게 채무를 변제하라고 독촉을 한 상태에서 재산을 허위양도한 행위는 강제집행면탈죄를 구성한다(대법원1998.9.8. 선고 98도1949 판결).

(2) 강제집행

민사소송법상의 강제집행이나 동법이 준용되는 가압류·가처분만을 의미

  ○ 형사소송법상의 벌금·몰수·추징 등의 재판의 집행과 행정법상의 과태료·과징금부과 처분에 대한 행정재판의 집행은 제외된다.

○ 민사소송법에 의한 강제집행인 이상 금전채권의 강제집행뿐만 아니라 소유권이전 등기의 강제집행도 여기에 포함된다.

○ 채권이 존재해야 하므로 채권이 존재하지 않는 때에는 본죄가 성립할 여지가 없다.

■ 판례 ■ **채권압류 및 전부명령의 송달후 피전부채권에 관한 허위영수증의 발행 및 수취행위가 강제집행면탈죄를 구성하는지 여부(소극)**

[1] 사실관계

甲이 자신의 아버지인 乙의 이름으로 丙으로부터 경양식집의 영업권 및 집기류를 대금 10,000,000원에 매수키로 하면서 그 영업소내 집기류가 丁에 의하여 처분금지가처분이 되어 있던 관계로 해서 위 집기류대금에 상당하는 금 2,500,000원은 잔대금으로 하여 丙이 2월내에 위 가처분을 해제하여 인도하면 이를 지급하고 그 기간내에 해제하지 못 할 경우에는 위 잔대금 채권은 소멸한다고 약정하였는데 丁이 丙에 대한 채무명의에 기하여 乙을 상대로 위 잔대금 채권에 대한 압류 및 전부명령을 받고 그 명령이 제3채무자에게 송달되자 甲과 丙은 공모하여 잔대금이 전부명령 송달전에 2차에 걸쳐 전액 지급된 양 허위의 영수증을 발행하고 그뒤 丁이 乙을 상대로 한 전부금청구소송에서는 丙이 위 집기류에 대한 가처분을 해제하지 아니한 채로 약정기간 2월이 경과되므로서 허위영수증과는 관계없이 소멸되었다.

[2] 판결요지

가. 조건부 채권의 보전처분의 면탈행위후 그 조건이 불성취된 경우 강제집행면탈죄의 성부

집행할 채권이 조건부 채권이라 하여도 그 채권자는 이를 피보전권리로 하여 보전처분을 함에는 법률상 아무런 장해도 없다 할 것이니 이와 같은 보전처분을 면할 목적으로 형법 제327조 소정의 행위를 한 이상 강제집행면탈죄는 성립되며 그 후 그 조건의 불성취로 채권이 소멸되었다 하여도 일단 성립한 범죄에는 영향을 미칠 수 없다고 해석함이 상당하다.

나. 채권압류 및 전부명령의 송달후 피전부채권에 관한 허위영수증의 발행 및 수취행위가 강제집행면탈죄를 구성하는지 여부(소극)

채권자가 채무자에 대한 채무명의에 기하여 제3채무자에 대한 매매잔대금채권에 관하여 압류 및 전부명령을 받고 그 명령이 제3채무자에게 송달되자 피고인이 채무자와 공모하여 위 잔대금이 전부명령 송달전에 전액 지급된 양 허위영수증을 발행한 경우 피고인이 채무자로부터 허위영수증을 수취한 것이 제3채무자에 대한 전부명령의 송달로 위 잔대금채권에 대한 집행이 완료된 후라면 이로써는 동채권에 대한 채권자의 강제집행을 방해하였다고는 볼 수 없고 또 위 영수증의 발행 및 그 수취행위는 제3채무자의 재산에 대한 형법 제327조 소정의 어느 행위에도 해당되지 않는 다 할 것이므로 강제집행면탈죄는 성립되지 아니한다(대법원 1984.6.12. 선고 82도1544 판결).

4. 행 위

재산을 은닉·손괴·허위양도 또는 허위의 채무를 부담하여 채권자를 해하는 것

(1) 은 닉

■ 판례 ■ **사업장의 유체동산에 대한 강제집행을 면탈할 목적으로 사업자 등록의 사업자 명**

의를 변경함이 없이 사업장에서 사용하는 금전등록기의 사업자 이름만을 변경한 경우, 재산의 '은닉'에 해당하는지 여부(적극)

[1] 사실관계

甲은 사업장의 유체동산에 대한 강제집행을 면탈할 목적으로 사업자 등록의 사업자 명의를 변경함이 없이 사업장에서 사용하는 금전등록기의 사업자 이름을 변경하였고, 이로 인하여 위 사업장에 대한 집행력 있는 공정증서정본의 소지인인 乙이 유체동산 가압류 집행을 하려 하였으나 집행위임을 받은 집행관이 금전등록기의 사업자 이름이 집행채무자의 이름과 다르다는 이유로 그 집행을 거부함으로써 결국 가압류 집행이 이루어지지 않았다.

[2] 판결요지

가. 강제집행면탈죄에 있어서 재산의 '은닉'의 의미 및 판단기준

형법 제327조에 규정된 강제집행면탈죄에 있어서의 재산의 '은닉'이라 함은 강제집행을 실시하는 자에 대하여 재산의 발견을 불능 또는 곤란케 하는 것을 말하는 것으로서, 재산의 소재를 불명케 하는 경우는 물론 그 소유관계를 불명하게 하는 경우도 포함하나, 재산의 소유관계를 불명하게 하는 데 반드시 공부상의 소유자 명의를 변경하거나 폐업 신고 후 다른 사람 명의로 새로 사업자 등록을 할 것까지 요하는 것은 아니고, 강제집행면탈죄의 성립에 있어서는 채권자가 현실적으로 실제로 손해를 입을 것을 요하는 것이 아니라 채권자가 손해를 입을 위험성만 있으면 족하다.

나. 甲의 죄책

사업장의 유체동산에 대한 강제집행을 면탈할 목적으로 사업자 등록의 사업자 명의를 변경함이 없이 사업장에서 사용하는 금전등록기의 사업자 이름만을 변경한 경우, 강제집행면탈죄에 있어서 재산의 '은닉'에 해당한다(대법원 2003.10.9. 선고 2003도3387 판결).

■ 판례사례 ■   [재산의 은닉에 해당하여 강제집행면탈죄가 성립하는 사례]

(1) 부동산의 선순위 가등기권자와 그 부동산 소유자가 사전모의하여 그 부동산에 관한 다른 채권자의 강제집행을 면할 목적으로 선순위 가등기권자 앞으로 소유권이전의 본등기를 한 경우(대법원1983.5.10. 선고 82도1987 판결)
(2) 채권자에 의하여 압류된 채무자 甲소유의 유체동산을 채무자의 모 乙소유인 것으로 사칭하면서 乙의 명의로 제3자 이의의 소를 제기하여 집행정지결정을 받아 그 집행을 저지한 경우(대법원 1992.12.8. 선고 92도1653 판결)
(3) 담보목적의 가등기권자 甲은 다른 채권자들의 강제집행을 불가능하게 할 목적으로 채무자 乙과 공모하여 정확한 청산절차도 거치지 아니한 채 의제자백판결을 통하여 본등기를 경료함과 동시에 가등기 이후에 경료된 가압류등기 등을 모두 직권말소한 경우 ⇨ 강제집행면탈죄의 공동정범(대법원 2000.7.28. 선고 98도4558 판결)
(4) 이혼을 요구하는 처로부터 재산분할청구권에 근거한 가압류 등 강제집행을 받을 우려가 있는 상태에서 남편이 이를 면탈할 목적으로 허위의 채무를 부담하고 소유권이전청구권보전가등기를 경료한 경우(대법원 2008.6.26. 선고 2008도3184 판결)

(2) 손 괴

재산을 물질적으로 훼손하여 재산적 가치를 소멸·감소시키는 행위

(3) 허위양도

실제로 재산의 양도가 없었음에도 불구하고 양도한 것처럼 가장하여 재산의 소유권자의 명의를 변경하는 행위

■ 판례 ■ **형법 제327조 소정의 강제집행을 면할 목적으로 재산을 허위양도한다는 것의 의미**

[1] 사실관계

甲은 그의 매형인 乙이 원예협동조합의 지정중매인으로 취업함에 있어 그 보증인이 되었는 바, 위 조합으로부터 채무금을 상환하라고 독촉하는 취지의 내용증명을 받았다. 한편 甲은 그 이전에 丙에게 부담하고 있는 채무 때문에 자신의 소유인 A부동산을 위 독촉을 받기 전에 丁에게 매도한 후 소유권이전등기를 하지 아니한 채 자신이 계속 소작을 해오다가 위 독촉을 받은 후에 丁에게 소유권이전등기를 경료해 주었다.

[2] 판결요지

형법 제327조의 강제집행면탈죄에 있어서의 허위양도라 함은 실제로 양도의 진의가 없음에도 불구하고 표면상 양도의 형식을 취하여 재산의 소유명의를 변경시키는 것이므로 그것이 진의에 의한 양도인 이상 그 양도가 강제집행면탈의 목적으로 이루어지고 채권자의 불이익을 초래하는 결과가 되었다고 하더라도 강제집행면탈죄에 해당된다고 볼 수 없다(대법원 1986.8.19. 선고 86도1191 판결).

■ 판례사례 ■ **[허위의 양도로 볼 수 없어 강제집행면탈죄를 구성하지 아니하는 사례]**

(1) 甲이 건물에 대하여 이미 乙과의 사이에 대물변제계약을 체결하였음에도 불구하고 그 집행을 면탈할 목적으로 동건물에 대하여 2중으로 丙과 사이에 대물변제계약을 체결하였지만 후자의 대물변제계약이 진의에 의한 것이라고 인정되는 경우(대법원1983.9.27. 선고 83도1869 판결)

(2) 교회의 목사인 甲 및 乙의 공동명의로 신탁된 교회소유의 대지가 乙의 사업실패로 그 채권자들로부터 강제집행의 우려가 있자 교회건축위원회에서 甲 및 乙에 대한 명의신탁을 해지한 후 丙 앞으로 명의신탁하기로 결정하고 이에 따라 매매를 원인으로 하여 소유권이전등기를 경료한 경우(대법원1983.7.26. 선고 82도1524 판결)

(4) 허위의 채무부담

채무가 없음에도 불구하고 제3자에게 채무를 부담하는 것처럼 가장하는 행위

○ 진실한 채무부담인 경우에는 본죄가 성립하지 않는다.

■ 판례 ■ **장래 발생할 특정의 조건부채권을 담보하기 위하여 부동산에 근저당권을 설정한 경우, '허위채무 부담'에 해당하는지 여부(소극)**

피고인이 장래에 발생할 특정의 조건부채권을 담보하기 위한 방편으로 부동산에 대하여 근저당권을 설정한 것이라면, 특별한 사정이 없는 한 이는 장래 발생할 진실한 채무를 담보하기 위한 것으로서, 피고인의 위 행위를 가리켜 강제집행면탈죄 소정의 '허위의 채무를 부담'하는 경우에 해당한다고 할 수 없다(대법원 1996.10.25. 선고 96도1531 판결).

(5) 채권자를 해할 것

채권자가 현실적으로 해를 입을 것을 요하는 것이 아니라, 채권자를 해할 위험성이 있으면 충분

(가) 기수 및 판단시기

○ 강제집행면탈행위로 인하여 채권자를 해할 위험성이 있으면 기수가 된다.

○ 채권자를 해할 위험성은 행위시를 기준으로 하여 구체적으로 판단하며 그 목적의 달성여부는 불문한다. 따라서 행위당시 채권자를 해할 위험성이 있었다면 결과적으로 채권의 확보가 가능하게 되었다고 하더라도 본죄는 성립한다.

▪ 판례 ▪ **강제집행면탈죄에 있어서 '허위양도' 또는 '은닉'의 의미 및 채권자를 해하는 결과 발생이 필요한지 여부(소극)**

강제집행면탈죄에 있어서 허위양도라 함은 실제로 양도의 진의가 없음에도 불구하고 표면상 양도의 형식을 취하여 재산의 소유명의를 변경시키는 것이고, 은닉이라 함은 강제집행을 실시하는 자로 하여금 채무자의 재산을 발견하는 것을 불능 또는 곤란하게 만드는 것을 말하는바, 그와 같은 행위로 인하여 채권자를 해할 위험이 있으면 강제집행면탈죄가 성립하고 반드시 현실적으로 채권자를 해하는 결과가 야기되어야만 강제집행면탈죄가 성립하는 것은 아니다(대법원 2001.11.27. 선고 2001도4759 판결).

▪ 판례 ▪ **강제집행면탈죄의 성립요건 및 허위양도한 부동산에 그 시가액보다 다액의 피담보채무가 있는 경우, 강제집행면탈죄의 성립 여부(적극)**

강제집행면탈죄는 이른바 위태범으로서 강제집행을 당할 구체적인 위험이 있는 상태에서 재산을 은닉, 손괴, 허위양도 또는 허위의 채무를 부담하면 바로 성립하는 것이고, 반드시 채권자를 해하는 결과가 야기되거나 이로 인하여 행위자가 어떤 이득을 취하여야 범죄가 성립하는 것은 아니며, 허위양도한 부동산의 시가액보다 그 부동산에 의하여 담보된 채무액이 더 많다고 하여 그 허위양도로 인하여 채권자를 해할 위험이 없다고 할 수 없다(대법원 1999.2.12. 선고 98도2474 판결).

▪ 판례 ▪ **피고인이 허위채무를 부담하고 근저당권설정등기를 경료해 준 부동산외에도 다른 재산을 갖고 있는 경우, 강제집행면탈죄의 성부(적극)**

피고인이 강제집행을 면할 목적으로 허위채무를 부담하고 근저당권설정등기를 경료하여 줌으로써 채권자를 해하였다고 인정된다면 설혹 피고인이 그 근저당권이 설정된 부동산외에 약간의 다른 재산이 있더라도 강제집행면탈죄가 성립된다(대법원 1990.3.23. 선고 89도2506 판결).

▪ 판례 ▪ **허위의 채무부담에 의한 강제집행면탈죄의 공소시효의 기산점**

허위의 채무를 부담하는 내용의 채무변제계약 공정증서를 작성한 후 이에 기하여 채권압류 및 추심명령을 받은 때에 강제집행면탈죄가 성립함과 동시에 그 범죄행위가 종료되어 공소시효가 진행한다(대법원 2009.5.28. 선고 2009도875 판결).

▪ 판례 ▪ **강제집행 면탈의 목적으로 채무자가 제3채무자에 대한 채권을 허위로 양도한 경우, 강제집행면탈죄의 공소시효 기산점(=제3채무자에게 채권양도의 통지가 행해진 때)**

강제집행면탈죄는 채권자의 권리 실현의 이익을 보호법익으로 하는데, 강제집행 면탈의 목적으로 채

무자가 그의 제3채무자에 대한 채권을 허위로 양도한 경우에 제3채무자에게 채권 양도의 통지가 행하여짐으로써 통상 제3채무자가 채권 귀속의 변동을 인식할 수 있게 된 시점에서는 채권 실현의 이익이 해하여질 위험이 실제로 발현되었다고 할 것이므로, 늦어도 그 통지가 있는 때에는 그 범죄행위가 종료하여 그때부터 공소시효가 진행된다고 볼 것이다(대법원 2011.10.13. 선고 2011도6855 판결).

(나) 채권자를 해할 목적으로 가등기를 한 경우

- ○ 단순한 가등기 경료한 경우 ⇨ 본죄 불성립(대법원 1987.8.18. 선고 87도1260 판결)
- ○ 허위채무부담 후 가등기 경료한 경우 ⇨ 본죄 성립(대법원 1996.1.26. 선고 95도2526 판결)
- ○ 허위채무부담 후 가등기를 경료하였지만 강제 집행당할 권리가 건물에 대한 명도청구권인 경우 ⇨ 본죄 불성립(대법원 1984.2.14. 선고 83도708 판결)

1) 원 칙

■ 판례 ■ **허위금전채무를 부담하고 가등기를 경료한 경우, 건물명도청구권자에 대한 강재집행면탈죄의 성부(소극)**

현실적으로 강제집행이 있을 것이 예상되는 권리가 피해자들의 건물에 대한 명도청구권인 경우에 허위의 금전채무를 부담하였다하여, 명도청구권의 집행에 어떠한 장애가 된다고는 할 수 없고, 또 피고인등 명의로 경료된 가등기는 본등기를 위한 순위보전의 효력밖에 없는 것이므로 가등기가 경료되었다는 것만으로는 피해자들의 위 건물에 대한 명도청구권에 기한 강제집행을 불능케 하는 사유에 해당한다고는 할 수 없고 또 그 후 위 가등기말소청구소송에서 피고인등이 항쟁을 하였다하여 위 가등기가 강제집행에 장애사유가 되었다고는 할 수 없는 것이므로, 위 허위채무 부담과 가등기경료사실등만으로는 강제집행면탈죄는 성립되지 않는다 할 것이다(대법원 1984.2.14. 선고 83도708 판결).

2) 예 외

■ 판례 ■ **구청직원인 甲이 횡령금의 배상을 요구받자 허위채무를 부담하고 타인에게 소유권이전등기청구권보전을 위한 가등기를 경료한 경우**

구청직원인 甲이 감사원의 감사과정에서 등록세를 횡령한 사실이 적발되어 횡령금의 배상을 요구받자, 강제집행의 면탈목적으로 乙과 공모하여 甲이 乙로부터 3천만원의 돈을 차용하였다는 내용의 차용증을 작성하여주고, 이에 기하여 자신의 아파트에 대하여 乙앞으로 소유권이전등기청구권보전을 위한 가등기를 경료한 행위는 달리 특별한 사정이 없는 한 피고인의 위와 같은 행위로 인하여 이 사건 세금횡령의 피해자로서 손해배상채권자인 지방자치단체나 국가를 해할 위험은 발생하였다고 봄이 상당하다 할 것이므로, 강제집행면탈죄를 구성한다고 보아야 할 것이다(대법원 1996.1.26. 선고 95도2526 판결).

5. 주관적 구성요건

재산을 은닉, 손괴, 허위양도 또는 허위의 채무를 부담하여 채권자를 해한다는 인식이다. 미필적 고의와 강제집행을 면할 목적이 있을 것

6. 공 범

강제집행을 면하려 한다는 정을 알면서 재산을 허위양도를 받은 자 또는 허위채권의 채권자가 된 자는 본죄의 공범이 된다.

7. 횡령죄와의 관계

■ 판례 ■ **타인의 재물을 보관하는 자가 보관하고 있는 재물을 영득할 의사로 은닉한 경우, 횡령죄 외에 별도의 강제집행면탈죄를 구성하는지 여부(소극)**

[1] 사실관계

A주식회사의 대표이사인 甲은 A회사가 부도를 내어 은행으로부터 추가자금지원을 중단하겠다는 통지를 받게 되자, 조만간 A회사가 최종부도를 면할 수 없고 금융기관 및 채권자의 강제집행이 이어질 것으로 예상하고 강제집행을 면함과 동시에 A회사의 재산을 횡령할 목적으로 A회사의 자금 100억여 원을 변칙 회계 처리하여 乙명의의 차명계좌로 입금하여 은닉하였다.

[2] 판결요지

횡령죄의 구성요건으로서의 횡령행위란 불법영득의 의사, 즉 타인의 재물을 보관하는 자가 자기 또는 제3자의 이익을 꾀할 목적으로 위탁의 취지에 반하여 권한 없이 그 재물을 자기의 소유인 것처럼 사실상 또는 법률상 처분하려는 의사를 실현하는 행위를 말하고, 강제집행면탈죄에 있어서 은닉이라 함은 강제집행을 면탈할 목적으로 강제집행을 실시하는 자로 하여금 채무자의 재산을 발견하는 것을 불능 또는 곤란하게 만드는 것을 말하는 것으로서 진의에 의하여 재산을 양도하였다면 설령 그것이 강제집행을 면탈할 목적으로 이루어진 것으로서 채권자의 불이익을 초래하는 결과가 되었다고 하더라도 강제집행면탈죄의 허위양도 또는 은닉에는 해당하지 아니한다 할 것이며, 이와 같은 양죄의 구성요건 및 강제집행면탈죄에 있어 은닉의 개념에 비추어 보면 타인의 재물을 보관하는 자가 보관하고 있는 재물을 영득할 의사로 은닉하였다면 이는 횡령죄를 구성하는 것이고 채권자들의 강제집행을 면탈하는 결과를 가져온다 하여 이와 별도로 강제집행면탈죄를 구성하는 것은 아니다(대법원 2000.9.8. 선고 2000도1447 판결).

◗ II. 범죄사실기재

1) 범죄사실 기재례

[기재례1] 강제집행면탈을 위해 부동산 허위양도

피의자는 피해자 김영 님으로부터 ○○만원을 빌려 그 변제기일 안에 이를 변제하지 않았기 때문에 그로부터 머지않아 강제집행을 받을 우려가 있음을 생각하여 이것을 면할 목적으로 등기명의 이전에 의한 부동산의 허위양도를 꾀하였다.
피의자는 20○○. ○. ○. 김○○에게 그 정을 밝히고 강제집행을 당할 우려가 있는 피의자 소유 명의의 ○○에 있는 주택 1채 면적 135㎡에 관하여 그의 소유 명의를 위 김○○에게 이전할 것을 승낙받아 그에게 위 주택을 매도하는 내용의 허위매도증서를 작성하였다.

이로써 피의자는 20○○. ○. ○. 위와 같이 작성된 허위매도증서를 이용하여 ○○지방법원 등 기관으로 하여금 그 내용의 권리를 등기하게 하여 위 부동산을 허위양도하였다.

[기재례2] 유체동산을 제3자 이의 소 제기

피의자는 20○○. ○. ○.경 채권자인 피해자 홍길동의 위임을 받은 ○○지방법원 집행관이 ○○가소1234 물품대금 청구사건의 집행력 있는 판결정본에 기하여 피의자가 경영하는 문화원에 있던 피의자 소유의 유체동산(시가 90만원 상당)을 압류하였다.

피의자는 위 점포의 사업자등록 명의가 피의자의 모인 乙로 되어있음을 기화로 강제집행을 면탈할 목적으로 그 무렵 같은 법원에 담보금 ○○만원을 공탁하고, 위 강제집행의 목적물이 위 乙의 소유라고 주장하면서 乙 명의로 제삼자 이의의 소를 제기함으로써 그 물건의 소유 관계를 불명하게 하여 피해자를 해하였다.

[기재례3] 강제집행면탈을 위해 가등기에 기한 소유권이전등기를 경료

피의자 甲은 ○○회사의 대표이사 乙과 공모하여, 위 회사가 경영악화로 도저히 정상적인 영업을 할 수 없게 되어 곧 부도 처리될 것이 예상되자 채권자들의 강제집행에 대한 대비책을 강구하던 중 자신이 위 회사에 대하여 그동안 ○○억 5천만 원의 채권을 갖고 있음을 기화로 20○○. 7. 31. 위 회사가 부도나자 다음날 위 회사소유의 선박 9척에 대하여 매매예약을 원인으로 한 소유권이전등기청구권 가등기를 하여 두었다.

피의자는 그 후 위 회사의 채권자인 ○○은행 등 7명이 20○○. ○. ○.부터 20○○. ○. ○.까지 합계 ○○만원의 채권을 근거로 위 선박 9척 중 8호, 9호, 10호, 11호 선박 등 선박 4척을 가압류하고, 20○○. 9. 18. 위 乙이 선박운영자금이 없어 홍길동에게 위 선박 4척을 보증금 ○○억 원, 임차기간 20○○. 9. 18.부터 20○○. 9. 17.까지의 조건으로 대여하여 위 홍길동이 위 선박을 운영하면서 이익을 얻고 있자, 위 가등기는 어디까지나 담보목적의 가등기일 뿐이고 소위 대물변제를 예약하는 가등기는 아니었음에도 대물변제의 가등기임을 내세워 본등기를 경료하면 위 가압류 및 선박임차권등기가 전부 말소되는 점을 이용하여 위 선박 4척을 자신의 명의로 가등기에 기한 본등기를 경료하기로 마음먹었다.

피의자는 20○○. ○. ○. 위 회사를 상대로 한 위 선박들에 대한 위 가등기에 기한 본등기소송인 ○○지방법원 ○○가합○호에서 위 회사의 불출석으로 의제자백에 의한 승소판결을 얻자 이에 기하여 20○○. ○. ○. ○○에 있는 ○○지방법원 등기과 사무실에서, 그 정을 모르는 등기과 직원으로 하여금 위 선박들에 대하여 위 가등기에 기한 소유권이전등기를 경료케 하였다.

이로써 피의자는 강제집행을 면탈할 목적으로 위 가압류 및 선박임차권등기를 말소하고 이어서 진정한 소유권자로 행세하여 위 선박 4척에 대한 소유 관계를 불분명하게 함으로써 위 선박 4척을 은닉하여 위 채권자들을 해하였다.

[기재례4] 부동산 소유권을 타인 명의로 등기

피의자들은 공모하여, 200○. ○. ○. ○○에서, 피의자 甲은 ○○에 있는 丙소유의 ○○여관을 5억 원에 구입하는 계약을 체결하면서, 피의자 甲이 200○. ○. ○. 피해자 홍길동과 사이에 이 사건 목욕탕에 대한 임대차계약을 체결하면서 받은 계약금 5천만 원을 이 사건 여관 매매의 계약금 명목으로 지급하였던 것으로서, 위 여관은 피의자 甲이 실질적으로 매수하는 것임에도, 피의자 乙의 이름으로 위 여관에 대한 소유권이전등기를 하는 경우에는 후에 이 사건 목욕탕에 대한 임의경매절차가 개시되어 홍길동이 피의자를 상대로 임차보증금반환 청구 또는 손해배상청구 소송을 제기하면서 피의자가 매수하여 놓은 위 여관에 대하여 강제집행을 할 것으로 예상하였다.

피의자들은 200○. ○. ○.경 강제집행을 면탈할 목적으로 피의자 甲은 위와 같이 홍길동으로부터 목욕탕에 관한 임차보증금 잔금 명목으로 교부받은 2억원 중 1억 5천만 원을 피의자 乙에게 교부하여 위 여관에 대한 잔금을 지급하라고 지시하고, 피의자 乙은 그 시경 ○○에서 피의자 甲으로부터 교부받은 1억 5천만 원을 위 丙에게 위 여관에 대한 잔금 명목으로 지급한 뒤 200○. ○. ○. 자신의 명의로 위 여관에 대한 소유권이전등기를 경료하는 방법으로 여관에 대한 허위양도를 하여 채권자인 홍길동을 해하였다.

[기재례5] 공모하여 재산 허위양도

피의자 甲은 ○○에서 '아리랑' 이라는 상호로 의류 용품 도소매업을 하는 사람으로서 200○. ○. ○.경 채권자 丙에 대한 채무 ○○만원 등을 포함하여 약 ○○만원의 채무를 지고 있었다.

피의자 甲은 그 무렵 채권자 丙 등이 자신의 소유 재산에 대하여 강제집행을 할 것으로 예상하자, 이를 면할 목적으로 자신의 소유인 의류의 원단 등 물품 일체를 제3자에게 허위 양도하기로 마음먹고, A 공급업체를 운영하는 피의자 乙과 사이에 허위 양도계약서를 작성해 주고 대가로 다른 채권자들에 우선하여 채무를 변제해 주기로 합의하는 등 다른 채권자들의 강제집행을 면하기 위해 위 원단 등 물품 일체에 대해 허위의 양도·양수 계약을 체결하기로 공모하였다.

피의자들은 200○. ○. ○.경 ○○에서 "제목 : 물품포기서, 품명 : 기계 및 완제품과 원단. 내용 : 하청업체인 ○○에 있는 乙에게 미수금 ○○만원에 대한 변제를 조건으로 물품을 원금액과 대등한 제품 또는 원단 모든 품목에 관하여 주권을 포기한다. 200○. ○. ○. 甲, 乙" 이라 작성하고 각자 서명·날인하였다.

채권자 丙은 200○. ○. ○. ○○지방법원에 피의자 甲에 대한 ○○만원의 대여금 채권을 피보전채권으로 하여 원단 등 유체동산 일체에 대한 가압류를 신청하고, 200○. ○. ○. 피의자 甲소유의 위 물건에 대하여 가압류를 집행하였다.

이에 피의자들은 200○. ○. ○. ○○에 있는 공증인가법무법인 ○○에서 위 물품포기서에 대한 사서증서 인증절차를 마치고 200○. ○. ○. ○○지방법원에 위 가압류집행에 대한 제3자이의 소송을 제기하여, 이미 200○. ○. ○. 乙에게 위 원단 등 물품 일체를 양도하였으므로 위 가압류는 부당하다는 취지로 주장하면서 위 물품포기서를 증거로 제출하였다.

이로써 피의자들은 공모하여 강제집행을 면할 목적으로 재산을 허위 양도하여 채권자를 해하였다.

[기재례6] 횡령 배상을 예상하고 재산 허위양도

> 피의자 甲은 ○○시 ○○구청 세무과에 근무하면서 등록세 합계 금 1억 5,000만원을 횡령한 사실이 감사원의 감사로 적발되어 ○○시로부터 횡령금의 배상을 요구받자 머지않아 강제집행을 받을 우려가 있음을 예상하였다.
> 피의자는 피의자 乙과 공모하여, 피의자 甲 소유의 아파트에 대하여 피의자 乙 앞으로 가등기를 경료하고 피의자 甲이 피의자 乙에게 30,000,000원의 채무를 부담하는 것처럼 가장하기로 공모하였다.
> 피의자들은 200○. ○. ○. ○○에 있는 ○○법무사 사무실에서 강제집행을 면탈할 목적으로 피의자 甲이 피의자 乙에게서 200○. ○. ○. 30,000,000원을 차용하였다는 내용의 차용증 1장을 수수하여 허위채무를 부담하게 하였다.

2) **적용법조** : 제327조… 공소시효 5년

Ⅲ. 신문사항

- 피의자는 고소인 홍길동과 어떠한 관계인가
- 고소인으로부터 돈을 차용한 사실이 있는가
- 언제 어디서 어떠한 내용으로 돈을 차용하였나
- 피의자는 기○○와 어떠한 관계인가
- 피의자는 피의자 소유 ○○○부동산을 기○○에게 소유권이전을 한 일이 있나
- 언제 어디서 이전하였나
- 어떻게 소유권 이전을 하게되었나
- 매매의 조건은
- 위 건물을 처분하고 받은 돈은 얼마이고 받은 돈은 어떻게 하였는가
- 받은 돈을 고소인에게 갚지 않은 이유는 무엇인가
- 위 소유권 이전행위는 고소인 돈을 갚지 못하여 강제집행을 받을 염려가 있을 것으로 생각하여 이것을 면할 목적으로 허위양도한 것이 아닌가
- 기○○는 피의자가 명의를 빌려 달라고 하여 허위로 소유권 이전을 하였다고 하는데 사실인가
- 왜 허위로 소유권을 양도하게 되었나
- 기○○에게 부탁한 이유는 무엇인가
- 허위의 매도증서는 언제 어디에서 작성하였나
- 소유권 이전등기는 언제 어떠한 방법으로 하였나
- 기○○에게는 어떠한 대가를 주기로 하였나

제1절 절도의 죄

제1항 절 도

> 제329조(절도) 타인의 재물을 절취한 자는 6년 이하의 징역 또는 1천만원 이하의 벌금에 처한다.
> 제342조(미수범) 제329조 내지 제341조의 미수범은 처벌한다.
> ※ 특정범죄가중처벌등에관한법률 제5조의4(상습강도·절도죄 등의 가중처벌)

 I. 구성요건

1. 객 체

타인이 점유하는 타인소유의 재물

(1) 재 물

유체물 및 전기 기타 관리할 수 있는 동력

(가) 유체물

외부세계에 일정한 공간을 차지하고 있는 액체·기체·고체 등의 물체

○ 채권 기타 권리는 유체물이 아니다. 그러나 이러한 권리가 화체된 문서(例, 어음, 수표, 상품권, 예금통장)는 유체물이다.

○ 재물은 민법상의 권리의 객체에 제한된다. 따라서 인체의 일부나 인체에 부착된 치료보조장치(의치, 의족, 가발 등), 시체, 유골 등은 재물이 아니나, 인체로부터 분리된 모발·치아·혈액·장기·치료보조장치, 학술 표본용 시체, 의학 실험용 시체 등은 재물에 해당한다.

(나) 관리할 수 있는 동력

○ 자연적 에너지만이 재물이다. 따라서 전기·수력은 재물이나, 인간의 노동력·우마의 견인력은 재물이 아니다.

1) 권 리

■ 판례 ■ **광업권의 재물성 인정여부(소극)**

광업권은 재물인 광물을 취득할 수 있는 권리에 불과하지 재물 그 자체는 아니므로 부동산과 마찬가지로 횡령죄의 객체가 된다고 할 수는 없다(대법원 1994.3.8. 선고 93도2272 판결).

2) 정 보

■ 판례 ■ **컴퓨터에 저장된 정보가 절도죄의 객체로서 재물에 해당하는지 여부(소극)**

[1] 사실관계

H주식회사의 연구실에 근무하는 甲은 회사로부터 업무용으로 지급받은 자신의 노트북 컴퓨터에 저장되어 있는 직물원단고무코팅시스템의 설계도면과 공정도를 A2용지에 2장을 출력하여 가지고 나왔다.

[2] 판결요지

가. **컴퓨터에 저장된 정보가 절도죄의 객체로서 재물에 해당하는지 여부(소극) 및 이를 복사하거나 출력해 간 경우 절도죄를 구성하는지 여부(소극)**

절도죄의 객체는 관리가능한 동력을 포함한 '재물'에 한한다 할 것이고, 또 절도죄가 성립하기 위해서는 그 재물의 소유자 기타 점유자의 점유 내지 이용가능성을 배제하고 이를 자신의 점유하에 배타적으로 이전하는 행위가 있어야만 할 것인바, 컴퓨터에 저장되어 있는 '정보' 그 자체는 유체물이라고 볼 수도 없고, 물질성을 가진 동력도 아니므로 재물이 될 수 없다 할 것이며, 또 이를 복사하거나 출력하였다 할지라도 그 정보 자체가 감소하거나 피해자의 점유 및 이용가능성을 감소시키는 것이 아니므로 그 복사나 출력 행위를 가지고 절도죄를 구성한다고 볼 수도 없다.

나. **컴퓨터 속의 정보를 빼내갈 목적으로 종이에 출력하여 가져간 경우 그 정보가 기재된 그 문서에 대한 절도죄가 성립하는지 여부(소극)**

피고인이 컴퓨터에 저장된 정보를 출력하여 생성한 문서는 피해 회사의 업무를 위하여 생성되어 피해 회사에 의하여 보관되고 있던 문서가 아니라, 피고인이 가지고 갈 목적으로 피해 회사의 업무와 관계없이 새로이 생성시킨 문서라 할 것이므로, 이는 피해 회사 소유의 문서라고 볼 수는 없다 할 것이어서, 이를 가지고 간 행위를 들어 피해 회사 소유의 문서를 절취한 것으로 볼 수는 없다(대법원 2002.7.12. 선고 2002도745 판결).

[3] 비교판례- 정보가 수록된 서류의 재물성(적극)

사원이 회사를 퇴사하면서 부품과 원료의 배합비율과 제조공정을 기술한 자료와 회사가 시제품의 품질을 확인하거나 제조기술 향상을 위한 각종 실험을 통하여 나타난 결과를 기재한 자료를 가져간 경우, 이는 절도에 해당하고, 위 자료는 구 부정경쟁방지 및 영업비밀보호에 관한 법률에 정한 영업비밀에 해당한다(대법원 2008.2.15. 선고 2005도6223 판결).

3) 문서의 내용

■ 판례 ■ **타인의 문서를 복사한 후 원본은 그대로 두고 사본만 가져간 경우**

회사 직원이 업무와 관련하여 다른 사람이 작성한 회사의 문서를 복사기를 이용하여 복사를 한 후 원본은 제자리에 갖다 놓고 그 사본만 가져간 경우, 그 회사 소유의 문서의 사본을 절취한 것으로 볼 수는 없다(대법원 1996.8.23. 선고 95도192 판결).

■ 판례 ■ **사실상 퇴사하면서 회사의 승낙 없이 가지고 간 부동산매매계약서 사본들이 절도죄의 객체인 재물에 해당하는지 여부(적극)**

[1] 절도죄의 객체인 재물의 의미

절도죄의 객체인 재물은 반드시 객관적인 금전적 교환가치를 가질 필요는 없고 소유자·점유자가 주관적인 가치를 가지고 있는 것으로 족하고, 이 경우 주관적·경제적 가치의 유무를 판별함에 있어서는 그것이 타인에 의하여 이용되지 않는다고 하는 소극적 관계에 있어서 그 가치가 성립하더라도 관계없다.

[2] 절도죄의 성부

피고인이 이 사건 부동산매매계약서를 사본이나 부본의 형태로 업무상 필요에 따라 사용할 수 있다 하여도 그 때문에 피해 회사의 점유가 상실된다거나 피고인이 피해 회사와는 무관하게 독자적으로 점유를 하고 있다고는 볼 수 없으므로, 피고인이 회사와 결별하고 사실상 퇴사하면서 피해 회사의 승낙 없이 위 서류들을 가지고 간 이상 절도죄가 성립된다(대법원 2007.8.23. 선고 2007도2595 판결).

4) 주 식

■ 판례 ■ **상법상 주식이 재물에 해당하는지 여부(소극)**

상법상 주식은 자본구성의 단위 또는 주주의 지위(株主權)를 의미하고, 주주권을 표창하는 유가증권인 주권(株券)과는 구분이 되는바, 주권은 유가증권으로서 재물에 해당되므로 횡령죄의 객체가 될 수 있으나, 자본의 구성단위 또는 주주권을 의미하는 주식은 재물이 아니므로 횡령죄의 객체가 될 수 없다(대법원 2005.2.18. 선고 2002도2822 판결).

5) 전화의 송수신 기능

■ 판례 ■ **타인의 전화기를 무단 사용한 경우, 절도죄의 성립여부(소극)**

타인의 전화기를 무단으로 사용하여 전화통화를 하는 행위는 전기통신사업자가 그가 갖추고 있는 통신선로·전화교환기 등 전기통신설비를 이용하고 전기의 성질을 과학적으로 응용한 기술을 사용하여 전화가입자에게 음향의 송수신이 가능하도록 하여 줌으로써 상대방과의 통신을 매개하여 주는 역무, 즉 전기통신사업자에 의하여 가능하게 된 전화기의 음향송수신기능을 부당하게 이용하는 것으로, 이러한 내용의 역무는 무형적인 이익에 불과하고 물리적 관리의 대상이 될 수 없어 재물이 아니라고 할 것이므로 절도죄의 객체가 되지 아니한다(대법원 1999.6.25. 선고 98도3891 판결).

(다) 재물의 가치성

재물은 반드시 객관적인 금전적 교환가치(경제적 교환가치)를 가질 필요는 없고, 소유자·점유자가 주관적 가치만을 가지고 있으면 족하다(통설·판례). 따라서 애인의 사진, 백지의 자동차출고의뢰서 용지, 법원으로부터 송달된 심문기일소환장, 세 조각으로 찢어버린 약속어음 등도 재물에 해당한다.

■ 판례 ■ **법원으로부터 송달된 심문기일소환장이 형법상 재물에 해당하는지 여부(적극)**

법원으로부터 송달된 심문기일소환장은 재산적 가치가 있는 물건으로서 형법상 재물에 해당한다(대법원 2000.2.25. 선고 99도5775 판결).

■ 판례 ■ **주권포기각서의 재물성 유무(적극)**

주권포기각서는 주권을 포기한다는 의사표시가 담긴 처분문서로서 그 경제적 가치가 있어 재물성이 있다(대법원 1996.9.10. 선고 95도2747 판결).

■ 판례 ■ **백지의 자동차출고의뢰서 용지가 절도죄의 객체인 재물에 해당하는지 여부(적극)**

재산죄의 객체인 재물은 반드시 객관적인 금전적 교환가치를 가질 필요는 없고 소유자, 점유자가 주관적인 가치를 가지고 있음으로써 족하다고 할 것이고, 이 경우 주관적, 경제적 가치의 유무를 판별함에 있어서는 그것이 타인에 의하여 이용되지 않는다고 하는 소극적 관계에 있어서 그 가치가 성립하더라도 관계없다 할 것이므로, 피고인이 절취한 백지의 자동차출고의뢰서 용지도 그것이 어떠한 권리도 표창하고 있지 않다 하더라도 경제적 가치가 없다고는 할 수 없어 이는 절도죄의 객체가 되는 재물에 해당한다(대법원 1996.5.10. 선고 95도3057 판결).

■ 판례 ■ **사원이 회사를 퇴사하면서 동 회사연구실에 보관중이던 회사의 목적 업무상 기술분야에 관한 문서사본을 취거하는 행위가 절도죄에 해당되는지 여부(적극)**

피고인이 근무하던 회사를 퇴사하면서 가져간 서류가 이미 공개된 기술내용에 관한 것이고 외국회사에서 선전용으로 무료로 배부해 주는 것이며 동 회사연구실 직원들이 사본하여 사물처럼 사용하던 것이라도 위 서류들이 회사의 목적업무중 기술분야에 관한 문서들로서 국내에서 쉽게 구할 수 있는 것도 아니며 연구실 직원들의 업무수행을 위하여 필요한 경우에만 사용이 허용된 것이라면 위 서류들은 위 회사에 있어서는 소유권의 대상으로 할 수 있는 주관적 가치뿐만 아니라 그 경제적 가치도 있는 것으로 재물에 해당한다 할 것이어서 이를 취거하는 행위는 절도에 해당하고 비록 그것이 문서의 사본에 불과하고 또 인수인계 품목에 포함되지 아니 하였다 하여 그 위법성이 조각된다 할 수 없다(대법원 1986.9.23. 선고 86도1205 판결).

(라) 부동산의 재물성

부동산은 그 소재자체가 변경되는 것이 아니므로 피해자의 점유가 침해되었다고 보기 어렵고, 재물의 장소적 이전이 불가능하므로 절도죄의 객체가 될 수 없다. 다만 부동산의 구성부분이 분리된 경우(例, 토지에서 분리된 수목)에는 절도죄의 객체가 될 수 있다.

(마) 금제품의 재물성

다수설은 절대적 금제품은 재물성이 부정되나, 상대적 금제품은 재물성이 인정된다고 하고, 판례는 금제품이라 할지라도 절차에 따라 몰수되기 전까지는 그 소지를 보호하여야 하므로 재물성이 인정된다고 한다.

■ 판례 ■ **위조유가증권이 형법상 재물로서 절도죄의 객체가 되는지 여부(적극)**

유가증권도 그것이 정상적으로 발행된 것은 물론 비록 작성권한 없는 자에 의하여 위조된 것이라고 하더라도 절차에 따라 몰수되기까지는 그 소지자의 점유를 보호하여야 한다는 점에서 형법상 재물로서 절도죄의 객체가 된다(대법원 1998.11.24. 선고 98도2967 판결).

(2) 타인점유

그 재물이 행위자의 단독점유에 속하지 않는 경우, 즉 타인이 단독점유하는 경우와 행위자와 타인이 공동점유하는 경우를 의미

(가) 타 인

절도죄의 객체는 타인이 점유하는 타인소유의 재물이다. 따라서 자기가 점유하는 타인의 재물에 대해서는 횡령죄가 성립한다.

■ 판례 ■ **상사와의 의견 충돌 끝에 항의의 표시로 사표를 제출한 다음 평소 피고인이 전적으로 보관·관리해 오던 이른바 비자금 관계 서류 및 금품이 든 가방을 들고 나온 경우, 절도죄의 성부(소극)**

본 사안의 경우 불법영득의 의사가 있다고 할 수 없을 뿐만 아니라, 그 서류 및 금품이 타인의 점유하에 있던 물건이라고도 볼 수 없다(대법원 1995.9.5. 선고 94도3033 판결).

■ 판례 ■ **수산양식업장 구역내에서 자연번식하는 수산동식물의 채취와 절도죄의 성부(소극)**

수산업법에 의한 소위 양식어업권은 행정관청의 면허를 받아 해상의 일정구역내에서 그 소유의 수산동·식물을 양식할 수 있는 권리를 가리키는 것으로서 그 면허를 받았다는 사실만으로써 곧 당해구역내에 자연적으로 번식하는 수산동·식물에 관하여 당연히 소유권이나 점유권을 취득한다고 할 수는 없으므로, 공소외인이 굴 양식면허를 받은 위 구역내에서 피고인들이 자연서식의 반지락을 채취하였다고 하더라도 수산업법위반이 됨은 별론으로 하고 절도죄를 구성한다고는 할 수 없다(대법원 1983.2.8. 선고 82도696 판결).

■ 판례 ■ **임차인이 임대계약 종료 후 식당건물에서 퇴거하면서 종전부터 사용하던 냉장고의 전원을 켜 둔 채 그대로 두었다가 약 1개월 후 철거해 가는 바람에 그 기간 동안 전기가 소비된 경우**

임차인이 퇴거 후에도 냉장고에 관한 점유·관리를 그대로 보유하고 있었다고 보아야 하므로, 냉장고를 통하여 전기를 계속 사용하였다고 하더라도 이는 당초부터 자기의 점유·관리하에 있던 전기를 사용한 것일 뿐 타인의 점유·관리하에 있던 전기가 아니어서 절도죄가 성립하지 않는다(대판2008.7.10. 2008도3252).

(나) 공동점유

1) 대등관계에 의한 공동점유

공동점유자 상호간에는 항상 타인의 점유로 취급된다. 따라서 공동점유자 중 1인이 다른 점유자의 동의 없이 단독점유로 옮긴 경우에는 절도죄가 성립한다.

■ 판례 ■ **별거중인 남편이 궤짝에 넣어 보관중인 인장을 처가 소지한 열쇠를 사용하여 취거한 경우, 절도죄의 성부**

[1] 사실관계

甲과 乙은 부부이면서도 사실상 별개의 가옥에 별거중이었는데, 처 乙이 별거중인 남편 甲이 궤짝에 넣어 보관중인 인장을 자신이 소지한 열쇠를 사용하여 몰래 꺼내왔다.

[2] 판결요지

인장이 들은 돈궤짝을 사실상 별개 가옥에 별거 중인 남편이 그 거주가옥에 보관중이었다면 처가 그 돈궤짝의 열쇠를 소지하고 있었다고 하더라도 그 안에 들은 인장은 처의 단독보관하에 있는 것이 아니라 남편과 공동보관하에 있다고 보아야 할 것이므로, 공동보관중의 1인인 처가 다른 보관자인 남편의 동의없이 불법영득의 의사로 위 인장을 취거한 이상 절도죄를 구성한다고 보아야 할 것이다(대법원 1984.1.31. 선고 83도3027 판결).

■ 판례사례 ■ [공동점유로 절도죄가 성립하는 사례]

(1) 분열된 교회의 한 교파가 교회재산을 적법한 절차에 따라 분할하기 전에 다른 교파의 점유를 배제하고 몰래 자기 교회로 가져간 경우(대법원 1998.7.10. 선고 98도126 판결)
(2) 조합원의 1인이 조합원의 공동점유에 속하는 합유의 물건을 다른 조합원의 승낙없이 조합원의 점유를 배제하고 단독으로 자신의 지배하에 옮긴 경우(대법원 1982.12.28. 선고 82도2058 판결)

2) 상하관계에 의한 공동점유

A. 하위점유자가 상위점유자의 보조자에 불과한 경우

상점주인과 점원, 사장과 비서, 주인과 가정부 등의 관계와 같이 상하주종관계에 있어서는 하위점유자는 점유보조자에 불과하므로 상위점유자만 점유자이다. 따라서 하위점유자가 영득한 경우에는 절도죄가 성립한다.

B. 종업원에게 어느 정도 처분권이 위임된 경우

상하간에 고도의 신뢰관계가 있어서 어느 정도의 처분권이 위임되어 있는 경우(例, 은행·역·백화점에서 금전관리를 하는 출납직원)에는 종업원의 단독점유가 인정된다.

■ 판례 ■ **재물을 사실상 지배하는 점원의 형법상 보관의 주체성 여부(적극)**

[1] 사실관계

점포주인 乙은 점포종업원 甲에게 금고 열쇠와 오토바이 열쇠를 맡기면서 금고안의 돈은 배달된 가스대금으로 지급할 것 지시하고 외출했던바, 甲은 금고안의 현금과 오토바이를 타고 달아났다.

[2] 판결요지

가. 재물을 사실상 지배하는 점유보조자(점원)와 형법상 보관의 주체성 여부(적극)

민법상 점유보조자(점원) 라고 할지라도 그 물건에 대하여 사실상 지배력을 행사하는 경우에는 형법상 보관의 주체로 볼 수 있으므로 이를 영득한 경우에는 절도죄가 아니라 횡령죄에 해당한다.

나. 甲의 죄책

피고인은 점원으로서는 평소는 점포 주인인 위 피해자의 점유를 보조하는 자에 지나지 않으나 위 범행 당시는 위 피해자의 위탁을 받아 금고 안의 현금과 오토바이를 사실상 지배하에 두고 보관한 것이라고 보겠으니, 피고인의 위 범행은 자기의 보관하에 있는 타인의 재물을 영득한 것으로서 횡령죄에 해당한다고 보아야 할 것이다(대법원 1982.3.9. 선고 81도3396 판결).

[3] 동지판례 - 피해자 소유의 오토바이를 타고 심부름을 가다가 마음이 변하여 그대로 타고 가버린 경우의 죄책(= 횡령죄)

피해자가 그 소유의 오토바이를 타고 심부름을 다녀오라고 하여서 그 오토바이를 타고 가다가 마음이 변하여 이를 반환하지 아니한 채 그대로 타고 가버렸다면 횡령죄를 구성함은 별론으로 하고 적어도 절도죄를 구성하지는 아니한다(대법원1986.8.19. 선고 86도1093 판결).

3) 위탁재물의 운반

A. 위탁자의 현실적인 감독 · 통제가 불가능 한 경우

수탁자의 점유가 인정되므로, 운반자가 영득하면 횡령죄가 성립한다.

■ 판례사례 ■ [운반자의 점유가 인정되어 횡령죄가 성립하는 사례]

(1) 동회의 사환이 동직원으로부터 시청금고에 입금하도록 교부 받은 현금과 예금에서 찾은 돈을 사생활비에 소비한 경우(대법원 1968.10.29. 선고 68도1222 판결)
(2) 운수회사소속의 화물자동차 운전수가 회사의 지시에 의하여 커피 3상자를 화물자동차로 운송하던 도중에 자의로 매각처분한 경우(대법원 1957.9.20. 선고 4290형상281 판결)
(3) 피해자가 시장 점포에서 물건을 매수하여 묶어서 그곳에 맡겨 놓은 후 그곳에서 약 50미터 떨어져 동 점포를 살펴볼 수 없는 딴 가게로 가서 지게 짐꾼인 피고인을 불러 피고인 단독으로 위 점포에 가서 맡긴 물건을 운반해 줄 것을 의뢰하였더니 피고인이 동 점포에 가서 맡긴 물건을 찾아 피해자에게 운반해 주지 않고 용달차에 싣고 가서 처분한 경우(대법원 1982.11.23. 선고 82도2394 판결)

B. 위탁자의 현실적 감독 · 통제가 가능한 경우

위탁자의 점유가 인정되므로, 운반자가 영득하면 절도죄가 성립한다.

■ 판례사례 ■ [운반자의 점유가 부정되어 절도죄가 성립하는 사례]

(1) 열차사무소 취급수인 甲과 乙이 합동하여 그들이 승무한 화차 내에서 동 화차에 적재해 운송 중인 철도청의 수탁화물 중 이삿짐 포장을 풀고 그 속에 묶어 넣어 둔 탁상용 시계 1개 외 의류 9장을 빼낸 경우 ⇨ 특수절도(대법원1967.7.8. 선고 65도798 판결)
(2) 甲이 경리담당직원 乙의 요청으로 乙과 은행에 동행하고 같이 찾은 현금 200만원 중 50만원을 乙의 부탁으로 소지하고 乙과 동행하여 사무실에 당도하였는 바, 50만원을 乙에게 교부할 때 10만원을 현금처럼 가장한 돈뭉치와 바꿔치기한 경우(대법원1966.1.31. 선고 65도1178 판결)

4) 포장된 포장물의 점유

A. 다수설

○ 형식적 위탁관계의 경우에는 위탁자에게 점유가 인정되어, 이를 수탁자가 영득하면 절도죄가 성립
○ 실질적 위탁관계의 경우에는 수탁자에게 점유가 인정되어, 이를 수탁자가 영득하면 횡령죄가 성립

B. 판례의 태도

○ 포장물 전체에 대해서는 수탁자에게 점유가 인정되어 수탁자가 이를 영득한 경우(例, 배달부가 소포물 자체를 영득한 경우)에는 횡령죄가 성립

○ 포장물의 내용에 대해서는 위탁자에게 점유가 인정되어 수탁자가 이를 영득한 경우(例, 배달부가 소포물의 내용물만 영득한 경우)에는 절도죄가 성립

■ 판례 ■ **피고인이 보관계약에 의하여 보관중인 정부소유의 미곡 가마니에서 삭대를 사용하여 약간량씩을 발취한 경우**

피고인이 보관계약에 의하여 보관중인 정부소유의 미곡 가마니에서 삭대를 사용하여 약간량씩을 발취한 경우에, 피고인이 발취한 포장함 입내의 보관중인 정부소유미의 점유는 정부에 있다 할 것이므로 이를 발취한 행위는 절도죄에 해당한다(대법원1956.1.27. 선고 4288형상375 판결).

(다) 점 유

형법상 점유란 사회생활상 지배의사를 가지고 재물을 사실상 지배하는 것을 의미한다. 따라서 간접점유나 상속에 의한 점유의 이전은 형법상 인정되지 않는다. 다만 점유보조자의 점유는 인정된다.

1) 불법점유의 경우

지배가 적법한 권원에 의하지 아니하는 경우, 즉 불법점유라도 재물에 대한 사실상 처분가능성이 있으면 점유사실이 인정된다. 따라서 타인이 갈취(절취·강취)한 재물을 그 타인의 의사에 반하여 절취한 경우에는 절도죄가 성립한다.

2) 사자의 점유

○ 재물탈취의사를 가지고 살해하고 재물을 탈취한 경우에는 피해자가 생전에 가지고 있던 점유를 침해한 것으로 강도살인죄가 성립한다(통설, 판례).

○ 피해자의 사망과 무관한 자가 사자의 재물을 영득한 경우에는 점유이탈물횡령죄가 성립한다.

○ 살해 후 재물탈취의사가 생겨 피해자의 재물을 영득한 경우에도 사자의 점유를 인정할 것인가에 대하여 통설과 판례가 견해를 달리한다.

A. 다수설

사자의 점유를 인정할 수 없고, 형법상 상속에 의한 점유도 인정되지 아니하므로 점유이탈물횡령죄가 성립한다고 한다.

B. 판례의 태도

피해자가 생전에 가진 점유는 사망 후에도 계속되는 것으로 보아 절도죄가 성립한다고 한다.

■ 판례 ■ **살해된 피해자의 재물에 대한 점유**

[1] 사실관계

> 甲은 乙의 자취방에서 부엌칼로 乙을 찔러 살해하고 그 방에서 사망한 乙 곁에 4시간 30분정도 있다가 자취방 벽에 걸려 있던 乙의 물건을 가지고 나왔다.

[2] 판결요지

피해자를 살해한 방에서 사망한 피해자 곁에 4시간 30분쯤 있다가 그곳 피해자의 자취방 벽에 걸려 있던 피해자가 소지하는 물건들을 영득의 의사로 가지고 나온 경우 피해자가 생전에 가진 점유는 사망 후에도 여전히 계속되는 것으로 보아야 한다(대법원 1993.9.28. 선고 93도2143 판결). ☞ (甲은 살인죄와 절도죄의 실체적 경합범)

3) 분실물에 대한 점유

A. 원점유자가 그 소재를 알고 다시 찾아 올 수 있는 경우

원점유자의 점유가 인정되므로 점유이탈물이 아니다.

B. 원점유자가 그 소재를 모르는 경우

원칙적으로 점유이탈물이 되나, 예외적으로 타인의 점유가 개시되는 경우가 있다.

- 타인의 배타적 지배 내에 두고 온 경우(例, 극장·여관·목욕탕·당구장에 두고 온 시계)에는 그 장소의 관리자의 점유에 속한다. 따라서 관리자가 영득한 경우에는 횡령죄가 성립하고, 타인이 영득하면 절도죄가 성립한다.
- 승객이 버스·지하철의 바닥·선반 위에 두고 내린 경우 운전자나 승무원이 유실물을 현실적으로 발견하여야 운전자·승무원의 점유가 인정된다. 따라서 운전자나 승무원이 발견하기 전에 다른 승객이 가져가면 점유이탈물 횡령죄가 성립하고, 절도죄는 성립하지 않는다.

■ 판례 ■ **乙이 경영하는 당구장에서 일하던 종업원 甲은 당구장의 당구대 밑에서 어떤 사람이 잃어버린 금반지를 주워서 손가락에 끼고 다닌 경우**

어떤 물건을 잃어버린 장소가 당구장과 같이 타인의 관리 아래 있을 때에는 그 물건은 일응 그 관리자의 점유에 속한다 할 것이고, 이를 그 관리자 아닌 제3자가 취거하는 것은 과실물횡령이 아니라 절도죄에 해당한다(대법원 1988.4.25. 선고 88도409 판결). ☞ (甲은 절도죄)

■ 판례 ■ **피해자가 피씨방에 두고 간 핸드폰을 제3자가 취한 경우**

피해자가 피씨방에 두고 간 핸드폰은 피씨방 관리자의 점유하에 있어서 제3자가 이를 취한 행위는 절도죄를 구성한다(대법원 2007.3.15. 선고 2006도9338 판결).

■ 판례 ■ **승객이 놓고 내린 지하철의 전동차 바닥이나 선반 위에 있던 물건을 가지고 감으로써 성립하는 범죄(= 점유이탈물횡령죄)**

[1] 사실관계

> 甲은 4회에 걸쳐서 지하철의 전동차 바닥 또는 선반 위에 있는 다른 승객이 놓고 내린 핸드폰, 소형가방 등을 지하철의 승무원들이 발견하기 전에 가져갔다.

[2] 판결요지

승객이 놓고 내린 지하철의 전동차 바닥이나 선반 위에 있던 물건을 가지고 간 경우, 지하철의 승무원은 유실물법상 전동차의 관수자로서 승객이 잊고 내린 유실물을 교부받을 권능을 가질 뿐 전동차 안에 있는 승객의 물건을 점유한다고 할 수 없고, 그 유실물을 현실적으로 발견하지 않는 한 이에 대한 점유를 개시하였다고 할 수도 없으므로, 그 사이에 위와 같은 유실물을 발견하고 가져간 행위는 점유이탈물횡령죄에 해당함은 별론으로 하고 절도죄에 해당하지는 않는다(대법원 1999.11.26. 선고 99도3963 판결). ☞ (甲은 점유이탈물횡령죄)

[3] 동지판례 – 고속버스 승객이 차내에 있는 유실물을 가져 간 경우의 죄책(=점유이탈물횡령죄)

고속버스 운전사는 고속버스의 관수자로서 차내에 있는 승객의 물건을 점유하는 것이 아니고 승객이 잊고 내린 유실물을 교부받을 권능을 가질 뿐이므로 유실물을 현실적으로 발견하지 않는 한 이에 대한 점유를 개시하였다고 할 수 없고, 그 사이에 다른 승객이 유실물을 발견하고 이를 가져 갔다면 절도에 해당하지 아니하고 점유이탈물횡령에 해당한다(대법원 1993.3.16. 선고 92도3170 판결).

(3) 타인소유

타인의 단독소유뿐만 아니라 행위자와 타인의 공동소유의 경우(例, 공유물·합유물·총유물)에도 타인의 소유에 해당한다.

■ 판례 ■ **돈사에서 대량으로 사육되는 돼지에 대한 이중의 양도담보설정계약이 체결된 경우**

[1] 사실관계

> 돈사의 소유자 A는 돈사에서 대량으로 사육되는 돼지에 대하여 乙과 甲에게 이중의 양도담보설정계약을 체결하였는 바, 甲이 A의 승낙을 받지 아니하고 임의로 반출하였다.

[2] 판결요지

가. 甲이 돈사의 돼지에 대한 소유권을 취득하는지 여부(소극)

금전채무를 담보하기 위하여 채무자가 그 소유의 동산을 채권자에게 양도하되 점유개정의 방법으로 인도하고 채무자가 이를 계속 점유하기로 약정한 경우 특별한 사정이 없는 한 그 동산의 소유권은 신탁적으로 이전되는 것에 불과하여, 채권자와 채무자 사이의 대내적 관계에서는 채무자가 소유권을 보유하나 대외적인 관계에서의 채무자는 동산의 소유권을 이미 채권자에게 양도한 무권리자가 되는 것이어서 다시 다른 채권자와 사이에 양도담보설정계약을 체결하고 점유개정의 방법으로 인도하더라도 선의취득이 인정되지 않는 한 나중에 설정계약을 체결한 채권자로서는 양도담보권을 취득할수 없는데, 현실의 인도가 아닌 점유개정의 방법으로는 선의취득이 인정되지 아니하므로 결국 뒤의 채권자는 적법하게 양도담보권을 취득할 수 없다.

나. 甲의 죄책

돈사에서 대량으로 사육되는 돼지에 대한 이중의 양도담보설정계약이 체결된 경우 뒤에 양도담보설정계약을 체결한 이중양수 채권자가 임의로 돼지를 반출한 행위는 절도죄를 구성한다(대법원 2007.2.22. 선고 2006도8649 판결).

■ 판례 ■ **명의대여자가 명의대여 약정에 따라 발급된 영업허가증과 사업자등록증을 가지고 간 경우, 절도죄에 해당여부(적극)**

[1] 사실관계

식당을 운영하려던 A는 신용불량정보가 등록되어 있어 그 명의로 신용카드가맹점을 개설하는 것이 불가능하자 식당 종업원 甲으로부터 영업허가명의 및 사업자 등록명의를 빌리기로 하여 甲 명의로 식품접객업 영업허가를 받고 사업자등록을 한 다음 甲 명의로 발급된 영업허가증과 사업자등록증을 A가 교부받아 처인 B의 손가방 안에 보관하고 있었다. 어느 날 甲은 계산대 위에 놓여 있던 B의 손가방 안에서 영업허가증과 사업자등록증을 꺼내어 갔다.

[2] 판결요지

명의대여 약정에 따른 신청에 의하여 발급된 영업허가증과 사업자등록증은 피해자가 인도받음으로써 피해자의 소유가 되었다고 할 것이므로, 이를 명의대여자가 가지고 간 행위가 절도죄에 해당한다(대법원 2004.3.12. 선고 2002도5090 판결).

※ 본 판례는 영업허가와 사업자등록의 명의를 대여하는 것이 허용될 수 없다는 전제에서 영업허가증과 사업자등록증이 피고인의 소유라는 이유로 무죄로 판단한 원심판결이 영업허가와 사업자등록의 명의대여 약정의 효력 및 그에 따른 영업허가증과 사업자등록증의 소유권의 귀속에 관한 법리를 오해한 위법이 있다고 판단한 사안이다.

■ 판례 ■ **명의신탁 자동차의 소유관계**

[1] 사실관계

丙은 매그너스 승용차를 구입하면서 장애인에 대한 면세 혜택의 적용을 받기 위해 甲의 어머니인 乙의 명의를 빌려 등록하고 운행 중 평택시 죽백동에 있는 중부세기 사무실 앞길에 주차했던 바, 甲이 乙의 승낙을 받고 열쇠공을 통해 승용차의 문을 연 후 그대로 위 승용차를 운전하여 가 丁에게 위 사실을 숨기고 매도하였다.

[2] 판결요지

가. 자동차, 중기에 관하여 명의신탁관계가 인정될 수 있는지 여부(적극)

자동차나 중기(또는 건설기계)의 소유권의 득실변경은 등록을 함으로써 그 효력이 생기고 그와 같은 등록이 없는 한 대외적 관계에서는 물론 당사자의 대내적 관계에 있어서도 그 소유권을 취득할 수 없는 것이 원칙이지만, 당사자 사이에 그 소유권을 그 등록 명의자 아닌 자가 보유하기로 약정하였다는 등의 특별한 사정이 있는 경우에는 그 내부관계에 있어서는 그 등록 명의자 아닌 자가 소유권을 보유하게 된다.

나. 甲과 乙의 절도죄의 공모공동정범 성립여부

자동차 명의신탁관계에서 제3자가 명의수탁자로부터 승용차를 가져가 매도할 것을 허락받고 인감증명 등을 교부받아 위 승용차를 명의신탁자 몰래 가져간 경우, 위 제3자와 명의수탁자의 공모·가공에 의한 절도죄의 공모공동정범이 성립한다.

다. 자동차의 명의수탁자가 명의신탁 사실을 고지하지 않고, 나아가 자신 소유라는 말을 하면서 자동차를 제3자에게 매도하고 이전등록까지 마쳐 준 경우, 매수인에 대한 사기죄가 성립하는지 여부(소극)

부동산의 명의수탁자가 부동산을 제3자에게 매도하고 매매를 원인으로 한 소유권이전등기까지 마쳐 준 경우, 명의신탁의 법리상 대외적으로 수탁자에게 그 부동산의 처분권한이 있는 것임이 분명하고, 제3자로서도 자기 명의의 소유권이전등기가 마쳐진 이상 무슨 실질적인 재산상의 손해가 있을 리 없으므로 그 명의신탁 사실과 관련하여 신의칙상 고지의무가 있다거나 기망행위가 있었다고 볼 수 도 없어서 그 제3자에 대한 사기죄가 성립될 여지가 없고, 나아가 그 처분시 매도인(명의수탁자)의 소유라는 말을 하였다고 하더라도 역시 사기죄가 성립하지 않으며, 이는 자동차의 명의수탁자가 처분한 경우에도 마찬가지이다(대법원 2007. 1.11. 선고 2006도4498 판결).

■ 판례사례 ■ [소유의 타인성인 인정되어 절도죄가 성립하는 사례]

(1) 타인의 토지상에 권원 없이 감나무를 식재한 자가 감이 열리자 감을 수확한 경우(대법원1998. 4.24. 선고 97도3425 판결)
(2) 피고인이 피고인과 피해자의 동업자금으로 구입하여 피해자가 관리하고 있던 다이야포클레인 1대를 그의 허락 없이 공소외인으로 하여금 운전하여 가도록 한 경우(대법원1990.9.11. 선고90도1021 판결)

■ 판례 ■ **수산양식업장 구역내에서 자연번식하는 수산동식물의 채취와 절도죄의 성부(소극)**

수산업법에 의한 소위 양식어업권은 행정관청의 면허를 받아 해상의 일정구역내에서 그 소유의 수산동·식물을 양식할 수 있는 권리를 가리키는 것으로서 그 면허를 받았다는 사실만으로써 곧 당해 구역내에 자연적으로 번식하는 수산동·식물에 관하여 당연히 소유권이나 점유권을 취득한다고 할 수는 없으므로, 공소외인이 굴 양식면허를 받은 위 구역내에서 피고인들이 자연서식의 바지락을 채취하였다고 하더라도 수산업법위반이 됨은 별론으로 하고 절도죄를 구성한다고는 할 수 없다(대법원 1983.2.8. 선고 82도696 판결).

2. 행 위

절취하는 것

(1) 의 의

절취란 타인이 점유하고 있는 재물을 점유자의 의사에 반하여 그 점유를 배제하고 자기 또는 제3자의 점유 하에 두는 것을 말한다. 따라서 절취는 점유의 배제(재물에 대한 타인의 사실상의 지배를 그의 의사에 반하거나 그의 허락 없이 제거하는 것)와 새로운 점유의 취득(절도죄가 성립하기 위해서는 행위자 또는 제3자가 재물에 대하여 방해받지 않는 사실상의 지배를 가지는 것)을 내용으로 한다.

■ 판례 ■ **타인의 명의를 모용하여 발급받은 신용카드로 현금자동지급기에서 현금을 인출한 경우의 죄책**

피고인이 타인의 명의를 모용하여 신용카드를 발급받은 경우, 비록 카드회사가 피고인으로부터 기망을 당한 나머지 피고인에게 피모용자 명의로 발급된 신용카드를 교부하고, 사실상 피고인이 지정한 비밀번호를 입력하여 현금자동지급기에 의한 현금대출(현금서비스)을 받을 수 있도록 하였다 할지라도, 카드회사의 내심의 의사는 물론 표시된 의사도 어디까지나 카드명의인인 피모용자에게 이를 허용하는 데 있을 뿐, 피고인에게 이를 허용한 것은 아니라는 점에서 피고인이 타인의 명의를 모용하여 발급받은 신용카드를 사용하여 현금자동지급기에서 현금대출을 받는 행위는 카드회사에 의하여 미리 포괄적으로 허용된 행위가 아니라, 현금자동지급기의 관리자의 의사에 반하여 그의 지배를 배제한 채 그 현금을 자기의 지배하에 옮겨 놓는 행위로서 절도죄에 해당한다고 봄이 상당하다(대법원 2002. 7.12. 선고 2002도2134 판결).

■ 판례 ■ **절취한 타인의 신용카드를 이용하여 현금지급기에서 자신의 예금계좌로 돈을 이체시킨 후 현금을 인출한 행위가 절도죄를 구성하는지 여부(소극)**

절취한 타인의 신용카드를 이용하여 현금지급기에서 계좌이체를 한 행위는 컴퓨터등사용사기죄에서 컴퓨터 등 정보처리장치에 권한 없이 정보를 입력하여 정보처리를 하게 한 행위에 해당함은 별론으로 하고 이를 절취행위라고 볼 수는 없고, 한편 위 계좌이체 후 현금지급기에서 현금을 인출한 행위는 자신의 신용카드나 현금카드를 이용한 것이어서 이러한 현금인출이 현금지급기 관리자의 의사에 반한다고 볼 수 없어 절취행위에 해당하지 않으므로 절도죄를 구성하지 않는다(대법원 2008.6.12. 선고 2008도2440 판결).

■ 판례 ■ **약정에 기한 인도청구권이 인정되는 경우**

[1] 소유권 이전을 위하여 등기나 등록을 요하는 재산에 대하여 소유권유보부매매가 성립할 수 있는지 여부(소극)

소유권유보부매매는 동산을 매매함에 있어 매매목적물을 인도하면서 대금완납시까지 소유권을 매도인에게 유보하기로 특약한 것을 말하며, 이러한 내용의 계약은 동산의 매도인이 매매대금을 다 수령할 때까지 그 대금채권에 대한 담보의 효과를 취득유지하려는 의도에서 비롯된 것이다. 따라서 부동산과 같이 등기에 의하여 소유권이 이전되는 경우에는 등기를 대금완납시까지 미룸으로써 담보의 기능을 할 수 있기 때문에 굳이 위와 같은 소유권유보부매매의 개념을 원용할 필요성이 없으며, 일단 매도인이 매수인에게 소유권이전등기를 경료하여 준 이상은 특별한 사정이 없는 한 매수인에게 소유권이 귀속되는 것이다. 한편 자동차, 중기, 건설기계 등은 비록 동산이기는 하나 부동산과 마찬가지로 등록에 의하여 소유권이 이전되고, 등록이 부동산 등기와 마찬가지로 소유권이전의 요건이므로, 역시 소유권유보부매매의 개념을 원용할 필요성이 없는 것이다.

[2] 형법상 '절취'의 의미 및 약정에 기한 인도청구권이 인정되는 경우에도 점유자의 의사에 반하여 점유를 배제하는 행위를 함으로써 절도죄가 성립하는지 여부(적극)

형법상 절취란 타인이 점유하고 있는 자기 이외의 자의 소유물을 점유자의 의사에 반하여 그 점유를 배제하고 자기 또는 제3자의 점유로 옮기는 것을 말하는 것으로, 비록 약정에 기한 인도 등의 청구권이 인정된다고 하더라도, 취거 당시에 점유 이전에 관한 점유자의 명시적묵시적인 동의가 있었던 것으로 인정되지 않는 한, 점유자의 의사에 반하여 점유를 배제하는 행위를 함으로써 절도죄는 성립하는 것이다(대법원 2010. 2. 25. 선고 2009도5064 판결).

(2) 절취와 사취의 구분(책략절도의 문제)

구별기준	절도죄	사기죄
처분효과의 직접성	점유이전의 의사 외에 별도의 기망자의 행위에 의해 재물이 취거된 경우(직접성이 부정되는 경우)	기망에 의해 점유이전의 종국적 의사로서 재물이 기망자에게 이전된 경우(직접성이 인정되는 경우)
처분의 자의성	재물의 교부가 비자의적으로 이루어진 경우 (선택가능성이 없었던 경우)	재물의 교부가 자의적으로 이루어진 경우 (선택가능성이 있었던 경우)

▪ 판례 ▪ **예식장 축의금 접수대에서 접수인인 것처럼 행세하여 축의금을 교부받아 가로챈 행위의 처단 죄명(= 절도)**

피해자가 결혼예식장에서 신부측 축의금 접수인인 것처럼 행세하는 피고인에게 축의금을 내어 놓자 이를 교부받아 가로챈 사안에서, 피해자의 교부행위의 취지는 신부측에 전달하는 것일 뿐 피고인에게 그 처분권을 주는 것이 아니므로, 이를 피고인에게 교부한 것이라고 볼 수 없고 단지 신부측 접수대에 교부하는 취지에 불과하므로 피고인이 그 돈을 가져간 것은 신부측 접수처의 점유를 침탈하여 범한 절취행위라고 보는 것이 정당하다(대법원 1996.10.15. 선고 96도2227, 96감도94 판결).

▪ 판례사례 ▪ **[처분효과의 직접성이 부정되어 절도죄를 구성하는 사례]**

(1) 피해자가 가지고 있는 책을 잠깐 보겠다고 하며 동인이 있는 자리에서 보는 척 하다가 가져간 경우(대법원1983.2.22. 선고 82도3115 판결)
(2) 甲은 乙이 경영하는 금방에서 마치 귀금속을 구입할 것처럼 가장하여 乙로부터 순금목걸이 등을 건네받은 다음 화장실에 갔다 오겠다는 핑계를 대고 도주한 경우(대법원1984.10.12. 선고 94도1487 판결)

(3) 실행의 착수와 기수시기

(가) 착수시기

행위자가 타인의 점유를 배제하는데 밀접한 행위를 개시한 때, 즉 절취할 재물에 접근하거나 이를 물색한 때 착수가 인정된다(밀접행위설, 판례).

▪ 판례 ▪ **'주간에' 아파트 출입문 시정장치를 손괴하다가 발각되어 도주한 경우**

[1] 사실관계

甲과 乙은 주간에 丙의 아파트 출입문 시정장치를 손괴하다가 마침 귀가하던 丙에게 발각되자 도주하였다.

[2] 판결요지

가. 형법 제331조 제2항의 특수절도에서 절도범인이 그 범행수단으로 주거에 침입한 경우, 특수절도죄와 주거침입죄와의 죄수관계(=실체적 경합) 및 특수절도죄의 실행의 착수 시기(=물색행위시)
형법 제331조 제2항의 특수절도에 있어서 주거침입은 그 구성요건이 아니므로, 절도범인이 그 범행수단으로 주거침입을 한 경우에 그 주거침입행위는 절도죄에 흡수되지 아니하고 별개로 주거침입죄를 구성하여 절도죄와는 실체적 경합의 관계에 있게 되고, 2인 이상이 합동하여 야간이 아닌 주간에 절도의 목적으로 타인의 주거에 침입하였다 하여도 아직 절취할 물건의 물색행위를 시작하기 전이라면 특수절도죄의 실행에는 착수한 것으로 볼 수 없는 것이어서 그 미수죄가 성립하지 않는다.

나. 형법 제331조 제2항의 특수절도죄의 성립여부(소극)

'주간에' 아파트 출입문 시정장치를 손괴하다가 발각되어 도주한 피고인들이 특수절도미수죄로 기소된 사안에서, '실행의 착수'가 없었다는 이유로 형법 제331조 제2항의 특수절도죄의 점에 대해 무죄를 선고한 원심 판단을 수긍한 사례(대법원 2009. 12. 24. 선고 2009도9667 판결).

■ 판례 ■ **노상에 주차된 차량 안에 들어있는 현금 등을 절취하기 위하여 차량의 문이 잠겨 있는지 확인하기 위해 양손으로 운전석 문의 손잡이를 잡아당긴 경우, 절도죄의 실행의 착수인정여부(적극)**

[1] 사실관계

甲은 야간에 소지하고 있던 손전등과 노상에서 주운 박스 포장용 노끈을 이용하여 노상에 주차된 차량의 문을 열고 그 안에 들어있는 현금 등을 절취할 것을 마음먹고 그 대상을 물색하기 위해 돌아다니다가 노상에 주차되어 있는 승합차량을 발견하고 먼저 차량의 문이 잠겨 있는지 확인하기 위해 양손으로 운전석 문의 손잡이를 잡고 열려고 하던 중 순찰중인 경찰관에게 발각되어 체포되었다.

[2] 판결요지

피고인이 야간에 소지하고 있던 손전등과 박스 포장용 노끈을 이용하여 도로에 주차된 차량의 문을 열고 그 안에 들어있는 현금 등을 절취할 것을 마음먹고 이 사건 승합차량의 문이 잠겨 있는지 확인하기 위해 양손으로 운전석 문의 손잡이를 잡고 열려고 하던 중 경찰관에게 발각된 사실이 인정되는데, 이러한 행위는 승합차량 내의 재물을 절취할 목적으로 승합차량 내에 침입하려는 행위에 착수한 것으로 볼 수 있고, 그로써 차량 내에 있는 재물에 대한 피해자의 사실상의 지배를 침해하는 데에 밀접한 행위가 개시된 것으로 보아 절도죄의 실행에 착수한 것으로 봄이 상당하다(대법원 2009.9.24. 선고 2009도5595 판결).

■ 판례사례 ■ **[절도죄의 실행의 착수가 인정되는 사례]**

> (1) 금품을 절취하기 위하여 고속버스 선반 위에 놓여진 손가방의 한쪽 걸쇠만 연 경우(대법원 1983.10.25. 선고 83도2432,83감도420 판결)
> (2) 주간에 절도의 목적으로 방 안까지 들어갔다가 절취할 재물을 찾지 못하여 거실로 돌아나온 경우(대법원 2003. 6.24. 선고 2003도1985 판결)
> (3) 소매치기가 피해자의 양복상의 주머니로부터 금품을 절취하려고 그 호주머니에 손을 뻗쳐 그 겉을 더듬은 경우(대법원 1984.12.11. 선고 84도2524 판결)
> (4) 범인들이 함께 담을 넘어 마당에 들어가 그 중 1명이 그곳에 있는 구리를 찾기 위하여 담에 붙어 걸어가다가 잡힌 경우(대법원 1989.9.12. 선고 89도1153 판결)
> (5) 금품을 훔칠 목적으로 피해자의 집에 담을 넘어 침입하여 그집 부엌에서 금품을 물색하던 중에 발각되어 도주한 경우(대법원 1987.1.20. 선고 86도2199,86감도245 판결)
> (6) 피해자 소유 자동차 안에 들어 있는 밍크코트를 발견하고 이를 절취할 생각으로 공범이 위 차 옆에서 망을 보는 사이 위 차 오른쪽 앞문을 열려고 앞문손잡이를 잡아당기다가 피해자에게 발각된 경우 ⇨ 특수절도 미수(대법원 1986. 12.23. 선고 86도2256 판결)

■ 판례사례 ■   [절도죄의 실행의 착수가 부정되는 사례]

(1) 피해자의 집 부엌문에 시정된 열쇠고리의 장식을 뜯은 경우(대법원 1989.2.28. 선고 88도1165 판결)

(2) 평소 잘 아는 피해자에게 전화채권을 사주겠다고 하면서 골목길로 유인하여 돈을 절취하려고 기회를 엿본 경우(대법원 1983.3.8. 선고 82도2944 판결)

(3) 甲이 11:20경 금품을 절취할 의도로 乙녀의 집에 침입하여 계단을 통해 그 집 3층으로 올라갔다가 마침 2층에서 3층 옥상에 빨래를 널기 위하여 올라가던 乙녀를 만나자 사람을 찾는 것처럼 가장하여 乙녀에게 丙이라는 사람이 사느냐고 물어 乙녀가 없다고 대답하자 알았다며 계단으로 내려갔다가 乙녀가 옥상에 올라가 빨래를 널고 있는 틈을 이용하여 그 집 2층 부엌을 통해 방으로 들어갔는데 때마침 옥상에서 빨래를 다 널고 내려오는 乙녀에게 발각되어 신발을 신은 채 그대로 방안에서 뛰어나와 달아난 경우(대법원 1992.9.8. 선고 92도1650 판결).

(4) 노상에 세워 놓은 자동차안에 있는 물건을 훔칠 생각으로 유리창을 따기 위해 면장갑을 끼고 칼을 소지하고 자동차의 유리창을 통하여 그 내부를 손전등으로 비추어 본 경우(대법원 1985.4.23. 선고 85도464 판결)

(나) 기수시기

재물을 자기 또는 제3자의 지배 하에 둔 때에 기수가 된다(취득설, 판례).

○ 취득 후 반환한 경우에도 절도의 기수가 된다.

○ 반드시 점유가 영구적이고 확실한 것이어야 할 필요는 없으며, 감시여부는 절도의 기수시기에 영향을 미치지 아니한다. 따라서 점원에게 계속 감시당하고 있다가 절취행위 후 체포된 경우에도 절도기수가 성립한다.

■ 판례 ■   **절취 목적으로 내리막길에 주차되어 있는 자동차 안에 들어가 핸드브레이크를 풀자 자동차가 10미터 정도 굴러가다 멈춘 경우, 절도의 기수 여부**

자동차를 절취할 생각으로 자동차의 조수석문을 열고 들어가 시동을 걸려고 시도하는 등 차 안의 기기를 이것저것 만지다가 핸드브레이크를 풀게 되었는데 그 장소가 내리막길인 관계로 시동이 걸리지 않은 상태에서 약 10미터 전진하다가 가로수를 들이받는 바람에 멈추게 되었다면 절도의 기수에 해당한다고 볼 수 없을 뿐 아니라 도로교통법 제2조 제19호 소정의 자동차의 운전에 해당하지 아니한다(대법원 1994.9.9. 선고 94도1522 판결).

■ 판례 ■   **甲이 혼자 입목을 땅에서 완전히 캐낸 후에 비로소 乙이 가담하여 함께 입목을 운반한 경우**

가. 입목절도죄의 기수시기(=입목채취시)

입목을 절취하기 위하여 캐낸 때에 소유자의 입목에 대한 점유가 침해되어 범인의 사실적 지배하에 놓이게 되므로 범인이 그 점유를 취득하고 절도죄는 기수에 이른다. 이를 운반하거나 반출하는 등의 행위는 필요하지 않다.

나. 甲이 혼자 입목을 땅에서 완전히 캐낸 후에 비로소 乙이 가담하여 함께 입목을 운반한 경우, 특수절도죄의 성립여부(소극)

입목을 절취하기 위하여 이를 캐낸 때에는 그 시점에서 이미 소유자의 입목에 대한 점유가 침해되어 범인의 사실적 지배하에 놓이게 됨으로써 범인이 그 점유를 취득하게 되는 것이므로, 이때 절도죄는 기수에 이르렀다고 할 것이고, 이를 운반하거나 반출하는 등의 행위는 필요로 하지 않는다고 할 것이다. 乙은 甲이 영산홍을 땅에서 완전히 캐낸 이후에 비로소 범행장소로 와서 甲과 함께 위 영산홍을 승용차까지 운반하였다는 것인바, 앞서 본 법리에 비추어 보면, 甲이 영산홍을 땅에서 캐낸 그 시점에서 이미 피해자의 영산홍에 대한 점유가 침해되어 그 사실적 지배가 甲에게 이동되었다고 봄이 상당하므로, 그때 甲의 영산홍 절취행위는 기수에 이르렀다고 할 것이고, 이와 같이 보는 이상 그 이후에 乙이 영산홍을 甲과 함께 승용차까지 운반하였다고 하더라도 그러한 행위가 다른 죄에 해당하는지의 여부는 별론으로 하고, 乙이 甲과 합동하여 영산홍 절취행위를 하였다고 볼 수는 없다고 할 것이다(대법원 2008.10.23. 선고 2008도6080 판결).

■ 판례사례 ■　**[절도죄의 기수가 성립하는 사례]**

> (1) 피고인이 후일 변제할 의사로 피해자의 승낙 없이 현금이 들어 있는 지갑을 가져간 경우(대법원 1999.4.9. 선고 99도519 판결)
> (2) 창고에서 동판과 전선을 밖으로 들고 나와 손수레에 싣고 운반해 가다가 발각되어 체포된 경우(대법원 1984.2.14. 선고 83도3242 판결)
> (3) 피고인이 길가에 시동을 걸어놓은 채 세워둔 모르는 사람의 자동차를 함부로 운전하고 약 200미터 가량 간 경우(대법원 1992.9.22. 선고 92도1949 판결)
> (4) 도둑이야 하는 고함소리에 당황하여 라디오와 탁상시계를 가지고 나오다가 탁상시계는 그 집 방문밖에 떨어뜨리고 라디오는 방에 던진 채 달아난 경우(대법원 1964.4.22. 선고 64도112 판결)

3. 주관적 구성요건

(1) 고 의

타인이 점유하는 타인의 재물을 절취한다는데 대한 인식과 의사가 있을 것

■ 판례 ■　**재물의 타인성을 오신한 취거행위와 절도죄에 있어서의 범의**

절도죄에 있어서 재물의 타인성을 오신하여 그 재물이 자기에게 취득(빌린 것)할 것이 허용된 동일한 물건으로 오인하고 가져온 경우에는 범죄사실에 대한 인식이 있다고 할 수 없으므로 범의가 조각되어 절도죄가 성립하지 아니한다(대법원 1983.9.13. 선고 83도1762, 83감도315 판결).

■ 판례 ■　**예금통장을 절취하고 예금을 인출한 후 통장을 제자리에 갖다 놓은 경우**

[1] 사실관계

> A건설주식회사의 현장소장으로 근무하던 甲은 월급 등을 제대로 지급받지 못할 것을 염려하여 A회사의 사무실에서 A회사명의의 농협통장을 몰래 가지고 나와 예금 1,000만원을 인출한 후 다시 통장을 자리에 갖다 놓았다.

[2] 판결요지

가. 타인의 재물을 점유자의 승낙 없이 무단사용하는 경우에 있어서, 그 사용으로 인하여 재물 자체가 가지는 경제적 가치가 상당한 정도로 소모되거나 또는 그 사용 후 재물을 본래의 장소가 아

닌 다른 곳에 버리거나 곧 반환하지 아니하고 장시간 점유하고 있었다면 그 소유권 또는 이에 준하는 본권을 침해할 의사가 있다고 보아 불법영득의 의사를 인정할 수 있다.

나. 예금통장은 예금채권을 표창하는 유가증권이 아니고 그 자체에 예금액 상당의 경제적 가치가 화체되어 있는 것도 아니지만, 이를 소지함으로써 예금채권의 행사자격을 증명할 수 있는 자격증권으로서 예금계약사실 뿐 아니라 예금액에 대한 증명기능이 있고 이러한 증명기능은 예금통장 자체가 가지는 경제적 가치라고 보아야 하므로, 예금통장을 사용하여 예금을 인출하게 되면 그 인출된 예금액에 대하여는 예금통장 자체의 예금액 증명기능이 상실되고 이에 따라 그 상실된 기능에 상응한 경제적 가치도 소모된다고 할 수 있다. 그렇다면 타인의 예금통장을 무단사용하여 예금을 인출한 후 바로 예금통장을 반환하였다 하더라도 그 사용으로 인한 위와 같은 경제적 가치의 소모가 무시할 수 있을 정도로 경미한 경우가 아닌 이상, 예금통장 자체가 가지는 예금액 증명기능의 경제적 가치에 대한 불법영득의 의사를 인정할 수 있으므로 절도죄가 성립한다. 이러한 법리에 비추어 보면, 이 사건 통장 자체가 가지는 예금액 증명기능의 경제적 가치는 피고인이 이 사건 통장을 무단사용하여 예금 1,000만원을 인출함으로써 상당한 정도로 소모되었다고 할 수 있으므로, 피고인이 그 사용 후 바로 이 사건 통장을 제자리에 갖다 놓았다 하더라도 그 소모된 가치에 대한 불법영득의 의사가 인정된다(대법원 2010.5.27. 선고 2009도9008 판결).

(2) 불법영득의사

권리자를 배제하고 타인의 재물을 자기의 소유물과 같이 그 경제적 용법에 따라 임의로 이용·처분할 의사

(가) 불법영득의사의 내용

1) 소극적 요소

소유자를 종래의 지위에서 계속적·지속적으로 제거하려는 의사를 말하는 것으로서, 배제의사는 영구적이어야 한다.

■ 판례사례 ■ **[영구적 배제의사가 결여되어 불법영득의사가 부정되는 사례]**

(1) 소속중대 엠16소총 1정이 부족하자, 이를 분실한 것으로 알고 그 보충을 위하여 타부대에서 같은 총기 1정을 절취한 경우(대법원 1977.6.7. 선고 77도1069 판결)

(2) 피고인이 피해자의 인감도장을 그의 책상서랍에서 몰래 꺼내어 차용금증서의 연대보증인란에 찍고 제자리에 넣어둔 경우(대법원 1987.12.8. 선고 87도1959 판결)

(3) 피고인이 타인 소유의 버스요금함 서랍 견본 1개를 그에 대한 최초 고안자로서의 권리를 확보하겠다는 생각으로 가지고 나가 변리사에게 의장출원을 의뢰하고 그 도면을 작성한 뒤 당일 이를 원래 있던 곳에 가져다 둔 경우(대법원 1991.6.11. 선고 91도878 판결)

(4) 甲이 내연관계를 맺어 오던 乙녀가 자신을 피해 행방을 감추어 乙녀의 아파트로 찾아 갔으나 만나지 못하자 乙녀 소유의 패물을 가지고 가면 이를 찾기 위해서라도 자신을 찾아올 것이라고 예상하고 그 소유의 다이아반지 등 패물을 임의로 가져온 뒤 乙녀의 어머니에게 그 사실을 乙녀에게 연락해 달라고 말한 경우(대법원 1992.5.12. 선고 92도280 판결)

2) 적극적 요소

재물에 대하여 소유권자와 유사한 지위에서 이용·처분할 의사로서, 이용·처분의사는 일시적이어도 무방하다.

■ 판례 ■ **점원의 초청으로 점포내에 들어가 물건을 취거하는 행위와 불법영득의 의사**

피해자가 경영하는 주점의 잠겨 있는 샷타문을 열고 그곳 주방안에 있던 맥주 등을 꺼내어 마셨다면 타인의 재물에 대한 불법영득의 의사가 있었다고 할 것이고 주점까지 가게된 동기가 주점점원의 초청에 의한 것이었다 하더라도 피해자의 승낙없이 재물을 취거하는 행위는 절도죄를 구성한다(대법원 1986.9.9. 선고 86도1439 판결). ☞ (甲과 乙은 특수절도죄)

■ 판례사례 ■ [이용·처분의사가 결여되어 불법영득의사가 부정되는 사례]

(1) 상사와의 의견 충돌 끝에 항의의 표시로 사표를 제출한 다음 평소 피고인이 전적으로 보관, 관리해 오던 이른바 비자금 관계 서류 및 금품이 든 가방을 들고 나온 경우(대법원 1995.9.5. 선고 94도3033 판결)

(2) 피고인이 살해된 피해자의 주머니에서 꺼낸 지갑을 살해도구로 이용한 골프채와 옷 등 다른 증거물들과 함께 자신의 차량에 싣고 가다가 쓰레기 소각장에서 태워버린 경우(대법원 2000. 10. 13. 선고 2000도3655 판결)

(3) 사촌형제인 피해자와의 분규로 재단법인 이사장직을 사임한 뒤 피해자의 집무실에 찾아가 잘 못을 나무라는 과정에서 화가 나서 피해자를 혼내주려고 피해자의 가방을 들고 나온 경우(대법원 1993.4.13. 선고 93도328 판결)

(4) 피고인이 피해자등과 말다툼을 하면서 시비하는 중에 그들 중 일행이 피고인을 식칼로 찔러 죽이겠다고 위협을 하여 주위를 살펴보니 식칼이 있어 이를 갖고 파출소에 가져가 협박의 증거물로 제시한 경우(대법원 1986.7.8. 선고 86도354 판결)

(5) 甲은 자신이 숙소로 사용하고 있는 여인숙에서 乙녀와 동침하고 계속 같이 있다가 乙녀의 전화번호를 알아두기 위하여 乙녀가 방바닥에 떨어뜨린 전화요금영수증을 습득한 후 乙녀가 반환을 요구하였으나 이를 거절한 경우(대법원 1989.11.28. 선고 89도1679 판결)

(나) 영득의사의 대상

1) 학 설

불법영득의사의 대상에 대해서는 물체설, 가치설, 종합설이 대립하고 있으나, 판례는 종합설을 취하고 있다. 판례에 따르면 영득의사는 물체 또는 그 물체가 가지고 있는 경제적 가치를 대상으로 한다.

2) 타인이 재물을 임의로 사용하고 즉시 반환한 경우

A. 특수한 기능가치를 침해한 경우

특수한 기능가치를 침해한 경우에는 물건 자체를 반환한 경우에도 영득의사가 인정된다. 따라서 은행에서 예금만 인출할 의사로 타인의 예금통장을 절취하여 예금인출 후 통장을 반환한 경우에는 예금통장에 대한 절도죄가 성립한다.

B. 단순한 사용가치를 침해한 경우

그 재물의 경제적 가치가 감소되지 않았으므로 영득의사가 부정된다.

■ 판례 ■ **타인의 신용카드를 임의로 가지고 가 현금자동지급기에서 현금을 인출한 후 곧바로 반환한 경우, 신용카드에 대한 절도죄의 성립 여부(소극)**

가. 타인의 재물을 점유자의 승낙 없이 무단 사용하는 경우, 불법영득의사의 판단 기준
타인의 재물을 점유자의 승낙 없이 무단사용하는 경우에 있어서 그 사용으로 인하여 물건 자체가 가지는 경제적 가치가 상당한 정도로 소모되거나 또는 사용 후 그 재물을 본래 있었던 장소가 아닌 다른 장소에 버리거나 곧 반환하지 아니하고 장시간 점유하고 있는 것과 같은 때에는 그 소유권 또는 본권을 침해할 의사가 있다고 보아 불법영득의 의사를 인정할 수 있을 것이나, 그렇지 않고 그 사용으로 인한 가치의 소모가 무시할 수 있을 정도로 경미하고, 또한 사용 후 곧 반환한 것과 같은 때에는 그 소유권 또는 본권을 침해할 의사가 있다고 할 수 없어 불법영득의 의사가 있다고 인정할 수 없다.

나. 타인의 신용카드를 임의로 가지고 가 현금자동지급기에서 현금을 인출한 후 곧바로 반환한 경우, 신용카드에 대한 절도죄의 성립 여부(소극)
신용카드업자가 발행한 신용카드는 이를 소지함으로써 신용구매가 가능하고 금융의 편의를 받을 수 있다는 점에서 경제적 가치가 있다 하더라도, 그 자체에 경제적 가치가 화체되어 있거나 특정의 재산권을 표창하는 유가증권이라고 볼 수 없고, 단지 신용카드회원이 그 제시를 통하여 신용카드회원이라는 사실을 증명하거나 현금자동지급기 등에 주입하는 등의 방법으로 신용카드업자로부터 서비스를 받을 수 있는 증표로서의 가치를 갖는 것이어서, 이를 사용하여 현금자동지급기에서 현금을 인출하였다 하더라도 신용카드 자체가 가지는 경제적 가치가 인출된 예금액만큼 소모되었다고 할 수 없으므로, 이를 일시 사용하고 곧 반환한 경우에는 불법영득의 의사가 없다.

다. 여신전문금융업법 제70조 제1항 제3호 위반죄가 성립하기 위하여는 소유자 또는 점유자의 점유를 이탈한 신용카드를 취득하거나 그 점유를 배제하는 행위를 한 자가 반드시 유죄의 처벌을 받아야 하는지 여부(소극)
여신전문금융업법 제70조 제1항 제3호는 분실 또는 도난된 신용카드를 사용한 자를 처벌하도록 규정하고 있는데, 여기서 분실 또는 도난된 신용카드라 함은 소유자 또는 점유자의 의사에 기하지 않고 그의 점유를 이탈하거나 그의 의사에 반하여 점유가 배제된 신용카드를 가리키는 것으로서, 소유자 또는 점유자의 점유를 이탈한 신용카드를 취득하거나 그 점유를 배제하는 행위를 한 자가 반드시 유죄의 처벌을 받을 것을 요하지 아니한다(대법원 1999.7.9. 선고 99도857 판결). ☞ (甲은 신용카드에 자체에 대해서는 무죄, 현금인출행위에 대해서는 절도죄, 여신전문금융업법상의 신용카드부정사용죄)

■ 판례 ■ **甲의 영업점 내에 있는 甲 소유의 휴대전화를 허락 없이 가지고 나와 이를 이용하여 통화를 하고 문자메시지를 주고받은 다음 약 1~2시간 후 甲에게 아무런 말을 하지 않고 위 영업점 정문 옆 화분에 놓아두고 간 경우**
피고인이 갑의 휴대전화를 자신의 소유물과 같이 경제적 용법에 따라 이용하다가 본래의 장소와 다른 곳에 유기한 것이므로 피고인에게 불법영득의사가 있었다고 할 것인데, 이와 달리 보아 무죄를 선고한 원심판결에 절도죄의 불법영득의사에 관한 법리오해의 위법이 있다(대법원 2012.7.12. 선고 2012도1132 판결).

(다) 불법영득에서 불법의 의미

영득의 불법성의 의미를 어떻게 이해할 것인가에 대하여 영득의 불법설과 절취의 불법설이 대립하고 있다.

■ 판례 ■ **굴삭기 매매계약시 특약에 의하여 판매대금채무를 불이행하자 매도인이 굴삭기를 취거하여 매도한 경우(불법영득의사를 인정한 사례)**

가. 형법상 절취의 의미 및 약정에 기한 인도청구권이 인정되는 경우에도 점유자의 의사에 반하여 점유를 배제하는 행위를 함으로써 절도죄는 성립하는지 여부(적극)

형법상 절취란 타인이 점유하고 있는 자기 이외의 자의 소유물을 점유자의 의사에 반하여 그 점유를 배제하고 자기 또는 제3자의 점유로 옮기는 것을 말하는 것으로, 비록 약정에 기한 인도 등의 청구권이 인정된다고 하더라도, 취거 당시에 점유 이전에 관한 점유자의 명시적·묵시적인 동의가 있었던 것으로 인정되지 않는 한, 점유자의 의사에 반하여 점유를 배제하는 행위를 함으로써 절도죄는 성립하는 것이고, 그러한 경우에 특별한 사정이 없는 한 불법영득의 의사가 없었다고 할 수는 없다.

나. 甲의 죄책

굴삭기 매수인이 약정된 기일에 대금채무를 이행하지 아니하면 굴삭기를 회수하여 가도 좋다는 약정을 하고 각서와 매매계약서 및 양도증명서 등을 작성하여 판매회사 담당자에게 교부한 후 그 채무를 불이행하자 그 담당자가 굴삭기를 취거하여 매도한 경우, 굴삭기에 대한 소유권 등록 없이 매수인의 위와 같은 약정 및 각서 등의 작성, 교부만으로 굴삭기에 대한 소유권이 판매회사로 이전될 수는 없으므로 굴삭기 취거 당시 그 소유권은 여전히 매수인에게 남아 있고, 매수인의 의사표시 중에 자신의 동의나 승낙 없이 현실적으로 자신의 점유를 배제하고 굴삭기를 가져가도 좋다는 의사까지 포함되어 있었던 것으로 보기는 어려워, 그 굴삭기 취거행위는 절도죄에 해당하고 불법영득의 의사도 인정된다(대법원 2001.10.26. 선고 2001도4546 판결).

■ 판례사례 ■ **[불법영득의사가 인정되어 절도죄가 성립하는 사례]**

(1) 채권자가 채무자의 책상서랍을 승낙없이 뜯어 돈을 꺼내 자기의 채권의 변제에 충당한 경우(대법원 1983.4.12. 선고 83도297 판결)

(2) 외상매매계약을 해제하여 외상매매 물품의 반환청구권이 있는 피고인이 채무자의 승낙 없이 물품들을 가져간 경우(대법원 1973.2.28. 선고 72도2538 판결)

(3) 피고인이 甲의 영업점 내에 있는 甲 소유의 휴대전화를 허락 없이 가지고 나와 이를 이용하여 통화를 하고 문자메시지를 주고받은 다음 약 1~2시간 후 甲에게 아무런 말을 하지 않고 위 영업점 정문 옆 화분에 놓아두고 간 경우(대법원 2012.7.12 선고 2012도1132 판결) ☞ 피고인이 甲의 휴대전화를 자신의 소유물과 같이 경제적 용법에 따라 이용하다가 본래의 장소와 다른 곳에 유기한 것이므로 피고인에게 불법영득의사가 있다

(4) 회사의 총무과장이 회사의 물품대금채권을 확보할 목적으로 채무자의 승낙을 받지 아니한 채 그의 의사에 반하여 부산에 있는 그의 점포 앞에 세워놓은 그의 소유인 자동차를 운전하여 광주에 있는 위 회사로 옮겨놓은 다음, 광주지방법원의 가압류결정과 감수보존명령에 따라 집달관이 보존하게 될 때까지 위 회사의 지배하에 둔 경우(대법원 1990.5.25. 선고 90도573 판결)

(5) A는 X회사로부터 금전을 차용하면서 자신이 소유하고 있는 쇄석장비들을 담보로 하되, A가 쇄석장비들을 계속 사용하면서 변제기에 차용한 금전을 변제하지 못할 경우 쇄석장비들의 소

유권을 X회사에 이전하기로 하였는데(점유개정의 방법에 의한 양도담보부 금전소비대차계약), A가 변제기일이 지나도 채무를 변제하지 아니하자 X회사의 직원들인 甲과 乙이 합동하여 A의 의사에 반하여 쇄석장비들을 임의로 분해하여 가지고 간 경우 ⇨ 甲과 乙은 특수절도죄(대법원 2005.6.24. 선고 2005도2861 판결)

(3) 사용절도

(가) 의 의

타인의 재물을 무단으로 일시적으로 사용한 후에 소유자에게 반환하는 것

○ 사용절도는 원칙적으로 불법영득의사의 소극적 요소가 결여되어 불법영득의사를 인정할 수 없으므로 절도죄가 성립하지 아니하나, 그 객체가 자동차·선박·항공기 또는 원동기장치자전거일 경우에는 자동차등불법사용죄로 처벌된다(제331조의2).

(나) 요 건

1) 객관적 요건

사용절도가 되기 위해서는 일시적 사용이어야 하며, 재물의 가치를 감소·소멸시켜서는 안 된다. 따라서 장기적 사용이나 일시적 사용일지라도 재물의 가치를 감소·소멸시킨 경우에는 절도죄가 성립한다.

2) 주관적 요건

반환의사가 존재해야 한다. 따라서 사용 후 방치한 경우에는 절도죄가 성립한다.

■ 판례 ■ **오토바이를 무단 사용한 후 본래 있던 곳에서 약 7, 8미터 되는 장소에 방치한 경우**

절도죄에 있어서의 불법영득의 의사는 영구적으로 그 물건의 경제적 이익을 보유할 의사가 필요치 아니하여도 소유권 또는 이에 준하는 본권을 침해하는 의사, 즉 목적물의 물질을 영득할 의사나 물질의 가치만을 영득할 의사라도 영득의 의사가 있다고 할 것인바, 피고인이 길가에 세워져 있는 오토바이를 소유자의 승낙없이 타고 가서 용무를 마친 약시간 30분 후 본래 있던 곳에서 약 7,8미터 되는 장소에 방치하였다면 불법영득의 의사가 있었다고 할 것이다(대법원 1981.10.13. 선고 81도2394 판결).

■ 판례 ■ **전마선을 그 소유자의 승낙없이 조선하여 용무를 마친 후 타 장소에 방치한 경우**

해변에 계류하여 놓은 전마선을 그 소유자의 승낙없이 조선하여 용무를 마친 후 타 장소에 방치한 경우, 불법영득의사가 있었다고 볼 것이다(대법원 1961.6.28. 선고 61도179 판결).

■ 판례사례 ■ [반환의사가 인정되어 절도죄가 성립하지 아니하는 사례]

(1) 피해자의 승낙없이 혼인신고서를 작성하기 위하여 피해자의 도장을 몰래 꺼내어 사용한 후 곧바로 제자리에 갖다 놓은 경우(대법원 2000.3.28. 선고 2000도493 판결)

(2) 차량을 빌렸다가 반환하지 아니한 열쇠를 이용하여 3차례에 걸쳐 2~3시간 정도 운행한 후 원래 주차장소에 갖다 놓아 반환한 경우(대법원 1992.4.24. 선고 92도118 판결)
(3) 불법영득의사없이 타인의 자동차를 일시한 경우, 이에 따른 유류소비행위 ⇨ 자동차의 일시사용에 필연적으로 부수되어 생긴 결과로 자동차의 일시사용행위에 포함된 것(대법원 1985.3.26. 선고 84도1613 판결)

4. 죄수 및 타 죄와의 관계

(1) 죄 수

구성요건적 행위인 점유침해의 수(절취의 수)에 따라 결정
○1개의 행위로 1인이 점유하는 수인 소유의 수 개의 재물을 절취한 경우 ⇨ 1개의 절도죄

(2) 불가벌적 사후행위

절취장물을 절도범이 손괴·처분한 경우, 손괴나 처분은 절도죄의 불가벌적 사후행위로 절도죄에 흡수

■ 판례사례 ■   [불가벌적 사후행위로 인정되는 사례]

(1) 절취한 자기앞 수표를 환금한 경우, 환금행위(대법원 1982.7.27. 선고 82도822 판결)
(2) 절취한 자기앞수표를 음식대금으로 교부하고 거스름돈을 환불받은 행위(대법원 1987.1.20. 선고 86도1728 판결)
(3) 열차승차권을 절취한 자가 역직원에게 자기의 소유인 양 속여 현금과 교환한 행위(대법원 1975. 8.29. 선고 75도1996 판결)

■ 판례사례 ■   [불가벌적 사후행위로 인정되지 않는 사례]

(1) 신용카드를 절취한 후 이를 사용한 경우 ⇨ 절도죄와 신용카드등부정사용죄의 실체적 경합범(대법원 1996.7.12. 선고 96도1181 판결)
(2) 절취한 예금통장으로 예금을 인출한 경우 ⇨ 절도죄, 사문서위조 및 동행사죄, 사기죄의 실체적 경합범(대법원 1974.11.26. 선고 74도2817 판결)
(3) 대마취급자가 아닌 자가 절취한 대마를 흡입할 목적으로 소지한 경우 ⇨ 절도죄와 무허가대마소지죄의 실체적 경합범(대법원 1999. 4. 13. 선고 98도3619 판결)
(4) 절취한 전당표를 제3자에게 교부하면서 자기 누님의 것이니 찾아 달라고 거짓말을 하여 이를 믿은 제3자가 전당포에 이르러 그 종업원에게 전당표를 제시하여 전당물을 교부받게 하여 편취한 경우 ⇨ 절도죄, 사기죄의 실체적 경합범(대법원 1980.10.14. 선고 80도2155 판결)

(3) 타 죄와의 관계

- 주거에 침입하여 절취한 경우 ⇨ 주간에 침입한 경우에는 주거침입죄와 절도죄의 경합범이나, 야간에 침입한 경우에는 야간주거침입절도죄만 성립
- 절도의 교사자가 피교사자로부터 절취한 재물을 취득한 경우 ⇨ 절도교사죄와 장물죄의 실체적 경합범
- 수사기관에 압수된 증거물을 절취한 경우 ⇨ 절도죄와 증거인멸죄의 상상적 경합
- 살인에 사용할 목적으로 흉기를 절취한 경우 ⇨ 절도죄와 살인예비죄의 상상적 경합, 그 후 살인에 성공하면 절도죄와 살인죄의 상상적 경합

5. 친족상도례

> 제344조(친족간의 범행) 제328조의 규정은 제329조 내지 제332조의 죄 또는 미수범에 준용한다.
> 제328조(친족간의 범행과 고소) ① 직계혈족, 배우자, 동거친족, 동거가족 또는 그 배우자간의 제323조의 죄는 그 형을 면제한다.
> ② 제1항이외의 친족간에 제323조의 죄를 범한 때에는 고소가 있어야 공소를 제기할 수 있다.
> ③ 전2항의 신분관계가 없는 공범에 대하여는 전항을 적용하지 아니한다.

(1) 의 의

친족간에 범해진 재산죄에 있어서 친족관계라는 특수한 사정을 고려하여 범인에게 유리하게 작용하도록 하는 특례규정

(2) 적용범위

강도죄와 손괴죄를 제외한 형법상의 재산죄에 적용되며, 특별법상의 재산죄(例, 산림절도)에도 친족상도례가 적용

> ■ 판례 ■ **친족상도례에 관한 형법 규정은 특정경제범죄가중처벌등에관한법률 제3조 제1항 위반죄에도 적용되는지 여부(적극)**
>
> 형법 제354조, 제328조의 규정을 종합하면, 직계혈족, 배우자, 동거친족, 호주, 가족 또는 그 배우자 간의 사기 및 사기미수의 각 죄는 그 형을 면제하여야 하고, 그 외의 친족 간에는 고소가 있어야 공소를 제기할 수 있으며, 또한 형법상 사기죄의 성질은 특정경제범죄가중처벌등에관한법률 제3조 제1항에 의해 가중처벌되는 경우에도 그대로 유지되고, 특별법인 특정경제범죄가중처벌등에관한법률에 친족상도례에 관한 형법 제354조, 제328조의 적용을 배제한다는 명시적인 규정이 없으므로, 형법 제354조는 특정경제범죄가중처벌등에관한법률 제3조 제1항 위반죄에도 그대로 적용된다(대법원 2000.10.13. 선고 99오 판결).

(3) 친족관계의 범위

(가) 친족의 범위

친족상도례에서 친족의 개념과 범위는 원칙적으로 민법에 의해서 결정된다.

- 직계혈족이란 직계존속과 직계비속을 말하는 것으로, 동거유무는 불문한다. 입양되어도 생가를 중심으로 한 종전의 친족관계는 그대로 존속한다.
- 배우자란 법률상 배우자를 의미하며, 동거유무는 불문한다.
- 동거친족이란 동일한 주거에서 생계를 같이하는 친족(일상생활의 공동성)만을 말한다. 따라서 일시 숙박하거나 가출한 친족 및 차가친족은 제외된다.

■ 판례 ■   사돈지간이 친족에 해당하는지 여부

친족상도례가 적용되는 친족의 범위는 민법의 규정에 의하여야 하는데, 민법 제767조는 배우자, 혈족 및 인척을 친족으로 한다고 규정하고 있고, 민법 제769조는 혈족의 배우자, 배우자의 혈족, 배우자의 혈족의 배우자만을 인척으로 규정하고 있을 뿐, 구 민법(1990. 1. 13. 법률 제4199호로 개정되기 전의 것) 제769조에서 인척으로 규정하였던 '혈족의 배우자의 혈족'을 인척에 포함시키지 않고 있다. 따라서 사기죄의 피고인과 피해자가 사돈지간이라고 하더라도 이를 민법상 친족으로 볼 수 없다(대법원 2011. 4.28. 선고 2011도2170 판결).

(나) 친족관계의 존재 범위

- 친족상도례가 적용되기 위해서는 범인과 피해자인 재물의 소유자 및 점유자 모두 사이에 친족관계가 존재해야 한다(통설, 판례). 또한 피해자가 수인인 경우에는 모든 소유자(피해자)와 행위자 사이에 친족관계가 있어야 한다.
- 친족관계는 행위시에 존재해야 한다. 범행시에 친족관계가 있는 이상 후에 그 친족관계가 없어진 때에도 친족상도례는 적용된다.

■ 판례 ■   피고인이 자신의 모(母) 甲 명의로 구입·등록하여 甲에게 명의신탁한 자동차를 乙에게 담보로 제공한 후 乙 몰래 가져간 경우

乙에 대한 관계에서 자동차의 소유자는 甲이고 피고인은 소유자가 아니므로 乙이 점유하고 있는 자동차를 임의로 가져간 이상 절도죄가 성립한다(대법원 2012.4.26. 선고 2010도11771 판결).

■ 판례 ■   인지의 소급효가 친족상도례 규정에 미치는지 여부(적극)

[1] 사실관계

甲은 자신의 사실상의 부(父)인 乙이 임차 사용해 오던 대여금고의 문을 열고 그 대여금고의 안에 보관중이던 양도성 예금증서를 다른 형제들 몰래 처분하기 위하여 꺼내어 갔다. 그 후 乙은 甲을 친생자로 인지하였다.

[2] 판결요지

형법 제344조, 제328조 제1항소정의 친족간의 범행에 관한 규정이 적용되기 위한 친족관계는 원칙적으로 범행 당시에 존재하여야 하는 것이지만, 부가 혼인 외의 출생자를 인지하는 경우에 있어서는 민법 제860조에 의하여 그 자의 출생시에 소급하여 인지의 효력이 생기는 것이며, 이와 같은 인지의 소급효는 친족상도례에 관한 규정의 적용에도 미친다고 보아야 할 것이므로, 인지가 범행 후에 이루어진 경우라고 하더라도 그 소급효에 따라 형성되는 친족관계를 기초로 하여 친족상도례의 규정이 적용된다(대법원 1997.1.24. 선고 96도1731 판결).

(4) 공범관계

정범과 공범은 물론 수인의 공범에 대하여도 친족상도례는 친족관계에 있는 자에게만 적용되므로 비친족에게는 친족상도례의 적용이 없다.

(5) 적용효과

(가) 형면제

직계혈족, 배우자, 동거친족, 호주, 가족 또는 그 배우자간의 재산 범죄의 경우에는 형을 면제한다.

(나) 친고죄

제328조 제1항 이외의 친족간에 재산죄를 범한 때에는 고소가 있어야 공소를 제기할 수 있다.

● II. 범죄사실기재

[기재례1] 손목시계 절취

1) 범죄사실 기재례

피의자는 20○○. ○. ○. 10:00경 ○○에 있는 피해자 甲의 집에 모임 차 갔다가 응접실에서 피해자가 없는 틈을 이용 그곳 선반에 놓여있는 그 소유인 시가 ○○만원 상당의 손목시계 1개(증 제1호)를 가지고 나와 절취하였다.

2) 적용법조 : 제329조… 공소시효 7년

[기재례2] 승용차 안에 있는 현금과 카드 절취

1) 범죄사실 기재례

피의자는 20○○. ○. ○. ○○:○○경 ○○에 있는 ○○앞길에 주차된 피해자 홍길동 소유의 33고0000호 승용차에서 그가 잠시 자리를 비운 틈을 이용하여 승용차 안에 있는 피해자 소유 상의를 훔쳐 그 옷 주머니 있던 현금 ○○만원과 ○○카드를 절취하였다.

2) 적용법조 : 제329조… 공소시효 7년

[기재례3] 교회가 분열된 후 교회재산을 자기 교파만이 사용하기 위해 가져간 경우

1) 범죄사실 기재례

피의자는 ○○에 있는 ○○교회 집사로 위 교회는 신도들 간의 불화로 20○○.2.10. 하나의 교회가 두 개로 분열되어 있던 중 20○○. ○. ○.경 위 교회 장비고에 보관 중이던 천막을 자기 교파만의 체육행사를 위하여 피의자를 따르는 교회청년부 소속 교인들로 하여금 위 교회에서 가져오게 하여 ○○에 있는 ○○초등학교에서 체육행사에 사용한 다음 피의자의 연립주택 옥상에 가져다 보관하며 반대파 교인들의 반환요구를 거부하였다.

2) 적용법조 : 제329조… 공소시효 7년

[기재례4] 현금지급기 위에 있는 휴대폰을 가져간 경우

1) 범죄사실 기재례

피의자는 20○○. ○. ○. 16:00경 ○○에 있는 ○○앞 ○○은행 현금자동지급기 부스 내에서 피해자 홍길동이 현금을 찾으면서 그곳 현금지급기 위에 놓아둔 시가 ○○만원 상당의 휴대폰 1대를 그대로 가지고 가 절취하였다.

2) 적용법조 : 제329조… 공소시효 7년

[기재례5] 할부대금 연체를 빌미로 차량을 가져가 버린 경우

1) 범죄사실 기재례

피의자는 20○○. 4. 6. 피해자 심○○이 현대자동차써비스 주식회사로부터 할부로 매입한 1억7,000만원 상당의 굴착기 1대의 할부금을 연체하여 20○○. 1. 5. 그 소유의 주택에 대하여 강제경매를 신청하였으나, 피해자가 일정한 기한까지 할부대금을 지급하여 주기로 하는 내용의 각서를 작성하여 주어 20○○. ○. ○.위 부동산강제경매를 취하해 주었다.
그럼에도 피의자는 피해자가 위 각서의 내용대로 이행하지 않자, 20○○. ○. ○. ○○에 있는 공사현장에서 위 굴착기를 트레일러에 싣고 와 20○○. ○. ○. 乙에게 매도함으로써 절취하였다. (2001. 10. 26 선고 2001도4546 절도 인정).

2) 적용법조 : 제329조… 공소시효 7년

[기재례6] 주차 중인 차량 절도

1) 범죄사실 기재례

피의자는 20○○. ○. ○. 20:00경 ○○앞길에서 피해자 홍길동이 자기 집 앞에 열쇠를 꽂아둔 채 세워두고 잠깐 집안에 들어간 사이에 그곳에서 위 피해자 소유 시가 ○○만원 상당의 에쿠스(차량번호) 승용차 1대를 운전하고 가 절취하였다.

2) 적용법조 : 제329조… 공소시효 7년

[기재례7] 할인매장에서 절도

1) 범죄사실 기재례

피의자는 전국의 대형할인매장에서 구입한 물건을 들고 다시 같은 매장 안으로 들어갈 때 이중계산을 방지하기 위하여 붙이는 계산완료스티커를 할인매장 측에서 회수하지 않는다는 점과 그 스티커의 탈착이 쉽다는 점에 착안하여 피의자가 구입한 물건과 동종의 물건에 스티커를 붙여 환급을 받기로 마음먹었다.

피의자는 20○○. 7. 1. ○○에 있는 ○○마트에서 그곳에 진열된 시가 ○○만원 상당의 보쉬충전드릴 1대를 계산하여 위 매장 밖으로 나온 다음 위 드릴을 가지고 다시 매장 안으로 들어가 물건을 사려는 것처럼 행세하여 그곳 계산대 직원으로 하여금 위 드릴에 계산완료스티커를 부착하게 한 후 다시 매장 밖으로 나와 위 스티커만을 떼어 낸 다음 위 매장 안으로 다시 들어가 그곳 직원들의 감시가 소홀한 틈을 타서 그곳에 진열 중이던 위 드릴과 동종인 위 회사 소유의 시가 ○○만원 상당의 드릴 1대에 위 스티커를 붙인 후 계산대 직원에게 정상적으로 구입한 물건인 것처럼 가장하여 매장을 빠져 나오는 방법으로 위 드릴을 절취하였다.

2) 적용법조 : 제329조… 공소시효 7년

[기재례8] 전동차 안에서 자는 승객 지갑 절취

1) 범죄사실 기재례

피의자는 20○○. ○. ○ 00:30경 ○○에 있는 ○○역 부근을 운행하는 ○○행 국철 전동차 안에서, 술에 취해 전동차 안 의자에 앉아 잠을 자는 피해자 홍길동을 발견하고 피해자의 오른쪽 옆에 붙어 앉아 신문으로 주위의 시선을 가리고 왼손으로 피해자의 바지 뒷주머니에서 피해자 소유의 현금 ○○만원, ○○은행 비씨카드, 서울교통카드, 주민등록증, 자동차운전면허증 각 1장, 수첩 등이 들어있는 검은색 지갑 1개를 꺼내어 가 절취하였다.

2) 적용법조 : 제329조… 공소시효 7년

[기재례9] 시내버스 안에서 소매치기

1) 범죄사실 기재례

피의자는 20○○. ○. ○. ○○:○○경 ○○시내 ○○동과 ○○사이를 운행하는 제77번 버스 안에서 위 버스가 ○○앞을 지날 무렵 혼잡한 틈을 이용하여 그 중앙 부분에 서 있는 피해자 甲에게 접근하여 그의 바지 오른쪽 주머니 안에서 그 소유의 현금 ○○만원이 들어 있는 지갑 1개를 빼내어 가 절취하였다.

2) 적용법조 : 제329조… 공소시효 7년

[기재례10] 소매치기

1) 범죄사실 기재례

피의자는 20○○. ○. ○. 08:00경 ○○에 있는 ○○은행 앞길을 운행 중인 ○○11가12344호 시내버스 안에서 피해자 甲이 혼잡한 승객들로 인해 잠시 주의를 소홀히 하는 틈을 타 그에게 접근하였다.

피의자는 피해자의 양복 상의 속으로 오른손을 집어넣어 가지고 있던 면도칼로 그 안주머니를 찢은 후 피해자 소유인 현금 ○○만 원, 주민등록증 1매, ○○신용카드 1장이 들어있는 시가 ○○만원 상당의 지갑 1개를 꺼내어 가 절취하였다.

2) 적용법조 : 제329조… 공소시효 7년

[기재례11] 날치기

1) 범죄사실 기재례

피의자는 20○○. ○. ○. 14:00경 ○○에 있는 ○○백화점 앞길에서 그곳을 지나던 피해자 甲에게 오토바이를 타고 접근하여 그녀의 어깨에 걸치고 있던 그녀 소유의 현금 ○○만원이 들어있는 시가 ○○만원 상당의 핸드백 1개를 낚아채어 가 절취하였다.

2) 적용법조 : 제329조… 공소시효 7년

[기재례12] 부축빼기

1) 범죄사실 기재례

피의자는 20○○. ○. ○. 22:00경 ○○에 있는 지하철 2호선 ○○역 2번 출구에서 피해자 홍길동(남, 33세)이 술에 만취되어 몸을 가누지 못하고 있는 것을 발견하고 "아저씨 올라가자"라면서 동인을 부축하여 가던 중, 동인의 상의 양복주머니에서 현금 ○○만원이 들어 있는 지갑 1개를 꺼내어 속칭 부축빼기 방식으로 절취하였다.

2) 적용법조 : 제329조… 공소시효 7년

[기재례13] 들치기

1) 범죄사실 기재례

피의자는 20○○. ○. ○. 15:000경 ○○에 있는 ○○지하철역 대합실에서 홍길동이 지하철을 대기 중 잠깐 졸고 있는 사이에 그가 갖고 있던 현금 ○○만원이 들어 있는 여행용 가방 1개를 들고 도주하여 절취하였다.

2) 적용법조 : 제329조… 공소시효 7년

[기재례14] 절취한 신용카드를 부정 사용하여 현금인출기에서 현금인출

1) 범죄사실 기재례

피의자는 20○○. ○. ○.22:00경 ○○에 있는 강남고속버스터미널에서 그곳에 설치된 피해자 나이스 신용정보 주식회사가 관리하는 현금인출기에 미리 절취하여 가지고 있던 甲 명의인 ○○신용카드를 집어넣고, 인출금액 500,000원 및 비밀번호 0007을 입력하여 현금 500,000원을 현금서비스 명목으로 인출하였다.

이로써 피의자는 피해자 소유의 현금을 절취하고, 도난된 신용카드를 사용하였다.

2) 적용법조 : 제329조, 여신법 제70조 제1항 제3호… 공소시효 7년

[기재례15] 주거침입과 농촌 빈집털이(상습절도)

1) 범죄사실 기재례

피의자는 20○○. ○. ○. 10:00경 ○○ 거주 피해자 홍길녀 집에 담을 넘어 침입한 후 안방 서랍 속에 들어있는 농협 통장 3개와 도장 1개, 금반지 등을 절취하여 그 즉시 인근 ○○농협에서 현금 ○○만원을 찾는 등 같은 수법으로 20○○. ○. ○.경까지 ○개월 동안 경기 ○○일대에서 별지 범죄일람표 내용과 같이 총 30회에 걸쳐 ○○만원 상당을 상습으로 절취하였다.

2) 적용법조 : 특정범죄가중처벌등에관한법률 제5조의4 제1항, 형법 제329조, 제319조 제1항(주거침입)… 공소시효 15년

[기재례16] 면도칼을 이용 소매치기

1) 범죄사실 기재례

피의자들은 20○○. ○. ○.경 서울 ○○에 있는 ♣♣사무실에서 피의자 甲은 소매치기 기술자 겸 사장으로 피의자 乙등은 망을 보거나 발각 시 일당을 보호해 주는 일명 '다찌"등으로 각 업무를 분담하고 "조직원들은 사장의 말에 무조건 복종한다. 일할 때 발각되면 치고 튄다. 검거 시에 묵비권을 행사하여 조직을 보호한다. 분배는 ○○방법으로 한다"는 등의 행동강령을 만들어 "강남파" 소매치기 조직을 결성하였다.

피의자들은 공모 합동하여 20○○. ○. ○. ○○:○○경 서울 강남 일원의 출근 시간대에 시내버스 등에서 면도칼을 이용 소매치기 수법으로 약 200여 회에 걸쳐 ○○만원 상당을 절취하였다.

2) 적용법조 : 특정범죄가중처벌등에관한법률 제5조의8(단체등의조직), 제5조의4(상습절도)제329조… 공소시효 : 수괴(15년), 간부(10년), 가입자(7년)

[기재례17] 절도방조

1) 범죄사실 기재례

피의자는 20○○. ○. ○. 14:00경 홍길동이 ○○에 있는 나미칠의 사무실에 침입하여 사무실에 있는 노트북 등을 절취할 무렵, 그 정을 알면서도 위 홍길동이 나미칠의 사무실을 침입할 수 있도록 사다리를 빌려주어 그의 범행을 쉽게 하도록 도와줌으로써 위 홍길동의 절도를 방조하였다.

2) 적용법조 : 제329조, 제32조(종범)… 공소시효 7년

[기재례18] 여관침입절도(야간방실침입절도)

1) 범죄사실 기재례

피의자는 20○○. ○. ○. ○○지방법원에서 특정범죄가중처벌등에관한법률위반(절도)으로 징역 1년 6월을 선고받아 20○○. ○. ○. 그 형의 집행을 종료하였다.

피의자는 20○○. ○. ○. 02:00경 ○○시 ○○동 000-0 '○○장' 여관에 이르러 물건을 절취할 것을 마음먹고, 위 여관 ○○호실의 시정되지 않은 방문을 열고 들어가 침입한 다음, 위 ○○호실에 투숙 중이던 피해자 甲이 벗어둔 양복 상의 안주머니에서 위 甲 소유의 현금 ○○만원, 신용카드 2매, 주민등록증 1매, 운전면허증 1매가 들어있는 손지갑을, 위 ○○호실에 투숙 중이던 피해자 乙이 벗어둔 양복 상의 안주머니에 들어있던 위 乙소유의 자기앞수표 ○○만 원권 3매, 현금 ○○만원, 운전면허증 1매를 각 꺼내어 가져가 절취하였다.

2) 적용법조 : 제330조 … 공소시효 10년

⬤ III. 범죄사실 작성시 유의사항

1. 객 체

가. 타인의 재물이라는 점을 명백히 밝히지 않으면 안 되나 구체적으로 누구의 소유에 속하는가를 나타내는 것이 필수요건은 아니다. 소유자가 불명이면 '소유자를 알 수 없는, 성명미상자 소유의'라고 쓴다.

나. 소유자와 현실의 점유자가 다른 경우에는 'A가 관리하는 B주식회사 소유의'와 같이 적시하는 것이 보통이다.

다. 피해자의 점유 존부에 관하여 의문이 느껴지는 사안에서는 그 점유가 있다는 점을 알 수 있도록 사실을 적시하면 된다.

라. 피해물건은 품명, 수량 등에 의하여 특정하여야 할 것이며 일반적으로 피해물건의 가액 상당까지 표시한다. 피해물건이 압수되고 증거물로 현출된 경우에는 피

해물건의 품명, 수량에 이어 '(증 제○○호)'라고 표시한다.

2. 동기 등

'돈이 궁한 나머지'라는 등의 범죄의 동기나 '○○을 절취하여 타에 매각하고'와 같은 범죄 후의 사정 등은 특별한 이유가 없는 한 적시할 필요가 없다.

3. 고 의

고의의 내용으로서 객체가 타인의 점유하에 있다는 것을 인식하였다는 점을 나타낼 필요가 있는 경우에는 이 점을 적시하나 이러한 특수한 경우를 제외하고는 통상 이를 적시할 필요가 없다.

4. 행위의 태양

가. '절취하다'라는 법적 표현에 앞서 '가지고 나와. 빼어. 들고 가' 등과 같이 구체적으로 절도행위의 태양을 기재함이 좋다. 이는 점유를 침해하는 상황을 명백히 타나내고 또 정상을 나타내는 요소가 되기 때문이다.

나. 야간주거침입절도의 경우에는 그 범행 시각이 야간(일출 전, 일몰 후)이라는 점, 타인의 주거 등에 침입하였다는 점을 구체적으로 적시해야 된다.

다. 또 특수절도의 경우 형법 제331조 제1항에 해당되는 때에는 야간이라는 점, 문호 등 건조물의 일부를 손괴하고 타인의 주거 등에 침입하였다는 점을 구체적으로 적시하여야 하고, 같은 조 제2항에 해당되는 때에는 흉기를 휴대한 점이나 또는 2인 이상이 합동하여(공모와 현장에서의 행위의 분담내용) 범행하였다는 사실을 구체적으로 명확히 적시하여야 할 것이다.

ⅠＶ. 피해자 조사사항

  – 피고소인과 어떤 관계인가
  – 어떤 피해를 보았는가
  – 언제 피해를 보았는가
  – 피해 장소는 어디인가
  – 피해 장소 주변에 피의자의 행위로 보이는 어떤 흔적이 있던가
  – 어떻게 그곳에 침입하였던가
  – 평소 어떤 방범장치를 설치

- 언제 어떻게 피해를 당하였다는 것을 알게 되었나
- 피해 장소에 대해 출입하거나 손을 댄 사람이 있는가
- 어떻게 피의자가 행위라고 생각하는가
- 피해품의 가격과 특징은
- 피해품은 회수하였는가
- 피의자의 처벌을 원하는가

◖ V. 피의자 신문사항

1. 피의자의 일반적 조사사항

가. 범행의 동기
- 왜 절도를 하게 되었는가
- 언제 절도를 결의하였는가
- 절도해서 어떻게 하려고 했는가(불법영득의 의사)
- 왜 그 피해자를 노렸는가

나. 준비행위
- 범행을 하기 위하여 어떻게 준비하였는가
- 사용한 도구는 어디서 어떻게 입수한 것인가
- 범행당 시의 복장·휴대품 기타 몸차림은

다. 범행지까지의 경로
- 언제·어디서 출발하였는가
- 어느 길로 왔는가, 도중에 특이한 일이나 만난 사람은 없었는가
- 언제 현장에 도착하였는가

라. 범행의 일시
- 범행 일시에 대한 피의자의 인식은 확실한가, 그 근거
- 왜 그 일시를 택하였는가

마. 범행의 장소 및 상황
1) 옥 내
- 실내의 구조, 거주자·가축의 상태, 사람의 출입, 명암의 상황, 이웃집과의 관계
- 가재도구의 배치상황

- 훔친 물건이 있었던 곳의 상황

2) 옥 외
- 사람·차량의 교통량 등 상황
- 날씨·명암의 상황
- 훔친 물건의 소재 장소, 보관설비와 보관상태의 인지상황
- 기타 특수한 상황의 유무

바. 침입방법
- 어떠한 방법으로 어디로부터 침입하였는가
- 침입에 사용한 도구, 그 사용방법(특히 현장 흔적과의 합치 여부), 입수경로
- 침입을 위한 특별한 수단의 사용 여부(위계 등)

사. 실내에서의 행동
- 침입구에서 도주구까지의 경로와 행동순서
- 흡연, 음식, 실내 엿보기, 낙서 등 특수한 행동
- 물색한 순서·방법, 도구 사용

아. 범행상황
- 절취행위(강도죄에는 강취행위)가 피해자의 의사에 반한다는 인식의 유무
- 절취금품의 소재장소는 어디인가, 그 장소를 알고 있었는가, 어찌하여 알게되었는가
- 절취금품의 명칭·종류·품질·수량·가격 등
- 그 소유자·점유자 등의 인식 유무
- 절취 순서(무엇부터 훔쳤는가)
- 반출방법
- 범행의 소요시간
- 범행을 은폐하기 위해 취한 수단

자. 도주의 경로
- 어디로 해서 도주하였는가
- 장물의 운반 방법·도구
- 교통기관의 이용 여부
- 언제·어디를 거쳐서 도주했는가
- 도주 중에 특이한 일이나 만난 사람은 없었는가

차. 장물의 처분

- 장물은 어디에 은닉했는가
- 장물은 언제·어디서·누구에게·어떤 방법으로 처분하였는가
- 상대자에게 그 물건이 장물임을 알게 하였는가
- 장물처분 상대자와의 친분관계
- 상대자와는 평소에 거래가 있었는가
- 장물은 압수물과 같은가
- 현금 등을 소비한 곳, 소비상황

카. 공범관계

- 모의의 유무와 일시·장소
- 모의의 내용과 범위·방법
- 분담된 역할 및 실행방법
- 장물의 분배 상황
- 교사자·방조자 유무

타. 신분관계(피해자·공범자·장물취득자와의 관계)

- 혈족 기타 친족관계의 유무
- 사교상 교제의 유무와 그 정도
- 경제상 거래관계의 유무
- 친지·고용관계의 유무
- 폭력조직원인 때에는 두목·부하, 의형제 등의 조직관계

파. 정신상태

- 심신상실·심신미약의 상태였는가
- 농아자인가
- 주취의 여부(평소의 주량, 당일의 음주량, 음주한 장소, 주벽, 주취의 정도 등)
- 생리일(월경) 기타 특이한 상태는 없었는가

하. 기 타

- 증거와 본인의 진술과의 모순점이 없는가
- 공범 진술과의 모순점이 없는가
- 현재의 심경은 어떠한가

2. 피의자 신문例

- 남의 물건을 훔친 일이 있느냐
- 언제 어디에 있는 물건을 훔쳤나
- 그 날짜를 범행일로 정한 이유는
- 왜 그 장소를 택하였으며 그 장소와 어떤 관계가 있는가.
- 그 장소에 어떤 방법으로 어디로부터 들어갔던가
- 그곳에 들어갈 때 사용한 용구는 무엇인가
- 그 도구를 어떻게 사용하면서 들어갔나.
- 그 용구는 어디에서 구했나
- 피해자 집에 들어갔을 때 피해자 가족들은 무엇을 하고 있던가
- 들어가서 나올 때까지 행동은
- 물건을 어떤 방법으로 골랐나
- 물건을 가지고 올 때 특별한 행동을 한 일이 있나
- 피해품이 있는 장소를 어떻게 알게 되었나
- 피의자가 가지고 간 물건의 종류와 수량, 가격은
- 피해품은 무엇으로 어떻게 운반했나
- 피해자 집에서 물건을 가지고 가는데 얼마나 시간이 걸렸나
- 피의자가 가지고온 물건은 누구의 것인가.
- 물건을 가져와서 어떻게 하려고 가지고 왔던가.
- 가지고 간 물건은 어떻게 하였는가.
- 가지고 간 물건은 언제, 어디서, 누구에게 어떻게 처분했나.
- 물건을 처분해 달라고 부탁한 사람은 누구이며 평소 거래가 있었나.
- 가져간 물건은 얼마를 받고 팔았으며 피해자 몰래 가지고 온 것이라고 말했나
- 물건의 주인과는 어떤 관계인가.
- 같이 훔친 ○○○와는 어떤 관계인가(공범이 있을 경우)
- 물건을 산 사람과는 어떤 관계인가.
- 물건을 가져올 때 생리기간은 아니었나(여자의 경우)

제2항 야간주거침입절도

제330조(야간주거침입절도) 야간에 사람의 주거, 관리하는 건조물, 선박, 항공기 또는 점유하는 방실(房室)에 침입하여 타인의 재물을 절취(竊取)한 자는 10년 이하의 징역에 처한다.
제342조(미수범) 제329조 내지 제341조의 미수범은 처벌한다.

 I . 구성요건

1. 야 간

야간이란 일몰 후 일출 전을 말하며, 침입행위는 반드시 야간에 이루어져야 한다. 다만 절취행위가 야간에 또는 주간에 이루어졌는지는 본죄의 성립과 무관하다.

■ 판례 ■　**'주간에' 사람의 주거 등에 침입하여 '야간에' 타인의 재물을 절취한 행위를 형법 제330조의 야간주거침입절도죄로 처벌할 수 있는지 여부(소극)**

형법은 제329조에서 절도죄를 규정하고 곧바로 제330조에서 야간주거침입절도죄를 규정하고 있을 뿐, 야간절도죄에 관하여는 처벌규정을 별도로 두고 있지 아니하다. 이러한 형법 제330조의 규정형식과 그 구성요건의 문언에 비추어 보면, 형법은 야간에 이루어지는 주거침입행위의 위험성에 주목하여 그러한 행위를 수반한 절도를 야간주거침입절도죄로 중하게 처벌하고 있는 것으로 보아야 한다. 따라서 주거침입이 주간에 이루어진 경우에는 야간주거침입절도죄가 성립하지 않는다고 해석함이 상당하다. 이와 달리 만일 주거침입의 시점과는 무관하게 절취행위가 야간에 이루어지면 야간주거침입절도죄가 성립한다고 해석하거나, 주거침입 또는 절취 중 어느 것이라도 야간에 이루어지면 야간주거침입절도죄가 성립한다고 해석한다면, 이는 이 사건과 같이 주간에 주거에 침입하여 야간에 재물을 절취한 경우에도 야간주거침입절도죄의 성립을 인정하여 결국 야간절도를 주간절도보다 엄하게 처벌하는 결과가되는바, 앞서 본 바와 같이 현행법상 야간절도라는 이유만으로 주간절도보다 가중하여 처벌하는 규정은 없을 뿐만 아니라, 재산범죄 일반에 관하여 야간에 범죄가 행하여졌다고 하여 가중처벌하는 규정이 존재하지 아니한다. 또한 절도행위가 야간에 이루어졌다고 하여 절도행위 자체만으로 주간절도에 비하여 피해자의 심리적 불안감이나 피해 증대 등의 위험성이 커진다고 보기도 어렵다. 나아가, 예컨대 일몰 전에 주거에 침입하였으나 시간을 지체하는 등의 이유로 절취행위가 일몰 후에 이루어진 경우 야간주거침입절도죄로 가중처벌하는 것은 주거침입이 일몰 후에 이루어진 경우와 그 행위의 위험성을 비교하여 볼 때 가혹하다 할 것이다.

한편 야간주거침입절도죄는 주거에 침입한 단계에서 이미 실행에 착수한 것으로 보아야 한다는 것이 대법원의 확립된 판례인바(대법원 2006. 9. 14. 선고 2006도2824 판결 등 참조), 만일 주간에 주거에 침입하여 야간에 재물을 절취한 경우에도 야간주거침입절도죄의 성립을 인정한다면, 원심이 적절히 지적하고 있는 바와 같이 행위자가 주간에 주거에 침입하여 절도의 실행에는 착수하지 않은 상태에서 발각된 경우 야간에 절취할 의사였다고 하면 야간주거침입절도의 미수죄가 되고 주간절도를 계획하였다고 하면 주거침입죄만 인정된다는 결론에 이르는데, 결국 행위자의 주장에 따라 범죄의 성립이 좌우되는 불합리한 결과를 초래하게 된다. 위와 같은 여러 점들을 종합하여 보면, 주간에 사람의 주거 등에 침입하여 야간에 타인의 재물을 절취한 행위는 형법 제330조의 야간주거침입절도죄를 구성하지 않는 것으로 봄이 상당하다.

따라서 원심이 이 사건 공소사실 중 야간방실침입절도의 점을 무죄로 인정한 제1심판결을 그대로 유지한 조치는 앞서 본 법리에 비추어 정당하고, 거기에 상고이유로 주장하는 바와 같은 야간방실침입절도죄의 성립에 관한 법리오해의 잘못이 없다(대법원 2011.4.14. 선고 2011도300, 2011감도5 판결).

2. 행 위

야간에 주거 등에 침입하여 타인의 재물을 절취하는 것

(1) 착수시기

절취의사로 사람의 주거 등에 침입할 때이다. 주거에 침입한 이상 절취행위에 착수하지 못한 경우에도 본죄의 미수범이 성립한다.

■ 판례 ■ **형법 제332조에 규정된 상습절도죄를 범한 범인이 그 범행 외에 상습적인 절도의 목적으로 주간에 주거침입을 하였다가 절도에 이르지 아니하고 주거침입에 그친 경우, 주간 주거침입행위가 별개로 주거침입죄를 구성하는지 여부(적극)**

형법 제330조에 규정된 야간주거침입절도죄 및 형법 제331조 제1항에 규정된 특수절도(야간손괴침입절도)죄를 제외하고 일반적으로 주거침입은 절도죄의 구성요건이 아니므로 절도범인이 범행수단으로 주거침입을 한 경우에 주거침입행위는 절도죄에 흡수되지 아니하고 별개로 주거침입죄를 구성하여 절도죄와는 실체적 경합의 관계에 서는 것이 원칙이다. 상습으로 단순절도를 범한 범인이 상습적인 절도범행의 수단으로 주간(낮)에 주거침입을 한 경우에 주간 주거침입행위의 위법성에 대한 평가가 형법 제332조, 제329조의 구성요건적 평가에 포함되어 있다고 볼 수 없다. 그러므로 형법 제332조에 규정된 상습절도죄를 범한 범인이 범행의 수단으로 주간에 주거침입을 한 경우 주간 주거침입행위는 상습절도죄와 별개로 주거침입죄를 구성한다. 또 형법 제332조에 규정된 상습절도죄를 범한 범인이 그 범행 외에 상습적인 절도의 목적으로 주간에 주거침입을 하였다가 절도에 이르지 아니하고 주거침입에 그친 경우에도 주간 주거침입행위는 상습절도죄와 별개로 주거침입죄를 구성한다(대법원 2015.10.15. 선고, 2015도8169 판결).

■ 판례 ■ **야간에 물건을 훔칠 의도하에 아파트의 베란다 철제난간까지 올라가 유리창문을 열려고 시도하다 도주한 경우, 실행에 착수여부(적극)**

가. 야간주거침입절도죄의 실행의 착수시기

야간에 타인의 재물을 절취할 목적으로 사람의 주거에 침입한 경우에는 주거에 침입한 단계에서 이미 형법 제330조에서 규정한 야간주거침입절도죄라는 범죄행위의 실행에 착수한 것이라고 보아야 하며, 주거침입죄의 경우 주거침입의 범의로써 예컨대, 주거로 들어가는 문의 시정장치를 부수거나 문을 여는 등 침입을 위한 구체적 행위를 시작하였다면 주거침입죄의 실행의 착수는 있었다고 보아야 한다.

나. 주거침입죄의 실행의 착수시기

주거침입죄의 실행의 착수는 주거자, 관리자, 점유자 등의 의사에 반하여 주거나 관리하는 건조물 등에 들어가는 행위 즉, 구성요건의 일부를 실현하는 행위까지 요구하는 것은 아니고, 범죄구성요건의 실현에 이르는 현실적 위험성을 포함하는 행위를 개시하는 것으로 족하다.

다. 甲의 죄책

야간에 아파트에 침입하여 물건을 훔칠 의도하에 아파트의 베란다 철제난간까지 올라가 유리창문을 열려고 시도하였다면 야간주거침입절도죄의 실행에 착수한 것으로 보아야 한다(대법원 2003. 10.24. 선고 2003도4417 판결).   ☞ (甲은 야간주거침입절도죄의 미수, 본 사안은 甲이 체포면탈을 위하여 경비원을 폭행한 사건으로 준강도가 성립한 판례이다)

[3] 동지판례-야간에 담을 넘어 침입, 마루 밑에 숨어 있다가 발각되어 체포된 경우

야간에 절도의 목적으로 담을 넘어 침입하여 마루 밑에 숨어 있다가 발각되어 체포된 경우, 야간주거침입절도죄의 실행의 착수가 인정된다(대법원 1970.4.24. 선고 70도507 판결).

■ 판례 ■   **출입문이 열려 있으면 안으로 들어가겠다는 의사 아래 출입문을 당겨보는 행위를 주거침입의 실행에 착수한 것으로 볼 수 있는지 여부(적극)**

가. 야간주거침입절도죄의 실행의 착수시기

야간에 타인의 재물을 절취할 목적으로 사람의 주거에 침입한 경우에는 주거에 침입한 단계에서 이미 형법 제330조에서 규정한 야간주거침입절도죄라는 범죄행위의 실행에 착수한 것이라고 보아야 한다.

나. 甲의 죄책

주거침입죄의 실행의 착수는 주거자, 관리자, 점유자 등의 의사에 반하여 주거나 관리하는 건조물 등에 들어가는 행위, 즉 구성요건의 일부를 실현하는 행위까지 요구하는 것은 아니고 범죄구성요건의 실현에 이르는 현실적 위험성을 포함하는 행위를 개시하는 것으로 족하므로, 출입문이 열려 있으면 안으로 들어가겠다는 의사 아래 출입문을 당겨보는 행위는 바로 주거의 사실상의 평온을 침해할 객관적인 위험성을 포함하는 행위를 한 것으로 볼 수 있어 그것으로 주거침입의 실행에 착수한 것으로 보아야 한다(대법원 2006.9.14. 선고 2006도2824 판결).   ☞ (甲은 야간주거침입절도 미수)

[3] 비교판례

다세대주택 2층의 불이 꺼져있는 것을 보고 물건을 절취하기 위하여 가스배관을 타고 올라가다가, 발은 1층 방범창을 딛고 두 손은 1층과 2층 사이에 있는 가스배관을 잡고 있던 상태에서 순찰 중이던 경찰관에게 발각되자 그대로 뛰어내린 경우, 이러한 피고인의 행위만으로는 주거의 사실상의 평온을 침해할 현실적 위험성이 있는 행위를 개시한 때에 해당한다고 보기 어렵다(대법원 2008.3.27. 선고 2008도917 판결).

(2) 기수시기

재물취득시에 기수가 되고, 주거침입의 기수 · 미수는 불문한다.

■ 판례 ■   **야간에 까페에서 그 곳 내실에 침입하여 장식장 안에 들어 있던 정기적금통장 등을 꺼내 들고 까페로 나오던 중 발각되어 돌려 준 경우, 야간주거침입절도의 기수 여부(적극)**

피고인이 피해자 경영의 까페에서 야간에 아무도 없는 그 곳 내실에 침입하여 장식장 안에 들어 있던 정기적금통장 등을 꺼내 들고 까페로 나오던 중 발각되어 돌려 준 경우 피고인은 피해자의 재물에 대한 소지(점유)를 침해하고, 일단 피고인 자신의 지배 내에 옮겼다고 볼 수 있으니 절도의 미수에 그친 것이 아니라 야간주거침입절도의 기수라고 할 것이다(대법원 1991.4.23. 선고 91도476 판결).

II. 범죄사실기재 및 신문사항

1) 범죄사실 기재례

[기재례1] 야간에 안방에서 현금절취

피의자는 20○○. ○. ○. 21:00경 ○○○에 있는 피해자 홍길동의 집에서 그 가족들이 없는 틈을 이용 그 집 담을 넘어 침입한 다음 안방 문갑 속에 넣어둔 위 홍길동 소유 현금 ○○만 원을 들고나와 절취하였다.

[기재례2] 야간에 2층 방에서 카메라 및 현금절취

피의자는 20○○. ○. ○. 02:00경 ○○에 있는 피해자 甲의 집에 잠겨 있지 아니한 대문으로 침입하여 그 집 2층 방에 있는 그 소유인 시가 ○○만원 상당의 카메라 1대를 가지고 나와 절취하였다.

[기재례3] 야간주거침입절도

피의자는 20○○. ○. ○. 21:00경 ○○○에 있는 피해자 갑의 주거지에 이르러 시정되지 아니한 베란다 문을 열고 집 안으로 들어가 그곳 거실 소파 위에 놓여있던 삼성 디지털카메라 1대, 피해자의 방 화장대 안에 있던 목걸이 1개, 귀걸이 2쌍, 책상 위에 있던 핸드크림 및 라이터 각 1개를 가지고 나왔다.
이로써 피의자는 시가 합계 ○○만 원 상당의 피해자 소유인 금품을 절취하였다.

[기재례4] 야간주거침입절도 미수

피의자는 20○○. ○. ○. 21:00경 ○○에 있는 빌라 102호 피해자 갑의 주거지 앞에서, 그곳 베란다 창문이 열려 있는 것을 발견하고 금품을 절취하기를 위하여 손으로 베란다에 설치된 방충망을 뜯고 열린 창문을 통해 안으로 침입하려 하였으나, 피해자에게 발각되어 그 뜻을 이루지 못하고 미수에 그쳤다.

[기재례5] 야간주거침입절도

피의자는 20○○. ○. ○. 23:00경 ○○에 있는 피해자 갑(여, 60세)이 거주하는 주택에 이르러 피해자가 뒷문을 잠그지 않은 채 집을 비운 것을 발견하자 뒷문을 열고 위 주택에 침입하여 방 안 서랍장에 있던 20만 원 상당의 현금, 시가 미상의 지갑, 신분증, 직불카드 등이 들어있는 시가 미상의 가방과 텔레비전 앞에 놓여있던 5만 원 상당의 동전을 들고 갔다.
이로써 피의자는 야간에 피해자의 주거에 침입하여 피해자의 재물을 절취하였다.

2) 적용법조 : 제330조… 공소시효 10년

✽ 신문사항은 절도죄 참고

제3항 특수절도

제331조(특수절도) ① 야간에 문이나 담 그 밖의 건조물의 일부를 손괴하고 제330조의 장소에 침입하여 타인의 재물을 절취한 자는 1년 이상 10년 이하의 징역에 처한다.
② 흉기를 휴대하거나 2명 이상이 합동하여 타인의 재물을 절취한 자도 제1항의 형에 처한다.
제342조(미수범) 제329조 내지 제341조의 미수범은 처벌한다.
※ 특정범죄가중처벌등에관한법률 제5조의4(상습강도·절도죄 등의 가중처벌)

 Ⅰ. 구성요건

1. 제331조 1항의 특수절도죄(손괴 후 야간주거침입 절도)

야간에 문이나 담 그 밖의 건조물 일부를 손괴하고 주거에 침입하여 타인의 재물을 절취하는 것

(1) 야 간

야간에 손괴행위와 주거침입행위가 행하여질 것
○ 주간에 문을 손괴하고 침입하여 시계를 훔치면 손괴죄와 주거침입죄 및 절도죄의 실체적 경합범이 성립한다.

(2) 문이나 담 그 밖의 건조물의 일부

권한 없는 자의 침입을 방지하기 위하여 설치된 일체의 위장시설
○ 인공적인 시설물을 의미한다. 자연적 장애물(例, 바위·냇물 등)은 본죄에서 말하는 문이나 담 그 밖의 건조물 일부에 해당하지 않는다.

(3) 손 괴

문 등의 일부를 물질적으로 훼손하여 그 효용을 상실시키는 행위
○ 특수절도죄가 성립하기 위해서는 문이나 담 그 밖의 건조물 일부에 대한 손괴가 있어야 한다. 따라서 손괴의 방법에 의하지 않는 경우(例, 만능키로 열고 들어가는 경우)에는 특수절도에 해당하지 않는다.

■ 판례 ■ **甲이 출입문을 발로 걷어차자 잠금 고리의 아래쪽 부착 부분이 출입문에서 떨어져 출입문과의 사이가 뜨게 되면서 출입문이 열려 상점 안으로 침입하여 재물을 절취한 경우**

[1] '문호 또는 장벽 기타 건조물의 일부' 및 '손괴'의 의미
형법 제331조 제1항에 정한 '문호 또는 장벽 기타 건조물의 일부'라 함은 주거 등에 대한 침입을 방

지하기 위하여 설치된 일체의 위장시설(僞裝施設)을 말하고, '손괴'라 함은 물리적으로 위와 같은 위장시설을 훼손하여 그 효용을 상실시키는 것을 말한다.

[2] 甲의 행위가 문호 또는 장벽 기타 건조물의 일부를 손괴한 경우에 해당하는지 여부(적극)

야간에 불이 꺼져 있는 상점의 출입문을 손으로 열어보려고 하였으나 출입문의 하단에 부착되어 있던 잠금 고리가 잠겨져 있어 열리지 않았는데, 출입문을 발로 걷어차자 잠금 고리의 아래쪽 부착 부분이 출입문에서 떨어져 출입문과의 사이가 뜨게 되면서 출입문이 열려 상점 안으로 침입하여 재물을 절취하였다면, 이는 물리적으로 위장시설을 훼손하여 그 효용을 상실시키는 행위에 해당한다(대법원 2004. 10.15. 선고 2004도4505 판결).

(4) 착수 및 기수시기

야간에 주거침입의 목적으로 건조물 등의 일부를 손괴하기 시작한 때에 실행의 착수가 인정되고, 재물취득시에 기수가 됨

■ 판례 ■ **야간에 절도목적으로 출입문의 자물통고리를 절단하고 집안으로 침입하려다가 발견된 경우, 특수절도의 실행의 착수여부(적극)**

야간에 절도의 목적으로 출입문에 장치된 자물통 고리를 절단하고 출입문을 손괴한 뒤 집안으로 침입하려다가 발각된 것이라면 이는 특수절도죄의 실행에 착수한 것이다(대법원 1986.9.9. 선고 86도1273 판결).

■ 판례 ■ **공범중 1인이 기구를 가지고 출입문의 자물쇠를 떼어내거나 출입문의 환기창문을 연 경우, 특수절도의 실행의 착수여부(적극)**

두 사람이 공모 합동하여 타인의 재물을 절취하려고 한 사람은 망을 보고 또 한 사람은 기구를 가지고 출입문의 자물쇠를 떼어내거나 출입문의 환기창문을 열었다면 특수절도죄의 실행에 착수한 것이다(대법원 1986.7.8. 선고 86도843 판결).

2. 제331조 2항 전단의 특수절도죄(흉기휴대절도)

흉기를 휴대하고 타인의 재물을 절취하는 것

(1) 흉 기

원래 사람의 살상이나 재물의 손괴를 목적으로 제작되고 또 그 목적을 달성하는데 적합한 물건(例, 총, 검)과 그 용법에 따라 사람의 살상 또는 물건의 손괴에 사용될 수 있는 물건(例, 도끼, 망치, 철봉, 곤봉)

(2) 휴 대

몸에 지니거나, 몸 가까이 두고 쉽게 잡을 수 있는 위치에 두는 것

- 흉기는 행위시에 휴대하고 있으면 족하다. 따라서 범행장소에서 발견한 흉기를 품고 절취한 경우에도 본죄가 성립한다.
- 행위자는 자신이 흉기를 휴대하고 있다는 것을 인식해야 한다. 그러나 흉기의 휴

대를 상대방에게 인식시킬 필요는 없다.

(3) 실행의 착수

절도죄와 동일, 다만 야간의 경우에는 야간주거침입죄와 동일

3. 제331조 2항 후단의 특수절도죄(합동절도)

2인 이상이 합동하여 타인의 재물을 절취하는 것

(1) 2인 이상이 합동하여

합동범이 성립하기 위해서는 실행행위의 분담뿐만 아니라 가담자 전원의 현장집합이 필요

■ 판례 ■　**형법 제331조 제2항 후단의 "2인 이상이 합동하여"의 의미**

형법 제331조 제2항 후단의 "2인 이상이 합동하여" 라 함은 주관적 요건으로서의 공모와 객관적 요건으로서의 실행행위의 분담이 있어야 하고 그 실행행위에 있어서는 시간적으로나 장소적으로 협동관계가 있음을 요한다. 공소외인이 범행대상을 물색하는 과정에서 절취행위 장소가 피고인이 대기중인 차량으로부터 다소 떨어지게 된 때가 있었으나 그렇다고 하여 시간적, 장소적 협동관계에서 일탈하였다고는 보여지지 아니하므로 합동절도의 협동성이 인정된다(대법원 1988.9.13. 선고 88도1197 판결).

■ 판례 ■　**공범이 절취행위를 하는 동안 피해자 집 안의 가까운 곳에 대기하고 있다가 절취품을 가지고 같이 나온 경우, 합동범의 성립여부(적극)**

피고인이 피해자의 형과 범행을 모의하고 피해자의 형이 피해자의 집에서 절취행위를 하는 동안 피고인은 그 집 안의 가까운 곳에 대기하고 있다가 절취품을 가지고 같이 나온 경우 시간적, 장소적으로 협동관계가 있었다(대법원 1996.3.22. 선고 96도313 판결).

(2) 실행의 착수

착수시기는 절도죄와 마찬가지로 재물을 물색한 때이나, 야간의 경우에는 주거침입시에 실행의 착수가 인정

■ 판례 ■　**특수절도의 실행에 착수한 것으로 판단한 사례**

두사람이 공모 합동하여 타인의 재물을 절취하려고 한 사람은 망을 보고 또 한 사람은 기구를 가지고 출입문의 자물쇠를 떼어내거나 출입문의 환기창문을 열었다면 특수절도죄의 실행에 착수한 것이다(대법원 1986.7.8. 선고 86도843 판결).

■ 판례 ■　**절도죄의 기수시기**

절도죄는 타인의 소지를 침해하여 재물이 자기의 소지로 이동할 때 즉 자기의 사실적 지배밑에 둔 때에 기수가 된다고 할 것인바 피고인이 공동피고인과 함께 피해자 집에 침입하여 그 집 광에서 공동피고인이 자루에 담아 내주는 백미를 받아 그 집을 나오려 하다가 피해자에게 발각된 경우에는 특수절도죄의 기수가 된다 할 것이다(대법원 1964.12.8. 선고 64도577 판결).

(3) 공범의 성립가능성

합동범도 정범이므로 이에 대한 교사, 방조가 가능함에는 의문이 없으나, 합동범에 대한 공동정범이 성립할 수 있는지에 관해서는 부정설(다수설)과 긍정설(판례)이 대립

■ 판례 ■ **3인 이상이 합동절도를 모의한 후 2인 이상이 범행을 실행한 경우, 직접 실행행위에 가담하지 않은 자에 대한 공모공동정범의 인정 여부(적극)**

3인 이상의 범인이 합동절도의 범행을 공모한 후 적어도 2인 이상의 범인이 범행 현장에서 시간적, 장소적으로 협동관계를 이루어 절도의 실행행위를 분담하여 절도 범행을 한 경우에는 공동정범의 일반 이론에 비추어 그 공모에는 참여하였으나 현장에서 절도의 실행행위를 직접 분담하지 아니한 다른 범인에 대하여도 그가 현장에서 절도 범행을 실행한 위 2인 이상의 범인의 행위를 자기 의사의 수단으로 하여 합동절도의 범행을 하였다고 평가할 수 있는 정범성의 표지를 갖추고 있다고 보여지는 한 그 다른 범인에 대하여 합동절도의 공동정범의 성립을 부정할 이유가 없다고 할 것이다. 형법 제331조 제2항 후단의 규정이 위와 같이 3인 이상이 공모하고 적어도 2인 이상이 합동절도의 범행을 실행한 경우에 대하여 공동정범의 성립을 부정하는 취지라고 해석할 이유가 없을 뿐만 아니라, 만일 공동정범의 성립가능성을 제한한다면 직접 실행행위에 참여하지 아니하면서 배후에서 합동절도의 범행을 조종하는 수괴는 그 행위의 기여도가 강력함에도 불구하고 공동정범으로 처벌받지 아니하는 불합리한 현상이 나타날 수 있다. 그러므로 합동절도에서도 공동정범과 교사범·종범의 구별기준은 일반원칙에 따라야 하고, 그 결과 범행현장에 존재하지 아니한 범인도 공동정범이 될 수 있으며, 반대로 상황에 따라서는 장소적으로 협동한 범인도 방조만 한 경우에는 종범으로 처벌될 수도 있다(대법원 1998.5.21. 선고 98도321 전원합의체 판결). ☞ (甲은 강도죄와 특수절도죄의 공동정범)

4. 죄 수

야간에 흉기를 휴대하고 2인 이상이 합동하여 건조물 일부를 손괴하고 이에 침입하여 절도한 경우에는 특수절도죄의 포괄일죄

◖ II. 범죄사실기재 및 신문사항

[기재례1] 야간에 문 등 손괴 후 절도

1) 범죄사실 기재례

피의자는 20○○. ○. ○. 22:50경 ○○에 있는 피해자 홍길동 경영의 편의점 앞에 이르러 위 상점출입문을 발로 걷어차 출입문의 잠금장치를 손괴하고 그 안으로 침입한 다음, 상점 내에 진열되어 있던 피해자 소유의 담배를 봉투에 넣고, 계산대의 금고에서 피해자 소유의 현금을 꺼내어 피의자의 상의 주머니에 집어넣어 절취하였다.

2) 적용법조 : 제331조 제1항… 공소시효 10년

[기재례2] 흉기휴대 절도

1) 범죄사실 기재례

피의자는 20○○. ○. ○. 22:50경 007 가방 속에 흉기인 망치(크기)와 칼(크기)을 넣고 ○○에 있는 피해자 홍길동의 집 약 2m 높이의 담장을 넘어 안으로 침입한 다음, 안방 서랍을 뒤져 그곳에 있던 시가 ○○만원 상당의 다이아몬드 반지를 들고나와 절취하였다.

2) 적용법조 : 제331조 제2항… 공소시효 10년

[기재례3] 지하철에서 술 취한 승객 물건 2인이 절도

1) 범죄사실 기재례

피의자 A와 피의자 B는 20○○. ○. ○. 20:30경 지하철 3호선 열차를 타고 가다가 그 열차가 ○○동에 있는 지하철 3호선 ○○역에 정차하였을 때 술에 취하여 좌석에서 졸고 있던 피해자 甲에게 다가가 피해자의 오른쪽에 피의자 A가, 왼쪽에 피의자 B가 앉았다.

피의자 A는 전동차에서 신문을 펼쳐 보는 체하며 다른 승객의 시선을 가리고, 피의자 B는 피해자의 바지 주머니에서 피해자 소유인 현금 ○○만 원, ○○만원권 자기앞수표 2장, ○○만원권 당좌수표 1장 및 ○○카드와 운전면허증 각 1장이 들어있는 시가 ○○원 상당의 지갑 1개를 꺼내어 갔다.

이로써 피의자들은 합동하여 피해자의 재물을 절취하였다.

2) 적용법조 : 제331조 제2항… 공소시효 10년

[기재례4] 점포 출입문 손괴 절도

1) 범죄사실 기재례

피의자는 20○○. ○. ○. ○○지방법원에서 특정범죄가중처벌등에관한법률위반(절도)죄로 징역 3년을 선고받고 20○○. ○. ○. 위 판결이 확정되어 ○○교도소에서 그 형의 집행 중 20○○. ○. ○.가석방되어 그 가석방 기간(20○○. ○. ○. 형기종료 예정)에 있다.

피의자는 20○○. ○. ○. 05:00경 ○○에 있는 피해자 甲이 경영하는 시계판매점에 이르러 그 점포 출입문 자물쇠를 드라이버로 뜯고 들어가 그곳 금고 안에 있는 피해자 소유인 현금 ○○만 원과 남자용 오리엔트 손목시계 ○○개 등 시가 합계 ○○만 원 상당의 시계 ○○점을 가지고 나와 절취하였다.

2) 적용법조 : 제331조 제2항… 공소시효 10년

[기재례5] 책략절도

1) 범죄사실 기재례

피의자들은 20○○. ○. ○. 11:00경 ○○에 있는 피해자 홍길동 경영의 시계노점에서 피의자 甲은 마치 시계를 구입할 듯한 태도를 보이면서 값을 흥정하여 위 홍길동의 주의를 다른 곳으로 돌리고 피의자 乙은 그 틈을 타 그곳에 있는 위 홍길동 소유의 시가 ○○만원 상당의 남자용 ○○손목시계 1개를 가지고 달아났다.

이로써 피의자들은 합동하여 피해자의 재물을 절취하였다.

2) 적용법조 : 제331조 제2항… 공소시효 10년

[기재례6] 2인이 차량이용 절도

1) 범죄사실 기재례

피의자들은 20○○. ○. ○. 03:00경 ○○에 있는 피해자 甲이 경영하는 ○○전자 ○○대리점에서 피의자 A는 위 대리점 앞길에서 망을 보고, 피의자 B는 절단기로 위 대리점 철문 자물쇠를 절단하고 들어가 그곳에 있는 피해자 소유의 시가 합계 ○○만 원 상당의 ○○ 텔레비전 ○○대, 냉장고 ○○대 등을 미리 대기시켜 놓은 피의자 A 소유인 ○○사1414 타이탄 트럭에 싣고 갔다.

이로써 피의자들은 합동하여 피해자의 재물을 절취하였다.

2) 적용법조 : 제331조 제2항… 공소시효 10년

[기재례7] 절취한 현금카드로 현금인출

1) 범죄사실 기재례

피의자들은 20○○. ○. ○. 10:30경 ○○에 있는 ○○은행 ○○동지점에 가서 피의자 A는 피의자 B가 훔쳐 소지하고 있던 甲의 ○○은행 비씨마스타카드를 교부받아 그곳에 설치된 현금자동지급기에 투입하였다.

이어 피의자 B가 비밀번호 "1818"을 입력하고, 피의자 A는 인출금액을 700,000원으로 입력하는 방법으로 피해자 ○○은행 소유인 현금 700,000원을 인출하였다.

피의자들은 합동하여 위와 같은 방법으로 5회에 걸쳐 합계 3,500,000원을 인출하여 이를 절취하였다.

2) 적용법조 : 제331조 제2항… 공소시효 10년

[기재례8] 전철역에서 3인이 소매치기

1) 범죄사실 기재례

가. 피의자들은 20○○. ○. ○. 13:00경 ○○에 있는 영등포역 앞 광장에서 소매치기하여 용돈을 마련할 것을 공모하였다.

그 무렵 피의자 조○○은 위 광장에서 기다리고, 피의자 이○○, 피의자 홍○○은 위 영등포역 전동열차 홈으로 함께 들어가 그곳에서 피의자 이○○은 옆에서 타인의 시선을 가려주는 등 소위 바람을 잡고 피의자 홍○○은 피해자 성명을 알 수 없는 여자의 핸드백에서 피해자 소유의 ○○만 원이 들어있는 손지갑을 꺼내어 갔다.

나. 같은 날 15:00경 위 영등포역에 정차 중인 ○○발 ○○열차에서 피의자 조○○은 밖에서 망을 보고, 피의자 이○○은 소위 바람을 잡고, 피의자 홍○○은 피해자 乙의 핸드백에서 피해자 소유의 현금 ○○만원, 다이아몬드반지 2개, 황금넥타이핀 2개, 황금귀걸이 1쌍, 백지가계수표 15매, 자수정 7개등 합계 시가 ○○만원 상당이 들어있는 손지갑을 꺼내어 갔다.

이로써 피의자들은 2회에 걸쳐 합동하여 피해자의 재물을 절취하였다.

2) **적용법조** : 제331조 제2항… 공소시효 10년

[기재례9] 차량 이용 소 절도

1) 범죄사실 기재례

피의자들은 20○○. ○. ○. 01:00경 ○○에 있는 피해자 甲의 집 근처에 피의자 소유 화물차량(번호)을 대기시켜 놓고 피의자 A는 주위에서 망을 보고 피의자는 그 집의 철제대문을 열고 앞마당에 침입한 후 그곳에 있던 피해자 소유의 시가 ○○만원 상당의 생후 3개월짜리 젖소 1두를 끌고 나왔다. 이로써 피의자들은 합동하여 피해자의 재물을 절취하였다.

2) **적용법조** : 제331조 제2항… 공소시효 10년

[기재례10] 2인 이상 합동절도

1) 범죄사실 기재례

피의자들은 20○○. ○. ○. ○○:○○경 ○○에 있는 피해자 홍길동의 집에 그 가족들이 없는 틈을 이용 그 집 담을 넘어 침입한 다음 안방 문갑 속에 넣어둔 위 홍길동 소유 현금 ○○만원을 들고 나왔다.

이로써 피의자들은 합동하여 피해자의 재물을 절취하였다.

2) **적용법조** : 제331조 제2항… 공소시효 10년

✽ 신문사항은 절도죄 참고

제4항 자동차 등 불법사용

> 제331조의2(자동차 등 불법사용) 권리자의 동의없이 타인의 자동차, 선박, 항공기 또는 원동기장치자전차를 일시 사용한 자는 3년 이하의 징역, 500만원 이하의 벌금, 구류 또는 과료에 처한다.
>
> 제342조(미수범) 제329조 내지 제341조의 미수범은 처벌한다.

Ⅰ. 구성요건

1. 객 체

동력기관을 장치한 자동차, 선박, 항공기 또는 원동기장치자전거 등(동력 없는 자전거는 제외)

2. 행 위

권리자의 동의 없이 일시 사용하는 것

- 자동차 등을 통행수단으로 사용하여야 본죄가 성립한다. 따라서 자동차 안에서 잠을 잔 경우, 자동차 안에 장물을 은닉한 경우, 타인의 자동차 안에서 라디오를 들으면 본죄가 성립하지 않는다.
- 불법하게 사용을 개시한 경우에만 본죄가 성립하고, 정당하게 사용을 개시한 후 권한의 범위를 넘어 사용한 경우에는 본죄는 성립하지 않는다. 따라서 택시 기사가 택시를 사용으로 무단 사용(私用)한 경우, 자동차를 빌린 사람이 권한 없이 처로 하여금 운전하게 한 경우에는 본죄를 구성하지 않는다.

■ 판례 ■ **차량을 반환할 의사로 피해자의 동의없이 사용한 경우, 적용법조**

[1] 사실관계

甲은 삼촌이 경영하는 카센터의 종업원으로 근무하고 있던 친구 乙과 함께 밤 늦도록 함께 놀다가 카센터에 가보니 삼촌은 없고 삼촌의 친구인 丙이 잠을 자고 있자 甲은 밖에 세워져 있던 丙소유 승용차를 운전하고 싶은 욕심에 자고 있던 丙의 잠바 주머니에서 열쇠를 가지고 나와 乙로 하여금 운전하게 하여 며칠 동안 인근지역을 돌아다니다가 불심검문에 걸렸다.

[2] 판결요지

피고인 등은 위 차량을 반환할 의사를 가지고 피해자의 동의 없이 일시 사용한 것이라고 볼 여지가 충분히 있고, 만일 사실이 그러하다면 피고인 등의 위와 같은 행위에 대하여 형법 제331조의2에서 규정하고 있는 자동차등불법사용죄의 죄책을 물을 수 있음은 별론으로 하고, 특수절도죄로 의율, 처벌할 수는 없다 할 것이다(대법원 1998.9.4. 선고 98도2181 판결).

3. 주관적 구성요건

타인의 자동차 등을 동의없이 일시사용 한다는 점에 대한 인식과 의사를 필요로 한다. 그러나 불법영득의사는 필요치 않다.

■ 판례 ■ **소유자의 승낙 없이 오토바이를 타고 가서 다른 장소에 버린 경우, 죄책(=절도죄)**

[1] 사실관계

> 甲은 강도상해 등의 범행을 저지르고 도주하기 위하여 자신이 근무하던 아파트 상가 중국집 앞에 세워져 있는 오토바이를 소유자의 승낙 없이 타고 가서 터미널 부근에 버린 다음 버스를 타고 광주로 가버렸다.

[2] 판결요지

가. 형법 제331조의2소정의 자동차등불법사용죄의 적용 요건 및 절도죄에 있어서 불법영득의 의사

형법 제331조의2에서 규정하고 있는 자동차등불법사용죄는 타인의 자동차 등의 교통수단을 불법영득의 의사 없이 일시 사용하는 경우에 적용되는 것으로서 불법영득의사가 인정되는 경우에는 절도죄로 처벌할 수 있을 뿐 본죄로 처벌할 수 없다 할 것이며, 절도죄의 성립에 필요한 불법영득의 의사라 함은 권리자를 배제하고 타인의 물건을 자기의 소유물과 같이 이용, 처분할 의사를 말하고 영구적으로 그 물건의 경제적 이익을 보유할 의사임은 요치 않으며 일시사용의 목적으로 타인의 점유를 침탈한 경우에도 이를 반환할 의사 없이 상당한 장시간 점유하고 있거나 본래의 장소와 다른 곳에 유기하는 경우에는 이를 일시 사용하는 경우라고는 볼 수 없으므로 영득의 의사가 없다고 할 수 없다.

나. 甲의 죄책

소유자의 승낙 없이 오토바이를 타고 가서 다른 장소에 버린 경우, 자동차등불법사용죄가 아닌 절도죄가 성립한다(대법원 2002.9.6. 선고 2002도3465 판결). ☞ (甲은 강도상해죄와 절도죄의 실체적 경합범)

◗ Ⅱ. 범죄사실기재 및 신문사항

1) 범죄사실 기재례

[기재례1] 택시운전기사 폭행 및 택시 무단 운전

> 가. 폭행
>
> 피의자는 20○○. ○. ○. ○○:○○ 경 ○○에 있는 ○○원룸 앞 노상에서 피해자 갑(45세, 남) 운전의 (차량번호) 택시를 타고 위 주거지 앞 노상에 도착한 뒤 피해자로부터 택시비 지불을 요구받자 주먹으로 피해자의 얼굴을 1회 때리고 발로 피해자의 어깨 부위를 2회 차는 등 폭행하였다.
>
> 나. 자동차불법사용
>
> 피의자는 20○○. ○. ○. ○○에 있는 ○○원룸 앞 노상에서 위 '가항' 과 같은 피의자의 폭행을 피하고자 피해자가 위 택시 운전석에서 하차하자, 피해자의 동의를 받지 아니한 채 임의로 위 택시의 운전석에 탑승한 채 그곳에서부터 ○○m 가량을 운전하여 가 권리자인 피해자의 자동차를 일시 사용하였다.

2) **적용법조** : 제331조의2 … 공소시효 5년

3) **신문사항**

- 홍길동을 알고 있는가
- 홍길동의 차량을 훔친 일이 있는가
- 언제 어디에 있는 어떤 차량인가
- 어떻게 그곳에 홍길동의 차량이 있다는 것을 알고 있었나
- 자동차 열쇠는 어디에서 구했는가
- 그럼 자동차에 열쇠가 그대로 있었다는 것인가
- 무엇 때문에 자동차를 가져 갔는가
- 사용하고 다시 돌려주려고 하였다는 것인가
- 그런 내용을 사전에 홍길동에게 말하였나
- 말 하지 못할 사정이라도 있었는가
- 언제 다시 돌려주었는가
- 이렇게 사용한 것에 대해 홍길동에게 언제 어떤 방법으로 말하였나

[기재례2] 일시 사용 목적 렌터카 운전

피의자는 20○○. ○. ○. 13:00경 ○○에 있는 ○○신용협동조합 앞 노상에서 피해자 홍길동이 빌린 ○○○허1234호 쏘나타 승용차를 그의 동의 없이 몰고 가 일시 사용하였다.

제5항 상습범

제332조(상습범) 상습으로 제329조 내지 제331조의2의 죄를 범한 자는 그 죄에 정한 형의 2분의 1까지
　 가중한다.
제342조(미수범) 제329조 내지 제341조의 미수범은 처벌한다.
※ 특정범죄가중처벌등에관한법률 제5조의4(상습강도·절도죄 등의 가중처벌)

Ⅰ. 구성요건

상습으로 절도죄 · 야간주거침입절도죄 및 특수절도죄를 범한 경우에 성립

1. 상습성

동종의 범행을 반복하는 습벽

■ 판례 ■　　**상습절도죄에 있어서 상습성의 인정기준**

절도죄에 있어서 상습성의 인정은 절도행위를 여러번 하였다는 것만으로 반드시 인정된다고는 볼 수
없고 그 범행이 절도습성의 발현한 것으로 인정되는 경우에만 상습성의 인정이 가능한 것이고 수회
의 범행이 우발적 동기나 급박한 경제적 사정에서 생한 것으로써 범인이 평소에 가지고 있던 절도습
성의 발현이라고 볼 수 없는 경우에는 이를 상습절도로 인정할 수 없다(대법원 1976.4.13. 선고 76도
259 판결).

■ 판례 ■　　**3차례에 걸친 전과사실만으로 최종범행일로부터 6년이 훨씬 지나고 출소일로부터
3년이 지난 단 1회의 범행을 상습범으로 인정할 수 있는지 여부**

상습범에 있어서의 상습성이라 함은 범행을 반복누행하는 습벽을 말하는 것이므로 상습성을 인정함
에 있어서는 그 범행의 회수와 태양, 종전의 전과사실등이 그 중요한 근거가 되는 것이라 하더라도
이 사건에 있어서와 같이 3차례에 걸친 전과사실이 있으나 최종범행일로부터 6년이 훨씬 지나고 출
소일로부터는 3년이 지난 후에 이 사건 범행을 단 1회 범한 것이라면 상기 전과가 있고 그 범죄의
태양이 동종이었다 하여 이것만으로 이 사건 범행을 상습성의 발현이라고 인정하기에는 부족하다
할 것이고 이 사건 범행이 위 최종전과로부터 장기간의 시일이 경과한 후에 범한 단 1회의 범행임에
도 불구하고 이를 굳이 상습범으로 인정하기 위하여는 위 전과사실등과 더불어 특히 이것이 범행습
벽의 발현이라고 인정해도 무방할 합리적인 사정이 있어야 한다(대법원 1987.9.8. 선고 87도1371,
87감도126 판결).

■ 판례 ■　　**소년법에 의한 보호처분을 받은 사실이 상습성 인정의 자료가 될 수 있는지 여부(적극)**

상습성을 인정하는 자료에는 아무런 제한이 없으므로 과거에 소년법에 의한 보호처분을 받은 사실
도 상습성 인정의 자료로 삼을 수 있다(대법원 1990.6.26. 선고 90도887 판결).

2. 죄 수

- ○ 상습으로 수개의 절취행위를 한 경우 ⇨ 상습절도죄의 포괄일죄
- ○ 상습으로 절도, 야간주거침입절도, 특수절도를 반복한 경우 ⇨ 가장 중한 상습특수절도죄의 포괄일죄

■ 판례 ■ **절도습벽의 발현으로 자동차등불법사용의 범행도 함께 저지른 경우, 형법 제331조의2 소정의 자동차등불법사용죄가 특정범죄가중처벌등에관한법률 제5조의4 제1항 소정의 상습절도죄와 포괄일죄의 관계에 있는지 여부(적극)**

[1] 사실관계

甲은 절도죄 등 동종 전과 4범인 자로서 상습으로 2001.5.16.부터 같은 해 7.31.까지 사이에 모두 7회에 걸쳐 타인의 재물을 절취한 범죄사실에 대하여 특정범죄가중처벌등에관한법률 제5조의4 제1항 위반죄로 제1심판결이 선고되었음에도 또다시 길가에 주차해 놓은 乙의 소나타승용차를 그의 동의 없이 몰고다니다가 체포되었다.

[2] 판결요지

형법 제331조의2, 제332조 및 특정범죄가중처벌등에관한법률(이하 '특가법'이라 한다) 제5조의4 제1항 등의 규정 취지나 자동차등불법사용죄의 성질에 비추어 보면, 상습으로 절도, 야간주거침입절도, 특수절도 또는 그 미수 등의 범행을 저지른 자가 마찬가지로 절도 습벽의 발현으로 자동차등불법사용의 범행도 함께 저지른 경우에 검사가 형법상의 상습절도죄로 기소하는 때는 물론이고, 자동차등불법사용의 점을 제외한 나머지 범행에 대하여 특가법상의 상습절도 등의 죄로 기소하는 때에도 자동차등불법사용의 위법성에 대한 평가는 특가법상의 상습절도 등 죄의 구성요건적 평가 내지 위법성 평가에 포함되어 있다고 보는 것이 타당하고, 따라서 상습절도 등의 범행을 한 자가 추가로 자동차등불법사용의 범행을 한 경우에 그것이 절도 습벽의 발현이라고 보이는 이상 자동차등불법사용의 범행은 상습절도 등의 죄에 흡수되어 1죄만이 성립하고 이와 별개로 자동차등불법사용죄는 성립하지 않는다고 보아야 하고, 검사가 상습절도 등의 범행을 형법 제332조 대신에 특가법 제5조의4 제1항으로 의율하여 기소하였다 하더라도 그 공소제기의 효력은 동일한 습벽의 발현에 의한 자동차등불법사용의 범행에 대하여도 미친다고 보아야 한다(대법원 2002.4.26. 선고 2002도429 판결).

■ 판례 ■ **절도와 야간주거침입절도를 상습으로 범한 경우의 죄책**

단순절도와 야간주거침입절도를 상습적으로 범한 경우에는 그중 법정형이 중한 상습야간주거침입절도죄에 나머지 행위들을 포괄시켜 하나의 죄만이 성립된다(대법원 1979.12.11. 선고 79도2371 판결).

■ 판례 ■ **형법 제329조부터 제331조까지의 죄를 상습으로 범한 형법 제332조의 상습절도죄가 범죄수익은닉의 규제 및 처벌 등에 관한 법률 제2조 제1호 [별표]에서 정한 '중대범죄'에 해당하는지 여부(적극)**

범죄수익은닉의 규제 및 처벌 등에 관한 법률(이하 '범죄수익은닉규제법'이라 한다)상 '범죄수익'이란 '중대범죄에 해당하는 범죄행위에 의하여 생긴 재산[위 법 제2조 제2호 (가)목]' 등을 말하고, '중대범죄'란 '재산상의 부정한 이익을 취득할 목적으로 범한 죄로서 [별표]에 규정된 죄(위 법 제2조 제1호)'를 말하며, [별표]에는 형법 제329조부터 제331조까지의 죄가 중대범죄로 규

정되어 있다. 형법 제332조는 절도의 습벽이 있는 자가 상습으로 형법 제329조 내지 제331조의2의 죄를 범한 때에 가중처벌한다는 규정에 불과하고, 상습성이 없는 단순 절도 범행으로 취득한 범죄수익에 대해서는 범죄수익은닉규제법이 적용됨에도 절도의 습벽이 있는 자가 상습으로 범한 절도 범행으로 취득한 범죄수익에 대해서는 범죄수익은닉규제법이 적용되지 않는다고 해석하는 것은 현저히 부당한 점에 비추어 보면, 설령 위 [별표]에 형법 제332조가 중대범죄로 규정되어 있지 아니하더라도 형법 제329조부터 제331조까지의 죄를 상습으로 범한 형법 제332조의 상습절도죄는 [별표]에서 정한 중대범죄에 해당한다.(대법원 2017. 7. 18., 선고, 2017도5759, 판결)

II. 범죄사실기재 및 신문사항

1. 전과기재 요령

> 피의자는 20○○. ○. ○. ○○지방법원에서 특수절도죄로 징역 1년에 집행유예 2년을 선고받고 같은 날 그 판결이 확정되어 현재 그 유예기간에 있다. 그 외에도 20○○. ○. ○. ○○검찰청에서 특수절도죄로 기소유예 처분을, 20○○. ○. ○. ○○지방검찰청에서 특수절도죄로 소년 보호처분을, 20○○. ○. ○. ○○지방검찰청에서 특정범죄가중처벌등에관한법률위반(절도) 죄로 소년 보호처분을 각각 받았다.

> 피의자는 20○○. ○. ○. ○○지방법원에서 특정범죄가중처벌등에관한법률위반(절도) 죄로 징역 3년을 선고받고 20○○. ○. ○. ○○교도소에서 그 형의 집행을 종료한 외에 같은 종류의 전과가 5회 더 있다.

✽ 상습범의 경우에는 범죄전력이 상습성 인정의 중요한 자료가 되므로 실형은 물론 벌금 · 기소유예 · 보호처분 전력뿐만 아니라 실효된 형도 모두 기재하는 것이 원칙이다. 다만 피의자에게 수회의 전과가 있고 이를 일일이 기재하는 것이 매우 번잡하게 될 때는 아래와 같이 최근 또는 가장 중요한 전과만을 기재하고 나머지 전과는 간략히 기재하는 것도 무방하다.

2. 범죄사실기재 및 신문사항

등대지기 II 형사특별법(특정범죄가중처벌등에관한법률) 참고

제2절 강도의 죄

제1항 강 도

> 제333조(강도) 폭행 또는 협박으로 타인의 재물을 강취하거나 기타 재산상의 이익을 취득하거나 제삼자로 하여금 이를 취득하게 한 자는 3년 이상의 유기징역에 처한다.
> 제342조(미수범) 제329조 내지 제341조의 미수범은 처벌한다.
> 제343조(예비, 음모) 강도할 목적으로 예비 또는 음모한 자는 7년 이하의 징역에 처한다.

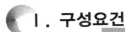 Ⅰ. 구성요건

1. 객 체

타인의 재물 또는 재산상의 이익

(1) 타인의 재물

타인소유 · 타인점유의 재물

○ 자기가 소유하는 타인점유재물을 폭행 · 협박으로 강취한 경우에는 점유강취죄가 성립한다.

■ 판례 ■　　**찢어진 어음의 재물성 및 피해자의 부당한 소지와 범죄의 성부**

찢어진 어음이라 하더라도 그것이 아직 객관적인 경제적 가치 내지 금전적 교환가치를 가지고 있는 경우에는 피해자가 재사용가능하거나 적어도 피해자에게는 그 어음의 원인채권을 변제받기 위한 증거 내지 수단으로 쓸 수 있는 사정이 있다할 것이므로 그 어음조각은 여전히 강도죄의 객체인 재물에 해당한다 할 것이고, 가사 위 어음이 피해자가 이를 부당한 방법으로 소지하게 된 것이라 하여도 범행의 성립에 아무런 소장이 없다(대법원 1987.10.13. 선고 87도1240 판결).

(2) 재산상의 이익

재물 이외의 일체의 재산적 가치 있는 이익

(가) 범 위

○ 부동산은 재물로서가 아니라 재산상 이익으로서 강도죄의 객체가 된다.
○ 재산상 이익에는 영구적 이익(例, 채무면제)뿐만 아니라 일시적 이익(例, 채무이행 연기의 승낙)을 포함하며, 적극적 이익(例, 재산의 증가)뿐만 아니라 소극적 이익(부채의 감소)도 포함된다.

(나) 현실적 취득 요부

재산상의 이익을 현실적으로 취득할 것은 요하지 아니하며, 외견상 재산상의 이득을 얻을 것이라고 인정할 수 있는 사실관계만 있으면 강도죄가 성립한다. 따라서 그 법률행위가 유효이건 무효이건 또는 취소할 수 있는 것이건 불문한다.

■ 판례 ■ **강제이득죄의 요건인 재산상 이익의 의미**

형법 제333조 후단의 강도죄, 이른바 강제이득죄의 요건인 재산상의 이익이란 재물 이외의 재산상의 이익을 말하는 것으로서 적극적 이익(적극적인 재산의 증가)이든 소극적 이익(소극적인 부채의 감소)이든 상관없는 것이고, 강제이득죄는 권리의무관계가 외형상으로라도 불법적으로 변동되는 것을 막고자함에 있는 것으로서 항거불능이나 반항을 억압할 정도의 폭행 협박을 그 요건으로 하는 강도죄의 성질상 그 권리의무관계의 외형상 변동의 사법상 효력의 유무는 그 범죄의 성립에 영향이 없고, 법률상 정당하게 그 이행을 청구할 수 있는 것이 아니라도 강도죄에 있어서의 재산상의 이익에 해당하는 것이며, 따라서 이와 같은 재산상의 이익은 반드시 사법상 유효한 재산상의 이득만을 의미하는 것이 아니고 외견상 재산상의 이득을 얻을 것이라고 인정할 수 있는 사실관계만 있으면 된다(대법원 1994.2.22. 선고 93도428 판결).

■ 판례사례 ■ **[재산상 이득의 취득가능성이 인정되어 강도죄가 성립하는 사례]**

> (1) 甲은 동거녀가 운영하는 주점에서 乙과 함께 손님 丙에게 맥주를 강제로 마시게 한 후 맥주병으로 乙의 머리를 때리고 가위로 귀를 잘라 버리겠다고 위협하여 丙으로 하여금 매출전표에 서명할 것을 강요한 바, 丙이 허위로 서명하고 잠시 후 甲과 乙이 잠든 틈을 이용하여 그 매출전표를 몰래 가지고 주점을 빠져 나온 경우 ⇨ 특수강도죄(대법원 1997.2.25. 선고 96도3411 판결)
> (2) 甲은 자신이 입원해 있던 병원에서 자신과 룸싸롱을 동업한 적이 있는 乙을 전화로 불러 오게 한 다음, 가슴에 품고 있던 식칼을 乙의 목에 들이대고 '위 룸싸롱을 경영하면서 손해를 보았으니 자신의 채권자인 A에게 2천만원을 지급한다는 내용의 지불각서를 쓰라'고 협박하며, 지불각서 쓰기를 망설이는 乙의 오른쪽 어깨를 칼로 1회 찔러 상해를 입히고 위 지불각서를 쓰게 하여 이를 취득한 경우 ⇨ 강도상해죄(대법원 1994.2.22. 선고 93도428 판결)

2. 행 위

폭행·협박으로 타인의 재물이나 재산상 이익을 취득하거나 제3자로 하여금 이를 취득하게 하는 것

(1) 폭행·협박

(가) 의 의

폭행이란 사람에 대한 직접·간접의 유형력 행사(최협의의 폭행)를 말하며, 협박이란 해악을 고지하여 상대방에게 외포심을 갖게 하는 것(최협의의 협박)을 의미한다.

(나) 폭행 · 협박의 정도

○ 상대방의 반항을 억압할 정도에 이르러야 한다. 다만 상대방의 반항이 현실적으로 있었을 것을 요하지 않으며, 예상되는 반항을 불가능하게 하면 족하다. 또한 반항억압은 일반적 반항불가능을 의미하므로 상대방이 폭행 · 협박을 인식하지 못하는 경우에도 강도죄가 성립할 수 있다.

○ 폭행 · 협박이 상대방의 반항을 억압할 수 있는 정도에 이르지 못하고 객관적으로 공갈의 정도에 불과한 경우에는 상대방이 유난히 겁이 많아서 반항이 억압되었다고 하더라도 공갈죄가 성립한다. 반대로 객관적으로는 반항을 억압할 정도의 폭행 · 협박이었는데 상대방이 워낙 담력이 커서 반항이 억압되지 않았다면 공갈죄가 아니라 강도미수죄가 성립한다.

■ 판례 ■ **피고인의 협박의 정도가 피해자등의 반항을 억압함에 족한 협박이라고 볼 수 없는 경우에 강도죄의 성부(소극)**

피고인이 이건 두번의 범행시 비록 칼을 내보이기는 하였으나 범행시간과 장소 및 불과 일이백원정도의 잔돈만을 소지하고 있는 15, 6세 정도의 소년만을 대상자로 선정 범행한 점, 피해자가 피고인에게 "내 돈을 돌려 주어"라고 요구했고 피고인이 피해자에게 시계를 벗어 달라고 했으나 시계는 안주었다는 취지의 진술이 있는 점 등의 사정으로 보아 그의 협박의 정도가 피해자등의 반항을 억압함에 족한 협박이라고 볼 수 없는 경우에는 피고인을 강도죄로 처단할 수 없다(대법원 1976.8.24. 선고 76도1932 판결).

(2) 재물의 강취

폭행 · 협박에 의하여 상대방의 의사에 '반하여' 타인의 재물을 자기 또는 제3자의 점유로 옮기는 행위

(가) 폭행 · 협박의 시기

폭행 · 협박을 통해 재물을 강취하여야 하므로 폭행 · 협박은 취거행위가 기수에 이르기 전에 행해져야 한다.

○ 강도의사 없이 폭행 · 협박으로 반항을 억압한 후에 비로소 영득의사가 생겨 재물을 취거한 경우 ⇨ 폭행 또는 협박죄와 절도죄의 경합범

○ 절도를 하다가 주인에게 들키자 폭행 · 협박으로 재물을 강취한 경우 ⇨ 강도죄

○ 재물 취거 이후에 폭행 · 협박 한 경우 ⇨ 준강도죄

■ 판례 ■ **강간피해자가 도피하면서 범죄현장에 놓고 간 가방에서 피고인이 돈을 꺼낸 경우의 죄책**

강간을 당한 피해자가 도피하면서 현장에 놓아두고 간 손가방은 점유이탈물이 아니라 사회통념상 피해자의 지배하에 있는 물건이라고 보아야 할 것이므로 피고인이 그 손가방 안에 들어 있는 피해

자 소유의 돈을 꺼낸 소위는 절도죄에 해당한다(대법원 1984.2.28. 선고 84도38 판결).

(나) 강취의 수단성

폭행·협박은 취거 이전에 취거의 수단으로서 행해져야 하며, 폭행·협박과 재산탈취 사이에 인과관계가 있어야 한다.

■ 판례 ■ **폭행, 협박을 한 후 그로부터 상당한 시간이 경과한 후에 다른 장소에서 위 금원을 교부받은 경우, 강도의 기수여부(소극)**

[1] 사실관계

甲이 乙에게 돈을 요구하며 과도로 협박하고 주먹과 발로 폭행하였으나 乙이 돈이 없다고 하자 그냥 밖으로 나왔는데, 그 후 전화로 다시 돈을 요구하자 乙은 甲이 행패부릴 것이 두려웠 그 날 저녁에 돈을 전달하였다.

[2] 판결요지

피고인이 폭행, 협박을 한 후 그로부터 상당한 시간이 경과한 후에 다른 장소에서 위 금원을 교부받았다는 것인바, 그렇다면 피고인의 위와 같은 폭행, 협박으로 인하여 위 피해자의 의사가 억압하여 반항이 불가능한 정도에 이르렀다고 하더라도 그 후 피고인의 폭행, 협박으로부터 벗어난 이후에는 그러한 의사억압상태가 계속된다고 보기는 어렵다 할 것이므로 특수강도죄의 미수로 처벌할 수는 있을지언정 이를 특수강도죄의 기수로 처벌한 원심판결에는 강취의 점에 관하여 법리를 오해한 위법이 있다 할 것이다(대법원 1995.3.28. 선고 95도91 판결).

(3) 재산상이익의 취득

(가) 이익의 취득의 형태

- ○ 피해자에게 일정한 재산상 처분행위를 시켜 이익을 취득하는 경우 : 폭행·협박으로 채무면제, 채무이행의 연기에 동의하게 하는 것
- ○ 대가를 지급하지 않고 대가지불을 요하는 경제적 노무를 제공하게 하는 경우 : 영업용 택시기사를 폭행하여 운행케 하고 요금을 지불하지 않는 경우
  ✱ 영업용 택시가 아닌 자가용 승용차를 운행케 한 경우에는 강요죄가 성립한다.
- ○ 피해자에게 일정한 의사표시를 강제하여 이익을 취득하는 경우 : 소유권이전등기 또는 저당권설정등기의 말소의 의사표시를 하게 하는 경우

(나) 피해자의 처분행위의 요부

재산상의 이익의 취득은 상대방의 의사를 억압한 상태에서 이루어지는 것이므로 별도의 피해자의 일정한 처분행위가 있을 필요는 없다. 따라서 채무자가 채무면탈의 목적으로 채권자를 살해한 경우에는 원칙적으로 강도살인죄가 성립한다. 다만 상속인이

존재하여 그에게 여전히 채무를 변제하여야 할 경우에는 재산상 이익의 취득이 존재하지 않으므로 본죄는 성립하지 않고 살인죄만 성립한다.

■ 판례 ■ **행위자가 대여금채무의 면탈을 위하여 피해자를 살해하였으나 피해자의 처가 대여 사실을 알고 있었던 경우, 강도살인죄의 성립 여부(소극)**

강도살인죄가 성립하려면 먼저 강도죄의 성립이 인정되어야 하고, 강도죄가 성립하려면 불법영득(또는 불법이득)의 의사가 있어야 하며, 형법 제333조 후단 소정의 이른바 강제이득죄의 성립요건인 '재산상 이익의 취득'을 인정하기 위하여는 재산상 이익이 사실상 피해자에 대하여 불이익하게 범인 또는 제3자 앞으로 이전되었다고 볼 만한 상태가 이루어져야 하는데, 채무의 존재가 명백할 뿐만 아니라 채권자의 상속인이 존재하고 그 상속인에게 채권의 존재를 확인할 방법이 확보되어 있는 경우에는 비록 그 채무를 면탈할 의사로 채권자를 살해하더라도 일시적으로 채권자 측의 추급을 면한 것에 불과하여 재산상 이익의 지배가 채권자 측으로부터 범인 앞으로 이전되었다고 보기는 어려우므로, 이러한 경우에는 강도살인죄가 성립할 수 없다(대법원 2004.06.24 선고 2004도1098 판결).

(4) 실행의 착수와 기수시기

재산 탈취의 수단이 되는 폭행·협박을 개시한 때 실행의 착수가 인정되고, 재물이나 재산상의 이익을 취득 한 때 기수가 된다. 따라서 강도의 고의로 주거에 들어가 재물을 물색하던 중 체포된 경우에는 주거침입죄와 강도예비죄가 성립한다.

3. 주관적 구성요건

고의와 불법영득의사가 있을 것

■ 판례 ■ **빼앗은 돈을 팁이라고 하면서 피해자의 브래지어 속으로 집어넣어 준 경우, 불법 영득의사유무(소극)**

피해자를 강간한 후 항거불능 상태에 있는 피해자에게 돈을 내놓으라고 하여 피해자가 서랍 안에서 꺼내주는 돈을 받는 즉시 팁이라고 하면서 피해자의 브래지어 속으로 그 돈을 집어넣어 준 것이라면 이는 불법영득을 하려 한 것이 아니라 피해자를 희롱하기 위하여 돈을 뺏은 다음 그대로 돌려주려고 한 의도였다고 할 것이므로 불법영득의 의사가 있었다고 보기 어렵다(대법원 1986.6.24. 선고 86도776 판결).

4. 위법성

(1) 권리행사와 강취

권리행사의 목적으로 폭행·협박에 의해 재물을 강취한 경우 다수설은 강도죄는 성립하지 않고 폭행·협박죄가 성립한다고 하나, 판례는 강도죄가 성립을 긍정하고 있다.

■ 판례 ■ **외상물품 대금채권의 회수를 의뢰받은 자가 그 추심과정에서 폭행·협박행위를 한 경우, 강도죄의 성부(적극)**

채권자로부터 채무자에 대한 외상물품 대금채권의 회수를 의뢰받았다 하더라도, 채무자의 반항을 억압할 정도의 폭행과 협박을 가하여 재물 및 재산상 이득을 취득한 이상 이는 정당한 권리행사라고 볼 수 없음이 명백하여 강도상해죄가 성립함에는 아무런 지장이 없다(대법원 1995.12.12. 선고 95도2385 판결).

(2) 불법한 재물의 강취

피해자의 재물의 소지가 위법하다고 해서 강취행위의 위법성이 조각되는 것은 아니다.

■ 판례 ■ **채권자를 폭행·협박하여 채무를 면탈함으로써 성립하는 강도죄에서 불법이득의사의 유무를 판단하는 방법**

강도상해죄가 성립하려면 먼저 강도죄의 성립이 인정되어야 하고, 강도죄가 성립하려면 불법영득 또는 불법이득의 의사가 있어야 한다. 채권자를 폭행·협박하여 채무를 면탈함으로써 성립하는 강도죄에서 불법이득의사는 단순 폭력범죄와 구별되는 중요한 구성요건 표지이다. 폭행·협박 당시 피고인에게 채무를 면탈하려는 불법이득의사가 있었는지는 신중하고 면밀하게 심리·판단되어야 한다. 불법이득의사는 마음속에 있는 의사이므로, 피고인과 피해자의 관계, 채무의 종류와 액수, 폭행에 이르게 된 경위, 폭행의 정도와 방법, 폭행 이후의 정황 등 범행 전후의 객관적인 사정을 종합하여 불법이득의사가 있었는지를 판단할 수밖에 없다.(대법원 2021. 6. 30., 선고, 2020도4539, 판결)

5. 죄 수

- 1인이 점유하는 수인의 소유물을 강취한 경우 ⇨ 강도죄의 단순1죄
- 1개의 폭행·협박으로 수인으로부터 재물을 강취한 경우 ⇨ 수 개의 강도죄의 상상적 경합
- 절도범이 수인에게 폭행을 가하여 그 중 1인이 상해를 입은 경우 ⇨ 포괄하여 하나의 (준)강도상해죄
- 강도가 수인을 폭행하여 각각 상해를 입힌 경우 ⇨ 수 개의 강도상해죄의 실체적 경합범

■ 판례 ■ **강도가 가족에게 폭행·협박하여 집안에 있는 재물을 탈취한 경우의 죄수(=1개의 강도죄)**

강도가 시간적으로 접착된 상황에서 가족을 이루는 수인에게 폭행·협박을 가하여 집안에 있는 재물을 탈취한 경우 그 재물은 가족의 공동점유 아래 있는 것으로서, 이를 탈취하는 행위는 그 소유자가 누구인지에 불구하고 단일한 강도죄의 죄책을 진다(대법원 1996.7.30. 선고 96도1285 판결).

■ 판례 ■ **甲이 여관에 들어가 여관 종업원과 주인에 대한 각 강도행위를 하고 각 객실에 들어가 각 투숙객들로부터 금품을 강취한 경우**

[1] 강도가 동일한 장소에서 동일한 방법으로 시간적으로 접착된 상황에서 수인의 피해자들에게 폭행 또는 협박을 가하여 그들로부터 각기 점유관리하고 있는 재물을 각각 강취한 경우의 죄수

강도가 동일한 장소에서 동일한 방법으로 시간적으로 접착된 상황에서 수인의 재물을 강취하였다고 하더라도, 수인의 피해자들에게 폭행 또는 협박을 가하여 그들로부터 그들이 각기 점유관리하고 있는 재물을 각각 강취하였다면, 피해자들의 수에 따라 수개의 강도죄를 구성하는 것이고, 다만 강도범인이 피해자들의 반항을 억압하는 수단인 폭행·협박행위가 사실상 공통으로 이루어졌기 때문에, 법률

상 1개의 행위로 평가되어 상상적 경합으로 보아야 될 경우가 있는 것은 별문제이다.

[2] 피고인의 여관 종업원과 주인에 대한 각 강도행위를 한 경우 죄수(=상상적 경합)

피고인이 여관에서 종업원을 칼로 찔러 상해를 가하고 객실로 끌고 들어가는 등 폭행·협박을 하고 있던 중, 마침 다른 방에서 나오던 여관의 주인도 같은 방에 밀어 넣은 후, 주인으로부터 금품을 강취하고, 1층 안내실에서 종업원 소유의 현금을 꺼내 갔다면, 여관 종업원과 주인에 대한 각 강도행위가 각별로 강도죄를 구성하되 피고인이 피해자인 종업원과 주인을 폭행·협박한 행위는 법률상 1개의 행위로 평가되는 것이 상당하므로 위 2죄는 상상적 경합범관계에 있다고 할 것이다.

[3] 강도가 여관에 들어가 관리인을 칼로 찔러 상해를 가하고 그로부터 금품을 강취한 다음, 각 객실에 들어가 각 투숙객들로부터 금품을 강취한 경우 죄수(= 실체적 경합)

강도가 서로 다른 시기에 다른 장소에서 수인의 피해자들에게 각기 폭행 또는 협박을 하여 각 그 피해자들의 재물을 강취하고, 그 피해자들 중 1인을 상해한 경우에는, 각기 별도로 강도죄와 강도상해죄가 성립하는 것임은 물론, 법률상 1개의 행위로 평가되는 것도 아닌 바, 피고인이 여관에 들어가 1층 안내실에 있던 여관의 관리인을 칼로 찔러 상해를 가하고, 그로부터 금품을 강취한 다음, 각 객실에 들어가 각 투숙객들로부터 금품을 강취하였다면, 피고인의 위와 같은 각 행위는 비록 시간적으로 접착된 상황에서 동일한 방법으로 이루어지기는 하였으나, 포괄하여 1개의 강도상해죄만을 구성하는 것이 아니라 실체적 경합범의 관계에 있는 것이라고 할 것이다(대법원 1991.6.25. 선고 91도643 판결).

6. 타 죄와의 관계

- 강도죄가 성립하는 경우 별도로 폭행·협박·절도죄는 성립하지 않는다.
- 야간주거침입강도의 경우 주거침입죄는 이에 흡수되고 그 밖에 특수강도의 경우 실체적 경합범이 된다.
- 강도의 목적으로 감금한 경우 감금죄와 강도죄의 상상적 경합범이 되나, 감금 중 새로운 강도의 범의로 강도를 한 경우에는 실체적 경합범이 된다.
- 강도가 체포를 면탈할 목적으로 경찰관에게 폭행을 가한 때에는 강도죄와 공무집행방해죄의 실체적 경합범이 된다.
- 부녀를 강간한자가 강간행위 후에 강도의 범의를 일으켜 재물을 강취하는 경우에는 강간죄와 강도죄의 경합범이 성립한다.

■ 판례 ■ **강도죄·공갈죄와 절도죄의 관계**

[1] 갈취한 현금카드를 사용하여 현금자동지급기에서 예금을 인출한 행위가 공갈죄와 별도로 절도죄를 구성하는지 여부(소극)

예금주인 현금카드 소유자를 협박하여 그 카드를 갈취한 다음 피해자의 승낙에 의하여 현금카드를 사용할 권한을 부여받아 이를 이용하여 현금자동지급기에서 현금을 인출한 행위는 모두 피해자의 예금을 갈취하고자 하는 피고인의 단일하고 계속된 범의 아래에서 이루어진 일련의 행위로서 포괄하여 하나의 공갈죄를 구성하므로, 현금자동지급기에서 피해자의 예금을 인출한 행위를 현금카드 갈취행위와 분리하여 따로 절도죄로 처단할 수는 없다. 왜냐하면 위 예금 인출 행위는 하자 있는 의사표시이기는 하지만 피해자의 승낙에 기한 것이고, 피해자가 그 승낙의 의사표시를 취소하기까지는 현금카드를 적법, 유효하게 사용할 수 있으므로, 은행으로서도 피해자의 지급정지 신청이 없는 한 그의 의사에 따라 그의 계산으로 적법하게 예금을 지급할 수밖에 없기 때문이다.

[2] 강취한 현금카드를 사용하여 현금자동지급기에서 예금을 인출한 행위가 강도죄와 별도로 절도죄를 구성하는지 여부(적극)

강도죄는 공갈죄와는 달리 피해자의 반항을 억압할 정도로 강력한 정도의 폭행·협박을 수단으로 재물을 탈취하여야 성립하므로, 피해자로부터 현금카드를 강취하였다고 인정되는 경우에는 피해자로부터 현금카드의 사용에 관한 승낙의 의사표시가 있었다고 볼 여지가 없다. 따라서 강취한 현금카드를 사용하여 현금자동지급기에서 예금을 인출한 행위는 피해자의 승낙에 기한 것이라고 할 수 없으므로, 현금자동지급기 관리자의 의사에 반하여 그의 지배를 배제하고 그 현금을 자기의 지배하에 옮겨 놓는 것이 되어서 강도죄와는 별도로 절도죄를 구성한다(대법원 2007.5.10. 선고 2007도1375 판결).

● II. 범죄사실 작성 시 유의사항

1. 객체 및 동기

가. 타인의 재물이라는 점을 명백히 하지 않으면 안되나 구체적으로 누구의 소유에 속하는가를 나타내는 것이 필수요건은 아니다. 소유자가 불명인 경우에는 '소유자 불명의, 성명미상자 소유의'라고 쓴다.

나. 소유자와 현실의 점유자가 다른 경우에는 'A가 관리하고 있는 B주식회사 소유의'와 같이 적시하는 것이 보통이다.

다. 피해자의 점유의 존부에 관하여 의문이 느껴지는 사안에서는 그 점유가 있다는 점을 알 수 있도록 사실을 적시하면 된다.

라. 피해물건은 품명, 수량 등에 의하여 특정하여야 할 것이며 일반적으로 피해물건의 가액 상당까지 표시한다. 피해물건이 압수되고 증거물로 현출된 경우에는 피해물건의 품명, 수량에 이어 '(증 제○○호)'라고 표시한다.

마. '돈이 궁한 나머지'라는 등의 범죄의 동기나 '○○을 강취하여 타에 매각하고'와 같은 범죄 후의 사정 등은 특별한 이유가 없는 한 적시할 필요가 없다.

2. 고 의

가. 강도의 의사로 범행하였다는 점을 적시하는 것이 통상이나 행위 자체에 의하여 그 의사를 명백히 알아 볼 수 있는 경우에는 이 점에 관하여 특히 명시할 필요는 없다.

나. 공갈의 의사가 도중에서 강도의 의사로 바뀐 경우 등에는 그 경위를 적시하여 강도의 고의가 성립되었음을 명백히 하여야 할 것이다.

3. 폭행, 협박

가. 폭행, 협박이 사회통념상 일반적으로 피해자의 반항을 억압하기에 족한 정도의 것이라는 점을 나타내기 위하여 행위의 태양 및 그 정도를 표현하는 언어 내지 신체의 동작을 구체적으로 적시하는 것이 필요하다.

또 폭행, 협박한 시각, 장소, 주위의 상황, 피해자의 성별, 연령 등이 피해자의 공포심을 조장하고 반항억압의 상황을 생기게 한 객관적 요소의 하나가 되어있는 경우에는 이를 적시하여 두는 것이 좋다.

나. 피해자의 반항이 억압되었다는 점을 나타내는 의미에서 '반항을 억압한 뒤'라는 식의 말을 쓰는 것이 보통이다.

4. 탈취의 태양

탈취의 태양도 구체적으로 적시함이 좋다.

Ⅲ. 범죄사실기재

1) 범죄사실 기재례

[기재례1] 폭행·협박으로 현금강취

피의자는 20○○. ○. ○. ○○:○○경 ○○○ 뒷길에서 혼자 지나가는 피해자 홍길동을 불러 세워 갑자기 주먹으로 얼굴과 복부를 각 때리면서 돈을 내놓지 않으면 계속 때릴 듯한 태도를 보이는 등 폭행과 협박을 하여 피해자로 하여금 반항하지 못하게 한 후 그로부터 현금 60만원을 빼앗아 가 강취하였다.

[기재례2] 수면제를 타 혼수상태에 빠지게 한 후 현금 등 강취

피의자는 20○○. ○. ○. ○○:○○경 ○○에 있는 제비카바레에서 피해자 홍길녀(여, 40세)와 즉석 부킹으로 만나 춤을 추면서 어울리다가 위 홍길녀가 잠시 화장실에 간 틈을 타서 그곳 피의자와 피해자의 탁자에 있는 맥주병에 미리 준비하여 가지고 있던 수면제인 ○○○을 넣어 그 맥주를 따라 그녀에게 권하였다.

피의자는 그녀로 하여금 혼수상태에 빠지게 한 후 그곳에서 그녀가 잠시 의식을 잃고 쓰러지자 그녀 소유의 핸드백을 가져가 핸드백 속에 있던 ○○은행 자기앞 수표 10만원권 4매, 현금 50만원 등 합계 90만원 상당을 빼내어 가지고 가 강취하였다.

2) 적용법조 : 제333조 … 공소시효 10년

Ⅳ. 피해자 조사사항

- 피의자와 어떤 관계인가
- 어떤 피해를 보았는가
- 언제 어디에서 피해보았나
- 그곳은 어떻게 가게 되었는가
- 어떻게 폭행 · 협박 하던가
- 흉기를 가지고 있지 않던가
- 피의자의 행위에 대항하지 않았는가
- 왜 반항하지 못하였는가
- 빼앗긴 물건이 무엇인가
- 시가 얼마 정도이며 피해품의 특징은
- 피해품을 회수하였는가
- 피의자의 처벌을 원하는가

Ⅴ. 피의자 신문사항

1. 피의자의 일반적 조사사항

✱ 강도죄에 대해서는 절도죄 조사에서의 각 항목 외에 다음 사항을 조사

가. 폭행(협박)

- 누구에게 폭행(협박)을 가했는가
- 폭행(협박)의 구체적 방법
- 흉기 등의 종류와 그 입수경로(도검, 총기, 끈 · 곤봉, 기타 독극물 등)
- 흉기사용시 구체적 태양(부위 · 횟수 · 방법 · 정도 등)
- 흉기의 유기 또는 은닉처

나. 폭행(협박)의 동기 · 목적

- 언제 폭행(협박)을 가하려는 결의를 했는가
- 왜 폭행(협박)을 가했는가
  - ○ 재물강취 목적(자기가 재산상 불법이익을 얻기 위함인가, 타인에게 재산상의 불법이익을 얻게 하기 위함인가)

- ㅇ 체포를 면탈하기 위함인가
- ㅇ 재물의 탈환을 거부하기 위함인가
- ㅇ 죄증을 인멸하기 위함인가

다. 피해자의 외포상태

- 피해자는 반항했는가(실신, 혼수상태, 반항의사 완전억압)
- 피의자의 태도에 특히 변한 점은 없었는가

라. 피해의 실태

- 폭행(협박)의 결과에 대한 인식이 있었는가
- 피해자의 반항의사를 완전히 억압한 후에 재물을 강취했는가, 임의교부는 아니었는가
- 폭행(협박)의 피해자와 재물의 피강취자는 동일인인가, 다르다면 양자에 대해서 각각 인식하고 있었는가

2. 피의자 신문例

- 피의자는 남의 집에 들어가 금품을 빼앗은 일이 있는가.
- 언제 어디서 그랬나
- 왜 그 집을(피해자를) 선택하였는가
- 무엇을 빼앗았나
- 누구와 이러한 행위를 하였나(공범여부)
- 어떻게 범행을 했나.
- 피해자를 때린 일이 있나
  이때 ○○에서 압수한 증제 1호의 칼을 보여주며
- 피의자가 범행에 사용한 칼이 이것인가.
- 이 칼은 어디에서 난 것인가.
- 이 칼을 어떻게 사용하였나
- 훔친 물건들은 어떻게 하였나
- 왜 이런 범행을 했는가
- 피해변상을 했는가

제2항 특수강도

제334조(특수강도) ① 야간에 사람의 주거, 관리하는 건조물, 선박이나 항공기 또는 점유하는 방실에 침입하여 제333조의 죄를 범한 자는 무기 또는 5년 이상의 징역에 처한다.
② 흉기를 휴대하거나 2인이상이 합동하여 전조의 죄를 범한 자도 전항의 형과 같다.
제342조(미수범) 제329조 내지 제341조의 미수범은 처벌한다.
제343조(예비, 음모) 강도할 목적으로 예비 또는 음모한 자는 7년 이하의 징역에 처한다.

 I. 구성요건

1. 제334조 제1항(야간주거침입강도)

(1) 행 위

야간에 사람의 주거, 관리하는 건조물, 선박이나 항공기 또는 점유하는 방실에 침입하여 강도죄를 범하는 것

(가) 야 간

야간이란 일몰 후부터 일출 전까지를 말하는 것으로서, 주거침입 또는 강취행위 중 어느 하나만 야간에 이루어지면 본죄가 성립한다.

(나) 실행의 착수

야간주거침입강도죄의 실행의 착수시기에 관해 학설상 주거침입시설과 폭행·협박시설(다수설)이 대립하고 있으나, 판례는 실행의 착수시기를 주거침입시에 두기도 하고 (대법원 91도2296 판결), 폭행·협박시에 두기도(대법원 92도917 판결)함으로써 일관성을 결여하고 있다.

■ 관례 ■ **강도행위가 야간에 주거에 침입하여 이루어지는 특수강도죄의 실행의 착수시기(= 주거침입시)**

[1] 사실관계

甲과 乙은 야간에 丙녀의 집에 이르러 재물을 강취할 의도로 甲은 출입문 옆 창살을 통하여 침입하고 乙은 부엌방충망을 뜯고 들어 가다가 乙녀의 시아버지의 헛기침 소리에 발각된 것으로 알고 도주하였다.

[2] 판결요지

형법 제334조 제1항소정의 야간주거침입강도죄는 주거침입과 강도의 결합범으로서 시간적으로 주거침입행위가 선행되므로 주거침입을 한 때에 본죄의 실행에 착수한 것으로 볼 것인바, 같은 조 제2항

소정의 흉기휴대 합동강도죄에 있어서도 그 강도행위가 야간에 주거에 침입하여 이루어지는 경우에는 주거침입을 한 때에 실행에 착수한 것으로 보는 것이 타당하다(대법원 1992.7.28. 선고 92도917 판결). ☞ (甲과 乙은 특수강도의 미수)

■ 판례 ■ **강도행위가 야간에 주거에 침입하여 이루어지는 특수강도죄의 실행의 착수시기(=폭행·협박시)**

특수강도의 실행의 착수는 강도의 실행행위 즉 사람의 반항을 억압할 수 있는 정도의 폭행 또는 협박에 나아갈 때에 있다 할 것이다. 따라서 강도의 범의로 야간에 칼을 휴대한 채 타인의 주거에 침입하여 집안의 동정을 살피다가 피해자를 발견하고 갑자기 욕정을 일으켜 칼로 협박하여 강간한 경우, 야간에 흉기를 휴대한 채 타인의 주거에 침입하여 집안의 동정을 살피는 것만으로는 특수강도의 실행에 착수한 것이라고 할 수 없으므로 위의 특수강도에 착수하기도 전에 저질러진 위와 같은 강간행위가 구 특정범죄가중처벌등에관한법률 제5조의6 제1항 소정의 특수강도강간죄에 해당한다고 할 수 없다(대법원 1991.11.22. 선고 91도2296 판결).

(다) 기수시기

재물 또는 재산상의 이득을 취득한 때 기수가 된다.

2. 흉기휴대강도(제334조 제2항 전단)·합동강도(제334조 제2항 후단)

흉기를 휴대하거나 2인 이상이 합동하여 강도죄를 범함으로써 성립(특수절도죄와 동일)

◗ II. 의률상 유의사항

■ 판례 ■ **강간범이 강간의 범행 후에 특수강도의 범의를 일으켜 부녀의 재물을 강취한 경우, 성폭력범죄의처벌및피해자보호등에관한법률 제5조 제2항 소정의 특수강도강간죄로 의율할 수 있는지 여부(한정 소극)**

강간범이 강간행위 후에 강도의 범의를 일으켜 그 부녀의 재물을 강취하는 경우에는 형법상 강도강간죄가 아니라 강간죄와 강도죄의 경합범이 성립될 수 있을 뿐인바, 성폭력범죄의처벌및피해자보호등에관한법률 제5조 제2항은 형법 제334조(특수강도) 등의 죄를 범한 자가 형법 제297조(강간) 등의 죄를 범한 경우에 이를 특수강도강간 등의 죄로 가중하여 처벌하고 있으므로, 다른 특별한 사정이 없는 한 강간범이 강간의 범행 후에 특수강도의 범의를 일으켜 그 부녀의 재물을 강취한 경우에는 이를 성폭력범죄의처벌및피해자보호등에관한법률 제5조 제2항 소정의 특수강도강간죄로 의율할 수 없다(대법원 2002. 2.8. 선고 2001도6425 판결).

III. 범죄사실기재

[기재례1] 2인이 흉기를 휴대하고 강도(2인 이상 합동강도)

1) 범죄사실 기재례

> 피의자들은 20○○. ○. ○. ○○:○○경 ○○에 있는 강촌건설사무소에 들어가 그곳에서 경비근무 중이던 피해자 홍길동에게 피의자 甲이 미리 가지고 간 길이 15㎝가량의 단도를 들이대고 소리 지르면 죽여버리겠다고 말하면서 협박하고, 피의자 乙은 미리 준비해 간 나일론 끈으로 그를 ○○○(방법) 포박하였다.
>
> 피의자들은 합동하여 위와 같이 피해자가 반항하지 못하게 한 후 그곳에 놓인 금고를 열어 그가 관리하는 현금 ○○만원을 꺼내어 강취하였다.

2) 적용법조 : 제334조 제2항, 제333조 … 공소시효 15년

[기재례2] 협박으로 신용카드 매출전표에 서명날인 강요(2인 이상 합동강도)

1) 범죄사실 기재례

> 피의자들은 20○○. ○. ○. ○○:○○경 피의자 乙의 동거녀인 홍갑순이 경영하는 주점에서 피의자 乙은 피의자 甲에게 그곳 중간 방에서 잠을 자고 있던 피해자 김순진을 데리고 오라고 말하고, 피의자 甲은 피의자 乙의 말에 따라 위 피해자를 깨워 방안으로 데리고 가 무릎을 꿇게 한 다음 피의자 乙이 있는 가운데 피해자에게 "내가 강릉 조직폭력배 대부다. 잠을 잤으면 방세를 주고 가야지." 라고 말하고 맥주를 강제로 마시게 한 후, 빈 맥주병으로 피해자의 머리를 3~4회 때리며 "이 자식아, 술을 먹었으면 돈을 주어야지." 라고 말하고, 주먹으로 얼굴을 1회 때리고, 피의자 乙은 옆에서 피해자가 말을 듣지 않으면 위해를 가할 듯한 태도를 보였다.
>
> 피의자들은 피해자가 소지하고 있던 ○○신용카드 1장과 ○○은행 비자카드 1장을 받아서 그곳에 있던 신용카드 매출전표 발급기를 이용하여 ○○신용카드 매출전표 1장(금액 ○○만원)과 ○○은행 비자카드 매출전표 3장(각 금액 ○○만원, ○○만원, ○○만원)을 만들어 피해자에게 들이대고, 피의자 甲은 맥주병을 들고 때릴 듯이 위협하며 "너 죽을래" 라고 말하고, 다시 가위를 피해자의 귓가에 바짝 들이대면서 "서명하지 않으면 귀를 잘라 버리겠다." 라고 말하였다.
>
> 피의자들은 합동하여 위와 같이 피해자가 반항하지 못하게 한 후 피해자로 하여금 위 각 매출전표에 서명하게 한 후 ○○은행에서 현금을 인출하여 강취하였다.

2) 적용법조 : 제334조 제2항, 제333조 … 공소시효 15년

[기재례3] 야간주거침입 강도

1) 범죄사실 기재례

피의자는 20○○. ○. ○. 23:20경 ○○에 있는 피해자 甲(30세)의 집 담장을 넘어 현관을 통해 안방으로 침입한 후 위 피해자에 대하여 "돈을 내놓아"라고 말하면서 손에 든 길이 50cm의 몽둥이(증 제1호)로 그의 머리를 때릴 듯이 반항을 억압한 다음 그의 저고리 오른쪽 호주머니에서 그 소유 현금 ○○만원을 빼앗아 강취하였다.

2) 적용법조 : 제334조 제1항, 제333조… 공소시효 15년

[기재례4] 현금과 신용카드를 강취하여 현금자동지급기에서 인출한 경우

1) 범죄사실 기재례

가. 특수강도

피의자들은 20○○. ○. ○. 11:30경 ○○에 있는 피해자 乙(여, 38세) 운영의 ○○스킨샵에서 피의자 3, 피의자1이 먼저 위 가게 안으로 들어가 피해자 乙과 종업원인 피해자 丙(여, 24세)에게 위험한 물건인 칼(길이 20㎝가량)을 들이대며 "조용히 해라, 소리치고 울면 죽인다"고 말하는 등 협박하고 위 테이프로 피해자들의 입과 손목 등을 감아 묶고, 피의자 2는 피의자 3, 피의자 1을 뒤따라 위 피부관리실로 들어가 출입문을 잠그고 피해자들이 도망가지 못하게 감시하는 등 위세를 가하였다.

피의자들은 합동하여 위와 같이 피해자들의 반항을 억압한 다음 피해자 乙로부터 현금 ○○만원, ○○신용카드, 농협직불카드, 주민등록증 각 1장을, 피해자 丙으로부터 현금 ○○만원, 새마을금고카드, 교통카드, 자동차운전면허증 각 1장을 빼앗아 이를 각각 강취하였다.

나. 특수절도, 여신전문금융업법 위반

피의자들은 전항과 같이 강취한 카드 비밀번호를 乙로부터 알아낸 다음 피의자 1은 위 가게에서 乙, 丙을 감시하고, 피의자 2, 피의자 3은 인근 은행으로 가 카드를 이용하여 현금을 절취할 것을 공모하고, 전항 기재 일시경 위 ○○에 있는 피해자 ○○은행 ○○지점에서 피의자 2, 피의자 3은 그곳에 설치된 현금인출기에 전항과 같이 강취한 ○○신용카드를 넣고 현금서비스 받는 방법으로 ○○만원을, 농협직불카드를 넣고 예금을 인출하는 방법으로 ○○만원을 각각 인출함으로써 피해자 ○○은행 ○○지점 소유의 현금 합계 ○○만원 상당을 절취하고, 위와 같이 강취한 ○○신용카드를 사용하였다.

다. 강도예비

피의자 4는 20○○. ○. ○.경 ○○에 있는 ○○소아청소년과에서 금품을 강취할 목적으로 범행에 사용할 칼, 테이프, 모자, 마스크, 장갑 등을 각각 소지하고, 그곳에 이르러 주변 동정을 살피는 등 강도를 예비하였다.

2) 적용법조 : 형법 제334조 제2항, 제1항, 제333조(특수강도), 제331조 제2항, 제1항(특수절도), 여신전문금융업법 제70조 제1항 제4호, 제343조(강도예비)

[기재례5] 택시요금을 면하기 위해 과도로 협박

1) 범죄사실 기재례

피의자는 20○○. ○. ○. 22:30경 ○○에 있는 ○○백화점 앞길에서 피해자 甲(32세)이 운전하는 ○○71바2556호 모범택시에 승차하였다.

피의자는 같은 날 23:00경 ○○ 앞 도로에 이르러 택시요금의 지급을 면할 목적으로 소지하고 있던 과도(길이 14㎝)로 피해자의 목에 들이대며 고개를 죽이도록 하여 반항하지 못하게 한 다음 택시에서 내려 도주하여 택시요금 ○○만원의 지급을 면함으로써 같은 액수에 해당하는 재산상 이익을 취득하였다.

2) 적용법조 : 제334조 제2항, 제333조 … 공소시효 15년

[기재례6] 신용카드등 금품을 강취후 강간·강제추행하고 현금자동지급기에서 현금인출

1) 범죄사실 기재례

가. 성폭력범죄의 처벌 등에 관한 특례법 위반(특수강도강간 등)

피의자들은 20○○. ○. ○. 14:00경 ○○에 있는 피해자 丁(여, 46세) 운영의 ○○피부관리실에서 미리 준비한 칼, 마스크, 테이프 등 범행도구를 각 소지하고, 피의자 2가 먼저 위 피부관리실 안으로 들어가 위험한 물건인 칼(길이 20㎝)로 피해자 丁과 종업원인 피해자 戊(여, 37세)를 찌르듯이 겁을 주고, 미리 준비한 테이프로 피해자들의 얼굴과 손목 등을 묶고, 피의자 1은 피의자 2를 뒤따라 위 피부관리실로 들어가 출입문을 잠그고 피해자들이 도망가지 못하게 감시하는 등 위세를 가하였다.

피의자들은 합동하여 위와 같이 피해자들이 반항하지 못하게 한 후 피해자 丁으로부터 현금 ○○만원과 예금통장 1장을, 피해자 戊로부터 국민은행 신용카드 1장을 빼앗아 각각 강취하였다.

피의자들은 피해자들에게 욕정을 일으켜 그 자리에서 피의자 1은 피해자 戊의 하의와 팬티를 강제로 벗기고, 성기를 꺼내어 위 피해자의 입에 대고 빨게 하는 등 피해자 戊를 강제로 추행하고, 피의자 2는 피해자 丁의 옷을 강제로 벗기고 자신의 성기를 꺼내어 피해자 丁의 음부에 삽입하는 등 1회 간음하여 피해자 丁을 강간하였다.

나. 특수절도, 여신전문금융업법 위반

피의자들은 전항과 같이 강취한 카드 비밀번호를 피해자 戊로부터 알아낸 다음 피의자 1은 위 가게에서 피해자들을 감시하고, 피의자 2는 인근 은행으로 가 카드를 이용하여 현금을 절취할 것을 공모하고, 전항 기재 일시에 위 ○○에 있는 피해자 ○○은행 ○○지점에서 피의자 2는 그곳에 설치된 현금인출기에 전항과 같이 강취한 국민은행 신용카드를 넣고 그 비밀번호를 입력하여 현금서비스를 받는 방법으로 위 피해자 ○○은행 ○○지점 소유의 현금 ○○만원을 인출함으로써 절취하고, 강취한 신용카드를 사용하였다.

2) 적용법조 : 형법 제334조 제2항, 제1항, 제333조(특수강도), 제331조 제2항, 제1항(특수절도), 제329조(절도), 여신전문금융업법 제70조 제1항 제4호(강취한 신용 카드사용), 성폭력범죄의 처벌 등에 관한 특례법 제3조 제2항, 형법 제298조(특수강도강제추행), 제5조 제2항, 형법 제297조(특수강도강간)

[기재례7] 노래방 특수강도

1) 범죄사실 기재례

피의자는 미납 벌금 전과가 있는 사람으로서, 이로 인해 수사기관에 체포될 것을 우려해서 제대로 된 직장을 구하지 못하였고 모텔을 전전하면서 숙박료도 제대로 지급하지 못하자 흉기로 타인을 위협하여 연체된 숙박료 등을 청산할 수 있는 돈을 마련하기로 마음먹었다.

피의자는 20○○. 5. 26. 13:00경 ○○에 있는 ○○터미널 지하에 있는 ○○○에서 치즈를 자르는 과도 하나를 구입하여 주머니에 넣어서 범행 대상을 물색하기 위하여 ○○으로 내려왔다.

피의자는 같은 날 저녁 무렵 ○○에 있는 노래방들을 방문하면서 범행현장을 물색하다 ○○에서 피해자 갑, 여, 65세)가 운영하는 ○○노래연습장에 손님으로 가장하고 들어가 6번 방으로 안내받은 다음, 필요한 경우 피해자를 제압하기 위하여 사용하려고 노래방 수건을 잘라 끈으로 만드는 등 범행 기회를 엿보다가 실패하고 노래방을 나왔다.

그 후 피의자는 같은 날 23:00경 다시 위 ○○노래연습장에 손님으로 가장하고 들어가 위 6번 방으로 안내받은 다음, 잠시 후 피해자에게 "방의 모니터가 고장이 났다"라고 거짓말하여 이에 속은 피해자가 그곳으로 들어와 모니터에 이상이 없음을 확인한 후 밖으로 나가려고 하는 순간, 갑자기 피해자의 뒤에서 팔로 목을 감아 조르면서 미리 준비한 흉기인 과도(칼날 길이 약 10 cm)를 피해자의 얼굴 부위에 들이대고 "소파에 앉아라! 어머니 제가 묶으려면 묶을 수 있다. 나도 이러려고 한 게 아니다. 찌르려고 했으면 찌를 수 있다. 내 말만 들으면 가만히 놔두겠다. 김○○이라는 사람이 당신 사진을 보여주면서 죽이라고 하여 사주를 받고 왔다. 당신을 죽이지 못하면 도피를 해야 하는 데 돈이 필요하다."라고 말하며 이에 응하지 않으면 찌를 듯한 태도를 보이는 등 협박하여 피해자가 반항하지 못하게 한 후 피해자로부터 그 소유인 현금 ○○만원을 빼앗아 가 강취하였다.

2) **적용법조** : 제334조 제2항, 제333조 … 공소시효 15년

[기재례8] 편의점 특수강도

1) **범죄사실 기재례**

피의자는 20○○. ○. ○. ○○:○○경 ○○에 있는 피해자 갑이 종업원으로 근무하는 ○○편의점 점 부근에서, 흉기인 멍키스패너(길이 약 20cm)를 발견하자, 위 편의점에 들어가 금원을 강취하기로 마음먹었다.

피의자는 검은색 마스크로 얼굴을 가리고 오른손에 위 멍키스패너와 종이가방을 들고서 위 편의점 안으로 들어간 다음, 위 멍키스패너로 피해자를 내려칠 듯이 위협하며 피해자에게 "가방 안에 돈을 넣어라, 빨리 돈을 가방에 넣어라."라고 소리쳐 피해자의 반항을 억압한 후, 피해자로부터 현금 ○○만원을 건네받아 이를 강취하였다.

2) **적용법조** : 제334조 제2항, 제333조 … 공소시효 15년

- 피의자는 남의 집에 들어가 금품을 빼앗은 일이 있는가
- 누구와 같이 하였는가
- 甲과 언제 어디에서 이런 범행을 하기로 하였는가
- 각자 역할분담은 어떻게 하기로 하였나
- 언제 어디서 범행하였나
- 왜 그 집을(피해자를) 선택하였는가
- 무엇을 빼앗았나
- 어떻게 범행을 했나
- 피해자를 때린 일이 있나

  이때 ○○에서 압수한 증제 1호의 칼을 보여주며

- 피의자가 범행에 사용한 칼이 이것인가
- 이 칼은 어디에서 난 것인가
- 이 칼을 어떻게 사용하였나
- 훔친 물건들은 어떻게 하였나
- 왜 이런 범행을 했는가
- 피해변상을 했는가

제3항 준강도

> 제335조(준강도) 절도가 재물의 탈환에 항거하거나 체포를 면탈하거나 범죄의 흔적을 인멸할 목적으로 폭행 또는 협박한 때에는 제333조 및 제334조의 예에 따른다.
> 제342조(미수범) 제329조 내지 제341조의 미수범은 처벌한다.
> 제343조(예비, 음모) 강도할 목적으로 예비 또는 음모한 자는 7년 이하의 징역에 처한다.

 ## I. 구성요건

1. 주 체
모든 절도범(단순절도 · 야간주거침입절도 · 특수절도 · 상습절도범)과 강도

(1) 절도죄의 정범일 것
절도죄의 공범이 폭행 · 협박에 가담한 경우에는 본죄의 공범이 될 뿐이다.

(2) 절도의 실행 착수 이후일 것
절도의 예비 단계에서 폭행 · 협박을 한 경우에는 본죄가 성립하지 않는다. 따라서 야간에 절도의 의사로 주거에 침입했다가 발각되어 폭행한 경우에는 본죄가 성립하나, 주간에 절도의 의사로 주거에 침입했다가 발각되어 폭행한 경우에는 본죄가 성립하지 않는다.

(3) 절도죄의 실행 정도
절도의 실행 착수가 있으면 족하고 절도의 기수 · 미수를 불문하고 본죄의 주체가 된다.

(4) 강도도 본죄의 주체가 될 수 있는지
강도가 체포를 면탈하기 위해 흉기를 휴대하고 폭행 · 협박을 한 경우에는 특수강도의 준강도가 성립한다(다수설).

2. 행 위
폭행 또는 협박을 하는 것

(1) 정 도
강도죄의 폭행 · 협박과 마찬가지로 상대방의 반항을 억압할 정도이어야 한다.

■ 판례 ■ **체포에 필요한 정도를 넘는 심한 폭력에 대항하기 위하여 절도범이 체포자에게 상해를 입힌 경우 준강도죄의 성부(소극)**

[1] 사실관계

> 甲은 乙의 집에 들어가 재물을 절취하고 나오다가 乙에게 발각되었는데, 자신을 체포하려는 乙이 체포에 필요한 정도를 넘어서서 발로 차며 중상을 입힐 정도로 심한 폭력을 가해오자 이를 피하기 위하여 엉겁결에 곁에 있던 솥뚜껑을 들어 위 폭력을 막아 내려다가 그 솥뚜껑에 스치어 乙에게 상처를 입게 하였다.

[2] 판결요지

가. 준강도죄에 있어서의 폭행의 정도

준강도죄의 구성요건인 폭행, 협박은 일반강도죄와의 균형상 사람의 반항을 억압할 정도의 것임을 요하므로, 일반적, 객관적으로 체포 또는 재물탈환을 하려는 자의 체포의사나 탈환의사를 제압할 정도라고 인정될 만한 폭행, 협박이 있어야만 준강도죄가 성립한다고 할 것이다.

나. 甲의 죄책

피고인을 체포하려는 피해자가 체포에 필요한 정도를 넘어서서 발로 차며 늑골 9, 10번 골절상, 좌폐기흉증, 좌흉막출혈 등 전치 3개월을 요하는 중상을 입힐 정도로 심한 폭력을 가해오자 피고인이 이를 피하기 위하여 엉겁결에 솥뚜껑을 들어 위 폭력을 막아 내려다가 그 솥뚜껑에 스치어 피해자가 상처를 입게 되었다면 피고인의 위 행위는 일반적, 객관적으로 피해자의 체포의사를 제압할 정도의 폭행에 해당하지 않는다고 할 것이므로 준강도상해죄는 성립되지 않는다(대법원 1990.4.24. 선고 90도193 판결). ☞ (甲은 주거침입죄, 절도죄, 폭행치상죄)

[3] **동지판례 - 옷을 잡히자 체포를 면하려고 잡은 손을 뿌리친 정도의 폭행이 준강도죄에 있어서의 폭행에 해당하는지 여부(소극)**

형법 제335조의 준강도죄의 구성요건인 폭행은 같은 법 제333조의 폭행의 정도와의 균형상 상대방의 반항(항쟁을 억압할 정도 즉 반항을 억압하는 수단으로서 일반적, 객관적으로 가능하다고 인정하는 정도면 족하다 할 것이고 이는 체포되려는 구체적 상황에 비추어 체포의 공격력을 억압함에 족한 정도의 것인 여부에 따라 결정되어야 할 것이므로 피고인이 옷을 잡히자 체포를 면하려고 충동적으로 저항을 시도하여 잡은 손을 뿌리친 정도의 폭행을 준강도죄로 의율할 수는 없다(대법원 1985.5.14. 선고 85도619 판결).

[4] **비교판례 - 준강도죄에서의 폭행, 협박에 해당한다고 본 사례**

오토바이를 끌고 가다가 추격하여 온 피해자에게 멱살을 잡히게 되자 체포를 면탈할 목적으로 피해자의 얼굴을 주먹으로 때리고, 놓아주지 아니하면 죽여버리겠다고 협박한 경우에는 그 같은 폭행, 협박은 피해자의 반항을 억압하기 위한 수단으로써 일반적, 객관적으로 가능하다고 인정되는 정도의 폭행, 협박에 해당한다고 볼 수 있으므로 준강도죄를 구성한다(대법원 1983.3.8. 선고 82도2838 판결).

■ 판례 ■ **날치기 수법으로 피해자가 들고 있던 가방을 탈취하면서 강제력을 행사하여 상해를 입힌 경우**

[1] 사실관계

> 甲과 乙은 빌린 승용차를 함께 타고 돌아다니다가 범행대상 여자가 나타나면 甲이 범행대상을 쫓아가 돈을 빼앗고 乙은 승용차에서 대기하다가 범행을 끝낸 甲을 차에 태워 도주하기로 공모한 다음, 현금인출기에서 돈을 인출하여 가방에 넣고 나오는 A를 발견하고 甲이 차에서 내려 피해자

를 뒤따라가 A의 왼팔에 끼고 있던 손가방의 끈을 오른손으로 잡아당겼으나 A가 가방을 놓지 않으려고 버티다가 몸이 돌려지면서 등을 바닥 쪽으로 하여 넘어진 후에도 가방 끈을 잡고 계속하여 당기자 피해자는 바닥에 넘어진 상태로 가방 끈을 놓지 않은 채 "내 가방, 사람 살려!!"라고 소리치면서 약 5m 가량 끌려가다가 힘이 빠져 가방을 놓쳤고, 그 사이에 甲은 A의 가방을 들고 도망가던 중 아파트경비업체 직원에게 붙잡혔으나, A의 가방이 약간 찢어졌으며, 바닥에 넘어져 끌려가는 과정에서 왼쪽 무릎이 조금 긁히고 왼쪽 어깨부위에 견관절 염좌상을 입었다.

[2] 판결요지

이른바 '날치기'와 같이 강제력을 사용하여 재물을 절취하는 행위가 때로는 피해자를 넘어뜨리거나 부상케 하는 경우가 있고, 그러한 결과가 피해자의 반항 억압을 목적으로 함이 없이 점유탈취의 과정에서 우연히 가해진 경우라면 이는 강도가 아니라 절도에 불과하다고 보아야 할 것이지만, 그 강제력의 행사가 사회통념상 객관적으로 상대방의 반항을 억압하거나 항거불능케 할 정도의 것이라면 이는 강도죄에서의 폭행에 해당하므로, 날치기 수법의 점유탈취 과정에서 이를 알아채고 재물을 뺏기지 않으려는 피해자의 반항에 부딪혔음에도 계속하여 피해자를 끌고 가면서 억지로 재물을 빼앗은 행위는 피해자의 반항을 억압한 후 재물을 강취한 것으로서 강도의 죄로 의율함이 마땅하다.☞ (甲등은 강도치상죄)

■ 판례 ■ **날치기 수법에 의한 절도범이 점유탈취의 과정에서 우연히 피해자를 넘어지게 하거나 부상케 하는 경우, 이를 강도치상죄로 의율할 수 있는지 여부(소극)**

[1] 사실관계

甲은 乙·丙과 합동하여 丙은 승용차를 운전하고 甲과 乙은 승용차에 승차하여 범행 대상을 물색하던 중 마침 그 곳을 지나가는 丁녀에게 접근한 후 乙이 창문으로 손을 내밀어 돈과 휴대폰 및 신용카드가 들어있는 丁녀 소유의 손가방 1개를 낚아채어 가자 丁녀가 가방을 꽉 붙잡고 이를 탈환하려고 하자, 그 탈환을 항거할 목적으로 丁녀가 붙잡고 있는 위 가방을 붙잡은 채 丙이 위 승용차를 운전하여 가버림으로써 丁녀로 하여금 약 4주간의 치료를 요하는 상해를 입게 하였다.

[2] 판결요지

날치기와 같이 강제적으로 재물을 절취하는 행위는 때로는 피해자를 전도시키거나 부상케 하는 경우가 있고, 구체적인 상황에 따라서는 이를 강도로 인정하여야 할 때가 있다 할 것이나, 그와 같은 결과가 피해자의 반항억압을 목적으로 함이 없이 점유탈취의 과정에서 우연히 가해진 경우라면 이는 절도에 불과한 것으로 보아야 한다. 따라서 피해자의 상해가 차량을 이용한 날치기 수법의 절도시 점유탈취의 과정에서 우연히 가해진 것에 불과하고, 그에 수반된 강제력 행사도 피해자의 반항을 억압하기 위한 목적 또는 정도의 것은 아니었던 것이므로 강도치상죄로 의율할 수 없다(대법원 2003.7.25. 선고 2003도2316 판결). ☞ (甲등은 특수절도죄, 과실치상죄)

(2) 폭행·협박의 시기

폭행·협박은 절도의 기회에 이루어져야 한다. 따라서 비록 체포를 면하기 위한 폭행이라고 하더라도 절도사실과 무관하게 행해진 것이라면 준강도가 성립하지 않는다.

(가) 시간적 근접성

준강도죄에 있어서의 폭행 또는 협박은 절도의 실행에 착수하여 그 실행 중이거나 그 실행 직후 또는 실행의 범의를 포기한 직후로서 사회통념상 범죄행위가 완료되지 아니하였다고 인정할 만한 단계에서 행하여짐을 요한다.

■ 판례 ■ **절도범인이 일단 체포되었으나 아직 신병확보가 확실하지 않은 단계에서 체포 상태를 면하기 위해 폭행하여 상해를 가한 경우, 준강도죄의 성립여부(적극)**

[1] 사실관계

> 甲은 절도행위가 발각되어 도주하다가 보안요원 乙에게 붙잡혀 보안사무실에서 丙으로부터 그 경위를 확인받던 중 체포된 상태를 벗어나기 위해서 丙에게 폭행을 가하여 상해를 입혔다.

[2] 판결요지

가. 준강도죄의 성립에 있어서 절도행위와 폭행·협박행위의 관련성

준강도는 절도범인이 절도의 기회에 재물탈환의 항거 등의 목적으로 폭행 또는 협박을 가함으로써 성립되는 것으로서, 여기서 절도의 기회라고 함은 절도범인과 피해자측이 절도의 현장에 있는 경우와 절도에 잇달아 또는 절도의 시간·장소에 접착하여 피해자측이 범인을 체포할 수 있는 상황, 범인이 죄적인멸에 나올 가능성이 높은 상황에 있는 경우를 말하고, 그러한 의미에서 피해자측이 추적태세에 있는 경우나 범인이 일단 체포되어 아직 신병확보가 확실하다고 할 수 없는 경우에는 절도의 기회에 해당한다.

나. 甲의 죄책

절도범인이 일단 체포되었으나 아직 신병확보가 확실하지 않은 단계에서 체포 상태를 면하기 위해 폭행하여 상해를 가한 경우, 그 행위는 절도의 기회에 체포를 면탈할 목적으로 폭행하여 상해를 가한 것으로서 강도상해죄에 해당한다(대법원 2001.10.23. 선고 2001도4142, 2001감도100 판결).

[3] 비교판례 – **절도범행을 마친지 10분 가량 지나 피해자의 집에서 200m 가량 떨어진 곳에서 폭행한 경우, 준강도죄의 성립여부(소극)**

피해자의 집에서 절도범행을 마친지 10분 가량 지나 피해자의 집에서 200m 가량 떨어진 버스정류장이 있는 곳에서 피고인을 절도범인이라고 의심하고 뒤쫓아 온 피해자에게 붙잡혀 피해자의 집으로 돌아왔을 때 비로소 피해자를 폭행한 경우, 그 폭행은 사회통념상 절도범행이 이미 완료된 이후에 행하여진 것으로 준강도죄가 성립하지 않는다(대법원 1999.2.26. 선고 98도3321 판결).

(나) 장소적 근접성

폭행·협박은 절도의 기회에 행해져야 하는 데 절도의 기회란 ㉠ 절도범인과 피해자측이 절도의 현장에 있는 경우 ㉡ 절도에 잇달아 또는 절도의 시간·장소에 접착하여 피해자측이 범인을 체포할 수 있는 상황, ㉢ 범인이 죄적인멸에 나올 가능성이 높은 상황 ㉣ 피해자측이 추적태세에 있는 경우 등을 의미한다.

■ 판례 ■ **절도범이 추격당하는 중 폭행한 경우의 죄책(= 준강도)**

[1] 사실관계

> 甲은 야간에 절도목적으로 乙의 집 담을 넘어 들어갔으나 재물을 물색하기도 전에 乙에게 발각되어 추격당하던 중 乙의 집에서 200미터 떨어진 곳에서 乙을 폭행하였다.

[2] 판결요지

가. 준강도죄의 성립요건과 폭행, 협박의 시기

준강도는 절도범인이 절도의 기회에 재물탈환·항거등의 목적으로 폭행 또는 협박을 가함으로써 성립되는 것이므로 그 폭행 또는 협박은 절도의 실행에 착수하여 그 실행중이거나 그 실행 직후 또는 실행의 범의를 포기한 직후로서 사회통념상 범죄행위가 완료되지 아니하였다고 인정될 만한 단계에서 행하여짐을 요한다.

나. 甲의 죄책

피해자에게 발각되어 계속 추격당하거나 재물을 면탈하고자 피해자에게 폭행을 가하였다면 그 장소가 소론과 같이 범행현장으로부터 200미터 떨어진 곳이라고 하여도 절도의 기회 계속중에 폭행을 가한 것이라고 보아야 할 것이므로 준강도죄가 성립한다(대법원 1984.9.11. 선고 84도1398, 84감도214 판결).

(3) 기수시기

준강도죄는 재산죄이므로 그 기수여부는 절취의 기수 또는 미수에 따라 결정된다.

■ 판례 ■　**준강도죄의 미수·기수의 판단 기준**

[1] 사실관계

> 甲과 乙은 합동하여 양주를 절취할 목적으로 丙이 운영하는 주점에 이르러 乙은 망을 보고 甲은 주점 내 진열장에 있던 양주45병을 미리 준비한 바구니에 담고 있던 중 위 주점의 종업원 A와 B가 乙을 수상히 여기고 주점 내로 들어오려고 하자 甲이 그 소리를 듣고 양주를 그대로 둔 채 출입문을 나오다가 A등이 붙잡자 체포면탈의 목적으로 A를 폭행하였다.

[2] 판결요지

형법 제335조에서 절도가 재물의 탈환을 항거하거나 체포를 면탈하거나 죄적을 인멸할 목적으로 폭행 또는 협박을 가한 때에 준강도로서 강도죄의 예에 따라 처벌하는 취지는, 강도죄와 준강도죄의 구성요건인 재물탈취와 폭행·협박 사이에 시간적 순서상 전후의 차이가 있을 뿐 실질적으로 위법성이 같다고 보기 때문인바, 이와 같은 준강도죄의 입법 취지, 강도죄와의 균형 등을 종합적으로 고려해 보면, 준강도죄의 기수 여부는 절도행위의 기수 여부를 기준으로 하여 판단하여야 한다(대법원 2004.11.18. 선고 2004도5074 전원합의체 판결). ☞ (甲과 乙은 준강도죄의 미수)

3. 주관적 구성요건

고의와 재물탈환의 항거, 체포면탈, 죄적인멸의 목적이 있을 것

　○ 폭행·협박은 위의 세 가지목적을 위한 것인 때에만 본죄가 성립한다. 다만 그 목적의 달성여부는 본죄의 성립에 영향을 주지 않는다.

■ 판례 ■　**'재물의 탈환을 항거할 목적'의 의미**

준강도죄에 있어서의 '재물의 탈환을 항거할 목적'이라 함은 일단 절도가 재물을 자기의 배타적 지배하에 옮긴 뒤 탈취한 재물을 피해자측으로부터 탈환당하지 않기 위하여 대항하는 것을 말한다(대법원 2003.7.25. 선고 2003도2316 판결).

4. 죄수 및 타 죄와의 관계

(1) 죄 수

○ 절도가 체포면탈의 목적으로 사람을 살해한 경우 강도살인죄가 성립한다.

■ 판례 ■ **절도범이 체포를 면탈할 목적으로 체포하려는 여러 명의 피해자에게 같은 기회에 폭행을 가하여 그 중 1인에게만 상해를 가한 경우, 그 죄수(= 포괄하여 강도상해죄의 일죄)**

[1] 사실관계

> 甲은 2001.2.2. 01:50경 대전 동구 삼성동 소재 평화빌라 내 지하주차장에서 乙소유의 베스타 승합차의 조수석 문을 열고 안으로 들어가 공구함을 뒤지던 중 위 차에 설치된 도난경보장치의 경보음을 듣고 달려 온 乙에게 발각되는 바람에 절취의 뜻을 이루지 못한 채 미수에 그친 후 乙의 신고를 받고 출동한 경찰관 丙과 丁이 자신을 체포하려고 하자 이를 면탈하기 위해 丙의 얼굴을 1회 쳐 폭행하고, 발로 丁의 정강이를 1회 걷어 차 2주간의 치료를 요하는 상해를 입혔다.

[2] 판결요지

절도범이 체포를 면탈할 목적으로 체포하려는 여러 명의 피해자에게 같은 기회에 폭행을 가하여 그 중 1인에게만 상해를 가하였다면 이러한 행위는 포괄하여 하나의 강도상해죄만 성립한다(대법원 2001. 8.21. 선고 2001도3447 판결).

(2) 타 죄와의 관계

○ 절도죄와의 관계 : 법조경합관계에 있으므로 본죄가 성립하는 경우에 절도죄는 본죄에 흡수된다.

○ 강도죄와의 관계 : 절도행위 중 발각된 범인이 폭행·협박으로 재물을 강취한 경우 단순강도죄가 성립한다.

■ 판례 ■ **절도범인 또는 강도범인이 체포를 면탈할 목적으로 경찰관에게 폭행(협박)을 가한 경우, 준강도죄 또는 강도죄와 공무집행방해죄의 죄수**

[1] 사실관계

> 甲과 乙은 야간에 丙녀의 집에 이르러 재물을 강취할 의도로 甲은 출입문 옆 창살을 통하여 침입하고 乙은 부엌방충망을 뜯고 들어 가다가 乙녀의 시아버지의 헛기침에 발각된 것으로 알고 도주하였는데, 도주 중 甲은 신고를 받고 출동한 경찰관 丁을 체포면탈의 목적으로 폭행하였다.

[2] 판결요지

절도범인이 체포를 면탈할 목적으로 경찰관에게 폭행 협박을 가한 때에는 준강도죄와 공무집행방해죄를 구성하고 양죄는 상상적 경합관계에 있으나, 강도범인이 체포를 면탈할 목적으로 경찰관에게 폭행을 가한 때에는 강도죄와 공무집행방해죄는 실체적 경합관계에 있고 상상적 경합관계에 있는 것이 아니다(대법원 1992.7.28. 선고 92도917 판결). ☞ (甲과 乙은 특수강도죄와 공무집행방해죄의 실체적 경합범)

5. 준강도죄의 공동정범

절도의 공동정범 가운데 한 사람이 준강도죄를 범한 경우에 다른 공동정범도 준강도죄로 처벌되는가에 대하여, 통설은 이를 부정하나, 판례는 다른 공동정범에게 폭행·협박의 예견가능성이 있으면 본죄의 공동정범이 성립한다고 한다.

■ 판례 ■ **망을 보다가 도주한 후 다른 절도 공범자가 폭행, 상해를 가한 경우, 도주한 다른 절도공범자의 죄책**

[1] 사실관계

甲과 乙은 물건을 절취하기로 공모하고 빈 가게로 알고 있는 丙의 가게에 乙은 담배창구를 통하여 손으로 담배를 훔쳐내고 이어 창구를 통하여 가게에 들어가 물건을 절취하고 甲은 가게 밖에서 망을 보던 중 예기치 않던 인기척 소리가 나므로 도주해버린 이후에 乙이 담배가게 위 창구로 다시 나오려다가 창구에 몸이 걸려 빠져 나오지 못하게 되어 丙에게 손을 붙들리자 체포를 면탈할 목적으로 丙에게 폭행을 가하여 상해를 입혔다.

[2] 판결요지

가. 절도의 공모자중 1인이 체포를 일탈할 목적으로 폭행하여 상해를 가한 때 나머지 자의 죄책

준강도가 성립하려면 절도가 절도행위의 실행 중 또는 실행직후에 체포를 면탈할 목적으로 폭행, 협박을 한 때에 성립하고 이로써 상해를 가하였을 때에는 강도상해죄가 성립되는 것이고, 공모합동하여 절도를 한 경우 범인중의 하나가 체포를 면탈할 목적으로 폭행을 하여 상해를 가한 때에는 나머지 범인도 이를 예기하지 못한 것으로 볼 수 없다면 강도상해죄의 죄책을 면할 수 없다.

나. 甲의 죄책

절도를 공모한 피고인이 다른 공모자 (乙)의 폭행행위에 대하여 사전양해나 의사의 연락이 전혀 없었고, 범행장소가 빈 가게로 알고 있었고, 위 (乙)이 담배창구를 통하여 가게에 들어가 물건을 절취하고 피고인은 밖에서 망을 보던 중 예기치 않았던 인기척 소리가 나므로 도주해버린 이후에 위 (乙)이 창구에 몸이 걸려 빠져 나오지 못하게 되어 피해자에게 붙들리자 체포를 면탈할 목적으로 피해자에게 폭행을 가하여 상해를 입힌 것이고, 피고인은 그동안 상당한 거리를 도주하였을 것으로 추정되는 상황 하에서는 피고인이 위 (乙)의 폭행행위를 전연 예기할 수 없었다고 보여지므로 피고인에게 준강도상해죄의 공동책임을 지울 수 없다(대법원 1984.2.28. 선고 83도3321 판결).   ☞ (乙은 강도상해죄, 甲은 특수절도죄)

[3] 동지판례 - 절도범 중 1인이 추격중인 피해자의 몽둥이를 빼앗아 피해자를 폭행·상해를 입힌 경우, 나머지 범인의 죄책

피해자가 피고인 甲과 乙이 자기 집에서 물건을 훔쳐 나왔다는 연락을 받고 도주로를 따라 추격하자 범인들이 이를 보고 도주하므로 1킬로미터 가량 추격하여 甲을 체포하여 같이 추격하여 온 동리 사람들에게 인계하고 1킬로미터를 더 추격하여 乙을 체포하여 가지고 간 나무몽둥이로 1회 구타하자 乙이 위 몽둥이를 빼앗아 피해자를 구타 상해를 가하고 도주한 경우, 피고인 甲과 乙은 절도범행의 종료 후 얼마되지 아니한 단계로서 안전지대에로 이탈하지 못하고 피해자 측에 의하여 체포될 가능성이 남아 있는 단계에서 추적당하여 체포되었다고 할 것이므로 위 절취행위와 그 체포를 면하기 위한 乙의 구타행위와의 사이에 시간상 및 거리상으로 극히 근접한 관계에 있다고 할 것이니 乙의 소위는 준강도상해죄에 해당된다고 할 것이나 甲으로서는 사전에 乙과의 사이에 상의한 바 없었음은 물론 체포 현장에 있어서도 甲과의 사이에 전혀 의사연락 없이 乙이 피해자로부터 그가 가지고 간 몽둥이로 구타당하자 돌연 이를 빼앗아 피해자를 구타하여 상해를 가한 것으로서 피고인이 이를 예기하지 못하였다고 할 것이므로 동 구타상해행위를 공모 또는 예기하지 못한 甲에게까지 준강도 상해의 죄책을 문의할 수 없다.

■ 판례 ■ **특수절도의 범인들이 범행후 서로 다른 길로 도주하다가 그중 1인이 체포를 면탈할 목적으로 폭행하여 상해를 가한 경우 나머지 범인의 죄책**

[1] 사실관계

甲과 乙은 소매치기할 것을 공모하고 만일을 대비하여 각 식칼 1자루씩을 나누어 가진 후 합동하여 丙녀의 손지갑을 절취하였으나 그 범행이 발각되자 두 갈래로 나누어 도주 중 乙이 丁과 戊로부터 추격을 받게 되자 체포를 면탈할 목적으로 소지 중인 식칼을 휘둘러 상해를 입혔다.

[2] 판결요지

특수절도의 범인들이 범행이 발각되어 각기 다른 길로 도주하다가 그중 1인이 체포를 면탈할 목적으로 폭행하여 상해를 가한 때에는, 나머지 범인도 위 공범이 추격하는 피해자에게 체포되지 아니하려고 위와 같이 폭행할 것을 전연 예기하지 못한 것으로는 볼 수 없다 할 것이므로 그 폭행의 결과로 발생한 상해에 관하여 형법 제337조, 제335조의 강도상해죄의 책임을 면할 수 없다(대법원 1984.10.10. 선고 84도1887, 84감도296 판결). ☞ (甲과 乙은 (준)강도상해죄의 공동정범)

II. 의율상 유의사항

절도가 재물의 탈환을 항거하거나 체포를 면탈하거나 죄적을 인멸할 목적으로 폭행 또는 협박을 가한 때에는 전2조(강도죄, 특수강도죄)의 예에 의한다(제335조). 여기서 특수강도인가의 판단은 폭행·협박의 태양에 따라 판단한다.

■ 판례 ■ **특수강도인가의 판단기준**

절도범인이 처음에는 흉기를 휴대하지 아니하였으나, 체포를 면탈할 목적으로 폭행 또는 협박을 가할 때에 비로소 흉기를 휴대 사용하게된 경우에는 형법 제334조의 예에 의한 준강도 (특수강도의 준강도)가 된다(대법원 1973.11.13. 선고 73도1553 전원합의체 판결).

III. 범죄사실 작성시 유의사항

1. 주 체

본죄가 성립하기 위하여는 적어도 범인이 절도에 착수한 자임을 요하므로 실행의 착수에 관한 적시를 빠뜨려서는 안된다.

2. 목 적

가. '탈환을 항거할 목적, 체포를 면탈할 목적, 범죄의 흔적을 인멸할 목적'은 모두 주관적 구성요건요소이므로 그 적시를 빠뜨려서는 안 된다.

나. 상대방이 범인을 체포하려고 한 것, 재물을 탈환하려고 한 것 등 상대방의 주관, 목적 또는 행동은 본죄의 성립과는 직접 관계는 없으나 피의자의 목적을 명확히 하기 위하여 이를 기재하는 것이 적당한 경우가 많다.

3. 폭행 · 협박

가. 폭행, 협박은 상대방의 반항을 억압하는 수단으로서 일반적, 객관적으로 가능하다고 인정되는 정도면 족하며, 이는 그 당시의 구체적 상황에 따라 그 공격력을 억압함에 족한 정도의 것인지 여부에 따라 결정되어야 할 것이다.

나. 폭행, 협박이 절도(기수, 미수)의 기회 또는 그 기회 계속 중에 이루어진 것임을 알 수 있도록 적시하여야 한다.

4. 강도와의 차이

폭행, 협박하여 재물을 탈취할 때 고의로 먼저 타인의 손에 있는 재물을 탈취하고 이어서 피해자에게 폭행을 가하여 그 탈취를 확보한 경우는 준강도가 아니라 강도죄를 구성한다. 따라서 재물의 탈환을 항거하기 위한 준강도의 경우에는 강도와의 차이를 명확히 하기 위하여 재물의 점유가 범인에게 이전된 후에 폭행, 협박이 있었다는 점이 나타나도록 사실적시에 주의하여야 한다.

◗ Ⅳ. 범죄사실기재

1) 범죄사실 기재례

[기재례1] 탈환에 항거할 목적으로 폭행

> 피의자는 20○○. ○. ○. ○○:○○경 ○○에 있는 피해자 甲의 집 안방에서 그 소유의 ○○사 제품인 시가 ○○만원 상당의 중고 디지털카메라 1대를 꺼내 들고 부엌문을 통하여 빠져 나가려고 하다가 때마침 외출하였다가 돌아오던 그가 이를 발견하고 "도둑이야" 라고 소리치면서 위 카메라를 탈환하려고 하자 그 탈환을 항거할 목적으로 갑자기 그를 부엌 바닥에 밀어 쓰러뜨리고 발로 어깨부위를 수회 걷어차 폭행을 가하였다.

[기재례2] 체포면탈 목적으로 협박

> 피의자는 20○○. ○. ○. ○○:○○경 ○○에 있는 피해자 甲의 집에 들어가 그 안방에서 장롱 서랍을 열고 금품을 물색하던 중 자고 있던 위 甲이 인기척에 잠이 깨어 "도둑이야"라고 소리치면서 피의자를 붙잡으려고 달려들자, 체포를 면탈할 목적으로 그의 어깨를 잡고 주먹으로 3회 세게 때려 폭행을 가하였다.(또는 손에 든 단도를 겨누면서 "소리 지르지 마라, 떠들면 찌른다"라고 말하여 협박하였다)

[기재례3] 물건을 훔쳐 달아나면서 피해자를 폭행

> 피의자는 20○○. ○. ○. 23:00경 ○○에 있는 피해자 홍길동의 집에 들어가 그곳 거실에 걸어둔 피해자 소유의 양복 상의에서 현금 ○○만원이 들어있는 시가 ○○만원 상당의 지갑 1개를 가지고 나오다가 때마침 잠이 깨어 뒤쫓아 오는 위 피해자에게 오른팔을 붙잡히게 되자 체포를 면탈할 목적으로 피해자의 얼굴을 주먹으로 1회 세게 때려 폭행을 가하였다.

[기재례4] 체포면탈 목적으로 폭행

> 피의자는 20○○. ○. ○. ○○:○○경 ○○○ 뒷골목에서 혼자 걸어가는 피해자 홍길녀(여, 45세)를 발견하고 접근하여 피해자의 상의 속 안주머니에 들어있는 그 소유의 현금 ○○만원을 꺼내어 도주하려는 순간 피해자 차돌이에게 발각되어 추격을 당하자 체포를 면탈할 목적으로 위 차돌이를 주먹과 발로 여러 차례 때려 그에게 폭행을 가하였다.

2) 적용법조 : 제335조… 공소시효 10년

V. 신문사항

- 남에 물건을 훔친 일이 있는가
- 언제 어디에서 훔쳤는가
- 누구에 물건을 훔쳤는가
- 어떤 방법으로 훔쳤는가
- 피해자가 반항하지 않던가
- 훔친 후 어떻게 하였는가
- 추격을 당할 때 쫓아온 피해자를 폭행한 일이 있는가
- 언제 어디에서 폭행하였나
- 어떤 방법으로 폭행하였나
- 왜 이런 폭행을 하였는가
- 그로 인하여 피해자가 다치지 않았는가

제4항 인질강도

제336조(인질강도) 사람을 체포·감금·약취 또는 유인하여 이를 인질로 삼아 재물 또는 재산상의 이익을 취득하거나 제3자로 하여금 이를 취득하게 한 자는 3년 이상의 유기징역에 처한다.
제342조(미수범) 제329조 내지 제341조의 미수범은 처벌한다.
제343조(예비, 음모) 강도할 목적으로 예비 또는 음모한 자는 7년 이하의 징역에 처한다.

 I. 구성요건

1. 객 체

객체는 사람이며 성년·미성년, 남자·여자, 기혼·미혼을 불문

✱ 미성년자를 약취·유인하여 재물이나 재산상의 이익을 요구하거나 취득한 경우에는 특정범죄 가중처벌법에 의하여 가중처벌 된다(특가법 제5조의2 제2항 제1호).

2. 행 위

체포·감금, 약취·유인하여 자기 또는 제3자로 하여금 재물 또는 재산상의 이익을 취득하게 하는 것

(1) 실행의 착수시기

재물 또는 재산상의 이익을 요구한 때

(2) 기수시기

석방의 대가로 재물 또는 재산상 이익을 얻은 때

3. 주관적 구성요건

고의와 불법영득의사가 있을 것

4. 상해죄·살인죄와의 관계

인질강도범이 인질을 상해 또는 살해한 경우에는 강도상해죄 또는 강도살인죄가 성립

 II. 범죄사실기재 및 신문사항

[기재례1] 체포감금 후 인질강도 미수

1) 범죄사실 기재례

피의자는 20○○. ○. ○. 18:00경 ○○에 있는 ○○헬스클럽에서 운동을 마치고 귀가 중이

던 피해자 홍길동(22세)의 뒤를 따라가다 18:40경 피해자 집 앞 아파트 입구에서 칼로 위협 미리 준비한 승용차(차량번호)에 피해자를 강제로 태워 ○○에 있는 철도운동장 부근 인적이 드문 도로변에 차량을 주차시켜 약취하였다.

　피의자는 인근 공중전화로 피해자를 데려가 20:30경 피해자 집에 피해자로 하여금 공중전화를 하도록 하여 피해자가 "엄마 나 죽기 싫어, 돈 줘버려"라고 말하도록 한 후 피의자가 전화를 낚아채 "아들을 살리려면 내일 11:00까지 ○○억원을 준비하라"라고 협박전화를 걸고 그 다음날 11:00경 약속장소인 ○○에 갔다가 위 홍길동의 부 홍만수의 신고를 받고 출동한 경찰관에게 체포되어 그 목적을 이루지 못하고 미수에 그쳤다.

2) 적용법조 : 제342조, 제336조… 공소시효 10년

3) 신문사항

- 홍길동을 알고 있는가
- 위 홍길동을 체포하여 인질강도 한 일이 있는가
- 언제 어디에서 처음 홍길동을 만났는가
- 어디까지 미행하여 체포하였는가
- 차에 강제로 승차시킬 때 주변에 본 사람들이 없었는가
- 왜 홍길동을 범행대상으로 삼았는가
- 차에 강제로 승차 후 어떻게 하였는가
- 홍길동이 반항하지 않던가
- 홍길동에게 사용한 흉기는 언제 어디에서 구입하였나
　이때 피의자를 검거하면서 압수하였던 증제1호의 칼을 제시하며
- 홍길동을 강제로 차에 승차시키면서 사용하였던 칼이 맞는가
- 언제 어디에서 피해자 집에 전화를 하였는가
- 누구랑 전화 통화를 하였나
- 피의자는 피해자 가족 누구에게 뭐라고 협박하였나
- 피해자 부친이 뭐라고 답 하던가
- 그 뒤로 더 협박전화를 하였는가
- 협박전화 후 피해자를 어떻게 하였는가
- 피해자 가족과 만나기로 한 시간과 장소는
- 그 시간 장소에 갔었는가
- 피해자는 어디에 두고 갔었는가
- 어떻게 검거되었나
- 다른 공범이 있는가

– 이렇게 받은 돈은 어디에 사용하려고 하였나

[기재례2] 약취유인 후 인질강도

1) 범죄사실 기재례

피의자는 20○○. ○. ○. 15:00경 ○○에 사는 홍길동(79세)의 아들 홍만근이 ○○에서 ○○제조업을 하는 것을 알고 위 홍만근의 사무실로 찾아가 그에게 '당신 아버지가 교통사고를 당하여 병원에 입원해 있는데 연락이 되지 않아 직접 찾아 왔다. 빨리 ○○병원으로 같이 가자' 라는 거짓말로 연락하려고 온 것처럼 가장하고 그를 ○○에 있는 ○○병원 지하주차장까지 유인하였다.

피의자는 병원 지하주차장에 도착하였을 때 차에서 내리지 못하도록 하고 같이 차에 타 미리 소지하고 있던 칼(크기)을 들이대며 '가지고 있는 돈을 모두 내라. 그러지 않으면 죽여 버리겠다' 라는 등 협박을 하여 그의 반항을 억압하고 그가 가지고 있던 현금 ○○만원을 강취하였다.

2) 적용법조 : 제336조… 공소시효 10년

3) 신문사항

– 홍길동과 홍만근을 알고 있는가

– 위 홍만근의 사무실을 찾아간 일이 있는가

– 언제 어디에 있는 사무실을 찾아갔는가

– 무엇 때문에 찾아 갔는가

– 누구랑 같이 갔는가

– 찾아가서 누구에게 뭐라고 하였나

– 피해자가 피의자의 말을 의심하지 않던가

– 몇시쯤 피해자의 사무실에서 나왔는가

– 어디까지 어떤 방법으로 갔는가

– 그곳에 도착하였을 때 주변에 본 사람들이 없었는가

– 주차장에 도착하여 어떻게 하였나

이때 피의자를 검거하면서 압수하였던 증제1호의 칼을 제시하며

– 홍만근을 협박하면서 사용하였던 칼이 맞는가

– 돈을 요구할 때 피해자가 순순히 응하던가

– 범행 후 어떻게 하였는가

– 이렇게 받은 돈은 어디에 사용하려고 하였나

제5항 강도상해 · 살인, 치사상

제337조(강도상해, 치상) 강도가 사람을 상해하거나 상해에 이르게 한 때에는 무기 또는 7년 이상의 징역에 처한다

제338조(강도살인·치사) 강도가 사람을 살해한 때에는 사형 또는 무기징역에 처한다. 사망에 이르게 한 때에는 무기 또는 10년 이상의 징역에 처한다.

제342조(미수범) 제329조 내지 제341조의 미수범은 처벌한다.

제343조(예비, 음모) 강도할 목적으로 예비 또는 음모한 자는 7년 이하의 징역에 처한다.

※ 특정범죄가중처벌등에관한법률

제5조의5(강도상해 등 재범자의 가중처벌) 형법 제337조 · 제339조의 죄 또는 그 미수죄로 형을 받아 그 집행을 종료하거나 면제를 받은 후 3년 내에 다시 이들 죄를 범한 사람은 사형 · 무기 또는 10년 이상의 징역에 처한다.

I. 구성요건

1. 주 체

강도로서 단순강도, 특수강도, 준강도 및 인질강도 모두를 포함

○ 강도죄의 실행 착수로 나아간 자만이 본죄의 주체가 될 수 있고 예비 · 음모의 단계에 있는 자는 제외된다. 단 강도의 기수 · 미수는 불문한다.

2. 행 위

사람을 상해 · 살해하거나 상해 · 사망에 이르게 하는 것

(1) 중한 결과의 발생원인

상해 · 치상의 결과는 강도의 수단인 폭행 · 협박에서 발생한 것임을 요하지 않으며, 강도의 기회에 발생한 것이면 충분하다.

(가) 강도치상

강도가 과실로 피해자를 상해에 이르게 한때 성립

■ 판례 ■ **강도치상죄의 성립요건**

폭행 또는 협박으로 타인의 재물을 강취하려는 행위와 이에 극도의 흥분을 느끼고 공포심에 사로잡혀 이를 피하려다 상해에 이르게 된 사실과는 상당인과관계가 있다 할 것이고 이 경우 강취 행위자가 상해의 결과의 발생을 예견할 수 있었다면 이를 강도치상죄로 다스릴 수 있다(대법원 1996.7.12. 선고 96도1142 판결).

■ 판례사례 ■ [강도치상죄가 성립하는 사례]

> (1) 피고인이 택시를 타고 가다가 요금지급을 면할 목적으로 소지한 과도로 운전수를 협박하자 이에 놀란 운전수가 택시를 급우회전하면서 그 충격으로 피고인이 겨누고 있던 과도에 어깨부분이 찔려 상처를 입은 경우(대법원 1985.1.15. 선고 84도2397 판결)
>
> (2) 피고인이 피해자와 함께 도박을 하다가 돈 3,200만 원을 잃자 도박을 할 때부터 같이 있었던 일행 2명 외에 후배 3명을 동원하여 식칼을 들고 피해자로부터 돈을 빼앗으려고 하자 피해자는 이를 피하려고 도박을 하고 있었던 집 안방 출입문을 잠그면서 출입문이 열리지 않도록 완강히 버티고 있었으나 피고인이 "이 새끼 죽여 버리겠다."고 위협하면서 출입문 틈 사이로 식칼을 집어넣어 잠금장치를 풀려고 하고 발로 위 출입문을 수회 차서 결국 그 문을 열고 안방 안으로 들어오자 피해자가 금원을 강취당하지 않기 위하여 베란다의 외부로 통하는 창문을 통하여 아래로 뛰어 내리다가 상해를 입은 경우(대법원 1996.7.12. 선고 96도1142 판결)

■ 판례 ■ **피고인이 야간에 피해자 甲이 주거지에 있다는 것을 확인하고 출입문 유리창을 깨뜨리고 안으로 침입하였는데, 그 소리를 듣고 안방에서 나오던 甲을 향하여 돌진하자 甲이 그에 놀라 뒤로 넘어져 상해를 입게 되고, 甲이 다시 일어나 바닥에 앉자 甲을 폭행·협박하여 돈을 강취하였다는 내용의 강도치상으로 기소된 사안**

피고인이 야간에 피해자 甲이 주거지에 있다는 것을 확인하고 출입문 유리창을 깨뜨리고 안으로 침입하였는데, 그 소리를 듣고 안방에서 나오던 甲을 향하여 돌진하자 甲이 그에 놀라 뒤로 넘어져 상해를 입게 되고, 甲이 다시 일어나 바닥에 앉자 甲을 폭행·협박하여 돈을 강취하였다는 내용의 강도치상으로 기소된 사안이다. 피고인은 당시 甲이 주거지 내부에 있는 것을 확인한 다음, 20일 전에 자신이 저질렀던 범행과 마찬가지로 '야간주거침입강도 범행'을 저지르기로 마음먹고 주거지 출입문을 열려고 하다가 그 유리창을 깨뜨리게 된 점 등 제반 사정을 종합하면, 피고인은 야간에 강도 범행을 마음먹고 甲의 주거지를 침입하려던 과정에서 출입문 유리창을 깨뜨리게 되었고, 甲은 주거지 안방에 있다가 유리창 깨지는 소리를 듣고 일어나 안방 문을 열었으며, 그때 피고인은 주거지 내부로 침입하여 안방 쪽으로 거침없이 다가갔고, 甲은 그 모습을 보고 심하게 놀라 뒤로 넘어지는 바람에 바닥에 둔부 부위를 부딪쳐서 그 충격으로 상해를 입게 되었다고 할 것이므로, 비록 피고인이 당시 상해의 고의를 가지고 있지 않았다거나 혹은 甲이 입게 된 상해가 피고인의 직접적인 폭행·협박에 의하여 발생한 것은 아니더라도, 상해는 야간주거침입강도의 기회에 발생한 것으로서 피고인의 강도 범행과 인과관계가 있고, 상해의 결과 발생도 충분히 예견 가능한 범위 내에 있었다는 이유로 피고인에게 강도치상죄가 성립한다고 한 사례이다.(대구고법 2018. 8. 30., 선고, 2018노228, 판결)

(나) 강도상해

강도가 상해의 고의를 가진 경우 성립

■ 판례 ■ **강도범이 강도의 기회에 범행 현장에서 재물강취, 재물탈환 항거, 체포면탈, 죄적인멸 등 이외의 사유로 사람을 상해한 경우, 강도상해죄의 성립여부(적극)**

강도범인이 강도를 하는 기회에 범행의 현장에서 사람을 상해한 이상, 재물강취의 수단인 폭행으로 인하여 상해의 결과가 발생한 것이 아니고, 재물의 탈환을 항거하거나 체포를 면탈하거나 죄적을 인멸할 목적으로 폭행을 가한 것이 아니라고 하더라도 강도상해죄가 성립한다(대법원 1992.4.14. 선고 92도408 판결).

■ 판례 ■ **피해자들의 부상이 강도를 체포하려는 과정에서 스스로의 행위의 결과로 생긴 경우, 강도피해죄의 성부(소극)**

강도상해죄는 강도가 사람을 상해한 경우에 성립하는 것이므로 도주하는 강도를 체포하기 위해 위에서 덮쳐 오른손으로 목을 잡고, 왼손으로 앞부분을 잡는 순간 강도가 들고 있던 벽돌에 끼어 있는 철사에 찔려 부상을 입었다거나 또는 도망하려는 공범을 뒤에서 양팔로 목을 감싸잡고 내려오다 같이 넘어져 부상을 입은 경우라면 위 부상들은 피해자들의 적극적인 체포행위 과정에서 스스로의 행위의 결과로 입은 상처이어서 위 상해의 결과에 대하여 강도상해죄로 의율할 수 없다(대법원 1985.7.9. 선고 85도1109 판결).

■ 판례 ■ **강도상해죄에 있어서의 상해의 의미**

강도상해죄에 있어서의 상해는 피해자의 신체의 건강상태가 불량하게 변경되고 생활기능에 장애가 초래되는 것을 말하는 것으로서, 피해자가 입은 상처가 극히 경미하여 굳이 치료할 필요가 없고 치료를 받지 않더라도 일상생활을 하는 데 아무런 지장이 없으며 시일이 경과함에 따라 자연적으로 치유될 수 있는 정도라면, 그로 인하여 피해자의 신체의 건강상태가 불량하게 변경되었다거나 생활기능에 장애가 초래된 것으로 보기 어려워 강도상해죄에 있어서의 상해에 해당한다고 할 수 없다(대법원 2003.7.11. 선고 2003도2313 판결).

■ 판례사례 ■ **[강도상해죄가 성립하는 사례]**

(1) 강취현장에서 피고인의 발을 붙잡고 늘어지는 피해자를 30미터쯤 끌고가서 폭행함으로써 상해를 입힌 경우(대법원 1984.6.26. 선고 84도970 판결)
(2) 甲이 乙부터 재물을 강취하고 乙이 운전하는 자동차에 함께 타고 약 1시간 20분 가량 도주하다가 단속 경찰관이 뒤따라오자 乙을 칼로 찔러 상해를 가한 경우(대법원1992.1.21. 선고 91도2727 판결)

(다) 강도살인

강도가 살인의 고의를 가진 경우 성립

■ 판례 ■ **강도범행 직후 경찰관에게 붙잡혀 파출소로 연행되던 자가 체포를 면하기 위하여 과도로써 경찰관을 찔러 사망케 한 경우, 강도살인죄 성부(적극)**

[1] 사실관계

강도범행 직후 신고를 받고 출동한 경찰관이 범행 현장으로부터 약 150m 지점에서, 화물차를 타고 도주하는 甲을 발견하고 순찰차로 추적하여 격투 끝에 甲을 붙잡았으나, 甲이 너무 힘이 세고 반항이 심하여 수갑도 채우지 못한 채 甲을 순찰차에 억지로 밀어 넣고서 파출소로 연행하고자 하였는데, 그 순간 甲이 체포를 면하기 위하여 소지하고 있던 과도로써 옆에 앉아 있던 경찰관을 찔러 사망케 하였다.

[2] 판결요지

피고인의 위 살인행위는 강도행위와 시간상 및 거리상 극히 근접하여 사회통념상 범죄행위가 완료되지 아니한 상태에서 이루어진 것이라고 보여지므로(위 살인행위 당시에 피고인이 체포되어 신체가 완전히 구속된 상태이었다고 볼 수 없다), 원심이 피고인을 강도살인죄로 적용하여 처벌한 것은 옳다(대법원 1996.7.12. 선고 96도1108 판결).

■ 판례 ■ **강도살인죄의 성립요건**

[1] 사실관계

甲은 乙에게 돈을 빌렸으나 변제기에 이르러 이를 갚지 못하자 乙을 찾아가 변제기의 유예요청을 하였으나 乙이 이를 거부하면서 甲에게 심한 모욕을 하였고 이에 격분한 甲은 채무의 지급을 면탈할 목적으로 마침 바닥에 떨어져 있던 망치로 乙의 뒷머리 부분을 수회 때려 살해하고, 직후 乙이 운전하고 온 차량의 적재함에 시체를 싣고 보니 마침 그 상의 조끼에 지갑이 있는 것을 발견하고, 장차 시체가 발견될 때 피해자의 신원이 밝혀지는 게 두려워 이를 숨기기 위하여 지갑을 꺼내 그 차량의 사물함에 통째로 넣어두었다가, 그로부터 15시간 가량 지난 후인 그 다음날 범행 현장에 다시 왔을 때 지갑 속에 들어 있던 돈과 乙의 바지주머니에 별도로 들어 있던 10만 원 가량의 돈을 꺼냈다가, 지갑 속의 돈은 피에 젖어 사용할 수 없을 것으로 생각하여 며칠 후 월악산 계곡에다 지갑째로 버리고, 다만 바지주머니에서 꺼낸 돈을 유류대금과 담배값 등으로 사용하였다. 그런데 甲이 돈을 빌릴 당시에 甲과 乙 사이에는 차용증서가 작성되지 않았지만 乙의 처인 丙이 乙로부터 차용사실을 전해 들어 이미 甲에 대한 대여금 채권의 존재를 알고 있었다.

[2] 판결요지

가. 채무를 면탈할 의사로 채권자를 살해하였으나 일시적으로 채권자측의 추급을 면한 것에 불과한 경우, 강도살인죄의 성립 여부(소극)

강도살인죄가 성립하려면 먼저 강도죄의 성립이 인정되어야 하고, 강도죄가 성립하려면 불법영득(또는 불법이득)의 의사가 있어야 하며, 형법 제333조 후단 소정의 이른바 강제이득죄의 성립요건인 '재산상 이익의 취득'을 인정하기 위하여는 재산상 이익이 사실상 피해자에 대하여 불이익하게 범인 또는 제3자 앞으로 이전되었다고 볼 만한 상태가 이루어져야 하는데, 채무의 존재가 명백할 뿐만 아니라 채권자의 상속인이 존재하고 그 상속인에게 채권의 존재를 확인할 방법이 확보되어 있는 경우에는 비록 그 채무를 면탈할 의사로 채권자를 살해하더라도 일시적으로 채권자 측의 추급을 면한 것에 불과하여 재산상 이익의 지배가 채권자 측으로부터 범인 앞으로 이전되었다고 보기는 어려우므로, 이러한 경우에는 강도살인죄가 성립할 수 없다.

나. 강도살인죄의 성립요건

강도살인죄는 강도범인이 강도의 기회에 살인행위를 함으로써 성립하는 것이므로, 강도범행의 실행 중이거나 그 실행 직후 또는 실행의 범의를 포기한 직후로서 사회통념상 범죄행위가 완료되지 아니하였다고 볼 수 있는 단계에서 살인이 행하여짐을 요건으로 한다.

다. 살해 후 상당한 시간이 지난 후에 별도의 범의에 터잡아 이루어진 재물 취거행위를 그보다 앞선 살인행위와 합쳐서 강도살인죄로 처단할 수 있는지 여부(소극)

피고인이 피해자 소유의 돈과 신용카드에 대하여 불법영득의 의사를 갖게 된 것이 살해 후 상당한 시간이 지난 후로서 살인의 범죄행위가 이미 완료된 후의 일이라면, 살해 후 상당한 시간이 지난 후에 별도의 범의에 터잡아 이루어진 재물 취거행위를 그보다 앞선 살인행위와 합쳐서 강도살인죄로 처단할 수 없다(대법원 2004.6.24. 선고 2004도1098 판결).

■ 판례사례 ■ **[강도살인죄가 성립하는 사례]**

> (1) 택시를 타고 목적지에 도착한 후 갑자기 요금면탈의 목적으로 운전수를 살해하려고 하다가 도주한 경우 ⇨ 강도살인미수(대법원 1964.9.8. 선고 64도310 판결)

(2) 甲이 乙의 택시를 무임승차하고 요금면탈을 위해 乙을 살해한 후 乙의 주머니에서 8000원을 꺼내어 택시를 운전하여 도주한 경우(대법원 1985.10.22. 선고 85도1527 판결)

(3) 술집에 피고인과 술집 주인 두 사람밖에 없는 상황에서 술값의 지급을 요구하는 술집 주인을 살해하고 곧바로 피해자가 소지하던 현금을 탈취한 경우(대법원1999.3.9. 선고 99도242 판결)

(2) 실행의 착수 및 기수시기

(가) 실행의 착수시기

강도의 고의로 폭행·협박을 한때 실행의 착수가 인정된다.

(나) 기수시기

1) 강도상해·살인죄

강도상해·살인죄의 기수·미수는 상해·살인의 기수·미수에 따라 결정한다. 강도의 기수·미수는 불문한다.

▪ 판례 ▪ **공범중 1인은 피해자의 등뒤에서 왼손으로 목을 조르고 과도로 눈과 안면부를 각 1회씩 찌르자 동인이 도망하므로 따라가서 목과 안면부를 4~5회 찌르고 다른 1인은 과도로 1회 찌르고 주먹으로 2회 때린 경우, 살인의 고의 인정여부(적극)**

피고인들이 택시운전사로부터 금품을 강취할 목적으로 길이 약 20㎝의 과도 2개를 구입하여 과도 1개씩을 자신들의 왼쪽다리 무릎과 발목 사이에 붕대로 감아 감추고 택시를 타고가다 한적한 곳에 택시를 정지시킨 후 운전수 뒷자리에 타고 있던 피고인 (甲)은 피해자의 등뒤에서 왼손으로 목을 조르고 과도로 눈과 안면부를 각 1회씩 찌르자 동인이 도망하므로 따라가서 목과 안면부를 4~5회 찌르고 피고인 (을)도 과도로 1회 찌르고 주먹으로 2회 때려 전치 약 3주간을 요하는 좌안구혈종등의 상해를 입게하고 금품을 강취하였다면 피고인들은 본건 범행에 있어 살인의 범의가 있었으며 피고인 (을)이 본건 범행에 공동가공한 사실도 분명하다 할 것이므로 위 피고인들의 범행을 강도살인미수죄로 의율한 원심의 조치는 정당하다(대법원 1987.1.20. 선고 86도2308 판결).

2) 강도치사상죄

상해·사망의 결과가 발생한 때 기수가 되며 강도의 기수·미수는 불문한다. 결과적 가중범이므로 미수는 인정되지 않는다.

3. 공동정범

강도의 공동정범 중 1인이 강도의 기회에 상해·살해 또는 치사상의 결과를 발생시킨 때에 예견가능성이 있을 경우 다른 공범자에게도 본죄가 성립한다.

(1) 강도상해죄의 공동정범

▪ 판례 ▪ **망을 보기로 한 강도공모자가 타공모자들이 피해자의 집에 침입한 후 망을 보지**

않은 경우 공동정범의 성부(적극)

[1] 사실관계

> 甲과 乙은 합동하여 丙의 집에서 금품을 강취할 것을 공모하고 甲은 집밖에서 망을 보기로 하였으나 乙이 丙의 집에 침입한 후 담배생각이 나서 담배를 사기 위하여 망을 보지 않았는 바, 甲이 담배를 사러간 사이 乙이 쇠파이프로 丙을 때려 상해를 입혔다.

[2] 판결요지

가. 공동정범의 성립요건

공동정범은 범죄행위시에 그 의사의 연락이 묵시적이거나 간접적이거나를 불문하고 행위자 상호간에 주관적으로 서로 범죄행위를 공동으로 한다는 공동가공의 의사가 있음으로써 성립하는 것이다.

나. 甲의 죄책

행위자 상호간에 범죄의 실행을 공모하였다면 다른 공모자가 이미 실행에 착수한 이후에는 그 공모관계에서 이탈하였다고 하더라도 공동정범의 책임을 면할 수 없는 것이므로 피고인 등이 금품을 강취할 것을 공모하고 피고인은 집 밖에서 망을 보기로 하였으나, 다른 공모자들이 피해자의 집에 침입한 후 담배를 사기 위해서 망을 보지 않았다고 하더라도, 피고인은 판시 강도상해죄의 공동정범의 죄책을 면할 수가 없다(대법원 1984.1.31. 선고 83도2941 판결).

[3] 동지판례 - 강도합동범인 중 일인이 거소에 들어가 강취하는 과정에서 피해자들을 과도로 찔러 상해를 가한 경우, 망을 보고 있던 자의 죄책(강도상해죄의 공동정범)

강도합동범 중 1인이 피고인과 공모한대로 과도를 들고 강도를 하기 위하여 피해자의 거소를 들어가 피해자를 향하여 칼을 휘두른 이상 이미 강도의 실행행위에 착수한 것임이 명백하고, 그가 피해자들을 과도로 찔러 상해를 가하였다면 대문 밖에서 망을 본 공범인 피고인이 구체적으로 상해를 가할 것까지 공모하지 않았다 하더라도 피고인은 상해의 결과에 대하여도 공범으로서의 책임을 면할 수 없다.

▪ 판례 ▪ **합동절도중 1인이 체포를 면탈할 목적으로 폭행하여 상해를 가한 경우, 여타범인의 준강도상해죄 성부**

합동하여 절도를 한 경우 범인 중 1인이 체포를 면탈할 목적으로 폭행을 하여 상해를 가한 때에는 나머지 범인도 이를 예기하지 못한 것으로 볼 수 없으면 준강도상해죄의 죄책을 면할 수 없다(대법원 1982.7.13. 선고 82도1352 판결).

(2) 강도치사죄의 공동정범

▪ 판례 ▪ **등산용 칼을 이용하여 노상강도를 하기로 공모한 공범자 중 1인이 강도살인행위를 저지른 경우, 살인행위에 직접 관여하지 아니한 다른 공범자의 죄책**

[1] 사실관계

> 甲·乙·丙은 등산용 칼을 이용하여 노상강도를 하기로 공모한 후 甲은 범행당시 차안에서 망을 보고, 乙과 丙은 함께 차에서 내려 丁으로부터 금품을 강취하려 했는데, 그 때 우연히 현장을 목격하게 된 戊를 丙이 소지하고 있던 등산용 칼로 찔러 살해하였다.

[2] 판결요지

피고인들이 등산용 칼을 이용하여 노상강도를 하기로 공모한 사건에서 범행 당시 차안에서 망을 보고 있던 피고인 甲이나 등산용 칼을 휴대하고 있던 피고인 乙과 함께 차에서 내려 피해자로부터 금품을 강취하려 했던 피고인 丙으로서는 그때 우연히 현장을 목격하게 된 다른 피해자를 피고인 乙이 소지 중인 등산용 칼로 살해하여 강도살인행위에 이를 것을 전혀 예상하지 못하였다고 할 수 없으므로 피고인들 모두는 강도치사죄로 의율처단함이 옳다(대법원 1990.11.27. 선고 90도2262 판결).
☞ (丙은 강도살인죄, 甲과 乙은 강도치사죄)

(3) 강도살인죄의 공동정범

■ 판례 ■ **강도를 모의한 자와 살인의 결과에 대한 죄책유무**

[1] 사실관계

> 甲·乙·丙·丁은 X회사 사무실에 들어가 금품을 강취하기로 공모하고 甲을 제외한 乙·丙·丁은 모두 과도나 쇠파이프를 휴대하고 사무실로 침입한 후 甲·乙·丙은 사무실의 금고를 강취하고 그 사이에 丁은 숙직직원인 戊를 감시하고 있었는데 戊가 외부에 연락을 취하려 하자 丁은 휴대하고 있던 쇠파이프로 戊를 강타하여 살해하였다.

[2] 판결요지

수인이 합동하여 강도를 한 경우 1인이 강취하는 과정에서 간수자를 강타, 사망케 한 때에는 나머지 범인도 이를 예기하지 못한 것으로 볼 수 없는 경우에는 강도살인죄의 죄책을 면할 수 없다 할 것인바, 피고인들이 사전에 금품강취범행을 모의하고 전원이 범행현장에 임하여 각자 범죄의 실행을 분담하였으며 그 과정에 피고인(甲)을 제외한 나머지 3명이 모두 과도 또는 쇠파이프 등을 휴대하였고 쇠파이프를 휴대한 피고인(乙)이 위 피해자를 감시하였던 상황에 비추어 피고인(乙)이 피해자를 강타, 살해하리라는 점에 관하여 나머지 피고인들도 예기할 수 없었다고는 보여지지 아니하므로 피고인들을 모두 강도살인죄의 정범으로 처단함은 정당하다(대법원 1984.2.28. 선고 83도3162 판결).
☞ (甲·乙·丙·丁은 강도살인죄의 공동정범)

4. 죄 수

■ 판례 ■ **감금행위가 강도상해 범행의 수단에 그치지 아니하고 강도상해의 범행이 끝난 뒤에도 계속된 경우, 감금죄와 강도상해죄의 죄수**

감금행위가 단순히 강도상해 범행의 수단이 되는 데 그치지 아니하고 강도상해의 범행이 끝난 뒤에도 계속된 경우에는 1개의 행위가 감금죄와 강도상해죄에 해당하는 경우라고 볼 수 없고, 이 경우 감금죄와 강도상해죄는 형법 제37조의 경합범 관계에 있다(대법원 2003.1.10. 선고 2002도4380 판결).

■ 판례 ■ **재물을 강취한 후 피해자를 살해할 목적으로 현주건조물에 방화하여 사망에 이르게 한 경우, 강도살인죄와 현주건조물방화치사죄의 관계(= 상상적 경합)**

피고인들이 피해자들의 재물을 강취한 후 그들을 살해할 목적으로 현주건조물에 방화하여 사망에 이르게 한 경우, 피고인들의 행위는 강도살인죄와 현주건조물방화치사죄에 모두 해당하고 그 두 죄는 상상적 경합범관계에 있다(대법원 1998.12.8. 선고 98도3416 판결).

II. 범죄사실 작성 시 유의사항

1. 주 체

강도의 실행행위에 착수한 자이어야 하기 때문에 판결문상 이점이 명확히 나타나지 않으면 안 된다.

2. 살 의

형법 제338조의 죄에는 살의가 있는 강도살인의 경우와 살의가 없는 강도치사의 경우가 있다. 살의의 유무는 범죄사실의 인정에 있어서 차이가 나고 또 범정에 있어서도 극히 중요하므로 이를 빠뜨려서는 안 된다.

3. 행위의 태양

가. 강도의 수단인 폭행, 협박이 먼저 행하여지고 그 후에 이어서 살상행위가 행하여지는 경우도 있고, 또 동일한 행위가 兩者의 취지를 겸하는 경우도 있다. 사실의 적시에 있어서 그중 어느 쪽인가를 구별하여 써야 한다.

나. 강도의 기회에 사상의 결과를 발생시킨 경우에는 살상행위가 강도의 기회에 이루어졌다는 점이 범죄사실 자체로서 판명되도록 적시하여야 한다.

다. 강도의 피해자와 살상행위의 피해자가 다를 때에는 강도행위와 살상행위 사이의 관련을 명확히 해야 한다.

라. 강도가 미수에 그쳐도 사상의 결과가 발생하면 본죄는 기수로 되지만 재물탈취가 기수에 이르렀는가, 미수에 그쳤는가는 이를 범죄사실 자체에서 알아볼 수 있도록 설시하는 것이 적당하다.

III. 범죄사실기재

[기재례1] 강도의 수단으로 폭행하여 전두부열상을 입게 한 경우

1) 범죄사실 기재례

피의자는 20○○. ○. ○. ○○:○○경 ○○에서 피해자 甲(30세)에 대하여 "돈을 내놓아"라고 말하면서 손에 든 길이 50cm의 몽둥이(증 제1호)로 그의 머리를 5, 6회 때려서 반항을 억압한 다음 그의 저고리 오른쪽 호주머니에서 그 소유 현금 ○○만원을 빼앗아 이를 강취하고, 위 폭행으로 그에게 약 2주일간의 치료를 요하는 전두부열상을 입게 하였다.

2) 적용법조 : 제337조(강도치상)… 공소시효 15년

[기재례2] 차량이용 날치기

1) 범죄사실 기재례

피의자들은 20○○. ○. ○. 20:00경 ○○ 앞길에서, 피의자 乙은 본인 소유 승용차(차량번호)를 운전하고, 피의자 甲은 위 승용차에 승차하여 범행 대상을 물색하던 중, 마침 그곳을 지나가는 피해자 홍길녀(여, 34세)에 접근한 후 같은 甲이 창문으로 손을 내밀어 ○○만원권 자기앞수표 3장, 현금 ○○만원, 시가 ○○만원 상당의 휴대폰 1개, 신용카드 3장이 든 피해자 소유의 손가방 1개를 낚아채어 가 절취하였다.

피의자들은 합동으로 피해자가 위 가방을 꽉 붙잡고 이를 탈환하려고 하자, 그 탈환을 항거할 목적으로 피의자 甲이 피해자가 붙잡고 있는 위 가방을 붙잡은 채 피의자 乙이 위 승용차를 운전하여 가버림으로써 피해자로 하여금 약 4주간의 치료를 요하는 좌수 제3지 중위지골 골절상을 입게 하였다.

2) 적용법조 : 제337조(강도치상)··· 공소시효 15년

[기재례3] 강도가 과도로 찔러 상해를 입히고 강취

1) 범죄사실 기재례

피의자는 20○○. ○. ○. ○○:○○경 ○○에 있는 피해자 홍길동(60세)의 집에 들어가 피해자의 목에 미리 소지하고 있던 과도(크기)를 꺼내 들이대고 돈을 요구하였으나 그가 반항하므로 과도로 그의 우측 대퇴부를 찔러서 그에게 약 3주간의 치료를 요하는 우측 대퇴부 절창상을 가하고, 장롱 속에 있던 현금 ○○만원을 꺼내 가지고 감으로써 강취하였다.

2) 적용법조 : 제337조(강도상해)··· 공소시효 15년

[기재례4] 강도의 수단으로 폭행하여 사망케 한 경우

1) 범죄사실 기재례

피의자는 20○○. ○. ○. ○○:○○경 ○○에서 가지고 있던 손수건으로 피해자 甲(여, 30세)에게 재갈을 물리고 그곳에 있던 허리띠로 그녀의 손을 등뒤로 묶은 뒤 금품을 찾으려고 실내를 물색하던 중, 그녀의 딸인 피해자 乙(3세)이 잠을 깨어 큰 소리로 울어대자 이웃 사람들이 알아차리지 못하게 위 乙의 머리 위에 그곳에 있던 방석을 덮고 이불을 덧씌워 울음소리가 들리지 않도록 한 다음 그 집 안방 책상 서랍 속에서 위 甲 소유 현금 ○○만원을 꺼내어 가 이를 강취하고, 위 乙에 대한 위 폭행으로 그녀로 하여금 그곳에서 질식으로 말미암아 사망에 이르게 하였다.

2) 적용법조 : 제338조(강도치사)··· 공소시효 15년

[기재례5] 동업자에게 채무 변제를 대신해 달라며 상해

1) 범죄사실 기재례

피의자는 20○○. ○. ○. 17:30경 당시 피의자가 입원해 있던 ○○의료원 111호실에서 자신과 룸살롱을 동업한 적이 있는 피해자 홍길동을 전화로 불러오게 한 다음 가슴에 품고 있던 식칼을 피해자의 목에 들이대고 "위 룸살롱을 경영하면서 손해를 보았으니 내 채권자인 乙에게 ○○만원을 지급한다는 내용의 지급각서를 쓰라"는 취지로 협박하였다.

피의자는 피해자가 망설인다는 이유로 위 칼로 피해자의 오른쪽 어깨를 1회 찔러 항거를 불능케 하고 그로 하여금 위와 같은 취지의 지급각서 1매를 쓰게 한 다음 이를 강취하고, 그로 인해 피해자에게 약 2주간의 치료를 요하는 우측견갑부열상을 가하였다.

2) 적용법조 : 제337조(강도상해)… 공소시효 15년

[기재례6] 강도합동범 중 일인이 폭행하여 상해를 입히고 강취

1) 범죄사실 기재례

피의자는 20○○. ○. ○. ○○:○○경 ○○시 금호읍에 있는 사찰에서, 피의자 丙은 밖에서 망을 보고, 피의자는 위 사찰의 큰방으로 들어가 피해자 甲(여, 72세)의 우측 팔을 걷어차면서 손으로 목을 조른 다음 다시 주지승의 방문을 발로 걷어차고 안으로 들어가 주지승인 피해자 乙(여, 65세)에게 고함치면서 발로 다리와 가슴을 걷어차 반항을 억압한 후, 피해자 乙 소유의 현금 ○○만원을 빼앗고, 이로 인하여 피해자들에게 전치 각 3주간의 흉부좌상을 가하였다.

2) 적용법조 : 제337조(강도상해)… 공소시효 15년

[기재례7] 식당 종업원이 주인을 살해하고 현금강취

1) 범죄사실 기재례

피의자는 20○○. ○. ○. ○○:○○경 ○○에 있는 ○○식당의 사장인 피해자 홍길녀가 계산대에서 그 날의 매상고를 계산하고 있는 것을 보고, 그녀를 살해하여 금품을 강취하기로 결심하고 미리 준비한 15cm가량의 단도를 그녀 가슴에 (방법)으로 찔러 그녀를 살해한 후 그녀 소유의 현금 ○○만원을 강취하였다.

2) 적용법조 : 제338조(강도살인)… 공소시효 없음

[기재례8] 바닷가로 유인하여 떠밀어 떨어뜨려서 익사케 하고 강취

1) 범죄사실 기재례

피의자는 20○○. ○. ○. ○○:○○경 동료 선원인 甲이 부재중인 것을 알고 그의 처인 피해자 乙(여, 44세)을 살해하여 금품을 강취할 것을 마음먹고, ○○에 있는 위 甲의 집에 가서 그녀에게 남편이 배에서 크게 다쳤으니 빨리 가 보자고 거짓말을 하여 그녀를 집에서 약 300m 떨어진 ○○으로 유인한 뒤 그녀가 방심한 틈을 타서 갑자기 뒤에서 그녀를 바닷물 속으로 떠밀어 떨어뜨려서 익사케 하였다.

피의자는 바로 위 甲의 집으로 돌아가 그 집 안방 벽장 속에서 그녀 소유의 현금 ○○만원과 ○○귀금속 ○○만원 등 금품을 꺼내어 가 강취하였다.

2) 적용법조 : 제338조(강도살인)… 공소시효 없음

[기재례9] 피부관리실에 침입하여 금품 갈취하려다 상해

1) 범죄사실 기재례

피의자들은 20○○. ○. ○. 17:45경 ○○에 있는 ○○피부관리실에서 미리 준비한 칼, 마스크, 테이프 등 범행도구를 각 소지하고, 피의자 2가 먼저 위 피부관리실 안으로 들어가 손으로 위 피부관리실의 종업원인 피해자 甲(여, 26세)의 입을 막고 다른 한 손으로 위험한 물건인 칼(길이 20㎝가량)을 들어 피해자를 위협하던 중 피해자가 손으로 위 칼을 잡아 칼에 베이게 하였다.

이때 피의자 1, 피의자 3은 피의자 2를 뒤따라 위 피부관리실로 들어가 출입문을 잠그고 피해자가 도망가지 못하게 감시하는 등 위세를 가하여 피해자의 반항을 억압한 다음 피해자로부터 금품을 강취하려 하였으나 피해자가 돈이 없고, 피해자의 손에서 계속 피가 흐르자 검거될 것을 우려하여 그곳에서 도망가 그 뜻을 이루지 못하고 미수에 그쳤다.

피의자들은 공모하여 피해자에게 치료기일 불상의 손바닥에 칼에 베여 피가 나게 하는 상해를 가하였다.

2) 적용법조 : 제337조(강도상해)… 공소시효 15년

[기재례10] 술값 면탈 강도

1) 범죄사실 기재례

피의자는 20○○. ○. ○. ○○고등법원에서 특수강도죄 등으로 징역 2년 6월을 선고받아 20○○. 3. 17. ○○교도소에서 그 형의 집행을 종료하였다.

피의자는 20○○. 8. 3. 12:30경 ○○에 있는 피해자 갑(여, 47세) 운영의 "○○"에 들어가 피해자에게 병맥주 4병을 주문하여 마시고 술값 2만 원을 계산한 다음 맥주 8병과 안주(한치) 1접시, 임페리얼 양주 1병 등 시가 합계 26만 원 상당을 추가로 주문하여 제공받았다.

그 후 피의자는 같은 날 15:40경 피해자에게 양주 1병을 더 주문하다가 피해자로부터 '먼저 계산하고 주문하라'라는 요구를 받자 피해자를 유인·폭행하여 술값 지급을 면하기로 마음먹고, '○○아파트에 사는데 집에 가서 줄 테니 따라오라'라고 속여 피해자를 부근에 있는 ○○아파트로 데리고 가 그곳 주변을 배회하다가 위 아파트 ○○동 뒤편 막다른 골목에 이르러 양손으로 피해자의 어깨부위를 붙잡아 밀치고 발로 다리를 걸어 바닥에 넘어뜨린 다음 피해자의 몸 위에 올라타 양손으로 피해자의 목을 조르고 '살려달라'고 소리치는 피해자의 입을 손으로 막고 주먹으로 얼굴을 때리려고 하는 등으로 반항을 하지 못하게 한 다음 그대로 도주하였다.

이로써 피의자는 피해자에게 지급해야 할 술값 ○○만 원의 지급을 면하여 같은 금액 상당의 재산상 이익을 취득하고 피해자에게 약 2주간의 치료를 요하는 양측 팔꿈치의 찰과상 등의 상해를 가하였다.

2) 적용법조 : 제337조(강도상해)… 공소시효 15년

[기재례11] 살해 후 현금과 신용카드를 강취한 후 동 카드로 현금을 인출

1) 범죄사실 기재례

피의자는 20○○. ○. ○. ○○:○○경 ○○ 거주 피해자 홍길동(28세, 여)의 집에서 피해자의 집을 내부공사 해주고 공사 잔금을 달라고 수회에 걸쳐 찾아가 독촉하였으나 잔금을 주지 않고 오히려 "공사도 제대로 안고 무슨 돈을 달라고 하느냐, 사기꾼 같은 놈"이라며 무시하는 것에 격분하였다.

피의자는 주변에 있던 ○○크기의 쇠파이프로 머리부위를 내리쳐 항거 불능케 하고 피해자로부터 현금 ○○만원과 ○○신용카드 1매를 강취한 후 넥타이와 나일론 끈으로 입과 손발을 결박하고 목을 졸라 살해하고 강취한 카드를 이용하여 현금 ○○만 원을 인출하였다.

2) 적용법조 : 형법 제338조(강도살인), 제329조(절도), 여신전문금융업법 제70조 제1항 제4호(신용카드부정사용)… 공소시효 없음, 7년(제329조)

[기재례12] 강도의 고의로 경비원을 살해하고 이어서 그 부인을 살해

1) 범죄사실 기재례

피의자는 ○○에 있는 청동빌딩 7층 ○○주식회사에서 근무하는 자로, 평소 동거녀인 甲의 집에서 생활하면서 용돈과 생활비가 궁하여 이를 마련하기 위하여 위 빌딩 경비원으로부터 그곳 1층에 있는 ○○은행의 열쇠를 빼앗아 위 은행에서 돈을 훔치기로 마음먹고 범행에 사용할 칼과 장갑을 미리 준비하여 위 회사 숙직실에 숨어 있으면서 다른 사람들이 퇴근하기를 기다리며 기회를 보고 있었다.

피의자는 20○○. ○. ○. ○○:○○경 위 빌딩 1층 경비실 앞에서 경비원인 피해자 乙(54세)에게 사무실 문을 열어 달라고 하면서 엘리베이터로 유인한 후 반항을 억압하기 위하여 주먹으로 위 乙의 얼굴을 1회 강하게 때렸으나 그가 예상외로 완강하게 반항하자 미리 준비한 칼로 그의 가슴을 비롯하여 온몸을 ○○회 찔러 위 乙로 하여금 그 자리에서 다발성자창 등에 의한 실혈성 쇼크로 사망하게 하여 위 乙을 살해하였다.

피의자는 위 乙의 시체를 엘리베이터로부터 끌어내던 중 때마침 경비실에서 나와 이를 목격한 위 乙의 부인 피해자 丙(53세)을 발견하고 위 칼로 경비실로 도망가는 위 丙의 등과 팔을 10여 회 찌르고 경비실에 있는 전기장판 전깃줄을 잘라 그녀의 목을 감아 조른 다음 위 칼로 그녀의 목을 절개하여 위 丙으로 하여금 그 자리에서 경부절창 등에 의한 실혈성 쇼크로 사망하게 하여 위 丙을 살해하였다.

2) 적용법조 : 제338조(강도살인)… 공소시효 없음

Ⅳ. 강도살인 피의자 신문사항

- 피의자는 ○○에 사는 피해자 ○○○와 어떠한 관계인가
- 피해자의 집에는 언제 무엇 때문에 가게 되었나
- 피의자가 범행을 하게 된 동기는
- 범행당시의 상황을 구체적으로
- 그 피해자 집을 택한 이유는 무엇인가

  이때 ○○에서 압수한 증 제1호의 칼을 보여주며

- 피의자가 범행에 사용한 칼이 이것인가
- 이 칼은 어디에서 난 것인가
- 이 칼을 어떻게 사용하였나
- 피해자 어디를 몇 차례나 찔렀나
- 피의자는 피해자를 칼로 찌를 때 죽일 의사가 있었나
- 피해자가 사망한 사실을 알고 있는가
- 피해자를 죽인 이유는 무엇인가
- 당시 피해자가 반항하던가
- 피의자는 그 집에서 무엇을 노렸나
- 피해자 집에서 가지고 나온 돈이나 물건은 무엇이며 얼마정도인가
- 그것을 가지고 나오게 된 경위
- 범행 후 어느 길로 도주하였나
- 피의자는 범행에 사용하였던 칼과 그 집에서 훔친 ○○○는 어떻게 하였나
- 피의자가 피해자 집에서 훔쳤던 ○○○는 이것이 맞나

  이때 ○○○○에서 압수한 증 제2호의 ○○○○를 보여주다

- 범행 당시 어떠한 옷을 입고 있었나
- 피해자 집에까지 갈 때 중간 피의자를 목격한 사람이 있었나
- 범행 후 피해자 집에서 나올 때 피의자를 본 사람이 있었는가

제6항 강도강간

제339조(강도강간) 강도가 사람을 강간한 때에는 무기 또는 10년 이상의 징역에 처한다.
제342조(미수범) 제329조 내지 제341조의 미수범은 처벌한다.
제343조(예비, 음모) 강도할 목적으로 예비 또는 음모한 자는 7년 이하의 징역에 처한다.
※ 성폭력범죄의 처벌 등에 관한 특례법 제3조(특수강도강간 등)
※ 특정범죄 가중처벌 등에 관한 법률 제5조의5(강도상해 등 재범자의 가중처벌)

 Ⅰ. 구성요건

1. 주 체

단순강도 · 특수강도 · 준강도 · 인질강도 등의 강도

○ 강도의 실행에 착수하여야 본죄의 주체가 될 수 있다. 그러나 강도의 기수 · 미수
는 불문한다.

■ 판례 ■ **강도행위가 야간에 주거에 침입하여 이루어지는 특수강도죄의 실행의 착수시기(=
폭행 · 협박시)**

[1] 사실관계

> 甲은 강도의 목적으로 야간에 칼을 들고 乙의 집 현관문을 열고 마루까지 침입하였으나 14세
> 의 乙의 손녀가 화장실에서 용변을 보고 나오는 것을 발견하고 갑자기 욕정을 일으켜 칼을 손
> 녀의 목에 들이대고 방에 끌고 들어가 강간하였다.

[2] 판결요지

가. 특수강도죄에 있어서의 실행의 착수시기
특수강도의 실행의 착수는 강도의 실행행위 즉 사람의 반항을 억압할 수 있는 정도의 폭행 또는 협
박에 나아갈 때에 있다 할 것이다.

나. 甲의 죄책
강도의 범의로 야간에 칼을 휴대한 채 타인의 주거에 침입하여 집안의 동정을 살피다가 피해자를
발견하고 갑자기 욕정을 일으켜 칼로 협박하여 강간한 경우, 야간에 흉기를 휴대한 채 타인의 주거
에 침입하여 집안의 동정을 살피는 것만으로는 특수강도의 실행에 착수한 것이라고 할 수 없으므로
위의 특수강도에 착수하기도 전에 저질러진 위와 같은 강간행위가 구 특정범죄가중처벌등에관한법
률 제5조의6 제1항 소정의 특수강도강간죄에 해당한다고 할 수 없다(대법원 1991.11.22. 선고 91도
2296 판결). ☞ (甲은 주거침입죄, 강간죄, 강도예비죄의 실체적 경합범)

2. 행 위

사람을 강간하는 것

(1) 강도의 실행 착수

강도강간죄가 성립하기 위해서는 강도의 실행 착수(例, 폭행·협박)해야 한다. 그러나 강도의 기수·미수는 불문한다.

(가) 강간범이 강도를 한 경우

▪판례▪ **강간범이 강간의 범행 후에 부녀의 재물을 강취한 경우, 성폭력범죄의처벌및피해자보호등에관한법률 제5조 제2항 소정의 특수강도강간죄로 의율할 수 있는지 여부(한정 소극)**

[1] 사실관계

> 甲은 도망을 가려는 乙녀(18세)의 어깨를 잡아 방으로 끌고 와 침대에 엎드리게 하고 이불을 뒤집어씌운 후 베개로 乙녀의 머리부분을 약 3분간 힘껏 눌렀다. 이에 乙녀가 손발을 휘저으며 발버둥치다가 움직임을 멈추고 사지가 늘어졌음에도 계속하여 약 10초간 누르고 있다가 乙녀가 사망한 것을 확인하고 乙녀가 잠자는 것처럼 위장을 해 놓은 뒤 방안에 있던 물건들을 가방에 넣고 집을 빠져나왔다. 몇일 후 甲은 丙녀를 강간하고 난 뒤에 丙녀의 물건이 탐이나 흉기로 위협한 후 물건을 빼앗았다.

[2] 판결요지

가. 乙녀에 대한 죄책

강도가 베개로 피해자의 머리부분을 약 3분간 누르던 중 피해자가 저항을 멈추고 사지가 늘어졌음에도 계속하여 누른 행위에 대해서는 살해의 고의가 인정된다.

나. 丙녀에 대한 죄책

강간범이 강간행위 후에 강도의 범의를 일으켜 그 부녀의 재물을 강취하는 경우에는 형법상 강도강간죄가 아니라 강간죄와 강도죄의 경합범이 성립될 수 있을 뿐인바, 성폭력범죄의처벌및피해자보호등에관한법률 제5조 제2항은 형법 제334조(특수강도) 등의 죄를 범한 자가 형법 제297조(강간) 등의 죄를 범한 경우에 이를 특수강도강간 등의 죄로 가중하여 처벌하고 있으므로, 다른 특별한 사정이 없는 한 강간범이 강간의 범행 후에 특수강도의 범의를 일으켜 그 부녀의 재물을 강취한 경우에는 이를 성폭력범죄의처벌및피해자보호등에관한법률 제5조 제2항 소정의 특수강도강간죄로 의율할 수 없다(대법원 2002.2.8. 선고 2001도6425 판결). ☞ (乙에 대한 강도살인죄, 丙에 대한 강간죄와 특수강도죄의 실체적 경합)

(나) 강간 중 강도하고 강간한 경우

▪판례▪ **강간의 실행행위의 계속 중에 강도행위를 한 경우 강도강간죄를 구성하는지 여부**

강도강간죄는 강도라는 신분을 가진 범인이 강간죄를 범하였을 때 성립하는 범죄이고 따라서 강간범이 강간행위 후에 강도의 범의를 일으켜 그 부녀의 재물을 강취하는 경우에는 강도강간죄가 아니라 강도죄와 강간죄의 경합범이 성립될 수 있을 뿐이나, 강간범이 강간행위 종료전 즉 그 실행행위의 계속중에 강도의 행위를 할 경우에는 이때에 바로 강도의 신분을 취득하는 것이므로 이후에 그 자리에서 강간행위를 계속하는 때에는 강도가 부녀를 강간한 때에 해당하여 형법 제339조 소정의 강도강간죄를 구성한다(대법원 1988.9.9. 선고 88도1240 판결).

(다) 강도의 수단으로 강간을 하고 강취한 경우

강도의 수단으로 강간을 하고 강취한 경우에도 본죄가 성립한다.

(2) 강간의 시기

강간은 강도의 기회에 행해지어야 한다. 그러나 재물탈취의 전후를 불문한다.

■ 판례 ■   **강도의 상대방과 강간의 상대방이 다른 경우, 강도강간죄의 성립여부(적극)**

[1] 사실관계

甲은 乙 등과 강도하기로 모의를 한 후 지나가던 丙으로부터 금품을 빼앗고 이어서 그의 여자 친구인 丁녀를 강간하였다.

[2] 판결요지
피고인이 강도하기로 모의를 한 후 피해자 병남으로부터 금품을 빼앗고 이어서 피해자 정녀를 강간 하였다면 강도강간죄를 구성한다(대법원 1991.11.12. 선고 91도2241 판결).

■ 판례 ■   **甲이 야간에 乙녀의 주거에 침입하여 드라이버를 들이대며 협박하여 乙녀의 반항을 억압한 상태에서 강간행위의 실행 도중 현장에 있던 丙녀의 핸드백을 새로운 폭력이나 협박 없이 취득한 후 乙녀에 대한 강간행위를 계속한 경우**
강간범인이 부녀를 강간할 목적으로 폭행, 협박에 의하여 반항을 억압한 후 반항억압 상태가 계속 중임을 이용하여 재물을 탈취하는 경우에는 재물탈취를 위한 새로운 폭행, 협박이 없더라도 강도죄가 성립한다. 따라서 피고인의 행위를 포괄하여 구 성폭력범죄의 처벌 및 피해자보호 등에 관한 법률(2010. 4. 15. 법률 제10258호 성폭력범죄의 피해자보호 등에 관한 법률로 개정되기 전의 것) 위반(특수강도강간등)죄에 해당한다(대법원 2010.12.9. 선고 2010도9630 판결).

(3) 기수와 미수

본죄의 기수와 미수는 강간의 미수와 기수에 따라 결정되며, 강도의 기수·미수는 불문한다. 따라서 강도가 기수라도 강간이 미수에 그친 경우에는 본죄의 미수가 성립하나, 반대로 강도가 미수라도 강간이 기수이면 본죄의 기수가 된다.

■ 판례 ■   **강도가 강간하려고 하였으나 잠자던 피해자의 어린 딸이 잠에서 깨어 우는 바람에 도주한 경우의 죄책(= 강도강간죄의 장애미수)**
강도가 강간하려고 하였으나 잠자던 피해자의 어린 딸이 잠에서 깨어 우는 바람에 도주하였고, 또 피해자가 시장에 간 남편이 곧 돌아온다고 하면서 임신중이라고 말하자 도주한 경우에는 자의로 강간행위를 중지하였다고 볼 수 없다(대법원 1993.4.13. 선고 93도347 판결).

3. 주관적 구성요건

강도 · 강간에 대한 고의와 불법영득의사가 있을 것
- 처음부터 강도와 강간의 범의를 함께 가진 경우 ⇨ 본죄성립
- 강도의 실행의 착수 후 강간의 범의가 생긴 경우 ⇨ 본죄성립
- 강간의 범의만 가지고 강간 후 금품을 강취한 경우 ⇨ 강간죄와 강도죄의 경합범

■ 판례 ■ **강간하는 과정에서 피해자들이 도망가지 못하게 손가방을 빼앗은 행위와 불법영득의사 유무(소극)**

불법영득의 의사라 함은 권리자를 배제하여 타인의 물건을 자기의 물건과 같이 그 경제적 용법에 따라 이용처분하는 의사를 말하는 것이므로 강간하는 과정에서 피해자들이 도망가지 못하게 하기 위해 손가방을 빼앗은 것에 불과하다면 이에 불법영득의 의사가 있었다고 할 수 없다(대법원 1985.8.13. 선고 85도1170 판결).

4. 죄 수

(1) 강도강간살인 · 상해

강도가 살인 또는 상해의 고의를 가지고 폭행 · 협박하여 피해자를 사망 또는 상해한 경우에는 강도강간죄와 강도살인죄 · 강도상해죄의 상상적 경합이 성립한다(이설있음).

(2) 강도강간치사상

강도가 살해 또는 상해의 고의 없이 폭행 · 협박하여 사망 또는 상해에 이르게 한 경우에는 강도강간죄와 강도치사상죄의 상상적 경합이 성립한다.

■ 판례 ■ **강도강간이 미수에 그쳤으나 반항을 억압하기 위한 폭행으로 상해를 입힌 경우, 죄명 및 죄수**

[1] 사실관계

甲은 강도의 의사로 부녀자 乙을 폭행하여 상해를 입혀 항거불능케 한 후 재물을 찾았으나 재물이 없어 미수에 그치고, 항거불능의 상태에 빠진 乙을 간음하려 하였으나 역시 실패하고 그 과정에서 반항을 억압하기 위한 폭행으로 乙에게 상해를 입혔다.

[2] 판결요지

강도가 재물강취의 뜻을 재물의 부재로 이루지 못한 채 미수에 그쳤으나 그 자리에서 항거불능의 상태에 빠진 피해자를 간음할 것을 결의하고 실행에 착수했으나 역시 미수에 그쳤더라도 반항을 억압하기 위한 폭행으로 피해자에게 상해를 입힌 경우에는 강도강간미수죄와 강도치상죄가 성립되고 이는 1개의 행위가 2개의 죄명에 해당되어 상상적 경합관계가 성립된다(대법원 1988.6.28. 선고 88도820 판결). ☞ (甲은 강도강간미수죄와 강도치상죄의 상상적 경합)

II. 범죄사실 작성시 유의사항

1. 강도의 수단이 폭행, 협박이 행하여진 후에 강간행위가 이어서 행하여지는 경우도 있고 또 동일한 행위가 兩者의 취지를 겸하는 경우도 있다. 사실의 적시로서는 그 어는 것인가를 구별하여 설시하여야 할 것이다.

2. 강간행위는 강도행위가 행하여진 기회 또는 기 기회 계속 중에 행하여짐을 필요로 한다. 어느 지점에서 강도의 실행행위에 착수하고 다른 지점에서 강간한 경우에는 '……길에서……강취한 후 약 20m 떨어진 도로변의 풀밭까지 그녀를 끌고 가서 그곳에서……강간하였다.'와 같이 기회 계속 중의 행위라는 점을 적시하여야 한다.

3. 강도의 피해자와 강간의 피해자가 다를 때에는 강도행위와 강간행위와의 관련을 명확히 해야 한다.

4. 강도가 기수인가 미수인가 그쳤는가는 본죄의 성립여부와 관계가 없으나 그 기수, 미수의 구별이 판결문 자체에 의하여 알아볼 수 있도록 설시하는 것이 적당하다.

III. 범죄사실기재 및 신문사항

1) 범죄사실 기재례

[기재례1] 강도강간 의사로 협박하고 강취 후 강간

피의자는 20○○. ○. ○. ○○:○○경 ○○에서 피해자 甲(여, 23세)으로부터 금품을 강취함과 동시에 그녀를 강간하려고 마음먹고 귀가 중이던 위 피해자를 옆 골목으로 끌고 들어가 돈을 모두 내놓으라 그러지 않으면 목을 졸라 죽이겠다면서 양손으로 피해자의 목을 조여 그녀의 반항을 억압한 다음 ○○만원이 들어 있는 그녀의 핸드백을 강취한 후 그 자리에 넘어뜨려 간음하여 그녀를 강간하였다.

[기재례2] 피서지에서 강도강간

피의자는 20○○. ○. ○. 23:00경 ○○에 있는 ○○해안에 텐트를 치고 잠자던 피해자 홍길녀를 깨워 피의자가 미리 준비하여간 장난감 권총을 피해자의 목에 들이대고 주먹으로 얼굴을 때리면서 금품을 요구하였으나 피해자가 가진 것이 없다고 하자 주먹으로 피해자의 배와 얼굴 등을 때리고 목을 누르는 등 항거불능케 하여 강간하였다.

2) 적용법조 : 제339조… 공소시효 15년

[기재례3] 주거침입강도강간

피의자는 20○○.○.○.○○지방법원에서 특수절도죄로 징역 10개월을 선고받아 20○○.○.○. 그 형의 집행을 종료한 사람이다.

피의자는 20○○.○.○.21:00경 ○○에 있는 피해자 갑(여, 41세)이 혼자 사는 것을 알고 그 여자를 강간할 목적으로 그 집 담을 뛰어 넘어가 그 집 부엌에 있던 식칼 1개를 가지고 작은 방 다락에 숨어 있다가 그날 22:30경 위 피해자가 귀가하여 잠자리에 들자 다음날 00:10경 다락에서 나와 피해자가 잠들고 있는 방에 들어갔다.

피의자는 방에 들어가 피해자의 가슴을 발로 누르고 식칼을 목에 겨누면서 "소리 지르면 죽인다"고 위협하고 피해자가 옷을 벗도록 강요하면서 그의 유방을 주무르는 등 하며 계속하여 식칼로 협박하여 그로 하여금 항거불능케 하여 그의 "팬티"를 한쪽 다리만 벗게 하자 이를 모면하기 위하여 항거불능 상태에 있던 피해자는 그가 끼고 있던 백금 반지 3돈(시가 ○○만원) 상당을 피의자에게 교부하였다.

피의자는 이를 교부받아 그의 호주머니에 넣어 강취하고 이어서 위 피해자의 유방과 음부를 쓰다듬다가 피해자의 배 위에 올라가서 피의자의 성기를 피해자의 질 내에 넣어서 그녀를 강간하였다.

2) **적용법조** : 제339조… 공소시효 15년

3) **신문사항**

– 홍길녀를 알고 있는가
– 홍길녀로부터 금품을 빼앗은 일이 있는가
– 언제 어디에서 빼앗았는가
– 어떻게 그곳에서 범행을 하게 되었는가
– 왜 홍길녀를 피해자로 택하였는가
– 어떤 방법으로 금품을 빼앗았는가
– 빼앗은 금품은 모두 얼마였는가
– 피해자가 반항하지 않던가
– 그 당시 주변에 다른 사람들이 없었는가
– 금품을 빼앗은 후 어떻게 하였나
– 어떤 방법으로 강간하였나
– 그때도 반항하지 않던가
– 범행 후 어떻게 하였나
– 빼앗은 금품은 어떻게 하였는가

제7항 해상강도

제340조(해상강도) ① 다중의 위력으로 해상에서 선박을 강취하거나 선박내에 침입하여 타인의 재물을 강취한 자는 무기 또는 7년 이상의 징역에 처한다.
② 제1항의 죄를 범한 자가 사람을 상해하거나 상해에 이르게 한 때에는 무기 또는 10년 이상의 징역에 처한다.
③ 제1항의 죄를 범한 자가 사람을 살해 또는 사망에 이르게 하거나 강간한 때에는 사형 또는 무기징역에 처한다.
제342조(미수범) 제329조 내지 제341조의 미수범은 처벌한다.
제343조(예비, 음모) 강도할 목적으로 예비 또는 음모한 자는 7년 이하의 징역에 처한다.

Ⅰ. 구성요건

1. 해상강도(제1항)

(1) 객 체

해상에 있는 선박 또는 그 선박 내에 있는 재물

○ 해상이란 영해와 공해를 포함하나, 적어도 지상의 경찰권이 용이하게 미치지 않는 바다임을 요한다. 따라서 하천·호소·항만은 제외된다.

(2) 행 위

다중의 위력으로 선박을 강취하거나 선박 내에 침입하여 타인의 재물을 강취하는 것

○ 다중은 다수의 집단으로 그 인원수에는 제한이 없으나 사람에게 집단적 위력을 보일 수 있는 정도이어야 하고, 다중이 강취현장에 있어야 한다.

2. 해상강도상해·치상(제2항)

해상강도가 사람을 상해하거나 상해에 이르게 하는 것

3. 해상강도살인·치사(제3항)

해상강도가 사람을 살해하거나 사망에 이르게 하는 것

■ 판례 ■   **페스카마 15호 선상 살인사건**

선장을 비롯한 일부 선원들을 살해하는 등의 방법으로 선박의 지배권을 장악하여 목적지까지 항해한 후 선박을 매도하거나 침몰시키려고 한 경우에는 선박에 대한 불법영득의 의사가 인정되어 해상강도살인죄가 성립한다(대법원 1997.7.25. 선고 97도1142 판결).

II. 범죄사실기재 및 신문사항

1) 범죄사실 기재례 – [정박 중인 화물선에서 강도]

피의자들은 20○○. ○. ○. ○○:○○경 모터보트를 이용하여 ○○항 부두에서 약 9km 거리의 해상에 정박 중인 ○○해운주식회사 소속 화물선 ○○호에 접근하여 그 배에 올라타서, 당직 중인 일등항해사 홍길동에게 잭나이프를 들이대고 "죽고 싶지 않으면 찍소리도 내지 마라"라는 등 그를 협박하였다.

피의자들은 합동하여 위와 같이 피해자를 반항하지 못하도록 난간에 묶은 후 그 배에 있던 위 홍길동이 관리하는 주식회사 삼성 카메라의 탁송품인 시가 ○○만원 상당의 삼성 카메라 50개들이 50상자를 모터보트에 옮겨 싣고 운반하여서 강취하였다.

2) 적용법조 : 제340조 제1항… 공소시효 15년(✱ 제2항은 15년, 제3항은 25년)

3) 신문사항

- 해상에서 남에 물건을 빼앗은 일이 있는가
- 언제 어디에서 빼앗았는가
- 누구랑 하였는가
- 언제 어디에서 범행을 공모하였나
- 구체적으로 어떻게 모의하였나
- 각자 역할 분담은 어떻게 하기로 하였나
- 해안에서 얼마나 떨어진 해상인가
- 그곳까지 어떤 방법으로 갔었는가
- 어떻게 알고 그곳을 범행의 대상으로 삼았는가
- 그곳에 도착하여 어떻게 하였는가
- 상대 화물선에는 몇 명의 선원이 있던가
- 어떻게 그곳 화물선에 승선하였는가
- 뭐라면서 협박하였나

제8항 상습강도

제341조(상습범) 상습으로 제333조, 제334조, 제336조 또는 전조제1항의 죄를 범한 자는 무기 또는 10년 이상의 징역에 처한다.

제342조(미수범) 제329조 내지 제341조의 미수범은 처벌한다.

※ 특정범죄가중처벌등에관한법률 제 5 조의4(상습강·절도죄 등의 가중처벌)

Ⅰ. 구성요건

상습으로 강도죄 · 특수강도죄 · 인질강도죄 · 해상강도죄를 범함으로써 성립

- 상습강도죄의 경우에는 특정범죄가중처벌법 제5조의4가 적용되어 형법의 적용은 배제된다.
- 강도상해 · 치상죄, 강도살인 · 치사죄, 강도강간죄에 대하여는 상습범의 가중처벌 규정이 없다.

▪ 판례 ▪　**2회에 걸친 절도죄의 전과만으로 강도죄의 상습성을 인정할 수 있는지 여부(소극)**

특정범죄가중처벌등에관한법률 제5조의4 제3항의 상습강도범은 강도의 습벽이 있는 자가 그 습벽이 발현되어 강도죄의 범한 경우에 성립되는 것이므로 절도죄의 전과가 2회있을 뿐 강도의 전력이 없다면 위와 같은 절도의 전과만으로 강도죄의 상습성을 인정하는 자료로 삼을 수 없다(대법원 1989.12.12. 선고 89도1995 판결).

▪ 판례 ▪　**전과는 없으나 단기간내 범행이 반복된 경우, 상습성의 인정여부(적극)**

비록 피고인에게 강도의 전과사실이 없다 하더라도 불과 3개월여 사이에 16회에 걸쳐 특수강도행위를 반복하였고 여러사람이 한 밤중에 칼을 협박의 도구로 사용하며 피해자들을 묶어놓는 등 그 범행의 수단 방법이 범행을 거듭함에 따라 전문화, 대형화해가고 있다면 특수강도의 상습성을 인정할 수 있다(대법원 1986.6.10. 선고 86도778 판결).

▪ 판례 ▪　**강도상습성의 발현으로 보여지는 강도예비죄가 특정범죄가중처벌등에관한법률 제5조의4 제3항 소정의 상습강도죄와 포괄일죄의 관계에 있는지 여부(적극)**

특정범죄가중처벌등에관한법률 제5조의4 제3항에 규정된 상습강도죄를 범한 범인이 그 범행 외에 상습적인 강도의 목적으로 강도예비를 하였다가 강도에 이르지 아니하고 강도예비에 그친 경우에도 그것이 강도상습성의 발현이라고 보여지는 경우에는 강도예비행위는 상습강도죄에 흡수되어 위 법조에 규정된 상습강도죄의 1죄만을 구성하고 이 상습강도죄와 별개로 강도예비죄를 구성하지 않는다고 보아야 한다(대법원 2002.11.26. 선고 2002도5211 판결).

▪ 판례 ▪　**확정판결이 있은 특수강도의 상습범에 대한 가중죄인 특정범죄가중처벌등에관한법**

률 위반죄의 기판력이 동 판결확정 전의 강도상해죄에 미치는지 여부(소극)

형법은 제341조에서 강도, 특수강도, 약취강도, 해상강도의 각죄에 관해서는 상습범가중규정을 두고 있으나, 강도상해, 강도살인, 강도강간 등의 각죄에 관해서는 상습범가중규정을 두고 있지 않으므로 강도상해죄가 상습강도죄의 확정판결전에 범한 것이라 하더라도 상습강도죄와 강도상해(강도살인, 강도강간) 죄는 포괄적 일죄의 관계에 있기 보다는 실체적 경합관계에 있다고 해석함이 마땅하다 할 것이므로 특수강도의 상습범에 대한 가중죄인 특정범죄가중처벌등에 관한 법률 위반죄의 기판력은 강도상해죄에 미치지 않는다(대법원 1982.10.12. 선고 82도1764 판결).

■ 판례 ■ **절도와 강도가 상습성 인정의 기초가 되는 같은 유형의 범죄인지 여부(소극)**

상습범은 같은 유형의 범행을 반복누행하는 습벽을 말하는 것인 바, 절도와 강도는 유형을 달리하는 범행이므로 각 별로 상습성의 유무를 가려야 하며, 사회보호법 제6조 제2항 제2호에서 절도와 강도를 형법 각칙의 같은 장에 규정된 죄로서 동종 또는 유사한 죄로 규정하고 있다고 하여 상습성 인정의 기초가 되는 같은 유형의 범죄라고 말할 수 없다.(대법원 1990. 4. 10., 선고, 90감도8, 판결)

Ⅱ. 범죄사실기재 및 신문사항

등대지기Ⅲ 형사특별법(특정범죄가중처벌등에관한법률) 참고

제9항 강도예비 · 음모

제343조(예비, 음모) 강도할 목적으로 예비 또는 음모한 자는 7년 이하의 징역에 처한다.

 Ⅰ. 구성요건

1. 의 의

(1) 예 비

강도를 실현할 목적으로 행하여지는 외부적 준비행위로서 아직 실행의 착수에 이르기 전의 일체의 행위

(2) 음 모

2인 이상이 강도를 실행할 목적으로 합의(모의)하는 것

■ 판례 ■ **형법상 음모죄의 성립요건**

형법상 음모죄가 성립하는 경우의 음모란 2인 이상의 자 사이에 성립한 범죄실행의 합의를 말하는 것으로, 범죄실행의 합의가 있다고 하기 위하여는 단순히 범죄결심을 외부에 표시 · 전달하는 것만으로는 부족하고, 객관적으로 보아 특정한 범죄의 실행을 위한 준비행위라는 것이 명백히 인식되고, 그 합의에 실질적인 위험성이 인정될 때에 비로소 음모죄가 성립한다. 따라서 피고인 1과 피고인 3이 수회에 걸쳐 '총을 훔쳐 전역 후 은행이나 현금수송차량을 털어 한탕 하자'는 말을 나눈 정도만으로는 강도음모를 인정하기에 부족하다고 판단한 것은 정당하다(대법원 1999.11.12. 선고 99도3801 판결).

2. 주관적 요건

예비죄는 목적범이므로, 예비 자체에 대한 고의 이외에 기본범죄인 강도를 범할 목적이 있어야 한다. 목적의 인식의 정도는 미필적 인식으로는 부족하고 확정적 인식을 요한다.

■ 판례 ■ **강도를 할 목적에 이르지 않고 준강도할 목적이 있음에 그치는 경우에 강도예비 · 음모죄가 성립하는지 여부(소극)**

[1] 사실관계

甲은 상습으로 절도 범행이 발각될 염려가 거의 없는 심야의 인적이 드문 주택가 주차장이나 길가에 주차된 자동차를 골라 그 문을 열고 동전 등 물건을 훔치는 범행을 계속해 온 자로서, 뜻하지 않게 절도 범행이 발각되었을 경우 체포를 면탈하는데 도움이 될 수 있을 것이라고 생각하여 등산용 칼 등을 휴대하고 주택가를 배회하며 범행 대상을 물색하다가 체포되었다.

[2] 강도예비 · 음모죄의 성립여부(소극)

강도예비 · 음모죄가 성립하기 위해서는 예비 · 음모 행위자에게 미필적으로라도 '강도'를 할 목적이

있음이 인정되어야 하고 그에 이르지 않고 단순히 '준강도'할 목적이 있음에 그치는 경우에는 강도 예비·음모죄로 처벌할 수 없다(대법원 2006.9.14. 선고 2004도6432 판결).

※ 이 경우 정당한 이유 없이 흉기 기타 위험한 물건을 휴대하는 행위 자체를 처벌하는 폭력행위 등 처벌에 관한 법률 제7조에 의하여 의율할 수 있을 것이다.

■ 판례사례 ■ [강도에 대한 미필적 인식에 불과하여 강도예비가 성립하지 않는 사례]

(1) 절도범인이 호신용으로 흉기를 휴대하고 있으면서 경우에 따라서는 절도범행 중 강도로 돌변 하게 될 지도 모른다고 생각한 경우
(2) 당초부터 타인의 가옥에 침입하여 강도를 할 결의를 한 것이 아니라 적당한 가옥이 눈에 띄면 침입하여 강도범행을 하겠다고 생각하고 가옥을 물색중인 경우

3. 객관적 요건

(1) 외부적 행위가 있을 것

강도예비죄가 성립하기 위해서는 범죄실현을 위한 외부적 준비행위로서 "예비행위" 가 있어야 한다. 따라서 단순한 범행계획이나 내심적 준비행위, 범죄의사의 표시만으 로는 예비행위라고 할 수 없다.

(2) 실행의 착수 이전일 것

강도예비죄가 성립하기 위해서는 예비행위가 실행의 착수(폭행 또는 협박)에 이르지 않아야 한다. 만약에 실행의 착수로 나아가면 예비는 미수 혹은 기수에 흡수된다.

■ 판례사례 ■ [강도예비에 해당하는 사례]

(1) 주거침입강도의 목적으로 흉기를 휴대하고 목적지를 향하여 출발한 때
(2) 택시강도의 목적으로 흉기를 가지고 택시에 승차하여 운행 중 범행의 기회를 엿보는 경우
(3) 강도에 공할 흉기를 휴대하고 범행할 장소에 이르러 습격의 대상이 될 통행인의 출현을 기다 리는 경우
(4) 길거리에서 타인을 협박하여 금품을 강탈할 것을 결의하고 이에 사용할 부엌칼, 주머니칼, 회 중전등을 매입하여 이를 휴대하고 범행장소 지목지점을 배회한 경우

4. 예비의 중지미수

강도예비행위를 한 자가 예비행위를 자의로 중지하거나 실행의 착수를 포기한 경우 중지미수(제26조)규정의 준용여부에 대하여, 통설은 이를 긍정하나, 판례는 미수는 실 행의 착수로 나아갈 것을 성립요건으로 하는바 실행의 착수가 있기 전인 예비행위에는 중지범의 관념을 인정할 수 없다고 하여 이를 부정하고 있다.

5. 특별법과의 관계

(1) 특정범죄가중처벌등에관한법률 제5조의4 제3항과의 관계

특정범죄가중처벌등에관한법률 제5조의4 제3항에 규정된 상습강도죄를 범한 범인이 그 범행 외에 상습적인 강도의 목적으로 강도예비를 하였다가 강도에 이르지 아니하고 강도예비에 그친 경우 ⇨ 그것이 강도상습성의 발현이라고 보여지는 경우에는 강도예비행위는 상습강도죄에 흡수되어 상습강도죄의 1죄만을 구성하고 강도예비죄를 구성하지 않는다(대법원 2002.11.26. 선고 2002도5211 판결).

(2) 총포·도검·화약류등단속법위반(불법소지)죄와의 관계

평소 불법으로 소지하고 있는 총포·도검·화약류 등을 강도의 도구로 사용하고자 한 경우 ⇨ 불법소지행위와 강도준비행위는 반드시 일치하는 것이라고 보기 어려우므로 양죄는 경합관계에 있다고 봄이 타당하다.

II. 범죄사실기재 및 신문사항

1) 범죄사실 기재례 – [강도목적 흉기 소지 배회하다 검거]

피의자는 20○○. ○. ○. ○○:○○경 ○○에 있는 역전시장에서 범행에 사용할 식칼, 노끈, 복면기구 등을 매입 소지하고 같은 날 ○○:○○경 ○○에 있는 ○○○의 집에 이르러 그곳에 침입하려고 집안 동정을 살피는 등 강도를 예비하였다.

2) 적용법조 : 제343조… 공소시효 7년

3) 신문사항

– 강도를 하려고 한 일이 있는가

– 강도를 하기 위해 어떤 준비를 하였는가

– 그런 물건은 언제 어디에서 구입하였나

– 이런 물건은 각 어떻게 사용하려고 하였나

– 이렇게 구입한 도구를 이용하여 언제 누구를 상대로 범행하려고 하였나

– 왜 그 집을 범행대상으로 삼았는가

– 실행에 착수하였는가

– 왜 착수하지 못하였는가

– 같이 공모한 사람이 있는가

제39장 사기와 공갈의 죄
(제347~354조)

제1절 사기죄

제1항 사 기

> **제347조(사기)** ① 사람을 기망하여 재물의 교부를 받거나 재산상의 이익을 취득한 자는 10년 이하의 징역 또는 2천만원 이하의 벌금에 처한다.
> ② 전항의 방법으로 제3자로 하여금 재물의 교부를 받게 하거나 재산상의 이익을 취득하게 한 때에도 전항의 형과 같다.
> **제352조(미수범)** 제347조 내지 제348조의2, 제350조, 제350조의2와 제351조의 미수범은 처벌한다.
> ※ 조세범 처벌법 제3조(조세 포탈 등)
> ※ 특정경제범죄 가중처벌 등에 관한 법률 제 3 조(특정재산범죄의 가중처벌)
> ※ 보험사기방지 특별법 제8조(보험사기죄)

Ⅰ. 구성요건

1. 객 체

재물 또는 재산상 이익

(1) 재 물

타인소유·타인점유의 재물로서 동산뿐만 아니라 부동산도 포함

- 자기점유의 타인의 재물을 영득함에 있어서 기망행위가 있어도 횡령죄만 성립한다.
- 자기의 재물로서 타인의 점유에 속하거나 공무소의 명에 의하여 타인이 간수하는 물건을 영득함에 있어서 기망행위가 있는 경우에는 권리행사방해죄(제223조), 공무집행방해죄(제127조)가 성립할 수 있을 뿐이다(例, 입질한 재물을 기망하여 도로 찾은 경우 ⇨ 권리행사방해죄).

■ 판례 ■ **교통사고처리특례법 제4조 소정의 보험가입사실증명원이 사기죄의 객체가 되는지 여부(소극)**

보험가입사실증명원은 교통사고를 일으킨 차가 교통사고처리특례법 제4조에서 정한 취지의 보험에 가입하였음을 보험회사가 증명하는 내용의 문서일 뿐이고 거기에 재물이나 재산상의 이익의 처분에 관한 사항을 포함하고 있는 것은 아니므로, 보험가입사실증명원은 사기죄의 객체가 되지 아니한다 (대법원 1997.3.28. 선고 96도2625 판결).

무효인 약속어음공정증서가 사기죄의 객체가 되는지 여부(적극)

약속어음공정증서에 증서를 무효로 하는 사유가 존재한다고 하더라도 그 증서 자체에 이를 무효로 하는 사유의 기재가 없고 외형상 권리의무를 증명함에 족한 체제를 구비하고 있는 한 그 증서는 형법상의 재물로서 사기죄의 객체가 됨에 아무런 지장이 없다(대법원 1995.12.22. 선고 94도3013 판결).

(2) 재산상 이익

재물이외의 일체의 재산상 이익을 말하는 것으로서, 재산상 이익은 적극적 이익(例, 노무제공, 담보제공, 채권취득)·소극적 이익(例, 채무면제, 변제기의 유예, 기망에 의한 시효의 완성, 전기계량기의 지침을 역회전 시켜 전기요금액수를 낮추는 것)·일시적 이익·영속적 이익을 불문한다.

주유소 운영자 甲이 농·어민 등에게 조세제한특례법에 정한 면세유를 공급한 것처럼 위조한 면세유류공급확인서로 정유회사를 기망하여 면세유를 공급받음으로써 면세유와 정상유의 가격 차이 상당의 이득을 취득한 경우

[1] 조세를 포탈하거나 조세의 환급·공제를 받은 경우 사기죄가 성립하는지 여부(소극)

기망행위에 의하여 국가적 또는 공공적 법익을 침해한 경우라도 그와 동시에 형법상 사기죄의 보호법익인 재산권을 침해하는 것과 동일하게 평가할 수 있는 때에는 당해 행정법규에서 사기죄의 특별관계에 해당하는 처벌규정을 별도로 두고 있지 않는 한 사기죄가 성립할 수 있다. 그런데 기망행위에 의하여 조세를 포탈하거나 조세의 환급·공제를 받은 경우에는 조세범처벌법 제9조에서 이러한 행위를 처벌하는 규정을 별도로 두고 있을 뿐만 아니라, 조세를 강제적으로 징수하는 국가 또는 지방자치단체의 직접적인 권력작용을 사기죄의 보호법익인 재산권과 동일하게 평가할 수 없는 것이므로 조세범처벌법 위반죄가 성립함은 별론으로 하고, 형법상 사기죄는 성립하지 않는다.

[2] 甲의 죄책

정유회사에 대하여 사기죄를 구성하는 것은 별론으로 하고, 국가 또는 지방자치단체를 기망하여 국세 및 지방세의 환급세액 상당을 편취한 것으로 볼 수 없다(대법원 2008.11.27. 선고 2008도7303 판결).

2. 기망행위

거래관계에서 지켜야 할 신의칙에 반하는 행위로서 사람으로 하여금 착오를 일으키게 하는 일체의 행위

(1) 대 상

기망행위의 대상은 사실이다. 즉 구체적으로 증명할 수 있는 과거와 현재의 상태로써 상대방이 재산적 처분행위를 함에 있어서 판단의 기초가 되는 것으로, 내적사실(例, 변제의사)·외적사실(例, 변제능력)을 포함한다. 따라서 순수한 가치판단이나 단순한 의견의 진술은 객관적 확정이 불가능하므로 기망행위의 대상에서 제외된다.

(2) 방 법

기망의 수단과 방법에는 제한이 없다.

(가) 작위에 의한 기망행위

1) 명시적 기망행위

언어 · 문서에 의하여 허위의 주장을 하는 것

■ 판례 ■ **아파트 수분양권자가 가압류채권자를 기망하여 가압류를 해제하게 한 후 아파트를 매도하고서도 채무를 변제하지 않은 경우, 사기죄의 성부(적극)**

아파트 소유권이전등기청구권을 가압류당한 아파트 수분양권자가 위 청구권을 행사하거나 아파트를 매도할 수 없게 되자 가압류채권자에게 가압류를 해제하여 주면 아파트 매도대금으로 채무를 변제하겠다고 거짓말하여 이에 속은 채권자로부터 가압류해제신청서를 받아 가압류를 해제한 후 아파트를 매도하였으면서도 위 채무를 변제하지 아니한 사안에서, 위 수분양권자로서는 가압류가 해제됨으로써 아파트 매도가 용이해져 매도대금을 수령할 수 있게 된 이익이 있으므로 가압류청구금액 상당의 재산상의 이익을 취득한 사기죄가 성립한다(대법원 2007.7.26. 선고 2007도3160 판결).

■ 판례 ■ **부동산의 공동매수인 중 일방이 매도인과 공모하여 자신의 실제 매수가격을 숨긴 채, 그 차액을 분배받은 행위가 기망 행위에 해당하는지 여부(적극)**

[1] 사실관계

> 甲은 乙과 공동으로 丙으로부터 부동산을 매수함에 있어서 매도인 丙과 공모하여 실제 매수가격을 숨긴 채, 乙에게는 자신도 동인과 같은 값으로 매수하는 것인 양 말하여 비싼 값으로 매수하게 한 뒤 그 차액을 丙과 분배 하였다.

[2] 판결요지

가. 사기죄에 있어서 기망 행위 해당 여부의 판단기준

어떤 행위가 다른 사람을 착오에 빠지게 한 기망행위에 해당하는가의 여부는 거래의 상황, 상대방의 지식, 경험, 직업 등 행위 당시의 구체적 사정을 고려하여 일반적, 객관적으로 결정하여야 한다.

나. 甲의 죄책

피고인은 동일한 부동산을 피해자와 함께 매수하면서 매도인과 공모하여, 사실은 그 부동산의 평당 매수단가를 피해자보다 싸게 매수하면서도 피해자에게는 자신이 마치 피해자와 같은 값으로 매수하는 것처럼 말하여 피해자를 착오에 빠뜨려 그 부동산을 비싼 값에 매수케 하고, 그 매매차액을 분배, 교부받은 경우 이는 사기죄의 구성요건인 기망행위에 해당한다고 할 것이고, 위 피해자가 만일 동일한 부동산을 피고인과 함께 매수하면서 피고인의 평당 매수단가 보다 비싸게 매수한다는 사실을 사전에 알았더라면 그 매매계약에 임하지 않았으리라는 점은 경험법칙상 쉽게 추측할 수 있다 하겠으므로, 피고인의 위 기망행위와 피해자의 매수행위 사이에 인과관계가 있다고 보아야 한다(대법원 1992.3.10. 선고 91도2746 판결).

2) 묵시적 기망행위

일정한 동작이 상대방의 착오를 유발하는 경우로, 이는 행위자의 전체행위가 설명가치를 가질 때 인정되고, 그 설명가치는 거래관행과 사회통념에 따라 결정된다.

A. 무전취식 · 무전숙박의 경우

ㅇ 처음부터 지불의사 · 지불능력도 없이 취식 또는 숙박을 한 경우에는 사기죄가 성립한다.

○ 취식 또는 숙박을 한 후 지불능력이 없음을 알고 몰래 도주한 경우에는 기망행위
와 처분행위가 없으므로 사기죄가 성립하지 않으나, 위계를 사용하여 도주한 경
우에는 사기죄가 성립한다.

B. 처분권 없는 자의 처분행위

처분권한이 없음에도 자신이 처분권자인 것처럼 가장하여 처분한 경우, 이는 처분권
이 있음을 묵시적으로 표현한 것으로 묵시적 기망행위가 된다.

> ■ 판례사례 ■   [처분권한 없는 자의 처분행위가 묵시적 기망행위가 되어 사기죄가 성립하는 사례]
>
> (1) 채권의 담보로 가옥소유권이 채권자에게 이전등기되었음에도 피고인이 이런 사실을 숨긴채 채
> 무자와 공모하여 동 가옥이 채무자의 소유인양 타인에게 임대하고 그 임대보증금등 명목으로
> 금원을 수령한 경우(대법원 1984.1.31. 선고 83도1501 판결)
> (2) 절도범인이 그 절취한 장물을 자기 것인 양 제3자를 기망하여 금원을 편취한 경우 ⇨ 장물에
> 관하여 소비 또는 손괴하는 경우와는 달리 제3자에 대한 관계에 있어서는 새로운 법익의 침해
> 가 있다고 할 것이므로(대법원 1980.11.25. 선고 80도2310 판결)

C. 절취·강취한 예금통장에 의한 예금출금

예금청구행위는 자신이 정당한 청구권자임을 묵시적으로 표현하는 것으로서 기망에
해당한다.

■ 판례 ■   **절취한 은행예금통장을 이용하여 은행원을 기만해서 예금을 인출한 행위가 별도로
사기죄를 구성하는가 여부(적극)**

절취한 은행예금통장을 이용하여 은행원을 기망해서 진실한 명의인이 예금을 찾는 것으로 오신시켜 예금을 편취
한 것이라면 새로운 법익의 침해로 절도죄 외에 따로 사기죄가 성립한다(대법원 1974.11. 26. 선고 74도2817 판결).

■ 판례 ■   **예금통장을 강취하고 예금청구서를 위조한 다음 예금인출금 명목의 금원을 교부받
은 경우, 죄책 및 그 죄수관계(= 실체적 경합관계)**

피고인이 예금통장을 강취하고 예금자 명의의 예금청구서를 위조한 다음 이를 은행원에게 제출행
사하여 예금인출금 명목의 금원을 교부받았다면 강도, 사문서위조, 동행사, 사기의 각 범죄가 성립
하고 이들은 실체적 경합관계에 있다 할 것이다(대법원 1991.9.10. 선고 91도1722 판결).

■ 판례 ■   **사기이용계좌의 명의인이 전기통신금융사기(보이스피싱) 피해금을 횡령한 사건**

[1] 송금의뢰인이 다른 사람의 예금계좌에 자금을 송금·이체하여 송금의뢰인과 계좌명의인 사이에 송
금·이체의 원인이 된 법률관계가 존재하지 않음에도 송금·이체에 의하여 계좌명의인이 그 금액 상당의
예금채권을 취득한 경우, 계좌명의인이 그와 같이 송금·이체된 돈을 그대로 보관하지 않고 영득할 의사
로 인출하면 횡령죄가 성립하는지 여부(적극) / 계좌명의인이 개설한 예금계좌가 전기통신금융사기 범행
에 이용되어 그 계좌에 피해자가 사기피해금을 송금·이체한 경우, 계좌명의인이 그 돈을 영득할 의사로
인출하면 피해자에 대한 횡령죄가 성립하는지 여부(한정 적극) 및 이때 계좌명의인의 인출행위가 전기통
신금융사기의 범인에 대한 관계에서도 횡령죄가 되는지 여부(소극)

[다수의견] 송금의뢰인이 다른 사람의 예금계좌에 자금을 송금·이체한 경우 특별한 사정이 없는 한 송금의뢰인과 계좌명의인 사이에 그 원인이 되는 법률관계가 존재하는지 여부에 관계없이 계좌명의인(수취인)과 수취은행 사이에는 그 자금에 대하여 예금계약이 성립하고, 계좌명의인은 수취은행에 대하여 그 금액 상당의 예금채권을 취득한다. 이때 송금의뢰인과 계좌명의인 사이에 송금·이체의 원인이 된 법률관계가 존재하지 않음에도 송금·이체에 의하여 계좌명의인이 그 금액 상당의 예금채권을 취득한 경우 계좌명의인은 송금의뢰인에게 그 금액 상당의 돈을 반환하여야 한다. 이와 같이 계좌명의인이 송금·이체의 원인이 되는 법률관계가 존재하지 않음에도 계좌이체에 의하여 취득한 예금채권 상당의 돈은 송금의뢰인에게 반환하여야 할 성격의 것이므로, 계좌명의인은 그와 같이 송금·이체된 돈에 대하여 송금의뢰인을 위하여 보관하는 지위에 있다고 보아야 한다. 따라서 계좌명의인이 그와 같이 송금·이체된 돈을 그대로 보관하지 않고 영득할 의사로 인출하면 횡령죄가 성립한다.

이러한 법리는 계좌명의인이 개설한 예금계좌가 전기통신금융사기 범행에 이용되어 그 계좌에 피해자가 사기피해금을 송금·이체한 경우에도 마찬가지로 적용된다. 계좌명의인은 피해자와 사이에 아무런 법률관계 없이 송금·이체된 사기피해금 상당의 돈을 피해자에게 반환하여야 하므로, 피해자를 위하여 사기피해금을 보관하는 지위에 있다고 보아야 하고, 만약 계좌명의인이 그 돈을 영득할 의사로 인출하면 피해자에 대한 횡령죄가 성립한다. 이때 계좌명의인이 사기의 공범이라면 자신이 가담한 범행의 결과 피해금을 보관하게 된 것일 뿐이어서 피해자와 사이에 위탁관계가 없고, 그가 송금·이체된 돈을 인출하더라도 이는 자신이 저지른 사기범행의 실행행위에 지나지 아니하여 새로운 법익을 침해한다고 볼 수 없으므로 사기죄 외에 별도로 횡령죄를 구성하지 않는다. 한편 계좌명의인의 인출행위는 전기통신금융사기의 범인에 대한 관계에서는 횡령죄가 되지 않는다.

① 계좌명의인이 전기통신금융사기의 범인에게 예금계좌에 연결된 접근매체를 양도하였다 하더라도 은행에 대하여 여전히 예금계약의 당사자로서 예금반환청구권을 가지는 이상 그 계좌에 송금·이체된 돈이 그 접근매체를 교부받은 사람에게 귀속되었다고 볼 수는 없다. 접근매체를 교부받은 사람은 계좌명의인의 예금반환청구권을 자신이 사실상 행사할 수 있게 된 것일 뿐 예금 자체를 취득한 것이 아니다. 판례는 전기통신금융사기 범행으로 피해자의 돈이 사기이용계좌로 송금·이체되었다면 이로써 편취행위는 기수에 이른다고 보고 있는데, 이는 사기범이 접근매체를 이용하여 그 돈을 인출할 수 있는 상태에 이르렀다는 의미일 뿐 사기범이 그 돈을 취득하였다는 것은 아니다.

② 또한 계좌명의인과 전기통신금융사기의 범인 사이의 관계는 횡령죄로 보호할 만한 가치가 있는 위탁관계가 아니다. 사기범이 제3자 명의 사기이용계좌로 돈을 송금·이체하게 하는 행위는 그 자체로 범죄행위에 해당한다. 그리고 사기범이 그 계좌를 이용하는 것도 전기통신금융사기 범행의 실행행위에 해당하므로 계좌명의인과 사기범 사이의 관계를 횡령죄로 보호하는 것은 그 범행으로 송금·이체된 돈을 사기범에게 귀속시키는 결과가 되어 옳지 않다.

[2] 피고인 甲, 乙이 공모하여, 피고인 甲 명의로 개설된 예금계좌의 접근매체를 보이스피싱 조직원 丙에게 양도함으로써 丙의 丁에 대한 전기통신금융사기 범행을 방조하고, 사기피해자 丁이 丙에게 속아 위 계좌로 송금한 사기피해금 중 일부를 별도의 접근매체를 이용하여 임의로 인출함으로써 주위적으로는 丙의 재물을, 예비적으로는 丁의 재물을 횡령하였다는 내용으로 기소되었는데, 원심이 피고인들에 대한 사기방조 및 횡령의 공소사실을 모두 무죄로 판단한 사안에서, 피고인들에게 사기방조죄가 성립하지 않는 이상 사기피해금 중 일부를 임의로 인출한 행위는 사기피해자 丁에 대한 횡령죄가 성립한다.

피고인 甲, 乙이 공모하여, 피고인 甲 명의로 개설된 예금계좌의 접근매체를 보이스피싱 조직원 丙에게 양도함으로써 丙의 丁에 대한 전기통신금융사기 범행을 방조하고, 사기피해자 丁이 丙에게 속아 위 계좌로 송금한 사기피해금 중 일부를 별도의 접근매체를 이용하여 임의로 인출함으로써 주위적으로는 丙의 재물을, 예비적으로는 丁의 재물을 횡령하였다는 내용으로 기소되었는데, 원심이 피고인들에 대한 사기방조 및 횡령의 공소사실을 모두 무죄로 판단한 사안에서, 피고인들에게 사기방조죄가 성립하지 않는 이상 사기피해금 중 일부를 임의로 인출한 행위는 사기피해자 丁에 대한 횡령죄가 성립한다는 이유로, 원심이 공소사실 중 횡령의 점에 관하여 丙을 피해자로 삼은 주위적 공소사실을 무죄로 판단한 것은 정당하나, 이와 달리 丁을 피해자로 삼은 예비적 공소사실도 무죄로 판단한 데에는 횡령죄에서의 위탁관계 등에 관한 법리를 오해한 위법이 있다.(대법원 2018. 7. 19. 선고, 2017도17494, 전원합의체 판결)

D. 수표에 대한 공시최고신청

자신이 발행한 자기앞수표를 타인이 소지하고 있음을 알면서 허위의 분실신고를 통한 제권판결을 받은 경우, 사기죄가 성립한다.

■ 판례   **자기앞수표를 갈취당한 자가 이를 분실하였다고 허위로 공시최고신청을 하여 제권판결을 선고받은 경우, 사기죄의 성부(적극)**

[1] 사실관계

甲은 乙의 협박에 못 이겨 광주은행 첨단지점 발행의 자기앞수표를 의장권등록무효소송과 관련한 합의금 명목으로 교부한 후 광주지방법원에서 乙이 소지하고 있던 그 자기앞수표에 대하여 허위사실인 분실을 원인으로 한 공시최고신청을 하여 제권판결을 선고받아 확정되었다.

[2] 판결요지

가. 자기앞수표를 교부한 자가 이를 분실하였다고 허위로 공시최고신청을 하여 제권판결을 선고받아 확정된 경우, 이로써 사기죄에 있어서의 재산상 이익을 취득한 것으로 볼 수 있는지 여부(적극)

자기앞수표를 교부한 자가 이를 분실하였다고 허위로 공시최고신청을 하여 제권판결을 선고받아 확정되었다면, 그 제권판결의 적극적 효력에 의해 그 자는 그 수표상의 채무자인 은행에 대하여 수표를 소지하지 않고도 수표상의 권리를 행사할 수 있는 지위를 취득하였다고 할 것이므로, 이로써 사기죄에 있어서의 재산상 이익을 취득한 것으로 보기에 충분하다고 할 것이고, 이는 제권판결이 그 신청인에게 수표상의 권리를 행사할 수 있는 형식적 자격을 인정하는 데 그치고, 그를 실질적 권리자로 확정하는 것이 아니라는 점만으로 달리 볼 수는 없다.

나. 甲의 죄책

자기앞수표를 갈취당한 자가 이를 분실하였다고 허위로 공시최고신청을 하여 제권판결을 선고받은 경우, 그 수표를 갈취하여 소지하고 있는 자에 대한 사기죄가 성립된다(대법원 2003.12.26. 선고 2003도4914 판결).

(나) 부작위에 의한 기망행위

부작위에 의한 기망행위가 성립하기 위해서는 상대방이 스스로 착오에 빠져 있어야 하고 행위자가 상대방의 착오를 제거해야 할 보증인적 지위(고지의무)에 있어야 하며 행위정형의 동가치성이 인정되어야 한다.

1) 고지의무의 발생요건

■ 판례 ■ **부작위에 의한 기망행위가 성립하기 위한 고지의무의 발생요건**

[1] 사실관계

사채업자인 甲은 대출광고를 보고 찾아온 乙로부터 대출요청을 받고 乙에게 자동차할부금융대출을 받아 금원을 융통하여 주겠다고 하면서 乙로부터 자동차할부금융에 필요한 서류를 받아 자동차판매회사의 영업사원을 통하여 할부금융회사에 제출하고, 할부금융회사로부터 乙명의로 자동차할부금융대출을 받아 그 대출금으로 자동차 대금을 지급한 다음 자동차판매회사로부터 자동차를 인수하여 乙명의로 등록한 후 즉시 처분하여 그 대금으로 乙에게 금원을 융통해 주거나 자신이 지출한 비용을 회수하였다. 할부금융회사는 자체 기준에 따른 심사 결과 하자가 없다고 판단하여 乙을 채무자로 하여 신용대출을 해 준 것이었고 乙은 자신 명의의 예금통장에서 자동이체의 방법으로 대출원리금을 전액 변제하였다.

[2] 판결요지

가. 사기죄의 요건으로서의 기망의 의미 및 법률상 고지의무가 인정되는 경우

사기죄의 요건으로서의 기망은 널리 재산상의 거래관계에 있어서 서로 지켜야 할 신의와 성실의 의무를 저버리는 모든 적극적 또는 소극적 행위를 말하는 것으로서, 반드시 법률행위의 중요 부분에 관한 허위표시임을 요하지 아니하고, 상대방을 착오에 빠지게 하여 행위자가 희망하는 재산적 처분행위를 하도록 하기 위한 판단의 기초가 되는 사실에 관한 것이면 충분하므로, 거래의 상대방이 일정한 사정에 관한 고지를 받았더라면 당해 거래에 임하지 아니하였을 것이라는 관계가 인정되는 경우에는 그 거래로 인하여 재물을 수취하는 자에게는 신의성실의 원칙상 사전에 상대방에게 그와 같은 사정을 고지할 의무가 있다 할 것이고, 그럼에도 불구하고 이를 고지하지 아니한 것은 고지할 사실을 묵비함으로써 상대방을 기망한 것이 되어 사기죄를 구성한다.

나. 甲의 죄책

사채업자가 대출희망자로부터 대출을 의뢰받은 다음 대출희망자가 자동차의 실제 구입자가 아니어서 자동차할부금융의 대상이 되지 아니함에도 그가 실제로 자동차를 할부로 구입하는 것처럼 그 명의의 대출신청서 등 관련 서류를 작성한 후 이를 할부금융회사에 제출하여 자동차할부금융으로 대출금을 받은 경우, 할부금융회사로서는 사채업자가 할부금융의 방법으로 대출의뢰인들 명의로 자동차를 구입하여 보유할 의사 없이 단지 자동차할부금융대출의 형식을 빌려 자금을 융통하려는 의도로 할부금융대출을 신청하였다는 사정을 알았더라면 할부금융대출을 실시하지 않았을 것이므로, 사채업자로서는 신의성실의 원칙상 사전에 할부금융회사에게 자동차를 구입하여 보유할 의사 없이 자동차할부금융대출의 방법으로 자금을 융통하려는 사정을 고지할 의무가 있다 할 것이고, 그럼에도 불구하고 이를 고지하지 아니한 채 대출의뢰인들 명의로 자동차할부금융을 신청하여 그 대출금을 지급하도록 한 행위는 고지할 사실을 묵비함으로써 거래상대방인 할부금융회사를 기망한 것이 되어 사기죄를 구성한다(대법원 2004.4.9. 선고 2003도7828 판결).

■ 판례 ■ **부작위에 의한 기망행위가 성립하기 위한 고지의무의 발생요건**

[1] 사실관계

1차 분양이 저조하여 자금조달에 실패한 상가소유자 甲은 수분양자들과 대출금으로 충당되는 중도금을 제외한 계약금과 잔금의 지급을 유예하고 1년의 위탁기간 후 재매입하기로 하는 등의 비정상적인 이면약정을 체결하여 1,300여 개의 점포를 분양하였음에도, 금융기관에 대해서는 그러한 이면약정의 내용을 감춘 채 분양 중도금의 집단적 대출을 교섭하여 승낙을 받아 합계 1,234억여 원에 이르는 금액을 중도금 대출 명목으로 지급받았다.

[2] 판결요지

가. 사기죄의 요건으로서 부작위에 의한 기망의 의미 및 법률상 고지의무가 인정되는 경우

사기죄의 요건으로서의 기망은 널리 재산상의 거래관계에 있어 서로 지켜야 할 신의와 성실의 의무를 저버리는 모든 적극적 또는 소극적 행위를 말하는 것이고, 그 중 소극적 행위로서의 부작위에 의한 기망은 법률상 고지의무 있는 자가 일정한 사실에 관하여 상대방이 착오에 빠져 있음을 알면서도 그 사실을 고지하지 아니함을 말하는 것으로서, 일반거래의 경험칙상 상대방이 그 사실을 알았더라면 당해 법률행위를 하지 않았을 것이 명백한 경우에는 신의칙에 비추어 그 사실을 고지할 법률상 의무가 인정된다.

나. 甲의 행위가 부작위에 의한 기망행위에 해당하는지 여부(적극)

대출자금으로 빌딩을 경락받았으나 분양이 저조하여 자금조달에 실패한 피고인들이 수분양자들과 사이에 대출금으로 충당되는 중도금을 제외한 계약금과 잔금의 지급을 유예하고 1년의 위탁기간 후 재매입하기로 하는 등의 비정상적인 이면약정을 체결하고 점포를 분양하였음에도, 금융기관에 대해서는 그러한 이면약정의 내용을 감춘 채 분양 중도금의 집단적 대출을 교섭하여 중도금 대출 명목으로 금원을 지급받은 사안에서, 대출 금융기관에 대하여 비정상적인 이면약정의 내용을 알릴 신의칙상 의무가 있다고 보아 이를 알리지 않은 것은 사기죄의 요건으로서의 부작위에 의한 기망에 해당한다.

다. 타인으로부터 돈을 차용하면서 충분한 담보를 제공한 경우, 그 차용금을 변제할 의사와 능력이 있다고 볼 수 있는지 여부(적극)

타인으로부터 돈을 차용하면서 충분한 담보를 제공하였다면 특별한 사정이 없는 한 그 차용금을 변제할 의사와 능력이 없었다고 볼 수는 없다.

라. 甲에게 고의를 인정할 수 있는지 여부(적극)

빌딩을 경락받은 피고인들이 점포를 분양하면서 수분양자들 명의로 분양 중도금의 집단적 대출을 받을 당시 충분한 금액의 근저당권이 설정되어 있었으나, 수분양자들과의 비정상적인 이면약정과 같은 담보가치의 평가에 중요한 사항을 대출 금융기관에 알리지 않은 점 등의 사정이 있다면 충분한 담보를 제공한 것으로 볼 수 없어 편취의 범위가 인정된다.(대법원 2006.2.23. 선고 2005도8645 판결).

☞ (甲은 특정경제범죄가중처벌등에관한법률상 사기죄)

2) 개별적 검토

A. 타인의 권리

▪ 판례사례 ▪ **[고지의무가 인정되어 사기죄가 성립하는 사례]**

(1) 부동산매매목적물이 유언으로 재단법인에 출연된 사실을 숨기고 매도하여 대금을 교부받은 경우(대법원 1992.8.14. 선고 91도2202 판결)

(2) 토지에 대하여 도시계획이 입안되어 있어 장차 협의매수되거나 수용될 것이라는 사정을 매수인에게 숨기고 매각한 경우(대법원 1993.7.13. 선고 93도14 판결)

(3) 토지소유자로 등기된 자가 자신이 진정한 소유자가 아님을 알고서도 기업자나 공탁공무원에게

그 사실을 고지하지 아니한 채 수용보상공탁금을 출급, 수령한 경우(대법원 1994.10.14. 선고 94도1911 판결)

(4) 채권의 담보로 가옥소유권이 채권자에게 이전등기되었음에도 피고인이 이런 사실을 숨긴채 채무자와 공모하여 동 가옥이 채무자의 소유인양 타인에게 임대하고 그 임대보증금등 명목으로 금원을 수령한 경우(대법원 1984.1.31. 선고 83도1501 판결)

(5) 공소외인으로부터 주차장부지를 임차하여 주차장을 경영하던 피고인이 그 임차기간이 만료되었고, 또 이를 임대인에게 명도반환하기로 약정하고도 이 사실을 고지하지 아니하고 주차장시설과 부지임차권 등을 타에 양도한 경우(대법원 1981.6.9. 선고 81도277 판결)

B. 담보제공사실의 미고지

■ 판례사례 ■ [고지의무가 인정되어 사기죄가 성립하는 사례]

(1) 타인에게 매도담보로 제공한 동산을 그 사실을 은폐하고 다시 제3자에게 매도담보로 제공한 경우(대법원1960.10.26. 선고 4293형상82)

(2) 이미 담보설정되어 있는 10,000만원 등록국채를 담보물로 돈을 차용하면서 기 담보설정 사실을 숨긴 경우(대법원 1962.2.28. 선고 4294형상403 판결)

(3) 임차인이 임차목적물을 전대함에 있어서 임차보증금이 담보로 제공된 사실을 숨기고 전대차계약을 체결한 경우(대법원1991.11.12. 선고 92도2770 판결)

(4) 토지를 매도함에 있어서 채무담보를 위한 가등기와 근저당권설정등기가 경료되어 있는 사실을 숨기고 매도한 경우(대법원 1981.8.20. 선고 81도1638 판결)

(5) 연립주택 건립 중 자금부족으로 목적물이 모두 채권담보의 목적으로 가등기 혹은 2중 양도되어 채권자들의 채무독촉으로 곧 양도절차를 이행할 형편임을 숨기고 제3자와 분양·전세계약을 체결한 경우(대법원 1990.11.13. 선고 90도1213 판결)

■ 판례 ■ **매도인의 담보제공 사실 불고지와 매수인에 대한 기망**

[1] 사실관계

甲이 아파트 50세대를 신축하면서 그중 에이(A)동 302호를 아파트 공사대금의 담보로 채권자 乙에게 제공하고도 소유권이전등기를 하지 않았음을 기화로 丙에게 이러한 사실을 숨기고 丙과 위 아파트의 분양계약을 체결하여 그 계약금 및 중도금 명목으로 도합 금 5,940,000원을 교부받았다.

[2] 판결요지

채무담보로 제공된 아파트를 분양하는 매도인이 매수인에게 담보제공의 사실을 고지하지 아니하였을 뿐 동 사실이 없다는 취지의 말을 하는 등 적극적으로 매수인을 기망한 바 없고 매수인이 분양계약을 체결한 당시에 위 담보제공에 따른 소유권이전등기가 경료되지 않았음이 인정된다면 매도인으로서는 피담보채무를 변제하고 위 담보제공에 관한 계약을 해제할 수 있었던 것이므로 위 담보사실을 소극적으로 고지하지 않았다는 것만으로는 매수인을 기망하였다고 할 수 없다(대법원 1984.5.9. 선고 83도3194 판결).

[3] 동지판례 - 아파트 이중분양

차용금원의 담보목적으로 차주가 상가아파트를 1차분양하였으나 그에 따른 소유권이전등기가 아직 경료되지 않았던 이상 피담보채무를 변제하여 1차분양계약을 해제할 수 있었던 것이니 차주가 2차분양자에 대하여 금원차용시 1차분양사실을 고지하지 아니하였다는 사실만으로는 동인을 기망한 것이라 볼 수 없다(대법원 1983.6.28. 선고 82도1684 판결).

■ 판례사례 ■ **[고지의무가 부정되어 사기죄가 성립하지 않는 사례]**

> ※ 판례는 저당권이나 기타 물권이 설정되어 있지만 아직 그 물권이 등기되어 있지 않은 경우 그 부동산을 매매할 때 그 매도인에게는 고지의무가 인정되지 않는다고 하고 있다.
> (1) 甲이 乙에 대한 약속어음채무를 담보하기 위하여 乙과 매매계약을 체결하고 아직 소유권 이전등기를 하지 아니한 것을 기화로 이러한 사실을 숨기고 丙과 매매계약을 체결하여 乙에 대한 채무의 변제기이후에 丙으로부터 잔금을 수령한 경우(대법원 1985.11.26. 선고 85도1830 판결)
> (2) 甲은 자신의 자동차가 乙에 대한 채무를 담보하기 위하여 대물변제예약을 하였으나 乙에게 소유권이전등록이 되어있지 않음을 기화로 동 사실을 숨기고 동 자동차를 丙에게 매매하고 매매대금을 교부받은 경우 ⇨ 매도인은 乙명의로 소유권이전등록이 되기까지는 언제든지 차용원리금을 변제하고 위 대물변제예약을 해제할 수 있는 것이며 이 대물변제의 예약때문에 당연히 매수인이 그 자동차를 인도받아 소유권을 취득하는데 장애가 되는 것은 아니므로(대법원 1989.10.24. 선고 89도1397 판결)

C. 계쟁중인 사실의 미고지

■ 판례 ■ **매매목적물의 소유권 귀속에 관한 재심소송계속 사실을 숨기고 매도하여 대금을 교부받은 경우, 사기죄의 성부**

[1] 부동산매매에 있어서 매매목적물에 관하여 소유권귀속에 관한 분쟁이 있어 재심소송이 계속중에 있다면 이러한 사정들은 특별한 사정이 없는 한 매수인으로서는 매매계약의 체결여부를 결정짓는 매우 중요한 요소이므로 매도인은 거래의 신의성실의 원칙상 매수인에게 고지할 법률상의 의무가 있다 할 것이고 매도인이 매수인에게 소송계속사실을 숨기고 매도하여 대금을 교부받았다면 이는 사기죄를 구성한다.

[2] 피고인들은 이건 부동산을 각 피해자에게 매도함에 있어 재심소송이 계속중인 사실을 숨겼을 뿐만 아니라 단순히 고지하지 아니한 정도를 넘어 적극적으로 이를 은폐하여 각 피해자를 기망하였다 하여 사기죄로 의율하였음은 정당하다(대법원 1986.9.9. 선고 86도956 판결).

■ 판례 ■ **부동산매매계약을 체결함에 있어서 목적물에 관하여 소송이 계속 중인 사실을 고지하지 않은 행위와 사기죄의 성부(소극)**

피고인이 부동산매매계약을 체결함에 있어서 그 목적물에 관하여 재심소송이 제기되었고 그에 관한 대법원의 파기환송판결이 있었음을 적극적으로 은폐하려고 하였던 것이 아니고 단순히 위 사실을 고지하지 아니하였다는 점만으로써 피고에게 사기죄의 범의가 있다고 볼 수 없다(대법원 1983.12.27. 선고 82도2497 판결).

[고지의무가 인정되어 사기죄가 성립하는 사례]

> (1) 제3자에게 경락허가결정이 된 부동산을 그런 사실을 묵비한 채 전세를 놓은 경우(대법원 1974. 3.12. 선고 74도164 판결)
>
> (2) 집행력 있는 판결정본에 의하여 압류된 동산을 그 사실을 숨기고 다른 사람에게 양도담보로 제공하고 돈을 차용한 경우(대법원 1980.4.8. 선고 79도2888 판결)
>
> (3) 매매목적물이 제3자에 의해 가처분결정이 집행되어 그 이행에 법률상 제한이 있음에도 이러한 사실을 고지하지 않은 경우(대법원 1991.12.24. 선고 91도2698 판결)
>
> (4) 임대인이 임대차계약을 체결하면서 임차인에게 임대목적물이 경매진행중인 사실을 알리지 아니하였으나, 임차인이 등기부를 확인 또는 열람하는 것이 가능한 경우(대법원 1998.12.8. 선고 98도3263 판결)
>
> (5) 처 명의의 임대차 계약을 피고인 명의로 고치고 임차보증금반환채권에 대하여 전부명령이 있는 사실을 고지하지 아니하고 타인에게 전대한 경우 ⇨ 피해자에게 보증금반환채권이 있는 경우에도 본죄성립(대법원 1983.2.22. 선고 82도3139 판결)
>
> (6) 화물자동차 위수탁관리운영계약(일명 지입계약)체결시, 목적물인 차량들에 대하여 이미 근저당권이 설정되어 그 경매절차가 진행 중에 있었음에도 이를 고지하지 아니한 채 숨기고 지입차주의 명의를 피해자명의로 변경해주겠다는 내용의 계약을 체결하고 지입차량대금을 지급받은 경우(대법원 1985.4.9. 선고 85도242 판결)

D. 공법상 제한의 미고지

공용제한대상인 사실을 고지하지 않은 경우에는 원칙적으로 사기죄가 성립한다는 것이 다수의 견해이다.

■ 판례 ■   **공용수용사실을 숨기고 매매한 경우, 사기죄 성부(적극)**

[1] 사실관계

> 甲은 자신이 소유하고 있는 A토지에 대하여 여객정류장시설 또는 유통업무설비시설을 설치하는 도시계획이 입안되어 있어 장차 위 토지가 정주시에 의하여 협의매수되거나 수용될 것이라는 점을 알고 있었으면서도, 이러한 사정을 모르고 위 토지를 매수하려는 乙에게 위와 같은 사정을 고지하지 아니하고 매매계약을 체결하고 매매대금을 수령하였다.

[2] 판결요지

토지에 대하여 도시계획이 입안되어 있어 장차 협의매수되거나 수용될 것이라는 사정을 매수인에게 고지할 신의칙상 의무가 있으므로 이러한 사정을 고지하지 아니한 행위는 부작위에 의한 사기죄를 구성한다(대법원 1993.7.13. 선고 93도14 판결).

E. 권리관계의 하자의 미고지

매매계약성립 후 매매계약에 원인무효, 취소 기타 중대한 장애사유가 있을 때에는 당사자 일방은 상대방에게 이러한 사실을 고지할 의무가 있다.

매매계약성립 후 매매계약에 원인무효임을 알고도 고지하지 않고 제3자와 매매계약을 체결한 경우, 죄책(= 사기죄)

[1] 사실관계

> 乙등이 그 문중 소유인 임야를 마치 자신들이 매수한 것처럼 관계인장과 문서를 위조하여 불법하게 자신들의 공동명의로 소유권 이전등기를 하고 그 정을 모르는 甲에게 자신들의 소유라고 기망하여, 甲에게 환매특약부의 소유권 이전등기를 해놓고서 금원을 차용한 후 임야를 완전히 매수하라고 요청하여 매매계약을 체결하고, 추가지급할 금액을 교부받았다. 그 후 乙등의 소유권이전등기는 원인무효의 등기이며, 편취당한 사실을 안 甲은 피해변상을 강력히 요구하여 오던 중, 乙등과 동일한 방법으로 丙을 기망하여 그에게 매도하고 대금을 지급받았다.

[2] 판결요지

원인무효의 등기가 된 임야를 매수하여 이 사실을 아는 피해자로서는 이러한 사실을 모르고 그 목적물을 다시 매수하여 그 매매대금중 일부금(피해변상을 받았음)을 제공하는 피해자에 대하여 원인무효의 사실을 고지할 의무가 있다 해석함이 상당하다(대법원 1967.12.5. 선고 67도1152 판결).

■ 판례 ■ **대지 중 일부가 도로로 사용되고 있는 경우, 고지의무 유무(적극)**

137평의 대지중 30평내외가 사실상 도로로 사용되고 있는 경우에 그 대지의 매도인은 그 사실을 매수인에게 고지할 의무가 있다(대법원 1971.7.27. 선고 71도977 판결).

F. 사실상의 하자 미고지

■ 판례 ■ **계속 가동할 수 없게 된 공장을 매도함에 있어 매도인측이 위와 같은 사정을 고지하지 아니하고 공장을 운영하는 데 아무런 문제가 없다고 말한 경우, 기망에 해당하는지 여부(적극)**

[1] 사실관계

> 甲은 사실상 자신이 운영해 오던 플라스틱공장이 소음공해 등의 문제로 주위 주민들의 철거요구, 반상회의 건의, 관할구청에의 진정으로 관할구청에서 이를 조사하여 위 공장은 무허가로 건물의 용도를 변경하였고, 공장등록을 하지 않는 무허가공장이며, 배출시설 허가 없이 운영하였다는 이유로 건축법위반, 공업배치법위반, 환경보전법위반으로 고발 및 공장폐쇄명령을 하겠다는 사실을 진정인들과 자신이 참석한 대책회의에서 통보 받고 그 장소에서는 더 이상 공장을 경영할 수 없다는 사정을 알고서도, 신문광고를 보고 찾아온 乙에게 위 공장운영에 아무런 하자가 없다며 폐쇄명령을 받은 사실을 고지하지 아니하여 이를 진실로 믿은 乙로부터 공장매매에 따른 계약금, 중도금, 잔금명목으로 합계 금 원을 교부받았다.

[2] 판결요지

공장의 정상가동 여부는 매매계약의 체결 여부를 결정짓는 중요한 요소이므로 플라스틱 공장이 이를 이전하지 아니하고서는 계속 가동할 수 없게 된 경우, 신의성실의 원칙상 매도인에게 위와 같은 사정에 관한 고지의무가 있다고 보아야 할 것이어서, 매도인측이 위와 같은 사정을 고지하지 아니하고 공장을 운영하는 데 아무런 문제가 없다고 말하였다면 이는 매수인을 기망한 경우라고 보아야 할 것이다(대법원 1991.7.23. 선고 91도458 판결).

(1) 하자있는 담보물을 제공하고 금원을 차용한 자가 그 하자있음을 고지하지 않은 경우(대법원 1962.2.28. 선고 4274형상403 판결)
(2) 돈을 빌리기 위하여 전에 제시한 견본보다 훨씬 품질이 떨어지는 담보물을 제공하고 이를 고지하지 않고 현품을 제시하지도 않아 대주로 하여금 견본과 동일하다고 오신시켜 거래를 한 경우(日大判 1924.3.18)

G. 신용상태

거래관행상 자신의 영업상태 및 대금지급의 능력 등 신용상태를 거래 상대방에게 고지할 의무가 없으므로 단순히 자신의 신용상태를 불고지 한 것만으로는 사기죄가 성립하지 않는다. 다만 변제할 의사나 능력이 없음에도 불구하고 이를 숨기고 거래한 경우에는 사기죄가 성립한다.

■ 판례 ■ **변제의 의사나 능력이 없는 자가 있는 것처럼 가장하여 금원을 차용한 경우, 편취의 범의 유무**

민사상의 금전대차관계에서 그 채무불이행 사실을 가지고 바로 차용금 편취의 범의를 인정할 수는 없으나 피고인이 확실한 변제의 의사가 없거나 또는 차용시 약속한 변제기일내에 변제할 능력이 없음에도 불구하고 변제할 것처럼 가장하여 금원을 차용한 경우에는 편취의 범의를 인정할 수 있다(대법원 1983.8.23. 선고 83도1048 판결).

■ 판례사례 ■ [고지의무가 인정되어 사기죄가 성립하는 사례]

(1) 결손금이 실제보다 적은것 처럼 속여 회사를 양도한 경우(대법원 1986.7.8. 선고 86도981 판결)
(2) 어음이 지급기일에 지급될 수 있다는 확신이 없으면서도 그러한 내용을 수취인에게 고지하지 아니하고 할인을 받은 경우(대법원1997.7.25. 선고 97도1095 판결)

H. 보험관계

○ 대개 보험계약체결시 보험계약자는 그가 알 수 있는 피보험자의 현재질환을 보험회사에 대하여 고지할 의무가 있다(이재상, 329).
○ 도난보험을 든 사람이 잃어버린 물건을 다시 찾았음에도 이를 묵비하고 보험금을 수령한 경우에는 사기죄를 구성한다(김일수, 355).

I. 잔전사기

받아야 할 금원(거스름돈, 잔금 등)보다 초과하여 금원을 교부받은 경우,
ⓐ 다수설
고지의무는 인정될 수 없으므로 사기죄는 성립될 수 없고 다만 점유이탈물횡령죄가 성립된다고 한다.

ⓑ 판례는 교부받기 전 또는 교부받던 중에 초과사실을 알게 된 경우에는 사기죄가 성립하나, 교부·수령행위가 끝난 후에 비로소 초과사실을 알게 되었으나 반환하지 아니한 경우에는 사기죄가 아니라 점유이탈물횡령죄가 성립한다고 한다.

▪ 판례 ▪ **매매대금이 초과 지급되는 사실을 알고도 수령한 매도인의 죄책(사기죄)**

[1] 사실관계

매도인인 甲은 매수인인 乙과 아파트에 관하여 매매대금을 1억원으로 정하여 매매계약을 체결하고, 계약금으로 1,000만 원을 지급받았는데, 잔금지급기일에 乙은 착오로 또다시 1억을 지급하였고 甲은 이를 교부받으면서 乙이 1000만원을 더 보탠 채 함께 교부한다는 사정을 알면서 받았다.

[2] 판결요지

사기죄의 요건으로서의 기망은 널리 재산상의 거래관계에 있어 서로 지켜야 할 신의와 성실의 의무를 저버리는 모든 적극적 또는 소극적 행위를 말하는 것이고, 그 중 소극적 행위로서의 부작위에 의한 기망은 법률상 고지의무 있는 자가 일정한 사실에 관하여 상대방이 착오에 빠져 있음을 알면서도 그 사실을 고지하지 아니함을 말하는 것으로서, 일반거래의 경험칙상 상대방이 그 사실을 알았더라면 당해 법률행위를 하지 않았을 것이 명백한 경우에는 신의칙에 비추어 그 사실을 고지할 법률상 의무가 인정된다 할 것인바, 매수인이 매도인에게 매매잔금을 지급함에 있어 착오에 빠져 지급해야 할 금액을 초과하는 돈을 교부하는 경우, 매도인이 사실대로 고지하였다면 매수인이 그와 같이 초과하여 교부하지 아니하였을 것임은 경험칙상 명백하므로, 매도인이 매매잔금을 교부받기 전 또는 교부받던 중에 그 사실을 알게 되었을 경우에는 특별한 사정이 없는 한 매도인으로서는 매수인에게 사실대로 고지하여 매수인의 그 착오를 제거하여야 할 신의칙상 의무를 지므로 그 의무를 이행하지 아니하고 매수인이 건네주는 돈을 그대로 수령한 경우에는 사기죄에 해당될 것이지만, 그 사실을 미리 알지 못하고 매매잔금을 건네주고 받는 행위를 끝마친 후에야 비로소 알게 되었을 경우에는 주고받는 행위는 이미 종료되어 버린 후이므로 매수인의 착오 상태를 제거하기 위하여 그 사실을 고지하여야 할 법률상 의무의 불이행은 더 이상 그 초과된 금액 편취의 수단으로서의 의미는 없으므로, 교부하는 돈을 그대로 받은 그 행위는 점유이탈물횡령죄가 될 수 있음은 별론으로 하고 사기죄를 구성할 수는 없다(대법원 2004.5.27. 선고 2003도4531 판결).

J. 가격착오

판매인이 착오로 정가보다 낮은 가격을 부르는 것을 알면서도 그대로 구매한 경우, 매수인에게는 이를 고지할 의무가 없으므로 부작위에 의한 사기죄는 성립하지 않는다.

K. 기 타

▪ 판례 ▪ **신용카드 가맹점주가 신용카드회사에게 용역의 제공을 가장한 허위의 매출전표를 제출하여 대금을 청구한 행위가 기망행위에 해당하는지 여부(적극)**

[1] 사실관계

甲은 자신이 경영하는 여관에서, 乙로부터 빌린 丙 명의의 한국외환은행 비자카드를 이용하여 마치 丙이 위 여관에 투숙하여 100만 원 상당의 용역을 제공받은 것처럼 매출전표를 허위로 작성한 후 한국외환은행지점에 위 매출전표를 제출하여 이에 속은 위 은행으로부터 위 금액 상당의 금원을 교부받았다.

[2] 판결요지

가. 사기죄의 요건으로서의 기망의 의미 및 법률상 고지의무가 인정되는 경우

사기죄의 요건으로서의 기망은 널리 재산상의 거래관계에 있어서 서로 지켜야 할 신의와 성실의 의무를 저버리는 모든 적극적 또는 소극적 행위를 말하는 것으로서, 반드시 법률행위의 중요부분에 관한 허위표시임을 요하지 아니하고, 상대방을 착오에 빠지게 하여 행위자가 희망하는 재산적 처분행위를 하도록 하기 위한 판단의 기초가 되는 사실에 관한 것이면 충분하므로, 거래의 상대방이 일정한 사정에 관한 고지를 받았더라면 당해 거래에 임하지 아니하였을 것이라는 관계가 인정되는 경우에는 그 거래로 인하여 재물을 수취하는 자에게는 신의성실의 원칙상 사전에 상대방에게 그와 같은 사정을 고지할 의무가 있다 할 것이고, 그럼에도 불구하고 이를 고지하지 아니한 것은 고지할 사실을 묵비함으로써 상대방을 기망한 것이 되어 사기죄를 구성한다.

나. 甲의 죄책

신용카드회사가 가맹점의 용역의 제공을 가장한 허위 내용의 매출전표에 의한 대금청구에 대하여는 이를 거절할 수 있는 등 매출전표가 허위임을 알았더라면 가맹점주에게 그 대금의 지급을 하지 아니하였을 관계가 인정된다면, 가맹점주가 용역의 제공을 가장한 허위의 매출전표임을 고지하지 아니한 채 신용카드회사에게 제출하여 대금을 청구한 행위는 사기죄의 실행행위로서의 기망행위에 해당하고, 가맹점주에게 이러한 기망행위에 대한 범의가 있었다면, 비록 당시 그에게 신용카드 이용대금을 변제할 의사와 능력이 있었다고 하더라도 사기죄의 범의가 있었음을 인정할 수 있다(대법원 1999.2.12. 선고 98도3549 판결).

■ 판례사례 ■　　[고지의무가 인정되어 사기죄가 성립하는 사례]

> (1) 이미 다른 회사가 같은 용도와 성능을 가진 이름도 같은 제품을 국내에 판매하고 있는 것을 알면서도 국내독점판매계약을 체결함에 있어서 이를 고지하지 아니한 경우(대법원 1996.7.30. 선고 96도1081 판결)
> (2) 의사가 특정 시술을 받으면 아들을 낳을 수 있을 것이라는 착오에 빠져있는 피해자들에게 그 시술의 효과와 원리에 관하여 사실대로 고지하지 아니한 채 아들을 낳을 수 있는 시술인 것처럼 가장하여 일련의 시술과 처방을 행한 경우(대법원 2000.1.28. 선고 99도2884 판결)

3) 고지의무가 부정되는 구체적 사례

■ 판례 ■　　**내용을 구체적으로 알지 못하기 때문에 고지하지 않은 경우, 고지의무 위반이 되는지 여부(소극)**

[1] 사실관계

甲은 자신이 소유하고 있는 대지가 도시계획선에 저촉되는 사실을 대지를 매수하려는 乙에게 고지하지 아니하고 동 대지를 매각하고 그 대금을 수령하였는 바, 甲은 위 대지의 일부가 막연히 도시계획선에 저촉된다는 말을 복덕방 소개인들로부터 들은바 있지만 관할구청으로부터 도시계획저촉에 관한 통지를 받은바 없고 매매 직전에 발급받은 대지에 대한 도시계획확인원에도 저촉사실의 기재가 없었으므로 구체적인 도시계획저촉은 없는 것으로 알았다.

[2] 판결요지

법률상 고지의무 있는 자가 사실을 고지하지 아니함으로써 상대방의 착오에 빠진 상태를 계속시켜 이를 이용하는 경우에 이른바 부작위에 의한 기망행위가 성립하는 것이나, 그 사실의 내용을 구체적으로 알지 못하기 때문에 고지하지 아니한 것이라면 고지의무위반의 죄책을 물을 수 없다(대법원 1985.4.9. 선고 85도17 판결).

■ 판례사례 ■ [내용을 구체적으로 잘 몰라 고지의무 부정]

(1) 토지매매에 있어 매도인이 동 대지의 일부가 도시계획에 편입되었으나 몇 평이 편입되었는지 몰라서 매수인 스스로 알아보라고 고지한 경우(대법원 1978.2.28. 선고 77도648 판결)
(2) 임대차계약을 체결하고 보증금을 교부받을 시 그 부동산에 관하여 저당권이 설정되어 있다는 사실을 고지하지 않았으나 임대인이 계약당시 그 부동산이 경매되리라는 사정을 알지 못한 경우(대법원 1985.9.10. 선고 85도1306 판결)
(3) 매도인인 지입차주가 지입차량의 운행에 관여하지 아니하여 지입회사에 대한 연체채무액을 자세히 알 수 없어 지입차량 매도 당시 중개인에게 지입회사에 대한 연체채무를 직접 알아보라고 하면서 회사 전화번호까지 알려준 경우(대법원 1990.11.27. 선고 90도1087 판결)
(4) 식육점과 그에 딸린 식당을 매매함에 있어서 식당영업허가가 없음에도 불구하고 매도인에게 식육점영업허가와 함께 식당에 대한 영업허가도 가지고 있는 것으로 생각하고 있는 매수인에게 매도인이 이를 고지하지 아니하였으나, 매수인이 매매계약시에는 식당영업권에 관하여 아무런 언급이 없었고 위 식당과 식육점을 인도받은 다음 약8개월 간 한번도 매도인에게 식당영업권의 명의변경문제를 거론한바 없는 경우(대법원 1983.6.14. 선고 83도535판결)

■ 판례 ■ **채권자가 채권의 양도통지를 않고서 채무금을 수령한 행위와 사기죄의 성부**

[1] 사실관계

甲은 자신이 경영하던 회사를 乙에게 매도하면서 미수 외상대금 채권의 수금권을 포기하기로 약정하고도 이를 외상채무자들에게 고지하지 아니하고 외상대금을 수령하였다.

[2] 판결요지

가. 사기죄의 성부(소극)

채무자는 채권자로부터 채권의 양도통지를 받지 않은 이상 채무금은 원래의 채권자에게 반환할 의무가 있는 것이므로, 채권양도 통지 전에는 그 채무자가 채권자에게 그 채무금을 반환하면 유효한 변제가 되는 것이고 채권자에 대하여 위 채무금의 지급을 거부할 권리를 유보하고 양수인에게만 지급해야 할 특별한 사정이 없는 한 채무자로서는 양수인이 채무의 지급을 구한다 하더라도 이를 거부할 권리가 있으므로 채권자가 위 채권의 양도사실을 밝히지 아니하고 직접 위 외상대금을 수령하였다 하여 기망수단을 써서 채무자를 착오에 빠뜨려 그 대금을 편취한 것이라 할 수 없다.

나. 업무방해죄의 성부(소극)

피고인이 그가 경영하던 공장을 공소외 (甲)에게 양도하면서 미수 외상대금 채권의 수금권을 포기하기로 약정하고도 이를 외상채무자들에게 고지하지 아니하고 외상대금을 수령하였다 하여 이로써 위계로 위 공소외인의 공장경영의무를 방해한 것이라 할 수 없다(대법원 1984.5.9. 선고 83도2270 판결).

■ 판례 ■ **중고 자동차 매매에 있어서 매도인이 그 할부금 채무의 존재를 매수인에게 고지하지 아니한 것이 부작위에 의한 기망에 해당하는지 여부(소극)**

[1] 사실관계

> 甲과 乙은 할부금이 남아 있는 차량을 매수한 다음 그 차량이 할부금이 없는 차량인 것처럼 매도하여 그 대금을 편취하기로 공모하고, A부터 매수한 크레도스 승용차의 할부금이 남아 있음에도 乙이 마치 A인 것처럼 가장하면서 丙에게 위 승용차에 남아 있는 할부금이 없다고 거짓말을 하여 이에 속은 丙과 대금 9,500,000원에 위 승용차를 매도하는 계약을 체결하고 그 자리에서 매매대금 명목으로 금 9,500,000원을 교부받고, 甲이 할부금을 승계하는 조건으로 B로부터 대금 1,000,000원에 승용차를 매수하고도 戊에게 위 차량에는 할부금이 남아 있지 않다고 거짓말을 하여 이에 속은 戊와 대금 6,000,000원에 위 승용차를 매도하는 계약을 체결하고 그 자리에서 매매대금 명목으로 6,000,000원을 교부받았다.

[2] 판결요지

가. 고지의무위반과 사기죄의 성부

재산권에 관한 거래관계에 있어서 일방이 상대방에게 그 거래에 관련한 어떠한 사항에 대하여 고지하지 아니함으로써 장차 계약상의 목적물에 대한 권리를 확보하지 못할 위험이 생길 수 있음을 알면서도 이를 상대방에게 고지하지 아니하고 거래관계를 맺어 상대방으로부터 재물의 교부를 받거나 재산상의 이익을 받고, 상대방은 그와 같은 사정에 관한 고지를 받았더라면 당해 거래관계를 맺지 아니하였을 것임이 경험칙상 명백한 경우에는 그 재물의 수취인은 신의성실의 원칙상 상대방에게 그와 같은 사정에 대한 고지의무가 있다 할 것이고, 재물의 수취인이 이를 고지하지 아니한 것은 고지할 사실을 묵비함으로써 상대방을 기망한 것이 되어 사기죄를 구성한다.

나. 甲과 乙의 죄책

중고 자동차 매매에 있어서 매도인의 할부금융회사 또는 보증보험에 대한 할부금 채무가 매수인에게 당연히 승계되는 것이 아니므로 그 할부금 채무의 존재를 매수인에게 고지하지 아니한 것은 부작위에 의한 기망에 해당하지 아니한다(대법원 1998.4.14. 선고 98도231 판결).

■ 판례사례 ■ **[상대방에게 실질적으로 불이익을 가할 위험성이 없어 고지의무 부정사례]**

> (1) 아파트 전매인이 전매시 아파트 분양회사의 대표이사가 그 분양업무와 관련된 형사사건으로 유죄판결을 받은 사실을 고지하지 아니한 경우(대법원 1983.9.13. 선고 83도823 판결)
> (2) 임대차계약시 그 부지의 일부가 경락된 사실을 고지하지 아니하였으나 그 대지일부에 대한 대지인도 및 건물철거소송이 제기되어 확정되지 아니한 경우(대법원 1979.2.13. 선고 78도2211 판결)
> (3) 건물의 소유자가 건물임대시 대지에 대한 가등기 사실을 고지하지 아니하였으나 그 건물소유자가 대지소유자에 대하여 관습상의 법정지상권을 취득하고 있는 경우(대법원 1978.8.22. 선고 78도1301 판결)
> (4) 아파트 신축분양자가 미완공아파트를 채권담보의 뜻으로 채권자들에게 분양한 후 소유권이전

등기경료전에 다시 제3자에게 위 분양사실을 고지하지 아니하고 임대차계약을 체결한 경우 (대법원 1987.12.8. 선고, 87도1839 판결)

(5) 자동차의 명의수탁자가 명의신탁 사실을 고지하지 않고, 나아가 자신 소유라는 말을 하면서 자동차를 제3자에게 매도하고 이전등록까지 마쳐 준 경우, 매수인에 대한 사기죄(대법원 2007.1. 11. 선고 2006도4498 판결)

(6) 피고인 단독명의로 소유권이전등기가 되어 있는 부동산 중 1/2지분은 타인으로부터 명의신탁 받은 것임에도 불구하고 피고인이 그의 승낙 없이 위 부동산 전부를 피해자에게 매도하여 그 소유권이전등기를 마쳐준 경우(대법원 1990.11.13. 선고 90도1961 판결)

(7) 임대차계약을 체결함에 있어서 목적물에 관하여 가등기담보가 설정된 사실을 고지하지 않았으나, 임대차 목적물의 계약당시의 시가가 임대차보증금과 가등기담보로 차용한 채무액을 합산한 금액을 훨씬 초과하고 그 가등기도 바로 말소된 경우(대법원 1985.4.9. 선고 85도326 판결)

(8) 부동산소유자가 임대차계약당시 목적물을 매매를 위하여 복덕방에 내 놓았다는 사실을 임차인에게 고지하지 아니하고 임대차계약을 체결한 후 그 목적물을 타에 매도하면서 매수인과 사이에 임대차보증금을 매매대금에서 공제하여 매수인이 임대인의 지위를 승계하기로 약정한 경우 (대법원 1985.11.12. 선고 85도1914 판결)

(9) 토지의 공유자 겸 명의수탁자인 피고인이 나머지 공유자들로부터 그들 소유 지분에 관하여 매도가격 및 처분기한을 특정하여 처분권한을 위임받고 그 처분에 따른 양도소득세 등 일체의 경비를 피고인이 부담하기로 약정하고, 피고인이 위 매도위임가격보다 훨씬 고가로 매도한 경우(대법원 1999.5.25. 선고 98도2792 판결)

(10) 피고인이 상인들에게 임대하여 운영하던 시장부지의 소유권이 국가에 환원되었으나, 피고인이 이러한 사실을 숨기고 시장부지에 대한 사용료를 징수하였으나, 국가가 피고인에게 재매수를 요구하고 피고인도 이를 매수할 예정이었으며 상인들이 위 소송전후에도 계속하여 시장점포를 임대하여 영업을 해온 경우(대법원 1976.4.27. 선고 75도6101 판결)

(다) 간접정범형태의 기망행위

기망은 범인 스스로 행할 필요는 없고 사정을 모르는 제3자를 이용하는 것에 의하여도 가능하다.

(3) 기망의 정도

(가) 일반론

기망은 경험칙상 일반인이면 착오에 빠질 수 있는 정도이면 충분하다. 다만, '거래상의 신의칙에 반하지 않을 정도'의 기망이나 거래목적을 달성하는 데 지장이 없는 경우에는 사기죄를 구성하는 기망행위에 해당하지 아니한다.

■ 판례 ■ **임대차계약서상의 임차인 명의를 변경하여 경매법원에 배당요구를 한 경우, 사기죄의 성부(소극)**

임대인과 임대차계약을 체결한 임차인이 임차건물에 거주하기는 하였으나 그의 처만이 전입신고를 마친 후에 경매절차에서 배당을 받기 위하여 임대차계약서상의 임차인 명의를 처로 변경하여 경매법원에 배당

요구를 한 경우, 실제의 임차인이 전세계약서상의 임차인 명의를 처의 명의로 변경하지 아니하였다 하더라도 소액임대차보증금에 대한 우선변제권 행사로서 배당금을 수령할 권리가 있다 할 것이어서, 경매법원이 실제의 임차인을 처로 오인하여 배당결정을 하였더라도 이로써 재물의 편취라는 결과의 발생은 불가능하다 할 것이고, 이러한 임차인의 행위를 객관적으로 결과발생의 가능성이 있는 행위라고 볼 수도 없으므로 형사소송법 제325조에 의하여 무죄를 선고하여야 한다(대법원 2002.2.8. 선고 2001도6669 판결).

(나) 과장광고의 문제

1) 추상적 과장광고

상거래상 어느 정도의 과장된 광고·선전은 상관행으로 일반적으로 시인되어 있는 것이므로, 상대방이 다소 착오를 일으켰더라도 기망행위가 되지 않는다.

2) 구체적 과장광고

거래상 중요한 사항에 관한 구체적 사실을 거래상의 신의성실의무에 비추어 비난받을 정도의 방법으로 허위로 고지한 경우에는 과장·허위광고의 한계를 넘어 기망행위가 된다.

■ 판례 ■ **과장광고를 통해 토지를 전매한 경우**

[1] 사실관계

甲은 서천지역 토지가 개발될 가능성이 있다는 정보에 따라 현지인으로부터 이를 매수하여 주식회사를 설립하고 직원들로 하여금 서천지역 토지 일대가 신도시개발예정지로 확정 또는 고시되거나 지가가 급격히 상승할 여건을 갖추지 못하고 있음에도, 불특정 다수의 투자자를 전화로 유인한 후 乙·丙·丁 등으로 하여금 주식회사 상담실로 방문하게 한 후, '서천 신규 생활권개발(고속터미널, 행정타운, 택지개발)'지역으로 표시된 '서천·군·장 광역개발계획도'를 보여주고, '인근에 서해안 고속도로 서천인터체인지가 개통이 되고 장항국가산업단지가 형성되므로 지가가 상승할 것이다', '서해안 고속도로가 개통이 되고 장항국가산업단지가 형성이 되면 이 사건 토지 일대를 비롯한 서천읍 일대가 신도시로 건설되고 행정타운이 설립되며 고속터미널이 들어설 예정이므로 지가가 상승할 것이다', 혹은 '유명연예인, 한국은행직원, 대학교수 등도 이미 이 사건 토지를 구입하였다'등으로 언급하는 한편, 자신들이 자료를 제공하여 이 사건 토지 일대의 개발 가능성에 대하여 소개한 매일경제 TV '부동산 전망대'의 방송 내용을 녹화한 비디오테이프를 재생하여 보여주는 등 매수를 권유하여 乙·丙·丁 등에게 토지를 분할하여 전매하였다. 그러나 매수인들에게 언급한 내용 중 상당부분은 개발계획이 진행 중에 있었고, 지역개발 전략에 관하여 대학교에 연구용역을 보고받은 것으로서 그 무렵 신문에 대대적으로 보도된 것이었다.

[2] 판결요지

피고인들이 매수인들에게 토지의 매수를 권유하면서 언급한 내용이 객관적 사실에 부합하거나 비록 확정된 것은 아닐지라도 연구용역 보고서와 신문스크랩 등에 기초한 것으로서 사기죄에 있어서 기망행위에 해당한다고 보기는 어렵다(대법원 2007.1.25. 선고 2004도45 판결).

■ 판례 ■ **음식점에서 한우만을 취급하는 것으로 기망하여 수입 쇠갈비를 판매한 경우, 사기죄의 성부(적극)**

[1] 사실관계

甲은 동일한 장소에서 서로 다른 상호로 일반음식점 및 식육점을 동시에 운영하고 있는데 일반음식점의 상호를 '고향한우마을'로 표시하여 놓고 음식점의 내부에는 한우만을 사용한다는 광고선전판이 10여 개나 부착되어 있었으며, 위 음식점에서 사용하는 식단표의 바깥 부분에도 상호가 '고향한우마을'이라고 표시되어 있었고 또한 한우만을 사용한다고 기재되어 있었는데, 甲은 이를 보고 찾아온 손님들에게 수입쇠갈비를 한우라고 하면서 판매하였다.

[2] 판결요지

가. 상품의 허위·과장광고가 사기죄의 기망행위에 해당되는 경우

사기죄의 요건으로서의 기망은 널리 재산상의 거래관계에 있어서 서로 지켜야 할 신의와 성실의 의무를 저버리는 모든 적극적 및 소극적 행위로서 사람으로 하여금 착오를 일으키게 하는 것을 말하며 사기죄의 본질은 기망에 의한 재물이나 재산상 이익의 취득에 있고, 상대방에게 현실적으로 재산상 손해가 발생함을 그 요건으로 하지 아니하는바, 일반적으로 상품의 선전, 광고에 있어 다소의 과장, 허위가 수반되는 것은 그것이 일반 상거래의 관행과 신의칙에 비추어 시인될 수 있는 한 기망성이 결여된다고 하겠으나 거래에 있어서 중요한 사항에 관하여 구체적 사실을 거래상의 신의성실의 의무에 비추어 비난받을 정도의 방법으로 허위로 고지한 경우에는 과장, 허위광고의 한계를 넘어 사기죄의 기망행위에 해당한다.

나. 甲의 죄책

식육식당을 경영하는 자가 음식점에서 한우만을 취급한다는 취지의 상호를 사용하면서 광고선전판, 식단표 등에도 한우만을 사용한다고 기재한 경우, '한우만을 판매한다'는 취지의 광고가 식육점 부분에만 한정하는 것이 아니라 음식점에서 조리·판매하는 쇠고기에 대한 광고로서 음식점에서 쇠고기를 먹는 사람들로 하여금 그 곳에서는 한우만을 판매하는 것으로 오인시키기에 충분하므로, 이러한 광고는 진실규명이 가능한 구체적인 사실인 쇠갈비의 품질과 원산지에 관하여 기망이 이루어진 경우로서 그 사술의 정도가 사회적으로 용인될 수 있는 상술의 정도를 넘는 것이고, 따라서 피고인의 기망행위 및 편취의 범의를 인정하기에 넉넉하다(대법원 1997.9.9. 선고 97도1561 판결).

[3] 비교판례 - 아파트를 분양함에 있어 아파트 평형의 수치를 다소 과장하여 광고한 경우

아파트를 분양함에 있어 아파트 평형의 수치를 다소 과장하여 광고를 한 사실은 인정되나 분양가 결정방법, 분양계약 체결의 경위 및 최종대금의 절충과정 등 제반 사정에 비추어 볼 때 위 광고는 그 거래당사자 사이에서 매매대금을 산정하기 위한 기준이 되었다고 할 수 없고, 단지 분양대상 아파트를 특정하고 나아가 위 아파트의 분양이 쉽게 이루어지도록 하려는 의도에서 한 것에 지나지 않으므로 위 과대광고는 기망행위에 해당하지 않는다.

■ 판례사례 ■ **[사회적으로 용납될 수 없는 과장광고로 사기죄가 성립하는 사례]**

> (1) 백화점이 가공일자를 재포장일자로 바꾸어 바코드라벨을 부착하는 행위(대법원 1995.7.28. 선고 95도1157 판결)
> (2) 첫 출하시부터 종전가격과 할인가격을 비교하여 막바로 세일에 들어가는 백화점의 변칙세일 (대법원 1992.9.14. 선고 91도2994 판결)
> (3) 인공적으로 재배한 삼을 자연방임상태에서 성장시킨 산양산삼이며 자신이 조합의 검품위원으로서 위 삼 중 우수한 것만을 선정하여 감정을 받은 것처럼 허위광고를 한 경우(대법원 2002.2.5. 선고 2001도5789 판결)

(4) 기망의 상대방

기망의 상대방은 반드시 피해자일 필요는 없다. 그러나 기망의 상대방은 피해자의 재산을 사실상 처분 할 수 있는 지위에 있는 자(사실상의 지위설)이어야 한다. 불특정인도 기망의 상대방이 될 수 있다(例, 광고사기).

▪ 판례 ▪ **리스회사 지점장의 이른바 '공(空)리스'의 방법에 의한 사기범행의 경우, 피해자(= 리스회사 경영위원회 위원)**

[1] 사실관계

A리스 주식회사의 부산지점장인 甲은 실적을 올리기 위해 이 사건 리스가 실제로 리스물건을 설치하지 않은 채 이루어지는 이른바 "공(空)리스"라는 사실을 알면서도 乙과 공모하여 A주식회사의 경영위원회 위원들에게 리스물건을 실제로 구입하는 것처럼 허위의 서류를 첨부한 심사승인품의서를 제출하여 여신승인을 받아 乙로 하여금 6억원의 리스자금을 대출받게 하였다.

[2] 판결요지

가. 사기죄의 성립 요건인 처분행위와 피기망자의 의미

사기죄는 타인을 기망하여 착오에 빠뜨리게 하고 그 처분행위를 유발하여 재물, 재산상의 이익을 얻음으로써 성립하는 것이고, 여기서 처분행위라고 하는 것은 범인 등에게 재물을 교부하거나 또는 재산상의 이익을 부여하는 재산적 처분행위를 의미하며, 피기망자는 재물 또는 재산상의 이익에 대한 처분행위를 할 권한이 있는 자임은 물론이다.

나. 甲의 죄책

피해자 리스 주식회사의 경우 5억 원을 초과하는 리스자금의 여신은 경영위원회에서 전적인 결정권한을 가지고 있고, 위 회사 부산지점장인 甲은 단지 경영위원회에 심사승인품의서를 제출하는 것뿐임을 인정할 수 있으므로, 원심이 경영위원회의 위원들을 피기망자로 보고 이 사건 범죄행위를 사기죄로 처단하였음은 옳다고 수긍이 간다(대법원 2001.4.27. 선고 99도484 판결).

▪ 판례 ▪ **사기죄에서 피기망자와 피해자가 다른 경우, 피기망자에게 요구되는 피해자의 재산을 처분할 수 있는 권능이나 지위가 반드시 사법상의 위임이나 대리권의 범위와 일치하여야 하는지 여부(소극)**

[1] 사실관계

甲은 자신이 경영하던 철망상점에서 그 거래처인 주식회사 평원산업에 대한 채무연체액이 금 25,486,000원에 이르러 더 이상 철망을 공급받지 못하고 있었는데, 마침 乙이 丙으로부터 丙소유의 토지를 타인에게 담보로 제공하여 4천만 원을 마련해 주기로 하는 부탁을 받고 그 처분권한과 함께 丙의 인감증명서와 인감도장 등을 받아 가지고 있음을 알고 乙에게 자신의 평원산업에 대한 부채가 200만원 밖에 안되니 그 토지를 평원산업에 담보로 제공하여 동업을 하면 1월내에 4천만원을 뽑을 수 있다는 등으로 기망하여 乙로 하여금 토지에 관하여 채권자를 평원산업, 채무자를 甲, 채권최고 액을 금 4천만 원으로 하는 근저당설정계약을 체결하게 하고 근저당권설정등기를 경료하게 하였다.

[2] 판결요지

사기죄가 성립되려면 피기망자가 착오에 빠져 어떠한 재산상의 처분행위를 하도록 유발하여 재산적 이득을 얻을 것을 요하고, 피기망자와 재산상의 피해자가 같은 사람이 아닌 경우에는 피기망자가 피해자를 위하여 그 재산을 처분할 수 있는 권능을 갖거나 그 지위에 있어야 하지만, 여기에서 피해자를 위하여 재산을 처분할 수 있는 권능이나 지위라 함은 반드시 사법상의 위임이나 대리권의 범위와 일치하여야 하는 것은 아니고 피해자의 의사에 기하여 재산을 처분할 수 있는 서류 등이 교부된 경우에는 피기망자의 처분행위가 설사 피해자의 진정한 의도와 어긋나는 경우라고 할지라도 위와 같은 권능을 갖거나 그 지위에 있는 것으로 보아야 한다(대법원 1994.10.11. 선고 94도1575 판결).

■ 판례 ■ **타인 명의의 등기서류를 위조하여 소유권이전등기를 경료한 경우, 사기죄의 성부(소극)**

타인 명의의 등기서류를 위조하여 등기공무원에게 제출함으로써 피고인 명의로 소유권이전등기를 마쳤다고 하여도 피해자의 처분행위가 없을 뿐 아니라 등기공무원에게는 위 부동산의 처분권한이 있다고 볼 수 없어 사기죄가 성립하지 않는다(대법원 1981.7.28. 선고 81도529 판결). ☞ (甲은 사문서위조 및 동행사죄, 공정증서원본불실기재 및 동행사죄)

■ 판례 ■ **용도를 속이고 국민주택건설자금을 융자받은 경우**

가. 기금 대출사무를 위탁받은 은행의 일선 담당 직원이 대출금이 지정된 용도에 사용되지 않을 것이라는 점을 알고 있었던 경우, 사기죄의 성부(적극)

용도를 속여 국민주택 건설자금을 대출받음에 있어, 기금 대출사무를 위탁받은 은행의 일선 담당 직원이 대출금이 지정된 용도에 사용되지 않을 것이라는 점을 알고 있었다 하더라도, 대출 신청액이 일정한 금액을 초과하는 경우에는 은행장이 대출 승인 여부를 결정할 권한이 있으므로, 은행장을 피기망자로 하는 사기죄가 성립한다.

나. 은행으로부터 용도를 속여 국민주택 건설자금을 대출받으면서 대출금 중 일부로 같은 은행에 대한 기존 대출채무의 변제에 갈음하기로 한 경우, 대출금 전액에 대하여 사기죄가 성립하는지 여부(적극)

국민주택기금은 국민주택건설자금 등 주택건설촉진법 제10조의4에서 정한 용도 외로는 이를 운용할 수 없는 점, 관리규정은 한국주택은행장으로 하여금 국민주택건설자금을 융자받고자 하는 민간사업자가 허위 또는 부정한 수단으로 자금융자승인을 받은 때에는 자금융자승인을 취소하도록 하고, 기금대출을 받은 자가 융자금을 주택건설자금 이외의 용도로 사용한 때에는 융자금을 일시에 회수하도록 규정하고 있는 점에 비추어 보면, 국민주택건설자금을 융자받고자 하는 민간사업자가 사실은 국민주택건설자금으로 사용할 의사가 없으면서도 국민주택건설자금으로 사용할 것처럼 용도를 속여 자금융자승인을 받아 국민주택건설자금을 대출받은 경우에는, 대출받을 당시 자금의 일부를 지급받는 대신 이로써 같은 은행에 대한 기존채무의 변제에 갈음하기로 하였다 하더라도 대출금 전액에 대하여 사기죄가 성립한다.

다. 처음부터 용도를 속여 대출받은 국민주택 건설자금 중 일부를 나중에 국민주택 건설자금으로 사용한 경우, 대출금 전액에 대하여 사기죄가 성립하는지 여부(적극)

국민주택건설자금을 융자받고자 하는 민간사업자가 처음부터 사실은 국민주택건설자금으로 사용할 의사가 없으면서도 국민주택건설자금으로 사용할 것처럼 용도를 속여 국민주택건설자금을 대출받은 경우에는 대출받은 자금 중 일부를 나중에 국민주택건설자금으로 사용하였다 하더라도 대출금 전액에 대하여 사기죄가 성립한다(대법원 2002.7.26. 선고 2002도2620 판결).

■ 판례 ■　사기죄의 피해자가 법인이나 단체인 경우, 기망행위가 있었는지 판단하는 기준이 되는 자 및 피해자 법인이나 단체의 대표자 또는 실질적으로 의사결정을 하는 최종결재권자 등 기망의 상대방이 기망행위자와 동일인이거나 기망행위자와 공모하는 등 기망행위를 알고 있었던 경우, 사기죄가 성립하는지 여부(소극)

사기죄는 타인을 기망하여 착오에 빠뜨려 재물을 교부받거나 재산상의 이익을 얻음으로써 성립하므로 기망행위의 상대방 또는 피기망자는 재물 또는 재산상 이익을 처분할 권한이 있어야 한다. 사기죄의 피해자가 법인이나 단체인 경우에 기망행위가 있었는지는 법인이나 단체의 대표 등 최종 의사결정권자 또는 내부적인 권한 위임 등에 따라 실질적으로 법인의 의사를 결정하고 처분을 할 권한을 가지고 있는 사람을 기준으로 판단하여야 한다. 피해자 법인이나 단체의 대표자 또는 실질적으로 의사결정을 하는 최종결재권자 등 기망의 상대방이 기망행위자와 동일인이거나 기망행위자와 공모하는 등 기망행위를 알고 있었던 경우에는 기망의 상대방에게 기망행위로 인한 착오가 있다고 볼 수 없고, 기망의 상대방이 재물을 교부하는 등의 처분을 했더라도 기망행위와 인과관계가 있다고 보기 어렵다. 이러한 경우에는 사안에 따라 업무상횡령죄 또는 업무상배임죄 등이 성립하는 것은 별론으로 하고 사기죄가 성립한다고 보기 어렵다.(대법원 2017.8.29. 선고, 2016도18986, 판결)

(5) 피기망자의 착오

(가) 착오의 주체

오직 사람만이 가능하다. 따라서 물건자동판매기에 동전과 유사한 쇠붙이를 넣어 부정하게 그 속에 든 물건을 획득한 경우에는 사기죄가 아니라, 절도죄 또는 편의시설부정이용죄가 성립할 수 있을 뿐이다.

(나) 착오의 내용

- 착오는 법률행위의 중요부분에 대한 것임을 요하지 않고 동기의 착오(例, 용도사기)로 족하다.
- 기망을 하였으나 사실 그 자체에 관하여 아무런 관념이 없을 때, 즉 전혀 모르고 있는 때에는 착오가 아니다.

〈무임승차의 사기죄 성립여부〉

사 례	죄 책
운전사가 차표없이 승차한 사람이 있느냐고 물었으나 가만히 있었던 경우	사기죄 성립
운전사가 무임승차자를 전혀 보지 못한 경우	사기죄 성립하지 않음

■ 판례 ■　　**사기죄의 실행행위로서의 기망의 대상**

사기죄의 실행행위로서의 기망은 반드시 법률행위의 중요 부분에 관한 허위표시임을 요하지 아니하고 상대방을 착오에 빠지게 하여 행위자가 희망하는 재산적 처분행위를 하도록 하기 위한 판단의 기초가 되는 사실에 관한 것이면 족한 것이므로, 용도를 속이고 돈을 빌린 경우에 있어서 만일 진정한 용도를 고지하였더라면 상대방이 돈을 빌려 주지 않았을 것이라는 관계에 있는 때에는 사기죄의 실행행위인 기망은 있는 것으로 보아야 한다(대법원 1996.2.27. 선고 95도2828 판결).

■ 판례 ■　　**외환위기 후 생계형 신규창업자금대출을 받으면서 대출자격 및 대출금 용도를 기망한 행위가 사기죄의 기망행위에 해당하는지 여부(적극)**

[1] 사실관계

　명의상의 학원 원장에 불과한 자가 외환위기 후 신규창업 자금을 지원하기 위한 생계형 창업특별보증제도의 목적 및 대출금의 용도에 반하여 창업자금 대출금 중 일부를 개인적인 용도로 사용할 생각으로 이를 속이고 위 대출금을 위 학원 운전자금 용도로 사용하겠다면서 신용보증기금에 보증을 신청하고 신용보증서를 발급받아 은행에서 위 신용보증서를 담보로 생계형 창업자금을 대출받아 그 일부를 자기의 개인용도로 사용하였다.

[2] 판결요지

명의상의 학원 원장에 불과한 자가 외환위기 후 신규창업 자금을 지원하기 위한 생계형 창업특별보증제도의 목적 및 대출금의 용도에 반하여 창업자금 대출금 중 일부를 개인적인 용도로 사용할 생각이었음에도 불구하고 이를 속이고 위 대출금을 위 학원 운전자금 용도로 사용하겠다면서 보증을 신청한 행위는 사기죄의 기망행위에 해당한다(대법원 2003.12.12. 선고 2003도4450 판결).

(다) 기망과 착오의 인과관계

　기망과 착오 사이에는 인과관계가 있어야 한다. 인과관계가 없으면 사기죄의 미수에 불과하다.

■ 판례 ■　　**도로부지의 사실상 사용자가 누구인가에 관하여 기망행위가 있고 관리청의 점용허가가 있은 경우, 사기죄를 구성하는지 여부(소극)**

도로법 40조, 동법시행령 24조의 취의가 오로지 관리청의 재량에 의하여 점용허가를 결정할 수 있는 것으로 해석되므로 도로부지의 사실상 사용자가 누구인가에 관하여 피고인의 기망행위가 있었다 하더라도 이는 점용허가 여부의 결정에 하나의 참고가 되었을 뿐 피고인의 기망행위에 기인하여 점용허가가 이루어진 것이라 단정할 수 없으므로 사기죄가 되지 아니한다(대법원 1974.7.23. 선고 74도669 판결).

(6) 처분행위

(가) 의 의

　사기죄가 성립하기 위해서는 처분행위가 필요하다. 처분행위란 직접 재산상의 손해를 초래하는 작위 또는 부작위를 말한다.

타인의 일반전화를 무단 이용하여 전화통화를 한 경우, 사기죄의 성립 여부(소극)

사기죄가 성립하기 위하여는 기망행위와 이에 기한 피해자의 처분행위가 있어야 할 것인바, 타인의 일반전화를 무단으로 이용하여 전화통화를 하는 행위는 전기통신사업자인 한국전기통신공사가 일반전화 가입인 타인에게 통신을 매개하여 주는 역무를 부당하게 이용하는 것에 불과하여 한국전기통신공사에 대한 기망행위에 해당한다고 볼 수 없을 뿐만 아니라, 이에 따라 제공되는 역무도 일반전화 가입자와 한국전기통신공사 사이에 체결된 서비스이용계약에 따라 제공되는 것으로서 한국전기통신공사가 착오에 빠져 처분행위를 한 것이라고 볼 수 없으므로, 결국 위와 같은 행위는 형법 제347조의 사기죄를 구성하지 아니한다 할 것이고, 이는 형법이 제348조의2를 신설하여 부정한 방법으로 대가를 지급하지 아니하고 공중전화를 이용하여 재산상 이익을 취득한 자를 처벌하는 규정을 별도로 둔 취지에 비추어 보아도 분명하다(대법원 1999.6.25. 선고 98도3891 판결).

■ 판례 ■ **배당이의 소송의 제1심에서 패소판결을 받고 항소한 자가 그 항소를 취하하는 것이 사기죄에서 말하는 재산적 처분행위에 해당하는지 여부(적극)**

사기죄는 타인을 기망하여 착오에 빠뜨리게 하고 그 처분행위를 유발하여 재물이나 재산상의 이득을 얻음으로써 성립하는 것이므로 여기에 처분행위라고 하는 것은 재산적 처분행위를 의미하는 것이라고 할 것인바, 배당이의 소송의 제1심에서 패소판결을 받고 항소한 자가 그 항소를 취하하면 그 즉시 제1심판결이 확정되고 상대방이 배당금을 수령할 수 있는 이익을 얻게 되는 것이므로 위 항소를 취하하는 것 역시 사기죄에서 말하는 재산적 처분행위에 해당한다(대법원 2002.11.22. 선고 2000도4419 판결).

■ 판례 ■ **채권자가 채무자로부터 정상적으로 결제될 가능성이 없는 어음(딱지어음)을 진성어음인 것처럼 교부받고 어음상의 지급기일까지 그 채권의 행사를 늦추어 준 경우, 사기죄의 성부(소극)**

사기죄의 성립요건인 처분행위가 있었다거나 그 처분행위가 채무자의 기망행위로 인하여 이루어졌다고 보기 어려워 사기죄는 성립하지 않는다(대법원 2007.3.30. 선고 2005도5972 판결).

(나) 태 양

작위 또는 부작위를 불문하며, 법률행위·사실행위를 불문한다. 처분행위가 법률행위인 경우에 유효·무효 또는 취소할 수 있는 행위인가도 불문한다.

(다) 요 건

처분행위가 인정되기 위해서는 처분행위로 직접 재산상 손해가 발생하여야 하고, 처분행위는 자유의사로 이루어져야 하며, 피기망자에게 처분의사가 있어야 한다.

■ 판례 ■ **기망행위로 기존채무의 변제기를 연장받은 경우, 취득한 재산상 이익**

[1] 사실관계

甲이 위조한 약속어음 4매를 사채업자인 乙에게 제시하면서 丙에 대한 甲의 기존채무 8천만 원을 위 약속어음에 기재된 만기일에 변제할 능력이 없음에도 불구하고 이를 틀림없이 변제하겠으니 지급기일을 연장하여 달라는 취지로 거짓말하여 이에 속은 乙로부터 위 채무의 지급기일을 연장받으면서 위 약속어음에 기재된 변제기일까지의 위 채무에 대한 이자 금 1,080만 원 중 금 240만 원만을 지급하고 금 840만 원을 지급하지 아니하였다.

[2] 판결요지

가. 사기죄의 성립 요건인 처분행위의 의미

사기죄는 타인을 기망하여 착오에 빠뜨리게 하고 그 처분행위를 유발하여 재물, 재산상의 이득을 얻음으로써 성립하는 것이고, 여기서 처분행위라고 하는 것은 재산적 처분행위를 의미하고 그것은 주관적으로 피기망자가 처분의사 즉 처분결과를 인식하고 객관적으로는 이러한 의사에 지배된 행위가 있을 것을 요한다.

나. 변제기 연장으로 인한 연장기간 동안의 이자 중 미지급 부분에 대한 재산상 이익을 취득에 해당하는지 여부

피고인이 기존채무의 변제기 연장으로 인한 기한 유예의 재산상 이익을 편취하였다는 것이 아니라 변제기를 연장받음으로써 연장기간 동안의 이자 중 피해자가 지급받지 못한 금 840만 원 부분에 대한 재산상 이익을 편취하였다는 것인바, 변제기를 연장하였다고 하여 그 연장기간에 대한 이자가 당연히 면제되는 것이 아닌 이상, 연장기간 동안의 이자 중 지급받지 못한 부분에 대하여 사기죄가 성립되기 위해서는 그 부분에 대한 피기망자의 재산적 처분행위가 있어야 하는 것이다. 원심이 피기망자인 나홍연이 피고인에 대하여 연장기간에 대한 이자 중 금 840만 원에 대하여 채무면제를 하는 등 어떠한 처분행위를 하였음을 인정할 만한 증거가 없다는 이유로 피고인의 이 부분 공소사실에 대하여 무죄를 선고한 조치는 위와 같은 취지에 따른 것으로서 정당하고, 거기에 상고이유에서 주장하는 바와 같은 사기죄에 있어서의 처분행위에 관한 법리오해 또는 채증법칙 위배로 인한 사실오인 등의 위법이 있다고 할 수 없다(대법원 1999.7.9. 선고 99도1326 판결).

■ 판례사례 ■　[처분의사가 없어 사기죄가 성립하지 아니하는 사례]

(1) 甲이 乙로부터 진실한 용도를 속이고 그 인감도장을 교부받아 이 사건 부동산에 관한 소유권이전등기절차에 필요한 관계서류를 작성하여 그 명의로 소유권이전등기를 마친 경우(대법원 1990. 2.27. 선고 89도335 판결)

(2) 피고인이 피해자에게 백미 100가마를 변제한다고 말하면서 10가마의 백미보관증을 100가마의 보관증이라고 속여 교부하고 한문판독능력이 없는 피해자가 이를 100가마의 보관증으로 믿고 교부받은 경우(대법원 1990.12.26. 선고 90도2037 판결)

(3) 甲이 내연관계에 있던 乙로부터 전답을 매수하기로 계약을 체결한 후 계약금 및 중도금을 지급하고 나머지 잔금을 지급하지 않은 상태에서 사실은 자신의 명의로 소유권이전등기를 하는 데에 사용할 생각임에도 불구하고 乙에게 형질변경 및 건축허가를 받는 데에 부동산매도용인감증명서 및 확인서면이 반드시 필요하니 이를 나에게 건네주면 위 용도로만 사용하겠다라고 거짓말하여, 이에 속은 위 乙로부터 즉석에서 부동산매도용인감증명서 및 등기의무자본인확인서면을 교부받은 후 이를 이용하여 위 부동산을 자신의 명의로 소유권이전등기를 경료한 경우(대법원 2001.7. 13. 선고 2001도1289 판결)

■ 판례 ■　**주유소 운영자가 농민들에게 면세유를 공급한 것처럼 부당하게 발급받은 면세유류 공급확인서로 석유정제업자를 기망하여 부가가치세 등에 상당한 석유류를 취득한 경우**

피고인이 석유정제업자를 기망하여 재물의 교부를 받은 이상 석유정제업자에 대하여 사기죄가 성립한다고 할 것이고, 이로 인하여 석유정제업자에 현실적으로 재산상 손해가 없다고 하여 달리 볼 것은 아니다(대법원 2009.1.15. 선고 2006도6687 판결).

■ 판례 ■ **부동산 관련 업체가 지방자치단체의 특정 용역보고서만을 근거로 확정되지도 않은 개발계획이 마치 확정된 것처럼 허위 또는 과장된 정보를 제공하여 매수인들과 토지매매계약을 체결한 경우**

[1] 사실관계

甲은 이른바 기획부동산 사무실을 차려놓고 영업직원들을 통하여 제천, 당진 임야에 관한 정보를 제대로 알려주지 아니하고 오히려 제천시와 당진군이 용역업체에 의뢰하여 작성한 용역보고서에 불과한 '21세기를 향한 제천시 장기종합개발계획', '친환경민속마을 개발에 관한 기본구상', '당진 배후도시 건설 기본계획' 등만을 근거로 확정되지도 아니한 개발계획이 마치 확정된 것처럼 허위·과장된 정보를 제공하여 매수인들과 토지매매계약을 체결하였다.

[2] 판결요지

확정되지도 아니한 개발계획이 마치 확정된 것처럼 허위 또는 심히 과장된 정보를 제공하여 매수인들의 판단을 흐리게 하여 매매계약을 체결하였는바, 이는 일반 상거래의 관행과 신의칙에 비추어 시인될 수 있는 정도를 벗어나 거래에 있어서 중요한 사항에 관하여 구체적 사실을 거래상의 신의성실의 의무에 비추어 비난받을 정도의 방법으로 허위로 고지한 경우에 해당하여 사기죄에 있어서 타인을 기망하는 행위에 해당하므로, 원심이 같은 취지에서 이 부분 각 사기범행을 유죄로 인정한 조치는 정당하다(대법원 2008.10.23. 선고 2008도6549 판결).

■ 판례 ■ **부동산의 이중매매에서 매도인이 제2의 매수인에게 제1의 매매계약을 일방적으로 해제할 수 없는 처지에 있음을 고지하지 아니한 경우**

[1] 부동산의 매도인에게 신의성실의 원칙상 고지의무가 있어 그 불고지행위가 사기죄의 구성요건인 기망에 해당하는 경우

부동산을 매매함에 있어서 매도인이 매수인에게 매매와 관련된 어떤 구체적인 사정을 고지하지 아니함으로써, 장차 매매의 효력이나 매매에 따르는 채무의 이행에 장애를 가져와 매수인이 매매목적물에 대한 권리를 확보하지 못할 위험이 생길 수 있음을 알면서도, 매수인에게 그와 같은 사정을 고지하지 아니한 채 매매계약을 체결하고 매매대금을 교부받는 한편, 매수인이 그와 같은 사정을 고지받았더라면 매매계약을 체결하지 아니하거나 매매대금을 지급하지 아니하였을 것임이 경험칙상 명백한 경우에는, 신의성실의 원칙상 매수인에게 미리 그와 같은 사정을 고지할 의무가 매도인에게 있다고 할 것이므로, 매도인이 매수인에게 그와 같은 사정을 고지하지 아니한 것은 사기죄의 구성요건인 기망에 해당한다고 할 것이지만, 매매로 인한 법률관계에 아무런 영향도 미칠 수 없는 것이어서 매수인의 권리실현에 장애가 되지 아니하는 사유까지 매도인이 매수인에게 고지할 의무가 있다고는 볼 수 없는 것인바, 부동산의 이중매매에 있어서 매도인이 제1의 매매계약을 일방적으로 해제할 수 없는 처지에 있었다는 사정만으로는, 바로 제2의 매매계약의 효력이나 그 매매계약에 따르는 채무의 이행에 장애를 가져오는 것이라고 할 수 없음은 물론, 제2의 매수인의 매매목적물에 대한 권리의 실현에 장애가 된다고 볼 수도 없는 것이므로 매도인이 제2의 매수인에게 그와 같은 사정을 고지하지 아니하였다고 하여 제2의 매수인을 기망한 것이라고 평가할 수는 없을 것이다.

[2] 사기죄의 기망행위에 해당하는지 여부(소극)

제2매매계약 당시 피고인이 제1매수인에 대하여 이 사건 부동산에 대한 소유권이전등기의무를 부담

하고 있었다는 사정은 제2매매계약의 효력이나 그 매매계약에 따르는 채무의 이행에 장애를 가져오는 것이라고 볼 수 없음은 물론, 제2매수인의 매매목적물에 대한 권리의 실현에 장애가 된다고도 볼 수 없으므로, 피고인이 제2매수인에게 그와 같은 사정을 고지하지 아니하였다고 하여 제2매수인을 기망한 것이라고 평가할 수는 없다고 할 것이다(대법원 2008.5.8. 선고 2008도1652 판결).

■ 판례 ■   **실제 일부 입원치료가 필요하더라도 그 범위를 넘는 장기간의 입원을 유도하여 과도한 요양급여비를 청구한 경우**

[1] 사실관계

의사 甲은 환자들의 건강상태에 맞게 적정한 진료행위를 하지 않은 채 입원의 필요성이 적은 환자들에게까지 입원을 권유하고 퇴원을 만류하는 등으로 장기간의 입원을 유도하여 국민건강보험공단에 과다한 요양급여비를 청구하였다.

[2] 판결요지

가. 실제 지급받을 수 있는 보험금보다 다액의 보험금을 기망행위로 편취한 경우 사기죄의 성립여부(적극) 및 그 성립범위(=지급받은 보험금 전체)

기망행위를 수단으로 한 권리행사의 경우 그 권리행사에 속하는 행위와 그 수단에 속하는 기망행위를 전체적으로 관찰하여 그와 같은 기망행위가 사회통념상 권리행사의 수단으로서 용인할 수 없는 정도라면 그 권리행사에 속하는 행위는 사기죄를 구성하는데, 보험금을 지급받을 수 있는 사유가 있다 하더라도 이를 기화로 실제 지급받을 수 있는 보험금보다 다액의 보험금을 편취할 의사로 장기간의 입원 등을 통하여 과다한 보험금을 지급받는 경우에는 지급받은 보험금 전체에 대하여 사기죄가 성립한다.

나. 사기죄의 성립범위

환자들의 건강상태에 맞게 적정한 진료행위를 하지 않은 채 입원의 필요성이 적은 환자들에게까지 입원을 권유하고 퇴원을 만류하는 등으로 장기간의 입원을 유도하여 국민건강보험공단에 과다한 요양급여비를 청구한 행위는 사회통념상 권리행사의 수단으로 용인할 수 없는 것이어서, 비록 그 중 일부 기간에 대하여 실제 입원치료가 필요하였다고 하더라도 그 부분을 포함한 당해 입원기간의 요양급여비 전체에 대하여 사기죄가 성립한다(대법원 2009.5.28. 선고 2008도4665 판결).

■ 판례 ■   **甲이 乙에게 이중매도한 택지분양권을 순차 매수한 丙·丁에게 이중매도 사실을 숨긴 채 자신의 명의로 형식적인 매매계약서를 작성해 주었으나 甲이 직접 매매대금을 수령하지 않은 경우**

가. 기망행위를 통해 스스로 재물을 취득하지 않고 제3자에게 재물을 교부받게 한 경우 사기죄가 성립하기 위한 요건

범인이 기망행위에 의해 스스로 재물을 취득하지 않고 제3자로 하여금 재물의 교부를 받게 한 경우에 사기죄가 성립하려면, 그 제3자가 범인과 사이에 정을 모르는 도구 또는 범인의 이익을 위해 행동하는 대리인의 관계에 있거나, 그렇지 않다면 적어도 불법영득의사와의 관련상 범인에게 그 제3자로 하여금 재물을 취득하게 할 의사가 있어야 한다. 위와 같은 의사는 반드시 적극적 의욕이나 확정적 인식이어야 하는 것은 아니고 미필적 인식이 있으면 충분하며, 그 의사가 있는지 여부는 범인과 그 제3자 및 피해자 사이의 관계, 기망행위 혹은 편취행위의 동기, 경위와 수단·방법, 그 행위의 내용과 태양 및 당시의 거래관행 등 여러 사정을 종합하여 사회통념에 비추어 합리적으로 판단하여야 한다. 한편, 재물편취를 내용으로 하는 사기죄에 있어서는 기망으로 인한 재물교부가 있으면 그 자체로써 피해자의 재산침해가 되어 곧 사기죄는 성립하는 것이고, 그로 인한 이익이 결과적으로 누

구에게 귀속하는지는 사기죄의 성부에 아무런 영향이 없다.

나. 丙·丁에 대한 사기죄의 성부(적극)

매매계약은 당초 피고인이 이 사건 분양권을 이중으로 매도함으로써 초래된 것이고, 그 각 매매대금을 교부받은 성명불상자 A나 공소외 1B는 피고인과 사이에 직접적 또는 형식적으로 이 사건 분양권에 관한 매매계약을 체결한 자들로서 피고인과 전혀 무관계한 제3자라고는 볼 수 없는 점, 피고인은 그 자신의 의사에 기해 형식상 매도인의 지위에서 피해자들에게 각 매매계약서를 작성해 주었고, 그에 따른 사례금도 수령하였던 점, 만약 피고인이 이 사건 각 매매계약에 협력하지 않았더라면, 그 각 실질적 매도인인 A성명불상자나 B공소외 1은 공소외 1丙이나 공소외 2丁로부터 각 매매대금을 교부받을 수 없었고, 피고인의 협력으로 인하여 결과적으로 각 상당액의 전매차익을 취하게 되었던 점 등을 앞서 본 법리에 비추어 보면, 피고인에게는 이 사건 각 매매계약에 있어 실질적 매도인인 A성명불상자나 B공소외 1로 하여금 그 각 매매대금을 취득하게 할 의사가 있었다고 볼 여지가 충분하고, 이는 위 각 매매대금 상당의 경제적 이익이 궁극적으로 피고인에게 연결되지 않았다 하여 달리 볼 것도 아니라 할 것이다(대법원 2009.1.30. 선고 2008도9985 판결).

■ 판례 ■ **무효인 가등기여서 그 말소를 구할 권리를 가진 자가 기망행위를 사용하여 이를 말소하게 한 경우, 사기죄의 성부(적극)**

여기에서 처분행위라 함은 재산적 처분행위를 의미한다고 할 것인바, 부동산 위에 소유권이전청구권 보전의 가등기를 마친 자가 그 가등기를 말소하면 부동산 소유자는 가등기의 부담이 없는 부동산을 소유하게 되는 이익을 얻게 되는 것이므로, 가등기를 말소하는 것 역시 사기죄에서 말하는 재산적 처분행위에 해당하고, 설령 그 후 위 가등기에 의하여 보전하고자 하였던 소유권이전청구권이 존재하지 않아 위 가등기가 무효임이 밝혀졌다고 하더라도 가등기의 말소로 인한 재산상의 이익이 없었던 것으로 볼 수 없다. 한편, 피고인에게 피해자 명의의 가등기 말소를 구할 권리가 인정된다 하더라도 피고인이 기망행위를 사용하여 피해자로 하여금 위 가등기를 말소하게 한 경우 그 기망행위가 사회통념상 권리행사의 수단으로서 용인될 수 없는 것이라면 피고인의 위와 같은 행위는 사기죄를 구성한다(대법원 2008.1.24. 선고 2007도9417 판결).

■ 판례 ■ **분양대금 편취에 의한 사기죄와 관련하여 편취 범의의 판단 시점 및 판단 기준**

사기죄의 성립 여부는 그 행위 당시를 기준으로 판단하여야 하고, 그 행위 이후의 경제사정의 변화 등으로 인하여 피고인이 채무불이행 상태에 이르게 된다고 하여 이를 사기죄로 처벌할 수는 없다. 따라서 이른바 분양대금 편취에 의한 사기죄의 성립 여부를 판단할 때에도 분양계약을 체결할 당시 또는 그 분양대금을 수령할 당시에 피고인에게 그 편취의 범의가 있었는지 여부, 즉 그 당시에 분양 목적물에 관하여 분양계약을 체결하고 그 분양대금을 수령하더라도 수분양자에게 해당 목적물을 분양해 주는 것이 불가능하게 될 가능성을 인식하고 이를 용인한 채 그러한 행위를 한 것인지 여부를 기준으로 판단하여야 한다(대법원 2008.9.25. 선고 2008도5618 판결).

■ 판례 ■ **차용인이 대여인으로부터 관광버스 구입자금을 차용한 후 계속된 사업실패로 파산신청을 하여 면책허가결정이 확정되자 대여인이 차용금 사기죄로 고소한 경우, 편취의 범의 인정여부(소극)**

차용금의 편취에 의한 사기죄의 성립 여부는 차용 당시를 기준으로 판단하여야 하므로, 피고인이 차용 당시에는 변제할 의사와 능력이 있었다면 그 후에 차용금을 변제하지 못하였다고 하더라도 이는 단순한 민사상의 채무불이행에 불과할 뿐 형사상 사기죄가 성립한다고 할 수 없고, 한편 사기죄의 주관적 구성요건인 편취의 범의의 존부는 피고인이 자백하지 아니하는 한 범행 전후의 피고인의 재력, 환경, 범행의 내용, 거래의 이행과정, 피해자와의 관계 등과 같은 객관적인 사정을 종합하여 판단하여야 한다(대법원 2008.2.14. 선고 2007도10770 판결).

■ 판례 ■ **강제집행절차에서 채무자가 제3자를 허위채권자로 내세우는 방법으로 법원을 기망한 소송사기행위의 피해자**

소송사기죄는 법원을 기망하여 제3자의 재물을 편취하거나 재산상 이득을 취득하는 것을 기도하는 것을 내용으로 하는 것이므로, 배당절차와 같은 강제집행절차에서 배당될 금전의 소유자 겸 채무자가 제3자와 공모하여 그 제3자를 허위채권자로 내세우는 방법으로 법원을 기망함으로써 배당을 받아 재산상 이득을 취득하는 경우, 그로 인한 피해자는 그 절차에서 법원에 대한 기망이 없었을 경우 배당을 받을 수 있었음에도 위 기망으로 인하여 배당을 받지 못하게 된 자라고 보아야 할 것인데, 원심판결 이유에 의하면, 피고인이 위 공탁금의 소유자 겸 채무자인 대순진리회의 대리인과 공모하여 허위채권에 기한 채권압류 및 추심명령을 받아 배당요구를 하는 기망행위를 하지 아니하였더라면 위 공탁금은 모두 공소외 丙이 추심하거나 배당받을 수 있었을 것임에도, 피고인의 기망행위로 인하여 丙은 피고인이 배당받게 된 금액만큼 배당을 받지 못하는 피해를 입게 되었음을 알 수 있는바, 위와 같은 사정을 앞서 본 법리에 비추어 보면 피고인의 위 소송사기 행위로 인한 피해자는 丙이라고 보아야 할 것이다. 그렇다면 피고인이 피해자 丙이 아닌 대순진리회 측으로부터 위와 같은 허위의 배당신청과 배당금 수령에 대하여 양해 또는 승낙을 얻었다는 사정만으로 피고인의 위와 같은 행위가 사기죄에 해당하지 아니한다고 할 수는 없다할 것이다(대법원 2008.12.11. 선고 2008도7631 판결).

■ 판례 ■ **사기죄에서 피해자에게 대가가 지급된 후 피해자를 기망하여 그가 보유하고 있는 그 대가를 다시 편취하거나 피해자로부터 그 대가를 위탁받아 보관 중 횡령한 경우, 별도의 사기죄나 횡령죄가 성립하는지 여부(적극)**

사기죄에서 피해자에게 그 대가가 지급된 경우, 피해자를 기망하여 그가 보유하고 있는 그 대가를 다시 편취하거나 피해자로부터 그 대가를 위탁받아 보관 중 횡령하였다면, 이는 새로운 법익의 침해가 발생한 경우이므로, 기존에 성립한 사기죄와는 별도의 새로운 사기나 횡령죄가 성립한다(대법원 2009.10.29. 선고 2009도7052 판결).

■ 판례 ■ **공무원이 취급하는 사건에 관하여 청탁 또는 알선을 할 의사와 능력이 없음에도 청탁 또는 알선을 한다고 기망하고 금품을 교부받은 경우**

공무원이 취급하는 사건에 관하여 청탁 또는 알선을 할 의사와 능력이 없음에도 청탁 또는 알선을 한다고 기망하고, 이에 속은 피해자로부터 청탁 또는 알선을 한다는 명목으로 금품을 받은 경우, 그 행위가 공무원이 취급하는 사건에 관하여 청탁 또는 알선을 한다는 명목으로 금품·향응 기타 이익을 받은 것으로서 구 변호사법(2007. 3. 29. 법률 제8321호로 개정되기 전의 것) 제111조 위반죄가 성립하거나 공무원의 직무에 속한 사항의 알선에 관하여 금품을 수수한 경우로서 특정범죄 가중처벌 등에 관한 법률 위반(알선수재)죄가 성립하는 것과 상관없이, 그 행위는 다른 사람을 속여 재물을 받은 행위로서 사기죄를 구성한다(대법원 2008.2.28. 선고 2007도10004 판결).

■ 판례 ■ **이른바 '대포폰'으로 유통시켜 사용하도록 하거나 '유심칩(USIM Chip) 읽기'를 통하여 해당 휴대전화의 문자발송제한을 해제하고 광고성 문자를 대량 발송하는 방법으**

로 이동통신회사들로부터 이용대금 상당의 재산상 이득을 취득한 경우

피고인이 이동통신 판매대리점의 컴퓨터를 이용하여 이동통신회사들의 전산망에 접속한 다음 전산상으로 사용정지된 휴대전화를 사용할 수 있도록 하거나 유심칩 읽기를 통해 문자메시지 발송한도를 해제한 것은 전산상 자동으로 처리된 것일 뿐 사기죄 구성요건인 '사람을 기망하여 재산상 이득을 취득한 경우'에 해당한다고 볼 수 없어 사기죄는 성립하지 않는다(대법원 2011.7.28. 선고 2011도5299 판결).

■ 판례 ■   甲이 금융기관에 피고인 명의로 예금을 하면서 자신만이 이를 인출할 수 있게 해달라고 요청하여 금융기관 직원이 예금관련 전산시스템에 '甲이 예금, 인출 예정'이라고 입력하였고 피고인도 이의를 제기하지 않았는데, 그 후 피고인이 금융기관을 상대로 예금 지급을 구하는 소를 제기하였다가 금융기관의 변제공탁으로 패소한 경우

제반 사정에 비추어 금융기관과 갑 사이에 실명확인 절차를 거쳐 서면으로 이루어진 피고인 명의의 예금계약을 부정하여 예금명의자인 피고인의 예금반환청구권을 배제하고, 갑에게 이를 귀속시키겠다는 명확한 의사의 합치가 있었다고 인정할 수 없어 예금주는 여전히 피고인이므로 사기미수죄는 성립하지 않는다(대법원 2011.5.13. 선고 2009도5386 판결).

■ 판례 ■   비의료인이 개설한 의료기관이 의료법에 의하여 적법하게 개설된 요양기관인 것처럼 국민건강보험공단에 요양급여비용의 지급을 청구하여 지급받은 경우, 사기죄가 성립하는지 여부(적극) / 이 경우 의료기관 개설인인 비의료인이 개설 명의를 빌려준 의료인으로 하여금 환자들에게 요양급여를 제공하게 하였더라도 마찬가지인지 여부(적극)

의료법 제33조 제2항을 위반하여 적법하게 개설되지 아니한 의료기관에서 환자를 진료하는 등의 요양급여를 실시하였다면 해당 의료기관은 국민건강보험법상 요양급여비용을 청구할 수 있는 요양기관에 해당되지 아니하므로 요양급여비용을 적법하게 지급받을 자격이 없다. 따라서 비의료인이 개설한 의료기관이 마치 의료법에 의하여 적법하게 개설된 요양기관인 것처럼 국민건강보험공단에 요양급여비용의 지급을 청구하는 것은 국민건강보험공단으로 하여금 요양급여비용 지급에 관한 의사결정에 착오를 일으키게 하는 것으로서 사기죄의 기망행위에 해당하고, 이러한 기망행위에 의하여 국민건강보험공단에서 요양급여비용을 지급받을 경우에는 사기죄가 성립한다. 이 경우 의료기관의 개설인인 비의료인이 개설 명의를 빌려준 의료인으로 하여금 환자들에게 요양급여를 제공하게 하였다 하여도 마찬가지이다(대법원 2015.07.09. 선고 2014도11843 판결).

■ 판례 ■   보험금을 편취할 의사로 허위 또는 과장하여 보험사고를 신고하거나 고의로 보험사고를 유발한 경우

[1] 보험금에 관한 사기죄의 성립 여부(적극) 및 성립 범위(=보험금 전체)
피고인이 보험금을 편취할 의사로 허위로 보험사고를 신고하거나 고의로 보험사고를 유발한 경우 보험금에 관한 사기죄가 성립하고, 나아가 설령 피고인이 보험사고에 해당할 수 있는 사고로 경미한 상해를 입었다고 하더라도 이를 기화로 보험금을 편취할 의사로 상해를 과장하여 병원에 장기간 입원하고 이를 이유로 실제 피해에 비하여 과다한 보험금을 지급받는 경우에는 보험금 전체에 대해 사기죄가 성립한다.

[2] 피고인이 남편의 폭행으로 목을 다쳤을 뿐인데도 교통사고로 상해를 입었다는 취지로 보험금을 청구하여 다수의 보험회사들로부터 보험금을 지급받은 경우

피고인이 위와 같이 상해를 입고 수술을 받았으나 후유장해가 남은 것은 사실이고 이는 일반재해에 해당되므로, 피고인의 교통재해를 이유로 한 보험금청구가 보험회사에 대한 기망에 해당할 수 있으려면 각 보험약관상 교통재해만이 보험사고로 규정되어 있을 뿐 일반재해는 보험사고로 규정되어 있지 않거나 교통재해의 보험금이 일반재해의 보험금보다 다액으로 규정되어 있는 경우에 해당한다는 점이 전제되어야 할 것임에도, 피고인이 가입한 각 보험의 보험사고가 무엇인지 및 각 보험회사들이 보험금을 지급한 것이 피고인의 기망으로 인한 것인지 등에 대하여 상세히 심리·판단하지 아니한 채 피고인의 보험금청구가 기망행위에 해당한다거나 인과관계가 있다고 쉽사리 단정하여 사기죄를 인정한 원심판결에 법리오해 또는 심리미진의 위법이 있다고 한 사례.(대법원 2011.2.24. 선고 2010도17512 판결)

■ 판례 ■ **피해자들을 기망하여 이자 지급 약정하에 대여금을 교부받았으나 이자를 지급하지 않은 경우**

가. 사기죄의 구성요건 중 '처분행위'의 의의와 요건

사기죄는 타인을 기망하여 착오에 빠뜨리고 처분행위를 유발하여 재물, 재산상의 이득을 얻음으로써 성립하는 것이므로, 여기서 '처분행위'라고 하는 것은 재산적 처분행위로서 주관적으로 피기망자가 처분의사 즉 처분 결과를 인식하고 객관적으로는 이러한 의사에 지배된 행위가 있을 것을 요한다.

나. 이자를 지급하지 않은 것이 사기죄에 해당하는지 여부

피고인이 피해자들을 기망하여 투자금 명목의 돈을 편취하는 과정에서 이자 지급 약정하에 대여금을 교부받았으나 이자를 지급하지 않은 사안에서, 위 이자 부분에 대해서도 사기죄가 성립하기 위하여는 피고인의 기망행위로 인해 이자 부분에 관한 별도의 처분행위가 있어야 하는데, 이에 대하여 피해자들의 처분행위가 있었다고 단정할 자료가 없는데도, 피고인의 기망행위와 위 이자 발생 사이에 인과관계를 인정하여 유죄를 인정한 원심판단에 심리미진이나 채증법칙 위반 또는 법리오해의 위법이 있다.

다. 수인의 피해자에 대하여 단일한 범의하에 동일한 방법으로 각 피해자별로 기망행위를 한 경우, 사기죄의 죄수 및 포괄일죄로 볼 수 있는 경우

사기죄에서 수인의 피해자에 대하여 각 피해자별로 기망행위를 하여 각각 재물을 편취한 경우에 그 범의가 단일하고 범행방법이 동일하다고 하더라도 포괄일죄가 성립하는 것이 아니라 피해자별로 1개씩의 죄가 성립하는 것으로 보아야 한다. 다만 피해자들이 하나의 동업체를 구성하는 등으로 피해 법익이 동일하다고 볼 수 있는 사정이 있는 경우에는 피해자가 복수이더라도 이들에 대한 사기죄를 포괄하여 일죄로 볼 수도 있다.

라. 사기죄 피해자들의 피해 법익이 동일하다고 볼 근거가 없는데도, 위 피해자들이 부부라는 사정만으로 이들에 대한 각 사기 행위가 포괄하여 일죄에 해당한다고 보아 특정경제범죄 가중처벌 등에 관한 법률을 적용한 원심판결에 죄수에 관한 심리미진 또는 법리오해의 위법이 있다고 한 사례(대법원 2011.4.14. 선고 2011도769 판결)

■ 판례 ■ **구 고용보험법 제21조 제1항 및 같은 법 시행령 제19조에 근거를 두고 있는 '고용유지지원금'을 거짓이나 그 밖의 부정한 방법으로 받은 사람에 대해서도 구 고용보험법 제116조 제2항을 적용하여 처벌할 수 있는지 여부(소극)**

구 고용보험법(2015. 1. 20. 법률 제13041호로 개정되기 전의 것, 이하 같다)의 규정 체계, 같은 법 제116조 제2항의 문언, 구 고용보험법 제75조는 출산전후휴가 또는 유산·사산휴가를 받고 일정한 요건을 갖춘 피보험자에게 지급하는 급여를 이후의 규정에서 "출산전후휴가 급여 등"으로 부르기로 정의하고 있는 점 등에 비추어 보면, 구 고용보험법 제116조 제2항은 거짓이나 그 밖의 부정한 방법으로 같은 법 제37조의 '실업급여', 같은 법 제70조의 '육아휴직 급여', 같은 법 제75조의 '출산전후휴가 급여 등'에 해당하는 급여를 받은 사람에 대해서만 적용할 수 있다고 해석하여야 한다.

따라서 구 고용보험법 제21조 제1항 및 같은 법 시행령 제19조에 근거를 두고 있는 '고용유지지원금'을 거짓이나 그 밖의 부정한 방법으로 받은 사람에 대해서는, 형법 제347조의 사기죄 또는 구 보조금 관리에 관한 법률(2017. 1. 4. 법률 제14524호로 개정되기 전의 것) 제40조의 위반죄가 성립할 여지가 있음은 별론으로 하더라도, 구 고용보험법 제116조 제2항을 적용하여 처벌할 수는 없다. (대법원 2018. 6. 28., 선고, 2018도2429, 판결)

■ 판례 ■ **제3자로부터 금원을 융자받거나 물품을 외상으로 공급받을 목적으로 타인을 기망하여 그 타인 소유의 부동산에 제3자 앞으로 근저당권을 설정케 한 경우**

제3자로부터 금원을 융자받거나 물품을 외상으로 공급받을 목적으로 타인을 기망하여 그 타인 소유의 부동산에 제3자 앞으로 근저당권을 설정하게 한 자는 그로 인하여 그 타인 소유의 부동산을 자신의 제3자와의 거래에 대한 담보로 이용할 수 있는 재산상 이익을 취득하였다고 할 것인데, 다만 그 구체적 이득액을 범죄구성요건요소로 특별히 규정한 「특정경제범죄 가중처벌 등에 관한 법률」 제3조를 적용함에 있어서는 그 가액(이득액)은 원칙적으로 그 부동산의 시가 범위 내의 채권최고액 상당이라 할 것이고, 그 부동산에 이미 다른 근저당권이 설정되어 있는 경우에 그 부동산에 대하여 후순위 근저당권을 취득하는 자로서는 원칙적으로 그 부동산의 시가에서 다시 선순위 근저당권의 채권최고액을 공제한 잔액 상당액을 기망자가 얻는 이득액의 한도로 보아야 할 것이나, 예외적으로 선순위 근저당권의 담보가치가 실제 피담보채권액만큼만 파악되고 있는 것으로 인정하였다고 볼 수 있는 특별한 사정이 있는 경우에는 근저당권 설정 당시의 그 부동산의 시가에서 그 선순위 근저당권의 실제 피담보채권액을 공제한 잔액 상당액을 그 이득액의 한도로 보아, 위 이득액에 대한 증명이 있는지를 살펴서 그 범죄의 성립 여부를 따져야 할 뿐이다(대법원 2010.12.9. 선고 2010도12928 판결).

■ 판례 ■ **이익을 기대할 수 있는 자금운용의 권한이 재산상 이익에 포함되는지 여부**

[1] 경제적 이익을 기대할 수 있는 자금운용의 권한 내지 지위를 획득하는 것이 사기죄의 객체인 재산상 이익에 포함되는지 여부(한정 적극)

경제적 이익을 기대할 수 있는 자금운용의 권한 내지 지위의 획득도 그 자체로 경제적 가치가 있는 것으로 평가할 수 있다면 사기죄의 객체인 재산상의 이익에 포함된다.

[2] 피고인이 자신이 개발한 주식운용프로그램을 이용하면 상당한 수익을 낼 수 있고 만일 손해가 발생하더라도 원금과 은행 정기예금 이자 상당의 반환은 보장하겠다는 취지로 피해자 甲을 기망하여 甲의 자금이 예치된 甲 명의 주식계좌에 대한 사용권한을 부여받아 재산상 이익을 취득한 경우

주식운용에 따른 수익금이 발생할 경우 피고인이 그 중 1/2에 해당하는 돈을 매달 지급받기로 약정한 점 등 제반 사정을 종합하면, 피고인은 장래의 수익 발생을 조건으로 한 수익분배청구권을 취득하였을 뿐 아니라 그러한 경제적 이익을 기대할 수 있는 자금운용의 권한과 지위를 획득하였고, 이는 주식거래의 특성 등에 비추어 충분히 경제적 가치가 있다고 평가할 수 있으므로 甲을 기망하여 그러한 권한과 지위를 획득한 것 자체를 사기죄의 객체인 재산상 이익을 취득한 것으로 볼 수 있다는 이유로, 피고인에게 사기죄를 인정한 원심판단의 결론을 정당하다(대법원 2012.9.27. 선고 2011도282 판결).

(7) 재물의 교부 및 재산상의 이득취득

(가) 재물의 교부

범인의 기망에 따라 피해자가 착오로 재물에 대한 사실상의 지배를 범인에게 이전하는 것을 의미한다.

■ 판례 ■   **주문 도자기중 일부만 배달된 경우 배달을 위하여 보관 중인 것에 대한 사기죄 성부(적극)**

가. 사기죄에 있어서 '재물의 교부'가 재물의 현실의 인도만을 의미하는 것인지 여부(소극)

사기죄에 있어서 '재물의 교부'란 범인의 기망에 따라 피해자가 착오로 재물에 대한 사실상의 지배를 범인에게 이전하는 것을 의미하는데, 재물의 교부가 있었다고 하기 위하여 반드시 재물의 현실의 인도가 필요한 것은 아니고 재물이 범인의 사실상의 지배 아래에 들어가 그의 자유로운 처분이 가능한 상태에 놓인 경우에도 재물의 교부가 있었다고 보아야 한다.

나. 甲의 죄책

피고인의 주문에 따라 제작된 도자기 중 실제로 배달된 것뿐만 아니라 피고인이 지정하는 장소로의 배달을 위하여 피해자가 보관중인 도자기도 피고인에게 모두 교부되었다고 판단되므로 사기죄의 기수가 인정된다(대법원 2003.5.16. 선고 2001도1825 판결).

■ 판례사례 ■   [재물의 교부로 인정되어 사기죄에 해당하는 사례]

> (1) 약속어음의 원인관계가 소멸하였음에도 불구하고 약속어음 공정증서 정본을 소지하고 있음을 기화로 이를 근거로 하여 강제집행을 한 경우(대법원 1999.12.10. 선고 99도2213 판결)
> (2) 타인의 명의를 빌려 예금계좌를 개설한 후, 통장과 도장은 명의인에게 보관시키고 자신은 위 계좌의 현금인출카드를 소지한 채, 명의인을 기망하여 위 예금계좌로 돈을 송금하게 한 경우 (대법원 2003.7.25. 선고 2003도2252 판결)

(나) 재산상 이익의 취득

피기망자의 처분행위로 인하여 자기 또는 제3자가 재산상 이익을 취득하여야 한다. 따라서 기망에 의할지라도 재산상의 이익을 취득한 것이 아니면 사기죄는 성립하지 않는다. 재산상의 이익은 일시적인 이익(채무변제기의 유예)을 포함한다.

1) 정 도

재산상 이익은 구체적 이익일 것을 요한다. 따라서 정조, 사기결혼, 학력을 속인 위장취업의 경우, 단순히 채무변제를 회피하기 위하여 도주한 경우에는 사기죄가 성립하지 않는다.

■ 판례사례 ■   [재산상 이익의 취득으로 사기죄가 성립하는 사례]

> (1) 융통어음을 진성어음인 것처럼 속여 할인받으면서 일부 담보를 제공한 경우(대법원 1997.7.25. 선고 97도1095 판결)

(2) 채무자가 채권자에 대하여 소정기일까지 지급할 의사와 능력이 없음에도 종전 채무의 변제기를 늦출 목적에서 어음을 발행 교부한 경우(대법원 1983.11.8. 선고 83도1723 판결)

(3) 차용금의 일부를 빌려주겠다고 타인을 기망하여 그를 연대보증인이 되게 한 후 신용금고로부터 돈을 차용하여 강제집행까지 당하게 한 경우(대법원 1982.10.26. 선고 82도2217 판결)

(4) 어음이 지급기일에 결제되지 않으리라는 점을 예견하였거나 지급기일에 지급될 수 있다는 확신이 없으면서도 그러한 내용을 수취인에게 고지하지 아니하고 이를 속여서 할인을 받은 경우(대법원 1997.7.25. 선고 97도1095 판결)

(5) 신축중인 다세대주택에 관하여 피고인이 법원을 기망하여 건축주명의변경절차이행청구 소송에서 승소확정판결을 받아 자신의 명의로 신축중인 다세대주택에 관한 건축허가명의를 변경한 경우 ⇨ 건축주로서 공사를 계속하여 다세대주택을 완공하고 사용승인을 받은 다음 건축물대장에 등재하여 완공된 다세대주택에 관하여 그의 명의로 소유권보존등기를 경료할 수 있는 등 건축허가에 따른 재산상 이익을 취득한 것으로 보아야 하므로(대법원 1997.7.11. 선고 95도1874 판결)

■ 판례사례 ■ **[재산상 이익을 얻은 것으로 볼 수 없어 사기죄가 성립하지 않는 사례]**

(1) 피고인이 법원을 기망하여 부재자의 재산관리인으로 선임된 경우(대법원 1973.9.25. 선고 73도1080 판결)

(2) 위조된 약속어음을 진정한 약속어음인 것처럼 속여 기왕의 물품대금채무의 변제를 위하여 채권자에게 교부한 경우 ⇨ 어음이 결제되지 않는 한 물품대금채무가 소멸되지 아니함(대법원 1983. 4.12. 선고 82도2938 판결)

(3) 채무를 면탈할 목적으로 존재하지 않는 제3자에 대한 채권을 양도한 경우 ⇨ 권리이전의 효력을 발생할 수 없는 것이고 따라서 채권자에 대한 기존의 채무도 소멸하는 것이 아니므로(대법원 1985.3.12. 선고 85도74 판결)

(4) 피고인이 병원에서 그 처를 입원시켜 가료 중 치료를 다 받고나서 처와 함께 극장구경을 하고 돌아와서 치료비를 지급하고 퇴원하겠다고 거짓말을 하고 나간 후 그대로 도주한 경우 ⇨ 치료비 지급채무가 소멸되지 않으므로(대법원 1970.9.22. 선고 70도1016)

(5) 피고인이 주식회사의 대표이사로서 단자회사로부터 신규로 금원의 융자를 받거나 이미 받은 융자금의 변제기를 연장받음에 있어 은행에게 피고인 등이 2중으로 허위로 작성한 무효의 주권을 담보로 제공하고 채권자인 위 단자회사에 대한 채무에 관하여 지급보증채무를 부담하겠다는 의사표시가 기재된 위 은행 발행의 지급보증서를 교부받은 경우 ⇨ 지급보증서라는 서면의 취득만하고 이를 채권자에게 교부하기 전 단계에서는 채권자로부터 금원의 융자 또는 융자금의 변제기 연장을 받을 수 있는 재산상의 이익을 취득한 것이라고는 할 수 없고 더 나아가 그 보증서가 채권자에게 제공되어 보증채무가 성립됨으로써 비로소 위와 같은 재산상의 이익을 취득한 것이 되어 이득 사기죄로서 완성된다 할 것이므로(대법원 1982.4.13. 선고 80도2667 판결)

2) 취득의 유효여부

재산상 이익의 취득은 사실상의 취득으로 족하고, 사법상 유효할 필요는 없다.

■ 판례 ■ **형법 347조 소정의 재산상이익의 취득의 의미**

형법 347조 소정의 재산상 이익처분은 그 재산상의 이익을 법률상 유효하게 취득함을 필요로 하지 아니하고 그 이익 취득이 법률상 무효라 하여도 외형상 취득한 것이면 족한 것이므로 피전부채권이 법률 상으로는 유효한 것이 아니고 전부명령이 효력을 발생할 수 없다 하여도 피전부채권이나 전부명령이 외형상으로 존재하는 한 위 법조 소정의 재산상 이익취득이다(대법원 1975.5.27. 선고 75도760 판결).

(8) 손해발생

(가) 손해 발생의 요부

재산상의 손해발생이 사기죄의 성립요건인가에 대하여 다수설은 이를 긍정하나, 판례는 재산상의 손해발생은 필요하지 않다고 한다.

■ 판례 ■ **피해자의 현실적 손해발생이 사기죄의 구성요건인지 여부(소극)**

사기죄는 타인을 기망하여 그로 인한 하자 있는 의사에 기하여 재물의 교부를 받거나 재산상의 이득을 취득함으로써 성립되는 범죄로서 그 본질은 기망행위에 의한 재산이나 재산상 이익의 취득에 있는 것이고 상대방에게 현실적으로 재산상 손해가 발생함을 요건으로 하지 아니한다(대법원 2004.4.9. 선고 2003도7828 판결).

■ 판례 ■ **분식회계에 의한 재무제표 등으로 금융기관을 기망하여 대출을 받은 경우, 사기죄 의 성립 여부(적극)**

사기죄는 상대방을 기망하여 하자 있는 상대방의 의사에 의하여 재물을 교부받음으로써 성립하는 것이므로 분식회계에 의한 재무제표 등으로 금융기관을 기망하여 대출을 받았다면 사기죄는 성립하고, 변제의사와 변제능력의 유무 그리고 충분한 담보가 제공되었다거나 피해자의 전체 재산상에 손해가 없고, 사후에 대출금이 상환되었다고 하더라도 사기죄의 성립에는 영향이 없다(대법원 2005.4.29. 선고 2002도7262 판결).

(나) 손해(편취액)의 산정

전체계산의 원칙에 따라 처분행위 이전의 재산상태와 이후의 재산상태를 비교하여 그것이 감소한 경우를 말한다.

■ 판례 ■ **다단계판매 사기**

[1] 사실관계

甲등은 A주식회사의 SR마케팅플랜에 관한 설명을 통하여 원금을 초과하는 수당을 지급받을 수 있다고 피해자들을 기망하여 피해자들로 하여금 A주식회사의 다단계판매조직에 가입케 한 후 우선 SB마케팅플랜에서 구매실적을 쌓기 위해 물품을 구매하도록 함으로써 피해자들로부터 금원을 수수하였다.

[2] 판결요지

가. 사기죄에 있어서 대가가 일부 지급된 경우, 그 편취액은 대가를 공제한 차액이 되는지 여부(소극)

재물편취를 내용으로 하는 사기죄에 있어서는 기망으로 인한 재물교부가 있으면 그 자체로써 피해자의 재산침해가 되어 이로써 곧 사기죄가 성립하는 것이고, 상당한 대가가 지급되었다거나 피해자의 전체 재산상에 손해가 없다 하여도 사기죄의 성립에는 그 영향이 없으므로 사기죄에 있어서 그 대가가 일부 지급된 경우에도 그 편취액은 피해자로부터 교부된 재물의 가치로부터 그 대가를 공제한 차액이 아니라 교부받은 재물 전부이다.

나. 재물을 편취한 후 현실적인 자금의 수수 없이 형식적으로 기왕에 편취한 금원을 새로이 장부상으로만 재투자하는 것으로 처리한 경우, 재투자금액이 편취액에 포함되는지 여부(소극)

재물을 편취한 후 현실적인 자금의 수수 없이 형식적으로 기왕에 편취한 금원을 새로이 장부상으로만 재투자하는 것으로 처리한 경우, 그 재투자금액은 이를 편취액의 합산에서 제외하여야 한다. 따라서 편취액에는 피해자들이 A주식회사로부터 현금으로 지급받지 않은 채 전자지갑(e-wallet)의 데이터 형식으로만 지급받은 것처럼 처리된 수당액을 이용하여 물품을 재구매한 부분은 포함되지 않는다(대법원 2007.1.25. 선고 2006도7470 판결).

■ 판례 ■ **주식을 미수 매수한 경우 편취액의 계산방법**

특정 주식의 시세조종과정에서 단기간에 주가를 목표가격대로 상승시키기 위해서 증권회사로부터 금원을 차용하여 대량의 주식을 미수 매수한 경우, 위 미수대금 상당액에 대한 사기죄가 성립한다(대법원 2005.3.24. 선고 2004도8651 판결).

■ 판례 ■ **상해를 과장하여 보험금을 지급받은 경우 손해액 산정방법**

피고인들이 상대방 운전자의 과실에 의하여 야기된 교통사고로 일부 경미한 상해를 입었다고 하더라도, 이를 기화로 그 상해를 과장하여 병원에 장기간 입원하고, 이를 이유로 다액의 보험금을 받았다면, 그 보험금 전체에 대해 사기죄가 성립한다(대법원 2005.9.9. 선고 2005도3518 판결).

(다) 재산의 위험

재산상의 손해는 현실적인 재산의 감소뿐만 아니라 재산이 감소할 위험이 있는 경우를 포함한다.

■ 판례사례 ■ [재산이 감소할 위험이 있어 사기죄가 성립하는 경우]

(1) 장물인 줄 모르고 물건을 산 경우
(2) 지불의사 없이 신용카드를 발급받은 경우
(3) 지불능력이 없는 자와 금전대여계약을 체결한 경우

(9) 실행의 착수 및 기수시기

(가) 착수시기

1) 일반원칙

기망행위를 개시한 때 실행의 착수가 된다. 이때 상대방이 착오에 빠졌는가의 여부는 묻지 않는다.

■ 판례 ■ **허위의 보조금 정산보고서를 제출한 경우, 착수여부(소극)**

장애인단체의 지회장이 지방자치단체로부터 보조금을 더 많이 지원받기 위하여 허위의 보조금 정산보고서를 제출한 경우, 보조금 정산보고서는 보조금의 지원 여부 및 금액을 결정하기 위한 참고자료에 불과하고 직접적인 서류라고 할 수 없다는 이유로 보조금 편취범행(기망)의 실행에 착수한 것으로 보기 어렵다(대법원 2003.6.13. 선고 2003도1279 판결).

■ 판례 ■ **취지의 보훈연금지급청구 및 지급정지요청한 경우, 사기죄의 실행의 착수가 있다고 볼 수 있는지 여부(적극)**

피고인은 망 공소외 1의 친생자가 아닐 뿐만 아니라 자신이 망 공소외 1의 친생자가 아니라는 사실을 잘 알고 있었음에도 불구하고, 피고인의 호적에 망 공소외 1이 부로 기재되어 있음을 기화로 마치 자신이 망 공소외 1의 친생자로서 망 공소외 2 및 3의 친장손인 것처럼 행세하면서 서울지방보훈청에 그 동안 피해자에게 지급하던 국가유공자보상금을 자신에게 지급하여 달라는 취지의 보훈연금지급청구 및 지급정지요청을 하였고, 다시 자신을 국가유공자보상금 지급 최우선순위자로 변경하고 국가유공자보상금을 자신에게 지급하라는 취지의 보상금지급 순위변경 및 지급요청을 한 사실을 인정할 수 있으므로, 원심이 판시한 피고인의 사기미수의 범죄사실을 넉넉히 인정할 수 있다고 할 것이다(대법원 2000.5.16. 선고 99도5622 판결).

■ 판례 ■ **태풍 피해복구보조금 지급을 위하여 허위의 피해신고를 한 경우, 사기죄의 실행의 착수가 있다고 볼 수 있는지 여부(소극)**

태풍 피해복구보조금 지원절차가 행정당국에 의한 실사를 거쳐 피해자로 확인된 경우에 한하여 보조금 지원신청을 할 수 있도록 되어 있는 경우, 피해신고는 국가가 보조금의 지원 여부 및 정도를 결정함에 있어 그 직권조사를 개시하기 위한 참고자료에 불과하다는 이유로 허위의 피해신고만으로는 위 보조금 편취범행의 실행에 착수한 것이라고 볼 수 없다(대법원 1999.3.12. 선고 98도3443 판결).

■ 판례 ■ **확인서발급 신청에 대한 이의신청과 사기죄의 실행의 착수 여부(소극)**

부동산소유권이전등기등에관한특별조치법에 의거하여 임야의 사실상의 양수자가 확인서발급 신청을 하자 피고인이 위조된 계약서 사본을 첨부하여 위 임야의 소유자라고 허위 주장하여 이의신청을 한 결과 위 확인서발급신청이 기각되었다 하더라도 위 임야를 편취하려는 기망행위에 나아간 것이라고 보기 어렵다(대법원 1982.3.9. 선고 81도2767 판결).

■ 판례 ■ **소송사기의 착수시기**

장해보상지급청구권자에게 보상금을 찾아주겠다고 거짓말을 하여 동인을 보상금 지급기관까지 유인한 것만으로는 사기죄에 있어서의 기망행위의 착수에 이르렀다고 보기 어렵다(대법원 1980.5.13. 선고 78도2259 판결).

2) 보험사기

- ○ 보험금을 타낼 목적으로 살인·방화 등을 한 경우 ⇨ 보험금 청구시
- ○ 피보험자가 질병을 감추고 보험계약을 체결 한 경우 ⇨ 보험계약을 위한 청약서 작성시

■ 판례 ■ **보험금을 타낼 목적으로 조카 및 자신의 자식을 살하고 보험금을 신청한 후 범행이 발각된 경우, 사기죄의 실행의 착수 인정여부(적극)**

甲은 불륜관계 및 이로 인한 가정의 파탄, 자신의 채무규모와 경제적인 어려움 그리고 乙과의 사이에 건물 신축공사를 둘러싼 다툼 등으로 인하여 고민하다가 보험금을 탈 목적으로 종전에 가입한 보험의 기본계약을 변경하고 실효된 보험을 부활시키는 한편 자녀들을 피보험자로 하는 4개의 보험에 가입한

후 乙과 자신의 자녀 2명 및 조카 2명을 자신의 승용차에 태우고 저수지 주변을 왕복하다가 운전부주의인 것처럼 가장하여 차를 저수지에 추락시켰고, 그로 인하여 乙은 살았으나 자신의 자녀 및 조카들이 모두 사망하였다. 甲은 사건 이후 보험회사에 보험금을 신청하였으나 범행이 발각된 경우, 피고인의 보험금 신청의 범행은 사기미수죄에 해당한다할 것이다(대법원 2001.11.27. 선고 2001도4392 판결).

■ 판례 ■ **특정 질병을 앓고 있는 사람이 보험회사가 정한 약관에 그 질병에 대한 고지의무를 규정하고 있음을 알면서도 이를 고지하지 아니한 채 그 사실을 모르는 보험회사와 그 질병을 담보하는 보험계약을 체결한 다음 바로 그 질병의 발병을 사유로 하여 보험금을 청구한 경우, 사기죄의 성부(적극)**

특정 질병을 앓고 있는 사람이 보험회사가 정한 약관에 그 질병에 대한 고지의무를 규정하고 있음을 알면서도 이를 고지하지 아니한 채 그 사실을 모르는 보험회사와 그 질병을 담보하는 보험계약을 체결한 다음 바로 그 질병의 발병을 사유로 하여 보험금을 청구하였다면 특별한 사정이 없는 한 사기죄에 있어서의 기망행위 내지 편취의 범의를 인정할 수 있고, 보험회사가 그 사실을 알지 못한 데에 과실이 있다거나 고지의무위반을 이유로 보험계약을 해제할 수 있다고 하여 사기죄의 성립에 영향이 생기는 것은 아니다(대법원 2007.4.12. 선고 2007도967 판결). (사기미수죄가 성립)

■ 판례 ■ **사기죄의 요건인 '기망' 중 부작위에 의한 기망의 의미 / 보험계약자가 보험자와 보험계약을 체결하면서 상법상 고지의무를 위반한 행위가 보험금 편취를 위한 고의의 기망행위에 해당하기 위한 요건 및 특히 상해·질병보험계약을 체결하는 보험계약자가 보험사고 발생의 개연성이 농후함을 인식하였는지 판단하는 기준**

사기죄의 요건인 기망에는 재산상의 거래관계에서 서로 지켜야 할 신의와 성실의 의무를 저버리는 모든 적극적 또는 소극적 행위가 포함되고, 소극적 행위로서의 부작위에 의한 기망은 법률상 고지의무 있는 자가 일정한 사실에 관하여 상대방이 착오에 빠져 있음을 알면서도 이를 고지하지 아니하는 것을 말한다. 부작위에 의한 기망은 보험계약자가 보험자와 보험계약을 체결하면서 상법상 고지의무를 위반한 경우에도 인정될 수 있다. 다만 보험계약자가 보험자와 보험계약을 체결하더라도 우연한 사고가 발생하여야만 보험금이 지급되는 것이므로, 고지의무 위반은 보험사고가 이미 발생하였음에도 이를 묵비한 채 보험계약을 체결하거나 보험사고 발생의 개연성이 농후함을 인식하면서도 보험계약을 체결하는 경우 또는 보험사고를 임의로 조작하려는 의도를 가지고 보험계약을 체결하는 경우와 같이 '보험사고의 우연성'이라는 보험의 본질을 해할 정도에 이르러야 비로소 보험금 편취를 위한 고의의 기망행위에 해당한다. 특히 상해·질병보험계약을 체결하는 보험계약자가 보험사고 발생의 개연성이 농후함을 인식하였는지는 보험계약 체결 전 기왕에 입은 상해의 부위 및 정도, 기존 질병의 종류와 증상 및 정도, 상해나 질병으로 치료받은 전력 및 시기와 횟수, 보험계약 체결 후 보험사고 발생 시까지의 기간과 더불어 이미 가입되어 있는 보험의 유무 및 종류와 내역, 보험계약 체결의 동기 내지 경과 등을 두루 살펴 판단하여야 한다.(대법원 2017.4.26. 선고, 2017도1405, 판결)

(나) 기수시기

기망행위에 의한 처분행위로 인하여 재물 또는 재산상의 이익이 이전된 때 기수가 된다.

○ 동산사기 ⇨ 인도·교부시

○ 부동산사기 ⇨ 현실적으로 점유의 이전이 있는 때 또는 소유권 이전등기가 경료된 때(점유의 의사표시로는 미수일 뿐)

○ 소송사기 ⇨ 승소판결이 확정된 때(승소판결 후의 집행행위는 사후행위일 뿐)
○ 보이스피싱 ⇨ 보험금을 타낼 목적으로 살인·방화 등을 한 경우에는 보험금 수령시에 기수가 되고, 피보험자가 질병을 감추고 보험계약을 체결 한 경우에는 보험금 수령시에 기수

■ 판례 ■ **보험계약자가 고지의무를 위반하여 보험회사와 보험계약을 체결한 경우 사기죄의 기수시기**

[1] 보험계약자가 고지의무를 위반하여 보험회사와 보험계약을 체결한 경우, 보험금 편취를 위한 고의의 기망행위를 인정하기 위한 요건 및 이때 사기죄의 기수시기(=보험금을 지급받았을 때)

보험계약자가 고지의무를 위반하여 보험회사와 보험계약을 체결한다 하더라도 그 보험금은 보험계약의 체결만으로 지급되는 것이 아니라 보험계약에서 정한 우연한 사고가 발생하여야만 지급되는 것이다. 상법상 고지의무를 위반하여 보험계약을 체결하였다는 사정만으로 보험계약자에게 미필적으로나마 보험금 편취를 위한 고의의 기망행위가 있었다고 단정하여서는 아니 되고, 더 나아가 보험사고가 이미 발생하였음에도 이를 묵비한 채 보험계약을 체결하거나 보험사고 발생의 개연성이 농후함을 인식하면서도 보험계약을 체결하는 경우 또는 보험사고를 임의로 조작하려는 의도를 갖고 보험계약을 체결하는 경우와 같이 그 행위가 '보험사고의 우연성'과 같은 보험의 본질을 해할 정도에 이르러야 비로소 보험금 편취를 위한 고의의 기망행위를 인정할 수 있다. 피고인이 위와 같은 고의의 기망행위로 보험계약을 체결하고 위 보험사고가 발생하였다는 이유로 보험회사에 보험금을 청구하여 보험금을 지급받았을 때 사기죄는 기수에 이른다.

[2] 피고인이, 甲에게 이미 당뇨병과 고혈압이 발병한 상태임을 숨기고 乙 생명보험 주식회사와 피고인을 보험계약자로, 甲을 피보험자로 하는 2건의 보험계약을 체결한 다음, 고지의무 위반을 이유로 乙 회사로부터 일방적 해약이나 보험금 지급거절을 당할 수 없는 이른바 면책기간 2년을 도과한 이후 甲의 보험사고 발생을 이유로 乙 회사에 보험금을 청구하여 당뇨병과 고혈압 치료비 등의 명목으로 14회에 걸쳐 보험금을 수령하여 편취하였다는 내용으로 기소된 사안

피고인의 보험계약 체결행위와 보험금 청구행위는 乙 회사를 착오에 빠뜨려 처분행위를 하게 만드는 일련의 기망행위에 해당하고 乙 회사가 그에 따라 보험금을 지급하였을 때 사기죄는 기수에 이르며, 그 전에 乙 회사의 해지권 또는 취소권이 소멸되었더라도 마찬가지라는 이유로, 이와 달리 보험계약이 체결되고 최초 보험료가 납입된 때 또는 乙 회사가 보험계약을 더 이상 해지할 수 없게 되었을 때 또는 고지의무 위반 사실을 알고 보험금을 지급하거나 지급된 보험금을 회수하지 않았을 때 사기죄가 기수에 이른다는 전제 아래 공소사실 전부에 대하여 공소시효가 완성되었다고 보아 면소를 선고한 원심판결에 보험금 편취를 목적으로 하는 사기죄의 기수시기에 관한 법리를 오해한 위법이 있다.(대법원 2019. 4. 3. 선고, 2014도2754, 판결)

(10) 소송사기

(가) 의 의

법원에 허위사실을 주장하거나 허위증거를 제출하여 유리한 판결을 얻음으로서 상대방의 재물 또는 재산상 이익을 취득하는 것을 내용으로 하는 범죄로서, 삼각사기의 대표적인 예에 해당한다.

(나) 성립요건

1) 주 체

소송사기의 주체는 원고뿐만 아니라 피고도 될 수 있다.

▪ 판례 ▪ 민사소송의 피고가 소송사기죄의 주체가 될 수 있는지 여부(적극)

가. 소송사기죄 적용의 엄격성

소송사기는 법원을 기망하여 자기에게 유리한 판결을 얻음으로써 상대방의 재물 또는 재산상 이익을 취득하는 것을 내용으로 하는 범죄로서, 이를 처벌하는 것은 필연적으로 누구든지 자기에게 유리한 주장을 하고 소송을 통하여 권리구제를 받을 수 있다는 민사재판제도의 위축을 가져올 수밖에 없으므로, 피고인이 그 범행을 인정한 경우 외에는 그 소송상의 주장이 사실과 다름이 객관적으로 명백하거나 피고인이 그 소송상의 주장이 명백히 허위인 것을 인식하였거나 증거를 조작하려고 한 흔적이 있는 등의 경우 외에는 이를 쉽사리 유죄로 인정하여서는 안된다.

나. 민사소송의 피고가 소송사기죄의 주체가 될 수 있는지 여부(적극)

적극적 소송당사자인 원고뿐만 아니라 방어적인 위치에 있는 피고라 하더라도 허위내용의 서류를 작성하여 이를 증거로 제출하거나 위증을 시키는 등의 적극적인 방법으로 법원을 기망하여 착오에 빠지게 한 결과 승소확정판결을 받음으로써 자기의 재산상의 의무이행을 면하게 된 경우에는 그 재산가액 상당에 대하여 사기죄가 성립한다고 할 것이고, 그와 같은 경우에는 적극적인 방법으로 법원을 기망할 의사를 가지고 허위내용의 서류를 증거로 제출하거나 그에 따른 주장을 담은 답변서나 준비서면을 제출한 경우에 사기죄의 실행의 착수가 있다고 볼 것이다(대법원 1998.2.27. 선고 97도2786 판결).

▪ 판례 ▪ 원고 및 피고에 의한 소송사기가 각각 성립하기 위한 요건

소송사기는 법원을 기망하여 자기에게 유리한 판결을 얻음으로써 상대방의 재물 또는 재산상 이익을 취득하는 것을 내용으로 하는 범죄로서, 원고측에 의한 소송사기가 성립하기 위하여는 제소 당시에 그 주장과 같은 채권이 존재하지 아니하다는 것만으로는 부족하고 그 주장의 채권이 존재하지 아니한 사실을 잘 알고 있으면서도 허위의 주장과 입증으로써 법원을 기망한다는 인식을 하고 있어야만 하는 것이고, 이와 마찬가지로, 피고측에 의한 소송사기가 성립하기 위하여는 원고 주장과 같은 채무가 존재한다는 것만으로는 부족하고 그 주장의 채무가 존재한다는 사실을 잘 알고 있으면서도 허위의 주장과 입증으로써 법원을 기망한다는 인식을 하고 있어야만 한다(대법원 2004.3.12. 선고 2003도333 판결).

▪ 판례 ▪ 소송사기를 인정할 때 유의할 사항 / 소송사기가 성립하기 위한 요건

소송사기는 법원을 기망하여 자기에게 유리한 판결을 얻음으로써 상대방의 재물 또는 재산상 이익을 취득하는 것을 내용으로 하는 범죄로서, 이를 처벌하는 것은 필연적으로 누구든지 자기에게 유리한 주장을 하고 소송을 통하여 권리구제를 받을 수 있다는 민사재판제도의 위축을 가져올 수밖에 없으므로, 피고인이 범행을 인정한 경우 외에는 소송상의 주장이 사실과 다름이 객관적으로 명백하거나 피고인이 소송상의 주장이 명백히 허위인 것을 인식하였거나 증거를 조작하려고 한 흔적이 있는 등의 경우 외에는 이를 쉽사리 유죄로 인정하여서는 안 된다. 그리고 소송사기가 성립하기 위하여는 주장하는 채권이 존재하지 않는다는 것만으로는 부족하고 그 주장의 채권이 존재하지 않는 사실을 잘 알면서도 허위의 주장과 증명으로써 법원을 기망한다는 인식을 하고 있어야만 하고, 단순히 사실을 잘못 인식하였다거나 법률적 평가를 잘못하여 존재하지 않는 권리를 존재한다고 믿는 등의 행위로는 사기죄를 구성하지 않는다. (대법원 2022. 5. 26., 선고, 2022도1227, 판결)

■ 판례 ■ **간접정범형태의 소송사기**

[1] 사실관계

> 甲이 乙 명의 차용증을 가지고 있기는 하나 그 채권의 존재에 관하여 乙과 다툼이 있는 상황에서 당초에 없던 월 2푼의 약정이자에 관한 내용 등을 부가한 乙 명의 차용증을 새로 위조하여, 이를 바탕으로 자신의 처에 대한 채권자인 丙에게 차용원금 및 위조된 차용증에 기한 약정이자 2,500만 원을 양도하고, 이러한 사정을 모르는 丙으로 하여금 乙을 상대로 양수금 청구소송을 제기하도록 하였다.

[2] 판결요지

가. 간접정범 형태에 의한 소송사기죄가 성립하는 경우

자기에게 유리한 판결을 얻기 위하여 소송상의 주장이 사실과 다름이 객관적으로 명백하거나 증거가 조작되어 있다는 정을 인식하지 못하는 제3자를 이용하여 그로 하여금 소송의 당사자가 되게 하고 법원을 기망하여 소송 상대방의 재물 또는 재산상 이익을 취득하려 하였다면 간접정범의 형태에 의한 소송사기죄가 성립하게 된다.

나. 甲의 죄책

적어도 위 약정이자 2,500만 원 중 법정지연손해금 상당의 돈을 제외한 나머지 돈에 관한 갑의 행위는 병을 도구로 이용한 간접정범 형태의 소송사기죄를 구성한다(대법원 2007.9.6. 선고 2006도3591 판결).

2) 기망행위

법원에 허위의 주장을 하는 것이 기망행위가 되기 위해서는 적극적 사술(例, 증거조작)을 사용하여야 한다. 따라서 단순한 부인이나 불리한 진술에 대한 묵비권의 행사만으로는 기망이 되지 않는다.

■ 판례 ■ 증거를 조작함이 없이 허위의 내용으로 지급명령을 신청한 경우, 사기죄의 기망수단이 되는지 여부(적극)

가. 증거를 조작함이 없이 허위의 내용으로 지급명령을 신청한 경우, 사기죄의 기망수단이 되는지 여부(적극)

허위의 내용으로 지급명령을 신청하여 법원을 기망한다는 고의가 있는 경우에 법원을 기망하는 것은 반드시 허위의 증거를 이용하지 않더라도 당사자의 주장이 법원을 기만하기 충분한 것이라면 기망수단이 된다.

나. 지급명령신청에 대해 상대방이 이의신청을 하는 경우, 사기죄의 성립에 영향을 미치는지 여부(소극)

지급명령신청에 대해 상대방이 이의신청을 하면 지급명령은 이의의 범위 안에서 그 효력을 잃게 되고 지급명령을 신청한 때에 소를 제기한 것으로 보게 되는 것이지만 이로써 이미 실행에 착수한 사기의 범행 자체가 없었던 것으로 되는 것은 아니다.

다. 허위의 내용으로 신청한 지급명령이 그대로 확정된 경우, 사기죄의 기수에 이르렀다고 볼 수 있는지 여부(적극)

지급명령을 송달받은 채무자가 2주일 이내에 이의신청을 하지 않는 경우에는 구 민사소송법(2002.1. 26. 법률 제6626호로 전문 개정되기 전의 것) 제445조에 따라 지급명령은 확정되고, 이와 같이 확정된 지급명령에 대해서는 항고를 제기하는 등 동일한 절차 내에서는 불복절차가 따로 없어서 이를 취소하기 위해서는 재심의 소를 제기하거나 위 법 제505조에 따라 청구이의의 소로써 강제집행의 불허를 소구할 길이 열려 있을 뿐인데, 이는 피해자가 별도의 소로써 피해구제를 받을 수 있는 것에 불과하므로 허위의 내용으로 신청한 지급명령이 그대로 확정된 경우에는 소송사기의 방법으로 승소 판결을 받아 확정된 경우와 마찬가지로 사기죄는 이미 기수에 이르렀다고 볼 것이다(대법원 2004.6.24. 선고 2002도4151 판결).

■ 판례 ■ **소송사기죄 적용의 엄격성과 성립요건 및 소송사기에서 말하는 증거 조작의 의미**

소송사기는 법원을 속여 자기에게 유리한 판결을 얻음으로써 상대방의 재물 또는 재산상 이익을 취득하는 범죄로서, 이를 쉽사리 유죄로 인정하게 되면 누구든지 자기에게 유리한 주장을 하고 소송을 통하여 권리구제를 받을 수 있는 민사재판제도의 위축을 가져올 수밖에 없으므로, 피고인이 그 범행을 인정한 경우 외에는 그 소송상의 주장이 사실과 다름이 객관적으로 명백하고 피고인이 그 주장이 명백히 거짓인 것을 인식하였거나 증거를 조작하려고 하였음이 인정되는 때와 같이 범죄가 성립되는 것이 명백한 경우가 아니면 이를 유죄로 인정하여서는 아니 되고, 단순히 사실을 잘못 인식하였다거나 법률적 평가를 잘못하여 존재하지 않는 권리를 존재한다고 믿고 제소한 행위는 사기죄를 구성하지 아니하며, 소송상 주장이 다소 사실과 다르더라도 존재한다고 믿는 권리를 이유 있게 하기 위한 과장표현에 지나지 아니하는 경우 사기의 범의가 있다고 볼 수 없고, 또한, 소송사기에서 말하는 증거의 조작이란 처분문서 등을 거짓으로 만들어 내거나 증인의 허위 증언을 유도하는 등으로 객관적·제3자적 증거를 조작하는 행위를 말한다(대법원 2004.6.25. 선고 2003도7124 판결).

■ 판례 ■ **기한 미도래 채권의 단순한 지급명령 신청이 기망행위에 해당하는지 여부(소극)**

기한 미도래의 채권을 소송에 의하여 청구함에 있어서 기한의 이익이 상실되었다는 허위의 증거를 조작하는 등의 적극적인 사술을 사용하지 아니한 채 단지 즉시 지급을 구하는 취지의 지급명령신청은 법원을 기망하여 부당한 이득을 편취하려는 기망행위에 해당하지 아니한다(대법원 1982.7.27. 선고 82도1160 판결).

■ 판례 ■ **상대방에게 유리한 증거를 제출하지 않거나 상대방에게 유리한 사실을 진술하지 않는 행위만으로 소송사기에 있어 기망이 된다고 할 수 있는지 여부(소극)**

당사자주의 소송구조하에서는 자기에게 유리한 주장이나 증거는 각자가 자신의 책임하에 변론에 현출하여야 하는 것이고, 비록 자기가 상대방에게 유리한 증거를 가지고 있다거나 상대방에게 유리한 사실을 알고 있다고 하더라도 상대방을 위하여 이를 현출하여야 할 의무가 있다고 보기는 어려울 것이므로 상대방에게 유리한 증거를 제출하지 않거나 상대방에게 유리한 사실을 진술하지 않는 행위만으로는 소송사기에 있어 기망이 된다고 할 수 없다(대법원 2002.6.28. 선고 2001도1610 판결).

■ 판례사례 ■ **[적극적 사술을 사용한 것으로 소송사기 인정사례]**

(1) 매매계약서를 위조하여 법원에 제출한 경우(대법원 1967.6.27. 선고 67도7232 판결)
(2) 소유권이전등기말소청구사건에 대한 재심의 소가 계속중 재심원고를 승소시키기 위하여 재심 피고명의로 허위의 내용을 기재한 준비서면과 자술서를 작성하여 법원에 제출한 경우(대법원 1988.9.20. 선고 87도964 판결)
(3) 점유취득시효 완성 후 등기명의인을 상대로 점유취득시효 완성을 원인으로 한 소유권이전등기

청구소송을 제기하면서 점유의 권원에 관한 처분문서를 위조하고 그 진정성립 등에 관한 위증을 교사한 경우(대법원 1997.10.14. 선고 96도1405 판결)

(4) 피고인이 피해자와 사이에 온천의 시공에 필요한 비용을 포함한 일체의 비용을 자신이 부담하기로 약정하였음에도 피해자를 상대로 공사대금청구의 소를 제기하면서 시공 외의 비용은 모두 피해자가 부담한다는 내용으로 변조한 인증합의서를 소장에 첨부하여 제출한 경우 ⇨ 사문서변조죄 및 동행사죄, 사기미수죄(대법원 2005.3.24. 선고 2003도2144 판결)

3) 판결의 처분행위성

법원의 재판이 피해자의 처분행위에 갈음하는 내용과 효력이 있는 경우에는 처분행위를 인정한다.

■ 판례 ■ **가압류채권자가 기망을 당하여 부동산가압류를 해제하는 것이 사기죄의 처분행위에 해당하는지 여부(적극) 및 위 가압류의 피보전채권이 존재하지 않았더라도 마찬가지인지 여부(적극)**

부동산가압류결정을 받아 부동산에 관한 가압류집행까지 마친 자가 그 가압류를 해제하면 소유자는 가압류의 부담이 없는 부동산을 소유하는 이익을 얻게 되므로, 가압류를 해제하는 것 역시 사기죄에서 말하는 재산적 처분행위에 해당하고, 그 이후 가압류의 피보전채권이 존재하지 않는 것으로 밝혀졌다고 하더라도 가압류의 해제로 인한 재산상의 이익이 없었다고 할 수 없다(대법원 2007.9.20. 선고 2007도5507 판결).

■ 판례 ■ **법원을 기망하여 얻은 인락조서에 의하여 타인소유의 미등기 토지에 대한 소유권보존등기를 경료한 경우, 소송사기의 성부(소극)**

소송사기는 법원을 기망하여 자기에게 유리한 판결 등을 얻고 이에 기하여 상대방으로부터 재물의 교부를 받거나 재산상 이익을 취득하는 것을 말하는 것인바 피고인이 공소외 (甲)으로 하여금 피고인을 상대로 성명미상자 소유의 미등기토지에 대한 소유권이전등기청구소송을 제기토록 하고 피고인이 그 토지의 일부를 위 (甲)에게 매도하였으니 그 지분에 대한 소유권이전등기절차를 이행하라는 내용의 인락조서를 작성하고 그 토지에 관하여 대위신청자에 의해서 등기부상에 피고인의 명의로 소유권보존등기를 등재케 하였다면 피고인은 위 인락조서에 의하여 위 성명미상자로부터 위 토지의 소유권 또는 지분권을 이전받은 것이 아니므로 위 토지를 편취한 것이라고 볼 여지가 없으니 소송사기가 성립한다고 볼 수 없다(대법원 1984.4.10. 선고 83도2289 판결).

■ 판례 ■ **부동산에 관하여 권한없는 자를 상대로 소유권확인의 판결을 받아 소유권보존등기를 경료한 경우, 사기죄의 성부(소극)**

소송사기에 있어서 피기망자인 법원의 재판은 피해자의 처분행위에 갈음하는 내용과 효력이 있는 것이어야 하고 그렇지 않은 경우에는 착오에 의한 재물의 교부행위가 있다고 할 수 없을 것인바, 피고인이 타인소유의 부동산에 관하여 아무런 권한이 없는 사람을 상대로 소유권확인등의 청구소송을 제기함으로써 법원을 기망하여 승소판결을 받고 그 확정판결을 이용하여 동 부동산에 대한 소유권보존등기를 경료했다 하여도, 위 판결의 효력은 소송당사자들 사이에만 미치고 제3자인 부동산소유자에게는 미치지 아니하여 위 판결로 인하여 위 부동산에 대한 제3자의 소유권이 피고인에게 이전되는 것도 아니므로 사기죄를 구성한다고 볼 수 없다(대법원 1985.10.8. 선고 84도2642 판결).

■ 판례 ■ **사망한 자를 상대로 한 제소와 소송사기의 성부(소극)**

소송사기에 있어서 피기망자인 법원의 재판은 피해자의 처분행위에 갈음하는 내용과 효력이 있는 것이어야 하고 그렇지 아니하는 경우에는 착오에 의한 재물의 교부행위가 있다고 할 수 없어서 사기죄는 성립되지 아니한다고 할 것이므로 피고인의 제소가 사망한 자를 상대로 한 것이라면 이와 같은 사망한 자에 대한 판결은 그 내용에 따른 효력이 생기지 아니하여 상속인에게 그 효력이 미치지 아니하고 따라서 사기죄를 구성한다고는 할 수 없다(대법원 1987.12.22. 선고 87도852 판결).

■ 판례 ■ **실재하지 아니한 자를 상대로 한 제소와 소송사기의 성부(소극)**

소송사기에 있어서 피기망자인 법원의 재판은 피해자의 처분행위에 갈음하는 내용과 효력이 있는 것이어야 하는바, 실재하고 있지 아니한 자에 대하여 판결이 선고되더라도 그 판결은 피해자의 처분행위에 갈음하는 내용과 효력을 인정할 수 없고, 따라서 착오에 의한 재물의 교부행위를 상정할 수 없는 것이므로 사기죄의 성립을 시인할 수 없다(대법원 1992.12.11. 선고 92도743 판결).

■ 판례 ■ **법원을 기망하여 얻으려고 한 판결의 내용이 소송 상대방의 의사에 부합하는 것일 때에도 소송사기죄가 성립하는지 여부(소극)**

소송사기에 있어서 피기망자인 법원의 재판은 피해자의 처분행위에 갈음하는 내용과 효력이 있는 것이어야 하므로, 피고인들이 타인과 공모하여 그 공모자를 상대로 제소한 경우나 피고인들이 법원을 기망하여 얻으려고 한 판결의 내용이 소송 상대방의 의사에 부합하는 것일 때에는, 착오에 의한 재물의 교부행위가 있다고 할 수 없어 소송사기죄가 성립되지 아니한다(대법원 1996.8.23. 선고 96도1265 판결).

■ 판례 ■ **피고인이 타인과 공모하여 그를 상대로 의제자백 판결을 받아 소유권이전등기를 마친 경우, 소송사기의 성립 여부(소극)**

소송사기에 있어 피기망자인 법원의 재판은 피해자의 처분행위에 갈음하는 내용과 효력이 있는 것이어야 하므로, 피고인이 타인과 공모하여 그 공모자를 상대로 제소하여 의제자백의 판결을 받아 이에 기하여 부동산의 소유권이전등기를 하였다고 하더라도 이는 소송 상대방의 의사에 부합하는 것으로서 착오에 의한 재산적 처분행위가 있다고 할 수 없어 동인으로부터 부동산을 편취한 것이라고 볼 수 없고, 또 그 부동산의 진정한 소유자가 따로 있다고 하더라도 피고인이 의제자백판결에 기하여 그 진정한 소유자로부터 소유권을 이전받은 것이 아니므로 그 소유자로부터 부동산을 편취한 것이라고 볼 여지도 없다(대법원 1997.12.23. 선고 97도2430 판결).

4) 실행의 착수시기와 기수시기

A. 실행의 착수시기

　원고의 경우 소장 제출시에 실행의 착수가 인정되고, 피고의 경우 허위의 답변서 또는 준비서면을 제출한 경우에 실행의 착수가 인정된다.

■ 판례 ■ **특정 권원에 기하여 민사소송을 진행하던 중 법원에 조작된 증거를 제출하면서 종전에 주장하던 특정 권원과 별개의 허위의 권원을 추가로 주장하는 경우, 소송사기죄의 성립 여부(적극)**

피고인이 특정 권원에 기하여 민사소송을 진행하던 중 법원에 조작된 증거를 제출하면서 종전에 주장하던 특정 권원과 별개의 허위의 권원을 추가로 주장하는 경우에 그 당시로서는 종전의 특정권원의 인정 여부가 확정되지 아니하였고, 만약 종전의 특정 권원이 배척될 때에는 조작된 증거에 의하여 법원을 기망하여 추가된 허위의 권원을 인정받아 승소판결을 받을 가능성이 있으므로, 가사 나중에 법원이 종전의 특정 권원을 인정하여 피고인에게 승소판결을 선고하였다고 하더라도, 피고인의 이러한 행위는 특별한 사정이 없는 한 소송사기의 실행의 착수에 해당된다(대법원 2004.6.25. 선고 2003도7124 판결).

■ 판례 ■ **강제집행절차에서 실행의 착수시기**

강제집행절차를 통한 소송사기에서 실행의 착수 시기(=집행절차의 개시신청을 한 때 또는 진행 중인 집행절차에 배당신청을 한 때) / 부동산에 관한 소유권이전등기청구권에 대한 강제집행절차에서, 소송사기의 실행의 착수 시기(=허위 채권에 기한 공정증서를 집행권원으로 하여 채무자의 소유권이전등기청구권에 대하여 압류신청을 한 때)(대법원 2015.02.12. 선고 2014도10086 판결).

■ 판례 ■ **부동산등기부상 소유자로 등기된 적이 있는 자가 자신 이후에 소유권이전등기를 경료한 등기명의인들을 상대로 허위의 사실을 주장하면서 소유권이전등기말소청구소송을 제기한 경우, 사기의 실행에 착수한 것으로 볼 수 있는지 여부(적극)**

이른바 소송사기는 법원을 기망하여 자기에게 유리한 재판을 얻고 이에 기하여 상대방으로부터 재물의 교부를 받거나 재산상 이익을 취득하는 것을 말하는 것인바, 부동산등기부상 소유자로 등기된 적이 있는 자가 자기 이후에 소유권이전등기를 경료한 등기명의인들을 상대로 허위의 사실을 주장하면서 그들 명의의 소유권이전등기의 말소를 구하는 소송을 제기한 경우 그 소송에서 승소한다면 등기명의인들의 등기가 말소됨으로써 그 소송을 제기한 자의 등기명의가 회복되는 것이므로 이는 법원을 기망하여 재물이나 재산상 이익을 편취한 것이라고 할 것이고 따라서 등기명의인들 전부 또는 일부를 상대로 하는 그와 같은 말소등기청구 소송의 제기는 사기의 실행에 착수한 것이라고 보아야 한다(대법원 2003.7.22. 선고 2003도1951 판결).

■ 판례 ■ **피담보채권인 공사대금 채권을 실제와 달리 허위로 부풀려 유치권에 의한 경매를 신청한 경우, 소송사기죄의 실행의 착수에 해당하는지 여부(적극)**

유치권에 의한 경매를 신청한 유치권자는 일반채권자와 마찬가지로 피담보채권액에 기초하여 배당을 받게 되는 결과 피담보채권인 공사대금 채권을 실제와 달리 허위로 크게 부풀려 유치권에 의한 경매를 신청할 경우 정당한 채권액에 의하여 경매를 신청한 경우보다 더 많은 배당금을 받을 수도 있으므로, 이는 법원을 기망하여 배당이라는 법원의 처분행위에 의하여 재산상 이익을 취득하려는 행위로서, 불능범에 해당한다고 볼 수 없고, 소송사기죄의 실행의 착수에 해당한다(대법원 2012.11.15. 선고, 2012도9603, 판결).

B. 기수시기

승소판결확정시에 기수가 된다. 따라서 패소판결이 확정된 경우에는 미수가 된다. 한편 판례는 소송사기미수죄에 있어서 범죄행위의 종료시기는 소송이 종료된 때라고 보고 있다.

■ 판례 ■ **건축주 명의변경을 목적으로 하는 소송사기의 기수 시기**

소송사기의 경우에는 당해 소송의 판결이 확정된 때에 범행이 기수에 이르는 것이므로, 신축중인 다세대주택 4동의 건축주 명의변경을 목적으로 하는 사기소송을 제기하여 4동 전부에 대하여 승소판결을 선고받아 그 판결이 확정된 이상 승소판결을 받은 후 3동에 관하여만 건축주 명의변경이 이루어졌다 하더라도 4동 전부에 대하여 건축허가에 따른 재산상 이익을 취득한 사기죄의 기수에 이른 것으로 보아야 한다(대법원 1997.7.11. 선고 95도1874 판결).

■ 판례 ■ **소유권보존등기 말소소송을 제기한 행위가 소송사기에 해당하는지 여부 및 그 기수시기**

피고인 또는 그와 공모한 자가 자신이 토지의 소유자라고 허위의 주장을 하면서 소유권보존등기 명의자를 상대로 보존등기의 말소를 구하는 소송을 제기한 경우 그 소송에서 위 토지가 피고인 또는 그와 공모한 자의 소유임을 인정하여 보존등기 말소를 명하는 내용의 승소확정판결을 받는다면, 이에 터 잡아 언제든지 단독으로 상대방의 소유권보존등기를 말소시킨 후 위 판결을 부동산등기법 제130조 제2호 소정의 소유권을 증명하는 판결로 하여 자기 앞으로의 소유권보존등기를 신청하여 그 등기를 마칠 수 있게 되므로, 이는 법원을 기망하여 유리한 판결을 얻음으로써 '대상 토지의 소유권에 대한 방해를 제거하고 그 소유명의를 얻을 수 있는 지위'라는 재산상 이익을 취득한 것이어서 사기죄에 해당하고, 그 경우 기수 시기는 위 판결이 확정된 때이다(이와는 달리, 소유권보존등기 명의자를 상대로 그 보존등기의 말소를 구하는 소송을 제기한 경우, 설령 승소한다고 하더라도 상대방의 소유권보존등기가 말소될 뿐이고 이로써 원고가 당해 부동산에 대하여 어떠한 권리를 회복 또는 취득하거나 의무를 면하는 것은 아니므로 법원을 기망하여 재물이나 재산상 이익을 편취한 것이라고 볼 수 없다는 취지로 판시한 대법원 1983.10.25. 선고 83도1566 판결 등은 위 법리에 저촉되는 범위 내에서 변경함)(대법원 2006. 4.7. 선고 2005도9858 전원합의체판결).

■ 판례 ■ **지급명령과 가집행선고부 지급명령의 경우 기수시기**

피고인이 타인명의로 제3자를 상대로 법원을 기망하여 지급명령과 가집행선고부 지급명령을 발부받고 이를 채무명의로 하여 채무자의 제3채무자에 대한 정기예금 원리금 채권에 대하여 채권압류 및 전부명령을 하게하고 송달시켜 위 채권을 전부받아 편취한 경우에는 그로서 사기죄는 기수에 이르렀다 할 것이고 실제로 위 원리금을 은행으로부터 지급받아 취득하였는지 여부는 사기의 기수미수를 논하는데 아무런 소장을 가져오지 않는다(대법원 1977.1.11. 선고 76도3700 판결).

5) 고 의

소송사기가 성립하기 위해서는 행위자에게 허위사실의 주장 내지 거짓증거의 제출로 법원을 기망하여 유리한 재판을 받고 그것을 토대로 재판의 상대방으로부터 재물 또는 재산상의 이익을 취득한다는 사실에 대한 인식과 의욕이 있어야 한다.

단순히 사실을 잘못 인식하거나 법률적인 평가를 잘못하여 존재하지도 않는 권리를 존재한다고 믿고 제소한 경우, 사기죄의 성부(소극)

법원을 기망하여 승소판결을 받아 패소한 상대방으로부터 재물의 교부를 받거나 재산상 이익을 취득하는 이른바 소송사기가 사기죄를 구성하려면, 제소 당시 주장한 권리가 존재하지 않는다는 것만으로는 부족하고, 그와 같은 권리가 존재하지 않는다는 사실을 알고 있으면서도 허위 주장을 하여 법원을 기망한다는 사실을 인식하여야만 된다 할 것이므로, 단순히 사실을 잘못 인식하거나 법률적인 평가를 잘못하여 존재하지도 않는 권리를 존재한다고 믿고 제소한 경우에는 사기죄가 성립되지 않는다(대법원 1993.9.28. 선고 93도1941 판결).

채권자가 채권배당절차에서 실제 배당받아야 할 금액을 초과한 금액을 수령하였음에도 사기의 고의를 인정할 수 없는 경우

채권자의 가압류의 피보전채권액에 터잡아 배당표가 작성되어 가압류채권자에 대한 배당액이 공탁된 다음 위 가압류의 본안소송 확정판결에서 채권자에게 인용된 금액 중 일부가 변제되어 위 잔존채권액이 가압류의 피보전채권액보다 작아졌다고 하더라도 원리금 산정 및 일부 변제에 따른 충당과정이 간단치 아니하여 잔존채권액을 쉽게 확정할 수 없는 등 그 배당금이 위 잔존채권액을 초과하는 것이 명백하지 아니한 이상 위 확정판결에서 인용된 금액 전부가 잔존하는 것처럼 위 확정판결정본을 그대로 집행법원에 제출하여 실제 배당받아야 할 금액을 초과한 금액을 수령하였다고 하더라도 채권자에게 사기의 고의를 인정할 수는 없다(대법원 2002.6.28. 선고 2001도1610 판결).

의제자백에 의한 승소판결에 기하여 경료된 소유권이전등기가 실체관계에 부합하는 경우, 사기죄 및 공정증서원본불실기재죄의 성부(소극)

피고인이 그가 점유하고 있는 토지에 대하여 매매를 원인으로 하는 소유권이전등기소송을 제기하여서 의제자백에 의한 승소판결을 받아 경료된 피고인 명의의 소유권이전등기가 비록 절차상의 하자가 있다 하더라도 점유에 의한 소유권취득시효가 완성함으로써 결국 위 소유권이전등기가 실체적 권리관계에 부합하는 유효한 등기라고 한다면 위의 소송에 있어서 피고인에게 위 토지를 편취하려는 범의가 있었다고 볼 수 없고 또한 위와 같이 경료된 등기 역시 부실의 등기라고도 할 수 없다(대법원 1987. 3.10. 선고 86도864 판결).

(다) 소송사기의 대상절차

1) 소송사기의 대상이 되는 절차

A. 민사소송

[소송사기가 성립하는 사례]

> (1) 가등기등 말소청구소송 : 피고인이 부동산에 관하여 소유권이전청구권 보전의 가등기를 마쳐주고 그 후 그에 대한 매매계약을 체결한 다음 그 소유권이전등기에 필요한 서류를 작성, 교부해 주고서도 가등기등 말소청구소송에서 위 가등기와 소유권이전등기는 제3자들의 문서위조와 인감위조

등에 의하여 이루어진 원인무효의 등기라고 주장한 경우(대법원 1990.1.23. 선고 89도607 판결)

(2) 사해행위취소청구소송 : 사해행위취소청구소송의 목적물이 피고인의 소유라고 하여 피고인에 대한 채권자가 피고인으로부터 그 목적물을 전득한 제3자를 상대로 하여 그 양도행위취소를 구하는 소송에 있어서 그 목적물이 피고인의 소유임을 확인시키기 위하여 피고인이 그 소송원고로 하여금 허무증거를 법원에 제시케 한 경우(대법원 1960.6.15. 선고 4292형상633판결)

(3) 재심사건 : 甲과 이 사건 피고 중 한명인 乙이 공모하여 민사소송에서 법원에 대하여 위조된 문서를 증거로 제출하면서 甲이 동일한 전 소송에서 모두 패소확정된 사실을 감춘 가운데, 甲은 다른 피고들에게 자신이 승소하더라도 乙에 대하여서만 권리행사를 하고 다른 피고들에게는 집행을 하지 아니하겠다는 등으로 이들을 회유하여 이들의 적극적인 방어행위를 방해하고, 乙은 甲의 주장 사실을 단순히 부인하였을 뿐 동일한 전소에서의 甲의 패소판결내용을 구체적으로 알고 있으면서도 이를 적극적으로 주장 입증하지 아니하는 등 불성실하게 소송을 진행한 경우(대법원 1991. 8.27. 선고 91도1524 판결)

B. 독촉절차

판례는 증거를 조작함이 없이 허위의 내용으로 지급명령을 신청한 경우에는 사기죄가 성립하나, 단순히 지급명령을 신청한 경우에는 사기죄의 성립을 부정한다.

■ 판례 ■ **증거를 조작함이 없이 허위의 내용으로 지급명령을 신청한 경우와 단순히 지급명령을 신청한 경우**

[1] 증거를 조작함이 없이 허위의 내용으로 지급명령을 신청한 경우, 사기죄의 기망수단이 되는지 여부(적극)
허위의 내용으로 지급명령을 신청하여 법원을 기망한다는 고의가 있는 경우에 법원을 기망하는 것은 반드시 허위의 증거를 이용하지 않더라도 당사자의 주장이 법원을 기만하기 충분한 것이라면 기망수단이 된다.

[2] 지급명령신청에 대해 상대방이 이의신청을 하는 경우, 사기죄의 성립에 영향을 미치는지 여부(소극)
지급명령신청에 대해 상대방이 이의신청을 하면 지급명령은 이의의 범위 안에서 그 효력을 잃게 되고 지급명령을 신청한 때에 소를 제기한 것으로 보게 되는 것이지만 이로써 이미 실행에 착수한 사기의 범행 자체가 없었던 것으로 되는 것은 아니다.

[3] 허위의 내용으로 신청한 지급명령이 그대로 확정된 경우, 사기죄의 기수에 이르렀다고 볼 수 있는지 여부(적극)
지급명령을 송달받은 채무자가 2주일 이내에 이의신청을 하지 않는 경우에는 구 민사소송법 제445조에 따라 지급명령은 확정되고, 이와 같이 확정된 지급명령에 대해서는 항고를 제기하는 등 동일한 절차 내에서는 불복절차가 따로 없어서 이를 취소하기 위해서는 재심의 소를 제기하거나 위 법 제505조에 따라 청구이의의 소로써 강제집행의 불허를 소구할 길이 열려 있을 뿐인데, 이는 피해자가 별도의 소로써 피해구제를 받을 수 있는 것에 불과하므로 허위의 내용으로 신청한 지급명령이 그대로 확정된 경우에는 소송사기의 방법으로 승소 판결을 받아 확정된 경우와 마찬가지로 사기죄는 이미 기수에 이르렀다고 볼 것이다(대법원 2004.6.24. 선고 2002도4151 판결).

■ 판례 ■ **기한 미도래 채권의 단순한 지급명령 신청이 기망행위에 해당하는지 여부(소극)**
기한 미도래의 채권을 소송에 의하여 청구함에 있어서 기한의 이익이 상실되었다는 허위의 증거를 조작하는 등의 적극적인 사술을 사용하지 아니한 채 단지 즉시 지급을 구하는 취지의 지급명령신청은 법원을 기망하여 부당한 이득을 편취하려는 기망행위에 해당하지 아니한다(대법원 1982.7.27. 선고 82도1160 판결).

C. 강제집행 · 경매

■ 판례 ■ **공사대금채권과 대여금채권을 합산하여 임대차보증금반환채권으로 전환하기로 합의하여 임대차계약을 체결하고, 임차인이 이에 기하여 경매법원으로부터 배당을 받은 경우, 사기죄의 성부(소극)**

공사대금채권과 대여금채권을 합산하여 임대차보증금반환채권으로 전환하기로 합의하여 임대차계약을 체결하고, 실제로 임차인이 임대차목적물에 거주하면서 주민등록전입신고를 하고 확정일자를 받은 경우, 임차인이 이에 기하여 경매법원으로부터 배당을 받은 행위는 사기죄로 의율할 수 없다(대법원 2004.7.22. 선고 2003도6412 판결).

■ 판례사례 ■ **[소송사기가 성립하는 사례]**

> (1) 법원을 기망하여 승소판결을 얻어 가옥명도를 받고 전세금반환채무를 면한 경우(대법원 1969.2.4. 선고 68도1635 판결)
> (2) 채권이 소멸되었음에도 불구하고 판결정본을 소지하고 있음을 기화로 이를 근거로 하여 강제집행을 한 경우(대법원 1992.12.22. 선고 92도2218 판결)
> (3) 약속어음의 원인관계가 소멸되었음에도 불구하고 약속어음 공정증서 정본을 소지하고 있음을 기화로 이를 근거로 하여 강제집행을 한 경우(대법원 1999.12.10. 선고 99도2213 판결)
> (4) 대여금 채권자가 채무자에 대하여 승소확정판결을 받은 대여원리금채권을 그 판결확정후에 전액을 변제받고서도 형식상 적법한 채무명의인 판결정본을 그대로 소지하고 있음을 이용하여 위 판결정본에 기한 채권이 존재함을 내세워 집달관으로 하여금 그 집행절차를 수임하게 하여 위 채무자 소유의 동산에 압류집행을 하도록 한 경우 ⇨ 사기미수(대법원 1988.4.12. 선고, 87도2394 판결)
> (5) 피고인은 피해자가 공소외 "甲"을 상대로 이 사건 건물에 관한 소유권이전등기절차이행 청구소송을 제기하여 승소로 확정되자, 이 판결의 집행을 모면할 양으로 매매를 가장하여 위 "甲"으로부터 공소외 "乙" 명의로 소유권이전등기를 마친 다음 이러한 허위내용을 청구원인으로 하여 위 등기명의자 "乙"의 이름으로 피해자를 상대로 가옥명도 청구소송을 제기하고 법원으로부터 승소판결을 받아 명도집행을 완료한 경우(대법원 1973.11.27. 선고 73도1301 판결)

D. 허위의 수표분실신고에 의한 제권판결

■ 판례 ■ **가계수표 발행인이 그 수표를 타인이 교부받아 소지하고 있는 사실을 알면서도 허위의 분실사유를 들어 공시최고 신청을 하여 법원으로부터 제권판결을 받은 경우, 사기죄의 성립 여부(적극)**

가계수표발행인이 자기가 발행한 가계수표를 타인이 교부받아 소지하고 있는 사실을 알면서도, 또한 그 수표가 적법히 지급 제시되어 수표상의 소구의무를 부담하고 있음에도 불구하고 허위의 분실사유를 들어 공시최고 신청을 하고 이에 따라 법원으로부터 제권판결을 받음으로써 수표상의 채무를 면하여 그 수표금 상당의 재산상 이득을 취득하였다면 이러한 행위는 사기죄에 해당한다(대법원 1999.4.9. 선고 99도364 판결).

■ 판례 ■ **자기앞수표를 갈취당한 자가 이를 분실하였다고 허위로 공시최고신청을 하여 제권판결을 선고받은 경우, 사기죄의 성립 여부(적극)**

자기앞수표를 갈취당한 자가 이를 분실하였다고 허위로 공시최고신청을 하여 제권판결을 선고받은 경우, 그 수표를 갈취하여 소지하고 있는 자에 대한 사기죄가 성립된다(대법원 2003.12.26. 선고 2003도4914 판결).

2) 소송사기의 대상이 되지 않는 절차

A. 가압류 · 가처분

▪판례▪ **허위채권에 의한 가압류가 사기죄의 실행의 착수에 해당하는지 여부(소극)**

가압류는 강제집행의 보전방법에 불과하고 그 기초가 되는 허위의 채권에 의하여 실제로 청구의 의사표시를 한 것이라고 할 수 없으므로 소의 제기 없이 가압류신청을 한 것만으로는 사기죄의 실행에 착수한 것이라고 할 수 없다(대법원 1982.10.26. 선고 82도1529 판결).

B. 보상금청구소송

▪판례▪ **환지예정지 전소유자가 사업시행자를 상대로 보상금청구소송을 제기한 경우**

甲이 乙로부터 환지확정전 환지예정지를 매수한 경우 환지확정시 소유권자인 甲이 제3자인 사업시행자에 대하여 보상청구권을 행사할 수 있고 환지예정시에 종전 토지소유자가 그 보상금 청구권을 포기하였다 하더라도 이를 甲이 인정한 사실이 없다면 甲이 사업시행자를 상대로 보상금청구소송을 제기하여도 소송사기가 되지 아니한다(대법원 1978.11.28. 선고 77도249 판결).

C. 재판상 화해

재판상 화해는 그것으로 새로운 법률관계가 창설되는 것이므로 화해의 내용이 실제 법률관계와 일치하지 않는다고 하여 사기죄가 성립할 여지는 없다(대법원 1968.2.27. 선고 67도1579 판결).

3. 주관적 구성요건

고의와 불법영득(또는 이득)의사가 존재할 것

(1) 고 의

▪판례▪ **이미 과다한 부채의 누적 등으로 신용카드 사용으로 인한 대출금채무를 변제할 의사나 능력이 없는 상황에 처하였음에도 불구하고 신용카드를 사용한 경우, 사기죄의 범의를 인정할 수 있는지 여부(적극)**

신용카드의 거래는 신용카드업자로부터 카드를 발급받은 사람(카드회원)이 신용카드를 사용하여 가맹점으로부터 물품을 구입하면 신용카드업자는 그 카드를 소지하여 사용한 사람이 신용카드업자로부터 신용카드를 발급받은 정당한 카드회원인 한 그 물품구입대금을 가맹점에 결제하는 한편, 카드회원에 대하여 물품구입대금을 대출해 준 금전채권을 가지는 것이고, 또 카드회원이 현금자동지급기를 통해서 현금서비스를 받아 가면 현금대출관계가 성립되어 신용카드업자는 카드회원에게 대출금채권을 가지는 것이므로, 궁극적으로는 카드회원이 신용카드업자에게 신용카드 거래에서 발생한 대출금채무를 변제할 의무를 부담하게 되고, 그렇다면 이와 같이 신용카드 사용으로 인한 신용카드업자의 금전채권을 발생케 하는 행위는 카드회원이 신용카드업자에 대하여 대금을 성실히 변제할 것을 전제로 하는 것이므로, 카드회원이 일시적인 자금궁색 등의 이유로 그 채무를 일시적으로 이행하지 못하게 되는 상황이 아니라 이미 과다한 부채의 누적 등으로 신용카드 사용으로 인한 대출금채무를 변제할 의사나 능력이 없는 상황에 처하였음에도 불구하고 신용카드를 사용하였다면 사기죄에 있어서 기망행위 내지 편취의 범의를 인정할 수 있다(대법원 2005.8.19. 선고 2004도6859 판결).

■ 판례사례 ■　　[사기죄의 고의가 인정되는 사례]

> (1) 변제의 의사가 없거나 약속한 변제기일내에 변제할 능력이 없음에도 불구하고 변제할 것처럼 가장하여 금원을 차용하거나 물품을 구입한 경우(대법원 1986.9.9. 선고 86도1227 판결)
> (2) 시세조종된 주식임을 잘 알면서도 이를 숨긴 채 담보로 제공한 경우 ⇨ 대출받을 당시 담보가치가 충분히 있었다고 하더라도 편취의 범의가 인정(대법원 2004.5.28. 선고 2004도1465 판결)
> (3) 쇼핑몰 상가 분양사업을 계획하면서 사채와 분양대금만으로 사업부지 매입 및 공사대금을 충당할 수 있다는 막연한 구상 외에 체계적인 사업계획 없이 무리하게 쇼핑몰 상가 분양을 강행한 경우(대법원 2005.4.29. 선고 2005도741 판결)

■ 판례 ■　　**어음의 발행인들이 각자 자력이 부족한 상태에서 자금을 편법으로 확보하기 위하여 서로 동액의 융통어음을 발행하여 교환한 경우, 사기죄가 성립하는지 여부(소극)**

어음의 발행인이 그 지급기일에 결제되지 않으리라는 점을 예견하였거나 지급기일에 지급될 수 있다는 확신이 없으면서도 그러한 내용을 상대방에게 고지하지 아니한 채 이를 속여 어음을 발행·교부하고 상대방으로부터 그 대가를 교부받았다면 사기죄가 성립하는 것이지만, 이와 달리 어음의 발행인들이 각자 자력이 부족한 상태에서 자금을 편법으로 확보하기 위하여 서로 동액의 융통어음을 발행하여 교환한 경우에는, 특별한 사정이 없는 한 쌍방은 그 상대방의 부실한 자력상태를 용인함과 동시에, 상대방이 발행한 어음이 지급기일에 결제되지 아니할 때에는 자기가 발행한 어음도 결제하지 않겠다는 약정 하에 서로 어음을 교환하는 것이므로, 자기가 발행한 어음이 그 지급기일에 결제되지 않으리라는 점을 예견하였거나 지급기일에 지급될 수 있다는 확신 없이 상대방으로부터 어음을 교부받았다고 하더라도 사기죄가 성립하는 것은 아니다(대법원 2002.4.23. 선고 2001도6570 판결).

(2) 불법영득의사

■ 판례 ■　　**수표의 허위 분실신고를 할 당시 신고자 명의의 은행에의 예금잔고가 그 발행 수표의 결재를 할 수 없는 상태에 있었을 경우, 위신고자의 형사책임**

피고인이 수표를 발행한 후 지급은행에 대하여 허위분실신고를 하여 이를 이유로 각 수표금의 지급을 하지 못하게 하였다 하여도 그 신고 당시 피고인 명의의 위 은행에의 예금잔고가 그가 발행한 수표 1매도 결재할 수 없는 액수이었고 피고인과 은행 사이에 당좌 대월계약도 체결되어 있지 아니하였으며 또한 이러한 사정을 잘 알면서 위 각 수표를 발행하였다면 이는 수표금 지급 유예나 채무면제를 받을 의사로 한 것이라고는 인정하기 어려우므로 위 신고 당시 피고인에게 타인을 기망하여 재산상 이득을 취득할 의사가 있었다고 볼 수 없다(대법원 1967.8.29. 선고 67도660 판결).

부적법한 방법(허위의 지출결의서)으로 면회계공무원으로부터 교부받은 돈을 면의 소요경비에 사용한 공무원과 사기죄의 성부(소극)

면사무소직원이 면회계공무원으로부터 자금을 지출받음에 있어서 적법한 절차가 아닌 허위의 지출결의서의 작성·행사라는 변태적인 방법을 취하였다 하여도 그 돈을 결국 면이 지출해야 할 소요경비에 사용하였다면 허위 공문서의 작성 및 동행사의 점은 별론으로 하고 거기에는 소관면에 무슨 손해가 있다거나 불법영득의사가 있었다고는 볼 수 없다 할 것이고 본인인 면을 위한 행위로서 편법을 사용한 것에 불과하여 사기죄를 구성한다고 볼 수 없다(대법원 1984.2.14. 선고 83도2857 판결).

4. 권리자가 권리실현의 수단으로 기망에 의하여 재물을 교부받은 경우

다수설은 정당한 권리의 행사의 범위 내에 있는 한 불법영득의사를 인정할 수 없으므로 사기죄는 성립하지 않는다고 하나, 판례는 기망행위가 사회통념상 권리행사의 수단으로서 용인할 수 없는 정도라면 사기죄가 성립한다고 한다.

기망행위를 수단으로 한 권리행사가 사기죄에 해당하는지 여부(적극)

[1] 사실관계

신용전기통신공사의 기술자인 甲은 교통사고로 골절 등의 상해를 입은 적이 있고, 그 밖에도 지하철 터널 신설공사장에서 약 6m 높이에서 떨어져 양측종골(발꿈치뼈) 분쇄골절상을 입어 수술을 받고 입원치료를 받은 적도 있어 산업재해보상 보험급여를 받을 수 있는 자격이 있었는데, 어느 날 산업재해보상보험 요양신청을 하면서 공사 현장에서 아래 신청서 기재내용과

같은 사고가 발생한 사실이 전혀 없음에도 불구하고, 신청서에 "1997. 8. 19.경 신용전기통신공사의 한국통신프리텔 기지국 건설공사현장에서 작업 중 우측 무릎 부위에 부상을 입었다."라고 허위로 기재하고 허위 내용의 목격자진술서를 작성하여 첨부함으로서 근로복지공단으로부터 요양승인처분을 받아 산업재해보상 보험급여를 지급받았다.

[2] 판결요지

가. 기망행위를 수단으로 한 권리행사가 사기죄를 구성하는 경우

기망행위를 수단으로 한 권리행사의 경우 그 권리행사에 속하는 행위와 그 수단에 속하는 기망행위를 전체적으로 관찰하여 그와 같은 기망행위가 사회통념상 권리행사의 수단으로서 용인할 수 없는 정도라면 그 권리행사에 속하는 행위는 사기죄를 구성한다.

나. 甲의 죄책

산업재해보상 보험급여를 지급받을 수 있는 지위에 있었다고 하더라도 특정 일자에 업무상 재해를 입은 사실이 전혀 없음에도 불구하고, 허위 내용의 목격자진술서를 첨부하는 등의 부정한 방법으로 요양신청을 하여 산업재해보상 보험급여를 지급받았다면, 피고인의 이러한 행위는 특별한 사정이 없는 한 그 자체로 이미 사회통념상 권리행사의 수단으로 용인할 수 없는 정도여서 사기죄를 구성한다(대법원 2003.6.13. 선고 2002도6410 판결).

[사회통념상 용인할 수 없는 권리행사로서 위법성의 조각을 부정한 사례(사기죄)]

(1) 채권을 변제받기 위한 방편으로 기망하여 약속어음을 교부받은 경우(대법원 1982.9.14. 선고 82도679 판결)

(2) 자기앞수표를 갈취당한 자가 이를 분실하였다고 허위로 공시최고신청을 하여 제권판결을 선고 받은 경우(대법원 2003.12.26. 선고 2003도4914 판결)

(3) 피해자에 대하여 채권을 가지고 있으나 피해자가 그 채권의 존재에 대하여 다투고 있는 와중에 피고인이 현금으로 결제하겠다고 하여 피해자로부터 물품을 구입한 후 위 다툼이 있는 채권과 상계하겠다고 한 경우(대법원 1997.11.11. 선고 97도2220 판결)

(4) 점유취득시효 완성 후 점유자가 등기명의인을 상대로 점유취득시효 완성을 원인으로 한 소유권이전등기청구소송을 제기하면서 점유의 권원에 관한 처분문서를 위조하고 그 진정성립 등에 관한 위증을 교사한 경우(대법원 1997.10.14. 선고 96도1405 판결)

5. 죄 수

○ 1개 기망행위에 의해 동일인으로부터 수회 재물을 교부받은 경우 ⇨ 사기죄의 포괄일죄

○ 수개의 기망행위에 의해 동일인으로부터 수회 재물을 교부받은 경우 ⇨ 범의가 단일하고 범행방법이 동일하다면 사기죄의 포괄일죄, 다를 경우에는 실체적 경합

○ 1개 기망행위에 의해 수인으로부터 수 회 재물을 교부받은 경우 ⇨ 수개의 사기죄의 상상적 경합

■ 판례 ■ **동일한 피해자에 대하여 수회에 걸쳐 기망행위를 하여 금원을 편취한 경우, 사기죄의 죄수**

단일한 범의의 발동에 의하여 상대방을 기망하고 그 결과 착오에 빠져 있는 동일인으로부터 일정 기간 동안 동일한 방법에 의하여 금원을 편취한 경우에는 이를 포괄적으로 관찰하여 일죄로 처단하는 것이 가능할 것이나, 범의의 단일성과 계속성이 인정되지 아니하거나 범행방법이 동일하지 않은 경우에는 각 범행은 실체적 경합범에 해당한다(대법원 2004.6.25. 선고 2004도1751 판결).

■ 판례 ■ **피해자를 기망하여 재물을 편취한 후 그 반환을 회피할 목적으로 현실적인 자금의 수수 없이 기존 차입원리금을 새로이 투자하는 형식을 취한 경우, 별도의 사기죄가 성립하는지 여부(소극)**

[1] 사실관계

다단계 금융상품판매조직인 투자금융의 임원들인 甲 등은 서로 공모하여 고객들에게 1구좌당 50만 원을 투자하면 이를 식품가공공장 등에 투자하여 15일에 20%의 이자를 가산하여 주는 방식으로 그 원리금을 지급하여 주겠다고 거짓말을 하여, 수천명의 피해자들로부터 투자금을 차입하였다가 만기에 이르러 차입한 금액의 반환을 회피할 목적으로 피해자들에게 이를 다시 투자하면 종전과 같은 고수익을 보장하여 주겠다고 기망하여 반환하여야 할 원리금의 전액 또는 일부를 새로이 차입하는 것으로 하고 그 차입금증서를 발행하였다.

[2] 판결요지

재물편취를 내용으로 하는 사기죄에 있어서는 기망으로 인한 재물교부가 있으면 그 자체로써 피해

자의 재산침해가 되어 이로써 곧 사기죄가 성립하고, 그 후 피해자를 기망하여 편취한 재물의 반환을 회피할 목적으로 현실적인 자금의 수수 없이 기존 차입원리금을 새로이 투자하는 형식을 취하였다 하더라도 이는 새로운 법익을 침해하는 것이 아니므로 별도로 사기죄를 구성하지 않는다(대법원 2000.11. 10. 선고 2000도3483 판결).

■ 판례 ■   **이른바 딱지어음 등이 전전유통된 경우, 그 발행인을 최종 소지인에 대한 관계에서 사기죄로 처벌할 수 있는지 여부(소극)**

어음, 수표의 발행인이 그 지급기일에 결제되지 않으리라는 정을 예견하면서도 이를 발행하고, 거래상대방을 속여 그 할인을 받거나 물품을 매수하였다면 위 발행인의 사기행위는 이로써 완성되는 것이고, 위 거래상대방이 그 어음, 수표를 타에 양도함으로써 전전유통되고 최후소지인이 지급기일에 지급제시하였으나 부도되었다고 하더라도 특별한 사정이 없는 한 그 최후소지인에 대한 관계에서 발행인의 행위를 사기죄로 의율할 수 없다(대법원 1998.2.10. 선고 97도3040 판결).

6. 타 죄와의 관계

(1) 부정수표단속법위반죄와의 관계

■ 판례 ■   **사기의 수단으로 발행한 수표가 지급거절된 경우, 부정수표단속법위반죄와 사기죄의 죄수 관계(= 실체적 경합범)**

사기의 수단으로 발행한 수표가 지급거절된 경우 부정수표단속법위반죄와 사기죄는 그 행위의 태양과 보호법익을 달리하므로 실체적 경합범의 관계에 있다(대법원 2004.6.25. 선고 2004도1751 판결).

(2) 수뢰죄와의 관계

공무원이 직무에 관하여 타인을 기망하여 재물을 교부받은 경우 사기죄와 수뢰죄의 상상적 경합이 된다.

(3) 횡령죄와의 관계

자기가 점유하는 타인의 재물을 기망에 의하여 영득한 경우 사기죄의 요건인 재물의 타인점유와 상대방의 처분행위가 인정되지 않으므로 횡령죄만이 성립한다(다수설·판례).

1) 피해자가 동일한 경우

■ 판례 ■   **자기가 점유하는 타인의 재물을 횡령하기 위하여 기망을 한 경우와 사기죄**

[1] 사실관계

甲은 乙로부터 乙소유의 임야에 대한 매각처분을 위임받은 다음 당해 임야를 丙에게 100만원에 매각하였음에도 불구하고 乙에게는 50만원에 처분하였다고 거짓말을 하면서 乙에게 50만원만을 교부하고 나머지 50만원은 교부하지 않았다.

[2] 판결요지

자기가 점유하는 타인의 재물을 횡령하기 위하여 기망수단을 쓴 경우에는 피기망자에 의한 재산처분행위가 없으므로 일반적으로 횡령죄만 성립되고 사기죄는 성립되지 아니한다(대법원 1980.12.9. 선고 80도1177 판결).

2) 피해자가 다른 경우

■ 판례 ■ **위탁자로부터 당좌수표 할인을 의뢰받은 피고인이 제3자를 기망하여 당좌수표를 할인받은 다음 그 할인금을 임의소비한 경우, 제3자에 대한 사기죄와 별도로 위탁자에 대한 횡령죄가 성립하는지 여부(적극)**

위탁자로부터 당좌수표 할인을 의뢰받은 피고인이 제3자를 기망하여 당좌수표를 할인받은 다음 그 할인금을 임의소비한 경우, 제3자에 대한 사기죄와 별도로 위탁자에 대한 횡령죄가 성립한다(대법원 1998.4.10. 선고 97도3057 판결).

(4) 배임죄와의 관계

타인의 사무를 처리하는 자가 본인을 기망하여 재산상 이익을 취득한 경우 (업무상)배임죄와 사기죄의 상상적 경합이 된다(다수설, 판례).

■ 판례 ■ **1개의 행위에 관하여 사기죄와 업무상배임죄 또는 단순배임죄의 각 구성요건이 모두 구비된 경우의 죄수 관계(= 상상적 경합관계)**

[1] 사실관계

신용협동조합의 전무인 甲은 조합의 담당직원을 기망하여 예금인출금 또는 대출금 명목으로 금원을 교부받았다.

[2] 판결요지

업무상배임행위에 사기행위가 수반된 때의 죄수 관계에 관하여 보면, 사기죄는 사람을 기망하여 재물의 교부를 받거나 재산상의 이익을 취득하는 것을 구성요건으로 하는 범죄로서 임무위배를 그 구성요소로 하지 아니하고 사기죄의 관념에 임무위배 행위가 당연히 포함된다고 할 수도 없으며, 업무상배임죄는 업무상 타인의 사무를 처리하는 자가 그 업무상의 임무에 위배하는 행위로써 재산상의 이익을 취득하거나 제3자로 하여금 이를 취득하게 하여 본인에게 손해를 가하는 것을 구성요건으로 하는 범죄로서 기망적 요소를 구성요건의 일부로 하는 것이 아니어서 양 죄는 그 구성요건을 달리하는 별개의 범죄이고 형법상으로도 각각 별개의 장(章)에 규정되어 있어, 1개의 행위에 관하여 사기죄와 업무상배임죄의 각 구성요건이 모두 구비된 때에는 양 죄를 법조경합 관계로 볼 것이 아니라 상상적 경합관계로 봄이 상당하다 할 것이고, 나아가 업무상배임죄가 아닌 단순배임죄라고 하여 양 죄의 관계를 달리 보아야 할 이유도 없다(대법원 2002.7.18. 선고 2002도669 전원합의체 판결).

(5) 공갈죄와의 관계

기망과 공갈의 수단을 모두 사용한 경우, 기망과 공갈의 어느 것이 의사결정에 영향을 주었는지에 따라 죄책이 결정된다.

○ 기망의 수단으로 공갈이 사용된 경우 ⇨ 사기죄

- 기망이 공갈을 강화하거나 효과있게 하기 위해 사용된 경우 ⇨ 공갈죄
- 기망과 공갈이 독립요소로 영향을 미친 경우 ⇨ 양 죄의 상상적 경합

(6) 위조통화(유가증권·문서)행사죄와의 관계

위조통화를 행사하여 타인의 재물을 편취한 경우 다수설은 위조통화행사죄와 사기죄의 상상적 경합이 된다고 하나, 판례(대법원 1979.7.10. 선고 79도840 판결)는 위조통화행사죄와 사기죄의 실체적 경합이 된다고 한다.

(7) 문서위조죄와의 관계

- 행위자가 상대방에게 문서의 내용이 된 사실이 허위임에도 진실한 것으로 오신시켜 서명 날인케 한 경우 ⇨ 사기죄
- 문서작성 의뢰인이 문맹이거나 맹인임을 이용하여 의뢰자의 의사에 반하는 내용의 문서를 작성하고 마치 의뢰한 문서를 작성한 것처럼 기망하여 서명 날인케 한 경우 ⇨ 문서위조죄

(8) 공정증서원본불실기재죄와의 관계

■ 판례 ■ **법원을 기망하여 승소판결을 받고 소유권이전등기를 경료한 경우, 사기죄와 공정증서원본불실기재죄와의 죄수**

법원을 기망하여 승소판결을 받고 그 확정판결에 의하여 소유권이전등기를 경료한 경우에는 사기죄와 별도로 공정증서원본 불실기재죄가 성립하고 양죄는 실체적 경합범 관계에 있다(대법원 1983.4.26. 선고 83도188 판결).

■ 판례 ■ **법원을 기망하여 유리한 확정판결을 받고 그에 기하여 상대방으로부터 재물을 편취한 경우, 죄수**

재물을 편취할 목적으로 소유권이전등기절차 이행청구소송을 제기하여 승소판결을 얻어 그 판결이 확정된 날에 사기죄의 기수단계에 이르렀다 하여도 그 뒤 그 판결에 의한 이전등기를 경료한 행위도 그와 포괄적으로 관찰하여 그것 역시 재물편취를 위한 행위라고 볼 것이고 이미 완료된 사기죄의 사후행위로 보아 위 이전등기행위까지 사면된 것으로 볼 것은 아니다(대법원 1970.12.22. 선고 70도2313 판결).

(9) 도박죄와의 관계

사기도박의 경우에는 우연성이 없어 사기죄만 성립하고 도박죄는 성립하지 않는다.

(10) 절도죄와의 관계

■ 판례 ■ **자동차 양도 후 위치 추적으로 절취한 경우, 사기죄의 성립 여부**

피고인 등이 피해자 甲 등에게 자동차를 매도하겠다고 거짓말하고 자동차를 양도하면서 매매대금을 편취한 다음, 자동차에 미리 부착해 놓은 지피에스(GPS)로 위치를 추적하여 자동차를 절취하였다고 하여 사기 및 특수절도로 기소된 사안에서, 피고인이 甲 등에게 자동차를 인도하고 소유권이전등록

에 필요한 일체의 서류를 교부함으로써 甲 등이 언제든지 자동차의 소유권이전등록을 마칠 수 있게 된 이상, 피고인이 자동차를 양도한 후 다시 절취할 의사를 가지고 있었더라도 자동차의 소유권을 이전하여 줄 의사가 없었다고 볼 수 없고, 피고인이 자동차를 매도할 당시 곧바로 다시 절취할 의사를 가지고 있으면서도 이를 숨긴 것을 기망이라고 할 수 없어, 결국 피고인이 자동차를 매도할 당시 기망행위가 없었으므로, 피고인에게 사기죄를 인정한 원심판결에 법리오해의 잘못이 있다(대법원 2016.3.24. 선고, 2015도17452, 판결).

■ 판례 ■ 　　차용사기에 있어서의 편취의 범의에 관한 판단 기준

[1] 사기죄가 성립하는지 판단하는 기준 시점(=행위 당시) 및 차주가 돈을 빌릴 당시에 변제할 의사와 능력을 가지고 있었으나 그 후 변제하지 않고 있는 경우, 사기죄가 성립하는지 여부(소극)

사기죄가 성립하는지는 행위 당시를 기준으로 판단하여야 하므로, 소비대차 거래에서 차주가 돈을 빌릴 당시에는 변제할 의사와 능력을 가지고 있었다면 비록 그 후에 변제하지 않고 있더라도 이는 민사상 채무불이행에 불과하며 형사상 사기죄가 성립하지는 아니한다.

[2] 대주가 장래의 변제 지체 또는 변제불능에 대한 위험을 예상하고 있었거나 충분히 예상할 수 있는 경우, 차주가 그 후 제대로 변제하지 못하였다는 사실만으로 변제능력에 관하여 대주를 기망하였다거나 차주에게 편취의 범의가 있었다고 단정할 수 있는지 여부(원칙적 소극)

소비대차 거래에서, 대주와 차주 사이의 친척·친지와 같은 인적 관계 및 계속적인 거래 관계 등에 의하여 대주가 차주의 신용 상태를 인식하고 있어 장래의 변제 지체 또는 변제불능에 대한 위험을 예상하고 있었거나 충분히 예상할 수 있는 경우에는, 차주가 차용 당시 구체적인 변제의사, 변제능력, 차용 조건 등과 관련하여 소비대차 여부를 결정지을 수 있는 중요한 사항에 관하여 허위 사실을 말하였다는 등의 다른 사정이 없다면, 차주가 그 후 제대로 변제하지 못하였다는 사실만을 가지고 변제능력에 관하여 대주를 기망하였다거나 차주에게 편취의 범의가 있었다고 단정할 수 없다.(대법원 2016.4.28. 선고, 2012도14516, 판결)

(11) 의료법과의 관계

■ 판례 ■ 　　의료인으로서 자격과 면허를 보유한 사람이 의료법에 따라 의료기관을 개설하여 건강보험의 가입자 또는 피부양자에게 국민건강보험법에서 정한 요양급여를 실시하고 국민건강보험공단으로부터 요양급여비용을 지급받았는데, 그 의료기관이 다른 의료인의 명의로 개설·운영되어 의료법 제4조 제2항을 위반한 경우, 국민건강보험공단을 피해자로 하는 사기죄를 구성하는지 여부(원칙적 소극)

비록 의료법 제4조 제2항은 '의사, 치과의사, 한의사 또는 조산사'(이하 '의료인'이라 한다)가 다른 의료인의 명의로 의료기관을 개설하거나 운영하는 행위를 제한하고 있으나, 이를 위반하여 개설·운영되는 의료기관도 의료기관 개설이 허용되는 의료인에 의하여 개설되었다는 점에서 제4조 제2항이 준수된 경우와 본질적 차이가 있다고 볼 수 없다. 또한 의료인이 다른 의료인의 명의로 의료기관을 개설·운영하면서 실시한 요양급여도 국민건강보험법에서 정한 요양급여의 기준에 부합하지 않는 등의 다른 사정이 없는 한 정상적인 의료기관이 실시한 요양급여와 본질적인 차이가 있다고 단정하기 어렵다. 의료법이 의료인의 자격이 없는 일반인이 제33조 제2항을 위반하여 의료기관을 개설한 경우와 달리, 제4조 제2항을 위반하여 의료기관을 개설·운영하는 의료인에게 고용되어 의료행위를 한 자에 대하여 별도의 처벌규정을 두지 아니한 것도 이를 고려한 것으로 보인다. 따라서 의료인으로서 자격과 면허를 보유한 사람이 의료법에 따라 의료기관을 개설하여 건강보험의 가입자 또는 피부양자에게 국

민건강보험법에서 정한 요양급여를 실시하고 국민건강보험공단으로부터 요양급여비용을 지급받았다면, 설령 그 의료기관이 다른 의료인의 명의로 개설·운영되어 의료법 제4조 제2항을 위반하였더라도 그 자체만으로는 국민건강보험법상 요양급여비용을 청구할 수 있는 요양기관에서 제외되지 아니하므로, 달리 요양급여비용을 적법하게 지급받을 수 있는 자격 내지 요건이 흠결되지 않는 한 국민건강보험공단을 피해자로 하는 사기죄를 구성한다고 할 수 없다.(대법원 2019. 5. 30. 선고, 2019도1839, 판결)

7. 불법원인급여물에 대한 사기죄의 성부

사람을 기망하여 불법원인급여를 하게 한 경우(例, 윤락녀가 매음을 할 것처럼 금전을 교부받고 도주한 경우, 공무원에게 뇌물을 전달해 준다고 기망하고 금품을 교부받아 사취한 경우)에도 행위태양의 위법성은 인정되므로 사기죄는 성립한다.

■ 판례 ■ **불법원인급여에 해당하는 경우에 있어서 사기죄의 성부**

민법 제746조의 불법원인급여에 해당하여 급여자가 수익자에 대한 반환청구권을 행사할 수 없다고 하더라도, 수익자가 기망을 통하여 급여자로 하여금 불법원인급여에 해당하는 재물을 제공하도록 하였다면 사기죄가 성립한다(대법원 2006.11.23. 선고 2006도6795 판결). ☞ 피고인이 피해자로부터 도박자금으로 사용하기 위하여 금원을 차용하였더라도 사기죄의 성립에는 영향이 없다고 한 사례.

■ 판례 ■ **금품 등을 받을 것을 전제로 성행위를 하는 부녀를 기망하여 성행위 대가의 지급을 면하는 경우, 사기죄의 성립 여부(적극)**

[1] 사실관계

甲은 화대를 주기로 약속하고 단란주점 여종업원인 乙녀와 성관계를 가진 뒤 훔친 신용카드로 결제하였으나 분실신고로 인해 카드의 사용이 중지되는 바람에 화대를 지급하지 못하게 되었다.

[2] 판결요지

일반적으로 부녀와의 성행위 자체는 경제적으로 평가할 수 없고, 부녀가 상대방으로부터 금품이나 재산상 이익을 받을 것을 약속하고 성행위를 하는 약속 자체는 선량한 풍속 기타 사회질서에 위반한 사항을 내용으로 하는 법률행위로서 무효이나, 사기죄의 객체가 되는 재산상의 이익이 반드시 사법(私法)상 보호되는 경제적 이익만을 의미하지 아니하고, 부녀가 금품 등을 받을 것을 전제로 성행위를 하는 경우 그 행위의 대가는 사기죄의 객체인 경제적 이익에 해당하므로, 부녀를 기망하여 성행위 대가의 지급을 면하는 경우 사기죄가 성립한다(대법원 2001.10.23. 선고 2001도2991 판결).

■ 판례 ■ **대법관 로비자금으로 사용한다고 속이고 돈을 빌린 경우, 사기죄의 성부(적극)**

사실은 대법관에게 로비자금으로 쓸 의사도 없고 대법원에서 피고인의 상고가 기각되더라도 피해자에게 변호사비용을 제외한 나머지 돈을 돌려줄 의사가 없음에도 피해자에게 "대법원에는 판사가 많기 때문에 로비자금이 많이 필요하고 상고기각되더라도 착수금만 제외하고 나머지 돈은 다 돌려받을 수 있으니 1억 5천만 원만 빌려달라"고 거짓말하여 이에 속은 피해자로부터 액면금 1억 5천만 원인 약속어음 1매를 교부받아 이를 편취 경우, 피고인은 용도를 속이고 돈을 빌린 것으로 보여지고 만약 진정한 용도를 고지하였으면 당시 자신 소유의 호텔이 경매에 처하는 등의 어려운 상황에 처해 있었던 피해자가 피고인에게 금 1억 5천만 원이나 되는 약속어음을 선뜻 빌려 주지 않았을 것으로 추단되므로 피고인의 이러한 행위는 사기죄에 있어서 기망에 해당한다고 보아야 할 것이다(대법원 1995. 9.15. 선고 95도707 판결).

8. 편취이득액

■ 판례 ■ **피해자에 대하여 채권을 가지는 피고인이 피해자를 기망하여 교부받은 약속어음의 액면금이 채권액을 초과하는 경우, 사기죄의 성립범위**

약속어음은 그 자체가 재산적 가치를 지닌 유가증권으로서 재물성이 있고 이 사건 어음은 단일하여 불가분이므로 설사 피고인이 피해자에 대하여 편취어음금의 일부에 해당하는 채권을 가진다 하더라도 이 사건의 어음을 기망에 의하여 교부받은 경우에는 그 어음금 전부에 대하여 사기죄가 성립한다(대법원 1982.9.14. 선고 82도1679 판결).

■ 판례 ■ **은행으로부터 용도를 속여 국민주택 건설자금을 대출받으면서 대출금 중 일부로 같은 은행에 대한 기존 대출채무의 변제에 갈음하기로 한 경우나, 대출받은 자금 중 일부를 나중에 국민주택건설자금으로 사용한 경우 대출금 전액에 대하여 사기죄가 성립하는지 여부(적극)**

[1] 국민주택기금은 국민주택건설자금 등 주택건설촉진법 제10조의4에서 정한 용도 외로는 이를 운용할 수 없는 점, 관리규정은 한국주택은행장으로 하여금 국민주택건설자금을 융자받고자 하는 민간사업자가 허위 또는 부정한 수단으로 자금융자승인을 받은 때에는 자금융자승인을 취소하도록 하고, 기금대출을 받은 자가 융자금을 주택건설자금 이외의 용도로 사용한 때에는 융자금을 일시에 회수하도록 규정하고 있는 점에 비추어 보면, 국민주택건설자금을 융자받고자 하는 민간사업자가 사실은 국민주택건설자금으로 사용할 의사가 없으면서도 국민주택건설자금으로 사용할 것처럼 용도를 속여 자금융자승인을 받아 국민주택건설자금을 대출받은 경우에는, 대출받을 당시 자금의 일부를 지급받는 대신 이로써 같은 은행에 대한 기존채무의 변제에 갈음하기로 하였다 하더라도 대출금 전액에 대하여 사기죄가 성립한다.

[2] 처음부터 용도를 속여 대출받은 국민주택 건설자금 중 일부를 나중에 국민주택 건설자금으로 사용한 경우, 대출금 전액에 대하여 사기죄가 성립하는지 여부(적극)

국민주택건설자금을 융자받고자 하는 민간사업자가 처음부터 사실은 국민주택건설자금으로 사용할 의사가 없으면서도 국민주택건설자금으로 사용할 것처럼 용도를 속여 국민주택건설자금을 대출받은 경우에는 대출받은 자금 중 일부를 나중에 국민주택건설자금으로 사용하였다 하더라도 대출금 전액에 대하여 사기죄가 성립한다(대법원 2002.7.26. 선고 2002도2620 판결).

■ 판례 ■ **융통어음을 진성어음인 것처럼 속여 할인 받으면서 일부 담보를 제공한 경우, 편취이득액**

융통어음을 할인함에 있어 그 상대방에 대하여 그 어음이 이른바 진성어음인 것처럼 하기 위하여 적극적인 위장수단을 강구하는 것은 명백한 기망행위에 해당되어 상대방으로 하여금 그 뜻을 오신케 하고 할인명목으로 돈을 교부케 한 행위도 사기죄를 구성하고, 그 할인을 받음에 있어 일부의 담보를 제공하였다 하여 결론이 달라지는 것은 아니므로, 담보가액을 공제하지 아니한 편취 금액 전부에 대하여 사기죄가 성립한다(대법원 1997.7.25. 선고 97도1095 판결).

■ 판례 ■ **어음의 할인에 의한 사기죄에 있어서 피고인이 취득한 재산상의 이익(=실제수령한 현금액)**

어음수표의 할인에 의한 사기죄에 있어서 피고인이 피해자로부터 수령한 현금액이 피고인이 피해자에게 교부한 어음수표의 액면금보다 적을 경우, 피고인이 취득한 재산상의 이익은 당사자가 선이자와 비용을 공제한 현금액만을 실제로 수수하면서도 선이자와 비용을 합한 금액을 대여원금으로 하기로 하고 대여이율을 정하는 등의 소비대차 특약을 한 경우는 별론으로 하고 위어음의 액면금이 아니라 피고인이 수령한 현금액이라고 할 것이다.

■ 판례 ■ **제3자로부터 금원을 융자받거나 물품을 외상으로 공급받을 목적으로 타인을 기망하여 그 타인 소유의 부동산에 제3자 앞으로 근저당권을 설정케 한 자가 그로 인하여 취득하는 재산상 이익의 내용 및 그 가액 산정 방법**

제3자로부터 금원을 융자받거나 물품을 외상으로 공급받을 목적으로 타인을 기망하여 그 타인 소유의 부동산에 제3자 앞으로 근저당권을 설정케 한 자가 그로 인하여 취득하는 재산상 이익은 그 타인 소유의 부동산을 자신의 제3자와의 거래에 대한 담보로 이용할 수 있는 이익이고, 그 가액(이득액)은 원칙적으로 그 부동산의 시가 범위 내의 채권 최고액 상당이라 할 것인데, 한편 그 부동산에 이미 다른 근저당권이 설정되어 있는 경우에, 그 부동산에 대하여 후순위 근저당권을 취득하는 자로서는 선순위 근저당권의 채권 최고액만큼의 담보가치가 이미 선순위 근저당권자에 의하여 파악되고 있는 것으로 인정하고 거래하는 것이 보통이므로, 원칙적으로 그 부동산의 시가에서 다시 선순위 근저당권의 채권 최고액을 공제한 잔액 상당액을 기망자가 얻는 이득액의 한도로 보아야 할 것이나, 다만 그 부동산에 이미 다른 근저당권이 설정되어 있는 경우에도 후순위 근저당권을 취득하는 자로서 선순위 근저당권의 담보가치가 실제 피담보채권액만큼만 파악되고 있는 것으로 인정하였다고 볼 수 있는 특별한 사정이 있는 경우에는 근저당권 설정 당시의 그 부동산의 시가에서 그 선순위 근저당권의 실제 피담보채권액을 공제한 잔액 상당액을 그 이득액의 한도로 볼 수 있다 할 것이다(대법원 2000.4.25. 선고 2000도137 판결).

9. 친족상도례

○ 친족상도례가 적용되기 위해서는 범인과 피해자인 재물의 소유자 및 점유자 모두 사이에 친족관계가 존재해야 한다.

○ 사기죄에 있어서 피기망자는 피해자가 아니므로, 소유자와만 친족관계에 있으면 친족상도례가 적용된다.

■ 판례 ■ **법원을 기망하여 직계혈족인 제3자로부터 재물을 편취한 경우와 형법 328조 1항에 의한 형의 면제**

법원을 기망하여 제3자로부터 재물을 편취한 경우에 피기망자인 법원은 피해자가 될 수 없고 재물을 편취당한 제3자가 피해자라고 할 것이므로 피해자인 제3자와 사기죄를 범한 자가 직계혈족의 관계에 있을 때에는 그 범인에 대하여 형법 328조 1항을 준용하여 형을 면제하여야 한다(대법원 1976.4.13. 선고 75도781 판결).

■ 판례 ■ **호주의 직계비속 장남자 아닌 가족인 남자가 혼인한 후 호적상 법정분가의 절차를 거치지 아니하여 호주의 호적부에 가족으로 그대로 남아 있는 경우, 호주의 가족이라는 신분관계의 소멸 여부(적극)**

[1] 친족상도례에 관한 형법 규정은 특정경제범죄가중처벌등에관한법률 제3조 제1항 위반죄에도 적용되는지 여부(적극)

형법 제354조, 제328조의 규정을 종합하면, 직계혈족, 배우자, 동거친족, 호주, 가족 또는 그 배우자간의 사기 및 사기미수의 각 죄는 그 형을 면제하여야 하고, 그 외의 친족 간에는 고소가 있어야 공소를 제기할 수 있으며, 또한 형법상 사기죄의 성질은 특정경제범죄가중처벌등에관한법률 제3조 제1항에 의해 가중처벌되는 경우에도 그대로 유지되고, 특별법인 특정경제범죄가중처벌등에관한법률에 친족상도례에 관한 형법 제354조, 제328조의 적용을 배제한다는 명시적인 규정이 없으므로, 형법 제354조는 특정경제범죄가중처벌등에관한법률 제3조 제1항 위반죄에도 그대로 적용된다.

[2] 친족상도례의 적용여부

구 민법(1990. 1. 13. 법률 제4199호로 개정되기 전의 것) 제789조 제1항은, '가족은 혼인하면 당연히 분가된다.'고 규정하고 있었으므로, 호주의 직계비속 장남자 아닌 가족인 남자가 혼인하면 법률의 규정에 의하여 당연히 분가되어야 함에도 호적상 법정분가의 절차를 거치지 아니하여 호주의 호적부에 가족으로 남아 있다고 하더라도, 그러한 호적 기재와는 관계없이 혼인신고를 한 이후에는 호주의 가족이라는 신분관계는 소멸되는 것이다(대법원 2000.10.13. 선고 99오1 판결).

▪ 판례 ▪ **사기죄를 범하는 사람이 금원을 편취하기 위한 수단으로 피해자와 혼인신고를 한 것이어서 혼인이 무효인 경우, 피해자에 대한 사기죄에서 친족상도례를 적용할 수 있는지 여부(소극)**

피고인은 피해자로부터 금원을 편취하기 위한 기망의 수단으로 피해자와 혼인신고를 하였을 뿐이고, 그들 사이에 부부로서의 결합을 할 의사나 실체관계가 있었다고 볼 아무런 사정도 없으므로, 비록 피고인과 피해자 사이에 혼인신고가 되어 있었다고 하더라도 그들 사이의 혼인은 '당사자 사이에 혼인의 합의가 없는 때'에 해당하여 무효이고, 따라서 피고인의 이 부분 사기 범행에 대하여는 친족상도례를 적용할 수 없다고 할 것이다.(대법원 2015.12.10. 선고, 2014도11533, 판결)

10. 공동정범

공동정범에 관한 일반이론이 그대로 적용된다.

▪ 판례 ▪ **피고인의 모가 소송을 제기한 경우와 소송사기의 성부(적극)**

피고인의 모가 직접 당사자가 되어 소송을 제기하였다고 하더라도 피고인이 그와 공모하여 한 것인 이상 소송사기죄의 성립에는 영향이 없다(대법원 1980.5.27. 선고 80도838 판결).

▪ 판례 ▪ **이른바 딱지어음을 전전유통시킨 경우, 사기죄의 공동정범의 성립여부(적극)**

이른바 딱지어음을 발행하여 매매한 이상 사기의 실행행위에 직접 관여하지 아니하였다고 하더라도 공동정범으로서의 책임을 면하지 못하고, 딱지어음의 전전유통경로나 중간 소지인들 및 그 기망방법을 구체적으로 몰랐다고 하더라도 공모관계를 부정할 수는 없다(대법원 1997.9.12. 선고 97도1706 판결).

▪ 판례 ▪ **토지소유자의 청탁에 따라 허위의 감정서를 제출하여 동인으로 하여금 과다한 보상금을 수령케 한 토지평가사와 사기죄의 공동정범 성부(적극)**

공공용지의 취득 및 손실보상에 관한 특례법시행령 제2조 제8항, 동법시행규칙 제5조의 4 제4항의 규정을 비추어 볼 때, 위 특례법의 규정에 의한 의뢰를 받아 토지평가사 등이 작성제출한 감정평가보고서는 국토관리청이 토지소유자와의 협의에 응할 보상가액 사정을 하는데 있어서의 참고정도에 지나지않는 것이 아니라 위 관리청으로서는 반드시 감정인들의 평가액에 따르도록 되어 있음을 알 수 있으니, 토지평가사 등이 이 사건 토지 소유자로부터 청탁을 받아 허위의 감정서를 제출하여 토지소유자로 하여금 과다한 보상금을 수령케 하였다면 사기죄의 공동정범을 인정하기에 충분하다 할 것이다(대법원 1983.2.28. 선고 81도2344 판결).

■ 판례 ■ **계주의 부탁을 받아 미리 교부받은 당첨표시된 추첨권을 제시하여 당첨자가 된 경우**

[1] 계주의 부탁을 받아 미리 교부받은 당첨표시된 추첨권을 제시하여 당첨자가 되었으나 계금은 계주가 가져간 경우 사기죄의 성부

피고인이 계주의 부탁을 받아 미리 교부받아 가지고 있던 당첨표시가 된 추첨권을 다른 계원 모르게 마치 정당한 추첨권을 추첨한 것처럼 제시함으로써 당첨자가 되었다면, 피고인이 이 사건 계금을 종국적으로 취득한 사실이 없고 계주가 이를 가져갔다고 하더라도 이는 사기죄의 성립에 아무런 소장이 없다.

[2] 계주의 부탁을 받아 미리 교부받은 당첨표시된 추첨권을 제시하여 당첨자가 된 경우 계주와 당첨자간의 사기죄의 공범관계의 성부

피고인이 계주의 부탁을 받아 미리 교부받아 가지고 있던 당첨표시가 된 당첨권을 다른 계원 모르게 마치 정당한 추첨권을 추첨한 것처럼 제시하여 당첨자가 되었다면, 계를 살려나가기 위한 것이라는 계주의 말을 믿고 이에 협조한 것이라 하더라도 피고인과 계주간에는 정당한 방법과 절차에 의하지 아니한 기망의 방법으로 계금을 타기로 공모한 공범관계가 성립함이 명백하다(대법원 1984.1.31. 선고 83도2825 판결).

■ 판례 ■ **은행 지점장이 영업주가 과다한 대출채무를 부담하고 있는 사실을 알면서도 그의 자력에 대하여 과장되게 설명하였다는 점만으로는 그 업주와 공동으로 사기범행을 저질렀다고 할 수 있는지 여부(소극)**

비록 은행 지점장이 담보가치가 거의 없는 스포츠센터의 건물·부지에 근저당권만을 설정한 채 그 운영자금을 대출하고, 그 대가로 스포츠센터 영업주로부터 그의 신용카드를 교부받아 사용하고, 또 그 영업주와 사적으로 자주 접촉하면서 교류를 가져왔음을 엿볼 수 있기는 하나, 그렇다고 하더라도 은행 지점장이 은행의 신용을 해치면서 더욱 범죄가 되는 행위까지 하면서 그를 도와주어야 할 특별한 사정이나 특수한 관계가 있지 않는 한, 은행 지점장이 설령 스포츠센터 영업주가 과다한 대출 원리금 채무를 부담하고 있음을 알면서도 피해자들에게 그의 상환능력을 과장하여 설명하였다는 점만으로는 은행 지점장이 스포츠센터 영업주와 공동으로 사기범행을 저질렀다고 단정할 수 없다(대법원 2002.6.14. 선고 99도3658 판결).

■ 판례 ■ **피고인이 포괄일죄의 관계에 있는 사기범행의 일부를 실행한 후 공범관계에서 이탈하였으나 다른 공범자에 의하여 나머지 범행이 이루어진 경우, 피고인이 관여하지 않은 부분에 대하여 죄책을 부담하는지 여부(적극)**

피고인이 공범들과 다단계금융판매조직에 의한 사기범행을 공모하고 피해자들을 기망하여 그들로부터 투자금명목으로 피해금원의 대부분을 편취한 단계에서 위 조직의 관리이사직을 사임한 경우, 피고인의 사임 이후 피해자들이 납입한 나머지 투자금명목의 편취금원도 같은 기망상태가 계속된 가운데 같은 공범들에 의하여 같은 방법으로 수수됨으로써 피해자별로 포괄일죄의 관계에 있으므로 이에 대하여도 피고인은 공범으로서의 책임을 부담한다(대법원 2002.8.27. 선고 2001도513 판결).

II. 사기죄의 유형

1. 소송 사기

소송사기는 광의로써 법원을 기망하여 상대방으로부터 재물과 재산상의 이익을 편취하는 행위를 포괄하지만, 전형적인 것은 범인이 피해자를 피고로 법원에 허위의 신고를 하여 법원의 판단을 오인케 하여 승소판결을 받아 피해자의 재산에 강제집행을 하는 것

2. 매매, 할부관련사기

가. 훔친 물건을 시가보다 싸게 판매

훔친 물건인 줄 알면서도 피해자에게 속이고 시가보다 싼값에 판매한 경우

나. 납품계약이 안 될 것을 알면서도 계약금을 수령한 경우

피해자에게 납품할 물건을 확보하지도 못한 상태이고 더욱이 납품할 의사도 없으면서도 피해자를 속이고 납품계약에 따른 계약금을 받는 경우

다. 판매대금의 미지급

피해자로부터 물건을 먼저 공급받고, 대금은 물건을 판매한 후 지급하기로 계약을 맺었으나 이를 이행하지 않고 판매한 물품대금을 편취한 경우

라. 기망(네다바이)에 의한 판매

특정 물건을 필요로 하는 것처럼 피해자를 속인 후, 다른 공범이 시가 1만원에 불과한 물건을 개당 15만원씩 비싼 가격에 판매한 경우

마. 신분을 기망하고 할부매입

차량 할부금을 갚을 능력이 없으면서 자신을 업체 사장이라고 속인 후, 약간의 금액으로 계약체결 한 후, 차량을 인도받아 사용하면서 차량대금을 지급하지 않은 경우

바. 타인명의로 차량구매

피해자의 명의로 차량을 할부로 구입한 후, 차량을 마음대로 매매하고 피해자로 하여금 차량 할부금을 대위변제케 하는 경우

3. 신용카드 관련사기

가. 절취한 카드사용

절취한 신용카드를 이용하여 술값을 결제하였다면 절도, 사기, 여신전문금융업법 위

반의 경합범에 해당

나. 타인명의로 카드발급

지역광고지에 구인광고를 내어서 이를 보고 찾아온 자에게 취업에 필요하다고 주민등록증을 맡아 놓은 후 맡겨 놓은 주민등록증을 이용하여 본인 모르게 신용카드를 발급받아 물품구입, 카드할인에 사용한 경우

다. 타인카드의 무단사용

피해자가 신용카드를 통해 지급능력 이상으로 소비하여 대금을 결제하기가 어렵게 되어 신문광고를 보고 찾아간 카드할인업자에게 대납을 요구하자 수수료 10%만 내면 대납해 줄 수 있다고 하여 카드와 이용명세서를 맡겼으나 이를 무단으로 사용하는 경우

라. 타인카드 무단사용

피해자가 소지한 신용카드의 재발급 기간이 도래한 것을 알고 신용카드를 자기에게 맡기면 이를 재발급받아 주겠다고 한 후, 그 카드를 임의로 사용하여 물품 등을 구입한 경우

마. 보관 중인 카드의 사용

신용카드회사 직원이 동료직원에게 전달해 달라고 맡긴 카드를 전달하지 않고 임의로 사용하였을 경우

바. 남편 승낙 없이 카드 발급받아 사용

남편의 승낙 없이 발급받은 크레디트 카드를 사용하여 물품을 구입하였을 경우의 사기의 피해자는 남편이 아닌 물품의 소유자로 친족상도례는 적용의 여지가 없어 사기죄 성립

4. 수표, 어음, 금융 관련사기

가. 위조된 증권으로 대출

증권을 위조한 후 이를 담보로 은행에서 대출받았다면 은행에 대한 기망행위가 있는 것으로 대출금을 정산할 의사와는 상관없이 사기죄 성립

나. 위조된 서류로 대출

위조된 서류와 도장을 이용하여 피해자의 인감, 주민등록증을 동사무소로부터 발급받은 후, 은행 금전소비대차약정계약서 보증인란에 피해자의 명의를 작성, 이를 은행에 제출하여 대출을 받는 경우

다. 외국화폐이용 사기

외국에서 이미 폐지된 화폐를 피해자에게 한화로 30만 원의 가치가 있다고 속여 현

금으로 교환하는 경우

라. 수표위조

5백만 원으로 기재된 타인 명의의 가계수표를 1천만 원으로 위조하여 현금으로 할인받는 경우(부정수표단속법 포함)

마. 약속어음 용지이용 사기

문방구 등에서 쉽게 구할 수 있는 개인용 약속어음 용지에 타인 명의의 약속어음을 작성한 후 이를 피해자에게 교부하여 현금할인을 받아 사취하는 경우

5. 차용, 계 관련 사기

가. 어음 담보 차용사기

자신 또는 타인이 발행한 어음을 담보로 맡기고 차용한 후 변제하지 않을 때 있어서 어음 담보가 기망의 수단으로 사용되었을 경우

나. 고이자로 현혹하여 차용

비싼 이자를 지급하겠다고 피해자를 기망하여 차용한 후 이를 변제하지 않았을 때 고이자의 지급 의사가 애초에 없었고 이를 단순히 기망의 수단으로 사용했다면 사기죄 성립

다. 허위의 계 조직

계주가 허위로 계를 조직하여 이에 가입한 피해자로부터 곗돈을 받은 후 계를 파기하는 때도 있어서 계조직의 의사가 없이 기망의 수단으로 계를 이용했다면 사기죄 성립

라. 계가 깨진 것을 안 경우

계주가 이미 계가 깨어진 사실을 알면서도 이러한 사정을 속인 채 계원들로부터 곗돈을 계속 받았다면 사기죄 성립

마. 곗돈 미납

곗돈을 낼 능력이 없으면서도 계에 가입하여 우선순위를 배정받아 곗돈만을 받아 편취하고 그 이후에 곗돈을 지급하지 않았다면 사기죄가 성립

6. 부동산 관련사기

가. 미등기상태에서 이중매매

주택조합에서 분양하는 아파트를 조합원이 분양받은 후 아파트의 소유권이전등기가

아직 이루어지지 않은 상태에서 수인에게 매매계약체결 후 대금을 받은 경우

나. 등기이전 후 이중 매매

피의자가 매수인에게 부동산을 매매하고 소유권이전등기를 완료해 주었음에도 이러한 사실을 숨기고 다시 제3자에게 매매하는 경우

다. 전세권자가 소유주 행세하는 경우

세입자가 자신이 가옥의 소유주인 것처럼 가장하여 제3자에게 전세권을 설정하여 전세금을 편취한 경우

라. 기망에 의한 재임대행위

2백만 원에 임대한 사무실을 천만원에 임대하였다고 속인 후, 7백만 원을 받고 다시 전대한 경우

마. 분양사기

상가를 분양할 능력과 자력도 없으면서 상가분양공고를 낸 후 이를 믿고 찾아온 피해자에게 상가 분양금을 편취하는 경우

바. 재건축 사기

철거대상 지역에서 재건축할 아파트의 입주권이 나올 수 없는 무허가 건물임에도 불구하고 피의자가 마치 아파트입주권이 나오는 것처럼 피해자를 기망하여 무허가 건물의 매매대금을 편취하는 경우

사. 재개발 사기

동사무소 직원과 공모하여 투기목적으로 무허가 판잣집 10여 채를 구입한 후 자신이 운영하는 공장 종업원들의 명의를 빌려 사례금을 지급하고 그들 명의의 공문서인 소유권 확인원을 부정 발급받아 그곳을 재개발하는 건축회사로부터 보상비, 이주비, 대토권(아파트입주권) 등을 받아냈다면 사기죄 성립

7. 취업, 알선, 투자, 동업관련 사기

가. 취업 사기

피해자에게 취업을 시켜주겠다고 기망하여 교제비 명목으로 금원을 교부받은 경우

나. 취업알선 사기

용역경비업자가 구청에 일용직 노점단속원으로 취업시켜 주겠으니 소개비를 달라고 하여 편취한 경우

다. 취업 시 선수금 사기

다방, 술집 등에 종업원으로 일하겠다고 업주를 기망하여 미리 월급을 받은 후 취업하지 않는 경우

라. 투자사기

피해자에게 자신과 함께 시유지를 불하받아 비싼 값에 되팔 수 있다고 기망하여 자금을 투자하게 하여 이를 편취하는 경우

마. 주식투자사기

피해자에게 특정 주식에 투자하면 큰돈을 벌 수 있다고 기망하여 피해자로부터 투자금을 받은 후 이를 주식투자에 사용하지 않고 임의로 처분한 경우

바. 대출알선 사기

자신이 아는 사람을 통해 은행에서 대출해 주겠다고 피해자를 기망하여 이에 따르는 경비와 교재비 명목으로 금원을 편취하는 경우

사. 입학 빙자 사기

피해자의 아들을 대학에 입학시킬 의사나 능력이 분명히 없음에도 불구하고 마치 가능한 것처럼 피해자를 기망하여 금원을 편취한 경우

8. 기 타

가. 협박성 사기(1)

평소 여성의 왕래가 빈번한 건물의 계단에 자신의 지갑을 일부러 떨어뜨려 놓은 후 이를 습득한 여성을 미행하여 남의 물건을 집어가는 도둑은 회사에 알려 망신을 주거나 고발해야 한다고 협박하여 피해자로부터 무마조로 금원을 편취하는 경우

나. 협박성 사기(2)

고가품의 차량을 절취한 후(차량에 대한 절도죄 성립) 피해자에게 차량을 다시 찾고 싶으면 자신이 지정하는 은행 온라인으로 돈을 입금하라 하여 입금한 돈을 편취한 경우

다. 가짜 식품

육가공업을 하는 자로 백화점 등에 순수한 한우 갈비를 납품하겠다고 기망한 후 젖소나 갈비 이외의 값싼 부위의 살을 갈비에 덧살로 붙이는 방법으로 가공 제조하여 원산지 표시 없이 납품하는 경우

라. 타인의 전화선 이용

타인의 전화선을 이용하여 통신망에 가명으로 가입한 후 통신, 전화 요금을 타인에게 전가한 경우

마. 컴퓨터 통신판매

자신의 셋방 옥상에서 다른 층에 사는 사람의 전화선에 다른 전화선을 불법으로 연결하여 하이텔이라는 통신망에 가명으로 가입한 후 하이텔 게시판화면에 컴퓨터 관련 기기를 헐값에 판매한다고 기망하여 피해자들이 이를 믿고 피의자의 가명 통장에 현금을 입금토록 하여 사취하는 경우

바. 자격 사칭과 사기

시청공무원이라고 속이고 무허가 주점에 들어가 주인에게 영업허가를 받게 해주겠다고 말하고 향응을 대접받았다면 피의자는 영업허가를 해줄 능력과 의사가 없으므로 이는 자격을 사칭하고 그 자격에 해당하는 직권을 행사한 사실이 없는 것이므로 그 공무원은 자격사칭죄가 아닌 사기죄로 보아야 한다.

사. 무임승차

택시를 전세하여 장거리 운행을 한 후 어느 집 앞에 이르러 집에 들어가서 요금을 가지고 나오겠다고 택시기사를 기망한 후 도주한 경우

아. 협박성 무전취식

미성년자가 술을 시켜 먹은 후 오히려 미성년자를 술집에 출입시킨 것을 미끼로 술집 주인에게 협박하면서 술값을 지급하지 않은 경우

자. 잔돈 사기

음식이나 음료수를 사무실로 주문하면서 10만원권 수표밖에 없으니 미리 잔돈을 가져오라고 기망하여 이를 교부받아 도주하였다면 기망행위와 처분행위가 있으므로 절도죄보다는 사기죄가 성립된다.

9. 사기와 관련 있는 사항

가. 변호사법위반과 구별

피의자가 사실은 변호사선임을 할 의사가 없음에도 피해자에게 잘 아는 변호사를 선임하여 주겠다고 기망하여 금원을 편취한 사안은 변호사법 위반이 아니라 사기죄임

나. 유사의약품

약사법상의 의료용품이나 위생용품이 아니며 또한 보사부의 제조허가 대상이 아닌 건강기구(例, 자석)를 판매한 사안은 약사법위반이라기 보다는 사기죄

다. 고소취소와 사기

甲이 乙에 대해 갖고 있던 채무를 丙이 대신 변제하기로 하여 甲이 乙에 대한 사기죄의 고소를 취소하였다면, 형사고소취소는 재산처분행위가 아니고, 또한 채권이 소멸하는 것도 아니므로 乙에 대한 丙의 사기죄는 성립되지 않는다. 즉 甲은 丙을 상대로 고소하여도 성립되지 않는다.

라. 합의금 사기

고소취소의 대가로 합의금을 주기로 약정한 후 각서까지 작성하였으나 이를 이행하지 않으면 있어서 고소취소는 재산상의 처분행위가 아니므로 사기죄가 성립할 수 없다.

마. 교통사고 배상

피의자는 교통사고를 야기하고 피해자인 고소인에게 자동차종합보험에 가입되어 있지 않으면서도 보험 처리하여 주겠다고 기망하여 치료비 배상등의 피해변제를 아직 하지 않은 경우는 구체적인 기망과 손해발생이 없는 이상 사기죄 성립은 어렵다.

◖ III. 범죄사실 작성시 유의사항

1. 고 의

가. 기망의 의사는 기도를 나타냄으로써 명확히 되는 경우가 많으나, '…의 의사가 없음에도 불구하고 있는 것처럼 가장하여, …의 의사와 능력이 없음에도 불구하고 …할 것처럼 가장하여' 등으로 적시하는 것만으로 족한 경우도 많다.

나. 계속된 행위의 도중에 기망의 의사가 생긴 시안에서는 그 의사가 생긴 시기를 명시할 필요가 있다.

2. 기망행위

그 적시는 구체적인 것을 필요로 한다. 기망이 태도 또는 부작위에 의하면 특히 그러하다.

3. 착 오

기망행위에 대응하는 상대방의 착오 내용을 명확히 하여야 한다. 기망행위 자체로부터 상대방이 어떠한 착오에 빠졌다는 사실이 스스로 판명되는 경우에는 '…라고 가장(거짓말)하여 이에 속은'이라고 쓰는 정도로 족하지만 그렇지 아니한 경우에는 착오의 내용을 명시할 필요가 있다.

4. 재물 또는 재산상 이익의 취득

재물 또는 재산상 이익의 취득은 상대방의 임의교부 또는 임의의 처분 때문에 이루어지는 것을 필요로 하므로 '교부시켜, 교부받아, 청구를 단념시켜' 등의 용어를 써서 그 취지를 명확히 하는 경우가 많다.

5. 인과관계

기망행위와 착오와 재물 또는 재산상 이익의 취득과의 사이에 차례로 인과관계가 있음이 판명되도록 적시하여야 한다. 기망행위의 상대방과 재물을 교부한 자가 다를 때에는 특히 이 점에서 주의할 필요가 있다.

6. 일시, 장소

기망행위의 일시, 장소와 재물이 교부된 일시, 장소를 적시하여야 한다. 兩者가 같을 때는 재물의 교부에 관하여 '바로, 그 자리에서, 즉시', 라는 등으로 표시하는 것이 보통이다.

7. 유 형

재물의 교부를 받은 것인지, 재산상 이익을 취득한 것인지를 명시하여야 한다.

8. 기 타

기재례와 같이 사실적시의 말미에 '…하여 교부받고, …하여 재산상의 이익을 취득하고'라고 요약하여 법적 평가를 표시하는 예가 많으나 구성요건적 사실은 전부 구체적으로 적시되어 있을 것을 요한다는 점에 주의하여야 한다.

Ⅳ. 범죄사실기재

1. 사기 일반

1) 범죄사실 기재례

[기재례1] 지급능력과 의사 없이 약속어음을 교부

피의자는 20○○.○.○. ○○에 있는 ○○○ 커피숍에서, 피해자 갑에게 "모래를 외상으로 주면 그 대신 우리 회사 발행의 약속어음 1장을 지급하겠다. 결제 일에 틀림없이 결제될 것이다"고 거짓말을 하였다. 그러나 사실은 결재일에 결재할 의사와 능력이 없었다.

피의자는 이처럼 피해자를 기망하여 이에 속은 피해자로부터 '명의인 甲(피의자), 어음번호 자가08974331호, 액면금 ○○만원, 지급기일 20○○. ○. ○. 지급지 ○○은행 광주지점'으로 된 약속어음 1매를 지급하고 결제일 전인 20○○. ○. ○. 부도 처리함에 따라 위 금 상당의 재산상 이득을 취득하였다.

[기재례2] 능력없이 어음발행

피의자는 20○○.○. 경부터 같은 해 ○.경까지 사이에 피의자와 피의자가 사용하던 남편 홍길동 명의의 당좌계정이 부도가 났을 뿐 아니라, 부채로 외상대금 2억 원과 그 외 채무 금 1

억 ○○만원 정도가 있었고, 피의자의 재산이 전혀 없어 사실은 타인으로부터 신발을 납품받더라도 그 대금을 변제할 의사나 능력이 없었다.

그럼에도 불구하고 피의자는 20○○.○.○.부터 20○○. ○. ○.까지 사이에 피해자 ○○○ 등 8명에게, 신발대금 조로 약속어음을 발행하여 주고 어음 지급기일에 어음금을 틀림없이 결제해 줄 테니 신발을 납품해 달라고 거짓말하여 피해자들로부터 총 2억○○만원 상당의 신발을 납품받아 재산상 이득을 취득하였다.

[기재례3] 물품 납품사기

피의자는 침구류 사업을 하다가 20○○.○. 경 부도를 낸 후 처 홍길녀 명의로 다시 사업을 시작하기는 하였지만, 영업실적은 부진하지만 이미 부도난 수표와 어음을 회수하는 데 많은 자금을 소요하여 자금압박에 시달리던 끝에 사실은 피해자 甲으로부터 카펫을 납품받아 이를 판매하더라도 그 대금을 피해자에게 지급할 의사나 능력이 없었다.

그럼에도 불구하고 피의자는 20○○.○.○. ○○에 있는 피의자 경영의 상일상회에서 피해자 甲에게 카펫을 납품하여 주면 그 카펫을 판매하는 즉시 그 대금을 결제하여 주겠다고 거짓말하여 이에 속은 그로부터 즉석에서 시가 200만원 상당의 카펫 10장을 교부받은 것을 비롯하여 그때부터 20○○. ○. ○.까지 카펫 1,000장 합계금 ○○억원 상당을 교부받았다.

[기재례4] 무전취식(1)

피의자는 20○○.○.○. ○○에 있는 피해자 甲이 경영하는 ○○음식점에서 맥주, 안주 등 합계 ○○만원 상당의 음식물을 제공받아 먹은 뒤 위 음식점 점원인 乙로부터 그 대금의 지급을 청구받았으나 당시 현금 ○○원밖에 가지고 있지 않아 그 지급을 할 수 없게 되었다.

피의자는 위 대금의 지급을 면하려고 마음먹고 위 乙에게 "돈을 잊어버리고 안 가지고 왔는데 근처에 있는 아는 사람으로부터 빌려서 주겠다" 라고 거짓말을 하여 이에 속은 그로부터 대금의 지급을 유예받고 밖으로 나와 그대로 도주하여 위 음식대금 상당의 재산상의 이익을 취득하였다.

[기재례5] 무전취식(2)

피의자는 일정한 직업이 없으므로 외상으로 술을 먹더라도 그 술값을 갚을 의사와 능력이 없었다.

그럼에도 불구하고 피의자는 20○○.○.○. ○○:○○경 ○○에 있는 피해자 홍길순이 경영의 ○○일반음식점에서 맥주 10병, 안주 1접시 등 ○○만원 상당을 제공받아 취식하여 위 금 상당의 재산상의 이익을 취득하였다.

[기재례6] 무전취식(3)

피의자는 20○○.○.○. 22:00경 ○○에 있는 피해자 홍길동 34세가 경영하는 "○○단란주점"에 피의자의 친구인 이길동과 함께 들어가 술을 마시고 그 대금을 지급할 의사나 능력이 없음에도 마치 술값을 지급할 것처럼 위 피해자를 속이고 이를 진실로 믿는 위 피해자로부터 즉석에서 술과 안주 ○○만원 상당을 제공받았다.

[기재례7] 인수대금 지급 의사 없이 회사 지분양도서에 서명 날인케 한 경우

피의자는 20○○.○.○. 피해자 홍길동을 무한책임사원으로 대표사원, 피의자는 형식상 유한책임사원으로 한 ○○합자회사를 설립하여 같은 날 위 회사 명의로 백화점을 경락받은 후, 위 피해자가 피의자에게 그 경락대금 61억 원 중 50억 원은 백화점 건물과 대지를 담보로 ○○은행, ○○은행 등으로부터 대출받았고, 11억 원은 자신이 직접 조달한 것이니 11억 원에 백화점을 인수해가라고 하자, 사실은 백화점 인수대금을 줄 의사가 전혀 없었다.

그럼에도 불구하고 피의자는 20○○. ○. ○. ○○에 있는 ○○다방에서 피해자에게 백화점을 6억 원에 인수하겠으니 회사의 자본금 1억 8,000만 원의 지분양도서에 서명하고 대표사원 직인을 넘겨달라고 거짓말을 하였다. 피의자는 이처럼 피해자를 기망하여 이에 속은 피해자로 하여금 즉시 그 자리에서 회사 지분양도서에 서명 날인케 하여 지분 전체를 양수하고 대표사원 직인을 넘겨받아 회사의 실질적인 대표사원이 됨으로써, 회사의 유일한 재산인 시가 약 160억 원 상당(감정가 ○○만원)의 백화점 건물과 대지에 대한 권리를 취득하여 같은 액수만큼의 재산상 이득을 취득하였다.

[기재례8] 개발제한구역 지정 빙자 편취

피의자는 20○○.○.○. ○○에 있는 ○○부동산에서, 피의자 소유의 ○○에 있는 임야 5,000㎡에 관하여 피해자 홍길동에게 매도하는 매매계약을 체결하면서 위 임야는 개발제한구역에 있어 사실상 공장을 건립할 수 없는 임야이고 조만간 개발제한구역 지정이 해제될 가능성이 전혀 없는 곳이었다.

그럼에도 불구하고 피의자는 공장용지를 원하는 위 피해자에게 '위 임야는 3개월 이내에 개발제한구역 지정이 해제되고 공장용지로 지정이 될 것이니 빨리 매수하여 공장을 건립하면 사실상 묵인이 될 수 있으므로 급히 잡아 두지 않으면 다른 사람에게 매도하겠다'라고 거짓말을 하였다.

피의자는 위와 같이 피해자를 기망하여 이에 속은 피해자로부터 즉석에서 매매계약금 명목으로 ○○만원을 교부받았다.

[기재례9] 선급금 편취

피의자는 20○○. ○. ○. 13:30경 ○○에 있는 피해자 甲이 운영하는 ○○커피숍에서 피해자에게 자신이 甲인 것처럼 피의자가 미리 절취한 위 甲의 자동차운전면허증을 제시하며 "다방에서 종업원으로 근무하겠으니 선급금을 달라."라고 거짓말을 하였다. 그러나 사실은 그 커피숍의 종업원으로 일할 의사가 없었다.

피의자는 이처럼 피해자를 기망하여 이에 속은 피해자로부터 그 자리에서 선급금 명목으로 ○○만 원을 교부받았다

[기재례10] 공사대금 편취

피의자는 여관 2동의 공사를 도급 주더라도 그 대금을 지급할 의사나 능력이 없었다.

그럼에도 불구하고 피의자는 20○○.○.○.경 ○○에서 피해자 甲에게 "공사를 완공하면 1개월 안에 여관을 담보로 대출을 받거나 매도하여 공사대금 5억원을 주겠다."라고 거짓말을

하였다. 피의자는 이처럼 피해자를 기망하여 20○○. ○. ○.경 공사를 완공하도록 한 뒤 공사대금을 지급하지 아니함으로써 위 금액 상당의 재산상 이익을 취득하였다.

[기재례11] 외국 물품구입 빙자

피의자는 그의 형인 홍길동이 운영하는 한양당의 영업을 담당하는 사람으로서 20○○.○. 말 무렵부터 한양당이 별도의 공장을 설립함에 따라 막대한 자금이 필요하게 되어 자금의 압박을 받고 있어 ○○○로부터 일본산 향을 취급하지 말라는 명시적인 지시를 받았으므로 그 무렵부터는 일본산 향을 취급하고 있던 피해자 홍길동으로부터 일본산 향을 구입하더라도 정상적으로 그 대금을 결제할 능력이나 의사가 없었다.

그럼에도 불구하고 피의자는 20○○.○.○. 피해자가 운영하는 자향당에서 '일본산 향을 외상으로 주면 2달 이내에 반드시 그 대금을 지급하겠다.'라고 거짓말을 하였다. 피의자는 이처럼 피해자를 기망하여 이에 속은 피해자로부터 그 날 ○○만원 상당의 일본산 향을 납품받고 20○○. ○. ○. ○○만원 등 합계 ○○만원 상당을 납품받아 재산상 이익을 취득하였다.

[기재례12] 임대보증금을 돌려줄 의사와 능력이 없으면서 임대계약

피의자는 ○○에 있는 피의자 소유 건물 지하 1층 ○○노래연습장 건물은 여러 건의 가압류와 근저당 설정이 되어있어 1층 점포 ○○㎡에 대해 임대차계약을 하면 기간이 만료되어도 임대보증금을 돌려줄 의사와 능력이 없었다.

그럼에서 불구하고 피의자는 200○.○.○. ○○에서 피해자 한○○에게 "임차기간이 만료하면 틀림없이 전세보증금을 돌려주겠다"라고 거짓말을 하였다.

피의자는 이처럼 피해자를 기망하여 이에 속은 피해자와 "임대보증금 ○○만원에 월 ○○만원, 임대기간 200○.○.○.부터 200○.○.○. 까지(24개월)"로 한 부동산 임대차계약을 체결하고 임차보증금 명목으로 즉석에서 현금 ○○만원. 200○. ○. ○. 중도금과 잔금으로 ○○만원 등 총 ○○만원을 교부받았다.

[기재례13] 유가증권 할인

피의자는 당시 피의자가 경영하던 ○○건설이 경영상의 악화로 인하여 피해자에게 어음과 수표를 할인받더라도 지급기일이나 발행 일자에 그 어음금 등을 입금할 의사나 능력이 없었다.

그럼에도 불구하고 피의자는 200○.○.○.경 ○○에 있는 피해자 정택조 경영 탤런트 건설사무소에서 피해자에게 "자재를 사려고 하는데 그곳에서는 현금만 취급한다고 하여 급히 현금이 필요해서 그러니 우리 회사 발행 ○○만원 어음을 할인해 달라. 결재일에 틀림없이 지급되도록 하겠다"라고 거짓말을 하였다.

피의자는 이처럼 속은 피해자로부터 그 자리에서 피의자 회사 ○○건설(주) 명의로 발행한 지급지 ○○은행 ○○지점, 발행 일자 200○.○.○. 지급일자 200○.○.○. 액면금 ○○만원, 어음번호 마가0000000호를 교부하고 피해자로부터 할인금 명목으로 현금 ○○만원을 교부받았다.

[기재례14] 청와대 사정관을 잘 알고 있다며 교제비 등의 명목으로 편취

피의자는 청와대 사정비서관은 물론 청와대에 근무하면서 감사원에 파견된 甲을 알지 못할 뿐만 아니라, 그러한 사람을 알고 있다고 하더라도 그를 통하여 검찰에서 이미 무혐의처분을 받은 사건을 번복하거나 다른 사람에게 넘어간 회사 경영권과 주식을 반환받아 줄 의사나 능력이 없었다.

그럼에도 불구하고 피의자는 200○.○.○.경 ○○에 있는 ○○다방에서, 피해자 홍길동에게 "청와대 사정반 외근직에 근무하는 甲을 잘 아는데, 그에게 힘을 써서 무혐의 처분된 乙에 대한 사기 등 사건의 결과를 번복시키고, ○○기업을 되찾아 주겠으니 업무추진비와 교제비를 달라"고 거짓말을 하였다.

피의자는 이처럼 피해자를 기망하여 이에 속은 피해자로부터 그 자리에서 ○○만원, 200○. ○. ○.경 ○○에서 ○○만원 등 2회에 걸쳐 합계 ○○만원을 업무추진비와 교제비 명목으로 교부받았다.

[기재례15] 허위로 연대 보증케 한 경우

피의자는 ○○에 근무하다 퇴직하여 ○○은행을 비롯하여 여러 은행과 채무가 많아 은행대출을 받으면 이를 변제할 의사와 능력이 없었다.

그럼에도 불구하고 피의자는 200○.○.○. ○○에 있는 ○○농협에서 ○○만원 자립예탁금대출을 받으면서 피해자 甲에게 "농협에서 ○○만원 대월통장을 만들어 대출을 받으려고 하니 연대 보증을 서주면 대출 기간 안에 틀림없이 대출금을 갚겠다"라고 거짓말을 하였다. 피의자는 이처럼 피해자를 기망하여 이에 속은 피해자로부터 "○○농협에서 상환 기간 200○.○.○. 로 한 ○○만원" 대출을 받으면서 피해자를 연대 보증인으로 하여 그 무렵 위 대출금을 교부받았다.

[기재례16] 상속재산분할청구된 사실을 매수인에게 고지하지 아니하고 수증재산을 매매

피의자는 200○.○.○. 피해자 甲에게 피의자가 남편 乙로부터 200○.○.○. 유증받은 이 사건 토지를 대금 7억2,000만원에 매도하였는데, 그 전인 200○. ○. ○. 피의자의 장남인 丙이 피의자에 대하여 위 유증을 인정하지 아니하고 ○○가정법원에 상속재산분할심판청구를 제기하여 200○. ○. ○. 위 심판청구서 부본을 송달받게 되어 위 심판이 제기된 사실을 알고 있었고 위 심판은 실질적으로 유류분반환청구까지 포함하고 있어 언제든지 유류분반환청구로 변경 또는 확대될 수 있다는 것을 알고 있었다.

피의자는 피해자가 한국주택은행 직원들을 대상으로 직장주택조합을 결성하여 조합주택을 건축하고자 위 토지를 구입하는 것이었으므로 그가 위 심판청구 사실을 알았다면 위 매매계약에 따른 위 1차 중도금 지급을 거절할 것이 분명하므로 이를 위 피해자에게 고지하여야 한다. 그런데도 피의자는 이를 묵비하여 이에 속은 위 피해자로부터 200○. ○. ○.1차 중도금 1억 2,000만원을 교부받았다.

[기재례17] 취업 미끼 사기

피의자는 200○.○.○.경 ○○에 있는 남광호텔 커피숍에서 피해자 정동수 (26세)를 ○○주식회사에 취직시켜 줄 의사나 능력이 없음에도 불구하고 그에게 "○○(주) 사장이 나와 중학교 동창이니까 그에게 말하여 그 회사 직원으로 취직시켜 주겠다"라고 거짓말을 하여 이에 속은 그로부터 즉석에서 교제비 명목으로 현금 ○○만원을 교부받았다.

[기재례18] 결혼 빙자 사기

피의자는 홍길녀와 결혼하여 현재 자녀까지 낳고 살고 있으므로 다시 결혼할 의사와 능력이 없었다.

그럼에도 불구하고 피의자는 200○.○.○.경 ○○에 있는 피해자 홍길동의 집에서, 결혼을 미끼로 피해자로부터 금품을 받기로 마음먹고 피해자와 결혼할 의사가 없음에도 불구하고, 피해자에게 "빚을 갚아 주면 결혼하여 함께 살겠다."라고 거짓말하여 이에 속은 그로부터 200○. ○. ○. ○○만원을 교부받았다.

[기재례19] 상가를 분양할 능력없이 분양대금 교부받은 경우

피의자는 20○○.○.○.경 ○○에 있는 지하 1층, 지상 5층 규모의 ○○스포츠프라자를 전 소유자인 丙으로부터 은행채무 28억여 원과 임대보증금 14억 원을 인수하는 조건으로 현금 14억 원에 매수하기로 하고, 계약금 3억 1,000만 원만 지급한 상태에서 20○○. ○. ○. 먼저 소유권을 이전받았으나, 당시 피의자가 보유하고 있던 돈은 5억여 원에 불과하여 나머지 매매대금은 사채를 얻어 지급하고 있었고, 피의자의 채권자인 ○○건설은 20○○.○.○. 청구금액을 15억 원으로 하여 위 건물 전체를 가압류하였으며, 위 건물 점포의 분양도 제대로 성사되지 않아 위 건물을 담보로 한 하나은행 대출금 37억 원의 이자도 지급하지 못하고 있는 형편이었다.

피의자는 20○○.○.○.경 위 건물 지하사우나의 임차인인 丁에게 임대보증금을 3억 원 인상하거나 사우나를 명도해줄 것을 요구하였다가 위 丁으로부터 "전 소유자와 사이에 임대보증금 3억 5,000만 원, 임대기간 7년으로 계약한 후 15억여 원을 들여 시설공사를 하고 사우나를 운영하고 있으므로, 보증금을 추가로 올려줄 생각이 없고 그냥 나갈 수도 없다."라고 거절당하였고, 달리 위 丁으로부터 위 사우나를 명도받을 대책도 마련하고 있지 않았으므로, 피해자 홍길동에게 위 지하사우나를 분양하더라도 20○○.○.○.까지 위 피해자에게 위 사우나를 명도해 줄 의사나 능력이 없었다.

그럼에도 불구하고, 피의자는 20○○.○.○. ○○에 있는 피의자 운영의 ○○사무소에서, 위 피해자에게 "당신이 위 건물 지하사우나를 대출금 9억 1,000만 원을 인수하는 조건으로 6억 2,000만 원에 매수하면 20○○.○.○.까지 책임지고 기존의 사우나 임차인을 내보낸 후 당신에게 명도해주겠다"고 거짓말을 하였다.

피의자는 이처럼 피해자를 기망하여 이에 속은 위 피해자와 위 사우나에 관한 분양계약을 체결한 후 즉석에서 계약금 명목으로 1억 5,000만 원을 교부받고, 20○○. ○. ○. 중도금 명목으로 1억 2,000만 원을 송금받는 등 합계 2억 7,000만 원을 교부받았다.

[기재례20] 법원 재판 관련 어음 교부받은 경우

피의자는 그 전에 피의자가 ○○지방법원에서 경매방해 등 죄로 징역 1년 6월을 선고받고 피의자가 상고한 사건에 관하여, 사실은 대법관에게 로비자금으로 쓸 의사도 없고 대법원에서 피의자의 상고가 기각되더라도 피해자에게 변호사비용을 제외한 나머지 돈을 돌려줄 의사가 없었다.

그럼에도 피의자는 20○○.○.○.경 ○○에 있는 ○○레스토랑에서 피해자 홍길동에게 "대법원에는 판사가 많으므로 로비자금이 많이 필요하고 상고기각 되더라도 착수금만 제외하고 나머지 돈은 다 돌려받을 수 있으니 1억 5천만 원만 빌려달라"고 거짓말하였다.

피의자는 이처럼 피해자를 기망하여 이에 속은 피해자로부터 20○○. ○. ○. 위 피해자의

주거지에서 어음번호 자가 02016442호, 발행일 20○○.○.○. 지급기일 20○○.○.○.로 된 액면금 1억 5천만 원인 약속어음 1매를 교부받았다.

　　피의자 X는 20○○. ○. ○. 대한민국에 입국한 대만인, 피의자 Y는 20○○. ○. ○. 대한민국에 입국한 대만인, 피의자 Z는 20○○. ○. ○. 대한민국에 입국한 대만인이다.

　　피의자들은 대만 또는 중국 등지에서 활동하는 불상의 범죄조직단은 한국어에 능통한 자들로 구성된 텔레마케팅팀, 계좌 및 현금카드 개설팀, 현금인출 및 계좌이체팀, 송금팀 등을 조직하여 대한민국에 잠입시켜 각 팀을 점조직 형태로 관리하면서 텔레마케팅팀은 피해자들에게 전화를 걸어 금융범죄 수사관 등을 사칭하여 피해자들의 신용카드가 도용되고 있으니 피해를 막으려면 현금인출기에 현금인출카드 등을 넣고 보안번호를 입력하여야 한다고 속여 실제로는 피해자들에게 범죄조직단이 개설한 계좌번호 등을 복잡하게 불러주어 이에 속은 피해자들로 하여금 그 계좌로 돈을 이체하도록 하면 현금인출 및 계좌이체팀은 신속하게 그 계좌에 있던 돈을 인출하거나 다른 계좌로 이체시키고 송금팀은 그 돈을 대만 등으로 송금시키기로 결의하였다.

　　범죄조직단의 상층 조직원으로 추정되는 위 甲에게 포섭당한 피의자 X와 피의자 X의 고등학교 후배인 피의자 Y, 피의자 X, 같은 Y과 대만에서부터 알고 지내오던 피의자 Z는 1일 현금인출 총액의 10%를 수고비로 받는 조건으로 현금인출 및 계좌이체를 담당하기로 하고 위 각 일시경 대한민국에 입국하여 같은 숙소에 기거하면서 '甲'의 지시를 기다리기로 하였다.

　　피의자들은 20○○. ○. ○. 16:15경 ○○에서, 성명불상의 텔레마케터는 ○○에 사는 피해자 K의 집으로 전화를 걸어 '국민은행에 카드연체가 있으니 담당부서로 연락 바랍니다'라는 ARS 음성 메시지를 남기고 피해자가 그 음성 메시지 안내에 따라 담당 부서라는 곳으로 전화를 걸자 성명불상의 텔레마케터는 '나는 금융범죄 수사관인데, 확인해 보니 선생님의 신용카드를 범죄자들이 위조하여 사용한다, 보안장치를 설정해 놓지 않으면 계속 피해를 볼 수 있으니 빨리 현금 인출카드를 지참하여 가까운 현금인출기로 가서 나의 핸드폰 전화를 기다려라'라는 취지로 응답을 함으로써 그 시경 피해자를 위 주거지 부근 현금자동지급기로 유인한 다음, 성명불상의 텔레마케터는 피해자의 핸드폰으로 전화를 걸어 '보안장치를 설정해야 하니 현금인출카드를 현금인출기에 넣고 시키는 대로 보안카드 번호를 입력하라'라는 취지로 거짓말을 하여 이에 속은 피해자로 하여금 현금자동지급기에 현금인출카드를 넣고 위 성명불상의 텔레마케터가 불러주는 ○○은행(계좌주: 양**, 계좌번호: 6201-****-****) 계좌번호, 이체금액, 비밀번호 등을 입력하게 하는 방법으로 같은 날 16:28경부터 같은 날 17:09 경까지 사이에 위 ○○은행 계좌로 1회에 걸쳐 ○○만원을 이체시키도록 하여 이를 이체받았다.

　　그 시경 위 '甲'으로부터 현금인출 지시를 받은 피의자들은 불상의 현금인출기에서 위와 같은 경위로 위 각 계좌에 이체된 돈을 현금 인출하여 옆에서 대기하고 있던 송금팀으로 추정되는 위 '乙'에게 전달하였다.

　　피의자들은 공모하여 위와 같은 사기 범행으로 20○○. ○. ○.부터 20○○. ○. ○.까지 사이에 별지 범죄일람표 기재와 같이 모두 ○○회에 걸쳐 범죄조직단이 개설한 각 계좌로 이체된 합계 ○○만원을 위 각각 이체 일시경 현금인출기에서 인출하여 위 '乙'에게 전달하였다. 이로써 피의자들은 위 합계금을 교부받은 것이다.

[기재례22] 전화 금융사기 (2)

가. 전자금융거래법 위반

전자금융거래의 접근 매체인 현금카드 및 현금카드를 사용하는데 필요한 비밀번호, 금융기관 또는 전자금융기관에 등록된 이용자 번호 등을 양도·양수하거나 질권을 설정하여서는 아니된다.

1) 피의자 두○○

피의자는 20○○. ○. ○.경 ○○에서 이○○에게 통장 당 10만 원을 지급하기로 하고 별지 일람표(2) 기재의 통장 3개, 비밀번호 및 현금카드를 각각 교부받아, 전자금융거래 접근매체를 양수하였다.

2) 피의자 두○○, 피의자 장○○

20○○. ○. ○.경 ○○에서, 피의자 두○○이 피의자 장○○로부터 통장 당 30만 원을 지급받기로 하고 피의자 두○○의 ○○은행 통장(계좌번호 ○○) 비밀번호 및 현금카드를 양도한 것을 비롯하여 그때부터 20○○. ○. ○.경까지 별지 범죄일람표(1) 기재와 같이 통장 30개와 해당 비밀번호 및 현금카드를 각각 교부하여, 피의자 두○○은 전자금융거래 접근매체를 양도하고, 피의자 장○○는 양수하였다.

나. 사기방조

피의자 임○○은 신원이 밝혀지지 않은 중국인으로부터 속칭 대포통장을 가급적 많이 만들어 달라는 부탁을 받아 통장당 50만 원을 받기로 하고 승낙한 다음 피의자 장○○에게 한국인의 대포통장을 만들어주면 통장당 40만 원을 주겠다고 제의하고, 피의자 장○○는 제의를 승낙하고 피의자 두○○에게 대포통장을 만들어주면 통장당 30만 원을 지급하겠다고 제의하고, 피의자 두○○은 제의를 승낙하여 이○○, 김○○에게 대포통장을 만들어 주면 통장당 10만 원을 지급하겠다고 제의하고, 이○○ 등은 이를 승낙하는 방법으로, 대포통장이 전화사기 등의 범행에 사용될 것이라는 정을 알면서도 순차 공모하였다.

피의자들은 20○○. ○. ○.경부터 20○○. ○. ○.경까지, 피의자 두○○은 피의자 장○○에게 별지 범죄일람표(1) 기재와 같이 대포통장 및 현금카드 각 30개를 건네주고, 피의자 장○○는 이를 별지 범죄일람표(2) 기재와 같이 피의자 임○○에게 건네주고, 피의자 임○○은 이를 별지 범죄일람표(3) 기재와 같이 신원이 알려지지 않은 자에게 건네주었다.

피의자 임○○에게 대포통장 구입을 지시한 자 등이 20○○. ○. ○. 11:30경 피해자 박○○에게 전화하여 "신용카드대금이 연체되었고, 연체된 사실이 없다면 신용카드 정보가 노출되어 다른 사람이 사용한 것 같다. 안전장치를 하여 가상의 계좌로 입금해야 하니 통장현금카드를 가지고 가까운 은행의 현금지급기로 가서 시키는 대로 하라."고 말하였다.

피의자는 이처럼 피해자를 ○○에 있는 ○○은행 ○○지점 내 현금지급기 앞으로 유인한 다음, 이에 속은 피해자로 하여금 계좌번호 등을 누르게 하여 피해자의 ○○은행 계좌에서 이○○ 명의의 농협계좌로 ○○만원을 송금받아 교부받은 것을 비롯하여, 20○○. ○. ○.경부터 20○○. ○. ○.경까지 별지 범죄일람표(4) 기재와 같이 총 ○○명으로부터 합계 ○○만원을 송금 받음에 있어 범행을 용이하게 하여 방조한 것이다.

※ 전자금융거래법

제6조(접근매체의 선정과 사용 및 관리) ③ 누구든지 접근매체를 사용 및 관리함에 있어서 다른 법률
  에 특별한 규정이 없는 한 다음 각 호의 행위를 하여서는 아니 된다.
  1. 접근매체를 양도하거나 양수하는 행위
제49조(벌칙) ④ 다음 각 호의 어느 하나에 해당하는 자는 5년 이하의 징역 또는 3천만원 이하의 벌금
  에 처한다.
  1. 제6조제3항제1호를 위반하여 접근매체를 양도하거나 양수한 자

[기재례23] 전화 금융사기방조(현금 인출책)

　　피의자 甲은 일정한 직업이 없고, 피의자 乙은 스포츠 강사로서 각 대만인인데, 중국인인
丙, 丁 등과 공모하여, 중국에 있는 성명을 알 수 없는 자가 KT상담원, 경찰관 등을 사칭하여
한국인들에게 전화한 다음 개인정보 유출 등을 빙자하여 미리 확보한 차명통장으로 계좌이체
를 시키는 방법(속칭 보이스피싱)으로 별지 범죄일람표기재와 같이 총 ○○회에 걸쳐 합계○○
만원 상당의 돈을 교부받음에 있어 이를 돕기 위하여 위 丙은 편취금을 인출하여 중국으로 전
달해 주는 총괄관리를 하고, 피의자 甲과 丁 등은 교부받은 돈을 인출하고, 피의자 乙은 위와
같이 인출한 돈을 보관하면서 돈을 인출한 甲 등에게 수고비 명목으로 인출금의 8%~9%상당
을 지급하고, 위와 같이 보관중인 돈을 다시 불상자에게 전달하는 자에게 수고비 명목으로 전
달금의 1%~2% 상당을 지급하는 등 교부받은 돈을 인출, 보관, 전달하는 방법으로 성명을 알
수 없는 자들의 범행을 돕기로 마음먹었다.
　　피의자들은 20○○. ○. ○.경부터 20○○. ○. ○.경까지 ○○일대에서 피의자 甲은 ○○회
에 걸쳐 위 편취금액 중 ○○만원 상당을 인출하여 丙에게 전달하고, 피의자 乙은 ○○만원을
인출하고 위 丙, 丁, 피의자 甲 등이 인출한 돈 ○○만원 상당을 보관하면서 인출자 및 전달자
에 대한 수고비를 정산하였다.

[기재례24] 사이비 승려의 천도재 빙자 사기

　　피의자는 이른바 대한불교 ○○종파의 창시자라고 자처하면서 ○○사 총본산 총무부라는 상
호로 사찰을 운영하던 승려(법명 ○○)인데 평소 우한이 있어 위 사찰에 찾아온 피해자들에게
구병시식 또는 천도재를 지내라고 권유한 뒤 제를 지내면서 피해자들로부터 천도재 등 명목으
로 돈을 교부받아 미리 준비한 항아리에 넣은 다음 제를 마친 후 피해자들 몰래 위 항아리에
서 돈을 빼내는 방법으로 재산상 이익을 취득하기로 마음먹었다.
　　피의자는 20○○. ○. ○.경 ○○에 있는 ○○사에서 교통사고를 당한 딸의 지병과 시어머니
의 신병을 이유로 상담하러 온 피해자 甲에게 '항아리에 돈을 넣고 구병시식과 천도재를 지
내면 치료할 수 있다. 제를 마치면 돈을 다 돌려주겠다' 라는 취지로 거짓말하였다. 피의자는
이처럼 피해자를 속여 이에 속은 피해자로부터 같은 날 현금 ○○만원을 교부받은 것을 비롯
하여 그때부터 20○○. ○. ○.경까지 별지 범죄일람표 기재와 같이 총 ○○회에 걸쳐 위와 같
은 방법으로 피해자들로부터 합계 ○○만 원을 교부받았다.

[기재례25] 묘지 관리인의 공동묘지 사기 분양

　　피의자들은 ○○에 있는 ○○공동묘지가 실은 ○○시청에서 관리하는 묘지로서 이미 만장이 되어 더 이상 분묘설치가 되지 않는 곳으로 이곳에 분묘를 설치하여 차후 시청에 적발되면 분묘이장 등 행정처분이 행하여 질 수 있는 곳임을 알고 있음에도, 위 乙은 병원 장례식장 등지에서 만난 망자들의 유족들에게 ○○공동묘지에 분묘를 설치할 수 있는 것처럼 유인하여 피의자에게 소개하여 주고, 피의자는 망자를 위 공동묘지에 매장하는 방법으로 묘지분양을 하기로 결의하였다.

　　피의자들은 공모하여 20○○. ○. ○.경 ○○공동묘지에서, 乙로부터 소개받은 망 丙의 상속인 피해자 홍길동에게 "이곳은 시립묘지로 평생 써도 아무 이상이 없으니 걱정말라." 라고 거짓말하였다. 피의자들은 이처럼 피해자를 기망하여 이에 속은 위 피해자로부터 묘지분양대금 조로 ○○만원을 받는 등 그때부터 20○○. ○. ○.경까지 사이에 별지 범죄일람표 기재와 같이 ○○회에 걸쳐 묘지분양대금조로 합계 ○○만원을 교부받았다.

[기재례26] 국유재산 수리비 과다청구

　　피의자들은 국가보조금으로 지원되는 ○○사 관련 단청공사를 시행하면서 도급계약은 ○○사와 문화재청에 등록된 문화재 수리업체인 ○○산업 등과 체결하되 실제 단청공사는 ○○사 주지인 피의자 甲과 친분이 두텁던 피의자 丙이 저가로 시공한 후 실제 공사비보다 훨씬 고가의 공사비가 들어간 것처럼 가장하여 국가보조금을 받아내기로 공모하였다.

　　피의자들은 20○○. ○. ○. ○○에 있는 ○○시청에서 국유재산 보수사업으로 추진한 ○○사 단청보수공사에 대한 국고보조금을 신청하면서, 사실은 피의자 丙이 위 공사를 ○○만원에 시공하였음에도 마치 주식회사 ○○산업이 총공사비 ○○만원에 ○○사로부터 수주를 받아 직접 시공한 것처럼 허위의 민간건설공사 표준도급계약서, 세금계산서 및 인건비와 재료비를 부풀린 공사원 가계산서 등 공사 관련 서류를 작성, 제출하는 방법으로 ○○시청의 담당 공무원 A를 기망하여 이에 속은 ○○시청으로부터 20○○. ○. ○. 국고보조금 명목으로 ○○만원을 교부받았다.

[기재례27] 국정원 직원사칭 사기

　　피의자는 20○○. ○. ○.경 ○○에 있는 상호를 알 수 없는 횟집에서, 피해자 ○○○에게 "나는 국가정보원 직원인데 국가정보원에서 사용하는 에쿠스 차량을 시세보다 저렴한 ○○만원에 구입할 수 있도록 해 주겠다" 라고 거짓말을 하였다.
그러나 사실은 국가정보원 직원이 아니었을 뿐더러 국가정보원에서 사용하는 차량을 싸게 구입하도록 알선할 의사나 능력도 없었다.

　　피의자는 이처럼 피해자를 기망하여 이에 속은 피해자로부터 그 자리에서 계약금 명목으로 ○○만원을 교부받고, 20○○. ○. ○.경 피의자 명의의 ○○은행계좌로 ○○만원을 송금 받아 합계 ○○만원을 교부받았다.

　2) **적용법조 :** 제347조 제1항… 공소시효 10년

2. 신용카드 관련 기재례

1) 범죄사실 기재례

[기재례1] 능력없이 신용카드를 발급받아 사용한 경우(1)

피의자는 20○○.○.○. ○○에 있는 ○○은행 역삼동 지점에서 카드사용 대금을 입금할 의사나 능력이 없으면서도 동지점에 카드 사용대금을 매월 ○일 입금해 주겠다는 카드 발급신청서를 작성 제출하여 20○○. ○. ○. 위 은행으로부터 특별회원 비자카드(카드번호111111)를 교부받아 소지하게 되었다.

피의자는 20○○. ○. ○. ○○에서 물품구매비로 ○○만원을 사용한 것을 비롯하여 20○○. ○. ○.까지 사이에 현금인출 및 물품구입 등으로 별지 범죄일람표의 내용과 같이 각 가맹점 등에서 총 ○○회에 걸쳐 ○○만원 상당을 교부받았다.

[기재례2] 능력없이 신용카드를 발급받아 사용한 경우(2)

피의자는 20○○. ○. 초순경 신용카드를 발급받아 사용하더라도 그 대금을 변제할 의사나 능력이 없음에도 불구하고, 피해자 주식회사 ○○카드 직원인 甲에게 마치 신용카드대금을 제대로 납부할 것처럼 가장하면서 ○○카드발급 신청을 하여 이에 속은 위 회사로부터 20○○. ○. ○.경 ○○카드 1매를 발급받았다.

피의자는 20○○. ○. ○.경 ○○에 있는 바다소리 식당에서 ○○만원 상당의 음식을 주문하여 먹고 그 대금을 위 신용카드로 결제한 것을 비롯하여 그 무렵부터 20○○. ○. ○.경까지 사이에 [별지] 범죄일람표 기재와 같이 모두 ○○회에 걸쳐 합계 ○○만원 상당의 물품을 구입하거나 현금서비스를 받는 데 위 신용카드를 사용하고도 위 금액 중 ○○만원만을 갚고 나머지 ○○만원을 변제하지 아니하여 같은 액수만큼 재산상의 이익을 취득하였다.

[기재례3] 신용카드 가맹주가 허위의 매출전표를 제출하여 대금 청구한 경우(98도3549관련)

피의자는 20○○. ○. ○. ○○카드사와 신용카드가맹점을 개설하였다.

피의자는 20○○. ○. ○.경 신용카드가맹점인 ○○에 있는 피의자 여관에서, 피의자가 甲으로부터 빌린 乙 명의의 ○○은행 비자카드를 이용하여 마치 乙이 위 여관에 투숙하여 ○○만원 상당의 용역을 제공받은 것처럼 매출전표를 허위로 작성한 후 그 무렵 ○○은행 ○○○지점에서 위 매출전표를 제출하였다.

피의자는 이에 속은 위 은행으로부터 위 금액 상당의 돈을 교부받은 것을 비롯하여 같은 해 ○. ○.까지 ○○회에 걸쳐 용역의 제공을 가장하여 합계금 ○○만원 상당의 허위매출전표를 작성한 후 이를 신용카드회사에 제출하여 이에 속은 신용카드회사로부터 합계 위 금상당의 돈을 교부받았다.

[기재례4] 지급능력과 의사 없이 외상거래

피의자는 20○○. ○. ○. ○○에 있는 피해자 신○○이 경영하고 있는 엘지전자 월드 매장에서 컬러텔레비전을 외상으로 구입할 경우 그 대금을 갚을 의사와 능력이 없으면서 위 피해자에게 "엘지전자 제품 ○○컬러텔레비전 1대를 ○○만원에 주면 1개월 후인 12. 1.까지 그 대금을 틀림없이 주겠다" 라고 거짓말하여 이를 사실로 믿은 그로부터 즉석에서 위 물품을 교부받아 그 대금을 갚지 않아 위 금 상당의 재산상 이익을 취득하였다.

2) **적용법조 :** 제347조 제1항… 공소시효 10년

[기재례5] 신용카드 위조하여 사용한 후 카드회사에 대금신청 미수

1) **범죄사실 기재례**

가. 여신전문금융업법 위반
피의자들은 20○○. ○. ○.경부터 ○. ○.경까지 신용카드 배송업체에 취업한 피의자 丙이 다른 사람에게 전달될 신용카드를 가져오자, 피의자 乙이 봉함된 편지봉투에서 신용카드를 꺼내어 피의자 甲에게 건네주고, 피의자 甲은 카드리더기로 신용카드의 자기기록을 읽어 각 신용카드의 정보를 빼내어 컴퓨터 디스켓에 저장한 뒤, 8. 19.경 ○○에서 피의자 甲이 A에게 의뢰하여 그로 하여금 저장된 신용카드 정보를 이용하여 B 명의의 ○○은행 신용카드 각 1매를 복제하도록 하여 위조하였다.
나. 여신전문금융업법 위반 및 사기미수
피의자들은 20○○. ○. ○.18:35경 ○○에서, 피의자 甲이 위와 같이 위조한 신용카드를 이름을 알지 못하는 카드할인업자에게 교부하여, ○○만원의 물품을 ○○에서 구입한 것처럼 가장하는 방법으로 매출을 발생시켜, 정상적인 물품거래가 이루어진 것으로 믿은 피해자 ○○은행으로부터 위 금액 상당액을 계좌로 이체받아 재산상 이득을 취득하려고 하였으나, 신용카드 할인업자가 수수료를 지나치게 많이 공제하려고 하자, 그 매출취소 신청을 하여 금원 취득 및 신용카드 사용의 뜻을 이루지 못하고 미수에 그쳤다.

2) **적용법조 :** 여신전문금융업법 제70조 제1항 제1호, 제2호, 제5항, 형법 제352조, 제347조 제1항 … 공소시효 10년

3. 소송사기 유형별 기재례

1) **범죄사실 기재례**

[기재례1] 변제받고도 대여금반환청구소송 제기

피의자는 20○○. ○. ○. 홍길동으로부터 백미 395가마의 차용증서를 받아 가지던 중 홍길동의 채무를 ○○만원으로 줄여 주기로 합의한 뒤 20○○. ○. ○.경부터 20○○. ○. ○.경까지 사이에 ○○만원을 모두 받았다.
그럼에도 불구하고 피의자는 20○○. ○. ○. 홍길동을 상대로 백미 ○○가마 및 그에 대한 이자의 지급을 구하는 소송을 제기함으로써 법원을 속여 재산상의 이익을 취득하려 하였으나 위 홍길동이 응소함으로써 그 뜻을 이루지 못하고 미수에 그쳤다.

[기재례2] 변제받고도 대여금반환청구소송 제기(소송사기미수)

> 피의자는 20○○. ○. ○. 피해자 김민주에게 대여한 ○○만원에 대하여 20○○. ○. ○. 위 원금과 이자를 합하여 총 ○○만원을 변제받았다.
>
> 그럼에도 불구하고 피의자는 20○○. ○. ○. ○○에 있는 ○○지방법원에서 위 피해자에게 위 변제금액에 대한 영수증을 작성해 주지 않은 것을 기화로 다시 받기로 마음먹고 피해자에게 "20○○. ○. ○. ○○만원을 대여받았음에도 피해자는 아무 이유없이 이를 변제하지 않았다"라는 취지의 대여금반환청구소송 소장을 작성 제출하여 그 정을 모르는 위 법원으로 하여금 피의자에 대한 승소판결을 선고하여 위 피해자로부터 위 ○○만원을 받으려 하였으나 피해자가 응소하며 기 변제한 증거자료를 제시하여 피의자가 패소함으로써 그 목적을 이루지 못하고 미수에 그쳤다.

[기재례3] 경매로 변제받고도 다시 소송제기 법원기망 금원편취

> 피의자는 20○○. ○. ○.경 피해자 甲에게 선이자 ○○만원을 공제한 ○○만원을 대여하면서 피해자 발행의 금액 ○○만원으로 된 약속어음을 담보조로 받았다가 변제기일인 20○○. ○. ○. 피해자의 요구로 다시 선이자로 ○○만원을 받고 위 어음을 반환하는 대신 발행일 20○○. ○. ○. 금액 ○○만원으로 된 피해자 발행의 당좌수표를 선일자로 담보 명목으로 받았고 이와는 별도로 위 ○○만원의 채권에 대한 담보 명목으로 피해자의 부동산 등에 관하여 근저당권설정 및 가압류를 해 두었으나 그 후 위 수표가 부도나므로 20○○. ○. 경부터 위 부동산에 관하여 임의경매를 신청하여 그 배당금으로 변제를 받아 오고 있었다.
>
> 피의자는 20○○. ○. ○. ○○에 있는 ○○법원에서 위 ○○만원의 채권담보조로 피해자 소유의 ○○리 112 답 5,000㎡ 등에 이미 설정한 근저당권을 근거로 하여 임의경매신청을 하여 20○○. ○. ○. ○○만원을 배당받아 위 ○○만원의 채권 일부를 변제받아 그만큼 채권이 소멸되었음에도 이를 숨기고 피해자에게 대여한 ○○만원을 전혀 변제받지 못하였으므로 위 ○○만원과 이에 대한 이자의 지급을 청구한다는 취지의 수표금 청구의 소를 제기하였다.
>
> 피의자는 이에 기망된 위 법원으로 하여금 20○○. ○. ○. 피해자가 피의자에 대하여 ○○만 원 및 20○○. ○. ○.부터 완제 시까지 연 ○○%의 비율에 따른 금원을 지급하라는 피의자 승소판결을 선고하도록 한 후 위 판결이 20○○. ○. ○. 확정되어, 20○○. ○. ○. 위 확정판결을 근거로 하여 피해자 소유의 다른 부동산이 경매되어 피해자 명의로 배당된 금액 중 ○○만원을 피의자가 수령하여가 재산상 이익을 취득하였다.

2) **적용법조** : 제352조, 제347조 제1항(소송사기미수)… 공소시효 10년

4. 기타 사기죄의 기재례

[기재례1] 수표 차액 편취(계약서 위조 후 차액 편취)

> 피의자는 20○○. ○. ○. ○○에 있는 피의자 근무처인 (주)○○컴퓨터렌드 ○○점 판매장에서, 피해자 홍길동이 ○○컴퓨터 1대를 ○○만원에 6개월 할부로 구입하면서 계약금으로 ○○은행 자기앞수표 100만원권 1매와 현금 100만원 등 총 ○○만원을 주자 이를 받아 동 판매점에서 사용한 매매계약서 겸 할부금융신청서/약정서와 고객관리카드 및 입금표를 작성하게 되었다.

피의자는 먼저 피해자로 하여금 피해자의 인적사항과 약도를 작성케 한 후 피의자가 나머지 계약금 등 부분을 작성함을 기화로 이를 위조 행사하여 차액 상당의 재산상 이익을 취득할 목적으로, 매매계약서 겸 할부금융신청서/약정서와 고객관리카드의 입금란과 잔금란을 각각 ○○만원, ○○만원으로 각 2부를 작성 위조하고, 이것을 그 자리에서 진정으로 성립된 것처럼 그 1부를 피해자에게 교부하고 나머지 1부는 자체매장에 보관 행사하여 계약금의 차액 ○○만원의 재산상 이익을 취득하였다.

2) **적용법조** : 제347조 제1항, 제231조(사문서위조), 제234조(위조사문서행사)…
   공소시효 10년, 7년(제231조, 제234조)

[기재례2] 나이트클럽에서 '후까시' 맥주판매

피의자 甲은 '두꺼비' 나이트클럽의 대표자로서 위 나이트클럽을 운영하는 자, 피의자 주식회사 乙은 무도장 및 관광유흥주점업 등을 목적으로 설립된 법인이다.

가. 피의자 甲

1) 피의자는 20○○. ○. ○.경 ○○에 있는 '두꺼비' 나이트클럽에서, 종업원인 丙 등으로 하여금 20○○. ○. ○.경 피의자의 지시를 받고 丙이 서울에서 구입해 온 맥주병 뚜껑을 닫는 기계를 이용하여 그곳 손님들이 마시고 남긴 맥주를 맥주병에 모아 위 기계로 뚜껑을 닫는 방법으로 속칭 '후까시 맥주'를 만들게 한 다음 위 나이트클럽의 종업원인 丁으로 하여금 이를 마치 정상적인 맥주인 것처럼 피해자 성명불상자에게 판매하려 하였으나 위 맥주에서 담배꽁초가 나오는 바람에 피해자가 이를 알아채고 항의하는 바람에 그 뜻을 이루지 못하고 미수에 그쳤다.

2) 피의자는 20○○. ○. ○.경부터 20○○. ○. ○.경까지 같은 장소에서, 위와 같이 제조한 '후까시 맥주'를 손님들에게 재판매함으로써 불결하거나 다른 물질의 혼입 또는 첨가의 사유로 인체의 건강을 해할 우려가 있는 맥주를 판매하였다.

나. 피의자 주식회사 乙

피의자는 위 '가-2'항과 같은 일시, 장소에서 위 피의자의 대표자인 피의자 甲이 위 피의자의 업무에 관하여 종업원인 丙 등으로 하여금 '가-2'항과 같이 제조된 불결하거나 다른 물질의 혼입 또는 첨가의 사유로 인체의 건강을 해할 우려가 있는 '후까시 맥주'를 판매하였다.

2) **적용법조**

피의자 甲 : 형법 제352조, 제347조 제1항(사기미수), 식품위생법 제94조 제1호,
　　　　　제4조 제4호,
피의자 주식회사 乙 : 식품위생법 제100조, 제94조 제1항 제1호, 제4조 제4호

[기재례3] 체인점 개설 관련 거래약정서 위조 후 계약금 등 편취

피의자 甲은 ○○주식회사의 ○○사업부 영업팀장, 피의자 乙은 위 회사의 전산기획실장으로 각 근무하던 자들로 사실은 타인으로부터 체인점 개설과 관련하여 예치금 명목으로 돈을 받더라도 체인점을 개설해 줄 의사나 능력이 없고, 이런 경우 회사의 대표이사 명의로 체인점 개설 약정서 및 입금표를 작성할 아무런 권한이 없었다.

가. 사문서위조

피의자는 20○○. ○. ○.경 ○○에 있는 ○○회사 사무실에서, 피의자 甲은 피해자 홍길동에게 체인점을 개설해 줄 것처럼 행세하면서, 행사할 목적으로 권한 없이, '○○체인스토아거래약정서'의 점포 명칭란에 '○○홈플러스', 거래보증금 란에 '1억'으로 기재한 다음이를 피의자 乙에게 넘겨주고, 피의자 乙은 위 거래약정서의 약정당사자 (甲) 란의 '주소생략, ○○주식회사대표이사 丙' 옆에 미리 가지고 있던 대표이사 직인을 날인하였다.
이로써 피의자들은 공모하여 권리의무에 관한 사문서인 회사 명의의 거래약정서 1매를 위조하였다.

피의자들은 이어 피의자 甲은 피해자로 하여금 정상적인 체인점 거래약정이 체결된 것처럼 믿게 하는데 행사할 목적으로 권한 없이, 회사 대표이사 직인이 날인된 입금표의 작성연월일란에 '20○○. ○. ○.', '합계란에' ○○만 원, '내용란에' '○○홈플러스 예치금'을 각 기재하였다. 이로써 피의자들은 공모하여 권리의무에 관한 사문서인 회사 명의의 입금표 1매를 위조하였다.

나. 위조사문서행사

피의자들은 위와 같이 위조한 거래약정서 및 입금표 각 1매를 그 정을 모르는 피해자에게 교부하여 이를 행사한 것을 비롯하여 그때부터 20○○. ○. ○.경까지 사이에 별지 범죄일람표 (1) 기재와 같이 권리의무에 관한 사문서인 회사 명의의 거래약정서 10매, 입금표 10매를 각 위조하고, 이를 그 정을 모르는 사람들에게 교부하여 이를 각각 행사하였다.

다. 사기

피의자들은 20○○. ○. ○.경 같은 장소에서, 피의자 甲은 피해자 홍길동에게 ○○홈플러스 체인점을 개설해 주겠다고 거짓말하고, 위와 같이 위조한 거래약정서를 교부하면서 마치 정상적인 체인점 거래약정이 체결된 것처럼 행세하였다.

피의자들은 공모하여 이처럼 피해자를 기망하여 이에 속은 위 피해자로부터 위 체인점 거래약정에 따른 예치금 명목으로 1억 원을 교부받은 것을 비롯하여 그때부터 20○○. ○. ○.경까지 사이에 별지 범죄일람표(2) 기재와 같이 피해자들로부터 10회에 걸쳐 합계 ○○만 원을 교부받았다.

2) **적용법조** : 제347조 제1항, 제231조(사문서위조), 제234조(위조사문서행사)…
   공소시효 10년, 7년(제231조, 제234조)

[기재례4] 상품권 판매수익금 미끼로 투자금 유치

가. 사기

피의자들은 사실은 피해자 홍길동으로부터 투자금을 받더라도 원금 및 수익금을 제대로 지급하여 줄 의사나 능력이 없었다.

1) 20○○. 3. 1. 범행

피의자들은 20○○. 3. 1. ○○에 있는 ○○주식회사사무실에서 피해자에게 "가전제품이나 상품권을 대량으로 구입하여 판매하면 높은 수익금이 발생하는데 투자 후 원금은 요구하면 한 달 후에 상환하여 주고 15일에 3%의 수익을 보장하여 주겠다"라고 거짓말을 하였다.

피의자들은 이처럼 피해자를 기망하여 이에 속은 위 피해자로부터 같은 날 투자금 명목으로 5억 800만 원을 피의자 甲 명의의 ○○은행 계좌(계좌번호)로 송금받고, 20○○. ○. ○.경 추가투자금 명목으로 5억 원을 위 위 은행 계좌로 송금받아 합계 10억 800만 원을 교부받았다.

2) 20○○. 6. 1. 범행

피의자들은 20○○. 6. 1.경 위 주식회사사무실에서 피해자 A에게 "상품권을 구입하여 판매하면 높은 수익금이 발생하는데 투자하면 원금은 35일 후에 상환하여 주고 월 25%의 이익배당금을 주겠다"라고 거짓말을 하였다.

피의자들은 이처럼 피해자를 기망하여 이에 속은 피해자로부터 같은 날 투자금 명목으로 ○○만 원을 교부받은 것을 비롯하여 그때부터 20○○. ○. ○.까지 별지 범죄일람표(1) 기재와 같이 ○○회에 걸쳐 위 피해자로부터 합계 ○○만원을 교부받았다.

나. 유사수신행위의 규제에 관한 법률 위반

누구든지 다른 법령에 따른 인가·허가를 받지 아니하거나 등록·신고 등을 하지 아니하고 불특정 다수인으로부터 자금을 조달하는 것을 업으로 하여 장래에 출자금의 전액 또는 이를 초과하는 금액을 지급할 것을 약정하고 출자금을 수입하는 유사수신행위를 하여서는 아니 된다.

그럼에도 불구하고 피의자들은 위 "가항" 기재 각각 일시장소에서 투자금 명목으로 합계 ○○ 만원을 수입하여 유사수신행위를 하였다.

2) **적용범조** : 형법 제347조 제1항, 유사수신행위의 규제에 관한 법률 제6조 제1항, 제3조 … 공소시효 10년

[기재례5] 전자우편 이용 동정심 유발 사기 및 전자우편 무단전송행위

가. 사기

피의자는 경제적으로 어려운 상황에 부닥치자, 동정심을 유발하는 전자우편을 보내면 이를 보고 금품을 보내주는 사람들이 있다는 점을 이용하여, 어려운 처지에 있는 불우한 이웃인 것처럼 가장하며 경제적 지원을 요청하는 전자우편을 미리 수집하여 확보하고 있던 전자우편주소로 발송하여 그 내용이 진실인 것으로 믿은 이들로 하여금 동정심을 불러일으켜 돈을 송금받는 방법으로 재산상 이익을 취득하기로 마음먹었다.

피의자는 20○○. ○. ○.경 ○○에 있는 ○○피시방에서 사실은 자신은 백혈병을 앓고 있는 3세 아들을 둔 20세 미혼모가 아님에도 불구하고 피해자 홍길동을 비롯한 약 40만 개의 전자우편주소로 '사경을 헤매는 아기를 살려주세요'라는 제목으로 자신은 20세의 미혼모 김미녀인데 3살 난 아들 김하늘이 백혈병으로 골수이식 수술을 받고 수술비가 ○○만원이 나왔는데 수술비가 없다는 등 가상의 이야기를 적고 말미에는 아들 김하늘 명의의 ○○은행 예금계좌로 도와주시면 한 달 후에 꼭 갚겠다는 내용의 전자우편을 발송하였다.

피의자는 이처럼 피해자들을 기망하여 이를 진실로 믿은 위 홍길동으로부터 20○○. ○. ○. 피의자 명의의 위 계좌로 ○○만원을 송금받은 것을 비롯하여 20○○. ○. ○.까지 별지 범죄일람표(1) 기재와 같이 피해자 ○○명으로부터 합계 ○○만원을 교부받았다.

나. 정보통신망 이용촉진 및 정보보호 등에 관한 법률 위반

누구든지 인터넷 홈페이지 운영자 등의 사전 동의 없이 인터넷 홈페이지에서 자동으로 전자우편주소를 수집하는 프로그램 등을 이용하여 수집된 전자우편주소임을 알고도 이를 정보전송에 이용하여서는 아니된다.

그럼에도 불구하고 피의자는 20○○. ○. ○.경 인터넷을 통해 구입한 ○○만개 상당의 전자우편 주소가 수집프로그램 등을 통하여 불법으로 수집된 것임을 알면서도 20○○. ○. ○.경부터 20○○. ○. ○.까지 전항과 같은 내용의 전자우편을 발송하여 전자우편주소를 정보전송에 이용하였다.

   2) **적용법조** : 형법 제347조 제1항, 정보통신망 이용촉진 및 정보보호 등에 관한 법률 제74조 제1항 제5호, 제50조의2 제1항, 제3항 … 공소시효 10년

[기재례6] 주행거리 조작(자동차관리법위반) 및 판매행위

   피의자들은 중고자동차매매상사를 동업으로 운영하는 자들인바, 주행거리가 많은 중고 자동차를 저가로 매입하여 그 주행거리를 무단변경한 후 이를 고가로 판매하여 그 수익금을 나누기로 상호 공모하였다.

가. 자동차 관리법 위반

   자동차관리업자는 당해 사업과 관련하여 주행거리의 무단변경을 하여서는 아니 된다.

   그럼에도 불구하고 피의자는 20○○. ○. ○.경 ○○에 있는 ○○중고자동차매매상사에서, 피의자 임○○은 주행거리가 ○○km인 (차량번호) 1톤 화물차량을 100만원에 매입하고, 피의자 최○○은 드라이버를 이용하여 위 적산누적계의 덮개를 벗겨낸 후 송곳으로 숫자를 뒤로 돌리는 방법으로 위 차량의 주행거리를 ○○km로 무단변경하는 등 그때부터 20○○. ○. ○.경까지 별지 범죄일람표와 같이 총 ○○회에 걸쳐 ○○대의 차량에 대한 주행거리를 무단으로 변경하였다.

나. 상습사기

   피의자는 위와 같은 일시, 장소에서 사실은 (차량번호) 1톤 화물차량의 주행거리가 ○○km여서 위 차량을 구입할 사람이 없음에도 불구하고 위와 같은 방법으로 위 차량의 주행거리를 ○○km로 변경한 후 중고차량을 구입하러 온 피해자 김○○에게 위 차량의 실제 주행거리가 ○○km라는 취지로 거짓말하였다.

   피의자는 이처럼 피해자를 기망하여 이에 속은 위 피해자로부터 ○○만원을 받고 위 차량을 판매하여 같은 액수만큼을 교부받은 것을 비롯하여 그 무렵부터 20○○. ○. ○.경까지 별지 범죄일람표와 같이 위 중고 자동차 상사에서 상습으로 총 ○○회에 걸쳐 위와 같은 방법으로 중고차량을 구입하러 온 소비자들에게 주행거리가 조작된 차량을 판매하여 합계 ○○만원 상당을 교부받았다.

   2) **적용법조**
      가 : 자동차관리법 제80조 제5호, 제57조 제1항 제3호 ☞ 공소시효 5년
      나 : 형법 제351조, 제347조 제1항(상습사기) ☞ 공소시효 10년

[기재례7] 인터넷 물품판매 사기

   피의자는 20○○.○.○. ○○:○○경 ○○에 있는 피의자의 주거지에서, 인터넷상의 '중고나라' 사이트에 '그래픽카드 구매를 원한다.'라는 취지의 글을 게시한 피해자 갑에게 카카오톡 메시지로 연락하여 '그래픽카드를 ○○원에 판매하겠다.'라는 취지로 거짓말을 하였다.

   그러나 사실은 피의자는 피해자로부터 그 대금만 받아 이를 생활비 등으로 사용할 생각이었을 뿐, 위 물품을 넘겨줄 의사나 능력이 없었다.

피의자는 이처럼 피해자를 기망하여 이에 속은 피해자로부터 20○○.○.○.그 대금 명목으로 ○○원을 ○○명의의 ○○계좌로 송금받은 것을 비롯하여 그때부터 20○○.○.○.경까지 별지 범죄일람표 기재와 같이 총 ○○회에 걸쳐 같은 방법으로 피해자 ○○명으로부터 합계 ○○원을 송금받았다.

[기재례8] 코인투자사기

피의자는 20○○.○.○.경 ○○에 있는 사무실에서, 피해자 갑에게 "세 가지 가상화폐(A,B,C)가 곧 있으면 ICO에 상장될 것이다. 이더리움으로 위 세 가지 가상화폐를 사놓으면 상장되고 난 후 몇백 %의 수익을 볼 수 있다"라고 거짓말을 하였다.

그러나 사실 피의자는 피해자로부터 이더리움이나 돈을 받더라도 생활비 등 개인적인 용도로 사용할 생각이었으므로, 위 세 가지 가상화폐를 구입할 의사나 능력이 없었다.

피의자는 이처럼 피해자를 기망하여 이에 속은 피해자로부터 20○○.○.○.경 이더리움 2개를 피의자의 업비트 계좌로 송금받은 것을 비롯하여 그때부터 20○○.○.○.경까지 별지 범죄일람표 기재와 같이 피해자 ○○명으로부터 총 ○○회에 걸쳐 시가 합계 ○○만 원 상당의 이더리움 ○○개를 교부받고, ○○만 원을 송금받았다.

[기재례9] 동시 대출 사기

'동시 대출'이란 대출을 받은 당일에는 금융기관 전산망에서 대출에 관하여 확인할 수 없는 점을 이용하여 같은 날 여러 금융기관에서 대출받는 것을 말하는데, 피해자 주식회사 ○○저축은행은 신용대출 당시 신청인의 변제능력을 판단한 뒤 대출 여부를 결정하기 위하여 대출심사 때 '동시 대출' 여부를 확인하고 있다.

피의자는 20○○.○.○.경 피해자 은행의 대출담당 직원 甲으로부터 대출심사를 받으면서 "타 금융사 동시 대출이 확인되면 대출이 불가하다. 동시 대출은 편법이므로 법적인 불이익을 받을 수 있다. 대출 진행 중인 것이 있습니까?"라는 질문을 받자 '없다'라는 취지로 답한 후, 다음 날인 ○.경 대출을 신청하여 피해자 은행과 대출 원금 ○○만 원, 금리 ○○%, 만기일시 상환방식으로 ○○개월 동안 매월 ○○일 ○○원씩을 납부한다는 내용의 여신거래약정을 체결하였다.

그러나 사실 피의자는 피해자 은행에 대한 대출을 신청한 당일 ○○저축은행에 ○○만 원, A저축은행에 ○○만 원의 대출을 각각 신청하였고, 당시 약 ○○만원의 채무와 매월 약 ○○만 원의 이자 등을 부담하고 있었으므로 피해자 은행으로부터 대출을 받더라도 이를 변제할 의사나 능력이 없었다.

그럼에도 피의자는 위와 같이 피해자 은행을 기망하여 이에 속은 피해자 은행으로부터 20○○.○.○.경 피의자 명의 ○○은행 계좌(계좌번호)로 ○○만 원을 교부받았다.

[기재례10] 임차권 관련 사기

피의자는 ○○에 있는 C아파트 D호의 소유자나, 위 아파트에는 전에 거주하던 임차인에게 임대차보증금 ○○만 원을 반환하지 못해 임차권등기명령에 따른 임차권등기가 되어있었으므로, 새로운 임차인이 들어오더라도 위 임차권등기가 말소되지 않는 한 최우선변제권을 행사할 수 없는 상황이었다.

피의자는 20○○.○.○.경 위 아파트 관리사무소에서 피해자 홍길동에게 '기존 임차권등기의 보증금을 변제하고 등기를 말소하여 보증금 회수를 할 수 있는 조치를 취해 줄 테니, 안심하고 '보증금 ○○만 원, 월세 ○○만 원에 위 아파트를 임차하라'라고 거짓말하였다.

그러나 사실 피의자는 피해자로부터 보증금을 받자마자 임차권 등기된 보증금 반환채무를 변제하는 것이 아니라 주식에 투자할 생각이었고, 당시 별다른 직업이나 수입이 없었고, 다수의 대출채무가 연체되어 있었기 때문에 기존에 있던 임차권등기를 말소시킬 의사나 능력이 없었다.

피의자는 이처럼 피해자를 기망하여 이에 속은 피해자로부터 20○○.○.○.경 ○○만 원을 피의자 명의의 ○○은행 계좌(계좌번호)로 송금받았다.

[기재례11] 사기도박

피의자들은 피의자 E가 사기도박에 사용하는 소형카메라, 모니터, 무선설비 등을 소지하고 있는 것을 기화로, 피의자 A, 피의자 B, 피의자 C는 마치 정상적인 도박을 하는 것처럼 피해자 F, G, H, I와 화투를 하고 피의자 D, 피의자 E는 밖에서 상대의 패를 읽어 피의자 A 등에게 알려주는 방법으로 사기도박을 하여 번 돈을 나눠 가지기로 공모하였다.

피의자 A, 피의자 C, 피의자 E는 20○○.○.○.경 ○○에 있는 ○○사무실 천장에 소형카메라를 설치하고 피의자 C는 피해자들에게 도박하자며 유인하였다.

이에 따라 피의자 E, 피의자 D는 20○○.○.○.16:00경부터 다음 날 00:30경까지 위 사무실 밖에서, 무전기, 모니터 등이 장착된 (차량번호 생략) 스타렉스 승합차를 주차하여 둔 채 피의자 D는 망을 보고 피의자 E는 위 승합차 안에 설치한 모니터를 통해 피해자들의 화투패를 읽은 다음 피의자 A, 피의자 B에게 무전기를 통해 이를 알려주기로 하였다.

이때 피의자 A, 피의자 C, 피의자 B는 위 일시 및 장소에서 피해자들과 속칭 '섯다'라는 도박을 하여 피해자들로부터 도금 명목의 금원을 편취하고자 하였으나, 숫자를 확인할 수 있도록 특수 처리된 이른바 '구라 화투'로 바꾸지 못하여 그 뜻을 이루지 못하고 미수에 그쳤다.

[기재례12] 무연고 묘로 이장비 챙겨

피의자는 20○○.○.○.경 한국토지주택공사에서 피의자의 고향 인근인 ○○일대에 '○○공공주택지구' 사업시행을 위하여 사전 분묘조사를 하고 아장(아기무덤) 형태의 분묘 ○○기가 보상대상 분묘라고 표기한 푯말을 꽂아 놓자 이를 보고 이들 분묘가 무연고 분묘이어서 다른 사람이 분묘보상금을 신청하지 않으리라고 생각하여 인우보증을 통하여 분묘이장비를 받을 것을 마음먹은 다음 인우보증서의 연고자 인적사항란에 피의자의 인적사항을 기재하고 사망자와의 관계란에 ○○(증)손자녀라고 기재한 다음 인우보증자란에 동네 선배인 A와 B에게 부탁하여 인적사항을 기재하도록 하여 무연고 분묘 ○○기가 마치 피의자가 관리하였던 조상의 분묘인 것처럼 허위 내용의 인우보증서를 작성하였다.

가. 사기

피의자는 20○○.○.○.경 ○○에 있는 한국토지주택공사 ○○사무실에서, 성명 불상 수용보상 담당자에게 ○○일대에 있는 아장 형태의 무연고 분묘 ○○기가 피의자의 조상 분묘라고 주장하면서 허위 내용으로 작성한 인우보증서와 함께 분묘 이장비 신청서를 제출하였다.

그러나 사실 ○○일대의 아장 형태의 분묘는 피의자의 조상 분묘가 아니고 피의자가 관리하고 있지도 않은 무연고 분묘였다.

　그리하여 피의자는 20○○.○.○.경 이처럼 한국토지주택공사 성명 불상 담당자를 기망하여 이에 속은 한국토지주택공사로부터 묘번 ○○번 분묘에 대한 분묘이전비 및 이전보조비 ○○원을 피의자 명의 ○○계좌(G)로 송금받은 것을 비롯하여 별지 범죄일람표 기재와 같이 총 분묘 ○○기에 대한 분묘이장비 및 이전보조비 합계 ○○원을 받았다.

　나. 공익사업을 위한 토지 등의 취득 및 보상에 관한 법률 위반

　피의자는 20○○.○.○.경 한국토지주택공사에서 국토해양부고시 제2008-105호 등에 따라 ○○ 일원 ○○㎡ 부지를 '○○공공주택지구'로 지정하고 공공주택 ○○호, 단독주택 ○○호 건설을 위한 주택건설과 택지 조성사업을 시행하면서 수용되는 사업부지의 토지와 그 위 건축물 등의 지상 물건을 보상하면서 보상받는 토지소유자 및 관계인은 거짓이나 그 밖의 부정한 방법으로 보상금을 받아서는 아니 된다.

　그럼에도 피의자는 20○○.○.○.경 위 항 기재와 같이 허위 내용의 인우보증서를 작성하여 제출하는 방법으로 거짓으로 피의자 명의 ○○계좌로 한국토지주택공사로부터 별지 범죄일람표 기재와 같이 총 분묘 ○○기에 대한 분묘이장비 및 이전보조비 합계 ○○원을 받았다.

2) 적용법조

　가항 : 형법 제347조 제1항

　나항 : 공익사업을 위한 토지 등의 취득 및 보상에 관한 법률 제93조 제1항

Ⅴ. 고소인 조사사항

－ 피의자와 어떤 관계인가

　✼ 재산범죄는 친족상도례가 적용되기 때문에 친족여부를 정확히 조사하여야 한다.

－ 피해금액이 얼마인가

－ 언제 어디에서 빌려주었나(피해를 보았나)

－ 뭐라면서 빌려 달라 하던가(뭐라면서 속이던가)

－ 그 당시 왜 피의자의 말을 믿었는가

－ 피해사실에 대한 증거나 이를 알고 있는 사람이 있는가(증거자료나 목격자)

－ 사기를 당했다는 것은 언제 어떻게 알게 되었나

－ 알고 난 후 어떤 조치를 하였나

－ 피해 변제를 받았는가

－ 피의자의 처벌을 원하는가

[차용사기의 경우]

－ 피고소인이 뭐라면서 돈을 빌려 달라하던가(판례는 사용용도를 속여 빌린 경우도

사기죄 인정)

– 어떠한 조건으로 변제하겠다고 하던가
– 빌려준 돈을 실질적으로 그 용도로 사용한 것을 확인하였는지 여부(다른 용도로 사용하였다면 언제 어떻게 그것을 알았는지)

VI. 피의자의 일반적 조사사항

1. 범행의 동기
– 왜 범행하기에 이르렀는가(계획적인가)
– 언제 범행하려고 결의하였는가
– 왜 그 피해자를 택하게 되었는가

2. 준비행위
– 범행을 위하여 어떠한 준비를 하였는가
– 제3자에 대한 준비행위는 없었는가

3. 기망(欺罔)의 방법
– 허위의 표현은 어떤 식으로 했는가
   ○ 특정물의 구매를 선동
   ○ 대차관계 또는 대차관계를 빙자
   ○ 부동산 등의 불법처분을 수단
   ○ 증권 등의 사용을 수단
   ○ 변제 의사가 없는 것이 아닌가
   ○ 물품의 품질을 속인 것이 아닌가
   ○ 구실을 만들어서 한 것은 아닌가
   ○ 관습이용 등을 수단으로 한 것은 아닌가
   ○ 고시 · 게시의무를 위반한 행위는 아닌가
– 구체적 방법
   ○ 적극적으로 허위의 사실을 고지한 것인가
   ○ 동작에 의한 것인가
   ○ 부작위에 의한 것인가

4. 피해자를 착오에 빠뜨린 상황

- 피기망자와 피해자는 동일인인가
    - ○ 피해자는 본인인가, 피해자 이외의 자인가, 범인과의 관계
- 착오의 정도
    - ○ 범인이 속이려고 한 것과 착오에 빠진 것이 서로 어긋나지는 않았는가
    - ○ 어떤 점에 어긋남이 있으며, 왜 어긋나게 됐는가
    - ○ 그 어긋남을 올바로 잡으려고 했는가

5. 기망행위와 착오와의 인과관계

- 기망행위로 인하여 오신 했는가

6. 착오와 재물교부의 의사결정과의 인과관계

- 착오로 인한 임의교부인가
- 착오에 빠짐이 없이 교부한 것인가

7. 편취재물

- 종류·수량·금액, 교부회수 및 그 일시
- 재물의 소유권자는 누구인가, 그 점유상태는 어떠한가

8. 재물교부의 태양(態樣)

- 누가·언제·어떻게 교부했는가
- 반대급부의 유무
    - ○ 피기망자 또는 피해자에 대하여 상당한 대가를 지급하였는가
    - ○ 대가 지불의 약속은 있었는가
    - ○ 피기망자와 교부자는 동일인이었는가

9. 취득물의 처분상황

- 어떻게 처분하였는가
- 어디에 사용하였는가
- 처분한 곳은 어디인가

10. 취득은 권리행위를 빙자한 것이 아닌가

- 권리행사는 정당한 것인가
- 권리행사를 가장한 것이 아닌가
- 권리남용이라고 인정되는가
- 불법 영득의 의사는 있었는가

11. 화해교섭

- 피해자에 대하여 편취한 물건의 반환 기타 현물 변제 등의 유무
- 화해교섭의 경과와 그 내용

12. 신분관계

- 피해자와의 관계
- 피해자 · 피기망자 · 교부자가 다른 경우

13. 공범관계

- 모의의 유무와 일시 · 장소
- 모의의 내용과 범위 · 방법
- 분담한 임무 및 그 실행 내용
- 교사자 · 방조자의 유무

14. 제3자에게 재물의 교부, 재산상의 이익을 취득케 한 경우

- 재산상 불법이익 취득의 태양
- 불법이익의 종류 · 내용
- 불법이익을 본인이 취득했는가, 혹은 타인에게 취득하게 하였는가
- 불법이익 수여의 의사결정과 피해자 착오와의 관계

VII. 피의자신문조사

1. 차용사기

- 고소인에게 어디에 사용한다면서 빌렸나
- 어떠한 조건으로 빌렸나(변제방법, 시기등)
- 차용당시의 피의자의 재산관계(채권, 채무, 월수입등)
- 어떻게 변제하려고 하였나(변제약속일에 실질적으로 그 돈을 마련할 수 있는지 여부)
- 왜 갚지 못하였나

[부도로 변제하지 못하였다고 할 경우]

- 왜 부도가 났는지
- 언제 부도가 났는지(피해자에게 빌릴 당시부터 부도가 예상되어 피해자에게 빌린 돈 일부라도 부도를 막기 위해 사용하였다면 혐의 인정)
- 부도 시점과 변제하기로 한 시점과의 근접성 조사
- 부도를 예상하지 못하였나
- 부도전 부도를 막기 위해 어떠한 노력을 하였는가

[甲에게(타인) 돈을 받지 못하여 변제치 못하였다고 할 때]

- 甲에게 받을 것이 있다는 것 증명(차용증, 거래 내역서 등)
- 甲에게 언제 빌려 주었으며 언제 받기로 되어 있는지 여부(피해자에게 변제할 시기와 甲에게 받기로 한 날짜의 연관성 여부 조사)
- 甲에게 받을 것이 사실이지만 오래전부터 받지 못하고 있어 실질적으로 부실채권일 경우 사기죄 인정할 수 있을 것임

2. 분양사기

- 피의자는 고소인 박○○을 알고 있나
- 피의자는 언제부터 어디에서 분양업무를 보았나
- 어떠한 분양 업무를 하였나
- 어떻게 피의자가 분양업무를 맡았나
- 어떠한 조건으로 분양업무를 하였나
- 어느 정도 분양하였으며 수수료로 받은 금액은 어느 정도였나

- 분양을 위한 광고등 선전은 누가 하였나요.
- 분양 대금은 누가 받았으며 그 돈은 어떻게 하였나요.
- 그 뒤 분양을 하였나
- 왜 분양이 되지 않았나
- 언제 무엇 때문에 부도가 났나
- 부도금액은 어느 정도였나
- 피해자들로부터 받은 분양대금은 총 얼마나 되나
- 그러면 이러한 피해에 대해서는 어떻게 되는가
- 앞으로 그 상가 건축은 어떻게 될 것으로 보는가

3. 재물사기

- 피해자 ○○○와는 어떤 관계인가
- 피해자에게 돈을 빌려 사용하고 이를 변제하지 않은 일이 있는가
- 언제 어디에서 얼마를 빌렸나
- 뭐라면서 빌렸나
- 실제 사용용도는 무엇 이었나
- 어떠한 조건으로 빌렸나
- 빌린 돈은 어떻게 하였나
- 약속일에 이를 갚았나
- 왜 갚지 않는가
- 그러면 어떻게 갚으려고 하였나
- 차용 당시 피의자는 어떠한 일을 하고 있었나
- 차용당시 피의자의 월수입, 채권, 채무는 어느 정도
- 그러면 고소인의 돈을 빌려 사용하더라도 약속일에 갚을 능력이 없는 것이 아닌가
- 현재 피의자의 월수입, 채권, 채무관계는
- 피해자로부터 받은 재물을 돌려주거나 합의한 사실이 있나요.

제2항 컴퓨터등 사용사기

> **제347조의2(컴퓨터등 사용사기)** 컴퓨터등 정보처리장치에 허위의 정보 또는 부정한 명령을 입력하거나 권한 없이 정보를 입력·변경하여 정보처리를 하게 함으로써 재산상의 이익을 취득하거나 제3자로 하여금 취득하게 한 자는 10년 이하의 징역 또는 2천만원 이하의 벌금에 처한다.
> **제352조(미수범)** 제347조 내지 제348조의2, 제350조와 제351조의 미수범은 처벌한다.

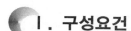 **I. 구성요건**

1. 주 체

주체에는 제한이 없다. 따라서 컴퓨터 프로그래머·컴퓨터단말기 사용자 등 컴퓨터를 사용하는 업무자 이외에 컴퓨터사용업무와 무관한 외부인도 본죄의 주체가 될 수 있다.

2. 객 체

재산상의 이익에 한정

○ 재물은 본죄의 객체가 아니다. 따라서 재물을 객체로 하는 경우에는 절도죄가 성립한다.

1) 절취한 타인의 신용카드로 현금자동지급기에서 현금을 인출한 경우

형법 제347조의2는 컴퓨터등사용사기죄의 객체를 재물이 아닌 재산상의 이익으로만 한정하여 규정하고 있으므로, 절취한 타인의 신용카드로 현금자동지급기에서 현금을 인출하는 행위가 재물에 관한 범죄임이 분명한 이상 이를 위 컴퓨터등사용사기죄로 처벌할 수는 없다(대법원 2003.5.13. 선고 2003도1178 판결).

2) 절취한 타인의 신용카드를 이용하여 현금지급기에서 자신의 예금계좌로 돈을 이체시킨 후 현금을 인출한 경우

컴퓨터등사용사기죄에서 컴퓨터 등 정보처리장치에 권한 없이 정보를 입력하여 정보처리를 하게 한 행위에 해당함은 별론으로 하고 이를 절취행위라고 볼 수는 없고, 한편 위 계좌이체 후 현금지급기에서 현금을 인출한 행위는 자신의 신용카드나 현금카드를 이용한 것이어서 이러한 현금인출이 현금지급기 관리자의 의사에 반한다고 볼 수 없어 절취행위에 해당하지 않으므로 절도죄를 구성하지 않는다(대법원 2008.6.12. 선고 2008도2440 판결).

3) 타인의 명의를 모용하여 발급받은 신용카드로 현금자동지급기에서 현금을 인출한 경우

컴퓨터등사용사기죄의 객체는 재물이 아닌 재산상의 이익에 한정되어 있으므로, 타인의 명의를 모용하여 발급받은 신용카드로 현금자동지급기에서 현금을 인출하는 행위를 이 법조항을 적용하여 처벌할 수는 없다(대법원 2002.7.12. 선고 2002도2134 판결).

컴퓨터 등 정보처리장치에 권한 없이 명령을 입력하는 행위가 구 형법 제347조의 2 규정에 의한 처벌대상이 되는지 여부(적극)

[1] 사실관계

> 甲은 한국신용정보 주식회사의 인터넷사이트에 乙 명의로 접속하여 그의 신용정보 조회를 하면서 자신이 마치 乙인 것처럼 자신이 부정발급 받은 乙 명의의 신용카드의 카드번호와 비밀번호 등을 입력하고 그 사용료 2,000원을 결제하였다.

[2] 판결요지

타인의 인적 사항을 도용하여 타인 명의로 발급받은 신용카드의 번호와 그 비밀번호를 인터넷사이트에 입력함으로써 재산상 이익을 취득한 행위는 구 형법 제347조의2 소정의 컴퓨터등사용사기죄에 해당한다(대법원 2003.1.10. 선고 2002도2363 판결).

3. 행 위

컴퓨터 등 정보처리장치에 허위의 정보나 부정한 명령을 입력하거나 권한없이 정보를 입력·변경하여 정보처리를 하게 하는 것

(1) 컴퓨터 등 정보처리장치

컴퓨터 등 정보처리장치란 자동적으로 정보를 처리하는 일체의 기기

○ 단순히 일정한 대가를 표시하는 금액정보의 입력에 따라 기계적으로 물건이나 용역을 제공하는데 불과한 편의설비(例, 자동판매기)는 본조의 정보처리장치라고 할 수 없다.

(2) 허위정보·부정명령을 입력하거나 권한없이 정보를 입력·변경

(가) 허위정보의 입력

내용에 있어 진실에 반하는 정보를 입력하는 것(例, 허위의 입금데이터를 입력하여 예금잔고를 증가시키는 행위)을 말한다.

(나) 부정한 명령의 입력

당해 사무처리 시스템에 예정되어 있는 사무처리의 목적에 비추어 지시해서는 안되는 자료를 입력하는 것(例, 프로그램을 변경하여 다수의 타인에게 돌아갈 이자의 단수를 자기의 예금원장파일에 입금되도록 하는 행위, 예금을 인출해도 예금잔고가 감소하지 않도록 프로그램을 조작하는 것, 다른 사람의 구좌에 있는 예금을 단말기 조작으로 자신의 구좌로 입금시키는 행위(홈뱅킹서비스를 이용한 계좌이체)을 말한다)

(다) 권한없이 정보를 입력·변경

권한없는 자가 진정한 정보를 임의로 입력하거나 변경하는 행위를 말한다.

■ 판례 ■ **예금주인 현금카드 소유자로부터 일정액의 현금을 인출해 오라는 부탁과 함께 현금카드를 건네받아 그 위임받은 금액을 초과한 현금을 인출한 경우, 컴퓨터 등 사용사기죄를 구성하는지 여부(적극)**

[1] 사실관계

> 甲은 예금주인 현금카드 소유자 乙로부터 일정한 금액의 현금을 인출해 오라는 부탁과 함께 현금카드를 건네받은 것을 기화로 그 위임을 받은 금액을 초과하여 현금을 인출하는 방법으로 그 차액 상당을 위법하게 이득할 의사로 현금자동지급기에 그 초과된 금액이 인출되도록 입력하여 그 초과된 금액의 현금을 인출하였다.

[2] 판결요지

현금자동지급기에 그 초과된 금액이 인출되도록 입력하여 그 초과된 금액의 현금을 인출한 경우에는 그 인출된 현금에 대한 점유를 취득함으로써 이때에 그 인출한 현금 총액 중 인출을 위임받은 금액을 넘는 부분의 비율에 상당하는 재산상 이익을 취득한 것으로 볼 수 있으므로 이러한 행위는 그 차액 상당액에 관하여 형법 제347조의2(컴퓨터등사용사기)에 규정된 '컴퓨터 등 정보처리장치에 권한 없이 정보를 입력하여 정보처리를 하게 함으로써 재산상의 이익을 취득'하는 행위로서 컴퓨터 등 사용사기죄에 해당된다(대법원 2006.3.24. 선고 2005도3516 판결).

■ 판례사례 ■ **[권한 없이 정보를 입력하여 정보처리를 하게 한 경우에 해당하는 사례]**

(1) 평상시 금융기관의 여·수신업무를 처리할 권한이 있는 금융기관 직원이 범죄의 목적으로 전산단말기를 이용하여 다른 공범들이 지정한 특정계좌에 무자원 송금의 방식으로 거액을 입금한 경우(대법원 2006.1.26. 선고 2005도8507 판결)
(2) 甲이 권한없이 주식회사 신진기획의 아이디와 패스워드를 입력하여 인터넷뱅킹에 접속한 다음 위 회사의 예금계좌로부터 자신의 예금계좌로 합계 180,500,000원을 이체하는 내용의 정보를 입력하여 자신의 예금액을 증액시킨 경우(대법원 2004.4.16. 선고 2004도353 판결)

(3) 정보처리를 하게 함

입력된 허위정보나 부정한 명령에 따라 계산처리과정을 실행하게 하여 진실에 반하는 기록을 만들게 하는 것

(4) 재산상 이익의 취득

정보처리를 통하여 행위자가 재산상 이익을 취득하거나 제3자로 하여금 취득하게 할 것

■ 판례 ■　형법 제347조의2의 규정 취지 및 컴퓨터등사용사기죄에서 '정보처리', '재산상 이익 취득'의 의미

형법 제347조의2는 컴퓨터 등 정보처리장치에 허위의 정보 또는 부정한 명령을 입력하거나 권한 없이 정보를 입력·변경하여 정보처리를 하게 함으로써 재산상의 이익을 취득하거나 제3자로 하여금 취득하게 하는 행위를 처벌하고 있다. 이는 재산변동에 관한 사무가 사람의 개입 없이 컴퓨터 등에 의하여 기계적·자동적으로 처리되는 경우가 증가함에 따라 이를 악용하여 불법적인 이익을 취하는 행위도 증가하였으나 이들 새로운 유형의 행위는 사람에 대한 기망행위나 상대방의 처분행위 등을 수반하지 않아 기존 사기죄로는 처벌할 수 없다는 점 등을 고려하여 신설한 규정이다. 여기서 '정보처리'는 사기죄에서 피해자의 처분행위에 상응하므로 입력된 허위의 정보 등에 의하여 계산이나 데이터의 처리가 이루어짐으로써 직접적으로 재산처분의 결과를 초래하여야 하고, 행위자나 제3자의 '재산상 이익 취득'은 사람의 처분행위가 개재됨이 없이 컴퓨터 등에 의한 정보처리 과정에서 이루어져야 한다.(대법원 2014.3.13, 선고, 2013도16099, 판결)

■ 판례 ■　甲 주식회사 대표이사인 피고인 乙이 피고인 丙과 공모하여 전자상거래시스템에서 허위의 매매계약서와 전자세금계산서를 작성한 후 이를 피해자 丁은행의 기업대출 전산시스템을 통해 제출하는 방법으로 丁은행에서 기업구매자금 대출을 받은 경우

甲 회사와 丁 은행 사이에 체결된 기업구매자금 대출 여신거래약정은 기본적으로 여신한도의 총액을 정한 계약으로, 일단 기본 계약이 체결된 후에는 계약자가 별도의 추가적 심사 없이 대출금을 자유롭게 입·출금할 수 있다는 점에서 일반 대출 여신거래약정과 동일하고, 다만 기업구매자금 대출의 특성상 '매매계약서 및 전자세금계산서의 입력'이라는 요건만을 추가적으로 요구하고 있는 점, 위와 같은 매매계약서와 전자세금계산서의 입력은 전자적으로 이루어지고, 이러한 사정은 계약 체결 과정 및 그에 대한 설명 과정, 대출 실행 과정에서 충분히 언급된 점 등을 종합할 때, 피고인들은 위와 같은 대출이 정보처리장치에 정보를 입력하여 정보처리를 하게 함으로써 이루어진다는 사실을 알았다고 보아야 한다.(서울동부지법 2014.7.18, 선고, 2013고합201, 판결)

■ 판례 ■　프로그램 자체에서 발생하는 오류를 이용하여 '부정한 명령의 입력'한 경우

[1] 컴퓨터 등 사용사기죄의 구성요건 중 '부정한 명령의 입력'의 의미 및 사무처리시스템의 프로그램 자체에서 발생하는 오류를 적극적으로 이용하여 사무처리의 목적에 비추어 정당하지 아니한 사무처리를 하게 하는 행위가 '부정한 명령의 입력'에 해당하는지 여부(원칙적 적극)

형법 제347조의2는 컴퓨터 등 정보처리장치에 허위의 정보 또는 부정한 명령을 입력하거나 권한 없이 정보를 입력·변경하여 정보처리를 하게 함으로써 재산상의 이익을 취득하거나 제3자로 하여금 취득하게 하는 행위를 처벌하고 있다. 여기서 '부정한 명령의 입력'은 당해 사무처리시스템에 예정되어 있는 사무처리의 목적에 비추어 지시해서는 안 될 명령을 입력하는 것을 의미한다. 따라서 설령 '허위의 정보'를 입력한 경우가 아니라고 하더라도, 당해 사무처리시스템의 프로그램을 구성하는 개개의 명령을 부정하게 변개·삭제하는 행위는 물론 프로그램 자체에서 발생하는 오류를 적극적으로 이용하여 그 사무처리의 목적에 비추어 정당하지 아니한 사무처리를 하게 하는 행위도 특별한 사정이 없는 한 위 '부정한 명령의 입력'에 해당한다고 보아야 한다.

[2] 피고인이 甲 주식회사에서 운영하는 전자복권구매시스템에서 일정한 조건하에 복권 구매명령을 입력하면 가상계좌로 복권 구매요청금과 동일한 액수의 가상현금이 입금되는 프로그램 오류를 이용하여 복권 구매명령을 입력하는 행위를 반복함으로써 자신의 가상계좌로 구매요청금 상당의 금액이 입금되게 한 경우

피고인이 甲 주식회사에서 운영하는 전자복권구매시스템에서 은행환불명령을 입력하여 가상계좌 잔액이 1,000원 이하로 되었을 때 복권 구매명령을 입력하면 가상계좌로 복권 구매요청금과 동일한 액수의 가상현금이 입금되는 프로그램 오류를 이용하여 잔액을 1,000원 이하로 만들고 다시 복권 구매명령을 입력하는 행위를 반복함으로써 피고인의 가상계좌로 구매요청금 상당의 금액이 입금되게 한 사안에서, 피고인의 행위는 형법 제347조의2에서 정한 '허위의 정보 입력'에 해당하지는 않더라도, 프로그램 자체에서 발생하는 오류를 적극적으로 이용하여 사무처리의 목적에 비추어 정당하지 아니한 사무처리를 하게 한 행위로서 '부정한 명령의 입력'에 해당한다.(대법원 2013.11.14. 선고, 2011도4440, 판결)

■ 판례 ■ **절취한 타인의 신용카드를 이용하여 현금지급기에서 자신의 예금계좌로 돈을 이체시킨 후 현금을 인출한 행위가 절도죄를 구성하는지 여부(소극)**

절취한 타인의 신용카드를 이용하여 현금지급기에서 계좌이체를 한 행위는 컴퓨터등사용사기죄에서 컴퓨터 등 정보처리장치에 권한 없이 정보를 입력하여 정보처리를 하게 한 행위에 해당함은 별론으로 하고 이를 절취행위라고 볼 수는 없고, 한편 위 계좌이체 후 현금지급기에서 현금을 인출한 행위는 자신의 신용카드나 현금카드를 이용한 것이어서 이러한 현금인출이 현금지급기 관리자의 의사에 반한다고 볼 수 없어 절취행위에 해당하지 않으므로 절도죄를 구성하지 않는다.(대법원 2008.6.12. 선고, 2008도2440, 판결)

(5) 실행의 착수 및 기수시기

(가) 착수시기

허위정보나 부정한 명령을 입력하기 시작한 때 실행의 착수가 인정된다.

(나) 기수시기

컴퓨터 등 정보처리장치에 허위정보 또는 부정명령을 입력하거나 권한없이 정보를 입력·변경하여 정보처리를 하게 함으로써 피해자에게 재산상 손해가 발생한 때 기수가 된다. 행위자나 제3자가 재산상 이익을 취득하였는지의 여부는 불문한다.

■ 판례 ■ **금융기관 직원이 전산단말기를 이용하여 다른 공범들이 지정한 특정계좌에 돈이 입금된 것처럼 허위의 정보를 입력하는 방법으로 위 계좌로 입금되도록 한 경우, 컴퓨터 등 사용사기죄의 기수시기**

금융기관 직원이 전산단말기를 이용하여 다른 공범들이 지정한 특정계좌에 돈이 입금된 것처럼 허위의 정보를 입력하는 방법으로 위 계좌로 입금되도록 한 경우, 이러한 입금절차를 완료함으로써 장차 그 계좌에서 이를 인출하여 갈 수 있는 재산상 이익을 취득하였으므로 형법 제347조의2에서 정하는 컴퓨터 등 사용사기죄는 기수에 이르렀고, 그 후 그러한 입금이 취소되어 현실적으로 인출되지 못하였다고 하더라도 이미 성립한 컴퓨터 등 사용사기죄에 어떤 영향이 있다고 할 수는 없다(대법원 2006.9.14. 선고 2006도4127 판결).

4. 주관적 구성요건

고의와 불법영득의사가 있을 것

5. 타 죄와의 관계

(1) 사기죄와의 관계

은행직원을 기망하여 컴퓨터에 허위정보를 입력시켜 재산상 이익을 취득한 경우 사기죄만 성립한다(법조경합 중 보충관계).

▪ 판례 ▪ **컴퓨터등사용사기죄의 범행으로 예금채권을 취득한 다음 자기의 현금카드를 사용하여 현금자동지급기에서 현금을 인출한 경우, 사기죄 및 장물취득죄의 성부(소극)**

컴퓨터등사용사기죄의 범행으로 예금채권을 취득한 다음 자기의 현금카드를 사용하여 현금자동지급기에서 현금을 인출한 경우, 현금카드 사용권한 있는 자의 정당한 사용에 의한 것으로서 현금자동지급기 관리자의 의사에 반하거나 기망행위 및 그에 따른 처분행위도 없었으므로, 별도로 절도죄나 사기죄의 구성요건에 해당하지 않는다 할 것이고, 그 결과 그 인출된 현금은 재산범죄에 의하여 취득한 재물이 아니므로 장물이 될 수 없다(대법원 2004.4.16. 선고 2004도353 판결).

(2) 전자기록위작 · 변작죄와의 관계

본죄의 행위가 전자기록위작 · 변작 또는 동행사죄에 해당하는 경우에는 본죄와의 상상적 경합이 된다.

6. 친족상도례

▪ 판례 ▪ **절취한 친족 소유의 예금통장을 현금자동지급기에 넣어 자신의 예금 계좌로 이체한 경우**

[1] 사실관계

乙의 손자인 甲은 할아버지 乙 소유의 농업협동조합 예금통장을 절취하여 이를 현금자동지급기에 넣고 조작하는 방법으로 예금 잔고를 자신의 거래 은행 계좌로 이체하였다.

[2] 판결요지

가. 절취한 친족 소유의 예금통장을 현금자동지급기에 넣고 조작하여 예금 잔고를 다른 금융기관의 자기 계좌로 이체하는 방법으로 저지른 컴퓨터등사용사기죄에 있어서의 피해자(= 친족 명의 계좌의 금융기관)
컴퓨터 등 정보처리장치를 통하여 이루어지는 금융기관 사이의 전자식 자금이체거래는 금융기관 사이의 환거래관계를 매개로 하여 금융기관 사이나 금융기관을 이용하는 고객 사이에서 현실적인 자금의 수수 없이 지급 · 수령을 실현하는 거래방식인바, 권한 없이 컴퓨터 등 정보처리장치를 이용하여 예금계좌 명의인이 거래하는 금융기관의 계좌 예금 잔고 중 일부를 자신이 거래하는 다른 금융기관에 개설된 그 명의 계좌로 이체한 경우, 예금계좌 명의인의 거래 금융기관에 대한 예금반환 채권은 이러한 행위로 인하여 영향을 받을 이유가 없는 것이므로, 거래 금융기관으로서는 예금계좌 명의인에 대한 예금반환 채무를 여전히 부담하면서도 환거래관계상 다른 금융기관에 대하여 자금이체로 인한 이체자금 상당액 결제채무를 추가 부담하게 됨으로써 이체된 예금 상당액의 채무를 이중으로 지급해야 할 위험에 처하게 된다. 따라서 친척 소유 예금통장을 절취한 자가 그 친척 거래 금융기관에 설치된 현금자동지급기에 예금통장을 넣고 조작하는 방법으로 친척 명의 계좌의 예금 잔고를 자신이 거래하는 다른 금융기관에 개설된 자기 계좌로 이체한 경우, 그 범행으로 인한 피해자는 이체된 예금 상당액의 채무를 이중으로 지급해야 할 위험에 처하게 되는 그 친척 거래 금융기관이라 할 것이고, 거래 약관의 면책 조항이나 채권의 준점유자에 대한 법리 적용 등에 의하여 위와 같은 범행으로 인한 피해가 최종적으로는 예금 명의인인 친척에게 전가될 수 있다고 하여, 자금이체거래의 직접적인 당사자이자 이중지급 위험의 원칙적인 부담자인 거래 금융기관을 위와 같은 컴퓨터 등 사용사기 범행의 피해자에 해당하지 않는다고 볼 수는 없으므로, 위와 같은 경우에는 친족 사이의 범행을 전제로 하는 친족상도례를 적용할 수 없다.

나. 甲에게 친족상도례를 적용할 수 있는지 여부(소극)

손자가 할아버지 소유 농업협동조합 예금통장을 절취하여 이를 현금자동지급기에 넣고 조작하는 방법으로 예금 잔고를 자신의 거래 은행 계좌로 이체한 사안에서, 위 농업협동조합이 컴퓨터 등 사용사기 범행 부분의 피해자라는 이유로 친족상도례를 적용할 수 없다(대법원 2007.3.15. 선고 2006도2704 판결).

II. 범죄사실기재 및 신문사항

[기재례1] 현금카드 인출 부탁을 받고 추가로 인출 후 편취

1) 범죄사실 기재례

> 피의자는 20○○. ○. ○. 10:00경 ○○에 있는 ○○농업협동조합 ○○지점에서, 같은 동 676 - 53에 있는 '사이버 25시 피시방'에 게임을 하러 온 피해자 홍길동으로부터 그 소유의 농협 현금카드로 ○○만원을 인출해 오라는 부탁과 함께 현금카드를 건네받게 되었다.
> 피의자는 이를 기화로, 위 지점에 설치된 현금자동인출기에 위 현금카드를 넣고 권한 없이 인출금액을 ○○만원으로 입력하여 그 금액을 인출한 후 그 중 ○○만원만 피해자에게 건네주어 ○○만원 상당의 재산상 이익을 취득하였다.

2) 적용법조 : 제347조의2… 공소시효 10년

3) 신문사항

- 홍길동을 알고 있는가
- 홍길동으로부터 현금 인출을 부탁받은 일이 있는가
- 언제 어디에서 부탁을 받았는가
- 어떤 조건의 부탁을 받았는가
- 현금카드를 건네받을 때 비밀번호도 알려 주던가

- 얼마를 인출해오라고 하였는데 실질적으로 얼마를 인출하였는가
- 언제 어디에서 인출하였나
- 어떤 방법으로 인출하였는가
- 인출한 돈을 어떻게 하였나
- 무엇 때문에 더 많은 돈을 인출하였나
- 그런 사실을 피해자에게 말하였나
- 피해변제는 하였는가

[기재례2] 인터넷사이트에 부정명령 입력

1) 범죄사실 기재례

피의자는 20○○. ○. ○. 11:05경 ○○에서 컴퓨터 등 정보처리장치인 인터넷사이트 피해자 ○○신용정보 주식회사에 홍길동 명의로 접속하여 그의 신용정보 조회를 하면서 피의자가 마치 홍길동인 것처럼 자신이 부정 발급받은 홍길동 명의의 ○○스카이패스카드의 카드번호와 비밀번호 등을 입력하고 그 사용료 ○○만원을 지급하도록 부정한 명령을 입력하여 정보처리를 하게 함으로써 그 금액 상당의 재산상 이익을 취득하였다.

2) 적용법조 : 제347조의2··· 공소시효 10년

[기재례3] 부인 명의로 신용카드를 발급받아 ARS로 대출받은 경우

1) 범죄사실 기재례

피의자는 20○○. ○. ○. 처 홍길녀와 협의이혼한 자로, 사실은 위 처로부터 신용카드발급에 대한 동의나 승낙을 받은 적도 없고, 피의자의 채무가 약 ○○만원 정도 되었으며, 당시 피의자가 운영하던 ○○에서는 매달 약 ○○만원의 적자가 발생하고 있으므로 신용카드를 사용하더라도 이를 변제할 의사나 능력이 없었다.

그럼에도 불구하고 피의자는 피해자 A신용카드 주식회사, B신용카드 주식회사로부터 홍길녀 명의를 모용하여 신용카드를 발급받아 소지하게 되었다.

가. 피의자는 20○○. ○. ○.경 ○○에 있는 ○○사무실에서 위 A카드를 이용하여 ARS로 ○○만원의 현금대출을 받고는 ○○만원을 변제하지 않은 것을 비롯하여 그때부터 20○○. ○. ○.경까지 사이에 위 카드를 이용하여 별지 범죄일람표 (1)의 순번 1, 5, 6항 기재와 같이 ○○회에 걸쳐 ARS로 현금대출을 받고 그중 일부 금원을 변제하지 아니하고, 같은 순번 8, 10항 기재와 같이 2회에 걸쳐 현금자동지급기에서 현금을 인출하고 이를 변제하지 아니하여 재산상 이익을 취득하였다.

나. 피의자는 20○○. ○. ○.경 위 ○○사무실에서 위 B카드를 이용하여 카드론으로 ○○만원을 대출받고 그 중 ○○만원을 변제하지 아니하여 재산상 이익을 취득하였다.

2) 적용법조 : 제347조의2··· 공소시효 10년

[기재례4] 모바일상품권을 구매하면서 타인의 신용카드 정보 입력하여 결제

1) 범죄사실 기재례

피의자는 20○○. ○. ○.경 ○○에 있는 상호 미상 피시방에서 인터넷 (주)에니핀(ANYPIN) 사이트를 이용하여 국제전화충전카드를 ○○원에 구입하면서 위 사이트의 전화카드 구매대금 결제화면에 ○○에서 입수한 피해자 甲 명의의 신한카드 "(카드번호)" 정보를 권한 없이 입력하여 정보처리를 하게 하여 이를 결제함으로써 같은 액수만큼의 재산상 이익을 취득하였다.

피의자는 이를 비롯하여 별지 범죄일람표 기재와 같이 20○○. ○. ○.경부터 20○○. ○. ○.경까지 사이에 총 ○○회에 걸쳐 위와 같은 방법으로 컴퓨터 등 정보처리 장치에 위와 같이 보유한 신용카드 정보를 권한 없이 입력하여 정보처리를 하게 하여 물품구매대금을 결제함으로써 합계 ○○만원의 재산상 이익을 취득하였다.

2) 적용법조 : 제347조의2… 공소시효 10년

[기재례5] 스포츠 도박자금 마련을 위해 피해자의 OTP카드를 이용해 권한 없이 정보를 입력

피의자는 20○○.○.○.경부터 ○○에 있는 피해자 甲이 운영하는 ○○ 건축회사에서 근무하던 사람이다.

피의자는 20○○.○.○. 12:○○경 위 회사 사무실에서, 컴퓨터에 저장된 피해자의 공인인증서에 이전에 관련 업무를 하면서 알고 있던 위 공인인증서 비밀번호를 입력하여 ○○은행 사이트에 로그인하고 위 사무실 점심시간에 직원이 없는 사이 당시 같은 사무실에 근무하고 있는 피해자의 처己 가방 속에서 OTP 카드를 꺼내 권한 없이 피해자 명의 ○○은행 계좌에서 피의자 명의 ○○은행 계좌로 ○○만 원을 이체하는 내용의 정보를 입력하였다.

피의자는 위와 같은 장소에서 같은 방법으로 그때부터 20○○.○.○.경까지 [별지] 범죄일람표와 같이 권한 없이 정보를 입력하여 총 ○○회에 걸쳐 ○○원을 이체하여 같은 금액 상당의 재산상의 이익을 취득하였다.

2) 적용법조 : 제347조의2… 공소시효 10년

제3항 준사기

제348조(준사기) ① 미성년자의 사리분별력 부족 또는 사람의 심신장애를 이용하여 재물을 교부받거나 재산상 이익을 취득한 자는 10년 이하의 징역 또는 2천만원 이하의 벌금에 처한다.
② 제1항의 방법으로 제3자로 하여금 재물을 교부받게 하거나 재산상 이익을 취득하게 한 경우에도 제1항의 형에 처한다.
제352조(미수범) 제347조 내지 제348조의2, 제350조와 제351조의 미수범은 처벌한다.

Ⅰ. 구성요건

1. 행 위

미성년자의 사리분별력 부족 또는 사람의 심신장애를 이용하여 재물을 교부받거나 재산상의 이익을 취득하는 것

(1) 미성년자의 사리분별력 부족

○ 미성년자란 민법상의 미성년자(만 19세 미만자) 중 사리분별력이 부족한 자에 한한다. 따라서 미성년자라도 사리분별력이 부족하지 않은 경우에는 본죄가 아니라 사기죄가 성립한다.

○ 사리분별력 부족이란 지각과 사려가 부족한 것을 말하는 것으로 기망수단에 의하지 않더라도 처분행위를 할 상태에 있는 경우를 말한다.

(2) 심신장애

○ 심신장애가 있는 사람은 성년·미성년을 불문한다. 여기서 심신장애란 재산상의 거래에 있어서 정신적 결함으로 인하여 일반인의 지능·판단능력이 없는 상태(재산상의 거래무능력)를 말한다.

○ 심신장애에는 심신상실도 포함되나, 모든 심신상실자가 본죄에 해당하는 것이 아니다. 즉 심신상실자 중에서 의사능력이 없어서 사실상의 점유 및 점유이전능력이 없는 자(例, 심신상실자 중 의사무능력자, 유아)는 본죄의 객체가 아니라 절도죄의 객체가 된다.

(3) 이용하여

상대방의 사리분별력 부족·심신장애 상태에 편승하여 이를 이용하여야 하며 그 정도는 기망행위에 해당하지 않을 정도여야 한다. 따라서 본죄의 상대방에 대하여 기망행위를 수단으로 한 경우에는 사기죄가 성립한다.

(4) 실행의 착수와 기수시기

이용행위를 개시한 때 실행의 착수가 인정되고 재산상 손해가 발생한 때 기수가 된다.

2. 주관적 구성요건

고의와 불법영득 의사가 있을 것

Ⅱ. 범죄사실기재 및 신문사항

1) 범죄사실 기재례

[기재례1] 지적장애 장애우의 급료 편취

> 피의자는 사고와 판단능력이 극히 낮은 지적장애 장애인인 피해자 홍길순을 주점 종업원으로 취직시켜 피해자에게 일일급료를 교부하지 아니하고 피의자가 가로챌 생각이었다.
>
> 그럼에도 불구하고 피의자는 20○○. ○. ○. ○○에서 피해자에게 "카페종업원으로 취직시켜 줄 테니 일일급료를 나에게 맡겨라. 저축하여 같이 살 전세방이라도 구하자."라는 취지로 거짓말을 하였다.
>
> 피의자는 이처럼 피해자를 기망하여 이에 속은 피해자를 20○○. ○. ○.경부터 20○○. ○. 말경까지 사이에 ○○에 있는 홍길선 운영의 금빛카페 등 다수의 카페에 종업원으로 취직시킨 후 동녀가 받을 일일급료 약 ○○만원을 각 업주로부터 대신 교부받았다.

2) 적용법조 : 제348조 제1항⋯ 공소시효 10년

3) 신문사항

- 피해자 홍길순을 알고 있는가
- 위 피해자를 주점 종업원으로 취직시켜 준 일이 있는가
- 언제 어디에 있는 주점 종업원이었는가
- 어떤 조건으로 취직시켜 주었는가
- 언제 누구로부터 피해자의 급료를 피의자가 대신 받았는가
- 그 주점에서 받은 급료는 누가 어떻게 관리하고 있는가
- 피해자도 피의자가 각 주점 업주들로부터 언제 얼마를 받았는지 알고 있는가
- 피해자는 정상적인 사람인가
- 어느 정도의 정신지체 장애인인가
- 이런 사실을 이용하여 피해자의 급료를 교부받으려던 것이 아닌가

[기재례2] 유흥주점업주 등이 술에 취한 손님의 신용카드를 한도초과 현금인출

피의자 A는 ○○에 있는 ○○유흥주점 업주이고, 피의자 B는 위 주점 여종업원, 피의자C는 위 주점 종업원(웨이터)이다.

여종업원인 피의자 B는 손님들과 술을 마시면서 손님들에게 폭탄주 등을 급하게 먹여 술에 빨리 취하게 하거나 자신의 잔에 따른 술을 마시는 척 하면서 이를 마시지ㅠ않고 버려 계속하여 빨리 술을 주문하게 하고 술에 취한 손님들로부터 술값 결재 명목으로 체크카드 등을 교부받아 위 카드의 비밀번호를 알아내는 역할을, 업주인 피의자 A는 위 주점의 업무를 총괄하면서 여종업원으로부터 손님들의 체크카드 등을 건네받아 인근 현금인출기에서 술값 명목으로 현금을 인출하는 역할을, 종업원(웨이터)인 피의자 C는 피의자 B의 주문에 따라 계속하여 손님에게 술을 가져다주는 역할을 하기로각 분담하여 공모하였다.

피의자들은 공모하여 20○○. ○. ○.01:00경부터 03:00경 사이에 위 유흥주점에서 손님으로 온 피해자 홍길동(46세)에게 피의자 B는 위와 같이 공모한 방법으로 피해자에게 술을 마시게 하여 피해자를 빠른 시간 내에 술에 취하게 한 뒤 피해자가 만취하여 심신장애 상태에 빠지자 피해자로부터 술값 결재 명목으로 체크카드를 교부받아 위 카드의 비밀번호를 알아내고, 피의자 A는 피의자 B가 피해자로부터 교부받은 위 체크카드를 이용하여 그 무렵 ○○에 있는 현금지급기에서 피해자에게 제공한 주류에 대한 대금을 초과한 술값인 ○○만 원을 인출하였다. 이로써 피의자들은 공모하여 피해자의 심신장애 상태를 이용하여 과다한 주류대금을 취득하였다.

[기재례3] 준사기, 장애인복지법 위반

피의자는 20○○. ○. ○.경 피의자의 동생 갑에 의하여 피의자의 집에 오게 된 지적장애인 피해자 홍길동이 지적능력이 미약하여 정상적으로 임금지급 청구권을 행사하지 못한다는 것을 이용하여 피의자가 운영하는 염전에서 염부로 종사케 하고 그 급여를 지급하지 않는 방법으로 이익을 취하기로 마음먹었다.

이에 따라 피의자는 20○○. ○. ○.경 피의자의 염전에서, 피해자를 염부로 종사케 하였음에도 그 급여 ○○원을 지급하지 않은 것을 비롯하여 그때부터 20○○. ○. ○.경까지 사이에 별지 범죄일람표 기재와 같이 급여 합계 ○○원을 지급하지 않았다.

이로써 피의자는 피해자의 심신장애를 이용하여 ○○원 상당의 재산상 이익을 취득하고, 장애인을 이용하여 부당한 영리행위를 하였다.

2) 적용법조 : 형법 제348조 제1항, 장애인복지법 제87조 제1호, 제8조 제2항(장애인이용 부당 영리행위)… 공소시효 10년

제4항 편의시설부정이용

> **제348조의2(편의시설부정이용)** 부정한 방법으로 대가를 지급하지 아니하고 자동판매기, 공중전화 기타 유료자동설비를 이용하여 재물 또는 재산상의 이익을 취득한 자는 3년 이하의 징역, 500만원 이하의 벌금, 구류 또는 과료에 처한다.
>
> **제352조(미수범)** 제347조 내지 제348조의2, 제350조와 제351조의 미수범은 처벌한다.

 Ⅰ. 구성요건

1. 객 체

자동판매기, 공중전화 기타 유료자동설비

(1) 자동판매기

대가를 지급하면 기계·전자장치에 의하여 자동으로 일정한 물건이 제공되는 일체의 기계설비(例, 커피자판기, 담배·음료수·승차권 등을 판매하는 자동판매기)

(2) 유료자동설비

대가를 지불하는 경우에 기계 또는 전자장치가 개시하여 일정한 물건 또는 편익을 제공하는 일체의 기계(例, 무인자동개찰구, 무인보관함, 텔레비전 시청기, 뮤직박스, 자동놀이기구, 마사지기, 헤어드라이어, 자동체중계, 물품보관함, 동전 세탁기)

2. 행 위

대가 지급 없이 부정한 방법으로 자동판매기, 공중전화, 기타 유료자동편의시설을 이용하는 것

(1) 부정사용

대가를 지급하지 아니하고 자동설비의 메커니즘을 비정상적으로 조종하여 재물 또는 재산상의 이득을 취득하는 것(例, 위조지폐 또는 가짜동전을 사용하여 재물 또는 재산상의 이익을 제공받는 행위, 부정하게 만든 선불카드를 투입하여 재물 또는 재산상의 이익을 제공받는 행위, 잔고를 허위로 증액한 전화카드 내지 정액승차권 등을 투입하여 재물 또는 재산상의 이익을 제공받는 행위)

(2) 부정사용의 방법

본죄가 성립하기 위해서는 자동설비의 작동을 필요로 하므로 자동설비를 작동시키지

않으면 본죄가 성립하지 않는다. 따라서 자동설비시설을 파괴하고 그 안의 물건을 꺼내 간 경우, 자동개찰구 틈새로 몰래 빠져나가 승차한 경우, 고장으로 주화투입이 없이도 통화가 가능함을 알고 공중전화를 이용한 경우에는 본죄는 성립하지 않는다.

■ 판례 ■   타인의 전화카드(한국통신의 후불식 통신카드)를 절취하여 전화통화에 이용한 경우, 편의시설부정이용의 죄에 해당하는지 여부(소극)

형법 제348조의2에서 규정하는 편의시설부정이용의 죄는 부정한 방법으로 대가를 지급하지 아니하고 자동판매기, 공중전화 기타 유료자동설비를 이용하여 재물 또는 재산상의 이익을 취득하는 행위를 범죄구성요건으로 하고 있는데, 타인의 전화카드(한국통신 후불식 통신카드)를 절취하여 전화통화에 이용한 경우에는 통신카드서비스 이용계약을 한 피해자가 그 통신요금을 납부할 책임을 부담하게 되므로, 이러한 경우에는 피고인이 '대가를 지급하지 아니하고' 공중전화를 이용한 경우에 해당한다고 볼 수 없어 편의시설부정이용의 죄를 구성하지 않는다(대법원 2001.9.25. 선고 2001도3625 판결).

(3) 실행의 착수 및 기수 시기

본죄의 착수 시기는 부정이용행위를 개시한 때이고, 기수시기는 재물 또는 재산상 이익을 취득 한때다.

◗ II. 범죄사실기재 및 신문사항

1) 범죄사실 기재례

[기재례1] 가짜 동전 이용 공중전화 사용

피의자는 20○○. ○. ○. 21:00경 ○○에 있는 공중전화기에 100원 동전 크기로 만든 가짜 동전을 10개를 투입 060-000-1818번으로 약 10분 동안 통화하여 부정한 방법으로 대가를 지급하지 아니하고 공중전화를 이용 재산상의 이익을 취득하였다.

[기재례2] 하이패스 통행료 미납

피의자는 20○○. ○. ○. 21:00경 ○○에 있는 피해자 甲이 관리하는 '○○터널' 유료통행 구간에서 하이패스에서 단말기가 설치되어 있지 아니한 피의자의 ○○승용차를 운전하여 하이패스 차로로 요금소를 통과하여 통행료 ○○원을 지급하지 아니하였다.

피의자는 그때부터 20○○.○.○. 15:00경까지 별지 범죄일람표에 기재된 내용과 같이 모두 ○○회에 걸쳐 같은 방법으로 합계 ○○만원 상당의 통행료를 지급하지 아니하고 하이패스 차로를 이용하였다.

이로써 피의자는 부정한 방법으로 대가를 지급하지 아니하고 유료자동설비를 이용하여 피해자 회사로부터 재산상 이익을 취득하였다.

[기재례3] 전류를 이용하여 게임기 작동

피의자는 20○○. ○. ○. 21:00경 ○○에 있는 피해자 甲이 관리하는 '○○오락실'에서 며칠 전 함께 구입한 전류기를 사용하여 전류기 버튼을 누르면서 '○○' 오락기의 지폐 투입기에 전류를 툭툭 갖다 대는 방법으로 전류를 흘려보냈다.

그런데 위와 같은 방법으로 3~4회 전류기를 지폐 투입기에 갖다 대며 전류를 흘려보내면 게임기 내부에서는 천원권 지폐가 정상적으로 투입된 것과 같이 인식하게 되어 게임을 할 수 있는 점수가 1,000원씩 적립된다. 피의자는 이처럼 게임기에 3,000점을 적립한 후 이를 이용하여 게임을 하였다.

이로써 피의자는 부정한 방법으로 대가를 지급하지 않고 유료자동설비인 게임기를 작동하게 하여 게임 서비스를 제공받았다.

[기재례4] 지하철무료 탑승

피의자는 20○○. ○. ○.10:00경 ○○에 있는 ○○도시철도 지하철 1호선 ○○역에서 역무원의 감시가 소홀한 틈을 이용하여 개찰구를 뛰어넘거나 비상시 사용하는 목적의 출입문을 열고 나오는 방법으로 개찰구를 통과함으로써 ○○역부터 위 ○○역까지의 지하철 이용 최소요금 ○○원을 지불하지 않는 등 이때부터 20○○. ○. ○.경까지 사이에 별지 범죄일람표(1) 기재와 같이 모두 ○○회에 걸쳐 같은 방법으로 ○○도시철도 지하철을 이용하고 합계 ○○원 상당의 지하철 이용요금을 지불하지 아니하였다.

이로써 피의자는 부정한 방법으로 대가를 지급하지 아니하고 유료자동설비를 이용하여 재산상의 이익을 취하였다.

2) 적용법조 : 제348조의2… 공소시효 5년

3) 신문사항

- 가짜 동전을 사용하여 공중전화를 이용한 일이 있는가
- 언제 어디에 있는 공중전화기인가
- 어떤 가짜동전을 사용하였는가
- 이런 동전은 언제 어디에서 누가 만들었는가
- 어떤 방법으로 얼마정도 만들었는가
- 어떤 방법으로 사용하였나
- 어디에 전화를 걸었는가
- 가짜 동전을 투입하여도 사용이 가능하던가
- 사용하고 남은 동전은 어떻게 하였나

제5항 부당이득

> 제349조(부당이득) ① 사람의 곤궁하고 절박한 상태를 이용하여 현저하게 부당한 이익을 취득한 자는 3
> 년 이하의 징역 또는 1천만원 이하의 벌금에 처한다.
> ② 제1항의 방법으로 제3자로 하여금 부당한 이익을 취득하게 한 경우에도 제1항의 형에 처한다.

Ⅰ. 구성요건

1. 행 위

사람의 곤궁하고 절박한 상태를 이용하여 현저하게 부당한 이익을 취득하는 것

(1) 곤궁하고 절박한 상태

반드시 경제적 궁핍상태(例, 파산·부도 등)에 한하지 않고, 정신적·육체적 궁박상태
(例, 생명·신체의 위급 상태, 명예·신용에 대한 위난)를 포함하며, 사회적 곤궁상태(例,
주택난·자금난)를 모두 포함한다.

- 곤궁하고 절박한 상태는 반드시 객관적으로 존재할 필요는 없으며, 상상의 상태로
  도 족하다.

■ 판례 ■ **이른바 '알박기' 사건**

[1] 사실관계

甲이 15년전 부동산을 매입하여 5년간 거주하다가 인근으로 이사한 이후에도 계속하여 이를
소유·관리하여오던 중, 동 부동산이 포함된 사업부지에 아파트 건축사업을 추진하기 시작한
乙회사로 부터 부동산을 매도하라는 제안을 계속하여 거부하였던 바, 乙회사는 이 사건 부동
산을 비롯하여 몇 건의 부동산에 대한 계약을 체결하지 못하여 주택건설 사업계획승인신청이
지연되고 이로 인하여 월 6억 원 정도의 금융비용이 발생하게 되자 인근의 다른 토지들에 비
하여 40배가 넘는 가격으로 甲의 부동산을 매수하였다.

[2] 판결요지

가. 부당이득죄에서 피해자가 궁박한 상태에 있었는지 여부와 현저하게 부당한 이득을 취득하였는지 여부
의 판단 기준

형법상 부당이득죄에서 궁박이라 함은 '급박한 곤궁'을 의미하고, '현저하게 부당한 이익의 취
득'이라 함은 단순히 시가와 이익과의 배율로만 판단해서는 안 되고 구체적·개별적 사안에 있어
서 일반인의 사회통념에 따라 결정하여야 한다. 피해자가 궁박한 상태에 있었는지 여부 및 급부와
반대급부 사이에 현저히 부당한 불균형이 존재하는지 여부는 거래당사자의 신분과 상호 간의 관계,
피해자가 처한 상황의 절박성의 정도, 계약의 체결을 둘러싼 협상과정 및 거래를 통한 피해자의 이
익, 피해자가 그 거래를 통해 추구하고자 한 목적을 달성하기 위한 다른 적절한 대안의 존재 여부,

피고인에게 피해자와 거래하여야 할 신의칙상 의무가 있는지 여부 등 여러 상황을 종합하여 구체적으로 판단하여야 한다. 특히, 우리 헌법이 규정하고 있는 자유시장경제질서와 여기에서 파생되는 사적 계약자유의 원칙을 고려하여 그 범죄의 성립을 인정함에 있어서는 신중을 요한다.

나. 부당이득죄가 성립하기 위한 요건

개발사업의 부지 일부의 매매와 관련된 이른바 '알박기' 사건에서 개발사업 등이 추진되는 사업부지 중 일부의 매매와 관련된 이른바 '알박기' 사건에서 부당이득죄의 성립 여부가 문제되는 경우, 그 범죄의 성립을 인정하기 위해서는 피고인이 피해자의 개발사업 등이 추진되는 상황을 미리 알고 그 사업부지 내의 부동산을 매수한 경우이거나 피해자에게 협조할 듯한 태도를 보여 사업을 추진하도록 한 후에 협조를 거부하는 경우 등과 같이, 피해자가 궁박한 상태에 빠지게 된 데에 피고인이 적극적으로 원인을 제공하였거나 상당한 책임을 부담하는 정도에 이르러야 한다. 이러한 정도에 이르지 않은 상태에서 단지 개발사업 등이 추진되기 오래전부터 사업부지 내의 부동산을 소유하여 온 피고인이 이를 매도하라는 피해자의 제안을 거부하다가 수용하는 과정에서 큰 이득을 취하였다는 사정만으로 함부로 부당이득죄의 성립을 인정해서는 안 된다.

다. 아파트 건축사업이 추진되기 수년 전부터 사업부지 내 일부 부동산을 소유하여 온 피고인이 사업자의 매도 제안을 거부하다가 인근 토지 시가의 40배가 넘는 대금을 받고 매도한 경우, 부당이득죄의 성립여부(소극)

피고인들은 이 사건 주택건축사업이 추진되기 오래 전부터 이 사건 부동산을 소유하여 오다가 이 사건 부동산을 매도하라는 피해자 회사의 제안을 거부하다가 수용하는 과정에서 큰 이득을 취하였을 뿐, 달리 피해자가 궁박한 상태에 빠지게 된 데에 피고인이 적극적으로 원인을 제공하였다거나 상당한 책임을 부담하는 정도에 이르렀다고 볼 증거가 없으므로, 피고인들에 대하여 부당이득죄가 성립한다고 인정하기 어렵다(대법원 2009.1.15. 선고 2008도8577 판결).

■ 판례 ■ **아파트 신축사업이 추진되기 수년 전 사업부지 중 일부 토지를 취득하여 거주 또는 영업장소로 사용하던 피고인이 이를 사업자에게 매도하면서 시가 상승 등을 이유로 대금의 증액을 요구하여 종전보다 1.5 내지 3배가량 높은 대금을 받은 경우**

[1] 사실관계

甲과 乙은 3년 전에 각각 건물을 매수하여 음식점과 주거로 사용하고 있었던바 丙사와 부동산 컨설팅 위탁용역계약을 체결한 A주식회사와 각 부동산을 매매대금 13억 2,810만 원에 매도하는 계약을 체결한 후 丙사가 이 사건 사업부지에서 아파트신축사업을 추진하며 A주식회사와의 위 매매계약에서 정한 매매대금으로 위 각 부동산을 매도하라는 제안을 받고 이를 거부하면서 인근 부동산의 시가 상승 등을 이유로 매매대금의 증액을 요구하여 丙사와 사이에 매매대금에 대한 새로운 협상을 벌인 결과 甲은 35억 원에, 乙은 21억 8,404만 원에 丙회사에 각 매도하였다.

[2] 판결요지

가. 개발사업 등의 추진 전에 이를 알지 못하고 취득한 사업부지 일부를 사업자에게 매도하면서 시가보다 많은 대가를 약정 · 수령한 행위가 부당이득죄를 구성하는지 여부

개발사업 등의 추진 전에 이를 알지 못하고 부동산을 취득 · 소유하면서 그 위에 생활 또는 사업상의 기반을 쌓고 있어서 그 부동산을 타인에게 양도하는 것이 그의 생활 또는 사업 등에 상당한 변화를 초래하게 되는 경우에는, 일반적으로 애초 그 양도의 의무 및 의사가 없는 사람으로 하여금 그 양도를 결단하도록 하기 위하여 그러한 변화에 대한 주저를 극복할 상당한 경제적 유인 등이 제공될 필요가 있고, 사업자로서도 그러한 사정을 통상 알 수 있다는 점에 비추어, 이를 매도하라는 사업자 등의 제안을 받고 그 매도의 조건을 협상한 결과 큰 이득을 얻었다는 것만으로는 다른 특별한 사정이 없는 한 피해자의 궁박을 이용하여 현저하게 부당한 이익을 얻었다고 쉽사리 말할 수 없다. 또한, 그 협상의 과정에서 개발사업의 시행으로 인근 부동산의 시가가 전반적으로 상승한 것을 들어 대가의 증액을 요구했다고 해서 이를 형사적으로 비난받을 행태라고 할 수 없다.

나. 부당이득죄의 성립여부(소극)
피고인들은 이 사건 아파트신축사업이 추진되기 오래 전부터 위 각 부동산을 소유하여 오다가 대원 피엠씨와의 위 매매계약에서 정한 매매대금으로 위 각 부동산을 매도하라는 피해자 회사의 제안을 거부하면서 피해자 회사와 사이에 새로 협상을 하여 종전의 매매대금보다 훨씬 많은 대금을 약정한 것으로서, 그것만으로는 피해자 회사의 궁박을 이용하여 현저하게 부당한 이익을 얻었다고 할 수 없다(대법원 2009.1.15. 선고 2008도1246 판결).

■ 판례 ■ **甲건설회사의 공동주택신축사업 계획을 미리 알고 있던 乙이 사업부지 내의 토지소유자 丙을 회유하여 甲과 맺은 토지매매 약정을 깨고 자신에게 이를 매도 및 이전등기하게 한 다음 이를 甲에게 재매도하면서 2배 이상의 매매대금과 양도소득세를 부담시킨 경우**

피해자가 이 사건 사업부지 내에 토지를 소유하고 있던 공소외 2, 3, 4, 5, 6으로부터 이 사건 토지의 평당 가격보다 더 높은 가격을 지급하고 토지를 매수하였지만, 공소외 2 등은 그 토지 위에 공장 등 건물을 소유하였거나 오랜 기간 소유한 사람들로서 피고인과는 상황이 같다고 볼 수 없는 점 등을 종합하면, 피고인이 피해자의 궁박한 상태를 이용하여 현저하게 부당한 이익을 취득한 사실을 충분히 인정할 수 있다(대법원 2008.5.29. 선고 2008도2612 판결).

■ 판례 ■ **피고인이 재건축조합에게 토지를 시세보다 비싼 가격으로 매도한 경우, 부당이득죄 성부(소극)**

[1] 사실관계

재건축조합은 재건축사업을 추진함에 있어서 甲의 토지가 반드시 필요한 것도 아니고, 이를 매입하지 아니하고도 재건축을 추진할 대안이 있었음에도 재건축조합의 이익에 가장 부합한다는 판단하에 甲을 설득하여 위 토지를 시세보다 비싼 가격으로 매입하였다.

[2] 판결요지

가. 부당이득죄에 있어서 '궁박' 의 의미 및 피해자가 궁박한 상태에 있었는지 여부의 판단 기준
부당이득죄에 있어서 궁박이라 함은 '급박한 곤궁' 을 의미하는 것으로서, 피해자가 궁박한 상태에 있었는지 여부는 거래당사자의 신분과 상호간의 관계, 피해자가 처한 상황의 절박성의 정도 등 제반 상황을 종합하여 구체적으로 판단하여야 할 것이고, 특히 부동산의 매매와 관련하여 피고인이 취득한 이익이 현저하게 부당한지 여부는 우리 헌법이 규정하고 있는 자유시장경제질서와 여기에서 파생되는 계약자유의 원칙을 바탕으로 피고인이 당해 토지를 보유하게 된 경위 및 보유기간, 주변 부동산의 시가, 가격결정을 둘러싼 쌍방의 협상과정 및 거래를 통한 피해자의 이익 등을 종합하여 구체적으로 신중하게 판단하여야 한다.

나. 甲의 죄책
피고인이 피해자인 재건축조합에게 토지를 시세보다 비싼 가격으로 매도하였더라도 그 매매대금이 현저하게 부당하다고 단정할 수 없거나, 위 조합이 재건축사업을 추진함에 있어서 위 토지가 반드시 필요한 것은 아니었고, 이를 매입하지 아니하고도 재건축을 추진할 대안이 있었음에도 재건축조합의 이익에 가장 부합한다는 판단하에 피고인을 설득하여 위 토지를 매입하게 된 사정 등에 비추어 재건축조합의 궁박 상태를 인정하기에는 부족하다(대법원 2005.4.15. 선고 2004도1246 판결).

(2) 곤궁하고 절박한 상태의 이용

상대방의 곤궁하고 절박한 상태를 자기 또는 제3자의 이익취득의 기회로 삼는 것을 말한다.

(3) 현저하게 부당한 이익

부당한 이익이란 행위자의 급부와 피해자의 반대급부 사이에 상당성이 없는 것을 말한다. 이익이 현저하게 부당한가의 여부는 행위 당시의 사정을 구체적으로 종합하여 객관적으로 판단하며, 이는 행위자 또는 피해자를 기준으로 할 것이 아니고, 사회일반인을 기준으로 판단한다.

■ 판례 ■ **부동산을 시가의 약 6배에 해당하는 가격으로 매도한 경우, 부당이득죄의 성부(소극)**
피고인들이 부동산을 시가의 약 6배에 해당하는 가격으로 매도함으로써 사회통념상 다소 과도한 이득을 취득하였다고 할지라도, 토지의 보유경위 및 기간, 쌍방 당사자의 협상과정, 거래를 통한 매수인의 이익 등을 종합하여 보면, 피고인들이 현저하게 부당한 이득을 취득하였다고 단정할 수 없다(대법원 2005.9.29. 선고 2005도4239 판결).

■ 판례 ■ **300만원의 변제에 갈음하여 합금 600여만원의 이득을 취득한 경우, 부당이득죄의 성부(소극)**
300만원의 변제에 갈음하여 합금 600여만원의 이득을 취득함으로써 지급받을 300만원을 공제한 300만원의 이득을 취득한 것만으로는 본조의 현저하게 부당한 이득을 취득한 것이라고 보기 어렵다(대법원 1972.10.31. 선고 72도1803 판결).

(4) 기수시기

본죄는 침해범이므로 부당한 이익을 취득함으로써 상대방에게 손해가 발생한 때 기수가 된다.

2. 주관적 구성요건

고의와 불법영득의사가 있을 것

1) 범죄사실 기재례

[기재례1] 사업부지를 매수 후 궁박상태 이용 고가로 되팔아 부당이득 취득

피의자는 건설업자로 갑 주식회사가 ○○번지 등 일대 총 ○○필지 약 ○○㎡에 아파트 신축사업을 추진함에 따라 그에 대한 사업계획의 승인 및 분양허가 등을 받기 위해서는 전체 사업부지 소유권 ○○%를 취득하여야 한다는 점을 알고 위 아파트 신축사업에 참여하는 경쟁시행사인 것처럼 가장하고 이 사건 부지 중 일부 토지를 매수하여 아파트 신축사업이 이루어 지면 이에 적극적으로 협조할 듯한 태도를 취하여 사업을 추진하도록 한 후 협조를 거부하는 방법으로 최종적으로 이를 고가에 되팔아 그 차액을 취득하기로 마음먹었다.

피의자는 200○. ○. ○.경 ○○번지 전(田) ○○㎡를 원래 소유자인 A로부터 피의자의 동생 B 명의로 매매대금 ○○원에 매수한 후 계약 당일 계약금 ○○만원과 중도금 ○○만원을 지급하고 200○. ○. ○. 위 B명의로 소유권이전 등기를 경료한 다음, 200○. ○. ○.경부터 200○. ○. ○.경 사이에 이 사건 부동산을 제외한 나머지 사업부지 ○○필지를 매수한 위 갑 주식회사로부터 이 사건 부동산의 매수제의를 받고도 다른 사업부지 내 부동산의 매수단가를 크게 웃도는 금액을 일시불로 요구함에 따라 계약체결이 미루어져 오던 중 위 갑 주식회사가 200○. ○. ○.경 피해자 을 주식회사에게 위 아파트신축 사업권을 양도하였다.

그 후 피해 회사는 200○. ○. ○.경 이 사건 사업부지에 대한 교통영향평가심의가 최종적으로 통과되자 200○. ○. ○.경 이 사건 아파트에 대한 건축허가를 신청하였는데 200○. ○. ○. ○○도로부터 200○. ○. ○.까지 이 사건 사업부지의 모든 소유권을 확보하지 않으면 건축허가 신청서를 반려하겠다는 통지를 받게 되어, 사업시행을 계속 추진하려면 피의자로부터 빠른 시일에 이 사건 부동산을 매수할 수밖에 없는 궁박한 상태에 빠졌다.

피의자는 200○. ○. ○ 피해 회사가 위와 같이 궁박한 상태에 있는 점을 이용하여 피해 회사에게 주변 부지의 평당 매매가인 ○○원 상당보다 약 2.5배 이상 비싼 평당 ○○만원 상당(매매대금 합계 ○○원)에 매도하고 그에 대한 양도소득세 ○○원 상당을 피해 회사에게 부담하게 함으로써 그 차액인 ○○원 상당의 부당한 이익을 취득하였다.

[기재례2] 개인택시운전사가 승객의 궁박상태를 이용 부당이득 취득

피의자는 200○. ○. ○. ○○:○○경 ○○○ 앞길에서 홍명순이 위 택시를 정차시키고 "○○병원에 빨리 가주세요"라고 목적지를 말하자, 위 피해자가 상황이 위급, 곤궁하고 절박한 상태임을 알고 이를 이용하여 요금을 많이 받으려고 이 시간에 급한 손님은 받기가 곤란하다. 꼭 가려면 10만원을 내라고 요구하고 피해자가 곤궁하고 절박한 상황에서 이를 수락하자 그 조건으로 승차시켜 ○○병원으로 차를 운전하여 도착하였다.

피의자는 미터기에는 ○○만원의 요금이 표시되어 있었으나 ○○만원을 교부받아 정당한 요금보다 ○○만원을 더 받아서 현저하게 재산상의 이득을 취득하였다.

2) 적용법조 : 제349조 제1항… 공소시효 5년

3) 신문사항

- 개인택시 운전사인가(차량번호, 차종등)
- 승객을 승차시키고 ○○병원까지 운전한 일이 있는가
- 언제 어디에서 승차시켰는가
- 어떤 승객이었나
- 뭐라면서 ○○병원까지 가자고 하던가
- 당시 피해자의 상황이 급한 상황이던가
- 그곳까지의 거리와 평상시 택시요금은 어느 정도인가
- 당시 얼마의 요금을 받기로 하였는가
- 뭐라면서 이런 요금을 요구하였나
- 그럼 피해자의 궁박한 상태를 이용하여 부당요금을 받았다는 것인가
- 왜 이런 행위를 하였나

제6항 상습사기

> 제351조(상습범) 상습으로 제347조 내지 전조의 죄를 범한 자는 그 죄에 정한 형의 2분의 1까지 가중한다.

상습으로 사기죄, 컴퓨터 등 사용사기죄, 준사기죄, 편의시설부정이용죄, 부당이득죄를 범하는 경우에 성립

■ 판례 ■ **상습사기에 있어서 상습성의 의미**

상습사기에 있어서의 상습성이라 함은 반복하여 사기행위를 하는 습벽으로서 행위자의 속성을 말하고, 이러한 습벽의 유무를 판단함에 있어서는 사기의 전과가 중요한 판단자료가 되나 사기의 전과가 없다고 하더라도 범행의 회수, 수단과 방법, 동기 등 제반 사정을 참작하여 사기의 습벽이 인정되는 경우에는 상습성을 인정하여야 한다(대법원 2000.11.10. 선고 2000도3483 판결).

■ 판례 ■ **판결확정 전에 범한 사기죄가 판결확정된 사기죄와 상습사기죄의 포괄일죄의 관계에 있는 경우 확정판결의 기판력이 후에 기소된 확정판결 전의 단순사기죄의 공소사실에 미치는지 여부(적극)**

유죄판결을 선고받고 그 판결이 확정된 바 있는 사기죄의 범죄사실과 위 확정판결 이전에 이루어진 사기죄의 범죄사실이 다 같이 피고인의 사기습벽에서 이루어진 것이라면, 이미 확정판결을 받은 위 사기죄의 범죄사실과 위 판결 전 사기죄의 공소사실은 실체법상 포괄일죄인 상습사기죄의 관계에 있다 할 것이고 따라서 위 사기죄에 대한 확정판결의 기판력은 그와 포괄일죄의 관계에 있으나 단순사기로 기소된 확정판결 이전의 사기공소사실에 미치게 되는 것이어서 이에 대하여는 면소의 판결을 하여야 한다(대법원 1992.10.13. 선고 91도3170 판결).

■ 판례 ■ **판결이 확정된 사기범행과 상습사기의 포괄일죄를 이루는 사기의 공소사실로서 그 확정판결의 기판력이 미치는지의 여부(적극)**

피고인에 대하여 판결이 확정된 사기범행과 이 사건으로 공소가 제기된 다른 피해자들에 대한 사기범행이 모두 동일한 공원조성공사와 관련하여 행하여진 것으로서 그 범행의 일시, 장소, 동기, 수단 및 방법 등이 동일하며, 단기일내에 8회에 걸친 사기범행을 반복한 것이라면 이는 피고인의 사기습벽의 발현에 의하여 저질러진 범행이라고 할 것이므로, 판결이 확정된 사기범행과 이 사건 사기범행은 실체법상 상습사기죄의 포괄일죄의 관계에 있어서 위 확정판결의 기판력은 이 사건 단순사기의 공소사실에 대하여도 미치는 것이다(대법원 1990.2.23. 선고 89도1193 판결).

제2절 공갈죄

제350조(공갈) ① 사람을 공갈하여 재산의 교부를 받거나 재산상의 이익을 취득한 자는 10년 이하의 징역 또는 2천만원 이하의 벌금에 처한다.
② 전항의 방법으로 제삼자로 하여금 재물의 교부를 받게 하거나 재산상의 이익을 취득하게 한 때에도 전항의 형과 같다.
제352조(미수범) 제347조 내지 제348조의2, 제350조, 제350조의2와 제351조의 미수범은 처벌한다.
※ 특정경제범죄가중처벌등에관한법률 제 3 조(특정재산범죄의 가중처벌)
※ 폭력행위등처벌에관한법률 제2조(폭행 등)

● Ⅰ. 구성요건

1. 객 체

타인이 점유하는 재물 또는 재산상의 이익

■ 판례 ■ **부녀와의 정교가 공갈죄의 객체인 재산상 이익으로 평가될 수 있는지 여부(소극)**

[1] 사실관계

월간잡지의 판매사원인 甲은 기자행세를 하면서 싸롱객실에서 나체쇼를 한 乙녀를 고발할 것처럼 데리고 나와 여관으로 유인한 다음, 겁에 질려있는 乙녀의 상태를 이용하여 동침하면서 1회 성교하였다.

[2] 판결요지

공갈죄는 재산범으로서 그 객체인 재산상 이익은 경제적 이익이 있는 것을 말하는 것인바, 일반적으로 부녀와의 정부 그 자체는 이를 경제적으로 평가할 수 없는 것이므로 부녀를 공갈하여 정교를 맺었다고 하여도 특단의 사정이 없는 한 이로써 재산상 이익을 갈취한 것이라고 볼 수는 없는 것이며, 부녀가 주점접대부라 할지라도 피고인과 매음을 전제로 정교를 맺은 것이 아닌 이상 피고인이 매음대가의 지급을 면하였다고 볼 여지가 없으니 공갈죄가 성립하지 아니한다(대법원 1983.2.8. 선고 82도2714 판결).

■ 판례 ■ **타인의 재물에 대한 판단기준**

[1] 공갈죄의 대상인 '타인의 재물'인지 판단하는 기준 및 절도범이 절취한 금전이 다른 금전 등과 명백하게 구분되는 예외적인 경우, 절도 피해자에 대한 관계에서 그 금전을 절도범인 타인의 재물이라고 할 수 있는지 여부(소극)

공갈죄의 대상이 되는 재물은 타인의 재물을 의미하므로, 사람을 공갈하여 자기의 재물을 교부받는 경우에는 공갈죄가 성립하지 아니한다. 그리고 타인의 재물인지는 민법, 상법, 기타의 실체법에 의하여 결정되는데, 금전을 도난당한 경우 절도범이 절취한 금전만 소지하고 있는 때 등과 같이 구체적으로 절취된 금전을 특정할 수 있어 객관적으로 다른 금전 등과 구분됨이 명백한 예외적인 경우에는 절도 피해자에 대한 관계에서 그 금전이 절도범인 타인의 재물이라고 할 수 없다.

[2] 甲이 乙의 돈을 절취한 다음 다른 금전과 섞거나 교환하지 않고 쇼핑백 등에 넣어 자신의 집에 숨겨두었는데, 피고인이 乙의 지시로 丙과 함께 甲에게 겁을 주어 위 돈을 교부받아 갈취한 경우
피고인 등이 甲에게서 되찾은 돈은 절취 대상인 당해 금전이라고 구체적으로 특정할 수 있어 객관적으로 甲의 다른 재산과 구분됨이 명백하므로 이를 타인인 甲의 재물이라고 볼 수 없고, 따라서 비록 피고인 등이 甲을 공갈하여 돈을 교부받았더라도 타인의 재물을 갈취한 행위로서 공갈죄가 성립된다고 볼 수 없다(대법원 2012.8.30. 선고 2012도6157 판결).

2. 공갈행위

타인에게 폭행 또는 협박을 가하여 상대방으로 하여금 공포심을 일으키게 하는 행위

(1) 폭행 · 협박

(가) 폭 행

사람에 대한 직접 또는 간접의 유형력의 행사(광의의 폭행)
○ 공갈죄에서의 폭행은 사람의 의사에 대한 심리적(강제적) 폭력만을 의미하고, 절대적 · 물리적 폭력은 포함되지 않는다(다수설).

(나) 협 박

해악을 가할 것을 고지함으로써 상대방으로 하여금 공포심을 일으키게 하는 것(협의의 협박)

■ 판례 ■ **공갈죄의 수단인 협박의 의미**

[1] 사실관계

폭력조직 "칠성파"의 두목인 甲과 조직원인 乙은 공모하여 乙이 "신20세기파" 조직원을 살해한 사건을 소재로 제작된 영화의 감독인 丙에게 자신들의 불량한 성행, 경력 등을 이용하여 금전의 교부를 요구하였는 바, 겁을 먹은 丙이 이 사실을 제작사 대표인 丁과 투자사 대표인 戊에게 말하였고, 丁과 戊는 이에 응하지 않을 경우 자신들이 받을 불이익과 곤경에 빠진 영화감독 丙을 위해서라도 돈을 지급하지 않을 수 없다고 판단하여 마지못해 돈을 교부하였다.

[2] 판결요지

가. 공갈죄의 수단인 협박의 의미
공갈죄의 수단으로서 협박은 사람의 의사결정의 자유를 제한하거나 의사실행의 자유를 방해할 정도로 겁을 먹게 할 만한 해악을 고지하는 것을 말하고, 해악의 고지는 반드시 명시의 방법에 의할 것을 요하지 아니하며 언어나 거동 등에 의하여 상대방으로 하여금 어떠한 해악을 입을 수 있을 것이라는 인식을 갖게 하는 것이면 족하고, 또한 직접적이 아니더라도 피공갈자 이외의 제3자를 통해서

간접적으로 할 수도 있으며, 행위자가 그의 직업, 지위, 불량한 성행, 경력 등에 기하여 불법한 위세를 이용하여 재물의 교부나 재산상 이익을 요구하고 상대방으로 하여금 그 요구에 응하지 아니할 때에는 부당한 불이익을 초래할 위험이 있을 수 있다는 위구심을 야기하게 하는 경우에도 해악의 고지가 된다.

나. 甲과 乙의 죄책

피해자들이 제작·투자한 영화의 소재로 삼은 폭력조직의 두목 또는 조직원이 피해자들에게 그 영화의 감독을 통해 조직폭력배의 불량한 성행, 경력 등을 이용하여 재물의 교부를 요구하고 피해자들로 하여금 그 요구에 응하지 아니할 때에는 부당한 불이익을 초래할 위험이 있을 수 있다는 위구심을 야기하게 하였고, 피해자들도 돈을 요구하는 상대방이 자신들이 영화의 소재로 삼았던 폭력조직의 두목 또는 조직원이므로 이에 응하지 않을 경우 자신들이 받을 불이익을 두려워하거나 또는 곤경에 빠진 위 영화감독을 위해서라도 돈을 지급하지 않을 수 없다고 판단하여 마지못해 돈을 준 경우, 공갈죄가 성립한다(대법원 2005.7.15. 선고 2004도1565 판결).

■ 판례 ■ **자리세 등을 지급받을 정당한 권원은 없었으나 이를 알고 있는 피해자와의 약정에 의하여 자리세를 지급받아 온 경우, 공갈죄의 성부(소극)**

[1] 사실관계

甲이 1963년경부터 남대문시장내 소방도로상에서 2평 정도의 좌판을 차려놓고 도로를 무단점용하면서 노점상을 하여 왔는데 같은 시장내에서 노점상을 하여 오면서 이를 잘 알고 있는 乙이 1978. 9.경 甲에게 甲이 영업하던 위 노점에서 장사를 할 수 있도록 자리를 빌려달라고 사정하므로 甲이 乙에게 위 2평의 노점중 1평 정도를 사용케 하는 대신 매월 자리세 내지 보증금 명목으로 금원을 지급하기로 약정하여 그 시경부터 그 자리를 얻어 장사를 하면서 위 금원을 지급하여왔다.

[2] 판결요지

피고인이 소방도로를 무단점용하고 있어 자리세 등을 지급받을 정당한 권원이 없었다 하더라도 피해자가 이를 알면서 피고인과 자리세를 지급하기로 약정하여 이를 지급하여 온 이상 피고인이 소방도로 무단점용으로 인한 도로법상의 처벌을 받는 것은 별론으로 하되 공갈죄로 문의할 수는 없다(대법원 1985.5.14. 선고 84도2289 판결).

■ 판례사례 ■ **[협박에 해당하지 아니하는 사례]**

(1) 가출자의 가족에 대하여 그의 소재를 알려주는 조건으로 보험가입을 요구한 경우(대법원 1976. 4.27. 선고 75도2818 판결)

(2) 조상천도제를 지내지 아니하면 좋지 않은 일이 생긴다는 취지의 말을 한 경우 ⇨ 길흉화복이나 천재지변의 예고로서 행위자에 의하여 직접, 간접적으로 좌우될 수 없는 것이고 가해자가 현실적으로 특정되어 있지도 않으며 해악의 발생가능성이 합리적으로 예견될 수 있는 것이 아니므로(대법원 2002.2.8. 선고 2000도3245 판결)

(다) 폭행·협박의 정도

폭행·협박은 타인의 의사나 행동의 자유를 제한하는 정도로 충분하고, 반드시 강도죄에서와 같이 상대방의 반항을 억압할 정도를 요하지 않는다(다수설).

■ 판례 ■ 피해자의 정신병원에서의 퇴원 요구를 거절해 온 피해자의 배우자가 피해자에 대하여 재산이전 요구를 한 경우, 공갈죄의 성부(적극)

[1] 사실관계

甲女는 남편 乙을 정신과의사의 직접적인 진찰이나 정신병원장의 입원결정이 없는 상태에서 병원 원무과장에게 부탁하여 강제로 정신병원에 입원시킨 후, 乙의 승낙 없이 乙의 종전의 인감으로 인감개인신고서를 작성하여 이를 관할 동사무소에 제출하고, 乙이 수차례에 걸쳐 퇴원시켜 줄 것을 요청하자 이를 거절하면서 乙 소유 부동산의 이전을 요구하였다. 이에 乙은 자신에 대한 입원조치가 계속되는 것에 불안감을 느낀 나머지 퇴원을 조건으로 하여 그 부동산의 이전요구에 응하였다.

[2] 판결요지

가. 공갈죄의 수단으로서의 협박의 의미

공갈죄의 수단으로서 협박은 구체적 사정을 참작하여 객관적으로 사람의 의사결정의 자유를 제한하거나 의사실행의 자유를 방해할 정도로 겁을 먹게 할 만한 해악을 고지하는 것을 말하고, 고지하는 내용이 위법하지 않은 것인 때에도 해악이 될 수 있으며, 해악의 고지는 반드시 명시의 방법에 의할 것을 요하지 않고 거동 또는 피해자와의 특수한 사정에 의하여 상대방으로 하여금 어떠한 해악에 이르게 할 것이라는 인식을 갖게 하는 것이면 족하다.

나. 甲의 죄책

피해자의 정신병원에서의 퇴원 요구를 거절해 온 피해자의 배우자가 피해자에 대하여 재산이전 요구를 한 경우, 그 배우자가 재산이전 요구에 응하지 않으면 퇴원시켜 주지 않겠다고 말한 바 없더라도 이는 암묵적 의사표시로서 공갈죄의 수단인 해악의 고지에 해당하고 이러한 해악의 고지가 권리의 실현수단으로 사용되었더라도 그 수단방법이 사회통념상 허용되는 정도나 범위를 넘는 것으로서 공갈죄를 구성한다(대법원 2001.2.23. 선고 2000도4415 판결). ☞ (甲은 감금죄, 사문서위조죄와 동행사죄, 공갈죄)

■ 판례사례 ■ **[의사나 행동의 자유를 제한하는 정도의 협박으로 공갈죄가 성립하는 사례]**

(1) 16세의 소년이 32세의 유부녀의 유혹으로 간통관계를 갖게 된 후 이를 미끼로 협박하여 금원을 교부받은 경우(대법원 1984.5.9. 선고 84도573 판결)

(2) 종업원이 주인을 협박하여 그 업소에 취직을 하여 종업원으로서 상당한 근로를 제공한 바가 없으면서 그 주인으로부터 월급 상당액을 교부받은 경우(대법원 1991.10.11. 선고 91도1755 판결)

(3) 방송기자가 건설회사 경영주에게 그 회사가 건축한 아파트의 진입도로미비 등 공사하자에 관하여 방송으로 계속 보도할 것 같은 태도를 보임으로써 회사의 신용훼손을 우려한 그로부터 속보 무마비조로 돈을 받은 경우(대법원 1991.5.28. 선고 91도80 판결)

(4) 부실공사 관련 기사에 대한 해당 업체의 반박광고가 있음에도 반복 기사가 나간 상태에서, 그 신문사 사주 및 광고국장이 그 업체 대표이사에게 감정이 격앙되어 있는 기자들의 분위기를 전하는 방식으로 자사 신문에 사과광고를 게재토록 하면서 과다 광고료를 받은 경우(대법원 1997. 2.14. 선고 96도1959 판결)

■ 판례 ■   **언론사 종사자가 취재원에 대하여 불리한 기사의 보도 여부를 놓고 광고 배정, 신문구독을 요구한 행위가 공갈죄의 수단으로서 해악의 고지에 해당하는지 여부의 판단 기준**

[1] 사실관계

> 주간으로 발행되는 A지역신문의 기사취재, 광고모집 등 신문사 운영을 총괄하는 발행인 겸 편집자인 甲은 몇몇 사람들이 제기한 의혹이나 풍문에 기초하여 좀 더 정확한 사실관계에 관한 확인의 노력을 다하지 아니한 채 甲 자신의 추측이나 판단을 근거로 하여 A지역신문에 수차례 시정에 관한 비판기사 및 사설을 보도하면서, 시 관계자에게 구두, 공문 또는 A지역신문 지면을 통하여 A지역신문이 당시 시로부터 받고 있는 광고의뢰 및 직보배정 수준을 다른 지역신문의 수준과 같이 높여 줄 것을 요청하였다.

[2] 판결요지

가. 언론사 종사자가 취재원에 대하여 불리한 기사의 보도 여부를 놓고 광고 배정, 신문구독을 요구한 행위가 공갈죄의 수단으로서 해악의 고지에 해당하는지 여부의 판단 기준

신문사 경영자가 자신이 발행하는 신문의 구독을 요청 또는 권유하는 것은 신문 부수의 확장을 위한 일상적인 업무의 범위 내에 속하는 것으로서, 특단의 사정이 없는 한, 사회통념상 용인되는 행위라고 보아야 할 것이므로, 언론사 종사자가 취재원에 대하여 불리한 기사의 보도 여부를 놓고 광고 게재나 신문구독을 요구한 행위가 공갈죄의 수단으로서 해악의 고지에 해당되는지 여부는 그러한 요구를 한 자와 요구를 받은 자 사이의 관계와 지위, 언론사의 사회적 영향력, 당사자의 의도와 추구하고자 하는 경제적 이익의 내용, 그러한 요구에 이른 전후 경위, 당사자가 그 과정에서 보인 태도, 관련 기사 내용과 그 기사가 상대방의 이해관계에 미치는 영향력의 크기, 불리한 기사와 요구한 금품 사이의 견련성 정도, 불이익을 시사한 구체적인 언동의 존부와 그 내용 등을 두루 심사하여 이를 신중하게 판단하여야 한다.

나. 공갈죄의 성립여부

지역신문의 발행인이 시정에 관한 비판기사 및 사설을 보도하고 관련 공무원에게 광고의뢰 및 직보배정을 타신문사와 같은 수준으로 높게 해달라고 요청한 사실만으로 공갈죄의 수단으로서 그 상대방을 협박하였다고 볼 수 없다(대법원 2002.12.10. 선고 2001도7095 판결).   ☞ (甲은 출판물에 의한 명예훼손죄)

(라) 폭행·협박의 상대방

공갈의 상대방은 재산에 대하여 처분행위를 할 수 있는 권한·지위에 있는 자이어야 한다. 그러나 재산상의 피해자와 동일인일 필요는 없다(3각공갈).

■ 판례 ■   **공갈죄에 있어서 공갈의 상대방의 요건**

공갈죄에 있어서 공갈의 상대방은 재산상의 피해자와 동일함을 요하지는 아니하나, 공갈의 목적이 된 재물 기타 재산상의 이익을 처분할 수 있는 사실상 또는 법률상의 권한을 갖거나 그러한 지위에 있음을 요한다. 따라서 주점의 종업원에게 신체에 위해를 가할 듯한 태도를 보여 이에 겁을 먹은 위 종업원으로부터 주류를 제공받은 경우에 있어 위 종업원은 주류에 대한 사실상의 처분권자이므로 공갈죄의 피해자에 해당된다고 보아 공갈죄가 성립한다(대법원 2005.9.29. 선고 2005도4738 판결).

(2) 교부행위 또는 처분행위

본죄가 성립하기 위하여는 피공갈자가 재물을 교부하거나 재산상 이익을 제공하는 처분행위가 있어야 한다.

▪ 판례 ▪ **피고인이 피해자가 운전하는 택시를 타고 간 후 최초의 장소에 이르러 택시요금의 지급을 면할 목적으로 다른 장소에 가자고 하였다면서 택시에서 내린 다음 택시요금 지급을 요구하는 피해자를 때리고 달아나자, 피해자가 피고인이 말한 다른 장소까지 쫓아가 기다리다 그곳에서 피고인을 발견하고 택시요금 지급을 요구하였는데 피고인이 다시 피해자의 얼굴 등을 주먹으로 때리고 달아난 경우**

피해자가 피고인에게 계속해서 택시요금의 지급을 요구하였으나 피고인이 이를 면하고자 피해자를 폭행하고 달아났을 뿐, 피해자가 폭행을 당하여 외포심을 일으켜 수동적·소극적으로라도 피고인이 택시요금 지급을 면하는 것을 용인하여 이익을 공여하는 처분행위를 하였다고 할 수 없는데도, 이와 달리 보아 공갈죄를 인정한 원심판결에 법리오해 등 위법이 있다고 한 사례(대법원 2012.1.27. 선고 2011도16044 판결).

(3) 실행의 착수 및 기수시기

실행의 착수시기는 공갈의 의사로 폭행·협박을 개시한 때이며, 기수시기는 재물을 교부받거나 또는 이익을 취득 한 때이다.

▪ 판례 ▪ **부동산에 대한 공갈죄의 기수시기**

부동산에 대한 공갈죄는 그 부동산에 관하여 소유권이전등기를 경료받거나 또는 인도를 받은 때에 기수로 되는 것이고, 소유권이전등기에 필요한 서류를 교부 받은 때에 기수로 되어 그 범행이 완료되는 것은 아니다(대법원 1992.9.14. 선고 92도1506 판결).

▪ 판례 ▪ **피해자를 공갈하여 지정한 은행구좌에 입금케 한 경우 공갈죄의 기수여부**

피해자들을 공갈하여 피해자들로 하여금 지정한 예금구좌에 돈을 입금케 한 이상, 위 돈은 범인이 자유로이 처분할 수 있는 상태에 놓인 것으로서 공갈죄는 이미 기수에 이르렀다 할 것이다(대법원 1985.9.24. 선고 85도1687 판결).

3. 주관적 구성요건

고의와 불법영득의사가 있을 것

4. 권리행사와 공갈죄

판례는 일관하여 정당한 권리자라 하더라도 그 권리실행의 수단·방법이 사회통념상 허용되는 범위를 넘는 때에는 공갈죄의 성립을 방해하지 않는다고 하여 공갈죄 성립을 긍정하는 입장이다.

■ 판례사례 ■ [권리실행의 수단·방법이 사회통념상 허용되는 범위를 넘어 공갈죄가 성립하는 사례]

(1) 자신과 동거하던 자가 돈을 갚지 않자, 돈을 당장 안 내놓으면 가족을 몰살시키겠다고 하여 돈을 받아낸 경우(대법원 1996.9.24. 선고 96도2151 판결)

(2) 피해자의 기망에 의하여 부동산을 비싸게 매수한 피고인이 그 계약을 취소함이 없이 등기를 피고인 앞으로 둔 채 피해자를 협박하여 재산상의 이득을 얻거나 돈을 받은 경우(대법원 1991.9. 24. 선고 91도1824 판결)

(3) 피고인이 채무를 변제받기 위하여 피해자에게 "당신이 허위로 매매계약서를 작성하고 허위의 가등기를 한 것은 사문서위조, 인감도용, 인감위조, 강제집행면탈죄에 해당하는지 아느냐"고 말한경우(대법원 1993.9.14. 선고 93도915 판결)

(4) 피고인이 교통사고로 2주일간의 치료를 요하는 상해를 당하여 그로 인한 손해배상청구권이 있음을 기화로 사고차량의 운전사가 바뀐 것을 알고서 그 운전사의 사용자에게 과다한 금원을 요구하면서 이에 응하지 않으면 수사기관에 신고할 듯한 태도를 보여 이에 겁을 먹은 동인으로부터 금전을 교부받은 경우(대법원 1990.3.27. 선고 89도2036 판결)

(5) 공사 수급인의 공사부실로 하자가 발생되어 도급인측에서 하자보수시까지 기성고 잔액의 지급을 거절하자 수급인이 일방적으로 공사를 중단하고 도급인의 비리를 관계기관에 고발하겠다고 협박하고 사무실을 장시간 무단점거 및 직원들에 대한 폭행 등의 수단을 써서 기성고 공사대금 명목으로 돈을 교부받은 경우(대법원 1991.12.13. 선고 91도2127 판결)

(6) 피고인이 乙로부터 피해자 甲에 대한 외상대금채권회수의 의뢰를 받고 이를 승낙한 다음 위 외상대금을 받아 주기 위하여 甲에게 乙의 채무를 당장 갚고 나서 영업을 하라고 요구하고, 이를 갚기 전에는 영업을 할 수 없다 하면서 개새끼라고 욕을 하고 눈을 치켜뜨고 죽어볼래 하면서 甲의 멱살을 2, 3번 잡아 흔드는 등 겁을 먹게 하여 甲으로 하여금 금원을 乙에게 교부하게 한 경우(대법원 1987.10.26. 선고 87도1656 판결)

■ 판례사례 ■ [수단·방법이 사회통념상 허용되는 범위내이어서 공갈죄가 성립하지 않는 사례]

(1) 매수인이 건물을 명도받기 어렵게 되자 매도인의 대리인에게 매매건물을 명도하거나 소송비용을 내놓지 않으면 고소하여 구속시켜버리겠다고 말한 경우(대법원 1984.6.26. 선고 84도648 판결)

(2) 공사한 건물의 대장상 평수보다 실제상의 평수가 많아 실제상의 평수에 따른 공사금의 지급을 요구하면서 그렇지 않으면 구청장에게 진정하겠다고 한 경우(대법원 1979.10.30. 선고 79도1660 판결)

(3) 피해자로부터 범인으로 오인되어 경찰에 끌려가 구타당하여 입원하게 되자 피해자에게 그 치료비를 요구하고 응하지 않으면 무고죄로 고소하겠다고 말한 경우(대법원 1971.11.9. 선고 71도1629 판결)

(4) 비료를 매수하여 시비한 결과 묘목이 고사하자 비료생산회사에게 손해배상을 요구하면서 응접탁자 등을 들었다 놓았다 하거나 시위를 할 듯한 태도를 보인 경우(대법원 1980.11.25. 선고 79도2565 판결)

(5) 국가안전기획부 직원이 아들 담임선생의 부탁을 받고 그 담임선생의 채무자에게 채무변제를 독촉하는 과정에서 '채권자의 이야기를 들으니 당신이 부동산을 불법으로 소개한 것 같다, 채권자가 고소하면 부동산투기로 구속이 되어 1년 이상의 실형이 선고되니 채권자의 건을 잘 해결해 주라'고 말하면서 즉시 돈의 지급을 요구한 경우(대법원 1993.12.24. 선고 93도2339 판결)

(6) 토지매도인이 그 매매대금을 지급받기 위하여 매수인을 상대로 하여 당해 토지에 관한 소유권이전등기말소청구소송을 제기하고 위 대금을 변제받지 못하면 위 소송을 취하하지 아니하고 예고등기도 말소하지 않겠다는 취지를 알린 경우(대법원 1989.2.28. 선고 87도690 판결)

5. 죄 수

- 한 개의 공갈행위로 같은 피해자로부터 수회에 걸쳐 재물을 교부받은 경우 ⇨ 포괄하여 1개의 공갈죄
- 동일인에 대하여 수개의 공갈행위를 한 경우 ⇨ 수개의 공갈죄의 경합범
- 한 개의 공갈행위로 수인을 외포시켜 각자로부터 재물을 교부받은 경우 ⇨ 수개의 공갈죄의 상상적 경합

■ 판례 ■ **현금카드 소유자를 협박하여 예금인출 승낙과 함께 현금카드를 교부받은 후 이를 사용하여 현금자동지급기에서 예금을 여러 번 인출한 경우, 해당 범죄 및 죄수(=공갈죄의 포괄일죄)**

[1] 사실관계

甲은 같은 학원에 다니면서 알게 된 乙과 부산 등지로 여행하던 중 乙이 소지하고 있던 현금카드를 갈취하여 乙의 예금을 인출하여 여행경비로 사용할 것을 결의하고, 乙에게 '현금카드를 빌려주지 않으면 부산에 있는 아는 깡패를 동원하여 가루로 만들어 버리겠다.'고 말하여 甲의 요구에 응하지 아니하면 乙에게 어떤 해악을 가할 듯한 태도를 보여 이에 겁을 먹은 乙로부터 즉석에서 현금카드 1장을 교부받아 현금자동지급기에서 도합 17회에 걸쳐 합계 금 7,590,000원을 인출하였다.

[2] 판결요지

예금주인 현금카드 소유자를 협박하여 그 카드를 갈취하였고, 하자 있는 의사표시이기는 하지만 피해자의 승낙에 의하여 현금카드를 사용할 권한을 부여받아 이를 이용하여 현금을 인출한 이상, 피해자가 그 승낙의 의사표시를 취소하기까지는 현금카드를 적법, 유효하게 사용할 수 있고, 은행의 경우에도 피해자의 지급정지 신청이 없는 한 피해자의 의사에 따라 그의 계산으로 적법하게 예금을 지급할 수밖에 없는 것이므로, 피고인이 피해자로부터 현금카드를 사용한 예금인출의 승낙을 받고 현금카드를 교부받은 행위와 이를 사용하여 현금자동지급기에서 예금을 여러 번 인출한 행위들은 모두 피해자의 예금을 갈취하고자 하는 피고인의 단일하고 계속된 범의 아래에서 이루어진 일련의 행위로서 포괄하여 하나의 공갈죄를 구성한다고 볼 것이지, 현금지급기에서 피해자의 예금을 취득한 행위를 현금지급기 관리자의 의사에 반하여 그가 점유하고 있는 현금을 절취한 것이라 하여 이를 현금카드 갈취행위와 분리하여 따로 절도죄로 처단할 수는 없다(대법원 1996.9.20. 선고 95도1728 판결).

6. 타 죄와의 관계

(1) 수뢰죄와의 관계

- 공무원이 직무집행의 의사로 당해 직무와 관련하여 상대방을 공갈하여 재물을 교부받은 경우 ⇨ 수뢰죄와 공갈죄의 상상적 경합
- 공무원이 직무집행의 의사없이 직무집행을 빙자하여 상대방을 공갈하여 재물을 교부받은 경우 ⇨ 공갈죄만 성립

공무원이 직무와 관계없이 타인을 공갈하여 재물을 교부하게 한 경우, 뇌물공여죄가 성립되는지 여부(소극)

공무원이 직무집행의 의사 없이 또는 직무처리와 대가적 관계없이 타인을 공갈하여 재물을 교부하게 한 경우에는 공갈죄만이 성립하고, 이러한 경우 재물의 교부자가 공무원의 해악의 고지로 인하여 외포의 결과 금품을 제공한 것이라면 그는 공갈죄의 피해자가 될 것이고 뇌물공여죄는 성립될 수 없다고 하여야 할 것이다(대법원 1994.12.22. 선고 94도2528 판결).

(2) 장물죄와의 관계

공갈로 장물을 취득한 경우 공갈죄 이외에 장물죄는 성립하지 않는다(다수설).

(3) 절도죄와의 관계

■ 판례 ■ **갈취한 현금카드를 사용하여 현금자동지급기에서 예금을 인출한 행위가 공갈죄와 별도로 절도죄를 구성하는지 여부(소극)**

예금주인 현금카드 소유자를 협박하여 그 카드를 갈취한 다음 피해자의 승낙에 의하여 현금카드를 사용할 권한을 부여받아 이를 이용하여 현금자동지급기에서 현금을 인출한 행위는 모두 피해자의 예금을 갈취하고자 하는 피고인의 단일하고 계속된 범의 아래에서 이루어진 일련의 행위로서 포괄하여 하나의 공갈죄를 구성하므로, 현금자동지급기에서 피해자의 예금을 인출한 행위를 현금카드 갈취행위와 분리하여 따로 절도죄로 처단할 수는 없다. 왜냐하면 위 예금 인출 행위는 하자 있는 의사표시이기는 하지만 피해자의 승낙에 기한 것이고, 피해자가 그 승낙의 의사표시를 취소하기까지는 현금카드를 적법, 유효하게 사용할 수 있으므로, 은행으로서도 피해자의 지급정지 신청이 없는 한 그의 의사에 따라 그의 계산으로 적법하게 예금을 지급할 수밖에 없기 때문이다(대법원 2007. 5. 10. 선고 2007도1375 판결).

7. 특별법

(1) 특정경제범죄가중처벌등에관한법률과의 관계

이득액이 5억원 이상인 때에는 특정경제범죄가중처벌등에관한법률 제3조에 의하여 가중된 형으로 처벌된다.

■ 판례 ■ **이득액의 의미 및 산정의 기준시기**

[1] 공갈범행으로 인하여 취득한 이득액 산정의 기준시기

공갈폭행으로 인하여 취득한 이득액은 공갈범행으로 인하여 취득하기로 약정된 즉 불법영득의 대상이 된 재물이나 재산상의 이익의 가액이 기준이 되어야 하고, 범죄의 기수시기를 기준으로 하여 산정할 것이며 그 후의 사정변경을 고려할 것이 아니고 그와 같은 사정변경의 가능성이 공갈 행위시 예견 가능한 것이라고 하여도 마찬가지이다.

[2] 특정경제범죄가중처벌등에관한법률 제3조 제1항 소정의 '이득액'의 의미

특정경제범죄가중처벌등에관한법률 제3조 제1항 소정의 '이득액'이란 거기에 열거된 범죄행위로 인

하여 취득하거나 제3자로 하여금 취득하게 한 불법영득의 대상이 된 재물이나 재산상 이익의 가액의 합계인 것이지 궁극적으로 그와 같은 이득을 실현할 것인지, 거기에 어떠한 조건이나 부담이 붙었는지 여부는 영향이 없다(대법원 1990.10.16. 선고 90도1815 판결).

■ 판례 ■ 甲이 갈취한 액면금 6억 원의 약속어음 공정증서로 피해자 소유 부동산에 대하여 강제경매를 신청하였다가 강제경매를 취하하는 조건으로 채권최고액 3억원의 근저당권을 설정 받은 경우

[1] 특정경제범죄가중처벌등에관한법률 제3조 제1항 소정의 "이득액"의 의미
특정경제범죄가중처벌등에관한법률 제3조 제1항의 이득액은 단순1죄 또는 포괄1죄가 성립하는 경우의 이득액의 합산액을 의미하지만, 그 법조항의입법취지에 비추어 그 이득액은 실질적인 이득액을 말한다.

[2] 甲이 갈취한 이득액
피고인이 피해자로부터 피해자가 발행하여 공증을 받은 액면금 6억 원의 약속어음을 갈취한 후, 그 공정증서를 채무명의로 하여 피해자 소유 부동산에 대한 강제경매신청을 하였다가 그 강제경매를 취하하는 조건으로 그 부동산에 관하여 근저당권자를 피고인으로 하는 채권최고액 금 3억 원의 근저당권을 설정받은 경우, 그 근저당권은 피고인이 갈취한 기존의 약속어음채권 금6억 원을 확보 강화하는 것에 불과하여 피고인의 실질적 이득액은 금 6억 원을 넘어설 수 없다(대법원 1995.6.30. 선고 95도825 판결).

(2) 폭력행위등처벌에관한법률

- 상습적으로 공갈죄를 범한 경우에는 폭력행위등처벌에관한법률에 의하여 가중처벌하였으나 해당 조항 삭제(2016. 1. 6.)되어 형법 적용
- 2인이상이 공동하여 공갈죄를 범한 경우에는 폭력행위등처벌에관한법률에 의하여 가중처벌된다.

(3) 부동산중개업법

■ 판례 ■ 피해자를 협박하여 법정 중개수수료 상한을 초과하여 금품을 갈취한 경우, 죄수 관계
피고인이 피해자를 협박함으로써 금원을 갈취하고 이로 인하여 법정 중개수수료 상한을 초과한 금품을 받은 것은 1개의 행위가 수개의 죄에 해당하는 상상적 경합의 경우에 해당한다(대법원 1996.10.15. 선고 96도1301 판결).

8. 친족상도례

피공갈자와 소유자가 다른 경우, 피공갈자도 피해자이므로, 피공갈자 및 소유자 모두와 친족관계가 존재해야한다.

■ 판례 ■ 폭력행위등처벌에관한법률 제2조 제2항에 의해 가중처벌되는 경우, 친족상도례의 적용이 있는지 여부(적극)
공갈죄가 야간에 범하여져 폭력행위등처벌에관한법률 제2조 제2항에 의해 가중처벌되는 경우에도 형

법상 공갈죄의 성질은 그대로 유지되는 것이고, 특별법인 위 법률에 친족상도례에 관한 형법 제354조, 제328조의 적용을 배제한다는 명시적인 규정이 없으므로, 형법 제354조는 위 특별법 제2조 제2항 위반죄에도 그대로 적용된다고 보아야 할 것이며, 위 특별법 제2조 제4항에서 공갈죄의 수단이 되는 형법 제260조 제1항, 제2항 소정의 폭행 및 존속폭행죄와 형법 제283조 제1항, 제2항 소정의 협박 및 존속협박죄가 위 특별법 제2조 제2항, 제3항에 의하여 가중처벌되는 경우에 그 각 죄에 대하여 피해자의 명시한 의사에 반하여 논할 수 없다는 형법 제260조 제3항, 제283조 제3항을 적용하지 않는다고 규정하고 있다 하여 이를 달리 새길 것이 아니다(대법원 1994.5.27. 선고 94도617 판결).

9. 상습공갈죄

> 제351조(상습범) 상습으로 전조의 죄(공갈죄)를 범한 자는 그 죄에 정한 형의 2분의 1까지 가중한다.

II. 범죄사실 작성시 유의사항

1. 고 의

가. 공갈의 의사는 '…갈취하려고 마음먹고'등과 같이 사실의 첫머리에 그 의도를 나타냄으로써 명확히 하는 경우가 많으나 그 행위 자체에 의하여 공갈의 의사를 알아 볼 수 있는 경우에는 이를 특히 명시할 필요는 없다.

나. 고의의 적시는 말미의 '갈취'와 같이 법률적 용어를 그대로 쓰는 예가 많으나, 사안에 따라서는 알맞게 설시하여도 좋다. 그러나 공갈죄는 이른바 탈취죄는 아니므로 '탈취하려고 마음먹고, 뺏으려고 생각하고'등의 말은 피해야 한다.

2. 협박행위

가. 공갈의 수단으로서의 협박, 즉 해악의 고지는 그 정도가 상대방의 반항을 억압함에 이를 정도가 아니라는 점을 나타내기 위하여서도 그 태양을 구체적으로 적시하지 않으면 안된다. 또 협박의 정도는 그때의 상황 및 상대방과의 관계 등에 의하여 상대적으로 결정되기 때문에 범행의 시각, 장소의 상황, 상대방의 성별, 연령 등을 적시하는 것이 대부분의 경우 적당할 것이다.

나. 상대방에게 고지만 문언 자체로부터 해악의 내용이 명백한 경우에는 '…라고 말하여 협박하고'라는 식으로 써도 좋으나, 범인의 태도, 신분, 경력, 성행 등이 외포심을 일으키게 한 요인이 된 경우에는, 예컨대 "돈을 꾸어주게" 라고 말하면서 손에 들고 있던 몽둥이를 흔들어 보여서 은근히 요구에 응하지 않으면 그의 신체에 위해를 가할 것 같은 태도를 보여, 또는 '피의자는 폭력단으로 알려

져 있는 ○○파의 간부라고 자칭하고 요구에 응하지 않으면 장차 그의 영업을 방해할지도 모른다는 뜻을 암시하여'등과 같이 협박행위가 이루어진 사정을 구체적으로 적시할 필요가 있다.

3. 공 포

피해자의 공포 정도는 강도죄의 그것과 구별할 수 있도록 명시함을 요하나, 통상은 해악의 고지의 상세한 적시 및 재물을 임으로 교부하였다는 취지를 기재함으로써 명백히 되기 때문에 특히 '반항을 억압함에 이르지 않은' 취지를 기재할 필요는 없다.

Ⅲ. 범죄사실기재 및 신문사항

[기재례1] 폭력조직이 영화제작자 등에 갈취

1) 범죄사실 기재례

피의자들은 2000. ○. ○. ○○:○○경 ○○에서 피의자 乙이 '신20세기파' 조직원인 丙을 살해한 사건을 소재로 제작된 영화 '(영화명)'의 감독인 공○○에게 돈을 주지 않으면 위해를 가할 것이라고 협박하고, 이에 겁을 먹은 위 공○○를 통하여 위 영화의 제작사 대표인 피해자 甲과 투자사 대표인 피해자 乙을 협박하였다.

피의자들은 이처럼 피해자들을 공갈하여 이에 겁을 먹은 피해자로부터 합계 5억 2천만 원을 교부받게 한 다음 그중 3억 원을 공○○로부터 교부받았다.

2) 적용법조 : 제350조 제1항… 공소시효 10년

[기재례2] 채무 관련 공갈

1) 범죄사실 기재례

피의자는 홍길동으로부터 피해자 김철수에 대한 채권 ○○만원을 대신 받아 주면 그 사례로 ○○만원을 주겠다는 제의를 받아 이를 승낙하였다.

피의자는 2000. ○. ○. ○○:○○경 ○○에 있는 피해자 경영의 영욱건설사무소에서 "당신이 홍길동 사장에게 줄 돈 ○○만원을 지금 즉시 주지 않으면 이 사무실에 있는 집기를 모두 부수고 앞으로 사업을 하지 못하도록 하겠다" 라고 겁을 주었다.

피의자는 이처럼 피해자를 공갈하여 이에 겁을 먹은 피해자로부터 즉석에서 ○○만원을 교부받았다.

2) 적용법조 : 제350조 제1항… 공소시효 10년

[기재례3] 행인에게 금품갈취

1) 범죄사실 기재례

피의자는 20○○. ○. ○. ○○:○○경 ○○에 인적이 드문 길에서 마침 술에 취하여 그곳을 지나가던 피해자 甲(21세)에게 "나 좀 보자"라고 하며 그의 오른손을 잡고 그 부근의 어두운 골목으로 데리고 가서 "기분 좋구먼, 나도 한잔하고 싶으니 술값을 좀 꿔다오"라고 말하고 그가 이를 거절하자 갑자기 그의 얼굴을 손바닥으로 치면서 "건방지게 굴지 마, 이대로는 못 가"라고 겁을 주었다.

피의자는 이처럼 피해자를 공갈하여 이에 겁을 먹은 그로부터 그 소유의 현금 ○○만원을 교부받았다.

2) 적용법조 : 제350조 제1항… 공소시효 10년

[기재례4] 타인 명의 예금통장으로 입금받아 갈취

1) 범죄사실 기재례

피의자는 20○○. ○. ○.경 ○○에 있는 피해자 甲의 집에서, 피해자에게 미리 소지하고 있던 맥가이버칼을 들이대면서 "코스닥에 투자해야겠으니 돈을 내놓아라, 그렇지 않으면 아들을 쥐도 새도 모르게 죽여버리겠다."라고 겁을 주었다.

피의자는 이처럼 피해자를 공갈하여 이에 겁을 먹은 피해자로부터 같은 날 ○○만원을, 그 다음 날 ○○만원을 각각 피의자 소유의 차명계좌인 피해자 명의의 예금통장으로 교부받았다.

2) 적용법조 : 제350조 제1항… 공소시효 10년

[기재례5] 조직폭력배 과시하여 주류 갈취

1) 범죄사실 기재례

피의자는 20○○. ○. ○. ○○에 있는 ○○주점에서 위 주점 종업원인 피해자 홍길녀에게 은근히 조직폭력배임을 과시하면서 "이 새끼들아 술 내놔."라고 소리치면서 험악한 인상을 쓰면서 겁을 주었다.

피의자는 이처럼 피해자를 공갈하여 이에 겁을 먹은 위 피해자로부터 양주와 안주 등 약 ○○만원 상당의 주류를 제공받아 위 금 상당의 재산상 이익을 취득하였다.

2) 적용법조 : 제350조 제1항… 공소시효 10년

[기재례6] 조직폭력배 과시하여 호텔숙박료 등 갈취

1) 범죄사실 기재례

피의자는 폭력조직인 속칭 '○○파' 추종세력인 홍길동 등 스포츠머리를 한 건장한 폭력배들과 함께 특별히 하는 일 없이 ○○에 있는 피해자 甲주식회사가 운영하는 ○○호텔의 커피숍 등에 모여 앉아 시간을 보내는 등 어울려 다니면서 그들로 하여금 피의자에게 "형님"이라면서 90도로 인사를 하게 하는 등 피의자가 조직폭력배 두목인 것처럼 과시하여 이에 겁을 먹은 피해자 乙, 丙등 위 호텔 프론트 직원으로 하여금 호텔 객실을 내어주게 하고, 호텔 측에서 객실요금을 지불해 줄 것을 요구하면 어깨에 힘을 주면서 "나중에 주겠다." 거나 "알았다." 고 말하고 그냥 가버리는 등 겁을 주었다.

피의자는 이처럼 피해자를 공갈하여 그 요금 청구를 단념하게 하는 등의 방법으로, 20○○. ○. ○.부터 20○○. ○. ○.까지 사이에 위 호텔에 투숙하면서 ○○회에 걸쳐 위 호텔을 이용한 후 그 이용료 합계 ○○만원의 지급을 하지 않음으로써 그 금액 상당의 재산상 이득을 취득하였다.

2) 적용법조 : 제350조 제1항⋯ 공소시효 10년

[기재례7] 정교 관련 미끼 금품갈취 (1)

1) 범죄사실 기재례

피의자는 20○○. ○. 하순경 ○○○해수욕장에서 우연히 만나 정교한 유부녀 홍길순(32세)으로부터 정교사실 미끼로 금품을 받기로 마음먹었다.

피의자는 20○○. ○. ○. ○○:○○경 ○○에 있는 ○○커피숍에서 위 홍길순에게 사업자금이 급히 필요해서 그러니 ○○만원만 달라 만일 이에 불응하면 위 정교사실을 그녀의 남편에게 알려버리겠다고 말하는 등 겁을 주었다.

피의자는 이처럼 피해자를 공갈하여 이에 겁을 먹은 그녀로부터 다음날 ○○:○○경 위 커피숍에서 ○○만원을 교부받았다.

2) 적용법조 : 제350조 제1항⋯ 공소시효 10년

3) 신문사항

- 피해자 ○○○을 알고 있는가
- 위 피해자를 처음 언제 어디에서 만나게 되었나
- 누가 먼저 뭐라면서 접근하였나
- 피해자와 정교한 일이 있느냐
- 언제 어디에서 어떻게 정교를 하였나
- 처음 정교 후에도 그 뒤 계속 만났나
- 누가 연락하여 만났나
- 피해자와 정교를 미끼로 그에게 돈을 빌려 달라고 한 일이 있느냐

- 언제 어디에서 빌려 달라고 하였나

- 뭐라면서 빌려 달라고 하였나

- 순순히 빌려 주겠다고 하던가

- 빌려 주지 않으면 남편에게 정교 사실을 말하겠다고 협박하였나

- 피의자가 협박하였을 때 피해자는 뭐하고 하던가

- 언제 어디에서 얼마를 받았나

- 어떠한 조건으로 받게되었나

- 갈취한 돈은 어떻게 하였나

- 피해자에게 접근하게 된 것은 처음부터 정교를 미끼로 금품을 갈취할 목적이었나

- 또 다른 피해자들에게 이러한 행위를 한 일이 있는가

[기재례8] 정교 관련 미끼 금품갈취 (2)

1) 범죄사실 기재례

피의자는 20○○. ○. ○.경 ○○에 있는 '○○댄스학원'의 강사로 일하면서 사교춤을 배우러 온 피해자 홍길녀(여, 43세)를 알게 되어 피해자와 3회가량 성관계를 갖고 난 후 이를 미끼로 금품을 교부받기로 마음먹었다.

가. 공갈미수

피의자는 20○○. ○. ○.경 ○○에 있는 피해자의 집 앞에서 ○○만원을 빌려달라고 하였는데도 피해자가 돈이 없다며 빌려주지 않자 피해자에게 "젊은 놈을 가지고 놀았으면 그 대가를 치러야지, 너의 남편에게 알리겠다"라고 겁을 주었다.

피의자는 이처럼 피해자를 공갈하였으나, 피해자가 경찰에 신고하겠다고 하면서 피의자의 요구에 응하지 아니하는 바람에 그 뜻을 이루지 못하고 미수에 그쳤다.

나. 정보통신망 이용촉진 및 정보보호 등에 관한 법률 위반

피의자는 20○○. ○. ○. 20:00경 ○○에서 컴퓨터에 접속하여 위 홍길녀의 남편인 피해자 김바람의 휴대폰(번호 000-000-0000)으로 '남편은 좆 빠지게 일하고 있는데 여자는 바람이나 피우고 있는 것이 안타깝다. 오르가즘을 느끼고 흥분하면서 혼전관계가 있었다고 고백하는 홍길녀, 춤바람이 나서 젊은 남자와 지내고 있는 것을 모르고 있는 것이 불쌍하군요'라는 내용의 휴대폰 문자메시지를 보냈다.

피의자는 그때부터 같은 날 21:40경까지 별지 범죄일람표 기재와 같이 총 3회에 걸쳐 피해자에게 문자메시지를 보내 피해자에게 공포심이나 불안감을 유발하는 글을 반복적으로 피해자에게 도달하게 하였다.

2) 적용법조

가. 제352조, 제350조 제1항(공갈미수) … 공소시효 10년

나. 정보통신망 이용촉진 및 정보보호 등에 관한 법률 제74조 제1항 제3호, 제44조의7 제1항 제3호… 공소시효 5년

[기재례9] 부실공사 취재 관련 갈취

1) 범죄사실 기재례

피의자 甲은 일간신문 사장 겸 전기공사업체인 ○○주식회사의 회장, 피의자 乙은 일간신문사 광고국장으로 각각 재직하는 사람이다.

피의자들은 위 일간신문를 통하여 특정회사에 대한 허위, 폭로기사를 게재하는 방법으로 겁을 주어 이를 위 주식회사의 전기공사 수주에 악용하거나 위 일간신문의 광고 확보 및 경쟁업체에 대한 압력용으로 이용하기로 하였다.

피의자들은 20○○. ○. ○.경 丙주식회사가 당국으로부터 전기공사업면허까지 받아 도급받은 건설공사 중 전기공사를 자체에서 시공하고 피의자 甲이 사주 겸 공동대표이사로 되어 있는 ○○주식회사에 일체 하도급 주지 않는 데 대하여 평소 불만을 품어오다가 동일자로 발행, 배포된 일간신문 15면에 위 丙주식회사 시공의 ○○시 건설공사에 대하여 "준공 4개월도 채 안된 ○○부실공사로 곳곳 균열" 이라는 제목하에 위 丙주식회사의 부실시공으로 건설된 위 ○○교에 대하여 당국의 준공검사가 떨어진 데 의혹이 있다는 내용의 기사를 게재하였다.

피의자들은 공동하여 20○○. ○. ○. ○○:○○경 ○○에 있는 위 일간신문사 사장실에서 위와 같은 보도사실에 대하여 유감을 표명하러 찾아와 보도자제를 애원하는 위 丙주식회사의 대표이사인 피해자 홍길동에게 앞으로 위 회사 시공의 각종 건설공사에 대하여는 잘못을 샅샅이 뒤져 보도하고 위 ○○교에 대하여도 제2탄, 제3탄으로 계속 보도할 준비가 되어있다고 겁을 주었다.

피의자는 이처럼 피해자를 공갈하여 이에 겁을 먹은 위 홍길동으로부터 좋게 마무리하자는 제의를 받게 되자, 그러면 위 ○○교가 부실공사임을 자인하고 그로 인해 일간신문사와 ○○도민에게 피해를 끼친 데 대하여 잘못을 비는 내용의 사과문을 일간신문에 게재하라고 요구하여 이를 수용할 뜻을 밝힌 위 홍길동으로 하여금 해명광고 게재의 구체적인 절차는 피의자 乙에게 찾아가 협의할 것을 지시한 다음, 20○○. ○. ○. ○○:○○경 위 일간신문광고국에서 위 甲은 위 홍길동에게 장차 일간신문를 통해 나갈 사과 광고의 광고비가 통상 ○○만원에 지나지 않음에도 불구하고 그 광고비로 ○○만원을 요구하여 위 피해자로 하여금 어쩔 수 없이 광고비 ○○만원으로 사과광고 계약을 체결하게 하고 20○○. ○. ○.일간신문에 "도민에게 드리는 말씀" 이라는 제목하에 사과문을 게재하게 한 다음 20○○. ○. ○. 광고비 명목으로 ○○만원을 교부받았다.

2) 적용법조 : 폭력행위등처벌에관한법률 제2조 제2항, 제1항, 형법 제350조 제1항… 공소시효 10년

[기재례10] 신용카드 갈취 후 현금인출행위 - 대법원 95도1728

1) 범죄사실 기재례

피의자는 같은 학원에 다니면서 알게 된 피해자 甲과 부산 등지로 여행하던 중 20○○. ○. ○. ○○:○○경 ○○에 있는 향원장 여관 305호실에서 위 피해자가 소지하고 있던 현금카드를 교부받아 위 피해자의 예금을 인출하여 여행경비로 사용할 것을 결의하였다.

피의자는 위 피해자에게 '현금카드를 빌려주지 않으면 부산에 있는 아는 깡패를 동원하여 가루로 만들어 버리겠다.' 라고 겁을 주었다.

피의자는 이처럼 피해자를 공갈하여 이에 겁을 먹은 위 피해자로부터 즉석에서 현금카드인 ○○은행 슈퍼카드 1장을 교부받고, 다음 날인 ○. ○○:○○경 ○○에 있는 ○○은행 지점에서 그곳에 설치된 현금자동지급기에 위 피해자로부터 교부받은 ○○은행 현금카드를 사용하여 비밀번호, 금액 등의 버튼을 조작하여 그 시경부터 20○○. ○. ○.까지 총○○회에 걸쳐 합계 ○○만원을 인출하였다.

(※ 현금인출행위에 대해 별도의 절도죄가 성립하지 않고 하나의 갈취죄만 성립)

2) 적용법조 : 제350조 제1항… 공소시효 10년

[기재례11] 불륜 미끼 공갈

1) 범죄사실 기재례

피의자 甲, 피의자 乙, 피의자 丙은 불륜관계 현장을 사진 찍어 그것을 미끼로 피해자들로부터 돈을 교부받기로 공모하였다.

피의자들은 20○○. ○. ○.경 ○○에 있는 乙의 원룸에서, 乙은 사전에 피해자 여성이 피해자 남성과 위 원룸에서 불륜관계를 맺는 일시를 甲에게 알려주고, 甲은 이 사실을 듣고 丙에게 각 연락을 취한 다음, 위 원룸에 피의자들이 함께 모여 丙은 미리 준비한 몰래카메라를 원룸 형광등 옆에 설치하고, 이후 甲과 丙은 차 안에서 대기 하다가 피해자 여성과 남성이 위 원룸에서 성관계하는 것을 차량용 모니터로 보면서 그 화면을 촬영하고, 甲은 촬영한 사진을 인화하여 乙을 통해 피해자 여성에게 전달되게 한 다음 피해자 여성의 휴대폰으로 "불륜 장면이 촬영된 사진을 아파트에 뿌리고 남편에게 알리겠다." 라는 내용의 협박성 문자메시지를 수차례 전송하여 겁을 주었다.

피의자들은 이처럼 피해자를 공갈하여 이에 겁을 먹은 피해자 여성으로부터 그 무렵부터 총 ○○차례에 걸쳐 甲의 농협 통장으로 합계 ○○만 원을 교부받았다.

2) 적용법조 : 제350조 제1항… 공소시효 10년(정보통신망법 제74조 제1항 제3호, 제44조의7 제1항 제3호 적용)

[기재례12] 보증인에게 대위변제하도록 공갈미수

1) 범죄사실 기재례

피의자들은 20○○. ○. ○. 12:00경 ○○에 있는 ○○횟집 안에서 임대계약서를 피의자 甲에게 잡히고 ○○만원을 빌려 간 채무자 홍길동이 돈을 갚지 아니하고 도망을 하자, 그 당시 보증을 하여 준 위 업소 주인을 찾아갔으나 피해자는 없고, 그의 처인 피해자 나미칠(33세)에게 피의자 甲은 "남편이 보증을 섰으니 돈을 갚아야 한다" 라고 큰소리를 치며 그곳에 있는 전화기를 들었다 놓았다 하고, 피의자 乙은 의자를 이곳저곳 바꿔 앉는 등 위력을 과시하여 겁을 주었다.

피의자들은 공동하여 이처럼 피해자를 공갈하여 이에 겁을 먹은 피해자로부터 돈을 교부받으려고 하였으나 피해자가 거절하여 그 뜻을 이루지 못하고 미수에 그쳤다.
(※ 영업방해사실 인정 시 업무방해 추가)

2) **적용법조 :** 제350조 제1항… 공소시효 10년

[기재례13] 후배에게 약속어음 대금 대위변제하라며 공갈

1) 범죄사실 기재례

피의자들은 20○○. ○. ○. 21:00경 ○○에 있는 ○○나이트클럽에서 위 클럽 웨이타인 피해자 홍길동(28세)에게 "당신의 후배인 쟈니윤이 당신으로부터 받은 약속어음 ○○만원짜리 약속어음을 잡히고 도박을 하면서 ○○만원을 빌려갔는데 이를 갚지 않고 도망을 하였으니 어음에 대한 책임으로 이자 ○○만원을 합쳐 ○○만원을 내 놓으라"라고 큰 소리를 치면서 소란을 피우고, 피의자 甲, 乙은 옆에서 팔짱을 끼고 피해자를 노려보고 폭력행사를 의미하는 폭력배들의 은어인 '진상'을 치겠다고 말하는 등 겁을 주었다.
피의자들은 공동하여 이처럼 피해자를 공갈하여 이에 겁을 먹은 피해자로부터 ○○만원을 교부받았다.

2) **적용법조 :** 폭력행위등처벌에관한법률 제2조 제2항, 제1항, 형법 제350조 제1항…
공소시효 10년

Ⅳ. 일반적 조사사항

1. 범행의 동기

- 왜 공갈하게 되었는가
- 언제 공갈의 결의를 하였는가
- 무엇 때문에 무엇을 갈취하려는 것이었는가
- 무슨 이유로 그 피해자를 택하였는가

2. 준비행위

- 범행을 하기 위하여 어떠한 준비를 하였는가
- 사용할 도구(문서)는 어디서 어떻게 입수하였는가
- 범행당시의 복장·휴대품 기타 몸차림

3. 범행일시

- 범행일시에 대한 피의자의 인식은 확실한가, 그 근거
- 왜 그 일시를 택하였는가

4. 범행의 장소

- 왜 그 장소를 택하였는가
- 현장 조명의 유무 등 명암의 상황

5. 범행의 상황

가. 해악통고의 수단(문서, 언어, 태도)

- 해악을 가할 대상은 피해자 본인인가, 가족 · 친족 기타 관계 있는 제3자인가
- 피의자 자신이 한 것인가, 사람을 통하여 한 것인가(그 자의 사회적 지위 · 직업 · 경력, 조직의 유무)
- 해악 실현의 의사가 있었는가

나. 해악의 종류

1) 폭 행

2) 협 박

- 생명 · 신체 · 자유 · 명예 또는 재산에 대해서 직접 또는 간접적으로 가해한다는 내용이었는가
- 가정의 평화를 깨뜨리거나 신용을 훼손한다는 내용이었는가
- 협박에 사용한 용구, 그 용구의 사용 상황
- 협박에 소요된 시간

3) 외포 · 곤혹의 정도

- 피해자는 반항하였는가
- 피해자의 의사결정(의사실행)의 자유를 제한(방해)하는 정도이었는가
- 외포 · 곤혹과 해악 고지와의 사이에 인과관계가 있었는가

4) 재물의 취득

- 언제 · 어디서 누구로부터 얻었는가
- 재물의 종류 · 수량 · 가액

– 어떠한 재산상 불법이익을 얻었는가

– 피해자가 임의로 교부하였는가, 교부당시의 피해자의 상황

– 협박(폭행)과 외포·곤혹과 재물의 교부(재산상 불법의 이익) 사이에 순차 인과관계가 인정되는가

6. 사후의 상황

– 갈취한 재물은 언제·어디서·누구에게·어떻게 처분하였는가

– 처분에 있어서 상대방에게 갈취한 것임을 알렸는가

– 재물처분 상대자와의 신분관계

– 범행을 제3자에게 누설한 사실은 없는가

– 사용한 용구의 처분상황

7. 신분관계

✽ 피해자·수익자·공범자 상호간에 대하여 각각 다음 사항을 조사한다.

– 혈족 기타 친족관계의 유무

– 사교상 교제의 유무와 그 정도

– 경제상 거래관계의 유무

– 친지·고용관계의 유무

– 폭력행위 등에 해당하는 경우는 두목·부하, 의형제의 결연 등 조직관계

8. 공범관계

– 모의(謀議)의 유무와 일시·장소

– 모의의 내용과 범위·방법

– 분담한 역할과 실행방법

– 교사자·방조자의 유무

– 장물의 분배 상황

제3절 특수공갈

제350조의2(특수공갈) 단체 또는 다중의 위력을 보이거나 위험한 물건을 휴대하여 제350조의 죄를 범한 자는 1년 이상 15년 이하의 징역에 처한다.

제352조(미수범) … 제350조의2…의 미수범은 처벌한다.

 I. 구성요건

1. 행위방법

(1) 단체 또는 다중의 위력을 보여

1) 단 체

공동의 목적을 가진 다수인의 계속적 · 조직적 결합체

〈단체의 요건〉

① 공동의 목적이 있을 것, 다만 목적이 불법일 필요는 없음
② 어느 정도의 시간적 계속성과 조직성을 갖출 것
③ 위력을 보일 만큼 다수일 것을 요하나 단체의 구성원이 반드시 같은 장소에 집결해 있을 필요는 없고 소집 또는 연락에 의해 집결할 가능성만 있으면 충분

2) 다 중

단체를 이루지 못한 다수인의 집합

○ 공동의 목적이 있을 필요는 없으며, 계속성 · 조직성은 필요하지 않다.

3) 위력을 보여

사람의 의사를 제압할 만한 세력을 상대방에게 인식시키는 것

○ 폭행의 현장에 단체 또는 다중이 현존할 것은 요하지 않으나 단체 · 다중은 실제로 존재하여야 한다. 존재하지 않는 단체 · 다중을 가장하여 위력을 보임으로써 폭행한 경우, 형법상 특수폭행죄에는 해당하지 아니하나, 폭력행위등처벌에관한법률 제3조 제1항에 해당한다.

(2) 위험한 물건의 휴대

1) 위험한 물건

제조의 목적을 불문하고 그 물건의 객관적 성질 및 사용방법에 따라서는 사람의 생명 · 신체에 해를 줄 수 있는 물건

○ 본래 성질상 살상을 위해 제조된 물건(例, 무기) 이외에 본래의 용도로는 위험한 물건이 아니지만 사람을 살상하는 데 사용할 수 있는 물건도 포함한다.

○ 휴대할 수 있는 동산에 한하며, 부동산은 위험한 물건에 포함되지 않는다.

2) 휴 대

■ 판례 ■ **흉기의 우연한 소지가 '휴대'에 해당하는지 여부(소극)**

폭력행위등처벌에관한법률의 목적과 그 제3조 제1항의 규정취지에 비추어 보면 같은 법 제3조 제1항 소정의 "흉기 기타 위험한 물건을 휴대하여 그 죄를 범한 자"란 범행현장에서 그 범행에 사용하려는 의도아래 흉기를 소지하거나 몸에 지니는 경우를 가리키는 것이지 그 범행과는 전혀 무관하게 우연히 이를 소지하게 된 경우까지를 포함하는 것은 아니다(대법원 1990.4.24. 선고 90도401 판결).

2. 행 위

공포심을 일으키게 하는 행위

3. 주관적 구성요건

공갈에 대한 고의 이외에 단체 또는 다중의 위력을 보이거나 흉기를 휴대한다는 사실에 대한 인식이 있을 것

II. 범죄사실기재 및 신문사항

제39장 제2절 공갈죄 참고

제1절 횡령의 죄

제1항 횡 령

> 제355조(횡령) ① 타인의 재산을 보관하는 자가 그 재물을 횡령하거나 그 반환을 거부한 때에는 5년 이하의 징역 또는 1천500만원 이하의 벌금에 처한다.
> 제359조(미수범) 제355조 내지 제357조의 미수범은 처벌한다.
> ※ 특정경제범죄가중처벌에관한법률 제 3 조(특정재산범죄의 가중처벌)

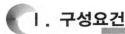 **I. 구성요건**

1. 주 체

위탁관계에 기하여 타인의 재물을 보관하는 자

(1) 위탁관계

(가) 신임관계에 의한 위탁관계

횡령죄가 성립하기 위해서는 그 보관이 위탁관계에 의할 것임을 요한다. 따라서 위탁관계에 의하지 아니한 재물의 보관자가 이를 영득한 경우에는 점유이탈물횡령죄가 성립한다.

1) 위탁관계가 필요하다는 판례

■ 판례 ■ **부동산의 횡령죄가 성립하기 위해선 명의신탁 등 위탁이라는 신임관계가 있어야 하는지 여부(적극)**

횡령죄는 위탁이라는 신임관계에 반하여 타인의 재물을 보관하는 자가 이를 횡령하거나 또는 반환을 거부함으로써 성립하는 것이므로, 부동산의 등기명의인인 피고인이 그중 일부 지분을 횡령하였다고 하려면 우선 그 피해자가 그 부동산 지분의 실제 소유권자로서 피고인에게 그 지분을 명의신탁함으로써 피고인과의 사이에 위탁이라는 신임관계가 있어야 할 것이다(대법원 1994.11.25. 선고 93도2404 판결).

■ 판례 ■ **타인을 공갈하여 교부받은 재물을 처분한 경우, 횡령죄의 성부(소극)**

형법 제355조 제1항의 횡령죄는 불법영득의 의사없이 목적물의 점유를 시작한 경우라야 하고 타인을 공갈하여 재물을 교부케 한 경우에는 공갈죄를 구성하는 외에 그것을 소비하고 타에 처분하였다 하더라도 횡령죄를 구성하지는 않는다(대법원 1986.2.11. 선고 85도2513 판결).

2) 위탁행위가 없음에도 횡령죄를 인정한 판례

■ 판례 ■ **피고인이 자신 명의의 계좌에 착오로 송금된 돈을 다른 계좌로 이체하는 등 임의로 사용한 경우, 횡령죄의 성립여부(적극)**

자기 명의의 계좌에 추가로 송금된 3억 2천만원이 착오로 송금된 것이라는 정을 알면서 그 금액을 다른 계좌로 이체하는 등 임의로 사용한 경우, 횡령죄가 성립한다(대법원 2005.10.28. 선고 2005도5975 판결).

3) 위탁관계의 승계

■ 판례 ■ **명의수탁자의 포괄승계인과 횡령죄에 있어 부동산에 대한 보관자의 지위**

횡령죄에 있어 부동산에 대한 보관자의 지위는 그 부동산에 대한 점유를 기준으로 할 것이 아니라 그 부동산을 유효하게 처분할 수 있는 권능이 있는지의 여부를 기준으로 하여 결정하여야 할 것이고, 위 임야의 사정명의자로서 명의수탁자인 조부가 사망함에 따라 그의 자인 부가, 또 위 부가 사망함에 따라 피고인이 각 그 상속인이 됨으로써 피고인은 위 임야의 수탁관리자로서의 지위를 포괄승계한 것이어서, 피고인은 위 임야를 유효하게 처분할 수 있는 보관자로서의 지위를 취득하였다고 할 것이다(대법원 1996.1.23. 선고 95도784 판결). ☞ (甲은 횡령죄)

■ 판례 ■ **부동산의 소유명의를 위탁받은 자가 소유명의를 자기로 하지 않고 자 명의로 하여 둔 채 사망한 경우, 그 자가 위탁자에 대한 관계에 있어 위 부동산의 보관자인지 여부(소극)**

부동산의 소유명의 및 관리를 위탁받은 자가 자기명의로의 소유권이전등기를 생략한 채 그 자에게 소유권이전등기를 하여 주고 사망하였다면 비록 자가 그러한 사정을 알고 있었다고 하더라도 그로써 곧 그 자가 위탁자에 대한 관계에 있어 등기명의 및 관리의 수탁자로서의 지위를 취득하거나 승계하게 된다고는 할 수 없어 위탁자에게 그 부동산의 반환을 거부한다 하더라도 횡령죄를 구성하지는 않는다(대법원 1987.2.10. 선고 86도2349 판결).

(나) 위탁관계의 발생원인

보관의 기초가 되는 위탁관계는 위탁자 본인의 의사에 의하여 발생할 수도 있고(例, 임대차·사용대차·위임·임치·신탁·고용 등 계약에 의한 위탁관계), 본인의 의사와는 무관하게 법률상의 원인에 의하여 발생할 수도 있으며(例, 법정대리인·후견·사무관리 등), 널리 신의칙이나 조리, 관습에 의해서도 발생할 수 있다.

■ 판례 ■ **甲이 종중의 회장으로부터 담보 대출을 받아달라는 부탁과 함께 종중 소유의 임야를 이전받은 다음 임야를 담보로 금원을 대출받아 임의로 사용한 경우, 횡령죄의 성립여부(적극)**

[1] 부동산에 관한 횡령죄에 있어서 타인의 재물을 보관하는 자의 지위에 있는지 여부에 대한 판단 기준
횡령죄에서 재물의 보관이라 함은 재물에 대한 사실상 또는 법률상 지배력이 있는 상태를 의미하며, 그 보관은 소유자 등과의 위탁관계에 기인하여 이루어져야 하는 것이지만, 그 위탁관계는 사실상의

관계이면 족하고 위탁자에게 유효한 처분을 할 권한이 있는지 또는 수탁자가 법률상 그 재물을 수탁할 권리가 있는지 여부를 불문하는 것이고, 한편 부동산에 관한 횡령죄에 있어서 타인의 재물을 보관하는 자의 지위는 동산의 경우와는 달리 부동산에 대한 점유의 여부가 아니라 법률상 부동산을 제3자에게 처분할 수 있는 지위에 있는지 여부를 기준으로 판단하여야 한다.

[2] 甲의 죄책

피고인이 종중의 회장으로부터 담보 대출을 받아달라는 부탁과 함께 종중 소유의 임야를 이전받은 다음 임야를 담보로 금원을 대출받아 임의로 사용하고 자신의 개인적인 대출금 채무를 담보하기 위하여 임야에 근저당권을 설정하였다면 비록 피고인이 임야를 이전받는 과정에서 적법한 종중총회의 결의가 없었다고 하더라도 피고인은 임야나 위 대출금에 관하여 사실상 종중의 위탁에 따라 이를 보관하는 지위에 있다고 보아야 할 것이어서 피고인의 위 행위는 종중에 대한 관계에서 횡령죄를 구성한다(대법원 2005.6.24. 선고 2005도2413 판결).

■ 판례 ■ **산업발전법상 기업구조조정조합의 업무집행조합원인 甲이 투자자산의 처분 등을 조합원총회의 결의사항으로 규정한 조합규약에도 불구하고 조합 명의로 업무상 보관하던 주식을 임의로 매각한 경우**

[1] 횡령죄에서 '위탁신임관계'를 발생시키는 명의신탁관계의 판단 기준

횡령죄는 타인의 재물을 보관하는 자가 그 재물을 횡령하거나 반환을 거부하는 것을 내용으로 하는 범죄로서, 횡령죄의 주체는 타인의 재물을 보관하는 자이다. 여기서 보관이라 함은 위탁관계에 의하여 재물을 점유하는 것을 의미하므로, 결국 횡령죄가 성립하기 위하여는 그 재물의 보관자와 재물의 소유자(또는 기타의 본권자) 사이에 법률상 또는 사실상의 위탁신임관계가 존재하여야 한다. 이러한 위탁신임관계를 발생시키는 명의신탁관계는 반드시 신탁자와 수탁자 사이의 명시적 계약에 의하여만 성립하는 것이 아니라 묵시적 합의에 의하여도 성립할 수 있다. 그리고 명의신탁에 대한 묵시적 합의가 있었는지 여부는 위탁자와 수탁자 사이의 관계, 수탁자가 그 재물을 보관하게 된 동기와 경위, 위탁자와 수탁자 사이의 거래 내용과 태양 등 모든 사정을 종합하여 사회통념에 비추어 합리적으로 판단하여야 한다.

[2] 횡령죄의 성립여부(적극)

업무집행조합원의 대리권 자체를 배제할 수 있도록 한 규정은 산업발전법 제15조 제4항의 규정 취지에 비추어 무효라고 할 것이지만, 투자자산의 처분 등을 조합원총회의 결의사항으로 한 것은 업무집행조합원의 대리권 행사 방법을 제한한 것에 불과하여 무효라고 할 수는 없으므로, 피고인의 행위는 횡령에 해당한다(대법원 2008.10.23. 선고 2007도6463 판결).

■ 판례사례 ■ **[위탁관계가 존재하여 횡령죄를 구성하는 사례]**

(1) 부동산의 매도를 위임받은 자가 매매계약을 체결하고 교부받은 계약금의 반환을 거부한 경우(대법원 2004.3.12. 선고 2004도134 판결)

(2) 금전의 수수를 수반하는 사무처리를 위임받은 자(아파트의 매매를 위탁받은 자)가 그 행위에 기하여 위임자를 위하여 제3자로부터 수령한 금전을 임의로 소비한 경우(대법원 2003.9.26. 선고 2003도3394 판결)

(3) 채무자가 채권자에게 지불각서를 써주기로 약속하고 채권액을 확인하기 위해 채권자로부터 가계수표들을 건네받아 액면금을 확인하던 중 액면금 총액이 채권액에 미치지 못하자 이를 돌려주지 않은 경우 ⇨ 조리에 의한 위탁관계가 인정(대법원 1996.5.14. 선고 96도410 판결)

(4) 대표이사가 회사의 상가분양 사업을 수행하면서 수분양자들을 기망하여 乙한 분양대금을 횡령한 경우(대법원 2005.4.29. 선고 2005도741 판결)
(5) 임차인이 이사하면서 그가 소유하거나 타인으로부터 위탁받아 보관중이던 물건들을 임대인의 방해로 옮기지 못하고 그 임차공장내에 그대로 두고나왔으나, 임대인이 그 후 이를 임의로 매각하거나 반환을 거부한 경우(대법원 1985.4.9. 선고 84도300 판결)

(다) 위탁관계의 내용

위탁관계는 객관적으로 존재하는 사실상의 관계이면 충분하고, 위탁자에게 유효한 처분을 할 권한이 있는가 또는 수탁자가 법률상 그 재물을 수탁할 권한이 있는가 여부를 불문한다. 따라서 절도범인과 같은 불법점유자라도 위탁행위를 할 수 있고, 위탁행위가 무효 또는 취소되더라도 그에 의하여 인도된 재물의 점유는 위탁관계에 기인한 것이라고 할 수 있다.

■ 판례 ■ 　은행 등 금융기관의 직원들이 전주들에게 은행이율을 초과하는 고율의 이자를 얹어주기로 약속하면서 수기식정기예금증서를 작성해 주는 방식으로 전주들로부터 정기예금명목으로 금전을 교부받은 다음, 이를 은행 구좌에 입금처리하지 아니하고 유용한 경우, 업무상횡령죄의 성립여부(소극)

금융기관 직원인 피고인들이 수기식 정기예금증서를 교부하고 정기예금 명목으로 금원을 예치받아 이를 유용한 경우 전주들과 금융기관과의 사이에 정기예금계약이 유효하게 성립하였는지 여부에 관하여 각 전주별로 개별적으로 심리하여 정기예금계약이 유효하게 성립한 예금주들로부터 교부받은 금원에 대하여서만 그것을 금융기관에 정식절차를 거쳐 입금하지 아니하고 피고인들이 유용한 행위에 대하여 업무상횡령죄로 처단하여야 하고, 정기예금계약이 유효하게 성립하였다고 인정할 수 없는 전주들로부터 교부받은 금원을 피고인들이 유용한 부분에 대하여는 피고인들이 이를 금융기관을 위하여 업무상 보관하는 것이라고 할 수 없어 피고인들을 업무상횡령죄나 그에 대한 공범으로 처벌할 수 없다(대법원 1995.10.13. 선고 95도1658 판결).

■ 판례 ■ 　어음금의 상환의무자로부터 그 어음의 회수용으로 받은 돈을 다른 곳에 소비한 경우, 횡령죄의 성부(적극)

甲이 乙에게 타인 발행의 약속어음의 할인을 부탁하면서 위 어음에 배서하여 주고 乙은 이를 다시 丙에게 배서하여 할인하였다가 위 어음이 부도가 되어 丙은 乙에게 그 변제를 요구하였고 을은 다시 甲에게 어음금의 상환을 요구한 경우, 甲이 乙에게 위 약속어음 회수용으로 용도를 특정하여 돈을 지급하였다면, 甲으로서도 위 약속어음을 회수하여 소지하여야 그 발행인으로부터 어음금을 회수할 수 있는 것이므로 이를 단순한 채무의 변제라고만 할 수는 없고 乙은 甲을 위하여, 그리고 그 어음회수를 위하여 그 돈을 보관하는 자의 지위에 있다고 볼 것이므로 乙이 이 돈을 甲의 의사에 반하여 어음회수용으로 사용하지 아니하고 소비한 것이라면 횡령죄가 성립한다(대법원 1989.11.14. 선고 89도968 판결).

■ 판례 ■ 　대외무역거래에 있어 수출업자가 수출위탁자의 위탁을 받아 수출을 하고 송금받은 수출물품대금을 임의로 소비한 경우, 횡령죄를 구성하는지 여부(적극)

대외무역거래에 있어 수출업자가 수출위탁자의 위탁을 받아 수출을 하고 그 수출물품대금을 송금받은 경우 그 대금이 수출위탁자와의 관계에서 위탁자의 소유로 귀속하고 수출업자는 수출위탁자를 위하여 보관하는 지위에 있게 되는지, 아니면 자기 이름으로 수출을 한 수출업자의 소유로 귀속되고 수출업자는 수출위탁자에 대한 관계에서 정산 지급할 채무만을 지는지는 구체적인 위탁계약의 내용에 따라 달라질 수는 있으나 특별한 사정이 없는 한 그 수출대금은 수출업자가 수출위탁자를 위하여 보관하는 것이라고 볼 것이므로 이를 마음대로 소비하였다면 횡령죄를 구성한다(대법원 1989.7.11. 선고 88도956 판결).

■ 판례 ■ **부동산에 대한 원인무효의 등기명의자가 토지소유자에게 지급된 보상금을 수령한 경우, 위 보상금의 보관관계(소극)**

타인소유의 토지에 대한 보관자의 지위에 있지 아니한 자가 그 앞으로 원인무효의 소유권이전등기가 경료되어 있음을 이용하여 그 토지가 농지개량사업에 의하여 수로로 편입되게 됨으로써 토지소유자에게 지급될 보상금을 수령하였다 하더라도 그 보상금에 대한 점유의 취득은 농지개량사업시행자에 대한 기망행위로 인한 것으로 보아야 할 뿐 진정한 토지소유자의 위임에 기한 것이라고는 할 수 없으므로 그 보상금에 대하여 어떠한 보관관계가 성립한다고 볼 여지가 없다(대법원 1987.2.10. 선고 86도1607 판결).

■ 판례 ■ **매매목적물을 담보로 제공하여 차용한 금전의 일부를 매매대금으로 지불하기로 약정한 부동산매수인이 그 차용금액 전부를 임의로 소비한 경우, 횡령죄 성부(소극)**

부동산 매수인이 매매대금의 완납전에 그 매매목적물을 담보로 하여 금전을 차용함에 있어 매도인의 승낙을 받는 한편 매도인과 사이에 그 차용금액의 일부는 매도인에게 매매대금으로 우선 교부하여 주기로 약정한 다음 금전을 차용하여 이를 전부 임의로 소비한 경우에 매도인과 매수인 사이의 위의 약정은 매매잔대금의 지급방법의 하나를 정한 것에 불과한 것이므로 이로써 매수인이 대금완납시까지 매도인을 위하여 위 매매목적물을 관리하거나 담보제공하여 차용한 금전을 보관하여야 하는 지위에 있다고 볼 수 없으므로 매수인이 차용금액의 일부를 매도인에게 지급하지 아니하였다고 하더라도 이는 단순한 민사상의 채무불이행에 지나지 아니할 뿐 횡령죄는 성립하지 아니한다(대법원 1987.3.24. 선고 83도1420 판결).

■ 판례 ■ **재물의 위탁행위가 범죄의 실행행위나 준비행위 등과 같이 범죄 실현의 수단으로서 이루어진 경우, 그러한 행위를 통해 형성된 위탁관계가 횡령죄로 보호할 만한 가치 있는 신임에 의한 것인지 여부(소극)**

위탁관계가 있는지는 재물의 보관자와 소유자 사이의 관계, 재물을 보관하게 된 경위 등에 비추어 볼 때 보관자에게 재물의 보관 상태를 그대로 유지해야 할 의무를 부과하여 그 보관 상태를 형사법적으로 보호할 필요가 있는지 등을 고려하여 규범적으로 판단해야 한다. 재물의 위탁행위가 범죄의 실행행위나 준비행위 등과 같이 범죄 실현의 수단으로서 이루어진 경우 그 행위 자체가 처벌 대상인지와 상관없이 그러한 행위를 통해 형성된 위탁관계는 횡령죄로 보호할 만한 가치 있는 신임에 의한 것이 아니라고 봄이 타당하다.(대법원 2022. 6. 30., 선고, 2017도21286, 판결)

(2) 보 관

행위자 자신이 재물을 사실상·법률상 지배하는 것

(가) 부동산의 보관자

1) 판단기준

부동산에 관한 횡령죄에 있어서 타인의 재물을 보관하는 자의 지위는 동산의 경우와는 달리 부동산에 대한 점유의 여부가 아니라, 부동산을 제3자에게 유효하게 처분할 수 있는 권능의 유무에 따라 결정하여 한다.

■ 판례 ■ **구분소유자 전원의 공유에 속하는 공용부분인 지하주차장 일부를 그 중 1인이 독점 임대하고 수령한 임차료를 임의로 소비한 경우, 횡령죄의 성부(소극)**

부동산에 관한 횡령죄에 있어서 타인의 재물을 보관하는 자의 지위는 동산의 경우와는 달리 부동산에 대한 점유의 여부가 아니라 부동산을 제3자에게 유효하게 처분할 수 있는 권능의 유무에 따라 결정하여야 하므로, 부동산의 공유자 중 1인이 다른 공유자의 지분을 임의로 처분하거나 임대하여도 그에게는 그 처분권능이 없어 횡령죄가 성립하지 아니한다(대법원 2004.5.27. 선고 2003도 6988 판결).

■ 판례 ■ **공동상속인 중 1인이 상속 부동산을 혼자 점유하던 중 다른 공동상속인의 상속지분을 임의로 처분한 경우, 횡령죄의 성립 여부(소극)**

부동산에 관한 횡령죄에 있어서 타인의 재물을 보관하는 자의 지위는 동산의 경우와는 달리 부동산에 대한 점유의 여부가 아니라 부동산을 제3자에게 유효하게 처분할 수 있는 권능의 유무에 따라 결정하여야 하므로, 부동산을 공동으로 상속한 자들 중 1인이 부동산을 혼자 점유하던 중 다른 공동상속인의 상속지분을 임의로 처분하여도 그에게는 그 처분권능이 없어 횡령죄가 성립하지 아니한다(대법원 2000. 4.11. 선고 2000도565 판결).

2) 등기된 부동산

A. 원 칙

원칙적으로 등기부상의 소유명의인이 보관자가 된다. 등기명의자로 되어있는 이상 그 부동산을 사실상 지배하고 있는지 여부는 불문한다.

- 법인이나 학교의 명의로 등기되어 있는 경우에는 법인의 대표자 등 법률상 처분권자가 그 부동산의 보관자가 된다.
- 등기명의를 가지지 않고 단지 등기서류를 보관하고 있는 경우에는 부동산의 보관자라고 할 수 없다. 따라서 단순히 등기서류를 임치하고 있는 자가 그 부동산을 처분하면 횡령죄가 아니라 배임죄의 성립여부가 문제되나, 등기서류를 보관하고 있으면서 소유자로부터 부동산매매를 위임받은 자는 그 부동산의 보관자라고 할 수 있다.
- 등기부상 소유명의인이라 하더라도 그 등기가 원인무효인 경우에는 부동산의 보관자라고 할 수 없다.

부동산에 대한 원인무효의 등기명의자와 보관자의 지위

횡령죄가 성립하기 위하여서는 우선 타인의 재물을 보관하는 자의 지위에 있어야 하고 부동산에 대한 보관자의 지위는 동산의 경우에 있어서와는 달리 그 부동산에 대한 점유를 기준으로 할 것이 아니라 그 부동산을 제3자에게 유효하게 처분할 수 있는 권능의 유무를 기준으로 하여 결정할 것이므로 타인소유의 토지에 관하여 그 소유권이전등기를 경료받음이 없이 그 경작관리권만을 위임받아 이를 점유해 온 자는 그 토지 자체에 대한 보관자의 지위에 있다고는 할 수 없고 그 후 동인이 허위의 보증서와 확인서를 발급받아 부동산소유권이전등기등에 관한 특별조치법에 의한 소유권이전등기를 임의로 경료하였다 하더라도 그와 같은 원인무효의 등기에 의하여 그 토지에 대한 처분권능이 새로이 발생하는 것이 아니므로 마찬가지라 할 것이다(대법원 1987.2.10. 선고 86도1607 판결).

B. 예 외

등기부상의 명의인이 아니라도 소유자의 위임에 의거해서 실제로 타인의 부동산을 관리 · 지배하면 부동산의 보관자라 할 수 있고, 법률상의 권한에 기해서 타인의 부동산을 관리 · 지배하고 있는 자(例, 법인의 대표이사, 미성년자의 후견인 · 친권자)는 등기명의인이 아닐지라도 보관자가 된다.

3) 미등기부동산

부동산을 현실적으로 관리, 지배하는 자가 보관자라고 할 수 있다.

■ 판례 ■ **미등기건물의 관리를 위임받아 보관하고 있는 자가 임의로 건물에 대하여 자신의 명의로 보존등기를 한 경우, 횡령죄의 성부(적극)**

부동산의 보관은 원칙으로 등기부상의 소유명의인에 대하여 인정되지만 등기부상의 명의인이 아니라도 소유자의 위임에 의거해서 실제로 타인의 부동산을 관리, 지배하면 부동산의 보관자라 할 수 있고, 미등기건물에 대하여는 위탁관계에 의하여 현실로 부동산을 관리, 지배하는 자가 보관자라고 할 수 있다(대법원 1993.3.9. 선고 92도2999 판결).

■ 판례 ■ **건축허가명의를 수탁받은 회사의 실질적 경영자가 소유권보존등기가 되지 않은 신축건물의 보관자로서 횡령죄의 주체에 해당하는지 여부(적극)**

법률상 부동산을 제3자에게 유효하게 처분할 수 있는 지위에 있는 자는 그 부동산에 대한 지배력을 가지고 있다고 할 것이므로, 횡령죄의 성립에 있어서 그 부동산을 보관하는 자에 해당한다고 보아야 할 것인 바, 소유권보존등기가 되어있지 않은 이 사건 건물이 실제로 피해자가 재료의 주요부분과 노력을 제공하여 건축한 피해자의 소유로서 건축허가명의만을 甲회사에게 신탁한 경우에 있어서, 건축허가 관계서류에 의하여 작성된 건축물관리대장(또는 가옥대장)의 등본에 의하여 자기 또는 피상속인이 그 대장에 소유자로서 등록되어 있는 것을 증명하는 자가 미등기건물의 소유권보존등기를 신청할 수 있도록 되어 있는 부동산등기법 제131조 제1호, 건축법시행규칙 제6조등의 규정내용에 비추어볼때 甲회사의 실질적인 경영자인 피고인은 건축허가명의자인 甲회사의 명의로 소유권보존등기를 하여 대외적으로 유효하게 위 건물을 처분할 수 있는 지위에 있는 자이어서 타인의 부동산인 위 건물을 보관하는 자에 해당한다고 보아야 할 것이다(대법원 1990.3.23. 선고 89도1911 판결).

■ 판례 ■ **채무자가 기존 금전채무를 담보하기 위하여 다른 금전채권을 채권자에게 양도한 후 제3채무자에게 채권양도 통지를 하지 않은 채 자신이 사용할 의도로 제3채무자로부터 변제를 받아 변제금을 수령한 경우, 채권자와의 위탁신임관계에 의하여 채권자를 위해 위 변제금을 보관하는 지위에 있는지 여부(소극) 및 채무자가 이를 임의로 소비하면 횡령죄가 성립하는지 여부(소극)**

채무자가 기존 금전채무를 담보하기 위하여 다른 금전채권을 채권자에게 양도하는 경우, 채무자가 채권자에 대하여 부담하는 '담보 목적 채권의 담보가치를 유지·보전할 의무'는 채권 양도담보계약에 따라 부담하게 된 채무의 한 내용에 불과하다. 또한 통상의 채권양도계약은 그 자체가 채권자 지위의 이전을 내용으로 하는 주된 계약이고, 그 당사자 사이의 본질적 관계는 양수인이 채권자 지위를 온전히 확보하여 채무자로부터 유효하게 채권의 변제를 받는 것이다. 그런데 채권 양도담보계약은 피담보채권의 발생을 위한 계약(예컨대 금전소비대차계약 등)의 종된 계약으로, 채권 양도담보계약에 따라 채무자가 부담하는 위와 같은 의무는 담보 목적을 달성하기 위한 것에 불과하고, 그 당사자 사이의 본질적이고 주된 관계는 피담보채권의 실현이다. 이처럼 채권 양도담보계약의 목적이나 본질적 내용을 통상의 채권양도계약과 같이 볼 수는 없다.

따라서 채무자가 채권 양도담보계약에 따라 담보 목적 채권의 담보가치를 유지·보전할 의무는 계약에 따른 자신의 채무에 불과하고, 채권자와 채무자 사이에 채무자가 채권자를 위하여 담보가치의 유지·보전사무를 처리함으로써 채무자의 사무처리를 통해 채권자가 담보 목적을 달성한다는 신임관계가 존재한다고 볼 수 없다. 그러므로 채무자가 제3채무자에게 채권양도 통지를 하지 않은 채 자신이 사용할 의도로 제3채무자로부터 변제를 받아 변제금을 수령한 경우, 이는 단순한 민사상 채무불이행에 해당할 뿐, 채무자가 채권자와의 위탁신임관계에 의하여 채권자를 위해 위 변제금을 보관하는 지위에 있다고 볼 수 없고, 채무자가 이를 임의로 소비하더라도 횡령죄는 성립하지 않는다.(대법원 2021. 2. 25., 선고, 2020도12927, 판결)

■ 판례 ■ **부동산 실권리자명의 등기에 관한 법률에 위반한 이른바 양자간 명의신탁에서 명의수탁자가 신탁부동산을 임의로 처분한 경우 횡령죄가 성립하는지 여부**

[1] 횡령죄에서 말하는 '보관'의 의미 / 횡령죄 성립에 필요한 법률상 또는 사실상의 위탁관계는 횡령죄로 보호할 만한 가치 있는 신임에 의한 것으로 한정되는지 여부(적극) 및 위탁관계가 있는지 판단하는 기준

형법 제355조 제1항이 정한 횡령죄에서 보관이란 위탁관계에 의하여 재물을 점유하는 것을 뜻하므로 횡령죄가 성립하기 위하여는 재물의 보관자와 재물의 소유자(또는 기타의 본권자) 사이에 법률상 또는 사실상의 위탁관계가 존재하여야 한다. 이러한 위탁관계는 사용대차·임대차·위임 등의 계약에 의하여서뿐만 아니라 사무관리·관습·조리·신의칙 등에 의해서도 성립될 수 있으나, 횡령죄의 본질이 신임관계에 기초하여 위탁된 타인의 물건을 위법하게 영득하는 데 있음에 비추어 볼 때 위탁관계는 횡령죄로 보호할 만한 가치 있는 신임에 의한 것으로 한정함이 타당하다. 위탁관계가 있는지 여부는 재물의 보관자와 소유자 사이의 관계, 재물을 보관하게 된 경위 등에 비추어 볼 때 보관자에게 재물의 보관 상태를 그대로 유지하여야 할 의무를 부과하여 그 보관 상태를 형사법적으로 보호할 필요가 있는지 등을 고려하여 규범적으로 판단하여야 한다.

[2] 부동산 실권리자명의 등기에 관한 법률을 위반하여 명의신탁자가 그 소유인 부동산의 등기명의를 명의수탁자에게 이전하는 이른바 양자간 명의신탁의 경우, 명의수탁자가 명의신탁자에 대한 관계에서 '타인의 재물을 보관하는 자'의 지위에 있는지 여부(소극) 및 이때 명의수탁자가 신탁받은 부동산을 임의로

처분하면 명의신탁자에 대한 관계에서 횡령죄가 성립하는지 여부(소극) / 이러한 법리는, 부동산 명의신탁이 같은 법 시행 전에 이루어졌고 같은 법에서 정한 유예기간 내에 실명등기를 하지 아니함으로써 그 명의신탁약정 및 이에 따라 행하여진 등기에 의한 물권변동이 무효로 된 후에 처분행위가 이루어진 경우에도 마찬가지로 적용되는지 여부(적극)

부동산 실권리자명의 등기에 관한 법률(이하 '부동산실명법'이라 한다)은 부동산에 관한 소유권과 그 밖의 물권을 실체적 권리관계와 일치하도록 실권리자 명의로 등기하게 함으로써 부동산등기제도를 악용한 투기·탈세·탈법행위 등 반사회적 행위를 방지하고 부동산 거래의 정상화와 부동산 가격의 안정을 도모하여 국민경제의 건전한 발전에 이바지함을 목적으로 하고 있다(제1조). 부동산실명법에 의하면, 누구든지 부동산에 관한 물권을 명의신탁약정에 따라 명의수탁자의 명의로 등기하여서는 아니 되고(제3조 제1항), 명의신탁약정과 그에 따른 등기로 이루어진 부동산에 관한 물권변동은 무효가 되며(제4조 제1항, 제2항 본문), 명의신탁약정에 따른 명의수탁자 명의의 등기를 금지하도록 규정한 부동산실명법 제3조 제1항을 위반한 경우 명의신탁자와 명의수탁자 쌍방은 형사처벌된다(제7조). 이러한 부동산실명법의 명의신탁관계에 대한 규율 내용 및 태도 등에 비추어 보면, 부동산실명법을 위반하여 명의신탁자가 그 소유인 부동산의 등기명의를 명의수탁자에게 이전하는 이른바 양자간 명의신탁의 경우, 계약인 명의신탁약정과 그에 부수한 위임약정, 명의신탁약정을 전제로 한 명의신탁 부동산 및 그 처분대금 반환약정은 모두 무효이다. 나아가 명의신탁자와 명의수탁자 사이에 무효인 명의신탁약정 등에 기초하여 존재한다고 주장될 수 있는 사실상의 위탁관계라는 것은 부동산실명법에 반하여 범죄를 구성하는 불법적인 관계에 지나지 아니할 뿐 이를 형법상 보호할 만한 가치 있는 신임에 의한 것이라고 할 수 없다. 명의수탁자가 명의신탁자에 대하여 소유권이전등기말소의무를 부담하게 되나, 위 소유권이전등기는 처음부터 원인무효여서 명의수탁자는 명의신탁자가 소유권에 기한 방해배제청구로 말소를 구하는 것에 대하여 상대방으로서 응할 처지에 있음에 불과하다. 명의수탁자가 제3자와 한 처분행위가 부동산실명법 제4조 제3항에 따라 유효하게 될 가능성이 있다고 하더라도 이는 거래 상대방인 제3자를 보호하기 위하여 명의신탁약정의 무효에 대한 예외를 설정한 취지일 뿐 명의신탁자와 명의수탁자 사이에 위 처분행위를 유효하게 만드는 어떠한 위탁관계가 존재함을 전제한 것이라고는 볼 수 없다. 따라서 말소등기의무의 존재나 명의수탁자에 의한 유효한 처분가능성을 들어 명의수탁자가 명의신탁자에 대한 관계에서 '타인의 재물을 보관하는 자'의 지위에 있다고 볼 수도 없다. 그러므로 부동산실명법을 위반한 양자간 명의신탁의 경우 명의수탁자가 신탁받은 부동산을 임의로 처분하여도 명의신탁자에 대한 관계에서 횡령죄가 성립하지 아니한다.

이러한 법리는 부동산 명의신탁이 부동산실명법 시행 전에 이루어졌고 같은 법이 정한 유예기간 이내에 실명등기를 하지 아니함으로써 그 명의신탁약정 및 이에 따라 행하여진 등기에 의한 물권변동이 무효로 된 후에 처분행위가 이루어진 경우에도 마찬가지로 적용된다. (대법원 2021. 2. 18., 선고, 2016도18761, 전원합의체 판결) ⇒ [1] 대법원 2018. 7. 19. 선고 2017도17494 전원합의체 판결(공2018하, 1801) / [2] 대법원 1999. 10. 12. 선고 99도3170 판결(공1999하, 2384)(변경), 대법원 2000. 2. 22. 선고 99도5227 판결(공2000상, 884)(변경), 대법원 2000. 4. 25. 선고 99도1906 판결(변경), 대법원 2003. 12. 26. 선고 2003도4893 판결(변경), 대법원 2006. 11. 9. 선고 2006다35117 판결, 대법원 2009. 8. 20. 선고 2008도12009 판결(변경), 대법원 2009. 11. 26. 선고 2009도5547 판결(공2010상, 68)(변경), 대법원 2011. 1. 27. 선고 2010도12944 판결(변경)

(나) 동산의 보관자

1) 점유보조자

점포의 점원 등 점유보조자도 형법상으로는 구체적인 위탁관계가 있으면 보관자의 지위가 인정된다.

■ 판례 ■ **피해자 소유의 오토바이를 타고 심부름을 가다가 마음이 변하여 그대로 타고 가버린 경우의 죄책**

피해자가 그 소유의 오토바이를 타고 심부름을 다녀오라고 하여서 그 오토바이를 타고 가다가 마음이 변하여 이를 반환하지 아니한 채 그대로 타고 가버렸다면 횡령죄를 구성함은 별론으로 하고 적어도 절도죄를 구성하지는 아니한다(대법원 1986.8.19. 선고 86도1093 판결).

2) 금전과 은행예금의 보관

타인의 돈을 위탁받아 은행에 예금한 경우에도 그 돈에 대한 법률상의 지배가 인정되므로 수탁자가 보관자가 된다.

■ 판례 ■ **수표발행 권한을 위임받은 자가 개인용도로 수표를 발행하여 예금을 인출한 행위와 업무상횡령죄의 성부(적극)**

가. 형법 제356조, 제355조에 있어서의 보관이라 함은 재물이 사실상의 지배아래 있는 경우뿐만 아니라 법률상의 지배, 처분이 가능한 상태를 모두 가리킨다고 할 것이므로, 타인의 금전을 위탁받아 보관하는 자는 보관방법으로서 이를 은행 등의 금융기관에 예치한 경우에도 보관자의 지위에 영향이 없고, 수표발행 권한을 위임받은 자는 그 수표자금으로서 예치된 금원에 대하여 이를 보관하는 지위에 있다 할 것이다.

나. 회사로부터 수표발행 권한을 위임받은 자가 업무상의 임무에 위배하여 자기 또는 제 3 자의 용도에 충당하기 위하여 수표를 발행하고 그 수표를 이용하여 거래은행으로부터 회사의 예금을 인출하는 행위는 불법영득의 의사를 실현하는 행위로서 업무상횡령죄가 성립한다(대법원 1983.9.13. 선고 82도75 판결).

■ 판례 ■ **타인의 금전을 위탁받아 금융기관에 자신의 명의로 예치한 후 이를 함부로 인출·소비하거나 영득의 의사로 반환을 거부하는 경우**

[1] 보관의 의미

횡령죄에 있어서 보관이라 함은 재물이 사실상 지배하에 있는 경우뿐만 아니라 법률상의 지배·처분이 가능한 상태를 모두 가리키는 것으로 타인의 금전을 위탁받아 보관하는 자는 보관방법으로 이를 은행 등의 금융기관에 예치한 경우에도 보관자의 지위를 갖는 것이다.

[2] 횡령죄의 성립 여부(적극)

타인의 금전을 위탁받아 보관하는 자가 보관방법으로 금융기관에 자신의 명의로 예치한 경우, 금융실명거래및비밀보장에관한긴급재정경제명령이 시행된 이후 금융기관으로서는 특별한 사정이 없는 한 실명확인을 한 예금명의자만을 예금주로 인정할 수밖에 없으므로 수탁자 명의의 예금에 입금된 금전은 수탁자만이 법률상 지배·처분할 수 있을 뿐이고 위탁자로서는 위 예금의 예금주가 자신이라고 주장할 수는 없으나, 그렇다고 하여 보관을 위탁받은 위 금전이 수탁자 소유로 된다거나 위탁자가 위 금전의 반환을 구할 수 없는 것은 아니므로 수탁자가 이를 함부로 인출하여 소비하거나 또는 위탁자로부터 반환요구를 받았음에도 이를 영득할 의사로 반환을 거부하는 경우에는 횡령죄가 성립한다(대법원 2000.8. 18. 선고 2000도1856 판결).

■ 판례 ■ **보관자의 지위에 있는 공동명의 예금채권자가 다른 채권의 집행 확보를 위하여 위 예금계좌에 예금계좌에 초과로 입금된 개발부담금의 반환을 거부한 경우**

[1] 타인의 금전을 위탁받아 금융기관에 자신의 명의로 예치한 경우, 횡령죄의 주체인 보관자의 지위를 갖는지 여부(적극)

횡령죄에 있어서 보관이라 함은 재물이 사실상 지배하에 있는 경우뿐만 아니라 법률상의 지배·처분이 가능한 상태를 모두 가리키는 것으로 타인의 금전을 위탁받아 보관하는 자는 보관방법으로 이를 은행 등의 금융기관에 예치한 경우에도 보관자의 지위를 갖는다.

[2] 특정 목적을 달성하기까지 단독으로 예금을 인출할 수 없게 하기 위한 목적으로 공동명의 예금계좌를 개설한 경우, 각 공동명의 예금채권자가 횡령죄에서의 보관자에 해당하는지 여부(적극)

은행에 공동명의로 예금을 하고 은행에 대하여 그 권리를 함께 행사하기로 한 경우에 만일 동업자금을 공동명의로 예금한 경우라면 채권의 준합유관계에 있다고 볼 것이나, 공동명의 예금채권자들 각자가 분담하여 출연한 돈을 동업 이외의 특정 목적을 위하여 공동명의로 예치해 둠으로써 그 목적이 달성되기 전에는 공동명의 예금채권자가 단독으로 예금을 인출할 수 없도록 방지·감시하고자 하는 등의 목적으로 공동명의로 예금을 개설한 경우라면 하나의 예금채권이 분량적으로 분할되어 각 공동명의 예금채권자들에게 귀속된다 할 것이므로 예금을 법률상으로 지배·처분할 수 있는 지위에 있고, 따라서 횡령죄에서의 보관자에 해당한다.

[3] 형법 제355조 제1항에 정한 '반환의 거부'의 의미 및 판단 기준

형법 제355조 제1항에서 정하는 '반환의 거부'라고 함은 보관물에 대하여 소유자의 권리를 배제하는 의사표시를 하는 행위를 뜻하므로, 타인의 재물을 보관하는 자가 단순히 반환을 거부한 사실만으로는 횡령죄를 구성하는 것은 아니며, 반환거부의 이유 및 주관적인 의사 등을 종합하여 반환거부행위가 횡령행위와 같다고 볼 수 있을 정도이어야만 횡령죄가 성립한다.

[4] 횡령죄의 성립여부(소극)

피고인들이 피해자 조합원들에 대하여 예금계좌에 초과로 입금된 개발부담금의 반환을 거부한 것은 피해자 조합원들이 제기한 소송으로 인하여 조합이 입게 되는 손해에 대한 구상금채권의 집행 확보를 위한 것에 불과하고, 위 개발부담금을 영득하기 위한 것이라고 볼 수 없다(대법원 2008.12.11. 선고 2008도8279 판결).

■ 판례 ■ **사기이용계좌의 명의인이 전기통신금융사기(보이스피싱) 피해금을 횡령한 사건**

[1] 송금의뢰인이 다른 사람의 예금계좌에 자금을 송금·이체하여 송금의뢰인과 계좌명의인 사이에 송금·이체의 원인이 된 법률관계가 존재하지 않음에도 송금·이체에 의하여 계좌명의인이 그 금액 상당의 예금채권을 취득한 경우, 계좌명의인이 그와 같이 송금·이체된 돈을 그대로 보관하지 않고 영득할 의사로 인출하면 횡령죄가 성립하는지 여부(적극) / 계좌명의인이 개설한 예금계좌가 전기통신금융사기 범행에 이용되어 그 계좌에 피해자가 사기피해금을 송금·이체한 경우, 계좌명의인이 그 돈을 영득할 의사로 인출하면 피해자에 대한 횡령죄가 성립하는지 여부(한정 적극) 및 이때 계좌명의인의 인출행위가 전기통신금융사기의 범인에 대한 관계에서도 횡령죄가 되는지 여부(소극)

[다수의견] 송금의뢰인이 다른 사람의 예금계좌에 자금을 송금·이체한 경우 특별한 사정이 없는 한 송금의뢰인과 계좌명의인 사이에 그 원인이 되는 법률관계가 존재하는지 여부에 관계없이 계좌명의인(수취인)과 수취은행 사이에는 그 자금에 대하여 예금계약이 성립하고, 계좌명의인은 수취은행에 대하여 그 금액 상당의 예금채권을 취득한다. 이때 송금의뢰인과 계좌명의인 사이에 송금·이체의 원인이 된 법률관계가 존재하지 않음에도 송금·이체에 의하여 계좌명의인이 그 금액 상당의 예금채권을 취득한 경우 계좌명의인은 송금의뢰인에게 그 금액 상당의 돈을 반환하여야 한다. 이와 같이 계좌명의인이 송금·이체의 원인이 되는 법률관계가 존재하지 않음에도 계좌이체에 의하여 취득한 예금채권 상당의 돈은 송금의뢰인에게 반환하여야 할 성격의 것이므로, 계좌명의인은 그와 같이 송금·이체된 돈에 대하여 송금의뢰인을 위하여 보관하는 지위에 있다고 보아야 한다. 따라서 계좌명의인이 그와 같이 송금·이체된 돈을 그대로 보관하지 않고 영득할 의사로 인출하면 횡령죄가 성립한다.

이러한 법리는 계좌명의인이 개설한 예금계좌가 전기통신금융사기 범행에 이용되어 그 계좌에 피해자가 사기피해금을 송금·이체한 경우에도 마찬가지로 적용된다. 계좌명의인은 피해자와 사이에 아무런 법률관계 없이 송금·이체된 사기피해금 상당의 돈을 피해자에게 반환하여야 하므로, 피해자를 위하여 사기피해금을 보관하는 지위에 있다고 보아야 하고, 만약 계좌명의인이 그 돈을 영득할 의사로 인출하면 피해자에 대한 횡령죄가 성립한다. 이때 계좌명의인이 사기의 공범이라면 자신이 가담한 범행의 결과 피해금을 보관하게 된 것일 뿐이어서 피해자와 사이에 위탁관계가 없고, 그가 송금·이체된 돈을 인출하더라도 이는 자신이 저지른 사기범행의 실행행위에 지나지 아니하여 새로운 법익을 침해한다고 볼 수 없으므로 사기죄 외에 별도로 횡령죄를 구성하지 않는다. 한편 계좌명의인의 인출행위는 전기통신금융사기의 범인에 대한 관계에서는 횡령죄가 되지 않는다.

① 계좌명의인이 전기통신금융사기의 범인에게 예금계좌에 연결된 접근매체를 양도하였다 하더라도 은행에 대하여 여전히 예금계약의 당사자로서 예금반환청구권을 가지는 이상 그 계좌에 송금·이체된 돈이 그 접근매체를 교부받은 사람에게 귀속되었다고 볼 수는 없다. 접근매체를 교부받은 사람은 계좌명의인의 예금반환청구권을 자신이 사실상 행사할 수 있게 된 것일 뿐 예금 자체를 취득한 것이 아니다. 판례는 전기통신금융사기 범행으로 피해자의 돈이 사기이용계좌로 송금·이체되었다면 이로써 편취행위는 기수에 이른다고 보고 있는데, 이는 사기범이 접근매체를 이용하여 그 돈을 인출할 수 있는 상태에 이르렀다는 의미일 뿐 사기범이 그 돈을 취득하였다는 것은 아니다.

② 또한 계좌명의인과 전기통신금융사기의 범인 사이의 관계는 횡령죄로 보호할 만한 가치가 있는 위탁관계가 아니다. 사기범이 제3자 명의 사기이용계좌로 돈을 송금·이체하게 하는 행위는 그 자체로 범죄행위에 해당한다. 그리고 사기범이 그 계좌를 이용하는 것도 전기통신금융사기 범행의 실행행위에 해당하므로 계좌명의인과 사기범 사이의 관계를 횡령죄로 보호하는 것은 그 범행으로 송금·이체된 돈을 사기범에게 귀속시키는 결과가 되어 옳지 않다.

[2] 피고인 甲, 乙이 공모하여, 피고인 甲 명의로 개설된 예금계좌의 접근매체를 보이스피싱 조직원 丙에게 양도함으로써 丙의 丁에 대한 전기통신금융사기 범행을 방조하고, 사기피해자 丁이 丙에게 속아 위 계좌로 송금한 사기피해금 중 일부를 별도의 접근매체를 이용하여 임의로 인출함으로써 주위적으로는 丙의 재물을, 예비적으로는 丁의 재물을 횡령하였다는 내용으로 기소되었는데, 원심이 피고인들에 대한 사기방조 및 횡령의 공소사실을 모두 무죄로 판단한 사안에서, 피고인들에게 사기방조죄가 성립하지 않는 이상 사기피해금 중 일부를 임의로 인출한 행위는 사기피해자 丁에 대한 횡령죄가 성립한다.

피고인 甲, 乙이 공모하여, 피고인 甲 명의로 개설된 예금계좌의 접근매체를 보이스피싱 조직원 丙에게 양도함으로써 丙의 丁에 대한 전기통신금융사기 범행을 방조하고, 사기피해자 丁이 丙에게 속아 위 계좌로 송금한 사기피해금 중 일부를 별도의 접근매체를 이용하여 임의로 인출함으로써 주위적으로는 丙의 재물을, 예비적으로는 丁의 재물을 횡령하였다는 내용으로 기소되었는데, 원심이 피고인들에 대한 사기방조 및 횡령의 공소사실을 모두 무죄로 판단한 사안에서, 피고인들에게 사기방조죄가 성립하지 않는 이상 사기피해금 중 일부를 임의로 인출한 행위는 사기피해자 丁에 대한 횡령죄가 성립한다는 이유로, 원심이 공소사실 중 횡령의 점에 관하여 丙을 피해자로 삼은 주위적 공소사실을 무죄로 판단한 것은 정당하나, 이와 달리 丁을 피해자로 삼은 예비적 공소사실도 무죄로 판단한 데에는 횡령죄에서의 위탁관계 등에 관한 법리를 오해한 위법이 있다.(대법원 2018. 7. 19. 선고, 2017도17494, 전원합의체 판결)

3) 금전을 위탁한 경우

금전을 위탁한 경우에는 그 소유권이 수치인에게 이전되므로 타인의 재물을 보관하는 자가 아니므로 횡령죄의 주체가 되지 않고, 타인의 사무를 처리하는 자로 배임죄의 주체가 된다.

■ 판례 ■ **임대인 회사 대표이사가 임차인으로부터 수도요금 등 납부라는 특정한 목적으로 위탁받은 돈을 은행대출이자 용도 등으로 임의소비한 경우**

가. 목적과 용도를 정하여 위탁받은 금원을 임의로 소비한 경우 횡령죄의 성부(적극)
목적과 용도를 정하여 위탁한 금전은 정해진 목적, 용도에 사용할 때까지는 이에 대한 소유권이 위탁자에게 유보되어 있는 것이므로, 수탁자가 이를 임의로 소비하면 횡령죄가 성립한다고 할 것이다.

나. 횡령죄의 성립여부(적극)
피고인이 2007. 4. 2. 피해자로부터 송금받은 10,000,000원 중 7,538,755원은 그가 대표이사로 있던 공소외 주식회사로부터 목욕탕을 임차하여 사용하고 있어 수도요금, 전기요금 등(이하 '수도요금 등'이라고 한다)이 미납될 경우 단전·단수로 인하여 직접적인 불이익을 받을 기위에 있는 피해자에게 수도요금 등 청구서들과 피해자가 부담할 액수를 산정한 계산서를 보여주며 수도요금 등의 연체방지를 위해 필요하다고 말하여 송금받은 것으로서 수도요금 등 납부라는 특정한 목적으로 위탁받은 것이라고 할 것이므로 피고인으로서는 그 위탁의 취지에 따라 위 돈을 사용할 의무가 있음에도 불구하고, 그 위탁의 취지에 반하여 위 돈을 은행대출이자 용도 등으로 임의소비한 것은 횡령에 해당한다(대법원 2008.10.9. 선고 2008도3787 판결).

■ 판례 ■ **오피스텔을 인수하면서 법인의 기본재산을 사용한 경우**

임대인이 피고인의 처이고, 정식으로 임대차계약이 체결되기 전에 임차보증금 명목의 돈을 일부 지급한 것이 사단법인의 기본재산으로 용도가 특정된 금원을 횡령한 것으로 공소제기된 사안에서, 사용처, 사용목적, 경위, 결과 등에 관하여 불법영득의사의 존재를 인정하기 어려운 사유를 들어 납득할 만한 합리적인 설명을 하고 충분한 증빙자료를 제출하고 있다면 위 금원을 횡령한 것으로 추단할 수 없다고 한 사례(대법원 2009.4.23. 선고 2009도495 판결).

■ 판례 ■ **아파트 특별수선충당금을 구조진단 견적비 및 손해배상청구소송의 변호사 선임료로 사용한 경우**

甲 아파트의 입주자대표회의 회장인 피고인이, 일반 관리비와 별도로 입주자대표회의 명의 계좌에 적립·관리되는 특별수선충당금을 아파트 구조진단 견적비 및 시공사인 乙 주식회사에 대한 손해배상청구소송의 변호사 선임료로 사용함으로써 아파트 관리규약에 의하여 정하여진 용도 외에 사용하

였다고 하여 업무상횡령으로 기소된 사안에서, 특별수선충당금은 甲 아파트의 주요시설 교체 및 보수를 위하여 별도로 적립한 자금으로 원칙적으로 그 범위 내에서 사용하도록 용도가 제한된 자금이나, 당시에는 특별수선충당금의 용도 외 사용이 관리규약에 의해서만 제한되고 있었던 점, 피고인이 구분소유자들 또는 입주민들로부터 포괄적인 동의를 얻어 특별수선충당금을 위탁의 취지에 부합하는 용도에 사용한 것으로 볼 여지가 있는 점 등 제반 사정을 종합하면, 피고인이 특별수선충당금을 위와 같이 지출한 것이 위탁의 취지에 반하여 자기 또는 제3자의 이익을 위하여 자기의 소유인 것처럼 처분하였다고 단정하기 어려우므로, 피고인의 불법영득의사를 인정한 원심판결에 업무상횡령죄의 불법영득의사에 관한 법리오해의 잘못이 있다.(대법원 2017.2.15, 선고, 2013도14777, 판결)

■ 판례 ■ **감정평가법인 지사에서 근무하는 감정평가사들이 접대비 명목 등에 사용할 목적으로 감정평가법인을 위하여 보관 중이던 돈의 일부를 비자금으로 조성한 경우**

[1] 주식회사의 지점이나 합명회사의 분사무소가 그 본점이나 주사무소의 회계와는 별도의 독립채산제 방식으로 운영되는 경우, 지점이나 분사무소가 보유한 재산이 지점이나 분사무소 구성원들 개인의 소유가 되는지 여부(소극)

횡령죄가 성립하기 위하여는 타인의 재물을 보관하는 자의 지위에 있어야 하고, 타인의 재물인가의 여부는 민법, 상법, 기타의 실체법에 의하여 결정되어야 하는바, 상법에 의하면 주식회사의 지점이나 합명회사의 분사무소는 주식회사나 합명회사와 독립된 별개의 법인격이나 권리주체가 아니라 주식회사나 합명회사에 소속된 하부조직에 불과하므로, 주식회사의 지점이나 합명회사의 분사무소가 주식회사의 본점이나 합명회사의 주사무소의 회계와는 별도의 독립채산제 방식으로 운영되고 있다고 하더라도 주식회사의 지점이나 합명회사의 분사무소가 보유한 재산은 그 주식회사 또는 합명회사의 소유일 뿐 법인격도 없고 권리주체도 아닌 주식회사의 지점이나 합명회사의 분사무소 구성원들 개인의 소유가 되는 것은 아니다.

[2] 위 비자금 조성행위가 업무상횡령죄에 해당하는지 여부(적극)

감정평가법인 지사에서 근무하는 감정평가사들이 접대비 명목 등으로 임의로 나누어 사용할 목적으로 감정평가법인을 위하여 보관 중이던 돈의 일부를 비자금으로 조성한 사안에서, 피고인들이 위 지사를 독립채산제로 운영하기로 했다고 하더라도 그것은 지사가 처리한 감정평가업무로 인한 경제적 이익의 분배에 관하여 그와 같이 약정을 한 것에 불과한 것이므로 피고인들이 사용한 지사의 자금이 법률상으로는 위 법인의 자금이 아니라고 할 수는 없고, 당초의 비자금 조성 목적 등에 비추어 비자금 조성 당시 피고인들의 불법영득의사가 객관적으로 표시되었다고 할 것인 점 등에 비추어, 위 비자금 조성행위가 업무상횡령죄에 해당한다고 한 원심판단을 수긍한 사례(대법원 2010.5.13. 선고 2009도1373 판결).

■ 판례 ■ **회사의 비자금을 보관하는 자가 비자금을 사용하는 경우, 횡령죄 인정 여부의 판단 기준**

횡령이 인정되기 위하여는 타인의 재물을 보관하는 자가 권한 없이 그 재물을 자기의 소유인 것 같이 처분하는 의사가 인정되어야 하고, 이는 회사의 비자금을 보관하는 자가 비자금을 사용하는 경우라고 하여 달라지는 것이 아니다. 한편 비자금 사용에 관하여는 그 비자금을 사용하게 된 시기, 경위, 결과 등을 종합적으로 고려하여 해당 비자금 사용의 주된 목적이 피고인의 개인적인 용도에 사용하기 위한 것이라고 볼 수 있는지 여부 내지 불법영득의사의 존재를 인정할 수 있는지 여부를 판단하여야 한다(대법원 2010.4.15. 선고 2009도6634 판결).

4) 유가증권의 보관

화물상환증, 창고증권, 선하증권 등 유가증권의 소지인은 법률상의 지배가 인정되므로 보관자가 된다.

■ 판례 ■ **액면을 보충·할인하여 달라는 의뢰를 받고 액면 백지인 약속어음을 교부받은 자가 보충권의 한도를 넘어 보충하여 임의로 사용한 경우, 횡령죄의 성립 여부(소극)**

발행인으로부터 일정한 금액의 범위 내에서 액면을 보충·할인하여 달라는 의뢰를 받고 액면 백지인 약속어음을 교부받아 보관중이던 자가 발행인과의 합의에 의하여 정해진 보충권의 한도를 넘어 보충을 한 경우에는 발행인의 서명날인 있는 기존의 약속어음 용지를 이용하여 새로운 별개의 약속어음을 발행한 것에 해당하여 이러한 보충권의 남용행위로 인하여 생겨난 새로운 약속어음에 대하여는 발행인과의 관계에서 보관자의 지위에 있다 할 수 없으므로, 설사 그 약속어음을 자신의 채무변제조로 제3자에게 교부하여 임의로 사용하였다고 하더라도, 발행인으로 하여금 제3자에 대하여 어음상의 채무를 부담하는 손해를 입게 한 데에 대한 배임죄가 성립될 수 있음은 별론으로 하고, 보관자의 지위에 있음을 전제로 횡령죄가 성립될 수는 없다(대법원 1995.1.20. 선고 94도2760 판결).

■ 판례 ■ **지급담보를 위하여 교부받은 약속어음 소지자가 횡령죄의 주체인 타인의 재물을 보관하는 자에 해당되는지 여부(소극)**

매도인이 매수인으로부터 지급받아야 할 부동산의 매매잔대금의 지급을 담보(확보)하기 위하여 매수인으로부터 약속어음을 발행교부 받아 소지한 것이라면 위 어음상의 권리는 적법하게 매도인에게 귀속되었다 할 것이고, 매도인과 매수인 사이의 위 어음반환조건은 그들 사이의 단순한 채권적 약정에 불과하므로 위 매도인을 횡령죄의 주체인 타인의 재물을 보관하는 자의 지위에 있다고 볼 수 없다(대법원 1988.1.19. 선고 87도2078 판결).

■ 판례 ■ **할인을 위탁받고 교부받은 약속어음 소유권의 귀속 주체(=위탁자)**

약속어음을 할인을 위하여 교부받은 경우에 수탁자가 그 약속어음을 할인하였을 때에는 그로 인하여 생긴 돈을, 그 할인이 불가능하거나 할인하여 줄 의사를 철회하였을 때에는 약속어음 그 자체를 위탁자에게 반환하여야 하고 그 약속어음이 수탁자의 점유하에 있는 동안에도 다른 특별한 사정이 없는 이상 그 소유권은 위탁자에게 있고, 수탁자는 위탁의 취지에 따라 이를 단지 보관하는 것으로 볼 것이다(대법원 1999.7.23. 선고 99도1911 판결).

■ 판례 ■ **피고인이 갑에게서 돈을 차용하면서 피고인 소유의 골프회원권을 담보로 제공한 후 제3자에게 임의로 매도한 경우**

피고인이 담보물인 골프회원권을 담보 목적에 맞게 보관·관리할 의무를 부담함으로써 갑의 사무를 처리하는 자의 지위에 있다고 보아 배임죄를 인정한 사례(대법원 2012.2.23. 선고 2011도16385 판결).

(3) 불법원인급여물에 대한 횡령죄의 성부

(가) 의 의

불법원인급여란 불법한 원인으로 재물을 급여하였기 때문에 급여자가 민법 제746조의 규정상 그 재물의 반환을 청구할 수 없는 경우를 말한다.

■ 판례 ■ **부동산실권리자명의등기에관한법률에 위반되어 무효인 명의신탁약정에 기하여 타인의 명의로 경료된 부동산을 실소유자인 甲이 반환을 청구할 수 있는지 여부**

[1] 불법원인급여의 요건으로서의 불법의 의미

부당이득의 반환청구가 금지되는 사유로 민법 제746조가 규정하는 불법원인이라 함은 그 원인되는 행위가 선량한 풍속 기타 사회질서에 위반하는 경우를 말하는 것으로서, 법률의 금지에 위반하는 경우라 할지라도 그것이 선량한 풍속 기타 사회질서에 위반하지 않는 경우에는 이에 해당하지 않는다.

[2] 부동산실권리자명의등기에관한법률에 위반되어 무효인 명의신탁약정에 기하여 경료된 타인 명의의 등기가 불법원인급여에 해당하는지 여부(소극)

부동산실권리자명의등기에관한법률이 규정하는 명의신탁약정은 부동산에 관한 물권의 실권리자가 타인과의 사이에서 대내적으로는 실권리자가 부동산에 관한 물권을 보유하거나 보유하기로 하고 그에 관한 등기는 그 타인의 명의로 하기로 하는 약정을 말하는 것일 뿐이므로, 그 자체로 선량한 풍속 기타 사회질서에 위반하는 경우에 해당한다고 단정할 수 없을 뿐만 아니라, 위 법률은 원칙적으로 명의신탁약정과 그 등기에 기한 물권변동만을 무효로 하고 명의신탁자가 다른 법률관계에 기하여 등기회복 등의 권리행사를 하는 것까지 금지하지는 않는 대신, 명의신탁자에 대하여 행정적 제재나 형벌을 부과함으로써 사적자치 및 재산권보장의 본질을 침해하지 않도록 규정하고 있으므로, 위 법률이 비록 부동산등기제도를 악용한 투기·탈세·탈법행위 등 반사회적 행위를 방지하는 것 등을 목적으로 제정되었다고 하더라도, 무효인 명의신탁약정에 기하여 타인 명의의 등기가 마쳐졌다는 이유만으로 그것이 당연히 불법원인급여에 해당한다고 볼 수 없다(대법원 2003.11.27. 선고 2003다41722 판결).

■ 판례 ■ **병원에서 의약품 선정·구매 업무를 담당하는 약국장이 병원을 대신하여 제약회사로부터 의약품 제공의 대가로 기부금 명목의 돈을 받아 보관중 임의소비한 경우**

가. 민법상 불법원인급여에서 불법원인의 의미

민법 제746조가 불법의 원인으로 인하여 재산을 급여하거나 노무를 제공한 때에는 그 이익의 반환을 청구하지 못한다고 규정한 뜻은, 급여를 한 사람은 그 원인행위가 법률상 무효임을 내세워 상대방에게 부당이득반환청구를 할 수 없고, 또 급여한 물건의 소유권이 자기에게 있다고 하여 소유권에 기한 반환청구도 할 수 없어서 결국, 급여한 물건의 소유권은 급여를 받은 상대방에게 귀속된다는 의미이고, 여기에서의 불법원인이라 함은 그 원인되는 행위가 선량한 풍속 기타 사회질서에 위반하는 경우를 말하는 것으로, 법률행위의 목적인 권리의무의 내용이 선량한 풍속 기타 사회질서에 위반되는 경우뿐만 아니라, 그 내용 자체는 반사회질서적인 것이 아니라고 하여도 법률적으로 이를 강제하거나 그 법률행위에 반사회질서적인 조건 또는 금전적 대가가 결부됨으로써 반사회질서적 성질을 띠게 되는 경우 및 표시되거나 상대방에게 알려진 법률행위의 동기가 반사회질서적인 경우에도 불법원인급여에 해당될 수 있지만 피고인이 병원을 대신하여 제약회사들로부터 의약품을 공급받는 대가로 그 의약품 매출액에 비례하여 기부금 명목의 금원을 제공받은 다음 병원을 위하여 보관하여 왔던 것뿐이라면, 다른 특별한 사정이 없는 한 이를 두고 선량한 풍속 기타 사회질서에 반하는 행위로서 불법원인급여에 해당한다고 보기는 어려우므로, 위 병원이 병원을 대신하여 위 제약회사들로부터 위와 같은 금원을 제공받아 보관하고 있던 피고인에 대해 그 반환을 구하지 못한다고 할 수는 없다. 그럼에도 피고인이 병원을 대신하여 제약회사들로부터 제공받아 보관하고 있던 위와 같은 기부금 명목의 금원이 불법원인급여에 해당한다는 이유로 이 사건 공소사실이 죄가 되지 아니하는 경우에 해당한다고 판단한 원심판결에는 불법원인급여와 횡령죄에 관한 법리를 오해한 나머지 판결에 영향을 미친 위법이 있다.

나. 업무상 횡령죄의 성부(적극)

위 돈은 병원이 약국장에게 불법원인급여를 한 것에 해당하지 않아 여전히 반환청구권을 가지므로, 업무상 횡령죄가 성립한다(대법원 2008.10.9. 선고 2007도2511 판결).

(나) 횡령죄의 성부

불법원인급여의 경우 급여받은 자(수익자)가 이를 반환하지 않고 소비하는 경우 횡령죄가 성립될 수 있는지에 관해 견해가 대립하고 있다.

1) 학 설

A. 소극설(현재의 다수설)

불법원인급여의 경우에는 수탁자에게 소유권이 귀속하므로 타인의 재물이라고 할 수 없으므로 횡령죄는 성립하지 않는다는 견해

B. 적극설(종래의 다수설)

위탁자가 소유권을 상실하는 것은 아니며, 신임관계도 인정할 수 있으므로 횡령죄가 성립한다는 견해

2) 판례의 태도

A. 원 칙

소극설의 입장에서 급여를 받은 상대방에게 소유권이 귀속되므로 횡령죄가 성립하지 않는다.

■ 판례 ■ **공무원에게 뇌물을 전달해줄 것을 부탁받고 교부받은 금전을 소비한 경우, 횡령죄의 성부(소극)**

민법 제746조에 불법의 원인으로 인하여 재산을 급여하거나 노무를 제공한 때에는 그 이익의 반환을 청구하지 못한다고 규정한 뜻은 급여를 한 사람은 그 원인행위가 법률상 무효임을 내세워 상대방에게 부당이득반환청구를 할 수 없고, 또 급여한 물건의 소유권이 자기에게 있다고 하여 소유권에 기한 반환청구도 할 수 없어서 결국 급여한 물건의 소유권은 급여를 받은 상대방에게 귀속되는 것이므로, 甲이 乙로부터 제3자에 대한 뇌물공여 또는 배임증재의 목적으로 전달하여 달라고 교부받은 금전은 불법원인급여물에 해당하여 그 소유권은 甲에게 귀속되는 것으로서 甲이 위 금전을 제3자에게 전달하지 않고 임의로 소비하였다고 하더라도 횡령죄가 성립하지 않는다(대법원 1999.6.11. 선고 99도275 판결).

■ 판례 ■ **회사의 이사가 회사 자금으로 뇌물을 공여한 경우, 업무상횡령죄 구성 여부(적극) 및 회사 자금으로 부정한 청탁을 하고 배임증재를 한 경우에도 같은 법리가 적용되는지 여부(원칙적 적극)**

회사가 기업활동을 하면서 형사상의 범죄를 수단으로 하여서는 안 되므로 뇌물공여를 금지하는 법률 규정은 회사가 기업활동을 할 때 준수하여야 하고, 따라서 회사의 이사 등이 업무상의 임무에 위

배하여 보관 중인 회사의 자금으로 뇌물을 공여하였다면 이는 오로지 회사의 이익을 도모할 목적이라기보다는 뇌물공여 상대방의 이익을 도모할 목적이나 기타 다른 목적으로 행하여진 것이라고 보아야 하므로, 그 이사 등은 회사에 대하여 업무상횡령죄의 죄책을 면하지 못한다. 그리고 특별한 사정이 없는 한 이러한 법리는 회사의 이사 등이 회사의 자금으로 부정한 청탁을 하고 배임증재를 한 경우에도 마찬가지로 적용된다(대법원 2013.4.25. 선고, 2011도9238, 판결).

B. 예 외

급여를 받은 자의 불법성이 급여자의 불법성보다 현저히 큰 경우에는 급여자의 반환청구권이 긍정되므로 수령자가 이를 임의로 소비하면 횡령죄가 성립한다.

■ 판례 ■　**포주가 윤락녀와 사이에 윤락녀가 받은 화대를 포주가 보관하였다가 분배하기로 약정하고도 보관중인 화대를 임의로 소비한 경우, 횡령죄의 성부(적극)**

[1] 불법원인급여에서 수익자의 불법성이 급여자의 불법성보다 현저히 큰 데 반하여 급여자의 불법성은 미약한 경우, 급여자의 부당이득반환청구의 허용 여부(적극)

민법 제746조에 의하면, 불법의 원인으로 인한 급여가 있고, 그 불법원인이 급여자에게 있는 경우에는 수익자에게 불법원인이 있는지 여부, 수익자의 불법원인의 정도, 그 불법성이 급여자의 그것보다 큰지 여부를 막론하고 급여자는 불법원인급여의 반환을 구할 수 없는 것이 원칙이나, 수익자의 불법성이 급여자의 그것보다 현저히 큰 데 반하여 급여자의 불법성은 미약한 경우에도 급여자의 반환청구가 허용되지 않는다면 공평에 반하고 신의성실의 원칙에도 어긋나므로, 이러한 경우에는 민법 제746조 본문의 적용이 배제되어 급여자의 반환청구는 허용된다.

[2] 횡령죄의 성립여부

포주가 윤락녀와 사이에 윤락녀가 받은 화대를 포주가 보관하였다가 절반씩 분배하기로 약정하고도 보관중인 화대를 임의로 소비한 경우, 포주와 윤락녀의 사회적 지위, 약정에 이르게 된 경위와 약정의 구체적 내용, 급여의 성격 등을 종합해 볼 때 포주의 불법성이 윤락녀의 불법성보다 현저히 크므로 화대의 소유권이 여전히 윤락녀에게 속하므로 횡령죄를 구성한다(대법원 1999.9.17. 선고 98도2036 판결).

2. 객 체

자기가 보관하는 타인의 재물, 즉 타인소유 · 자기점유의 재물

(1) 재 물

관리 가능한 재물 또는 동력으로서 동산 · 부동산을 불문

■ 판례 ■　**횡령의 객체를 확정하는 기준**

[1] 횡령행위가 여러 단계의 일련의 거래 과정을 거쳐 이루어지는 등의 사유로 여러 재물을 횡령의 객체로 볼 여지가 있는 경우, 횡령의 객체를 확정하는 기준

횡령죄는 타인의 재물에 대한 재산범죄로 재물의 소유권 등 본권을 보호법익으로 하는 범죄이므로, 어떤 재물을 횡령의 객체로 보느냐에 따라 재물이 타인의 소유인지, 위탁관계에 기초한 보관자의 지위가 인정되는지, 피해자가 누구인지, 재물에 대한 반환청구가 가능한지 등이 달라질 수 있다. 따라서 횡령행위가 여러 단계의 일련의 거래 과정을 거쳐 이루어지는 등의 사유로 여러 재물을 횡

령의 객체로 볼 여지가 있어 이를 확정할 필요가 있는 경우에는, 재물의 소유관계 및 성상(性狀), 위탁관계의 내용, 재물의 보관·처분 방법, 행위자가 어떤 재물을 영득할 의사로 횡령행위를 한 것인지 등의 제반 사정을 종합적으로 고려하여 횡령의 객체를 확정해야 한다.

[2] 횡령죄에서 불법영득의사의 의미 및 타인의 재물을 보관하는 자가 소유자의 이익을 위하여 재물을 처분한 경우, 불법영득의사를 인정할 수 있는지 여부(원칙적 소극)

횡령죄에서 불법영득의사는 타인의 재물을 보관하는 자가 자기 또는 제3자의 이익을 꾀할 목적으로 위탁의 취지에 반하여 타인의 재물을 자기의 소유인 것처럼 권한 없이 스스로 처분하는 의사를 의미한다. 따라서 보관자가 자기 또는 제3자의 이익을 위하여 소유자의 이익에 반하여 재물을 처분한 경우에는 재물에 대한 불법영득의사를 인정할 수 있으나, 그와 달리 소유자의 이익을 위하여 재물을 처분한 경우에는 특별한 사정이 없는 한 그 재물에 대하여는 불법영득의사를 인정할 수 없다.(대법원 2016.8.30. 선고, 2013도658, 판결)

■ 판례 ■ **주식이 횡령죄의 객체가 될 수 있는지 여부(소극)**

상법상 주식은 자본구성의 단위 또는 주주의 지위(株主權)를 의미하고, 주주권을 표창하는 유가증권인 주권(株券)과는 구분이 되는바, 주권(株券)은 유가증권으로서 재물에 해당되므로 횡령죄의 객체가 될 수 있으나, 자본의 구성단위 또는 주주권을 의미하는 주식은 재물이 아니므로 횡령죄의 객체가 될 수 없다(대법원 2005.2.18. 선고 2002도2822 판결).

■ 판례 ■ **광업권이 횡령죄의 객체가 되는지 여부(소극)**

광업권은 재물인 광물을 취득할 수 있는 권리에 불과하지 재물 그 자체는 아니므로 횡령죄의 객체가 된다고 할 수 없고, 광업법 제2조가 광업권을 물권으로 하고 광업법에서 따로 정한 경우를 제외하고는 부동산에 관한 민법 기타 법령의 규정을 준용하도록 규정하고 있다 하여 광업권이 부동산과 마찬가지로 횡령죄의 객체가 된다고 할 수는 없다(대법원 1994.3.8. 선고 93도2272 판결).

(2) 타인의 재물

타인의 재물이란 재물의 소유권이 자기 이외의 타인에게 속하는 경우를 말한다. 행위자와 타인의 공동소유물(공유, 합유, 총유)도 타인의 재물이다. 타인이란 자연인과 법인·법인격 없는 단체·조합을 불문한다.

(가) 소유의 타인성이 인정되는 사례

1) 공유물

■ 판례 ■ **임대목적물을 공동으로 임대한 경우 임대보증금 잔금을 공동임대인 중 1인이 임의로 처분한 경우, 횡령죄의 성부(적극)**

공동으로 임대한 임대목적물의 보증금반환채무는 성질상 불가분 채무에 해당하므로 임대보증금 잔금은 이를 정산하기까지는 공동임대인들의 공동소유에 귀속하여 공동소유자 1인이 임의로 잔금을 처분하였다면 횡령죄가 성립한다(대법원 2001.10.30. 선고 2001도2095판결).

■ 판례 ■ **함께 복권을 나누어 당첨 여부를 확인하였으나 그 복권의 당첨금 수령인이 그 당**

첨금 중 타인의 몫의 반환을 거부한 경우, 횡령죄의 성부(적극)

피고인이 2천 원을 내어 피해자를 통하여 구입한 복권 4장을 피고인과 피해자를 포함한 4명이 한 장씩 나누어 그 당첨 여부를 확인하는 결과 피해자 등 2명이 긁어 확인한 복권 2장이 1천 원씩에 당첨되자 이를 다시 복권 4장으로 교환하여 같은 4명이 각자 한 장씩 골라잡아 그 당첨 여부를 확인한 결과 피해자 등 2명이 긁어 확인한 복권 2장이 2천만 원씩에 당첨되었으나 당첨금을 수령한 피고인이 피해자에게 그 당첨금의 반환을 거부한 경우, 피고인과 피해자를 포함한 4명 사이에는 어느 누구의 복권이 당첨되더라도 당첨금을 공평하게 나누거나 공동으로 사용하기로 하는 묵시적인 합의가 있었다고 보아야 하므로 그 당첨금 전액은 같은 4명의 공유라고 봄이 상당하여 피고인으로서는 피해자의 당첨금 반환요구에 따라 그의 몫을 반환할 의무가 있고 피고인이 이를 거부하고 있는 이상 불법영득의사가 있다는 이유로 횡령죄가 성립될 수 있다(대법원 2000.11.10. 선고 2000도4335 판결).

> ▪ 판례 ▪ **공유물매각대금을 공유자 1인이 임의로 소비한 경우, 횡령죄의 성부(적극)**

공유물의 매각대금도 정산하기까지는 각 공유자의 공유에 귀속한다고 할 것이므로 공유자 1인이 그 매각대금을 임의로 소비하였다면 횡령죄가 성립된다(대법원 1983.8.23. 선고 80도1161 판결).

2) 합유물

> ▪ 판례 ▪ **동업자의 동의 없이 통지만 하고 동업체의 재산을 임의처분한 경우, 횡령죄의 성부(적극)**

동업체에 속하는 재산을 다른 동업자들의 동의 없이 임의로 처분하거나 반출하는 행위는 이를 다른 동업자들에게 통지를 하였다 하더라도 횡령죄를 구성한다(대법원 1993.2.23. 선고 92도387 판결).

> ▪ 판례 ▪ **조합원이 단독으로 추가 출자하여 구입한 자동차의 임의처분과 횡령죄의 성부(적극)**

피고인과 공소외(甲)이 당초의 공동사업 재산인 지입택시를 폐차하고 출자를 더하여 새차를 구입하여 공동사업을 계속 경영하기로 합의가 이루어진 이상 그뒤 위(甲)이 추가출자 의무를 이행하지 아니하므로 부득이 피고인이 단독으로 새차를 구입운행하였다 하더라도 이로써 이때 당초의 동업관계가 종료되었다고 할 수는 없고 피고인이 그뒤 새차를 매도처분하여 공동사업을 경영할 수 없게 되었을 때까지는 의연히 동업관계가 존속하였다 할 것이니 새차가 자동차등록원부상으로는 피고인 단독명의로 등록되어 있다 하더라도 동업자의 내부관계에 있어서는 그 사실상의 소유권이 그들에게 합유적으로 귀속한다 할 것이어서 피고인이 임의로 새차를 매도처분한 경우에는 배임죄가 아니라 횡령죄를 구성한다(대법원 1983. 2.22. 선고 82도2467 판결).

> ▪ 판례 ▪ **동업계약에 대한 해지권 행사전의 동업자금의 유용과 횡령죄의 성부**

해지권 유보의 특약에 따라 투자원리금을 변제공탁 함으로써 동업계약에 대한 해지권을 행사하기 전에 동업자금을 개인채무의 변제에 충당하였다면 위 특약의 존재는 횡령죄의 성립에 아무런 영향이 없다(대법원 1984.1.24. 선고 83도940 판결).

> ▪ 판례 ▪ **동업자 사이에 지분비율이 정해져 있으나 손익분배의 정산이 되지 아니한 상태에서 일방이 동업재산을 횡령한 경우 그 횡령금액 전부에 대하여 횡령죄의 죄책을 부담하는지 여부(적극)**

동업자 사이에 손익분배의 정산이 되지 아니하였다면 동업자의 한 사람이 임의로 동업자들의 합유에 속하는 동업재산을 처분할 권한이 없는 것이므로, 동업자의 한 사람이 동업재산을 보관 중 임의로 횡령하였다면 지분비율에 관계없이 임의로 횡령한 금액 전부에 대하여 횡령죄의 죄책을 부담한다(대법원 2011.6.10. 선고 2010도17684 판결).

■ 판례 ■ **2인의 조합관계에서 1인의 조합원이 탈퇴한 경우 잔존조합원에 의한 조합재산의 단독 처분한 경우, 횡령죄의 성부(소극)**

2인의 조합관계에 있어서 1인의 조합원이 탈퇴의 의사를 표시하였을 경우 조합관계는 그 성질상 종료되나 특별한 사정이 없는 한 조합은 해산되지 아니하며 따라서 청산도 개시되지 아니하고 조합원의 합유에 속하였던 조합재산은 탈퇴하지 않은 남은 조합원의 단독소유에 속하게 되어 탈퇴한 사람과 남은 사람사이에는 탈퇴에 따른 투자금의 환급등 계산만이 남는다고 할 것이므로, 甲과 乙이 당구장을 동업하기로 약정하였다가 공동으로 운영하지도 못한채 甲이 동업조건에 불만을 갖고 약정투자금의 일부만을 지급한 후 동업계약을 해지하고 탈퇴해버린 경우에 乙이 동 당구장을 단독처분하였다 해도 횡령죄를 구성하지 아니한다(대법원 1983.2.22. 선고 82도3236 판결).

■ 판례 ■ **조합원중의 한 사람이 조합에서 탈퇴하면서 조합재산을 단독으로 처분하기 위하여 가져간 경우, 횡령죄의 성부**

2인으로 구성된 조합에서 조합원중의 한 사람이 조합에서 탈퇴하는 경우에는 조합관계는 종료되고 조합재산은 남은 조합원의 단독소유가 되는 것이고 탈퇴하는 조합원이 조합관계의 종료에 따른 남은 조합원과의 계산을 위하여 조합재산을 가져갈 권리는 없는 것이므로 조합재산인 젖소를 단독으로 처분하기 위하여 끌고 간 소위는 횡령죄의 구성요건을 충족한다(대법원 1975.5.27. 선고 75도1014 판결).

■ 판례 ■ **타인들의 합유금원을 보관하는 자가 이를 임의소비한 경우, 횡령죄의 성부**

피고인이 신탁조지를 불법처분한데 대한 철거민들의 항의에 따라 주택공사수급인이 위 철거민이주대책위원회에 반환한 금원은 철거민들의 합유에 속하는 것인 만큼 동 위원회의 위원장인 피고인이 위 금원을 합유자 전원의 동의없이 타처에 사용한 경우에는 횡령죄를 구성한다 할 것이니, 설사 위 위원회에서 탈퇴한 일부 철거민에게 지급하기 위한 것이라 할지라도 그 금원중 일부를 마음대로 분배한 경우에는 영득의 의사가 있다 할 것이다(대법원 1982.11.23. 선고 81도1694 판결).

■ 판례 ■ **동업관계 청산 과정에서 동업자산을 단독 처분한 경우, 횡령죄의 성부(소극)**

동업관계 청산 과정에서 동업자산을 단독 처분한 행위를 유죄로 인정한 원심판결에 이유불비 또는 횡령죄의 범의에 관한 법리를 오해한 심리미진의 위법이 있다 하여 원심판결을 파기한 사례(대법원 1994.2.8. 선고 93도16 판결).

3) 1인 회사의 금원

■ 판례 ■ **1인회사의 주주가 회사의 금원을 업무상 보관 중 임의로 소비한 경우, 업무상횡령죄의 성립 여부(적극)**

주식회사의 주식이 사실상 1인의 주주에 귀속하는 1인회사의 경우에도 회사와 주주는 별개의 인격체로서 1인회사의 재산이 곧바로 그 1인 주주의 소유라고 볼 수 없으므로, 그 회사 소유의 금원을 업무상 보관 중 임의로 소비하면 횡령죄를 구성하는 것이다(대법원 1999. 7. 9. 선고 99도1040 판결).

■ 판례 ■ 피고인이 자기 소유인 1인주주 회사 중의 한 개 회사의 금원을 자기 소유의 다른 회사의 채무변제 등을 위하여 지출한 경우, 횡령죄 및 배임죄의 성부(적극)

피고인이 사실상 자기 소유인 1인주주 회사들 중의 한 개 회사 소유의 금원을 자기 소유의 다른 회사의 채무변제를 위하여 지출하거나 그 다른 회사의 어음결제대금으로 사용한 경우, 주식회사의 주식이 사실상 1인의 주주에 귀속하는 1인회사에 있어서는 행위의 주체와 그 본인 및 다른 회사와는 별개의 인격체이므로, 그 법인인 주식회사 소유의 금원은 임의로 소비하면 횡령죄가 성립되고 그 본인 및 주식회사에게 손해가 발생하였을 때에는 배임죄가 성립한다(대법원 1996.8.23. 선고 96도1525 판결).

4) 합자회사의 금원

■ 판례 ■ 2인의 출자사원으로 구성된 합자회사의 대표사원이 사용한 수입금액이 타 사원의 가불금액을 초과하지 않는 경우, 횡령죄의 성부(적극)

합자회사의 영업에 의하여 수입된 금원은 결산기에 이르러 출자자들에게 이익분배등 적법하게 처분되기까지는 위 회사의 재산이지 결코 출자사원의 소유라고 할 수 없으므로 피고인과 공소외 (甲) 2인의 출자사원으로 구성된 합자회사에서 대표사원인 피고인이 회사수입금액을 사용에 소비하였다면 회사의 손익분배를 균등하게 하기로 하였고 그가 소비한 금액이 타 사원에게 가불하여준 금액보다 적은 경우라 하더라도 횡령죄의 성립에 아무런 지장이 없다(대법원 1982.12.28. 선고 81도863 판결).

5) 유한회사의 금원

■ 판례 ■ 출자지분이 2인의 사원에 귀속하고 있는 유한회사의 대표사원이 타사원의 승낙을 얻어 회사의 재산을 개인용도에 소비한 경우, 죄책(=횡령죄)

출자지분이 2인의 사원에게 귀속하고 있는 유한회사의 대표사원이 다른 사원의 승낙을 얻어 회사소유재산을 개인용도에 소비한 경우, 행위의 주체인 대표사원과 그 본인인 유한회사는 별개의 인격체이어서 비록 유한회사의 손해가 궁극적으로는 위 사원들의 손해에 귀착된다고 하더라도 회사의 재산을 사원의 개인용도에 소비하는 행위는 본인의 위탁의 취지에 반함이 명백하여 횡령죄를 구성한다(대법원 1986.9.9. 선고 86도280 판결).

(나) 소유의 타인성이 부정되는 사례

1) 가맹점의 물품판매대금

■ 판례 ■ 가맹점주가 물품판매대금을 임의 소비한 경우, 횡령죄의 성부(소극)

피고인이 본사와 맺은 가맹점계약은 독립된 상인간에 일방이 타방의 상호, 상표 등의 영업표지를 이용하고 그 영업에 관하여 일정한 통제를 받으며 이에 대한 대가를 타방에 지급하기로 하는 특수한 계약 형태인 이른바 '프랜차이즈 계약'으로서 그 기본적인 성격은 각각 독립된 상인으로서의 본사 및 가맹점주 간의 계약기간 동안의 계속적인 물품공급계약이고, 본사의 경우 실제로는 가맹점의 영업활동에 관여함이 없이 경영기술지도, 상품대여의 대가로 결과적으로 매출액의 일정 비율을 보장받는 것에 지나지 아니하여 본사와 가맹점이 독립하여 공동경영하고, 그 사이에서 손익분배가 공동으로 이루어진다고 할 수 없으므로 이러한 가맹점 계약을 동업계약 관계로는 볼 수 없고, 따라서 가맹점주인 피고인이 판매하여 보관 중인 물품판매 대금은 피고인의 소유라 할 것이어서 피고인이 이를 임의 소비한 행위는 프랜차이즈 계약상의 채무불이행에 지나지 아니하므로, 결국 횡령죄는 성립하지 아니한다(대법원 1998. 4.14. 선고 98도292 판결).

2) 입사보증금

■ 판례 ■ **사용자가 피용자가 제공한 입사보증금을 소비한 경우와 횡령죄(소극)**

소위 입사보증금은 고용계약과 관련하여 피용자가 장래 부담하게 될지도 모르는 손해배상 채무의 담보로서 제공되는 신원보증금으로서 일단 그 소유권은 사용자에게 이전되는 것이니 사용자가 이를 소비하여도 횡령죄를 구성하지 아니한다(대법원 1979.6.12. 선고 79도656 판결).

3) 익명조합의 출자자산

■ 판례 ■ **익명조합의 영업자가 영업이익금을 임의로 소비한 경우, 횡령죄의 성부(소극)**

익명조합관계에 있는 영업에 대한 익명조합원이 상대방의 영업을 위하여 출자한 금전 기타의 재산은 상대방인 영업자의 재산으로 되는 것이므로 영업자가 그 영업의 이익금을 함부로 자기 용도에 소비하였다 하여도 횡령죄가 될 수 없다(대법원 1971.12.28. 선고 71도2032 판결).

4) 선매대금

■ 판례 ■ **매도인이 매수인으로부터 교부받은 물건납품을 위한 선매대금을 임의로 소비한 경우, 횡령죄의 성부(소극)**

물건납품을 위한 선매대금은 매수인으로부터 매도인에게 교부되면 그 소유권이 매도인에게 이전되는 것이고 따라서 매수인을 위하여 그 대금을 보관하는 지위에 있지 아니하므로 매도인이 그 대금으로 교부받은 돈을 임의로 소비하였다 하더라도 이는 횡령죄를 구성하지 아니한다(대법원 1986.6.24. 선고 86도631 판결).

5) 입찰목적부동산

■ 판례 ■ **부동산 입찰절차에서 수인이 대금을 분담하되 그 중 1인 명의로 낙찰받기로 약정하여 그에 따라 낙찰이 이루어진 후 그 명의인이 임의로 그 부동산을 처분한 경우, 횡령죄의 성부(소극)**

부동산 입찰절차에서 수인이 대금을 분담하되 그 중 1인 명의로 낙찰받기로 약정하여 그에 따라 낙찰이 이루어진 경우, 그 입찰절차에서 낙찰인의 지위에 서게 되는 사람은 어디까지나 그 명의인이므로 입찰목적부동산의 소유권은 경락대금을 실질적으로 부담한 자가 누구인가와 상관없이 그 명의인이 취득한다 할 것이므로 그 부동산은 횡령죄의 객체인 타인의 재물이라고 볼 수 없어 명의인이 이를 임의로 처분하더라도 횡령죄를 구성하지 않는다(대법원 2000.9.8. 선고 2000도258 판결).

6) 지입료

■ 판례 ■ **지입차주가 낸 돈을 회사가 항목유용한 경우, 횡령죄의 성부(소극)**

지입차주들이 차량위탁관리료와 산업재해보상보험료 및 제세공과금을 합한 일정 금액을 일괄하여 납입하는 지입료는 일단 지입회사의 소유로 되어 회사가 그 지입료 등을 가지고 그 운영비와 전체 차량의 제세공과금 및 보험료에 충당할 수 있는 것이므로 지입차주들이 낸 보험료나 세금을 회사가 항목유용하였다 하더라도 횡령죄가 되지 아니한다(대법원 1997.9.5. 선고 97도1592 판결).

7) 채권의 지급담보를 위하여 교부받은 수표

■ 판례 ■ **채권자가 채권의 지급담보를 위하여 채무자로부터 수표를 발행·교부받은 경우, 횡령죄의 주체인 타인의 재물을 보관하는 자에 해당하는지 여부(소극)**

채권자가 그 채권의 지급을 담보하기 위하여 채무자로부터 수표를 발행·교부받아 이를 소지한 경우에는, 단순히 보관의 위탁관계에 따라 수표를 소지하고 있는 경우와는 달리 그 수표상의 권리가 채권자에게 유효하게 귀속되고, 채권자와 채무자 사이의 수표 반환에 관한 약정은 원인관계상의 인적 항변사유에 불과하므로, 채권자는 횡령죄의 주체인 타인의 재물을 보관하는 자의 지위에 있다고 볼 수 없다(대법원 2000.2.11. 선고 99도4979 판결).

(다) 부동산의 양도담보·매도담보

1) 소유권자

가등기담보법상의 청산기간경과 후 청산금을 지급하기 이전에는 채무자에게 소유권이 있고, 청산금을 지급한 이후에는 채권자에게 소유권이 이전된다.

2) 채무자가 담보물을 처분한 경우

채무자가 변제기 전 또는 청산금지급 전에 목적부동산을 임으로 처분하는 행위는 자기소유의 재물을 처분한 것이므로 횡령죄는 성립하지 아니하고, 담보물의 보관의무를 위반한 것으로 배임죄가 성립한다.

■ 판례 ■ **양도담보설정자가 기존의 근저당권자인 제3자에게 지상권설정등기를 경료하여 준 경우, 배임죄 성부(적극)**

배임죄에 있어서 손해란 현실적인 손해가 발생한 경우뿐만 아니라 재산상의 위험이 발생된 경우도 포함되므로, 자신의 채권자와 부동산양도담보설정계약을 체결한 피고인이 그 소유권이전등기 경료 전에 임의로 기존의 근저당권자인 제3자에게 지상권설정등기를 경료하여 준 경우, 그 지상권 설정이 새로운 채무부담행위에 기한 것이 아니라 기존의 저당권자가 가지는 채권을 저당권과 함께 담보하는 의미밖에 없다고 하더라도 이로써 양도담보권자의 채권에 대한 담보능력 감소의 위험이 발생한 이상 배임죄를 구성한다(대법원 1997.6.24. 선고 96도1218 판결).

3) 채권자가 담보물을 처분한 경우

A. 변재기 전에 처분한 경우

다수설은 채무자소유의 부동산을 불법영득한 것으로서 횡령죄가 성립한다고 한다. 그러나 판례는 이 경우에도 배임죄가 성립한다고 한다.

채권자가 변제기도과 전에 매도담보물에 대하여 근저당권을 설정한 경우의 죄책

[1] 사실관계

> 甲은 乙에게 금원을 대여하여 주고 그 담보의 방법으로 乙소유 부동산에 대하여 자신의 명의
> 로 소유권이전등기를 마치고 그 변제기까지 乙이 환매할 수 있도록 하는 내용으로 乙과 제소
> 전 화해를 하였으나, 변제기이전에 위 부동산에 대하여 丙앞으로 근저당설정등기를 해주었다.

[2] 판결요지

채권의 담보를 목적으로 부동산의 소유권이전등기를 마친 채권자는 채무자가 변제기일까지 그 채무
를 변제하면 채무자에게 그 소유명의를 환원하여 주기 위하여 그 소유권이전등기를 이행할 의무가
있으므로, 그 변제기일 이전에 그 임무에 위배하여 제3자에게 근저당권을 경료하여 주었다면 변제기
일까지 채무자의 채무변제가 없었다고 하더라도 배임죄는 성립되고, 그와 같은 법리는 채무자에게
환매권을 주는 형식을 취하였다고 하여 다를 바가 없다(대법원 1995.5.12. 선고 95도283 판결).

[3] 동지판례 – 담보목적의 가등기권자가 소유자측으로부터 채무변제공탁 사실을 통고받고서도 본등기
경료와 동시에 제3자 명의로 가등기한 경우 죄책

담보목적으로 피고인 명의로 가등기가 경료된 피해자 소유의 부동산에 대하여 피해자의 아들로부터
채무가 변제 공탁된 사실을 통고받고서도 피고인 앞으로 본등기를 경료함과 동시에 제3자 앞으로
가등기를 경료하여 준 경우에는 배임죄가 성립된다(대법원 1990.8.10. 선고 90도414 판결).

B. 변제기도과 후 처분

- 변제기도과 후 채권자 청산목적으로 담보물을 처분한 경우 ⇨ 불법영득의사가 없
  으므로 횡령죄나 배임죄는 성립하지 않는다.
- 채권자가 담보물처분 후 청산금을 지급하지 않는 경우 ⇨ 다수설은 청산금에 대
  해서 횡령죄가 성립한다고 한다. 그러나 판례는 변제기 이후의 채권자의 정산의
  무는 자기의 사무처리에 속하는 것이므로 배임죄도 성립하지 않는다고 한다.
- 채권자가 담보목적물을 부당하게 염가로 처분하여 청산금이 없게 된 경우 ⇨ 다수
  설은 배임죄가 성립한다고 한다. 그러나 판례는 배임죄가 성립하지 않는다고 한다.

■ 판례 ■ **양도담보권자의 정산의무불이행과 배임죄의 성부(소극)**

양도담보가 처분정산형의 경우이건 귀속정산형의 경우이건 간에 담보권자가 변제기 경과후에 담보
권을 실행하여 그 환가대금 또는 평가액을 채권원리금과 담보권 실행비용 등의 변제에 충당하고 환
가대금 또는 평가액의 나머지가 있어 이를 담보제공자에게 반환할 의무는 담보계약에 따라 부담하
는 자신의 정산의무이므로 그 의무를 이행하는 사무는 곧 자기의 사무처리에 속하는 것이라 할 것
이고 이를 부동산매매에 있어서의 매도인의 등기의무와 같이 타인인 채무자의 사무처리에 속하는
것이라고 볼 수는 없어 그 정산의무를 이행하지 아니한 소위는 배임죄를 구성하지 않는다(대법원
1985.11.26. 선고 85도1493 전원합의체판결).

■ 판례 ■ **양도담보권의 실행으로 담보목적물을 부당하게 염가로 처분한 경우, 배임죄로 성부(소극)**

양도담보권자가 변제기 경과후에 담보권을 실행하기 위하여 담보목적물을 처분하는 행위는 담보계

약에 따라 양도담보권자에게 주어진 권능이어서 자기의 사무처리에 속하는 것이지 타인인 채무자, 설정자의 사무처리에 속하는 것이라고 볼 수 없으므로 양도담보권자가 담보권을 실행하기 위하여 담보목적물을 처분함에 있어 싯가에 따른 적절한 처분을 하여야 할 의무는 담보계약상의 민사책임 의무이고 그와 같은 형법상의 의무가 있는 것이 아니므로 그에 위반한 경우 배임죄가 성립 된다고 볼 수 없다(대법원 1989.10.24. 선고 87도126 판결).

(라) 동산의 양도 · 매도담보

1) 동산의 양도담보

채무자가 소유자이고 채권자는 양도담보물권을 취득하는데 지나지 않는다.

A. 채무자가 처분한 경우

자기소유의 재물을 처분한 것이므로 횡령죄는 성립하지 않고, 보관의무를 위배하여 채권자의 담보물권을 침해한 것으로 배임죄가 성립한다.

■ 판례 ■ **채무자가 양도담보로 제공한 자동차를 처분한 경우, 배임죄의 성부(적극)**

금전채권을 담보하기 위하여 채무자 소유의 동산에 관하여 이른바 약한 의미의 양도담보가 설정되어 채무자가 그 동산을 점유하는 경우, 동산의 소유권은 신탁적으로 채권자에게 이전됨에 불과하여 채권자와 채무자간의 대내적 관계에서 채무자는 의연 소유권을 보유하게 되나 채권자인 양도담보권자가 담보의 목적을 달성할 수 있도록 이를 보관할 의무를 지게 되어 부당히 이를 처분하거나 멸실, 훼손 기타 담보가치를 감소케 하는 행위가 금지된다 할 것이므로 채무자인 양도담보설정자는 채권자에 대하여 채권담보의 약정에 따른 그의 사무를 처리하는 자의 지위에 있게 된다 할 것이고, 위 채무자가 양도담보된 동산을 처분하는 등 부당히 그 담보가치를 감소시키는 행위를 한 경우에는 형법상 배임죄가 성립된다 할 것이고, 담보된 동산이 자동차인 경우 소유권의 득실변경은 등록을 하여야만 그 효력이 생기는 것이지만 그 사용방법에 따라 담보가치에 영향을 주는 것이므로 자동차를 양도담보로 설정하고서 점유하는 채무자가 이를 처분하는 등 부당히 그 담보가치를 감소시키는 행위를 한 경우에도 역시 배임죄의 죄책을 면할 수 없다 할 것이다(대법원 1989.7.25. 선고 89도350 판결).

■ 판례 ■ **동산의 이중 양도담보제공 경우, 배임죄의 성부(소극)**

피고인이 그 소유의 이 사건 에어컨 등을 피해자에게 양도담보로 제공하고 점유개정의 방법으로 점유하고 있다가 다시 이를 제3자에게 양도담보로 제공하고 역시 점유개정의 방법으로 점유를 계속한 경우 뒤의 양도담보권자인 제3자는 처음의 담보권자인 피해자에 대하여 배타적으로 자기의 담보권을 주장할 수 없으므로 위와 같이 이중으로 양도담보제공이 된 것만으로는 처음의 양도담보권자에게 담보권의 상실이나 담보가치의 감소 등 손해가 발생한 것으로 볼 수 없으니 배임죄를 구성하지 않는다(대법원 1990.2.13. 선고 89도1931 판결).

■ 판례 ■ **점유개정의 방식으로 이중의 양도담보 설정계약을 체결한 후 양도담보 설정자가 목적물인 동산을 임의로 처분한 경우, 2차로 설정계약을 체결한 채권자에 대한 관계에서도 배임죄를 구성하는지 여부(소극)**

금전채무를 담보하기 위하여 채무자가 그 소유의 동산을 채권자에게 양도하되 점유개정에 의하여 채무자가 이를 계속 점유하기로 한 경우 특별한 사정이 없는 한 동산의 소유권은 신탁적으로 이전됨에 불과하여 채권자와 채무자 사이의 대내적 관계에서 채무자는 의연히 소유권을 보유하나 대외적인 관계에 있어서 채무자는 동산의 소유권을 이미 채권자에게 양도한 무권리자가 되는 것이어서 다시 다른 채권자와 사이에 양도담보 설정계약을 체결하고 점유개정의 방법으로 인도를 하더라도 선의취득이 인정되지 않는 한 나중에 설정계약을 체결한 채권자는 양도담보권을 취득할 수 없는데, 현실의 인도가 아닌 점유개정으로는 선의취득이 인정되지 아니하므로, 결국 뒤의 채권자는 양도담보권을 취득할 수 없고, 따라서 이와 같이 채무자가 그 소유의 동산에 대하여 점유개정의 방식으로 채권자들에게 이중의 양도담보 설정계약을 체결한 후 양도담보 설정자가 목적물을 임의로 제3자에게 처분하였다면 양도담보권자라 할 수 없는 뒤의 채권자에 대한 관계에서는, 설정자인 채무자가 타인의 사무를 처리하는 자에 해당한다고 할 수 없어 배임죄가 성립하지 않는다(대법원 2004.6.25. 선고 2004도1751 판결).

B. 채권자가 처분한 경우

횡령죄가 성립한다.

■ 판례 ■ **점유개정에 의한 동산양도담보계약에 의하여 채무자가 점유하던 동산을 다른 사유로 보관하게 된 채권자가 횡령죄의 주체가 될 수 있는지 여부(적극)**

채무자가 채무이행의 담보를 위하여 동산에 관한 양도담보계약을 체결하고 점유개정의 방법으로 여전히 그 동산을 점유하는 경우 그 계약이 채무의 담보를 위하여 양도의 형식을 취하였을 뿐이고 실질은 채무의 담보와 담보권실행의 청산절차를 주된 내용으로 하는 것이라면 별단의 사정이 없는 한 그 동산의 소유권은 여전히 채무자에게 남아 있고, 채권자는 단지 양도담보물권을 취득하는 데 지나지 않으므로 그 동산을 다른 사유에 의하여 보관하게 된 채권자는 타인 소유의 물건을 보관하는 자로서 횡령죄의 주체가 될 수 있다(대법원 1989.4.11. 선고 88도906 판결).

2) 동산의 매도담보

동산의 매도담보의 경우 소유권은 채권자(담보권자)에게 이전된다.

A. 채무자가 처분한 경우

횡령죄가 성립한다.

■ 판례 ■ **채무자가 매도담보의 목적물을 처분한 경우의 죄책**

타인에게 매도담보로 제공한 동산을 그대로 계속하여 점유하고 있는 경우에 그 동산을 임의로 처분하였다면 횡령죄가 성립하는 것이고 권리행사방해죄는 성립되지 않는 것이다(대법원 1962.2.8. 선고 4294형상470 판결).

B. 채권자가 처분한 경우

변제기 이전에 처분한 경우에는 채무자의 환매권을 침해한 것으로 배임죄가 성립한다. 그러나 변제기 이후에 처분한 경우에는 무죄이다.

(마) 할부판매(소유권유보부 매매)

할부매매 또는 소유권유보부 매매에 있어서 소유권의 귀속은 약관이 있는 경우에 약관의 내용에 따르게 되나 약관이 없는 경우에도 특별한 사정이 없는 한 매수인이 비록 목적물을 인도받았다고 하더라도 대금을 완납하기까지는 그 소유권이 매도인에게 유보되어 있으므로 대금완납시까지는 매도인이 소유자이므로 대금완납 전에 매수인이 그 물건을 처분하면 횡령죄가 성립한다.

(바) 위탁매매

1) 원 칙

위탁물의 소유권은 위탁자에게 있고 그 판매대금도 또한 수령과 동시에 위탁자에게 귀속하므로 위탁매매인이 이를 임의로 소비하면 횡령죄가 성립한다.

■ 판례 ■ **위탁자로부터 당좌수표 할인을 의뢰받은 피고인이 제3자를 기망하여 당좌수표를 할인받은 다음 그 할인금을 임의소비한 경우, 제3자에 대한 사기죄와 별도로 위탁자에 대한 횡령죄가 성립하는지 여부(적극)**

가. 금전수수를 수반하는 사무처리를 위임받은 자가 그 행위에 기하여 위임자를 위하여 제3자로부터 수령한 금전의 귀속(=위임자)

금전수수를 수반하는 사무의 처리를 위임받은 자가 그 행위에 기하여 위임자를 위하여 제3자로부터 수령한 금전은 그 목적이나 용도를 한정하여 위탁된 금전과 마찬가지로 특별한 사정이 없는 한 그 수령과 동시에 위임자의 소유에 속하는 것이고, 위임을 받은 자는 이를 위임자를 위하여 보관하는 관계에 있다.

나. 甲의 죄책

위탁자로부터 당좌수표 할인을 의뢰받은 피고인이 제3자를 기망하여 당좌수표를 할인받은 다음 그 할인금을 임의소비한 경우, 제3자에 대한 사기죄와 별도로 위탁자에 대한 횡령죄가 성립한다(대법원 1998.4.10. 선고 97도3057 판결).

[3] 동지판례 - 위탁판매인이 그 판매대금을 사용소비한 경우의 죄책

위탁매매에 있어서는 위탁품의 소유권은 위임자에게 속하고 그 판매대금은 다른 특약이나 특단의 사정이 없는 한 이를 수령함과 동시에 위탁자에게 귀속한다 할 것이므로 이를 사용 소비한 때에는 횡령죄가 구성된다(대법원 1986.6.24. 선고 86도1000 판결).

2) 예 외

특별한 약정이 있는 경우에는 횡령죄가 성립하지 않는다.

■ 판례 ■ **이익분배 등 판매대금처분에 관하여 특약이 있는 위탁판매계약의 경우, 위탁판매인의 판매대금의 소비 또는 인도거부가 곧바로 횡령죄를 구성하는지 여부(소극)**

통상 위탁판매의 경우에 위탁판매인이 위탁물을 매매하고 수령한 금원은 위탁자의 소유에 속하여

위탁판매인이 함부로 이를 소비하거나 인도를 거부하는 때에는 횡령죄가 성립한다고 할 것이나, 위탁판매인과 위탁자간에 판매대금에서 각종 비용이나 수수료 등을 공제한 이익을 분배하기로 하는 등 그 대금처분에 관하여 특별한 약정이 있는 경우에는 이에 관한 정산관계가 밝혀지지 않는 한 위탁물을 판매하여 이를 소비하거나 인도를 거부 하였다 하여 곧바로 횡령죄가 성립한다고는 할 수 없다(대법원 1990. 3.27. 선고 89도813 판결).

(사) 위탁물이 대체물인 경우

1) 특정물로 위탁된 경우

대체물이라 하더라도 봉함물(포장물)이나 공탁금과 같이 특정물로 위탁받은 경우에는 그 소유권은 위탁자에게 있으므로, 수탁자의 임의처분은 타인소유의 재물에 대한 횡령죄가 성립한다.

2) 불특정물로 위탁된 경우

A. 용도나 목적이 지정되지 않고 위탁된 경우(소비임치)

수탁물의 소유권이 수탁자에게 이전되므로 수탁자의 임의처분은 횡령죄를 구성하지 않는다.

B. 용도·목적을 정하여 위탁한 경우

정해진 용도·목적에 사용할 때까지는 소유권이 위탁자에게 있으므로 수탁자가 위탁의 취지에 반하여 다른 용도에 소비할 때 횡령죄를 구성한다.

■ 판례 ■ **목적, 용도를 정하여 위탁한 금전에 관한 횡령죄의 구성여부**

목적, 용도를 정하여 위탁한 금전은 정해진 목적, 용도에 사용할 때까지는 이에 대한 소유권이 위탁자에게 유보되어 있는 것으로서, 특히 그 금전의 특정성이 요구되지 않는 경우 수탁자가 위탁의 취지에 반하지 않고 필요한 시기에 다른 금전으로 대체시킬 수 있는 상태에 있는 한 이를 일시 사용하더라도 횡령죄를 구성한다고 할 수 없고, 수탁자가 그 위탁의 취지에 반하여 다른 용도에 소비할 때 비로소 횡령죄를 구성한다(대법원 2002.10.11. 선고 2002도2939 판결).

■ 판례 ■ **어음금의 상환의무자로부터 그 어음의 회수용으로 받은 돈을 다른 곳에 소비한 경우, 횡령죄의 성부(적극)**

甲이 乙에게 위 약속어음 회수용으로 용도를 특정하여 돈을 지급하였다면, 甲으로서도 위 약속어음을 회수하여 소지하여야 그 발행인으로부터 어음금을 회수할 수 있는 것이므로 이를 단순한 채무의 변제라고만 할 수는 없고 乙은 甲을 위하여, 그리고 그 어음회수를 위하여 그 돈을 보관하는 자의 지위에 있다고 볼 것이므로 乙이 이 돈을 甲의 의사에 반하여 어음회수용으로 사용하지 아니하고 소비한 것이라면 횡령죄가 성립한다(대법원 1989.11.14. 선고 89도968 판결).

(1) 피해자로부터 모래채취인도자금조로 금원을 교부받았으나 임으로 소비한 경우(대법원 1987.5.26. 선고, 86도1946 판결)

(2) 타인에 대한 채무의 변제를 위하여 위탁받은 금원을 함부로 자신의 위탁자에 대한 채권에 충당한 경우(대법원 1984.11.13. 선고 84도1199 판결)

(3) 피해자로부터 산재보험료 지불을 의뢰받아 그 보험료 불입금을 보관중 임의로 피고인의 사업자금 등으로 소비한 경우(대법원 1990.12.3. 선고 89도904 판결)

(4) 구입처와 구입방법에 관하여 언급이 없이 양곡을 구입하여 달라는 부탁을 받고 그 자금으로 교부받은 금원을 임의로 소비한 경우(대법원 1982.3.9. 선고 81도572 판결)

(5) 주상복합상가의 매수인들로부터 우수상인유치비 명목으로 금원을 납부받아 보관하던 중 그 용도와 무관하게 일반경비로 사용한 경우(대법원 2002.8.3. 선고 2002도366 판결)

(6) 환전하여 달라는 부탁과 함께 교부받은 돈을 그 목적과 용도에 사용하지 않고 마음대로 피고인의 위탁자에 대한 채권에 상계충당한 경우(대법원 1997.9.26. 선고 97도1520 판결)

(7) 아파트 건설업자가 주택조합의 운영과 건축공사 일체의 관리를 위탁받은 후 조합원들로부터 납부받은 자금을 임의로 소비하거나 일시 다른 용도로 전용한 경우(대법원 1994.9.9. 선고 94도462 판결)

(8) 빌딩의 노후화로 인하여 필연적으로 발생하는 주요설비 등의 교체 및 보수에 사용하도록 한 특별수선충당금을 집합건물관리회사의 직원이 그 목적 외의 용도로 사용한 경우(대법원 2004.5.27. 선고 2003도6988 판결)

(9) 피고인이 교회신축공사를 감독하면서 위 교회로부터 레미콘대금을 지급하라는 명목으로 금원을 받았으면서도 거기에 사용하지 아니하고 이를 마음대로 피고인이 받을 채권과 상계처리한 경우(대법원 1989.1.31. 선고 88도1992 판결)

(10) 증권회사의 직원이 그 회사가 발행한 당좌수표의 부도를 막기 위하여 고객들로부터 교부받아 금융기관에 별도로 예치해 둔 주식청약증거금을 인출하여 그 회사의 당좌계정에 대체입금시킨 경우 ⇨ 업무상 횡령죄(대법원 1980.10.27. 선고 79도184 판결)

(11) 한국전력공사와 회사사이에 체결한 연구개발사업협약에서, 회사는 지원받은 연구개발비를 별도의 계정으로 관리하여야 하고 한전으로부터 지급받은 연구개발비를 연구계획서의 내용에 따라 연구개발의 목적에만 사용하여야 하며, 협약계약서의 비목별 연구개발비를 변경하여 사용하고자 할 때에는 한전의 사전승인을 받은 후 사용하여야 하고 연구개발비의 집행에 대한 회계는 연구개발계획서 내의 연구개발비 소요명세서상의 비목별로 관리하여야 하도록 정하고 있는 경우, 피고인이 회사의 대표이사등과 공모하여 한전과제의 수행을 위하여 사용되어야 할 연구개발비 중 일부를 회사가 부담하여야 할 부담금으로 사용한 경우(대법원 2004.6.25. 선고 2002도7271 판결)

C. 보관도 중 특정의 용도나 목적이 소멸된 경우

■ 판례 ■   **특정의 용도나 목적을 위하여 보관중인 금전을 그 용도나 목적이 소멸된 후에 보관자가 임의소비한 경우, 횡령죄의 성립 여부(적극)**

타인으로부터 용도가 엄격히 제한된 자금을 위탁받아 보관하는 자가 그 자금을 제한된 용도 이외의 목적으로 사용하는 것은 횡령죄가 되는 것이고, 이와 같이 용도나 목적이 특정되어 보관된 금전은 그 보관 도중에 특정의 용도나 목적이 소멸되었다고 하더라도 위탁자가 이를 반환받거나 그 임의소비를 승낙하기까지는 횡령죄의 적용에 있어서는 여전히 위탁자의 소유물이라고 할 것이다(대법원 2002.11.22. 선고 2002도4291 판결).

(아) 금전의 수수를 수반하는 사무를 위임받은 자가 그 사무처리와 관련하여 취득한 금전

■ 판례 ■ 금전수수를 수반하는 사무처리를 위임받은 자가 수령한 금전이 사무처리의 위임에 따라 위임자를 위하여 수령한 것인지 여부의 판단 방법

[1] 사실관계

甲은 乙과 A주식회사에 대한 조명기구 납품계약자 명의를 B주식회사에서 甲 자신이 경영하는 C주식회사로 변경하여 C주식회사가 이 납품계약에 따라 나머지 조명기구를 직접 생산하여 A주식회사에 납품하고 납품대금도 A회사로부터 전액 직접 수령하되, 최종적으로 정산하여 B주식회사와 乙의 몫을 교부하여 주기로 묵시적으로 합의하였다. 그 후 甲은 A주식회사로부터 납품대금을 수령하여 B주식회사와 乙의 몫을 정산하지 아니하고 임의로 지출하였다.

[2] 판결요지

가. 금전수수를 수반하는 사무처리를 위임받은 자가 그 행위에 기하여 위임자를 위하여 제3자로부터 수령한 금전의 귀속관계(= 위임자)

횡령죄는 타인의 재물을 보관하는 자가 그 재물을 횡령하는 것을 처벌하는 범죄이므로, 횡령죄가 성립되기 위해서는 횡령의 대상이 된 재물이 타인의 소유일 것을 요하는 것인바, 금전의 수수를 수반하는 사무처리를 위임받은 자가 그 행위에 기하여 위임자를 위하여 제3자로부터 수령한 금전은 목적이나 용도를 한정하여 위탁된 금전과 마찬가지로 달리 특별한 사정이 없는 한 그 수령과 동시에 위임자의 소유에 속하고, 위임을 받은 자는 이를 위임자를 위하여 보관하는 관계에 있다고 보아야 한다.

나. 甲의 죄책

수령한 금전이 사무처리의 위임에 따라 위임자를 위하여 수령한 것인지 여부는 수령의 원인이 된 법률관계의 성질과 당사자의 의사에 의하여 판단되어야 하며, 만일 당사자 사이에 별도의 채권, 채무가 존재하여 수령한 금전에 관한 정산절차가 남아 있는 등 위임자에게 반환하여야 할 금액을 쉽게 확정할 수 없는 사정이 있다면, 이러한 경우에는 수령한 금전의 소유권을 바로 위임자의 소유로 귀속시키기로 하는 약정이 있었다고 쉽사리 단정하여서는 안 된다(대법원 2005.11.10. 선고 2005도3627 판결).

■ 판례 ■ 피해자로부터 금원을 대출받아 달라는 요청을 받은 피고인이 일부 대출금을 소비한 경우, 횡령죄의 성부(적극)

피해자로부터 토지를 타에 담보로 제공하여 금원을 대출받아 달라는 요청을 받고 토지를 신협에 담보로 제공하고 금원을 수령하였다면, 그 대출금의 소유를 우선 피고인에게 귀속시키기로 약정하는 등 특별한 사정이 없는 한, 이는 당초부터 피해자에게 권리를 취득하게 하려는 것을 목적으로 한 것이므로, 비록 피고인이 자신 또는 남편 등을 채무자로 하여 금원을 대출받았고 또한 그 대출금의 일부인 금 3천만 원을 피해자로부터 차용하기로 하는 약속이 있었다고 하더라도 수임자인 피고인이 신협으로부터 수령함과 동시에 피고인의 별도의 권리이전의 의사표시 없이 그 대출금은 당연히 피

해자에게 귀속된다 할 것이고, 나아가 제2차로 대출금 4천만 원이 나온 후 피고인이 피해자와 대출금 일부인 금 3천만 원의 처리문제로 서로 언쟁을 벌이다가 위 대출건은 없었던 일로 하고 신협과 대출건을 해지하기로 하며 피고인이 대출받은 금 4천만 원을 신협에 그대로 반환하기로 하였다면, 피고인은 여전히 피해자와의 위 합의에 따라 위 금원을 신협에 그대로 반환한다는 목적하에 피해자를 위하여 이를 보관하는 관계에 있었다고 보아야 할 것이므로, 피고인이 그 대출금을 임의로 자신의 채무변제 등에 소비함은 금전위탁의 취지에 반하는 것으로서 횡령죄를 구성한다(대법원 1996.6.14. 선고 96도106 판결).

■ 판례 ■ **피해자가 토지를 매수하여 사실상의 처분권을 취득한 후 다시 매도인에게 그 토지의 매각을 의뢰한 경우 그 매도인이 그 매각대금을 임의로 소비한 경우, 횡령죄의 성부(적극)**

매도인은 피해자로부터 이 사건 대지를 타에 매각하여 달라는 요청을 받고 이에 따라 이 사건 대지를 매각, 그 대금을 수령하였다는 것이므로, 피해자가 매도인에게 이 사건 대지의 매각을 요청하고 이에 따라 매도인이 매각한 것을 가지고 피해자와 매도인이 그들 사이에 맺어진 당초의 매매계약을 합의해제하기로 한 것이라고 볼 수 있다는 등의 특별한 사정이 없는 한, 비록 피해자가 이 사건 대지의 매각을 의뢰한 상대방이 바로 이 사건 대지의 소유자로서 피해자에게 이를 매도하였던 자였다고 하더라도, 그 매각대금은 피해자의 소유에 속하며, 매도인은 이를 그를 위하여 보관하는 관계에 있다고 볼 것이어서, 매도인이 그 매각대금을 임의로 소비하였다면 횡령죄가 성립한다(대법원 1995.11.24. 선고 95도1923 판결).

■ 판례사례 ■ **[수령한 금전이 사무처리의 위임에 따라 위임자를 위하여 수령한 것으로 횡령죄가 성립하는 사례]**

(1) 약속어음금의 추심의뢰를 받고 그 어음금을 수령하여 보관중에 소비한 경우(대법원 1983.10.25. 선고 83도1520 판결)

(2) 여객자동차운수사업법이 정하는 터미널사업자가 운송사업자로부터 승차권 판매를 위탁받아 승객들로부터 승차권을 판매하여 취득한 승차권 판매대금의 반환요구를 거부한 경우(대법원 2004. 4.9. 선고 2004도671 판결)

(3) 위탁자로부터 당좌수표 할인을 의뢰받은 피고인이 제3자를 기망하여 당좌수표를 할인받은 다음 그 할인금을 임의소비한 경우 ⇨ 제3자에 대한 사기죄와 별도로 위탁자에 대한 횡령죄가 성립(대법원 1998.4.10. 선고 97도3057 판결)

(4) 문화예술진흥법에 의하여 입장료와 함께 문화예술진흥기금을 받은 극장 경영자가 그 기금을 자신의 예금통장에 혼합보관하면서 임의로 자신의 극장운영자금 등으로 소비한 경우 ⇨ 업무상횡령죄(대법원 1997.3.28. 선고 96도3155 판결)

(5) 피해자로부터 부동산의 매매를 위탁받고 부동산의 매매계약금으로 수령한 돈을 자신의 피해자에 대한 채권의 변제에 충당한다는 명목으로 그 반환을 거부하면서 자기의 소유인 것 같이 이를 처분한 경우(대법원 2004.3.12. 선고 2004도134 판결)

(6) 甲은 乙에게 양도하여 주식회사 동남여행사 명의로 지입해 놓은 버스의 권리관계에 문제가 발생하자, 동 버스를 타에 매도하여 그 대금으로 타 회사에 의하여 압류되어 있는 다른 버스를 찾아서 이 버스 대신 乙에게 넘겨주기로 乙과 합의하고 버스를 매도하였으나, 그 대금을 임의로 소비한 경우(대법원 2003.6.24. 선고 2003도1741 판결)

(자) 채권양도 후 수령한 양수금

■ 판례 ■ 채권양도인이 대항요건을 갖추지 않는 금전을 임의처분한 경우

[1] 채권양도인이 채무자에게 채권양도 통지를 하는 등으로 채권양도의 대항요건을 갖추어 주지 않은 채 채무자로부터 양도한 채권을 추심하여 수령한 금전에 관하여 채권양수인을 위해 보관하는 자의 지위에 있는지 여부(소극) 및 채권양도인이 위 금전을 임의로 처분한 경우 횡령죄가 성립하는지 여부(소극)

[다수의견] 채권양도인이 채무자에게 채권양도 통지를 하는 등으로 채권양도의 대항요건을 갖추어 주지 않은 채 채무자로부터 채권을 추심하여 금전을 수령한 경우, 특별한 사정이 없는 한 금전의 소유권은 채권양수인이 아니라 채권양도인에게 귀속하고 채권양도인이 채권양수인을 위하여 양도 채권의 보전에 관한 사무를 처리하는 신임관계가 존재한다고 볼 수 없다. 따라서 채권양도인이 위와 같이 양도한 채권을 추심하여 수령한 금전에 관하여 채권양수인을 위해 보관하는 자의 지위에 있다고 볼 수 없으므로, 채권양도인이 위 금전을 임의로 처분하더라도 횡령죄는 성립하지 않는다. 구체적인 이유는 다음과 같다. (가) 채권양도에 의하여 양도된 채권이 동일성을 잃지 않고 채권양도인으로부터 채권양수인에게 이전되더라도, 채권양도인이 양도한 채권을 추심하여 금전을 수령한 경우 금전의 소유권 귀속은 채권의 이전과는 별개의 문제이다. 채권 자체와 채권의 목적물인 금전은 엄연히 구별되므로, 채권양도에 따라 채권이 이전되었다는 사정만으로 채권의 목적물인 금전의 소유권까지 당연히 채권양수인에게 귀속한다고 볼 수 없다. 채권양도인이 채권양도 후에 스스로 양도한 채권을 추심하여 수령한 금전에 대해서는 채권양도인과 채권양수인 사이에 어떠한 위탁관계가 설정된 적이 없다. 채권양수인은 채권양도계약에 따라 채권양도인으로부터 채권을 이전받을 뿐이고, 별도의 약정이나 그 밖의 특별한 사정이 인정되지 않는 한 채권양도인에게 채권의 추심이나 수령을 위임하거나 채권의 목적물인 금전을 위탁한 것이 아니다. 채권양도의 대항요건을 갖추기 전 채권양도인과 채무자, 채권양수인 세 당사자의 법률관계와 의사를 구체적으로 살펴보더라도 채권양도인이 채무자로부터 채권양수인을 위하여 대신 금전을 수령하였다거나, 그 밖에 다른 원인으로 채권양도인이 수령한 금전의 소유권이 수령과 동시에 채권양수인의 소유로 되었다고 볼 수 없다. 금전의 교부행위가 변제의 성질을 가지는 경우에는 특별한 사정이 없는 한 금전이 상대방에게 교부됨으로써 그 소유권이 상대방에게 이전된다. 따라서 채무자가 채권양도인에게 금전을 지급한 것은 자신의 채권자인 채권양도인에게 금전의 소유권을 이전함으로써 유효한 변제를 하여 채권을 소멸시킬 의사에 따른 것이고, 채권양도인 역시 자신이 금전의 소유권을 취득할 의사로 수령한 것이 분명하다. 채권양수인의 의사는 자신이 채권을 온전히 이전받아 행사할 수 있도록 대항요건을 갖추어 달라는 것이지, 채권양도인으로 하여금 대신 채권을 추심하거나 금전을 수령해 달라는 것이 아니다.

횡령죄에서 재물의 타인성과 관련하여 대법원 판례가 유지해 온 형법상 금전 소유권 개념에 관한 법리에 비추어 보더라도, 채권양도인이 채권양도 통지를 하기 전에 채무자로부터 채권을 추심하여 금전을 수령한 경우 금전의 소유권은 채권양도인에게 귀속할 뿐이고 채권양수인에게 귀속한다고 볼 수 없다.

(나) 채권양도인은 채권양수인과 사이에 채권양도계약 또는 채권양도의 원인이 된 계약에 따른 채권·채무관계에 있을 뿐이고, 채권양수인을 위하여 타인의 사무를 처리하는 자의 지위에 있다고 볼 수 없다. 채권양도인과 채권양수인의 양도에 관한 의사 합치에 따라 채권이 양수인에게 이전되고, 채권양도인은 채권양도계약 또는 채권양도의 원인이 된 계약에 기초하여 채권양수인이 목적물인 채권에 관하여 완전한 권리나 이익을 누릴 수 있도록 할 의무를 부담한다. 즉, 채권양도인은 채무자에게 채권양도 통지를 하거나 채무자로부터 승낙을 받음으로써 채권양수인이 채무자에 대한 대항요건을 갖추도록 할 계약상 채무를 진다. 이와 같이 채권양도인이 채권양수인으로 하여금 채권에 관한 완전한 권리를 취득하게 해 주지 않은 채 이를 다시 제3자에게 처분하거나 직접 추심하여 채무자로부터 유효

한 변제를 수령함으로써 채권 자체를 소멸시키는 행위는 권리이전계약에 따른 자신의 채무를 불이행한 것에 지나지 않는다.

따라서 채권양도인이 채권양수인에게 채권양도와 관련하여 부담하는 의무는 일반적인 권리이전계약에 따른 급부의무에 지나지 않으므로, 채권양도인이 채권양수인을 위하여 어떠한 재산상 사무를 대행하거나 맡아 처리한다고 볼 수 없다. 채권양도인과 채권양수인은 통상의 계약에 따른 이익대립관계에 있을 뿐 횡령죄의 보관자 지위를 인정할 수 있는 신임관계에 있다고 할 수 없다.

(다) 최근 10여 년 동안 판례의 흐름을 보면, 대법원은 타인의 재산을 보호 또는 관리하는 것이 전형적·본질적 내용이 아닌 통상의 계약관계에서 배임죄나 횡령죄의 성립을 부정해 왔다. 종전 판례는 채권양도인이 채권양도 통지를 하는 등으로 채권양수인에게 완전한 권리를 이전해 주지 않은 채 자신이 채무자로부터 채권을 추심하고 금전을 수령하여 사용한 행위에 대하여 횡령죄의 성립을 인정하였다. 이러한 결론은 최근 판례의 흐름에 배치되는 것이어서 그대로 유지되기 어렵다.

종전 판례를 유지하게 되면 대법원 선례와의 관계에서 해결하기 어려운 형사처벌의 불균형이 발생한다. 즉, 부동산 임차권, 일반 동산, 권리이전에 등기·등록을 필요로 하는 동산, 주권 발행 전 주식, 수분양권 등의 양도와는 달리 금전채권 양도의 경우만 그 불이행을 배임죄나 횡령죄로 처벌하는 것은 지나치게 자의적인 구별이다. 금전채권 양도의 경우에는 부동산 매매와 같은 거래 현실의 특수성을 인정할 만한 예외적 사정도 없다. 그런데도 당사자 관계가 동일한 권리이전계약 가운데 금전채권 양도의 경우만 차별적 취급을 하는 것은 부당하다.

금전채권 양도에 관하여 배임죄가 문제 되는 경우와 횡령죄가 문제 되는 경우를 달리 취급하여 횡령죄의 경우에만 성립을 인정하는 것도 마찬가지로 부당하다. 채권양도인이 채권양도 통지를 하기 전에 양도 채권 자체를 제3자에게 처분·환가하여 배임죄로 기소된 경우에는 무죄라고 하면서도, 양도 채권을 직접 추심하여 수령한 금전을 사용함으로써 횡령죄로 기소된 경우에는 유죄라고 할 정당한 근거를 찾을 수 없다. 위 두 경우 모두 권리이전계약을 불이행한 행위의 본질이 서로 같고, 이로 말미암아 채권양도인이 얻는 경제적 이익과 채권양수인에게 발생하는 채권 상실의 결과가 같다. 그런데도 형사처벌에 관해서 두 경우를 달리 취급하는 것은 받아들이기 어려운 결론이다.

[2] 건물의 임차인인 피고인이 임대인 甲에 대한 임대차보증금반환채권을 乙에게 양도하였는데도 甲에게 채권양도 통지를 하지 않고 甲으로부터 남아 있던 임대차보증금을 반환받아 보관하던 중 개인적인 용도로 사용하여 이를 횡령하였다는 내용으로 기소된 사안

피고인이 乙과 임대차보증금반환채권에 관한 채권양도계약을 체결하고 甲에게 채권양도 통지를 하기 전에 甲으로부터 채권을 추심하여 남아 있던 임대차보증금을 수령하였더라도 임대차보증금으로 받은 금전의 소유권은 피고인에게 귀속할 뿐 乙에게 귀속한다고 볼 수 없고, 나아가 채권양도계약을 체결한 피고인과 乙은 통상의 권리이전계약에 따른 이익대립관계에 있을 뿐 피고인이 乙을 위한 보관자 지위가 인정될 수 있는 신임관계에 있다고 볼 수 없어 횡령죄가 성립하지 않는다는 이유로, 이와 달리 보아 공소사실을 유죄로 인정한 원심판결에 채권양도에서 횡령죄의 성립 등에 관한 법리오해의 잘못이 있다. (대법원 2022. 6. 23., 선고, 2017도3829, 전원합의체 판결) ⇒ 대법원 1999. 4. 15. 선고 97도666 전원합의체 판결(공1999상, 978)(변경), 대법원 2007. 5. 11. 선고 2006도4935 판결(변경)

(차) 명의신탁

부동산의 소유권자(신탁자)가 타인(수탁자)에게 소유권이전등기를 경료하여 줌으로서 자신이 대내적으로 소유권자가 되고 대외적으로는 타인이 소유권자가 되는 것을 명의신탁이라 한다.

1) 양자간 명의신탁(이전형)

신탁자와 수탁자가 명의신탁약정을 맺고 등기명의를 수탁자에게 이전하는 형식의 명의신탁

- ㅇ 부동산실명법 제4조에 따라 명의신탁약정 및 그에 따른 부동산물권변동은 '무효' 이다. 따라서 명의신탁부동산의 소유권은 여전히 신탁자에게 있다.
- ㅇ 부동산을 소유자로부터 명의수탁받은 자가 이를 임의로 처분하였다면 명의신탁자에 대한 횡령죄가 성립한다.
- ㅇ 명의신탁 약정을 알고 수탁자의 부동산 매도행위에 적극가담한 자는 횡령죄의 공범으로 처벌된다.

■ 판례 ■ **명의수탁자의 부동산 임의처분을 소개 또는 양수한 자와 횡령죄의 공동정범**

부동산의 등기명의 수탁자가 명의신탁자의 승낙없이 이를 제3자에게 양도함으로써 횡령죄가 성립하는 경우에 그것을 양수한 사람이나 이를 중간에서 소개한 사람은 비록 그 점을 알고 있었다 하더라도 처음부터 수탁자와 짜고 불법영득할 것을 공모한 것이 아닌 한 그 횡령죄의 공동정범이 될 수 없다(대법원 1983.10.25. 선고 83도2027 판결).

■ 판례 ■ **임야의 진정한 소유자와는 전혀 무관한 신탁자로부터 임야의 지분을 명의신탁받은 甲이 신탁받은 지분을 처분한 경우**

[1] 부동산에 관한 횡령죄에 있어서 보관자의 지위에 대한 판단 기준 및 원인무효인 소유권이전등기의 명의자가 횡령죄의 주체인 타인의 재물을 보관하는 자에 해당하는지 여부(소극)

횡령죄의 주체는 타인의 재물을 보관하는 자이어야 하고, 여기서 보관이라 함은 위탁관계에 의하여 재물을 점유하는 것을 의미하므로, 결국 횡령죄가 성립하기 위하여는 그 재물의 보관자가 재물의 소유자(또는 기타의 본권자)와 사이에 법률상 또는 사실상의 위탁신임관계가 존재하여야 하고, 또한 부동산의 경우 보관자의 지위는 점유를 기준으로 할 것이 아니라 그 부동산을 제3자에게 유효하게 처분할 수 있는 권능의 유무를 기준으로 결정하여야 하므로, 원인무효인 소유권이전등기의 명의자는 횡령죄의 주체인 타인의 재물을 보관하는 자에 해당한다고 할 수 없다.

[2] 甲의 죄책

소유자와 수탁자 사이에 위 임야 지분에 관한 법률상 또는 사실상의 위탁신임관계가 성립하였다고 할 수 없고, 또한 어차피 원인무효인 소유권이전등기의 명의자에 불과하여 위 임야 지분을 제3자에게 유효하게 처분할 수 있는 권능을 갖지 아니한 수탁자로서는 위 임야 지분을 보관하는 자의 지위에 있다고도 할 수 없으므로, 그 처분행위가 신탁자에 대해서나 또는 소유자에 대하여 위 임야 지분을 횡령한 것으로 된다고 할 수 없다(대법원 2007.5.31. 선고 2007도1082 판결).

2) 중간생략등기형 명의신탁(3자간 명의신탁)

신탁자가 매도인과 부동산 매매계약을 체결하고 매도인로부터 명의신탁계약을 맺은 수탁자에게 직접 이전등기를 경료하는 형식의 명의신탁

　　　중간생략등기형 명의신탁에서 신탁부동산의 임의 처분 사건

[1] 명의신탁자가 매수한 부동산에 관하여 부동산 실권리자명의 등기에 관한 법률을 위반하여 명의수탁자와 맺은 명의신탁약정에 따라 매도인에게서 바로 명의수탁자 명의로 소유권이전등기를 마친 이른바 중간생략등기형 명의신탁을 한 경우, 명의수탁자가 명의신탁자의 재물을 보관하는 자인지 여부(소극)

형법 제355조 제1항이 정한 횡령죄의 주체는 타인의 재물을 보관하는 자라야 하고, 타인의 재물인지 아닌지는 민법, 상법, 기타의 실체법에 따라 결정하여야 한다. 횡령죄에서 보관이란 위탁관계에 의하여 재물을 점유하는 것을 뜻하므로 횡령죄가 성립하기 위하여는 재물의 보관자와 재물의 소유자(또는 기타의 본권자) 사이에 법률상 또는 사실상의 위탁신임관계가 존재하여야 한다. 이러한 위탁신임관계는 사용대차 · 임대차 · 위임 등의 계약에 의하여서뿐만 아니라 사무관리 · 관습 · 조리 · 신의칙 등에 의해서도 성립될 수 있으나, 횡령죄의 본질이 신임관계에 기초하여 위탁된 타인의 물건을 위법하게 영득하는 데 있음에 비추어 볼 때 위탁신임관계는 횡령죄로 보호할 만한 가치 있는 신임에 의한 것으로 한정함이 타당하다.

그런데 부동산을 매수한 명의신탁자가 자신의 명의로 소유권이전등기를 하지 아니하고 명의수탁자와 맺은 명의신탁약정에 따라 매도인에게서 바로 명의수탁자에게 중간생략의 소유권이전등기를 마친 경우, 부동산 실권리자명의 등기에 관한 법률(이하 '부동산실명법'이라 한다) 제4조 제2항 본문에 의하여 명의수탁자 명의의 소유권이전등기는 무효이고, 신탁부동산의 소유권은 매도인이 그대로 보유하게 된다. 따라서 명의신탁자로서는 매도인에 대한 소유권이전등기청구권을 가질 뿐 신탁부동산의 소유권을 가지지 아니하고, 명의수탁자 역시 명의신탁자에 대하여 직접 신탁부동산의 소유권을 이전할 의무를 부담하지는 아니하므로, 신탁부동산의 소유자도 아닌 명의신탁자에 대한 관계에서 명의수탁자가 횡령죄에서 말하는 '타인의 재물을 보관하는 자'의 지위에 있다고 볼 수는 없다. 명의신탁자가 매매계약의 당사자로서 매도인을 대위하여 신탁부동산을 이전받아 취득할 수 있는 권리 기타 법적 가능성을 가지고 있기는 하지만, 명의신탁자가 이러한 권리 등을 보유하였음을 이유로 명의신탁자를 사실상 또는 실질적 소유권자로 보아 민사상 소유권이론과 달리 횡령죄가 보호하는 신탁부동산의 소유자라고 평가할 수는 없다. 명의수탁자에 대한 관계에서 명의신탁자를 사실상 또는 실질적 소유권자라고 형법적으로 평가하는 것은 부동산실명법이 명의신탁약정을 무효로 하고 있음에도 불구하고 무효인 명의신탁약정에 따른 소유권의 상대적 귀속을 인정하는 것과 다름이 없어서 부동산실명법의 규정과 취지에 명백히 반하여 허용될 수 없다.

그리고 부동산에 관한 소유권과 그 밖의 물권을 실체적 권리관계와 일치하도록 실권리자 명의로 등기하게 함으로써 부동산등기제도를 악용한 투기 · 탈세 · 탈법행위 등 반사회적 행위를 방지하고 부동산 거래의 정상화와 부동산 가격의 안정을 도모하여 국민경제의 건전한 발전에 이바지함을 목적으로 하고 있는 부동산실명법의 입법 취지와 아울러, 명의신탁약정에 따른 명의수탁자 명의의 등기를 금지하고 이를 위반한 명의신탁자와 명의수탁자 쌍방을 형사처벌까지 하고 있는 부동산실명법의 명의신탁관계에 대한 규율 내용 및 태도 등에 비추어 볼 때, 명의신탁자와 명의수탁자 사이에 위탁신임관계를 근거 지우는 계약인 명의신탁약정 또는 이에 부수한 위임약정이 무효임에도 불구하고 횡령죄 성립을 위한 사무관리 · 관습 · 조리 · 신의칙에 기초한 위탁신임관계가 있다고 할 수는 없다. 또한 명의신탁자와 명의수탁자 사이에 존재한다고 주장될 수 있는 사실상의 위탁관계라는 것도 부동산실명법에 반하여 범죄를 구성하는 불법적인 관계에 지나지 아니할 뿐 이를 형법상 보호할 만한 가치 있는 신임에 의한 것이라고 할 수 없다.

[2] 명의수탁자가 신탁받은 부동산을 임의로 처분하면 명의신탁자에 대한 관계에서 횡령죄가 성립하는지 여부(소극)

그러므로 명의신탁자가 매수한 부동산에 관하여 부동산실명법을 위반하여 명의수탁자와 맺은 명의

신탁약정에 따라 매도인에게서 바로 명의수탁자 명의로 소유권이전등기를 마친 이른바 중간생략등기형 명의신탁을 한 경우, 명의신탁자는 신탁부동산의 소유권을 가지지 아니하고, 명의신탁자와 명의수탁자 사이에 위탁신임관계를 인정할 수도 없다. 따라서 명의수탁자가 명의신탁자의 재물을 보관하는 자라고 할 수 없으므로, 명의수탁자가 신탁받은 부동산을 임의로 처분하여도 명의신탁자에 대한 관계에서 횡령죄가 성립하지 아니한다.(대법원 2016.5.19. 선고, 2014도6992 전원합의체 판결)

3) 계약명의신탁

신탁자와 명의신탁약정을 맺은 수탁자가 거래의 당사자가 되어 직접 매매계약을 체결하고 소유권이전등기를 경료하는 형태의 명의신탁

  ○ 명의신탁약정은 무효이나 매도인이 명의신탁사실을 모르는 경우(선의인 경우)에는 매매계약은 유효하므로(동법 제4조 제2항 단서) 소유권이전등기도 유효하여 소유권은 수탁자에게 확정적으로 귀속한다. 다만 매도인이 명의신탁사실을 아는 경우(악의인 경우)에는 매매계약이 무효가 되고 이전등기도 무효가 되어 수탁자는 소유권을 취득하지 못한다.

A. 매도인이 명의신탁약정을 모르는 경우

수탁자가 신탁재산을 처분한 경우, 횡령죄는 물론 배임죄도 성립하지 않는다.

■ 판례 ■ **신탁자와 수탁자 사이의 명의신탁 약정에 따라 수탁자가 명의신탁 약정이 있다는 사실을 알지 못하는 소유자와 사이에서 부동산매매계약을 체결한 후 당해 부동산의 소유권이전등기를 수탁자 명의로 경료한 경우, 그 수탁자가 '타인의 재물을 보관하는 자'에 해당하는지 여부(소극)**
횡령죄는 타인의 재물을 보관하는 자가 그 재물을 횡령하는 경우에 성립하는 범죄인바, 부동산실권리자명의등기에관한법률 제2조 제호 및 제4조의 규정에 의하면, 신탁자와 수탁자가 명의신탁 약정을 맺고, 이에 따라 수탁자가 당사자가 되어 명의신탁 약정이 있다는 사실을 알지 못하는 소유자와 사이에서 부동산에 관한 매매계약을 체결한 후 그 매매계약에 기하여 당해 부동산의 소유권이전등기를 수탁자 명의로 경료한 경우에는, 그 소유권이전등기에 의한 당해 부동산에 관한 물권변동은 유효하고, 한편 신탁자와 수탁자 사이의 명의신탁 약정은 무효이므로, 결국 수탁자는 전소유자인 매도인뿐만 아니라 신탁자에 대한 관계에서도 유효하게 당해 부동산의 소유권을 취득한 것으로 보아야 할 것이고, 따라서 그 수탁자는 타인의 재물을 보관하는 자라고 볼 수 없다(대법원 2000.3.24. 선고 98도4347 판결).

B. 매도인이 명의신탁사실은 아는 경우

횡령죄설과 배임죄설이 대립하고 있으나, 원소유자인 매도인은 피해자가 아니므로 배임죄설이 타당하다.

(3) 소유권의 귀속

타인의 재물인가 또는 자기의 재물인가는 기본적으로 민법, 상법 기타의 민사실체법에 의하여 결정된다.

■ 판례 ■   타인의 명의로 주식을 인수한 경우, 주주권의 귀속 주체(=명의차용인)

신주발행에 있어서 타인의 명의로 주식을 인수한 경우에는 실제로 주식을 인수하여 그 대금을 납입한 명의차용인만이 실질상의 주식인수인으로 주주가 되고, 단순한 명의대여자에 불과한 자는 주주로 볼 수 없다(대법원 2005.2.18. 선고 2002도2822 판결).

■ 판례 ■   부동산 경락인이 실질적인 권리자가 아니라 단순히 타인을 위하여 그 명의만을 빌려준 것에 불과한 경우, 경락으로 인한 소유권 취득자(=명의인)

부동산의 경매절차에서 경매 목적 부동산을 경락받은 경락인이 실질적인 권리자가 아니라 단순히 타인을 위하여 그 명의만을 빌려준 것에 불과하다 하더라도 그 경매절차에서 경락인으로 취급되는 자는 어디까지나 명의차용자인 타인이 아니라 그 명의인일 뿐이므로, 경매 목적 부동산의 소유권은 경락대금을 실질적으로 부담한 자가 누구인가와 상관없이 그 명의인이 적법하게 취득한다(대법원 2000.4.7. 선고 99다15863,15870 판결).

3. 행 위

횡령 또는 반환을 거부하는 것

(1) 횡 령

(가) 의 의

자기가 보관하는 타인의 재물에 대하여 불법영득의사를 객관적으로 인식할 수 있는 방법으로 표출하는 행위

■ 판례 ■   횡령죄에 있어서 횡령행위의 의미

횡령죄의 구성요건으로서의 횡령행위란 불법영득의사를 실현하는 일체의 행위를 말하고, 횡령죄에 있어서의 행위자는 이미 타인의 재물을 점유하고 있으므로 점유를 자기를 위한 점유로 변개하는 의사를 일으키면 곧 영득의 의사가 있었다고 할 수 있지만, 단순한 내심의 의사만으로는 횡령행위가 있었다고 할 수 없고 영득의 의사가 외부에 인식될 수 있는 객관적 행위가 있을 때 횡령죄가 성립한다(대법원 1993.3.9. 선고 92도2999 판결).   ☞ (甲은 공정증서원본불실기재죄 및 동행사죄, 횡령죄)

(나) 태 양

불법영득의사를 표출하는 행위는 사실상의 행위와 법률상의 행위가 모두 가능하다. 다만 목적물에 대한 단순한 손괴행위는 불법영득의사의 표현이라고 보기 어려우므로 횡령에 해당하지 않는다.

1) 사실행위

소비, 착복, 은닉, 점유의 부인

■ 판례사례 ■ **[횡령에 해당하는 사례]**

(1) 반출

　2인으로 구성된 조합에서 조합원중의 한 사람이 조합에서 탈퇴하면서 조합재산인 젖소를 단독으로 처분하기 위하여 끌고 간 경우(대법원 1975.5.27. 선고 75도1014 판결)

(2) 휴대도주

　피해자가 그 소유의 오토바이를 타고 심부름을 다녀오라고 하여서 그 오토바이를 타고 가다가 마음이 변하여 이를 반환하지 아니한 채 그대로 타고 가버린 경우(대법원 1986.8.19. 선고 86도1093 판결)

(3) 유용

　◦ 학교법인 산하 대학교총장 등이 업무수행에 있어 관계법령을 위반함으로써 형사재판을 받게 되자 법인회계자금 및 교비회계자금에서 변호사비용을 지출한 경우(대법원 2003.5.30. 선고 2002도235 판결)

　◦ 대표이사가 회사를 위한 탈세행위로 인하여 형사재판을 받게 되자 변호사비용과 그의 정신적, 육체적 손해에 대한 보상금을 요양비 또는 퇴직위로금 명목으로 가장하여 주식회사자금으로 지급한 경우(대법원 1990.2.23. 선고 89도2466 판결)

(4) 가공행위

　피고인이 피해자와 수출용포리에스텔 죠오셋트 임직계약을 체결하고 그 원료인 원사를 공급받아 보관중 임의로 죠오셋트가 아닌 시판용 이태리 깔깔이를 제직하여 타에 판매할 의사로 위 원사를 연사한 경우(대법원 1981.5.26. 선고 81도673 판결)

(5) 은닉

　사회복지법인의 이사가 설립자를 대리하여 선교지원금 명목의 금원을 수령하고, 그 금원에 대하여 설립자 개인 명의로 영수증을 작성한 후, 그 현금 3억원을 자신의 집 물탱크 안에 보관하고 있었던 경우(대법원 2005.5.26. 선고 2004도1925 판결)

(6) 점유의 부인

　보석가게 주인 甲이 자신의 가게를 찾아온 손님이 다이아몬드를 찾자 乙로부터 시가 900만원 상당의 다이아몬드를 잠시 빌렸으나 거래가 성사되지 못하여 보관하던 중 乙로부터 돌려달라는 요청을 받고도 다이아몬드를 가져온 사실을 부인한 경우(대법원 2002.3.29. 선고 2001도6550 판결)

(7) 채무변제

　피고인이 동업약정에 따라 주택건축사업 등을 목적으로 하는 주식회사를 설립하고 그 사업을 공동으로 영위하기 위하여 자신이 매수한 토지를 위 회사에 출자하였음에도, 토지의 매수자금에 상당하는 금액이 위 회사의 회계장부상 피고인으로부터의 단기차입금으로 계상되어 있다는 이유만으로 다른 동업자들의 반대에 불구하고 위 회사 명의로 금융기관에 예치중인 돈을 임의로 인출하여 자신의 채무변제에 사용한 경우(대법원 2005.4.15. 선고 2003도7773 판결)

2) 법률행위

매매, 입질, 담보제공, 증여, 대여

◦ 횡령행위가 법률상 처분행위인 경우에는 청약 또는 계약의 체결로 충분하다.

(1) 자기 채권의 변제충당

　　타인에 대한 채무변제를 위탁받은 돈을 자신의 위탁자에 대한 채권에 충당한 경우(대법원 1984. 11.13. 선고 84도1199 판결)

(2) 대여

　　피고인 등 8명이 공동으로 관리하는 타인의 금원을 피고인이 마음대로 제3자에게 사채로서 대여한 경우(대법원 1980.5.27. 선고 80도132 판결)

(3) 상계충당

　　환전하여 달라는 부탁과 함께 교부받은 돈을 그 목적과 용도에 사용하지 않고 마음대로 피고인의 위탁자에 대한 채권에 상계충당한 경우(대법원 1997.9.26. 선고 97도1520 판결)

(4) 자기 또는 타인명의로 예금

　　◦ 증권회사의 경리과장이 금융기관에 보관중인 고객들의 신주청약증거금을 은행의 회사 당좌구좌에 대체 입금시킨 행위(대법원 1980.10.27. 선고 79도184 판결)

　　◦ 증권회사의 직원이 그 회사가 발행한 당좌수표의 부도를 막기 위하여 고객들로부터 교부받아 금융기관에 별도로 예치해 둔 주식청약증거금을 인출하여 그 회사의 당좌계정에 대체입금시킨 경우(대법원 1980.10.27. 선고 79도184 판결)

(5) 담보목적 가등기의 경료

　　명의신탁에 의하여 피고인 명의로 소유권보존등기된 연립주택에 대하여 피고인이 신탁관계에 위반하여 금원을 차용하고 매매예약에 의한 소유권이전청구권보전의 가등기를 경료한 경우(대법원 1981.7.14. 선고 81도1302 판결)

(6) 예금형태로 보관한 후의 인출행위

　　회사로부터 수표발행 권한을 위임받은 자가 업무상의 임무에 위배하여 자기 또는 제 3 자의 용도에 충당하기 위하여 수표를 발행하고 그 수표를 이용하여 거래은행으로부터 회사의 예금을 인출한 경우(대법원 1983.9.13. 선고 82도75 판결)

(7) 저당권의 설정

　　피고인 이 다른 동업자들과 공동으로 토지를 매수하여 이를 편의상 피고인 이름으로 소유권이전등기를 경료하여 두고서 업무상 관리하여 오던 중 피고인의 개인용도를 위하여 농협으로부터 금원을 차용하면서 위 동업자들의 승낙도 없이 피고인 임의로 농협앞으로 근저당권설정등기를 경료하여 준 경우(대법원 1987.12.8. 선고 87도1690 판결)

(8) 지상권설정

　　무주택자들이 토지를 구입하여 연립주택을 건설할 목적으로 결성된 철거민이주대책 위원회의 위원장직을 맡고 있던 피고인이 철거민들의 출연 금원으로 구입한 토지를 피고인 및 甲, 乙의 명의로 신탁받아 그 명의로 소유권이전등기를 경료하여 토지를 위 위원회를 위하여 보관하던 중, 연립주택건축허가신청이 반려된 처지로서 주택공사계약을 체결할 상황이 아님에도 불구하고 위 신탁관계에 위반하여 공사자금차용을 위한 담보목적으로 가등기 및 지상권 설정등기를 설정한 경우(대법원 1982.11.23. 선고 81도1694 판결)

3) 부작위에 의한 횡령

영득의 의사는 부작위에 의해서도 표현될 수 있으므로 부작위에 의한 횡령도 가능하다. 따라서 사법경찰관리가 증거물을 영득의사로 검사에게 송부하지 않은 경우에는 횡령죄가 성립한다.

■ 판례 ■ **입찰업무 담당 공무원이 입찰보증금이 횡령되고 있는 사실을 알고도 이를 방지할 조치를 취하지 아니함으로써 새로운 횡령범행이 계속된 경우, 횡령의 종범으로 처벌한 사례**

[1] 사실관계

> 인천지방법원 경매계의 총무이던 甲은 인천지방법원 집행관 합동사무소 사무원으로서 위 법원 경매법정에서 받은 부동산경매 입찰보증금을 거래은행에 입금시켰다가 인출하여 법원 총무과 지출계에 납부하는 일을 하던 乙이 1987. 1.경부터 1994. 4.경까지 입찰보증금 약 45억 원을 횡령하고 이미 횡령한 입찰보증금을 나중에 실시한 입찰사건의 입찰보증금 등으로 보전하는 방법으로 입찰보증금을 계속 횡령하고 있다는 사실을 알고도 이를 방치함으로서 새로운 횡령행위가 계속되었다.

[2] 판결요지

가. 업무상횡령죄의 불법영득의 의사의 내용

업무상횡령죄의 불법영득의사라 함은 타인의 재물을 보관하는 자가 자기 또는 제3자의 이익을 꾀할 목적으로 업무상의 임무에 위배하여 보관하는 타인의 재물을 자기의 소유인 경우와 같이 처분하는 의사를 의미하고, 반드시 자기 스스로 영득하여야만 하는 것은 아니다.

나. 형법상 부작위범이 성립되기 위한 작위의무의 내용과 그 태양

형법상 부작위범이 인정되기 위해서는 형법이 금지하고 있는 법익침해의 결과 발생을 방지할 법적인 작위의무를 지고 있는 자가 그 의무를 이행함으로써 결과 발생을 쉽게 방지할 수 있었음에도 불구하고 그 결과의 발생을 용인하고 이를 방관한 채 그 의무를 이행하지 아니한 경우에, 그 부작위가 작위에 의한 법익침해와 동등한 형법적 가치가 있는 것이어서 그 범죄의 실행행위로 평가될 만한 것이라면, 작위에 의한 실행행위와 동일하게 부작위범으로 처벌할 수 있고, 여기서 작위의무는 법적인 의무이어야 하므로 단순한 도덕상 또는 종교상의 의무는 포함되지 않으나 작위의무가 법적인 의무인 한 성문법이건 불문법이건 상관이 없고 또 공법이건 사법이건 불문하므로, 법령, 법률행위, 선행행위로 인한 경우는 물론이고 기타 신의성실의 원칙이나 사회상규 혹은 조리상 작위의무가 기대되는 경우에도 법적인 작위의무는 있다.

다. 甲의 죄책

법원의 입찰사건에 관한 제반 업무를 주된 업무로 하는 공무원이 자신이 맡고 있는 입찰사건의 입찰보증금이 계속적으로 횡령되고 있는 사실을 알았다면, 담당 공무원으로서는 이를 제지하고 즉시 상관에게 보고하는 등의 방법으로 그러한 사무원의 횡령행위를 방지해야 할 법적인 작위의무를 지는 것이 당연하고, 비록 그의 묵인 행위가 배당불능이라는 최악의 사태를 막기 위한 동기에서 비롯된 것이라고 하더라도 자신의 작위의무를 이행함으로써 결과 발생을 쉽게 방지할 수 있는 공무원이 그 사무원의 새로운 횡령범행을 방조 용인한 것은 작위에 의한 법익 침해와 동등한 형법적 가치가 있는 것으로, 그 담당 공무원은 업무상횡령의 종범으로 처벌하여야 한다(대법원 1996.9.6. 선고 95도2551 판결). ☞ (甲은 업무상횡령죄의 방조범)

4) 법률상 처분행위에 무효, 취소사유가 있는 경우

당해 법률행위가 사법상 무효이거나 취소사유가 있는 경우에도 불법영득의 의사는 이미 표현되었다고 보아야 하므로 횡령죄의 성립에 영향이 없다.

■ 판례 ■　　보관중인 타인의 재물을 담보로 제공하는 행위가 사법상 무효인 경우, 횡령죄가 성립하는지 여부(적극)

횡령죄는 다른 사람의 재물에 관한 소유권 등 본권을 그 보호법익으로 하고 본권이 침해될 위험성이 있으면 그 침해의 결과가 발생되지 아니하더라도 성립하는 이른바 위태범이므로, 다른 사람의 재물을 보관하는 사람이 그 사람의 동의 없이 함부로 이를 담보로 제공하는 행위는 불법영득의 의사를 표현하는 횡령행위로서 사법(私法)상 그 담보제공행위가 무효이거나 그 재물에 대한 소유권이 침해되는 결과가 발생하는지 여부에 관계없이 횡령죄를 구성한다(대법원 2002.11.13. 선고 2002도2219 판결).

(2) 반환거부

보관물에 대하여 소유자의 권리를 배제하는 의사표시를 하는 행위

- ○ 반환의 거부라고 함은 보관물에 대하여 소유자의 권리를 배제하는 의사표시를 하는 행위를 뜻하므로, 타인의 재물을 보관하는 자가 단순히 반환을 거부한 사실만으로는 횡령죄를 구성하는 것은 아니며, 반환거부의 이유 및 주관적인 의사 등을 종합하여 반환거부행위가 횡령행위와 같다고 볼 수 있을 정도이어야만 횡령죄가 성립한다. 따라서 비록 그 반환을 거부하였다고 하더라도 그 반환거부에 정당한 사유가 있어 이를 반환하지 아니하였다면 불법영득의사가 있다고 할 수 없다.
- ○ 판례는 반환거부의 정당한 사유로 동시이행의 항변권이나 유치권의 행사와 같이 반환을 거부할 권한이 있거나 사실상 반환이 불가능한 경우 등을 들고 있다.

■ 판례사례 ■　　[반환거부에 정당한 사유가 없어 횡령죄를 구성하는 사례]

(1) 시로부터 벽돌 제조기를 무상으로 대여받은 자가 반환기일에 반환하지 아니하고 여러 차례 연기원을 제출하고 사용하여 오다가 이를 타인에게 사용료를 받고 대여한 경우(대법원 1968.2.20. 선고 67도1456 판결)
(2) 피고인이 명의신탁의 취지로 소유권이전등기를 경료받은 토지중 도로부지에 편입된 19평에 대한 보상금을 구청장으로부터 지급받아 보관중 이를 위 토지소유자에게 반환하지 아니한 경우(대법원 1983.6.28. 선고 83도1212 판결)
(3) 명의신탁자가 구체적인 보수나 비용의 약정없이 신탁한 농지의 반환을 요구하면서 등기이전에 따른 비용과 세금은 자신이 부담하고 수탁자인 피고인에게 손해가 없도록 하겠다고 했음에도 불구하고 피고인이 위 토지에 대해 재산세를 납부한 것이 해결되지 않았고 계속 2년 가량 더 농사를 짓고 넘겨 주겠다는 대답으로 위 반환요구에 불응한 경우(대법원 1983.11.8. 선고 82도800 판결)

■ 판례사례 ■　　[반환거부에 정당한 사유가 있어 횡령죄를 구성하지 아니하는 사례]

(1) 동산 담보권자가 담보권의 범위를 벗어나서 담보물의 반환을 거부하거나 처분한 경우(대법원 2007.6.14. 선고 2005도7880 판결)
(2) 동업청산으로 인한 정산금 등을 분배받지 못하자 피고인이 자신의 몫을 정산받을 때까지 동업자가 매도한 시설을 유치하고자 반환을 거부한 경우(대법원 1990.3.13. 선고 89도1952 판결)

(3) 보관자의 지위에 있는 등기명의자가 명의이전을 거부하면서 부동산의 진정한 소유자가 밝혀진 후에 명의이전을 하겠다는 의사를 표시하면서 반환을 거부한 경우(대법원 2002.9.4. 선고 2000도637 판결)

(4) 공사대금을 초과지급 받은 하수급인에 대하여 그 초과지급 분을 반환하지 않았다고 주장하면서 자신이 보관중인 하수급인 소유의 공구의 반환을 거절한 경우(대법원 1986.10.28. 선고 86도1516 판결)

(5) 보관중인 건축자재가 하수급인(위탁자)의 소유가 아니라 그가 타인으로부터 빌려온 것임을 알지 못하였고 하수급인이 공사중단 후 자취를 감추고 있어 그가 나타나기 전에는 소유자를 가릴 수 없기 때문에 보관을 계속하면서 소유자의 반환요구를 거절한 경우(대법원 1989.3.14. 선고 88도2437 판결)

(6) 피고인이 피해자로부터 명의신탁받은 아파트의 반환을 요구받고 피해자에게 전세금 4,000만 원에 계속 거주할 수 있도록 부탁하여 그 승낙을 받았으나, 피고인이 전세금을 마련하기 위하여 피해자를 협박한 사실로 인하여 같은 해 수사관들에게 연행됨으로써 결국 위 아파트의 등기명의를 넘겨 주지 못한 경우(대법원 1993.6.8. 선고 93도874 판결)

(7) 점포임차인인 피해자가 임대인으로부터 임차한 점포에서 식품대리점을 운영하다가 경영난으로 임차기간이 만료하기 훨씬 전에 위 점포를 제3자에게 세를 놓아 달라고 부탁하고 위 점포를 비우면서 그 곳에 두고 나온 물건을 보관하고 있던 임대인이 피해자가 그때까지 연체한 2개월분의 월세를 지급받기 전까지는 피해자에게 위 점포에 보관중인 물건들을 반환할 수 없다고 거부한 경우(대법원 1992.11.27. 선고 92도2079 판결)

(3) 기수와 미수

(가) 기수시기

기수시기에 관하여, 행위자의 불법영득의사가 실현되었을 때 기수가 된다는 입장(실현설)과 불법영득의사가 객관적으로 외부에 표현된 때 기수가 된다는 견해(표현설)가 대립하고 있다. 생각건대 횡령죄는 불법영득의 의사를 객관적으로 표현하는 행위이므로 불법영득의사의 표현행위가 있으면 즉시 기수가 되고, 타인의 소유권이 침해될 필요는 없다는 표현설이 타당하다(다수설).

■ 판례 ■ **횡령죄의 기수시기(= 표현설)**

횡령죄의 구성요건으로서의 횡령행위란 불법영득의사를 실현하는 일체의 행위를 말하고, 횡령죄에 있어서의 행위자는 이미 타인의 재물을 점유하고 있으므로 점유를 자기를 위한 점유로 변개하는 의사를 일으키면 곧 영득의 의사가 있었다고 할 수 있지만, 단순한 내심의 의사만으로는 횡령행위가 있었다고 할 수 없고 영득의 의사가 외부에 인식될 수 있는 객관적 행위가 있을 때 횡령죄가 성립한다(대법원 1993.3.9. 선고 92도2999 판결).

■ 판례 ■ **횡령죄의 기수시기(= 실현설)**

타인소유의 부동산을 보관중인 명의수탁자가 위 신탁관계에 위반하여 이를 담보로 제공하고 근저당권을 설정하는 경우에는 후에 이를 반환하였는지 여부에 관계없이 위 부동산에 관한 근저당권설정등기를 마치는 때에 위 부동산에 관한 횡령죄의 기수가 된다(대법원 1985.9.10. 선고 85도86 판결).

(나) 미 수

횡령죄의 미수범을 처벌하는 규정(제359조)이 있으나, 표현설에 따를 때 실제로 미수범으로 처벌되는 경우는 극히 드물 것이며 예외적인 경우 불능미수나 중지미수는 가능할 것이다.

4. 주관적 구성요건

(1) 고 의

횡령죄가 성립하기 위해서는 주관적 요건으로 객관적 구성요건요소에 대한 고의가 있어야 하며 이는 미필적 고의로도 족하다.

■ 판례 ■ **상호신용금고의 경영자가 금고자금을 유용하여 부외부채를 변제한 경우, 횡령죄의 성부(소극)**
상호신용금고의 경영자가 장부상 직원들의 봉급을 인상한 것처럼 하여 실제로는 종전과 같은 액수를 지급하면서 그 차액으로 회사의 부외부채를 변제한 경우, 이는 회사의 채무를 변제한 것이어서 횡령의 범의가 있었다고 볼 수 없다(대법원 1986.6.24. 선고 86도538 판결).

(2) 불법영득의사

횡령죄가 성립하기 위해서는 자기 또는 제3자의 이익을 꾀할 목적으로 위탁의 취지에 반하여 보관하고 있는 타인의 재물을 자기의 소유인 것과 같이 사실상 또는 법률상 처분하는 의사가 있어야 한다.

(가) 의 의

횡령죄에 있어서 불법영득의 의사라 함은 자기 또는 제3자의 이익을 꾀할 목적으로 업무상의 임무에 위배하여 보관하는 타인의 재물을 자기의 소유인 경우와 같은 처분을 하는 의사를 말하고 사후에 이를 반환하거나 변상, 보전하는 의사가 있다 하더라도 불법영득의 의사를 인정함에 지장이 없다(대법원 2005. 8. 19. 선고 2005도3045 판결).

(나) 예산전용

1) 용도가 엄격히 제한되지 않은 금전의 항목유용

용도외 사용이 단순히 위탁자 본인을 위한 것이었다면 자기 또는 제3자의 이익을 꾀할 목적이 없어 불법영득의 의사가 부정되므로 횡령죄는 성립하지 않는다.

예산의 항목유용만으로 업무상횡령죄의 불법영득의사를 단정할 수 있는지 여부(한정 소극)

업무상횡령죄에 있어서의 불법영득의 의사라 함은 자기 또는 제3자의 이익을 꾀할 목적으로 업무상의 임무에 위배하여 보관하는 타인의 재물을 자기의 소유인 것 같이 사실상 또는 법률상 처분하는 의사를 말하는 것이므로, 예산을 집행할 직책에 있는 자가 자신의 이익을 위한 것이 아니고 경비부족을 메우기 위하여 예산을 유용한 경우 그 예산의 항목유용 자체가 위법한 목적을 가지고 있다거나 예산의 용도가 엄격하게 제한되어 있는 경우는 별론으로 하고 그것이 본래 책정되거나 영달되어 있어야 할 필요경비이기 때문에 일정한 절차를 거치면 그 지출이 허용될 수 있었던 때에는 그 간격을 메우기 위한 유용이 있었다는 것만으로 바로 그 유용자에게 불법영득의 의사가 있었다고 단정할 수는 없다 할 것이다(대법원 1989.10.10. 선고 87도1901 판결).

■ 판례사례 ■ **[금전의 항목유용이 (업무상)횡령죄를 구성하지 아니하는 사례]**

(1) 도지사의 지시에 따라 시설용 소맥분을 구호용 소맥분으로 전용한 경우(대법원 1972.5.23. 선고 71도2334 판결)
(2) 사립학교의 교비회계에 속하는 수입금을 다른 회계에 전용한 경우 ⇨ 사립학교법 위반(대법원 1994.9.9. 선고 94도998 판결)
(3) 고아원경영자가 구호용으로 받은 양곡을 처분하여 원아를 위한 백미와 부식물을 구입한 경우 (대법원 1955.5.20. 선고 4288형상39 판결)
(4) 법인의 대표자가 이사회에서 사전에 예비비의 전용결의 없이 법인의 예비비를 전용하여 기관 운영판공비, 회의비 등으로 사용한 경우(대법원 2002. 2. 5. 선고 2001도5439 판결)

■ 판례사례 ■ **[금전의 항목유용이 (업무상)횡령죄를 구성하지 아니하는 사례]**

(5) 상호신용금고의 경영자가 장부상 직원들의 봉급을 인상한 것처럼 하여 실제로는 종전과 같은 액수를 지급하면서 그 차액으로 회사의 부외부채를 변제한 경우(대법원 1986.6.24. 선고 86도538 판결)
(6) 국가안전기획부가 그 예산을 관리해 오던 위장업체 명의의 관리계좌로부터 예산의 잔고를 유지하면서 혼입된 외부자금의 한도 내에서 자금원이 국고수표인 돈을 인출하여 정치자금으로 사용한 경우(대법원 2005.10.28. 선고 2004도4530 판결)
(7) 단위농업협동조합의 조합장이 조합채무자가 채무변제로 납입한 금원을 자신의 영업실적을 과장하기 위해 만든 조합직원 명의의 가장된 대출금중 동액상당이 변제된 것처럼 변칙적인 장부정리를 한 경우(대법원 1985.7.9. 선고 84도2597 판결)
(8) 학교법인이 그 수익사업운영이 매우 어려워 그 산하 학교들은 수년간 학교법인으로부터 전혀 수입금을 전입받지 못하여 학교직원의 연금 및 의료보험부담금을 납부할 재원이 없어 부득이 육성회비등의 학교 교비에서 위 각 부담금을 지출한 경우(대법원 1983.7.26. 선고 83도819 판결)
(9) 강원도청소속 과적계장이 직원들과 출장을 간 적이 없음에도 불구하고 출장을 간 것처럼 서류를 작성·제출하여 출장비를 교부받아 업무상 보관 중 이를 사무실 비품 구입비, 직원 회식비 등 사무실 운영비로 사용한 경우 ⇨ 허위공문서작성죄 및 동행사죄(대법원 2002.11.26. 선고 2002도5130 판결)
(10) 재단법인을 운영함에 있어 경비를 지출하고도 그 영수증을 발급받지 못하거나 감독기관으로부터 인정받기 어려운 경조비·접대비 등의 잡지출을 정리하기 위하여 번역료, 항공권판매보상금 등 잡수입금으로 이를 충당하고, 봉급을 지급하지 않고도 지급한 것처럼 경리장부에 기재

하고 그 금액을 장부계정에 입금시킨 경우 ⇨ 이는 장부상의 자금이동에 불과하므로(대법원 1984.4.26. 선고 82도1674 판결)

(11) 정릉 1동 새마을금고의 이사장인 피고인이 사무실 운영비가 부족하다는 직원들의 요청에 따라 위 금고에 설치할 전산시스템을 구매하면서 발주처로부터 할인금 명목으로 교부받은 금원을 위 금고의 별도 수입금으로 계상하지 아니하고 위 금고 총무과장이 피고인의 딸 명의로 개설하여 관리하고 있는 개인예금통장에 입금해 두었다가 야근직원의 야식비, 직원회식비, 임직원의 추석선물비, 사무실집기구입비 등 사무실운용을 위하여 지출한 경우(대법원 1995.2.10. 선고 94도2911 판결)

2) 용도가 엄격히 제한되거나 항목유용자체가 위법한 목적을 가지고 있는 경우

업무상횡령죄에 있어서의 불법영득의 의사라 함은 자기 또는 제3자의 이익을 꾀할 목적으로 업무상의 임무에 위배하여 보관하고 있는 타인의 재물을 자기의 소유인 것과 같이 사실상 또는 법률상 처분하는 의사를 의미하는 것으로, 타인으로부터 용도가 엄격히 제한된 자금을 위탁받아 집행하면서 그 제한된 용도 이외의 목적으로 자금을 사용하는 것은, 그 사용이 개인적인 목적에서 비롯된 경우는 물론 결과적으로 자금을 위탁한 본인을 위하는 면이 있더라도, 그 사용행위 자체로서 불법영득의 의사를 실현한 것이 되어 횡령죄가 성립한다고 할 것이다.

■ 판례 ■ **사립학교의 교비회계에 속하는 국가보조금을 전용하여 학교법인의 수익용 자산 취득비용으로 사용한 경우, 횡령죄의 성부(적극)**

[1] 사실관계

A학교법인의 사무국장 겸 B대학의 자금관리 및 집행업무를 담당하는 자가 실험실습기자재구입비 등으로 용도가 특정된 국고보조금을 집행함에 있어, 납품계약을 체결하지 않았음에도 불구하고 납품업자명의로 예금계좌를 개설하여 납품대금으로 12억 5천만원 가량을 입금시킨 후 6억 9천만원을 인출하여 A학교법인에 입금하면서 마치 甲과 그 부모 등이 자신들의 돈을 기부하는 것처럼 처리하고, 이를 다시 출금하여 부동산 구입대금으로 송금하였다.

[2] 판결요지

가. 업무상횡령죄에 있어서 불법영득의사의 의미 및 예산의 전용과 불법영득의 의사

업무상횡령죄에 있어서의 불법영득의 의사라 함은 자기 또는 제3자의 이익을 꾀할 목적으로 업무상의 임무에 위배하여 보관하고 있는 타인의 재물을 자기의 소유인 것과 같이 사실상 또는 법률상 처분하는 의사를 의미하는 것으로, 예산을 집행할 직책에 있는 자가 자기 자신의 이익을 위한 것이 아니고 경비부족을 메우기 위하여 예산을 전용한 경우, 그것이 본래 책정되거나 영달되어 있어야 할 필요경비이기 때문에 일정한 절차를 거치면 그 지출이 허용될 수 있었던 때에는 그 간격을 메우기 위한 유용이 있었다는 것만으로 바로 그 유용자에게 불법영득의 의사가 있었다고 단정할 수는 없는 것이지만, 그 예산의 항목유용 자체가 위법한 목적을 가지고 있다거나 예산의 용도가 엄격하게 제한되어 있는 경우에는 불법영득의 의사가 인정된다.

나. 사립학교의 교비회계에 속하는 국가보조금을 전용하여 학교법인의 수익용 자산 취득비용으로 사용한 경우, 횡령죄의 성부(적극)

보조금의예산및관리에관한법률의 규정 취지에 비추어 보면, 위 법률에 의한 국가보조금은 그 용도가 엄격히 제한된 자금으로 봄이 상당하므로, 사립학교에서 이를 전용하여 학교법인의 수익용 자산 취득비용으로 사용한 경우, 횡령죄가 성립한다.

다. 사립학교에서의 교비회계자금의 유용과 횡령죄의 성립 여부(적극)

사립학교의 경우, 사립학교법 제29조 및 같은법시행령에 의해 학교법인의 회계가 학교회계와 법인회계로 구분되고 학교회계 중 특히, 교비회계에 속하는 수입은 다른 회계에 전출하거나 대여할 수 없는 등 용도가 엄격히 제한되어 있기 때문에 교비회계자금을 다른 용도에 사용하였다면 그 자체로서 횡령죄가 성립한다(대법원 2004.12.24. 선고 2003도4570 판결).

[3] 동지판례 – 사립학교법상 교비회계에 속하는 금원을 같은 학교법인에 속하는 다른 학교의 교비회계에 사용한 경우

사립학교법 제29조 및 같은법 시행령에 의해 학교법인의 회계는 학교회계, 법인회계로 구분되고, 학교회계 중 특히 교비회계에 속하는 수입은 다른 회계에 전출하거나 대여할 수 없는 등 용도가 엄격히 제한됨에도 불구하고, 甲 학교의 교비회계자금을 같은 학교법인에 속하는 을 학교의 교비회계에 사용한 경우, 횡령죄 소정의 불법영득의사가 있다고 인정된다(대법원 2002.5.10. 선고 2001도1779 판결).

■ 판례 ■　**회사의 이사가 회사 재산을 공직선거 입후보자의 선거자금으로 지원한 경우, 횡령죄의 성부(적극)**

회사의 이사가 보관 중인 회사 재산을 처분하여 그 대금을 공직선거에 입후보한 타인의 선거자금으로 지원한 경우 그것이 회사의 이익을 도모할 목적으로 합리적인 범위 내에서 이루어졌다면 그 이사에게 횡령죄에 있어서 요구되는 불법영득의 의사가 있다고 할 수 없을 것이나, 그것이 회사의 이익을 도모할 목적보다는 그 후보자 개인의 이익을 도모할 목적이나 기타 다른 목적으로 행하여졌다면 그 이사는 회사에 대하여 횡령죄의 죄책을 면하지 못한다(대법원 1999.6.25. 선고 99도1141 판결).

■ 판례사례 ■　**[금전의 항목유용이 (업무상)횡령죄를 구성하는 사례]**

(1) 주상복합상가의 매수인들로부터 우수상인유치비 명목으로 금원을 납부받아 보관하던 중 그 용도와 무관하게 일반경비로 사용한 경우(대법원 2002.8.23. 선고 2002도366 판결)

(2) 집합건물의 관리회사가 구분소유자들로부터 우수상인유치비 명목으로 금원을 납부받아 보관하던 중 그 용도와 무관하게 일반경비로 사용한 경우(대법원 2004.5.27. 선고 2003도6988 판결)

(3) 동화은행장이 업무추진비에서 이북5도의 전·현직 도지사 등에게 판공비 등을 지급한다거나 은행의 임원 또는 간부 직원에게 명절무렵의 수고비 명목의 돈을 지급한 경우(대법원 1994.9.9. 선고 94도619 판결)

(4) 용역계약에 따라 관리집행하게 된 정부출연금 중 그 용도에 따라 집행하고 남은 출연금을 반환하지 않고 임의사용하거나, 개인적인 주식취득자금 또는 대여금으로 사용한 경우(대법원 1999.7. 9. 선고 98도4088 판결)

(5) 철도청과 대구광역시가 화물취급 전용역을 건설할 목적으로 민간기업 등을 참여시켜 설립한 특수목적의 법인인 대구복합화물터미널(주)가 보유할 주식비율에 따라 납입된 자본금과 시설분담금을 그 용도에 사용하지 아니하고 임의로 인출하여 계열회사의 자금지원에 사용한 경우(대법원 2000.3.14. 선고 99도4923 판결)

(6) 학교법인의 이사장이었던 자가 이사장으로 근무할 당시 학교법인이 부담하는 부외부채를 자신의 자금으로 변제한 후 그 자금회수를 위하여 자신이 보관하던 학교법인 소유의 양도성 예금증서를 어음할인에 대한 담보로 제공한 경우 ⇨ 그 부외부채가 학교법인이 승인한 채무가 아니고 그 변제도 학교법인의 의사에 반하여 임의로 한 것이므로(대법원 2000.2.8. 선고 99도3982 판결)

(7) 서울 서대문구 연희동 소재 골프연습장 부지에 조합원들의 아파트를 건설하기 위하여 조합을 결성하고 그 조합원들로부터 위 건설비용으로 받은 돈을 조합원들의 동의를 받지 아니하고 위 건설부지로 결정된 곳도 아니며 건축허가의 가능성도 거의 없는 서울 관악구 신림동 산 108번지 등 5필지의 공원용지를 매수하는 자금으로 사용한 경우(대법원 1992.10.27. 선고 92도1915 판결)

(다) 비자금조성과 횡령

1) 비자금의 조성 및 보관행위

비자금의 조성 및 보관행위 자체만으로는 횡령죄의 성립을 단정할 수 없다.

■ 판례 ■ **비자금을 회사장부상 일반회계속에 은닉한 경우, 불법영득의사의 인정여부(소극)**

피고인 등이 조성한 비자금이 회사의 장부상 일반자금 속에 은닉되어 있었다 하더라도 이는 당해 비자금의 소유인 회사 이외의 제3자가 이를 발견하기 곤란하게 하기 위한 장부상의 분식에 불과하여 그것만으로 피고인의 불법영득의 의사를 인정할 수 없다(대법원 1999.9.17. 선고 99도2889 판결).

■ 판례 ■ **투자받은 금원을 법인자금외 일반자금으로 분류하여 피고인 개인 또는 회사임직원 명의의 차명계좌에 입금관리시켜 관리한 경우, 불법영득의사의 인정여부(소극)**

투자받은 금원을 법인자금외 일반자금으로 분류하여 피고인 개인 또는 회사임직원 명의의 차명계좌에 입금관리시켜 관리하도록 하였다고 하더라도 그것이 회사의 재산으로 존재하는 한 불법영득의사를 인정할 수 없다(대법원 2000.12.27. 선고 2000도4005 판결).

2) 비자금을 인출하여 개인적 용도로 지출한 경우

비자금을 조성한 이유가 법인을 위한 목적이 아니라 행위자의 개인적인 목적을 위한 경우 또는 법인을 위한 것이라고 하더라도 그것이 불법적인 것일 때에는 그 조성행위 자체로서 불법영득의사를 인정할 수 있다.

■ 판례사례 ■ **[(업무상)횡령죄를 구성하는 사례]**

(1) 피고인이 주식회사 대표이사로 있으면서 동 회사의 강관판매대금이나 공사하청대금 등을 빼돌려 자신의 개인비자금을 조성한 경우(대법원 1992.3.10. 선고 92도147 판결)

(2) 피고인이 1993.3.25.경부터 1997.11.27.경까지 사이에 31회에 걸쳐 가지급금 등의 명목으로 변칙 회계처리하여 인출하거나 비자금으로 조성한 주식회사의 운영자금 약 금 760억 원을 자신의 주식취득자금 또는 주택분양대금 등의 개인적 용도에 임의로 사용한 경우(대법원 2000.3.14. 선고 99도4923 판결)

(3) 한보철강 또는 주식회사 한보로부터 정상적인 부동산구입자금 인출절차를 밟지 아니한 채 부정한 방법으로 인출한 비자금으로 부동산을 구입하였고, 위 부동산들을 피고인의 친지나 개인 재산관리인 등의 개인명의로 구입하여 한보그룹 계열사의 부동산을 등록·관리하는 관재대장에 등록되지 아니한 채 위 피고인이 개인적으로 소유 관련 서류를 보관하고 관리하여 온 경우 (대법원 1997.12.26. 선고 97도2609 판결)

(라) 회사비용지출과 횡령

1) 회사의 대표이사가 업무수행과 관련하여 소송비용을 회사에서 지급한 경우

회사의 대표이사가 업무수행과 관련하여 변호사비용 등 소송비용을 회사에서 지급한 경우에는 불법영득의사를 인정할 수 없다.

■ 판례 ■ **법인의 대표자가 이사직무집행정지가처분결정을 당한 이사의 소송비용을 법인 경비에서 지급한 경우, 업무상횡령죄의 성립 여부(한정 소극)**

법인의 이사를 상대로 한 이사직무집행정지가처분결정이 된 경우, 당해 법인의 업무를 수행하는 이사의 직무집행이 정지당함으로써 사실상 법인의 업무수행에 지장을 받게 될 것은 명백하므로 법인으로서는 그 이사 자격의 부존재가 객관적으로 명백하여 항쟁의 여지가 없는 경우가 아닌 한 위 가처분에 대항하여 항쟁할 필요가 있다고 할 것이고, 이와 같이 필요한 한도 내에서 법인의 대표자가 법인 경비에서 당해 가처분 사건의 피신청인인 이사의 소송비용을 지급하더라도 이는 법인의 업무수행을 위하여 필요한 비용을 지급한 것에 해당하고, 법인의 경비를 횡령한 것이라고는 볼 수 없다 (대법원 2009. 3.12. 선고 2008도10826 판결).

2) 법인의 구성원이 업무수행에 있어 관계법령을 위반하여 형사재판을 받는 경우에 그의 개인적인 변호사비용을 법인자금으로 지급한 경우

■ 판례 ■ **학교법인 산하 대학교총장 등에 대한 형사재판의 변호사비용을 법인회계자금 및 교비회계자금에서 지출한 경우, 업무상횡령죄의 성립 여부(적극)**

법인의 구성원은 적법한 방법으로 그 법인을 위한 업무를 수행하여야 하므로, 법인의 구성원이 업무수행에 있어 관계 법령을 위반함으로써 형사재판을 받게 되었다면 그의 개인적인 변호사비용을 법인자금으로 지급한다는 것은 횡령에 해당하며, 그 변호사비용을 법인이 부담하는 것이 관례라고 하여도 그러한 행위가 사회상규에 어긋나지 않는다고 할 만큼 사회적으로 용인되어 보편화된 관례라고 할 수 없다(대법원 2003.5.30. 선고 2002도235 판결).

■ 판례 ■ **법인의 대표자 개인이 당사자이거나 법인이 형식적 소송당사자에 불과한 소송사건에서 변호사 비용을 법인의 비용으로 지출한 경우, 횡령죄가 성립하는지 여부(적극)**

법인의 대표자 개인이 당사자가 된 민·형사사건의 변호사 비용은 법인의 비용으로 지출할 수 없는 것이 원칙이고, 예외적으로 분쟁에 대한 실질적인 이해관계는 법인에게 있으나 법적인 이유로 그 대표자의 지위에 있는 개인이 소송 기타 법적 절차의 당사자가 되었다거나 대표자로서 법인을 위해 적법하게 행한 직무행위 또는 대표자의 지위에 있음으로 말미암아 의무적으로 행한 행위 등과 관련하여 분쟁이 발생한 경우와 같이, 당해 법적 분쟁이 법인과 업무적인 관련이 깊고 당시의 제반 사정에 비추어 법인의 이익을 위하여 소송을 수행하거나 고소에 대응하여야 할 특별한 필요성이 있는 경우에 한하여 법인의 비용으로 변호사 선임료를 지출할 수 있으며, 반대로 법인 자체가 소송당사자가 된 경우에는 원칙적으로 그 소송의 수행이 법인의 업무수행이라고 볼 수 있으므로 그 변호사 선임료를 법인의 비용으로 지출할 수 있을 것이나, 그 소송에서 법인이 형식적으로 소송당사자가 되어 있을 뿐 실질적인 당사자가 따로 있고 법인으로서는 그 소송의 결과에 있어서 별다른 이해관계가 없다고 볼 특별한 사정이 있는 경우에는, 그 소송의 수행이 법인의 업무수행이라고 볼 수 없어 법인의 비용으로 이를 위한 변호사 선임료를 지출할 수 없다고 할 것이다(대법원 2008.6.26 선고 2007도9679 판결).

■ 판례 ■ **회사를 위한 탈세행위로 형사재판을 받는 대표이사의 변호사비용과 벌금을 회사자금으로 지급한 경우, 불법영득의사를 인정할 수 있는지 여부(적극)**

[1] 주식회사의 자금으로 대표이사의 개인적 손해에 대한 보상금을 지급한 것이 주주총회결의의 한계를 벗어난 것으로서 횡령에 해당한다고 본 사례
주식회사는 그 구성분자인 주주와 독립된 별개의 권리주체로서 그 이해가 반드시 일치하는 것은 아니므로 주주총회의 의결권에는 스스로 한계가 있고 그 한계를 벗어나는 사항에 대하여서는 비록 그 의결이 있었다 해도 범죄를 구성할 수 있는 것인 바, 형사재판을 받는 대표이사의 개인적인 변호사비용과 그의 정신적, 육체적 손해에 대한 보상금을 요양비 또는 퇴직위로금 명목으로 가장하여 회사자금으로 지급하였다면 이는 주식회사제도의 목적에 비추어 볼 때 주주총회의 결의에 관계없이 횡령에 해당한다.

[2] 위의 변호사비용과 벌금을 회사자금으로 지급하는 것이 사회상규에 반하는 행위인지 여부(소극)
대표이사가 회사를 위한 탈세행위로 인하여 형사재판을 받는 경우 그 변호사비용과 벌금을 회사에서 부담하는 것이 관례라고 하여도 그러한 행위가 사회상규에 어긋나지 않는다고 할만큼 사회적으로 용인되어 보편화 된 관례라고 할 수 없다(대법원 1990.2.23. 선고 89도2466 판결).

(마) 상법상 가장납입과 횡령죄

■ 판례 ■ **타인으로부터 금원을 차용하여 주금을 납입하고 설립등기나 증자등기 후 바로 인출하여 차용금 변제에 사용하는 경우, 업무상횡령죄의 성립 여부(소극)**

상법 제628조 제1항 소정의 납입가장죄는 회사의 자본충실을 기하려는 법의 취지를 유린하는 행위를 단속하려는 데 그 목적이 있는 것이므로, 당초부터 진실한 주금납입으로 회사의 자금을 확보할 의사 없이 형식상 또는 일시적으로 주금을 납입하고 이 돈을 은행에 예치하여 납입의 외형을 갖추고 주금납입증명서를 교부받아 설립등기나 증자등기의 절차를 마친 다음 바로 그 납입한 돈을 인출한 경우에는, 이를 회사를 위하여 사용하였다는 특별한 사정이 없는 한 실질적으로 회사의 자본이 늘어난 것이 아니어서 납입가장죄 및 공정증서원본불실기재죄와 불실기재공정증서원본행사죄가 성립하고, 다만 납입한 돈을 곧바로 인출하였다고 하더라도 그 인출한 돈을 회사를 위하여 사용한 것이라면 자본충실을 해친다고 할 수 없으므로 주금납입의 의사 없이 납입한 것으로 볼 수는 없고, 한편 주식회사의 설립업무 또는 증자업무를 담당한 자와 주식인수인이 사전 공모하여 주금납입취급은행 이외의 제3자로부터 납입금에 해당하는 금액을 차입하여 주금을 납입하고 납입취급은행으로부터 납입금보관증명서를 교부받아 회사의 설립등기절차 또는 증자등기절차를 마친 직후 이를 인출하여 위 차용금채무의 변제에 사용하는 경우, 위와 같은 행위는 실질적으로 회사의 자본을 증가시키는 것이 아니고 등기를 위하여 납입을 가장하는 편법에 불과하여 주금의 납입 및 인출의 전과정에서 회

사의 자본금에는 실제 아무런 변동이 없다고 보아야 할 것이므로, 그들에게 회사의 돈을 임의로 유용한다는 불법영득의 의사가 있다고 보기 어렵다 할 것이고, 이러한 관점에서 상법상 납입가장죄의 성립을 인정하는 이상 회사 자본이 실질적으로 증가됨을 전제로 한 업무상횡령죄가 성립한다고 할 수는 없다(대법원 2004.6.17. 선고 2003도7645 전원합의체 판결).

(바) 보관의 취지에 반하는 보관물의 인출행위

보관취지에 반하여 공금을 유용하거나 보관물을 반출한 경우에는 불법영득의사가 인정된다.

■ 판례 ■   '판공비' 또는 '업무추진비'의 유용

[1] 법인이나 단체의 임직원이 이른바 '판공비' 또는 '업무추진비'를 불법영득의 의사로 횡령한 것으로 인정하기 위한 요건

법인이나 단체에서 임직원에게 업무를 수행하는 데에 드는 비용 명목으로 정관 기타의 규정에 의해 지급되는 이른바 판공비 또는 업무추진비가 직무수행에 드는 경비를 보전해 주는 실비변상적 급여의 성질을 가지고 있고, 정관이나 그 지급기준 등에서 업무와 관련하여 지출하도록 포괄적으로 정하고 있을 뿐 그 용도나 목적에 구체적인 제한을 두고 있지 않을 뿐만 아니라, 이를 사용한 후에도 그 지출에 관한 영수증 등 증빙자료를 요구하고 있지 않은 경우에는, 임직원에게 그 사용처나 규모, 업무와 관련된 것인지 여부 등에 대한 판단이 맡겨져 있고, 그러한 판단은 우선적으로 존중되어야 한다. 따라서 임직원이 판공비 등을 불법영득의 의사로 횡령한 것으로 인정하려면 판공비 등이 업무와 관련없이 개인적인 이익을 위하여 지출되었다거나 또는 업무와 관련되더라도 합리적인 범위를 넘어 지나치게 과다하게 지출되었다는 점이 증명되어야 할 것이고, 단지 판공비 등을 사용한 임직원이 그 행방이나 사용처를 제대로 설명하지 못하거나 사후적으로 그 사용에 관한 증빙자료를 제출하지 못하고 있다고 하여 함부로 불법영득의 의사로 이를 횡령하였다고 추단하여서는 아니된다.

[2] 버스운송사업조합의 이사장이 현금으로 지급된 판공비 또는 조합활동비의 구체적인 사용처를 설명하지 못한다거나 사후적으로 그 증빙자료를 제출하지 못하고 있다는 이유로 불법영득의 의사를 추단하고, 위 조합의 일부 자금이 그 용도와 목적에 맞게 지출되었다는 합리적인 가능성을 배제할 수 없음에도 이를 횡령하였다고 인정한 원심판결에 법리오해의 위법이 있다고 한 사례.(대법원 2010.6.24. 선고 2007도5899 판결)

■ 판례 ■   지방자치단체의 장이 이른바 업무추진비를 불법영득의 의사로 횡령한 것으로 인정하기 위한 요건

지방자치단체의 장이 업무추진비를 불법영득의 의사로 횡령한 것으로 인정하려면 업무추진비가 기관운영이나 행정활동 등의 공무와 관련없이 개인적인 이익을 위하여 지출되었다거나 또는 공무와 관련되더라도 합리적인 범위를 넘어 지나치게 과다하게 지출되었다는 점이 증명되어야 할 것이고, 단지 업무추진비가 내부지침에 위반하여 집행되었다거나 사후적으로 그 사용에 관한 증빙자료를 제출하지 못하고 있다고 하여 함부로 불법영득의 의사로 이를 횡령하였다고 추단하여서는 아니될 것이다(대법원 2010.6. 24. 선고 2008도6756 판결).

■ 판례 ■   피고인이 甲 주식회사의 경영권을 인수한 후 주주총회에서 피고인 측 이사 3인이 선출됨으로써 甲 주식회사의 실질적 운영자의 지위를 취득하게 된 후 甲 회사 소유의 예금을

인출하여 피고인의 甲 회사 인수를 위한 대출금 변제에 사용한 경우

주식회사는 주주와 독립된 별개의 권리주체로서 이해가 반드시 일치하는 것은 아니므로, 주주나 대표이사 또는 그에 준하여 회사 자금의 보관이나 운용에 관한 사실상의 사무를 처리하는 자가 회사 소유 재산을 제3자의 자금 조달을 위하여 담보로 제공하는 등 사적인 용도로 임의 처분하였다면 그 처분에 관하여 주주총회나 이사회의 결의가 있었는지 여부와는 관계없이 횡령죄의 죄책을 면할 수는 없다. 따라서 피고인이, 위 예금이 인출되기 직전에 있었던 주주총회에서 피고인 측 이사 3명이 선출됨으로써 갑 회사의 실질적 운영자의 지위를 취득하였던 점 등에 비추어 위 예금을 보관하는 자의 지위에 있었다고 인정됨으로 횡령죄가 성립한다(대법원 2011.3.24. 선고 2010도17396 판결).

■ 판례 ■ 마을 이장인 피고인이 경로당 화장실 개·보수 공사를 위하여 업무상 보관 중이던 공사비를 그 용도 외에 다른 용도로 사용하였으나 과거 마을을 위하여 개인 돈을 지출한 경우

피고인이 업무상 보관 중이던 공사비를 그 용도 외에 다른 용도로 사용한 이상 횡령죄는 성립하고, 피고인 주장대로 피고인이 과거 마을을 위하여 개인 돈을 지출하였다고 하여 이에 충당할 수는 없다(대법원 2010.9.30. 선고 2010도7012 판결).

■ 판례 ■ 사용자가 근로자의 임금에서 국민연금 보험료 중 근로자가 부담하는 기여금을 원천공제한 뒤 국민연금관리공단에 납부하지 않고 개인적 용도로 사용한 경우

구 국민연금법 제64조 등의 규정에 의하여 사용자는 매월 임금에서 국민연금 보험료 중 근로자가 부담할 기여금을 원천공제하여 근로자를 위하여 보관하고, 국민연금관리공단에 위 보험료를 납부하여야 할 업무상 임무를 부담하게 되며, 사용자가 이에 위배하여 근로자의 임금에서 원천공제한 기여금을 위 공단에 납부하지 아니하고, 나아가 이를 개인적 용도로 소비하였다면 업무상횡령죄의 책임을 면할 수 없다(대법원 2011.2.10. 선고 2010도13284 판결).

■ 판례 ■ 오피스텔 등 신축·분양사업의 시행사인 甲 주식회사와 시공사인 乙 주식회사가 동업계약을 체결하여 조합을 구성하였는데, 甲 회사의 대표이사인 피고인이 조합 사업과 관련된 부가가치세 환급금 등을 동업재산에 귀속시키지 않고 甲 회사 운영자금 등에 임의로 사용한 경우

횡령죄에서 불법영득의사는 타인의 재물을 보관하는 자가 위탁 취지에 반하여 권한 없이 스스로 소유권자의 처분행위(반환 거부를 포함한다)를 하려는 의사를 의미하므로, 보관자가 자기 또는 제3자의 이익을 위한 것이 아니라 소유자의 이익을 위하여 이를 처분한 경우에는 특별한 사정이 없는 한 위와 같은 불법영득의사를 인정할 수 없다. 다만 타인으로부터 용도가 엄격히 제한된 자금을 위탁받아 집행하면서 제한된 용도 이외의 목적으로 자금을 사용하는 것은 결과적으로 자금을 위탁한 본인을 위하는 면이 있더라도 사용행위 자체로서 불법영득의사를 실현하는 것이 되어 횡령죄가 성립하겠지만, 이러한 경우에 해당하지 아니할 때에는 피고인이 불법영득의사의 존재를 인정하기 어려운 사유를 들어 돈의 행방이나 사용처에 대한 설명을 하고 있고 이에 부합하는 자료도 있다면 달리 특별한 사정이 인정되지 아니하는 한 함부로 위탁받은 돈을 불법영득의사로 횡령하였다고 인정할 수는 없다. 따라서 피고인이 위 돈을 조합 사업과 직·간접적으로 관련된 비용에 지출하였더라도 그 전부에 대하여 횡령죄의 죄책을 부담한다고 본 원심판단에 횡령죄의 불법영득의사 인정에 관한 법리오해 및 심리미진의 위법이 있다고 한 사례.(대법원 2011.5.26. 선고 2011도1904 판결)

(사) 기 타

■ 판례사례 ■ [기타사유로 불법영득의사가 부정되어 (업무상)횡령죄를 구성하지 아니하는 사례]

(1) 담보로 제공된 부동산을 담보권의 실행으로 타에 매도한 경우(대법원 1979.7.10. 선고 79도1125 판결)

(2) 자기들의 채권확보책으로 가처분결정을 얻어 가처분결정기간 중에 피고인들이 매표한 대금을 회사에 보내지 아니하고 은행에 보관시킨 경우(대법원 1974.10.22. 선고 74도2678 판결)

(3) 회사에 대하여 개인적인 채권을 가지고 있는 대표이사가 회사를 위하여 보관하고 있는 회사 소유의 금전으로 자신의 채권 변제에 충당한 경우(대법원 2002.7.26. 선고 2001도5459 판결)

(4) 사찰창건 이래 사찰재산에 대한 관리처분권한이 부여되어 사찰의 운영을 책임지고 있었던 자가 병원치료비와 장학금지급 등을 위하여 사찰재산을 사용한 경우(대법원 2001.5.8. 선고 99도 4699 판결)

(5) 회사가 신주를 발행하여 실제로는 타인으로부터 제3자 명의로 자금을 빌려 자기의 계산으로 신주를 인수하면서도 제3자 명의를 차용한 후, 회사의 대표이사가 가지급금의 형식으로 회사의 자금을 인출하여 위 차용원리금 채무의 변제에 사용한 경우(대법원 2005.2.18. 선고 2002 도2822 판결)

(6) 장학기금출연자 중 상당수로부터 장학기금반환요구가 있는 등의 여러사정으로 위 장학기금의 정상적인 운영이 어렵게 되자 그 장학기금의 이사장이 이를 해체할 수밖에 없다고 판단, 해산 절차를 취하여 위 반환요구자의 대부분에게 그 출연원금을 반환한 경우(대법원 1987.4.28. 선고 86도824 판결)

(7) 아파트관리위원회의 회장과 전무인 피고인들이 그 아파트관리위원회 회칙에 위배하여 위원회의 관리기금에서 단기차입금 명목으로 금원을 인출했다 하더라도 그 대여행위에 집행위원들의 동의가 있었고 종전에도 다른 회원들에게 관리기금을 대여한 사례가 있었으며, 피고인들이 대여원금의 이자를 변제하여 온 경우(대법원 1990.5.8. 선고 90도599 판결)

(8) 종중부회장이 종중소유의 돈을 차용하면서 정식으로 이사회를 개최하지 아니 하였으나 이를 개최하였을 경우 참석이 가능할 것으로 여겨지는 이사 전원의 동의를 얻었으며, 종중규약상 종중원에 대한 종중재산의 대여를 금지하는 규정이 없고 위 종중원들이 위 금원에 대하여 보험회사에서 지급되는 금리 이상의 이자를 지급할 것을 조건으로 대여한 경우(대법원 1992.5.22. 선고 92도564 판결)

(9) 피고인과 甲이 피고인 소유의 대지 및 신축 중인 건물부분을 금 60,000,000원에 평가하여 그 반액에 해당하는 금원을 甲이 투자하여 동업하기로 하고 甲이 피고인에 대하여 가지는 기존 채권 27,000,000원을 그 투자금으로 충당하고 위 부동산에 대하여 각 50% 씩 권리를 확보하기로 하되 위 건물이 완공되어 그 소유권보존등기를 마친 날로부터 4개월 내에 피고인이 甲의 투자금 및 이에 대한 월 5분의 이자를 가산 지급하면 위 동업관계는 당연 종료된다는 취지의 약정을 한 후 완공된 건물에 관하여 피고인과 甲 공유명의로 보존등기를 경료한 경우에 있어서, 피고인이 위 약정에 따라 동업관계를 종료시키기 위하여 피고인의 1/2 지분을 타에 양도한 행위나 그 양도 대금을 甲의 투자 원리금의 변제에 충당한 행위(대법원 1982.9.28. 선고 81도2777 판결)

5. 공 범

(1) 횡령죄와 공범

횡령죄는 위탁관계에 의하여 타인의 재물을 점유하는 자만이 정범이 될 수 있는 진정신분범이다. 따라서 신분 없는 자는 본죄의 단독정범이 될 수 없고, 공동정범·교사범 또는 종범이 될 뿐이다(제33조 본문).

■ 판례 ■ **채권자가 담보물을 제공받을 때 그 물건이 타인의 물건임을 알았다는 것만으로 횡령행위에 공모가담한 것으로 단정할 수 있는지 여부(소극)**

채권자가 채무자로부터 채권확보를 위하여 담보물을 제공받을 때 그 물건이 채무자가 보관중인 타인의 물건임을 알았다고 하여도 그것만으로 채권자가 채무자의 불법영득행위인 횡령행위에 공모가담한 것으로 단정할 수 없다(대법원 1992.9.8. 선고 92도1396 판결).

■ 판례 ■ **부동산의 명의수탁자가 신탁자의 승낙없이 목적부동산을 제3자에게 매각하려는 것을 알면서도 수탁자에게 매수자를 소개해 준 부동산소개업자의 죄책**

형법상 방조행위는 정범이 범행을 한다는 점을 알면서 그 실행행위를 용이하게 하는 직접 간접의 행위를 말하므로 부동산소개업자로서 부동산의 등기명의수탁자가 그 명의신탁자의 승낙없이 이를 제3자에게 매각하여 불법영득하려고 하는 점을 알면서도 그 범행을 도와주기 위하여 수탁자에게 매수할 자를 소개하여 주는 등의 방법으로 그 횡령행위를 용이하게 하였다면 이러한 부동산소개업자의 행위는 횡령죄의 방조범에 해당한다(대법원 1988.3.22. 선고 87도2585 판결).

(2) 업무상횡령죄와 공범

타인의 재물을 보관하는 자가 업무상 보관자와 공범관계에 있을 때에는 형법 제33조 단서가 적용된다. 따라서 업무상 보관자라는 신분 없는 자는 횡령죄의 공동정범·교사범 또는 종범이 되고, 업무상 보관자는 업무상 횡령죄의 공동정범, 교사범, 종범이 된다.

■ 판례 ■ **횡령행위를 주선하고 그 처분행위를 적극적으로 종용한 경우, 횡령행위에 가담한 공동정범의 죄책을 부담하는지 여부(적극)**

[1] 사실관계

주식회사 사이어스의 주주이자 대표이사인 甲은 자신의 주식을 매도하면서 회사의 자금으로 준비한 53억 상당의 양도성예금증서를 매수인측의 주식매수대금마련을 위한 대출의 담보로 제공하였다. 이 과정에서 乙은 주식회사의 재산을 임의로 처분하려는 甲의 횡령행위를 주선하고 그 처분행위를 적극적으로 종용하였다.

[2] 판결요지

가. 甲의 죄책

주식회사는 주주와 독립된 별개의 권리주체로서 그 이해가 반드시 일치하는 것은 아니므로, 회사 소유 재산을 주주나 대표이사가 제3자의 자금 조달을 위하여 담보로 제공하는 등 사적인 용도로 임의

처분하였다면 그 처분에 관하여 주주총회나 이사회의 결의가 있었는지 여부와는 관계없이 횡령죄의 죄책을 면할 수는 없는 것이고, 횡령죄에 있어서 불법영득의 의사라 함은 자기 또는 제3자의 이익을 꾀할 목적으로 업무상의 임무에 위배하여 보관하는 타인의 재물을 자기의 소유인 경우와 같은 처분을 하는 의사를 말하고 사후에 이를 반환하거나 변상, 보전하는 의사가 있다 하더라도 불법영득의 의사를 인정함에 지장이 없다.

나. 乙의 죄책
주식회사의 재산을 임의로 처분하려는 대표이사의 횡령행위를 주선하고 그 처분행위를 적극적으로 종용한 경우에는 대표이사의 횡령행위에 가담한 공동정범의 죄책을 면할 수 없다(대법원 2005.8. 19. 선고 2005도3045 판결). ☞ (甲은 업무상횡령죄의 공동정범, 乙은 횡령죄의 공동정범)

6. 죄 수

(1) 판단기준

횡령죄의 죄수는 위탁관계의 수를 기준으로 결정한다.

- 1인으로부터 위탁받은 수인소유의 재물을 횡령한 경우 ⇨ 횡령죄 1죄가 성립한다.
- 수인으로부터 위탁받은 재물을 1개의 행위로 횡령한 경우 ⇨ 수개의 횡령죄의 상 상적 경합이 된다.
- 1인으로부터 위탁받은 재물을 수개의 행위로 횡령한 경우 ⇨ 피해법익이 단일하고, 범죄의 태양이 동일하며, 단일 범의의 발현에 기인하는 일련의 행위라고 인정될 때에는 포괄하여 1개의 범죄만 성립한다.

■ 판례 ■　**수개의 업무상횡령 행위가 포괄일죄로 되기 위한 요건**

사립학교의 회계담당자인 甲은 학교법인의 회계 중 용도가 엄격히 제한되어 있는 교비회계자금을 수회에 걸쳐 다른 용도에 사용한 경우, 수개의 업무상횡령 행위라 하더라도 피해법익이 단일하고, 범죄의 태양이 동일하며, 단일 범의의 발현에 기인하는 일련의 행위라고 인정될 때에는, 포괄하여 1 개의 범죄라고 봄이 타당하다(대법원 2005.9.28. 선고 2005도3929 판결).

■ 판례 ■　**직할시세인 취득세, 등록세 등과 구세인 재산세, 종합토지세 등 및 국세인 방위세 또는 교육세 등을 계속적으로 업무상 횡령한 경우의 죄수관계(=포괄일죄)**

횡령 세금에 직할시세인 취득세, 등록세 등과 구세인 재산세, 종합토지세 등 및 국세인 방위세 또는 교육세가 포함되어 있는 경우, 직할시세, 구세 및 국세는 각기 과세주체를 달리하고 세금을 수납할 수 있는 근거 규정도 서로 다르므로, 비록 세금 횡령이라는 단일한 범의가 계속적으로 발현된 일련의 범행이더라도 직할시세, 구세 및 국세를 횡령한 각 범행을 통틀어 하나의 포괄일죄로 볼 수는 없고 그 피해자 내지 피해법익별로(즉 직할시세, 구세 및 국세별로) 구분하여 별개의 죄가 성립하며, 이 경우 같은 직할시세 또는 같은 구세 중에서 구체적인 세목을 달리하거나 수개의 행위 도중에 공범자에 변동이 있고 때로는 단독범인 경우도 있다 하더라도 그것이 단일하고 계속된 범의 하에 행하여진 것이라면 별개의 죄가 되는 것이 아니라 포괄일죄가 된다(대법원 1995.9.5. 선고 95도1269 판결).

횡령, 배임 등의 행위와 사기행위의 포괄1죄의 구성여부(소극)

포괄1죄라 함은 각기 따로 존재하는 수개의 행위가 한개의 구성요건을 한번 충족하는 경우를 말하므로 구성요건을 달리하고 있는 횡령, 배임 등의 행위와 사기의 행위는 포괄1죄를 구성할 수 없다(대법원 1988.2.9. 선고 87도58 판결).

(2) 불가벌적 사후행위

횡령한 재물을 처분하는 행위는 다른 사람의 새로운 법익을 침해하지 않는 한 불가벌적 사후행위가 된다.

■ 판례 ■   **명의수탁자의 처분과 횡령 관련 사건**

[1] 선행 처분행위로 횡령죄가 기수에 이른 후 이루어진 후행 처분행위가 별도로 횡령죄를 구성하는지 여부 및 타인의 부동산을 보관 중인 자가 그 부동산에 근저당권설정등기를 마침으로써 횡령행위가 기수에 이른 후 같은 부동산에 별개의 근저당권을 설정하거나 해당 부동산을 매각한 행위가 별도로 횡령죄를 구성하는지 여부(원칙적 적극)

㈎ 횡령죄는 다른 사람의 재물에 관한 소유권 등 본권을 보호법익으로 하고 법익침해의 위험이 있으면 침해의 결과가 발생되지 아니하더라도 성립하는 위험범이다. 그리고 일단 특정한 처분행위('선행 처분행위')로 인하여 법익침해의 위험이 발생함으로써 횡령죄가 기수에 이른 후 종국적인 법익침해의 결과가 발생하기 전에 새로운 처분행위('후행 처분행위')가 이루어졌을 때, 후행 처분행위가 선행 처분행위에 의하여 발생한 위험을 현실적인 법익침해로 완성하는 수단에 불과하거나 그 과정에서 당연히 예상될 수 있는 것으로서 새로운 위험을 추가하는 것이 아니라면 후행 처분행위에 의해 발생한 위험은 선행 처분행위에 의하여 이미 성립된 횡령죄에 의해 평가된 위험에 포함되는 것이므로 후행 처분행위는 이른바 불가벌적 사후행위에 해당한다. 그러나 후행 처분행위가 이를 넘어서서, 선행 처분행위로 예상할 수 없는 새로운 위험을 추가함으로써 법익침해에 대한 위험을 증가시키거나 선행 처분행위와는 무관한 방법으로 법익침해의 결과를 발생시키는 경우라면, 이는 선행 처분행위에 의하여 이미 성립된 횡령죄에 의해 평가된 위험의 범위를 벗어나는 것이므로 특별한 사정이 없는 한 별도로 횡령죄를 구성한다고 보아야 한다.

㈏ 따라서 타인의 부동산을 보관 중인 자가 불법영득의사를 가지고 그 부동산에 근저당권설정등기를 경료함으로써 일단 횡령행위가 기수에 이르렀다 하더라도 그 후 같은 부동산에 별개의 근저당권을 설정하여 새로운 법익침해의 위험을 추가함으로써 법익침해의 위험을 증가시키거나 해당 부동산을 매각함으로써 기존의 근저당권과 관계없이 법익침해의 결과를 발생시켰다면, 이는 당초의 근저당권 실행을 위한 임의경매에 의한 매각 등 그 근저당권으로 인해 당연히 예상될 수 있는 범위를 넘어 새로운 법익침해의 위험을 추가시키거나 법익침해의 결과를 발생시킨 것이므로 특별한 사정이 없는 한 불가벌적 사후행위로 볼 수 없고, 별도로 횡령죄를 구성한다.

[2] 피해자 甲 종중으로부터 토지를 명의신탁받아 보관 중이던 피고인 乙이 개인 채무 변제에 사용할 돈을 차용하기 위해 위 토지에 근저당권을 설정하였는데, 그 후 피고인 乙, 丙이 공모하여 위 토지를 丁에게 매도한 사안에서, 피고인들의 토지 매도행위가 별도의 횡령죄를 구성한다고 본 원심판단을 정당하다(대법원 2013.2.21. 선고 2010도10500 전원합의체 판결).

명의수탁자가 신탁 받은 부동산의 일부에 대한 토지수용보상금 중 일부를 소비하고, 이어 수용되지 않은 나머지 부동산 전체에 대한 반환을 거부한 경우, 별개의 횡령죄를 구성하는지 여부(소극)

명의수탁자가 신탁 받은 부동산의 일부에 대한 토지수용보상금 중 일부를 소비하고, 이어 수용되지 않은 나머지 부동산 전체에 대한 반환을 거부한 경우, 부동산의 일부에 관하여 수령한 수용보상금 중 일부를 소비하였다고 하여 객관적으로 부동산 전체에 대한 불법영득의 의사를 외부에 발현시키는 행위가 있었다고 볼 수는 없으므로, 그 금원 횡령죄가 성립된 이후에 수용되지 않은 나머지 부동산 전체에 대한 반환을 거부한 것은 새로운 법익의 침해가 있는 것으로서 별개의 횡령죄가 성립하는 것이지 불가벌적 사후행위라 할 수 없다(대법원 2001.11.27. 선고 2000도3463 판결).

회사의 대표자가 회사자금을 인출하여 횡령함에 있어 경비지출을 장부상 과다 계상하여, 이를 토대로 조세를 납부한 경우, 조세포탈행위를 횡령의 불가벌적 사후행위로 볼 수 있는지 여부(소극)

법인 대표자가 회사자금을 횡령하였다면 회사는 그에 상당하는 손해배상청구권 내지 부당이득반환청구권이 있는 것이고 이는 곧 회사의 익금으로 보아야 하므로 회사 대표자가 회사자금을 인출하여 횡령함에 있어 경비지출을 과다계상하여 장부에 기장하고 나아가 이를 토대로 법인세 등의 조세를 납부한 경우 국가의 조세수입의 감소를 초래하여 조세를 포탈하였다고 할 것이나, 이와 같은 조세포탈행위는 횡령범행과는 전혀 다른 새로운 법익을 침해하는 행위로서 이를 횡령의 불가벌적 사후행위라고 볼 수 없다(대법원 1992.3.10. 선고 92도147 판결).

7. 타 죄와의 관계

(1) 횡령죄와 사기죄와의 관계

○ 자기가 점유하는 타인의 재물에 대하여 기망행위를 하여 이를 영득한 경우 ⇨ 횡령죄만 성립한다.

○ 자기가 보관하는 타인소유의 재물을 자기소유의 재물이라고 기망하여 제3자에게 매도한 경우 ⇨ 횡령죄와 사기죄의 상상적 경합이 성립한다. 다만, 신탁재산처럼 타인이 유효하게 소유권을 취득할 수 있는 때에는 사기죄가 성립하지 않는다.

자기가 점유하는 타인의 재물을 횡령하기 위하여 기망을 한 경우와 사기죄

자기가 점유하는 타인의 재물을 횡령하기 위하여 기망수단을 쓴 경우에는 피기망자에 의한 재산처분행위가 없으므로 일반적으로 횡령죄만 성립되고 사기죄는 성립되지 아니한다(대법원 1980.12.9. 선고 80도1177 판결).

회사의 대표기관으로서 편취한 돈을 다시 횡령한 경우, 횡령죄의 성부(적극)

대표이사 등이 회사의 대표기관으로서 피해자들을 기망하여 교부받은 금원은 그 회사에 귀속되는 것인데, 그 후 대표이사 등이 이를 보관하고 있으면서 횡령한 것이라면 이는 위 사기범행과는 침해법익을 달리하므로 횡령죄가 성립되는 것이고, 이를 단순한 불가벌적 사후행위로만 볼 수 없다(대법원 1989. 10.24. 선고 89도1605 판결).

■ 판례 ■   위탁자로부터 당좌수표 할인을 의뢰받은 피고인이 제3자를 기망하여 당좌수표를 할인받은 다음 그 할인금을 임의소비한 경우, 제3자에 대한 사기죄와 별도로 위탁자에 대한 횡령죄가 성립하는지 여부(적극)

위탁자로부터 당좌수표 할인을 의뢰받은 피고인이 제3자를 기망하여 당좌수표를 할인받은 다음 그 할인금을 임의소비한 경우, 제3자에 대한 사기죄와 별도로 위탁자에 대한 횡령죄가 성립한다(대법원 1998. 4.10. 선고 97도3057 판결).

(2) 장물죄와의 관계

- 장물의 보관을 위탁받은 자가 이를 횡령한 경우 ➪ 장물보관죄만 성립
- 장물의 매각을 알선하고 매각대금을 횡령한 경우 ➪ 장물알선죄와 횡령죄의 실체적 경합
- 신탁재산을 횡령한다는 정을 알면서도 매수한 경우 ➪ 장물취득죄는 불성립

■ 판례 ■   장물보관의뢰를 받은 자가 그 정을 알면서 이를 보관하고 있다가 임의처분한 경우, 장물보관죄 이외에 횡령죄가 성립하는지 여부(소극)

절도범인으로부터 장물보관의뢰를 받은 자가 그 정을 알면서 이를 인도받아 보관하고 있다가 임의처분하였다 하여도 장물보관죄가 성립되는 때에는 이미 그 소유자의 소유물추구권을 침해하였으므로 그 후의 횡령행위는 불가벌적 사후행위에 불과하여 별도로 횡령죄가 성립하지 않는다(대법원 2004.4.9. 선고 2003도8219 판결).

8. 친족상도례

> 제328조(친족간의 범행과 고소) ① 직계혈족, 배우자, 동거친족, 호주, 가족 또는 그 배우자간의 제323조의 죄는 그 형을 면제한다.
> ② 제1항 이외의 친족간에 제323조의 죄를 범한 때에는 고소가 있어야 공소를 제기할 수 있다.
> ③ 전2항의 신분관계가 없는 공범에 대하여는 전2항을 적용하지 아니한다.

■ 판례 ■   횡령범인이 피해물건의 소유자와 위탁자 중 한쪽과 친족관계가 있는 경우, 친족상도례의 적용 여부(소극)

횡령범인이 위탁자가 소유자를 위해 보관하고 있는 물건을 위탁자로부터 보관받아 이를 횡령한 경우에 형법 제361조에 의하여 준용되는 제328조 제2항의 친족간의 범행에 관한 조문은 범인과 피해물건의 소유자 및 위탁자 쌍방 사이에 같은 조문에 정한 친족관계가 있는 경우에만 적용되고, 단지 횡령범인과 피해물건의 소유자간에만 친족관계가 있거나 횡령범인과 피해물건의 위탁자간에만 친족관계가 있는 경우에는 적용되지 않는다(대법원 2008.7.24. 선고 2008도3438 판결).

● II. 횡령액의 산정

특정경제범죄가중처벌에관한법률 제3조제1항은 횡령 또는 업무상의 횡령의 죄를 범

한 자는 그 범죄행위로 인하여 취득하거나 제3자로 하여금 취득하게 한 재물 또는 재산상 이익의 가액이 5억원 이상인 때에는 가중처벌하고 있다.

1. 금전 등 대체물

금전 등과 같은 대체물에 대한 횡령죄의 경우에는 실제로 소비 등 처분을 한 액수가 이득이 된다. 다만 대체물의 경우에도 특정물로 위탁된 경우에는 수탁물 전부에 대하여 횡령죄가 성립한다. 예컨대 특정물로 위탁된 1만원권 지폐 1장을 임의로 7,000원의 물품을 구입하고 나머지 3,000원을 소지하고 있는 경우 횡령액은 7,000원이 아니라 10,000원이 된다.

2. 공유물

■ 판례 ■ **동업자 사이에 손익분배의 정산이 되지 않은 상태에서의 동업재산의 횡령의 경우, 그 횡령금액의 산정방법**

동업자 사이에 손익분배의 정산이 되지 아니하였다면 동업자의 한 사람이 임의로 동업자들의 합유에 속하는 동업재산을 처분할 권한이 없는 것이므로, 동업자의 한 사람이 동업재산을 보관 중 임의로 횡령하였다면 지분비율에 관계없이 임의로 횡령한 금액 전부에 대하여 횡령죄의 죄책을 부담한다(대법원 2000.11.10. 선고 2000도3013 판결).

3. 타인의 소유물과 자기의 소유물이 불가분의 일체를 이루는 경우

타인의 소유에 속하는 재물과 자신의 소유에 속하는 재물이 불가분일체의 재물을 이루고 있는 경우 이를 점유한 자가 임의로 자기를 위하여 처분하였다면 당해재물 전체에 대하여 횡령죄가 성립한다. 예컨대 하나의 예금계좌에 회사의 부외자금과 피고인의 개인자금이 섞여 있었다면 이는 하나의 예금잔고를 구성하므로 개인용도로 사용할 목적으로 인출되었다면 인출된 금액 전부에 대하여 횡령죄가 성립한다.(박재윤 등 373쪽)

4. 수표와 어음

■ 판례 ■ **어음할인 행위 자체가 불법영득의사의 실현인 경우 횡령액수(=어음액면금)**

소개인인 피고인이 매매잔대금조로 교부받아 보관하던 약속어음을 현금으로 할인한 자체가 불법영득의사의 실현인 경우, 횡령액은 어음을 할인한 현금액이 아니라 횡령한 약속어음의 액면금 상당액인 것이다(대법원 1983.11.8. 선고 83도2346 판결).

5. 주 식

■ 판례 ■ **비상장 · 비등록 법인이 발행한 주식가액의 평가 방법**

증권거래소에 상장되지 않거나 증권협회에 등록되지 않은 법인이 발행한 주식의 경우에도 그에 관한 객관적 교환가치가 적정하게 반영된 정상적인 거래의 실례가 있는 경우에는 그 거래가격을 시가로 보아 주식의 가액을 평가하여야 할 것이고, 한편 상속세및증여세법시행령 제54조 소정의 비상장주식의 평가방법은 보충적 평가방법에 불과하므로 그에 의하여 산정한 평가액이 곧바로 주식의 가액에 해당한다고 볼 수는 없다(대법원 2001.9.28. 선고 2001도3191 판결).

Ⅲ. 횡령행위에 대한 입증과 공소사실의 특정

1. 횡령행위에 대한 입증정도

■ 판례 ■ **불법영득의사의 실현행위로서 횡령행위에 대한 입증의 정도**

횡령죄에 있어 불법영득의사를 실현하는 행위로서의 횡령행위가 있다는 점은 검사가 입증하여야 하는 것으로서 그 입증은 법관으로 하여금 합리적인 의심을 할 여지가 없을 정도의 확신을 생기게 하는 증명력을 가진 엄격한 증거에 의하여야 하고, 이와 같은 증거가 없다면 설령 피고인에게 유죄의 의심이 간다 하더라도 피고인의 이익으로 판단할 수밖에 없다고 할 것이나, 피고인이 자신이 위탁받아 보관중이던 돈이 모두 없어졌는데도 그 행방이나 사용처를 설명하지 못하거나 또는 피고인이 주장하는 사용처에 사용된 자금이 다른 자금으로 충당된 것으로 드러나는 등 피고인이 주장하는 사용처에 사용되었다는 점을 인정할 수 있는 자료가 부족하고 오히려 개인적인 용도에 사용하였다는 점에 대한 신빙성 있는 자료가 많은 경우에는 일응 피고인이 위 돈을 불법영득의 의사로서 횡령한 것으로 추단할 수 있다(대법원 2002.9.4. 선고 2000도637 판결).

■ 판례 ■ **불법영득의사의 실현행위로서 횡령행위에 대한 입증의 정도**

업무상횡령죄에 있어 불법영득의사를 실현하는 행위로서의 횡령행위가 있다는 점은 검사가 입증하여야 하는 것으로서 그 입증은 법관으로 하여금 합리적인 의심을 할 여지가 없을 정도의 확신을 생기게 하는 증명력을 가진 엄격한 증거에 의하여야 하고, 이와 같은 증거가 없다면 설령 피고인에게 유죄의 의심이 간다 하더라도 피고인의 이익으로 판단할 수밖에 없다고 할 것이나, 주식회사의 대표이사가 회사의 금원을 인출하여 사용하였는데 그 사용처에 관한 증빙자료를 제시하지 못하고 있고 그 인출사유와 금원의 사용처에 관하여 납득할 만한 합리적인 설명을 하지 못하고 있다면, 이러한 금원은 그가 불법영득의 의사로 회사의 금원을 인출하여 개인적 용도로 사용한 것으로 추단할 수 있다(대법원 2004. 9.24. 선고 2004도3532 판결).

2. 공소사실의 특정 정도

■ 판례 ■ **공소사실의 특정 정도**

공소사실의 기재에 있어서 범죄의 일시, 장소, 방법을 명시하여 공소사실을 특정하도록 한 법의 취지는 법원에 대하여 심판의 대상을 한정하고 피고인에게 방어의 범위를 특정하여 그 방어권 행사를 쉽게 해 주기 위한 데에 있는 것이므로, 공소사실은 이러한 요소를 종합하여 구성요건 해당사실을 다른 사실과 구별할 수 있을 정도로 기재하면 족하고, 공소장에 범죄의 일시, 장소, 방법 등이 구체적으로 적시되지 않았더라도 위와 같이 공소사실을 특정하도록 한 법의 취지에 반하지 아니하고, 공소범죄의 성격에 비추어 그 개괄적 표시가 부득이한 경우에는, 그 공소내용이 특정되지 않아 공소제기가 위법하다고 할 수 없으며, 특히 포괄일죄에 있어서는 그 일죄의 일부를 구성하는 개개의 행위에 대하여 구체적으로 특정되지 아니하더라도 그 전체 범행의 시기와 종기, 범행방법, 피해자나 상대방, 범행횟수나 피해액의 합계 등을 명시하면 이로써 그 범죄사실은 특정되는 것이다(대법원 2005.1.14. 선고 2004도6646 판결).

Ⅳ. 범죄사실 작성 시 유의사항

1. 객 체

가. 재물을 점유하고 있는 경우 '보관'이라는 말로 표시되는 경우가 많다. 그리고 직접 점유하고 있는 경우에는 단순히 '보관중'이라고 쓰면 족하나 타인을 통하여 점유하고 있는 경우 기타 특수한 점유태양의 경우에는 그 태양을 적시하는 것이 좋다.

나. 점유개시의 원인은 위탁에 기한 것을 명확히 하기 위하여 기재할 필요가 있다. 예컨대 '빌려서, 맡아서, 수금하여' 등

다. 점유개시의 일시, 장소 등은 범죄구성요건사실로서는 반드시 기재하여야 되는 것은 아니지만, 정상을 명확히 하기 위하여 또는 사실을 특정하기 위하여 기재하는 것이 좋다.

2. 영득의 의사

영득행위가 자기 또는 피해자 이외의 제3자의 이익을 위하여 이루어진 것이라는 취지가 표시되어야 한다. 예컨대 '자기를 위하여, 자기의 유흥비에' 등.

3. 무권한의 행위

범죄사실의 적시 전체로서 그 행위가 권한 없이 행하여졌다는 취지가 명확히 나타나면 좋다. 통상 '임의로, 무단히, 제멋대로, 함부로'등의 말로 이를 표시하고 있다.

4. 횡령행위의 태양

가. 매각하여 횡령한 경우

'피의자는 친구인 피해자로부터 그 소유인 자전거 1대 시가 ○○만원 상당을 잠시 사용한 후 돌려주겠다고 하면서 빌려 이를 보관하던 중, ○○자전거포집에서 그 점포 주인 甲에게 대금 ○○만원에 임의로 매각하여 횡령하였다.

나. 질입(質入)하여 횡령한 경우

'피의자는 20○○. 5. 21. 21:00경 ○○에 보관중인 피해자 소유의 ○○ 시가 ○○ 만원 상당을 임의로 ……○○전당포에 전당잡혀 횡령하였다.'

다. 도주하여 횡령한 경우

'피의자는…… ○○만원을 수취하였으나 자기가 임의로 사용하기 위하여 그대로……가지고 도주하여 횡령하였다.'

라. 소비하여 횡령한 경우

'피의자는…… ○○만원을 피해자를 위하여 보관 중,……○○에서 함부로 유흥비로 소비하여 횡령하였다.'

마. 착복하여 횡령한 경우

'피의자는……피해자로부터 ○○은행에 예금하여 달라는 의뢰를 받고 현금 ○○만원을 받게 되자 그 중 ○○만원만 ○○은행에 예금하고 나머지 ○○만원은 임의로 자기의 용도에 소비할 의도로 남겨둠으로써(착복하여) 횡령하였다.'

V. 범죄사실기재

1) 범죄사실 기재례

[기재례1] 일시보관 물건 반환거부

피의자는 20○○. ○. ○. ○○:○○경 ○○에 있는 ○○상가 1층 8호 피해자 甲 운영의 '성심사'에서, 위 '성심사'에 찾아온 손님이 급하게 다이아몬드를 찾자 물건을 구하던 중, 피해자로부터 시가 ○○만원 상당의 다이아몬드 1.06캐럿짜리 1개를 잠시 빌렸다.

피의자는 피해자를 위하여 빌려 보관하던 중, 20○○. ○. ○.경 위 '성심사'에서 피해자로부터 빌려 간 다이아몬드를 돌려달라는 요청을 받고도 아무런 이유 없이 그 반환을 거부하여 횡령하였다.

[기재례2] 어음할인 의뢰금 착복

피의자는 20○○. ○. ○. 10:00경 ○○에 있는 피해자 甲의 집에서 그로부터 발행일 20○○. ○. ○. 지급기일 20○○. ○. ○. 액면 금액 ○○만 원인 약속어음 1장에 대한 할인을 의뢰받았다.

피의자는 피해자를 위하여 할인을 의뢰받은 위 약속어음을 보관하던 중, 20○○. ○. ○. 14:00경 ○○에 있는 피의자의 집에서 그 어음을 외상 물품대금 지급 명목으로 乙에게 임의로 교부하여 위 어음을 횡령하였다.

[기재례3] 종중재산 착복

피의자는 20○○. ○. ○.경 종중회장인 피해자 甲으로부터 종중 소유의 ○○에 있는 임야 ○○㎡를 담보로 대출을 받아 달라는 부탁과 함께 위 임야의 소유권을 이전받아 피해자 종중을 위해 보관하였다.

가. 피의자는 20○○. ○. ○.경 ○○상호저축은행으로부터 위 임야를 담보로 ○○만원을 대출받아 보관 중 이를 개인적인 용도로 임의로 사용하여 횡령하였다.

나. 피의자는 20○○. ○. ○.경 ○○은행으로부터 개인적인 용도로 ○○만원을 대출받으면서 위 임야에 채권최고액 ○○만원의 근저당권을 임의로 설정하여 횡령하였다.

[기재례4] 할인의뢰 받은 수표 횡령 - 대법원 97도3057 판결 관련

피의자가 20○○. ○. 초순경 피해자 甲으로부터 乙을 통하여 액면금 ○○만원인 당좌수표 1장의 할인을 의뢰받았다.

피의자는 20○○. ○. ○.경 ○○에서 丙으로부터 위 수표를 선이자를 공제한 ○○만원에 할인받아 그 중 ○○만원을 보관하던 중 이를 임의로 소비하여 횡령하였다.

[기재례5] 신탁명의 부동산 매각처분

피의자는 20○○. ○. 경 피해자 甲, 乙이 낸 각각 ○○만원, 피의자가 낸 ○○만 원, 합계 ○○만원으로 ○○에 있는 부동산을 구입한 후 이를 공동 소유하되 등기는 피의자 명의로 신탁하기로 하고 20○○. ○. ○.경 피의자 단독명의로 소유권이전등기를 마쳤다.

피의자는 위 부동산을 피해자들을 위하여 이를 보관하던 중, 피해자들의 승낙을 받지 아니하고 20○○. ○. ○.경 丙에게 소유권이전등기를 경료하고, 20○○. ○. ○.경 근저당권자 홍길동으로 된 근저당설정등기를, 20○○. ○. ○. 근저당권자 丁으로 된 근저당설정등기를 각 경료하고, 20○○. ○. ○. 戊에게 소유권이전등기를 마쳐주어 위 부동산을 횡령하였다.

[기재례6] 주식양도금 보관 중 횡령

피의자는 ○○주식회사의 대표이사로 재직하던 乙의 처인데, 위 회사의 주식 중 60%를 乙이, 20%를 乙의 동생인 丙이, 나머지 20%를 피해자 홍길동이 각각 나누어 소유하고 있는 상황에서, 피의자는 20○○. ○. ○.경 위 乙, 丙 양인을 대리하여 피해자와 함께 위 회사의 주식 전부를 丁에게 양도하되 그 대금 중 ○○만원을 피해자에게 지급하기로 약정하였다.

피의자는 20○○. ○. ○.경 ○○에 있는 ○○법무사 사무실에서 丁으로부터 위 회사의 양도대금으로 3억 원을 수령하여 그중 1억 원을 피해자를 위하여 보관하던 중 그 무렵 피의자의 개인용도에 임의 소비하여 횡령하였다.

[기재례7] 명의신탁 부동산에 근저당권설정

피의자는 피해자 주식회사○○교역으로부터 ○○조건으로 ○○토지에 대하여 명의신탁을 받아 보관하고 있었다.

피의자는 20○○. ○. ○. 甲 앞으로 그에 대한 피의자의 채무를 담보하기 위하여 피해자의 승낙 없이 채권최고액 ○○만원의 근저당권설정등기를 마쳤다가 20○○. ○. ○. 그 말소등기를 신청하면서 그와 동시에 피해자의 승낙 없이 乙 앞으로 채권최고액 ○○만원 및 ○○만원의 각각 근저당권설정등기를 신청하여 甲 명의의 근저당권에 대한 말소등기와 乙 명의의 각 근저당권설정등기가 차례로 경료되게 하였다.

[기재례8] 명의신탁 농지 임의처분 - 대법원 97도3283 판결 관련

피의자는 甲이 20○○. ○. ○.경 ○○에 있는 ○○농지를 매수하였으나 농지 소재지에 거주하지 아니하여 농지매매증명을 받을 수 없는 관계로 피의자 명의로 이전등기를 마칠 수 없자 농지 소재지에 거주하는 농민인 피의자와 명의신탁 계약을 체결하고 피의자 앞으로 소유권이전등기를 마쳤다.

피의자는 甲을 위하여 이를 보관하던 중 20○○. ○. ○. ○○농업협동조합으로부터 ○○만원을 대출받으면서 임의로 위 조합에 근저당권을 설정하여 주어 횡령하였다.

[기재례9] 제명출교처분을 받고 관리 중인 금원 반환거부

피의자는 ○○에 있는 ○○교회의 집사 겸 건축위원장으로서 위 교회의 건축헌금 및 장학기금을 보관, 관리하여오던 중 교회로부터 제명출교처분을 받았다.

피의자는 20○○. ○. ○.경 위 교회 목사 甲으로부터 피의자가 보관 중이던 건축헌금 ○○만원 등 장학기금, ○○적립보험금 합계 ○○만원 및 ○○적립보험증권의 반환을 요구받았다.

그럼에도 불구하고 피의자는 정당한 이유 없이 그 요구에 불응하여 횡령하고, 20○○. ○. ○.경 위 목사로부터 피의자가 보관 중이던 시가 ○○만원 상당의 카메라 등 부품 일체와 재정장부 ○○권의 반환을 요구받고도 정당한 이유 없이 그 요구에 불응하여 횡령하였다.

[기재례10] 포주가 윤락녀 화대 착복 - 대법원 98도2036 판결 관련

피의자들은 20○○. ○. ○. ○○에 있는 피의자 甲 경영의 성매매업소에서, 피해자 甲과 사이에 피해자가 손님을 상대로 성매매행위를 하고 그 대가로 받은 화대를 절반씩 분배하기로 약정하였다.

그럼에도 불구하고 피의자들은 그때부터 20○○. ○. ○.까지 피해자가 피의자의 업소에 찾아온 손님들을 상대로 성매매행위를 하고서 받은 화대 합계 ○○만원을 보관하던 중 그중 절반인 ○○만원을 피해자에게 반환하지 아니하고 피의자들의 생활비 등으로 임의 소비함으로써 횡령하였다.

[기재례11] 매각대금을 분배하기로 한 후 횡령

피의자는 피해자 홍길동과 ○○에 있는 건물 2동을 매각하여 피의자의 투자금 ○○만원 및 乙의 소개비 ○○만원은 피의자가 가지되, 나머지 매각대금은 피의자와 피해자가 공동분배하기로 약정한 후 위 건물 2동을 乙에게 매도하여 매각대금 ○○만원을 수령하였다.

피의자는 20○○. ○. ○.경 피의자의 투자금 ○○만원과 위 乙의 소개비 ○○만원을 공제한 나머지 ○○만원 중 피의자의 지분을 제외한 ○○만원을 피해자를 위하여 보관하던 중 이를 생활비 등으로 임의소비하여 횡령하였다.

[기재례12] 인도물건 담보제공

피의자는 20○○. ○. ○. 경 ○○은행으로부터 ○○에 있는 ○○공장을 매수하여 인수하면서 그곳에 있던 홍길동 소유의 위 기계들도 함께 인도받았다.

피의자는 피해자를 위하여 보관하던 중 20○○. ○. ○. ○○은행에 위 공장에 속하는 토지와 건물 및 기계를 담보로 제공하면서 위 기계들에 대하여도 근저당권을 설정하여 주어 횡령하였다.

[기재례13] 하도급 공사업자가 공사계약해지로 인하 자제반환을 거부

피의자는 20○○. ○. ○.경 피해자 ○○군청이 ○○건설 주식회사에 도급한 ○○문화회관 신축공사를 하도급받게 되어 위 공사 관련 H철강 ○○t을 피해자를 위하여 보관하였다.

피의자는 20○○. ○. ○.경 ○○에 있는 피의자 운영의 ○○종합개발 사업장에서 피의자가 공사를 제대로 이행하지 못하자 피해자 측으로부터 위와 같이 보관 중인 H형강의 반환을 요구받았음에도 불구하고, 위 H철강 중 시가 ○○만원 상당의 ○○종 ○○t의 반환을 거부함으로써 횡령하였다.

[기재례14] 전화금융사기로 입금된 돈 인출

피의자는 20○○.○.○.경 불상의 장소에서 성명불상의 전화금융사기(속칭 '보이스피싱') 조직원에게 기망당한 피해자 갑(34세)으로부터 피의자 운영인 주식회사 B 명의의 ○○은행 계좌(C)로 ○○만 원을 송금받았다.

피의자는 피해자를 위하여 위 금원을 보관하던 중 은행직원으로부터 위 금원이 보이스피싱 피해금이라는 말을 듣는 등 피해자가 피의자에게 잘못 송금한 금원이라는 사실을 잘 알고 피해자에게 돌려주기로 약속하였다.

그럼에도, 그 무렵 위 금원 전부를 개인채무변제 및 소속 회사 직원 급여 등 명목으로 임의로 사용하였다. 이로써 피의자는 피해자의 재물을 횡령하였다.

[기재례15] 전화금융사기 입금된 인출

피의자는 20○○.○.○.경 대출 명목으로 성명불상자에게 피의자 명의 ○○계좌(번호)의 통장 사본을 전달한 후 20○○.○.○.경 이른바 보이스피싱 전화금융사기 범행에 의해 피해자 갑 소유의 ○○만 원이 입금된 사실을 알게 되었고, 은행을 통해 피해자의 연락처를 알아내고 직접 연락을 하는 등 반환을 약속하였다.

피의자는 위와 같이 피해자의 금원을 보관하던 중 20○○.○.○.경 ○○에 있는 ○○은행에서 위 금원 인출한 뒤 개인적인 채무변제 명목으로 사용하여 ○○만 원을 횡령하였다.

2) **적용법조** : 제355조 제1항 … 공소시효 7년

Ⅵ. 신문사항

1. 일반적 조사사항

가. 범죄의 동기
- 왜 횡령을 하게 되었는가
- 언제 횡령할 결의를 하였는가

나. 점유의 형태
- 점유 개시의 원인(위탁, 우연, 차용)
- 점유의 태양(자기가 점유하는 타인의 물건, 공유물 대체물의 점유, 부동산의 점유, 업무에 관하여 보관, 점유를 이탈한 물건의 점유, 공무소로부터 보관의 명을 받은 자기 물건인가)
- 보수의 유무
- 위탁관계로 인한 때에는 그 계약의 내용

다. 횡령의 목적물이 된 재물
- 종류 · 수량 · 가격 · 품질 · 특징
- 그 소유자
- 공무소로부터 보관의 명을 받은 자기의 물건인 때에는 그 구체적 사실

라. 타인의 소유물인 사실의 인식
- 소유권자는 누구인가
- 위탁관계의 내용은
- 위탁자는 소유권자인가
- 부동산의 경우(법률상의 지배인가, 사실상의 지배인가)

마. 불법영득의사의 유무
- 물건을 점유한 후 불법영득의 의사가 생겼는가

- 점유에 기망수단은 없었는가

바. 횡령의 방법 및 태양
- 어떠한 방법으로 착복 소비하였는가
- 처분방법(입질, 담보, 매각)
- 공유물의 자기 단독처분인가

사. 보관계약내용의 구체적 조사(소유자 · 권리자가 처분을 승낙한 사실의 유무)
- 금전횡령의 경우 그 금원의 유용을 허락한 것은 아닌가
- 매각 · 입질 등을 승낙하지는 않았는가
- 기타 처분 전에 양해를 얻은 것은 아닌가
- 피해자를 위하여 처분한 것은 아닌가
- 권리행위는 아닌가

아. 목적물의 처분
- 처분한 곳(매각처, 입질처, 소비처, 생활비로 소비)
- 처분상황(일시 · 장소 · 태양, 대가의 유무, 동반자의 유무)
- 처분품(금)의 품종 · 수량 · 품질 · 가격 · 특징 등
- 쌍방간 종래의 관계
- 남은 금품이 있으면 그 수량 또는 금액

자. 화해교섭
- 피해자에 대한 횡령물의 반환 기타 현물변제 등의 여부
- 화해교섭의 경과 또는 내용

차. 신분관계(피해자와의 관계)
- 혈족 기타 친족관계의 유무
- 사교상 교제관계의 유무와 그 정도
- 경제상 거래관계의 유무
- 친지 · 고용관계의 유무
- 면식이 없을 때는 인상 · 착의 · 특징 · 소지품 · 언어 · 태도 등

카. 공범관계

- 모의의 유무와 일시 · 장소 · 내용 · 범위 · 방법
- 의사연락의 유무
- 교사자 · 방조자의 유무
- 공범자 상호간 분담한 임무(사전에 분담한 범위, 현실로 실행한 정도, 전체에 미친 영향)
- 범행으로 얻은 이익 등의 분배 상황

2. 신문例

- 고소인(피해자) ○○○와 어떠한 관계인가
- 고소인의 ○○○을 보관한 사실이 있는가
- 어떻게 보관하게 되었는가(위탁관계의 근거)
- 보관의뢰를 받은 일시와 장소는
- 언제부터 어디에 보관하였나
- 어떤 상태로 보관하고 있었나
- 횡령한 재물의 종류, 수량, 가격
- 그 물건의 소유자는 누구인가.
- 횡령한 물건은 어떻게 처분하였나(매각, 담보, 소비, 대부, 반환거부, 무단사용)
- 누구와 같이 처분하였는가.
- 횡령한 금품은 어디에 소비하였나.
- 보관한 물건에 대해 반환을 요구받은 사실이 있나.
- 반환을 거부한 사실이 있나.
- 왜 반환을 거부하였나

제2항 업무상횡령

제356조(업무상의 횡령과 배임) 업무상의 임무에 위배하여 제355조의 죄를 범한 자는 10년 이하의 징역 또는 3천만원 이하의 벌금에 처한다.
제359조(미수범) 제355조 내지 제357조의 미수범은 처벌한다.
※ **특정경제범죄 가중처벌 등에 관한 법률**
제3조(특정재산범죄의 가중처벌) ① 형법 제347조(사기), 제350조(공갈), 제350조의2(특수공갈), 제351조(제347조, 제350조 및 제350조의2의 상습범만 해당한다), 제355조(횡령·배임) 또는 제356조(업무상의 횡령과 배임)의 죄를 범한 사람은 그 범죄행위로 인하여 취득하거나 제3자로 하여금 취득하게 한 재물 또는 재산상 이익의 가액(이하 이 조에서 "이득액"이라 한다)이 5억원 이상일 때에는 다음 각 호의 구분에 따라 가중처벌한다.
　1. 이득액이 50억원 이상일 때: 무기 또는 5년 이상의 징역
　2. 이득액이 5억원 이상 50억원 미만일 때: 3년 이상의 유기징역
② 제1항의 경우 이득액 이하에 상당하는 벌금을 병과(倂科)할 수 있다.

Ⅰ. 구성요건

1. 주 체

업무상 타인의 재물을 보관하는 자

(1) 업 무

사회생활상의 지위에 기하여 계속·반복하여 행하는 사무

○ 본죄의 업무는 법령·계약에 근거를 둔 것에 한하지 않고 관습상 또는 사실상 맡은 것도 포함한다.

○ 업무자의 지위는 업무상의 보관책임이 끝나지 않는 한, 비록 업무상의 지위에서 형식적으로는 벗어났다 하더라도 사무의 인수·인계 시까지는 여전히 업무자의 지위는 존속한다.

○ 본죄의 업무는 위탁 관계를 근거로 하여 타인의 재물을 보관하는 내용이어야 한다. 그러므로 재물의 보관은 업무와 관련되어 있어야 하며, 업무자라 하더라도 업무와 관계 없이 보관하게 된 재물을 영득한 때에는 본죄가 아니라 단순횡령죄를 구성할 뿐이다.

▪ 판례 ▪　　**등기부상으로 회사의 대표이사를 사임한 후에도 계속하여 사실상 대표이사 업무를 행하여 온 경우**

[1] 사실관계
甲은 A주식회사의 대표이사였던 자로서 1974.5.20 등기부상으로 A주식회사의 대표이사를 사임한 후에도 1975.7.경까지 계속하여 사실상 대표이사 업무를 행하면서 원목판매 대금을 착복해왔다.

가. 형법 제356조 소정의 "업무" 의 의미

직업 혹은 직무라는 말과 같이 법령, 계약에 의한 것 뿐만 아니라, 관례를 쫓거나 사실상이거나를 묻지 않고 같은 행위를 반복할 지위에 따른 사무를 가리킨다.

나. 사실상 대표이사 업무를 행하던 자의 업무상횡령죄의 주체성

피고인이 등기부상으로 공소외 회사의 대표이사를 사임한 후에도 계속하여 사실상 대표이사 업무를 행하여 왔고 회사원들도 피고인을 대표이사의 일을 하는 사람으로 상대해 왔다면 피고인은 위 회사 소유 금전을 보관할 업무상의 지위에 있었다고 할 것이다(대법원 1982.1.12. 선고 80도1970 판결).

(2) 타인재물의 보관

횡령죄 참조

2. 행 위

업무상의 임무에 위배하여 타인의 재물을 횡령하는 것(횡령죄 참조)

▪판례▪ **새마을금고의 임원인 피고인 등이 직원들로 하여금 고객들이 맡긴 정기예탁금을 부외거래시스템에 입금하게 한 경우**

새마을금고의 임원인 피고인 등이 위 금고의 직원들로 하여금 고객들이 맡긴 정기예탁금을 정상거래시스템이 아닌 부외거래시스템에 입금하게 하는 행위가, 위 부외거래시스템의 도입 경위 및 운용 실태, 부외거래자금의 흐름이나 사용처 등의 여러 사정을 종합할 때 회계처리상 부외거래시스템의 계좌 혹은 통합전산망의 차명계좌에 예금액을 기재하는 행위에 불과하고 그 자체로 위 금고의 공식적인 자금에서 벗어난 별도의 비자금을 조성하는 행위로 볼 수는 없어 업무상횡령죄는 성립하지 않는다(대법원 2010. 12.9. 선고 2010도11015 판결).

▪판례▪ **甲 아파트의 입주자대표회의 회장인 피고인이, 일반 관리비와 별도로 입주자대표회의 명의 계좌에 적립·관리되는 특별수선충당금을 아파트 구조진단 견적비 및 시공사인 乙 주식회사에 대한 손해배상청구소송의 변호사 선임료로 사용함으로써 아파트 관리규약에 의하여 정하여진 용도 외에 사용하였다고 하여 업무상횡령으로 기소된 사안**

특별수선충당금은 甲 아파트의 주요시설 교체 및 보수를 위하여 별도로 적립한 자금으로 원칙적으로 그 범위 내에서 사용하도록 용도가 제한된 자금이나, 당시에는 특별수선충당금의 용도 외 사용이 관리규약에 의해서만 제한되고 있었던 점, 피고인이 구분소유자들 또는 입주민들로부터 포괄적인 동의를 얻어 특별수선충당금을 위탁의 취지에 부합하는 용도에 사용한 것으로 볼 여지가 있는 점 등 제반 사정을 종합하면, 피고인이 특별수선충당금을 위와 같이 지출한 것이 위탁의 취지에 반하여 자기 또는 제3자의 이익을 위하여 자기의 소유인 것처럼 처분하였다고 단정하기 어려우므로, 피고인의 불법영득의사를 인정한 원심판결에 업무상횡령죄의 불법영득의사에 관한 법리오해의 잘못이 있다. (대법원 2017. 2. 15., 선고, 2013도14777, 판결)

II. 범죄사실기재

1. 범죄사실 작성시 유의사항

피의자의 점유가 업무상의 점유임을 명확히 하여야 한다. 통상 '업무상 보관 중'이라는 말을 사용한다. 그러나 업무상의 점유인 것은 법적 판단의 결과에 불과하므로 범죄사실의 기재로서는 그것만으로는 불충분하고 나아가 그 업무의 종류, 내용을 명시하고 그것과 점유와의 관계를 사실로써 적시하는 것이 중요하다.

2. 범죄사실기재

1) 범죄사실 기재례

[기재례1] 영업사원의 수금약품대금 착복

> 피의자는 20○○. ○. ○.부터 ○○에 있는 피해자인 ○○약품주식회사의 영업사원으로서 위 회사의 약품 판매 및 수금업무에 종사했다.
>
> 피의자는 20○○. ○. ○. ○○에 있는 甲이 경영하는 ○○약국에서 약품 대금 ○○만 원을 수금하여 위 회사를 위하여 업무상 보관하던 중, 그 무렵 서울 시내 일원에서 마음대로 유흥비 등 개인적인 용도에 소비하였다.
>
> 피의자는 그 외에도 그 무렵부터 20○○. ○. ○.까지 사이에 별지 범죄일람표에 기재된 것과 같이 서울 시내 등지에서 ○○회에 걸쳐 같은 방법으로 합계 ○○만 원을 마음대로 소비하여 횡령하였다.

횟수	수금일시 · 장소	피해자	횡령일시 · 장소	횡령방법	횡령액	비고
1	20○○. ○. ○. 서울 ○○구 ○○동 11 ○○약국	○○약품 주식회사	그 무렵 서울 일원	유흥비로 소비	○○만 원	
~	~ ~ ~ ~	~	~ ~ ~	~	~ ~	~
18	20○○. ○. ○.서울 ○○구 ○○동 ○○약국	〃	같은 날 서울 ○○구 ○○동 ○○주점	유흥비로 소비	○○만 원	
합 계					○○만 원	

[기재례2] 학교법인 이사장의 학교급식비 착복

　피의자는 ○○학교법인 이사장으로서 ○○업무에 종사했다.

　피의자는 위 학교법인 산하 ○○고등학교에 부식을 납품하던 홍길동이 20○○. 3. 한 달 동안 실제로 납품한 부식은 ○○만원 상당이나 부식비를 과대계상하도록 행정실장인 乙에게 지시하여 홍길동으로 하여금 고등학교 측에 ○○만원을 청구하여 20○○. ○. ○.이를 받도록 함으로써, 학교법인의 이사장으로서 피의자가 업무상 보관하던 학교법인의 예산 중 위 차액 ○○만원 상당을 횡령하였다.

[기재례3] 회사 상무이사가 회사 임야 담보 대출 착복

　피의자는 20○○. ○. ○.경부터 20○○. ○. ○.까지 ○○에 있는 피해자인 ○○건설주식회사의 상무이사로서 위 회사의 자금조달 업무에 종사하였다.

　피의자는 20○○. ○. ○. 10:00경 ○○에 있는 ○○은행 ○○지점에서 위 회사의 운영자금을 조달하기 위하여 위 회사 소유인 ○○에 있는 임야 ○○㎡에 관하여 위 은행에 근저당권설정등기를 하여 주고 돈 ○○만 원을 대출받았다.

　피의자는 위 회사를 위하여 대출금 100만 원을 업무상 보관하던 중, 20○○. ○. ○. 14:00경 위 회사 사무실에서 그 중 ○○만 원을 자신과 불륜관계를 맺어 온 위 회사 경리사원인 乙에게 관계 청산을 위한 위자료 명목으로 마음대로 지급하여 횡령하였다.

[기재례4] 허위출장 출장비 횡령

　피의자는 ○○도로사업소 소속 ○○도청 공무원인 과적계장으로 과적차량 단속업무에 종사하였다.

　피의자는 20○○. ○. ○.경 위 사업소에서 사실은 20○○. ○. ○.경부터 20○○. ○. ○.경까지 ○일 동안 피의자 및 청원경찰 甲, 乙, 공익요원인 丙, 丁이 ○○에 과적근원지실태조사 출장을 간 적이 없음에도 불구하고 위와 같이 출장을 간 것처럼 위 사업소 관리계에 서류를 제출하였다.

　피의자는 이와 같이하여 관리계로부터 출장비 합계 ○○만원을 교부받아 업무상 보관 중 이를 임의 소비하여 횡령한 것을 비롯하여 별지 범죄일람표 기재와 같이 ○○회에 걸쳐 출장비 합계 ○○만원을 교부받아 업무상 보관 중 임의소비하여 횡령하였다.

[기재례5] 학교법인 이사장의 학교급식비 착복

　피의자는 ○○학교법인 이사장으로서 ○○업무에 종사했다.

　피의자는 위 학교법인 산하 ○○고등학교에 부식을 납품하던 홍길동이 20○○. 3. 한 달 동안 실제로 납품한 부식은 ○○만원 상당이나 부식비를 과대계상하도록 행정실장인 乙에게 지시하여 홍길동으로 하여금 고등학교 측에 ○○만원을 청구하여 20○○. ○. ○.이를 받도록 함으로써, 학교법인의 이사장으로서 피의자가 업무상 보관하던 학교법인의 예산 중 위 차액 ○○만원 상당을 횡령하였다.

[기재례6] 종중회장이 화해금을 임의 사용한 경우

> 피의자는 ○○씨 주남파 종중회장으로 문회를 대표하여 문중의 모든 업무를 총괄하는 업무에 종사하였다.
> 피의자는 20○○. ○. ○. ○○에 있는 ○○합동법률사무소에서 위 문중 소유 ○○에 있는 임야 ○○㎡ 임시처분 등과 관련 주식회사 ○○산업개발로부터 화해금으로 ○○만원을 수령하였다.
> 피의자는 위 문중을 위해 업무상 보관 중 피의자 임의로 20○○. ○. ○. 상고사건 관련 빙자 서울 출장경비로 ○○만원을 지출한 것을 비롯 붙임 범죄일람표 내용과 같이 총 ○○회에 걸쳐 ○○만원을 피의자의 개인용도로 소비하여 횡령하였다.

[기재례7] 범죄사실이 여러 개인 경우(범죄일람표 작성)

> 피의자는 20○○. ○. ○. 부터 ○○에 있는 ○○주식회사의 영업사원으로서 위 회사의 약품 판매 및 수금업무에 종사하였다.
> 피의자는 20○○. ○. ○. ○○에 있는 홍길동 경영의 ○○상사에서 물품대금 ○○만원을 수금하여 위 회사를 위하여 업무상 보관 중 그 무렵 ○○일원에서 임의로 유흥비 등 사적 용도에 소비한 것을 비롯하여 그 무렵부터 20○○. ○. ○.까지 사이에 별지 범죄일람표 기재와 같이 총 ○○회에 걸쳐 같은 방법으로 합계 ○○만원을 임의 소비하여 횡령하였다.

〈범죄일람표〉

연 번	수금일시 · 장소	피해자	횡령일시 · 장소	횡령방법	횡령액	비 고
1	20○○. ○. ○. ○○시 가곡동 425번지 ○○상사	홍길동	그 무렵 ○○일원	유흥비로 소비	150만원	
~	~	~	~	~	~	~
30	20○○. ○. ○. ○○시 ○○동 ○○번지 ○○상사	〃	같은 날 ○○에 있는 콩가요주점	유흥비로 소비	50만원	
합 계					○○ 만원	

[기재례8] 회사 경리직원의 횡령

> 피의자는 20○○.○.○.경 피해자 갑회사 사무실에서, 피해자 회사 명의의 ○은행 OTP카드와 공인인증서를 이용하여 피해자 회사 명의의 ○○법인 계좌에 업무상 보관 중이던 피해자 회사의 자금 ○○만원 중 ○○만원을 피의자 명의의 농협 계좌로 이체하여 그 무렵 생활비 등 개인용도로 사용하였다.
> 피의자는 이를 비롯하여 그때부터 20○○.○.○.경까지 사이에 별지 범죄일람표 기재와 같이 ○○회에 걸쳐 OTP카드 및 공인인증서를 이용하여 업무상 보관 중이던 피해자 회사의 법인자금을 이체하거나 업무상 보관 중인 피해자 회사의 당좌어음을 피의자의 당좌계좌에 이체하여 생활비 등 개인용도로 임의소비하여 피해자 회사 자금 합계 ○○만원을 횡령하였다.

2) 적용법조 : 제356조, 제355조 제1항… 공소시효 10년

III. 피의자 신문사항

- 피해자와 어떠한 관계인가
- 피해자 회사에는 언제 입사하였으며 어떠한 일을 하고 있는가
- 보험료를 수금하여 회사에 불입하지 않은 일이 있나.
- 그 일시와 금액은
- 어떠한 보험금이었나
- 보험료 수금업무는 언제부터 언제까지 하였나요.
- 수금한 보험료는 어떠한 방법으로 장부정리를 하였나
- 그날그날 수금한 보험금은 어떠한 방법으로 처리하였나
- 회사에 납입하지 않은 보험료는 언제부터 언제까지 수금한 돈인가요.
- 제때에 납입하지 않은 이유는 무엇인가.
- 납입하지 않은 보험료는 어떻게 하였나.
- 횡령한 보험금은 어떻게 하였나
- 왜 이런 짓을 하였나.
- 횡령한 보험금은 변제하였나

제2절 배임의 죄

제1항 배 임

> 제355조(배임) ② 타인의 사무를 처리하는 자가 그 임무에 위배하는 행위로써 재산상의 이익을 취득하거나 제삼자로 하여금 이를 취득하게 하여 본인에게 손해를 가한 때에도 전항의 형과 같다.
> 제359조(미수범) 제355조 내지 제357조의 미수범은 처벌한다.
> ※ 특정경제범죄가중처벌에관한법률 제 3 조(특정재산범죄의 가중처벌)
> ※ 보험업법 제197조(벌칙)
> ※ 상법 제622조(발기인, 이사 기타의 임원등의 특별배임죄)
> ※ 상호저축은행법 제39조(벌칙)

 I. 구성요건

1. 주 체

타인의 사무를 처리하는 자(진정신분범)

(1) 의 의

대내 관계에서 신의성실의 원칙에 따라 사무를 처리할 신임관계에 있는 자

○ 대외적으로 반드시 대리권과 같은 법적 권한이 있을 필요는 없으며, 그 사무가 반드시 포괄적 위탁사무일 것을 요하는 것도 아니다.

○ 신임관계에 기초하여 타인의 재산관리에 관한 사무를 대행하거나 타인 재산의 보전행위에 협력하는 자도 포함한다.

▪ 판례 ▪ **배임죄의 성립에 행위자의 적법한 대리권이 필요한지 여부(소극)**

배임죄에 있어서 타인의 사무를 처리하는 자라 함은 양자간의 신임관계에 기초를 둔 타인의 재산보호 내지 관리의무가 있음을 그 본질적 내용으로 하는 것이므로, 배임죄의 성립에 있어 행위자가 대외관계에서 타인의 재산을 처분할 적법한 대리권이 있음을 요하지 아니한다(대법원 1999.9.17. 선고 97도3219 판결).

▪ 판례 ▪ **배임죄의 주체인 '타인의 사무를 처리하는 자'의 의미**

배임죄는 타인의 사무를 처리하는 자가 그 임무에 위배하는 행위에 의하여 재산상의 이익을 취득하거나 제3자로 하여금 이를 취득하게 하여 본인에게 손해를 가함으로써 성립하는 것으로, 여기에서 그 주체인 '타인의 사무를 처리하는 자'란 양자 간의 신임관계에 기초를 두고 타인의 재산관리에 관한 사무를 대행하거나 타인 재산의 보전행위에 협력하는 자의 경우 등을 가리킨다(대법원 2004.6.17. 선고 2003도7645 전원합의체 판결).

매도인과 매수인 사이에 소유권이전등기절차를 이행하기로 하는 재판상화해가 성립한 경우에도 매도인이 배임죄의 주체가 되는지 여부(적극)

위임받은 타인의 사무가 부동산소유권이전등기의무인 경우에 매도인의 임무위배행위로 인하여 매도인의 소유권이전등기의무가 이행불능되거나 이행불능에 빠질 위험성이 있으면 배임죄가 성립하고, 매도인과 매수인 사이에 소유권이전등기절차를 이행하기로 하는 재판상화해가 성립한 경우에도 마찬가지이다(대법원 2007.7.26. 선고 2007도3882 판결).

(2) 사무처리의 근거

법령(例, 친권자, 후견인, 파산관재인, 법인의 대표자 등)·계약(例, 위임, 고용, 임치, 수출대행계약) 뿐만 아니라 관습·사무관리도 타인의 사무를 처리하는 근거가 될 수 있다.

(가) 사무처리의 구체적 근거

1) 계약에 의한 사무처리

수출회사와 수출대행계약을 맺은 대행위탁자가 타인의 사무를 처리하는 자에 해당하는지 여부(적극)

피고인이 수출회사와의 수출대행계약에 따라 위 회사로부터 인수받은 원부자재와 가공한 반제품은 모두 위 회사의 소유로서 피고인은 선량한 관리자의 주의의무를 다하여 관리하기로 약정하였다면 위 약정에 따라 위 회사를 위한 관리사무를 처리하는 자로서 위 회사명의로 구입한 원부자재를 사용하여 상품을 제조한 후 수출대행계약의 취지와 신용장조건에 따라 이를 수출신용장상의 명의자인 위 회사이름으로 수출함으로써 위 회사로 하여금 수출대금을 추심하여 원부자재대금을 공제하는 등 정산절차를 취할 수 있도록 해줄 업무상 임무가 있다(대법원 1991.3.27. 선고 91도262 판결).

2) 사실상의 신임관계

거래의 신의칙이나 사회윤리적 신임관계와 같이 사실상의 신임관계가 인정되는 경우에는 사무처리의 근거가 될 수 있다.

미성년자와 친생자관계가 없으나 호적상 친모로 등재되어 있는 자가 타인의 사무를 처리하는 자의 지위에 있는지 여부(적극)

배임죄의 주체로서 '타인의 사무를 처리하는 자'란 타인과의 대내관계에서 신의성실의 원칙에 비추어 그 사무를 처리할 신임관계가 존재한다고 인정되는 자를 의미하고, 반드시 제3자에 대한 대외관계에서 그 사무에 관한 대리권이 존재할 것을 요하지 않으며, 나아가 업무상 배임죄에서 업무의 근거는 법령, 계약, 관습의 어느 것에 의하건 묻지 않고, 사실상의 것도 포함한다. 따라서 미성년자와 친생자관계가 없으나 호적상 친모로 등재되어 있는 자가 미성년자의 상속재산 처분에 관여한 경우, 배임죄에 있어서 타인의 사무를 처리하는 자의 지위에 있다고 할 것이다(대법원 2002.6.14. 선고 2001도3534 판결).

배임죄의 주체인 '타인의 사무를 처리하는 자'의 의미 및 사무처리자가 법적 권

한이 소멸되거나 그 직에서 해임된 후 사무인계 전에 사무를 처리한 경우도 이에 해당하는지 여부(적극)

[1] 사실관계

甲은 비법인사단인 연화주택조합 정산위원회의 정산위원장으로 활동하다가 총회의 불신임결의에 의하여 해임되고 후임 정산위원장이 선출되었는데도 그 총회결의를 인정할 수 없다고 하면서 후임자에게 업무와 직인을 인계하지 아니하고 있던 중 정산위원회를 상대로 하여 乙과 丙이 소송을 제기하여 그 소장부본과 변론기일소환장이 甲에게 송달되었다. 甲은 乙과 丙이 제기한 청구내용의 당부에 의문이 있음에도 불구하고 이 사실을 정산위원회에 알려주지 아니하여 응소하지 못하게 하였고 또 스스로 응소하지도 아니함으로써 조합으로 하여금 의제자백에 의한 패소확정판결을 받게 하였다.

[2] 판결요지

가. 甲이 배임죄의 주체가 될 수 있는지 여부(적극)

배임죄는 타인의 사무를 처리하는 자가 그 임무에 위배하는 행위로써 재산상 이익을 취득하거나 제3자로 하여금 이를 취득하게 하여 본인에게 손해를 가함으로써 성립하는바, 배임죄의 주체로서 타인의 사무를 처리하는 자라 함은 타인과의 대내관계에 있어서 신의성실의 원칙에 비추어 그 사무를 처리할 신임관계가 존재한다고 인정되는 자를 의미하고 반드시 제3자에 대한 대외관계에서 그 사무에 관한 권한이 존재할 것을 요하지 않으며, 또 그 사무가 포괄적 위탁사무일 것을 요하는 것도 아니고, 사무처리의 근거, 즉 신임관계의 발생근거는 법령의 규정, 법률행위, 관습 또는 사무관리에 의하여도 발생할 수 있으므로, 법적인 권한이 소멸된 후에 사무를 처리하거나 그 사무처리자가 그 직에서 해임된 후 사무인계 전에 사무를 처리한 경우도 배임죄에 있어서의 사무를 처리하는 경우에 해당한다.

나. 甲의 죄책

주택조합 정산위원회 위원장이 해임되고 후임 위원장이 선출되었는데도 업무 인계를 거부하고 있던 중 정산위원회를 상대로 제기된 소송의 소장부본 및 변론기일소환장을 송달받고도 그 제소사실을 정산위원회에 알려주지도 않고 스스로 응소하지도 않아 의제자백에 의한 패소확정판결을 받게 한 경우, 업무상배임죄가 성립한다(대법원 1999.6.22. 선고 99도1095 판결).

■ 판례 ■ **사실상 학교법인의 경영을 주도하고 있는 이사 겸 교장의 본죄의 주체여부(적극)**

사실상 학교법인의 경영을 주도하고 업무를 총괄하며 학교자금을 보관·관리하는 업무를 취급하고 있는 학교법인의 이사 겸 학교법인이 설립한 고등학교의 교장이 학교재산에 관한 임대차계약을 체결한 경우, 업무상배임죄의 주체가 될 수 있다(대법원 2000.3.14. 선고 99도457 판결).

■ 판례 ■ **토지소유자에게 원매인을 소개한 자에 불과하고 매매계약체결을 위임받은 것이 아닌 경우, 배임죄의 주체가 될 수 있는지 여부(소극)**

배임죄에 있어서 범죄의 주체는 타인의 사무를 처리하는 신분이 있어야 하고, 여기에서 "타인의 사무를 처리하는 자"라 함은 양자간의 신임관계에 기초를 둔 타인의 재산의 보호 내지 관리의무가 있음을 그 본질적 내용으로 하는 경우를 말하는 바, 피고인 甲으로부터 사위인 피고인 乙을 소개받은 피해자가 乙과 사이에 피해자소유 토지에 대한 매매계약을 체결하고 등기이전용 인감증명도 직접 발급받아 피고인들과 함께 사법서사 사무실에 가서 이전등기신청을 위임하였으며, 등기관서에 위 매매가 상위없다고 직접 신고하였다면, 비록 피고인들(피고인 甲은 피해자와 3촌지간임)이, 피해자가 음주의 습벽이 있어 낭비가 심하므로 그 매매대금을 직접 피해자에게 교부하지 아니하고 이를 보관하면서 피해자의 채권자에 대한 채무의 원리금도 변제하고, 피해자가 매수한 아파트의 매매잔금도 지급하는 등 일부 관리한 바 있더라도 피고인 甲이 신임관계에 기초하여 위 토지에 대한 매매를 위임받아 관리하였다고는 볼 수 없다(대법원 1990.5.8. 선고 89도1524 판결).

■ 판례 ■   **부동산 매수인의 지위**

[1] 사실관계

> 甲은 乙에게서 임야를 1억 4,600만원에 매수하기로 약정하면서, 계약금 3,000만원을 지급하는 즉시 甲 앞으로 소유권이전등기를 하되, 잔금은 乙의 책임 아래 형질변경과 건축허가를 받으면 위 임야를 담보로 대출을 받음과 동시에 지급하고 건축허가가 나지 아니하면 계약을 해제하여 원상회복해 주기로 약정하였는데도, 甲은 소유권이전등기를 받은 후에 위 임야에 관하여 소유권이전등기를 받은 당일 丙에게 채권최고액 7,000만원의 근저당권을 설정하고도 매매대금으로 지급하지 아니하였다.

[2] 판결요지

가. 매수인 甲이 배임죄상 '타인의 사무를 처리하는 자'에 해당하는지 여부(소극)

일정한 신임관계의 고의적 외면에 대한 형사적 징벌을 핵심으로 하는 배임의 관점에서 보면, 부동산 매매에서 매수인이 대금을 지급하는 것에 대하여 매도인이 계약상 권리의 만족이라는 이익이 있다고 하여도 대금의 지급은 어디까지나 매수인의 법적 의무로서 행하여지는 것이고, 그 사무의 처리에 관하여 통상의 계약에서의 이익대립관계를 넘는 신임관계가 당사자 사이에 발생한다고 할 수 없다. 따라서 그 대금의 지급은 당사자 사이의 신임관계에 기하여 매수인에게 위탁된 매도인의 사무가 아니라 애초부터 매수인 자신의 사무라고 할 것이다. 또한 매도인이 대금을 모두 지급받지 못한 상태에서 매수인 앞으로 목적물에 관한 소유권이전등기를 경료하였다면, 이는 법이 동시이행의 항변권 등으로 마련한 대금 수령의 보장을 매도인이 자신의 의사에 기하여 포기한 것으로서, 다른 특별한 사정이 없는 한 대금을 받지 못하는 위험을 스스로 인수한 것으로 평가된다. 그리고 그와 같이 미리 부동산을 이전받은 매수인이 이를 담보로 제공하여 매매대금 지급을 위한 자금을 마련하고 이를 매도인에게 제공함으로써 잔금을 지급하기로 당사자 사이에 약정하였다고 하더라도, 이는 기본적으로 매수인이 매매대금의 재원을 마련하는 방편에 관한 것이고, 그 성실한 이행에 의하여 매도인이 대금을 모두 받게 되는 이익을 얻는다는 것만으로 매수인이 신임관계에 기하여 매도인의 사무를 처리하는 것이 된다고 할 수 없다.

나. 甲에게 배임죄가 성립하는지 여부

피고인이 소유권이전등기를 받은 당일 이를 담보로 제공하여 자금을 융통하였고 그 후에도 같은 일을 하였으며 융통한 자금을 乙에게 매매대금으로 지급하지 아니하였다고 하여도 타인의 사무를 처리하는 자가 그 임무에 위배하는 행위를 한 것으로 볼 수 없고, 그러한 담보 제공 등의 행위가 피고인이 위 임야를 乙에게 반환할 의무를 현실적으로 부담하고 있지 아니한 상태에서 행하여진 이상 달라지지 아니한다는 이유로, 피고인에게 배임죄가 성립하지 않는다고 본 원심판단을 정당하다고 한 사례.(대법원 2011. 4. 28. 선고 2011도3247 판결)

■ 판례 ■   **피고인이 甲과 공동으로 토지를 매수하여 그 지상에 창고사업을 하는 내용의 동업약정을 하고 동업재산이 될 토지에 관한 매매계약을 체결하였는데, 이후 소유권이전등기 업무**

를 처리하면서 갑 몰래 매도인과 사이에 위 매매계약을 해제하고 甲을 배제하는 내용의 새로운 매매계약을 체결한 다음 제3자 명의로 소유권이전등기를 마친 경우

[1] 위 배임죄의 피해자

피고인과 갑은 2인 이상이 상호출자 하여 공동사업을 경영할 것을 내용으로 하는 민법 제703조가 정한 조합계약을 체결한 것이고, 피고인은 부동산의 소유권이전등기 등 업무에 관하여 동업체인 조합에 대하여 선량한 관리자의 주의로 사무를 처리해야 할 의무가 있으므로(민법 제707조, 제681조), '조합의 사무를 처리하는 자'의 지위에 있다고 할 것인데도 그 임무에 위배하여 위와 같이 소유권이전등기를 마침으로써 위 '조합'에 대한 배임행위를 한 것으로 보아야 한다.

[2] 배임죄나 업무상배임죄에서 재산상의 손실을 야기한 임무위배행위가 동시에 그 손실을 보상할 만한 재산상의 이익을 준 경우, '재산상 손해'의 유무(소극)

배임죄나 업무상배임죄에서 '재산상의 손해를 가한 때'란 현실적인 손해를 가한 경우뿐만 아니라 재산상 실해 발생의 위험을 초래한 경우도 포함되고, 재산상 손해의 유무에 대한 판단은 법률적 판단에 의하지 아니하고 경제적 관점에서 파악하여야 하지만, 여기서 재산상의 손해를 가한다는 것은 총체적으로 보아 본인의 재산상태에 손해를 가하는 경우, 즉 본인의 전체적 재산가치의 감소를 가져오는 것을 말하므로 재산상의 손실을 야기한 임무위배행위가 동시에 그 손실을 보상할 만한 재산상의 이익을 준 경우, 예컨대 배임행위로 인한 급부와 반대급부가 상응하고 다른 재산상 손해(현실적인 손해 또는 재산상 실해 발생의 위험)도 없는 때에는 전체적 재산가치의 감소, 즉 재산상 손해가 있다고 할 수 없다.

[3] 피해자인 조합으로서는 장차 취득할 것이 기대되었던 토지의 가치에 상응하는 재산이 감소되었지만 다른 한편으로는 토지의 잔금지급의무를 면하게 되었으므로 토지의 매수대금 상당액이 위 배임행위로 인하여 조합이 입게 된 재산상 손해액에 해당한다고 할 수는 없는데도, 피고인이 얻은 이득액 및 피해자가 입은 손해액을 토지의 매수대금 상당액으로 인정하여 피고인을 특정경제범죄 가중처벌 등에 관한 법률 위반(배임)죄로 의율한 원심판단에 배임죄의 재산상 손해액에 관한 법리오해의 위법이 있다고 한 사례.(대법원 2011.4.28. 선고 2009도14268 판결)

■ 판례 ■ 甲 주식회사의 임원 또는 종업원인 피고인들이 직무발명에 대한 특허출원인 명의를 피고인들 등으로 변경하여 특허출원이 이루어지도록 한 경우

피고인들이 직무에 관하여 발명한 '3D 입체게임 전용 컨트롤러'는 발명진흥법에서 정한 '직무발명'에 해당하여 이에 대하여 특허를 받을 수 있는 권리는 당연히 발명자인 피고인들에게 있으므로 사용자인 갑 회사가 발명의 특허출원을 하기 위하여는 피고인들로부터 특허를 받을 수 있는 권리를 승계하여야 하는데, 제반 사정에 비추어 갑 회사가 위 발명에 대하여 특허를 받을 수 있는 권리를 적법하게 승계하였다고 할 수 없으므로, 피고인들이 위 발명에 대하여 특허출원인 명의를 피고인들 등으로 변경하여 출원하였다 하여 그와 같은 행위가 업무상배임죄에 해당한다고 할 수 없는데도, 피고인들과 갑 회사 사이에 특허를 받을 수 있는 권리를 갑 회사에 승계시키는 묵시적 합의가 있었다는 전제하에 이와 달리 본 원심판단에 직무발명의 권리귀속에 관한 법리오해의 위법이 있다고 한 사례.(대법원 2011.7.28. 선고 2010도12834 판결)

■ 판례 ■ 건물관리인인 甲이 건물주 乙로부터 월세임대차계약 체결업무를 위임받고도 임차인 丙 등을 속여 전세임대차계약을 체결하고 그 보증금을 편취한 경우

피고인이 이 사건 각 건물에 관하여 전세임대차계약을 체결할 권한이 없음에도 임차인들을 속이고

전세임대차계약을 체결하여 그 임차인들로부터 전세보증금 명목으로 돈을 교부받은 행위는 건물주인 공소외인이 민사적으로 임차인들에게 전세보증금반환채무를 부담하는지 여부와 관계없이 사기죄에 해당하고, 이 사건 각 건물에 관하여 전세임대차계약이 아닌 월세임대차계약을 체결하여야 할 업무상 임무를 위반하여 전세임대차계약을 체결하여 그 건물주인 피해자 공소외인으로 하여금 전세보증금반환채무를 부담하게 한 행위는 위 사기죄와 별도로 업무상배임죄에 해당한다(대법원 2010.11.11. 선고 2010도10690 판결).

■ 판례 ■ **법인의 대표자 또는 피용자가 그 법인 명의로 한 채무부담행위가 관련 법령에 위배되어 무효인 경우, 위 법인에 대한 배임죄를 구성하는지 여부(원칙적 소극)**
법인의 대표자 또는 피용자가 그 법인 명의로 한 채무부담행위가 관련 법령에 위배되어 법률상 효력이 없는 경우에는 그로 인하여 법인에게 어떠한 손해가 발생한다고 할 수 없으므로, 그 행위로 인하여 법인이 민법상 사용자책임 또는 법인의 불법행위책임을 부담하는 등의 특별한 사정이 없는 한 그 대표자 또는 피용자의 행위는 배임죄를 구성하지 아니한다(대법원 2010.9.30. 선고 2010도6490 판결).

■ 판례 ■ **피고인이 甲으로부터 토지를 매수하여 먼저 소유권이전등기를 넘겨받은 다음 매매대금 지급을 담보하기 위해 이를 신탁회사에 처분신탁하고 신탁계약상의 수익권에 관하여 甲에게 권리질권을 설정해 주었으나, 매매대금 일부가 미지급된 상태에서 일부 토지에 관한 신탁계약을 해지하고 이를 제3자에게 처분한 경우**
피고인은 위 지급기일 이후에는 피해자가 신탁부동산에 관한 근저당권을 취득하도록 협조하거나 피해자에게 신탁계약에서의 수익자 지위를 양도하여야 하는 의무도 있는 점 등에 비추어 볼 때, 피고인은 이 사건 매매계약 및 질권설정계약에 의하여 발생한 신임관계를 기초로 하여 신탁계약을 유지하고 그 신탁계약의 목적 달성에 적극적으로 협조함으로써 피해자의 매매대금채권 또는 권리질권이라는 재산의 보호 또는 관리를 위하여 협력하여야 하는 지위에 있으므로 '타인의 사무를 처리하는 자'에 해당한다(대법원 2010.8.26. 선고 2010도4613 판결).

■ 판례 ■ **피고인들이 담보권 실행을 위한 경매절차가 진행 중인 호텔을 피해자 측에 매도하면서 이에 관한 최선순위 근저당권과 소유권이전청구권 가등기를 이전하여 주기로 한 약정에 따라 중도금까지 수령하였는데도, 가등기를 피고인들이 실질적으로 지배하는 甲회사 및 乙회사에 이전한 경우**
[1] 배임죄의 성립여부
피고인들과 甲회사, 乙회사의관계에 비추어 가등기의 등기명의를 회복하여 피해자에게 이전등기해주는 것이 불가능하지는 않으나, 제반 사정에 비추어 이로 인해 피해자의 피고인들에 대한 가등기이전등기청구권이 이행불능에 빠질 위험성이 발생하였다는 이유로 피고인들에게 유죄를 인정한 원심판단을 수긍한 사례.
[2] 부동산 이중매매로 인한 배임죄에서, 특정경제범죄 가중처벌 등에 관한 법률 제3조 제1항의 적용을 전제로 대상 부동산 가액을 산정할 때, 부동산 시가 상당액에서 근저당권 등에 의한 부담 금액을 공제하여야 하는지 여부(적극)
배임행위로 얻은 재산상 이익의 일정한 액수 자체를 가중적 구성요건으로 규정하고 있는 특정경제범죄 가중처벌 등에 관한 법률 제3조 제1항의 적용을 전제로 하여 이중매매 대상이 된 부동산 가액을 산정하는 경우, 부동산에 아무런 부담이 없는 때에는 부동산 시가 상당액이 곧 가액이라고 볼 것이지만, 부동산에 근저당권설정등기가 경료되어 있거나 압류 또는 가압류 등이 이루어진 때에는 특별한

사정이 없는 한 아무런 부담이 없는 상태의 부동산 시가 상당액에서 근저당권의 채권최고액 범위 내에서 피담보채권액, 압류에 걸린 집행채권액, 가압류에 걸린 청구금액 범위 내에서 피보전채권액 등을 뺀 실제 교환가치를 부동산 가액으로 보아야 한다(대법원 2011. 6. 30. 선고 2011도1651 판결).

(나) 사무처리 근거의 유효성

사무처리의 근거가 되는 법률행위가 사회질서에 반하는 등(민법 제103조) 명백히 무효인 경우에는 처음부터 신임관계가 발생하지 않으므로 배임죄가 성립되지 않는다.

> ▪ 판례 ▪ **국토이용관리법상 규제구역 내 토지를 매도하였으나 거래허가를 받지 않은 경우 매도인이 배임죄의 주체인 타인의 사무를 처리하는 자에 해당하는지 여부(소극)**

국토이용관리법 제21조의2소정의 규제구역 내에 있는 토지를 매도하였으나 같은 법 소정의 거래허가를 받은 바가 없다면, 매도인에게 매수인에 대한 소유권이전등기에 협력할 의무가 생겼다고 볼 수 없고, 따라서 매도인이 배임죄의 주체인 타인의 사무를 처리하는 자에 해당한다고 할 수 없다. 따라서 국토이용관리법 소정의 규제구역 내에 있는 토지를 매도하였으나 국토이용관리법상의 소정의 허가를 받지 않은 상태에서 매매대금 전액을 지급받고서 타인에게 근저당설정등기를 해준 경우, 배임죄가 성립하지 않는다(대법원 1996.8.23. 선고 96도1514 판결).

> ▪ 판례 ▪ **내연의 처와의 불륜관계를 지속하는 대가로 부동산에 관한 소유권이전등기를 경료해 주기로 약정하고 이를 이행하지 않은 경우, 배임죄의 성부(소극)**

내연의 처와의 불륜관계를 지속하는 대가로서 부동산에 관한 소유권이전등기를 경료해 주기로 약정한 경우, 위 부동산 증여계약은 선량한 풍속과 사회질서에 반하는 것으로 무효이어서 위 증여로 인한 소유권이전등기의무가 인정되지 아니하는 이상 동인이 타인의 사무를 처리하는 자에 해당한다고 볼 수 없어 비록 위 등기의무를 이행하지 않는다 하더라도 배임죄를 구성하지 않는다(대법원 1986.9.9. 선고 86도1382 판결).

> ▪ 판례 ▪ **농가와 비농가가 공동출자하여 취득한 농지를 농가 단독으로 처분한 경우, 배임죄의 성부(소극)**

농가와 비농가가 공동으로 출자하여 농지를 취득하였다 할지라도 비농가는 농지에 대한 공동소유자가 될 수 없고 더욱이 농가만이 농지개혁법에 의하여 농지의 분배를 받고 그 등기를 받은 이상 법률상 농지의 소유권을 취득할 수 없는 비농가로부터 농가가 농지에 대한 관리의 위임을 받은 것이라고 확정할 수는 없으므로 농가가 위 농지를 단독으로 타에 처분하였다 하여도 비농가에 대하여 배임죄를 구성하지 아니한다(대법원 1969.10.28. 선고 69도1648 판결).

> ▪ 판례 ▪ **부동산 매매업자 甲이 피고인에게서 구 국토의 계획 및 이용에 관한 법률에서 정한 토지거래허가구역 내 토지를 매수하면서, 매수인을 자신이 운영하는 부동산컨설팅 회사 직원 乙 등의 명의로 하고, 소유권이전등기는 甲이 지정하는 자에게 하기로 하는 내용의 토지매매계약을 체결하고 대금을 지급하였는데, 그 후 위 토지가 허가구역 지정에서 해제되자 피고인이 이를 임의로 처분한 경우**

법상 토지거래허가에 필요한 거주요건을 갖추지 못한 갑이 허가요건을 갖춘 병 명의로 허가를 받으려는 의사로 위와 같이 토지매매계약을 체결한 이상, 이와 같은 행위는 처음부터 토지거래허가를 잠탈한 경우에 해당하고, 따라서 위 계약은 처음 체결된 때부터 확정적으로 무효이므로 피고인의 행위가 배임죄를 구성한다고 보기 어려운데도, 위 계약이 토지거래허가를 잠탈하는 내용의 계약이라고 단정할 수 없다는 이유로 피고인에게 배임죄를 인정한 원심판결에 논리와 경험법칙 위반 또는 법리오해의 위법이 있다고 한 사례.(대법원 2011.6.30. 선고 2011도614 판결)

■ 판례 ■ **甲이 乙에게 농지를 매도하였고, 乙은 다시 이 농지를 丙에게 매도하였으나 모두 소유권이전등기가 행하여지 않은 상태에서 甲과 乙이 사망하자, 甲의 처 A는 위 농지를 丁에게 매도하고 소유권이전등기를 경료해 주었던 바, 丙은 위 농지를 자경 또는 자영의사가 없었으므로 구 농지개혁법상 위 토지의 소유권을 취득할 수 없었던 경우**

[1] 구 농지개혁법(1994. 12. 22. 법률 제4817호 농지법 부칙 제2조로 폐지)상 자경 또는 자영의 의사가 없는 농지의 매수인은 농지매매증명의 발급 여부에 관계없이 농지에 대한 소유권을 취득할 수 없고, 비농가인 매수인이 자경·자영의사가 없었다고 인정되면 매수인은 매도인에 대하여 소유권이전등기절차의 이행을 청구할 수 없다.

[2] 을과 병 사이의 토지 매매는 자경 또는 자영할 의사가 없었던 매매로서 병은 구 농지개혁법(1994. 12. 22. 법률 제4817호 농지법 부칙 제2조로 폐지)상 위 토지의 소유권을 취득할 수 없으므로, 피고인이 제3자에게 위 토지를 처분하고 소유권이전등기절차를 마쳤더라도 병에 대하여 배임죄를 구성하지 아니한다(대법원 2011.1.27. 선고 2009도10701 판결).

(3) 사무의 타인성

(가) 의 의

타인의 사무란 그 타인(본인)이 처리해야 할 사무로서 그를 위하여 처리되어야 할 사무를 말한다.

■ 판례 ■ **건물사용권을 부여한 자가 배임죄에 있어서의 타인의 사무를 처리하는 자에 해당하는지 여부(소극)**

배임죄에 있어서의 타인의 사무라 함은 타인의 재산관리에 관한 사무의 전부 또는 일부를 대행하는 경우와 매매, 저당권의 설정등 거래를 완성하기 위한 등기협력의무와 같이 자기의 사무인 동시에 상대방의 재산보전이 그의 적극적, 소극적 협력에 관계되는 경우를 뜻하고 이 사건에서와 같이 피고인이 피해자에게 건물 사용권을 부여하고 피해자에 의한 임대보증금과 임대로 수익행위를 인용해야 할 소극적 의무를 부담함에 그치는 경우에는 피고인 본인의 사무로 인정될지언정 피해자인 타인의 사무에 해당한다고 볼 수 없다(대법원 1982.9.14. 선고 80도1816 판결).

(나) 사무처리의 내용

타인의 사무라고 하기 위해서는 타인의 재산을 보호·관리해야 할 의무가 주된 의무로서 신임관계의 전형적·본질적 내용을 이루고 있어야 한다. 따라서 타인의 재산을 보호·관리해야 할 의무가 단순히 부수적 의무인 경우에는 타인의 사무라고 할 수 없다.

○ 계약이행에 관한 일반적 의무는 상대방의 재산보호가 본질적 내용이 아니므로 타

인의 사무가 아니다. 따라서 단순한 채무 불이행과 같은 민사채무는 타인의 사무에 해당하지 않는다.

○ 그 사무가 타인의 사무가 아니고 자기의 사무의 경우라면 그 사무를 타인을 위하여 처리하는 경우라 하더라도 이는 타인의 사무를 처리하는 자라고는 볼 수 없다.

■ 판례 ■   **아파트에 대한 분양수입금을 공동명의 예금계좌에 입금하지 아니한 채 이를 자신의 기존 채무의 변제 등에 사용한 경우**

[1] 사실관계

아파트 건축공사 시행사인 A주식회사의 대표이사인 甲은 시공사인 B주식회사와의 사이에 아파트 공사 도급계약을 체결함에 있어, 분양 및 홍보관련 업무는 A주식회사와 B주식회사가 공동으로 협의하여 수행하되 분양성과 등의 최종 책임은 A주식회사가 지고, 공사대금은 분양수입금으로 지급하며, 분양수입금은 A주식회사와 B주식회사가 공동명의로 개설한 예금계좌로만 수령하고, 위 예금계좌에 입금되지 않은 분양은 일체 인정하지 않으며, 분양수입금은 ① A주식회사의 사업비용, B주식회사의 분양경비, ② 미지급 토지대금의 지급, 프로젝트 파이낸싱 원리금의 지급, B주식회사가 A주식회사에 대여한 금원의 상환, ③ B주식회사의 공사대금, A주식회사의 운영자금 ④ 기타 A주식회사의 수익금 순으로 충당하기로 특약을 하였는데, 甲이 위 특약에 위반하여 A주식회사의 기존 채무에 대한 대물변제 명목으로 아파트 3채를 분양하고, 분양대금을 甲에게 직접 지급하는 것을 조건으로 분양가를 할인하여 주는 방법으로 아파트 2채를 분양한 다음 직접 지급받은 분양대금을 위 공동 관리 예금계좌에 입금하지 않고 A주식회사의 기존 채무의 변제 등에 사용하였다.

[2] 판결요지

가. 배임죄의 주체인 '타인의 사무를 처리하는 자'의 의미

배임죄는 타인의 사무를 처리하는 자가 그 임무에 위배하는 행위에 의하여 재산상의 이익을 취득하거나 제3자로 하여금 이를 취득하게 하여 본인에게 손해를 가함으로써 성립하는 것으로, 여기에서 그 주체인 '타인의 사무를 처리하는 자'란 양자 간의 신임관계에 기초를 두고 타인의 재산관리에 관한 사무를 대행하거나 타인 재산의 보전행위에 협력하는 자의 경우 등을 가리키고, 사무의 성질이 타인의 사무가 아니라 자기의 사무에 속하는 것이라면 그 사무를 타인을 위하여 처리하는 경우라도 타인의 사무를 처리하는 자라고 볼 수 없다.

나. 배임죄의 성립여부

위 특약은 시행사의 수급인인 시공사에 대한 공사대금 채무의 변제를 확보하는 방편으로 약정한 것에 불과할 뿐이고, 위 아파트의 수분양자로부터 분양수입금을 수령할 권한 자체는 여전히 시행사에 있으며, 그 분양수입금으로 시공사에 공사대금을 지급하는 사무는 시행사 자신의 사무에 속하는 것이므로, 시행사의 위 행위는 시공사에 대한 단순한 민사상의 채무불이행에 불과할 뿐 배임죄를 구성한다고 볼 수 없다(대법원 2008.3.13. 선고 2008도373 판결).

(다) 사무의 타인성이 문제되는 경우

1) 동산의 양도담보

① 양도담보설정자

채권자와 채무자 사이의 대내적 관계에서는 채무자가 여전히 소유권을 보유하고, 채무자는 양도담보권자가 담보의 목적을 달성할 수 있도록 이를 보관할 의무를 지게되므로 양도담보권설정자는 담보권자의 사무를 처리하는 지위에 있게 된다.

A. 담보목적물의 처분

■ 판례 ■ **자동차 양도담보설정계약을 체결한 채무자가 채권자에게 소유권이전등록의무를 이행하지 않은 채 제3자에게 담보목적 자동차를 처분한 행위에 대하여 배임죄로 기소된 사안**

채무자가 양도담보설정계약에 따라 부담하는 의무, 즉 동산을 담보로 제공할 의무, 담보물의 담보가치를 유지·보전하거나 담보물을 손상, 감소 또는 멸실시키지 않을 소극적 의무, 담보권 실행 시 채권자나 그가 지정하는 자에게 담보물을 현실로 인도할 의무와 같이 채권자의 담보권 실행에 협조할 의무 등은 모두 양도담보설정계약에 따라 부담하게 된 채무자 자신의 급부의무이다. 또한 양도담보설정계약은 피담보채권의 발생을 위한 계약에 종된 계약으로, 피담보채무가 소멸하면 양도담보설정계약상의 권리의무도 소멸하게 된다. 양도담보설정계약에 따라 채무자가 부담하는 의무는 담보목적의 달성, 즉 채무불이행 시 담보권 실행을 통한 채권의 실현을 위한 것이므로 담보설정계약의 체결이나 담보권설정 전후를 불문하고 당사자 관계의 전형적·본질적 내용은 여전히 금전채권의 실현 내지 피담보채무를 변제하는 것이다. 따라서 채무자가 위와 같은 급부의무를 이행하는 것은 채무자 자신의 사무에 해당할 뿐이고, 채무자가 통상의 계약에서 이익대립관계를 넘어서 채권자와 신임관계에 기초하여 채권자의 사무를 맡아 처리한다고 볼 수 없으므로 채무자를 채권자에 대한 관계에서 '타인의 사무를 처리하는 자'라고 할 수 없다(대법원 2020. 2. 20. 선고 2019도9756 전원합의체 판결 등 참조). 위와 같은 법리는, 권리이전에 등기·등록을 요하는 동산에 관한 양도담보설정계약에도 마찬가지로 적용된다. 따라서 자동차 등에 관하여 양도담보설정계약을 체결한 채무자는 채권자에 대하여 그의 사무를 처리하는 지위에 있지 아니하므로, 채무자가 채권자에게 양도담보설정계약에 따른 의무를 다하지 아니하고 이를 타에 처분하였다고 하더라도 배임죄가 성립하지 아니한다. (대법원 2022. 12. 22. 선고 전원합의체 2020도8682 판결)

B. 이중양도담보

■ 판례 ■ **동산의 이중 양도담보제공 행위와 배임죄의 성부(소극)**

피고인이 그 소유의 이 사건 에어컨 등을 피해자에게 양도담보로 제공하고 점유개정의 방법으로 점유하고 있다가 다시 이를 제3자에게 양도담보로 제공하고 역시 점유개정의 방법으로 점유를 계속한 경우 뒤의 양도담보권자인 제3자는 처음의 담보권자인 피해자에 대하여 배타적으로 자기의 담보권을 주장할 수 없으므로 위와 같이 이중으로 양도담보제공이 된 것만으로는 처음의 양도담보권자에게 담보권의 상실이나 담보가치의 감소 등 손해가 발생한 것으로 볼 수 없으니 배임죄를 구성하지 않는다(대법원 1990.2.13. 선고 89도1931 판결).

■ 판례 ■ **점유개정의 방식으로 이중의 양도담보 설정계약을 체결한 후 양도담보 설정자가 목적물인 동산을 임의로 처분한 경우, 2차로 설정계약을 체결한 채권자에 대한 관계에서도 배임죄를 구성하는지 여부(소극)**

금전채무를 담보하기 위하여 채무자가 그 소유의 동산을 채권자에게 양도하되 점유개정에 의하여 채무자가 이를 계속 점유하기로 한 경우 특별한 사정이 없는 한 동산의 소유권은 신탁적으로 이전됨에 불과하여 채권자와 채무자 사이의 대내적 관계에서 채무자는 의연히 소유권을 보유하나 대외적인 관계에 있어서 채무자는 동산의 소유권을 이미 채권자에게 양도한 무권리자가 되는 것이어서 다시 다른 채권자와 사이에 양도담보 설정계약을 체결하고 점유개정의 방법으로 인도를 하더라도 선의취득이 인정되지 않는 한 나중에 설정계약을 체결한 채권자는 양도담보권을 취득할 수 없는데, 현실의 인도가 아닌 점유개정으로는 선의취득이 인정되지 아니하므로, 결국 뒤의 채권자는 양도담보권을 취득할 수 없고, 따라서 이와 같이 채무자가 그 소유의 동산에 대하여 점유개정의 방식으로 채권자들에게 이중의 양도담보 설정계약을 체결한 후 양도담보 설정자가 목적물을 임의로 제3자에게 처분하였다면 양도담보권자라 할 수 없는 뒤의 채권자에 대한 관계에서는, 설정자인 채무자가 타인의 사무를 처리하는 자에 해당한다고 할 수 없어 배임죄가 성립하지 않는다(대법원 2004.6.25. 선고 2004도1751 판결).

C. 이중양도담보로 제공한 후 다시 제3자에게 현실적으로 처분한 경우

■ 판례 ■ 점유개정의 방식으로 이중의 양도담보 설정계약을 체결한 후 양도담보 설정자가 목적물인 동산을 임의로 처분한 경우, 2차로 설정계약을 체결한 채권자에 대한 관계에서도 배임죄를 구성하는지 여부(소극)

[1] 사실관계

甲은 중소기업은행에 성형사출기 3대에 대한 양도담보를 설정한 후 다시 乙과의 사이에 이중으로 양도담보계약을 체결하였다. 그러나 甲은 乙에게 사출기를 현실 인도함이 없이 그대로 점유 사용하던 중 丙에게 사출기를 매각하고 현실의 인도를 하였다.

[2] 판결요지

금전채무를 담보하기 위하여 채무자가 그 소유의 동산을 채권자에게 양도하되 점유개정에 의하여 채무자가 이를 계속 점유하기로 한 경우 특별한 사정이 없는 한 동산의 소유권은 신탁적으로 이전됨에 불과하여 채권자와 채무자 사이의 대내적 관계에서 채무자는 의연히 소유권을 보유하나 대외적인 관계에 있어서 채무자는 동산의 소유권을 이미 채권자에게 양도한 무권리자가 되는 것이어서 다시 다른 채권자와 사이에 양도담보 설정계약을 체결하고 점유개정의 방법으로 인도를 하더라도 선의취득이 인정되지 않는 한 나중에 설정계약을 체결한 채권자는 양도담보권을 취득할 수 없는데, 현실의 인도가 아닌 점유개정으로는 선의취득이 인정되지 아니하므로, 결국 뒤의 채권자는 양도담보권을 취득할 수 없고, 따라서 이와 같이 채무자가 그 소유의 동산에 대하여 점유개정의 방식으로 채권자들에게 이중의 양도담보 설정계약을 체결한 후 양도담보 설정자가 목적물을 임의로 제3자에게 처분하였다면 양도담보권자라 할 수 없는 뒤의 채권자에 대한 관계에서는, 설정자인 채무자가 타인의 사무를 처리하는 자에 해당한다고 할 수 없어 배임죄가 성립하지 않는다(대법원 2004.6.25. 선고 2004도1751 판결). ☞ (甲은 중소기업은행에 대한 배임죄, 乙에 대해서는 무죄)

■ 판례 ■ 부동산 이중매매 배임죄 사건

[1] 부동산 매매계약에서 중도금이 지급되는 등 계약이 본격적으로 이행되는 단계에 이른 경우, 그때부터 매도인은 배임죄에서 말하는 '타인의 사무를 처리하는 자'에 해당하는지 여부(적극) 및 그러한 지위에 있는 매도인이 매수인에게 계약 내용에 따라 부동산의 소유권을 이전해 주기 전에 그 부동산을 제3자에

게 처분하고 제3자 앞으로 그 처분에 따른 등기를 마쳐 준 경우, 배임죄가 성립하는지 여부(적극)

[다수의견] 부동산 매매계약에서 계약금만 지급된 단계에서는 어느 당사자나 계약금을 포기하거나 그 배액을 상환함으로써 자유롭게 계약의 구속력에서 벗어날 수 있다. 그러나 중도금이 지급되는 등 계약이 본격적으로 이행되는 단계에 이른 때에는 계약이 취소되거나 해제되지 않는 한 매도인은 매수인에게 부동산의 소유권을 이전해 줄 의무에서 벗어날 수 없다. 따라서 이러한 단계에 이른 때에 매도인은 매수인에 대하여 매수인의 재산보전에 협력하여 재산적 이익을 보호·관리할 신임관계에 있게 된다. 그때부터 매도인은 배임죄에서 말하는 '타인의 사무를 처리하는 자'에 해당한다고 보아야 한다. 그러한 지위에 있는 매도인이 매수인에게 계약 내용에 따라 부동산의 소유권을 이전해 주기 전에 그 부동산을 제3자에게 처분하고 제3자 앞으로 그 처분에 따른 등기를 마쳐 준 행위는 매수인의 부동산 취득 또는 보전에 지장을 초래하는 행위이다. 이는 매수인과의 신임관계를 저버리는 행위로서 배임죄가 성립한다. 그 이유는 다음과 같다.

① 배임죄는 타인과 그 재산상 이익을 보호·관리하여야 할 신임관계에 있는 사람이 신뢰를 저버리는 행위를 함으로써 타인의 재산상 이익을 침해할 때 성립하는 범죄이다. 계약관계에 있는 당사자 사이에 어느 정도의 신뢰가 형성되었을 때 형사법에 의해 보호받는 신임관계가 발생한다고 볼 것인지, 어떠한 형태의 신뢰위반 행위를 가벌적인 임무위배행위로 인정할 것인지는 계약의 내용과 이행의 정도, 그에 따른 계약의 구속력 정도, 거래 관행, 신임관계의 유형과 내용, 신뢰위반의 정도 등을 종합적으로 고려하여 타인의 재산상 이익 보호가 신임관계의 전형적·본질적 내용이 되었는지, 해당 행위가 형사법의 개입이 정당화될 정도의 배신적인 행위인지 등에 따라 규범적으로 판단해야 한다. 이와 같이 배임죄의 성립 범위를 확정함에 있어서는 형벌법규로서의 배임죄가 본연의 기능을 다하지 못하게 되어 개인의 재산권 보호가 소홀해지지 않도록 유의해야 한다.

② 우리나라에서 부동산은 국민의 기본적 생활의 터전으로 경제활동의 근저를 이루고 있고, 국민 개개인이 보유하는 재산가치의 대부분을 부동산이 차지하는 경우도 상당하다. 이렇듯 부동산이 경제생활에서 차지하는 비중이나 이를 목적으로 한 거래의 사회경제적 의미는 여전히 크다.

③ 부동산 매매대금은 통상 계약금, 중도금, 잔금으로 나뉘어 지급된다. 매수인이 매도인에게 중도금을 지급하면 당사자가 임의로 계약을 해제할 수 없는 구속력이 발생한다(민법 제565조 참조). 그런데 매수인이 매도인에게 매매대금의 상당부분에 이르는 계약금과 중도금까지 지급하더라도 매도인의 이중매매를 방지할 보편적이고 충분한 수단은 마련되어 있지 않다. 이러한 상황에서도 매수인은 매도인이 소유권이전등기를 마쳐 줄 것으로 믿고 중도금을 지급한다. 즉 매수인은 매도인이 소유권이전등기를 마쳐 줄 것이라는 신뢰에 기초하여 중도금을 지급하고, 매도인 또한 중도금이 그러한 신뢰를 바탕으로 지급된다는 것을 인식하면서 이를 받는다. 따라서 중도금이 지급된 단계부터는 매도인이 매수인의 재산보전에 협력하는 신임관계가 당사자 관계의 전형적·본질적 내용이 된다. 이러한 신임관계에 있는 매도인은 매수인의 소유권 취득 사무를 처리하는 자로서 배임죄에서 말하는 '타인의 사무를 처리하는 자'에 해당하게 된다. 나아가 그러한 지위에 있는 매도인이 매수인에게 소유권을 이전하기 전에 고의로 제3자에게 목적부동산을 처분하는 행위는 매매계약상 혹은 신의칙상 당연히 하지 않아야 할 행위로서 배임죄에서 말하는 임무위배행위로 평가할 수 있다.

④ 대법원은 오래전부터 부동산 이중매매 사건에서, 매도인은 매수인 앞으로 소유권이전등기를 마칠 때까지 협력할 의무가 있고, 매도인이 중도금을 지급받은 이후 목적부동산을 제3자에게 이중으로 양도하면 배임죄가 성립한다고 일관되게 판결함으로써 그러한 판례를 확립하여 왔다. 이러한 판례 법리는 부동산 이중매매를 억제하고 매수인을 보호하는 역할을 충실히 수행하여 왔고, 현재 우리의 부동산 매매거래 현실에 비추어 보더라도 여전히 타당하다. 이러한 법리가 부동산 거래의 왜곡 또는 혼란을 야기하는 것도 아니고, 매도인의 계약의 자유를 과도하게 제한한다고 볼 수도 없다. 따라서

기존의 판례는 유지되어야 한다.

[2] 부동산 매도인인 피고인이 매수인 甲 등과 매매계약을 체결하고 甲 등으로부터 계약금과 중도금을 지급받은 후 매매목적물인 부동산을 제3자 乙 등에게 이중으로 매도하고 소유권이전등기를 마쳐 주어 구 특정경제범죄 가중처벌 등에 관한 법률 위반(배임)으로 기소된 사안에서, 제반 사정을 종합하면 피고인의 행위는 甲 등과의 신임관계를 저버리는 임무위배행위로서 배임죄가 성립하고, 피고인에게 배임의 범의와 불법이득의사가 인정됨에도, 이와 달리 보아 공소사실을 무죄로 판단한 원심판결에 배임죄에서 '타인의 사무를 처리하는 자', 범의 등에 관한 법리오해의 위법이 있다.

부동산 매도인인 피고인이 매수인 甲 등과 매매계약을 체결하고 甲 등으로부터 계약금과 중도금을 지급받은 후 매매목적물인 부동산을 제3자 乙 등에게 이중으로 매도하고 소유권이전등기를 마쳐 주어 구 특정경제범죄 가중처벌 등에 관한 법률(2016. 1. 6. 법률 제13719호로 개정되기 전의 것) 위반(배임)으로 기소된 사안에서, 甲 등이 피고인에게 매매계약에 따라 중도금을 지급하였을 때 매매계약은 임의로 해제할 수 없는 단계에 이르렀고, 피고인은 甲 등에 대하여 재산적 이익을 보호할 신임관계에 있게 되어 타인인 甲 등의 부동산에 관한 소유권 취득 사무를 처리하는 자가 된 점, 甲 등이 잔금 지급기일이 지나도 부동산을 인도받지 못하자 피고인에게 보낸 통고서의 내용은, 甲 등이 피고인에게 요구조건을 받아들일 것을 촉구하면서 이를 받아들이지 않으면 매매계약을 해제하겠다는 취지일 뿐 그 자체로 계약 해제의 의사표시가 포함되어 있다고 보기 어려운 점, 피고인은 매매계약이 적법하게 해제되지 않은 상태에서 甲 등에 대한 위와 같은 신임관계에 기초한 임무를 위배하여 부동산을 乙 등에게 매도하고 소유권이전등기를 마쳐 준 점, 비록 피고인이 당시 임차인으로부터 부동산을 반환받지 못하여 甲 등에게 이를 인도하지 못하고 있었고, 甲 등과 채무불이행으로 인한 손해배상과 관련한 말들을 주고받았더라도, 매매계약이 적법하게 해제되지 않고 유효하게 유지되고 있던 이상 위와 같은 신임관계가 소멸되었다고 볼 수 없는 점을 종합하면, 피고인의 행위는 甲 등과의 신임관계를 저버리는 임무위배행위로서 배임죄가 성립하고, 또한 매매계약은 당시 적법하게 해제되지 않았고, 설령 피고인이 적법하게 해제되었다고 믿었더라도 그 믿음에 정당한 사유가 있다고 보기 어려워 피고인에게 배임의 범의와 불법이득의사가 인정됨에도, 이와 달리 보아 공소사실을 무죄로 판단한 원심판결에 배임죄에서 '타인의 사무를 처리하는 자', 범의 등에 관한 법리오해의 위법이 있다.(대법원 2018. 5. 17. 선고, 2017도4027, 전원합의체 판결)

■ 판례 ■ **부동산 매매계약에서 중도금이 지급되는 등 계약이 본격적으로 이행되는 단계에 이른 경우, 그때부터 매도인은 배임죄에서 말하는 '타인의 사무를 처리하는 자'에 해당하는지 여부(적극) / 그러한 지위에 있는 매도인이 매수인에게 계약 내용에 따라 부동산의 소유권을 이전해 주기 전에 그 부동산을 제3자에게 처분하고 제3자 앞으로 그 처분에 따른 등기를 마쳐 준 경우, 배임죄가 성립하는지 여부(적극) / 매도인이 매수인에게 순위보전의 효력이 있는 가등기를 마쳐 준 경우, 가등기로 인하여 매수인의 재산보전에 협력하여 재산적 이익을 보호 · 관리할 신임관계의 전형적 · 본질적 내용이 변경되는지 여부(소극)**

부동산 매매계약에서 계약금만 지급된 단계에서는 어느 당사자나 계약금을 포기하거나 그 배액을 상환함으로써 자유롭게 계약의 구속력에서 벗어날 수 있다. 그러나 중도금이 지급되는 등 계약이 본격적으로 이행되는 단계에 이른 때에는 계약이 취소되거나 해제되지 않는 한 매도인은 매수인에게 부동산의 소유권을 이전해 줄 의무에서 벗어날 수 없다. 따라서 이러한 단계에 이른 때에 매도인은 매수인에 대하여 매수인의 재산보전에 협력하여 재산적 이익을 보호 · 관리할 신임관계에 있게 된다. 그때부터 매도인은 배임죄에서 말하는 '타인의 사무를 처리하는 자'에 해당한다고 보아야 한다.

그러한 지위에 있는 매도인이 매수인에게 계약 내용에 따라 부동산의 소유권을 이전해 주기 전에 그 부동산을 제3자에게 처분하고 제3자 앞으로 그 처분에 따른 등기를 마쳐 준 행위는 매수인의 부동산 취득 또는 보전에 지장을 초래하는 행위이다. 이는 매수인과의 신임관계를 저버리는 행위로서 배임죄가 성립한다. 그리고 매도인이 매수인에게 순위보전의 효력이 있는 가등기를 마쳐 주었더라도 이는 향후 매수인에게 손해를 회복할 수 있는 방안을 마련하여 준 것일 뿐 그 자체로 물권변동의 효력이 있는 것은 아니어서 매도인으로서는 소유권을 이전하여 줄 의무에서 벗어날 수 없으므로, 그와 같은 가등기로 인하여 매수인의 재산보전에 협력하여 재산적 이익을 보호·관리할 신임관계의 전형적·본질적 내용이 변경된다고 할 수 없다.(대법원 2020. 5. 14. 선고, 2019도16228, 판결)

■ 판례 ■ **저당권이 설정된 자동차를 임의처분한 경우 및 자동차 이중양도의 경우 배임죄 성립 여부(소극)**

[1] 사실관계

피고인은 피해자 메리츠캐피탈 주식회사에게 저당권을 설정해 준 버스를 임의처분하였고, 피해자 이○○에게 버스를 매도하기로 하여 중도금까지 지급받았음에도 버스에 공동근저당권을 설정하였음. 원심은 피고인이 피해자들에 대한 타인의 사무처리자임을 전제로 각 배임의 점에 대하여 유죄로 판단하였음. 반면 대법원은 위와 같은 의무는 저당권설정계약 또는 매매계약에 따른 피고인의 사무일 뿐 타인의 사무라고 볼 수 없다는 이유로 원심을 파기한 사안임

[2] 판결요지

금전채권채무 관계에서 채권자가 채무자의 급부이행에 대한 신뢰를 바탕으로 금전을 대여하고 채무자의 성실한 급부이행에 의해 채권의 만족이라는 이익을 얻게 된다 하더라도, 채권자가 채무자에 대한 신임을 기초로 그의 재산을 보호 또는 관리하는 임무를 부여하였다고 할 수 없고, 금전채무의 이행은 어디까지나 채무자가 자신의 급부의무의 이행으로서 행하는 것이므로 이를 두고 채권자의 사무를 맡아 처리하는 것으로 볼 수 없다. 따라서 채무자를 채권자에 대한 관계에서 '타인의 사무를 처리하는 자'에 해당한다고 할 수 없다.

채무자가 금전채무를 담보하기 위하여 「자동차 등 특정동산 저당법」 등에 따라 그 소유의 동산에 관하여 채권자에게 저당권을 설정해 주기로 약정하거나 저당권을 설정한 경우에도 마찬가지이다. 채무자가 저당권설정계약에 따라 부담하는 의무, 즉 동산을 담보로 제공할 의무, 담보물의 담보가치를 유지·보전하거나 담보물을 손상, 감소 또는 멸실시키지 않을 소극적 의무, 담보권 실행 시 채권자나 그가 지정하는 자에게 담보물을 현실로 인도할 의무와 같이 채권자의 담보권 실행에 협조할 의무 등은 모두 저당권설정계약에 따라 부담하게 된 채무자 자신의 급부의무이다. 또한 저당권설정계약은 피담보채권의 발생을 위한 계약에 종된 계약으로, 피담보채무가 소멸하면 저당권설정계약상의 권리의무도 소멸하게 된다. 저당권설정계약에 따라 채무자가 부담하는 의무는 담보목적의 달성, 즉 채무불이행 시 담보권 실행을 통한 채권의 실현을 위한 것이므로 저당권설정계약의 체결이나 저당권 설정 전후를 불문하고 당사자 관계의 전형적·본질적 내용은 여전히 금전채권의 실현 내지 피담보채무의 변제에 있다(대법원 2020. 8. 27. 선고 2019도14770 전원합의체 판결 등 참조). 따라서 채무자가 위와 같은 급부의무를 이행하는 것은 채무자 자신의 사무에 해당할 뿐이고, 채무자가 통상의 계약에서의 이익대립관계를 넘어서 채권자와의 신임관계에 기초하여 채권자의 사무를 맡아 처리한다고 볼 수 없으므로 채무자를 채권자에 대한 관계에서 배임죄의 주체인 '타인의 사무를 처리하는 자'에 해당한다고 할 수 없다. 그러므로 채무자가 담보물을 제3자에게 처분하는

등으로 담보가치를 감소 또는 상실시켜 채권자의 담보권 실행이나 이를 통한 채권실현에 위험을 초래하더라도 배임죄가 성립하지 아니한다. 위와 같은 법리는, 금전채무를 담보하기 위하여 「공장 및 광업재단 저당법」에 따라 저당권이 설정된 동산을 채무자가 제3자에게 임의로 처분한 사안에도 마찬가지로 적용된다.

매매와 같이 당사자 일방이 재산권을 상대방에게 이전할 것을 약정하고 상대방이 그 대금을 지급할 것을 약정함으로써 그 효력이 생기는 계약의 경우(민법 제563조), 쌍방이 그 계약의 내용에 좇은 이행을 하여야 할 채무는 특별한 사정이 없는 한 '자기의 사무'에 해당하는 것이 원칙이다. 동산 매매계약에서의 매도인은 매수인에 대하여 그의 사무를 처리하는 지위에 있지 아니하므로, 매도인이 목적물을 타에 처분하였다 하더라도 형법상 배임죄가 성립하지 아니한다(대법원 2011. 1. 20. 선고 2008도10479 전원합의체 판결 등 참조). 위와 같은 법리는 권리이전에 등기·등록을 요하는 동산에 대한 매매계약에서도 동일하게 적용되므로, 자동차 등의 매도인은 매수인에 대하여 그의 사무를 처리하는 지위에 있지 아니하여, 매도인이 매수인에게 소유권이전등록을 하지 아니하고 타에 처분하였다고 하더라도 마찬가지로 배임죄가 성립하지 아니한다.(대법원 2020. 10. 22. 선고 전원합의체 2020도6258 판결)

② 양도담보권자

A. 변제기 경과 전

채권자가 담보목적물을 어떠한 사유로 보관하게 된 경우에는 타인소유의 물건을 보관하는 자로서 횡령죄의 주체가 될 수 있다.

■ 판례 ■ **양도담보의 피담보채무가 소멸함에 따른 양도담보권자의 회복의무가 타인의 사무인지 여부(적극)**

양도담보의 채무자는 채권자가 담보권의 실행을 위하여 양도담보의 목적물처분을 종료할 때까지 피담보채무를 변제하여 목적물을 도로 찾아올 수 있고 양도담보의 피담보채권이 채무자의 변제 등에 의하여 소멸하면 양도담보권자는 담보목적물의 소유자이었던 담보설정자에게 그 권리를 회복시켜 줄 의무를 부담하게 함으로 그 이행은 타인의 재산을 보전하는 형법 제355조 제1항 소정의 타인의 사무라고 할 것이다(대법원 1988.12.13. 선고 88도184 판결).

B. 변제기 경과 후

변제기 경과 후 담보권자가 담보권 실행을 위하여 목적물을 처분하는 것은 자신의 사무라고 할 것이므로 배임죄의 주체가 될 수 없다.

■ 판례 ■ **양도담보권자의 정산의무불이행과 배임죄의 성부**

[1] 사실관계

양도담보권자인 甲은 변제기 경과 후에 담보권을 실행하여 그 환가대금 또는 평가액을 채권원리금과 담보권 실행비용 등의 변제에 충당하고 환가대금 또는 평가액의 나머지가 있었으나 이를 담보제공자 乙에게 반환하지 않았다.

[2] 판결요지

양도담보가 처분정산형의 경우이건 귀속정산형의 경우이건 간에 담보권자가 변제기 경과후에 담보권을 실행하여 그 환가대금 또는 평가액을 채권원리금과 담보권 실행비용 등의 변제에 충당하고 환가대금 또는 평가액의 나머지가 있어 이를 담보제공자에게 반환할 의무는 담보계약에 따라 부담하는 자신의 정산의무이므로 그 의무를 이행하는 사무는 곧 자기의 사무처리에 속하는 것이라 할 것이고 이를 부동산매매에 있어서의 매도인의 등기의무와 같이 타인인 채무자의 사무처리에 속하는 것이라고 볼 수는 없어 그 정산의무를 이행하지 아니한 소위는 배임죄를 구성하지 않는다(대법원 1985.11.26. 선고 85도1493 전원합의체판결).

■ 판례 ■ **담보권자가 담보목적물을 부당하게 염가로 처분한 경우, 배임죄의 성립 여부(소극)**

담보권자가 변제기 경과 후에 담보권을 실행하기 위하여 담보목적물을 처분하는 행위는 담보계약에 따라 담보권자에게 주어진 권능이어서 자기의 사무처리에 속하는 것이지 타인인 채무자의 사무처리에 속하는 것이라고 할 수 없으므로, 담보권자가 담보권을 실행하기 위하여 담보목적물을 처분함에 있어 시가에 따른 적절한 처분을 하여야 할 의무는 담보계약상의 민사채무일 뿐 그와 같은 형법상의 의무가 있는 것은 아니므로 그에 위반한 경우 배임죄가 성립된다고 할 수 없다(대법원 1997.12.23. 선고 97도2430 판결).

2) 부동산 양도담보

A. 변제기 경과 전

채권자는 변제기까지 채무자의 채무변제에 따른 소유명의의 환원을 위하여 그 부동산을 보전할 의무가 존재하고, 이러한 의무는 타인의 사무에 해당한다.

■ 판례 ■ **채권의 담보를 목적으로 부동산의 소유권이전등기를 경료받은 채권자가 그 변제기일 이전에 그 임무에 위배하여 이를 제3자에게 처분한 경우, 배임죄의 성부(적극)**

채권의 담보를 목적으로 부동산의 소유권이전등기를 경료받은 채권자는 채무자가 변제기일까지 그 채무를 변제하면 채무자에게 그 소유 명의를 환원하여 주기 위하여 그 소유권이전등기를 이행할 의무가 있으므로 그 변제기일 이전에 그 임무에 위배하여 이를 제3자에게 처분하였다면 변제기일까지 채무자의 변제가 없었다 하더라도 배임죄는 성립된다(대법원 1992.7.14. 선고 92도753 판결).

■ 판례사례 ■ [배임죄를 구성하는 사례]

(1) 양도담보로 받은 6필지 토지중 처분한 4필지 땅으로 원리금을 정산하고 남았는데도 남은 2필지를 타에 처분한 경우(대법원 1979.6.12. 선고 79도205 판결)
(2) 매매예약으로 인한 소유권이전등기청구권 보전을 위한 가등기권자가 변제기한 전에 채무자의 승낙없이 부동산을 그의 처 앞으로 소유권이전등기를 경료한 경우(대법원 1976.9.14. 선고 76도 2069 판결)
(3) 채무자에게 환매권을 주는 형식을 취하여 채권담보의 목적으로 부동산소유권이전등기를 경료받은 채권자가 변제기일 이전에 제3자에게 근저당권설정등기를 경료한 경우(대법원 1987.4.28. 선고 87도265 판결)
(4) 담보목적으로 피고인 명의로 가등기가 경료된 피해자 소유의 부동산에 대하여 피해자의 아들로부터 채무가 변제 공탁된 사실을 통고받고서도 피고인 앞으로 본등기를 경료함과 동시에

제3자 앞으로 가등기를 경료하여 준 경우(대법원 1990.8.10. 선고 90도414 판결)
(5) 甲과 주택 13채를 건립하기로 한 피고인이 甲으로부터 그 공사대금 확보책으로 위 주택 중 한 채에 입주하기로 된 병 소유의 부동산에 관한 매도처분에 필요한 일체의 서류를 교부받아 보관하던 중 이를 타인에게 처분하여 소유권이전등기를 경료해 준 경우 ⇨ 피고인은 신의성실의 관념상 甲으로부터 공사대금을 받을 때까지 위 서류들을 그 권리자인 병을 위하여 선량하게 보관하고 있다가 잔금이 청산되면 즉시 이를 반환하여 병으로 하여금 그 소유재산을 회부하도록 사무를 처리할 임무가 있다고 할 것이다(대법원 1969.12.9. 선고 69도1647 판결).

B. 변제기 경과 후

원칙적으로 담보권을 실행하여 채권원리금에 충당하고 남은 잔액을 채무자에게 반환할 의무는 채권자 자신의 사무에 해당하여 타인의 사무를 처리하는 자에 해당하지 않는다. 따라서 양도담보가 그 정산의무를 이행하지 아니한 경우(대법원 1985.11.26. 선고 85도1493 전원합의체판결)나 담보권자가 담보목적물을 부당하게 염가로 처분한 경우(대법원 1997.12.23. 선고 97도2430 판결)에는 배임죄를 구성하지 않는다.

3) 부동산명의 수탁자

■ 판례 ■ **수탁자가 계약명의신탁의 약정에 따라 취득한 부동산에 대하여 신탁자의 반환요구를 거절하고 수탁자 명의로 그 소유권이전등기를 경료한 경우, 업무상배임죄의 성부(소극)**

신탁자와 수탁자가 명의신탁약정을 맺고, 그에 따라 수탁자가 당사자가 되어 명의신탁약정이 있다는 사실을 알지 못하는 소유자와 사이에서 부동산에 관한 매매계약을 체결한 계약명의신탁에 있어서 수탁자는 신탁자에 대한 관계에서도 신탁 부동산의 소유권을 완전히 취득하고 단지 신탁자에 대하여 명의신탁약정의 무효로 인한 부당이득반환의무만을 부담할 뿐인바, 그와 같은 부당이득반환의무는 명의신탁약정의 무효로 인하여 수탁자가 신탁자에 대하여 부담하는 통상의 채무에 불과할 뿐 아니라, 신탁자와 수탁자 간의 명의신탁약정이 무효인 이상, 특별한 사정이 없는 한 신탁자와 수탁자 간에 명의신탁약정과 함께 이루어진 부동산 매입의 위임 약정 역시 무효라고 볼 것이어서 수탁자를 신탁자와의 신임관계에 기하여 신탁자를 위하여 신탁 부동산을 관리하면서 신탁자의 허락 없이는 이를 처분하여서는 아니되는 의무를 부담하는 등으로 신탁자의 재산을 보전·관리하는 지위에 있는 자에 해당한다고 볼 수 없어 수탁자는 타인의 사무를 처리하는 자의 지위에 있지 아니하다 할 것이고, 이러한 계약명의신탁의 법리는 부동산실권리자명의등기에관한법률 제4조 제1항에 따라 무효인 명의신탁약정에 대하여 신탁자가 그 소유권이전등기의 경료 이전에 해지의 의사를 표시한 경우에도 마찬가지로 적용되는 것으로 보아야 할 것이다(대법원 2004.4.27. 선고 2003도6994 판결).

4) 영업허가 등의 명의수탁자

■ 판례 ■ **캬바레 영업허가권의 임차인 내지 명의수탁자가 이를 타에 처분하고 그 명의를 이전하려 한 경우의 죄책(배임미수)**

피고인이 캬바레영업을 할 목적으로 캬바레건물을 임차하면서 임대차계약이 종료될 때에 반환하기로 하는 약정 아래 캬바레영업허가 명의를 이전받았다면 임대인에 대한 대내적 관계에서는 위 영업허가권의 단순한 임차인내지 명의수탁자에 불과하다 할 것이므로 임대차계약 종료시에 이를 반환하는 범위안에서 타인의 사무를 처리하는 자라고 할 것이니 이 임무에 위배하여 이를 제3자에게 처분하고 그 명의를 이전하려 하였다면 배임미수에 해당한다(대법원 1981.7.28. 선고 81도966 판결).

■ 판례 ■　　**다방임차인의 다방영업허가 명의환원을 거부한 경우, 배임죄의 성부(적극)**

다방영업 허가에 따르는 재산적 이익의 실질적 귀속자인 甲이 피고인에게 다방시설을 포함한 운영권 일체를 임대함에 있어서 임대기간 동안은 다방 영업허가 명의를 피고인 명의로 변경하고, 그 임대기간이 종료될 때에는 다시 甲 또는 甲이 지정하는 제3자 앞으로 명의를 변경하기로 약정하였다면, 피고인은 임대기간이 종료되면 위 약정대로 그 허가 명의를 변경할 수 있도록 협력할 의무가 있고, 이 의무이행은 피고인 자신의 사무인 동시에 甲의 사무라고 할 것인데, 피고인이 위 명의환원 약정을 부인하고 자신이 명실상부한 영업허가 명의자라고 주장하면서 영업장소를 이전하고 다방의 상호를 변경하고 甲의 명의변경 요구를 거부하는 소위는 배임죄에 해당한다(대법원 1981.8.20. 선고 80도1176 판결).

■ 판례 ■　　**다른 동업자들이 영업활동을 중단하거나 동업약정기간이 경과한 경우 동업자들이 공동으로 취득한 해사채취권을 그 취득명의자인 잔여 동업자가 임의로 매도한 경우, 배임죄의 성부(적극)**

동업자들이 동업계약을 체결하고 영업을 해 오다가 중도에 영업활동을 중단하였거나 또는 동업약정 기간이 경과되었더라도 그것만으로는 공동으로 취득한 해사채취권이 동업자의 1인인 피고인의 단독 소유가 된다고 볼 수 없고 나머지 동업자들의 지분에 관한 한 명의수탁자의 지위에 있다 할 것이므로 이를 임의로 매도한 것은 배임죄에 해당한다(대법원 1992.10.27. 선고 91도2346 판결).

5) 계 주

■ 판례 ■　　**계주가 계금을 지급하지 않은 경우**

[1] 계주가 계원들로부터 월불입금을 모두 징수하였음에도 불구하고 정당한 사유 없이 이를 지정된 계원에게 지급하지 아니한 경우, 배임죄를 구성하는지 여부

계주가 계원들로부터 월불입금을 모두 징수하였음에도 불구하고 그 임무에 위배하여 정당한 사유 없이 이를 지정된 계원에게 지급하지 아니하였다면 다른 특별한 사정이 없는 한 그 지정된 계원에 대한 관계에 있어서 배임죄를 구성한다.

[2] 계원과 계주의 권리의무 관계

계는 계원과 계주 간의 계약관계를 기초로 성립하여 유지되는 것이고, 계원과 계주의 권리의무는 상호 교환적인 것으로서 어느 한 쪽이 기본적인 약정을 성실하게 이행하여 왔다면 다른 한 쪽도 그에 대응하는 자신의 의무를 성실하게 이행할 임무가 있다.

[3] 계주가 성실하게 계불입금을 지급하여 온 계원에게 거짓말을 하여 그 계원이 낙찰받아 계금을 탈 수 있는 기회를 박탈한 경우, 배임죄의 성부(적극)

계가 정상적으로 운영되고 있음에도 불구하고 계주가 그 동안 성실하게 계불입금을 지급하여 온 계원에게 계가 깨졌다는 등의 거짓말을 하여 그 계원이 계에 참석하여 낙찰받아 계금을 탈 수 있는 기회를 박탈하여 손해를 가하였다면 계주의 위와 같은 임무위배는 그 계원에 대한 관계에 있어서 배임죄를 구성한다(대법원 1995.9.29. 선고 95도1176 판결).

■ 판례 ■ **계주가 상계를 이유로 계금지급을 거절한 경우 배임죄의 성부(소극)**

계원이 甲으로부터 채무의 이행을 독촉받자 계주에게 자신의 계금 수령일을 변제기로 하여 위 甲에게 금전을 대여하도록 하였으면서도 계금을 수령한 후에는 대여금을 변제하지 아니할 기세를 보이므로 계주가 위 甲과 공동으로 계원에게 상호간의 채권을 상계하도록 하자고 말한 사실이 인정된다면 계주는 위 甲으로부터 위 대여금채권의 변제에 갈음하여 계원에 대한 위 甲의 채권을 양수받아 위 甲이 양도사실을 피해자에게 통지함과 동시에 계원의 계주에 대한 계금채권과 대등액에서 상계의 의사표시를 한 것이라고 보여져 계주의 위 계금지급임무는 소멸되었다고 할 것이므로 계주가 계원에 대하여 계금지급을 거절한 행위는 배임죄를 구성하지 아니한다(대법원 1984.6.26. 선고 84도849 판결).

■ 판례 ■ **중간계주가 그 책임하에 모집한 계원에 대한 계주의 계금지급의무 유무(소극)**

피고인이 조직한 두개의 순번계에 아홉구좌를 가입한 甲이 소위 중간계주로서 계불입금의 수령, 납부 또는 계금의 수령, 납부 등을 그 자신의 책임으로 하여 위 아홉구좌의 계원을 모집하여 운영하고 있었고 을은 위 甲이 중간계주로서 모집한 계원으로 위 아홉구좌중 한 구좌에 가입했다면 특단의 사정이 없는 한 피고인은 계주로서 위 을에 대하여 계금지급의무가 없다(대법원 1984.2.28. 선고 83도3279 판결).

■ 판례 ■ **계주로서 낙찰계를 조직·운영하다가 9회차 곗날에 계원들로부터 계불입금을 징수하지 아니하고 잠적함으로써 그 계가 파계된 경우**

낙찰계의 계주가 계원들과의 약정에 따라 부담하는 계금지급의무가 배임죄에서 말하는 '타인의 사무'에 해당하려면 그 관계의 본질적 내용이 단순한 채권관계상의 의무를 넘어서 신임관계에 기초하여 타인의 재산을 보호 내지 관리하는 데 이르러야 하는바, 계주가 계원들로부터 계불입금을 징수하게 되면 그 계불입금은 실질적으로 낙찰계원에 대한 계금지급을 위하여 계주에게 위탁된 금원의 성격을 지니고 따라서 계주는 이를 낙찰·지급받을 계원과의 사이에서 단순한 채권관계를 넘어 신의칙상 그 계금지급을 위하여 위 계불입금을 보호 내지 관리하여야 하는 신임관계에 들어서게 되므로, 이에 기초한 계주의 계금지급의무는 배임죄에서 말하는 타인의 사무에 해당한다. 그러나 계주가 계원들로부터 계불입금을 징수하지 아니하였다면 그러한 상태에서 부담하는 계금지급의무는 위와 같은 신임관계에 이르지 아니한 단순한 채권관계상의 의무에 불과하여 타인의 사무에 속하지 아니하고, 이는 계주가 계원들과의 약정을 위반하여 계불입금을 징수하지 아니한 경우라 하여 달리 볼 수 없다(대법원 2009.8.20. 선고 2009도3143 판결).

6) 증권회사

■ 판례 ■ **증권회사 직원이 고객의 매수주문 없이 고객의 예탁금으로 주식을 무단 매수하였다가 주식시세의 하락으로 손해가 발생한 경우, 업무상 배임죄의 성부**

[1] 사실관계

甲은 증권회사 지점의 사원으로 근무하면서 주식매매 업무에 종사하는 자인바, 乙이 주식매입 자금으로 금 45,000,000원을 입금하자, 동인으로부터 매입주문이 없었음에도 미도파 주식회사의 주식 5,000주를 금 44,402,000원에 매수하였는 바, 위 주식의 시세가 하락하여 乙에게 금 4,444,263원 상당의 재산상 손해를 가하였다.

[2] 판결요지

가. 증권회사직원의 지위

고객이 증권회사와 체결하는 매매거래 계좌설정 계약은 고객과 증권회사 간의 계속적인 거래관계에 적용될 기본관계에 불과하므로 특별한 사정이 없는 한 그에 의하여 바로 매매거래에 관한 위탁계약이 이루어지는 것이 아니고, 매매거래 계좌설정 계약을 토대로 하여 고객이 매수주문을 할 때 비로소 매매거래에 관한 위탁이 이루어진다고 할 것이고, 고객과 증권회사와의 사이에 이러한 매매거래에 관한 위탁계약이 성립되기 이전에는 증권회사는 매매거래 계좌설정 계약시 고객이 입금한 예탁금을 고객의 주문이 있는 경우에 한하여 그 거래의 결제의 용도로만 사용하여야 하고, 고객의 주문이 없이 무단 매매를 행하여 고객의 계좌에 손해를 가하지 아니하여야 할 의무를 부담하는 자로서, 고객과의 신임관계에 기초를 두고 고객의 재산관리에 관한 사무를 대행하는 타인의 사무를 처리할 지위에 있다 할 것이다.

나. 甲의 죄책

이 사건에 있어서 증권회사의 직원으로서 고객과의 매매거래 계좌설정 계약에 따라 고객의 사무를 처리하는 지위에 있는 피고인이 원심이 확정한 바와 같이 피해자인 고객의 동의를 얻지 않고 이 사건 미도파주식을 매입한 것이라면 주식의 시세의 하락으로 인하여 고객에게 손해가 발생될 염려가 있다는 인식이 미필적으로나마 있었다고 할 것이고, 기록에 의하면 피고인이 근무하는 위 증권회사는 이 사건 미도파주식의 매입으로 인하여 금 222,010원의 수수료를 취득한 점을 알 수 있어, 피고인에게 자기 또는 제3자가 재산상의 이익을 얻는다는 인식도 있었다고 보이므로 결국 피고인에게 이 사건 업무상 배임죄의 고의가 있었다고 인정될 여지가 충분히 있다고 할 것이다(대법원 1995.11.21. 선고 94도1598 판결).

7) 1인주주

■ 판례 ■ **소위 1인 주주가 회사에 대한 배임죄의 주체가 될 수 있느냐 여부(적극)**

배임죄의 주체는 타인을 위하여 사무를 처리하는 자이며, 그의 임무위반 행위로써 그 타인인 본인에게 재산상의 손해를 발생케 하였을 때 이 죄가 성립되는 것인 즉, 소위 1인회사에 있어서도 행위의 주체와 그 본인은 분명히 별개의 인격이며, 그 본인인 주식회사에 재산상 손해가 발생하였을 때 배임죄는 기수가 되는 것이므로 궁극적으로 그 손해가 주주의 손해가 된다 하더라도 이미 성립한 죄에는 아무 소장이 없다(대법원 1983.12.13. 선고 83도2330 전원합의체 판결).

■ 판례 ■ **일인 주주회사에 있어 그 주주가 회사에 대한 배임죄의 주체가 될 수 있는지 여부(적극)**

(A)금고와 (B)금고의 모든 주식이 사실상 피고인 (甲)에게 귀속되어 있어 위 양 금고가 소위 1인 주식회사라 하더라도 위 금고들은 주식회사로서 피고인 (甲)과는 행위주체에 있어 별개의 인격체이므로 그 본인인 주식회사에 손해가 발생하였을 때 배임죄는 기수가 되는 것이며, 궁극적으로 그 손해가 주주의 손해가 된다 하더라도 위 금고들의 손해가 반드시 주주인 피고인 (甲)의 손해와 일치한다고도 할 수 없다(대법원 1984.9.25. 선고 84도1581 판결).

8) 아파트관리소장

■ 판례 ■ **아파트 관리소장이 배임죄의 주체가 될 수 있는지 여부(적극)**

아파트의 위탁관리업자인 회사로부터 파견되어 아파트의 관리소장으로 근무하면서 각 용역계약 및 화재보험계약도 직접 그 명의로 체결하는 등의 사정이 있다면 아파트입주자들에 대한 관계에서 타인의 사무를 처리하는 자에 해당한다(대법원 2002.9.27. 선고 2002도3074 판결).

9) 감정기관의 직원

■ 판례 ■ **감정의뢰를 받아 감정을 하는 감정 기관의 직원이 형법 355조 2항 소정 타인의 사무를 처리한는 자인지 여부(저극)**

"甲"이 감정기관 "乙"에게 감정을 의뢰하고 "乙"이 그 직원 "丙"으로 하여금 감정을 실시케 하는 경우 "丙"은 그가 속하는 "乙"에 대하여서 뿐만 아니라 동시에 "甲"에 대하여도 감정기관의 직원으로서 정당하게 감정할 임무를 부담한다 할 것이므로 "丙"은 "甲"에 대한 관계에 있어서 형법 355조 소정 타인의 사무를 처리하는 자라고 할 것이다(대법원 1976.7.13. 선고 74도717 판결).

(라) 타인의 사무에 해당하지 않는 경우

1) 계약에 의한 단순한 채무불이행이나 소극적 의무를 부담하는 경우

계약에 의한 단순한 채무불이행이나 소극적 의무를 부담하는 경우에는 의무를 위반하여도 단순한 수인의무위반이나 채무불이행에 그치고 배임죄를 구성하지 아니한다.

■ 판례 ■ **서면에 의하지 아니한 증여계약이 행하여진 경우, 증여자가 수증자에 대하여 배임죄의 주체인 타인의 사무를 처리하는 자의 지위에 있는지 여부(소극)**

서면에 의하지 아니한 증여계약이 행하여진 경우 당사자는 그 증여가 이행되기 전까지는 언제든지 이를 해제할 수 있으므로 증여자가 구두의 증여계약에 따라 수증자에 대하여 증여 목적물의 소유권을 이전하여 줄 의무를 부담한다고 하더라도 그 증여자는 수증자의 사무를 처리하는 자의 지위에 있다고 할 수 없다(대법원 2005.12.9. 선고 2005도5962 판결).

■ 판례사례 ■ [배임죄를 구성하지 아니하는 사례]

(1) 건축공사수급인
  건축공사수급자가 설계도에 따라 시공하지 아니한 경우(대법원 1982.6.22. 선고 82도45 판결)
(2) 임차권의 양도인
  양품점의 임차권만의 양도계약을 체결한 자가 타인에게 위 점포를 이중양도한 경우(대법원 1990.9.25. 선고 90도1216 판결)
(3) 채권전부명령의 제3채무자
  제3채무자인 은행이 전부명령을 받은 채권자에게 예금액을 지급하지 않은 경우(대법원 1983.7. 12. 선고 83도1405 판결)
(4) 신축 연립주택의 분양권을 부여한 자

피고인이 피해자에게 신축 연립주택의 분양권 등을 수여해 놓고서는 이에 위배하여 분양행위를 한 경우(대법원 1987.4.28. 선고 86도2490 판결)

(5) 건물사용권(임대권)을 부여한 자

피고인이 피해자에게 임대보증금과 임대로 수익행위를 할 수 있도록 건물 사용권을 부여해 놓고서 이에 위배하여 임대를 한 경우(대법원 1982.9.14. 선고 80도1816 판결)

(6) 담보제공자

채무의 담보를 위해 자기소유의 재산을 타에 처분하거나 담보제공하지 않고 만약 환가가 되면 그 채무를 우선 변제하겠다는 등의 약속을 위반한 경우(대법원 1984.12.26. 선고 84도2127 판결)

(7) 상표권양도약정을 체결한 양도인

상표권양도약정을 체결한 자가 그 상표권이전등록의무의 이행을 거부하고 양수인과 동종생산업체를 설립하여 그 제품에 위 상표를 부착하여 사용한 경우(대법원 1984.5.29. 선고 83도2930 판결)

(8) 골프시설의 운영자

골프시설의 운영자가 일반회원들을 위한 회원의 날을 없애고, 일반회원들 중에서 주말예약에 대하여 우선권이 있는 특별회원을 모집함으로써 일반회원들의 주말예약권을 사실상 제한하거나 박탈하는 결과가 된 경우(대법원 2003.9.26. 선고 2003도763 판결)

(9) 부동산의 경락자

부동산을 경락한 피고인이 그 경락허가결정이 확정 된 뒤에 그 경매부동산의 소유자들에게 대하여 그 경락을 포기하겠노라고 약속하여 놓고 그 경매법원에서 경락대금지급명령이 전달되자 위의 약속을 어기고 그 경락대금을 완납함으로써 그 경락부동산에 대한 소유권을 취득한 경우(대법원 1969.2.25. 선고 69도46 판결)

(10) 월부상환중인 자동차를 타에 매도한 자

월부상환중인 자동차를 매도하면서 연체된 할부금을 중도금 지급기일까지 완불하여 자동차를 인도받아 사용하는 매수인에게 아무런 손해를 주지 않기로 약정하고서는 할부대금을 지급하지 아니하여 매수인이 차를 회수당한 경우 ⇨ 자동차등록 명의는 피고인의 명의로 남아있어 그 소유권이 아직 피고인에게 있다면 판매회사에 대하여 할부금을 납부하는 것은 피고인 자신의 사무처리에 불과(대법원 1983.11.8. 선고 83도2496 판결)

(11) 금전지급의무자

피고인은 건물을 신축하는 건축주로서 피해자와 도급계약을 체결하고 피해자가 건축공사를 하게 된 바 피고인이 위 수급인에게 지급한 채무 400만원에 대한 담보조로 양인간에 피고인 소유인 가옥 1동의 매매계약을 체결하고 등기명의는 그대로 피고인 명의로 보유한 채 그 처분권한을 위임하는 각서를 교부한 바, 그 후 피고인과 피해자간에 위 가옥을 매도하여 그 매매대금 중 100만원을 피해자에게 지급하기로 합의하였음에도 불구하고, 동 가옥을 매각하였음에도 불구하고, 그 중 100만원을 지급하지 않고 임의 소비한 경우(대법원 1976.5.11. 선고 75도2245 판결)

2) 신임관계가 존재하지 않는 경우

본죄의 주체는 신임관계에 의하여 타인의 사무를 처리하는 자에 한정되므로 신임관계가 존재하지 않는 경우에는 타인의 사무를 처리하는 자에 해당하지 아니한다.

금전대차의 담보조로 받은 서류(주택부금증서 등)를 대주가 다시 제3자에게 담보 제공한 경우에 이러한 사정을 모르는 담보제공자와 제3자 사이의 신임관계

차주가 중개인의 소개로 대주로부터 소정의 금원을 차용하기 위하여 대주에게 담보로 제공한 주택 부금증서 및 정기예금증서를 대주가 제3자에게 담보제공하고 위 금원을 중개인에게 교부하였던 바 이러한 사정을 모르는 차주가 대주에게 위 금원을 대여하여 주던지 담보물의 반환을 요구하였으나 대주가 이를 지체하므로 차주는 위 증서들의 분실신고를 하여 주택부금증서를 재교부받고 정기예금 을 해약하여 소정 금원을 인출한 이상, 위 제3자와 차주 사이에는 신임관계가 없으며 차주는 위 증 서들의 담보가치를 유지해야 할 의무가 없다(대법원 1983.8.23. 선고 83도1412 판결).

저당권의 명의수탁자가 임의 변제자를 위한 사무처리자에 해당하는지 여부(소극)

피고인과 공소외 (甲)의 채권을 담보하기 위한 것이지만 피고인의 단독명의로 근저당권이 설정된 경 우 변제할 이익이 없는 제3자는 위 (甲)의 채권을 변제하였어도 채권자의 승낙이 없으면 채권자를 대위할 수 없는 것이므로 피고인은 근저당권을 대위행사 할 수 있는 지위에 있지 아니하는 제3자의 사무를 처리하는 자에 해당되지 아니하니 피고인이 그 자신의 채권의 만족을 위하여 임의경매 신청 중 그 채무를 변제받고 경매신청을 취하 하려는 것을 위 제3자가 (甲)을 대위한 위 근저당권의 공동 관리자임을 자칭하고 경매를 취하하지 말라고 종용하였으나 피고인이 이를 묵살, 경매를 취하하였더 라도 배임죄에 해당되지 않는다(대법원 1983.11.8. 선고 83도1553 판결).

환매기일 도과 후 제3자 앞으로 근저당권설정등기를 경료케 한 경우, 배임죄의 성 부(소극)

부동산을 대물변제하면서 환매할 수 있도록 약정하였다고 하여도 환매기일이 도과된 후에 채권자가 동 부동산에 관하여 제3자 앞으로 그 저당권설정등기를 한 것은 배임행위가 될 수 없다(대법원 1983. 2.22. 선고 82도2945 판결).

3) 자신의 사무인 경우

① 상호금고 대표이사

상호금고 대표이사의 계원들에 대한 관계에서의 배임죄 주체(소극)

상호신용금고주식회사가 취급한 상호신용계 업무는 그 회사의 업무에 속하므로 위 회사의 대표이사 는 동 회사의 기관일 뿐이어서 가입계원들에 대한 관계에 있어 직접 그들의 사무를 처리하는 자가 아니므로 배임죄의 주체가 될 수 없다(대법원 1979.12.11. 선고 79도2509 판결).

② 출판업자

출판업자의 저작자와 관계에서 배임죄의 주체가 될 수 있는지 여부(소극)

저작자와 사이에 출판계약을 체결하였다가 판매가 부진하여 이를 합의 해지한 피고인 들이 그들의 소유인 인쇄지형을 폐기하든가 후일을 위하여 잘 보관해 둘 의무가 있다 하더라도 이는 피고인들 자신의 사무이지 위 저작자의 사무라고 할 수 없으므로, 피고인들이 위 인쇄지형을 타에 처분한 행 위는 배임죄에 해당한다고 할 수 없다(대법원 1989.1.17. 선고 87도2604 판결).

③ 상호신용금고사원

상호부금업무를 취급하는 무진합자회사의 무한책임사원이 회사에서 모집한 계에 가입하여 부금을 낙찰한 사람에게 부금을 지급하지 아니한 경우, 배임죄의 성부(소극)

무진합자회사가 취급한 상호부금업무는 일종의 사설 금융업이며 소비대차의 성질을 띤 계와 유사하여 회사와 가입자간에 채권채무관계가 있고 그 사무는 위 회사의 업무에 속하는 것이니 결코 부금 가입자인 타인의 사무에 속한다고 볼 수 없으므로 위 회사의 무한책임사원이 회사에서 모집한 계에 가입하여 부금을 낙찰한 사람에게 부금을 지급하지 아니하였다 하여도 배임죄가 성립되지 아니한다 (대법원 1976. 2.10. 선고 75도1900 판결).

④ 세무공무원

세무공무원이 압류한 물건을 공매처분한 직무수행이 압류물품의 소유자나 체납자에 대한 임무위배로서 업무상배임죄가 성립하는지 여부(소극)

국세의 체납으로 압류한 물건을 공매처분하는 세무공무원의 직무는 국가에 대하여 체납세액의 확보와 충당을 위하여 이를 성실하게 수행할 의무가 있는 임무이고 공매대상인 압류물품의 소유자나 체납자에 대하여는 그들의 사무를 처리하는 지위에 있다고 볼 수 없으므로 세무공무원의 이러한 공매처분의 직무수행이 그들에 대한 업무위배로 그들에게 손해를 끼쳤다 할 수 없고 업무상배임죄가 되지 아니한다(대법원 1975.11.25. 선고, 75도2619 판결).

⑤ 수산업협동조합의 적금대출사무취급자

수산업협동조합의 적금대출사무취급자가 대출을 받는 자인 타인의 사무처리자인지 여부(소극)

배임죄의 주체는 타인의 사무를 처리하는 자라야 하는데 수산업협동조합영업과장과 저축과장이 취급한 적금대출업무는 수산업협동조합법 제65조 소정의 신용사업의 일종으로서 이루어지는 금융업무이고 소비대차의 성질을 띤 것으로서 이로 인하여 위 조합과 대출받는 자 간에는 채권, 채무관계가 발생할 뿐이고 따라서 위 적금대출사무는 위 조합의 업무에 속하는 것이지 결코 대출을 받는 자인 타인의 사무에 속한다고 볼 수 없으므로 위 영업과장등이 배임죄의 주체가 될 수 없다(대법원 1987.6.23. 선고, 87도873 판결).

⑥ 댐 수몰지구 대책사무소의 소장

국가공무원으로 남강댐 수몰지구 대책사무소의 소장을 겸직하는 자가 토지소유자의 사무처리자인지 여부(소극)

피고인이 국가공무원으로 남강댐 수몰지구 대책사무소의 소장을 겸직하여 위 수몰수구의 토지소유자들에 대한 피해보상금 중 일부를 영달받아 지급함에 있어 해발 31미터 이상의 저지대 토지소유자로부터 고지대 토지소유자로 순차 지급하라는 지시를 일부 어겨 일부 고지대 토지소유자에게 먼저 지급하고 저지대 토지소유자에 대한 보상금지급을 하지 아니하였다 하더라도 피고인은 문제의 피해보상금지급사무에 관하여 이해관계 있는 수몰지구 토지소유자들로부터의 위임에 의하여 그 위임취지에 따라서 사무를 처리하여야 할 임무가 있는 자라고는 할 수 없으므로 토지소유자와의 관계에 있어서 임무위배의 행위가 있다고 할 수 없다(대법원 1970.7.28. 선고, 70도1426 판결).

⑦ 한국전력공사 지방출장소장

■ 판례 ■ **한국전력공사 지방출장소장이 전기수용자에 대한 전기요금환급사무를 태만히 한 경우, 전기수용자에 대한 배임죄의 성부(소극)**

한국전력공사 지방출장소장인 피고인이 전기수용자로부터 전기요금 징수가 부당하다는 항의를 받고 이를 조사하여 초과징수된 금액을 전기수용자에게 환급처리하는 임무는 한국전력공사의 사무를 처리하는 직원으로서의 임무라 하겠으므로 피고인이 그 환급사무의 처리를 태만히 하였다 하여도 한국전력공사에 대한 임무위배는 될지언정 위 전기수용자에 대한 임무위배는 될 수 없다고 할 것인데, 피고인의 위 임무위배 행위는 사무주체인 한국전력공사에 아무런 손해를 입힌 바 없음이 명백하여 배임죄를 구성하지 아니한다(대법원 1984.7.10. 선고 84도883 판결).

⑧ 건물주의 고용인

■ 판례 ■ **건물주가 그 명의로 건물에 대한 전기요금납부의무가 있는 경우에 건물주의 고용인이 건물주의 지시에 따라 건물임차인들이 각자 부담하기로 한 그들의 전기 실지사용 해당금원을 징수한 행위가 배임죄에 있어서의 타인의 사무처리로 볼 수 있는지의 여부(소극)**

건물주인이 한국전력주식회사와의 계약에 의하여 건물주인 명의로 나온 전기요금 청구서에 의하여 전기요금을 납부할 의무가 있고 건물임차인들과는 건물주가 그들의 실지사용 해당 전기요금을 부담시켜 징수하기로 약정한 경우에는 건물주인이 한국전력주식회사에 전기요금을 납부하는 것은 자기의 사무처리이고 따라서 건물주인의 고용인이 건물임차인들로부터 건물주의 지시에 의하여 해당 전기사용요금을 징수하였다 하여 건물임차인들의 위임에 의한 전기요금을 한국전력주식회사에 납부하는 사무처리자라고 볼 수 없으므로 형법 제355조 제2항 동법 제356조 소정 배임죄가 성립하지 아니한다(대법원 1975.10.23. 선고 75도2623 판결).

⑨ 동업자

■ 판례 ■ **동업계약이 종료된 경우 그 정산과정에서 한 제3자에 대한 채권양도행위가 타인의 사무를 처리하는 자로서 임무위배행위에 해당하는지 여부(소극)**

동업자 甲은 자금만 투자하고 동업자 을은 노무와 설비를 투자하여 공사를 수급하여 시공하고 그 대금 등을 추심하는 등 일체의 거래행위를 담당하면서 그 이익을 나누어 갖기로 하는 내용의 동업계약이 체결되었다가 그 계약이 종료된 경우 위 공사 시공 등 일체의 행위를 담당하였던 을이 자금만을 투자한 甲에게 투자금원을 반환하고 또 이익 또는 손해를 부담시키는 내용의 정산의무나 그 정산과정에서 행하는 채권의 추심과 채무의 변제 등의 행위는 모두 을 자신의 사무이지 자금을 투자한 甲을 위하여 하는 타인의 사무라고 볼 수는 없어 을의 제3자에 대한 채권양도행위는 배임죄에 있어서 타인의 사무를 처리하는 자로서의 임무위배행위라고 할 수 없다(대법원 1992.4.14. 선고 91도2390 판결).

⑩ 신주발행시의 대표이사

■ 판례 ■　**신주발행에 있어서 대표이사가 납입의 이행을 가장한 경우, 상법상 가장납입죄가 성립하는 이외에 따로 기존 주주에 대한 업무상배임죄가 성립하는지 여부(소극)**

신주발행은 주식회사의 자본조달을 목적으로 하는 것으로서 신주발행과 관련한 대표이사의 업무는 회사의 사무일 뿐이므로 신주발행에 있어서 대표이사가 납입된 주금을 회사를 위하여 사용하도록 관리·보관하는 업무 역시 회사에 대한 선관주의의무 내지 충실의무에 기한 것으로서 회사의 사무에 속하는 것이고, 신주발행에 있어서 대표이사가 일반 주주들에 대하여 그들의 신주인수권과 기존 주식의 가치를 보존하는 임무를 대행한다거나 주주의 재산보전 행위에 협력하는 자로서 타인의 사무를 처리하는 자의 지위에 있다고는 볼 수 없을 뿐만 아니라, 납입을 가장하는 방법에 의하여 주금이 납입된 경우 회사의 재산에 대한 지분가치로서의 기존 주식의 가치가 감소하게 될 수는 있으나, 이는 가장납입에 의하여 회사의 실질적 자본의 감소가 초래됨에 따른 것으로서 업무상배임죄에서의 재산상 손해에 해당된다고 보기도 어려우므로, 신주발행에 있어서 대표이사가 납입의 이행을 가장한 경우에는 상법 제628조 제1항에 의한 가장납입죄가 성립하는 이외에 따로 기존 주주에 대한 업무상배임죄를 구성한다고 할 수 없다(대법원 2004.5.13. 선고 2002도7340 판결).

⑪ 회사의 대표청산인

■ 판례 ■　**대표청산인이 청산회사의 채권자들에 대한 관계에 있어서 배임죄에서의 이른바 타인의 사무를 처리하는 자에 해당하는지의 여부(소극)**

청산회사의 대표청산인이 처리하는 채무의 변제, 재산의 환가처분 등 회사의 청산의무는 청산인 자신의 사무 또는 청산회사의 업무에 속하는 것이므로, 청산인은 회사의 채권자들에 대한 관계에 있어 직접 그들의 사무를 처리하는 자가 아니다(대법원 1990.5.25. 선고 90도6 판결).

⑫ 운수회사 대표이사

■ 판례 ■　**운수회사대표의 지입차 공납금납부가 타인의 사무에 해당하는지 여부(소극)**

공소외 1 주식회사의 대표이사로서 피고인의 이 외사에 지입된 지입차의 운전사들에 대한 갑종근로소득세의 징수와 그 납부사무는 지입차주인 타인의 사무가 아니라 회사대표로서의 피고인 본인의 사무라고 보아야 한다(대법원 1977.5.24. 선고 76도62 판결).

(4) 사무의 재산관련성

본죄는 재산죄에 해당하므로 처리되는 사무는 재산상의 사무임을 요한다. 따라서 집행관이나 등기공무원, 민사소송의 대리를 맡은 변호사는 타인의 사무를 처리하는 자에 해당하나, 형사소송의 대리를 맡은 변호사나 환자를 치료하는 의사는 배임죄의 주체가 될 수 없다.

　　　배임죄의 주체인 '타인의 사무를 처리하는 자'의 의미

배임죄는 타인의 사무를 처리하는 자가 그 임무에 위배하는 행위에 의하여 재산상의 이익을 취득하거나 제3자로 하여금 이를 취득하게 하여 본인에게 손해를 가함으로써 성립하는 것으로, 여기에서 그 주체인 "타인의 사무를 처리하는 자"란 양자간의 신임관계에 기초를 두고 타인의 재산관리에 관한 사무를 대행하거나 타인 재산의 보전행위에 협력하는 자의 경우 등을 가리킨다(대법원 2003.9.26. 선고 2003도763 판결).

(5) 사무처리의 독립성

본죄에 있어서 사무는 어느 정도 독립성이 있을 것을 요한다. 따라서 본인의 지시에 따라 단순한 기계적 사무에 종사하는 자는 독립적 사무처리를 할 수 없으므로 본죄의 주체가 될 수 없다. 다만, 단독으로 처리하는 사무 또는 전권을 행사하는 사무일 필요는 없고 보조적 지위에서 처리하는 사무이어도 무방하다.

① 보조기관

■ 판례 ■　　　**보조기관이 업무상배임죄의 주체가 될 수 있는지 여부(적극)**

업무상배임죄에 있어서 타인의 사무를 처리하는 자란 고유의 권한으로서 그 처리를 하는 자에 한하지 않고 그 자의 보조기관으로서 직접 또는 간접으로 그 처리에 관한 사무를 담당하는 자도 포함한다(대법원 2004.6.24. 선고 2004도520 판결).

■ 판례 ■　　　**시의 도시과장과 도시계발계장 등 시장의 보조기관이 업무상배임죄의 주체가 될 수 있는지 여부(적극)**

시의 도시과장(지방토목사무관), 같은 과 도시계발계장(지방토목주사)은 시장의 보조기관으로서 직접 지하상가 건설사업과 관련된 시의 보증채무 담당행위의 처리에 관한 사무를 담당하는 자에 해당한다(대법원 2002.7.12. 선고 2002도2067 판결).

② 상급기관

■ 판례 ■　　　**업무 담당자의 상급기관이 업무상배임죄의 주체가 될 수 있는지 여부(적극)**

업무상배임죄에 있어서 타인의 사무를 처리하는 자라 함은 고유의 권한으로서 그 처리를 하는 자에 한하지 않고, 직접 업무를 담당하고 있는 자가 아니더라도 그 업무 담당자의 상급기관으로서 실행행위자의 행위가 피해인인 본인에 대한 배임행위에 해당한다는 것을 알면서도 실행행위자의 배임행위를 교사하거나 또는 배임행위의 전 과정에 관여하는 등으로 배임행위에 적극 가담한 경우에는 배임죄의 주체가 된다(대법원 2004.7.9. 선고 2004도810 판결).

2. 객 체

재산상의 이익(형법상의 재산죄 중 유일하게 순수한 이득죄)

3. 행 위

배임행위로 재산상 이익을 취득하고 본인에게 손해를 가하는 것

(1) 배임행위

(가) 의 의

사무처리자로서 타인의 사무를 처리함에 있어서 그 임무에 위배하는 일체의 행위를 말한다. 여기서 임무에 위배하는 행위라 함은 당해 사무의 내용, 성질 등 구체적 상황에 비추어 법률의 규정, 계약의 내용 또는 신의성실의 원칙상 당연히 할 것으로 기대되는 행위를 하지 않거나 당연히 하지 않아야 할 것으로 기대되는 행위를 함으로써 본인에 대한 신임관계를 저버리는 일체의 행위를 포함한다.

(나) 배임행위의 태양

배임행위는 법률행위뿐만 아니라 준법률행위·사실행위도 포함한다. 법률행위인 경우 그 배임행위가 법률상 유효·무효를 불문한다.

- ○ 신의칙상 하지 않아야 할 행위를 하는 작위와 해야 할 행위를 하지 아니하는 부작위에 의한 배임행위도 가능하다. 그러나 어떤 행위를 할 것이 당연히 기대되지 않는 경우라면 배임행위에 해당하지 않는다.

■ 판례 ■ **보험계약모집인이 회사로부터 자기가 모집한 보험계약을 해약토록 하라는 지시를 받고 이를 이행하지 않는 사이 보험사고가 발생하여 보험금을 지급토록 한 경우, 업무상배임죄의 성부(소극)**

업무상 배임죄는 타인에 대한 신뢰관계에서 일정한 임무에 따라 사무처리를 할 법적의무가 있는 자가 당해 사정하에서 당연히 할 것이 법적으로 기대되는 행위를 하지 않는 때에 성립하는 것이므로 보험계약 모집인이 보험회사로부터 자기가 모집하여 체결시킨 보험계약이 위험성이 크니 해약토록 하라는 지시를 받고 이를 이행하지 아니하는 사이 보험사고가 발생하여 보험회사가 그 계약에 따른 보험금을 지급하게 되었다 하더라도 위 보험모집인에게 보험계약자들을 설득하여 보험계약을 해약시켜야 할 법적 의무가 있다 할 수 없어 동인이 이를 이행하지 아니한 것이 업무상 임무에 위배된다고 할 수 없다(대법원 1986.8.19. 선고 85도2144 판결).

(1) 지하철공사노동조합원인 지하철승무원이 고의로 무임승차를 방임한 경우(대법원 1990.9.28. 선고 90도602 판결)
(2) 은행지점장이 은행에 대한 부하직원의 범행사실을 발견하고도 손해의 보전에 필요한 조치를 취하지 아니하고 배임행위를 방치한 경우 ⇨ 배임죄의 방조범(대법원 1984.11.27. 선고 84도1906 판결)
(3) 주택조합 정산위원회 위원장이 해임되고 후임 위원장이 선출되었는데도 업무 인계를 거부하고 있던 중 정산위원회를 상대로 제기된 소송의 소장부본 및 변론기일소환장을 송달받고도 그 제소사실을 정산위원회에 알려주지도 않고 스스로 응소하지도 않아 의제자백에 의한 패소확정판결을 받게 한 경우(대법원 1999.6.22. 선고 99도1095 판결)

(다) 판단기준

임무에 위배되는 행위가 있었는지의 여부는 그 사무의 성질과 내용 및 행위시의 상황 등 제반사정을 구체적으로 검토하여 법규 또는 계약뿐만 아니라 신의성실의 원칙에 따라 판단한다.

■ 판례 ■   **업무상배임죄에 있어 '임무에 위배하는 행위'의 의미**

업무상배임죄가 성립하기 위해서는 타인의 사무를 처리하는 자가 그 임무에 위배하는 행위로써 재산상 이익을 취득하거나 제3자로 하여금 이를 취득하게 하여 본인에게 손해를 가함으로써 성립하고, 이 경우 그 '임무에 위배하는 행위'라 함은 사무의 내용, 성질 등 구체적 상황에 비추어 법률의 규정, 계약의 내용 혹은 신의칙상 당연히 할 것으로 기대되는 행위를 하지 않거나 당연히 하지 않아야 할 것으로 기대되는 행위를 함으로써 본인과 사이의 신임관계를 저버리는 일체의 행위를 포함한다(대법원 2004.6.24. 선고 2004도520 판결).

■ 판례 ■   **위법한 목적을 위하여 본인을 위한다는 의사로 행위한 경우, 배임죄의 성립 여부 (적극)**

업무상 배임죄는 타인의 사무를 처리하는 자가 그 임무에 위배하는 행위로서 재산상의 이익을 취득하거나 제3자로 하여금 이를 취득하게 하여 본인에게 손해를 가함으로써 성립하는바, 이 경우 그 임무에 위배하는 행위라 함은 처리하는 사무의 내용, 성질 등 구체적 상황에 비추어 법률의 규정, 계약의 내용 혹은 신의칙상 당연히 할 것으로 기대되는 행위를 하지 않거나 당연히 하지 않아야 할 것으로 기대하는 행위를 함으로써 본인과 사이의 신임관계를 저버리는 일체의 행위를 포함하는 것으로 그러한 행위가 법률상 유효한가 여부는 따져볼 필요가 없고, 행위자가 가사 본인을 위한다는 의사를 가지고 행위를 하였다고 하더라도 그 목적과 취지가 법령이나 사회상규에 위반된 위법한 행위로서 용인할 수 없는 경우에는 그 행위의 결과가 일부 본인을 위하는 측면이 있다고 하더라도 이는 본인과의 신임관계를 저버리는 행위로서 배임죄의 성립을 인정함에 영향이 없다(대법원 2002.7.22. 선고 2002도1696 판결).

(2) 배임행위의 유형

(가) 주식회사의 이사

1) 이사의 의무

■ 판례 ■ **이사회 또는 주주총회의 불법한 내용의 결의에 따른 대표이사의 직무수행과 배임죄의 성부(적극)**

대표이사는 이사회 또는 주주총회의 결의가 있더라도 그 결의내용이 회사 채권자를 해하는 불법한 목적이 있는 경우에는 이에 맹종할 것이 아니라 회사를 위하여 성실한 직무수행을 할 의무가 있으므로 대표이사가 임무에 배임하는 행위를 함으로써 주주 또는 회사채권자에게 손해가 될 행위를 하였다면 그 회사의 이사회 또는 주주총회의 결의가 있었다고 하여 그 배임행위가 정당화 될 수는 없다(대법원 1989.10.13. 선고 89도1012 판결).

2) 주식회사의 이사의 배임행위 유형

이사의 배임행위의 유형으로는 불량 · 부실대출행위, 모험거래, 경업피지의무 위반행위, 회계분식과 위법배당행위, 비자금조성행위와 뇌물 및 정치자금제공행위, 회사재산의 부당한 염가처분행위, 회사의 채무부담 및 보증행위, 이사의 감사에 대한 보고의무 위반행위 및 자기거래행위 등을 들 수 있다(박재윤, 430쪽).

① 보 증

■ 판례 ■ **대표이사가 이사회의 사전승인없이 자의로 한 회사의 부담이 될 보증행위와 업무상 배임**

피고인이 대표이사로 근무하는 주식회사는 피고인 1인회사가 아닐뿐 아니라 재산이라고는 타회사에 맡겨둔 대금결제보증금 1억원 뿐임에도 피고인이 이사회의 사전승인없이 자의로 위 회사를 대표하여 7천만원의 한도에서 타인의 차금행위를 보증한 행위는 대표이사로서의 임무에 위배되어 업무상 배임죄를 구성한다(대법원 1983.10.25. 선고 83도2099 판결).

■ 판례 ■ **회사의 이사가 채무변제능력을 상실한 계열회사에게 회사자금을 대여하거나 그의 채무를 지급보증한 경우, 업무상배임죄의 성부(적극)**

회사의 이사가 타인에게 회사자금을 대여하거나 타인의 채무를 회사 이름으로 지급보증함에 있어 그 타인이 이미 채무변제능력을 상실하여 그를 위하여 자금을 대여하거나 지급보증을 할 경우 회사에 손해가 발생하리라는 점을 충분히 알면서 이에 나아갔다면, 그와 같은 자금대여나 지급보증은 타인에게 이익을 얻게 하고 회사에 손해를 가하는 행위로서 회사에 대하여 배임행위가 되고, 회사의 이사는 단순히 그것이 경영상의 판단이라는 이유만으로 배임죄의 죄책을 면할 수는 없으며, 이러한 이치는 그 타인이 자금지원 회사의 계열회사라 하여 달라지지 않는다(대법원 1999.6.25. 선고 99도1141 판결).

■ 판례 ■ **상호지급보증 관계에 있는 회사 간에 보증회사가 채무변제능력이 없는 피보증회사에 대하여 합리적인 채권회수책 없이 새로 금원을 대여하거나 예금담보를 제공한 경우, 업무상 배임죄의 성부(적극)**

상호지급보증 관계에 있는 회사 간에 보증회사가 채무변제능력이 없는 피보증회사에 대하여 합리적인 채권회수책 없이 새로 금원을 대여하거나 예금담보를 제공하였다면 업무상배임죄를 구성한다(대법원 2004.7.9. 선고 2004도810 판결).

■ 판례 ■ **회사의 대표이사가 채무변제능력의 상실이 아닌 단순히 채무초과 상태에 있는 타인의 채무를 회사 이름으로 지급보증 또는 연대보증을 하는 경우, 회사에 대한 배임행위가 되는지 여부(소극)**

회사의 대표이사가 타인의 채무를 회사 이름으로 지급보증 또는 연대보증함에 있어 그 타인이 만성적인 적자로 손실액이나 채무액이 누적되어 가고 있는 등 재무구조가 상당히 불량하여 이미 채무변제능력을 상실한 관계로 그를 위하여 지급보증 또는 연대보증을 할 경우에 회사에 손해가 발생할 것이라는 점을 알면서도 이에 나아갔다면 그러한 지급보증 또는 연대보증은 회사에 대하여 배임행위가 된다고 할 것이나, 그 타인이 단순히 채무초과 상태에 있다는 이유만으로는 그러한 지급보증 또는 연대보증이 곧 회사에 대하여 배임행위가 된다고 단정할 수 없다(대법원 2004.6.24. 선고 2004도520 판결).

② 이사의 자기거래

■ 판례 ■ **대표이사가 회사를 위하여 보관하고 있는 회사 소유의 금전으로 자신의 회사에 대한 채권의 변제에 충당하는 행위가 자기거래에 해당하는지 여부(소극) 및 이사회 승인 없이 한 위 변제충당 행위가 횡령죄를 구성하는지 여부(소극)**

회사에 대하여 개인적인 채권을 가지고 있는 대표이사가 회사를 위하여 보관하고 있는 회사 소유의 금전으로 자신의 채권 변제에 충당하는 행위는 회사와 이사의 이해가 충돌하는 자기거래행위에 해당하지 않는 것이므로, 대표이사가 이사회의 승인 등의 절차 없이 그와 같이 자신의 회사에 대한 채권을 변제하였더라도, 이는 대표이사의 권한 내에서 한 회사 채무의 이행행위로서 유효하고, 따라서 불법영득의 의사가 인정되지 아니하여 횡령죄의 죄책을 물을 수 없다(대법원 2002.7.26. 선고 2001도5459 판결).

■ 판례 ■ **업무상 보관중인 타인의 금전을 횡령한 자가 그 소유자에 대하여 별도의 금전채권을 가지고 있음을 주장하고 이를 자동채권으로 하여 횡령액에 관하여 상계의 의사표시를 한 경우, 업무상횡령죄에 영향이 있는지 여부(소극)**

일단 불법영득의 의사로써 업무상 보관중인 타인의 금전을 횡령하여 범죄가 성립한 이상 횡령의 범행을 한 자가 물건의 소유자에 대하여 별도의 금전채권을 가지고 있음을 주장하고 이를 자동채권으로 하여 그 대등액에서 횡령액에 관하여 상계의 의사표시를 한다고 하더라도 이미 성립한 업무상횡령죄에 무슨 영향이 있는 것은 아니다(대법원 1995.3.14. 선고 95도59 판결).

③ 감사에 대한 보고의무위반

■ 판례 ■ **주식회사 대표이사의 비위사실은 알고 감사에 보고하지 않은 이사의 행위가 배임죄를 구성하기 위한 요건**

주식회사의 이사가 이미 발생한 대표이사의 횡령사실을 인지하고도 그 시정을 촉구하였을 뿐 다른 조치를 취하지 않고 감사에게도 대표이사의 횡령사실을 보고하지 않은 것은, 부작위가 새로운 범죄를 구성하기 위하여는 그 부작위로 인하여 피해자 회사가 대표이사에 대하여 가지는 손해배상 청구권의 행사가 위태롭게 되든가 혹은 그 청구권의 집행가능성이 없어지는 등의 새로운 손해의 발생하거나,

혹은 그 위험이 존재하는 경우에 배임죄가 성립한다(대법원 2003.4.25. 선고 2001도4035 판결).

④ 우리사주조합에 대한 지원

■ 판례 ■ **회사 경영자가 안정주주를 확보하여 경영권을 계속 유지하는 것을 주된 목적으로 종업원의 자사주 매입에 회사자금을 지원한 경우, 업무상배임죄의 성립여부(적극)**

종업원지주제도는 회사의 종업원에 대한 편의제공을 당연한 전제로 하여 성립하는 것인 만큼, 종업원지주제도 하에서 회사의 경영자가 종업원의 자사주 매입을 돕기 위하여 회사자금을 지원하는 것 자체를 들어 회사에 대한 임무위배행위라고 할 수는 없을 것이나, 경영자의 자금지원의 주된 목적이 종업원의 재산형성을 통한 복리증진보다는 안정주주를 확보함으로써 경영자의 회사에 대한 경영권을 계속 유지하고자 하는 데 있다면, 그 자금지원은 경영자의 이익을 위하여 회사재산을 사용하는 것이 되어 회사의 이익에 반하므로 회사에 대한 관계에서 임무위배행위가 된다(대법원 1999.6.25. 선고 99도1141 판결).

⑤ 이사회결의 결여

■ 판례 ■ **대표이사가 이사회 결의 없이 수분양자의 지위양도계약에 관한 업무집행 행위를 한 경우**

주식회사의 정관에 수분양자의 지위양도계약에 이사회의 승인을 필요로 하는 명문 규정이 없다 하여 대표이사가 이사회 결의 없이 수분양자의 지위양도계약에 관한 업무집행 행위를 한 경우, 주식회사 대표이사의 업무집행은 이사회의 결의로 할 것이므로 배임 행위에 해당되지 않는다고 할 수 없다(대법원 2004.5.14. 선고 2001도4857 판결).

⑥ 대주주의 지시에 따른 회사임원의 약속어음 발행

■ 판례 ■ **대주주의 지시에 따른 회사임원의 약속어음 발행과 업무상배임죄의 성부(적극)**

대주주들이 개인적 용도에 사용할 자금이라는 정을 알면서 회사 명의의 약속어음을 작성교부한 회사임원의 소위는 비록 위 대주주들의 지시와 의사에 따른 것이었다 하더라도 회사에 대한 관계에 있어서는 신의측상 요구되는 신임관계에 위배된다는 것을 충분히 인식하고 저지른 소행으로서 업무상배임죄에 해당한다(대법원 1983.3.8. 선고 82도2873 판결).

⑦ 다른 회사의 비상장주식 매입

■ 판례 ■ **모회사(母會社)와 자회사(子會社)가 모회사의 대주주로부터 그가 소유한 다른 회사의 비상장주식을 매입한 경우, 업무상배임죄의 성립여부(적극)**

모회사와 자회사가 모회사의 대주주로부터 그가 소유한 다른 회사의 비상장주식을 매입한 것은, 거래의 목적, 계약체결의 경위 및 내용, 거래대금의 규모 및 회사의 재정상태 등 제반 사정에 비추어 그것이 회사의 입장에서 볼 때 경영상의 필요에 의한 정상적인 거래로서 허용될 수 있는 한계를 넘어 주로 주식을 매도하려는 대주주의 개인적인 이익을 위한 것에 불과하므로 그 대주주와 모회사 및 자회사의 임직원은 업무상배임죄의 죄책을 진다(대법원 2005.4.29. 선고 2005도856 판결).

⑧ 가장납입

▪ 판례 ▪ **타인으로부터 금원을 차용하여 주금을 납입하고 설립등기나 증자등기 후 바로 인출하여 차용금 변제에 사용하는 경우, 상법상 납입가장죄의 성립 외에 업무상배임죄의 성립 여부(소극)**

주식회사의 설립업무 또는 증자업무를 담당한 자와 주식인수인이 사전 공모하여 주금납입취급은행 이외의 제3자로부터 납입금에 해당하는 금액을 차입하여 주금을 납입하고 납입취급은행으로부터 납입금보관증명서를 교부받아 회사의 설립등기절차 또는 증자등기절차를 마친 직후 이를 인출하여 위 차용금채무의 변제에 사용하는 경우, 위와 같은 행위는 실질적으로 회사의 자본을 증가시키는 것이 아니고 등기를 위하여 납입을 가장하는 편법에 불과하여 주금의 납입 및 인출의 전 과정에서 회사의 자본금에는 실제 아무런 변동이 없다고 보아야 할 것이므로 그들에게 불법이득의 의사가 있다거나 회사에 재산상 손해가 발생한다고 볼 수는 없으므로, 업무상배임죄가 성립한다고 할 수 없다(대법원 2005.4.29. 선고 2005도856 판결).

⑨ 대리점계약 종료관련

▪ 판례 ▪ **대표이사가 외국회사와의 대리점계약을 종료케하고 새로이 대표이사로 재직하게 된 타회사와 대리점계약을 체결하게 한 행위와 업무상 배임**

(甲)회사의 대표이사가 외국회사와의 대리점계약 관계를 계속 유지발전하여야 할 업무상 임무가 있음에도 불구하고 (甲)회사는 관공서를 상대로 하는 사업을 하기는 적당하지 않으며 자기는 대표이사직을 곧 사임할 것이라고 말하며 외국회사로 하여금 대리점 계약의 해지를 통고케 하고 그 해지통고서를 접수하고서도 은닉하여 (甲)회사가 해명을 하는 등의 기회를 잃게 하여 대리점 계약이 종료되게 하고 새로이 대표이사로 재직하게 된 (乙)회사와 대리점계약을 체결하게 함으로써 (乙)회사에게 이득을 취득케 하고 (甲)회사에 손해를 입힌 경우에는 업무상 배임에 해당한다(대법원 1983.12.13. 선고 83도2349 판결).

3) 경영판단과 배임죄

▪ 판례 ▪ **주식회사의 이사가 타인 발행의 약속어음에 회사 명의로 배서함에 있어 그 타인이 어음금의 지급능력이 없어 그 배서로 인하여 회사에 손해가 발생하리라는 점을 알고 있었던 경우, 그 배서가 경영상의 판단에 따른 것이라는 이유만으로 배임죄의 죄책을 면할 수 있는지 여부(소극)**

주식회사의 이사가 타인 발행의 약속어음에 회사 명의로 배서할 경우 그 타인이 어음금의 지급능력이 없어 그 배서로 인하여 회사에 손해가 발생하리라는 점을 알면서 이에 나아갔다면, 이러한 약속어음의 배서행위는 타인에게 이익을 얻게 하고 회사에 손해를 가하는 행위로서 회사에 대하여 배임행위가 되고, 그것이 경영상의 판단이라는 이유만으로 배임죄의 죄책을 면할 수는 없다(대법원 2000.5.26. 선고 99도2781 판결).

▪ 판례 ▪ **대기업의 회장 등이 경영상의 판단이라는 이유로 재무구조가 상당히 불량한 상태에 있는 계열회사가 발행하는 신주를 액면가격으로 인수한 경우, 업무상배임죄의 성부(적극)**

대기업의 회장 등이 경영상의 판단이라는 이유로 甲 계열회사의 자금으로 재무구조가 상당히 불량한 상태에 있는 乙 계열회사가 발행하는 신주를 액면가격으로 인수한 것은 그 자체로 업무상배임행위임이 분명하고 배임에 대한 고의도 충분히 인정된다(대법원 2004.6.24. 선고 2004도520 판결).

■판례■ **보증보험회사의 경영자가 경영상의 판단에 따라 보증보험회사의 영업으로 행한 보증보험계약의 인수가 임무위배행위에 해당하는지 여부(소극)**

보증보험회사의 경영자가 경영상의 판단에 따라 보증보험회사의 영업으로 행한 보증보험계약의 인수는 임무위배행위에 해당한다거나 배임의 고의가 있었다고 단정하기 어렵다(대법원 2004.7.22. 선고 2002도4229 판결).

(나) 불량 · 부실대출행위

금융기관의 대표이사나 이사가 대출을 함에 있어 담보가 없거나 충분한 담보를 제공받음이 없이 대출하는 경우에는 업무상배임죄(또는 특경법위반죄)가 성립한다.

1) 판단기준

■판례■ **금융기관인 은행의 이사의 선관의무의 내용 및 은행의 이사가 선관의무에 위반하여 임무를 해태하였는지 여부의 판단 기준**

금융기관인 은행은 주식회사로 운영되기는 하지만, 이윤추구만을 목표로 하는 영리법인인 일반의 주식회사와는 달리 예금자의 재산을 보호하고 신용질서 유지와 자금중개 기능의 효율성 유지를 통하여 금융시장의 안정 및 국민경제의 발전에 이바지해야 하는 공공적 역할을 담당하는 위치에 있는 것이기에, 은행의 그러한 업무의 집행에 임하는 이사는 일반의 주식회사 이사의 선관의무에서 더 나아가 은행의 그 공공적 성격에 걸맞는 내용의 선관의무까지 다할 것이 요구된다 할 것이고, 따라서 금융기관의 이사가 위와 같은 선량한 관리자의 주의의무에 위반하여 자신의 임무를 해태하였는지의 여부는 그 대출결정에 통상의 대출담당임원으로서 간과해서는 안될 잘못이 있는지의 여부를 금융기관으로서의 공공적 역할의 관점에서 대출의 조건과 내용, 규모, 변제계획, 담보의 유무와 내용, 채무자의 재산 및 경영상황, 성장가능성 등 여러 가지 사항에 비추어 종합적으로 판정해야 한다(대법원 2002.3.15. 선고 2000다9086 판결).

2) 이사회 또는 주주총회의 결의

■판례■ **주식회사의 대표이사가 임무에 위배하여 주주 또는 회사 채권자에게 손해가 될 행위를 한 경우, 그 행위에 대하여 이사회 또는 주주총회의 결의가 있었다는 이유만으로 배임죄의 죄책을 면할 수 있는지 여부(소극)**

회사의 대표이사는 이사회 또는 주주총회의 결의가 있더라도 그 결의내용이 회사 채권자를 해하는 불법한 목적이 있는 경우에는 이에 맹종할 것이 아니라 회사를 위하여 성실한 직무수행을 할 의무가 있으므로 대표이사가 임무에 배임하는 행위를 함으로써 주주 또는 회사 채권자에게 손해가 될 행위를 하였다면 그 회사의 이사회 또는 주주총회의 결의가 있었다고 하여 그 배임행위가 정당화될 수는 없다(대법원 2005.10.28. 선고 2005도4915 판결).

■판례■ **주식회사의 임원이 그 임무위배행위에 대하여 사실상 대주주의 양해를 얻었다는 사유만으로 배임죄의 죄책을 면할 수 있는지 여부(소극)**

주식회사와 주주는 별개의 인격으로서 동일인이라고 볼 수 없으므로, 회사의 임원이 그 임무에 위배되는 행위로 재산상 이익을 취득하거나 제3자로 하여금 이를 취득하게 하여 회사에 손해를 가한 때에는 이로써 배임죄가 성립하고, 그 임무위배행위에 대하여 사실상 대주주의 양해를 얻었다고 하여 본인인 회사에 손해가 없다거나 또는 배임의 범의가 없다고도 볼 수 없다(대법원 2000.5.26. 선고 99도2781 판결).

■ 판례사례 ■   **[배임행위의 성립을 긍정한 사례]**

(1) 금융기관이 거래처의 기존 대출금에 대한 원리금 및 연체이자에 충당하기 위하여 실제로 거래처에게 대출금을 새로 교부한 경우(대법원 2003.10.10. 선고 2003도3516 판결)

(2) 마을금고 이사장이 정관소정의 대출신청서와 차용금증서 조차 받지 아니하였을 뿐만 아니라 대출이자에 대한 약정도 없이 마을금고의 자금을 대출해준 경우(대법원 1980.9.9. 선고 79도2637 판결)

(3) 주식회사인 금융기관이 실질적으로 대출금을 회수할 가능성이 없음에도 불구하고 타인으로 하여금 장중에 있는 자기주식을 취득하게 하기 위하여 금원을 대출해준 경우(대법원 2003.10.10. 선고 2003도3516 판결)

(4) 신용협동조합 이사장이 제3자의 이익을 도모하기 위하여 조합임원들로 구성된 조합여신위원회의 사전심사와 결의에 따라 대출한도액을 초과하여 대출하거나 대출이 금지된 비조합원에게 대출한 경우(대법원 2001.11.30. 선고 99도4587 판결)

(5) 타인에게 회사자금을 대여함에 있어 그 타인이 이미 채무변제능력을 상실하여 그에게 자금을 대여할 경우 회사에 손해가 발생하리라는 정을 충분히 알면서 이에 나아갔거나 충분한 담보를 제공받는 등 상당하고도 합리적인 채권회수조치를 취하지 아니한 채 만연히 대여해 준 경우(대법원 2000.3.14. 선고 99도4923)

(6) 보험계약자가 출연한 보험료가 그 주요한 자산을 이루고 있는 보험회사의 대표이사가 보험업법의 규정이나 회사 자체의 대출규정 및 심사규정에 위반하여 타인에게 회사자금을 대출하거나 타인의 회사채나 주식을 매입하는 등의 자산을 운용함에 있어 타인에 대한 상당하고도 합리적인 기업평가를 하지 않았음은 물론 적절히 시행한 기업평가에 의하여 그 경영상황이나 재무구조 및 신용상태 등이 매우 불량한 것으로 평가되었음에도 타인과의 개인적인 친분관계나 타인으로부터의 부당한 요청에 의하여 충분한 담보를 제공받는 등 상당하고도 합리적인 채권회수조치를 취하지 아니하고 만연히 대출해 주거나 그 타인의 회사채나 주식을 매입한 경우(대법원 2003.4.11. 선고2002도3755 판결)

■ 판례사례 ■   **[배임행위의 성립을 부정한 사례]**

(1) 금융기관이 거래처의 기존 대출금에 대한 원리금 및 연체이자에 충당하기 위하여 거래처가 신규대출을 받은 것처럼 서류상 정리한 경우
  금융기관이 거래처의 기존 대출금에 대한 원리금 및 연체이자에 충당하기 위하여 위 거래처가 신규대출을 받은 것처럼 서류상 정리하였더라도 금융기관이 실제로 위 거래처에게 대출금을 새로 교부한 것이 아니라면 그로 인하여 금융기관에게 어떤 새로운 손해가 발생하는 것은 아니라고 할 것이므로 따로 업무상배임죄가 성립된다고 볼 수 없다(대법원 2000.6.27. 선고 2000도1155 판결).

(2) 자본구조가 취약하고 상환자원이 부족한 기업에 대한 신규여신 행위
  업무상 배임죄가 성립되려면 주관적 요건으로서 임무위배의 인식과 자기 또는 제3자의 이익을 위하여 본인에게 재산상의 손해를 가한다는 인식 즉 배임죄의 범의가 있어야 할 것인바, 부정한 사례금의 수수나 정실관계 등이 개제되지 않았고 또 기업의 도산을 막고 정상적인 영업활동을

지원해 주려는 것 외에 별다른 범죄의 동기가 없었다면 자본구조가 취약하고 상환자원이 부족하며 기업경영이 위기에 처해 있었던 기업에 대하여 신규여신을 하였다는 점만으로는 은행장에게 업무상 배임죄의 범의가 있었다고 단정할 수 없다(대법원 1987.3.10. 선고 81도2026 판결).

(3) 회수의 확실성이 없는 일부채권이 발생한 경우

비록 담보물에 대한 대출한도액을 초과하여 대출하거나 담보로 할 수 없는 물건을 담보로 하여 대출하였다 하더라도 그 대출에 따른 인적, 물적담보를 확보하여 그렇게 대출한 것이 회수할 수 없는 채권을 회수하여 실질적으로 은행에 이익이 되고 그것이 통상적인 업무집행 범위에 속하는 것으로 용인될 수 있는 것이라면 그 대출로 인하여 회수의 확실성이 없는 일부채권이 발생하였다 하여 이를 가지고 대출업무담당자로서의 채권확보조치 를 하지 아니한 임무위반행위에 해당하거나 그와 같은 임무위반의 인식이 있었다고 볼 수 없다(대법원 1987.4.4. 선고 85도1339 판결).

(4) 대출업무 담당자가 불량대출을 하였으나 회수할 수 없는 채권을 회수하여 실질적으로 본인에게 이익이 되는 경우

은행의 지점장 등 대출업무를 담당하는 자가 그 업무취급에 관한 은행의 관계 규정을 위반하여 담보물에 대한 대출한도액을 초과하여 대출하거나 담보로 할 수 없는 물건을 담보로 하여 대출을 하는 등 이른바 불량대출을 하였을 경우라도 그 대출에 따른 인적, 물적담보를 확보하여 그렇게 대출한 것이 회수할 수 없는 채권을 회수하여 실질적으로 은행에 이익이 되고 그것이 통상적인 업무집행 범위에 속하는 것으로 용인될 수 있는 것이라면 그 대출로 인하여 회수의 확실성이 없는 일부 채권이 발생하였다 하여 이를 가지고 대출업무 담당자로서의 채권확보조치를 하지 아니한 임무위반행위에 해당하거나 그와 같은 임무위반의 인식이 있었다고 볼 수 없는 것은 사실이나, 이와 같이 임무위반의 인식이 없었다고 보기 위해서는 그 불량대출로 인하여 종전의 회수할 수 없는 채권을 회수한 경우이어야 한다(대법원 2002.6.28. 선고 2000도3716 판결).

(다) 학교법인 · 사회복지법인 · 재단법인 등 비영리법인의 배임행위

■ 판례사례 ■　　[배임행위의 성립을 긍정한 사례]

(1) 사실상 학교법인의 경영을 주도하고 업무를 총괄하며 학교자금을 보관·관리하는 업무를 취급하고 있는 학교법인의 이사 겸 학교법인이 설립한 고등학교의 교장이 학교재산에 관한 임대차계약을 체결한 경우(대법원 2000.3.14. 선고 99도457 판결)

(2) 교회재산의 관리업무에 종사하고 있던 자가 공소외인과 간에 동인이 위 부동산을 담보로 금융기관으로부터 8,000만원의 대출을 받아 교회채무를 변제키로 하는 약정하에 2억원 상당의 교회부동산을 동인 앞으로 무조건 소유권이전등기하여 준 경우(대법원 1986.6.10. 선고 84도2015 판결)

(3) 재단법인 불교방송의 이사장 직무대리인이 후원회 기부금을 정상 회계처리하지 않고 자신과 친분관계에 있는 신도에게 확실한 담보도 제공받지 아니한 채 대여한 경우 ⇨ 그 신도가 이자금을 제때에 불입하고 나중에 원금을 변제하였다 하더라도 배임행위에 해당(대법원 2000.12.8. 선고 99도3338 판결)

(4) 사회복지법인의 부회장(상무이사)이 사회복지사업법 제13조에 의하여 서울특별시로부터 보조금을 받아 위 법인을 위하여 보관 중 마음대로 신규임용자의 임용일자를 소급하고 퇴직할 직원의 퇴직일을 늦추는 등의 방법으로 그 차액을 그 법인의 목적 이외에 사용한 경우(대법원

1990.7. 24. 선고 90도1042 판결)
(5) 대학교 총장으로 대학교 업무 전반을 총괄함과 동시에 학교법인의 이사로서 학교법인 이사회에 상당한 영향력을 행사하고 있는 자가 학교법인의 이사로서 이사회에 참석하여 명예총장에 추대하는 결의에 찬성하고, 이사회의 결의에 따라 대학교의 총장으로서 대학교의 교비로써 명예총장의 활동비 및 전용 운전사의 급여를 지급한 경우(대법원 2003.1.10. 선고 2002도758 판결)

(5) 대학교 총장으로 대학교 업무 전반을 총괄함과 동시에 학교법인의 이사로서 학교법인 이사회에 상당한 영향력을 행사하고 있는 자가 학교법인의 이사로서 이사회에 참석하여 명예총장에 추대하는 결의에 찬성하고, 이사회의 결의에 따라 대학교의 총장으로서 대학교의 교비로써 명예총장의 활동비 및 전용 운전사의 급여를 지급한 경우(대법원 2003.1.10. 선고 2002도758 판결)

(6) 학교법인의 이사장이 학교법인 소유의 토지를 매도함에 있어서 그 매수인이 그 매매목적물인 부동산을 매수 즉시 그 매매가격보다 월등하게 높은 가격으로 전매할 것임을 알면서도 이를 확실하게 예측되는 전매가격보다 현저한 저가로 매도한 경우 ⇨ 학교법인 이사회의 결의가 있었다거나 그것이 감독청의 허가조건에 위배되지 아니하는 경우에도 배임죄에 해당(대법원 1990.6.8. 선고 89도1417 판결)

(7) 비영리 재단법인의 이사장이 설립목적과는 다른 목적으로 기본재산을 매수하여 사용할 의도를 가진 乙과 사이에 기본재산의 직접적인 매도는 주무관청의 허가문제 등으로 불가능하자 이사진 등을 교체하는 방법으로 재단법인의 운영을 乙에게 넘긴 후 乙이 의도하는 사업을 할 수 있게 재단법인의 명칭과 목적을 변경함으로써 사실상 기본재산을 매각하는 효과를 얻되 그 대가로 금원을 받기로 하는 약정을 체결하고 그 일부를 수령한 경우 ⇨ 주무관청의 허가의 문제로 법률상 유효한 약정인가 여부와 관계없이 배임행위에 해당(대법원 2001.9.28. 선고 99도2639 판결)

(라) 업무상 기밀유출

■ 판례 ■ **영업비밀 기수시기**

[1] 회사 임직원이 영업비밀을 경쟁업체에 유출하거나 스스로의 이익을 위하여 이용할 목적으로 무단으로 반출한 경우, 업무상배임죄의 기수시기(=반출 시) 및 영업비밀은 아니나 영업상 주요한 자산인 자료의 반출행위가 업무상배임죄를 구성하는지 여부(=유죄)
[2] 회사 임직원이 영업비밀이나 영업상 주요한 자산인 자료를 적법하게 반출하였으나 퇴사 시 반환·폐기의무가 있음에도 경쟁업체에 유출하거나 스스로의 이익을 위하여 이용할 목적으로 영업비밀 등을 반환·폐기하지 아니한 경우 업무상배임죄 인정(대법원 2016.6.23. 선고, 2014도11876, 판결)

■ 판례 ■ **기업의 영업비밀을 유출하지 않을 것을 서약한 직원이 대가를 얻기 위하여 경쟁업체에 영업비밀을 유출한 경우, 업무상배임죄의 성부(적극)**

배임죄는 타인의 사무를 처리하는 자가 그 임무에 위배하는 행위로써 재산상 이익을 취득하거나 제3자로 하여금 이를 취득하게 하여 본인에게 손해를 가함으로써 성립하는바, 이 경우 그 임무에 위배하는 행위라 함은 사무의 내용, 성질 등 구체적 상황에 비추어 법률의 규정, 계약의 내용 혹은 신의칙상 당연히 할 것으로 기대되는 행위를 하지 않거나 당연히 하지 않아야 할 것으로 기대되는 행위를 함으로써 본인과 사이의 신임관계를 저버리는 일체의 행위를 포함하는 것이므로, 기업의 영업비밀을 사외로 유출하지 않을 것을 서약한 회사의 직원이 경제적인 대가를 얻기 위하여 경쟁업체에 영업비밀을 유출하는 행위는 피해자와의 신임관계를 저버리는 행위로서 업무상배임죄를 구성한다(대법원 1999.3. 12. 선고 98도4704 판결).

■ 판례 ■ **회사직원이 영업비밀을 경쟁업체에 유출할 목적으로 무단으로 반출한 경우, 업무상배임죄의 성부(적극)**

[1] 업무상배임죄의 실행으로 인하여 이익을 얻게 되는 수익자 및 그와 밀접한 관련이 있는 제3자를 배임의 실행행위자와 공동정범으로 인정하기 위한 요건

업무상배임죄의 실행으로 인하여 이익을 얻게 되는 수익자 또는 그와 밀접한 관련이 있는 제3자를 배임의 실행행위자와 공동정범으로 인정하기 위하여는 실행행위자의 행위가 피해자 본인에 대한 배임행위에 해당한다는 것을 알면서도 소극적으로 그 배임행위에 편승하여 이익을 취득한 것만으로는 부족하고, 실행행위자의 배임행위를 교사하거나 또는 배임행위의 전 과정에 관여하는 등으로 배임행위에 적극 가담할 것을 필요로 한다.

[2] 회사직원이 영업비밀을 경쟁업체에 유출할 목적으로 무단으로 반출한 때 업무상배임죄의 기수에 이르렀다고 한 사례

회사직원이 영업비밀을 경쟁업체에 유출하거나 스스로의 이익을 위하여 이용할 목적으로 무단으로 반출한 때 업무상배임죄의 기수에 이르렀다고 할 것이고, 그 이후에 위 직원과 접촉하여 영업비밀을 취득하려고 한 자는 업무상배임죄의 공동정범이 될 수 없다(대법원 2003.10.30. 선고 2003도4382 판결). ☞ (甲은 업무상배임죄, 乙은 업무상배임죄의 공동정범 불성립)

■ 판례 ■ **영업비밀의 폐기의무 위반**

회사 직원이 영업비밀이나 영업상 주요한 자산인 자료를 적법하게 반출하였으나 퇴사 시 반환·폐기의무가 있음에도 경쟁업체에 유출하거나 스스로의 이익을 위하여 이용할 목적으로 영업비밀 등을 반환·폐기하지 아니한 경우(대법원 2016.7.7. 선고, 2015도17628, 판결)

■ 판례 ■ **역설계 등의 방법으로 입수 가능한 상태에 있는 회사의 정보를 무단으로 반출한 행위가 업무상배임죄에 해당하는지 여부가 문제된 사안**

[1] 판시사항

회사 직원이 경쟁업체 또는 스스로의 이익을 위하여 이용할 의사로 무단으로 자료를 반출한 행위가 업무상배임죄에 해당하기 위해서는 그 자료가 영업상 주요한 자산에 해당하여야 하는지 여부(적극) / 비밀유지조치를 취하지 아니한 채 판매 등으로 공지된 제품의 경우, 상당한 시간과 노력 및 비용을 들이지 않고도 통상적인 역설계 등의 방법으로 쉽게 입수 가능한 상태에 있는 정보가 영업상 주요한 자산에 해당하는지 여부(소극)

[2] 판결요지

회사 직원이 경쟁업체 또는 스스로의 이익을 위하여 이용할 의사로 무단으로 자료를 반출한 행위가 업무상배임죄에 해당하기 위하여는, 그 자료가 반드시 영업비밀에 해당할 필요까지는 없다고 하겠지만 적어도 그 자료가 불특정 다수인에게 공개되어 있지 않아 보유자를 통하지 아니하고는 이를 통상 입수할 수 없고 그 보유자가 자료의 취득이나 개발을 위해 상당한 시간, 노력 및 비용을 들인 것으로서, 그 자료의 사용을 통해 경쟁상의 이익을 얻을 수 있는 정도의 영업상 주요한 자산에는 해당하여야 한다. 또한 비밀유지조치를 취하지 아니한 채 판매 등으로 공지된 제품의 경우, 역설계(reverse engineering)를 통한 정보의 획득이 가능하다는 사정만으로 그 정보가 불특정 다수인에게 공개된 것으로 단정할 수 없으나, 상당한 시간과 노력 및 비용을 들이지 않고도 통상적인 역설계 등의 방법으로 쉽게 입수 가능한 상태에 있는 정보라면 보유자를 통하지 아니하고서는 통상 입수할 수 없는 정보에 해당한다고 보기 어려우므로 영업상 주요한 자산에 해당하지 않는다. (대법원 2022. 6. 30., 선고, 2018도4794, 판결)

(마) 기타 배임행위

■ 판례사례 ■ **[배임행위의 성립을 부정한 사례]**

(1) 매매계약해제에 따른 매도인의 위약금배상업무를 대행처리하면서 매수인이 지출한 소개비를 배상액에 포함시켰으나 배상약정총액이 계약금 상당액을 초과하지 않는 경우(대법원 1985.9.10. 선고 84도1404 판결)

(2) 제3자가 자기소유의 부동산에 관하여 채무자를 위하여 일정한 채무최고액을 정하여 담보제공을 하였으나 채무자가 제3자(물상보증인)의 승낙없이 한도액을 초과하여 금전을 차용한 경우 ⇨ 설령 그 한도액을 초과하여 대차를 한다 할지라도 근저당권설정자는 그 한도액 범위내에서만 담보책임이 있으므로(대법원 1984.7.24. 선고 83도3196 판결)

(3) 도급인이 수급인에게 잔여공사를 완공할 것을 정지조건으로 하여 그 공사비에 대한 대물변제로 부동산의 소유권을 이전키로 하였으나 수급인이 위 공사를 완성하지 못하자 도급인이 위 부동산을 다시 다른 채권자에게 담보제공한 경우 ⇨ 공사를 완성하지 않았다면 수급인으로서는 도급인에게 위 대물변제예약의 이행을 청구할 수 있는 지위에 있지 않다 할 것이므로(대법원 1985. 3.26. 선고 85도124 판결)

■ 판례사례 ■ **[배임행위의 성립을 긍정한 사례]**

(1) 인출의뢰액을 초과한 예금인출

예금인출을 의뢰받은 자가 인출의뢰액을 초과하여 인출한 경우(대법원 1972.3.18. 선고 72도297 판결)

(2) 위임인의 반환요구 거절

귀속재산의 관리 및 불하절차를 위임받은 자가 위임인의 반환요구를 거절하고 자기명의로 등기를 마친 경우(대법원 1969.1.21. 선고 68도620 판결)

(3) 사고수표를 이상 없는 수표라고 언명

수표발행법인의 회계계장이 사고수표를 이상 없는 수표라고 언명하여 지급인으로 하여금 발행의 계좌에서 지급하게 한 경우(대법원 1973.11.27. 선고 73도1339 판결)

(4) 구상금중 잔여분을 반환하지 않은 경우

사전구상권을 행사하여 구상금을 수령한 보증인이 그 수령금액으로 자신의 면책을 하고 남은 금액을 주채무자에게 반환하지 않은 경우(대법원 1977.7.26. 선고 77도1307 판결)

(5) 회사정리절차중 임의변제

정리절차중인 회사의 관리인 대리가 회사정리법 제112조에 위반하여 회사의 운영자금중에서 일부 채권자들에게 채무의 일부를 변제하고 그 채권자들은 나머지 채무를 면제하여준 경우(대법원 1980.10.14. 선고 80도1597 판결)

(6) 허위의 조사보고

정부가 관리하는 조절용 사료의 적정한 배급을 위하여 그 관할구역내의 양돈수를 조사보고하는 임무를 맡은 읍직원이 허위보고를 함으로써 조절용사료가 부당하게 배정 방출케 한 경우(대법원 1978.8.22. 선고 78도958 판결)

(7) 절차를 결여하고 염가판매

주택개량재개발조합의 상근이사가 보류건축시설인 아파트를 정관 등에 규정된 절차인 조합총회 또는 대의원회의 결의 없이, 자신의 계산하에 제3자의 명의로 또는 자신과 특수관계에 있는 제3자에게 시가보다 훨씬 낮은 분양가에 처분한 행위(대법원 1991.12.27. 선고 91도196 판결)

(8) 비등록·비상장 법인의 대표이사의 전환사채 발행·인수행위

비등록·비상장 법인의 대표이사가 시세차익을 얻을 의도로 주식 시가보다 현저히 낮은 금액을 전환가격으로 한 전환사채를 발행하고 제3자의 이름을 빌려 이를 인수한 후 전환권을 행사하여 인수한 주식 중 일부를 직원들에게 전환가격 상당에 배분한 경우(대법원 2001.9.28. 선고 2001도3191 판결)

(9) 용역수수료의 과다책정

재개발조합의 조합원들이 시공회사로부터 이주비를 차용하면서 약속어음을 발행·공증하여 주기로 함에 따라 조합장이 조합원들을 대표하여 약속어음공증신청을 이사회의 결의로 선정된 법무사로 하여금 대행하게 하는 용역계약을 체결함에 있어, 그 법무사가 제시하는 수수료액이 적정한 것인지 조사하여 보지 않고, 그 금액이 과다함에도 불구하고 이를 낮추려는 시도조차 하지 않은 채 이를 그대로 받아들여 용역계약을 체결한 경우(대법원 1997.6.13. 선고 97도618 판결)

▪판례▪ 동일 기업집단 내 계열사의 보유 주식 매각과 관련하여 손실보상각서를 받고 주식의 매수인인 과 주식매수청구권 부여계약(풋옵션계약)을 체결한 경우

[1] 사실관계

A회사의 이사인 甲·乙·丙 등은 동일 기업집단내 계열사 B회사로부터 B회사가 보유하고 있는 주식을 C회사로 매각함에 있어 주식매수청구권 부여계약(풋옵션계약)의 체결을 요청받고, B회사로부터 B회사의 이사회 결의가 없는 손실보상각서를 받고도 이를 확인하지도 않은 채 매수인인 C와 주식매수청구권 부여계약(풋옵션계약)을 체결하였다.

[2] 판결요지

위 각서는 B회사가 C로부터 주식매도대금을 받기 위하여 부담할 주식재매수의무를 A회사가 대신 부담하되, 그 사무처리과정에서 A회사가 입을 수 있는 손실을 B회사로부터 보상받기로 확약받은 것에 불과하여, A회사의 이사들에게는 B회사 이사회가 위 손실보상약정의 체결을 승인하였는지에 관하여 확인하는 등의 조치를 취할 의무가 없으므로, B회사로부터 이사회의 결의 없이 작성된 손실보상각서만을 받고 A회사 이사들이 C와 주식매수청구권 부여계약(풋옵션계약)을 체결한 것은 업무상배임죄에 해당하지 않는다(대법원 2009.5.14. 선고 2007도6564 판결).

▪판례▪ 아파트 건축분양회사가 수분양자들에게 소유권이전등기절차를 이행하지 않은 채 분양 전 금융기관과 체결한 근저당권설정계약에 따라 근저당권설정등기를 경료해 준 경우

[1] 사실관계

甲주식회사는 2004. 6. 29. 이 사건 아파트 부지를 우리은행에 담보로 제공하여 근저당권을 설정하고 160억 원을 대출받으면서, 이후 아파트 공사가 완공되어 아파트 건물에 관하여 소유권보존등기를 할 때에는 이를 이미 담보로 제공된 아파트 부지와 함께 피담보채무를 위한 공동담보로 제공하기로 약정 후에 乙·丙 등에게 분양하고 그 분양대금을 모두 지급받은 후 아파트가 준공되자 그에 관한 소유권보존등기를 경료하면서 같은 날 그에 관하여 우리은행에게 공동담보로 근저당권설정등기를 경료하여 주었다.

[2] 판결요지

甲주식회사가 위와 같이 추가로 근저당권설정등기를 경료하여 준 것은 甲주식회사가 우리은행에 대하여 지고 있는 2004. 6. 29.자 위 추가담보제공의 약정에 기한 근저당권설정등기의무를 이행한 것에 불과하다 할 것이다. 이와 같이 甲주식회사는 위 각 피해자들의 매매계약보다 앞선 위 추가담보제공의 약정에 기하여 이 사건 근저당권설정등기를 경료한 것이므로, 이를 두고 피고인이 위 각 피해자들에 대한 관계에서 타인의 사무를 처리하는 자로서 그 임무를 위법하게 위배한 것으로서 배임죄가 성립된다고 할 수 없다(대법원 2009.2.26. 선고 2008도11722 판결).

■ 판례 ■ **수분양권 매매계약과 관련하여 매수 당시에는 이중매매 사실을 몰랐던 제2매수인이 그 사실을 알고 난 후 매도인의 도움으로 승소판결을 받고 분양권에 대한 소유권이전등기까지 마친 경우**

피고인(제2매수인)이 원심 공동피고인(매도인)으로부터 이 사건 수분양권을 매수할 당시에는 그 매매계약이 이중매매에 해당한다는 사실을 알지 못하였던 사실, 피고인이 그후 이중매매사실을 알고 원심 공동피고인으로부터 이미 지급한 매매대금을 반환받고자 하였으나 그중 8,200만 원을 돌려받지 못하게 되자, 이정임 등을 상대로 소송을 제기하여 피고인과 이정임을 대리한 원심 공동피고인 사이에 임의조정이 이루어졌고, 이를 기초로 인천광역시를 상대로 한 소송을 거쳐 이 사건 토지에 대한 소유권이전등기까지 경료하게 된 사실 등을 알 수 있는바, 이를 위 법리에 비추어 살펴보면, 이 사건 수분양권 매수 당시 그 매매계약이 이중매매에 해당한다는 사실을 알지 못했던 피고인이 자신의 민사상 권리를 실현하기 위하여 이정임을 상대로 제기한 민사소송 중 임의조정이 이루어지는 과정에서, 원심이 인정한 바와 같이 피고인이 원심 공동피고인과 접촉한 정황 및 원심 공동피고인이 피고인에게 협조한 사실이 인정된다고 하더라도, 이는 피고인이 이 사건 수분양권에 대한 매수인으로서의 권리를 행사하는 과정에서 발생한 것에 불과하고, 피고인이 원심 공동피고인의 배임행위를 교사하거나 원심 공동피고인의 배임행위의 전 과정에 관여하는 등으로 원심 공동피고인의 배임행위에 적극 가담한 경우에 해당한다고 보기는 어렵다(대법원 2009.9.10. 선고 2009도5630 판결).

■ 판례 ■ **회사의 대표이사가 사료첨가제를 구매하면서 납품으로 발생하는 이익을 자신이 취득할 의도로 납품업자에게 가공의 납품업체를 만들게 하고 그로부터 납품받음으로써 재산상 이익을 취득한 경우**

가. 회사의 이사가 할인된 가격으로 납품가격을 정할 수 있었음에도 자신이 이익을 취득할 의도로 할인되지 않은 가격으로 납품을 받은 경우 업무상 배임죄의 성립 여부(적극) 및 회사의 손해액

이사는 회사에 대하여 법령과 정관의 규정에 따라 성실하게 회사에 최선의 이익이 되도록 직무를 수행하여야 할 선관주의의무 내지 충실의무를 부담하는 것이므로, 회사에 필요한 물품을 납품받음에 있어 할인된 가격으로 납품가격을 정할 수 있었음에도 납품과정에서 자신이 이익을 취득할 의도로 납품업자에게 가공의 납품업체를 만들게 한 뒤 그 납품업체로부터 할인되지 않은 가격으로 납품을 받았다면 이는 회사와의 신임관계를 저버리는 행위로서 임무에 위배하는 행위라고 할 것이고, 다만, 구체적 사정에 비추어 할인받을 수 있는 가격을 특정할 수 없는 등의 특별한 사정이 있다면 이사가 취득한 이익 전체를 회사에 발생한 재산상 손해액이라고 할 수는 없고, 회사에는 가액을 산정할 수 없는 손해가 발생하였다고 봄이 상당하다.

나. 배임죄의 성립여부 및 회사의 손해액

회사의 대표이사가 사료첨가제 납품업체와 가격협상을 함에 있어 유리한 위치에 있었음에도 사료첨가제 납품으로 발생하는 이익금을 자신 등이 얻기 위한 의도에서, 납품업자에게 가공의 납품업체를 만들어 사료첨가제를 납품하라고 지시하고 이를 납품받음으로써 통상적인 납품가격과 가격협상을 통하여 더 낮은 수준에서 납품받을 수 있었던 납품가격의 차액 상당의 재산상 이익을 취득한 경우, 업무상배임죄가 성립하고, 이로 인하여 회사에는 '가액을 산정할 수 없는 손해'가 발생하였다고 판단한 사례(대법원 2009.10.15. 선고 2009도5655 판결).

■ 판례 ■ **저당권이 설정된 자동차를 저당권자의 동의 없이 매도한 행위가 배임죄를 구성하는지 여부(소극)**

자동차에 대하여 저당권이 설정되는 경우 자동차의 교환가치는 그 저당권에 포섭되고, 저당권설정자가 자동차를 매도하여 그 소유자가 달라지더라도 저당권에는 영향이 없으므로, 특별한 사정이 없는 한 저당권설정자가 단순히 그 저당권의 목적인 자동차를 다른 사람에게 매도한 것만으로는 배임죄가 성립하지 아니한다(대법원 2008.8.21, 2008도3651).

■ 판례 ■ **불법매각된 국유지의 환수업무를 처리하는 공무원이 다수의 이해관계가 충돌하고 그 법적 해결이 용이하지 않은 상황에서 이를 해결하기 위하여 선의의 취득자 보호를 위한 국유재산법상 특례매각에 관한 규정을 유추적용하면서 그 매각범위를 확장 시행한 경우**

[1] 다수의 이해관계가 충돌하는 복잡한 사안에서 담당공무원이 직무범위 내에서 가장 합리적인 방안을 강구하여 직무를 처리하였음에도 불구하고, 결과적으로 국가에 재산적 손해를 야기하거나 제3자에게 재산적 이익이 귀속된 경우, 업무상배임죄가 성립하는지 여부(소극)

공무원이 그 임무에 위배되는 행위로써 제3자로 하여금 재산상의 이익을 취득하게 하여 국가에 손해를 가한 경우에 업무상배임죄가 성립하지만, 다수인의 이해관계가 나름대로의 근거를 가지면서 정면으로 충돌하고 법적으로 명쾌하게 해결하기도 어려워 사회적 물의와 공론이 계속되고 있는 고질적인 문제를 해소·수습하는 직무를 처리하는 과정에서 담당공무원이 고질적인 문제의 발생 원인과 그 책임자, 이해관계인이 제시하는 근거, 재산적인 손익관계뿐 아니라 유형·무형의 모든 이해관계와 파급효과 등을 전반적으로 따져 그 해결책을 강구하여, 그 해결책이 맡은 직무를 집행·처리하는 가장 합리적인 방안으로서 직무의 본지에 적합하다는 신념하에 처리하고 그 내용이 직무범위 내에 속하는 것으로 인정된다면, 특별한 사정이 없는 한 이는 정책 판단과 선택의 문제로서 그 방안의 시행에 의해 결과적으로 국가에 재산적 손해가 발생하거나 제3자에게 재산적 이익이 귀속되는 측면이 있다는 것만으로 임무위배가 있다 할 수 없으므로, 배임죄에 해당하지 않는다.

[2] 불법매각된 국유지의 환수업무를 처리하는 공무원이 다수의 이해관계가 충돌하고 그 법적 해결이 용이하지 않은 상황에서 이를 해결하기 위하여 선의의 취득자 보호를 위한 국유재산법상 특례매각에 관한 규정을 유추적용하면서 그 매각범위를 확장 시행한 경우, 그로 인해 결과적으로 국가의 재산적 손실이 발생한 경우, 업무상배임죄의 성부(소극)

불법매각된 국유지의 환수업무를 처리하는 공무원이 다수의 이해관계가 충돌하고 법적 해결이 용이하지 않은 상황에서 이를 해결하기 위하여 선의의 취득자 보호를 위한 국유재산법상 특례매각에 관한 규정을 유추적용하기로 하면서 문제의 발생 원인과 각종 이해관계 및 파급효과 등을 전반적으로 고려하고 내부 결재를 거쳐 특례매각의 범위를 확장하여 시행한 경우, 그로 인해 결과적으로 국가에 재산상 손해가 발생하였다고 하더라도 문제해결을 위한 직무범위 내의 정책판단과 선택이므로 업무상배임죄에 해당하지 않는다(대법원 2008.6.26. 선고 2006도2222 판결).

새마을금고 임·직원이 동일인 대출한도 제한규정을 위반하여 초과대출행위를 한 사실만으로 새마을금고에 업무상배임죄를 구성하는지 여부(소극)

새마을금고의 동일인 대출한도 제한규정은 새마을금고 자체의 적정한 운영을 위하여 마련된 것이지 대출채무자의 신용도를 평가해서 대출채권의 회수가능성을 직접적으로 고려하여 만들어진 것은 아니므로 동일인 대출한도를 초과하였다는 사실만으로 곧바로 대출채권을 회수하지 못하게 될 위험이 생겼다고 볼 수 없고, 구 새마을금고법 제26조의2, 제27조에 비추어 보면 동일인 대출한도를 초과하였다는 사정만으로는 다른 회원들에 대한 대출을 곤란하게 하여 새마을금고의 적정한 자산운용에 장애를 초래한다는 등 어떠한 위험이 발생하였다고 단정할 수도 없다. 따라서 동일인 대출한도를 초과하여 대출함으로써 구 새마을금고법을 위반하였다고 하더라도, 대출한도 제한규정 위반으로 처벌함은 별론으로 하고, 그 사실만으로 특별한 사정이 없는 한 업무상배임죄가 성립한다고 할 수 없고, 일반적으로 이러한 동일인 대출한도 초과대출이라는 임무위배의 점에 더하여 대출 당시의 대출채무자의 재무상태, 다른 금융기관으로부터의 차입금, 기타 채무를 포함한 전반적인 금융거래상황, 사업현황 및 전망과 대출금의 용도, 소요기간 등에 비추어 볼 때 채무상환능력이 부족하거나 제공된 담보의 경제적 가치가 부실해서 대출채권의 회수에 문제가 있는 것으로 판단되는 경우에 재산상 손해가 발생하였다고 보아 업무상배임죄가 성립한다고 해야 한다(대법원 2008.6.19. 선고 2006도4876 판결).

비상장주식의 매입가격이 적정한 경우, 배임죄의 성립요건

[1] 업무상배임죄에서 '임무에 위배하는 행위'의 의미와 그 주관적 요건 및 부수적으로 본인의 이익을 위한다는 의사가 있었더라도 배임죄의 고의를 인정할 수 있는지 여부(적극)

업무상배임죄에서 그 '임무에 위배하는 행위'란 사무의 내용, 성질 등 구체적 상황에 비추어 법률의 규정, 계약의 내용 혹은 신의칙상 당연히 할 것으로 기대되는 행위를 하지 않거나 당연히 하지 않아야 할 것으로 기대되는 행위를 함으로써 본인과의 신임관계를 저버리는 일체의 행위를 포함한다. 나아가 업무상배임죄가 성립하려면 주관적 요건으로서 임무위배의 인식과 그로 인하여 자기 또는 제3자가 이익을 취득하고 본인에게 손해를 가한다는 인식, 즉 배임의 고의가 있어야 한다. 이러한 인식은 미필적 인식으로도 충분하므로, 이익을 취득하는 제3자가 같은 계열회사이고, 계열그룹 전체의 회생을 위한다는 목적에서 이루어진 행위로서 그 행위의 결과가 일부 본인을 위한 측면이 있다 하더라도 본인의 이익을 위한다는 의사는 부수적일 뿐이고 이득 또는 가해의 의사가 주된 것임이 판명되면 배임죄의 고의를 부정할 수 없다.

[2] 재벌그룹 회장과 그룹 구조조정추진본부 임원들이 해외금융자본과 특정 계열사의 분쟁을 해결하는 방편으로 다른 계열사들로 하여금 해외금융자본과 옵션계약을 체결하게 하는 방식으로 다른 계열사들을 특정 계열사의 유상증자에 동원하여 참여시킴으로써 다른 계열사들에 손해를 입힌 사안에서, 다른 계열사들이 옵션계약을 체결하게 된 사정, 재정상태 등 제반 사정에 비추어 업무상배임죄가 성립한다고 한 사례.

[3] 회사의 이사가 회사를 대표하여 주주 등 특수관계자와 주식교환계약을 체결한 것이 경영상 필요에 의한 정상적인 거래로 허용될 수 없는 것으로서 특수관계자의 개인적 이익을 위한 것이라면 업무상 배임행위에 해당하는지 여부(적극)

회사의 이사가 그 회사의 이사, 주주 등 특수관계자와 교환의 방법으로 그 회사가 보유중인 다른 회사 발행의 주식을 양도하고 그 특수관계자로부터 제3의 회사 발행의 주식을 취득하는 경우, 그 거래의 목적, 계약체결의 경위 및 내용, 거래대금의 규모 및 회사의 재무상태 등 사정에 비추어 그것이 회사의 입장에서 볼 때 경영상의 필요에 의한 정상적인 거래로서 허용될 수 있는 한계를 넘어 주로 교환거래를 하려는 특수관계자의 개인적인 이익을 위한 것에 불과하다면, 업무상배임죄의 임무위배 행위에 해당한다.

[4] 비상장주식의 매입가격이 적정하다고 하더라도 배임죄에서의 손해가 발생하였다고 볼 수 있는 경우

회사가 매입한 비상장주식의 실거래가격이 시가에 근접하거나 적정한 가격으로 볼 수 있는 범위 내에 속하여 실거래가격과의 차이가 명백하지 않은 경우라고 하더라도, 그 거래의 주된 목적이 비상장주식을 매도하려는 매도인의 자금조달에 있고 회사로서는 그 목적 달성에 이용된 것에 불과하다고 보이는 등의 특별한 사정이 있다면, 비상장주식을 현금화함으로써 매도인에게 유동성을 증가시키는 재산상의 이익을 취득하게 하고 반대로 회사에 그에 상응하는 재산상의 손해로서 그 가액을 산정할 수 없는 손해를 가한 것으로 볼 수 있다. 다만, 기업의 경영과 자금운영에 구체적 위험을 초래하지 않았음에도 단지 현금유동성의 상실만을 이유로 배임죄의 성립요건인 재산상 위험이 발생하였다고 인정하는 것은 신중을 기하여야 한다(대법원 2008.5.29. 선고 2005도4640 판결).

■ 판례 ■ **재벌그룹 소속 A회사가 골프장 건설 사업을 진행 중인 비상장회사 B의 주식 전부를 보유하고 B회사를 위하여 수백억 원의 채무보증을 한 상태에서 A회사의 대표이사 甲과 이사들이 B회사의 주식 전부를 주당 1원으로 계산하여 위 대표이사 등에게 매도한 경우**

[1] 사실관계

X재벌그룹 소속 A회사가 골프장 건설 사업을 진행 중인 비상장회사 B의 주식 전부를 보유하고 B회사를 위하여 수백억 원의 채무보증을 한 상태에서 A회사의 대표이사 甲과 이사 乙 등이 B회사의 주식 전부를 주당 1원으로 계산하여 그룹 회장인 甲과 그룹 계열사에 매도하였다. 당시 B회사의 채무 상태는 부채가 자산을 근소하게 초과하고 있었으나 향후 골프장 사업계획을 실행하여 수익을 내고 기업의 가치도 상승할 가능성이 충분한 상태였다.

[2] 판결요지

[1] 비상장주식을 거래한 경우, 주식가액의 평가방법

비상장주식을 거래한 경우 그 시가는 객관적 교환가치가 적정하게 반영된 정상적인 거래의 실례가 있는 경우에는 그 거래가격을 시가로 보아 주식의 가액을 평가하여야 하나, 그러한 거래사례가 없는 경우에는 보편적으로 인정되는 여러 가지 평가 방법들을 고려하되 거래 당시 당해 비상장법인 및 거래당사자의 상황, 당해 업종의 특성 등을 종합적으로 고려하여 합리적으로 판단하여야 한다.

[2] 재벌그룹 소속의 상장법인인 회사의 이사들이 대표이사이자 대주주인 甲에게 자사주를 매각한 것이 배임죄를 구성하는지 여부

당시 B회사의 채무 상태는 부채가 자산을 근소하게 초과하고 있었다 하더라도 회원권이 분양되기 전에는 수입을 기대할 수 없는 골프장 사업의 특성상 이는 당연한 것이고 향후 골프장 사업계획을 실행하여 수익을 내고 기업의 가치도 상승할 가능성이 충분하므로, 위 주식 매도행위는 B회사에 주식의 내재된 가치를 포기하면서 신용위험만을 부담시키는 것으로서 B회사에 주식의 적정한 거래가격과 매도가격의 차액 상당에 해당하는 손해를 가한 배임행위에 해당한다(대법원 2008.2.28. 선고 2007도5987 판결).

■ 판례 ■ **영업비밀을 유출하거나 회사로부터 무단 반출한 경우**

[1] 영업비밀을 유출하거나 회사로부터 무단 반출한 경우 업무상배임죄의 기수시기 및 영업비밀은 아니지

만 영업상 주요한 자산인 자료를 무단반출하거나 적법하게 반출한 영업비밀 등을 퇴사시 반환·폐기의무에 위배하여 경쟁업체에 유출하거나 반환·폐기하지 않은 행위가 업무상배임죄를 구성하는지 여부

회사직원이 영업비밀을 경쟁업체에 유출하거나 스스로의 이익을 위하여 이용할 목적으로 무단으로 반출하였다면 그 반출시에 업무상배임죄의 기수가 되고, 영업비밀이 아니더라도 그 자료가 불특정 다수의 사람에게 공개되지 않았고 사용자가 상당한 시간, 노력 및 비용을 들여 제작한 영업상 주요한 자산인 경우에도 그 자료의 반출행위는 업무상배임죄를 구성하며, 회사직원이 영업비밀이나 영업상 주요한 자산인 자료를 적법하게 반출하여 그 반출행위가 업무상배임죄에 해당하지 않는 경우라도 퇴사시에 그 영업비밀 등을 회사에 반환하거나 폐기할 의무가 있음에도 경쟁업체에 유출하거나 스스로의 이익을 위하여 이용할 목적으로 이를 반환하거나 폐기하지 아니하였다면, 이러한 행위는 업무상배임죄에 해당한다.

[2] 회사직원이 퇴사시 업무관련 파일들을 회사에 반환하거나 폐기할 의무가 있음에도 이를 폐기하지 않고 계속 보관하다가 경쟁업체에 반출한 경우

회사 관련 파일에 관한 보안준수서약서 또는 비밀유지서약서, 고용계약에 따른 부수적 의무 내지 신의칙상 퇴사시 위 파일들을 회사에 반환하거나 폐기할 의무가 있고, 업무상 필요가 있는 경우에 한하여 업무용 자료의 반출을 용인하고 있음에도, 회사직원이 회사의 승낙을 받지 않은 채 위 파일들을 반출하고, 퇴사시에 위 사실을 고지하지 않은 채 위 파일들을 폐기하지 않고 계속 보관하여 위 파일들 중 일부를 경쟁업체에 반출한 사안에서, 위 파일들이 회사의 영업비밀 또는 영업상 주요한 자산에 해당한다면, 위 파일들의 각 반출행위 또는 파일들의 미반환·미폐기 행위는 업무상배임죄를 구성한다고 본 사례(대법원 2008.4.24. 선고 2006도9089 판결).

■ 판례 ■ **회사 직원이 영업비밀이나 영업상 중요한 자산인 자료를 반출하는 등의 행위가 업무상 배임죄를 구성하는 경우**

회사 직원이 영업비밀을 경쟁업체에 유출하거나 스스로의 이익을 위하여 이용할 목적으로 무단으로 반출하였다면 그 반출시에 업무상배임죄의 기수가 된다. 영업비밀이 아니더라도 그 자료가 불특정 다수의 사람에게 공개되지 않았고 사용자가 상당한 시간, 노력 및 비용을 들여 제작한 영업상 주요한 자산인 경우에도 그 자료의 반출행위는 업무상배임죄를 구성하며, 회사 직원이 영업비밀이나 영업상 주요한 자산인 자료를 적법하게 반출하여 그 반출행위가 업무상배임죄에 해당하지 않는 경우라도 퇴사시에 그 영업비밀 등을 회사에 반환하거나 폐기할 의무가 있음에도 경쟁업체에 유출하거나 스스로의 이익을 위하여 이용할 목적으로 이를 반환하거나 폐기하지 아니하였다면, 이러한 행위는 업무상배임죄에 해당한다(대법원 2009.10.15. 선고 2008도9433 판결).

■ 판례 ■ **퇴사한 전직 동료의 편의를 위하여 회사 컴퓨터에 저장된 개인 파일 등을 복사해 준 경우**

[1] 사실관계

甲은 함께 A주식회사에서 근무하다가 퇴직한 乙이 기숙사에 남은 짐을 빼기 위해 회사로 찾아와 회사 컴퓨터에 저장되어 있는 개인파일과 가족사진 등을 새로 산 개인용 노트북에 옮겨달라는 乙의 부탁을 받고, 회사의 중요한 자료가 포함되어있는 컴퓨터의 자료파일을 노트북에 옮긴 후 그날 되돌려 주었다.

[2] 판결요지

甲이 파일을 복사해주게 된 경위, 당시 피고인들의 처지, A주식회사의 업무자료에 대한 관리실태, 이 사건 자료파일 복사 후 피고인의 이용 상황 등 기록에 나타나는 제반 사정을 위 배임의 고의에

관한 법리에 비추어 볼 때, 甲이 컴퓨터에 저장된 자료의 구체적 내용이나 의미를 제대로 인식하지 못한 채 만연히 퇴사한 전직 동료의 편의를 봐준다는 차원에서 자료를 복사해준 것이고, 乙 역시 자신의 개인파일을 찾아가려는 것이 주된 의도였다고 볼 여지가 있어 甲과 乙이 공모하여 회사의 중요자료를 유출하고 A주식회사에게 손해를 입게 한다는 배임의 고의가 있었다고 단정하기 어렵다(대법원 2009.5.28. 선고 2008도5706 판결).

■ 판례 ■ **사립학교의 학교법인 이사장이 이사회 결의 및 관할청의 허가를 받지 아니하고 수표 및 어음을 발행한 경우 배임죄의 성립 여부(소극)**

학교법인이 수표나 어음의 발생과 같은 채무부담행위를 함에 있어 사립학교법 제16조 제1항 제1호와 제28조 제1항에 의한 이사회의 결의와 관할청의 허가를 받지 아니하였다면 그러한 수표나 어음은 법률상 효력이 없어 학교법인은 그 소지인에게 수표금 및 어음금을 지급할 의무가 없다. 한편 법률적 판단에 의하여 당해 배임행위가 무효라고 하더라도 경제적 관점에서 파악하여 배임행위로 인하여 본인에게 현실적인 손해를 가하였거나 재산상 실해발생의 위험을 초래한 경우에는 재산상의 손해를 가한 때에 해당하지만 그러한 손해발생의 위험이 초래되지 아니한 경우에는 배임죄가 성립하지 않는다. 따라서 학교법인 이사장이 이사회의 결의와 관할청의 허가를 받지 아니하고 어음 및 수표를 발행한 경우 학교법인이 민법상 사용자책임 또는 불법행위책임을 부담하는 등의 특별한 사정이 없는 한 배임죄는 성립하지 아니한다(대법원 2010.3.25. 선고 2009도14585 판결).

■ 판례 ■ **동일 채무를 위하여 기존의 담보방법을 새로운 것으로 교체하여 제공한 경우**

[1] 사실관계

A주식회사의 대표이사 甲은 B주식회사가 새누리상호저축은행과 사이에 체결한 70억 원을 대출한도액으로 한 여신거래약정상의 대출금 채무를 담보하기 위하여 보증의사가 기재된 이사회 결의서나 보충권 수여에 관한 문서가 함께 첨부되지 않은 A주식회사 발행의 백지약속어음 2장을 제공한 후, 법적 효력이 더 확실한 채무보증을 위해 이를 회수하는 대신 70억 원의 대출금 채무를 보증하기 위하여 C주식회사가 발행한 약속어음을 배서·교부하였다.

[2] 판결요지

가. 동일 채무를 위하여 기존의 담보방법을 새로운 것으로 교체하여 제공하는 행위가 배임죄의 '재산상 손해를 가한 때'에 해당하기 위한 요건

배임죄의 '재산상 손해를 가한 때'에 관한 판단에서, 기왕에 한 담보제공행위로 인하여 이미 재산상의 손해발생 위험이 발생하였다면 그 후에 그 담보물을 다른 담보물로 교체한다 하여도 새로 제공하는 담보물의 가치가 기존 담보물의 가치보다 더 작거나 동일하다면 회사에 새로운 손해발생의 위험이 발생하였다고 볼 수 없으며, 이러한 법리는 제공된 전후의 담보방법이 다소 다른 경우에도 같다. 따라서 동일 채무를 위해 기존의 담보방법을 새로운 담보방법으로 교체하는 행위를 배임죄로 처단하려면 새로운 담보물의 가치가 기존의 담보물에 비해 더 크다거나 선행 담보제공에 의해 발생한 기존의 손해발생의 위험이 어떤 사유로 소멸하고 그 담보교체로 인해 기존의 손해발생의 위험과는 다른 새로운 손해발생의 위험이 발생하였다고 평가할 수 있는 사정이 있어야 한다.

나. 회사의 대표이사가 제3자의 채무를 담보하기 위하여 회사 명의의 백지약속어음을 제공하는 배임행위를 한 후 이를 회수하고 다른 담보방법으로 새로운 약속어음을 배서·교부한 경우, 위 담보교체행위로 회사에 새로운 손해발생의 위험을 초래하였는지 여부(소극)

회사의 대표이사가 제3자의 채무를 담보하기 위하여 회사 명의의 백지약속어음을 제공하는 배임행위를 한 후 법적 효력이 더 확실한 채무보증을 위해 이를 회수하고 대신 다른 회사가 발행한 새로운 약속어음을 배서·교부한 사안에서, 선행 담보제공행위로 백지약속어음을 제공할 때 이미 회사에 그 피담보채무액 상당의 손해발생 위험이 발생하였고, 경제적인 관점에서 볼 때 전후의 담보제공에 의해 발생하는 손해발생의 위험성은 결국 동일하므로, 위 담보교체행위로 선행 담보제공으로 인한 기존의 위험과는 별개로 회사에 새로운 손해발생의 위험을 초래하였다고 보기 어렵다(대법원 2008.5.8. 선고 2008도484 판결).

■ 판례 ■ 채무의 담보로 근저당권설정등기 의무를 지고 있는 자가 제3자 명의로 근저당권설정등기를 마친 경우

[1] 사실관계

甲은 乙에게 근저당권을 설정하여 줄 의사가 없음에도 금원을 편취할 목적으로 乙에게 부동산에 근저당권을 설정하여 주겠다고 속이고 乙로부터 7억 원을 교부받고서도 乙 명의의 근저당권을 설정하여 주지 아니하고, 농협중앙회로부터 2억 3천만 원을 차용하면서 농협중앙회 명의의 근저당권을 설정하여 주었다.

[2] 판결요지

가. 채무의 담보로 근저당권설정등기 의무를 지고 있는 자가 제3자 명의로 근저당권설정등기를 마친 경우, 배임죄가 성립하는지 여부(적극)

채무의 담보로 근저당권설정등기를 하여 줄 임무가 있음에도 불구하고 이를 이행하지 않고 임의로 제3자 명의로 근저당권설정등기를 마치는 행위는 배임죄를 구성한다.

나. 피해자에게 근저당권을 설정해 주겠다고 기망하여 금원을 편취한 다음 목적 부동산에 대하여 제3자에게 근저당권을 설정하여 준 배임행위가 사기죄의 불가벌적 사후행위인지 여부(소극)

부동산에 피해자 명의의 근저당권을 설정하여 줄 의사가 없음에도 피해자를 속이고 근저당권설정을 약정하여 금원을 편취한 경우라 할지라도, 이러한 약정은 사기 등을 이유로 취소되지 않는 한 여전히 유효하여 피해자 명의의 근저당권설정등기를 하여 줄 임무가 발생하는 것이고, 그럼에도 불구하고 임무에 위배하여 그 부동산에 관하여 제3자 명의로 근저당권설정등기를 마친 경우, 이러한 배임행위는 금원을 편취한 사기죄와는 전혀 다른 새로운 보호법익을 침해하는 행위로서 사기 범행의 불가벌적 사후행위가 되는 것이 아니라 별죄를 구성한다(대법원 2008.3.27. 선고 2007도9328 판결).

■ 판례 ■ 주식에 대한 양도담보 설정계약 후 배임죄의 실행의 착수시기

채무자가 채권자와 사이에 그로부터 금원을 차용하되 그 담보로 채무자 소유의 주식에 대하여 현실 교부의 방법으로 양도담보를 설정하기로 약정하고 채권자로부터 차용금의 일부 또는 전부를 수령한 이상 특단의 사정이 없는 한 채무자는 채권자에게 그 주식을 현실로 교부함으로써 채권자가 그 주식에 대한 양도담보권을 취득하는 데에 협력할 임무가 있다고 할 것이므로, 아직 채권자에게 주식의 현실 교부가 이루어지지 아니한 상태에서 채무자가 제3자와 사이에 그로부터 금원을 차용하되 그 담보로 그 주식의 일부 또는 전부에 대하여 현실 교부의 방법으로 양도담보를 설정하기로 약정하고 제3자로부터 차용금의 일부 또는 전부를 수령하였다면 이는 채권자에 대한 양도담보권 취득을 위한 주식교부절차협력의무 위배와 밀접한 행위로서 배임죄의 실행의 착수에 해당한다고 할 것이다(대법원 2010.2.25. 선고 2009도13187 판결).

(3) 재산상 손해의 발생

배임행위로 인하여 본인에게 재산상의 손해가 발생하여야 배임죄가 성립한다.

(가) 의 의

재산상 손해란 본인의 전체재산가치의 감소를 의미하는 것으로, 적극적 손해(기존재산의 감소) · 소극적 손해(장차 취득할 수 있는 이익의 감소)를 불문한다. 또한 재산상의 손해가 동시에 본인에게 재산상의 이익을 준 경우에는 손해가 있다고 할 수 없다.

■ 판례 ■ **일반경쟁입찰에 의하여 매각할 국유재산을 수의계약으로 매각한 경우 국가에 가한 손해**

배임죄에 있어서 본인에게 손해를 가한다 함은 총체적으로 보아 본인의 재산상태에 손해를 가하는 경우를 말하는 바 일반경쟁입찰에 의하여 매각할 은닉신고된 국유부동산을 수의계약으로 매각하였다고 하여 바로 국가가 그 부동산 자체를 상실하는 손해를 입었다고 볼 수는 없고, 수의계약에 의한 매각대금이 정당한 객관적 시가가 못되고, 일반경쟁입찰의 방식으로 매각할 경우의 예상대금보다 저렴한 금액인 경우에만 국가에 손해가 발생한 것이다(대법원 1981.6.23. 선고 80도2934 판결).

(나) 판단기준

■ 판례 ■ **배임죄에 있어 '재산상의 손해를 가한 때'의 의미 및 재산상 손해 유무에 대한 판단 기준(=경제적 관점)**

배임죄에 있어 재산상의 손해를 가한 때라 함은 현실적인 손해를 가한 경우뿐만 아니라, 재산상 실해 발생의 위험을 초래한 경우도 포함되고, 재산상 손해의 유무에 대한 판단은 본인의 전 재산 상태와의 관계에서 법률적 판단에 의하지 아니하고 경제적 관점에서 파악하여야 하며, 따라서 법률적 판단에 의하여 당해 배임행위가 무효라 하더라도 경제적 관점에서 파악하여 배임행위로 인하여 본인에게 현실적인 손해를 가하였거나 재산상 실해 발생의 위험을 초래한 경우에는 재산상의 손해를 가한 때에 해당되어 배임죄를 구성한다(대법원 2005.9.29. 선고 2003도4890 판결).

■ 판례사례 ■ **[재산상 위험의 발생으로 (업무상)배임죄를 인정한 사례]**

(1) 부정어음발행
　　회사임원이 임무에 반하여 부정하게 어음을 발행하였으나 현재까지 회사에 대하여 약속어음금의 이행청구나 압류 등의 사실이 없는 경우(대법원 1983.3.8. 선고 82도2873 판결)

(2) 목적외 사용
○ 정부양곡의 수매 가공 보관 및 방출등 업무를 보조하던 군청직원이 비축중인 정부양곡을 소정 목적외의 용도로 자의로 방출한 경우 ⇨ 그 대금전액이 국고에 납입된 여에 불구하고 배임죄가 성립(대법원 1975.11.25. 선고, 73도1881 판결)
○ 면장과 양곡보관업자가 군의 산업계장과 공모하여 농수산부에서 시달된 미맥교환요령에 따라 상환능력있는 농가에 한하여 실수요량만큼만 대여하도록 되어 있는 보리 및 보리쌀을 부당한 방법으로 乙에게 대량 편중대여한 경우(대법원 1984.4.10. 선고 83도1211 판결)

(3) 허위조사보고

정부가 관리하는 조절용 사료의 적정한 배급을 위하여 그 관할구역내의 양돈수를 조사보고하는 임무를 맡은 읍직원이 허위보고를 함으로써 조절용사료가 부당하게 배정 방출된 경우 ⇨ 허위공문서작성죄 및 동행사죄와 배임죄(대법원 1978.8.22. 선고 78도958 판결)

(4) 가등기 및 본등기 경료
ㅇ 부동산 매도인이 매도한 부동산에 대하여 제3자에게 근저당권설정등기를 하게 한 경우(대법원 1975.12.23. 선고 74도2215 판결)
ㅇ 중도금까지 수령한 토지매도인이 타인에 대한 채무담보조로 그 토지에 관하여 가등기를 경료하여 준 경우(대법원 1982.11.23. 선고 82도2215 판결)
ㅇ 매매예약으로 인한 소유권이전등기청구권 보전을 위한 가등기권자가 변제기한 전에 채무자의 승낙없이 부동산을 그의 처 앞으로 소유권이전등기를 경료한 경우(대법원 1976.9.14. 선고 76도2069 판결)
ㅇ 채권담보의 목적으로 부동산의 소유권이전등기를 넘겨받은 채권자가 그 변제기일 이전에 제3자에게 소유권이전청구권의 보전을 위한 가등기를 경료하여 준 경우(대법원 1989.11.28. 선고 89도1309 판결)
ㅇ 제1순위의 근저당권이 설정될 것으로 알고 금원을 대여하고 그런 내용의 근저당권설정에 관한 문서작성을 위촉하였는데도 불구하고 피고인이 후순위인 제2 내지 제3번의 근저당권설정에 관한 문서를 작성하여 그에 따른 신청으로 등기가 경료된 경우(대법원 1982.11.9. 선고 81도2501 판결)

(5) 고가매입
조합의 전무가 근저당권이 설정되어 있는 부동산을 그 소멸에 관한 아무조치도 강구함이 없이 시가를 다 주고 매수한 경우(대법원 1973.11.13. 선고 72도1366 판결)

(6) 불량ㆍ부실대출
재단법인 불교방송의 이사장 직무대리인이 후원회 기부금을 정상 회계처리하지 않고 자신과 친분관계에 있는 신도에게 확실한 담보도 제공받지 아니한 채 대여한 경우 ⇨ 그 신도가 이자금을 제때에 불입하고 나중에 원금을 변제하였다 하더라도 배임죄가 성립(대법원 2000.12.8. 선고 99도3338 판결)

(7) 보증인 수의 미달과 보증인 자격 결여
은행의 대출규정 상 일정 수의 보증인을 요구하는 경우, 그 중 1인이 흠결되거나, 자격이 미달되는 보증인을 세우고 대출을 하는 경우(대법원 2002.6.28. 선고 2000도3716 판결)

(8) 융통어음 할인
은행 규정에 위배하여 융통어음을 할인하여 준 경우(대법원 2002.6.28. 선고 2000도3716 판결)

(9) 대출기한 연장
타인의 사무를 처리하는 자가 기한 연장 당시에는 채무자로부터 대출금을 모두 회수할 수 있었는데 기한을 연장해 주면 채무자의 자금사정이 대출금을 회수할 수 없을 정도로 악화되리라는 사정을 알고 그 기한을 연장해 준 경우(대법원 2002.6.28. 선고 2000도3716 판결)

(10) 고가의 도급계약
타인을 위하여 도급계약을 체결할 임무가 있는 자가 부당하게 높은 가격으로 도급계약을 체결하여 타인에게 부당하게 많은 채무를 부담하게 한 경우(대법원 1999.4.27. 선고 99도883 판결)

(11) 허위의 입금전표와 거래원장 교부
자신이 대표이사로 있는 신용금고에 양도인 명의의 예금이 실제로 입금되지 아니하였음에도, 그 예금이 이미 입금된 듯이 입금전표와 거래원장을 작성하고 전산입력까지 마친 다음 예금통

장을 명의자들에게 교부한 경우 ⇨ 신용금고에게 예금반환채무가 발생한 것은 아니라고 하더라
도, 그 허위의 예금은 신용금고로부터 언제든지 인출될 수 있는 상태에 있게 됨으로써 이미 신
용금고에게 재산상 실해 발생의 위험을 초래(대법원 1996.9.6. 선고 96도1606 판결)

⑿ 지상권설정등기 경료
자신의 채권자와 부동산양도담보설정계약을 체결한 피고인이 그 소유권이전등기 경료 전에 임
의로 기존의 근저당권자인 제3자에게 지상권설정등기를 경료하여 준 경우(대법원 1997.6.24.
선고 96도1218 판결)

■ 판례 ■ **재산상의 손실을 야기한 임무위배행위가 동시에 그 손실을 보상할 만한 재산상의
이익을 준 경우, 재산상 손해가 있다고 할 수 있는지 여부(소극)**

[1] 사실관계

A주식회사를 사실상 운영하여 오던 甲과 乙은 공모하여 회사소유의 유일한 재산인 "제31동산
호"선박을 사전에 주주총회의 결의나 이사회의 승인 등 정상적인 절차를 거치지 아니한 채,
시가 8000만원 정도인 어획물 66t을 시가 234,936,000원으로 계산하고, 근저당까지 설정되어
있어 실제 가치가 거의 없던 위 선박을 시가 100,000,000원으로 계산하여 丙의 A회사에 대한
채권 385,387,888원에 대한 대물변제로 제공하는 계약을 체결한 후, 다음 날 丙명의로 이전등
기 함으로써 丙에게 위 선박을 운용하도록 하였다.

[2] 판결요지

배임죄나 업무상배임죄에 있어 재산상의 손해를 가한 때라 함은 현실적인 손해를 가한 경우뿐만 아
니라 재산상 실해 발생의 위험을 초래한 경우도 포함되고, 재산상 손해의 유무에 대한 판단은 법률
적 판단에 의하지 아니하고 경제적 관점에서 파악하여야 하지만, 여기서 재산상의 손해를 가한다 함
은 총체적으로 보아 본인의 재산상태에 손해를 가하는 경우, 즉 본인의 전체적 재산가치의 감소를
가져오는 것을 말하므로 재산상의 손실을 야기한 임무위배행위가 동시에 그 손실을 보상할 만한 재
산상의 이익을 준 경우, 예컨대 그 배임행위로 인한 급부와 반대급부가 상응하고 다른 재산상 손해
(현실적인 손해 또는 재산상 실해 발생의 위험)도 없는 때에는 전체적 재산가치의 감소, 즉 재산상
손해가 있다고 할 수 없다(대법원 2005.4.15. 선고 2004도7053 판결).

■ 판례 ■ **대표이사가 개인의 차용금 채무에 관하여 개인 명의로 작성하여 교부한 차용증에
추가로 회사의 법인 인감을 날인한 경우, 업무상배임죄의 성부(소극)**

대표이사가 개인의 차용금 채무에 관하여 개인 명의로 작성하여 교부한 차용증에 추가로 회사의 법
인 인감을 날인하였다고 하더라도 대표이사로서 행한 적법한 대표행위라고 할 수 없으므로 회사가
위 차용증에 기한 차용금 채무를 부담하게 되는 것이 아님은 물론이고, 나아가 금원의 대여자는 위
와 같은 행위가 적법한 대표행위가 아님을 알았거나 알 수 있었다 할 것이어서 회사가 대여자에 대
하여 사용자책임이나 법인의 불법행위 등에 따른 손해배상의무도 부담할 여지가 없으므로, 결국 회
사에 재산상 손해가 발생하였다거나 재산상 실해 발생의 위험이 초래되었다고 볼 수 없다는 이유로
대표이사의 업무상배임 부분에 대하여 무죄를 선고한 원심판결을 수긍한 사례(대법원 2004.4.9. 선
고 2004도771 판결).

■ 판례 ■ **저당권이 설정된 자동차를 저당권자의 동의 없이 매도한 행위가 배임죄 구성 여부(소극)**

자동차에 대하여 저당권이 설정되는 경우 자동차의 교환가치는 그 저당권에 포섭되고, 저당권설정자가 자동차를 매도하여 그 소유자가 달라지더라도 저당권에는 영향이 없으므로, 특별한 사정이 없는 한 저당권설정자가 단순히 그 저당권의 목적인 자동차를 다른 사람에게 매도한 것만으로는 배임죄가 성립하지 아니한다(대법원 2008.8.21. 선고 2008도3651 판결).

■ 판례사례 ■　　[재산상 위험의 발생이 없어 (업무상)배임죄를 부정한 사례]

> (1) 거래처의 기존대출금에 대한 연체이자에 충당하기 위하여 위 거래처가 신규대출을 받은 것처럼 서류상 정리한 경우(대법원 2002.6.28. 선고 2000도3716 판결)
>
> (2) 조합의 이사장이 중소기업협동조합법 제47조 제2호에 위반하여 조합 이사회의 의결을 거치지 아니한 채 임의로 어음 및 수표에 조합 명의의 배서를 하여 할인받은 경우(대법원 2000.2.11. 선고 99도2983 판결)
>
> (3) 은행 지점장인 피고인이 자신의 개인채무에 대한 보장조로 보호예수물의 수령 없이 정상적으로 발급된 보호예수증서로서의 외관을 갖추지 아니한 보호예수증서를 채권자에게 작성·교부한 경우(대법원 1997.5.30. 선고 95도531 판결)
>
> (4) 피고인이 그 소유의 에어컨 등을 피해자에게 양도담보로 제공하고 점유개정의 방법으로 점유하고 있다가 다시 이를 제3자에게 양도담보로 제공하고 역시 점유개정의 방법으로 점유를 계속한 경우(대법원 1990.2.13. 선고 89도1931 판결)
>
> (5) 부동산의 명의신탁자가 신탁부동산을 제3자에게 매도하고서도 수탁자 명의로 등기된 부동산에 관하여 자기 앞으로 가등기를 마친 경우 ⇨ 매수인의 등기청구권이 이행불능에 빠질 위험성이 발생하였다고 볼 수 없음(대법원 1985.8.20. 선고 84도2109 판결)
>
> (6) 주택조합 조합장이 총회의 승인 없이 발행한 조합 회원증을 담보로 금원을 차용하여 조합운영비로 사용한 후 위 회원증을 매도하게 하여 채무 전액의 변제에 충당한 경우 ⇨ 총회 승인 없이 발행된 조합 회원증의 매수인들은 조합원 자격을 취득할 수 없고 단지 조합에 대하여 매수대금 상당의 손해배상채권을 취득할 뿐이므로(대법원 1999.7.9. 선고 99도311 판결)

(다) 사후 손해회복의 가능성과 배임죄

일단 손해의 위험성을 발생시킨 이상 사후에 담보를 취득하였거나 피해가 회복되었다 하여도 배임죄의 성립에 영향을 주는 것은 아니다.

■ 판례 ■　　보증인이 변제자력이 없는 피보증인에게 기왕의 보증채무와 별도로 신규자금을 제공하거나 피보증인이 신규자금을 차용하는 데 담보를 제공하는 경우, 손해발생의 위험을 초래한 것으로 볼 수 있는지 여부(한정 적극)

이미 타인의 채무에 대하여 보증을 하였는데, 피보증인이 변제자력이 없어 결국 보증인이 그 보증채무를 이행하게 될 우려가 있다고 하더라도 보증인이 피보증인에게 신규로 자금을 제공하거나 피보증인이 신규로 자금을 차용하는 데 담보를 제공하면서 그 신규자금이 이미 보증을 한 채무의 변제에 사용되도록 한 경우가 아니라면, 보증인으로서는 결국 기보증채무와 별도로 새로 손해를 발생시킬 위험을 초래한 것이라고 볼 수밖에 없다(대법원 2004.7.9. 선고 2004도810 판결).

■ 판례 ■ **중소기업진흥이라는 특정목적을 위하여 조성된 중소기업진흥기금을 부적격 업체에게 부당지출되도록 한 행위와 업무상배임죄의 손해발생 여부(적극)**

중소기업진흥기금은 중소기업 진흥이라는 특정한 목적을 위하여 조성되어 중소기업 합리화사업의 실천계획의 승인을 받은 적격 중소기업 등에게 저리로 대출하도록 그 용도가 법정되어 있는 자금이므로, 그 자금을 합리화사업 부적격 업체를 위하여 부당하게 지출되도록 한 것이라면, 진흥공단이 대리대출의 방식을 취하여 대출취급은행에 대출함으로써 은행으로부터의 대출금의 회수가 사실상 보장된다고 하더라도, 이는 결국 특정 목적을 위하여 조성된 기금의 감소를 초래함으로써 기금이 그 목적을 위하여 사용됨을 저해하는 것이라 할 것이므로, 진흥공단은 위와 같은 기금의 대출로 인하여 재산상의 손해를 입었다고 보아야 한다(대법원 1997.10.24. 선고 97도2042 판결).

■ 판례 ■ **부동산 매도인이 중도금까지 받은 후 제3자 앞으로 근저당권설정등기를 경료해 주었으나 그 등기전에 매수인이 처분금지가처분을 해 놓은 경우, 배임죄의 성립 여부(적극)**

배임죄에 있어서 '재산상 손해를 가한 때'라 함은 현실적으로 손해를 가한 경우뿐만 아니라 손해발생의 위험을 초래한 경우도 포함되는 것이므로 염전의 2분지 1 지분을 매도하고 계약금과 중도금을 받은 자가 잔금과 상환으로 이전등기절차를 하여줄 임무에 위배하여 제3자 앞으로 근저당권설정등기를 하였다면 비록 피해자가 위 근저당권설정등기를 하기 전에 처분금지가처분을 해 두었다 하더라도 배임죄의 성립에 아무런 영향을 미칠 수 없다(대법원 1990.10.16. 선고 90도1702 판결).

■ 판례 ■ **불량 당좌대월 행위에 의한 업무상배임죄의 기수시기**

업무상배임죄에서 본인에게 손해를 가한 때라 함은 재산적 실해를 가한 경우뿐만 아니라 실해발생의 위험을 초래한 경우도 포함하므로, 불성실한 당좌대월행위는 대월행위 당시에 이미 실해발생의 위험을 초래한 것이었다고 볼 수 있어 업무상배임죄의 기수가 되며, 후취담보를 취득하였다거나, 대월금의 회수가능성이 생겼다는 것은 범죄성립 후에 생긴 사정에 불과하여 은행에 손해를 가한 여부의 판단자료가 되지 못한다(대법원 1983.3.8. 선고 82도2873 판결).

■ 판례 ■ **토석채취권을 이중매매한 경우에 배임죄가 성립되는지 여부**

토석채취권을 매도한 자는 그 매수인에게 그들이 토석을 채취할 수 있도록 그에 필요한 서류를 넘겨주어 위 허가를 받는데 협력하여야 할 의무가 있으므로 위 임무에 위배하여 타인에게 토석채취권을 양도하고 소요서류를 교부하여 토석채취허가를 취득케 한 경우에는 배임죄가 성립한다. 또한 토석채취권을 이중매도하여 타인이 토석채취허가를 받았다면 그 매수인은 토석채취를 하지 못하게 됨으로서 손해를 입었다고 할 것이고 가사 그 후에 타인이 그 토석채취권을 포기하고 토석채취를 하지 않았다고 하더라도 이미 성립한 배임죄에는 아무런 소장이 없다(대법원 1979.7.10. 선고 79도961 판결).

(라) 배임행위의 무효와 배임죄

1) 배임죄가 성립하는 경우

재산상 손해의 유무에 대한 판단은 본인의 전 재산 상태와의 관계에서 법률적 판단에 의하지 아니하고 경제적 관점에서 파악하여야 하며, 따라서 법률적 판단에 의하여 당해 배임행위가 무효라 하더라도 경제적 관점에서 파악하여 배임행위로 인하여 본인에게 현실적인 손해를 가하였거나 재산상 실해발생의 위험을 초래한 경우에는 재산상의 손해를 가한 때에 해당되어 배임죄를 구성한다.

■ 판례 ■ **주주총회의 의결을 거치지 아니하고 건축수허가자명의를 변경한 경우, 업무상배임죄의 성부(적극)**

위와 같은 명의변경이 주주총회의 의결을 거치지 아니하고 법인의 유일한 재산을 처분한 것이라서 법률상 당연무효이고 또 그 후 명의가 다시 A회사로 환원되었다고 하더라도 경제적 관점에서 볼 때 위 처분행위로 인하여 A회사에 현실적 손해를 가하지 아니하였다거나 재산상 실해 발생의 위험을 초래하지 아니하였다고 볼 수는 없다(대법원 1999.2.23. 선고 98도255 판결).

■ 판례사례 ■ **[법률상 무효이나 (업무상)배임죄가 성립하는 사례]**

(1) 학교법인 이사가 학교법인 명의로 강제집행수락공증과 함께 약속어음을 발행한 것이 이사회 결의 및 감독청 허가의 누락으로 인하여 법률상 무효인 경우(대법원 1995.12.22. 선고 94도3013 판결)
(2) 주식회사의 대표이사가 회사의 유일한 재산을 처분하면서 주주총회의 특별결의나 이사회의 승인을 거치지 아니하여 그 매매계약이나 소유권이전등기가 법률상 무효인 경우(대법원 1995.11.21. 선고 94도1375 판결)

2) 배임죄가 성립하지 않는 경우

배임행위가 법률상 무효이기 때문에 본인의 재산상태가 사실상으로도 악화된 바가 없다면 현실적인 손해가 없음은 물론이고 실해가 발생할 위험도 없는 것이어서 본인에게 재산상의 손해를 가한 것이라고 할 수 없으므로 배임죄를 구성하지 아니한다.

■ 판례사례 ■ **[법률상 무효이고 재산상 손해발생의 위험성이 없어 배임죄가 부정되는 사례]**

(1) 새마을금고이사장이 임무에 위배하여 이사회의 의결없이 타인에게 금고이사장명의로 채무를 부담하는 각서를 작성·교부한 경우(대법원 1987.11.10. 선고 87도993 판결)
(2) 재단법인 이사장이 적법한 의결절차를 거치지 아니하고 재단의 목적범위를 벗어나 자신이 별도로 대표이사로 있는 주식회사가 부담하는 퇴직금채권담보를 위한 연대보증을 한 경우(대법원 2002.6.14. 선고 2002도1791 판결)

(마) 손해액의 산정

1) 손해액산정오류의 효과

■ 판례 ■ **배임죄에 있어서 본인에게 손해를 가한 때의 의미 및 그 손해액을 잘못 산정한 것이 위법한지 여부(적극)**

배임죄에서 본인에게 손해를 가한 때라 함은 총체적으로 보아 본인의 재산상태에 손해를 가한 경우를 말하고, 실해발생의 위험을 초래케 할 경우도 포함하는 것이므로 손해액이 구체적으로 명백하게 산정되지 않았더라도 배임죄의 성립에는 영향이 없다고 할 것이나, 본인에게 발생된 손해액을 구체적으로 산정하여 인정하는 경우에는 이를 잘못 산정하는 것은 위법하다(대법원 1999. 4. 13. 선고 98도4022 판결).

■ 판례 ■ **배임죄로 인한 손해액 계산이 잘못되었으나 올바른 금액이 특정경제범죄가중처벌등에관한법률 제3조 제1항 각호에 해당하는 경우 적용 법조항**

배임죄에서 손해를 가한 때라 함은 실해발생의 위험을 초래케 할 경우도 포함하는 것이므로 손해액이 구체적으로 명백하게 산정되지 않았더라도 배임죄의 성립에는 영향이 없고 설사 손해액이나 이득액의 계산에 잘못이 있더라도 그 금액이 특정경제범죄가중처벌등에관한법률 제3조 제1항 각호 중 어느 것에 해당한다면 그 잘못은 같은 법조항을 적용한 판결의 결과에는 영향이 없다(대법원 1989. 10. 24. 선고 89도641 판결).

2) 구체적 산정 례

■ 판례 ■ **비상장주식의 매도와 관련한 배임죄에 있어서 손해액의 판단 방법**

업무상배임죄에서 재산상의 손해를 가한 때라 함은 총체적으로 보아 본인의 재산 상태에 손해를 가한 경우를 의미하므로, 회사의 대표이사 등이 그 임무에 위배하여 회사가 보유하고 있는 다른 회사의 주식을 저가로 매도한 경우 회사에 가한 손해액은 통상적으로 그 주식의 매매대금과 적정가액으로서의 시가 사이의 차액 상당이라고 봄이 상당하며, 비상장주식을 거래한 경우에 있어서 그에 관한 객관적 교환가치가 적정하게 반영된 정상적인 거래의 실례가 있는 때에는 그 거래가격을 적정가액으로서의 시가로 보아야 할 것이나, 만약 그러한 거래사례가 없는 경우에는 거래 당시 당해 비상장법인 및 거래당사자의 상황, 당해 업종의 특성 등을 종합적으로 고려하여, 보편적으로 인정되는 여러 가지 평가방법들 중의 하나인 구 상속세 및 증여세법 시행령(2003. 12. 30. 대통령령 제18177호로 개정되기 전의 것) 제54조의 평가방법에 따라 주식의 적정가액을 평가할 수 있다(대법원 2007. 2. 8. 선고 2006도483 판결).

■ 판례 ■ **신탁회사가 신탁재산으로 부실회사의 회사채 등을 할인하여 매입하는 경우, 배임행위로 인하여 신탁회사가 입은 손해액의 산정**

업무상배임죄에 있어서 본인에게 손해를 가한다 함은 총체적으로 보아 본인의 재산상태에 손해를 가하는 경우를 말하고, 위와 같은 손해에는 장차 취득할 것이 기대되는 이익을 얻지 못하는 경우도 포함된다 할 것인바, 금융기관이 금원을 대출함에 있어 대출금 중 선이자를 공제한 나머지만 교부하거나 약속어음을 할인함에 있어 만기까지의 선이자를 공제한 경우 금융기관으로서는 대출금채무의 변제기나 약속어음의 만기에 선이자로 공제한 금원을 포함한 대출금 전액이나 약속어음 액면금 상당액을 취득할 것이 기대된다 할 것이므로 배임행위로 인하여 금융기관이 입는 손해는 선이자를 공제한 금액이 아니라 선이자로 공제한 금원을 포함한 대출금 전액이거나 약속어음 액면금 상당액으로 보아야 하고, 이러한 법리는 투신사가 회사채 등을 할인하여 매입하는 경우라고 달리 볼 것은 아니다(대법원 2004. 7. 9. 선고 2004도810 판결).

■ 판례 ■ **배임죄에 있어서 '재산상의 손해를 가한 때'의 의미 및 주식의 실질가치가 영(零)인 회사가 발행하는 신주를 액면가격으로 인수하는 경우, 손해액의 범위**

배임죄에 있어서 재산상의 손해를 가한 때라 함은 현실적인 손해를 가한 경우뿐만 아니라 재산상

실해 발생의 위험을 초래한 경우도 포함되는바, 주식의 실질가치가 영(零)인 회사가 발행하는 신주를 액면가격으로 인수하는 경우에 그로 인한 손해액은 그 신주 인수대금 전액 상당으로 보아야 한다(대법원 2004.6.24. 선고 2004도520 판결).

■ 판례 ■ **금융기관이 금원을 대출함에 있어 대출금 중 선이자를 공제한 나머지만 교부하거나 약속어음을 할인함에 있어 만기까지의 선이자를 공제한 경우, 배임행위로 인하여 금융기관이 입는 손해액의 산정**

금융기관이 금원을 대출함에 있어 대출금 중 선이자를 공제한 나머지만 교부하거나 약속어음을 할인함에 있어 만기까지의 선이자를 공제한 경우 금융기관으로서는 대출금채무의 변제기나 약속어음의 만기에 선이자로 공제한 금원을 포함한 대출금 전액이나 약속어음 액면금 상당액을 취득할 것이 기대된다 할 것이므로 배임행위로 인하여 금융기관이 입는 손해는 선이자를 공제한 금액이 아니라 선이자로 공제한 금원을 포함한 대출금 전액이나 약속어음 액면금 상당액으로 보아야 한다(대법원 2003.10.10. 선고 2003도3516 판결).

■ 판례 ■ **금전채무의 변제에 갈음하여 부동산의 소유권을 이전하여 주기로 약정한 채무자가 제3자에게 그 부동산의 소유권을 이전하여 준 경우, 손해액**

금전채무의 변제에 갈음하여 부동산의 소유권을 이전하여 주기로 약정한 채무자가 제3자에게 그 부동산의 소유권을 이전하여 준 경우 채권자가 입은 손해는 그 금전채권 상당액이고, 그 부동산의 소유권을 제3자에게 이전할 당시 그 부동산의 시가 상당액이 금전채권의 수액에 못미칠 경우에는 그 시가 상당액에서 근저당권의 피담보채무액을 공제한 나머지 상당액이 채권자가 입은 손해액이 된다(대법원 2002.2.26. 선고 2001도6522 판결).

■ 판례 ■ **부당외상거래행위에 의한 업무상배임죄가 성립하는 경우, 손해액의 범위(=외상거래대금 전액)**

배임죄는 현실적인 재산상 손해액이 확정될 필요까지는 없고 단지 재산상 권리의 실행을 불가능하게 할 염려 있는 상태 또는 손해 발생의 위험이 있는 경우에 바로 성립되는 위태범이므로 피고인이 그 업무상 임무에 위배하여 부당한 외상 거래행위를 함으로써 업무상 배임죄가 성립하는 경우, 담보물의 가치를 초과하여 외상 거래한 금액이나 실제로 회수가 불가능하게 된 외상거래 금액만이 아니라 재산상 권리의 실행이 불가능하게 될 염려가 있거나 손해 발생의 위험이 있는 외상 거래대금 전액을 그 손해액으로 보아야 하고, 그것을 제3자가 취득한 경우에는 그 전액을 특정경제범죄가중처벌등에관한법률 제3조에 규정된 제3자로 하여금 취득하게 한 재산상 이익의 가액에 해당하는 것으로 보아야 할 것이다(대법원 2000.4.11. 선고 99도334 판결).

■ 판례 ■ **부동산의 매도인이 매수인에게 소유권이전등기를 넘겨주기 전에 그 부동산에 근저당권을 설정하고 제3자로부터 금원을 차용한 경우 매수인이 입은 손해액**

부동산의 매도인이 매수인 앞으로 소유권이전등기를 경료하여 주기 이전에 제3자로부터 금원을 차용하고 그 담보로 근저당권설정등기를 해 준 경우 매수인이 입은 손해는 그 근저당권에 의하여 담보되는 피담보채무 상당액이다(대법원 1989.10.24. 선고 89도641 판결).

■ 판례 ■ **타인에게 근저당권설정의무를 부담하는 자가 제3자에게 근저당권을 설정해 줌으**

로써 배임죄가 성립하는 경우, 취득한 재산상 이익액 또는 타인의 손해액 산정 방법

[1] 사실관계

甲은 A은행으로부터 160억원을 대출받으면서 향후 준공되는 아파트에 대하여 1순위 근저당권을 설정해주기로 약정하고도 그 임무에 위배하여 이후 B생명보험주식회사로부터 85억원을 대출받으면서 B회사에 대하여 동 아파트에 관한 1순위근저당권을 설정해 주었다.

[2] 판결요지

제3자로부터 금원을 융자받을 목적으로 타인을 기망하여 그 타인 소유의 부동산에 제3자 앞으로 근저당권을 설정하게 한 자가 그로 인하여 취득하는 재산상 이익은 그 타인 소유의 부동산을 자신의 제3자와의 거래에 대한 담보로 이용할 수 있는 이익이다. 또한, 전세권설정의무를 부담하는 자가 제3자에게 근저당권을 설정하여 준 경우 그 행위가 배임죄에 해당하는지 여부를 판단하기 위해서는 당시 그 부동산의 시가 및 선순위담보권의 피담보채권액을 계산하여 그 행위로 인하여 당해 부동산의 담보가치가 상실되었는지를 따져보아야 한다. 따라서 타인에 대하여 근저당권설정의무를 부담하는 자가 제3자에게 근저당권을 설정하여 주는 배임행위로 인하여 취득하는 재산상 이익 내지 그 타인의 손해는 그 타인에게 설정하여 주기로 한 근저당권의 담보가치 중 제3자와의 거래에 대한 담보로 이용함으로써 상실된 담보가치 상당으로서, 이를 산정하는 때에 제3자에 대한 근저당권 설정 이후에도 당해 부동산의 담보가치가 남아 있는 경우에는 그 부분을 재산상 이익 내지 손해에 포함시킬 수 없다(대법원 2009.9.24. 선고 2008도9213 판결).

■ 판례 ■ **주식가치의 평가방법**

[1] 경영권 프리미엄을 지닌 주식의 매도와 관련한 배임죄에서 손해액을 산정하는 경우, 경영권 프리미엄의 가치 평가 방법

회사의 대표이사 등이 그 임무에 위배하여 회사가 보유하는 주식을 적정가액 이하로 매도함으로 인하여 회사에 가한 손해액은 통상 그 주식의 실제 매매대금과 그 주식의 적정가액 사이의 차액 상당이라고 봄이 타당하고, 그 주식이 회사의 경영권을 행사할 수 있는 이른바 경영권 프리미엄을 지니고 있는 경우에는 그 가치를 평가하여 주식의 적정가액 산정에 가산하여야 한다. 이때 경영권 프리미엄의 가치는 통상 회사의 현재 및 미래 가치, 경영권 획득으로 인한 파급효과, 경영권 확보에 필요한 주식을 공개시장에서 매수할 경우의 필요비용 등을 고려하여 결정되는 것이지만 궁극적으로는 거래 상대방과의 교섭조건, 교섭능력 등에 따라 구체화될 수밖에 없는 것이므로, 이를 과세관청이 과세표준을 산정하기 위하여 사용하는 상속세 및 증여세법 제63조 제3항의 규정에 따라 일정 비율을 할증하는 방법으로 일률적으로 산정할 수는 없다고 보아야 한다.

[2] 주식 거래와 관련한 배임행위로 인한 손해의 발생 여부를 판단하기 위하여 주식의 가치를 평가하는 방법

배임죄의 성립을 인정하려면 손해의 발생이 합리적인 의심이 없는 정도의 증명에 이르러야 하는바, 배임행위로 인한 재산상 손해의 발생 여부가 충분히 입증되지 않았음에도 가볍게 액수 미상의 손해는 발생하였다고 인정함으로써 배임죄의 성립을 인정하는 것은 허용될 수 없다. 따라서 주식 거래와 관련한 배임행위로 인한 손해의 발생 여부를 판단하기 위하여 주식 가치의 평가가 요구되는 경우에는, 그 평가 방법이나 기준에 따라 주식의 가치가 구구하게 산정된다고 하더라도 이를 쉽게 포기하지 말고 상대적으로 가장 타당한 평가방법이나 기준을 심리하여 손해의 발생 여부를 구체적으로 판단하는 것이 필요하다. 다만, 주식 거래에 수반하는 경영권 프리미엄의 가치를 함께 평가하는 경우에는 경영권 프리미엄 자체가 궁극적으로 거래 상대방과의 교섭조건, 교섭능력 등에 따라 평가될 수밖에 없는 것이므로 이를 산정할 방법이 없어서 결과적으로 배임죄의 손해액을 구체적으로 산정할 수 없게 되었다고 하더라도 여기에 심리미진이나 이유모순 등의 위법이 있다고 볼 수 없다(대법원 2009.10.29. 선고 2008도11036).

(4) 재산상이득의 취득

배임죄가 성립하기 위해서는 행위자가 재산상의 이익을 취득하거나 제3자로 하여금 이를 취득하게 하여야 한다. 따라서 본인에게 재산상 손해를 가했어도 이득을 취득한 사실이 없으면 배임죄는 성립되지 않는다.

(가) 의 의

재산적 이익이란 모든 재산적 가치의 증가를 의미한다. 소유권의 취득과 같은 적극적 이익이든 채무의 면제와 같은 소극적 이익이든 불문한다. 재산상의 이익은 법률적 입장에서가 아니라 경제적 입장에서 판단한다(경제적 재산개념설).

▪ 판례 ▪ **회사의 승낙 없이 임의로 지정 할인율보다 더 높은 할인율을 적용하여 회사가 지정한 가격보다 낮은 가격으로 제품을 판매하는 이른바 '덤핑판매'에서 제3자인 거래처에 시장 거래 가격에 따라 제품을 판매한 경우**

[1] 행위자나 제3자가 재산상 이익을 취득하지 않은 경우 업무상배임죄의 성립 여부(소극)
업무상배임죄는 본인에게 재산상의 손해를 가하는 외에 배임행위로 인하여 행위자 스스로 재산상의 이익을 취득하거나 제3자로 하여금 재산상의 이익을 취득하게 할 것을 요건으로 하므로, 본인에게 손해를 가하였다고 할지라도 행위자 또는 제3자가 재산상 이익을 취득한 사실이 없다면 배임죄가 성립할 수 없다.

[2] 업무상배임죄의 성립 여부(소극)
피고인이 피해 회사의 승낙 없이 임의로 지정 할인율보다 더 높은 할인율을 적용하여 회사가 지정한 가격보다 낮은 가격으로 제품을 판매하는 이른바 '덤핑판매'로 제3자인 거래처에 재산상의 이익이 발생하였는지 여부는 경제적 관점에서 실질적으로 판단하여야 할 것인바, 피고인이 피해 회사가 정한 할인율 제한을 위반하였다 하더라도 시장에서 거래되는 가격에 따라 제품을 판매하였다면 지정 할인율에 의한 제품가격과 실제 판매시 적용된 할인율에 의한 제품가격의 차액 상당을 거래처가 얻은 재산상의 이익이라고 볼 수는 없다(대법원 2009.12.24. 선고 2007도2484 판결).

▪ 판례 ▪ **입주자대표회의 회장이 열 사용요금의 납부를 위한 지출결의서의 날인을 거부함으로써 아파트 입주자들에게 그 연체료를 부담시킨 경우**

[1] 사실관계

A아파트 입주자대표회의 회장인 甲은 열 사용요금의 납부마감일을 잘 알고 있는 상태에서 열 사용요금의 납부를 위한 지출결의서 등에 날인을 요청받았음에도 종전 아파트 관리업체 등과의 법률적 분쟁 등을 이유로 날인을 거부하여 열 사용요금을 납입기한까지 납입하지 아니하여, 아파트 입주자들에게 그 연체료를 부담하게 하고 SH공사로 하여금 동액 상당의 재산상 이익을 취득하게 하였다.

[2] 판결요지

열 사용요금 납부 연체로 인하여 발생한 연체료는 금전채무 불이행으로 인한 손해배상에 해당하므로, SH공사가 연체료를 지급받았다는 사실만으로 SH공사가 그에 해당하는 재산상의 이익을 취득하게 된 것으로 단정하기 어렵고, 나아가 SH공사가 열 사용요금 연체로 인하여 실제로는 아무런 손해를 입지 않았거나 연체료 액수보다 적은 손해를 입었다는 등의 특별한 사정이 인정되는 경우에 한하여 비로소 연체료 내지 연체료 금액에서 실제 손해액을 공제한 차액에 해당하는 재산상의 이익을 취득한 것으로 볼 수 있을 뿐이라고 할 것이며, 그와 같이 SH공사가 재산상 어떠한 이익을 취득하였다고 볼 만한 특별한 사정이 있다는 사실에 대한 입증책임은 검사에게 있다고 할 것이나, 기록상 그와 같은 사실을 인정할 증거를 찾아볼 수 없다.

결국, 이 사건에서 피고인의 배임행위로 인하여 SH공사가 연체료 상당의 재산상 이익을 취득한 것으로 볼 수는 없음에도, 원심은 앞서 본 바와 같은 이유로 이와 달리 판단하여 공소사실을 모두 유죄로 판단하였으니, 이러한 원심판결에는 배임죄에 관한 법리를 오해하여 판결 결과에 영향을 미친 위법이 있다(대법원 2009.6.25. 선고 2008도3792 판결).

■ 판례 ■　**회사를 대표하여 기계 제작·설치 계약의 이행에 관한 업무를 처리하는 사람이 고의로 기계 제작 의무를 이행하지 않아 계약이 해제됨으로써 상대방이 보증보험회사로부터 선급금반환 및 위약금 명목의 보험금을 수령한 경우, 업무상 배임죄의 성부(소극)**

위 보험금의 수령사실만으로 상대방이 재산상 이익을 취득하였다고 단정할 수 없어 업무상배임죄는 성립하지 않는다(대법원 2007.7.26. 선고 2005도6439 판결).

■ 판례 ■　**공동구입한 택시를 법정폐차시한 전에 폐차케 한 경우에 배임죄의 성부(소극)**

피고인이 피해자와 공동구입한 택시를 법정폐차 시한 전에 임의로 폐차케 한 경우 특단의 사정이 없는 한 그 폐차조치만으로써는 피해자에게 장차 얻을 수 있었을 수익금상실의 손해는 발생하였을지언정 피고인이 피해자 몫에 해당하는 이익을 취득하였다고 볼 수는 없으므로 배임죄가 성립하지 않는다(대법원 1982.2.23. 선고 81도2601 판결).

■ 판례 ■　**주택조합 조합장이 총회의 승인 없이 발행한 조합 회원증을 담보로 금원을 차용하여 조합운영비로 사용한 후 위 회원증을 매도하게 하여 채무 전액의 변제에 충당한 경우, 업무상배임죄의 성부(소극)**

주택조합 조합장이 총회의 승인 없이 발행한 조합 회원증을 담보로 금원을 차용하여 조합운영비로 사용한 후 위 회원증을 매도하게 하여 채무 전액의 변제에 충당한 경우, 총회 승인 없이 발행된 조합 회원증의 매수인들은 조합원 자격을 취득할 수 없고 단지 조합에 대하여 매수대금 상당의 손해배상채권을 취득할 뿐이므로 조합장이나 회원증 매수인들이 어떠한 재산상 이득을 취득한 바 없으므로 업무상배임죄는 성립하지 아니한다(대법원 1999.7.9. 선고 99도311 판결).

(나) 이득액의 산정

1) 특정경제범죄가중처벌등에관한법률 제3조 제1항 소정의 '이득액'

■ 판례 ■ **특정경제범죄가중처벌등에관한법률 제3조 소정의 이득액의 의미**

특정경제범죄가중처벌등에관한법률 제3조에서 말하는 이득액은 단순일죄의 이득액이나 혹은 포괄일죄가 성립하는 경우의 이득액의 합산액을 의미한다(대법원 2000.3.24. 선고 2000도28 판결).

■ 판례 ■ **특정경제범죄가중처벌등에관한법률 제3조 제1항 소정의 '이득액'의 의미**

특정경제범죄가중처벌등에관한법률 제3조 제1항 소정의 '이득액'이란 거기에 열거된 범죄행위로 인하여 취득하거나 제3자로 하여금 취득하게 한 불법영득의 대상이 된 재물이나 재산상 이익의 가액의 합계인 것이지 궁극적으로 그와 같은 이득을 실현할 것인지, 거기에 어떠한 조건이나 부담이 붙었는지 여부는 영향이 없다(대법원 1990.10.16. 선고 90도1815 판결).

2) 이득액의 구체적 산정

■ 판례 ■ **배임죄에서 재산상 손해액을 구체적으로 산정할 수 없는 경우, 배임죄의 성부(소극)**

배임죄의 성립을 인정하려면 손해의 발생이 합리적인 의심이 없는 정도의 증명에 이르러야 하는바, 배임행위로 인한 재산상 손해의 발생 여부가 충분히 입증되지 않았음에도 가볍게 액수 미상의 손해는 발생하였다고 인정함으로써 배임죄의 성립을 인정하는 것은 허용될 수 없다. 따라서 주식 거래와 관련한 배임행위로 인한 손해의 발생 여부를 판단하기 위하여 주식 가치의 평가가 요구되는 경우에는 그 평가 방법이나 기준에 따라 주식의 가치가 구구하게 산정된다고 하더라도 이를 쉽게 포기하지 말고 상대적으로 가장 타당한 평가방법이나 기준을 심리하여 손해의 발생 여부를 구체적으로 판단하는 것이 필요하다. 다만, 주식 거래에 수반하는 경영권 프리미엄의 가치를 함께 평가하는 경우에는 경영권 프리미엄 자체가 궁극적으로 거래 상대방과의 교섭조건, 교섭능력 등에 따라 평가될 수밖에 없는 것이므로 이를 산정할 방법이 없어서 결과적으로 배임죄의 손해액을 구체적으로 산정할 수 없게 되었다고 하더라도 여기에 심리미진이나 이유모순 등의 위법이 있다고 볼 수 없다(대법원 2009.10.29. 2008도11036).

① 전환사채 발행·인수행위

■ 판례 ■ **비등록·비상장 법인의 대표이사의 전환사채 발행·인수행위가 업무상배임죄에 해당하는 경우, 이득액**

비등록·비상장 법인의 대표이사가 시세차익을 얻을 의도로 주식 시가보다 현저히 낮은 금액을 전환가격으로 한 전환사채를 발행하고 제3자의 이름을 빌려 이를 인수한 후 전환권을 행사하여 인수한 주식 중 일부를 직원들에게 전환가격 상당에 배분한 경우, 전환사채의 발행·인수로써 주식 시가와 전환가격의 차액 상당이 전환사채의 발행·인수로써 얻은 재산상 이익에 해당한다(대법원 2001.9.28. 선고 2001도3191 판결).

[1] 실질적으로 전환사채 인수대금이 납입되지 않았음에도 전환사채를 발행한 경우, 전환사채 발행업무를 담당하는 사람이 업무상배임죄의 죄책을 지는지 여부(원칙적 적극)

전환사채는 발행 당시에는 사채의 성질을 갖는 것으로서 사채권자가 전환권을 행사한 때에 비로소 주식으로 전환된다. 전환사채의 발행업무를 담당하는 사람과 전환사채 인수인이 사전 공모하여 제3자에게서 전환사채 인수대금에 해당하는 금액을 차용하여 전환사채 인수대금을 납입하고 전환사채 발행절차를 마친 직후 인출하여 차용금채무의 변제에 사용하는 등 실질적으로 전환사채 인수대금이 납입되지 않았음에도 전환사채를 발행한 경우에, 전환사채의 발행이 주식 발행의 목적을 달성하기 위한 수단으로 이루어졌고 실제로 목적대로 곧 전환권이 행사되어 주식이 발행됨에 따라 실질적으로 신주 인수대금의 납입을 가장하는 편법에 불과하다고 평가될 수 있는 등의 특별한 사정이 없는 한, 전환사채의 발행업무를 담당하는 사람은 회사에 대하여 전환사채 인수대금이 모두 납입되어 실질적으로 회사에 귀속되도록 조치할 업무상의 임무를 위반하여, 전환사채 인수인이 인수대금을 납입하지 않고서도 전환사채를 취득하게 하여 인수대금 상당의 이득을 얻게 하고, 회사가 사채상환의무를 부담하면서도 그에 상응하여 취득하여야 할 인수대금 상당의 금전을 취득하지 못하게 하여 같은 금액 상당의 손해를 입게 하였으므로, 업무상배임죄의 죄책을 진다.

[2] 전환사채 인수인이 전환사채를 처분하여 대금 중 일부를 회사에 입금하였거나 전환사채를 주식으로 전환하였다는 사후적인 사정이 이미 성립된 업무상배임죄에 영향을 주는지 여부(소극)

그 후 전환사채의 인수인이 전환사채를 처분하여 대금 중 일부를 회사에 입금하였거나 또는 사채로 보유하는 이익과 주식으로 전환할 경우의 이익을 비교하여 전환권을 행사함으로써 전환사채를 주식으로 전환하였더라도, 이러한 사후적인 사정은 이미 성립된 업무상배임죄에 영향을 주지 못한다.(대법원 2015.12.10. 선고, 2012도235, 판결)

[1] 공동의 사기 범행으로 얻은 돈을 공범자끼리 수수한 행위가 공동정범들의 내부적인 분배행위에 지나지 않는 경우, 돈의 수수행위가 따로 배임수증재죄를 구성하는지 여부(소극)

공동의 사기 범행으로 인하여 얻은 돈을 공범자끼리 수수한 행위가 공동정범들 사이의 범행에 의하여 취득한 돈이나 재산상 이익의 내부적인 분배행위에 지나지 않는다면 돈의 수수행위가 따로 배임수증재죄를 구성한다고 볼 수는 없다.

[2] 공사 발주처의 입찰 업무를 처리하는 자가 공사업자와 공모하여 부정한 방법으로 낙찰한가를 알아낸 다음 공사업자에게 알려주어 발주처가 공사업자를 낙찰자로 선정하도록 하여 공사계약의 체결에 이르게 하고 공사업자에게서 돈을 수수한 경우, 돈의 성격을 타인의 업무에 관한 부정한 청탁의 대가로 볼 것인지, 공동의 사기 범행에 따라 편취한 것으로 볼 것인지 판단하는 기준

공사 발주처의 입찰 업무를 처리하는 자가 공사업자와 공모하여 부정한 방법으로 낙찰한가를 알아낸 다음 공사업자에게 알려주어 발주처가 공사업자를 낙찰자로 선정하도록 하여 공사계약의 체결에 이르게 하고 공사업자에게서 돈을 수수한 경우에, 돈의 성격을 타인의 업무에 관한 부정한 청탁의 대가로 볼 것인지, 아니면 공동의 사기 범행에 따라 편취한 것으로 볼 것인지는 돈을 공여하고 수수한 당사자들의 의사, 공사계약 자체의 내용 및 성격, 계약금액과 수수된 금액 사이의 비율, 수수된 돈 자체의 액수, 계약이행을 통해 공사업자가 취득할 수 있는 적정한 이익, 공사업자가 발주처에서 공사대금 등을 지급받은 시기와 공범인 입찰 업무를 처리하는 자에게 돈을 교부한 시간적 간격,

공사업자가 공범에게 교부한 돈이 발주처에서 지급받은 바로 그 돈인지 여부, 수수한 장소 및 방법 등을 종합적으로 고려하여 객관적으로 평가하여 판단해야 한다.(대법원 2016.5.24, 선고, 2015도 18795, 판결)

■ 판례 ■   **타인에 대한 채무의 담보로 제3채무자에 대한 채권에 대하여 권리질권을 설정하고, 질권설정자가 제3채무자에게 질권설정의 사실을 통지하거나 제3채무자가 이를 승낙한 상태에서, 질권설정자가 질권자의 동의 없이 제3채무자에게서 질권의 목적인 채권의 변제를 받은 경우, 질권자에 대한 관계에서 배임죄가 성립하는지 여부(소극)**

타인에 대한 채무의 담보로 제3채무자에 대한 채권에 대하여 권리질권을 설정한 경우 질권설정자는 질권자의 동의 없이 질권의 목적된 권리를 소멸하게 하거나 질권자의 이익을 해하는 변경을 할 수 없다(민법 제352조). 또한 질권설정자가 제3채무자에게 질권설정의 사실을 통지하거나 제3채무자가 이를 승낙한 때에는 제3채무자가 질권자의 동의 없이 질권의 목적인 채무를 변제하더라도 이로써 질권자에게 대항할 수 없고, 질권자는 여전히 제3채무자에 대하여 직접 채무의 변제를 청구하거나 변제할 금액의 공탁을 청구할 수 있다(민법 제353조 제2항, 제3항). 그러므로 이러한 경우 질권설정자가 질권의 목적인 채권의 변제를 받았다고 하여 질권자에 대한 관계에서 타인의 사무를 처리하는 자로서 임무에 위배하는 행위를 하여 질권자에게 손해를 가하거나 손해 발생의 위험을 초래하였다고 할 수 없고, 배임죄가 성립하지도 않는다.(대법원 2016.4.29, 선고, 2015도5665, 판결)

③ 부당외상거래행위

■ 판례 ■   **부당외상거래행위에 의한 외상거래대금을 제3자가 취득한 경우, 재산상 이익의 가액의 범위(= 외상거래대금 전액)**

배임죄는 현실적인 재산상 손해액이 확정될 필요까지는 없고 단지 재산상 권리의 실행을 불가능하게 할 염려 있는 상태 또는 손해 발생의 위험이 있는 경우에 바로 성립되는 위태범이므로 피고인이 그 업무상 임무에 위배하여 부당한 외상 거래행위를 함으로써 업무상 배임죄가 성립하는 경우, 담보물의 가치를 초과하여 외상 거래한 금액이나 실제로 회수가 불가능하게 된 외상거래 금액만이 아니라 재산상 권리의 실행이 불가능하게 될 염려가 있거나 손해 발생의 위험이 있는 외상 거래대금 전액을 그 손해액으로 보아야 하고, 그것을 제3자가 취득한 경우에는 그 전액을 특정경제범죄가중처벌등에관한법률 제3조에 규정된 제3자로 하여금 취득하게 한 재산상 이익의 가액에 해당하는 것으로 보아야 할 것이다(대법원 2000.4.11. 선고 99도334 판결).

④ 소유권이전등기 경료

■ 판례 ■   **양도담보설정자가 제3자에게 소유권이전등기를 경료해 준 경우, 이득액**

양도담보설정자가 소유권이전등기를 제3자에게 이행하여 배임행위가 성립하는 경우 배임행위로 인하여 얻은 이득 곧 피해자의 손해액은 대물변제목적물의 가액으로 볼 것이 아니라 배임행위 당시 채무원리금의 합계액으로 보아야 하고, 다만 그 액수가 목적물의 가액을 초과하는 경우에만 목적물의 가액으로 보아야 한다(대법원 2000.12.8. 선고 2000도4293 판결).

⑤ 영업비밀 유출행위

경쟁업체에 영업비밀을 유출한 행위가 업무상배임죄에 해당하는 경우, 이득액

영업비밀을 취득함으로써 얻는 이익은 그 영업비밀이 가지는 재산가치 상당이고, 그 재산가치는 그 영업비밀을 가지고 경쟁사 등 다른 업체에서 제품을 만들 경우, 그 영업비밀로 인하여 기술개발에 소요되는 비용이 감소되는 경우의 그 감소분 상당과 나아가 그 영업비밀을 이용하여 제품생산에까지 발전시킬 경우 제품판매이익 중 그 영업비밀이 제공되지 않았을 경우의 차액 상당으로서 그러한 가치를 감안하여 시장경제원리에 의하여 형성될 시장교환가격이다(대법원 1999.3.12. 선고 98도4704 판결).

⑥ 부실대출행위

부실대출이 배임죄를 구성하는 경우 재산상 이익의 가액의 범위(=대출금 전액)

부실대출에 의한 업무상배임죄가 성립하는 경우에는 재산상 권리의 실행이 불가능하게 될 염려가 있거나 손해발생의 위험이 있는 대출금 전액을 손해액으로 보아야 하며, 그것을 제3자가 취득한 경우에는 그 전액을 특정경제범죄가중처벌등에관한법률 제3조에서 규정한 제3자로 하여금 취득하게 한 재산상의 가액에 해당하는 것으로 보아야 한다(대법원 2000.3.24. 선고 2000도28 판결).

3) 이득액을 산정할 수 없는 경우, 특경법의 적용여부

업무상 배임죄에 있어서 재산상 손해는 인정할 수 있으나 그 가액을 구체적으로 산정할 수 없는 경우, 특경법률위반(배임)죄로 의율할 수 있는지 여부(소극)

업무상 배임죄에 있어서 재산상 손해는 인정할 수 있으나 그 가액을 구체적으로 산정할 수 없으므로 재산상 이득액을 기준으로 가중 처벌하는 특정경제범죄가중처벌등에관한법률위반(배임)죄로 의율할 수 없다(대법원 2001.11.13. 선고 2001도3531 판결).

(5) 실행의 착수 및 기수시기

(가) 착수시기

배임행위를 개시하는 때 실행의 착수가 인정된다.

군조합의 구매주임이 조합사업으로 확정할 절차인 이사회의 결의나 도지부의 승인을 거치지 아니하고 정상가격보다 높은 가격으로 묘목을 판매하여 재산상 이득을 취득하고 조합원들에게 손해를 끼친 경우, 업무상배임죄의 실행의 착수여부(적극)

군조합의 구매주임이 정상가격보다 높은 가격으로 묘목을 판매하여 재산상 이득을 취득하고 조합원들에게 손해를 끼칠 목적으로 조합원들로부터 묘목의 구매신청서를 받은 이상 업무상배임의 실행에 착수한 것이라 할 것이고, 위 묘목 판매사업이 조합사업으로 확정할 절차인 이사회의 결의나 도지부의 승인을 거치지 아니하였더라도 이는 조합내부의 절차에 불과한 것이어서 위 결론에는 영향이 없다(대법원 1966.9.27. 선고 66도912 판결).

가계약만으로는 실행의 착수를 인정할 수 있는지 여부(소극)

감독청의 허가를 받지 아니한 학교법인의 기본재산 매도행위는 사립학교법 제28조 제1항에 위반되어 당연무효로서 그 자체만으로서는 학교법인의 재산상태에 어떠한 영향을 미칠 수 없는 것이므로 학교법인의 이사장과 대표이사가 학교법인의 기본재산을 예상 전매가격보다 훨씬 낮은 가격으로 처분함으로써 학교법인에게 재산상의 손해를 가한 경우에 배임행위의 성립시기는 토지의 매각에 관한 감독청의 허가를 받아 이를 유효하게 처분할 수 있게 된 상황에서 매수인과 사이의 매매계약을 체결하여 매도한 때라 할 것이고, 감독청의 허가를 받기 이전에 학교법인의 이사들 전원이 매수인에게 위 토지의 매수를 요청하여 매수인이 그 요청을 수락하였다거나, 그 후 매수인과 토지의 매매에 관한 가계약을 체결한 사실 등은 피고인들이 위 범행에 이르게 된 과정에 지나지 아니한다(대법원 1990.6.8. 선고 89도1417 판결).

(나) 기수시기

재산상의 손해가 발생한 때 기수가 된다. 손해액이 불확정이거나 후에 손해가 전보되어도 범죄성립에는 영향이 없다.

■ 판례 ■ **회사직원이 영업비밀을 경쟁업체에 유출한 경우, 업무상배임죄의 기수시기**

회사직원이 영업비밀을 경쟁업체에 유출하거나 스스로의 이익을 위하여 이용할 목적으로 무단으로 반출한 때 업무상배임죄의 기수에 이르렀다고 할 것이고, 그 이후에 위 직원과 접촉하여 영업비밀을 취득하려고 한 자는 업무상배임죄의 공동정범이 될 수 없다(대법원 2003.10.30. 선고 2003도4382 판결).

■ 판례 ■ **배임죄의 기수시기 및 배임으로 취득할 물건을 매수하기로 합의 내지 청탁한 자의 죄책**

배임죄는 본인에게 손해를 가한 때에 기수가 되는 것이므로 본인에게 손해가 발생하기 이전에 업무상 배임행위로 취득할 유류를 그 배임행위자로부터 미리 이를 매수하기로 합의 내지 응탁한 피고인들의 행위는 배임으로 취득한 장물을 취득한 행위에 지나지 않는 것이 아니라 모두 배임행위 자체의 공동정범이 된다(대법원 1987.4.28. 선고 83도1568 판결).

■ 판례 ■ **다른 동업자들이 영업활동을 중단하거나 동업약정기간이 경과한 경우 동업자들이 공동으로 취득한 해사채취권을 그 취득명의자인 잔여 동업자가 임의로 매도한 경우, 배임죄의 성부(적극)**

동업자들이 동업계약을 체결하고 영업을 해 오다가 중도에 영업활동을 중단하였거나 또는 동업약정기간이 경과되었더라도 그것만으로는 공동으로 취득한 해사채취권이 동업자의 1인인 피고인의 단독 소유가 된다고 볼 수 없고 나머지 동업자들의 지분에 관한 한 명의수탁자의 지위에 있다 할 것이므로 이를 임의로 매도한 것은 배임죄에 해당하고 다만 위 동업기간의 만료 혹은 나머지 동업자들의 영업활동중단으로 위 해차채취권에 대한 그들의 권리가 소멸된 경우에는 배임미수죄가 성립한다(대법원 1992. 10.27. 선고 91도2346 판결).

■ 판례 ■ **캬바레 영업허가권의 임차인 내지 명의수탁자가 이를 타에 처분하고 그 명의를 이전하려 한 경우의 죄책(배임미수)**

피고인이 캬바레영업을 할 목적으로 캬바레건물을 임차하면서 임대차계약이 종료될 때에 반환하기로 하는 약정 아래 캬바레영업허가 명의를 이전받았다면 임대인에 대한 대내적 관계에서는 위 영업허가권의 단순한 임차인내지 명의수탁자에 불과하다 할 것이므로 임대차계약 종료시에 이를 반환하는 범위안에서 타인의 사무를 처리하는 자라고 할 것이니 이 임무에 위배하여 이를 제3자에게 처분하고 그 명의를 이전하려 하였다면 배임미수에 해당한다(대법원 1981.7.28. 선고 81도966 판결).

4. 주관적 구성요건

고의와 불법영득의사가 있을 것

(1) 고 의

행위자는 타인의 사무를 처리하는 자로서 그 임무에 위배하는 행위를 한다는 점과 이로 인하여 자기 또는 제3자가 이익을 취득하고 본인에게 손해를 가한다는 점에 관한 인식내지 의사가 필요하다. 이러한 고의는 미필적으로 족하다.

(가) 입증방법

■ 판례 ■ **배임죄의 주관적 요건과 그 인정 방법**

배임죄가 성립하기 위하여는 주관적 요건으로서 임무에 위배되는 행위를 한다는 인식 이외에도 그로 인하여 자기 또는 제3자의 이득을 취득하고 본인에게 손해를 가한다는 점에 관한 의사 내지 인식을 필요로 하는 것이므로, 피고인이 배임죄의 범의를 부인하는 경우에는 사물의 성질상 배임죄의 주관적 요소로 되는 사실(고의, 동기 등의 내심적 사실)은 고의와 상당한 관련성이 있는 간접사실을 증명하는 방법에 의하여 입증할 수밖에 없다고 할 것이고, 이 경우 그 간접 사실 중에는 피고인이 배임행위를 하였다고 볼 만한 징표와 어긋나는 사실의 의문점이 해소되어야 할 것이다(대법원 1999.4.13. 선고 98도4022 판결).

(나) 구체적 검토

1) 고의가 부정되는 사례

(1) 집달리가 인도집행목적물이 아닌 물건을 집달리 사무원으로 하여금 그 소유자의 동생에게 인도코자 하였으나 동인이 그 인수를 거부하자, 위 물건을 동인이 가져갈 것으로 믿고서, 그때까지 그것을 보관하고 있던 집밖 길가에 내어 놓은 경우(대법원 1979.7.24. 선고 78도2138 판결)

(2) 甲의 문중인 장씨문중과 반씨문중이 공동으로 매입하여 甲의 조부인 乙명의로 소유권이전등기를 경료하여 둔 것인데 甲이 이러한 사정을 모르고 상속을 원인으로 하여 그 명의로 소유권이전등기를 경료한 후 그 임야에서 산출되는 송이버섯의 채취권을 매각처분한 경우(대법원 1986.2.25. 선고 85도2745 판결)

(3) 주택조합 조합장이 주택조합 측으로부터 아파트부지의 선정과 매입에 관한 일체의 권한을 위임받아 아파트부지를 구입하는 과정에서 공원용지지정의 해제가 없는 한 아파트를 건축할 수 없음에도 불구하고, 정치자금을 내면 권력층을 통하여 공원용지지정을 해제시켜 주겠다는 甲 등의 계획적인 기망행위에 속아 용도지정의 해제가 가능할 것으로 믿고 용도지정의 해제에 필요하다는 경비조로 금원을 甲 등에게 교부한 경우(대법원 1993.1.15. 선고 92도166 판결)

(4) 새마을금고 이사장이 대출과 관련하여 대출금의 일부만 변제받은 후 나머지 원리금채권의 보전에 지장이 없는 범위 내에서 담보일부를 해지한 경우 ⇨ 담보물의 일부해지 당시의 가격이 담보취득 당시보다 특별히 하락하였다고 보여지는 사정이 엿보이지 않는 이상, 새마을금고 이사장이 일부 해지 당시의 담보가치를 새로이 평가하지 아니하고, 담보취득 당시의 평가에 따랐다 하여 그것만으로 배임의 범의를 인정할 수 없다.(대법원 1994.11.8. 선고 94도2123 판결)

(5) 부동산신탁회사의 상무이사인 피고인이 토지개발신탁사업의 개발투자비 상환채권을 담보하기 위해 제공된 공소외인 소유의 부동산에 관한 관리·처분신탁계약을 해지하고 소유권이전등기를 환원한 경우 ⇨ 피고인은 결재권자로서 담당 지점장이 보고한 내용을 검토, 확인한 후 이를 승인하였고, 피고인 자신의 개인적인 이익을 취하거나 위탁자로 하여금 재산상의 이익을 취하게 할 의도가 있었다고 볼 사정이 없으므로, 단순히 부동산신탁회사에 손해가 발생하였다는 결과만으로 피고인에게 책임을 묻거나 주의의무를 소홀히 한 과실이 있다는 이유로 피고인에게 배임의 고의가 있었다고 하기는 어렵다.(대법원 2005.6.9. 선고 2004도2786 판결)

2) 부동산의 이중매매와 배임의 고의

■ 판례 ■ **부적법한 해제를 적법하게 해제된 것으로 믿고 목적부동산을 타에 매도 또는 담보로 제공한 경우**

매도인이 부동산을 매도한 후 그 매매계약을 해제하고 이를 다시 제3자에게 매도하거나 담보로 제공한 경우에 위 매매계약의 해제가 해제요건을 갖추지 못하여 부적법한 것이라고 하더라도 만일 매도인이 위 매매계약의 해제가 적법하게 된 것으로 믿고 위 부동산을 타에 매도 또는 담보로 제공한 것이라면 매도인에게 배임죄의 범의를 인정할 수 없다(대법원 1988.5.10. 선고 88도74 판결).

■ 판례 ■ **피고인이 부동산을 매도 후 그 매매계약을 해제하고 다시 제3자에게 매도하였으나 해제가 부적법한 경우**

매도인이 부동산을 매도한 후 그 매매계약을 해제하고 이를 다시 제3자에게 매도한 경우에 그 매매계약의 해제가 해제요건을 갖추지 못하여 부적법하더라도 매도인이 그 해제가 적법한 것으로 믿고 그 믿음에 정당한 이유가 있다면 매도인에게 배임죄의 범의를 인정할 수 없는 것이지만 피고인이 들고 있는 계약해제사유가 적법한 것이 아니고 피고인이 이를 적법한 해제사유로 믿었거나 그 믿음에 정당한 사유가 있었다고 보여지지 아니하는 경우 피고인에게 배임의 범의가 있었다고 할 것이다(대법원 1990.11.13. 선고 90도153 판결).

■ 판례 ■ **부동산 매도인인 피고인이 당초계약의 내용에 없는 새로운 요구조건을 내세우는 매수인에게 계약을 이행할 의사가 없는 것으로 판단한 경우**

부동산 매도인인 피고인이 당초계약의 내용에 없는 새로운 요구조건을 내세우는 매수인에게 계약을 이행할 의사가 없는 것으로 판단한 것이 무리가 아니라고 보이므로 계약이 적법히 해제되었는지 여부에 관계없이 매매목적부동산에 관하여 제3자 앞으로 가등기를 경료한 피고인에게 배임의 범의가 없다(대법원 1992.10.13. 선고 92도1046 판결).

3) 고의가 인정되는 사례

■ 판례 ■ **남북정상회담의 개최과정에서 이루어진 대북송금 행위관련**

[1] 금융기관의 직원이 대출을 함에 있어 충분한 담보를 제공받는 등 상당하고도 합리적인 채권회수조치를 취하지 아니한 경우, 업무상배임죄의 고의 성립 여부(적극)

금융기관의 임직원들이 대출을 함에 있어 대출채권의 회수를 확실하게 하기 위하여 충분한 담보를 제공받는 등 상당하고도 합리적인 조치를 강구하지 아니한 채 만연히 대출을 해 주었다면 업무위배행위로 제3자로 하여금 재산상 이득을 취득하게 하고 금융기관에 손해를 가한다는 인식이 없었다고 볼 수 없다.

[2] 국책은행과 배임의 범의
남북정상회담을 전후하여 대북경제협력사업을 추진중인 기업에 대하여 대규모 여신지원을 한 금융기관이 국책은행이라고 하더라도 은행 관련자들에게 배임의 범의가 인정된다고 판단한 원심의 조치를 정당하다(대법원 2004.3.26. 선고 2003도7878 판결).

(2) 부당이득의사

(가) 본인의 이익을 위한 경우

배임죄가 성립하기 위해서는 자기 또는 제3자로 하여금 재산상의 이익을 취득케 하려는 의사가 있어야 한다. 따라서 본인의 이익을 위하여 사무를 처리한 때는 불법영득의사가 없으므로 배임죄는 성립하지 않는다. 그러나 본인에게 손해를 가할 목적은 필요하지 않다.

■ 판례사례 ■ **[부당이득의사가 부정된 사례]**

(1) 예산을 본래의 취지대로 사용치 아니하고 본인을 위하여 일시 유용한 경우(대법원 1974.5.14. 선고 73도3208 판결)
(2) 농협직원이 직접처리하여야 할 예금청구서접수 등 사무를 사환에게 단독 대행시키자 사환이 예금청구서 2매를 위조행사하여 동 조합으로부터 금원을 사취한 경우 ⇨ 사환의 사취금원을 피고인이 그로 하여금 취득케 하였다고는 볼 수 없으므로(대법원 1970.9.17. 선고 70도1430 판결)
(3) 단위농업협동조합의 조합장이 조합규약에 따른 대금회수 확보를 위한 담보취득 등의 조치 없이 조합의 양곡을 외상판매함으로 인하여 위 조합에 손해가 발생하였지만 당시 시장에 양곡의 물량이 많아 현금판매가 어려웠고 기온상승으로 양곡이 변질될 우려가 생겼으며 농협중앙회로부터 재고양곡의 조기판매 추진지시를 받는 등 사정으로 오로지 조합의 이익을 위하여 양곡을 신속히 처분하려다 손해가 발생한 경우(대법원 1992.1.17. 선고 91도1675 판결)
(4) 교육감이 시달한 사학기관 예산편성의 세부지침과 학교의 예산편성에는 학교직원의 연금 및 의료보험부담금은 학교법인으로부터 전입된 재산수입금으로 충당 지출하게 되어 있고 학교 교비 및 육성회비에서의 전용지출이 금지되어 있으나 학교법인이 그 수익사업운영이 매우 어려워 그 산하 학교들이 수년간 학교법인으로부터 전혀 수입금을 전입받지 못하여 위 각 부담금을 납부할 재원이 없어 부득이 육성회비등의 학교 교비에서 위 각 부담금을 지출한 경우(대법원 1983.7.26. 선고 83도819 판결)

(나) 본인의 이익을 위한 의사가 부수적인 경우

피고인이 본인의 이익을 위한다는 의사가 있었다 하더라도 그 의사는 부수적일 뿐이고, 이득 또는 가해의 의사가 주된 것이라고 판명되면 불법영득의사가 있었다고 할 것이다.

(3) 손해를 가할 의사(목적)

본인에게 손해를 가할 의사나 목적은 요하지 않는다.

5. 죄수 및 타 죄와의 관계

(1) 죄 수

배임죄는 배신성을 본질로 하므로 배임행위로 인하여 깨어진 신임관계의 수를 기준으로 죄수를 결정한다. 따라서 사무처리자가 수회 배임행위를 한 경우에 신임관계가 단일하고 범죄의사·태양이 동일하면 배임죄의 포괄일죄가 된다.

▪ 판례 ▪ **아파트를 분양받은 수인의 피해자에 대한 각 배임행위의 죄수**

아파트의 각 세대를 분양받은 각 피해자에 대하여 소유권이전등기절차를 이행하여 주어야 할 업무상의 임무가 있었다면, 각 피해자의 보호법익은 독립된 것이므로, 범의가 단일하고 제3자 앞으로 각 소유권이전등기 및 근저당권설정등기를 한 각 행위시기가 근접하여 있으며 피해자들이 모두 위 회사로부터 소유권이전등기를 받을 동일한 권리를 가진 자라고 하여도, 각 공소사실이 포괄일죄의 관계에 있다고는 할 수 없고 피해자별로 독립한 수개의 업무상 배임죄의 관계에 있다(대법원 1994.5.13. 선고 93도3358 판결).

▪ 판례 ▪ **배임죄에 있어서 범의의 입증 방법 및 대출에 있어서 부실한 담보를 받고 대출한도 거래약정 또는 여신한도 거래약정을 체결한 다음 그 약정에 기하여 수차에 걸쳐 대출금 인출이 이루어진 경우, 배임죄의 죄수(= 단순일죄)**

배임의 범의는 피고인이 자인하지 아니하는 경우 사물의 성질상 배임의 범의와 상당한 관련성이 있는 간접사실을 증명하는 방법에 의하여 입증될 수밖에 없으며, 대출에 있어서 부실한 담보를 받고 대출한도 거래약정 또는 여신한도 거래약정을 체결하면 그 때에 그 한도금액 범위 내에서 한 개의 배임죄가 성립한다고 볼 것이며 그 한도금액을 여러 번에 걸쳐 나누어 인출하였다고 하여 그 여러 번의 인출행위를 포괄하여 배임죄의 일죄가 성립한다고 볼 것은 아니다(대법원 2001.2.9. 선고 2000도5000 판결).

▪ 판례 ▪ **본인의 계산으로 타인의 명의에 의하여 행하는 대출에 있어서 무자격자인 대출 명의자에 대한 대출이 배임죄를 구성하는 것과 별도로 대출총액이 본인의 대출한도액을 초과하는 경우 배임죄가 성립하는지 여부(적극)**

동일 조합원에 대한 대출한도의 초과 여부를 판단함에 있어 본인의 계산으로 타인의 명의에 의하여 행하는 대출은 그 본인의 대출로 보아야 할 것이고(1998. 1. 13. 법률 제5506호로 전문 개정된 신용협동조합법 제42조 단서에서는 이 점을 명문화하였다), 이때 종전 대출의 명의자인 타인이 비조합원 또는 무자격자이고 그 무자격자에 대한 대출이 별도의 배임행위로 처벌받는다고 하더라도 그 대출금액과 추가대출금액을 포함한 대출총액이 본인의 대출한도액을 초과하는 때에는 이에 대하여 별도의 배임죄가 성립한다(대법원 2001.11.30. 선고 99도4587 판결).

▪ 판례 ▪ **근저당권설정등기를 마쳐 주어 배임죄가 성립한 이후에 그 부동산에 대하여 새로운 담보권을 설정해 준 경우, 불가벌적 사후행위에 해당하는지 여부(소극)**

배임죄는 재산상 이익을 객체로 하는 범죄이므로, 1인 회사의 주주가 자신의 개인채무를 담보하기 위하여 회사 소유의 부동산에 대하여 근저당권설정등기를 마쳐 주어 배임죄가 성립한 이후에 그 부동산에 대하여 새로운 담보권을 설정해 주는 행위는 선순위 근저당권의 담보가치를 공제한 나머지 담보가치 상당의 재산상 이익을 침해하는 행위로서 별도의 배임죄가 성립한다(대법원 2005.10.28. 선고 2005도4915 판결).

(2) 타 죄와의 관계

(가) 횡령죄와의 관계

1개의 행위가 횡령죄와 동시에 배임죄의 구성요건에 해당하는 경우 횡령죄는 배임죄에 대하여 특별관계에 있으므로 횡령죄만 성립한다.

(나) 사기죄와의 관계

타인의 사무를 처리하는 자가 그 임무에 위배하여 본인을 기망함으로써 재산상의 이득을 취득하고 본인에게 손해를 가한 경우 배임죄와 사기죄의 상상적 경합이 된다.

▪판례▪ 1개의 행위에 관하여 사기죄와 업무상배임죄 또는 단순배임죄의 각 구성요건이 모두 구비된 경우의 죄수 관계(= 상상적 경합관계)

업무상배임행위에 사기행위가 수반된 때의 죄수 관계에 관하여 보면, 사기죄는 사람을 기망하여 재물의 교부를 받거나 재산상의 이익을 취득하는 것을 구성요건으로 하는 범죄로서 임무위배를 그 구성요소로 하지 아니하고 사기죄의 관념에 임무위배 행위가 당연히 포함된다고 할 수도 없으며, 업무상배임죄는 업무상 타인의 사무를 처리하는 자가 그 업무상의 임무에 위배하는 행위로써 재산상의 이익을 취득하거나 제3자로 하여금 이를 취득하게 하여 본인에게 손해를 가하는 것을 구성요건으로 하는 범죄로서 기망적 요소를 구성요건의 일부로 하는 것이 아니어서 양 죄는 그 구성요건을 달리하는 별개의 범죄이고 형법상으로도 각각 별개의 장(章)에 규정되어 있어, 1개의 행위에 관하여 사기죄와 업무상배임죄의 각 구성요건이 모두 구비된 때에는 양 죄를 법조경합 관계로 볼 것이 아니라 상상적 경합관계로 봄이 상당하다 할 것이고, 나아가 업무상배임죄가 아닌 단순배임죄라고 하여 양 죄의 관계를 달리 보아야 할 이유도 없다(대법원 2002.7.18. 선고 2002도669 전원합의체 판결).

(다) 장물죄와의 관계

배임행위에 제공된 물건을 그 정을 알면서 취득한 경우 배임죄로 영득한 재물이 아니므로 장물취득죄는 성립하지 않는다.

▪판례▪ 배임행위에 제공된 물건의 장물성 유무

양도담보로 제공한 후 다시 타에 양도한 물건은 배임행위에 제공한 물건이지 배임행위로 인하여 영득한 물건 자체는 아니므로 장물이라고 볼 수 없다(대법원 1983.11.8. 선고 82도2119 판결).

(라) 증권투자신탁업법위반죄와의 관계

▪판례▪ 신탁회사가 신탁재산으로 불량한 유가증권을 매입한 경우, 업무상배임죄 외에 구 증권투자신탁업법위반죄가 성립하는지 여부(적극) 및 두 죄의 죄수관계(=상상적 경합)

구 증권투자신탁업법(2003.10.4. 법률 제6987호 간접투자자산운용업법 부칙 제2조로 폐지되기 전의 것) 제59조에 의한 처벌대상인 같은 법 제32조 제1항 제1호의 '신탁재산으로 그 수익자 외의 자의 이익을 위한 행위'는 같은 법 제17조 제1항의 위탁회사의 선관주의의무와 수익자보호의무 위반을 처벌하는 규정인바, 신탁회사가 신탁재산으로 불량한 유가증권을 매입한 행위는 신탁회사에 대하여는 업무상배임행위가 됨과 동시에 수익자에 대하여는 구 증권투자신탁업법(2003.10.4. 법률 제6987호 간접투자자산운용업법 부칙 제2조로 폐지되기 전의 것) 제32조 제1항 제1호의 수익자 외의 자의 이익을 위한 행위가 되고, 이와 같은 경우 비록 업무상배임행위나 수익자보호의무위반행위의 내용이 같다고 하더라도, 위탁회사에 대한 배임행위의 경우 그 피해자는 위탁회사이지만, 수익자보호의무위반에 의한 구 증권투자신탁업법(2003.10.4. 법률 제6987호 간접투자자산운용업법 부칙 제2조로 폐지되기 전의 것)위반죄의 피해자는 수익자로서 서로 다르다고 할 것이고, 따라서 두 죄는 법조경합이 아니라, 별개의 죄이고, 단지 하나의 배신적 행위로 인하여 두 개의 죄에 해당하는 경우이므로 두 죄는 상상적 경합관계에 있다(대법원 2004.7.9. 선고 2004도810 판결).

(마) 부정수표단속법과의 관계

■ 판례 ■ **당좌수표를 조합 이사장 명의로 발행하여 지급기일에 지급되지 아니하게 한 사실로 인한 부정수표단속법위반죄와 동일한 수표를 발행하여 조합에 대하여 재산상 손해를 가한 사실로 인한 업무상배임죄의 죄수(=상상적 경합관계)**

당좌수표를 조합 이사장 명의로 발행하여 그 소지인이 지급제시기간 내에 지급제시하였으나 거래정지처분의 사유로 지급되지 아니하게 한 사실(부정수표단속법위반죄)과 동일한 수표를 발행하여 조합에 대하여 재산상 손해를 가한 사실(업무상배임죄)은 사회적 사실관계가 기본적인 점에서 동일하다고 할 것이어서 1개의 행위가 수 개의 죄에 해당하는 경우로서 형법 제40조에 정해진 상상적 경합관계에 있다(대법원 2004.5.13. 선고 2004도1299 판결).

6. 배임죄의 공범

■ 판례 ■ **은행지점장이 은행에 대한 부하직원의 범행사실을 발견하고도 손해의 보전에 필요한 조치를 취하지 아니하고 배임행위를 방치한 경우, 배임죄의 방조범의 성립여부(적극)**

형법상 방조는 작위에 의하여 정범의 실행행위를 용이하게 하는 경우는 물론, 직무상의 의무가 있는 자가 정범의 범죄행위를 인식하면서도 그것을 방지하여야 할 제반조치를 취하지 아니하는 부작위로 인하여 정범의 실행행위를 용이하게 하는 경우에도 성립된다 할 것이므로 은행지점장이 정범인 부하직원들의 범행을 인식하면서도 그들의 은행에 대한 배임행위를 방치하였다면 배임죄의 방조범이 성립된다(대법원 1984.11.27. 선고 84도1906 판결).

■ 판례 ■ **법인의 이사가 그 법인의 재산을 타에 기증하기로 하는 결의에 찬성하고 그 결의 내용을 적은 이사회회의록에 날인한 것만으로 배임죄의 공범이 되는지 여부(소극)**

배임죄의 공범은 타인의 재산을 감소시키는 재산의 처분, 권리의 포기, 채무의 부담등 배임행위에 직접 가공함으로써 성립되는 것이므로 학교법인의 이사가 이사회에 출석하여 그 법인의 재산을 타에 기증하기로 하는 결의에 찬성하고 그 결의내용을 적은 이사회회의록에 날인한 것만으로는 배임죄의 공범이 되지 아니한다(대법원 1985.7.23. 선고 85도480 판결).

1인 회사의 주주가 개인적 거래에 수반하여 법인 소유의 부동산을 담보로 제공한다는 사정을 거래상대방이 알면서 가등기의 설정을 요구하고 그 가등기를 경료받은 경우, 배임행위의 방조범에 해당하는지 여부(소극)

[1] 사실관계

A주식회사의 1인 주주이자 실질적인 대표이사인 甲은 자신이 국가에 대한 상속세납부의무를 담보하기 위하여 A회사의 유일한 재산인 건물에 대하여 국가명의로 근저당권설정등기를 마쳐 준 후, 다시 상속세 납부자금을 마련하기 위해 乙에게 위 건물에 관하여 소유권이전청구권가등기를 해 주었다. 이 때 甲은 주주총회의 결의를 거친 바 있고, 乙은 甲이 상속세 납부자금 마련이라는 개인적 거래에 수반하여 회사 소유의 부동산을 담보로 제공한다는 사정을 알고 있었다.

[2] 판결요지

가. 이사회 또는 주주총회의 결의가 있었다는 이유만으로 배임죄의 죄책을 면할 수 있는지 여부(소극)

회사의 대표이사는 이사회 또는 주주총회의 결의가 있더라도 그 결의내용이 회사 채권자를 해하는 불법한 목적이 있는 경우에는 이에 맹종할 것이 아니라 회사를 위하여 성실한 직무수행을 할 의무가 있으므로 대표이사가 임무에 배임하는 행위를 함으로써 주주 또는 회사 채권자에게 손해가 될 행위를 하였다면 그 회사의 이사회 또는 주주총회의 결의가 있었다고 하여 그 배임행위가 정당화될 수는 없다.

나. 배임죄가 성립한 이후에 그 부동산에 대하여 새로운 담보권을 설정해 주는 행위가 별도의 배임죄를 구성하는지 여부(적극)

배임죄는 재산상 이익을 객체로 하는 범죄이므로, 1인 회사의 주주가 자신의 개인채무를 담보하기 위하여 회사 소유의 부동산에 대하여 근저당권설정등기를 마쳐 주어 배임죄가 성립한 이후에 그 부동산에 대하여 새로운 담보권을 설정해 주는 행위는 선순위 근저당권의 담보가치를 공제한 나머지 담보가치 상당의 재산상 이익을 침해하는 행위로서 별도의 배임죄가 성립한다.

다. 배임적 거래행위의 상대방에게 배임행위의 공범의 죄책을 묻기 위한 요건

거래상대방의 대향적 행위의 존재를 필요로 하는 유형의 배임죄에 있어서 거래상대방으로서는 기본적으로 배임행위의 실행행위자와는 별개의 이해관계를 가지고 반대편에서 독자적으로 거래에 임한다는 점을 감안할 때, 거래상대방이 배임행위를 교사하거나 그 배임행위의 전 과정에 관여하는 등으로 배임행위에 적극가담함으로써 그 실행행위자와의 계약이 반사회적 법률행위에 해당하여 무효로 되는 경우 배임죄의 교사범 또는 공동정범이 될 수 있음은 별론으로 하고, 관여의 정도가 거기에까지 이르지 아니하여 법질서 전체적인 관점에서 살펴볼 때 사회적 상당성을 갖춘 경우에 있어서는 비록 정범의 행위가 배임행위에 해당한다는 점을 알고 거래에 임하였다는 사정이 있어 외견상 방조행위로 평가될 수 있는 행위가 있었다 할지라도 범죄를 구성할 정도의 위법성은 없다고 봄이 상당하다.

라. 乙의 죄책

1인 회사의 주주가 개인적 거래에 수반하여 법인 소유의 부동산을 담보로 제공한다는 사정을 거래상대방이 알면서 가등기의 설정을 요구하고 그 가등기를 경료받은 사안에서, 거래상대방이 배임행위의 방조범에 해당한다고 한 원심판결을 파기한 사례(대법원 2005.10.28. 선고 2005도4915 판결). ☞ (甲은 업무상배임죄(국가에 대해 담보권설정행위와 乙에 대해 담보권설정행위 모두 별개의 배임죄 성립), 乙은 무죄)

7. 이중매매 · 이중저당의 경우 매도인과 설정자의 형사책임

(1) 부동산의 이중매매

(가) 타인의 사무를 처리하는 자가 되는 시기

매도인이 매매계약을 체결한 후 이행과정의 어느 단계에서 배임죄의 주체, 즉 타인의 사무를 처리하는 자가 되는 것으로 볼 것인가가 문제된다.

1) 계약금만 수령한 경우

매도인은 언제든지 계약금의 배액을 지급하고 계약을 해제할 수 있으므로 이 경우 매도인은 단순한 채무자로서 선매수인에 대하여 자기의 사무를 처리하는 자에 불과하게 되어 배임죄의 주체가 될 수 없다.

■ 판례 ■ **계약금만 수수한 매도인이 배임죄에 있어서 매수인을 위한 사무처리자에 해당여부**

매도인이 매수인에게 부동산을 매도하고 계약금만을 수수한 상태에서 매수인이 잔대금의 지급을 거절한 이상 매도인으로서는 이행을 최고할 필요없이 매매계약을 해제할 수 있는 지위에 있었으므로 위 매도인을 타인의 사무를 처리하는 자라고 볼 수 없다(대법원 1984.5.15. 선고 84도315 판결).

2) 중도금 또는 잔금을 수령한 경우

매수인이 이미 계약의 이행에 착수한 것이 되어 매도인이 계약을 일방적으로 해제할 수 없는 효과가 발생한다. 즉 매도인은 선매수인의 소유권 취득에 협력해야 할 신의칙상의 신임관계에 서게 되므로, 선매수인에 대하여 자기의 사무이면서 타인의 사무를 처리하는 자의 지위에 서게 됨으로써 배임죄의 주체가 된다. 따라서 중도금수령 후 후매수인에게 등기를 경료해주면 배임죄가 성립한다.

① 배임죄의 주체 인정사례

■ 판례 ■ **중도금까지 수령한 부동산의 매도인이 위 부동산을 제3자에게 이중매매한 경우, 배임죄의 성부(적극)**

부동산매도인이 매수인으로부터 계약금과 중도금까지 수령한 이상 특단의 약정이 없다면 잔금수령과 동시에 매수인 명의로의 소유권이전등기에 협력할 임무가 있으므로 이를 다시 제3자에게 처분함으로써 제1차 매수인에게 잔대금수령과 상환으로 소유권이전등기절차를 이행하는 것이 불가능하게 되었다면 배임죄의 책임을 면할 수 없다(대법원 1988.12.13. 선고 88도750 판결).

② 전매수인의 피해를 전보한 경우

매도인이 중도금과 잔금을 수령한 경우에도 매도인이 전매수인에게 수령한 계약금과 중도금 전액 및 손해배상액까지 공탁등의 방법으로 제공하고 이중매매를 한 경우에는 전매수인에게 재산상의 손해가 발생하지 않았고 배임의 고의를 인정할 수 없어 배임죄는 성립하지 않는다(이재상 424쪽, 김일수 484쪽).

③ 중도금에 갈음하는 부동산을 교부받은 경우

■ 판례 ■ **부동산양도인이 계약금 및 중도금에 갈음하여 양수인 소유부동산에 관한 소유권이 전등기 소요서류를 교부 받았다가 그 양도부동산을 제3자에게 이 중양도한 경우의 죄책**

부동산을 대금 213,000,000원에 양도하면서 양수인으로부터 계약금 및 중도금에 갈음하여 양수인 소유의 부동산을 120,000,000원으로 평가하여 이전받기로 하고 그 소유권이전등기소요서류를 모두 교부받았다면 양도인이 비록 그 부동산에 관하여 자기앞으로 소유권이전등기를 마치지 않은 상태였다 하더라도 그 이전등기에 필요한 서류를 모두 교부받은 이상 양도인 앞으로의 소유권이전등기는 그 실행여부만이 남아있는 것이고 이는 오로지 양도인의 의사와 행위에 의하여 좌우될 사항이어서 그 상태는 사회통념 내지 신의칙에 비추어 계약금 및 중도금을 이행받은 경우와 마찬가지라고 봄이 상당하여 이 경우 양도인이 양도부동산을 제3자에게 이중양도하고 소유권이전등기를 마쳤다면 이는 양수인에 대한 배임행위가 된다(대법원 1986.10.28. 선고 86도936 판결).

④ 전매수인이 처분금지가처분을 해 놓은 경우

■ 판례 ■ **부동산 매도인이 중도금까지 받은 후 제3자 앞으로 근저당권설정등기를 경료해 주었으나 그 등기전에 매수인이 처분금지가처분을 해 놓은 경우, 배임죄의 성립 여부(적극)**

배임죄에 있어서 '재산상 손해를 가한 때'라 함은 현실적으로 손해를 가한 경우뿐만 아니라 손해발생의 위험을 초래한 경우도 포함되는 것이므로 염전의 2분지 1 지분을 매도하고 계약금과 중도금을 받은 자가 잔금과 상환으로 이전등기절차를 하여줄 임무에 위배하여 제3자 앞으로 근저당권설정등기를 하였다면 비록 피해자가 위 근저당권설정등기를 하기 전에 처분금지가처분을 해 두었다 하더라도 배임죄의 성립에 아무런 영향을 미칠 수 없다(대법원 1990.10.16. 선고 90도1702 판결).

(나) 이중매매의 당사자

1) 매도인 이외의 당사자

매도인은 당연히 이중매매행위의 주체가 되나 매도인 이외의 자가 주체로 되는 경우가 있다.

① 제3자 명의의 소유권이전등기를 해줄 사무를 위임받고 명의신탁등기를 경료받은 자

토지를 오래전에 매각하여 인도까지 하였으나 그 분할 절차가 완료되지 않았으므로 해서 아직 매수인들 앞으로 등기이전을 해주지 못하고 있던 상태의 등기명의자로부터 차후 토지를 분할하여 매수인들 앞으로 각 등기이전해 줄 사무를 위임받고 소유권이전등기를 우선 자기 앞으로 신탁받아 경료해 놓은 자는 차후 그 토지를 분할하여 매수인들에게 각 소유권이전등기절차 이행의 사무를 처리하여 줄 임무가 있는 자라 할 것이므로 이러한 임무에 위배하여 제3자에게 위 토지를 매각하여 매각대금을 취득한 후 그

제3자 앞으로 소유권이전등기를 경료해준 경우에 이는 형법 제355조 제2항 소정의 배임죄가 성립한다 할 것이다(대법원 1980.12.23. 선고 80도1715 판결).

② 제3자 명의의 부동산을 이중 양도한 경우

부동산의 매매에 있어 그 매매대금을 수령한 매도인은 매수인 앞으로의 소유권이전등기 경료에 관하여 매수인에게 협력할 임무가 있고 매도인의 이 등기협력임무는 주로 타인인 매수인을 위하여 부담하고 있는 것이어서 매도인이 위 등기협력임무에 위배되는 행위를 한 때에는 배임죄를 구성한다 할 것이고, 이 경우 부동산에 대한 등기부상 소유명의가 임무에 위배되는 행위를 할 당시 매도인명의가 아닌 제3자 명의로 되어 있다 하더라도 매도인이 그 제3자로부터 등기명의를 일단 넘겨받는 방법에 의하든, 그 제3자로부터 매수인에게 직접 소유명의를 넘기는 방법에 의하든 그 소유권이전등기를 매수인에게 경료하여 줄 수 있는 지위, 즉 매수인을 위한 등기협력임무가 이행가능한 지위에 있으면 위 배임죄의 성립에 지장이 없다(대법원 1985.11.12. 선고 84도984 판결).

2) 법인의 경우 배임죄의 주체

■ 판례 ■ **타인의 사무를 처리할 의무의 주체가 법인인 경우 그 법인의 대표기관이 배임죄의 주체가 될 수 있는지 여부(적극)**

형법 제355조 제2항의 배임죄에 있어서 타인의 사무를 처리할 의무의 주체가 법인이 되는 경우라도 법인은 다만 사법상의 의무주체가 될 뿐 범죄능력이 없는 것이며 그 타인의 사무는 법인을 대표하는 자연인인 대표기관의 의사결정에 따른 대표행위에 의하여 실현될 수밖에 없어 그 대표기관은 마땅히 법인이 타인에 대하여 부담하고 있는 의무내용 대로 사무를 처리할 임무가 있다 할 것이므로 법인이 처리할 의무를 지는 타인의 사무에 관하여는 법인이 배임죄의 주체가 될 수 없고 그 법인을 대표하여 사무를 처리하는 자연인인 대표기관이 바로 타인의 사무를 처리하는 자 즉 배임죄의 주체가 된다(대법원 1984.10.10. 선고 82도2595 전원합의체 판결).

■ 판례 ■ **교회의 대표자가 이중으로 매매계약을 체결하거나 담보가등기를 설정한 경우**

교회의 대표자가 교인총회를 소집, 개최하여 처분결의를 얻을 수 있음에도 그러한 노력을 하지 아니한 채 이중으로 매매계약을 체결하거나 담보가등기를 설정한 행위는 배임죄에 해당한다(대법원 1993.4.9. 선고 92도2431 판결).

3) 선매수인으로부터 부동산을 매수한 자도 피해자에 해당하는지 여부

이중매매에 의한 배임죄의 피해자는 전매수인이고, 전매수인으로부터 당해 부동산을 양수한자는 피해자가 아니다. 따라서 매도인이 목적 부동산을 이중매매한 경우에 전매수인으로부터 당해 부동산을 양수한자에 대해서는 배임죄가 성립하지 않는다.

■ 판례 ■ **담보목적으로 소유권보존등기를 경료한 채권자가 채무자의 지위를 양수한 자에 대하여 타인의 사고를 처리하는 자에 해당하는지 여부(소극)**

매립공사의 비용을 조달하기 위하여 조합원들이 그들의 매립지에 대한 권리를 피고인에게 양도하되 피고인이 비용을 조달하여 매립공사를 완공시킨 뒤 조합원들이 비용을 지급하면 피고인은 조합원들에게 소유권이전등기를 넘겨주고 만일 비용을 지급하지 아니하면 피고인이 임의처분하여도 이의없기로 약정한 경우, 조합원들이 상당한 기간내에 비용을 지급함도 없이 그들의 권리를 타인에게 양도하였다 하더라도 피고인과 위 조합원들 및 그 타인과의 사이에 특별한 약정이 없는 한 피고인이 그 타인에게 직접 소유권이전등기를 경료해 줄 의무가 있다 할 수 없으므로 피고인은 타인의 의무를 처리하는 자에 해당하지 아니한다(대법원 1984.1.24. 선고 81도3077 판결).

4) 매도인이 전매수인에게 소유권이전의무를 이행한 경우 후매수인에 대한 배임죄의 성부

■ 판례 ■ **부동산 이중매매에 있어서 매도인의 선매수인에 대한 매매계약이 사기죄를 구성하는 경우 선매수인에 대한 소유권이전의무의 존부(한정적극)**

부동산의 이중매매에 있어서 매도인의 선매수인에 대한 매매계약이 특별한 사정에 의하여 선매수인에 대하여 사기죄를 구성하는 경우에도 그 매매계약에 무효의 사유가 있거나 취소되지 않는 한 매도인의 선매수인에 대한 소유권이전의무가 존재하지 아니하거나 소멸할 리가 없다. 따라서 이를 이행한 것은 배임죄에 해당하지 않는다(대법원 1992.12.24. 선고 92도1223 판결).

(다) 이중매매의 태양

1) 이중매매에 해당하는 사례

(1) 매도인의 배임행위
- 매도인이 제3자에게 채무담보조로 이전등기를 해 주는 경우(대법원 1969.9.23. 선고 69도1076 판결)
- 부동산 매도인이 매수인의 의사에 반하여 차용금 담보죄로 제3자에게 가등기를 경료하여 준 경우(대법원 1982.2.23. 선고 81도3146 판결)
- 지상건물을 철거하여 대지를 인도하기로 한 매도인이 약정기한 전에 동 건물을 타인 앞으로 가등기한 경우(대법원 1983.6.14. 선고 81도2278 판결)
- 부동산의 매도인이 매수인에게 소유권이전등기를 넘겨주기 전에 그 부동산에 전세권설정등기를 경료해 준 경우(대법원 1969.9.30. 선고 69도1001 판결)
- 부동산의 매도인이 매수인에게 소유권이전등기를 넘겨주기 전에 그 부동산에 근저당권을 설정하고 제3자로부터 금원을 차용한 경우(대법원 1989.10.24. 선고 89도641 판결)

(2) 채무자의 배임행위
- 대물변제약정을 한 자가 목적부동산을 제3자에게 대물변제를 한 경우(대법원 1972.6.27. 선고 72도990 판결)
- 부동산을 제3자에게 대물변제를 한 경우(대법원 1972.6.27. 선고 72도990 판결)
- 대물변제약정을 한 자가 목적부동산을 제3자에게 매도하여 이전등기를 해 준 경우(대법원

1980.9.24. 선고 80도903 판결)
- ○ 근저당권설정의무를 지는 자가 목적물을 타에 대물변제하여 이전등기를 해 준 경우(대법원 1971.11.15. 선고 71도1544 판결)

 (3) 전세권설정자의 배임행위
- ○ 주택에 대한 전세권설정계약을 맺고 중도금까지 지급받은 후 타에 근저당권설정등기를 경료하여 준 경우(대법원 1993.9.28. 선고 93도2206 판결)

2) 이중매매에 해당하지 아니하는 사례

(1) 명의신탁자의 자기명의로의 등기
- ○ 명의신탁한 부동산의 신탁자인 실질적 소유자가 그 부동산을 매도하고 수탁자로부터 직접 매수인에게 등기를 이전하여 주기로 하였는데 계약 후 이를 자기 앞으로 이전등기한 경우(대법원 1974.2.12. 선고 73도1926 판결)
- ○ 부동산을 공동 매입하여 乙의 명의로 신탁등기하여 두었던 부동산을 丙에게 매도하기로 매매계약을 체결하고 계약금과 중도금 및 잔금을 수령하고도 자신의 명의로 위 부동산에 대한 가등기를 경료한 경우(대법원 1985.8.20. 선고 84도2109 판결)

(2) 통정허위표시에 의한 부동산매도후 다시 매도한 경우
- ○ 피고인이 부동산에 대한 공소외인과의 분쟁을 피고인의 처남을 내세워 해결할 생각으로 처남에게 허위로 위 부동산에 대한 매매계약서를 작성교부하고 가등기를 경료한 후 위 부동산중 일부를 타인에게 매도한 경우(대법원 1983.7.12. 선고 82도2941 판결)

(3) 매도인이 재매입하여 이를 타에 다시 매도한 경우
- ○ 피고인이 소외인에게 이 사건 대지를 매도하였으나 그 뒤 동 대지 위에 상가건물 2동을 신축하기 위하여 위 소외인으로부터 그 각 매수부분을 재매입하여 위 대지 전부에 관하여 공사업자들 명의로 소유권이전등기를 경료해 준 경우 ▷ 위 소외인에 대한 관계에 있어서는 위 대지의 재매입금을 청산할 의무만 지고 있을 뿐 위 대지에 관하여 위 소외인에게 소유권이전등기절차를 이행하여 줄 의무는 부담하고 있지 않다 할 것이므로(대법원 1984.4.24. 선고 83도1945 판결)

(4) 정지조건부 대물변제예약을 하였다가 조건이 성취되지 아니하여 동 부동산을 다시 타에 담보 제공한 경우
- ○ 공사도급인이 공사비담보조로 수급인에게 아파트를 분양키로 약정하였으나, 수급인이 잔여공사를 완성하지 아니한 채 잔여공사를 전혀 하지 않다가 이를 포기하자 제3자에게 처분한 경우(대법원 1984.7.24. 선고 84도815 판결)
- ○ 도급인이 수급인에게 잔여공사를 완공할 것을 정지조건으로 하여 그 공사비에 대한 대물변제로 부동산의 소유권을 이전키로 하였으나 수급인이 위 공사를 완성하지 못하자 도급인이 위 부동산을 다시 다른 채권자에게 담보제공한 경우(대법원 1985.3.26. 선고 85도124 판결)

(5) 농지개혁법상 농지를 취득할 수 없는 자에 대하여 농지를 매도한 후 타에 양도한 경우
- ○ 비농가이고 자경의사도 없는 사람에게 농지를 매도하였다가 제3자에게 이중양도한 경우(대법원 1979.3.27. 선고 79도141 판결)
- ○ 피고인이 비농가인 공소외인과 농지를 공동매수하여 피고인 단독 명의로 소유권이전등기를 한 경우(대법원 1982.2.9. 선고 81도2936 판결)

(6) 국토이용관리법상의 규제구역 내 토지를 허가 없이 매도한 자가 타에 매도한 경우

- 국토이용관리법 제21조의2에 의하여 지정된 토지의 거래계약 허가구역 안에 있는 토지를 매매한 자가 허가전에 타인에게 매도한 경우(대법원 1996.2.9. 선고 95도2891 판결)
- 국토이용관리법상의 허가구역 안에 있는 토지와 건물을 허가 없이 매도한 자가 허가 전에 토지와 건물에 근저당권을 설정한 경우 ⇨ 토지에 관한 거래허가가 없으면 건물만이라도 매매하였을 것이라고 볼 수 있는 특별한 사정이 없는 한 토지와 그 지상의 건물은 법률적인 운명을 같이 한다고 볼 것이어서, 토지에 대한 거래허가가 있어 그 매매계약이 유효한 것으로 확정되지 아니한 상태에서 건물부분의 매매계약만 유효한 것으로 보아 매도인에게 건물만에 대한 이전등기의무가 있다고 할 수 없다(대법원 1994.6.28. 선고 94도1279 판결).
- ※ 국토이용관리법 제21조의7 소정의 신고구역내의 토지의 이중매매
  국토이용관리법 제21조의7 소정의 신고구역에 관한 규정은 단속법규에 속하고 신고의무에 위반한 거래계약의 사법적 효력까지 부인되는 것이 아니므로 신고구역 내의 토지에 대하여 매매 당사자들이 당국에 신고하지 아니하고 매매계약을 체결한 것이라고 하여도 이를 무효라고 할 수 없으므로 위 토지가 신고구역 내의 토지인지 여부는 그 이중양도로 인한 배임죄의 성립에 영향이 없다(대법원 1991.7.9. 선고 91도846 판결).

(라) 실행의 착수 및 기수시기

이중매매에 있어서 배임죄의 실행 착수는 후매수인으로부터 중도금을 수령한 때라는 견해(다수설)와 후매수인에 대해 등기를 착수한 때라는 견해(소수설)가 대립한다. 다만 그 기수시기에 대해서는 후매수인이 소유권이전등기나 설정등기를 경료한 때라는 점에 일치한다.

1) 등기된 부동산의 이중매매

■ 판례 ■　**후매수인에게 계약금만 받은 경우, 배임죄의 실행의 착수여부(소극)**

[1] 사실관계

甲은 부동산을 乙에게 매도하기로 하고 계약금 및 중도금 명목으로 3억원을 교부받았다. 그러나 甲은 같은 해 丙에게 동 부동산을 7억원에 재차 매도하면서 즉석에서 계약금 명목으로 2천만원을 수령하였으나 丙과의 계약이 해제되는 바람에 그 뜻을 이루지 못하였다.

[2] 판결요지

가. 부동산의 이중양도와 배임죄 실행의 착수 시기
부동산의 이중양도에 있어서 매도인이 제2차 매수인으로부터 계약금만을 지급받고 중도금을 수령한 바 없다면 배임죄의 실행의 착수가 있었다고 볼 수 없다.

나. 甲의 죄책
피고인이 제1차 매수인으로부터 계약금 및 중도금 명목의 금원을 교부받은 후 제2차 매수인에게 부동산을 매도하기로 하고 계약금만을 지급받은 뒤 더 이상의 계약 이행에 나아가지 않았다면 배임죄의 실행의 착수가 있었다고 볼 수 없다(대법원 2003.3.25. 선고 2002도7134 판결).

■ 판례 ■　　**부동산의 2중양도로 인한 배임죄의 기수시기**

부동산의 매도인으로서 매수인에 대하여 그 명의의 소유권이전등기절차에 협력할 의무있는 자가 그 임무에 위배하여 다시 차용금의 담보로 제공하여 제3자명의의 가등기를 경료해 준 경우 그 가등기절차를 마침으로서 배임행위는 기수가 되었다고 볼 것이며 그것이 후에 말소되었다 하더라도 이미 성립한 배임죄에 아무런 영향이 없다(대법원 1985.10.8. 선고 83도1375 판결).

2) 미등기부동산의 이중매매

■ 판례 ■　　**미등기 가옥을 "甲"에게 매도한 후 "乙"에게 처분하려고 가옥대장의 피고인 명의를 '丙'명의로 변경한 행위가 배임죄의 실행의 착수에 해당하는지 여부(소극)**

미등기가옥을 (甲)에게 매도한 후 이를 타에 처분하려고 가옥대장의 피고인 소유명의를 피고인의 처 명의로 변경한 행위만으로는 피고인의 처에게 재산상 이익을 주거나 (甲)에게 재산상 손해를 가하였다고 할 수 없으므로 위 행위는 아직 배임죄의 구성요건에 해당되는 행위에 착수하였다고 볼 수 없다(대법원 1969.7.8. 선고 69도760 판결).

3) 무허가건물의 이중매매

■ 판례 ■　　**무허가건물을 이중으로 양도한 경우, 배임죄의 실행의 착수시기와 기수 시기**

[1] 사실관계

甲은 자신의 처가 乙에 대하여 부담하는 채무의 대물변제명목으로 자신소유의 무허가건물을 乙에게 양도하고, 재차 자신의 처가 丙에 대하여 부담하는 채무의 대물변제명목으로 위 무허가건물을 丙에게 양도하고 무허가건물대장상의 소유자 명의를 丙으로 변경하여 주었다.

[2] 판결요지

가. 무허가건물을 이중으로 양도한 경우에 있어 배임죄의 실행의 착수시기와 기수 시기

무허가건물대장은 무허가건물의 정비에 관한 행정상의 사무처리의 편의를 위하여 작성 비치되는 것으로써 그 대장에의 기재에 의하여 무허가건물에 관한 권리의 변동이 초래되거나 공시되는 효과가 생기는 것이 아니므로 무허가건물대장에 소유자로 등재되었다는 사정만으로는 그 무허가건물에 대한 소유권 기타의 권리를 취득하거나 권리자로 추정되는 효력은 없다 할 것이나, 무허가건물의 양도인은 특별한 사정이 없는 한 대금수령과 동시에 양수인에게 그 건물을 인도할 의무가 있다 할 것이고, 무허가건물의 양수인은 양도인으로부터 무허가건물을 인도받아 점유함으로써 소유권에 준하는 사용·수익 처분의 포괄적인 권능을 가지게 되므로, 이와 같이 양수인에게 무허가건물을 인도할 의무를 부담하는 양도인이 중도금 또는 잔금까지 수령한 상태에서 양수인의 의사에 반하여 제3자에게 그 무허가건물을 이중으로 양도하고 중도금까지 수령하였다면 이는 양수인에 대한 관계에서 임무위배행위로서 배임죄의 실행의 착수가 있었다고 할 것이고, 더 나아가 제3자로부터 잔금을 수령하고 무허가건물을 인도하였다면 이는 배임죄의 기수에 해당한다.

나. 甲의 죄책

그 명의변경 행위만으로는 아직 배임죄의 실행에 착수하였다고 볼 수 없다고 하여 무죄를 선고한 원심판결을 파기한 사례(대법원 2005.10.28. 선고 2005도5713 판결).

(마) 악의의 후매수인의 책임

1) 배임죄의 공범의 성립요건

매도인에게 배임죄가 성립할 경우 후매수인이 매도인의 이중매매사실을 알고 매수하였다는 것(단순한 악의)만으로는 배임죄의 공범으로서의 죄책을 묻기에 부족하고, 먼저매수한 자를 해할 목적으로 매도인의 이중매매를 교사하는 등 양도행위에 적극적으로 가담한 경우에 공범의 성립을 긍정할 수 있다.

▪ 판례 ▪ **업무상배임죄의 실행으로 인하여 이익을 얻게 되는 수익자 및 그와 밀접한 관련이 있는 제3자를 배임의 실행행위자와 공동정범으로 인정하기 위한 요건**

업무상배임죄의 실행으로 인하여 이익을 얻게 되는 수익자 또는 그와 밀접한 관련이 있는 제3자를 배임의 실행행위자와 공동정범으로 인정하기 위해서는 실행행위자의 행위가 피해자인 본인에 대한 배임행위에 해당한다는 것을 알면서도 소극적으로 그 배임행위에 편승하여 이익을 취득한 것만으로는 부족하고, 실행행위자의 배임행위를 교사하거나 또는 배임행위의 전 과정에 관여하는 등으로 배임행위에 적극 가담할 것을 필요로 한다(대법원 1999.7.23. 선고 99도1911 판결).

▪ 판례 ▪ **대지의 대금채권 담보조로 지상건물의 소유권 보존등기를 경료한 매도인이 매수인이 원하는 건물분양자가 아닌 제3자에게 소유권 지분이전등기를 경료하여 준 경우, 배임죄의 공동정범의 성부(소극)**

대지매도인이 중도금 및 잔금채권을 담보하기 위하여 매수인이 건축한 동지상 상가건물의 소유권보존등기를 그 명의로 하면서 동인과 사이에 점포를 직접 분양자들에게 지분이전등기를 하기로 하였는데, 이미 상가점포를 분양받은 자들이 있음에도 불구하고 매수인의 요구에 따라 제3자에게 소유권지분이전등기를 경료하여 주었다 하더라도 매도인은 점포분양 계약의 당사자가 아니므로 점포분양자들에게 지분이전등기절차에 협력할 의무를 부담하고 있다고 보기 어렵고 설사 매도인이 위 대지를 매도하면서 직접 점포를 분양받은 자에게 이전등기를 해 줄 것을 약정하였다고 하더라도 이는 매수인에 대하여 부담하는 의무일 뿐 분양자들에 대한 의무로는 볼 수 없으므로 이들의 사무를 처리하는 자의 지위에 있다고 볼 수 없으며, 매도인이 매매계약상의 의무를 이행함으로 인하여 점포분양자들이 손해를 입었다고 하더라도 이를 배임행위에 해당한다거나 매수인의 배임행위에 가담하였다 하여 동인과 배임죄의 공동정범으로 처단할 수는 없다 할 것이다(대법원 1984.1.24. 선고 83도1035 판결).

▪ 판례 ▪ **부동산을 2중양도케 한 제2의 양수인이 배임죄의 공동정범에 해당하는 여부(적극)**

점포의 임차인이 임대인이 그 점포를 타에 매도한 사실을 알고 있으면서 점포의 임대차 계약 당시 "타인에게 점포를 매도할 경우 우선적으로 임차인에게 매도한다"는 특약을 구실로 임차인이 매매대금을 일방적으로 결정하여 공탁하고 임대인과 공모하여 임차인 명의로 소유권이전등기를 경료하였다면 임대인의 배임행위에 적극가담한 것으로서 배임죄의 공동정범에 해당한다(대법원 1983.7.12. 선고 82도180 판결).

2) 장물취득죄의 성립여부

■ 판례 ■ **이중매도로 인한 배임범죄에 제공된 부동산을 취득한 경우에 장물취득죄의 성부(소극)**

형법상 장물죄의 객체인 장물이라 함은 재산권상의 침해를 가져 올 위법행위로 인하여 영득한 물건으로서 피해자가 반환청구권을 가지는 것을 말하고 본건 대지에 관하여 매수인 "甲"에게 소유권 이전등기를 하여 줄 임무가 있는 소유자가 그 임무에 위반하여 이를 "乙"에게 매도하고 소유권이전등기를 경유하여 준 경우에는 위 부동산소유자가 배임행위로 인하여 영득한 것은 재산상의 이익이고 위 배임범죄에 제공된 대지는 범죄로 인하여 영득한 것 자체는 아니므로 그 취득자 또는 전득자에게 대하여 배임죄의 가공여부를 논함은 별문제로 하고 장물취득죄로 처단할 수 없다(대법원 1975.12.9. 선고 74도2804 판결).

(바) 죄 수

이중매매에 의한 배임죄의 죄수는 횡령행위로 인하여 위배한 등기협력의무의 수, 즉 선매수인의 등기청구권의 수에 의하여 결정된다.

■ 판례 ■ **아파트를 분양받은 수인의 피해자에 대한 각 배임행위의 죄수**

아파트의 각 세대를 분양받은 각 피해자에 대하여 소유권이전등기절차를 이행하여 주어야 할 업무상의 임무가 있었다면, 각 피해자의 보호법익은 독립된 것이므로, 범의가 단일하고 제3자 앞으로 각 소유권이전등기 및 근저당권설정등기를 한 각 행위시기가 근접하여 있으며 피해자들이 모두 위 회사로부터 소유권이전등기를 받을 동일한 권리를 가진 자라고 하여도, 각 공소사실이 포괄일죄의 관계에 있다고는 할 수 없고 피해자별로 독립한 수개의 업무상 배임죄의 관계에 있다(대법원 1994.5.13. 선고 93도3358 판결).

■ 판례 ■ **주택조합 아파트 건립 예정 부지에 관한 등기명의가 주택공급 건설회사앞으로 경료되어 있던 상태에서 그 회사 이사의 1회의 임무위배행위로 다른 회사 앞으로 이전등기가 경료된 경우, 그 피해가 각 주택조합원들에게 돌아가게 된다 하더라도 단순1죄가 성립하는지 여부**

주택조합 아파트 건립 예정 부지에 관한 등기명의가 주택공급을 맡은 건설회사 앞으로 이전, 경료되어 있던 상태에서 그 건설회사의 이사로 있던 피고인의 1회의 임무위배행위로 다른 회사 앞으로 소유권이전등기를 경료하게된 것이라면, 그로 인한 그 토지 시가 상당의 피해가 실질적으로 각 주택조합원들에게 돌아가게 된다 하더라도 업무상배임의 단순1죄가 성립한다(대법원 1995.2.17. 선고 94도3297 판결).

(사) 횡령죄 및 사기죄의 성립여부

1) 횡령죄의 성립여부

형식주의를 취하는 현행민법상 소유권이전등기를 경료하지 않은 자는 소유권자가 될 수 없으므로 여전히 매도인이 소유권자가 되어 제2매매행위는 재물의 타인성이 부정되어 횡령죄는 성립하지 않는다.

2) 사기죄의 성립여부

○ 매도인이 선매수인에게 이미 소유권이전등기를 경료해 준 후 다시 후매수인에게 매도한 경우 후매수인에 대한 사기죄가 성립한다.

○ 선매수인에게 아직 소유권이전등기가 경료되지 않은 상태에서 후매수인에게 이전 등기를 경료하는 경우에는 후매수인이 선매수인의 재산을 처분할 사실상의 지위를 갖고 있지 않고(사실상의 지위설) 또한 후매수인이 완전히 소유권을 취득하므로 사기죄는 성립되지 않는다.

(2) 동산의 이중매매

(가) 선매수인에게 현실의 인도가 없었던 경우

甲이 동산을 乙에게 매각하기로 하고 중도금과 잔금을 수령한 후 점유를 이전하기 전에 丙에게 이중으로 매각하고 점유를 이전해 준 경우에도 배임죄는 성립하지 않는다.

■ 판례 ■ **동산의 이중매매**

[1] 사실관계

A는 '인쇄기'를 甲에게 양도하기로 하고 1, 2차에 걸쳐 계약금 및 중도금 명목으로 원단을 제공받아 이를 수령하였음에도 그 인쇄기를 자신의 채권자 乙에게 기존 채무 변제에 갈음하여 양도하였다.

[2] 판결요지

가. 매도인이 매수인으로부터 중도금을 수령한 이후에 매매목적물인 '동산'을 제3자에게 양도하는 행위가 배임죄에 해당하는지 여부(소극)

나. 배임죄의 성립여부

(가) 매매와 같이 당사자 일방이 재산권을 상대방에게 이전할 것을 약정하고 상대방이 그 대금을 지급할 것을 약정함으로써 그 효력이 생기는 계약의 경우(민법 제563조), 쌍방이 그 계약의 내용에 좇은 이행을 하여야 할 채무는 특별한 사정이 없는 한 '자기의 사무'에 해당하는 것이 원칙이다.

(나) 매매의 목적물이 동산일 경우, 매도인은 매수인에게 계약에 정한 바에 따라 그 목적물인 동산을 인도함으로써 계약의 이행을 완료하게 되고 그때 매수인은 매매목적물에 대한 권리를 취득하게 되는 것이므로, 매도인에게 자기의 사무인 동산인도채무 외에 별도로 매수인의 재산의 보호 내지 관리 행위에 협력할 의무가 있다고 할 수 없다. 동산매매계약에서의 매도인은 매수인에 대하여 그의 사무를 처리하는 지위에 있지 아니하므로, 매도인이 목적물을 매수인에게 인도하지 아니하고 이를 타에 처분하였다 하더라도 형법상 배임죄가 성립하는 것은 아니다.

다. 피고인이 '인쇄기'를 갑에게 양도하기로 하고 계약금 및 중도금을 수령하였음에도 이를 자신의 채권자 을에게 기존 채무 변제에 갈음하여 양도함으로써 재산상 이익을 취득하고 갑에게 동액 상당의 손해를 입혔다는 배임의 공소사실에 대하여, 피고인은 갑에 대하여 그의 사무를 처리하는 지위에 있지 않다는 이유로 무죄를 선고한 원심판단을 수긍한 사례.(대법원 2011.1.20. 선고 2008도10479 전원합의체 판결)

(나) 점유개정의 경우

甲이 동산을 乙에게 매각하고 점유개정에 의한 인도 후 丙에게 이중으로 매각하고 점유를 이전해 준 경우에는 甲은 타인의 재물을 보관하는 자로서 이를 처분한 행위는 횡령죄가 성립한다.

■ 판례 ■ 　금전채무를 담보하기 위하여 채무자가 그 소유의 동산을 채권자에게 점유개정에 의하여 양도한 후 이를 처분하는 등 부당히 그 담보가치를 감소시킨 경우

금전채무를 담보하기 위하여 채무자가 그 소유의 동산을 채권자에게 점유개정에 의하여 양도한 경우에는 이른바 약한 양도담보가 설정된 것이라고 볼 것이므로, 채무자는 채권자(양도담보권자)가 담보의 목적을 달성할 수 있도록 이를 보관할 의무를 지게 되어 채권자에 대하여 그의 사무를 처리하는 자의 지위에 있게 된다 할 것이니, 채무자가 양도담보된 동산을 처분하는 등 부당히 그 담보가치를 감소시키는 행위를 한 경우에는 배임죄가 성립된다(대법원 2010.11.25. 선고 2010도11293 판결).

(다) 반환청구권의 양도에 의한 인도의 경우

甲이 다른 사람이 보관하고 있던 동산을 乙에게 반환청구권의 양도에 의한 인도를 하고 점유매개자에게 양도의 통지를 하기 전에 다시 丙에게 반환청구권을 양도하고 丙이 현실로 점유를 이전받은 경우에는 甲은 타인의 재물을 법률상 점유하는 자로서 이를 처분한 행위는 횡령죄가 성립한다.

(3) 면허나 권리의 이중매매

(가) 배임죄의 성립이 긍정된 사례

■ 판례 ■ 　주류제조면허 양도인이 공동매수인의 1인과 공모하여 그에게 면허이전절차 소요서류를 교부한 경우, 배임죄의 성부(적극)

피고인이 소외 공동매수인들과 간에 소위 주류제조면허권에 관한 양도 계약을 체결하고 그 대가를 지급받았는데도 공동 매수인 중의 1인인 소외 (甲)과 공모하여 피고인이 (甲)으로부터 윗 돈을 받고 그 면허가 위 (甲)의 자인 소외 (乙)앞으로 실질적으로 이전될 수 있도록 필요한 제반 협조를 제공키로 하는 한편 이전절차에 필요한 구비서류 일체를 (甲)에게 교부하였다면, 피고인은 공동매수인들 앞으로 보충면허가 발급될 수 있도록 협력해야 할 지위에 있음에도 동 협력임무에 위배하여 공동매수인들 아닌 위 (乙) 앞으로 보충면허가 발급되도록 함으로써 위 공동매수인들이 분담한 위 면허권 양수대금 상당의 손해를 끼쳤다 할 것이고 피고인이 위의 면허이전관계서류를 공동매수인의 1인인 위 (甲)에게 교부하였다 하여 이로써 나머지 공동매수인에 대한 면허 양도인으로서의 협력임무를 다한 것으로 평가할 수는 없다 할 것이므로 배임죄를 구성한다(대법원 1984.5.9. 선고 83도3084 판결).

■ 판례 ■ 　토석채취권을 이중매매한 경우에 배임죄가 성립되는지 여부(적극)

토석채취권을 매도한 자는 그 매수인에게 그들이 토석을 채취할 수 있도록 그에 필요한 서류를 넘

겨주어 위 허가를 받는데 협력하여야 할 의무가 있으므로 위 임무에 위배하여 타인에게 토석채취권을 양도하고 소요서류를 교부하여 토석채취허가를 취득케 한 경우에는 배임죄가 성립한다(대법원 1979.7. 10. 선고 79도961 판결).

▪ 판례 ▪ **입목에관한법률에 의하여 등기되지 아니한 입목의 이중양도와 배임죄의 성부(적극)**

동백나무는 입목에관한법률의 적용을 받을 수 있는 수목의 집단에 속하지 아니하고, 이를 토지와 독립하여 거래하는 경우 명인방법에 의한 거래가 인정되고 있어 매도인은 매수인 명의로의 명인방법의 실시에 협력할 임무가 있는 것인데, 매도인이 위와 같은 명인방법도 실시하지 아니한 채 이미 매도한 입목(동백나무)을 포함한 임야를 이중으로 타에 매도하고 소유권이전등기를 경료해 주었다면, 입목매수인과의 관계에 있어서는 배임죄의 죄책을 면할 수 없다(대법원 1993.9.28. 선고 93도2069 판결).

(나) 점포임차권의 이중양도로 배임죄를 구성하지 않는다는 사례

▪ 판례 ▪ **점포임차권의 2중양도와 배임죄**

점포임차권양도계약을 체결한 후 계약금과 중도금까지 지급받았다 하더라도 잔금을 수령함과 동시에 양수인에게 점포를 명도하여 줄 양도인의 의무는 위 양도계약에 따르는 민사상의 채무에 지나지 아니하여 이를 타인의 사무로 볼 수 없으므로 비록 양도인이 위 임차권을 2중으로 양도하였다 하더라도 배임죄를 구성하지 않는다(대법원 1986.9.23. 선고 86도811 판결).

▪ 판례 ▪ **양품점의 임차권양도계약을 체결한 양도인의 점포 이중양도행위가 배임죄를 구성하는지 여부(소극)**

양품점의 임차권만의 양도계약을 체결한 경우 양수인에게 그 점포를 명도하여 줄 양도인의 의무는 양도계약에 따른 민사상의 채무에 불과할 뿐 타인의 사무라고 할 수 없으므로 위 점포의 이중양도행위는 배임죄를 구성하지 않는다(대법원 1990.9.25. 선고 90도1216 판결).

▪ 판례 ▪ **음식점 임차인의 지위를 양도한 자가 배임죄의 주체인 타인의 사무를 처리하는 자인지 여부(소극)**

음식점 임대차계약에 의한 임차인의 지위를 양도한 자는 양도사실을 임대인에게 통지하고 양수인이 갖는 임차인의 지위를 상실하지 않게 할 의무가 있다고 하여도, 이러한 임무는 임차권 양도인으로서 부담하는 채무로서 양도인 자신의 의무일 뿐이지 자기의 사무임과 동시에 양수인의 권리취득을 위한 사무의 일부를 이룬다고 볼 수 없으므로 양도인을 배임죄의 주체인 타인의 사무를 처리하는 자로 볼 수 없다(대법원 1991.12.10. 선고 91도2184 판결).

(다) 기수시기

후 양수인에게 관청의 허가가 된 때 기수가 된다.

(4) 이중저당

甲이 乙로부터 금전을 차용하고 1번 저당권의 설정을 약정하였으나 아직 등기가 경료되지 않았음을 이용하여 다시 丙으로부터 금전을 차용하고 丙에게 1번 저당권을 경료한 경우, 저당권 설정자의 저당권 설정등기에 협력해야할 의무는 乙의 재산보호를 본질적 내용으로 하는 타인의 사무이므로 배임죄가 성립한다.

■ 판례 ■   **부동산의 이중저당**

가. 타인에게 근저당권설정의무를 부담하는 자가 제3자에게 근저당권을 설정해 준 경우, 배임죄의 '재산상 이익 내지 손해' 산정 방법

타인에 대하여 근저당권설정의무를 부담하는 자가 제3자에게 근저당권을 설정하여 주는 배임행위로 인하여 취득하는 재산상 이익 내지 그 타인의 손해는 그 타인에게 설정하여 주기로 한 근저당권의 담보가치 중 제3자와의 거래에 대한 담보로 이용함으로써 상실된 담보가치 상당으로서, 이를 산정하는 때에 제3자에 대한 근저당권 설정 이후에도 당해 부동산의 담보가치가 남아 있는 경우에는 그 부분을 재산상 이익 내지 손해에 포함시킬 수 없다. 그리고 수 개의 부동산이 공동담보로 제공된 경우에 그 중 한 개의 부동산에 대하여 먼저 담보권이 실행되었다면 그 매득금 중에서 선순위채권자는 담보최고액의 범위 내에서 채권전액에 대하여 우선변제를 받을 권리가 있다고 할지라도 공동담보가 된 부동산 간에 있어서는 그 가격의 비율에 따라 피담보채권을 각 부담하고 있다 할 것이므로, 공동담보가 된 부동산의 피담보채권에 대한 담보가치의 산정은 그 공동담보가 된 부동산의 가격 비율에 의하여 산정하는 것이 타당하다.

나. 피고인의 위 배임행위로 인한 재산상 이득액

피고인의 위 배임행위로 인한 재산상 이득액은 피고인이 병에게 설정하여 주기로 한 근저당권의 채권최고액 중 피고인이 을 은행에 2순위 근저당권을 설정하여 줌으로써 상실된 갑 부동산의 담보가치이고, 피고인의 위 배임행위 이후에도 갑 부동산에 잔존 담보가치가 있다면 이 부분은 재산상 이득액을 산정할 때 공제하여야 하며, 갑 부동산의 전체 담보가치는 그 시가에서 1순위 근저당권의 채권최고액을 공동담보 부동산의 가액비율로 안분한 금액 중 갑 부동산의 해당액을 공제한 금액이고, 피고인의 위 배임행위로 인하여 상실된 갑 부동산의 담보가치는 2순위 근저당권의 채권최고액을 공동담보 부동산의 가액비율에 따라 안분한 금액 중 갑 부동산의 해당액이 되어, 결국 위 범행으로 인한 재산상 이득액은 피고인이 병에게 설정하여 주기로 한 근저당권의 채권최고액 중 위 범행으로 인하여 상실된 갑 부동산의 담보가치에서 갑 부동산의 잔존 담보가치를 공제한 금액이라고 할 것이므로, 원심으로서는 갑 부동산의 담보가치와 위 범행 이후의 갑 부동산에 관한 잔존 담보가치 등에 관하여 더 나아가 심리하여 위와 같이 재산상 이득액을 산정한 후 그 이득액이 5억 원 이상이 되는지 여부에 따라 특정경제범죄 가중처벌 등에 관한 법률 제3조의 적용 여부를 판단하여야 하는데도, 위 범행으로 인한 재산상 이득액이 갑 부동산의 시가에서 1순위 근저당권의 채권최고액을 공제한 금액이라고 판단하고 만연히 위 법을 적용한 원심판결에 같은 법 제3조의 이득액 또는 공동저당에 관한 법리오해의 위법이 있다고 한 사례. (대법원 2011.1.13. 선고 2009도10541 판결)

II. 범죄사실 작성시 유의사항

1. 주 체

피의자가 '타인을 위하여 사무를 처리하는 자'인 신분을 가진 것을 명확히 하기 위하여 누구를 위한 어떠한 사무에 종사하고 있었는가를 구체적으로 적시한다. 이것은 또 '그 임무에 위배한 행위'의 내용을 명확히 하기 위하여서도 필요하다.

2. 고 의

가. 임무위배의 사실 및 손해발생의 사실을 적시함으로써 임무위배 인식 또는 손해발생의 인식이 존재하는 것이 추인 될 때에는 특히 이를 적시하지 않아도 되나 그렇지 아니할 때에는 적시할 필요가 있다.

나. 임무위배

다. 한편으로는 당해 임무의 내용을 구체적으로 명확히 하고 다른 한편으로는 그에 위배하한 행위를 구체적으로 기재함으로써 임무위배의 사실을 적시하지 않으면 안된다. 임무의 내용은 '타인을 위하여 사무를 처리하는 자'임을 나타내기 위한 기재만으로는 통상 충분하지 못하고, 다시 당해 위반행위와의 관계에서 사무처리상의 의무를 구체적으로 적시할 필요가 있을 때가 많다.

라. 위배행위는 추상적, 일반적 권한 내의 행위임을 요하므로 이 점이 범죄사실에 명확히 되어 있어야 한다.

■ 판례 ■ **불법영득의사의 실현행위로서 횡령행위에 대한 입증 정도**

피고인이 자신이 인출하여 보관하고 있다가 사용한 돈의 행방이나 사용처를 제대로 설명하지 못하거나 또는 피고인이 주장하는 사용처에 사용된 자금이 그 돈과는 다른 자금으로 충당된 것으로 드러나는 등 피고인이 주장하는 사용처에 그 돈이 사용되었다는 점을 인정할 수 있는 자료가 부족하고, 오히려 피고인이 그 돈을 개인적인 용도에 사용하였다는 점에 대한 신빙성 있는 자료가 많은 경우에는 피고인이 그 돈을 불법영득의 의사로써 횡령한 것이라고 추단할 수 있다(대법원 2002.7.26. 선고 2001도5459 판결).

3. 손해의 발생

가하여진 손해의 내용을 구체적으로 명시하여야 한다. 다만 배임죄에 있어서 손해는 수액을 확정할 수 없는 것도 적지 아니하므로 손해의 구체적 내용을 알 수 있도록 사실을 적시하고 있는 이상 그 수액까지 항상 기재하여야 하는 것은 아니다.

■ 판례 ■ 점유개정의 방법으로 양도담보에 제공한 동산인 어선(20t 이하)을 다시 제3자

에게 매도하고 어선원부상 소유자명의를 변경 등록한 경우, 횡령죄의 성부(소극)

어선원부 등은 행정상 편의를 위하여 소유자를 등록, 변경하는 공부에 불과할 뿐 사법상 권리변동과는 무관하므로, 어선원부상의 소유자명의 변경만으로는 양도담보권자인 피해자에게 사실상 담보물의 발견을 어렵게 하여 어떠한 재산상 손해를 발생시킬 위험이 없어 배임죄는 성립하지 않는다(대법원 2007. 2.22. 선고 2006도6686 판결).

Ⅲ. 범죄사실기재

1) 범죄사실 기재례

[기재례1] 계주가 곗돈을 지급하지 않은 경우

피의자는 20○○. ○. ○. ○○에 있는 피의자의 집에서 조직한 곗돈 ○○만 원짜리 계좌 ○○개로 된 번호계의 계주이다. 피의자는 20○○. ○. ○. 피의자의 집에서 그 계원들로부터 계 불입금 ○○만 원을 받았으므로 같은 날 곗돈을 타기로 지정한 ○번 계원 피해자 甲에게 곗돈 ○○만 원을 지급할 임무가 있었다.

그럼에도 불구하고 피의자는 그 임무에 위배하여 그 계금을 피해자에게 지급하지 아니한 채 그 무렵 피의자의 주거지 등에서 함부로 피의자의 생활비 등으로 소비하여 곗돈 ○○만 원 상당의 재산상 이익을 취득하고 피해자에게 같은 액수에 해당하는 손해를 가하였다.

[기재례2] 부동산 이중매매

피의자는 20○○. ○. ○. 13:00경 ○○에 있는 ○○부동산중개사무소에서 피해자 甲과 피의자 소유인 ○○에 있는 임야 ○○㎡에 대한 매매계약을 체결하였다.

피의자와 피해자는 계약 당일에 계약금 ○○만 원을, 20○○. ○. ○.에 중도금 ○○만 원을, 20○○. ○. ○.에 위 임야에 관한 소유권이전등기 필요서류와 상환으로 잔금 ○○만 원을 주고받기로 약정하였다.

피의자는 약정에 따라 피해자로부터 계약금 ○○만 원을 즉시 건네받고, 20○○. ○. ○. 위 부동산중개사무소에서 중도금 ○○만 원을 건네받았으므로 잔금지급기일인 20○○. ○. ○.잔금 수령과 동시에 피해자에게 위 임야에 대한 소유권이전등기절차를 이행하여 주어야 할 임무가 발생하였다.

피의자는 위와 같은 임무에 위배하여 20○○. ○. ○. 13:00경 ○○에 있는 ○○부동산중개사무소에서 乙에게 대금 ○○만 원에 위 임야를 매도하고 그다음 날 같은 동에 있는 ○○등기소에서 그에게 위 임야에 대한 소유권이전등기를 마쳐주었다.

이로써 피의자는 위 부동산의 시가 ○○만 원 상당의 재산상 이익을 취득하고 피해자에게 같은 액수에 해당하는 손해를 가하였다.

[기재례3] 부동산을 매도하고 타인에 근저당권을 설정해준 경우

피의자는 20○○. ○. ○.경 서울 강서구 ○○동 648의 3 답 ○○㎡ 중 ○○㎡를 피해자 甲에게 매도하고, 이 사건 토지 지상에 건축이 완료되면 甲에게 위 토지의 소유권을 이전하여 주기로 약정하였다.

피의자는 약정에 따라 피해자로부터 20○○. ○. ○. ○○에서 잔금 지급과 동시에 위 토지에 관하여 甲 명의로 근저당권을 설정하여 주기로 약정한 후 甲으로부터 계약금과 중도금을 받았으므로 피의자로서는 위 약정에 따라 잔금을 받음과 동시에 위 토지에 관하여 甲 명의로 근저당권을 설정하여 주고, 이 사건 토지 지상에 건축이 완료되는 대로 甲 명의로 소유권이전 등기를 마쳐 줄 임무가 발생하였다.

피의자는 이와 같은 임무에 위배하여 20○○. 8. 19.부터 20○○. 11. 1.까지 사이에 별지 범죄일람표 기재와 같이 위 토지에 관하여 丁 등 앞으로 채권최고액 합계 ○○만원의 근저당권을 설정하여 주었다. 이로써 피의자는 위 부동산의 토지 면적에 해당하는 ○○만원 상당의 담보 가치에 해당하는 이익을 취득하고 甲에게 같은 금액 상당의 손해를 가하였다.

[기재례4] 채권양도계약서 작성 후 불이행

피의자는 20○○. ○. ○. 피해자 홍길동으로부터 4억 원을 교부받아 피의자 명의로 주식회사 A의 구조조정업무를 담당하던 주식회사 B(대표이사 김삼식)에게 주식회사 A의 신주인수대금 명목으로 4억 원을 투자하였다.

피의자는 20○○. ○. ○. 피해자의 요구로 동인이 지정하는 甲에게 위 투자금 채권을 양도하면서 '양도채권 금액 : 금사억원, 양도채권 내용 : (주)A에 대한 제3자 배정 유상증서 대금 반환수령 권한 및 주식교부청구, 주식 수령권 등과 관련된 일체의 권리를 양수인 甲에게 양도한다' 라는 취지의 채권양도계약서를 작성하였다.

피의자는 20○○. ○. ○.경 피의자 명의로 주식회사 B에게 그 채권양도 통지를 하였고, 한편 20○○. ○. ○.경 주식회사 B로부터 위 투자금 채권에 대한 합의금 명목으로 5억 6,000만 원을 반환받기로 하는 취지의 약정이 이루어졌다. 피해자에게 투자자 명의를 대여해준 피의자로서는 투자인 피해자 또는 동인이 지정한 채권양수인인 위 甲으로 하여금 위 합의금을 원만히 추심할 수 있도록 협조해줄 임무가 발생하였다.

피의자는 이와 같은 임무에 위배하여 위 甲에게 양도한 채권양도통지서상 양도채권 금액이 4억 원으로 기재되어 있음을 기화로, 20○○. ○. ○. 마치 위 甲에게 양도한 채권은 4억 원에 불과하고 그 나머지 1억 6,000만 원의 채권에 대하여는 마치 피의자 자신이 수령할 권리가 있는 것처럼 행세하며 피의자의 개인 채무 변제를 위하여 乙에게 위 1억 6,000만 원의 채권을 양도하고, 그 무렵 채무자인 주식회사 B에게 그 양도통지를 하여, 위 乙로 하여금 위 1억 6,000만 원의 채권을 추심하게 하였다.

이로써 피고인은 乙에게 1억 6,000만 원 상당의 재산상 이익을 취득하게 하고, 피해자에게 같은 액수만큼의 재산상 손해를 가하였다.

[기재례5] 회사소유 선박 임의처분

피의자는 20○○. ○. ○.경 ○○에 있는 피의자 乙 경영의 ○○사무실에서, ○○산업 소유의 유일한 재산인 '제31동산호' 선박에 대하여 이를 보존하여 위 회사를 원활히 운영할 수 있도록 할 임무가 있었다.

그럼에도 불구하고, 피의자는 사전에 주주총회 결의나 이사회 승인 등 정상적인 절차를 거치지 아니한 채, 그 임무에 위배하여 시가 ○○만원 상당의 어획물과 위 선박을 ○○만원으로 계산하여 피의자 乙에게 피의자 乙의 위 회사에 대한 채권 ○○만원에 대한 대물변제로 제공하는 계약을 체결한 후, 다음날 피의자 乙명의로 이전등기를 마쳐주었다.

이로써 피의자는 피의자 乙에게 위 선박을 운용하도록 하는 재산상 이익을 취득하게 하고, 위 회사에게 위 선박을 운용할 수 없도록 하는 재산상의 손해를 가하였다.

2) **적용법조** : 제355조 제2항⋯ 공소시효 7년

[기재례6] 회사 영업비밀을 다른 회사에 넘겨준 경우

가. 피의자는 20○○. ○. ○.경 ○○에 있는 A회사 ○○연구소 사무실에서, 주요 프로그램의 외부유출을 막기 위해 모든 사내 PC에 설치한 보안솔루션의 ○○을 이용하여 위 회사의 영업비밀인 'BOOTSHELL' 프로그램을 'BOOTSHELL.ZIP'으로 압축한 후 그 파일의 확장자를 'MP3'로 변경하고, 그 파일을 자신이 보관 중이던 'KW2000' 시험제품 휴대폰의 메모리에 전송하여 저장하고, 또한 20○○. ○. ○.경 ○○에서 위 회사의 영업비밀인 별지 범죄일람표 기재와 같은 'BOOTSHELL' 프로그램을 불상의 외부저장장치로 전송하여 저장・보관하였다.

피의자는 B회사로 전직한 뒤 20○○. ○. ○. B 회사사무실에 있는 업무용 PC에 'BOOTSHELL' 파일을 설치하고, 그 무렵부터 20○○. 2. 초순경까지 위 프로그램 파일 중 'GKLIB' 등 폴더 내의 'HSL12x12.h', 'Eng6x12.h',등의 프로그램들을 B회사가 개발중인 WCDMA 방식 첫 휴대폰인 'PN7000' 모델의 액정 화면 구동프로그램의 작동 여부 테스트에 적용하였다.

이로써 피의자는 A회사에 유용한 영업비밀을 사용하고, 아울러 기술개발비 불상액이 투입된 위 프로그램의 액수 미상의 시장교환가격 상당의 재산상 이득을 취득함과 동시에 피해자 A회사에게 위 프로그램을 입수하여 WCDMA 휴대폰을 개발하게 될 경쟁회사의 경쟁력 강화로 생길 액수 미상의 이익감소분 상당의 재산상 손해를 가하였다.

나. 피의자는 20○○. ○. ○.경 A회사사무실에서 퇴사하면서 별지 범죄일람표에 기재되어 있는 휴대폰 개발과 관련된 프로그램 등 위 회사의 영업비밀인 프로그램들을 휴대용 하드디스크에 담아서 나와 기술개발비 불상액이 투입된 위 프로그램의 액수 미상의 시장교환가격 상당의 재산상 이득을 취득함과 동시에 피해자 회사에게 향후 위 프로그램들을 통하여 업무를 진행하여 얻게 될 경쟁회사의 경쟁력 강화로 생길 액수 미상의 이익감소분 상당의 재산상 손해를 가하였다.

2) **적용법조** : 제356조, 제355조 제2항, 부정경쟁방지 및 영업비밀 보호에 관한 법률 제18조 제2항⋯ 공소시효 10년

IV. 신문사항

1. 일반적 조사사항

가. 범행의 동기

- 배임행위의 동기
  - 자기의 이익을 도모하기 위한 것인가
  - 제3자의 이익을 도모하기 위한 것인가
  - 피해자에게 재산상 손해를 가할 의사가 있었는가
- 언제 배임행위를 범할 결의를 하였는가

나. 사무처리(사무처리를 하게 된 원인·사유에 대해 조사)

- 공무, 법령, 계약, 고용, 관습에 의한 것인가
- 후견인 기타 민법에 의한 것인가

다. 사무처리내용

- 포괄적으로 사무처리를 하는 입장에 있었는가
- 직무권한의 범위는 어떻게 되어 있는가(사무내용은 법령·규정 또는 정관·사무분장 등에 명백하게 되어 있는가)

라. 임무에 위배한 사실

- 수단·방법, 일시·장소, 구체적 사실
- 임무에 위배하고 있는 사실 및 그 인식(장부의 기재·계약의 내용·법률상 규정·관습 등)

마. 누구의 이익을 도모하였는가

- 자기의 이익을 도모하기 위하여
- 제3자를 위하여
- 피해자에게 손해를 끼치기 위하여

바. 이익의 종류 · 수량 · 가격, 처분방법

사. 피해자에게 끼친 손해의 종류 · 가격

 - 손해는 적극적인 손해인가 소극적인 손해인가

아. 임무에 위배된 행위와 자기 또는 제3자의 이익을 도모할 목적과 손해와의 인과관계

자. 화해교섭

 - 피해자에 대하여 물건의 반환 기타 현물 변제 등을 행했는지의 여부
 - 화해교섭의 경과 · 내용

차. 신분관계(피해자 · 수익자와의 관계)

 - 혈족기타 친족관계의 유무
 - 사교상 교제의 유무
 - 경제상 거래관계의 유무
 - 친지 · 고용관계의 유무

카. 공범관계

 - 모의의 유무와 일시 · 장소
 - 모의의 내용과 범위 · 방법
 - 의사연락의 유무
 - 교사자 · 방조자의 유무
 - 공범자 상호간의 행위의 분담과 임무
 - 범행으로 얻은 이익의 분배

2. 부동산 이중매매의 신문例

 - 고소인 홍길녀와 어떠한 관계인가
 - 고소인에게 ○○○에 있는 임야를 매매한 일이 있나

– 언제 어디에서 매매하였나

– 어떠한 조건으로

– 피의자와 홍길녀간에 계약서를 작성하였나

– 그 계약서가 이것인가

　　이때 기록 제○○쪽에 편철된 계약서사본을 제시한 바,

– 매매대금은 언제 얼마를 받았나

– 중도금과 잔금은 언제 받았나

– 소유권 이전은 언제 어떻게 해주기로 하였나

– 잔금을 받고 소유권 이전을 해주었나

– 김철수(2중매매)와는 어떠한 관계인가

– 고소인에게 매도한 임야를 김철수에게 2중으로 매도한 일이 있나

– 언제 어디에서 계약하였나

– 김철수에게 언제 어디에서 얼마의 매도금을 받았나

– 소유권이전은 언제 어떻게 해주었나

– 이러한 사실을 고소인 홍길녀에게 말하였나

– 왜 이렇게 2중으로 매도하였나

– 피의자의 행위로 누구에게 어떤 손해를 입혔나

– 피해자에 대한 피해변상은 하였나

제2항 업무상배임

제356조(업무상의 횡령과 배임) 업무상의 임무에 위배하여 제355조의 죄를 범한 자는 10년 이하의 징역 또는 3천만원 이하의 벌금에 처한다.
제359조(미수범) 제355조 내지 제357조의 미수범은 처벌한다.
※ 특정경제범죄가중처벌에관한법률 제 3 조(특정재산범죄의 가중처벌)

 ## Ⅰ. 구성요건

1. 주 체

업무상 타인의 사무를 처리하는 자(이중의 신분을 요하는 부진정신분범)

2. 행 위

배임행위에 의하여 재산상이득을 취득하고 본인에게 손해를 가하는 것(배임죄 참조)

3. 주관적 구성요건

고의와 불법영득의사가 있을 것

4. 공 범

○ 본죄는 이중적 신분범으로 업무상의 사무처리자라는 신분 있는 자가 그 신분이 없는 자와 같이 본죄를 범한 때에는 신분 있는 자는 본죄에 해당하지만, 신분 없는 자는 배임죄의 공범은 될 수 있으나(제33조 본문), 업무상배임죄의 공범은 될 수 없다(제33조 단서).
○ 업무상배임죄의 기수이후에는 공동정범이 성립할 수 없다.

■ 판례 ■ **업무상배임죄의 공범의 성립범위**

[1] 배임증재죄를 범한 자가 그와 별도로 업무상배임죄의 공범이 될 수 있는지 여부(적극)
업무상배임죄와 배임증재죄는 별개의 범죄로서 배임증재죄를 범한 자라 할지라도 그와 별도로 타인의 사무를 처리하는 지위에 있는 사람과 공범으로서는 업무상배임죄를 범할 수도 있는 것이다.

[2] 비신분자가 신분자와 공모하여 업무상 배임죄를 범한 경우의 처단 방법
업무상배임죄는 업무상 타인의 사무를 처리하는 지위에 있는 사람이 그 임무에 위배하는 행위로써

재산상의 이익을 취득하거나 제3자로 하여금 이를 취득하게 하여 본인에게 손해를 가한 때에 성립하는 것으로서, 이는 타인의 사무를 처리하는 지위라는 점에서 보면 신분관계로 인하여 성립될 범죄이고, 업무상 타인의 사무를 처리하는 지위라는 점에서 보면 단순배임죄에 대한 가중규정으로서 신분관계로 인하여 형의 경중이 있는 경우라고 할 것이므로, 그와 같은 신분관계가 없는 자가 그러한 신분관계가 있는 자와 공모하여 업무상배임죄를 저질렀다면 그러한 신분관계가 없는 자에 대하여는 형법 제33조 단서에 의하여 단순배임죄에 정한 형으로 처단하여야 할 것이다(대법원 1999.4.27. 선고 99도883 판결).

II. 범죄사실기재

1) 범죄사실 기재례

[기재례1] 회사 경리사원의 배임

피의자는 20○○.○.○.경부터 20○○.○.○.경까지 ○○에 있는 피해자 주식회사 B에서 경리직원으로 근무하면서 피해자 회사의 매입, 매출, 법인카드 관리 등 회계 관련 업무에 종사한 사람이다.

피의자는 20○○.○.○.경 ○○에 있는 ○○백화점 ○○에서 물품을 구입하고 피의자가 업무상 보관하고 있던 피해자 회사의 법인카드인 ○○카드로 그 대금을 결제한 것을 비롯하여 20○○.○.○.부터 20○○.○.○.경까지 업무상임무에 위배하여 별지 범죄일람표 기재와 같이 총 ○○회에 걸쳐 합계 ○○원 상당의 개인 물품을 구입하거나 용역을 제공받고 피해자 회사의 법인카드로 그 대금을 결제함으로써 그에 상당하는 재산상 이익을 취득하고 피해자 회사에게 같은 금액 상당의 재산상 손해를 가하였다.

[기재례2] 회사 전 대표이사의 법인카드 무단사용

피의자는 ○○에 있는 피해자 주식회사 E의 전 대표이사이다.

피의자는 회사 법인카드를 회사 운영과 직접 관련이 있거나 회사 업무를 수행하는 용도로만 사용하여야 할 업무상 임무에 위배하여, 20○○.○.○.부터 20○○.○.○.까지 ○○호텔에서 개인적 용도로 숙박한 후 회사 업무를 위해 보관 중이던 회사의 법인카드(카드번호)로 숙박대금 154,000원을 결제함으로써 사적인 용도에 위 법인카드를 사용하였다.

이를 비롯하여 피의자는 그 무렵부터 20○○.○.○.경까지 사이에 별지 범죄일람표에 기재된 것과 같이 총 ○○회에 걸쳐 사적인 용도에 위 법인카드로 합계 ○○원을 결제함으로써 위 법인카드들 사용하였다.

이로써 피의자는 위 법인카드대금에 해당하는 재산상 이익을 취득하고 회사에 같은 액수에 해당하는 손해를 가하였다.

[기재례3] 재개발조합 조합장의 과다한 액수의 용역계약 체결

피의자는 ○○에 있는 토지와 건축물의 소유자 등으로 구성된 ○○ 제3구역 주택개량 재개발조합의 조합장으로, 위 조합의 목적사업인 아파트 건축을 위하여 위 지역 내에 거주하는 조합원들을 이주시키고 시공회사인 ○○건설 주식회사로 하여금 조합원들에게 이주비를 대여하게 하면서 그 대여금 채권의 확보를 위하여 토지소유자인 조합원들에게는 그 소유 토지에 관하여 대출원금에 30%를 가산한 금액을 채권최고액으로 하여 대출회사를 채권자로 한 근저당권설정등기를 마치게 하고, 토지소유자가 아닌 조합원들에게는 대출원금에 30%를 가산한 금액을 액면금으로 한 약속어음을 대출회사에 발행하여 이를 공증하게 하면서, 그 각 신청업무를 법무사로 하여금 대행하게 하는 용역계약을 피의자가 위 조합의 대표자로 체결하게 되었다.

피의자로서는 이러한 경우 그 업무를 대행할 법무사를 선정하면서, 복수의 법무사들로 하여금 용역비용에 대한 견적서를 제출하게 하여 조합 측에 가장 유리한 견적서를 제출하는 법무사와 용역계약을 체결하는 경쟁입찰의 방식에 의하거나, 또는 임의의 법무사와 용역계약을 체결해도, 약속어음 공증의 경우에는 직접 공증인과 계약 체결하는 경우 공증인수수료 규칙에 정하여진 공증수수료 이외에 별도의 수수료는 지급할 필요가 없을 뿐만 아니라 오히려 수백 건의 공증업무를 위임함으로 인하여 위 규칙에 정하여진 공증수수료마저 감액받을 수 있어 직접 공증인과 계약을 체결하는 경우보다 불리한 용역계약을 체결하지 않는 등으로 조합원들에게 가장 이익되는 방향으로 계약을 체결하여야 할 업무상의 임무가 있었다.

그럼에도 불구하고 피의자는 그 임무에 위배하여, 200○. ○. ○. ○○에 있는 위 조합 사무실에서 위 조합의 대표자 자격으로 법무사와 위 근저당권설정등기신청과 약속어음공증 신청 등을 대행하는 용역계약을 체결함에 있어, 공개경쟁입찰방식이 아닌 수의계약방식으로 법무사인 甲과 계약을 체결하고, 계약 내용에서도 약속어음공증의 경우 공증인수수료 이외에 별도로 지급하지 않아도 될 법무사에 대한 출장비 및 공증 신청대행 수수료로 건당 ○○만원씩을 지급하기로 약정하여, 그 약정에 따라 200○. ○. ○. 부터 200○. ○. ○.까지 사이에 甲으로 하여금 乙 등 조합원들 ○○명의 약속어음공증 신청을 대행하게 하였다.

이로써 피의자는 甲에게 출장비 및 공증 신청대행 수수료로 건당 ○○만원씩 합계금 ○○만원을 지급하여 甲으로 하여금 같은 액수만큼의 재산상 이익을 취득하게 하고 이로 인하여 조합원들에게 같은 액수만큼의 재산상 손해를 가하였다.

[기재례4] 무담보대출

피의자는 20○○. ○. ○.경부터 ○○○에 있는 우리은행 ○○지점 대리로 근무하면서 대출담당 업무에 종사하였다.

피의자는 20○○. ○. ○.경 위 은행지점에서 위 은행 내규상 ○○만원 이상은 무담보대출이 금지되어 있으므로 ○○만원 이상의 대출을 함에서는 채무자로부터 담보를 제공받아야 할 업무상 임무가 있었다.

그럼에도 불구하고 피의자는 그 임무에 위배하여 홍길동의 이익을 도모할 의도로 그에게 무담보로 ○○만원을 대출하고 그 회수를 불능하게 하여 그에게 ○○만원 상당의 재산상 이익을 취득하게 하고 위 은행에 같은 액수만큼의 손해를 가하였다.

[기재례5] 부당·부실대출

피의자들은 농업협동조합중앙회지점장 및 동 지점 여신과장으로 근무하였던 자로, 피의자 홍길동이 위 지점으로부터 대출을 받도록 도와주기로 하고 공모하였다.

가. 피의자는 20○○. ○. ○.경 홍길동이 그의 부 홍남수 명의로 대출을 받으면서 보증인 자격도 없는 甲 명의를 도용하여 대출약정서를 위조하여 제출하였음에도, 임무에 위배하여 같은 날 甲 등을 연대보증인으로 한 위조된 대출약정서를 이용하여 위 홍길동에게 ○○만원을 대출해 주도록 하여 농협에 같은 액수만큼의 재산상 손해를 가하였다.

나. 피의자는 20○○. ○. ○.경 홍길동이 乙을 연대보증인으로 하여 丙 명의로 대출을 받으면서 당일 대출약정서가 작성·제출되지 아니하였음에도, 임무에 위배하여 乙이 연대보증인란에 서명하여 대출약정서가 작성되기 2일 전인 같은 날 홍길동에게 ○○만원을 미리 대출해 주어 농협에 같은 액수만큼의 재산상 손해를 가하였다.

다. 피의자는 20○○. ○. ○.경 홍길동이 丁 명의로 동인이 실질적 운영자로 있는 ○○실업의 어음을 담보로 대출받음에 있어, 융통어음을 담보로 제출하여 대출을 받으려 한다는 사실을 알면서도, 융통어음을 담보로 대출을 할 수 없게 되어 있는 농협 규정을 위배하여 홍길동에게 ○○만원을 대출해 주어 농협에 같은 액수만큼의 재산상 손해를 가하였다.

2) **적용법조** : 제356조, 제355조 제2항… 공소시효 10년

Ⅲ. 신문사항

배임죄 피의자 신문조서 참고

제3절 배임수증재

제1항 배임수재

> 제357조(배임수증죄) ① 타인의 사무를 처리하는 자가 그 임무에 관하여 부정한 청탁을 받고 재물 또는 재산상의 이익을 취득하거나 제3자로 하여금 이를 취득하게 한 때에는 5년 이하의 징역 또는 1천만원 이하의 벌금에 처한다.
> ③ 범인 또는 그 사정을 아는 제3자가 취득한 제1항의 재물은 몰수한다. 그 재물을 몰수하기 불가능하거나 재산상의 이익을 취득한 때에는 그 가액을 추징한다.
> 제359조(미수범) 제355조 내지 제357조의 미수범은 처벌한다.

 I. 구성요건

1. 주 체

타인의 사무를 처리하는 자

○ 금융직원의 임직원에 대해서는 특정경제범죄가중처벌에관한법률이 적용된다.

(1) 범 위

타인의 사무처리는 업무자로 하든지 비업무자로서 하든지 관계가 없으며, 반드시 재산상의 사무일 필요도 없다.

■ 판례사례 ■ [본죄의 주체에 해당하여 배임수재죄가 성립하는 사례]

> (1) 가요담당 PD가 담당 방송프로그램에 특정가수의 노래만을 자주 방송하여 달라는 청탁을 받고 수십만원의 금품을 받은 경우(대법원 1991.1.15. 선고 90도2257 판결)
> (2) 관세사무소의 영업부장으로서 경영주인 관세사의 위임에 따라 수출업자로부터 의뢰받은 수출면장 발급신청업무를 관세사의 이름으로 처리하는 자가 부정한 청탁을 받고 금원을 교부받은 경우(대법원 1982.9.28. 선고 82도1656 판결)
> (3) 감정평가법인의 지점을 독립채산제로 운영하는 자가 법인의 명의로 감정평가업무를 수주하여 그 업무를 처리하면서 대출을 받으려고 하는 자들로부터 고액으로 감정평가를 해달라는 청탁을 받고 금원을 교부받은 경우(대법원 2004.10.27. 선고 2003도7340 판결)
> (4) 아파트의 위탁관리업자인 회사로부터 파견되어 아파트의 관리소장으로 근무하면서 각 용역계약 및 화재보험계약도 직접 그 명의로 체결하는 등의 사정이 있다면 아파트입주자들에 대한 관계에서 타인의 사무를 처리하는 자가 부정한 청탁을 받고 금원을 교부받은 경우(대법원 2002.9. 27. 선고 2002도3074 판결)
> (5) 임대차계약을 체결함에 있어 임차인을 선정하거나 임대보증금 및 차임을 결정하는 권한이 없고 다만 상사에게 임차인을 추천할 수 있는 권한 밖에 없는 업무과장으로서 점포 등의 임대 및 관리를 담당하고 있는 자가 다른 사람이 점포를 임차하려는 상태에서 사례비를 줄 터이니 자기에게 임대하여 달라는 부탁을 받고 금원을 교부받은 경우(대법원 1984.8.21. 선고 83도2447 판결)

(2) 신분의 구비시기

타인의 사무를 처리하는 자라는 신분은 부정한 청탁을 받을 때 있으면 충분하고 재물 또는 재산상의 이익을 취득할 당시(수재당시)에는 그와 같은 임무를 현실적으로 담당하고 있음을 요건으로 하는 것은 아니다. 따라서 부정한 청탁이 있는 이상 그 후 사직으로 인하여 그 직무를 담당하지 아니하게 된 경우에도 배임수재죄는 성립한다.

■ 판례 ■   **부정한 청탁을 받은 후 사무분담변경으로 직무를 담당하지 않게 된 상태에서 재물을 수수한 경우, 배임수재죄의 성부(적극)**

형법 제357조 제1항의 배임수재죄는 타인의 사무를 처리하는 자의 청렴성을 그 보호법익으로 하고 있는바, 그 임무에 관하여 부정한 청탁을 받고, 재물을 수수함으로써 성립되고, 반드시 취재 당시에도 취재와 관련된 임무를 현실적으로 담당하고 있음을 그 요건으로 하는 것은 아니므로 타인의 사무를 처리하는 자가 그 임무에 관하여 부정한 청탁을 받은 이상 그후 사무분담 변경으로 그 직무를 담당하지 아니하게 된 상태에서 재물을 수수하게 되었다 하더라도 여전히 타인의 사무를 처리하는 지위에 있고, 그 재물등의 수수가 부정한 청탁과 관련하여 이루어진 것이라면 배임수재죄는 성립한다(대법원 1987. 4.28. 선고 87도414 판결).

■ 판례 ■   **타인의 사무를 처리하는 자가 부정한 청탁을 받고 사직한 후에 재물을 수수한 경우, 배임수재죄의 성부(적극)**

형법 제357조 제1항의 배임수재죄는 타인의 사무를 처리하는 자의 청렴성을 보호법익으로 하는 것으로, 그 임무에 관하여 부정한 청탁을 받고 재물을 수수함으로써 성립하고 반드시 수재 당시에도 그와 관련된 임무를 현실적으로 담당하고 있음을 그 요건으로 하는 것은 아니므로, 타인의 사무를 처리하는 자가 그 임무에 관하여 부정한 청탁을 받은 이상 그 후 사직으로 인하여 그 직무를 담당하지 아니하게 된 상태에서 재물을 수수하게 되었다 하더라도, 그 재물 등의 수수가 부정한 청탁과 관련하여 이루어진 것이라면 배임수재죄가 성립한다(대법원 1997.10.24. 선고 97도2042 판결).

2. 객 체

재물 또는 재산상의 이익

3. 행 위

임무에 관하여 부정한 청탁을 받고 재물 또는 재산상의 이익을 취득하는 것

(1) 임무에 관하여

위임받은 본래의 사무뿐만 아니라 그와 밀접한 관계가 있는 범위 안의 사무를 포함한다.

■ 판례사례 ■ [임무관련성이 없어 배임죄성립이 부정되는 사례]

(1) 신용협동조합의 이사장 또는 전무가 그 직을 사임하고 신용협동조합의 운영권을 양도·양수하는 대가로 돈을 받은 경우(대법원 2005.3.25. 선고 2004도8257 판결)

(2) 교장, 교감과 친분관계가 있고 학교법인 운영진과 가깝게 지내는 사이인 공고의 연구부장이 전입학과 관련하여 부정한 청탁을 받고 금품을 수수한 경우(대법원 2005.11.10. 선고 2003도7970 판결)

(3) 대학 편입학업무를 담당하지 아니한 대학교자연과학대학 사회체육학과 교수 甲이 乙로부터 편입학과 관련한 부정한 청탁을 받고 금품을 수수하였으나, 편입학업무를 담당한 교무처장 등이 甲이 부정한 청탁을 받았음을 알았거나 스스로 부정한 청탁을 받지 않은 경우(대법원 1999.1.15. 선고 98도663 판결)

(2) 부정한 청탁

(가) 의 의

부정한 청탁이란 사무처리자에 대해서 그의 임무상 사회상규와 신의성실의 원칙에 반하는 행위를 해 줄 것을 의뢰하는 행위를 말한다.

○ 특경가법의 적용을 받는 금융기관의 임직원의 경우에는 부정한 청탁의 요건을 구성요건으로 요구하고 있지 않다.

■ 판례 ■ **배임수증죄에 있어서 부정한 청탁의 의미 및 그 판단 기준**

배임수증죄에 있어서 부정한 청탁이라 함은 청탁이 사회상규와 신의성실의 원칙에 반하는 것을 말하고, 이를 판단함에 있어서는 청탁의 내용과 이와 관련되어 교부받거나 공여한 재물의 액수, 형식, 보호법익인 사무처리자의 청렴성 등을 종합적으로 고찰하여야 하며 그 청탁이 반드시 명시적임을 요하는 것은 아니다(대법원 2005.1.14. 선고 2004도6646 판결).

■ 판례 ■ **회원제 골프장의 예약업무 담당자가 부킹대행업자의 청탁에 따라 회원에게 제공해야 하는 주말부킹권을 부킹대행업자에게 판매하고 그 대금 명목의 금품을 받은 경우**

[1] 배임수재죄의 구성요건인 '부정한 청탁'의 판단 기준

형법 제357조 제1항이 규정하는 배임수재죄는 타인의 사무를 처리하는 자가 그 임무에 관하여 부정한 청탁을 받고 재물 또는 재산상 이익을 취득하는 경우에 성립하는 범죄로서, 재물 또는 이익을 공여하는 사람과 취득하는 사람 사이에 부정한 청탁이 개재되지 않는 한 성립하지 않는다. 여기서 '부정한 청탁'이라 함은 반드시 업무상 배임의 내용이 되는 정도에 이를 것을 요하지 않고, 사회상규 또는 신의성실의 원칙에 반하는 것을 내용으로 하는 것이면 족하다. 이를 판단함에 있어서는 청탁의 내용 및 이에 관련한 대가의 액수, 형식, 보호법익인 거래의 청렴성 등을 종합적으로 고찰하여야 하며, 그 청탁이 반드시 명시적임을 요하지 않는다.

[2] 회원제 골프장의 예약업무 담당자가 부킹대행업자의 청탁에 따라 회원에게 제공해야 하는 주말부킹권

을 부킹대행업자에게 판매하고 그 대금 명목의 금품을 받은 것이 배임수재죄에 해당하는지 여부(적극)

부킹권 판매대금은 회원들에게 우선적으로 제공하여야 할 부킹권을 빼돌려 특정 부킹대행업자에게 제공한 대가로 수수한 금품에 불과하여 성질상 그 대금이 회사의 정상적인 수입이 될 수 없고, 이 사건 부킹권의 판매대금을 회사로 하여금 취득하게 한 것으로 볼 수도 없는 점 등을 종합하여 보면, 이 사건 주말부킹권을 특정 부킹대행업체에 판매하여 달라는 부탁은 골프장 예약업무에 관한 부정한 청탁에 해당하고, 그 판매대금 명목으로 교부된 금품은 위와 같은 부정한 청탁의 대가에 해당하므로 배임수재죄가 성립한다.

[3] 수인으로부터 각각 같은 종류의 부정한 청탁과 함께 금품을 받은 배임수재행위가 포괄일죄를 구성하는지 여부(소극)

타인의 사무를 처리하는 자가 동일인으로부터 그 직무에 관하여 부정한 청탁을 받고 여러 차례에 걸쳐 금품을 수수한 경우, 그것이 단일하고도 계속된 범의 아래 일정기간 반복하여 이루어진 것이고 그 피해법익도 동일한 때에는 이를 포괄일죄로 보아야 한다. 다만, 여러 사람으로부터 각각 부정한 청탁을 받고 그들로부터 각각 금품을 수수한 경우에는 비록 그 청탁이 동종의 것이라고 하더라도 단일하고 계속된 범의 아래 이루어진 범행으로 보기 어려워 그 전체를 포괄일죄로 볼 수 없다(대법원 2008.12.11. 선고 2008도6987 판결).

■ 판례 ■ 회사 자금을 빼돌려 횡령한 다음 그 중 일부를 배임증재에 공여한 경우, 횡령의 점에 대해 확정된 약식명령의 기판력이 배임증재의 점에 미치는지 여부(소극)

[1] 사실관계

A회사의 대표이사인 甲은 2004. 4. 21.부터 2008. 9. 17.까지 사이에 업무상 보관하던 회사 자금 4억 원가량을 빼돌려 횡령한 다음, 한국건설기술연구원에서 교통량 조사 장비의 납품 등과 관련한 업무를 담당하는 乙에게 2005. 6. 1.부터 2008. 12. 9.까지 사이에 14회에 걸쳐 합계 1억 5,480만 원을 교부하였다.

[2] 판결요지

위 횡령의 범행과 배임증재의 범행은 서로 범의 및 행위의 태양과 보호법익을 달리하는 별개의 행위이므로 위 횡령의 점에 대하여 약식명령이 확정되었다고 하더라도 그 기판력이 배임증재의 점에는 미치지 아니한다(대법원 2010.5.13. 선고 2009도13463 판결).

■ 판례 ■ 인수·합병 추진 계획이 있는 피인수회사의 이사로 취임한 甲이 미리 인수회사 그룹에 피인수회사의 매각업무에 관한 정보를 제공하고 인수회사의 대표이사 乙로부터 거액의 재산상 이익을 취득한 경우

[1] 인수·합병 추진 계획이 있는 피인수회사의 이사로 취임한 갑이 미리 인수회사 그룹에 피인수회사의 매각업무에 관한 정보를 제공하고 인수회사의 대표이사 을로부터 거액의 재산상 이익을 취득한 사안

피고인 갑이 회사의 이사로서 다른 이사들에 대한 감시의무가 있고, 이사 본래의 사무로서 이사회에 참석하여 발언하고 의결하는 등의 방법으로 그 회사의 매각절차에 관여할 수 있는 지위에 있었으며, 실제 이사 취임을 전후로 인수회사 그룹에 매각업무에 관한 정보를 제공하고 피인수회사에 이 그룹을 인수업체로 추천하였을 뿐만 아니라, 인수회사와 사이에 경영자문계약을 체결한 점 등에 비추어 위 매각절차에 관련한 업무를 처리하는 지위에 있다고 볼 것이고, 피고인 갑이 위 정보제공 외에 피고인 을로부터 특별한 대가를 받을 이유가 없고, 일부 금원은 인수회사의 비자금에서 지급

된 점 등에 비추어 정보제공 등으로 인수를 도와달라는 취지의 묵시적 청탁이 있었다고 추인함이 상당하고, 위와 같은 청탁은 사회상규 또는 신의성실의 원칙에 반하는 부정한 청탁이라는 이유로, 피고인 갑의 배임수재 및 피고인 을의 배임증재의 공소사실에 대하여 무죄를 선고한 원심판결을 법리오해의 위법을 이유로 파기한 사례.

[2] 이른바 차입매수 또는 LBO 방식의 기업인수에서 배임죄 성립 여부의 판단 기준

이른바 차입매수 또는 LBO(Leveraged Buy-Out의 약어)란 일의적인 법적 개념이 아니라 일반적으로 기업인수를 위한 자금의 상당 부분에 관하여 피인수회사의 자산을 담보로 제공하거나 그 상당 부분을 피인수기업의 자산으로 변제하기로 하여 차입한 자금으로 충당하는 방식의 기업인수 기법을 일괄하여 부르는 경영학상의 용어로, 거래현실에서 그 구체적인 태양은 매우 다양하다. 이러한 차입매수에 관하여는 이를 따로 규율하는 법률이 없는 이상 일률적으로 차입매수 방식에 의한 기업인수를 주도한 관련자들에게 배임죄가 성립한다거나 성립하지 아니한다고 단정할 수 없는 것이고, 배임죄의 성립 여부는 차입매수가 이루어지는 과정에서의 행위가 배임죄의 구성요건에 해당하는지 여부에 따라 개별적으로 판단되어야 한다.(대법원 2010.4.15. 선고 2009도6634 판결).

■ 판례 ■ 신문사 기자들이 홍보성 기사를 작성해달라는 청탁을 받고 소속 신문사 계좌로 금원을 입금 받은 행위가 배임수재죄에 해당하는지 여부가 문제된 사건

[1] 배임수재죄에서 '부정한 청탁'의 의미 및 판단 기준 / 보도의 대상이 되는 자가 언론사 소속 기자에게 '유료 기사' 게재를 청탁하는 행위가 배임수재죄의 부정한 청탁에 해당하는지 여부(적극) 및 '유료 기사'의 내용이 객관적 사실과 부합하더라도 마찬가지인지 여부(적극)

배임수재죄에서 '부정한 청탁'은 반드시 업무상 배임의 내용이 되는 정도에 이를 필요는 없고, 사회상규 또는 신의성실의 원칙에 반하는 것을 내용으로 하면 충분하다. '부정한 청탁'에 해당하는지를 판단할 때에는 청탁의 내용 및 이에 관련한 대가의 액수, 형식, 보호법익인 거래의 청렴성 등을 종합적으로 고찰하여야 하고, 그 청탁이 반드시 명시적으로 이루어져야 하는 것은 아니며 묵시적으로 이루어지더라도 무방하다. 그리고 타인의 업무를 처리하는 사람에게 공여한 금품에 부정한 청탁의 대가로서의 성질과 그 외의 행위에 대한 사례로서의 성질이 불가분적으로 결합되어 있는 경우에는 그 전부가 불가분적으로 부정한 청탁의 대가로서의 성질을 갖는 것으로 보아야 한다.

언론의 보도는 공정하고 객관적이어야 하며, 언론은 공적인 관심사에 대하여 공익을 대변하며, 취재·보도·논평 또는 그 밖의 방법으로 민주적 여론형성에 이바지함으로써 그 공적 임무를 수행한다(언론중재 및 피해구제 등에 관한 법률 제4조 제1항, 제3항). 또한 지역신문은 정확하고 공정하게 보도하고 지역사회의 공론의 장으로서 다양한 의견을 수렴할 책무가 있다(지역신문발전지원 특별법 제5조). 그런데 '광고'와 '언론 보도'는 그 내용의 공정성, 객관성 등에 대한 공공의 신뢰에 있어 확연한 차이가 있고, '광고'는 '언론 보도'의 범주에 포함되지 않는다. 신문·인터넷신문의 편집인 및 인터넷뉴스서비스의 기사배열책임자는 독자가 기사와 광고를 혼동하지 아니하도록 명확하게 구분하여 편집하여야 하며(신문 등의 진흥에 관한 법률 제6조 제3항), 신문사 등이 광고주로부터 홍보자료 등을 전달받아 실질은 광고이지만 기사의 형식을 빌린 이른바 '기사형 광고'를 게재하는 경우에는, 독자가 광고임을 전제로 정보의 가치를 합리적으로 판단할 수 있도록 그것이 광고임을 표시하여야 하고, 언론 보도로 오인할 수 있는 형태로 게재하여서는 안 된다. 그러므로 보도의 대상이 되는 자가 언론사 소속 기자에게 소위 '유료 기사' 게재를 청탁하는 행위는 사실상 '광고'를 '언론 보도'인 것처럼 가장하여 달라는 것으로서 언론 보도의 공정성 및 객관성에 대한 공공의 신뢰를 저버리는 것이므로, 배임수재죄의 부정한 청탁에 해당한다. 설령 '유료 기사'의 내용이

객관적 사실과 부합하더라도, 언론 보도를 금전적 거래의 대상으로 삼은 이상 그 자체로 부정한 청탁에 해당한다.

[2] 2016. 5. 29. 개정된 형법 제357조 제1항에서 배임수재죄의 구성요건에 '제3자로 하여금 재물이나 재산상 이익을 취득하게 하는 행위'를 추가한 취지 / 개정 형법 제357조 제1항에서 정한 '제3자'에 사무처리를 위임한 타인이 포함되는지 여부(소극) 및 부정한 청탁에 따른 재물이나 재산상 이익이 외형상 사무처리를 위임한 타인에게 지급된 것으로 보이더라도 배임수재죄가 성립할 수 있는 경우

구 형법(2016. 5. 29. 법률 제14178호로 개정되기 전의 것) 제357조 제1항은 "타인의 사무를 처리하는 자가 그 임무에 관하여 부정한 청탁을 받고 재물 또는 재산상의 이익을 취득한 자는 5년 이하의 징역 또는 1천만 원 이하의 벌금에 처한다."라고 규정하여, 문언상 부정한 청탁을 받은 사무처리자 본인이 재물 또는 재산상의 이익을 취득한 경우에만 처벌할 수 있었다.

따라서 제3자에게 재물이나 재산상 이익을 취득하게 한 경우에는 부정한 청탁을 받은 사무처리자가 직접 받은 것과 동일하게 평가할 수 있는 관계가 있는 경우가 아닌 한 배임수재죄의 성립은 부정되었다. 개정 형법(2016. 5. 29. 법률 제14178호로 개정된 것) 제357조 제1항은 구법과 달리 배임수재죄의 구성요건을 '타인의 사무를 처리하는 자가 그 임무에 관하여 부정한 청탁을 받고 재물 또는 재산상의 이익을 취득하거나 제3자로 하여금 이를 취득하게 한 때'라고 규정함으로써 제3자로 하여금 재물이나 재산상 이익을 취득하게 하는 행위를 구성요건에 추가하였다. 그 입법 취지는 부패행위를 방지하고 'UN 부패방지협약' 등 국제적 기준에 부합하도록 하려는 것이다. 개정 형법 제357조의 보호법익 및 체계적 위치, 개정 경위, 법문의 문언 등을 종합하여 볼 때, 개정 형법이 적용되는 경우에도 '제3자'에는 다른 특별한 사정이 없는 한 사무처리를 위임한 타인은 포함되지 않는다고 봄이 타당하다. 그러나 배임수재죄의 행위주체가 재물 또는 재산상 이익을 취득하였는지는 증거에 의하여 인정된 사실에 대한 규범적 평가의 문제이다. 부정한 청탁에 따른 재물이나 재산상 이익이 외형상 사무처리를 위임한 타인에게 지급된 것으로 보이더라도 사회통념상 그 타인이 재물 또는 재산상 이익을 받은 것을 부정한 청탁을 받은 사람이 직접 받은 것과 동일하게 평가할 수 있는 경우에는 배임수재죄가 성립될 수 있다.(대법원 2021. 9. 30., 선고, 2019도17102, 판결)

(나) 방 법

청탁의 방법에는 제한이 없고 작위·부작위로도 가능하나, 청탁의 내용은 어느 정도 구체적이고 특정한 임무행위에 관한 것임을 요한다. 따라서 직무를 처리함에 있어서 직무권한 범위 안에서 편의를 보아 달라는 부탁이나, 막연히 최대한의 선처를 바란다는 내용의 부탁 등은 부정한 청탁이라 볼 수 없다.

(다) 청탁의 정도

청탁은 반드시 배임행위에 이를 정도의 행위를 내용으로 할 필요는 없고, 사회상규 또는 신의성실의 원칙에 반하는 것을 내용으로 하는 청탁이면 충분하다(대법원 1982. 2.9. 선고 80도2130 판결).

(1) 언론관련

취재기자를 겸하는 신문사 지국장이 무허가 벌채사건의 기사를 송고하지 않은 것을 청탁받은 경우(대법원 1970.9.17. 선고 70도1355 판결)

(2) 보험회사관련

보험회사 지부장이 피보험자의 사인에 관하여 본사에서 내사하고 있는데도 보험금을 빨리 타게 해 달라는 청탁을 받은 경우(대법원 1978.2.14. 선고 78도2081 판결)

(3) 대출관련

◦ 대출금의 회수불능이 예상되는 회사들 앞으로 거액의 대출을 원활하게 하여 달라는 청탁을 받고 거액의 돈을 받은 경우(대법원 1983.3.8. 선고 82도2873 판결)

◦ 감정평가업무를 담당하는 자가 관계자로부터 더 많은 대출을 받기위하여 적정가보다 고액으로 감정평가를 하여달라는 부탁을 받은 경우(대법원 2004.10.27. 선고 2003도7340 판결)

◦ 섭외 및 예금 담당의 은행지점차장이 지점장으로부터 중소기업시설자금 대출대상자를 물색하라는 지시를 받고 그 대출적격이 없는 자의 위장대출을 묵인선처하여 달라는 청탁을 받아 대부 담당대리로 하여금 그 대출절차를 밟도록 하여준 경우(대법원 1982.2.9. 선고 80도2130 판결)

(4) 건축공사관련

◦ 건설회사 실무책임자가 건설공사 양수대금을 유리하게 책정하여 달라는 취지의 청탁을 받고 그 사례비 명목으로 금품을 받은 경우(대법원 1996.3.8. 선고 95도2930 판결)

◦ 의과대학 부대시설의 임차운영자를 선정할 권한을 가진 부총장이 위 부속병원의 부대시설 운용권을 인수하는데 우선적으로 추천해 달라는 청탁을 받고 3000만원을 받은 경우(대법원 1991.12.10. 선고 91도2543 판결)

◦ 한국전력공사 소속 송전배원으로 송전설비관리 및 송전선로공사의 현장감독업무를 하던 자가 송전선로 철탑이설공사를 도급받아 시공하는 자로부터 공사시공에 하자가 있더라도 묵인하여 달라는 취지의 청탁을 받고 금원을 수령한 경우(대법원 1991.11.26. 선고 91도2418 판결)

◦ 재건축공사 시공사의 대표이사가 재건축조합의 조합장에게 공사진행이나 공사비 정산 등에 있어 잘 협조하여 달라는 취지의 청탁을 하면서 그 대가로 조합장으로 하여금 무상으로 위 재건축공사장의 속칭 함바식당을 운영하도록 한 경우(대법원 2005.6.9. 선고 2005도1732 판결)

◦ 병원 재단이사장으로 근무하면서 위 병원 이전계획에 따른 이전신축공사의 설계 및 시공업체를 선정하여 계약체결하는 등 위 병원을 위한 제반업무를 처리하는 지위에 있는 자가 건설업체 대표이사로부터 위 병원 이전공사를 맡게 해달라는 취지의 청탁과 병원 이전공사의 설계를 맡게 해달라는 취지의 청탁을 받은 경우(대법원 1987.11.24. 선고 87도1560 판결)

(5) 병원관련

◦ 종합병원 또는 대학병원 소속 의사들이 의약품수입업자로부터 일정 비율의 사례비를 줄터이니 수입하여 독점판매하고 있는 특정약을 본래의 적응증인 순환기질환뿐 아니라 내분비 등 거의 모든 병에 잘 듣는 약이니 그러한 환자에게 원외처방하여 그들로 하여금 위 약을 많이 사먹도록 해달라는 부탁을 받고 금원을 교부받은 경우(대법원 1991.6.11. 선고 91도413 판결)

(6) 방송관련

◦ 가요담당 PD가 담당 방송프로그램에 특정가수의 노래만을 자주 방송하여 달라는 청탁을 받은 경우(대법원 1991.1.15. 선고 90도2257 판결)

○ 광고대행업무를 수행하는 주식회사의 대표이사가 방송사 관계자에게 사례비를 지급하여서
라도 특정회사의 이익을 위해 수능과외방송을 하는 내용의 방송협약을 체결해 달라는 부탁
을 받고 금품을 받은 경우(대법원 2002.4.9. 선고 99도2165 판결)

(7) 인사관련
○ 특정인을 어떤 직위에 우선적으로 추천하여 달라는 청탁을 받고 금품을 받은 경우(대법원
1989. 12.12. 선고 89도495 판결)
○ KOC 위원장이 乙로부터 "KOC 위원으로 선임해 달라, 부산아시아경기대회 조직위원회 및
KOC 상임위원으로 선임해 달라."는 등의 청탁을 받고 합계 13,000만원을 교부받은 경우
(대법원 2005.1.14. 선고 2004도6646 판결)

(8) 보상금협상관련
각 세대당 금 2백만 원의 보상금지급요구 문제 등에 관한 협상권한을 위임받은 아파트입주자
대표가 아파트 건축회사 협상대표로 부터 보상금을 전체 금 2천만 원으로 대폭 감액하여 조
속히 합의하여 달라는 청탁을 받은 경우(대법원 1993.3.26. 선고 92도2033 판결)

(9) 경매관련
집행관사무소 사무원들이 경매부로커들로부터 채권자들이 그들에게 부동산명도, 철거, 인도 등
의 집행용역을 의뢰하도록 알선하여 주고 집행일정을 그들에게 편리하도록 결정하며 집행비용
을 신속하게 지급받도록 도와주고, 유체동산 경매시에는 경매정보 및 정확한 경매개시시각, 위
치를 그들에게만 알려주어 저가에 경락받도록 도와주는 등 강제집행 전반에 관하여 편의를 보
아달라는 취지의 부탁을 받은 경우(대법원 2002.7.12. 선고 2002도2036 판결)

(10) 납품관련
○ 미술장식품 알선업을 하는 자가 건물을 신축하는 회사에 미술장식품 제작자의 추천 및 계
약업무를 등을 담당하는 사람들에게 미술장식품을 납품하게 하여 주면 사례를 하겠다고 한
경우(대법원 2003.5.30. 선고 2003도1096 판결)
○ 고철의 납품계약과 보세장치장 위탁관리계약의 당사자가 납품업체회사의 대표이사로부터 위
계약이 종료되는 경우에는 적어도 계약을 갱신하여 계속적으로 유지할 수 있도록 해주고, 그
계약내용을 이행함에 있어서도 다른 경쟁업체들보다 상대적으로 유리하도록 영향력을 행사하
여 달라는 취지의 청탁을 받은 경우(대법원 2004.3.26. 선고 2002도4131 판결)

(11) 정당관련
정당의 지구당위원장이 소속 중앙당 당기위원회 소속위원에게 더 이상 지구당의 공천비리를 조
사하지 말아달라는 부탁을 하면서 금원을 교부한 경우(대법원 1998.6.9. 선고 96도837 판결)

(12) 학교교재 관련
대학교수가 출판사를 운영하는 자로부터 출판한 책자를 교재로 채택하거나, 교재로 사용할 책
자의 출판을 맡겨 달라는 청탁을 받고 매 학기마다 교재판매대금의 30~40%에 해당하는 금원
을 벋은 경우(대법원 1996.10.11. 선고 5도2090 판결)

(13) 매매관련
종중으로부터 종중회관을 매수하는 사무를 위탁받아 담당하는 자가 매도인으로부터 그 매수대
금을 증액과 약정의 대금지급기일 이전에 대금지급(소유권이전도 받기 전에)의 요청을 받은
경우(대법원 1980.10.14. 선고 79도190 판결)

(1) 단순한 선처부탁
- 단순히 규정이 허용하는 범위내에서 최대한의 선처를 바란다는 내용의 청탁을 한 경우(대법원 1982.9.28. 선고 82도1656 판결)
(2) 계약관계를 유지시켜 기존 권리를 상실치 않도록 하여달라는 부탁
- 비조합원을 조합원으로 가입시켜 주고, 그 조합원의 자리를 유지시켜 달라는 부탁을 한 경우(대법원 1991.8.27. 선고 91도61 판결)
- 주식회사의 대표이사가 A오물처리업체와 수거기간은 1983.1.1부터 같은해 12.31까지로 하고 수거수수료는 3월까지는 월 금 1,000,000원, 4월부터는 월 금 750,000원으로 한 쓰레기수거계약을 체결한 후 A주식회사의 경쟁업체인 B환경개발주식회사로부터 월수거수수료 600,000원에 쓰레기를 수거하여 주겠다는 제의를 받고 아무런 계약위반 사실없는 A주식회사에 대하여 위 쓰레기수거계약 해제의 통고를 하자 이에 당황한 A주식회사의 대표이사로부터 "금 3,000,000원을 줄터이니 위 계약을 유지시켜 달라"는 부탁을 받고 그 사례금 명목으로 도합 금 3,000,000원을 교부받은 경우(대법원 1985.10.22. 선고 85도465 판결)
(3) 단순히 환심을 사두기 위해 재물을 교부한 경우
- 부정처분한 유류부정처분 대금을 나누어 준 것이 단지 환심을 사두어 후일 범행이 발각되더라도 이를 누설하지 않게끔 하기 위한 것이었다고 보여지는 경우(대법원 1983.12.27. 선고 83도2472 판결)
(4) 자기의 권리를 확보하기 위한 행위
- 피고인이 자기소유로 믿고 있는 부동산을 제3자에게 처분하기 위하여 매매계약을 하였는데 종중에서 그 부동산에 대한 권리를 주장하면서 처분금지가처분결정까지 받아 이를 집행하자 피고인이 계약위반으로 인한 손해배상문제를 염려하여 종중의 대표자에게 가처분의 부당성을 지적하면서 가처분 비용을 지급하고 그 신청을 취하하도록 한 경우(대법원 1980.8.26. 선고 80도19 판결)

(3) 재물 또는 재산상의 이익을 취득

(가) 대가성

재물 또는 재산상의 이익의 취득은 부정한 청탁과 관련된 것이어야 한다. 즉 재물 또는 재산상 이익의 취득은 부정한 청탁과 대가성이 있어야 한다. 그러므로 부정한 청탁이 있었다고 하더라도 그 청탁을 받아들이지 않고 청탁과 무관하게 돈을 받았다면 본죄가 성립하지 않는다.

(나) 현실적 취득

배임수재죄에서 말하는 재산상의 이익의 취득이라 함은 현실적인 취득만을 의미하므로 단순한 요구 또는 약속만을 한 경우에는 이에 포함되지 아니하고 단지 미수범이 성립할 뿐이다.

골프장 회원권의 공여의 의사표시를 받자 이를 승낙하였으나 골프장 회원권에 관하여 자신의 명의로 명의변경을 하지 않은 경우, 배임수재죄의 성부(소극)

[1] 사실관계

甲은 乙로부터 부정한 청탁을 받고 乙로부터 골프장 회원권의 공여의 의사표시를 받자 이를 승낙하였으나 골프장 회원권에 관하여 자신의 명의로 명의변경을 하지 아니하였다.

[2] 판결요지

가. 단순한 재산상 이익의 요구 또는 약속만을 한 경우, 배임수재죄의 성립 여부(소극)

형법 제357조 제1항의 배임수재죄로 처벌하기 위하여는 타인의 사무를 처리하는 자가 부정한 청탁을 받아들이고 이에 대한 대가로서 재물 또는 재산상의 이익을 받은 데에 대한 범의가 있어야 할 것이고, 또 배임수재죄에서 말하는 '재산상의 이익의 취득'이라 함은 현실적인 취득만을 의미하므로 단순한 요구 또는 약속만을 한 경우에는 이에 포함되지 아니한다.

나. 甲의 죄책

골프장 회원권에 관하여 피고인 명의로 명의변경이 이루어지지 아니한 이상 피고인이 현실적으로 재산상 이익을 취득하지 않았으므로 배임수재죄는 성립하지 않는다(대법원 1999.1.29. 선고 98도4182 판결).   ☞ (甲은 배임수재죄의 미수. 다만 이 경우 판례는 미수를 인정하지 아니하였으나, 다수설은 배임수재죄의 미수를 인정하여야 한다고 하고 있다.)

(다) 이익취득의 주체

재물 또는 재산상 이익은 자기 또는 제3자가 취득하여야 한다. 따라서 본인이 이익을 취득한 경우에는 본 죄가 성립하지 않는다.

■ 판례 ■   공사대금 중 수급인이 학교법인 부담부분 상당액을 학교법인에 기부하는 것을 조건으로 공사계약을 체결한 경우, 배임수재죄의 성부(소극)

[1] 사실관계

처(妻)를 학교의 이사장으로 내세웠으나 실질적으로 학교경영 전반을 통할하여온 甲은 건설회사 대표이사 乙로부터 "학교 이중창설치공사가 정부보조금과 학교법인 자체부담금으로 공사하도록 공사비가 책정되어 있는데, 자체부담금은 책임질테니 공개경쟁입찰이 아닌 수의계약을 통해 위 공사를 나에게 맡겨달라"는 청탁을 받고 그에게 수의계약으로 공사를 맡기는 대가로 재단자체부담금의 지급을 면하였다.

[2] 판결요지

이러한 행위는 학교공사에 관하여 관계 규정에 따른 공개입찰을 하지 아니하는 대신 특정 공사업자와 수의계약을 체결하면서 공사업자에게 공사대금 중 국고지원 부분만을 지급하기로 하고 학교법인 부담부분은 면제받은 것으로 볼 것이고, 이러한 경우 공사대금 지급채무는 학교법인이 공사업자에 대하여 부담하는 것이므로 이를 면제받는 것은 학교법인의 이익으로 되는 것일 뿐 실질적으로 학교법인의 이사장 직무를 수행한 자가 면제받은 대금 상당의 이익을 취득하였다고 볼 수는 없고, 따라서 위와 같은 행위는, 공개입찰을 하지 아니하고 수의계약을 체결한 것에 대하여 행정상의 책임 등을 묻는 것은 별론으로 하고, 타인의 사무를 처리하는 자가 그 임무에 위배하여 부정한 청탁을 받고 재물 또는 재산상의 이익을 취득한 경우에 해당한다고 할 수는 없다(대법원 2001.2.9. 선고 2000도4700 판결).

▪ 판례 ▪ **임무에 관하여 부정한 청탁을 받은 사람이 다른 사람에게 재물 또는 재산상의 이익을 취득하게 한 경우**

[1] 사실관계

> A회사의 대표이사이자 주요 주주인 甲은 乙을 형식적으로 A회사 소속 병역특례 산업기능요원으로 편입시킨 뒤 B회사에서 근무하도록 해 달라는 부정한 청탁을 받고 그 대가로서 A회사의 계좌로 3,000만원을 송금받고, 관할지방병무청장에게 허위의 공동개발계약서를 작성·제출하여 乙의 파견근무를 신청하여 승인받았다.

[2] 판결요지

가. 임무에 관하여 부정한 청탁을 받은 사람이 다른 사람에게 재물 또는 재산상의 이익을 취득하게 한 때에 배임수재죄가 성립할 수 있는 경우

배임수재죄를 규정한 형법 제357조 제1항의 법문상 타인의 사무를 처리하는 자가 그 임무에 관하여 부정한 청탁을 받았다 하더라도 자신이 아니라 다른 사람으로 하여금 재물 또는 재산상의 이익을 취득하게 한 경우에는 위 죄가 성립하지 않음이 명백하다. 다만, 그 다른 사람이 부정한 청탁을 받은 자의 사자(사자) 또는 대리인으로서 재물 또는 재산상 이익을 취득한 경우나 그 밖에 평소 부정한 청탁을 받은 자가 그 다른 사람의 생활비 등을 부담하고 있었다거나 혹은 그 다른 사람에 대하여 채무를 부담하고 있었다는 등의 사정이 있어 그 다른 사람이 재물 또는 재산상 이익을 받음으로써 부정한 청탁을 받은 자가 그만큼 지출을 면하게 되는 경우 등 사회통념상 그 다른 사람이 재물 또는 재산상 이익을 받은 것을 부정한 청탁을 받은 자가 직접 받은 것과 동일하게 평가할 수 있는 관계가 있는 경우에는 위 죄가 성립할 수 있다.

나. 구 병역법상 지정업체의 대표이사인 피고인이 병역의무자를 형식적으로 당해 지정업체 소속 병역특례 산업기능요원으로 편입시킨 뒤 다른 회사에서 근무하도록 해 달라는 부정한 청탁을 받고 그 대가로 위 지정업체 명의의 계좌로 금원을 송금받은 것이 배임수재죄에 해당하는지 여부(적극)

피고인이 당해 지정업체의 대표이사이자 주요 주주이므로 위 지정업체가 재물 또는 재산상 이익을 받는 것은 피고인이 받는 것과 사실상 동일하게 평가할 수 있어 배임수재죄가 성립한다.

다. 구 병역법상의 지정업체에서 산업기능요원으로 근무할 의사가 없음에도 허위내용으로 편입신청이나 파견근무신청을 하여 관할관청의 승인을 받은 경우, 위계에 의한 공무집행방해죄가 성립하는지 여부(적극)

구 병역법(2004. 3. 11. 법률 제7186호로 개정되기 전의 것)상의 지정업체에서 산업기능요원으로 근무할 의사가 없음에도 해당 지정업체의 장과 공모하여 허위내용의 편입신청서를 제출하여 관할관청으로부터 산업기능요원 편입을 승인받고, 나아가 관할관청의 실태조사를 회피하기 위하여 허위서류를 작성·제출하는 등의 방법으로 파견근무를 신청하여 관할관청으로부터 파견근무를 승인받았다면, 이러한 파견근무의 승인 등은 관할관청의 불충분한 심사가 원인이 된 것이 아니라 출원인의 위계행위가 원인이 된 것이어서 위계에 의한 공무집행방해죄가 성립한다(대법원 2009.3.12. 선고 2008도1321 판결).

■ 판례 ■　대학원생들이 지도교수들을 통하여 다른 대학교 교수인 피고인에게 "학위논문 작성에 필요한 실험대행 및 논문의 주요부분 작성 등 편의를 제공하여 문제없이 학위를 취득하게 해 달라"는 청탁을 하고 금품을 교부한 경우

[1] 사실관계

> A대학교 한의과대학 대학원 석·박사과정에 재학 중이던 대학원생들은 자신들의 지도교수인 乙을 통하여 B대학교 교수인 甲에게 암묵적으로 "학위논문 작성에 필요한 실험대행 및 논문의 주요부분 작성 등 편의를 제공하여 문제없이 학위를 취득하게 해 달라"는 취지의 부탁을 하고 금품을 교부하였다.

[2] 판결요지

A대 한의대 대학원생들이 그 대학의 교수로서 자신의 지도교수 겸 논문심사위원인 乙 등에게 명시적 혹은 묵시적으로 "학위논문 작성에 필요한 실험대행 및 논문의 주요부분 작성 등 편의를 제공하여 문제없이 학위를 취득하게 해 달라"는 취지의 부탁을 한 것은 사회상규 또는 신의성실의 원칙에 반하는 부정한 청탁에 해당한다고 할 것이다.

형법 제357조 제1항에 정한 배임수재죄는 타인의 사무를 처리하는 자가 그 임무에 관하여 부정한 청탁을 받고 재물 또는 재산상의 이익을 취득한 경우에 성립하는 범죄로서 원칙적으로 타인의 사무를 처리하는 자라야 그 범죄의 주체가 될 수 있고, 그러한 신분을 가지지 아니한 자는 신분 있는 자의 범행에 가공한 경우에 한하여 그 주체가 될 수 있다. 그런데 이 사건 당시 甲은 B대학교 한의과대학 교수로 근무하였을 뿐, A대 한의대 대학원생인 증재자들의 석·박사학위 논문 지도 및 심사에 영향을 미칠 수 있는 지위에 있지 아니하였으므로 甲이 석·박사학위논문 작성에 필요한 실험대행 및 논문의 주요부분 작성과 관련하여 금품을 수수하였다고 하더라도 스스로 '타인의 사무를 처리하는 자'로서 그러한 행위를 하였다고 볼 수는 없다(대법원 2008.3.27. 선고 2006도3504 판결).

■ 판례 ■　대학병원 의사가 의약품을 사용해 준 대가 또는 향후 의약품을 지속적으로 납품할 수 있도록 해달라는 청탁의 취지로 제약회사로부터 금품을 수수한 경우

[1] 대학병원 등의 의사인 피고인들이, 의약품을 사용해 준 대가 또는 향후 의약품을 지속적으로 납품할 수 있도록 해달라는 청탁의 취지로 제약회사 등이 제공하는 의약품에 관한 '시판 후 조사' 연구용역계약을 체결하고 연구비 명목의 돈을 수수한 경우

대학병원 등의 의사인 피고인들이, 의약품인 조영제를 사용해 준 대가 또는 향후 조영제를 지속적으로 납품할 수 있도록 해달라는 청탁의 취지로 제약회사 등이 제공하는 조영제에 관한 '시판 후 조사'(PMS, Post Marketing Surveillance) 연구용역계약을 체결하고 연구비 명목의 돈을 수수하였다고 하여 배임수재의 공소사실로 기소된 사안에서, 연구목적의 적정성 및 필요성, 연구결과 신뢰성을 확보하려는 노력의 유무, 연구 수행과정과 방법의 적정성 및 결과 충실성, 연구대가의 적정성 등 제반 사정에 비추어, 연구용역계약은 의학적 관점에서 필요성에 따라 근거와 이유를 가지고 정당하게 체결되어 수행되었을 뿐, 제약회사 등의 조영제 납품에 관한 부정한 청탁 또는 대가 지급 의도로 체결된 것으로 볼 수 없다.

[2] 대학병원 의사인 피고인이, 의약품 등을 지속적으로 납품할 수 있도록 해달라는 부정한 청탁 또는 의약품 등을 사용해 준 대가로 제약회사 등으로부터 명절 선물이나 골프접대 등 향응을 제공받은 경우

피고인이 실질적으로 조영제 등의 계속사용 여부를 결정할 권한이 있었고, 단순히 1회에 그치지 않

고 여러 차례에 걸쳐 선물과 향응을 제공받았으며, 제약회사 등은 피고인과 유대강화를 통해 지속적으로 조영제 등을 납품하기 위하여 이를 제공한 점 등의 사정을 종합할 때, 피고인은 '타인의 사무를 처리하는 자'에 해당하고, 피고인이 받은 선물, 골프접대비, 회식비 등은 부정한 청탁의 대가로서 단순한 사교적 의례 범위에 해당하지 않는다는 이유로, 피고인에게 유죄를 인정한 원심판단을 수긍한 사례(대법원 2011.8.18. 선고 2010도10290 판결)

■ 판례 ■ **재건축조합의 총무가 시공사로부터 업무추진비 명목으로 다액의 돈을 지급받은 경우**

[1] 사실관계

경남재건축정비사업조합의 총무로서 조합의 전반적인 업무집행을 담당하고 있던 甲은 조합의 사무실에서 시공사인 동구건설 주식회사 직원 乙로부터 경비보조라는 명목으로 위 시공사에 대한 업무상 각종 편의제공의 대가를 받기로 하고, 중소기업은행 계좌를 통해 모두 9회에 걸쳐 합계 6,190만 원을 교부받았다.

[2] 판결요지

피고인은 이 사건 재건축조합의 업무를 실질적으로 주도하는 자로서 조합을 대표하여 시공사와 접촉하면서 시공사의 이익에 적지 않은 영향을 미칠 수 있는 지위에 있으면서도 시공사로부터 다액의 돈을 수수하였는바 그 액은 의례적인 인사나 직무권한 범위 안에서 최대한 편의를 보아달라는 등의 목적으로 수수되었다고 보기 어렵다고 할 정도인 점, 피고인은 동구건설로부터 조합운영비를 지급받고 있었음에도 이와는 별도로 조합원들이 모르는 방법으로 자신의 개인 계좌 및 관리 계좌로 송금받는 형태로 이 사건 돈을 수수한 점, 동구건설은 피고인에게 업무추진비로 위와 같은 돈을 지급하였다고 하나 수수한 돈이 업무추진비로 보기에는 과다할 뿐만 아니라 피고인 등은 위 돈을 업무추진비로 사용한 자료를 제출하지 못하고 있는 점 등을 종합하여 보면, 이 사건에서 피고인과 동구건설 사이에 부정한 청탁이 명시적으로 있었음을 인정할 명백한 증거가 없다고 하더라도, 동구건설이 시공사의 지위를 계속 유지하고 재건축공사를 진행함에 있어 시공사에게 유리한 쪽으로 편의를 보아 달라는 취지의 묵시적인 청탁은 있었다고 추인함이 상당하고, 이는 사회상규 및 신의성실의 원칙에 반하는 부정한 청탁에 해당하며, 이 사건 돈은 그러한 부정한 청탁과 관련되어 제공된 것이라고 할 것이다(대법원 2008.12.24. 선고 2008도9602 판결).

■ 판례 ■ **노동조합과는 별개의 사업장 내 단체인 이른바 '현장조직'의 간부가 회사 측으로부터 부정한 청탁을 받고 두 차례에 걸쳐 합계 5,000만 원을 받은 경우**

위 현장조직은 현장 활동가들이 중심이 되어 조직한 자발적·비공식적 단체로서, 그 설립 목적 및 주된 활동은 노조 집행부 선거에서 그 소속 회원이 선출되도록 주력하며, 노조 집행부에 대한 평가를 수행하고, 노조의 의사결정과정에서 소속 대의원이나 교섭위원을 통하여 그리고 조합원들을 상대로 한 선전·홍보를 통하여 영향력을 행사하는 것으로 알려져 있으며, 피고인이 그 간부로 있는 현장조직인 기아자동차 민주노동자회는 위 회사 내에 존재하는 여러 현장조직들 중 가장 유력하고 대표적인 조직이고, 자체 규약 및 독자적인 기관을 갖추고 있으며, 노조 임원선거의 참여, 조합원 교육 및 선전·홍보사업, 교섭위원 및 대의원과의 정책 협의 등의 활동을 조직적·체계적으로 수행하고 있음을 알 수 있고, 특히 이 사건에서 문제된 단체교섭절차에서 그 영향력을 확장하고 그 의견을 관철하고 있으므로, 위와 같은 여러 사업 및 활동을 총괄하고 이를 추진하는 사무를 처리해 온 피고인이 노동조합 활동이나 위 현장조직 소속 대의원 내지 교섭위원들에 대하여 사실상의 영향력을 행사하는 것을 단순히 친분관계를 이용하여 평소 알고 지내던 노조원들에게 부탁을 한 것이라거나 조합원 내지 소속 회원으로서 지지를 표방하거나 사업에 참여하는 등의 개인적 차원의 활동을 한 것이라고 볼 수는 없어 위 청탁의 '임무관련성'을 충분히 인정할 수 있다(대법원 2010.9.9. 선고 2009도10681 판결).

■ 판례 ■ **지역화물자동차운송사업협회 대표자인 피고인들이 갑으로부터 전국화물자동차운송사업연합회 회장 선거에서 자신을 지지해달라는 취지의 부정한 청탁을 받고 돈을 수수한 경우**

구 화물자동차 운수사업법(2008. 2. 29. 법률 제8852호로 개정되기 전의 것) 제33조 제1항, 제2항, 제9항, 제35조 제1항 및 연합회와 지역협회 각 정관규정 등에 의하면, 각 지역협회 대표자가 연합회 총회에서 총회의 구성원이 되어 회장 선출에 관한 선거권 내지 의결권을 행사하는 것은 연합회 회원인 각 지역협회 업무집행기관으로서 권한을 행사하는 것에 불과하므로, 이러한 대표자의 권한행사는 자기의 사무를 처리하는 것이 아니라 타인인 '지역협회'의 사무를 처리하는 것으로 보아야 한다(대법원 2011.8.25. 선고 2009도5618 판결).

■ 판례 ■ **배임수재자가 배임증재자에게서 무상으로 빌려준 물건을 인도받아 사용하고 있던 중에 공무원이 되었는데, 배임증재자가 배임수재자에게 뇌물공여의 뜻을 밝히고 물건을 계속하여 배임수재자가 사용할 수 있는 상태로 두는 경우, 뇌물공여죄가 성립하는지 여부(원칙적 소극)**

배임수재자가 배임증재자에게서 그가 무상으로 빌려준 물건을 인도받아 사용하고 있던 중에 공무원이 된 경우, 그 사실을 알게 된 배임증재자가 배임수재자에게 앞으로 물건은 공무원의 직무에 관하여 빌려주는 것이라고 하면서 뇌물공여의 뜻을 밝히고 물건을 계속하여 배임수재자가 사용할 수 있는 상태로 두더라도, 처음에 배임증재로 무상 대여할 당시에 정한 사용기간을 추가로 연장해 주는 등 새로운 이익을 제공한 것으로 평가할 만한 사정이 없다면, 이는 종전에 이미 제공한 이익을 나중에 와서 뇌물로 하겠다는 것에 불과할 뿐 새롭게 뇌물로 제공되는 이익이 없어 뇌물공여죄가 성립하지 않는다.(대법원 2015.10.15. 선고, 2015도6232 판결)

(4) 손해의 발생요부

본인에게 손해가 발생하였는지 여부는 본죄의 성립에 영향이 없다.

■ 판례 ■ **주택조합아파트 시공회사 직원인 피고인들이 조합장으로부터 조합의 이중분양에 관한 민원을 회사에 보고하지 않고 묵인하거나 이중분양에 대한 조치를 강구할 때 조합의 입장을 배려하여 달라는 청탁을 받고 위 아파트 분양권을 취득한 경우**

배임수재죄는 타인의 사무를 처리하는 자가 그 임무에 관하여 부정한 청탁을 받고 재물 등을 취득함으로써 성립하는 것이고, 어떠한 임무위배행위나 본인에게 손해를 가할 것을 요건으로 하는 것은 아니다. 따라서 피고인들에게는 배임수재죄가 성립한다(대법원 2011.2.24. 선고 2010도11784 판결).

(5) 기수시기

부정한 청탁을 받고 재물 또는 재산상의 이익을 현실적으로 취득한 때 기수가 되고, 반드시 청탁에 따른 배임행위로 나갈 것은 요하지 않는다. 따라서 타인의 사무를 처리하는 자가 부정한 청탁을 받고 재물 등을 취득하고 나아가 배임행위까지 한 경우에는 배임수재죄와 배임죄의 경합범이 된다.

(6) 미수범의 인정여부

본죄는 취득만을 규정하고 있으므로 재산상 이득의 취득 이전 단계인 요구 또는 약속이나 공여의 의사표시를 하는 경우에는 미수범이 성립한다(다수설). 다만 판례(98도4182)는 배임수재죄의 미수의 성립을 부정하고 있다.

4. 주관적 구성요건

고의와 불법영득의사가 있을 것

■ 판례 ■ **甲이 증뢰자로부터 받은 금원을 乙을 통하여 은행에 맡기면서 누가 자기에게 일시보관을 위해 맡긴 것인데 곧 찾아 갈 돈이니 맡아달라고 하고 보관한 후 증뢰자에게 돌려준 경우**

피고인이 증뢰자로부터 받은 100만원짜리 수표 150매를 소외인을 통하여 은행에 맡기면서 누가 자기에게 일시보관을 위해 맡긴 것인데 곧 찾아 갈 돈이니 맡아달라고 말한 사실이 인정되고 또 피고인이 그 돈을 반환한 경위에 있어서도 영득의 의사로 받았다가 되돌려 줄 수밖에 없는 특단의 사정변경사실을 찾아볼 수 없고 자발적으로 반환한 경우라면, 위 수표들 이 수표 100매 1억원과 50매 5천만원으로 나누어 다른 날짜에 가명으로 예금된 바 있다 하더라도 피고인에게 배임수재죄에 있어서의 영득의 의사가 있었다고 단정할 수 없다(대법원 1984.3.13. 선고 83도1986 판결).

5. 몰 수

취득한 재물은 몰수하며 몰수가 불가능하면 가액을 추징한다(필요적 몰수). 배임수재자가 받은 재물을 증재자에게 반환했더라도 그 가액을 추징한다(대법원 1983.8.23. 선고 83도406 판결).

◗ II. 범죄사실기재 및 신문사항

[기재례1] 학교법인 이사장이 교사채용 관련 금품 수수

1) 범죄사실 기재례

피의자는 20○○. 7. 1.부터 20○○. 6. 12.까지 학교법인의 이사장으로 재직하면서 위 학교법인 산하 중고등학교 소속 직원의 임면, 학교경영에 대한 전반적인 업무를 총괄하였다.

피의자는 20○○. ○. ○.경 ○○고등학교에서 학교법인 이사장의 직책을 이용하여 고등학교에 기간제교사로 근무하고 있던 A, B에게 "내년부터는 공립학교의 과원 교사를 사립학교에서 수용할 경우, 교육청에서 교사 1인당 ○○만원의 지원을 해 준다. 그러나 공립학교의 과원 교사는 문제가 있는 교사가 많으므로 현재 고등학교에서 근무하는 기간제교사가 더 낫다. ○○만원씩 기부를 하면 정식교사로 채용하여 주겠다.”라고 제의하였다.

이에 A, B는 이를 수용하면서 피의자에게 자신들을 추후 정식교사로 채용하여 달라고 청탁하였다.

피의자는 20○○. 1. 4. 14:00경 ○○에서 이러한 청탁의 대가로 홍길동을 통하여 A, B로부터 ○○만원씩 합계 ○○만원을 받음으로써 그 임무에 관하여 각 부정한 청탁을 받고 재물을 취득하였다.

2) 적용법조 : 제357조 제1항… 공소시효 7년

3) 신문사항

- ○○학교법인 이사장인가
- 언제부터 이사장직에 있는가
- 이사장의 업무는 무엇인가
- A, B를 알고 있는가
- 이들에게 정식교사로 채용해 주겠다고 한 일이 있는가
- 언제 어디에서 그랬는가
- 어떤 조건으로 채용해 주겠다 하였는가
- 이들로부터 금품을 받은 일이 있는가
- 언제 어디에서 받았는가
- 어떤 방법으로 얼마를 받았는가
- 어떤 명목으로 받았는가
- A, B의 부탁이 부정한 청탁이라고 생각하지 않는가
- 그럼 부정한 청탁을 받고 금원을 받았다는 것인가
- 이렇게 받은 돈은 어떻게 하였나

[기재례2] 실질적으로 학교경영 전반을 통할하던 자가 수의계약 하면서 금품수수

1) 범죄사실 기재례

피의자는 고등학교를 설립하여 ○○학교법인이사장으로 근무하다가 형의 선고를 받고 이사장 자격을 잃게 되자 처인 홍길녀를 이사장으로 내세운 다음 실질적으로 학교경영 전반을 통할하였다.

가. 피의자는 20○○. ○. ○. 위 고등학교행정실에서 그 임무에 관하여, ○○주식회사 대표이사 甲으로부터 “위 고등학교 이중창설치공사가 정부보조금 ○○만 원, 학교법인 자체부담금 ○○만 원 등 합계 ○○만 원으로 공사하도록 공사비가 책정되어 있는데, 자체부담금을 책

임질 터이니 공개경쟁입찰이 아닌 수의계약을 통해 위 공사를 나에게 맡겨 달라"는 내용의 부정한 청탁을 받았다.

　피의자는 甲에게 수의계약으로 위 공사를 맡기는 대가로 재단 자체부담금 ○○만 원의 지급을 면하여 같은 금액 상당의 재산상 이익을 취득하였다.

　나. 피의자는 20○○. ○. ○. 위 고등학교행정실에서 그 임무에 관하여, 乙로부터 "총공사금액 ○○만원인 위 고등학교체육관신축공사계약을 공개경쟁입찰이 아닌 수의계약을 통해 ○○만원에 나에게 맡겨 달라"는 내용의 부정한 청탁을 받았다.

　피의자는 乙에게 수의계약을 통해 위 공사를 맡기는 대가로 20○○. 1. 11. 피의자가 관리하던 행정실 직원인 丙 명의의 농협 통장으로 ○○만원을 교부받았다.

2) 적용법조 : 제357조 제1항… 공소시효 7년

3) 신문사항

－ ○○학교법인 이사장인가

－ 언제 이사장직을 그만 두었는가

－ 그만 둔 후에도 학교업무에 관여하고 있는가

－ 그럼 실질적인 이사장업무를 보고 있다는 것인가

－ 학교 이사장은 어떤 업무는 무엇인가

－ 학교 공사를 한 일이 있는가

－ 어떤 공사였는가

－ 공사입찰은 어떤 방법으로 하였는가

－ ○○회사와 언제 계약하였나

－ 어떻게 위 회사와 계약하게 되었는가

－ 수의계약을 하였다는 것인가

－ 공개입찰을 하지 않고 수의계약을 한 이유라도 있는가

－ ○○회사와 어떤 조건으로 수의계약을 하였는가

－ 언제 어디에서 이런 부정한 청탁을 받았는가

－ 언제 누구로부터 받았는가

－ ○○회사와 수의계약을 하고 어느 정도의 이익을 보았나

－ 그 이익금은 어떻게 하였나

[기재례3] 건축공사를 도급받을 수 있도록 해 달라며 금품 수수

1) 범죄사실 기재례

가. 피의자 甲

　피의자는 200○. ○. ○. ○○에 있는 ○○사무실에서, 위 ○○고속버스터미널 주식회사가 위 터미널 3층 약 ○○㎡를 승차장에서 판매시설로 용도 변경하여 꽃상가로 임대 분양하는 사업을 추진하면서 위 회사의 상무이사인 피의자로서는 관할 구청으로부터 용도변경 허가를 받은 후 이사회결의나 회사 내부 결재 과정을 거쳐 적격업체들이 참석한 경쟁입찰을 통하는 등 정당한 절차에 따라 적정 금액으로 상가 조성 공사계약을 체결하여야 한다.

　그럼에도 불구하고, 피의자는 乙을 통하여 소개받은 건축업자인 홍길동으로부터 위 회사에서 발주 예정인 공사금액 ○○만원 상당의 3층 상가 시설공사를 자신이 도급받을 수 있도록 해달라는 취지의 부정한 청탁을 받고 ○○만원을 교부받아 취득하였다.

나. 피의자 乙

　피의자는 200○. ○. ○.경 ○○에 있는 ○○사무실에서, 위 항의 기재와 같이 위 터미널 제3주차장 임차운영과 관련하여 각종 편의를 봐주고 향후 주차장 임대계약 만료 시 다시 피의자와 주차장 임대계약을 체결해 달라는 취지로 피의자 甲에게 각각 ○○만원씩을 교부한 것을 비롯하여 그때부터 200○. ○. ○.경까지 ○○회에 걸쳐 매월 20.경 정기적으로 ○○만원씩 합계 ○○만원씩을 각각 교부하여 피의자 甲의 임무에 관하여 각 부정한 청탁을 하고 재물을 공여하였다.

2) 적용법조 : '가항' – 제357조 제1항, '나항' – 제357조 제2항… 공소시효 7년

[기재례4] 공사현장 소장의 공사와 관련 금품수수

1) 범죄사실 기재례

　피의자는 200○. ○. ○.경부터 200○. ○. ○. 경까지 ○○에 있는 ○○아파트 공사 현장 소장으로 근무하면서 공사업체선정 및 공사 진행, 공사내용 감수 및 공사대금 집행 등의 업무를 총괄하였다.

　피의자는 200○. ○. ○. 위 아파트 건설현장의 현장소장 사무실에서 (주)甲으로부터 토목공사를 하도급받아 공사 중이던 (주)乙 대표인 홍길동으로부터 공사비 정산 및 (주)丙이 발주하는 다른 공사 수주 등에 잘 협조하여 달라는 취지의 부정한 청탁과 함께 ○○만원을 교부받은 것을 비롯하여 그 시경부터 200○. ○. ○.경까지 사이에 ○○회에 걸쳐 위와 같은 명목으로 합계 ○○만원을 교부받았다.

2) 적용법조 : 제357조 제1항… 공소시효 7년

[기재례5] 대학교수의 논문 관련 금품수수

1) 범죄사실 기재례

피의자는 A대학교 사범대학 교육학과 조교수로서 A대학교 대학원 박사과정의 논문지도와 심사업무 등을 맡고 있다.

가. 20○○. 4. 6. 범행

피의자는 20○○. 4. 6.경 박사과정 학생 乙의 지도교수로서 교육학 박사학위 논문을 지도하면서 乙에게 "논문 쓰려면 월급의 반 정도는 쓸 준비해라", "교사 월급 받아서 다 어디에 쓰느냐. 나는 돈이 없고 가난하다"라고 말하여 그에 부담을 느낀 乙로부터 20○○. ○. ○. ○○에서 "논문심사와 관련하여 선처해 달라"라는 취지의 부정한 청탁을 받고 D 백화점 상품권 10만 원권 ○○장을 받았다.

나. 20○○. 5. 8. 범행

피의자는 20○○. 5. 8.경 乙에게 "심사위원들에게 교통비 조로 돈을 주어야 하니 미리 준비해라, 그래야 논문통과가 수월하게 된다"라고 말하여 이에 부담을 느낀 乙로부터 乙의 1차 논문심사일인 20○○. ○. ○. 16:00경 A대학교 내 피의자의 연구실에서 "논문 심사 시 잘 봐달라"라는 취지의 부정한 청탁과 함께 현금 ○○만원을 받았고, 乙의 1차 논문심사를 마친 같은 날 19:00경 ○○에 있는 'B 한정식 식당'에서, 乙로부터 "잘 봐 달라"는 취지의 부정한 청탁을 받고 ○○원 상당의 접대를 받아 그 금액 상당의 이익을 취득하였다.

2) 적용법조 : 제357조 제1항… 공소시효 7년

[기재례6] 주택정비 시공사 선정 관련 금품수수

1) 범죄사실 기재례

가. 피의자 甲

피의자는 20○○. ○. ○.경 ○○에 있는 피의자 乙 경영의 ○○주식회사 사무실에서, ○○주택정비사업조합 丙으로부터 위 조합의 시공사 선정에 관한 업무지원을 위탁받음으로써 정비사업의 위탁을 받고 위와 같이 시공사 선정 등의 업무를 대행하도록 위임받았으므로 시공사를 선정하면서 신의성실로써 청렴하게 처리하여야 할 업무상 임무가 있다.

그럼에도 불구하고 피의자는, 이에 위배하여 A주식회사의 대표이사인 피의자 乙의 지시를 받은 A주식회사의 부장인 丁으로부터 "시공사로 선정되도록 도와 달라. 시공사로 선정되면 그에 대한 대가를 충분히 지급하겠다."라는 부정한 청탁을 받고 그에게 시공사 선정 대가로 ○○만 원을 지급할 것과 위 정비사업의 철거공사를 자신에게 하도급 줄 것을 요구하였다.

피의자는 이러한 요구를 한 후 20○○. ○. ○. 경 ○○에서 피의자 乙로부터 컨설팅비 명목의 시공사 선정 사례비 ○○만 원을 교부받았다.

이로써 피의자는 타인의 사무를 처리하는 자가 그 임무에 관하여 부정한 청탁을 받고 재물을 취득하였다.

나. 피의자 乙

피의자는 20○○. ○. ○.경 A주식회사 사무실에서, 丙으로부터 시공사 선정 등의 업무대행을 위탁받은 피의자 甲에게, A주식회사의 부장인 丁을 통하여 "시공사로 선정되도록 도와 달라. 시공사로 선정되면 그에 대한 대가를 충분히 지급하겠다."라는 부정한 청탁을 하여 피의자 甲으로부터 위와 같은 요구를 받고, 컨설팅비 명목의 시공사 선정 사례비 ○○만 원을 지급함으로써, 타인의 사무를 처리하는 자가 그 임무에 관하여 부정한 청탁을 하여 재물을 공여하였다.

2) **적용법조** : '가항' – 제357조 제1항(배임수재), '나항' – 제357조 제2항(배임증재)
··· 공소시효 7년

[기재례7] 학교 축구부 감독들의 상급학교 진학 관련 금품수수

1) 범죄사실 기재례

가. 피의자 甲

피의자는 20○○년경부터 사단법인 대한축구협회(이하 '대한축구협회'라고만 한다)에 ○○중학교 축구부 감독으로 등록하고 소속 선수들의 지도에 관한 사무 전반을 처리하던 사람으로서, 상급학교 진학 대상인 선수들에 대해서는 선수 본인의 희망과 자질 및 발전 가능성, 가정형편 등을 고려하여 진학지도를 하고 이적동의서를 작성해 주어야 할 임무가 있었다.

그럼에도 피의자는 20○○. 8. 중순경 ○○프로축구단을 운영하는 ○○축구단 주식회사(이하, '축구단'이라 한다)의 스카우트 A를 통하여 축구단 선수단운영팀장 피의자 乙로부터 "○○중학교 축구부 선수 B, C를 ○○전자축구단이 지원하는 축구부가 있는 △△고등학교로 진학시켜 달라."는 부정한 청탁을 받고, 그 대가로 20○○.○.○. ○○천만 원 피의자의 ○○은행 계좌(계좌번호)로 송금받은 것을 비롯하여 그 무렵부터 20○○.○.○.까지 별지 범죄일람표 순번처럼 총 ○○개 프로축구단 스카우트 담당자들로부터 소속 선수들을 특정 상급학교로 진학시켜 달라는 부정한 청탁을 받고, 그 대가로 합계 ○○만 원을 취득하였다.

나. 피의자 乙

피의자는 20○○년경부터 ○○축구단의 선수단운영팀장으로 근무하면서 ○○축구단이 지원하는 초·중등학교 축구부의 유소년 선수 영입 및 스카우트비 지급 등의 업무를 총괄하였다.

피의자는 ○○중학교 축구부 선수 B, C를 ○○축구단이 지원하는 △△고등학교로 영입하기 위하여, 사실상 선수 진학지도에 관한 정보를 독점하고 이적동의서 작성 등 진학 절차에서 전권을 행사하는 위 선수들의 감독에게 사례금을 지급하고 청탁하기로 마음먹고, 20○○. 8. 중순경 ○○축구단 스카우터 A를 통하여 ○○중학교 축구부 감독 피의자 甲에게 "B, C를 △△고등학교로 진학시켜 주면 사례금을 지급하겠다."라는 부정한 청탁을 하고, 그 대가로 20○○.○.○. ○○천만 원 피의자 甲의 ○○은행 계좌(계좌번호)로 송금하여 공여하였다.

2) **적용법조** : 제357조 제1항(배임수재), 제357조 제2항(배임증재)··· 공소시효 7년

[기재례8] 신문사 편집국장의 금품수수

1) 범죄사실 기재례

가. 배임수재

피의자는 ○○○○신문사 편집국장이자 실사주로서, 엄정한 객관성을 유지하여 공정한 보도 의무를 실천하고, 특정 업체의 주장을 편파적으로 대변하지 아니하며, 취재 보도 과정에서 신분을 이용하여 부당한 이득을 취하지 아니하고, 취재원으로부터 제공되는 사적인 특혜나 편의를 거절하여야 할 임무가 있다.

그럼에도 불구하고 피의자는 20○○. 6.경 ○○에 있는 ○○조합 의 총무과장 갑으로부터 위 ○○에 대해 홍보 기사를 작성해 달라는 청탁을 받은 후, 그 대가로 20○○. 6. 19. ○ ○ ○○신문 계좌로 ○○만 원을 입금받았다.

이로써 피의자는 그 임무에 관하여 부정한 청탁을 받고 금품을 수수함과 동시에 ○회에 ○○만 원을 초과하는 금품을 교부받았다.

나. 부정청탁 및 금품 등 수수의 금지에 관한 법률 위반

언론사의 대표자와 그 임직원은 직무 관련 여부 및 기부·후원·증여 등 그 명목과 관계없이 동일인부 1회에 100만 원 또는 매 회계연도에 300만 원을 초과는 금품 등을 받거나 요구 또는 약속해서는 아니 된다.

그럼에도 불구하고 피의자는 위와 같이 언론사인 ○○○신문의 편집국장이자 실사주로 재직하던 중 , (유)○○○ 이사인 乙에게 금전적 지원을 해 달라고 요구한 다음, 위 乙부터 20○○. 12. 12. ○○신문 계좌로 300만 원을 입금받은 것을 비롯하여 별지 범죄일람표 기재와 같이 총 ○○회에 걸쳐 같은 방법으로 동일인으로부터 1회 100만원을 초과는 금품으로 합계 ○○만 원 받았다.

2) 적용법조 :

'가항' – 제357조 제1항(배임수재),

'나항' – **부정청탁 및 금품 등 수수의 금지에 관한 법률** 제22조 제1항 제1호, 제8조제1항… 공소시효 7년

제2항 배임증재

> **제357조(배임수증죄)** ① 타인의 사무를 처리하는 자가 그 임무에 관하여 부정한 청탁을 받고 재물 또는 재산상의 이익을 취득하거나 제3자로 하여금 이를 취득하게 한 때에는 5년 이하의 징역 또는 1천만원 이하의 벌금에 처한다.
> ② 제항의 재물 또는 재산상 이익을 공여한 자는 2년 이하의 징역 또는 500만원 이하의 벌금에 처한다.
> **제359조(미수범)** 제355조 내지 제357조의 미수범은 처벌한다.

Ⅰ. 구성요건

1. 주 체

본죄의 주체에는 제한이 없다. 그러나 재물 또는 재산상의 이익은 타인의 사무를 처리하는 자에게 공여하여야 한다. 타인의 사무를 처리하는 자가 아닌 때에는 본죄는 성립하지 않는다.

> ▪ 판례 ▪ **대학 편입학업무를 담당하지 아니한 자가 편입학과 관련한 부정한 청탁을 받고 금품을 수수한 경우 배임수증죄의 성부(소극)**
> 대학 편입학업무를 담당하지 아니한 피고인 甲이 피고인 乙로부터 편입학과 관련한 부정한 청탁을 받고 금품을 수수하였다 하더라도 편입학업무를 담당한 교무처장 등이 피고인 甲이 부정한 청탁을 받았음을 알았거나 스스로 부정한 청탁을 받지 않은 경우, 피고인 甲을 배임수재로, 피고인 乙을 배임증재로 처벌할 수 없다(대법원 1999.1.15. 선고 98도663 판결).

2. 행 위

부정한 청탁을 하고 재물 또는 재산상의 이익을 공여하는 것

(1) 부정한 청탁의 의의(배임수재죄 참조)

> ▪ 판례 ▪ **형법 제357조 제2항의 '부정한 청탁'의 의미**
> 형법 제357조 제2항의 배임증재죄는 재물 또는 재산상의 이익을 공여하는 사람과 이를 취득하는 사람 사이에 부정한 청탁이 개재되어야 하고 여기서의 부정한 청탁이란 사회상규 또는 신의성실의 원칙에 반하는 것을 내용으로 하는 청탁을 일컫는 것인 바, 하도급받은 자가 감독할 지위에 있는 자에게 공사감독을 까다롭게 하지 말고 잘 보아 달라는 취지로 직접 또는 온라인으로 수차례에 걸쳐 금원을 교부한 경우라면 공사감독을 까다롭게 하지 말아 달라는 취지의 위 청탁은 그것이 묵시적이라 하더라도 사회상규 또는 신의성실의 원칙에 반하는 부정한 청탁에 해당한다(대법원 1988.3.8. 선고, 87도1445 판결).

재건축공사의 진행 및 정산 등에 있어서 시공회사에게 유리한 쪽으로 편의를 보아 달라는 취지의 부탁이 부정한 청탁에 해당하는지 여부(적극)

재건축공사 시공사의 대표이사가 재건축조합의 조합장에게 공사진행이나 공사비 정산 등에 있어 잘 협조하여 달라는 취지의 청탁을 하면서 그 대가로 조합장으로 하여금 무상으로 위 재건축공사장의 속칭 함바식당을 운영하도록 한 경우, 재건축 공사의 진행 및 정산 등에 있어서 시공사에게 유리한 쪽으로 편의를 보아 달라는 취지의 묵시적인 청탁은 있었다고 추인함이 상당하므로 배임증재죄가 성립한다(대법원 2005.6.9. 선고 2005도1732 판결).

(2) 기수시기

본죄는 재물 등을 현실적으로 공여하여야 기수가 되며, 공여의 의사표시 또는 약속 만으로는 미수에 불과하다.

3. 주관적 구성요건

고의가 있을 것

4. 타 죄와의 관계

(1) 배임수재죄와의 관계

본죄는 배임수재죄와 필요적 공범관계에 있다. 그러나 이는 수재자와 증재자가 같이 처벌되어야 한다는 것을 의미하는 것은 아니다.

- 수재자에게는 부정한 청탁이 되어도 증재자에게는 부정한 청탁이 될 수 없는 경우에는 배임수재죄는 성립하지만 배임증재죄는 성립하지 않는다.
- 배임증재자가 재물을 공여하였지만 금품을 받지 않았다면 배임수재죄는 성립하지 않고 배임증재죄만 성립한다.

증재자에게 정당한 업무에 속하는 청탁이 수재자에게는 배임수재죄의 부정한 청탁이 될 수 있는지 여부(적극)

형법 제357조 제1항의 배임수재죄와 같은 조 제2항의 배임증재죄는 통상 필요적 공범의 관계에 있기는 하나 이것은 반드시 수재자와 증재자가 같이 처벌받아야 하는 것을 의미하는 것은 아니고 증재자에게는 정당한 업무에 속하는 청탁이라도 수재자에게는 부정한 청탁이 될 수도 있는 것이다(대법원 1991. 1.15. 선고 90도2257 판결).

(2) 배임죄와의 관계

업무상 배임죄와 배임증재죄는 별개의 범죄로서 배임증재죄를 범한 자라 할지라도 그와 별도로 타인의 사무를 처리하는 지위에 있는 사람과 공범으로서는 업무상배임죄를 범할 수도 있다(대법원 1999.4.27. 선고 99도883 판결).

Ⅱ. 범죄사실기재 및 신문사항

1) 범죄사실 기재례 - [재건축공사와 관련 조합장에게 금품 공여]

피의자는 20○○. ○. ○. ○○에 있는 ○○재건축조합의 조합장인 홍길동에게 위 재건축공사와 관련하여 공사대금 증액이나 공사대금 정산 문제가 발생하면 ○○주식회사에게 유리한 방향으로 편의를 제공해주는 등 공사 진행이나 공사비 정산 등에 있어 잘 협조하여 달라는 취지의 부정한 청탁을 하였다.

피의자는 그 대가로 위 홍길동으로 하여금 그 무렵부터 20○○. ○. ○.경까지 사이에 무상으로 위 재건축공사장의 속칭 함바식당을 운영하도록 함으로써 위 홍길동에게 위 현장식당 운영수익금 상당의 재산상 이익을 공여하였다.

2) 적용법조 : 제357조 제2항, 제1항⋯ 공소시효 5년

3) 신문사항

- 어떤 일을 하고 있는가
- 홍길동을 알고 있는가
- ○○재건축공사는 어떤 공사인가
- 언제 피의자 회사에서 시공하였는가
- 위 공사장에 함바식당이 있는가
- 누가 운영하고 있는가
- 규모는 어느 정도인가
- 어떻게 홍길동이 운영하게 되었나
- 어떤 조건으로 홍길동에게 영업권을 주었나
- 재건축 공사와 관련 편의제공 등의 대가로 준 것인가
- 부정한 청탁의 대가로 식당 운영권을 주었다는 것인가
- 식당 수익금은 어느 정도 되는가

제4절 점유이탈물횡령

제360조(점유이탈물횡령) ① 유실물, 표류물 또는 타인의 점유를 이탈한 재물을 횡령한 자는 1년 이하의 징역이나 300만원 이하의 벌금 또는 과료에 처한다.
② 매장물을 횡령한 자도 전항의 형과 같다.
※ 유실물법
제1조(습득물의 조치) ① 타인이 유실한 물건을 습득한 자는 이를 신속하게 유실자 또는 소유자, 그 밖에 물건 회복의 청구권을 가진 자에게 반환하거나 경찰서(지구대·파출소 등 소속 경찰관서를 포함한다. 이하 같다) 또는 제주특별자치도의 자치경찰단 사무소(이하 "자치경찰단"이라 한다)에 제출하여야 한다.

 Ⅰ. 구성요건

1. 객 체

유실물, 표류물, 매장물 기타 타인의 점유를 이탈한 물건

(1) 점유이탈물

점유자의 의사에 의하지 않고 그 점유를 떠난 타인소유의 재물

(가) 점유자의 점유이탈

점유이탈물은 원래 점유자의 점유를 벗어난 것이어야 한다. 따라서 점유자가 곧 찾을 수 있는 상태에 있는 잘못 두고 온 물건이나 잃어버린 물건 등 아직 타인의 점유를 이탈했다고 볼 수 없는 재물(例, 폭행 또는 강간의 현장에 떨어져 있는 피해자의 재물, 잠시 길에 세워둔 자전거)은 본죄의 객체가 되지 않는다.

▪ 판례 ▪ **강간피해자가 도피하면서 범죄현장에 놓고간 가방에서 피고인이 돈을 꺼낸 경우의 죄책**

강간을 당한 피해자가 도피하면서 현장에 놓아두고 간 손가방은 점유이탈물이 아니라 사회통념상 피해자의 지배하에 있는 물건이라고 보아야 할 것이므로 피고인이 그 손가방안에 들어 있는 피해자 소유의 돈을 꺼낸 소위는 절도죄에 해당한다(대법원 1984.2.28. 선고 84도38 판결).

▪ 판례 ▪ **살해된 피해자의 재물에 대한 점유**

피해자를 살해한 방에서 사망한 피해자 곁에 4시간 30분쯤 있다가 그곳 피해자의 자취방 벽에 걸려 있던 피해자가 소지하는 물건들을 영득의 의사로 가지고 나온 경우 피해자가 생전에 가진 점유는 사망 후에도 여전히 계속되는 것으로 보아야 한다(대법원 1993.9.28. 선고 93도2143 판결).

(나) 타인소유물

본죄의 객체인 점유이탈물은 타인이 소유권을 가지고 있는 재물이다. 따라서 어느 누구의 소유에도 속하지 않는 무주물은 점유이탈물이 아니다. 무주의 동산은 본죄의 객체가 되는 것이 아니라 오히려 소유의 의사로 선점한 자가 소유권을 취득한다(민법 제252조제1항).

(다) 범 위

어느 누구의 점유에도 속하지 않는 물건뿐만 아니라 점유자의 착오에 의하여 우연히 행위자의 점유 하에 들어오게 된 재물(例, 잘못 배달된 우편물, 바람에 날려 자기 집 정원에 떨어진 세탁물 등)도 포함한다.

(2) 유실물 · 표류물 · 매장물 – 점유이탈물의 예시

(가) 유실물

잃어버린 물건 또는 분실물로서 점유자의 의사에 의하지 않고 그 점유를 떠난 물건

1) 다른 사람의 배타적 지배가 가능한 경우

유실물이라고 하더라도 다른 사람의 배타적 지배범위 내에 두고 온 경우(例, 여관 · 목욕탕 · 유흥업소(당구장)에서 잃어버린 물건)에는 사회통념상 다른 사람의 새로운 점유가 개시된 것으로 봄이 타당하므로, 이를 불법영득하는 행위는 본죄가 아니라 절도죄를 구성한다.

■ 판례 ■ **종업원으로 종사하던 당구장에서 주운 금반지를 처분한 자의 죄책**

어떤 물건을 잃어버린 장소가 당구장과 같이 타인의 관리 아래 있을 때에는 그 물건은 일응 그 관리자의 점유에 속한다 할 것이고, 이를 그 관리자 아닌 제3자가 취거하는 것은 과실물횡령이 아니라 절도죄에 해당한다(대법원 1988.4.25. 선고 88도409 판결).

■ 판례 ■ **군부대의 훈련 중 훈련구역 내에 장치된 로켓포탄이 점유이탈물인지의 여부(소극)**

외국군부대의 훈련 중 훈련구역 내에 장치된 로켓포탄은 그 점유를 이탈한 것이 아니다(대법원 1960. 10.19. 선고 4293형상581 판결).

2) 다른 사람의 배타적 지배가 어려운 경우

지하철 · 버스 · 공중화장실 등 공중의 출입이 자유롭고 빈번하며 관리자의 배타적 지배가 미치기 어려운 장소에 잊어버리고 온 물건은 지하철승무원 · 버스운전기사 등 관리자의 점유하에 있다고 하기보다는 사회통념상 점유이탈물로 보는 것이 타당하므로, 이러한 물건을 불법영득한 자는 절도죄가 아니라 점유이탈물횡령죄의 죄책을 진다.

■ 판례 ■ 승객이 놓고 내린 지하철의 전동차 바닥이나 선반 위에 있던 물건을 가지고 감으로써 성립하는 범죄(= 점유이탈물횡령죄)

승객이 놓고 내린 지하철의 전동차 바닥이나 선반 위에 있던 물건을 가지고 간 경우, 지하철의 승무원은 유실물법상 전동차의 관수자로서 승객이 잊고 내린 유실물을 교부받을 권능을 가질 뿐 전동차 안에 있는 승객의 물건을 점유한다고 할 수 없고, 그 유실물을 현실적으로 발견하지 않는 한 이에 대한 점유를 개시하였다고 할 수도 없으므로, 그 사이에 위와 같은 유실물을 발견하고 가져간 행위는 점유이탈물횡령죄에 해당함은 별론으로 하고 절도죄에 해당하지는 않는다(대법원 1999.11.26. 선고 99도3963 판결).

■ 판례 ■ 고속버스 승객이 차내에 있는 유실물을 가져 간 경우의 죄책(= 점유이탈물횡령죄)

고속버스 운전사는 고속버스의 관수자로서 차내에 있는 승객의 물건을 점유하는 것이 아니고 승객이 잊고 내린 유실물을 교부받을 권능을 가질 뿐이므로 유실물을 현실적으로 발견하지 않는 한 이에 대한 점유를 개시하였다고 할 수 없고, 그 사이에 다른 승객이 유실물을 발견하고 이를 가져 갔다면 절도에 해당하지 아니하고 점유이탈물횡령에 해당한다(대법원 1993.3.16. 선고 92도3170 판결).

(나) 표류물

점유를 이탈하여 하천이나 바다에 떠다니는 물건

(다) 매장물

토지·해저·건조물 등에 묻혀 있는 물건으로서 점유이탈물에 준하는 것(例, 고분 안에 들어있는 부장품)

2. 행 위

횡령하는 것

(1) 횡 령

불법영득의사를 가지고 점유이탈물을 자기의 사실상의 지배에 두는 것을 말한다.

(2) 기수시기

불법으로 점유를 취득하면 기수가 되며, 미수는 처벌하지 않는다.

3. 주관적 구성요건

고의와 불법영득의사가 있을 것

■ 판례 ■ 고의를 부정한 사례

다른 사람의 유실물인줄 알면서 당국에 신고하거나 피해자의 숙소에 운반하지 아니하고 자기 친구 집에 운반한 사실만으로 점유이탈물횡령의 범의를 인정하기 어렵다(대법원 1969.8.19. 선고 69도1078 판결).

■ 판례 ■ **불법영득의사를 부정한 사례**

자전거를 습득하여 소유자가 나타날 때까지 보관을 선언하고 수일간 보관한 경우에는 영득의 의사가 없었다고 보는 것이 타당할 것이다(대법원 1957.7.12. 선고 4290형상104 판결).

Ⅱ. 범죄사실 작성시 유의사항

1. 그 물건이 사람의 의사에 기하지 않고 그 점유를 떠난 것이라는 점을 가능한 구체적 사실로서 적시한다. 또 그것이 타인의 소유에 속한다는 적시도 당연히 필요하다.

2. 영득한 자가 목적물이 타인의 소유물임을 당연히 인식하고 있다고만 볼 수는 없으므로 이 점에 대한 인식을 적시하는 데에 주의할 필요가 있다.

   例, '그것이 타인의 소유물이라는 것을 알면서'와 같이 그 인식이 있었다는 점을 적시하여야 한다.

3. 점유이탈물을 자기의 점유로 옮기는 행위는 반드시 영득의 의사로 이루어지는 것만은 아니다. 소유자에게 반환하거나 경찰서에 제출하기 위하여 습득하는 때도 얼마든지 있을 수 있기 때문이다. 따라서 영득의 의사를 가지고 점유를 옮겼다는 점을 명확히 하여야 한다.

Ⅲ. 범죄사실기재 및 신문사항

[기재례1] 길에서 수표를 습득하고 영득

1) 범죄사실 기재례

> 피의자는 220○○. ○. ○.15:00경 ○○에 있는 ○○앞길에서 피해자 甲이 분실한 그 소유인 액면 금액 ○○만 원권 자기앞수표 2장, 현금 ○○만 원, 주민등록증 1장이 들어있는 시가 ○○만 원 상당의 지갑 1개를 습득하였다.
> 피의자는 위와 같이 습득한 재물을 피해자에게 반환하는 등 필요한 절차를 밟지 아니한 채 자신이 가질 생각으로 가지고 가 횡령하였다.

2) 적용법조 : 제360조 제1항··· 공소시효 5년

3) 신문사항

- 수표를 습득한 일이 있는가
- 언제 어디에서 습득하였나
- 어떻게 습득하였나
- 어떤 수표를 습득하였나
- 습득한 수표는 어떻게 하였나
- 경찰관서 등에 신고하였나
- 왜 경찰에 신고하지 않았나

[기재례2] 떠내려 온 표류물 횡령

1) 범죄사실 기재례

피의자는 20○○. ○. ○.경 ○○앞 ○○강 수면에서 때마침 홍수로 인하여 상류로부터 떠내려온 시가 ○○만원 상당의 3년생 암소 1두를 건져 올렸다.

피의자는 위와 같이 습득한 재물을 피해자에게 반환하는 등 필요한 절차를 밟지 아니한 채 자신이 가질 생각으로 가지고 가 횡령하였다.

2) 적용법조 : 제360조 제2항… 공소시효 5년

3) 신문사항

- ○○강에서 암소를 건진 일이 있는가
- 언제 어디에서 건졌는가
- 어떤 암소였는가
- 건져서 어떻게 하였나
- 경찰관서등에 신고를 하였는가
- 왜 신고하지 않았는가

[기재례3] 신용카드 습득

피의자는 20○○.○.○. 09:30경 ○○에 있는 농협 부근에서 피해자 갑이 분실한 ○○신용카드 1장을 습득하였음에도 이를 피해자에게 반환하는 등 필요한 절차를 밟지 아니한 채 자신이 가질 생각으로 가지고 갔다.

피의자는 이를 비롯하여 그때부터 20○○.○.○.경까지 같은 방법으로 아래 범죄일람표 기재와 같이 ○○회에 걸쳐 타인의 신용카드를 습득하였음에도 이를 가지고 가는 방법으로 피해자의 점유를 이탈한 재물을 횡령하였다.

[기재례4] 매장물 횡령

1) 범죄사실 기재례

피의자는 20○○. ○. ○.경 ○○에 있는 고총에서 그곳에 매장되어 있는 토기 ○○점을 발굴하였다.

피의자는 위와 같이 습득하여 정당한 절차를 밟지 아니하고 이를 소유할 마음으로 피의자의 집에서 홍길동에게 ○○만원을 받고 팔아 이를 처분하여 횡령하였다.

2) 적용법조 : 제360조 제2항… 공소시효 5년

3) 신문사항

- ○○에서 토기를 발굴한 일이 있는가
- 언제 어디에서 발굴하였는가
- 어떻게 발굴하게 되었나
- 어떤 토기를 발굴하였나
- 발굴한 토기는 어떻게 하였나
- 경찰관서등에 신고를 하였는가
- 왜 신고하지 않았는가

[기재례5] 휴대전화 습득

피의자는 20○○.○.○. 05:00경 ○○앞길에서 피해자 갑이 그곳에 떨어뜨린 ○○휴대전화기 1점 시가 약 ○○원 상당을 주워 위 피해자에게 반환하는 등 소정의 필요한 절차를 밟지 아니한 채 자신이 가질 생각으로 가지고 가 이를 횡령하였다.

[기재례6] 카메라 습득

피의자는 20○○.○.○.11:00경 ○○에 있는 피의자의 주거지 인근에서 피해자 갑소유의 시가 ○○만 원 상당의 디지털카메라 1개를 습득하였다.

피의자는 이처럼 습득한 재물을 피해자에게 반환하는 등 필요한 절차를 밟지 아니한 채 자신이 가질 생각으로 가지고 가 횡령하였다.

제41장 장물에 관한 죄
(제362~365조)

제1절 장물의 취득, 알선 등

> 제362조(장물의 취득, 알선 등) ① 장물을 취득, 양도, 운반 또는 보관한 자는 7년 이하의 징역 또는 1천 500만원 이하의 벌금에 처한다.
> ② 전항의 행위를 알선한 자도 전항의 형과 같다.

Ⅰ. 구성요건

1. 주 체

본범(합동범 포함) 및 그 공동정범·간접정범이 아닌 자

(1) 본범의 정범(단독정범, 공동정범, 간접정범, 합동범)

본범의 정범은 장물죄의 주체가 될 수 없으므로 장물 행위가 있더라도 처음부터 구성요건 해당성이 없다. 따라서 절도범인이 장물을 운반한 경우에는 장물운반죄가 성립하지 아니하고, 공동정범자 상호간에 장물을 분배처분하는 경우에도 장물취득 또는 양도죄는 성립하지 않는다.

■ 판례 ■ **범죄집단의 일원으로부터 장물을 취득한 경우, 장물취득죄의 성부**

장물죄는 타인(본범)이 불법하게 영득한 재물의 처분에 관여하는 범죄이므로 자기의 범죄에 의하여 영득한 물건에 대하여는 성립하지 아니하고 이는 불가벌적 사후행위에 해당하나 여기에서 자기의 범죄란 정범자(공동정범과 합동범을 포함한다)에 한정되는 것이므로 평소 본범과 공동하여 수차 상습으로 절도등 범행을 자행함으로써 실질적인 범죄집단을 이루고 있었다 하더라도, 당해 범죄행위의 정범자(공동정범이나 합동범)로 되지 아니한 이상 이를 자기의 범죄라고 할 수 없고 따라서 그 장물의 취득을 불가벌적 사후행위라고 할 수 없다(대법원 1986.9.9. 선고 86도1273 판결).

■ 판례 ■ **특수강도의 범행의 모의와 강취한 장물의 처분만을 알선한 경우, 장물알선죄의 성부(소극)**

특수강도의 범행을 모의한 이상 범행의 실행에 가담하지 아니하고, 공모자들이 강취해 온 장물의 처분을 알선만하였다 하더라도, 특수강도의 공동정범이 된다 할 것이므로 장물알선죄로 의율할 것이 아니다(대법원 1983.2.22. 선고 82도3103, 82감도666 판결).

(2) 본범의 공범(교사범 · 종범)

본범에 대한 협의의 공범은 장물죄의 주체가 될 수 있다. 따라서 절도를 교사한 자가 절취하여온 장물을 취득한 경우에는 절도교사죄 이외에 장물취득죄가 성립하고, 본범과 함께 장물을 운반한 경우에는 본범자는 장물운반죄에 해당하지 않으나 교사자는 장물운반죄를 구성한다.

2. 객체(장물)

재산죄인 범죄행위에 의하여 영득된 물건을 말하는 것으로서 절도, 강도, 사기, 공갈, 횡령 등 영득죄에 의하여 취득된 물건

(1) 객체에 관한 요건

(가) 재물성

재물만이 장물이 될 수 있다. 재산상의 이익이나 채권 · 무체재산권 등의 권리 및 정보는 제외된다. 그러나 권리가 화체되어 있는 증서(유가증권 · 승차권 등)는 재물이므로 장물이 될 수 있다.

■판례■ **권한 없이 인터넷뱅킹으로 타인의 예금계좌에서 자신의 예금계좌로 돈을 이체한 후 인출한 금전이 장물인지 여부(소극)**

甲이 권한 없이 인터넷뱅킹으로 타인의 예금계좌에서 자신의 예금계좌로 돈을 이체한 후 그 중 일부를 인출하여 그 정을 아는 乙에게 교부한 경우, 甲이 컴퓨터등사용사기죄에 의하여 취득한 예금채권은 재물이 아니라 재산상 이익이므로, 그가 자신의 예금계좌에서 돈을 인출하였더라도 장물을 금융기관에 예치하였다가 인출한 것으로 볼 수 없으므로 乙에게 장물취득죄는 성립하지 않는다(대법원 2004.4.16. 선고 2004도353 판결).

■판례■ **전화가입권이 강취된 것이라는 정을 알면서 매수한 경우, 장물취득죄의 성부(소극)**

형법 제41장의 장물에 관한 죄에 있어서의 "장물"은 이른바 "재물"을 말하는 것이고 그 "재물"은 물리적 관리 가능성이 있는 물건을 말하는 것이고, 설령 재산죄에 의하여 취득된 것이라 하더라도 재산상의 이익은 장물죄의 객체가 될 수 없다고 보아야 할 것이다. 전화가입권의 실체는 가입권자가 전화관서로 부터 전화역무를 제공받을 하나의 채권적 권리이며, 이는 하나의 재산상의 이익은 될지언정 "장물"의 범주에 속하지 아니하므로 피고인의 전화가입권매수행위는 업무상 과실 장물 취득죄로 처단할 수 없다(대법원 1971.2.23. 선고 70도2589 판결).

(나) 범 위

1) 부동산

재물에는 동산과 부동산을 불문하고 경제적 가치도 요하지 않는다. 부동산은 장소적 이

전이 불가능하지만 등기이전에 의하여 취득이 가능하기 때문에 장물취득죄의 객체가 될 수 있다. 다만, 부동산은 장소적 이동을 필요로 하는 장물운반죄의 객체가 될 수는 없다.

2) 관리할 수 있는 동력

장물죄에는 제346조를 준용한다는 규정은 없어 관리할 수 있는 동력도 장물이 될 수 있지에 대하여 견해가 대립하고 있다. 이에 대하여 다수설과 판례는 제346조는 주의규정에 불과하므로 관리할 수 있는 동력도 당연히 장물이 될 수 있다고 한다.

3) 자기물건의 장물성

재산죄는 자기의 물건에 대해서도 성립할 수 있으므로 본범에게 있어 자기의 물건도 장물이 될 수 있다(例, 입질한 자기의 물건을 절취한 경우).

(다) 재물의 동일성

장물은 본범이 영득한 재물 그 자체이거나 적어도 그것과 물질적 동일성이 인정되어야 한다.

1) 원형의 변경

어느 정도 원형이 변경되더라도 동일성을 유지하는 경우(例, 귀금속을 금괴로 만든 경우, 도벌한 원목을 제재 한 경우)에는 장물성이 인정되나, 동일성을 상실한 경우(例, 절취한 문서나 녹음테이프의 복사본, 장물을 저당잡힌 전당표)에는 장물이라고 볼 수 없다.

■ 판례 ■ **장물을 전당잡힌 전당표가 장물인지 여부(소극)**

장물을 전당잡힌 전당표는 그것이 장물 그 자체라고 볼 수 없음은 물론 동일성 있는 변형된 물건이라고 볼 수도 없는 것이다(대법원 1973.3.13. 선고 73도58 판결).

2) 대체장물의 장물성

대체장물이란 시계를 훔쳐서 이를 매각하여 금전으로 바꾸는 경우와 같이 본범이 영득한 재물(시계)과 장물범이 영득한 재물(금전)의 물질적 동일성이 달라지는 장물을 말한다. 이러한 대체장물은 재산범죄에 의하여 취득한 재물 그 자체가 아니므로 장물이 아니다. 그러나 그것이 다른 재산범죄에 의하여 취득한 것이라고 인정될 때(例, 장물을 이용하여 제3자를 기망하고 그로부터 금품을 편취한 경우)에는 장물이 될 수 있다.

> ✻ 대체장물의 예
> (1) 장물과 교환한 재물
> (2) 장물인 돈으로 구입한 재물
> (3) 장물을 매각하여 대금으로 받은 돈

3) 환전통화의 장물성

본범이 영득한 금전을 은행에 예금하였다가 인출하여 사용하는 경우와 같이 입금한 금전과 인출한 금전의 물질적 동일성은 인정되지 않으나 그 가치가 동일한 장물은 장물성이 인정된다.

■ 판례 ■ **장물인 현금과 자기앞수표를 금융기관에 예치하였다가 현금으로 인출한 경우, 인출한 현금의 장물성 상실 여부(소극)**

[1] 사실관계

甲은 자신이 A주식회사의 감원대상이 된 것에 반발하여 거래처로부터 받은 물품대금조의 약속어음을 임의로 乙에게 할인받아 금 7억원을 자기앞 수표와 현금으로 교부받고 은행에 예치하였다가 다시 현금으로 인출하였다. 또한 丙에게 위와 같이 취득한 현금 중 9,500만원을 보관하여 달라고 부탁하자 丙은 이를 승낙하고 교부받아 자신의 집에 보관하였다.

[2] 판결요지

장물인 현금 또는 수표를 금융기관에 예금의 형태로 보관하였다가 이를 반환받기 위하여 동일한 액수의 현금 또는 수표를 인출한 경우에 예금계약의 성질상 그 인출된 현금 또는 수표는 당초의 현금 또는 수표와 물리적인 동일성은 상실되었지만 액수에 의하여 표시되는 금전적 가치에는 아무런 변동이 없으므로, 장물로서의 성질은 그대로 유지된다(대법원 2000.3.10. 선고 98도2579 판결 ; 대법원 2004. 4.16. 선고 2004도353 판결) ☞ (甲은 A회사에 대한 횡령죄와 乙에 대한 사기죄, 丙은 장물 보관죄)

■ 판례 ■ **장물인 현금과 자기앞수표를 금융기관에 예치하였다가 현금으로 인출한 경우, 인출한 현금의 장물성 상실 여부(소극)**

[1] 사실관계

甲은 乙로부터 부동산의 매도를 위임받아 매매계약을 체결하고 계약금으로 5억원을 교부받아 은행에 예금하여 보관하던 중, 乙에게 납골당 사업실패로 인한 손해배상과 위 부동산의 매매 교섭에 대한 수고비 명목으로 5억원을 요구하며 위 계약금 5억원을 자신의 乙에 대한 채권변제에 충당한다는 명목을 반환을 거부하였다. 한편 甲은 丙에게 그 중 3억원을 인출하여 채무변제조로 교부하였고, 丙역시 위와 같은 사정을 잘 알면서 甲으로부터 3억원을 교부받았다.

[2] 판결요지

장물이라 함은 재산범죄로 인하여 취득한 물건 그 자체를 말하고, 그 장물의 처분 대가는 장물성을 상실하는 것이지만, 금전은 고도의 대체성을 가지고 있어 다른 종류의 통화와 쉽게 교환할 수 있고, 그 금전 자체는 별다른 의미가 없고 금액에 의하여 표시되는 금전적 가치가 거래상 의미를 가지고 유통되고 있는 점에 비추어 볼 때, 장물인 현금을 금융기관에 예금의 형태로 보관하였다가 이를 반환받기 위하여 동일한 액수의 현금을 인출한 경우에 예금계약의 성질상 인출된 현금은 당초의 현금과 물리적인 동일성은 상실되었지만 액수에 의하여 표시되는 금전적 가치에는 아무런 변동이 없으므로 장물로서의 성질은 그대로 유지된다고 봄이 상당하고, 자기앞수표도 그 액면금을 즉시 지급받을 수 있는 등 현금에 대신하는 기능을 가지고 거래상 현금과 동일하게 취급되고 있는 점에서 금전의 경우와 동일하게 보아야 한다(대법원 2004.3.12. 선고 2004도134 판결).

(2) 본범에 관한 요건

(가) 본범의 성질

장물을 발생케 하는 본범은 재산범죄에 국한된다.

① 형법상 재산범죄

형법상 재산범죄인 절도죄, 강도죄, 사기죄, 공갈죄, 횡령죄, 객체가 재물인 배임수증죄, 장물죄뿐만 아니라 권리행사방해죄, 점유강취죄, 준점유강취죄 등도 장물죄의 본범이 된다. 다만 재산상의 이득만을 객체로 하는 배임죄와 영득과 관계없는 손괴죄는 장물죄의 본범이 될 수 없다.

■ 판례 ■ **컴퓨터등사용사기죄의 범행으로 예금채권을 취득한 다음 자기의 현금카드를 사용하여 현금자동지급기에서 현금을 인출한 경우, 그 인출된 현금이 장물이 될 수 있는지 여부(소극)**

컴퓨터등사용사기죄의 범행으로 예금채권을 취득한 다음 자기의 현금카드를 사용하여 현금자동지급기에서 현금을 인출한 경우, 현금카드 사용권한 있는 자의 정당한 사용에 의한 것으로서 현금자동지급기 관리자의 의사에 반하거나 기망행위 및 그에 따른 처분행위도 없었으므로, 별도로 절도죄나 사기죄의 구성요건에 해당하지 않는다 할 것이고, 그 결과 그 인출된 현금은 재산범죄에 의하여 취득한 재물이 아니므로 장물이 될 수 없다(대법원 2004.4.16. 선고 2004도353 판결).

② 특별법상 재산범죄

특별법상 재산범죄도 장물죄의 본범인 재산범죄에 포함된다. 따라서 산림법에 의한 산림절도죄, 특가법상의 상습절도죄·상습강도죄에 의하여 영득한 재물도 장물이 된다.

③ 비재산범죄

형법상·특별법상 비재산범죄에 의하여 취득한 재물은 장물이 아니다.

○ 위조통화나 위조문서의 행사죄를 범하여 취득한 물건은 위조통화 또는 위조문서의 행사가 사기행위를 구성함으로써 위 각 행사죄 외에 사기죄가 성립하는 경우에는 장물성이 인정된다.

○ 사기도박의 경우에는 사기죄에 해당하므로 장물죄의 본범에 해당한다.

■ 판례 ■ **위조된 리프트탑승권이 장물인지 여부(적극)**

위조된 리프트탑승권을 발매기에서 뜯어가는 방법으로 취득하였다는 정을 피고인이 알면서 이를 매수하였다면 그러한 피고인의 행위는 위조된 유가증권인 리프트탑승권에 대한 장물취득죄를 구성한다고 할 것이다(대법원 1998.11.24. 선고 98도2967 판결).

■ 판례 ■　임산물단속에관한법률 위반죄에 의하여 생긴 임산물이 장물이 될 수 있는지 여부(소극)

장물이라함은 절도, 강도, 사기, 공갈, 횡령등 재산죄인 범죄행위에 의하여 영득된 물건을 말하는 것이므로 산림법 93조 소정의 절취한 임산물이 아니고 임산물단속에 관한 법률위반에 의하여 생긴 임산물은 재산 범죄적 행위에 의한 것이 아니기 때문에 장물이 될 수 없다(대법원 1975.9.23. 선고 74도1804 판결).

〈장물죄의 본범에 해당하지 아니하는 예〉

(1) 수뢰죄에서의 뇌물
(2) 도박·매음으로 취득한 재물
(3) 관세법위반으로 통관한 밀수품
(4) 위조문서, 위조통화, 위조유가증권
(5) 수산업법위반행위로 인하여 포획한 어획물
(6) 시체등 영득죄에 의하여 영득한 시체·유골·유발
(7) 문화유산의 보존 및 활용에 관한 법률위반으로 허가없이 발굴한 문화유산
(8) 야생동식물보호법위반으로 인하여 포획한 조수(鳥獸)

(나) 영득한 재물

　장물은 재산범죄에 의하여 영득한 재물이어야 한다. 따라서 범죄에 의하여 작성된 물건 및 재산범죄의 수단으로 제공된 물건은 장물이 아니다.

■ 판례 ■　이중매도로 인한 배임범죄에 제공된 부동산을 취득한 경우, 장물취득죄의 성부(소극)

형법상 장물죄의 객체인 장물이라 함은 재산권상의 침해를 가져 올 위법행위로 인하여 영득한 물건으로서 피해자가 반환청구권을 가지는 것을 말하고 본건 대지에 관하여 매수인 "甲"에게 소유권 이전등기를 하여 줄 임무가 있는 소유자가 그 임무에 위반하여 이를 "乙"에게 매도하고 소유권이전등기를 경유하여 준 경우에는 위 부동산소유자가 배임행위로 인하여 영득한 것은 재산상의 이익이고 위 배임범죄에 제공된 대지는 범죄로 인하여 영득한 것 자체는 아니므로 그 취득자 또는 전득자에게 대하여 배임죄의 가공여부를 논함은 별문제로 하고 장물취득죄로 처단할 수 없다(대법원 1975.12.9. 선고 74도2804 판결).

■ 판례 ■　양도담보제공자가 담보물을 임의처분하여 배임죄를 범한 경우, 동 물건이 장물인지의 여부(소극)

채무자가 채권자에게 양도담보로 제공한 물건을 임의로 타인에게 양도하는 행위는 배임죄에 해당하나 동 물건은 배임행위에 제공한 물건이지 배임행위로 인하여 영득한 물건 자체는 아니므로 장물이라고 볼 수 없고, 따라서 위 타인이 그러한 사정을 알면서 그 물건을 취득하였다고 하여도 장물취득죄로 처벌할 수 없다(대법원 1981.7.28. 선고 81도618 판결).

사기 범행의 피해자로부터 현금을 예금계좌로 송금받은 경우

[1] 사실관계

A는 자신의 통장이 사기 범행에 이용되리라는 사정을 알고서도 자신의 명의로 새마을금고 예금 계좌를 개설하여 甲에게 이를 양도하였는데, 甲이 乙을 속여 乙로 하여금 현금 1,000만원을 위 계좌로 송금하게 하자, A는 위 예금계좌로 송금된 1,000만원 중 140만원을 인출하여 취득하였다.

[2] 판결요지

가. 사기 범행의 피해자로부터 현금을 예금계좌로 송금받은 경우, 그 사기죄의 객체가 '재물'인지 또는 '재산상의 이익'인지 여부(=재물)

사기죄의 객체는 타인이 점유하는 '타인의' 재물 또는 재산상의 이익이므로, 피해자와의 관계에서 살펴보아 그것이 피해자 소유의 재물인지 아니면 피해자가 보유하는 재산상의 이익인지에 따라 '재물'이 객체인지 아니면 '재산상의 이익'이 객체인지 구별하여야 하는 것으로서, 이 사건과 같이 피해자가 본범의 기망행위에 속아 현금을 피고인 명의의 은행 예금계좌로 송금하였다면, 이는 재물에 해당하는 현금을 교부하는 방법이 예금계좌로 송금하는 형식으로 이루어진 것에 불과하여, 피해자의 은행에 대한 예금채권은 당초 발생하지 않는다.

나. 본인 명의의 예금계좌를 양도하는 방법으로 본범의 사기 범행을 용이하게 한 방조범이 본범의 사기행위 결과 그의 예금계좌에 입금된 돈을 인출한 경우, '장물취득죄'가 성립하는지 여부(소극)

장물취득죄에서 '취득'이라 함은 장물의 점유를 이전받음으로써 그 장물에 대하여 사실상 처분권을 획득하는 것을 의미하는데, 이 사건의 경우 본범의 사기행위는 피고인이 예금계좌를 개설하여 본범에게 양도한 방조행위가 가공되어 본범에게 편취금이 귀속되는 과정 없이 피고인이 피해자로부터 피고인의 예금계좌로 돈을 송금받아 취득함으로써 종료되는 것이고, 그 후 피고인이 자신의 예금계좌에서 위 돈을 인출하였다 하더라도 이는 예금명의자로서 은행에 예금반환을 청구한 결과일 뿐 본범으로부터 위 돈에 대한 점유를 이전받아 사실상 처분권을 획득한 것은 아니므로, 피고인의 위와 같은 인출행위를 장물취득죄로 벌할 수는 없다. 따라서 갑이 사기 범행으로 취득한 것은 재산상 이익이어서 장물에 해당하지 않는다는 원심판단은 적절하지 아니하지만, 피고인의 위와 같은 인출행위를 장물취득죄로 벌할 수는 없으므로, 위 '장물취득' 부분을 무죄로 선고한 원심의 결론을 정당하다.(대법원 2010.12.9. 선고 2010도6256 판결)

(다) 본범의 실현정도

1) 본범의 성립정도

본범인 재산범죄는 구성요건에 해당하고 위법하면 족하고, 본범이 유책하거나 처벌조건·소추조건을 갖출 필요는 없다. 또 본범이 기소되거나 유죄의 확정판결을 받았을 것을 요하지도 않는다.

재산범죄의 불가벌적 사후행위로 인하여 취득한 물건이 장물이 될 수 있는지 여부(적극)

형법 제41장의 장물에 관한 죄에 있어서의 '장물'이라 함은 재산범죄로 인하여 취득한 물건 그 자체를 말하므로, 재산범죄를 저지른 이후에 별도의 재산범죄의 구성요건에 해당하는 사후행위가 있었다면 비록 그 행위가 불가벌적 사후행위로서 처벌의 대상이 되지 않는다 할지라도 그 사후행위로 인하여 취득한 물건은 재산범죄로 인하여 취득한 물건으로서 장물이 될 수 있다(대법원 2004.4.16. 선고 2004도353 판결).

■ 판례 ■ **자동차등록명의자 아닌 지입자로부터 임대 또는 전대받은 자로부터 그 차량을 매수한 경우, 장물취득죄가 되는지 여부(소극)**

자동차의 등록명의자 아닌 지입자로부터 그 자동차를 임대 또는 전대받은 자는 그 자동차에 관하여 법률상 처분할 수 있는 지위에 있다고 할 수 없으므로 타인의 재산을 보관하는 자에 해당하지 아니하며 따라서 그로부터 자동차를 매수한 행위는 장물취득죄가 되지 아니한다(대법원 1978.10.10. 선고 78도1714 판결). ☞ 횡령죄의 구성요건해당성이 없어 장물취득죄가 성립하지 않는다는 판례)

■ 판례 ■ **장물죄에서 본범이 되는 범죄행위에 대하여 우리 형법이 적용되지 않는 경우**

[1] 사실관계

대한민국 국민 또는 외국인이 미국 캘리포니아주에서 미국 리스회사와 미국 캘리포니아주의 법에 따라 차량 이용에 관한 리스계약을 체결하면서 준거법에 관하여는 별도로 약정하지 아니하였는데, 이후 자동차수입업자인 甲은 리스기간 중 위 리스이용자들이 임의로 처분한 리스계약의 목적물인 차량들을 수입하였다.

[2] 판결요지

가. 장물죄에서 본범이 되는 범죄행위에 대하여 우리 형법이 적용되지 않는 경우, 그에 관한 법적 평가 기준 및 '장물'에 해당하기 위한 요건

'장물'이라 함은 재산죄인 범죄행위에 의하여 영득된 물건을 말하는 것으로서 절도·강도·사기·공갈·횡령 등 영득죄에 의하여 취득된 물건이어야 한다. 여기에서의 범죄행위는 절도죄 등 본범의 구성요건에 해당하는 위법한 행위일 것을 요한다. 그리고 본범의 행위에 관한 법적 평가는 그 행위에 대하여 우리 형법이 적용되지 아니하는 경우에도 우리 형법을 기준으로 하여야 하고 또한 이로써 충분하므로, 본범의 행위가 우리 형법에 비추어 절도죄 등의 구성요건에 해당하는 위법한 행위라고 인정되는 이상 이에 의하여 영득된 재물은 장물에 해당한다.

나. 횡령죄에서 재물의 타인성 등과 관련된 법률관계에 외국적 요소가 있는 경우, 소유권 귀속관계 등의 판단 기준

횡령죄가 성립하기 위하여는 그 주체가 '타인의 재물을 보관하는 자'이어야 하고, 타인의 재물인가 또는 그 재물을 보관하는가의 여부는 민법·상법 기타의 민사실체법에 의하여 결정되어야 한다. 따라서 타인의 재물인가 등과 관련된 법률관계에 당사자의 국적·주소, 물건 소재지, 행위지 등이 외국과 밀접하게 관련되어 있어서 국제사법 제1조 소정의 외국적 요소가 있는 경우에는 다른 특별한 사정이 없는 한 국제사법의 규정에 좇아 정하여지는 준거법을 1차적인 기준으로 하여 당해 재물의 소유권의 귀속관계 등을 결정하여야 한다.

다. 피고인에게 장물취득죄가 성립하는지 여부

국제사법에 따라 위 리스계약에 적용될 준거법인 미국 캘리포니아주의 법에 의하면, 위 차량들의 소유권은 리스회사에 속하고, 리스이용자는 일정 기간 차량의 점유·사용의 권한을 이전받을 뿐이어서 (미국 캘리포니아주 상법 제10103조 제a항 제10호도 참조), 리스이용자들은 리스회사에 대한 관계에서 위 차량들에 관한 보관자로서의 지위에 있으므로, 위 차량들을 임의로 처분한 행위는 형법상 횡

령죄의 구성요건에 해당하는 위법한 행위로 평가되고 이에 의하여 영득된 위 차량들은 장물에 해당하므로, 피고인에게는 장물취득죄가 인정된다(대법원 2011.4.28. 선고 2010도15350 판결).

■ 판례 ■   장물인 수입자동차를 국내에서 신규등록한 것이 원시취득에 해당하여 그 장물양도행위가 범죄가 되지 않는지 여부(소극)

자동차관리법 제6조가 "자동차소유권의 득실변경은 등록을 하여야 그 효력이 생긴다."고 규정하고 있기는 하나, 위 규정은 도로에서의 운행에 제공될 자동차의 소유권을 공증하고 안전성을 확보하고자 하는데 그 취지가 있는 것이므로, 장물인 수입자동차를 신규등록하였다고 하여 그 최초 등록명의인이 해당 수입자동차를 원시취득하게 된다거나 그 장물양도행위가 범죄가 되지 않는다고 볼 수는 없다. (대법원 2011. 5. 13. 선고 2009도3552판결)

〈장물에 해당하는 사례〉

(1) 외교관이 절취한 시계
(2) 책임무능력자가 절취한 재물
(3) 강요된 행위에 의하여 영득한 재물
(4) 친족상도례가 적용되어 형이 면제되는 경우
(5) 본범의 행위에 대하여 공소시효가 완성된 경우
(6) 고소가 있어야 논할 죄에 있어서 고소가 없는 경우
(7) 정당한 이유있는 법률의 착오에 의하여 영득한 재물

2) 본범의 시간적 실현정도

장물죄가 성립하기 위해서는 본범이 기수에 이르러야 한다(장물의 시간적 선재성). 본범이 미수상태에 있는 경우에는 본범의 공범이 될 뿐이다.

① 결합범의 경우

강도살인죄와 같은 결합범에 있어서는 재산죄 부분이 기수가 되면 족하다.

② 보관자가 불법매도 한다는 사실을 알고 매수한 경우

물건의 보관자가 불법하게 그 물건을 매도하려고 하는 정을 알면서 매수한 경우 매수인의 형사책임에 대해서는 장물취득죄가 성립한다는 견해, 횡령죄의 종범과 장물취득죄의 경합범이 된다는 견해, 횡령죄의 공범이 된다는 견해가 대립하고 있으나, 횡령죄는 매도의사표시만 있으면 승낙을 기다리지 않고 기수가 되므로 장물취득죄가 성립한다는 견해가 타당하다.

■ 판례 ■   보관자의 횡령행위를 알면서 취득한 경우, 장물취득죄의 성부(적극)

甲이 회사 자금으로 乙에게 주식매각 대금조로 금원을 지급한 경우, 그 금원은 단순히 횡령행위에 제공된 물건이 아니라 횡령행위에 의하여 영득된 장물에 해당한다고 할 것이고, 나아가 설령 甲이 乙에게 금원을 교부한 행위 자체가 횡령행위라고 하더라도 이러한 경우 甲의 업무상횡령죄가 기수

에 달하는 것과 동시에 그 금원은 장물이 된다. 따라서 취득자에게는 장물취득죄가 성립한다(대법원 2004.12. 9. 선고 2004도5904 판결).

(3) 본질에 관한 요건

(가) 위법한 재산상태의 존재

본범에 의해서 형성된 위법한 재산상태가 존재하여야 장물성이 인정된다.

(나) 장물성의 상실

본범에 의하여 형성된 위법한 재산상태가 소멸하거나 추구권이 소멸된 경우 즉, 본범 또는 제3자가 그 장물에 대해 하자없는 소유권을 취득한 때에는 장물성을 상실한다.

1) 장물성이 상실되는 경우

① 민법상 소유권의 취득
- 제3자가 선의취득한 경우 다만 도품이나 유실물은 도난 또는 유실된 날로부터 2년간은 장물성 유지
- 취득시효 완성으로 제3자가 소유권을 취득한 경우
- 부합·혼화·가공으로 가공자(例, 절도범)에게 소유권이 귀속된 때
- 피해자가 취소기간을 도과하여 취소할 수 없는 상태에 이른 경우

② 본범이 처분권한이 있는 경우
- 피해자의 본범에 대한 증여·사후승낙이 있는 경우
- 피해자의 소유권 포기가 있는 경우
- 본범이 피해자로부터 상속을 받은 경우
- 본범이 대외관계에서 처분권한을 가지고 처분한 경우(例, 신탁물 횡령)

■ 판례 ■ **신탁재산을 횡령한다는 정을 알면서도 매수한 경우, 장물취득죄가 성립되는지 여부(소극)**
신탁행위에 있어서는 수탁자가 외부관계에 대하여 소유자로 간주되므로 이를 취득한 제3자는 수탁자가 신탁자의 승낙없이 매각하는 정을 알고 있는 여부에 불구하고 장물취득죄가 성립하지 아니한다(대법원 1979.11.27. 선고 79도2410 판결).

2) 민법상 취소할 수 있는 경우

사기·공갈에 의하여 취득한 장물에 대해서는 피해자가 이를 취소할 수 있으나, 위법상태유지설에 의할 때 취소할 수 있는 재물의 점유도 위법한 재산상태에 해당하므로 장물성이 인정된다(다수설). 다만 추구권설에 의하면 취소 전까지는 추구권이 존재하지 아니하므로 장물성이 부정된다.

3) 불법원인급여물의 장물성

추구권설에 의하면 불법원인급여물에 대해서는 추구권이 없으므로 장물성을 상실하게 되나, 유지설(다수설)에 의하면 불법원인급여물에 대해서도 장물성이 인정된다. 다수설에 의할 때 뇌물로 제공받아 보관하고 있는 현금을 절취하여 불법영득한 경우에 그 현금은 장물에 해당한다.

3. 행 위

장물을 취득, 양도, 운반 또는 보관 또는 이러한 행위를 알선하는 것

(1) 취 득

장물이라는 정을 알고 이를 취득할 것

(가) 의 의

장물의 점유를 유상 또는 무상으로 이전받음으로써 재물에 대한 사실상의 처분권을 획득하는 것을 말한다.

- ○ 취득이라고 하기 위해서는 점유의 이전뿐만 아니라 장물에 대한 사실상의 처분권이 취득자에게 이전되어야 한다. 따라서 사실상의 처분권이 이전되지 아니하는 사용대차 · 임대차로 장물을 교부 받은 경우는 취득이 아니며, 또한 장물인 음식을 같이 먹은 경우나 장물인 현금을 본범과 함께 사용한 경우도 취득이 아니다.
- ○ 반드시 본범으로부터 취득할 필요가 없으며, 제3자를 위한 취득(例, 회사원이 회사를 위하여 장물을 취득한 경우)도 포함된다.

> ✱ 취득에 해당하는 예
> (1) 장물을 증여받은 경우
> (2) 장물을 무이자 소비대차로 교부받은 경우
> (3) 매수 · 교환 · 채무변제 · 대물변제 · 소비대차 · 매도담보 등으로 교부받은 경우

■ 판례 ■　　**취득과 보관의 구별**

[1] 사실관계

> 甲은 乙로부터 보수를 받는 조건으로 乙이 철취한 신용카드로 물품을 구입해 주기로 하고 동 신용카드를 교부받았다.

[2] 판결요지

장물취득죄에서 '취득'이라고 함은 점유를 이전받음으로써 그 장물에 대하여 사실상의 처분권을 획득하는 것을 의미하는 것이므로, 단순히 보수를 받고 본범을 위하여 장물을 일시 사용하거나 그와 같이 사용할 목적으로 장물을 건네받은 것만으로는 장물을 취득한 것으로 볼 수 없다(대법원 2003.5.13. 선고 2003도1366 판결). ☞ (甲은 장물보관죄)

(나) 장물인 정에 대한 인식

장물취득죄가 성립하기 위해서는 취득시에 장물인 정에 대한 인식이 있어야 한다.

1) 인식시기

취득시에 장물이라는 것을 인식해야 한다. 계약시에는 몰랐을지라도 인도시에 알았다면 장물취득죄가 성립한다.

- 계약시에는 장물인 정을 몰랐으나, 그 정을 알고 인도받은 경우에는 장물취득죄가 성립한다.
- 장물인 줄 모르고 취득 한 후 장물이라는 것을 안 경우에는 장물취득죄가 아니라 알게 된 시점부터 장물보관죄가 성립할 수 있을 뿐이다.

■ 판례 ■   **장물취득 후 장물인 정을 안 경우, 장물취득죄의 성부(소극)**

장물취득죄는 취득당시 장물인 줄을 알면서 이를 취득하여야 성립하는 것이므로 피고인이 위 자전거를 인도받은 후에 비로소 장물이 아닌가 하는 의구심을 가졌다고 해서 그 자전거의 수수행위가 장물취득죄를 구성한다고 할 수 없다(대법원 1971.4.20. 선고 71도468 판결).

2) 인식의 정도

■ 판례 ■   **회사 자금으로 주식매각을 지급한다는 정을 알고 수수한 경우, 장물취득죄의 성부 (적극)**

[1] 사실관계

> 甲과 乙은 동업형태로 주식회사를 경영하다가 상호간에 분쟁이 발생하자, 甲은 乙에게 더 이상 동업을 하지 못하겠다고 하면서 동업청산으로 자신의 주식인수 및 그 동안의 공로에 대한 대가로 5억원을 요구하였고, 乙은 이에 응하면서 5회에 걸쳐 분할하여 회사의 자금으로 5억원을 지급하였다. 甲은 乙이 지급하는 돈이 회사 돈일지도 모른다고 생각하면서 받았다.

[2] 판결요지

가. 장물취득죄에 있어서 장물의 인식정도와 그 인정기준

장물취득죄에 있어서 장물의 인식은 확정적 인식임을 요하지 않으며 장물일지도 모른다는 의심을 가지는 정도의 미필적 인식으로서도 충분하고, 또한 장물인 정을 알고 있었느냐의 여부는 장물 소지자의 신분, 재물의 성질, 거래의 대가 기타 상황을 참작하여 이를 인정할 수밖에 없다.

나. 甲의 죄책

甲이 회사 자금으로 乙에게 주식매각 대금조로 금원을 지급한 경우, 그 금원은 단순히 횡령행위에 제공된 물건이 아니라 횡령행위에 의하여 영득된 장물에 해당한다고 할 것이고, 나아가 설령 甲이 乙에게 금원을 교부한 행위 자체가 횡령행위라고 하더라도 이러한 경우 甲의 업무상횡령죄가 기수에 달하는 것과 동시에 그 금원은 장물이 된다(대법원 2004.12.9. 선고 2004도5904 판결). ☞ (甲은 장물취득죄, 乙은 업무상횡령죄)

장물인지도 모르겠다고 생각하고 구입한 경우, 장물취득죄의 성부(적극)

[1] 사실관계

甲은 오후 9시경 자신의 집에서 자신이 경영하는 섬유업체의 원단가공 거래처의 나염 기술자인 乙로부터 거의 정품에 가까운 원단을 시중 시세가 금 913,000원 정도인데도 불과 금 720,000원에 구입하였다.

[2] 판결요지

(乙)은 피고인이 경영하는 섬유업체의 원단 나염임가공 거래처인 나염 기술자로 근무하는 자에 지나지 않아 피고인으로서도 위 원단을 구입할 당시 (乙)에게 원단을 처분할 수 있는 권한이 없다는 것을 알고 있었던 것으로 보이고, 또한 피고인이 (乙)로부터 이 사건 원단을 취득한 시기와 장소가 오후 9시경 피고인의 집이며, 이 사건 원단은 거의 정품에 가깝고, 위 원단의 시중 시세가 금 913,000원 정도인데도 피고인이 이를 불과 금 720,000원에 매수한 것을 알 수 있고, 피고인이 (乙)로부터 서명을 받아 놓았다는 입금표는 위 거래와는 무관한 것으로 보이는바, 피고인이 통상적인 원단 구입처가 아닌 나염공장 기술자에 불과한 (乙)로부터 정품에 가까운 원단을 야간에 시중시세보다 저렴하게 다량 매수한다는 것은 정상적인 거래사회에서는 존재할 수 없고, 따라서 피고인은 특별한 사정이 없는 한 (乙)이 위 원단을 부정처분하는 정을 알았다고 보는 것이 경험칙에 합치된다 할 것이다(대법원 1995.1.20. 선고 94도1968 판결).

(다) 기수시기

장물취득죄가 기수에 이르기 위해서는 계약·합의만으로는 부족하고, 장물의 현실적인 취득(점유이전)이 있는 때 기수가 된다. 그러나 대금의 지급여부는 불문한다.

(라) 타 죄와의 관계

1) 장물을 절취, 강취, 편취, 갈취한 경우

다수설인 유지설에 의하면 장물죄는 성립하지 아니하고 절도죄, 강도죄, 사기죄, 공갈죄만 성립한다.

2) 수뢰죄와의 관계

장물인 정을 알면서 뇌물로 수수한 경우에는 수뢰죄와 장물취득죄의 상상적 경합이 된다.

(2) 양 도

장물인 정을 모르고 장물을 취득한 후에 그 정을 알면서 제3자에게 수여하는 것을 말한다. 따라서 처음부터 장물임을 알고 취득한 후 양도한 경우에는 장물취득죄만 성립한다(양도는 불가벌적 사후행위).

○ 양도는 유상·무상을 불문하며, 제3자의 선의, 악의 역시 불문한다.

○ 장물양도죄는 현실적인 점유이전이 있어야 기수가 되며, 양도계약만으로는 부족하다.

(3) 운 반

(가) 의 의

장물의 운반이라 함은 장물의 소재를 장소적으로 이전하는 것을 말하며, 유상·무상을 불문한다.

○ 장물의 운반은 위법상태를 유지시키는 것이어야 한다. 따라서 피해자의 위탁을 받거나 피해자에게 반환하기 위하여 장물을 운반한 경우에는 위법상태를 유지시키는 것이 아니므로 장물운반죄는 성립하지 않는다.

(나) 본범자와의 공동운반

본범자가 스스로 장물을 운반하는 경우에는 별죄를 구성하지 않는다. 따라서 장물인 정을 알고 제3자가 본범자와 공동하여 장물을 운반한 경우에 본범자는 장물죄에 해당하지 않으나 제3자에 대해서는 본죄가 성립한다.

■ 판례 ■ **본범 이외의 자가 본범이 절취한 차량이라는 정을 알면서 본범의 강도행위를 위해 그 차량을 운전해 준 경우, 강도예비죄와 아울러 장물운반죄가 성립하는지 여부(적극)**

본범자와 공동하여 장물을 운반한 경우에 본범자는 장물죄에 해당하지 않으나 그 외의 자의 행위는 장물운반죄를 구성하므로, 피고인이 본범이 절취한 차량이라는 정을 알면서도 본범 등으로부터 그들이 위 차량을 이용하여 강도를 하려 함에 있어 차량을 운전해 달라는 부탁을 받고 위 차량을 운전해 준 경우, 피고인은 강도예비와 아울러 장물운반의 고의를 가지고 위와 같은 행위를 하였다고 봄이 상당하다(대법원 1999.3.26. 선고 98도3030 판결).

■ 판례 ■ **장물인 승용차에 편승한 것을 장물운반행위의 실행을 분담한 것으로 볼 수 있는지 여부(소극)**

타인이 절취, 운전하는 승용차의 뒷자석에 편승한 것을 가리켜 장물운반행위의 실행을 분담하였다고는 할 수 없다(대법원 1983.9.13. 선고 83도1146 판결).

(다) 간접정범

장물임을 모르는 자를 이용하여 운반하는 때에는 본죄의 간접정범이 된다.

(라) 기수시기

장물운반죄는 사실상의 운반행위가 있을 때 기수가 되고, 목적지에 도달여부는 문제되지 않는다.

(마) 타 죄와의 관계

○ 장물을 취득한자가 장물을 운반하거나 장물을 운반한 자가 장물을 취득한 경우에는 장물취득죄만 성립한다.

○ 장물을 운반한 자가 취득한 경우에는 장물취득죄만 성립한다.

○ 장물인 정을 모르고 취득하거나 보관한 자가 그 정을 알면서 운반한 때에는 장물운반죄가 성립한다.

(4) 보 관

(가) 의 의

위탁을 받고 장물을 자기의 점유 하에 두는 것을 말한다. 보관은 장물에 대한 사실상 처분권이 없다는 점에서 취득과 구별된다. 유·무상은 불문한다.

(나) 장물임을 모르고 보관한 경우

1) 장물임을 모르고 보관 후 알고도 계속 보관한 경우

장물임을 알게 된 때부터 장물보관죄가 성립한다.

■ 판례 ■ **甲이 乙로부터 수표 1장의 보관을 부탁받아 이를 가지고 있던 중, 혹시나 하는 생각에 위 수표의 발행은행에 문의하였던 바, 그 수표가 도난수표임을 알게 되었으나, 甲이 아무런 조치도 않은 경우, 장물보관죄의 성부(적극)**

장물인 정을 모르고 보관하던 중 장물인 정을 알게 되었고, 위 장물을 반환하는 것이 불가능하지 않음에도 불구하고 계속 보관함으로써 피해자의 정당한 반환청구권 행사를 어렵게 하여 위법한 재산상태를 유지시킨 경우에는 장물보관죄에 해당한다(대법원 1987.10.13. 선고 87도1633 판결).

2) 장물임을 모르고 보관 후 알고도 계속 보관하였으나 점유할 권한이 있는 경우

■ 판례 ■ **甲이 乙에 대한 자신의 채권의 담보로 교부받은 수표가 장물이라는 사실을 알게 되었으면서도 이를 계속 보관한 경우, 장물보관죄의 성부(소극)**

장물인 정을 모르고 장물을 보관하였다가 그 후에 장물인 정을 알게 된 경우 그 정을 알고서도 이를 계속하여 보관하는 행위는 장물죄를 구성하는 것이나 이 경우에도 점유할 권한이 있는 때에는 이를 계속하여 보관하더라도 장물보관죄가 성립하지 않는다(대법원 1986.1.21. 선고 85도2472 판결).

(다) 기수시기

장물보관죄는 장물인 정을 알고 보관을 현실적으로 개시한 때 기수가 된다.

(라) 타 죄와의 관계

1) 횡령죄와의 관계

보관중인 장물을 횡령한 경우에는 장물보관죄만 성립한다.

■ 판례 ■ **장물보관 의뢰를 받은 자가 그 정을 알면서 이를 보관하고 있다가 임의 처분한 경우, 장물보관죄 이외에 횡령죄가 성립하는지 여부(소극)**

절도 범인으로부터 장물보관 의뢰를 받은 자가 그 정을 알면서 이를 인도받아 보관하고 있다가 임의 처분하였다 하여도 장물보관죄가 성립하는 때에는 이미 그 소유자의 소유물 추구권을 침해하였으므로 그 후의 횡령행위는 불가벌적 사후행위에 불과하여 별도로 횡령죄가 성립하지 않는다(대법원 2004.4.9. 선고 2003도8219 판결).

2) 증거인멸죄와의 관계

타인의 죄증을 인멸하기 위하여 장물을 은닉한 때에는 본죄와 증거인멸죄의 상상적 경합이 된다.

(5) 알 선

(가) 의 의

장물의 취득, 양도, 보관, 운반을 매개하거나 주선하는 것을 말한다. 유상·무상을 불문하며, 법률행위·사실행위를 불문한다.

(나) 기수시기

현실적인 점유이전이 필요한 취득·양도·운반·보관과의 균형상 알선행위로 인하여 제3자에게 점유를 이전하는 때 기수가 된다(다수설).

■ 판례 ■ **장물인 귀금속의 매도를 부탁받은 甲이 그 귀금속이 장물임을 알면서도 매매를 중개하고 매수인에게 이를 전달하려다가 매수인을 만나기도 전에 체포된 경우**

형법 제362조 제2항에 정한 장물알선죄에서 '알선'이란 장물을 취득·양도·운반·보관하려는 당사자 사이에 서서 이를 중개하거나 편의를 도모하는 것을 의미한다. 따라서 장물인 정을 알면서, 장물을 취득·양도·운반·보관하려는 당사자 사이에 서서 서로를 연결하여 장물의 취득·양도·운반·보관행위를 중개하거나 편의를 도모하였다면, 그 알선에 의하여 당사자 사이에 실제로 장물의 취득·양도·운반·보관에 관한 계약이 성립하지 아니하였거나 장물의 점유가 현실적으로 이전되지 아니한 경우라도 장물알선죄가 성립한다. 따라서 장물인 귀금속의 매도를 부탁받은 피고인이 그 귀금속이 장물임을 알면서도 매매를 중개하고 매수인에게 이를 전달하려다가 매수인을 만나기도 전에 체포되었다 하더라도, 위 귀금속의 매매를 중개함으로써 장물알선죄가 성립한다(대법원 2009.4.23. 선고 2009도1203 판결).

(다) 사기죄와의 관계

장물을 알선하여 정을 모르는 매수인으로부터 대금을 수취한 경우에는 장물알선죄와 사기죄의 실체적 경합이 된다.

4. 주관적 구성요건

① 장물죄는 고의범이므로 행위의 대상이 되는 물건이 장물임에 대한 인식해야 한다.

② 장물죄가 성립하기 위해서 불법영득의사가 있어야 하는가에 대해서는 필요성, 불요설, 절충설이 대립하고 있으나, 불요설이 다수설이다.

5. 친족상도례

> 제365조(친족간의 범행) ① 전3조의 죄를 범한 자와 피해자간에 제328조 제1항, 제2항의 신분관계가 있는 때에는 동조의 규정을 준용한다.
> ② 전3조의 죄를 범한 자와 본범 간에 제328조 제1항의 신분관계가 있는 때에는 그 형을 감경 또는 면제한다. 단, 신분관계가 없는 공범에 대하여는 예외로 한다.

(1) 장물범과 피해자 간에 친족관계가 있는 경우

장물범과 피해자 간에 직계혈족, 배우자, 동거친족, 호주, 가족 또는 그 배우자의 신분관계가 있는 경우에는 형을 면제하고, 그 외의 신분 관계가 있는 경우에는 친고죄가 된다.

(2) 장물범과 본범 간에 친족관계가 있는 경우

장물범과 본범 간에 직계혈족, 배우자, 동거친족, 호주, 가족 또는 그 배우자의 신분관계가 있는 때에만 그 형을 감경 또는 면제한다.

6. 상습범

> 제363조(상습범) ① 상습으로 전조의 죄를 범한 자는 1년 이상 10년 이하의 징역에 처한다.
> ② 제1항의 경우에는 10년 이하의 자격정지 또는 1천500만원 이하의 벌금을 병과할 수 있다.

■ 판례 ■ **상습장물알선 죄의 성립요건**

상습장물알선 죄는 장물알선의 습벽있는 자가 장물알선의 범행을 여러차례 반복하여 저지른 경우이다. 따라서 장물알선의 전과도 없는 피고인이 약 일주일의 간격으로 두 차례에 걸쳐 본범자들이 절취한 승용차 각 1대씩을 매매주선한 행위는 여러차례 반복된 사적에 해당한다 할 수 없고 비록 단시일내의 동종행위라 하여도 그것만으로는 상습자의 범행으로 볼 수는 없다 할 것이다(대법원 1972.8.31. 선고 72도1472 판결).

II. 범죄사실 작성시 유의사항

1. 객 체

  행위의 객체가 되는 물건이 장물, 즉 재산범에 의하여 취득한 물건이라는 점을 적시한다. 이때 본범의 일시, 장소 및 피해자의 성명까지 반드시 나타낼 필요는 없지만, 범죄사실에 그 경위가 나타나 있다면 '제○○항 기재와 같이' 등의 표현을 인용한다.

▪ 판례 ▪ **장물죄에 있어서 장물의 의미 및 장물죄를 인정하기 위하여는 본범의 범죄행위를 구체적으로 명시하여야 하는지 여부(소극)**
장물죄에 있어서의 장물이 되기 위하여는 본범이 절도, 강도, 사기, 공갈, 횡령 등 재산죄에 의하여 영득한 물건이면 족하고 그 중 어느 범죄에 의하여 영득한 것인지를 구체적으로 명시할 것을 요하지 않는다(대법원 2000.3.24. 선고 99도5275 판결).

2. 고 의

  가. 장물성의 인식은 객체인 물건이 장물이라는 점에 대한 인식이 있으면 족하고, 본범의 종류, 그 범행의 일시, 장소, 피해자의 성명 등까지 알 필요는 없다.

  나. 장물성의 인식이 미필적이면 '장물인지도 모른다고 생각하면서' 등으로 적시하는 것이 보통이다.

  다. 유형

  ### 1) 장물취득

  피의자는 ○○에서 甲이(제○○랑 기재와 같이) 절취하여 온 시가 100만 원 상당의 ○○1대를 장물인 줄 알면서도 그로부터 대금 500만 원에 매수하여 장물을 취득하였다.

  ### 2) 장물보관

  피의자는 ○○에서 甲으로부터 그가 乙로부터 강취하여 온 시가 50,000원 상당의 ○○ 1개를 맡아달라는 부탁을 받고 그것이 장물이라는 정을 알면서도 甲을 위하여 맡아 두어 장물을 보관하였다.

  ### 3) 장물운반

  피의자는 甲의 부탁으로 그가 乙로부터 교부받은 시가 150,000원 상당의 ○○ 1대를 장물인 정을 알면서 그 소유의 승용차에 싣고 위 甲의 집으로부터 ○○까지 옮겨주어 장물을 운반하였다.

4) 장물알선

피의자는 20○○. 1. 4. ○○에서 甲이 乙로부터 교부받아 온 시가 500,000원 상당 (증 제1호)의 ○○ 1개를 매각하여 달라는 부탁을 받고 그것이 장물이라는 정을 알면서 같은 달 5일 ○○에서 丙에게 대금 350,000원에 매각하도록 주선해 주어 장물의 양여를 알선하였다.

3. 일시, 장소

취득, 보관 또는 양도의 경우에는 현실로 소지의 이전이 있음을 요하므로 매매, 증여 등의 계약의 일시, 장소와 물건이 수수된 일시, 장소가 다른 경우에는 '…매수하기로 하고 다음 날 ○○에서 그로부터 그 교부를 받아'라는 식으로 적시하여 범죄의 일시, 장소를 명백히 하여야 할 것이다.

4. 운 반

운반의 구간을 명시하는 것이 좋다.

⬤ Ⅲ. 범죄사실기재

[기재례1] 절취한 물건을 취득한 경우

1) 범죄사실 기재례

가. 피의자 甲, 피의자 乙의 특수절도
  피의자들은 20○○. ○. ○. 21:30경 ○○에 있는 ○○섬유공장 후문 부근에서 피의자 甲은 승합차(차량번호)를 세워 둔 채 대기하고, 피의자 乙은 그 공장에 쌓여 있는 피해자 홍길동 소유 시가 ○○만원 상당의 날염지 원단 ○○야드를 위 승합차에 싣고, 피의자 甲은 그 승합차를 운전하여 가 합동하여 절취하였다.
나. 피의자 丙의 장물취득
  피의자는 20○○. ○. ○. 21:00경 ○○에 있는 피의자의 집에서 위 피의자들이 원단 ○○야드를 절취하여 온 사실을 알고도 그 원단을 ○○만원에 매수하여 장물을 취득하였다.

2) **적용법조** : 甲, 乙 : 제331조 제2항(특수절도)… 공소시효 10년
　　　　　　　　丙 : 제362조 제1항(장물취득)… 공소시효 7년

[기재례2] 절취한 금목걸이를 매수

1) 범죄사실 기재례

피의자는 20○○. ○. ○. 14:00경 ○○에 있는 피의자가 경영하는 ○○금은방에서 손님인 甲으로부터 그가 절취하여 온 피해자 乙 소유인 시가 ○○만 원 상당의 ○○g 짜리 금목걸이 1개가 장물이라는 사실을 알면서도 대금 ○○만 원에 매수하여 장물을 취득하였다.

2) 적용법조 : 제362조 제1항(장물취득)⋯ 공소시효 7년

[기재례3] 사고수표인 줄 알면서 이를 양도한 경우

1) 범죄사실 기재례

피의자는 20○○. ○. ○. 22:00경 ○○에 있는 ○○호텔 ○○클럽에서 甲으로부터 술값으로 ○○만원권 자기앞수표 ○○장을 받은 후, 다음 날 10:00경 ○○은행 ○○지점으로부터 도난신고된 수표인 정을 고지받아 장물인 정을 알면서도, 같은 날 15:00경 같은 곳에서 홍길동에게 위 수표 ○○장을 채무변제 조로 지급하여 장물을 양도하였다.

2) 적용법조 : 제362조 제1항(장물양도)⋯ 공소시효 7년

[기재례4] 절취 손목시계의 매매알선

1) 범죄사실 기재례

피의자는 20○○. ○. ○. 경 ○○에 있는 피의자의 집에서 장○○로부터 그가 절취하여 온 시가 ○○만원 상당의 롤렉스 손목시계 5개를 매각하여 달라는 부탁을 받고 그 장물인 정을 알면서도 이를 승낙한 20○○. ○. ○. 경 ○○에 있는 ○○시계점에서 ○○만원에 매각하여 주어 장물을 알선하였다.

2) 적용법조 : 제362조 제2항(장물알선)⋯ 공소시효 7년

[기재례5] 절취 물건 보관

1) 범죄사실 기재례

피의자는 20○○. ○. ○. 14:00경 ○○에 있는 피의자의 집에서 甲으로부터 그가 절취하여 온 피해자 乙 소유인 시가 ○○만 원 상당의 ○○중고 텔레비전 1대를 보관하여 달라는 부탁을 받고 그것이 장물이라는 사실을 알면서도 20○○. ○. ○. 15:00경까지 피의자의 집에 위 텔레비전을 맡아 두어 장물을 보관하였다.

2) 적용법조 : 제362조 제1항(장물보관)⋯ 공소시효 7년

[기재례6] 절취 냉장고 운반

1) 범죄사실 기재례

피의자는 20○○. ○. ○.14:00경 ○○에 있는 피의자의 집에서 친구인 甲으로부터 그가 절취하여 온 피해자 乙 소유인 시가 ○○만 원 상당의 ○○냉장고 1대를 운반하여 달라는 부탁을 받았다.

피의자는 같은 날 같은 곳에서 위 냉장고가 장물이라는 사실을 알면서도 피의자 소유인 (차량번호) 1톤 화물차량에 위 냉장고를 싣고 ○○앞길까지 약 ○○분간에 걸쳐 운송함으로써 장물을 운반하였다.

2) 적용법조 : 제362조 제1항(장물운반)… 공소시효 7년

[기재례7] 위조 리프트탑승권을 매수 – 대법원 98도2967관련

1) 범죄사실 기재례

피의자는 20○○. ○. ○. ○○:○○경 ○○에 있는 ○○리조트 티롤 호텔 뒤에서 피의자 乙 이 부정 발급하여 절취한 시가 ○○만원 상당의 회원용 리프트탑승권 ○○장이 장물인 정을 알면서도 그로부터 대금 ○○만원에 매수하여 취득한 것을 비롯하여 그때부터 20○○. ○. ○. 경까지 모두 ○○회에 걸쳐 피의자 乙로부터 회원용 리프트탑승권 ○○장 시가 ○○만원 상당을 대금 ○○만원에 매수하여서 장물을 취득하였다.

2) 적용법조 : 제362조 제1항(장물취득)… 공소시효 7년

[기재례8] 택시운전사로부터 스마트폰 장물취득

1) 범죄사실기재

피의자는 20○○. ○. ○. ○○에 있는 ○○편의점 앞에서 ○○택시(차량번호)를 운행하는 A 로부터 그가 습득한 성명을 알 수 없는 피해자 소유인 스마트폰 1대가 장물이라는 사실을 알면서도 대금 ○○만 원에 매수하여 장물을 취득하였다.

피의자는 이를 비롯하여 그때부터 20○○. ○. ○.까지 별지 범죄일람표와 같이 총 ○○회에 걸쳐 ○○명의 택시기사들로부터 스마트폰 ○○개를 그것이 장물이라는 사실을 알면서 대금 합계○○만 원에 매수하여 장물을 취득하였다.

2) 적용법조 : 제362조 제1항(장물취득)… 공소시효 7년

[기재례9] 상습장물죄

1) 범죄사실기재

피의자는 20○○. ○. ○. ○○에 있는 피의자 경영의 ○○금은방에서 홍길동이 가져온 시가 ○○만원 상당의 금목걸이 ○○g 짜리 1개를 절취하여 온 장물이라는 정을 알면서도 이를 ○○만원에 매수하여 상습으로 장물을 취득하였다.

2) 적용법조 : 제363조 … 공소시효 10년

Ⅳ. 일반적 조사사항

1. 범행의 동기

- 왜 장물죄를 범하게 되었는가
- 누가 먼저 청했는가
- 어떻게 본범자와의 관계를 가지게 되었는가
- 본범자에 대한 인적사항 등
    ○ 주거 · 직업 · 성명 · 주민등록번호
    ○ 사회적 지위 · 직업 등으로 보아 어울리지 않는 상황
    ○ 인상 · 착의 · 언어 · 태도 등의 특이점

2. 준비행위

- 본범과의 사전에 교섭이 있었는가
- 언제 · 어디서 · 어떻게 교섭하였는가, 대가 지불액은 결정했는가
- 본범에 대한 교사 · 방조의 의심은 없는가

3. 일시 · 장소

- 범행은 언제 · 어디서 행하였는가, 특정할 수 있는 근거는 무엇인가
- 참고인 또는 본범의 진술과 부합되는가
- 왜 그 일시 · 장소를 택했는가

4. 장물의 지정

- 본범자에 의하여
    ○ 장물임을 알려 주었는가
    ○ 피의자는 장물이라는 것을 추측할 만한 처지에 있었는가
- 장물 자체에서
    ○ 부정품이라고 추측할 수 있는 특징이 있었는가
    ○ 본범의 신분 · 풍채 등에 비추어 격에 맞지 않는 물품이 아니었는가
    ○ 고의로 원형을 변경하거나 가공하지 않았는가
    ○ 은닉하거나 별도취급을 하며 특히 발각을 겁내지는 않았는가

5. 범행의 상황, 재물의 처분

가. 양 여

- 누구로부터 받았는가
  - 범인으로부터 직접 받았는가
  - 제3자로부터인가
  - 자기가 장물을 받으러 갔는가
  - 타인에게 의뢰해서 장물을 받으러 보냈는가
  - 우송 · 화물편 기타를 이용했는가
- 상대자는 무어라고 하면서 주었는가, 그때 현장을 본 사람은 있는가
- 장물인 것을 언제 알게 되었는가
- 무상으로 받았는가
- 그 물건을 반환하지 않아도 좋았는가(사실상의 처분권 취득의 확인)
- 그 물건을 받아 어떤 방법으로 가져왔는가
- 수령 후, 그 물건을 사용했는가
- 현재, 그 물건을 어떻게 하고 있는가

나. 운 반

- 언제 · 어디서 · 누구로부터 운반 의뢰를 받았는가
- 언제 · 어디서 · 누구로부터 물품을 인수했는가
- 그때 그 현장을 본 사람은 있었는가
- 상대자는 무어라고 하며 인도했는가
- 장물이라는 것을 언제 확인했는가
- 무엇이라고 운반하였는가
- 어디서 어디까지 운반하였는가
- 운반의 대가로 무엇을 받았는가
- 운반한 후 그 물건을 누구에게 어떻게 했는가

다. 보 관

- 언제 · 어디서 · 누구로부터 보관 의뢰를 받았는가
- 언제 · 어디서 · 누구로부터 물건을 인수했는가
- 그 때 그 현장을 본 사람은 있었는가
- 상대자는 무어라고 하며 인도했는가

- 인수할 때 반환의 시기를 약속했었는가
- 장물인 것을 언제 알게 되었는가
- 받은 후 어떤 방법으로 가져왔는가
- 현재, 그 장물을 어떻게 하고 있는가

라. 취 득
- 언제 어디서 누구로부터 매수 알선을 받았는가
- 매수에 관하여 누구와 흥정했는가
- 그 때 그 현장을 본 사람은 있었는가
- 장물이라는 것을 어떻게 알았는가
- 장물이라는 것을 언제 확인했는가
- 언제 어디서 장물을 매수하였는가, 가격은
- 그때 장물을 인수하였는가
- 거래시 영수증의 수수와 장부의 기재 여부
- 매수 후 그것을 어떻게 했는가
- 현재 그 장물은 어떻게 되었는가

마. 알 선
- 언제·어디서·누구로부터 그 물건의 처분 중개의 의뢰를 받았으며 그 물건을 수 령했는가
- 그때 그 현장을 본 사람은 있었는가
- 장물이라는 것을 어떻게 알았는가
- 장물이라는 것을 언제 확인하였는가
- 언제·어디서 현실적으로 장물의 매매·입질 등의 알선을 하였는가
- 가격은 얼마인가
- 알선행위를 하여 이익을 받았는가
- 알선할 때 상대자는 장물인 것을 알고 있었는가

6. 상습성
- 상습자 또는 상습성을 엿볼 수 있는 자의 범행은 아닌가

7. 장물의 압수품
- 압수품은 피의자가 말하는 장물에 틀림이 없는가

8. 신분관계

- 본범자와 장물범인의 관계
  - 혈족 기타 친족관계의 유무
  - 사교상 교제의 유무와 그 정도
  - 경제상 거래관계의 유무
  - 현재까지의 친지 · 거래관계의 유무
  - 폭력배 등인 때에는 두목 · 부하, 의형제 등 조직관계
- 본범자와 피해자, 피해자와 장물범인의 관계에 대하여도 전항1)과 같은 사항을 조사한다.

9. 공범관계

- 모의의 유무와 일시 · 장소
- 모의의 내용과 범위 · 방법
- 분담된 임무 및 실행방법
- 교사자 · 방조자의 유무

◖ Ⅴ. 신문例(장물취득)

- 피의자는 현재 어디에서 어떠한 일을 하고 있는가
- 피의자는 홍길동을 알고 있나
- 홍길동으로부터 ○○○ 물건을 구입한 일이 있느냐
- 언제 어디서 어떻게 물건을 구입하였나
- 이 ○○○(물건)은 홍길동이 훔친 것인데 그 사실을 알고 구입하였나
- 이 물건은 현 시가가 얼마나 되는가
- 그런데 얼마에 구입하였나
- 어떻게 이러한 금액 차이로 구입할 수 있나
- 홍길동의 주민등록증을 확인하고 구입하였나
- 홍길동이 물건을 판매하겠다고 처음 가져왔을 때 의심간 점이 없던가
- 피의자는 무엇을 잘못했다고 생각하나
- 현재 그 물건은 어떻게 하였나
- 피의자는 홍길동과 친족관계가 있나

제2절 업무상과실, 중과실장물

> 제364조(업무상과실, 중과실) 업무상과실 또는 중대한 과실로 인하여 제362조의 죄를 범한 자는 1년 이
> 하의 금고 또는 500만원 이하의 벌금에 처한다.

Ⅰ. 구성요건

1. 업무상과실

(1) 의 의

당해 업무에 종사하는 자가 장물인지의 여부를 의심할 만한 특별한 사정이 있거나, 매수물품의 성질과 종류 및 매도자의 신원 등에 좀 더 세심한 주의를 기울였다면 그 물건이 장물임을 알 수 있었음에도 이를 게을리 하여(업무상 주의의무에 위반하여) 장물인 정을 모르고 매수하거나 취득한 경우에 인정된다.

(2) 판단 기준

물건이 장물인지의 여부를 의심할 만한 특별한 사정이 있는지 여부나 그 물건이 정물임을 알 수 있었는지 여부는 매도자의 인적사항과 신분, 물건의 성질과 종류 및 가격, 매도자와 그 물건의 객관적 관련성, 매도자의 언동 등 일체의 사정을 참작하여 판단하여야 한다.

(3) 구체적 사례

(가) 고물상

■ 판례 ■ **카메라 등을 매매하는 상인인 피고에게 그 물건의 출처에 대한 설명의 진부까지 확인하여야 할 주의의무가 있는지 여부(소극)**

카메라 등을 매매하는 상인이 문제의 카메라를 매수할 때 평소에 지면이 있고 부산 데파트내에서 시계점을 경영하는 자의 소개를 받았고 그 물건의 출처와 매도인의 신분을 확인하기 위하여 매도인의 주소, 주민등록번호, 직업, 연령, 매입가격 등을 비치한 고물대장에 기입확인한 후 이를 타에 매도하면서 위 장부에 매수인의 성명, 주소, 직업, 연령, 매도가격을 기재하여 카메라의 매입매도 경로를 세밀하게 기재하였으며 매입가격과 매도가격의 차액이 7,000원리고 당초의 매도인이 자기형이 월남에 가있는데 가족들의 생계에 보태 쓰라고 하여 파는 것이라고 말하였기에 매수한 것이라면 그 카메라의 출처에 대하여 그 이상 확인하여야 할 주의의무가 있다고 할 수는 없다(대법원 1970.8.31. 선고, 70도1489 판결).

중고시계매매에 있어서 시계점을 경영하는 자의 주의의무

시계점을 경영하면서 중고시계의 매매도 하고 있는 피고인이 장물로 판정된 시계를 매입함에 있어 매도인에게 그 시계의 구입장소, 구입시기, 구입가격, 매각이유 등을 묻고 비치된 장부에 매입가격 및 주민등록증에 의해 확인된 위 매도인의 인적사항 일체를 사실대로 기재하였다면, 그 이상 위 매도인의 신분이나 시계출처 및 소지 경위에 대한 위 매도인의 설명의 진부에 대하여서까지 확인하여야 할 주의의무가 있다고는 보기 어렵다(대법원 1984.2.14. 선고 83도2982 판결).

미싱취급고물영업자들이 미싱을 구입함에 있어서 업무상 주의의무

미싱취급 고물영업을 하는 피고인들이, 새로운 설비를 하기 위하여 미싱을 처분한다는 봉제공장 경영자로부터 그 공장에 설치되어 있던 미싱 50대를 구입함에 있어서 다른 고물영업자 2사람과 함께 만든 견적서에 의하여 그 대금을 결정하고 매매계약서를 작성할 때에도 그의 사업자등록증과 주민등록증을 확인하고 위 물품을 인수한 후에 피고인들의 고물상 장부에 이를 모두 기재하였다면 피고인들로서는 위 물품들이 장물인지의 여부의 확인에 관한 업무상 요구되는 주의의무를 다하였다고 할 수 있다(대법원 1991.11.26. 선고 91도2332 판결).

(나) 전당포

전당포영업법은 1999. 3. 31. 폐지되었다.

1) 업무상과실을 인정한 례

전당포주가 전당포영업법 제15조 소정의 전당물주의 신원확인절차를 거친 경우 업무상 과실

전당포주가 전당포영업법 제5조 및 동법시행령 제14조의 규정에 의한 전당물주의 신원확인절차를 거쳤다고 하여도 전당의 회수전당물의 성질과 종류 및 전당물주의 신원등에 좀 더 세심한 주의를 기울였다면 전당물이 장물임을 알 수 있었음에도 불구하고 이를 게을리하여 장물인 정을 모르고 전당잡은 경우에는 업무상 과실 장물취득의 죄책을 면할 수 없다(대법원 1984.11.27. 선고 84도1413 판결).

전당포업주가 물품을 전당잡고자 할 때의 주의의무의 정도

전당포주가 물품을 전당잡고자 할 때는 전당물주의 주소, 성명, 직업, 연령과 그 물품의 출처, 특징 및 전당잡히려는 동기, 그 신분에 상응한 소지인지의 여부 등을 알아보아야 할 업무상의 주의의무가 있다 할 것이고 이를 게을리 하여 장물인 정을 모르고 전당잡은 경우에는 비록 주민등록증을 확인하였다 하여도 그 사실만으로는 업무상 과실장물취득의 죄책을 면할 수 없다(대법원 1985.2.26. 선고 84도2732,84감도429 판결).

2) 업무상과실을 부정한 例

장물여부에 관한 전당포영업자의 주의의무의 정도

전당포에 시가 3,000원 정도의 라디오를 전당잡히러 온 소녀 3명 중 2명은 공장여공으로서 회사명찰이 붙은 제복을 입고 있었고 모두 미성년자이어서 주민등록증 대신 여공출근카드를 제시받고 월급이 나올 때까지만 일시 라디오를 잡혀 쓰는 것이라는 소녀들의 말을 믿어 전당물 대장에 성명 · 주소 등을 기입하고 1,300원을 대여한 경우에 전당포주로서의 주의의무를 다한 것이며, 더 나아가 위 소녀들이 실제로 회사에 다니는지 여부 등을 알아볼 주의의무는 없다(대법원 1970.5.12. 선고 70도629 판결).

■ 판례 ■ **전당포 종업원의 업무상의 주의의무의 내용**

다이야반지의 출처와 보증서의 소지여부에 대하여 혼인할때 시집에서 사준 것이고 또한 혼인한지는 15년 이상이나 되어 보증서는 분실하였다고 대답한 경우, 전당잡는 사람은 전당물의 소유자라고 하는 사람의 전당물의 출처 및 소지경위에 관한 말의 진부까지 확인하여야 할 업무상의 주의의무는 없다(대법원 1978.9.26. 선고 78도1902 판결).

■ 판례 ■ **전당포주가 장물을 전당받음에 있어서 업무상 요구되는 주의의무의 정도**

절도범이 장물을 전당하면서 전당포주에게 위조한 주민등록증을 제시하고 전당포주의 질문에 대하여 전당물의 취득경위나 전당이유등을 그럴싸 하게 꾸며서 진술하여 전당포주가 육안으로는 위조여부를 쉽게 식별할 수 없는 위 주민등록증과 절도범의 말이 진실한 것으로 믿고 전당물 대장에 소정 양식대로 기재한 후 통상의 경우와 같이 그 가격에 상응한 한도내에서 위 절도범이 요구하는 금원을 대출하였다면 전당포주로서는 장물인 여부의 확인에 관하여 의무상 요구되는 주의의무를 다하였다고 볼 것이다(대법원 1983.9.27. 선고 83도1857 판결).

■ 판례 ■ **아이들 공납금 마련을 위해 전당잡힌다는 말을 믿고 주민등록증을 제시받아 전당물대장에 그 기재사항을 기재한 전당포 경영주의 업무상 과실유무**

전당포를 경영하는 피고인이 (甲)으로부터 카메라의 전당을 의뢰받음에 있어서 위 카메라가 (甲)의 소유물이며 아이들 공납금을 마련하기 위하여 전당하는 것인데 2, 3일 후에 찾아 가겠다는 위 (甲)의 말을 듣고 동인의 나이(48세)나 신분(운전사)으로 보아 카메라 정도는 소유할 수 있다고 믿고서 위 (甲)으로부터 주민등록증을 제시받아 전당물대장에 전당한 일시, 품명, 특징, 주소, 직업, 주민등록번호, 성명, 년령, 인상의 특징 등을 기재한 후 돈 60,000원에 전당한 것이라면 피고인은 전당포 경영자로서 업무상 요구되는 주의의무를 다하였다고 볼 것이다(대법원 1984.7.24. 선고 84도1196 판결).

■ 판례 ■ **장물여부에 관한 전당포영업자의 주의의무의 정도**

전당포영업자인 피고인이 전당의뢰자로부터 목적물을 전당잡으면서 전당포영업법 제15조 소정의 확인방법에 따라 의뢰자의 주민등록증을 제시받아 그의 주소, 성명, 직업, 연령 등 인적사항을 확인하고 전당물대장에 전당물과 전당물주의 특징등을 기재하는 한편 그의 전화번호까지 적어 두었다면 전당업무처리상의 주의의무를 다한 것으로 보아야 할 것이고 더 나아가 전당물의 구입경위나 출처, 전당의 동기까지 확인해야 할 주의의무는 없다(대법원 1984.9.25. 선고 84도1488 판결).

■ 판례 ■ **장물여부에 관한 전당포 영업자의 주의의무의 정도**

싯가 400,000원 상당의 금팔찌를 전당잡으면서 소유자라고 자칭하는 자가 주민등록증을 분실하였다 하여 그 남편이라는 자의 주민등록증을 제시받아 전당물대장에 동인의 주소, 성명, 연령과 전당물의 표시 등을 기재해 두었다면 전당포업주로서는 그 업무상 요구되는 상당한 주의의무를 다한 것이라 볼 것이고 더 나아가 그 팔찌의 소유자라고 하는 자의 신분에 관한 사항이나 위 팔찌의 출처, 구입경위, 매각동기, 그 신분에 적합한 소지인지의 여부까지 확인할 주의의무는 없다(대법원 1985.2.26. 선고 83도1215 판결).

(다) 물품거래업자(물품도매상이나 대리점)

1) 업무상과실 인정 例

■ 판례 ■ **금은방 운영자가 귀금속류를 매수함에 있어 장물인지 여부의 확인에 관하여 업무상 요구되는 주의의무의 정도**

[1] 사실관계

> 금은방을 운영하는 甲은 일주일 전에 乙(19세)로부터 14K 커플링반지를 매수하였는데, 乙이 다시 18K 큐빅 반지 2개를 가져와 甲에게 몇 돈이 나가느냐고 물어보며 팔려고 하자 이에 그 반지가 乙이 절취한 것이라는 것을 모르는 상태에서 乙로부터 주민등록증을 받아 신원을 확인한 후 156,000원에 매수하였다.

[2] 판결요지

금은방을 운영하는 자가 귀금속류를 매수함에 있어 매도자의 신원확인절차를 거쳤다고 하여도 장물인지의 여부를 의심할 만한 특별한 사정이 있거나, 매수물품의 성질과 종류 및 매도자의 신원 등에 좀 더 세심한 주의를 기울였다면 그 물건이 장물임을 알 수 있었음에도 불구하고 이를 게을리하여 장물인 정을 모르고 매수하여 취득한 경우에는 업무상과실장물취득죄가 성립한다고 할 것이고, 물건이 장물인지의 여부를 의심할 만한 특별한 사정이 있는지 여부나 그 물건이 장물임을 알 수 있었는지 여부는 매도자의 인적사항과 신분, 물건의 성질과 종류 및 가격, 매도자와 그 물건의 객관적 관련성, 매도자의 언동 등 일체의 사정을 참작하여 판단하여야 한다. 따라서 금은방 운영자가 반지를 매수함에 있어 장물인 정을 알 수 있었거나 장물인지의 여부를 의심할 만한 특별한 사정이 있는 경우에는 매도인의 신원확인 외에 반지의 출처 및 소지경위 등에 대하여도 확인할 업무상 주의의무가 있다고 할 것이다(대법원 2003.4.25. 선고 2003도348 판결). ☞ (甲은 업무상과실장물취득죄)

■ 판례 ■ **전자대리점 경영자의 취급물품의 매수에 관한 업무상 주의의무**

전자대리점을 경영하는 자가 그 취급물품의 판매회사 사원으로부터 그가 소개한 회사 보관창고의 물품반출업무담당자가 그 창고에서 내어 주는 회사소유 물품을 반출하여 판매후 그 대금을 달라는 부탁을 받고 이를 반출함에 있어서 그 대금도 확실히 정하지 않고 인수증의 발행등 정당한 출고절차를 거치지 아니하였다면 전자대리점경영자로서는 마땅히 그 회사관계자등에게 위 물품이 정당하게 출고되는 것인지 여부를 확인하여야 할 업무상의 주의의무가 있다(대법원 1987.6.9. 선고, 87도915 판결).

2) 업무상과실의 부정 例

■ 판례 ■ **같은 시내에 있는 동업자로부터 밀가루 등을 고시가격보다 저렴하게 매수한 상인에게 업무상 과실장물취득죄의 성립여부(소극)**

밀가루 및 전분등을 구입판매하는 상인이 같은 시내에서 같은 업종의 상회를 경영하고 있는 자로부터 수표부도를 막기 위하여 공장출고가격보다 염가로 팔려고 하니 밀가루 등을 사라는 권유를 받고 고시가격 또는 통상의 공장출고가격보다 다소 저렴한 가격으로 매수한 경우, 위 밀가루나 전분등이 비수기에 대량으로 현금으로 매수할 때는 위 고시가격 또는 통상의 출고가격 이하로 얼마든지 거래가 이루어지고 있는 실정이었다면 비록 동인이 그 물건들의 출처나 수표부도여부를 확인하지 않고 세금계산서를 작성.교부받거나 기장처리를 하지 아니하였다 하더라도 장물인지의 여부확인을 위해 업무상 요구되는 주의의무를 게을리하였다고 할 수 없다(대법원 1986.8.19. 선고 84도704 판결).

■ 판례 ■ **귀금속상이 매도인의 주민등록증을 확인하고 시장가격으로 구입하였을 경우 업무 상과실 장물취득죄의 성부(소극)**
귀금속상이 통상의 시장상인들이 구입하는 가격에 맞추어 매수하고 또 매수할 당시에 매도인의 신상을 파악하고자 주민등록증의 제시를 요구하여 성명과 주소등을 확인하였다면 업무상 요구되는 주의의무를 게을리하였다고 단정할 수 없으므로, 업무상과실 장물취득죄는 성립되지 않는다(대법원 1983.3. 22. 선고 83도47 판결).

(라) 영업용 택시운전사

■ 판례 ■ **영업용 택시운전사가 승객이 소지한 물건에 대한 장물인지 여부의 확인의무 존부**

[1] 사실관계
영업용 운전사인 甲은 乙을 그가 운전하는 영업용택시에 태우고 자리돔 그물 한 틀을 택시 뒷좌석에 적재하고 운반하는데 乙로부터 그 물건의 출처와 장물 여부를 따진 적은 없다.

[2] 판결요지
영업용 택시운전사에게 승객의 소지품의 내용 및 내력 등에 관하여 이를 물어보고 조사할 권한이나 의무가 없으므로 택시운전사가 승객의 물건의 출처와 장물 여부를 따지고 신분에 적합한 소지인인가를 알아보는 등의 주의를 하지 않고 승객의 물건을 운반하였다 하여도 업무상 과실장물운반죄가 성립하지 않는다(대법원 1983.6.28. 선고 83도1144 판결).

2. 중과실

중과실이란 보통의 주의보다도 사소한 주의를 게을리 함으로서 장물인 정을 알지 못하는 것을 말한다.

[기재례1] 장물인 반지 매수

피의자는 ○○에서 ○○금은방이라는 상호로 중고 귀금속 매매 업무에 종사하는 사람이다.

피의자는 20○○. ○. ○.15:00경 위 금은방에서 甲으로부터 그가 절취하여 온 피해자 乙 소유인 시가 ○○만 원 상당의 ○○g 짜리 금목걸이 1개를 매수하게 되었다. 이러면 귀금속 매매 업무에 종사하는 피의자에게는 甲의 인적사항 등을 확인하여 기재하는 한편 금목걸이 취득

경위, 매도의 동기와 거래 시세에 적합한 가격을 요구하는지 등을 잘 살펴 장물 여부를 확인하여야 할 업무상 주의의무가 있다.

그럼에도 불구하고 피의자는 위와 같은 주의를 게을리한 채 장물에 관한 판단을 소홀히 한 과실로 위 금목걸이 1개를 대금 ○○만 원에 매수하여 장물을 취득하였다.

2) **적용법조** : 제364조, 제362조… 공소시효 5년

[기재례2] 장물인 행운의 열쇠를 인적사항 확인 없이 매수한 경우

1) **범죄사실 기재례**

피의자는 ○○에서 ○○귀금속이라는 상호로 중고 귀금속 매매 업무에 종사하는 사람이다.

피의자는 20○○. ○. ○. 10:00경 위 금은방에서 홍길동(별도입건)이 절취하여 가져온 피해자 乙소유의 행운의 열쇠 ○○g 짜리 1개 시가 ○○만원 상당을 매수하였다.

이러한 경우 귀금속매매업무에 종사하는 사람으로서는 위 홍길동의 인적사항 등을 확인하여 기재하고 금목걸이 소지 경위, 매도의 동기와 거래 시세에 적합한 가격을 요구하는지 등을 살펴 장물 여부를 확인하여야 할 업무상의 주의의무가 있다.

그럼에도 불구하고 피의자는 위와 같은 주의를 게을리하고 장물에 관한 판단을 소홀히 한 과실로 위 행운의 열쇠 1개를 ○○만원에 매수하여 장물을 취득하였다.

2) **적용법조** : 제364조, 제362조… 공소시효 5년

3) **신문사항**

- 금은방을 하고 있는가
- 언제부터 어디에서 하고 있는가
- 그 규모는 어느 정도인가
- 홍길동을 알고 있는가
- 그로부터 귀금속을 매수한 일이 있는가
- 언제 어떤 귀금속을 매수하였나

- 어떻게 매수하였나

- 얼마에 매수하였나

- 홍길동이 뭐라면서 판다고 하던가

- 홍길동에 대한 인적사항을 기록해 두었는가

- 시가가 어느 정도인데 얼마에 매수하였나

- 의심가는 부분이 없던가

- 귀금속 매매를 하는 자로서 주의의무를 다하였다고 생각하는가

- 왜 인적사항 등을 기록하지 않았는가

[기재례3] 귀금속상이 절취 귀금속 매입

1) 범죄사실 기재례

피의자는 ○○에서 '○○거래소'라는 상호로 중고 귀금속 매매 업무에 종사하고 있다.

피의자는 20○○. ○. ○. 14:30경 위 거래소에서, 갑으로부터 그가 훔쳐온 피해자 을소유인 피해자 신고가격 ○○만원 상당의 여성용 다이아몬드 금반지 1개, 시가 합계 ○○만원 상당의 3돈짜리 아기 팔찌 1개 등 총 ○○개의 귀금속을 매수하게 되었다.

이러한 경우 귀금속매매 업무에 종사하는 사람에게는 매도인의 인적사항 등을 확인하여 기재하는 한편 위 귀금속의 취득 경위, 매도의 동기와 거래 시세에 적합한 가격을 요구하는지 등을 잘 살펴 장물 여부를 확인하여야 할 업무상 주의의무가 있었다.

그럼에도 불구하고 피의자는 이를 게을리한 채 장물에 관한 판단을 소홀히 한 과실로 위 귀금속 ○○개를 대금 ○○원에 매수하였다.

이로써 피의자는 위와 같은 업무상과실로 장물을 취득하였다.

2) 적용법조 : 제364조, 제362조… 공소시효 5년

제 **42** 장　손괴의 죄
(제366~370조)

제1절 재물손괴 등

제366조(재물손괴 등) 타인의 재물, 문서 또는 전자기록등 특수매체기록을 손괴 또는 은닉 기타 방법으
　로 기 효용을 해한 자는 3년 이하의 징역 또는 700만원 이하의 벌금에 처한다.
제371조(미수범) 제366조, 제367조와 제369조의 미수범은 처벌한다.
※ 폭력행위등처벌에관한법률 제2조(폭행등)
※ 전기공사업법 제40조(벌칙), 제41조(벌칙)
※ 건설산업기본법 제93조(벌칙), 제94조(벌칙)
※ 건축법 제106조(벌칙), 제107조(벌칙)
※ 도시가스사업법 제48조(벌칙)
※ 도로법 제113조(벌칙)

 Ⅰ. 구성요건

1. 객 체

타인의 재물·문서·전자기록 등 특수매체기록

(1) 재 물

유체물 및 관리할 수 있는 동력으로서 동산·부동산도 포함되며, 동물도 재물에 해
당한다.

○ 재물이라도 공용물의 경우에는 공용물손괴죄·파괴죄, 공용서류무효죄 및 공익건
조물파괴죄의 객체가 되므로 본죄의 객체가 아니다.

○ 본죄의 객체인 재물은 반드시 경제적 교환가치를 가질 것은 요하지 않는다. 다만
이용가치나 효용성이 전혀 없거나 소유자가 주관적 가치도 부여하지 않은 물건은
본죄의 객체가 아니다.

■ 판례 ■ **재건축 아파트 건조물의 무단 철거**

[1] 사실관계

아파트단지의 재건축을 위한 재건축조합의 규약이나 정관에 '조합은 사업의 시행으로서 그 구역 내의 건축물을 철거할 수 있다'는 취지와 '조합원은 그 철거에 응할 의무가 있다'는 취지의 규정이 있고, 조합원이 재건축조합에 가입하면서 '조합원의 권리, 의무 등 조합 정관에 규정된 모든 내용에 동의한다'는 취지의 동의서를 제출하였으나, 그 후 사업계획 내용의 변경으로 신축아파트의 평형배정이 불리하게 변경되고 분양가도 상승하게 되자 일부 조합원들이 관리처분계획에 대해 반대하면서 아파트의 철거에 동의하지 않고 있는 상태에서 재건축조합이 건축물을 철거하였다.

[2] 판결요지

가. 재건축사업으로 철거할 예정이고 그 입주자들이 모두 이사하여 아무도 거주하지 않는 아파트도 재물손괴죄의 객체가 되는지 여부(적극)

재건축사업으로 철거예정이고 그 입주자들이 모두 이사하여 아무도 거주하지 않은 채 비어 있는 아파트라 하더라도, 그 객관적 성상이 본래 사용목적인 주거용으로 쓰일 수 없는 상태라거나 재물로서의 이용가치나 효용이 없는 물건이라고도 할 수 없어 재물손괴죄의 객체가 된다.

나. 재건축조합이 법적 절차를 따르지 않고 자력으로 건축물을 철거하는 데 대한 사전 승낙을 받았다고 볼 수 있는지 여부(소극)

재건축조합의 규약이나 정관에 '조합은 사업의 시행으로서 그 구역 내의 건축물을 철거할 수 있다', '조합원은 그 철거에 응할 의무가 있다'는 취지의 규정이 있고, 조합원이 재건축조합에 가입하면서 '조합원의 권리, 의무 등 조합 정관에 규정된 모든 내용에 동의한다'는 취지의 동의서를 제출하였다고 하더라도, 조합원은 이로써 조합의 건축물 철거를 위한 명도의 의무를 부담하겠다는 의사를 표시한 것일 뿐이므로, 조합원이 그 의무이행을 거절할 경우 재건축조합은 명도청구소송 등 법적 절차를 통하여 그 의무이행을 구하여야 함이 당연하고, 조합원이 위와 같은 동의서를 제출한 것을 '조합원이 스스로 건축물을 명도하지 아니하는 경우 재건축조합이 법적 절차에 의하지 아니한 채 자력으로 건축물을 철거하는 것'에 대해서까지 사전 승낙한 것이라고 볼 수는 없다(대법원 2007.9.20. 선고 2007도5207 판결).

■ 판례 ■ **본래의 용도에 사용할 수 없으나 다른 용도에 사용할 수 있는 경우와 재물손괴죄의 객체**

포도주 원액이 부패하여 포도주 원료로서의 효용가치는 상실되었으나, 그 산도가 1.8도 내지 6.2도에 이르고 있어 식초의 제조등 다른 용도에 사용할 수 있는 경우에는 재물손괴죄의 객체가 될 수 있다(대법원 1979.7.24. 선고 78도2138 판결).

(2) 문 서

적어도 법률상 또는 사회생활상 중요한 사항에 관한 내용이 표시되어 있는 문서로서 공용서류무효죄(제141조 제1항)의 공용서류에 해당하지 않는 모든 문서를 말한다.

○ 문서는 공문서이든 사문서이든 불문하며, 권리의무에 관한 문서이든 사실증명에 관한 문서이든 묻지 않으며, 편지·도화·유가증권도 본죄의 문서에 포함된다. 다

만 법률상 또는 사회생활상 중요한 사항이 표시되어 있어야 하고 재산적 이용가치 내지 효용이 있어야 한다.

○ 문서자체에 작성명의인의 표시가 없고 기재가 부분적으로 생략되어 있다고 하더라도 그 문서의 내용, 형식, 필적 등을 종합하여 작성명의인을 알 수 있고 표시된 기재만으로도 그 내용을 객관적으로 이해할 수 있으며 작성명의인의 확정적인 의사가 표시된 것이라면 문서에 해당한다.

■ 판례 ■ **경리장부를 이기하는 과정에서 누계가 잘못된 부분을 찢은 행위가 문서손괴죄에 해당하는지 여부(소극)**

손괴죄의 객체인 문서란 거기에 표시된 내용이 적어도 법률상 또는 사회생활상 중요한 사항에 관한 것이어야 하는 바, 이미 작성되어 있던 장부의 기재를 새로운 장부로 이기하는 과정에서 누계 등을 잘못 기재하다가 그 부분을 찢어버리고 계속하여 종전장부의 기재내용을 모두 이기하였다면 그 당시 새로운 경리장부는 아직 작성중에 있어서 손괴죄의 객체가 되는 문서로서의 경리장부가 아니라 할 것이고, 또 그 찢어버린 부분이 진실된 증빙내용을 기재한 것이었다는 등의 특별한 사정이 없는 한 그 이기과정에서 잘못 기재되어 찢어버린 부분 그 자체가 손괴죄의 객체가 되는 재산적 이용가치 내지 효용이 있는 재물이라고도 볼 수 없다(대법원 1989.10.24. 선고 88도1296 판결).

(3) 전자기록 등 특수매체기록

사람의 지각으로 인식할 수 없는 방식에 의하여 만들어진 전자기록, 전기기록, 광학기록 등을 의미한다.

○ 기록이란 매체물이 담고 있는 데이터의 기록자체만을 의미한다. 따라서 그 기록을 담고 있는 매체물은 특수매체기록이 아니라 재물에 해당하며, 마이크로필름은 문서에 해당하고, 영상기록은 재물에 해당한다.

(4) 소유의 타인성

재물, 문서, 전자기록 등 특수매체기록은 타인의 소유여야 한다. 타인이라 함은 자연인 이외에 국가, 법인, 법인격 없는 단체를 포함한다.

(가) 무주물 및 자기의 소유물

○ 어느 누구의 소유에도 속하지 않는 무주물은 본죄의 객체가 될 수 없고, 실재하지 않는 단체나 허무인은 소유나 관리의 주체가 될 수 없으므로 이들에게 명의를 신탁한 실질적인 소유자가 없는 한 본죄의 객체가 될 수 없다.

○ 타인 권리의 목적이 된 자기의 자기소유물을 손괴한 경우에는 손괴죄가 아니라 권리행사방해죄 또는 공무상보관물무효죄가 성립한다.

(나) 구체적 검토

1) 문서의 타인성

- 타인소유이면 자기명의·타인명의 여부를 불문하고 본죄의 객체가 된다. 따라서 자기명의의 타인소유의 문서를 소지인의 동의없이 폐기하거나 그 내용을 변경한 경우에는 문서손괴죄가 성립한다.
- 문서 내용의 진위는 본죄의 성립에 영향이 없다.

▪판례▪ 타인(타기관)에 접수되어 있는 자기명의의 문서를 무효화시킨 경우, 문서손괴죄의 성부

비록 자기명의의 문서라 할지라도 이미 타인(타기관)에 접수되어 있는 문서에 대하여 함부로 이를 무효화시켜 그 용도에 사용하지 못하게 하였다면 일응 형법상의 문서손괴죄를 구성한다 할 것이므로 그러한 내용의 범죄될 사실을 허위로 기재하여 수사기관에 고소한 이상 무고죄의 죄책을 면할 수 없다(대법원 1987.4.14. 선고 87도177 판결).

▪판례▪ 자기가 점유하는 타인소유 문서도 문서손괴죄의 객체가 되는지 여부(적극)

문서손괴죄의 객체는 타인소유의 문서이며 피고인 자신의 점유하에 있는 문서라고 할지라도 타인소유인 이상 이를 손괴하는 행위는 문서손괴죄에 해당한다. 피고인이 피해자로부터 전세금 2,000,000원을 받고 영수증을 작성교부한 뒤에 피해자에게 위 전세금을 반환하겠다고 말하여 피해자로부터 위 영수증을 교부받고 나서 전세금을 반환하기도 전에 이를 찢어버린 경우, 문서손괴죄를 구성한다(대법원 1984.12.26. 선고 84도2290 판결).

▪판례▪ 허위내용의 확인서를 그 소유자의 의사에 반해 작성 명의인이 손괴한 경우, 문서손괴죄의 성부(적극)

확인서가 소유자의 의사에 반하여 손괴된 것이라면 그 확인서가 피고인 명의로 작성된 것이고 또 그것이 진실에 반하는 허위내용을 기재한 것이라 하더라도 피고인은 문서손괴의 죄책을 면할 수 없다(대법원 1982.12.28. 선고 82도1807 판결).

▪판례▪ 채무담보조로 보관받은 약속어음의 지급일자를 지운 경우, 문서손괴죄의 성부(적극)

약속어음의 수취인이 차용금의 지급담보를 위하여 은행에 보관시킨 약속어음을 은행지점장이 발행인의 부탁을 받고 그 지급기일란의 일자를 지움으로써 그 효용을 해한 경우에는 문서손괴죄가 성립한다(대법원 1982.7.27. 선고 82도223 판결).

2) 부동산의 타인성

자기소유의 부동산에 부합된 물건이라도 타인의 소유에 속할 때에는 본죄의 객체가 된다.

▪판례▪ 타인 소유의 토지에 사용수익의 권한없이 경작한 농작물을 소유자가 뽑아버린 경우, 손괴죄의 성부(적극)

타인 소유의 토지에 이를 사용수익할 만한 권한이 없이 농작물을 경작한 경우에 그 농작물의 소유권은 경작한 사람에게 귀속된다고 할 것인바 피고인이 매수한 토지에 타인이 권원없이 경작한 콩을 뽑아버린 행위는 재물손괴죄에 해당한다(대법원 1970.3.10. 선고, 70도82 판결).

※ 판례 ※ **타인 소유 토지에 수목을 식재할 당시 토지 소유권자의 동의 등이 있는 경우에 토지에 부합하는지 여부(소극)**

민법 제256조에서 부동산에의 부합의 예외사유로 규정한 '권원'은 지상권, 전세권, 임차권 등과 같이 타인의 부동산에 자기의 동산을 부속시켜서 그 부동산을 이용할 수 있는 권리를 뜻한다(대법원 2005. 1. 27. 선고 2004도6289 판결, 대법원 2010. 10. 28. 선고 2010도4880 판결 등 참조). 따라서 타인 소유의 토지에 수목을 식재할 당시 토지의 소유권자로부터 그에 관한 명시적 또는 묵시적 승낙·동의·허락 등을 받았다면, 이는 민법 제256조에서 부동산에의 부합의 예외사유로 정한 '권원'에 해당한다고 볼 수 있으므로, 해당 수목은 토지에 부합하지 않고 식재한 자에게 그 소유권이 귀속된다. 대법원은, ① 피고인이 일관되게 판시 각 수목이 자신의 소유라고 주장한 점, ② 피고인이 판시 각 수목을 식재하였는지 여부나 식재 시점·경위 등에 관하여는 조사가 이루어지지 않았고, 피해자는 공판과정에서 '이 사건 토지를 매수하기 전부터 판시 각 수목이 식재되어 있었다.'라는 취지로 진술한 점, ③ 이 사건 토지의 전 소유자는 피고인이 상당기간 전에 이미 이 사건 토지에 판시 각 수목을 식재한 사실까지 잘 알고 있었음에도 10여 년 이상의 장기간 동안 피고인이 이를 유지·보존·관리를 하는 것에 대해 별다른 이의를 제기하지 않았던 점, ④ 피고인이 판시 각 수목을 식재할 당시 이 사건 토지의 전 소유자로부터 명시적 또는 묵시적으로 승낙·동의를 받았거나 적어도 이 사건 토지 중 판시 각 수목이 식재된 부분에 관하여는 무상으로 사용할 것을 허락받았을 가능성을 배제하기 어려워 보이는 점 등을 이유로, 피고인이 손괴한 판시 각 수목이 피해자의 소유임을 전제로 유죄를 인정한 원심판결을 파기·환송함 (대법원 2023. 11. 16. 선고 2023도 11885 판결)

※ 판례 ※ **쪽파의 매수인이 명인방법을 갖추지 않은 경우, 매도인과 제3자 사이에 일정 기간 후 임의처분의 약정에 의하여 그 기간 후에 제3자가 쪽파를 손괴한 경우, 손괴죄의 성립여부(소극)**

물권변동에 있어서 형식주의를 채택하고 있는 현행 민법하에서는 소유권을 이전한다는 의사 외에 부동산에 있어서는 등기를, 동산에 있어서는 인도를 필요로 함과 마찬가지로 이 사건 쪽파와 같은 수확되지 아니한 농작물에 있어서는 명인방법을 실시함으로써 그 소유권을 취득한다. 쪽파의 매수인이 명인방법을 갖추지 않은 경우, 쪽파에 대한 소유권을 취득하였다고 볼 수 없어 그 소유권은 여전히 매도인에게 있고 매도인과 제3자 사이에 일정 기간 후 임의처분의 약정이 있었다면 그 기간 후에 제3자가 쪽파를 손괴하였더라도 재물손괴죄가 성립하지 않는다(대법원 1996.2.23. 선고 95도2754 판결).

※ 판례 ※ **도시재개발법에 의한 관리처분계획의 인가·고시 이후 분양처분의 고시 이전에 재개발구역 안의 무허가건물을 제3자가 임의로 손괴하는 경우, 재물손괴죄의 성립 여부(적극)**

구 도시재개발법(2002.12.30. 법률 제6852호로 폐지)에 의한 재개발구역 안의 무허가 건물에 대한 사실상 소유권은 관리처분계획의 인가·고시에 의하여 이에 해당하는 아파트 등을 분양받을 조합원의 지위로 잠정적으로 바뀌고, 분양처분의 고시가 있는 경우에는 같은 법 제39조 제1항 전문의 규정에 의하여 그에 대한 사실상 소유권이 소멸하고 분양받은 아파트에 대한 소유권만이 남게 되는 것이므로, 관리처분계획의 인가·고시 이후 분양처분의 고시 이전에 재개발구역 안의 무허가 건물을 제3자가 임의로 손괴할 경우 특별한 사정이 없는 한 재물손괴죄가 성립한다(대법원 2004.5.28. 선고 2004도434 판결).

2. 행 위

손괴 또는 은닉 기타의 방법에 의하여 그 효용을 해하는 것

(1) 손 괴

재물 등에 직접 유형력을 행사하여 물체의 상태를 변화시킴으로서 그 이용가치를 해하는 것을 말한다.

(가) 재물손괴

- 물건 자체에 유형력을 행사할 것을 요하므로 물체에 영향을 미치지 않고 재물의 기능을 훼손하는 것(例, 부두에 매어 둔 배를 풀어서 떠내려가게 하는 것, 오토바이를 지붕위에 올려놓아 사용하지 못하게 하는 것, 텔레비전을 못보게 하기 위하여 전파를 방해하는 것, 전자제품을 사용하지 못하도록 전원을 끊어 놓는 것)은 손괴에 해당하지 않는다.
- 반드시 중요부분을 훼손할 필요는 없고 간단히 수리할 수 있는 경미한 정도(例, 자동차 타이어에서 바람을 빼버리는 것)도 포함된다.
- 손괴행위로 인하여 물건자체가 소멸될 것을 요하지 않고, 물건의 본래의 사용목적에 공할 수 없는 상태로 만드는 것(例, 기계나 시계 등을 분해하여 쉽게 결합할 수 없게 한 경우, 음식물에 오물을 넣는 것, 벽에 광고를 붙이는 것)이면 족하다.
- 손괴는 반드시 영구적임을 요하지 않고 일시적이라도 충분하다. 따라서 타인의 금반지를 가지고 자기의 금니를 만드는 데에 사용하는 것, 음료수를 차게하기 위하여 둔 얼음을 자기가 먹기 위하여 녹이는 것, 문서에 첨부된 인지를 떼어 내는 것 등은 모두 손괴행위에 해당한다.
- 동물을 사상하는 것도 손괴에 해당한다.

■ 판례 ■ **해고노동자들이 회사 건물에 낙서를 하고 계란을 투척한 경우**

가. 건조물의 벽면에 낙서를 하거나 게시물을 부착 또는 오물을 투척하는 행위가 재물손괴죄에 해당하는지 여부의 판단 기준
형법 제366조 소정의 재물손괴죄는 타인의 재물을 손괴 또는 은닉하거나 기타의 방법으로 그 효용을 해하는 경우에 성립하는바, 여기에서 재물의 효용을 해한다고 함은 사실상으로나 감정상으로 그 재물을 본래의 사용목적에 제공할 수 없게 하는 상태로 만드는 것을 말하며, 일시적으로 그 재물을 이용할 수 없는 상태로 만드는 것도 여기에 포함된다. 특히, 건조물의 벽면에 낙서를 하거나 게시물을 부착하는 행위 또는 오물을 투척하는 행위 등이 그 건조물의 효용을 해하는 것에 해당하는지 여부는, 당해 건조물의 용도와 기능, 그 행위가 건조물의 채광·통풍·조망 등에 미치는 영향과 건조물의 미관을 해치는 정도, 건조물 이용자들이 느끼는 불쾌감이나 저항감, 원상회복의 난이도와 거기에 드는 비용, 그 행위의 목적과 시간적 계속성, 행위 당시의 상황 등 제반 사정을 종합하여 사회통념에 따라 판단하여야 한다.

나. 해고노동자들의 죄책
해고노동자 등이 복직을 요구하는 집회를 개최하던 중 래커 스프레이를 이용하여 회사 건물 외벽과

1층 벽면 등에 낙서한 행위는 건물의 효용을 해한 것으로 볼 수 있으나, 이와 별도로 계란 30여 개를 건물에 투척한 행위는 건물의 효용을 해하는 정도의 것에 해당하지 않는다(대법원 2007.6.28. 선고 2007도2590 판결).

■ 판례 ■　　경계의 표시를 위하여 타인소유의 석축 중 돌 3개에 빨간색 락카를 사용해 화살표 모양을 표시한 행위에 대하여 재물손괴죄로 기소한 사안(건조물의 벽면이나 구조물 등에 낙서를 하는 행위가 재물의 효용을 해하는 것인지에 대한 판단기준

재물손괴죄는 타인의 재물을 손괴 또는 은닉하거나 기타의 방법으로 효용을 해하는 경우에 성립한다. 여기에서 재물의 효용을 해한다고 함은 사실상으로나 감정상으로 재물을 본래의 사용 목적에 제공할 수 없는 상태로 만드는 것을 말하고, 일시적으로 이용할 수 없는 상태로 만드는 것도 포함한다. 건조물의 벽면이나 구조물 등(이하 '구조물 등'이라 한다)에 낙서를 하는 행위가 구조물 등의 효용을 해하는 것인지는, 해당 구조물 등의 용도와 기능, 낙서 행위가 구조물 등의 본래 사용 목적이나 기능에 미치는 영향, 구조물 등의 미관을 해치는 정도, 구조물 등의 이용자들이 느끼는 불쾌감과 저항감, 원상회복의 난이도와 거기에 드는 비용, 낙서 행위의 목적과 시간적 계속성, 행위 당시의 상황 등 제반 사정을 종합하여 사회통념에 따라 판단하여야 한다(대법원 2007. 6. 28. 선고 2007도2590 판결, 대법원 2020. 3. 27. 선고2017도20455 판결 등 참조). 원심은 피고인이 빨간색 락카를 사용해 피해자소유의 석축 중 돌 3개에 화살표 모양을 표시한 행위가 석축의 미관을 훼손하여 효용을 해하였다고 보아 재물손괴죄의 성립을 인정한 제1심판결을 그대로 유지하였다. 대법원은 위 법리에 따라 이 사건 석축의 용도와 기능, 낙서 행위가 석축의 본래 사용 목적이나 기능에 미치는 영향, 석축의 미관을 해치는 정도, 석축 소유자가 느끼는 불쾌감과 저항감, 원상회복의 난이도와 거기에 드는 비용, 낙서 행위의 목적과 시간적 계속성, 행위 당시의 상황 등 제반 사정을 종합적으로 고려하여 피고인의 낙서 행위가 석축의 효용을 해하는 정도에 이르렀다고 단정하기 어렵다고 보아 원심판결을 파기·환송하였다. (대법원 2022. 10. 27. 선고 2022도8024)

(나) 문서손괴

폐기·소각하는 것이 일반적이지만, 문서의 내용을 일부 말소하거나 문서나 장부의 1장을 빼내거나 문서에 첨부된 인지를 떼어낸 경우도 손괴에 해당한다.

(다) 특수매체기록　괴

그 기록의 소거·변경 이외에 기록매체물 자체의 파손도 손괴에 해당한다.

(2) 은 닉

재물 또는 문서의 소재를 불분명하게 하여 그 발견을 곤란 또는 불가능하게 함으로

써 그 효용을 해하는 것을 말한다.

- 은닉은 반드시 객체를 범인의 점유 하에 이전될 것을 요하지 않는다. 따라서 피해자가 점유하는 장소에서 문서를 은닉하여 발견을 곤란하게 하는 경우도 은닉에 해당한다.
- 범인이 재물 등을 자기의 점유로 이전한 경우에는 피해자가 범인이 점유하고 있다는 것을 알고 있더라도 발견이 곤란하면 은닉에 해당한다.
- 은닉은 재물 등을 이용할 수 없는 상태에 둠으로써 족하고 그 이용 방해기간이 일시적이든 영속적이든, 또 범인에게 후일 이를 반환할 의사가 있었는지 없었는지는 불문한다.
- 재물 또는 문서를 은닉한 경우에 절도죄에 해당하는가, 손괴죄에 해당하는가는 불법영득의사의 유무를 기준으로 구별한다. 즉 불법영득의사로 은닉한 경우에는 절도죄가, 불법영득의사 없이 은닉한 경우에는 손괴죄가 성립한다.

■ 판례사례 ■ **[은닉에 해당하지 아니하는 사례]**

(1) 피고인이 피해자를 좀더 호젓한 곳으로 데리고 가기 위하여 피해자의 가방을 빼앗고 따라 오라고 하였는데 피해자가 따라 오지 아니하고 그냥 돌아갔기 때문에 위 가방을 돌려주기 위하여 부근일대를 돌아다닌 행위(대법원 1992.7.28. 선고 92도1345 판결)

(2) 피고인이 자기가 속하고 있는 종중 소유라고 믿고 있는 임야에 대한 소외인 명의의 등기권리증을 그 소지인이 제시하자 이를 가지고 가서 위 종중이 원고가 되어 그 말소등기를 구하는 민사사건에 증거로 제출한 행위(대법원 1979.8.28. 선고 79도1266 판결)

(3) 기타 방법으로 효용침해

손괴 또는 은닉 이외의 방법으로 재물 등의 효용을 해하는 일체의 행위를 말한다. 물질적 훼손뿐만 아니라 사실상·감정상 그 물건의 본래의 용도에 사용할 수 없게 하는 일체의 행위를 포함한다.

■ 판례 ■ **문서손괴죄에서 '문서의 효용을 해한다' 는 것의 의미 및 소유자의 의사에 따라 형성된 종래의 이용상태를 변경시켜 종래의 상태에 따른 이용을 일시적으로 불가능하게 하는 경우, 문서손괴죄가 성립하는지 여부(적극) / 어느 문서에 대한 종래의 사용상태가 문서 소유자의 의사에 반하여 또는 그와 무관하게 이루어진 경우, 문서손괴죄가 성립하는지 여부**

문서손괴죄는 타인 소유의 문서를 손괴 또는 은닉 기타 방법으로 효용을 해함으로써 성립하고, 문서의 효용을 해한다는 것은 문서를 본래의 사용목적에 제공할 수 없게 하는 상태로 만드는 것은 물론 일시적으로 그것을 이용할 수 없는 상태로 만드는 것도 포함한다. 따라서 소유자의 의사에 따라 어느 장소에 게시 중인 문서를 소유자의 의사에 반하여 떼어내는 것과 같이 소유자의 의사에 따라 형성된 종래의 이용상태를 변경시켜 종래의 상태에 따른 이용을 일시적으로 불가능하게 하는 경우에도 문서손괴죄가 성립할 수 있다. 그러나 문서손괴죄는 문서의 소유자가 문서를 소유하면서 사용하는 것을 보호하려는 것이므로, 어느 문서에 대한 종래의 사용상태가 문서 소유자의 의사에 반하여 또는 문서 소유자의 의사와 무관하게 이루어진 경우에 단순히 종래의 사용상태를 제거하거나 변경시키는 것에 불과하고 손괴, 은닉하는 등으로 새로이 문서 소유자의 문서 사용에 지장을 초래하지 않는 경우에는 문서의 효용, 즉 문서 소유자의 문서에 대한 사용가치를 일시적으로도 해하였다고 할 수 없어서 문서손괴죄가 성립하지 아니한다(대법원 2015.11.27. 선고, 2014도13083, 판결).

■ 판례 ■ **도로 바닥에 낙서를 하는 행위 등이 재물손괴죄에 해당하는지 판단하는 기준**

[1] 재물손괴죄에서 '재물의 효용을 해한다'는 것의 의미

형법 제366조의 재물손괴죄는 타인의 재물을 손괴 또는 은닉하거나 기타의 방법으로 그 효용을 해하는 경우에 성립한다. 여기에서 재물의 효용을 해한다고 함은 사실상으로나 감정상으로 재물을 본래의 사용 목적에 제공할 수 없는 상태로 만드는 것을 말하고, 일시적으로 재물을 이용할 수 없는 상태로 만드는 것도 포함한다. 특히 도로 바닥에 낙서를 하는 행위 등이 도로의 효용을 해하는 것에 해당하는지 여부는, 당해 도로의 용도와 기능, 그 행위가 도로의 안전표지인 노면표시 기능 및 이용자들의 통행과 안전에 미치는 영향, 그 행위가 도로의 미관을 해치는 정도, 도로의 이용자들이 느끼는 불쾌감이나 저항감, 원상회복의 난이도와 거기에 드는 비용, 그 행위의 목적과 시간적 계속성, 행위 당시의 상황 등 제반 사정을 종합하여 사회통념에 따라 판단하여야 한다.

[2] 甲 주식회사의 직원인 피고인들이 유색 페인트와 래커 스프레이를 이용하여 甲 회사 소유의 도로 바닥에 직접 문구를 기재하거나 도로 위에 놓인 현수막 천에 문구를 기재하여 페인트가 바닥으로 배어 나와 도로에 배게 하는 방법으로 다중의 위력으로써 도로의 효용을 해한 경우

위 도로는 甲 회사의 임원과 근로자들 및 거래처 관계자들이 이용하는 도로로 산업 현장에 위치한 위 도로의 주된 용도와 기능은 사람과 자동차 등이 통행하는 데 있고, 미관은 그다지 중요한 작용을 하지 않는 곳으로 보이는 점, 피고인들이 도로 바닥에 기재한 여러 문구들 때문에 도로를 이용하는 사람들과 자동차 등이 통행하는 것 자체가 물리적으로 불가능하게 되지는 않은 점, 甲 회사의 정문 입구에 있는 과속방지턱 등을 포함하여 도로 위에 상당한 크기로 기재된 위 문구의 글자들이 차량 운전자 등의 통행과 안전에 실질적인 지장을 초래하였다고 보기 어려운 점, 도로 바닥에 기재된 문구에 甲 회사 임원들의 실명과 그에 대한 모욕적인 내용 등이 여럿 포함되어 있지만, 도로의 이용자들이 이 부분 도로를 통행할 때 그 문구로 인하여 불쾌감, 저항감을 느껴 이를 본래의 사용 목적대로 사용할 수 없을 정도에 이르렀다고 보기 부족한 점, 도로 바닥에 페인트와 래커 스프레이로 쓰여 있는 여러 문구는 아스팔트 접착용 도료로 덧칠하는 등의 방법으로 원상회복되었는데, 그다지 많은 시간과 큰 비용이 들었다고 보이지 않는 점 등을 종합하면, 피고인들이 위와 같은 방법으로 도로 바닥에 여러 문구를 써놓은 행위가 위 도로의 효용을 해하는 정도에 이른 것이라고 보기 어렵다는 이유로, 이와 달리 보아 공소사실을 유죄로 판단한 원심판결에 재물손괴죄에 관한 법리를 오해하는 등의 잘못이 있다. (대법원 2020. 3. 27., 선고, 2017도20455, 판결)

■ 판례 ■ **타인 소유 토지에 무단으로 건물을 신축한 행위가 그 토지의 '효용을 해한' 것으로서 재물손괴죄가 성립하는지 여부(소극)**

재물손괴죄(형법 제366조)는 다른 사람의 재물을 손괴 또는 은닉하거나 그 밖의 방법으로 그 효용을 해한 경우에 성립하는 범죄로, 행위자에게 다른 사람의 재물을 자기 소유물처럼 그 경제적 용법에 따라 이용·처분할 의사(불법영득의사)가 없다는 점에서 절도, 강도, 사기, 공갈, 횡령 등 영득죄와 구별된다. 다른 사람의 소유물을 본래의 용법에 따라 무단으로 사용·수익하는 행위는 소유자를 배제한 채 물건의 이용가치를 영득하는 것이고, 그 때문에 소유자가 물건의 효용을 누리지 못하게 되었더라도 효용 자체가 침해된 것이 아니므로 재물손괴죄에 해당하지 않는다.

⇒ 부지의 점유 권원 없는 건물 소유자였던 피고인은, 토지 소유자와의 철거 등 청구소송에서 패소하고 강제집행을 당했는데도 무단으로 새 건물을 지음. 검사는 피고인이 토지의 효용을 해하였다고 하여 재물손괴죄로 기소했으나, 피고인의 행위는 토지를 본래의 용법에 따라 사용·수익함으로써 그 소유자로 하여금 효용을 누리지 못하게 한 것일 뿐 효용을 침해한 것이 아니라고 보아, 원심의 무죄판결에 대한 검사의 상고를 기각한 사안임 (대법원 2022. 11. 30. 선고 2022도1410)

✽ **기타방법에 의한 손괴의 예**
(1) 식기에 방뇨하여 기분상 그것을 쓸 수 없게 한 경우
(2) 그림에 낙서하여 피해자가 기분상 그림을 걸어둘 수 없게 만든 경우
(3) 타인에 인사하는 앵무새에게 욕설을 가르쳐 욕설하는 앵무새로 만들어 놓은 경우
(4) 타인 컴퓨터에 입력된 전산자료를 말소하거나 바이러스를 감염시켜 컴퓨터 작동을 방해한 경우
(5) 문서의 내용을 변경하지 않고 연서자 중 한 사람의 명의를 말소하고 다른 사람의 명의를 부가한 경우
(6) 특수매체기록에 접근할 수 없도록 하는 프로그램을 입력하거나, 정보의 추가·삭제·연결 등에 의해 기록내용을 변경하는 경우

---

(4) 실행의 착수 및 기수시기

본죄의 실행의 착수시기는 효용을 해하는 행위를 개시 한 때이고, 기수시기는 효용이 훼손되었을 때이다(침해범).

3. 주관적 구성요건

고의만 있으면 족하고, 영득죄가 아니므로 불법영득의사는 필요없다.

■ 판례 ■　　**경락받은 공장건물을 개조하기 위하여 그 안에 시설되어 있는 타인의 자재를 적법한 절차없이 철거하게 하여 손괴한 경우, 재물손괴죄에 해당하는지 여부(적극)**
피고인이 경락받은 농수산물 저온저장 공장건물 중 공냉식 저온창고를 수냉식으로 개조함에 있어 그 공장에 시설된 피해자 소유의 자재에 관하여 피해자에게 철거를 최고하는 등 적법한 조치를 취함이 없이 이를 일방적으로 철거하게 하여 손괴하였다면 이는 재물손괴의 범의가 없었다고 할 수 없고 이것이 사회상규상 당연히 허용되는 것이라고 할 수도 없다(대법원 1990.5.22. 선고 90도700 판결).

■ **판례사례** ■　　[손괴죄의 고의가 부정되는 사례]

(1) 임차인이 가재도구를 그대로 둔 채 시골로 내려가 버린 사이에 임대인의 모(母)가 임차인의 승낙없이 가재도구를 옥상에 옮겨놓으면서 그 위에다 비닐장판과 비닐천 등을 덮어씌워 비가 스며들지 않게끔 하고 또한 다른 사람이 열지 못하도록 종이를 바르는 등 조치를 취하였으나 그 무렵 내린 비로 침수되어 부패된 경우(대법원 1983.5.10. 선고 83도595 판결)
(2) 甲 소유였다가 약정에 따라 을 명의로 이전되었으나 권리관계에 다툼이 생긴 토지상에서 甲이 버스공용터미널을 운영하고 있는 데 을이 甲의 영업을 방해하기 위하여 철조망을 설치하려 하자 甲이 위 철조망을 가까운 곳에 마땅한 장소가 없어 터미널로부터 약 200 내지 300미터 가량 떨어진 甲 소유의 다른 토지 위에 옮겨 놓은 경우(대법원 1990.9.25. 선고 90도1591 판결)

4. 위법성

손괴죄도 정당방위, 긴급피난, 피해자의 승낙, 자구행위, 정당행위 등의 일반적 위법성조각사유에 의하여 위법성이 조각된다. 다만 손괴에 대한 피해자의 승낙은 위법성조각사유가 아닌 구성요건해당성조각사유로 보아야 한다.

① 자구행위

■ 판례 ■ **절의 출입구와 마당으로 약 10년 전부터 사용하고 또 그곳을 통하여서만 출입할 수 있는 대지를 전 주지로부터 매수한 乙이 불법침입하여 담장을 쌓기 위한 호를 파 놓자 그 절의 주지와 신도들이 그 호를 메워버린 경우**

그 호를 메워버린 소위는 자구행위로서의 요건을 갖추었다고 볼 수 없고 그와같은 사정하에서의 주지의 소위는 이를 인용하는 것이 사회상규에 해당된다거나 또한 그러한 사회상규가 있다고 인정되지 아니한다(대법원 1970.7.21. 선고, 70도996 판결).

② 정당행위

■ 판례 ■ **초등학교에 설치된 단군상을 손괴한 행위가 정당행위에 해당하는지 여부(소극)**

자신의 종교적 신념에 반하는 상징물이 공공의 시설내에 설치된 경우에, 적법한 절차나 방법으로써 이를 비판하거나 그 시정을 촉구하는 것은 각자의 종교적 자유의 영역에 속하는 것이지만 폭력적인 방법으로 타인의 재산인 그 상징물을 제거하거나 손괴하는 것은 우리사회의 법질서에 비추어 허용될 수 없다(대법원 2001.9.4. 선고 2001도3167 판결).

■ 판례사례 ■ **[정당행위에 해당하여 손괴죄의 위법성이 조각되는 사례]**

> (1) 뽕밭을 유린하는 소의 고삐가 나무에 얽혀 풀 수 없는 상황하에서 고삐를 낫으로 끊고 소를 밭에서 끌어낸 경우(대법원 1976.12.28. 선고 76도2359 판결)
> (2) 재건축조합의 조합장이 조합탈퇴의 의사표시를 한 자를 상대로 '사업시행구역 안에 있는 그 소유의 건물을 명도하고 이를 재건축사업에 제공하여 행하는 업무를 방해하여서는 아니 된다'는 가처분의 판결을 받아 위 건물을 철거한 경우(대법원 1998.2.13. 선고 97도2877 판결)

5. 죄 수

(1) 일 죄

○ 동일한 고의로 동일인의 수개의 재물을 동일장소에서 손괴한 경우 1개의 손괴죄만 성립한다.
○ 동일한 고의로 수인의 수개의 재물을 동일장소에서 손괴한 경우 1개의 손괴죄가 성립한다.

(2) 수 죄

일시와 장소를 달리하는 수개의 손괴행위는 실체적 경합이 된다.

6. 타 죄와의 관계

(1) 증거인멸죄와의 관계

증거인멸이 동시에 재물손괴가 되는 경우에는 증거인멸죄와 재물손괴죄의 상상적 경합이 성립한다.

(2) 컴퓨터 업무방해죄와의 관계

특수매체기록의 손괴 등을 통하여 업무를 방해한 경우에는 컴퓨터 업무방해죄만 성립한다.

(3) 살인죄와의 관계

살인행위에 따르는 의복에 대한 손괴는 불가벌적 수반행위로서 살인죄에 흡수된다.

(4) 비밀침해죄와의 관계

타인의 편지를 개봉한 후에 은닉·손괴한 경우에는 비밀침해죄와 손괴죄의 실체적 경합이 된다.

7. 과실범의 처벌여부

형법상 과실손괴죄는 처벌되지 않으나, 도로교통법 제108조는 차의 운전자가 업무상 과실 또는 중대한 과실로 타인의 건조물이나 기타 재물을 손괴한 때에는 2년 이하의 금고나 100만원 이하의 벌금에 처하도록 규정하고 있다.

8. 중손괴·손괴치사상

중손괴죄는 재물손괴죄와 공익건조물파괴죄의 부진정 결과적 가중범이고, 손괴치사상죄는 재물손괴죄와 공익건조물파괴죄의 진정 결과적 가중범이다.

○ II. 범죄사실기재

[기재례1] 컴퓨터 손괴

1) 범죄사실 기재례

피의자는 200○. ○. ○. ○○:○○경 ○○○에 있는 피해자 홍길동 경영의 ○○사무실에서 피해자가 사무실 월세금을 주지 않는다는 이유로 그곳 계산대 위에 놓여 있는 피해자 소유의 시가 150만원 상당의 컴퓨터 1대를 땅바닥에 던지는 등 손괴하였다.

2) 적용법조 : 제366조… 공소시효 5년

[기재례2] 중손괴치상

1) 범죄사실 기재례

피의자는 20○○. ○. ○. 경부터 ○○에 있는 홍길동 소유의 2층 사무실(○○㎡)을 임차하여 전세로 입주하고 있었다. 피의자는 전세계약 기간이 만료되어 위 홍길동이 여러 차례 명도를 요구해 왔으나 이에 응하지 않고 있었다.

피의자는 20○○. ○. ○. ○○:○○경 위 홍길동이 찾아와서 "10일 이내에 사무실을 비우지 않으면 사무실 집기를 들어내겠다"라고 말하여 언쟁이 벌어지자 피의자가 흥분한 나머지 그곳에 있던 재떨이를 사무실 출입문에 던져 마침 그 자리에 앉아 있던 위 홍길동에게 약 3주간의 치료를 요하는 두개골 파열상을 입히고 그 시가 ○○만원 상당의 문짝 한 개를 파괴하여 위 홍길동 소유의 재물을 손괴하였다.

2) 적용법조 : 제368조 제2항… 공소시효 10년

[기재례3] 재물손괴 및 동물보호법 위반

1) 범죄사실 기재례

피의자는 20○○.○.○. ○○에서, 그곳 마당에 있던 피해자 A 소유인 시가 ○○만 원 상당의 암컷 진돗개를 컨테이너 사무실로 안고 들어간 다음 피의자의 성적 욕구를 충족하기 위하여 위 암컷 진돗개의 성기 주변에 마요네즈를 바른 후 피의자의 손가락을 위 진돗개의 성기에 집어넣었다 빼는 행동을 수회 반복하여 위 진돗개로 하여금 상해를 입게 하고 결국 그 후유증으로 죽게 하였다.

이로써 피의자는 피해자 소유의 재물을 손괴함과 동시에 정당한 사유 없이 동물에게 상해를 입혀 학대하였다.

2) 적용법조 : 형법 제366조, 동물보호법 제46조제1항제1호, 제8조제2항제2호…
공소시효 5년

[기재례4] 문서손괴

1) 범죄사실 기재례

피의자는 20○○. ○. ○. 13:00경 ○○에 있는 피의자 경영의 ○○사무실에서, 홍길동의 부탁을 받고 피해자 나양팔 소지의 피의자 발행 액면금 ○○만원짜리 가계수표 1장을 발행일 개서를 위하여 건네받았으나 위 나양팔이 이를 회수하여 주지 않는다는 이유로 화가나 갑자기 이를 찢어버려 그 효용을 해하였다.

2) 적용법조 : 제366조(문서손괴)… 공소시효 5년

[기재례5] 선박침몰

1) 범죄사실 기재례

피의자는 ○○주식회사 소속 원양 저인망어선(35.68톤)의 선장으로서, 20○○. 7. 29. 09:20 (현지시각으로 한국시각은 같은 날 21:20)경 포클랜드 북방 해상에서 조업 중 선실에서 원인을 알 수 없는 화재가 발생하여 같은 날 10:30경 구조 요청을 받고 출동한 제201 우양호에 대피하고 있다가 어선의 화염이 약해지자, 위 어선이 선실과 조타실 등 선수 부분이 화재로 소실되어 자력 운항이 불가능한 데다 그 수리에 오랜 시간과 큰 비용이 소요되므로 차라리 피해자 회사로 하여금 어선의 선체보험금 약 ○○억 원(미화 ○○만 달러)을 수령하도록 하기 위하여 어선을 침몰시키기로 마음먹었다.

피의자는 같은 날 11:00경 기관장 甲과 기사 乙을 데리고 어선으로 다시 가 그들로 하여금 위 어선의 기관실 바닥의 패널을 들어내고 킹스턴 밸브를 열어 킹스턴 밸브 파이프라인의 볼트를 느슨하게 푼 다음 선외변밸브를 잠가 킹스턴 밸브를 통하여 들어온 해수가 기관실로 유입되게 하여 같은 날 14:32경 해저로 침몰시켜 선박의 효용을 해하였다.

2) 적용법조 : 제366조… 공소시효 5년

[기재례6] 국토해양부 질의회시 문서손괴

1) 범죄사실 기재례

피의자는 20○○. ○. ○. 16:00경 ○○에 있는 ○○아파트 관리사무소 사무실에서 동 아파트 관리사무소가 보관 중이던 국토해양부 질의회시 문서 1장을 "쓸데없는 짓들 하고 있다."라며 찢어버림으로써 그 효용을 해하였다.

2) 적용법조 : 제366조(문서손괴)… 공소시효 5년

Ⅲ. 일반적 조사사항

1. 범행의 동기

- 왜 재물 등을 손괴·은닉 기타 방법으로 그 효용을 해하게 되었는가
- 계획적인가 우발적인가
- 왜 그 재물 등을 노렸는가
- 손괴·은닉하여 그 효용을 해함으로써 어떤 결과를 얻으려 했는가

2. 준비행위

- 범행을 위하여 어떠한 준비를 하였는가
- 사용한 용구는 어디서 어떠한 방법으로 입수하였는가

3. 범행의 일시

- 범행일시에 대한 피의자의 인식은 확실한가
- 왜 그 일시를 택하였는가

4. 범행의 장소

- 범행장소는 어딘가
- 옥내인 경우 피해장소의 상태, 피해장소의 구조와 그 위치, 옥외인 경우 피해장소
  의 위치를 확인하였는가
- 사람·차량의 교통상태는 어떠한가
- 현장에 범행을 목격한 사람은 있었는가

5. 범행의 상황

- 타인의 재물 등임을 인식했는가, 그 인식은 어느 정도였는가(피해물건의 성질 즉
  공공물건·사유물건·차용물건·압류물건 등)
- 범행 직전에는 그 재물 등을 어떻게 하려고 마음먹었었는가
- 용구는 어떻게 사용하였는가
- 범행 결과에 의한 피해상황은
    ○ 손괴하였다(유형력을 가하여 손괴함)
    ○ 훼손을 가하였다(재물의 완전성을 해치고 그 기능을 상실케 함)
    ○ 흩어지게 하였다
    ○ 효용을 해하였다
- 피해상황에 대하여 인식하고 있는가
    ○ 피해의 형상·수량·피해가액 등 피해정도
    ○ 제3자에 미친 피해의 정도

6. 사용도구의 처분

- 범행 후 사용한 용구는 어떻게 하였는가

7. 화해교섭

　　− 피해자에 대한 손해배상 · 현물변상 등의 여부

　　− 화해교섭의 경과 · 내용

8. 신분관계(피해자 · 공범자와의 관계)

　　− 혈족 기타 친족관계의 유무

　　− 사교상 교제의 유무와 그 정도

　　− 경제상 거래관계의 유무

　　− 현재까지의 친지 · 거래관계의 유무

　　− 폭력행위 등인 경우 주종관계 · 의형제 등 조직관계

- 피해자 홍길녀와 어떠한 관계인가
- 피해자 소유 승용차를 손괴한 일이 있는가
- 언제 어디에 있는 차를 손괴하였나
- 피의자가 손괴한 차량번호, 차종은
- 어떠한 방법으로 손괴
- 왜 남의 자동차를 발로 차게 되었나
- 그 차량의 주인이 누구인지 알고 손괴하였나
- 언제부터 그 자동차를 부수려고 마음먹었나
- 발로만 차고 다른 도구는 이용하지 않았나
- 어느 정도의 피해를 입혔다고 생각하나
- 전에도 남의 차를 발로 차고 부순 적이 있는가

제2절 공익건조물파괴

제367조(공익건조물파괴) 공익에 공하는 건조물을 파괴한 자는 10년 이하의 징역 또는 2천만원 이하의 벌금에 처한다.
제371조(미수범) 제366조, 제367조와 제369조의 미수범은 처벌한다.

 ## Ⅰ. 구성요건

1. 객 체

공익에 공하는 건조물(공익건조물)

(1) 건조물

벽 또는 기둥과 지붕 또는 천장으로 구성된 구조물로서 사람이 기거하거나 출입할 수 있어야 한다. 따라서 축항·제방·교량·전주·기념비·분묘 등은 본죄의 객체가 아니다. 그러나 반드시 완성된 건조물임을 요하지 않고, 사람의 현존 여부도 불문한다.

(2) 공익성

건조물은 공공의 이익을 위하여 사용되는 것이어야 하며, 일반인이 쉽게 접근할 수 있어야 한다(例, 공설운동장, 전철역, 마을회관, 교회건물, 박물관, 시민극장, 고속도로 휴게소).
- 공익건조물이면 족하고 소유관계는 불문한다. 따라서 국가나 공공단체의 소유여부를 불문하고 자기소유인 경우도 포함한다.
- 공무소에서 사용되는 건조물(例, 법원도서관, 국회도서관)은 본죄의 객체가 아니라 공용건조물 파괴죄(제141조)의 객체가 된다. 또한 일정범위 사람에게 이용이 제한되어 있는 공용물은 본죄의 객체가 아니다.

2. 행 위

공익건조물을 파괴하는 것

(1) 의 의

- 파괴란 건조물의 중요부분을 손괴하는 것, 즉 건조물의 전부 또는 일부를 용도에 따라 사용할 수 없게 하는 것을 말하는 것이다.
- 손괴와 파괴는 물질적 훼손이라는 점에서 성질을 같이하나 그 정도에 있어서는

차이가 있다. 즉 파괴는 손괴보다 물질적 훼손의 정도가 더 크다는 점에서 구별된다. 따라서 공익건조물을 객체로 하더라도 파괴의 정도에 이르지 않고 손괴에 그치면 재물손괴죄가 성립할 뿐이다.

(2) 파괴의 방법

파괴의 방법에는 제한이 없다. 다만 방화·일수에 의할 경우에는 공익건조물방화죄, 공익건조물일수죄가 성립한다.

3. 주관적 구성요건

고의가 있을 것

● II. 범죄사실기재 및 신문사항

1) 범죄사실 기재례 - [농산물시장 입구에 설치된 문의 기둥을 넘어뜨린 경우]

피의자는 20○○. ○. ○. ○○:○○경 자기가 운전하는 대형화물자동차에 배추를 가득 싣고 ○○에 있는 ○○농산물시장 입구에 도착하여 그 시장 안으로 들어가려고 했으나 그곳에 설치된 정문의 폭이 좁아 그대로 통과할 수 없자 즉시 자기 차 안에서 노루발을 들고나와 위 문의 기둥을 떠밀어서 이를 넘어뜨려 공익에 사용하는 위 시장소유의 건조물을 파괴하였다.

2) 적용법조 : 제367조… 공소시효 10년

3) 신문사항

- 화물차량 운전사인가
- ○○농산물시장에 농산물을 납품한 일이 있는가
- 언제 어디에 있는 농산물시장인가
- 납품하는 과정에서 위 시장 건조물을 손괴한 일이 있는가
- 언제 어떤 시설물을 손괴하였나
- 어떻게 손괴하였나
- 무엇 때문에 손괴하였나
- 피의자의 행위로 위 시장에 어떤 피해를 주었는지 알고 있는가

제3절 특수손괴

제369조(특수손괴) ① 단체 또는 다중의 위력을 보이거나 위험한 물건을 휴대하여 제366조의 죄를 범한 때에는 5년 이하의 징역 또는 1천만원 이하의 벌금에 처한다.
② 제1항의 방법으로 제367조의 죄를 범한 때에는 1년 이상의 유기징역 또는 2천만원 이하의 벌금에 처한다.
제371조(미수범) 제366조, 제367조와 제369조의 미수범은 처벌한다.

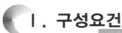 **Ⅰ. 구성요건**

1. 객 체

재물손괴죄(제366조)와 공익건조물(제367조)의 객체

2. 행 위

특수손괴죄는 단체 또는 다중의 위력을 보이거나 위험한 물건을 휴대하여 재물손괴죄 또는 공익건조물피괴죄를 범함으로써 성립하는 범죄로서, 행위방법의 위험성으로 인하여 불법이 가중되는 가중적 구성요건이다.

3. 주관적 구성요건

고의가 있어야 한다.

▪ 판례 ▪ **자동차를 이용하여 다른 사람의 자동차 2대를 손괴한 경우, 폭력행위등처벌에관한법률 제3조 제1항 위반죄의 성립여부(적극)**

자동차를 이용하여 다른 사람의 자동차 2대를 손괴한 경우, 그 자동차의 소유자 등이 실제로 해를 입거나 해를 입을 만한 위치에 있지 아니하였다고 하더라도 폭력행위등처벌에관한법률 제3조 제1항 위반죄가 성립한다(대법원 2003.1.24. 선고 2002도5783 판결).

▪ 판례 ▪ **甲 주식회사의 직원인 피고인들이 유색 페인트와 래커 스프레이를 이용하여 甲 회사 소유의 도로 바닥에 직접 문구를 기재하거나 도로 위에 놓인 현수막 천에 문구를 기재하여 페인트가 바닥으로 배어 나와 도로에 배게 하는 방법으로 다중의 위력으로써 도로의 효용을 해하였다고 하여 특수재물손괴로 기소된 사안**

위 도로는 甲 회사의 임원과 근로자들 및 거래처 관계자들이 이용하는 도로로 산업 현장에 위치한 위 도로의 주된 용도와 기능은 사람과 자동차 등이 통행하는 데 있고, 미관은 그다지 중요한 작용을 하지 않는 곳으로 보이는 점, 피고인들이 도로 바닥에 기재한 여러 문구들 때문에 도로를 이용하는

사람들과 자동차 등이 통행하는 것 자체가 물리적으로 불가능하게 되지는 않은 점, 甲 회사의 정문 입구에 있는 과속방지턱 등을 포함하여 도로 위에 상당한 크기로 기재된 위 문구의 글자들이 차량 운전자 등의 통행과 안전에 실질적인 지장을 초래하였다고 보기 어려운 점, 도로 바닥에 기재된 문구에 甲 회사 임원들의 실명과 그에 대한 모욕적인 내용 등이 여럿 포함되어 있지만, 도로의 이용자들이 이 부분 도로를 통행할 때 그 문구로 인하여 불쾌감, 저항감을 느껴 이를 본래의 사용 목적대로 사용할 수 없을 정도에 이르렀다고 보기 부족한 점, 도로 바닥에 페인트와 래커 스프레이로 쓰여 있는 여러 문구는 아스팔트 접착용 도료로 덧칠하는 등의 방법으로 원상회복되었는데, 그다지 많은 시간과 큰 비용이 들었다고 보이지 않는 점 등을 종합하면, 피고인들이 위와 같은 방법으로 도로 바닥에 여러 문구를 써놓은 행위가 위 도로의 효용을 해하는 정도에 이른 것이라고 보기 어렵다는 이유로, 이와 달리 보아 공소사실을 유죄로 판단한 원심판결에 재물손괴죄에 관한 법리를 오해하는 등의 잘못이 있다.(대법원 2020. 3. 27., 선고, 2017도20455, 판결)

II. 범죄사실기재

1) 범죄사실 기재례

[기재례1] 음주단속을 피하기 위해 도주과정에서 차단하는 택시를 들이받아 재물손괴

> 피의자는 20○○. ○. ○.경 ○○에서 술에 취한 상태에서 B호 벤츠 E220d 승용차를 운전하여 음주운전 단속을 피해 도주하던 중 20○○. 1. 12. 00:50경 ○○앞에 이르러 피의자의 전방에서 ○○호(차량번호) 택시를 운전하여 같은 방면으로 진행하던 피해자 갑과 불상의 SUV 차량이 경찰을 도와 피의자의 도주를 저지하기 위해 차량으로 길을 막으려 하자 도주를 계속할 생각으로 위험한 물건인 피의자의 벤츠 승용차로 피해자의 위 택시 운전석 쪽 뒤범퍼와 뒷펜더 부분을 들이받아 피해자에게 약 ○○일간의 치료가 필요한 어깨와 목의 염좌 등의 상해를 가하고, 피해자 주식회사 을 소유의 위 택시를 수리비 ○○원이 들도록 손괴하였다.
> 이로써 피의자는 위험한 물건을 이용하여 피해자 갑에게 상해를 가하고, 피해자 주식회사을 소유의 재물을 손괴하였다.

  2) 적용법조 : 제258조의2 제1항, 제259조 제1항, 제369조 제1항, 제366조… 공소시효 10년

[기재례2] 위험한 물건으로 차량손괴

> 피의자는 20○○. ○. ○.○○:○○ 경 ○○에서 미리 준비한 조수석에 있던 망치를 오른손에 들고 차에서 내려 피해자 갑의 차량(차량번호)으로 다가가 운전석 문을 열고자 하였으나 피해자가 차량 문을 잠그고 열어주지 않자 위 망치로 운전석 창문을 수회 내리쳐 깨뜨려 위험한 물건을 이용하여 시가 ○○원 상당의 피해자의 재물을 손괴하였다.

  2) 적용법조 : 제369조 제1항, 제366조… 공소시효 7년

제4절 경계침범

제370조(경계침범) 경계표를 손괴, 이동 또는 제거하거나 기타 방법으로 토지의 경계를 인식불능하게 한 자는 3년 이하의 징역 또는 500만원 이하의 벌금에 처한다.

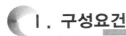

Ⅰ. 구성요건

1. 주 체

제한 없음(경계에 인접한 일방 토지의 권리자와 이해관계인 및 제3자)

2. 객 체

토지의 경계표

(1) 토지의 경계

소유권 등의 권리의 장소적 한계를 나타내는 지표를 말한다.

○ 사법상의 경계(例, 소유권, 임차권)·공법상의 경계(例, 시·군의 경계), 자연적 경계·인위적 경계를 불문한다.

○ 경계는 법률상 정당한 경계가 아니라, 일반적으로 승인되어 온 관습상의 지표 등 사실상 현존하는 경계를 의미한다. 따라서 실체법상의 권리관계와 일치할 것은 요하지 않는다.

○ 경계는 이해관계인들의 명시적 또는 묵시적 합의에 의해 정하여져, 객관적으로 통용되는 것이어야 한다. 따라서 법률상 정당한 경계인지 여부에 관해 다툼이 있는 경우라도 경계로서의 객관성을 상실하는 등의 특별한 사정이 없는 한 본죄의 객체인 경계에 해당한다.

■ 판례 ■ **일시적인 경계표도 경계침범죄의 객체에 해당하는지 여부(적극)**

형법 제370조에서 말하는 경계표는 그것이 어느 정도 객관적으로 통용되는 사실상의 경계를 표시하는 것이라면 영속적인 것이 아니고 일시적인 것이라도 이 죄의 객체에 해당한다(대법원 1999.4.9. 선고 99도480 판결).

■ 판례 ■ **종래 통용되어 오던 사실상의 경계가 법률상의 정당한 경계인지여부에 대하여 다툼이 있을지라도 여전히 위 "경계"에 해당되는지 여부(한정적극)**

형법 제370조의 경계침범죄는 토지의 경계에 관한 권리관계의 안정을 확보하여 사권을 보호하고 사회질서를 유지하려는 데 그 목적이 있는바, 여기에서 말하는 경계는 반드시 법률상의 정당한 경계를 가리키는 것은 아니고, 비록 법률상의 정당한 경계에 부합되지 않는 경계라 하더라도 종래부터 일반적으로 승인되어 왔거나 이해관계인들의 명시적 또는 묵시적 합의에 의하여 정해진 것으로서 객관적으로 경계로 통용되어 왔다면 이는 본조에서 말하는 경계라 할 것이고, 그와 같이 종래 통용되어 오던 사실상의 경계가 법률상의 정당한 경계인지 여부에 대하여 다툼이 있다고 하더라도 사실상의 경계가 법률상 정당한 경계가 아니라는 점이 이미 판결로 확정되었다는 등 경계로서의 객관성을 상실하는 것으로 볼 만한 특단의 사정이 없는 한, 여전히 본조에서 말하는 경계에 해당되는 것이다(대법원 1992.12.8. 선고 92도1682 판결).

■ 판례 ■ **당사자의 어느 한쪽이 기존 경계를 무시하고 일방적으로 경계측량을 하여 이를 실체권리관계에 맞는 경계라고 주장하면서 경계표를 설치한 경우, 경계침범죄의 성부(적극)**

형법 제370조의 경계침범죄는 토지의 경계에 관한 권리관계의 안정을 확보하여 사권을 보호하고 사회질서를 유지하려는데 그 규정목적이 있으므로 비록 실체상의 경계선에 부합되지 않는 경계표라 할지라도 그것이 종전부터 일반적으로 승인되어 왔다거나 이해관계인들의 명시적 또는 묵시적 합의에 의하여 정하여진 것이라면 그와 같은 경계표는 위 법조 소정의 계표에 해당된다 할 것이고 반대로 기존경계가 진실한 권리상태와 맞지 않는다는 이유로 당사자의 어느 한쪽이 기존경계를 무시하고 일방적으로 경계측량을 하여 이를 실체권리관계에 맞는 경계라고 주장하면서 그 위에 계표를 설치하더라도 이와 같은 경계표는 위 법조에서 말하는 계표에 해당되지 않는다(대법원 1986.12.9. 선고 86도1492 판결).

■ 판례 ■ **甲이 자기의 토지와 乙의 토지 사이에 있는 경계표가 실제 경계선과 다른 위치에 시설되어 있음을 발견하고 임의로 이를 바른 위치에 옮겨 놓은 경우, 경계침범죄의 성부(적극)**

형법 제370조 소정 경계라 함은 소유권 등 권리의 장소적 한계를 나타내는 지표를 말함이니 실체상의 권리관계에 부합하지는 않더라도 관습으로 인정되었거나 일반적으로 승인되어 왔다거나 이해관계인의 명시 또는 묵시의 합의에 의하여 정하여 진 것이거나 또는 권한있는 당국에 의하여 확정된 것이어야 함도 아니고 사실상의 경계표로 되어 있다면 침해의 객체가 되는 것이다(대법원 1976.5.25. 선고 75도2564 판결).

(2) 경계표

토지의 경계를 확정하기 위하여 그 토지에 설정된 표지, 공작물, 입목, 기타 물건을 말한다. 타인소유의 것에 한하지 않으며 자기의 물건이나 무주물이라도 상관없다. 또한 경계표가 반드시 경계선상에 있어야 하는 것도 아니다.

3. 행 위

경계표를 손괴, 이동 또는 제거하거나 기타의 방법으로 인식 불능케 하는 것

(1) 경계표의 손괴·이동·제거

손괴란 경계표를 물리적으로 훼손하는 행위를 말하고, 이동이란 경계표를 원래 위치로부터 다른 장소로 옮기는 것을 말하며, 제거란 경계표를 원래 설치된 장소에서 취거하는 것을 말한다.

(2) 기타 방법으로 경계를 인식불능케 하는 행위

기타 방법이란 경계를 인식불능케 하는 일체의 행위로, 손괴·이동·제거에 준하는 방법일 것을 요한다.

■ 판례 ■ **경계선을 표시하는 나무들을 뽑고 석축을 쌓은 경우, 경계침범죄의 성부(적극)**

피고인 소유 토지 135평과 높은 언덕으로 인접한 국유지 89평과의 경계선을 표시하는 위 언덕 위의 10년생 내지 18년생의 포플라 및 아카시아나무 약 30본을 뽑아버리고 위 국유대지 1평 7합을 깎아 내려 약1미터 높이의 석축을 쌓은 행위는 경계침범죄를 구성한다(대법원 1980.10.27. 선고 80도225 판결).

■ 판례 ■ **자기 토지에 인접한 타인의 토지 8평을 침범하여 점포를 건축한 경우, 경계침범죄의 성부(적극)**

피고인이 공소사실과 같이 자기 토지에 인접한 타인 토지 8평을 침범하여 점포를 건축함으로써 피고인 소유토지와 위 토지와의 경계를 인식불능케 하였는가를 심리판단하여야 할 것임에도 불구하고 경계침범죄가 되지 아니한다고 판단하였음은 법리를 오해하여 심리를 다하지 아니한 잘못이 있다(대법원 1972.2.29. 선고 71도2293 판결).

(3) 토지경계의 인식불능

본죄는 손괴 등의 행위로 인하여 토지경계의 전부 또는 일부가 인식불능케 되었을 때 기수가 된다. 토지경계의 인식불능의 결과가 발생하지 않으면 미수가 되나 본죄는 미수처벌규정이 없으므로 불가벌이 된다. 절대로 인식이 불가능할 것은 요하지 않고 사실상 곤란할 정도면 족하다.

■ 판례 ■ **기왕에 건립되어 있던 담벽의 연장선상에 추가로 담벽을 설치한 경우, 경계침범죄의 성부(소극)**

나. 경계침범죄는 어떠한 행위에 의하여 토지의 경계가 인식불능하게 됨으로써 비로소 성립되는 것이어서, 경계를 침범하고자 하는 행위가 있었다 하더라도 그 행위로 인하여 토지경계 인식불능의 결과가 발생하지 않는 한 경계침범죄가 성립될 수 없다. 기왕에 건립되어 있던 담벽의 연장선상에 추가로 담벽을 설치한 행위는 자신이 주장하는 경계를 보다 확실히 하고자 한 행위에 지나지 아니할 뿐 토지경계에 대한 인식불능의 결과를 초래한다고는 볼 수 없으므로 경계침범죄는 성립하지 아니한다(대법원 1992.12.8. 선고 92도1682 판결).

■ 판례 ■ **완전히 철거한 것이 아니고 약 50센티 미터의 높이를 그대로 둔 채 새로이 지적공사의 측량대로 그 20m 밖으로 새로운 담장을 설치한 경우, 경계침범죄의 성부(소극)**

피고인들은 그 부엌벽을 완전히 철거한 것이 아니고 약 50센티 미터의 높이를 그대로 둔 채 새로이 지적공사의 측량대로 그 20m 밖으로 새로운 담장을 설치한 것 뿐이어서 부엌벽에 의한 경계는 그대로 남아 있고 토지경계를 인식하는 데는 아무런 영향이 없다할 것이므로 경계침범죄는 성립하지 아니한다(대법원 1991.9.10. 선고 91도856 판결).

　　건물의 처마가 타인소유의 가옥지붕위로 나오게 한 경우, 경계침범죄 성부(소극)

피고인이 건물을 신축하면서 그 건물의 1층과 2층 사이에 있는 처마를 피해자소유의 가옥 지붕위로 나오게 한 사실만으로는 양토지의 경계가 인식불능되었다고 볼 수 없으므로 경계침범죄의 구성요건에 해당하지 아니한다(대법원 1984.2.28. 선고 83도1533 판결).

4. 주관적 구성요건

경계침범에 대한 고의가 있어야 한다. 따라서 경계침범의 고의는 없고 경계표를 훼손하는 것이 목적이었다면(例, 甲이 길을 가다가 장난삼아 경계표로 정해놓은 말뚝을 걷어차서 이를 뽑아버린 경우) 재물손괴죄가 성립한다.

5. 죄 수

본죄는 경계의 수를 기준으로 죄수를 결정하므로 경계가 하나이면 일죄가 되고, 경계가 수개이면 1개의 경계표를 이동하더라도 수죄가 된다.

6. 타 죄와의 관계

(1) 손괴죄와의 관계

손괴의 방법으로 경계를 인식불능케 한 경우에는 손괴죄는 경계침범죄에 흡수된다.

(2) 절도죄와의 관계

불법영득의사를 가지고 경계를 침범한 경우, 부동산 절도는 인정할 수 없으므로 경계침범죄만 성립한다(다수설).

II. 범죄사실기재 및 신문사항

[기재례1] 경계선을 표시하고 있는 쇠말뚝 10개를 함부로 파낸 경우

1) 범죄사실 기재례

피의자는 20○○. ○. ○. 경 ○○군 ○○면 ○○리 ○○번지에 있는 피의자 소유 임야에서 그 임야와 인접한 101번지에 있는 피해자 홍길동 소유의 임야와 경계선을 표시하고 있는 쇠말뚝 10개를 함부로 파내어 위 홍길동 소유의 임야 경계를 알아보지 못하게 하였다.

2) 적용법조 : 제370조… 공소시효 5년

3) 신문사항

– 고소인 ○○○과 어떠한 관계인가

– 고소인 소유와 인접한 논이 있는가

– 피의자 소유 논은 어디에 있나

– 고소인 소유 논은

– 피의자 논과 고소인 논의 경계표시는 어떻게 되어 있나

– 이러한 경계표시를 훼손한 일이 있는가

– 어떠한 방법으로 훼손(제거한 말뚝은 어떻게 하였나)

– 무엇 때문에

– 경계표시를 훼손한 후 어떻게 하였나

[기재례2] 피해자 소유의 대지 위에 블록 담을 쌓은 경우

1) 범죄사실 기재례

피의자는 순천시 ○○동 161의 188 지상 가옥에 거주하면서, 동 가옥이 바로 옆에 있는 피해자 황○○ 소유의 위 같은 곳 161의 189 대지 중 약 27㎡를 침범하여 건축되어 있어 그 대지경계에 문제가 있다는 것을 미리 알고 있었다.

그럼에도 불구하고 피의자는 20○○. ○. ○. 위 가옥의 담벼락을 기준으로 위 피해자 소유의 대지 위에 길이 4m 높이 1.5m의 블록 담을 추가로 쌓음으로써 위 피해자 소유 대지의 경계를 인식 불능하게 하였다.

2) 적용법조 : 제370조… 공소시효 5년

[기재례3] 대지경계를 알아보지 못하게 한 경우

1) 범죄사실 기재례

피의자는 ○○번지 외 2필지에 ○○㎡짜리 창고 2개를 소유하고 있고, 위 토지는 갑이 거주하는 ○○번지 토지와 접하여 있다.

피의자는 20○○.○.○.경 위 토지들 사이의 경계선에 종래부터 설치되어 있던 콘크리트 조립식 담 약 ○○m 부분을 함부로 헐어버리고 흙으로 덮어버림으로써 대지의 경계를 알아보지 못하게 하였다.

2) 적용법조 : 제370조… 공소시효 5년

공소장 및 불기소장에 기재할 죄명에 관한 예규

[시행 2024. 6. 3.]

1. 형법 죄명표시

가. 각칙 관련 죄명표시
형법죄명표(별표 1)에 의한다.

나. 총칙 관련 죄명표시
1) 미수 · 예비 · 음모의 경우에는 위 형법죄명표에 의한다.
2) 공동정범 · 간접정범의 경우에는 정범의 죄명과 동일한 형법 각칙 표시 각 본조 해당죄명으로 한다.
3) 공범(교사 또는 방조)의 경우에는 형법각칙 표시 각 본조 해당죄명 다음에 교사 또는 방조를 추가하여 표시한다.

2. 군형법 죄명표시

가. 각칙관련 죄명표시
군형법 죄명표(별표 2)에 의한다.

나. 총칙관련 죄명표시
1) 미수 · 예비 · 음모의 경우에는 위 군형법 죄명표에 의한다.
2) 공동정범 · 간접정범의 경우에는 정범의 죄명과 동일한 군형법 각칙표시 각 본조 해당 죄명으로 한다.
3) 공범(교사 또는 방조)의 경우에는 군형법 각칙표시 각본조 해당 죄명 다음에 교사 또는 방조를 추가로 표시한다.

3. 특정범죄가중처벌등에관한법률위반사건 죄명표시

가. 정범 · 기수 · 미수 · 예비 · 음모의 경우에는 특정범죄가중처벌등에관한법률위반사건 죄명표(별표 3)에 의한다.
나. 공범(교사 또는 방조)의 경우에는「위 법률위반(구분 표시죄명)교사 또는 위 법률위반(구분 표시죄명)방조」로 표시한다.

4. 특정경제범죄가중처벌등에관한법률위반사건 죄명표시

가. 정범·기수·미수의 경우에는 특정경제범죄가중처벌등에관한법률위반사건 죄명표 (별표 4)에 의한다.

나. 공범(교사 또는 방조)의 경우에는 「위 법률위반(구분 표시죄명)교사 또는 위 법률위반(구분 표시죄명)방조」로 표시한다.

5. 공연법, 국가보안법, 보건범죄단속에관한특별조치법, 성폭력범죄의처벌등에 관한특례법, 성폭력방지및피해자보호등에관한법률, 수산업법, 화학물질관리 법, 도로교통법, 마약류관리에관한법률, 폭력행위등처벌에관한법률, 성매매 알선등행위의처벌에관한법률, 아동·청소년의성보호에관한법률, 정보통신망 이용촉진및보호등에관한법률, 부정경쟁방지및영업비밀보호에관한법률, 국민 체육진흥법, 한국마사회법, 아동학대범죄의처벌등에관한특례법, 아동복지법, 발달장애인권리보장및지원에관한법률, 교통사고처리특례법, 중대재해처벌 등에관한법률 각 위반사건 죄명표시

가. 정범·기수·미수·예비·음모의 경우에는 별표5에 의한다.

나. 공범(교사 또는 방조)의 경우에는 「위 법률위반(구분 표시죄명)교사 또는 법률 위반(구분 표시죄명)방조」로 표시한다.

6. 기타 특별법위반사건 죄명표시

가. 원 칙

「……법위반」으로 표시한다.

나. 공범·미수

1) 공범에 관한 특별규정이 있을 경우에는「……법위반」으로 표시하고, 특별규정 이 없을 경우에는「……법위반 교사 또는 ……법위반 방조」로 표시한다.

2) 미수에 관하여는「…법위반」으로 표시한다.

형법 죄명표

제1장 내란의 죄

제87조 ① 내란우두머리

② 내란(모의참여, 중요임무종사, 실행)

③ 내란부화수행

제88조 내란목적살인

제89조(제87조, 제88조 각 죄명)미수

제90조(내란, 내란목적살인)(예비, 음모, 선동, 선전)

제2장 외환의 죄

제92조 외환(유치, 항적)

제93조 여적

제94조 ① 모병이적

② 응병이적

제95조 ① 군용시설제공이적

② 군용물건제공이적

제96조 군용시설파괴이적

제97조 물건제공이적

제98조 ① 간첩, 간첩방조

② 군사상기밀누설

제99조 일반이적

제100조(제92조 내지 제99조 각 죄명)미수

제101조(제92조 내지 제99조 각 죄명)(예비, 음모, 선동, 선전)

제103조 ① (전시, 비상시)군수계약불이행

② (전시, 비상시)군수계약이행방해

제3장 국기에 관한 죄

제105조(국기, 국장)모독

제106조(국기, 국장)비방

제4장 국교에 관한 죄

제107조 ① 외국원수(폭행, 협박)

② 외국원수(모욕, 명예훼손)

제108조 ① 외국사절(폭행, 협박)

② 외국사절(모욕, 명예훼손)

제109조 외국(국기, 국장)모독

제111조 ① 외국에대한사전

② (제1항 죄명)미수

③ (제1항 죄명)(예비, 음모)

제112조 중립명령위반

제113조 ① 외교상기밀누설

② 외교상기밀(탐지, 수집)

제5장 공안을 해하는 죄

제114조 범죄단체(조직, 가입, 활동)

제115조 소요

제116조 다중불해산

제117조 ① (전시, 비상시)공수계약불이행

② (전시, 비상시)공수계약이행방해

제118조 공무원자격사칭

제6장 폭발물에 관한 죄

제119조 ① 폭발물사용

② (전시, 비상시)폭발물사용

③ (제1항, 제2항 각 죄명)미수

제120조(제119조 제1항, 제2항 각 죄명)(예비, 음모, 선동)

제121조(전시, 비상시)폭발물(제조, 수입, 수출, 수수, 소지)

제7장 공무원의 직무에 관한 죄

제122조 직무유기

제123조 직권남용권리행사방해

제124조 ① 직권남용(체포, 감금)

② (제1항 각 죄명)미수

제125조 독직(폭행, 가혹행위)

제126조 피의사실공표

제127조 공무상비밀누설

제128조 선거방해

제129조 ① 뇌물(수수, 요구, 약속)

② 사전뇌물(수수, 요구, 약속)

제130조 제3자뇌물(수수, 요구, 약속)

제131조 ① 수뢰후부정처사

②, ③ 부정처사후수뢰

제132조 알선뇌물(수수, 요구, 약속)

제133조 ① 뇌물(공여, 공여약속, 공여의사표시)

② 제3자뇌물(교부, 취득)

제8장 공무방해에 관한 죄

제136조 공무집행방해

제137조 위계공무집행방해

제138조(법정, 국회회의장)(모욕, 소동)

제139조 인권옹호직무(방해, 명령불준수)

제140조 ① 공무상(봉인, 표시)(손상, 은닉, 무효)

　　　　② 공무상비밀(봉함, 문서, 도화)개봉

　　　　③ 공무상비밀(문서, 도화, 전자기록등)내용탐지

제140조의2 부동산강제집행효용침해

제141조 ① 공용(서류, 물건, 전자기록등)(손상, 은닉, 무효)

　　　　② 공용(건조물, 선박, 기차, 항공기)파괴

제142조 공무상(보관물, 간수물)(손상, 은닉, 무효)

제143조(제140조 내지 제142조 각 죄명)미수

제144조 ① 특수(제136조, 제138조, 제140조 내지 제143조 각 죄명)

　　　　② (제1항 각 죄명, 다만 제143조 미수의 죄명은 제외한다)(치상, 치사)

제9장 도주와 범인은닉의 죄

제145조 ① 도주

　　　　② 집합명령위반

제146조 특수도주

제147조 피구금자(탈취, 도주원조)

제148조 간수자도주원조

제149조(제145조 내지 제148조 각 죄명)미수

제150조(제147조, 제148조 각 죄명)(예비, 음모)

제151조 범인(은닉, 도피)

제10장 위증과 증거인멸의 죄

제152조 ① 위증
       ② 모해위증

제154조(허위, 모해허위)(감정, 통역, 번역)

제155조 ① 증거(인멸, 은닉, 위조, 변조),(위조, 변조)증거사용
       ② 증인(은닉, 도피)
       ③ 모해(제1항, 제2항 각 죄명)

제11장 무고의 죄

제156조 무 고

제12장 신앙에 관한 죄

제158조(장례식, 제사, 예배, 설교)방해

제159조(시체, 유골, 유발)오욕

제160조 분묘발굴

제161조 ① (시체, 유골, 유발, 관내물건)(손괴, 유기, 은닉, 영득)
       ② 분묘발굴(제1항 각 죄명)

제162조(제160조, 제161조 각 죄명)미수

제163조 변사체검시방해

제13장 방화와 실화의 죄

제164조 ① (현주, 현존)(건조물, 기차, 전차, 자동차, 선박, 항공기, 지하채굴시설)
       방화
       ② (제1항 각 죄명)(치상, 치사)

제165조(공용, 공익)(건조물, 기차, 전차, 자동차, 선박, 항공기, 지하채굴시설)방화

제166조 ① 일반(건조물, 기차, 전차, 자동차, 선박, 항공기, 지하채굴시설)방화
       ② 자기소유(건조물, 기차, 전차, 자동차, 선박, 항공기, 지하채굴시설)방화

제167조 ① 일반물건방화
       ② 자기소유일반물건방화

제168조 방화연소

제169조 진화방해

제170조 실화

제171조(업무상, 중)실화

제172조 ① 폭발성물건파열

② 폭발성물건파열(치상, 치사)

제172조의2 ① (가스, 전기, 증기, 방사선, 방사성물질)(방출, 유출, 살포)

② (제1항 각 죄명)(치상, 치사)

제173조 ① (가스, 전기, 증기)(공급, 사용)방해

② 공공용(제1항 각 죄명)

③ (제1항, 제2항 각 죄명)(치상, 치사)

제173조의2 ① 과실(제172조제1항, 제172조의2제1항, 제173조제1항, 제2항, 각죄명)

② (업무상, 중)과실(제1항 각 죄명)

제174조(제164조제1항, 제165조, 제166조제1항, 제172조제1항, 제172조의2제1항, 제173조제1항, 제2항 각 죄명)미수

제175조(제164조제1항, 제165조, 제166조제1항, 제172조제1항, 제172조의2제1항, 제173조제1항, 제2항 각 죄명)(예비, 음모)

제14장 일수와 수리에 관한 죄

제177조 ① (현주, 현존)(건조물, 기차, 전차, 자동차, 선박, 항공기, 광갱)일수

② (제1항 각 죄명)(치상, 치사)

제178조(공용, 공익)(건조물, 기차, 전차, 자동차, 선박, 항공기, 광갱)일수

제179조 ① 일반(건조물, 기차, 전차, 자동차, 선박, 항공기, 광갱)일수

② 자기소유(건조물, 기차, 전차, 자동차, 선박, 항공기, 광갱)일수

제180조 방수방해

제181조 과실일수

제182조(제177조, 제178조, 제179조제1항 각 죄명)미수

제183조(제177조, 제178조, 제179조제1항 각 죄명)(예비, 음모)

제184조 수리방해

제15장 교통방해의 죄

제185조 일반교통방해

제186조 (기차, 전차, 자동차, 선박, 항공기)교통방해

제187조 (기차, 전차, 자동차, 선박, 항공기)(전복, 매몰, 추락, 파괴)

제188조 (제185조 내지 제187조 각 죄명)(치상, 치사)

제189조 ① 과실(제185조 내지 제187조 각 죄명)

　　　　② (업무상, 중)과실(제185조 내지 제187조 각 죄명)

제190조 (제185조 내지 제187조 각 죄명)미수

제191조 (제186조, 제187조 각 죄명)(예비, 음모)

제16장 음용수에 관한 죄

제192조 ① 먹는물사용방해

　　　　② 먹는물(독물, 유해물)혼입

제193조 ① 수돗물사용방해

　　　　② 수돗물(독물, 유해물)혼입

제194조 (제192조제2항, 제193조제2항 각 죄명)(치상, 치사)

제195조 수도불통

제196조 (제192조제2항, 제193조제2항, 제195조 각 죄명)미수

제197조 (제192조제2항, 제193조제2항, 제195조 각 죄명)(예비, 음모)

제17장 아편에 관한 죄

제198조 (아편, 몰핀)(제조, 수입, 판매, 소지)

제199조 아편흡식기(제조, 수입, 판매, 소지)

제200조 세관공무원(아편, 몰핀, 아편흡식기)(수입, 수입허용)

제201조 ① 아편흡식, 몰핀주사

　　　　② (아편흡식, 몰핀주사)장소제공

제202조 (제198조 내지 제201조 각 죄명)미수

제203조 상습(제198조 내지 제202조 각 죄명)

제205조 단순(아편, 몰핀, 아편흡식기)소지

제18장 통화에 관한 죄

제207조 ① 통화(위조, 변조)

②, ③ 외국통화(위조, 변조)

④ (위조, 변조)(통화, 외국통화)(행사, 수입, 수출)

제208조(위조, 변조)(통화, 외국통화)취득

제210조(위조, 변조)(통화, 외국통화)지정행사

제211조 ① 통화유사물(제조, 수입, 수출)

② 통화유사물판매

제212조(제207조, 제208조, 제211조 각 죄명)미수

제213조(제207조제1항 내지 제3항 각 죄명)(예비, 음모)

제19장 유가증권, 우표와 인지에 관한 죄

제214조 유가증권(위조, 변조)

제215조 자격모용유가증권(작성, 기재)

제216조 허위유가증권작성, 유가증권허위기재

제217조(위조유가증권, 변조유가증권, 자격모용작성유가증권, 자격모용기재유가증권, 허위작성유가증권, 허위기재유가증권)(행사, 수입, 수출)

제218조 ① (인지, 우표, 우편요금증표)(위조, 변조)

② (위조, 변조)(인지, 우표, 우편요금증표)(행사, 수입, 수출)

제219조(위조, 변조)(인지, 우표, 우편요금증표)취득

제221조(인지, 우표, 우편요금증표)소인말소

제222조 ① (공채증서, 인지, 우표, 우편요금증표)유사물(제조, 수입, 수출)

② (공채증서, 인지, 우표, 우편요금증표)유사물판매

제223조(제214조 내지 제219조, 제222조 각 죄명)미수

제224조(제214조, 제215조, 제218조제1항 각 죄명)(예비, 음모)

제20장 문서에 관한 죄

제225조(공문서, 공도화)(위조, 변조)

제226조 자격모용(공문서, 공도화)작성

제227조 허위(공문서, 공도화)(작성, 변개)

제227조의2 공전자기록등(위작, 변작)

제228조 ① (공정증서원본, 공전자기록등)불실기재

    ② (면허증, 허가증, 등록증, 여권)불실기재

제229조(위조, 변조)(공문서, 공도화)행사, 자격모용작성(공문서, 공도화)행사, 허위
(작성, 변개)(공문서, 공도화)행사,(위작, 변작) 공전자기록등행사, 불실기재(공
정증서원본, 공전자기록등, 면허증, 허가증, 등록증, 여권)행사

제230조(공문서, 공도화)부정행사

제231조(사문서, 사도화)(위조, 변조)

제232조 자격모용(사문서, 사도화)작성

제232조의2 사전자기록등(위작, 변작)

제233조 허위(진단서, 검안서, 증명서)작성

제234조(위조, 변조)(사문서, 사도화)행사, 자격모용작성(사문서, 사도화)행사,(위작,
변작) 사전자기록등 행사, 허위작성(진단서, 검안서, 증명서)행사

제235조(제225조 내지 제234조 각 죄명)미수

제236조(사문서, 사도화)부정행사

제21장 인장에 관한 죄

제238조 ① (공인, 공서명, 공기명, 공기호)(위조, 부정사용)

    ② (위조, 부정사용)(공인, 공서명, 공기명, 공기호)행사

제239조 ① (사인, 사서명, 사기명, 사기호)(위조, 부정사용)

    ② (위조, 부정사용)(사인, 사서명, 사기명, 사기호)행사

제240조(제238조, 제239조 각 죄명)미수

제22장 성풍속에 관한 죄

제241조 간통 〈삭제〉

제242조 음행매개

제243조(음화, 음란문서, 음란필름, 음란물건)(반포, 판매, 임대, 전시, 상영)

제244조(음화, 음란문서, 음란필름, 음란물건)(제조, 소지, 수입, 수출)

제245조 공연음란

제23장 도박과 복표에 관한 죄

제246조 ① 도박

　　　② 상습도박

제247조 (도박장소, 도박공간)개설

제248조 ① 복표발매

　　　② 복표발매중개

　　　③ 복표취득

제24장 살인의 죄

제250조 ① 살인

　　　② 존속살해

제251조 영아살해 〈삭제 2023.8.8.〉

제252조 ① (촉탁, 승낙)살인

　　　② 자살(교사, 방조)

제253조(위계, 위력)(촉탁, 승낙)살인,(위계, 위력)자살결의

제254조(제250조, 제252조, 제253조 각 죄명)미수

제255조(제250조, 제253조 각 죄명)(예비, 음모)

제25장 상해와 폭행의 죄

제257조 ① 상해

② 존속상해

③ (제1항, 제2항 각 죄명)미수

제258조 ①, ② 중상해

③ 중존속상해

제258조2 ① 특수(제257조 제1항, 제2항 각 죄명)

② 특수(제258조 각 죄명)

③ (제258조의2 제1항 죄명)미수

제259조 ① 상해치사

② 존속상해치사

제260조 ① 폭행

② 존속폭행

제261조 특수(제260조 각 죄명)

제262조(제260조, 제261조 각 죄명)(치사, 치상)

제264조 상습(제257조, 제258조, 제258조의2, 제260조, 제261조 각 죄명)

제26장 과실치사상의 죄

제266조 과실치상

제267조 과실치사

제268조(업무상, 중)과실(치사, 치상)

제27장 낙태의 죄

제269조 ① 낙태

② (촉탁, 승낙)낙태

③ (제2항 각 죄명)(치상, 치사)

제270조 ① 업무상(촉탁, 승낙)낙태

② 부동의낙태

③ (1항, 제2항 각 죄명)(치상, 치사)

제28장 유기와 학대의 죄

제271조 ① 유기
② 존속유기
③ 중유기
④ 중존속유기

제272조 영아유기 〈삭제 2023.8.8.〉

제273조 ① 학대
② 존속학대

제274조 아동혹사

제275조 ① (제271조제1항, 제3항, 제273조제1항 각 죄명)(치상, 치사)
② (제271조제2항, 제4장, 제273조제2항 각 죄명)(치상, 치사)

제29장 체포와 감금의 죄

제276조 ① 체포, 감금
② 존속(체포, 감금)

제277조 ① 중체포, 중감금
② 중존속(체포, 감금)

제278조 특수(제276조, 제277조 각 죄명)

제279조 상습(제276조, 제277조 각 죄명)

제280조 (제276조 내지 제279조 각 죄명)미수

제281조 ① (제276조제1항, 제277조제1항, 각 죄명),(치상, 치사),(특수, 상습),(제276조제1항, 제277조제1항, 각 죄명),(치상, 치사)
② (제276조제2항, 제277조제2항 각 죄명)(치상, 치사),(특수, 상습)(제276조제2항, 제277조제2항, 각 죄명)(치상, 치사)

제30장 협박의 죄

제283조 ① 협박

         ② 존속협박

제284조 특수(제283조 각 죄명)

제285조 상습(제283조, 제284조 각 죄명)

제286조(제283조 내지 285조 각 죄명)미수

제31장 약취와 유인의 죄

제287조 미성년자(약취, 유인)

제288조 ① (추행, 간음, 결혼, 영리)(약취, 유인)

         ② (노동력착취, 성매매, 성적착취, 장기적출)(약취, 유인)

         ③ 국외이송(약취, 유인), (피약취자, 피유인자)국외이송

제289조 ① 인신매매

         ② (추행, 간음, 결혼, 영리)인신매매

         ③ (노동력착취, 성매매, 성적착취, 장기적출)인신매매

         ④ 국외이송인신매매, 피매매자국외이송

제290조 ① (피약취자, 피유인자, 피매매자, 피국외이송자)상해

         ② (피약취자, 피유인자, 피매매자, 피국외이송자)치상

제291조 ① (피약취자, 피유인자, 피매매자, 피국외이송자)살해

         ② (피약취자, 피유인자, 피매매자, 피국외이송자)치사

제292조 ① (피약취자, 피유인자, 피매매자, 피국외이송자)(수수, 은닉)

         ② (제287조 내지 제289조 각 죄명)(모집, 운송, 전달)

제293조 〈삭제〉

제294조 (제287조 내지 제289조, 제290조제1항, 제291조제1항, 제292조제1항 각 죄명)미수

제296조 (제287조 내지 제289조, 제290조제1항, 제291조제1항, 제292조제1항 각 죄명)(예비, 음모)

제32장 강간과 추행의 죄

제297조 강간

제297조의2 유사강간

제298조 강제추행

제299조 준강간, 준유사강간, 준강제추행

제300조 (제297조, 제297조의2, 제298조, 제299조 각 죄명)미수

제301조 (제297조, 제297조의2, 제298조, 제299조 각 죄명)(상해, 치상)

제301조의2 (제297조, 제297조의2, 제298조, 제299조 각 죄명)(살인, 치사)

제302조 (미성년자, 심신미약자)(간음,추행)

제303조 ① (피보호자, 피감독자)간음

　　　　② 피감호자간음

제304조 〈삭제〉

제305조 미성년자의제(강간, 유사강간, 강제추행, 강간상해, 강간치상, 강간살인, 강
　　　　간치사, 강제추행상해, 강제추행치상, 강제추행살인, 강제추행치사)

제305조의2 상습(제297조, 제297조의2, 제298조 내지 제300조, 제302조, 제303조,
　　　　제305조 각 죄명)

제305조의3 [제297조, 제297조의2, 제305조 각 죄명, 준강간, (제297조, 제297조의
　　　　2, 제298조, 제299조 각 죄명)상해](예비, 음모)

제33장 명예에 관한 죄

제307조 명예훼손

제308조 사자명예훼손

제309조(출판물, 라디오)에의한명예훼손

제311조 모욕

제34장 신용, 업무와 경매에 관한 죄

제313조 신용훼손

제314조 ① 업무방해

② (컴퓨터등손괴, 전자기록등손괴, 컴퓨터등장애)업무방해

제315조(경매, 입찰)방해

제35장 비밀침해의 죄

제316조 ① (편지, 문서, 도화)개봉

② (편지, 문서, 도화, 전자기록등)내용탐지

제317조 업무상비밀누설

제36장 주거침입의 죄

제319조 ① (주거, 건조물, 선박, 항공기, 방실)침입

② 퇴거불응

제320조 특수(제319조 각 죄명)

제321조(신체, 주거, 건조물, 자동차, 선박, 항공기, 방실)수색

제322조(제319조 내지 321조 각 죄명)미수

제37장 권리행사를 방해하는 죄

제323조 권리행사방해

제324조 ① 강요

② 특수강요

제324조의2 인질강요

제324조의3 인질(상해, 치상)

제324조의4 인질(살해, 치사)

제324조의5(제324조, 제324조의2, 제324조의3, 제324조의4 각 죄명) 미수

제325조 ① 점유강취

② 준점유강취

③ (제1항, 제2항 각 죄명)미수

제326조 중권리행사방해

제327조 강제집행면탈

제38장 절도와 강도의 죄

제329조 절도

제330조 야간(주거, 저택, 건조물, 선박, 방실)침입절도

제331조 특수절도

제331조의2(자동차, 선박, 항공기, 원동기장치자전거) 불법사용

제332조 상습(제329조 내지 331조의2 각 죄명)

제333조 강도

제334조 특수강도

제335조 준강도, 준특수강도

제336조 인질강도

제337조 강도(상해, 치상)

제338조 강도(살인, 치사)

제339조 강도강간

제340조 ① 해상강도

② 해상강도(상해, 치상)

③ 해상강도(살인, 치사, 강간)

제341조 상습(제333조, 제334조, 제336조, 제340조제1항 각 죄명)

제342조(제329조 내지 제341조 각 죄명)미수

제343조 강도(예비, 음모)

제39장 사기와 공갈의 죄

제347조 사기

제347조의2 컴퓨터등사용사기

제348조 준사기

제348조2 편의시설 부정이용

제349조 부당이득

제350조 공갈

제350조의2 특수공갈

제351조 상습(제347조 내지 제350조의2 각 죄명)

제352조 (제347조, 내지 제348조의2, 제350조, 제350조의2, 제351조 각 죄명)미수

제40장 횡령과 배임의 죄

제355조 ① 횡령

       ② 배임

제356조 업무상(횡령, 배임)

제357조 ① 배임수재

       ② 배임중재

제359조(제355조 내지 제357조 각 죄명)미수

제360조 ① 점유이탈물횡령

       ② 매장물횡령

제41장 장물에 관한 죄

제362조 ① 장물(취득, 양도, 운반, 보관)

　　　　② 장물알선

제363조 상습(제362조 각 죄명)

제364조(업무상, 중)과실장물(취득, 양도, 운반, 보관, 알선)

제42장 손괴의 죄

제366조(재물, 문서, 전자기록등)(손괴, 은닉)

제367조 공익건조물파괴

제368조 ① 중손괴

　　　　② (제366조, 제367조 각 죄명)(치상, 치사)

제369조 ① 특수(재물, 문서, 전자기록등)(손괴, 은닉)

　　　　② 특수공익건조물파괴

제370조 경계침범

제371조(제366조, 제367조, 제369조 각 죄명)미수

＊ 본 죄명표는 아래와 같은 원칙에 의하여 적용한다.

가. 괄호 안에 들어가지 않은 단어는 괄호 안에 들어가 있는 각 단어와 각 결합하여
　 각 죄명을 이룬다.

　　【예시1】

　　　■ 외국원수(폭행, 협박) : 외국원수폭행, 외국원수협박

　　　■ (전시, 비상시)공수계약불이행 : 전시공수계약불이행, 비상시공수계약불이행

　　　■ 일반(건조물, 기차, 전차, 자동차, 선박항공기, 광갱)일수 : 일반건주물일수, 일
　　　　 반기차일수, 일반전차일수, 일반자동차일수, 일반선박일수, 일반항공기일수, 일
　　　　 반광갱일수

나. 괄호 안에 들어가 있는 각 단어는 다른 괄호 안에 들어가 있는 각 단어와 각 결합
　 하여 각 죄명을 이룬다.

　　【예시 2】

　　　■ (허위, 모해허위)(감정, 통역, 번역) : 허위감정, 모해허위감정, 허위통역, 모해
　　　　 허위통역, 허위번역, 모해허위번역

　　　■ 허위(공문서, 공도화)(작성, 변개) : 허위공문서작성, 허위공문서변개, 허위공
　　　　 도화작성, 허위공도화변개)

　　　■ (공채증서, 인지, 우표, 우편요금증표)유사물(제조, 수입, 수출) : 공채증서유
　　　　 사물제조, 공채증서유사물수입, 공채증서유사물수출, 인지유사물제조, 인지유사
　　　　 물수입, 인지유사물수출, 우표유사물제조, 우표유사물수입, 우표유사물수출, 우
　　　　 편요금증표유사물제조, 우편요금증표유사물수입, 우편요금증표유사물수출

다. 괄호 안에 제○○조의 각 죄명 또는 제○○조 내지 제○○조의 각 죄명으로 표시되
　 어 있는 경우에는 각조에 기재된 각 죄명이 괄호 안에 들어가 있는 것을 의미한다.

　　【예시 3】

　　　■ (제87조, 제88조 각 죄명)미수 : (내란수괴, 내란모의참여, 내란중요임무종사,
　　　　 내란실행, 내란부화수행, 내란목적살인)미수

수사실무총서 등대지기 II (2025년판)

형 법 저자 / 박태곤

profile

주요약력

- 1980. 4. 경찰공무원 임용
- 전남경찰청 수사직무학교 교관(2000년~2007년)
- 前 순천서 형사과장(경정)
- 前 여수서 수사과장, 형사과장
- 前 목포서 형사과장, 수사과장
- 前 전남경찰청 지능범죄수사대장
- 前 광양서 수사과장
- 前 청암대학교 외래교수
- 現 전남경찰청 경찰수사심의위원
- 現 뉴에덴행정사사무소 대표

주요저서

- 수사서류 작성과 요령(등대지기 I)
- 형사특별법(등대지기 III)
- 여성·청소년범죄(등대지기 IV)
- 형법판례집(등대지기 V)
- 형사판례실무사례집(등대지기 VI)
- 요양보호사국가시험 요약집 및 문제집

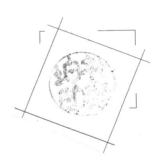

개정8판 발행 2025년 01월 25일 / 초판 발행 2018년 3월 10일
저자 : 박태곤 / 발행인 : 김현호 / 발행처 : 법문북스
주소 : 서울 구로구 경인로 54길 4
전화 : (02) 2636-2911~2 / FAX (02) 2636-3012
homepage : www.lawb.co.kr
ISBN : 979-11-93350-80-5 (93360)
가격 : 180,000원